Beck/Depré
Praxis der Insolvenz

Praxis der Insolvenz

Ein Handbuch für die Beteiligten
und ihre Berater

Herausgegeben von

Prof. Dr. Siegfried Beck
Fachanwalt für Insolvenzrecht
Fachanwalt für Steuerrecht
Nürnberg

Peter Depré
Fachanwalt für Insolvenzrecht
Fachanwalt für Bank- und Kapitalmarktrecht
Wirtschaftsmediator (cvm)
Mannheim

3. Auflage

Verlag Franz Vahlen München 2017

www.vahlen.de

ISBN 978 3 8006 5187 0

© 2017 Verlag Franz Vahlen GmbH
Wilhelmstraße 9, 80801 München

Satz, Druck, Bindung und Umschlagsatz: Druckerei C. H. Beck, Nördlingen
(Adresse wie Verlag)

Gedruckt auf säurefreiem, alterungsbeständigem Papier
(hergestellt aus chlorfrei gebleichtem Zellstoff)

Vorwort zur 3. Auflage

Omnia mutantur – alles ändert sich – diese Worte Ovids scheinen auch in unseren Zeiten für das Insolvenzrecht im Besonderen zu gelten. Glaubte man nach der zweiten Auflage noch, das Insolvenzrecht sehe – ein Jahrzehnt nach seiner Einführung – nun ruhigeren Zeiten entgegen, muss man seitdem mit Erstaunen feststellen, mit welchem Reformeifer der Gesetzgeber im Begriff ist, das deutsche Insolvenzrecht durch seinen sog. Drei-Stufen-Plan tiefgreifenden Änderungen zu unterwerfen.

Bereits seit 1.3.2012 ist die erste Stufe, das Gesetz zur weiteren Erleichterung der Sanierung von Unternehmen (ESUG), in Kraft. Mit Recht wird man behaupten dürfen, dass die dort vorgenommenen Neuregelungen wie Insolvenzplan, Dept-Equity-Swap, Schutzschirmverfahren oder auch die Neuerungen zur Verwalterauswahl nicht nur die Insolvenzpraxis, sondern auch die deutsche Insolvenzlandschaft insgesamt nachhaltig beeinflusst haben. Ob allerdings die erwünschte Sanierungsakzeptanz gestiegen ist und damit bessere Ergebnisse für die Gläubiger bereits eingetreten sind, muss die bevorstehende Evaluierung zeigen.

Auf der zweiten Stufe legte der Gesetzgeber mit dem Gesetz zur Verkürzung des Restschuldbefreiungsverfahrens und zur Stärkung der Gläubigerrechte seinen Fokus auf den Bereich der Privatinsolvenz. Neben der Möglichkeit, die Restschuldbefreiung unter bestimmten Voraussetzungen bereits nach drei Jahren zu erlangen, steht nun seit 1.7.2014 auch natürlichen Personen die Durchführung eines Insolvenzplanverfahrens offen. Hinzu kommen Verfahrenserleichterungen für die Gläubiger.

Weitere Veränderungen sind durch die dritte Reformstufe, der Einführung des Konzerninsolvenzrechts, sowie die Änderung des Insolvenzanfechtungsrechts zu erwarten. Beide Reformbestrebungen befinden sich derzeit noch im Gesetzgebungsstadium. Mit einer Verabschiedung in dieser Legislaturperiode ist aus heutiger Sicht nicht mehr zu rechnen. Dennoch ist – neben dem aktuellen Anfechtungsrecht – auch der Diskussionsstand zu diesen Gesetzesvorhaben eingearbeitet.

Aber nicht nur auf nationaler, sondern auch auf europäischer Ebene stehen Neuerungen an. So wird die Neufassung der EuInsVO (Verordnung EU 2015/848) am 26.6.2017 allgemein unmittelbar geltendes Recht in Deutschland werden. Das Bundesministerium der Justiz und für Verbraucherschutz hat am 27.7.2016 bereits einen Reformentwurf zur Einpassung der neuen EuInsVO in das deutsche Recht vorgelegt. Die Überlegungen der Europäischen Kommission zielen auch darauf ab, den Unternehmen eine Krisenbewältigung „vor der Insolvenz" zu ermöglichen, um die Sanierungschancen zu erhöhen und dem Unternehmen eine realistische Möglichkeit der Nutzung der sogenannten „zweiten Chance" zu geben.

Neben Gesetzesänderungen sowie den anstehenden Reformen hat aber auch die seit der 2. Auflage erschienene Fülle an neuerer Literatur und Rechtsprechung eine grundlegende Revision des vorliegenden Handbuches dringend erforderlich gemacht. Das Werk gibt nun den Bearbeitungs- und Gesetzgebungsstand Oktober 2016 wider.

Auch in der Autorenschaft haben sich Änderungen ergeben: Die Herausgeber danken den ausgeschiedenen Autoren für ihr langjähriges Engagement. Neu hinzugekommenen Autoren sei für ihre Bereitschaft gedankt, die künftige Bearbeitung auf sich zu nehmen, verbunden mit dem Wunsch, dass das vorliegende Werk und damit die Leserschaft von deren Praxiserfahrungen reichlich profitieren möge.

Ein besonderer Dank gilt auch Frau Rechtsanwältin Dr. Claudia R. Cymutta, welche das Werk als kompetente Koordinatorin betreut hat. Auch danken wir dem Verlag und dort Frau Astrid Stanke, welche professionell und geduldig die dritte Auflage begleitet hat. Die Herausgeber wünschen sich, dass auch diese dritte Auflage wiederum großen Anklang in Praxis und Wissenschaft findet und der Benutzer in seiner täglichen Paxis wertvolle Unterstützung erfährt.

Nürnberg/Mannheim, im Oktober 2016

Prof. Dr. Siegfried Beck
– Fachanwalt für Insolvenzrecht –
– Fachanwalt für Steuerrecht –

Peter Depré
– Fachanwalt für Insolvenzrecht –
– Fachanwalt für Bank- und Kapitalmarktrecht –
– Wirtschaftsmediator (cvm) –

Vorwort zur 2. Auflage

Im Altertum konnte der zahlungsunfähige Schuldner vom Gläubiger als Arbeitssklave eingesetzt werden. Im Mittelalter sperrte man ihn bis zu seiner „Auslösung" in den Schuldturm. Noch im 20. Jahrhundert bedeutete der Konkurs den „bürgerlichen Tod" des Schuldners. Konkurszweck war nach damaligem Verständnis die Eliminierung lebensunfähiger Unternehmen aus dem Wirtschaftskreislauf.

Die Insolvenzordnung mit ihren tiefgreifenden Veränderungen fördert dagegen nunmehr – neben dem Primärziel der Haftungsverwirklichung – auch die Befreiung des redlichen Schuldners von seinen restlichen Verbindlichkeiten (§ 1 InsO) und den Erhalt von Unternehmen. Wirtschaftliche Zielsetzungen und soziale Gesichtspunkte sind in den Vordergrund gerückt. Welch ein Bewusstseinswandel! Dennoch dürfen – trotz der neu eingeführten, schuldnerfreundlichen Rechtsinstitute wie dem Insolvenzplan, der Restschuldbefreiung und der Eigenverwaltung – die Gläubigerrechte nicht vernachlässigt werden. Die bestmögliche und gleichmäßige Befriedigung der Gläubiger bleibt Kernziel des Insolvenzverfahrens.

Wegen des wirtschaftlichen Unvermögens, eingegangene Verpflichtungen einzulösen, kollidiert das Insolvenzrecht ständig mit anderen Teilrechtsgebieten, die gerade auf der Erfüllung dieser Pflichten aufbauen. Dies stellt die Beteiligten – zudem unter dem Zeitdruck einer Insolvenz – vor schwierigste wirtschaftliche und rechtliche Entscheidungen.

Vor einem solchen Hintergrund ist es ein besonderes Anliegen des Handbuches, eine praxisorientierte Darstellung der komplexen Problemfelder anzubieten. Das Buch ist an der Schnittstelle zwischen Wissenschaft und Praxis angesiedelt. Es soll den Beteiligten einen Zugang zu den täglichen Problemen eines Insolvenzverfahrens ermöglichen und darüber hinaus sachkundige Hilfe zur Bewältigung der dogmatischen Fallstricke des Insolvenzrechts geben.

Ein Praxishandbuch lebt unmittelbar von der eigenen Erfahrung der Autoren. Da die Praxis aber nicht stillsteht, sind die Herausgeber jetzt schon für konstruktive Kritik und für Hinweise zu alternativen Lösungsansätzen offen.

Die Herausgeber danken Herrn Rechtsanwalt Michael Beck für die engagierte Betreuung der verlegerischen Belange sowie für die wertvolle inhaltliche und redaktionelle Unterstützung.

Nürnberg/Mannheim, im Dezember 2009

Dr. Siegfried Beck
– Fachanwalt für Insolvenzrecht –
– Fachanwalt für Steuerrecht –

Peter Depré
– Fachanwalt für Insolvenzrecht –
– Fachanwalt für Bank- und Kapitalmarktrecht –
– Wirtschaftsmediator (cvm) –

Inhaltsübersicht

Inhaltsverzeichnis XIII
Abkürzungs- und Literaturverzeichnis XLIX
Bearbeiterverzeichnis XCV

Einleitung 1

1. Teil. Grundlagen

§ 1. Der Verfahrensablauf und die Verfahrensziele im Überblick 1
§ 2. Insolvenzgründe 34
§ 3. Die Beteiligten im Insolvenzverfahren 82

2. Teil. Das Insolvenzeröffnungsverfahren

§ 4. Die richterliche Tätigkeit im Eröffnungsverfahren 151
§ 5. Sicherungsmaßnahmen und vorläufige Insolvenzverwaltung 215
§ 6. Das Sachverständigengutachten 269

3. Teil. Das eröffnete Insolvenzverfahren

§ 7. Allgemeine Wirkungen der Verfahrenseröffnung 293
§ 8. Aufgaben und Befugnisse des Insolvenzgerichts 300
§ 9. Aufgaben und Befugnisse des Insolvenzverwalters 340
§ 10. Bildung, Aufgaben und Befugnisse des Gläubigerausschusses 356
§ 11. Insolvenzforderungen 384
§ 12. Masseverbindlichkeiten 440
§ 13. Die massearme Insolvenz 461

4. Teil. Die Bereinigung der Insolvenzmasse

§ 14. Aussonderung 511
§ 15. Absonderung 528
§ 16. Anfechtung 574
§ 17. Aufrechnung 663

5. Teil. Betriebsfortführung in der Insolvenz

§ 18. Der Geschäftsbetrieb in der Insolvenz 679
§ 19. Die wirtschaftlich-organisatorischen Maßnahmen zur Betriebsfortführung 687

6. Teil. Vertragsbeziehungen in der Insolvenz

§ 20. Einführung ... 719
§ 21. Gegenseitige nicht vollständig erfüllte Verträge, §§ 103–107 InsO ... 723
§ 22. Dauerschuldverhältnisse ... 750
§ 23. Aufträge, Geschäftsbesorgungsverträge und Vollmachten ... 778
§ 24. Lösungsklauseln, § 119 InsO ... 784

7. Teil. Die Stellung der Kreditinstitute im Insolvenzverfahren

§ 25. Bankenverhalten/Bankengeschäfte im Vorfeld einer Kundeninsolvenz ... 787
§ 26. Bankenverhalten/Bankengeschäfte in der Kundeninsolvenz ... 798

8. Teil. Arbeits- und Sozialrecht in der Insolvenz

§ 27. Individualarbeitsrecht ... 837
§ 28. Kollektives Arbeitsrecht ... 901
§ 29. Insolvenzgeld ... 1009
§ 30. Betriebliche Altersversorgung in der Insolvenz ... 1093

9. Teil. Gesellschaftsrecht in der Insolvenz

§ 31. Gesellschaftsrechtliche Folgen der Insolvenz ... 1145
§ 32. Grundsätzliches zur Konzern- bzw. Gruppeninsolvenz ... 1176
§ 33. Haftung der Organe, Gesellschafter und handelnde Personen ... 1185

10. Teil. Rechnungslegung und Steuerrecht in der Insolvenz

§ 34. Buchführung, Rechnungslegung ... 1201
§ 35. Steuern in der Insolvenz ... 1209

11. Teil. Öffentliches Recht in der Insolvenz

§ 36. Öffentlich-rechtliche Verantwortlichkeiten, Aufgaben und Befugnisse des Insolvenzverwalters ... 1263
§ 37. Insolvenzstrafrecht ... 1311

12. Teil. Internationales Insolvenzrecht

§ 38. Regelungsgegenstand und Rechtsquellen ... 1395
§ 39. Insolvenzverfahren mit Auslandsbezug ... 1406

13. Teil. Insolvenz natürlicher Personen

§ 40. Verbraucherinsolvenz 1475
§ 41. Restschuldbefreiung 1493
§ 42. Die Insolvenz des Freiberuflers 1513

14. Teil. Sonderinsolvenzen

§ 43. Insolvenzplan 1525
§ 44. Die Eigenverwaltung 1622
§ 45. Besondere Vermögensmassen 1677
§ 46. Nachlassinsolvenz 1682

15. Teil. Haftung der Beteiligten

§ 47. Haftung des (vorläufigen) Insolvenzverwalters 1705
§ 48. Haftung des (vorläufigen) Sachwalters in Eigenverwaltung .. 1768
§ 49. Haftung der Mitglieder des Gläubigerausschusses 1772
§ 50. Haftung des Insolvenzgerichts 1779

16. Teil. Vergütung der Beteiligten

§ 51. Die Vergütung des Insolvenzverwalters 1785
§ 52. Die Vergütung des vorläufigen Insolvenzverwalters 1803
§ 53. Die Vergütung des Sonderinsolvenzverwalters 1809
§ 54. Die Vergütung der Gläubigerausschussmitglieder 1810
§ 55. Die Vergütung des (vorläufigen) Sachwalters 1812
§ 56. Die Vergütung des Sachverständigen 1813
§ 57. Die Vergütung im Verbraucherinsolvenzverfahren 1815

17. Teil. Rechtsmittel im Insolvenzverfahren

§ 58. Die Rechtsmittelzüge im Einzelnen 1819

Sachverzeichnis 1831

Inhaltsverzeichnis

Abkürzungs- und Literaturverzeichnis XLIX
Bearbeiterverzeichznis XCV

Einleitung 1

1. Teil. Grundlagen

§ 1. Der Verfahrensablauf und die Verfahrensziele im Überblick 1

A. Das Insolvenzverfahren als Rechtsinstitut zur Haftungsrealisierung 1
    I. Struktur eines Insolvenzverfahrens 1
    II. Gesetzgeberische Ziele 1
        1. Primärziel: Gleichmäßige Gläubigerbefriedigung 2
        2. Sekundärziel: Restschuldbefreiung natürlicher Personen 2
        3. Verfahrensziele der Unternehmensinsolvenz im Besonderen 3

B. Das Insolvenzeröffnungsverfahren 7
    I. Regelinsolvenzverfahren 7
        1. Insolvenzfähigkeit 7
        2. Antragserfordernis 8
        3. Eröffnungsgründe 11
        4. Einsatz von Sachverständigen 11
        5. Sicherungsmaßnahmen im Eröffnungsverfahren 12
        6. Abschluss des Eröffnungsverfahrens 12
    II. Eigenverwaltungsverfahren 15
        1. Vorläufiges Eigenverwaltungsverfahren, § 270a InsO 16
        2. Schutzschirmverfahren, § 270b InsO 16

C. Das eröffnete Verfahren 17
    I. Regelinsolvenzverfahren 17
        1. Allgemeine Wirkungen der Verfahrenseröffnung 17
        2. Sofortmaßnahmen des Insolvenzverwalters 19
        3. Auswirkungen auf schwebende Rechtsverhältnisse 21
        4. Massebereinigung und -anreicherung 24
        5. Geltendmachung von Gläubigerforderungen 26
        6. Exkurs: Berichts- und Prüfungstermin 27
    II. Eigenverwaltungsverfahren 29
    III. Insolvenzplanverfahren 29

E. Verteilung der Insolvenzmasse und Verfahrensabschluss 30
    I. Verteilung der Insolvenzmasse 30
        1. Berichtigung der Masseverbindlichkeiten 30
        2. Befriedigung der Sicherheitengläubiger 30
        3. (Quotale) Befriedigung der Insolvenzgläubiger 31
    II. Verfahrensabschluss 33
        1. Aufhebung 33
        2. Einstellung 33
        3. Insolvenzplan 33

§ 2. Insolvenzgründe 34

A. Insolvenzfähigkeit 34
  I. Grundlagen 34
  II. Insolvenzfähige Personen 35
   1. Natürliche Personen 35
   2. Juristische Personen 35
   3. Gesellschaften ohne Rechtspersönlichkeit 37
   4. Sondervermögen gemäß § 11 Abs. 2 Nr. 2 InsO 38
   5. Ausländische Gesellschaften und Vermögensmassen 38

B. Zahlungsunfähigkeit 39
  I. Bedeutung 39
   1. Eröffnungsgrund 39
   2. Tatbestandsvoraussetzung für andere Normen 39
  II. Grundlagen 40
   1. Begriffsbestimmung 40
   2. Objektive Bestimmung der Zahlungsunfähigkeit 41
   3. Feststellung der Zahlungsunfähigkeit, Zahlungseinstellung 41
  III. Elemente der Zahlungsunfähigkeit 41
   1. Zahlungspflichten 41
   2. Zahlungsmittel 45
  IV. Zeitliche und quantitative Eingrenzung der Zahlungsunfähigkeitselemente 46
   1. Abgrenzung zur unbeachtlichen Zahlungsstockung 46
   2. Unschädliche „geringfügige Liquiditätslücken" 47
  V. Prüfung der Zahlungsunfähigkeit ex ante 50
   1. Praktische Vorgehensweise 50
   2. Rechnerische Ermittlung 52
  VI. Zahlungseinstellung 53
   1. Normzweck 53
   2. Begriffsbestimmung 54
   3. Typische Erkennungsformen 54
   4. Beseitigung der Zahlungseinstellung 57
  VII. Feststellung der Zahlungsunfähigkeit ex post 57
   1. Zahlungseinstellung 57
   2. Betriebswirtschaftliche Methode ex post 58
   3. Wirtschaftskriminalistische Methode 59

C. Drohende Zahlungsunfähigkeit 59
  I. Normzweck 59
  II. Anwendungsbereich 60
   1. Grundsatz 60
   2. Tatbestand für andere Normen 60
  III. Definition der drohenden Zahlungsunfähigkeit 61
   1. Zahlungspflichten des Schuldners 61
   2. Künftige Liquidität 62
  IV. Ermittlung der drohenden Zahlungsunfähigkeit 62
   1. Grundsatz 62
   2. Liquiditätsplan 63
   3. Prognosezeitraum 63
  V. Besonderheiten bei der Insolvenzantragstellung 64
   1. Antragsbefugnis 64
   2. Glaubhaftmachung Insolvenzgrund 65

D. Überschuldung ... 65
   I. Normzweck und Bedeutung ... 65
   II. Anwendungsbereich ... 67
   III. Begriff der Überschuldung ... 67
      1. Zweistufiger Überschuldungsbegriff ... 67
      2. Modifizierter zweistufiger Überschuldungsbegriff ... 68
      3. Stellungnahme und Bewertung ... 69
   IV. Prüfungsreihenfolge der Überschuldung ... 70
      1. Methodischer Ansatz ... 70
      2. Prüfung im konkreten Fall ... 70
   V. Fortbestehensprognose ... 71
      1. Definition ... 71
      2. Beweislast ... 73
   VI. Überschuldungsstatus ... 73
      1. Grundlagen ... 73
      2. Ansatz und Bewertung im Überschuldungsstatus ... 74

§ 3. Die Beteiligten im Insolvenzverfahren ... 82

A. Das Insolvenzgericht ... 82
   I. Allgemeines zur Beteiligtenstellung ... 82
   II. Das Insolvenzgericht als Beteiligter ... 83
   III. Die gerichtlichen Entscheidungsträger ... 84
   IV. Die Aufgaben von Richter und Rechtspfleger ... 85
      1. Funktionelle Zuständigkeit ... 85

B. Der Insolvenzverwalter ... 90
   I. Qualifikation und Eignung ... 90
   II. Das Vorauswahlverfahren ... 91
      1. Zweck des Vorauswahlverfahrens ... 91
      2. Durchführung des Vorauswahlverfahrens ... 92
      3. Voraussetzungen für die Vorauswahl ... 94
      4. Mitwirkung der Gläubiger bei der Vorauswahl ... 97
   III. Die Bestellung im konkreten Verfahren ... 97
      1. Bestellungsverfahren ... 97
      2. Kriterien für die Bestellung ... 98
      3. Die Mitwirkung der Gläubiger ... 100

C. Der Sonderinsolvenzverwalter ... 102
   I. Bestellung und Aufgaben ... 102
   II Rechtliche Verhinderung des Insolvenzverwalters ... 103
   III. Tatsächliche Verhinderung des Insolvenzverwalters ... 104
   IV. Haftung, Vergütung, Rechnungslegung ... 104

D. Der Schuldner ... 104
   I. Die Beteiligung des Schuldners am Insolvenzverfahren ... 104
   II. Die Haftung des Schuldners ... 105
   III. Die Person des Schuldners ... 106
   IV. Die Teilnahme des Schuldners am Verfahren ... 108
      1. Eigenantrag und Antragspflicht ... 108
      2. Stellung des Eigenantrags ... 111
      3. Eigenantrag bei Verbraucherinsolvenz ... 113
      4. Insolvenzgründe bei Eigenantrag ... 113
      5. Ermittlung und Sicherung des Vermögens ... 115

E. Die Insolvenzgläubiger 116
   I. Die Teilnahme der Insolvenzgläubiger am Verfahren 116
   II. Der Begriff der Insolvenzgläubiger 117
      1. Gläubigerbegriff 117
      2. Persönliche Gläubigerschaft und haftungsrechtliche Zuweisung 117
      3. Rechtsgrund persönlicher Forderungen 118
      4. Insolvenzforderungen 118
   III. Die nachrangigen Insolvenzgläubiger 122
      1. Grund des Nachrangs 122
      2. Die Eigenschaft als Insolvenzgläubiger 122
      3. Die nachrangigen Forderungen 122
      4. Chancen der Befriedigung im Verfahren 125
   IV. Gläubiger und Insolvenzverfahren 126
      1. Insolvenzkalkül 126
      2. Die Teilnahme der Insolvenzgläubiger am Verfahren 127

F. Die Gläubigerversammlung 139
   I. Die Gläubigerautonomie als Prinzip des Insolvenzrechts 139
   II. Bedeutung 139
   III. Aufgaben 140
   IV. Einberufung 141
   V. Abstimmung 143

G. Der Gläubigerausschuss 144
   I. Zweck und Rechtsstellung 144
   II. Aufgaben 145
   III. Bildung und Zusammensetzung 147
   IV. Beschlussfassung 148
   V. Haftung 149
   VI. Vergütung 149
   VII. Exkurs: Der Gläubigerbeirat 150

2. Teil. Das Insolvenzeröffnungsverfahren

§ 4. Die richterliche Tätigkeit im Eröffnungsverfahren 151

A. Zulassungsprüfung 151
   I. Allgemeines 151
   II. Eingang des Antrags beim Insolvenzgericht und geschäftsmäßige Behandlung 152
   III. Verfahrensvoraussetzungen 154
   IV. Verfahrensgrundsätze 154
      1. Amtsermittlungsgrundsatz 154
      2. Beschleunigungsgrundsatz 155
      3. Rechtliches Gehör 155
   V. Insolvenzantragsverfahren 158
      1. Insolvenzfähigkeit 158
      2. Zuständigkeit (§§ 2, 3, 4, 13 ff. InsO) 159
      3. Antragsform und Antragsberechtigung 164
      4. Antrag des Schuldners (§ 13 Abs. 1 InsO) 166
      5. Antrag jedes Gläubigers (§§ 13 Abs. 1, 14 Abs. 1 15 Abs. 1 InsO) 176
      6. Masseprüfung im Eröffnungsverfahren (§§ 11 ff. InsO) 185
      7. Beauftragung eines Sachverständigen (§ 5 Abs. 1 S. 2 InsO) 190

Inhaltsverzeichnis

B. Vorläufige Sicherungsmaßnahmen und Einzelanordnungen (§§ 21 ff. InsO) 194
   I. Die einzelnen Sicherungsmaßnahmen 194
      1. Die Bestellung eines vorläufigen Insolvenzverwalters (§ 21 Abs. 2 Nr. 1 InsO) 194
      2. Die Einsetzung eines vorläufigen Gläubigerausschusses (§ 21 Abs. 2 Nr. 1a InsO) 196
      3. Die Anordnung eines allgemeinen Verfügungsverbots (§ 21 Abs. 2 Nr. 2 InsO) 197
      4. Die Untersagung oder einstweilige Einstellung der Zwangsvollstreckung in alle bewegliche Sachen (§ 21 Abs. 2 Nr. 3 InsO) 197
      5. Anordnung gem. § 21 Abs. 2 Nr. 5 InsO 197
      6. Die Anordnung der Postsperre (§§ 21 Abs. 2 Nr. 4, 99 InsO) 197
      7. Die zwangsweise Vorführung und/oder Verhaftung des Schuldners bzw. dessen organschaftlichen Vertreters (§ 21 Abs. 3 iVm § 98 Abs. 3 InsO) 198
      8. Weitere Sicherungsmaßnahmen (§ 21 Abs. 1 InsO) 198
   II. Bekanntmachungen und Verfügungen in Zusammenhang mit der Anordnung von Verfügungsbeschränkungen 199
      1. Bekanntmachungen (§§ 9, 23 Abs. 1 S. 1 InsO) 199
      2. Zustellungen (§§ 8, 23 Abs. 1 S. 2 InsO) und Mitteilungen (§§ 8, 23 Abs. 3 InsO) sowie MiZi IX 200
      3. Wirkungen und Verstöße (§ 24 InsO iVm §§ 81 f. InsO) 200
      4. Aufhebung von Sicherungsmaßnahmen (§ 25 InsO) und Bekanntmachung (§ 23 InsO entspr.) 201

C. Die Massearmut und die Folgen 201
   I. Feststellung der Massearmut 201
   II. Kostenvorschuss (§ 26 Abs. 1 Satz 2 InsO) 203
   III. Verfahrenskostenstundung 203
   IV. Die richterliche Entscheidung 204
   V. Folgen der Abweisung mangels Masse 205
   VI. Kostentragung bei Abweisung mangels Masse 205
   VII. Neuer Antrag bei vorausgegangener Abweisung mangels Masse 206

D. Antragsrücknahme und Hauptsacheerledigung 207
   I. Rücknahme 207
   II. Erledigung 207

E. Tod des Schuldners im Insolvenzverfahren 208

F. Die Eröffnung des Insolvenzverfahrens 209
   I. Die Insolvenzeröffnung 210
   II. Die Eingangsentscheidung bei natürlichen Personen 210
   III. Der Eröffnungsbeschluss (§ 27 InsO) 211
   IV. Öffentliche Bekanntmachung und Mitteilungen 212
   V. Zuständigkeit für das Verfahren nach der Insolvenzeröffnung 213
   VI. Mittelbare Folgen der Insolvenzeröffnung 213
   VII. Kosten und Auslagen 214

§ 5. Sicherungsmaßnahmen und vorläufige Insolvenzverwaltung 215

A. Sicherungsmaßnahmen im Eröffnungsverfahren 215
   I. Allgemeines 215

II. Zielrichtungen der Sicherungsmaßnahmen 216
   1. Gläubigerschutz 216
   2. Schuldnerschutz 216
   3. Vermögensschutz im Ganzen 217
III. Maßnahmen allgemein 217
   1. Verfügungsbeschränkungen 218
   2. Einstellung oder Untersagung von Zwangsvollstreckungsmaßnahmen 219
   3. Postsperre 219
   4. Verbot der Verwertung oder Einziehung 220
   5. Maßnahmen gegen die Person 220

B. Die vorläufige Insolvenzverwaltung 221
  I. Allgemeines 221
  II. Anforderungen an einen vorläufigen Insolvenzverwalter 221
  III. Aufgaben und Befugnisse des vorläufigen Insolvenzverwalters 222
    1. Der „starke" vorläufige Insolvenzverwalter 224
    2. Der „schwache" vorläufige Insolvenzverwalter 251
    3. Der „halbstarke" vorläufige Insolvenzverwalter 257
    4. Besondere Befugnisse und Rechte – aller – vorläufiger Insolvenzverwalter 260
  IV. Steuerrechtliche Stellung des vorläufigen Insolvenzverwalters 263
    1. Der „starke" vorläufige Insolvenzverwalter 263
    2. Der „schwache" und der „halbstarke" vorläufige Insolvenzverwalter . 265
  V. Anfechtbarkeit von Rechtshandlungen des vorläufigen Insolvenzverwalters 267
  VI. Die Rechnungslegungspflicht des vorläufigen Verwalters 267
    1. Allgemeines 267
    2. Art und Umfang der Rechnungslegungspflicht 267
    3. Ausnahmen der Rechnungslegungspflicht 268
  VII. Haftung des vorläufigen Insolvenzverwalters 268
  VIII. Vergütung des vorläufigen Insolvenzverwalters 268

§ 6. Das Sachverständigengutachten 269

A. Der Gutachter 269
  I. Vorbemerkung 269
  II. Rechtsgrundlagen 270
    1. Isolierte Gutachterbestellung 270
    2. Kombinierte Gutachterbestellung 270
  III. Aufgaben des Gutachters 271
    1. Sofortinformation 271
    2. Gutachtenserstellung 272
  IV. Befugnisse des Gutachters 272

B. Aufbau und Inhalt des Gutachtens 273
  I. Vorarbeiten/Erkenntnisquellen 273
    1. Ermittlungen an Ort und Stelle 273
    2. Schuldnerinformationen 274
    3. Bankauskünfte 275
    4. Öffentliche Stellen 277
    5. Finanzamt 277
    6. Sonstige Erkenntnisquellen 278
    7. Spezielle Wertgutachter 278

II. Das Gutachten	279
1. Aufbau/Gliederung	279
2. Vermögensübersicht	282
3. Prüfungsaussagen und Prüfungsergebnisse	285

3. Teil. Das eröffnete Insolvenzverfahren

§ 7. Allgemeine Wirkungen der Verfahrenseröffnung	293
A. Übergang der Verwaltungs- und Verfügungsbefugnis	293
I. Grundprinzip	293
II. Leistungen an den Schuldner	295
B. Stellung des Schuldners und seiner Organe	295
I. Allgemeines	295
II. Konsequenzen aus dem Übergang der Verwaltungs- und Verfügungsbefugnis	296
III. Befugnisse von Insolvenzverwalter und Gesellschaftsorganen im Einzelnen	297
C. Auswirkungen auf Rechtsstreite	298
I. Allgemeines	298
II. Aktivprozesse	298
III. Passivprozesse	299
IV. Prozesse ohne Vermögensbezug	299
V. Andere Verfahren, insbesondere Selbständiges Beweisverfahren	300
§ 8. Aufgaben und Befugnisse des Insolvenzgerichts	300
A. Einleitung	300
B. Allgemeines	300
I. Aufgaben der Insolvenzgerichte und die Anforderungen	300
II. Zuständigkeit des Insolvenzgerichts als besonderes Vollstreckungsgericht	303
1. Insolvenzeröffnungsverfahren	304
2. Eröffnetes Verfahren	304
3. Wohlverhaltensphase	304
C. Vom Insolvenzantrag bis zur Verfahrenseröffnung oder Abweisung	305
I. Der Insolvenzantrag – Beginn der Tätigkeit des Insolvenzgerichts	305
II. Verfahrensgrundsätze	305
III. Leitung und Beauftragung von Hilfskräften	305
1. Leitfunktion und Anordnungsbefugnis	305
2. Beauftragung von Hilfskräften	306
IV. Überwachung von Sicherungsmaßnahmen und vorläufiger Insolvenzverwalter	311
V. Abschluss des Insolvenzeröffnungsverfahrens	312
D. Der Eröffnungsbeschluss und seine Folgen	312
I. Bedeutung des Eröffnungsbeschlusses	312
II. Funktionelle Zuständigkeit	313
III. Auswahl und Ernennung des Insolvenzverwalters	313
1. Kriterien der Auswahl	313

2. Sonderinsolvenzverwalter ... 316
3. Rechtsstellung des Insolvenzverwalters ... 317
4. Fehlerhafte Auswahl ... 317
5. Bestallungsurkunde ... 318
6. Vorläufigkeit der Bestellung ... 318
IV. Terminsbestimmung ... 319

E. Aufgaben des bestellten Insolvenzverwalters ... 320
   I. Inbesitznahme des Schuldnervermögens ... 320
   II. Vorlage von Verzeichnissen, Vermögensübersicht und Bericht des Verwalters ... 321

F. Überwachungs- und Leitfunktion des Gerichts im eröffneten Verfahren ... 322
   I. Allgemeines ... 322
   II. Aufsicht über den Verwalter ... 323
      1. Die Überwachungspflicht ist auch ein Überwachungsrecht ... 323
      2. Informationsrecht des Gerichts ... 324
      3. Rechnungslegung ... 325
      4. Pflichtverstöße ... 325
   III. Zwangsmittel gegen den Insolvenzverwalter ... 326
   IV. Entlassung des Verwalters (§ 59 InsO) und Ablehnung wegen Besorgnis der Befangenheit ... 327
      1. Ablehnung des Insolvenzverwalters wegen Besorgnis der Befangenheit ... 327
      2. Entlassung des Insolvenzverwalters aus einem wichtigen Grund ... 327
   V. Streichung von der Vorauswahlliste (Delistung) ... 328
   VI. Sicherungsmaßnahmen im eröffneten Verfahren ... 329
      1. Anordnung von Sicherungsmaßnahmen ... 329
      2. Überwachung der Sicherungsmaßnahmen durch den Insolvenzverwalter ... 330

G. Einsetzung eines Gläubigerausschusses ... 330

H. Der Insolvenzplan (§§ 217 ff. InsO) ... 331

I. Leitfunktion des Insolvenzgerichts in den Terminen ... 333
   I. Allgemeines ... 333
   II. Der Berichtstermin ... 324
   III. Der Prüfungstermin und weitere Termine ... 336

J. Der Abschluss des Insolvenzverfahrens ... 337
   I. Verteilung ... 337
   II. Schlussrechnung, Schlussbericht und Schlussverzeichnis ... 338
   III. Der Schlusstermin ... 338

K. Die Aufhebung und Beendigung des Verfahrens ... 339

L. Die Wohlverhaltensphase im Rahmen der Restschuldbefreiung ... 339

M. Grenzen der Überwachung und Leitung ... 339

§ 9. Aufgaben und Befugnisse des Insolvenzverwalters ... 340

A. Erfassen und Sichern des Vermögens ... 341
   I. Umfang der Vermögenserfassung und -sicherung ... 341
   II. Inbesitznahme der Insolvenzmasse ... 343

Inhaltsverzeichnis

III. Die Herausgabevollstreckung 344
IV. Sicherung von Wertgegenständen 345
V. Entscheidung über die Behandlung der Wertgegenstände 346
VI. Siegelung 347
VII. Verzeichnis der Massegegenstände und Bewertung 347
    1. Allgemeines 347
    2. Inhalt des Verzeichnisses 348
VIII. Gläubigerverzeichnis 349
IX. Vermögensübersicht 349

B. Massebereinigung 349
    I. Allgemeines 349
    II. Aussonderung 350
        1. Allgemeines 350
        2. Nutzungsüberlassung 350
    III. Absonderung 352
    IV. Insolvenzanfechtung 353

C. Betriebsfortführung 355

§ 10. Bildung, Aufgaben und Befugnisse des Gläubigerausschusses 356

A. Bildung eines Gläubigerausschusses 357
    I. Einsetzung eines vorläufigen Gläubigerausschusses vor Eröffnung eines Insolvenzverfahrens 357
        1. Voraussetzungen für einen zwingenden vorläufigen Gläubigerausschuss im Eröffnungsverfahren gem. § 22a Abs. 1 InsO 357
        2. Fakultativer vorläufiger Gläubigerausschuss, § 22a Abs. 2 InsO 358
        3. Gründe für einen Verzicht auf einen vorläufigen Gläubigerausschuss, § 22a Abs. 3 InsO 358
        4. Zusammensetzung eines vorläufigen Gläubigerausschusses 359
        5. Aufgaben und Pflichten des vorläufigen Gläubigerausschusses 361
        6. Voraussetzungen für ein Handeln des vorläufigen Gläubigerausschusses im Eröffnungsverfahren 363
        7. Rechte des vorläufigen Gläubigerausschusses gegenüber anderen Beteiligten 364
    II. Einsetzung eines ersten (vorläufigen) Gläubigerausschusses im eröffneten Insolvenzverfahren durch das Insolvenzgericht 364
        1. Fallkonstellationen eines vorläufigen Gläubigerausschusses im eröffneten Insolvenzverfahren 365
        2. Unterschiede zwischen einem vorläufigen Gläubigerausschuss im eröffneten Insolvenzverfahren und dem Gläubigerausschuss auf Beschluss der Gläubigerversammlung 366
        3. Zulässigkeit eines vorläufigen Gläubigerausschusses nach der ersten Gläubigerversammlung 367
        4. Gläubigerbeirat als Alternative zum Gläubigerausschuss 367
    III. Entscheidung der Gläubigerversammlung über die Einsetzung eines Gläubigerausschusses 368
    IV. Besetzung des Gläubigerausschusses 368
        1. Sollzusammensetzung des Gläubigerausschusses 369
        2. Entscheidung der Gläubigerversammlung über die Anzahl und die Personen des Gläubigerausschusses 369
        3. Entscheidung der Gläubigerversammlung über die vom Insolvenzgericht bestellten Mitglieder 370

    4. Voraussetzungen für eine Tätigkeit als Gläubigerausschussmitglied 371
    5. Bestellung von nicht am Verfahren beteiligten Personen 371
    6. Übernahme des Amtes durch das Gläubigerausschussmitglied 372
    7. Abwahl vorher gewählter Gläubigerausschussmitglieder 372
  V. Entlassung von Gläubigerausschussmitgliedern 373
  VI. Amtsniederlegung durch Mitglieder des Gläubigerausschusses 374

B. Rechtsstellung des Gläubigerausschusses 374

C. Die Aufgaben des Gläubigerausschusses im Insolvenzverfahren 375
  I. Aufgabenumschreibung des § 69 InsO 375
    1. Unterstützung des Insolvenzverwalters 376
    2. Überwachung des Insolvenzverwalters 376
    3. Pflicht, sich über den Gang der Geschäfte zu unterrichten 376
    4. Pflicht zur Prüfung des Geldverkehrs und des Geldbestands 377
  II. Besondere Aufgaben, Rechte und Pflichten des Gläubigerausschusses 377
    1. Auskunftsrechte gegenüber dem Insolvenzschuldner 377
    2. Bestimmungs-, Zustimmungs- und Genehmigungsrechte 378
    3. Einberufung der Gläubigerversammlung/Entlassung des Insolvenzverwalters 381

D. Beschlussfassung im Gläubigerausschuss 381

E. Haftung der Mitglieder des Gläubigerausschusses 382

§ 11. Insolvenzforderungen 384

Einleitung 384
  I. Begriff des Insolvenzgläubigers 385
    1. Persönlicher Gläubiger 385
  II. Zurzeit der Verfahrenseröffnung begründet 387
    1. Dauerschuldverhältnisse 387
    2. Bedingte und betagte Ansprüche 388
    3. Ausnahme: vorläufiger Insolvenzverwalter mit Verfügungsbefugnis ... 389
    4. Ausnahme Steuerverbindlichkeiten beim „schwachen" vorläufigen Insolvenzverwalter 390
    5. Ausnahme: Einzelermächtigung 390
  III. Vermögensanspruch 391
  IV. Gegen den Schuldner 391

B. Rechte der Insolvenzgläubiger 392
  I. Insolvenzantragsrecht 393
  II. Unterbrechung von Prozessen 393
  III. Einzelzwangsvollstreckung 394
  IV. Aufrechnung 394
  V. Aus- und Absonderungsrechte 395
  VI. Auskunftsansprüche 396
  VII. Teilnahme an Gerichtsterminen/Abstimmung 397
  VIII. Teilnahme am Berichtstermin incl. taktischem Verhalten 398
  IX. Mitgliedschaft im Gläubigerausschuss, taktisches Verhalten 400

C. Anmeldung einer Forderung zur Insolvenztabelle 401
  I. Anmeldbare Forderungen 401
  II. Adressat der Forderungsanmeldung 402
  III. Frist für die Anmeldung 403

Inhaltsverzeichnis

IV. Inhalt und Form der Anmeldung	404
V. Anlagen zur Anmeldung	406
VI. Aufforderung zur Anmeldung nachrangiger Forderungen	406
D. Behandlung eingehender Forderungsanmeldungen durch den Verwalter	407
I. Aktenmäßige Erfassung	407
II. Aufstellung der Tabelle	407
III. Behandlung unzulässiger Anmeldungen	408
E. Ablauf des Prüfungstermins	409
I. Veröffentlichung/Teilnahmeberechtigung	410
II. Prüfung durch Verwalter	410
1. Anerkennen	411
2. Teilweises Anerkennen	412
3. Anerkennen für den Ausfall	412
4. Bestreiten	417
5. Vorläufiges Bestreiten	417
6. Nachträgliches Anerkennen	418
7. Bedingte Forderungen	419
8. Betagte Forderungen	419
9. Gesamtschuldner	420
10. Bürgen und Mitverpflichtete	420
III. Widerspruchsrecht der Gläubiger und des Schuldners	423
IV. Eintragung des Prüfungsergebnisses in die Tabelle	424
V. Mitteilung an Gläubiger	424
VI. Sonderfall: Forderungen aus vorsätzlich begangenen unerlaubten Handlungen, aus vorsätzlich pflichtwidriger Verletzung gesetzlicher Unterhaltspflichten des Schuldners und wegen Steuerstraftaten nach §§ 370, 373 oder 374 AO	425
F. Nachträgliche Änderung der Tabelle	427
I. Schriftliches Anerkennen	427
II. Ergänzung durch Gläubiger	428
III. Reduzierung durch Gläubiger	428
IV. Rücknahme durch Gläubiger	429
V. Sonderfall Insolvenzplan	430
G. Feststellungsklage	431
I. Betreibenslast	432
II. Zuständigkeit	432
III. Kosten	433
IV. Vollstreckung	433
V. Änderungen des Verteilungsverzeichnisses	434
H. Verteilungsverzeichnis/Verteilung	434
§ 12. Masseverbindlichkeiten	440
Einleitung	440
A. Begriff der „Masseverbindlichkeiten"	441
B. Massekosten	442
C. Masseschulden	443
I. Betrachtung der Masseschulden nach Zeitabschnitten	443
1. Grundregel: Entstehung nach Insolvenzeröffnung	443
2. Ausnahme: Entstehung vor der Insolvenzeröffnung	444

II. Betrachtung der Masseschulden nach Verursachung 448
   1. Vom Insolvenzverwalter begründet 448
   2. Vom Schuldner begründet 448
   3. Sonderfall: Öffentliche Lasten, insbesondere Steuerverpflichtungen 448
   4. Sonderfall: Nachlassinsolvenzverfahren 449
   5. Weitere Ausnahmen 451
III. Betrachtung der Masseschulden nach Befriedigungsreihenfolge 451
   1. Grundsatz: vollständige, sofortige Befriedigung 451
   2. Ausnahme: Masseunzulänglichkeit 451
   3. Sonderfall: Sozialplanansprüche 451
IV. Die Durchsetzung von Masseansprüchen 453
   1. Verrechnung 453
   2. Erkenntnisverfahren 453
   3. Zwangsvollstreckung – Grundsätze 454
   4. Zwangsvollstreckung – Ausnahmen 454
V. Aufhebung und Einstellung des Insolvenzverfahrens 455

D. Organisation im Verwalterbüro („Massetabelle") 457
  I. Einrichtung einer Massetabelle 457
  II. „Heimlich" entstehende Masseverbindlichkeiten 458

E. Falsche Behandlung von Masseverbindlichkeiten 459
  I. Falsche Handhabung durch Massegläubiger 459
    1. Masseforderung als Insolvenzforderung 459
    2. Insolvenzforderung als Masseverbindlichkeit 459
  II. Falsche Handhabung durch Insolvenzverwalter 460
    1. Falsche Verteilung von Geld 460
    2. Verspätete Anzeige der Masseunzulänglichkeit 461
    3. Nichterfüllung von Masseverbindlichkeiten 461

§ 13 Die massearme Insolvenz 461

A. Vorbemerkungen 462
  I. Historische Entwicklungen 462
  II. Statistik 463
  III. Begrifflichkeiten und Systematik 463
    1. Fehlende Verfahrenskostendeckung im Eröffnungsverfahren (§ 26 InsO) 463
    2. Fehlende Verfahrenskostendeckung nach Insolvenzeröffnung (§ 207 InsO) 464
    3. Masseunzulänglichkeit (§§ 208 ff. InsO) 464
  IV. Möglichkeiten zur Vermeidung einer massearmen Insolvenz ... 465
    1. Verfahrenskostenstundung nach § 4a InsO 465
    2. Kostenvorschuss nach § 207 Abs. 1 S. 2 InsO 465
    3. Weitere Maßnahmen zur Anreicherung der Insolvenzmasse ... 466

B. Die Einstellung mangels Masse gemäß § 207 InsO 467
  I. Die Ermittlung der Massearmut 467
    1. Aktivmasse 467
    2. Verfahrenskosten 468
    3. Verwaltungskosten 468
  II. Aufgaben des Insolvenzverwalters 469
  III. Aufgaben des Insolvenzgerichts 470

Inhaltsverzeichnis XXV

IV. Verfahrensgang 470
   1. Anregung durch den Insolvenzverwalter 470
   2. Einstellungsbeschluss 470
   3. Veröffentlichung 471
   4. Gläubigerbeteiligung (§ 207 Abs. 2 InsO) 471
   5. Rechtsmittel (§ 216 InsO) 471
V. Verfahrensabwicklung 472
   1. Bis zur tatsächlichen Einstellung des Verfahren 472
   2. Rechtsfolgen nach Einstellung des Verfahrens 472
   3. Vollstreckungsverbot 473
   4. Auswirkungen auf laufende Rechtsstreitigkeiten 473
   5. Nachtragsverteilung 474
   6. Steuerliche Pflichten 475

C. Die Masseunzulänglichkeit gemäß §§ 208 ff. InsO 475
   I. Die Ermittlung der Masseunzulänglichkeit 475
      1. Aktivmasse 475
      2. Verfahrenskosten 475
      3. Masseverbindlichkeiten 476
   II. Arten (Erscheinungsformen) der Masseunzulänglichkeit 476
      1. Eingetretene Masseunzulänglichkeit 476
      2. Drohende Masseunzulänglichkeit (§ 208 Abs. 1 S. 2 InsO) 476
      3. Temporäre Masseunzulänglichkeit 477
      4. Prophylaktische Masseunzulänglichkeit 478
      5. Masseunzulänglichkeit wegen eventueller Masseverbindlichkeiten 478
      6. Wiederholte Anzeige der Masseunzulänglichkeit 478
   III. Aufgaben des Insolvenzverwalters 479
   IV. Allgemeine Auswirkungen der Anzeige der Masseunzulänglichkeit 480
   V. Aufgaben des Insolvenzgerichts 481
   VI. Verfahrensgang 481
      1. Anzeige der Masseunzulänglichkeit durch den Insolvenzverwalter 481
      2. Veröffentlichung 482
      3. Gläubigerbeteiligung 482
      4. Schlusstermin 483
      5. Einstellungsbeschluss nach § 211 InsO 484
      6. Nachtragsverteilung (§ 211 Abs. 3 InsO) 484
      7. Rechtsmittel 485
   VII. Verfahrensabwicklung 485
      1. Verfahrensziel nach Anzeige der Masseunzulänglichkeit 485
      2. Die Rangordnung des § 209 InsO 485
      3. Die Rückkehr ins Regelverfahren nach Überwindung der Masseunzulänglichkeit 486
   VIII. Weitere prozessuale und materielle Auswirkungen der Anzeige der Masseunzulänglichkeit 487
      1. Unzulässigkeit der Zwangsvollstreckung 487
      2. Unzulässigkeit von Leistungsklagen 487
      3. Auswirkungen auf laufende Rechtsstreitigkeiten 488
      4. Das Wahlrecht des § 103 InsO 489
      5. Dauerschuldverhältnisse 490
      6. Ausschluss sonstigen Rechtserwerbs (§ 91 InsO) 491
      7. Gesamtschaden (§§ 92, 93 InsO) 492
      8. Anwendung der Aufrechnungsvorschriften (§§ 94 ff. InsO) 492
      9. Betriebsfortführung 492

10. Rechnungslegung	493
11. Steuerliche Pflichten	493
12. Masseunzulänglichkeit im Regelinsolvenzverfahren einer natürlichen Person	494
IX. Haftungsgefahren	495
1. Insolvenzverwalter	495
2. Insolvenzschuldner	498
X. Besonderheiten	499
1. Insolvenzplanverfahren	499
2. Verfahren mit Eigenverwaltung unter Aufsicht eines Sachwalters	499
XI. Weitere praktische Probleme	500
1. Vermeidung von Neumasseverbindlichkeiten durch Freigabe	500
2. Arbeitnehmeransprüche nach Anzeige der Masseunzulänglichkeit	501
D. Mustervorlagen und Checklisten	503

4. Teil. Die Bereinigung der Insolvenzmasse

§ 14. Aussonderung	511
A. Wirtschaftlicher Hintergrund	511
B. Geltendmachung der Aussonderung	512
C. Die wichtigsten Aussonderungsrechte	514
I. Eigentum	515
II. Einfacher Eigentumsvorbehalt	515
1. Insolvenz des Vorbehaltskäufers	515
2. Insolvenz des Vorbehaltsverkäufers	517
III. Treuhand	518
IV. Factoring	519
D. Aussonderungsansprüche vor Eröffnung des Insolvenzverfahrens	520
E. Ersatzaussonderung	521
F. Praxisrelevante Einzelfragen zur Aussonderung	522
I. Art und Weise der Geltendmachung	522
1. Schriftform und Belege	522
2. Zeitpunkt	524
3. Auskunft	524
4. Insolvenzantragsverfahren	525
5. Sicherheitenverwertungsgemeinschaft (Pool)	525
II. Handhabung beim Insolvenzverwalter	526
III. Auswirkung auf Insolvenzforderung	527
§ 15. Absonderung	528
A. Abgrenzung Aussonderung – Absonderung	528
B. Die wichtigsten Absonderungsrechte	530
I. Hypotheken, Grundschulden	530
II. Sicherungsübertragungen	531
1. Sicherungseigentum	531
2. Sicherungsabtretung	533
III. Erweiterte und verlängerte Eigentumsvorbehaltsrechte	534
1. Erweiterter Eigentumsvorbehalt	534

Inhaltsverzeichnis

2. Verlängerter Eigentumsvorbehalt	534
3. Abwehrklauseln	535
IV. Pfandrechte	536
1. Vertraglich begründete Pfandrechte	536
2. Durch Zwangsvollstreckung begründete Pfandrechte	537
3. Gesetzlich begründete Pfandrechte	537
V. Kaufmännisches Zurückbehaltungsrecht	539
VI. Allgemeines Zurückbehaltungsrecht	540
VII. Wohnungseigentümergemeinschaft	540
VIII. Kollision von Absonderungsrechten	541
IX. Ersatzabsonderung	542
C. Geltendmachung der Absonderung	543
I. Inbesitznahme des Sicherungsguts durch Gläubiger	543
1. Vor Insolvenzantragstellung	543
2. Nach Insolvenzantragstellung	544
3. Nach Insolvenzeröffnung	545
4. Offenlegung einer Zession	546
II. Geltendmachung gegenüber dem Insolvenzverwalter	546
III. Sicherheitenverwertungsgemeinschaft (Pool)	548
D. Erfassung und Prüfung von Absonderungsrechten durch den Insolvenzverwalter	549
E. Verwertung von unbeweglichen Gegenständen	550
I. Zwangsversteigerung	551
II. Freihändige Verwertung durch Insolvenzverwalter	552
III. Zwangsverwaltung	553
IV. Umsatzsteuer	554
F. Verwertung von beweglichen Gegenständen und Rechten	555
I. Vorüberlegungen	555
1. Verwertungskompetenz des Verwalters	555
2. Keine Verwertungspflicht des Verwalters	555
3. Verwertungskompetenz des Absonderungsgläubigers	556
II. Voraussetzungen einer Verwertung durch den Insolvenzverwalter	556
1. Besitz an beweglichen Sachen	556
2. Forderungen des Schuldners und Rechte	558
III. Beteiligung des Absonderungsgläubigers	559
1. Inhalt der Mitteilung	559
2. Wochenfrist des § 168 InsO	561
3. Reaktion des Sicherungsgläubigers	561
IV. Entscheidung über die Verwertung	564
1. Verwertung durch den Verwalter und Behandlung des Verwertungserlöses	564
2. Übernahme durch den Gläubiger	565
3. Überlassung zur Verwertung durch den Gläubiger	565
4. Freigabe	565
5. Verwertung von Forderungen – § 166 Abs. 2 InsO	566
V. Abrechnung mit dem Absonderungsgläubiger	566
1. Feststellungspauschale	566
2. Verwertungspauschale	567
3. Umsatzsteuer	568
4. Formular für Abrechnung mit Absonderungsgläubigern	569

5. Buchungshinweise für Insolvenzverwalter	570
6. Auswirkungen der Verwertung auf Insolvenzforderung	571

G. Schutz des Absonderungsgläubigers vor einer Verzögerung der Verwertung 572

H. Schutz des Absonderungsgläubigers vor einem Wertverzehr des Absonderungsguts 573

§ 16. Anfechtung 574

A. Zweck der Insolvenzanfechtung, Rechtsnatur des Anfechtungsrechts und Gesetzessystematik 575
    I. Zweck der Insolvenzanfechtung 575
    II. Rechtsnatur des Anfechtungsrechts 575
    III. Gesetzessystematik 576
        1. Gesetzliche Gliederung der Insolvenzanfechtung 576
        2. Die Anfechtungstypen 576
        3. Konkurrenz der Insolvenztatbestände 578

B. Ausblick: Gesetzentwurf der Bundesregierung zum Anfechtungsrecht 578
    I. Stand des Gesetzgebungsverfahrens 578
    II. Inhalt 578

C. Anfechtungsbefugnis und -gegner, maßgeblicher Zeitpunkt der Vornahme der Rechtshandlung 578
    I. Anfechtungsbefugnis und -gegner 578
        1. Anfechtungsbefugnis 578
        2. Anfechtungsgegner 579
    II. Zeitpunkt der Vornahme einer Rechtshandlung (§ 140) 581
        1. Grundsatz 581
        2. Fallgruppen 582
        3. Maßgeblicher Zeitpunkt bei Grundbuch- und Registereintragungen ... 583
        4. Bedingte und befristete Rechtshandlungen 584

D. Allgemeine Voraussetzungen der Insolvenzanfechtung gemäß § 129 584
    I. Rechtshandlung 584
        1. Begriff 584
        2. Fallgruppen 585
        3. Handelnde Personen/Urheber der Rechtshandlung 586
    II. Objektive Gläubigerbenachteiligung 589
        1. Allgemeines 589
        2. Fallgruppen 590
        3. Arten der Gläubigerbenachteiligung 591
    III. Kausalität 593
        1. Allgemeines 593
        2. Fallgruppen 593
    IV. Bargeschäft 594
        1. Allgemeines 594
        2. Tatbestandsvoraussetzungen 594
        3. Rechtsfolgen 598
        4. Beweislast 598
        5. Ausblick: Entwurf der Bundesregierung zum Anfechtungsrecht 598
    V. Anfechtung bei Masseunzulänglichkeit 599
    VI. Nahestehende Person § 138 600

Inhaltsverzeichnis

E. Die besondere Insolvenzanfechtung (§§ 130–132)	603
I. Einleitung	603
II. Die kongruente Deckung (§ 130)	604
1. Tatbestandsvoraussetzungen des § 130 Abs. 1	604
2. Finanzsicherheiten § 130 Abs. 1 S. 2	612
3. Wechsel- und Scheckzahlungen § 137	613
III. Die inkongruente Deckung (§ 131)	613
1. Objektive Tatbestandsvoraussetzungen	614
2. Subjektive Tatbestandsvoraussetzungen gemäß § 131 Abs. 1 Nr. 3	623
3. Darlegungs- und Beweislast	624
4. Ausblick: Entwurf der Bundesregierung zum Anfechtungsrecht	625
IV. Die Anfechtung unmittelbar nachteiliger Rechtshandlungen (§ 132)	625
1. Objektive Tatbestandsvoraussetzungen des § 132 Abs. 1	625
2. Subjektiver Tatbestand (§ 132 Abs. 1 und Abs. 2)	626
3. Gleichgestellte Handlungen (§ 132 Abs. 2)	627
4. Beweislast	627
F. Die Vorsatzanfechtung (§ 133)	627
I. Tatbestandsvoraussetzungen	628
1. Allgemeines	628
2. Objektiver Tatbestand	628
3. Subjektive Tatbestandsvoraussetzung beim Schuldner	630
4. Subjektive Tatbestandsvoraussetzungen beim Anfechtungsgegner	630
II. Darlegungs- und Beweislast	630
1. Grundsatz	630
2. Beweiserleichterungen	631
3. Beweislastumkehr	633
III. Ausblick: Entwurf der Bundesregierung zum Anfechtungsrecht	635
G. Anfechtung unentgeltlicher Leistungen (§ 134)	635
I. Tatbestand	636
1. Leistung des Schuldners	636
2. Unentgeltlichkeit	636
II. Praxisrelevante Fallkonstellationen	637
III. Ausnahme: Gebräuchliche Gelegenheitsgeschenke (§ 134 Abs. 2)	641
IV. Beweislast und Fristberechnung	642
H. Anfechtungstatbestände im Zusammenhang mit Gesellschafterdarlehen (§ 135)	642
I. Reform des Kapitalersatzrechts durch das MoMiG/Neufassung des § 135/Auswirkungen auf den Gläubigerschutz und die Stellung der Gesellschafter	643
II. Anfechtung von Rückzahlungen und Besicherungen von Gesellschafterdarlehen § 135 Abs. 1	644
1. Tatbestand	644
2. Anfechtungsgegenstand	644
III. Anfechtung bei gesellschafterbesicherten Drittdarlehen § 135 Abs. 2	645
1. Tatbestand	645
2. Anfechtungsgegenstand/Anfechtungsgegner/Rechtsfolgen	646
IV. Anwendbarkeit des Bargeschäftsprinzips § 142	646
V. Nutzungsüberlassung durch Gesellschafter § 135 Abs. 3	647
VI. Übergangsregelung zum MoMiG, Art. 103d EGInsO	647
1. Gesetzliche Regelung	647
2. Reichweite der Übergangsvorschrift	648

I. Anfechtung bei der stillen Gesellschaft (§ 136)	648
I. Normzweck	648
II. Tatbestand	649
1. Stille Gesellschaft	649
2. Besondere Vereinbarung innerhalb der Jahresfrist	649
3. Rechtshandlung	650
4. Ausschluss der Anfechtbarkeit gemäß § 136 Abs. 2	650
III. Beweislast	650
J. Die Rechtsfolgen der Insolvenzanfechtung	651
I. Überblick	651
II. Rückgewähranspruch gemäß § 143 Abs. 1	651
1. Berechtigter/Verpflichteter	651
2. Inhalt des Rückgewähranspruchs gemäß § 143 Abs. 1 S. 1 (Primäranspruch)	651
3. Inhalt des Rückgewähranspruchs gemäß § 143 Abs. 1 S. 2	652
4. Sonderfall: Insolvenz des Anfechtungsgegners	655
III. Rückgewähr unentgeltlicher Leistungen (§ 143 Abs. 2)	655
1. Haftungsbegrenzung (§ 143 Abs. 2 S. 1)	655
2. Wegfall der Haftungserleichterung (§ 143 Abs. 2 S. 2)	656
3. Beweislast	656
IV. Rückgewähranspruch gemäß § 143 Abs. 3 bei der Anfechtung gesellschafterbesicherter Drittdarlehen gemäß § 135 Abs. 2	656
V. Ausblick : Entwurf der Bundesregierung zum Anfechtungsrecht	657
K. Ansprüche des Anfechtungsgegners (§ 144)	658
I. Wiederaufleben getilgter Forderungen (§ 144 Abs. 1)	658
1. Voraussetzungen	658
2. Rechtsfolgen	659
II. Vertragliche Gegenleistungen (§ 144 Abs. 2)	659
1. Voraussetzungen	659
2. Rechtsfolgen	659
L. Fristenberechnung (§ 139) und Verjährung des Anfechtungsanspruchs (§ 146)	660
I. Fristen gemäß §§ 130–136 und deren Berechnung (§ 139)	660
II. Verjährung des Anfechtungsanspruchs (§ 146)	661
1. Regelmäßige Verjährung	661
2. Höchstfrist gemäß § 199 Abs. 4 BGB	661
3. Hemmung und Neubeginn der Verjährung	662
III. Einrede der Anfechtbarkeit gemäß § 146 Abs. 2	662
M. Rechtshandlungen nach Verfahrenseröffnung (§ 147)	662

§ 17. Aufrechnung ... 663

A. Aufrechnungsbefugnis der Insolvenzgläubiger im eröffneten Insolvenzverfahren (§§ 94–96 InsO)	663
I. Regelungszweck und Grundsätze	663
II. Die geschützten Aufrechnungslagen	664
1. Die gesetzliche Aufrechnungslage	664
2. Künftige Aufrechnungslagen (§ 95 InsO)	667
3. Insolvenzspezifische Beschränkungen der Aufrechnung im Insolvenzverfahren	668

4. Einzelne besondere Problembereiche	674
5. Aufrechnungslage durch Parteivereinbarung	675
III. Insolvenzrechtliche Sonderregelungen bezüglich der Aufrechenbarkeit ...	676
B. Aufrechnungsbefugnis für den Insolvenzverwalters	677

5. Teil. Betriebsfortführung in der Insolvenz

§ 18. Der Geschäftsbetrieb in der Insolvenz	679
A. Rückblick auf die Konkursordnung	679
B. Paradigmenwechsel – Die Fortführungspflicht im Insolvenzverfahren	680
I. Vorstellungen des Gesetzgebers	680
II. Die Fortführungspflicht im Insolvenzantragsverfahren	680
1. Der „starke" vorläufige Insolvenzverwalter	681
2. Der „halbstarke" vorläufige Insolvenzverwalter	681
3. Der „schwache" vorläufige Insolvenzverwalter	682
4. Der bereits eingestellte Betrieb	682
III. Die Fortführungspflicht im eröffneten Verfahren	683
IV. Ausnahme von der Fortführungspflicht	684
1. Sofortige Betriebsstilllegung	684
V. Entscheidungen der Gläubigerversammlung zur Betriebsfortführung	685
1. Stilllegung	685
2. Vorläufige Fortführung des Betriebes	686
§ 19. Die wirtschaftlich-organisatorischen Maßnahmen zur Betriebsfortführung	687
A. Betriebsfortführung als zwingende Voraussetzung für eine erfolgreiche Sanierung	687
I. Handlungsebenen einer erfolgreichen Sanierung	687
II. Betriebsfortführung als Prozess	688
B. Insolvenzspezifische Prozesse der Betriebsfortführung	689
I. Vorbemerkung	689
II. Kurzfristige Bestandsaufnahme der betrieblichen Situation	689
1. Betriebswirtschaftliche Infrastruktur	689
2. Versicherungssituation	691
3. Inventur und rechtliche Zuordnung des Vermögens	691
4. Arbeitnehmersituation	693
III. Insolvenzspezifische Planung	695
1. Ergebnisplanung	695
2. Finanzplanung	698
IV. Finanzierung der Betriebsfortführung	700
1. Insolvenzgeld	700
2. Revolvierender Einsatz von Sicherheitenerlösen	701
3. Kundenanzahlungen	704
4. Verlustfinanzierung	704
5. Massekredit	706
V. Steuerung der Auftragsannahme	707
1. Kundenkommunikation	707
2. Analyse der vorhandenen Aufträge	707
3. Annahme neuer Aufträge	708

Inhaltsverzeichnis

VI. Steuerung der Lieferantenbestellungen	708
1. Lieferantenkommunikation und Erlangung von Lieferantenvertrauen	709
2. Zentralisierter Bestellprozess	710
VII. Management der Betriebsfortführung	711
1. Zusammenspiel von Insolvenzverwalter und Führungskräften	711
2. Steuerungsinformationen	711
C. Fazit	714

6. Teil. Vertragsbeziehungen in der Insolvenz

§ 20. Einführung	719
A. Die Wirkung der Insolvenzeröffnung auf Verträge allgemein	720
B. Wahlrecht oder Kündigung	720
C. Von §§ 103–119 InsO nicht geregelte Verträge	722
§ 21. Gegenseitige nicht vollständig erfüllte Verträge, §§ 103–107 InsO	723
A. Die Grundnorm § 103 InsO	723
I. Problem: die Einrede des nichterfüllten Vertrages	724
II. Voraussetzungen des § 103 InsO	725
1. Gegenseitigkeit des Vertrages	725
2. Beidseitigkeit der nicht erfüllten Leistungen	726
3. Unvollständigkeit der Leistungen	727
III. Die Rechtswirkungen des Wahlrechts	728
1. Insolvenzverwalter wählt Nichterfüllung	728
2. Insolvenzverwalter wählt Erfüllung	729
3. Insolvenzverwalter schweigt	731
4. Zusammenfassung	731
5. Sicherungsrechte Dritter	732
6. Aufrechnung durch Vertragspartner	733
7. Lösung der Musterfälle	734
IV. Ausübung des Wahlrechts	735
1. Allgemeines	735
2. Zeitpunkt der Erfüllungswahl	736
3. Form der Verwaltererklärung	737
B. Fixgeschäfte und Finanztermingeschäfte, § 104 InsO	737
I. Die unter § 104 InsO fallenden Verträge	737
II. Weitere Voraussetzungen	738
III. Rechtsfolge: Einschränkung des Wahlrechts	738
C. Teilbare Leistungen, § 105 InsO	738
I. Die Wirkungsweise des § 105 InsO	738
II. Die unter § 105 InsO fallenden Verträge	738
III. Erfüllungsablehnung durch Verwalter	740
IV. Verwalter wählt Erfüllung	740
1. Konsequenzen aus der Erfüllungswahl	740
2. Verbleibende Rechte des Vertragspartners	740

Inhaltsverzeichnis

D. Durch Vormerkung gesicherter Erfüllungsanspruch, § 106 InsO 741
   I. Allgemeine Voraussetzungen 741
   II. Begriff der Vormerkung 741
   III. Rechtsfolge: Einschränkung des Wahlrechts 743
   IV. Hinweise für die Abwicklungspraxis 744

E. Kauf und Verkauf unter Eigentumsvorbehalt, § 107 InsO 745
   I. Allgemeine Voraussetzungen 745
      1. Kaufvertrag 745
      2. Bewegliche Sache 745
      3. Besitzübergang erfolgt 745
   II. Schuldner als Verkäufer, § 107 Abs. 1 InsO 746
      1. Schutz des Anwartschaftsrechts des Käufers 746
      2. Wechselwirkung mit § 103 746
   III. Schuldner als Käufer, § 107 Abs. 2 InsO 747
      1. Grundsätzlich gilt: Wahlrecht des Verwalters gem. § 103 747
      2. Aber: Entscheidung erst nach dem Berichtstermin 748
      3. Ausnahme: leicht verderbliche Ware 749

§ 22. Dauerschuldverhältnisse 750

A. Regelungsinhalt und systematische Stellung des § 108 InsO 750
   I. Die Grundnorm § 108 InsO 750
   II. Anwendungsbereich des § 108 InsO 751
      1. Miet- und Pachtverhältnisse über unbewegliche Gegenstände oder Räume 751
      2. Bewegliche Gegenstände oder Rechte, § 108 Abs. 1 S. 2 InsO ... 752
      3. Dienstverhältnisse 753
      4. Darlehensverträge 753
   III. Ansprüche des Vertragspartners aus der Zeit vor der Insolvenzeröffnung, § 108 Abs. 3 InsO 753
   IV. Absicherung durch § 119 InsO 754

B. Schuldner als Mieter oder Pächter von unbeweglichen Gegenständen oder Räumen, §§ 109, 112 InsO 754
   I. Dem Schuldner bei Eröffnung schon überlassene Miet- und Pachtobjekte, § 109 InsO 754
      1. Fortbestand des Miet- oder Pachtvertrages 754
      2. Absicherung des Fortbestandes des Miet- oder Pachtverhältnisses durch Kündigungssperre, § 112 InsO 756
      3. Sonderkündigungsrecht des Insolvenzverwalters 759
      4. Konsequenzen aus der Vertragsbeendigung für Insolvenzverwalter 763
   II. Dem Schuldner bei Eröffnung noch nicht überlassene Miet- und Pachtobjekte, § 109 Abs. 2 InsO 764
      1. Voraussetzungen 764
      2. Rücktrittsmöglichkeit für beide Vertragspartner 765
      3. Absicherung des § 109 InsO durch § 119 InsO 768

C. Der Schuldner als Vermieter oder Verpächter, §§ 110, 111 InsO 768
   I. Fortbestand des Miet- oder Pachtverhältnisses trotz Insolvenzeröffnung . 768
      1. Miet- bzw. Pachtzinsforderung zur Masse ziehen 769
      2. Gewährung vertragsgerechten Gebrauchs 771
   II. Zwangsverwaltung 772

    III. „Kalte" Zwangsverwaltung 773
    IV. Freigabe 774
    V. Kündigung des Miet- oder Pachtverhältnisses 774
    VI. Veräußerung von vermieteten oder verpachteten Immobilien, § 111 InsO 774
        1. Vorüberlegung: Miet- und Pachtverträge bei Versteigerung 774
        2. Voraussetzungen des § 111 InsO 775
        3. Erleichterte Kündigungsmöglichkeit für den Erwerber 776
        4. Schadensersatzanspruch des Mieters/Pächters 777
        5. Absicherung des § 111 InsO durch § 119 InsO 777

D. Dienstverhältnisse des Schuldners, § 113 InsO 777
    I. Der Schuldner als Dienstberechtigter = Arbeitgeber 777
    II. Der Schuldner als Dienstverpflichteter = Arbeitnehmer 778

§ 23. Aufträge, Geschäftsbesorgungsverträge und Vollmachten 778

A. Vorbemerkung 778

B. Die Regelungen in §§ 115–117 InsO 779
    I. Von §§ 115, 116 InsO erfasste Verträge 779
    II. Von § 117 InsO erfasste Vollmachten 779
    III. Automatisches Erlöschen durch Insolvenzeröffnung 780
    IV. Notgeschäftsführung (Eilgeschäfte), § 115 Abs. 2 InsO 780
        1. Voraussetzungen der Notgeschäftsführung 781
        2. Risiken für Auftragnehmer/Geschäftsbesorger 781
    V. Handeln in Unkenntnis der Insolvenzeröffnung (keine Eilgeschäfte) ... 782
    VI. Sonstiges Erlöschen von Vollmachten 782
    VII. Exkurs: Pflicht zur Herausgabe von Unterlagen an den Verwalter ... 783
    VIII. Absicherung der §§ 115–117 InsO durch § 119 InsO 783

C. Weitere Geschäftsführung in aufgelösten Gesellschaften, § 118 InsO ... 783

§ 24. Lösungsklauseln, § 119 InsO 784

A. Unwirksame Klauseln 785

B. Sonderfall: § 8 Nr. 2 Abs. 1 VOB/B 2000 785

C. Unbedenkliche Klauseln 786

7. Teil. Die Stellung der Kreditinstitute im Insolvenzverfahren

§ 25. Bankenverhalten/Bankengeschäfte im Vorfeld einer Kundeninsolvenz ... 787

A. Einleitung 787

B. Bankverbindung vor Insolvenzantrag 788
    I. Bestandsaufnahme 788
    II. Rechtliche Risiken bei außergerichtlicher Sanierung 789
        1. Stillhalten 789
        2. Einräumung neuer Kredite 790
        3. Knebelung des Schuldners, insbesondere faktische Übernahme der Geschäftsführung 792
        4. Sonstiges 792
    III. Einflussnahme auf den Zahlungsverkehr 794

Inhaltsverzeichnis

IV. Insolvenzantragstellung durch die Bank	794
1. Wirtschaftliche Überlegungen	795
2. Rechtliche Voraussetzungen	796
3. Sonstige Einflussfaktoren	796
V. Veräußerung notleidender Kredite	797

§ 26. Bankenverhalten/Bankengeschäfte in der Kundeninsolvenz ... 798

A. Bankverbindung im Eröffnungsverfahren	798
I. Allgemeines	798
II. Sofortmaßnahmen der Bank nach Antragstellung	799
1. Feststellung der Geschäftsverbindung	799
2. Kontosperre	799
3. Auskunft an den vorläufigen Insolvenzverwalter	800
III. Geschäftsbeziehung im Eröffnungsverfahren	801
1. Allgemeines	801
2. Neugeschäft, insbesondere Kreditierung	806
IV. Widerspruch des Insolvenzverwalters im Lastschrifteinzugsverfahren	809
1. Konsequenzen der gesetzlichen Neuregelung der §§ 675c ff. BGB	809
2. Konsequenzen für die Bankpraxis	809
B. Bankverbindung im eröffneten Verfahren	810
I. Regelabwicklung	810
1. Allgemeines	810
2. Sicherheitenverwertung in der Regelabwicklung	814
II. Planverfahren	824
1. Mögliche Auswirkungen von Insolvenzplänen auf die Position der Bank	825
2. Begleitung eines Insolvenzplanverfahrens durch die Bank	827
III. Verbraucherinsolvenzverfahren/Restschuldbefreiungsverfahren	829
1. Außergerichtliche Schuldenbereinigung	830
2. Gerichtliche Schuldenbereinigung	831
3. Insolvenzverfahren	834
4. Restschuldbefreiung	834

8. Teil. Arbeits- und Sozialrecht in der Insolvenz

§ 27. Individualarbeitsrecht	837
A. Einleitung	837
B. Das Arbeitsverhältnis in der Insolvenz	838
I. Allgemeines	838
II. Auswirkungen der Insolvenzeröffnung auf das Arbeitsverhältnis	839
III. Arbeitsrechtliche Stellung des vorläufigen Insolvenzverwalters	841
1. Vorläufige Insolvenzverwaltung bei Anordnung eines allgemeinen Verfügungsverbots	841
2. Vorläufige Insolvenzverwaltung ohne Anordnung eines allgemeinen Verfügungsverbots	843
IV. Rangordnung der Arbeitnehmeransprüche im System der InsO	844
1. Allgemeines	844
2. Ansprüche aus dem Arbeitsverhältnis im Einzelnen	845

C. Beendigung des Arbeitsverhältnisses in der Insolvenz 855
   I. Allgemeines 855
   II. Einvernehmliche Aufhebung des Arbeitsverhältnisses 856
   III. Beendigungskündigung 857
      1. Kündigungserklärung und Zugang 857
      2. Kündigungsfrist 859
      3. Betriebsratsanhörung 861
      4. Kündigungsrechtliche Stellung der Organvertreter der Schuldnerin 864
   IV. Allgemeiner Kündigungsschutz in der Insolvenz 864
      1. Allgemeines/Kündigungsgrund 864
      2. Betriebsbedingte Kündigung 865
      3. Prozessuale Grundsätze zu Betriebsstilllegung und Betriebsübergang 872
      4. Personenbedingte Kündigung 875
      5. Verhaltensbedingte Kündigung 876
      6. Außerordentliche Kündigung 877
      7. Änderungskündigung 878
   V. Besonderer Kündigungsschutz in der Insolvenz 880
      1. Mutterschutz und Elternzeit 880
      2. Schwerbehindertenschutz 882
      3. Schutz der Betriebsverfassungsorgane 886
      4. Weitere Arbeitsverhältnisse mit besonderem Kündigungsschutz 891
   VI. Befristetes Arbeitsverhältnis 891
      1. Befristung ohne Sachgrund 891
      2. Befristung mit Sachgrund 891
      3. Ende des befristeten Arbeitsverhältnisses 892
   VII. Ausbildungsverhältnis 892

D. Anzeigepflicht des Insolvenzverwalters im Rahmen von Massenentlassungen ... 893
   I. Allgemeines 893
   II. Anwendungsbereich der Massenentlassungsvorschriften 894
      1. Betrieblicher Geltungsbereich 894
      2. Maßgebliche Größenordnung 894
      3. Persönlicher Geltungsbereich 895
      4. Zeitraum der Entlassungen 896
      5. Entlassung und gleichgestellte Beendigungstatbestände 896
   III. Erstattung der Massenentlassungsanzeige 898
      1. Zeitpunkt, Form und Adressat 898
      2. Inhalt und Anlagen 898
   IV. Rechtsfolgen der Anzeige 899
      1. Sperrfrist und Freifrist 899
      2. Un-/Wirksamkeit der Anzeige und Verhältnis zum Individualkündigungsschutz 900

§ 28. Kollektives Arbeitsrecht 901

A. Betriebsverfassungsrechtliche Aspekte der Insolvenz 901
   I. Betriebsverfassung in der Insolvenz 901
      1. Grundlegendes 901
      2. Das Einigungsstellenverfahren 907
      3. Betriebsvereinbarungen in der Insolvenz 908
   II. Interessenausgleich in der Insolvenz 912
      1. Grundlegendes 912
      2. Der Interessenausgleich 912

3. Arten des Interessenausgleichsverfahrens, Allgemeines 927
4. Rechtsmittel gegen die Entscheidung des Arbeitsgerichtes; Verhältnis zu §§ 125 und 126 InsO 946
III. Betriebsänderung ohne Interessenausgleich 948
  1. Maßnahmen ohne Interessenausgleich trotz Verpflichtung 948
  2. Inhalt der Nachteilsausgleichsansprüche 949
  3. Abweichung von einem Interessenausgleich 950
  4. Betriebsänderung und der vorläufige Insolvenzverwalter 951
  5. Unterlassungsanspruch des Betriebsrates 952
IV. Insolvenzsozialplan 953
  1. Grundlagen, Begriff und Inhalt des Sozialplanes 953
  2. Erzwingbarkeit eines Sozialplanes gemäß § 112a BetrVG 958
  3. Sozialplanprivileg neugegründeter Unternehmen 959
  4. Begrenzung des Sozialplanvolumens in der Insolvenz 960
  5. Sozialplan vor Insolvenzeröffnung, § 124 InsO 965
V. Besondere Beschlussverfahren zur Vereinheitlichung und Beschleunigung der Durchsetzung von Betriebsänderungen 968
  1. Besonderes Beschlussverfahren zum Kündigungsschutz gemäß § 126 InsO 968
  2. Verfahrensbeteiligte 969
  3. Entscheidung des Gerichtes 970
  4. Bindungswirkung, § 127 InsO 971
  5. Anhörung des Betriebsrates nach Durchführung des Verfahrens gemäß § 126 InsO 972
  6. Betriebsveräußerung in der Insolvenz 972
  7. Wirkung des § 128 InsO 974

B. Übertragende Sanierung; § 613a BGB; Möglichkeiten des SGB III 974
  I. Der Betriebsübergang in der Insolvenz gemäß § 613a BGB 974
    1. Normzweck und Anwendbarkeit des § 613a BGB in der Insolvenz 974
    2. Geltungsbereich der Norm 975
    3. Tatbestand der Norm des § 613a BGB 975
    4. Haftungsrechtliche Besonderheiten in der Insolvenz 981
    5. Rechtsfolgen 981
    6. Widerspruchsrecht des Arbeitnehmers 983
  II. Transfergesellschaften 985
    1. Grundlagen des Modells 985
    2. Voraussetzungen zur Gewährung von Transferkurzarbeitergeld 987
    3. Wirtschaftliche Betrachtung des Modells Transfergesellschaft 988
    4. Abwägungsgedanken zu dem gesetzlichen Modell des § 216b SGB III 990
    5. Die Transfergesellschaft und § 613a BGB 991
  III. Transfermaßnahmen iSv § 110 SGB III 993
    1. Grundlegendes 993
    2. Wesentliche Anspruchsvoraussetzungen § 110 SGB III 993
    3. Höhe der Zuschüsse 994
    4. Gleichzeitige Anwendung der §§ 110, 111 SGB III 994

C. Anhang 995
  I. Anlage 1 995
  II. Anlage 2 999
  III. Anlage 3 1005

§ 29. Insolvenzgeld 1009

A. Vorbemerkung 1010

B. Allgemeine Einführung 1011

C. Entwicklung des Insolvenzgeldes 1011

D. Gemeinschaftsrechtliche Aspekte 1012

E. Anspruchsvoraussetzungen 1014
- I. Begriff des Arbeitnehmers/der Arbeitnehmerin und des Arbeitgebers 1015
  1. Arbeitnehmer/Arbeitnehmerin 1015
  2. Arbeitgeber 1016
  3. Einzelfragen 1016
- II. Insolvenzereignis 1019
  1. Eröffnung des Insolvenzverfahrens 1019
  2. Abweisung mangels Masse 1020
  3. Vollständige Beendigung der Betriebstätigkeit 1020
  4. Sperrwirkung 1022
  5. Neues Insolvenzereignis nach wiederhergestellter Zahlungsfähigkeit .. 1023
  6. Aufhebung eines Eröffnungsbeschlusses 1023
- III. Insolvenzgeld-Zeitraum 1024
  1. Beendigung des Arbeitsverhältnisses 1025
  2. Bestimmung des individuellen Insolvenzgeld-Zeitraums 1026
- IV. Arbeitsentgelt-Ansprüche im Sinne des Insolvenzgeldes 1027
  1. Arbeitsentgelt-Ansprüche (Überblick) 1028
  2. Beitragszuschüsse des Arbeitgebers 1029
  3. Schadensersatz- und Entschädigungsansprüche 1029
  4. Schadensersatzansprüche iZm Kurzarbeiter- oder Wintergeld 1029
  5. Nebenforderungen 1029
  6. Entgeltumwandlung 1030
- V. Insolvenzgeld-Anspruch bei Arbeitnehmerüberlassung 1030
- VI. Insolvenzgeld-Anspruch des Erben 1031
- VII. Zuordnung der Arbeitsentgeltansprüche zum Insolvenzgeld-Zeitraum 1032
  1. Laufendes Arbeitsentgelt 1032
  2. Flexible Arbeitszeitregelung nach § 7 Abs. 1a SGB IV 1033
  3. Sonstige flexible Arbeitszeitregelungen 1033
  4. Sonderzuwendungen 1034
  5. Anteilige Berücksichtigung 1034
  6. Volle Berücksichtigung 1034
  7. Festlegung eines Auszahlungszeitpunkts 1035
  8. Urlaubsgeld 1035
  9. Provisionsansprüche 1035
  10. Zielvereinbarungen 1036
- VIII. Sachverhalte mit Auslandsberührung 1036

F. Anspruchsausschluss 1037
- I. Ansprüche wegen der Beendigung des Arbeitsverhältnisses 1037
- II. Ansprüche für die Zeit nach Beendigung des Arbeitsverhältnisses 1038
- III. Anfechtbare Arbeitsentgeltansprüche 1038
- IV. Erstattungspflicht 1040

G. Höhe des Insolvenzgeldes 1040
- I. Ermittlung der steuerlichen Abzüge 1042
- II. Fiktive Steuerberechnung 1043

Inhaltsverzeichnis

III. Ermittlung der Sozialversicherungsbeiträge ... 1044
IV. Abschlagszahlungen des Arbeitgebers ... 1044
V. Leistungen, die der Arbeitnehmer nicht mehr beanspruchen kann ... 1045
   1. Anderweitiges Arbeitsentgelt ... 1045
   2. Übergegangene Arbeitsentgeltansprüche ... 1046
   3. Aufrechnung ... 1046
   4. Vorschuss ... 1046

H. Forschussregelungen ... 1047
  I. Vorschuss vor Eintritt des Insolvenzereignisses ... 1048
    1. Höhe des Vorschusses ... 1049
    2. Glaubhaftmachung ... 1049
    3. Überzahlung ... 1050
  II. Vorschuss nach Eintritt des Insolvenzereignisses ... 1050
  III. Vorläufige Entscheidung ... 1051

I. Insolvenzgeldanspruch Dritter ... 1051
  I. Abtretung des Arbeitsentgeltanspruchs ... 1052
  II. Erwerb eines Pfandrechts am Arbeitsentgeltanspruch ... 1053
  III. Erwerb des Insolvenzgeldanspruchs ... 1053
  IV. Kollektive Vorfinanzierung (Anspruchsausschluss) ... 1054
    1. Zustimmung der Agentur für Arbeit ... 1055
    2. Prognoseentscheidung ... 1055
    3. Erhaltung von Arbeitsplätzen ... 1056
    4. Dauerhaftigkeit ... 1057
    5. Indizien für dauerhaften Arbeitplatzerhalt ... 1057
    6. Beschränkte Zustimmung ... 1058
    7. Verfahren ... 1058

J. Zahlung von Pflichtbeiträgen bei Insolvenzereignis ... 1059
  I. Beitragsanspruch, Beitragsnachweis ... 1060
  II. Ende der Versicherungspflicht ... 1060
  III. Nebenforderungen ... 1061
  IV. Beitragsanspruch bei Arbeitnehmerüberlassung ... 1061
  V. Beitragszahlungszeitraum ... 1062
  VI. eiträge, die auf Einmalzahlungen entfallen ... 1062
  VII. Konkurrierende Beitragspflichten ... 1063
  VIII. Meldeverfahren ... 1063
    1. Allgemeines ... 1063
    2. Abgabegründe ... 1064
    3. Weiterbeschäftigung ... 1064
  IX. Beantragung des Gesamtsozialversicherungsbeitrags ... 1064

K. Verfahren bei der Inanspruchnahme des Insolvenzgeldes durch Arbeitnehmer oder Dritte ... 1066
  I. Antragsverfahren ... 1067
    1. Sammelanträge ... 1067
    2. Benutzung von Vordrucken ... 1068
    3. Zuständigkeit ... 1068
    4. Anspruchsübergang ... 1068
  II. Ausschlussfrist ... 1069
    1. Fristberechnung ... 1069
    2. Versäumung der Anschlussfrist ... 1070
  III. Örtlich zuständige Agentur für Arbeit ... 1072

IV. Auskunfts- und Bescheinigungspflicht ... 1074
   1. Auskunftspflicht ... 1074
   2. Insolvenzgeldbescheinigung ... 1075
   3. Berechnungs- und Auszahlungspflicht ... 1076
V. Untersuchungsgrundsatz ... 1076
VI. Bescheide, Rechtsbehelfe, Auszahlungsverfahren ... 1077
   1. Bescheide und Rechtsbefehle ... 1077
   2. Auszahlungsverfahren ... 1078

L. Anspruchsübergänge ... 1078
   I. Anmeldung der übergegangenen Ansprüche im Insolvenzverfahren ... 1079
   II. Geltendmachung der Masseverbindlichkeiten ... 1079
      1. Nach Eröffnung entstandene Ansprüche ... 1079
      2. Vor Eröffnung entstandene Ansprüche ... 1080
      3. Realisierung ... 1080
      4. Keine Verfahrenseröffnung ... 1081
   III. Geltendmachung übergegangener Ansprüche außerhalb des Insolvenzverfahrens ... 1082
   IV. Ansprüche gegen Dritte (Haftung der Gesellschafter, Schadensersatzansprüche) ... 1082
   V. Anwendung des § 613a BGB ... 1085
      1. Haftungssituation ... 1087
      2. Beispiel für eine Haftungssituation in der Praxis ... 1087
      3. Umgehungsgeschäfte ... 1088
   VI. Progressionsvorbehalt, steuerliche Behandlung der Arbeitsentgeltansprüche ... 1089
   VII. Aufbringung der Mittel (Umlage) ... 1090

M. Vergleich, Stundung und Forderungsverzicht ... 1091
   I. Vergleich ... 1091
   II. Stundung einer Forderung ... 1092
      1. Erhebliche Härte ... 1092
      2. Keine Gefährdung der Forderung ... 1092
   III. Erlass einer Forderung ... 1092

N. Gleichwohlgewährung von Arbeitslosengeld ... 1093

§ 30. Betriebliche Altersversorgung in der Insolvenz ... 1093

A. Allgemeines ... 1094
   I. Stand der betrieblichen Alterssicherung ... 1094
   II. Der Pensions-Sicherungs-Verein als Träger der gesetzlichen Insolvenzsicherung (§ 14 BetrAVG) ... 1095
   III. Notwendigkeit zur Insolvenzsicherung ... 1096

B. Der Anspruch auf Insolvenzsicherung (§ 7 BetrAVG) ... 1096
   I. Begriff der betrieblichen Altersversorgung ... 1096
      1. Betriebliche Altersversorgung ... 1096
      2. Anspruchsgrundlagen ... 1097
      3. Durchführungswege ... 1097
      4. Zusageformen ... 1098
      5. Finanzierung der betrieblichen Altersversorgung ... 1099
      6. Form der Leistungen ... 1101

Inhaltsverzeichnis

II. Insolvenzgesicherte Durchführungswege	1101
1. Allgemeines	1101
2. Unmittelbare Versorgungszusage	1101
3. Mittelbare Versorgungszusagen	1102
III. Der Sicherungsfall	1108
1. Allgemeines	1108
2. Die einzelnen Sicherungsfälle	1109
IV. Nicht-Erfüllung der Versorgungsansprüche	1111
1. Nicht-Erfüllung	1111
2. Exkurs: Auswirkung der Insolvenz des Arbeitgebers auf Versorgungsansprüche	1112
V. Insolvenzgesicherte Versorgungsrechte	1114
1. Bei Eintritt des Sicherungsfalls bestehende Versorgungsansprüche (§ 7 Abs. 1 BetrAVG)	1114
2. Nach Eintritt des Sicherungsfalls entstehende Versorgungsansprüche (§ 7 Abs. 2 BetrAVG)	1116
VI. Höhe der der gegen den PSVaG gerichteten Ansprüche	1119
1. Grundsatz	1119
2. Höchstgrenzen der gegen den PSVaG gerichteten Ansprüche	1120
3. Anpassung von Versorgungsleistungen und -anwartschaften	1121
4. Anzurechnende Leistungen	1121
5. Einschränkungen im Katastrophenfall	1122
VII. Versicherungsmissbrauch (§ 7 Abs. 5 BetrAVG)	1122
VIII. PSVaG und Insolvenzplan (§§ 7 Abs. 4 S. 2–5, 9 Abs. 4 BetrAVG)	1124
IX. Übergang von Versorgungsverpflichtungen nach § 613a BGB	1126
1. Grundsatz	1126
2. Betriebsübergang in der Insolvenz	1126
3. Betriebsveräußerung vor Insolvenz	1128
X. Kein gesetzlicher Insolvenzschutz für Unternehmerpensionszusagen (§ 17 BetrAVG)	1128
XI. Private Insolvenzsicherung von Versorgungszusagen	1129
1. Rückdeckungsversicherungen	1129
2. Treuhandvereinbarungen	1131
C. Übertragung der Leistungspflicht und Abfindung (§ 8 BetrAVG)	1131
I. Übertragung der Leistungspflicht (§ 8 Abs. 1 BetrAVG)	1131
II. Abfindung von Kleinstrenten und -anwartschaften durch den PSVaG (§ 8 Abs. 2 BetrAVG)	1132
D. Mitteilungspflicht des PSVaG; Anspruchs- und Vermögensübergang (§ 9 BetrAVG)	1132
I. Mitteilungspflicht des PSVaG (§ 9 Abs. 1 BetrAVG)	1132
II. Gesetzlicher Forderungsübergang (§ 9 Abs. 2 BetrAVG)	1133
III. Vermögensübergang bei Unterstützungskassen und Pensionsfonds (§ 9 Abs. 3 und 3a BetrAVG)	1135
E. Beitragspflicht und Beitragsbemessung (§§ 10, 30i BetrAVG)	1136
I. Beitragserhebung durch den PSVaG als beliehenem Unternehmer (§ 10 Abs. 1 BetrAVG)	1136
II. Beitragsaufkommen und Beitragsbemessung (§ 10 Abs. 2 und 3 BetrAVG)	1137
III. Einmalbetrag gem. § 30i BetrAVG	1137
IV. Säumniszuschläge und Verzinsung (§ 10a Abs. 1 und 2 BetrAVG)	1138

V. Zwangsvollstreckung (§ 10 Abs. 4 BetrAVG) 1138
VI. Verjährung (§ 10a Abs. 4 BetrAVG) 1138

F. Mitwirkungspflichten; Ordnungswidrigkeiten; Verschwiegenheitspflicht (§§ 11, 12 und 15 BetrAVG) 1139

G. Insolvenz des Versorgungsberechtigten 1139

9. Teil. Gesellschaftsrecht in der Insolvenz

§ 31. Gesellschaftsrechtliche Folgen der Insolvenz 1145

A. Einleitung 1145

B. Kapitalgesellschaften 1146
    I. Kapitalaufbringung und Kapitalerhaltung 1146
        1. Kapitalaufbringung 1146
        2. Kapitalerhaltung 1156
    II. Gesellschafterleistungen 1157
        1. Nachrang 1157
        2. Anfechtungen von Befriedigung auf Darlehen und gleichgestellte Forderungen 1159
        3. Gebrauchsüberlassung 1160
        4. Einbeziehung von Dritten 1163
    III. Vertretungsorgane der Gesellschaft in der Insolvenz 1165
        1. Stellung im Verfahren 1165
        2. Pflichten der Vertretungsorgane 1166
    IV. Die Gesellschafter in der Insolvenz 1169
        1. Führungslosigkeit von Gesellschaften 1169
        2. Insolvenzantragspflicht 1170

C. Personengesellschaften 1170
    I. Konstellationen einer Insolvenz 1171
        1. Alleinige Gesellschaftsinsolvenz 1171
        2. Doppelinsolvenz 1171
        3. Alleinige Gesellschafterinsolvenz 1171
    II. Forderungen der Insolvenzmasse bei Gesellschaftsinsolvenz 1172
        1. Einlage 1172
        2. Nachschusspflicht 1173
        3. Gesellschafterhaftung 1174

§ 32. Grundsätzliches zur Konzern- bzw. Gruppeninsolvenz 1176

A. Einleitung 1176

B. Arten von Konzernen und Konzernstrukturen 1177
    I. Betriebswirtschaftliche Betrachtung 1177
    II. Rechtliche Betrachtung 1179
        1. Konzern im aktienrechtlichen Sinne 1179
        2. Konzern im handelsrechtlichen Sinne 1180
        3. Unternehmensgruppe im Sinne des § 3e InsO-E 1181
    III. Weitere konzernimmanente Verhältnisse 1181
    IV. Schlussfolgerung für die Vorbereitung und Durchführung einer Konzerninsolvenz 1182

C. Zu den Einzelaspekten der Konzern- bzw. Gruppeninsolvenz 1184

Inhaltsverzeichnis XLIII

§ 33 Haftung der Organe, Gesellschafter und handelnde Personen 1185

A. Haftung der Leitungsorgane 1185
   I. Die Innenhaftung der Leitungsorgane 1186
     1. Haftung wegen falscher Angaben bei Gründung oder Kapitalerhöhung 1186
     2. Pflicht zur Erhaltung des Kapitals 1186
     3. Pflicht zur Anzeige des hälftigen Verlusts des Kapitals 1187
     4. Pflicht zur ordnungsgemäßen Geschäftsführung 1187
     5. Haftung für Zahlungen bei verspäteter Insolvenzantragstellung 1190
     6. Haftung wegen Herbeiführung der Zahlungsunfähigkeit 1192
   II. Außenhaftung der Leitungsorgane 1193
     1. Haftung wegen Insolvenzverschleppung 1193
     2. Haftung für Sozialversicherungsbeiträge und Steuerschulden 1194
     3. Sonstige Anspruchsgrundlagen 1195

B. Haftung anderer Organe 1196
   I. Haftung des Aufsichtsrats wegen Pflichtverletzung 1196
   II. Insolvenzverschleppungshaftung des Aufsichtsrats und der Gesellschafter 1197
   III. Existenzvernichtungshaftung der Gesellschafter 1198
   IV. Weitere Ansprüche aus Innenhaftung der Gesellschafter 1199
   V. Außenhaftung der Gesellschafter 1200

10. Teil. Rechnungslegung und Steuerrecht in der Insolvenz

§ 34. Buchführung, Rechnungslegung 1201

A. Normierte Pflichten zur Rechnungslegung in der InsO 1201

B. Gültigkeit der allgemeinen Rechnungslegungsvorschriften 1202

C. Rechnungslegungspflichten 1205

D. Dokumentation und Prüfung 1207

E. Offenlegung 1208

F. Nebeneffekte 1208

G. Sicherstellen der Daten 1208

§ 35. Steuern in der Insolvenz 1209

A. Zusammenspiel von Steuerrecht und Insolvenzrecht 1209
   I. Gibt es ein Insolvenzsteuerrecht? 1209
   II. Insolvenzforderung oder Masseverbindlichkeit 1210
   III. Der § 55 InsO 1210

B. Geltendmachung der Abgabenansprüche 1212
   I. Vor Anordnung der vorläufigen Insolvenzverwaltung begründete Steuern 1212
   II. Verwaltungsakte gegen die Insolvenzmasse 1216
   III. Aufrechnung und Verrechnung 1218

C. Verpflichtung zu Rechnungslegung und Steuerdeklaration 1219
  I. Rechnungslegung 1219
  II. Steuerdeklaration 1219

D. Umsatzsteuer 1222
  I. Vorbemerkung 1222
  II. Umsatzsteuerliche Stellung des Unternehmens 1223
  III. Umsatzsteuerberichtigung wegen rechtlicher Uneinbringlichkeit offener Forderungen 1223
  IV. Berichtigungen beim Vorsteuerabzug aus offenen Eingangsrechnungen 1225
  V. Weitere Anlässe für eine Berichtigungen beim Vorsteuerabzug 1226
  VI. Kostenbeiträge und Umsatzsteuer 1227
  VII. Verwertung von Sicherungsgut 1228
  VIII. Verwertung von zur Sicherheit abgetretener Forderungen 1230
  IX. Waren unter Eigentumsvorbehalt 1231
  X. Umsatzsteuer-Organschaft in der Insolvenz 1231
  XI. Anrechnung der Umsatzsteuer-Sondervorauszahlung 1233
  XII. Weitere Regelungen nach Verfahrenseröffnung 1234

E. Einkommensteuer 1234

F. Körperschaftsteuer 1238

G. Gewerbesteuer 1240

H. Grunderwerbsteuer 1240

J. Grundsteuer 1241

K. Kraftfahrzeugsteuer 1241

L. Steuerabzug bei Bauleistungen 1242

M. Lohnsteuer 1243

N. Insolvenzspezifische Arbeitnehmersachverhalte 1246

O. Steuerliche Nebenleistungen 1247

P. Steuerabzugsbeträge und Vorauszahlungen 1247

Q. Steuerliche Auswirkungen von Anfechtungen 1248

R. Steuerliche Aspekte in der Fortführungsplanung 1249

S. Steuerliche Aspekte der Unternehmenssanierung 1251
  I. Gibt es ein Sanierungssteuerrecht? 1251
  II. Sanierungsgewinne 1251
  III. Nutzung von Verlustvorträgen 1254
  IV. Leistungswirtschaftliche Sanierungsmaßnahmen 1254
  V. Zuführung von Fremdkapital – Zinsschranke 1255
  VI. Aufnahme neuer Gesellschafter 1255
  VII. Debt-to-Equity Transaktionen 1257
  VIII. Unternehmensnachfolge 1258

T. Kommunikation mit den Finanzbehörden 1258
  I. Klärung Steuerkonto 1258
  II. Verbindliche Auskunft 1259

W. Steuerliche Folgen für weitere Beteiligte 1260
    I. Anteile nach § 17 EStG 1260
    II. Betriebsaufspaltungen 1261
    III. Haftungsfolgen 1262

11. Teil. Öffentliches Recht in der Insolvenz

§ 36. Öffentlich-rechtliche Verantwortlichkeiten, Aufgaben und Befugnisse des Insolvenzverwalters 1263

A. Problemaufriss 1263
    I. Sichtweise des Insolvenzverwalters 1264
    II. Sichtweise der Behörde 1265
    III. Annäherung 1265

B. Öffentlich-rechtliche Verantwortlichkeiten 1266
    I. Verantwortlichkeiten im Allgemeinen 1266
        1. Verhaltensverantwortlichkeit 1266
        2. Zustandsverantwortlichkeit 1267
    II. Umweltrechtliche Verantwortlichkeiten im Besonderen 1268
        1. Betreiber bzw. Inhaber von Anlagen 1268
        2. Abfallerzeuger bzw. -besitzer 1272
        3. Verantwortlichkeit nach Bundes-Bodenschutzgesetz und deren Begrenzung 1274
    III. Insolvenzrechtliche Bedeutung der Verantwortlichkeiten 1276
        1. Insolvenzrechtliche Irrelevanz der abstrakten Polizeipflicht 1277
        2. Insolvenzrechtliche Relevanz der konkreten Polizeipflicht 1278
        3. Inanspruchnahme des vorläufigen Insolvenzverwalters 1288
        4. Mehrheit von Verantwortlichen 1289

C. Freigabe 1294
    I. Zulässigkeit der Freigabe 1295
    II. Ordnungsrechtliche Folgen der Freigabe 1296

D. Öffentlich-rechtliche Befugnisse 1300
    I. Personenbezogene Konzessionen 1300
    II. Sachkonzessionen 1302

E. Öffentliche Abgaben 1302

F. Rechtsschutzproblematik 1306
    I. Verwaltungsgerichtliches Verfahren 1307
    II. Verwaltungs- und Widerspruchsverfahren 1308
    III. Verwaltungsvollstreckung 1310

§ 37. Insolvenzstrafrecht 1311

A. Allgemeines 1312
    I. Vorbemerkung 1312
    II. Die gesetzlichen Grundlagen des Insolvenzstrafrechts 1313
        1. Terminologie 1313
        2. Die wirtschaftliche Krise 1313
    III. Täterkreis 1315
        1. Gesetzlich Verantwortliche 1315

2. Faktische Organe ... 1316
3. Strafbarkeit von Beratern, Insolvenzverwaltern ua ... 1317
IV. Folgen von Insolvenzstraftaten ... 1318
 1. Amtsunfähigkeit ... 1318
 2. Restschuldbefreiung ... 1318
 3. Gewerberechtliche Unzuverlässigkeit ... 1319

B. Insolvenzverschleppung ... 1319
 I. Allgemeines ... 1319
 II. Strafbarkeit (vorwiegend am Beispiel der GmbH) ... 1321
  1. Täterkreis ... 1321
  2. Objektiver Tatbestand ... 1323
  3. Subjektiver Tatbestand und Irrtum ... 1326
  4. Rechtswidrigkeit und Unzumutbarkeit der Antragstellung ... 1327
  5. Konkurrenzen ... 1328
  6. Rechtsfolgen und Verjährung ... 1328

C. Bankrott ... 1329
 I. Allgemeines ... 1329
  1. Überblick und Systematik ... 1329
  2. Täterkreis ... 1330
  3. Krisensituation und Strafbarkeitsbedingung nach Abs. 6 ... 1332
  4. Rechtsfolgen ... 1333
 II. Vermögensschädigende Handlungen ... 1333
  1. Beiseiteschaffen und Verheimlichen von Vermögensbestandteilen (Abs. 1 Nr. 1) ... 1333
  2. Verlustgeschäfte und unwirtschaftliche Ausgaben (Abs. 1 Nr. 2) ... 1335
  3. Warenbeschaffung auf Kredit (Abs. 1 Nr. 3) ... 1335
  4. Vortäuschen von Rechten (Abs. 1 Nr. 4) ... 1335
  5. Sonstiges Verringern (Abs. 1 Nr. 8) ... 1336
 II. Buchführungsverstöße (§ 283 Abs. 1 Nr. 5 und 6) ... 1336
  1. Unterlassene oder unordentliche Buchführung, § 283 Abs. 1 Nr. 5 ... 1336
  2. Beiseiteschaffen und Verheimlichen von Handelsbüchern ... 1338
 III. Bilanzverstöße (Abs. 1 Nr. 7) ... 1338
  1. Bilanzierungspflicht ... 1338
  2. Tathandlung ... 1338
  3. Konkurrenzen ... 1341
 IV. Verhältnis zu Untreue ... 1341
 V. Subjektiver Tatbestand und Versuch ... 1342
  1. Vorsatz ... 1342
  2. Fahrlässigkeit ... 1342
  3. Versuch ... 1343
 VI. Besonders schwerer Fall ... 1343

D. Verletzung der Buchführungspflicht (§ 283b StGB) ... 1344

E. Gläubiger- und Schuldnerbegünstigung ... 1345
 I. Gläubigerbegünstigung ... 1345
  1. Objektiver Tatbestand ... 1345
  2. Subjektiver Tatbestand; Irrtum ... 1346
  3. Objektive Strafbarkeitsbedingung ... 1347
  4. Täterkreis ... 1347
  5. Versuch ... 1347
  6. Konkurrenzen; Sperrwirkung ... 1348

Inhaltsverzeichnis

II. Schuldnerbegünstigung 1349
   1. Tatbestand; Täterkreis 1349
   2. Sonstiges 1351

F. Betrug 1352
   I. Allgemeines 1352
   II. Tatbestandsverwirklichung 1353
      1. Täuschungshandlung 1353
      2. Irrtum 1354
      3. Vermögensverfügung 1354
      4. Vermögensschaden 1354
      5. Subjektiver Tatbestand; Vollendung 1356
   III. Täterschaft 1356
   IV. Besonders schwere Fälle 1357

G. Untreue 1357
   I. Allgemeines 1357
   II. Untreue in der Unternehmenskrise 1358
      1. Täter 1358
      2. Typische Tathandlungen 1359
      3. Einwilligung und Weisungen 1360
      4. Schaden 1361
      5. Subjektiver Tatbestand 1363

H. Sonstige Insolvenzstraftaten 1364
   I. Falsche Versicherung an Eides Statt 1364
   II. Unterschlagung 1365
   III. Kreditbetrug 1365
   IV. Vorenthalten und Veruntreuen von Arbeitsentgelt 1367
      1. Geschütztes Beitragsaufkommen 1367
      2. Tathandlung 1368
      3. Täterkreis 1370
   V. Steuerhinterziehung 1370

I. Auffang- und Sanierungsgesellschaften 1371
   I. Vorbemerkung 1371
   II. Freie Sanierung 1372
   III. Sanierung im Rahmen eines Insolvenzverfahrens 1373

J. Firmenbestattung 1374

L. Der Insolvenzverwalter als Täter 1375
   I. Verletzung von Pflichten 1376
      1. Insolvenzrechtliche Pflichten 1376
      2. Sonstige Pflichten 1376
   II. Eigennützige Verwertung der Masse 1377
   III. Straftaten bei Ausproduktion und übertragender Sanierung 1378
   IV. Honorarmanipulationen 1378

L. Strafbarkeit von Beratern 1379
   I. Buchführungsdelikte 1381
   II. Gläubigerbegünstigung 1382
   III. Betrug 1382
   IV. Insolvenzverschleppung 1383
   V. Sonstiges strafbares Verhalten 1383

M. Insolvenzstrafverfahren 1384
   I. Die Vorgehensweise der Ermittlungsbehörde 1384
      1. Einleitung von Ermittlungen; erste Schritte 1384
      2. Durchsuchung und Beschlagnahme 1384
      3. Bankermittlungen 1384
      4. Arrestanordnung 1385
      5. Weitere Ermittlungen 1386
      6. Adhäsionsverfahren 1387
      7. Anfechtung der Zahlung von Geldstrafen und Geldauflagen 1387
   II. Verhalten von Schuldner und Insolvenzverwalter 1387
      1. Mitwirkung des Schuldners 1387
      2. Verwendungsverbot von Angaben des Schuldners 1388
      3. Zusammenarbeit zwischen Ermittlungsbehörde und Gutachter oder
         Insolvenzverwalter 1389
   III. Rechtsschutz gegenüber Ermittlungsmaßnahmen 1391
      1. Durchsuchung und Beschlagnahme 1391
      2. Untersuchungshaft 1392

N. Vermeidung strafbaren Verhaltens 1393
   I. Vorbemerkung 1393
   II. Alphabetische Übersicht 1393

12. Teil. Internationales Insolvenzrecht

§ 38. Regelungsgegenstand und Rechtsquellen 1395

A. Regelungsgegenstand und Grundprinzipien 1395
   I. Regelungsgegenstand 1395
   II. Grundprinzipien 1396
   III. Internationales Verfahrens- und Privatrecht 1396

B. Rechtsquellen 1397
   I. Europäisches Insolvenzrecht 1397
      1. Europäische Insolvenzverordnung 1397
      2. Europäische Richtlinien 1401
   II. Staatsverträge 1402
      1. Österreich und Niederlande 1402
      2. Schweiz 1402
   III. Autonomes deutsches internationales Insolvenzrecht 1402
      1. Übersicht 1402
      2. Verhältnis zur EuIVO 1403

C. UNCITRAL – Modellgesetz 1404
   I. Zweck 1405
   II. Inhalt 1405

§ 39. Insolvenzverfahren mit Auslandsbezug 1406

A. Deutsche Insolvenzverfahren 1406
   I. Hauptinsolvenzverfahren 1406
      1. Haupt- und Partikularverfahren 1406
      2. Deutsche Gerichtsbarkeit 1406
      3. Internationale Zuständigkeit deutscher Insolvenzgerichte 1406

4. Anerkennung der Wirkungen des Insolvenzverfahrens im Ausland 1415
5. Veröffentlichung der Eröffnungsentscheidung, Insolvenzregister 1421
6. Anwendbares Recht 1422
7. Auslandsvermögen des Schuldners 1423
8. Abwicklung schwebender Verträge 1426
9. Aussonderung und Absonderung (dingliche Rechte Dritter) 1428
10. Aufrechnung 1431
11. Insolvenzanfechtung 1431
12. Insolvenzplan 1432
13. Restschuldbefreiung 1433
14. Rechtsstellung ausländischer Gläubiger 1433
II. Partikularverfahren 1437
   1. Übersicht 1437
   2. Zusicherung zur Vermeidung eines Sekundärinsolvenzverfahrens 1438
   3. Voraussetzungen für die Eröffnung eines Partikularverfahrens 1440
   4. Beschränkung der Verfahrenswirkungen auf das Inlandsvermögen 1443
   5. Die Koordination von Haupt- und Sekundärinsolvenzverfahren 1444

B. Ausländische Verfahren mit Inlandsbezug 1451
  I. Hauptverfahren 1451
   1. Überblick 1451
   2. Voraussetzungen und Grenzen der Anerkennung 1452
   3. Gegenstand der Anerkennung 1455
   4. Kein Anerkennungsverfahren, Vollstreckung 1455
   5. Wirkungen im Inland 1456
  II. Partikularverfahren 1460

C. Konzerninsolvenzen 1461
  I. Einführung 1461
   1. Übersicht und Normzweck 1461
   2. Wirtschaftlicher Hintergrund der Neuregelung 1461
   3. Bisherige Lösungsansätze 1462
  II. Unternehmensgruppe 1463
   1. Begriff 1463
   2. Grenzüberschreitender Bezug 1463
  III. Zusammenarbeit und Kommunikation 1464
   1. Verwalter 1464
   2. Gerichte 1466
   3. Kosten 1467
   4. Rechtsfolgen einer Pflichtverletzung 1467
  IV. Gruppen-Koordinationsverfahren 1468
   1. Überblick und Zweck 1468
   2. Einleitung des Verfahrens 1469
   3. Das eröffnete Koordinationsverfahren 1471

13. Teil. Insolvenz natürlicher Personen

§ 40. Verbraucherinsolvenz 1475

A. Einleitung 1475

B. Der persönliche Anwendungsbereich 1475
  I. Absicht des Gesetzgebers 1475

Inhaltsverzeichnis

II. Maßgeblicher Zeitpunkt	1476
III. Abgrenzung selbstständige- nichtselbstständige Tätigkeit	1476
IV. Zusatzvoraussetzungen für ehemals selbstständig Tätige	1476
1. Überschaubare Verhältnisse	1476
2. Keine Forderungen aus Arbeitsverhältnissen	1477
C. Antragsberechtigung	1477
I. Der Eigenantrag	1477
II. Der Fremdantrag	1477
III. Insolvenzantragspflicht	1477
D. Der Ablauf der Verbraucherinsolvenz	1478
I. Die außergerichtliche Schuldenbereinigung	1478
1. Gesetzliche Vorgaben	1478
2. Form des Plans	1478
3. Mitwirkung geeigneter Personen/Stellen – Beratungsleistung	1479
4. Scheitern des außergerichtlichen Schuldenbereinigungsverfahrens	1479
5. Keine Schutzwirkung des außergerichtlichen Schuldenbereinigungsverfahrens	1480
6. Praktische Durchführung	1480
II. Die Antragstellung bei Gericht	1480
1. Formularzwang	1480
2. Die Anforderungen des § 305 Abs. 1 InsO und die entsprechenden Formulare	1482
III. Das „Zwischenverfahren"	1484
1. Vollständigkeit und Rücknahmefiktion	1484
2. Fortsetzung des Verfahrens	1484
IV. Die gerichtliche Schuldenbereinigung	1485
1. Abstimmung über den Schuldenbereinigungsplan	1486
2. Abänderung des Schuldenbereinigungsplanes	1486
3. Ersetzung der Zustimmung	1486
4. Wirkungen des angenommenen Schuldenbereinigungsplanes	1487
5. Planerfüllung	1488
III. Das weitere Insolvenzeröffnungsverfahren	1488
1. Allgemeines	1488
2. Recht auf Rücknahme des Insolvenzantrages	1488
3. Amtsermittlung und Wegfall des Rechtsschutzbedürfnisses	1488
IV. Die Verfahrenskostendeckung und die Stundung der Verfahrenskosten	1489
1. Kostenvorschuss (§ 26 Abs. 1 Satz 2 InsO)	1489
2. Verfahrenskostenstundung, § 4a InsO	1489
3. Umfang und Wirkung der Stundung	1491
4. Aufhebung der Stundung	1491
5. Rechtsmittel	1492
E. Der Eröffnungsbeschluss und das weitere Verfahren	1492

§ 41. Restschuldbefreiung ... 1493

A. Allgemeines	1493
I. Ziele der Insolvenzordnung	1493
II. Möglichkeiten zur Schuldenbefreiung: Überblick	1493
1. Der Insolvenzplan (§§ 217ff. InsO)	1493
2. Schuldenbereinigung im Rahmen der Verbraucherinsolvenz	1494
3. Die eigentliche Restschuldbefreiung	1494

Inhaltsverzeichnis

III. Welches Verfahren für welchen Personenkreis? 1494
IV. Die Zuständigkeit innerhalb des Gerichts 1494

B. Der Antrag auf Restschuldbefreiung 1495
    I. Personenkreis 1495
    II. Antragserfordernis 1495
    III. Erklärung nach § 287 Abs. 1 S. 3 InsO 1495
    IV. Abtretung des pfändbaren Einkommens § 287 Abs. 2 InsO 1496
        1. Abtretungserklärung 1496
        2. Gegenstand der Abtretung 1496
        3. Inhalt und Wirksamkeit der Abtretung 1496
        4. Rechtsgeschäftliche Abtretungen oder Verpfändungen 1497

C. Die Eingangsentscheidung, § 287a InsO 1497
    I. Zulässigkeitsprüfung 1497
    II. Vorliegen von Versagungsgründen zum Zeitpunkt der Eingangsentscheidung 1498

D. Versagungsanträge bis zum Schlusstermin 1499
    I. Anhörung der Gläubiger 1500
    II. Versagungsanträge nach § 290 Abs. 1 InsO 1500
    III. Entscheidung über vorliegende Versagungsanträge 1500

E. Wohlverhaltensperiode 1501
    I. Beginn und Bedeutung der Wohlverhaltensphase 1501
    II. Der Treuhänder 1501
        1. Pflichtaufgaben (§ 292 Abs. 1 InsO) 1502
        2. Fakultative Aufgaben (§ 292 Abs. 2 InsO) 1502
        3. Haftung des Treuhänders 1502
        4. Vergütung des Treuhänders 1503
        5. Beginn/Ende des Amts 1503
        6. Aufsicht des Insolvenzgerichts 1503
    III. Verhalten und Obliegenheiten des Schuldners 1503
    IV. Versagung der Restschuldbefreiung in der Wohlverhaltensphase 1505
        1. Versagung wegen Verstoßes gegen Obliegenheiten, § 296 Abs. 1 InsO) 1505
        2. Versagung nach § 296 Abs. 2 S. 3 InsO 1506
        3. Versagung wegen Verurteilung des Schuldners aufgrund einer Insolvenzstraftat, § 297 InsO 1507
        4. Versagung wegen nachträglich bekannt gewordener Versagungsgründe des § 290 Abs. 1 InsO, § 297a InsO 1507
        5. Versagung wegen fehlender Mindestvergütung, § 298 InsO ... 1508

F. Erteilung der Restschuldbefreiung 1508
    1. Verfahren nach Ablauf der Regelfrist 1509
    2. Verfahren bei Verkürzung der Wohlverhaltensperiode und vorzeitiger Restschuldbefreiung 1510
    3. Sonderfall Asymetrische Verfahren: Fristablauf vor Aufhebung des Verfahrens 1510
    4. Wirkung des Beschlusses zur Erteilung oder Versagung der Restschuldbefreiung 1511

G. Widerruf der Restschuldbefreiung 1512
    I. Jahresfrist, § 303 Abs. 2 S. 1 1512

II. Gläubigerantrag 1512
III. Widerrufsgründe 1512
    1. § 303 Abs. 1 Nr. 1 InsO 1512
    2. § 303 Abs. 1 Nr. 2 InsO 1513
    3. § 303 Abs. 1 Nr. 3 InsO 1513
IV. Entscheidung des Gerichts 1513
VI. Rechtsfolge 1513

§ 42. Die Insolvenz des Freiberuflers 1513

A. Einleitung 1514
    I. Begriff des Freiberuflers 1514
    II. Häufige Insolvenzursachen 1514

B. Besondere Situation bei Freiberuflern 1515

C. Abgrenzung des Regel- vom Verbraucherinsolvenzverfahren 1516

D. Reichweite des Insolvenzbeschlages bei freiberuflicher Tätigkeit 1517

E. Fortführungsmöglichkeiten 1517
    I. Fortführung durch Eigenverwaltung des Schuldners 1518
    II. Fortführung durch Freigabe 1519
    III. Einstweilige Fortführung der Praxis eines Freiberuflers 1522

F. Veräußerbarkeit der Freiberuflerpraxis 1522

G. Freiberufler und Insolvenzplan 1522

H. Berufsrechtliche Folgen einer Insolvenz 1523

14. Teil. Sonderinsolvenzen

§ 43. Insolvenzplan 1525

A. Einleitung 1525

B. Praxisrelevanz des Insolvenzplans 1527
    I. Statistik 1527
    II. Ursachen der geringen Akzeptanz 1527
    III. Bedeutung des ESUG für den Insolvenzplan 1528

C. Planinhalt (§§ 219–230 InsO) 1529
    I. Darstellender Teil (§ 220 InsO) 1530
        1. Allgemeines 1530
        2. Gliederung 1530
        3. Vergleichsrechnung 1531
    II. Gestaltender Teil (§§ 221 ff. InsO) 1533
        1. Rechtsstellung der Beteiligten/Gruppenbildung 1534
        2. Weitere Regelungen 1538
        3. Aufbau des gestaltenden Teils 1538

D. Einzelne Planziele 1539
    I. Der Sanierungsplan 1540
        1. Ziel des Sanierungsplanes 1540
        2. Arbeitsverträge 1540

3. Sanierungsgewinn 1540
4. Eingriff in die Gesellschafterstellung 1542
5. Umwandlung von Forderungen in Anteils- oder Mitgliedschaftsrechte (dept-equity-swap) 1543
6. Sonstige gesellschaftsrechtliche Maßnahmen 1544
7. Kündigungsausschluss, § 225a Abs. 4 InsO 1544
8. Abfindung bei freiwilligem Austritt der Altgesellschafter (§ 225a Abs. 5 InsO) 1545
9. Aufbau des Sanierungsplanes 1545
II. Der Liquidationsplan mit übertragender Sanierung 1546
III. Der Liquidationsplan mit Ausproduktion 1546
IV. Sonstige Plangestaltungen 1546

E. Ablauf des Insolvenzplanverfahrens 1546
I. Initiativrechte (§ 218 Abs. 1 InsO) 1549
1. Vorlage durch den Schuldner 1549
2. Vorlage durch den (vorläufigen) Insolvenzverwalter 1550
3. Vorlage durch den (vorläufigen) Sachwalter 1551
4. Mitwirkung (§ 218 Abs. 3 InsO) 1551
II. Vorprüfung durch das Insolvenzgericht 1551
1. Amtsprüfung (§ 231 InsO) 1551
2. Stellungnahme (§ 232 InsO) 1552
3. Niederlegung (§ 234 InsO) 1553
III. Erörterungs- und Abstimmungstermin (§ 235 InsO) 1553
1. Erörterungstermin 1553
2. Abstimmungstermin 1554
IV. Zustimmung des Schuldners (§ 247 InsO) 1556
V. Planbestätigung (§§ 248 ff. InsO) 1556
1. Planbestätigung durch das Insolvenzgericht 1556
2. Minderheitenschutz 1556

F. Wirkungen des Insolvenzplans 1557
I. Rechtsänderungen (§§ 254–254b InsO) 1557
1. Rechtsstellungen der Beteiligten 1557
2. Willenserklärungen 1559
3. Gesellschaftsrechtliche Maßnahmen 1560
4. Verpflichtungserklärungen 1560
II. Weitere Wirkungen 1560
III. Vollstreckungstitel 1560

G. Der weitere Verfahrensablauf 1560
I. Aufhebung des Insolvenzverfahrens (§ 258 InsO) 1561
II. Überwachung (§§ 260 ff. InsO) 1561
1. Anordnung der Überwachung 1561
2. Aufgaben des Insolvenzverwalters/Sachwalters 1561
3. Aufhebung der Überwachung (§ 268 InsO) 1562

H. Der Insolvenzplan im Rahmen des Sanierungskonzepts 1562
I. Darstellen der Sanierungsfähigkeit: Abwandlung des Instrumentariums der Due-Diligence und der Jahresabschlussanalyse 1563
II. Historie der Unternehmenskrise als Basis 1563
III. Analysen als Basis der Sanierungsmaßnahmen 1564
1. Ausgangsbasis 1564
2. Operative Betrachtung 1566

3. Der Cash-flow als betriebswirtschaftliche Kenngröße 1567
4. Break-Even Betrachtung 1570
5. Gesamtkostenstruktur-Analyse 1572
6. Umsatzbereich 1573
7. Personalbereich 1575
8. Analyse der Vermögensstruktur 1577
9. Beispiel für die Analyse 1578
IV. Ableiten der Sanierungsmaßnahmen 1579
  1. Gläubigerbefriedigung lediglich als ein Element des Maßnahmenkatalogs 1579
  2. Maßnahmenableitung zur Sanierung auf Basis der Analyseergebnisse . 1580
  3. Bilden von konsistenten Annahmebündeln 1581
  4. Die Sanierungsmatrix 1582

I. Instrumente der Planerstellung 1583
  I. Grundkonzept der betrieblichen Planrechnung 1583
  II. Elemente einer vollständigen betrieblichen Planrechnung 1584
    1. Ergebnisplanung 1584
    2. Finanzplanung unter besonderer Berücksichtigung der Anforderungen an einen Insolvenzplan 1589
  III. Risikoanalyse 1592
  IV. Planbilanz 1595
  V. Iterative Vorgehensweise 1596
  VI. Laufende Projektarbeit 1597

J. Einsatz von Planungstools bei der Erstellung von Insolvenzplänen ... 1598
  I. Notwendigkeit integrierter Planungsmodelle 1598
  II. Basiselemente 1598
  III. Die Planungsbereiche 1601
  VI. Einige Gedanken zur Qualitätssicherung 1609

K. Anhang A: Checkliste Due Diligence 1610
  I. Rechtliche Verhältnisse 1610
  II. Technischer Betrieb 1610
  III. Kaufmännischer Betrieb 1612
  IV. Unternehmensplanung 1614

L. Anhang B: Sanierungskonzept 1615

§ 44. Die Eigenverwaltung 1622

A. Einführung 1622
  I. Das Wesen der Eigenverwaltung 1622
  II. orteile und gesetzgeberische Zielsetzung 1623
  III. Modifizierung durch das ESUG 1623
  IV. Aktuelle Entwicklungstendenzen 1624

B. Die Eigenverwaltung im eröffneten Verfahren 1625
  I. Die Voraussetzungen der Anordnung 1625
    1. Antragstellung 1625
    2. Keine zu erwartenden Nachteile für die Gläubiger 1627
  II. Mitwirkung des vorläufigen Gläubigerausschusses (§ 270 Abs. 3 InsO) 1629
  III. Auswahl und Bestellung des Sachwalters 1629

IV. Der Anordnungsbeschluss 1630
   1. Öffentliche Bekanntmachung 1630
   2. Rechtsmittel 1631
V. Die nachträgliche Anordnung der Eigenverwaltung (§ 271 InsO) 1631
   1. Antrag der Gläubigerversammlung 1631
   2. Zustimmung des Schuldners 1632
   3. Entscheidung des Gerichts und Rechtsmittel 1632
VI. Die Überleitung in die Regelinsolvenz (§ 272 InsO) 1632
   1. Aufhebung auf Antrag der Gläubigerversammlung, § 272 Abs. 1 Nr. 1 InsO 1633
   2. Aufhebung auf Antrag eines Gläubigers, § 272 Abs. 1 Nr. 2 InsO 1633
   3. Aufhebung auf Antrag des Schuldners, § 272 Abs. 1 Nr. 3 InsO 1633
   4. Entscheidung des Gerichts und Rechtsmittel 1634

C. Das Eröffnungsverfahren (§ 270a InsO) 1634
  I. Zugangsvoraussetzung 1634
  II. Problematik gerichtlicher Anordnungen 1636
   1. Keine Anordnung von Verfügungsverboten und Zustimmungsvorbehalt 1636
   2. Anordnung weiterer Sicherungsmaßnahmen 1636
   3. Einsetzung eines vorläufigen Gläubigerausschusses, § 22a Abs. 1, 2 InsO 1637
  III. Der vorläufige Sachwalter 1637
  IV. Die Begründung von Masseverbindlichkeiten 1638
  V. Die Entscheidung des Gerichts und Rechtsmittel 1639
   1. Öffentliche Bekanntmachung 1639
   2. Rechtsmittel 1639
  VI. Die Aufhebung der vorläufigen Eigenverwaltung 1640

D. Das Schutzschirmverfahren (§ 270b InsO) 1640
  I. Anordnungsvoraussetzungen 1641
   1. Rechtzeitiger Eröffnungsantrag 1641
   2. Keine Nachteile für die Gläubiger 1643
   3. Bescheinigung gemäß § 270b Abs. 1 S. 3 InsO 1644
   4. Sanierung nicht offensichtlich aussichtslos (§ 270b Abs. 1 S. 1 InsO) .. 1647
  II. Die Anordnungen im Einzelnen 1648
   1. Bestellung eines vorläufigen Sachwalters 1648
   2. Begründung von Masseverbindlichkeiten 1649
   3. Frist zur Vorlage eines Insolvenzplanes 1650
   4. Exkurs „Dual Track" 1651
   5. Sonstige Anordnungen 1651
  III. Die Entscheidung des Gerichts und Rechtsmittel 1652
   1. Öffentliche Bekanntmachung 1652
   2. Rechtsmittel 1653
  IV. Die Aufhebung des Schutzschirmverfahrens 1654
   1. Vorzeitige Aufhebung 1654
   2. Reguläre Aufhebung 1655

E. Rechte und Pflichten der Organe in der Eigenverwaltung 1657
  I. Allgemeines zur Kompetenzabgrenzung 1657
  II. Der Schuldner 1657
   1. Funktion und Rechtsstellung 1657
   2. Aufgaben und Befugnisse 1658
   3. Stellung des Schuldners im vorläufigen Verfahren 1662

III. Der Sachwalter 1664
   1. Funktion und Rechtsstellung 1664
   2. Aufgaben und Befugnisse 1665
   3. Stellung des vorläufigen Sachwalters im Eröffnungsverfahren 1669
IV. Die Organe der Gesellschaft 1670
   1. Die geschäftsführenden Organe 1670
   2. Die Überwachungsorgane (§ 276a InsO) 1671

F. Die Haftung der Beteiligten 1672
  I. Der Schuldner 1672
    1. Haftung des Schuldners nach Anordnung der Eigenverwaltung 1672
    2. Haftung des Schuldners im Eröffnungsverfahren 1673
  II. Die Organe des Schuldners 1673
    1. Haftung der Organe des Schuldners nach Anordnung der Eigenverwaltung 1673
    2. Haftung der geschäftsführenden Organe des Schuldners im Eröffnungsverfahren 1674
  III. Der (vorläufige) Sachwalter 1674
    1. Haftung des Sachwalters nach Anordnung der Eigenverwaltung 1674
    2. Haftung des vorläufigen Sachwalters im Eröffnungsverfahren 1675

G. Vergütung des (vorläufigen) Sachwalters 1675

§ 45. Besondere Vermögensmassen 1677

A. Insolvenzverfahren über das gemeinschaftlich verwaltete Gesamtgut 1677
  I. Güterstand der Gütergemeinschaft 1677
  II. Besonderheiten im Insolvenzverfahren über das gemeinschaftlich verwaltete Gesamtgut 1678
  III. Persönliche Haftung der Ehegatten 1679

B. Insolvenzverfahren über das Gesamtgut einer fortgesetzten Gütergemeinschaft 1679
  I. Fortgesetzte Gütergemeinschaft 1680
  II. Besonderheiten des Insolvenzverfahrens über das Gesamtgut der fortgesetzten Gütergemeinschaft 1680
  III. Persönliche Haftung des überlebenden Ehegatten und der Abkömmlinge 1681

C. Insolvenzunfähige Vermögensmassen 1682

§ 46. Nachlassinsolvenz 1682

A. Allgemeines 1683
  I. Sinn und Zweck des Nachlassinsolvenzverfahrens 1683
  II. Verhältnis zur Erbeninsolvenz 1683
  III. Der Tod des Schuldners während des Verfahrens 1684
  IV. Beteiligte des Nachlassinsolvenzverfahrens 1685

B. Zulässigkeitsfragen 1686
  I. Zuständigkeit 1686
    1. International 1686
    2. Örtlich 1687
    3. Sachlich 1687

	II. Antragsberechtigung	1687
	III. Eigenverwaltung	1689
C.	Insolvenzgründe	1689
	I. Allgemeines	1689
	II. Zahlungsunfähigkeit und drohende Zahlungsunfähigkeit	1689
	III. Überschuldung	1689
D.	Folgen der Verfahrenseröffnung	1690
	I. Erbrechtliche Folgen	1690
	II. Insolvenzrechtliche Folgen	1692
E.	Nachlassspezifische Ansprüche der Insolvenzmasse	1692
	I. Ansprüche aufgrund der bisherigen Nachlassverwaltung	1694
	II. Ansprüche wegen Verletzung der Insolvenzantragspflicht	1695
	III. Ansprüche aufgrund Insolvenzanfechtung	1697
F.	Befriedigung der Nachlassverbindlichkeiten	1699
	I. Masseverbindlichkeiten des § 324 Abs. 1 InsO	1699
	II. Insolvenzforderungen im Rang des § 38 InsO	1700
	III. Nachrangige Insolvenzforderungen	1700
	IV. Besondere Verteilungsverbote	1701
G.	Steuerliche Besonderheiten	1701
	I. Allgemeines	1701
	II. Verfahrensfragen	1701
	1. Erklärungs- und Zahlungspflichten des Insolvenzverwalters	1701
	2. Anrechnung von Abzugsbeträgen	1702
	III. Einzelne Steuerarten	1702
	1. Einkommensteuer	1702
	2. Umsatzsteuer	1703
	3. Grunderwerbsteuer	1703
	4. Erbschaftsteuer	1704

15. Teil. Haftung der Beteiligten

§ 47. Haftung des (vorläufigen) Insolvenzverwalters ... 1705

A.	Einführung und §§ 60, 61 InsO als Anspruchsgrundlagen	1705
B.	§ 60 InsO im Überblick	1706
	I. Schutzbereich	1706
	II. Persönlicher Anwendungsbereich (Haftender)	1706
	III. Beteiligte (Geschädigte)	1707
	1. Geschützter Personenkreis	1707
	2. Einzel- und Gesamtschaden	1708
	IV. Pflichtverletzung vs. Zweckmäßigkeit	1709
	V. Verschulden	1709
	1. Verschuldensmaßstab	1709
	2. Haftung für das Verschulden Dritter	1711
	3. „Mitverschulden" von Gläubigerorganen	1713
	4. Mitverschulden des Geschädigten	1714
C.	§ 61 InsO im Überblick	1714

D. Gemeinsamkeiten von § 60 InsO und § 61 InsO 1714
    I. Keine Subsidiarität der Haftung 1714
    II. Haftung Zug-um-Zug 1715
    III. Kausalität 1716
    IV. Haftung auf das negative Interesse 1716
    V. Verjährung 1716
    VI. Geltendmachung des Schadens 1717
        1. Gesamtschaden 1717
        2. Einzelschaden 1720
        3. Prozessuales 1721
E. Insolvenzspezifische Pflichten (Haftungsrisiken) 1721
    I. Pflichtenkreis im Allgemeinen – Vorbemerkung 1721
    II. Besonderheiten in der vorläufigen Verwaltung 1722
    III. Feststellung und Inbesitznahme der Masse 1724
    IV. Sicherung und Verwaltung der Masse 1725
        1. Allgemeines 1725
        2. Kontoführung, Verzinsungspflicht und ungerechtfertigte Bereicherung 1726
    V. Verwertung 1727
        1. Allgemeine Anforderungen 1727
        2. Rechtsentwicklungen vs. Erledigungsfristen 1730
        3. Verwertungsverzicht und Freigabe 1730
    VI. Umgang mit Aussonderungsgut und -rechten 1732
        1. Einführung 1731
        2. Inbesitznahme 1731
        3. Feststellung des Aussonderungsrechts und Streitigkeiten 1732
        4. Herausgabe (Aussonderung) 1733
        5. Verwaltungs- und Obhutspflichten bis zur Herausgabe 1736
        6. Nutzungsrechte bis zur Herausgabe 1736
    VII. Umgang mit Absonderungsgut und -rechten 1737
        1. Einführung 1737
        2. Inbesitznahme von Absonderungsgut 1737
        3. Feststellung des Absonderungsrechts und Streitigkeiten 1738
        4. Verwertung des Absonderungsguts 1738
        5. Besonderheit: Forderungen aus Lieferungen und Leistungen 1740
        6. Besonderheit: Verarbeitung, Vermischung und Vermengung (§ 172 Abs. 2 InsO) 1741
        7. Erlösverteilung (§§ 170, 171 InsO) 1742
        8. Absonderungsgläubiger in der Insolvenztabelle 1744
        9. Verwaltungs- und Obhutspflichten bis zur Verwertung 1744
        10. Nutzungsrechte bis zur Verwertung (§§ 169, 172 InsO) 1745
        11. Besonderheiten der „kalten" Zwangsverwaltung 1745
        12. Freigabe von Absonderungsgut 1745
    VIII. Begründung und Begleichung von Masseverbindlichkeiten/Haftung 1746
        1. Anwendungsbereich § 61 InsO 1746
        2. Begründung einer Masseverbindlichkeit 1746
        3. Exkulpation des Insolvenzverwalters und Abdingbarkeit der Haftung (§ 61 InsO) 1747
        4. Haftung aus § 60 InsO 1748
        5. Begleichung in der vorläufigen Verwaltung 1749
    IX. Befriedigungsreihenfolge und Masseunzulänglichkeit 1750
        1. Einführung 1750

	2. Definition Masseunzulänglichkeit/Liquiditätsplanung	1750
	3. Haftungsrechtlich relevanter Zeitpunkt/Befriedigungsreihenfolge	1751
	4. Haftungsfalle Massearmut	1753
	5. Konsequenzen	1753
X.	Dauerschuldverhältnisse und Wahlrechte (§§ 103 ff. InsO)	1753
	1. Vorbemerkung und vorläufige Verwaltung	1753
	2. Weitere Problemfelder bei Dauerschuldverhältnissen	1754
	3. Die Ausübung von Wahlrechten	1754
XI.	Aktive und passive Prozessführung	1755
	1. Pflichtenkreis	1755
	2. Perspektive Masse (Gesamtschaden)	1755
	3. Perspektive Prozessgegner (Einzelschaden)	1757
XII.	Rechnungslegungen und steuerliche Pflichten	1757
	1. Insolvenzspezifische Rechnungslegung	1757
	2. Handels- und steuerrechtliche Rechnungslegung	1758
	3. Haftungsprobleme bei steuerlicher Veranlagung	1758
XIII.	Erstellung und Überwachung des Insolvenzplanes	1759
	1. Pflicht zur Prüfung der Insolvenzplanfähigkeit/Initiativrecht	1759
	2. Finanzwirtschaftliche Beurteilung/gestaltender und darstellender Teil	1760
	3. Aussetzung der Verwertung wegen Pflichtenkollision	1760
	4. Vergleichsrechnung und Umgang mit Erwerbsinteressenten	1760
	5. Umgang mit einem Schuldnerplan	1761
	6. Planüberwachung	1761
XIV.	Feststellung und Berichtigung der Insolvenzforderungen	1761
	1. Aufforderung zur Anmeldung von Insolvenzforderungen	1761
	2. Umgang mit Forderungsanmeldungen	1762
	3. Verteilungen	1762
	4. Haftungsfalle Sondermassen	1763

F. Haftung aus der Verletzung nichtinsolvenzspezifischer Pflichten 1763
    I. Schuldrechtliche Haftung 1763
    II. Haftung aus unerlaubter Handlung 1765
    III. Arbeits- und Sozialrecht 1766
    IV. Steuer- und Abgabenrecht 1767

§ 48. Haftung des (vorläufigen) Sachwalters in Eigenverwaltung 1768

A. Haftungsgefahren im Kontext Überwachung/Zustimmung 1768

B. Haftungsgefahren bei eigenen Aufgaben 1771

C. Besonderheiten bei Zuständigkeitswechsel 1772

§ 49. Haftung der Mitglieder des Gläubigerausschusses 1772

A. Einführung 1772

B. Fragen im zeitlichen Kontext 1773

C. Personeller Anwendungsbereich und Kollektivaufgaben 1773

D. Individualaufgaben: Überwachung und „Kassenprüfung" 1774
    I. Einführung 1774
    II. Unterstützung und Überwachung der Geschäftsführung 1775
    III. Prüfung von Geldverkehr und -bestand 1776

IV. Maßnahmen 1778
V. Verschwiegenheit und Neutralität 1778
VI. Haftpflichtversicherung 1778

§ 50. Haftung des Insolvenzgerichts 1779

A. § 839 BGB iVm Art. 34 GG als Anspruchsgrundlage 1779

B. Tatbestandsmerkmale und Geltendmachung 1779

C. Mitverschulden und Entfallen des Anspruchs 1780

D. Amtspflichtverletzung 1781
    I. Übersicht 1781
    II. Auswahl, Bestellung und Entlassung des Insolvenzverwalters 1781
        1. Ermessensentscheidung und Einschränkung des Ermessens 1781
        2. Bestellung eines ungeeigneten Verwalters/unterlassene Entlassung 1782
    III. Aufsicht über den Insolvenzverwalter 1783
    IV. Sonstige Aufgaben des Insolvenzgerichts 1784

16. Teil. Vergütung der Beteiligten

§ 51. Die Vergütung des Insolvenzverwalters 1785

A. Rechtsgrundlagen 1785

B. Berechnungsgrundlage = Wert der Insolvenzmasse 1785
    I. Vergütungsberechnung auf Basis der Schlussrechnung 1786
    II. Schätzwert bei vorzeitiger Beendigung 1786
    III. Besonderheiten bei der Ermittlung des Wertes der Berechnungsgrundlage 1787
        1. Behandlung von Absonderungsrechten 1787
        2. Abfindung von Aus- und Absonderungsrechten 1788
        3. Aufrechnungen 1788
        4. Kosten und sonstige Masseverbindlichkeiten 1788
        5. Betriebsfortführungskosten 1790
        6. Berücksichtigung von Sondervergütungen des Verwalters ... 1790
        7. Vorschüsse und Zuschüsse Dritter 1791

C. Regelsatz, § 2 InsVV 1791

D. Zuschläge und Abschläge, § 3 InsVV 1791
    I. Zuschlagsgründe 1792
    II. Abschlagsgründe 1792
    III. Angemessenheit der Vergütung 1793

E. Mindestvergütung 1793

F. Auslagen und Kosten; Umsatzsteuer 1794
    I. Allgemeine Geschäftskosten des Verwalters 1794
    II. Ersatz besonderer Kosten 1794
    III. Haftpflichtversicherung des Verwalters 1795
    IV. Auslagenabrechnung 1795
        1. Abrechnung der tatsächlich entstandenen Auslagen 1796
        2. Auslagenpauschalierung 1796
    V. Umsatzsteuer 1797

Inhaltsverzeichnis *LXI*

G. Vorschuss auf Vergütung und Auslagen 1797

H. Vergütungsantrag und Abrechnung 1798

I. Festsetzung durch das Insolvenzgericht; Rechtsmittel 1799
    I. Zuständigkeit 1799
    II. Anhörungen 1799
    III. Festsetzung 1800
    IV. Rechtsmittel 1800

J. Nachtragsverteilung 1801

K. Sondervergütung für besondere Sachkunde 1801

§ 52. Die Vergütung des vorläufigen Insolvenzverwalters 1803

A. Entsprechende Anwendung der Vergütungsregelungen des Insolvenzverwalters für den vorläufigen Insolvenzverwalter 1803

B. Sondervergütung neben dem Insolvenzverwalter 1803

C. Berechnungsgrundlage des vorläufigen Insolvenzverwalters 1803
    I. Basis des verwalteten und gesicherten Vermögens 1804
    II. Wertermittlung 1804
    III. Behandlung von Aus- und Absonderungsrechten 1804
    IV. Behandlung von Besitzgegenständen 1805

D. Bruchteilsvergütung 1805
    I. Regelbruchteil des vorläufigen Insolvenzverwalters 1805
    II. Zu- und Abschläge beim vorläufigen Insolvenzverwalter 1805
    III. Mindestvergütung des vorläufigen Insolvenzverwalters 1806

E. Auslagen und Umsatzsteuer 1807

F. Auswirkungen auf die Vergütung des Insolvenzverwalters 1807

G. Nachträgliche Abänderungen 1808

H. Sachverständigenvergütung des vorläufigen Verwalters 1808

I. Kostenschuldner der Vergütung des vorläufigen Verwalters 1808

§ 53. Die Vergütung des Sonderinsolvenzverwalters 1809

§ 54. Die Vergütung der Gläubigerausschussmitglieder 1810

A. Rechtsgrundlage 1810

B. Stundensatzvergütung 1810

C. Festsetzung 1811

§ 55. Die Vergütung des (vorläufigen) Sachwalters 1812

A. Regelvergütung des Sachwalters im eröffneten Insolvenzverfahren 1812

B. Zu- und Abschläge 1812

C. Verfahren 1812

D. Vergütung des vorläufigen Sachwalters 1813

§ 56. Die Vergütung des Sachverständigen 1813

A. Vergütung des isoliert beauftragten Sachverständigen 1813
B. Sachverständigenvergütung des vorläufigen Insolvenzverwalters 1814
C. Vergütungsfestsetzung 1815

§ 57. Die Vergütung im Verbraucherinsolvenzverfahren 1815

A. Besonderheiten der Vergütung im eröffneten Verbraucherinsolvenzverfahren ... 1815
B. Die Vergütung des Treuhänders nach § 293 InsO 1816
    I. Rechtsgrundlagen 1816
    II. Berechnungsgrundlage in der Wohlverhaltensperiode 1816
    III. Regelvergütung 1816
    IV. Mindestvergütung 1816
    V. Zu- und Abschläge in der Wohlverhaltensperiode 1817
    VI. Zusatzvergütung für eine Obliegenheitsüberwachung 1817
    VII. Festsetzung, Auslagen und Vorschüsse 1817

17. Teil. Rechtsmittel im Insolvenzverfahren

§ 58. Die Rechtsmittelzüge im Einzelnen 1819

A. Allgemeines zum Rechtsschutz 1819
B. Sofortige Beschwerde nach der Insolvenzordnung 1820
    I. Abgrenzung von anderen Rechtsbehelfen und Rechtsmitteln 1820
    II. Beschwerdefähige Entscheidungen 1820
    III. Rechtsmittel gegen Rechtspflegerentscheidungen 1828
    IV. Rechtsbeschwerde zum BGH 1829

Sachverzeichnis 1831

Abkürzungs- und Literaturverzeichnis

Zeitschriften werden, soweit nicht anders angegeben, nach Jahr und Seite zitiert

aA	anderer Ansicht; am Anfang
aaO	am angegebenen Ort
Abh.	Abhandlung(en)
Abk.	Abkommen
ABl.	Amtsblatt
abl.	ablehnend
ABl.	Amtsblatt der Europäischen Gemeinschaften
Abs.	Absatz
Abschn.	Abschnitt
Abt.	Abteilung
abw.	abweichend
AbzG	Gesetz, betreffend die Abzahlungsgeschäfte
Acher, Vertragskonzern	*Acher*, Vertragskonzern und Insolvenz, 1987 (Beiträge zu Insolvenzrecht Bd. 4)
Ackmann, Schuldbefreiung	*Hans-Peter Ackmann,* Schuldbefreiung durch Konkurs? 1983 (Schriften zum Deutschen und Europäischen Zivil-, Handels- und Prozessrecht Bd. 96)
AcP	Archiv für die civilistische Praxis (Zeitschrift; zitiert nach Band und Seite; in Klammer Erscheinungsjahr des jeweiligen Bandes)
Adam, Probleme	*Norbert Adam,* Ausgewählte Probleme des Konkursverfahrens in verfassungsrechtlicher Sicht (1986)
Aden, Konkursrecht	*Menno Aden,* Das Konkursrecht. Einführung für Juristen und Kreditpraktiker, Wiesbaden, 1983
Aderholt, Auslandskonkurs	*Eltje Aderholt,* Auslandskonkurs im Inland, 1992
ADS	*Adler/Düring/Schmaltz,* Rechnungslegung und Prüfung der Unternehmen, 5. Aufl. von *Forster/Goerdeler/Lanfermann/H.P. Müller/W. Müller/Siepe/Stolberg/Weirich,* Stuttgart, 1987 ff. (Loseblatt)
ADS (soweit erschienen)	*Adler/Düring/Schmaltz,* Rechnungslegung und Prüfung der Aktiengesellschaft, Handkommentar, 6. Aufl. *Forster/Goerdeler/Lanfermann/H.P. Müller/Siepe/Stolberg,* 1995 ff., Teilbände 1–6
ADSp	Allgemeine Deutsche Spediteurbedingungen
aE	am Ende
ÄndG	Gesetz zur Änderung
aF	alte(r) Fassung
AFG	Arbeitsförderungsgesetz v. 25.6.1969 (BGBl. I S. 582); jetzt SGB III
AfP	Archiv für Presserecht (Zeitschrift)
AG	Aktiengesellschaft; Die Aktiengesellschaft (Zeitschrift); Amtsgericht (mit Ortsnamen)
AGB	Allgemeine Geschäftsbedingungen
AGBG	Gesetz zur Regelung des Rechts der Allgemeinen Geschäftsbedingungen v. 9.12.1976 (BGBl. I S. 3317)

AGBSpK	Allgemeine Geschäftsbedingungen der Sparkassen
Ahnert, Verbraucherinsolvenz	*Sascha Ahnert,* Verbraucherinsolvenz und Restschuldbefreiung, 2. Aufl. 2003
AHB	Allgemeine Versicherungsbedingungen für die Haftpflichtversicherung
AiB	Arbeitsrecht im Betrieb (Zeitschrift)
AIB	Allgemeine Versicherungsbedingungen für die Insolvenzsicherung der betrieblichen Altersversorgung v. 23.12.1974 idF v. 1.7.1976
AKB	Allgemeine Bedingungen für die Kraftfahrtversicherung idF v. 26.7.1988 (BAnz. S. 3658)
AK-BGB/*Bearbeiter*	Alternativkommentar zum Bürgerlichen Gesetzbuch, hrsg. v. *Wassermann,* 1979 ff.
AK-ZPO/*Bearbeiter*	Ankermann/Wassermann (Hrsg.), Alternativkommentar zur Zivilprozessordnung, 1987
AktG	Aktiengesetz v. 6.9.1965 (BGBl. I S. 1089)
Andres/Leithaus/*Bearbeiter*	Insolvenzordnung, Kommentar, hrsg. *Dirk Andres, Rolf Leithaus* u. *Michael Dahl,* 3. Aufl. 2014
Albrecht/Flohr/Lange	*Albrecht/Flohr/Lange,* Schuldrecht 2002, Schuldrechtsreformgesetz mit Erläuterungen, 2001
allg.	allgemein
allgM	allgemeine Meinung
ALR	Allgemeines Landrecht für die Preußischen Staaten von 1794 (zitiert nach §, Teil und Titel)
Alt./Altern	Alternative
aM	anderer Meinung
Amtl. Begr.	Amtliche Begründung
ANBA	Amtliche Nachrichten der Bundesagentur für Arbeit
AnfG	Gesetz betr. die Anfechtung von Rechtshandlungen eines Schuldners außerhalb des Konkursverfahrens idF v. 20.5.-1898 (RGBl. S. 709)
AngKSchG	Gesetz über die Fristen für die Kündigung von Angestellten v. 9.7.1926 (RGBl. I S. 399)
Anh.	Anhang
Anm.	Anmerkung
AnwBl	Anwaltsblatt (Zeitschrift)
AO	Abgabenordnung (AO 1977) idF v. 16.3.1976 (BGBl. I S. 613; 1977 I S. 269)
AöR	Archiv des öffentlichen Rechts (Zeitschrift, zitiert nach Band und Seite)
AP	Arbeitsrechtliche Praxis, Nachschlagewerk des Bundesarbeitsgerichts (Nr. ohne Gesetzesstelle bezieht sich auf den gerade kommentierten Paragraphen)
APS/*Bearbeiter*	*Ascheid/Preis/Schmidt* Kündigungsrecht, Großkommentar zum gesamten Recht der Beendigung von Arbeitsverhältnissen, 4. Aufl. 2012
ArbBeschFG	Arbeitsrechtliche Beschäftigungsförderungsgesetz v. 25.9. 1996 (BGBl. I S. 1476)
Arbeitshilfe InsO	Arbeitshilfe InsO – Ein Praxishandbuch für die Beratung und Vertretung im Entschuldigungsverfahren, (Hrsg.), Verbraucherzentrale Nordrhein-Westfalen e V, 2001
Arend	Personalabbau nach der Insolvenzordnung, 1998

ArbG	Arbeitsgericht (mit Ortsnamen)
ArbGeb	Der Arbeitgeber (Zeitschrift)
ArbGG	Arbeitsgerichtsgesetz idF v. 2.7.1979 (BGBl. I S. 853, ber. S. 1036)
AR-Blattei	Arbeitsrecht-Blattei, Handbuch für die Praxis, begr. v *Sitzler*, hrsg. v *Oehmann* u. *Dieterich*
ArbnErfG	Gesetz über Arbeitnehmererfindungen v. 25.7.1957 (BGBl. I S. 756)
ArbPlSchG	Arbeitsplatzschutzgesetz idF v. 14.2.2001 (BGBl. I S. 253)
ArbRGeg	Das Arbeitsrecht der Gegenwart (Zeitschrift)
ArbuR	Arbeit und Recht, Zeitschrift für die Arbeitsrechtspraxis
Arch.	Archiv
ArchBürgR	Archiv für Bürgerliches Recht (Zeitschrift; 1. 1888–43. 1919)
arg.	*argumentum*
Arnold/Meyer-Stolte/ Rellermeyer/Hintzen/ Manfred	*Arnold/Meyer-Stolte/Rellermeyer/Hintzen/Manfred*, Rechtspflegergesetz, 8. Aufl. 2015
ARSt	Arbeitsrecht in Stichworten (Entscheidungssammlung)
Art.	Artikel
ARUG	Gesetz zur Umsetzung der Aktionärsrechterichtlinie vom 30.7.2009 (BGBl. I S. 2479)
ASp	Arbeit und Sozialpolitik (Zeitschrift)
AT	Allgemeiner Teil
ATZG	Altersteilzeitgesetz (Art. 1 des Gesetzes zur Förderung eines gleitenden Übergangs in den Ruhestand) v. 23.7.1996 (BGBl. I S. 1078); s. auch AltersteilzeitG
AuA	Arbeit und Arbeitsrecht (Zeitschrift)
AUB	Allgemeine Unfallversicherungs-Bedingungen
Aufl.	Auflage
AÜG	Arbeitnehmerüberlassungsgesetz idF v. 3.2.1995 (BGBl. I S. 159)
AusfG	Ausführungsgesetz
AusfVO	Ausführungsverordnung
AuR	Arbeit und Recht (Zeitschrift)
AVB	Allgemeine Versicherungsbedingungen; Allgemeine Vertragsbestimmungen
AVO	Ausführungsverordnung
AVV	Allgemeine Verwaltungsvorschrift
AWD	Außenwirtschaftsdienst des Betriebsberaters (Zeitschrift, 4. 1958–20. 1974; vorher und anschließend RIW)
AWG	Außenwirtschaftsgesetz v. 28.4.1961 (BGBl. I S. 481)
AWV	Außenwirtschaftsverordnung
Az.	Aktenzeichen
BA	Bundesagentur für Arbeit
BABl.	Bundesarbeitsblatt (Zeitschrift)
BW, bw.	Baden-Württemberg, baden-württembergisch
BAföG	Bundesgesetz über individuelle Förderung der Ausbildung (Bundesausbildungsförderungsgesetz) idF v. 6.6.1983 (BGBl. I S. 645)
BAG	Bundesarbeitsgericht
BAGE	Entscheidungen des Bundesarbeitsgerichts

BAK	Bundesaufsichtsamt für das Kreditwesen
Banafsche/Köthe/Kruse	LPK SGB III, 2. Aufl. 2015
BankA	Bank-Archiv (Zeitschrift, 1. 1901–43. 1943; aufgegangen in Bankwirtschaft [1943–1945])
BAnz.	Bundesanzeiger
Bassenge/Roth FGG (bzw. RPflG)	Bassenge/Roth, Gesetz über die Angelegenheiten der freiwilligen Gerichtsbarkeit/Rechtspflegergesetz, Kommentar, 12. Aufl. 2009
BAT	Bundes-Angestellten-Tarifvertrag
Bauer	Handbuch des Unternehmens- und Beteiligungskaufes, 6. Aufl. 2015
BauFordSiG	Gesetz über die Sicherung der Bauforderungen (Bauforderungssicherungsgesetz) v. 1.6.1909 (RGBl. I S. 449, zuletzt geändert durch Art. 1 ÄndG vom 29.7.2009, BGBl. I S. 2436); s. auch GSB
BauGB	Baugesetzbuch idF v. 28.7.1997 (BGBl. I S. 2141; 1998 I S. 137)
Baumbach/Lauterbach/ Albers/Hartmann	Baumbach/Lauterbach/Albers/Hartmann, ZPO, 74. Aufl. 2016
Baumbach/Hopt	Baumbach/Hopt, Handelsgesetzbuch, Kommentar, 37. Aufl. 2016
Baumbach/Hefermehl/ Casper	Baumbach/Hefermehl/Casper, Wechselgesetz und Scheckgesetz, Kommentar, 23. Aufl. 2008
Baumbach/Hefermehl, Wettbewerbsrecht	s. Hefermehl/Köhler/Bornkamm
Baumbach/Hueck/ Bearbeiter, AktG	Baumbach/Hueck, Aktiengesetz, 13. Aufl. 1968 (ergänzt 1970)
Baumbach/Hueck/ Bearbeiter, GmbHG	Baumbach/Hueck, GmbHG, Kommentar, 20. Aufl. 2013
Baumgärtel/Laumen/ Bearbeiter	Baumgärtel, Handbuch der Beweislast im Privatrecht, Kommentar, Bd. I, 1982ff., Bd. II 1999 Baumgärtel/Laumen
Baumgarte, Leasing-Verträge	Christian Baumgarte, Leasing-Verträge über bewegliche Sachen im Konkurs, 1980
Baur/Stürner SachenR	Baur/Stürner, Lehrbuch des Sachenrechts, 18. Aufl. 2009
Baur/Stürner/Bruns	Baur/Stürner/Bruns, Zwangsvollstreckungsrecht, 13. Aufl. 2006 (bis 12. Aufl. u. d. T. Bauer/Stürner, Zwangsvollstreckungs-, Konkurs- und Vergleichsrecht, Bd. 1: Einzelvollstreckungsrecht, Bd. 2: Insolvenzrecht)
BauR	Baurecht (Zeitschrift 1. 1970ff.)
BauSpkG	Gesetz über Bausparkassen idF v. 15.2.1991 (BGBl. I S. 454)
BauSpkVO	Verordnung zum Schutz der Gläubiger von Bausparkassen v. 16.1.1973 (BGBl. I S. 41) (außer Kraft am 31.12.1990)
Bay., bay.	Bayern, bayerisch
BayAGBGB	Bayerisches Ausführungsgesetz zum BGB
BayJMBl	Bayerisches Justizministerialblatt

BayObLG	Bayerisches Oberstes Landesgericht
BayObLGZ	Amtliche Sammlung von Entscheidungen des Bayerischen Obersten Landesgerichts in Zivilsachen
BB	Betriebs-Berater (Zeitschrift)
BBankG	Gesetz über die Deutsche Bundesbank idF v. 22.10.1992 (BGBl. I S. 1782)
BBauBl	Bundesbaublatt (Zeitschrift)
BBiG	Berufsbildungsgesetz v. 14.8.1969 (BGBl. I S. 1112)
Bd.(Bde.)	Band (Bände)
BC	Bankruptcy Code
BDR	Bund Deutscher Rechtspfleger
BDSG	Bundesdatenschutzgesetz v. 20.12.1990 (BGBl. I S. 2954)
Bearb., bearb.	Bearbeiter/Bearbeitung; bearbeitet
Beck FormB/*Bearbeiter*	Beck'sches Formularbuch zum Bürgerlichen, Handels- und Wirtschaftsrecht, 12. Aufl. 2016
Becker, InsR	*Christoph Becker,* Insolvenzrecht, 8. Aufl. 2010
BeckHdB GmbH/*Bearbeiter*	*Ulrich Prinz/Norbert Winkeljohann* (Hrsg.), Beck'sches Handbuch der GmbH. Gesellschaftsrecht. Steuerrecht. 5. Aufl. 2014
BeckOK ArbR/*Bearbeiter*	*Rolfs/Giesen/Kreikebohm/Udsching,* Beck'scher Online-Kommentar, Arbeitsrecht, 40. Edition, 6/16
BEEG	Bundeselterngeld- und Elternzeitgesetz vom 5.12.2006 (BGBl. I S. 2748)
BEG	Bundesgesetz zur Entschädigung für Opfer der nationalsozialistischen Verfolgung (Bundesentschädigungsgesetz) idF v. 29.6.1956 (BGBl. I S. 559 (562))
Begr.	Begründung
Beil.	Beilage
Bek.	Bekanntmachung
Bem.	Bemerkung
ber.	berichtigt
BerlKo/Verfasser	*Blersch/Goetsch/Haas,* Insolvenzrecht, Berliner Praxiskommentar, 1998 ff.; begr. v *Axel Breutigam* (Loseblatt)
Berscheid, Arbeitsverhältnisse	*Ernst-Dieter Berscheid,* Die Arbeitsverhältnisse in der Insolvenz, 1. Aufl. 1999
Berscheid KGS	*Ernst-Dieter Berscheid,* Konkurs – Gesamtvollstreckung – Sanierung, Schriften zur AR Blattei, Bd. 25, 1992
Berscheid/Kunz/Brand/Nebeling	Praxis des Arbeitsrechts, BRAK-Arbeitsbuch, 4. Aufl. 2013
Berscheid	WiPRA 1996
BErzGG	Gesetz zum Erziehungsgeld und zur Elternzeit (Bundeserziehungsgeldgesetz) idF v. 1.12.2000 (BGBl. I S. 1645)
bes.	besonders
BeschFG	Gesetz über arbeitsrechtliche Vorschriften zur Beschäftigungsförderung v. 26.4.1985 (BGBl. I S. 710)
bespr.	besprochen
bestr.	bestritten
betr.	betreffend; betreffs
BetrAV	Betriebliche Altersversorgung, Mitteilungsblatt der Arbeitsgemeinschaft für betriebliche Altersversorgung
BetrAVG	Gesetz zur Verbesserung der betrieblichen Altersversorgung v. 19.12.1974 (BGBl. I S. 3610)

BetrR	Der Betriebsrat (Zeitschrift)
BetrVG	Betriebsverfassungsgesetz idF v. 23.12.1988 (BGBl. 1989 I S. 1)
BeurkG	Beurkundungsgesetz v. 28.8.1969 (BGBl. I S. 1513)
Beuthien	*Beuthien*, Genossenschaftsgesetz mit Umwandlungsgesetz, 16. Aufl. 2016 (s. auch Aktualisierungsband Genossenschaftsrechtsnovelle und EHUG zur 14. Aufl. 2007)
BewG	Bewertungsgesetz idF v. 1.2.1991 (BGBl. I S. 230)
BewHi	Bewährungshilfe (Zeitschrift)
bzgl.	bezüglich
BezG	Bezirksgericht
BfA	Bundesversicherungsanstalt für Angestellte
BfAI	Bundesstelle für Außenhandelsinformation
BFH	Bundesfinanzhof
BFHE	Sammlung der Entscheidungen und Gutachten des Bundesfinanzhofs
BFM	Bundesfinanzministerium
BFuP	Betriebswirtschaftliche Forschung und Praxis (Zeitschrift)
BGB	Bürgerliches Gesetzbuch v. 18.8.1896 (RGBl. S. 195)
BGBl.	Bundesgesetzblatt
BGH	Bundesgerichtshof
BGHSt	Entscheidungen des Bundesgerichtshofs in Strafsachen
BGHWarn	Rechtsprechung des Bundesgerichtshofs in Zivilsachen – in der Amtlichen Sammlung nicht enthaltene Entscheidungen (als Fortsetzung von WarnR)
BGHZ	Entscheidungen des Bundesgerichtshofs in Zivilsachen
Bichlmeier/Engberding/ Oberhofer, InsHdB	*Bichlmeier/Engberding/Oberhofer*, Insolvenzhandbuch, 2. Aufl. 2003
BImSchG	Gesetz zum Schutz vor schädlichen Umwelteinwirkungen durch Luftverunreinigungen, Geräusche, Erschütterungen und ähnliche Vorgänge idF v. 14.5.1990 (BGBl. I S. 881)
Bindemann, Verbraucherkonkurs	*Reinhard Bindemann*, Handbuch Verbraucherkonkurs, 3. Aufl. 2002
Binz/Sorg, GmbH & Co	*Mark Binz/Martin H. Sorg*, Die GmbH & Co KG, 11. Aufl. 2010
Bitter, Rechtsträgerschaft	*Georg Bitter*, Rechtsträgerschaft für fremde Rechnung, 2006
BKartA	Bundeskartellamt
BKBN/*Bearbeiter*	*Berscheid/Kunz/Brand/Nebeling* Fachanwaltsbuch Arbeitsrechts, 3. Aufl. 2009 (zitiert nach Teil u. Rn.)
BKGG	Bundeskindergeldgesetz idF v. 23.1.1997 (BGBl. I S. 47)
Bl.	Blatt
Blersch, VergVO	*Jürgen Blersch*, Insolvenzrechtliche Vergütungsverordnung, 1. Aufl. 2000
BLG	Bundesleistungsgesetz idF v. 27.9.1961 (BGBl. I S. 1769)
BlStSozArbR	Blätter für Steuerrecht, Sozialversicherung und Arbeitsrecht
Blomeyer/Rolfs/Otto/ *Bearbeiter*	*Blomeyer/Rolfs/Otto*, BetrAVG, 6. Aufl. 2015
BMA	Bundesminister(ium) für Arbeit und Sozialordnung
BMBau	Bundesminister(ium) für Raumordnung, Bauwesen und Städtebau

BMI	Bundesminister(ium) des Innern
BMJ	Bundesminister(ium) der Justiz
BNotO	Bundesnotarordnung idF v. 24.2.1961 (BGBl. I S. 97)
BörsG	Börsengesetz idF v. 9.9.1998 (BGBl. I S. 2682)
BonnKomm-*Bearbeiter*	Bonner Kommentar zum Grundgesetz (Loseblatt)
Boos/Fischer/Schulte-Mattler (KWG)	*Boos/Fischer/Schulte-Mattler*, Kreditwesengesetz, 5. Aufl. 2016
Bork, Zahlungsverkehr	Reinhard *Bork*, Zahlungsverkehr in der Insolvenz, 2002
Bork, Einf.	Reinhard *Bork*, Einführung in das neue Insolvenzrecht, 7. Aufl. 2014
Bork/Hölzle/Bearbeiter	HdB. InsR
Bork/Hölzle	Handbuch Insolvenzrecht, 1. Aufl. 2014
BPatG	Bundespatentgericht
BPersVG	Bundespersonalvertretungsgesetz v. 15.3.1974 (BGBl. I S. 693)
BRAGO	Bundesrechtsanwaltsgebührenordnung v. 26.7.1957 (BGBl. I S. 861, 907)
BRAO	Bundesrechtsanwaltsordnung v. 1.8.1959 (BGBl. I S. 565)
BR	Bundesrat
Brand SGB III	*Brand*, SGB III Kommentar, 7. Aufl. 2015
Braun/Bearbeiter	Eberhard *Braun*, Insolvenzordnung (InsO), Kommentar, 6. Aufl. 2014
Braun/Riggert/Kind, Neuregelungen	*Braun/Riggert/Kind*, Die Neuregelungen der Insolvenzordnung in der Praxis, 2. Aufl. 2000
Braun/Uhlenbruck, Unternehmensinsolvenz	Eberhard *Braun*/Wilhelm *Uhlenbruck*, Unternehmensinsolvenz. Grundlagen, Gestaltungsmöglichkeiten, Sanierung mit der Insolvenzordnung, 1997
Braun/Uhlenbruck, Muster	Eberhard *Braun*/Wilhelm *Uhlenbruck*, Muster eines Insolvenzplans, 1998
BR-Drs.	Drucksache des Deutschen Bundesrates
BReg	Bundesregierung
Breitenbücher, Masseunzulänglichkeit	Bettina E. *Breitenbücher*, Masseunzulänglichkeit, Schriften zum Insolvenzrecht, 1. Aufl. 2007
Breithaupt	Breithaupt, Sammlung von Entscheidungen aus dem Sozialrecht
BRD	Bundesrepublik Deutschland
Breuer, Insolvenzrechts-Formularbuch	Wolfgang *Breuer*, Insolvenzrechts-Formularbuch mit Erläuterungen, 4. Aufl. 2017
Brinkmann, Bedeutung	Moritz *Brinkmann*, Die Bedeutung der §§ 92, 93 InsO für den Umfang der Insolvenz- und Sanierungsmasse, 2001
Brox/Walker	*Brox/Walker*, AT BGB, 40. Aufl. 2016
Brox/Walker	*Brox/Walker*, Zwangsvollstreckungsrecht, 10. Aufl. 2014
BR-Prot.	Protokoll des Deutschen Bundesrates
Bruckmann, Verbraucherinsolvenz	Ernst-Otto *Bruckmann*, Verbraucherinsolvenz in der Praxis, 1999
BSG	Bundessozialgericht

BSGE	Entscheidungen des Bundessozialgerichts
BSHG	Bundessozialhilfegesetz idF v. 23.3.1994 (BGBl. I S. 646)
BSpkG	Gesetz über Bausparkassen v. 15.2.1991 (BGBl. I S. 454)
bspw.	beispielsweise
BStBl.	Bundessteuerblatt
BT	Besonderer Teil
BT-Drs./BT-Drs.	Drucksache des Deutschen Bundestages
BT-Prot.	Protokoll des Deutschen Bundestages
BuB	Bankrecht und Bankpraxis, 3 Bde., 1979ff. (Loseblatt)
Buchst.	Buchstabe
Bülow	*Bülow*, Recht der Kreditsicherheiten, 8. Aufl. 2012
Bumiller/Harders/ Schwamb	*Bumiller/Harders/Schwamb*, Gesetz über das Verfahren in Familiensachen und in den Angelegenheiten der freiwilligen Gerichtsbarkeit (FamFG), Kommentar, 11. Aufl. 2015 (bis 8. Aufl. 2006 u. d. T. *Bumiller/Winkler*, Gesetz über die Angelegenheiten der freiwilligen Gerichtsbarkeit)
Burgstaller/Neumayer/ Kodek – IZVR	Internationales Zivilverfahrensrecht (Loseblatt)
Sicherheiten-Pool	*Udo Burgermeister*, Der Sicherheiten-Pool im Insolvenzrecht, Köln 1990 (Beiträge zum Insolvenzrecht Bd. 8)
BUrlG	Mindesturlaubsgesetz für Arbeitnehmer (Bundesurlaubsgesetz) v. 8.1.1963 (BGBl. I S. 2)
Buth/Hermanns/(Bearbeiter), Restrukturierung	*Andrea K. Buth/Michael Hermanns*, Restrukturierung, Sanierung, Insolvenz, 4. Aufl. 2014
BVerfG	Bundesverfassungsgericht
BVerfGE	Entscheidungen des Bundesverfassungsgerichts
BVerfGG	Gesetz über das Bundesverfassungsgericht idF v. 11.8.1993 (BGBl. I S. 1474)
BVerwG	Bundesverwaltungsgericht
BVerwGE	Entscheidungen des Bundesverwaltungsgerichts
BVG	Gesetz über die Versorgung der Opfer des Krieges (Bundesversorgungsgesetz) idF v. 22.1.1982 (BGBl. I S. 21)
BZRG	Bundeszentralregistergesetz idF v. 21.9.1984 (BGBl. I S. 1229)
BvS	Bundesanstalt für vereinigungsbedingte Sonderaufgaben, Berlin
BVS	Bergmannsversorgungsschein
BVSG Nds.	Gesetz über einen Bergmannsversorgungsschein im Lande Niedersachsen v. 6.1.1949 (GVBl Nds. 1949 S. 15)
BVSG NW	Gesetz über einen Bergmannsversorgungsschein im Lande Nordrhein-Westfalen (Bergmannsversorgungsscheingesetz – BVSG NW) v. 20.12.1983 (GVBl NW S. 635), zuletzt geändert durch G v. 5.4.2005 (GVBl NW S. 274)
BVSG Saar	Gesetz über einen Bergmannsversorgungsschein im Saarland v. 11.7.1962 (ABl. S. 605, ber. S. 705), idFv 16.10.1981 (ABl. S. 825) zuletzt geändert durch G v. 15.2.2006 (ABl. S. 474)
bzw.	beziehungsweise
ca.	circa

Caspers	Personalabbau und Betriebsänderung im Insolvenzverfahren
c. i. c.	culpa in contrahendo
CR	Computer und Recht (Zeitschrift)
Dassler/Schiffhauer/ Hintzen/Engels/ Rellermeyer	*Dassler/Schiffhauer/Hintzen/Engels/Rellermeyer*, Zwangsversteigerung und Zwangsverwaltung, Kommentar, 15. Aufl. 2016
DAVorm	Der Amtsvormund, Rundbrief des Deutschen Instituts für Vormundschaftswesen
DB	Der Betrieb (Zeitschrift)
DBW	Die Betriebswirtschaft (Zeitschrift)
Demharter, Grundbuchordnung	*Johann Demharter*, Grundbuchordnung, Kurz-Kommentar, 30. Aufl. 2016
DepotG	Gesetz über die Verwahrung und Anschaffung von Wertpapieren idF der Bek. v. 11.1.1995 (BGBl. S. 34)
ders.	derselbe
DGB	Deutscher Gewerkschaftsbund
DGVZ	Deutsche Gerichtsvollzieher-Zeitung
dh	das heißt
Die Bank	Die Bank (Zeitschrift)
dies.	dieselbe(n)
Diss.	Dissertation (Universitätsort)
DJ	Deutsche Justiz (Zeitschrift)
DJT	Deutscher Juristentag
DJZ	Deutsche Juristenzeitung (Zeitschrift)
DKKW/*Bearbeiter*	*Däubler/Kittner/Klebe/Wedde* Betriebsverfassungsgesetz mit Wahlordnung, 15. Aufl. 2016
DNotZ	Deutsche Notar-Zeitung (Zeitschrift)
Dok.	Dokument
Döbereiner, DÖV	Die öffentliche Verwaltung (Zeitschrift)
DPMA	Deutsches Patent- und Markenamt
Dorndorf/Weller/Hauck	Heidelberger Kommentar zum Kündigungsschutzgesetz, 4. Aufl. 2001
DR	Deutsches Recht (Zeitschrift)
DRiG	Deutsches Richtergesetz idF v. 19.4.1972 (BGBl. I S. 713)
DRiZ	Deutsche Richterzeitung (Zeitschrift)
DRspr	Deutsche Rechtsprechung, Entscheidungssammlung und Aufsatzhinweise
Drukarczyk/Lobe, Finanzierung	*Jochen Drukarczyk/Sebastian Lobe*, Finanzierung, 11. Aufl. 2014
DRZ	Deutsche Rechts-Zeitschrift
DStR	Deutsches Steuerrecht (Zeitschrift)
DStZ/A	Deutsche Steuerzeitung Ausgabe A
DtZ	Deutsch-Deutsche Rechts-Zeitschrift
Dürbeck/Gottschalk, Prozesskostenhilfe	*Dürbeck/Gottschalk*, Prozeßkostenhilfe und Beratungshilfe, 8. Aufl. 2016

Duursma-Kepplinger/ Duursma/Chalupsky	Europäische Insolvenzordnung, 2002
DVBl	Deutsches Verwaltungsblatt
DVO	Durchführungsverordnung
DWW	Deutsche Wohnungswirtschaft (herausgegeben vom Zentralverband der deutschen Haus-, Wohnungs- und Grundeigentümer; Zeitschrift)
DZWir	Deutsche Zeitschrift für Wirtschaftrecht (Zeitschrift, ab 1999: DZWIR)
DZWIR	Deutsche Zeitschrift für Wirtschafts- und Insolvenzrecht (ab 1999; vorher: DZWir)
E	Entwurf, Entscheidung (in der amtlichen Sammlung)
ebd.	ebenda
ECU	European Currency Unit
EFG	Entscheidungen der Finanzgerichte
EFZG	Gesetz über die Zahlung des Arbeitsentgelts an Feiertagen und im Krankheitsfall (Entgeltfortzahlungsgesetz) v. 26.5.1994 (BGBl. I S. 1014, 1065)
EG	Einführungsgesetz; Europäische Gemeinschaft(en)
EGBGB	Einführungsgesetz zum Bürgerlichen Gesetzbuch idF v. 21.9.1994 (BGBl. S. 2494)
EGInsO	Einführungsgesetz zur Insolvenzordnung vom 5.10.1994 (BGBl. I S. 2911)
EGKS	Europäische Gemeinschaft für Kohle und Stahl
EGKSV	Vertrag über die Gründung der Europäischen Gemeinschaft für Kohle und Stahl v. 18.4.1951 (BGBl II S. 445, 978)
EGKO	Gesetz, betreffend die Einführung der Konkursordnung vom 10.2.1877 (RGBl. S. 390)
EheG	Ehegesetz v. 20.2.1946 (= KRG Nr. 16; ABlKR S. 77)
Einf.	Einführung
Einl.	Einleitung
EInsO	siehe DE
EKMR	Europäische Kommission für Menschenrechte
Entsch.	Entscheidung
entspr.	entsprechend
ErbbauVO	Verordnung über das Erbbaurecht v. 15.1.1919 (RGBl. S. 72, ber. S. 122)
Erbs/Kohlhaas, Strafrechtliche Nebengesetze	Erbs/Kohlhaas, Loseblattsammlung, 210. Aufl. 2016
ErbStG	Erbschaftsteuer- und Schenkungsteuergesetz idF v. 27.2.1997 (BGBl. I S. 378)
ErfK/*Bearbeiter*	Erfurter Kommentar zum Arbeitsrecht, hrsg. von *Müller-Glöge/Preis/I. Schmidt*, 16. Aufl. 2016 (begr. v *Dieterich/Hanau/Schaub*)
Erg.	Ergänzung
Erl.	Erlaß; Erläuterung
Erman/*Bearbeiter*	*Erman*, Handkommentar zum Bürgerlichen Gesetzbuch, Band I und II, 14. Aufl. 2014
EStG	Einkommensteuergesetz
etc	et cetera
EuG	Europäisches Gericht Erster Instanz

EuGH	Gerichtshof der Europäischen Gemeinschaften
EuGHE	Entscheidungen des Gerichtshofes der Europäischen Gemeinschaften
EuGHMR	Europäischer Gerichtshof für Menschenrechte
EuGVÜ	Europäisches Übereinkommen über die gerichtliche Zuständigkeit und die Vollstreckung gerichtlicher Entscheidungen in Zivil- und Handelssachen v. 27.9.1968 (BGBl. 1972 II S. 773; 1986 II S. 1020)
EuInsVO	Verordnung (EG) Nr. 1346/2000 über Insolvenzverfahren vom 29.5.2000 (ABl. 2000 L 160, S. 1 = NZI 2000, 407), ist am 31.5.2001 in Kraft getreten
EuR	Europarecht (Zeitschrift)
Euro	Europäische Währungseinheit ab 1.1.2002
EuZW	Europäische Zeitschrift für Wirtschaftsrecht
EV	Eigentumsvorbehalt
eV	eingetragener Verein
EVertr	Einigungsvertrag v. 31.8.1990 (BGBl. II S. 889)
evtl.	eventuell
EVÜ	(Europäisches) Übereinkommen über das auf vertragliche Schuldverhältnisse anzuwendende Recht v. 19.6.1980 (BGBl. 1986 II S. 809; 1991 II S. 871)
EWG	Europäische Wirtschaftsgemeinschaft
EWGV	Vertrag zur Gründung der Europäischen Wirtschaftsgemeinschaft v. 25.3.1957 (BGBl. II S. 766)
EWiR	Entscheidungen zum Wirtschaftsrecht (Zeitschrift)
EWIV	Europäische wirtschaftliche Interessenvereinigung
EWIV-AG	Gesetz zur Ausführung der EWG-Verordnung über die Europäische wirtschaftliche Interessenvereinigung (EWIV-Ausführungsgesetz) v. 14.4.1988 (BGBl. I S. 514)
EWIV-VO	Verordnung (EWG) Nr. 2137/85 des Rates der EG über die Schaffung der Europäischen wirtschaftlichen Interessenvereinigung v. 25.7.1985 (ABl. L 199, S. 1)
EWS	Europäisches Währungssystem
EzA	Entscheidungen zum Arbeitsrecht, hrsg. von *Stahlhacke* (Nrohne Gesetzesstelle bezieht sich auf den gerade kommentierten Paragraphen)
EzInsR	*Hess/Uhlenbruck/Weis,* Entscheidungssammlung zum Insolvenzrecht (Loseblatt)
Fachanwaltshandbuch Insolvenzrecht	*Bork/Koschmieder* (Loseblatt)
f., ff.	folgend(e)
Farthmann/Hanau/ Isenhardt/Preis	Arbeitsgesetzgebung und Arbeitsrechtsprechung, Festschrift zum 70. Geburtstag von Eugen Stahlhacke, 1995
FamFG	Gesetz über das Verfahren in Familiensachen und in den Angelegenheiten der freiwilligen Gerichtsbarkeit v. 17.12.2008 (BGBl. I S. 2586)
FamRZ	Zeitschrift für das gesamte Familienrecht
Favoccia, Mobiliarsicherheiten	*Daniela Favoccia,* Vertragliche Mobiliarsicherheiten im internationalen Insolvenzrecht, KTS-Schriften Bd. 2, 1991
FG	Finanzgericht

Abkürzungs- und Literaturverzeichnis

FGG	Gesetz über die Angelegenheit der freiwilligen Gerichtsbarkeit v. 17.5.1898 (RGBl. I S. 189) idF v. 20.5.1898 (RGBl. S. 369, 711)
FGO	Finanzgerichtsordnung v. 6.10.1965 (BGBl. I S. 1477) idF v. 28.3.2001 (BGBl. I S. 442)
Fink, Finanzierung	*Paul Fink*, Maßnahmen des Verwalters zur Finanzierung in der Unternehmensinsolvenz, 1998
Fischer	*Thomas Fischer*, Strafgesetzbuch und Nebengesetze, 63. Aufl. 2016
Fischer, Überschuldungsbilanz	*Werner Fischer*, Die Überschuldungsbilanz, 1980
Fitting/Engels/Schmidt/ Trebinger/Linsenmaier	*Fitting/Engels/Schmidt/Trebinger/Linsenmaier*, Betriebsverfassungsgesetz, Handkommentar, 26. Aufl. 2012
FK-InsO/*Bearbeiter*	Klaus Wimmer (Hrsg.), Frankfurter Kommentar zur Insolvenzordnung, 8. Aufl. 2015
FLF	Finanzierung – Leasing – Factoring (Zeitschrift)
Flöther, Auswirkungen	*Lucas F. Flöther*, Auswirkungen des inländischen Insolvenzverfahrens auf Schiedsverfahren und Schiedsabrede, 2001
FMStG	Gesetz zur Umsetzung eines Maßnahmenpakets zur Stabilisierung des Finanzmarktes (Finanzmarktstabilisierungsgesetz) v. 17.10.2008 (BGBl. I S. 1982)
Fn.	Fußnote
FN-IDW	Fachnachrichten des Instituts der Wirtschaftsprüfer
Förster/Cisch/Karst	*Förster/Cisch/Karst*, Betriebsrentengesetz: Gesetz zur Verbesserung der betrieblichen Altersversorgung mit zivilrechtlichen, arbeitsrechtlichen und steuerrechtlichen Vorschriften (begr. v *Ahrend/Förster*), 14. Aufl. 2014
FR	Finanz-Rundschau (Zeitschrift)
Frege	Der Sonderinsolvenzverwalter, 2. Aufl. 2012
Frege/Keller/Riedel, HRP ..	*Michael C. Frege/Ulrich Keller/Ernst Riedel*, Handbuch der Rechtspraxis, Bd. 3 Insolvenzrecht, 8. Aufl. 2015
Frotscher, Besteuerung	*Gerrit Frotscher*, Besteuerung bei Insolvenz, 8. Aufl. 2014
FS	Festschrift
FS Beck	Festschrift für Siegfried Beck zum 70. Geburtstag. hrsg. v. *Joachim Exner* u. *Christoph G. Paulus*, 2016
FS Braun	Unternehmenskrisen – Der Jurist als Notarzt, Festschrift für Eberhard Braun zum 60. Geburtstag, hrsg. v *Thomas Kind, Ferdinand Kießner* u. *Achim Frank*, 2007
FS Uhlenbruck	Insolvenzrecht in Wissenschaft und Praxis, Festschrift für Wilhelm Uhlenbruck zum 70. Geburtstag, hrsg. v *Hanns Prütting* u. *Heinz Vallender*, 2000
FS Vallender	Festschrift für Heinz Vallender, hrsg. v. *Marie Luise Graf-Schlicker, Hans Prütting* u. *Wilhelm Uhlenbruck*, 2015
GA	Goltdammer's Archiv für Strafrecht (1953 ff.; vorher: Dt. Strafrecht)
Gagel/*Bearbeiter*	SGB III (Loseblatt)
Gagel, SGB	*Gagel*, SGB II/III (Loseblatt) 62. Aufl. 2016
GBl.	Gesetzblatt
GBO	Grundbuchordnung idF v. 26.5.1994 (BGBl. I S. 1114)
GbR	Gesellschaft bürgerlichen Rechts

GBMaßnG	Gesetz über Maßnahmen auf dem Gebiet des Grundbuchwesens v. 20.12.1963 (BGBl. I S. 986)
GBVfg	Allgemeine Verfügung über die Einrichtung und Führung des Grundbuchs (Grundbuchverfügung) v. 8.8.1935 (RMBl. S. 637)
GebrMG	Gebrauchsmustergesetz idF v. 28.8.1986 (BGBl. I S. 1455)
Geimer, IZPR	*Geimer, Reinhold,* Internationales Zivilprozessrecht, 7. Aufl. 2014
Geigel	*Geigel,* Der Haftpflichtprozeß, 27. Aufl. 2015
gem.	gemäß
Gen	Genossenschaft
GenG	Gesetz betreffend die Erwerbs- und Wirtschaftsgenossenschaften idF der Bek. v. 19.8.1994 (BGBl. S. 2202)
Gerhardt, Grundpfandrechte	*Walter Gerhardt,* Grundpfandrechte im Insolvenzverfahren, 11. Aufl. 2005
Germelmann/Matthes/ Prütting/*Matthes/Spinner*	ArbGG 6. Auflage 2006
Ges., ges.	Gesetz; gesetzlich
GeschmMG	Gesetz betr. das Urheberrecht an Mustern und Modellen (Geschmacksmustergesetz) v. 11.1.1876 (RGBl. S. 11)
GesO	Gesamtvollstreckungsordnung idF v. 23.5.1991 (BGBl. I S. 1185); außer Kraft am 31.12.1998 (Art. 2 EGInsO)
Geßler/Hefermehl	*Geßler/Hefermehl/Eckardt/Kropff,* Aktiengesetz. Kommentar, 1973 ff.
Gessner/Rhode/Strate/ Ziegert	Gessner/Rhode/Strate/Ziegert, Die Praxis der Konkursabwicklung in der Bundesrepublik Deutschland, 1978
GewA	Gewerbe-Archiv (Zeitschrift)
GewO	Gewerbeordnung idF v. 22.2.1999 (BGBl. I S. 202)
GewStG	Gewerbesteuergesetz idF v. 19.5.1999 (BGBl. I S. 1010, 1491)
GG	Grundgesetz für die Bundesrepublik Deutschland v. 23.5. 1949 (BGBl. I S. 1)
ggf.	gegebenenfalls
GIW	Gesetz über internationale Wirtschaftsverträge v. 5.2.1976 (GBl. DDR I S. 61), zuletzt geändert durch Gesetz vom 28.6.1990 (GBl. DDR I S. 483)
GK-AktG/*Bearbeiter*	Hopt/Wiedemann (Hrsg.), Aktiengesetz, Großkommentar, 4. Aufl. 1992 ff.
GK-BetrVG/*Bearbeiter*	Gemeinschaftskommentar zum Betriebsverfassungsgesetz, hrsg. von *Fabricius/Kraft* ua Bd. 1 und Bd. 2, 10. Aufl. 2014
GK-HGB/*Bearbeiter*	Gemeinschaftskommentar zum HGB, hrsg. *Ensthaler,* 8. Aufl. 2015
GKG	Gerichtskostengesetz idF v. 15.12.1975 (BGBl. I S. 3047)
GK-SGB VI/*Bearbeiter*	Gemeinschaftskommentar zum Sozialgesetzbuch, Gesetzliche Rentenversicherung, hrsg. *Ruland/Försterling* 1991 ff.
GK-SGB X 3	Gemeinschaftskommentar zum Sozialgesetzbuch, Zusammenarbeit der Leistungsträger und ihre Beziehung zu Dritten, hrsg. *v. Maydell/Schellhorn,* 1984 ff.
GmbH	Gesellschaft mit beschränkter Haftung

GmbH & 38; Co (KG)	Gesellschaft mit beschränkter Haftung und Compagnie (Kommanditgesellschaft)
GmbHG	Gesetz betreffend die Gesellschaften mit beschränkter Haftung idF v. 20.5.1898 (RGBl. S. 369, 846)
GmbHR	GmbH-Rundschau (Zeitschrift)
GOÄ	Gebührenordnung für Ärzte idF v. 9.2.1996 (BGBl. I S. 210)
GoA	Geschäftsführung ohne Auftrag
GoB	Grundsätze ordnungsmäßiger Buchführung
Gottwald InsR HdB/ *Bearbeiter*	Peter Gottwald (Hrsg.), Insolvenzrechts-Handbuch, 5. Aufl. 2015
Graf-Schlicker/*Bearbeiter* ..	Kommentar zur Insolvenzordnung, hrsg. v. *Marie Luise Graf-Schlicker*, 4. Aufl. 2014
GRAM	Gesetz zu Reformen am Arbeitsmarkt (Arbeitsmarktreformgesetz) v. 24.12.2003 (BGBl. I S. 3002)
GrEStG 1983	Grunderwerbsteuergesetz idF v. 26.2.1997 (BGBl. I S. 418, 1804)
Groß, Sanierung	Paul J. *Groß*, Sanierung durch Fortführungsgesellschaften, 2. Aufl. 1988
GrS	Großer Senat
Gruchot	Beiträge zur Erläuterung des (bis 15. 1871: Preußischen) Deutschen Rechts, begr. von *Gruchot* (1. 1857–73. 1933)
Grunewald, GesR	Barbara *Grunewald*, Gesellschaftsrecht, 9. Aufl. 2014
GRUR	Gewerblicher Rechtsschutz und Urheberrecht (Zeitschrift)
GSB	Gesetz über die Sicherung der Bauforderungen (Bauforderungssicherungsgesetz – BauFordSiG) v. 1.6.1909, RGBl. I S. 449, zuletzt geändert durch Art. 1 ÄndG vom 29.7.2009, BGBl. I S. 2436 (s. auch BauFordSiG)
GüKG	Güterkraftverkehrsgesetz idF v. 10.3.1983 (BGBl. I S. 256)
GuG	Grundstücksmarkt und Grundstücksrecht (Zeitschrift), 1990 ff.
GVBl.	Gesetz- und Verordnungsblatt
GVG	Gerichtsverfassungsgesetz idF v. 9.5.1975 (BGBl. I S. 1077)
GvKostG	Gesetz über Kosten der Gerichtsvollzieher v. 26.7.1957 (BGBl. I S. 887)
GVO	Grundstücksverkehrsordnung idF v. 20.12.1993 (BGBl. I S. 2221)
GVÜ	siehe EuGVÜ
GWB	Gesetz gegen Wettbewerbsbeschränkungen idF v. 26.8.1998 (BGBl. I S. 2546)
GWBG/*Bearbeiter*	Grunsky/Waas/Benecke/Greiner ArbGG 6. Aufl. 1990
HAG	Heimarbeitsgesetz v. 14.3.1951 (BGBl. I S. 191)
HambK-InsO/*Bearbeiter* ...	Hamburger Kommentar zum Insolvenzrecht, hrsg. v. *Andreas Schmidt*, 5. Aufl. 2015
OLG Hamburg	Hanseatisches Oberlandesgericht
HausratsVO	Verordnung über die Behandlung der Ehewohnung und des Hausrats v. 21.10.1944 (RGBl. I S. 256)
HausTWG	Gesetz über den Widerruf von Haustürgeschäften und ähnlichen Geschäften v. 16.1.1986 (BGBl. I S. 122)
Hbd	Halbband
HdB	Handbuch

Abkürzungs- und Literaturverzeichnis LXXVII

HdBInsAnf/*Bearbeiter*	Handbuch des Insolvenzanfechtungsrechts, hrsg. v. *Reinhard Bork*, 2006
HdBInsVerw/*Bearbeiter*	Handbuch der Insolvenzverwaltung, hrsg. v. *Harro Mohrbutter* u. *Andreas Ringstmeier*, 9. Aufl. 2014
HdWW	Handwörterbuch der Wirtschaftswissenschaften, Bd. 1–10, 1977 ff.
*Heinsius/Horn/Than*DepG	*Heinsius/Horn/Than*, Depotgesetz, Kommentar, 1975
HeizkostenVO	Verordnung über die verbrauchsabhängige Abrechnung der Heiz- und Warmwasserkosten idF v. 20.1.1989 (BGBl. I S. 115)
Henssler	*Martin Henssler*, Partnerschaftsgesellschaftsgesetz, 2. Aufl. 2008
Hess/*Bearbeiter*	*Harald Hess*, Insolvenzrecht. Großkommentar in zwei Bänden, 2. Aufl. 2013 (früher u.d.T.: Kommentar zur Insolvenzordnung mit EGInsO, 1999)
Hess/Obermüller	*Hess/Obermüller*, Insolvenzplan, Restschuldbefreiung und Verbraucherinsolvenz, 3. Aufl. 2003
Hess/Weis/Uhlenbruck, EzInsR	*Hess/Weis/Uhlenbruck*, EzInsR – Entscheidungssammlung zum Insolvenzrecht (Loseblatt)
HFR	Höchstrichterliche Finanzrechtsprechung
HGB	Handelsgesetzbuch v. 10.5.1897 (RGBl. S. 219)
H/*GvW* PraxisSchRReform	*Henssler/Graf von Westfalen* (Hrsg.), Praxis der Schuldrechtsreform, 2002
HintO	Hinterlegungsordnung v. 10.3.1937 (RGBl. S. 285)
Hirte, KapGesR	*Heribert Hirte*, Kapitalgesellschaftsrecht, 8. Aufl. 2016
HK-InsO/*Bearbeiter*	Heidelberger Kommentar zur Insolvenzordnung (Hrsg. Kayser/Thole), 8. Aufl. 2016
HK-HGB/*Bearbeiter*	Glanegger u a, Heidelberger Kommentar zum HGB, 7. Aufl. 2007
hL	herrschende Lehre
hM	herrschende Meinung
HöfeO	Höfeordnung idF v. 26.7.1976 (BGBl. I S. 1933)
Höfer/*Bearbeiter*	*Höfer/de Groot/Küpper/Reich*, BetrAVG, Band I: Arbeitsrecht, Stand: August 2015
v. Hoffmann/Thorn	*von Hoffmann/Thorn*, Internationales Privatrecht, 10. Aufl. 2017; begr. v *Karl Firsching*
Holzer, Entscheidungsträger	*Johannes Holzer*, Die Entscheidungsträger im Insolvenzverfahren, 3. Aufl. 2004
Holzer/Kleine-Cosack/ Prütting	Die Bestellung des Insolvenzverwalters 2001
Holzer/Kramer	Grundbuchrecht , 2. Aufl. 2004
v. Hoyningen-Huene/Linck	*v. Hoyningen-Huene/Linck*, Kündigungsschutzgesetz, Kommentar, 15. Aufl. 2013; begr. v. *Alfred Hueck*, bis zur 10. Aufl. fortgef v. *Götz Hueck*
HRefG	Handelsrechtsreformgesetz v. 22.6.1998 (BGBl. I S. 1474)
HRR	Höchstrichterliche Rechtsprechung (Zeitschrift)
Hrsg.; hrsg.	Herausgeber; herausgegeben
Hs.	Halbsatz
HSOG	Hessisches Gesetz über die öffentliche Sicherheit und Ordnung
HSWGN/*Bearbeiter*	Kommentar zum BetrVG 7. Aufl. 2008
Huber, AnfG	*Michael Huber*, Anfechtungsgesetz, 11. Aufl. 2016

Hüffer, AktG .... *Uwe Hüffer*, Aktiengesetz, 12. Aufl. 2016
Huhn, Eigenverwaltung ..... *Christoph Huhn*, Die Eigenverwaltung im Insolvenzverfahren, 2002
Huntemann/
Graf Brockdorff .... *Huntemann/Graf Brockdorff*, Der Gläubiger im Insolvenzverfahren, 1999
HWB .... Handwörterbuch
HWF/*Bearbeiter*
PräsenzKomm .... *Haarmeyer/Wutzke/Förster* Präsenz-Kommentar zur Insolvenzordnung, abrufbar unter www.insolvenzrecht.de; s. auch PK-HWF/*Bearbeiter*
HWFH ZVG (bzw.
ZwangsverwalterVO) .... *Haarmeyer/Hintzen*, Zwangsverwaltung. ZwangsversteigerungsG (§§ 146–161) und ZwangsverwalterVO, 6. Aufl. 2016
Haarmeyer/Mock .... *Haarmeyer/Mock*, Vergütung in Insolvenzverfahren. InsVV, 5. Aufl. 2014
HWK/*Bearbeiter* .... *Henssler/Willemsen/Kalb* Arbeitsrecht Kommentar, 7. Aufl. 2016
HwO .... Handwerksordnung idF v. 24.9.1998 (BGBl. I S. 3074)
HWR .... Handwörterbuch des Rechnungswesens
HypBankG .... Hypothekenbankgesetz idF v. 9.9.1998 (BGBl. I S. 2074)

idF (v/d) .... in der Fassung (vom, der bzw. des)
idR .... in der Regel
IDW .... Institut deutscher Wirtschaftprüfer
INF .... Die Information über Steuer und Wirtschaft (Zeitschrift)
InsO .... Insolvenzordnung
InsOÄndG 2001 .... Gesetz zur Änderung der Insolvenzordnung und anderer Gesetze (zitiert nach dem RegE v. 5.1.2001, BR-Drs. 14/01 = NZI 2001, Beilage zu Heft 1)
Insolvenzrechtsreport .... Insolvenzrechtsreport (Zeitschrift)
InVo .... Insolvenz und Vollstreckung (Zeitschrift)
IPR .... Internationales Privatrecht
IPRax .... Praxis des internationalen Privat- und Verfahrensrechts (Zeitschrift, 1. 1981 ff.)
IPRG .... Gesetz zur Neuregelung des Internationalen Privat- und Verfahrensrechts v. 25.7.1986 (BGBl. I S. 1142)
iS .... im Sinne
iSd .... im Sinne der/des
iSe .... im Sinne einer/eines
iSv .... im Sinne von
iÜ .... im Übrigen
iVm .... in Verbindung mit
iW .... im Wesentlichen
iwS .... im weiteren Sinne
IZPR .... Internationales Zivilprozessrecht
iZw .... im Zweifel

JA .... Juristische Arbeitsblätter (Zeitschrift)
Jacoby, Das private Amt ..... *Florian Jacoby*, Das private Amt, 2007
Jaeger/*Bearbeiter* .... *Jaeger/Henckel/Gerhardt*, Insolvenzordnung. Großkommentar, Bd. 1, §§ 1–55, 2004; Bd. 2, §§ 56–102, 2007; Bd. 4, §§ 129–147, 2008

JArbSchG	Jugendarbeitsschutzgesetz v. 12.4.1976 (BGBl. I S. 965)
Jauernig/Berger	Othmar Jauernig/Christian Berger, Zwangsvollstreckungs- und Insolvenzrecht, 23. Aufl. 2010
Jb.	Jahrbuch
JBeitrO	Justizbeitreibungsordnung v. 11.3.1937 (RGBl. I S. 298)
JbIntR	Jahrbuch des internationalen Rechts
Jg.	Jahrgang
Jh.	Jahrhundert
JM	Justizministerium
JMBl.	Justizministerialblatt
JR	Juristische Rundschau (Zeitschrift)
JurBüro	Das Juristische Büro (Zeitschrift)
JuS	Juristische Schulung (Zeitschrift)
Justiz	Die Justiz (Zeitschrift)
JVBl	Justizverwaltungsblatt (Zeitschrift)
JW	Juristische Wochenschrift (Zeitschrift)
JZ	Juristenzeitung (Zeitschrift)
KAGG	Gesetz über Kapitalanlagegesellschaften idF v. 9.9.1998 (BGBl. I S. 2726)
KapAEG	Kapitalaufnahmeerleichterungsgesetz
Kap.	Kapital; Kapitel
KapErhG	Kapitalerhöhungsgesetz
Kaug	Konkursausfallgeld
K. Schmidt/*Bearbeiter*	Karsten Schmidt, Insolvenzordnung, 19. Aufl. 2016
KDZ/*Bearbeiter*	Kittner/Däubler/Zwanziger, Kündigungsschutzrecht, Kommentar für die Praxis zu Kündigungen und anderen Formen der Beendigung des Arbeitsverhältnisses, 9. Aufl. 2014
Kegel/Schurig, IPR	*Kegel/Schurig*, Internationales Privatrecht, 9. Aufl. 2004
Keller	Ulrich Keller, Vergütung und Kosten im Insolvenzverfahren, 4. Aufl. 2016
Keller, InsR	Ulrich Keller, Insolvenzrecht, 2. Aufl. 2017
Kfz	Kraftfahrzeug
KG	Kammergericht (Berlin); Kommanditgesellschaft
KGaA	Kommanditgesellschaft auf Aktien
Kilger/K. Schmidt	KO, 17. Aufl. 1997
Kissel/Mayer, GVG	Kissel/Mayer, Gerichtsverfassungsgesetz, Kommentar, 8. Aufl. 2015
Kittner/Däubler/Zwanziger	Kittner/Däubler/Zwanziger, Kündigungsschutzrecht, Kommentar für die Praxis zu Kündigungen und anderen Formen der Beendigung des Arbeitsverhältnisses, 9. Aufl. 2014; s. auch KDZ/*Bearbeiter*
KK	siehe Kölner Komm.
KKBH/*Bearbeiter*	Kemper/Kisters-Kölkes/Berenz/Huber, BetrAVG, 6. Aufl. 2014
KKZ	Kommunal-Kassen-Zeitschrift
Klein/Orlopp	Franz Klein/Gerd Orlopp, Abgabenordnung, 13. Aufl. 2016
Knickrehm/Kreikebohm/ Wattermann	Kommentar zum Sozialrecht, 4. Aufl. 2015
Köhler/Bornkamm	Köhler/Bornkamm, Gesetz gegen den unlauteren Wettbewerb (UWG), Preisangabenverordnung (PAngV), Unter-

	lassungsklagengesetz (UKlaG), Kommentar, 34. Aufl. 2016 (begr. V. Adolf Baumbach und bis zur 22. Aufl. bearb. v Wolfgang Hefermehl)
Köhler/Kossmann, HdB	*Köhler/Kossmann,* Handbuch der Wohnraummiete, 6. Aufl. 2003
Kölner KommAktG/ Bearbeiter	Kölner Kommentar zum Aktiengesetz, hrsg. v. *Zöllner,* 3. Aufl. 2004 ff.
Kölner Schrift zur InsO	Das neue Insolvenzrecht in der Praxis, Arbeitskreis für Insolvenz
Kohte/Ahrens/Grote/Busch	*Kohte/Ahrens/Grote/Busch,* Verfahrenskostenstundung, Restschuldbefreiung und Verbraucherinsolvenzverfahren, 7. Aufl. 2014
Koller/Roth/Morck	*Koller/Roth/Morck,* Handelsgesetzbuch, 8. Aufl. 2015
Komm.	Kommentar
1. KommBer	Bundesministerium der Justiz, Erster Bericht der Kommission für Insolvenzrecht, 1985
2. KommBer	Bundesministerium der Justiz, Zweiter Bericht der Kommission für Insolvenzrecht, 1986
KonTraG	Gesetz zur Kontrolle und Transparenz im Unternehmensbereich v. 27.4.1998 (BGBl. I S. 786)
Korczak/Pfefferkorn	Dieter *Korczak/Gabriela* Pfefferkorn, Überschuldungssituation und Schuldnerberatung in der Bundesrepublik Deutschland, 1992
KorrekturG	Gesetz zu Korrekturen in der Sozialversicherung und zur Sicherung der Arbeitnehmerrechte (Korrekturgesetz) v. 19.12.1998 (BGBl. I S. 3843)
KostO	Gesetz über die Kosten in Angelegenheiten der freiwilligen Gerichtsbarkeit (Kostenordnung) idF v. 26.7.1957 (BGBl. I S. 861, 960)
Kübler/Prütting	*Kübler/Prütting,* Das neue Insolvenzrecht, RWS-Dokumentation 18, 2. Aufl. 2000
Kübler/Prütting/Bork	*Moll,* Kommentar zur Insolvenzordnung, RWS Kommentar (Loseblatt)
KPB/*Bearbeiter*	Kommentar zur Insolvenzordnung, hrsg. *Bruno M. Kübler, Hanns Prütting u. Reinhard Bork,* (Loseblatt), Stand April 2016
KR/*Bearbeiter*	*Etzel/Bader/Fischermeier/Friedrich/Griebeling/Lipke/ Pfeiffer/Rost/Spilger/Treber/Vogt/Weigand/Wolff,* KR – Gemeinschaftskommentar zum Kündigungsschutzgesetz und zu sonstigen kündigungsschutzrechtlichen Vorschriften, 11. Aufl. 2016
Kruth, Die Auswahl	*Claus-Peter Kruth,* Die Auswahl und Bestellung des Insolvenzverwalters, 2006
KS/*Bearbeiter*	Arbeitskreis für Insolvenz- und Schiedsgerichtswesen e V, Köln (Hrsg.), Kölner Schrift zur Insolvenzordnung. Das neue Insolvenzrecht in der Praxis, 3. Aufl. 2009 (bzw. 2. Aufl. 2000)
KSchG	Kündigungsschutzgesetz idF v. 25.8.1969 (BGBl. I S. 1317)
KSI	Krisen-, Sanierungs- und Insolvenzberatung (Zeitschrift)
KStG	Körperschaftsteuergesetz idF v. 22.4.1999 (BGBl. I S. 817)
KTS	Zeitschrift für Konkurs-, Treuhand- und Schiedsgerichtswesen (vor 1942: KuT)

Kübler, GesellschaftsR	*Friedrich Kübler*, Gesellschaftsrecht, 6. Aufl. 2006
Kuhn/Uhlenbruck	*Kuhn/Uhlenbruck*, Konkursordnung, Kommentar, 11. Aufl. 1994
Keller/Munzig	*Keller/Munzig*, Grundbuchrecht, 7. Aufl. 2015
KuT	Konkurs- und Treuhandwesen (Zeitschrift ab 1942: KTS)
KWG	Gesetz über das Kreditwesen idF v. 9.9.1998 (BGBl. I S. 277), geändert durch EG InsOÄndG v. 19.12.1998 (BGBl. I S. 3836) u. durch Art. 3 des Gesetzes zur Änderung insolvenzrechtlicher und kreditwesensrechtlicher Vorschriften v. 8.12.1999 (BGBl. I S. 2384)
LAA	Landesarbeitsamt
LAG	Landesarbeitsgericht (mit Ortsnamen); Gesetz über den Lastenausgleich (Lastenausgleichsgesetz) idF v. 2.6.1993 (BGBl. I S. 845); Landwirtschaftsanpassungsgesetz v. 29.6.1990 (GBl. DDR I S. 642)
LAGE	Entscheidungen der Landesarbeitsgerichte, hrsg. v. *Lipke*
Landmann/Rohmer/Bearbeiter	*Landmann/Rohmer*, Gewerbeordnung und ergänzende Vorschriften, Kommentar, 54. Aufl. 2009 (Loseblatt)
Lang/Weidmüller, GenG	*Lang/Weidmüller*, Genossenschaftsgesetz, 38. Aufl. 2016
Lexikon für das Lohnbüro	58. Auflage 2016
LFZG	Lohnfortzahlungsgesetz
LG	Landgericht (mit Ortsnamen)
Limper/Musiol	Handbuch des Fachanwalts Urheber- und Medienrecht, 2011
Limper/Musiol	Formularbuch des Fachanwalts Urheber- und Medienrecht, 2015
Lit.	Literatur
LK/*Verfasser*	Strafgesetzbuch – Leipziger Kommentar, 12. Aufl. 2006 ff.
LM	*Lindenmaier/Möhring*, Nachschlagewerk des Bundesgerichtshofs
*	(Nrohne Gesetzesstelle bezieht sich auf den gerade kommentierten Paragraphen)
Löwisch/Spinner	*Löwisch/Spinner*, Kündigungsschutz, Kommentar, 9. Aufl. 2004, begr. v. *Herschel/Steinmann*
LPartG	Lebenspartnerschaftsgesetz v. 16.2.2001 (BGBl. I S. 266)
LPersVG	Landespersonalvertretungsgesetz
LPG	Landwirtschaftliche Produktionsgenossenschaft
Ls.	Leitsatz
LSG	Landessozialgericht (mit Ortsnamen)
LuftfzRG	Gesetz über Rechte an Luftfahrzeugen v. 26.2.1959 (BGBl. I S. 57, 223)
LuftRegVO	Verordnung über die Einrichtung und Führung des Registers für Pfandrechte an Luftfahrzeugen v. 2.3.1999 (BGBl. I S. 279)
LuftVG	Luftverkehrsgesetz idF v. 27.3.1999 (BGBl. I S. 550)
Lutter/Hommelhoff	*Lutter/Hommelhoff* GmbH-Gesetz, Kommentar, 19. Aufl. 2016
Lüer, Kölner Schrift	*Lüer/Fuchs*, Kölner Schrift zur Insolvenzordnung, 2. Aufl. 2000
LVA	Landesversicherungsanstalt
LZ	Leipziger Zeitschrift für Deutsches Recht

m.	mit
MaBV	Verordnung über die Pflichten der Makler, Darlehens- und Anlagenvermittler, Bauträger und Baubetreuer (Makler- und Bauträgerverordnung) idF v. 7.11.1990 (BGBl. I S. 2749)
Maunz/Dürig/Bearbeiter	*Maunz/Dürig*, Grundgesetz, 77. Aufl. 2016 (Loseblatt)
MBl.	Ministerialblatt
MDR	Monatsschrift für Deutsches Recht (Zeitschrift)
mE	meines Erachtens
MedR	Medizinrecht (Zeitschrift 1. 1983 ff.)
Meikel/Böttcher	*Meikel*, Grundbuchrecht, Kommentar zur Grundbuchordnung, bearb. v. *Böhringer, Böttcher* ua, 11. Aufl. 2015
MessnerStephan, Schuldenfrei	*MessnerStephan*, Endlich schuldenfrei – Der Weg in die Restschuldbefreiung, 4. Aufl. 2016
MHbeG	Gesetz zur Beschränkung der Haftung Minderjähriger (Minderjährigenhaftungsbeschränkungsgesetz) v. 25.8.1998 (BGBl. I S. 2487)
MHG	Gesetz zur Regelung der Miethöhe (Art. 3 des 2. WKSchG v. 18.12.1974, BGBl. I S. 3603)
MietRÄndG	Gesetz zur Änderung mietrechtlicher Vorschriften, Erstes: v. 29.7.1963 (BGBl. I S. 505), Zweites: v. 14.7.1964 (BGBl. I S. 1457), Drittes: v. 21.12.1967 (BGBl. I S. 1248), Viertes: v. 21.7.1993 (BGBl. I S. 1257)
Mio.	Million(en)
Mitt.	Mitteilung(en)
MittBayNot	Mitteilungen des Bayerischen Notarvereins (Zeitschrift)
MittRhNotK	Mitteilungen der Rheinischen Notarkammer (Zeitschrift)
MitbestG	Gesetz über die Mitbestimmung der Arbeitnehmer (Mitbestimmungsgesetz) v. 4.5.1976 (BGBl. I S. 1153)
MiZi	Allgemeine Verfügung über Mitteilungen in Zivilsachen v. 1.10.1967 (BAnz. Nr. 218, S. 2)
MMR	Multimedia und Recht (Zeitschrift)
Möhlmann, Berichterstattung	*Thomas Möhlmann*, Die Berichterstattung im neuen Insolvenzverfahren, 1999
Mohrbutter/Ringstmeier/ Bearbeiter	*Harro Mohrbutter/Andreas Ringstmeier*, Handbuch der Insolvenzverwaltung, 9. Aufl. 2015
MRK	Konvention zum Schutze der Menschenrechte und Grundfreiheiten v. 4.11.1950 (Gesetz v. 7.8.1952, BGBl. II S. 685)
MTV	Manteltarifvertrag
MuA	Mensch und Arbeit (Zeitschrift)
MHdBArbR/*Bearbeiter*	Münchener Handbuch zum Arbeitsrecht, hrsg. v *Reinhard Richardi, Otfried Wlotzke, Hellmut Wissmann u. Hartmut Oetker*, 3. Aufl. 2009
MHdBGesR I (bzw. II–V)/*Bearbeiter*	Münchener Handbuch zum Gesellschaftsrecht, 4. Aufl., Bd. 1 und 2 2014; Bd. 3 2012; Bd. 4 2015; Bd. 5 2016; Bd. 6 2013, Bd. 7 5. Aufl. 2016
MüKoAktG/*Bearbeiter*	Münchener Kommentar zum Aktiengesetz, hrsg. v *Wulf Goette* und *Mathias Habersack*, 3. Aufl. 2008 ff./4. Aufl. 2016

MüKoBGB/*Bearbeiter*	Münchener Kommentar zum Bürgerlichen Gesetzbuch, hrsg. v *Kurt Rebmann* und *Franz Jürgen Säcker*, 4. (bzw. 5.) Aufl. 2000 (2006) ff.
MüKoGmbHG/*Bearbeiter*	Münchener Kommentar zum GmbH Gesetz, hrsg. v. *Holger Fleischer* u. *Wulf Goette*, 2. Aufl. 2015
MüKoHGB/*Bearbeiter*	Münchener Kommentar zum Handelsgesetzbuch, Bd. 1–7 hrsg. v *Karsten Schmidt*, 2. Aufl. 2005 ff.
MüKoInsO/*Bearbeiter*	*Kirchhof/Stürner/Eidenmüller*, Münchener Kommentar zur Insolvenzordnung, 3. Aufl. 2013/2014/2016
MüKoStGB/*Bearbeiter*	Münchener Kommentar zum Strafgesetzbuch, hrsg. v. *Wolfgang Joeks* u. *Klaus Miebach*, 2. u. 3. Aufl. 2012–2016.
MüKoVVG/*Bearbeiter*	*Langheid/Wandt*, Münchener Kommentar zum VVG, 2. Aufl. 2016
MüKoZPO/*Bearbeiter*	Münchener Kommentar zur Zivilprozessordnung mit Gerichtsverfassungsgesetz und Nebengesetzen, 5. Aufl. 2016
Mugdan	Die gesamten Materialien zum Bürgerlichen Gesetzbuch für das deutsche Reich, hrsg. v *Mugdan*, Band I–V, 1899
MuSchG	Mutterschutzgesetz v. 17.1.1997 (BGBl. I S. 22)
Musielak/Voit	*Musielak/Voit*, Zivilprozessordnung, Kommentar, hrsg. v *Hans-Joachim Musielak*, 13. Aufl. 2016
Mutschler/Schmidt-DeCaluwe/Coseriu	*Schmidt-DeCaluwe*, SGB III
mwN	mit weiteren Nachweisen
mzN	mit zahlreichen Nachweisen
m zust. Anm.	mit zustimmender Anmerkung
m krit. Anm.	mit kritischer Anmerkung
nachf.	nachfolgend
Nachw.	Nachweis
NachwG	Gesetz über den Nachweis der für ein Arbeitsverhältnis geltenden wesentlichen Bedingungen (Nachweisgesetz) v. 20.7.1995 (BGBl. I S. 446)
Nds., nds.	Niedersachsen, niedersächsisch
NdsRpfl	Niedersächsische Rechtspflege (Zeitschrift)
nF	neue Fassung
NiemeyersZ	Niemeyers Zeitschrift für internationales Recht (25. 1915-52. 1937/38; vorher s. BöhmsZ, danach: ZIR)
NJ	Neue Justiz (Zeitschrift)
NJW	Neue Juristische Wochenschrift
NJW-MietR	NJW-Entscheidungsdienst Miet- und Wohnungsrecht (Zeitschrift)
NJW-RR	NJW-Rechtsprechungs-Report, Zivilrecht (Zeitschrift)
NJW-VHR	NJW-Entscheidungsdienst Versicherungs- und Haftungsrecht (Zeitschrift)
NMV	Verordnung über die Ermittlung der zulässigen Miete für preisgebundene Wohnungen (Neubaumietenverordnung 1970) idF v. 12.10.1990 (BGBl. I S. 2203)
Nöll, Der Tod des Schuldner	*Mario Nöll*, Der Tod des Schuldners in der Insolvenz, 2005
Nr.	Nummer(n)
Nerlich/Römermann/ *Bearbeiter*	*Jörg Nerlich/Volker Römermann*, Insolvenzordnung, Kommentar, 30. Aufl. 2016 (Loseblatt)

NRW	Nordrhein-Westfalen
NStZ	Neue Zeitschrift für Strafrecht
Nußbaum	Nußbaum, Deutsches IPR, 1932
NVersZ	Neue Zeitschrift für Versicherung und Recht
NVwZ	Neue Zeitschrift für Verwaltungsrecht
NWB	Neue Wirtschaftsbriefe (Loseblatt)
NZA	Neue Zeitschrift für Arbeits- und Sozialrecht
NZA-RR	NZA-Rechtsprechungs-Report Arbeitsrecht (Zeitschrift)
NZG	Neue Zeitschrift für Gesellschaftsrecht
NZI	Neue Zeitschrift für das Recht der Insolvenz und Sanierung
NZM	Neue Zeitschrift für Mietrecht
NZS	Neue Zeitschrift für Sozialrecht
NZV	Neue Zeitschrift für Verkehrsrecht
o.	oben
oa	oben angegeben
oÄ	oder Ähnliches
ObG	Obergericht
Obermüller, InsR-Bankpraxis	Manfred *Obermüller*, Insolvenzrecht in der Bankpraxis, 9. Aufl. 2016 (4. Aufl. 1991 unter dem Titel „Handbuch Insolvenzrecht für die Kreditwirtschaft")
Obermüller/Hess, InsO	Manfred *Obermüller/Harald Hess*, InsO. Eine systematische Darstellung des neuen Insolvenzrechts, 4. Aufl. 2003
OECD	Organization of Economic Cooperation and Development
OEEC	Organisation für Europäische Wirtschaftliche Zusammenarbeit
öst.	österreichisch
OFD	Oberfinanzdirektion
OGH	Oberster Gerichtshof (Österreich)
OHG	offene Handelsgesellschaft
oJ	ohne Jahrgang
ÖJZ	Österreichische Juristenzeitung (Zeitschrift)
OLG	Oberlandesgericht
OLG-NL	OLG-Rechtsprechung Neue Länder (Zeitschrift)
OLGRspr	Die Rechtsprechung der Oberlandesgerichte auf dem Gebiete des Zivilrechts, hrsg. v *Mugdan* und *Falkmann* (1. 1900–46. 1928; aufgegangen in HRR)
OLGZ	Rechtsprechung der Oberlandesgerichte in Zivilsachen, Amtliche Entscheidungssammlung
ORDO	ORDO, Jahrbuch für die Ordnung von Wirtschaft und Gesellschaft
oV	ohne Verfasser
OVG	Oberverwaltungsgericht
OWiG	Gesetz über Ordnungswidrigkeiten idF v. 19.2.1987 (BGBl. I S. 602)
Palandt/Bearbeiter	Palandt, Bürgerliches Gesetzbuch, 75. Aufl. 2016
Pannen/Bearbeiter	Klaus *Pannen* (Hrsg.), Europäische Insolvenzverordnung, 2007

Pape, Gläubigerbeteiligung — *Gerhard Pape,* Gläubigerbeteiligung im Insolvenzverfahren, 2000
Pape/Uhlenbruck, InsR ...... — *Gerhard Pape/Wilhelm Uhlenbruck,* Insolvenzrecht (NJW-Schriftenreihe Bd. 67, 2002)
ParteiG .... — Gesetz über die politischen Parteien (Parteiengesetz) idF v. 31.1.1994 (BGBl. I S. 150)
PartGG .... — Partnerschaftsgesellschaftsgesetz v. 25.7.1994 (BGBl. I S. 1744)
PatG .... — Patentgesetz idF v. 16.12.1980 (BGBl. 1981 I S. 1)
Paulsdorff .... — *Jürgen Paulsdorff,* Kommentar zur Insolvenzsicherung der betrieblichen Altersversorgung, 2. Aufl. 1996
Paulus, EuInsVO .... — *Christoph G. Paulus,* Europäische Insolvenzverordnung, 2. Aufl. 2008
Paulus, InsR .... — *Christoph G. Paulus,* Insolvenzrecht, 2. Aufl. 2008
Paulus, Verfügungsverbot ... — *Christoph G. Paulus,* Richterliches Verfügungsverbot und Vormerkung im Konkurs, 1981
PBefG .... — Personenbeförderungsgesetz idF v. 8.8.1990 (BGBl. I S. 1690)
*Pech,*Einbeziehung .... — *Janine Pech,* Die Einbeziehung des Neuerwerbs in die Insolvenzmasse, 1998
Pelka/Niemann, Rechnungslegung .... — *Jürgen Pelka/Walter Niemann,* Praxis der Rechnungslegung in Insolvenzverfahren, 5. Aufl. 2002
Personalhandbuch/ *Bearbeiter* .... — 23. Auflage 2016
PersV .... — Die Personalvertretung (Zeitschrift)
PfandleiherVO .... — Pfandleiherverordnung idF v. 1.6.1972 (BGBl. I S. 1234)
PflegeZG .... — Gesetz über die Pflegezeit (Pflegezeitgesetz), verk als Art. 3 Pflege-WeiterentwicklungsG v. 28.5.2008 (BGBl. I S. 874)
PflVersG .... — Gesetz über die Pflichtversicherung der Kraftfahrzeughalter (Pflichtversicherungsgesetz) idF v. 5.4.1965 (BGBl. I S. 213)
PK-HWF/*Bearbeiter* .... — Haarmeyer/Wutzke/Förster Präsenz-Kommentar zur Insolvenzordnung, abrufbar unter www.insolvenzrecht.de; s. auch HWF PräsenzKomm
PostG .... — Gesetz über das Postwesen idF v. 22.12.1997 (BGBl. I S. 3294)
PostO .... — Postordnung v. 16.5.1963 (BGBl. I S. 341)
PostSO .... — Postsparkassenordnung v. 24.4.1986 (BGBl. I S. 626)
PostStruktG .... — Gesetz zur Neustrukturierung des Post- und Fernmeldewesens und der Deutschen Bundespost (Poststrukturgesetz – PostStruktG) v. 8.6.1989 (BGBl. I S. 1026)
Preuß; preuß .... — Preußen; preußisch
PrAGKO .... — Preußisches Ausführungsgesetz zur Deutschen Konkursordnung vom 6.3.1879, PrGS S. 109
PresseG .... — Gesetz über die Presse v. 7.5.1874 (RGBl. S. 65)
Preuss, Verbraucherinsolvenz .... — *Nicola Preuss,* Verbraucherinsolvenzverfahren und Restschuldbefreiung, 2. Aufl. 2003
PrGS .... — Gesetzsammlung (preußisches Gesetzblatt)
ProdHaftG .... — Gesetz über die Haftung für fehlerhafte Produkte (Produkthaftungsgesetz) v. 15.12.1989 (BGBl. I S. 2198)
Prölls/Martin/*Bearbeiter* .... — *Prölls/Martin,* VVG, 29. Aufl. 2015

ProtRA	Protokolle des Rechtsausschusses
PrOVG	Preußisches Oberverwaltungsgericht
Prütting/Helms	FamFG, 3. Aufl. 2014
Prütting/Vallender	Insolvenzrecht in Wissenschaft und Praxis, Festschrift für Wilhelm Uhlenbruck zum 70. Geburtstag, 2000
PStV	Verordnung zur Ausführung des Personenstandsgesetzes idF v. 15.6.1987 (BGBl. I S. 1549)
PSV(aG)	Pensionssicherungsverein (auf Gegenseitigkeit)
pVV	positive Vertragsverletzung
RA	Rechtsausschuss
RabelsZ	Zeitschrift für ausländisches und internationales Privatrecht (Band u. Seite)
RAG	Reichsarbeitsgericht, zugleich amtliche Sammlung der Entscheidungen (Band u. Seite)
Raiser/Veil, KapGesR	*Thomas Raiser/Rüdiger Veil*, Recht der Kapitalgesellschaften, 6. Aufl. 2015
RBerG	Rechtsberatungsgesetz v. 13.12.1935 (RGBl. S. 1478)
RdA	Recht der Arbeit (Zeitschrift)
RdErl.	Runderlass
Rn.	Randnummer(n)
RdSchr.	Rundschreiben
RE	Rechtsentscheid
Recht	Das Recht (Zeitschrift)
rechtsw	rechtswidrig
RefE	Referentenentwurf; speziell: Gesetz zur Reform des Insolvenzrechts, hrsg. vom BMJ (1989)
Reg	Regierung
RegBez	Regierungsbezirk
RgAmtsBl	Regierungsamtsblatt
RegE	Regierungsentwurf
RegE InsOÄndG 2001	RegE eines Gesetzes zur Änderung der Insolvenzordnung und anderer Gesetze v. 5.1.2001 (BR-Drs. 14/01 = NZI 2001, Beilage zu Heft 1)
Reischauer/RFH	Reichsfinanzhof, zugleich amtliche Sammlung der Entscheidungen (Band u. Seite)
RG	Reichsgericht
RGBl.	Reichsgesetzblatt
RGSt	Amtliche Sammlung von Entscheidungen des Reichsgerichts in Strafsachen
RGZ	Amtliche Sammlung von Entscheidungen des Reichsgerichts in Zivilsachen
RHeimstG	Reichsheimstättengesetz idF v. 25.11.1937 (RGBl. I S. 1291)
RhPf.; rh-pf	Rheinland-Pfalz; rheinland-pfälzisch
Richardi/*Bearbeiter*	Betriebsverfassungsgesetz 15. Auflage 2016
RiW	Recht der internationalen Wirtschaft (Zeitschrift, 1. 1954/55–3. 1957 u. 21. 1975 ff.; früher AWD)
RKW	Rationalisierungs-Kuratorium der deutschen Wirtschaft
RL	Richtlinie
Röhricht/v. Westphalen/Haas, HGB	*Röhricht/v. Westphalen/Haas*, Kommentar zum HGB, 4. Aufl. 2014

ROHG	Reichsoberhandelsgericht, auch Entscheidungssammlung (Band und Seite)
Rosenberg/Schwab/ Gottwald	*Rosenberg/Schwab/Gottwald,* Zivilprozessrecht, 17. Aufl. 2010
Roth/Altmeppen	*Roth/Altmeppen,* GmbHG, 8. Aufl. 2015
ROW	Recht in Ost und West (Zeitschrift)
Rowedder/(Bearbeiter), Rpfleger	Der Deutsche Rechtspfleger (Zeitschrift)
RPflG	Rechtspflegergesetz v. 5.11.1969 (BGBl. I S. 2065)
Rspr.	Rechtsprechung
RT-Drs.	Drucksache des Reichstags
RuG	Recht und Gesellschaft (Zeitschrift)
Runkel/Schmidt AHB	*Han P. Runkel,* Anwalts-Handbuch Insolvenzrecht, 2. Aufl. 2008
RuW	Recht und Wirtschaft (Zeitschrift)
RV	Die Rentenversicherung (Zeitschrift)
RVO	Reichsversicherungsordnung v. 15.12.1924 (RGBl. S. 779)
S.	Seite
s.	siehe; section
sa	siehe auch
saarl., Saarl.	saarländisch, Saarland
SaarlRStZ	Saarländische Rechts- und Steuerzeitschrift
SAE	Sammlung arbeitsrechtlicher Entscheidungen (Zeitschrift)
SächsAnn	Annalen des Sächsischen Oberlandesgerichts zu Dresden
SächsArch	Sächsisches Archiv für Rechtspflege (Zeitschrift)
Schaub/*Bearbeiter*	*Günter Schaub,* Arbeitsrechts-Handbuch, 16. Aufl. 2015
ScheckG	Scheckgesetz v. 14.8.1933 (RGBl. I S. 597)
Schimansky/Bunte/ Lwowski, BankR-HdB	*Herbert Schimansky/Hermann J. Bunte/Hans J. Lwowski,* Bankrechts-Handbuch, 4. Aufl. 2011
SchlH	Schleswig-Holstein
SchlHA	Schleswig-Holsteinische Anzeigen (NF 1. 1837ff. Zeitschrift)
K. Schmidt/Uhlenbruck/ *Bearbeiter*	*Karsten Schmidt/Wilhelm Uhlenbruck* (Hrsg.), Die GmbH in Krise, Sanierung, Insolvenz, 5. Aufl. 2016
Schmidt-Futterer/ *Bearbeiter*	*Schmidt-Futterer,* Mietrecht, Kommentar, 12. Aufl. 2015
Schönfelder/Kranz/Wanka	SGB III, Loseblatt-Kommentar zum Sozialgesetzbuch, 3. Aufl. 2016
Schönke/Schröder/ *Bearbeiter*	*Schönke/Schröder,* Strafgesetzbuch, Kommentar, 29. Aufl. 2014
Schollmeyer	*Eberhard Schollmeyer,* Gegenseitige Verträge im internationalen Insolvenzrecht, 1997 (KTS-Schriften zum Insolvenzrecht Bd. 6)
Scholz/*Bearbeiter,* GmbHG	*Franz Scholz,* Kommentar zum GmbHG, 11. Aufl. 2012/ 2015

Scholz/Lwowski, Kreditsicherung	Hellmut Scholz/Hans-Jürgen Lwowski, Das Recht der Kreditsicherung, 8. Aufl. 2000
SchRegDV	Verordnung zur Durchführung der Schiffsregisterordnung v. 24.11.1980 (BGBl. I S. 2169)
SchRegO	Schiffregisterordnung v. 19.12.1940 (RGBl. I S. 1591)
SchRG	Gesetz über Rechte an eingetragenen Schiffen und Schiffsbauwerken v. 15.11.1940 (RGBl. I S. 1499)
Schuschke/Walker	Schuschke/Walker, Vollstreckung und Vorläufiger Rechtsschutz, 6. Aufl. 2016
SchVG	Gesetz über Schuldverschreibungen aus Gesamtemissionen (Schuldverschreibungsgesetz) vom 21.7.2009 (BGBl. I S. 2512)
Schwab/Prütting	Schwab/Prütting, Sachenrecht, 35. Aufl. 2014
schweiz.	schweizerisch
SE	Societas Europaea (Europäische Aktiengesellschaft)
SG	Sozialgericht
SGB	Sozialgesetzbuch
SGb	Die Sozialgerichtsbarkeit (Zeitschrift)
SGG	Sozialgerichtsgesetz idF v. 23.9.1975 (BGBl. I S. 2535)
SigG	Gesetz zur digitalen Signatur (Signaturgesetz – SigG)
SigV	Verordnung zur digitalen Signatur (Signaturverordnung – SigV)
s. o.	siehe oben
Smid/Rattunde/Martini, Insolvenzplan	Smid/Rattunde/Martini, Der Insolvenzplan, 4. Aufl. 2015
sog	sogenannt
Sowka	Sowka ua, Kündigungsschutzgesetz, Kölner Praxiskommentar unter Berücksichtigung sozialrechtlicher Bezüge, 3. Aufl. 2004
SozPlG	Gesetz über den Sozialplan im Konkurs- und Vergleichsverfahren v. 20.2.1985 (BGBl. I S. 369), außer Kraft am 31.12.1998
SozR	Sozialrecht, Rechtsprechung und Schrifttum, bearbeitet von den Richtern des Bundessozialgerichts
SozVers	Die Sozialversicherung (Zeitschrift)
Sp.	Spalte
SprAuG	Sprecherausschussgesetz v. 20.12.1988 (BGBl. I S. 2316)
SpTrUG	Gesetz über die Spaltung der von der Treuhandanstalt verwalteten Unternehmen v. 5.4.1991 (BGBl. I S. 854)
SpuRt	Zeitschrift für Sport und Recht (Zeitschrift)
SPV/Bearbeiter	Stahlhacke/Preis/Vossen Kündigung und Kündigungsschutz im Arbeitsverhältnis, 11. Aufl. 2015
st.	ständig
StA	Staatsanwaltschaft
StAG	Staatsangehörigkeitsgesetz idF v. 15.7.1999 (BGBl. S. 1618), bis 31.12.1999 amtliche Überschrift: Reichs- und Staatsangehörigkeitsgesetz
Stahlhacke/Preis/Vossen	Kündigung und Kündigungsschutz im Arbeitsverhältnis, 11. Aufl. 2015; s. auch SPV/Bearbeiter
Staub/Bearbeiter	Handelsgesetzbuch, Großkommentar, 4. (bzw. 5.) Aufl. 1983 ff. (2008 ff.)

Staudinger/Bearbeiter	Kommentar zum Bürgerlichen Gesetzbuch, 12. Aufl. 1978 ff. und 13. Bearbeitung 1993 ff. und Neubearbeitung 2014 ff.
StAZ	Das Standesamt (Zeitschrift)
StB	Der Steuerberater (Zeitschrift)
StBerG	Steuerberatungsgesetz idF v. 4.11.1975 (BGBl. I S. 2735)
Stbg	Die Steuerberatung (Zeitschrift)
Steinwachs/Vallender	Der Gläubigerausschuss in der Insolvenz des Firmenkunden, 2. Aufl. 2014
Sten Prot.	Stenographisches Protokoll
StGB	Strafgesetzbuch idF v. 13.11.1998 (BGBl. I S. 3322)
StiftG	Stiftungsgesetz
Stöber, Forderungspfändung	*Kurt Stöber*, Forderungspfändung, Zwangsvollstreckung in Forderungen und andere Vermögensrechte, 16. Aufl. 2013
Stöber, ZVG	*Kurt Stöber*, Zwangsversteigerungsgesetz, 21. Aufl. 2016
Stöber, ZVG-Handbuch	*Kurt Stöber*, Zwangsvollstreckung in das unbewegliche Vermögen – ZVG-Handbuch, Handbuch der Rechtspraxis, Band 2, 9. Aufl. 2010
StPO	Strafprozessordnung idF v. 7.4.1987 (BGBl. I S. 1074, 1319)
str.	streitig
stRspr	ständige Rechtsprechung
StuW	Steuern und Wirtschaft (Zeitschrift)
StVG	Straßenverkehrsgesetz v. 19.12.1952 (BGBl. I S. 837)
StVollzG	Strafvollzugsgesetz
s. u.	siehe unten
Szagunn/Haug/Ergenzinger (KWG)	*Szagunn/Haug/Ergenzinger*, Gesetz über das Kreditwesen, 6. Aufl. 1997
teilw.	teilweise
Teller, Rangrücktrittsvereinbarungen	*Horst Teller*, Rangrücktrittsvereinbarungen zur Vermeidung der Überschuldung bei der GmbH, 3. Aufl. 2003
THA	Treuhandanstalt
Thiemann, Masseverwaltung	*Stephan Thiemann*, Die vorläufige Masseverwaltung im Insolvenzeröffnungsverfahren, 2000
Thomas/Putzo	*Thomas/Putzo*, Zivilprozessordnung mit Gerichtsverfassungsgesetz und den Einführungsgesetzen, 37. Aufl. 2016
TKG	Telekommunikationsgesetz v. 25.7.1996 (BGBl. I S. 1120)
TKO	Telekommunikationsordnung idF v. 16.7.1987 (BGBl. I S. 1761)
TLL/*Bearbeiter*	*Thüsing/Laux/Lembke* Kündigungsschutzgesetz, 3. Aufl. 2014
TranspR	Transport- und Speditionsrecht (Zeitschrift)
Tschöpe	*Tschöpe*, Anwalts-Handbuch Arbeitsrecht, 9. Aufl. 2015
TÜV	Technischer Überwachungsverein
TVG	Tarifvertragsgesetz idF v. 25.8.1969 (BGBl. I S. 1323)
TzBfG	Gesetz über Teilzeitarbeit und befristete Arbeitsverträge v. 21.12.2000 (BGBl. I S. 1966)

u.	und; unten; unter
ua	und andere; unter anderem
überwM	überwiegende Meinung
Übk.	Übereinkommen
UFITA	Archiv für Urheber-, Film-, Funk- und Theaterrecht (Zeitschrift, zitiert nach Band und Seite)
UFOD/*Bearbeiter*	*Uckermann/Fuhrmanns/Ostermayer/Doetsch,* Das Recht der betrieblichen Altersversorgung, 1. Aufl. 2014
UG	Unternehmergesellschaft
Uhlenbruck/*Bearbeiter*	*Uhlenbruck/Hirte/Vallender,* Insolvenzordnung, 14. Aufl. 2015
unstr.	unstreitig
UPR	Umwelt- und Planungsrecht (Zeitschrift)
UR	Umsatzsteuer-Rundschau
UrhG	Gesetz über Urheberrecht und verwandte Schutzrechte (Urheberrechtsgesetz) v. 9.9.1965 (BGBl. I S. 1273)
Urt.	Urteil
UStG 1993	Umsatzsteuergesetz v. 27.4.1993 (BGBl. I S. 566)
usw	und so weiter
uU	unter Umständen
UVG	Gesetz zur Sicherung des Unterhalts von Kindern alleinstehender Mütter und Väter durch Unterhaltsvorschüsse oder -ausfalleistungen (Unterhaltsvorschußgesetz) idF v. 19.1.1994 (BGBl. I S. 165)
UWG	Gesetz gegen den unlauteren Wettbewerb v. 7.6.1909 (RGBl. S. 499)
v.	vom; von
VAG	Gesetz über die Beaufsichtigung der privaten Versicherungsunternehmen (Versicherungsaufsichtsgesetz) idF v. 17.12.1992 (BGBl. I S. 93, 3)
VBL	Versorgungsanstalt des Bundes und der Länder
Veit, Konkursrechnungslegung	*Klaus-Rüdiger Veit,* Die Konkursrechnungslegung, 1982
VerbrKrG	Gesetz über Verbraucherkredite, zur Änderung der Zivilprozessordnung und anderer Gesetze v. 17.12.1990 (BGBl. I S. 2840)
VereinsG	Vereinsgesetz v. 5.8.1964 (BGBl. I S. 593)
Verf.	Verfassung
Verh.	Verhandlung(en)
Verhdlg DJT	Verhandlungen des Deutschen Juristentages
VerlG	Gesetz über das Verlagsrecht v. 19.6.1901 (RGBl. S. 217)
VermG	Gesetz zur Regelung der offenen Vermögensfragen (Vermögensgesetz) idF v. 1.8.1997 (BGBl. I S. 1974)
Veröff.	Veröffentlichung
VersArch	Versicherungswissenschaftliches Archiv (Zeitschrift)
VersR	Versicherungsrecht, Juristische Rundschau für die Individualversicherung (Zeitschrift)
VersW	Versicherungswirtschaft (Zeitschrift)
Verw.	Verwaltung
VerwA	Verwaltungsarchiv (Zeitschrift)
VerwG	Verwaltungsgericht
VerwGH	Verwaltungsgerichtshof

VerwRspr	Verwaltungsrechtsprechung in Deutschland (Band u. Seite)
Vfg.	Verfügung
VGH	Verfassungsgerichtshof
vgl.	vergleiche
VglO	Vergleichsordnung v. 26.2.1935 (RGBl. I S. 321)
vH	von (vom) Hundert
VIZ	Zeitschrift für Vermögens- und Investitionsrecht
VMBl	Ministerialblatt des Bundesministers für (ab 1962: der) Verteidigung
VO	Verordnung
VOBl	Verordnungsblatt
VollstrA	Allgemeine Verwaltungsvorschrift über die Durchführung der Vollstreckung nach der Abgabenordnung (Vollstreckungsanweisung – VollstrA) vom 13.3.1980 (BStBl. I S. 112)
Voraufl.	Vorauflage
Vorb.	Vorbemerkung(en) vor
VorstAG	Gesetz zur Angemessenheit der Vorstandsvergütung vom 31.7.2009 (BGBl. I S. 2509)
VRG	Gesetz zur Förderung v. Vorruhestandsleistungen (Vorruhestandsgesetz) v. 13.4.1984 (BGBl. I S. 601)
VSSR	Vierteljahresschrift für Sozialrecht
VStG	Vermögensteuergesetz idF v. 14.11.1990 (BGBl. I S. 2468)
VuR	Verbraucher und Recht (Zeitschrift)
VVaG	Versicherungsverein auf Gegenseitigkeit
VVG	Gesetz über den Versicherungsvertrag v. 30.5.1908 (RGBl. S. 263)
VwGO	Verwaltungsgerichtsordnung idF v. 19.3.1991 (BGBl. I S. 686)
VwKostG	Verwaltungskostengesetz v. 23.6.1970 (BGBl. I S. 821)
VwV	Verwaltungsverordnung; Verwaltungsvorschrift
VwVfG	Verwaltungsverfahrensgesetz idF v. 21.9.1998 (BGBl. I S. 3050)
VwZG	Verwaltungszustellungsgesetz v. 3.7.1952 (BGBl. I S. 379)
VZS	Vereinigte Zivilsenate
Wasnitz/Janovsky	Hanbuch des Wirtschafts- und Steuerstrafrechts, 4. Aufl. 2014
Weber, Kreditsicherheiten	*Hansjörg Weber,* Kreditsicherheiten, Recht der Sicherungsgeschäfte, 7. Aufl. 2002
Wedde/*Bearbeiter*	Arbeitsrecht, Kompaktkommentar zum Individualarbeitsrecht mit kollektiverechtlichen Bezügen, 5. Aufl. 2016, hrsg. *Peter Wedde*
WEG	Gesetz über das Wohnungseigentum und das Dauerwohnrecht (Wohnungseigentumsgesetz) v. 15.3.1951 (BGBl. I S. 175)
Wegener, Wahlrecht	*Dirk Wegener,* Das Wahlrecht des Insolvenzverwalters unter dem Einfluss des Schuldrechtsmodernisierungsgesetzes, 2007
v. Westphalen/Bearbeiter	*Graf v. Westphalen,* Vertragsrecht und AGB-Klauselwerke, 2009 ff. (Loseblatt)

Weyand/Diversy,
Insolvenzdelikte .... *Raimund Weyand/Judith Diversy,* Insolvenzdelikte, Unternehmenszusammenbruch und Strafrecht, 10. Aufl. 2016
WG .... Wechselgesetz v. 21.6.1933 (RGBl. I S. 399)
WHG .... Wasserhaushaltsgesetz idF v. 12.11.1996 (BGBl. I S. 1696)
WiB .... Wirtschaftsrechtliche Beratung (Zeitschrift)
Wieczorek/Schütze .... *Wieczorek/Schütze,* Zivilprozessordnung und Nebengesetze, 4. Aufl. 2017 ff.
Wiedemann,
GesellschaftsR I (bzw. II) ... *Herbert Wiedemann,* Gesellschaftsrecht, Band 1: Grundlagen, 1980; Band 2: Recht der Personengesellschaften, 2004
Wiedemann, Lizenzen .... *Markus Wiedemann,* Lizenzen und Lizenzverträge in der Insolvenz, 2006
Wimmer .... Frankfurt Kommentar zur Insolvenzordnung, 8. Aufl. 2015
Wimmer/Dauernheim/
Wagner/Gietl .... Handbuch des Fachanwalts Insolvenzrecht, 7. Aufl. 2015
Wiese/Kreutz/Oetker/Raab/
Weber/Franzen/Gutzeit/
Jacobs .... Gemeinschaftskommentar zum Betriebsverfassungsgesetz, 10. Aufl. 2014; s. auch GK-BetrVG
WiRO .... Wirtschaft und Recht in Osteuropa (Zeitschrift)
WiStG .... Gesetz zur weiteren Vereinfachung des Wirtschaftsstrafrechts (Wirtschaftsstrafgesetz) idF v. 3.6.1975 (BGBl. I S. 1313)
wistra .... Zeitschrift für Wirtschaft, Steuer, Strafrecht
WM .... Wertpapiermitteilungen (Zeitschrift)
2. WobauG .... Zweites Wohnungsbaugesetz (Wohnungsbau- und Familiengesetz) idF v. 19.8.1994 (BGBl. I S. 2137)
WoBindG .... Gesetz zur Sicherung der Zweckbestimmung von Sozialwohnungen (Wohnungsbindungsgesetz) idF v. 18.9.1994 (BGBl. I S. 2166)
Wolf/Lindacher/Pfeiffer ..... *M. Wolf/Lindacher/Pfeiffer,* AGB-Recht, Kommentar, 6. Aufl. 2013
Wolff .... *M. Wolff,* Das Internationale Privatrecht Deutschlands 1954
WPg .... Die Wirtschaftsprüfung (Zeitschrift)
Wprax .... Wirtschaftsrecht und Praxis (Zeitschrift)
WPO .... Wirtschaftsprüferordnung
WRP .... Wettbewerb in Recht und Praxis (Zeitschrift)
WuB .... Wirtschafts- und Bankrecht Entscheidungssammlung (Loseblatt)

ZAP .... Zeitschrift für die Anwaltspraxis
ZAS .... Zeitschrift für Arbeits- und Sozialrecht (Österreich)
zB .... zum Beispiel
ZBB .... Zeitschrift für Bankrecht und Bankwirtschaft
ZblSozVers .... Zentralblatt für Sozialversicherung, Sozialhilfe und -versorgung
ZDG .... Gesetz über den Zivildienst der Kriegsdienstverweigerer (Zivildienstgesetz) idF v. 28.9.1994 (BGBl. I S. 2811)
ZErb .... Zeitschrift für die Steuer- und Erbrechtspraxis (seit 1999)

Zeuner, Anfechtung	*Mark Zeuner*, Die Anfechtung in der Insolvenz, 2. Aufl. 2007
ZEuP	Zeitschrift für Europäisches Privatrecht
ZEV	Zeitschrift für Erbrecht und Vermögensnachfolge
ZfA	Zeitschrift für Arbeitsrecht
ZfB	Zeitschrift für Betriebswirtschaft
ZfbF	Zeitschrift für betriebswirtschaftliche Forschung
ZfbF	(Schmalenbachs) Zeitschrift für betriebswirtschaftliche Forschung
ZfBR	Zeitschrift für deutsches und internationales Baurecht (1. 1978 ff.)
ZGB	Schweizerisches Zivilgesetzbuch
ZGB DDR	Zivilgesetzbuch der Deutschen Demokratischen Republik v. 19.6.1975 (GBl. DDR I S. 465)
ZgesGenW	Zeitschrift für das gesamte Genossenschaftswesen
ZgesKredW	Zeitschrift für das gesamte Kreditwesen
ZGR	Zeitschrift für Unternehmens- und Gesellschaftsrecht
ZGS	Zeitschrift für das gesamte Schuldrecht
ZHR	Zeitschrift für das gesamte Handelsrecht und Wirtschaftsrecht (früher Zeitschrift für das gesamte Handelsrecht und Konkursrecht)
Ziff.	Ziffer(n)
Zimmer, Insolvenzbuchhaltung	Frank Thomas Zimmer, Insolvenzbuchhaltung, 2. Aufl. 2016
Zimmer, Verwalterwechsel	Frank Thomas Zimmer, Haftung des eingewechselten Insolvenzverwalters, 1. Aufl. 2008
ZIK	Zeitschrift für Insolvenzrecht und Kreditschutz (Österreich)
ZInsO	Zeitschrift für das gesamte Insolvenzrecht
ZIP	Zeitschrift für Wirtschaftsrecht (bis 1982: Zeitschrift für Wirtschaftsrecht und Insolvenzpraxis)
ZIR	Zeitschrift für internationales Recht (früher NiemeyersZ)
ZKredW	Zeitschrift für das gesamte Kreditwesen
ZLR	Zeitschrift für Luftrecht
ZMR	Zeitschrift für Miet- und Raumrecht
Zöller/*Bearbeiter*	Zöller, Zivilprozessordnung, 31. Aufl. 2016
Zöllner/Loritz/Hergenröder, ArbR	*Zöllner/Loritz/Hergenröder*, Arbeitsrecht, 7. Aufl. 2015
ZPO	Zivilprozessordnung idF v. 12.9.1950 (BGBl. I S. 533) und idF des ZPO-Reformgesetzes (BGBl. 2001 I S. 1887)
ZPO ReformG	Gesetz zur Reform des Zivilprozesses
ZRG	Zeitschrift der Savigny-Stiftung für Rechtsgeschichte (germ Abt. = germanistische Abteilung; rom Abt. = romanistische Abteilung, kanon Abt. = kanonistische Abteilung)
ZRP	Zeitschrift für Rechtspolitik
ZS	Zivilsenat
ZSEG	Gesetz über die Entschädigung von Zeugen und Sachverständigen idF v. 1.10.1969 (BGBl. I S. 1756)
ZSt	Zeitschrift zum Stiftungswesen
ZStrW	Zeitschrift für die gesamte Strafrechtswissenschaft (Band u. Seite)
zT	zum Teil

ZTR	Zeitschrift für Tarif-, Arbeits- und Sozialrecht
zust.	zuständig; zustimmend
zutr.	zutreffend
ZVG	Gesetz über die Zwangsversteigerung und Zwangsverwaltung idF v. 20.5.1898 (RGBl. S. 369, 713)
ZVI	Zeitschrift für Verbraucherinsolvenzrecht (seit 2002)
ZVP	Zeitschrift für Verbraucherpolitik
Zwanzinger	*Bertram Zwanziger*, Das Arbeitsrecht der Insolvenzordnung, Kommentar zu den ab 1.10.1996 geltenden Bestimmungen, 5. Aufl. 2015
zzt.	zur Zeit
ZZP	Zeitschrift für Zivilprozess (Band u. Seite)

Bearbeiterverzeichnis

Dr. Hubert Ampferl
Fachanwalt für Insolvenzrecht, Dipl.-Betriebswirt (FH),
Nürnberg und München
§ 2

Prof. Dr. Siegfried Beck
Fachanwalt für Insolvenzrecht, Fachanwalt für Steuerrecht, Nürnberg
§§ 1, 5, 6, 18, 44

Prof. Dr. Hans-Dieter Braun
Hochschule der Bundesagentur für Arbeit (HdBA), Mannheim/Schwerin
§ 29

Peter Depré
Fachanwalt für Insolvenzrecht, Fachanwalt für Bank- und Kapitalmarktrecht,
Wirtschaftsmediator (cvm), Mannheim
§§ 27, 34–36, 43, 45, 46

Thomas Dobler
Dipl. Wirtschafts-Ing., Steuerberater, Bretten
§§ 34, 35, 43

Joachim Exner
Fachanwalt für Insolvenzrecht, Nürnberg
§§ 16, 43, 44

Markus Gempel
Rechtsanwalt, Nürnberg
§ 16

Dr. Thorsten Graeber
Richter am Amtsgericht, Potsdam
§§ 10, 51–57

Harald Heck
Fachanwalt für Arbeitsrecht, Fachanwalt für Medizinrecht, Mannheim
§ 27

Grit Heidrich
Rechtsanwältin, Ulm
§ 30

Dr. Andrea Heilmaier
Richterin am Amtsgericht, Fürth
§§ 4, 8, 40, 41

Dr. Johannes Holzer
Regierungsdirektor, Deutsches Patent- und Markenamt, München
§§ 3, 7, 9, 58

Dr. Oliver Jenal
Fachanwalt für Versicherungsrecht, Fachanwalt für
Handels- und Gesellschaftsrecht, Fachanwalt für Bank- und
Kapitalmarktrecht, Mannheim
§§ 31, 33

Dr. Volker Kammel
Rechtsanwalt, Frankfurt am Main
§§ 38, 39

Dr. Raik Kilper
Rechtsanwalt, Wirtschaftsjurist (Univ. Bayreuth), Nürnberg
§ 2

Prof. Dr. Peter Kothe
Rechtsanwalt, Fachanwalt für Verwaltungsrecht, Fachanwalt für
Bau- und Architektenrecht, Stuttgart
§ 36

Dr. Christa Kraemer
Rechtsanwältin, Weiden
§ 13

Joachim Kühne
Rechtsanwalt, Frankfurt am Main
§ 32

Antje Lambert
Rechtsanwältin, Fachanwältin für Steuerrecht, Fachanwältin für Erbrecht,
Fachanwältin für Bau- und Architektenrecht, Mannheim
§§ 45, 46

Stefan Lehmeier
Rechtsanwalt, Nürnberg
§ 44

Reiner Mühlbayer, Ass. iur.
Bundesagentur für Arbeit, Nürnberg
§ 29

Dr. Ulf Pechartscheck
Fachanwalt für Insolvenzrecht, Wirtschaftsmediator (IHK), München
§§ 18, 19

Dr. Christian Pelz
Fachanwalt für Strafrecht, Fachanwalt für Steuerrecht, München
§ 37

Michael Pluta
Fachanwalt für Insolvenzrecht, vereidigter Buchprüfer, Ulm
§ 30

Dr. Wolfgang Popp
Fachanwalt für Medizinrecht, Fachanwalt für Bank- und Kapitalmarktecht,
zertifizierter Restrukturierungs- und sanierungsexperte (ews) Mannheim
§§ 17, 42

Dr. Andreas Ringstmeier
Fachanwalt für Insolvenzrecht, Fachanwalt für Arbeitsrecht, Köln
§§ 11, 12, 14, 15, 20–24

Dr. Markus Wimmer
Rechtsanwalt, Würzburg
§§ 5, 6

Dr. Tobias Wittmann
Rechtsanwalt, Wirtschaftsmediator (CVM) Nürnberg
§ 43

Dr. Frank Thomas Zimmer, LL.M. (oec.)
Fachanwalt für Insolvenzrecht, Betriebswirt (VWA), Köln
§§ 47–50

Jochen Zobel
Fachanwalt für Arbeitsrecht, Nürnberg
§ 28

Ralf Zuleger
Rechtsanwalt, UniCredit Bank AG, München
§§ 25, 26

Dr. Michael Zupancic
Diplomkaufmann, Nürnberg
§ 19

1. Teil
Grundlagen

§ 1. Der Verfahrensablauf und die Verfahrensziele im Überblick
– zugleich ein Wegweiser durch dieses Handbuch –

Dieser Überblick soll dem Leser einen Einstieg über das Wesen (→ Rn. 1 ff.) und den Ablauf (→ Rn. 21 ff.) eines Insolvenzverfahrens verschaffen und ihm ermöglichen, die nachfolgenden Einzeldarstellungen des Handbuchs in den Gesamtzusammenhang einzuordnen. Er beschreibt die allgemeinen Wirkungen der Verfahrenseröffnung (→ Rn. 57 ff.) sowie die Sofortmaßnahmen des Insolvenzverwalters (→ Rn. 67 ff.), stellt die Maßnahmen zur Massebereinigung und -anreicherung vor (→ Rn. 88 ff.) und gibt einen ersten Einblick in die Befriedigung der Gläubiger durch Verwertung der Insolvenzmasse (→ Rn. 113 ff.).

A. Das Insolvenzverfahren als Rechtsinstitut zur Haftungsrealisierung

I. Struktur eines Insolvenzverfahrens

Bei der allgemeinen Orientierung über den Ablauf eines Insolvenzverfahrens kann der Gliederung der Insolvenzordnung gefolgt werden, die sich in ihrem Aufbau weitgehend am Gang des Verfahrens ausrichtet. Im ersten (§§ 1–10) und zweiten Teil (§§ 11–79) der InsO finden sich **allgemeine Vorschriften** sowie **Definitionen** hinsichtlich der Eröffnung des Verfahrens, des erfassten Vermögens und der Verfahrensbeteiligten. Der dritte Teil (§§ 80–147) befasst sich mit den **Wirkungen der Verfahrenseröffnung.** Dem schließt sich der vierte Teil (§§ 148–173) mit der Darstellung der **Verwaltung und Verwertung der Insolvenzmasse** an sowie ein fünfter Teil (§§ 174–216), der die **Befriedigung der Insolvenzgläubiger** und die **Beendigung des Verfahrens** betrifft. Die **besonderen Institute** des Insolvenzrechts (Insolvenzplan, Eigenverwaltung, Restschuldbefreiung, Verbraucher- und Nachlassinsolvenzverfahren) sind in den Teilen sechs bis zehn der Insolvenzordnung geregelt.

II. Gesetzgeberische Ziele

Unter den Rahmenbedingungen einer wirtschaftlichen und finanziellen Insuffizienz ist ein Schuldner nicht mehr in der Lage, alle Gläubiger zu befriedigen. Dies birgt die Gefahr in sich, dass manche Gläubiger ganz befriedigt werden, während andere völlig leer ausgehen. Unter diesen *„Knappheitsbedingungen"* greift die Insolvenzordnung ein und kollektiviert die Befriedigungsinteressen sämtlicher Gläubiger.[1] Die Durchführung eines Insolvenzverfahrens führt zur **Verwirklichung der Vermögenshaftung.**

3   Insoweit geht es um die Durchsetzung der Haftungsordnung in einem rein **vermögensorientierten Verfahren.** Es ist daher weder organisationsorientiert,[2] noch wird ein Unwerturteil über die Person des Schuldners gefällt.[3] Vielmehr soll das gesamte Vermögen des Schuldners, mit dem er seinen Gläubigern haftet, verwertet werden.

1. Primärziel: Gleichmäßige Gläubigerbefriedigung

4   Mit dem Eingreifen des Insolvenzrechts, das seinem Wesen nach dem Vollstreckungsrecht zuzuordnen[4] ist, tritt an Stelle der in der ZPO geregelten Einzelvollstreckung (Singularvollstreckung) die Gesamtvollstreckung. Da auf Grund der Krise des Schuldners eine Befriedigung der Gläubiger im Wege der individuellen Rechtsdurchsetzung nicht mehr gewährleistet ist, greift als grundlegendes Prinzip der **Grundsatz der gleichmäßigen Gläubigerbefriedigung.** Das Zugreifen einzelner Gläubiger auf einzelne Vermögensgegenstände und der damit einsetzende „Wettlauf der Gläubiger" wird ausgeschlossen. Die Gläubiger werden quasi in einer Schicksalsgemeinschaft zusammengeschlossen, innerhalb der der Grundsatz der Gleichbehandlung aller Gläubiger (**par condicio creditorum**) gilt. Die Gemeinschaft der Gläubiger, deren Belange durch den Insolvenzverwalter wahrgenommen werden, wird vertreten durch die Gläubigerversammlung und den Gläubigerausschuss. Durch diese können die Gläubiger Einfluss auf das Verfahren und dessen Gang nehmen.

2. Sekundärziel: Restschuldbefreiung natürlicher Personen[5]

5   Die Durchführung eines Insolvenzverfahrens führt bei einer unbeschränkt haftenden natürlichen Person nicht zu deren Entschuldung. Grundsätzlich können die Insolvenzgläubiger nach der Aufhebung des Verfahrens ihre restlichen Forderungen unbeschränkt gemäß § 201 InsO geltend machen. Ansprüche, die im Insolvenzverfahren festgestellt und vollstreckbar geworden sind, verjähren erst in 30 Jahren (§ 197 Abs. 1 Nr. 5 BGB). Vor dem Hintergrund der praktisch lebenslangen Nachhaftung hat der Gesetzgeber neben der gemeinschaftlichen Haftungsverwirklichung als weiteren Verfahrenszweck in **§ 1 S. 2 InsO** die **Entschuldung** (Restschuldbefreiung, §§ 286 ff. InsO) von natürlichen Personen als Verfahrenszweck gesetzlich festgeschrieben.[6] Ziel der Regelung ist es, dem Schuldner eine Perspektive auf eine dauerhaft gesicherte wirtschaftliche Existenz zu geben[7] und ein Abgleiten in die Schattenwirtschaft zu vermeiden.[8]

---

[1] Vgl. MüKoInsO/*Ganter/Lohmann* § 1 Rn. 8; FK-InsO/*Schmerbach* § 1 Rn. 2; HK-InsO/*Sternal* § 1 Rn. 3.
[2] Vgl. Gottwald InsR-HdB/*Gottwald* InsO § 1 Rn. 43.
[3] Vgl. *Bork* Einführung in das Insolvenzrecht Rn. 3.
[4] BVerfG Beschl. v. 12.1.2016 – 1 BvR 3102/13, ZIP 2016, 383 (387).
[5] Ausführlich → § 41.
[6] Vgl. Allgemeine Begründung RegE Ziff. 4. a) ee), *Kübler/Prütting,* Das neue Insolvenzrecht, S. 102.
[7] Vgl. MüKoInsO/*Ganter/Lohmann* § 1 Rn. 101; Uhlenbruck/*Pape* InsO § 1 Rn. 15: *Ausweg aus dem „modernen Schuldturm".*

3. Verfahrensziele der Unternehmensinsolvenz im Besonderen

a) Alternativen der Haftungsverwirklichung. Zur Durchsetzung der gemeinschaftlichen Haftungsrealisierung stehen verschiedene Alternativen zur Verfügung. Die Vorschrift des § 1 S. 1 Hs. 2 InsO sieht vor, dass entweder das Vermögen des Schuldners verwertet und der Erlös verteilt wird oder in einem Insolvenzplan eine abweichende Regelung insbesondere zum Erhalt des Unternehmens getroffen wird. Die in § 1 InsO genannten Verfahrensalternativen **Liquidation** und **Unternehmenserhaltung** sind nicht Selbstzweck, sondern dienen lediglich dem übergeordneten Ziel der Gläubigerbefriedigung. Im Wesentlichen stehen drei gleichwertige Handlungsalternativen zur Verfügung:[9]

– **Liquidation** des schuldnerischen Unternehmens (ggf. nach temporärer Betriebsfortführung)
– Verkauf des schuldnerischen Unternehmens im Ganzen (**Übertragende Sanierung**, als Sonderform der Liquidation)
– **Reorganisation** und finanzielle Sanierung des Unternehmens durch Insolvenzplan

Die Instrumente der Haftungsrealisierung stellen sich im Diagramm wie folgt dar:

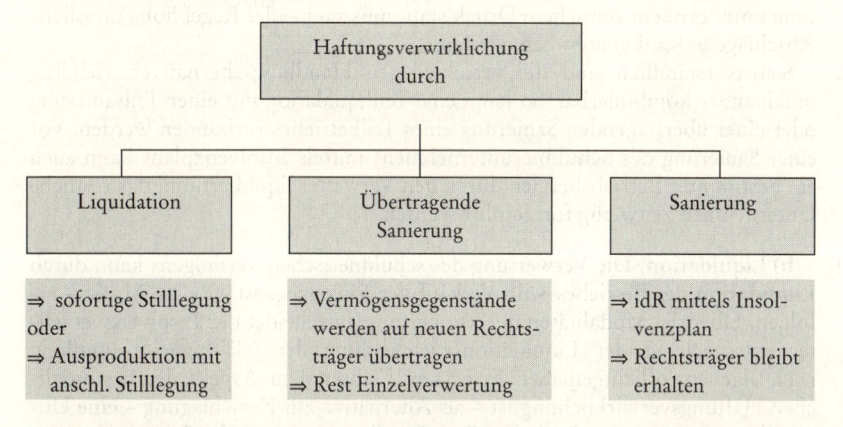

```
                    Haftungsverwirklichung
                           durch
        ┌──────────────────┼──────────────────┐
   Liquidation      Übertragende          Sanierung
                     Sanierung

⇒ sofortige Stilllegung   ⇒ Vermögensgegenstände   ⇒ idR mittels Insol-
  oder                      werden auf neue Rechts-   venzplan
⇒ Ausproduktion mit         träger übertragen       ⇒ Rechtsträger bleibt
  anschl. Stilllegung     ⇒ Rest Einzelverwertung     erhalten
```

Die Entscheidung über die „bestmögliche Gestaltung" der Haftungsrealisierung kann immer nur im Einzelfall getroffen werden. Nicht jedes Unternehmen ist sanierungsfähig. Insbesondere bei strukturellen Problemen in bestimmten Wirtschaftsbereichen, wie zB der Textilindustrie oder der Solarbranche, hat sich auch der Insolvenzverwalter letztendlich dem Marktbereinigungsdruck zu fügen. Ist „nur" das betriebliche Umfeld mit Schwierigkeiten belastet, lassen sich dagegen eher Übernahmeinteressenten finden. Stimmt also die Branche sowie die Struktur (Personal etc) und das Konzept (Produkte, Strategien etc) des Unternehmens, kann – soweit Bereitschaft bei den Gläubigern besteht – unter Umständen erfolgreich eine Sanierung des Unternehmensträgers mittels **Insol-**

---

[8] Vgl. Allgemeine Begründung RegE Ziff. 3. d), *Kübler/Prütting*, Das neue Insolvenzrecht, S. 99.
[9] Vgl. nur Uhlenbruck/*Zipperer* InsO § 157 Rn. 3.

venzplan umgesetzt werden. Letztendlich kommt es jedoch immer auf den Gesichtspunkt der maximalen Gläubigerbefriedigung an. Entscheidungsmaßstab ist daher die Frage, ob der erzielbare Fortführungswert des Unternehmens größer ist als sein Liquidationswert.

9 Beim Vergleich zwischen den verschiedenen Handlungsalternativen ist zu beachten, dass der **Verwertungsaufwand** bei einer Unternehmenszerschlagung insgesamt erheblich höher sein kann als bei einer Gesamtveräußerung des Unternehmens.[10] So müssen beispielsweise Personalkosten, Verkaufskosten (Auktionator, Makler), Transportkosten, Abbruchkosten etc getragen werden. Die Insolvenzmasse hat für unveräußerliche Gegenstände unter Umständen hohe Entsorgungskosten aufzuwenden. Daneben hängt die Höhe des Liquidationswertes im Wesentlichen von der **Zerschlagungsintensität**, dh dem Einzelveräußerungsgrad einerseits sowie von der **Zerschlagungsgeschwindigkeit** andererseits ab.[11] Gelingt es dem Verwalter bei entsprechender Marktgängigkeit, größere Sachgesamtheiten zu veräußern (niedrige Zerschlagungsintensität), so kann dadurch in der Regel auch ein höherer Verwertungsüberschuss erzielt werden.[12] Können umgekehrt aufgrund der Marktsituation die Gegenstände nur als Einzelposten verwertet werden (hohe Zerschlagungsintensität), ist tendenziell von einem niedrigeren Gesamterlös auszugehen.[13] Findet die Verwertung unter großem zeitlichem Druck statt, müssen in aller Regel hohe preisliche Abschläge in Kauf genommen werden.

10 Selbstverständlich sind die verschiedenen Handlungsalternativen vielfältig miteinander kombinierbar. So kann eine Teilliquidation mit einer Teilsanierung oder einer übertragenden Sanierung eines Teilbetriebes verbunden werden. Vor einer Sanierung des Schuldnerunternehmens mittels Insolvenzplans kann auch ein bestimmter Betriebsbereich durch den Verwalter liquidiert und das restliche Unternehmen zeitweilig fortgeführt werden.

11 **b) Liquidation.** Die Verwertung des schuldnerischen Vermögens kann durch **Liquidation** des Betriebes – dh Verkauf der Einzelgegenstände am Markt – erfolgen. Über die Modalitäten der Verwertung entscheidet der Insolvenzverwalter entsprechend der Liquidationsentscheidung der Gläubigerversammlung nach eigenem pflichtgemäßen Ermessen.[14] Unter dem Aspekt der bestmöglichen Haftungsverwirklichung ist – als Alternative zur Zerschlagung – eine Unternehmenserhaltung „um jeden Preis" strikt abzulehnen.[15] Vielmehr hat der Insolvenzverwalter seine Entscheidung danach zu treffen, welche Verwertungsart (Liquidation – evtl. kombiniert mit einer „Ausproduktion" – oder übertragende Sanierung) zu einer Maximierung der Haftungsmasse führt. Unter dem Gesichtspunkt der bestmöglichen Gläubigerbefriedigung hat der Verwalter – ungeachtet etwaiger anderer Interessen – das schuldnerische Unternehmen zu liquidieren, wenn dadurch ein höherer Erlös zu erwarten ist. Zwar ist das Inte-

---

[10] Vgl. K. Schmidt/Uhlenbruck/*Schluck-Amend*, Die GmbH in Krise, Sanierung und Insolvenz, 5. Aufl., Rn. 5.563.
[11] Vgl. Uhlenbruck/*Mock* InsO § 19 Rn. 127.
[12] Dahingehend auch *Häsemeyer* Rn. 28.05.
[13] Vgl. *Moxter* S. 50.
[14] Vgl. MüKoInsO/*Görg/Janssen* § 159 Rn. 9.
[15] Dies gilt auch nach Inkrafttreten des ESUG; vgl. *Buchalik* ZInsO 2015, 484 (486).

resse der Arbeitnehmer am Erhalt ihrer Arbeitsplätze und das Interesse der Lieferanten an der Aufrechterhaltung der Lieferbeziehungen selbstverständlich schutz- und berücksichtigungswürdig. Bei der Wahl der „richtigen" Verwertungsalternative müssen diese Interessen gleichwohl dann zurücktreten, wenn sie im Widerspruch zum Hauptziel der bestmöglichen Gläubigerbefriedigung stehen.[16]

c) Ausproduktion. Viele Unternehmen verfügen bei Insolvenzeröffnung noch über eine – einigermaßen – vollständige Infrastruktur. Die Arbeitsverträge und die sonstigen für die Aufrechterhaltung eines Geschäftsbetriebes erforderlichen Verträge sind nicht gekündigt. Es findet sich noch ein Bestand von Materialien, Roh-, Hilfs- und Betriebsstoffen, halbfertigen Arbeiten und eine Anzahl unerledigter Aufträge. Es ist ein Gebot schierer wirtschaftlicher Vernunft, die vorhandenen Ressourcen zu nutzen, um einerseits die vorhandenen Roh-, Hilfs- und Betriebsstoffe sowie halbfertigen Waren zu verkaufsfähigen Endprodukten zu machen und um andererseits die ohnedies anfallenden notwendigen Ausgaben, wie zB die Lohn- und Gehaltsansprüche der Mitarbeiter, die Mietzinsansprüche jeweils zum Ende der Kündigungsfristen und die anderen aufoktroyierten Masseverbindlichkeiten im Zwecke der Wertschöpfung einzusetzen. Ein Insolvenzverwalter, der ohne hinreichende Prüfung, ohne Rückgriff auf das Instrumentarium der Betriebsfortführung in der Insolvenz oder aus Angst vor eigenen Haftungsgefahren (§§ 60, 61 InsO) eine Fort- oder Ausproduktion nicht „organisiert", offenbart schon aus diesem Grunde seine Ungeeignetheit für die Ausübung des Insolvenzverwalteramtes. 12

d) Übertragende Sanierung. aa) Wesen. Die Verwertung des schuldnerischen Vermögens bedeutet nicht zwangsläufig die Zerschlagung des gesamten Betriebes. Vielmehr wird das Ziel der optimalen Haftungsverwirklichung in der Regel durch den Erhalt des Unternehmens und der Sicherung möglichst vieler Arbeitsplätze[17] besser verwirklicht als durch eine Stilllegung des Betriebes. Diese Veräußerung des schuldnerischen Betriebes bzw. eines Teilbetriebes als Ganzes hat auch der Gesetzgeber vorgesehen. Dies zeigt auch die Regelung des § 160 Abs. 2 Nr. 1 InsO, wonach bei einer Unternehmensveräußerung im Ganzen vom Verwalter die Zustimmung des Gläubigerausschusses bzw. der Gläubigerversammlung einzuholen ist. 13

bb) Rechtstechnik. Die Veräußerung des Unternehmens erfolgt durch Übertragung der betriebsnotwendigen Aktivmasse (Sachen, Rechte, sonstige Vermögenswerte wie zB Goodwill, Know-how, Kunden- und Lieferbeziehungen) auf einen neuen Unternehmensträger (Auffanggesellschaft). Dieser Erwerb im Wege der Singularsukzession wird als sog **„asset deal"** bezeichnet. Durch diese Konstruktion verbleiben die gesamten Verbindlichkeiten beim insolventen Unternehmen. Der Verkauf und die Übertragung der Geschäftsanteile (sog „share deal") kommt jedoch beim Verkauf nicht insolventer Tochtergesellschaften und 14

---

[16] Vgl. *Buchalik* ZInsO 2015, 484 (485 f.).
[17] In der Öffentlichkeit wird die Tätigkeit des Insolvenzverwalters fast ausschließlich danach beurteilt, ob und in welchem Maße es ihm gelingt, Arbeitsplätze zu erhalten. Insoweit befinden sich die Verwalter in einem Dilemma, da nach § 1 InsO Zweck ihrer Tätigkeit vorrangig die optimale Haftungsrealisierung ist.

im Rahmen eines Insolvenzplans in Betracht. Die Übertragung im Ganzen hat den Vorteil, dass die organisatorische Unternehmenseinheit vor der Zerschlagung bewahrt werden kann und mit der vorhandenen betrieblichen Infrastruktur ein „fresh start" ermöglicht wird. Solche Auffanggesellschaften werden beispielsweise von den Altgesellschaftern, von Wettbewerbern, den organschaftlichen Vertretern (Management Buy-Out) oder in Ausnahmefällen auch von den Mitarbeitern gegründet (Mitarbeiter Buy-Out).

15 cc) **Haftungsfragen.** Der Erwerber bzw. die Auffanggesellschaft muss nicht nach § 25 HGB für die Verbindlichkeiten des bisherigen Unternehmensträgers einstehen. Nach einer Entscheidung des *BGH* ist die Fortführung der bisherigen Firma unschädlich, wenn das Handelsgeschäft im eröffneten Verfahren von einem Insolvenzverwalter erworben wurde.[18] Nach **§ 75 Abs. 2 AO** haftet der Betriebsübernehmer ebenfalls nicht nach § 75 Abs. 1 AO für die Betriebssteuern, wenn er den Betrieb aus der Insolvenzmasse heraus erworben hat.

16 dd) **Arbeitsverhältnisse.**[19] Größtes Hindernis für eine übertragende Sanierung ist in der Praxis die Vorschrift des **§ 613a BGB,** die nach der Rechtsprechung des *Bundesarbeitsgerichtes*[20] auch in der Insolvenz Anwendung findet. Nach § 613a Abs. 1 S. 1 BGB tritt der Erwerber in die Rechte und Pflichten aus den zum Zeitpunkt des Übergangs bestehenden Arbeitsverhältnissen ein. In aller Regel ist aber ein Interessent nur bei erheblich reduzierter Belegschaft zur Betriebsübernahme bereit. Eine Kündigung von Arbeitsverhältnissen nach § 613a Abs. 4 BGB wegen Übergang eines Betriebes ist unwirksam. Abhilfe kann im Einzelfall die Einschaltung einer **Beschäftigungs- und Qualifizierungsgesellschaft** oder die betriebsbedingte Kündigung von Arbeitsverträgen auf Grund eines Sanierungskonzepts des Erwerbers („Erwerbermodell") bieten.[21] Die Rechtsfolgen des § 613a BGB werden lediglich dadurch abgemildert, dass nach der Rechtsprechung des *BAG*[22] der Erwerber nicht für solche Verbindlichkeiten gegenüber den Arbeitnehmern haftet, die vor Verfahrenseröffnung bereits entstanden waren.

17 e) **Sanierung des Rechtsträgers durch Insolvenzplan.**[23] Alternativ zur Einzel- oder Gesamtveräußerung von Vermögensgegenständen kann das schuldnerische Unternehmen jedoch auch **saniert** bzw. **reorganisiert** werden. Im Gegensatz zur sog übertragenden Sanierung wird dabei der Unternehmensträger erhalten und fortgeführt. Die Insolvenzordnung ermöglicht mit dem verfahrensmäßigen Rahmen des Insolvenzplans gemäß §§ 217ff. InsO die Möglichkeit der Eigensanierung des Rechtsträgers eines Unternehmens in der Insolvenz.

18 Der Insolvenzplan kann jedoch nur dann als Sanierungsinstrument dienen, wenn die Beteiligten gewillt sind, zur Erhaltung des Unternehmens zusammenzuwirken. So werden zumindest die Großgläubiger auf einen Teil ihrer Forde-

---

[18] Vgl. BGH Urt. v. 11.4.1988 – II ZR 313/87, BGHZ 104, 151 (153); die anders lautende Entscheidung des BGH vom 4.9.2008 – VIII ZR 192/06, DZWIR 2009, 39, betraf den Fall der Firmenübernahme vor Insolvenzeröffnung.
[19] Vgl. auch → § 27 Rn. 3 ff.
[20] Vgl. nur BAG Urt. v. 15.6.2010 – 3 AZR 334/06, ZInsO 2011, 185 (189).
[21] Vgl. auch → § 28 Rn. 262.
[22] Vgl. BAG Urt. v. 30.10.2008 – 8 AZR 54/07, ZIP 2009, 682 ff.
[23] Ausführlich → § 43 Rn. 40 ff.

rungen verzichten müssen, die Absonderungsberechtigten müssen – zumindest vorläufig – auf die Verwertung ihrer betriebsnotwendigen Sicherheiten verzichten, die Arbeitnehmerschaft muss erforderliche Umstrukturierungen sowie personelle Einschnitte akzeptieren und schließlich muss von Seiten der Kapitalgeber neue Liquidität zur Verfügung gestellt werden.[24]

Gerade aber der Erlass von Schulden ist in steuerrechtlicher Hinsicht nicht unproblematisch, da hierdurch ein sog **Sanierungsgewinn**[25] entsteht. Dieser Buchgewinn war bis zur Abschaffung des § 3 Nr. 66 EStG zum 31.12.1997 steuerfrei und tangierte vorhandene Verlustvorträge nicht.[26] Seit der Sanierungsgewinn jedoch versteuert werden muss, ist die Sanierung des Unternehmensträgers – im Vergleich zur übertragenden Sanierung – aus steuerrechtlicher Sicht ungünstiger.[27] Abhilfe konnte bislang jedoch ein Billigkeitserlass nach Maßgabe des „Sanierungserlasses"[28] leisten.

19

Am 25.3.2015 hat der 10. Senat des *BFH*[29] dem Großen Senat die Frage zur Entscheidung vorgelegt, ob der sog Sanierungserlass gegen den Grundsatz der Gesetzmäßigkeit der Verwaltung verstoße.[30] Eine Entscheidung steht noch aus.[31]

20

B. Das Insolvenzeröffnungsverfahren

I. Regelinsolvenzverfahren

Durch ein Insolvenzverfahren wird dem Schuldner sein gesamtes vollstreckbares Vermögen zur Haftungsrealisierung entzogen. Daneben führt die Insolvenzeröffnung im Ergebnis zur Liquidation, sofern das Unternehmen nicht durch Insolvenzplan saniert wird. Vor dem Hintergrund dieser weitreichenden Konsequenzen ist es verständlich, dass ein Insolvenzverfahren nur auf der Grundlage bestimmter Voraussetzungen ausgelöst werden darf. Neben dem **Antrag** eines **Antragsberechtigten** ist daher ein **Eröffnungsgrund** notwendig. Diese Voraussetzungen der Verfahrenseröffnung werden im Eröffnungsverfahren, quasi einem Vorverfahren, geprüft. Daneben können in diesem Verfahrensabschnitt bereits Sicherungsmaßnahmen (§§ 21 ff. InsO) zur Bewahrung des Status quo und zur Verhinderung des gänzlichen Zusammenbruchs angeordnet werden.

21

1. Insolvenzfähigkeit

Vor Einleitung eines Insolvenzverfahrens ist stets die Frage zu klären, ob der Betroffene überhaupt insolvenzfähig ist. Die **Insolvenzfähigkeit** korrespondiert im Prinzip mit der Rechtsfähigkeit des materiellen Rechts und der Partei-

22

---

[24] Vgl. FK-InsO/*Jaffé* vor §§ 217 ff. Rn. 2.
[25] Ausführlich → § 35 Rn. 156 ff.
[26] Vgl. Vallender/Undritz/*Fischer* Kap. 14 Rn. 129.
[27] Dazu ausführlich *Maus* ZIP 2002, 589 ff.
[28] Vgl. BMF-Schreiben v. 27.3.2003 – IV A 6-S 2140-8/03, BStBl I 2003, 240, ergänzt durch BMF-Schreiben v. 22.12.2009 – IV C 6-S 2140/07/10001-01, BStBl I 2010, 18.
[29] BFH Vorlagebeschl. v. 25.3.2015 – X R 23/13, BFHE 249, 299, BStBl II 2015, 696.
[30] Das Verfahren ist unter dem Az. GrS 1/15 beim Großen Senat anhängig.
[31] Vgl. dazu *Kahlert*, Der Sanierungserlass ist keine Beihilfe, ZIP 2016, 2107 ff.

fähigkeit des Zivilprozesses.[32] Die §§ 11, 12 InsO regeln, welche Rechtsträger und Vermögensmassen Gegenstand eines Insolvenzverfahrens sein können. Nach § 11 Abs. 1 InsO ist jede **natürliche** und jede **juristische Person** (zB AG, GmbH, eG, der rechtsfähige Verein, Stiftungen) insolvenzfähig. Der nicht rechtsfähige Verein wird insoweit einer juristischen Person gleichgestellt. § 11 Abs. 2 Nr. 1 InsO bestimmt, dass auch über das Vermögen einer **Gesellschaft ohne Rechtspersönlichkeit** das Insolvenzverfahren eröffnet werden kann. Hierbei handelt es sich um gesamthänderisch gebundene Sondervermögen, namentlich die OHG, KG, Partnerschaftsgesellschaft, BGB-Gesellschaft und die EWIV. Demgegenüber ist die stille Gesellschaft als reine Innengesellschaft nicht insolvenzfähig.[33] Insoweit findet das Insolvenzverfahren über das Vermögen der Beteiligten persönlich statt.

23 Auch die in einem anderen EU-Mitgliedstaat gegründeten **(Auslands-)Gesellschaften** sind insolvenzfähig. Allerdings ist die internationale Zuständigkeit der Insolvenzgerichte nach dem center of main interest (COMI) zu bestimmen, Art. 3 Abs. 1 S. 1 EUInsVO.[34]

24 Daneben sieht § 11 Abs. 2 Nr. 2 InsO die Möglichkeit der Eröffnung des Verfahrens über bestimmte **Sondervermögen** vor. Hierbei handelt es sich um das Nachlassinsolvenzverfahren (§§ 315 ff. InsO) sowie das über das Gesamtgut einer Gütergemeinschaft bei gemeinschaftlicher Verwaltung der Ehegatten und bei der fortgesetzten Gütergemeinschaft eröffnete Insolvenzverfahren (§§ 332 ff. InsO). Da diese besondere Verfahrensarten darstellen, sind sie auch besonderen Vorschriften (§§ 315–334 InsO) unterworfen.

25 **Juristische Personen des öffentlichen Rechts** sind weitgehend insolvenzunfähig. Nach § 12 Abs. 1 Nr. 1 und Nr. 2 InsO gilt dies für den Bund und die Länder sowie für Körperschaften, rechtsfähige Anstalten und Stiftungen des öffentlichen Rechts, die der Aufsicht eines Landes unterstehen, wenn die Insolvenzunfähigkeit landesrechtlich angeordnet ist. So enthalten beispielsweise sämtliche Gemeinde- und Landkreisordnungen der Länder einen entsprechenden Ausschluss des Insolvenzverfahrens über das Vermögen der Gemeinden und Landkreise. Auch bei Kirchen und kirchlichen Einrichtungen, die als Körperschaften des öffentlichen Rechts anerkannt sind, ist die Eröffnung eines Insolvenzverfahrens ausgeschlossen, da insoweit das kirchliche Selbstbestimmungsrecht vorgeht.[35]

2. Antragserfordernis

26 **a) Das Antragsprinzip.** Ein Insolvenzverfahren wird nach § 13 InsO nur auf **Antrag** eines Gläubigers oder des Schuldners selbst **(Antragsprinzip)** eingeleitet. Das Insolvenzgericht darf ohne Antrag keinesfalls von Amts wegen tätig werden, um zB Sicherungsmaßnahmen anzuordnen oder Ermittlungen bezüglich des Vorliegens eines Insolvenzgrundes aufzunehmen. Als Ausfluss dieses **Dispositionsrechtes** der Beteiligten kann der Antrag nach § 13 Abs. 2 InsO wieder zurückgenommen werden.[36] Dies gilt allerdings nur bis zur Verfahrens-

---

[32] Vgl. *Bork* Rn. 35.
[33] Vgl. HK-InsO/*Sternal* § 11 Rn. 20.
[34] Ausführlich → § 39 Rn. 3 ff.
[35] Vgl. MüKoInsO/*Ott/Vuia* § 12 Rn. 4.
[36] Vgl. Begründung RegE zu § 13, *Kübler/Prütting*, Das neue Insolvenzrecht, S. 168.

§ 1. Der Verfahrensablauf und die Verfahrensziele im Überblick

eröffnung, da der Antragsteller ab diesem Zeitpunkt seine Dispositionsbefugnis verliert.

b) Antrag des Schuldners. Nach § 13 Abs. 1 S. 2 InsO sind der Schuldner bzw. seine Organe antragsberechtigt; bei letzteren spricht man von einem **Eigenantrag**. Dieser ist grundsätzlich ohne weiteres zulässig[37] und bedarf – abgesehen von den formellen Voraussetzungen des § 13 Abs. 1 InsO – nicht, wie der Gläubigerantrag, spezieller Zulassungsvoraussetzungen. Der Schuldner hat lediglich entsprechend § 253 Abs. 2 Nr. 2 ZPO iVm § 4 InsO einen **Eröffnungsgrund** in substantiierter und nachvollziehbarer Form **darzulegen**.[38] Damit jedoch das Gericht den Insolvenzgrund prüfen kann, ist dem Antrag ein Verzeichnis der Gläubiger und ihrer Forderungen beizufügen (§ 13 Abs. 1 S. 3 InsO). 27

Bei natürlichen Personen und bei Gesellschaften ohne Rechtspersönlichkeit besteht keine Antragspflicht. Anders bei juristischen Personen: Durch § 15a InsO ist die Insolvenzantragspflicht in einer rechtsformunabhängigen Vorschrift geregelt. Danach müssen die Mitglieder einer juristischen Person ohne schuldhaftes Zögern, mindestens aber innerhalb von drei Wochen nach Eintritt des Insolvenzgrundes Zahlungsunfähigkeit oder Überschuldung, den Insolvenzantrag stellen. Im Fall der Führungslosigkeit (§ 10 Abs. 2 S. 2 InsO) wird der Kreis der Antragspflichtigen bei Gesellschaften mit beschränkter Haftung auf jeden einzelnen Gesellschafter, bei Aktiengesellschaften oder Genossenschaften auf jedes Mitglied des Aufsichtsrats erweitert (§ 15a Abs. 3 InsO). Ziel der Bündelung der Antragspflicht in § 15a InsO war es, **ausländische Körperschaften** mit Geschäftsbetrieb in Deutschland dem deutschen Insolvenzrecht zu unterwerfen.[39] 28

c) Antrag des Gläubigers. Bei einem Gläubigerantrag – hier besteht im Übrigen keinerlei Verpflichtung zur Antragstellung – verlangt der Gesetzgeber spezielle Zulassungsvoraussetzungen. Neben dem Vorliegen eines **rechtlichen Interesses** hat der Gläubiger nach § 14 Abs. 1 InsO seine **Forderung** und den **Eröffnungsgrund glaubhaft** zu machen. Zur Glaubhaftmachung iSd § 294 ZPO können alle Beweismittel herangezogen werden, wobei insbesondere auf Urkunden zurückgegriffen werden sollte. Da nur präsente Beweismittel zugelassen sind, können Zeugenaussagen lediglich in schriftlicher Form als eidesstattliche Erklärungen herangezogen werden. Zur Glaubhaftmachung bedarf es nicht des Vollbeweises; überwiegende Wahrscheinlichkeit genügt bereits. 29

Bei Eingang des Gläubigerantrages überprüft das Gericht zunächst die glaubhaft zu machenden Angaben. Dabei befindet es sich noch nicht im Amtsverfahren, sondern erst in einem vorgeschalteten, **quasi-streitigen Parteiverfahren.** Das Ergebnis dieser „Vorprüfung" führt entweder zur Zurückweisung des Antrages, weil die erforderlichen Tatsachen nicht vorgetragen oder nicht glaubhaft gemacht sind oder zur **Zulassung** des Antrages. Über die Zulassung des Antrages ergeht keine gesonderte förmliche Entscheidung.[40] Sie dokumentiert sich in 30

---

[37] Vgl. HambK-InsO/*Linker* § 13 Rn. 25.
[38] Vgl. HK-InsO/*Sternal* § 13 Rn. 17.
[39] Vgl. *Gundlach/Frenzel/Standmann* NZI 2008, 647 (650).
[40] Vgl. HK-InsO/*Sternal* § 14 Rn. 46; Uhlenbruck/*Wegener* InsO § 14 Rn. 167.

der Anordnung weiterer Verfahrensschritte (zB Sicherungsmaßnahmen). Die Zulassung[41] des Insolvenzantrages ist zwingende Voraussetzung für jegliche Anordnung von Amtsermittlungen nach § 5 Abs. 1 InsO und Sicherungsmaßnahmen nach §§ 21ff. InsO.[42]

31 Jeder Gläubiger muss für seinen Antrag ein **rechtliches Interesse** an der Eröffnung des Insolvenzverfahrens nachweisen, § 14 Abs. 1 InsO.[43] Ein solches fehlt dann, wenn einem Gläubiger ein einfacherer und billigerer Weg zur Befriedigung seiner Forderungen offen steht als der Gang durch ein Insolvenzverfahren.[44] Insolvenzanträge sind ferner als unzulässig abzuweisen, wenn diese lediglich zu missbräuchlichen Zwecken gestellt werden, um zB die Zahlung solventer Schuldner zu erzwingen.[45] Nach der Gesetzesbegründung fehlt ein rechtliches Interesse, wenn der Antragsteller an dem zu eröffnenden Verfahren als Gläubiger nicht beteiligt wäre.[46] Dies trifft in erster Linie für Aussonderungsberechtigte zu, die gemäß § 47 InsO ihre Rechte nur außerhalb des Verfahrens geltend machen können.

32 Nach § 14 Abs. 1 InsO muss ein Gläubiger das Bestehen einer **Forderung** glaubhaft machen. Bei nicht titulierten Forderungen genügt hierfür die Vorlage von Vertragsurkunden, Buchungsbelegen, Liefer- und Schuldscheinen, Wechseln, Rechnungen und sonstigen Unterlagen, aus denen sich der Entstehungsgrund für die Forderung ergibt.[47] Ob die Forderung besteht, prüft das Gericht schließlich nur unter dem Gesichtspunkt ihrer Glaubhaftmachung, weshalb eine überwiegende Wahrscheinlichkeit ausreicht. Bei titulierten Forderungen reicht bereits die Vorlage des Titels. Eine Besonderheit gilt für Forderungen öffentlicher Kassen, Behörden und Sozialversicherungsträger. Nach der Rechtsprechung genügt für ihre Glaubhaftmachung bereits die amtliche Erklärung, dass die Forderung besteht. Im Übrigen genügt in der Praxis ein Leistungsbescheid eines Hoheitsträgers.[48]

33 Zur Zulässigkeit des Antrages ist ferner erforderlich, dass der Gläubiger das Vorliegen eines **Insolvenzgrundes** glaubhaft macht. Hinsichtlich des Insolvenzgrundes der **Zahlungsunfähigkeit** (§ 17 InsO) muss der Gläubiger dem Gericht durch präsente Beweismittel die überwiegende Wahrscheinlichkeit belegen, dass der Schuldner nicht in der Lage ist, fällige Zahlungsverpflichtungen zu erfüllen bzw. dass er seine Zahlungen eingestellt hat. Zur Glaubhaftmachung reicht auch der Nachweis einer Häufung von Mahn- oder Vollstreckungsbescheiden, die Ladung des Schuldners zur Abgabe der eidesstattlichen Versicherung, Haftbefehl, umfangreiche Kreditkündigungen durch die Banken sowie erhebliche Steuerrückstände und Lohnrückstände der Arbeit-

---

[41] Die Zulassung ist als lediglich vorbereitende richterliche Tätigkeit nicht anfechtbar.
[42] Vgl. Gottwald InsR-HdB/*Vuia* InsO § 12 Rn. 6.
[43] Auch eine nur verhältnismäßig geringfügige Forderung hindert das Rechtsschutzbedürfnis nicht, vgl. FK-InsO/*Schmerbach* § 14 Rn. 63f. mwN.
[44] Vgl. Nerlich/Römermann/*Mönning* InsO § 14 Rn. 22; BGH Beschl. v. 5.5.2011 – IX ZB 250/10, NZI 2011, 632 (633).
[45] Vgl. Begründung RegE zu § 14, *Kübler/Prütting*, Das neue Insolvenzrecht, S. 169.
[46] Vgl. Begründung RegE zu § 14, *Kübler/Prütting*, Das neue Insolvenzrecht, S. 169.
[47] Vgl. HK-InsO/*Sternal* § 14 Rn. 8, 14.
[48] Vgl. Uhlenbruck/*Wegener* InsO § 14 Rn. 61f.; BGH Beschl. v. 8.12.2005 – IX ZB 38/05, ZIP 2006, 141; BGH Beschl. v. 13.6.2006 – IX ZB 214/05, NZI 2006, 590.

§ 1. Der Verfahrensablauf und die Verfahrensziele im Überblick

nehmer.[49] In der Praxis nahezu ausgeschlossen ist die Glaubhaftmachung des Insolvenzgrundes der **Überschuldung,** da der Gläubiger in aller Regel weder die fehlende Fortführungsfähigkeit iSd § 19 Abs. 2 S. 1 InsO darlegen kann und er überdies keine Einsicht in die Buchhaltung des Schuldners hat und daher weder den Stand der Verbindlichkeiten kennt, noch eine Aussage über die Bewertung der Aktiva oder das Bestehen einer positiven Fortführungsprognose treffen kann (vgl. § 19 Abs. 2 S. 1 InsO).

3. Eröffnungsgründe[50]

Ob über das Vermögen eines Schuldners ein Insolvenzverfahren eingeleitet wird, hängt in erster Linie davon ab, ob nach §§ 16ff. InsO ein Eröffnungsgrund gegeben ist. Das Gesetz kennt drei Gründe: 34
- **Zahlungsunfähigkeit (§ 17 InsO)**
Zahlungsunfähigkeit liegt vor, wenn der Schuldner nicht in der Lage ist, seine fälligen Zahlungspflichten zu erfüllen (§ 17 Abs. 2 InsO). Nach der Grundsatzentscheidung des *BGH*[51] ist dies in Abgrenzung zur bloß vorübergehenden Zahlungsstockung regelmäßig anzunehmen, wenn der Schuldner **mindestens 10 %** seiner fälligen Gesamtverbindlichkeiten über einen Zeitraum von **mehr als 3 Wochen** nicht erfüllen kann.
- **Drohende Zahlungsunfähigkeit (§ 18 InsO)**
Zahlungsunfähigkeit droht, wenn der Schuldner voraussichtlich nicht in der Lage sein wird, seine bestehenden Zahlungspflichten im Zeitpunkt der Fälligkeit zu erfüllen (§ 18 Abs. 2 InsO). Dies setzt voraus, dass sich aus einer Prognose zur künftigen Liquiditätslage des Schuldners ergibt, dass der **Eintritt** der Zahlungsunfähigkeit **wahrscheinlicher** ist als ihr Ausbleiben.[52]
- **Überschuldung (§ 19 InsO)**
Gemäß § 19 Abs. 2 InsO liegt Überschuldung vor, wenn das Vermögen des Schuldners die bestehenden Verbindlichkeiten nicht mehr deckt, es sei denn, die Fortführung des Unternehmens ist nach den Umständen überwiegend wahrscheinlich (sog **zweistufiger modifizierter Überschuldungsbegriff**[53]). Somit lässt allein eine positive Fortführungsprognose die insolvenzrechtliche Überschuldung entfallen.

Bezüglich der Einzelheiten zu den Eröffnungsgründen wird an dieser Stelle auf die ausführliche Darstellung in § 2 dieses Handbuchs verwiesen.

4. Einsatz von Sachverständigen[54]

Das Insolvenzgericht (Richter und Rechtspfleger) ist von Amts wegen nach § 5 Abs. 1 S. 1 InsO verpflichtet, alle wesentlichen Tatsachen zu ermitteln, die für das Insolvenzverfahren von Bedeutung sind. Als Aufklärungsmittel nennt § 5 Abs. 1 S. 2 InsO beispielhaft den Zeugen und den **Sachverständigen.** Letz- 35

---

[49] Vgl. Gottwald InsR-HdB/*Vuia* InsO § 9 Rn. 57 ff.
[50] Ausführlich → § 2 Rn. 20 ff.
[51] Vgl. BGH Urt. v. 24.5.2005 – IX ZR 123/04, ZIP 2005, 1426 ff.
[52] Vgl. BGH Urt. v. 5.12.2013 – IX ZR 93/11, ZInsO 2014, 77 (78); HambK-InsO/ *Schröder* § 18 Rn. 8.
[53] Vgl. hierzu *Steinrotter/Meier* NZI 2015, 919 ff.
[54] Ausführlich → § 6.

terer stellt die wichtigste Erkenntnisquelle des Insolvenzgerichts dar. Nach Eingang eines Insolvenzantrages beauftragt es daher im Regelfall einen Sachverständigen, der vor Ort relevante Informationen sammelt und gutachterlich festhält. Meist wird er im Eröffnungsverfahren mit der Aufgabe betraut, das Vorliegen eines **Insolvenzgrundes** beim Schuldner und die **Massekostendeckung** zu prüfen sowie die Möglichkeiten der **Unternehmensfortführung** zu untersuchen.

5. Sicherungsmaßnahmen im Eröffnungsverfahren[55]

36 Obwohl das Eröffnungsverfahren als Eilverfahren ausgestaltet wurde, kann dennoch die Prüfung der Eröffnungsvoraussetzungen längere Zeit beanspruchen. Für die Phase zwischen dem Eingang eines zulässigen Antrags und dessen Zurückweisung, Rücknahme oder der Verfahrenseröffnung hat das Insolvenzgericht nach § 21 Abs. 1 InsO von Amts wegen alle Maßnahmen zu treffen, die erforderlich erscheinen, um nachteilige Veränderungen in der Vermögenslage des Schuldners zu verhüten.[56] Damit soll ein umfassender Schutz gegen Eingriffe Dritter, gegenüber Maßnahmen des Schuldners selbst und gegen sonstige masseschmälernde Entwicklungen der zukünftigen Insolvenzmasse erzielt werden.[57] Diesem Zweck tragen die §§ 21 ff. InsO Rechnung.

37 Speziell § 21 Abs. 2 InsO enthält einen Katalog insolvenzgerichtlicher Sicherungsmaßnahmen, der jedoch – dies zeigt die Formulierung *„insbesondere"* – keinen abschließenden Charakter hat. Hierzu zählt:
- die Bestellung eines vorläufigen Insolvenzverwalters,
- die Bestellung eines vorläufigen Gläubigerausschusses,
- der Erlass verfügungsbeschränkender Anordnungen,
- die Untersagung oder einstweilige Einstellung von Vollstreckungsmaßnahmen bei beweglichen Gegenständen,
- die Anordnung einer vorläufigen Postsperre, sowie
- die Anordnung eines Verwertungsstopps und einer Nutzungsbefugnis.

38 Daneben können im Rahmen der Generalklausel des § 21 Abs. 1 InsO eine Vielzahl von weiteren Sicherungsmaßnahmen angeordnet werden, die geeignet sind, die zukünftige Masse in ihrem Bestand zu schützen. Diese dürfen jedoch hinsichtlich ihrer Eingriffsintensität keinesfalls über die Wirkungen des eröffneten Verfahrens hinausgehen.[58]

6. Abschluss des Eröffnungsverfahrens

39 Ein Antrag kann von einem Antragsteller bis zur Entscheidung des Gerichts zurückgenommen oder für erledigt erklärt werden. In aller Regel endet jedoch das Eröffnungsverfahren mit der Entscheidung des Insolvenzgerichts über den Antrag. Die nötigen Entscheidungsgrundlagen werden dem Gericht durch das Gutachten des Sachverständigen vermittelt. Darin wird ausgeführt, ob tatsächlich ein Insolvenzgrund (§§ 16 ff. InsO) vorliegt und ob eine die Verfahrenskosten deckende Masse zur Verfügung steht bzw. im Laufe des Verfahrens erwirtschaftet werden kann.

---

[55] Ausführlich → § 4 Rn. 171.
[56] Vgl. MüKoInsO/*Haarmeyer* § 21 Rn. 19.
[57] Vgl. HK-InsO/*Rüntz* § 21 Rn. 1.
[58] Vgl. *Hess*, Insolvenzrecht, § 23 Rn. 18.

§ 1. Der Verfahrensablauf und die Verfahrensziele im Überblick

a) Abweisungsbeschluss. aa) Unzulässigkeit des Antrags. Der Antrag auf 40 Eröffnung des Insolvenzverfahrens wird durch begründeten Beschluss als **unzulässig** abgewiesen, wenn zwingende Zulässigkeitsvoraussetzungen fehlen. So kann ein Insolvenzverfahren nur eröffnet werden, wenn folgende Voraussetzungen vorliegen:
– Internationale Zuständigkeit (Art. 3 Abs. 1 EuInsVO)
– Sachliche und örtliche Zuständigkeit des Insolvenzgerichts (§§ 2, 3 InsO)
– Deutsche Gerichtsbarkeit über den Schuldner (§§ 18–20 GVG)
– Insolvenzfähigkeit des Schuldners (§§ 11, 12 InsO)
– Vorliegen eines ordnungsgemäßen Eröffnungsantrages des Schuldners (§ 13 Abs. 1 InsO)
– Beim Gläubigerantrag die zusätzlichen Voraussetzungen des § 14 Abs. 1 InsO (Glaubhaftmachung des rechtlichen Interesses, des Insolvenzgrundes und der Forderung)[59]

bb) Unbegründetheit des Antrags mangels Insolvenzgrund. Stellt das Ge- 41 richt im Rahmen der Amtsermittlungen bzw. auf Grund der gutachterlichen Würdigungen des Sachverständigen fest, dass weder der vom Antragsteller behauptete noch ein anderer **Insolvenzgrund** vorliegt bzw. sich zur Überzeugung des Gerichts feststellen lässt, weist es den Antrag als unbegründet zurück. Ein *„non liquet"* (iS eines offenen Beweisergebnisses) geht insoweit immer zu Lasten des Antragstellers.[60]

cc) Abweisung des Antrages mangels Masse.[61] Nach § 26 Abs. 1 InsO weist 42 das Insolvenzgericht den zulässigen und im Übrigen begründeten Antrag auf Eröffnung auch ab, wenn zwar ein Insolvenzgrund vorliegt, aber das Vermögen des Schuldners voraussichtlich nicht ausreicht, um die **Kosten des Verfahrens** zu decken. Zu den Verfahrenskosten im Sinne des § 54 InsO zählen abschließend
– die **Gerichtskosten** für das Insolvenzverfahren,
– die Vergütung und die Auslagen des **vorläufigen Insolvenzverwalters**,
– die Vergütung und die Auslagen des **endgültigen Insolvenzverwalters**,
– die Vergütung und die Auslagen der Mitglieder des (vorläufigen) **Gläubigerausschusses**.

Den überschlägig zu berechnenden Verfahrenskosten iSd § 54 InsO ist die 43 sog **freie Masse** gegenüberzustellen. Zur Feststellung der freien Masse hat der Sachverständige das verwertbare und zudem zeitnah[62] realisierbare Vermögen des Schuldners zu ermitteln. In die freie Masse sind ferner die Verfahrenskostenbeiträge, möglichen Anfechtungsansprüche und Haftungsansprüche gegen die Geschäftsführer und Gesellschafter einzustellen.

---

[59] Diese Voraussetzung wird vorweg als Teil der **Zulassung des Antrages** vor Überprüfung der eigentlichen Zulässigkeit geprüft. Die Glaubhaftmachung der Tatbestände ist bei einem Gläubigerantrag zwingende Voraussetzung für jegliche Anordnung von Amtsermittlungen und Sicherungsmaßnahmen. Andernfalls setzt das Gericht dem Antragsteller eine angemessene Frist zur Nachbesserung (§ 4 InsO, § 139 ZPO). Kommt der Antragsteller der Aufforderung nach Glaubhaftmachung nicht nach, weist das Insolvenzgericht den Antrag als unzulässig zurück. Hiergegen steht dem Antragsteller nach § 34 Abs. 1 InsO die sofortige Beschwerde zu.
[60] Vgl. Gottwald InsR-HdB/*Gundlach* InsO § 16 Rn. 3.
[61] Ausführlich → § 4 Rn. 205 ff.
[62] Vgl. OLG Köln Beschl. v. 23.2.2000 – 2 W 21/00, ZIP 2000, 551.

44 Bei einem **Schuldnerantrag** ist vor der Abweisung mangels Masse der Schuldner anzuhören. In der Praxis wird ihm vom Insolvenzgericht – und nicht vom Sachverständigen – das Gutachten zugestellt und ihm Gelegenheit zur Stellungnahme eingeräumt. Die Anhörung entfällt, wenn der Schuldner bereits vorher die Masselosigkeit eingeräumt hat. Um auch völlig mittellosen Schuldnern im Hinblick auf eine spätere Restschuldbefreiung die Verfahrenseröffnung zu ermöglichen, sieht § 4a InsO ein **Stundungsmodell** vor. Ist der Schuldner eine natürliche Person und hat er einen Antrag auf Restschuldbefreiung gestellt, so werden ihm auf Antrag die Kosten des Insolvenzverfahrens bis zur Erteilung der Restschuldbefreiung gestundet. Die Stundung umfasst auch die Kosten des Verfahrens über den Schuldenbereinigungsplan und des Verfahrens zur Restschuldbefreiung.

45 Hat ein **Gläubiger** den Antrag gestellt, so erhält dieser die Möglichkeit, zum gutachterlichen Ergebnis Stellung zu nehmen. Zugleich wird er aufgefordert, einen zur Eröffnung erforderlichen Vorschuss zu leisten (§ 26 Abs. 1 S. 2 InsO). Unterbleibt dies innerhalb einer vom Gericht gesetzten Frist, erfolgt die Abweisung des Antrages mangels Masse durch Beschluss des Insolvenzgerichts, wobei gleichzeitig die Sicherungsmaßnahmen wieder aufgehoben werden. Der Gläubiger oder Schuldner ist durch die Abweisung allerdings nicht gehindert, erneut Insolvenzantrag mit der Begründung zu stellen, dass zwischenzeitlich ausreichendes Schuldnervermögen (oder ein Kostenvorschuss) vorliegt.[63]

46 dd) **Folgen der Abweisung.** Wird die Eröffnung des Insolvenzverfahrens über das Vermögen einer Handelsgesellschaft mangels Masse abgelehnt, so wird mit Rechtskraft des Beschlusses die Gesellschaft kraft Gesetzes **aufgelöst**; die Aktiengesellschaft nach § 262 Abs. 1 Nr. 4 AktG, die GmbH nach § 60 Abs. 1 Nr. 5 GmbHG; die GmbH & Co. KG nach §§ 130 Abs. 2 Nr. 1, 161 Abs. 2 HGB und die Genossenschaft nach § 81a Nr. 1 GenG. Das Insolvenzgericht veranlasst gemäß § 26 Abs. 2 InsO von Amts wegen die Eintragung des Schuldners in ein sogenanntes Schuldnerverzeichnis („schwarze Liste"). Ferner wird die Auflösung und ihr Grund in das Handelsregister eingetragen (vgl. § 143 Abs. 1 S. 3 HGB; § 65 Abs. 1 S. 3 GmbHG). Zu diesem Zweck übermittelt die Geschäftsstelle des Insolvenzgerichts dem Registergericht eine Ausfertigung des Beschlusses, § 31 Nr. 2 InsO.

47 b) **Eröffnungsbeschluss.**[64] Ist das Insolvenzgericht vom Vorliegen eines Insolvenzgrundes überzeugt und reicht die Masse zur Deckung der Verfahrenskosten aus, **muss** der Richter (§ 18 Abs. 1 RPflG) nach § 27 InsO das Insolvenzverfahren eröffnen. Für das Insolvenzgericht besteht insoweit kein Ermessensspielraum.[65] Der Eröffnungsbeschluss hat folgende Angaben zwingend zu enthalten:[66]
– Bezeichnung und Anschrift des **Insolvenzschuldners** (§ 27 Abs. 2 Nr. 1 InsO)

---

[63] Vgl. HambK-InsO/*Denkhaus* § 26 Rn. 71; Mohrbutter/Ringstmeier/*Pape* Kap. 5 Rn. 32 mwN.
[64] Ausführlich → § 4 Rn. 250 f.
[65] Vgl. *Bork* Rn. 136.
[66] Vgl. dazu MüKoInsO/*Schmahl/Busch* § 29 Rn. 17 ff.; Uhlenbruck/*Zipperer* InsO § 27 Rn. 5 ff.; HK-InsO/*Rüntz* § 27 Rn. 17 ff.; FK-InsO/*Schmerbach* § 27 Rn. 21 ff.

- Angabe der **Verfahrensart** (zB Regelinsolvenzverfahren, Nachlassinsolvenzverfahren, Verbraucherinsolvenzverfahren, etc)
- Bestellung, Name und Anschrift des **Insolvenzverwalters** (§ 27 Abs. 2 Nr. 2 InsO)
- Angabe der **Stunde der Eröffnung** (§ 27 Abs. 2 Nr. 3 InsO)
- Aufforderung an die Gläubiger zur **Forderungsanmeldung** innerhalb einer bestimmten Frist (§ 28 Abs. 1 S. 1 InsO)
- Aufforderung zur **Anmeldung von Sicherungsrechten** (§ 28 Abs. 2 InsO). Die Sicherungsgläubiger sind aufzufordern, ihre Rechte an beweglichen Sachen oder Rechten des Schuldners geltend zu machen.
- **Leistungsverbot** (§ 28 Abs. 3 InsO). Die Personen, die Verpflichtungen gegenüber dem Schuldner haben, sind aufzufordern, nicht mehr an den Schuldner, sondern nur noch an den Insolvenzverwalter zu leisten.
- Bestimmung des **Berichts-** (= erste Gläubigerversammlung) **und Prüfungstermins.**

Die Geschäftsstelle des Insolvenzgerichts muss den Eröffnungsbeschluss nach § 30 Abs. 1 S. 1 InsO sofort **öffentlich bekannt machen**. Dies geschieht durch eine zentrale und länderübergreifende Veröffentlichung im Internet unter www.insolvenzbekanntmachungen.de (vgl. § 9 Abs. 1 InsO). Die Eröffnung muss auch den **registerführenden Stellen** mitgeteilt werden, um entsprechende Eintragungen ins Handelsregister, Partnerschaftsregister, Genossenschaftsregister und Vereinsregister vornehmen zu können, § 31 Nr. 1 InsO. Zweck der Eintragungen ist die Information des Rechtsverkehrs über wesentliche innergerichtliche Entscheidungen.[67] Ferner ist die Eröffnung von Amts wegen nach § 32 InsO ins Grundbuch einzutragen, um einen gutgläubigen Erwerb an Grundstücken gemäß § 81 Abs. 1 S. 2 InsO zu Lasten der Insolvenzmasse zu verhindern.

48

II. Eigenverwaltungsverfahren[68]

Neben dem Regelinsolvenzverfahren ist mit der sog Eigenverwaltung in den §§ 270 ff. InsO eine spezielle Form der Verfahrensabwicklung geregelt. Diese **besondere Verfahrensart** kennzeichnet, dass der Schuldner berechtigt ist, unter der Aufsicht eines Sachwalters (§ 270c InsO) die Insolvenzmasse zu verwalten und über sie zu verfügen, § 270 Abs. 1 S. 1 InsO. Voraussetzung für die Eigenverwaltung ist allerdings, dass keine Umstände bekannt sind, die erwarten lassen, dass die Anordnung zu Nachteilen für die Gläubiger führen wird.

49

Während die Eigenverwaltung bis zu ihrer Reform durch das *Gesetz zur weiteren Erleichterung von Unternehmen (ESUG)*[69] eine – nur selten genutzte – Option ab der Verfahrens**eröffnung** darstellte, hat der Gesetzgeber den Zugang zur Eigenverwaltung in den §§ 270a, 270b InsO nun in das Eröffnungsverfahren **vorverlagert**.

50

---

[67] Vgl. HK-InsO/*Rüntz* § 31 Rn. 1; MüKoInsO/*Schmahl/Busch* § 31 Rn. 1.
[68] Ausführlich → § 44.
[69] Gesetz zur weiteren Erleichterung der Sanierung von Unternehmen (ESUG) vom 7.12.2011 (BGBl. I 2582).

1. Vorläufiges Eigenverwaltungsverfahren, § 270a InsO[70]

51 Ist der Antrag des Schuldners auf Anordnung der Eigenverwaltung nicht offensichtlich aussichtslos,[71] soll das Insolvenzgericht gemäß § 270a Abs. 1 InsO im Eröffnungsverfahren davon absehen, dem Schuldner ein allgemeines Verfügungsverbot aufzuerlegen (§ 21 Abs. 2 S. 1 Nr. 2 1. Alt. InsO) oder anzuordnen, dass alle Verfügungen des Schuldners von nun an nur noch mit Zustimmung eines vorläufigen Insolvenzverwalters wirksam sind (§ 21 Abs. 2 S. 1 Nr. 2 2. Alt. InsO). Das Insolvenzgericht hat somit bereits unmittelbar nach der Antragstellung eine **summarische Prüfung der Erfolgsaussichten** des Eigenverwaltungsantrags vorzunehmen.[72]

52 Anstelle eines vorläufigen Insolvenzverwalters ist gemäß § 270a Abs. 1 S. 2 InsO ein **vorläufiger Sachwalter** zu bestellen, auf den die Vorschriften der §§ 274, 275 InsO zur Rechtsstellung und Mitwirkung des Sachwalters im eröffneten Verfahren entsprechend anzuwenden sind. Eine wesentliche Aufgabe des vorläufigen Sachwalters ist es, die wirtschaftliche Lage des Schuldners zu prüfen sowie die Geschäftsführung und die Ausgaben für die Lebensführung zu überwachen, §§ 270a Abs. 1 S. 2, 274 Abs. 2 S. 1 InsO.

53 Der Erhalt der Verwaltungs- und Verfügungsmacht des Schuldners im Eröffnungsverfahren soll eine frühzeitige Einleitung eines Insolvenzverfahrens durch den Schuldner fördern und der Anordnung der Eigenverwaltung im eröffneten Verfahren den Weg bahnen.[73]

2. Schutzschirmverfahren, § 270b InsO[74]

54 Das sog Schutzschirmverfahren gemäß § 270b InsO stellt eine besondere Form des eigenverwaltungsspezifischen Eröffnungsverfahrens dar. Sanierungsfähigen Schuldnern, bei denen zwar Zahlungsunfähigkeit droht und/oder Überschuldung vorliegt, Zahlungsunfähigkeit aber noch nicht eingetreten ist, bietet es die Möglichkeit, die eigene Sanierung über einen Insolvenzplan vorzubereiten, § 270b Abs. 1 InsO. Dabei hat der Schuldner die Voraussetzungen der „Sanierungsfähigkeit" sowie des „Vorliegens lediglich drohender Zahlungsunfähigkeit und/oder Überschuldung" mittels einer Bescheinigung eines in Insolvenzsachen erfahrenen Steuerberaters, Wirtschaftsprüfers oder Rechtsanwalts oder einer Person mit vergleichbarer Qualifikation nachzuweisen.

55 Die erfolgreiche Durchführung eines Schutzschirmverfahrens setzt neben seiner guten Vorbereitung insbesondere die Unterstützung des Verfahrens durch die (wesentlichen) Gläubiger voraus.

---

[70] Ausführlich → § 44 Rn. 62 ff.
[71] Vgl. → § 44 Rn. 63.
[72] Vgl. *Hofmann* Eigenverwaltung Rn. 313.
[73] AGR/*Ringstmeier* InsO § 270a Rn. 1.
[74] Ausführlich → § 44 Rn. 86 ff.

C. Das eröffnete Verfahren

I. Regelinsolvenzverfahren

1. Allgemeine Wirkungen der Verfahrenseröffnung[75]

a) Übergang der Verwaltungs- und Vefügungsbefugnis. Nach § 80 Abs. 1 S. 1 InsO geht mit Verfahrenseröffnung das Recht des Schuldners, das zur Insolvenzmasse (§ 35 InsO) gehörende Vermögen zu verwalten und darüber zu verfügen, auf den Insolvenzverwalter über. Daraus ergibt sich auch die wichtigste Wirkung der Eröffnung, die Beschlagnahme des Vermögens. Seine Stellung als Eigentümer behält der Schuldner jedoch bei. Der Ausschluss aller Einwirkungsmöglichkeiten des Schuldners dient letztendlich dem Ziel, ungestört die gemeinsame Befriedigung der Insolvenzgläubiger durchzusetzen und vermögensmindernden oder gefährdenden Eingriffen des Schuldners entgegenzuwirken. 56

Als Folge des Übergangs der Verwaltungs- und Verfügungsbefugnis regelt § 81 Abs. 1 InsO, dass **Verfügungen** des Schuldners über Gegenstände der Insolvenzmasse **unwirksam** (nicht nichtig[76]) sind. Hierbei handelt es sich um eine **absolute Unwirksamkeit,** die nicht nur gegenüber den Insolvenzgläubigern eintritt, sondern gegenüber jedermann wirkt. Eine Ausnahme besteht nur bei Verfügungen über unbewegliche Gegenstände. Es wird bei unbeweglichem Vermögen der gute Glaube geschützt (§§ 892, 893 BGB), soweit er sich auf das Grundbuch oder die in § 81 Abs. 1 S. 2 InsO genannten Register stützt. 57

Nach dem Gesetzeswortlaut des § 81 Abs. 1 InsO beschränkt sich die Unwirksamkeit auf **Verfügungen.** Der Schuldner kann sich daher weiterhin wirksam **verpflichten.** Diese Verpflichtungsgeschäfte begründen aber nur eine Verbindlichkeit des Schuldners persönlich, jedoch keine aus der Masse zu erfüllende Verbindlichkeit.[77] Gläubiger solcher Geschäfte sind daher weder nach § 55 Abs. 1 Nr. 1 InsO noch nach § 38 InsO Masse- bzw. Insolvenzgläubiger. 58

Mit Verfahrenseröffnung greift auch § 91 InsO ein, der den **Rechtserwerb** an Gegenständen der Insolvenzmasse ausschließt. Hiervon werden diejenigen Fälle erfasst, bei denen das den Erwerb vollendende Element keine Verfügung des Schuldners darstellt.[78] Ist zB einem Gläubiger vor Verfahrenseröffnung eine künftige Forderung zur Sicherung abgetreten worden, so verhindert § 91 Abs. 1 InsO, dass er mit der Entstehung dieser Forderung (nach der Verfahrenseröffnung) ein Absonderungsrecht erwirbt. 59

b) Leistungen an den Schuldner. Bereits mit dem Eröffnungsbeschluss werden Drittschuldner aufgefordert, nicht mehr an den Schuldner, sondern nur noch an den Insolvenzverwalter zu leisten, § 28 Abs. 3 InsO. Die der Insolvenzmasse zustehenden Leistungen darf der Schuldner nicht mehr annehmen. Auch die Annahme einer Leistung ist eine Verfügung über massezugehörige 60

---

[75] Ausführlich → § 7.
[76] Unwirksamkeit kann durch Genehmigung des Insolvenzverwalters geheilt werden.
[77] Vgl. Gottwald InsR-HdB/*Eickmann* InsO § 31 Rn. 1.
[78] Vgl. Gottwald InsR-HdB/*Eickmann* InsO § 31 Rn. 15.

Forderungen und damit nach § 81 Abs. 1 S. 1 InsO unwirksam.[79] Die Leistung wirkt zum Schutz des Drittschuldners nur dann schuldbefreiend, wenn er die Verfahrenseröffnung zur Zeit der Leistung nicht kannte (§ 82 S. 1 InsO). Nach § 82 S. 2 InsO wird **vor** der öffentlichen Bekanntmachung vermutet, dass der Leistende die Eröffnung nicht kannte, es sei denn, der Eröffnungsbeschluss war ihm bereits zugestellt.

61   c) **Auswirkung auf schwebende Prozesse und Zwangsvollstreckungen.** Mit Verfahrenseröffnung verliert der Schuldner nicht nur seine Verwaltungs- und Verfügungsbefugnis, sondern auch seine Prozessführungsbefugnis. Bevor der Insolvenzverwalter den Prozess aufnimmt, muss er zunächst Gelegenheit haben, die Erfolgsaussichten zu bewerten. Daher werden alle schwebenden Prozesse über das zur Insolvenzmasse gehörende Vermögen automatisch mit Verfahrenseröffnung unterbrochen, § 240 S. 1 ZPO. Dies bedeutet, dass der Lauf der Fristen aufhört und diese nach Beendigung der Unterbrechung neu beginnen, § 249 Abs. 1 ZPO.

62   Die Unterbrechung dauert an, bis der Rechtsstreit vom Insolvenzverwalter wieder aufgenommen oder das Insolvenzverfahren aufgehoben wird.

63   Nach Verfahrenseröffnung sind **Einzelzwangsvollstreckungen** für einzelne Insolvenzgläubiger nach § 89 Abs. 1 InsO untersagt.[80] Dies bezieht sich nicht nur auf die zivilprozessuale Zwangsvollstreckung, sondern auch auf Verwaltungszwangsverfahren wegen Steuerforderungen oder sonstiger öffentlichrechtlicher Forderungen (§ 251 Abs. 2 AO). Eine Ausnahme besteht jedoch hinsichtlich der **Zwangsvollstreckung in Immobilien.** Diese bleibt zulässig, wenn der Gläubiger bereits vor Verfahrenseröffnung wirksam ein Absonderungsrecht erlangt hat.

64   d) **Gesellschaftsrechtliche Konsequenzen.**[81] Die Eröffnung eines Insolvenzverfahrens hat für juristische Personen (zB GmbH, AG) eine einschneidende Wirkung. So wird zB die Gesellschaft mit beschränkter Haftung gemäß § 60 Abs. 1 Nr. 4 GmbHG aufgelöst. Die Eintragung im Handelsregister erfolgt von Amts wegen, § 65 Abs. 1 S. 2 und 3 GmbHG. Damit wird jedoch nicht die Fähigkeit der Gesellschaft beseitigt, Träger von Rechten und Pflichten zu sein.[82] Die Aktiengesellschaft wird ebenfalls nach § 262 Abs. 1 Nr. 3 AktG aufgelöst.

65   Mit Verfahrenseröffnung wird auch die OHG bzw. KG nach §§ 131 Abs. 1 Nr. 3, 161 Abs. 2 HGB aufgelöst. Die Auflösung und ihr Grund sind nach § 143 Abs. 1 S. 3 HGB von Amts wegen in das Handelsregister einzutragen. Wird über das Vermögen einer BGB-Gesellschaft das Insolvenzverfahren eröffnet, führt auch dies nach § 728 Abs. 2 BGB zu deren Auflösung, wobei die Gesellschafter nach § 728 Abs. 1 S. 2 BGB im Fall der Einstellung des Insolvenzverfahrens auf Antrag des Schuldners oder nach Aufhebung des Verfahrens infolge der Bestätigung eines den Fortbestand der Gesellschaft vorsehenden Insolvenzplans eine Fortsetzung der Gesellschaft beschließen können. Es gilt jedoch –

---

[79] Vgl. *Bork* Rn. 171.
[80] Vgl. KPB/*Lüke* InsO § 89 Rn. 4.
[81] Ausführlich → § 31.
[82] Vgl. OLG Stuttgart Urt. v. 19.2.2013 – 12 U 136/12, BauR 2015, 2046; BGH Urt. v. 28.3.1996 – IX ZR 77/95, ZIP 1996, 842.

§ 1. Der Verfahrensablauf und die Verfahrensziele im Überblick

wie auch bei den juristischen Personen – zu beachten, dass die Gesellschaft mit der Auflösung noch **nicht beendet** ist. Die Auflösung hat vielmehr zur Folge, dass die Gesellschaft in das Liquidationsverfahren eintritt und bis zu dessen Beendigung erhalten bleibt.

2. Sofortmaßnahmen des Insolvenzverwalters[83]

Vor dem Hintergrund des wirtschaftlichen Zusammenbruchs „stürzen" sich die Beteiligten bei Verfahrenseröffnung sofort mit allen ihren Anliegen auf den Insolvenzverwalter. Bevor der Verwalter sich der Wünsche und Probleme der Gläubiger annehmen kann, muss er jedoch vorrangig – auch zur Vermeidung eigener Haftungsrisiken – eine Reihe von Sofortmaßnahmen zur Sicherung, Inbesitznahme und Inventarisierung der Masse einleiten. Ferner hat er Zustellungen durchzuführen, die Arbeitnehmer über die Insolvenzsituation zu unterrichten und Verträge zu überprüfen bzw. zu kündigen. 66

a) Inbesitznahme der Insolvenzmasse. Bevor der Insolvenzverwalter die Masse verwertet (Verkauf, Versteigerung, Übertragung des Geschäftsbetriebes, usw) hat er zunächst einmal die gesamte Insolvenzmasse zu sichern. Zu diesem Zwecke ist er verpflichtet, gemäß § 148 Abs. 1 InsO nach der Eröffnung des Verfahrens das gesamte zur Insolvenzmasse gehörende Vermögen **sofort** in Besitz und Verwaltung zu nehmen. Hierbei handelt es sich um die erste und auch dringlichste Maßnahme des Verwalters nach seiner Bestellung. 67

Die dem Verwalter obliegende Inbesitznahme bezieht sich auf diejenigen Gegenstände, die zur Insolvenzmasse nach § 35 InsO, zur sog **Sollmasse**, gehören. Nach dem **Universalitätsprinzip** zählt hierzu auch das ausländische Vermögen.[84] Da sich idR nicht auf Anhieb feststellen lassen wird, ob Drittrechte wie zB Aussonderungsansprüche bestehen, hat der Verwalter im Zweifel über die Rechtslage zunächst unterschiedslos alles in Besitz zu nehmen, was er beim Schuldner vorfindet, insoweit auch massefremde Sachen (sog **Istmasse**). 68

b) Sonstige Sicherungsmaßnahmen. Die Eröffnung des Insolvenzverfahrens führt bei Unternehmen sofort zu Auflösungserscheinungen. Zum Teil versuchen Lieferanten, ihre Eigentumsvorbehaltswaren noch schnell abzuholen oder sich sonstige Gegenstände als „Pfänder" zu verschaffen. Mancher Mitarbeiter glaubt, sich als Ausgleich für nicht genommenen Urlaub etc wertvolle Arbeitsgeräte „aneignen" zu können. Um dies zu verhindern, wird der Insolvenzverwalter nicht davor scheuen, regelmäßige **Kontrollen** an den Werkstoren oder zB auf Baustellen durchzuführen. Zusätzlichen – auch strafrechtlichen (§ 136 Abs. 2 StGB) – Schutz kann er durch **Siegelung** der zur Masse gehörenden Sachen gemäß § 150 InsO erreichen. 69

Des Weiteren überprüft der Insolvenzverwalter zu Beginn seiner Tätigkeit, ob die Masse gegen unvorhergesehene Einwirkungen durch **Versicherungen** geschützt ist. In der Praxis ist festzustellen, dass mangels Liquidität oft erhebliche Beitragsrückstände bestehen. Damit besteht die Gefahr, dass gemäß § 39 70

---

[83] Ausführlich → § 9.
[84] HK-InsO/*Ries* § 35 Rn. 6; FK-InsO/*Bornemann* § 35 Rn. 13; MüKoInsO/*Peters* § 35 Rn. 36; Uhlenbruck/*Hirte* InsO § 35 Rn. 62.

VVG bei einem Versicherungsfall der Versicherer von der Verpflichtung zur Leistung bereits frei ist. Daher sorgt der Insolvenzverwalter unmittelbar nach seiner Bestellung für ausreichenden Versicherungsschutz. Besonders wichtig sind neben den diversen Haftpflichtversicherungen Versicherungen gegen Diebstahl-, Feuer-, Wasser- und evtl. Sturmschäden.

71 **c) Zustellung des Insolvenzeröffnungsbeschlusses an Gläubiger und Schuldner.** Neben der öffentlichen Bekanntmachung (www.insolvenzbekanntmachungen.de) ist der Eröffnungsbeschluss gemäß § 30 Abs. 2 InsO den Gläubigern und Schuldnern des Schuldners (Drittschuldner) sowie dem Insolvenzschuldner selbst besonders zuzustellen. Zur Durchführung dieser Zustellungen kann das Insolvenzgericht auf Grund des § 8 Abs. 3 InsO den Insolvenzverwalter beauftragen. Hiervon macht das Insolvenzgericht in der Praxis auch Gebrauch. Nur die Zustellung des Eröffnungsbeschlusses an den Insolvenzschuldner selbst wird im Regelfall durch das Insolvenzgericht vorgenommen, § 8 Abs. 1 S. 1 InsO.

72 **d) Anzeige der Masseunzulänglichkeit.**[85] Im Regelfall war der Insolvenzverwalter bereits vor Verfahrenseröffnung als Sachverständiger für das Insolvenzgericht tätig und kennt daher die wirtschaftliche Situation des schuldnerischen Betriebes. Er kann daher bereits bei seiner Bestellung beurteilen, ob die Insolvenzmasse ausreicht, um die fälligen sonstigen Masseverbindlichkeiten im Sinne des § 55 InsO zu erfüllen. Reicht sie nicht aus, muss unverzüglich dem Insolvenzgericht gemäß **§ 208 InsO die Masseunzulänglichkeit angezeigt** werden.[86] So kann er sicherstellen, dass die Befriedigung der Massegläubiger nur nach der Rangfolge des § 209 InsO erfolgen darf. Die unverzügliche Anzeige empfiehlt sich schon wegen der Gefahr der persönlichen Haftung nach den §§ 60, 61 InsO. Stellt also beispielsweise der Verwalter die Arbeitnehmer mit Verfahrenseröffnung von der Erbringung ihrer Arbeitsleistung frei, braucht er die Löhne und Gehälter erst nach Begleichung der Verfahrenskosten (§ 209 Abs. 1 Nr. 1 iVm § 54 InsO) und der Neumasseverbindlichkeiten (§ 209 Abs. 1 Nr. 2 InsO) zu erfüllen. Durch die Anzeige der Masseunzulänglichkeit ist nach § 210 InsO die Vollstreckung wegen einer Masseverbindlichkeit nach § 209 Abs. 1 Nr. 3 InsO unzulässig.

73 **e) Erfassung der Insolvenzmasse. aa) Verzeichnis der Massegegenstände.** Nach § 151 InsO stellt der Insolvenzverwalter ein Verzeichnis der einzelnen Gegenstände der Insolvenzmasse auf. Neben den bilanziellen Positionen (Wirtschaftsgüter iSd § 240 HGB) sind in das Verzeichnis der Massegegenstände zusätzlich alle Forderungen und Ansprüche einzustellen, die einen realisierbaren Vermögenswert darstellen oder darstellen können (zB insolvenzrechtliche Anfechtungsansprüche aus den §§ 129 ff. InsO, Gesamtschadensansprüche gemäß § 92 InsO, persönliche Haftung der Gesellschafter gemäß § 93 InsO, Ansprüche aus § 88 InsO).[87] Ebenfalls mit aufzuführen sind die mit Absonderungsrechten belasteten Gegenstände. Obwohl nicht zwingend erforderlich, da nicht zur Insolvenzmasse gehörig, können auch die Aussonderungsgegenstände zur

---

[85] Ausführlich → § 13 Rn. 86 ff.
[86] Vgl. Uhlenbruck/*Ries* InsO § 208 Rn. 17.
[87] Vgl. Uhlenbruck/*Sinz* InsO § 151 Rn. 3.

Information im Verzeichnis der Massegegenstände ausgewiesen werden.[88] Nicht zur Insolvenzmasse gehört das vollstreckungsfreie Vermögen nach § 36 InsO.

Die einzelnen Gegenstände sind im Verzeichnis zu **bewerten**, § 151 Abs. 2 S. 1 InsO. Unterscheiden sich die Stilllegungswerte von den Fortführungswerten, so sind beide anzugeben. Bei den Fortführungswerten kann auf eine Einzelwertdarstellung verzichtet werden.[89] In diesem Rahmen sind vielmehr Kaufpreisangebote von Interessenten für Betriebsteile bzw. den ganzen Betrieb anzusetzen. Damit verfügen die Gläubiger über die nötige Entscheidungsgrundlage, um nach § 157 InsO über das weitere Schicksal des Unternehmens und somit den Gang der Verwertung entscheiden zu können.

bb) Gläubigerverzeichnis. Der Insolvenzverwalter hat nach § 152 InsO ein Verzeichnis **aller** ihm bekannten Gläubiger des Schuldners aufzustellen. Unberücksichtigt bleiben lediglich die aussonderungsberechtigten Gläubiger. Das Verzeichnis ist in folgende Gruppen zu unterteilen:
- Insolvenzgläubiger
- Absonderungsberechtigte Gläubiger
- Nachrangige Insolvenzgläubiger
- Massegläubiger (§ 152 Abs. 3 S. 2 InsO)

Im Verzeichnis ist jeder Gläubiger mit seiner zustellfähigen Anschrift sowie Grund und Betrag seiner Forderung anzugeben. Bei den Absonderungsgläubigern ist daneben der Absonderungsgegenstand zu bezeichnen und die Höhe des mutmaßlichen Ausfalls. Ebenfalls gesondert auszuweisen sind bestehende Aufrechnungslagen.

cc) Vermögensübersicht. Der Insolvenzverwalter hat weiterhin gemäß § 153 InsO auf den Zeitpunkt der Eröffnung des Verfahrens eine Vermögensübersicht zu fertigen. Ähnlich wie in einer Bilanz sollen in der Vermögensübersicht das Vermögen und die Verbindlichkeiten des Schuldners zusammengefasst und gegenübergestellt werden.[90] Dadurch soll den Gläubigern ein Überblick über die wirtschaftlichen Verhältnisse des Schuldners zum Zeitpunkt der Insolvenzeröffnung vermittelt werden und das voraussichtliche wirtschaftliche Ergebnis des Insolvenzverfahrens für jeden einzelnen Gläubiger erkennbar werden.[91]

3. Auswirkungen auf schwebende Rechtsverhältnisse[92]

a) Allgemeines. Unmittelbar nach seiner Bestellung hat sich der Insolvenzverwalter einen Überblick über die bestehenden Vertragsverhältnisse zu verschaffen und über deren Erfüllung, Modifikation oder Beendigung zu entscheiden. Der Insolvenzverwalter muss innerhalb kürzester Zeit die wirtschaftliche Situation bewerten und die machbaren Optionen für den schuldnerischen Betrieb ausloten. Konkret kommt es maßgeblich darauf an, ob eine Möglichkeit der Fortführung besteht (evtl. im Rahmen einer kompletten Übertragung) oder ob mit dem Zusammenbruch des Unternehmens zu rechnen ist. Besteht die Chan-

---

[88] Vgl. BK-InsO/*Kießling* InsO § 151 Rn. 11.
[89] Vgl. AGR/*Lind* InsO § 151 Rn. 6.
[90] Vgl. Begründung RegE zu § 153 (§ 172), *Kübler/Prütting*, Das neue Insolvenzrecht, S. 375.
[91] Vgl. Uhlenbruck/*Sinz* InsO § 153 Rn. 1.
[92] Ausführlich → § 21.

ce einer Fortführung wird der Verwalter versuchen, die betriebsnotwendigen vertraglichen Beziehungen aufrecht zu erhalten, um sie später auf einen Erwerber überführen zu können. Zeichnet sich bereits die Liquidation des Unternehmens ab, wird der Verwalter sich rasch aller vertraglichen Bindungen entledigen.

78 **b) Vertragsverhältnisse. aa) Gegenseitige Verträge.** Bezüglich der bei Eröffnung des Insolvenzverfahrens **noch nicht vollständig erfüllten gegenseitigen Verträge** gilt § 103 InsO. Mit Verfahrenseröffnung verlieren die noch offenen gegenseitigen Ansprüche ihre **Durchsetzbarkeit**. Damit durchbricht die Vorschrift des § 103 InsO zunächst den ehernen zivilrechtlichen Grundsatz, dass Verträge eingehalten werden müssen (pacta sunt servanda). Erklärt der Verwalter dem Vertragspartner, dass er die Erfüllung des Vertrages wählt (§ 103 InsO), so erhalten die zunächst nicht durchsetzbaren gegenseitigen Ansprüche die Rechtsqualität von originären Ansprüchen der und gegen die Masse, mithin also von Masseforderungen und -verbindlichkeiten. Lehnt hingegen der Insolvenzverwalter die Erfüllung ab, bleibt es wegen der beiderseitigen Nichterfüllungseinreden der Parteien (§ 320 BGB) bei der Undurchsetzbarkeit der gegenseitigen Erfüllungsansprüche. Entsteht in diesem Zusammenhang beim Vertragspartner ein Schaden, so kann dieser nach § 103 Abs. 2 S. 1 InsO als Insolvenzforderung geltend gemacht werden. Die Höhe des Schadens errechnet sich aus der Differenz zwischen der Vermögenslage bei unterstellter ordnungsgemäßer Erfüllung und der durch die Nichterfüllung tatsächlich eingetretenen Vermögenssituation.[93] Die Geltendmachung erfolgt durch Anmeldung zur Tabelle beim Insolvenzverwalter, §§ 87, 174 InsO.

79 **bb) Teilbare Leistungen.** Wählt der Verwalter bei **teilbaren Leistungen** die Erfüllung und hat der Vertragspartner des Schuldners bereits vor Eröffnung zum Teil geleistet, greift zum Schutz des Verwalters § 105 S. 1 InsO ein. Danach bleibt die der Teilleistung entsprechende Forderung auf die Gegenleistung nur **Insolvenzforderung**, obwohl der Verwalter wegen des noch ausstehenden Teils Erfüllung verlangt.

80 **cc) Eigentumsvorbehalt.** Umfassend hat der Gesetzgeber auch die Rechtslage zum **Eigentumsvorbehalt** geregelt. In der **Insolvenz des Verkäufers** hat der Käufer nach § 107 Abs. 1 InsO ein insolvenzfestes Anwartschaftsrecht, sofern es schon vor Verfahrenseröffnung begründet worden war. Wird der **Vorbehaltskäufer insolvent,** bleibt es nach § 103 InsO beim Wahlrecht des Insolvenzverwalters. Dieser braucht die Erklärung der Erfüllung bzw. Ablehnung nach § 107 Abs. 2 InsO erst unverzüglich nach dem Berichtstermin abzugeben.

81 **dd) Dauerschuldverhältnisse.**[94] Miet- und Pachtverhältnisse über unbewegliche Gegenstände oder Räume sowie **Dienstverhältnisse** des Schuldners bestehen nach § 108 Abs. 1 InsO mit Wirkung für die Insolvenzmasse fort. Um eine Sanierung oder Gesamtveräußerung zu ermöglichen, will der Gesetzgeber verhindern, dass die wirtschaftliche Einheit des schuldnerischen Betriebes zur Unzeit „auseinandergerissen" wird. Dem gleichen Ziel dient auch die Kündigungssperre des § 112 InsO. Danach kann ein Miet- oder Pachtverhältnis nach dem Antrag auf Eröffnung nicht wegen eines Verzuges mit dem Miet- oder Pachtzins, der in der Zeit vor dem Eröffnungsantrag eingetreten ist, gekündigt

---

[93] Vgl. MüKoInsO/*Huber* § 103 Rn. 185, 193.
[94] Ausführlich → § 22.

werden (§ 112 Nr. 1 InsO). Eine Kündigungssperre besteht ebenfalls wegen einer Verschlechterung der Vermögensverhältnisse des Schuldners (§ 112 Nr. 2 InsO). Die Regelung des § 112 InsO ist gemäß § 119 InsO zwingend. Selbst vertragliche Lösungsklauseln können die Regelung des § 112 InsO nicht außer Kraft setzen und sind insoweit unwirksam.

ee) **Aufträge und Geschäftsbesorgungsverträge.**[95] Zum Schutz der Insolvenzmasse treten eine Reihe von Vertrags- bzw. Rechtsverhältnissen automatisch außer Kraft. Damit soll in jedem Falle eine ungestörte Verwaltung und Verwertung der Insolvenzmasse gesichert werden. Nach den §§ 115, 116 InsO erlöschen mit Verfahrenseröffnung sämtliche **Aufträge** und **Geschäftsbesorgungsverträge**, die der Schuldner als Auftraggeber bzw. Geschäftsherr geschlossen hat. Zu den Geschäftsbesorgungsverträgen zählen beispielsweise Anwalts-, Steuerberater-, Handelsvertreter-, Speditions-, Kontokorrent- und Giroverträge. Die Vorschriften gelten jedoch nicht in der Insolvenz des Beauftragten oder Geschäftsbesorgers. In diesen Fällen kann der Auftraggeber von seinem jederzeitigen Widerrufsrecht (§ 671 Abs. 1 BGB) und der Geschäftsherr von seinem Kündigungsrecht (§§ 675, 649, 626 BGB) Gebrauch machen. 82

ff) **Vollmachten.**[96] Um den Insolvenzverwalter vor unkontrollierbaren Einflussnahmen Dritter zu schützen, bestimmt § 117 InsO das Erlöschen einer vom Schuldner erteilten **Vollmacht.** Dies betrifft neben der Prokura und der Handlungsvollmacht auch die Prozessvollmacht eines Rechtsanwalts. 83

c) **Dienst- und Arbeitsverhältnisse.** Die Rechte der Arbeitnehmer werden durch die Eröffnung des Insolvenzverfahrens über das Vermögen des Arbeitgebers grundsätzlich nicht berührt. Nach § 108 Abs. 1 S. 1 InsO bestehen Dienstverhältnisse mit Wirkung für die Insolvenzmasse fort. Mit dem Übergang der Verwaltungs- und Verfügungsbefugnis rückt der Insolvenzverwalter gemäß § 80 InsO in den gesamten Rechte- und Pflichtenkreis des schuldnerischen Arbeitgebers ein.[97] Demzufolge sind auch die Lohn- und Gehaltsansprüche als Masseverbindlichkeiten nach § 55 Abs. 1 Nr. 2 InsO vom Insolvenzverwalter zu erfüllen. Umgekehrt ist jedoch auch der Arbeitnehmer zur Erbringung seiner vertraglich geschuldeten Arbeitsleistung verpflichtet. 84

Ist eine zerschlagende Verwertung absehbar, wird der Verwalter in aller Regel alsbald nach Verfahrenseröffnung allen Arbeitnehmern die **Kündigung** aussprechen. Die Eröffnung des Insolvenzverfahrens stellt jedoch keinen wichtigen Grund iSd § 626 BGB dar, womit eine außerordentliche fristlose Kündigung jedenfalls ausgeschlossen ist. Nach Maßgabe des § 113 Abs. 1 S. 1 InsO kann ein Dienstverhältnis, bei dem der Schuldner der Dienstberechtigte ist, ohne Rücksicht auf die vereinbarte Vertragsdauer oder einen vereinbarten Ausschluss des Rechts auf ordentliche Kündigung mit einer **Frist von längstens drei Monaten** (oder der kürzeren gesetzlichen Kündigungsfrist, § 622 BGB) gekündigt werden.[98] 85

---

[95] Ausführlich → § 23.
[96] Ausführlich → § 23 Rn. 6 ff.
[97] Vgl. Uhlenbruck/*Mock* InsO § 80 Rn. 22.
[98] Nach BAG Urt. v. 19.1.2000 – 4 AZR 70/99, ZIP 2000, 985, wird selbst der tarifliche Kündigungsschutz durch die in § 113 S. 2 InsO vorgegebene Höchstfrist von drei Monaten zum Monatsende verdrängt; ebenso LAG Düsseldorf Urt. v. 18.11.2015 – 4 Sa 478/15, ZInsO 2016, 643 (644).

86 Die Vorschriften des **Betriebsverfassungsgesetzes** werden durch die Verfahrenseröffnung nicht außer Kraft gesetzt. Insoweit gelten auch die Mitwirkungs- und Mitbestimmungsrechte des Betriebsrates sowie die sonstigen kollektivrechtlichen Bestimmungen (Betriebsvereinbarungen, Tarifverträge) fort. Ohnehin ist ein konstruktives Verhältnis zwischen Verwalter, Betriebsrat und Gewerkschaften für eine planmäßige und geordnete Abwicklung des Betriebes wichtig.[99]

4. Massebereinigung und -anreicherung

87 Der Insolvenzverwalter nimmt mit Eröffnung des Verfahrens zunächst einmal das gesamte vorgefundene Vermögen (**Istmasse**) in Besitz. Diese Vermögensmasse entspricht jedoch im Regelfall nicht der sog **Sollmasse**, also der den Gläubigern zustehenden Haftungsmasse. Die Istmasse muss durch die Aussonderung von Gegenständen, die nicht zum Vermögen des Schuldners gehören, bereinigt werden. Ferner ist das Vorabbefriedigungsrecht von absonderungsberechtigten Gläubigern zu erfüllen. Dem gegenüber wird die Masse vermehrt durch die Geltendmachung von insolvenzrechtlichen Anfechtungs- und Haftungsansprüchen.

88 a) **Aussonderung.**[100] Der Schuldner haftet grundsätzlich nach § 35 InsO nur mit seinem eigenen Vermögen. Fremdes Vermögen, dh Gegenstände an denen einem Dritten ein persönliches oder dingliches Recht zusteht, sind daher aus der Insolvenzmasse herauszunehmen und **auszusondern**, § 47 InsO. Die Durchsetzung der Aussonderung vollzieht sich nach § 47 S. 2 InsO außerhalb der Insolvenzordnung nach Maßgabe des jeweiligen dinglichen oder schuldrechtlichen Anspruchs.

89 b) **Abgesonderte Befriedigung.**[101] Sicherungsrechte gewähren ihren Inhabern in der Insolvenz ein Recht zur abgesonderten Befriedigung, §§ 49 ff. InsO. Die Absonderungsberechtigten werden – anders als die Aussonderungsberechtigten – grundsätzlich in das Insolvenzverfahren miteinbezogen. Das Absonderungsrecht ermöglicht es einem Gläubiger, sich aus der Verwertung eines massezugehörigen Gegenstand vorzugsweise zu befriedigen, ohne – wie einfache Insolvenzgläubiger – auf die quotale Ausschüttung verwiesen zu werden.
Folgenden Gläubigergruppen steht ein Recht auf abgesonderte Befriedigung zu:
– Gläubiger, denen ein Recht auf Befriedigung aus unbeweglichen Gegenständen zusteht (zB Grundschuld, Hypothek), § 49 InsO
– Gläubiger, denen an einem Gegenstand der Insolvenzmasse ein rechtsgeschäftliches Pfandrecht, ein gesetzliches Pfandrecht (zB Vermieterpfandrecht) oder ein Pfändungspfandrecht zusteht, § 50 Abs. 1 InsO
– Gläubiger, denen zur Sicherheit eine bewegliche Sache übereignet (Sicherungsübereignung) oder ein Recht übertragen (Sicherungsabtretung) wurde, § 51 Nr. 1 InsO

---

[99] Zu den arbeitsrechtlichen Einzelheiten vgl. § 27 und § 28.
[100] Ausführlich → § 14.
[101] Ausführlich → § 15.

– Gläubiger, denen ein Zurückbehaltungsrecht an einer Sache wegen ihres Verwendungsersatzanspruches zusteht, § 51 Nr. 2 InsO
– Gläubiger, denen ein handelsrechtliches Zurückbehaltungsrecht zusteht, § 51 Nr. 3 InsO
– Bund, Länder und Gemeinden, soweit ihnen zoll- und steuerpflichtige Sachen nach gesetzlichen Vorschriften als Sicherheit für öffentliche Abgaben dienen, § 51 Nr. 4 InsO

Der Insolvenzverwalter darf eine bewegliche Sache, an der ein Absonderungsrecht besteht und zu deren Verwertung er berechtigt ist, für die Insolvenzmasse nutzen, § 172 Abs. 1 S. 1 1. HS InsO.[102] Allerdings muss er einen dadurch entstehenden **Wertverlust** ab Eröffnung des Verfahrens durch laufende Zahlungen an die Gläubiger ausgleichen (§ 172 Abs. 1 S. 1 2. HS InsO). 90

In den §§ 165–173 enthält die Insolvenzordnung besondere Vorschriften über die Verwertung unbeweglicher und beweglicher Gegenstände, an denen ein Absonderungsrecht besteht. Sowohl der Insolvenzverwalter als auch der absonderungsberechtigte Gläubiger können nach § 165 InsO bei **unbeweglichen Gegenständen** die Zwangsversteigerung betreiben. Im Regelfall werden Grundstücke jedoch durch den Insolvenzverwalter freihändig verwertet. Die Verwertung **beweglicher Sachen** erfolgt gemäß §§ 166 Abs. 1, 173 Abs. 1 InsO ausschließlich durch den Insolvenzverwalter, sofern dieser die Gegenstände, an denen ein Absonderungsrecht besteht, in seinem Besitz hat. Zur Sicherheit abgetretene **Forderungen** darf der Verwalter nach § 166 Abs. 2 InsO einziehen oder in anderer Weise verwerten (zB freihändig veräußern). Gegenüber den absonderungsberechtigten Gläubigern ist der Verwalter zur Auskunft und zur Mitteilung der Veräußerungsabsicht verpflichtet (§§ 167, 168 InsO). 91

c) **Insolvenzanfechtung.**[103] Dem Insolvenzverwalter stehen unter den Voraussetzungen der §§ 129 ff. InsO Ansprüche aus Insolvenzanfechtungen zu. Die Insolvenzanfechtungstatbestände dienen dem Zweck, eine **vor Verfahrenseröffnung** eingetretene und sachlich ungerechtfertigte Schmälerung der Masse wieder auszugleichen bzw. rückgängig zu machen. Damit soll der Schutz der Gläubiger auf Gleichbehandlung auf den Zeitraum vor der Eröffnung ausgedehnt werden. Mit der zivilrechtlichen Anfechtung von Willenserklärungen (§ 142 BGB) hat die insolvenzrechtliche Anfechtung nichts gemein. Letztere vernichtet nicht die angefochtene Rechtshandlung, sondern bewirkt, dass deren Rechtsfolgen gegenüber der Insolvenzmasse keinen Bestand haben. 92

Als Rechtsfolge ist nach § 143 Abs. 1 S. 1 InsO dasjenige, was durch die anfechtbare Handlung aus dem Vermögen des Schuldners veräußert, weggegeben oder aufgegeben worden ist, zur Insolvenzmasse zurück zu gewähren. Im Gegenzug dazu lebt nach § 144 Abs. 1 InsO die ursprüngliche Forderung des Anfechtungsgegners wieder auf, und zwar mit derjenigen Rechtsqualität, die sie bei Verfahrenseröffnung gehabt hätte (einfache oder nachrangige Insolvenzforderung). Die Anwendbarkeit der §§ 129 ff. InsO setzt die Eröffnung des Verfahrens voraus. Anfechtungsberechtigt ist allein der Insolvenzverwalter. Der An- 93

---

[102] Im Eröffnungsverfahren kann das Gericht dies ebenfalls anordnen (§ 21 Abs. 1 Nr. 5 InsO).
[103] Ausführlich → § 16.

fechtungsanspruch verjährt innerhalb der jeweiligen Verjährungsfrist des BGB (vgl. § 146 Abs. 1 InsO iVm §§ 194 ff. BGB).

94 **d) Aufrechnung.**[104] Ein Gläubiger kann nach Eröffnung des Insolvenzverfahrens gegen Forderungen des Schuldners nur dann aufrechnen, wenn die Aufrechnungslage bereits vor der Verfahrenseröffnung bestand, dh er bereits vorher kraft Gesetz (§§ 387 ff. BGB) oder auf Grund einer Vereinbarung aufrechnen konnte. Dieser Gläubiger braucht daher seine Forderung nicht nach § 174 InsO zur Tabelle anzumelden, da er sich unmittelbar durch Aufrechnung gegen eine der Masse zugehörige Forderung befriedigen kann.

95 Durch die §§ 95, 96 InsO wird die **Aufrechnung** in der Insolvenz jedoch erschwert bzw. **eingeschränkt**, wenn die Aufrechnungslage erst im eröffneten Verfahren eintritt. Nach § 95 Abs. 1 S. 1 InsO kann die Aufrechnung erst erfolgen, wenn die Aufrechnungsvoraussetzungen während des Verfahrens eintreten, also zB die Forderung fällig oder unbedingt wird. Wird jedoch die Gegenforderung des Gläubigers, mit der aufgerechnet werden soll, erst nach Verfahrenseröffnung und nach der Hauptforderung unbedingt und fällig, dann ist die Aufrechnung nach § 95 Abs. 1 S. 3 InsO ausgeschlossen.

96 Das Aufrechnungsverbot gilt nur für Insolvenzgläubiger (§ 38 InsO), nicht jedoch für Massegläubiger. Bei **Masseforderungen**[105] (§ 53 InsO) sieht das Gesetz keinerlei Beschränkungen vor. Hat der Insolvenzverwalter die **Masseunzulänglichkeit**[106] nach § 208 InsO angezeigt, so gilt für bestimmte Masseverbindlichkeiten das Vollstreckungsverbot des § 210 InsO. Demzufolge muss die Aufrechnungseinschränkung des § 95 Abs. 1 InsO sowie die Unzulässigkeit des § 96 Abs. 1 Nr. 1, 2, 4 InsO auch bei Masseunzulänglichkeit entsprechend angewendet werden.

5. Geltendmachung von Gläubigerforderungen[107]

97 **a) Anmeldung.** In der Insolvenz können Gläubiger im Sinne des § 38 InsO[108] ihre Forderungen nach § 87 InsO nur noch nach den Vorschriften über das Insolvenzverfahren verfolgen. Insolvenzgläubiger können daher ihre Forderungen nicht mehr auf dem Klagewege geltend machen, sondern nur noch durch Anmeldung zur Insolvenztabelle. Nach § 174 Abs. 1 S. 1 InsO hat die Anmeldung – für die kein Formularzwang besteht – schriftlich beim Insolvenzverwalter zu erfolgen. Ihr sollen die Urkunden, aus denen sich die Forderung ergibt, in Abdruck beigefügt werden. Dies erleichtert und beschleunigt die Prüfung. Lieferanten haben zum Beispiel Lieferscheine und Rechnungen beizufügen, Arbeitnehmer müssen Lohn- und Gehaltsabrechnungen einreichen. Soweit Gläubiger Sonderrechte beanspruchen, wie zB Absonderungsrechte, sind auch diese mit der Anmeldung geltend zu machen.

---

[104] Ausführlich → § 17.
[105] Ausführlich → § 12.
[106] Ausführlich → § 13 Rn. 10 ff.
[107] Ausführlich → § 11.
[108] Insolvenzgläubiger ist jeder persönliche Gläubiger, der einen zur Zeit der Eröffnung des Insolvenzverfahrens begründeten Vermögensanspruch gegen den Schuldner hat (§ 38 InsO).

Nachrangige Insolvenzforderungen nach § 39 InsO dürfen nur angemeldet werden, soweit das Insolvenzgericht nach § 174 Abs. 3 InsO besonders zur Anmeldung dieser Forderungen auffordert. Masseforderungen nach § 55 InsO dürfen (brauchen) grundsätzlich nicht zur Insolvenztabelle angemeldet werden, da sie von Amts wegen vom Insolvenzverwalter zu befriedigen sind. Um sich gegen das Vergessen einer Masseverbindlichkeit zu schützen, wird der Insolvenzverwalter in der Regel eine sog. Massetabelle führen.[109] 98

b) Tabellenführung. Der Insolvenzverwalter hält den Eingang einer Forderungsanmeldung unverzüglich durch einen Eingangsstempel fest,[110] da die Anmeldung zu einer Hemmung der Verjährung führt, § 204 Abs. 1 Nr. 10 BGB. Nach § 175 InsO hat er die angemeldeten Forderungen mit den nach § 174 Abs. 2 InsO erforderlichen Angaben in die Tabelle aufzunehmen. In § 5 Abs. 4 InsO wird ausdrücklich die EDV-mäßige Führung der Tabelle zugelassen. Sie muss folgenden Mindestinhalt aufweisen:[111] 99
– Name und Anschrift des Gläubigers sowie dessen Vertreter
– Tag der Anmeldung
– Betrag der angemeldeten Forderung (Hauptsache, Zinsen, Kosten)
– Grund der Forderung

Neben der angemeldeten Forderung wird ein Platz freigehalten um abschließend das Prüfungsergebnis eintragen zu können. Des Weiteren ist daneben Raum für Bemerkungen und Berichtigungen. Die Tabelle ist mit den beigefügten Unterlagen auf der Geschäftsstelle des Insolvenzgerichts zur Einsichtnahme niederzulegen (§ 175 Abs. 1 S. 2 InsO). 100

c) Prüfung der Forderungen. Der Insolvenzverwalter prüft die eingegangenen Anmeldungen auf ihre Zulässigkeit und Vollständigkeit (Vorprüfung). Die eigentliche Prüfung bzw. Feststellung erfolgt im sog **Prüfungstermin.** Darin wird nach § 176 InsO festgestellt, welche der angemeldeten Forderungen an der Verteilung der Masse partizipieren. Die angemeldeten Forderungen werden nur insoweit erörtert, als sie vom Insolvenzverwalter, vom Schuldner oder von einem Insolvenzgläubiger bestritten werden, im Übrigen wird auf eine individuelle Erörterung verzichtet. 101

Der Prüfungstermin entfällt, wenn das Insolvenzverfahren gemäß § 5 Abs. 2 InsO **schriftlich** durchgeführt wird. Voraussetzung hierfür ist, dass die Vermögensverhältnisse des Schuldners überschaubar sind und die Zahl der Gläubiger oder die Höhe der Verbindlichkeiten gering ist (§ 5 Abs. 2 S. 1 InsO). Dies ist regelmäßig bei Verbraucherinsolvenzverfahren,[112] häufig auch bei kleineren Regelinsolvenzverfahren (natürlicher Personen) der Fall.[113] Das schriftliche Verfahren spart Zeit und Kosten für die Beteiligten. 102

6. Berichts- und Prüfungstermin

a) Berichtstermin. Die erste Gläubigerversammlung wird als sogenannter Berichtstermin bezeichnet. Bereits im Eröffnungsbeschluss wird der Termin 103

---

[109] Vgl. → § 12 Rn. 74 ff.
[110] Vgl. Gottwald InsR-HdB/*Eickmann* InsO § 63 Rn. 14.
[111] Vgl. Gottwald InsR-HdB/*Eickmann* InsO § 63 Rn. 18.
[112] Ausführlich → § 40.
[113] Vgl. HambK-InsO/*Rüther* § 5 Rn. 33.

hierfür festgelegt. Dieser soll innerhalb der ersten 6 Wochen stattfinden, er darf jedoch nicht später als 3 Monate über die Eröffnung hinaus angesetzt werden, § 29 Abs. 1 Nr. 1 InsO. Mit der Zustellung des Eröffnungsbeschlusses erhalten die Gläubiger vom Termin Kenntnis. Eine gesonderte Ladung zum Berichtstermin, der im Übrigen eine nichtöffentliche Sitzung ist, erfolgt nicht. Zur Teilnahme sind der Schuldner, die Gläubiger, der Insolvenzverwalter (und seine Mitarbeiter) sowie das Insolvenzgericht berechtigt, ferner die Arbeitnehmer- und die amtlichen Berufsvertreter (vgl. § 156 Abs. 2 InsO).

104 Im Berichtstermin hat der Insolvenzverwalter mündlich über die wirtschaftliche Lage des Schuldners und ihre Ursachen zu berichten. Ferner hat er darzulegen, ob Aussichten bestehen, das Unternehmen des Schuldners im ganzen oder in Teilen zu erhalten, welche Möglichkeiten für einen Insolvenzplan bestehen und welche Auswirkungen jeweils für die Befriedigung der Gläubiger eintreten, § 156 Abs. 1 InsO. Daneben legt der Verwalter – mit den Verzeichnissen nach den §§ 151, 152, 153 InsO – einen schriftlichen Bericht nieder, der zusammenfassend zumindest die wesentlichen Eckdaten des Verfahrens enthält.[114]

105 Auf der Grundlage des Verwalterberichts treffen die Gläubiger grundlegende Entscheidungen über den Fortgang des Verfahrens:
– Beibehaltung des Hinterlegungskontos, § 149 InsO
– Einsetzung bzw. Bestätigung eines/des Gläubigerausschusses, § 68 InsO
– Beibehaltung des Insolvenzverwalters, § 57 InsO
– Stilllegung oder Fortführung des Unternehmens, § 157 S. 1 InsO
– Beauftragung des Verwalters, einen Insolvenzplan auszuarbeiten, § 157 S. 2 InsO
– Zustimmung zu besonders bedeutsamen Rechtsgeschäften, § 160 InsO
– Betriebsveräußerung an besonders Interessierte, § 162 InsO

106 Das Stimmrecht eines Gläubiger bestimmt sich nach seiner Forderung. Ein Beschluss kommt nach § 76 Abs. 2 InsO zustande, wenn die Summenmehrheit der abstimmenden Gläubiger zustimmt; bei absonderungsberechtigten Gläubigern, denen der Schuldner nicht persönlich haftet, tritt der Wert des Absonderungsrechts an die Stelle des Forderungsbetrags. Besonderheiten gelten für die Verwalterabwahl nach § 57 S. 2 InsO: Hier ist eine Kopf- und Summenmehrheit erforderlich.

107 **b) Prüfungstermin.** Ebenfalls bereits im Eröffnungsbeschluss wird der Termin zur Prüfung der angemeldeten Forderungen bestimmt. In der Regel findet er nach dem Berichtstermin statt. Nach § 29 Abs. 2 S. 1 InsO ist jedoch auch eine Verbindung beider Termine möglich. Die Gläubiger erhalten keine besondere Ladung zu diesem Termin, da bereits mit der Zustellung des Eröffnungsbeschlusses ein Hinweis erfolgt. Im Termin selbst – an dem nur Gläubiger teilnehmen dürfen, die Forderungen angemeldet haben – werden die Forderungen ihrem Betrag und ihrem Rang nach geprüft, § 176 InsO. Nur soweit Forderungen vom Verwalter, vom Schuldner oder von einem Insolvenzgläubiger mündlich bestritten werden, sind sie einzeln zu erörtern. Mit der mündlichen Erörterung sollen Streitpunkte zwischen den Beteiligten

---

[114] *Vgl.* KPB/*Onusseit* InsO § 156 Rn. 7.

sofort geklärt und unsinnige Feststellungsklagen zur Tabelle vermieden werden.[115]

Bestreitet keiner der Beteiligten die Forderung, wird sie **anerkannt**.[116] Die Eintragung in die Tabelle wirkt dabei wie ein Vollstreckungstitel. Nach Abschluss des Verfahrens erhält der Gläubiger einen vollstreckbaren Auszug aus der Tabelle. Für die Vollstreckung aus dem Tabellenauszug gilt die dreißigjährige Verjährungsfrist des § 197 Abs. 1 Nr. 5 BGB. Wird die Forderung **bestritten**, erfolgt keine Aufnahme in die Insolvenztabelle. Es obliegt dann dem Gläubiger, Klage auf Feststellung der Forderung zur Tabelle zu erheben, § 179 InsO. War bereits vor Verfahrenseröffnung ein Rechtsstreit anhängig, so hat ihn der Gläubiger wieder aufzunehmen, § 180 Abs. 2 InsO. Ist der Insolvenzverwalter im Prüfungstermin noch nicht in der Lage zu beurteilen, ob er die Forderung bestreiten oder anerkennen soll, kann er sie gemäß gängiger Praxis zunächst einmal **vorläufig bestreiten**.[117] Die endgültige Feststellung durch den Verwalter kann dann nach dem Prüfungstermin schriftlich erfolgen. 108

Bei einem schriftlich durchgeführten Prüfungstermin (vgl. § 5 Abs. 2 InsO) ist sicherzustellen, dass die Gläubiger von den Forderungsanmeldungen Kenntnis nehmen, diese prüfen und ggf. bestreiten können.[118] 109

II. Eigenverwaltungsverfahren[119]

Diese Verfahrensart berechtigt den Schuldner selbst, unter Aufsicht eines gerichtlich bestellten Sachwalters (§§ 270c S. 1, 274 Abs. 1 InsO) die Insolvenzmasse zu verwalten. Im Hinblick auf die immer noch geringe – aber wachsende – Bedeutung wird an dieser Stelle auf die Darstellung in § 44 dieses Handbuchs verwiesen. 110

III. Insolvenzplanverfahren[120]

Das Insolvenzplanverfahren (§§ 217 ff. InsO) soll den Beteiligten einen Rechtsrahmen zur einvernehmlichen Bewältigung der Insolvenz bieten.[121] In § 1 InsO sieht das Gesetz ausdrücklich vor, dass die gemeinschaftliche Befriedigung der Gläubiger nicht zwingend durch Verwertung des schuldnerischen Vermögens und anschließender Erlösverteilung erfolgen muss, sondern in einem Insolvenzplan auch eine abweichende Regelung insbesondere zum Erhalt des Unternehmens getroffen werden kann. Eine ausführliche Darstellung des 111

---

[115] Vgl. Uhlenbruck/*Sinz* InsO § 176 Rn. 31.
[116] Zu den Besonderheiten, zB „Anerkannt für den Ausfall", → § 11 Rn. 136 ff.
[117] Vgl. auch → § 11 Rn. 153.
[118] Vgl. AGR/*Wagner* InsO § 176 Rn. 15. Hierzu kann analog § 175 InsO ein Tabellenauszug bei Gericht zur Einsicht ausgelegt werden, verbunden mit der Bestimmung einer Frist, innerhalb derer gegen einzelne Forderungen schriftlich Widerspruch erhoben werden kann; die Auslegung und der Lauf der Frist sind öffentlich bekannt zu machen; vgl. Uhlenbruck/*Sinz* InsO § 176 Rn. 36, § 177 Rn. 35 f.
[119] Ausführlich dazu § 44.
[120] Ausführlich dazu § 43.
[121] Mohrbutter/Ringstmeier/*Bähr* Kap. 14 Rn. 4.

E. Verteilung der Insolvenzmasse und Verfahrensabschluss

I. Verteilung der Insolvenzmasse

112 Das Insolvenzverfahren dient dazu, die Gläubiger eines Schuldners gemeinschaftlich zu befriedigen. Meist geschieht dies, indem das Vermögen des Schuldners verwertet und der Erlös verteilt wird (§ 1 S. 1 InsO). Die Verteilung der Insolvenzmasse erfolgt – entsprechend der Rechtsqualität des Gläubigeranspruches – auf verschiedenen Wegen:

1. Berichtigung der Masseverbindlichkeiten[122]

113 Masseverbindlichkeiten sind die **Kosten des Insolvenzverfahrens** und die **sonstigen Masseverbindlichkeiten** (§§ 53 ff. InsO). Masseforderungen werden formlos vom Gläubiger gegenüber dem Verwalter geltend gemacht. Der Verwalter ist verpflichtet, die ihm bekannten Masseverbindlichkeiten **vorweg** und in voller Höhe aus der Insolvenzmasse zu bezahlen.[123] Erst danach werden die Ansprüche der Insolvenzgläubiger (§§ 38–46 InsO) berichtigt. Die Masseforderungen werden weder in die Insolvenztabelle aufgenommen, noch hat der Gang der Verteilung (§§ 187–205 InsO) Einfluss auf ihre Berichtigung. Eine irrtümliche Anmeldung als Insolvenzforderung und ihre Eintragung in die Tabelle sind unschädlich und wandeln den Masseanspruch nicht in eine Insolvenzforderung.[124]

114 Sofern die vorhandene Masse zwar die Kosten des Verfahrens deckt, nicht aber die sonstigen Masseverbindlichkeiten, liegt **Masseunzulänglichkeit** nach § 208 InsO vor. Wird diese vom Verwalter beim Insolvenzgericht angezeigt, richtet sich die Befriedigung der Massegläubiger nach der Rangfolge des § 209 Abs. 1 InsO. Im Grundsatz gilt dann, dass nach den Kosten des Insolvenzverfahrens die Neumasseverbindlichkeiten vor den Altmasseverbindlichkeiten berichtigt werden müssen. Werden geltend gemachte Masseansprüche vom Verwalter nicht anerkannt, können die Gläubiger ihre Ansprüche im Prozesswege durchsetzen.

2. Befriedigung der Sicherheitengläubiger

115 Absonderungsberechtigte Gläubiger (§§ 49–51 InsO) haben unter Durchbrechung des Gleichbehandlungsgrundsatzes Anspruch auf **bevorzugte Befriedigung** aus der Verwertung desjenigen zur Insolvenzmasse gehörenden Gegenstandes, der ihnen als Sicherheit dient. Der Gläubiger kann die Forderung für den Ausfall (hinsichtlich des Sicherungsguts) zur Tabelle anmelden und dementsprechend feststellen lassen. Auf die persönliche Forderung erhält er jedoch

---

[122] Ausführlich → § 12 Rn. 46 ff.
[123] Vgl. Nerlich/Römermann/*Andres* InsO § 53 Rn. 34.
[124] Vgl. Gottwald InsR-HdB/*Klopp/Kluth/Wimmer* InsO § 58 Rn. 3.

nur eine anteilige Befriedigung in Höhe des Ausfalls, der nach Verwertung der Sicherheit noch verbleibt.[125] Kann umgekehrt aus der Verwertung des Gegenstandes ein Übererlös erzielt werden, fließt dieser Übererlös in die Masse. Daraus dürfen Masse- und Insolvenzgläubiger befriedigt werden.

Ist der Insolvenzverwalter nach den §§ 165 ff. InsO zur Verwertung des Sicherungsgegenstandes bzw. zur Einziehung der sicherungshalber abgetretenen Forderung berechtigt, muss er den absonderungsberechtigten Gläubigern den ihnen zustehenden **Verwertungserlös** bis zur Höhe der gesicherten Forderung auskehren. Zuvor hat der Verwalter gemäß den §§ 170, 171 InsO aus dem Verwertungserlös die Kosten der Feststellung des Absonderungsrechts (4 %) und der Verwertung des Gegenstandes (5 %) für die freie Masse zu entnehmen, soweit nicht die tatsächlichen Verwertungskosten erheblich höher oder niedriger lagen. Ferner ist vorweg für die Masse eine uU angefallene Umsatzsteuer zu entnehmen. Bestehen an einem Gegenstand konkurrierende Absonderungsrechte, gilt im Grundsatz das Prioritätsprinzip, dh das ältere Recht geht vor. 116

3. (Quotale) Befriedigung der Insolvenzgläubiger

a) **Allgemeines.** Die Verteilung der Insolvenzmasse im Sinne der §§ 187 ff. InsO bedeutet, dass der Verwertungserlös an die Insolvenzgläubiger verteilt wird, nachdem zuvor die Masseverbindlichkeiten und Ansprüche der Absonderungsgläubiger berichtigt (bedient) wurden. Um den Gläubigern den Verwertungserlös möglichst schnell zukommen zu lassen, sieht die Insolvenzordnung in § 187 Abs. 2 eine sog **Abschlagsverteilung** vor. Demgegenüber bestimmt die **Schlussverteilung** abschließend, in welchem Verhältnis die einzelnen Gläubiger befriedigt werden. Stehen nach Vollzug der Schlussverteilung oder sogar nach Aufhebung des Insolvenzverfahrens noch Verwertungserlöse zur Verteilung zur Verfügung, so kann es nach den §§ 203 ff. InsO zu einer **Nachtragsverteilung** kommen. 117

b) **Verteilungsverzeichnis.** An der Verteilung nehmen grundsätzlich nur Insolvenzgläubiger (§ 38 InsO) teil. Grundlage der Verteilung ist ein vom Insolvenzverwalter erstelltes **Verteilungsverzeichnis** nach § 188 InsO. Hierbei handelt es sich letztlich um die fortgeschriebene Insolvenztabelle. Darin sind alle festgestellten Forderungen zu **berücksichtigen.** Hinsichtlich der bestrittenen Forderungen sind auch titulierte Forderungen sowie solche zu berücksichtigen, bei denen innerhalb einer Ausschlussfrist von zwei Wochen nach der öffentlichen Bekanntmachung (§ 188 S. 3 InsO) gegenüber dem Verwalter der Nachweis geführt wird, dass Feststellungsklage erhoben oder ein anhängiger Rechtsstreit aufgenommen worden ist, § 189 InsO. Aufschiebend bedingte Forderungen werden bei der Berechnung der Abschlagsverteilung vorläufig mit ihrem vollen Betrag berücksichtigt und der auf die Forderung entfallende Anteil bei der Verteilung zurückbehalten, § 191 Abs. 1 InsO. Bei der Schlussverteilung hängt die endgültige Berücksichtigung von der Wahrscheinlichkeit des Bedingungseintritts ab, § 191 Abs. 2 InsO. Forderungen, für die Sicherheiten bestehen, werden bei einer Verwertungsbefugnis des Insolvenzverwalters stets, sonst 118

---

[125] Vgl. Gottwald InsR-HdB/*Adolphsen* InsO § 42 Rn. 81.

nur dann berücksichtigt, wenn feststeht, dass der Sicherheitenverwertungserlös zur Tilgung der Forderung nicht ausreicht.[126]

119 Die Berücksichtigung im Verteilungsverzeichnis ist nicht gleichbedeutend mit ihrer (quotalen) Befriedigung. Auszahlungen erhalten nur die Gläubiger mit festgestellten Forderungen und soweit die vorhandene Masse reicht. Die Beträge für die streitbefangenen und aufschiebend bedingten Forderungen sowie für die noch nicht feststehenden Ausfallforderungen werden für eine spätere Verteilung zurückbehalten. Allerdings werden diese Forderungen bei der Berechnung der Verteilungsquoten mitgezählt und daher im Sinne des § 188 S. 1 InsO „berücksichtigt".[127]

120 c) **Abschlagsverteilung.** Der Insolvenzverwalter **kann** nach § 187 Abs. 2 InsO so oft **Abschlagsverteilungen** vornehmen, wie hinreichende Barmittel in der Insolvenzmasse vorhanden sind. Der Gläubigerausschuss bestimmt auf Vorschlag des Insolvenzverwalters den zu zahlenden Bruchteil, sonst der Verwalter allein, § 195 Abs. 1 InsO.

121 d) **Schlussverteilung.** Ist die Masse verwertet, erfolgt nach § 196 Abs. 1 InsO die **Schlussverteilung.** Sie darf nur mit Zustimmung des Insolvenzgerichts vorgenommen werden, da damit das Verfahren faktisch zum Abschluss gebracht wird. Für die im Verteilungsverzeichnis berücksichtigten, aber noch nicht auszahlungsberechtigten Forderungen sind entsprechende Beträge zurückzustellen. Mit der Schlussverteilung wird abschließend festgelegt, welche Forderungen berücksichtigt werden (auch bei späteren Nachtragsverteilungen). Der Insolvenzverwalter reicht in diesem Verfahrensstadium seine **Schlussrechnung** (Einnahmen/Ausgaben-Rechnung) sowie einen **Schlussbericht** beim Insolvenzgericht ein. Abschließend bestimmt das Insolvenzgericht nach § 197 Abs. 1 S. 1 InsO einen **Schlusstermin.** Dieser dient zur Erörterung der Schlussrechnung des Verwalters, zur Erhebung von Einwendungen gegen das Schlussverzeichnis und zur Entscheidung der Gläubiger über die nicht verwertbaren Gegenstände der Insolvenzmasse, § 197 Abs. 1 S. 2 InsO. Nach dem Schlusstermin erfolgt die Schlussverteilung, indem der Verwalter die Quote an die Gläubiger überweist.

122 e) **Nachtragsverteilung.** Ein **Nachtragsverteilungsverfahren** (§§ 203 ff. InsO) kommt in Betracht, wenn sich nach der Schlussverteilung und nach Aufhebung des Verfahrens noch weitere freie Gelder oder andere Massegegenstände ergeben. Dies ist der Fall, wenn zurückbehaltene Beträge für die Verteilung frei werden (zB ein Insolvenzgläubiger verliert den Feststellungsprozess), oder Beträge, die aus der Masse bezahlt sind, zurückfließen (zB nach Eintritt einer auflösenden Bedingung). Die Nachtragsverteilung ist ferner anzuordnen, wenn nachträglich Massegegenstände ermittelt werden. Die Verteilung erfolgt an die Insolvenzgläubiger nach Maßgabe des Schlussverzeichnisses, § 205 InsO.

---

[126] Vgl. *Häsemeyer* Rn. 7.62.
[127] Vgl. HK-InsO/*Depré* § 188 Rn. 3; FK-InsO/*Kießner* § 188 Rn. 4 ff.

II. Verfahrensabschluss

1. Aufhebung

Nach der Schlussverteilung – diese ist vollzogen, wenn der Verwertungserlös an die Gläubiger ausgezahlt oder hinterlegt worden ist – wird das Verfahren durch Beschluss des Insolvenzgerichts **aufgehoben**, § 200 InsO. Der öffentlich bekanntzumachende Beschluss wird den Grundbuchämtern sowie den Registergerichten mitgeteilt, damit diese den Insolvenzvermerk löschen können, § 200 Abs. 2 InsO. Mit Wirksamwerden des Beschlusses (zwei Tage nach der Bekanntmachung) erlangt der Schuldner seine volle Verwaltungs- und Verfügungsbefugnis über ggf. nicht verwertetes Vermögen zurück. Gleichzeitig erlöschen die Ämter des Insolvenzverwalters und des Gläubigerausschusses. Nach § 201 Abs. 1 InsO können die Insolvenzgläubiger ihre restlichen Forderungen gegen den Schuldner unbeschränkt geltend machen, soweit ihm nicht Restschuldbefreiung angekündigt und später bewilligt wird. 123

2. Einstellung

Durch die sogenannte Einstellung kann ein Insolvenzverfahren auch vorzeitig vor Verteilung der Insolvenzmasse beendet werden. Dies ist nach § 207 InsO der Fall, wenn sich nach Verfahrenseröffnung herausstellt, dass die Insolvenzmasse nicht ausreicht, um die Kosten des Verfahrens zu decken. Der Insolvenzverwalter hat dann nur noch nach § 207 Abs. 3 InsO mit den vorhandenen Barmitteln die Kosten des Verfahrens zu berichtigen. Ferner kommt eine Einstellung in Betracht bei einem nachträglichen Wegfall des Eröffnungsgrundes (§ 212 InsO) oder bei Zustimmung aller Gläubiger (§ 213 InsO). 124

3. Insolvenzplan[128]

Ist die Bestätigung des Insolvenzplans (vgl. § 248 Abs. 1 InsO) rechtskräftig und sieht der Insolvenzplan nicht etwas anderes vor, beschließt das Insolvenzgericht gemäß § 258 Abs. 1 InsO die Aufhebung des Insolvenzverfahrens.[129] 125

Der Beschluss und der Grund der Aufhebung sind öffentlich bekannt zu machen, §§ 258 Abs. 3 S. 1, 9 Abs. 1 InsO. Mit Aufhebung des Insolvenzverfahrens erlöschen die Ämter des Insolvenzverwalters sowie der Mitglieder des Gläubigerausschusses (§ 259 Abs. 1 S. 1 InsO) und der Schuldner kann wieder frei über die Insolvenzmasse verfügen (§ 259 Abs. 1 S. 2 InsO). Etwas anderes gilt nur dann, wenn der gestaltende Teil des Insolvenzplans die Überwachung der Planerfüllung vorsieht, § 259 Abs. 2 iVm §§ 260ff. InsO.

---

[128] Ausführlich dazu § 43.
[129] Vgl. Mohrbutter/Ringstmeier/*Bähr* Kap. 14 Rn. 276.

§ 2. Insolvenzgründe

Literatur: *Blöse, Wieland-Blöse,* Praxisleitfaden Insolvenzreife, Berlin 2011. *Bork,* Wie erstellt man eine Fortbestehensprognose?, ZIP 2000, S. 1709 ff. *Bork,* Zahlungsunfähigkeit, Zahlungsstockung und Passiva II, ZIP 2008, S. 1749 ff. *Fischer,* Krisenbewältigung durch Insolvenzrecht, ZGR 2006, S. 403 ff. *Ganter,* Zur drohenden Zahlungsunfähigkeit in § 270b InsO, NZI 2012, 985 ff. *Groß,* Die Erstellung und Plausibilisierung einer Fortbestehensprognose, KSI 2015, S. 5 ff. u. 60 ff. *Harz,* Kriterien der Zahlungsunfähigkeit und der Überschuldung unter Berücksichtigung der Änderungen nach dem neuen Insolvenzrecht, ZInsO 2001, S. 193 ff. *Harz, Bornmann, Conrad, Ecker,* Zahlungsunfähigkeit, drohende Zahlungsunfähigkeit und Überschuldung, NZI 2015, S. 737 ff. *Hirte/Knof/Mock,* Überschuldung und Finanzmarktstabilisierungsgesetz, ZInsO 2008, S. 1217 ff. *Hölzle,* Nochmals: Zahlungsunfähigkeit – Nachweis und Kenntnis im Anfechtungsprozess, ZIP 2007, 613 ff. *IDW,* Wirtschaftsprüferhandbuch 2008, 13. Auflage, 2007. *K. Schmidt,* Überschuldung und Insolvenzantragspflicht nach dem Finanzmarktstabilisierungsgesetz, DB 2008, S. 2467 ff. *K. Schmidt,* Insolvenzgründe und Haftung für Insolvenzverschleppung, Das Kapital der Aktiengesellschaft in Europa, Hrsg.: Dr. Marcus Lutter, S. 188 ff. *Steffan, Solmecke,* Die Beurteilung der Insolvenzgründe, ZInsO 2015, S. 1365 ff. *Zabel, Pütz,* Beurteilung der Insolvenzgründe nach IDW S. 11, ZIP 2015, S. 912 ff.

Im Rahmen der Zulässigkeit eines Insolvenzantrages ist vorab die Insolvenzfähigkeit des Schuldners zu prüfen (→ Rn. 1 ff.). Die Insolvenzordnung kennt drei Insolvenzgründe: Zahlungsunfähigkeit, drohende Zahlungsunfähigkeit und Überschuldung. Zur Prüfung der Zahlungsunfähigkeit (→ Rn. 20 ff.) sind die bestehenden fälligen Zahlungspflichten zu einem bestimmten Zeitpunkt (→ Rn. 27 ff.) den zur Verfügung stehenden liquiden Mittel (→ Rn. 44 ff.) gegenüberzustellen. Dabei ist zur Abgrenzung zur Zahlungsstockung eine Zeitraumbetrachtung (→ Rn. 47 ff.) vorzunehmen und geringfügige Liquiditätslücken auszuscheiden (→ Rn. 50 ff.). Bei Zahlungseinstellung besteht eine widerlegliche gesetzliche Vermutung für die Zahlungsunfähigkeit (→ Rn. 74 ff.). Im Anfechtungs- und Haftungsprozess bestehen Besonderheiten bei der Prüfung der Zahlungsunfähigkeit ex post (→ Rn. 85 ff.). Die drohende Zahlungsunfähigkeit (→ Rn. 93 ff.) als Insolvenzgrund hat mit Einführung des Schutzschirmverfahrens an Bedeutung gewonnen. Für juristische Personen und gleichgestellte Rechtsträger ist auch die Überschuldung (→ Rn. 119 ff.) Insolvenzgrund. Mit dem Finanzmarktstabilisierungsgesetz wurde der zweistufige Überschuldungsbegriff (→ Rn. 130 ff.) durch den modifizierten zweistufen Überschuldungsbegriff (→ Rn. 133 ff.) ersetzt, der die Fortbestehensprognose (→ Rn. 145 ff.) als gleichwertiges Element neben die rechnerischen Überschuldung stellt. Fällt diese Prognose negativ aus, sind im Rahmen des Überschuldungsstatus (→ Rn. 158) Aktiva und Passiva gegenüber zu stellen.

A. Insolvenzfähigkeit

I. Grundlagen

1   Die Insolvenzfähigkeit ist in § 11 InsO geregelt. Als Voraussetzung für die Eröffnung eines Insolvenzverfahrens ist sie von Amts wegen zu prüfen. Entge-

gen dem Wortlaut der Überschrift des § 11 InsO regelt dieser nicht insgesamt die Zulässigkeit des Insolvenzverfahrens. Die Vorschrift normiert vielmehr, welche Rechtsträger und Vermögensmassen **Gegenstand eines Insolvenzverfahrens** sein können.

II. Insolvenzfähige Personen

Nach der Generalklausel des § 11 Abs. 1 InsO ist jede natürliche und juristische Person insolvenzfähig. Dies gilt auch für ausländische natürliche und juristische Personen, solange nur ein deutsches Insolvenzgericht nach § 3 InsO international zuständig ist.[1] Insoweit ist unerheblich, ob ein Ausländer nach seinem Heimatrecht insolvenzfähig ist.[2]

1. Natürliche Personen

Die Insolvenzfähigkeit natürlicher Personen knüpft an deren Rechtsfähigkeit[3] an. Auf die Geschäftsfähigkeit oder das Alter oder sonstige Eigenschaften kommt es nicht an.[4] Ist der Schuldner geschäfts- oder prozessunfähig, handelt für ihn sein gesetzlicher Vertreter. Die Insolvenzfähigkeit beginnt mit der Geburt und endet mit dem Tod. Nach dem Ableben kann ein Insolvenzverfahren über den Nachlass durchgeführt werden, §§ 11 Abs. 2 Nr. 2, 315 ff. InsO. Stirbt der Schuldner während des laufenden Insolvenzverfahrens, endet seine Insolvenzrechtsfähigkeit, das Verfahren geht ohne weiteres in ein Nachlassverfahren über.[5]

Befindet sich eine natürliche Person bereits in einem Insolvenzverfahren und übt eine selbständige Tätigkeit aus, die durch den Insolvenzverwalter gemäß § 35 Abs. 2, 3 InsO freigegeben wurde, bildet die freigegebene Vermögensmasse ein insolvenzfähiges Sondervermögen, über das – während das erste Verfahren noch läuft – parallel ein weiteres Insolvenzverfahren eröffnet werden kann.[6]

2. Juristische Personen

a) **Grundlagen.** Zu den insolvenzfähigen juristischen Personen des Privatrechts im Sinne des § 11 Abs. 1 InsO zählen im Einzelnen: Aktiengesellschaft (§ 1 Abs. 1 S. 1 AktG), Kommanditgesellschaft auf Aktien (§ 278 Abs. 1 AktG), GmbH (§ 13 Abs. 1, 2 GmbHG), Genossenschaft (§ 17 Abs. 1 GenG), Europäische Gesellschaft = SE („Societas Europaea", Art. 63 SE-VO), eingetragener Verein (§§ 21, 22 BGB, einschließlich VVaG, § 15 VVaG); nicht rechtsfähiger

---

[1] HK-InsO/*Sternal* § 11 Rn. 5; AG Nürnberg Beschl. v. 1.10.2006 – 8034 IN 1326/06, NZI 2007, 186.
[2] Uhlenbruck/*Hirte* InsO § 11 Rn. 6.
[3] § 1 BGB.
[4] Uhlenbruck/*Hirte* InsO § 11 Rn. 6.
[5] BGH Urt. v. 22.1.2004 – IX ZR 39/03, NJW 2004, 1444, 1445; BGH Urt. v. 26.9.2013 – IX ZR 3/13, NJW 2014, 389, 390.
[6] BGH Beschl. v. 9.6.2011 – IX ZB 175/10, NZI 2011, 633; AG Hamburg Beschl. v. 18.8.2008 – 67g IN 37/08, ZInsO 2008, 680 (681); AG Göttingen Beschl. v. 26.2.2008 – 74 IN 304/07, NZI 2008, 313 (314).

Verein (§ 54 BGB), rechtsfähige Stiftungen (§§ 80, 86 S. 1, 42 BGB), kraft Landesrecht körperschaftliche bergrechtliche Gewerkschaften (§ 96 PrABG).

6 Der Konzern als Gesamtgebilde ist nicht insolvenzfähig, diese beschränkt sich auf die einzelnen selbständigen Gesellschaften.[7] Es gilt der Grundsatz: eine Person, ein Vermögen, ein Verfahren.[8] Bei dieser rechtsträgerbezogenen Verfahrensdurchführung wird es auch im Falle der Einführung eines neuen Konzerninsolvenzrechts bleiben. Die geplanten Regelungen haben auf dieser Grundlage aber eine bessere Abstimmung der Verfahren zum Gegenstand.[9]

7 **b) Einschränkung durch § 12 InsO.** Sowohl für den Bund und die Länder als auch für juristische Personen des öffentlichen Rechts, die der Landesaufsicht unterstehen und für die das Landesrecht eine entsprechende Regelung trifft (zB Gemeinden), enthält § 12 Abs. 1 InsO eine Einschränkung und somit einen Ausschluss der Insolvenzfähigkeit. Körperschaften und Stiftungen unter öffentlicher Verwaltung sowie Anstalten des öffentlichen Rechts sind **insolvenzunfähig,** wenn das jeweilige Landesrecht dies besonders bestimmt.[10] Insolvenzfähig sind im Übrigen alle bundesunmittelbaren juristischen Personen des öffentlichen Rechts, öffentlich-rechtliche Krankenkassen, Industrie- und Handelskammern, Handwerksinnungen und Kreishandwerkerschaften, Handwerkskammern, Rechtsanwaltkammern, öffentlich-rechtliche Kreditinstitute, Gewerkschaften und politische Parteien.[11]

8 **c) Einzelaspekte. aa) Beginn der Insolvenzfähigkeit.** Die Insolvenzfähigkeit juristischer Personen ist gekoppelt an die Rechtsfähigkeit. Sie beginnt mit der Eintragung ins jeweilige Register, also mit ihrer Entstehung.[12]

9 Wurde die Geschäftstätigkeit bereits früher aufgenommen, ist zu differenzieren: Fassen mehrere Gesellschafter den Entschluss, sich zum Zwecke der Gründung einer juristischen Person zusammenzuschließen, spricht man von einer **Vorgründungsgesellschaft.**[13] Die gegenständliche Masse kann insolvenzfähig im Sinne des § 11 Abs. 2 Nr. 1 InsO werden, wenn es eigenes Vermögen bildet und Außenwirkung entfaltet.[14] Sie ist entweder als GbR oder – falls sie ein Handelsgewerbe betreibt – als OHG zu qualifizieren.[15]

10 Im Stadium zwischen Abschluss des Gesellschaftsvertrages (Gründung) und der Eintragung im Register besteht unter den Beteiligen eine **Vorgesellschaft.**[16]

---

[7] Ausführlich und instruktiv *Graeber* NZI 2007, 265 ff.
[8] Eingehend dazu: *J. Schmidt* KTS 2015, 19 ff.
[9] Keine materielle Konsolidierung in der EUInsVO: *Vallender* ZIP 2015, 1513 (1519); Zum Konzept der materiellen Konsolidierung im deutschen Recht: *Flöther,* Handbuch Konzerninsolvenzrecht, § 2 Rn. 56.
[10] HK-InsO/*Sternal* § 12 Rn. 4.
[11] HK-InsO/*Sternal* § 12 Rn. 5.
[12] §§ 41 Abs. 1, 278 Abs. 3 AktG; § 11 Abs. 1 GmbHG; § 13 GenG; § 21 BGB.
[13] Entsprechendes gilt beim Verein (Vorgründungsverein) und bei der Genossenschaft (Vorgründungsgenossenschaft).
[14] Uhlenbruck/*Hirte* InsO § 11 Rn. 36.
[15] Uhlenbruck/*Hirte* InsO § 11 Rn. 36.
[16] Die vorherige Vorgründungsgesellschaft ist wegen Zweckerreichung automatisch aufgelöst. Ihr Vermögen und ihre Verbindlichkeiten gehen jedoch nur bei einer rechtsgeschäftlichen Übertragung auf die Vorgesellschaft über, ein automatischer Übergang findet nicht statt; ausführlich und mwN Uhlenbruck/*Hirte* InsO § 11 Rn. 37.

Im Außenverhältnis wird diese Gesellschaft wie eine juristische Person behandelt.[17] Da die Gesellschaft als Vorstufe zu der mit der Eintragung entstehenden juristischen Person über eigene Rechte verfügt, ist sie daher auch insolvenzfähig.[18] Wird jedoch für den Gründungsverband die Eintragung nicht mehr angestrebt, ist er rechtlich als OHG – falls er ein Handelsgewerbe betreibt – oder als GbR zu qualifizieren und dementsprechend insolvenzfähig.[19]

bb) Ende der Insolvenzfähigkeit. Die Insolvenzfähigkeit einer juristischen Person bleibt über ihre Auflösung hinaus bestehen. Nach zutreffender Ansicht ist es trotz des Wortlautes des § 11 Abs. 3 InsO für die Zulässigkeit des Antrages bei der Gesellschaft in Liquidation nicht erforderlich, dass vom Antragsteller noch vorhandenes Vermögen dargelegt wird.[20] Für den Liquidator folgt dies daraus, dass er bis zur Beendigung seines Amtes insolvenzantragspflichtig ist. Erst nachdem die Gesellschaft im Handelsregister gelöscht ist, bedarf es für die Zulässigkeit eines in dieser Phase gestellten Insolvenzantrages gem. § 11 Abs. 3 InsO der schlüssigen Darlegung, dass noch verteilbare Vermögenswerte vorhanden sind.[21]

3. Gesellschaften ohne Rechtspersönlichkeit

Nach der Regelung in § 11 Abs. 2 Nr. 1 InsO sind nicht rechtlich selbständige Personenvereinigungen und Vermögensmassen insolvenzfähig. Gegenstand des Verfahrens ist nur ihr Sondervermögen und nicht das Privatvermögen der Gesellschafter. Die Insolvenzfähigkeit einer **OHG** und einer **KG** beginnt nicht erst von ihrer Eintragung an (§§ 123 Abs. 1, 161 Abs. 2 HGB), sondern schon mit der Aufnahme der nach außen gerichteten Tätigkeit und der Bildung von Sondervermögen.[22]

Scheidet der letzte verbliebene Komplementär aus der KG aus, tritt eine liquidationslose Vollbeendigung der KG ein. Das Vermögen wächst dem verbliebenen Kommanditist an.[23] Über dieses Vermögen ist in analoger Anwendung des § 315 InsO ein (Sonder-)Insolvenzverfahren durchzuführen.[24]

Die **Gesellschaft bürgerlichen Rechts** wird in § 11 Abs. 2 Nr. 1 InsO ausdrücklich als insolvenzfähig anerkannt. Dies trifft auf Außengesellschaften zu.[25] Die GbR ist im Verfahren mit ihrer im Rechtsverkehr verwendeten Bezeichnung zu führen.[26] Andernfalls sind die Namen der Gesellschafter in dieser Eigenschaft anzugeben.

Die Insolvenzfähigkeit der Gesellschaften ohne Rechtspersönlichkeit endet nicht mit deren Auflösung. Vielmehr ist sie so lange gegeben, solange noch verteilungsfähiges Sondervermögen vorhanden ist, § 11 Abs. 3 InsO.

---

[17] Uhlenbruck/*Hirte* InsO § 11 Rn. 37.
[18] BGH Beschl. v. 25.9.2003 – IX ZB 459/02, ZInsO 2003, 990.
[19] HK-InsO/*Sternal* § 11 Rn. 11.
[20] K. Schmidt/*K. Schmidt* InsO § 11 Rn. 19.
[21] LG Hamburg Beschl. v. 6.5.2016 – 326 T 28/16, ZInsO 2016, 1266.
[22] FK-InsO/*Schmerbach* § 11 Rn. 30.
[23] BGH Urt. v. 15.3.2004 – II ZR 247/01, ZInsO 2004, 615f.
[24] LG Dresden Beschl. v. 7.3.2005 – Az. 5 T 889/04, ZInsO 2005, 384f.
[25] HK-InsO/*Sternal* § 11 Rn. 17.
[26] Uhlenbruck/*Hirte* InsO § 11 Rn. 371.

15 BGB-Innengesellschaften sind mangels eines gesamthänderisch gebundenen Vermögens nicht insolvenzfähig.[27] Aus diesem Grund scheidet auch bei einer bloßen Bruchteilsgemeinschaft (§§ 741 ff. BGB) die Eröffnung eines Insolvenzverfahrens aus. Gleiches gilt bei einer stillen Gesellschaft, da die Einlage des stillen Gesellschafters nicht gesamthänderisch gebunden ist, sondern vielmehr in das Vermögen des Inhabers des Handelsgeschäftes übergeht (§ 230 Abs. 1 HGB).[28] Über das Verwaltungsvermögen einer Wohnungseigentümergemeinschaft kann aufgrund der gesetzlichen Klarstellung in § 11 Abs. 3 WEG ein Insolvenzverfahren nicht stattfinden.

4. Sondervermögen gemäß § 11 Abs. 2 Nr. 2 InsO

16 Über Sondervermögen im Sinne des § 11 Abs. 2 Nr. 2 InsO können eigenständige Insolvenzverfahren durchgeführt werden. Der Zweck der Regelung liegt maßgeblich in der Beschränkung der Haftung. Die Insolvenzfähigkeit dieser Sondervermögen beginnt mit ihrer Entstehung.

17 Hierzu zählt der **Nachlass** (§ 1975 BGB) als Ganzes, auch wenn er unter den Erben bereits geteilt ist. Das Verfahren ist geregelt in den §§ 315–331 InsO. Ferner kann das Gesamtgut einer **ehelichen Gütergemeinschaft** (§§ 1416, 1450 BGB), das von den Ehegatten gemeinschaftlich verwaltet wird, Gegenstand eines Insolvenzverfahrens nach Maßgabe der §§ 333, 334 InsO sein. Wird das Gesamtgut nur von einem Ehegatten alleine verwaltet (§ 1422 BGB), wird es ausschließlich im Insolvenzverfahren über das Vermögen des Verwaltenden erfasst, § 37 Abs. 1 InsO. Im Übrigen ist auch das Gesamtgut einer **fortgesetzten Gütergemeinschaft** (§§ 1483, 1489 Abs. 2, 1975 BGB) insolvenzfähig. Nach Maßgabe des § 332 Abs. 2 InsO werden nur die Gesamtgutverbindlichkeiten im Verfahren berücksichtigt.

5. Ausländische Gesellschaften und Vermögensmassen

18 Ausländische Personenvereinigungen oder Vermögensmassen sind insolvenzfähig, wenn sie nach dem Recht des Eröffnungsstaates rechtsfähig oder passiv parteifähig sind.[29] Die EUInsVO regelt dies für ihren Anwendungsbereich in Art. 4 Abs. 2 S. 2 lit. a EUInsVO. Nach der anzuwendenden Gründungstheorie. bleibt bei den in den Mitgliedsstaaten der EU gegründeten Gesellschaften trotz Sitzverlegung das Recht des Gründungsstaates maßgeblich.[30] Wurde danach eine Gesellschaft wirksam gegründet, ist diese somit auch nach einer Sitzverlegung rechts- und parteifähig und damit insolvenzfähig.

19 Besondere praktische Relevanz ist dabei der **englischen Limited** beizumessen. Diese ist – bei Zuständigkeit eines deutschen Insolvenzgerichts nach § 3 InsO – in Deutschland insolvenzfähig.[31] Werden bestimmte Voraussetzungen nicht erfüllt, kommt es beim englischen Handelsregister nicht selten zu Lö-

---

[27] *Prütting* ZIP 1997, 1725 (1731 f.).
[28] Uhlenbruck/*Hirte* InsO § 11 Rn. 384.
[29] FK-InsO/*Schmerbach* § 11 Rn. 37.
[30] EuGH Urt. v. 5.11.2002 – Rs C-208/00, ZIP 2002, 2037.
[31] AG Nürnberg Beschl. v. 1.10.2006 – 8034 IN 1326/06, ZIP 2007, 83; AG Hamburg Beschl. v. 14.5.2003 – 67g IN 358/02, NZI 2003, 442.

schungen von Amts wegen, wodurch die Gesellschaft nach ihrem Gründungsrecht grundsätzlich rechtsunfähig wird.[32] Verfügt die Gesellschaft gleichzeitig in Deutschland noch über Aktivvermögen, besteht die Gesellschaft zum Zwecke der Liquidation als Restgesellschaft fort, soweit dies zur Abwicklung des Vermögens im Interesse der Gesellschafter sowie potenzieller Gesellschaftsgläubiger erforderlich ist.[33] Damit bleibt eine aufgelöste englische Limited insolvenzfähig, solange noch ein verteilungsfähiges Gesellschaftsvermögen vorhanden ist.[34]

B. Zahlungsunfähigkeit

I. Bedeutung

1. Eröffnungsgrund

Die Zahlungsunfähigkeit ist allgemeiner Eröffnungsgrund iSv § 16 InsO für jedes Insolvenzverfahren. Die Zahlungsunfähigkeit bestimmt damit den Zeitpunkt, zu welchem aufgrund der eingetretenen Liquiditätskrise im rechtlichen Sinne[35] ein Marktaustritt angezeigt ist (**Insolvenzauslösezeitpunkt**).[36] Daran anknüpfend ist der Zeitpunkt des Eintritts der Zahlungsunfähigkeit maßgeblich für das Recht und insbesondere die – für die Mitglieder des Vertretungsorgans bestehende Pflicht – zur Stellung eines Insolvenzantrages. Die Erkenn- und Prüfbarkeit ist eng vom perspektivischen Standpunkt abhängig. Für den Geschäftsführer besteht in der Krise die ständige Prüfungspflicht hinsichtlich des Vorliegens von Insolvenzgründen mit den damit verbundenen Unsicherheiten hinsichtlich der Prognoseentscheidung.[37] Liegt bereits ein Insolvenzantrag vor, ist die Zahlungsunfähigkeit für den Insolvenzrichter bzw. den Gutachter meist mit einem vergleichsweise geringen Aufwand eindeutig feststellbar.[38] 20

2. Tatbestandsvoraussetzung für andere Normen

Die Zahlungsunfähigkeit ist Tatbestandsvoraussetzung bei den **Anfechtungstatbeständen** der §§ 130–133 InsO.[39] In diesem Bereich ist oftmals bei der Prüfung ex-post problematisch, wann punktgenau die Zahlungsunfähigkeit eingetreten ist, da in der zeitlichen Abfolge die Phasen des Zahlungsengpasses, der Zahlungsstockung und der Zahlungsunfähigkeit ineinander greifen und verwischen. 21

---

[32] Ausführlich *Lamprecht* ZEuP 2008, 289 ff.

[33] OLG Jena Beschl. v. 22.8.2007 – 6 W 244/07, ZIP 2007, 1709 ff.

[34] LG Duisburg Beschl. v. 20.2.2007 – 7 T 269/06, ZIP 2007, 926.

[35] Diese ist abzugrenzen von der Vermögenskrise im rechtlichen Sinne, die durch eine Überschuldung abgebildet wird.

[36] BGH Urt. v. 14.2.2008 – IX ZR 38/04, ZIP 2008, 706 Rn. 21; BGH Beschl. v. 19.7.2007 – IX ZB 36/07, ZIP 2007, 1666 Rn. 18.

[37] BGH Urt. v. 26.1.2016 – II ZR 394/13, NZI 2016, 588.

[38] Dies belegen rechtstatsächliche Untersuchungen, vgl. *Kirstein* ZInsO 2008, 131 (132).

[39] Der anfechtungsrechtliche Begriff der Zahlungsunfähigkeit stimmt mit demjenigen des § 17 InsO überein, vgl. BGH Urt. v. 16.6.2016 – IX ZR 23/15, ZIP 2016, 1388.

22 Eine unterlassene bzw. verspätete Insolvenzantragstellung zieht **zivilrechtliche Sanktionen** nach sich. So haftet der Geschäftsführer bzw. Vorstand für geleistete Zahlungen nach Eintritt der Insolvenzreife nach § 64 GmbHG, § 92 Abs. 2, 3 AktG bzw. § 130a Abs. 3 HGB. Hinzu kommt die praktisch weniger bedeutsame Haftung für den Quotenschaden gegenüber Altgläubigern und die Haftung gegenüber Neugläubigern gem. § 823 Abs. 2 BGB iVm § 15a InsO als Schutzgesetz.[40] Weitere Bedeutung erlangt der Begriff im Hinblick auf die **Straftatbestände** wegen schuldhafter Verletzung gesetzlicher Insolvenzantragspflichten, § 15a Abs. 4, 5 InsO und der §§ 283, 283c StGB.

II. Grundlagen

1. Begriffsbestimmung

23 Nach der Legaldefinition in § 17 Abs. 2 S. 1 InsO ist der Schuldner **zahlungsunfähig, wenn er nicht in der Lage ist, seine fälligen Zahlungspflichten zu erfüllen.** Damit ergeben sich die beiden zentralen Elemente zur Bestimmung der Zahlungsunfähigkeit: die **bestehenden fälligen Zahlungspflichten** und die zu ihrer Erfüllung **zur Verfügung stehenden liquiden Mittel.** Die beiden Elemente werden im Einzelnen unter III. untersucht. Die Suche nach dem richtigen Zeitpunkt für die Auslösung der Insolvenz, mithin für die Definition des richtigen Zeitpunktes für den Eintritt der Zahlungsunfähigkeit, wird im deutschen Recht wie auch in anderen Rechtsordnungen[41] von zwei weiteren Elementen bestimmt: das **zeitliche Element** und das **quantitative Element.** Dem liegt die Erkenntnis zu Grunde, dass es nicht zielführend ist, für jede Gesellschaft ein Insolvenzverfahren durchzuführen, welche ersichtlich nur kurzfristige Zahlungsschwierigkeiten (Abgrenzung zur Zahlungsstockung) hat. Auf der anderen Seite darf nicht jede vage Hoffnung auf einen zukünftigen Mittelzufluss dazu gereichen, dass eine Zahlungsunfähigkeit verneint wird. Gleichermaßen gilt, dass nicht jede kleine Deckungslücke die Einleitung eines Verfahrens rechtfertigt, eine vermeintlich unmaßgebliche Lücke aber nicht als Begründung für den Schuldner dienen kann, langfristig im Stadium der Illiquidität zu agieren. Beide Elemente werden unter IV. betrachtet.

24 Der Tatbestand der Zahlungsunfähigkeit gem. § 17 InsO wurde durch mehrere höchstrichterliche Entscheidungen stark ausdifferenziert. Nach der Leitentscheidung[42] des BGH vom 24.5.2005 setzt die Zahlungsunfähigkeit im Rechtssinne die Feststellung einer Liquiditätslücke von regelmäßig zehn Prozent voraus, die innerhalb von drei Wochen nicht zu beseitigen ist. Ausnahmsweise kann auch länger zugewartet werden, wenn die Umstände eine alsbaldige Beseitigung der Liquiditätslücke mit an Sicherheit grenzender Wahrscheinlichkeit erwarten lassen. Nach einer weiteren Grundsatzentscheidung des BGH[43] sind nur die „ernsthaft eingeforderten" fälligen Forderungen bei der Feststellung der Zahlungsunfähigkeit zu berücksichtigen.

---

[40] Vgl. dazu: BGH Urt. v. 21.10.2014 – II ZR 113/13, NZI 2015, 234.
[41] Vgl. etwa zum italienischen Recht: MüKoInsO/*Santonocito-Pluta/Mare-Ehlers*, Italien, Rn. 11; zum französischen Recht: MüKoInsO/*Niggemann*, Frankreich, Rn. 9.
[42] BGH Urt. v. 24.5.2005 – IX ZR 123/04, BGHZ 163, 134 = NZI 2005, 547.
[43] BGH Beschl. v. 19.7.2007 – IX ZB 36/07, ZIP 2007, 1666ff.

2. Objektive Bestimmung der Zahlungsunfähigkeit

Nach der Legaldefinition des § 17 Abs. 2 S. 1 InsO bleibt der Begriff **objektiviert**, dh haftungsrechtlich definiert.[44] Subjektive Umstände aus der Sphäre des Schuldners bleiben bei der Beurteilung der Zahlungsunfähigkeit außer Betracht. Liegen die Gründe für die Nichtbegleichung fälliger Verbindlichkeiten nicht in einem objektiven Mangel an Zahlungsmitteln, liegt also Zahlungsunwilligkeit vor, so ist die Einleitung eines Insolvenzverfahrens – mangels zu befürchtender Verteilungskonflikte – auch nicht gerechtfertigt.[45]

25

3. Feststellung der Zahlungsunfähigkeit, Zahlungseinstellung

Neben der als **betriebswirtschaftliche Methode** bezeichneten Gegenüberstellung von fälligen Zahlungspflichten und liquiden Mitteln kann die Zahlungsunfähigkeit festgestellt werden anhand des Vorliegens von Indizien. Insbesondere im Strafrecht kommt hierfür die sogenannte **wirtschaftskriminalistische Methode** zum Einsatz.[46]

26

Gem. § 17 Abs. 2 Satz 2 InsO besteht zudem die **gesetzlichen Vermutung** für die Zahlungsunfähigkeit, wenn der Schuldner seine Zahlungen **eingestellt** hat. Diese Vermutung kann jedoch widerlegt werden durch Aufstellung einer Liquiditätsbilanz, die zum fraglichen Zeitpunkt eine Deckungslücke von weniger als 10 % ausweist.[47]

Die Methode oder Herangehensweise zur Feststellung der Zahlungsunfähigkeit hängt wesentlich vom Standpunkt des Untersuchenden bzw. dem Anlass der Untersuchung ab. Dabei ist zwischen der **Prüfung ex ante** zur Feststellung einer möglichen Antragspflicht und der **Prüfung ex post** zur Feststellung etwaiger Haftungs- und Anfechtungsansprüche zu unterscheiden. Dies betrifft im Wesentlichen die Frage des Umgangs mit dem Prognoseelement in der Prüfung ex post.

III. Elemente der Zahlungsunfähigkeit

1. Zahlungspflichten

a) **Geldschulden.** Relevant für die Feststellung sind alle auf Zahlung gerichteten Verpflichtungen des Schuldners, mithin alle Geldschulden.[48] Die Zahlungsunfähigkeit stellt auf eine **Geldilliquidität** ab. Sonstige Verpflichtungen, zB Sach-, Werk- oder Dienstleistungen, begründen keine Zahlungsunfähigkeit. Anders verhält es sich nur dann, wenn aus dem Vertragsverhältnis Zahlungspflichten, zB Schadensersatzansprüche, resultieren, die wiederum einen Anspruch auf Geldzahlung begründen.[49]

27

---

[44] BGH Urt. v. 12.10.2006 – IX ZR 228/03, NZI 2007, 36; *Häsemeyer* InsR Rn. 7.18.
[45] Jaeger/*Müller* InsO § 17 Rn. 14.
[46] BGH Beschl. v. 23.7.2015 – 3 StR 518/14, ZInsO 2015, 2021; BGH Beschl. v. 21.8.2013 –1 StR 665/12, NZI 2013, 970.
[47] BGH Urt. v. 26.1.2016 – II ZR 394/13, NZI 2016, 588.
[48] Zu berücksichtigen ist auch ein Anspruch auf Hinterlegung von Geld oder auf Freistellung von einer Geldschuld; vgl. HK-InsO/*Rüntz* § 17 Rn. 5.
[49] Vgl. Uhlenbruck/*Mock* InsO § 17 Rn. 76.

28 **b) Fälligkeit. aa) Grundsatz.** Die Legaldefinition der Zahlungsunfähigkeit knüpft an die Fälligkeit der Verbindlichkeiten an. Damit sind Zahlungspflichten – soweit sie frei von Einwendungen und Einreden sind – von dem Zeitpunkt an zu berücksichtigen, ab dem die Gläubiger die Leistung verlangen können.[50] Dies richtet sich primär nach der zwischen den Parteien getroffenen Vereinbarung über die Leistungszeit, § 271 Abs. 2 BGB. Ist eine solche weder bestimmt noch aus den Umständen zu entnehmen, sind Verbindlichkeiten im Zweifel immer sofort fällig, § 271 Abs. 1 BGB.

29 **bb) Besonderheiten zur Fälligkeit.** Entgeltforderungen sind fällig, wenn deren Zahlungsziel bereits überschritten ist, eine Stundungsvereinbarung (diese kann auch auf Branchenübung, Handelsbrauch oder konkludentem Handeln beruhen) nicht besteht und auch keine sonstigen Gründe (Bedingung, Befristung etc) ersichtlich sind. Das Vorliegen einer Rechnung ist – trotz eines Anspruchs darauf nach § 14 UStG – grundsätzlich nicht Fälligkeitsvoraussetzung.[51] Eine Abhängigkeit der Fälligkeit von der Rechnungserstellung kann aber ausnahmsweise in besonderen Regelungen bestimmt sein, zB § 16 Nr. 3 VOB/B für Bauwerklohnforderungen, § 8 HOAI für Architektenhonorare, § 12 Abs. 2 GOA für Arzthonorare und bei Nachforderungen von Versorgungsunternehmen.[52] Keineswegs erforderlich ist bereits der Eintritt des gesetzlichen Verzuges. Schließlich tritt dieser nach § 286 Abs. 3 BGB erst spätestens 30 Tage nach Fälligkeit und Zugang einer Rechnung ein.

30 *Praxishinweis:* Versieht ein Gläubiger seine Rechnungen mit dem Hinweis „*zahlbar zwanzig Tage nach Rechnungszugang*", so kann unterstellt werden, dass der Gläubiger erst nach Ablauf des Zahlungsziels die Zahlung erwartet. Demzufolge ist die Zahlungsverpflichtung erst nach Ablauf des Zahlungsziels als fällige Forderung zu berücksichtigen.

31 Nicht ausdrücklich genehmigte Überziehungen bei Kontokorrentkrediten gelten nach Maßgabe der Allgemeinen Geschäftsbedingungen der Banken und Sparkassen als fällig, selbst wenn das Kreditinstitut die Überziehung stillschweigend geduldet hat.[53] Bei nicht gekündigten Annuitätendarlehen sind nur die fälligen Raten zu berücksichtigen.[54] Ist bei Darlehen eine Zeit für die Rückzahlung nicht bestimmt, bedarf es für die Fälligkeit zunächst der Kündigung, § 488 Abs. 3 BGB. Wechsel und Schecks sind nach ihrer Vorlage zur Zahlung fällig, Art. 34 Abs. 1 WG, Art. 28 ScheckG.

32 **cc) Gestundete Forderungen.** Wurde zwischen den Parteien eine (formfreie) Stundung im Rechtssinne vereinbart, wird die Fälligkeit – bei bestehender Erfüllbarkeit – hinausgeschoben.[55] Die aufgrund vertraglicher Abreden gestundeten Forderungen sind somit nicht zu berücksichtigen. Seitens des Schuldners wird oftmals vorgebracht, dass bestimmte Ansprüche durch „Nichteinfordern konkludent gestundet" wurden. Im Kern handelt sich dabei jedoch um die einseitige, sanktionslose Überschreitung von Zahlungsterminen.[56] Dieser Aus-

---

[50] Vgl. Palandt/*Grüneberg* BGB § 271 Rn. 1.
[51] MüKoBGB/*Krüger* § 271 Rn. 19.
[52] MüKoBGB/*Krüger* § 271 Rn. 20.
[53] Vgl. Fachausschuss Recht des IDW ZIP 1999, 505 (506).
[54] Ungekündigte Kreditlinien sind nicht als fällig zu betrachten.
[55] MüKoBGB/*Krüger* § 271 Rn. 21 ff.
[56] BK-InsO/*Goetsch* § 17 Rn. 10.

flucht ist entgegen zu halten, dass Untätigkeit oder Schweigen nach allgemeinen zivilrechtlichen Grundsätzen nicht ausreicht, um einen (konkludenten) Erklärungstatbestand zu setzen.[57] Davon zu unterscheiden ist jedoch die Frage, ob es dann im Einzelfall am ernsthaften Einfordern der Forderung fehlt.

c) Merkmal des „ernsthaften Einforderns". Nach der Rechtsprechung des IX. Zivilsenats des BGH[58] ist neben dem grundsätzlichen Element der Fälligkeit der Verbindlichkeiten auch am zusätzlichen Erfordernis des **„ernsthaften Einforderns"** durch den Gläubiger festzuhalten.[59] Erforderlich sei dafür eine Gläubigerhandlung, aus der sich der Wille, vom Schuldner Erfüllung zu verlangen, im Allgemeinen ergebe.[60] Die Anforderungen an dieses Tatbestandsmerkmal sind gering. So reicht bereits die Übersendung einer Rechnung[61] oder eine (mündliche) Zahlungsaufforderung.[62] Es bedarf daher keiner wiederholten Zahlungsaufforderung[63] oder gar einer Mahnung nach § 286 Abs. 1 BGB, der Beantragung eines Mahnbescheides bzw. einer Klageeinreichung. 33

Umgekehrt entfällt das Merkmal beim Vorliegen von Anhaltspunkten, die es konkret als möglich erscheinen lassen, dass der Gläubiger sich dem Schuldner gegenüber mit einer **nachrangigen Befriedigung** unter – sei es auch zeitweiligem – **Verzicht auf staatlichen Zwang** einverstanden erklärt hat.[64] So sind beispielsweise die von einer Stillhaltevereinbarung erfassten Zahlungsverpflichtungen nicht zu berücksichtigen. Gleiches gilt für fällige Forderungen, sofern sie mindestens rein tatsächlich – also auch ohne rechtlichen Bindungswillen – gestundet sind.[65] 34

Praxishinweis: Für die Prüfung ergibt sich folgendes **Regel-Ausnahme-Verhältnis:** Grundsätzlich ist davon auszugehen, dass die fälligen Forderungen auch „ernsthaft eingefordert" sind. Nur wenn im Einzelfall Anhaltspunkte vorliegen, die unzweifelhaft auf eine nachrangige oder verzögerte Befriedung hindeuten, kann dies ausnahmsweise zu einem Entfallen des Tatbestandsmerkmals führen. Für den Schuldner bzw. seine Gesellschaftsorgane empfiehlt sich daher, im Vorfeld entsprechende Abreden mit Gläubigern schriftlich zu dokumentieren. 35

---

[57] *Bork* KTS 2005, 1 (5).
[58] BGH Beschl. v. 19.7.2007 – IX ZB 36/07, NZI 2007, 579.
[59] Bis zur Entscheidung ging die ganz herrschende Meinung in der Literatur davon aus, dass der Gesetzgeber mit Einführung der InsO das Tatbestandsmerkmal „ernsthaftes Einfordern" aufgegeben hat. Beispielhaft Braun/*Bußhardt* InsO § 17 Rn. 6, 17.
[60] BGH Beschl. v. 19.7.2007 – IX ZB 36/07, NZI 2007, 579 Rn. 19.
[61] BGH Beschl. v. 19.7.2007 – IX ZB 36/07, ZIP 2007, 1666 Rn. 10 ff.; BGH Urt. v. 14.2.2008 – IX ZR 38/04, ZIP 2008, 706 Rn. 21; BGH Urt. v. 20.12.2007 – IX ZR 93/06, ZIP 2008, 420 Rn. 25.
[62] HK-InsO/*Rüntz* § 17 Rn. 9.
[63] BGH Beschl. v. 19.7.2007 – IX ZB 36/07, NZI 2007, 579 Rn. 18.
[64] BGH Beschl. v. 19.7.2007 – IX ZB 36/07, NZI 2007, 579 Rn. 19. In dem der Entscheidung zugrunde liegenden Fall wurde zwischen einer Steuerberaterin und dem Schuldner wegen offener Honorarforderungen geregelt, dass dieser zahlen oder Forderungen abtreten sollte, wie es ihm jeweils möglich war. Die Gläubigerin mahnte den Betrag nicht an, die Forderung wurde mit 8 % verzinst. Unter diesen Umständen kann nach der Entscheidung des BGH die Honorarforderung nicht als Verpflichtung bei der Zahlungsunfähigkeitsprüfung eingestellt werden.
[65] BGH Urt. v. 14.9.2009 – IX ZR 63/08, ZIP 2009, 1235 Rn. 22.

36 Nach der Judikatur des BGH[66] ist bei der Annahme, ein Gläubiger habe stillschweigend in eine spätere oder nachrangige Befriedigung seiner Forderung eingewilligt, **Zurückhaltung** geboten. „Erzwungene Stundungen", die dadurch zustande kommen, dass der Schuldner seine fälligen Zahlungspflichten mangels liquider Mittel nicht mehr oder nur noch mit Verzögerung begleicht, die Gläubiger aber nicht sofort klagen und vollstrecken, weil sie dies ohnehin für aussichtslos halten oder sie nicht den sofortigen Zusammenbruch des Schuldners verantworten wollen, stehen der Zahlungsunfähigkeit nicht entgegen.[67]

37 *Praxishinweis:* Bleibt ein Gläubiger bei bereits überfälligen Forderungen passiv oder lässt er sich durch den Schuldner vertrösten, sind die Ansprüche dennoch zu berücksichtigen. Es ist nach wie vor nicht zu verlangen, dass der Gläubiger sein Zahlungsverlangen regelmäßig oder ein einziges Mal wiederholt.[68]

38 **d) Besonderheiten zu den Zahlungsverpflichtungen. aa) Einreden** (zB Verjährung, Zurückbehaltungsrechte) stehen der Erfüllung von Zahlungsverpflichtungen entgegen, so dass diese grundsätzlich auch nicht anzusetzen sind. Voraussetzung ist jedoch, dass der Schuldner auch tatsächlich die Einrede erhebt. Auch bei bestehenden **Einwendungen** fehlt es an der Durchsetzbarkeit der Zahlungsforderung.

39 **bb)** Der Ansatz **streitiger Zahlungspflichten** ist stets problematisch und im Ergebnis differenziert zu behandeln. Sofern bereits ein vorläufig vollstreckbarer Titel vorliegt, ist die Forderung in jedem Falle anzusetzen, da der Titel zu einer sofortigen Inanspruchnahme führen kann.[69] Sonstige streitige Forderungen, auch wenn sie bereits prozessbefangen sind, können nur im Rahmen von Schätzbeträgen berücksichtigt werden. Maßgeblich ist dabei grundsätzlich die Wahrscheinlichkeit der drohenden Inanspruchnahme.[70] Als Orientierungsgröße kann ein potentiell verhandelbarer Vergleichsbetrag dienen. Eine generalisierende Betrachtungsweise verbietet sich jedoch, da maßgeblich allein die rechtliche Ausgangslage ist. Danach kann auch ein voller Ansatz gerechtfertigt sein. Bei der Bewertung ist ein strenger Maßstab anzulegen, da Schuldner beim Hineingleiten in wirtschaftliche Krisensituationen oftmals Forderungen als vermeintlich unberechtigt bestreiten und sogar einen Prozess in Kauf nehmen, um dadurch zumindest mittelfristig die Zahlungsunfähigkeit zu kaschieren.[71]

40 **cc)** Das Bestehen von **Sicherheiten** für den Gläubiger ist für eine Berücksichtigung der Forderungen ohne Belang, soweit die persönliche Schuld fällig ist. Die ursprüngliche Forderung könnte nur dann unberücksichtigt bleiben, wenn

---

[66] BGH Urt. v. 14.2.2008 – IX ZR 38/04, ZIP 2008, 706 ff.
[67] In dem vom BGH entschiedenen Fall (Urt. v. 14.2.2008 – IX ZR 38/04, ZIP 2008, 706 ff.) zahlte ein Schuldner die Löhne und Gehälter seiner Mitarbeiter nur schleppend. Die Hinnahme dieses Umstandes (*„erzwungene Stundung"*) durch die Arbeitnehmer berechtigt nicht zu Annahme, dass die Ansprüche nicht „ernsthaft eingefordert" worden sind.
[68] BGH Beschl. v. 19.7.2007 – IX ZB 36/07, NZI 2007, 579 Rn. 18.
[69] BGH Beschl. v. 23.6.2016 – IX ZB 18/15, NZI 2016, 732; aA Uhlenbruck/*Mock* InsO § 17 Rn. 129.
[70] Uhlenbruck/*Mock* InsO § 17 Rn. 129; aA K. Schmidt/*K. Schmidt* InsO § 17 Rn. 8; HambK-InsO/*Schröder* § 17 Rn. 6: entscheidend ist das objektive Bestehen oder Nichtbestehen.
[71] Uhlenbruck/*Mock* InsO § 17 Rn. 129.

der Gläubiger die Forderung als Gegenleistung für die gewährte Sicherheit stundet oder sie durch Annahme an Erfüllungs Statt zum Erlöschen bringt.[72] Insoweit sind auch Verbindlichkeiten, die von Dritten oder vom Geschäftsführer „persönlich übernommen" werden, dennoch in voller Höhe zu berücksichtigen, solange sie nicht tatsächlich ausgeglichen sind.[73]

dd) Verbindlichkeiten gegenüber Gesellschaftern sind grundsätzlich wie Drittverbindlichkeiten zu berücksichtigen, es sei denn, dass gesellschaftsrechtliche Auszahlungsverbote (zB §§ 30, 31 GmbHG) bestehen.[74] In diesem Fall bleiben sie bei der Zahlungsunfähigkeitsprüfung unberücksichtigt, da es den Ansprüchen an der rechtlichen Durchsetzbarkeit mangelt.[75] 41

Fällige Gesellschafterforderungen sind – auch soweit für sie Nachrangigkeit im Falle der Insolvenzeröffnung gem. § 39 Abs. 1 Nr. 5 InsO gegeben ist – anzusetzen. Die gesetzliche Konzeption für Gesellschafterdarlehen und gleichzustellende Forderungen sieht ausdrücklich (§ 30 Abs. 1 Satz 3 GmbHG) keine Durchsetzungssperre vor Eröffnung des Insolvenzverfahrens vor.[76] Dies gilt auch dann, wenn der Auszahlung das Zahlungsverbot des § 64 S. 3 GmbHG entgegensteht.[77] Bei Vereinbarung eines Rangrücktritts sieht § 19 Abs. 2 Satz 2 InsO für die Überschuldung vor, dass die Forderung des Gesellschafters nicht zu passivieren ist. Für die Zahlungsunfähigkeit ist das umstritten. Entscheidende Frage ist, ob dem Rangrücktritt eine Wirkung im Vorfeld der Insolvenz beigemessen werden kann, aus der sich zumindest ein Stillhalteabkommen ableiten lässt.[78] Der BGH geht für den qualifizierten Rangrücktritt davon aus, dass die mit dem Rangrücktritt belegte Forderung auch außerhalb der Insolvenz nicht getilgt werden darf und für diese eine Durchsetzungssperre gegeben ist.[79] Damit kann nach allgemeinen Grundsätzen eine fällige aber mit Rangrücktritt versehene Forderung bei der Beurteilung der Zahlungsunfähigkeit außer Betracht bleiben. 42

ee) Auch die sonstigen **nachrangigen Verbindlichkeiten** (§ 39 Abs. 1 Nr. 1–4 InsO) sind bei der Prüfung der Zahlungsunfähigkeit zu berücksichtigen, soweit nicht aus den Abreden zwischen Gläubiger und Schuldner ein Stillhalteabkommen oder ein nicht ernsthaftes Einfordern abgeleitet werden kann.[80] 43

2. Zahlungsmittel

a) Verfügbarer Liquiditätsbestand. Liquidität wird definiert als die Eigenschaft von Wirtschaftssubjekten, ihren fälligen Zahlungsverpflichtungen nachzukommen. In den Liquiditätsstatus ist die sofort verfügbare Geld- und Kreditliquidität einzustellen. Den verfügbaren Zahlungsmitteln sind Bargeld, Schecks, 44

---

[72] HK-InsO/*Rüntz* § 17 Rn. 11.
[73] BGH Urt. v. 19.5.2011 – IX ZR 9/10, NZI 2011, 536.
[74] Uhlenbruck/*Mock* InsO § 17 Rn. 88a.
[75] HambK-InsO/*Schröder* § 17 Rn. 12.
[76] BGH Urt. v. 9.10.2012 – II ZR 298/11, NZI 2012, 1009; HambK-InsO/*Schröder* § 17 Rn. 12.
[77] BGH Urt. v. 9.10.2012 – II ZR 298/11, NZI 2012, 1009.
[78] *Bork* ZIP 2014, 997 (1002).
[79] BGH Urt. v. 5.3.2015 – IX ZR 133/14, NZI 2015, 315.
[80] Uhlenbruck/*Mock* InsO § 17 Rn. 81.

Bankguthaben sowie freie – vertraglich vereinbarte und ungekündigte – Kreditlinien zuzuordnen. Im Rahmen der Prüfung der noch nicht eingetretenen Zahlungsunfähigkeit bei § 270b InsO ist dies umstritten, weil die Linien regelmäßig mit Antragstellung gekündigt werden. Für die Zahlungsunfähigkeitsprüfung vor Antragstellung ist dies aber ohne Belang.[81] Ggf liegt in diesen Fällen aber eine aussichtslose Sanierung vor. Die erforderlichen Informationen ergeben sich aus den tagesaktuellen Kontoauszügen. Zur Ermittlung des Barbestandes ist eine Inventur der Betriebskasse durchzuführen. Zu den berücksichtigungsfähigen liquiden Mitteln zählen selbst die aus Straftaten herrührenden illegalen Einkünfte. Folglich sind anfechtbar erworbene Zahlungsmittel ebenfalls in die Prüfung der Zahlungsunfähigkeit einzubeziehen.[82] Eine Patronatserklärung des Inhaltes, dass der Patron die zur Erfüllung der jeweiligen fälligen Verbindlichkeiten benötigten Mittel zur Verfügung stellen wird, kann die Zahlungsunfähigkeit nur dann beseitigen, wenn der Patron entweder seiner Ausstattungspflicht tatsächlich nachkommt oder ein ungehinderter Zugriff auf die Mittel eröffnet wird.[83]

45   **b) Realisierbare Liquidität.** Die Möglichkeit der kurzfristigen Realisierbarkeit von liquiden Mitteln ist im Rahmen der Finanzplanung zu berücksichtigen. Hierzu zählt nach der BGH-Rechtsprechung[84] die innerhalb von drei Wochen mögliche Liquidierbarkeit von Gegenständen des Anlage- und Umlaufvermögens[85] sowie die kurzfristige Realisierbarkeit von Forderungen. Die sich daraus ergebenden Mittelzuflüsse sind lediglich im Rahmen der Abgrenzung der (unschädlichen) Zahlungsstockung von der Zahlungsunfähigkeit beachtlich.

IV. Zeitliche und quantitative Eingrenzung der Zahlungsunfähigkeitselemente

46   Die Norm des § 17 Abs. 2 S. 1 InsO bezeichnet den Schuldner dann als zahlungsunfähig, wenn er nicht in der Lage ist, die fälligen Zahlungspflichten zu erfüllen. Daraus ist jedoch nicht zu schlussfolgern, dass zu jedem Zeitpunkt immer eine 100-%ige Abdeckung aller Zahlungsverpflichtungen gegeben sein muss.[86] Sowohl in zeitlicher als auch in quantitativer Hinsicht hat die höchstrichterliche Judikatur die konkreten Anforderungen präzisiert.

1. Abgrenzung zur unbeachtlichen Zahlungsstockung

47   **a) Gesetzgeberische Intention.** Nach dem Willen des Gesetzgebers begründet eine nur vorübergehende Zahlungsstockung noch keine Zahlungsunfähigkeit. Es ist der konkrete Zeitpunkt zu bestimmen, bei dem die Zahlungsstockung in eine insolvenzauslösende Zahlungsunfähigkeit umschlägt.[87]

---

[81] *Ganter* NZI 2012, 985.
[82] BGH Urt. v. 14.5.2009 – IX ZR 63/08, ZIP, 1235 Rn. 19.
[83] BGH Urt. v. 19.5.2011 – IX ZR 9/10, NZI 2011, 913; *Gehrlein* WM 2016, 57.
[84] BGH Urt. v. 24.5.2005 – IX ZR 123/04, NZI 2005, 547.
[85] Uhlenbruck/*Mock* InsO § 17 Rn. 69.
[86] BGH Urt. v. 24.5.2005 – IX ZR 123/04, NZI 2005, 547 (549). Kritisch MüKoInsO/*Eilenberger* § 17 Rn. 22, der wohl zu einer hundertprozentigen Abdeckung tendiert.
[87] Vgl. Begründung RegE zu §§ 16, 17, in *Kübler/Prütting*, Das neue Insolvenzrecht, 2. Aufl., S. 171.

b) Konkretisierung durch Rechtsprechung. Nach der BGH-Rechtsprechung ist als Zahlungsstockung eine Illiquidität für einen Zeitraum anzusehen, den eine kreditwürdige Person benötigt, um sich die erforderlichen Mittel zu leihen.[88] Danach darf die Phase der Liquiditätsunterdeckung höchstens **bis zu drei Wochen** dauern, um lediglich von einer Zahlungsstockung ausgehen zu können.[89]

In dieser Zeit kann sich der Schuldner entweder über den Forderungseinzug, neue Kreditmittel oder durch sonstige finanzielle Zuwendungen Liquidität besorgen. Parallel können aber auf der Seite der Verbindlichkeiten auch Verzichte, Stundungsvereinbarungen oder Stillhalteabkommen mit den Gläubigern vereinbart werden.[90] Im Ergebnis liegt eine unschädliche Zahlungsstockung vor, wenn innerhalb des Drei-Wochen-Zeitraumes eine 90%-ige Abdeckung der fälligen Zahlungspflichten erreicht werden kann.

2. Unschädliche „geringfügige Liquiditätslücken"

a) Gesetzgeberische Intention. Es war bereits erklärte Intention des Gesetzgebers, dass auch unter Geltung der Insolvenzordnung *„ganz geringfügige Liquiditätslücken"* außer Betracht bleiben können.[91] Die Unfähigkeit des Schuldners, nicht alle fälligen Verbindlichkeiten fristgerecht tilgen zu können, begründet nicht per se eine Zahlungsunfähigkeit.[92]

b) Konkretisierung durch Rechtsprechung. Auch der BGH[93] erteilte in seiner Leitentscheidung vom 24.5.2005 dem „Null-Toleranz-Prinzip" eine Absage und setzte einen prozentualen **Schwellenwert** bei 10% an, bei dem eine widerlegliche Vermutung für den Eintritt der Zahlungsunfähigkeit gegeben ist. Argumentativer Ausgangspunkt ist dabei der Sinn und Zweck des Insolvenzverfahrens. Dieses ist immer erst dann einzuleiten, wenn die Einzelzwangsvollstreckung keinen Erfolg mehr verspricht, wodurch eine gleichmäßige Gläubigerbefriedigung nicht mehr erreichbar ist. Je geringer der Umfang der Unterdeckung ist, desto eher kann es den Gläubigern zugemutet werden, einstweilen zuzuwarten, ob der Schuldner die volle Liquidität wieder herstellen kann. Auch gegenüber dem Schuldner wäre der mit einer Verfahrenseröffnung verbundene Eingriff bei einer vorübergehenden Unterdeckung von wenigen Prozent aus verfassungsrechtlichen Gründen (Art. 12, 14 GG) unter dem Gesichtspunkt der Verhältnismäßigkeit bedenklich.[94]

---

[88] BGH Urt. v. 24.5.2005 – IX ZR 123/04, NZI 2005, 547 (548).

[89] BGH Urt. v. 24.5.2005 – IX ZR 123/04, NZI 2005, 547 (548); BGH Urt. v. 12.10.2006 – IX ZR 228/03, ZIP 2006, 2222 (2224); BGH 2007, 1469 (1470). Eine Frist von einem Monat oder gar von 3 Monaten hält der BGH ausdrücklich für zu lange.

[90] BK-InsO/*Goetsch* § 17 Rn. 21.

[91] Begründung RegE zu §§ 16, 17, in *Kübler/Prütting*, Das neue Insolvenzrecht, 2. Aufl., S. 171.

[92] Der Gesetzgeber hat von der Einführung einer zahlenmäßig starren Grenze abgesehen, da er für die Rechtsanwendung offensichtlich eine gewisse Flexibilität ermöglichen wollte, vgl. BGH Urt. v. 24.5.2005 – IX ZR 123/04, NZI 2005, 547 (549).

[93] BGH Urt. v. 24.5.2005 – IX ZR 123/04, NZI 2005, 547 (550).

[94] BGH Urt. v. 24.5.2005 – IX ZR 123/04, NZI 2005, 547 (549). Der BGH konstatiert, dass für eine strengere Lösung (100%-ige Erfüllungsquote) die begriffliche Klarheit sprä-

52 aa) Als **unwesentlich** kann eine Unterdeckung von **unter 10%** bewertet werden; sie allein genügt noch nicht als Beleg für die Zahlungsunfähigkeit. Ausnahmsweise kann bei dieser Konstellation eine Zahlungsunfähigkeit jedoch dann zu bejahen sein, wenn besondere Umstände hinzutreten. Diese können in der konkreten Erwartung bestehen, dass sich der Niedergang des Schuldnerunternehmens fortsetzen wird. Bei der Entscheidung über die Eröffnung eines Insolvenzverfahrens sind solche Ausnahme-Umstände – die trotz einer Unterdeckung von unter 10% dennoch zu einer Bejahung der Zahlungsunfähigkeit führen – im Rahmen der Amtsermittlungspflicht (§ 5 Abs. 1 S. 1 InsO) vom Insolvenzgericht festzustellen. Bei der Geschäftsführerhaftung nach § 64 GmbHG muss die anspruchstellende Gesellschaft bzw. der Insolvenzverwalter die besonderen Umstände vortragen und beweisen.[95]

53 bb) Beträgt die **Liquiditätslücke 10% oder mehr,** liegt hierin eine widerlegliche Vermutung für die Zahlungsunfähigkeit. Sie kann nur dann – ausnahmsweise – unwesentlich sein, wenn mit an Sicherheit grenzender Wahrscheinlichkeit zu erwarten ist, dass die Lücke zwar nicht innerhalb der Drei-Wochen-Frist,[96] aber in überschaubarer Zeit vollständig oder fast vollständig beseitigt wird und den Gläubigern ein Zuwarten nach den besonderen Umständen des Einzelfalls zuzumuten ist.[97] Die Behauptung, Einziehungsprozesse gegen Drittschuldner laufen „erfolgversprechend", reichen jedenfalls hierfür als Beleg nicht aus.[98]

54 (1) Im **Regelfall** ist daher bei einer Liquiditätsunterdeckung von 10% oder mehr (widerleglich) von einer Zahlungsunfähigkeit des Schuldners auszugehen. Wird bei einer Unterdeckung von 10% oder mehr der Geschäftsführer im Rahmen des § 64 GmbHG in Haftung genommen, muss dieser – falls er meint, es sei trotz der Unterdeckung von 10% von einer Zahlungsfähigkeit auszugehen, Indizien für die Zahlungsfähigkeit vortragen und beweisen. Im Zusammenhang mit dem Insolvenzantrag eines Gläubigers (§ 14 InsO) muss sich der Schuldner auf entsprechende Umstände berufen, und das Insolvenzgericht hat sie von Amts wegen zu ermitteln und festzustellen (§ 5 Abs. 1 S. 1 InsO).

55 (2) Nur im besonderen **Ausnahmefall** kann der Betrachtungszeitraum, innerhalb dessen die Lücke geschlossen werden kann, auf einen längeren Zeitraum ausgedehnt werden. Ob von der **Drei-Wochen-Regel** abgewichen werden kann, hängt von den konkreten Umständen des Einzelfalls ab. Je näher sich die festgestellte Unterdeckung am Schwellenwert bewegt, desto geringere Anforderungen sind nach der Rechtsprechung an das Gewicht der besonderen Umstän-

---

che. Zudem wäre sie im Interesse der Rechtssicherheit, da sich ein Geschäftsführer ohne weiteres Klarheit verschaffen könnte, wann er Insolvenzantrag stellen muss. Im Übrigen erscheint ein Unternehmen, das dauerhaft eine – wenngleich geringfügige – Liquiditätslücke aufweist, auch nicht erhaltungswürdig. Im Ergebnis und nach Abwägung entgegenstehender Gründe vermochten diese Argumente jedoch nicht durchzudringen.

[95] BGH Urt. v. 24.5.2005 – IX ZR 123/04, NZI 2005, 547 (550).
[96] Dann würde es sich nur um eine unbeachtliche Zahlungsstockung handeln.
[97] BGH Urt. v. 26.1.2016 – ZR II 394/13, NZI 2016, 588; BGH Urt. v. 24.5.2005 – IX ZR 123/04, NZI 2005, 547 (550); BGH Urt. v. 12.10.2006 – IX ZR 228/03, ZIP 2006, 2222 Rn. 27; BGH Beschl. v. 19.7.2007 – IX ZB 36/07, ZIP 2007, 1666 Rn. 31. Kritisch *Tetzlaff* ZInsO 2007, 1334 (1336), der die Ausnahme von der Drei-Wochen-Regel als „Hintertürchen" bezeichnet, dass nunmehr so groß sei wie ein „Scheunentor".
[98] BGH Beschl. v. 9.3.2006 – IX ZB 83/05 – zitiert nach juris.

de zu richten, mit denen die Vermutung entkräftet werden kann. Umgekehrt müssen umso schwerer wiegende Umstände vorliegen, je größer die Divergenz zwischen der tatsächlichen Unterdeckung und dem Schwellenwert ist.[99]

cc) Anforderungen an die Ausnahmekriterien. Wann man konkret von einer Überwindung der Liquiditätslücke *„in überschaubarer Zeit"*[100] bzw. *„demnächst"*[101] ausgehen kann, die zudem für die Gläubiger zumutbar ist, lässt die höchstrichterliche Rechtsprechung bislang offen. 56

(1) Als **zeitliche Obergrenze** sind in aller Regel Verzögerungen von bis zu drei Monaten zu berücksichtigen.[102] Es wird vertreten, in besonderen Einzelfällen wohl auch Zeiträume von mehr als drei Monaten in Betracht zu ziehen, wobei solche, die länger als sechs Monate dauern, als generell inakzeptabel erachtet werden.[103] 57

Ein über drei Monate hinausgehender Zeitraum ist aufgrund der prognoseimmanenten Bewertungsrisiken grundsätzlich und ausnahmslos abzulehnen. Andernfalls würde ein allzu großzügiges Ausweiten der zeitlichen „Spielräume" zudem zu einer Vernebelung der Legaldefinition des § 17 Abs. 2 InsO führen, die wiederum unerwünschte Gestaltungs- und Interpretationsmöglichkeiten bei faktischer Zahlungsunfähigkeit eröffnen könnte. 58

(2) Das weitere Kriterium der **Zumutbarkeit** ist inhaltlich noch vollkommen unklar.[104] Bereits unter diesem Aspekt ist die vorstehend dargelegte Ausweitung des Prognosezeitraums auf über drei Monate abzulehnen, da Gläubigern ein derart langes Zuwarten nicht abverlangt werden kann. Selbst saisonale Schwankungen dürfen nicht als Argument für die Zumutbarkeit des Zuwartens der Gläubiger herangezogen werden, da auch bei einem Saisonunternehmen die Liquidität für die Zeit der Flaute im Gläubigerinteresse sichergestellt sein muss.[105] 59

(3) **Bewertung.** Im Ergebnis sind die vorstehenden Auslegungskriterien der Rechtsprechung nur im Sinne einer absoluten und im Einzelfall eindeutig begründbaren Ausnahmekonstellation zu verstehen.[106] 60

Praxishinweis: Unterlässt ein Geschäftsführer, aufgrund eigener Bewertung, die Stellung eines Insolvenzantrages, obwohl offensichtlich die Liquiditätslücke nicht innerhalb von drei Wochen geschlossen werden kann, ist ihm eine penible Dokumentation hinsichtlich des Vorliegens der vorstehend ausgeführten Ausnahmetatbestände dringend zu empfehlen. Dies bezieht sich zum einen auf die Umstände, aus denen sich die – zu erwartende – Deckung der Liquiditätslücke ergeben soll. Zum anderen müssen Argumente für die Zumutbarkeit der Verzögerung für die Gläubiger dargelegt und bewiesen werden. Andernfalls verspricht bei einer Haftungsinanspruchnahme durch den Insolvenzverwalter die Verteidigung mit dem Hinweis auf die Ausnahmekriterien der Rechtsprechung keine Aussicht auf Erfolg, zumal der tatsächliche Eintritt der Insolvenz ein stark entgegen sprechendes Indiz darstellt. 61

---

[99] BGH Urt. v. 24.5.2005 – IX ZR 123/04, NZI 2005, 547 (550).
[100] BGH Urt. v. 24.5.2005 – IX ZR 123/04, NZI 2005, 547 (550).
[101] BGH Urt. v. 12.10.2006 – IX ZR 228/03, ZIP 2006, 2222 Rn. 27.
[102] *Fischer* ZGR 2006, 403 (408); HK-InsO/*Rüntz* § 17 Rn. 20.
[103] *Fischer* ZGR 2006, 403 (408).
[104] FK-InsO/*Schmerbach* § 17 Rn. 28.
[105] FK-InsO/*Schmerbach* § 17 Rn. 28; aA wohl HK-InsO/*Rüntz* § 17 Rn. 20.
[106] Denkbar wäre eine Ausgangskonstellation, bei der ein notarieller Kaufvertrag bereits abgeschlossen ist und nur noch auf den Eintritt der Fälligkeitsvoraussetzungen gewartet werden muss.

62 **dd) Anforderungen an den Grad der Wiederherstellung der Liquidität.** Auch unter Einbeziehung der Drei-Wochen-Frist muss nach der Rechtsprechung nur eine Liquiditätsabdeckung von über 90 % (im Regelfall) erreicht werden, um eine Zahlungsunfähigkeit verneinen zu können.[107] Räumt man jedoch – wie der BGH – ausnahmsweise einen längeren Zeitraum zur Wiederherstellung der Zahlungsfähigkeit ein, stellt sich die Frage, ob in diesem Fall dann die volle, 100 %-ige Liquiditätsabdeckung wieder erreicht werden muss. Dahingehend wird zum Teil in der Literatur verlangt, dass innerhalb des Prognosezeitraums die vollständige, also 100 %-ige Wiederherstellung der Liquidität hergestellt sein muss.[108] Der Judikatur des BGH hierzu kann kein ausdrücklicher Hinweis auf eine vollständige Herstellung der Liquidität entnommen werden. Aufgrund der Formulierung der *„fast vollständigen"* Wiederherstellung der Liquidität ist nicht auszuschließen, dass die Rechtsprechung auch hinsichtlich des Prognosezeitraumes zum Schwellenwert von 10 % tendiert.

V. Prüfung der Zahlungsunfähigkeit ex ante

1. Praktische Vorgehensweise

63 Die Methodik der Ermittlung der Zahlungsunfähigkeit ist gesetzlich nicht vorgegeben. Dass der BGH in diesem Zusammenhang von einer zu erstellenden Liquiditätsbilanz spricht, ist weniger im Sinne einer Arbeitsanweisung zu verstehen, vielmehr wird damit die im Ergebnis vorzunehmende Gegenüberstellung der fälligen Zahlungspflichten und der verfügbaren Liquidität zum Ausdruck gebracht. Entgegen dem BGH[109] ist mit der herrschenden Ansicht in der Literatur[110] aus systematischen Erwägungen bei der Ermittlung der Zahlungsunfähigkeit gestuft vorzugehen. Dies erleichtert das Abschälen der unbeachtlichen **„geringfügigen Liquiditätslücken"** sowie der **„bloßen Zahlungsstockung"** von der **Zahlungsunfähigkeit** im Rechtssinne. Die Prüfung ist daher methodisch wie folgt aufzubauen:

64 **a) Stichtagsbezogener Liquiditätsstatus.** Im **ersten Schritt** ist ein stichtagsbezogener Liquiditätsstatus zu erstellen.[111] Danach sind zunächst die fälligen, also die **sofort zu erfüllenden Verbindlichkeiten** festzustellen. Herauszufiltern und nicht zu berücksichtigen sind sowohl die gestundeten als auch die nicht ernsthaft eingeforderten Verbindlichkeiten. Der sich dann ergebenden Größe darf nur die **sofort zur Verfügung stehende Liquidität,** dh also die flüssigen Zahlungsmittel sowie die verfügbaren Kreditlinien gegenübergestellt werden.

65 Nur soweit sich im Rahmen dieser Prüfung eine vollständige Abdeckung der fälligen Verbindlichkeiten durch die an diesem Stichtag vorhandenen liquiden

---

[107] BGH Urt. v. 24.5.2005 – IX ZR 123/04, NZI 2005, 547 (548); BGH Urt. v. 12.10.2006 – IX ZR 228/03, ZIP 2006, 2222 (2224); BGH 2007, 1469 (1470).
[108] *Hölzle* ZIP 2006, 101 (103); *Hölzle* ZIP 2007, 613 (615).
[109] BGH Urt. v. 26.1.2016 – II ZR 394/13, NZI 2016, 588: Liquiditätsbilanz mit innerhalb von drei Wochen flüssig zu machenden Mitteln.
[110] Vgl. nur: HambK-InsO/*Schröder* § 17 Rn. 35 ff.; Schmidt/Uhlenbruck/*Brinkmann,* Die GmbH in Krise, Sanierung und Insolvenz, Rn. 5.26.
[111] Vgl. auch Uhlenbruck/*Mock* InsO § 17 Rn. 28.

Mittel ergibt, erübrigt sich die weitere Prüfung. Soweit sich eine Deckungslücke ergibt, und sei sie auch geringer als 10%, ist zu prüfen, ob sie sich innerhalb einer Frist von 3 Wochen ausweitet oder im Rahmen der als geringfügig einzustufenden 10%-Grenze verbleibt.

b) Liquiditätsplan. Besteht eine Liquiditätslücke ist im **zweiten Schritt** im Rahmen eines Liquiditätsplanes festzustellen, ob die erhebliche Liquiditätsunterdeckung von Dauer ist oder ob sie binnen drei Wochen wieder beseitigt werden kann. An die im ersten Schritt anzustellende Stichtagsbetrachtung (Zeitpunktilliquidität) schließt sich damit eine **Zeitraumbetrachtung** (Zeitraumilliquidität) an. Dabei ist zu untersuchen, ob der Schuldner sich die fehlenden liquiden Mittel beschaffen kann bzw. durch die Betriebsfortführung entsprechende Zahlungszuflüsse generiert werden können, um mindestens eine 90%-ige Verbindlichkeitenabdeckung erreichen zu können. 66

aa) Kurzfristig realisierbare Zahlungsmittel. Im Rahmen eines Liquiditätsplanes ist darzustellen, in welcher Größenordnung tatsächlich Liquidität geniert werden kann. Dabei ist konkret dazulegen, welche Forderungen aus Lieferungen und Leistungen sowie sonstige Forderungen (zB Steuererstattungen) im Prognosezeitraum fällig werden und realisiert werden können. Ferner können sonstige Zuflüsse eingestellt werden, zB aus freien Kreditlinien bzw. aus kurzfristigen Kreditaufnahmen,[112] aus sale and lease back-Geschäften oder aus dem Verkauf von freiem Anlage- und Umlaufvermögen.[113] Zu berücksichtigen sind auch verbindlich zugesagte Zahlungen Dritter auf fällige Forderungen des Schuldners.[114] 67

Der Ansatz darf nicht schematisch erfolgen. Vielmehr sind die **konkreten Gegebenheiten** in Bezug auf den Schuldner, dessen Kreditwürdigkeit, dessen Außenstände und die Bonität der Drittschuldner zu berücksichtigen. Des Weiteren sind die Besonderheiten der Branche mit einzubeziehen.[115] Da im Rahmen der Betrachtung nur die wirklich „zu erwartende Zahlungen"[116] eingestellt werden dürfen, ist ein strenger Maßstab geboten.[117] Daher sind auch **Wertberichtigungsabschläge** vorzunehmen, wenn zB ein Drittschuldner mit seiner Zahlung in Verzug ist, da unter diesen Umständen (Rechnung, Fälligkeit und Mahnung) die Annahme besteht, dass auch in den nächsten drei Wochen die Forderung nicht beglichen wird.[118] 68

Nach dem Schrifttum[119] ist bei der **Höhe des Abschlages** zu differenzieren. Bei Forderungen, deren Fälligkeit am Stichtag bereits mehr als zwei Monaten zurückliegt, ist aufgrund der geringen Wahrscheinlichkeit der kurzfristigen Realisierbarkeit durchaus eine Wertberichtigung in voller Höhe gerechtfertigt. Bei Forderungen mit kürzerer, aktueller oder anstehender (Drei-Wochen-Zeitraum) Fälligkeit wird man zwar zunächst den Nominalbetrag ansetzen 69

---

[112] BGH Urt. v. 24.5.2005 – IX ZR 123/04, NZI 2005, 547 (548).
[113] BGH Beschl. v. 19.7.2007 – IX ZB 36/07, ZIP 2007, 1666 Rn. 30 u. 32.
[114] *Bork* ZIP 2008, 1749 (1750).
[115] BGH Urt. v. 24.5.2005 – IX ZR 123/04, NZI 2005, 547 (549).
[116] BGH Beschl. v. 19.7.2007 – IX ZB 36/07, ZIP 2007, 1666 Rn. 30.
[117] *Bork* ZIP 2008, 1749 (1750).
[118] *Bork* ZIP 2008, 1749 (1750).
[119] *Bork* ZIP 2008, 1749 (1750 f.).

können. Unter dem Strich ist jedoch eine „Pauschalwertberichtigung" wegen bereits eingetretenem oder zu erwartendem Zahlungsverzug – auf der Grundlage von Erfahrungswerten – vorzunehmen. Die Höhe der Wertberichtigung hängt vom Einzelfall (zB Konjunkturlage, Branche) ab, wobei im Normalfall ein Abschlag von 30% durchaus gerechtfertigt erscheint.[120]

70 **bb) Kurzfristig fällig werdende Verbindlichkeiten.** Umstritten ist, ob im Rahmen des Liquiditätsplans die in den kommenden drei Wochen fällig werdenden Verbindlichkeiten zu berücksichtigen sind. Der BGH spricht insoweit davon, dass (nur) auf der Aktivseite die innerhalb von drei Wochen flüssig zu machenden Mittel einzubeziehen sind.[121] In der Literatur wird dies unter dem Stichwort **Bugwellentheorie** oder **Bugwelleneffekt** kritisiert.[122] Soweit man in einen Liquiditätsplan auf der Aktivseite die erwarteten Umsatzerlöse der kommenden drei Wochen einstellt, ohne die Betriebsausgaben der kommenden drei Wochen zu berücksichtigen, würde dies zu einer nicht zu rechtfertigenden Hinauszögerung der Insolvenzauslösung führen. Damit kann im Liquiditätsstatus jedenfalls nur der Überschuss aus der Betriebsfortführung eingestellt werden, so dass sich bei defizitären Unternehmen ein Ansatz auf Aktiv- wie auf Passivseite verbietet oder auf beiden Seiten ein Ansatz zu erfolgen hat. Zur Gewährleistung einer rechtzeitigen Antragstellung ist generell ein Ansatz der Auszahlungen auf im Drei-Wochen-Zeitraum fällig werdende Verbindlichkeiten zu befürworten.[123]

71 **cc) Ergebnis.** Unter Einbeziehung der wahrscheinlich zu erwartenden Ein- und Auszahlungspositionen kann somit eine Prognose angestellt werden, ob sich die Deckungslücke innerhalb von drei Wochen „voraussichtlich" wieder schließen lässt. Falls dies gelingt, liegt nur eine Zahlungsstockung vor, die jedoch zum Stichtag noch keine Zahlungsunfähigkeit begründet.

72 **c) Ausnahmefall Korrekturebene.** Im Einzelfall kann sich noch eine dritte Stufe anschließen, die an eine mittelfristige Prognose anknüpft. Im Einzelfall können die auf der 2. Stufe ermittelten Ergebnisse „korrigiert" werden.

Ist bei einer Liquiditätsunterdeckung von unter 10% bereits absehbar, dass die Lücke demnächst 10% oder mehr betragen wird, kann ausnahmsweise doch Zahlungsunfähigkeit vorliegen.[124] Umgekehrt kann bei einer Liquiditätslücke von 10% oder mehr ausnahmsweise doch eine bloße Zahlungsstockung angenommen werden, wenn mit an Sicherheit grenzender Wahrscheinlichkeit zu erwarten ist, dass die Unterdeckung demnächst vollständig oder fast vollständig beseitigt wird und ein Zuwarten den Gläubigern nach den besonderen Umständen des Einzelfalls zuzumuten ist.

2. Rechnerische Ermittlung

73 Ausgangspunkt der Betrachtung ist das Ergebnis des stichtagsbezogenen Liquiditätsstatus (→ Rn. 64f.). Ergibt sich daraus eine Unterdeckung, ist im Wei-

---

[120] *Bork* ZIP 2008, 1749 (1751).
[121] BGH Urt. v. 26.1.2016 – II ZR 394/13, NZI 2016, 588.
[122] *Bork* ZIP 2008, 1749ff.
[123] Schmidt/Uhlenbruck/*Brinkmann*, Die GmbH in Krise, Sanierung und Insolvenz, Rn. 5.29.
[124] BGH Urt. v. 24.5.2005 – IX ZR 123/04, NZI 2005, 547: Leitsatz 2 Hs. 2.

teren die Differenz aus den zu erwartenden Ein- und Auszahlungen der folgenden drei Wochen zu ermitteln (→ Rn. 66f.). In der Summe kann sich daraus ein kumulierter Mittelzufluss oder ein kumulierter Mittelabfluss ergeben. Dieser (positive oder negative) kumulierte Betrag ist sodann mit dem Ergebnis (Unterdeckung) des stichtagsbezogenen Liquiditätsstatus zu addieren.

Der sich daraus ergebende Unterdeckungsbetrag ist schließlich prozentual ins Verhältnis zu setzen mit den fälligen Verbindlichkeiten aus der im ersten Schritt durchgeführten Stichtagsbetrachtung.

Beispiel zur Veranschaulichung:
- Stichtagsbezogener Liquiditätsstatus
  - fällige Verbindlichkeiten   100
  - verfügbare liquide Mittel   70
  - = stichtagsbezogene Unterdeckung: -30   ($\triangleq$ 30 %)

- Liquiditätsplanung | 3-Wochen-Zeitraum
  - Mittelzuflüsse   40
  - Mittelabflüsse   18
  - = kumulierter Mittelzufluss   +22

- Ergebnis
  - fällige Verbindlichkeiten   100
  - verfügbare liquide Mittel   70
  - = Unterdeckung unter Einbeziehung zukünftiger Mittelzufüsse des 3-Wochen Zeitraums (-30+22):   -8   ($\triangleq$ 8 %)

VI. Zahlungseinstellung

1. Normzweck

Die Zahlungseinstellung begründet eine widerlegliche **gesetzliche Vermutung** für den Eintritt der Zahlungsunfähigkeit, § 17 Abs. 2 S. 2 InsO.[125] Sie ist indes kein eigenständiger Eröffnungsgrund. Bei Zahlungseinstellung kann aber ohne rechnerischen Nachweis, der meist eine aufwändige Auswertung der Geschäftsunterlagen des Schuldners voraussetzt, der Eintritt der Zahlungsunfähigkeit faktisch manifestiert werden. Im prozessualen Kontext obläge es dann dem Gegner, die gesetzliche Vermutung zu widerlegen.[126] Besondere praktische Relevanz kommt der Zahlungseinstellung vor allem bei der Glaubhaftmachung des Insolvenzgrundes im Rahmen von Gläubigeranträgen sowie bei der Insolvenzanfechtung und Geltendmachung von Haftungsansprüchen gegen die Vertretungsorgane zu.[127] Auch die Entscheidung des Insolvenzgerichts über die Verfahrenseröffnung kann auf die die Zahlungseinstellung begründenden Indizien – insbesondere wenn mehrere kumulativ vorliegen – gestützt werden.[128]

74

---

[125] BGH Urt. v. 26.1.2016 – II ZR 394/13, NZI 2016, 588.
[126] BGH Urt. v. 26.1.2016 – II ZR 394/13, NZI 2016, 588; BGH Urt. v. 12.10.2006 – IX ZR 228/03, ZIP 2006, 2222ff.
[127] HambK-InsO/*Schröder* § 17 Rn. 26.
[128] BGH Beschl. v. 13.4.2006 – IX ZB 118/04, ZIP 2006, 1056 (1057).

2. Begriffsbestimmung

75 Zahlungseinstellung ist dasjenige **äußere Verhalten** des Schuldners,[129] in dem sich typischerweise seine Zahlungsunfähigkeit ausdrückt. Es muss sich also mindestens für die beteiligen Verkehrskreise der berechtigte Eindruck aufdrängen, dass der Schuldner nicht in der Lage ist, seine fälligen Zahlungspflichten zu erfüllen.[130] Bereits die Nichtzahlung einer einzigen, insgesamt für den Schuldner nicht unerheblichen Forderung kann ausreichen, um die Zahlungseinstellung zum Ausdruck zu bringen.[131]

76 Durch die bloße Nichtzahlung wird für die beteiligten Verkehrskreise hinreichend erkennbar, dass dies auch auf einem objektiven Mangel an Geldmitteln beruht.[132] Es bedarf gerade keiner ausdrücklichen Zahlungsverweigerung. Im Übrigen kann bereits ausreichen, dass die Zahlungseinstellung nur für einen einzigen Gläubiger erkennbar ist.[133] Unerheblich ist, ob dem Schuldner die Bedeutung seines Verhaltens für den Rechtsverkehr bewusst war bzw. dass er nicht willentlich die auf die Zahlungseinstellung hindeutenden Indizien mitteilen wollte.[134]

77 Auch wenn der Schuldner noch einzelne **beträchtliche Zahlungen** leistet, schließt dies nach der Judikatur des BGH[135] die Zahlungseinstellung nicht aus. Voraussetzung ist aber, dass die – beträchtlichen – Zahlungen im Verhältnis zu den fälligen Gesamtschulden nicht den **wesentlichen** Teil ausmachen.[136]

3. Typische Erkennungsformen

78 a) **Erklärungen des Schuldners.** Die Erklärung des Schuldners, fällige Verbindlichkeit nicht mehr begleichen zu können oder einen Insolvenzantrag gestellt zu haben, deutet auf eine Zahlungseinstellung hin.[137] Dem steht nicht entgegen, dass der Schuldner die Erklärung mit einer Stundungsbitte[138] oder einem Teilzahlungs- bzw. einem Vergleichsangebot[139] versehen hat. In einem vom BGH[140] entschiedenen Fall hatte ein Schuldner seiner Krankenkasse mitgeteilt, dass er auf Zahlungseingänge warte, jedenfalls aber eine Zahlung auf die Sozialversicherungsbeiträge nicht bis zur Fälligkeit erfolgen könne, sondern nur drei monatliche Raten jeweils zum Monatsende möglich seien. Damit doku-

---

[129] Das als Indiz dienende Verhalten muss **vom Schuldner ausgehen** oder einer Person, die für ihn zu handeln befugt ist, so HK-InsO/*Rüntz* § 17 Rn. 27.
[130] BGH Urt. v. 30.6.2011 – IX ZR 134/10, NZI 2011, 589; BGH Urt. v. 12.10.2006 – IX ZR 228/03, ZIP 2006, 2222 Rn. 13; BGH Urt. v. 21.6.2007 – IX ZR 231/04, ZIP 2007, 1469 Rn. 28.
[131] BGH Urt. v. 26.1.2016 – II ZR 394/13, NZI 2016, 588; BGHZ 149, 178 (188) = ZIP 2002, 87 (89).
[132] BGH Urt. v. 12.10.2006 – IX ZR 228/03, ZIP 2006, 2222 Rn. 24.
[133] HambK-InsO/*Schröder* § 17 Rn. 28.
[134] Uhlenbruck/*Mock* InsO § 17 Rn. 154; HK-InsO/*Rüntz* § 17 Rn. 29.
[135] BGH Urt. v. 30.6.2011 – IX ZR 134/10, NZI 2011, 589; BGH Urt. v. 12.10.2006 – IX ZR 228/03, ZIP 2006, 2222 Rn. 19.
[136] BGH Urt. v. 12.10.2006 – IX ZR 228/03, ZIP 2006, 2222 Rn. 19.
[137] HK-InsO/*Rüntz* § 17 Rn. 31.
[138] BGH Urt. v. 12.10.2006 – IX ZR 228/03, ZIP 2006, 2222 Rn. 15.
[139] HK-InsO/*Rüntz* § 17 Rn. 31.
[140] BGH Urt. v. 12.10.2006 – IX ZR 228/03, ZIP 2006, 2222 Rn. 16.

mentierte der Schuldner, seinen Verpflichtungen zur Zahlung der Sozialversicherungsbeiträge nicht binnen drei Wochen nachkommen zu können. Die darin zum Ausdruck kommende Zahlungseinstellung indiziert somit die gesetzliche Vermutung der Zahlungsunfähigkeit. Die zum Ausdruck gebrachte künftige Hoffnung auf Besserung ist unbeachtlich.[141]

b) Konkludente Verhaltensweisen bzw. Indizien. Als Indizien für eine Zahlungseinstellung kommen ferner folgende Umstände in Betracht:
- Einstellung des schuldnerischen Geschäftsbetriebes ohne ordnungsgemäße Abwicklung.[142]
- Rückgabe von Vorbehaltswaren in großem Umfang an die Lieferanten.[143]
- Flucht des Schuldners vor seinen Gläubigern.[144]
- Verhaftung des Schuldners wegen Vermögensdelikten, die ihm weitere Zahlungen unmöglich macht.[145]
- Nichtzahlung von existenzbedingten Betriebskosten, die im Regelfall nicht gestundet werden (zB Energiekosten,[146] Telefonkosten, Versicherungsprämien,[147] Miet- oder Grundpfandzinsen).[148] Umgekehrt kann bei Bezahlung dieser Verbindlichkeiten nicht automatisch auf die Zahlungsfähigkeit geschlossen werden, sofern Forderungen anderer Gläubiger nicht erfüllt werden können.[149]
- Nichtzahlung bzw. schleppende Zahlung der Sozialversicherungsbeiträge und Löhne (über einen Zeitraum von mehr als drei Wochen nach Fälligkeit),[150] auch wenn die Arbeitnehmer stillhalten.[151] Insbesondere die Nichtabführung von Sozialversicherungsabgaben stellt ein starkes Indiz dar, weil diese Forderungen aufgrund ihrer Strafbewehrtheit in § 266a StGB im Regelfall vorrangig bedient werden.
- Unterlassene Rückzahlungen auf die von der Hausbank gekündigten Kredite.[152]
- Nichtzahlung der Umsatz- und Gewerbesteuer.[153]
- Mehrere Haftbefehle zur Erzwingung der Abgabe der eidesstattlichen Versicherung.[154]
- Abgabe der eidesstattlichen Versicherung.[155]

---

[141] HK-InsO/*Rüntz* § 17 Rn. 31.
[142] BGH Beschl. v. 13.4.2006 – IX ZB 118/04, ZIP 2006, 1056 (1057f.).
[143] OLG Stuttgart Urt. v. 22.1.1997 – 9 U 138/96, ZIP 1997, 652f.
[144] HK-InsO/*Rüntz* § 17 Rn. 33; BGH Beschl. 18.4.1996 – IX ZR 268/95, WM 1996, 1747 (1750).
[145] HK-InsO/*Rüntz* § 17 Rn. 33.
[146] MüKoInsO/*Eilenberger* § 17 Rn. 29.
[147] MüKoInsO/*Eilenberger* § 17 Rn. 29.
[148] HK-InsO/*Rüntz* § 17 Rn. 35.
[149] BK-InsO/*Goetsch* § 17 Rn. 43.
[150] BGH Urt. v. 30.6.2011 – IX ZR 134/10, NZI 2011, 589; BGH Urt. v. 12.10.2006 – IX ZR 228/03, ZIP 2006, 2222 Rn. 24.
[151] BGH Urt. v. 14.2.2008 – IX ZR 38/04, ZInsO 2008, 380 Rn. 20.
[152] HK-InsO/*Rüntz* § 17 Rn. 36.
[153] MüKoInsO/*Eilenberger* § 17 Rn. 29.
[154] HK-InsO/*Rüntz* § 17 Rn. 38.
[155] OLG Celle Beschl. v. 29.10.2001 – 2 W 114/01, ZInsO 2001, 1106.

– Häufung von Pfändungen,[156] Arresten und mehreren Insolvenzanträgen (nur einzelne derartige Maßnahmen sind idR nicht ausreichend).[157]
– Wiederholte oder zunehmende Wechselproteste.[158]
– Nichteinlösung von Schecks.[159]
– Unpfändbarkeitsbescheinigungen des Gerichtsvollziehers.[160]
– Wenn im Einzelfall der Schuldner nur noch laufende Kosten, aber keine Warenverbindlichkeiten mehr bezahlt oder nur einzelne Gläubiger an Erfüllung statt befriedigt.[161] Ferner wenn ein Schuldner gegenüber dem Hauptlieferanten monatelang in Zahlungsrückstand gerät.[162]

80 **Praxishinweis:** Insbesondere die – nach außen gerichteten – Indizien sind geeignet, die Brücke zu den subjektiven Tatbestandsvoraussetzungen der Insolvenzanfechtung zu bilden. Sind Hinweise für eine Zahlungseinstellung erkennbar, ist dadurch auch die Kenntnis von der Zahlungsunfähigkeit im Rahmen des Insolvenzanfechtungsrechts anzunehmen.

Richtet ein Schuldner Zahlungserleichterungs-, Stundungs- bzw. Stillhaltebitten an seine Gläubiger und lassen sich diese daraufhin auf Ratenzahlungsvereinbarungen ein, so geschieht dies in offensichtlicher Kenntnis der Zahlungsunfähigkeit, sofern gleichzeitig deutlich wird, dass sich das Ansinnen des Schuldners auch an andere Gläubiger richtet. Damit wird erkennbar, dass aktuell für einen wesentlichen Teil der Verbindlichkeiten die liquiden Mittel nicht ausreichen. Folglich sollten Gläubiger bei derlei Abreden die potentiell spätere Anfechtbarkeit der daraufhin vom Schuldner geleisteten Zahlungen ins Kalkül ziehen. Insoweit trägt der Gläubiger das Risiko, dass trotz der Abreden die Zahlungsfähigkeit nicht wieder hergestellt werden konnte und somit die erhaltenen Beträge vom Insolvenzverwalter zurück verlangt werden könnten.

81 **c) Ungenügende Umstände für eine Zahlungseinstellung.** Eine Zahlungseinstellung scheidet dann aus, wenn der Schuldner das Bestehen der Zahlungsverpflichtung dem Grunde oder der Höhe nach mit rechtserheblichen Einwendungen bestreitet. Lag der Grund für die Nichtzahlung in der **Zahlungsunwilligkeit** oder der böswilligen **Zahlungsverweigerung**, liegt eine Zahlungseinstellung nur dann nicht vor, wenn der Schuldner zur Zahlung in der Lage gewesen wäre.

82 Auch der Umstand, dass ein Schuldner unpünktlich oder nur auf Drängen hin Zahlungen leistet, reicht für die Annahme einer Zahlungseinstellung nicht. Ebenfalls unschädlich ist, wenn ein Schuldner nach eigenem Bekunden zwar nicht aktuell, aber innerhalb der nächsten drei Wochen zur Zahlung in der Lage ist.[163]

83 Lediglich interne Arbeitanweisungen an Mitarbeiter, keine Zahlungen mehr zu leisten, scheiden mangels Außenwirkung schon per definitionem als relevantes Indiz aus.[164] Ebenso unbeachtlich ist der – unternehmensinterne – Umstand, dass der Schuldner Waren unter dem Selbstkostenpreis veräußert.[165]

---

[156] BGH Beschl. v. 13.4.2006 – IX ZB 118/04, ZIP 2006, 1056 (1057f.).
[157] MüKoInsO/*Eilenberger* § 17 Rn. 29.
[158] HK-InsO/*Rüntz* § 17 Rn. 37.
[159] BGH Urt. v. 30.6.2011 – IX ZR 134/10, NZI 2011, 589.
[160] LG Mannheim Urt. v. 17.9.1974 – 12 T 146/74, MDR 1975, 767.
[161] HK-InsO/*Rüntz* § 17 Rn. 39.
[162] OLG Hamm Urt. v. 16.10.2007 – 27 U 179/06, ZInsO 2008, 511 ff.
[163] HK-InsO/*Rüntz* § 17 Rn. 32.
[164] HK-InsO/*Rüntz* § 17 Rn. 32.
[165] HK-InsO/*Rüntz* § 17 Rn. 34.

4. Beseitigung der Zahlungseinstellung

Die Situation der eingetretenen Zahlungseinstellung kann nur dadurch wieder beseitigt werden, dass der Schuldner seine Zahlungen an die Gläubiger allgemein wieder aufnimmt.[166] Die Stundung von Forderungen genügt hierzu erst, wenn danach die geschuldeten Ratenzahlungen allgemein wieder aufgenommen werden.[167] Allenfalls ein nicht wesentlicher Teil fälliger Forderungen darf unerfüllt bleiben.[168] Wird nur die Forderung des Insolvenzantragstellers erfüllt, genügt dies zur Beseitigung der Zahlungseinstellung nicht, sofern sie nicht die einzige ist.[169] Grundsätzlich hat derjenige, der sich auf den Wegfall der Zahlungseinstellung beruft, dies auch zu beweisen.[170] Der Gläubiger, mit dem eine Ratenzahlungsvereinbarung abgeschlossen wurde, kann regelmäßig nicht davon ausgehen, dass der Schuldner alle seine Gläubiger entsprechend bedienen werde.[171] Er muss also andere Umstände vorbringen, warum er davon ausging, der Schuldner habe seine Zahlungen im Allgemeinen wieder aufgenommen.

84

VII. Feststellung der Zahlungsunfähigkeit ex post

Die wesentliche Bedeutung der Zahlungsunfähigkeit liegt darin, dass sie Tatbestandsvoraussetzung für Anfechtungsvorschriften, Haftungsnormen und Straftatbestände ist. In diesen Fällen geht es darum, die Zahlungsunfähigkeit nachträglich für bereits vergangene Zeiträume mit den dann noch zur Verfügung stehenden (unzureichenden) Datenbeständen zu ermitteln.

85

1. Zahlungseinstellung

Im ersten Schritt stets zu prüfen, ob bereits eine **Zahlungseinstellung** im Sinne des § 17 Abs. 2 S. 2 InsO vorliegt. Für diesen Fall ist die Aufstellung einer Liquiditätsbilanz (zunächst) entbehrlich.[172]

86

Regelmäßig ist von einer Zahlungseinstellung auszugehen, wenn im fraglichen Zeitpunkt fällige Verbindlichkeiten erheblichen Umfangs bestanden, die bis zur Eröffnung des Insolvenzverfahrens nicht beglichen worden sind.[173] Der BGH räumt dem Verwalter damit eine erhebliche Erleichterung hinsichtlich der Darlegungslast ein.

Dem **Anfechtungsgegner** bleibt es dann aber unbenommen, die Vermutung für den Eintritt der Zahlungsunfähigkeit zu widerlegen. Er kann dazu den An-

87

---

[166] BGH Urt. v. 16.6.2016 – IX ZR 23/15, ZIP 2016, 1388; BGH Urt. v. 21.6.2007 – IX ZR 231/04, ZIP 2007, 1469 Rn. 32; BGH Urt. v. 25.10.2001 – IX ZR 17/01; BGHZ 149, 100 (109) = NZI 2002, 88 (90).

[167] BGH Urt. v. 25.10.2001 – IX ZR 17/01, NZI 2002, 88 (90).

[168] BGH Urt. v. 25.10.2001 – IX ZR 17/01, NZI 2002, 88 (90).

[169] LG Duisburg Beschl. v. 19.11.2001 – 7 125/03, NZI 2004, 150 (151).

[170] BGH Urt. v. 16.6.2016 – IX ZR 23/15, ZIP 2016, 1388; BGH Urt. v. 21.6.2007 – IX ZR 231/04, ZIP 2007, 1469 Rn. 32.

[171] BGH Urt. v. 16.6.2016 – IX ZR 23/15, ZIP 2016, 1388.

[172] BGH Urt. v. 26.1.2016 – II ZR 394/13, NZI 2016, 588.

[173] Für die Haftung des Geschäftsführers: BGH Urt. v. 26.1.2016 – II ZR 394/13, NZI 2016, 588; für die Insolvenzanfechtung: BGH Urt. v. 8.1.2015 – IX ZR 203/12; NZI 2015, 369.

trag auf Einholung eines Sachverständigengutachtens stellen mit dem Ziel, dass zum fraglichen Zeitpunkt eine Liquiditätsbilanz erstellt wird.[174] Soweit eine solche Bilanz nicht erstellt werden kann, geht dies zu Lasten des Prozessgegners.

88 *Praxishinweis:* Insolvenzverwalter können damit im Anfechtungsprozess bereits unter Zugrundelegung der zur Insolvenztabelle angemeldeten Forderungen mit relativ geringem Aufwand darlegen, dass im anfechtungsrelevanten Zeitpunkt Zahlungsunfähigkeit vorlag. Zur Substantiierung reicht die Auflistung der Verbindlichkeiten nebst Beifügung von Rechnungskopien in geordneter Reihenfolge aus, sofern daraus die notwendigen Informationen über den jeweiligen Anspruch und seine Fälligkeit entnommen werden können.[175]

89 Auch dem **Geschäftsführer** bleibt die Möglichkeit, im Haftungsprozess die bestehende Vermutung der Zahlungsunfähigkeit bei Zahlungseinstellung zu widerlegen, indem er vorträgt und beweist, dass eine Liquiditätsbilanz im maßgeblichen Zeitraum eine Deckungslücke von weniger als 10 % aufweist. Für ihn genügt jedoch die bloße unter Sachverständigenbeweis gestellte Behauptung nicht. Er muss zur Liquiditätsbilanz konkret vortragen, da er mit den finanziellen Verhältnissen der Gesellschaft vertraut ist.[176]

2. Betriebswirtschaftliche Methode ex post

90 Bei der retrograden Ermittlung der Zahlungsunfähigkeit ist zunächst anerkannt, dass für die Erstellung des **Liquiditätsstatus** auf die **Ist-Werte** zurückgegriffen werden kann, da sich die Zahlungsunfähigkeit objektiv ermittelt und es für die Feststellung der Zahlungsunfähigkeit nicht darauf ankommt, von welchen fälligen Verbindlichkeiten und liquiden Mitteln der Geschäftsführer zum damaligen Zeitpunkt ausging oder ausgehen durfte. Hinsichtlich des Liquiditätsplans wäre vom Grundsatz her – um einen Gleichklang mit der ex-ante-Prüfung zu erreichen – eine „simulierte ex-post-Prognose" zu erstellen,[177] dh darzustellen, von welchen Einzahlungen und Auszahlungen der Geschäftsführer zum Zeitpunkt des Liquiditätsstatus für die kommenden drei Wochen ausgehen konnte.

91 Letztlich geht es bei dem Prognoseelement darum, die vorübergehende Zahlungsstockung von der Zahlungsunfähigkeit abzugrenzen. Vor diesem Hintergrund ist eine solche „simulierte ex-post-Prognose" nicht erforderlich. Vielmehr kann ein zweiter Liquiditätsstatus für einen Zeitpunkt von mindestens drei Wochen nach dem ersten Status erstellt werden. Weist auch dieser auf Basis von Ist-Zahlen eine nicht nur geringfügige Unterdeckung aus, liegt bereits ab dem Zeitpunkt des ersten Status eine Zahlungsunfähigkeit vor. Eine am ersten Zeitpunkt etwaig erstellte Prognose für den Zeitraum von drei Wochen ab diesem ersten Zeitpunkt, die zu einer Beseitigung der Liquiditätslücke gekommen wäre, hätte sich in der Realität als falsch herausgestellt. Dies führt dann ggf. dazu, dass etwa geleistet Zahlungen unverschuldet geleistet

---

[174] BGH Urt. v. 30.6.2011 – IX ZR 134/10; NZI 2011, 589.
[175] BGH Beschl. v. 12.7.2007 – IX ZR 210/04, NZI 2007, 722.
[176] BGH Urt. v. 26.1.2016 – II ZR 394/13, NZI 2016, 588.
[177] K. Schmidt/*K. Schmidt* InsO § 17 R. 32.

wurden, ändert aber nichts daran, dass zum Zeitpunkt des ersten Status Zahlungsunfähigkeit bestand.[178] Für den Haftungsprozess gegen das Mitglied des Vertretungsorgans kann man damit – unter Berücksichtigung der subjektiven Tatbestandsmerkmale – festhalten, dass mit dem zweiten unterdeckten Finanzstatus eine Haftung begründet werden kann, soweit sich der Geschäftsführer nicht anderweitig entlastet und die übrigen Tatbestandsvoraussetzungen vorliegen.

3. Wirtschaftskriminalistische Methode

Im Strafrecht scheidet eine Vermutungswirkung mit Beweislastumkehr aus. Vielmehr kann im Strafprozess die Zahlungsunfähigkeit mit der wirtschaftskriminalistischen Methode nachgewiesen werden. Als wirtschaftskriminalistische Warnzeichen kommen ua in Betracht die Erklärung des Schuldners, nicht zahlen zu können, das Ignorieren von Rechnungen und Mahnungen, gescheiterte Vollstreckungsversuche, Nichtzahlen von Löhnen und Gehältern sowie Sozialversicherungsbeiträgen und Insolvenzanträge von Gläubigern.[179] **92**

C. Drohende Zahlungsunfähigkeit

I. Normzweck

Der Gesetzgeber hat bei Schaffung der Insolvenzordnung die in § 18 InsO geregelte drohende Zahlungsunfähigkeit als neuen Insolvenzeröffnungstatbestand eingeführt. Damit sollte bei einer sich abzeichnenden Insolvenz frühzeitig die Möglichkeit geschaffen werden, verfahrensrechtliche Gegenmaßnahmen einzuleiten.[180] Ein Unternehmen hat somit die Option, sich rechtzeitig unter den Schutz des Insolvenzrechts zu stellen. Dies gilt insbesondere für natürliche Personen, die einen Eröffnungsantrag nicht auf Überschuldung stützen können.[181] **93**

Mit einem Eigenantrag kann der Schuldner im Ergebnis bewirken, dass Maßnahmen der Zwangsvollstreckung untersagt oder einstweilen eingestellt werden, § 21 Abs. 2 Nr. 3 InsO, § 30d Abs. 4 ZVG. In der Folge werden auch die im letzten Monat vor Insolvenzantragstellung durch Zwangsvollstreckung erlangten Sicherungen mit Verfahrenseröffnung unwirksam (§ 88 InsO). Der Schuldner kann somit selbst die Initiative ergreifen, um ein Auseinanderreißen des Unternehmens bzw. der Masse zu verhindern. Ferner sollte der Insolvenzgrund der drohenden Zahlungsunfähigkeit notleidenden Unternehmen den „Einstieg" in eine Sanierung mittels eines Insolvenzplans und einer Eigenverwaltung bereiten (**Verbesserung der Sanierungsmöglichkeiten**). Des Weiteren wollte der Gesetzgeber mit der Schaffung dieses Insolvenzgrundes dem Reformziel der **94**

---

[178] BGH Urt. v. 26.1.2016 – II ZR 394/13, NZI 2016, 588.
[179] BGH Beschl. v. 21.8.2013 – 1 StR 665/12, NZI 2013, 970.
[180] Begründung RegE zu § 18 (22), in *Kübler/Prütting*, Das neue Insolvenzrecht, 2. Aufl., S. 172.
[181] HK-InsO/*Rüntz* § 18 Rn. 3.

möglichst frühzeitigen Verfahrenseröffnung Rechnung tragen, um damit die Zahl der Abweisungen mangels Masse zu verringern (**Verbesserung der Befriedigungsaussichten**).

95 Die Praxis hatte von den sich durch § 18 InsO bietenden Möglichkeiten vor Einführung des ESUG kaum Gebrauch gemacht.[182] Zwar wird eine Vielzahl von Eigenanträgen auf eine „drohende Zahlungsunfähigkeit" gestützt. Damit soll aber idR nur die bereits eingetretene Zahlungsunfähigkeit kaschiert werden.[183] Mit der Einführung des Schutzschirmverfahrens gem. § 270b InsO gelangt die drohende Zahlungsunfähigkeit zu neuer Bedeutung. Die Einleitung des Verfahrens setzt voraus, dass drohende Zahlungsunfähigkeit gegeben ist, die Zahlungsunfähigkeit aber noch nicht eingetreten ist. Dies ist im Rahmen der Bescheinigung gem. § 270b Abs. 1 Satz 3 InsO darzulegen.[184]

II. Anwendungsbereich

1. Grundsatz

96 Anders als die übrigen Insolvenzauslösetatbestände beschränkt § 18 Abs. 1 InsO die drohende Zahlungsunfähigkeit als Eröffnungsgrund auf **Eigenanträge** des Schuldners. Dadurch soll vermieden werden, dass dieser Insolvenzgrund von den Gläubigern als Druckmittel zur Erzwingung von (Teil-)Zahlungen gegen den Schuldner missbraucht wird. Daneben sollen Versuche einer außergerichtlichen Sanierung in einer noch frühen Phase der Krise nicht durch Insolvenzanträge von Gläubigern verhindert werden.[185]

97 Die drohende Zahlungsunfähigkeit löst noch **keine Insolvenzantragspflicht** des Schuldners aus.[186] Trotz Vorliegen der Voraussetzungen der drohenden Zahlungsunfähigkeit müssen die „antragspflichtigen" Organe einer juristischen Person noch nicht wegen verschleppter Antragstellung haften oder einen Anspruch aus § 26 Abs. 3 InsO befürchten.[187] Diese Rechtsfolgen sind erst ab Eintritt der Überschuldung oder der Zahlungsunfähigkeit einschlägig.

2. Tatbestand für andere Normen

98 Die Definition der drohenden Zahlungsunfähigkeit ist bedeutsam für die §§ 283, 283d Abs. 1 Nr. 1 StGB. Insoweit soll die Begriffsbestimmung des § 18 Abs. 2 InsO für das Insolvenzstrafrecht größere Klarheit bringen.[188] Ferner stellen die Anfechtungsnormen des § 133 Abs. 1 S. 2 InsO und des § 3 Abs. 1 Nr. 2 AnfG auf den Begriff ab.

---

[182] *Ehlers* ZInsO 2005, 169 (171).
[183] HambK-InsO/*Schröder* § 18 Rn. 3.
[184] Zum Tatbestand der drohenden Zahlungsunfähigkeit im Zusammenhang mit § 270b InsO: *Ganter* NZI 2012, 985.
[185] KPB/*Pape* § 18 Rn. 2.
[186] FK-InsO/*Schmerbach* § 18 Rn. 20a.
[187] Grundlegend zu den „Insolvenzstraftaten": Wabnitz/Janovsky/*Köhler*, Handbuch des Wirtschafts- und Steuerstrafrechts, 3. Aufl., 7. Kapitel.
[188] HambK-InsO/*Schröder* § 18 Rn. 2.

III. Definition der drohenden Zahlungsunfähigkeit

Nach der Legaldefinition des § 18 Abs. 2 InsO droht der Schuldner zahlungsunfähig zu werden, wenn er voraussichtlich nicht in der Lage sein wird, die bestehenden Zahlungspflichten im Zeitpunkt der Fälligkeit zu erfüllen. Das Wort „*voraussichtlich*" ist dahingehend zu verstehen, dass der Eintritt der Zahlungsunfähigkeit wahrscheinlicher sein muss als deren Nichteintritt.[189]

99

Der wesentliche Unterschied zur bereits eingetretenen Zahlungsunfähigkeit besteht darin, dass nicht auf die gegenwärtige, sondern auf die künftige Liquiditätssituation abgestellt wird. Dementsprechend ist auch nicht nur auf die lediglich kurzfristig zur Verfügung stehenden Zahlungsmittel und die fälligen Zahlungspflichten abzustellen. Es ist vielmehr die prognostizierte künftige Liquiditätsentwicklung des Schuldners mit einzubeziehen.

100

Bei der Ermittlung der drohenden Zahlungsunfähigkeit ist im Rahmen der Betrachtung auf eine **Zeitraumilliquidität** abzustellen.[190] Der Insolvenzgrund der drohenden Zahlungsunfähigkeit liegt dann vor, wenn sich aus der Gegenüberstellung der zu erwartenden Ausgaben und Einnahmen ergibt, dass die Wahrscheinlichkeit des Eintritt der Zahlungsunfähigkeit zu einem bestimmten Zeitpunkt über 50 % liegt.[191] Wie bei der eingetretenen Zahlungsunfähigkeit haben auch bei der drohenden Zahlungsunfähigkeit **ganz geringfügige Liquiditätslücken** sowie **vorübergehende Zahlungsstockungen** außer Betracht zu bleiben.[192]

101

1. Zahlungspflichten des Schuldners

a) Bestehende Zahlungspflichten. Bei der Beurteilung der drohenden Zahlungsunfähigkeit sind nach dem Gesetzeswortlaut des § 18 Abs. 2 InsO zunächst die am Prüfungsstichtag bereits bestehenden Zahlungspflichten zu ermitteln. Hierbei sind nur Geldforderungen zu berücksichtigen, die dem Grunde nach schon **bestehen,** dh der jeweils vom Gesetz zur Entstehung vorgesehene Tatbestand muss verwirklicht sein. Die Verbindlichkeiten müssen wenigstens künftig fällig werden und auch sonst frei von Einwendungen und Einreden sein.[193]

102

Zu den bestehenden Zahlungspflichten zählen bereits begründete Lieferantenschulden mit vereinbartem Zahlungsziel, Zins- und Tilgungsverpflichtungen bei Kontokorrentkrediten, Darlehen entsprechend der Fälligkeit der vereinbarten Kapitaldienstraten, Gesellschafterdarlehen,[194] die nach Anstellungs- und Tarifverträgen sowie nach Betriebsvereinbarungen begründeten und durch Kündigung nicht vermeidbaren Lohn- und Gehaltszahlungen sowie Nebenleis-

103

---

[189] Begründung RegE zu § 18 (22), in *Kübler/Prütting*, Das neue Insolvenzrecht, 2. Aufl., S. 173.
[190] FK-InsO/*Schmerbach* § 18 Rn. 8.
[191] HambK-InsO/*Schröder* § 18 Rn. 8.
[192] Begründung RegE zu § 18 (22), in *Kübler/Prütting*, Das neue Insolvenzrecht, 2. Aufl., S. 173.
[193] HK-InsO/*Rüntz* § 18 Rn. 7; HambK-InsO/*Schröder* § 18 Rn. 7.
[194] Gesellschafterdarlehen können nur dann außer Betracht bleiben, wenn ein Verzicht oder ein Rangrücktritt erklärt worden ist.

tungen, Pensionsverpflichtungen, Zahlungszusagen auf Grund von Dauerschuldverhältnissen sowie aus schwebenden Geschäften. In Betracht kommen ferner Zahlungspflichten aus beschlossenen Maßnahmen (Stilllegung, Sozialplan) sowie bereits begründete Steuerverpflichtungen.

104   b) **Voraussehbare, aber noch nicht begründete Verbindlichkeiten.** Ferner stellt sich in diesem Zusammenhang die Frage, ob die noch nicht begründeten aber **voraussehbaren Verbindlichkeiten** gänzlich außer Betracht zu lassen sind oder ob auch sie dem Schuldner das Recht einräumen, sich unter den Schutz des gerichtlichen Insolvenzverfahrens zu stellen. Im Gegensatz zum Gesetzes**text**, der auf die bestehenden Zahlungspflichten abstellt, sind jedoch nach der Gesetzes**begründung** in diesem Rahmen auch die zukünftigen, noch nicht begründeten Zahlungspflichten zu berücksichtigen.

105   Schließlich betont der Gesetzgeber ausdrücklich, dass **in die Prognose**, die bei der drohenden Zahlungsunfähigkeit anzustellen ist, die gesamte Entwicklung des Schuldners bis zur Fälligkeit aller bestehenden Verbindlichkeiten einbezogen werden muss. Daher sind künftige Verbindlichkeiten zwar noch nicht in die bestehenden Zahlungsverpflichtungen einzustellen, sie finden jedoch bei der vorzunehmenden **Prognoseentscheidung** entsprechende Berücksichtigung. In diesem Rahmen können künftige, mit großer Wahrscheinlichkeit noch zu begründende Verbindlichkeiten Bedeutung erlangen.[195] Es ist jedoch zu beachten, dass diese nur dann einbezogen werden dürfen, wenn deren Entstehung wahrscheinlich ist und deren voraussichtliches Fälligkeitsdatum vor dem letzten Fälligkeitsdatum der schon bestehenden Zahlungspflichten liegt.[196]

2. Künftige Liquidität

106   Der Tatbestand der drohenden Zahlungsunfähigkeit impliziert, dass der Gutachter die vorhandenen Finanzmittelpotenziale ermittelt, um so dem prognostizierten Liquiditätsbedarf die künftig verfügbaren Zahlungsmittel gegenüberstellen zu können. In diesem Rahmen finden Berücksichtigung die Forderungsbestände, die zu erwartenden Einzahlungen aus Umsatzprozessen, die erwarteten Zuflüsse aus der Veräußerung von Teilen des Betriebsvermögens, Finanzmittel aus geplanten Kreditaufnahmen, Kapitalerhöhungen, Einlagen, Verlustübernahmen und Gesellschafterzuschüssen, sofern diese mit hinreichender Wahrscheinlichkeit zu erwarten sind.

IV. Ermittlung der drohenden Zahlungsunfähigkeit

1. Grundsatz

107   Die Methode der Feststellung der drohenden Zahlungsunfähigkeit ist gesetzlich nicht festgelegt. Zielrichtung der Untersuchung ist, ob die Zahlungsmittel zu einem künftigen Zeitpunkt voraussichtlich über 90 % der Verbindlichkeiten abdecken. Falls nicht, droht Zahlungsunfähigkeit. Sofern der Mangel nur drei

---

[195] Dahingehend ausführlich Uhlenbruck/*Mock* InsO § 18 Rn. 45; FK-InsO/*Schmerbach* § 18 Rn. 6 f.
[196] *Temme*, Eröffnungsgründe der Insolvenzordnung, S. 64.

Ampferl/Kilper

Wochen andauert, würde es sich lediglich um eine unbeachtliche Zahlungsstockung handeln. Unter Einbeziehung des Merkmals „voraussichtlich" bedeutet dies, dass eine überwiegende Wahrscheinlichkeit (mehr als 50%) für den Eintritt des prognostizierten Liquiditätsverlaufs gegeben sein muss.[197]

Ob eine Eintrittswahrscheinlichkeit von mehr als 50% droht, lässt sich nur anhand eines **Finanzplans (Liquiditätsplan)**[198] überprüfen. In diesem ist die gesamte finanzielle Entwicklung des Schuldners innerhalb eines bestimmten Zeitraums darzustellen. 108

2. Liquiditätsplan

Zunächst ist in einem **ersten Schritt** als Grundlage ein **Finanzstatus** zu erstellen.[199] Darin werden die finanziellen Potentiale des schuldnerischen Unternehmens sowie dessen Verbindlichkeiten inventarmäßig erfasst und nach dem Grad der Liquidität bzw. Fälligkeit gegenübergestellt. Die dafür erforderlichen Daten sind aus dem Rechnungswesen abzuleiten. 109

In einem **zweiten Schritt** sind die im Finanzstatus ausgewiesenen Positionen durch Darstellung der erwarteten Zahlungen in einem detaillierten Finanzplan fortzuentwickeln. Die **bereits begründeten Verbindlichkeiten** sind in voller Höhe und ungeschmälert anzusetzen. Es ist in aller Regel davon auszugehen, dass die künftig fällig werdenden Verbindlichkeiten auch alsbald eingefordert werden. Vor dem Hintergrund des Gesetzeszwecks, nämlich einer möglichst frühen Verfahrenseröffnung, ist kein auf Erfahrungswerten basierender pauschaler Abzug für möglicherweise kreditierte Forderungen vorzunehmen.[200] 110

Im Rahmen der Prognose sind auch die **noch nicht begründeten Zahlungspflichten** zu berücksichtigen und daher in den Finanzplan einzustellen. Die so ermittelten bereits bestehenden und noch zu begründenden Zahlungsverpflichtungen sind den zu erwartenden Zahlungseingängen gegenüberzustellen. Dabei bleiben vorübergehende Zahlungsstockungen ebenso außer Betracht wie ganz geringfügige Liquiditätslücken.[201] 111

3. Prognosezeitraum

Der Gesetzgeber hat offen gelassen, auf welchen **Zeitraum** sich die **Prognose** erstrecken soll.[202] In der Begründung zum Regierungsentwurf wird zwar ausgeführt, dass die Entwicklung der Finanzlage des Schuldners „*bis zur Fälligkeit aller bestehenden Verbindlichkeiten*" zu berücksichtigen ist.[203] Dies würde je- 112

---

[197] BK-InsO/*Goetsch* § 18 Rn. 14.
[198] *Finanzpläne* dienen der Messung der Liquidität. Sie bilden erwartete Ein- und Auszahlungen künftiger Perioden ab; vgl. MüKoInsO/*Drukarczyk* § 18 Rn. 15.
[199] Nur in ganz klaren Fällen kann es genügen, den Nachweis durch Indizien zu führen, wie zB Kündigung der Kredite durch die Hausbank FK-InsO/*Schmerbach* § 18 Rn. 9.
[200] HK-InsO/*Rüntz* § 18 Rn. 7.
[201] Begründung RegE zu § 18 (22), in *Kübler/Prütting*, Das neue Insolvenzrecht, 2. Aufl., S. 173.
[202] Hinsichtlich der Bestimmung des Zeitraumes liegt noch keine Rechtsprechung vor.
[203] Vgl. Begründung RegE zu § 18 (22), in *Kübler/Prütting*, Das neue Insolvenzrecht, 2. Aufl., S. 173.

doch – unter Berücksichtigung langfristiger (Bank-)Verbindlichkeiten – bedeuten, dass sich der Prognosezeitraum und damit der Finanzplan über einen Zeitraum von über 10 Jahren erstrecken müsste. Dass die Einbeziehung so langer Zeiträume keine verlässlichen Ergebnisse mehr zulässt, liegt auf der Hand.[204] Deswegen sind Zeiträume von über zwei Jahren nicht mehr in die Prognoseberechnung einzubeziehen.[205] Die Finanzplanung soll sich daher auf das **laufende Geschäftsjahr** erstrecken und nach Möglichkeit auch das **nächste Geschäftsjahr** mit einbeziehen.[206]

V. Besonderheiten bei der Insolvenzantragstellung

1. Antragsbefugnis

113 Die Vorschrift des § 18 Abs. 3 InsO enthält für **juristische Personen** und **Gesellschaften ohne Rechtspersönlichkeit** eine Einschränkung hinsichtlich der Berechtigung zur Stellung eines auf drohende Zahlungsunfähigkeit gestützten Eigenantrages. Unproblematisch ist zunächst die Konstellation, dass alle Mitglieder des Vertretungsorgans, alle persönlich haftenden Gesellschafter oder alle Abwickler den Antrag stellen, dieser ist ohne weiteres zulässig. Wird hingegen der Eigenantrag wegen drohender Zahlungsunfähigkeit nur von einem Vertretungsorgan, einem persönlich haftenden Gesellschafter oder einem Abwickler gestellt, so ist der Antrag nur dann zulässig, wenn der Antragsteller **alleinvertretungsberechtigt** ist.[207] Mit der Regelung sollen missbräuchliche, voreilige oder unabgestimmte Insolvenzanträge vermieden werden.

114 Damit sind jeweils für die antragstellenden juristischen Personen bzw. für die jeweiligen Gesellschaften ohne Rechtspersönlichkeit die **gesetzlichen Grundlagen** zur Vertretungsberechtigung, soweit keine vorrangigen Regelungen der **Satzung** bzw. des **Gesellschaftsvertrages** bestehen, heranzuziehen: Aktiengesellschaft – Gesamtvertretung, § 78 Abs. 2 AktG; Gesellschaft mit beschränkter Haftung – Gesamtvertretung, § 35 Abs. 2 GmbHG; Genossenschaft – Gesamtvertretung, § 25 Abs. 1 GenG; Vereine – Mehrheitsentscheidung des Vorstandes, §§ 26, 54 BGB; Offene Handelsgesellschaft, Kommanditgesellschaft, KGaA – Einzelvertretung, §§ 125, 161 Abs. 2 HGB, § 278 Abs. 2 AktG; BGB-Gesellschaft – Regelung im Gesellschaftsvertrag, § 714 BGB.

115 Bei einer **führungslosen** juristischen Person im Sinne des § 10 Abs. 2 S. 2 InsO ist gemäß § 15 Abs. 1 S. 2 InsO jeder Gesellschafter sowie bei einer Aktiengesellschaft oder einer Genossenschaft zudem auch jedes Mitglied des Aufsichtsrates zur Antragstellung wegen drohender Zahlungsunfähigkeit berechtigt. Voraussetzung hierfür ist, dass gleichzeitig die Führungslosigkeit glaubhaft gemacht wird, § 15 Abs. 2 S. 2 InsO.

---

[204] Ebenso *Drukarczyk/Schüler*, Kölner Schrift zur Insolvenzordnung, S. 95 Rn. 43.
[205] Für einen maximalen Prognosehorizont von drei Jahren FK-InsO/*Schmerbach* § 18 Rn. 8a.
[206] AA Uhlenbruck/*Mock* InsO § 18 Rn. 24: Prognosezeitraum unbeschränkt, praktisch aber zwei Jahre.
[207] HK-InsO/*Rüntz* § 18 Rn. 17f.

2. Glaubhaftmachung Insolvenzgrund

Wird der Antrag nicht von allen Mitgliedern des Vertretungsorgans oder allen persönlich haftenden Gesellschaftern gestellt, ist zudem die Vorschrift des § 15 Abs. 2 InsO zu beachten. Danach ist der Insolvenzgrund der drohenden Zahlungsunfähigkeit vom (alleinvertretungsberechtigten) Antragsteller glaubhaft zu machen.[208] Es reicht damit in dieser Konstellation nicht, dass der Insolvenzgrund der drohenden Zahlungsunfähigkeit nur dargelegt wird. Ferner sind die übrigen Vertretungsbefugten anzuhören. In diesem Zusammenhang ist zu beachten, dass sich vertretungsberechtigte Personen auch durch einen verfrühten Insolvenzantrag schadensersatzpflichtig machen können.[209]

116

Wird ein Insolvenzantrag nur von einem Miterben gestellt, so ist die drohende Zahlungsunfähigkeit (§ 320 S. 2 InsO) als Insolvenzgrund ebenfalls glaubhaft zu machen und die übrigen Erben sind zu hören, § 317 Abs. 2 S. 1 InsO.

117/118

D. Überschuldung

I. Normzweck und Bedeutung

Für juristische Personen und gleichgestellte Rechtsträger ist gem. § 19 InsO auch die Überschuldung Eröffnungsgrund. Während eine natürliche Person für die durch eigenes Handeln begründeten Verbindlichkeiten grundsätzlich[210] unbeschränkt haftet, ist die Haftung bei juristischen Personen auf das Gesellschaftsvermögen beschränkt. Den Gläubigern steht nicht das gesamte Vermögen des Handelnden zur Verfügung, sondern nur eine begrenzte Vermögensmasse. Dieses Auseinanderfallen von Herrschaft und Haftung bedingt zunächst die gläubigerschützende Insolvenzantragspflicht. Die Einleitung eines Insolvenzverfahrens erst bei Eintritt der Zahlungsunfähigkeit erfolgt jedoch vor dem Hintergrund der begrenzten Haftungsmasse zu spät, weil die Befriedigungsaussichten der Gläubiger zu diesem Zeitpunkt schon erheblich eingeschränkt sind.[211]

119

Der Tatbestand der Überschuldung bestimmt den Zeitpunkt, zu welchem ein unverändertes „Weiterwirtschaften" von der Rechtsordnung nicht akzeptiert wird und die Gesellschaft in ein Insolvenzverfahren zu überführen ist bzw. haftungsbewehrte Verhaltenspflichten bestehen. Die Gesellschaft darf nicht mehr unverändert am Markt auftreten.[212] Für die Konkretisierung des Zeitpunktes ist zu berücksichtigen, dass die Divergenz von Herrschaft und Haftung ein Mindestmaß an gesetzlichem Gläubigerschutz erfordert. Gerade wenn das Gesellschaftsvermögen aufgebraucht ist, erhöht dies den Anreiz für spekulatives, riskantes Verhalten auf Kosten der Gläubiger.[213] Auf der anderen Seite kann den

120

---

[208] MüKoInsO/*Schmahl* § 15 Rn. 72, 74.
[209] HK-InsO/*Rüntz* § 18 Rn. 19.
[210] Ausnahme: Restschuldbefreiung gem. §§ 286 ff. InsO.
[211] Jaeger/*Müller* InsO § 19 Rn. 4; *K. Schmidt*, Das Kapital der Aktiengesellschaft in Europa, S. 188, 196.
[212] MüKoInsO/*Drukarczyk* § 19 Rn. 1.
[213] *Eidenmüller*, Unternehmenssanierung zwischen Markt und Gesetz, S. 23.

Gläubigern nicht das grundsätzlich von Ihnen zu tragende Risiko des Forderungsausfalls abgenommen werden, ohne die ökonomischen Funktionen der Haftungsbeschränkung (Anreiz zur Teilnahme am Wettbewerb und Gewinnung von Anlagegesellschaftern) zu gefährden.[214]

121 Ziel ist es nicht, einen Gläubigerausfall auszuschließen und die Befriedigung aller Gläubiger zu garantieren.[215] Dies wäre nur durch einen einstufigen Überschuldungsbegriff zu erreichen, bei dessen Bestimmung die Aktiva bewertet zu Liquidationswerten die Passiva zuzüglich der Kosten der Liquidation und des Insolvenzverfahrens decken. Zwar wäre die Wahrscheinlichkeit des Forderungsausfalls sehr gering, viele Rechtsträger, die aus laufenden Einnahmen heraus ihre Forderungen befriedigen können, müssten jedoch Insolvenzantrag stellen.[216]

122 Damit ist ein Prognoseelement in die Bestimmung der Überschuldung einzustellen, nämlich die Frage, ob das Unternehmen fortgeführt werden kann.[217] Aus Gläubigerschutzgesichtspunkten ist eine Antragspflicht trotz Überschuldung unter Ansatz von Liquidationswerten nicht geboten, wenn aufgrund einer begründeten Prognose eine Befriedigung aller Gläubiger aus dem Gesellschaftsvermögen sicher oder überwiegend wahrscheinlich ist.

123 Das Vorliegen der Überschuldung ist einerseits Tatbestandsmerkmal für die Verfahrenseröffnung. Die wenigsten Insolvenzverfahren werden jedoch ausschließlich aufgrund vorliegender Überschuldung eröffnet. Die wesentliche Bedeutung der Überschuldung liegt in ihrer Funktion als Anknüpfungspunkt für Haftungs- und Straftatbestände.[218] Vor diesem Hintergrund muss die Überschuldung in den meisten Fällen ex post bestimmt werden. Neben der Erkennbarkeit für den Geschäftsführer muss auch die Justiziabilität für die Haftungsdurchsetzung gewährleistet sein.[219] Damit sind Vorschläge zur Abschaffung des Überschuldungstatbestandes[220] kritisch zu beurteilen, weil Überschuldung und drohende Zahlungsunfähigkeit zwar in Teilbereichen deckungsgleich sind, die Bestimmung unter Berücksichtigung der Beweislast aber wesentlich anders ausfällt.

124 Ebenfalls kritisch zu beurteilen ist auch der Vorschlag die Insolvenzantragspflicht bei korrespondierender Ausweitung der Haftung der Geschäftsführer und Erweiterung der Antragsrechte der Gläubiger abzuschaffen.[221] Haftungsansprüche gegen Geschäftsleiter führen nicht zu einer Verbesserung des Gläubigerschutzes, weil sie mangels ausreichenden Privatvermögens nicht zu realisieren sind. Der Gläubiger ist im Zweifel nicht an einem Insolvenzverfahren mit gleichmäßiger Befriedigung, sondern an seiner bevorzugten Befriedigung interessiert und wird daher keinen Antrag stellen. Eine verhaltenssteuernde Wirkung geht allenfalls von der strafbewehrten Insolvenzantragspflicht aus.

---

[214] *Haas*, Gutachten E zum 66. Deutschen Juristentag, E 20.
[215] *Haas*, Gutachten E zum 66. Deutschen Juristentag, E 20.
[216] Jaeger/*Müller* InsO § 19 Rn. 16; *M. Fischer* ZIP 2004, 1477 (1482).
[217] Jaeger/*Müller* InsO § 19 Rn. 17.
[218] *K. Schmidt*, Das Kapital der Aktiengesellschaft in Europa, S. 188, 193.
[219] *Haas*, Gutachten E zum 66. Deutschen Juristentag, E 20.
[220] Hölzle ZIP 2008, 2003 (2004); *Möhlmann-Mahlau/Schmitt* NZI 2009, 19 (24).
[221] *Hirte*, Referat zum 66. Deutschen Juristentag, P 36.

II. Anwendungsbereich

Nach Maßgabe des § 19 Abs. 1 InsO ist die Überschuldung Eröffnungsgrund für **juristische Personen** im Sinne des § 11 Abs. 1 InsO. Darunter fallen die Aktiengesellschaft, die Kommanditgesellschaft auf Aktien, die Gesellschaft mit beschränkter Haftung, der rechtsfähige Verein und die eingetragene Genossenschaft.[222] Durch die in § 11 Abs. 1 S. 2 InsO angeordnete Gleichstellung mit einer juristischen Person besteht auch beim nicht rechtsfähigen Verein die Überschuldung als Insolvenzgrund. Auch bei juristischen Personen des öffentlichen Rechts, soweit sie gem. § 12 InsO überhaupt insolvenzfähig sind, ist § 19 Abs. 1 InsO einschlägig. 125

Für den Insolvenzantrag einer Gesellschaft in ausländischer Rechtsform ist im Anwendungsbereich des Art. 3 EuInsVO das deutsche Insolvenzgericht zuständig, wenn die Gesellschaft den Mittelpunkt ihrer hauptsächlichen Interessen in Deutschland hat. Gemäß Art. 4 EuInsVO gilt für das Insolvenzverfahren das Rechts des Mitgliedsstaates, in dem das Verfahren eröffnet wurde. Es gelten bei einer „Scheinauslandsgesellschaft" dieselben Eröffnungsgründe wie bei inländischen juristischen Personen. Für die Ermittlung der Überschuldung ist auf die weltweite Vermögenslage abzustellen.[223] 126

Nach Maßgabe des § 19 Abs. 3 S. 1 InsO ist die Überschuldung Eröffnungsgrund für Gesellschaften ohne Rechtspersönlichkeit, bei denen kein persönlich haftender Gesellschafter eine natürliche Person ist. Davon normiert § 19 Abs. 3 S. 2 InsO eine Ausnahme für die Fälle, in denen eine natürliche Person persönlich haftender Gesellschafter eines persönlich haftenden Gesellschafters des Schuldners ist. 127

Er ist ferner bei einem Nachlass (§ 320 S. 1 InsO), einer fortgesetzten Gütergemeinschaft (§ 332 Abs. 1 InsO) sowie bei jeder Art von Rechtsträgern eines Kreditinstitutes (§ 46b Abs. 1 S. 3 KWG) Insolvenzgrund. 128

Bei natürlichen Personen scheidet § 19 InsO als Insolvenzgrund aus. Er findet ferner keine Anwendung bei Gesellschaften ohne Rechtspersönlichkeit, bei denen mindestens ein Gesellschafter persönlich haftet (zB OHG; KG; GbR). 129

III. Begriff der Überschuldung

1. Zweistufiger Überschuldungsbegriff

a) Entwicklung. In der Konkursordnung fand sich zum Konkursgrund der Überschuldung keine Definition. Der Begriff war in einzelnen gesellschaftsrechtlichen Vorschriften definiert, wie zB in den §§ 64 Abs. 1 S. 2 GmbHG, 92 Abs. 2 S. 2 AktG, 130a Abs. 1 S. 1 HGB sowie § 98 Abs. 1 S. 2 GenG. Die Rechtsprechung ging zu diesen Vorschriften von einem zweistufigen Über- 130

---

[222] Bei der Genossenschaft ist jedoch zusätzlich § 98 GenG zu beachten. Die Überschuldung als Eröffnungsgrund greift nur dann, wenn die Genossen Nachschüsse bis zu einer Haftsumme zu leisten haben und die Überschuldung ein Viertel des Gesamtbetrages der Haftsumme aller Genossen übersteigt oder die Genossen keine Nachschüsse zu leisten haben oder die Genossenschaft aufgelöst ist.
[223] *Vallender* ZGR 2006, 425 (449 f.).

schuldungsbegriff aus, bei dem die Bewertung der Aktiva von einer positiven bzw. negativen Fortbestehensprognose abhing.[224] Im Rahmen der Beratungen zur InsO wurde durch den Rechtsausschuss anknüpfend an den **zweistufigen Überschuldungsbegriff**[225] folgender Text aufgenommen, der bis zum 17.10.2008 geltendes Recht war:

131 „*Überschuldung liegt vor, wenn das Vermögen des Schuldners die bestehenden Verbindlichkeiten nicht mehr deckt. Bei der Bewertung des Vermögens des Schuldners ist jedoch die Fortführung des Unternehmens zugrunde zu legen, wenn diese nach den Umständen überwiegend wahrscheinlich ist.*"

132 **b) Definition.** Der Überschuldungstatbestand besteht aus zwei Elementen, zum einen die sog **rechnerische** Überschuldung (Vermögensinsuffizienz) und zum anderen als prognostisches Element die **Fortbestehens- und Überlebensfähigkeitsprognose.** Zur Feststellung der rechnerischen Überschuldung sind das im Falle einer Verfahrenseröffnung als Insolvenzmasse zur Verfügung stehende **Vermögen** und die gegenüber den Insolvenzgläubigern bestehenden **Verbindlichkeiten** zu vergleichen. Daneben dient die Fortbestehensprognose allein als Basis dafür, wie die Vermögensgegenstände zu bewerten sind.[226] Im Falle der Bejahung der Fortführungsfähigkeit dürfen bei der Ermittlung der **rechtlichen** Überschuldung statt der Liquidationswerte die meist höheren Fortführungswerte angesetzt werden. Die Fortbestehensprognose dient also lediglich zur Klärung der Frage, mit welchen Werten die Aktiva bewertet werden dürfen. Demgegenüber vermochte allein eine positive Fortführungsprognose nicht den Insolvenzgrund der Überschuldung auszuschließen.

2. Modifizierter zweistufiger Überschuldungsbegriff

133 **a) Entwicklung.** Insbesondere von *K. Schmidt* wurde eine Modifikation des zweistufigen Überschuldungsbegriffes vorgeschlagen.[227] Im Interesse des Erhaltes fortführbarer Unternehmen sei die Fortführungsprognose als gleichwertiges Element der rechnerischen Überschuldung zur Seite zu stellen. Aus Gläubigersicht ergäbe sich kein Grund für eine Insolvenzauslösung, wenn ein Unternehmen aus seiner Finanz- und Ertragskraft heraus in der Lage ist, jederzeit seine zukünftig fällig werdenden Verbindlichkeiten zu decken. Diesem Überschuldungsbegriff hatte sich der BGH in der Entscheidung „Dornier" im Jahre 1992 angeschlossen.[228] Durch den Gesetzgeber zur Insolvenzordnung wurde dieser Überschuldungsbegriff nicht übernommen. Der Rechtsausschuss sah insoweit erhebliche Nachteile für die Gläubiger, wenn eine Gesellschaft bei positiver Prognose weiter wirtschaften kann, ohne dass ein die Schulden deckendes Kapital zur Verfügung steht und sich die Prognose am Ende als falsch erweist.[229] Anders wird dies nunmehr in der Regierungsbegründung zum FMStG gesehen.

---

[224] BGH Urt. v. 27.10.1982 – VIII ZR 187/81, NJW 1983, 676 (677).
[225] Die Regelung in § 19 Abs. 2 InsO kehrt zum zweistufigen Überschuldungbegriff zurück: Jaeger/*Müller* InsO § 19 Rn. 24.
[226] Begründung RegE zu § 19 (23), in *Kübler/Prütting*, Das neue Insolvenzrecht, 2. Aufl., S. 175.
[227] *K. Schmidt* AG 1978, 334 (337).
[228] BGH Urt. v. 13.7.1992 – II ZR 269/91, ZIP 1992, 1382.
[229] BT-Drs. 12/7302, 157.

Es sei ökonomisch völlig unbefriedigend, wenn Unternehmen ein Insolvenzverfahren durchlaufen müssten, obwohl überwiegend wahrscheinlich sei, dass sie erfolgreich am Markt operieren können.[230] Im Rahmen des FMStG wurde § 19 Abs. 2 InsO anknüpfend an den modifizierten zweistufigen Überschuldungsbegriff wie folgt gefasst:
„*Überschuldung liegt vor, wenn das Vermögen des Schuldners die bestehenden Verbindlichkeiten nicht mehr deckt, es sei denn, die Fortführung des Unternehmens ist nach den Umständen überwiegend wahrscheinlich.*" 134
Die Geltungsdauer der Regelung war zunächst bis zum 31.12.2010 begrenzt. Die Befristung wurde mit Gesetz vom 5.12.2012 aufgehoben.[231]

b) Definition. Auch im Rahmen des modifizierten zweistufigen Überschuldungsbegriffes besteht der Überschuldungstatbestand aus zwei Elementen, zum einen die sog **rechnerische** Überschuldung und zum anderen die **Überlebens- oder Fortbestehensprognose**. Zur Feststellung der rechnerischen Überschuldung ist das Vermögen bewertet zu Liquidationswerten mit den Verbindlichkeiten zu vergleichen. Daneben tritt jedoch als selbständiges Element die Fortbestehensprognose.[232] Die Bejahung der Fortführungsfähigkeit schließt die rechtliche Überschuldung unabhängig von den aktuellen Aktiva und Passiva der Gesellschaft aus.[233] 135

3. Stellungnahme und Bewertung

Die Kritik am modifizierten zweistufigen Überschuldungsbegriff bezog sich im Wesentlichen auf die Frage, wie bei einer Aufwertung der Fortführungsprognose der Gestaltungsspielraum des Geschäftsführers auf ein vernünftiges Maß reduziert werden kann.[234] Auf der anderen Seite wurde und wird auch von den Vertretern des modifizierten zweistufigen Überschuldungsbegriffes die Objektivierbarkeit der Prognose betont.[235] 136

Ausgangspunkt für eine Bewertung ist die ökonomische Funktion der Haftungsbeschränkung. Nachdem die Gläubiger das allgemeine wirtschaftliche Risiko des Scheiterns in Kauf zu nehmen haben, eine unter dem Schirm der Haftungsbeschränkung durchgeführte Spekulation zu Lasten der Gläubiger jedoch nicht akzeptiert werden kann, muss die Prognose nachvollziehbar darlegen, wie die bestehenden Verbindlichkeiten entweder aus veräußerbaren Vermögenswerten oder realistischer Weise zu erzielenden Gewinnen gedeckt werden können. 137

Ob sich die Ergebnisse einer so gefassten Fortbestehensprognose in der Bewertung oder im gänzlichen Ausschluss der Überschuldung widerspiegeln, ist **materiellrechtlich** dann von untergeordneter Bedeutung, wenn man beim zweistufigen Überschuldungsbegriff mit positiver Fortbestehensprognose die Aktivierung eines immateriellen Firmenwertes zulässt.[236] 138

---

[230] Regierungsbegründung FMStG ZIP 2008, 2040 (2047).
[231] BGBl. 2012, 2418.
[232] Regierungsbegründung FMStG ZIP 2008, 2040 (2047).
[233] BGH Urt. v. 13.7.1992 – II ZR 269/91, ZIP 1992, 1382.
[234] MüKoInsO/*Drukarczyk* § 19 Rn. 18.
[235] Vgl. etwa *K. Schmidt* DB 2008, 2467 (2469).
[236] *K. Schmidt* DB 2008, 2467 (2469); *Bitter* ZInsO 2008, 1097.

139 Ein wesentlicher Unterschied beider Begriffe kann in der **prozessrechtlichen** Durchsetzung von Haftungsansprüchen und Strafverfolgungen liegen. Zivilrechtlich muss zur Gewährleistung der Justiziabilität des Überschuldungsbegriffes eine Beweislast für die positive Fortbestehensprognose dem Geschäftsführer auferlegt werden. Strafrechtlich ist dies jedoch nicht möglich. Im Ergebnis ist zu konstatieren, dass in den vergangenen Jahren nur sehr wenige Entscheidungen veröffentlicht wurden, die einen Haftungs- oder Straftatbestand auf Überschuldung stützen. In der Praxis hat die Überschuldung an Bedeutung verloren.

IV. Prüfungsreihenfolge der Überschuldung

1. Methodischer Ansatz

140 Unabhängig vom zugrunde zu legenden Überschuldungsbegriff beinhaltet die Prüfung die Erstellung einer **Prognose zur Lebensfähigkeit** des Unternehmens sowie die Aufstellung eines **Überschuldungsstatus**. Die Frage ist, in welcher Reihenfolge eine Prüfung der beiden Tatbestandsmerkmale zu erfolgen hat. Da die gesetzliche Regelung keine zwingende Prüfungsreihenfolge vorschreibt, kann die Wahl der Methode nach Zweckmäßigkeit im Einzelfall vorgenommen werden. Andererseits hat die Prüfung bei der Durchsetzung von Ansprüchen die gesetzliche Beweislastverteilung zu berücksichtigen.

2. Prüfung im konkreten Fall

141 Für die Bejahung der Überschuldung müssen sowohl eine negative Fortbestehensprognose wie auch eine rechnerische Überschuldung zu Liquidationswerten gegeben sein. Beide Tatbestandsmerkmale sind beim modifizierten zweistufigen Überschuldungsbegriff unabhängig voneinander und können separat geprüft werden. Je nach Zweck der Überschuldungsprüfung ist die Reihenfolge der Prüfung wählbar.

142 Für den **Gutachter im Insolvenzantragsverfahren** bietet sich an, die Prüfung mit der Fortbestehensprognose zu beginnen, nachdem in der Praxis regelmäßig von einer negativen Prognose auszugehen sein dürfte. Soweit ausnahmsweise eine positive Prognose zugrunde zu legen ist, kann eine Einzelbewertung der Vermögensgegenstände des schuldnerischen Unternehmens unterbleiben.

143 Im Rahmen von **Haftungsprozessen** etwa gem. § 64 GmbHG kann eine andere Prüfungsreihenfolge angezeigt sein, etwa weil sich eine rechnerische Überschuldung unter indizieller Heranziehung der Buchwerte zu einem bestimmten Zeitpunkt ergibt. Können im zweiten Schritt wegen fehlender Unterlagen im Unternehmen keine Daten zur Fortbestehensprognose erhoben werden, bedarf es im Haftungsprozess keines weiteren Vortrages, weil die Darlegungs- und Beweislast dem Geschäftsführer obliegt.

144 Der **Geschäftsführer** einer GmbH und entsprechende andere Organe juristischer Personen sind verpflichtet, die wirtschaftliche Lage des Unternehmens einschließlich des Vorliegens von Insolvenzgründen kontinuierlich zu prüfen.[237]

---

[237] Baumbach/Hueck/*Zöllner*/*Noack* GmbHG § 43 Rn. 24.

Nachdem Buchhaltungsdaten und damit Buchwerte für die Vermögensgegenstände regelmäßig vorliegen (sollten), kann sich eine vorrangige Prüfung der rechnerischen Überschuldung anhand des Mengengerüstes der Buchhaltung unter Berücksichtigung der Liquidationswerte anbieten. Soweit diese Prüfung eine rechnerische Überschuldung ergibt, muss eine Ertrags- und Liquiditätsplanung erstellt werden, welche Aufschluss darüber gibt, wie die bestehenden Verbindlichkeiten bezahlt werden können.

V. Fortbestehensprognose

1. Definition

145 Nach der **Rechtsprechung** des BGH setzt eine positive Fortbestehensprognose sowohl den Fortführungswillen des Schuldners bzw. seiner Organe als auch die objektive – grundsätzliche aus einem aussagekräftigen Unternehmenskonzept (Ertrags- und Finanzplan) herzuleitende – Überlebensfähigkeit des Unternehmens voraus.[238] Die Planung hat von einem aussagekräftigen und plausiblen Unternehmenskonzept auszugehen, auf dessen Grundlage die finanzielle Entwicklung des Unternehmens für den Prognosezeitraum dargestellt werden muss.[239]

146 In der **Literatur** wird teilweise darauf abgestellt, ob das Unternehmen mittelfristig Gewinne abwerfe.[240] Wieder andere Autoren stellen auf die Ertragsfähigkeit ab und wollen bei der Bestimmung jede Form von Fremd- oder Eigenkapitalzufuhr außer Betracht lassen.[241]

147 Ausgerichtet auf den Gläubigerschutzzweck ist die Fortbestehensprognose mit der herrschenden Meinung im Sinne einer **Zahlungsfähigkeitsprognose** zu verstehen.[242] Gegenstand der Prognose ist deshalb, ob das schuldnerische Unternehmen mit überwiegender Wahrscheinlichkeit in der Lage sein wird, seine bestehenden und zukünftigen Verbindlichkeiten zu erfüllen.[243] Sind Finanzierungsdefizite absehbar, ist das Überleben des Unternehmens ernsthaft gefährdet. Mithin sind im Einzelnen die folgenden Merkmale zu prüfen:

148 a) **Fortführungswille.** Grundvoraussetzung für eine positive Fortbestehensprognose ist der Fortführungswille des Schuldners und damit nicht nur seiner Organe sondern auch der über die Stilllegung zu befindenden Gesellschafter.[244]

149 b) **Ertrags- und Finanzplanung.** Wie oben dargestellt, setzt eine günstige Fortbestehensprognose voraus, dass die Finanz- und Ertragsplanung die überwiegende Wahrscheinlichkeit dafür ergibt, dass mittelfristig nicht mit dem Eintritt einer Zahlungsunfähigkeit zu rechnen ist. Vielmehr muss die Gesellschaft in überschaubarer Zeit ihre fälligen Verpflichtungen erfüllen können.[245] Ein

---

[238] BGH Beschl. v. 9.10.2006 – II ZR 303/05, NZI 2007, 44.
[239] LG Göttingen Beschl. v. 3.11.2008 – 10 T 119/08, ZIP 2009, 382 (383).
[240] *Bähner* KTS 1988, 443 (446).
[241] *Wolf*, Überschuldung, S. 38; differenzierend: HK-InsO/*Rüntz* § 19 Rn. 12.
[242] Vgl. nur MüKoInsO/*Drukarczyk* § 19 Rn. 53.
[243] *Bork* ZIP 2000, 1709 (1710).
[244] BGH Beschl. v. 9.10.2006 – II ZR 303/05, NZI 2007, 44; Jaeger/*Müller* InsO § 19 Rn. 32.
[245] OLG Köln Beschl. v. 23.2.2000 – 11 U 155/99, ZInsO 2001, 48.

Ertrags- und Finanzplan ist nach betriebswirtschaftlichen Grundsätzen aufzustellen.[246] Zunächst muss im **ersten Schritt** ein aussagekräftiges **Unternehmenskonzept** erstellt werden, in welchem dargelegt wird, welcher Gestaltungsrahmen besteht, welche Zielvorstellungen und Strategien verfolgt werden und welche Richtung der Unternehmensverlauf nehmen soll.[247] Das Unternehmenskonzept soll insbesondere von der betrieblichen Ist-Situation ausgehend eine Ursachen- und Schwachstellenanalyse enthalten,[248] eine Darstellung der Marktverhältnisse sowie Aussagen zu den Fixkosten und zu den personellen, sachlichen, fachlichen und finanziellen Rahmenbedingungen treffen.[249]

150 Anschließend wird in einem **zweiten Schritt** auf Grundlage des Unternehmenskonzeptes ein **Finanzplan** erstellt. Dieser, die finanziellen Wirkungen des Unternehmenskonzeptes darstellende Teil, gibt Aufschluss darüber, ob das schuldnerische Unternehmen bis zum Prognosehorizont in der Lage ist, seinen Zahlungsverpflichtungen nachzukommen.[250] Dies erfolgt durch eine periodengerechte Gegenüberstellung der prognostizierten Ein- und Ausgaben.[251]

151 Im **dritten Schritt** wird die **Fortbestehensprognose** aus dem Ergebnis des Finanzplans abgeleitet. Insoweit ist darauf abzustellen, ob das schuldnerische Unternehmen bzw. dessen Finanzkraft mit überwiegender Wahrscheinlichkeit in der Lage ist, die bestehenden Verbindlichkeiten und die aus der Geschäftsfortführung erwachsenden Kosten zu bestreiten.[252] Ergibt sich aus der Finanzplanung eine Liquiditätsunterdeckung, so führt dies zu einer negativen Fortbestehensprognose.

152 Teilweise wird eine Prüfung des Fortbestehens anhand von **Indizien** befürwortet.[253] Dabei ist größte Zurückhaltung geboten. So kann weder die Bewilligung neuer Kredite noch die Bereitschaft einzelner Gläubiger zu Stundungen eine Aussage dazu treffen, ob die Befriedigung aller Gläubiger sichergestellt ist, etwa wenn für die Kredite Drittsicherheiten gestellt werden müssen. Ein völlig untaugliches Indiz ist auch das Bestehen von ausreichendem Auftragsbestand, weil damit keine Aussage über den zu generierenden Ertrag getroffen wird.[254] Auch ein qualitativ hochwertiges attraktives Produkt mit großen Gewinnmargen ersetzt keinen detaillierten Finanzplan, sondern ist Ausgangspunkt für diesen.[255]

---

[246] *Bork* ZIP 2000, 1709 (1710 ff.); OLG München Urt. v. 15.4.1996 – 31 U 4886/95, GmbHR 1998, 281 (282).
[247] *Bork* ZIP 2000, 1709 (1711).
[248] Zur Analyse der betrieblichen Ist-Situation: Nickert/Lamberti/*Nickert*, Überschuldungs- und Zahlungsunfähigkeitsprüfung, Rn. 286.
[249] *Bork* ZIP 2000, 1709 (1711).
[250] MüKoInsO/*Drukarczyk* § 19 Rn. 53.
[251] *Wolf,* Überschuldung, S. 32 ff.
[252] BGH Urt. v. 29.9.1997 – II ZR 245/96, NJW 1998, 233 (234); BK-InsO/*Goetsch* § 19 Rn. 20.
[253] *Bork* ZIP 2000, 1709 (1712).
[254] Wie hier: Nickert/Lamberti/*Nickert*, Überschuldungs- und Zahlungsunfähigkeitsprüfung, Rn. 354.
[255] Anders BGH Urt. v. 13.7.1992 – II ZR 269/91, ZIP 1992, 1382; wie hier: MüKoInsO/*Drukarczyk* § 19 Rn. 18: „wolkige Begründung".

Ist bereits **Zahlungsunfähigkeit** eingetreten bedarf es der Erstellung umfassender Finanzpläne nicht mehr.[256] Als Grundlage für die Fortführungsprognose genügt das Ergebnis der Zahlungsunfähigkeitsprüfung. Ist das Unternehmen derzeit nicht in der Lage, seinen fälligen Verpflichtungen nachzukommen, kann daraus in aller Regel auf eine negative Fortbestehensprognose geschlossen werden. 153

c) **Prognosehorizont.** Der für die Fortbestehensprognose zugrunde zu legende Zeitraum wird vom Gesetzgeber offen gelassen. Die herrschende Meinung[257] legt im Anschluss an die Empfehlung des Fachausschuss Recht des IDW[258] der Prognose grundsätzlich das **laufende und das folgende Geschäftsjahr** zugrunde, weil betriebswirtschaftlich ein längerer Zeitraum vernünftigerweise regelmäßig nicht mit der notwendigen Sicherheit prognostizierbar ist. Dabei sind auch die Besonderheiten und Zyklen der jeweiligen Branche zu berücksichtigen.[259] 154

2. Beweislast

Die Darlegungs- und Beweislast für das Vorliegen einer positiven Fortbestehensprognose trägt im Haftungsprozess der Geschäftsführer.[260] Dies ergibt aus dem Wortlaut des § 19 Abs. 2 InsO („es sei denn"). Vor diesem Hintergrund wird in der Literatur auch eine mittelbare Dokumentationspflicht der Fortbestehensprognose für den Geschäftsführer angenommen.[261] Im Rahmen des Insolvenzantragsverfahrens ist das Vorliegen des Eröffnungsgrundes von Amts wegen zu ermitteln. Werden entsprechende Daten vom Schuldner nicht zur Verfügung gestellt und können auch nicht anderweitig ermittelt werden, ist im Zweifel von einer negativen Prognose auszugehen.[262] 155

VI. Überschuldungsstatus

1. Grundlagen

Nach allgemeiner Auffassung ist das Mengengerüst der Handelsbilanz Ausgangspunkt für die Erstellung eines Überschuldungsstatus.[263] Diese Vermögensbilanz ist eine **Sonderbilanz** und keinesfalls mit der Handelsbilanz identisch. Der *BGH* hat ausdrücklich festgestellt, dass eine in der Jahresbilanz ausgewiesene Überschuldung indizielle Bedeutung haben könne.[264] Während die Handelsbilanz primär auf eine periodengerechte Gewinnermittlung abzielt, sind hingegen bei der Erstellung der Überschuldungsbilanz die vorhandenen und verwertbaren Vermögenswerte *„realistisch zu bewerten, damit das Ziel* 156

---

[256] Dahingehend auch *Harz* ZInsO 2001, 193 (199).
[257] KPB/*Pape* § 19 Rn. 16; Uhlenbruck/*Mock* InsO § 19 Rn. 217.
[258] IDW 911 5.3.1., ZInsO 2015 S. 1136 ff.
[259] MüKoInsO/*Drukarczyk* § 19 Rn. 56.
[260] BGH Urt. v. 29.11.1999 – II ZR 273/98, ZInsO 2007, 36; BGHZ 143, 184.
[261] *Hirte* ZInsO 2008, 1217 (1223).
[262] Jaeger/*Müller* InsO § 19 Rn. 41.
[263] MüKoInsO/*Drukarczyk* § 19 Rn. 87.
[264] BGH Urt. 5.4.2001 – IX ZR 216/98, ZInsO 2001, 466.

einer rechtzeitigen Verfahrenseröffnung nicht gefährdet wird".[265] Daher dient der Überschuldungsstatus primär dem Zweck, die tatsächlichen und wahren Vermögenswerte den Verbindlichkeiten gegenüberzustellen. Somit haben die handelsrechtlichen Ansatz- (§§ 246 ff. HGB) und Bewertungsvorschriften (§§ 252 ff. HGB) für die Jahresbilanz völlig außer Betracht zu bleiben.[266] Die um die Abschreibungen verminderten Anschaffungswerte geben nicht die tatsächlichen Verwertungsmöglichkeiten wider und können somit nicht für den Überschuldungsstatus maßgeblich sein.

157 In der Handelsbilanz aktivierte Vermögenspositionen, für die keine tatsächlichen oder rechtlichen Möglichkeiten der Verwertung bestehen, werden im Rahmen der Überschuldungsbilanz nicht berücksichtigt. Demgegenüber sind jedoch sowohl stille Reserven sowie auch Vermögensgegenstände, die handelsbilanziell nicht ansetzbar sind, aber aller Voraussicht noch einen Verwertungserlös erzielen, wertmäßig im Status zu erfassen.[267] Künftige Ansprüche, die erst durch ein Insolvenzverfahren entstehen, zB auf Grund möglicher Anfechtungstatbestände, bleiben außer Ansatz.[268] Demgegenüber sind die Gegenstände, die der Aus- und Absonderung unterliegen – ebenso wie die gesicherten Gegenforderungen auf der Passivseite – voll zu berücksichtigen.[269]

2. Ansatz und Bewertung im Überschuldungsstatus.

Überschuldungsstatus	
AKTIVA	**PASSIVA**
I. Ausstehende Einlagen auf das gezeichnete Kapital	
A. Anlagevermögen 　I. Immaterielle Vermögensgegenstände 　　1. Konzessionen, gewerbliche Schutzrechte 　　2. Geschäfts- und Firmenwert 　II. Sachanlagen 　　1. Grundstücke, grundstücksgleiche Rechte 　　2. Technische Anlagen und Maschinen 　　3. Andere Anlagen, Betriebs- und Geschäftsausstattung 　III. Finanzanlagen 　　1. Anteile an verbundenen Unternehmen	**A. Eigenkapital** 　**KEINE** Berücksichtigung **B. Sonderposten mit Rücklagenanteil** **C. Einlagen eines stillen Gesellschafters** **D. Rückstellungen** **E. Verbindlichkeiten** 　I. Anleihen 　II. Verbindlichkeiten gegenüber Kreditinstituten 　III. Sonstige Darlehen 　IV. Verbindlichkeiten aus Lieferungen und Leistungen

---

[265] Begründung RegE zu § 19 (23), in *Kübler/Prütting*, Das neue Insolvenzrecht, 2. Aufl., S. 174.
[266] BK-InsO/*Goetsch* § 19 Rn. 27.
[267] MüKoInsO/*Drukarczyk* § 19 Rn. 87.
[268] HK-InsO/*Rüntz* § 19 Rn. 18.
[269] Jaeger/*Müller* InsO § 19 Rn. 45; HK-InsO/*Rüntz* § 19 Rn. 22.

§ 2. Insolvenzgründe

Überschuldungsstatus	
AKTIVA	**PASSIVA**

2. Ausleihungen an verbundenen Unternehmen
3. Beteiligungen
B. Umlaufvermögen
  I. Vorräte
    1. Roh-, Hilfs- und Betriebsstoffe
    2. Unfertige Erzeugnisse, unfertige Leistungen
    3. Fertige Erzeugnisse und Waren
  II. Forderungen und sonstige Vermögensgegenstände
    1. Forderungen aus Lieferungen und Leistungen
    2. Forderungen gegen verbundene Unternehmen
    3. Forderungen gegen Gesellschafter
    4. Sonstige Vermögensgegenstände
  III. Wertpapiere
  IV. Schecks, Kasse, Guthaben bei Kreditinstituten
C. Aktive Rechnungsabgrenzung
	V. Verbindlichkeiten gegenüber verbundenen Unternehmen
	VI. Verbindlichkeiten gegenüber Arbeitnehmern
	VII. Steuerverbindlichkeiten
	VIII. Sonstige Verbindlichkeiten
	F. Passive Rechnungsabgrenzung
	G. Komplementärhaftung

Grundsätzlich <u>keine</u> Berücksichtigung im Überschuldungsstatus	

II. Aufwendungen für Ingangsetzung und Erweiterung	A. Eigenkapital
	  I. Gezeichnetes Kapital
	  II. Rücklagen
	  III. Gewinnvortrag
	  IV. Jahresüberschuss
	B. Künftige Masseverbindlichkeiten

a) Erläuterungen zu den Aktiva. aa) Ausstehende Einlagen auf das gezeichnete Kapital (I.). Nach § 272 Abs. 1 S. 2 HGB sind ausstehende Einlagen auf das gezeichnete Kapital auf der Aktivseite der Bilanz vor dem Anlagevermögen gesondert auszuweisen und entsprechend zu bezeichnen. Soweit sie aller Wahrscheinlichkeit nach einbringlich, unstreitig oder unbestreitbar sind, können sie aktiviert werden.[270]

bb) Konzessionen, gewerbliche Schutzrechte (A.I.1.). Eine Berücksichtigung im Überschuldungsstatus finden alle immateriellen Vermögensgegenstände, soweit sie einzeln oder zusammen mit dem Unternehmen veräußert werden können und. Ob sie entgeltlich erworben oder selbst geschaffen wurden, ist

158

159

---

[270] MüKoInsO/*Drukarczyk* § 19 Rn. 92.

unerheblich. Das handelsrechtliche Aktivierungsverbot des § 248 Abs. 2 HGB findet im Überschuldungsstatus keine Anwendung.[271]

160 cc) **Geschäfts- und Firmenwert (A. I. 2.).** Im Handelsrecht ist zwischen einem derivativen (erworbenen) und einem originären (selbst geschaffenen) Firmenwert zu unterscheiden. Danach darf der originäre Firmenwert, der in der Regel nicht Gegenstand des Rechtsverkehrs ist, nicht aktiviert werden, § 248 Abs. 2 HGB. Wird hingegen beim Erwerb eines Betriebes für die immateriellen Werte (zB der Wert des guten Rufes des Betriebes, der Wert der Organisation, des Mitarbeiterstabs, des Kundenstamms, eines Markennamens, ua) ein Teil des Kaufpreises bezahlt, so ist eine Aktivierung nach § 255 Abs. 4 HGB zulässig. Diese Differenzierung ist im Rahmen der Überschuldungsprüfung unerheblich. Allerdings ist umstritten, ob der Firmen- und Geschäftswert im Überschuldungsstatus angesetzt werden darf. Nach zutreffender Auffassung ist ein Firmenwert nur dann aktivierbar, wenn er bei einer Liquidation **selbstständig verwertbar** ist, dh wenn konkrete Aussichten bestehen, das Unternehmen oder Unternehmensanteile zu veräußern.[272]

161 dd) **Grundstücke und Gebäude (A. II. 1.).** Für Grundstücke und Gebäude sind grundsätzlich die fortgeführten Wiederbeschaffungswerte, mithin also die modifizierten Substanzwerte, maßgebend.[273] Als Bewertungsbasis für **Grundstücke** können die von den Gutachterausschüssen der Städte und Gemeinden auf Grund von Kaufpreissammlungen ermittelten Richtwerte herangezogen werden.[274] Bei **Gebäuden** ist auf die Wiederbeschaffungszeitwerte abzustellen. Diese berechnen sich aus den Wiederbeschaffungsneuwerten unter Ansatz bestimmter Abschläge, wie zB für die bisherige Nutzung oder einen schlechten Erhaltungszustand.[275]

162 ee) **Technische Anlagen, Maschinen (A.II. 2.) und BGA (A.II. 3.).** Bei der Bewertung der abnutzbaren Vermögensgegenstände des Anlagevermögens sind der Erhaltungszustand und die bisherige Nutzung zu berücksichtigen. Im Rahmen der Überschuldungsbilanz sind grundsätzlich Einzelveräußerungspreise anzusetzen. Stille Reserven sind hierbei aufzudecken und Kosten der Verwertung in Abzug zu bringen.[276]

163 ff) **Finanzanlagen (A. III.).** Die Finanzanlagen sind grundsätzlich im Überschuldungsstatus mit dem jeweiligen **Verkehrs- oder Kurswert** zu berücksichtigen.[277] Insbesondere Beteiligungen an anderen Unternehmen sind mit der gebotenen kaufmännischen Vorsicht zu bewerten. Aufgrund gesellschaftsvertraglicher Regelungen besteht für die Mitgesellschafter häufig die Möglichkeit, die Anteile des schuldnerischen Unternehmens im Falle der Insolvenz einzuziehen. Die in die spätere Masse fließenden Abfindungs- bzw. Auseinanderset-

---

[271] MüKoInsO/*Drukarczyk* § 19 Rn. 93; HK-InsO/*Rüntz* § 19 Rn. 20; FK-InsO/*Schmerbach* § 19 Rn. 11; Jaeger/*Müller* InsO § 19 Rn. 50.
[272] MüKoInsO/*Drukarczyk* § 19 Rn. 93; HK-InsO/*Rüntz* § 19 Rn. 20; FK-InsO/*Schmerbach* § 19 Rn. 11; Jaeger/*Müller* InsO § 19 Rn. 51 f.; zurückhaltend Uhlenbruck/*Mock* InsO § 19 Rn. 83.
[273] *Wolf*, Überschuldung, S. 79.
[274] *Born*, Unternehmensanalyse und Unternehmensbewertung, S. 159 f.
[275] *Harz* ZInsO 2001, 193 (200).
[276] MüKoInsO/*Drukarczyk* § 19 Rn. 94; Jaeger/*Müller* InsO § 19 Rn. 54.
[277] HK-InsO/*Rüntz* § 19 Rn. 21; Jaeger/*Müller* InsO § 19 Rn. 55.

zungsguthaben liegen in der Regel weit unter den „normalen", außerhalb der Insolvenz realisierbaren Wertverhältnissen. Eigenen Anteilen ist im hier zugrunde zu legenden Fall der Liquidation kein Vermögenswert beizumessen.[278]

gg) Roh-, Hilfs- und Betriebsstoffe (B.I. 1.). Bei der Bewertung der Roh-, Hilfs- und Betriebsstoffe ist eine Berücksichtigung des handelsrechtlichen Grundsatzes des Niederstwertprinzips (§ 253 HGB) nicht erforderlich.[279] Vielmehr sind **Liquidationserlöse** zugrunde zu legen. Diese sind jedoch unter höchster Zurückhaltung anzusetzen. Insbesondere angebrochene Behälter mit Hilfs- und Betriebsstoffen haben in aller Regel nur noch Schrottwert. Bestehen sie darüber hinaus aus umweltgefährdenden Stoffen (zB Chemikalien), so ist davon auszugehen, dass sie sogar noch erhebliche Entsorgungskosten verursachen. Der Umstand, dass die Gegenstände unter Eigentumsvorbehalt geliefert wurden und im Falle einer Verfahrenseröffnung einen Aussonderungsanspruch begründen, bleibt beim Wertansatz unbeachtlich, da auf der Passivseite des Status eine entsprechende Verbindlichkeit ausgewiesen wird. **164**

hh) Unfertige Erzeugnisse (B.I. 2.). Bei halbfertigen Erzeugnissen ist, da eine positive Fortführungsprognose nicht gestellt werden kann, in der Regel davon auszugehen, dass eine Fertigstellung dieser Gegenstände mit größter Wahrscheinlichkeit ausscheidet. Daher sind sie höchstens mit dem Schrottwert anzusetzen.[280] Sofern sie nicht marktgängig sind und darüber hinaus mit Entsorgungskosten zu rechnen ist, darf lediglich ein Erinnerungsposten von 1 EUR angesetzt werden. **165**

Besondere Zurückhaltung ist im Rahmen der Bewertung halbfertiger Erzeugnisse (zB Bauten) bei Bauunternehmen angezeigt. Insoweit ist zu berücksichtigen, dass ein Bauherr bei Insolvenzantragstellung nach § 8 VOB/B berechtigt ist, den Vertrag jederzeit zu kündigen. Umgekehrt kann auch der Insolvenzverwalter mit Verfahrenseröffnung gezwungen sein, im Rahmen des Wahlrechts nach § 103 InsO den Nichteintritt zu erklären. Den Werklohnforderungen für die halbfertigen Bauten werden in aller Regel umfangreiche Gegenforderungen, zB allgemeine Verzugsschäden, Restfertigstellungsmehrkosten, Mängelbeseitigungskosten, Vertragsstrafen, usw zur Auf- bzw. Verrechnung entgegengestellt. Da sich die Realisierung dieser Positionen – insbesondere bei abgebrochenen Pauschalverträgen – in der Praxis als meist sehr schwierig und langwierig gestaltet, sollten die halbfertigen Erzeugnisse nur mit höchster Vorsicht und Zurückhaltung bewertet werden. **166**

ii) Fertige Erzeugnisse und Waren (B.I. 3.). Gängige Fertigerzeugnisse sind mit realistischen **Marktpreisen,** also den voraussichtlichen Verkaufspreisen abzüglich noch zu erwartender Kosten (zB Lager, Verpackung, Transport) zu bewerten.[281] Diese können bei ungünstigen Marktverhältnissen sogar gegen Null gehen. In jedem Falle ist jedoch eine besonders vorsichtige und zurückhaltende Bewertung angezeigt. Bei den nicht bzw. kaum mehr marktgängigen Fertigerzeugnissen (sog Restanten) ist im Zweifel lediglich ein Erinnerungswert von 1 EUR anzusetzen. **167**

---

[278] MüKoInsO/*Drukarczyk* § 19 Rn. 95; Jaeger/*Müller* InsO § 19 Rn. 56.
[279] *Harz* ZInsO 2001, 193 (200).
[280] Jaeger/*Müller* InsO § 19 Rn. 58.
[281] Jaeger/*Müller* InsO § 19 Rn. 57; *Wolf,* Überschuldung, S. 90.

168 jj) **Forderungen aus Lieferungen und Leistungen (B. II. 1.).** Forderungen aus Lieferungen und Leistungen sind grundsätzlich mit dem Nominal- bzw. Buchwert anzusetzen.[282] Dies setzt jedoch eine vorherige Einzelprüfung auf Durchsetzbarkeit und Werthaltigkeit voraus. Bei der Wertbestimmung ist nach den Grundsätzen kaufmännischer Vorsicht auf die Bonität des Schuldners abzustellen sowie die Frage zu berücksichtigen, ob die Forderungen streitig sind.[283] Einfluss auf die Werthaltigkeit nimmt auch die Tatsache, dass ein Unternehmen nicht fortgeführt wird. Bei einem stillgelegten Unternehmen ist die Forderungsrealisierung – dies zeigt die Praxis – weitaus schwieriger als bei einer Weiterführung des Betriebes. Darüber hinaus ist auf Grund der drohenden bzw. bereits eingetretenen Krise ein Pauschalwertabschlag vorzunehmen, dessen Höhe von der jeweiligen Branche im Einzelfall abhängt.

169 kk) **Forderungen gegen verbundene Unternehmen (B. II. 2.).** Diese Position ist im Überschuldungsstatus mit dem **Nominalwert** der Forderungen anzusetzen.[284] Dies gilt analog auch für sog **harte Patronatserklärungen** der Muttergesellschaft, wenn sie zugunsten aller Gläubiger wirken.[285] Nach den Grundsätzen kaufmännischer Vorsicht sind Forderungen bei zweifelhaften Realisierungschancen – insbesondere wenn auch beim verbundenen Unternehmen die Insolvenz droht – lediglich mit einem Erinnerungswert von 1 EUR zu bewerten.

170 ll) **Forderungen gegen Gesellschafter (B. II. 3.).** Zu aktivieren sind auch Ansprüche der Gesellschaft gegen ihre Gesellschafter (zB beschlossene Nachschüsse, Ansprüche gem. § 31 GmbHG), sofern deren Geltendmachung nicht von der Eröffnung eines Insolvenzverfahrens abhängt und wenn aufgrund der gesellschaftsrechtlichen Verhältnisse tatsächlich mit einer Inanspruchnahme zu rechnen ist.[286]

171 mm) **Wertpapiere (B. III.).** Wertpapiere des Umlaufvermögens sind analog den Finanzanlagen des Anlagevermögens zu bewerten.

172 nn) **Aktive Rechnungsabgrenzungsposten (C.).** Gemäß § 250 Abs. 1 S. 1 HGB werden in dieser Position auf der Aktivseite **vor** dem Bilanzstichtag getätigte **Ausgaben** erfasst, die jedoch **Aufwand** für eine **spätere Zeit** darstellen. Exemplarisch sind hier die Fälle zu nennen, in denen das Unternehmen den Mietzins für den Januar oder die Versicherungsprämie für das künftige Jahr bereits im alten Wirtschaftsjahr bezahlt hat. Neben den in § 250 Abs. 1 S. 2 HGB aufgezählten Fällen kann nach § 250 Abs. 3 HGB auch der Unterschiedsbetrag aus der Aufnahme einer Verbindlichkeit und dem Ausgabebetrag aktiviert werden, mithin also das Disagio eines aufgenommenen Darlehens.

173 Aktive Rechnungsabgrenzungsposten dienen in der Handelsbilanz in erster Linie der periodengerechten Gewinnermittlung. Im Überschuldungsstatus kommt es dagegen auf die Ermittlung der wahren Wertverhältnisse an. Im Rahmen der **Liquidationsbewertung** ist daher darauf abzustellen, ob Ver-

---

[282] Jaeger/*Müller* InsO § 19 Rn. 60; BK-InsO/*Goetsch* § 19 Rn. 33.
[283] Jaeger/*Müller* InsO § 19 Rn. 60; *Harz* ZInsO 2001, 193 (200).
[284] MüKoInsO/*Drukarczyk* § 19 Rn. 97; Jaeger/*Müller* InsO § 19 Rn. 66.
[285] MüKoInsO/*Drukarczyk* § 19 Rn. 97; Jaeger/*Müller* InsO § 19 Rn. 66; Uhlenbruck/*Mock* InsO § 19 Rn. 108.
[286] MüKoInsO/*Drukarczyk* § 19 Rn. 97; Jaeger/*Müller* InsO § 19 Rn. 64 f.

tragsauflösungen möglich sind und daher Erstattungsansprüche wie entsprechende Forderungspositionen ausgewiesen werden können. Andernfalls wird der Ansatz dieser Position verneint.[287]

oo) Aufwendungen für Ingangsetzung und Erweiterung (II.). In der Handelsbilanz dürfen gemäß § 269 HGB Aufwendungen für die Ingangsetzung des Geschäftsbetriebes und dessen Erweiterung als Bilanzierungshilfe aktiviert werden. Ein **Ansatz** im Überschuldungsstatus **scheidet** jedoch grundsätzlich **aus**, da diese Position – als lediglich bilanzielle Größe – im eröffneten Verfahren nicht verwertet werden kann.[288]

b) Erläuterungen zu den Passiva. Auf der Passivseite des Überschuldungsstatus werden sämtliche, gegenwärtig bestehenden Verbindlichkeiten erfasst, die im Falle einer Eröffnung des Verfahrens Insolvenzforderungen begründen können.[289] Dabei sind die Verbindlichkeiten hinsichtlich ihrer Bewertung mit denjenigen Geldbeträgen anzusetzen, die zur Tilgung zum Zeitpunkt der Erstellung des Status erforderlich wären. Künftige, erst durch die Eröffnung des Insolvenzverfahrens begründete Verbindlichkeiten (Masseverbindlichkeiten nach § 53 InsO) bleiben grundsätzlich außer Betracht.[290]

aa) Sonderposten mit Rücklagenanteil (B.). Bei den Sonderposten mit Rücklagenanteil (§ 247 Abs. 3 HGB) handelt es sich um einen sog Mischposten, der sowohl Fremdkapitalanteile in Form aufgeschobener Ertragsteuerbelastung als auch Eigenkapitalbestandteile in Höhe der Restsumme (Gewinnthesaurierung) enthält. Lediglich der Steueranteil ist in den Überschuldungsstatus einzustellen, der verbleibende – steuerfreie – Posten bleibt wie das Eigenkapital unberücksichtigt.[291]

bb) Einlagen eines stillen Gesellschafters (C.). Einlagen eines stillen Gesellschafters (§§ 230 ff. HGB) zählen auf der Passiva im Regelfall zum Fremdkapital der Gesellschaft.[292] Nach § 236 HGB ist der **typisch stille Gesellschafter** in der Insolvenz der Gesellschaft Insolvenzgläubiger. Daher ist die Beteiligung in voller Höhe – ggf. bei einer Verlustbeteiligung nach § 232 Abs. 2 HGB vermindert um den auf ihn entfallenden Verlustanteil – im Überschuldungsstatus zu passivieren. Ist die Einlage durch die Verluste völlig aufgezehrt, entfällt folglich eine Passivierungspflicht.

Zum Teil wird angenommen, dass generell in Höhe der Verlustbeteiligung ein Ansatz im Status entfällt. Da der Umstand einer Verlustbeteiligung jedoch nicht zwangsläufig zu einer Aufzehrung der stillen Einlage führt, ist diese Auffassung abzulehnen.[293] Lediglich bei einer **Rangrücktrittsvereinbarung** mit dem Hauptgesellschafter kann von einer Passivierung Abstand genommen werden.[294]

Grundlegend anders stellt sich die Situation bei einem sog **atypischen stillen Gesellschafter** dar. Bei entsprechender Ausgestaltung (zB Beteiligung an den

---

[287] MüKoInsO/*Drukarczyk* § 19 Rn. 96; Jaeger/*Müller* InsO § 19 Rn. 69.
[288] Jaeger/*Müller* InsO § 19 Rn. 53.
[289] HK-InsO/*Rüntz* § 19 Rn. 23; Jaeger/*Müller* InsO § 19 Rn. 70.
[290] HK-InsO/*Rüntz* § 19 Rn. 23.
[291] MüKoInsO/*Drukarczyk* § 19 Rn. 98; Jaeger/*Müller* InsO § 19 Rn. 87.
[292] BGH Urt. v. 21.3.198 – II ZR 139/82, NJW 1983, 1855 (1856).
[293] Uhlenbruck/*Mock* InsO § 19 Rn. 172 mwN; Jaeger/*Müller* InsO § 19 Rn. 104.
[294] Jaeger/*Müller* InsO § 19 Rn. 105.

stillen Reserven und gesellschaftsrechtliche Kontroll- und Einflussrechte)[295] ist seine Stellung mit der eines Kommanditisten vergleichbar. In diesem Falle besitzt die Beteiligung Eigenkapitalcharakter, weshalb eine Passivierung unterbleibt.

178 cc) **Rückstellungen (D.).** Rückstellungen sind in der Regel wirtschaftlich als Fremdkapital anzusehen. Nach § 249 Abs. 1 S. 1 HGB sind sie für ungewisse Verbindlichkeiten und für drohende Verluste aus schwebenden Geschäften zu bilden. Sie werden daher für Aufwendungen angesetzt, deren Grund im abgelaufenen Wirtschaftsjahr liegt, die aber erst in späteren Perioden zu Auszahlungen (zB Pensionsverpflichtungen) oder zu Mindereinzahlungen (zB Delkredererückstellungen) führen.

179 Sowohl die Frage ihrer grundsätzlichen Berücksichtigung als auch die Frage ihrer Bewertung im Überschuldungsstatus ist umstritten.[296] Sie sind jedenfalls dann im Überschuldungsstatus zu passivieren, wenn **ernsthaft mit einer Inanspruchnahme der Gesellschaft zu rechnen** ist. Insbesondere Pensionsverpflichtungen und unverfallbare Anwartschaften sowie Vorruhestandsverpflichtungen sind zu kapitalisieren und mit ihrem versicherungsmathematischen Barwert anzusetzen.[297]

180 dd) **Verbindlichkeiten (allgemein; E.).** Grundsätzlich sind im Überschuldungsstatus sämtliche gegenwärtig bestehenden Verbindlichkeiten zu berücksichtigen, die im Fall einer Verfahrenseröffnung Insolvenzforderungen begründen können. Im Gegensatz zur Zahlungsunfähigkeit ist es unerheblich, ob die Verbindlichkeiten fällig sind oder gestundet wurden.[298] Die erst mit Insolvenzeröffnung entstehenden Schulden – insbesondere Masseverbindlichkeiten nach §§ 54, 55 Abs. 1 Nr. 1 InsO – bleiben grundsätzlich außer Betracht.[299]

181 Im Überschuldungsstatus sind die Verbindlichkeiten generell mit ihrem **Nennwert** zu passivieren, wobei langfristig unverzinsliche Verbindlichkeiten abgezinst und mit ihrem **Barwert** angesetzt werden dürfen. Auch Verbindlichkeiten, die durch Dritte gesichert sind (zB durch Bürgschaften), sind in den Überschuldungsstatus aufzunehmen.[300]

182 Bei den Verbindlichkeiten gegenüber Arbeitnehmern sind auch die durch das Insolvenzgeld gesicherten Gehälter für eine Zeitraum von maximal drei Monaten einzustellen, da die Bundesanstalt für Arbeit die auf sie übergegangenen Ansprüche im Insolvenzverfahren des schuldnerischen Unternehmens als einfache Insolvenzgläubigerin geltend machen kann. Dies gilt auch für die von einem „starken" vorläufigen Insolvenzverwalter gemäß § 55 Abs. 2 InsO begründeten Ansprüche auf Arbeitsentgelt, § 55 Abs. 3 S. 1 InsO. Ferner sind auch Verbindlichkeiten aus einem bereits aufgestellten Sozialplan iSv § 112 BetrVG zu passivieren.

183 **Ausnahmsweise** bleibt eine Verbindlichkeit im Status unberücksichtigt, wenn ein Gläubiger mit seiner Forderung hinter die sonstigen Gläubiger zurücktritt

---

[295] Jaeger/*Müller* InsO § 19 Rn. 106, hierzu ausführlich *Wolf,* Überschuldung, S. 117 f.
[296] Dazu sehr ausführlich MüKoInsO/*Drukarczyk* § 19 Rn. 99 ff.; Jaeger/*Müller* InsO § 19 Rn. 75 ff.; Uhlenbruck/*Mock* InsO § 19 Rn. 158 ff.
[297] KPB/*Pape* § 19 Rn. 13.
[298] Jaeger/*Müller* InsO § 19 Rn. 70; Uhlenbruck/*Mock* InsO § 19 Rn. 150.
[299] HK-InsO/*Rüntz* § 19 Rn. 23.
[300] Uhlenbruck/*Mock* InsO § 19 Rn. 152; Jaeger/*Müller* InsO § 19 Rn. 70, 73.

(**Rangrücktrittserklärung**). Sofern ein Gläubiger lediglich erklärt, die Forderung während der Krise nicht geltend zu machen, handelt es sich rechtlich nur um eine Stundung, womit die Verbindlichkeit zu passivieren ist.[301]

ee) **Gesellschafterleistungen.** Früher war die Passivierung sog eigenkapitalersetzender Gesellschafterleistungen (zB in Form von Darlehen, Nutzungsüberlassungen, ua) im Überschuldungsstatus sehr umstritten. Nach einer Grundsatzentscheidung des *BGH*[302] war schließlich für die Praxis klargestellt, dass Forderungen eines Gesellschafters aus der Gewährung eigenkapitalersetzender Leistungen **im Überschuldungsstatus zu berücksichtigen** sind. Eine Verpflichtung zur Aufnahme in den Schuldenstatus bestand nur dann ausnahmsweise nicht, wenn der Gesellschafter eine Rangrücktrittserklärung abgegeben hatte. Einer darüber hinausgehenden Erklärung, insbesondere eines **Verzichts** auf die Forderung, bedurfte es nicht. 184

Seit Inkrafttreten des MoMiG am 1.11.2008 ist dies nun ausdrücklich in § 19 Abs. 2 S. 2 InsO geregelt: Forderungen auf Rückgewähr von Gesellschafterdarlehen oder aus Rechtshandlungen, die einem solchen Darlehen wirtschaftlich entsprechen, für die gemäß § 39 Abs. 2 InsO zwischen Gläubiger und Schuldner der Nachrang im Insolvenzverfahren hinter den in § 39 Abs. 1 Nr. 1–5 bezeichneten Forderungen vereinbart ist, sind im Überschuldungsstatus nicht zu berücksichtigen.[303] 185

ff) **Passive Rechnungsabgrenzungsposten (H.).** Passive Rechnungsabgrenzungsposten (transitorische Passivposten)[304] sind in der Bilanz erforderlich, wenn der Betrieb Einzahlungen erzielt, für die er in der folgenden Periode noch Leistungen zu erbringen hat, zB im Voraus erhaltene Mieten oder erhaltene Anzahlungen auf Bestellungen. Bei einer **negativen Fortbestehensprognose** ist das Unternehmen zur Auftragsausführung nicht mehr in der Lage, so dass die Position in eine Rückzahlungsverbindlichkeit umschlägt. 186

ii) **Komplementärhaftung (G.).** Bei der GmbH & Co. KG ist sowohl für die KG als auch für die GmbH – unabhängig davon, ob es sich um eine Einheitsgesellschaft handelt – eine gesonderte Überschuldungsprüfung und damit jeweils ein eigener Status aufzustellen. Bei der Komplementär-GmbH ist zusätzlich ein Passivposten in Höhe des Betrages auszuweisen, um den die Verbindlichkeiten der KG das Aktivvermögen der KG übersteigen.[305] 187

jj) **Unberücksichtigte Passivposten (A.).** Das **Stamm- oder Grundkapital** bleibt im Überschuldungsstatus unberücksichtigt, da es sich hier nicht um Verbindlichkeiten handelt, sondern um das Haftkapital der Gesellschaft. Ebenso nicht eingestellt werden die **offenen** bzw. **freien Rücklagen,**[306] welche durch Thesaurierung ausgewiesener Periodengewinne gebildet werden sowie ein ggf. 188

---

[301] Eingehend hierzu Uhlenbruck/*Mock* InsO § 19 Rn. 182 ff.
[302] BGH Urt. v. 8.1.2001 – II ZR 88/99, NZI 2001, 196 ff. = ZIP 2001, 235 ff.
[303] *Gehrlein* WM 2016, 57 (58).
[304] Davon zu unterscheiden sind **antizipative Passivposten.** Diese sind zu bilden, wenn in der Abrechnungsperiode ein Aufwand eingetreten ist, der erst später zu einer Auszahlung führt, wie zB noch zu zahlende Löhne. Derartige Verbindlichkeiten sind als „**sonstige Verbindlichkeiten**" auszuweisen, da handels- und steuerrechtlich nur transitorische Rechnungsabgrenzungen zulässig sind, § 250 HGB, § 5 Abs. 4 EStG.
[305] Uhlenbruck/*Mock* InsO § 19 Rn. 184.
[306] Nerlich/Römermann/*Mönning* § 19 Rn. 44.

bestehender **Gewinnvortrag** oder ein **Jahresüberschuss**. Die **Eigenkapitalbestandteile** der Handelsbilanz sind somit gänzlich außer Betracht zu lassen.

§ 3. Die Beteiligten im Insolvenzverfahren

In dem folgenden Kapitel werden die Beteiligten des Insolvenzverfahrens sowie ihre jeweiligen Aufgaben und Funktionen vorgestellt. Die Übersicht beginnt mit dem Insolvenzgericht (→ Rn. 1 ff.) und bespricht die funktionellen Zuständigkeiten des Insolvenzrichters und Rechtspflegers mit ihren vielfältigen Überschneidungen, die für Gläubiger oft schwer durchschaubar sind. Das Kapitel wendet sich sodann der „Zentralfigur" des Verfahrens zu, dem (vorläufigen) Insolvenzverwalter (→ Rn. 22 ff.). Ein Schwerpunkt der Ausführungen liegt neben der Darstellung seiner Aufgaben auf den vielschichtigen Problemen bei Auswahl und Bestellung des (vorläufigen) Insolvenzverwalters. Eine kurze Erwähnung findet sodann der Sonderinsolvenzverwalter (→ Rn. 49 ff.), bevor auf die Beteiligtenstellung des Schuldners (→ Rn. 54 ff.) und der Insolvenzgläubiger (→ Rn. 93 ff.) näher eingegangen wird. In diesem Zusammenhang wird auch der Begriff der Insolvenzforderung vorgestellt, die mit der Person des Insolvenzgläubigers untrennbar verbunden ist.

A. Das Insolvenzgericht

I. Allgemeines zur Beteiligtenstellung

1   Das Insolvenzverfahren dient zur gleichmäßigen Befriedigung der daran teilnehmenden Gläubiger durch Gesamtvollstreckung in das Vermögen des Schuldners (§ 1 S. 1 Alternative 1 InsO). Die Insolvenzgläubiger sind in diesem Verfahren in einer **Haftungs- und Verlustgemeinschaft**[1] untrennbar miteinander verbunden. Die Struktur des Verfahrens bringt es mit sich, dass in ihm eine Vielzahl von Personen mitwirkt und gestaltend tätig wird. Typisch für das Insolvenzverfahren ist deshalb die **Bündelung von Einzelinteressen** zu Gunsten der Gesamtheit der Gläubiger, die letztlich zur Befriedigung der jedem einzelnen Gläubiger gegen den Schuldner zustehenden Forderungen führen soll.

2   Ein geordneter Verfahrensablauf ist angesichts der widerstreitenden Interessen nur dann möglich, wenn die Rechte und Pflichten aller am Insolvenzverfahren teilnehmenden Personen gesetzlich festgelegt sind, vor allem aber der Kreis der innerhalb des Verfahrens agierenden und reagierenden Kräfte genau bestimmt ist. Der entsprechende Personenkreis wird üblicherweise mit dem Begriff der **„Beteiligten"** umschrieben, wobei man je nach verfahrensrechtlicher Stellung von den „eigentlichen", unmittelbar von dem Insolvenzverfahren profitierenden Personen und den Beteiligten im „weiteren" Sinne sprechen kann.

---

[1] *Oelrichs* S. 18 ff. sieht die Gläubigergemeinschaft zu Recht aus dem Blickwinkel des materiellen Rechts als eine Art der „schlichten" Interessengemeinschaft. Dazu und zu weiteren Anwendungsfällen *Wüst* JZ 1985, 1077 (1078); *Holzer* TranspR 2013, 357 (358).

Das Gesetz legt allerdings den Kreis der Beteiligten nicht fest, sondern erwähnt ihn lediglich beiläufig in § 60 Abs. 1 S. 1 InsO. Wer als Beteiligter in Betracht kommt, ist deshalb anhand von **Sinn und Zweck des Insolvenzverfahrens,** dessen verfahrensmäßigem Ablauf sowie anhand der Frage zu ermitteln, wem gegenüber der Insolvenzverwalter verfahrensmäßige Pflichten zu erfüllen hat.[2] Hierzu gehören auch die Aus- und Absonderungsberechtigten.

3

Übersicht 1

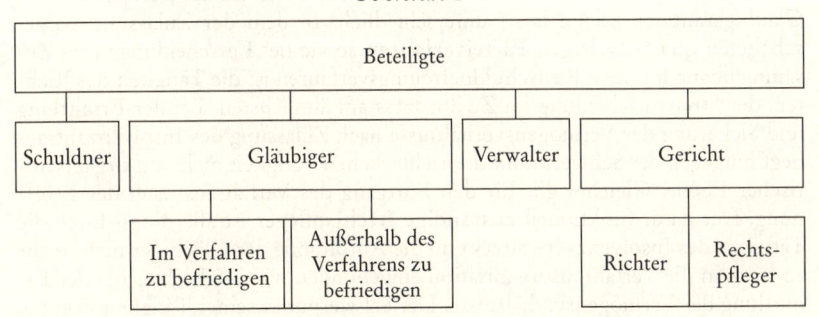

Beteiligte					
Schuldner	Gläubiger		Verwalter	Gericht	
	Im Verfahren zu befriedigen	Außerhalb des Verfahrens zu befriedigen		Richter	Rechtspfleger

II. Das Insolvenzgericht als Beteiligter

Im Insolvenzverfahren hat das Insolvenzgericht – anders als das Zivilgericht im streitigen Verfahren – nicht über einen abgeschlossenen Sachverhalt zu entscheiden. Seine Tätigkeit besteht vielmehr darin, das Verfahren durch die Ermittlung, Sicherung und Überantwortung der Vermögenswerte des Schuldners in die Hand des Insolvenzverwalters so weit zu betreiben, dass die künftige Befriedigung der Insolvenzgläubiger und wegen der Zielsetzung des Insolvenzverfahrens auch die in § 1 InsO vorgesehene Restschuldbefreiung des Schuldners ermöglicht wird. Das **Insolvenzgericht organisiert** deshalb – in der Regel wirtschaftlich unumkehrbar – die künftige **Entwicklung der Vermögensverhältnisse** des Schuldners und handelt dabei nicht nur für die übrigen Beteiligten, sondern durch die Wahrung ihrer verfahrensmäßigen Rechte auch im Interesse der Öffentlichkeit.[3] Das Gericht ist unter diesen Aspekten im weiteren Sinne auch am Insolvenzverfahren „beteiligt".

4

In gewissen Situationen, etwa bei Aufsichtsmaßnahmen gegen den Insolvenzverwalter nach §§ 58 ff. InsO, sowie bei allen Entscheidungen über die Festsetzung von Stimmrechten verfolgt das Insolvenzgericht das Ziel, die Haftungsverwirklichung der Insolvenzgläubiger und die Wahrung der Rechte des Schuldners in verfahrensrechtlicher Hinsicht optimal zu erreichen und handelt deshalb in einer **parteiähnlichen Stellung,**[4] auf Grund derer es insoweit als „Beteiligter" im engeren Sinne bezeichnet werden kann.

5

---

[2] Dazu KPB/*Prütting* Einl. Rn. 70 ff.; BGH Urt. v. 30.1.1962 – VI ZR 18/61, NJW 1962, 869 = LM KO § 89 Nr. 1; BGH Urt. v. 27.2.1973 – VI ZR 118/71, NJW 1973, 1043 = LM KO § 82 Nr. 6.
[3] *Smid* ZIP 1995, 1137 (1141).
[4] Vgl. *Smid* ZIP 1995, 1137 (1142).

III. Die gerichtlichen Entscheidungsträger

6 In ihrer Funktion als gerichtliche Entscheidungsträger des Insolvenzverfahrens handeln **Richter** und **Rechtspfleger** als unabhängige Sachwalter der Interessen aller Beteiligten. Ihre Tätigkeit ist nur in einigen wenigen Bereichen streitentscheidend und besteht im Übrigen darin, mit rechtlichen Maßnahmen den in aller Regel wirtschaftlich unumkehrbaren Verfahrensfortgang zu leiten und zu organisieren.[5]

7 Die Schwerpunkte dieser Maßnahmen sind, wie sich an der Behandlung des Gläubigerantrags zeigen lässt, unterschiedlich. In dem der Zulassung vorgeschalteten **quasi-streitigen Parteiverfahren** sowie bei Entscheidungen im Zusammenhang mit dem Restschuldbefreiungsverfahren ist die Tätigkeit des Richters der Streitentscheidung im Zivilprozess am ähnlichsten. Bei der Ermittlung und Sicherung der Vermögensverhältnisse nach Zulassung des Insolvenzantrags liegt hingegen der Schwerpunkt der richterlichen Tätigkeit mehr auf organisatorischer Ebene. Gleiches gilt für den Fortgang des Verfahrens nach der Eröffnung. Der dafür funktionell **zuständige Rechtspfleger** ist allerdings durch die Tätigkeit des Insolvenzverwalters und die Autonomie der Gläubiger nicht mehr so stark in die Verfahrensorganisation eingebunden wie der Richter bei der Ermittlung der Vermögensverhältnisse. Der Schwerpunkt seiner Tätigkeit liegt bei diversen Maßnahmen der Überwachung und Genehmigung der Handlungen anderer Beteiligter. Seine Aufgabe kommt deshalb der Tätigkeit einer mit sachlicher Unabhängigkeit ausgestatteten **Verwaltungsbehörde** nahe,[6] weswegen man dem Insolvenzrecht gewisse Ähnlichkeiten mit den rechtsfürsorgenden Kernverfahren der Freiwilligen Gerichtsbarkeit nicht absprechen kann. Das Insolvenzverfahren kann deshalb als spezielle Art des Vollstreckungsverfahrens mit stark wirtschaftsrechtlichem Einschlag gesehen werden.[7] An die fachliche Qualifikation des Richters sind wegen der vielfältigen Verknüpfungen des Insolvenzrechts mit anderen Rechtsgebieten erhöhte Anforderungen zu stellen, was auch in § 22 Abs. 6 Satz 2 GVG seinen Niederschlag gefunden hat. Richter, die die für die Bearbeitung von Insolvenzsachen erforderlichen Kenntnisse bei Übernahme dieser Aufgabe nicht haben, müssen diese nachträglich erwerben (§ 22 Abs. 6 Satz 3 GVG). Die Tätigkeit des Insolvenzrichters unterscheidet sich demnach von anderen richterlichen Tätigkeiten so stark, dass sie als eigenständiges Berufsbild begriffen werden kann.[8] Leider werden diese Vorgaben von vielen Justizverwaltungen noch nicht hinreichend berücksichtigt. Zudem wirkt sich eine längere Tätigkeit im Insolvenzgericht wegen der von der Justizverwaltung gewünschten umfassenden Flexibilität der Richter für deren Karriere eher hindernd als förderlich aus. Richter sind deshalb oft schwer davon zu überzeugen, die Tätigkeit als Insolvenzrichter zu übernehmen. Immerhin ist es der Justizverwaltung untersagt, Richter auf Probe im ersten Jahr ihrer Ernennung als Insolvenzrichter einzusetzen (§ 22 Abs. 6 Satz 1 GVG).

8 Sowohl **Richter** als auch **Rechtspfleger** sind in sachlicher und persönlicher Hinsicht **weisungsfrei**, **unabhängig** und bei ihren Entscheidungen nur **dem**

---

[5] Dazu → Rn. 4.
[6] Vgl. *Holzer* Rn. 5.
[7] Dazu → Rn. 4.
[8] *Frind* FS Beck, 2016, S. 135.

Gesetz unterworfen (§§ 25 DRiG, 9 RpflG). Sie arbeiten selbstständig und treffen deshalb alle in ihre funktionelle Zuständigkeit fallenden Entscheidungen aus eigenem Ermessen, in eigener Verantwortung als Repräsentant des Amtsgerichts und ohne die Mitwirkung Dritter. Sie können deshalb von der Justizverwaltung nicht angewiesen werden und haben insoweit keinen Vorgesetzten.

Als **Rechtsprechung** iSd Art. 92 GG kann nur die Tätigkeit des Richters angesehen werden, auch wenn der Rechtspfleger im Laufe der Zeit viele Aufgaben übernommen hat, für die früher der Richter zuständig war. Das Grundgesetz knüpft bei der Qualifizierung der Rechtsprechung im verfassungsrechtlichen Sinne alleine an die formelle Tätigkeit des Richters als Berufs- oder ehrenamtlicher Richter an, nicht aber an die materiell ausgeübte Tätigkeit, mag sie auch von ihrer Funktion her der richterlichen Aufgabe zuzuordnen sein.[9] Auf die persönliche und sachliche Unabhängigkeit des Rechtspflegers hat dies keinen Einfluss. 9

Die **Stellung des Rechtspflegers** wurde insbesondere durch das Dritte Gesetz zur Änderung des RpflG[10] wesentlich gestärkt; er wurde hierdurch zu einem eigenständigen Entscheidungsträger des Insolvenzverfahrens. Seine Tätigkeit ist heute von der des Richters fast vollständig losgelöst (zB durch Einschränkung früher bestehender Vorlagepflichten).[11] 10, 11

IV. Die Aufgaben von Richter und Rechtspfleger

1. Funktionelle Zuständigkeit

a) **Grundsatz.** Richter und Rechtspfleger arbeiten in vielen Abteilungen des Amtsgerichts eng zusammen. In aller Regel sind dabei die **funktionellen Zuständigkeiten** voneinander klar getrennt. Grundsätzlich ist das auch im Insolvenzverfahren der Fall: Nach § 18 RpflG bearbeitet der **Richter** das **Insolvenzverfahren vor der Eröffnung** und erlässt auch den Eröffnungsbeschluss, während der Rechtspfleger ab dem Zeitpunkt der Verfahrenseröffnung tätig wird. Allerdings hat das Gesetz die Zuständigkeit des Richters für einzelne Maßnahmen innerhalb des dem Rechtspfleger übertragenen Verfahrens (zB Entscheidungen über den Widerruf der Restschuldbefreiung) nach Eröffnung des Verfahrens angeordnet. Die Zuständigkeiten verteilen sich deshalb wie folgt: 12

---

[9] BayObLG Beschl. v. 23.1.1992 – 2 Z BR 169/91, Rpfleger 1992, 147.
[10] Gesetz vom 6.8.1998, BGBl. I 2030.
[11] *Rellermeyer* Rpfleger 1998, 309; Begründung zum Entwurf eines Dritten Gesetzes zur Änderung des Rechtspflegergesetzes, BR-Drs. 56/58, 5 ff.; *Holzer* Rn. 12 ff.

Holzer

Übersicht 2

Zuständigkeit des Richters[12]

- Alle mit dem Eröffnungsantrag (§ 13 InsO) in Zusammenhang stehenden Maßnahmen und Entscheidungen
- Entscheidung über Stundungsanträge (§ 4a InsO)
- Zulassung des Insolvenzantrags (§ 14 InsO)
- Anhörung des Schuldners (§ 14 InsO)
- Ermittlung der Vermögensverhältnisse des Schuldners (§ 5 InsO)
- Bestellung eines vorläufigen Insolvenzverwalters (§§ 21 Abs. 3 Nr. 1, 22 Abs. 1 InsO)
- Bestellung eines vorläufigen Gläubigerausschusses
- Anordnung eines allgemeinen Verfügungsverbots (§ 21 Abs. 3 Nr. 2 InsO)
- Einstellung der Vollstreckungsmaßnahmen gegen den Schuldner (§ 21 Abs. 2 Nr. 3 InsO)
- Anordnung einer vorläufigen Postsperre (§ 21 Abs. 2 Nr. 4 InsO)
- Zustimmung zur Stilllegung des Unternehmens (§ 22 Abs. 1 S. 2 Nr. 2 InsO)
- Einsetzung eines Gutachters (§§ 5, 22 Abs. 1 S. 2 Nr. 3 InsO)
- Anordnung der Vorführung und Verhaftung des Schuldners vor und nach Eröffnung des Verfahrens (§§ 21 Abs. 3 S. 3, 98 Abs. 3 InsO, 4 Abs. 2 Nr. 2 RpflG)
- Prüfung der Voraussetzungen des Eröffnungsgrunds (§§ 17 ff. InsO)
- Erlass des Eröffnungsbeschlusses (§ 27 Abs. 1, 2 InsO)
- Ernennung des Insolvenzverwalters (§ 27 Abs. 1 S. 1 InsO)
- Bestimmung der Anmeldefrist (§ 28 InsO)
- Bestimmung des Berichtstermins (§ 29 Abs. 1 Nr. 1 InsO)
- Bestimmung des allgemeinen Prüfungstermins (§ 29 Abs. 1 Nr. 2 InsO)
- Entscheidung über die anderweitige Beendigung des Verfahrens bei Abweisung mangels Masse (§ 26 Abs. 1 InsO), Erledigung der Hauptsache (§ 4 InsO, § 91a ZPO), Rücknahme des Insolvenzantrags (§§ 4 InsO, 269 Abs. 3 S. 2, 3 ZPO)
- Entscheidungen nach § 36 Abs. 1 S. 2 InsO iVm Abs. 4 S. 1 und 3 InsO
- Festsetzung der Vergütung des vorläufigen Insolvenzverwalters nach der InsVV, wenn das Verfahren nicht eröffnet wird[13]
- Verfahren im Zusammenhang mit dem Schuldenbereinigungsplan (§§ 305–310 InsO)
- Entscheidungen im Zusammenhang mit einem Restschuldbefreiungsantrag des Schuldners (§§ 289, 296, 297, 300 InsO)
- Entscheidung über die Versagung der Restschuldbefreiung auf Antrag eines Gläubigers
- Entscheidung über den Widerruf der Restschuldbefreiung (§ 303 InsO)
- Verfahren über einen Insolvenzplan (§§ 217–256 InsO)
- Entscheidungen nach §§ 344 bis 346 InsO

---

13 Streitig ist lediglich, ob der Richter auch für die **Festsetzung der Vergütung** des vorläufigen Insolvenzverwalters nach Eröffnung des Verfahrens zuständig bleibt. Dies ist nach überwiegender Auffassung zu verneinen,[14] weil nach der

---

[12] Vgl. *Uhlenbruck* Rpfleger 1997, 356 (358); *Wimmer* InVo 1997, 316 (318 ff.); *Holzer* Rn. 38.
[13] Zum Streitpunkt vgl. → Rn. 13.
[14] LG Halle Beschl. v. 9.12.1994 – 2 T 203/94, ZIP 1995, 486 (488); LG Magdeburg Beschl. v. 20.9.1995 – 3 T 357/95, Rpfleger 1996, 38; gleiches gilt für Entscheidungen nach § 36 Abs. 1 S. 2 iVm Abs. 4 S. 1, vgl. KPB/*Holzer* § 36 Rn. 44.

§ 3. Die Beteiligten im Insolvenzverfahren

auf Grund des § 18 RpflG eingetretenen Vollübertragung des Insolvenzverfahrens auf den Rechtspfleger alle durch den Richter begonnenen und nicht abgeschlossenen Vorgänge von dem **Rechtspfleger** weiterbearbeitet werden. Die Gegenauffassung nimmt hingegen mit beachtlichen Gründen an, dass die durch den Richter angeordnete vorläufige Insolvenzverwaltung wegen des vor Eröffnung materiell entstandenen Vergütungsanspruchs auch in das eröffnete Verfahren hinüberreiche und deshalb von dem Richter weiter bearbeitet werden müsse.[15] In der Praxis wird insoweit nicht einheitlich verfahren. Für den Insolvenzverwalter und die Gesamtheit der Gläubiger hat der Zuständigkeitsstreit nur dann praktische Auswirkungen, wenn Richter und Rechtspfleger unterschiedliche Festsetzungspraktiken entwickeln. Dies ist nicht selten, wobei aber nicht generell festgestellt werden kann, dass die Vergütungsfestsetzung durch Richter oder Rechtspfleger mit höheren oder niedrigeren Sätzen durchgeführt wird.

Der **Rechtspfleger** ist nach der Grundregel des § 18 RpflG insbesondere für folgende Aufgaben **funktionell zuständig:** 14

Übersicht 3

Zuständigkeit des Rechtspflegers[16]

– Entscheidung über Stundungsanträge sowie über Rückzahlung und Anpassung der gestundeten Beträge (§§ 4a, 4b InsO)
– Einberufung und Leitung der Gläubigerversammlung (§ 74 Abs. 1 InsO)
– Einsetzung eines vorläufigen Gläubigerausschusses im eröffneten Verfahren (§ 67 Abs. 1 InsO)
– Feststellung des Stimmrechts (§ 77 Abs. 2 S. 2 InsO)
– Aufsicht über den Insolvenzverwalter (§ 58 Abs. 1 S. 1 InsO)
– Entscheidung über die Entlassung des Insolvenzverwalters aus wichtigem Grund (§ 59 Abs. 1 InsO)
– Anordnung von Zwangsmaßnahmen gegen den Schuldner (außer Erlass eines Haftbefehls) und Abnahme der eidesstattlichen Versicherung (§§ 97, 98, 101, 153 Abs. 2 S. 1 InsO)
– Anordnung einer Postsperre (§ 91 InsO)
– Entscheidungen nach § 36 Abs. 1 S. 2 iVm Abs. 4 S. 1 InsO
– Untersagung der Betriebsstilllegung vor dem Berichtstermin (§ 158 Abs. 2 S. 2 InsO)
– Untersagung besonders bedeutsamer Rechtshandlungen des Insolvenzverwalters (§ 160, § 161 S. 2 InsO)
– Durchführung von Prüfungsterminen (§§ 176 ff. InsO)
– Entscheidung über Einwendungen gegen das Verteilungsverzeichnis (§ 194 Abs. 1 InsO)
– Zustimmung zur Schlussverteilung (§ 196 Abs. 2 InsO)
– Bestimmung und Durchführung des Schlusstermins (§ 197 Abs. 1 S. 1 InsO)
– Aufhebung des Insolvenzverfahrens (§ 200 Abs. 1 InsO)
– Vergütung des vorläufigen Insolvenzverwalters bei Eröffnung des Verfahrens (§ 11 InsVV)

---

[15] *Uhlenbruck* ZIP 1996, 1889 (1890).
[16] Vgl. *Uhlenbruck* Rpfleger 1997, 356 (358); *Wimmer* InVo 1997, 316 (318); *Bernsen*, Kölner Schrift zur Insolvenzordnung, 1. Aufl., S. 1843, 1845 f.; *Holzer* Rn. 91.

- Einstellung des Verfahrens mangels Masse (§ 207 Abs. 1 S. 1 InsO)
- Einstellung des Verfahrens wegen Wegfalls des Eröffnungsgrundes (§ 212 S. 1 InsO)
- Einstellung des Verfahrens mit Zustimmung der Gläubiger (§ 213 S. 1 InsO)
- Anordnung und Aufhebung der Eigenverwaltung (§§ 271, 272 InsO)
- Entscheidung über die Gewährung einer Restschuldbefreiung (§§ 289, 291, 296, 300 InsO), falls nicht für die Versagung oder den Widerruf der Restschuldbefreiung die Zuständigkeit des Richters gegeben ist.
- Festsetzung der Vergütung des Treuhänders (§§ 64, 65, 293 InsO)
- Festsetzung der Vergütung des Insolvenzverwalters (§§ 63 f. InsO)
- Anordnung der Nachtragsverteilung (§ 203 InsO)

15   Seit geraumer Zeit wird – vornehmlich aus Kostengründen – eine **Vollübertragung** aller Insolvenzsachen **auf den Rechtspfleger** diskutiert. Ob eine solche Übertragung sinnvoll ist, erscheint zweifelhaft,[17] weil sich die Aufteilung der Zuständigkeit seit langem bewährt hat und ihr Nutzen die zu erwartenden Kosteneinsparungen übertreffen dürfte. Zudem handelt es sich bei den dem Richter übertragenen Geschäften des Insolvenzverfahrens wegen des in § 4 InsO enthaltenen Generalverweises auf die ZPO um den Kernbereich richterlicher Tätigkeit iSd Art. 92 Abs. 1 GG, die nicht nur eingehende Rechtskenntnisse, sondern auch wirtschaftliches Verständnis und die Bereitschaft zu ebenso raschen wie mutigen Entscheidungen voraussetzt. Eine Vollübertragung auf den Rechtspfleger dürfte auch von der Wirtschaft nicht akzeptiert werden.[18] Dies gilt insbesondere für Gläubiger aus dem anglo-amerikanischen Rechtskreis, die eine solche Vollübertragung als Argument für eine Verlagerung des Insolvenzverfahrens in Länder mit einer starken Stellung des Richters wie etwa Großbritannien ansehen.[19] Durch die Gesetzgebung in jüngerer Zeit ist die Stellung des Richters gestärkt worden, insbesondere durch Übertragung des Planverfahrens.

16   b) **Verwischungen der funktionellen Zuständigkeit.** Das RpflG ermöglicht diverse **Überschneidungen** der Tätigkeit von Richter und Rechtspfleger. Der Rechtspfleger darf manche Tätigkeiten deshalb nicht ausführen, weil seine Tätigkeit nicht dem formellen **Rechtsprechungsbegriff** des Art. 92 GG unterliegt. Dazu gehört nach §§ 4, 5 RpflG insbesondere der Erlass von freiheitsentziehenden Maßnahmen, wie Haftbefehlen (zB zur Ergreifung des flüchtigen Schuldners und Erzwingung der Abgabe der Vermögensübersicht) und die Bearbeitung von Fällen, in denen ausländisches Recht anzuwenden ist.

17   § 6 RpflG sieht ferner die Möglichkeit vor, dass der Richter in Abweichung zu § 18 RpflG solche Geschäfte bearbeitet, die mit einem zu seiner Zuständigkeit gehörenden Geschäft in engem sachlichem Zusammenhang stehen.[20] Dazu gehört auch die Einsetzung eines **vorläufigen Gläubigerausschusses** nach Ver-

---

[17] Vgl. INDat-Report 12/2001, 6.
[18] Vgl. hierzu die Stellungnahme von *Uhlenbruck* ZinsO 2001, 1129 (1130 f.).
[19] Zur Abwanderungsproblematik nach Großbritannien Wimmer/Dauerheim/Wagner/Weidekind/*Holzer* 12. Kap. Rn. 39 mwN; zur Standortdiskussion im Allgemeinen vgl. *Vallender* NZI 2007, 129 (130 ff.); *Andres/Grund* NZI 2007, 137 (138 ff.).
[20] *Holzer* Rn. 14.

fahrenseröffnung oder das Ersuchen um die Eintragung des Eröffnungsvermerks in das Grundbuch.[21]

Darüber hinaus ermöglicht es § 18 Abs. 2 RpflG dem Richter, sich das **Verfahren** auch nach der Eröffnung ganz oder teilweise **vorzubehalten.** Dem Richter steht insoweit ein Ermessen zu und er ist nicht verpflichtet, seine Entscheidung durch förmlichen Beschluss nach außen bekannt zu geben. Es genügt vielmehr, dass er den Eintritt in die Zuständigkeit des Rechtspflegers in der Akte durch einen Vermerk festhält.[22] Die Ausübung des Richtervorbehalts ist von den Beteiligten nicht anfechtbar.[23] 18

Der Richter kann dem Rechtspfleger das Verfahren jederzeit zurückgeben und danach erneut an sich ziehen (sog **Evokationsrecht**). Das wird auch für den Fall angenommen, dass das Verfahren zunächst mit der Eröffnung auf den Rechtspfleger übergegangen ist.[24] Bestehen Unklarheiten über die Zuständigkeitsverteilung, ist die Entscheidung des Richters nach § 7 RpflG unanfechtbar. 19

Zudem sind Maßnahmen des Richters nach § 8 Abs. 1 RpflG auch dann wirksam, wenn er sich das Verfahren nicht vorbehalten hatte und gleichwohl Aufgaben des Rechtspflegers erledigt. Umgekehrt gilt das nur in eingeschränkter Weise: **Eingriffe des Rechtspflegers** in originäre Richteraufgaben sind stets **unwirksam** (§ 8 Abs. 4 S. 1 RpflG), Tätigkeiten in Stadien nach der Eröffnung des Verfahrens aber auch dann nicht, wenn der Richter die Sache an sich gezogen hat (§ 8 Abs. 2 S. 2 RpflG). Soweit der Rechtspfleger vor Eröffnung des Verfahrens tätig wird (zB durch Aufnahme des Insolvenzantrags zu Protokoll oder einzelne Ermittlungshandlungen), handelt er außerhalb seiner gesetzlichen Aufgabe. Da hierbei aber keine Entscheidungen ergehen, ist die Zuständigkeitsüberschreitung nicht anfechtbar und wird durch das fortschreitende Verfahren prozessual überholt.[25] 20

Für die Gläubiger und andere Beteiligte mag diese **interne Zuständigkeitsverteilung** verwirrend sein. Auch können sie nicht in jedem Fall präzise voraussehen, an welche Person sie sich innerhalb des Gerichts wenden können. Da die Ausübung des Richtervorbehalts in der Praxis relativ selten ist, wirken die dargestellten Regelungen nicht als Belastung für die Verfahrensbeteiligten. Sie können im Gegenteil bei sinnvoller Handhabung eine flexible und gestraffte **Verfahrensgestaltung** ermöglichen und sind nicht dazu da, dass sich Richter und Rechtspfleger gegenseitig kontrollieren. Die Gläubiger sollten den Vorschriften dadurch Rechnung tragen, dass sie Schreiben nicht an den Richter oder Rechtspfleger persönlich richten, sondern lediglich unter Angabe des Aktenzeichens zum Verfahren reichen. Auf diese Weise können Fehlvorlagen innerhalb des Gerichts, die unnötige Zeit kosten, leicht vermieden werden. 21

---

[21] *Holzer* Rn. 632 ff.
[22] BGH Urt. v. 21.6.1968 – V ZR 33/65, BGHZ 50, 258 (261) = NJW 1968, 1675.
[23] *Mohrbutter/Drischler* NJW 1971, 361.
[24] *Uhlenbruck* Rpfleger 1997, 356 (359).
[25] Dazu *Holzer* Rn. 133 ff.

B. Der Insolvenzverwalter

I. Qualifikation und Eignung

22 Zu den Beteiligten im engeren Sinne – allerdings nicht im Hinblick auf den Insolvenzplan[26] – ist ferner der **Insolvenzverwalter** zu zählen. Abgesehen davon, dass dieser möglicherweise vor Eröffnung des Verfahrens als **vorläufiger Insolvenzverwalter** mit Verfügungsbefugnis (§ 22 Abs. 1 S. 1 InsO) bereits weitgehende Gestaltungs- und Mitwirkungsrechte übertragen bekommt, wird seine Stellung mit Eröffnung des Insolvenzverfahrens noch weiter gestärkt. Nach § 80 Abs. 1 InsO geht in diesem Zeitpunkt die Verwaltungs- und Verfügungsbefugnis des Schuldners auf den Insolvenzverwalter mit der Konsequenz über, dass Verfügungen des Schuldners, falls nicht Gutglaubensvorschriften wie etwa § 892 BGB entgegenstehen, nach § 81 Abs. 1 InsO absolut unwirksam werden.[27]

23 Der Insolvenzverwalter wird deshalb mit Eröffnung des Verfahrens nach der sogenannten Amtstheorie **Partei kraft Amtes.** Er handelt danach, weil er Träger der den Gläubigern haftungsrechtlich zugewiesenen Insolvenzmasse ist, als Inhaber eines durch das Insolvenzgericht übertragenen Amtes kraft eigenen Rechts und im eigenen Namen mit unmittelbarer Wirkung für und gegen den Schuldner. Nur noch selten wird hingegen angenommen, dass der Insolvenzverwalter **Vertreter** des Schuldners sei.[28] Diese Annahme ist nicht unproblematisch, weil der Schuldner sein Verwaltungs- und Verfügungsrecht mit der Verfahrenseröffnung vollständig verliert und deshalb keine Rechtshandlungen denkbar sind, in denen er durch den Insolvenzverwalter vertreten werden müsste. Dem Insolvenzverwalter – stets eine natürliche Person – fallen demnach als **„Zentralfigur" des Verfahrens** vielfältige Rechte und Pflichten zu, die mit der Inbesitznahme der Masse (§ 148 InsO) beginnen und, falls nicht eine Nachtragsverteilung angezeigt ist, mit der Durchführung der Schlussverteilung (§ 196 InsO) enden. Seine Aufgabe ist es dabei nicht primär, das schuldnerische Vermögen zu zerschlagen und zu verteilen, sondern dessen Betrieb nach Möglichkeit zu sanieren und in seiner Gesamtheit zu erhalten. Der Insolvenzverwalter handelt dabei – abgesehen von der Mitwirkung der Gläubigerorgane – wirtschaftlich selbstständig und kann durch das Insolvenzgericht insoweit nicht beeinflusst werden.[29]

24 Der Insolvenzverwalter kann das Schicksal der Insolvenzmasse entscheidend bestimmen, weil er die mit der Insolvenzmasse zusammenhängenden **wirtschaftlichen Entscheidungen** (etwa Sanierung, übertragende Sanierung, Ausproduktion, Zerschlagung)[30] trifft oder den Gläubigerorganen zur Genehmigung vorschlägt. Er befindet sich im wirtschaftlichen Mittelpunkt des Verfahrens, weil seine Entscheidungen für das Wohl und Wehe der Masse von

---

[26] BGH Beschl. v. 22.7.2007 – IX ZB 106/06, NZI 2007, 341.
[27] Dazu → § 7 Rn. 1 ff.
[28] Zum Meinungsstand nach der früheren Konkursordnung vgl. *Kilger/K. Schmidt* § 6 KO Anm. 2a; zur parallelen Rechtslage in Österreich vgl. *Holzer* Rn. 767 mwN.
[29] *Holzer* Rn. 512.
[30] Vgl. dazu → § 1 Rn. 6 ff.

ausschlaggebender Bedeutung sind. Der Insolvenzverwalter kann diese Funktionen, deren Beginn über die Anordnung einer vorläufigen Insolvenzverwaltung auch in das Eröffnungsverfahren hinüberreicht, nur dann erfüllen, wenn er über vielfältige **Kenntnisse und Fähigkeiten** verfügt. Problematisch ist, wie diese zum Wohl aller Beteiligten am besten nutzbar gemacht werden können; dies betrifft in besonderem Maße die Frage der Auswahl des Insolvenzverwalters, bei der zwischen der sogenannten „Vorauswahl" und der Auswahl im konkreten Verfahren unterschieden wird.

II. Das Vorauswahlverfahren

1. Zweck des Vorauswahlverfahrens

Der (vorläufige) Insolvenzverwalter übt nach mittlerweile herrschender Auf- 25
fassung auch bei nebenberuflicher Tätigkeit einen auf Dauer angelegten eigenständigen **Beruf** aus, der **durch Art. 12 Abs. 1 GG geschützt ist**.[31] Wegen der der zunehmenden Professionalisierung der Insolvenzverwaltung, dem Zusammenschluss der Insolvenzverwalter in überregionalen Berufsverbänden wie dem Verband Insolvenzverwalter Deutschlands e.V. (VID) und ihrem erheblichen wirtschaftlichen Einfluss auf das Insolvenzverfahren ist die insolvenzverwaltende Tätigkeit dem Schutz des Art. 12 Abs. 1 GG zu unterstellen. Dies hat zur Folge, dass ein Berufsrecht für Insolvenzverwalter geschaffen werden muss, das in größtmöglicher Freiheit und Selbstbestimmung die Rechte und Pflichten der Berufsträger einschließlich des Zugangs zum Insolvenzverwalterberuf regelt (einschließlich Übergangsregelungen für die „alten Hasen") und dabei die aus Art. 12 GG folgenden grundrechtlichen, teilweise bereits in der Rechtsprechung des BVerfG konkretisierten Anforderungen in optimaler Weise wahrt. Möglicherweise hat dies die Schaffung einer Kammer für Insolvenzverwalter zur Folge, die bei einer etwaigen Berufszulassungsprüfung (ähnlich derer für Anwaltsnotare) mitwirkt.[32] Denkbar sind aber auch andere Lösungen, beispielsweise die Wahrnehmung öffentlich-rechtlicher Interessen durch einen Berufsverband als Beliehener. Flankiert werden sollte die Neuordnung des Berufsrechts der Insolvenzverwalter durch die Schaffung eines zeitgemäßen Vergütungsrechts (beispielsweise nach dem Entwurf des VID),[33] das auch die Erfolge bei der Sanierung und Betriebsfortführung honoriert und dadurch die heute fehlende Angemessenheit des nicht mehr zeitgemäßen Vergütungsrechts wieder herstellt.[34] Die Berufsausübung des (vorläufigen) Insolvenzverwalters

---

[31] BVerfG Beschl. v. 12.1.2016 – 1 BvR 3102/13, ZVI 2016, 104 (106); BVerfG Beschl. v. 3.8.2004 – 1 BvR 135/00, 1 BvR 1086/01, ZIP 2004, 1649 (1651); *Henssler* ZIP 2002, 1053 (1054f.); Arbeitskreis für Insolvenz- und Schiedsgerichtswesen eV/*Henssler* S. 45 (47); *Holzer* Rn. 169; *Holzer/Kleine-Cosack/Prütting* S. 19 Fn. 62; *Kesseler* ZInsO 2002, 201 (204); *Kesseler* ZIP 2000, 1565 (1570f.); *Prütting* ZIP 2002, 1965 (1968); *Smid* DZWIR 2001, 485 (487); *Wieland* RWS-Forum 2003, 165 (174f.); aA *Lüke* ZIP 2000, 485 (488); vgl. dazu auch *Lüke* ZIP 2000, 1574 (1575).
[32] Dazu *Prütting* FS Vallender, 2014, S. 455, 466f.; zum Berufsrecht der Insolvenzverwalter in anderen Staaten instruktiv *Bergner* FS Beck, 2016, S. 27 (30ff.).
[33] *Blersch/Bremen* ZIP 2014, Beilage zu Heft 28, 1; dazu *Holzer* NZI 2015, 145ff.
[34] Dazu *Graeber* NZI 2013, 574 (579); *Holzer* NZI 2013, 1049 (1052ff.).

ist allerdings nur dann möglich, wenn er auch in konkreten Verfahren bestellt wird.

26 Nach § 56 Abs. 1 InsO ist der im konkreten Verfahren zu bestellende Insolvenzverwalter aus dem Kreis aller zur Übernahme von Insolvenzverwaltungen bestellten Verfahren auszuwählen. Die durch das Gesetz zur Vereinfachung des Insolvenzverfahrens vom 13.4.2007[35] eingefügte Bestimmung setzt die **Rechtsprechung des BVerfG**[36] zur Vorauswahl von Insolvenzverwaltern um und entspricht der früheren Praxis. Nach § 56 Abs. 2 InsO kann der Insolvenzverwalter die **Bereitschaft zur Übernahme von Verfahren** auf bestimmte Größenordnungen (zB Verbraucherinsolvenzverfahren) **beschränken;** dies entspricht im Wesentlichen den aus der Literatur bekannten[37] Vorschlägen. Strukturell ist die Vorauswahl künftiger Insolvenzverwalter einer staatlichen Vergabeentscheidung vergleichbar, die nicht nur an Art. 12 Abs. 1 GG, sondern auch an dem **Rechtsstaatsprinzip** (Art. 20 Abs. 3 GG) und dem **Gleichheitsgrundsatz** (Art. 3 Abs. 1 GG) zu messen ist und in dem jeder Bewerber ein Recht auf ermessensfehlerfreie Entscheidung geltend machen kann.[38]

27 Zweck der Vorauswahl ist eine einheitliche Abwicklungspraxis und die Erleichterung der Auswahl der im jeweiligen Einzelfall am besten geeigneten Person. Die dabei übliche Führung einer „**Liste**" ist als Arbeitshilfe für das Insolvenzgericht zu verstehen um die für das jeweilige Verfahren am besten geeignete Person des (vorläufigen) Insolvenzverwalters zu ermitteln. Es besteht deshalb ein untrennbarer **funktionaler Zusammenhang** der **Vorauswahl** mit der **Auswahl** des Insolvenzverwalters **im konkreten Verfahren.**[39] Wegen der Komplexität der Tätigkeit und des erforderlichen Wissensspektrums erscheint es grundsätzlich sinnvoll, wenn das Gericht die Kenntnisse der Frage kommenden Personen möglichst gut beurteilen kann und ihre Tätigkeit in verschiedenen Verfahren erlebt hat. Obwohl ein Vorauswahlverfahren grundsätzlich sinnvoll ist, entbehrt seine Durchführung in der Praxis mancher Gerichte trotz der jahrelangen Diskussion in der Fachöffentlichkeit noch immer rechtsstaatlichen Mindestanforderungen.

2. Durchführung des Vorauswahlverfahrens

28 Der zur Übernahme von Insolvenzverfahren einer bestimmten Größenordnung bereite Insolvenzverwalter wendet sich zur Aufnahme in die „Liste" an das Insolvenzgericht und teilt ihm eine entsprechende **Bereitschaft** mit.[40] Situationen, in denen Gerichte von sich aus auf potentielle Insolvenzverwalter zugehen sind in der Praxis selten und eher an kleineren Gerichten bei großen

---

[35] BGBl. 2007 I 509.
[36] BVerfG Beschl. v. 3.8.2004, ZIP 2004, 1649 (1651 ff.).
[37] *Holzer* Rn. 372 ff.; *Holzer/Kleine-Cosack/Prütting* S. 64 f.; *Römermann* NJW 2002, 3729 (3732).
[38] BVerfG Beschl. v. 3.8.2004, ZIP 2006, 1956 (1957); *Förster* ZInsO 2002, 406 (407); *Henssler* ZIP 2002, 1053 (1056); Arbeitskreis für Insolvenz- und Schiedsgerichtswesen eV/*Henssler* S. 45, 54 f.; *Lüke* ZIP 2007, 701 (702 ff.); *Smid* DZWIR 2001, 485 (486).
[39] BVerfG Beschl. v. 3.8.2004 – 1 BvR 135/00, 1086/01, ZIP 2004, 1649 (1652 f.); KPB/*Lüke* § 56 Rn. 19.
[40] Zu den Modalitäten einer Bewerbung ausführlich *Holzer* Rn. 171 ff.

§ 3. Die Beteiligten im Insolvenzverfahren

Verfahren zu erwarten, die von dem an diesen Gerichten tätigen Insolvenzverwaltern – beispielsweise aus Kapazitätsgründen – nicht bewältigt werden können. Ziel des Vorauswahlverfahrens ist stets die Aufnahme des Insolvenzverwalters in sogenannte „Listen" als Voraussetzung der späteren Bestellung in konkreten Verfahren. Nach ganz überwiegender Auffassung ist dieses Verfahren als **Justizverwaltungsverfahren** anzusehen, so dass gegen ablehnende Entscheidungen Rechtsschutz nach § 23 EGGVG beantragt werden kann.[41] Eine gesetzliche Regelung hierfür existiert nicht, obwohl sie seit längerer Zeit gefordert wird;[42] der im Gesetzgebungsverfahren nicht weiter behandelte Entwurf eines Gesetzes zur Verbesserung und Vereinfachung der Aufsicht im Insolvenzverfahren (GAVI)[43] hatte ursprünglich hierzu eine rudimentäre Regelung vorgesehen,[44] die jedoch durch den Bundesrat gestrichen wurde. Offen ist derzeit, ob insoweit eine Regelung zu erwarten ist; es erscheint jedoch in jedem Fall sinnvoll, eine eventuelle **Regelung des Vorauswahlverfahrens** erst dann in Angriff zu nehmen, wenn die Ergebnisse der **„Uhlenbruck-Kommission"**[45] ausgewertet sind. Erst dann dürfte es möglich sein, die Struktur eines solchen Verfahrens sowie die an eine Vorauswahl anzulegenden Voraussetzungen genauer zu bestimmen. Ungeklärt sind auch Zulässigkeit und Voraussetzungen des von manchen Gerichten praktizierten **„Delistings"**.[46] Jedes Vorauswahlverfahren für Insolvenzverwalter muss sich zudem an der auch sonst im Bereich des Insolvenzrechts anwendbaren[47] **„Dienstleistungsrichtlinie" der EU**[48] messen lassen, weil der Insolvenzverwalter als (gerichtlich bestellter) Dienstleister anzusehen ist. 29

Fest steht, dass das derzeit an vielen Gerichten praktizierte Vorauswahlverfahren für einen sich bewerbenden Insolvenzverwalter eine unüberwindliche 30

---

[41] BVerfG Beschl. v. 23.5.2006 – 1 BvR 2530/04, ZIP 2006, 1355 (1361); OLG Dresden Beschl. v. 26.7.2007 – 13 VA 1/07, ZIP 2007, 2182 (2183); OLG Köln Beschl. v. 27.9.2006 – 7 VA 9/05, ZIP 2007, 342; OLG Koblenz Beschl. v. 12.5.2005 – 12 VA 1/04, ZIP 2005, 1283; OLG München Beschl. v. 7.12.2004 – 9 VA 4–6/04, ZIP 2005, 670; OLG Düsseldorf Beschl. v. 27.10.2006 – I-3 VA 9/06, 3 VA 9/06, ZIP 2006, 2137 (2140); KG Beschl. v. 11.1.2006 – 16 VA 5/05, ZIP 2006, 294 (295); *Holzer* ZIP 2006, 2008 (2009); *Holzer* EWiR 2000, 175 (176); *Holzer* Rn. 318ff.; *Lüke* ZIP 2007, 701 (703ff.); aA OLG Koblenz Beschl. v. 16.12.1999 – 12 VA 5/99, ZIP 2000, 507 (508); OLG Hamm Beschl. v. 14.10.2004 – 15 VA 11/04, ZIP 2005, 269 (270); OLG Düsseldorf Beschl. v. 24.6.1996 – 3 VA 4/95, NJW-RR 1996, 1273 = InVo 1996, 263.

[42] *Holzer* EWiR 2000, 175 (176); *Holzer/Kleine-Cosack/Prütting* S. 24 Fn. 83; *Henssler* ZIP 2002, 1053; *Lüke* ZIP 2000, 485 (489); *Römermann* NJW 2002, 3729 (3731); *Römermann* NZI 2003, 134; *I. Pape/G. Pape* ZIP 2003, 1553 (1563f.); *Wieland* RWS-Forum 2003, 165 (177, 179); vgl. auch *Robrecht* KTS 1998, 63 (66).

[43] BT-Drs. 16/7251.

[44] Hierzu *Frind* ZInsO 2007, 922 (924f.).

[45] Empfehlungen der „Uhlenbruck-Kommission" zur Vorauswahl und Bestellung von InsolvenzverwalterInnen sowie Transparenz, Aufsicht und Kontrolle im Insolvenzverfahren, ZIP 2007, 1432ff.; vgl. dazu *Graf-Schlicker/Kexel* ZIP 2007, 1833 (1837).

[46] Hierzu *Uhlenbruck/Mönning* ZIP 2008, 157ff.; KPB/*Lüke* § 56 Rn. 27.

[47] Dazu *Holzer* ZVI 2011, 237ff.

[48] Richtlinie 2006/123/EG des Europäischen Parlaments und des Rates vom 12.12.2006 über Dienstleistungen im Binnenmarkt, ABl. EG L 376, S. 36; grundlegend *Sabel/Wimmer* ZIP 2008, 2097 (2102ff.).

Hürde darstellt – entweder, weil er überhaupt nicht in die Liste aufgenommen oder nach einer Aufnahme nicht bestellt wird, weil das Gericht auch in diesem Falle auf die „bekannten und bewährten" Insolvenzverwalter zurückgreift (Problem der „**Liste in der Liste**").[49] Dieses Vorgehen ist keinesfalls als zulässig anzusehen,[50] weil nach der Ergänzung des § 56 InsO durch das Gesetz zur Vereinfachung des Insolvenzverfahrens[51] die Führung einer geschlossenen Liste entsprechend der bisher ganz herrschenden Meinung[52] untersagt ist. Manche Gerichte haben darüber hinaus interne „Ranking-Listen" erstellt, die weitergehende Angaben zur Qualifikation der für die Auswahl im konkreten Verfahren in Betracht kommenden Kandidaten enthält. Auch bei diesem System besteht keine Möglichkeit, dass sich Insolvenzverwalter gegen unzutreffende Eintragungen zur Wehr setzen. Derartige „Ranking-Listen" sind nach § 56 InsO ebenfalls nicht zulässig und im Hinblick auf Art. 12 Abs. 1 GG bedenklich.

3. Voraussetzungen für die Vorauswahl

31 a) **Allgemeines.** Die an eine Vorauswahl anzulegenden **Kriterien** sind bislang an den einzelnen Insolvenzgerichten sehr unterschiedlich, wobei jedoch klar zu sein scheint, dass die Vielzahl der derzeit bekannten Auswahlkriterien nicht kumulativ erfüllt werden muss. Die **Wertigkeit** der einzelnen Auswahlkriterien ist bisher allerdings unklar.[53] Die Auswahlkriterien für die (Vor-) Auswahl sind derzeit auch für erfahrene Insolvenzverwalter kaum durchschaubar, so dass die Ablehnung der Aufnahme in die „Liste" und ihre Begründung[54] von vielen Bewerbern als willkürlich empfunden wird.[55] Das Vorgehen mancher Insolvenzgerichte bei der Vorauswahl und die erst seit kurzer Zeit geklärte Problematik des Rechtsschutzes im **Justizverwaltungsverfahren** zeigen, dass die Vorauswahl derzeit noch in einem **rechtsfreien Raum** stattfindet, in dem die aus Art. 3 Abs. 1, 12 Abs. 1 GG geschützten Grundrechte der Bewerber kaum berücksichtigt werden.

---

[49] *Uhlenbruck* KTS 1989, 229 (231); *Uhlenbruck* KTS 1998, 1 (29); vgl. auch *Schmidt* RWS-Forum 2000, 15 (17f.); *Römermann* ZIP 2006, 1332 (1338); *Smid* DZWIR 2001, 485 (487).
[50] OLG Düsseldorf Beschl. v. 27.10.2006 – I-3 VA 9/06, ZIP 2006, 2137 (2140); *Holzer* ZIP 2006, 2008 (2009).
[51] → Rn. 26.
[52] *Graf-Schlicker* ZIP 2002, 1166 (1167); *Henssler* ZIP 2002, 1053 (1057); Arbeitskreis für Insolvenz- und Schiedsgerichtswesen eV/*Henssler* S. 45, 56; *Lüke* ZIP 2000, 485 (486); *Kesseler* ZIP 2000, 1565 (1566); *Sabel* ZIP 2003, 781 (783); *Siegmann* ZZP 115 (2002), 125 (127); *Stephan* RWS-Forum 2003, 1 (8); *Uhlenbruck* KTS 1998, 1 (16, 27); vgl. dazu auch *Kleine-Cosack* RWS-Forum 2000, 1 (4); *Römermann* NJW 2002, 3729 (3732); *Vallender* MDR 2002, 181 (186).
[53] Vgl. etwa *Wieland* RWS-Forum 2002, 165 (170).
[54] Etwa die Begründung, dass der 65-jährige Bewerber für die Übernahme von Insolvenzverwaltungen zu „alt" sei, vgl. OLG Hamm Beschl. v. 2.8.2007 – 27 VA 1707, ZIP 2007, 1722 (1723) oder das Vertreten einer der herrschenden Auffassung nicht entsprechenden Rechtsmeinung, vgl. KG Beschl. v. 11.1.2006 – 16 VA 5/05, ZIP 2006, 294 (295).
[55] So *Wieland* RWS-Forum 2003, 165 (170); *Lüke* ZIP 2000, 485 (486); dazu auch *Graeber* DZWIR 2000, 455 (456); *Kesseler* ZIP 2000, 1565 (1566); Arbeitskreis für Insolvenz- und Schiedsgerichtswesen eV/*Henssler* S. 45 (48, 57); *Henssler* ZIP 2002, 1053.

b) Zertifizierung. Ob eine sogenannte „**Zertifizierung**"[56] von Insolvenzverwaltern die individuelle Prüfung der Kriterien für die Vorauswahl entbehrlich macht, ist ebenfalls streitig. Auf dem Markt werden derzeit verschiedene **Zertifizierungsmodelle** angeboten. Nach einem Modell findet eine freiwillige Leistungskontrolle statt, die die Qualifikation des Insolvenzverwalters, die Infrastruktur und Transparenz seines Büros (zB Mitarbeiter, technische Ausstattung etc) sowie sogenannte „operative Kennzahlen" für konkrete Arbeitserfolge (zB erzielte Quoten in den bearbeiteten Insolvenzverfahren der letzten fünf Jahre, statistische Kennzahlen) bewertet, in einen statistischen Gesamtzusammenhang stellt und anhand einer Punktetabelle in ein „Qualitätssiegel" umrechnet, das in verschiedenen Stufen für einen bestimmten Zeitraum erteilt wird. Nach Ablauf der Gültigkeit muss das Zertifikat erneuert werden; es soll von dem Insolvenzverwalter auch zu Werbezwecken benutzt werden können. Einzelne Insolvenzgerichte berücksichtigen derartige Zertifizierungen bereits bei der Vorauswahl der Insolvenzverwalter und versenden auf Anfrage **Fragebögen**, die entsprechende Angaben abfragen.[57] Problematisch bei der „Zertifizierung" nach dem dargestellten Modell ist insbesondere das wenig transparente Verfahren und die fehlende Kontrollmöglichkeit der Zertifizierungsstelle sowie die Fokussierung auf wenige statistisch überprüfbare Daten. Es erscheint insbesondere problematisch, den **„Erfolg"** von Insolvenzverwaltern an den in einzelnen Verfahren erzielten Quoten zu messen, weil die Verteilung der Verfahren durch die Insolvenzgerichte auf die einzelnen Insolvenzverwalter nicht steuerbar ist. Der Insolvenzverwalter kann es insbesondere nicht beeinflussen, ob er massehaltige und damit zu einer hohen Befriedigungsquote der Gläubiger führende Verfahren erhält oder nicht. Sanierungserfolge mit geringen Quoten werden bei der Zertifizierung hingegen nicht bewertet; die Zertifizierung könnte deshalb wichtigen Zielsetzungen der Insolvenzordnung widersprechen, die Zerschlagung von Betrieben fördern und damit auch gesamtwirtschaftliche Nachteile verursachen. Auch das persönliche Risiko, das mit der Verwaltung großer Vermögensmassen und der Fortführung von Unternehmen verbunden ist, wird bei der nach statistischen Kriterien erfolgenden Zertifizierung nicht bewertet. Gleiches gilt für die **individuellen Kenntnisse und Fähigkeiten** des Insolvenzverwalters. Durch die Verwendung statistischer Daten aus mehreren Jahren werden zudem junge Insolvenzverwalter benachteiligt, die solche Daten noch nicht vorweisen können. Die Einführung einer Altersgrenze (zB 60 Jahre) sowie die entstehenden Kosten von angeblich mehreren tausend EUR können auch dazu führen, dass diese Zertifizierungsmethode für ältere Insolvenzverwalter und solche mit kleineren Kanzleien problematisch ist. Ungeklärt ist zudem, wie die für die „Zertifizierung" notwendigen Auskünfte erteilt werden können, ohne gegen die Verschwiegenheitspflicht des Insolvenzverwalters zu verstoßen.[58]

Nach einem anderen Zertifizierungsmodell sollen die Abläufe in der Büroorganisation des Insolvenzverwalters normiert und im Rahmen eines Qualitätsmanagements nach der Norm „DIN EN ISO 9001-2000 **(ISO 9001)**" berechnet

---

[56] Zur etymologischen Bedeutung des Begriffs *Bergner* NZI 2007, 642.
[57] Dazu *Frind* NZI 2008, 518 (520).
[58] Dazu *Bork* ZIP 2007, 793 (794 ff.).

werden. Diese Art der „Zertifizierung" hat den **Vorteil,** dass die Organisation und Arbeitsweise des Insolvenzverwalterbüros nach außen hin dokumentiert wird. Der Insolvenzverwalter kann die Effizienz seiner Tätigkeit anhand objektiv messbarer Kriterien darlegen und ist nicht darauf verwiesen, den von ihm kaum beeinflussbaren „Erfolg" seiner Tätigkeit bewerten zu lassen.[59] Die genannten Kriterien liefern vielmehr den Hintergrund für eine Dokumentation über die **Strategie und Art der Verfahrensabwicklung,** werden von den beispielsweise von den im **VID** zusammengeschlossenen Insolvenzverwaltern im Rahmen einer **Selbstverpflichtung** akzeptiert und geben den Gerichten ein objektives und transparentes Entscheidungskriterium an die Hand, das den Prüfungsaufwand bei der Vorauswahl deutlich reduziert. In Bereichen wie dem kanzleiinternen Verfahrenscontrolling, in denen die nicht branchenspezifisch ausgestalteten **ISO-Regelungen keine Vorgaben** enthalten, hat es sich als notwendig erwiesen, andere geeignete Kontrollinstrumente zu schaffen. Speziell für Insolvenzverwalter wurde auf der Basis der ISO 9001 ein **Zertifikat** namens „InsO 9001" entwickelt, dessen wichtigstes Element das Verfahrenscontrolling darstellt. Die Auswertung von **Strukturkennzahlen** über bestimmte Zeiträume zeigt die Entwicklung von einzelner Insolvenzverfahren auf, so dass sich Abweichungen in positiver und negativer Hinsicht erkennen und korrigieren lassen (zB eine Entwicklung, die auf Massearmut hinweist). Das in den einzelnen Verfahren notwendige **Risikomanagement** wird letztlich durch einen kontinuierlich ablaufenden und systematisch angelegten Prozess begleitet und überwacht, der sich nahtlos an die Vorgaben der ISO 9001 anschließt, jedoch **persönlichkeitsbezogene Elemente** beinhaltet. Geprüft wird etwa auch die Umsetzung der Empfehlungen der **„Uhlenbruck-Kommission",** die Einhaltung der **Grundsätze ordnungsgemäßer Insolvenzverwaltung** (GOI) des VID durch den Insolvenzverwalter sowie deren Umsetzung in der Kanzlei durch eine entsprechende Einbindung der Mitarbeiter. Die **Arbeitsprozesse** der Kanzlei werden damit nicht nur analysiert, sondern auch eine Möglichkeit für deren **Optimierung** bereitgestellt. Hierdurch wird dem Insolvenzgericht die Auswahlentscheidung noch mehr erleichtert, als das bei einer Prüfung nach ISO 9001 der Fall ist.[60] Bei Mitgliedern des VID haben Zertifizierer bei der Prüfung die 70 in der „GOI-PrüfO" aufgeführten Kriterien verbindlich zu beachten, wodurch eine einheitliche und vergleichbare Prüfung erleichtert wird. Dies hilft wiederum, Qualitätsstandards zu sichern.[61] Eigene Besuche in der Verwalterkanzlei zur Überprüfung des Büroablaufs kann sich der Richter bzw. Rechtspfleger nach solchen Prüfungen ersparen.

34   c) **Anerkannte Auswahlkriterien.** Die wichtigsten von der Praxis anerkannten Kriterien für die Vorauswahl – unter Berücksichtigung der Ergebnisse der **„Uhlenbruck-Kommission"**[62] – finden sich in der folgenden Aufstellung. Dabei stellt die Reihenfolge der aufgeführten Kriterien ausdrücklich nicht mit ihrer Bedeutung für die Auswahlentscheidung in Zusammenhang, wobei aller-

---

[59] *Beck* NZI 2008, Heft 8 S. VI; *Bergner* NZI 2007, 642 (644); *Andres* NZI 2008, 522 (523 f.).
[60] Dazu ausführlich *Kurz* NZI 2007, 638 (639 ff.).
[61] Dazu *Römer* KSI 2012, 269 ff.
[62] Dazu → Rn. 29.

dings die Erfüllung möglichst vieler Kriterien die Chance einer Vorauswahl verbessern dürfte.[63] Die Kriterien für die Vorauswahl überschneiden sich ferner mit denen, die für die Auswahl im konkreten Einzelfall maßgebend sind. In Betracht kommen insbesondere:

Übersicht 4

- Ausbildung (Hochschulstudium, zB Rechts- oder Wirtschaftswissenschaften)
- Besondere theoretische Kenntnisse (zB Insolvenz-, Arbeits- und Steuerrecht)
- Praktische Erfahrungen („Lernen" in einem Insolvenzverwalterbüro)
- Zuverlässigkeit, geordnete wirtschaftliche Verhältnisse
- Unternehmerische Fähigkeiten (insbes. Unternehmensfortführung)
- Büroausstattung (Organisation, Software)
- Mitarbeiter (auf Insolvenzsachen spezialisiert)
- Ortsnähe und Erreichbarkeit
- Unabhängigkeit
- Vermögensschadens-Haftpflichtversicherung

---

4. Mitwirkung der Gläubiger bei der Vorauswahl

Die Mitwirkung von Gläubigern wird bei der Aufnahme in Vorauswahllisten derzeit nicht praktiziert. Auch § 56a InsO bietet dafür keine Handhabe. Nach den Vorschlägen der „**Uhlenbruck-Kommission**" sollten zumindest institutionelle Gläubiger das Recht haben, zur Aufnahme in die Vorauswahlliste Stellung zu nehmen. Sie könnten auf diese Weise in ein – wie auch immer auszugestaltendes Verfahren – eingebunden werden. Die Mitwirkung anderer Gläubiger bei der Vorauswahl erscheint dagegen in diesem frühen Stadium noch nicht möglich.

35

III. Die Bestellung im konkreten Verfahren

1. Bestellungsverfahren

Nach einem vielzitierten Satz ist die Auswahl des Insolvenzverwalters die „Schicksalsfrage" des gesamten Verfahrens.[64] Die Frage danach, wer im konkreten Verfahren Insolvenzverwalter wird, ist deshalb eine entscheidende Weichenstellung für die Befriedigung der Forderung jedes einzelnen Gläubigers. Meist fällt diese Entscheidung nicht erst im Eröffnungsbeschluss, sondern bereits im Vorverfahren, wenn es um die Einsetzung eines Gutachters oder vorläufigen Insolvenzverwalters geht, der, falls nicht gewichtige Gründe entgegenstehen, mit dem späteren Insolvenzverwalter identisch sein wird. Auch wenn dies nicht die Stelle ist, an der die Aufgaben des Gutachters und vorläufigen Insolvenzverwalters erörtert werden können,[65] soll zumindest erwähnt werden,

36

---

[63] So *Stapper* NJW 1999, 3441 (3444).
[64] Vgl. *Uhlenbruck* KTS 1989, 229.
[65] Dazu → § 1 Rn. 35 ff.

dass deren Aufgaben mit denen des späteren Insolvenzverwalters in einer Weise verwoben sind, die nahezu identische Auswahlkriterien bedingt.

37 Das Gesetz sagt über die verschiedenen **Auswahlkriterien** nur wenig.[66] § 56 Abs. 1 InsO verlangt lediglich, dass als Insolvenzverwalter eine **„geschäftskundige"** und **natürliche Person** eingesetzt werden muss. Damit scheiden juristische Personen (zB eine Steuerberatungs- oder Wirtschaftsprüfungsgesellschaft) von vornherein aus. Das BverfG[67] hat dies im Einklang mit der ganz herrschenden Auffassung in der Literatur[68] zu Recht bestätigt. Ob dies mit der **„Dienstleistungsrichtlinie der EU"**[69] vereinbar ist, ist noch nicht geklärt.[70] Die Bestimmung der Geschäftskunde bleibt jedoch problematisch: Ein professionell tätiger Insolvenzverwalter muss damit rechnen, Schuldner vorzufinden, die in den verschiedensten Berufssparten mit unterschiedlichem Geschäftsumfang tätig werden und in der Lage sein, nicht nur den Betrieb eines Schreinermeisters oder einen Gemischtwarenladen, sondern auch **mittelständische Unternehmen** und **Großbetriebe** im Dienstleistungsbereich oder im be- und verarbeitenden Gewerbe fortzuführen und gegebenenfalls abzuwickeln.

38 Gefragt ist deshalb nicht in erster Linie der Spezialist für eine bestimmte Unternehmensbranche, dem möglicherweise, wie der Fall eines bayerischen Hüttenbetriebes gezeigt hat,[71] die branchenspezifischen Kenntnisse deshalb nichts nützen, weil sie nicht in ein insolvenzrechtliches Umfeld eingebettet sind. Darum geht es in der Insolvenz und insbesondere bei der Unternehmensfortführung aber in erster Linie; je weiter sich das Unternehmen in der **Krise** befindet,[72] desto mehr treten branchenspezifische Fragen zugunsten des unter Insolvenzbedingungen zu führenden Kampfes um das tägliche Überleben zurück. Zudem wird sich ein professioneller Insolvenzverwalter die erforderlichen **Branchenkenntnisse** aus dem Betrieb selbst holen.[73] Als Insolvenzverwalter kommt deshalb ein Generalist in Frage, der mit den speziellen Fragestellungen des Insolvenzverfahrens vertraut ist und diese unter rechtlichen und betriebswirtschaftlichen Gesichtspunkten bearbeiten kann. Dass dabei allgemein Rechtsanwälte bevorzugt werden, hat seinen Grund sicher auch darin, dass das mit der Auswahlentscheidung konfrontierte Entscheidungsorgan bei Gericht, nämlich Richter oder Rechtspfleger, dessen Befähigung leichter einschätzen können als die von für sie „fachfremden" Betriebswirten.

2. Kriterien für die Bestellung

39 Die Kriterien für die Bestellung im konkreten Verfahren sind in der Praxis nicht einheitlich und werden in erster Linie durch den Erfahrungsschatz des

---

[66] Dazu KPB/*Lüke,* § 56 Rn. 38 ff.
[67] BVerfG Beschl. v. 12.1.2016 – 1 BvR 3102/13, ZVI 2016, 104 (106).
[68] *Frind* ZinsO 2013, 2151 ff.; *Höfling* ZIP 2015, 1568 ff.; *Holzer* InDat-Report 8/2015, 21; aA *Blum* ZIP 2014, 555 ff.; *Kleine-Cosack* NZI 2011, 791 ff.
[69] Dazu → Rn. 29.
[70] Dazu *Sabel/Wimmer* ZIP 2008, 2097 (2106).
[71] *Wellensiek* S. 11; *Mönning,* Kölner Schrift zur Insolvenzordnung, 1. Aufl., S. 275 (293).
[72] Zu den Stadien der Krise *Holzer* NZI 2005, 308 (311).
[73] *Stapper* NJW 1999, 3441 (3443).

§ 3. Die Beteiligten im Insolvenzverfahren

dafür zuständigen Richters oder Rechtspflegers bestimmt. Selbstverständlich geht es dabei ganz wesentlich um die Überprüfung **insolvenzrechtlicher Kenntnisse**,[74] für die nicht nur die Anzahl und Größe der bereits abgewickelten oder bearbeiteten Verfahren einschließlich der Betriebsfortführungen von Interesse sein wird, sondern auch die Teilnahme an einschlägigen Fortbildungen oder Veröffentlichungen insolvenzrechtlichen Inhalts.[75] Die Bezeichnung eines Rechtsanwalts als **Fachanwalt für Insolvenzrecht**[76] dokumentiert etwa, dass dessen Träger weitreichende Kenntnisse auf dem Gebiet des Insolvenzrechts und der Betriebswirtschaftslehre sowie der praktischen Tätigkeiten auf dem Gebiet des Insolvenzrechts aufweist. Die **Fachanwaltsordnung** erweist sich in diesem Zusammenhang als Instrument der **Qualitätssicherung,** die den durch die Insolvenzordnung eingeschlagenen Weg der Professionalisierung der Insolvenzverwaltung fortsetzt.[77]

Erforderlich ist ferner die Unterhaltung einer entsprechenden **Kanzleistruktur,** die es dem Insolvenzverwalter erlaubt, in kurzer Zeit mit der erforderlichen Anzahl von Mitarbeitern vor Ort zu sein. Im Insolvenzverfahren ist der rasche Zugriff des (vorläufigen) Insolvenzverwalters oftmals entscheidend, da gerade in der Anfangsphase Vermögensgegenstände in die verschiedensten Richtungen abfließen und die ebenso akute wie existenzbedrohende Krisensituation im Alltag des Unternehmens bewältigt werden muss.[78] Gefragt sind deshalb auch eine entsprechende Bereitschaft und Ausstattung des Insolvenzverwalters zum Krisenmanagement.[79]

40

Die Tätigkeit des Insolvenzverwalters ist sonach äußerst vielfältig und komplex und zieht für den mit der Auswahlentscheidung betrauten Richter oder Rechtspfleger das Problem nach sich, auf welche Weise diese objektiviert werden kann. Da es zudem entscheidend auf die **Persönlichkeit des Insolvenzverwalters** ankommt, ist eine mehr oder weniger lange Phase des gegenseitigen Kennenlernens erforderlich, in der eine persönliche Vertrauensbasis geschaffen wird.

41

Der mit der Auswahlentscheidung betraute Richter oder Rechtspfleger (die Praxis ist insoweit nicht einheitlich) muss insbesondere wissen, mit welcher Verfahrensgröße und -schwierigkeit der jeweilige Insolvenzverwalter betraut werden kann.[80] Die vorstehenden Ausführungen mögen deutlich gemacht haben, dass in der Praxis auch über die Auswahlkriterien bei der Bestellung im konkreten Verfahren einschließlich der Bedeutung der **„Zertifizierung"**[81] keine Einigkeit besteht. Nach den Empfehlungen der **„Uhlenbruck-Kommission"**[82] sollte eine Bestellung im konkreten Verfahren nur erfolgen, wenn die folgenden Voraussetzungen vorliegen:

42

---

[74] Zu den unterschiedlichen Auswahlkriterien vgl. *Uhlenbruck* KTS 1998, 1 (10f.).
[75] Zu Veröffentlichungen als Marketinginstrument vgl. *Lutz/App* MDR 1998, 1387.
[76] Vgl. *Zuck* NJW 1999, 263.
[77] *Kranzusch/Günterberg* S. 47.
[78] *Holzer* DStR 1998, Heft 27, S. XII.
[79] Zu weiteren Kriterien *Stapper* NJW 1999, 3441 (3444).
[80] *Uhlenbruck* KTS 1989, 229 (231); *Schick* NJW 1991, 1328 (1330).
[81] Dazu → Rn. 32 ff.
[82] Dazu → Rn. 29.

Übersicht 5

- Unabhängigkeit im Einzelfall vom Schuldner und den Gläubigern (keine nahestehende Person iSd § 138 InsO, den Schuldner nicht vorher beraten oder vertreten und Hinderungsgründe anzeigt)
- Unternehmerische Fähigkeiten (Fortführung des Unternehmens)
- Spezielle Branchenkenntnisse
- Bisherige erfolgreiche Verfahrensabwicklungen
- Erfahrung mit Insolvenzplänen
- Auslastung des Insolvenzverwalters (einschließlich der Büroorganisation, da gerade in der Anfangsphase enorm hoher Zeit- und Arbeitsaufwand),
- Soziale Kompetenz, Kommunikationsfähigkeit,
- Ausreichende Büroausstattung für den Einzelfall,
- Internationales Insolvenzrecht (Erfahrungen und Kenntnisse)
- Fremdsprachen bei Auslandsbezug (weitgehend ersetzbar)

3. Die Mitwirkung der Gläubiger

43   Das frühere Recht vor Einführung des ESUG sah eine Mitwirkung der Gläubiger bei der Bestellung des (vorläufigen) Insolvenzverwalters nicht vor; sie hatten lediglich das Recht der Abwahl und **Neuwahl** in der ersten Gläubigerversammlung.

44   Die „Uhlenbruck-Kommission"[83] hatte dagegen empfohlen, die Gläubiger bereits in diesem Verfahrensstadium zu beteiligen. Einzelne Gerichte hatten die Einbindung eines derartigen Organs in das Auswahlverfahren bereits praktiziert.[84] Nach dem durch das ESUG eingeführten § 56a Abs. 1 Satz 1 InsO ist dem (vor Verfahrenseröffnung in größeren Verfahren nach Maßgabe des § 22a Abs. 1 InsO bestellten) vorläufigen Gläubigerausschuss Gelegenheit zu geben, sich zu den Anforderungen in dem konkreten Verfahren sowie zur Person des (vorläufigen) Insolvenzverwalters zu äußern. Dies gilt nicht in Fällen höchster Eile, in denen die Einbindung des vorläufigen Gläubigerausschusses zu einer nachteiligen Veränderung der Vermögenslage des Schuldners führen würde (§ 56a Abs. 1 Satz 2 InsO). Das Insolvenzgericht darf von einem einstimmigen Vorschlag des vorläufigen Gläubigerausschusses nur abweichen, wenn es die vorgeschlagene Person für ungeeignet hält (§ 56a Abs. 2 Satz 1 InsO) und muss bei der Auswahlentscheidung die von dem vorläufigen Gläubigerausschuss beschlossenen Anforderungen an die Person des Insolvenzverwalters zugrunde legen (§ 56a Abs. 2 Satz 2 InsO). Hat das Insolvenzgericht in den vorgenannten Eilfällen ohne Anhörung des vorläufigen Gläubigerausschusses einen (vorläufigen) Insolvenzverwalter bestimmt, kann dieser in seiner ersten Sitzung einen anderen (vorläufigen) Insolvenzverwalter bestellen (§ 56a Abs. 3 InsO). Die vorgenannten Regelungen setzen das Prinzip der Gläubigerautonomie in das vor Eröffnung liegende Verfahren um, das ansonsten durch die Amtsermittlung des Insolvenzgerichts geprägt ist (§ 5 InsO). Hierdurch wird nicht nur die Rolle

---

[83] Dazu → Rn. 29.
[84] → Rn. 197.

des Insolvenzgerichts als Beteiligter verändert, sondern auch die Gefahr heraufbeschworen, dass es durch den mit der Stärkung der Gläubigerautonomie verbundenen Rückzug des Staates aus dem haftungsträchtigen Feld der Verwalterbestellung[85] zu unsachgemäßen oder gar dem Zufall unterworfenen Entscheidungen kommen kann.

b) Einflussmöglichkeiten der Gläubiger. aa) Vorschlag des Insolvenzverwalters. Falls ihre Mitwirkung nach § 56a InsO nicht möglich ist, versuchen manche Gläubiger, im Vorfeld des Verfahrens durch entsprechende Schreiben oder Anrufe bei Gericht einen für sie vermeintlich günstigen Insolvenzverwalter „durchzubringen". Solche **Anregungen** entspringen dem Motiv, einen für das jeweilige Verfahren möglichst gut geeigneten Insolvenzverwalter zu erhalten, um damit die **Befriedigungsaussichten** so hoch wie möglich zu halten. Dabei wird aber manchmal übersehen, dass dem Gericht die den Anregungen zugrunde liegenden subjektiven Erfahrungen mit dem jeweiligen Insolvenzverwalter häufig dann fehlen, wenn er bisher an dem betreffenden Gericht nicht tätig geworden ist. Da derartige Anregungen insbesondere in größeren Verfahren an das Gericht herangetragen werden, ist bei unerprobten Insolvenzverwaltern auch das Risiko einer personellen Fehlentscheidung besonders hoch. Im Übrigen kann der Richter oder Rechtspfleger den Vorschlägen zugrunde liegende Interessenverflechtungen nicht zuverlässig einschätzen, so dass bei der Einsetzung unbekannter Personen ein in seiner Dimension unbekanntes Restrisiko bleibt. Nach den Empfehlungen der **„Uhlenbruck-Kommission"**[86] sollen Vorschläge der Verfahrensbeteiligten nicht von vornherein verworfen bzw. zum Anlass genommen werden sollen, den vorgeschlagenen Insolvenzverwalter gerade nicht zu bestellen. Viele Gerichte akzeptieren gleichwohl keinerlei Vorschläge, von welcher Seite sie auch immer kommen sollten.[87]

bb) Beschwerde gegen die Auswahl des Insolvenzverwalters. Die Gläubiger können – anders als der Schuldner – die **Auswahlentscheidung** des Insolvenzgerichts im konkreten Verfahren nicht angreifen, weil die sofortige Beschwerde nach § 34 Abs. 2 InsO nicht statthaft ist. Eine Nichtigkeit der Bestellung ist im Übrigen nur bei schwerwiegenden Fehlern in der Auswahlentscheidung anzunehmen.[88]

cc) Abwahl des Insolvenzverwalters. Die Gläubiger können den durch das Gericht nach § 56 Abs. 1 InsO bestellten Insolvenzverwalter auch in der ersten Gläubigerversammlung mit **Kopf- und Stimmenmehrheit** abwählen (§ 57 S. 2 InsO) und dürfen sich diese Möglichkeit nicht für einen späteren Zeitpunkt vorbehalten.[89] Die Abwahlmöglichkeit ist ein direkter Ausfluss der **Gläubigerautonomie**, verfassungsrechtlich zulässig[90] und hat ihre Grenzen an der Mög-

---

[85] Dazu *Holzer* FS Kübler, 2015, S. 279 (281 f.).
[86] Dazu → Rn. 29.
[87] Vgl. dazu *Graeber* NZI 2002, 345; *Graeber* DZWIR 2000, 455 (456); *Kesseler* ZIP 2000, 1565; *Neubert* ZInsO 2002, 309 (312); *Römermann* NJW 2002, 3729; *Vallender/Heukamp* NZI 2002, 513 (519); *Uhlenbruck* KTS 1989, 229 (230 f., 233, 245); *Uhlenbruck* KTS 1998, 1 (19); *Uhlenbruck* BB 1989, 433 (437); AG Potsdam Beschl. v. 30.11.2001 – 35 IN 677/01, ZInsO 2002, 90.
[88] KPB/*Lüke* § 56 Rn. 33.
[89] *Holzer* DZWiR 2000, 378 (379).
[90] BVerfG Beschl. v. 9.2.2005 – 1 BvR 2719/04, ZIP 2005, 537 (538 f.).

lichkeit des Gerichts, die Bestellung des Insolvenzverwalters nach § 57 S. 2 InsO zu versagen. Eine Versagung kommt insbesondere dann in Betracht, wenn dem Insolvenzverwalter die notwendige Zuverlässigkeit, Erfahrung oder „Geschäftskunde" fehlt oder es für das Gericht absehbar ist, dass der Insolvenzverwalter parteiisch im Interesse einzelner Gläubiger und nicht deren Gesamtheit handeln wird.[91] Ohne Vorliegen dieser triftigen Gründe darf die Bestellung des Insolvenzverwalters deshalb nicht versagt werden.[92] Nicht möglich ist es jedoch, den **Beschluss der Gläubigerversammlung** nach § 78 Abs. 1 InsO **aufzuheben**, weil er dem gemeinsamen Interesse der Insolvenzgläubiger widerspreche; § 57 S. 2 InsO stellt insoweit eine abschließende Sonderregelung dar.[93] Das gilt insbesondere dann, wenn das Wahlverfahren ansonsten ordnungsgemäß war und der Insolvenzverwalter seine Wahl nur einzelnen Großgläubigern verdankt.[94]

48 Ist die erforderliche (doppelte) **Stimmenmehrheit** vorhanden, so sind die Chancen, dass der in der Gläubigerversammlung neu gewählte Insolvenzverwalter in seinem Amt bestätigt wird, recht gut. Der Einfluss der Gläubiger auf die Auswahlentscheidung des Richters oder Rechtspflegers ist hingegen erfahrungsgemäß eher gering. Eine Anfechtung des Eröffnungsbeschlusses mit der sofortigen Beschwerde wird deshalb nur in den wenigsten Fällen Erfolg haben.[95]

C. Der Sonderinsolvenzverwalter

I. Bestellung und Aufgaben

49 Falls der gem. § 56 Abs. 1 InsO bestellte Insolvenzverwalter an der Ausübung seines Amtes in **rechtlicher** oder **tatsächlicher Hinsicht** verhindert ist, hat das Insolvenzgericht einen Sonderinsolvenzverwalter zu bestellen. Der Sonderinsolvenzverwalter vertritt den Insolvenzverwalter nicht; er ist vielmehr innerhalb des ihm zugewiesenen Aufgabenbereichs ein mit den vollen Rechten und Pflichten ausgestatteter Insolvenzverwalter. Daraus folgt, dass die **Tätigkeit des Sonderinsolvenzverwalters** gegenüber der des Insolvenzverwalters stets ein Minus darstellt; die Bestellung des Sonderinsolvenzverwalters darf somit nicht dazu führen, den Insolvenzverwalter aus dem Amt zu drängen bzw. teilweise abzuberufen.

50 Gesetzlich geregelt ist die **Bestellung** eines Sonderinsolvenzverwalters in der Insolvenzordnung im Gegensatz zu dem Regelungsvorschlag in § 77 RegE-InsO nicht; jedoch wird seine Bestellung allgemein für notwendig und zulässig gehalten,[96] wobei sich angesichts der bestehenden Unsicherheiten über Detail-

---

[91] Dazu KPB/*Lüke* § 56 Rn. 32 ff.
[92] *Paulus* DZWIR 1999, 53 (58).
[93] BGH Beschl. v. 17.7.2003 – IX ZB 530/02, ZIP 2003, 1613; BGH Beschl. v. 7.10.2004 – IX ZB 128/03, ZIP 2004, 2341; *Lüke* ZIP 2005, 539.
[94] OLG Schleswig Beschl. v. 27.5.1986 – 1 W 110/86, ZIP 1986, 930.
[95] Dazu → Rn. 46.
[96] Wimmer/Dauernheim/Wagner/Weidekind/*Bruder* 2. Kap., Rn. 41; vgl. auch *Frege* Rn. 447 ff. mit Regelungsvorschlag.

fragen eine baldige gesetzliche Regelung aufdrängt.[97] Weil nach Verfahrenseröffnung die funktionelle Zuständigkeit auf den Rechtspfleger übergeht,[98] ist für seine wohl von Amts wegen vorzunehmende Bestellung[99] nicht der Richter, sondern der **Rechtspfleger zuständig**.[100] Die Bestellung des Sonderinsolvenzverwalters im eröffneten Verfahren durch den Rechtspfleger entspricht der Systematik des Gesetzes und ist, wie die Bestellung des Konkursverwalters bei Eröffnung des Anschlusskonkurses im früheren Vergleichsverfahren zeigt, nicht ungewöhnlich. Anders ist dies freilich, wenn sich der Richter das Verfahren vorbehalten hatte, wobei zu beachten ist, dass ein (Teil-)Vorbehalt für einzelne Geschäfte wie die Bestellung von Sonderinsolvenzverwaltern nicht zulässig ist.[101]

II. Rechtliche Verhinderung des Insolvenzverwalters

Eine rechtliche Verhinderung des Insolvenzverwalters liegt etwa dann vor, 51 wenn Ersatzansprüche der Insolvenzgläubiger gegen den Insolvenzverwalter zu prüfen sind, ein **In-sich-Geschäft** vorliegt oder der Insolvenzverwalter ausnahmsweise aus der Masse einen Gegenstand erwirbt.[102] Gleiches gilt, wenn der Insolvenzverwalter in einem anderen Verfahren, in dem er ebenfalls als Insolvenzverwalter bestellt wurde, eine Forderung anmeldet[103] oder Schadensersatzansprüche gegen Insolvenzverwalter geltend gemacht werden.[104] Es versteht sich von selbst, dass die Prüfung dieser Forderung eine **Interessenkollision** mit sich bringt, die nur durch Einschaltung eines sachlich unabhängigen Sonderinsolvenzverwalters zu lösen ist. Auch die vielfältigen gesellschaftsrechtlichen Ansprüche, Anfechtungsfragen[105] sowie die gegenseitigen Forderungsanmeldungen bei konzernverbundenen Gesellschaften lassen sich nur durch die Einsetzung eines Sonderinsolvenzverwalters lösen,[106] wenn – was zur Abwicklung von Konzerninsolvenzen äußerst wünschenswert und zweckmäßig ist – für die Konzerngesellschaften ein gemeinsamer Insolvenzverwalter bestellt wurde.[107] Ob ein Sonderinsolvenzverwalter auch als Aufsichtsmaßnahme des Insolvenzgerichts eingesetzt werden darf, erscheint jedoch zweifelhaft, weil das gewünschte Ergebnis auch durch andere Maßnahmen des Insolvenzgerichts erzielbar ist, dabei aber die Masse nicht belastet.[108]

---

[97] *Runkel* FS Beck, 2016, S. 471 (481).
[98] Dazu → Rn. 11 ff.
[99] Dazu ausführlich *Graeber/Pape* ZIP 2007, 991 (995 f.); *Frege* Rn. 171 ff.
[100] LG Wuppertal Beschl. v. 26.8.2005 – 6 T 508/05, ZIP 2005, 1747; *Graeber/Pape* ZIP 2007, 991 (996); aA *Lüke* ZIP 2004, 1693 (1697); Wimmer/Dauernheim/Wagner/Weidekind/*Bruder* 2. Kap., Rn. 42.
[101] *Holzer* Rn. 66 mwN.
[102] Wimmer/Dauernheim/Wagner/Weidekind/*Bruder* 2. Kap., Rn. 42; *Berg-Grünewald* EWiR 2006, 173 (174).
[103] *Lüke* ZIP 2004, 1693 (1694).
[104] *Fölsing* KSI 2008, 178.
[105] Dazu *Wenner/Schuster* ZIP 2008, 1512 (1513 ff.).
[106] *Hirte* ZIP 2008, 444 (447).
[107] Dazu *Eidenmüller* ZHR 169 (2005), 528 (540 ff.); *Jaffé/Friedrich* ZIP 2008, 1849 (1851).
[108] Dazu umfassend *Runkel* FS Beck, 2016, S. 471 ff.

III. Tatsächliche Verhinderung des Insolvenzverwalters

52 Eine tatsächliche Verhinderung des Insolvenzverwalters liegt insbesondere bei **Urlaub** oder **Krankheit** vor. Die Einsetzung eines Sonderinsolvenzverwalters kommt hier allerdings nur dann in Betracht, wenn die tatsächliche Verhinderung nicht durch organisatorische Maßnahmen aufgefangen werden kann (zB durch telefonische Erreichbarkeit des Insolvenzverwalters, der seinen Mitarbeitern die notwendigen Weisungen erteilen kann).[109] Hat der Insolvenzverwalter höchstpersönliche Aufgaben zu erfüllen, die nicht auf Mitarbeiter delegierbar sind (zB Anwesenheit im Berichtstermin), so kann dies nicht durch die Einsetzung eines Sonderinsolvenzverwalters umgangen werden.[110] Andernfalls würde der sog „Grauverwaltung" Vorschub geleistet werden.

IV. Haftung, Vergütung, Rechnungslegung

53 Der Sonderinsolvenzverwalter haftet wie der Insolvenzverwalter gem. § 60 InsO, weil er für den ihm zugewiesenen Aufgabenbereich mit allen Rechten und Pflichten eines Insolvenzverwalters ausgestattet wurde. Er hat nach §§ 55, 66 InsO wie dieser bei Beendigung seines Amtes Rechnung zu legen und erhält eine **Vergütung**, deren Grundlage und Bemessung allerdings streitig ist. Falls seine Tätigkeit der des Insolvenzverwalters vergleichbar ist, erscheint es sinnvoll, diese in entsprechender Anwendung der InsVV zu bemessen.[111] Der Tätigkeit eines Rechtsanwalts ähnliche Sonderinsolvenzverwaltungen können hingegen nach dem RVG vergütet werden.[112]

D. Der Schuldner

I. Die Beteiligung des Schuldners am Insolvenzverfahren

54 Zu den Beteiligten im engeren Sinne gehört auch der **Schuldner** unabhängig davon, ob das Verfahren von ihm selbst oder von einem Gläubiger eingeleitet wurde (§ 13 Abs. 1 S. 2 InsO). In jedem Fall dient das Insolvenzverfahren der Verwirklichung und Umsetzung der **haftungsrechtlichen Zuweisung** seines im Verfahren als Insolvenzmasse (§§ 35 Abs. 1, 36 InsO) bezeichneten Vermögens. Der Schuldner hat deshalb, wie etwa die Vorprüfung des Gläubigerantrags in dem der Zulassung (§ 14 Abs. 1 InsO spricht fälschlich von Zulässigkeit) vorgeschalteten **quasi-streitigen Parteiverfahren**, seine Anhörung nach § 14 Abs. 2 InsO und sein Beschwerderecht gegen den Eröffnungsbeschluss (§ 34 InsO) zeigen, Mitwirkungsrechte, die es ihm ermöglichen, gestaltend in das Insol-

---

[109] *Graeber/Pape* ZIP 2007, 991 (992).
[110] Wimmer/Dauernheim/Wagner/Weidekind/*Bruder* 2. Kap., Rn. 42.
[111] BGH Beschl. v. 29.5.2008 – IX ZB 303/05, NZI 2008, 485 (486); BGH Beschl. v. 21.1.2010 – IX ZB 163/08, BeckRS 2010, 03330; Wimmer/Dauernheim/Wagner/Weidekind/*Bruder* 2. Kap., Rn. 43; *Graeber* ZInsO 2008, 847 (848) mwN.
[112] BGH Beschl. v. 26.3.2015 – IX ZB 62/13, NZI 2015, 730.

§ 3. Die Beteiligten im Insolvenzverfahren

venzverfahren einzugreifen. In manchen Bereichen, etwa bei der Restschuldbefreiung (§§ 286 ff. InsO), ist die Mitwirkungsmöglichkeit des Schuldners gegenüber den Insolvenzgläubigern sogar besonders gestärkt.

II. Die Haftung des Schuldners

Wer Verbindlichkeiten begründet, haftet auch dafür. Die Rechtsordnung geht im Grundsatz davon aus, dass jeder Schuldner seinen Verpflichtungen freiwillig nachkommt und seine Gläubiger ohne Zuhilfenahme des Gerichts befriedigt. Ist der Schuldner dazu nicht gewillt oder in der Lage, kann der Gläubiger in einzelne Vermögensgegenstände vollstrecken (zB durch **Pfändung** beweglicher Sachen oder **Zwangsversteigerung** von Grundeigentum). 55

Befindet sich der Schuldner jedoch so tief in einer finanziellen Krise, dass ein Insolvenzgrund vorliegt, so ist der Kampf der Gläubiger um das Ziel, bei der Zwangsvollstreckung als erster befriedigt zu werden, nicht mehr gerechtfertigt. Je knapper die zu verteilenden Vermögensgegenstände des Schuldners werden, umso mehr wird die Befriedigung einzelner Gläubiger zur Glückssache. Gleichzeitig schwindet der Einfluss und die Chance für die übrigen Gläubiger auf eine auch nur teilweise Befriedigung ihrer Forderungen immer mehr. Die **Einzelzwangsvollstreckung** droht in dieser Situation zum Zufallsprodukt zu werden und die noch vorhandenen finanziellen Ressourcen des Schuldners versinken im Chaos des wirtschaftlichen Zusammenbruchs. 56

Um diese Situation zu vermeiden, ist es im Interesse der Gesamtheit der Gläubiger angezeigt, sie in einer **Haftungs- und Verlustgemeinschaft** zusammenzufassen und darin für eine möglichst gleichmäßige und damit gerechte Verteilung der in der Regel geringen Masse zu sorgen. Der Schuldner muss also, wenn sein wirtschaftlicher Zusammenbruch so weit fortgeschritten ist, dass bereits Insolvenzgründe vorliegen, mit seinem gesamten Vermögen einschließlich des Neuerwerbs gegenüber den Gläubigern einstehen, das ihnen haftungsrechtlich zugewiesen ist.[113] 57

Die **Einleitung** und **Eröffnung** des Insolvenzverfahrens erfolgt indes nur auf Antrag und nicht von Amts wegen. Dass dieser Antrag unter bestimmten Voraussetzungen von den Gläubigern gestellt werden kann, wird an anderer Stelle dargestellt.[114] Auch der Schuldner selbst darf, und zwar gegenüber dem Gläubigerantrag unter erleichterten Voraussetzungen, die Eröffnung des Insolvenzverfahrens über sein eigenes Vermögen beantragen. 58

Ist der Schuldner eine natürliche Person, die keine selbstständige wirtschaftliche Tätigkeit ausübt oder ausgeübt hat, gelten für sie die Regeln des **Verbraucherinsolvenzverfahrens** (§ 304 Abs. 1 S. 1 InsO). Nach § 304 Abs. 1 S. 2 InsO gilt das auch dann, wenn der Schuldner zwar in der Vergangenheit eine selbstständige wirtschaftliche Tätigkeit ausgeübt hat, seine Vermögensverhältnisse aber überschaubar sind und gegen ihn keine arbeitsrechtlichen Forderungen bestehen. Die Abgrenzung zu den übrigen Insolvenzverfahren richtet sich also nicht nach den vorhandenen Vermögenswerten, sondern nach Art und Umfang der wirtschaftlichen Tätigkeit. Damit soll den **freiberuflich Tätigen**, Hand- 59

---

[113] Dazu → Rn. 96.
[114] Dazu → Rn. 125 ff.

werkern und sonstigen Kleinunternehmern nicht der Weg in die für Abwicklung und Fortführung ihres Betriebes wesentlich günstigere Unternehmensinsolvenz verbaut werden,[115] weil das ursprünglich schwerfällige und im Zuge des ESUG von verfahrenshindernden Vorschriften entlastete Verbraucherinsolvenzverfahren (§§ 305 ff. InsO) Schuldner an der Schwelle zur Unternehmensinsolvenz geradezu in den Ruin treiben kann.[116]

III. Die Person des Schuldners

60 Die Frage, welche Personen in einem Insolvenzverfahren als Schuldner angesprochen und nach den Regeln der Insolvenzordnung behandelt werden dürfen, wird mit dem Begriff der **Insolvenzfähigkeit** umschrieben. Als Schuldner eines Insolvenzverfahrens kommt jede natürliche Person in Betracht (§ 11 Abs. 1 S. 1 InsO). Ist diese Inhaber einer **Einzelfirma,** wird das Insolvenzverfahren nicht über die Firma eröffnet. Die Firma stellt lediglich den Handelsnamen des Kaufmanns dar (§ 17 HGB), nicht aber eine eigene Vermögensmasse, die von dem Privatvermögen des Schuldners getrennt ist. Schuldner ist in diesem Fall der Kaufmann persönlich als Inhaber seiner Firma.[117]

61 Das Insolvenzverfahren kann ferner über das Vermögen jeder **juristischen Person** des Privatrechts (Gesellschaft mit beschränkter Haftung, Aktiengesellschaft, Kommanditgesellschaft auf Aktien, eingetragene Genossenschaft, Versicherungsverein auf Gegenseitigkeit, eingetragener Verein) auch im Stadium der Liquidation und der Vorgesellschaft eröffnet werden. Nicht insolvenzfähig sind nach § 12 Abs. 1 Nr. 1 InsO **Bund** und **Länder** und, obwohl dies nach § 12 Abs. 1 Nr. 2 InsO grundsätzlich möglich wäre, wegen landesrechtlicher Ausschlussregelungen auch **Kreise** und **Gemeinden.**[118] Die früher durch Landesrecht festgeschriebene Insolvenzunfähigkeit der **gesetzlichen Krankenkassen** (vgl. § 12 Abs. 1 Nr. 2 InsO) ist ab dem 1.1.2010 entfallen (§ 171b Abs. 1 SGB V). Mit der Änderung sollte die Wettbewerbsfähigkeit der Krankenkassen innerhalb einer Kassenart sichergestellt werden.[119] Es erscheint zweifelhaft, ob das Insolvenzrecht überhaupt als Mittel der gesundheitspolitischen Steuerung tauglich ist; durch den Vorrang des auf Liquidation gerichteten Schließungsverfahrens nach § 171b Abs. 3, 5 SGB V werden zudem die bewährten Möglichkeiten des Planverfahrens zur Fortführung und Sanierung notleidender Kassen nicht zum Tragen kommen. Immerhin wird durch Zwischenschaltung eines **Gewährsträgers** (Spitzenverband Bund) sowie einer bis zum 31.12.2049 bemessenen Frist zum Aufbau eines Deckungskapitals für Altersvorsorgeverpflichtungen bestimmter Kassen für dem Beamtenrecht unterliegende Dienstordnungsangestellte sowie durch eine gegenständliche Begrenzung des Überschuldungsbegriffs nach § 171b Abs. 2 S. 2 SGB V verhindert, dass diese bei

---

[115] Dazu bereits *Klaas* ZinsO 1999, 545.
[116] So auch der Titel eines Aufsatzes von *Grub/Smid* DZWIR 1999, 2.
[117] Dazu KPB/*Holzer* § 35 Rn. 71 ff.
[118] Vgl. *Paulus* ZInsO 2003, 869 (870 ff.).
[119] Allgemeine Begründung zum Entwurf eines Gesetzes zur Weiterentwicklung der Organisationsstruktur in der gesetzlichen Krankenversicherung (GKV-OrgWG), BT-Drs. 16/9559; *Gottwald* FS Beck, 2016, S. 191.

sofortiger Passivierung der bislang aus den Beiträgen finanzierten Versorgungslasten gemäß dem durch das Finanzmarktstabilisierungsgesetz geänderten § 19 Abs. 2 InsO überschuldet sind.[120]

Das Gesetz geht in § 11 Abs. 2 Nr. 1 InsO davon aus, dass der **nichtrechtsfähige Verein** einer juristischen Person gleichsteht und hat ihn damit trotz seiner fehlenden Rechtsfähigkeit dem eingetragenen Verein gleichgestellt. 62

Auch über das Vermögen einer **Gesellschaft bürgerlichen Rechts, Handelsgesellschaft** (Offene Handelsgesellschaft, Kommanditgesellschaft) sowie über eine Partnerschaftsgesellschaft und Europäische wirtschaftliche Interessenvereinigung kann nach § 11 Abs. 2 Nr. 1 InsO das Insolvenzverfahren eröffnet werden. Für die **stille Gesellschaft** (§ 230 HGB) gilt dies allerdings nicht, weil es sich dabei um eine reine Innengesellschaft handelt.[121] Bedeutsam sind in der Praxis die inländischen Verwaltungssitze ausländischer Gesellschaften, insbesondere die nach englischem Recht gegründete „**limited**".[122] Die internationale Zuständigkeit des deutschen Insolvenzgerichtes bestimmt sich dabei, falls die Gesellschaft ihren Satzungssitz in einem EU-Staat hat, nach Art. 3 Abs. 1 EU-InsVO.[123] 63

Nach § 11 Abs. 2 Nr. 2 InsO kann das Insolvenzverfahren ferner über Vermögensmassen eröffnet werden, nämlich den **Nachlass**, das **bestehende Gesamtgut** und **Gesamtgut** einer **fortgesetzten Gütergemeinschaft** und das von einem Ehegatten gemeinschaftlich verwaltete Gesamtgut, nicht aber über eine **Bruchteilsgemeinschaft**.[124] Nicht gesetzlich geregelt ist das Insolvenzverfahren über das gemeinsam verwaltete Gesamtgut einer beendeten Gütergemeinschaft, auf das die §§ 333 f. InsO entsprechend anwendbar sind. Der Gesetzgeber sollte diese Lücke alsbald schließen.[125] 64

Die Insolvenzfähigkeit natürlicher und juristischer Personen, Gesellschaften ohne Rechtspersönlichkeit und Vermögensmassen ergibt sich aus folgender Übersicht: 65

---

[120] Dazu *Steinmeyer* NZS 2008, 393 (394 ff.); *Holzer* ZIP 2008, 2108 (2111); *Holzer* InsBürO 2009, 11 (13 ff.).
[121] Zu sonstigen Körperschaften des öffentlichen Rechts vgl. KPB/*Prütting* § 12 Rn. 4 f.
[122] Dazu *Holzer* ZVI 2005, 457 (462 ff.).
[123] Dazu Wimmer/Dauernheim/Wagner/Weidekind/*Holzer* 12. Kap. Rn. 37 ff. mwN.
[124] *Holzer* EWiR 2001, 589.
[125] *Holzer* NZI 2016, 713 (714).

Übersicht 6

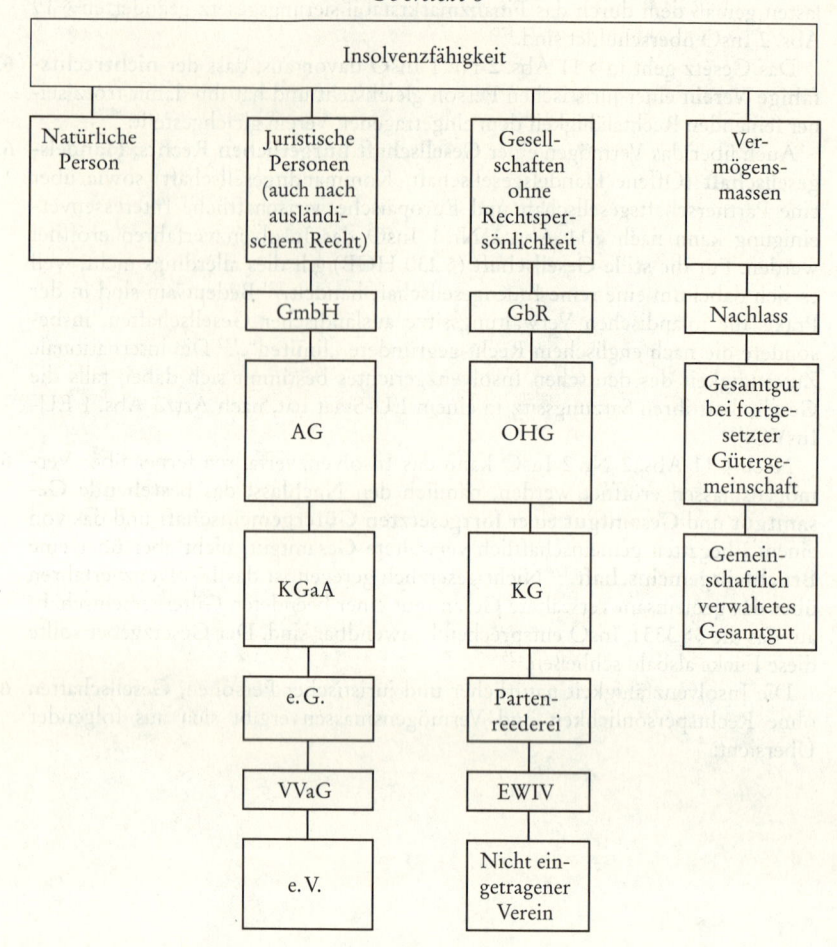

```
                          Insolvenzfähigkeit
    ┌──────────────┬──────────────────┬──────────────┬──────────────┐
 Natürliche      Juristische       Gesell-         Ver-
 Person          Personen          schaften        mögens-
                 (auch nach        ohne            massen
                 ausländi-         Rechtsper-
                 schem Recht)      sönlichkeit

                 GmbH              GbR             Nachlass

                                                   Gesamtgut
                 AG                OHG             bei fortge-
                                                   setzter
                                                   Güterge-
                                                   meinschaft

                                                   Gemein-
                 KGaA              KG              schaftlich
                                                   verwaltetes
                                                   Gesamtgut

                 e.G.              Parten-
                                   reederei

                 VVaG              EWIV

                                   Nicht ein-
                 e.V.              getragener
                                   Verein
```

IV. Die Teilnahme des Schuldners am Verfahren

1. Eigenantrag und Antragspflicht

66   Die Insolvenzordnung geht davon aus, dass der Schuldner über sein eigenes Vermögen **Insolvenzantrag** stellen kann. Gleiches gilt für die Insolvenzverwalter von Vermögensmassen (zB dem gemeinschaftlich verwalteten Gesamtgut). Grundsätzlich steht es dabei in dem Ermessen des Schuldners, ob er das Insolvenzverfahren gegen sich einleiten wird oder versucht, seine Gläubiger außerhalb des Verfahrens zu befriedigen. Da der Schuldner mit dem gesamten Vermögen für seine Verbindlichkeiten einzustehen hat, ist dies unbedenklich. Im Übrigen besteht seitens der Gläubiger ein Regulativ: Sie können, falls Insol-

Holzer

venzgründe vorliegen und der Schuldner keinen Eigenantrag stellen will, jederzeit ihrerseits die Eröffnung des Verfahrens beantragen.[126]

Die Ausgestaltung der **juristischen Personen** bringt es mit sich, dass sie von vornherein nur mit einem bestimmten Stammkapital ausgestattet sind und in dieser Weise am Rechtsverkehr teilnehmen. Die Haftung der Gesellschaft ist durch dieses Stammkapital ebenso sichergestellt wie begrenzt. Für die Teilnahme am Rechtsverkehr ist das in aller Regel unproblematisch, da sich jeder Geschäftspartner durch das Handelsregister über das vorhandene **Stammkapital** und seine Erbringung informieren kann und diese durch eine entsprechende Überprüfung des Registergerichts sichergestellt ist (vgl. § 9c Abs. 2 Nr. 1 GmbHG).[127] Die Tätigkeit juristischer Personen ist ferner gerade wegen der Möglichkeit, mit einem begrenzten Stammkapital Geschäfte zu machen, gesamtwirtschaftlich sinnvoll und wünschenswert; die sogenannte „**Gründergesellschaft**" ermöglicht dies unter erleichterten Voraussetzungen.[128] 67

Im Insolvenzfall zeigt sich aber gerade wegen der auf das Stammkapital beschränkten Haftung ein noch schnellerer Vermögensverfall als bei natürlichen Personen. Die Gläubiger laufen deshalb prinzipiell Gefahr, in der Insolvenz leer auszugehen. Das gilt auch für solche Handelsgesellschaften, bei denen kein Gesellschafter eine natürliche Person ist, insbesondere für die GmbH & Co. KG, deren persönlich haftender Gesellschafter eine GmbH darstellt. Der Gesetzgeber hat deshalb für die vorgenannten Gesellschaften und alle juristischen Personen die **Pflicht zur Stellung eines Insolvenzantrags** vorgesehen, wenn die Gesellschaft zahlungsunfähig wird oder überschuldet ist. Die vertretungsberechtigten Organe bzw. bei Führungslosigkeit der Gesellschaft auch die Gesellschafter sind in diesem Fall ohne schuldhaftes Zögern, spätestens aber **drei Wochen nach Eintritt der Zahlungsunfähigkeit** oder **Überschuldung** zu einem Eigenantrag verpflichtet. Die bislang im Gesellschaftsrecht geregelte Antragspflicht wurde durch § 15a Abs. 1–3 InsO insolvenzrechtlich qualifiziert und rechtsformneutral ausgestaltet.[129] 68

Leider muss in der Praxis häufig beobachtet werden, dass die **Antragspflicht** von den betroffenen Personen nicht besonders ernst genommen wird. Abgesehen von solchen Personen, die es gezielt darauf anlegen, Gesellschaften zum Schaden der Gläubiger in die Insolvenz zu treiben (zB als sogenannter „**Firmenbestatter**"),[130] fehlt es auch bei redlichen Geschäftsführern und sonstigen Organen oft an der erforderlichen Einsicht zur Stellung des Antrags. Häufig will man einfach nicht wahrhaben, dass die erfolgreich gegründete und geführte Gesellschaft in die Krise geraten ist und unausweichlich in die Insolvenz schlittern wird.[131] Die Gründe dafür sind vielschichtig: Dabei geht es nicht nur um geschäftlichen, sondern auch um **persönlichen Misserfolg,** der mit der Stellung des Insolvenzantrags eingestanden wird. Häufig spielt auch die (angesichts der 69

---

[126] Vgl. → Rn. 125 ff.
[127] Dazu *Holzer* WiB 1997, 290.
[128] Dazu *Wimmer* jurisPR-InsR 14/2008; *Seibert* GmbHR 2007, 673 (674 ff.).
[129] Vgl. *Hirte* ZInsO 2008, 689; *Wimmer* jurisPR-InsR 14/2008.
[130] Dazu *Schmittmann* NZI 2016, 124, 125; BGH Beschl. v. 23.11.2015 – NotSt (Brfg) 4/15, NZG 2016, 181 (183).
[131] *Holzer* NZI 2005, 308 (315).

Krisensituation meist unvertretbare) Hoffnung eine Rolle, mit einem letzten großen Auftrag, Kredit oder Investor doch noch die Insolvenz abwenden zu können. Solche Aktivitäten führen, da sich die Krisensituation bereits herumgesprochen hat, in den wenigsten Fällen zum Erfolg und machen die Angelegenheit meist nur noch schlimmer. In der Praxis kann häufig beobachtet werden, dass auch noch, nachdem die Löhne zwei bis drei Monate nicht gezahlt werden konnten, kein Insolvenzantrag gestellt wurde. Damit vergibt sich die Geschäftsführung ihre letzte Chance, das Unternehmen in der Insolvenz fortführen zu können. Der endgültige Ruin ist damit unausweichlich.

70   Die einzige Möglichkeit stellt dabei die „Flucht nach vorne" dar: Der Insolvenzantrag muss so früh wie möglich, am besten noch vor dem Eintritt der Zahlungsunfähigkeit oder Überschuldung gestellt werden. Der Insolvenzgrund der **drohenden Zahlungsunfähigkeit** (§ 18 InsO)[132] bietet dafür die Möglichkeit der Wahl. In diesem Zusammenhang muss man sich im Klaren darüber sein, dass die mit der Antragspflicht verknüpfte Drei-Wochen-Frist den äußersten rechtlichen Zeitpunkt für eine Antragstellung darstellt, bei der eine sinnvolle Betriebsfortführung in vielen Fällen bereits nicht mehr möglich ist.

71   Dabei sind sich viele vertretungsberechtigte Personen nicht der schwerwiegenden **Folgen** einer **verspäteten Antragstellung** bewusst. Abgesehen davon, dass Verstöße durchweg strafbewehrt sind (zB § 15a Abs. 4, 5 InsO), haften die Geschäftsführer der Gesellschaft für in dem Stadium der Zahlungsunfähigkeit oder Überschuldung eingegangene Verbindlichkeiten auch persönlich (etwa nach § 64 GmbHG). Den durch die verspätete Antragstellung betroffenen Neugläubigern gegenüber besteht ebenfalls eine Haftung, und zwar nicht nur auf den sogenannten **„Quotenschaden"**, dh den Schaden, der den Gläubigern durch den Verlust einer bei früherer Antragstellung ausgezahlten höheren Insolvenzquote entstanden ist, sondern, beispielsweise bei der GmbH nach §§ 823 Abs. 2 BGB, 15a Abs. 1–3 InsO, auf den vollen Betrag.[133]

72   Viele vertretungsberechtigte Organe versuchen, sich ihrer Antragspflicht dadurch zu entledigen, dass sie nach Stellung des Eigenantrags das **Amt niederlegen**. Gesellschaftsrechtlich ist dies zwar wirksam; jedoch tritt in insolvenzrechtlicher Hinsicht eine Entpflichtung zur Abgabe der erforderlichen Erklärungen, insbesondere der Vermögensübersicht, nicht ein.[134] Das Insolvenzgericht ist deshalb auch nach der Amtsniederlegung dazu berechtigt, die erforderliche Mitwirkung des ehemaligen vertretungsberechtigten Organs durch Zwangsmittel herzustellen.

73   Sind **mehrere Geschäftsführer** vorhanden, wird häufig versucht, die Antragspflicht dem jeweils anderen vertretungsberechtigten Organ zuzuschieben. Dabei wird in der Regel das Argument vorgetragen, man habe von dem Eintritt der Insolvenzgründe nichts gewusst und auch nichts wissen können, weil die eigene Funktion trotz entgegenstehender Eintragung im Handelsregister intern lediglich darauf beschränkt gewesen sei, bestimmte Angelegenheiten zu regeln und die Geschäftsführerstellung nur „pro forma" angenommen worden sei.

---

[132] Vgl. → Rn. 85 ff.
[133] BGH Urt. v. 6.6.1994 – II ZR 292/91, NJW 1994, 2220 (2222); *Hirte* NJW 1995, 1202 ff.
[134] *Holzer* ZVI 2005, 457 (464).

Dies ist unbeachtlich, weil bei einem aus mehreren Personen bestehenden Vertretungsorgan die Geschäftsleitung so organisiert sein muss, dass jeder Geschäftsführer den Eintritt der Insolvenzgründe erkennen und damit seinen gesetzlichen Pflichten nachkommen kann. Die **interne Geschäftsverteilung** entlastet also nach außen nicht von der Pflicht zur Antragstellung und allen damit verbundenen zivil- und strafrechtlichen Konsequenzen.[135]

Häufig bleibt auch der im Handelsregister eingetragene Geschäftsführer im Hintergrund, während die Geschäfte einer Gesellschaft nach außen von einer anderen Person geführt werden. Manchmal liegt der Grund dafür auch in einer gewissen Schlamperei oder Bequemlichkeit, durch die ein gesellschaftsrechtlicher Nachvollzug der faktisch schon längst eingetretenen Verhältnisse nicht vorgenommen wird. Gezielt und zur **Verschleierung der tatsächlichen Haftung** eingesetzt, kann diese faktische Geschäftsführung auch bei solchen Unternehmen beobachtet werden, die von sogenannten „Firmenbestattern" zu Grabe getragen werden. Der **„faktische Geschäftsführer"** kann sich allerdings nicht enthaften, sondern ist auf Grund seiner tatsächlichen Kenntnis und Beherrschung des Unternehmens wie ein „echter" Geschäftsführer zur Antragstellung und Abgabe der erforderlichen Erklärungen verpflichtet. **74**

Wird ein neuer Geschäftsführer eingesetzt, so ist er berechtigt, einen gestellten Eigenantrag zurückzunehmen, sieht sich aber dann, wenn Insolvenzgründe vorliegen, in der sofortigen **Pflicht**, seinerseits **Insolvenzantrag zu stellen.** **75**

Korrespondierend zur Antragspflicht regelt das Insolvenzrecht das **Antragsrecht** der **Organe** und **Gesellschafter.** Zur Stellung des Antrags ist – einheitlich für alle Gesellschaftsformen – nach § 15 Abs. 1 InsO jedes Mitglied des Vertretungsorgans, jeder Abwickler sowie im Falle der Führungslosigkeit einer juristischen Person jeder Gesellschafter berechtigt. Bei Gesellschaften ohne Rechtspersönlichkeit, Handelsgesellschaften und der KGaA ist auch jeder persönlich haftende Gesellschafter zur Antragstellung berechtigt. **76**

2. Stellung des Eigenantrags

Für die **Stellung des Eigenantrags** gelten dieselben Grundsätze wie für Gläubigeranträge, die an anderer Stelle dargestellt werden.[136] Der Antrag kann schriftlich oder per Fax gestellt werden. Einen grundsätzlich kritisch zu sehenden **Formblattzwang**, wie ihn das Bundesjustizministerium durch Verordnung einführen darf (§ 13 Abs. 5 InsO), gibt es derzeit für Anträge auf Eröffnung des Unternehmensinsolvenzverfahrens noch nicht. **77**

Für die **Stellung des Insolvenzantrags** genügt es bereits, dass diese Tatsache aus dem Schreiben an das Gericht deutlich hervorgeht. Im Bereich der Unternehmensinsolvenz ist aber bei Eigenanträgen in aller Regel unmittelbarer Handlungsbedarf für das Gericht gegeben, da das quasi-streitige Parteiverfahren und die Zulassung des Antrags entfallen können.[137] Nach § 13 Abs. 1 Satz 4 Nr. 1 bis 5 InsO hat der Schuldner ein Verzeichnis seiner Gläubiger vorzulegen, das im Falle einer beantragten Eigenverwaltung weitere Angaben enthalten muss. Ob die im Gesetz vorgesehenen Angaben insbesondere für die Bearbei- **78**

---

[135] KPB/*Prütting* § 15 Rn. 4.
[136] Dazu → Rn. 144 ff.
[137] Zu Ausnahmen → Rn. 155.

tung von Unternehmensinsolvenzverfahren zielführend sind, erscheint zweifelhaft, weil aus ihnen weder das Insolvenzgericht noch der vorläufige Insolvenzverwalter erkennen kann, ob und gegebenenfalls welche Maßnahmen zu ergreifen sind. Es empfiehlt sich deshalb dringend, den Antrag über die Anforderungen des Gesetzes hinaus so auszugestalten, dass die für den zuständigen Richter erforderlichen **Anfangsinformationen** enthalten sind. Handelt es sich um einen lebenden Betrieb, so ist durch das Gericht insbesondere zu prüfen, ob im Hinblick auf eine Unternehmensfortführung zumindest bis zur Entscheidung über die Verfahrenseröffnung ein vorläufiger Insolvenzverwalter oder nur ein Gutachter einzusetzen ist bzw. andere Ermittlungsmaßnahmen zu ergreifen sind. Das Gericht muss vor allem auch deshalb, um den hierfür geeignetsten vorläufigen Insolvenzverwalter (auch im Hinblick auf eine spätere Verfahrenseröffnung!) auswählen zu können,[138] über die **Größe und Branche des Betriebs** sowie über die ungefähren **Aktiva und Passiva** informiert sein. Fehlt es daran, ist das Gericht zunächst gezwungen, nicht nur die Vermögensverhältnisse, sondern auch den bestehenden Handlungsbedarf zu ermitteln. Dadurch kann wertvolle Zeit verloren gehen und die Fortführung oder Sanierung des Betriebes gefährdet werden.

79 Bestehen Zweifel oder sonstige Unsicherheiten, sollte versucht werden, den Antrag mit dem zuständigen Richter zu besprechen. Bei größeren Verfahren kann es sich empfehlen, den Antrag bereits vorher anzukündigen, damit sich das Gericht auf die Situation einstellen und seine Vorgehensweise überdenken kann. Zudem können Vorkehrungen für die Einberufung eines vorläufigen Gläubigerausschusses nach § 22a InsO getroffen werden. Dies empfiehlt sich insbesondere dann, wenn es sich um Anträge mehrerer wirtschaftlich zusammenhängender, aber rechtlich getrennter Unternehmen handelt (zB bei **Konzernen,** sonstigen Unternehmensverbünden oder auch bereits bei einer **GmbH & Co. KG**). Es erscheint sinnvoll, diese Verbindungen offen zu legen, damit das Gericht prüfen kann, ob für die wirtschaftlich zusammenhängenden Verfahren derselbe (vorläufige) Insolvenzverwalter bestellt werden kann. An größeren Gerichten besteht so die Möglichkeit, dass sich die zuständigen Richter auf eine gemeinsame personelle Entscheidung verständigen. Möglicherweise wird dieses sinnvolle Vorgehen bei Einführung des Konzerninsolvenzrechts gesetzlich verankert werden.

80 Durch die **Beifügung** möglichst ausführlicher **Unterlagen** wird auch dem eventuell zu bestellenden vorläufigen Insolvenzverwalter die Arbeit wesentlich erleichtert. Ist dieser mit gewissen **Basisinformationen** ausgerüstet, müssen diese nicht erst vor Ort mühsam ermittelt werden. Der vorläufige Insolvenzverwalter kann sich deshalb sogleich mit wesentlicheren Dingen beschäftigen, die in der vorhandenen Krisensituation dringlich zu erledigen sind, wie etwa Aufrechterhaltung der Energieversorgung, der Zulieferung von Waren oder der Erlangung eines Krediters für die vorläufige Verwaltung. Bereits die Art und Weise, wie ein Antrag gestellt wird, kann deshalb die Chancen des Unternehmens in der Insolvenz deutlich erhöhen.

81 Dem Eigenantrag sollten im eigenen Interesse des Schuldners über die gesetzlichen Vorgaben des § 13 Abs. 1 InsO hinaus folgende Unterlagen beigefügt werden:

---

[138] Dazu → Rn. 22 ff.

Holzer

Übersicht 7

> – Aktueller Handelsregisterauszug
> – Letzte Bilanz
> – Angabe der Anzahl der Arbeitnehmer, möglichst eine Liste mit Angabe der Lohn- bzw. Gehaltshöhe, Betriebszugehörigkeit und Kündigungsfrist
> – Angabe, wie lange die Löhne bereits nicht mehr bezahlt wurden
> – Vermögensverzeichnis, in das insbesondere Barmittel, Bankguthaben, Forderungen, Anlagevermögen und Warenbestand sowie Grundeigentum eingetragen sind (Schätz- bzw. Näherungswerte genügen; ein Formular ist bei der Geschäftsstelle des Insolvenzgerichts erhältlich)
> – Überschlägige Aufstellung der Verbindlichkeiten
> – Angabe der Adressen von Unternehmen und Geschäftsleitung, der Bankverbindungen
> – Genaue Beschreibung des Unternehmens (Branche, Standorte etc)

Für den Eigenantrag einer Gesellschaft mit beschränkter Haftung bietet sich das in dem Kapitel über die richterliche Tätigkeit im Eröffnungsverfahren vorgestellte Formular an.[139]   **82**

3. Eigenantrag bei Verbraucherinsolvenz

Für den Eigenantrag bei **Verbraucherinsolvenz** gelten die in § 305 Abs. 1 Nr. 1–4 InsO enthaltenen Anforderungen.[140] Danach muss der Schuldner seinem Antrag eine Reihe von Erklärungen bzw. Unterlagen beifügen. Legt der Schuldner diese nicht vor, wird er durch Beschluss des Insolvenzgerichts dazu aufgefordert; gehen die Unterlagen nicht fristgerecht ein, gilt der Antrag kraft Gesetzes als zurückgenommen (§ 305 Abs. 3 S. 2 InsO).[141]   **83**

4. Insolvenzgründe bei Eigenantrag

Der Eigenantrag des Schuldners kann, je nachdem, ob es sich um eine natürliche oder juristische Person handelt, wie der Antrag des Gläubigers auf **Zahlungsunfähigkeit** und/oder **Überschuldung** gestützt werden. In der Praxis werden die Anträge, wenn beide Insolvenzgründe vorliegen, meist mit der leichter darzulegenden Zahlungsunfähigkeit begründet.[142] Wird der Antrag auf Überschuldung gestützt, sollte, falls vorhanden, der diese Feststellung enthaltende Prüfungsbericht des Wirtschaftsprüfers oder Unternehmensberaters beigefügt werden.   **84**

Die **Insolvenzgründe** ergeben sich aus Übersicht 8.   **85**

---

[139] Dazu → § 4 Rn. 61.
[140] Dazu → § 4 Rn. 59.
[141] Zum Vordruckzwang vgl. § 305 Abs. 5 InsO.
[142] Zu deren Definition vgl. *Neuhof* FS Beck, 2016, S. 355 f.; zu deren Veränderung während der Finanzkrise vgl. *Holzer* ZIP 2008, 391 (392 f.).

Übersicht 8

Zahlungsunfähigkeit	Drohende Zahlungsunfähigkeit	Überschuldung
Natürliche Person	Natürliche Person	–
Juristische Person (GmbH, AG, KGaA, e. G., VVaG, e. V.) auch nach ausländischem Recht	Juristische Person (GmbH, AG, KGaA, e. G., VVaG, e. V.) auch nach ausländischem Recht	Juristische Person (GmbH, AG, KGaA, e. G., VVaG, e. V.) auch nach ausländischem Recht
GbR	GbR	GbR, wenn kein Gesellschafter eine natürliche Person ist, § 19 Abs. 3 InsO
OHG	OHG	OHG, wenn kein Gesellschafter eine natürliche Person ist, § 19 Abs. 3 InsO
KG	KG	KG, wenn kein Gesellschafter eine natürliche Person ist, § 19 Abs. 3 InsO
EWIV	EWIV	EWIV, wenn kein Gesellschafter eine natürliche Person ist, § 19 Abs. 3InsO
Nicht eingetragener Verein	Nicht eingetragener Verein	–
Gesamtgut bei fortgesetzter Gütergemeinschaft	–	–
Gemeinschaftlich verwaltetes Gesamtgut (auch bei beendeter Gütergemeinschaft)	Gemeinschaftlich verwaltetes Gesamtgut bei gemeinschaftlicher Antragstellung durch beide Ehegatten, § 333 Abs. 2 Satz 3 InsO	–
Nachlass	Nachlass, wenn der Erbe, Nachlassverwalter, -pfleger oder Testamentsvollstrecker den Antrag stellt, § 320 S. 2 InsO	Nachlass

86 Der Eigenantrag jedes Schuldners kann darüber hinaus auch auf den Insolvenzgrund der **drohenden Zahlungsunfähigkeit** (§ 18 Abs. 1 InsO) gestützt werden. Die Praxis zeigt, dass die Chancen zur Fortführung oder Sanierung eines Unternehmens umso größer sind, je früher ein Insolvenzantrag gestellt wird. § 18 InsO will es deshalb den Schuldnern ermöglichen, das Unternehmen in einer sich abzeichnenden Krise der kompetenten Hand eines Insolvenzverwalters zu unterstellen, bevor die für eine Fortführung, Sanierung und Rettung des Unternehmens dringend erforderlichen Vermögenswerte verbraucht sind.

Der Insolvenzgrund der **drohenden Zahlungsunfähigkeit** kann indes nur genutzt werden, wenn innerhalb eines Unternehmens die Bereitschaft besteht, die gegebene Situation und damit möglicherweise auch eigene Fehlleistungen zu akzeptieren,[143] dabei aber nicht zu resignieren, sondern aktiv gegenzusteuern. Gerade der **Unternehmensberater** wird bei seinen Prüfungen auf diesen Insolvenzgrund stoßen. Sein Bericht sollte nicht ungenutzt in einer Schublade verstauben, sondern zu einem zielgerichteten Vorgehen für einen möglichen Neuanfang aus der Insolvenz (eventuell mit Hilfe des Planverfahrens oder der Eigenverwaltung) genutzt werden. 87

5. Ermittlung und Sicherung des Vermögens

Das Verfahren zur Ermittlung und Sicherung des Vermögens bei Eigenantrag unterscheidet sich nicht wesentlich von der Behandlung eines Gläubigerantrags. Grundsätzlich fehlt es an einem vorgeschalteten **quasi-streitigen Parteiverfahren**, so dass sich ein zulässig gestellter Antrag, der sich nicht als rechtsmissbräuchlich erweist, sofort im **Amtsverfahren** befindet. Die **Insolvenzgründe** müssen dafür **nicht glaubhaft** gemacht werden (die Vorlage von Nachweisen ist aber im eigenen Interesse zur Forcierung des Verfahrens sinnvoll). Vielmehr genügt es, diese schlüssig, dh nachvollziehbar zu behaupten. 88

Ausnahmen bestehen nur dann, wenn der Antrag nicht von allen vertretungsberechtigten Personen einer juristischen Person oder einer Gesellschaft ohne Rechtspersönlichkeit gestellt wurde. § 15 Abs. 2 S. 1 iVm Abs. 3 InsO verlangen in diesem Fall die Glaubhaftmachung des Insolvenzgrundes, damit die übrigen Mitglieder des Vertretungsorgans oder die Gesellschafter nach ihrer Anhörung[144] Stellung nehmen können. Dabei ist es den genannten Personen auch gestattet, die **Insolvenzgründe zu bestreiten**. Erst nachdem deren Vorliegen geklärt ist oder keine Stellungnahmen eingegangen sind, darf das Insolvenzgericht den Antrag zulassen. Das kann wie bei einem Gläubigerantrag durch schlüssige Handlung geschehen, so dass die Anordnung von Sicherungs- oder Ermittlungsmaßnahmen (zB die Einsetzung eines vorläufigen Insolvenzverwalters oder Gutachters) ausreichend ist. Gleiches gilt für den Nachlass und das Gesamtgut bei fortgesetzter Gütergemeinschaft: Nach § 317 Abs. 2 S. 1 und § 318 Abs. 2 S. 1 InsO ist ein Insolvenzantrag, der der erforderlichen Glaubhaftmachung entbehrt, unzulässig.[145] 89

Erfolgt die **Zulassung des Eigenantrags** oder ist diese nicht erforderlich, wird das Vermögen in gleicher Weise ermittelt und gesichert wie bei einem Gläubigerantrag. Bei der Anordnung der vorläufigen Insolvenzverwaltung wird 90

---

[143] Dazu → Rn. 69.
[144] Dabei ist zu beachten, dass § 15 Abs. 2 S. 2 InsO keinen Anhörungstermin, sondern nur die Übersendung des Antrags erfordert.
[145] KPB/*Holzer* § 318 Rn. 6.

Holzer

man allerdings etwas großzügiger verfahren können, da nicht die Gefahr besteht, auf Grund unwahrer Angaben eines Gläubigers ein wirtschaftlich gesundes Unternehmen zu schädigen.

91 Der Schuldner kann – wie auch der Gläubiger – auf den Gang der Ermittlungen und auf die durch das Gericht ergriffenen Maßnahmen keinen Einfluss nehmen.[146] Ihm bleibt jedoch stets die Möglichkeit, den **Insolvenzantrag zurückzunehmen** und damit (falls nicht Anträge von Gläubigern vorliegen) dem Verfahren zu entgehen. Die Mitwirkung des Schuldners wird, falls es sich um eine natürliche Person, Vermögensmasse oder eine Gesellschaft ohne Rechtspersönlichkeit handelt, bei der keine Antragspflicht besteht, nicht erzwungen. Arbeitet der Schuldner entgegen der bestehenden gesetzlichen Verpflichtung des § 20 InsO in dem von ihm selbst angestrengten Verfahren nicht mit und legt er insbesondere das angeforderte Vermögensverzeichnis oder sonstige Unterlagen nicht vor, so handelt er **rechtsmissbräuchlich**. Sein Antrag kann deshalb im Verfahren der Unternehmensinsolvenz als unzulässig verworfen werden. Bei einem Verbraucherinsolvenzantrag wird dies jedoch wegen der Rücknahmefiktion des § 305 Abs. 3 S. 2 InsO nicht in Betracht kommen.

92 In allen Fällen, in denen eine **Pflicht zur Stellung des Insolvenzantrags** besteht, erstreckt sich diese auch darauf, im Verfahren nach Maßgabe des § 20 InsO mitzuarbeiten. Kommt deshalb der Geschäftsführer einer GmbH der Aufforderung des Gerichts, die Vermögensübersicht auszufüllen und den Inhalt an Eides Statt zu versichern, nicht nach, so kann und muss gegen ihn unter Umständen ein Haft- oder Vorführbefehl erlassen und notfalls Beugehaft bis zur gesetzlichen Höchstgrenze von sechs Monaten angeordnet werden (§ 21 Abs. 3 S. 3 iVm §§ 97 Abs. 3, 98 Abs. 2 InsO).

E. Die Insolvenzgläubiger

I. Die Teilnahme der Insolvenzgläubiger am Verfahren

93 Beteiligt am Insolvenzverfahren sind auch die **Insolvenzgläubiger,** also all jene natürlichen oder juristischen Personen, die zurzeit der Verfahrenseröffnung eine persönliche und nicht nur dingliche Forderung gegen den Schuldner haben (§ 38 InsO). Man könnte die Insolvenzgläubiger daher als „**klassische" Beteiligte** schlechthin betrachten, läuft doch das Insolvenzverfahren vor allem zum Zweck ihrer Haftungsverwirklichung ab. Die Insolvenzgläubiger haben vielfältige Möglichkeiten, das Verfahren zu gestalten. Ihre Mitwirkung beginnt bei der Antragstellung (§ 13 Abs. 1 S. 1 InsO) und führt zu den durch die Insolvenzordnung gestärkten Mitwirkungsrechten in **Gläubigerversammlung** und **Gläubigerausschuss** (§§ 74 ff., 67 ff. InsO). Bedeutsam in diesem Zusammenhang ist etwa das Recht der Insolvenzgläubiger, einen anderen als den durch das Gericht eingesetzten Insolvenzverwalter zu wählen (§ 57 InsO) oder im Be-

---

[146] LG Gera Beschl. v. 30.5.2002 – 5 T 185/02, ZIP 2002, 1735 (1736 f.).

richtstermin über die Fortführung des Unternehmens zu beschließen (§ 157 InsO). Die Gläubigerautonomie findet schließlich ihre Krönung in den flexiblen Mitwirkungs- und Gestaltungsrechten des Planverfahrens (§§ 217 ff. InsO).[147]

II. Der Begriff der Insolvenzgläubiger

1. Gläubigerbegriff

Zur Bestimmung des Gläubigerbegriffs muss wie so oft auf den eigentlichen **Zweck des Insolvenzverfahrens** zurückgegriffen werden, das nach § 1 InsO der gemeinschaftlichen Befriedigung aller Gläubiger des jeweiligen Schuldners dient. Da die Aus- und Absonderungsberechtigten außerhalb des Verfahrens und die Massegläubiger auf andere Weise befriedigt werden, ist es erforderlich, diejenigen Gläubiger, deren Befriedigung das Insolvenzverfahren originär dient, zu bestimmen und gegenüber anderen Gläubigern abzugrenzen. Damit wird letztlich auch der Zweck der in §§ 35 Abs. 1, 36 InsO geregelten Insolvenzmasse bestimmt, die nur dieser Gläubigergruppe in **haftungsrechtlicher Hinsicht zugewiesen** ist. 94

Die genannte Aufgabe übernimmt § 38 InsO. Weil das Insolvenzverfahren lediglich Regeln für die Teilnahme des einzelnen Gläubigers an der **Haftungs- und Verlustgemeinschaft** aller Gläubiger und das weitere Verfahren bis zur Verteilung der Masse zur Verfügung stellen kann, ist die **Definition des Insolvenzgläubigers** notwendig von dem materiellen Recht abhängig, das zur Entstehung seiner Forderung geführt hat. Die Begriffe der Insolvenzforderung und des Insolvenzgläubigers sind deshalb notwendigerweise deckungsgleich.[148] 95

2. Persönliche Gläubigerschaft und haftungsrechtliche Zuweisung

Nach § 38 InsO dient die Insolvenzmasse zur Befriedigung der persönlichen Gläubiger, die zurzeit der Eröffnung des Verfahrens einen begründeten **Vermögensanspruch** gegen den Schuldner haben. Die Regelung hat ihren Grund darin, dass der Schuldner für die Insolvenzforderung mit seinem gesamten Vermögen einstehen muss, das der Gesamtheit der Gläubiger in haftungsrechtlicher Hinsicht zugewiesen ist. Die **Befriedigung der Gläubiger** erfolgt daher aus dem gesamten Vermögen des Schuldners und nicht nur – wie es bei Aus- und Absonderungsrechten der Fall ist – aus einem einzelnen Vermögensgegenstand. Abgrenzungsschwierigkeiten bestehen allerdings mit Masseforderungen nach § 53 InsO, die in der Regel persönliche Forderungen sind. Hier kommt es darauf an, ob die Grundlagen des Rechtsverhältnisses, dem die Forderung entspringt, vor Eröffnung des Verfahrens entstanden sind. 96

---

[147] Vgl. dazu Wimmer/Wagner/Dauernheim/Weidekind/*Gietl* 13. Kap. Rn. 5.
[148] KPB/*Holzer* § 38 Rn. 1 f.

Übersicht 9

Gläubiger			
Insolvenz-gläubiger	Aussonderungs-berechtigte Gläubiger	Absonderungs-berechtigte Gläubiger	Massegläubiger
Insolvenz-forderung (persönlicher Anspruch) § 38 InsO	Anspruch auf Aussonderung (zB Eigentumsvorbehalt) § 47 InsO	Anspruch auf Absonderung (zB Grundpfandrecht, Pfandrecht) §§ 49 ff. InsO	Bezahlung vorweg aus der Masse (zB Geschäfte des Verwalters) § 53 InsO

3. Rechtsgrund persönlicher Forderungen

97 Da es nur auf die Qualifikation als **persönliche Forderung** ankommt, ist deren Rechtsgrund für die Bestimmung als Insolvenzforderung und damit auch für den Begriff des Insolvenzgläubigers nicht von Bedeutung. Insolvenzgläubiger sind deshalb Inhaber von Forderungen aus dem **Privatrecht** und **Öffentlichen Recht,** von schuld-, familien- und erbrechtlichen Ansprüchen und sogar (falls es sich nicht um Aus- oder Absonderungsrechte handelt) von Forderungen aus dem Sachenrecht.

Übersicht 10

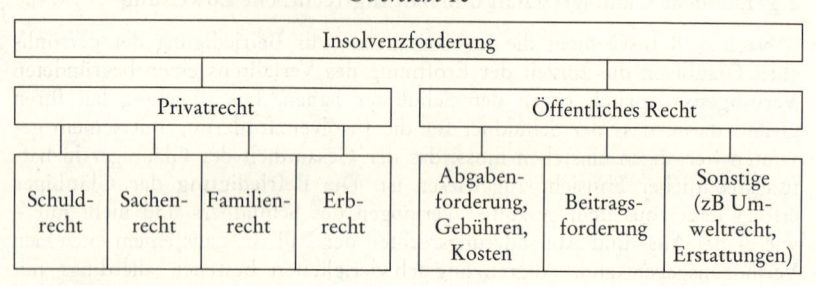

Insolvenzforderung							
Privatrecht				Öffentliches Recht			
Schuldrecht	Sachenrecht	Familienrecht	Erbrecht	Abgabenforderung, Gebühren, Kosten	Beitragsforderung	Sonstige (zB Umweltrecht, Erstattungen)	

4. Insolvenzforderungen

98 Aus dem für die Bestimmung als Insolvenzforderung maßgeblichen Begriff der persönlichen Forderung fallen die **Aus- und Absonderungsansprüche** sowie **Masseverbindlichkeiten** heraus. Alle übrigen Forderungen kommen grundsätzlich als Insolvenzforderungen in Betracht, sofern dies nicht wie durch § 6 Abs. 1a Satz 1 Nr. 3 FMStG eingeschränkt ist oder die Wirkungen des Insolvenzverfahrens nach Art. 102b § 1 EGInsO temprär suspendiert werden.¹⁴⁹ Voraussetzung dafür ist aber, dass die Forderung ihrer Art nach für die Teilnahme am Verfahren, dh für die Auszahlung einer Dividende in Geld geeignet ist.

Das kann auch für Forderungen gelten, die **nicht auf Geld gerichtet** sind oder deren **Geldbetrag unbestimmt** ist. § 45 S. 1 InsO gestattet es nämlich, diese in Geld umzurechnen oder ihren Geldwert zu schätzen, um mit den anderen am Verfahren teilnehmenden Forderungen eine gemeinsame Vergleichs- und Verteilungsbasis zu schaffen. Forderungen, die auf ausländische Währung lauten oder in einer Rechnungseinheit ausgedrückt sind, können zum Kurs am Tag der Verfahrenseröffnung in inländische Währung umgerechnet werden. Mit den genannten Rechnungseinheiten ist nicht etwa der Euro gemeint, der die gültige inländische Währung darstellt, sondern „Kunstwährungen" wie der ECU („European Currency Unit"), die aber im Zahlungsverkehr und im Insolvenzverfahren keine praktische Bedeutung haben. 99

Die Abgrenzung, welche Forderungen für eine Umrechnung in Geld geeignet sind oder nicht, ist nicht immer einfach und eine Frage des Einzelfalls. Auszuscheiden sind **Gestaltungsrechte** (zB Anfechtung, § 142 Abs. 1 BGB; Kündigung, § 626 BGB; Rücktritt vom Kaufvertrag, §§ 437 Nr. 2 iVm §§ 440, 323, 326 Abs. 5 BGB),¹⁵⁰ **höchstpersönliche Ansprüche** (zB Namensrecht, § 12 BGB, Urheberpersönlichkeitsrecht) sowie rein **familienrechtliche Forderungen** (zB auf Anerkennung der Vaterschaft, §§ 1594 f. BGB). Gleiches gilt für **Ansprüche auf unvertretbare Handlungen,** die nur durch den Schuldner selbst, nicht aber durch einen Dritten vorgenommen und nur gegen ihn vollstreckt werden können (§ 888 Abs. 1 ZPO). Auch wenn die Vornahme der unvertretbaren Handlung (zB die Abgabe einer Willenserklärung, Ausstellung von Zeugnissen, künstlerische Leistungen) für den Gläubiger einen gewissen Geldwert haben mag, lässt sich die Forderung doch nicht nach § 45 S. 1 InsO in Geld umrechnen und scheidet deshalb aus dem Kreis der Insolvenzforderungen von vornherein aus. Auch **Unterlassungsansprüche** (zB aus § 1004 BGB) sind keine Insolvenzforderungen, weil nach § 890 ZPO nur eine Vollstreckung gegen den Schuldner persönlich möglich ist und deshalb eine Befriedigung des Gläubigers aus seinem Vermögen ausscheidet.¹⁵¹ Dies gilt allerdings nicht für Ansprüche auf Unterlassung von Handlungen, soweit mit ihnen ein **eigener Vermögenswert** verbunden ist. Zwar haben diese Ansprüche als solche keinen zur Teilnahme am Insolvenzverfahren berechtigenden Inhalt; jedoch können mit den Unterlassungsansprüchen verbundene Vermögenswerte (zB das Interesse auf Nichterfüllung eines vertraglichen Unterlassungsgläubigers) als Insolvenzforderungen angesehen werden, wenn diese Pflicht nicht die Insolvenzmasse bindet.¹⁵² 100

Auch **Mitgliedschaftsrechte von Gesellschaftern** stellen keine Insolvenzforderungen dar, weil es sich um Haftkapital handelt, das in der Insolvenz von der 101

---

¹⁴⁹ KPB/*Holzer* Art. 102b EGInsO Rn. 9, 16.
¹⁵⁰ BGH Urt. v. 23.10.2003 – IX ZR 165/02, ZIP 2003, 2379 (2381); KPB/*Holzer* § 38 Rn. 29a; *Holzer* EWiR 2004, 191 (192).
¹⁵¹ BGH Urt. v. 10.7.2003 – IX ZR 119/02, ZIP 2003, 1550 (1553); KPB/*Holzer* § 38 Rn. 18; *Holzer* EWiR 2004, 27.
¹⁵² BGH Urt. v. 10.7.2003 – IX ZR 119/02, ZIP 2003, 1550 (1553); *K. Schmidt* KTS 2004, 241 (256); KPB/*Holzer* § 38 Rn. 29b f.; *Holzer* EWiR 2004, 27 (28).

schuldnerischen Gesellschaft nicht herausverlangt werden kann.[153] Lediglich der **stille Gesellschafter** kann seine Einlage, wenn er am Verlust überhaupt nicht teilnimmt[154] oder wenn sie den vertragsgemäßen Verlustanteil übersteigt, in dieser Höhe im Verfahren geltend machen.[155]

102 Nicht geltend gemacht werden können auch solche Forderungen, auf deren Beitreibung der Gläubiger verzichtet hat oder die wegen eines vorausgegangenen Insolvenzverfahrens der **Restschuldbefreiung** unterliegen und deshalb nicht erneut geltend gemacht werden können. Die zuletzt genannten Forderungen gehen dadurch materiell nicht unter, können aber sowohl im Insolvenzverfahren als auch in der Einzelzwangsvollstreckung gegen den Schuldner nicht mehr verfolgt werden. Auszuscheiden sind auch Ansprüche, die auf Grund einer Befriedigung durch den Schuldner untergegangen sind sowie **unvollkommene Ansprüche** aus bestimmten Geschäften (zB Spiel und Wette, § 762 BGB).

Übersicht 11

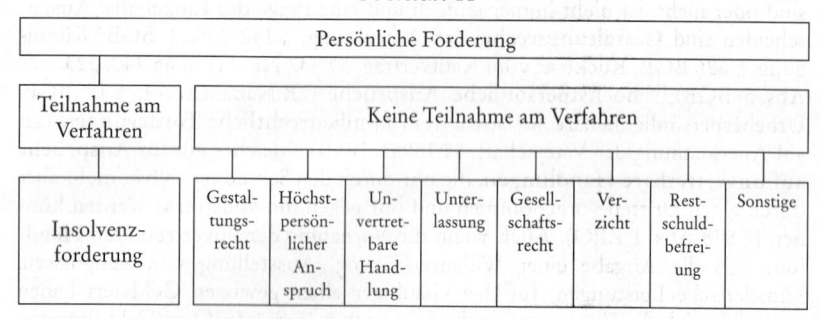

Persönliche Forderung									
Teilnahme am Verfahren		Keine Teilnahme am Verfahren							
Insolvenzforderung		Gestaltungsrecht	Höchstpersönlicher Anspruch	Unvertretbare Handlung	Unterlassung	Gesellschaftsrecht	Verzicht	Restschuldbefreiung	Sonstige

103 Insolvenzforderungen sind, legt man die oben dargestellte Abgrenzung zugrunde, zunächst die **vor Verfahrenseröffnung entstandenen Forderungen** aus Wiederkehrschuldverhältnissen, dh, solchen Verträgen, bei denen (wie etwa bei dem Bezug von Strom und Wasser) der Grund der Leistung auf einer in der Regel stillschweigenden Wiederholung des Vertragsschlusses für jeden Zeitpunkt oder jede Menge des Bezugs immer wieder von neuem entsteht.[156] Das ist auch bei **familienrechtlichen Unterhaltsansprüchen** der Fall. § 40 InsO bestimmt von diesem Grundsatz für die Zeit nach Eröffnung des Verfahrens dann eine Ausnahme, wenn der Schuldner als Erbe des Verpflichteten haftet. Die Forderungen, die ab dem Zeitpunkt der Verfahrenseröffnung entstehen, sind ansonsten generell Masseverbindlichkeiten nach § 53 InsO.

104 Ähnliches gilt für **Sukzessivlieferungsverträge,** die auf einem einheitlichen, vor Verfahrenseröffnung begründeten Vertragsverhältnis beruhen: Die daraus folgenden Forderungen sind nur insoweit Insolvenzforderungen, als sie Leistungen vor Verfahrenseröffnung betreffen, weil es auf die materielle Entstehung des Forderungstatbestandes ankommt. **Leistungen aus Stammrechten** (zB die

---

[153] KPB/*Holzer* § 38 Rn. 19.
[154] RG Urt. v. 15.3.1893 – Rep. I 451/92, RGZ 31, 33 (36).
[155] BGH Urt. v. 21.3.1983 – II ZR 139/82, ZIP 1983, 561.
[156] Vgl. RG Urt. v. 13.9.1935 – II 37/35, RGZ 148, 326 (335).

Zahlung einer Rente nach § 843 BGB) sind damit vergleichbar; sie können im Verfahren nur verfolgt werden, wenn der Rechtsgrund (zB das schädigende Ereignis) vor Eröffnung des Verfahrens eingetreten ist.

Art und Anzahl **schuldrechtlicher Forderungen**, die Insolvenzforderungen darstellen, sind praktisch unübersehbar. In erster Linie sind dazu die vertraglich begründeten Zahlungs- und Leistungsansprüche jeder Art zu rechnen, ferner Ansprüche auf Vertragsstrafen (§ 339 BGB) und aus gesetzlichen Schuldverhältnissen auf Rückzahlung (zB § 812 BGB), Schadensersatz (zB § 280 Abs. 1 BGB) oder Rückgriff (zB des Bürgen nach § 774 Abs. 1 S. 1 BGB). 105

Ansprüche aus **unerlaubter Handlung** (zB § 823 Abs. 1, 2 BGB, § 7 StVG) können im Insolvenzverfahren ebenfalls geltend gemacht werden. Sie sind in der Praxis nach § 249 Abs. 2 BGB häufig auf eine Geldzahlung gerichtet und nicht auf Naturalrestitution, dh, Wiederherstellung des ursprünglich bestehenden Zustandes (§ 249 Abs. 1 BGB). Sollte dies der Fall sein, kann der Anspruch gleichwohl am Verfahren teilnehmen, weil er sich nach § 45 InsO leicht in eine Geldforderung umrechnen lässt. 106

Schadensersatzansprüche können auch im **Sachenrecht** entstehen (zB §§ 904 S. 2, 987 ff. BGB) und dürfen deshalb wie erbrechtliche Ansprüche (zB auf Auszahlung eines Vermächtnisses, §§ 2147, 2174 BGB oder Auszahlung des Pflichtteils, § 2303 Abs. 1 S. 1 BGB) im Verfahren geltend gemacht werden. Gleiches gilt für vor Verfahrenseröffnung entstandene Ansprüche aus dem Familienrecht (zB Unterhaltsforderungen).[157] 107

Vielfältig sind auch die Ansprüche aus dem **öffentlichen Recht**. In erster Linie werden im Verfahren Forderungen der Sozialversicherungsträger, der Bundesagentur für Arbeit, der Finanzämter und der Justizkasse geltend gemacht. 108

Ansprüche der Arbeitnehmer aus **Sozialplänen** sind hingegen keine Insolvenzforderungen, obwohl sie vor Verfahrenseröffnung entstanden sind. Da auf Grund der geringen Quoten kaum mit einer Befriedigung dieser Forderungen im Verfahren zu rechnen ist, hat sie der Gesetzgeber in § 123 InsO zu Masseforderungen iSd § 53 InsO umqualifiziert. Diese Forderungen müssen also nicht zur Tabelle angemeldet werden, sondern können vorab aus der Masse befriedigt werden. 109

Übersicht 11

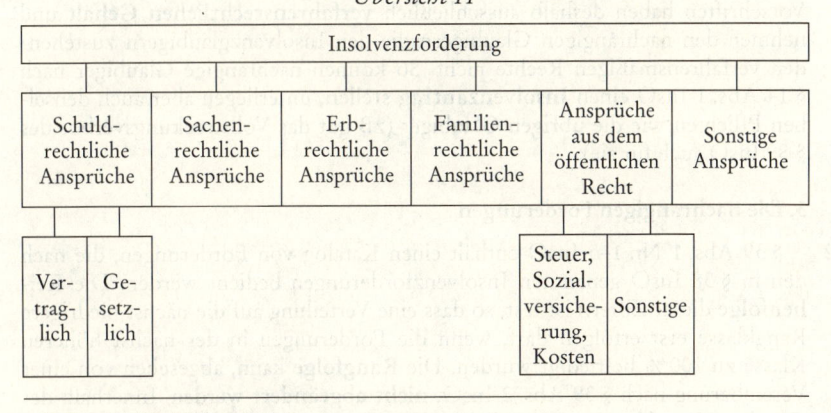

Insolvenzforderung					
Schuldrechtliche Ansprüche	Sachenrechtliche Ansprüche	Erbrechtliche Ansprüche	Familienrechtliche Ansprüche	Ansprüche aus dem öffentlichen Recht	Sonstige Ansprüche

Vertraglich	Gesetzlich			Steuer, Sozialversicherung, Kosten	Sonstige

---

[157] Dazu KPB/*Holzer* § 40 Rn. 1.

III. Die nachrangigen Insolvenzgläubiger

1. Grund des Nachrangs

110 Die Insolvenzordnung bezieht alle einem Gläubiger zum Zeitpunkt der Eröffnung des Verfahrens zustehenden persönlichen Forderungen in den Begriff der Insolvenzforderung ein und ermöglicht so deren grundsätzliche Teilnahme am Verfahren. Das ist insbesondere deshalb erforderlich, weil nach § 35 Abs. 1 InsO der **Neuerwerb** des Schuldners in die Insolvenzmasse fällt und Insolvenzgläubiger, denen die Geltendmachung ihrer Forderung versagt würde, wie **Neugläubiger** keine Aussicht hätten, dass ihre Forderung nach Ablauf des Insolvenzverfahrens befriedigt werden kann. Der Gesetzgeber hat dazu ein bereits lange bekanntes Prinzip des Konkursrechts neu zur Geltung gebracht, das bestimmte Forderungen entweder wegen ihrer Wertigkeit (zB Zins- und Kostenforderungen nach § 39 Abs. 1 Nr. 1 und 2 InsO) oder wegen des Grundes ihrer Entstehung (zB Forderungen auf unentgeltliche Leistungen oder Rückgewähr von Gesellschafterdarlehen und gleichgestellten Forderungen nach § 39 Abs. 1 Nr. 4 und 5 InsO) von der Teilnahme an der regulären Verteilung ausschließt und sie auf eine **nachrangige Befriedigung** verweist. Der Gläubiger derartiger Forderungen erleidet, obwohl auch für ihn der Ausfall im Verfahren schmerzlich ist, auf Grund der Umstände der Forderungsbegründung keinen Nachteil, der so schwer wiegt wie der Ausfall bei „normalen" Insolvenzforderungen. Der Gesetzgeber sah es deshalb als gerechtfertigt an, bei der Befriedigung solche Gläubiger zu bevorzugen, bei denen diese Umstände nicht gegeben sind. Dies gilt in verstärktem Maße für das Nachlassinsolvenzverfahren, in dem § 327 InsO einen weiteren Katalog von Forderungen aufstellt, die erst nach den iSd § 39 Abs. 1 und 2 InsO nachrangigen Forderungen zu bedienen sind.

2. Die Eigenschaft als Insolvenzgläubiger

111 Auch nachrangige Gläubiger iSd §§ 39, 327 InsO sind wie die unter § 38 InsO fallenden Gläubiger Insolvenzgläubiger, weil sich ihre Teilnahme am Verfahren nach den Kategorien des materiellen Rechts bestimmt. Die genannten Vorschriften haben deshalb ausschließlich **verfahrensrechtlichen Gehalt** und nehmen den nachrangigen Gläubigern die den Insolvenzgläubigern zustehenden verfahrensmäßigen Rechte nicht. So können nachrangige Gläubiger nach § 14 Abs. 1 InsO einen **Insolvenzantrag stellen,** unterliegen aber auch denselben Pflichten wie die übrigen Gläubiger (zB gilt das Vollstreckungsverbot des § 89 InsO auch für sie).

3. Die nachrangigen Forderungen

112 § 39 Abs. 1 Nr. 1–5 InsO enthält einen Katalog von Forderungen, die nach den in § 38 InsO genannten Insolvenzforderungen bedient werden. Die **Reihenfolge** dieser Ziffern ist fest, so dass eine Verteilung auf die nächst niedrigere Rangklasse erst erfolgen darf, wenn die Forderungen in der nächst höheren Klasse zu 100 % befriedigt wurden. Die **Rangfolge** kann, abgesehen von einer Vereinbarung nach § 39 Abs. 2 InsO, **nicht abgeändert** werden. Innerhalb der einzelnen Rangklassen erfolgt die Befriedigung nach dem Verhältnis der Forderungsbeträge, da auch hier das Prinzip der gleichmäßigen Befriedigung aller Gläubiger gewahrt sein muss (§ 1 InsO).

Nach § 39 Abs. 2 InsO kann eine Forderung durch privatrechtliche **Vereinbarung** zwischen Schuldner und Gläubiger nachrangig werden. Die genannte Vorschrift stellt dabei eine **Auslegungsregel** auf, nach der Forderungen mit vereinbartem Nachrang im Zweifel, dh, wenn nichts anderes vereinbart ist, nach den in § 39 Abs. 1 Nr. 5 InsO genannten Forderungen bedient werden. Es ist jedoch auch möglich, dass ein Nachrang innerhalb einer der in § 39 Abs. 1 Nr. 1–5 InsO genannten **Rangklassen** vereinbart wird. Die Gläubiger in derselben und den folgenden Rangklassen werden dadurch nicht beeinträchtigt, weil die betreffende Forderung ohne die getroffene Vereinbarung als Insolvenzforderung am Verfahren teilgenommen hätte und daher ohnehin vorrangig gewesen wäre. 113

Ein **Rangrücktritt** ist auch für Forderungen auf Rückgewähr von Gesellschafterdarlehen oder Forderungen aus Rechtshandlungen, die einem solchen wirtschaftlich entsprechen möglich (§ 39 Abs. 1 Nr. 5 InsO).[158] Diese Forderungen sind nach § 19 Abs. 2 S. 3 InsO[159] bei der Feststellung der Überschuldung nicht zu berücksichtigen, wenn im Einklang mit der Entscheidung des BGH vom 8.1.2001[160] ein Rangrücktritt vereinbart wurde.[161] Die Gläubiger sind deshalb nicht gezwungen, vollständig auf ihre Forderungen zu verzichten[162] oder einen **Rangrücktritt mit Besserungsklausel** vorzunehmen.[163] 114

Die erste Stufe des gesetzlichen Nachrangs bilden nach § 39 Abs. 1 Nr. 1 InsO alle vertraglichen und gesetzlichen **Zinsen**, die außerhalb des Insolvenzverfahrens durch die daran teilnehmenden Hauptforderungen entstehen sowie im Einklang mit der bisherigen Rechtsprechung Säumniszuschläge aus öffentlich-rechtlichen Verfahren (zB Abgabenverfahren).[164] § 39 Abs. 1 Nr. 2 InsO stellt die den Gläubigern durch ihre Teilnahme am Verfahren entstehenden **Kosten** in den Kreis der nachrangigen Insolvenzforderungen ein; hierzu gehören auch Kosten für die Anmeldung (zB Porti) oder die Teilnahme an der Gläubigerversammlung (etwa Fahrtkosten) sowie allgemein die Kosten des den Gläubiger im Insolvenzverfahren vertretenden Rechtsanwalts. Kosten, die vor Verfahrenseröffnung entstanden sind, gehören dazu nicht, insbesondere nicht die Kosten für die Stellung des Insolvenzantrags. Nach § 39 Abs. 1 Nr. 3 InsO können auch **Geldstrafen und Geldbußen** mit Nebenfolgen, **Ordnungs- und Zwangsgelder** lediglich im Nachrang geltend gemacht werden. Dies gilt, auch wenn § 327 InsO keine entsprechende Regelung vorsieht, wegen des Vollstreckungsverbots des § 101 OWiG für Geldbußen im Nachlassinsolvenzverfahren nicht.[165] 115

---

[158] Dazu *Hirte* ZInsO 2008, 689 (692).
[159] Zu dessen Einführung vgl. *Holzer* ZIP 2008, 2097 (2111).
[160] BGH Urt. v. 8.1.2001 – II ZR 88/99, NZG 2001, 361 (363); hierzu *Altmeppen* ZHR 164 (2000), 349 (373); *K. Schmidt* ZIP 1999, 1241 (1264f.); *Wittig* NZI 2001, 169 (172f.).
[161] *Hirte* ZInsO 2008, 689 (696).
[162] Hierzu *Wittig* NZI 1998, 49 (52).
[163] Zu dem vor der oben zitierten Entscheidung des BGH vorgeschlagenen Rangrücktritt mit Besserungsklausel vgl. *Janssen* NWB 1998, 1405 (1406); *Fleischer* ZIP 1998, 773 (779).
[164] KPB/*Preuß* § 39 Rn. 17.
[165] *Holzer* NZI 1999, 44 (45).

116 Forderungen auf **unentgeltliche Leistungen** des Schuldners (zB eine Schenkung unter Lebenden nach § 516 Abs. 1 BGB oder eine solche auf den Todesfall nach § 2301 Abs. 2 BGB) werden nach § 39 Abs. 1 Nr. 4 InsO in einer weiteren Stufe des Nachrangs bedient. Dies erscheint gerechtfertigt, weil dem Gläubiger einer derartigen Forderung der vollständige Ausfall (mit einer Befriedigung ist nur in den wenigsten Fällen zu rechnen) einer Forderung leichter zugemutet werden kann, wenn er dafür keine Gegenleistung erbracht hat. Erfasst sind dabei auch **unbenannte Zuwendungen** unter Ehegatten.[166] Die Leistung des Schuldners ist jedoch dann nicht unentgeltlich, wenn ihr, wie bei Unterhaltsforderungen, eine gesetzliche oder vertragliche Verpflichtung zugrunde liegt.

117 Die letzte Stufe des Nachrangs nehmen nach § 39 Abs. 1 Nr. 5 InsO Forderungen auf **Rückgewähr von Gesellschafterdarlehen** oder Forderungen aus diesen wirtschaftlich entsprechenden Rechtshandlungen ein. Die Vorschrift führt dazu, dass diese durch den mit der gesetzlichen Rangfolge in der Regel verbundenen wirtschaftlichen Totalausfall den Stammeinlagen gleichgestellt werden, die überhaupt nicht am Insolvenzverfahren teilnehmen. Die Bestimmung gilt auch für Forderungen von Gesellschaftern im Zusammenhang mit einer **Nutzungsüberlassung** nach § 135 Abs. 3 InsO.[167]

118 Noch eine Rangklasse tiefer sind die nach § 39 Abs. 2 InsO zu behandelnden Forderungen mit **vereinbartem Nachrang** anzusiedeln.[168] Weiteren Nachrang erhalten im Nachlassinsolvenzverfahren die Verbindlichkeiten gegenüber Pflichtteilsberechtigten (§ 327 Abs. 1 Nr. 1 InsO) sowie die Verbindlichkeiten aus den durch den Erblasser angeordneten Vermächtnissen und Auflagen (§ 327 Abs. 1 Nr. 2 InsO). Unberührt durch die Regelungen der §§ 38, 39 InsO bleiben allerdings die besonderen Vorrechte (zB § 77 VAG), die stets vorweg zu befriedigen sind.[169]

119 Die Befriedigung der Insolvenzgläubiger stellt sich sonach in folgenden Stufen dar:

---

[166] KPB/*Preuß* § 39 Rn. 22.
[167] *Holzer* ZVI 2008, 369 (372 ff.).
[168] Dazu → Rn. 113.
[169] KPB/*Preuß* § 39 Rn. 2.

Übersicht 12

	Befriedigung der Insolvenzgläubiger	
1. Stufe	Besondere Vorrechte (zB § 77 VAG)	Gesetzlicher Vorrang
2. Stufe	Insolvenzgläubiger (§ 38 InsO)	Gesetzlicher Normalfall
3. Stufe	Zinsen und Säumniszuschläge (§ 39 Abs. 1 Nr. 1 InsO)	Gesetzlicher Nachrang
4. Stufe	Kosten (§ 39 Abs. 1 Nr. 2 InsO)	
5. Stufe	Geldstrafen, Geldbußen, Ordnungs- und Zwangsgelder, Nebenfolgen einer Straftat oder Ordnungswidrigkeit (§ 39 Abs. 1 Nr. 3 InsO)	
6. Stufe	Unentgeltliche Leistungen des Schuldners (§ 39 Abs. 1 Nr. 4 InsO)	
7. Stufe	Rückgewähr von Gesellschafterdarlehen und gleichgestellten Forderungen (§ 39 Abs. 1 Nr. 5 InsO)	
8. Stufe	Vereinbarter Nachrang (§ 39 Abs. 2 InsO)	Vereinbarter Nachrang
	Nur bei Nachlassinsolvenz:	
9. Stufe	Verbindlichkeiten gegenüber Pflichtteilsberechtigten (§ 327 Abs. 1 Nr. 1 InsO)	Gesetzlicher Nachrang
10. Stufe	Verbindlichkeiten aus den durch den Erblasser angeordneten Vermächtnissen und Auflagen (§ 327 Abs. 1 Nr. 2 InsO)	

4. Chancen der Befriedigung im Verfahren

Nachrangige Insolvenzgläubiger sind wie die in § 38 InsO aufgeführten Gläubiger grundsätzlich (dh, falls ihre Forderungen nicht wie bei § 39 Abs. 1 Nr. 1 InsO nach Verfahrenseröffnung entstanden sind) berechtigt, nach § 14 InsO einen Insolvenzantrag zu stellen und können so zur Eröffnung des Verfahrens beitragen. Da in den allermeisten Verfahren nicht einmal für die nicht nachrangigen Gläubiger eine vollständige Befriedigung durch eine Quote von 100 % zu erzielen sein wird, ist, falls nicht außergewöhnliche Umstände vorliegen, die **Chance der Befriedigung** im Verfahren gleich Null.

Holzer

121 Unter diesem Gesichtspunkt ist den nachrangigen Gläubigern, falls sie die finanzielle Situation des Schuldners und damit die Aussicht auf eine Quote für die nicht nachrangigen Gläubiger nicht überblicken können (dies wird mangels genauer Anhaltspunkte über die Vermögenslage meist der Fall sein), in der Regel von einer **Stellung des Insolvenzantrags** abzuraten, da sich die Chancen auf eine Befriedigung im Verfahren in aller Regel noch weiter verschlechtern werden. Zudem besteht das Risiko, dass der Schuldner Restschuldbefreiung erhält und damit auch in rechtlicher Hinsicht ein **Totalausfall der Forderung** eintritt. Statt der Stellung eines Insolvenzantrages sollte die Geltendmachung der Forderung im Einzelzwangsvollstreckungsverfahren versucht werden, wobei allerdings im Einzelfall wegen der Rückschlagsperre des § 88 InsO und einer möglichen Anfechtbarkeit wegen kongruenter Deckung durch Vollstreckung in der Krise[170] ebenfalls ein Ausfall erfolgen kann.

122 Wurde das Insolvenzverfahren bereits eröffnet, stellt sich das **Planverfahren** der §§ 217 ff. InsO als einzige, zumindest ansatzweise realistische Möglichkeit dar, auch nachrangige Forderungen noch einer teilweisen Befriedigung zuzuführen. Im Übrigen sollte man die **Kosten einer Anmeldung** sparen und darauf warten, bis das Gericht nach § 174 Abs. 3 S. 1 InsO zur Anmeldung auffordert; dabei ist die Rangklasse nach der Rangfolge des Gesetzes zu bezeichnen.

IV. Gläubiger und Insolvenzverfahren

1. Insolvenzkalkül

123 Das Insolvenzverfahren hält für jeden Gläubiger gewisse Chancen bereit, seine Forderung gegenüber dem Schuldner zu realisieren. Das Verfahren weist aber auch eine Reihe von Risiken auf, die von einem **erheblichen Kostenrisiko** bis zum wirtschaftlichen und rechtlichen Totalverlust der Forderung reichen können. In jedem Fall empfiehlt sich daher eine genaue Prüfung der Frage, ob ein Insolvenzantrag rechtlich begründet ist (dh, zur Verfahrenseröffnung führen kann) und wirtschaftlich Sinn macht. Ist ein Insolvenzverfahren bereits eröffnet, wurde dem Gläubiger diese Entscheidung freilich abgenommen: Ihm bleibt in diesem Fall keine andere Wahl, als die Forderung im Verfahren **anzumelden**[171] und zu hoffen, dass der Schuldner keine Restschuldbefreiung erhält, so dass gegebenenfalls eine Nachforderung mit dem vollstreckbaren Tabellenauszug durchgeführt werden kann.

124 Vor der Entscheidung über die Stellung eines Insolvenzantrages sollte in jedem Falle die wirtschaftliche Situation des Schuldners abgeklärt und eventuell noch verwertbares Vermögen aufgespürt werden. Dabei ist **rasches Handeln** angezeigt: Manche Schuldner versuchen trotz der Strafbewehrung der §§ 283 ff. StGB in der Krisensituation, von den vorhandenen Vermögenswerten möglichst viel für bessere Zeiten beiseite zu schaffen oder können dem besonders hartnä-

---

[170] Zu den Ursachen und Stadien der Unternehmenskrise vgl. *Gleißner/Schaller* KSI 2009, 153 (154); *Holzer* NZI 2005, 308 (310 ff.); *Klein/Höfner* KSI 2011, 5 (6); *Sonius/Bergstermann/Liewald/Kehrel* KSI 2015, 197 (198 ff.); *Waschbusch/Staub/Kleist* KSI 2012, 197 ff.

[171] Dazu → § 1 Rn. 78.

ckigen Drängen einzelner Gläubiger nicht mehr widerstehen. Es besteht deshalb die Gefahr, dass sich die ohnehin äußerst angespannte Vermögenslage des Schuldners überproportional verschlechtert, je weiter sich die **Krisensituation** zuspitzt. Für das Insolvenzkalkül in der Nachlassinsolvenz gelten einige Besonderheiten, die hier aus Platzgründen nicht näher dargestellt werden können. Es sei nur so viel gesagt, dass in solchen Fällen auch die erbrechtliche Situation zu berücksichtigen ist.[172]

2. Die Teilnahme der Insolvenzgläubiger am Verfahren

a) **Der Gläubigerantrag.** Das deutsche Recht sieht im Gegensatz zu anderen Rechtsordnungen nicht vor, dass das Insolvenzverfahren bei Vorliegen eines Eröffnungsgrundes durch das Gericht von Amts wegen eingeleitet und durchgeführt wird. Nach § 13 Abs. 1 S. 1 InsO bedarf es deshalb stets eines verfahrenseinleitenden **Antrags**. Antragsberechtigt sind sowohl der **Schuldner** selbst sowie alle **Gläubiger** einschließlich der als Massegläubiger nach § 123 InsO Sozialplanberechtigten[173] (§ 13 Abs. 1 S. 2, § 14 Abs. 1 InsO). Wegen der weiten Fassung des § 14 Abs. 1 InsO sind zur Stellung des Insolvenzantrags nicht nur die Insolvenzgläubiger iSd § 38 InsO, sondern, weil ihnen durch den gesetzlich angeordneten oder vertraglich vereinbarten Nachrang die Eigenschaft als Insolvenzgläubiger nicht genommen wird, auch die nachrangigen Gläubiger nach § 39 InsO[174] berechtigt. 125

Grundsätzlich erfasst § 14 Abs. 1 InsO auch **Gläubiger von Aus- und Absonderungsrechten.** Weil diese ihre Forderung jedoch außerhalb des Verfahrens befriedigen können, besteht für sie ein einfacherer und schnellerer Weg, das gewünschte Ziel zu erreichen; die Beantragung eines Insolvenzverfahrens ist dafür nicht erforderlich, so dass ihnen in der Regel das Rechtsschutzbedürfnis fehlt.[175] 126

Die Einleitung eines Insolvenzverfahrens ist ferner dann nicht sinnvoll, wenn dessen Masselosigkeit von vornherein feststeht; bei einer Abweisung des Verfahrens mangels Masse nach § 26 Abs. 1 S. 1 InsO geht der Gläubiger nicht nur leer aus, sondern muss auch die Kosten des Verfahrens tragen. Das gilt jedenfalls dann, wenn sich das Insolvenzgericht einer verbreiteten Auffassung anschließt, nach der die **Kosten der Abweisung mangels Masse** dem Antragsteller aufzuerlegen sind.[176] Sollte hingegen der Schuldner nach § 91 ZPO für die Kosten des Verfahren einstehen müssen,[177] muss der Gläubiger trotzdem damit rechnen, dass ihn die Staatskasse im Falle der zu erwartenden Nichteinbringlichkeit der Kosten als Zweitschuldner in Anspruch nehmen wird.[178] 127

Zur Stellung des Insolvenzantrags vgl. Übersicht 13. 128

b) **Zulässigkeit des Gläubigerantrags.** Ein Insolvenzantrag kann nur gestellt werden, wenn der Gläubiger ein **Rechtsschutzbedürfnis** vorweisen kann. In 129

---

[172] *Holzer* FP 2016, 79 ff.
[173] Zum Eigenantrag → Rn. 66 ff.
[174] Dazu → Rn. 110 ff.
[175] FK-InsO/*Schmerbach* § 14 Rn. 55.
[176] Dazu KPB/*Pape* § 26 Rn. 28.
[177] So etwa KPB/*Pape* § 26 Rn. 29.
[178] LG Gera Beschl. v. 30.5.2002 – 5 T 185/02, ZIP 2002, 1735 (1736); *Holzer* NZI 2007, 432 (435).

aller Regel wird dieses vorhanden sein. Es fehlt jedoch allgemein dann, wenn ein Gläubiger **verfahrensfremde Zwecke** verfolgt[179] und etwa versucht, den Schuldner mit dem gestellten Antrag und der Inaussichtstellung seiner Rücknahme zu einer Zahlung außerhalb des Verfahrens zu bewegen (diese Rechtshandlung kann anfechtbar sein und zugleich eine Straftat nach §§ 283 ff. StGB darstellen!). Häufig werden dem Insolvenzgericht nicht die Originaltitel vorgelegt, sondern lediglich Kopien, während mit den Titeln noch versucht wird, die Einzelzwangsvollstreckung durchzuführen.

Übersicht 13

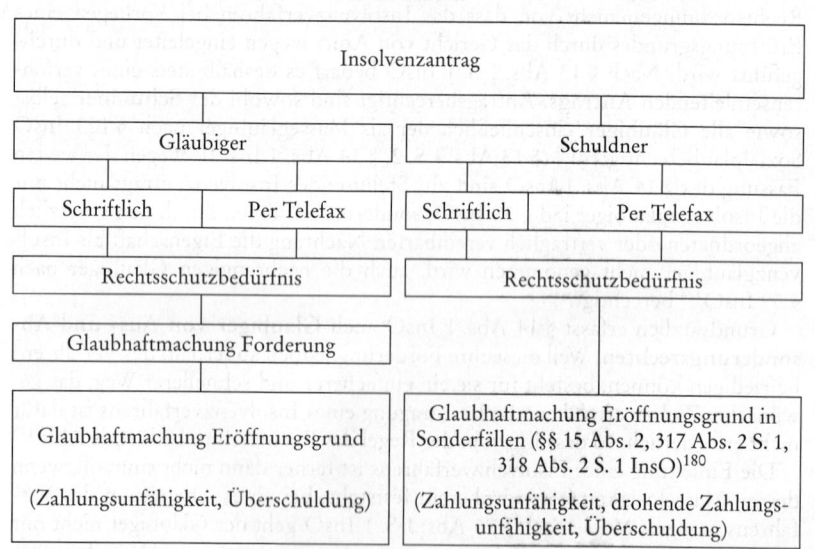

Insolvenzantrag	
Gläubiger	**Schuldner**
Schriftlich / Per Telefax	Schriftlich / Per Telefax
Rechtsschutzbedürfnis	Rechtsschutzbedürfnis
Glaubhaftmachung Forderung	
Glaubhaftmachung Eröffnungsgrund (Zahlungsunfähigkeit, Überschuldung)	Glaubhaftmachung Eröffnungsgrund in Sonderfällen (§§ 15 Abs. 2, 317 Abs. 2 S. 1, 318 Abs. 2 S. 1 InsO)[180] (Zahlungsunfähigkeit, drohende Zahlungsunfähigkeit, Überschuldung)

129a Auch in diesem Falle besteht, obwohl die **Vorlage des Titels** zur Glaubhaftmachung der Forderung nur im Ausnahmefall erforderlich ist,[181] für die Durchführung des Insolvenzverfahrens kein Rechtsschutzbedürfnis, weil der Gläubiger offensichtlich in der Lage ist, leichter und schneller zu seinem Geld zu kommen.

130 Das Insolvenzverfahren ist im Übrigen **kein Erkenntnisverfahren** wie der Zivilprozess, sondern ein besonderes Vollstreckungsverfahren mit starkem wirtschaftsrechtlichen Einschlag, in dem es um eine Gesamtbereinigung der Verbindlichkeiten des Schuldners geht. Das Insolvenzgericht wird deshalb über den Antrag des Gläubigers weder mündlich verhandeln noch Beweise erheben, so dass das Verfahren nicht zur Klärung rechtlich zweifelhafter und von vornherein **bestrittener Forderungen** geeignet ist.[182] Gleichwohl wird von Gläubigern

---

[179] FK-InsO/*Schmerbach* § 14 Rn. 45.
[180] Dazu → Rn. 89.
[181] Vgl. → Rn. 132 ff., 142.
[182] LG Meiningen Beschl. v. 13.4.2000 – 4 T 13/00, ZIP 2000, 1451 (1452).

immer wieder versucht, derartige im Zivilprozess zu klärende Forderungen in das Vollstreckungsverfahren in der Hoffnung hineinzuverlagern, damit „zwei Fliegen mit einer Klappe" zu schlagen. Dies ist jedoch **rechtsmissbräuchlich,** so dass solche Anträge mit entsprechender Kostenpflicht des Gläubigers als unzulässig verworfen werden müssen. Gleichfalls unzulässig sind Insolvenzanträge, die nur dazu dienen, dem Schuldner auf irgendeine Weise zu schaden (zB ihn wettbewerbsunfähig zu machen).

Einer Forderung von einer bestimmten **Mindesthöhe** bedarf es für die Einleitung des Verfahrens allerdings nicht. Gerade die Nichtbegleichung einer verhältnismäßig geringfügigen Forderung kann ja ein Indiz für die Zahlungsunfähigkeit des Schuldners darstellen. Da der antragstellende Gläubiger nach Sinn und Zweck des Insolvenzverfahrens zugleich für die Gesamtheit der übrigen Gläubiger handelt, kann ihm auch bei Forderungen unter 500,– EUR die Einleitung des Verfahrens nicht versagt werden. Weil hierbei jedoch eine gesetzliche Mindestgebühr von 150,– EUR anfällt, empfiehlt es sich, bei **geringfügigen Forderungen** nicht selbst Insolvenzantrag zu stellen, sondern zuzuwarten, bis das Verfahren von anderen Gläubigern oder dem Schuldner zur Eröffnung gebracht wird und die Forderung in diesem Verfahren anzumelden.

131

c) **Glaubhaftmachung der Forderung.** Die Stellung eines Insolvenzantrags setzt im Übrigen voraus, dass die **Forderung** und ein **Insolvenzgrund** glaubhaft gemacht werden (§ 14 Abs. 1 InsO). Der Gläubiger muss das Gericht gemäß § 294 Abs. 1 ZPO von dem Bestehen seiner Forderung gegen den Schuldner überzeugen. Dies gelingt insbesondere dann, wenn für die Existenz der Forderung ein Vollbeweis geführt und ein Titel iSd § 794 ZPO vorgelegt wird. Ausreichend sind deshalb nicht nur gerichtliche **Endurteile** der ordentlichen Gerichte und Fachgerichte, sondern auch notarielle Urkunden mit Zwangsvollstreckungsunterwerfung (insbesondere Kreditinstitute werden häufig in deren Besitz sein) und gerichtliche Vergleiche. Einer Begründung der gerichtlichen Entscheidung und ihrer endgültigen Vollstreckbarkeit bedarf es nicht, so dass auch vorläufig vollstreckbare **Versäumnisurteile**[183] (§ 331 ZPO) und **Vollstreckungsbescheide** ausreichend sind. Der Hinweis auf den Rechtsgrund einer vorsätzlich begangenen unerlaubten Handlung ist für den Gläubiger in diesem Verfahrensschritt ohne Bedeutung. Dies gilt wegen der Rechtsfolge des § 302 Nr. 1 InsO jedoch nicht für die Anmeldung der Forderung zur Insolvenztabelle.[184]

132

Der **Vollbeweis** der Forderung durch einen der oben genannten Titel ist nur dann erforderlich, wenn keine weiteren Insolvenzanträge vorhanden sind und das Verfahren alleine auf Grund des Vorliegens einer einzigen Forderung eröffnet werden müsste. Der Schutz des Schuldners macht es in diesem Fall notwendig, vor der Verfahrenseröffnung einen Vollbeweis der Forderung zu verlangen; es handelt sich dabei jedoch nicht um eine Frage der Zulässigkeit des Insolvenzantrags, sondern dessen Begründetheit.[185] Der Gläubiger sollte sich deshalb vor Antragstellung erkundigen, ob noch weitere Anträge vorhanden sind und, falls dies nicht der Fall ist, sogleich einen Titel vorlegen.

133

---

[183] *Holzer* EWiR 1996, 601 f.
[184] Dazu ausführlich *Wimmer* FS Rieß, 2002, S. 1037 (1045).
[185] FK-InsO/*Schmerbach* § 14 Rn. 131.

134 Von der genannten Ausnahme abgesehen kann sich der Gläubiger zum Nachweis seiner Forderung jedes präsenten **Beweismittels** bedienen und dem Antrag etwa Verträge, Rechnungen, Lieferscheine, geplatzte Wechsel und Schecks oder auch Schuldanerkenntnisse des Schuldners vorlegen.

135 **Arbeitnehmer** haben es bei der Glaubhaftmachung ihrer Forderungen oft besonders schwer, weil ihre Lohnansprüche in aller Regel noch nicht tituliert sind und nur durch den Arbeitsvertrag bzw. Lohnabrechnungen nachgewiesen werden können. Werden dem Gericht allerdings mehrere Forderungen vorgelegt, so kann sich nicht nur bei der Prüfung der Zulässigkeit des Antrags, sondern auch der Verfahrenseröffnung selbst die Überzeugung ergeben, dass die Forderungen, auch wenn sie nicht tituliert sind, tatsächlich bestehen. Dies gilt insbesondere dann, wenn alle Arbeitnehmer eines Betriebes Insolvenzantrag stellen. Dabei ist es nicht erforderlich, dass jeder Arbeitnehmer einen eigenen Antrag stellt – das Gericht müsste jeden Antrag als eigenständigen Insolvenzantrag behandeln. Eine Verbindung der Verfahren, ist zwar zulässig, weil ein einheitlicher Rechtsgrund besteht, der dem Insolvenzgericht eine gemeinsame Prüfung der Anträge und die **Führung eines gemeinsamen Verfahrens** gestattet.[186] Die Verfahrensführung wird von den Insolvenzgerichten jedoch unterschiedlich gehandhabt, so dass es nicht ausgeschlossen ist, dass eine Verbindung der Anträge nicht erfolgt und jeder Arbeitnehmer mit den Mindestkosten von 150,– EUR belastet wird, wenn das Verfahren mangels Masse abgewiesen wird.

136 In der Praxis hat sich bewährt, dass sich ein **Arbeitnehmer Insolvenzantrag stellt** und intern vereinbart wird, dass die Kosten des Verfahrens von allen Arbeitnehmern anteilig getragen werden. Dem Insolvenzantrag sollten dann jedoch Nachweise für das Bestehen der Forderungen aller Arbeitnehmer beigefügt werden.

137 **d) Glaubhaftmachung des Insolvenzgrundes.** Die Eröffnung des Insolvenzverfahrens, dh die Begründetheit des Insolvenzantrags, setzt nach § 16 InsO voraus, dass ein **Insolvenzgrund** vorliegt. Um das Verfahren gegen den Schuldner einleiten zu können, muss der Insolvenzgrund – wie die Forderung – zunächst glaubhaft gemacht werden (§ 14 Abs. 1 InsO). Ob der Eröffnungsgrund tatsächlich vorhanden ist, wird sich durch die Ermittlungen des Gerichts und des von ihm bestellten Gutachters im Laufe des Verfahrens herausstellen.

138 In der Praxis erfüllen viele Schuldner die fälligen Forderungen auch nach Stellung des Insolvenzantrags. Der Gläubiger wäre dann gezwungen, den Antrag zurückzunehmen oder in der Hauptsache für erledigt zu erklären. Das würde auch dann gelten, wenn dem Gläubiger bekannt ist, dass der Insolvenzgrund weiter besteht. Insbesondere für den Fiskus und die Sozialversicherungsträger entstehen aufgrund öffentlich-rechtlicher Bestimmungen alsbald neue Forderungen, so dass die Stellung neuer Insolvenzanträge durch diese Gläubiger und deren abermalige Begleichung im Insolvenzverfahren absehbar ist. Die **Rücknahme bzw. Erledigterklärung der Insolvenzanträge** und ihre erneute Stellung könnte sich auf diese Weise mehrmals wiederholen. Um dies zu verhindern, wird der Insolvenzantrag nach der bereits durch den „Regierungsentwurf eines Gesetzes zur Entschuldung mittelloser Personen, zur Stärkung der

---

[186] *Holzer* NZI 2007, 432 (435).

Gläubigerrechte sowie zur Regelung der Insolvenzfestigkeit von Lizenzen"[187] vorgesehenen und heute in § 14 Abs. 1 Satz 2 InsO enthaltenen Regelung nicht alleine dadurch unzulässig, dass die Forderung nach Antragstellung erfüllt wird. Insbesondere die **öffentlich-rechtlichen Gläubiger** haben ein erhebliches Interesse daran, Klarheit über die Zahlungsfähigkeit des Schuldners zu erhalten. Nach der vorgenannten Regelung können diese Insolvenzgläubiger durch die Glaubhaftmachung des Insolvenzgrunds die weitere Aufrechterhaltung des Insolvenzantrags erreichen und damit verhindern, dass alsbald neue Forderungen auflaufen. Auf diese Weise ist es möglich, dass der Schuldner rasch in ein geordnetes Verfahren unter Kontrolle des (vorläufigen) Insolvenzverwalters überführt wird und sich die Befriedigungsaussichten aller Gläubiger deutlich verbessern. Eine sehr ähnliche Regelung hatte auch der „Entwurf eines Gesetzes zum Pfändungsschutz der Altersvorsorge und zur Anpassung des Rechts der Insolvenzanfechtung"[188] vorgesehen.

Das Insolvenzverfahren kann auf Grund von **Zahlungsunfähigkeit** (§ 17 InsO), **drohender Zahlungsunfähigkeit** (§ 18 InsO) und **Überschuldung** (§ 19 InsO) eröffnet werden. Die drohende Zahlungsunfähigkeit ist dabei nur den Eröffnungsanträgen des Schuldners selbst vorbehalten; den Gläubigern wird die wirtschaftliche Lage des Schuldners ohnehin in aller Regel nicht so genau bekannt sein, dass dieser Umstand überhaupt glaubhaft gemacht werden könnte.[189]

139

Für **Gläubigeranträge** kommt in erster Linie die **Zahlungsunfähigkeit** in Betracht. Nach der Legaldefinition des § 17 Abs. 2 S. 1 InsO ist zahlungsunfähig, wer nicht in der Lage ist, seine fälligen Zahlungspflichten zu erfüllen. Wesentlich ist nur, ob die Forderung selbst fällig ist oder nicht, so dass es bereits ausreicht, wenn ein kleiner Teil der Forderungen nicht mehr bedient werden kann.[190] Auch vorübergehende **Zahlungsstockungen** genügen zur Annahme der Zahlungsunfähigkeit noch nicht.

140

Es wäre nicht gerechtfertigt, ein Verfahren gegen den Schuldner einzuleiten, wenn dieser auf Grund einer Zahlungsstockung kurzfristig und absehbar wieder zu Geld kommen kann (zB weil sich eine erwartete Zahlung verzögert hat). Erforderlich ist deshalb eine gewisse Zeitspanne, innerhalb derer der Schuldner seine Verbindlichkeiten nicht mehr begleichen kann (sogenannte **Zeitraum-Illiquidität**). Diese beträgt aber nicht mehrere Wochen bis Monate, sondern kann sich gegebenenfalls nur auf wenige Tage erstrecken. Die an einem einzigen Tag vorhandene Zahlungsunfähigkeit (**Zeitpunkt-Illiquidität**) ist jedoch in keinem Falle ausreichend. Nach dem Regelbeispiel des § 17 Abs. 2 S. 2 InsO ist eine Zahlungsunfähigkeit ferner dann anzunehmen, wenn der Schuldner seine Zahlungen eingestellt hat.

141

Der Nachweis der Zahlungsunfähigkeit ist für die Gläubiger in aller Regel kein Problem. Abgesehen von den Fällen, in denen der Schuldner diese selbst eingesteht (zB aus dem Schriftverkehr ersichtlich), genügt dafür regelmäßig eine

142

---

[187] BT-Drs. 16/7416 = ZVI 2007, Beilage 2 zu Heft 8.
[188] BT-Drs. 16/886.
[189] Zum Zusammenhang von Unternehmenskrise und drohender Zahlungsunfähigkeit vgl. *Holzer* NZI 2005, 308 (315).
[190] Dazu FK-InsO/*Schmerbach* § 14 Rn. 5.

Pfandlosigkeitsbescheinigung des Gerichtsvollziehers (sog **Pfandabstandsprotokoll**) oder seine Bescheinigung, dass der Schuldner amtsbekannt pfandlos ist. Ebenso ausreichend ist der Nachweis einer vor dem Gerichtsvollzieher abgegebenen eidesstattlichen Versicherung oder der Beleg, dass eine Forderungspfändung nicht möglich war (zB durch **negative Drittschuldnererklärung**). Die vorgelegten Unterlagen sollten die Zahlungsunfähigkeit aktuell belegen und deshalb generell nicht älter als sechs Monate sein.

143 Bei juristischen Personen führt häufig nicht nur die Zahlungsunfähigkeit, sondern auch die **Überschuldung** zur Eröffnung des Verfahrens (§ 19 Abs. 1 InsO). Sie ist dann gegeben, wenn das Vermögen des Schuldners die vorhandenen Verbindlichkeiten nicht mehr deckt (§ 19 Abs. 2 S. 1 InsO).[191] Die Gläubiger werden allerdings, falls es sich nicht um Arbeitnehmer handelt, die die Interna des Betriebes kennen, kaum je in der Lage sein, die Überschuldung nachzuweisen, so dass dieser Insolvenzgrund für Gläubigeranträge faktisch ausscheidet.

144 **e) Form des Antrags.** Der Insolvenzantrag kann von jedem Gläubiger schriftlich, per Fax oder Telegramm an das Insolvenzgericht gestellt werden. Im Übrigen muss die **Forderung** und der **Insolvenzgrund glaubhaft** gemacht oder – falls erforderlich – nachgewiesen werden.[192] Die Verwendung von **Vordrucken** (vgl. § 13 Abs. 5 InsO) ist derzeit nicht vorgeschrieben. Der Gläubiger sollte aber dem Gericht, falls bekannt, im eigenen Interesse nähere Umstände über die **Vermögenslage des Schuldners** und die Größe des Geschäftsbetriebes mitteilen, damit gegebenenfalls sofort durch Einsetzung eines Gutachters oder vorläufigen Insolvenzverwalters die Lage vor Ort abgeklärt werden kann. Wird der Handlungsbedarf für das Gericht nicht aus dem Antrag ersichtlich, kann wertvolle Zeit verloren gehen, bis Maßnahmen zur Sicherung der Vermögensgegenstände eingeleitet werden.

145 Der Insolvenzantrag sollte nach dem in Zusammenhang mit der richterlichen Tätigkeit im Eröffnungsverfahren vorgeschlagenen Muster gestellt werden.[193]

146 Bei der Stellung des Antrags kann sich der Gläubiger durch jede prozessfähige Person **vertreten** lassen. In erster Linie sind hierzu **Rechtsanwälte** berufen.

147 Der Gläubiger kann seinen Insolvenzantrag seit der Änderung des § 13 Abs. 1 S. 1 InsO durch das Gesetz zur Vereinfachung des Insolvenzverfahrens vom 13.4.2007[194] **nicht mehr zu Protokoll der Geschäftsstelle stellen**.[195]

148 **f) Gerichtliche Zuständigkeit.** In der **Krisensituation** muss häufig damit gerechnet werden, dass sich die vorhandene Masse in kurzer Zeit (oft sogar stündlich!) drastisch verringert: Sowohl der Schuldner selbst als auch eine Vielzahl von Gläubigern versuchen in dieser Situation, Vermögensgegenstände für sich beiseite zu schaffen. Es kommt deshalb nicht nur darauf an, dass der Insolvenzantrag ordnungsgemäß gestellt wird und alle für die Information des Gerichts notwendigen Angaben enthält, sondern auch bei dem dafür zuständigen Gericht eingeht.

---

[191] Zur Änderung des Überschuldungsbegriffs vgl. *Holzer* ZIP 2008, 2097 ff.
[192] Vgl. dazu → Rn. 132 ff., 137 ff. (Glaubhaftmachung), 133 (Nachweis).
[193] Dazu → § 4 Rn. 89.
[194] BGBl. 2007 I 509.
[195] KPB/*Pape* § 13 Rn. 19.

Nach § 2 Abs. 1 InsO ist das **Amtsgericht** am Sitz des Landgerichts für Insolvenzsachen ausschließlich **sachlich zuständig**. Gerichtsstandsvereinbarungen der Beteiligten wie im Zivilprozess sind deshalb auch unter Kaufleuten nicht zulässig.[196] § 2 Abs. 2 S. 1 InsO enthält in Abweichung von der genannten Regel die Möglichkeit, zur sachdienlichen Förderung oder schnelleren Erledigung der Insolvenzverfahren in einem Landgerichtsbezirk mehrere Amtsgerichte für zuständig zu erklären oder die Konzentrationszuständigkeit einem Amtsgericht zuzuweisen, das seinen Sitz nicht an dem des Landgerichts hat. Die einzelnen Bundesländer haben von dieser Möglichkeit unterschiedlichen Gebrauch gemacht, so dass sich neben stark zentralisierten Gerichtszuständigkeiten (zB in Sachsen) auch weniger strikte Umsetzungen der bundesgesetzlichen Vorgabe finden (zB in Rheinland-Pfalz). **Berlin** hat als einziges Bundesland zwischen den verschiedenen Verfahrensarten getrennt und die Behandlung der Unternehmensinsolvenz am Amtsgericht Berlin-Charlottenburg konzentriert, für die Verbraucherinsolvenz- und sonstigen Kleinverfahren aber die Zuständigkeiten der übrigen Amtsgerichte begründet; das wird allerdings wegen einer Kollision mit der Gesetzgebungskompetenz des Bundes für verfassungswidrig angesehen.[197] 149

Örtlich zuständig ist gemäß § 3 Abs. 1 S. 1 InsO jeweils das Insolvenzgericht, in dessen Bezirk der Schuldner seinen **allgemeinen Gerichtsstand** (§§ 12 ff. ZPO) hat. Für Nachlassinsolvenzen besteht die Sonderregelung des § 315 InsO. 150

Weicht allerdings der Mittelpunkt einer selbstständigen wirtschaftlichen Tätigkeit des Schuldners von seinem Wohnort ab, so ist ausschließlich das Insolvenzgericht **örtlich zuständig,** in dessen Bezirk sich der Betrieb des Schuldners befindet (§ 3 Abs. 1 S. 2 InsO). Sollten gleichwohl mehrere örtliche Zuständigkeiten nebeneinander bestehen, so geht die Zuständigkeit des Gerichts, bei dem zuerst ein Insolvenzantrag gestellt wurde, nach § 3 Abs. 2 InsO den übrigen Zuständigkeiten vor.[198] 151

Zu beachten ist, dass die Insolvenzabteilungen manchmal nicht in den Hauptgebäuden der Gerichte untergebracht sind und durch die Postlaufzeiten von der zentralen Eingangsstelle in die Geschäftsstelle des Insolvenzgerichts gelegentlich einige Tage vergehen können. Bei besonders **eiligen Fällen** empfiehlt es sich daher, sich vorher zu informieren und den Antrag in der Geschäftsstelle des Insolvenzgerichts abzugeben oder dorthin bzw. an die nächst gelegene Eingangsstelle zu faxen. 152

Sollte der **Insolvenzantrag** versehentlich an ein **örtlich unzuständiges Amtsgericht** (auch an ein solches, das auf Grund der Zuständigkeitskonzentration nicht mehr für Insolvenzverfahren zuständig ist) gerichtet worden sein, wird das Gericht den Insolvenzantrag nicht sofort wegen Unzuständigkeit zurückweisen, sondern den Gläubiger zunächst auffordern, einen **Verweisungsantrag** an das zuständige Amtsgericht zu stellen. 153

g) Ermittlung der Vermögensverhältnisse und Eröffnung des Insolvenzverfahrens. Wenn ein Insolvenzantrag bei Gericht eingeht, werden zunächst die 154

---

[196] KPB/*Prütting* § 2 Rn. 14.
[197] *Smid* DZWIR 1999, 372 f.
[198] Zu den Zuständigkeiten vgl. *Holzer* ZIP 1998, 2183 ff.; vgl. ferner die Übersichten in NZI 1998, 69 ff.; 1999, 20 ff.

Angaben der Beteiligten durch die Geschäftsstelle erfasst, eine (elektronische) **Akte** angelegt und ein **Aktenzeichen** (**IN** für Insolvenzanträge, **IK** für Verbraucherinsolvenzanträge und **IE** für internationale Insolvenzverfahren)[199] zugeteilt. Die Akte wird dann dem zuständigen Richter vorgelegt.[200] Zu beachten ist dabei, dass alle bei Gericht eingehenden Insolvenzanträge ein eigenes Aktenzeichen erhalten. Obwohl das Insolvenzverfahren über das Vermögen des Schuldners einheitlich eröffnet wird, haben die gestellten Insolvenzanträge bis zu diesem Zeitpunkt grundsätzlich ihr eigenes rechtliches Schicksal und können unabhängig von den Anträgen der übrigen Gläubiger (zB durch Rücknahme oder Erledigung der Hauptsache) beendet werden. Dieser Vorgang ist nicht ungewöhnlich, führt aber dazu, dass jeder antragstellende Gläubiger in kostenrechtlicher Hinsicht einzeln zu behandeln ist. Eine **Verbindung mehrerer Insolvenzverfahren** ist ausnahmsweise dann zulässig, wenn es sich um Gläubigeranträge handelt, die dieselbe Haftungsmasse betreffen und die aus demselben Rechtsgrund gestellt werden.[201]

155 Nach Eingang des Antrags wird der Richter nicht sogleich nach § 5 InsO die **Vermögensverhältnisse** des Schuldners **von Amts wegen ermitteln.** Er wird vielmehr zunächst prüfen, ob die Antragsvoraussetzungen gegeben sind, der Gläubiger also eine Forderung und das Vorliegen des Insolvenzgrundes (in der Regel Zahlungsunfähigkeit) glaubhaft gemacht hat. Sind diese Voraussetzungen erfüllt, so wird der Antrag zugelassen. § 14 Abs. 1 InsO ist insoweit missverständlich, weil er von der „Zulässigkeit" spricht, tatsächlich aber den Übergang des von dem Gläubiger eingeleiteten Verfahrens in das Amtsverfahren nach § 5 InsO im Auge hat. Die **Zulässigkeit** des Antrags bedeutet, wie bereits erläutert,[202] etwas anderes: Hier geht es darum, dass dem Gläubiger für die Durchsetzung seiner Ziele das Insolvenzverfahren als solches eröffnet ist, der gestellte Antrag also dem Zweck des Verfahrens entspricht und nicht aus sachfremden Erwägungen (zB Schädigung des Schuldners) gestellt wurde.

156 Die Zeitspanne bis zur Zulassung des Antrags ist, wenn die Antragsvoraussetzungen gegeben sind, meist kurz. Das Gericht wird in diesem Fall das Verfahren entweder ausdrücklich durch unanfechtbaren Beschluss oder stillschweigend dadurch zulassen, indem es dem Schuldner eine **Vermögensübersicht** mit der Aufforderung zustellt, diese binnen einer kurzen Frist (in der Regel zwei Wochen) ausgefüllt zurückzusenden.

157 Kann der Antrag nicht zugelassen werden (zB weil das Bestehen der Forderung zweifelhaft ist, die erforderlichen Glaubhaftmachungen fehlen oder der Schuldner die vorgelegten Unterlagen durch eine Gegenglaubhaftmachung entkräftet hat), befindet er sich noch in einem dem Amtsverfahren vorgeschalteten Verfahrensabschnitt. In diesem dem Zivilprozess ähnlichen **quasi-streitigen Parteiverfahren** kann der Schuldner, nachdem ihm der Insolvenzantrag übersandt wurde, gegen das Bestehen der Forderung oder das Vorliegen eines Insolvenzgrundes Argumente vortragen, so dass auf diese Weise gegen Anträge mit zweifelhaften oder nicht gegebenen Voraussetzungen ein wirksamer Schutz

---

[199] Zu den Registerzeichen vgl. *Holzer* NZI 2007, 432 (434).
[200] Zur Arbeitsweise des Richters vgl. *Holzer* Rn. 312 ff.
[201] Dazu *Holzer* NZI 2007, 432 (435) und → Rn. 135.
[202] → Rn. 129 ff.

besteht. Das Gericht wird das quasi-streitige Parteiverfahren, falls der Gläubiger darin die fehlenden Voraussetzungen nachweist, durch Beschluss oder Übersendung der Aufforderung zur Abgabe der Vermögensübersicht zulassen und damit in das **Amtsverfahren** überführen. Erfüllt der Gläubiger die Auflagen nicht, ist das Gericht berechtigt, den Antrag zurückzuweisen. Zuvor ergeht eine entsprechende Auflage an den Gläubiger.

Wird der Gläubigerantrag nicht im quasi-streitigen Parteiverfahren **zurückgenommen** (§ 4 InsO, § 269 ZPO) oder einer **Erledigung der Hauptsache** (§ 4 InsO, § 91a ZPO) zugeführt – manche Schuldner bezahlen auch nach Antragstellung noch, weil sie die einschneidenden Folgen des Insolvenzverfahrens abwenden wollen – und durch das Gericht zugelassen, beginnt die amtswegige Ermittlung der Vermögensverhältnisse des Schuldners (§ 5 Abs. 1 InsO). Das Gericht hat gleichzeitig dafür zu sorgen, dass die nach Verfahrenseröffnung der Gesamtheit der Gläubiger zugewiesenen Vermögenswerte gesichert werden (§ 21 Abs. 1 InsO). Das Insolvenzverfahren wird also (bei Regelinsolvenz) bis zur Eröffnung in folgenden Schritten durchgeführt:

Übersicht 14

Insolvenzverfahren (Gläubigerantrag bei Regelinsolvenz)	
1. Schritt	Antragstellung durch Gläubiger
2. Schritt	Quasi-streitiges Parteiverfahren
3. Schritt	Zulassung des Antrags
4. Schritt	Ermittlung und Sicherung des Vermögens
5. Schritt	Eröffnung des Insolvenzverfahrens

In welcher Weise diese **Ermittlungen** geführt werden, hängt entscheidend von dem jeweiligen Einzelfall ab. Bei lebenden Betrieben müssen naturgemäß Maßnahmen ergriffen werden, die die Ermittlung der Vermögensverhältnisse mit einer ordnungsgemäßen Sicherung verbinden, zugleich die Fortführung des Betriebes einstweilig sicherstellen und nach der Eröffnung ermöglichen (zB Anordnung einer **vorläufigen Insolvenzverwaltung**). Bei bereits stillgelegten Unternehmen kann die Ermittlung der Vermögensverhältnisse oft ohne flankierende Maßnahmen auskommen, so dass etwa die Einholung eines Gutachtens ausreicht.[203] Der Richter kann das Vermögen des Schuldners auch selbst ermitteln und ihn zu einer Anhörung laden. Auch dadurch kann in vielen Fällen beurteilt werden, ob eine **kostendeckende Masse** (§ 26 Abs. 1 InsO) vorhanden ist.

---

[203] Dazu *Holzer* Rn. 465 ff.

161 Der Schuldner ist verpflichtet, die für die Ermittlung erforderlichen Auskünfte zu geben und an dem Insolvenzverfahren mitzuarbeiten (§ 20 S. 1 InsO). Er kann sich deshalb dem Verfahren nicht dadurch entziehen, dass er die geforderten **Auskünfte über seine Vermögenslage** nicht abgibt oder sich sonst (zB indem er untertaucht oder flüchtet) dem Zugriff des Gerichts entzieht. Da dieses von Amts wegen die Vermögenslage des Schuldners zu ermitteln hat, sind in diesem Falle notfalls **Zwangsmittel** in Gestalt eines Vorführungs- oder Haftbefehls zu ergreifen (§ 20 S. 2 iVm §§ 97 ff. InsO). Der Schuldner muss, falls er auch bei seiner Vorführung die geforderten Auskünfte nicht abgibt, mit Beugehaft bis zu sechs Monaten rechnen (§ 98 Abs. 3 InsO iVm §§ 904 ff. ZPO).

162 Der **Einfluss der Gläubiger** auf den Fortgang des Verfahrens ist bei der Ermittlung der Vermögensverhältnisse nur gering. Alle Maßnahmen werden durch das Gericht ausschließlich von Amts wegen veranlasst und durchgeführt, so dass „Anträge" der Gläubiger nur als Anregungen verstanden werden können, bestimmte Maßnahmen durchzuführen. Für die Gläubiger ist, weil es sich bei der Ermittlung und Sicherung der Vermögensverhältnisse des Schuldners nicht um Sachentscheidungen handelt, die einen Verfahrensabschnitt abschließen, im Gesetz keine Beschwerdemöglichkeit vorgesehen.[204]

163 Den Gläubigern verbleibt deshalb in der Regel nur, das Gericht durch einen entsprechenden **Tatsachenvortrag** und Vorlage vorhandener **Unterlagen** sowohl von der Eilbedürftigkeit der Ermittlungen als auch dem Vorhandensein von Vermögensgegenständen zu überzeugen. Das Gericht ist, wenn es dadurch genügend Anhaltspunkte erhalten hat, zu einem amtswegigen Einschreiten verpflichtet.

164 Viele Gläubiger haben sich die Stellung des Insolvenzantrags reiflich überlegt und vorher diverse **Informationen** über die Situation des Schuldners eingeholt, übersehen aber dann, sie dem Gericht mitzuteilen. Auf diese Weise kann wertvolle Zeit verstreichen, bevor das Gericht auf Grund eigener Ermittlungen die Informationen erhält, die ein weiteres Einschreiten rechtfertigen. Die Gläubiger können deshalb auf das Insolvenzverfahren, auch wenn sie nach der Zulassung des Antrags keine direkten Einflussmöglichkeiten mehr haben, indirekt einen beträchtlichen Einfluss nehmen.

165 Hat sich der Richter auf Grund der selbst, durch den Gutachter oder vorläufigen Insolvenzverwalter durchgeführten Ermittlungen von dem Vorliegen einer iSd § 26 Abs. 1 S. 1 InsO kostendeckenden Masse überzeugt, ist das **Verfahren zu eröffnen**. Falls dies nicht der Fall ist, wird der antragstellende Gläubiger zur Einzahlung eines **Massekostenvorschusses** (§ 26 Abs. 1 S. 2 InsO) aufgefordert.

166 Die Einzahlung des angeforderten Kostenvorschusses birgt allerdings für den Gläubiger ein erhebliches Risiko. Bei der Einzahlung geht es auch nicht darum, dass dem Gläubiger zumindest ein Teil der eigenen Quote gesichert wird – dies wäre äußerst unwirtschaftlich, da nur ein Teil des eingezahlten Geldes zurückfließen würde. Es geht vielmehr darum, eine **Verfahrenseröffnung** zu erzielen, damit dem Schuldner die Verfügungsbefugnis entzogen wird und der Insolvenzverwalter zum Wohl der Gesamtheit der Gläubiger innerhalb eines geordneten Verfahrens Handlungsbefugnisse erhält.

---

[204] Zur Ermittlung der Vermögensverhältnisse vgl. → § 4 Rn. 15 ff.

Holzer

Auch wenn bei Verfahrenseröffnung keine **Barmittel** vorhanden sind, so stehen der Insolvenzmasse doch häufig Ansprüche zu, die nur durch den Insolvenzverwalter im eröffneten Verfahren realisiert werden können. Man denke nur an Anfechtungsklagen gegen Personen, die ungerechtfertigt Vermögensgegenstände aus der Masse erlangt haben. Die Chancen, auf diesem Weg Masse zu generieren, sind auf Grund der Ausgestaltung des Anfechtungsrechts (zB Beweislastumkehr zu Gunsten des Insolvenzverwalters oder Vermutungen zu Lasten von Insidern)[205] recht günstig, auch wenn die wohl überwiegende Rechtsprechung bei der Bewilligung von **Prozesskostenhilfe** ohne überzeugenden Grund zu restriktiv ist.[206] Der Insolvenzverwalter kann in manchen Verfahren noch weitere Vermögensgegenstände ermitteln oder für schwer veräußerliche Gegenstände einen Käufer finden. Die Einzahlung eines Kostenvorschusses kann sich für den Gläubiger deshalb dann rechnen, wenn sich aus dem Vermögensverzeichnis oder dem Gutachten Anhaltspunkte für nach Eröffnung realisierbare Vermögenswerte ergeben. 167

Bei absolut masselosen Verfahren, die leider in der überwiegenden Mehrzahl aller Fälle anzutreffen sind, ist die Einzahlung des Kostenvorschusses aus finanziellen Erwägungen sinnlos. Da nur die **Kosten des Verfahrens,** nicht aber die **Masseverbindlichkeiten** gedeckt sind (das Gericht darf diese nach der Ausgestaltung des Gesetzes den Verfahrenskosten nicht hinzurechnen), muss das auf Grund des Vorschusses eröffnete Verfahren in vielen Fällen sogleich mangels Masse (§ 207 InsO) oder nach Anzeige der Masseunzulänglichkeit (§ 211 InsO) eingestellt werden. Der von dem Gläubiger eingezahlte Vorschuss wird dabei alleine für die Kosten verzehrt. Im Falle einer verzögerten Antragstellung hat der einzahlende Gläubiger jedoch gegen den Verantwortlichen einen Anspruch auf Erstattung des Vorschusses aus § 26 Abs. 3 InsO.[207] 168

Bei jeder Eröffnung des Verfahrens besteht allerdings ein Vorteil, der allen Gläubigern zugutekommt und deshalb letztlich auch im öffentlichen Interesse liegt: Da sich das Vermögen des Schuldners – mag es auch nur gering oder zunächst kaum erkennbar sein – in der Hand eines Insolvenzverwalters befindet, besteht die Gewähr dafür, dass sich die Vermögensgegenstände und Betriebsunterlagen des Schuldners, die nach § 36 Abs. 2 Nr. 1 InsO zur Insolvenzmasse gehören, nicht im **Chaos des wirtschaftlichen Zusammenbruchs** verlieren, sondern das Verfahren, solange es läuft, **geordnet abgewickelt** wird. Das ist insbesondere für die Arbeitnehmer von Bedeutung (zB Aufbewahrung der Unterlagen für die Rentenversicherung). Außerdem besteht gerade bei der gesellschaftsrechtlichen Liquidation juristischer Personen manchmal die Gefahr, dass es dabei nicht zur gleichmäßigen Befriedigung der Gläubiger, sondern zur „Selbstbedienung" der Geschäftsführung mit anschließender Beseitigung der Unterlagen kommt. Da dies nicht selten auch vor Eröffnung des Verfahrens geschieht, kann die mittels Einzahlung des **Kostenvorschusses** erfolgte Eröffnung auch dafür genutzt werden, Beweise für spätere strafrechtliche Maßnahmen zu erhalten und zu sichern. 169

Es ist demnach die Angelegenheit eines jeden Gläubigers, auf Grund der vorhandenen Informationen abzuschätzen, ob die Einzahlung des **Kostenvor-** 170

---

[205] *Holzer* WiB 1997, 729 (735).
[206] Dazu Zöller/*Geimer* ZPO § 116 Rn. 9 f.
[207] Dazu KPB/*Pape* § 26 Rn. 22 ff.

schusses für ihn finanziell oder auch aus anderen Gründen sinnvoll ist. Das Gericht kann diese Umstände bei der Anforderung des Kostenvorschusses nach § 26 Abs. 1 S. 2 InsO nicht prüfen, weil dabei alleine die Höhe der für eine Verfahrenseröffnung notwendigen Kosten maßgebend ist.

171 Bei Nichteinzahlung des Vorschusses wird der Insolvenzantrag nach § 26 Abs. 1 S. 1 InsO **mangels Masse abgewiesen;** die Kosten hierfür können bei Zahlungsunfähigkeit des Schuldners den antragstellenden Gläubiger als Zweitschuldner treffen, obwohl er auf die Führung des Eröffnungsverfahrens jedenfalls solange keinen Einfluss hat, wie dies nach pflichtgemäßem Ermessen ausgeübt wird.[208]

172 Kommt es zur Einzahlung des angeforderten Kostenvorschusses (eine Einzahlung kann durch jedermann erfolgen, also auch durch einen Gläubiger, der nicht Antragsteller ist, den Schuldner oder einen Dritten) oder ist eine kostendeckende Masse vorhanden, wird das Verfahren durch **Eröffnungsbeschluss** eröffnet.

173 Der Eröffnungsbeschluss enthält einige **Formalien** wie Namen, Vornamen und Geburtsjahr des Schuldners,[209] die auch zur Identifizierung des Schuldners in gerichtlich geführten Registern (etwa zur Eintragung der Eröffnungsvermerke im Grundbuch) dienen.[210] Im Eröffnungsbeschluss ist ferner die **Stunde der Eröffnung** anzugeben; ist dies nicht der Fall, so wird unwiderlegbar vermutet, dass das Verfahren um 12 Uhr mittags eröffnet wurde (§ 27 Abs. 3 InsO). Gleichzeitig werden der Insolvenzverwalter ernannt (§ 27 Abs. 1 S. 1 InsO) und die Gläubiger aufgefordert (§ 28 Abs. 1 InsO), ihre Forderungen innerhalb der im Eröffnungsbeschluss bestimmten Frist (mindestens zwei Wochen, höchstens drei Monate) bei dem Insolvenzverwalter anzumelden.[211] Nach § 28 Abs. 2 InsO ergeht eine **Aufforderung an die Gläubiger**, dem Insolvenzverwalter unverzüglich ihre **Sicherungsrechte** mitzuteilen. Wer dem Schuldner gegenüber Verbindlichkeiten hat, wird aufgefordert, nicht mehr an diesen, sondern nur noch an den Insolvenzverwalter zu leisten (sog offener Arrest, § 28 Abs. 3 InsO). Zugleich werden nach Maßgabe des § 29 InsO die Termine für die **Gläubigerversammlung** und den **Prüfungstermin** bestimmt. Der Eröffnungsbeschluss wird den Beteiligten schließlich zugestellt und ist nach §§ 9, 30 InsO auf der Internetplattform der Länder (**www. insolvenzbekanntmachungen.de**) zu veröffentlichen,[212] nicht aber in Printmedien.[213] Mit der Veröffentlichung wird die Zustellung an die Beteiligten fingiert.

---

[208] LG Gera Beschl. v. 30.5.2002 – 5 T 185/02, ZIP 2002, 1735 (1736); dazu KPB/*Pape* § 26 Rn. 29a.
[209] Zu letzterem *Prütting/Brinkmann* ZVI 2006, 477 (478 f.).
[210] Dazu *Holzer* ZfIR 2008, 129 (130 ff.).
[211] Dazu ausführlich → § 4 Rn. 250 ff.
[212] KPB/*Holzer* § 30 Rn. 11.
[213] Dazu *Holzer* ZIP 2008, 391 (392).

F. Die Gläubigerversammlung

I. Die Gläubigerautonomie als Prinzip des Insolvenzrechts

Die **haftungsrechtliche Zuweisung** des schuldnerischen **Vermögens** an die Gesamtheit der Gläubiger und das daraus folgende Prinzip ihrer gemeinschaftlichen und gleichmäßigen Befriedigung (§ 1 S. 1 InsO)[214] sind Grundsätze, auf Grund derer es gerechtfertigt ist, ein Insolvenzverfahren einzuleiten und durchzuführen. Wurde das Insolvenzverfahren eröffnet, ist es nur zu gut verständlich, dass jeder Insolvenzgläubiger[215] ein besonderes Interesse daran hat, auf seine Forderung eine möglichst hohe Quote zu erhalten. Dieses Interesse entspricht auch dem **Verfahrenszweck** und wird in erster Linie dadurch gewährleistet, dass ein fachkundiger Insolvenzverwalter eingesetzt wird, der für die weitere Behandlung der Insolvenzmasse (sei es durch deren Verwertung oder Fortführung des Betriebes) verantwortlich ist. Die Einsetzung des Insolvenzverwalters bringt es allerdings auch mit sich, dass die Gläubiger ein Interesse daran haben, bei dessen Entscheidungen in einem gewissen Umfang mitzuwirken, ihn bei der Erfüllung seiner Aufgaben zu unterstützen und nicht zuletzt auch zu kontrollieren. 174

Eine Übertragung dieser Aufgaben auf das Gericht wäre zwar denkbar, aber äußerst unpraktisch, weil die Interessen der Gläubiger nur mittelbar vertreten werden könnten und das Gericht dadurch seine Stellung als unabhängiger Sachwalter verlieren würde. Es entspricht deshalb den Prinzipien des § 1 InsO besser, die Interessen der Gläubiger unmittelbar in das Verfahren einfließen zu lassen.[216] Man spricht dabei von der **Gläubigerautonomie**,[217] die auf Grund der weitgehenden, für den Verfahrensverlauf und Verwertungserfolg oftmals entscheidenden **Mitwirkungsrechte** auch als **Selbstverwaltung** der Gläubiger bezeichnet werden kann. 175

Dass bei der Vielzahl von Gläubigern gewisse **Organe** geschaffen werden müssen, in denen diese Rechte ausgeübt werden können, entspricht den Anforderungen an einen geordneten Ablauf des Verfahrens. Dazu gehört auch, dass die Mitwirkung innerhalb dieser Organe einer gesetzlichen Regelung und Kontrolle unterliegt.[218] Das Gesetz hat die angesprochene Mitwirkung in der **Gläubigerversammlung** (§§ 74 ff. InsO) und dem **Gläubigerausschuss** (§§ 67 ff. InsO) vorgesehen, von denen im Folgenden die Rede sein wird. 176

II. Bedeutung

Die **Gläubigerversammlung** (§ 74 Abs. 1 InsO) ist das wichtigste Organ, das die Insolvenzordnung den Gläubigern im Rahmen ihrer Selbstverwaltung zur Verfügung stellt. Sie ist ausschließlich Vertretungsorgan der absonderungsbe- 177

---

[214] Dazu → Rn. 1.
[215] Zum Begriff → Rn. 94 ff.
[216] Ausf. *Oelrichs* S. 7 ff.
[217] Dazu ausf. *Paulus* DZWIR 1999, 53 ff.
[218] Zu den Grenzen der Gläubigerautonomie vgl. *Oelrichs* S. 9 ff.

rechtigten Gläubiger sowie der Insolvenzgläubiger und hat wegen ihrer treuhänderähnlichen Stellung anders als der Insolvenzverwalter und der **Gläubigerausschuss** auch die Interessen der anderen Beteiligten zu wahren; sie ist damit ausschließlich ein Organ der Mitwirkung und Selbstverwaltung der Gläubiger und (anders als beispielsweise Rechtsanwälte) kein Organ der Rechtspflege. Ihre Tätigkeit hat keine Außenwirkung, so dass sie – anders als der Insolvenzverwalter – im Rechtsverkehr nicht als Partei kraft Amtes auftreten darf. Die Entscheidungen der Gläubigerversammlung haben mithin nur **verfahrensinterne Bedeutung** und binden den Insolvenzverwalter ausschließlich im Innenverhältnis. Dass sich dieser auch an die Beschlüsse der Gläubigerversammlung hält, überwacht wiederum das Insolvenzgericht (§ 58 InsO), so dass ein reibungsloses Zusammenspiel innerhalb des Verfahrens gewährleistet ist.

III. Aufgaben

178 Die Gläubigerversammlung wird mit intern bindender Wirkung nur in den im Folgenden aufgeführten,[219] gesetzlich vorgesehenen Fällen tätig und stellt dabei Vorgaben für die weitere **Abwicklung des Verfahrens** auf.[220] Darüber hinaus kann sie jedoch bei dem Insolvenzverwalter die Durchführung der ihr zweckmäßig erscheinenden Aufgaben anregen, ohne dass dadurch eine Bindungswirkung entsteht.

179 Die **Gläubigerversammlung** wird im Allgemeinen (§ 74 InsO) oder auch für spezielle Gelegenheiten einberufen. Sie findet dann als **Berichtstermin** (§ 156 InsO), **Prüfungstermin** (§§ 176 ff. InsO) und **Schlusstermin** (§ 197 InsO) statt. Das Planverfahren sieht einen **Erörterungs- und Abstimmungstermin** vor (§ 235 InsO).

Übersicht 15

Gläubigerversammlung				
Berichtstermin	Erörterungs- und Abstimmungstermin	Prüfungstermin	Schlusstermin	Allgemeine Gläubigerversammlung

180 Eine der wichtigsten Mitwirkungsmöglichkeiten der Gläubigerversammlung ist die **Wahl des Insolvenzverwalters** (§ 57 S. 1 InsO).[221] Die Gläubigerversammlung kann darüber hinaus seine Entlassung beantragen (§ 59 Abs. 1 S. 2 InsO), von ihm Rechnungslegung fordern (§ 66 InsO), Auskünfte und Berichte verlangen (§§ 71, 156 InsO) und den Geldverkehr und -bestand prüfen (§ 79 InsO).

---

[219] → Rn. 179 ff.
[220] *Oehlrichs* S. 26.
[221] Dazu → Rn. 47; KPB/*Lüke* § 57 Rn. 2.

Holzer

Die Gläubigerversammlung entscheidet ferner über die Einsetzung des **Gläubigerausschusses,** seine Zusammensetzung (§ 68 InsO) und Entlassung (§ 70 S. 2 InsO). Sie wirkt ferner bei der Verwaltung des Vermögens mit, indem sie über die Behandlung von Geld, Wertpapieren und Kostbarkeiten (§ 149 Abs. 2 InsO), die Stilllegung oder Fortführung des schuldnerischen Betriebes (§§ 157, 158 Abs. 2 S. 1 InsO) und die Vornahme einer vorläufig untersagten Rechtshandlung (§ 161 InsO) entscheidet. Sie stimmt ferner **Rechtshandlungen** des Insolvenzverwalters **von besonderer Bedeutung** zu (§ 160 Abs. 1 S. 2, Abs. 2 InsO) und ist bei der Einstellung des Verfahrens mangels Masse anzuhören (§ 207 Abs. 2 InsO). 181

Bei der Verwertung der Masse wirkt die Gläubigerversammlung allgemein (§ 159 InsO) und speziell bei der **Betriebsveräußerung** an besonders interessierte Personen (§ 162 InsO) oder unter Wert (§ 163 InsO) mit. Sie kann von dem Schuldner nach § 97 Abs. 1 S. 1 InsO stets Auskunft verlangen und entscheidet darüber, ob ihm **Unterhalt** zu gewähren ist (§ 100 Abs. 1 InsO). Besondere Mitwirkungsrechte hat die Gläubigerversammlung im **Planverfahren,** das die Gläubigerautonomie in weitestgehender Form verwirklicht. Sie kann den Insolvenzverwalter mit der Ausarbeitung eines Insolvenzplans beauftragen (§ 157 S. 2 InsO, was allerdings wegen des eigenen Planinitiativrechts des Insolvenzverwalters keinen rechten Sinn macht),[222] stimmt der Fortsetzung der Verwertung und Verteilung zu (§ 233 S. 2 InsO) und entscheidet über die Annahme des Plans (§§ 244 ff. InsO). 182

Bei der **Eigenverwaltung** des Schuldners übt die Gläubigerversammlung ihre Kontrollrechte durch den Antrag auf Zulassung der Eigenverwaltung (§ 271 Abs. 1 InsO) und deren Aufhebung (§ 272 Abs. 1 Nr. 1 InsO) sowie der Anordnung der Zustimmungsbedürftigkeit von Rechtsgeschäften des Schuldners (§ 277 Abs. 1 InsO) aus. Sie nimmt auch den Schuldnerbericht und die Stellungnahme des Sachwalters entgegen (§ 281 Abs. 2 InsO), kann die Ausarbeitung eines Insolvenzplans in Auftrag geben (§ 284 Abs. 1 InsO) und den Treuhänder mit der Überwachung der Obliegenheiten des Schuldners beauftragen (§ 292 Abs. 2 InsO). 183

Zu den **Aufgaben** der **Gläubigerversammlung** vgl. Übersicht 16. 184

IV. Einberufung

Die Gläubigerversammlung wird nach pflichtgemäßem **Ermessen** des Insolvenzgerichts einberufen. Von den Verfahrensbeteiligten kann ihre Einberufung jedoch auch nach Maßgabe des § 75 Abs. 3 InsO mit der sofortigen Beschwerde erzwungen werden, wenn ihren nach § 75 Abs. 1 InsO gestellten Anträgen nicht nachgekommen wurde. Der **Antrag** kann von dem Insolvenzverwalter, dem Gläubigerausschuss sowie einzelnen Gruppen von Gläubigern gestellt werden. § 75 Abs. 1 Nr. 3 InsO bestimmt hierzu, dass es sich um mindestens fünf absonderungsberechtigte Gläubiger oder nicht nachrangige Insolvenzgläubiger handeln muss, deren Absonderungsrechte und Forderungen $^{1}/_{5}$ der Summe erreichen, die sich aus dem Wert aller Absonderungs- und nicht nachrangi- 185

---

[222] Vgl. KPB/*Onusseit* § 157 Rn. 25.

gen Insolvenzforderungen ergibt. Will nur einer der genannten Gläubiger den Antrag stellen oder besteht die Gruppe aus weniger als fünf Personen, so müssen die dafür erforderlichen Forderungen $^2/_5$ der oben genannten Summen betragen (§ 75 Abs. 1 Nr. 4 InsO).

Übersicht 16

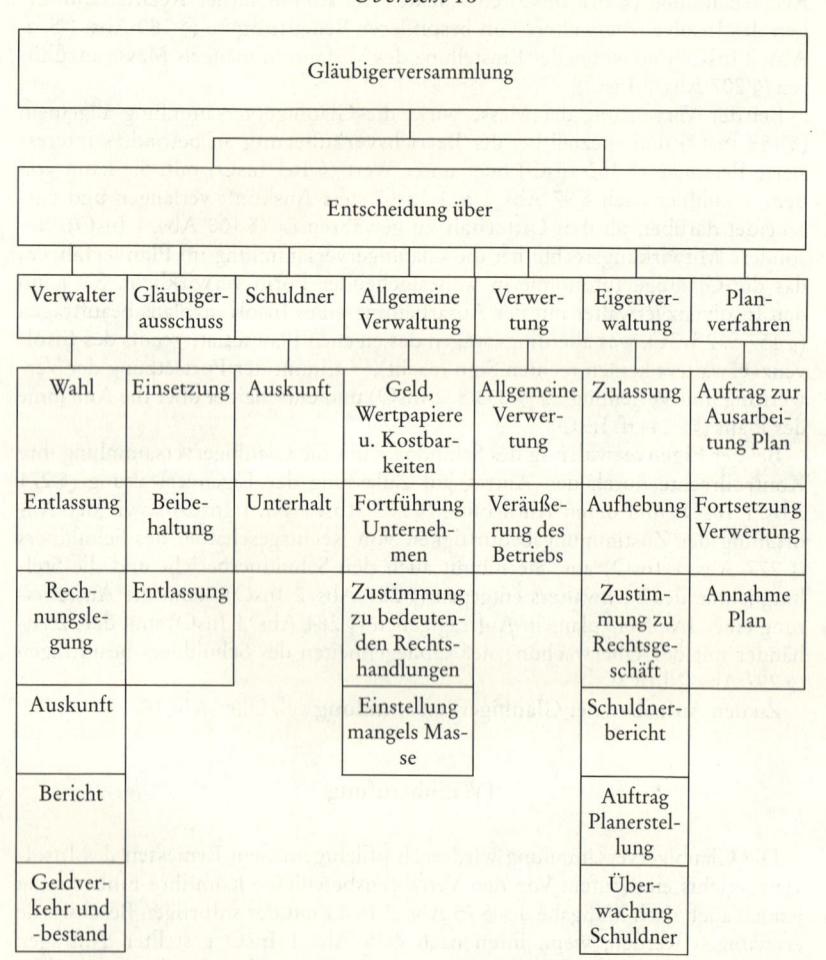

Gläubigerversammlung						
Entscheidung über						
Verwalter	Gläubigerausschuss	Schuldner	Allgemeine Verwaltung	Verwertung	Eigenverwaltung	Planverfahren
Wahl	Einsetzung	Auskunft	Geld, Wertpapiere u. Kostbarkeiten	Allgemeine Verwertung	Zulassung	Auftrag zur Ausarbeitung Plan
Entlassung	Beibehaltung	Unterhalt	Fortführung Unternehmen	Veräußerung des Betriebs	Aufhebung	Fortsetzung Verwertung
Rechnungslegung	Entlassung		Zustimmung zu bedeutenden Rechtshandlungen		Zustimmung zu Rechtsgeschäft	Annahme Plan
Auskunft			Einstellung mangels Masse		Schuldnerbericht	
Bericht					Auftrag Planerstellung	
Geldverkehr und -bestand					Überwachung Schuldner	

186 Begünstigt durch diese Regelung sind in erster Linie die **Groß- und Sicherungsgläubiger,** da das Gericht eine summarische Betrachtung nach der Wertigkeit der Forderungen anstellt. Kleine und mittlere Gläubiger sind deshalb darauf angewiesen, sich mit ihren Wünschen nach Einberufung einer Gläubigerversammlung entweder an den Insolvenzverwalter oder den Gläubigerausschuss zu wenden oder den Konsens mit solchen Gläubigern bzw. Gläubigergruppen zu suchen, die auf Grund ihrer Forderungshöhe berechtigt sind, Anträge zu stellen.

Wird die Gläubigerversammlung nach Maßgabe des § 75 InsO, der Anordnung im Eröffnungsbeschluss (§ 29 Abs. 1 Nr. 1 InsO) oder den für die speziellen Gläubigerversammlungen geltenden Vorschriften einberufen (die Frist hierfür beträgt nach § 75 Abs. 2 InsO höchstens zwei Wochen), so erfolgt ihre **Durchführung** unter der Leitung des Insolvenzgerichts (§ 76 Abs. 1 InsO), dh, im Regelfall durch den dafür nach § 18 Abs. 1 RpflG zuständigen **Rechtspfleger** oder, falls sich dieser das Verfahren vorbehalten hat (§ 18 Abs. 2 RpflG)[223] durch den Insolvenzrichter. 187

V. Abstimmung

Abgestimmt wird in der Gläubigerversammlung, falls der Insolvenzplan keine andere Regelung vorsieht, mit absoluter Mehrheit, die sich alleine nach der **Höhe der Forderungen** richtet. Neben der Forderungsmehrheit kennt das Gesetz die Kombination mit einer **Kopfmehrheit** nur bei der Abwahl des gerichtlich bestellten Insolvenzverwalters nach § 57 S. 2 InsO.[224] Nach § 76 Abs. 2 InsO kommt ein Beschluss dadurch zustande, dass mehr als die Hälfte der abstimmenden Absonderungs- oder Insolvenzgläubiger der Maßnahme zustimmt. Stimmberechtigt sind alle angemeldeten und nicht bestrittenen Forderungen (§ 77 Abs. 1 S. 1 InsO). Auch für die Absonderungsberechtigten[225] ist nach § 77 Abs. 2 InsO eine Feststellung des Stimmrechts vorgesehen.[226] Bei bestrittenen Forderungen kommt es darauf an, ob sich die erschienenen Beteiligten und der Insolvenzverwalter einigen. Wird keine Einigung erzielt, entscheidet nach § 77 Abs. 1 S. 2 InsO das Insolvenzgericht nach pflichtgemäßem Ermessen und hat dabei unter Heranziehung der vorgelegten Unterlagen (insbesondere der der Forderungsanmeldung nach § 174 Abs. 1 S. 2 InsO beigefügten Urkunden) zu überprüfen, ob die Forderung besteht oder nicht. Gegen eine **Entscheidung des Rechtspflegers** im Hinblick auf das Stimmrecht kann jeder Gläubiger – allerdings nur im Termin – eine **Entscheidung des Richters** herbeiführen.[227] Fehlerhafte Beschlüsse der Gläubigerversammlung, die unter Verstoß gegen die Mehrheitserfordernisse sowie Zeit, Ort und Tagesordnung zustandekommen, sind unwirksam und im weiteren Verlauf des Verfahrens nicht zu beachten. Eine Aufhebung durch das Insolvenzgericht ist deshalb nicht erforderlich.[228] 188

Für die Wahrung der Rechte der Gläubiger kommt es also entscheidend darauf an, dass diese in der Gläubigerversammlung anwesend oder vertreten sind. Eine **schriftliche Abstimmung** ist auch bei Großverfahren mit einer Vielzahl von Gläubigern trotz der dadurch auftretenden logistischen Probleme nicht zulässig.[229] Etwas anderes gilt jedoch dann, wenn das Gericht gem. § 5 Abs. 2 189

---

[223] Dazu → Rn. 18.
[224] KPB/*Lüke* § 57 Rn. 4.
[225] Zum Begriff → § 9 Rn. 44.
[226] Dazu KPB/*Kübler* § 77 Rn. 31.
[227] KPB/*Kübler* § 77 Rn. 24; vgl. dazu auch → § 58 Rn. 28.
[228] *Oelrichs* S. 77 f.6.
[229] KPB/*Kübler* § 76 Rn. 21.

S. 1 InsO ein **schriftliches Verfahren** durchführt; in diesem Fall kann mangels eines mündlichen Termins nur schriftlich abgestimmt werden.[230] Weitaus häufiger tritt hingegen der Fall ein, dass in der Gläubigerversammlung niemand erscheint. Das Gericht ist in diesem Fall nicht etwa verpflichtet, die **Gläubigerversammlung zu vertagen,** sondern wird diese durchführen. Es kann sich dabei auch nicht an die Stelle der in der Versammlung nicht anwesenden Gläubiger setzen, weil es ausschließlich deren eigene Angelegenheit ist, ihre Rechte zu wahren. Erscheint also kein Gläubiger, so bleibt es bei den durch das Gericht getroffenen Regelungen, vor allem bei dem eingesetzten Insolvenzverwalter und den bestellten Mitgliedern des Gläubigerausschusses.[231]

190 Nach § 78 Abs. 1 InsO hat das Insolvenzgericht die Möglichkeit, einen mit verfahrensrechtlichen Mitteln ansonsten nicht anfechtbaren **Beschluss der Gläubigerversammlung aufzuheben,** wenn er dem gemeinsamen Interesse der Insolvenzgläubiger widerspricht. Davon kann man dann ausgehen, wenn ein Gläubiger oder eine Gläubigergruppe unangemessen bevorzugt wird, um auf diese Weise einen Sondervorteil zu erhalten. Einen entsprechenden Antrag kann der Insolvenzverwalter, ein absonderungsberechtigter Gläubiger oder ein nicht nachrangiger Insolvenzgläubiger in der Gläubigerversammlung stellen.

G. Der Gläubigerausschuss

I. Zweck und Rechtsstellung

191 Die Natur des Insolvenzverfahrens bringt es mit sich, dass darin nicht nur rechtliche, sondern in erster Linie **wirtschaftliche Entscheidungen** getroffen werden müssen. Die Gläubigerversammlung an allen Entscheidungen teilnehmen zu lassen, wäre bereits wegen der Modalitäten ihrer Einberufung für das Verfahren mehr hinderlich als nützlich. Es bedarf deshalb eines weiteren Organs, das den Insolvenzverwalter bei seiner Geschäftsführung flexibel unterstützen, aber auch überwachen kann.[232] Aufgrund des Prinzips der **Gläubigerautonomie** muss dieses Organ seine Legitimation direkt von der Gesamtheit der Gläubiger und lediglich durch Vermittlung der Gläubigerversammlung erhalten, von dieser aber selbstständig, unabhängig und weisungsfrei sein. Erforderlich ist ferner, dass der Aufgabenkreis dieses Organs durch das Gesetz bestimmt ist.

192 § 69 InsO sieht deshalb die Bildung eines Gläubigerausschusses vor. Seine Aufgabe besteht in erster Linie darin, die **Interessen der Insolvenzgläubiger** zu wahren, um dem Prinzip der gemeinschaftlichen Befriedigung so nahe wie möglich zu kommen. Darüber hinaus überwacht der Gläubigerausschuss die ordnungsgemäße **Verfahrensabwicklung** im Allgemeinen und berücksichtigt dadurch auch die Interessen der übrigen Verfahrensbeteiligten. Seine Funktion lässt sich deshalb mit der des Aufsichtsrats einer Aktiengesellschaft verglei-

---

[230] KPB/*Prütting* § 5 Rn. 52.
[231] KPB/*Kübler* § 76 Rn. 23.
[232] Dazu *Oelrichs* S. 34.

chen.²³³ Der Gläubigerausschuss stellt für die Gläubiger ein wichtiges Instrument dar, mit dem sie auf wesentliche Entscheidungen des Verfahrens **Einfluss** nehmen und ihre Befriedigungsaussichten sichern oder gar erhöhen können. Insolvenzgläubiger sollten durch aktive Mitwirkung im Gläubigerausschuss dazu beitragen, dass das Verfahren in ihrem Sinne (dh, durch bestmögliche Befriedigung ihrer Forderungen) gesteuert wird.²³⁴ Das gilt auch in Nachlassinsolvenzverfahren.²³⁵ Insbesondere in Großverfahren kann der Gläubigerausschuss den Insolvenzverwalter wesentlich unterstützen, indem er dessen Entscheidungen nach außen hin faktisch legitimiert und so dazu beiträgt, deren **Akzeptanz** in der Öffentlichkeit und gegenüber anderen Verfahrensbeteiligten zu erhöhen.²³⁶ Die Unterstützung und Überwachung des Insolvenzverwalters findet ihre Grenze jedoch in dem Verbot von Weisungen; hieraus folgt, dass eine ohne Zustimmung des Gläubigerausschusses vorgenommene Handlung des Insolvenzverwalters wirksam ist.²³⁷

Die Gläubigerversammlung darf in die **Unabhängigkeit** des Gläubigerausschusses prinzipiell nicht dadurch eingreifen, dass sie sich an seine Stelle setzt.²³⁸ Sie kann auf Entscheidungen des Gläubigerausschusses lediglich indirekt einwirken, indem sie die Abwahl seiner Mitglieder betreibt. Auch das Insolvenzgericht hat nicht die Möglichkeit, den Gläubigerausschuss umfassend zu überwachen, darf also insbesondere nicht in dessen Geschäftsführung eingreifen oder sein Selbstorganisationsrecht²³⁹ durch Erteilung von Weisungen verletzen. Allerdings ist nach § 70 S. 1 InsO die **Entlassung eines Mitglieds** von Amts wegen aus wichtigem Grund (besonders gravierende Pflichtverletzungen wie Gläubigerbegünstigungen etc) möglich; entsprechende Anträge können auch die Mitglieder des Gläubigerausschusses oder die Gläubigerversammlung stellen.

193

II. Aufgaben

Der **Gläubigerausschuss** hat vielfältige **Aufgaben**,²⁴⁰ von denen vor allem die Mitwirkungs- und Zustimmungsrechte für das Verfahren von Bedeutung sind. Die Fülle der Aufgaben des Gläubigerausschusses verbietet eine eingehende Darstellung im Zusammenhang mit seiner Beteiligung am Insolvenzverfahren. Nähere Ausführungen finden sich deshalb in § 10 dieses Handbuchs.

194

Nicht unerwähnt soll an dieser Stelle jedoch sein, dass Mitwirkungsrechte bei der Entscheidung über die **Anlegung** bzw. **Hinterlegung** von Geld, Wertpapieren und Kostbarkeiten (§ 149 Abs. 1 S. 1 InsO), der Bestimmung des bei einer **Abschlagsverteilung** zu verteilenden Bruchteils (§ 195 Abs. 1 S. 1 InsO), bei der **Einstellung des Verfahrens** (§ 214 Abs. 2 S. 1 InsO), der **Aufstellung des**

195

---

²³³ *Holzer* FS Beck, 2016, S. 271 (281).
²³⁴ *Cranshaw* FP 2014, 204, 207.
²³⁵ *Holzer* FP 2016, 79 (83).
²³⁶ KPB/*Kübler* § 69 Rn. 3.
²³⁷ KPB/*Kübler* § 69 Rn. 21.
²³⁸ Zu Ausnahmen vgl. → § 9 Rn. 24.
²³⁹ Dazu *Gundlach/Frenzel/Schmidt* NZI 2005, 304 (305).
²⁴⁰ Dazu *Holzer* Rn. 731 ff.

Insolvenzplans (§§ 218 Abs. 3, 232 Abs. 1 Nr. 1 InsO) und der **Bestätigung des Plans** (§ 248 Abs. 2 InsO) bestehen. Eine Zustimmung des Gläubigerausschusses ist erforderlich bei der **Unterhaltsgewährung** an den Schuldner und seine Angehörigen (§ 100 Abs. 2 InsO), dem Absehen von der Aufstellung eines Verzeichnisses der Massegegenstände (§ 151 Abs. 3 S. 3 InsO), der Stilllegung des schuldnerischen Unternehmens vor dem **Berichtstermin** (§ 158 Abs. 1 InsO) und der Zustimmung zu besonders bedeutsamen Handlungen des Insolvenzverwalters (§ 160 Abs. 1 S. 1, Abs. 2 InsO) sowie des Schuldners bei Eigenverwaltung (§ 276 InsO).

196 Der Gläubigerausschuss hat ferner das Recht, sich über wesentliche Dinge des Verfahrens, zum Teil bereits im Vorfeld einer Beschlussfassung, zu informieren. Dazu steht ihm gegenüber dem Schuldner und dem Insolvenzverwalter nach § 97 Abs. 1 InsO ein allgemeines **Informationsrecht** zu, das gegenüber dem Insolvenzverwalter im Planverfahren besonders ausgestaltet ist (§ 261 Abs. 2 InsO). Vor einer Einstellung oder Aufhebung des Verfahrens ist das Insolvenzgericht verpflichtet, den Gläubigerausschuss über den Zeitpunkt der Wirksamkeit dieser Maßnahmen zu unterrichten (§§ 215 Abs. 1 S. 2, 258 Abs. 3 S. 2 InsO). Im Planverfahren bekommt der Ausschuss den Plan nach § 232 Abs. 1 Nr. 1 InsO zur Stellungnahme zugeleitet und ist vor dessen Bestätigung anzuhören (§ 248 Abs. 2 InsO). Der Insolvenzverwalter ist ferner verpflichtet, den Gläubigerausschuss von der Nichterfüllung oder Nichterfüllbarkeit von überwachten Ansprüchen zu unterrichten. Ähnliches gilt bei der Eigenverwaltung: Dort muss der Sachwalter den Gläubigerausschuss über zu erwartende Nachteile bei der Fortsetzung der Eigenverwaltung informieren (§ 274 Abs. 3 S. 1 InsO). Darüber hinaus kann der Gläubigerausschuss zur **Schlussrechnung** (§ 66 Abs. 2 S. 2 InsO), zum Verwalterbericht (§ 156 Abs. 2 S. 1 InsO) und zum Plan (§ 232 Abs. 1 Nr. 1 InsO) Stellung nehmen und hat auch das Recht, Anträge zu stellen und bei ihrer Ablehnung (obwohl er keine Rechtspersönlichkeit hat!) sofortige Beschwerde einzulegen (§§ 59 Abs. 2, 3 und 75 Abs. 1, 3 InsO).

197 Der Gläubigerausschuss wurde in der Vergangenheit von manchen Gerichten **bereits im Amtsverfahren** vor der Eröffnung des Insolvenzverfahrens bestellt, obwohl das Gesetz diese Möglichkeit nicht vorgesehen hat.[241] Für den vorläufigen Insolvenzverwalter war dies in einigen Verfahren – insbesondere bei der Fortführung des Unternehmens – eine wertvolle Hilfe.[242] Diese Praxis ist bei größeren Verfahren mit lebenden Unternehmen gesetzlich festgeschrieben worden (vgl. dazu § 22a Abs. 1 InsO). Der vorläufige Gläubigerausschuss wirkt insbesondere an der Auswahl des (vorläufigen) Insolvenzverwalters mit (§ 56a InsO).[243]

---

[241] AG Köln Beschl. v. 29.6.2000 – 72 IN 178/00, ZIP 2000, 1350 (1351); Arbeitskreis für Insolvenz- und Schiedsgerichtswesen eV/*Fuchs*, Insolvenzrecht auf dem Prüfstand, S. 1 (20); *Kind* FS Braun, 2007, 31 (44 ff.); *Uhlenbruck* ZIP 2002, 1373 (1374).
[242] AG Köln Beschl. v. 29.6.2000 – 72 IN 178/00, ZIP 2000, 1350 (1351); *Kind* FS Braun, 2007, 31 (44 ff.); anders wohl *Pape* ZInsO 1999, 675 (676).
[243] Dazu Steinwachs/Vallender/*Cranshaw*, S. 10 ff.

Übersicht 17

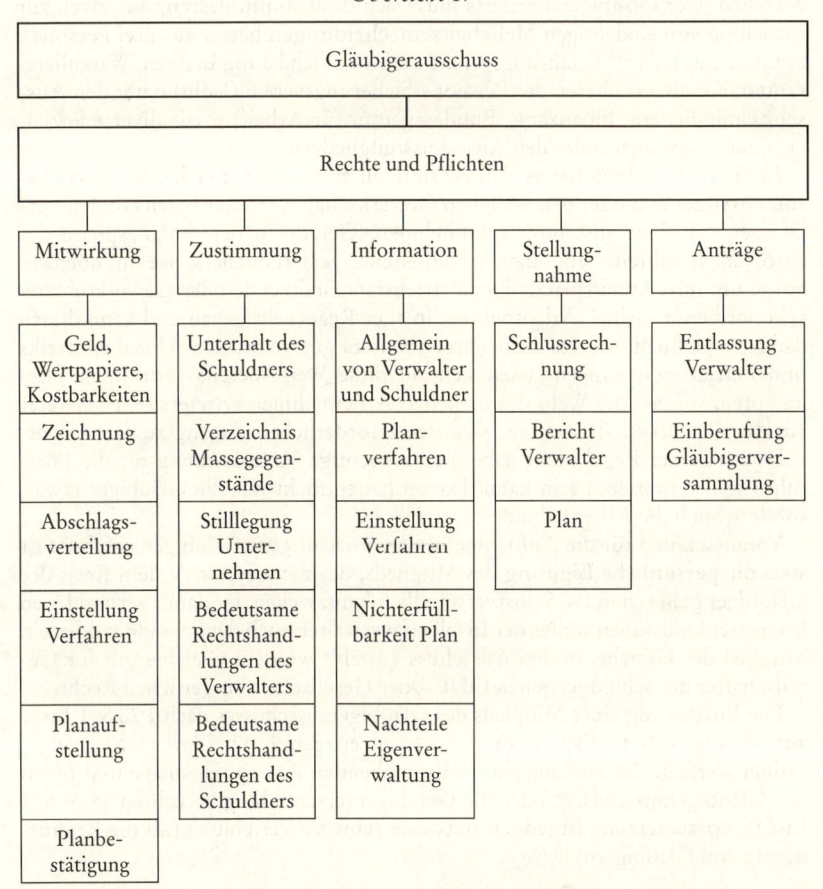

Gläubigerausschuss				
Rechte und Pflichten				
Mitwirkung	Zustimmung	Information	Stellungnahme	Anträge
Geld, Wertpapiere, Kostbarkeiten	Unterhalt des Schuldners	Allgemein von Verwalter und Schuldner	Schlussrechnung	Entlassung Verwalter
Zeichnung	Verzeichnis Massegegenstände	Planverfahren	Bericht Verwalter	Einberufung Gläubigerversammlung
Abschlagsverteilung	Stilllegung Unternehmen	Einstellung Verfahren	Plan	
Einstellung Verfahren	Bedeutsame Rechtshandlungen des Verwalters	Nichterfüllbarkeit Plan		
Planaufstellung	Bedeutsame Rechtshandlungen des Schuldners	Nachteile Eigenverwaltung		
Planbestätigung				

III. Bildung und Zusammensetzung

Zur regulären Bildung des Gläubigerausschusses kommt es erst in der Gläubigerversammlung (§ 68 Abs. 1 S. 1 InsO). Wurde nach Verfahrenseröffnung ein **vorläufiger Gläubigerausschuss** bestellt, wird nach § 68 Abs. 1 S. 2 InsO darüber entschieden, ob dieser beibehalten wird oder nicht. Auch ist es möglich, die durch das Insolvenzgericht bestellten **Mitglieder abzuwählen** und andere oder zusätzliche Mitglieder zu bestellen (§ 68 Abs. 3 InsO). Eine Pflicht zur Bestellung eines Gläubigerausschusses gibt es nicht, auch nicht im Insolvenzverfahren über solche juristische Personen, deren Mitglieder in Form von Nachschüssen an die Masse herangezogen werden (etwa bei der eingetragenen Genossenschaft).

Die Zusammensetzung des Gläubigerausschusses hängt in erster Linie von der Art der gewerblichen Tätigkeit des Schuldners und der Zusammensetzung

198

199

der Gläubigerschaft ab. Nicht zulässig ist es, nur eine einzelne Person zu bestellen. Der Gläubigerausschuss muss sich deshalb **mindestens** aus **zwei**, zur Erzielung von eindeutigen **Mehrheitsentscheidungen** besser aus drei **Personen** zusammensetzen.[244] Erfahrungsgemäß befinden sich häufig Banken, Warenlieferanten, Kreditversicherer, der Pensions-Sicherungsverein (Köln) unter den Ausschussmitgliedern, Finanzamt, Bundesagentur für Arbeit) sowie diverse Sozialversicherungsträger unter den Ausschussmitgliedern.

200 In vielen Verfahren hat es sich als sinnvoll erwiesen, entweder den **Betriebsratsvorsitzenden** oder den örtlichen Gewerkschaftsvertreter bereits in den vorläufigen Gläubigerausschuss aufzunehmen. Gerade in der Anfangsphase des Insolvenzverfahrens sind die Arbeitnehmer verständlicherweise in höchster Sorge um ihre Arbeitsplätze. Der Betriebsratsvorsitzende oder Gewerkschaftssekretär kennt „seine" Arbeitnehmer in aller Regel sehr genau und kann diesen dadurch Maßnahmen des Insolvenzverwalters gut vermitteln. Unruhe, Streiks und Betriebsbesetzungen lassen sich auf diese Weise bereits „von innen" bekämpfen, so dass die Wahl des örtlichen Arbeitnehmervertreters (ein Vertreter aus der Gewerkschaftszentrale wird den erforderlichen Zugang zu den Arbeitnehmern in der Regel nicht haben) eine wichtige Voraussetzung für die Fortführung des Betriebes sein kann. Davon haben nicht nur die Gläubiger etwas, sondern auch die Arbeitnehmer.

201 Voraussetzung für die Aufnahme in den (vorläufigen) Gläubigerausschuss ist stets die **persönliche Eignung** des Mitglieds, das nicht selbst zu dem Kreis der Gläubiger gehören muss. Selbstverständlich kann wegen der damit verbundenen Interessenkollisionen weder der Insolvenzverwalter noch der Schuldner oder ein Mitglied des Gerichts in den Ausschuss gewählt werden. Gleiches gilt für Gesellschafter der schuldnerischen OHG oder Gesellschaft bürgerlichen Rechts.

202 Die **Entlassung** eines Mitglieds des Gläubigerausschusses nach § 70 S. 1 InsO aus wichtigem Grund kann durch das Insolvenzgericht von Amts wegen angeordnet werden. Zur Stellung eines entsprechenden Antrags ist auch ein Mitglied des Gläubigerausschusses oder die Gläubigerversammlung berechtigt (§ 70 S. 2 InsO). Voraussetzung ist jedoch stets eine schwere Verfehlung (zB die Begünstigung von Gläubigern).

IV. Beschlussfassung

203 Beschlüsse des Gläubigerausschusses werden mit **einfacher Mehrheit** der an der jeweiligen Sitzung teilnehmenden Mitglieder gefasst (§ 72 InsO). Weitere Regeln für die **Organisation** und das **Verfahren** des Gläubigerausschusses sieht das Gesetz nicht vor, insbesondere nicht den Erlass einer bestimmten **Geschäftsordnung**.[245] In diesem **Selbstorganisationsrecht** wird seine Stellung als selbständiger Verfahrensbeteiligter deutlich. Der Gläubigerausschuss organisiert sich mithin selbst und bestimmt die Anlässe selbst, zu denen er zusammentritt.[246] Erforderlich ist es allerdings, die Mitglieder unter Bekanntgabe einer Tagesord-

---

[244] *Pape* ZInsO 1999, 675 (677).
[245] Steinwachs/Vallender/*Ide*, S. 149.
[246] Zur Einladung zu den Sitzungen des Gläubigerausschusses vgl. *Gundlach/Frenzel/Schmidt* NZI 2005, 304 (305 ff.).

nung zu den Sitzungen **einzuladen**.[247] Die Abstimmung erfolgt nach Köpfen, nicht etwa nach der Höhe der Forderung im Verfahren. Voraussetzung ist aber, dass an der Sitzung die Mehrheit der Mitglieder teilgenommen hat. Damit soll verhindert werden, dass sich kleine Gruppen von Gläubigern abspalten, die Sonderinteressen verfolgen und im Ausschuss legal durchsetzen können. Die Frage nach solch speziellen Interessenlagen ist gerechtfertigt, weil der Gläubigerausschuss seine Arbeit unabhängig von Eigeninteressen und objektiv zum Wohle aller Verfahrensbeteiligten ausüben soll. Natürlich hat jeder Gläubiger auch das Interesse, dass gerade seine Forderung bestmöglich befriedigt wird. Damit steht er jedoch im Verfahren nicht alleine; vielmehr handelt es sich um das natürliche Interesse aller Gläubiger, das auf Grund des Prinzips der gemeinschaftlichen Befriedigung bereits von der Anlage des Verfahrens her nicht zu einer Sonderbefriedigung führen kann. Die Stellung als Gläubiger ist deshalb bei Abstimmungen solange nicht hinderlich, als nicht besondere, über das „normale" Verfahrensinteresse hinausgehende Gründe vorliegen.

V. Haftung

Die Mitglieder des Gläubigerausschusses haften den Insolvenz- und Absonderungsgläubigern nach § 71 InsO, wenn sie **schuldhaft** die ihnen gesetzlich auferlegten **Pflichten verletzen** und dadurch ein Schaden entsteht, zB, indem sie unbefugt Geschäftsgeheimnisse des Schuldners ausplaudern, die ihnen im Verfahren bekannt geworden sind.[248] Der Abschluss einer Vermögensschadens-**Haftpflichtversicherung** mit entsprechender Deckung (je nach Wertigkeit des Verfahrens bis einige Millionen EUR) ist deshalb dringend anzuraten; die Prämien hierfür können von den Mitgliedern des Gläubigerausschusses als Auslagen geltend gemacht werden.[249]

204

VI. Vergütung

Die Mitglieder des Gläubigerausschusses können nach § 17 S. 1 InsVV einen **Stundensatz** zwischen **35 und 95 EUR** verlangen. Auch wenn durch die eher als marginal zu betrachtende Vergütung für manche Gläubiger nicht einmal die Kosten der Teilnahme und ihres Arbeitsausfalls gedeckt werden, so sollte stets bedacht werden, dass sich die Mitarbeit im Gläubigerausschuss durch die Möglichkeit verfahrensentscheidender Einflussnahmen dennoch auszahlen kann. In Fällen mit **besonderem Umfang** bzw. **hohem Schwierigkeitsgrad** kann die Vergütung auch nach anderen Maßstäben bemessen werden, beispielsweise in einer Höhe von 1 bis 5 % der Vergütung des Insolvenzverwalters.[250] Manche Insolvenzgerichte weichen allerdings von diesen Vorgaben ohne nähere Begründung stark ab.[251]

205

---

[247] *Pape* ZInsO 1999, 675 (680).
[248] Vgl. dazu → § 10 Rn. 102 ff.
[249] KPB/*Prasser* InsVV § 17 Rn. 13.
[250] KPB/*Prasser* InsVV § 17 Rn. 9.
[251] *Graeber* FS Beck, 2016, S. 199 (201 f.).

206 Das Insolvenzgericht wird die **Vergütung** durch Beschluss **festsetzen** und bei entsprechenden Anträgen den Insolvenzverwalter ermächtigen, an die Mitglieder auf die Gesamtvergütung anzurechnende Vorschüsse auszuzahlen.

VII. Exkurs: Der Gläubigerbeirat

207 Nach § 218 Abs. 3 InsO wirkt bei der Erstellung eines Insolvenzplans ein weiteres **Gremium beratend** mit, das aus dem Gläubigerausschuss, dem Betriebsrat, dem Sprecherausschuss der leitenden Angestellten und dem Schuldner besteht, als Gläubigerbeirat bezeichnet und auch im Regelinsolvenzverfahren zulässig ist.[252] Dem **Gläubigerbeirat** können allerdings die gesetzlich festgelegten Befugnisse von Gläubigerversammlung und -ausschuss nicht übertragen werden; er hat sonach keine Kontroll- oder Entscheidungsbefugnisse, sondern soll dem Insolvenzverwalter in Einzelfragen als unverbindlicher Ratgeber und allgemein als Diskussionsforum zur Verfügung stehen. Ob ein Gläubigerbeirat **eingesetzt** wird und wie er **zusammengesetzt** ist, entscheidet alleine die Gläubigerversammlung. Da der Insolvenzverwalter nicht verpflichtet ist, den Gläubigerbeirat zu unterrichten,[253] wird seine Einberufung gegen den Willen des Insolvenzverwalters kaum sinnvoll sein. Wenn aber eine Bereitschaft zur gegenseitigen Zusammenarbeit besteht, kann der Gläubigerbeirat dem Insolvenzverwalter wertvolle Anregungen geben. Die Gläubiger sollten dabei aber beachten, dass sie für ihre Tätigkeit keine Vergütung erhalten und bei pflichtwidrigem Verhalten gegebenenfalls schadensersatzpflichtig sind.[254] Da die Rechtsstellung des Gläubigerbeirats außerhalb des Planverfahrens gesetzlich nicht geregelt ist, sollte die Insolvenzordnung aus Gründen der Rechtsklarheit und Rechtssicherheit um eine entsprechende Bestimmung ergänzt werden. Gleiches gilt für den Gläubigerbeirat im konzernrechtlichen Planverfahren, der in den bisherigen Gesetzentwürfen nicht berücksichtigt wurde.[255]

---

[252] Ausführlich *Oelrichs* S. 46 ff.
[253] *Oelrichs* S. 47.
[254] *Oelrichs* S. 48.
[255] *Holzer* FS Beck, 2016, S. 271 (283).

2. Teil.
Das Insolvenzeröffnungsverfahren

§ 4. Die richterliche Tätigkeit im Eröffnungsverfahren

Das Eröffnungsverfahren ist ein Kernbereich der richterlichen Tätigkeit. Unter Berücksichtigung der Verfahrensgrundsätze (→ Rn. 15–23) prüft der Richter die allgemeinen Verfahrensvoraussetzungen (→ Rn. 24), die besonderen Voraussetzungen des Eigenantrags (→ Rn. 60 ff.) oder des Fremdantrags (→ Rn. 87 ff.). Anschließend folgt die Masseprüfung (→ Rn. 127) unter Mitwirkung des Schuldners (→ Rn. 132 ff.), die eventuelle Beauftragung eines Sachverständigen (→ Rn. 156) sowie die Anordnung von vorläufigen Sicherungsmaßnahmen (→ Rn. 171 ff.). Im Fall von Massearmut (→ Rn. 205) ist der Antrag bei fehlendem Kostenvorschuss (→ Rn. 213) oder fehlender Verfahrenskostenstundung (→ Rn. 216) als unzulässig abzuweisen. Bei Verfahrenskostendeckung wird das Verfahren eröffnet (→ Rn. 246).

A. Zulassungsprüfung

I. Allgemeines

Das Insolvenzeröffnungsverfahren beginnt mit dem Eingang eines Insolvenzantrags beim zuständigen Insolvenzgericht und endet mit der Entscheidung der Insolvenzeröffnung oder Abweisung mangels Masse. Ein vorzeitiges Ende findet das Eröffnungsverfahren in einer Vielzahl von Fällen durch Rücknahme des Insolvenzantrags bzw. Erledigung des Verfahrens. Jeder Insolvenzantrag ist vom Schuldner oder Gläubiger bzw. dem oder den Antragsberechtigten oder von dessen Vertreter oder Bevollmächtigten beim örtlich und sachlich zuständigen Amtsgericht – Insolvenzgericht in der Bundesrepublik einzureichen. Erst mit dem Eingang des Verfahrens setzt die Tätigkeit des Insolvenzgerichts nach der Eintragung (Registrierung) mit der Zulassungsprüfung ein.

Hierfür ist allein der durch die Geschäftsverteilung bestimmte Amtsrichter – Insolvenzrichter zuständig. Er allein trifft in richterlicher Unabhängigkeit die Entscheidungen und bestimmt auch den Gang des Verfahrens.

Der Richter (und auch der Rechtspfleger) ist als „Hüter der Rechtmäßigkeit" des Verfahrens anzusehen und Moderator des Verfahrensablaufs, nicht als Sachwalter bestimmter gesamtgesellschaftlicher oder sozialer Interessen, sondern tätig zur bestmöglichen Befriedigung der Gesamtgläubigerschaft. Das Insolvenzeröffnungsverfahren ist der Kernbereich richterlicher Tätigkeit.[1]

1

---

[1] *Uhlenbruck* ZInsO 2001, 1129 ff.

2   Er prüft zunächst folgende Punkte:
    – Insolvenzfähigkeit
    – Zuständigkeit
    – Form des Antrags
    – Antragsberechtigung
    – Verfahrens-, Partei- und Prozessfähigkeit des Schuldners
    – Rechtliches Interesse und Forderung (Glaubhaftmachung) eines antragstellenden Gläubigers
    – Eröffnungsgrund (Glaubhaftmachung durch den Gläubiger bzw. spezifizierte Darstellung durch den Schuldner)
3   Hat die Prüfung das Vorliegen der Voraussetzungen für die Zulassung ergeben, schließen sich von Amts wegen die Ermittlungen des Gerichts an, ob eine Verfahrenskostendeckung vorliegt, dh ob die vorhandene Masse voraussichtlich die Verfahrenskosten deckt.
    Soweit erforderlich erlässt der Insolvenzrichter verfahrensleitende Anordnungen und Sicherungsmaßnahmen.
4   Nach Abschluss der Ermittlungen entscheidet der Insolvenzrichter bei Vorliegen eines zulässigen und begründeten Antrags durch Insolvenzeröffnung oder Abweisung mangels Masse.

II. Eingang des Antrags beim Insolvenzgericht und geschäftsmäßige Behandlung

5   Der schriftliche Antrag wird nach Eingang durch Übersendung mit einem Postdienstleister, Einwurf in den Gerichtsbriefkasten oder Übergabe von der Geschäftsstelle des Insolvenzgerichts entgegengenommen und im Register mit einer Registernummer eingetragen.
6   Als **Registerzeichen** sind gem. § 15a AktO[2] vorgesehen:
    IN   Insolvenzverfahren (ohne IK und IE)
    IK   Verbraucherinsolvenzverfahren (§ 304 InsO)
    IE   Insolvenzverfahren nach ausländischem Recht (§§ 343 bis 354 und 356 InsO).
    In der Geschäftsstelle werden für jeden Antrag mit laufender Nummer Akten mit Beiheften („Aktenbände") angelegt, die dem durch die Geschäftsverteilung bestimmten Richter vorgelegt werden.
    Gem. § 15a AktO werden ua folgende gesonderte Aktenbände angelegt:
    – Insolvenzplan,
    – Grundbesitz des Schuldners,
    – Schuldenbereinigungsplan,
    – Restschuldbefreiungsverfahren und
    – Anfragen zum Verfahrensstand und deren Beantwortung.
    Zusätzlich werden meistens angelegt:
    – Titelheft (für übergebene Vollstreckungstitel)
    – Heft für übergebene Urkunden

---

[2] Bayern: JMS v. 16.12.1998 – Gz. 1454-VI-1421/98 idF vom 13.12.1983 (JMBl. 1984 S. 13) zuletzt geändert durch Nr. 1 ÄndBek. v 17.12.2012 (JMBl 2013 S 2).

– Kostenheft
– Heft für ausgehobene Schriftstücke und Überstücke (Doppel von eingereichten Schriftstücken)

Auf besondere Anordnung können noch weitere Aktenbände angelegt werden, wie zB für Auskünfte von Banken, Versicherungen und Drittschuldnern, sowie personenbezogenen Angaben bezüglich des Schuldners (Atteste, Personenstandsurkunden).

Bei **Akteneinsichtsgesuchen** kann uU die Einsicht auf den Hauptband oder einzelne Aktenbände beschränkt werden. Die Akteneinsicht richtet sich im Eröffnungsverfahren nur für Schuldner und ggf. den Antragsteller nach §§ 4 InsO, 299 Abs. 1 ZPO. Gläubiger sind im Eröffnungsverfahren nicht Partei und somit nach § 299 Abs. 2 ZPO zu behandeln.[3] Zuständig hierfür ist der damit vom Vorstand des Gerichts betraute Richter, § 22 Abs. 3 GVG, der meist vom zuständigen Insolvenzrichter abweichen wird. 7

Nach Eröffnung des Insolvenzverfahrens sind Akteneinsichtsgesuche von Gläubigern nach § 299 Abs. 1 ZPO zu behandeln,[4] sofern sie berücksichtigungsfähig sind. Ein Kriterium hierfür ist ua, ob die Forderung bestritten ist.

Wenn zweifelhaft ist, ob es sich bei dem eingereichten Schriftstück um einen konkreten Insolvenzantrag oder nur eine Voranfrage – oft verbunden mit der Bitte, erst Antragsformulare zu senden – handelt, wird dieses unter dem Registerzeichen AR erfasst (§ 8 AktO). Gleiches gilt für evtl. eingegangene **Schutzschriften oder Gläubigervoten,** die im Vorfeld eines Insolvenzantrags bei Gericht eingehen. 8

Für jeden Antrag, auch gegen ein und denselben Schuldner und auch bei Stellung eines Eigenantrags wird ein eigenes Verfahren eingetragen und eine eigene Verfahrensakte angelegt. 9

Eine **Verbindung**[5] mit schon vorhandenen Verfahren in der Antragsphase ist unpraktikabel. Bei der Rücknahme eines der Anträge, was zB bei Kassenanträgen sehr häufig und oft schon wenige Tage nach Antragstellung der Fall ist, müsste wieder eine aufwendige Trennung der Verfahren bzw. der Akten und Aktenteile erfolgen. Auch würden sich bei der Kostenbehandlung Schwierigkeiten ergeben. Die Verbindung aller zulässigen und begründeten Anträge gegen denselben Schuldner erfolgt vielmehr unmittelbar vor der Eröffnungsentscheidung mittels Verbindungsbeschluss, da auch auf Grund mehrerer Anträge verschiedener Gläubiger nur ein Insolvenzverfahren mit einem einzigen gemeinsamen Beschluss zu eröffnen ist. Sollte ein Eigenantrag gestellt sein, werden die Fremdanträge zu diesem verbunden, das Aktenzeichen des Eigenantrags führt. Im Eröffnungsbeschluss werden sämtliche Antragsteller und die Verbindung dokumentiert.[6]

Die Verfahrensverbindung mehrerer Verfahren gegen verschiedene Schuldner ist unzulässig, selbst wenn es sich zB um Anträge gegen eine OHG und gegen deren persönlich haftenden Gesellschafter handelt. Es liegen regelmäßig getrennte Vermögensmassen mit meist unterschiedlichen Gläubigern und Forde- 10

---

[3] MüKoInsO/*Ganter/Lohmann* § 4 Rn. 59.
[4] MüKoInsO/*Ganter/Lohmann* § 4 Rn. 61.
[5] *Holzer* NZI 2007, 432 ff.
[6] OLG Köln Beschl. v. 14.6.2000 – 2 W 85/00, ZInsO 2000, 393.

rungen vor, so dass bei Verfahrenseröffnung auch unterschiedliche Tabellen geführt werden.[7]

11 Der von der Geschäftsstelle registrierte und mit nummerierten Blättern versehene Aktenband wird dem nach der Geschäftsverteilung des Amtsgericht für das laufende Geschäftsjahr zuständigen Insolvenzrichter vorgelegt. Die Aktenzeichen weggelegter Vorverfahren gegen denselben Schuldner werden mitgeteilt. Aus praktischer Notwendigkeit sollte die Geschäftsverteilung für das Insolvenzgericht vorsehen, dass der zuständige Richter für den zuerst eingegangenen Insolvenzantrag eines Schuldner auch zuständig wird für weitere eingehende Eigen-/Fremdanträge. Dasselbe gilt für Insolvenzanträge beispielsweise bei den Gesellschaften der GmbH & Co. KG oder Eheleuten.

12 Die Masseermittlung selbst erfolgt aus praktischen Gründen unter dem Geschäftszeichen des ältesten Antrags, wobei Sicherungsmaßnahmen auch unter mehreren Geschäftszeichen erlassen werden können. Besonders ist darauf zu achten, dass, wenn der Antrag in einem Verfahren zurückgenommen oder für erledigt erklärt wird, die Sicherungsmaßnahmen für dieses Verfahren aufgehoben werden müssen. Nahtlos werden dann durch Beschluss ohne Aufhebung der Sicherungsmaßnahmen als solche die ursprünglichen Maßnahmen auf die weiteren noch anhängigen Verfahren erstreckt, wenn dies noch erforderlich ist und die Maßnahmen nicht bereits unter mehreren Aktenzeichen erlassen wurden.

13 Beispiel für den Tenor eines solchen Beschlusses:
„Die mit Beschluss vom [Datum] angeordneten Sicherungsmaßnahmen werden wegen Antragsrücknahme für das Verfahren [IN .../...] aufgehoben, bleiben aber für das/die Verfahren [IN .../...] weiterhin aufrechterhalten."
Eine Abschrift des Beschlusses kommt in die noch offenen Verfahrensakten.

III. Verfahrensvoraussetzungen

14 Zur Durchführung eines Insolvenzeröffnungsverfahrens müssen die Voraussetzungen gegeben sein.
Die Voraussetzungen hierfür sind:
– Die Insolvenzfähigkeit des Schuldners (§ 11 InsO)
– Ein zulässiger Insolvenzantrag des Schuldners oder mindestens eines Gläubigers (§§ 13, 14, 15 InsO)

IV. Verfahrensgrundsätze

15 Insolvenzgerichte und die Insolvenzrichter beachten bei der Bearbeitung der Anträge im Eröffnungsverfahren die Verfahrensgrundsätze, die sich aus § 5 InsO ergeben:

1. Amtsermittlungsgrundsatz

16 § 75 KO wurde in § 5 Abs. 1 InsO übernommen. Es gilt der Amtsermittlungsgrundsatz. Das Insolvenzgericht hat alle für das Insolvenzverfahren relevanten Umstände zu ermitteln (§ 5 Abs. 1 InsO) und alle Maßnahmen zu tref-

---

[7] *Holzer* NZI 2007, 432 ff.

fen, die nach der Überzeugung des Richters erforderlich sind, um bis zur Entscheidung über den Insolvenzantrag eine den Gläubigern nachteilige Veränderung in der Vermögenslage des Schuldners zu verhüten (§ 21 Abs. 1 InsO).
Die Aufnahme von Ermittlungen und die Eröffnung des Insolvenzverfahrens erfolgt jedoch nur wenn ein zulässiger Antrag vorliegt.[8] So lange der Antrag nicht zugelassen wurde, besteht keine Amtsermittlungspflicht.[9]
Förmliche Beweisaufnahmen werden grundsätzlich nicht durchgeführt. Alle Entscheidungen können ohne mündliche Verhandlung ergehen (§ 5 Abs. 2 InsO). Das Insolvenzverfahren wird deshalb vorwiegend schriftlich geführt.

2. Beschleunigungsgrundsatz

Von erheblicher Wichtigkeit ist der Beschleunigungsgrundsatz. Das Insolvenzgericht muss rasch reagieren, um dann durch eine möglichst umfassende Bestandsaufnahme der Situation und des schuldnerischen Vermögens den Schaden einzugrenzen und sachgerechte Entscheidungen treffen zu können. Dadurch soll (weiterer) Schaden für die Gläubiger, den Schuldner, dessen Arbeitnehmer und Dritte vermieden werden. Das rechtliche Gehör darf erheblich eingeschränkt werden.

Deshalb ist das Insolvenzeröffnungsverfahren ein **„Eilverfahren"**,[10] in dem zwar die Möglichkeit der Einvernahme von Zeugen und Sachverständigen besteht („kann"), eine förmliche Beweisaufnahme aber nicht stattfindet.[11]

Es liegt ebenso wie schon beim Konkursverfahren, in der Natur der Sache, dass das Insolvenzverfahren ein „Ruhen" nicht kennt. Hat sich ein Gläubiger oder Schuldner zur Stellung eines Insolvenzantrags entschlossen, muss er auch dem Gericht in kürzester Zeit umfassende Informationen zukommen lassen. Insbesondere kann auch seitens des Schuldners ein „Ruhen" nicht beantragt werden, um beispielsweise eine Ratenzahlungsvereinbarung mit dem Antragsteller zu treffen. Bei Zurückweisung kann ein Antrag jederzeit wieder neu gestellt werden.

Im gesamten Insolvenzverfahren und damit auch im Eröffnungsverfahren gelten die Vorschriften der ZPO entsprechend, falls keine andere Regelung getroffen ist (§ 4 InsO). So gelten beispielsweise die Regelungen der ZPO zum allgemeinen Gerichtsstand des Schuldners (§§ 13–19 ZPO), zur Ablehnung von Richtern (§§ 41–49 ZPO) und Rechtspflegern (über § 10 RPflG), zur Partei- und Prozessfähigkeit (§§ 50–58 ZPO), aber auch zu den Kosten bei Hauptsacheerledigung (§§ 91 ff. ZPO) und Antragsrücknahme (§ 269 Abs. 3 ZPO), Glaubhaftmachung (§ 294 ZPO) oder Akteneinsicht (§ 299 ZPO).[12]

3. Rechtliches Gehör

Der Grundsatz des rechtlichen Gehörs gem. Art. 103 Abs. 1 GG ist im Insolvenzverfahren **nur eingeschränkt anwendbar.** In der Regel ist es ausreichend,

---

[8] LG Potsdam Beschl. v. 30.5.2002 – 5 T 124/02, ZVI 2002, 364.
[9] BGH Beschl. v. 12.12.2002 – IX ZB 426/02, ZVI 2003, 64 ff.
[10] *Haarmeyer/Wutzke/Förster* Rn. 3/232; Uhlenbruck/*Vallender* InsO § 21 Rn. 8.
[11] OLG Köln Beschl. v. 29.12.1999 – 2 W 188/99, NZI 2000, 78; LG Hamburg Beschl. v. 30.7.1999 – 326 T 103/99, ZInsO 1999, 651 f.
[12] Siehe Zusammenstellung bei Braun/*Baumert* InsO § 4 Rn. 5 ff.

wenn der Schuldner bei einem Fremdantrag mit angemessener, aber nicht zu langer Frist (etwa 10 Tage) zum Insolvenzantrag gehört und aufgefordert wird, seine Vermögensverhältnisse darzustellen. Wichtig ist es hier, zu unterscheiden: Zum einen wird dem Schuldner rechtliches Gehör gewährt (Recht des Schuldners), zum anderen wird ihm eine Frist zur Erfüllung seiner Auskunftspflichten gesetzt (Pflicht des Schuldners).

§ 10 Abs. 1 InsO lässt, soweit die Insolvenzordnung eine Anhörung vorschreibt, Lockerungen zu, zB wenn sich der Schuldner (natürliche Person) im Ausland aufhält und dadurch eine übermäßige Verzögerung eintreten würde oder der Aufenthalt des Schuldners unbekannt ist. In diesem Fall wird eine Anhörung von Vertretern oder Angehörigen in das Ermessen des Gerichts gestellt. Ähnliches gilt, wenn der Schuldner keine natürliche Person ist oder bei führungslosen juristischen Personen (§ 10 Abs. 2 InsO).

Das rechtliche Gehör darf notwendigen Sicherungsmaßnahmen (nach § 21 Abs. 1, 2 Nr. 1–3, 3 S. 1 Variante 1 InsO) nicht zuwiderlaufen. Es bezweckt nicht, den Verfahrensbeteiligten Zeit dafür zu geben, veränderte Tatsachen zu schaffen und dadurch die Entscheidung zu ihren Gunsten zu beeinflussen, zB durch Beseitigung des Insolvenzgrundes durch Erfüllung der offenen Forderung.[13] Die Anhörung des Schuldners ist im Eröffnungsverfahren vor Erlass von Sicherungsmaßnahmen nicht erforderlich.[14] In Einzelfällen kann aus diesem Grund auch eine sofortige Anordnung von Sicherungsmaßnahmen direkt nach Zulassung des Antrags erfolgen, ohne dass der Schuldner vorher zum Antrag gehört wurde.

20 Vor der Anordnung von Sicherungsmaßnahmen (mit Ausnahme der Haftanordnung) ist dem Schuldner rechtliches Gehör grundsätzlich also nur dann zu gewähren, wenn dadurch der Sicherungszweck nicht gefährdet wird, zB nicht zu befürchten ist, dass Vermögenswerte beiseite geschafft werden. Die Anhörung kann nachgeholt werden.[15] Bei Anordnung der (vorläufigen) Postsperre ist dies in § 99 Abs. 1 S. 2, 3 InsO eigens geregelt.

In allen anderen Fällen geschieht dies regelmäßig durch die nachfolgende Bekanntgabe, Zustellung und auch durch den Gerichtsvollzieher bei der Vorführung.

Während bei der zwangsweisen Vorführung eine vorhergehende Anhörung nicht vorgeschrieben ist, ist sie bei Anordnung der Haft zwingend (§ 21 Abs. 3 S. 1 InsO).

21 Es empfiehlt sich frühzeitig, zB mit Zustellung des Insolvenzantrags, auf die Konsequenzen der Nichtbefolgung von Anordnungen und Auskunftsersuchen hinzuweisen. Eine mündliche Verhandlung ist nicht zwingend vorgeschrieben (§ 5 Abs. 2 InsO).

22 Die Fälle, in denen rechtliches Gehör über den allgemeinen Verfahrensgrundsatz hinaus im Eröffnungsverfahren **zwingend** vorgeschrieben ist, sind in anschließender Übersicht zusammengefasst:

---

[13] BVerfG Beschl. v. 30.9.2001 – 2 BvR 1338/01, NZI 2002, 30.
[14] LG Göttingen Beschl. v. 11.2.2003 – 10 T 24/03, InVo 2003, 356.
[15] OLG Brandenburg Beschl. v. 21.12.2000 – 8 W 252/00, ZIP 2001, 207; LG Göttingen Beschl. v. 11.2.2003 – 10 T 24/03, ZInsO 2003, 337.

Heilmaier

> Übersicht zum vorgeschriebenen rechtlichen Gehör (Eröffnungsverfahren)
> - § 14 Abs. 2 InsO:
>   Anhörung des Schuldners zum Fremdantrag.
>   (Ausnahme: § 10 InsO bei Aufenthalt im Ausland oder unbekanntem Aufenthalt. Hier aber Anhörung von Angehörigen oder seiner Vertreter, soweit möglich. § 10 Abs. 2 InsO regelt den Fall der Führungslosigkeit einer juristischen Person)
> - § 15 Abs. 2 S. 3, Abs. 3 InsO:
>   Bei Eigenantrag von juristischen Personen und Gesellschaften ohne Rechtspersönlichkeit, wenn der Antrag nicht von allen Mitgliedern des Vertretungsorgans, allen persönlich haftenden Gesellschaftern, allen Gesellschaftern der juristischen Person, allen Mitgliedern des Aufsichtsrates oder allen Abwicklern gestellt wird:
>   Anhörung der übrigen Mitglieder des Vertretungsorgans, persönlich haftenden Gesellschafter, Gesellschafter der juristischen Person, Mitglieder des Aufsichtsrates oder Abwickler;
> - §§ 21 Abs. 2 Nr. 1, 56a Abs. 1 InsO: Anhörung eines bestehenden vorläufigen Gläubigerausschusses zur Verwalterbestellung (Ausnahme: Offensichtlich Nachteile sind zu erwarten)
> - §§ 21 Abs. 2 Nr. 1, 59 Abs. 1 S. 3 InsO: Anhörung des zu entlassenden vorläufigen Insolvenzverwalters
> - §§ 21 Abs. 2 Nr. 1a, 70 S. 3 InsO: Anhörung eines zu entlassenden Mitglieds des vorläufigen Gläubigerausschusses
> - §§ 21 Abs. 3 S. 1, 98 Abs. 1 InsO: Anhörung des Schuldners vor Anordnung der Haft
> - §§ 21 Abs. 2 Nr. 4, 98 Abs. 1 S. 2 InsO: Anhörung des Schuldners vor oder nach Anordnung der Postsperre.
> - § 270 Abs. 3 S. 1 InsO: Anhörung eines bestehenden vorläufigen Gläubigerausschusses zum Antrag auf Eigenverwaltung
> - § 270a Abs. 2 InsO: Anhörung des Schuldners bei fehlendem Vorliegen der Voraussetzungen der Eigenverwaltung
> - § 287 Abs. 1 InsO: Anhörung des Schuldners bei aufgrund § 287a Abs. 2 InsO unzulässigem Restschuldbefreiungsantrag
> - §§ 307 Abs. 1 und 3, 309 Abs. 2 InsO: Anhörungen von Gläubigern und Schuldner im Rahmen des gerichtlichen Schuldenbereinigungsplanverfahrens
> - § 317 Abs. 2 S. 2 InsO: Bei Nachlassinsolvenz: Anhörung der übrigen Erben, wenn der Antrag nicht von allen gestellt wurde
> - § 318 Abs. 2 S. 2 InsO: Bei Nachlassinsolvenz im Gesamtgut: Anhörung des anderen Ehegatten, wenn Antrag nur von einem gestellt
> - § 333 Abs. 2 S. 2 InsO: Bei Gesamtgutinsolvenz: Anhörung des anderen Ehegatten, wenn Antrag nur von einem gestellt

§ 321a Abs. 5 ZPO ermöglicht die Abhilfe, wenn gem. Abs. 1 Nr. 2 die so genannte „**Anhörungsrüge**" ordnungsgemäß begründet (§ 321a Abs. 2 ZPO) eingereicht wird und das rechtliche Gehör tatsächlich in entscheidungserheblicher Weise verletzt wurde. Die „Anhörungsrüge" ist aber nur dann statthaft, wenn gegen die Entscheidung des Insolvenzgerichts kein Rechtsmittel vorgesehen ist. Ist die sofortige Beschwerde vorgesehen, gilt ohnehin § 572 ZPO.

V. Insolvenzantragsverfahren

24 Das gerichtliche Insolvenzverfahren beginnt mit dem Insolvenzeröffnungsverfahren und wird, wenn eine Eröffnung möglich ist, mit dem eröffneten Verfahren fortgesetzt. Das Insolvenzantragsverfahren **setzt einen zulässigen Antrag voraus.**

Prüfungsschema zur Zulässigkeit des Antrags
im Insolvenzeröffnungsverfahren:

I. Allgemeine Voraussetzungen
Insolvenz-, Verfahrens-, Partei-, Prozessfähigkeit des Schuldners (§§ 11, 12 InsO)

II. Zuständigkeitsprüfung
1. Funktionelle Zuständigkeit des Richters (§ 18 RpflG)
2. Sachliche Zuständigkeit des Amtsgerichts am Sitz des Landgerichts (§ 2 II InsO, andere Regelung durch GZVJU)
3. Örtliche Zuständigkeit (§ 3 InsO): Wenn nicht gegeben: Verweisung (§ 4 InsO)
   – Mittelpunkt einer selbständigen wirtschaftlichen Tätigkeit des Schuldners (§ 3 I 2 InsO)
   – Allgemeiner Gerichtsstand (§§ 3 I 1 InsO, 4 InsO, 13 ff. ZPO)

III. Prüfung des Insolvenzantrags
1. Schriftform (§ 13 I InsO). Beachte Formularzwang bei Verbraucherinsolvenz, § 13 III InsO
2. Antragsberechtigung/Verfahrensart:
   a) Regelinsolvenzverfahren: Schuldner, Gläubiger (§§ 13, 14 InsO u. jur. Pers. § 15 InsO)
   b) Nachlassinsolvenzverfahren: Erben, Nachlassverwalter, Nachlasspfleger, Testamentsvollstrecker, Nachlassgläubiger (§ 317 I InsO)
   c) Verbraucherinsolvenzverfahren: Schuldner, Gläubiger (§ 304 I 1 Inso, §§ 304 I 1, 13 I 2 InsO)
   Möglichkeit der Bevollmächtigung Dritter
3. Rechtsschutzinteresse und Rechtsmissbrauch
4. Prüfung der besonderen Voraussetzungen von
   a) Eigenantrag, Anforderungen des § 13 InsO
   b) Fremdantrag, Anforderungen des § 14 InsO
Bei Mängeln: Aufforderung an Antragsteller zur Nachbesserung

Keine Mängelbehebung	Mängelbehebung	keine Mängel
Zurückweisungsbeschluss	formlose Zulassung	

---

1. Insolvenzfähigkeit

25 Diese ergibt sich aus den §§ 11, 12 InsO. Die Insolvenzfähigkeit einer juristischen Person oder Gesellschaft ohne Rechtspersönlichkeit dauert auch nach Auflösung bei Vorhandensein verteilungsfähigen Vermögens fort. Eine Löschung im Handelsregister hat nur rechtsbekundende, nicht rechtserzeugende

Wirkung.[16] Das Fortbestehen wird für Liquidationszwecke fingiert und dauert solange fort, bis die Verteilung des Vermögens vollzogen ist.[17] Dies gilt auch für eine „Ltd.", die in England im Gesellschaftsregister[18] gelöscht wurde und nach englischem Recht damit rechtlich nicht mehr existiert.

2. Zuständigkeit (§§ 2, 3, 4, 13 ff. InsO)

a) **Funktionelle Zuständigkeit.** → § 3 Rn. 11 ff. **aa) Richterliche Zuständigkeit im Eröffnungsverfahren.** Die in der ZPO und InsO nicht ausdrücklich erwähnte funktionelle Zuständigkeit legt fest, welches Rechtspflegeorgan (Richter, Rechtspfleger, Gerichtsvollzieher, Urkundsbeamter) für bestimmte Fallbehandlungen und Entscheidungen zuständig ist. Es wird aber auch festgelegt, ob die Entscheidungen vom Prozessgericht, Vollstreckungsgericht oder Insolvenzgericht getroffen werden.[19] 26

Für das Insolvenzeröffnungsverfahren ist der Richter gem. § 18 Abs. 1 Nr. 1 RPflG funktionell zuständig.

EXKURS: Das Insolvenzgericht als „besonderes" Vollstreckungsgericht 27

Das Insolvenzgericht und die jeweils für den Verfahrensabschnitt zuständigen Insolvenzrichter bzw. Rechtspfleger sind auch für eine Entscheidung über einen Antrag des Schuldners gem. §§ 850 ff. ZPO (zB Errechnung des pfändbaren Betrages beim Schuldnereinkommen gem. § 850c ZPO) zuständig, denn die Entscheidung betrifft die Frage, welcher Vermögensgegenstand in welcher Höhe zur Masse gezogen kann. Beim Insolvenzgericht ist gegenüber dem Vollstreckungsgericht die größere Sachnähe vorhanden.[20] Nach § 36 Abs. 4 InsO ist für Entscheidungen nach §§ 850 ff. ZPO das Insolvenzgericht zuständig. Für die Entscheidung über die Erhöhung der Pfändungsfreigrenze nach § 850f ZPO und die vorläufige Einstellung der Zwangsvollstreckung nach § 765a ZPO ist der Rechtspfleger zuständig.[21]

Über Einwendungen wegen des Vollstreckungsverbots bzw. die Zulässigkeit einer Zwangsvollstreckung während eines Insolvenzverfahrens gem. § 89 Abs. 1, 2 InsO entscheidet ebenfalls das Insolvenzgericht (§ 89 Abs. 3 InsO), nicht das Vollstreckungsgericht.[22] Gem. § 20 Nr. 17 S. 2 RPflG ist, wenn gem. § 766 ZPO über eine Erinnerung zu entscheiden ist, der Richter funktionell zuständig.

Für eine Erinnerung gegen Zwangsvollstreckungsmaßnahmen trotz vorläufiger Sicherungsmaßnahmen nach §§ 21 Abs. 2 Nr. 3 InsO (zB Verbot der Zwangsvollstreckung) ist dagegen ausschließlich das örtlich zuständige Amtsgericht – Vollstreckungsgericht – zuständig.[23] → § 8 Rn. 12 ff.

---

[16] BGH Beschl. v. 21.6.1979 – IX ZR 69/75, NJW 1979, 1987.
[17] FK-InsO/*Schmerbach* § 11 Rn. 42.
[18] http://wck2.companieshouse.gov.uk.
[19] *Thomas/Putzo/Hüßtege* ZPO Vorb. § 1 Rn. 2.
[20] OLG Köln Beschl. v. 16.10.2000 – 2 W 189/00, ZIP 2000, 2074 ff.
[21] AG Göttingen Beschl. v. 30.6.2000 – 74 IK 49/00, NZI 2000, 493.
[22] Siehe Zusammenfassung: *Althammer/Löhning*, Das Insolvenzgericht in der Rolle des Vollstreckungsgerichts, KTS 2004, 525 ff.
[23] AG Köln Beschl. v. 23.6.1999 – 73 IK 1/99, ZInsO 1999, 419.

Heilmaier

28 Gem. § 22 Abs. 6 S. 1 GVG bzw. § 18 Abs. 4 RPflG dürfen Richter auf Probe und Beamte auf Probe als Rechtspfleger erst nach einem Jahr Insolvenzsachen bearbeiten.

29 **bb) Ablehnung des Insolvenzrichters wegen Besorgnis der Befangenheit.** Wie im Konkursrecht gelten gem. § 4 InsO bei Besorgnis der Befangenheit grundsätzlich die Ablehnungsvorschriften der §§ 41–49 ZPO. Deshalb können Richter (§ 42 Abs. 2 ZPO), Rechtspfleger (§ 10 S. 1 RpflG) und Urkundsbeamte (§ 49 ZPO) wegen Besorgnis der Befangenheit abgelehnt werden. Gutachter sind nur dem Richter gegenüber verantwortlich und können nicht abgelehnt werden.[24] Der Insolvenzverwalter kann nicht abgelehnt, aber in der ersten Gläubigerversammlung abgewählt werden (§ 57 InsO). Ebenso kann der Treuhänder wegen Besorgnis der Befangenheit nicht abgelehnt werden. Bei möglichen Hinderungsgründen und Interessenkollisionen kann das Gericht einen „Sonderinsolvenzverwalter" für einen Teil des Schuldnervermögens bestellen (im entsprechenden Beschluss ist der Wirkungskreis genau festzulegen), bei schweren Pflichtverstößen diese nach Maßgabe des § 59 InsO entlassen.[25]

Der Insolvenzverwalter hat kein Recht zur Ablehnung des Rechtspflegers. Er ist lediglich als Bevollmächtigter des Schuldners anzusehen, weil er als Verwalter weder persönlich beteiligt ist, noch mit seinem eigenen Vermögen haftet.[26]

Wegen der Eilbedürftigkeit des Insolvenzverfahrens dulden im Zweifel notwendige richterliche Maßnahmen, vor allem Sicherungsmaßnahmen, keinen Aufschub (§ 47 ZPO).[27] Bei Ablehnungen in einem Termin gilt § 47 Abs. 2 ZPO.

Wird der Richter/Rechtspfleger während eines Termins abgelehnt, kann der Termin durch den Abgelehnten fortgesetzt werden, wenn die Entscheidung über die Ablehnung eine Vertagung erfordern würde (§ 47 Abs. 2 ZPO). Erweist sich die Ablehnung als begründet, muss dieser Verfahrensteil wiederholt werden.

30 Über die Ablehnung
– des Rechtspflegers entscheidet der Richter (§ 10 S. 2, 28 RPflG),
– des Richters entsprechend der Geschäftsverteilung des Gerichts gem. § 4 InsO, § 45 Abs. 1, 2 ZPO ein anderer Richter des Amtsgerichts.

Eine Entscheidung ist nicht erforderlich, wenn der Abgelehnte die Ablehnung für begründet hält (§ 45 Abs. 2 S. 2 ZPO).

31 **b) Sachliche Zuständigkeit.** Sachlich zuständig ist das Amtsgericht – Insolvenzgericht – am Sitz des Landgerichts für den Bezirk des Landgerichts (§ 2 Abs. 1 InsO).

Eine andere Bestimmung durch Rechtsverordnung der Landesregierung ist möglich (§ 2 Abs. 2 InsO).

Beispiele: Das AG Nürnberg ist zuständig für die AG-Bezirke Nürnberg, Hersbruck, Schwabach u. Neumarkt (§ 38 Nr. 2d GZVJU),[28] das AG Fürth für die Bezirke Fürth, Erlangen u. Neustadt/Aisch.

---

[24] Uhlenbruck/*Pape* InsO § 4 Rn. 14.
[25] BGH Beschl. v. 25.1.2007 – IX ZB 240/05, NJW-RR 2007, 1535.
[26] OLG Zweibrücken Beschl. v. 22.3.2000 – 3 W 50/00, NJW-RR 2000, 864.
[27] Hierzu: Uhlenbruck/*Pape* InsO § 4 Rn. 11; *Haarmeyer/Wutzke/Förster* Rn. 2/19.
[28] Gerichtliche Zuständigkeitsverordnung Justiz v. 11.6.2012 (GVBl. S. 295), zuletzt geändert durch § 1 ÄndVO vom 10.12.2014 (GVBl S. 575).

§ 4. *Die richterliche Tätigkeit im Eröffnungsverfahren*

Wenn ein Antragsteller den Insolvenzantrag bei einem anderen Amtsgericht 32
in einem Insolvenzgerichtsbezirk einreicht, das nicht Insolvenzgericht ist, übersendet dieses den Antrag nach Ein- und Abtragung im AR-Register ohne Verweisungsbeschluss an das Insolvenzgericht.

c) Örtliche Zuständigkeit. aa) Grundsätze zur Bestimmung der örtlichen 33
Zuständigkeit. Örtlich ausschließlich zuständig ist das Amtsgericht, in dessen Bezirk der Schuldner seinen **allgemeinen Gerichtsstand** hat (§ 3 Abs. 1 InsO iVm mit § 4 InsO, §§ 13 ff. ZPO), aber immer das Amtsgericht, in dessen Bezirk der Schuldner den Mittelpunkt seiner wirtschaftlichen Tätigkeit hat (§ 3 Abs. 1 S. 2 InsO). Voraussetzung ist eine werbende Tätigkeit des Schuldners bzw. der schuldnerischen Gesellschaft.[29] Eine Zuständigkeit nach § 3 Abs. 1 S. 1 InsO kommt nur in Betracht, wenn eine selbstständige wirtschaftliche Tätigkeit nicht (mehr) ausgeübt wird oder mit der Antragstellung eingestellt wurde.[30] Maßgeblicher Zeitpunkt für die Bestimmung der örtlichen Zuständigkeit ist der Eingang des Insolvenzantrags bei Gericht.[31] Dabei spielt es keine Rolle, dass der Firmensitz anschließend ins Ausland verlegt wird.[32] Der Antragsteller muss die ladungs- und zustellungsfähige Anschrift des Schuldners angeben (§ 4 InsO, § 253 Abs. 2 Ziff. 2 ZPO).[33]

Bei einer **natürlichen Person,** die keine selbstständige Tätigkeit (mehr) aus- 34
übt, wird der allgemeine Gerichtsstand gem. § 4 InsO, § 13 ZPO durch den Wohnsitz bestimmt. Wegen der Grenzen der deutschen Gerichtsbarkeit kommt nur der Wohnsitz im Inland in Betracht. Besteht ein solcher im Inland nicht, sind die deutschen Insolvenzgerichte nicht international zuständig. § 16 ZPO ist analog nur anwendbar, wenn der Schuldner überhaupt keinen Wohnsitz hat. § 15 S. 1 ZPO gilt nur bei Deutschen, die Exterritorialität genießen. Die **internationale Zuständigkeit** bestimmt sich allein nach dem lex fori, also bei Wohnsitz im Ausland nach den dort geltenden Vorschriften. Art. 3 EUInsVO (Internationale Zuständigkeit) über Insolvenzverfahren trat am 31.5.2002 in Kraft und gilt für die Mitgliedsstaaten der EU mit Ausnahme von Dänemark.[34]

Eine natürliche Person hat ihr „center of main interests – COMI"[35] grundsätzlich an ihrem gewöhnlichen Aufenthaltsort. Dieses persönliche COMI ist von dem einer Gesellschaft zu trennen, deren Geschäfte sie führt.[36]

Für den **Sitz der GmbH** gelten § 17 ZPO iVm §§ 3 Abs. 1 Nr. 1, 7 Abs. 1 35
GmbHG. Wenn zur Durchführung des Insolvenzverfahrens ein neuer Geschäftsführer bestellt wird, wird durch den Sitz des Geschäftsführers keine neue

---

[29] OLG Karlsruhe Beschl. v. 30.5.2005 – 15 AR 8/05, ZIP 2005, 1475.
[30] OLG Hamm Beschl. v. 24.6.1999 – 1 Sbd 16/99, ZInsO 1999, 533 f.; OLG Hamm Beschl. v. 14.1.2000 – 1 Sbd 100/99, NZI 2000, 220; OLG Köln Beschl. v. 22.3.2000 – 2 W 49/00, ZInsO 2000, 222 (Ls.); BayObLG Beschl. v. 12.11.2002 – 1Z AR 157/02, NZI 2003, 98; BayObLG Beschl. v. 13.8.2003 – 1 Z AR 83/03, NZI 2004, 90.
[31] OLG Frankfurt aM Beschl. v. 21.5.2002 – 21 AR 113/01, NZI 2002, 499; EuGH Urt. v. 17.1.2006 – C-1/04, ZIP 2006, 188.
[32] EuGH Urt. v. 2.5.2006 – C-341/04, NZI 2006, 360 (nv); EuGH Urt. v. 17.1.2006 – C-1/04, NZI 2006, 153 ff.; BGH Beschl. v. 2.3.2006 – IX ZB 192/04, NZI 2006, 364 ff.
[33] AG Hamburg Beschl. v. 2.5.2007 – 67g IN 210/06, ZinsO 2007, 501.
[34] Vgl. hierzu MüKoBGB/*Kindler* EuInsVO Art. 1 Rn. 22.
[35] Vgl. Art. 102 § 1 Abs. 1 EGInsO.
[36] High Court of Justice London 20.12.2006 – No. 9849/02, NZI 2007, 361.

Zuständigkeit begründet. Spätere Sitzverlegungen lassen eine zunächst begründete Zuständigkeit nicht wieder entfallen.[37]

36   Bei einer **Gesellschaft des bürgerlichen Rechts – GbR** – wird die örtliche Zuständigkeit durch den Mittelpunkt der wirtschaftlichen Betätigung bestimmt.[38] Der Wohnsitz des Geschäftsführers allein begründet noch keine Zuständigkeit,[39] es sei denn, es ergibt sich zB aus einem Gerichtsvollzieherprotokoll oder aus einem Geschäftsbrief, dass die Geschäfte von dort aus geführt werden oder/und sich die Geschäftsunterlagen dort befinden. Die bloße Aufbewahrung von Geschäftspapieren eines abgeschlossenen Unternehmens bedeutet keine selbstständige wirtschaftliche Tätigkeit.[40] Wenn keine wirtschaftliche oder werbende Tätigkeit mehr ausgeübt wird, bestimmt sich die Zuständigkeit nach dem satzungsmäßig festgelegten Sitz,[41] auch wenn der Verwaltungssitz zur Liquidation und Durchführung eines möglichen Insolvenzverfahrens verlegt wird.[42] Die Sitzverlegung einer GmbH wird aber erst mit der Eintragung im Handelsregister (HRB) wirksam (§ 54 Abs. 3 GmbHG).[43] Der Sitz einer GmbH ist gem. § 4a Abs. 1 GmbHG der Ort, den der Gesellschaftsvertrag bestimmt und der nach § 10 Abs. 1 GmbHG in das Handelsregister eingetragen wird.[44] Auch bei einer vorgetäuschten Sitzverlegung, die im Handelsregister eingetragen wurde, bleibt die örtliche Zuständigkeit im Bezirk des ursprünglichen Gerichts, wenn dort bereits die Geschäftstätigkeit aufgegeben wurde.[45] Eine solche Sitzverlegung verstößt gegen § 4a Abs. 2 GmbHG und ist deshalb gem. § 134 BGB bzw. § 241 Nr. 3 Fall 3 AktG analog nichtig.[46]

37   Liegt ein Eröffnungsgrund (bereits) vor und besteht die Pflicht zur Stellung eines Insolvenzantrags, kann die einmal gegebene Zuständigkeit eines Insolvenzgerichts nicht mehr willkürlich verändert werden.[47] Dies ist vor allem wichtig, wenn mit dubiosen Machenschaften versucht wird, ein Insolvenzverfahren durch Sitzverlegungen zu behindern.

38   Das Gericht eines Mitgliedsstaats der EU, bei dem der Antrag auf Eröffnung des Insolvenzverfahrens gestellt worden ist, ist auch dann für die Entscheidung über die Eröffnung zuständig, wenn der Schuldner nach Antragstellung, aber vor der Eröffnung den Mittelpunkt seiner hauptsächlichen Inte-

---

[37] BayObLG Beschl. v. 13.8.2003 – 1Z AR 83/03, ZInsO 2003, 902.
[38] KG. Beschl. v. 16.11.1999 – 28 AR 136/99, ZInsO 2000, 44 ff.
[39] OLG Schleswig Beschl. v. 9.8.1999 – 2 W 116/99, NZI 1999, 416.
[40] OLG Braunschweig Beschl. v. 13.4.2000 – 1 W 29/00, ZInsO 2000, 286 f.; OLG Celle Beschl. v. 9.10.2003 – 2 W 108/03, ZInsO 2004, 205 f.
[41] BayObLG Beschl. v. 11.8.1999 – 4Z AR 23/99, NZI 1999, 457; BVerfG Beschl. v. 20.9.1999 – 1 BvR 636/95, NJW 2000, 349 u. BayObLG Beschl. v. 25.7.2003 – 1Z AR 72/03, NZI 2004, 88 ff.; OLG Zweibrücken Beschl. v. 2.10.2002 – 2 AR 49/01, InVo 2002, 367.
[42] OLG Köln Beschl. v. 22.3.2000 – 2 W 49/00, NZI 2000, 232; OLG Celle Beschl. v. 24.5.2000 – 4 AR 23/00, OLGReport 2000, 206; BayObLG Beschl. v. 28.3.2003 – 3Z BR 199/02, ZIP 2003, 1194; BayObLG Beschl. v. 13.8.2003 – 1Z AR 83/03, ZInsO 2003, 902.
[43] OLG Brandenburg Beschl. v. 14.3.2003 – 1 AR 49/02, ZInsO 2003, 376.
[44] OLG Naumburg Beschl. v. 28.3.2001 – 5 AR 1/01, ZIP 2001, 753.
[45] BayObLG Beschl. v. 8.9.2003 – 1Z AR 86/03, ZInsO 2003, 1045 ff.
[46] AG München Beschl. v. 1.4.2005 – 1506 IN 356/04, ZIP 2005, 1052.
[47] OLG Braunschweig Beschl. v. 22.2.2000 – 1 W 4/00, OLGR 2000, 105 ff.

ressen (center of main interests; „COMI") in das Gebiet eines anderen Staates verlegt.[48]

Liegt der Mittelpunkt der wirtschaftlichen Tätigkeit im **Ausland,** ist der Insolvenzantrag unzulässig, auch wenn die Firma einen inländischen Sitz hat. Es fehlt an einer Vorschrift über die internationale Zuständigkeit hierzu. Anderes gilt, wenn ein Abkommen besteht.[49] Dies können bilaterale Staatsverträge sein, wie zB der Deutsch – Österreichische Vertrag (DöKV)[50] oder aber multilaterale Staatsverträge, wie die am 31.5.2002 in Kraft getretene Verordnung (EG) Nr. 1346/2000 über Insolvenzverfahren.[51] 39

Bei der **Nachlassinsolvenz** ist gem. § 315 Abs. 1 S. 1 InsO der allg. Gerichtsstand zur Zeit des Todes des Erblassers maßgeblich, es sei denn, der Mittelpunkt seiner wirtschaftlichen Tätigkeit lag an einem anderen Ort (§ 315 Abs. 1 S. 2 InsO). 40

Bei Zuständigkeit mehrerer Gerichte ist das Gericht zuständig, bei dem zuerst die Eröffnung beantragt worden ist (§ 3 Abs. 2 InsO). 41

Der Amtsermittlungsgrundsatz setzt grundsätzlich erst nach Zulassung des Antrags ein.[52] Das Insolvenzgericht hat allerdings die zur Begründung der örtlichen Zuständigkeit vorgetragenen Umstände zu würdigen und, wenn erforderlich, von Amts wegen den Sachverhalt aufzuklären. 42

bb) Zuständigkeitsstreit und Verweisung. Zur **Verweisung** an ein örtlich zuständiges Gericht ist bei einem Eigen- und bei einem Fremdantrag jeweils ein Antrag des Antragstellers erforderlich. Bei Unzuständigkeit ist der Antragsteller zu hören, verbunden mit dem Hinweis auf die Möglichkeit des Verweisungsantrags innerhalb einer angemessenen Frist. Nach Äußerung des Antragstellers bzw. Fristablauf wird der Insolvenzantrag durch Beschluss an das zuständige Insolvenzgericht verwiesen oder als unzulässig verworfen, falls kein Verweisungsantrag erfolgt. 43

Der Beschluss des Insolvenzgerichts, ein Verfahren an ein anderes Insolvenzgericht zu verweisen, ist **unanfechtbar und bindend** (§ 4 InsO, § 281 Abs. 2 ZPO).

Das Gericht, an das verwiesen wurde, ist nur dann nicht an die Verweisung gebunden, wenn zB das rechtliche Gehör nicht gewährt oder die Verweisung willkürlich erfolgt ist, weil sie auf einer offensichtlich unzureichenden Erfassung des Sachverhalts beruht[53] oder wenn sie offensichtlich gesetzwidrig war bzw. jeder gesetzlichen Grundlage entbehrt.[54] Dasselbe gilt, wenn beispielsweise aus Äußerungen von Arbeitnehmern unübersehbare Hinweise auf eine Fir- 43a

---

[48] LS Schlussantrag EuGH 6.9.2005 – C-1/04, ZInsO 2005, 1099 ff.; EuGH Urt. v. 2.5.2006 – C-341/04, NZI 2006, 360 (nv); EuGH Urt. v. 17.1.2006 – C-1/04, NZI 2006, 153 ff.; BGH Beschl. v. 2.3.2006 – IX ZB 192/04, NZI 2006, 364 ff.

[49] AG Münster Beschl. v. 23.11.1999 – 77 IN 50/99, ZInsO 2000, 49 f.

[50] DöKV 25.5.1995 BGBl. 1985 II S. 411.

[51] ABl. EG 2000, Nr. L 160 S. 1 ff. v. 30.6.2000 (abgedruckt in ZInsO 2001, 111 ff.).

[52] Uhlenbruck/*Pape* InsO § 5 Rn. 1; LG Potsdam Beschl. v. 30.5.2002 – 5 T 124/02, ZVI 2002, 364; BGH Beschl. v. 10.4.2003 – IX ZB 586/02, ZIP 2003, 1005.

[53] KG Beschl. v. 16.11.1999 – 28 AR 136/99, ZInsO 2000, 44 ff; BGH Beschl. v. 13.12.2005 – X ARZ 223/05, ZInsO 2006, 146.

[54] OLG Naumburg Beschl. v. 28.3.2001 – 5 AR 1/01, ZIP 2001, 753; BGHZ 71, 69 (72 f.); BGH Beschl. v. 24.1.2006 – X ARZ 446/05, BeckRS 2006, 02454.

menbestattung vorliegen.⁵⁵ Der Antragsgegner ist ebenfalls zu hören, wenn ihm der Antrag zugestellt worden war.⁵⁶ Ein Verweisungsbeschluss ist im Hinblick auf das Grundrecht des gesetzlichen Richters auch dann nicht bindend, wenn durch Sitzverlegung und Eintragung an einen nur scheinbaren Sitz des Schuldners der entscheidende Richter getäuscht wurde.⁵⁷

44 Geht das verweisende Gericht ausreichend den Hinweisen auf einen abweichenden Sitz des Unternehmens und in Frage kommenden Mittelpunkt der selbstständigen wirtschaftlichen Tätigkeit nach und verweist mit einer vertretbaren Begründung an das nach seiner Auffassung zuständige Gericht, so liegt kein grober Mangel vor.⁵⁸

45 Gibt das Gericht, an das verwiesen wurde, das Verfahren an das verweisende Gericht mit der Anregung zurück, den Verweisungsbeschluss wegen fehlender Bindungswirkung aufzuheben, so ist es unzulässig, das Verfahren zur Entscheidung gem. § 4 InsO, § 36 Abs. 1 Nr. 6, 2 ZPO an das gemeinsame höhere Gericht vorzulegen. Voraussetzung hierfür ist das Vorliegen von rechtskräftigen Entscheidungen.⁵⁹

Hält sich auch das Gericht, an das verwiesen wurde, für unzuständig, kann es sich ebenfalls rechtskräftig für unzuständig erklären und die Akten dem zuständigen gemeinsamen höheren Gericht vorlegen. Wäre dies der BGH, ist das OLG zuständig, zu dessen Bezirk das zuerst befasste Gericht gehört (§ 36 Abs. 2 ZPO, § 4 InsO).⁶⁰

3. Antragsform und Antragsberechtigung

46 **a) Form.** Der Regelinsolvenzantrag darf nur **schriftlich** gestellt werden (§ 13 Abs. 1 InsO).

Das Bundesministerium der Justiz wird gem. § 13 Abs. 3 InsO ermächtigt, ein obligatorisch zu verwendendes Formular für den Antrag einzuführen. Für einen Verbraucherinsolvenzantrag sind Vordrucke bereits durch die VbrInsVV nach der Ermächtigung in § 305 Abs. 5 InsO eingeführt worden und zwingend zu verwenden. Für Regelinsolvenzen gibt es zum jetzigen Zeitpunkt eine derartige Regelung nicht, so dass viele Insolvenzgerichte als Hilfe für die Antragsteller eigene Formulare bereithalten, die jedoch nicht verwendet werden müssen.

47 Ein Antrag muss auch die **zustellungsfähige Anschrift** des Antragstellers und des Antragsgegners enthalten. Nur bei Angabe der aktuellen Anschrift (des Mittelpunkts der selbstständigen wirtschaftlichen Betätigung, des Sitzes oder Wohnsitzes) ist das Gericht zur Feststellung der örtlichen Zuständigkeit in der

---

⁵⁵ OLG Celle Beschl. v. 5.9.2006 – 4 AR 60/06, ZIP 2006, 2098; OLG Celle Beschl. v. 1.2.2006 – 4 AR 2/06, ZIP 2006, 921; OLG Oldenburg Beschl. v. 12.11.2007 – 5 AR 41/07, ZInsO 2008, 333.
⁵⁶ OLG Frankfurt aM Beschl. v. 21.5.2002 – 21 AR 113/01, ZVI 2002, 319.
⁵⁷ BayObLG Beschl. v. 8.9.2003 – 1Z AR 86/03, ZInsO 2003, 1045 ff.; OLG Stuttgart Beschl. v. 8.1.2009 – 8 AR 32/08, NZI 2009, 181.
⁵⁸ OLG Frankfurt aM Beschl. v. 14.7.2005 – 14 UH 13/05, ZInsO 2005, 822; BGH Beschl. v. 13.12.2005 – X ARZ 223/05, ZInsO 2006, 146.
⁵⁹ OLG Köln Beschl. v. 20.12.1999 – 2 W 273/99, ZIP 2000, 155.
⁶⁰ OLG Celle Beschl. v. 8.12.2003 – 2 W 123/03, ZInsO 2004, 397 ff.

Lage. Die aktuelle Anschrift ist nach erneuter Überprüfung zum Ende des Eröffnungsverfahrens auch in den Eröffnungsbeschluss aufzunehmen.[61]
Bei geschäftsunfähigen Personen, aber auch bei juristischen Personen etc. müssen die Namen und die Anschrift der gesetzlichen Vertreter angegeben werden. Hierbei soll die Bezugnahme auf einen beigegebenen Handelsregisterauszug ausreichen.[62]

b) Verfahrensart. Das Insolvenzgericht ist an einen Antrag in einer bestimmten Verfahrensart gebunden. Es kann deshalb nicht von Amts wegen in einer abweichenden Verfahrensart eröffnen, sondern muss, wenn es die Voraussetzungen für das beantragte Verfahren nicht für gegeben hält, den Antrag zurückweisen.[63] Das Regel- und Verbraucherinsolvenzverfahren sind unterschiedliche Verfahren, die sich gegenseitig ausschließen. Das Gericht muss deshalb von Amts wegen überprüfen, welcher Verfahrensart der Schuldner unterfällt.[64] Kommt das Gericht zu einem vom Antrag abweichenden Ergebnis, hat es die Verpflichtung, den Antragsteller darauf hinzuweisen und eine Antragsänderung bzw. Rücknahme anzuregen. 48

c) Die Antragsberechtigung. aa) Im Regelinsolvenzverfahren sind antragsberechtigt: 49
– der Schuldner und seine gesetzlichen Vertreter oder Abwickler, auch Gesellschafter und Aufsichtsratsmitglieder: §§ 13, 15, 15a InsO
– jeder Gläubiger: § 14 InsO

bb) Im Nachlassinsolvenzverfahren sind antragsberechtigt (§ 317 Abs. 1 InsO): 50
– jeder Erbe,
– der Nachlassverwalter,
– ein anderer Nachlasspfleger,
– ein Testamentsvollstrecker (– dem die Verwaltung des Nachlasses zusteht –) oder
– jeder Nachlassgläubiger.

cc) Das Verbraucherinsolvenzverfahren wird in der Regel auf Grund eines Antrags des Schuldners, der die Verbrauchereigenschaften[65] erfüllt, in Gang gesetzt (§ 305 InsO), kann aber auch von einem Gläubiger beantragt werden, §§ 304 Abs. 1 S. 1, 13 Abs. 1 S. 2 InsO.[66] Aufgrund Unkenntnis der genauen Umstände der Verschuldensstruktur des Schuldners werden Gläubiger regelmäßig einen Regelinsolvenzantrag stellen und diesen nach richterlichem Hinweis entsprechend umstellen. 51

Schuldner bzw. Schuldnervertreter und Gläubiger und die oben weiter Genannten haben ein Antragsrecht (§ 13 Abs. 1 S. 2 InsO). Der Schuldner, seine Vertreter, Abwickler und die in § 15a Abs. 2, 3 InsO Genannten haben zusätzlich in manchen Fällen sogar eine Antragspflicht (zB der Geschäftsführer einer Kapitalgesellschaft: → Rn. 65). 52

---

[61] LG Hamburg Beschl. v. 14.7.2005 – 326 T 7/05, ZVI 2005, 486 f.
[62] KPB/*Pape* InsO § 14 Rn. 21, 29.
[63] LG Göttingen Beschl. v. 15.12.2006 – 10 T 130/06, ZIP 2007, 1031.
[64] OLG Köln Beschl. v. 7.7.2000 – 2 W 61/00, ZInsO 2001, 422 f. mwN.
[65] *Ley* MDR 2003, 101 f.
[66] Vgl. auch die Regelung des § 306 Abs. 3 InsO.

53   Gesetzliche Vertreter von Gläubigern oder des Schuldners legen bei Antragstellung zB einen Registerauszug, eine Bestellung durch das Vormundschaftsgericht oder eine Geburtsurkunde eines minderjährigen Gläubigers oder Schuldners vor. Bei Kapitalgesellschaften, Genossenschaften oder Vereinen reicht auch der Hinweis auf die Registereintragung.

54   Der Bevollmächtigte des Antragstellers muss eine schriftliche Vollmacht (§ 4 InsO, § 80 Abs. 1, 2 ZPO) vorlegen. Gem. §§ 4 InsO, 79 Abs. 2 ZPO können sich die Parteien aber nur durch einen Rechtsanwalt oder durch die dort weiter aufgeführten Personen vertreten lassen.

55   Für die Stellung des Eigenantrags eines Schuldners ist das Vorliegen einer Handlungsvollmacht oder Prokura des Antragstellers nicht ausreichend (§ 49 HGB). In solchen Fällen ist eine Spezialvollmacht zur Insolvenzantragstellung erforderlich. Der Inhalt der Vollmacht ist zu überprüfen. Oft ergibt sich bei rein zivilrechtlich oder strafrechtlich ausgerichteten Kanzleien kein Hinweis auf die Bevollmächtigung in Insolvenzsachen bzw. zur Insolvenzantragsstellung.

56   Wird der Antrag von einem Rechtsanwalt unter Hinweis auf seine Bevollmächtigung gestellt, erfolgt eine gerichtliche Nachprüfung nur auf Rüge hin (§ 4 InsO, § 88 ZPO).

57   Inkassounternehmen als Gläubigervertreter sind lediglich entsprechend §§ 4 InsO, 79 Abs. 2 Nr. 4 ZPO zur Vertretung befugt. Mit § 174 Abs. 1 S. 3 InsO wurde auch natürlichen und juristischen Personen, die Rechtsdienstleistungen erbringen (registrierte Personen nach § 10 Abs. 1 S. 1 Nr. 1 RDG)[67] die Befugnis erteilt, Forderungen von Insolvenzgläubigern zur Tabelle anzumelden. Im Schuldenbereinigungsplanverfahren (→ § 40 Rn. 37 ff.) dürfen diese Personen sogar die Gläubiger gerichtlich vertreten (§ 305 Abs. 4 S. 2 InsO), nicht aber bei einer sonstigen gerichtlichen Vertretung und bei der Insolvenzantragstellung.[68]

58   **d) Bedingungen oder Befristungen.** Wird ein Antrag unter einer Bedingung oder Befristung gestellt, ist er unzulässig.[69] Dies gilt zB für einen Antrag unter der Bedingung der Bestellung eines bestimmten Verwalters, oder für den Fall, dass das Gericht einen Gläubigerantrag für zulässig und begründet hält.[70]

4. Antrag des Schuldners (§ 13 Abs. 1 InsO)

59   Zu den Besonderheiten bei Einreichung eines Verbraucherinsolvenzantrags → § 40 Rn. 20 ff.

Ist der Schuldner „eine natürliche Person, die keine selbstständige Tätigkeit ausübt oder ausgeübt hat bzw., wenn in letzterem Fall eine selbstständige Tätigkeit ausgeübt wurde und seine Vermögensverhältnisse übersichtlich sind … (§ 304 InsO)" kommen zwar die allgemeinen Vorschriften der InsO, vorrangig aber die §§ 304 ff. InsO zur Anwendung.

Beim Verbraucherinsolvenzverfahren (§§ 304, 305 ff. InsO) sind vom Schuldner bei der schriftlichen Antragstellung oder unverzüglich danach unter Ver-

---

[67] Rechtsdienstleistungsgesetz v. 12.12.2007, BGBl. I 2840.
[68] Zöller/*Vollkommer* Einf. 9a vor § 78 ZPO; Art. 1 § 1 Abs. 1 S. 2 Nr. 6 RBerG; BVerfG Beschl. v. 14.8.2004 – 1 BvR 725/03, InVo 2005, 61 f.
[69] AG Göttingen Beschl. v. 30.9.1999 – 74 IK 37/99, ZInsO 1999, 659.
[70] Braun/*Bußhardt* InsO § 13 Rn. 9.

§ 4. Die richterliche Tätigkeit im Eröffnungsverfahren

wendung des amtlichen Vordrucks (Anlage zur VbrInsVV) ua verschiedene Bescheinigungen, eine Vermögensübersicht, Vermögens- und Gläubigerverzeichnisse und ein Schuldenbereinigungsplan vorzulegen (§ 305 InsO).

a) Einreichung des Eigenantrags. Der Antrag, der so genannte „Eigenantrag" ist persönlich, bzw. durch einen Bevollmächtigten mit Spezialvollmacht oder gesetzliche bzw. organschaftliche Vertreter oder einen von diesen beauftragten Bevollmächtigter mit Spezialvollmacht zu stellen.

Musterinsolvenzantrag[71] („Eigenantrag") einer juristischen oder natürlichen Person zur Einleitung eines Regelinsolvenzverfahrens (vorbehaltlich eines durch Verordnung gem. § 13 Abs. 3 InsO vorgeschriebenen Formulars):

(für natürliche Personen)

☐ **Ich beantrage über mein Vermögen das Insolvenzverfahren zu eröffnen.**
(Vollständiger Name – frühere Namen bitte in Klammern hinzufügen)
(Geburtsdatum)
(frühere Anschriften in den letzten 5 Jahren)
(Festnetztelefonnummer, Handy-Nummer, Fax-Nummer und Email-Adresse – soweit vorhanden)

Es besteht der **Insolvenzgrund** der:
○ Zahlungsunfähigkeit
○ Drohenden Zahlungsunfähigkeit

☐ Entsprechende Unterlagen – zB ein Vermögensverzeichnis –, aus denen sich der Insolvenzgrund nachvollziehbar ergibt, liegen bei.

Ich zähle nicht zu den Verbrauchern im Sinne der §§ 304 ff. InsO, weil:

☐ ich gegenwärtig eine selbständige wirtschaftliche Tätigkeit als _____ ausübe.
Diese weist im vorangegangenen Geschäftsjahr auf (§ 13 Abs. 1 S. 5 InsO):
– **Bilanzsumme** von _____ EUR
– **Umsatzerlöse** von _____ EUR
– **durchschnittliche** Zahl der **Arbeitnehmer** von _____

Ich versichere, dass diese Angaben richtig und vollständig sind, § 13 Abs. 1 S. 7 InsO.

_____   _____
Datum   Unterschrift

☐ ich früher als _____ selbständig war
  ○ **und** meine Vermögensverhältnisse nicht überschaubar sind
    (trifft immer zu bei 20 oder mehr Gläubigern).
  ○ **oder** gegen mich Forderungen aus Arbeitsverhältnissen geltend gemacht werden. Dabei handelt es sich um den/die Gläubiger:

  _____

Der Betrieb/die selbstständige Tätigkeit wurde geschlossen/beendet am: _____

---

[71] Der Musterinsolvenzantrag entspricht den Vordrucken, die das Amtsgericht Fürth bereithält.

Heilmaier

☐ Ein **Verzeichnis meiner Gläubiger und ihrer Forderungen** gem. § 13 Abs. 1 S. 3 InsO liegt bei.
☐ Ein **qualifiziertes Gläubigerverzeichnis gem. § 13 Abs. 1 S. 4 InsO** liegt bei.
Nur notwendig bei beantragter Eigenverwaltung/beantragtem vorl. Gläubigerausschuss/verpflichtendem vorl. Gläubigerausschuss nach § 22a Abs. 1 InsO
☐ Ich beantrage **Restschuldbefreiung gem. §§ 286 f. InsO.**
Ein schriftliche Abtretungserklärung und die Erklärung und Versicherung gem. § 287 Abs. 1 InsO liegen bei.
☐ Ich beantrage die **Stundung der Verfahrenskosten, § 4a Abs. 1 InsO**
Die entsprechende Erklärung liegt bei

Soweit es für die Zwecke des beantragten Verfahrens erforderlich ist, entbinde ich alle Personen und Stellen, die Auskunft über meine Vermögensverhältnisse geben können (vor allem Kreditinstitute, Versicherungen, Sozial- und Finanzbehörden) von ihrer Verschwiegenheitspflicht gegenüber dem Insolvenzgericht und einem von diesem bestellten Gutachter oder vorläufigen Insolvenzverwalter.

_____   _____
(Ort, Datum)   (Unterschrift)

(für juristische Personen und Gesellschaften ohne Rechtspersönlichkeit)

☐ **Ich beantrage die Eröffnung des Insolvenzverfahrens über das Vermögen der**
(Firma/Bezeichnung der Schuldnerin, HRB/HRA-Nummer)
(Anschrift der Schuldnerin)
(frühere Anschriften in den letzten 5 Jahren)
(Festnetztelefonnummer, Handy-Nummer, Fax-Nummer und Email-Adresse – soweit vorhanden)

Der/die Unterzeichner ist/sind zur Antragstellung berechtigt als
o Mitglied des Vertretungsorgans (zB Geschäftsführer, Vorstand)
o Persönlich haftender Gesellschafter
o Abwickler
o Gesellschafter/Aufsichtsratsmitglied (NUR BEI FÜHRUNGSLOSIGKEIT)
o Es gibt weitere Mitglieder des Vertretungsorgans, weitere Gesellschafter, weitere Abwickler, weitere Aufsichtsratsmitglieder, die diesen Antrag nicht stellen (§ 15 Abs. 2 InsO)

Anschrift des/der Antragsteller:

Es besteht der **Insolvenzgrund** der:
o Zahlungsunfähigkeit
o Drohenden Zahlungsunfähigkeit
o Überschuldung

☐ Entsprechende Unterlagen – zB ein Vermögensverzeichnis –, aus denen sich der Insolvenzgrund nachvollziehbar ergibt, liegen bei.
☐ gegenwärtig ist der Geschäftsbetrieb aufrechterhalten.
Diese weist im vorangegangenen Geschäftsjahr auf (§ 13 Abs. 1 S. 5 InsO):
– **Bilanzsumme** von _____ EUR
– **Umsatzerlöse** von _____ EUR
– **durchschnittliche** Zahl der **Arbeitnehmer** von _____

Heilmaier

Ich versichere, dass diese Angaben richtig und vollständig sind, § 13 Abs. 1 S. 7 InsO.

Datum   Unterschrift

☐ der Geschäftsbetrieb ist eingestellt seit _____
☐ Ein **Verzeichnis der Gläubiger und ihrer Forderungen** gem. § 13 Abs. 1 S. 3 InsO liegt bei.
☐ Ein **qualifiziertes Gläubigerverzeichnis** gem. **§ 13 Abs. 1 S. 4 InsO** liegt bei.
Nur notwendig bei beantragter Eigenverwaltung/beantragtem vorl. Gläubigerausschuss/verpflichtendem vorl. Gläubigerausschuss nach § 22a Abs. 1 InsO

Soweit es für die Zwecke des beantragten Verfahrens erforderlich ist, entbinde/n ich/wie alle Personen und Stellen, die Auskunft über die Vermögensverhältnisse geben können (vor allem Kreditinstitute, Versicherungen, Sozial- und Finanzbehörden) von ihrer Verschwiegenheitspflicht gegenüber dem Insolvenzgericht und einem von diesem bestellten Gutachter oder vorläufigen Insolvenzverwalter.

(Ort, Datum)   (Unterschrift)

Der Insolvenzrichter prüft normalerweise nicht die Identität des Antragstellers anhand des Personalausweises oder eines anderen Ausweispapiers, kann aber eine Vorlage verlangen. Bei organschaftlichen Vertretern wird die Legitimation und Eintragung regelmäßig durch Vorlage des Handels-, Vereins-, Genossenschaftsregisterauszuges nachgewiesen. Besonders wichtig ist, dass schon hier der im Antrag angegebene Name mit dem im Ausweis bzw. Register eingetragenen Namen übereinstimmt.

Bei schriftlichen Eigenanträgen werden zuerst Registerauszüge, Nachlassakten und andere rasch erreichbare Informationen erholt und zumeist die Vorlage der Vermögensübersicht abgewartet, ehe weitere Schritte unternommen werden.   62

b) Antragsrecht und Antragspflicht des Schuldners. aa) Natürliche Person. Grundsätzlich besteht für natürliche Personen und deren gesetzliche Vertreter, ein Antragsrecht, aber keine Antragspflicht. Auch ein „faktisches Organ", zB der Prokurist, der die Geschäfte führt ist antragsberechtigt, nachdem der Inhaber eines Gewerbebetriebs erkrankt oder verstorben ist.   63

Antragsberechtigt sind folglich:
– der geschäftsfähige und prozessfähige Schuldner
– gesetzliche Vertreter geschäftsunfähiger Schuldner
– der Betreuer bei Bestellung für den Aufgabenkreis der Vermögenssorge und gerichtlichen Vertretung

bb) Juristische Personen und Gesellschaften ohne Rechtspersönlichkeit (§ 15 InsO). Bei diesen ist jedes Mitglied des Vertretungsorgans, jeder Abwickler und jeder persönlich haftende Gesellschafter zur Antragstellung berechtigt. Ist bei einer Gesellschaft ohne Rechtspersönlichkeit kein persönlich haftender Gesellschafter eine natürliche Person (GmbH & Co, KG) gilt § 15 Abs. 3 InsO.   64

Bei Führungslosigkeit (§ 10 Abs. 2 S. 2 InsO) ist zudem jeder Gesellschafter und jedes Mitglied des Aufsichtsrats hierzu berechtigt.

65 **Exkurs: Antragsverpflichtung:**
Bei juristischen Personen und Gesellschaften ohne Rechtspersönlichkeit, bei denen kein persönlich haftender Gesellschafter eine natürliche Person ist (Ausnahme: § 15a Abs. 1 S. 2 2. HS InsO) sind alle Mitglieder des Vertretungsorgans, auch die Vertreter und Abwickler zur Antragstellung **berechtigt und auch verpflichtet** (§§ 15, 15a Abs. 1 InsO). Im Falle der Führungslosigkeit einer GmbH auch jeder Gesellschafter, im Fall der Führungslosigkeit einer AG oder Genossenschaft auch jedes Mitglied des Aufsichtsrats bei Kenntnis, § 15a Abs. 3 InsO.

66 Durch § 15a InsO sind die ursprünglich im GmbHG, AktG, HGB, GenG enthaltenen Antragsverpflichtungen und auch Strafandrohungen nun in die InsO übernommen worden. Die **Verpflichtung zum Ersatz von Zahlungen** durch die zur Antragstellung verpflichteten Organe ist aber weiter in den einzelnen Gesetzen verblieben. Nach dem KonTraG[72] muss der Vorstand einer AG für ein angemessenes Risikomanagement sorgen (§ 91 Abs. 2 AktG). Bei einer börsennotierten AG muss dies auch bei der Jahresabschlussprüfung geprüft werden (§ 317 Abs. 4 HGB). Die Vorstandsmitglieder haften gegenüber der Gesellschaft für entstehenden Schaden (§ 93 Abs. 2 AktG). Bei Versagen des Risikomanagements und Eintritt der Insolvenz besteht die Pflicht zur Antragstellung. Die Antragspflicht soll grundsätzlich den Rechtsverkehr vor den Gefahren zu schützen, die von mittellosen Gesellschaften ausgehen. Sie ergänzt die Haftungsbeschränkung auch zB bei einem überschuldeten Nachlass.[73]

Für **Vereine und Stiftungen** geht die Sonderregelung des § 42 Abs. 2 BGB dem § 15a Inso vor, § 15a Abs. 6 InsO. Der Gesetzgeber sah vor allem die strafrechtliche Sanktion des § 15a InsO für (ehrenamtliche) Vorstände von Vereinen und Stiftungen als unangemessen an.[74]

67 Auch ein „**faktisches Organ**", also jeder, der die Aufgaben eines Organs ausübt, nachdem zB der Geschäftsführer erkrankt, gestorben oder verschwunden ist und kein Ersatz bestellt wurde, ist zur Antragstellung berechtigt und verpflichtet.[75]

Nach § 15 Abs. 1 InsO ist nicht gefordert, dass der Antragsteller alleinvertretungsberechtigt ist.

68 **Antragsfrist:**
Ohne schuldhaftes Zögern, **spätestens 3 Wochen nach Eintritt der Zahlungsunfähigkeit bzw. der Überschuldung** (15a Abs. 1 InsO) ist der Insolvenzantrag zu stellen. Die Einhaltung der Frist ist vom Insolvenzgericht nicht zu prüfen und in erster Linie strafrechtlich und haftungsrechtlich relevant, auch wenn dies in der Insolvenzordnung geregelt wird (vgl. § 15a Abs. 4 u. 5 InsO).

---

[72] Gesetz zur Kontrolle und Transparenz im Unternehmensbereich v. 27.4.1998, BGBl. I 786.
[73] *Leithaus/Riewe* NZI 2008, 598 ff. (600) unter Hinweis auf BGHZ 126, 181 = NJW 1994, 2220; *Borges* ZIP 2004, 733 (739).
[74] Uhlenbruck/*Hirte* InsO § 15a Rn. 2.
[75] Nerlich/Römermann/*Mönning* InsO § 15a Rn. 33; *Frege/Keller/Riedel*, Insolvenzrecht, Rn. 432.

§ 4. Die richterliche Tätigkeit im Eröffnungsverfahren

Wird eine rechtzeitige Antragstellung von den Verpflichteten versäumt, wird die „Insolvenzverschleppung" als Straftatbestand mit Strafe bedroht (§ 15a Abs. 3, 4 InsO). Es drohen aber auch zivilrechtliche Haftungskonsequenzen (§ 823 Abs. 2 BGB). Der rechtzeitige Antrag ist nur dann strafbefreiend, wenn dieser – entsprechend des Gesetzeswortlauts – richtig gestellt wird. Unter einem „richtigen" Antrag ist dabei ein zulässiger Antrag zu verstehen.[76]

Antragsberechtigt und -verpflichtet (=*) sind **69**
- die Geschäftsführer oder der bestellte Notgeschäftsführer der GmbH * (15a Abs. 1 InsO; siehe auch § 64 GmbHG).
- der Vorstand, die persönlich haftenden Gesellschafter, Notvorstand (§ 85 AktG), Abwickler von AG u. KGaA * (§ 15a InsO; siehe auch §§ 85, 94, 268 Abs. 2, 278 Abs. 3, 283 Nr. 14 AktG).
- der Vorstand und der Liquidator einer eingetragenen Genossenschaft (eG) * (§ 15a InsO; siehe auch 34 Abs. 3 Nr. 4 GenG).
- der Vorstand, Notvorstand und der Abwickler eines rechtsfähigen Vereins * §§ 29, 42 Abs. 2, 48 Abs. 2 BGB gehen jedoch § 15a InsO vor.
- die gesetzlichen Vertreter der persönlich haftenden Gesellschafter einer Personengesellschaft bei der keine natürliche Person persönlich haftender Gesellschafter ist (§ 15a Abs. 1 InsO; siehe auch §§ 130a, 177a HGB) *, (Geschäftsführer einer GmbH bei der GmbH & Co. KG; Liquidator; ermächtigter Gesellschafter einer aus BGB – Gesellschaften bestehenden BGB – Gesellschaft oder der Geschäftsführer einer aus GmbHs bestehenden BGB – Gesellschaft).[77]
- die Geschäftsführer etc der persönlich haftenden Gesellschafter einer Personengesellschaft (zB der Geschäftsführer der GmbH der GmbH & Co, KG).
- der Vorstand der Stiftung * §§ 86, 42 Abs. 2 BGB, gehen jedoch § 15a InsO vor.
- bei einer juristischen Person im Falle der Führungslosigkeit auch jeder Gesellschafter der GmbH * und jedes Mitglied des Aufsichtsrats der AG * und der Genossenschaft * (§ 15a Abs. 3 InsO).
(Siehe hierzu die Regelungen in § 35 GmbHG, § 78 Abs. 1 S. 2 AktG und § 24 Abs. 1 S. 2 GenG)
- der Vorstand bei Körperschaften des öffentlichen Rechts, die nach Landesrecht insolvenzfähig sind * (§§ 89 Abs. 2, 42 Abs. 2 BGB).

Wird der Antrag **nicht von allen Mitgliedern des Vertretungsorgans,** allen **70** persönlich haftenden Gesellschaftern, allen Gesellschaftern einer juristischen Person, allen Mitgliedern des Aufsichtsrats oder allen Abwicklern oder Erben (bei Nachlassinsolvenzen) gestellt, ist er nur zulässig, wenn der Eröffnungsgrund glaubhaft gemacht wird (§§ 15 Abs. 2 S. 1, 317 Abs. 2 InsO). Bei Anträgen wegen drohender Zahlungsunfähigkeit gilt § 18 Abs. 3 InsO. Die anderen Mitglieder der Geschäftsführung bzw. des Vertretungsorgans oder Erben sind zu hören (§§ 15 Abs. 2 S. 2, 317 Abs. 2 S. 2 InsO).

Als Eröffnungsgrund berechtigt auch die drohende Zahlungsunfähigkeit **71** (§ 18 Abs. 1 InsO) den Schuldner zur Antragstellung, verpflichtet ihn aber nicht. Der Schuldner soll nur in die Lage versetzt werden, möglichst frühzeitig einen Antrag zu stellen, damit mit Hilfe des Insolvenzgerichts, dessen Siche-

---

[76] Zu dem Problemkreis „richtiger Antrag" vgl. Nerlich/Römermann/*Mönning* InsO § 15a Rn. 38.
[77] KPB/*Pape* InsO § 15 Rn. 18.

rungsmaßnahmen und Bestellung eines vorläufigen Insolvenzverwalters eine Firmenfortführung, Sanierung oder Reorganisation versucht und möglichst erfolgreich durchgeführt werden kann.

72   Auch wenn ein Fremdantrag gestellt wurde, entfällt die Pflicht zur Eigenantragstellung nicht. Diese besteht auch fort, wenn einer oder mehrere Gläubiger ihre Anträge wieder zurücknehmen.

73   **Besondere Antragsberechtigung (§ 46b KWG):**
Das Antragsrecht bei Banken und Finanzdienstleistungsinstituten ist besonders geregelt: Diese Institute, egal welche Gesellschaftsform sie haben, müssen im Falle der Zahlungsunfähigkeit oder Überschuldung diesen Umstand der Bundesanstalt für Finanzdienstleistungsaufsicht[78] anzeigen. Die Bundesanstalt kann dann von sich aus bereits Sicherungsmaßnahmen ergreifen und ist **allein berechtigt,** Insolvenzantrag zu stellen.[79] Dem Antrag ist zu entsprechen.

74   **c) Inhalt des Eigenantrags. aa)** § 13 Abs. 1 S. 3 InsO regelt, dass dem Eigenantrag zwingend immer ein **Verzeichnis der Gläubiger und ihrer Forderungen** beizufügen ist. Das Verzeichnis hat die Gläubiger eindeutig zu bezeichnen, dabei sind auch Rechtsform und Anschrift anzugeben, so dass keine Zweifel an der Identität aufkommen können.[80] Der Schuldner hat mindestens die Höhe der Hauptforderung anzugeben. Ist ihm das nicht möglich, muss dem Gericht dargelegt werden, welche gebührenden Anstrengungen zur Erkundung der Summe unternommen wurden[81] Gem. § 13 Abs. 1 S. 7 InsO hat der Schuldner die Richtigkeit und Vollständigkeit dieses Verzeichnis nochmals ausdrücklich zu versichern. Die Versicherung ist eine höchstpersönliche Erklärung. Der Schuldner muss diese selbst bzw. durch den gesetzlichen Vertreter abgeben und kann sich nicht durch eine Bevollmächtigten vertreten lassen.[82]

Bei Fehlen von ordnungsgemäßem Verzeichnis und/oder Erklärung wird dieses vom Gericht durch Verfügung moniert, da dieses stets zur Unzulässigkeit des Insolvenzantrags führt.[83]

75   **bb)** Im Falle eines **nicht eingestellten Geschäftsbetriebs** hat der Schuldner gem. § 13 Abs. 1 S. 5 InsO zudem Angaben zur Bilanzsumme, zu den Umsatzerlösen und zur durchschnittlichen Zahl der Arbeitnehmer des vorangegangenen Geschäftsjahres zu machen. Die Richtigkeits- und Vollständigkeitserklärung muss sich in diesem Fall auch auf diese Angaben erstrecken. Diese Angaben sind Zulässigkeitsvoraussetzungen.

76   Als „Soll-Vorschrift" ausgestaltet ist dagegen die Regelung des § 13 Abs. 1 S. 4 InsO, welche für nicht eingestellte Gewerbebetriebe die Vorlage eines **„qualifizierten Gläubigerverzeichnisses"** erbittet. Bestimmte Schuldner sind hierbei entsprechend des Gesetzeswortlauts besonders kenntlich zu machen. Zur Pflicht – somit echten Zulässigkeitsvoraussetzung – wird diese Vorschrift in den Fällen der beantragten Eigenverwaltung, eines vorläufigen Pflichtausschusses nach § 22a

---

[78] Finanzdienstleistungsaufsichtsgesetz (FinDAG) vom 22. April 2002 (BGBl. I 1310), zuletzt geändert durch Artikel 10 des Gesetzes vom 20. November 2015 (BGBl. I 2029).
[79] Uhlenbruck/*Wegener* InsO § 13 Rn. 35.
[80] LG Potsdam Beschl. v. 4.9.2013 – 2 T 58/13, ZInsO 2013, 2501.
[81] AG Hannover Beschl. v. 23.12.2015 – 908 IN 730/15, ZInsO 2016, 236.
[82] AG Essen, Beschl. v. 2.1.2015 – 163 IN 199/14.
[83] MüKoInsO/*Schmahl/Vuia* § 13 Rn. 110.

Abs. 1 InsO oder dem Antrag auf Einsetzung eines vorläufigen Gläubigerausschusses, § 13 Abs. 1 S. 6 InsO. In diesem Fall ist auch für dieses Verzeichnis eine Versicherung der Vollständigkeit und Richtigkeit abzugeben, § 13 Abs. 1 S. 7 InsO.

cc) **Beim Eigenantrag muss vom Schuldner der Eröffnungsgrund grundsätzlich nicht glaubhaft gemacht werden.** Ausnahmen ergeben sich aus § 15 Abs. 2 S. 1 InsO bei juristischen Personen mit mehreren gesetzlichen Vertretern und bei Abwicklern, sowie im Falle der Führungslosigkeit für den Antrag von Gesellschaftern und Aufsichtsratmitgliedern, die auch die Führungslosigkeit glaubhaft machen müssen. 77

Der Eröffnungsgrund muss aber nachvollziehbar und substantiiert an Hand der vom Schuldner vorzulegenden notwendigen Unterlagen dargelegt werden.[84] Die weiteren tatsächlichen Angaben müssen die Finanzlage des Schuldners nachvollziehbar darstellen.[85]

Die Eröffnungsgründe sind in § 17 InsO (Zahlungsunfähigkeit), § 18 InsO (drohende Zahungsunfähigkeit) und § 19 InsO (Überschuldung) geregelt.

Eine Verwerfung erfolgt dann, wenn bei Antragstellung und auch nach Hinweis, Fristsetzung und Fristablauf zum Insolvenzgrund keine konkreten, nachprüfbaren Tatsachen über die finanzielle Lage vorgetragen werden, aus denen sich Eröffnungsgrund und das Vorhandensein einer die Verfahrenskosten deckenden Masse ergeben.[86]

Die Vorlage einer Vermögensübersicht ist nicht gesetzliche Voraussetzung. Gegenüber dem Insolvenzgericht besteht aber eine umfassende Verpflichtung des Schuldners zur Auskunftserteilung gem. § 20 iVm §§ 97, 98, 101 Abs. 1 S. 1, Abs. 2 InsO.[87] 78

c) **Prüfung des Eigenantrags.** Der Antrag muss ernsthaft auf Eröffnung gerichtet sein und darf keinen sachfremden Zielen dienen.[88] 79

Der Insolvenzrichter muss bei Zweifeln, Lücken und offensichtlichen Mängeln den Antragsteller darauf hinweisen, aufklären und zu Ergänzungen auffordern. Er genügt seiner Aufklärungspflicht, wenn er den Schuldner zu einer Darlegung der zur Verfügung stehenden Masse auffordert. **Verweigert der Schuldner** und Antragsteller, auch durch einfaches Schweigen, die Erteilung von Informationen zu denen er ohne weiteres in der Lage ist oder erteilt er diese nur unzureichend, ist das Gericht nicht gehalten, weitere Ermittlungen anzustellen,[89] denn die Amtsermittlung setzt einen zulässigen Antrag voraus.[90]

---

[84] BGH Beschl. v. 12.12.2002 – IX ZB 426/02, ZVI 2003, 64 f.; BGH Beschl. v. 12.7.2007 – IX ZB 82/04, ZEV 2007, 587.

[85] LG Göttingen Beschl. v. 22.12.2003 – 10 T 142/03, ZVI 2004, 245 f.

[86] BGH Beschl. v. 12.12.2002 – IX ZB 426/02, ZVI 2003, 64 f.; AG Hamburg Beschl. v. 1.3.2000 – 67e IN 13/2000, NZI 2000, 238; AG Göttingen Beschl. v. 6.12.2001 – 74 IN 246/01, ZInsO 2002, 43.

[87] LG Stendal Beschl. v. 28.6.2007 – 25 T 112/06, NZI 2008, 44; *Breuer* S. 4.

[88] BGH Beschl. v. 12.12.2002 – IX ZB 426/02, ZVI 2003, 64 f.

[89] BGH Beschl. v. 12.12.2002 – IX ZB 426/02, ZVI 2003, 64 f.; LG Potsdam Beschl. v. 30.5.2002 – 5 T 124/02, NZI 2002, 555; AG Dresden Beschl. v. 13.2.2002 – 530 IN 2190/01, ZIP 2002, 862.

[90] BGH Beschl. v. 12.12.2002 – IX ZB 426/02, ZVI 2003, 64 f; AG Dresden Beschl. v. 13.2.2002 – 530 IN 2190/01, ZIP 2002, 862; LG Potsdam Beschl. v. 30.5.2002 – 5 T 124/02, NZI 2002, 555.

80 Nach § 20 iVm §§ 97, 98, 101 Abs. 1 S. 1, Abs. 2 InsO wären eigentlich wie beim Gläubigerantrag Zwangsmaßnahmen durchzuführen, ehe über die Zulässigkeit und Begründetheit entschieden wird.[91] Bei erkennbar fehlendem Interesse des Antragstellers an einer Mitwirkung ist es aber nach Auffassung der Verfasserin sachgerecht, den Antrag mangels Rechtsschutzinteresse als unzulässig zu verwerfen, wenn ohne den Schuldner die Ermittlungen auf der Stelle treten. Ein Schuldner, der bereits im Eröffnungsverfahren seines eigenen Antrags keine Auskünfte erteilt, lässt erkennen, dass er eine gesetzmäßige Durchführung des Verfahrens nicht ernsthaft anstrebt.[92]

In solchen Fällen ist es unverhältnismäßig, den Schuldner mit Zwangsmaßnahmen zu verfolgen. Eine umfassende Antwort auf gerichtliche Anfragen nach einem vom Schuldner selbst gestellten Antrag – der ja in erster Linie dem nicht antragspflichtigen Schuldner dient[93] - stellt sich als minimalste zu erfüllende Anforderung an einen redlichen Schuldner dar. Ist der Schuldner dazu nicht bereit, lässt dieses Verhalten beim Eigenantrag das Rechtsschutzinteresse entfallen.[94] Wenn der Schuldner ein wirkliches Interesse an der Stellung eines Insolvenzantrags hat, kann er jederzeit einen neuen Antrag stellen. Insbesondere kennt das Regelinsolvenzverfahren beim Schuldnerantrag kein „Ruhen", um längere Zeit Informationen des Schuldners nachzujagen. Er braucht vor der Zurückweisung nicht erneut angehört werden.[95]

81 Der Schuldner erhält deshalb schon bei einer ersten persönlichen Vorsprache ein gerichtliches Muster für einen Eigenantrag (→ Rn. 61) mit entsprechenden Hinweisen zur Auskunftserteilung und das vom Gericht verwendete Formular zur Vorlage einer Vermögensübersicht als Anhaltspunkt. Für die Zulässigkeit ist es aber nicht erforderlich, dass der Schuldner bereits alle Formulare mit Antragstellung ausfüllt.[96] Beim Fehlen benötigter Angaben wird dem Antragsteller aus praktischen Gründen regelmäßig 2 Wochen Frist zur Vorlage gewährt werden. Bitten des Schuldners, diese Frist nochmals (… und nochmals …) zu verlängern, weil meist der Steuerberater gerade die Unterlagen haben soll, (… die Buchhalterin erkrankt ist …; die EDV streikt …) sind meist fadenscheinig und oft auch durch die Angst begründet, nun die Wahrheit über die Vermögenslage

---

[91] BGH Beschl. v. 12.12.2002 – IX ZB 426/02, ZInsO 2003, 217; *Graeber*, Der auskunftsunwillige Schuldner im Eigenantragsverfahren – Überlegungen zur verfahrensmäßigen Behandlung, ZInsO 2003, 551 ff.
[92] AG Göttingen Beschl. v. 74 IN 81/02 4.6.2002, ZInsO 2002, 1152; MüKoInsO/*Schmahl/Vuia* § 13 Rn. 89; AG Fürth Beschl. v. 12.1.16, IK 681/15; Nach anderer Meinung ist die Auskunft zu erzwingen, wenn ein Sachverständiger beauftragt wurde und der Schuldner diesem gegenüber Auskünfte verweigert, LG Göttingen Beschl. v. 24.4.2002 – 10 T 11/02, ZInsO 2002, 590.
[93] *Graeber*, Der auskunftsunwillige Schuldner im Eigenantragsverfahren – Überlegungen zur verfahrensmäßigen Behandlung, ZInsO 2003, 551 ff.
[94] MüKoInsO/*Schmahl/Vuia* § 13 Rn. 89; LG Potsdam 30.5.2002 – 5 T 124/02, NZI 2002, 555; AG Dresden Beschl. v. 13.2.2002 – 530 IN 2190/01; aA *Graeber* ZInsO 2003, 551 ff.
[95] AG Göttingen Beschl. v. 22.4.2001 – 74 IN 60/01, ZInsO 2001, 865 f. u. AG Göttingen Beschl. v. 6.12.2001 – 74 IN 246/01, ZInsO 2002, 43; LG Köln Beschl. v. 6.7.2001 – 19 T 103/01, ZInsO 2001, 1017.
[96] BGH Beschl. v. 12.12.2002 – IX ZB 426/02, ZVI 2003, 64 f.

zu Papier zu bringen zu müssen. Derartigen Verlängerungsgesuchen wird, wenn überhaupt, höchstens mit einer kurzen Nachfrist stattgegeben werden.

Sie können, sofern keine Frist zur Antragstellung abläuft (§ 15a InsO), unter Hinweis auf eine beabsichtigte sofortige Antragsverwerfung (als unzulässig) damit beantwortet werden, dass der Antrag zurückgenommen werden kann und erst dann wieder gestellt werden soll, wenn der Antragsteller wirklich alle Informationen zusammengetragen hat oder zusammentragen will.

Eine „Vermögensübersicht" im klassischen Sinn enthält in ausführlicher, aber doch geraffter Form alle Vermögenswerte (Aktiva) und alle Verbindlichkeiten und Belastungen (Passiva) des Gemeinschuldners und ist nicht zu verwechseln mit der knappen „Vermögensübersicht" des § 305 Abs. 1 Nr. 3 InsO. Sie entspricht eher einer Kombination der Vermögensübersicht und dem Vermögensverzeichnis (Anlagen 4 und 5 Anlage zur VbrInsVV). **82**

Wenn sich Anhaltspunkte für eine registergerichtliche Eintragung ergeben, sollte in jedem Fall ein tagesaktueller Handels-, Vereins-, Genossenschaftsregisterauszug erholt werden, auch wenn der Antragsteller einen älteren Auszug vorlegt, um die Antragsberechtigung, aber auch die richtige Firmen- und Vertreterbezeichnung einschließlich Schreibweise (mit Groß- und Kleinschreibung) kontrollieren zu können. Dies gilt besonders bei Vorhandensein mehrerer Firmen fast gleichen oder ähnlichen Namens (zB einer Verwaltungs- und einer Betriebsgesellschaft). **83**

Bei juristischen Personen und Gesellschaften ohne Rechtspersönlichkeit ist im Falle der Führungslosigkeit festzustellen, ob zB ein antragstellender Gesellschafter einer GmbH in den Registerakten als solcher ersichtlich ist oder den Besitz von Gesellschaftsanteilen glaubhaft machen kann und ob weitere Gesellschafter vorhanden sind, die gem. § 15 Abs. 2 S. 3 zu hören sind.[97]

Praktische Probleme könnten sich hier besonders bei Veröffentlichungen, Mitteilungen an das Schuldnerverzeichnis, Eintragung von Verfügungsverboten in Grundbücher, Mitteilung solcher an Kreditinstitute, Hinausgabe von Vorführ- und Haftbefehlen, aber auch bei rechtskräftiger Antragsabweisung mangels Masse ergeben, wenn anschließend das Registergericht zB „die richtige Kapitalgesellschaft" löschen soll. Die Schreibweise auf dem Aktendeckel und somit in der Datenbank wird auch vom Richter geprüft und bei Fehlern unverzüglich durch die Geschäftsstelle korrigiert. **84**

Ein besonderes Augenmerk ist auf Versuche der „Firmenbestattung" einer Kapitalgesellschaft zu richten. Anzeichen dafür können eine erst kurz zuvor erfolgte Sitzverlegung, eine noch fehlende Eintragung des kurzfristig ausgetauschten Geschäftsführers im örtlichen Handelsregister, das Fehlen jeglicher Vermögenswerte bzw. Unklarheiten über deren Verbleib ua sein. Hier kann das Gericht zusätzliche Erläuterungen in der Antragsbegründung bzw. der Vermögensübersicht auch über die Firmenentwicklung verlangen. Kommt der gesetzliche Vertreter dem nicht nach, ist der Antrag unzulässig und zu verwerfen.[98] **85**

Der Schuldner (als natürliche Person) kann gem. § 286 Abs. 1 InsO den Insolvenzantrag auch mit dem **Antrag auf Restschuldbefreiung** (§ 287 Abs. 1 S. 1 InsO) verbinden. **86**

---

[97] Horstkotte, Die führungslose GmbH im Insolvenzverfahren, ZInsO 2009, 209 ff.
[98] AG Duisburg Beschl. v. 2.1.2007 – 64 IN 107/06, ZIP 2007, 690.

5. Antrag jedes Gläubigers (§§ 13 Abs. 1, 14 Abs. 1 15 Abs. 1 InsO)

87 **a) Einreichung des Antrags.** Jeder Antrag eines Gläubiger (und auch jeder „Eigenantrag) wird als eigenes Verfahren eingetragen. Jeder Antrag kann durch Zurückweisungen, Erledigungen und Rücknahmen ein eigenes Schicksal erleiden. Eine Verbindung würde schon deshalb zu unübersehbaren Schwierigkeiten bei der Aktenführung führen.

Der Insolvenzrichter bearbeitet in der Regel das Insolvenzverfahren anhand der Akten des „ältesten Antrags", wobei er die „unterbundenen" weiteren Akten und die für diese bestimmten Schriftstücke ständig im Auge behalten muss. Sie werden stets gemeinsam vorgelegt.

88 **b) Antragsrecht.** Im Regelinsolvenzverfahren ist neben dem Schuldner auch **jeder seiner persönlichen Gläubiger** mit einem begründeten Vermögensanspruch zur Stellung eines Insolvenzantrags, des so genannten „Fremdantrags" berechtigt (§ 13 Abs. 1 InsO).

89 **Musterinsolvenzantrag („Fremdantrag").** Antrag gegen eine juristische oder natürliche Person zur Einleitung eines Regelinsolvenzverfahrens (vorbehaltlich eines durch Verordnung gem. § 13 Abs. 3 InsO vorgeschriebenen Formulars):

Absender:

An das
Amtsgericht – Insolvenzgericht –

Ort, Datum:

Antrag auf Eröffnung des Insolvenzverfahrens über das Vermögen von
Firma/Herrn/Frau
Name d. gesetzl. Vertr./Geschäftsführer/Vorstand etc
Anschrift
– Schuldner/in –

Ich/Namens und im Auftrag – unter Bezugnahme auf die anliegende Vollmacht –
Name, Anschrift
– Gläubiger/in –

beantrage (ich), das Insolvenzverfahren über das Vermögen d. oben genannten Schuldners zu eröffnen.
D. Schuldner/in schuldet d. Gläubiger/in
aus _____ laut anliegender Forderungsaufstellung vom (Datum) folgende Gesamtsumme: EUR ...
Zur Glaubhaftmachung der Forderung lege ich bei:
(Unterlagen zur schlüssigen Darlegung der Forderung)
D. Schuldner/in ist nicht in der Lage, die fälligen Zahlungsverpflichtungen zu erfüllen.
Er/Sie hat trotz ... keine Zahlungen mehr geleistet.
Zwangsvollstreckungsversuche blieben ohne Erfolg.
Zur Glaubhaftmachung lege ich bei:
(Unterlagen zur schlüssigen Darlegung der Zahlungsunfähigkeit)

> Gemäß § 14 Abs. 1 InsO bitte ich, den Antrag auf Eröffnung des Insolvenzverfahrens zuzulassen.
>
> Name, Unterschrift –
>
> Anlagen: ...

Insolvenzgläubiger ist, wer (§ 38 InsO) einen zur Zeit der Eröffnung des Insolvenzverfahrens begründeten Vermögensanspruch hat. 90
Vermögensansprüche sind Forderungen, die eine Geldleistungspflicht zum Gegenstand haben oder, wenn sie nicht auf Geldzahlung gerichtet sind, sich inhaltlich in einen Geldleistungsanspruch umwandeln lassen. Nicht dazu gehören zB Spiel- und Wettschulden, Gestaltungsrechte und Unterlassungsansprüche.

Die InsO kennt die Rangordnung des § 61 KO nicht mehr, aber nachrangige Insolvenzgläubiger gem. § 39 InsO. 91

Auch **Arbeitnehmer** sind bezüglich ihrer Forderungen auf rückständiges Arbeitsentgelt ohne Vorrang Insolvenzgläubiger. Arbeitnehmer haben aber Anspruch auf Insolvenzgeld, wenn sie bei Eröffnung des Insolvenzverfahrens über das Vermögen ihres Arbeitgebers für die vorausgehenden 3 Monate des Arbeitsverhältnisses noch Lohn- oder Gehaltsansprüche haben. Der Antrag auf Zahlung ist spätestens vor Ablauf von 2 Monaten seit Eröffnung des Verfahrens bei dem zuständigen Arbeitsamt zu stellen. Die Ansprüche auf Arbeitsentgelt gehen auf die Bundesanstalt für Arbeit über (§§ 183–189, 323, 324, 327 SGB III).

Ein **Aussonderungsberechtigter** ist kein Insolvenzgläubiger (§ 47 InsO), hat jedoch die stärkste Position gegenüber dem Schuldner, da er seine Gegenstände ohne Wenn und Aber wieder an sich nehmen kann. 92

Das Recht auf Aussonderung:
Es besteht in der Regel bezüglich Gegenständen, die sich (noch) im Eigentum des Gläubigers befinden und im Schuldnervermögen als Besitz vorgefunden werden.
Zum Beispiel aufgrund einer schuldrechtlichen Beziehung: Miete, Leihe, Leasing oder einfachen Eigentumsvorbehalts: „Die Ware bleibt bis zur vollständigen Bezahlung unser Eigentum".
Gesellschafter, die Vermögenswerte der GmbH zur Nutzung überlassen haben, können ab Eröffnung des Verfahrens gegen eine Entschädigung ein Jahr lang keine Aussonderung verlangen.

Absonderungsberechtigte (§§ 49–51 InsO) sind Gläubiger (§ 52 InsO), erhalten aber nur dann einen Anteil aus der Masse, wenn sie auf die Absonderung verzichten oder diese ausfällt (§ 52 S. 2 InsO). 93

Beispiele für ein Recht auf Absonderung:
- Gläubiger von Grundpfandrechten (Hypotheken) und Reallasten (Altenteil)
- rechtsgeschäftliches Pfandrecht (Verpfändung)
- wirksames Pfändungspfandrecht (vgl. §§ 88 f. InsO)
- gesetzliche Pfandrechte (Werkunternehmer-, Vermieterpfandrecht §§ 647, 559 BGB)
- Sicherungseigentum

Heilmaier

- erweiterter Eigentumsvorbehalt (zB wenn neben Bezahlung erst noch weitere Verpflichtungen erfüllt werden müssen)
- verlängerter Eigentumsvorbehalt (zB bei Verarbeitung)

Rechte, insbesondere Informationsrechte der absonderungsberechtigten Gläubiger ergeben sich aus §§ 71, 74, 167 ff. InsO. Sie haben auch ein Recht zur Teilnahme an der Gläubigerversammlung (§§ 74 ff. InsO).

94 **Massegläubiger** (§ 53 InsO) sind Gläubiger. Sie haben Ansprüche, die im Wesentlichen erst durch das Insolvenzverfahren entstehen und haben deshalb ein Recht auf Vorwegbefriedigung.

95 **c) Antragsinhalt.** Ein Gläubigerantrag ist nur dann zulässig (§ 14 Abs. 1 InsO), wenn
- ein rechtliches Interesse des Gläubigers vorhanden ist und
- eine Forderung und
- ein Eröffnungsgrund glaubhaft (§ 4 InsO, 294 ZPO) gemacht werden.

96 **aa) Rechtliches Interesse des Gläubigers.** Ein rechtliches Interesse hat jeder Gläubiger, dem eine Forderung zusteht und der einen Eröffnungsgrund mit den Mitteln der § 4 InsO, § 294 ZPO glaubhaft machen kann.[99] Das Rechtsschutzinteresse bzw. Rechtsschutzbedürfnis muss deshalb nicht gesondert glaubhaft gemacht werden. Die Durchführung eines Insolvenzverfahrens ist gegenüber anderen Vollstreckungsmöglichkeiten nicht subsidiär. Die Einzelzwangsvollstreckung gewährt nicht dieselben Sicherungsmöglichkeiten wie ein Insolvenzverfahren. Wenn die Krise so weit fortgeschritten sei, dass der Eröffnungsgrund glaubhaft gemacht werden kann, sind dem Gläubiger solche Verzögerungen und etwa hierdurch verursachte Verfahrenskosten nicht zuzumuten.[100]

97 Ein rechtliches Interesse kann nur verneint werden, wenn festzustellen ist, dass der Gläubiger mit seinem Antrag insolvenzfremde Ziele verfolgt.[101]

98 Das Rechtsschutzbedürfnis fehlt regelmäßig:
- bei ausreichender (auch vollständiger dinglicher oder anderweitiger) Sicherung des Gläubigers[102]
- bei verjährten oder gestundeten Forderungen
- bei Forderungen mit kapitalersetzendem Charakter.
- bei einem Aussonderungsgläubiger (§ 47 InsO), denn er ist kein Insolvenzgläubiger.
- wenn die Befriedigung des Gläubigers einfacher, schneller und zweckmäßiger zu erreichen ist.
- bei nur geringer Höhe der Forderung fehlt das Rechtsschutzbedürfnis nicht (aber bei Kleinst- oder Restbeträgen ist der Antrag uU auch rechtsmissbräuchlich)

99 **Sonderfall: Über das Vermögen des Schuldners wurde ein Insolvenzverfahren bereits eröffnet.**[103] Einem neuen Antrag fehlt dann das Rechtsschutzbedürfnis.

---

[99] BGH Beschl. v. 29.6.2006 – IX ZB 245/05, ZinsO 2006, 824 f.; BGH Beschl. v. 8.5.2008 – IX ZB 195/07, BeckRS 2008, 11779.
[100] BGH Beschl. v. 5.2.2004 – IX ZB 29/03, mwN ZVI 2004, 408 ff.
[101] KPB/*Pape* InsO § 14 Rn. 11.
[102] BGH Beschl. v. 29.11.2007 – IX ZB 12/07, ZIP 2008, 281.

Wurde über das Vermögen des Schuldners bereits ein Insolvenzverfahren eröffnet, ist wegen des grundlegend unterschiedlichen Verfahrensstandes eine Verbindung der Verfahren nicht mehr möglich.[104] Dem Insolvenzbeschlag unterliegt das gesamte Vermögen des Schuldners zum Zeitpunkt der Insolvenzeröffnung und das vom Schuldner neu erworbene Vermögen, § 35 Abs. 1 InsO Der neue Gläubiger hat in einem solchen Fall nichts zu erwarten, da er im Altverfahren seine Forderung nicht anmelden darf, weil er nicht Insolvenzgläubiger des Altverfahrens ist (§ 38 InsO). Er ist auch nicht Massegläubiger, da keine vom Insolvenzverwalter eingegangene Verbindlichkeiten oder Verfahrenskosten vorliegen (§ 55 InsO). Einkünfte des Schuldners gehören in vollem Umfang zur Insolvenzmasse und nicht lediglich in Höhe des Gewinns.[105] Ein neues Verfahren ist hier nicht geeignet, die Rechtsstellung des Gläubigers zu verbessern, weil das Verfahren mangels Masse nicht eröffnet werden könnte.[106]

Anderes gilt, wenn der Insolvenzverwalter gem. **§ 35 Abs. 2, 3 InsO** die 100 selbstständige Tätigkeit des Schuldners und entsprechendes Vermögen daraus freigegeben hat, bezüglich des in Zusammenhang mit der selbstständigen Tätigkeit freigegebenes Vermögen.[107]

In der Wohlverhaltensphase Ist zu unterscheiden: Sollte die freie Masse (im 101 Ergebnis jeder Neuerwerb, der nicht der Abtretung gem. § 287 Abs. 2 S. 1 InsO oder der Herausgabe nach § 295 Abs. 1 Nr. 2 InsO unterfällt) zur Verfahrenseröffnung ausreichen, ist ein erneutes Verfahren auf Fremdantrag möglich. Einem Eigenantrag dürfte in der Regel das Rechtsschutzbedürfnis fehlen, insbesondere ist ein Zweitantrag auf Restschuldbefreiung nicht möglich.[108]

Ein rechtliches Interesse fehlt auch, wenn dem Gläubiger ein einfacherer und 102 billigerer Weg zur Durchsetzung seiner Forderungen offen steht[109] oder wenn die erstrebte Entscheidung über den Antrag für den Gläubiger nutzlos, nämlich nicht geeignet ist, seine Position zu verbessern.

Tauchen **nach einer Abweisung eines Antrags mangels Masse** neue Vermö- 103 genswerte auf, trägt ein Gläubiger → Rn. 228 dies schlüssig vor und legt ggf. auch einen die Verfahrenskosten deckenden Vorschuss vor, kann selbst bei einer gem. § 60 Abs. 1 Nr. 5 GmbHG aufgelöster und im Handelsregister gelöschter GmbH ein Verfahren eröffnet werden.[110] Eine Vollbeendigung tritt erst bei tatsächlicher Vermögenslosigkeit ein.[111]

---

[103] OLG Köln Beschl. v. 22.5.2002 – 2 W 15/02, NZI 2003, 99; BGH Beschl. v. 18.5.2004 – IX ZB 189/03, ZInsO 2004, 739; BGH Beschl. v. 3.7.2008 – IX ZB 182/07, NZI 2008, 609; LG Berlin Beschl. v.14.9.2007 – 86 T 424/07, NZI 2008, 43.
[104] AG Duisburg Beschl. v. 5.12.2002 – 60 IN 255/02, NZI 2003, 159.
[105] BGH Beschl. v. 20.3.2003 – IX ZB 388/02, NZI 2003, 389 (392); BGH Beschl. v.18.5.2004 – IX ZB 189/03, ZInsO 2004, 739.
[106] OLG Köln Beschl. v. 22.5.2002 – 2 W 15/02, ZInsO 2002, 728 ff.
[107] BGH Beschl. v. 3.7.2008 – IX ZB 182/07, NZI 2008, 609; BGH Beschl. v. 9.6.2011 – IX ZB 175/10, ZInsO 2011, 1349; jedoch kein erneuter Antrag auf Restschuldbefreiung möglich, BGH Beschl. v. 18.12.2014 – IX ZB 22/13, ZInsO 2015, 499.
[108] BGH Beschl. v. 18.12.2014 – IX ZB 22/13, ZInsO 2015, 499.
[109] HK-InsO/*Kirchhof* § 14 Rn. 30.
[110] BGH Beschl. v. 16.12.2004 – IX ZB 6/04, ZInsO 2005, 144 f.
[111] FK-InsO/*Schmerbach* § 11 Rn. 42.

104 Wenn ein Fremdantrag zuvor mangels Masse abgewiesen wurde, ist ein Eigenantrag eines Schuldners dagegen zulässig, wenn die Verfahrenskosten durch Dritte geleistet werden oder ein Antrag auf Verfahrenskostenstundung verbunden mit dem Antrag auf Restschuldbefreiung durch den Schuldner als natürlicher Person gestellt wird.[112] Dem Schuldner steht also dennoch der Weg zur Restschuldbefreiung offen → Rn. 231.

105 **bb) Glaubhaftmachung.** Die in § 14 Abs. 1 InsO geforderte Glaubhaftmachung setzt nicht den vollen Beweis des Eröffnungsgrundes voraus. Als Mittel reichen auch die in §§ 371 ff. ZPO genannten Beweismittel und die eidesstattliche Versicherung des Beweisführers (§ 294 Abs. 1 ZPO) aus. Die Beweismittel müssen aber präsent sein.[113]

Das Gericht muss durch die Glaubhaftmachung:
– vom Bestand der Forderung (mit einer bestimmten Mindesthöhe),
– bezüglich des Eröffnungsgrundes
von der überwiegenden Wahrscheinlichkeit der Behauptung überzeugt sein.[114]

106 **(1) Glaubhaftmachung (§§ 4 InsO, 294 ZPO) der Forderung.** Für die den Antrag stützende Forderung ist deren schlüssige Darlegung und die überwiegende Wahrscheinlichkeit ihres Bestehens erforderlich.[115]

107 Zulässig ist auch die Glaubhaftmachung durch Urkunden oder eidesstattliche Versicherungen. Ausreichend ist auch die anwaltliche Versicherung eines spezifiziert dargelegten Sachverhalts durch einen Rechtsanwalt.[116] Ein Arbeitnehmer kann die Forderung durch Vorlage des Arbeitsvertrag,[117] glaubhaft machen.

108 Eine Beweisaufnahme über den Bestand und Fälligkeit einer Forderung, zB durch Vernehmung von Zeugen findet nicht statt (§§ 4, 14 InsO, 294 Abs. 2 ZPO (siehe oben 8).[118] Obwohl das Insolvenzverfahren ein Vollstreckungsverfahren ist, benötigt der Antragsteller nicht zwingend einen vollstreckbaren Titel.

109 Welche Anforderungen an die Darlegung und die Glaubhaftmachung einer Forderung zu stellen sind, richtet sich nach den Umständen des konkreten Einzelfalls. Die Forderung muss zur Überzeugung des Gerichts feststehen.[119] Es gehört nicht zu den Aufgaben des Insolvenzgerichts, den Bestand ernsthaft bestrittener, rechtlich zweifelhafter Forderungen zu überprüfen, das Insolvenzgericht soll nicht zu einer entscheidenden Instanz für nicht titulierte Forderungen werden. Fällt die tatsächliche oder rechtliche Beurteilung nicht eindeutig aus, ist der Gläubiger schon mit der Glaubhaftmachung gescheitert und auf den Kla-

---

[112] BGH Beschl. v. 1.12.2005 – IX ZB 186/05, ZInsO 2006, 99 ff.
[113] OLG Dresden Beschl. v. 28.8.2000 – 7 W 1396/00, NZI 2001, 261; OLG Köln Beschl. v. 14.12.2001 – 2 W 146/01, ZInsO 2002, 772 ff.; BGH Beschl. v. 11.9.2003 – IX ZB 37/03, ZInsO 2003, 942 ff.
[114] OLG Köln Beschl. v. 3.1.2000 – 2 W 268/99, ZIP 2000, 151; OLG Köln Beschl. v. 14.6.2000 – 2 W 85/00, MDR 2000, 1274; *Breuer* S. 4.
[115] BGH Beschl. v. 11.6.2015 IX ZB 76/13, ZIP 2015, 1445.
[116] Thomas/Putzo/*Reichold* § 294 Rn. 2.
[117] AG Göttingen Beschl. v. 3.5.2002 – 74 IN 134/02, ZinsO 2002, 592.
[118] LG Hamburg Beschl. v. 30.7.1999 – 326 T 103/99, ZInsO 1999, 651 f.; OLG Celle Beschl. v. 28.2.2000 – 2 W 9/00, ZInsO 2000, 217 (Ls.).
[119] BGH Beschl. v. 8.11.2007 – IX ZB 201/03, ZinsO 2007, 1275.

§ 4. Die richterliche Tätigkeit im Eröffnungsverfahren

geweg zu verweisen.[120] Für **nicht-titulierte Forderungen** ist grundsätzlich eine geordnete und vollständige Sachverhaltsdarstellung erforderlich.[121]
Wenn der antragstellende Gläubiger den Eröffnungsgrund aus einer einzigen Forderung ableiten will und der Schuldner diese Forderung bestreitet, muss sie für die Eröffnung des Insolvenzverfahrens bewiesen werden[122] denn eine rechtlich ungeklärte Forderung ist zur Glaubhaftmachung grundsätzlich ungeeignet. Will der Antragsteller die Forderung nicht durch Vorlage eines vollstreckbaren Titels, sondern auf andere Weise glaubhaft machen (zB Vorlage einer eidesstattlichen Versicherung, Arbeitsvertrag,[123] schriftliches Anerkenntnis etc) und bestreitet der Schuldner spezifiziert oder durch Antritt einer Gegenglaubhaftmachung den Bestand der Forderung und hängt der Insolvenzgrund vom Bestand der Forderung ab, hat der Antragsteller den vollen Beweis des Bestehens der Forderung vor dem Prozessgericht zu erbringen. Der Insolvenzantrag ist bei Fehlen des vollen Beweises zurückzuweisen.[124]

Als ausreichende Glaubhaftmachung dient im Fall des Bestreitens aber die Vorlage eines zugestellten und mit Klausel versehenen Titels, wodurch die Forderung auch voll bewiesen wird.

Der Schuldner kann einer glaubhaft gemachten Forderung im Wege der **Gegenglaubhaftmachung** entgegentreten.[125] Die Gegenglaubhaftmachung setzt einen substantiierten, nachvollziehbaren und in sich widerspruchsfreien Sachvortrag voraus.[126]

Einwendungen des Schuldners gegen einen Titel oder dessen Vollstreckbarkeit geht das Insolvenzgericht nicht nach. Diese Einwendungen kann der Schuldner nur in dem für den jeweiligen Einwand vorgesehenen Verfahren überprüfen lassen (§ 732, 767, 768 ZPO).[127] Der Schuldner ist auf den Prozessweg zu verweisen.[128] Durch Vorlage eines Titels gilt die Forderung als bewiesen und der Fremdantrag zumindest insoweit als zulässig.

Sozialversicherungsträger und Finanzverwaltung genießen gegenüber anderen Gläubigern keinen Sonderstatus bei der Glaubhaftmachung der Antragsvoraussetzungen. Zeitraum, Art oder Höhe der rückständigen Beitragszahlun-

110

111

---

[120] BGH Beschl. v. 14.12.2005 – IX ZB 207/04, ZInsO 2005, 145 ff.; BGH Beschl. v. 19.12.1991 – III ZR 9/91, ZIP 1992, 947.
[121] MüKoInsO/*Schmahl/Vuia* § 14 Rn. 71.
[122] BGH ZIP 2002, 1695; AG Göttingen Beschl. v. 4.1.2013 – 71 IN 100/11, ZIP 2013, 1347.
[123] AG Göttingen Beschl. v. 3.5.2002 – 74 IN 134/02, ZInsO 2002, 592.
[124] LG Göttingen Beschl. v. 21.12.2000 – 10 T 164/00, ZInsO 2001, 182 f.
[125] MüKoInsO/*Schmahl/Vuia* § 14 Rn. 82.
[126] LG Göttingen Beschl. v. 21.12.2000 – 10 T 164/00, ZInsO 2001, 182 f.
[127] BGH Beschl. v. 29.6.2006 – IX ZB 245/05, ZInsO 2006, 824 f.; BGH Beschl. v. 8.11.2007 – IX ZB 201/03, ZInsO 2007, 1275.
[128] BGH Beschl. v. 14.12.2005 – IX ZB 207/04, ZInsO 2006, 145 unter Fortsetzung der Rspr. des BGH Beschl. v. 19.12.1991 – III ZR 9/91, ZIP 1992, 947; BGH Beschl. v. 5.8.2002 – IX ZB 51/02, ZIP 2002, 1695 (1696); MüKoInsO/*Schmahl/Vuia* § 14 Rn. 83 ff.; OLG Hamm Beschl. v. 3.7.1970 – 15 W 282/70, KTS 1971, 54 (56); OLG Köln Beschl. v.18.5.1989 – 2 W 41/89, ZIP 1989, 789; einschränkend: AG Köln Beschl. v. 7.3.2007 – 71 IN 609/06, NZI 2007, 666.

Heilmaier

gen müssen vom Insolvenzgericht geprüft werden können.[129] Bei Arbeitgebern, die für Ihre Arbeitnehmer Sozialversicherungsbeiträge nicht abgeführt haben (– Strafbarkeit gem. § 266a StGB –), kommt oft nicht die Zahlungsunfähigkeit als solche, sondern auch reine Nachlässigkeit und Zahlungsstockung in Betracht. Deshalb werden in vielen Fällen durch die Kassen die Beiträge für bestimmte Zeiträume nur geschätzt. Später stellt sich heraus, dass die versicherten Arbeitnehmer in den fraglichen Monaten gar nicht mehr oder nur teilweise beim Schuldner beschäftigt waren.

112   **Darlegung und Glaubhaftmachung der Forderungen von Sozialkassen:** Die Kasse muss ihre Forderungen durch Aufschlüsselung nach Monaten schlüssig darlegen und zur Glaubhaftmachung Leistungsbescheide oder Beitragsnachweise der Arbeitgeber vorlegen. Eine Aufschlüsselung nach Arbeitnehmern ist nicht mehr erforderlich,[130] zumindest soweit Datenauszüge von nach § 28b Abs. 2 S. 2 SGB IV übermittelten Daten vorgelegt werden. Ein elektronisch übermittelter Beitragsnachweis iSd § 28b Abs. 2 SGB IV ist nur dann zur Glaubhaftmachung tauglich, wenn der vermeintliche Schuldner diese Daten selbst der Einzugstelle übermittelt hat oder übermitteln hat lassen oder dies gem. § 294 ZPO glaubhaft gemacht wird. Eigene Computerausdrucke der Einzugstelle aus deren Datenbestand reichen nicht aus.[131] Die bloße Vorlage eines Kontoauszuges reicht ebenfalls nicht aus, da er nur als interne Arbeitshilfe der Sozialkasse dient[132] Zur Glaubhaftmachung der Forderung genügt auch ein detailliertes „Ausstandsverzeichnis" der Kasse, dessen Vollstreckbarkeit durch einen nach den öffentlich-rechtlichen Bestimmungen bestellten Vollstreckungsbeamten ausdrücklich bescheinigt wird. Das Insolvenzgericht muss in die Lage versetzt werden zu überprüfen, für welche Zeit, welche Beträge und in welcher Höhe geschuldet werden. Eine angebotene Glaubhaftmachung oder ein Beweisantrag sind keine Glaubhaftmachung. Säumniszuschläge, Zinsen, Kosten und Gebühren sind auch mit Angabe des Monats und der Person, für die die Beiträge verlangt werden, kenntlich zu machen.[133]

113   Für den **Fiskus** gelten bei Steuerrückständen dieselben Anforderungen an die Glaubhaftmachung und Darlegung.[134] Grund und Höhe der Steuerforderung müssen nachvollziehbar dargelegt werden. Die Forderungen müssen so weit spezifiziert werden, dass der Insolvenzrichter ohne weiteres erkennen kann, welche Art Steuern (zB Umsatzsteuern), für welche Zeit in welcher Höhe geschuldet werden. In Anlehnung an die oben angegebene Rechtsprechung zur Glaubhaftmachung durch die[135] Sozialversicherungsträger ist als Mindest-

---

[129] Siehe hierzu auch: *Frind/Schmidt,* Sozialversicherungsträger – Nassauer des Insolvenzverfahrens (I), ZInsO 2001, 1133 ff.

[130] BGH Beschl. v. 11.6.2015 -IX ZB 76/13, ZIP 2015, 1445. Ausdrückliche Aufgabe der bisherigen Rechtsprechung seit BGH Beschl. v. 5.2.2004 – IX ZB 29/03, ZIP 2004, 1466.

[131] AG Hamburg Beschl. v. 5.4.2006 – 67c IN 94/06, ZInsO 2006, 386.

[132] BGH Beschl. v. 5.2.2004 – IX ZB 29/03, mwN ZVI 2004, 408 ff.

[133] OLG Naumburg Beschl. v. 10.2.2000 – SW 7/00, mwN ZInsO 2000, 217 (Ls.); LG Potsdam Beschl. v. 3.6.2002 – 5 T 159/02, ZInsO 2002, 780.

[134] BGH Beschl. v. 8.12.2005 – IX ZB 38/05 -, ZIP 2006, 141 im Anschluss an BGH Beschl. v. 5.2.2004 – IX ZB 29/03, ZVI 2004, 408 ff.

[135] Vgl. § 28f Abs. 3 S. 3 SGB IV.

anforderung an die Glaubhaftmachung der Finanzverwaltung die Vorlage der Steuerbescheide und gegebenenfalls etwaiger Steueranmeldungen des Schuldners zu verlangen. Der Kontoauszug eines zuständigen Finanzamts ist ebenso wie der eines Sozialversicherungsträgers lediglich eine interne Verwaltungshilfe und damit als Mittel der Glaubhaftmachung grundsätzlich nicht ausreichend.[136] Zur Substantiierung ist in der Regel die Vorlage der Steueranmeldungen des Schuldners iSv §§ 150 Abs. 1 S. 2, 167 Abs. 1 S. 1, 254 Abs. 1 S. 4 AO und der Steuerbescheide nach §§ 254 Abs. 1 S. 2, 118 AO erforderlich.[137] Ähnlich wie bei den von den Sozialversicherungsträgern vorgelegten und mit der Vollstreckbarkeitsbestätigung durch den zuständigen Vollstreckungsbeamten versehenen Ausstandsverzeichnisse, wird man entsprechend spezifizierte und für vollstreckbar erklärte (Steuer-)Rückstandsverzeichnisse als ausreichend ansehen können, denn nach § 14 InsO sind alle Mittel der Glaubhaftmachung gem. § 4 InsO, § 294 ZPO zulässig und führen zur Zulassung, wenn sie das Gericht überzeugen. Der Schuldner kann gegenüber dem Insolvenzgericht keine Einwände gegen den Steuerbescheid selbst vorbringen, diese gehören vor das entsprechende Fachgericht. Gleiches gilt, wenn er die Ermessensfehlerhaftigkeit der Antragstellung rügen möchte. Eine missbräuchliche Antragstellung kann jedoch gegenüber dem Insolvenzgericht gerügt werden.[138]

Zu beachten ist die **Sonderregelung des § 14 Abs. 1 S. 2 InsO.** Für den Fall der Erfüllung der Forderung durch den Schuldner im Eröffnungsverfahren besteht mit § 14 Abs. I S. 2 InsO die Möglichkeit, falls innerhalb von 2 Jahren bereits einmal ein Antrag auf Eröffnung des Insolvenzverfahrens über das Vermögen des Schuldners gestellt wurde, den Antrag aufrecht zu erhalten, obwohl die Forderung nicht mehr besteht. Das Fortbestehen des Insolvenzgrundes muss jedoch weiterhin glaubhaft gemacht werden.[139] **114**

cc) **Glaubhaftmachung des Eröffnungsgrundes:** Für einen Gläubiger wird es regelmäßig unmöglich sein, den Eröffnungsgrund der Überschuldung einer schuldnerischen Kapitalgesellschaft glaubhaft zu machen, es sei denn es liegen ihm aussagekräftige Bilanzen vor.[140] Der Eröffnungsgrund der Zahlungsunfähigkeit wird regelmäßig durch die Gläubiger unter Vorlage eines **Pfandabstandsprotokolls** bzw. durch die Bescheinigung der amtsbekannten Unpfändbarkeit (§ 63 GVGA) oder die Vorlage einer eidesstattlich versicherten Vermögensauskunft (§ 802c ZPO) des Schuldners glaubhaft gemacht. Nicht ausreichend ist dagegen ein Gerichtsvollzieherprotokoll über die Verweigerung des Zutritts zum schuldnerischen Unternehmen oder Wohnung, es sei denn, der Schuldner erklärt, dass bei ihm ohnehin nichts zu holen ist. Das Pfandabstandsprotokoll sollte nicht älter als 6 Monate sein. **115**

---

[136] BGH Beschl. v. 13.6.2006 – IX ZB 214/05, ZInsO 2006, 828 f.
[137] BGH Beschl. v. 8.12.2005 – IX ZB 38/05, ZIP 2006, 141; BGH Beschl. v. 21.7.2011 – IX ZB 256/10, ZIP 2011, 1971.
[138] Vgl. zu diesem Fragekomplex *Schmittmann*, „Einstweiliger Rechtsschutz gegen Insolvenzanträge der Finanzverwaltung unter besonderer Berücksichtigung des Rechtsweges", ZInsO 2013, 1992 ff.
[139] Zu den Anforderungen an diese Glaubhaftmachung vgl. BGH Beschl. v. 18.12.14 – IX ZB 34/14, ZInsO 2015, 301; *Beth* ZInsO 2013, 1680 ff.; *Beth* ZInsO 2014, 1702 ff.
[140] Braun/*Bußhardt* InsO § 14 Rn. 29.

Ein einmaliger fruchtloser Vollstreckungsversuch reicht aus.[141] Diese Urkunden sollten aber nicht veraltet sein.[142]

116 Kann der Gläubiger keinen zeitnahen Pfandabstand vorlegen, muss er Tatsachen darlegen und glaubhaft machen, die den überzeugenden Schluss auf die Zahlungsunfähigkeit – im Unterschied zur Zahlungsunwilligkeit oder zur bloßen Zahlungsstockung – des Schuldners zulassen. In Betracht kommt hier die Vorlage von Schreiben des Schuldners, aus denen sich ergibt, dass er zur Erfüllung nicht in der Lage ist.[143] Dabei kann von Bedeutung sein, ob der Schuldner die Forderungen aus tatsächlichen Gründen oder Rechtsgründen bestreitet oder ob er die Berechtigung der Forderungen nicht in Zweifel zieht und gleichwohl nicht bezahlt.[144] Dies gilt erst recht, wenn der Insolvenzrichter den Schuldner vor einer Zulassung anhört.

117 Der BGH[145] hat entschieden, dass eine Überzeugung des Insolvenzrichters vom Vorliegen der Zahlungsunfähigkeit auf der Grundlage der vom Gläubiger vorgetragenen Tatsachen, zB **sechsmonatige rückständige Sozialversicherungsbeiträge,**[146] beruhen kann. Die Strafandrohung des § 266a StGB wirkt als zusätzliches Indiz.

118 Gleiches gilt bei fortdauernder Nichterreichbarkeit der Gesellschaft, wenn der letzte Geschäftsführer der Schuldnerin nicht erreichbar und der Aufenthalt des früheren Geschäftsführers nicht feststellbar ist.

119 Ein Insolvenzantrag, dem keinerlei Vollstreckungsversuch vorausgegangen ist, kann auch den Anschein des Rechtsmissbrauchs erwecken. Oftmals entsteht der Eindruck, dass Gläubiger entweder den Schuldner so „erschrecken" wollen, dass er schon auf Grund des Antrags nachzahlt, oder **dass** zB Kassen nur eine schnelle Abweisung mangels Masse erreichen wollen, um sich die offenen Beitragsanteile von der Bundesagentur für Arbeit zu holen.[147] Bei einem Vollstreckungsversuch ist eine Kasse durchaus in der Lage, neben der Forderungsaufstellung auch das Pfandabstandsprotokoll vorzulegen. Hat der Schuldner in dem fraglichen Zeitraum Teilzahlungen geleistet, ist ein mehrmonatiger Beitragsrückstand kein Indiz. Dann ist jedenfalls das Protokoll über einen fruchtlosen Vollstreckungsversuch vorzulegen.[148]

Fehlen beim Antrag Unterlagen, wird der antragstellende Gläubiger mit Fristsetzung zur Vorlage aufgefordert. Nach Fristablauf wird entschieden.

120 **d) Rechtsmissbrauch.** Die Insolvenzantragsstellung darf nicht rechtsmissbräuchlich erfolgen.

Es ist rechtsmissbräuchlich und deshalb verboten, nur deshalb einen Antrag zu stellen, wenn bekannt ist, dass der Schuldner in Zeiten knapper Kasse immer dann zahlt, wenn Insolvenzantrag gestellt wird. Der Insolvenzantrag wird hier als „Druckmittel" benutzt, manchmal auch zur Durchsetzung zweifelhafter

---

[141] AG Göttingen Beschl. v. 1.11.2006 – 74 IN 117/06, ZIP 2007, 295.
[142] Älter als ein Jahr: LG Düsseldorf Beschl. v. 29.3.2007 – 25 T 100/07, NZI 2007, 531.
[143] Braun/*Bußhardt* InsO § 14 Rn. 25.
[144] BGH Beschl. v. 22.9.2005 – IX ZB 205/04, NZI 2006, 34 ff.
[145] BGH Beschl. v. 13.4.2006 – IX ZB 118/04, NZI 2006, 405 ff.
[146] BGH Beschl. v. 13.6.2006 IX ZB 238/05 ZIP 2006, 1457.
[147] AG Potsdam Beschl. v. 13.12.2002 – 35 IN 1499/02, ZInsO 2003, 135.
[148] LG Hamburg Beschl. v. 21.11.2001 – 326 T 171/01, ZInsO 2002, 199 f.

Forderungen, um den Schuldner als Mit-Wettbewerber auszuschalten oder um ein lästiges Vertragsverhältnis zu beenden.

Trotzdem wird der Insolvenzantrag wohl in den häufigsten Fällen (zumindest gleichzeitig) als Druckmittel verwendet werden. 121

Das Insolvenzgericht ist nur in seltenen Fällen in der Lage, den Rechtsmissbrauch zu erkennen oder gar zu bekämpfen. Anträge von Gläubigern sind deshalb wegen der Gefahr der irreparablen Schädigung des Schuldners besonders sorgfältig zu prüfen.

Schadensersatzpflichten bei rechtsmissbräuchlicher Insolvenzantragstellung können sich aus Kreditgefährdung (§ 824 BGB), vorsätzliche sittenwidrige Schädigung (§ 826 BGB) und üble Nachrede (§ 823 Abs. 2 BGB iVm § 186 StGB) ergeben. 122

e) Zulassung des Antrags. Die Zulassung wird durch einen entsprechenden Aktenvermerk dokumentiert.[149] Der Hinweis auf die erfolgte Zulassung erfolgt sodann im Anhörungsschreiben an den Schuldner. 123

Die „Zulassung" ist im Gegensatz zur Anordnung von Zwangsmaßnahmen nicht anfechtbar. Der Antragsteller kann zu Mängeln und Lücken (zB Fehlen von Glaubhaftmachungen) gehört und zur Beseitigung aufgefordert werden. Eine Pflicht zur Amtsermittlung des Insolvenzgerichts besteht erst, wenn ein zulässiger Antrag vorliegt.[150] § 5 InsO, wonach das Insolvenzgericht alle Umstände zu ermitteln hat, gilt nicht, wenn es um die Zulässigkeit des Insolvenzantrags eines Gläubigers geht.[151]

Kommt der Antragsteller der Aufforderung nicht oder nur unvollständig nach, erfolgt die kostenpflichtige Zurückweisung als unzulässig. 124

Der Schuldner kann bei erkennbarer Fragwürdigkeit eines Insolvenzantrags vor der Zulassung des Fremdantrags gehört werden und eine Gegenglaubhaftmachung vorlegen, dass die Forderung oder der Insolvenzgrund nicht besteht. Bestreitet der Schuldner das Bestehen der Forderung, die dem Insolvenzantrag zugrunde liegt – oder den Eröffnungsgrund im Rahmen einer überzeugenden Gegenglaubhaftmachung – ist der Insolvenzeröffnungsantrag als unzulässig oder unbegründet zurückzuweisen ist. Auch wenn sich nur ein „non liquet" ergibt, ist der Insolvenzantrag unzulässig. 125

Auskünfte über das Vorhandensein oder den Verfahrensstand werden an Dritte bei Fremdanträgen – anders als bei Eigenanträgen – nicht erteilt. 126

6. Masseprüfung im Eröffnungsverfahren (§§ 11 ff. InsO)

a) Grundsätze der Masseprüfung im Eröffnungsverfahren. Es gelten der Amtsermittlungs- und der Beschleunigungsgrundsatz (→ Rn. 16 ff.). Die Prüfung der Vermögensverhältnisse des Schuldners erfolgt von Amts wegen (§ 5 Abs. 1 InsO). Beweisantritte sind zwar unzulässig, da es sich um ein Eilverfahren handelt, können aber als Anlass für Nachforschungen genommen werden. Zur Unterstreichung des Beschleunigungsgrundsatzes ist das Insolvenzgericht 127

---

[149] Uhlenbruck/*Wegener* InsO § 14 Rn. 167.
[150] AG Dresden Beschl. v. 13.2.2002 – 530 IN 2190/01, ZIP 2002, 862; Uhlenbruck/*Pape* InsO § 5 Rn. 4.
[151] OLG Zweibrücken Beschl. v. 20.10.2000 – 3 W 171/00, ZInsO 2001, 88 f.

Heilmaier

mit einer vielseitigen Palette von möglichen Maßnahmen zur Durchsetzung der notwendigen Ermittlungen, zur Sicherung des schuldnerischen Vermögens und zur Einleitung der Reorganisierung und Sanierung ausgestattet. Die Prüfung soll natürlich individuell nach den sich darstellenden Umständen des Einzelfalls erfolgen. Bestimmte Prüfmuster sollten dabei aber nicht außer Acht gelassen werden.

128   Bei Kaufleuten und Handelsgesellschaften wird zunächst der Handelsregisterauszug (HRA oder HRB) beim Registergericht erholt, wegen Details auch durch kurzfristige Beiziehung der Registerakte, die oft wegen der enthaltenen Verträge und Protokolle eine wahre Fundgrube sein kann.

129   Es erfolgt eine Abfrage des Schuldnerverzeichnisses. In einem ausführlichen Pfandabstandsprotokoll, aber auch einem Vermögensverzeichnis finden sich oft wertvolle Hinweise auf Bankverbindungen, Grundvermögen, Wohnung, Betriebsstätten und Wohnungs- bzw. Geschäftsausstattung, weitere Gläubiger und Sicherungsrechte von Gläubigern, denen nachgegangen werden kann. Bei Hinweisen auf Grundvermögen wird beim zuständigen Grundbuchamt angefragt. Angefragt werden auch die Verfahrensdaten des zuständigen Gerichtsvollziehers.

130   Wegen des Aufenthalts des Schuldners wird in der Regel eine Meldeamtsabfrage vorgenommen.

131   Der Richter kann weitere Anfragen bei Banken und Sparkassen (nach Guthaben, Schulden, gegebenen Sicherheiten), bei Versicherungen (Versicherungen, Versicherungssummen, Rückkaufswerte), Finanzämtern und Drittschuldnern verfügen. Wenn Kreditinstitute oder Berufsträger sich unter Hinweis auf die Schweigepflicht weigern, kann das Insolvenzgericht die schriftliche Befreiung durch den Schuldner bereits mit dem Anhörungsfragebogen einfordern und ihn bei Weigerung durch Zwangsmaßnahmen zu seiner Mitwirkung anhalten.

132   **b) Anhörung des Schuldners – Auskunfts- und Mitwirkungspflicht.** Der Schuldner wird zum Gläubigerantrag gehört (§ 14 Abs. 2 InsO).
Der Antrag wird (unbeglaubigt: § 8 Abs. 1 S. 1 InsO) dem Schuldner zugestellt. Die Zustellung erfolgt auf Anordnung des Richters durch die Post mit förmlichem Zustellungsauftrag (PZU), kann aber auch durch Aufgabe zur Post (§§ 8 Abs. 1 S. 2, 4 Abs. 1 InsO, 184 Abs. 2 ZPO) oder durch Justizbedienstete (Wachtmeister) geschehen. Für Zustellungen an führungslose juristische Personen gelten §§ 35 Abs. 1 S. 2 GmbHG, 78 Abs. 1 S. 2 AktG und 24 Abs. 1 S. 2 GenG. Solange noch ein Geschäftslokal vorhanden ist, kann eine Zustellung dort bewirkt werden.[152]

133   Ausnahme: Bei Aufenthalt des Schuldners im Ausland und wenn die Anhörung das Verfahren übermäßig verzögern würde, sowie bei unbekanntem Aufenthalt (§ 10 InsO),[153] kann die Anhörung unterbleiben. Wenn der Schuldner eine juristische Person ist und diese keinen organschaftlichen Vertreter hat (Führungslosigkeit), können die an ihm beteiligten Personen gehört werden, § 10 Abs. 2 InsO. § 10 Abs. 1 S. 1 InsO gilt entsprechend.

---

[152] *Horstkotte*, Die führungslose GmbH im Insolvenzantragsverfahren, ZinsO 2009, 209 ff.
[153] *Haarmeyer/Wutzke/Förster* 3/150 ff.

Heilmaier

Es werden regelmäßig angehört: **134**
- bei der OHG: alle Gesellschafter
- bei der KG: der persönlich haftende Gesellschafter (Komplementär)
- bei der GmbH und AG: der Geschäftsführer bzw. der Vorstand
(§ 20 InsO iVm §§ 97, 98, 101 Abs. 1 S. 1, 2, Abs. 2 InsO), aber auch ehemalige gesetzliche Vertreter und Angestellte (§ 101 Abs. 1, 2 InsO).

So, wie der Schuldner einen Anspruch auf rechtliches Gehör (Art. 103 Abs. 1 **135** GG) hat, hat er auch die erzwingbare Verpflichtung zur Mitwirkung und Auskunftserteilung (§§ 20, 97, 98 InsO). § 97 InsO gibt damit die Rechtsgrundlage, eine Insolvenzvermögensübersicht anzufordern:

Der Inhalt der schriftlichen Anhörung: **136**
- Hinweis auf erfolgte Zulassung des Antrags
- Gewährung des rechtlichen Gehörs zum Antrag
- Aufforderung zur Erstellung einer Vermögensübersicht, auch wenn die eidesstattliche Versicherung bereits abgegeben wurde unter Fristsetzung – 2 Wochen – und Übersendung eines Formulars/Fragenkatalogs zur Einreichung einer Vermögensübersicht
- Hinweis auf die Möglichkeit der Anordnung von Zwangsmaßnahmen zur Erteilung der Auskünfte, auch eines Vorführ- oder Haftbefehls

Die **vom Schuldner zu erstellende und vorzulegende Vermögensübersicht** **137** muss enthalten:
- die Gegenüberstellung von Passiva und Aktiva
Bei den Werten sollten die Liquidationswerte ersichtlich sein (zB durch Angabe des Alters eines Fahrzeuges, Kilometerstand, Allgemeinzustand).
- Gläubiger-(Kreditoren-) und Schuldner-(Debitoren-)Verzeichnis mit genauer Angabe von Namen und Adressen, sowie möglichst genauer Angabe des Schuldgrundes und Betrages.
- Angabe zu Belastungen eines Vermögensgegenstandes, auch von Herausgabeansprüchen Dritter/Aussonderungsrechten (§ 47 InsO) und Absonderungsrechten (§§ 49 ff. InsO).
- Vermögensverfügungen/Schenkungen innerhalb der letzten Jahre.

Eine **persönliche Anhörung,** auch als Parteivernehmung (§§ 445 ff. ZPO), ist **138** gesetzlich nicht vorgeschrieben und wird wegen des enormen zeitlichen Aufwands nur in besonderen Fällen vom ohnehin stark belastete Gericht durchgeführt werden.

Die Terminsladung zur persönlichen Anhörung soll enthalten:
- Terminsbestimmung und Ladung
- Aufforderung, zum Termin das beigefügte Formular „Vermögensübersicht bzw. den Anhörungsfragebogen" ausgefüllt mitzubringen
- Aufforderung, weitere Unterlagen, Bilanzen, Kontoauszüge, Urkunden, Versicherungsscheine etc mitzubringen
- Hinweis auf Vorführung oder Verhaftung bei unentschuldigtem Nichterscheinen.

Im Anhörungs-Fragebogen wird Wert darauf gelegt, dass Telefon/Handy/ **139** Fax Nr., Email, Privatanschrift u. Geburtsdatum des Schuldners, bzw. seines gesetzlichen Vertreters angegeben werden, um telefonisch rückzufragen oder bei Untertauchen oder Räumung der Geschäftsräume gezielt Kontakt wiederherstellen oder Nachforschungen durchführen zu können.

Heilmaier

140 Die Mitwirkungs- u. Auskunftspflicht des Schuldners (§§ 20 Abs. 1 S. 2, 97, 98, 101 Abs. 1 S. 1, Abs. 2 InsO) ist die Grundlage für die Anforderung der Vermögensübersicht.
Der Schuldner hat eine umfassende Mitwirkungs- und Auskunftspflicht gegenüber dem Insolvenzgericht. Entsprechend § 97 Abs. 1 S. 2 InsO gilt das auch für die Offenbarung von Straftaten, auch über Straftaten in Zusammenhang mit der Insolvenz. Insoweit besteht aber ein Verwertungsverbot in Strafverfahren (§ 97 Abs. 1 S. 3 InsO). Die Auskunftspflicht beinhaltet auch die Verpflichtung des Schuldners, Banken, Steuerämter, Sozialbehörden oder Steuerberater ua vom Bank-, Steuer- oder Berufsgeheimnis zu befreien, falls diese nicht ohnehin der Aufforderung des Gerichts gem. § 5 InsO nachkommen. Ebenso fallen alle Maßnahmen, die der Schuldner unternehmen muss, um benötigte Auskünfte beizubringen – beispielsweise Nachforschung zum Verbleib[154] – unter die Auskunftspflicht des Abs. 1 und nicht unter die Mitwirkungspflicht des Abs. 2 (Diese Unterscheidung wird wichtig im Rahmen des § 101 Abs. 2 InsO). Über §§ 20 Abs. 1 S. 2, 97 Abs. 2 und 3 InsO hat der Schuldner im Eröffnungsverfahren in erster Linie gegenüber dem Insolvenzgericht eine **Mitwirkungspflicht**, die auf Anordnung des Gerichts gegenüber dem Sachverständigen oder vorläufigen Insolvenzverwalter ausgedehnt werden kann.

141 Die Auskunftspflicht- und Mitwirkungspflicht besteht **auch für ausgeschiedene Geschäftsführer** (§ 101 Abs. 1 S. 2 InsO: bis 2 Jahre nach dem Ausscheiden), die Auskunftspflicht auch für aktive und ausgeschiedene Angestellte (§ 101 Abs. 2 InsO). Gemäß § 101 Abs. 1 S. 2 Hs. 2 InsO sind im Falle der Führungslosigkeit auch die am Schuldner beteiligten Personen auskunfts- und mitwirkungspflichtig.

142 Es kann auch die Abgabe einer Versicherung an Eides Statt angeordnet werden (§ 98 Abs. 1 InsO iVm §§ 478–480, 483 ZPO). Viele Erkenntnisse erhält das Gericht auch durch sofortige telefonische Befragung, sofern die Telefonnummer des Schuldners festgestellt und er auch erreicht werden konnte.

143 Durch § 101 Abs. 3 InsO können Verpflichteten, die ihren Auskunfts- und Mitwirkungspflichten nicht nachgekommen sind, im Falle einer Abweisung des Eröffnungsantrags die **Verfahrenskosten auferlegt** werden.

144 Mit der Anhörung zu einem Fremdantrag hat das Gericht dem Schuldner (natürliche Person) gleichzeitig den **Hinweis auf die Möglichkeit der Eigenantragstellung verbunden mit dem Antrag auf Restschuldbefreiung** binnen 2 Wochen zu erteilen (§§ 20 Abs. 2, 287 InsO).[155]

145 **c) Vorführung oder Verhaftung des Schuldners bzw. Schuldnervertreters (§ 21 Abs. 3 iVm § 98 Abs. 2 InsO).** Der Schuldner oder die (organschaftlicher) Vertreter werden mit der ersten schriftlichen Anhörung auf die Möglichkeit von Zwangsmaßnahmen hingewiesen, wenn sie nicht fristgerecht den Auskunfts- und Mitwirkungspflichten nachkommen.
Kommen sie diesen Pflichten nicht nach und reichen andere Maßnahmen nicht aus, können sie – als milderes Mittel – bei Nichtbeachtung von richterlichen Auskunftsersuchen zwangsweise vorgeführt, aber auch nach Anhörung

---

[154] HambK-InsO/*Herchen* § 97 Rn. 9.
[155] BGH Beschl. v. 17.2.2005 – IX ZB 176/03, ZInsO 2005, 310 f.

Heilmaier

(§ 98 Abs. 2 Hs. 1 InsO) bei Verweigerung in Haft genommen werden (§ 20 Abs. 1 iVm § 98 Abs. 2 InsO). Die Vorführung- und Verhaftung ist nicht nur beim Schuldner (natürliche Person), sondern gem. § 101 Abs. 1 S. 1, 2 InsO iVm §§ 97, 98 Abs. 2 InsO auch zulässig bei Mitgliedern des Vertretungs- oder Aufsichtsorgans, den persönlich haftenden Gesellschaftern und sogar bei bis 2 Jahre vor Antragstellung ausgeschiedenen entsprechenden Personen.

Die Vorführung wird nach richterlicher Anordung vom Gerichtsvollzieher oder dem Justizwachtmeister ausgeführt.[156] Wenn keine Dienstkräfte der Justiz zur Verfügung stehen, kann gem. Art. 50 BayPAG auch ein schriftliches Vollzugshilfeersuchen an die zuständige Polizeidienststelle gerichtet werden, welche den Vorführungsbefehl dann ausführt. Eine Vorführung kann auch im Büro eines beauftragten Sachverständigen erfolgen. Ist der Vorzuführende der deutschen Sprache nicht mächtig, wird bei der Vorführung ein Dolmetscher hinzugezogen. 146

Der Haftanordnung wird regelmäßig eine (erfolglose) Vorführung[157] vorausgegangen sein, wobei der Schuldner seine aktive, aber auch durch entsprechendes Verhalten passive Mitwirkung verweigert hat.[158] Hierbei erfolgt gleichzeitig die Anhörung nach § 98 Abs. 2 InsO. Für den Vollzug ist funktionell der Gerichtsvollzieher zuständig, an den die Anordnungen in vollstreckbarer Ausfertigung und Abschrift für den Schuldner zum Vollzug §§ 191, 186, 187 GVGA hinausgegeben werden. 147

Die §§ 904–906, 909, 910, und 913 ZPO gelten gem. § 98 Abs. 3 S. 1 InsO beim Haftvollzug entsprechend. Die Mitwirkungs- bzw. Auskunftsverpflichtungen des Schuldners sind im Haftbefehl so bestimmt zu bezeichnen, dass der Schuldner ohne weiteres erkennen kann, durch welche Handlungen er seinen Pflichten genügt.[159] 148

Gegen die Haftanordnung und Haft (nicht: Vorführung) und die Ablehnung des Aufhebungsantrags ist das Rechtsmittel der „Sofortigen Beschwerde" statthaft (§ 21 Abs. 1 S. 2, § 98 Abs. 3 S. 3 InsO iVm §§ 793 Abs. 2, 577, 572 ZPO). 149

Durch die Vorführung/Verhaftung werden die Befehle verbraucht und dem Insolvenzgericht zurückgegeben. Gibt der Schuldner nach Erlass eines Vorführ- oder Haftbefehls ohne deren Vollzug die gewünschten Auskünfte, muss der Insolvenzrichter die vollstreckbaren Ausfertigungen der Befehle zurückzufordern. Es empfiehlt sich auch, Vorführ- oder Haftbefehlsbeschluss mit Blattzahl und roter Schrift auf dem Aktendeckel vermerken zu lassen und die Rückgabe spätestens bei Anbringung des Archivvermerks nochmals zu kontrollieren. Sind die Ausfertigungen wieder zurückgegeben worden, wird der Vermerk durchgestrichen. 150

d) Anhörung von Zeugen (§ 5 Abs. 1 S. 2 InsO). In Zusammenhang mit den von Amts wegen vorzunehmenden Untersuchungen (§ 5 Abs. 1 InsO) kann das Insolvenzgericht nach seinem Ermessen auch Zeugen vernehmen und, sofern 151

---

[156] Braun/*Kroth* InsO § 98 Rn. 7; vgl. hierzu auch 3.3.3. AufgJWD.
[157] LG Arnsberg Beschl. v. 7.5.2002 – 6 T 212/02, ZInsO 2002, 680.
[158] OLG Naumburg Beschl. v. 24.8.2000 – 5 W 98/00, ZInsO 2000, 562f.; OLG Celle Beschl. v. 23.1.2002 – 2 W 135/01, ZInsO 2002, 232f.
[159] BGH Beschl. v. 17.2.2005 – IX ZB 176/03, ZInsO 2005, 310f. mit Hinweisen zum Inhalt eines Haftbefehls.

erforderlich, durch ein auswärtiges Insolvenzgericht im Wege der Rechtshilfe vernehmen lassen, soweit dies für die Ermittlungen dienlich erscheint. Allgemein wird die Ladung und die Einvernahme der Zeugen gem. § 4 InsO nach den Vorschriften über den Zeugenbeweis gem. §§ 373 ff. ZPO durchgeführt.

Die Vernehmung wird, sofern kein anderer geeigneter Raum zur Verfügung steht, am besten im Dienstzimmer des Richters durchgeführt. Ist ein Sachverständiger bestellt worden, wird er vom Termin verständigt und ihm die Teilnahme gestattet. Der Schuldner hat kein Recht zur Teilnahme.

152   Kommt ein Zeuge der Ladung unentschuldigt nicht nach, stehen die Ordnungs- und Zwangsmittel des § 380 ZPO zur Verfügung.

153   Der Schuldner selbst wird nicht als Zeuge, sondern wie eine Partei angehört, wobei allerdings die oben[160] genannten Zwangsmittel der Vorführung und Verhaftung angeordnet werden können.

154   **Ausgeschiedene organschaftliche Vertreter** haben nur eine Auskunftsverpflichtung, keine Mitwirkungspflicht (§ 101 Abs. 1 S. 2 InsO). Auch hier gilt § 98 InsO, so dass bei zwangsweiser Vorführung kein Rechtsmittel statthaft ist.

155   **Aktive und ausgeschiedene Angestellte** haben lediglich eine Auskunftsverpflichtung ohne dass die Zwangsmittel des § 98 InsO angewendet werden können. Das Insolvenzgericht ist aber nicht gehindert, die Einvernahme der Angestellten als Zeugen anzuordnen und die in der ZPO vorgesehenen Ordnungs- und Zwangsmittel anzuwenden.

7. Beauftragung eines Sachverständigen (§ 5 Abs. 1 S. 2 InsO)

156   a) **Notwendigkeit der Beauftragung.** Der Insolvenzrichter entscheidet nach seinem Ermessen, ob er auch auf Grund seiner Erfahrung selbst in der Lage ist, anhand der Vermögensübersicht des Schuldners und der erhaltenen Auskünfte die Vermögensverhältnisse des Schuldners abzuschätzen. Besonders bei einem laufenden schuldnerischen Geschäftsbetrieb ab einer bestimmten Betriebsgröße mit Beständen an Material, Halbfertigprodukten und produzierten Waren, vorhandenen Aufträgen, in Frage stehenden Aus- und Absonderungsrechten oder möglichen Anfechtungstatbeständen wird er schnell an die Grenzen einer eigenen Bewertung und das Vorhandensein einer Verfahrenskostendeckung stoßen. Eine wichtige Rolle spielt auch die erhebliche Arbeitsbelastung. Er wird deshalb von der Möglichkeit einer Begutachtung durch einen Sachverständigen Gebrauch machen, der aufgrund seiner Sachkunde und Erfahrung in der Lage ist, die gewonnenen Erkenntnisse dem Gericht in kurzer Zeit vorzulegen.

157   Die Auswahl des Sachverständigen und Anordnung erfordert deshalb vom Insolvenzrichter nicht nur erhebliche Erfahrung und Fingerspitzengefühl, sondern muss auch oft in kürzester Zeit geschehen, wobei eine Reihe von Kriterien, wie zB die Betriebsgröße des Schuldners, die Branche, in der er tätig ist, eine uU erforderliche Führung von Zivil-, Arbeits- und Verwaltungsgerichtsverfahren oder Patent- und Urheberrechtsprozessen, eine vorübergehende Betriebsführung zur Sanierung oder Ausproduktion, und auch die Personal-, Büro- und Buchhaltungs-Ausstattung des Sachverständigens eine ausschlaggebende Rolle spielen.

---

[160] → Rn. 173 ff.

Da der beauftragte Sachverständige bei Vorhandensein ausreichender Masse **158** mit Eröffnung regelmäßig zum Verwalter bestellt wird, muss beachtet werden, dass es sich um eine natürliche Person, also keine Anwalts-GmbH handelt (§ 56 InsO: siehe dort weitere Kriterien), die nicht überlastet ist. Es besteht **kein Anspruch auf Bestellung als Sachverständiger** und auch nicht auf Bestellung zum Verwalter.

Wer als Sachverständiger beauftragt und auch zum vorläufigen und schließ- **159** lich zum Insolvenzverwalter bestellt wird, entscheidet im Eröffnungsverfahren allein der Richter **in richterlicher Unabhängigkeit ermessensgerecht** als Organ der Rechtspflege.[161] → § 8 Rn. 24 ff. Die Sachverständigenbestimmung ist auch kein Justizverwaltungsakt iS §§ 23 ff. GVG sondern eine Anordnung zur Beweiserhebung.[162] Gegen Beweisanordnungen ist kein Rechtsmittel statthaft.[163] Der Beweisbeschluss bedarf keiner Gründe (§§ 4 InsO, 359 ZPO) und kann vom Insolvenzrichter ebenso geändert oder aufgehoben werden.

b) Auftragserteilung. Einer Beauftragung/Bestellung geht in der Regel eine **160** telefonische Besprechung mit dem vorgesehenen Sachverständigen/vorläufigen Insolvenzverwalter voraus. Es empfiehlt sich auch, ihn zu befragen, ob er wegen vorhergehender Tätigkeit für Schuldner oder Gläubiger befangen ist und zeitlich (Urlaub?) und arbeitsmäßig (andere Verfahren?), in der Lage ist, den Auftrag auszuführen. Bei dieser Gelegenheit können schon der Sachverhalt und evtl. Besonderheiten besprochen werden.

Das Insolvenzgericht kann einen Sachverständigen wegen aller Umstände, die **161** für das Verfahren von Bedeutung sind, mit der Begutachtung beauftragen (§ 5 Abs. 1 InsO), dh der Auftrag kann allgemein auf Feststellung des Vorliegens eines Eröffnungsgrundes und Vorhandensein einer verfahrenskostendeckenden Masse lauten, kann aber einzelne Gesichtspunkte besonders betonen.

Die Beauftragung mit einem Gutachten erfolgt durch einen – **nicht beschwerdefähigen** – Beschluss mit dem Gutachtensauftrag zur:
– Feststellung des Vorliegens eines Insolvenzgrundes
– Aussichten für die Fortführung des schuldnerischen Unternehmens
– ausreichende Kostendeckung
– Ermittlung und Stellungnahme zu besonderen Gesichtspunkten

mit Feststellung der Befugnisse des Sachverständigens wie der Berechtigung Auskünfte (auch von Gerichten, Behörden, Kreditinstituten, Grundbuchämtern, Steuerberatern und Wirtschaftsprüfern), auch über Geschäftsgeheimnisse zu verlangen, ungehinderter Zutritt zu Geschäftsräumen und Vermögenswerten und Einsicht in Geschäftsunterlagen.[164] Der Sachverständige kann diese Befugnisse jedoch nicht eigenständig durchsetzen[165] sondern bedarf einer gerichtlichen Anordnung. Es ist unzulässig, den Sachverständigen mit den einer vorläu-

---

[161] Uhlenbruck/*Zipperer* InsO § 56 Rn. 46, 48.
[162] OLG Koblenz Beschl. v. 16.12.1999 – 2 W 225/99, ZIP aktuell 6/2000, A12 Nr. 25.
[163] OLG Köln Beschl. v. 3.1.2000 – 2 W 225/99, NZI 2000, 173; BGH Beschl. v. 20.9.2007 – IX ZB 37/07, NZI 2008, 100 ff.
[164] Uhlenbruck/*Pape* InsO § 5 Rn. 15; OLG Köln Beschl. v. 11.12.2000 – 2 W 231/00 NZI 2001, 598.
[165] MüKoInsO/*Schmahl/Vuia* § 16 Rn. 60.

figen Insolvenzverwaltung vorbehaltenen Befugnissen auszustatten, zB einer Inkassobefugnis.[166]

In besonders eiligen Fällen wird dem soeben fernmündlich Beauftragten eine Beschlussabschrift vorab per Fax übersandt.

In allen anderen Fällen wird der Sachverständige/vorläufige Insolvenzverwalter von der Geschäftsstelle informiert, sobald die Beschlüsse geschrieben und die Ausfertigungen und Akten abgeholt werden können. Der Beauftragte wird gebeten, die Akten selbstständig nach wenigen Tagen zurückzugeben.

162 **c) Durchführung des Auftrags.** Anders als im „normalen" Zivilprozess hat der Insolvenzsachverständige nicht nur Schlussfolgerungen anhand eines feststehenden Sachverhalts zu ziehen, sondern er hat auch selbst Tatsachen zu ermitteln und den Schuldner zu möglichst ergiebigen Auskünften anzuhalten.[167] → § 6 Rn. 15 ff.

Das Amtsgericht Duisburg hat den Sachverständigen einmal folgende zutreffende Arbeitshinweise erteilt:[168]

„Das schriftliche Gutachten soll dem Gericht eine möglichst vollständige, geordnete, geprüfte und realistische Übersicht über die Vermögens-, Finanz- und Ertragslage des Schuldners einschließlich der Verbindlichkeiten vermitteln; dabei sind die Aus- und Absonderungsrechte zu berücksichtigen. Das Gutachten soll auf der Grundlage nachvollziehbarer Ermittlungsergebnisse überzeugende Schlussfolgerungen zu den gesetzlichen Eröffnungsgründen und zur Existenz einer kostendeckenden freien Masse (oder zur Höhe des erforderlichen Kostenvorschusses) enthalten.

Wichtig sind die Erkenntnisse und Ausführungen über die rechtliche und wirtschaftliche Entwicklung des Unternehmens, über die Ursachen der Insolvenz sowie über die Aussichten für eine Reorganisation, Sanierung (auch übertragene Sanierung), Fortführung des Unternehmens und die Weiterbeschäftigung der Arbeitnehmer oder, falls nicht vermeidbar, die Möglichkeiten einer ganz oder teilweisen Betriebsstilllegung, Ausproduktion, eines verbilligten Warenverkaufs an bisherige Kunden und Interessanten, eines Abverkaufs oder Übergabe der Waren an einen professionellen Aufkäufer oder Auktionator zur Masseanreicherung.

Ist der Schuldner eine natürliche Person, so hat der Sachverständige auch zu ermitteln, ob der Schuldner eine selbstständige wirtschaftliche Tätigkeit ausübt und ob diese Tätigkeit als geringfügig anzusehen ist (§ 304 InsO). Der Sachverständige soll ferner mitteilen, ob ihm anlässlich der Ermittlungen Umstände oder Verhaltensweisen des Schuldners bekannt geworden sind, die im weiteren Verlauf des Verfahrens eine Versagung der Restschuldbefreiung nach § 290 InsO rechtfertigen können."

163 Als besonders rationell hat sich erwiesen, wenn nach selbst erstellten Checklisten und entsprechenden zeitlichen Vorgaben vorgegangen wird.[169] → § 6 Rn. 33 ff.

---

[166] OLG Nürnberg Beschl. v. 20.2.2006 – 2 W 267/06, ZInsO 2006, 761 ff.

[167] MüKoInsO/*Schmahl/Vuia* § 16 Rn. 46, 49.

[168] Arbeitshinweise des AG Duisburg für Insolvenzsachverständige im Eröffnungsverfahren, NZI 1999, 308 f.

[169] Siehe auch Empfehlung des BAKinsSO eV – Checkliste zur Gutachtenserstattung NZI 2009, 37 ff.

Heilmaier

Wie der Gutachter seine Ermittlungen durchführt, bestimmt er selbst, wobei er die richterlichen Anordnungen beachtet, die ihm auch nach einem mündlichen Auftrag nochmals schriftlich erteilt werden.

Nach Auffassung des BGH darf der vorläufige Insolvenzverwalter Wohnräume nur dann betreten, soweit darin ein Teil des Geschäftsbetriebes stattfindet.[170] Der isolierte Sachverständige ist dazu nicht befugt.

Das Insolvenzgericht kann aber selbst auch ohne gleichzeitige Bestellung eines vorläufigen Insolvenzverwalters die **Durchsuchung der Wohn- und Geschäftsräume eines Schuldners** anordnen und durch den Gerichtsvollzieher durchführen lassen, wenn der Schuldner nach Aufforderung Geschäftsunterlagen freiwillig nicht herausgegeben hat und wenn begründeter Anlass zur Annahme besteht, dass der Schuldner oder auch der Geschäftsführer sie dort verborgen hält. Entgegen der Entscheidung des BGH kann das Insolvenzgericht den Sachverständigen ermächtigen, den Gerichtsvollzieher zu begleiten und, da er die Sachkunde besitzt, vor Ort auch gleich zu entscheiden, was für die Masseermittlungen von Bedeutung ist.[171] Der Sachverständige kann Geschäftsunterlagen in die eigene Kanzlei mitnehmen.

Der Sachverständige muss das Gutachten bis zum Ablauf der gesetzten Frist beim Insolvenzgericht mit Vergütungsabrechnung abliefern. Im Falle von Hindernissen teilt er diese mit einem kurzen Zwischenbericht dem Insolvenzgericht rechtzeitig mit und bittet um stillschweigende Verlängerung.

d) **Gutachtenserstattung und Anhörung der Beteiligten.** Legt der Gutachter das Gutachten vor, muss dieses durch die Geschäftsstelle des Insolvenzgerichts unverzüglich dem zuständigen Insolvenzrichter oder dessen Vertreter vorgelegt werden.

Soweit erforderlich, insbesondere bei Verständnisfragen, ruft der Insolvenzrichter den Gutachter an und fordert ihn zu Erläuterungen oder auch schriftlichen Ergänzungen auf. Diese müssen kurzfristig erfolgen.

Eine **Anhörung** von antragstellenden Gläubigern erfolgt bei Feststellung der Massezulänglichkeit regelmäßig nicht, um die notwendig anstehende Eröffnung („Eilverfahren") nicht hinauszuzögern.

Ergibt das Gutachten **Masseunzulänglichkeit** (Fehlen einer die Verfahrenskosten deckenden Masse), wird dem antragstellenden Gläubiger – und sogar weiteren am Ausgang des Verfahrens interessierten Gläubigern und Personen – sowie dem Schuldner Gelegenheit zur Stellungnahme, verbunden mit der Aufforderung zur Leistung eines Verfahrenskostenvorschusses, gegeben. Es gehört aber auch zu den Aufgaben des Gutachters und besonders des vorläufigen Insolvenzverwalters, entsprechende Erkundigungen und vorbereitende Gespräche durchzuführen. Hat ein antragstellender Gläubiger bereits mit dem Antrag mitgeteilt, dass er zur Leistung eines Vorschusses nicht bereit sein werde, kann dessen Anhörung unterbleiben. Die gerichtliche Praxis hat ergeben, dass in nahezu 100% der Verfahren hiergegen keine Einwendungen erhoben werden. Ist der Gläubiger trotzdem zur Leistung eines Vorschusses bereit, kann er immer noch

---

[170] BGH Beschl. v. 4.3.2004 – IX ZB 133/03, ZVI 2004, 240 ff.
[171] Siehe hierzu: AG Duisburg Beschl. v. 17.5.2004 – 62 IN 124/04, NZI 2004, 388 (gegen BGH).

leisten und sofortige Beschwerde einlegen. In diesem Fall könnte das Insolvenzgericht im Wege der Abhilfe die Abweisung aufheben und eröffnen.

B. Vorläufige Sicherungsmaßnahmen und Einzelanordnungen (§§ 21 ff. InsO)

171 Da die Feststellung des Eröffnungsgrundes und der Kostendeckung, die ja Voraussetzung für die Entscheidung über einen Insolvenzeröffnungsantrag ist, trotz des geltenden Beschleunigungsgrundsatzes eine gewisse Zeit in Anspruch nehmen kann und eine theoretisch mögliche sofortige Verfahrenseröffnung in der Praxis kaum erfolgt, hat der Insolvenzrichter sofort bei Zulassung und danach laufend zu überprüfen, ob Sicherungsmaßnahmen erforderlich sind.

172 Er muss solche anordnen, um nachteilige Veränderungen der Vermögenslage des Schuldner zu verhüten (§ 21 Abs. 1 InsO; Wirkung: §§ 24, 81, 82 InsO). Das Insolvenzverfahren befindet sich im Eröffnungsverfahren in einer besonders kritischen Phase, weil die Gläubiger bestrebt sind, noch möglichst viel des vorhandenen Vermögens an sich zu ziehen und andererseits die Gefahr besteht, dass der Schuldner solches beiseiteschafft. Auch wenn das Gericht noch die Zulässigkeit des Antrags prüft, zB einen zweifelhaften internationalen Gerichtsstand, kann es bereits Sicherungsmaßnahmen erlassen.[172] Die Maßnahme muss in jedem Fall erforderlich und verhältnismäßig sein. Der Insolvenzrichter wählt die gebotenen Sicherungsmaßnahmen nach pflichtgemäßem Ermessen aus und ist weder an Anträge von Gläubigern oder des Schuldners und schon gar nicht von Dritten gebunden. Es handelt sich um eine tatrichterliche Entscheidung. Der Inhalt des Beschlusses und die angeordneten Maßnahmen richten sich allein nach ihrer Notwendigkeit im aktuellen Verfahren und liegen im Ermessen des Gerichts. Einzelanordnungen dürfen nicht in gesellschaftsrechtliche Regelungen einer schuldnerischen Gesellschaft (zB Änderungen des Gesellschaftsvertrages, Umgründung) oder der organschaftlichen Stellung der Vertreter (zB Entlassung) eingreifen,[173] genauso, wie der Insolvenzrichter familiäre Regelungen nicht treffen darf.

173 Das rechtliche Gehör wird mit Ausnahme bei Anordnung der Haft oder Postsperre nur gewährt, wenn es den Sicherungszweck nicht gefährdet. Gegen die Anordnung von Sicherungsmaßnahmen ist nach § 21 Abs. 1 S. 2 InsO die sofortige Beschwerde statthaft.

I. Die einzelnen Sicherungsmaßnahmen

174 Zu den Sicherungsmaßnahmen gehören insbesondere (§ 21 Abs. 2 InsO):

1. Die Bestellung eines vorläufigen Insolvenzverwalters (§ 21 Abs. 2 Nr. 1 InsO)

175 Der Sachverständige kann sofort oder nach begründeten Hinweisen der Notwendigkeit an den Insolvenzrichter zum vorläufigen Insolvenzverwalter unter

---

[172] *Haarmeyer* ZInsO 2001, 203 ff.; BGH Beschl. v. 22.3.2007 – IX ZB 164/06, ZIP 2007, 878.
[173] BGH Beschl. v. 11.1.2007 – IX ZB 271/04, ZIP 2007, 438.

§ 4. Die richterliche Tätigkeit im Eröffnungsverfahren

gleichzeitiger Anordnung der vorläufigen Insolvenzverwaltung in einem Beschluss (mit Name, Adresse u. Telefonnummer des Bestellten) unter Angabe von Datum und Uhrzeit bestellt werden.[174]

Die Bestellung eines vorläufigen Insolvenzverwalters sollte aber erst nach Anhörung des Vorgesehenen erfolgen. Hierbei sollte jedenfalls absehbar sein, dass auch die Vergütung für den vorläufigen Insolvenzverwalter gedeckt ist.[175]

Regelmäßig wird das Insolvenzgericht den vorläufigen Insolvenzverwalter bestellen, ohne ein allgemeines Verfügungsverbot zu erlassen (= **„schwacher vorläufiger Insolvenzverwalter"** → § 5 Rn. 139 ff.), aber durch zusätzliche Einzelanordnungen mit weiteren Befugnissen ausstatten (§ 22 Abs. 2 InsO = **„halbstarker vorläufiger Insolvenzverwalter"** → § 5 Rn. 159 ff.). In Betracht kommt zB die Anordung, Außenstände einzuziehen, wobei dies gleichzeitig dem Schuldner verboten wird oder die Kassenführung zu übertragen. Es ist auch zulässig, die Aufrechnung oder Verrechnung eingehender Gelder/Zahlungen zB von Drittschuldnern (debitorische Salden) mit Forderungen gegen den Schuldner zu verbieten.[176] Hierbei ist auf eine genaue Festlegung und Formulierung zu achten. Auch darf eine einzelne Anordnung oder die Summe nicht über die Pflichten des **„starken vorläufigen Insolvenzverwalters"** → § 5 Rn. 32 ff. hinausgehen (§ 22 Abs. 2 S. 2 InsO). Diese Anordnungen sollten erst nach Anhörung des vorläufigen Insolvenzverwalters und Abstimmung mit diesem erlassen werden. **176**

Der Sachverständige und der vorläufige Insolvenzverwalter haben die Verpflichtung, das Insolvenzgericht laufend über den Sachstand zu **informieren.** In einfach gelagerten Fällen reicht aber auch ein kurzer Einleitungsbericht unmittelbar nach der Beauftragung und ersten Information vor Ort aus, wenn sich weiter nichts Besonderes ergibt. **177**

Der vorläufige Insolvenzverwalter und Sachverständige wird gebeten, sein Gutachten rechtzeitig vor Ablauf der ihm gesetzten Frist vorzulegen oder bei Verzögerung einen (kurzen) Zwischenbericht mit begründetem Fristverlängerungsgesuch vorzulegen, dem grundsätzlich stillschweigend stattgegeben wird.

Die Aufsichtspflicht des Insolvenzgerichts bzw. des Insolvenzrichters (§§ 58, 21 Abs. 2 S. 1 InsO) ist Amtspflicht (§ 839 BGB), aber ohne alle Kleinlichkeit durchzuführen. Der Richter wird sich, besonders bei bedeutenden Verfahren, hin- und wieder selbstständig über den Sachstand erkundigen. Die Anfragen etc, auch telefonische, werden durch entsprechende Vermerke aktenkundig gemacht. **178**

Der Insolvenzrichter muss darauf achten, dass auch der vorläufige Insolvenzverwalter/Sachverständige jederzeit über die bei Gericht einlaufende Informationen (zB Auskünfte von Grundbuchämtern, Schuldnerverzeichnis, Rückantworten von Debitoren und Bank-, Versicherungsauskünfte etc) mittels Abschrift in Kenntnis gesetzt wird. Umgekehrt sollte dieser regelmäßig auf der Geschäftsstelle zu seiner Information Einsicht in die Akten nehmen. **179**

Der vorläufige Insolvenzverwalter kann, wie der Insolvenzverwalter auch, **entlassen** werden (§§ 21 Abs. 2 Nr. 1, 59 Abs. 1 InsO), wenn ein triftiger **180**

---

[174] Die verschiedenen Arten und Befugnisse der vorläufigen Insolvenzverwalter werden unter § 5 erläutert.
[175] AG Potsdam Beschl. v. 6.4.2004 – 35 IN 360/04, DZWIR 2004, 439.
[176] Siehe auch ZInsO 2001, 754 f.

Heilmaier

Grund vorliegt. Ein solcher Grund kann vorliegen, wenn das Vertrauensverhältnis zwischen vorläufigem Insolvenzverwalter und Insolvenzgericht in einem Maße gestört ist, dass ein gedeihliches Zusammenwirken ausgeschlossen ist,[177] zB wenn Briefe mit beleidigendem und in hohem Maße unsachlichen Inhalt an den Insolvenzrichter geschickt werden oder wenn der vorläufige Insolvenzverwalter wiederholt berechtigten Auskunftsersuchen nicht nachkommt.[178]

Zu beachten ist, dass im Falle eines nicht offensichtlich aussichtslosen Antrags auf Eigenverwaltung kein vorläufiger Insolvenzverwalter bestellt wird, sondern ein vorläufiger Sachwalter, § 270a Abs. 1 S. 2 InsO.

2. Die Einsetzung eines vorläufigen Gläubigerausschusses (§ 21 Abs. 2 Nr. 1a InsO)

181 Diese im gerichtlichen Ermessen liegende Befugnis zur Einsetzung des sogenannten **„fakultativen Gläubigerausschusses"** ist im Hinblick auf die unmittelbare Wirkung an sich keine Sicherungsmaßnahme, bietet jedoch durch die frühzeitige Einbindung der Gläubiger im Ergebnis Gewähr für Vermögenssicherung.[179]

182 Bedeutung erlangt diese Möglichkeit bei Unternehmen, welche die Schwellenwerte des § 22a Abs. 1 InsO („originärer Pflichtausschuss") → § 10 Rn. 3 verfehlen oder wenn § 22a Abs. 3 InsO, der für § 21 Abs. 2 Nr. 1a InsO nicht gilt, einem Pflichtausschuss entgegensteht.[180]

183 Kein Ermessen besteht bei der Einsetzung eines **„originären Pflichtausschusses"** nach § 22a Abs. 1 InsO, der beim Vorliegen bestimmter Schwellenwerte den Insolvenzrichter zur Einsetzung verpflichtet. In § 22a Abs. 2 InsO wird unter Berücksichtigung der im Gesetz genannten Vorgaben (Benennung geeigneter Personen und Vorlage deren Einverständniserklärung)[181] weiteren Personen ein Antragsrecht einräumt. Das Gericht hat dann in der Regel den Ausschuss einzusetzen (**„derivativer Pflichtausschuss"** → § 10 Rn. 4), nur ausnahmsweise kann der Antrag abgelehnt werden.[182] Ein vorsorglicher Gläubigerantrag vor Antragstellung ist jedoch unzulässig. Es empfiehlt sich aber, dem Gericht die Bereitschaft zur Mitwirkung in einem vorläufigen Gläubigerausschuss mitzuteilen. Die Ausschlusskriterien des § 22a Abs. 3 InsO (eingestellter Geschäftsbetrieb, Unverhältnismäßigkeit im Hinblick auf die prognostizierte Insolvenzmasse, Verzögerung durch Einsetzung führt zu einer nachteiligen Veränderung der Vermögenslage) dürfen bei den Pflichtausschüssen nicht vorliegen.

184 Die Einsetzungentscheidung des Gerichts ist gleichzeitig die **Entscheidung über die Besetzung des Ausschusses.** Diese hat gemäß den Vorgaben des § 67 Abs. 2 InsO zu erfolgen, auf welche § 21 Abs. 2 Nr. 1a InsO verweist → § 10 Rn. 6 ff. Der vorläufige Gläubigerausschuss muss die Gläubigerstruktur abbilden und soll bestimmte Gruppen (absonderungsberechtigte Gläubiger, die

---

[177] Nerlich/Römermann/*Delhaes* InsO § 59 Rn. 8.
[178] OLG Zweibrücken Beschl. v. 25.9.2000 – 3 W 205/00, NJW-RR 2001, 631.
[179] Kübler/*Ampferl*, HRI, § 9 Rn. 100.
[180] Kübler/*Ampferl*, HRI, § 9 Rn. 101.
[181] Vgl. AG Hamburg Beschl. v. 28.2.2014 – 67c IN 1/14, NZI 2014, 566.
[182] MüKoInsO/*Haarmeyer* § 21 Rn. 47a; Kübler/*Ampferl*, HRI, § 9 Rn. 96.

Heilmaier

Gläubiger mit den höchsten Forderungen, Kleingläubiger und Arbeitnehmer) umfassen. Daher muss dem Insolvenzrichter ein möglichst vollständiges Bild der Gläubigergesamtheit vorliegen. Er kann im Zweifelsfall den Sachverständigen auffordern, ihm zeitnah Gläubiger vorzuschlagen, welche die Gläubigerstruktur des Schuldners abbilden. Es empfiehlt sich daher, die bei Antragstellung einzureichende Gläubigerliste dem Gericht entsprechend zu erläutern.

Zu Mitgliedern können nur Gläubiger[183] berufen werden (kein Verweis auf § 67 Abs. 3 InsO) bzw. Personen, die spätestens mit Verfahrenseröffnung Gläubiger werden (zB § 169 SGB III oder § 9 Abs. 2 BetrAVG). An Besetzungsvorschläge ist das Gericht auch bei einem Antragsausschuss nicht gebunden.[184] Der Richter entscheidet über die Besetzung nach pflichtgemäßem Ermessen. Eine zu Beginn des Verfahrens bedeutende Aufgabe des (eingesetzten) vorläufigen Gläubigerausschusses ist die Anhörung im Rahmen der Verwalterbestellung, § 56a InsO. Dieser kann mehrheitlich das Gericht bindende Kriterien bezüglich der Anforderungen an die Person des Verwalters oder einstimmig das Gericht bindend eine konkrete Person beschließen.[185]

3. Die Anordnung eines allgemeinen Verfügungsverbots (§ 21 Abs. 2 Nr. 2 InsO)

Datum und Uhrzeit des Erlasses sind im Beschluss anzugeben → § 5 Rn. 12.

4. Die Untersagung oder einstweilige Einstellung der Zwangsvollstreckung in alle bewegliche Sachen (§ 21 Abs. 2 Nr. 3 InsO)

Eine Einstellung der Zwangsvollstreckung in unbewegliche Sachen kommt nur unter den Voraussetzungen des § 30d Abs. IV ZVG in Betracht → § 5 Rn. 15.

5. Anordnung gem. § 21 Abs. 2 Nr. 5 InsO

An ab- und aussonderungsberechtigte Gläubiger, dass bewegliche Gegenstände, die im Falle der Eröffnung des Verfahrens nach § 166 InsO verwertet werden könnten oder der Aussonderung unterliegen, von den Gläubigern nicht verwertet oder eingezogen werden dürfen und zur Fortführung des Unternehmens eingesetzt werden können. Die richterliche Anordnung darf nicht pauschaliert erfolgen, sondern muss die betroffenen Gegenstände genau und individualisierbar bezeichnen.[186] → § 5 Rn. 17.

6. Die Anordnung der Postsperre (§§ 21 Abs. 2 Nr. 4, 99 InsO)

Die Gefahr einer Vermögensverschiebung ist im Eröffnungsverfahren am größten.[187] Für die Anordnung der Postsperre müssen konkrete Gründe vorlie-

---

[183] Zur Vertretung der Arbeitnehmer durch einen Vertreter der Gewerkschaft vgl. AG Hannover Beschl. v. 14.9.2015 – 908 IN 594/15, ZInsO 2015, 1982.
[184] Nerlich/Römermann/*Mönning* InsO § 22a Rn. 27.
[185] Vgl. hierzu *Frind*, Das „Anforderungsprofil" gem. § 56a InsO – Bedeutung und praktische Umsetzung, NZI 2012, 650.
[186] BGH Beschl. v. 3.12.2009 – IX ZR 7/09, NZI 2010, 95; Uhlenbruck/*Vallender* InsO § 21 Rn. 38.
[187] LG Göttingen Beschl. v. 29.7.1999 – 10 T 41/99, DZWIR 1999, 471.

gen, vor allem, dass die Masse gefährdet wird. Der Beschluss ist gem. § 99 InsO zu begründen. Die Begründung sollte sich nicht in Gemeinplätzen ergehen, sondern konkret auf den Sachverhalt und die Gefährdung eingehen. Ihr sollte auch eine Interessenabwägung zu entnehmen sein.[188] Die Postkontrolle kann aber nur dem (vorläufigen) Insolvenzverwalter übertragen werden, nicht aber dem Sachverständigen, denn es handelt sich um keine Verwaltungsaufgabe.[189] Sollte kein vorläufiger Insolvenzverwalter bestellt sein, hat das Gericht die Postkontrolle selbst durchzuführen. Das Gericht informiert aber den Sachverständigen von allen wesentlichen, für die Begutachtung notwendigen Erkenntnissen.

190 Die Überwachung der Postsperre ist mit der wachsenden Vielfalt von Post- und Kurierdiensten erheblich schwieriger geworden. Deshalb muss der vorläufige Insolvenzverwalter/Sachverständige auch ermitteln, über welche Dienste üblicherweise der Postverkehr abgewickelt wurde. Dies kann auch die Internetnutzung oder die Beauftragung von Fahrradkurieren sein. Notfalls müssen alle am Sitz des Schuldners tätigen Dienste verständigt werden. Im Beschluss bezeichnete (Post-)Dienstleister müssen entweder alle oder besonders bezeichnete bestimmte Sendungen dem vorläufigen Verwalter/dem Gericht zuleiten (§§ 21 Abs. 2 Nr. 4, 99 Abs. 1 S. 1 InsO) → § 5 Rn. 16.

7. Die zwangsweise Vorführung und/oder Verhaftung des Schuldners bzw. dessen organschaftlichen Vertreters (§ 21 Abs. 3 iVm § 98 Abs. 3 InsO)

191 Anders als bei den Zwangsmaßnahmen wegen Auskunftsverweigerung (§§ 20, 97 ff. InsO) → Rn. 145 ist diese Regelung eine Sicherungsmaßnahme, mit der zB einer Vermögensverschleuderung oder Beiseiteschaffung entgegengewirkt werden kann. Es handelt sich um eine echte „Sicherungshaft".[190]

8. Weitere Sicherungsmaßnahmen (§ 21 Abs. 1 InsO)

192 Werden vom Gericht nach Erforderlichkeit und Ermessen und wenn vorhanden, nach Abstimmung mit dem Gutachter und vorläufigen Insolvenzverwalter bestimmt. Hierbei kommen beispielsweise in Betracht:
– Durchsuchung von Geschäftsräumen, auch Wohnräumen wenn sich zB dort Geschäftsunterlagen befinden und Anhaltspunkte für schwerwiegende Verdunklungshandlungen bestehen.[191] Dritte, auch Mitbewohner haben die Durchsuchung durch den richterlich angewiesenen Gerichtsvollzieher zu dulden (§§ 4 InsO, 758a Abs. 3 S. 1 ZPO).[192] Die Durchsuchungsanordnung kann sich auch auf ein Bankschließfach beziehen, welches der Schuldner nicht zu öffnen bereit ist.

---

[188] OLG Celle Beschl. v. 11.9.2000 – 2 W 87/00, ZInsO 2000, 557 ff.
[189] *Pape*, Änderungen im eröffneten Verfahren durch das Gesetz zur Vereinfachung des Insolvenzverfahrens, NZI 2007, 483.
[190] Uhlenbruck/*Vallender* InsO § 21 Rn. 52.
[191] AG Duisburg Beschl. v. 20.9.1999 – 60 IN 172/99, ZInsO 1999, 720; AG Korbach Beschl. v. 13.9.2005 – 10 IN 96/04, ZInsO 2005, 1060.
[192] Uhlenbruck/*Zipperer* InsO § 20 Rn. 35; BGH Beschl. v. 17.1.2008 – IX ZB 41/07; NZI 2008, 179.

- Aufenthaltsbeschränkende Maßnahmen, zB die Einziehung des Reisepasses, um eine Ausreise des Schuldners zu verhindern.[193]
- Beschlagnahme von Geschäftsunterlagen. Hier bedarf es zur Durchsetzung eines Gerichtsbeschlusses unter zu Hilfenahme eines Gerichtsvollziehers entspr. § 929 Abs. 1 ZPO keiner Vollstreckungsklausel.[194]
- Siegelung von Räumen, Sachgesamtheiten (Warenlagern), Geschäftsunterlagen etc.[195]

Der Insolvenzrichter muss ständig prüfen, ob weitere Sicherungsmaßnahmen erforderlich oder alte überflüssig geworden sind.

II. Bekanntmachungen und Verfügungen in Zusammenhang mit der Anordnung von Verfügungsbeschränkungen

Unmittelbar in Zusammenhang mit dem Beschluss über die Anordnung von Sicherungsmaßnahmen und Verfügungsbeschränkungen müssen die erforderlichen Verfügungen des anordnenden Richters und die Bekanntmachungen erfolgen. In besonderen Fällen sollten telefonische Mitteilungen bzw. eine Versendung per Fax erfolgen.

1. Bekanntmachungen (§§ 9, 23 Abs. 1 S. 1 InsO)

Die öffentliche Bekanntmachung (§ 9 InsO) ist gem. § 23 Abs. 1 S. 1 InsO zwingend bei Anordnung eines allgemeinen Verfügungsverbots und Bestellung eines vorläufigen „starken" Insolvenzverwalters → Rn. 176 oder Bestellung eines vorläufigen „schwachen" Insolvenzverwalters → Rn. 176 vorgeschrieben. Sie empfiehlt sich aber auch bei der isolierten Anordnung eines allgemeinen Verfügungsverbots immer dann, wenn die Anzahl der Drittschuldner groß ist (mehr als 10–15) und möglicherweise noch weitere vom Schuldner nicht benannte Drittschuldner in unbekannter Anzahl vorhanden sind. § 9 Abs. 1 S. 1 InsO schreibt eine Bekanntmachung im Internet vor, es besteht damit für alle an einem Verfahren Interessierte die weltweite Möglichkeit der Information über das Internetportal www.insolvenzbekanntmachungen.de, das bundesweit von allen Insolvenzgerichte die erforderlichen Bekanntmachungen erhält. Diese werden von jedem Insolvenzgericht durch die Geschäftsstelle direkt eingegeben, wenn der Insolvenzrichter eine entsprechende Verfügung getroffen hat.

Eine Veröffentlichung bei **Bestellung eines vorläufigen Sachwalters** und bei Anordnung des Verfahrens nach § 270b InsO ist nicht ausdrücklich geregelt und daher strittig, hat jedoch zu erfolgen.[196] Insolvenzrechtliche „Geheimverfahren" kann es nicht geben.

---

[193] AG München Beschl. v. 20.8.2013 – 1500 IN 1968/13, NZI 2013, 1033.
[194] AG Duisburg Beschl. v. 4.8.2004 – 62 IN 345/04, ZVI 2004, 622.
[195] *Holzer*, Die Siegelung durch den Gerichtsvollzieher im Insolvenzverfahren, DGVZ 2003, 147 ff.
[196] Für eine verpflichtende Veröffentlichung *Frind*, „Insolvenzgerichtliche Veröffentlichungsnotwendigkeiten bei der vorläufigen Sachwalterschaft", ZIP 2012, 1591; für eine Veröffentlichung aufgrund richterlichen Ermessens AG Göttingen Beschl. v. 12.11.2012 – 74 IN 160/12, NZI 2012, 1008; ablehnend *Horstkotte*, „Öffentliche Bekanntmachung der vorläufigen Sachwalterschaft nach ESUG durch das Insolvenzgericht?", ZInsO 2012, 1161.

2. Zustellungen (§§ 8, 23 Abs. 1 S. 2 InsO) und Mitteilungen (§§ 8, 23 Abs. 3 InsO) sowie MiZi IX

197 An bekannte Debitoren (Drittschuldner, Schuldner des Schuldners) erfolgen Zustellungen über die Anordnung der vorläufigen Insolvenzverwaltung oder/und eines allgemeinen Verfügungsverbotes zB mit der Aufforderung nur an den vorläufigen Insolvenzverwalter zu leisten. Dem vorläufigen Insolvenzverwalter wird in der Regel gegen Empfangsbekenntnis – EB – zugestellt.

198 § 23 Abs. 2 InsO schreibt zusätzliche **Mitteilungen** (entsprechend §§ 32, 33 InsO, § 23 Abs. 3 InsO) an das Handels-, Genossenschafts-, Partnerschafts- und Vereinsregister vor.
Der Richter trifft folgende Verfügung:
– Zustellung an Schuldner-/Vertreter
– Zustellung an den Antragsteller/Gläubiger(-vertreter)
– Zustellung an den vorläufigen Insolvenzverwalter/Sachverständigen
– Zustellung an bekannte Drittschuldner, Banken (mit Hinweis, nur unter Beachtung des Beschluss zu leisten)
– Eintragungsersuchen an das Grundbuchamt (wenn Grundbesitz bekannt)
– Mitteilung an Handels-, Genossenschafts-, Partnerschafts- oder Vereinsregister

199 Weiter verfügt der Richter entsprechend der „Anordnung über Mitteilungen in Zivilsachen"[197] Mitteilung an:
– den Präsidenten oder den Direktor des Amtsgerichts sowie den Präsidenten des Landgerichts (§ 240 ZPO), wenn dem Schuldner ein allgemeines Veräußerungsverbot auferlegt wurde (§§ 21 Abs. 2 Nr. 2 1. Alt., 22 Abs. 1 Satz 1 InsO);
– die Verteilerstelle für Gerichtsvollzieheraufträge;
– das Arbeitsgericht, soweit die Bestellung eines vorläufigen Insolvenzverwaltens erfolgt ist (§ 240 ZPO, § 46 Abs. 2 Satz 1 ArbGG);
– das Finanzamt (§ 85 AO);
– die Agentur für Arbeit, in deren Bezirk die für Arbeitnehmer des Schuldners zuständige Lohnabrechnungsstelle des Schuldners liegt oder, falls der Schuldner im Geltungsbereich des SGB III keine Lohnabrechnungsstelle hat, an die Agentur für Arbeit, in deren Bezirk das Insolvenzgericht seinen Sitz hat.

200 Im Eintragungsersuchen (§ 38 GBO) an **Grundbuchämter** ist entsprechend der zuvor erholten Auskunft gem. § 28 GBO das Grundstück übereinstimmend mit dem Grundbuch oder durch Hinweis auf das Grundbuchblatt zu bezeichnen.

3. Wirkungen und Verstöße (§ 24 InsO iVm §§ 81 f. InsO)

201 Nimmt der Schuldner trotz Erlass eines allgemeinen Verfügungsverbots Verfügungen vor, so sind diese unwirksam. Der Empfänger der Leistung, auch wenn es sich um den antragstellenden Gläubiger handelt, wird sofort zur Rückübertragung der Leistung zB auf ein Anderkonto des vorläufigen Insolvenz-

---

[197] Anordnung über Mitteilungen in Zivilsachen (MiZi), in der Fassung der Bekanntmachung vom 29.4.1998, BAnz. Nr. 138a, zuletzt geändert durch Dreizehnte ÄndAV vom 15.9.2014 (BAnz AT 29.9.2014 B1).

verwalters aufgefordert (§ 24 Abs. 1 iVm § 81 Abs. 1 InsO). Jede am Rechtsverkehr teilnehmende Organisation (nicht nur Banken[198]) muss sicherstellen, dass die ihr ordnungsgemäß zugehenden Informationen über gerichtliche Sicherungsmaßnahmen (oder Verfahrenseröffnungen) auch zu deren Entscheidungsträgern gelangt.[199] Gem. § 9 Abs. 3 InsO genügt die öffentliche Bekanntmachung zum Nachweis der Zustellung, auch wenn das Gesetz neben ihr eine besondere Zustellung vorschreibt.

Ein antragstellender Gläubiger, der Leistungen erhalten hat, kann allerdings den Insolvenzantrag zurücknehmen, so dass die angeordneten Verfügungsbeschränkungen aufgehoben werden müssen und eine Rückübertragung entfällt. Er riskiert allerdings bei weiteren Insolvenzanträgen von Gläubigern oder des Schuldners die Rückforderung.

4. Aufhebung von Sicherungsmaßnahmen (§ 25 InsO) und Bekanntmachung (§ 23 InsO entspr.)

Sicherungsmaßnahmen sind nach Antragsrücknahme, Hauptsacheerledigung und Abweisung des Antrags mangels Masse aufzuheben. Bei erlassenen Verfügungsbeschränkungen gilt für die Bekanntmachung § 23 InsO entsprechend (§ 25 Abs. 1 InsO). Im Falle einer Insolvenzeröffnung erhalten sie eine neue, stärkere Dimension durch §§ 80 ff. InsO, so dass sich eine Aufhebung erübrigt.[200]

Vor der Aufhebung einer vorläufigen Insolvenzverwaltung sind die Kosten und Verbindlichkeiten des vorläufigen („starken") Insolvenzverwalters mit Verfügungsbefugnis aus dem verwalteten Vermögen zu bezahlen. Dies kann entsprechend für den „schwachen" Insolvenzverwalter gelten.[201] Der Antrag auf Vergütungsfestsetzung → § 52 Rn. 28 muss aber rasch gestellt werden, denn sonst läuft der vorläufige Verwalter Gefahr, dass aus Gründen der Verhältnismäßigkeit die Sicherungsmaßnahmen aufgehoben werden.[202] Zur Sicherung seines Anspruchs hat der vorläufige Insolvenzverwalter an bereits eingezogenen Außenständen, aber auch an anderen Gegenständen des Schuldners ein Zurückbehaltungsrecht. Begründete Verbindlichkeiten sind allerdings ebenfalls aus vorhandenem Vermögen zu bezahlen.

C. Die Massearmut und die Folgen

I. Feststellung der Massearmut

Bei fehlender Deckung der Verfahrenskosten- festgestellt entweder durch eigene Abschätzung oder auf Grund Gutachtens – ist der Insolvenzantrag vom Insolvenzrichter **abzuweisen** (§ 26 Abs. 1 S. 1).

---

[198] BGH Urt. v. 16.7.2009 – IX ZR 118/08, NZI 2009, 680.
[199] BGH Beschl. v. 15.12.2005 – IX ZR 227/04, NZI 2006, 175 f.
[200] KPB/*Pape* InsO § 25 Rn. 6.
[201] LG Frankenthal Beschl. v. 17.5.2013 – 1 T 91/13, NZI 2013, 1030; vgl. auch Braun/*Böhm* InsO § 25 Rn. 8.
[202] AG Göttingen Beschl. v. 22.3.2001 – 74 IN 47/00, ZInsO 2001, 722 f.

206   Die Kosten des Insolvenzverfahrens ergeben sich aus § 54 InsO:
– die Gerichtskosten für das Insolvenzverfahren einschließlich der Sachverständigenvergütung (§ 56) und Auslagen
– die Vergütungen und die Auslagen des vorläufigen Insolvenzverwalters (§ 52), des Insolvenzverwalters (§ 51) und des Gläubigerausschusses (§ 54).

206a Die Berechnung erfolgt auf der Grundlage eines Vergleichs zwischen verwertbaren, dh dem in angemessener Zeit in Geld umwandelbaren Vermögens des Schuldners (der prognostizierten Insolvenzmasse) mit den voraussichtlichen Kosten für das gesamte Insolvenzverfahren.[203] Wegen der klaren gesetzliche Bestimmung des § 54 InsO werden die sonstigen Masseverbindlichkeiten nicht zu den Kosten des Insolvenzverfahrens gerechnet.[204]

207   Die **Insolvenzmasse** ist das gesamte Vermögen, das dem Schuldner zur Zeit der Eröffnung gehört und das er während des Verfahrens erlangt (Legaldefinition in § 35 InsO). Es fällt somit das während der Dauer des Insolvenzverfahrens erworbene pfändbare Einkommen in die Insolvenzmasse und ist dementsprechend vom Richter zu schätzen.

208   Der Richter nimmt zunächst eine Überprüfung anhand der Angaben des Schuldners in der Anhörung oder der vorgelegten Vermögensübersicht vor. Aus weiteren vorgelegten Unterlagen und erholten Auskünften können detaillierter Erkenntnisse gewonnen werden. Für eine genaue Bewertung wird der Richter regelmäßig einen Sachverständigens hinzuziehen müssen.

209   Gegenstände, die der Zwangsvollstreckung nicht unterliegen (zB unpfändbare Gegenstände und Hausratsgegenstände des Schuldners von nicht außergewöhnlichem Wert) gehören nicht zur Insolvenzmasse (§ 36 Abs. 1, 3 InsO), aber nach § 36 Abs. 2 InsO Geschäftsbücher und Sachen nach § 811 Abs. 1 Nr. 4 u. 9 ZPO (landwirtschaftliches Gerät und Apothekenausstattung). Es kommt also auf die verwertbare Masse an.

210   Aufgrund des Amtsermittlungsgrundsatzes hat der Insolvenzrichter die voraussichtliche Kostendeckung zu ermitteln und vorhandene Masse und Kosten erforderlichenfalls durch einen Sachverständigen berechnen zu lassen, wobei für die Entscheidung grundsätzlich eine Schätzung bzw. Prognose (§ 26 Abs. 1 S. 1 InsO: „voraussichtlich") ausreicht.[205] Zu schätzen ist jedenfalls beim Eigenantrag der voraussichtliche Wert der Insolvenzmasse bei Beendigung des Verfahrens.[206]

211   Gem. § 58 Abs. 1 GKG ist für die Gerichtsgebühren vom Wert der Insolvenzmasse zur Zeit der Beendigung des Verfahrens auszugehen, es sei denn, es liegt ein Fremdantrag vor, bei welchem die Forderung geringer ist als der Wert der Insolvenzmasse, § 58 Abs. 2 GKG.

212   Der Antrag wird abgewiesen, wenn das Vermögen des Schuldners voraussichtlich nicht ausreicht, um die Kosten des Verfahrens zu decken (§ 26 Abs. 1 InsO), es sei denn, es wird ein Kostenvorschuss einbezahlt oder der Schuldner als natürliche Person kann Verfahrenskostenstundung beantragen.

---

[203] AllgM BGH Beschl. v. 17.6.2003 – IX ZB 476/02, NZI 2004, 30 ff. mwN.
[204] *Haarmeyer*, Abweisung der Verfahrenseröffnung mangels Kostendeckung nach § 26 InsO, ZInsO 2001, 103 ff. (104).
[205] Siehe auch *Haarmeyer* ZInsO 2001, 103 ff. (104).
[206] BGH Beschl. v. 17.6.2003 – IX ZB 476/02, BGH Report 2003, 1111.

§ 4. Die richterliche Tätigkeit im Eröffnungsverfahren

II. Kostenvorschuss (§ 26 Abs. 1 Satz 2 InsO)

Die Abweisung mangels Masse unterbleibt, wenn ein Kostenvorschuss in Form eines ausreichenden Geldbetrages erfolgt (§ 26 Abs. 1 S. 2 InsO). Falls der Vorschuss vom Schuldner einbezahlt wird, kann dies nur aus Vermögen erfolgen, welches nicht der Insolvenzmasse nach § 35 InsO zugehörig ist. 213

Der Kostenvorschuss dient nur zur Deckung der Verfahrenskosten (§§ 26 Abs. 1 S. 1, 54 InsO). 214

Die Kosten sind in § 54 InsO definiert (Kosten: Gerichtskosten einschließlich Veröffentlichungen, Vergütung und Auslagen des vorläufigen Insolvenzverwalters (§ 52), Insolvenzverwalters (§ 51) und des Gläubigerausschusses (§ 54)).

Die Aufforderung zum Kostenvorschuss kann durch Beschluss erfolgen.

Bei der **Überweisung auf das Konto der Landesjustizkasse** ist darauf zu achten, dass abgesehen vom Konto angegeben werden: 215
– Aktenzeichen
– Bezeichnung des Gerichts („AG – Insolvenzgericht – Fürth")
– Name des Verpflichteten, wenn ein anderer als der Schuldner einzahlt.

An das Insolvenzgericht wird eine Kopie des Belegs gesandt, damit bekannt wird, dass eine Zahlung unterwegs ist.

III. Verfahrenskostenstundung

Die Stundung steht nur natürlichen Personen offen. Anspruchsvoraussetzung ist, dass ein **Antrag auf Restschuldbefreiung** gestellt wurde, die Erklärung nach § 4a Abs. 1 S. 3 InsO und dass das **Vermögen** des Schuldners voraussichtlich nicht ausreicht, um die Verfahrenskosten zu decken (§ 4a Abs. 1 S. 1 InsO) → § 40 Rn. 61. 216

Daneben darf keiner der **Versagungsgründe** des § 290 Abs. 1 Nr. 1 und 3 InsO vorliegen. Hierzu ist vom Schuldner eine Erklärung abzugeben, → § 4a Abs. 1 S. 3 InsO. Eine Stundung ist auch dann ausgeschlossen, wenn ein anderer Versagungsgrund des § 290 InsO gegeben ist. Diese „Vorwirkungsrechtsprechung" des BGH gilt auch für nach dem 1.7.2014 eingegangene Verfahren fort.[207] Der Gesetzgeber hat zwar die höchstrichterliche Rechtsprechung zur erweiternden Anwendung des § 290 InsO nicht kodifiziert, daraus folgt aber nicht zwingend, dass der Gesetzgeber die Rechtsprechung des BGH ablehnt. Aus der reinen Nichtänderung durch den Gesetzgeber kann dies nicht geschlossen werden. Allerdings muss dieser Versagungsgrund dann bereits in diesem Verfahrensstadium zweifelsfrei feststehen.[208] Eine Stundung scheidet ferner aus, wenn die Forderungen mehrheitlich nach § 302 InsO nicht von der Restschuldbefreiung erfasst werden, da der angestrebte wirtschaftliche Neuanfang dann ohnehin nicht in Betracht kommt.[209] 217

---

[207] Vgl. AG Göttingen, NZI 2015, 946; AG Hamburg, NZI 2015, 948; Uhlenbruck/Sternal, InsO, § 287a Rn. 6.
[208] BGH Beschl. v. 16.12.2004 – IX ZB 72/03, NZI 2005, 232 (232f.).
[209] AG Düsseldorf Beschl. v. 20.1.2006 – 513 IK 178/05, NZI 2006, 415 (415); LG Gera Beschl. v. 16.5.2012 – 5 T 137/12.

218 Die **Stundung bewirkt,** dass der Eröffnungsantrag nicht mehr mangels Masse oder Masseunzulänglichkeit abgewiesen werden kann → § 40 Rn. 65.
Gegen die Ablehnung der Stundung steht dem betroffenen Schuldner und gegen die Bewilligung der Stundung der Staatskasse die sofortige Beschwerde zu (§ 4d InsO). Die Beschwerde der Staatskasse kann nur darauf gestützt werden, dem Schuldner hätte nach seinen persönlichen oder wirtschaftlichen Verhältnissen keine Stundung gewährt werden dürfen.

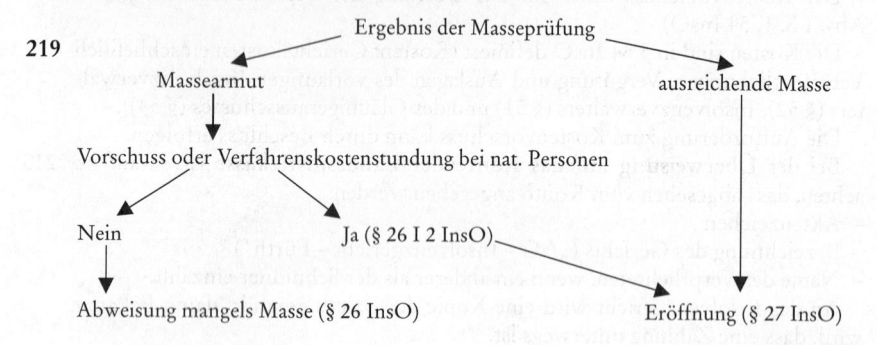

219

```
                    Ergebnis der Masseprüfung
          ←                                    →
    Massearmut                           ausreichende Masse
        ↓
Vorschuss oder Verfahrenskostenstundung bei nat. Personen
    ↙           ↘
  Nein      Ja (§ 26 I 2 InsO)
    ↓                   ↘                        ↓
Abweisung mangels Masse (§ 26 InsO)      Eröffnung (§ 27 InsO)
```

IV. Die richterliche Entscheidung

220 Die Entscheidung ergeht durch Beschluss (§ 26 Abs. 1 InsO), der folgendes enthält:
– Abweisung mangels Masse
– Aufhebung von Sicherungsmaßnahmen
– Kostenentscheidung
– Festsetzung des Gegenstandswerts

221 Muster für einen Abweisungsbeschluss mangels Masse (Fremdantrag):

In dem Verfahren
über den Antrag d. ... auf Eröffnung des Insolvenzverfahren über das Vermögen des Schuldners ...
erlässt das Amtsgericht – Insolvenzgericht ... ohne mündliche Verhandlung am ... folgenden:

Beschluss

1. Der Antrag wird abgewiesen, da keine die Kosten des Verfahren deckende Masse vorhanden und ein zur Kostendeckung ausreichender Geldbetrag nicht vorgeschossen worden ist (§ 26 Abs. 1 InsO)
2. ... werden aufgehoben.
3. Der Schuldner hat die Kosten des Insolvenzeröffnungsverfahrens zu tragen (§ 4 InsO, § 91 ZPO).
4. Der Gegenstandswert wird auf ... EUR festgesetzt.

Der Beschluss ist unverzüglich **öffentlich bekannt** zu machen (§ 26 Abs. 1 S. 3 InsO).

Heilmaier

§ 4. Die richterliche Tätigkeit im Eröffnungsverfahren

Im Falle der Abweisung mangels Masse verfügt der Insolvenzrichter zusätzlich, dass sämtliche zuvor vom Verfahren verständigte Personen und Körperschaften verständigt werden. Im Übrigen erfolgen die Mitteilungen nach der Anordnung über Mitteilungen in Zivilsachen (MiZi).[210]

In Nebenentscheidungen wird noch über das Sachverständigenhonorar (§ 56) durch den Kostenbeamten festgesetzt und die Vergütung des vorläufigen Insolvenzverwalters (§ 52) durch den Insolvenzrichter. **222**

V. Folgen der Abweisung mangels Masse

Eine rechtskräftige Abweisung mangels Masse hat einschneidende Folgen für natürliche Personen, aber besonders bei Kapitalgesellschaften: **223**
- Eintragung in das Schuldnerverzeichnis entspr. §§ 882b ZPO (§ 26 Abs. 2 InsO).
- Auflösung der jur. Personen des Handelsrechts: AG, KGaA, GmbH (§ 262 Abs. 1 Nr. 4 AktG, § 60 Abs. 1 Nr. 5 GmbHG).
- Auflösung bei Personenhandelsgesellschaften: OHG u. KG, wenn kein persönlich haftender Gesellschafter eine natürliche Person ist, zB bei der GmbH & CO, KG (§ 131 Abs. 2 HGB).
Dasselbe gilt bei Genossenschaften (§ 81a GenG).
- Löschung nach § 141a Abs. 1 FGG (bei AG, KGaA u. GmbH).
- Löschung analog § 141a Abs. 3 FGG bei OHG u. KG, bei denen keine natürliche Person persönlich haftender Gesellschafter ist.
- Löschung von Amts wegen (§ 141a Abs. 1 FGG)
- Ggf. Gewerbeuntersagung durch die Verwaltungsbehörde oder Entzug einer Zulassung.

VI. Kostentragung bei Abweisung mangels Masse

Bei Abweisung des Insolvenzantrags mangels Masse muss der Insolvenzrichter entscheiden, wer die Verfahrenskosten des Eröffnungsverfahrens trägt. Diese werden gem. § 4 InsO, §§ 91ff. ZPO dem Schuldner auferlegt, denn der Gläubiger hatte einen berechtigten Antrag gestellt, konnte aber nicht voraussehen, dass der Antrag mangels Masse zurückgewiesen wird.[211] Wenn nach dem Veranlassungsprinzip dem antragstellenden Gläubiger auch gegen die hM die Kosten auferlegt werden, ist dies aber nicht greifbar gesetzwidrig.[212] **224**

Die Vergütung und die Auslagen des gerichtlich bestellten vorläufigen Insolvenzverwalters trägt weder die Staatskasse, noch der antragstellende Gläubiger. Jedenfalls im Außenverhältnis haftet ausschließlich der Schuldner[213] → § 52 Rn. 27. **225**

---

[210] Anordnung über Mitteilungen in Zivilsachen (MiZi), in der Fassung der Bekanntmachung vom 29.4.1998, BAnz. Nr. 138a, zuletzt geändert durch Dreizehnte ÄndAV vom 15.9.2014 (BAnz AT 29.9.2014 B1).
[211] KPB/*Pape* InsO § 26 Rn. 27ff.
[212] OLG Köln Beschl. v. 14.4.2000 – 2 W 65/00, ZInsO 2000, 403f.
[213] HM; BGH Beschl. v. 13.12.2007 – IX ZR 196/06, ZIP 2008, 228ff. mwN.

Heilmaier

226 Der **Gläubiger bleibt Auslagenschuldner als Antragsteller** (§ 23 Abs. 1 S. 2 GKG), wenn die Kosten beim Schuldner nicht einzutreiben sind. Er muss in jedem Fall von einem Berater auf diese sehr häufig vorkommende Folge hingewiesen werden, besonders wenn ein „Druckantrag" erfolglos bleibt.

VII. Neuer Antrag bei vorausgegangener Abweisung mangels Masse

227 Weder § 11 InsO, noch § 26 InsO schließen eine neue Antragstellung durch Gläubiger oder Schuldner nach vorangegangener Abweisung eines Insolvenzantrages mangels Masse aus. Der neue Antrag wird zunächst jedoch bis zur Überprüfung des Rechtsschutzbedürfnisses → Rn. 103 nicht zugelassen.

228 Wird der **Antrag von einem Gläubiger** gestellt, der am vorangegangenen Verfahren nicht beteiligt und auch nicht von der Abweisung verständigt worden war, sollte dieser sofort mit einer Kopie des Abweisungsbeschlusses und evtl. auch unter Hinweis auf ein vorliegendes Gutachten verständigt werden. Dies gilt vor allem, wenn die Abweisung nur geringe Zeit zuvor erfolgt ist. Gleichzeitig sollte er aufgefordert werden, entweder das Vorhandensein neuer oder bisher unentdeckter und die Verfahrenskosten deckender Masse glaubhaft zu machen oder die Bereitschaft zur Einzahlung eines Vorschusses zu erklären. Die Höhe des erforderlichen Vorschusses ist meist aus den im Rahmen der vorangegangenen Abweisung vorhandenen Erkenntnissen eingrenzbar. Wenn ernsthafte Zweifel am Bestand von Schuldnervermögen verbleiben, kann dies als nicht ausreichende Glaubhaftmachung angesehen werden.[214] Bei Kapitalgesellschaften ist zumeist auch bereits die Löschung im Handelsregister vorgenommen worden. Dem Antragsteller wird mit Fristsetzung Gelegenheit gegeben, den Antrag sofort wieder zurückzunehmen. Dabei ist er auch darauf hinzuweisen, dass neue Ermittlungen durch die in einem solchen Fall unumgängliche Sachverständigenbestellung erhebliche Kosten verursachen können.

229 Wird der Antrag ohne weitere Ausführungen nicht zurückgenommen, wird er mangels Rechtsschutzbedürfnis als unzulässig verworfen.

230 Stellt ein Dritter/Gläubiger einen **Verfahrenskostenvorschuss** in der erforderlichen Höhe in Aussicht und zahlt diesen ein, ist ein Insolvenzantrag zulässig, auch wenn zB eine GmbH wegen eines vorangegangenen Abweisungsbeschlusses mangels Masse (§ 26 InsO) gem. § 60 Abs. 1 Nr. 5 GmbHG aufgelöst und im Handelsregister gelöscht wurde. Eine Vollbeendigung der GmbH darf allerdings noch nicht eingetreten sein. Es muss schlüssig vorgetragen werden, dass noch teilbares Vermögen vorhanden ist.[215]

231 Ähnliches gilt bei der erneuten **Antragstellung des Schuldners**, es sei denn, er hat als Unternehmer, Kaufmann oder Handwerksmeister seinen Betrieb über längere Zeit hinweg fortgeführt, so dass unter Umständen wieder Masse vorhanden ist. Als natürliche Person kann der Schuldner aber auch jederzeit mit dem Eigenantrag einen Antrag auf Restschuldbefreiung mit Antrag auf Verfahrenskostenstundung stellen → Rn. 104.

---

[214] BGH Beschl. v. 5.8.2002 – IX ZB 51/02, ZIP 2002, 1695.
[215] BGH Beschl. v. 16.12.2004 – IX ZB 6/04, ZInsO 2005, 144 mwN.

D. Antragsrücknahme und Hauptsacheerledigung

I. Rücknahme

Der Antrag kann bis zur (wirksamen) Eröffnung des Insolvenzverfahrens 232
oder der Rechtskraft der Abweisung vom Antragsteller zurückgenommen werden (§ 13 Abs. 2 InsO).[216] Im Interesse der Rechtssicherheit ist nach der Insolvenzeröffnung – ob rechtskräftig oder nicht – eine Rücknahme nicht mehr möglich. Der Eröffnungsbeschluss wird wirksam, wenn der unterschriebene Beschluss die Geschäftsstelle zur Bekanntgabe an die Beteiligten verlassen hat.[217]
Hat ein vertretungsberechtigter Geschäftsführer einen zulässigen Insolvenzantrag gestellt, kann der Antrag nicht ohne weiteres von einem anderen vertretungsberechtigten Geschäftsführer zurückgenommen werden, weil allgemein nur derjenige zur Rücknahme berechtigt ist, der den Antrag gestellt hat.[218] Wurde ein antragstellender Geschäftsführer abberufen, kann ein verbliebener Geschäftsführer den Antrag zurücknehmen, falls dies nicht rechtsmissbräuchlich ist.[219]
Bei Antragsrücknahme trägt der Antragsteller die Kosten (§ 4 InsO, § 269 233
Abs. 3 ZPO). Der Antragsteller ist Auslagenschuldner (§ 23 Abs. 1 S. 1 GKG).

II. Erledigung

Sehr häufig erfolgt schon kurze Zeit nach Zustellung eines Gläubigerantrags 234
an den Schuldner zum Zweck der Anhörung die Erklärung durch den Gläubiger, die Hauptsache sei erledigt, weil der Schuldner entweder die Forderung vollständig nachzahlt oder mit Teilzahlung eine neue Zahlungsvereinbarung schließt. Eine solche einseitige Hauptsacheerledigungserklärung ist zulässig.[220]
Hinsichtlich der Kosten und Auslagen wird gem. § 4 Abs. 1 InsO iVm § 91a 235
ZPO verfahren.[221] Gem. § 91a Abs. 1 S. 2 ZPO ist bei einer einseitigen Erklärung der Hauptsacheerledigung nach Rechtshängigkeit zB durch den antragstellenden Gläubiger nach Zahlung der Forderung durch den Schuldner der Antragsgegner zu hören. Dem Schuldner ist die Erklärung zuzustellen und ihm der Hinweis zu erteilen, dass, falls er binnen einer Notfrist von zwei Wochen nicht widerspricht, seine Zustimmung zur Hauptsacheerledigung als erteilt gilt. Nach Fristablauf entscheidet das Gericht.
Die Kosten trägt der Schuldner, wenn zum Zeitpunkt des erledigenden Er- 236
eignisses ein zulässiger Antrag gem. § 14 Abs. 1 InsO vorlag und der Schuldner

---

[216] OLG Celle Beschl. v. 2.3.2000 – 2 W 15/00, NZI 2000, 265; BGH Beschl. v. 27.7.2006 – IX ZB 12/06, ZVI 2006, 564 f.
[217] BGH Beschl. v. 13.6.2006 – IX ZB 88/05, ZVI 2006, 565 f.
[218] AG Potsdam Beschl. v. 11.4.2000 – 35 IN 110/00, Insolvenzreport 2000 Nr. 13 S. 3.
[219] BGH Beschl. v. 10.7.2008 – IX ZB 122/07, NZI 2008, 550.
[220] AG Münster Beschl. v. 29.10.1999 – 70 IN 4/99, NZI 2000, 444; AG Göttingen Beschl. v. 22.3.2001 – 74 IN 47/00, ZInsO 2001, 722 f.
[221] AG Münster Beschl. v. 29.10.1999 – 70 IN 4/99, NZI 2000, 444; Uhlenbruck/Pape InsO § 4 Rn. 16.

nicht widersprochen hat. Widerspricht der Schuldner, hat der Gläubiger nur dann die Kosten zu tragen, wenn sein Antrag Mängel aufgewiesen hat und das Gericht die Eröffnung hätte ablehnen müssen.[222] Weitere Ermittlungen von Amts wegen oder eine Beweisaufnahme zum Eröffnungsgrund werden nicht mehr durchgeführt.[223]

Sicherungsanordnungen nach § 21 InsO erlöschen nicht dadurch, dass der Eröffnungsantrag zurückgenommen oder erledigt erklärt wird.[224] Bei der Schlussbehandlung muss der Insolvenzrichter darauf achten, dass Vorführbefehl und Haftbefehl zurückgerufen und das allgemeine Verfügungsverbot und/oder andere Sicherungsmaßnahmen aufgehoben und gelöscht werden und an die zuvor davon Benachrichtigten Mitteilungen, sowie Veröffentlichungen erfolgen. Gleichzeitig wird auch der Gegenstandswert für die Kostenbehandlung festgesetzt.

237   Erst, wenn ein zur Vollziehung hinaus gegebener Haft-/Vorführbefehl wieder bei den Akten ist, über die Kosten und den Gegenstandswert entschieden und die Anordnung von Vergütungen erledigt ist, wird der Archivvermerk auf dem Aktendeckel ausgefüllt und die Akte weggelegt.

E. Tod des Schuldners im Insolvenzverfahren

238   Nach hM wird das durch einen **Fremdinsolvenzantrag** initiierte Insolvenzeröffnungsverfahren beim Tod des Schuldners vor Entscheidung über die Verfahrenseröffnung nicht beendet oder unterbrochen, sondern ohne Unterbrechung automatisch, evtl. mit einem rein deklaratorischen Beschluss oder Aktenvermerk nach den Vorschriften **über die Nachlassinsolvenz (§ 46) fortgesetzt.**[225] Im Übrigen steht gem. § 4 InsO der § 779 ZPO einer Unterbrechung entgegen. Der Gläubiger hat in jedem Fall das Recht, einen Überleitungs-/Fortsetzungsantrag zu stellen, so wie er den Antrag überhaupt zurücknehmen kann.[226] Wenn der Schuldner bereits vor Eingang eines Fremdantrags verstorben ist, ist der Insolvenzantrag dagegen unzulässig.[227]

239   Gemeinschuldner werden nach Fortsetzung des Verfahrens als Nachlassinsolvenzverfahren der Erbe bzw. die Erben. Insolvenzgründe sind im Nachlassinsolvenzverfahren die Überschuldung oder Zahlungsunfähigkeit (§ 320 InsO), die der Gläubiger bei aufkommenden Zweifeln uU glaubhaft machen muss. Jede längere Unterbrechung kann dem Sicherungszweck entgegenstehen, so dass eine kurze Anhörung des Gläubigers und, soweit bekannt, der Erben ausreichen muss. Erben können uU auch die offene Forderung des Gläubigers

---

[222] OLG Köln Beschl. v. 28.12.2001 – 2 W 233 u. 236/01, NZI 2002, 157; BGH Beschl. v. 10.7.2008 – IX ZB 122/07, NZI 2008, 550.

[223] LG Bonn Beschl. v. 8.1.2001 – 2 T 58/00, ZIP 2001, 342: AG Göttingen Beschl. v. 22.3.2001 – 74 IN 47/00, ZInsO 2001, 722f.

[224] BGH Beschl. v. 20.9.2007 – IX ZB 37/07, NZI 2008, 100ff.

[225] BGH Beschl. v. 22.1.2004 – IX ZR 39/03, NZI 2004, 206; *Heyrath/Kühn,* Der Tod des Schuldners im Insolvenz- und Restschuldbefreiungsverfahren, ZInsO 2007, 1202f.; siehe hierzu auch: KPB/*Kemper* InsO § 315 Rn. 31.

[226] *Köke/Schmerbach,* Tod des Schuldners in der Insolvenz, ZVI 2007, 497ff. (502).

[227] *Köke/Schmerbach* ZVI 2007, 497ff. (502).

Heilmaier

begleichen. Der antragstellende Gläubiger hat jederzeit die Möglichkeit durch Antragsrücknahme das Verfahren zu beenden.

Bei einem **Eigenantrag** des verstorbenen Schuldners wird das Verfahren gem. 240 § 4 InsO iVm § 239 ZPO unterbrochen, bis es nach Anhörung und Aufnahme durch den Erben fortgesetzt werden kann.[228] Dies könnte aber bei einem laufenden Geschäftsbetrieb jede auch vom Erblasser beabsichtigte Sanierungs- und Restrukturierungsmaßnahmen zunichtemachen, wenn wie zu erwarten zeitliche Verzögerungen eintreten. Der zunächst festzustellende Erbe hat nun die Möglichkeit, die Erbschaft auszuschlagen. Deshalb kann, wenn nötig, durch das Nachlassgericht ein Nachlasspfleger bestellt werden.

Die eröffneten Verfahren mit kostendeckender Masse werden ohne Unter- 241 brechung in Nachlassinsolvenzverfahren (§ 46) übergeleitet. Die rechtskräftige Insolvenzverwalterbestellung bleibt bestehen. Eine Verfahrenskostenstundung wird allerdings gegenstandslos, so dass ein Gläubiger oder Erbe einen ausreichenden Vorschuss leisten müsste, um eine Einstellung des Verfahrens (§ 207 InsO) zu vermeiden.

Ähnliches gilt auch im Verbraucherinsolvenzverfahren. Das eröffnete Verfah- 242 ren wird ohne Unterbrechung in ein allgemeines Nachlassinsolvenzverfahren übergeleitet.

Ein **Antrag auf Restschuldbefreiung** hat höchstpersönlichen Charakter und 243 sollte den Verstorbenen schuldenfrei machen, nicht aber den Erben, der die Annahme des überschuldeten Nachlasses ausschlagen kann. Deshalb ist das Verfahren, wenn es sich in der Wohlverhaltensperiode befindet, einzustellen (§ 299 InsO analog).[229]

F. Die Eröffnung des Insolvenzverfahrens

Die Eröffnung des Verfahrens setzt voraus, dass ein **Eröffnungsgrund gege-** 244 **ben** ist (§ 16 InsO). Anders als beim Antrag muss dieser nun zur Überzeugung des Gerichts feststehen.[230] Auch die Forderung des antragstellenden Gläubigers muss feststehen, wenn davon der Eröffnungsgrund abhängt.[231] Das Insolvenzgericht darf auf Grund des Eilcharakters des Insolvenzverfahrens die Prüfung einer nicht rechtskräftig titulierten Forderung nicht anstelle des Prozessgerichts vornehmen und eine Beweisaufnahme durchführen. Nur präsente Beweismittel können der Glaubhaftmachung dienen.[232] Steht der Insolvenzgrund unabhängig von der Forderung des Gläubigers fest, so bedarf diese Forderung nur der Glaubhaftmachung.

Die Verfahrenskosten müssen voraussichtlich gedeckt werden (§ 26 InsO). 245 Verfahrenskosten sind nur die in § 54 InsO genannten. Unberücksichtigt bleiben etwaige Masseverbindlichkeiten, so dass auch ein so genanntes massearmes

---

[228] *Heyrath/Kühn*, Der Tod des Schuldners im Insolvenz- und Restschuldbefreiungsverfahren, ZinsO 2007, 1203 f.; *Köke/Schmerbach* ZVI 2007, 497 ff. (503).
[229] Siehe hierzu *Heyrath/Kühn* ZinsO 2007, 1205 ff.
[230] Siehe auch bezüglich des Bestands der Forderung: OLG Köln Beschl. v. 3.1.2000 – 2 W 268/99, NJW-RR 2000, 1299 f.
[231] OLG Köln Beschl. v. 14.6.2000 – 2 W 85/00, MDR 2000, 1274.
[232] OLG Köln Beschl. v. 14.12.2001 – 2 W 146/01, ZInsO 2002, 772.

Ordnungsverfahren (§ 208 InsO) eröffnet wird. Dies kann der Sachverständige schon mit der Erstattung des Gutachtens vor der Eröffnung und Ernennung zum Insolvenzverwalter anzeigen.[233] Das Gericht hat die Anzeige öffentlich bekannt zu machen, § 208 Abs. 2 InsO.

I. Die Insolvenzeröffnung

246 Die Insolvenzeröffnung ist sofort, auch ohne dass ein Sachverständigen beauftragt oder gar ein vorläufiger Insolvenzverwalter bestellt wurde, möglich, wenn nach Erfahrung und Schätzung des Gerichts eine die bloßen Verfahrenskosten deckende Masse vorhanden bzw. prognostizierbar ist oder vorgeschossen wird. Sonstige Masseverbindlichkeiten bleiben ohne Berücksichtigung.[234] Auch diese Möglichkeit zeigt, dass schnell entschieden werden kann.

247 Die **Ernennung des Insolvenzverwalters** → § 8 Rn. 53 ff. ist kein Justizverwaltungsakt iSd § 23 EGGVG, sondern der Richter wird als Organ der Rechtspflege tätig. Die Ernennung bzw. Bestellung des Insolvenzverwalters ist eine in richterlicher Unabhängigkeit getroffene Ermessensentscheidung.[235] Sie ist aber kein Akt der Rechtsprechung im materiellen Sinn. Eine Anfechtung der Bestellung durch einen Mitbewerber ist unzulässig.[236] Insolvenzverwalter werden, sofern die für den zu entscheidenden Fall notwendigen Befähigungen vorliegen, aus der vorhandenen Vorauswahlliste bestellt. Für die Entscheidung bedarf es keiner Begründung.[237]

248 **Mehrere nebeneinander gestellte Insolvenzanträge** gegen ein- und denselben Schuldner und deshalb eingeleitete Verfahren werden unmittelbar vor der Eröffnung durch Verbindungsbeschluss §§ 4 InsO, 147 ZPO zum führenden Aktenzeichen verbunden. Dies ist in der Regel eine vorliegender Eigenantrag oder der älteste Fremdantrag. Er ist dem Schuldner und den Antragstellern zu übermitteln.[238] Es ist nur ein Insolvenzverfahren zu eröffnen.[239] Der Eröffnungsbeschluss erfolgt unter dem führenden Aktenzeichen und bezeichnet im Rubrum auch alle weiteren Anträge.

II. Die Eingangsentscheidung bei natürlichen Personen

249 Es ist spätestens mit Eröffnung des Verfahrens auch über die Zulässigkeit des Restschuldbefreiungsantrags zu entscheiden. Dieser Zeitpunkt dürfte auch der

---

[233] KPB/*Pape* InsO § 26 Rn. 9 ff., § 208 Rn. 12.
[234] *Weinbörner* A 88, 106.
[235] OLG Koblenz Beschl. v. 16.12.1999 – 12 VA 5/99, ZIP 2000, 507; Abschlussbericht der Bund-Länder-Arbeitsgruppe „Insolvenzrecht" zur 73. Konferenz der JustizministerInnen v. 10. bis 12.6.2002 in Weimar, S. 35, Ziff. 1.2.2.2.; OLG Hamm Beschl. v. 14.10.2004 – 15 VA 11/04, NJW 2005, 834 f.; OLG Celle Beschl. v. 1.6.2005 – 16 VA 3/05, NZI 2005, 458; aA jetzt OLG Koblenz Beschl. v. 12.5.2005 – 12 VA 1/04, NJW-RR 2005, 1075 ff.
[236] BVerfG Beschl. v. 23.5.2006 – 1 BvR 2530/04, NJW 2006, 2613 ff.; *Vallender*, Rechtsschutz gegen die Bestellung eines Konkurrenten zum Insolvenzverwalter, NJW 2006, 2597 ff.
[237] OLG Koblenz Beschl. v. v. 12.5.2005 – 12 VA 1/04, NJW-RR 2005, 1075 ff.
[238] Uhlenbruck/*Pape* InsO § 4 Rn. 37.
[239] OLG Köln Beschl. v. 14.6.2000 – 2 W 85/00, NZI 2000, 480.

Regelfall sein.²⁴⁰ In der Regel geschieht dies im Rahmen des Eröffnungsbeschlusses. Es wird bereits zu diesem Zeitpunkt durch Beschluss festgestellt, dass der Schuldner Restschuldbefreiung erlangt, wenn die Voraussetzungen für eine Versagung nach den §§ 290, 297 bis 298 InsO nicht vorliegen. Zu den Voraussetzungen dieser Eingangsentscheidung und den Fällen, in denen diese Feststellung nicht getroffen werden kann, → § 41 Rn. 19 ff.

III. Der Eröffnungsbeschluss (§ 27 InsO)

Der Eröffnungsbeschluss enthält: 250
- Die Ernennung eines Insolvenzverwalters (§ 27 Abs. 1 InsO) bzw. eines Sachwalters (§ 270 InsO) mit Namen und Anschrift (§ 27 Abs. 2 Nr. 2 InsO). Die Ernennung hat bis zum Berichtstermin → § 8 Rn. 131 vorläufigen Charakter (§ 57 InsO) → § 8 Rn. 67. Der Insolvenzverwalter erhält eine Urkunde (§ 56 Abs. 2 InsO) → § 8 Rn. 66. Sollte das Gericht von einem einstimmigen Vorschlag des Gläubigerausschusses abgewichen sein, sind die Gründe hierfür anzuführen (§ 27 ABs. 2 Nr. 4).
- Die Angabe der Firma oder der Namen und Vornamen, des Geburtsdatums, Registergericht und Registernummer, Geschäftszweig oder Beschäftigung, der gewerblichen Niederlassung oder Wohnung des Schuldners (§ 27 Abs. 2 Nr. 1 InsO). Hierzu gehört auch die Angabe des Namens des Schuldnervertreters (Geschäftsführers, Vorstands einer Kapitalgesellschaft). Wurde vom Registergericht ein Notgeschäftsführer bestellt, ist dies im Eröffnungsbeschluss auch deutlich anzugeben („Vom Registergericht bestellter Notgeschäftsführer: ..."), damit dieser nicht persönlich Nachteile durch die weltweite Bekanntgabe seines Namens erleidet. Ohne Kenntnis der aktuellen Anschrift des Schuldners ist es nicht möglich, die Insolvenz über dessen Vermögen zu eröffnen, denn § 27 Abs. 2 S. 1 InsO ist entsprechend dem eindeutigen Inhalt der Norm wörtlich zu verstehen.²⁴¹ In dem entschiedenen Fall des LG Hamburgs handelte es sich um einen Schuldner, der unter Berufung auf das Zeugenschutzgesetz seine Anschrift nicht bekannt geben wollte.
- (Tag und) Stunde der Eröffnung (§ 27 Abs. 2 Nr. 3 InsO). Der Eröffnungszeitpunkt ist der Zeitpunkt der Unterzeichnung. Die Eröffnung darf nicht auf einen anderen Zeitpunkt als den der tatsächlichen Unterzeichnung durch den Richter festgelegt werden.²⁴² Fehlt die Angabe der Stunde gilt 12:00 Uhr Mittag als Zeitpunkt der Eröffnung (§ 27 Abs. 3 InsO).
- Aufforderung an Gläubiger:
  § 28 Abs. 1 InsO: Die Gläubiger werden zur Anmeldung von Forderungen mit Fristsetzung (2 Wochen–3 Monate) aufgefordert. Die Anmeldung ist in

---

²⁴⁰ Der Zeitpunkt „Eröffnungsentscheidung" als spätester Zeitpunkt ergibt sich aus der Vorschrift des § 287a: Der Eröffnungsantrag – also der Hauptantrag, nicht der Restschuldbefreiungsantrag – kann zurück genommen werden, falls sich der Restschuldbefreiungsantrag als unzulässig herausstellt, vgl. *Frind* ZInsO 2013, 1448, 1450.
²⁴¹ LG Hamburg Beschl. v. 14.7.2005 – 326 T 7/05, ZVI 2005, 486 ff.
²⁴² BGH Beschl. v. 17.2.2004 – IX ZR 135/03, ZInsO 2004, 387 f.; Uhlenbruck/*Zipperer* InsO § 27 Rn. 10.

§ 174 InsO geregelt. Der Sachverständige sollte im Gutachten dazu Stellung nehmen, ob auch an die „nachrangigen" Insolvenzgläubiger iS § 39 InsO eine Aufforderung ergehen soll, denn eine Aufforderung an diese Gläubiger hat gem. § 174 Abs. 3 S. 1 InsO besonders zu erfolgen. Zeigt der Sachverständige an, dass die gesammelte Masse voraussichtlich für eine auch nur teilweise Quote nicht ausreicht, wird aus Kostenersparnisgründen von einer Aufforderung abgesehen. Die Aufforderung kann immer noch nachgeholt werden.

§ 28 Abs. 2 InsO: Die Gläubiger werden zur unverzüglichen Mitteilung von Sicherungsrechten (§ 28 Abs. 1, 2 InsO) wie zB Eigentumsvorbehalt, Sicherungsabtretung an beweglichen Sachen oder Rechten mit Hinweis auf § 28 Abs. 2 S. 2 InsO und Hinweis auf Haftung bei schuldhafter Unterlassung oder Verzögerung (§ 28 Abs. 2 S. 3 InsO) aufgefordert.
- Verbot an den Schuldner zu leisten (§ 28 Abs. 3 InsO)
- Terminbestimmungen § 29 InsO → § 8 Rn. 73:
  - der Gläubigerversammlung (Berichtstermin) zwischen 6 Wochen und 3 Monaten (§ 29 Abs. 1 Nr. 1 InsO)
  - der Gläubigerversammlung (Prüfungstermin) zwischen 1 Woche und 2 Monaten nach Ablauf der Anmeldefrist (§ 29 Abs. 1 Nr. 2 InsO)
  (Die Termine können bei übersichtlicher Vermögenslage verbunden werden (§ 29 Abs. 2 InsO). Die Bestimmung des Wahltermins ist den Gläubigern vorbehalten § 75 Nr. 3, 4 iVm §§ 57, 68 InsO).
- Sofern schon vor dem Termin der Gläubigerversammlung wichtige Entscheidungen anstehen, kann ein Gläubigerausschuss (§ 67 Abs. 1 InsO, „Interimsausschuss") eingesetzt werden.[243] Vorschläge hierzu kann der Sachverständige/vorläufige Insolvenzverwalter machen.[244]
- Sofern überhaupt noch erforderlich wird die Anordnung der Postsperre (§ 99 InsO) mit den besonders zu beachtenden Voraussetzungen des § 99 Abs. 1 S. 2 InsO aufgenommen.

251 Der Eröffnungsbeschluss ist grundsätzlich nicht zu begründen, es sei denn, zuvor sind erhebliche Einwendungen vorgetragen worden.

Im Eröffnungsbeschluss sollen aber die tatsächlichen Feststellungen und rechtlichen Erwägungen für die Zuständigkeit dargestellt werden. Sie enthalten ggf. auch Feststellungen über die Wahrnehmungen und Glaubhaftmachungen der Umstände, die dem Gericht zur Feststellung der Zuständigkeit, insbesondere des Mittelpunkts der hauptsächlichen Interessen (COMI – center of main interests –) vorlagen und überzeugt haben. Ebenfalls ist das Vorliegen eines Insolvenzgrundes aufzunehmen.

IV. Öffentliche Bekanntmachung und Mitteilungen

252 Der Beschluss ist durch die Geschäftsstelle des Insolvenzgerichts sofort öffentlich bekannt zu machen (§§ 30, 9 InsO). Gleiches gilt für die Eingangsentscheidung, § 287a Abs. 1 S. 2 InsO.

---

[243] Vgl. *Pape*, Die Gläubigerautonomie in der Insolvenzordnung, ZInsO 1999, 305 ff. u. 1999, 657 ff.; AG Köln Beschl. v. 29.6.2000 – 72 IN 178/00, ZInsO 2000, 406 f.
[244] Siehe auch *Hilzinger* ZInsO 1999, 560 ff.

§ 4. *Die richterliche Tätigkeit im Eröffnungsverfahren* 213

Neben der Veröffentlichung ist der Beschluss dem Schuldner, den Gläubigern 253
und den Drittschuldnern zuzustellen (§ 30 Abs. 2 InsO). Hier wird von den
Insolvenzgerichten regelmäßig von der Möglichkeit des § 8 Abs. 3 InsO (Übertragung auf den Insolvenzverwalter) Gebrauch gemacht. Ähnlich, wie bei der
Anordnung der vorläufigen Insolvenzverwaltung werden gem. IX/3 MiZi eine
Vielzahl von Benachrichtigungen zB an Register, Grundbuchämtern, Schuldnerverzeichnis, Justiz-, Finanz- und Verwaltungsbehörden vorgenommen.

Die Mindestangaben im Eröffnungsbeschluss, wie sie aus § 27 Abs. 2 Nr. 1–4 254
InsO zu entnehmen sind, sind zwingend und streng wörtlich zu nehmen.

Sie sind im Hinblick auf die vielfältigen und weit reichenden Folgen der Entscheidung ein Gebot der Rechtsklarheit.

Der Eröffnungsbeschluss wird mit der Unterschrift des Richters **wirksam**, 255
ohne dass er dem Schuldner zugestellt oder sonst mitgeteilt wird oder dass ein
anderer Kenntnis davon hat. Bei am Verfahren nicht Beteiligten löst er rechtliche Wirkungen erst dann aus, wenn er aus dem internen Bereich des Insolvenzgerichts herausgegeben worden ist, dh wenn der vollständig unterschriebene
Beschluss die Geschäftsstelle des Gerichts mit der unmittelbaren Zweckbestimmung verlassen hat, um den Beteiligten bekannt gegeben zu werden.[245]

Die Insolvenzeröffnungsentscheidung mit den anhängenden Verfügungen ist 256
ein „Zwitter", denn der Beschluss selbst, einschließlich Bestellung des Insolvenzverwalters, wird vom Richter unterschrieben, während die darin enthaltene
Terminsbestimmung der Gläubigerversammlungen (§ 29 InsO) nach dem Terminkalender des Rechtspflegers erfolgt.

Deshalb wird der Eröffnungsbeschluss regelmäßig zunächst als Schreibauf- 257
trag, in dem Eröffnungstermin, Eröffnungsgrund und der vorgesehene Insolvenzverwalter enthalten sind, an die Geschäftsstelle gegeben, die diesen dann
mit den Akten an den Rechtspfleger weitergibt, der die Termine festlegt und
einträgt, die übrigen Verfügungen vornimmt und dann die Akten zum Schreiben wieder an die Geschäftsstelle gibt.

Rechtsmittel gegen den Eröffnungsbeschluss ist die sofortige Beschwerde 258
(§ 34 Abs. 2 InsO).

V. Zuständigkeit für das Verfahren nach der Insolvenzeröffnung

Ab dem Eröffnungsbeschluss ist dem Rechtspfleger gem. § 3 Nr. 2e RPflG iVm 259
§ 18 Abs. 1 Nr. 1 RPflG die funktionelle Zuständigkeit übertragen. → § 3 Rn. 11.
Der Richter hat gem. § 18 Abs. 2 RPflG den Vorbehalt und das Recht, das
Verfahren an sich zu ziehen → § 3 Rn. 18.

VI. Mittelbare Folgen der Insolvenzeröffnung

Die Insolvenzeröffnung hat neben den unmittelbaren Wirkungen (§ 7) der In- 260
solvenzeröffnung (§§ 27 ff., 80 ff. InsO) auch weitere mittelbare Folgen, die den
Schuldner neben den unmittelbaren insolvenzrechtlichen Wirkungen als natürliche Person, Handelsgesellschaft oder juristische Person einschneidend treffen:

---

[245] BGH Beschl. v. 13.6.2006 – IX ZB 88/05, ZVI 2006, 565.

- Das Insolvenzgericht muss nach der Anordnung über Mitteilungen in Zivilsachen (MiZi) an eine Vielzahl von Ämtern, Anstalten und Körperschaften des öffentlichen Rechts folgenschwere Mitteilungen machen. Hierbei sind einige Anordnungen nach IX/3 MiZi dem Richter vorbehalten.
- Für die Dauer des Insolvenzverfahrens erlischt die Fähigkeit des Schuldners verschiedene Ämter zu bekleiden (zB als Schöffe, Handelsrichter, Verwaltungsrichter, Finanzrichter und ehrenamtlicher Richter in Rechtsanwalts-, Steuerberatungs- oder Wirtschaftsprüfungssachen).
- Die Tätigkeit als Wirtschaftsprüfer, Patentanwalt, Arzt, Betreuer oder Vermögensverwalter wird in Frage gestellt bzw. überprüft. Der Notar ist seines Amtes zu entheben, die Anwaltszulassung ist zu versagen.
- Regelmäßig tritt bei Personenhandelsgesellschaften und juristischen Personen eine Auflösung nach den gesellschaftsrechtlichen Vorschriften ein.
- Der Schuldner bleibt aber Steuerschuldner.
- Die Verjährung wird nicht gehemmt oder unterbrochen.[246]
- Zivilverfahren werden gem. § 240 ZPO unterbrochen, nicht aber Verfahren der freiwilligen Gerichtsbarkeit.[247] Der Geschäftsführer einer GmbH bleibt gegen Entscheidungen des Registergerichts beschwerdeberechtigt.[248]
- Über den dem Schuldner zu gewährenden Unterhalt beschließt die Gläubigerversammlung (§ 100 Abs. 1 InsO). Vor dieser Entscheidung kann der Insolvenzverwalter darüber bestimmen.[249] Wenn die Insolvenzmasse, aus der der Unterhalt gewährt werden kann, sich auf das vom Schuldner erzielte Arbeitseinkommen beschränkt, hat der Insolvenzverwalter den pfändbaren Teil zu ermitteln. Einkünfte aus nichtselbstständiger Tätigkeit gehören nur insoweit zur Insolvenzmasse iSd §§ 35, 36 InsO, als sie gem. §§ 850 ff. ZPO pfändbar sind. Die entsprechend der Tabelle zu § 850c ZPO unpfändbaren Anteile bleiben beschlagnahmefrei. Nach OLG Frankfurt aM[250] darf dies aber in besonderen Fällen nicht dazu führen, dass bei Unterschreitung des Existenzminimums der Schuldner auf die Sozialhilfe verwiesen wird.
- Die §§ 850 ff. ZPO und 850g ZPO sind im Insolvenzverfahren anwendbar. Für Entscheidungen über einen Antrag ist das Insolvenzgericht zuständig.[251]

VII. Kosten und Auslagen

Im Falle der Insolvenzeröffnung werden sämtliche Verfahrenskosten aus der vorhandenen Masse entnommen bzw. beglichen.
Gem. 23 Abs. 1 S. 1 GKG ist der Antragsteller Kostenschuldner.

---

[246] Siehe hierzu KPB/*Pape* § 27 Rn. 14; *Kuhn/Uhlenbruck* KO § 6 Rn. 14.
[247] BayObLG Beschl. v. 14.2.2002 – 2Z BR 176/01, NZI 2002, 280.
[248] OLG Köln Beschl. v. 11.7.2001 – 2 Wx 13/01, ZInsO 2001, 717.
[249] OLG Frankfurt aM Beschl. v. 29.8.2000 – 26 W 61/2000, ZInsO 2000, 614, 2001, 26 (Ls.).
[250] OLG Frankfurt aM Beschl. v. 29.8.2000 – 26 W 61/2000, ZInsO 2000, 614, 2001, 26 (Ls.).
[251] OLG Köln Beschl. v. 16.10.2000 – 2 W 189/00, ZInsO 2000, 603 f.

Heilmaier

Berechnet wird eine 0,5 Gebühr nach § 3 Abs. 1 u. 2 GKG (KV GKG Nr. 2310/2311 für den Antrag des Schuldners, auch wenn das Verfahren gem. § 306 InsO ruht und für den Antrag des Gläubigers). Die Mindestgebühr beträgt 180 EUR.

Bei Antragsrücknahme oder Zurückweisung ist der Gläubiger/Schuldner als Antragsteller (§ 23 Abs. 1 S. 2 GKG) auch Auslagenschuldner zB für Sachverständigen- oder Veröffentlichungskosten. Die an einen vorläufigen Insolvenzverwalter zu zahlenden Beträge schuldet nur der Schuldner → § 52 Rn. 27, wenn eine Stundung gem. § 4a InsO erteilt wurde (§ 23 Abs. 1 S. 3 GKG; Nr. 9017 KV GKG).

§ 5. Sicherungsmaßnahmen und vorläufige Insolvenzverwaltung

In der Antragsphase kann das Insolvenzgericht zur Sicherung des schuldnerischen Vermögens neben allgemeine Maßnahmen (→ Rn. 9 ff.) insbesondere einen vorläufigen Insolvenzverwalter (→ Rn. 20 ff.) bestellen. Welche Aufgaben und Befugnisse ihm zukommen, hängt entscheidend davon ab, ob es sich um einen „starken" (→ Rn. 32 ff.), „schwachen" (→ Rn. 139 ff.) oder „halbstarken" (→ Rn. 159 ff.) vorläufigen Insolvenzverwalter handelt. Vor allem wird dies bedeutsam bei Fragen der Betriebsfortführung (→ Rn. 86 ff., 149 ff.), der Begründung von Masseverbindlichkeiten (→ Rn. 40 ff., 145 ff., 163 ff.) oder der steuerrechtlichen Pflichten (→ Rn. 181 ff.). Für den Zeitraum der vorläufigen Insolvenzverwaltung ist grundsätzlich Rechnung zu legen (→ Rn. 197 ff.).

A. Sicherungsmaßnahmen im Eröffnungsverfahren

I. Allgemeines

Hat das Insolvenzgericht den Insolvenzantrag zugelassen, wird es in den allermeisten Fällen nicht in der Lage sein, sofort über die Eröffnung des Insolvenzverfahrens zu entscheiden. Vielmehr wird es vor seiner Entscheidung die Insolvenzgründe und die Verfahrenskostendeckung eingehend prüfen. Daher ist es in der Praxis keine Seltenheit, wenn zwischen Insolvenzantrag und Insolvenzeröffnung mehrere Wochen, wenn nicht sogar Monate, liegen können. Gleichwohl besteht bereits mit Insolvenzantrag das Bedürfnis, das schuldnerische Vermögen für die Gläubigergemeinschaft zu erhalten. Dieses Problem hat auch der Gesetzgeber gesehen und der Praxis mit den §§ 21 ff. InsO ein flexibles und effizientes Sicherungsinstrumentarium für das Eröffnungsverfahren an die Hand gegeben. So hat das Insolvenzgericht nach § 21 InsO im Eröffnungsverfahren die Pflicht, alle Maßnahmen zu treffen, die erforderlich erscheinen, um eine den Gläubigern nachteilige Veränderung in der Vermögenslage des Schuldners bis zur Entscheidung über die Eröffnung des Verfahrens zu verhindern.

II. Zielrichtungen der Sicherungsmaßnahmen

1. Gläubigerschutz

2   Zielrichtung der Sicherungsmaßnahmen, insbesondere der vorläufigen Insolvenzverwaltung, ist nach dem Wortlaut des § 21 Abs. 1 InsO primär der Schutz der Vermögenslage des Schuldners im Interesse der Gläubiger. So hat der vorläufige Verwalter die zukünftige Haftungsmasse zu sichern und masseschmälernde Handlungen des Schuldners zu unterbinden bzw. solchen vorzubeugen. Diese Zweckrichtung gründet vor allem auf der Erfahrung, wonach besonders in der Zeit vor Verfahrenseröffnung der Schuldner geneigt ist, in manipulativer Form in die Vermögenssituation des Unternehmens einzugreifen, um so Gegenstände dem Insolvenzbeschlag vorzuenthalten.[1] Ferner ist bei Heraufziehen der Verfahrenseröffnung zu befürchten, dass bereits in der Vergangenheit vorgenommene Vermögensverschiebungen durch buchhalterische und bilanzielle Transaktionen verwischt werden.

3   Des Weiteren werden einzelne Gläubiger versuchen, in der Phase vor Eröffnung des Verfahrens Sondervorteile zu erlangen. Zum einen wird der Schuldner bedrängt, offene Forderungen mit den zur Verfügung stehenden Mitteln noch vor Verfahrenseröffnung zu begleichen bzw. wenigstens Sicherheiten zur Verfügung zu stellen. Zum anderen scheuen es manche Gläubiger nicht, sich eigenmächtig in den Besitz von Vermögensgegenständen des Schuldners zu setzen, um somit ein „Faustpfand" bzw. angebliches Sicherungsgut zu erlangen.

4   Vor dem Hintergrund der späteren Haftungsverwirklichung sollen daher die im konkreten Fall ergriffenen Sicherungsmaßnahmen in erster Linie dazu dienen, den Wert der vorhandenen Vermögenssubstanz für die Gläubigergesamtheit zu erhalten. Nur durch die ordnende und sichernde Hand des vorläufigen Verwalters, der im Übrigen nicht zwangsläufig mit den umfassenden Befugnissen nach § 22 Abs. 1 InsO ausgestattet sein muss, wird der Zusammenhalt des Vermögens zur späteren Gläubigerbefriedigung gesichert.

2. Schuldnerschutz

5   Sicherungsmaßnahmen wie die vorläufige Insolvenzverwaltung können auch im Interesse des Schuldners angeordnet werden.[2] Schließlich hat der vorläufige Insolvenzverwalter als Sachverständiger im Eröffnungsverfahren zunächst zu prüfen, ob überhaupt ein Insolvenzgrund nach den §§ 16 ff. InsO vorliegt. Nicht auszuschließen sind mitunter vorkommende Druckanträge, vorwiegend von institutionellen Gläubigern.

6   Stellt sich heraus, dass ein Insolvenzgrund nicht vorliegt, hebt das Insolvenzgericht die Sicherungsanordnungen wieder auf. Vor dem Hintergrund dieser nicht auszuschließenden Möglichkeit ist das anerkennenswerte Interesse des Schuldners zu beachten, dass sowohl die Integrität seines Betriebes als auch die vorhandene Vermögenssubstanz gewahrt bleiben muss. Dies hat auch der vor-

---

[1] Vgl. auch Gottwald InsR-HdB/*Vuia*, Insolvenzrechts-Handbuch, § 14 Rn. 1; *Spliedt*, Die GmbH in Krise, Sanierung und Insolvenz, 5. Aufl., Rn. 5.463.
[2] So bereits zur Sequestration Gottwald InsR-HdB/*Uhlenbruck*, Insolvenzrechts-Handbuch, 1. Aufl., § 14 Rn. 1.

läufige Verwalter zu beachten, indem er nicht bereits im Eröffnungsverfahren das Vermögen des Schuldners, zB betriebsnotwendige Lizenzen, veräußern und damit verwerten darf.

Das Insolvenzgericht und der vorläufige Insolvenzverwalter haben daher neben den Gläubigerinteressen auch die Belange des Schuldners in ausgewogener Weise zu berücksichtigen. Das Vermögen muss in seiner Gesamtheit ungeschmälert erhalten werden, wobei jedoch gleichzeitig laufende Geschäftsbetriebe fortzuführen sind, um nicht durch schlichtes passives Verhalten immaterielle Werte zu vernichten. 7

3. Vermögensschutz im Ganzen

Der Zweck der Sicherungsmaßnahmen und der vorläufigen Insolvenzverwaltung ist aber nicht ausschließlich im Sinne einer statischen Fixierung des Vermögensbestandes zu verstehen. Vielmehr hat der vorläufige Verwalter im Rahmen seiner Verpflichtung zur Vermögenserhaltung bei einer Unternehmensinsolvenz das Vermögen im Sinne einer dynamischen Verwaltung zu sichern.[3] Dies bedeutet, dass Vermögensbestände – unter Wahrung der daran bestehenden Sicherheitenpositionen[4] – produktiv eingesetzt, verarbeitet und veräußert werden dürfen. Sicherungszweck ist also die wertmäßige Erhaltung des Vermögens durch Aufrechterhaltung des ordnungsgemäßen Geschäftsfortganges. 8

III. Maßnahmen allgemein

Ab dem Zeitpunkt der Insolvenzantragstellung und nach Zulassung des Insolvenzantrags[5] steht dem Insolvenzgericht nach Maßgabe des § 21 InsO ein Bündel an Sicherungsmaßnahmen zum Schutz des schuldnerischen Vermögens vor nachteiligen Veränderungen zur Verfügung. Hierbei stellt die Norm des § 21 Abs. 1 InsO eine **Generalklausel** dar, die sämtliche Sicherungsmaßnahmen erfasst, die geeignet und erforderlich sind, um eine Minderung der künftigen Masse zu verhindern. Bei der Auswahl der Sicherungsmaßnahmen handelt das Insolvenzgericht nach pflichtgemäßem, aber auch haftungsbewehrtem Ermessen.[6] 9

§ 21 InsO enthält keine abschließende Aufzählung der gesetzlich zulässigen Sicherungsmaßnahmen, was sich aus dem Wort „insbesondere" am Anfang von Absatz 2 ergibt. Außer den enumerativ aufgezählten Maßnahmen können auch **spezielle Verfügungsbeschränkungen** für bestimmte Gegenstände des schuldnerischen Vermögens angeordnet werden. Durch eine einstweilige Kontensperre, die auch als **Verrechnungsverbot** verhängt werden kann, soll verhindert werden, dass sich im Eröffnungsverfahren die Bank durch Verrechnungen mit Eingängen auf debitorischen Schuldnerkonten noch Befriedigung verschafft.[7] 10

---

[3] MüKoInsO/*Haarmeyer* § 21 Rn. 13 f.
[4] Vgl. hierzu → Rn. 102 ff.
[5] Bereits zur KO: OLG Köln Beschl. v. 29.2.1988 – 2 W 9/88, ZIP 1988, 664; ebenso aktuell Uhlenbruck/*Vallender* InsO § 21 Rn. 2.
[6] KPB/*Pape* InsO § 21 Rn. 15; MüKoInsO/*Haarmeyer* § 21 Rn. 43.
[7] Uhlenbruck/*Vallender* InsO § 21 Rn. 10.

Das Insolvenzgericht ist auf der Grundlage des § 21 Abs. 1 InsO des Weiteren befugt, die **Durchsuchung** von Wohn- und Geschäftsräumen sowie die **Beschlagnahme von Geschäftsunterlagen**,[8] die Einziehung des Reisepasses oder die Schließung der Büro- und Betriebsräume anzuordnen.[9] Die Auffassung, der zufolge auf der Grundlage des § 21 Abs. 1 InsO schon zur Unterstützung des vorläufigen Verwalters ein (vorläufiger) **vorläufiger Gläubigerausschuss** (analog § 67 InsO) eingesetzt werden kann,[10] hat nun in § 21 Abs. 2 S. 1 Nr. 1a InsO seinen Niederschlag gefunden.[11] Nach dem Willen des Gesetzgebers sollen so die Gläubigerrechte bereits in einem sehr frühen Verfahrensstadium gestärkt werden. (Zu den Einzelheiten vgl. § 10 Rn. 2 ff.).

1. Verfügungsbeschränkungen

11 § 21 Abs. 2 InsO zählt beispielhaft die wichtigsten Sicherungsmaßnahmen auf. Von besonderer Bedeutung sind hierbei in der Praxis die **Verfügungsbeschränkungen** des § 21 Abs. 2 S. 1 Nr. 2 InsO:

12 Als wirksamstes Sicherungsmittel zur Verhinderung der Masseschmälerung bzw. Masseverschiebung kann das Insolvenzgericht ein **allgemeines Verfügungsverbot** erlassen (§ 21 Abs. 2 S. 1 Nr. 2 Alt. 1 InsO). Diese direkt gegen den Schuldner zielende Maßnahme greift am umfassendsten in seine Rechtsstellung ein. Dem Verfügungsverbot zuwiderlaufende Verfügungen sind nicht nur relativ, sondern **absolut unwirksam**,[12] wie sich aus den §§ 24, 81, 82 InsO ergibt. Dies bedeutet, dass ein gutgläubiger Erwerb von Mobilien durch Dritte ausgeschlossen ist. Auch sämtliche Vorausverfügungen des Schuldners werden unwirksam. Jedoch gilt dies nicht für die neu entstehenden Forderungen im Rahmen einer Globalzession.[13] Wird das allgemeine Verfügungsverbot isoliert angeordnet, führt dies dazu, dass während des Eröffnungsverfahrens kein Verfügungsbefugter mehr existiert.[14] Bestellt das Gericht hingegen zusätzlich einen starken vorläufigen Verwalter,[15] so wird dieser bezüglich des schuldnerischen Vermögens nach § 22 Abs. 1 S. 1 InsO verwaltungs- und verfügungsbefugt.

13 Als besonders wirksame Sicherungsmaßnahme erweist sich in der Praxis die Anordnung, dass Verfügungen des Schuldners nur mit **Zustimmung** eines vorläufigen Insolvenzverwalters wirksam sind (§ 21 Abs. 2 S. 1 Nr. 2 Alt. 2 InsO),

---

[8] Graf-Schlicker/*Voß* InsO § 21 Rn. 31.
[9] Vgl. Gottwald InsR-HdB/*Vuia*, Insolvenzrechts-Handbuch, § 14 Rn. 54.
[10] Vgl. AG Köln Beschl. v. 29.6.2000 – 72 IN 178/00, ZInsO 2000, 406 f.; HK-InsO/*Rüntz* § 21 Rn. 12.
[11] Eingefügt durch Art. 1 Nr. 4b) bb) des Gesetzes zur weiteren Erleichterung von Sanierungen v. 7.12.2011 mW zum 1.3.2012, BGBl I 2582.
[12] Vgl. BGH Urt. v. 19.1.2006 – IX ZR 232/04, BGHZ 166, 74 ff.; Urt. v. 22.10.2009 – IX ZR 90/08, NZI 2009, 888 ff.
[13] Strittig, dafür: BGH Urt. v. 20.3.1997 – IX ZR 71/96, BGHZ 135, 140 (146); fortgeführt unter Geltung der InsO durch BGH Urt. v 22.10.2009 – IX ZR 90/08, NZI 2009, 888; Urt. v. 18.3.2010 – IX ZR 111/08, NZI 2010, 443. Ggf. greifen aber nach Ansicht des BGH Anfechtungsansprüche. Instruktiv hierzu *Gehrlein* ZIP 2011, 5, 6; dagegen: HK-InsO/*Rüntz* § 24 Rn. 8; MüKoInsO/*Haarmeyer* § 21 Rn. 57; Graf-Schlicker/*Voß* InsO § 24 Rn. 4; KPB/*Pape* InsO § 24 Rn. 5 f.
[14] Zu möglichen Fällen vgl. Uhlenbruck/*Vallender* InsO § 21 Rn. 18.
[15] Zur Begriffsbestimmung vgl. → § 5 Rn. 30.

so genannter **Zustimmungsvorbehalt**. Diese Sicherungsanordnung wurde nach In-Kraft-Treten der InsO in der gerichtlichen Praxis zum überwiegenden Regelfall. Die Zustimmung ist sowohl die vorherige Einwilligung als auch die nachträgliche Genehmigung. Verfügungen ohne die Zustimmung des vorläufigen Verwalters sind nach den §§ 24 Abs. 1, 81 Abs. 1 S. 1 InsO ebenfalls absolut unwirksam.[16] Gleichwohl tritt im Rechtsverkehr weiterhin der Schuldner als Vertrags- und Geschäftspartner auf.

Die Generalklausel des § 21 Abs. 1 InsO ermöglicht weitere sichernde Verfügungsbeschränkungen. So ist das Gericht berechtigt, anstelle eines allgemeinen Zustimmungsvorbehalts einen **speziellen Zustimmungsvorbehalt** anzuordnen. Danach bedürfen nur bestimmte Verfügungen des Schuldners (zB über Grundstücke, Forderungen, das Warenlager, etc) der Zustimmung des vorläufigen Verwalters. Ferner kann – zB zusätzlich zur Bestellung eines allgemeinen Zustimmungsvorbehalts – ein auf bestimmte Gegenstände beschränktes **besonderes Verfügungsverbot** erlassen werden. Zum Schutz der Masse kann weiter angeordnet werden, dass dem Schuldner der Abschluss von **Kredit- und Sicherungsverträgen** oder die **Einziehung von Forderungen** untersagt wird. Für diese Teilbereiche geht dann die Verwaltungs- und Verfügungsbefugnis auf den vorläufigen Verwalter unter der Voraussetzung über, dass die entsprechenden Befugnisse ausdrücklich auf den vorläufigen Verwalter übertragen werden (sog „halbstarker" vorläufiger Insolvenzverwalter).[17]

14

2. Einstellung oder Untersagung von Zwangsvollstreckungsmaßnahmen

Um das Vermögen des Schuldners ungeschmälert für die Gläubigergesamtheit zu sichern, gilt es, Vollstreckungen einzelner Gläubiger zu unterbinden. Dazu ordnet das Insolvenzgericht gemäß § 21 Abs. 2 S. 1 Nr. 3 InsO in nahezu jedem Verfahren an, dass Maßnahmen der Zwangsvollstreckung gegen den Schuldner untersagt und/oder einstweilen eingestellt werden. Die Vorschrift nimmt jedoch ausdrücklich Vollstreckungsmaßnahmen in das unbewegliche Schuldnervermögen aus. Allerdings findet sich in § 30d Abs. 4 ZVG eine Regelung, wonach ein vorläufiger Verwalter beim Vollstreckungsgericht die einstweilige Einstellung eines Zwangsversteigerungsverfahrens beantragen kann. Insoweit muss er jedoch glaubhaft machen, dass sie zur Verhütung nachteiliger Veränderungen in der Vermögenslage des Schuldners erforderlich ist. Zu beachten ist in solchen Fällen aber die Zinszahlungspflicht nach § 30e Abs. 2 S. 2 ZVG, beginnend 3 Monate nach der einstweiligen Einstellung.

15

3. Postsperre

Das Insolvenzgericht kann – falls erforderlich und angemessen – als weitere Sicherungsmaßnahme gemäß § 21 Abs. 2 S. 1 Nr. 4 InsO den Erlass einer **vorläufigen Postsperre** verfügen. Hierfür gelten die gleichen Grundsätze wie für das eröffnete Verfahren, § 99 InsO. Sämtliche an den Insolvenzschuldner adres-

16

---

[16] Vgl. BGH Urt. v. 19.1.2006 – IX ZR 232/04, BGHZ 166, 74 ff.; Urt. v. 22.10.2009 – IX ZR 90/08, NZI 2009, 888 ff.
[17] Hierzu grundlegend BGH Beschl. v. 18.7.2002 – IX ZR 195/01, NZI 2002, 543; vgl. auch BGH Beschl. v. 4.12.2014 – IX ZR 166/14, ZInsO 2014, 261.

sierte Post wird – im Regelfall – an den vorläufigen Verwalter weitergeleitet. Dieser darf die Post sichten, um so Informationen über den Umfang und Verbleib des schuldnerischen Vermögens zu erlangen. Ebenfalls zur Post des Schuldners gehört im medialen Zeitalter die sog elektronische Post in Form von Emails, wobei es ratsam erscheint, dies im Anordnungsbeschluss klar zum Ausdruck zu bringen.[18] Die Anordnung einer Postsperre ohne gleichzeitige Bestellung eines vorläufigen Verwalters dürfte unzulässig sein, da eine ständige Postkontrolle erforderlich ist.[19] Wegen des Grundrechtseingriffs verbietet sich eine schematische Anordnung. Eine vorläufige Postsperre darf daher nur angeordnet werden, wenn **zwingend** und **konkrete Anhaltspunkte** daraufhin deuten, dass der Schuldner bzw. sein organschaftlicher Vertreter den Postverkehr zur Beeinträchtigung der Haftungsmasse oder zur Gläubigerbenachteiligung missbraucht.[20]

4. Verbot der Verwertung oder Einziehung

17 Das Gericht kann nach § 21 Abs. 2 S. 1 Nr. 5 InsO auch ein Verbot aussprechen, abzusondernde oder auszusondernde Gegenstände[21] an die insoweit berechtigten Gläubiger zur Verwertung oder Einziehung herauszugeben. Voraussetzung hierfür ist, dass diese Gegenstände zur Fortführung des schuldnerischen Betriebes von erheblicher Bedeutung sind. Erforderlich ist also auch ein noch laufender schuldnerischer Betrieb. Ein durch die weitere Nutzung eingetretener Wertverlust ist durch laufende Zahlungen an betroffene Gläubiger auszugleichen. Soweit dem Gläubiger an dem Gegenstand ein Verwertungsrecht zusteht, also zum Beispiel im Fall einer Sicherungsübereignung, ist durch die Verweisung auf § 169 S. 2 und 3 InsO klargestellt, dass zusätzlich geschuldete Zinsen an den berechtigten Gläubiger zu zahlen sind. Das gilt jedoch nach dem klaren Gesetzeswortlaut nicht für aussonderungsberechtigte Gläubiger.

18 Darüber hinaus stellt § 21 Abs. 2 S. 1 Nr. 5 InsO aE zusätzlich klar, dass ein vorläufiger Verwalter zur Sicherheit an Gläubiger abgetretene **Forderungen** schon im Vorverfahren **einziehen** kann, mit der Folge, dass er für die künftige Masse einen Kostenbeitrag nach §§ 170, 171 InsO beanspruchen kann.[22] Eine Maßnahme nach § 21 Abs. 2 S. 1 Nr. 5 InsO sollte immer von der Bestellung eines vorläufigen Insolvenzverwalters begleitet werden.

5. Maßnahmen gegen die Person

19 Als ultima ratio kann das Insolvenzgericht nach § 21 Abs. 3 InsO den Schuldner auch zwangsweise vorführen oder nach Anhörung in Haft nehmen lassen. Damit kann – soweit diesbezüglich Anzeichen bestehen – unter anderem seiner Flucht ins Ausland vorgebeugt oder eine von ihm ausgehende sonstige

---

[18] Uhlenbruck/*Vallender* InsO § 21 Rn. 37.
[19] KPB/*Pape* InsO § 21 Rn. 37; Graf-Schlicker/*Voß* InsO § 21 Rn. 26; OLG Celle Beschl. v. 24.1.2001 – 2 W 124/00, ZIP 2001, 468; AG Ludwigshafen Beschl. v. 9.5.2016 – 3d IN 36/16, abrufbar unter www.juris.de.
[20] Uhlenbruck/*Vallender* InsO § 21 Rn. 35.
[21] Zur Problematik bei auszusondernden Gegenständen siehe die berechtigten Einwände von *Kirchhof* ZInsO 2007, 227; KPB/*Pape* InsO § 21 Rn. 40d–40h.
[22] Graf-Schlicker/*Voß* InsO § 21 Rn. 28.

Gefährdung des Vermögens verhindert werden.[23] Sofern der Schuldner keine natürliche Person ist, können nach § 21 Abs. 3 S. 2 InsO Sicherungsmaßnahmen gegen die organschaftlichen Vertreter oder die vertretungsberechtigten persönlich haftenden Gesellschafter angeordnet werden.

B. Die vorläufige Insolvenzverwaltung[24]

I. Allgemeines

Der vorläufige Insolvenzverwalter hat aus rechtlicher und betriebswirtschaftlicher Sicht unter extrem schwierigen Rahmenbedingungen anzutreten, wenn der Insolvenzantrag nicht professionell vorbereitet ist. In der schuldnerischen Firma herrscht nach dem Schock des Insolvenzantrages sowohl bei den Mitarbeitern als auch beim Management bzw. dem Eigentümer meist völlige Resignation. Hinter ihnen liegt eine Zeit, in der eigenverantwortliche Bemühungen zur Krisenbewältigung fehlgeschlagen sind. Die Geschäftsführung ist ratlos, welche Befugnisse ihr neben dem vorläufigen Insolvenzverwalter noch verbleiben bzw. wie sie sich weiter verhalten soll.

In dieser Situation ist auch die Arbeitnehmerschaft verunsichert und orientierungslos. Die Belegschaft erwartet vom vorläufigen Verwalter zunächst eine Klärung der aufgelaufenen Lohn- und Gehaltsrückstände. Vor allem die besonders qualifizierten Arbeitnehmer hegen Abwanderungsgedanken oder werden von Konkurrenzunternehmen abgeworben. Die bisherigen Lieferanten stellen jegliche Leistungen ein, bedrängen das schuldnerische Unternehmen, offene Positionen sofort zu begleichen und versuchen bereits gelieferte Warenbestände wieder zurück zu holen. In dieser durch Auflösungserscheinungen geprägten Situation nimmt der vorläufige Insolvenzverwalter seine Arbeit auf, wobei bereits zu Beginn alle Beteiligten von ihm klare und verlässliche Aussagen über die Zukunft des schuldnerischen Unternehmens erwarten.

II. Anforderungen an einen vorläufigen Insolvenzverwalter

Die Auswahl des vorläufigen Insolvenzverwalters ist eine der wichtigsten Verfahrensentscheidungen des Insolvenzgerichts.[25] Bereits im Jahre 1936 stellte *Ernst Jaeger* fest, dass das Wohl und Wehe des Insolvenzverfahrens von der Geschicklichkeit des Konkursverwalters abhängt.[26] Dies gilt ebenso für den vorläufigen Insolvenzverwalter, da im Normalfall zwischen vorläufigem Verwalter und endgültigem Insolvenzverwalter Personenidentität besteht. Diese in der Praxis übliche Verfahrensweise ist auch sinnvoll, um unnötige Informationsverluste sowie Kosten- und Zeitverzögerungen zu vermeiden.

---

[23] HK-InsO/*Rüntz* § 21 Rn. 26.
[24] Zum vorläufigen Sachwalter bei beantragter Eigenverwaltung vgl. ausführlich → § 44 Rn. 74 ff.
[25] *Braun/Uhlenbruck*, Unternehmensinsolvenz, S. 182.
[26] *Jaeger*, KO, 6. Aufl. 1936, § 74 Anm. 7.

23 Die Auswahl des vorläufigen Insolvenzverwalters erfolgt nach den gleichen Kriterien wie die Bestellung des endgültigen Verwalters. Dies folgt aus der Vorschrift des § 21 Abs. 2 S. 1 Nr. 1 InsO, der auf die entsprechende Geltung der §§ 56, 56a, 58–66 InsO verweist. Demnach kann zum vorläufigen Insolvenzverwalter nur eine für den jeweiligen Einzelfall geeignete, insbesondere geschäftskundige und von den Gläubigern und dem Schuldner unabhängige natürliche Person[27] bestellt werden (§ 56 InsO).[28] Zur ausführlichen Konkretisierung der Kriterien kann insoweit auf die Ausführungen im Beitrag → § 3 Rn. 36 ff. *(Die konkrete Bestellung)* verwiesen werden.

24 Zwischen Insolvenzgericht und (vorläufigem) Insolvenzverwalter muss ein intaktes Vertrauensverhältnis bestehen. Der Insolvenzrichter muss sich auf die fachliche Kompetenz des von ihm eingesetzten vorläufigen Insolvenzverwalters verlassen können, da für ihn das sog Spruchrichterprivileg nicht gilt.[29] Würde durch eine fehlerhafte Auswahl den späteren Insolvenzgläubigern ein Schaden entstehen, so bestünde stets die Gefahr der Inanspruchnahme im Wege eines Amtshaftungsanspruchs nach § 839 BGB iVm Art. 34 GG.[30]

III. Aufgaben und Befugnisse des vorläufigen Insolvenzverwalters

25 Die Rechtsstellung des vorläufigen Insolvenzverwalters hängt maßgeblich von den flankierenden Anordnungen des Insolvenzgerichts nach § 21 Abs. 2 S. 1 Nr. 2 InsO und § 22 Abs. 2 InsO ab.[31] Nach der konkreten Ausgestaltung dieser Sicherungsmaßnahmen im Einzelfall richten sich die jeweiligen Eingriffsbefugnisse und Kompetenzen des vorläufigen Verwalters.

26 Das Insolvenzgericht hat theoretisch die Möglichkeit – und dies vor dem Inkrafttreten des ESUG[32] auch umgesetzt –, einen **isolierten, vorläufigen Insolvenzverwalter** nach § 21 Abs. 2 S. 1 Nr. 1 InsO zu bestellen. Die rechtlichen Befugnisse dieses Verwalters beschränken sich im Wesentlichen auf die Regelung des § 22 Abs. 3 InsO. Daneben behält der Schuldner in vollem Umfange die Verwaltungs- und Verfügungsbefugnis über sein gesamtes Vermögen. Der vorläufige Verwalter fungiert nur als gerichtlich bestellter „Berater",[33] der zudem Informant des Insolvenzgerichts ist. Da diese – isolierte – Anordnung mit kaum praktischem Nutzen (Initiativrechte, etc) verbunden ist und keine nennenswerten Sicherungswirkungen entfalten kann, werden in der insol-

---

[27] Zur Unzulässigkeit der Bestellung juristischer Personen vgl. BVerfG Beschl. v. 12.1. 2016 – 1 BvR 3102/13, NZI 2016, 163 ff.

[28] Vgl. dazu auch: „Verhaltenskodex der Mitglieder des Arbeitskreises der Insolvenzverwalter Deutschland e. V.", Abschnitt → § 7 Rn. 55.

[29] BGH Urt. v. 2.4.1959 – III ZR 25/58, NJW 1959, 1085; vgl. ebenso BVerfG Beschl. v. 23.5.2006 – 1 BvR 2530/04, BVerfGE 116, 1 ff.

[30] BGH Urt. v. 17.10.1985 – III ZR 105/84, NJW-RR 1986, 412; BK-InsO/*Blersch* InsO § 22 Rn. 17; BVerfG Beschl. v. 23.5.2006 – 1 BvR 2530/04, BVerfGE 116, 1 ff.

[31] BGH Urt. v. 18.7.2002 – IX ZR 195/01, ZIP 2002, 1625 ff.; fortgeführt durch BGH Beschl. v. 4.12.2014 – IX ZR 166/14, ZInsO 2015, 261.

[32] Kritisch dazu MüKoInsO/*Haarmeyer* § 22 Rn. 128; Nach seiner Ansicht führt diese Konstellation zu erheblichen Unsicherheiten bezüglich des Pflichtenkreises des vorläufigen Insolvenzverwalters und der Wirksamkeit von Verfügungen des Schuldners.

[33] *Bork* Einf Rn. 125.

venzrechtlichen Praxis regelmäßig zusätzliche Pflichten und Befugnisse angeordnet.[34]

Nach Maßgabe des § 22 Abs. 2 InsO kann das Insolvenzgericht den vorläufigen Verwalter **zusätzlich** mit klaren, dh genau definierten **Einzelkompetenzen** ausstatten.[35] Diese stellen eine auf einzelne Vermögensbereiche beschränkte besondere Verfügungsbefugnis dar. Insoweit kann zB die Kassenführung, die Einziehung von Außenständen oder der Abschluss von Kredit- und Sicherungsverträgen auf den vorläufigen Verwalter übertragen werden. In diesem partiell festgelegten Bereich wird die Verwaltungs- und Verfügungsbefugnis auf den vorläufigen Verwalter übertragen.[36] Diese Möglichkeit der Befugnisausweitung wird jedoch – darauf weist der Gesetzgeber in der Begründung ausdrücklich hin[37] – durch den Kompetenzrahmen des § 22 Abs. 1 InsO begrenzt. 27

Das Insolvenzgericht wird in solchen Fällen neben der Einsetzung eines vorläufigen Insolvenzverwalters anordnen, dass Verfügungen des Schuldners gemäß § 21 Abs. 2 S. 1 Nr. 2 Alt. 2 InsO nur mit Zustimmung des vorläufigen Verwalters wirksam sind (**allgemeiner Zustimmungsvorbehalt**). Bei dieser Ausgestaltung behält der Schuldner grundsätzlich die Verwaltungs- und Verfügungsbefugnis über sein Vermögen, soweit nicht dem vorläufigen Verwalter Einzelbefugnisse übertragen wurden. 28

Werden ihm jedoch solche Einzelbefugnisse übertragen, so führt dies nunmehr zu einem partiellen Übergang der Verwaltungs- und Verfügungsbefugnis auf den vorläufigen Verwalter, welche der Schuldner korrespondierend in gleichem Umfange verliert. Im Allgemeinen wird diese Ausgestaltung der vorläufigen Insolvenzverwaltung als „**halbstarker**" **vorläufiger Insolvenzverwalter bezeichnet**.[38] 29

Bestellt das Insolvenzgericht nach § 21 Abs. 2 S. 1 Nr. 1 InsO einen vorläufigen Insolvenzverwalter und verhängt gleichzeitig nach § 21 Abs. 2 S. 1 Nr. 2 Alt. 1 InsO ein **allgemeines Verfügungsverbot**, bestimmt sich die Rechtsstellung des so ausgestatteten vorläufigen Verwalters nach § 22 Abs. 1 InsO. Die Literatur[39] und auch die Rechtsprechung[40] bezeichnen diesen Typus allgemein als „*starken*" **vorläufigen Insolvenzverwalter**. In der Literatur wurde dieser Verwaltertypus vielfach zum „*gesetzlichen Leitbild*" erkoren,[41] er ist hingegen in der Praxis eher selten anzutreffen. 30

---

[34] Seit Inkrafttreten des ESUG könnte anstelle des isoliert vorläufigen Insolvenzverwalters bei einem Antrag auf Eigenverwaltung und im Schutzschirmverfahren ein vorläufiger Sachwalter bestellt werden, vgl. § 270a Abs. 1 S. 2 InsO.
[35] BGH Urt. v. 18.7.2002 – IX ZR 195/01, ZIP 2002, 1625 (1629); BGH Beschl. v. 4.12.2014 – IX ZR 166/14, ZInsO 2014, 261.
[36] MüKoInsO/*Haarmeyer* § 22 Rn. 31.
[37] Begründung RegE zu § 22 (26), *Kübler/Prütting*, Das neue Insolvenzrecht, 2. Aufl., S. 182.
[38] *Spliedt* ZIP 2001, 1941 ff.
[39] *Uhlenbruck* NZI 2000, 289 ff.; *Marotzke*, Das Unternehmen in der Insolvenz, Rn. 46.
[40] BGH Beschl. v. 24.6.2003 – IX ZB 453/02, NJW 2004, 292; BGH Urt. v. 16.6.2016 – IX ZR 114/15, ZInsO 2016, 1421 ff.
[41] *Pape* ZInsO 2001, 830 f.; kritisch dazu *Marotzke*, Das Unternehmen in der Insolvenz, Rn. 9.

31 Zwischen der nur isolierten Bestellung eines vorläufigen Insolvenzverwalters und einer Anordnung nach § 22 Abs. 1 InsO besteht ein erhebliches Kompetenzgefälle. Die jeweilige Gestaltung ist abhängig von den praktischen Bedürfnissen und den unterschiedlichen Funktionen der Verwaltertypen.

Das Insolvenzgericht hat – je nach den Anforderungen und Bedürfnissen im Einzelfall – die Möglichkeit, den vorläufigen Insolvenzverwalter hinsichtlich seiner Aufgaben und Befugnisse in verschiedenen Varianten auszugestalten. Auf diesen Umstand hat ein Beteiligter (zB Gläubiger, etc), der in einem Verfahren erstmals mit einem vorläufigen Verwalter in Rechtsbeziehungen kommt, besonderes Augenmerk zu legen. Die Kompetenzen des Verwalters ergeben sich immer erst aus dem Beschluss über die Anordnung der vorläufigen Verwaltung, so dass dieser immer eingesehen werden sollte.

1. Der „starke" vorläufige Insolvenzverwalter

32 Soweit das Insolvenzgericht im Eröffnungsverfahren gemäß § 21 Abs. 2 S. 1 Nr. 1 InsO einen vorläufigen Insolvenzverwalter bestellt und dem Schuldner gleichzeitig nach Maßgabe des § 21 Abs. 2 S. 1 Nr. 2 Alt. 1 InsO ein allgemeines Verfügungsverbot auferlegt, ergeben sich die Aufgaben und Pflichten des „starken" vorläufigen Insolvenzverwalters[42] aus § 22 Abs. 1 InsO.[43] Der darin vorgesehene Katalog ist abschließend und kann selbst durch Anordnung des Insolvenzgerichts nicht mehr erweitert werden.[44]

33 a) **Übergang der Verwaltungs- und Verfügungsbefugnis.** Belegt das Insolvenzgericht den Schuldner mit einem allgemeinen Verfügungsverbot, so geht nach § 22 Abs. 1 InsO zwingend die Verwaltungs- und Verfügungsbefugnis über das der Zwangsvollstreckung unterworfene Vermögen des Schuldnerunternehmens automatisch auf den „starken" vorläufigen Insolvenzverwalter über. Folglich kann der vorläufige Verwalter nahezu alle Maßnahmen zur Erhaltung und Sicherung des Schuldnervermögens treffen. Damit hat der Gesetzgeber die Stellung des vorläufigen Verwalters nach § 22 Abs. 1 InsO derjenigen des endgültigen Insolvenzverwalters weitgehend angenähert.[45]

34 aa) **Umfang des zu verwaltenden Vermögens. (1) Keine Beschränkung.** Die Verwaltungs- und Verfügungsbefugnis geht in *vollem Umfange* auf den „starken" vorläufigen Insolvenzverwalter über. Nach der Begründung des Regierungsentwurfs darf der vorläufige Verwalter diese Befugnis jedoch nur insoweit ausüben, *„als es der Zweck der Vermögenssicherung bis zur Entscheidung über die Verfahrenseröffnung erfordert"*.[46] Damit schränkte der Gesetzgeber die Verfügungsbefugnis lediglich auf der Ebene des *„rechtlichen Dürfens"* und nicht

---

[42] Umfassend hierzu *Ampferl*, Der „starke" vorläufige Verwalter in der Unternehmensinsolvenz.
[43] Begründung RegE zu § 22 (26), *Kübler/Prütting*, Das neue Insolvenzrecht, 2. Aufl., S. 182; wohl aA *Uhlenbruck* NZI 2000, 289 (291); ebenso Nitsch/*Schröter*, HdB des Insolvenzrechts, 2011, S. 86 ff.
[44] Andernfalls hätte der Gesetzgeber in § 22 Abs. 1 S. 2 InsO – wie auch bei § 21 Abs. 2 InsO – die Formulierung *„insbesondere"* verwendet.
[45] BK-InsO/*Blersch* InsO § 22 Rn. 10; Graf-Schlicker/*Voß* InsO § 22 Rn. 1.
[46] Begründung RegE zu § 22 (26), *Kübler/Prütting*, Das neue Insolvenzrecht, 2. Aufl., S. 182.

bezüglich des „*rechtlichen Könnens*" ein.[47] Durch den vollständigen Übergang wird das Vertrauen des Rechtsverkehrs in die Wirksamkeit der Verwalterhandlungen im Außenverhältnis geschützt. Überschreitet der vorläufige Verwalter mit einer Handlung den Sicherungszweck, so bleibt die Verfügung wirksam, führt aber zu einer Schadensersatzhaftung des vorläufigen Insolvenzverwalters.

Der vollständige Übergang der Verwaltungs- und Verfügungsbefugnis ist insoweit sinnvoll, als damit sogar in Extremfällen – durch Ausschaltung der Einwirkungsmöglichkeiten des Schuldners und der Gläubiger – ein wirkungsvoller Schutz der künftigen Insolvenzmasse gewährleistet werden kann. Selbst für den Fall, dass der Schuldner bzw. dessen Organe nicht mehr anzutreffen sind, kann der „starke" vorläufige Verwalter auf Grund seiner Machtbefugnisse einen „lebenden" Betrieb zum Zwecke einer optimalen Haftungsrealisierung einstweilen fortführen. 35

(2) Ist-Masse. Die Verwaltungs- und Verfügungsbefugnis bezieht sich auf das **gesamte** beim Amtsantritt vorgefundene **Vermögen**, das der Zwangsvollstreckung unterliegt.[48] Zu dieser sogenannten Ist-Masse gehört das vollständige Anlage- und Umlaufvermögen, mithin also sämtliche Grundstücke, Maschinen, gewerbliche Schutzrechte, Vorräte, Fertigwaren, Außenstände und liquide Mittel. 36

Auch die mit Drittrechten belasteten Gegenstände unterfallen der Verwaltungs- und Verfügungsbefugnis des „starken" vorläufigen Insolvenzverwalters. Obwohl sich der Anspruch auf **Aussonderung** nach den Gesetzen, die außerhalb des Insolvenzverfahrens gelten, bestimmt und diese Gegenstände auch nicht zur Befriedigung der Insolvenzgläubiger herangezogen werden dürfen, werden sie dennoch von der Verwaltungsbefugnis des vorläufigen Verwalters erfasst.[49] Dies zeigt beispielsweise die Regelung in § 21 Abs. 2 S. 1 Nr. 5 InsO. 37

Dasselbe gilt für die künftig **abzusondernden Gegenstände**, die nur insoweit der gemeinschaftlichen Befriedigung der Insolvenzgläubiger dienen, als ihr Verwertungserlös die gesicherte Forderung übersteigt. Für ihre Einbeziehung spricht jedoch der Umstand, dass sie im Besitz des Schuldners stehen und ihnen somit ein Vermögenswert beizumessen ist. Damit werden sie vom Wortlaut des § 22 Abs. 1 InsO – „*Vermögen des Schuldners*" – und demzufolge von der Verwaltungs- und Verfügungsbefugnis des vorläufigen Verwalters erfasst.[50] Im Übrigen soll auch verhindert werden, dass durch eine vorzeitige Herauslösung der Gegenstände das Verwertungsrecht des Insolvenzverwalters nach den §§ 166 ff. InsO unterlaufen wird. Gerade masseärmere Verfahren können meist nur mit Hilfe der Verfahrenskostenbeiträge nach den §§ 170, 171 InsO eröffnet werden. Die Sicherung der entsprechenden Kostenbeiträge stellt letztendlich auch – wie von der Insolvenzordnung bezweckt[51] – eine Maßnahme zur Anreicherung der Insolvenzmasse dar. 38

---

[47] Vgl. auch *Pohlmann* Rn. 90 f.; *Ampferl* Rn. 206 ff.
[48] So auch Nerlich/Römermann/*Mönning* InsO § 22 Rn. 29; *Ampferl* Rn. 212 ff.
[49] Nerlich/Römermann/*Mönning* InsO § 22 Rn. 34.
[50] *Pohlmann* Rn. 114.
[51] *Uhlenbruck*, Kölner Schrift zur Insolvenzordnung, Kap. 6 Rn. 65.

39 Ebenso in das zu verwaltende Vermögen mit einzubeziehen ist das **ausländische Vermögen** des Schuldners.[52] Nach dem ausdrücklichen Willen des Gesetzgebers soll auch das nach Anordnung von Sicherungsmaßnahmen erworbene Vermögen erfasst werden. Diese Verfahrensweise rechtfertigt sich vor dem Hintergrund der Restschuldbefreiung, die dem Schuldner nach Verfahrensende erteilt werden kann. Vor einer Restschuldbefreiung soll der Neuerwerb (§ 35 Abs. 1 Alt. 2 InsO) im Gegenzug den Gläubigern noch eine bestimmte Zeit zur Verfügung stehen.

40 **bb) Begründung von Verbindlichkeiten. (1) Grundlegendes.** Der vorläufige Insolvenzverwalter hat zur Erfüllung der ihm entweder ausdrücklich übertragenen oder kraft Gesetzes (§ 21 Abs. 1 InsO) obliegenden Aufgaben, zB der Betriebsfortführung, Verbindlichkeiten einzugehen. Obwohl das Gesetz in § 22 Abs. 1 InsO nur vom Übergang der „*Verfügungsbefugnis*" spricht, geht auch das Recht zur Eingehung von Verpflichtungsverträgen über. Der starke vorläufige Verwalter ist daher auch berechtigt, zB Kauf-, Miet-, Pacht- und Darlehensverträge abzuschließen. Andernfalls könnte er die ihm in § 22 Abs. 1 S. 2 Nr. 1–3 InsO gestellten Aufgaben und Pflichten nicht erfüllen.[53] Speziell zur Fortführung des schuldnerischen Betriebes muss der vorläufige Verwalter berechtigt sein, Verträge zur Aufrechterhaltung der Produktion und des Absatzes abzuschließen.

41 Die vom starken vorläufigen Insolvenzverwalter während seiner Tätigkeit vertraglich sowie gesetzlich begründeten Verbindlichkeiten gelten gemäß § 55 Abs. 2 S. 1 InsO mit Verfahrenseröffnung als Masseverbindlichkeiten. Dies gilt nach § 55 Abs. 2 S. 2 InsO ebenfalls für Verbindlichkeiten aus einem Dauerschuldverhältnis, soweit der vorläufige Verwalter für das von ihm verwaltete Vermögen die Gegenleistung in Anspruch genommen hat. Nimmt er sie nicht in Anspruch, dann bleibt die Forderung nach Insolvenzeröffnung einfache Insolvenzforderung.

42 Mit der Begründung von Masseverbindlichkeiten wollte der Gesetzgeber dem vorläufigen Insolvenzverwalter die Möglichkeit der vorläufigen Unternehmensfortführung erleichtern. Nach der Gesetzesbegründung dient § 55 Abs. 2 InsO nämlich dem Schutz derjenigen Personen, die Geschäfte mit einem vorläufigen Insolvenzverwalter abschließen oder ihm gegenüber ein Dauerschuldverhältnis erfüllen, das sie mit dem Schuldner vereinbart haben.[54] Erlangt ein Vertragspartner die gesicherte Position eines Massegläubigers, wird er selbst noch in der Phase vor Verfahrenseröffnung zur Weiterbelieferung des schuldnerischen Betriebes bereit sein.

43 **(2) Arbeitnehmeransprüche.** Beschäftigt der vorläufige „starke" Insolvenzverwalter im Eröffnungsverfahren die Arbeitnehmer weiter, so gelten nach § 55 Abs. 2 InsO deren Entgeltansprüche als Masseverbindlichkeiten. Nach dem im Jahr 2001 eingefügten § 55 Abs. 3 InsO haben die infolge der Zahlung von Insolvenzgeld auf die Bundesanstalt für Arbeit übergegangenen (ursprünglichen)

---

[52] *Ampferl* Rn. 219 f.; FK-InsO/*Schmerbach* § 22 Rn. 21; BGH Beschl. v. 18.9.2003 – IX ZB 75/03, NZI 2004, 21; BGH Beschl. v. 25.2.2016 – IX ZB 74/15, ZInsO 2016, 698 f.
[53] Vgl. auch *Ampferl* Rn. 263 f.
[54] Begründung RegE zu § 55, *Kübler/Prütting*, Das neue Insolvenzrecht, 2. Aufl., S. 222.

Entgeltansprüche der Arbeitnehmer im eröffneten Verfahren nur noch den Rang von Insolvenzforderungen und können nicht mehr als Masseverbindlichkeiten geltend gemacht werden. Die nicht auf die Bundesanstalt für Arbeit übergehenden Entgeltansprüche behalten im eröffneten Verfahren ihre rechtliche Qualifizierung als Masseverbindlichkeit. Dies ist der Fall, wenn von den Arbeitnehmern – aus welchen Gründen auch immer – kein Insolvenzgeld beantragt wird oder der durch das Insolvenzgeld gesicherte Drei-Monats-Zeitraum überschritten ist.

(3) **Sonstige Verbindlichkeiten.** (a) **Lieferanten.** Alle im Rahmen der Geschäftsfortführung im Eröffnungsverfahren durch den vorläufigen Verwalter begründeten Verbindlichkeiten stellen bei Verfahrenseröffnung Masseverbindlichkeiten dar. Lieferanten werden damit eher dazu bereit sein, ohne entsprechende Sicherheiten zu liefern, da ihre während des Eröffnungsverfahrens begründeten Ansprüche in jedem Falle nach Eröffnung des Verfahrens vorweg befriedigt werden und nicht bloße Insolvenzforderungen sind, auf die lediglich eine bestimmte Quote ausgeschüttet wird. 44

(b) **Dauerschuldverhältnisse.** Bei Dauerschuldverhältnissen handelt es sich um vertragliche Beziehungen, bei denen – im Gegensatz zu auf einmalige Leistungen gerichteten Schuldverhältnissen – während der Laufzeit ständig neue Leistungs-, Neben- und Schutzpflichten entstehen. Begrifflich wird ein solches Rechtsverhältnis dadurch gekennzeichnet, dass ein dauerndes Verhalten oder wiederkehrende Leistungen geschuldet werden und der Gesamtumfang der Leistung von der Dauer der Rechtsbeziehung abhängt.[55] 45

Die in der Phase der vorläufigen Insolvenzverwaltung entstehenden Ansprüche aus Dauerschuldverhältnissen werden nach § 55 Abs. 2 S. 2 InsO nur in dem Umfang zu Masseverbindlichkeiten, in dem der starke vorläufige Insolvenzverwalter die Leistung der Vertragspartner für das Schuldnervermögen in Anspruch nimmt. Hierbei handelt es sich hauptsächlich um Energielieferungs-, Telekommunikations-, Miet- und Arbeitsverträge. 46

(c) **Gesetzliche Verbindlichkeiten.** Die Qualifizierung als Masseverbindlichkeiten nach § 55 Abs. 2 InsO betrifft auch die gesetzlichen Verbindlichkeiten. Darunter fällt insbesondere die auf einen Verwertungserlös entfallende Umsatzsteuer.[56] Grundlage hierfür ist ebenfalls § 55 Abs. 2 InsO und nicht § 55 Abs. 4 InsO.[57] 47

(d) **Massedarlehen.** Im Rahmen der Erstanalyse wird der vorläufige Insolvenzverwalter in aller Regel feststellen müssen, dass die Vorräte und Betriebsmittel des schuldnerischen Unternehmens nahezu aufgebraucht sind, für dringend notwendige Versicherungen Prämienrückstände bestehen sowie Leasinggebühren und Mietzinszahlungen nicht geleistet wurden. Um ein völliges Zusammenbrechen des Schuldnerbetriebes und eine damit einhergehende faktische Stilllegung zu verhindern, benötigt der vorläufige Insolvenzverwalter einen Zufluss von Sofortliquidität in meist erheblichem Umfang. 48

Da Guthaben in aller Regel nicht vorhanden sind und auf Grund von Kündigungen auch nicht auf bestehende offene Kreditlinien zurückgegriffen werden 49

---

[55] Palandt/*Grüneberg* BGB § 314 Rn. 2.
[56] *Uhlenbruck*, Kölner Schrift zur Insolvenzordnung, Kap. 6 Rn. 5.
[57] Uhlenbruck/*Sinz* InsO § 55 Rn. 108.

kann,[58] bleibt nur die Möglichkeit, über neue Kredite zu verhandeln. Mit der Insolvenzordnung – und speziell mit der Einführung des § 55 Abs. 2 InsO – wollte der Gesetzgeber die Bereitschaft der Kreditinstitute zur Darlehensgewährung im Interesse einer erleichterten Unternehmensfortführung steigern. Soweit der vorläufige Insolvenzverwalter nach § 22 Abs. 1 InsO ein Masse- oder Betriebsmitteldarlehen zur Aufrechterhaltung des Geschäftsbetriebes aufnimmt, genießt diese Schuld im Falle der Eröffnung des Verfahrens ebenfalls den Charakter einer Masseverbindlichkeit.

50 Nimmt ein endgültiger Insolvenzverwalter Massedarlehen auf, so handelt es sich gemäß § 160 Abs. 2 Nr. 2 InsO um zustimmungsbedürftige Rechtshandlungen. Vor diesem Hintergrund stellt sich die Frage, ob auch der „starke" vorläufige Insolvenzverwalter die Zustimmung eines vorläufigen Gläubigerausschusses oder des Insolvenzgerichts einholen muss. Für die Bejahung eines Zustimmungsvorbehalts spricht, dass einem vorläufigen Insolvenzverwalter grundsätzlich keine weitergehenden Rechte zustehen können als dem endgültigen Insolvenzverwalter. Zur Wahrung der Gläubigerautonomie ist daher analog § 160 Abs. 2 Nr. 2 InsO die Zustimmung eines vorläufigen Gläubigerausschusses einzuholen.[59] Nur soweit ein solcher noch nicht besteht, bedarf es zur Kontrolle und zur haftungsrechtlichen Absicherung des vorläufigen Insolvenzverwalters der Zustimmung des Insolvenzgerichts.[60]

51 Die Privilegierung als Masseverbindlichkeit wird Kreditinstitute nicht abhalten, daneben die Bestellung zusätzlicher Sicherheiten zu verlangen. Soweit freies Vermögen noch zur Verfügung steht, ist der starke vorläufige Insolvenzverwalter auf Grund des Übergangs der Verwaltungs- und Verfügungsbefugnis dazu berechtigt, Sicherheiten aus dem Vermögen des Schuldners zu bestellen. Diese Sicherheitenbestellung unterliegt nicht der Anfechtung durch den endgültigen Insolvenzverwalter. Bei einer für einen Neukredit bestellten Sicherheit handelt es sich grundsätzlich um ein Bargeschäft im Sinne des § 142 InsO, das einer Anfechtung – außer im Falle des § 133 InsO – nicht zugänglich ist. Voraussetzung ist selbstverständlich, dass dem zu verwaltenden Vermögen unmittelbar eine gleichwertige Gegenleistung zugeflossen ist.[61]

52 **b) Prozessrechtliche Stellung. aa) Allgemeines.** Schon seit 1892 vertritt die Rechtsprechung in Bezug auf die rechtsdogmatische Einordnung des Konkurs- bzw. Insolvenzverwalters die sog **Amtstheorie**.[62] Demnach ist auch der „starke" vorläufige Insolvenzverwalter auf Grund seiner mit dem endgültigen Verwalter vergleichbaren Rechtsstellung in einem Rechtsstreit *„Partei kraft Amtes"*. Insoweit führt er Prozesse in gesetzlicher Prozessstandschaft für den

---

[58] Weder ein Insolvenzantrag noch die Einsetzung eines „starken" vorläufigen Insolvenzverwalters führt zur Beendigung bestehender Kreditverträge; so schon *Wittig* DB 1999, 197 (198).
[59] AA *Ampferl* Rn. 428.
[60] Ein Zustimmungserfordernis des Insolvenzgerichts bejahend MüKoInsO/*Haarmeyer* § 22 Rn. 72; *Pohlmann* Rn. 352 ff.
[61] KPB/*Ehricke* InsO § 142 Rn. 2.
[62] Ständige Rechtsprechung seit RGZ 29, 29 (36); für die Rechtsprechung des BGH vgl. nur BGHZ 100, 346 (351).

Schuldner, da dieser mit Übergang der Verwaltungs- und Verfügungsbefugnis auch seine Prozessführungsbefugnis verliert.

bb) Unterbrechungswirkung nach § 240 S. 2 ZPO. Bei Einsetzung eines "starken" vorläufigen Insolvenzverwalters tritt gemäß § 240 S. 2 ZPO entsprechend die in Satz 1 angeordnete Wirkung ein. Danach werden im Falle der Anordnung einer vorläufigen Insolvenzverwaltung nach § 22 Abs. 1 InsO die das zu verwaltende Vermögen betreffenden anhängigen gerichtlichen Verfahren automatisch unterbrochen.[63] Die Unterbrechungswirkung setzt unmittelbar zum Zeitpunkt der Sicherungsanordnung ein.

Die Unterbrechungswirkung von Aktiv- und Passivprozessen hat für den vorläufigen Verwalter einen nicht unerheblichen praktischen Nutzen. Sehr oft ist nämlich in der Praxis zu beobachten, dass mit Insolvenznähe eine Häufung von Rechtsstreitigkeiten eintritt.[64] Durch die Rechtsfolge des § 240 ZPO wird der vorläufige Verwalter entlastet und kann sich zunächst den erforderlichen Maßnahmen zur Betriebsfortführung widmen, ohne dass Versäumnisurteile oder sonstige prozessuale Nachteile drohen.

cc) Aufnahme unterbrochener Rechtsstreite. Für die Aufnahme unterbrochener Rechtsstreite durch den "starken" vorläufigen Insolvenzverwalter gelten gemäß § 24 Abs. 2 InsO die Vorschriften aus § 85 Abs. 1 S. 1 und § 86 InsO entsprechend.

(1) Aktivprozesse. Der vorläufige Verwalter hat grundsätzlich die Alternative, bestimmte – nach § 240 ZPO unterbrochene – Aktivrechtsstreitigkeiten schon vor Eröffnung des Insolvenzverfahrens aufzunehmen. Für diese Möglichkeit wird er sich immer dann entscheiden, wenn das zu einer Mehrung der zukünftigen Masse führt und dem zu verwaltenden Unternehmen die für eine Betriebsfortführung dringend erforderlichen Vermögenswerte zuführt.[65] Hingegen hat der Prozessgegner keine Möglichkeit, den Rechtsstreit gegen den Willen des vorläufigen Insolvenzverwalters aufzunehmen, da § 85 Abs. 1 S. 2 InsO mangels einer entsprechenden Verweisung in § 24 Abs. 2 InsO nicht anwendbar ist.

(2) Passivprozesse. Lediglich in den in § 86 Abs. 1 InsO genannten Fällen können sowohl der vorläufige Insolvenzverwalter (für den Schuldner) als auch der Prozessgegner anhängige Passivprozesse aufnehmen. Praktisch relevant werden damit allein Prozesse um Aus- und Absonderungsrechte.[66] Seine Forderungen muss der Gläubiger im später eröffneten Verfahren anmelden (§§ 174 ff. InsO). Allerdings kann bereits der starke vorläufige Verwalter im Eröffnungsverfahren ein sofortiges Anerkenntnis im Sinne des § 86 Abs. 2 InsO abgeben. Dies bewirkt, dass der Gegner einen Anspruch auf Erstattung der Kosten des

---

[63] Vgl. BGH Versäumnisurteil v. 16.5.2013 – IX ZR 332/12, ZInsO 2013, 1516 f.; Verfahren der freiwilligen Gerichtsbarkeit werden nicht entsprechend § 240 ZPO unterbrochen, vgl. OLG Köln Beschl. v. 11.7.2001 – 2 Wx 13/01, NZI 2001, 470, LG Bonn Beschl. v. 8.2.2011 – 31 T 791/10, NZI 2011, 296 f. Gleiches gilt für Schiedsverfahren, so schon RG Urt. v. 7.11.1905 – VII 62/05, RGZ 62,24; OLG Dresden Beschl. v. 27.1.2005 – 11 SchH 02/04, SchiedsVZ 2005, 159, 160; zu anderen Verfahrensarten vgl. ausführlich Uhlenbruck/*Mock* InsO § 85 Rn. 49 ff.
[64] Ebenso KPB/*Pape* InsO § 24 Rn. 10.
[65] BK-InsO/*Blersch* InsO § 22 Rn. 7.
[66] Uhlenbruck/*Vallender* InsO § 24 Rn. 15.

Rechtsstreits im eröffneten Verfahren nur als Insolvenzforderung und nicht als Masseforderung nach § 55 Abs. 2 InsO geltend machen kann.[67]

58   c) **Arbeitgeberstellung.**[68] Mit dem Übergang der Verwaltungs- und Verfügungsbefugnis geht zwangsläufig auch die Arbeitgeberfunktion auf den vorläufigen Insolvenzverwalter über.[69] Er hat sämtliche in diesem Zusammenhang stehenden Rechte und Pflichten wahrzunehmen.

59   Der starke vorläufige Insolvenzverwalter ist zudem berechtigt, Kündigungen auszusprechen und nicht mehr benötigte Arbeitnehmer freizustellen. Nur durch die Freistellung kann er die Rechtsfolgen des § 55 Abs. 2 InsO und damit das Entstehen von Masseverbindlichkeiten vermeiden. Eine im Eröffnungsverfahren vom Schuldner ausgesprochene Kündigung wäre ohne Beteiligung des vorläufigen Insolvenzverwalters mangels Verwaltungs- und Verfügungsbefugnis absolut unwirksam.

60   Der starke vorläufige Insolvenzverwalter ist an die allgemeinen arbeitsrechtlichen Bestimmungen gebunden. Die Sondervorschriften der §§ 113, 120–128 InsO finden nach der herrschenden Auffassung in der Literatur und auch des Bundesarbeitsgerichts im Insolvenzeröffnungsverfahren noch keine Anwendung.[70] Die geltende Regelung zwingt daher den vorläufigen Verwalter bei einer Kündigung zur Einhaltung der ordentlichen Kündigungsfristen.[71] Der endgültige Insolvenzverwalter sollte daher bei langen gesetzlichen oder tariflichen Kündigungsfristen nach Verfahrenseröffnung erneut im Hinblick auf die kürzere insolvenzrechtliche Frist des § 113 Abs. S. 2 InsO „nachkündigen".[72] Durch die Kündigung vor Verfahrenseröffnung ist der Kündigungsgrund noch nicht verbraucht.[73]

61   Ein besonderes Problem besteht immer dann, wenn ein Arbeitnehmer noch vor Anordnung der vorläufigen Insolvenzverwaltung vom Schuldner gekündigt worden ist. Wird nun während des Laufes der Klagefrist ein starker vorläufiger Insolvenzverwalter eingesetzt, stellt sich die Frage, gegen wen der Arbeitnehmer seine Klage richten muss. Da die Rechtsstellung des vorläufigen Verwalters nach § 22 Abs. 1 InsO mit der des endgültigen Verwalters vergleichbar ist, kann

---

[67] HM, vgl. KPB/*Pape* InsO § 24 Rn. 10; Uhlenbruck/*Vallender* InsO § 24 Rn. 15.
[68] Vgl. auch → § 27 Rn. 12 ff.
[69] KPB/*Pape* InsO § 22 Rn. 65; *Berscheid* NZI 2000, 1 (2); *Berscheid* ZInsO 2001, 989; *Uhlenbruck*, Kölner Schrift zur Insolvenzordnung, Kap. 6 Rn. 56; Graf-Schlicker/*Voß* § 22 Rn. 10.
[70] BAG Urt. v. 20.1.2005 – 2 AZR 134/04, BAGE 113, 199; zu § 125 InsO vgl. BAG Urt. v. 28.6.2012 – 6 AZR 780/10, ZInsO 2012, 1793 ff.; Gottwald InsR-HdB/*Vuia*, Insolvenzrechts-Handbuch, § 14 Rn. 114; KPB/*Pape* InsO § 22 Rn. 66; für eine analoge Anwendung des § 113 InsO *Caspers*, Personalabbau und Betriebsänderung im Insolvenzverfahren, Rn. 520 ff.; KPB/*Moll* InsO § 113 Rn. 77 ff.
[71] *Berscheid* ZInsO 2001, 64 ff., plädiert daher bei seinen Vorschlägen zur Änderung arbeitsrechtlicher Vorschriften in der InsO, bereits dem vorläufigen Verwalter die Befugnis einzuräumen, unter Einhaltung der Höchstfrist des § 113 InsO zu kündigen. Damit könne nach Ansicht des Autors die Funktionsfähigkeit der Insolvenzordnung erhöht werden.
[72] KPB/*Pape* InsO § 22 Rn. 66; der Insolvenzverwalter muss dabei erneut den Betriebsrat nach § 102 BetrVG anhören.
[73] BAG Urt. v. 22.5.2003 – 2 AZR 255/02, BAGE 106, 183 ff.; BAG Urt. v. 26.7.2007 – 8 AZR 769/06 ZIP 2008, 428 ff.; *Berscheid* NZI 2000, 1 (6).

zur Lösung auf die Rechtsprechung zur Parallelproblematik bei Kündigung durch den Schuldner und anschließender Klageerhebung nach Verfahrenseröffnung zurückgegriffen werden. Nach der vom BAG[74] vertretenen Amtstheorie wird der Verwalter in einem Kündigungsprozess als Partei kraft Amtes angesehen. Gegen eine vom Schuldner vor Anordnung der starken vorläufigen Insolvenzverwaltung erklärten Kündigung ist demnach eine Kündigungsschutzklage von vornherein gegen den starken vorläufigen Insolvenzverwalter als Partei zu erheben.[75] War die Klage schon gegen den Schuldner erhoben, so ist das Rubrum auf den vorläufigen Insolvenzverwalter umzustellen.[76]

d) Öffentlich-rechtliche Verantwortung.[77] **aa) Adressat von Bescheiden.** 62
Wenn der Schuldner nach § 22 Abs. 1 InsO die Verwaltungs- und Verfügungsbefugnis über sein Vermögen verliert, hat er weder tatsächlich noch rechtlich die Möglichkeit, öffentlich-rechtlichen Anordnungen nachzukommen. Deshalb ist der starke vorläufige Insolvenzverwalter Normadressat und Adressat einer darauf beruhenden Verfügung. Insoweit trifft die Haftung den Verwalter jedoch nicht persönlich, sondern sie bezieht sich nur auf das seiner Verwaltung unterworfene Vermögen.

bb) Insolvenzrechtliche Qualifizierung ordnungsrechtlicher Pflichten. 63
(1) Vorbemerkung. In zahlreichen Fällen wird ein vorläufiger Verwalter feststellen müssen, dass die seiner Verwaltung unterliegenden Vermögensgegenstände, in erster Linie Grundstücke, mit Altlasten und umweltgefährdenden Stoffen belastet sind. In diesem Zusammenhang stellt sich bei Unternehmen die Frage, wie die sich zB aus dem WHG, BImSchG oder BBodSchG ergebenden Verantwortlichkeiten insolvenzrechtlich einzuordnen sind und welche Verpflichtungen sich daraus für den vorläufigen Verwalter ergeben können. Diese öffentlich-rechtlichen Bestimmungen sind selbstverständlich auch unter den Bedingungen des Insolvenzeröffnungsverfahrens einzuhalten.

Als Betreiber[78] einer Anlage im Rahmen der Fortführungspflicht des § 22 64
Abs. 1 S. 2 Nr. 2 InsO treffen den starken vorläufigen Insolvenzverwalter auch umweltschutzrechtliche Pflichten. Führt er eine Anlage weiter und verursacht damit schädliche Bodeneinwirkungen oder gefährliche Chemikalien, entsteht folglich eine Verhaltens- und Zustandsstörerverantwortlichkeit. Insoweit besteht bereits für den starken vorläufigen Verwalter die Verpflichtung zur sachgerechten Beseitigung der Störung. Er ist daher auch richtiger Adressat einer Beseitigungsverfügung.

(2) Insolvenzforderungen oder Masseansprüche? Meist wird der vorläufige 65
Verwalter mit Verwaltungs- und Verfügungsbefugnis mit einer bereits bestehenden vorinsolvenzlichen Gefahrenlage konfrontiert werden. Erlässt darauf-

---

[74] So bereits BAG Urt. v. 21.9.2006 – 2 AZR 573/05, NJW 2007, 458; BAG Urt. v. 20.11.1997 – 2 AZR 52/97, ZIP 1998, 437 (438).
[75] Vgl. Uhlenbruck/*Ries*/*Zobel* InsO § 22 Rn. 63.
[76] Uhlenbruck/*Ries*/*Zobel* InsO § 22 Rn. 63; *Berscheid*, Kölner Schrift zur Insolvenzordnung, Kap. 34 Rn. 21.
[77] Vgl. ausführlich → § 36 Rn. 10 ff.
[78] Zur Betreibereigenschaft des endgültigen Verwalters, BVerwG Urt. v. 22.10.1998 – 7 C 38/97, WM 1999, 339; VGH Baden-Württemberg Beschl. v. 17.4.2012 – 10 S 3127/11, NZI 2012, 722 ff.

hin eine Behörde in der Phase der vorläufigen Insolvenzverwaltung nach § 22 Abs. 1 InsO einen Bescheid, stellt sich die Frage nach der rechtlichen Einordnung[79] (vgl. Abschnitt → § 36 Rn. 72 ff.).

66 Für die Qualifizierung des Anspruchs stellt das BVerwG[80] grundsätzlich auf den **Erlass der Grundverfügung** ab. Ist bereits gegen den Schuldner eine Verfügung erlassen worden, könne diese aufgehoben und erneut erlassen werden. Im eröffneten Verfahren ist deshalb die Pflicht zur Gefahrenbeseitigung wie eine Masseverbindlichkeit zu behandeln und zu erfüllen. Auf Grund der Vergleichbarkeit der Ausgangssituationen ist anzunehmen, dass das BVerwG im Falle eines starken vorläufigen Insolvenzverwalters gleichlautend entscheiden wird. Demnach würde es sich bei der ordnungsrechtlichen Beseitigungsverfügung um Masseansprüche handeln, wenn die Behörde während der vorläufigen Insolvenzverwaltung einen Bescheid erlässt. In der gleichen Weise will das BVerwG die Ersatzvornahmekosten einordnen. Wird die Ersatzvornahme im Eröffnungsverfahren vollzogen, würden damit Masseverbindlichkeiten begründet. Wurde demgegenüber die Ersatzvornahme bereits vor der Bestellung eines starken vorläufigen Insolvenzverwalters durchgeführt, können die dadurch entstandenen Kosten im eröffneten Verfahren nur als einfache Insolvenzforderungen geltend gemacht werden.

67 Der *BGH* ging jedoch bereits mit seinen Urteilen vom 5.7.2001[81] und 18.4.2002[82] deutlich auf Distanz zur „masseschädlichen" Position des *BVerwG*. Obwohl sich die Entscheidungen mit zivilrechtlichen Beseitigungsansprüchen beschäftigten, lässt der *BGH* dennoch keine Zweifel, dass diese Rechtsprechung auf öffentlich-rechtliche Ansprüche übertragbar ist. Liegt danach bereits bei Verfahrenseröffnung ein ordnungswidriger Zustand der Insolvenzmasse vor, so können dadurch keine den Verwalter treffenden Pflichten begründet werden. Der *BGH* lehnt das zentrale Argument der verwaltungsgerichtlichen Rechtsprechung ab, wonach mit der Inbesitznahme der Masse eine „originäre" Pflicht des Verwalters begründet werde. Insoweit können daraus auch keine Masseverbindlichkeiten resultieren. Auch die Literatur bekräftigt zum Teil vehement, dass ein **bei Verfahrenseröffnung** bereits bestehender störender Zustand keine Haftung der Masse für Beseitigungskosten auslösen kann.[83] Bei der Altlastenbeseitigung komme es – zur Einstufung als Insolvenzforderung oder Masseverder-

---

[79] Nach Ansicht von *Karsten Schmidt* unterliege die öffentlich-rechtliche Pflicht keiner insolvenzrechtlichen Einordnung, ZIP 2000, 1913; eine ausführliche Darstellung mit einem eigenen Ansatz K. *Schmidt,* Keine Ordnungspflicht des Insolvenzverwalters – Die Verwaltungsrechtsprechung als staatliche Insolvenzbeihilfe für Umweltkosten, NJW 2010, 1489 ff.; hierzu auch *Fölsing,* Wer haftet für Altlasten: Insolvenzverwalter oder Fiskus?, ZInsO 2010, 2224 ff.; siehe auch *Tetzlaff,* Altlasten in der Insolvenz, ZIP 2001, 10 ff.

[80] Vgl. BVerwG Urt. v. 22.10.1998 – 7 C 38/97, ZIP 1998, 2167 ff.; daran festhaltend BVerwG Urt. v. 23.9.2004 – 7 C 22/03; ZIP 2004, 2145 ff., soweit sich die Ordnungspflicht aus der Verantwortlichkeit für den aktuellen Zustand von Massegegenständen ergibt und nicht an ein vor Insolvenzeröffnung liegendes Verhalten (zB schädliche Bodenveränderung) anknüpft.

[81] BGH Beschl. v. 5.7.2001 – IX ZR 327/99, ZInsO 2001, 751 ff.; daran festhaltend BGH Beschl. v. 17.4.2008 – IX ZR 144/07, Grundeigentum 2008, 865.

[82] BGH Urt. v. 18.4.2002 – IX ZR 161/01, ZInsO 2002, 524 ff.

[83] *Pape* ZInsO 2002, 453 ff.; FK-InsO/*Bornemann* § 55 Rn. 27 mwN.

bindlichkeit – maßgeblich auf den Entstehungszeitpunkt der Beseitigungspflicht an und nicht auf den Zeitpunkt des Erlasses der behördlichen Grundverfügung.[84] Eine in der Phase der **vorläufigen Insolvenzverwaltung** (nach § 22 Abs. 1 InsO) bereits bestehende abstrakte Ordnungspflicht kann somit – unter Zugrundelegung der *BGH*-Rechtsprechung – immer nur eine einfache Insolvenzforderung begründen.

Abschließend ist klarstellend darauf hinzuweisen, dass jedenfalls die während der vorläufigen Insolvenzverwaltung nach § 22 Abs. 1 InsO **entstehenden** Gefahrentatbestände insolvenzrechtlich als Masseverbindlichkeiten nach § 55 Abs. 2 InsO zu qualifizieren sind. Auch ein Anspruch der öffentlichen Hand aus einer durchgeführten Ersatzvornahme stellt im eröffneten Verfahren eine Masseverbindlichkeit dar. **68**

Eine Belastung der Masse mit den Kosten der Beseitigung von Altlasten ist gerade vor dem Hintergrund der gemeinschaftlichen Befriedigung der Gläubiger des Schuldners als unbefriedigend zu bewerten. Letztendlich werden dadurch nur einzelne Gläubiger bevorzugt. So müsste zum Beispiel ein kontaminiertes Grundstück auf Kosten der Masse und daher zu Lasten der Quote saniert und somit werthaltig gemacht werden; der wirtschaftliche Vorteil würde dagegen allein den Grundpfandgläubigern zufließen. **69**

Als Strategie zur Umgehung der Massehaftung für Altlasten – zumindest im Eröffnungsverfahren – bietet sich eine Reduzierung des Sicherungsumfanges an. Insoweit müsste das Insolvenzgericht, auf Anregung des vorläufigen Insolvenzverwalters, das belastete Objekt noch vor einer entsprechenden behördlichen Verfügung vom Umfang des zu verwaltenden Vermögens „ausklammern". Damit lebt die Verwaltungs- und Verfügungsbefugnis über das „ausgeklammerte" Objekt wieder beim Schuldner auf. Der Schuldner wird damit wieder Zustandsstörer, womit keine Masseverbindlichkeiten nach § 55 Abs. 2 InsO begründet werden können. Um auch im eröffneten Verfahren einer masseschmälernden Inanspruchnahme ggf. zu entgehen, kann der Insolvenzverwalter das belastete Objekt unmittelbar nach Verfahrenseröffnung aus der Masse freigeben.[85] **70**

e) Sicherung und Erhaltung des schuldnerischen Vermögens. Die Vorschrift des § 22 Abs. 1 S. 2 Nr. 1 InsO normiert für den vorläufigen Verwalter die allgemeine Pflicht, das Vermögen des Schuldners zu sichern und zu erhalten. Durch diesen „gesetzlichen Auftrag" soll in erster Linie der Gefahr nachteiliger Veränderungen in der Vermögenslage des Schuldners vorgebeugt werden. **71**

aa) Umfang der Sicherungspflicht. Die Sicherungspflicht erstreckt sich grundsätzlich auf das gesamte der Vollstreckung unterworfene Vermögen des Schuldners.[86] Das Besitzrecht erfasst auf Grund der Verwendung des weiten **72**

---

[84] *Pape* ZInsO 2002, 453 (457); FK-InsO/*Bornemann* § 55 Rn. 27; Mohrbutter/Ringstmeier/*Voigt-Salus*, Handbuch Insolvenzverwaltung, 9. Aufl. 2015, Kap. 32 Rn. 90 f.
[85] BVerwG Beschl. v. 5.10.2005 – 7 B 65/05, ZInsO 2006, 495 f.; VGH Kassel Beschl. v. 11.9.2009 – 8 B 1712/09, ZInsO 2010, 296 f.; OVG Lüneburg Beschl. v. 3.12.2009 – 7 ME 55/09, NZI 2010, 235 f.; HambK-InsO/*Lüdtke* § 35 Rn. 65; zu den Auswirkungen einer Freigabe: *Dahl* NJW-Spezial 2010, 341 f.; *Lwowski/Tetzlaff* NZI 2004, 225 ff.; vgl. ausführlich § 36 Rn. 89 ff.
[86] *Vallender* DZWIR 1999, 265 (269); KG Urt. v. 23.11.2004 – 7 U 73/04, ZInsO 2004, 1361 f.

Begriffs „*Vermögen*" in § 22 Abs. 1 InsO dabei auch die mit künftigen **Absonderungsrechten** belasteten Mobiliarsicherheiten.[87] Die Sicherungsfunktion des vorläufigen Insolvenzverwalters soll den ungehinderten Zugriff der Gläubiger und nicht zuletzt auch des Schuldners verhindern. Die in § 22 Abs. 1 S. 2 Nr. 2 InsO vorgesehene Fortführung des schuldnerischen Unternehmens kann nur erreicht werden, wenn es im Eröffnungsverfahren gelingt, den Betrieb in seiner Gesamtheit zu bewahren. Im Übrigen hat der Gesetzgeber in § 166 Abs. 1 InsO angeordnet, dass die Verwertung der im Besitz des Insolvenzverwalters befindlichen, beweglichen Gegenstände, an denen Absonderungsrechte bestehen, nur durch diesen erfolgen darf. Hätten die absonderungsberechtigten Gläubiger im Eröffnungsverfahren ungehinderten Zugriff, so würde damit das Verwertungsrecht des Insolvenzverwalters unterlaufen werden.

73   Auch Gegenstände, an denen im eröffneten Verfahren **Aussonderungsrechte** bestehen, hat der vorläufige Insolvenzverwalter in Besitz zu nehmen. Hiervon betroffen sind in der Praxis in erster Linie Gläubiger, die vor Insolvenzantragstellung Sachen unter einfachem Eigentumsvorbehalt an den Schuldner geliefert haben. Hier besteht die Möglichkeit, dass das Gericht auf Anraten des vorläufigen Verwalters einen Beschluss nach § 21 Abs. 2 S. 1 Nr. 5 InsO erlässt. Der Insolvenzverwalter hat dann nach § 107 Abs. 2 S. 1 InsO bis zum Berichtstermin für die Entscheidung Zeit, ob er einen Kaufvertrag erfüllen will, bei dem der Verkäufer unter Eigentumsvorbehalt an den Schuldner geleistet hat. Mit diesem Schutz wird im Eröffnungsverfahren die faktische Stilllegung des schuldnerischen Unternehmens in geeigneten Fällen verhindert und die der Gläubigerversammlung zustehende Entscheidungsmöglichkeit gemäß § 157 InsO über den Fortgang des Verfahrens offen gehalten.

74   Dem vorläufigen Insolvenzverwalter bleibt es selbstverständlich unbenommen, Aus- und Absonderungsgegenstände an die Gläubiger herauszugeben. Dies wird immer dann der Fall sein, wenn die Sachen für die Betriebsfortführung nicht erforderlich sind, sie aus rechtlichen und tatsächlichen Gründen für die Masse keinen Wert haben oder ihre Verwaltung mit unverhältnismäßigen Kosten verbunden ist.

75   **bb) Inbesitznahme des Vermögens.** Der starke vorläufige Verwalter hat grundsätzlich im Rahmen der Sicherungs- und Erhaltungspflicht zunächst das Vermögen des Insolvenzschuldners in **unmittelbaren Besitz** (§ 854 Abs. 1 BGB) zu nehmen und zu verwalten.[88] Der Schuldner bleibt Eigenbesitzer und wird mittelbarer Besitzer.[89] Hierbei ist besonders wichtig, dass der vorläufige Verwalter unverzüglich, möglichst noch am Tag seiner Einsetzung, Besitz begründet, um die Sicherungsmaßnahme umzusetzen und den Sicherungszweck der vorläufigen Maßnahme nicht zu gefährden.[90] Dem vorläufigen Verwalter stehen insoweit auch die Besitzschutzrechte aus den §§ 859, 861 f., 1007 BGB zu.

Zur Sicherung von **Immobilien** ist es nicht zwingend erforderlich, dass sich der vorläufige Verwalter durch Einräumung der Schlüsselgewalt den unmittelbaren Besitz einräumen lässt. Dennoch kann sich der starke vorläufige Insol-

---

[87] HK-InsO/*Rüntz* § 21 Rn. 4u § 22 Rn. 8.
[88] *Ampferl* Rn. 300 ff.
[89] MüKoInsO/*Haarmeyer* § 22 Rn. 39.
[90] Dahingehend auch Nerlich/Römermann/*Mönning* InsO § 22 Rn. 32.

venzverwalter in praxi – sofern er dies im Einzelfall für erforderlich hält – bereits am ersten Tage die Schlüssel zum Betriebsgelände sowie zu den Gebäuden aushändigen lassen. Ist dies aus rein tatsächlichen Gründen nicht durchführbar, sind im Bedarfsfall alle betreffenden Schlösser auszuwechseln. Zur Aufrechterhaltung des Geschäftsbetriebes sind sodann an vertrauenswürdige Mitarbeiter Schlüssel gegen Quittungen auszugeben. Daneben kann der vorläufige Verwalter zur Sicherung von Gebäuden auch Zutrittsverbote aussprechen oder einen Sicherheitsdienst mit der Überwachung beauftragen.

Sofern sich der **Schuldner** bzw. sein organschaftlicher Vertreter der Inbesitznahme des Vermögens widersetzt, verbleibt dem vorläufigen Insolvenzverwalter lediglich die Möglichkeit, mit Hilfe eines Gerichtsvollziehers die Herausgabevollstreckung nach §§ 883 ff. ZPO zu betreiben. Unzulässig wäre eine gewaltsame Besitzergreifung durch den vorläufigen Verwalter selbst.[91] Den für die Herausgabevollstreckung erforderlichen Titel bildet der Anordnungsbeschluss des Insolvenzgerichts – versehen mit einer Vollstreckungsklausel, § 794 Abs. 1 Nr. 3 ZPO.[92] Eine zusätzliche richterliche Durchsuchungsanordnung neben § 22 Abs. 3 S. 1 InsO für die Privatwohnung des Schuldners ist jedenfalls dann nicht erforderlich, wenn ein Teil der Geschäftstätigkeit darin ausgeübt wird bzw. dort Geschäftsunterlagen versteckt werden.[93] Zur Sicherung und Durchsetzung der Rechte der Masse hat der vorläufige Verwalter gegen entsprechende Maßnahmen von Gläubigern auch Vollstreckungsschutzanträge zu stellen. 76

Als weitere Sicherungsmaßnahme empfiehlt sich im Einzelfall die **Siegelung nach § 150 InsO**.[94] Insoweit wird auch ein strafrechtlicher Schutz durch § 136 Abs. 2 StGB begründet. Diese Maßnahme empfiehlt sich besonders bei der Sicherstellung von Geschäftspapieren oder des Rechnungswesens, wenn Manipulationen befürchtet werden.[95] 77

cc) Inventarisierung und Bewertung. Als Maßnahme der Vermögenssicherung hat der vorläufige Verwalter das gesamte zu verwaltende Vermögen zu **erfassen** und zu **inventarisieren**.[96] Dem hat zwangsläufig im Rahmen der Inventur – soweit dies nicht aus tatsächlichen Gründen unmöglich bzw. mit unverhältnismäßigem Aufwand verbunden ist – eine körperliche Bestandsaufnahme vorauszugehen. Nur so kann der vorläufige Insolvenzverwalter einen Überblick bezüglich des Umfangs der Verwaltungs- und Verfügungsbefugnis erlangen und feststellen, welche konkret erforderlichen Sicherungsmaßnahmen noch zusätzlich einzuleiten sind. Befinden sich **Gegenstände bei Dritten**, reicht es zur Sicherung des schuldnerischen Vermögens bereits aus, wenn sie der vorläufige Verwalter über seine Funktion informiert und auf die Wahrung der Rechte der Masse hinwirkt.[97] 78

---

[91] *Uhlenbruck*, Kölner Schrift zur Insolvenzordnung, Kap. 6 Rn. 24.
[92] KPB/*Pape* InsO § 22 Rn. 86.
[93] Vgl. BGH Beschl. v. 4.3.2004 – IX ZB 133/03, BGHZ 158, 212 ff.; BK-InsO/Blersch InsO § 22 Rn. 29 f.; Gottwald InsR-HdB/*Vuia*, Insolvenzrechts-Handbuch, § 14 Rn. 91; MüKoInsO/*Haarmeyer* § 22 Rn. 179; Uhlenbruck/*Vallender* InsO § 22 Rn. 285; aA KPB/*Pape* InsO § 22 Rn. 106; Nerlich/Römermann/*Mönning* InsO § 22 Rn. 53.
[94] HambK-InsO/*Jarchow* § 150 Rn. 3; Nerlich/Römermann/*Mönning* InsO § 22 Rn. 35.
[95] Uhlenbruck/*Sinz* InsO § 150 Rn. 1.
[96] Nerlich/Römermann/*Mönning* InsO § 22 Rn. 35.
[97] Vgl. *Haarmeyer/Förster* ZInsO 2001, 215 (217).

79 **Forderungen** werden zunächst ebenfalls durch ihre Erfassung gesichert. Daneben hat der vorläufige Verwalter die Drittschuldner über die bestehende Situation zu informieren sowie sie darauf hinzuweisen, dass Ansprüche der künftigen Masse zustehen und Zahlungen nur noch auf das idR eingerichtete Insolvenzverwaltertreuhandkonto zu leisten sind. Auch Bankguthaben auf debitorischen Konten sowie gepfändete bzw. verpfändete Guthaben werden durch Bekanntgabe der durch das Insolvenzgericht angeordneten vorläufigen Insolvenzverwaltung gesichert.

80 **Grundstücke** und **grundstücksgleiche Rechte** sichert der vorläufige Verwalter durch Einholung der Grundbuchauszüge und Mitteilung der Grundbuchdaten an das Insolvenzgericht. Damit wird das Insolvenzgericht mit den nötigen Informationen „versorgt", um das Verfügungsverbot zur Eintragung zu bringen.[98] In dringenden Fällen ist es jedoch schon wegen der sonst drohenden Haftung für den vorläufigen Verwalter ratsam, dass er selbst den Eintragungsantrag beim Grundbuchamt stellt, wozu er nach § 23 Abs. 3 iVm § 32 Abs. 2 S. 2 InsO berechtigt ist. Soweit die Grundstücke und grundstücksgleichen Rechte sich bereits in Zwangsverwaltung befinden oder ein Zwangsversteigerungsverfahren eingeleitet ist, entbindet das den vorläufigen Verwalter nicht von seiner Erfassungs- und Sicherungspflicht.

81 Durch eine Aufzeichnung sämtlicher Vermögensgegenstände können bereits erfolgte Vermögensmanipulationen leichter festgestellt werden. Gerade in Produktionsbetrieben dient die Feststellung der **Lagerbestände** auch zur Bestimmung bzw. Abgrenzung der unter einfachem Eigentumsvorbehalt gelieferten Gegenstände. Nur die im Rahmen der vorläufigen Insolvenzverwaltung verarbeiteten Waren sind – idR unter Abzug eines frei verhandelbaren Verfahrenskostenbeitrages – abzulösen. Hinsichtlich der bereits vorher verarbeiteten Gegenstände ist das Sicherungsrecht entfallen. Eine Inventarisierung dient daher auch als Nachweis zur Abgeltung der Lieferantenrechte.

82 Das festgestellte Vermögen ist darüber hinaus auch zu **bewerten.** Zwar besteht insoweit keine gesetzlich normierte Bewertungspflicht des vorläufigen Verwalters. Sie bietet sich jedoch an, da sie ohnehin zur Beurteilung der Fortführungsaussichten sowie zur Feststellung des Insolvenzgrundes erforderlich ist. Darüber hinaus ist es in Vorgriff auf das eröffnete Insolvenzverfahren empfehlenswert, wenn die Inventarisierung und Bewertung bereits den Anforderungen an die Erstellung des Masseverzeichnisses nach § 151 Abs. 2 InsO genügt. Sie muss damit nach Insolvenzeröffnung lediglich auf den Insolvenzeröffnungsstichtag fortgeschrieben und aktualisiert werden. Zur Wertermittlung des Anlage- und Umlaufvermögens unter Zerschlagungs- und Fortführungsprämissen werden in der Praxis öffentlich bestellte und vereidigte **Wertgutachter** herangezogen, wie es auch § 151 Abs. 2 S. 2 InsO für den endgültigen Verwalter vorsieht.

83 **dd) Versicherung.** Zur Erhaltungs- und Sicherungspflicht zählt auch die Gewährleistung ausreichenden Versicherungsschutzes. Der starke vorläufige Insolvenzverwalter hat unmittelbar nach seiner Bestellung zu überprüfen, ob für sämtliche Vermögensgegenstände – selbst wenn diese mit Drittrechten be-

---

[98] *Haarmeyer/Förster* ZInsO 2001, 215 (216).

lastet sind – ausreichender Versicherungsschutz besteht. Sind Deckungslücken festzustellen und stehen dem vorläufigen Verwalter keine Mittel zur Begleichung der Versicherungsprämien zur Verfügung, kann zB bei Immobilien auch der Absonderungsgläubiger entsprechend informiert werden, damit dieser notfalls selbst den Versicherungsschutz herstellt.[99]

In der Praxis ist festzustellen, dass mangels Liquidität oft erhebliche Beitragsrückstände bestehen. Damit besteht die Gefahr, dass gemäß § 39 VVG bei einem Versicherungsfall der Versicherer von der Verpflichtung zur Leistung bereits frei ist. Daher sorgt der vorläufige Insolvenzverwalter unmittelbar nach seiner Bestellung für ausreichenden Versicherungsschutz. Besonders wichtig sind neben der Haftpflichtversicherung Versicherungen gegen Diebstahl-, Feuer-, Wasser- und evtl. Sturmschäden. 84

Die ab Anordnung der vorläufigen Insolvenzverwaltung entstehenden **Versicherungsprämien** stellen nach Maßgabe des § 55 Abs. 2 InsO **Masseverbindlichkeiten** dar, da sie zur ordnungsgemäßen Verwaltung des Vermögens erforderlich sind. Zur Begleichung rückständiger Prämien ist der vorläufige Verwalter hingegen grundsätzlich nicht berechtigt, außer dies dient der Aufrechterhaltung des Versicherungsschutzes.[100] 85

f) Der Geschäftsbetrieb im Eröffnungsverfahren. aa) Pflicht zur Unternehmensfortführung.[101] Als besondere Aufgabe obliegt dem vorläufigen Insolvenzverwalter mit Verwaltungs- und Verfügungsbefugnis nach § 22 Abs. 1 S. 2 Nr. 2 InsO die Verpflichtung zur einstweiligen Fortführung des schuldnerischen Unternehmens, soweit nicht das Insolvenzgericht einer Stilllegung zustimmt. Damit statuiert der Gesetzgeber ein Regel-Ausnahme-Verhältnis mit der **Geschäftsfortführung als Regelfall.** 86

Bei einem bereits eingestellten Geschäftsbetrieb ist der vorläufige Insolvenzverwalter im Regelfall dagegen nicht verpflichtet, diesen im Eröffnungsverfahren wieder aufzunehmen.[102] In dieser Situation sind die Lieferanten- und Kundenbeziehungen bereits weitgehend aufgelöst, die Mitarbeiter freigestellt oder sogar entlassen, so dass zur Wiederaufnahme der Betriebstätigkeit erhebliche finanzielle Mittel eingesetzt werden müssten. Daneben würden für den vorläufigen Insolvenzverwalter unkalkulierbare und daher unzumutbare Haftungsrisiken begründet werden. 87

(1) Sinn und Zweck der Unternehmensfortführung. Der Hauptzweck eines Insolvenzverfahrens ist die gemeinschaftliche Verwirklichung der Vermögenshaftung.[103] Die Befriedigung der Gläubiger erfolgt durch Verwertung des Schuldnervermögens, der sogenannten **Insolvenzmasse.** Dabei sollen nach dem ausdrücklichen Willen des Gesetzgebers die im insolventen Unternehmen gebundenen Ressourcen der wirtschaftlich produktivsten Verwendung zugeführt werden. Hinsichtlich der Verwertungsart geht die Insolvenzordnung von einem

---

[99] *Haarmeyer/Förster* ZInsO 2001, 215 (216).
[100] MüKoInsO/*Haarmeyer* § 22 Rn. 47.
[101] Hinsichtlich betriebswirtschaftlicher Maßnahmen im Rahmen der Betriebsfortführung vgl. → § 19 Rn. 3 ff.
[102] Graf-Schlicker/*Voß* InsO § 22 Rn. 4.
[103] Allgemeine Begründung des RegE, Ziffer 4. a) cc), *Kübler/Prütting*, Das neue Insolvenzrecht, 2. Aufl., S. 101.

Gleichrang zwischen Liquidation, übertragender Sanierung und Sanierung des Schuldners aus.[104]

88 Wird ein Betrieb im Eröffnungsverfahren nicht fortgeführt, so würde damit automatisch ein rapider Werteverfall einsetzen. Halbfertige Produkte könnten nicht mehr verkaufsreif gemacht werden, die Gebäude würden mangels Beheizung und Belüftung verfallen, Kunden- und Lieferantenverbindungen würden zwangsläufig abreißen und vor allem die qualifizierten Mitarbeiter würden das Unternehmen verlassen. Als Verwertungsart bliebe zwangsläufig nur noch die Liquidation. In der Regel kann jedoch durch eine übertragende Sanierung eines laufenden Unternehmens oder auch im Rahmen eines Insolvenzplans ein weit höherer Verwertungserlös erzielt werden, als durch die Zerschlagung eines stillgelegten Betriebes. Die Fortführungspflicht des vorläufigen Insolvenzverwalters soll daher eine vorzeitige Zerschlagung des schuldnerischen Unternehmens vermeiden. Sie dient der Werterhaltung des schuldnerischen Vermögens und ist somit eine aktive Absicherungsmaßnahme zur effektiven Verwirklichung der Vermögenshaftung.

89 **(2) Vertragsverhältnisse.** Die Anordnung der vorläufigen Insolvenzverwaltung lässt die bestehenden Verträge grundsätzlich unberührt. So bleiben **Miet- und Pachtverhältnisse** mit Wirkung für das schuldnerische Unternehmen grundsätzlich bestehen. Will der vorläufige Insolvenzverwalter diese Verträge beenden, hat er die allgemeinen vertraglichen und gesetzlichen Bestimmungen einzuhalten. Die Erleichterungen der §§ 109, 111, 113, 120 ff. InsO gelten noch nicht.[105]

90 Da im Eröffnungsverfahren auch die Vorschriften der §§ 115–117 InsO unanwendbar sind, bleiben die bereits vor Antragstellung vom Schuldner erteilten **Aufträge, Geschäftsbesorgungsverträge** und **Vollmachten** bestehen. Der vorläufige Insolvenzverwalter kann diese lediglich unter Beachtung der vertraglichen und gesetzlichen Voraussetzungen kündigen oder widerrufen. Daneben kann er natürlich auch von seinem vertraglichen Weisungsrecht Gebrauch machen.[106]

91 Die Norm des § 103 InsO ist im Eröffnungsverfahren weder direkt noch analog anwendbar, da die Ausübung des Wahlrechts ausschließlich dem Insolvenzverwalter zusteht.[107] Insoweit kann der vorläufige Insolvenzverwalter auch nicht von einem Vertragspartner zu einer Entscheidung nach § 103 Abs. 2 S. 2 InsO gezwungen werden. Findet der vorläufige Insolvenzverwalter vom Schuldner abgeschlossene Verträge vor, die noch nicht vollständig erfüllt sind, wird er sie, sofern sie für die Masse günstig bzw. für die Fortführung erforderlich sind, erfüllen.

92 **(3) Veräußerung von Vermögensgegenständen.** Der starke vorläufige Insolvenzverwalter ist grundsätzlich noch nicht zur Verwertung und Abwicklung des schuldnerischen Vermögens berechtigt.[108] Andernfalls würden unter Um-

---

[104] Allgemeine Begründung des RegE, Ziffer 3. a) bb), *Kübler/Prütting*, Das neue Insolvenzrecht, 2. Aufl., S. 93.
[105] HK-InsO/*Rüntz* § 22 Rn. 40.
[106] *Pohlmann* Rn. 496.
[107] HM vgl. *Pape*, Kölner Schrift zur Insolvenzordnung, Kap. 13 Rn. 12.
[108] Ständige Rechtsprechung des BGH, zuletzt Urt. v. 15.3.2012 – IX ZR 249/09, NZI 2012, 365 f.

ständen bereits vor Verfahrenseröffnung vollendete Tatsachen geschaffen werden, obwohl in dieser Phase noch nicht feststeht, ob tatsächlich ein Insolvenzgrund iSd §§ 17 ff. InsO vorliegt. Ferner darf die Entscheidung der Gläubigerversammlung nach § 157 InsO nicht unterlaufen werden.

Davon zu unterscheiden ist jedoch die zulässige Veräußerung von Gegenständen im Rahmen der Unternehmensfortführung. Insoweit ist also zu differenzieren zwischen **unzulässiger „Verwertung"** und **zulässiger „Verwaltung"**.[109] Zur Aufrechterhaltung des Geschäftsbetriebes ist der vorläufige Insolvenzverwalter grundsätzlich gezwungen, **Umlaufvermögen** zu verarbeiten und zu veräußern. Aus der gesetzlich angeordneten Fortführungspflicht des § 22 Abs. 1 S. 2 Nr. 2 InsO folgt zB auch die Zulässigkeit eines geordneten Abverkaufs des Warenbestandes. 93

Hinsichtlich des **Anlagevermögens** bleibt es jedoch grundsätzlich bei dem oben dargestellten Verwertungsverbot. Ausnahmsweise muss eine Verwertung aber dann zulässig sein, wenn der schuldnerische **Betrieb** bereits umfänglich **stillgelegt** wurde und eine Wiederaufnahme der Geschäftstätigkeit völlig ausgeschlossen ist.[110] Ferner erklärt der Gesetzgeber ausdrücklich eine – echte – Verwertung bei **Gefahr in Verzug** für zulässig. Die Begründung zum Regierungsentwurf erwähnt beispielhaft den *„Notverkauf verderblicher Waren"*.[111] Hierzu zählt auch die Veräußerung von Gegenständen des Anlagevermögens, die einen für die Masse unzumutbaren Erhaltungsaufwand verursachen.[112] Schließlich ist vor dem Hintergrund des Zwecks eines Insolvenzverfahrens eine Verwertung im **Einvernehmen** mit dem **Schuldner** und den **Gläubigern** ebenfalls zulässig. Da sich ein solches Einvernehmen mit den Gläubigern in der Praxis wohl nur selten erzielen lassen wird, stellt diese Option lediglich eine theoretische Variante dar. 94

(4) Unternehmensveräußerung im Ganzen bzw. ganzer Betriebsteile. Umstritten ist die Frage, ob der starke vorläufige Verwalter das Unternehmen im Ganzen bzw. ganze Betriebsteile veräußern darf. Selbst für den endgültigen Verwalter wäre hier § 158 Abs. 1 InsO zu beachten. Danach wäre die Zustimmung des Gläubigerausschusses erforderlich, zumindest aber nach § 158 Abs. 2 InsO die vorherige Unterrichtung des Schuldners. 95

Pohlmann[113] versteht die Betriebsveräußerung als Minusmaßnahme zur Betriebsstilllegung. Insoweit sei die Betriebsveräußerung dann zulässig, wenn sie die einzige denkbare Möglichkeit darstelle, um eine unmittelbar bevorstehende Stilllegung zu vermeiden, bei der der Wert des Schuldnervermögens regelmäßig erheblich falle. Sofern sich dem vorläufigen Verwalter ausnahmsweise eine **herausragend günstige Verwertungsmöglichkeit**[114] bietet, erfordern es nach 96

---

[109] So zutreffend und überzeugend dargestellt von *Kirchhof* ZInsO 1999, 436 f.
[110] *Förster* ZInsO 2000, 141 (142).
[111] Begründung des RegE zu § 22 (26), *Kübler/Prütting*, Das neue Insolvenzrecht, 2. Aufl., S. 182.
[112] *Kirchhof* ZInsO 1999, 436 (437).
[113] *Pohlmann* Rn. 413 ff.
[114] Insoweit bejahte auch das OLG Düsseldorf bei einer *„exorbitant günstigen Verwertungsmöglichkeit"* die Berechtigung zur Veräußerung des Schuldnerunternehmens im Eröffnungsverfahren, vgl. Urt. v. 13.12.1991 – 22 U 202/91, ZIP 1992, 344 (346); BK-InsO/*Blersch* InsO § 22 Rn. 12; Uhlenbruck/*Vallender* InsO § 22 Rn. 41.

Auffassung von *Vallender*[115] geradezu die Gläubigerinteressen, mit **Zustimmung** des **Schuldners** und des **Insolvenzgerichts** eine Unternehmensveräußerung im Eröffnungsverfahren zuzulassen. Demgegenüber gibt es auch Stimmen in der Literatur, die die Befugnis des vorläufigen Verwalters zur Veräußerung ganzer Betriebsteile ablehnen. Während *Ampferl*[116] aus der Tatsache der gesetzlichen Nichtregelung eine gesetzgeberische Wertentscheidung ableitet, weist *Vallender*[117] ua auf die fehlende Legitimation durch die Gläubigerversammlung nach § 157 InsO hin. Eine Veräußerung zu diesem Zeitpunkt dürfte daher nur in Ausnahmefällen zulässig sein.

97 Entschließt sich der vorläufige Verwalter bereits im Eröffnungsverfahren zur Unternehmensveräußerung, muss er bedenken, dass er sich insoweit auf rechtlich ungewissem Terrain bewegt, zumal in dieser Phase noch die Firmenhaftung nach § 25 HGB zu beachten ist. Ob es in der Praxis gelingt, sowohl die Zustimmung des Schuldners als auch des Insolvenzgerichts gemäß § 22 Abs. 1 S. 2 Nr. 2 InsO einzuholen, erscheint ohnehin fraglich. Daher kann einem vorläufigen Verwalter nur dringend empfohlen werden, in Abstimmung mit dem Insolvenzgericht das Verfahren schnellstmöglich zur Eröffnung zu bringen und erst anschließend als verwertungsbefugter Insolvenzverwalter das Unternehmen bzw. den Betriebsteil zu verkaufen. Eine weitere Möglichkeit besteht in der Praxis darin, die Wirksamkeit eines entsprechenden Kaufvertrages mit dem Erwerber von der noch einzuholenden Genehmigung durch die Gläubigerversammlung abhängig zu machen.

98 **(5) Mobiliarsicherungsgut.** Will der „starke" vorläufige Insolvenzverwalter dem gesetzlichen Fortführungsauftrag nach § 22 Abs. 1 S. 2 Nr. 2 InsO gerecht werden, wird sich für ihn zwangsläufig die Frage stellen, ob er die unter Eigentumsvorbehalt gelieferten Waren verarbeiten bzw. weiterveräußern darf. Ohne diese Möglichkeit, die im schuldnerischen Unternehmen vorhandenen Vorräte und Materialbestände zu verarbeiten sowie die Fertigerzeugnisse zu veräußern, wäre jede Geschäftstätigkeit praktisch nahezu ausgeschlossen.

99 Die von den Lieferanten erteilten Verarbeitungs- und Weiterveräußerungsermächtigungen bleiben von der Insolvenzantragstellung und von der Anordnung der vorläufigen Insolvenzverwaltung nach § 22 Abs. 1 InsO grundsätzlich unberührt.[118] Ausnahmen bestehen nur dann, wenn auf Grund der zugrundeliegenden vertraglichen Vereinbarungen (zB wegen der Insolvenzantragstellung) oder durch einen Widerruf seitens des Lieferanten die Verarbeitungs- und Veräußerungsbefugnis außer Kraft getreten ist.[119] Ob in diesem Fall der vorläufige Insolvenzverwalter im Interesse der Aufrechterhaltung des Betriebes zur **Verarbeitung, Veräußerung und Verbrauch** der unter Eigentumsvorbehalt (§ 47

---

[115] Uhlenbruck/*Vallender* InsO § 22 Rn. 32.
[116] *Ampferl* Rn. 524 ff.
[117] *Vallender* RWS-Forum 14, 71 (81 ff.).
[118] Vgl. hierzu MüKoInsO/*Haarmeyer* § 22 Rn. 49; Die **Weiterveräußerungsermächtigung** entfällt spätestens mit Eröffnung des Insolvenzverfahrens; BGH Urt. v. 2.10.1952 – IV ZR 2/52, NJW 1953, 217 (218); vgl auch MüKoInsO/*Ganter* § 47 Rn. 145. Auch die Gestattung zur **Verarbeitung** erlischt mit Verfahrenseröffnung; *Serick* ZIP 1982, 507 (514).
[119] *Kirchhof* ZInsO 1999, 436 (437); so wohl auch BGH Urt. v. 6.4.2000 – IX ZR 422/98, BGHZ 144, 192 (200).

InsO) gelieferten Sachen berechtigt ist, wird kontrovers diskutiert.[120] Um jegliche Haftungsgefahr für den vorläufigen Insolvenzverwalter auszuschließen, empfiehlt es sich daher, mit dem jeweiligen Lieferanten die Verwertung/Verbrauch vorab zu regeln.

Bei einer – zulässigen – **Veräußerung** des Sicherungsgutes (aufgrund der Weiterveräußerungsermächtigung) geht der einfache Eigentumsvorbehalt ersatzlos unter. Dass dies mit dem Sicherungszweck unvereinbar und von der Ermächtigung **nicht** gedeckt ist, liegt auf der Hand. Daher ist in diesem Fall die Weiterveräußerungsermächtigung dahingehend auszulegen, dass der vorläufige Insolvenzverwalter den zur Ablösung der Waren erforderlichen Betrag separieren muss, um die spätere Bezahlung der Lieferanten sicherzustellen.[121] Im Übrigen muss auch bei einer **Verarbeitung** von Vorbehaltswaren im Rahmen der Betriebsfortführung sichergestellt sein, dass die Rechte der Lieferanten gewahrt werden und ihnen im eröffneten Verfahren nicht lediglich die Stellung als einfache Insolvenzgläubiger verbleibt.[122] 100

Wurde Sicherungsgut hingegen im Rahmen der Sicherungsanordnung nach § 21 Abs. 2 S. 1 Nr. 5 InsO vom vorläufigen Insolvenzverwalter verwertet, so hat er den Wertverlust bereits von Gesetzes wegen durch Zahlung an den Gläubiger auszugleichen. 101

(6) Forderungseinzug. (a) Forderungen des Schuldners. Der „starke" vorläufige Insolvenzverwalter ist zur Einziehung der fälligen Forderungen des schuldnerischen Betriebes nicht nur berechtigt, sondern im Rahmen der ordnungsgemäßen Verwaltung sogar verpflichtet. Andernfalls würde durch das Ruhen des Forderungseinzuges nur unnötig das Ausfall- bzw. Insolvenzrisiko vergrößert werden. Mit Übergang der Verwaltungs- und Verfügungsbefugnis ist nur noch der vorläufige Insolvenzverwalter zur Einziehung – und uU auch zur gerichtlichen Durchsetzung – der offenen Forderungen des Schuldners befugt. Einer Mitwirkung des Schuldners bedarf es grundsätzlich nicht. Die Forcierung des Forderungseinzugs mit Mahnläufen und der Einleitung von Mahnverfahren kann zumindest teilweise dazu beitragen, die zur Unternehmensfortführung nötige Liquidität zu generieren. 102

(b) Zedierte Forderungen. Zur Absicherung von Krediten sind bei einem schuldnerischen Betrieb in der Regel sämtliche **Forderungen** – meist im Rahmen einer Globalzession – **sicherungshalber abgetreten.** Für den „starken" vorläufigen Insolvenzverwalter stellt sich zunächst die Frage, ob er diese Forderungen einziehen darf.[123] Daran schließt sich die Frage an, ob er – im Falle der Bejahung des Einziehungsrechts – die eingezogenen Beträge separieren muss oder ob er die Gelder uU sogar zur Fortführung des Betriebes einsetzen kann. 103

---

[120] Dafür: MüKoInsO/*Haarmeyer* § 22 Rn. 107, HK-InsO/*Kirchhoff* § 21 Rn. 30; weitergehend Gottwald InsR-HdB/*Vuia*, Insolvenzrechts-Handbuch, § 14 Rn. 100 ff.; aA HambK-InsO/*Schröder* § 22 Rn. 69d; Uhlenbruck/*Vallender* InsO § 21 Rn. 38, im Ganzen hierzu auch Schultze ZIP 2016, 1198 ff.

[121] MüKoInsO/*Ganter* § 47 Rn. 145.

[122] So auch Gottwald InsR-HdB/*Vuia*, Insolvenzrechts-Handbuch, § 14 Rn. 102.

[123] Gläubiger, denen Forderungen sicherungshalber übertragen werden, stehen im eröffneten Insolvenzverfahren ein Absonderungsrecht gemäß § 51 Nr. 1 InsO zu. Nach § 166 Abs. 2 InsO ist ausschließlich der Insolvenzverwalter zur Einziehung dieser Forderungen berechtigt.

104 Der Schuldner wird gewöhnlich vom Sicherungsgläubiger ermächtigt, die Forderungen gegen die Drittgläubiger einzuziehen. In der Literatur ist umstritten, ob mit Anordnung einer vorläufigen Insolvenzverwaltung nach § 22 Abs. 1 InsO diese Einziehungsermächtigung bestehen bleibt. Zum Teil wird angenommen, dass die dem Schuldner erteilte Einziehungsermächtigung spätestens mit Anordnung von Sicherungsmaßnahmen erlischt und somit auch nicht mehr vom vorläufigen Insolvenzverwalter wahrgenommen werden kann.[124] Da der Zessionar in dieser Situation nicht mehr auf die eingezogenen Gelder zugreifen könne, fehle es an einem ordnungsgemäßen Geschäftsgang, der Voraussetzung für die Weitergeltung der Einziehungsermächtigung sei.[125]

105 Nach einer anderen – überzeugenden – Ansicht[126] darf der vorläufige Insolvenzverwalter aus dem Recht des Schuldners heraus **Forderungen** zunächst **weiter einziehen,** bis die Ermächtigung widerrufen wird. Zumindest für Fälle vor Einführung des § 21 Abs. 2 S. 1 Nr. 5 InsO bestätigte auch der BGH,[127] dass an die Anordnung von Sicherungsmaßnahmen nach § 21 InsO nicht der Wegfall der Einziehungsermächtigung geknüpft werden kann. Nach § 22 Abs. 1 S. 2 Nr. 2 InsO sei der vorläufige Insolvenzverwalter ausdrücklich zur Fortführung des Unternehmens bis zur Entscheidung über die Eröffnung des Verfahrens verpflichtet. Wie der BGH ausdrücklich ausführt, wäre bei der heutigen Verbreitung von Sicherungsabtretungen und Sicherungsübereignungen an kreditgebende Banken und Großgläubiger eine Betriebsfortführung kaum möglich, wenn vorläufige Maßnahmen des Insolvenzgerichts im Eröffnungsverfahren sofort zu einer Blockierung eines Großteils des Umlaufvermögens des Schuldners führten.[128] Zuletzt hat es der BGH jedoch ausdrücklich offen gelassen, ob diese Rechtsprechung im Hinblick auf § 21 Abs. 2 S. 1 Nr. 5 InsO noch aufrechterhalten wird. So könnte an eine Änderung der bisherigen Rechtsprechung gedacht werden, auch deshalb, weil die Annahme eines Erlöschens der Einziehungsbefugnis mit dem Insolvenzantrag sicherstellt, dass die Forderung nicht durch den Schuldner, sondern nur noch – einen Beschluss des Insolvenzgerichts nach § 21 Abs. 2 Satz 1 Nr. 5 InsO vorausgesetzt – durch den vorläufigen Verwalter eingezogen wird.[129]

106 Kommt es hingegen zu einem Widerruf der Einziehungsermächtigung, kann das Insolvenzgericht gemäß § 21 Abs. 2 S. 1 Nr. 5 InsO – in der Regel geht eine Anregung des vorläufigen Insolvenzverwalters voraus – anordnen, dass den künftig absonderungsberechtigten Gläubigern die Einziehung von Forderungen und Außenständen untersagt wird. Voraussetzung für das uneingeschränkte Einziehungsrecht des vorläufigen Verwalters ist aber ein entsprechender Beschluss nach § 21 Abs. 2 S. 1 Nr. 5 InsO. In diesem Fall sind entsprechend §§ 170, 171 InsO Kostenbeiträge zugunsten der Insolvenzmasse zu berücksich-

---

[124] Vgl. nur MüKoInsO/*Haarmeyer* § 22 Rn. 55; *Obermüller* DZWIR 2000, 10 (14); *Ampferl* Rn. 611 ff.; KPB/Pape InsO § 22 Rn. 22.
[125] *Pohlmann* Rn. 428, 431; *Obermüller* DZWIR 2000, 10 (14).
[126] *Kirchhof* ZInsO 1999, 436 (437); HambK-InsO/*Schröder* § 22 Rn. 52; Uhlenbruck/ *Vallender* InsO § 22 Rn. 51.
[127] BGH Urt. v. 6.4.2000 – IX ZR 422/98, BGHZ 144, 192 ff.; BGH Urt. v. 11.7.2002 – IX ZR 262/01, NJW 2002, 3475.
[128] Bestätigt durch BGH Beschl. v. 14.12.2000 – IX ZB 105/00, ZIP 2001, 296 (299).
[129] BGH Urt. v. 21.1.2010 – IX ZR 65/09, ZIP 2010, 739 ff.

tigen. Liegt ein solcher Beschluss nicht vor, ist der vorläufige Verwalter nur so lange zur Einziehung berechtigt, wie der Sicherungsgläubiger die Einziehungsermächtigung nicht widerrufen hat.[130]

Zieht der vorläufige Insolvenzverwalter dann aufgrund gerichtlicher Ermächtigung die zur Sicherheit abgetretenen Forderungen ein, so ist er ohne Absprache mit dem Sicherungsgläubiger grundsätzlich nicht berechtigt, diese für den laufenden Geschäftsbetrieb zu verwenden,[131] sondern hat den Verwertungserlös zu separieren. Das Sicherungsrecht setzt sich insoweit am Verwertungserlös fort.[132] Darüber hinaus kann der Sicherungsgläubiger bereits im Antragsverfahren die Herausgabe der Erlöse analog § 170 Abs. 2 S. 1 InsO vom vorläufigen Insolvenzverwalter verlangen.[133] 107

In der Regel ist der starke vorläufige Insolvenzverwalter aber dringend darauf angewiesen, die erhaltenen Beträge zur Finanzierung des laufenden Geschäftsbetriebes einzusetzen. Ihm bleibt daher nur der einzige Ausweg, mit dem Sicherungsgläubiger über die Verwendung der eingezogenen Gelder zu verhandeln und eine entsprechende Vereinbarung zu treffen (sog unechter Massekredit).[134] 108

bb) Betriebsstilllegung.[135] **(1) Allgemeine Voraussetzungen.** Der starke vorläufige Insolvenzverwalter ist nach § 22 Abs. 1 S. 2 Nr. 2 InsO bereits im Eröffnungsverfahren zur Stilllegung des schuldnerischen Betriebes mit Zustimmung des Insolvenzgerichts berechtigt, wenn andernfalls eine **erhebliche Verminderung des Haftungsvermögens** zu befürchten ist. Die Stilllegung stellt jedoch die Ausnahme dar. 109

Nur der vorläufige Insolvenzverwalter kann den Antrag[136] zur Stilllegung des Unternehmens stellen. Der Stilllegungsantrag ist vom vorläufigen Verwalter umfassend zu begründen, da sich das Insolvenzgericht – mangels eigener Erkenntnisquellen – weitgehend auf dessen Angaben verlassen können muss.[137] Hierfür sind Planliquiditäts- bzw. Planertragsrechnungen mit den sich daraus ergebenden Konsequenzen für die Masse sowie Ausführungen über die Sanierungsfähigkeit und Sanierungsmöglichkeit darzulegen. Der Schuldner bzw. dessen organschaftliche Vertreter sind nach wohl überwiegender Literaturmeinung vor der Stilllegung anzuhören.[138] 110

(2) Teilstilllegungen. Zustimmungspflichtig ist nicht nur die Stilllegung des gesamten Betriebes, sondern auch die Einstellung organisatorisch abgrenzbarer 111

---

[130] HambK-InsO/*Schröder* § 22 Rn. 52 mwN.
[131] Vgl. auch Begr. RegE BT-Drs. 16/3227, 29.
[132] BGH Urt. v. 21.1.2010 – IX ZR 65/09, ZInsO 2010, 716; vgl. hierzu HambK-InsO/*Schröder* § 22 Rn. 54.
[133] BGH Urt. v. 21.1.2010 – IX ZR 65/09, ZInsO 2010, 716; Uhlenbruck/*Vallender* InsO § 22 Rn. 52.
[134] Zu solchen Vereinbarungen vgl. auch *Ganter* FS Wellensiek, 2011, S. 399f., *Ganter* NZI 2010, 551, 553f.
[135] Vgl. auch § 18 Rn. 12ff.
[136] Der Antrag ist weder form- noch fristgebunden.
[137] Darauf hinweisend Gottwald InsR-HdB/*Vuia*, Insolvenzrechts-Handbuch, § 14 Rn. 161.
[138] Uhlenbruck/*Vallender* InsO § 22 Rn. 37; *Vallender*, Kölner Schrift der Insolvenzordnung, Kap. 5 Rn. 48; FK-InsO/*Schmerbach* § 22 Rn. 69; Nerlich/Römermann/*Mönning* InsO § 22 Rn. 177; aA *Ampferl* Rn. 807, MüKoInsO/*Haarmeyer* § 22 Rn. 119.

Unternehmensteile (**Teilstilllegungen**).[139] Dies betrifft auch eigenständige Unternehmensteile und Zweigniederlassungen.[140] Nicht zustimmungsbedürftig ist mithin die Stilllegung von Betriebsteilen, anders jedoch wieder bei ganzen Unternehmensteilen.[141]

112 Allerdings muss im Sinne einer vernünftigen und praktikablen Verwaltung der Begriff „*Teilbetrieb*" äußerst restriktiv ausgelegt werden, um die Zustimmungsbedürftigkeit des Insolvenzgerichts nicht uferlos auszuweiten und den Handlungsspielraum des vorläufigen Verwalters nicht unnötig einzuschränken. So kann der vorläufige Insolvenzverwalter zB bei einem Bauunternehmen die Einstellung einzelner unrentabler Bauvorhaben ohne die Zustimmung des Insolvenzgerichts vornehmen. Wird im Rahmen einer Desinvestitionsentscheidung ein Betriebsteil zur Sicherung der Fortführung des Gesamtunternehmens stillgelegt, so ist eine insolvenzgerichtliche Zustimmung ebenfalls nicht erforderlich.

113 Sobald der vorläufige Verwalter umfangreiche Maßnahmen des Personalabbaus einleitet, sollte er – auch unter dem Gesichtspunkt der Haftung – jedoch sicherheitshalber vorab um die insolvenzgerichtliche Zustimmung ersuchen.[142] Dies empfiehlt sich ebenfalls in Grenzfällen, wo es für den Verwalter unklar ist, ob es sich schon um eine eigenständige Betriebseinheit handelt oder nur um einen unselbstständigen Betriebsteil.

114 **(3) Erhebliche Vermögensminderung.** Eine Betriebsstilllegung durch den vorläufigen Verwalter ist im Interesse der Gläubiger nur dann zulässig, wenn die Vermögensminderung die Schwelle der **Erheblichkeit** überschritten hat. Dies ist nach der Gesetzesbegründung dann geboten, wenn ein Unternehmen erhebliche Verluste erwirtschaftet und keine Aussicht auf Sanierung besteht.[143]

115 Nach einer Auffassung[144] in der Literatur liegt eine erhebliche Vermögensminderung dann vor, wenn eine ernsthafte Verschlechterung der Befriedigungsaussichten der Gläubiger drohe. Eine solche Einbuße könne schon im Bereich von **10%** erheblich sein. Eine andere Auffassung[145] stellt auf eine dauerhafte Vermögensminderung ab. Die Grenze für die Gläubiger sei dann überschritten, wenn bezogen auf das um Sonderrechte bereinigte Vermögen eine Verschlechterung der Befriedigungsaussichten von mehr als **25%** drohe. Nach *Vallender*[146] sei maßgeblich, ob durch die einstweilige Unternehmensfortführung Verluste erwirtschaftet werden, die eine zurzeit noch erzielbare Insolvenzquote erheb-

---

[139] Begründung des RegE zu § 22 (26), *Kübler/Prütting*, Das neue Insolvenzrecht, 2. Aufl., S. 182; Nerlich/Römermann/*Mönning* InsO § 22 Rn. 167, MüKoInsO/*Haarmeyer* § 22 Rn. 111 mwN.
[140] Vgl. BK-InsO/*Blersch* InsO § 22 Rn. 14.
[141] Uhlenbruck/*Vallender* InsO § 22 Rn. 38.
[142] *Schluck-Amend*, Die GmbH in Krise, Sanierung und Insolvenz, 5. Aufl., Rn. 5.559.
[143] Begründung des RegE zu § 22 (26), *Kübler/Prütting*, Das neue Insolvenzrecht, 2. Aufl., S. 182.
[144] HK-InsO/*Rüntz* § 22 Rn. 22; KPB/*Pape* InsO § 22 Rn. 58, BK-InsO/*Blersch* § 22 Rn. 14.
[145] MüKoInsO/*Haarmeyer* § 22 Rn. 114; Nerlich/Römermann/*Mönning* InsO § 22 Rn. 176.
[146] Uhlenbruck/*Vallender* InsO § 22 Rn. 33; so ebenfalls Graf-Schlicker/*Voß* InsO § 22 Rn. 5.

lich herabmindern, ohne dass durch die Fortführung eine angemessene Werterhöhung eintritt. Eine Minderung sei schon gegeben, wenn das Unternehmen nicht kostendeckend arbeite und sich die Verluste nicht auf zulässige und zumutbare Weise vermeiden lassen.[147]

116 Auf Grund der weitreichenden Folgen einer Betriebsstilllegung sind auch die Größe sowie die regionale Bedeutung des schuldnerischen Unternehmens zu berücksichtigen.[148] Eine schlichte Bindung der Stilllegungsentscheidung an eine prozentuale Verminderung der künftigen Insolvenzquote ist abzulehnen. Die vorgenannten Prozentsätze können allenfalls grobe Richtwerte geben, da auch vor dem Hintergrund der bestehenden Prognoseunsicherheit eine strikte Beachtung von festen Prozentsätzen kaum sachgerecht ist. Vielmehr ist stets das Ergebnis einer individuellen Einzelfallanalyse unter Berücksichtigung der Gesamtsituation, dh unter Beachtung von betriebs- und branchenabhängigen Kriterien ausschlaggebend.[149]

117 Der Gesetzgeber spricht lediglich von einer erheblichen Verminderung des **„Vermögens"**. Das Vermögen kommt aber bei einer Verfahrenseröffnung nicht nur den Insolvenzgläubigern zugute, sondern auch den absonderungsberechtigten Gläubigern. Auch deswegen kann allein die Verminderung der Insolvenzquote als maßgebliches Entscheidungskriterium kaum dienlich sein. Daraus ergeben sich folgende Konsequenzen: Wird ein Betrieb unter laufenden Verlusten fortgeführt, führt dies gleichzeitig dazu, dass die Sicherheiten der Absonderungsgläubiger werthaltig bleiben. Nicht nur das betriebsnotwendige Vermögen kann zu höheren Preisen veräußert werden; auch (zedierte) Forderungen können leichter eingezogen werden. Wird umgekehrt ein Betrieb stillgelegt, um laufende Verluste zu vermeiden, kann dies zu einer „Vernichtung" von Fortführungswerten und damit zu einer erheblichen Verminderung des Vermögens führen. Eine Fortführung kann somit für die Insolvenzgläubiger mit einer Reduzierung ihrer Quote einhergehen, gleichzeitig aber zu einer Bewahrung der nur bestimmten Gläubigern zukommenden Sicherheiten führen. Daher ist anhand von Planrechnungen zu ermitteln, ob bei einer Stilllegung „unter dem Strich" insgesamt eine erhebliche Vermögensminderung vermieden werden kann.[150] Bestehen noch ernsthafte Aussichten für eine übertragende Sanierung nach Verfahrenseröffnung, so sollte jedenfalls im Regelfall von einer Stilllegung abgesehen werden. Insoweit ist zu berücksichtigen, dass bei einer Übertragung Going-concern-Werte und nicht – wie bei einer Stilllegung präjudiziert – lediglich Zerschlagungswerte erzielt werden können. Das Ergebnis hängt jedoch maßgeblich von der Unternehmensstruktur, insbesondere von der Gläubiger- und Sicherheitsstruktur ab. Insoweit ist eine Entscheidung stets von den Gegebenheiten des Einzelfalles und den Interessen **aller Gläubiger** abhängig.

---

[147] Einen völlig anderen Ansatz wählt *Ampferl* Rn. 789 ff. Im Rahmen einer Vergleichsrechnung sind die bei einer sofortigen Stilllegung erzielbaren Werte den Fortführungswerten gegenüberzustellen, die bei einer Weiterführung erzielbar wären. Nur wenn die zu erwartenden Verluste größer sind als die positive Differenz zwischen Fortführungs- und Liquidationswerten, ist das Unternehmen stillzulegen.
[148] Dahingehend auch *Haberhauer/Meeh* DStR 1995, 1442 (1443 f.).
[149] Beispiel für die Erteilung der Zustimmung: AG Aachen Beschl. v. 29.3.1999 – 19 IN 53/99, NZI 1999, 279.
[150] Dahingehend *Ampferl* Rn. 800 ff.

118 **(4) Arbeitsrechtliche Aspekte.**[151] Bei der praktischen Umsetzung der Stilllegungsentscheidung sind die betriebsverfassungsrechtlichen Mitwirkungsrechte der Arbeitnehmer zu beachten, da andernfalls Nachteilsausgleichsansprüche nach § 113 BetrVG entstehen könnten. Der Betriebsrat ist daher bei mitbestimmten Betrieben gemäß § 111 BetrVG zu beteiligen und über die beabsichtigten Maßnahmen sowie über die daraus erwachsenden Auswirkungen auf die Belegschaft zu informieren. Nach Maßgabe des § 112 BetrVG kann ferner ein Interessenausgleich herbeigeführt sowie ein Sozialplan abgeschlossen werden. Die §§ 120ff. InsO über die vereinfachte Durchsetzung von Betriebsänderungen greifen in diesem Verfahrensstadium noch nicht.[152]

119 Auch die Massenentlassungsvorschriften sind im Insolvenzeröffnungsverfahren zu beachten. Auf die Vorschrift des § 113 Abs. 1 S. 2 InsO kann der vorläufige Verwalter nicht zurückgreifen. Vielmehr hat er die verlängerten gesetzlichen Kündigungsfristen des § 622 Abs. 2 Nr. 1–7 BGB bis hin zur Höchstkündigungsfrist von sieben Monaten zum Monatsende und bei Tarifgeltung unter Umständen bestehende abweichende Fristen einzuhalten.[153] Der endgültige Insolvenzverwalter kann jedoch gemäß § 113 InsO mit der Kündigungsfrist von drei Monaten zum Monatsende „nachkündigen", ein Verbrauch durch die Kündigung im Eröffnungsverfahren erfolgt nicht.[154]

120 **g) Prüfungsaufgaben und -pflichten.** Zur Vorbereitung der gerichtlichen Entscheidung über den Insolvenzantrag sieht § 22 Abs. 1 S. 2 Nr. 3 InsO für den vorläufigen Verwalter eine Reihe von speziellen Prüfungsaufgaben vor. Danach hat er schon von Gesetzes wegen zu prüfen, ob das Vermögen des Schuldners die Kosten des Verfahrens decken wird. Zusätzlich kann ihn das Insolvenzgericht mit der Prüfung beauftragen, ob ein Eröffnungsgrund vorliegt sowie welche Aussichten für die Fortführung des schuldnerischen Unternehmens bestehen.

121 **aa) Feststellung der Eröffnungsgründe.** Durch die Erteilung eines Gutachtensauftrages kann dem vorläufigen Verwalter gemäß § 22 Abs. 1 S. 2 Nr. 3 Hs. 2 InsO aufgegeben werden, das Vorliegen der Insolvenzeröffnungstatbestände der §§ 17ff. InsO zu prüfen. Aufgrund des in § 5 Abs. 1 InsO niedergelegten Amtsermittlungsgrundsatzes ist das Insolvenzgericht sowohl bei einem zulässigen Schuldner- wie auch bei einem Gläubigerantrag verpflichtet, Nachforschungen anzustellen. Da das Gericht selbst zur Ermittlung des Sachverhalts in der Regel nicht in der Lage ist, bedient es sich eines Sachverständigen, der im Falle des § 22 Abs. 1 InsO zugleich „starker" vorläufiger Insolvenzverwalter ist. Dieser prüft den Sachverhalt und nimmt zu den in Betracht kommenden Eröff-

---

[151] Vgl. auch → § 27 Rn. 12ff.
[152] KPB/*Pape* InsO § 22 Rn. 66; HambK-InsO/*Schröder* § 22 Rn. 116b; BAG Urt. v. 20.1.2005 – 2 AZR 134/04, ZInsO 2005, 1342; BAG Urt. v. 28.6.2012 – 6 AZR 780/10, ZInsO 2012, 1793 ff. Eine entsprechende Anwendung des § 120 InsO bejahend Gottwald InsR-HdB/*Vuia*, Insolvenzrechts-Handbuch, § 14 Rn. 115. Für eine analoge Anwendung der §§ 120–122, 125–128 InsO *Caspers*, Personalabbau und Betriebsänderung im Insolvenzverfahren, Rn. 519ff.
[153] *Berscheid* NZI 2000, 1 (5).
[154] KPB/*Moll* InsO § 113 Rn. 127ff.; BAG Urt. v. 22.5.2003 – 2 AZR 255/02, NZI 2003, 673.

nungsgründen in einem Gutachten umfassend Stellung. Zu den Eröffnungsgründen wird auf → § 2 Rn. 20 ff. und → § 6 Rn. 41 verwiesen.

bb) Prüfung der Massekostendeckung. Der „starke" vorläufige Insolvenzverwalter hat nach § 22 Abs. 1 S. 2 Nr. 3 Hs. 1 InsO zu prüfen, ob das freie Vermögen des Schuldners voraussichtlich die Kosten des gesamten Verfahrens decken wird.[155] Dies stellt eine gesetzlich zugewiesene Aufgabe dar, weshalb der vorläufige Verwalter bei Masselosigkeit Gefahr läuft, dass er für diese Prüfungstätigkeit nicht honoriert wird. Die Prüfung der Massekostendeckung wird grundsätzlich von der Vergütung nach § 63 Abs. 3 InsO abgedeckt. Aus diesem Grunde wird empfohlen, dass das Insolvenzgericht bei Beauftragung eines Sachverständigen dessen Aufgaben auch auf die Prüfung der Massekostendeckung ausdehnt.[156] Da sich die Prüfung der Kostendeckung auch auf mögliche Anfechtungs- und Haftungsansprüche erstreckt,[157] wird diese kosten- und zeitintensive Tätigkeit bei entsprechender insolvenzgerichtlicher Anordnung nach dem JVEG vergütet. Zur Prüfung der Verfahrenskostendeckung wird auf → § 6 Rn. 42 verwiesen. 122–123

cc) Fortführungsaussichten. Nach § 22 Abs. 1 S. 2 Nr. 3 Hs. 2 InsO kann der vorläufige Insolvenzverwalter **zusätzlich als Sachverständiger** beauftragt werden, zu prüfen, welche Aussichten für eine Fortführung des Unternehmens bestehen. Mit dieser erst durch den Rechtsausschuss[158] eingefügten Möglichkeit sollte bereits das Eröffnungsverfahren zur Vorbereitung von Sanierungen genutzt werden. Zeichnen sich bei Verfahrenseröffnung die Fortführungschancen als aussichtsreich ab, so hat dies den Vorteil, dass dem späteren endgültigen Verwalter die Ausübung des Wahlrechts bei gegenseitigen Verträgen erleichtert wird.[159] Im Übrigen ist die Klärung der Fortführungsfähigkeit eines Unternehmens ohnehin die wichtigste Vorfrage für die Überschuldungsprüfung nach § 19 InsO, nachdem deren Neufassung[160] wieder zum sog zweistufigen modifizierten Überschuldungsbegriff zurückkehrt ist.[161] Hiernach schließt eine positive Fortführungsprognose – als gleichwertiges Element neben der rechnerischen Überschuldung – bereits die Überschuldung im insolvenzrechtlichen Sinn aus. Zur Vorgehensweise bei der Prüfung der Fortführungsaussichten wird auf den Abschnitt → § 2 Rn. 145 ff. verwiesen. 124

h) Sonstige Wirkungen des Verfügungsverbotes. aa) Vorausverfügungen. Die Bestellung eines „starken" vorläufigen Insolvenzverwalters setzt voraus, 125

---

[155] Begründung des RegE zu § 22 (26), *Kübler/Prütting*, Das neue Insolvenzrecht, 2. Aufl., S. 186.
[156] *Uhlenbruck* NZI 2000, 289 (291); *Vallender* DZWIR 1999, 265 (272).
[157] Begründung des RegE zu § 22 (26), *Kübler/Prütting*, Das neue Insolvenzrecht, 2. Aufl., S. 182.
[158] Begründung des RegE zu § 22 (26), *Kübler/Prütting*, Das neue Insolvenzrecht, 2. Aufl., S. 183.
[159] Begründung des RegE zu § 22 (26), *Kübler/Prütting*, Das neue Insolvenzrecht, 2. Aufl., S. 183.
[160] Durch Art. 5 des Finanzmarktstabilisierungsgesetzes vom 17.10.2008, BGBl 2009 I 3151.
[161] Der BGH hatte den zweistufigen modifizierten Überschuldungsbegriff bis zum Inkrafttreten der Insolvenzordnung vertreten, vgl. BGH Urt. v. 13.7.1992 – II ZR 269/91, BGHZ 119, 201, 214.

dass dem Schuldner ein allgemeines Verfügungsverbot auferlegt wird. Mit diesem Verlust der Verwaltungs- und Verfügungsbefugnis gehen sämtliche **Vorausverfügungen** des Schuldners ins Leere, sofern das betroffene Recht zu diesem Zeitpunkt noch nicht besteht.[162] An dieser Rechtsfolge könnte man jedoch insofern zweifeln, als § 24 Abs. 1 InsO zwar auf § 81 InsO verweist, nicht jedoch auf die Bestimmung des § 91 InsO, wonach auch der sonstige Rechtserwerb ausgeschlossen ist. Dem ist aber entgegenzuhalten, dass der Gesetzgeber mit der Neugestaltung des Eröffnungsverfahrens einen möglichst umfassenden und lückenlosen Schutz der zukünftigen Masse angestrebt hat.[163] Dieser gesetzgeberischen Intention würde es entgegenstehen, wenn ein Unterlaufen mit Vorausverfügungen wirksam wäre.

126 Die Unwirksamkeit von Vorausverfügungen hat vor allem praktische Auswirkungen auf die **Globalzessionsvereinbarungen** des Schuldners. Entstehen nach Anordnung eines allgemeinen Verfügungsverbotes noch Forderungen gegen Dritte, zB Kaufpreis- oder Werklohnforderungen im Rahmen der Unternehmensfortführung, so können diese nicht mehr von der Globalzession erfasst werden.[164]

127 Von besonderer Bedeutung sind die Auswirkungen auf den **Girovertrag** des Schuldners mit seiner Bank. Durch das allgemeine Verfügungsverbot bleibt zwar der Girovertrag grundsätzlich wirksam, allerdings erlischt die in ihm enthaltene **antizipierte Verrechnungsvereinbarung** womit auch die darin enthaltenen Vorausverfügungen unwirksam werden.[165] Daher können die auf ein debitorisch geführtes Bankkonto eingehenden Zahlungen nicht mehr mit dem Saldo verrechnet werden.

128 **bb) Aufrechnungen.** Von der **Verrechnungsbefugnis** im Rahmen von Vorausverfügungen ist die Problematik zu unterscheiden, ob zB Banken nach Anordnung eines allgemeinen Verfügungsverbotes mit dem debitorischen Konto des Schuldners wirksam **Aufrechnungen** vornehmen können. Nach Auffassung von *Gerhardt*[166] ist die Aufrechnungserklärung eines Gläubigers trotz Anordnung eines allgemeinen Verfügungsverbotes grundsätzlich **wirksam**. Zum Schutz der künftigen Masse unterliegt sie jedoch den Vorschriften der Insol-

---

[162] Vgl. Uhlenbruck/*Vallender* InsO § 24 Rn. 4 mwN; im Rahmen eines zur KO ergangenen Urteils vom 20.3.1997 – IX ZR 71/96, ZIP 1997, 737 ff.) entschied der BGH, dass eine Vorausabtretung trotz der Anordnung eines allgemeinen Verfügungsverbotes wirksam bleibe (im konkreten Fall ging es um die Wirksamkeit einer Pfändung durch das Finanzamt); fortgeführt unter Geltung der InsO durch BGH Urt. v. 22.10.2009 – IX ZR 90/08, ZIP 2009, 2347.

[163] Begründung des RegE zu § 21 (25), *Kübler/Prütting*, Das neue Insolvenzrecht, 2. Aufl., S. 177 ff.

[164] AA BGH Urt. v. 20.3.1997 – IX ZR 71/96, ZIP 1997, 737 ff.; bei Werthaltigmachen abgetretener Forderungen im kritischen Zeitraum kann aber nach §§ 130, 131 InsO angefochten werden, BGH Urt. v. 29.11.2007 – IX ZR 165/05, ZIP 2008, 372; BGH Urt. v. 26.6.2008 – IX ZR 144/05, ZIP 2008, 1437; BGH Urt. v. 22.10.2009 – IX ZR 90/08, ZIP 2009, 2347.

[165] *Gerhardt*, Kölner Schrift zur Insolvenzordnung, 2. Aufl., S. 193 Rn. 9; MüKoInsO/*Haarmeyer* § 21 Rn. 57.

[166] *Gerhardt*, Kölner Schrift zur Insolvenzordnung, 2. Aufl, S. 193 Rn. 11; zustimmend Uhlenbruck/*Vallender* InsO § 21 Rn. 21.

venzanfechtung (§§ 129 ff., 96 Abs. 1 Nr. 3 InsO), falls es sich nicht ausnahmsweise um ein zulässiges **Bargeschäft** handelt (§ 142 InsO). Ein solches liegt jedoch nur bei einem engen wirtschaftlichen, rechtlichen und zeitlichen Zusammenhang zwischen Gut- und Lastschriften vor. Dies ist der Fall, wenn die Bank in Unkenntnis das Konto nach Antragstellung wie ein normales Girokonto weiterführt, indem es nicht nur Gutschriften erteilt, sondern auch Lastschriften zulässt.[167] Die Verrechnungen sind dann als Bargeschäft nicht der Insolvenzanfechtung zugänglich. Will man von vornherein Verrechnungen bzw. Aufrechnungen eingehender Gelder verhindern, sollte das Insolvenzgericht im Rahmen eines Beschlusses die **Auf- bzw. Verrechnung** ausdrücklich **untersagen**.[168]

cc) Leistungen an den Schuldner. Gemäß § 23 Abs. 1 S. 2 InsO ist der Beschluss, durch den das allgemeine Verfügungsverbot angeordnet und ein vorläufiger Insolvenzverwalter bestellt wird, den Schuldnern des Insolvenzschuldners zuzustellen. Damit wird sichergestellt, dass Drittschuldner nicht mehr mit befreiender Wirkung an den Insolvenzschuldner leisten können. Die der künftigen Insolvenzmasse zustehenden Leistungen darf der Schuldner nicht mehr annehmen. Auch die Annahme einer Leistung ist eine Verfügung über massezugehörige Forderungen und damit nach § 81 Abs. 1 S. 1 InsO unwirksam.[169] Die Leistung wirkt zum Schutz des Drittschuldners nur dann schuldbefreiend, wenn er die Anordnung der Verfügungsbeschränkungen zurzeit der Leistung nicht kannte (§ 82 InsO). Nach der Beweislastregel des § 82 S. 2 InsO wird **vor** der öffentlichen Bekanntmachung vermutet, dass er den Entzug der Verwaltungs- und Verfügungsbefugnis nicht kannte, es sei denn, der Sicherungsbeschluss war ihm bereits zugestellt.

129

i) Praxistauglichkeit des „starken" vorläufigen Insolvenzverwalters. aa) Vorteile der Anordnung nach § 22 Abs. 1 InsO. (1) Vertragspartner. Für die **Vertragspartner** eines vorläufigen Insolvenzverwalters mit Verwaltungs- und Verfügungsbefugnis ergeben sich in jedem Falle erhebliche Vorteile. So stellen die von ihm begründeten Verbindlichkeiten gemäß § 55 Abs. 2 InsO im eröffneten Verfahren Masseverbindlichkeiten dar. Damit ist ihre Erfüllung im eröffneten Verfahren de facto sichergestellt, zudem besteht über die Haftungsnorm des § 61 InsO (iVm § 21 Abs. 2 S. 1 Nr. 1 InsO) eine zusätzliche – persönliche – Haftung des vorläufigen Verwalters.

130

Wird die vorläufige Insolvenzverwaltung mit Verwaltungs- und Verfügungsbefugnis aufgehoben, so hat der Verwalter nach § 25 Abs. 2 InsO aus dem von ihm verwalteten Vermögen die von ihm begründeten Verbindlichkeiten zu erfüllen. Gleiches gilt für Dauerschuldverhältnisse, soweit der vorläufige Verwalter die für das von ihm verwaltete Vermögen die Gegenleistung in Anspruch genommen hat, § 25 Abs. 2 S. 2 InsO. Damit gewährt der Gesetzgeber selbst bei einem Rückfall der Verwaltungs- und Verfügungsbefugnis auf den Schuldner einen lückenlosen Schutz für die Vertragspartner.

131

---

[167] Uhlenbruck/*Vallender* InsO § 21 Rn. 21.
[168] Ist ein Vollstreckungsverbot nach § 21 Abs. 2 Nr. 3 InsO angeordnet, so ergibt sich nicht aus § 394 BGB die Unzulässigkeit der Aufrechnung; vgl. BGH Urt. v. 29.6.2004 – IX ZR 195/03, ZInsO 2004, 1693 ff.
[169] *Bork* Einf Rn. 171.

132 (2) **Unternehmensfortführung.** Dieser Verwaltertypus eignet sich – und dies war auch die gesetzgeberische Intention – besonders zur **Unternehmensfortführung.** Durch die Stellung als Massegläubiger ziehen sich verunsicherte Geschäftspartner gerade nicht zurück, sondern sind stattdessen weiter bereit, neue Verträge abzuschließen und das Unternehmen zu beliefern. Damit kann mit der Privilegierung des § 55 Abs. 2 InsO der drohende Zusammenbruch zunächst verhindert werden. Eine Aufrechterhaltung des Geschäftsbetriebes – wenn auch uU in reduziertem Umfang – wird durch die Bestellung des vorläufigen Insolvenzverwalters nach § 22 Abs. 1 InsO faktisch erleichtert. Durch die Erfahrungen mit dem schuldnerischen Unternehmen und oft durch zahlreiche Enttäuschungen geprägt, wollen die Vertragspartner einen neuen, vertrauenswürdigen Ansprechpartner, da zu den bisherigen Handlungs- und Entscheidungsträgern in der Regel keinerlei Vertrauen mehr besteht.

133 (3) **Unterbrechung von Prozessen.** Auch die **Unterbrechungswirkung** des § 240 ZPO verschafft dem schuldnerischen Unternehmen bezüglich der laufenden Verfahren zunächst einmal Ruhe. Der vorläufige Verwalter kann sich zusammen mit seinen Mitarbeitern uneingeschränkt auf die Fortführung des Unternehmens konzentrieren, ohne prozessuale Nachteile befürchten zu müssen.

134 (4) **Klare Kompetenzen.** Für die Beteiligten besteht bei der Anordnung nach § 22 Abs. 1 InsO auch **Rechtsklarheit.** Die Verwaltungs- und Verfügungsbefugnis geht bezüglich des Vermögens vom Schuldner auf den vorläufigen Insolvenzverwalter über. Durch diese umfassende Rechtsmacht kann der vorläufige Verwalter im eigenen Namen mit Wirkung für und gegen das schuldnerische Vermögen auftreten.[170]

135 Im Gegensatz zum „schwachen" vorläufigen Insolvenzverwalter schafft der Verwalter nach § 22 Abs. 1 InsO eine klare und eindeutige Kompetenzabgrenzung zum Schuldner bzw. dessen Organen. Sowohl im Außen- als auch im Innenverhältnis steht unmissverständlich fest, dass nur der „starke" vorläufige Insolvenzverwalter Entscheidungen über die Art und Weise der weiteren Betriebsfortführung und den damit zusammenhängenden personellen Maßnahmen trifft. Den beteiligten Dritten steht somit ein vom Insolvenzgericht bestellter, unbelasteter, neutraler und vertrauensvoller Ansprechpartner gegenüber.

136 **bb) Nachteile bei Bestellung eines „starken" vorläufigen Insolvenzverwalters.** (1) **Umfassende Verantwortung ohne Einarbeitungsphase.** Nach der Gesetzeslage haftet der „starke" vorläufige Insolvenzverwalter unmittelbar nach Antritt seines Amtes aus § 61 InsO (neben der ohnehin nach § 60 InsO bestehenden Haftung). Diese Norm verpflichtet den vorläufigen Verwalter zum Schadensersatz, wenn er durch eine Rechtshandlung eine Masseverbindlichkeit begründet hat, die in der Folgezeit nicht voll aus der Masse erfüllt werden kann. Gerade zu Beginn seiner Tätigkeit hat er jedoch zunächst zu überprüfen, ob das schuldnerische Unternehmen fortführungsfähig ist oder ob er beim Insolvenzgericht die Stillegung beantragen muss. Damit begibt sich der „starke" vorläufige Insolvenzverwalter gleichzeitig mit der Amtsübernahme in ein unkalkulierbares Haftungsrisiko, zumal ihm auf Grund des

---

[170] MüKoInsO/*Haarmeyer* § 22 Rn. 24.

§ 22 Abs. 1 S. 2 Nr. 2 InsO die Pflicht zur Fortführung des Unternehmens obliegt.[171]

(2) Begründung von Masseverbindlichkeiten. Der Umstand, dass der vorläufige Insolvenzverwalter mit Verwaltungs- und Verfügungsbefugnis nach § 55 Abs. 2 InsO[172] ausgestattet ist, erleichtert zwar die Unternehmensfortführung, führt jedoch auch gleichzeitig zu einer umfassenden **Begründung von Masseverbindlichkeiten.** 137

Der Gesetzgeber stellt dabei ausdrücklich klar, dass § 55 Abs. 2 InsO sowohl für vertragliche als auch für gesetzliche Verbindlichkeiten gilt. Gegenüber den öffentlichen Gläubigern besteht jedoch kein „Abhängigkeitsverhältnis", wie zB gegenüber Lieferanten oder Dienstleistern. Umgekehrt dient § 55 Abs. 2 InsO nach der Gesetzesbegründung nur dem Schutz der Personen, die Geschäfte mit dem vorläufigen Insolvenzverwalter abschließen oder ihm gegenüber ein Dauerschuldverhältnis erfüllen,[173] um so die Unternehmensfortführung zu erleichtern. Insoweit besteht bei einer vorläufigen Insolvenzverwaltung nach § 22 Abs. 1 InsO die Problematik, dass ohne Differenzierung sämtliche Verpflichtungen in den Rang von Masseverbindlichkeiten eingestuft werden. Ob das Argument der Vermeidung von Masseverbindlichkeiten aber wirklich relevant ist, ist spätestens seit Einführung von § 55 Abs. 4 InsO bei „schwacher vorläufiger Insolvenzverwaltung"[174] fraglich. 138

2. Der „schwache" vorläufige Insolvenzverwalter

Das Insolvenzgericht kann gemäß § 21 Abs. 2 S. 1 Nr. 1 InsO einen vorläufigen Insolvenzverwalter bestellen und gleichzeitig nach Maßgabe des § 21 Abs. 2 S. 1 Nr. 2 Alt. 2 InsO anordnen, dass Verfügungen des Schuldners nur mit Zustimmung des vorläufigen Verwalters wirksam sind. In der Praxis ist dieser Verwaltertyp am weitesten verbreitet.[175] Gemeinhin wird er – unjuristisch – auch als „schwacher"[176] vorläufiger Insolvenzverwalter bezeichnet. 139

In der Regel wird das Insolvenzgericht dabei sämtliche Verfügungen des Schuldners an die Zustimmung des vorläufigen Verwalters binden (**allgemeiner Zustimmungsvorbehalt**). Im Einzelfall kann jedoch auch ein lediglich spezieller Zustimmungsvorbehalt angeordnet werden. In diesem Fall bedürfen nur bestimmte Verfügungen des Schuldners der Zustimmung des vorläufigen Verwalters, seine sonstigen Rechtshandlungen unterliegen keinen Einschränkungen.[177] 140

---

[171] Zur Lösung der Problematik will *Kirchhof* den Anwendungsbereich des § 61 InsO einschränken, ZInsO 1999, 365 ff.

[172] Für Steuerverbindlichkeiten ist § 55 Abs. 4 InsO insoweit nicht einschlägig, da dieser nur den „schwachen" vorläufigen Insolvenzverwalter (mit Zustimmungsvorbehalt oder Einzelermächtigung) im Blickfeld hat, vgl. Uhlenbruck/*Sinz* InsO § 55 Rn. 108.

[173] Begründung des RegE zu § 55, *Kübler/Prütting*, Das neue Insolvenzrecht, 2. Aufl., S. 222.

[174] Vgl. → Rn. 190 ff.

[175] So schon *Uhlenbruck* DZWIR 2000, 15 (17).

[176] *Pape* ZInsO 2001, 830 (831); BK-InsO/*Blersch* § 21 Rn. 22; *Uhlenbruck* DZWIR 2000, 15 (17); *Spliedt* ZIP 2001, 1941 (1942).

[177] Gottwald InsR-HdB/*Vuia*, Insolvenzrechts-Handbuch, § 14 Rn. 43.

141 **a) Rechtstellung und Pflichten. aa) Allgemeines. (1) Wesen des Zustimmungsvorbehalts.** Bei der Bestellung eines „schwachen" vorläufigen Insolvenzverwalters behält der Schuldner die Verwaltungs- und Verfügungsbefugnis über sein Vermögen. Dadurch soll dem Schuldner im Insolvenzeröffnungsverfahren weiterhin ein Auftreten im Außenverhältnis ermöglicht werden.[178] Der vorläufige Verwalter wird nicht zum Vertreter des Schuldners,[179] ihm obliegen nur Aufsichts- und Sicherungsfunktionen. Verfügt der Schuldner bzw. dessen Organe über Gegenstände des Haftungsvermögens, muss er jedoch vorher die Zustimmung des vorläufigen Verwalters einholen. Eine Genehmigung nach Ausführung der Verfügung ist jedoch zulässig.[180] Ohne entsprechende Zustimmung finden über § 24 InsO die §§ 81, 82 InsO Anwendung, wonach Verfügungen des Schuldners ohne entsprechende Zustimmungen des vorläufigen Verwalters nach § 81 Abs. 1 InsO **absolut unwirksam** sind.[181]

142 **(2) Arbeitgeberstellung.** Bei Anordnung eines allgemeinen Zustimmungsvorbehalts behält der Schuldner uneingeschränkt seine bisherige **Arbeitgeberstellung**.[182] Insoweit können Kündigungen weiterhin nur vom Schuldner selbst – unter Zustimmung des vorläufigen Verwalters – ausgesprochen werden. Strengt der Arbeitnehmer einen Kündigungsschutzprozess an, so ist die Klage gegen den Schuldner und nicht gegen den vorläufigen Verwalter zu richten. Stellt der Schuldner neue Arbeitnehmer ein, so braucht er dafür wegen der finanziellen Folgen die Zustimmung des vorläufigen Verwalters.[183]

143 **(3) Prozessrechtliche Stellung.** Dem vorläufigen Insolvenzverwalter mit Zustimmungsvorbehalt steht kein Recht zur **Prozessführung** zu. Dementsprechend werden durch die Anordnung von Sicherungsmaßnahmen nach § 21 InsO laufende Verfahren nicht nach § 240 ZPO unterbrochen.[184] Im Eröffnungsverfahren können somit jederzeit Urteile gegen den Schuldner ergehen. Diese sind für den Gläubiger meist aber nur von geringem Nutzen, da Vollstreckungen in das Schuldnervermögen auf Grund der üblichen Anordnung nach § 21 Abs. 2 S. 1 Nr. 3 InsO (Vollstreckungsverbot) ohnehin ausgeschlossen sind. Bei Eröffnung des Verfahrens kann selbst eine titulierte Forderung nur zur Insolvenztabelle angemeldet werden.

144 Mit einem Hinweis auf die mit Verfahrenseröffnung eintretende Unterbrechungswirkung gemäß § 240 S. 1 ZPO sind die Prozessgerichte allerdings in aller Regel zu einer großzügigen Verlängerung von Schriftsatzfristen bereit. Damit müssen im Eröffnungsverfahren die Rechtsstreitigkeiten faktisch nicht mehr weiterbetrieben werden. Eine intensive Fortführung ist vor dem Hintergrund der §§ 87, 174 InsO sinnlos, da im eröffneten Verfahren Insolvenzgläubiger ihre Forderungen ohnehin nur noch zur Insolvenztabelle anmelden können.

---

[178] Hess/*Hess* InsO § 21 Rn. 94.
[179] Gottwald InsR-HdB/*Vuia*, Insolvenzrechts-Handbuch, § 14 Rn. 40.
[180] Hess/*Hess* InsO § 21 Rn. 98.
[181] KPB/*Pape* InsO § 24 Rn. 1.
[182] *Berscheid* NZI 2000, 1 (3); Graf-Schlicker/*Voß* InsO § 22 Rn. 21.
[183] *Berscheid* ZInsO 2001, 989 (990).
[184] BGH Urt. v. 21.6.1999 – II ZR 70/98, ZIP 1999, 1314; BGH Beschl. v. 4.5.2006 – IX ZA 26/04, NZI 2006, 543 f.; KG Urt. v. 9.10.2000 – 26 W 7002/00, KGReport 2001, 38.

§ 5. Sicherungsmaßnahmen und vorläufige Insolvenzverwaltung

bb) Begründung von Verbindlichkeiten. Wird ein vorläufiger Insolvenzverwalter mit Zustimmungsvorbehalt eingesetzt, bleibt der Schuldner gegenüber Dritten im Rahmen der Betriebsfortführung Vertragspartner. Dieser ist weiterhin grundsätzlich verfügungsberechtigt. Der vorläufige Verwalter begründet daher in der Regel auch keine Verbindlichkeiten (zur Ausnahme sogleich), sondern beschränkt sich auf die Zustimmungserteilung. Die aus diesen Rechtshandlungen resultierenden Verbindlichkeiten sind damit zugleich von der Privilegierung des § 55 Abs. 2 InsO ausgeschlossen, da diese Norm sich nur auf den vorläufigen Insolvenzverwalter mit Verwaltungs- und Verfügungsbefugnis bezieht.[185] Dies ergibt sich bereits aus dem Wortlaut und der systematischen Stellung der Vorschrift. 145

Einige Stimmen hielten zwar eine analoge Anwendung des § 55 Abs. 2 InsO für geboten, da der Schuldner ohne den vorläufigen Insolvenzverwalter auf Grund des Zustimmungsvorbehalts nicht handeln kann und dieser damit faktisch die Leitung des Unternehmens übernommen hat.[186] Die ganz herrschende Meinung[187] lehnt aber sowohl die direkte als auch die analoge Anwendung des § 55 Abs. 2 InsO richtigerweise ab. Zusammengefasst bedeutet das, dass die mit Zustimmung des vorläufig schwachen Insolvenzverwalters begründeten Verbindlichkeiten mit Insolvenzeröffnung einfache Insolvenzforderungen werden.[188] 146

Dieses Grundprinzip hat der Gesetzgeber allerdings für Steuerverbindlichkeiten mit der Einführung des § 55 Abs. 4 InsO durchbrochen. Hiernach gelten Verbindlichkeiten aus dem Steuerschuldverhältnis, die von einem vorläufigen Insolvenzverwalter oder mit Zustimmung eines vorläufigen Insolvenzverwalters begründet worden sind, nach Eröffnung des Insolvenzverfahrens als Masseverbindlichkeiten. Damit hat der Gesetzgeber das schon zu Konkurszeiten bekannte Fiskusprivileg in veränderter Form wieder eingeführt. 146a

cc) Aufgaben. (1) Sicherungs- und Erhaltungspflicht. Ob auch dem vorläufigen Verwalter mit Zustimmungsvorbehalt – ohne dass es einer gesonderten gerichtlichen Anordnung bedarf – die Pflicht zur Sicherung und Erhaltung des schuldnerischen Vermögens obliegt, ist umstritten.[189] Der Wortlaut des § 22 Abs. 2 InsO spricht dagegen, nachdem das Insolvenzgericht die Pflichten festlegt.[190] 147

---

[185] Grundlegend BGH Urt. v. 18.7.2002 – IX ZR 195/01, ZIP 2002, 1625 (1628); BGH Beschl. v. 4.12.2014 – IX ZR 166/14, ZInsO 2015, 261 f.

[186] HK-InsO/*Lohmann* § 55 Rn. 28; *Pape* DB 1999, 1539 (1542) (*Pape* hält diese Auffassung zur Begegnung der Umgehungsgefahr für erwägenswert); *Ahrendt/Struck* ZInsO 1999, 450 ff. (in Analogie zu § 277 iVm § 55 Abs. 2 InsO); LG Essen Urt. v. 10.1.2001 – 16 O 534/00, NZI 2001, 217 (218).

[187] Gottwald InsR-HdB/*Vuia*, Insolvenzrechts-Handbuch, § 14 Rn. 152; BK-InsO/*Zilkens* InsO § 55 Rn. 58; *Smid* S. 75; Hess/Röpke InsO § 55 Rn. 269; Nerlich/Römermann/*Andres* InsO § 55 Rn. 130; FK-InsO/*Bornemann* § 55 Rn. 47; *Häsemeyer* S. 132; MüKoInsO/*Hefermehl* § 55 Rn. 221; *Spliedt* ZIP 2001, 1941 (1944); BGH Urt. v. 18.7.2002 – IX ZR 195/01, BGHZ 151, 353; BGH Beschl. v. 4.12.2014 – IX ZR 166/14, ZInsO 2015, 261 f.

[188] Zur Möglichkeit der Befriedigung dieser Verbindlichkeiten auch nach Insolvenzeröffnung vgl. → § 5 Rn. 152a.

[189] Dafür: OLG Köln Urt. v. 29.12.1999 – 11 W 81/99, NZI 2000, 267 (268); Uhlenbruck/*Vallender* InsO § 22 Rn. 12 f.; dagegen: HambK-InsO/*Schröder* § 22 Rn. 105.

[190] So wohl verstanden von HambK-InsO/*Schröder* § 22 Rn. 105.

148 Der „schwache" vorläufige Insolvenzverwalter muss das schuldnerische Vermögen im Gegensatz zum starken vorläufigen Verwalter nicht in Besitz nehmen.[191] Es ist ihm aber nicht verwehrt, zu inventarisieren und zu bewerten.

149 **(2) Fortführungsverpflichtung.** In § 22 Abs. 1 S. 2 Nr. 2 InsO regelte der Gesetzgeber ausdrücklich, dass der vorläufige Verwalter mit Verwaltungs- und Verfügungsbefugnis das schuldnerische Unternehmen bis zur Entscheidung über die Eröffnung des Insolvenzverfahrens fortzuführen hat, soweit nicht bereits einer Stilllegung zugestimmt wurde. Einer entsprechenden Regelung bedarf es bei einer „schwachen" vorläufigen Verwaltung nicht, da hier der Schuldner selbst bzw. durch seine Organe das Unternehmen fortführt. Um jedoch das gesetzgeberische Ziel in § 1 InsO nicht leer laufen zu lassen, muss aber auch der schwache vorläufige Verwalter im Rahmen seiner Möglichkeiten zur – vorübergehenden – Unternehmensfortführung verpflichtet sein.[192] Diese Pflicht trifft ihn zumindest mittelbar.[193] Damit stellen sich in der Praxis zwei bedeutsame Fragen: Erstens, unter welchen Voraussetzungen darf der vorläufige Verwalter seine Zustimmung erteilen, und zweitens, wie kann anschließend die Bezahlung der dadurch begründeten Verbindlichkeiten sichergestellt werden.[194]

150 Grundsätzlich wird man davon ausgehen müssen, dass der vorläufige Verwalter immer dann Rechtsgeschäften des Schuldners seine Zustimmung erteilt, wenn damit die zukünftige Masse erhalten, gesichert oder sogar gemehrt wird. Gerade unternehmerischen Entscheidungen ist jedoch die prognostische Unsicherheit immanent, ob sich das investierte Kapital sowie das eingegangene Risiko auch lohnen und auszahlen werden. Ob es letztendlich wirklich zu einer Massemehrung kommt, ist meist ungewiss.

151 Beispielsweise steht bei einem Bauunternehmen der vorläufige Verwalter nach seiner Bestellung vor der Entscheidung, ob er den im Zusammenhang mit der Weiterführung eines Bauvorhabens erforderlichen Fortsetzungsmaßnahmen oder Rechtsgeschäften seine Zustimmung erteilen soll. Zunächst hat er lediglich die Möglichkeit (und auch die Pflicht), den Gesamtauftrag unter Insolvenzbedingungen (ohne Lohnkosten,[195] da idR Anspruch auf Insolvenzgeld besteht, und ohne Abschreibungen) erneut zu kalkulieren. Selbst wenn im Ergebnis festgestellt wird, dass sich der Auftrag für die Masse „lohnt", bestehen weitere Risiken. So könnte der Auftraggeber möglicherweise nach einigen Wochen von seinem Kündigungsrecht gemäß § 8 VOB/B Gebrauch machen oder gegen die entstandenen Werklohnansprüche mit Verzugsschäden aufrechnen.[196] Selbst wenn auf das Recht der Kündigung und Aufrechnung verzichtet wird, bestehen weitere Unwägbarkeiten. Möglicherweise findet sich mit Verfahrenseröffnung keine Fortführungslösung, so dass die Arbeiten von Seiten der Schuldnerin eingestellt werden müssen. In diesem Fall droht die Verrechnung der gegenseitigen

---

[191] HambK-InsO/*Schröder* § 22 Rn. 105b; OLG Celle Beschl. v. 11.12.2002 – 2 W 91/02, ZInsO 2003, 31.
[192] Vgl. *Wallner/Neuenhahn* NZI 2004, 63 ff., sowie *Beck* FS Runkel, 2009, S. 3.
[193] Vgl. Uhlenbruck/*Vallender* InsO § 21 Rn. 24.
[194] Hierzu ausführlich *Beck* FS Runkel, 2009, S. 4 ff.
[195] Zur Diskussion über die Zulässigkeit des Subventionseffekts des Insolvenzgeldes vgl. § 19 Rn. 33.
[196] Zur Wirksamkeit der Kündigung nach VOB/B vgl. BGH Urt. v. 7.4.2016 – VII ZR 56/15, ZInsO 2016, 1062 ff.

Ansprüche im Rahmen des § 103 InsO. Denkbar ist auch, dass die eigenen Leistungen mit derart gravierenden Mängeln behaftet sind und deshalb nicht der kalkulierte Werklohn in die Masse fließt. Der vorläufige Verwalter wird nur in den seltensten Fällen mit Sicherheit feststellen können, ob mit seiner Zustimmung tatsächlich eine Erhaltung und Sicherung des schuldnerischen Vermögens in dem geplanten Umfang erreicht werden kann.

Vor diesem Hintergrund darf der vorläufige Insolvenzverwalter immer nur dann seine Zustimmung zu einer Rechtshandlung erteilen, wenn er die Konsequenzen bis zur Erfüllung des Geschäfts überblicken kann. Die Grenze einer „Zustimmung zur Fortführung" liegt selbstverständlich dort, wo eine Masseschmälerung bereits erkennbar ist oder unverhältnismäßige Risiken eingegangen werden müssten. Ist im Falle des vorstehenden Beispiels ein Bauauftrag mit „schwarzen Zahlen" kalkuliert und verzichten die Vertragspartner unwiderruflich auf das Recht der Aufrechnung, Zurückbehaltung und Kündigung, so kann bezüglich der in diesem Zusammenhang eingegangenen Verbindlichkeiten dem „schwachen" vorläufigen Insolvenzverwalter im Nachhinein haftungsrechtlich kein Vorwurf gemacht werden. **152**

Wurde die Zustimmung erteilt, stellt sich im Weiteren die Frage nach einer rechtssicheren Bezahlung der so begründeten Verbindlichkeiten. Erfolgt die Bezahlung des Gläubigers noch vor Insolvenzeröffnung so gehen damit die geringsten Probleme einher. Die so eingetretene Befriedigung des Gläubigers wird nach Insolvenzeröffnung in der Regel wegen des Bargeschäftseinwandes nicht anfechtbar sein.[197] Schwieriger ist die Frage zu beantworten, wenn die Bezahlung erst nach Insolvenzeröffnung erfolgen kann. In Literatur und Rechtsprechung wurden daher zahlreiche Lösungsvorschläge entwickelt, die aber zum Teil höchst umstritten sind.[198] Neben der Möglichkeit den vorläufigen Insolvenzverwalter bereits zusätzlich mit Ermächtigungen für den konkreten Fall auszustatten (vgl. die Ausführungen zum sog „halbstarken" vorläufigen Insolvenzverwalter unter → Rn. 159 ff.) hat sich in der Praxis vor allem das Treuhandmodell, speziell das Treuhandkonto, etabliert. Dieses ist im Einzelnen umstritten, wird aber ganz überwiegend als Ausweg angesehen, um Lieferungen und Leistungen im Eröffnungsverfahren hinreichend insolvenzfest abzusichern.[199] **152a**

dd) Sanierungs- und Übernahmeverhandlungen. Zum Teil wird vertreten, dass der vorläufige Verwalter ohne Verwaltungs- und Verfügungsbefugnis nicht **berechtigt** ist, mit den Gläubigern des Schuldners bzw. Schuldnerunternehmens Sanierungsverhandlungen zu führen.[200] Die Auffassung ist in dieser Konsequenz abzulehnen. Selbstverständlich wird auch der „schwache" vorläufige Verwalter in Kooperation mit dem Schuldner und in enger Zusammenarbeit mit den finanzierenden Banken Gespräche mit potentiellen Übernehmern führen.[201] **153**

---

[197] Vgl. hierzu → § 16 Rn. 75.
[198] Ein ausführlicher Überblick bei *Beck* FS Runkel, 2009, S. 3 ff.
[199] Vgl. ausführlich *Beck* FS Runkel, 2009, S. 14 ff.
[200] So teilweise MüKoInsO/*Harmmeyer* § 22 Rn. 128, 131.
[201] Je nach Umfang der entfalteten Tätigkeit kann dies sogar einen Zuschlag zur Vergütung bilden, vgl. BGH Beschl. v. 11.3.2010 – IX ZB 122/08, ZInsO 2010, 730; LG Cottbus Beschl. v. 2.9.2009 – 7 T 422/05, ZInsO 2009, 2114.

Sind keine ernsthaften Interessenten vorhanden und sind gangbare Sanierungskonzepte nicht in Sicht, stellt sich bereits die Fortführung des Unternehmens im Eröffnungsverfahren unter völlig anderen Vorzeichen dar. Allerdings ist der schwache Verwalter zur Führung solcher Sanierungsverhandlungen **nicht verpflichtet**.

154 Namentlich die Übernahme eines gesamten Betriebes bedarf im Hinblick auf die Finanzierung, der gesellschaftsrechtlichen und steuerrechtlichen Gestaltung sowie zur Klärung der arbeitsrechtlichen Probleme, vor allem vor dem Hintergrund des § 613a BGB, einer zeit- und arbeitsintensiven Vorbereitung. Das Eröffnungsverfahren kann daher sinnvoll genutzt werden, um Kaufgegenstand und Kaufmodalitäten abzuklären. Bestehen bereits in der Antragsphase realistische Optionen zur Fortführung (durch Sanierung oder Übertragung) des Unternehmens, wird es auch gelingen, die qualifizierten Schlüsselmitarbeiter im Betrieb zu halten. Im Übrigen wäre ohne konkrete Konzepte bzw. Interessenten auf Grund der Regelung des § 170 Abs. 4 S. 2 SGB III auch eine Vorfinanzierung des Insolvenzgeldes, was wiederum unabdingbare Voraussetzung für eine Betriebsfortführung im Eröffnungsverfahren ist, ausgeschlossen.

155 **b) Übertragung von Sachverständigenaufgaben.** Der „schwache" vorläufige Insolvenzverwalter wird neben der Anordnung eines Zustimmungsvorbehaltes in aller Regel zusätzlich als Sachverständiger beauftragt. Dabei hat er zu prüfen, ob ein Insolvenzgrund vorliegt, ob das Vermögen des Schuldners die Kosten des Verfahrens decken wird und welche Aussichten für eine Fortführung des schuldnerischen Unternehmens bestehen. (vgl. Abschnitt → § 6 Rn. 34).

156 **c) Praxistauglichkeit des „schwachen" vorläufigen Insolvenzverwalters.** In der Anfangsphase des Insolvenzeröffnungsverfahrens stellt die Einsetzung eines vorläufigen Insolvenzverwalters und die Anordnung eines allgemeinen Zustimmungsvorbehaltes bei einem laufenden Geschäftsbetrieb den geringsten Eingriff zur Sicherung des schuldnerischen Vermögens dar.[202] Dies ist besonders vor dem in § 21 Abs. 1 InsO niedergelegten Verhältnismäßigkeitsprinzip bedeutsam. Insoweit ist bei Sicherungsmaßnahmen stets zu beachten, dass diese zwar **geeignet** aber eben auch **erforderlich** und **angemessen** sein müssen. Stellt sich heraus, dass zur Fortführung des Unternehmens dem Schuldner die Verwaltungs- und Verfügungsbefugnis (partiell) entzogen werden muss, kann dies in der Regel – auf Anregung durch den vorläufigen Verwalter – unkompliziert und schnell vom Insolvenzgericht angeordnet werden.

157 Der „schwache" vorläufige Insolvenzverwalter kann, ohne bereits der Haftung nach §§ 61, 21 Abs. 2 Nr. 1 InsO ausgesetzt zu sein, zunächst einmal den Geschäftsbetrieb des Schuldners analysieren und die Fortführungschancen und Risiken bewerten.[203] Dem gegenüber obliegt dem „starken" vorläufigen Insolvenzverwalter unmittelbar nach seiner Bestellung die Pflicht zur Unternehmensfortführung nach § 22 Abs. 1 S. 2 Nr. 2 InsO mit den damit verbundenen Haftungsrisiken.

158 Als nachteilig ist sicherlich das Nebeneinander von Schuldner und vorläufigem Insolvenzverwalter zu bewerten. Für Außenstehende bleibt die Kompe-

---

[202] So bereits *Vallender* DZWIR 1999, 265 (269).
[203] *Vallender* DZWIR 1999, 265 (269).

tenzabgrenzung – trotz guter Kommunikation – oft undurchschaubar, weshalb sich hauptsächlich bei einem laufenden Geschäftsbetrieb für Geschäftspartner oft die Frage stellt, mit wem kontrahiert werden soll bzw. welche rechtlichen Befugnisse dem Schuldner überhaupt noch zustehen. Da die Vertragspartner meist „auf Nummer sicher" gehen wollen, werden Gespräche nur noch mit dem vorläufigen Verwalter geführt, dem dadurch faktisch die Leitungsbefugnis aufgedrängt wird. Gleichzeitig setzt er sich damit einer Haftungsgefahr aus c.i.c. oder Garantiehaftung aus. Ein Ausweg aus diesem Dilemma – auch im Hinblick auf die Erlaubnis später die begründeten Verbindlichkeiten bezahlen zu dürfen – ist die Möglichkeit, dem vorläufigen Verwalter bestimmte, genau bezeichnete Befugnisse und Verpflichtungen zu übertragen (sog „halbstarker" vorläufiger Verwalter).[204]

3. Der „halbstarke" vorläufige Insolvenzverwalter

a) **Grundlegendes.** Die bisher vorgenommene Typisierung unterschied nur zwischen dem vorläufigen Insolvenzverwalter mit allgemeinem Zustimmungsvorbehalt („schwacher" vorläufiger Verwalter) und dem mit Verwaltungs- und Verfügungsbefugnis („starker" vorläufiger Verwalter). Die insolvenzrechtliche Praxis fordert jedoch differenzierende Sicherungsanordnungen, um den jeweiligen Bedürfnissen im Einzelfall gerecht zu werden. Sie entwickelte atypische Gestaltungen des vorläufigen Insolvenzverwalters, die hinsichtlich ihrer rechtlichen Befugnisse zwischen dem „starken" und dem „schwachen" Verwalter liegen, oft auch als sog „halbstarker" vorläufiger Insolvenzverwalter bezeichnet. Im Grunde handelt es sich aber um einen schwachen vorläufigen Insolvenzverwalter, dem zusätzlich Einzelbefugnisse durch das Insolvenzgericht eingeräumt werden. Damit will man einerseits eine umfassende Begründung von Masseverbindlichkeiten – vor allem bei den Arbeitnehmeransprüchen – vermeiden, wobei gleichzeitig das Bestreben besteht, den vorläufigen Verwalter dennoch mit einer gewissen Rechtsmacht auszustatten. Andererseits besteht in der insolvenzrechtlichen Praxis die Notwendigkeit, die im Eröffnungsverfahren zur Fortführung des schuldnerischen Unternehmens begründeten Verbindlichkeiten auch noch nach Verfahrenseröffnung als Masseverbindlichkeiten voll begleichen zu dürfen.[205] 159

Während die Norm des § 22 Abs. 2 InsO hierfür die erforderliche gesetzliche Rechtsgrundlage darstellt, schafft die allgemeine Regelung des § 21 Abs. 1 InsO den gerichtlichen Gestaltungsspielraum, um die „erforderlichen" Maßnahmen zur Vermögenssicherung anzuordnen. Insoweit liegt es auf der Hand, dass auf Grund der unterschiedlichen Anordnungen eine konkretisierende Definition für den „halbstarken" vorläufigen Verwalter nicht aufgestellt werden kann. In der Praxis werden – exemplarisch – folgende Einzelanordnungen beobachtet: Ermächtigung zum Abschluss von Kredit- und Sicherungsverträgen, zur Einziehung von Forderungen unter gleichzeitigem Ausschluss der Zessionare, Ermächtigung zur Kündigung von Arbeitsverhältnissen, Ermächtigung zur Einziehung von Außenständen usw. 160

---

[204] Vgl. auch *Beck* FS Runkel, 2009, S. 9 ff.
[205] Darauf zu Recht hinweisend *Spliedt* ZIP 2001, 1941 (1943); zur weiteren Möglichkeit von Treuhandlösungen des vorläufigen schwachen Verwalters vgl. → Rn. 152; ebenso *Beck* FS Runkel, 2009, S. 3 ff.

161 Aufgrund der möglichen Gestaltungsvielfalt können keine, für alle denkbaren Fälle gültigen Aussagen bezüglich der rechtlichen Befugnisse, Aufgaben und Pflichten eines „halbstarken" vorläufigen Verwalters getroffen werden. Im Gegensatz dazu gewähren die mittlerweile auch durch die Rechtsprechung klar definierten Rechtsfiguren des „schwachen" und „starken" vorläufigen Insolvenzverwalters weitgehende Rechtssicherheit.

162 **b) Gestaltungsvarianten und rechtliche Konsequenzen. aa) Pauschalermächtigung.** Hinsichtlich der Ausgestaltung des „halbstarken" vorläufigen Insolvenzverwalters bestand zunächst in der Praxis erhebliche Rechtsunsicherheit. Besonders paradox ist dies vor dem Hintergrund, dass gerade mit der gesetzlichen Normierung der vorläufigen Insolvenzverwaltung in den §§ 21 ff. InsO Sicherheit bezüglich der Rechtsfolgen geschaffen werden sollte, nicht zuletzt auch wegen der Haftungsgefahren für die vorläufigen Verwalter. Bereits in seiner Entscheidung vom 18.7.2002 hat sich der *BGH*[206] mit diesem Verwaltertypus kritisch auseinandergesetzt. Danach müsse aus Gründen der Rechtsklarheit und des gebotenen Schutzes von Vertragspartnern für diese jeweils aus der gerichtlichen Anordnung selbst unmissverständlich erkennbar sein, mit welchen Einzelbefugnissen – nach Art und Umfang – der vorläufige Verwalter ausgestattet sei. Eine gerichtliche **Pauschalermächtigung** des vorläufigen Insolvenzverwalters, *„mit rechtlicher Wirkung für den Schuldner zu handeln"*, **verstößt** insoweit **gegen § 22 Abs. 2 S. 1 InsO.** Das Insolvenzgericht darf, wenn es kein allgemeines Verfügungsverbot erlässt, Verfügungs- und Verpflichtungsermächtigungen nicht pauschal in das Ermessen des „schwachen" Verwalters stellen. Vielmehr hat das Gericht im Rahmen des § 22 Abs. 2 InsO in jedem Falle selbst die einzelnen Maßnahmen bestimmt zu bezeichnen, zu denen der vorläufige Verwalter verpflichtet und berechtigt sein soll.

163 **bb) Ermächtigung zur Begründung von Masseverbindlichkeiten.** Soll im Rahmen des Eröffnungsverfahrens das Unternehmen aufrechterhalten werden, bedarf es dazu einer Weiterbelieferung mit Rohstoffen und einer Versorgung mit Dienstleistungen. Da bei den Vertragspartnern in aller Regel erhebliche Rückstände bestehen, wird die weitere „Belieferung" meist von einer entsprechenden Vorkasse oder der Einräumung der Position als Massegläubiger abhängig gemacht. Dem in der Praxis überwiegend eingesetzten vorläufigen Verwalter mit Zustimmungsvorbehalt steht aber weder freie Liquidität noch auf Grund seiner gesetzlichen Ausgestaltung die Möglichkeit zur Begründung von Masseverbindlichkeiten zur Verfügung.

164 Vor dem Hintergrund dieser Problematik wird es – wie unter b) ausgeführt – vom BGH als zulässig erachtet, dass im Rahmen von § 22 Abs. 2 InsO das Insolvenzgericht einen vorläufigen Insolvenzverwalter (mit Zustimmungsvorbehalt) **zur Begründung von Masseverbindlichkeiten ermächtigen** kann, soweit die Grundsätze der Rechtsklarheit und Rechtssicherheit gewahrt bleiben.[207]

---

[206] BGH Beschl. v. 18.7.2002 – IX ZR 195/01, NZI 2002, 543 = NJW 2002, 3326 = ZIP 2002, 1625 ff.
[207] BGH Urt. v. 18.7.2002 – IX ZR 195/01, ZIP 2002, 1625 (1629); BGH Beschl. v. 4.12.2014 – IX ZR 166/14, ZInsO 2015, 261 f.; vgl auch. *Marotzke*, Das Unternehmen in der Insolvenz, Rn. 13; HK-InsO/*Rüntz* § 22 Rn. 38.; *Rüntz* ZInsO 2000, 297 (300); *Meyer* DZWIR 2001, 309 (316); Hess/*Hess* InsO § 22 Rn. 308; *Pohlmann* Rn. 334 ff.

§ 5. Sicherungsmaßnahmen und vorläufige Insolvenzverwaltung

Dabei sind die vom BGH aufgestellten Regeln zu beachten.[208] Dies hat in der Praxis zur Herausbildung der sog **Einzel- und Gruppenermächtigungen** geführt. Während man für einen konkreten Einzelfall auf die Einzelermächtigung zurückgreift, findet die sog Gruppenermächtigung immer dann Anwendung, wenn für eine Vielzahl für Einzelanordnungen die Begründung von Masseverbindlichkeiten notwendig wird (zB „alle Energielieferungen an die Schuldnerin").[209] Auch kann sich die Ermächtigung auf ein bestimmtes Projekt beziehen, sog **Projektermächtigung** (zB „Lieferungen und Leistungen für das Bauvorhaben X").

Die auf Grundlage der Ermächtigung vorgenommenen Rechtshandlungen des vorläufigen Insolvenzverwalters sind dessen eigene Handlungen und nicht nur Zustimmungen zu Rechtshandlungen des Schuldners. Soweit dem vorläufigen Verwalter einzelne Befugnisse durch gerichtlichen Beschluss übertragen werden, werden sie dem Schuldner im selben Umfang entzogen. **164a**

Damit bedarf es zum Zwecke der Unternehmensfortführung nicht des intensiven Eingriffs der umfassenden Entziehung der Verwaltungs- und Verfügungsbefugnis. Stattdessen kann unter Wahrung des Verhältnismäßigkeitsgebotes des § 21 Abs. 1 InsO im Einzelfall besser auf die Belange des Schuldners eingegangen werden, in dem zB nur ein Zustimmungsvorbehalt angeordnet wird, andererseits aber bestimmte Aufgaben auf den vorläufigen Verwalter übertragen werden. Solange der vorläufige Verwalter im Rahmen seiner Aufgaben lediglich Zustimmungen zu Handlungen des Schuldners erteilt, also nicht im Rahmen der ihm übertragenen Einzelbefugnisse rechtsgeschäftlich oder verfügend tätig wird, bleibt es dabei, dass durch den Schuldner nur einfache Insolvenzforderungen und keine Masseschulden begründet werden. **165**

cc) Partielle Verwaltungs- und Verfügungsbefugnis. Im Rahmen des § 22 Abs. 2 InsO ist auch die Anordnung des Insolvenzgerichts zulässig, wonach dem vorläufigen Verwalter – anstelle einer allgemeinen Verwaltungs- und Verfügungsbefugnis – eine auf einzelne Vermögensgegenstände **beschränkte besondere Verfügungsbefugnis** übertragen wird.[210] Für diese Teilbereiche (zB Bankguthaben, Grundstücke), geht damit die Verfügungsbefugnis vom Schuldner auf den vorläufigen Verwalter über, der damit vermögensbezogen die Rechtsstellung eines „starken" vorläufigen Insolvenzverwalters nach § 22 Abs. 1 InsO erlangt.[211] Mit der isolierten Übertragung des Verfügungsrechtes wird die Rechtsfolge des § 55 Abs. 2 InsO ausgelöst, wonach der vorläufige Verwalter – bezogen auf die betreffenden Teilbereiche – bereits im Eröffnungsverfahren Masseverbindlichkeiten begründen kann. Eine Verfügung des Schuldners über den von der Verfügungsbeschränkung erfassten Vermögensgegenstand ist nach §§ 24 Abs. 1, 81 Abs. 1 InsO absolut unwirksam.[212] **166**

---

[208] Instruktiv hierzu *Laroche* NZI 2010, 965 (967 ff.).
[209] MüKoInsO/*Haarmeyer* § 22 Rn. 70a; *Laroche* NZI 2010, 965 (968), spricht hier von „Bündelermächtigung".
[210] BGH Urt. v. 18.7.2002 – IX ZR 195/01, ZIP 2002, 1625 (1629).
[211] MüKoInsO/*Haarmeyer* § 22 Rn. 31.
[212] MüKoInsO/*Haarmeyer* § 22 Rn. 31; aA Nerlich/Römermann/*Mönning* InsO § 22 Rn. 201, wonach das partielle Verfügungsverbot nur ein relatives Veräußerungsverbot im Sinne der §§ 136, 135 BGB sei.

167 Das Insolvenzgericht kann damit nach § 22 Abs. 2 InsO die Pflichten des vorläufigen Verwalters in Bezug auf das zu verwaltende Vermögen differenziert gestalten. Nach dem Willen des Gesetzgebers darf dabei jedoch hinsichtlich der übertragenen Kompetenzen der Rahmen des § 22 Abs. 1 InsO nicht überschritten werden.[213]

168 Beispielsweise kann das Insolvenzgericht dem Schuldner ein auf den Abschluss von **Kredit- und Sicherungsverträgen** beschränktes Verfügungsverbot auferlegen. Für diesen Teilbereich geht die Verwaltungs- und Verfügungsbefugnis auf den – nunmehr – „halbstarken" vorläufigen Insolvenzverwalter über. Nimmt dieser im Eröffnungsverfahren ein Massedarlehen auf, so stellen die Rückzahlungsansprüche des Darlehensgebers Masseforderungen nach § 55 Abs. 2 InsO dar. Ferner kann durch Anordnung des Insolvenzgerichts auch die **Arbeitgeberfunktion** auf den vorläufigen Verwalter übertragen werden, womit auch das Recht zur Kündigung übergeht.[214]

169 Als besonderes effektive Sicherungsmaßnahme, zumal zur Fortführung des schuldnerischen Betriebes, erweist sich in der Praxis die Ermächtigung des vorläufigen Verwalters zur **Einziehung von Forderungen**.[215] Davon erfasst werden auch die sicherungsabgetretenen Forderungen, sofern eine Anordnung nach § 21 Abs. 2 S. 1 Nr. 5 InsO erlassen wurde.[216] Gleichzeitig untersagt das Insolvenzgericht den absonderungsberechtigten Gläubigern nach dieser Vorschrift den Einzug der zedierten Forderungen. Im eröffneten Verfahren kann dann der endgültige Verwalter die eingezogenen Gelder an die Absonderungsgläubiger auskehren, erhält aber auch den sich aus §§ 170, 171 InsO vorgesehenen Anteil für die Insolvenzmasse.

170 Wird kein allgemeines Verwaltungs- und Verfügungsverbot erlassen, verbleibt auch die Befugnis zur **Prozessführung** grundsätzlich beim Schuldner. Eine isolierte Übertragung der Prozessführungsbefugnis auf den vorläufigen Verwalter ist nicht möglich.[217] Diese ist mit der Verwaltungs- und Verfügungsbefugnis über das Vermögen verhaftet und kann nur bei entsprechender (partieller) Übertragung der Verfügungsbefugnis bezüglich der streitgegenständlichen Vermögenswerte vom vorläufigen Verwalter wahrgenommen werden.[218] Eine Unterbrechung der Verfahren tritt in diesen Fällen jedoch nicht ein, da § 240 ZPO nur bei einem vollständigen Übergang der Verwaltungs- und Verfügungsbefugnis anwendbar ist.[219]

4. Besondere Befugnisse und Rechte – aller – vorläufiger Insolvenzverwalter

171 Nach Maßgabe des § 22 Abs. 3 InsO steht einem vorläufigen Insolvenzverwalter ein Bündel an Zwangs-, Einsichts- und Auskunftsrechten zu. Die Norm

---

[213] Begründung RegE zu § 22 (26), *Kübler/Prütting*, Das neue Insolvenzrecht, 2. Aufl., S. 182; Graf-Schlicker/*Voß* InsO § 22 Rn. 15.
[214] *Berscheid* NZI 2000, 1 (3); *Berscheid* ZInsO 2001, 989 (990 ff.).
[215] BGH Urt. v. 18.7.2002 – IX ZR 195/01, ZIP 2002, 1625 (1629).
[216] Hess/*Hess* InsO § 21 Rn. 156 ff.; FK-InsO/*Schmerbach* § 22 Rn. 43; HambK-InsO/*Schröder* § 21 Rn. 69h; Uhlenbruck/*Vallender* InsO § 21 Rn. 38b f.
[217] MüKoInsO/*Haarmeyer* § 22 Rn. 185.
[218] Hess/*Hess* InsO § 22 Rn. 109.
[219] HK-InsO/*Rüntz* § 22 Rn. 61; HambK-InsO/*Schröder* § 22 Rn. 174; Uhlenbruck/*Vallender* InsO § 22 Rn. 247.

gilt unabhängig von der Rechtsstellung des vorläufigen Verwalters, ohne zwischen Bestellungen mit und ohne Verwaltungs- und Verfügungsbefugnis bzw. mit Zustimmungsvorbehalt zu differenzieren. § 22 Abs. 3 InsO stellt insoweit eine Ergänzung des § 20 InsO dar, der die Pflichten des Schuldners gegenüber dem Insolvenzgericht regelt.[220]

a) Zutritts- und Nachforschungsrecht. Der vorläufige Verwalter ist nach § 22 Abs. 3 InsO berechtigt, die **Geschäftsräume** des Schuldners zu betreten und dort Nachforschungen anzustellen. Ist der Schuldner nicht kooperativ, kann der vorläufige Verwalter dieses Recht unter unmittelbarer Inanspruchnahme eines Gerichtsvollziehers oder eines Polizeibeamten durchsetzen.[221] Insoweit ist der Bestellungstitel zugleich ein Vollstreckungstitel im Sinne des § 794 Abs. 1 Nr. 3 ZPO, aus dem entsprechend den §§ 883, 885 ZPO (nur gegen den Schuldner, nicht gegen Dritte) vollstreckt werden kann.[222] Dem vorläufigen Verwalter stehen diese Zwangsbefugnisse auch bei der Ausübung der ihm gegebenenfalls zusätzlich übertragenen Sachverständigenaufgaben zu. 172

Hinsichtlich des Rechts, die **Privaträume**[223] zu betreten, ist zu differenzieren. Geht die Verwaltungs- und Verfügungsbefugnis **nicht** auf den vorläufigen Verwalter über, ist im Hinblick auf Art. 13 Abs. 2 GG eine besondere richterliche Anordnung iSd § 758 ZPO erforderlich.[224] Diese kann bereits in den Sicherungsbeschluss nach § 21 InsO mit aufgenommen werden. Wurde jedoch ein „starker" vorläufiger Insolvenzverwalter eingesetzt, so darf dieser auf Grund seiner – einem endgültigen Verwalter gleichgestellten – umfassenden Befugnisse die Privaträume des Schuldners auch ohne gesonderten Beschluss unter Hinzuziehung eines Gerichtsvollziehers betreten.[225] Ein unbeschränktes Zutrittsrecht besteht im Übrigen jedenfalls dann, wenn in den privaten Räumen des Schuldners zumindest ein Teil der Geschäftstätigkeit stattfindet.[226] 173

In den Geschäftsräumen des Schuldners darf der vorläufige Verwalter nach § 22 Abs. 3 InsO Nachforschungen anstellen. Hierfür können Schränke und Behältnisse geöffnet werden.[227] Neben einer umfassenden Besichtigung der Büro- und Betriebsräume darf ferner Einsicht in elektronisch erfasste Daten genommen werden. Nur mit diesen umfangreichen Befugnissen ist es einem vorläufigen Verwalter möglich – insbesondere im Rahmen seiner gutachterlichen Ermittlungen – Feststellungen über die Sach- und Rechtslage bezüglich des schuldnerischen Betriebes zu treffen. 174

b) Auskunfts- und Mitwirkungspflichten des Schuldners. Dem Schuldner bzw. seinen organschaftlichen Vertretern obliegt bereits im Eröffnungsverfahren gegenüber dem vorläufigen Insolvenzverwalter eine umfassende Auskunfts- 175

---

[220] HK-InsO/*Rüntz* § 22 Rn. 64.
[221] KPB/*Pape* InsO § 22 Rn. 106.
[222] Hess/Weis/Wienberg/*Wienberg* InsO § 22 Rn. 76; MüKoInsO/*Haarmeyer* § 22 Rn. 179.
[223] Dies betrifft ausschließlich **natürliche Personen,** da eine **juristische Person** keine Privatsphäre hat.
[224] Gottwald InsR-HdB/*Vuia,* Insolvenzrechts-Handbuch, § 14 Rn. 91.
[225] So MüKoInsO/*Haarmeyer* § 22 Rn. 180.
[226] HK-InsO/*Rüntz* § 22 Rn. 65 mwN.
[227] *Uhlenbruck,* Kölner Schrift zur Insolvenzordnung, Kap. 6 Rn. 70.

und Mitwirkungspflicht.[228] Die §§ 97, 98, 101 Abs. 1 S. 1, 2, Abs. 2 InsO gelten entsprechend.

176 Die **Auskunftspflicht** umfasst dabei alle wirtschaftlichen und rechtlichen Verhältnisse des Schuldners. Sie erstreckt sich auf alle Informationen über den Umfang des zu verwaltenden Vermögens, Werthaltigkeit von Forderungen, Möglichkeiten der Insolvenzanfechtung, laufende Rechtsstreite und Ursachen der Krise bzw. Insolvenz. Der Schuldner hat die Auskünfte grundsätzlich persönlich und mündlich zu erteilen, wobei sie auf Wunsch des Auskunftsberechtigten auch schriftlich abgefordert werden können.[229] Ferner kann die Auskunftspflicht im Einzelfall bedeuten, dass der Schuldner seinen Rechtsanwalt oder den Steuerberater von der Schweigepflicht entbinden muss.[230]

177 Die Pflicht zur Auskunft erstreckt sich auch auf Tatsachen, die den Schuldner der Gefahr einer Strafverfolgung aussetzen. Unter Beachtung des „Nemo-Tenetur-Grundsatzes" dürfen solche Informationen in einem Strafverfahren oder einem Ordnungswidrigkeitenverfahren gemäß § 97 Abs. 1 S. 3 InsO gegen den Schuldner oder einen in § 52 Abs. 1 StPO bezeichneten Angehörigen jedoch nur mit Zustimmung des Schuldners verwendet werden.[231] Falls ein Schuldner bereits ahnt oder ihm sogar bewusst ist, dass er durch Handlungen vor der Insolvenzantragstellung bestimmte Straftatbestände verwirklicht hat, besteht durch eine umfassende Aufdeckung aller Umstände die Gefahr, dass der Täter sich damit jeglicher strafrechtlicher Verantwortung entzieht. Letztendlich hinge vom Umfang seiner Auskünfte die Reichweite des Beweisverwertungsverbotes ab. Daher ist *Blersch*[232] zu folgen, der für eine Begrenzung des Beweisverwertungsverbotes plädiert und die auf anderen Wegen – nicht direkt durch Auskünfte des Schuldners – erlangten Erkenntnisse grundsätzlich verwerten will.[233]

178 Gemäß §§ 97 Abs. 2, 22 Abs. 3 Hs. 2 InsO hat der Schuldner den vorläufigen Insolvenzverwalter bei der Erfüllung seiner Aufgaben zu unterstützen. Insoweit muss er zB im Falle der Betriebsfortführung uneingeschränkt seine Fach- und Sachkenntnisse zur Verfügung stellen.[234] Die **Mitwirkungspflicht** des Schuldners beinhaltet dabei Unterstützungshandlungen wie beispielsweise die Fertigung von Übersichten über alle laufenden Verträge (Arbeits-, Miet-, Leasingverträge, usw), die Feststellung und Inventarisierung des zu verwaltenden Vermögens oder die Mithilfe bei der Ermittlung aller Drittrechte und Kreditsicherheiten. Die Einforderung dieser Unterstützungs- und Mitwirkungspflichten liegt im pflichtgemäßen Ermessen des vorläufigen Verwalters.

179 Ist der Schuldner keine natürliche Person, gelten über die Regelung des § 101 Abs. 1 S. 1, 2 InsO die Auskunfts- und Mitwirkungspflichten auch für die Mitglieder des Vertretungs- und Aufsichtsorgans und die vertretungsberechtigten

---

[228] Nach einer Mindermeinung bestünden im Eröffnungsverfahren nur Auskunfts-, nicht jedoch Mitwirkungspflichten; *Pohlmann* Rn. 202 ff.
[229] KPB/*Lüke* InsO § 97 Rn. 6.
[230] *Uhlenbruck* ZInsO 1999, 493 (495); Graf-Schlicker/*Voß* InsO § 20 Rn. 9.
[231] Wabnitz/Janovsky/*Pelz*, HdB des Wirtschafts- und Steuerstrafrechts, Kap. 9 Rn. 434.
[232] BK-InsO/*Rüntz* § 22 Rn. 33.
[233] Vgl. hierzu auch Wabnitz/Janovsky/*Pelz*, HdB des Wirtschafts- und Steuerstrafrechts, Kap. 9 Rn. 436, 444 ff.
[234] Hess/*Hess* InsO § 97 Rn. 46.

persönlich haftenden Gesellschafter des Schuldners, sofern diese Personen nicht früher als zwei Jahre vor dem Antrag auf Eröffnung ausgeschieden sind. Die Pflichten gelten auch für Angestellte des Schuldners, die nicht früher als zwei Jahre vor dem Eröffnungsantrag ausgeschieden sind.

Zur **Durchsetzung** der Mitwirkungs- und Auskunftspflichten stehen die in § 98 InsO bezeichneten Zwangsmittel zur Verfügung, wobei diese nicht direkt durch den vorläufigen Insolvenzverwalter ausgeübt werden können. Insoweit kann das Insolvenzgericht gemäß § 98 Abs. 1 InsO anordnen, dass der gemäß §§ 97, 101 InsO Auskunftsverpflichtete die Richtigkeit und Vollständigkeit seiner Angaben eidesstattlich versichert. Ferner kann nach § 98 Abs. 2 InsO ohne Anhörung des Schuldners die Vorführung und nach Anhörung des Schuldners die Erzwingungshaft angeordnet werden. **180**

IV. Steuerrechtliche Stellung des vorläufigen Insolvenzverwalters

1. Der „starke" vorläufige Insolvenzverwalter

a) Allgemeines. Der „starke" vorläufige Insolvenzverwalter nimmt die steuerrechtliche Stellung eines Vermögensverwalters iSv § 34 Abs. 3 AO und zugleich die eines Verfügungsberechtigten nach § 35 AO ein[235] und hat damit im steuerlichen Verfahren die gleiche Stellung wie der endgültige Insolvenzverwalter. Dies ergibt sich aus der umfassenden Übertragung der Verwaltungs- und Verfügungsbefugnis gemäß § 21 Abs. 2 S. 1 Nr. 2 Alt. 1 iVm § 22 Abs. 1 InsO sowie der Verpflichtung zur einstweiligen Geschäftsfortführung.[236] Auf eine tatsächliche Fortführung bzw. Übernahme der Geschäfte kommt es insoweit nicht an, da der vorläufige Verwalter die Rechtsstellung kraft Gesetzes einnimmt.[237] **181**

Der vorläufige Verwalter nach § 22 Abs. 1 InsO hat sämtliche steuerlichen Pflichten des Schuldners in Bezug auf das seiner Verwaltung unterliegende Vermögen zu erfüllen.[238] Zu diesen steuerlichen Aufgaben zählt auch die Pflicht zur Abgabe von Steuererklärungen.[239] Des Weiteren hat der vorläufige Verwalter Umsatzsteuervoranmeldungen und Lohnsteueranmeldungen abzugeben.[240] Ferner hat der „starke" vorläufige Insolvenzverwalter die verschiedenen Auskunfts- und Anzeigepflichten (§§ 90, 93 ff., 137 ff. AO) sowie Aufzeichnungs- und Buchführungspflichten (§§ 140 ff. AO) zu erfüllen.[241] **182**

---

[235] Vgl. nur Gottwald InsR-HdB/*Vuia*, Insolvenzrechts-Handbuch, § 14 Rn. 108; *Rose* ZIP 2016, 1520 f.

[236] *Maus* ZInsO 1999, 683 (684); MüKoInsO/*Haarmeyer* § 22 Rn. 194; Waza/Uhländer/Schmittmann-*Uhländer* Rn. 483.

[237] *Onusseit* ZInsO 2000, 363.

[238] OFD Koblenz Vfg. v. 30.6.1999 – S 0550 A-St 52 3, S 0130 A-St 53 1, S 0550 A/S 0130-St 52 3/St 53 1, ZInsO, 1999, 566.

[239] Nach *Onusseit* ZInsO 2000, 363 (366), sei der Aufgabenkreis des vorläufigen Verwalters lediglich auf die Sicherung des schuldnerischen Vermögens ausgerichtet. Da Steuererklärungen für die Zeit vor Eröffnung des Insolvenzverfahrens allein der Feststellung der Steuerinsolvenzforderungen dienten, oblägen deren Abgabe und ggf. Berichtigung allein dem endgültigen Verwalter.

[240] *Onusseit* ZInsO 2000, 363 (366).

[241] *Maus* ZInsO 1999, 683 (684); *Rose* ZIP 2016, 1520 f.; MüKoInsO/*Haarmeyer* § 22 Rn. 194; Waza/Uhländer/Schmittmann-*Uhländer* Rn. 483, 515.

183 Geht die Verwaltungs- und Verfügungsbefugnis auf den vorläufigen Insolvenzverwalter nach § 22 Abs. 1 InsO über, führt dies nach Maßgabe des § 240 S. 2 ZPO auch zu einer Unterbrechung anhängiger Steuerfestsetzungs-, Rechtsbehelfs- und Rechtsmittelverfahren.[242]

184 b) Einzelne Steuerarten. aa) Umsatzsteuer. Die vom „starken" vorläufigen Insolvenzverwalter begründeten **Umsatzsteuerverbindlichkeiten** stellen Masseverbindlichkeiten nach § 55 Abs. 2 InsO dar.[243] Das Vorziehen von Veräußerungen ins Eröffnungsverfahren bringt damit in der Regel umsatzsteuerrechtlich keine Vorteile, außer es wird dadurch die Verrechnung mit Vorsteuerüberhängen möglich. Durch die Pflicht zur Unternehmensfortführung werden laufend umsatzsteuerrelevante Tatbestände verwirklicht. Die vor Anordnung der vorläufigen Insolvenzverwaltung verwirklichte Umsatzsteuer ist rechtlich als einfache Insolvenzforderung einzuordnen und kann daher im eröffneten Verfahren nur gemäß § 174 InsO zur Tabelle angemeldet werden.

185 Nach dem vorherrschenden Prinzip der Soll-Besteuerung entsteht die Umsatzsteuer grundsätzlich erst mit Ablauf des Voranmeldezeitraumes, in dem die Leistungen ausgeführt wurden, § 13 Abs. 1 Nr. 1 Buchst. a UStG (mit Ausnahme der Mindest-Ist-Versteuerung nach § 13 Abs. 1 Nr. 1 Buchst. a S. 4 UStG und bei der Vereinnahmung von Altforderungen[244]). In der Literatur ist in diesem Zusammenhang umstritten, ob der „starke" vorläufige Insolvenzverwalter zur Abführung der Umsatzsteuerschuld im Insolvenzeröffnungsverfahren verpflichtet ist.

186 Unter Rückgriff auf die Argumentation des BFH verneinte bereits *Onusseit*[245] richtigerweise die Verpflichtung des vorläufigen Insolvenzverwalters zur Abführung von Steuerverbindlichkeiten während des Eröffnungsverfahrens. Die „Masseverbindlichkeitenqualität" zieht noch nicht deren Abführungspflicht im Eröffnungsverfahren nach sich. Insoweit bestimmt § 55 Abs. 2 InsO ausdrücklich, dass die Verbindlichkeiten erst nach Insolvenzeröffnung (und nicht schon zuvor) als Masseverbindlichkeiten gelten. Weitere Stimmen in der Literatur[246] betonen zurecht, dass bis zur Eröffnung des Verfahrens mit der Abführung der Umsatzsteuer zugewartet werden könne, um den Zweck des Verfahrens nicht zu gefährden, dringend benötigte Liquidität zu erhalten und auch den Verteilungsschlüssel nach § 209 InsO im Falle der Masseunzulänglichkeit (§ 208 InsO) zu gewährleisten. Die von *Maus*[247] vertretene uneingeschränkte Verpflichtung zur Umsatzsteuerzahlung des „starken" vorläufigen Insolvenzverwalters im Eröffnungsverfahren ist vor dem Hintergrund der Fortführungsverpflichtung abzulehnen.[248]

---

[242] *Maus* ZInsO 1999, 683 (685f.); MüKoInsO/*Schüppen/Ruh*, 3. Band Anhang Insolvenzsteuerrecht Rn. 23; Waza/Uhländer/Schmittmann-*Uhländer* Rn. 493.
[243] Begründung des RegE zu § 55, *Kübler/Prütting*, Das neue Insolvenzrecht, 2. Aufl., S. 222; Gottwald InsR-HdB/*Frotscher*, Insolvenzrechts-Handbuch, § 60 Rn. 4.
[244] Vgl. BFH Urt. v. 1.3.2016 – XI R 21/14, ZIP 2016, 1355.
[245] *Onusseit* ZInsO 2000, 363 (368).
[246] Gottwald InsR-HdB/*Vuia*, Insolvenzrechts-Handbuch, § 14 Rn. 108; *Pohlmann* Rn. 383.
[247] *Maus* ZInsO 1999, 683 (685); *ders.* ZIP 2000, 339f.; ebenfalls *Ampferl* Rn. 746ff.
[248] MüKoInsO/*Haarmeyer* § 22 Rn. 195; HambK-InsO/*Schröder* § 22 Rn. 139.

bb) Ertragssteuern. Durch die Anordnung der vorläufigen Insolvenzverwaltung nach § 22 Abs. 1 InsO und dem Übergang der Verwaltungs- und Verfügungsbefugnis bleibt die Gewerbe-, Körperschafts- und Einkommenssteuerpflicht unbeeinflusst. Die ab Bestellung des „starken" vorläufigen Insolvenzverwalters begründeten Gewerbe-, Körperschafts- und Einkommenssteuern gelten ebenfalls gemäß § 55 Abs. 2 InsO nach Eröffnung des Insolvenzverfahrens als Masseverbindlichkeiten. 187

cc) Lohnsteuer. Zahlt der „starke" vorläufige Verwalter **Löhne und Gehälter** – soweit diese nicht vom Insolvenzgeld bzw. dessen Vorfinanzierung erfasst werden – hat er gemäß § 38 Abs. 3 S. 1, Abs. 4 S. 1 EStG die Lohnsteuer einzubehalten und nach § 41 EStG ein Lohnkonto zu führen.[249] Schließlich hat er die einbehaltene Lohnsteuer an das zuständige Finanzamt gemäß § 41a EStG abzuführen. 188

c) Steuerrechtliche Haftung. Der „starke" vorläufige Insolvenzverwalter haftet auf Grund seiner Stellung als Vermögensverwalter nach § 34 Abs. 3 InsO und als Verfügungsberechtigter nach § 35 AO für die Erfüllung der steuerrechtlichen Pflichten des Schuldners gemäß § 69 S. 1 AO bei Vorsatz und grober Fahrlässigkeit. Die Vorschrift des § 69 AO verdrängt die Haftungstatbestände der §§ 60, 61 InsO und ist insoweit lex specialis.[250] 189

2. Der „schwache" und der „halbstarke" vorläufige Insolvenzverwalter

Aufgrund der vielfältigen Möglichkeiten bei der Ausgestaltung einer vorläufigen Insolvenzverwaltung, vom „isolierten" über den „schwachen" bis hin zum „halbstarken" vorläufigen Verwalter, ist jeweils im Einzelfall zu entscheiden, ob die Rechtsstellung eines Vermögensverwalters iSv § 34 Abs. 3 AO bzw. eines Verfügungsberechtigten nach § 35 AO erreicht wird. Diese setzt voraus, dass der vorläufige Verwalter den Schuldner als Eigentümer von der Verwaltung seines Vermögens oder Teilen des Vermögens ausschließen oder rechtlich oder wirtschaftlich über Mittel verfügen kann, die einem anderen nach § 39 AO zuzuordnen sind.[251] 190

Dem vorläufigen Verwalter **ohne Verwaltungs- und Verfügungsbefugnis** obliegen keinerlei steuerrechtliche Pflichten. Der Schuldner bzw. das Schuldnerunternehmen behält seine steuerrechtliche Stellung. Entsteht bei Verwertungshandlungen des Insolvenzschuldners Umsatzsteuer, braucht diese der vorläufige Verwalter weder zu deklarieren noch abzuführen.[252] 191

Bei der Anordnung eines **allgemeinen Zustimmungsvorbehaltes** bleibt der Schuldner weiterhin verwaltungs- und verfügungsbefugt. Daher wird der „schwache" vorläufige Verwalter weder zum Vermögensverwalter iSv § 34 Abs. 3 AO noch zum Verfügungsberechtigten nach § 35 AO.[253] Daran vermag 192

---

[249] *Ampferl* Rn. 760.
[250] *Uhlenbruck* NZI 1998, 1 (7); *Rose* ZIP 2016, 1520; Gottwald InsR-HdB/*Vuia*, Insolvenzrechts-Handbuch, § 14 Rn. 111.
[251] *Maus* ZInsO 1999, 683 (684).
[252] FG Saarl Beschl. v. 4.2.2003 – 2 V 256/02, EFG 2003, 594; *Feuerborn* KTS 1997, 171 (198 f.).
[253] *Onusseit* ZInsO 2000, 363; Waza/Uhländer/Schmittmann-*Uhländer* Rn. 484; *Rose* ZIP 2016, 1520 f.; BFH Beschl. 27.5.2009 – VII B 156/08 ZIP 2009, 2255 ff.

auch § 55 Abs. 4 InsO nichts zu ändern.[254] Mangels eigener Initiativrechte ist er mit der Rechtsstellung eines gesetzlichen Vertreters nicht vergleichbar, womit er steuerrechtlich keinerlei Pflichten zu erfüllen hat noch erfüllen darf.[255] Erst der endgültige Insolvenzverwalter hat die nach § 55 Abs. 4 InsO begründeten Steuerverbindlichkeiten, die nach Insolvenzeröffnung als Masseverbindlichkeiten gelten, zu erklären und abzuführen.[256] Die Haftungsrisiken für den vorläufigen Insolvenzverwalter sind derzeit aber noch unklar, da § 55 Abs. 4 InsO gegenwärtig nicht hinreichend konzeptionell im System der InsO und der AO verankert ist.[257]

193 Werden dem „schwachen" vorläufigen Insolvenzverwalter durch gerichtlichen Beschluss zusätzlich noch weitere Befugnisse und Pflichten nach § 22 Abs. 2 InsO übertragen, so dass er – unjuristisch formuliert – zum „**halbstarken" vorläufigen Verwalter** wird, ist jeweils im Einzelfall unter Berücksichtigung der tatsächlichen Gegebenheit zu entscheiden, ob eine Vermögensverwaltereigenschaft in Betracht kommt.[258] Wird der vorläufige Verwalter partiell zur Unternehmensfortführung ermächtigt und wird ihm diesbezüglich durch gerichtliche Anordnung auch die Verfügungsbefugnis übertragen, dürften gleichzeitig die Voraussetzungen des § 34 Abs. 3 AO erfüllt sein. Die Bejahung steuerrechtlicher Pflichten ist gerechtfertigt, da er insoweit auch – im Gegensatz zum Schuldner – die rechtlichen Möglichkeiten hat, diesen nachzukommen.

194 Wird ausdrücklich die Arbeitgeberfunktion übertragen, obliegt dem vorläufigen Verwalter jedenfalls die Pflicht zur Abgabe von Lohnsteueranmeldungen nach § 41a EStG. Die Pflicht zur Abführung der **Lohnsteuer** trifft den vorläufigen Verwalter nur dann, wenn ihm auch insoweit die Verwaltungs- und Verfügungsbefugnis übertragen wurde, um entsprechende Zahlungen leisten zu können. Dies setzt selbstverständlich voraus, dass der vorläufige Verwalter tatsächlich **Löhne und Gehälter selbst ausbezahlt** (falls diese zB nicht von der Insolvenzgeldsicherung erfasst werden).

195 Generell kann festgestellt werden, dass mit dem partiellen Übergang bestimmter Verwaltungs- und Verfügungsbefugnisse auch die mit diesen Aufgaben untrennbar verbundenen steuerrechtlichen Pflichten vom Schuldner auf den vorläufigen Insolvenzverwalter übergehen. Da er in diesen Bereichen die volle Verfügungsbefugnis im Außenverhältnis anstelle des Schuldners erhält, ist der „halbstarke" vorläufige Insolvenzverwalter bezüglich der steuerrechtlichen Pflichten wie ein „starker" vorläufiger Insolvenzverwalter zu behandeln.[259]

---

[254] Gottwald InsR-HdB/*Frotscher,* Insolvenzrechts-Handbuch, § 60 Rn. 6.
[255] Vgl. auch BMF v. 20.5.2015 – IV a 3 – S 0550/10/10020-05, BStBl I 2015, 476.
[256] Uhlenbruck/*Sinz* InsO § 55 Rn. 141.
[257] So ausdrücklich Waza/Uhländer/Schmittmann-*Uhländer,* Insolvenzen und Steuern, Rn. 695, 696.
[258] So bereits *Feuerborn* KTS 1997, 171 (199); ebenso *Onusseit* ZInsO 2000, 363 f.
[259] Dahingehend auch MüKoInsO/*Haarmeyer* § 22 Rn. 194, *Maus,* Steuern im Insolvenzverfahren, Rn. 162.

V. Anfechtbarkeit von Rechtshandlungen des vorläufigen Insolvenzverwalters

(Hinweis: Insoweit wird insgesamt Bezug genommen auf die Ausführung in → § 16 Rn. 44 ff. dieses Handbuches)

VI. Die Rechnungslegungspflicht des vorläufigen Verwalters

1. Allgemeines

Die Insolvenzordnung regelt in § 21 Abs. 2 S. 1 Nr. 1 InsO die entsprechende Anwendbarkeit der §§ 58–66 InsO für den vorläufigen Insolvenzverwalter, so dass dieser bei Beendigung seines Amtes grundsätzlich gemäß § 66 Abs. 1 InsO gegenüber dem Insolvenzgericht Rechnung zu legen hat. Davon zu unterscheiden ist die handels- und steuerrechtliche Rechnungslegung. Einer solchen hat der vorläufige Verwalter nur nachzukommen, soweit er hinsichtlich seiner konkreten Ausgestaltung die Stellung eines Vermögensverwalters iSv § 34 Abs. 3 AO bzw. eines Verfügungsberechtigten nach § 35 AO einnimmt. Die Vorschrift des § 155 InsO findet im Insolvenzeröffnungsverfahren noch keine analoge Anwendung.[260]

Der vorläufige Verwalter erhält für die Erfüllung seiner Rechnungslegungspflicht keine gesonderte Vergütung. Seine Tätigkeit wird mit der gerichtlich festgesetzten Vergütung des vorläufigen Verwalters nach § 21 Abs. 2 S. 1 Nr. 1 InsO iVm §§ 63, 64 InsO, § 11 InsVV abgegolten.[261]

2. Art und Umfang der Rechnungslegungspflicht

Art, Umfang und Form der Rechnungslegung wurden vom Gesetzgeber nicht festgelegt. Für das Eröffnungsverfahren ist jedenfalls die Vorlage einer geordneten Zusammenstellung der Einnahmen und Ausgaben nebst Belegen (§ 259 BGB) ausreichend, anhand derer nachvollziehbar und verständlich die Verwaltung des Vermögens, des gesamten Geldverkehrs sowie des Geldbestandes dargestellt wird.[262] Neben einer Überschussrechnung soll ein Tätigkeitsbericht, welcher im Übrigen kein Rechenschaftsbericht ist, über den Verlauf des Eröffnungsverfahrens informieren und die Aussichten über die Betriebsfortführung bzw. einer Sanierung darstellen.[263]

Art und Umfang der Rechnungslegung richtet sich jeweils nach den konkreten Befugnissen des vorläufigen Verwalters. Wird dem vorläufigen Insolvenzverwalter die **Verwaltungs- und Verfügungsbefugnis** übertragen oder wurde er mit der Fortführung des schuldnerischen Betriebes beauftragt, so orientiert sich der Umfang der Berichtspflichten bereits an denjenigen des eröffneten Verfahrens. Dabei sind jeweils auch die Zeitdauer der vorläufigen Verwaltung sowie die Größe des Unternehmens zu berücksichtigen.

Hat das Insolvenzgericht einen „**halbstarken**" vorläufigen Verwalter bestellt und ihn zu einzelnen Rechtshandlungen ermächtigt, so hat er über diese

---

[260] *Pohlmann* Rn. 248.
[261] *Uhlenbruck* NZI 1999, 289 (293).
[262] Nerlich/Römermann/*Mönning* InsO § 22 Rn. 243.
[263] MüKoInsO/*Haarmeyer* § 22 Rn. 205.

Teilbereiche – wie ein „starker" vorläufiger Insolvenzverwalter – umfassend Rechnung zu legen. Dies ist exemplarisch dann der Fall, wenn ihm das Gericht die Kassenführung übertragen hat oder er ermächtigt wurde, bestimmte Masseverbindlichkeiten einzugehen.[264]

203 Die Verweisungsnorm des § 21 Abs. 2 S. 1 Nr. 1 InsO differenziert nicht zwischen den verschiedenen Formen der vorläufigen Insolvenzverwaltung, womit grundsätzlich auch einem vorläufigen Verwalter mit **allgemeinem Zustimmungsvorbehalt** die Pflicht zur Rechnungslegung obliegt. Allerdings ist zu berücksichtigen, dass dieser Verwaltertyp selbst nicht zur Eingehung von Verbindlichkeiten berechtigt ist. Da sich seine Tätigkeit auf die Ausübung von Kontrollaufgaben beschränkt, ist in diesen Fällen von einer umfangreichen Einnahmen/Ausgaben-Rechnung abzusehen. Das Gericht ist daher befugt, den Verwalter von seiner Rechnungslegungspflicht vollumfänglich zu befreien oder lediglich die Pflicht zur Berichterstattung auf die mit seiner Zustimmung vorgenommenen Rechtshandlungen zu beschränken.[265]

3. Ausnahmen der Rechnungslegungspflicht

204–205 Im Falle der Verfahrenseröffnung ist es zulässig, dass der vorläufige Insolvenzverwalter – mit entsprechendem Einverständnis des Insolvenzgerichts – die Rechnungslegung hinsichtlich des Eröffnungsverfahrens mit der Rechnungslegung bei Beendigung seines Amtes nach § 66 Abs. 1 InsO verbindet.[266] Auf eine gesonderte Rechnungslegung bei Beendigung der vorläufigen Insolvenzverwaltung kann damit verzichtet werden, obgleich Praktikabilitätserwägungen eine unverzügliche Rechnungslegung nahelegen.

206 Da ohnehin bei Eröffnung des Insolvenzverfahrens eine Eröffnungsbilanz erstellt werden muss, kann bei einer nur **kurzen Dauer der vorläufigen Verwaltung** auf eine Rechnungslegung ganz verzichtet werden.[267] Auch soweit **kein Vermögen** zu verwalten war, ist es zulässig, auf eine Einnahmen/Ausgaben-Rechnung sowie auf einen Vermögensstatus zu verzichten.[268]

207 Ist bereits absehbar, dass keine entsprechende Masse zur Abdeckung der Vergütung des vorläufigen Verwalters vorhanden ist, kann von ihm auch keine umfangreiche Rechnungslegung mehr abverlangt werden, da trotz der Gefahr des Ausfalls weitere Kosten entstünden. Soweit von Seiten eines Beteiligten ein Interesse an den Ergebnissen der Rechnungslegung besteht, kann dieser durch Bereitstellung eines entsprechenden Budgets die Kosten des vorläufigen Verwalters übernehmen. Damit wird der vorläufige Verwalter in die Lage versetzt, seiner Rechnungslegungspflicht nachzukommen.

208 ### VII. Haftung des vorläufigen Insolvenzverwalters

(Hierzu wird insgesamt auf die Ausführungen unter → § 47 Rn. 1 ff. hingewiesen)

---

[264] MüKoInsO/*Haarmeyer* § 22 Rn. 206.
[265] *Uhlenbruck* NZI 1999, 289 (291).
[266] Gottwald InsR-HdB/*Vuia*, Insolvenzrechts-Handbuch, § 14 Rn. 86.
[267] Gottwald InsR-HdB/*Vuia*, Insolvenzrechts-Handbuch, § 14 Rn. 86; KPB/*Pape* InsO § 22 Rn. 51; aA Hess/Weis/Wienberg/*Wienberg*, InsO, § 22 Rn. 60.
[268] *Braun* ZIP 1997, 1014, 1015; Uhlenbruck/*Vallender* InsO § 22 Rn. 297.

VIII. Vergütung des vorläufigen Insolvenzverwalters 209
(Hierzu wird insgesamt auf die Ausführungen in → § 51 Rn. 1 ff. hingewiesen)

§ 6. Das Sachverständigengutachten

Bevor das Insolvenzgericht über die Eröffnung des Insolvenzverfahrens entscheidet, setzt es aufgrund seiner Amtsermittlungspflicht mangels eigener Erkenntnismöglichkeiten in der Regel einen Gutachter (→ Rn. 1 ff.) ein. Eine der Hauptaufgaben (→ Rn. 9 ff.) des Gutachters besteht in der Prüfung der Insolvenzgründe (→ Rn. 41) sowie der Verfahrenskostendeckung (→ Rn. 42 ff.). Vor Abfassung des Gutachtens hat sich der Gutachter zunächst die erforderlichen Informationen (→ Rn. 15 ff.) im Rahmen seiner Befugnisse (→ Rn. 11 ff.) zu beschaffen. Das Gutachten selbst folgt in der Praxis einem bewährtem Aufbauschema (→ Rn. 33 ff.) und beinhaltet eine Vermögensübersicht (→ Rn. 39 ff.).

A. Der Gutachter

I. Vorbemerkung

Das Insolvenzgericht hat alle für das Insolvenzverfahren bedeutsamen Umstände zu ermitteln. Diese Amtsermittlungspflicht ist niedergelegt in § 5 Abs. 1 S. 1 InsO. Die zulässigen und zweckmäßigen Aufklärungsmittel wählt das Insolvenzgericht nach pflichtgemäßem Ermessen selbst aus, wobei auch im Insolvenzrecht gilt, dass offenkundige Tatsachen keines Beweises bedürfen, § 291 ZPO.[1] Als Aufklärungsmittel nennt § 5 Abs. 1 S. 2 InsO beispielhaft den Zeugen und den **Sachverständigen**. 1

Das Insolvenzgericht kann sich in jedem Verfahrensabschnitt eines Sachverständigen bedienen.[2] So betraut das Insolvenzgericht zur Vorbereitung seiner Eröffnungsentscheidung bereits im Eröffnungsverfahren meistens einen Sachverständigen mit der Aufgabe, das Vorliegen eines **Insolvenzgrundes**, die **Massekostendeckung** sowie – in Unternehmensinsolvenzen – die Möglichkeiten der **Unternehmensfortführung** zu prüfen. Die *„Vernehmung"*, wie es § 5 Abs. 1 S. 2 InsO formuliert, geschieht in der Weise, dass der Sachverständige ein schriftliches Gutachten zu den vorgenannten Punkten innerhalb der gerichtlich festgesetzten Frist erstattet. In der Praxis ist der Sachverständige in aller Regel mit dem ggf. parallel eingesetzten vorläufigen Insolvenzverwalter und mit dem (späteren) endgültigen Insolvenzverwalter personenidentisch. In diesem Fall 2

---

[1] HK-InsO/*Sternal* InsO § 5 Rn. 8.
[2] Der Sachverständige muss eine **natürliche Person** sein, damit er ggf. nach §§ 21, 22 sowie § 56 Abs. 1 InsO zum vorläufigen bzw. endgültigen Insolvenzverwalter bestellt werden kann; vgl. allgemein zum Sachverständigen MüKoZPO/*Zimmermann* § 404 Rn. 2 f.; zur Diskussion der Bestellung juristischer Personen zum Insolvenzverwalter vgl. BVerfG Beschl. v. 12.1.2016 – 1 BvR 3102/13, ZIP 2016, 321 ff.

sind schon an die Person des Sachverständigen die gleichen strengen fachlichen Anforderungen zu richten, wie an die eines Insolvenzverwalters.

II. Rechtsgrundlagen

3 Im Insolvenzeröffnungsverfahren kann das Gericht mit dem Gutachtensauftrag zugleich auch Maßnahmen zur Sicherung des Schuldnervermögens anordnen. So bestehen neben der lediglich „isolierten" Gutachterbestellung zur reinen Sachaufklärung zahlreiche Kombinationsmöglichkeiten zwischen den verschiedenen Arten der vorläufigen Insolvenzverwaltung und der gleichzeitigen Bestellung zum Sachverständigen. Die rechtlichen Grundlagen der Gutachterbestellung werden im Folgenden für die jeweilige Anordnungsvariante dargestellt.

1. Isolierte Gutachterbestellung

4 Rechtsgrundlage für den Beschluss[3] zur Einsetzung eines Sachverständigen im Insolvenzeröffnungsverfahren ist die Norm des § 5 InsO. Weitergehende Ausführungen zur Rechtsstellung des Sachverständigen sucht man in der Insolvenzordnung vergeblich. Daher ist es sinnvoll, dass das Insolvenzgericht in seinem Beschluss den konkreten Prüfungs- und Gutachtensauftrag genau bezeichnet.[4] Zudem finden über die Generalverweisung des § 4 InsO die allgemeinen Vorschriften der §§ 402 ff. ZPO zum Sachverständigenbeweis entsprechende Anwendung.[5] *Rendels*[6] weist zutreffend darauf hin, dass auf Grund der „entsprechenden" Anwendung der ZPO die insolvenzspezifischen Besonderheiten zu berücksichtigen sind. So ist beispielsweise der in der InsO geltende Amtsermittlungsgrundsatz mit der Anwendung der §§ 404a Abs. 2–4, 407a Abs. 3 S. 1 ZPO nicht vereinbar (in der ZPO gilt der Beibringungsgrundsatz).

5 Die Tätigkeit des Sachverständigen wird nach dem Justizvergütungs- und -entschädigungsgesetz (JVEG) vergütet, wobei für den isoliert bestellten Sachverständigen § 9 Abs. 1 JVEG einschlägig ist. Diese Vergütung ist ebenfalls Bestandteil der Gerichtskosten des Insolvenzverfahrens nach § 54 Nr. 1 InsO und dementsprechend bei der Ermittlung der Verfahrenskostendeckung nach § 26 Abs. 1 S. 1 InsO zu berücksichtigen.

2. Kombinierte Gutachterbestellung

6 **a) „Starker" vorläufiger Insolvenzverwalter.** Wird auf Grund der Gefährdungssituation nach § 21 Abs. 2 S. 1 Nr. 1 InsO ein vorläufiger Insolvenzverwalter bestellt und gleichzeitig dem Schuldner nach § 21 Abs. 2 S. 1 Nr. 2 Alt. 1 InsO ein allgemeines Verfügungsverbot auferlegt, so bestimmen sich die Rechte des so ausgestatteten vorläufigen Verwalters insbesondere nach § 22 Abs. 1

---

[3] Als vorbereitende Maßnahme des Gerichts ist der Beschluss über die Bestellung eines Sachverständigen einem Rechtsmittel **nicht** zugänglich; BGH Beschl. v. 4.3.2004 – IX ZB 133/03, NZI 2004, 312; zuletzt Beschl. v. 14.7.2011 – IX ZB 207/10, ZInsO 2011, 1499.
[4] Uhlenbruck/*Pape* InsO § 5 Rn. 12.
[5] MüKoInsO/*Ganter/Lohmann* § 5 Rn. 36.
[6] *Rendels* NZG 1998, 839 (841).

InsO.⁷ Nach Maßgabe des § 22 Abs. 1 S. 2 Nr. 3 Hs. 1 InsO obliegt dem **vorläufigen Verwalter** – ohne dass es noch einer zusätzlichen gerichtlichen Anordnung bedarf – die Aufgabe zu **prüfen,** ob das Vermögen des Schuldners die Kosten des Verfahrens decken wird.⁸ Daneben wird der „starke" vorläufige Verwalter in aller Regel gemäß § 22 Abs. 1 S. 2 Nr. 3 Hs. 2 InsO zusätzlich beauftragt, als **Sachverständiger** zu prüfen, ob ein Eröffnungsgrund vorliegt und welche Aussichten für eine Fortführung des Unternehmens des Schuldners bestehen.

b) „Isolierter", „schwacher" und „halbstarker" vorläufiger Insolvenzverwalter. Die Insolvenzordnung ermöglicht es dem Insolvenzgericht, den vorläufigen Insolvenzverwalter hinsichtlich der Reichweite seiner Aufgaben und Befugnisse völlig unterschiedlich auszugestalten. Insoweit gibt es keinen festen Typenzwang. So kann das Insolvenzgericht lediglich einen **„isolierten" vorläufigen Insolvenzverwalter** nach § 21 Abs. 2 S. 1 Nr. 1 InsO bestellen, ohne zugleich ein allgemeines Verfügungsverbot oder einen Zustimmungsvorbehalt zu erlassen.⁹ Diese Gestaltungsform kommt jedoch in der insolvenzrechtlichen Praxis kaum vor, da der Schuldner dann in vollem Umfange die Verwaltungs- und Verfügungsbefugnis über sein insolvenzbefangenes Vermögen behält und somit weder eine Sicherungswirkung noch eine Aufsicht besteht.¹⁰ Weiter besteht für das Insolvenzgericht die Möglichkeit, Verfügungen des Schuldners gemäß § 21 Abs. 2 S. 1 Nr. 2 Alt. 2 InsO unter einen allgemeinen Zustimmungsvorbehalt eines – **„schwachen"** – vorläufigen Verwalters zu stellen.¹¹ Sowohl alternativ als auch kumulativ kann das Insolvenzgericht nach Maßgabe des § 22 Abs. 2 InsO den vorläufigen Verwalter mit verschiedenen Einzelkompetenzen ausstatten (sog **„halbstarker" vorläufiger Verwalter).**¹²

Sollen nun die vorstehend dargestellten Verwaltertypen zusätzlich auch als Gutachter tätig werden, bedarf es dafür einer **gesonderten** Anordnung, die aber in einem einzigen Beschluss verbunden werden kann. Wie beim „isolierten" Insolvenzgutachter ist die Rechtsgrundlage hierfür die Regelung des § 5 InsO, wobei selbstverständlich auch hier die allgemeinen Normen der §§ 402 ff. ZPO entsprechende Anwendung finden.

III. Aufgaben des Gutachters

1. Sofortinformation

Der Sachverständige ist in Bezug auf die Informationsgewinnung quasi „verlängerter Arm" des Insolvenzgerichts. Da das Eröffnungsverfahren vom Ge-

---

⁷ Vgl. hierzu ausführlich → § 5 Rn. 33 ff.
⁸ *Pohlmann* Rn. 178 ff.
⁹ Kritisch dazu MüKoInsO/*Haarmeyer* § 22 Rn. 128. Nach seiner Ansicht führt diese Konstellation zu erheblichen Unsicherheiten bezüglich des Pflichtenkreises des vorläufigen Insolvenzverwalters und der Wirksamkeit von Verfügungen des Schuldners.
¹⁰ Statt des früher nur beobachtenden „isolierten" vorläufigen Insolvenzverwalters wird unter Geltung des ESUG im Antrag auf Eigenverwaltung ein vorläufiger Sachwalter (§ 270a Abs. 2 InsO) eingesetzt.
¹¹ Vgl. umfassend → § 5 Rn. 139 ff.
¹² Vgl. ausführlich → § 5 Rn. 159 ff.

setzgeber als Eilverfahren ausgestaltet wurde, ist das Gericht auf sofortige Informationen angewiesen. Daher sollte der Gutachter innerhalb kürzester Frist – unmittelbar nach den ersten Ermittlungen – einen einleitenden Bericht über die allgemeinen **rechtlichen, betrieblichen und wirtschaftlichen Verhältnisse** des Schuldners erstatten.[13] Neben der Darstellung der vorgefundenen Situation und dem Gang der bisherigen Ermittlungen hat der Sachverständige dem Insolvenzgericht auch zügig die notwendigen Hinweise und Anregungen zur Anordnung **weiterer Sicherungsmaßnahmen**, insbesondere zur Bestellung eines vorläufigen Verwalters sowie zur Einschränkung der Verfügungsmacht des Schuldners, zu geben.[14]

2. Gutachtenserstellung

10   Die Ergebnisse seiner Ermittlungen fasst der Sachverständige schließlich in einem **schriftlichen Gutachten** für das Insolvenzgericht zusammen. Die darin getroffenen Feststellungen dienen zur Vorbereitung der insolvenzgerichtlichen Entscheidung über die Eröffnung des Insolvenzverfahrens oder die Ablehnung mangels Masse.

IV. Befugnisse des Gutachters

11   Die Reichweite der Befugnisse des Insolvenzgutachters im Eröffnungsverfahren ist in der Literatur umstritten. Einerseits wird vertreten, dass der Gutachter ausschließlich die „schwache" Rechtsposition eines ZPO-Sachverständigen besitzt. Als ein „schwacher" Helfer des Gerichts, der zu diesem in einem öffentlich-rechtlichen Gewaltverhältnis besonderer Art steht, habe er gegenüber den anderen Verfahrensbeteiligten keinerlei Rechtsposition.[15]

12   Nach einer von *Wessel*[16] vertretenen Auffassung müsse die Position des Gutachters im Hinblick auf insolvenzspezifische Vorwirkungen des möglicherweise zu eröffnenden Insolvenzverfahrens gestärkt werden. Insoweit bestehe eine partielle Gleichstellung des Sachverständigen mit dem vorläufigen Insolvenzverwalter und dem endgültigen Insolvenzverwalter. Der Insolvenzsachverständige sei daher zu allen Maßnahmen berechtigt und verpflichtet, die im Rahmen des Insolvenzeröffnungsverfahrenszwecks zur Erhaltung, Bewahrung und ordnungsgemäßen Verwaltung des Schuldnervermögens erforderlich sind.

13   Dem vorstehenden Ansatz von *Wessel* ist die höchstrichterliche Rechtsprechung[17] nicht gefolgt. Andernfalls bestünden kaum noch kompetenzrechtliche Unterschiede zum vorläufigen Verwalter. Soweit keine erweiternden Anordnungen durch das Insolvenzgericht vorliegen (Einsetzung auch als vorläufiger Verwalter), stehen dem Gutachter lediglich die gesetzlichen Befugnisse gegen-

---

[13] Vgl. zB Arbeitshinweise des AG Duisburg für Insolvenzsachverständige im Eröffnungsverfahren, NZI 1999, 308 (309); beachte auch die Empfehlung des BAKinso e.V. – Checkliste zur Gutachtenerstellung, NZI 2009, 37 und ZInsO 2009, 22 ff.
[14] Ebenso *Wessel* DZWIR 1999, 230 (232).
[15] Zu den Aufgabenkreisen und die Abgrenzung Gutachter – vorläufiger Insolvenzverwalter ausführlich *Neusinger* FS Beck, 2016, S. 373, 374, 378.
[16] *Wessel* DZWIR 1999, 230 (231).
[17] BGH Beschl. v. 4.3.2004 – IX ZB 133/03, BGHZ 158, 212.

§ 6. Das Sachverständigengutachten

über dem Schuldner zu.[18] Insoweit ist der Sachverständige berechtigt, vom Schuldner und seinen organschaftlichen Vertretern vollständig und wahrheitsgemäß die Auskünfte zu verlangen, die für die Gutachtenserstellung, die Massesicherung (durch das Gericht), für die Entscheidung über den Insolvenzantrag und für die spätere Durchführung des Verfahrens von Bedeutung sind.[19] Befugnisse, die über die eines sonstigen Sachverständigen nach §§ 402 ff. ZPO hinausgehen, hat der Insolvenzgutachter darüber hinaus aber weder automatisch noch können sie ihm durch gerichtliche Anordnung verliehen werden.[20]

Demnach kann der Insolvenzsachverständige die Geschäftsräume des Schuldners oder seine Wohnung nur mit Zustimmung des Schuldners betreten und dort Nachforschungen anstellen. Der Schuldner hat ihm Einsicht in seine Bücher und Geschäftspapiere zu gestatten und muss ihm alle für die Gutachtenserstellung erforderlichen Auskünfte erteilen, soweit die Auskunftsberechtigung auf den Sachverständigen durch das Insolvenzgericht zulässigerweise delegiert werden konnte.[21] Tut er dies nicht, können diese Pflichten nur über Maßnahmen nach § 98 InsO erzwungen werden, was sich aus der Verweisung in § 20 Abs. 1 S. 2 InsO ergibt. Die Befugnisse nach §§ 21 und 22 InsO können ausschließlich einem vorläufigen Insolvenzverwalter eingeräumt werden; eine entsprechende Anwendung für den gerichtlich beauftragten Gutachter scheidet aus.[22] Der früher anzutreffenden Praxis, einen quasi „starken" Gutachter einzusetzen, hat der BGH mit seiner Entscheidung vom 4.3.2004[23] eine klare Absage erteilt. **14**

B. Aufbau und Inhalt des Gutachtens

I. Vorarbeiten/Erkenntnisquellen

Bevor der Sachverständige sein Gutachten erstellen kann, muss er sich zunächst die erforderlichen Unterlagen und Auskünfte selbst besorgen. Zwar erhält er mit seiner Bestellung zum Gutachter Einsicht in die Insolvenzgerichtsakte, die den Insolvenzantrag sowie die zum Antrag eingereichten Unterlagen enthält, jedoch wird es in der Regel nicht möglich sein, auf dieser Basis ein Insolvenzgutachten zu erstellen. Der Gutachter ist daher gezwungen, sich weitere Informationen zu beschaffen. Hierzu kann er ua auf folgende Informationsquellen zugreifen: **15**

1. Ermittlungen an Ort und Stelle

Grundsätzlich liegt es im Ermessen des Sachverständigen, von wem und auf welche Art und Weise er sich die erforderlichen Informationen und Auskünfte **16**

---

[18] Uhlenbruck/*Pape* InsO § 5 Rn. 15.
[19] *Vallender* ZIP 1996, 529; Uhlenbruck/*Pape* InsO § 5 Rn. 20.
[20] BGH Beschl. v. 4.3.2004 – IX ZB 133/03, BGHZ 158, 212 = NJW 2004, 2015 = ZIP 2004, 915.
[21] Vgl. Uhlenbruck/*Zipperer* InsO § 20 Rn. 19; offen gelassen BGH Beschl. v. 20.9.2007 – IX ZB 37/07, NZI 2008, 100.
[22] BGH Beschl. v. 4.3.2004 – IX ZB 133/03, BGHZ 158, 212.
[23] BGH Beschl. v. 4.3.2004 – IX ZB 133/03, BGHZ 158, 212.

für das Gutachten beschafft.[24] Um ein Höchstmaß an Vollständigkeit und Wahrhaftigkeit zu erlangen, darf der Gutachter sich jedenfalls nicht auf einzelne Auskünfte des Schuldners oder seiner Mitarbeiter verlassen, sondern ist verpflichtet, alle ihm zur Verfügung stehenden Informationsquellen umfassend auszuschöpfen.

17   Der Sachverständige hat zu Beginn seiner Tätigkeit in der Regel unverzüglich die letzte bekannte Anschrift des Schuldners aufzusuchen und an Ort und Stelle zu klären,[25]
– ob das Geschäft des Schuldners noch betrieben wird, welcher Art die Geschäfte sind und welchen Umfang sie haben,
– ob sich Hinweise auf eine frühere geschäftliche Tätigkeit des Schuldners ergeben,
– ob sich sonst Hinweise darauf ergeben, wo und wie der Schuldner zurzeit erreichbar[26] ist und welche Geschäfte er zurzeit betreibt,
– ob und welche Geschäftsunterlagen vorhanden sind und wo sie sich befinden,
– ob noch andere betriebliche Einrichtungen existieren (Lager, Filialen uä),
– ob und welche gerichtliche Sicherungsmaßnahmen erforderlich erscheinen, insbesondere die Bestellung eines vorläufigen Insolvenzverwalters und ergänzende Anordnungen nach den §§ 21, 22 InsO.

2. Schuldnerinformationen

18   Der Schuldner bzw. dessen organschaftlicher Vertreter[27] ist gegenüber dem Gutachter nach § 20 Abs. 1 S. 2 iVm § 97 InsO bzw. § 101 InsO zur Erteilung aller angeforderten Auskünfte grundsätzlich verpflichtet.[28] Um dem Gutachter die Ermittlungstätigkeit zu erleichtern, sollte der Schuldner im Beschluss des Insolvenzgerichts ausdrücklich auf seine umfassende **Auskunfts- und Mitwirkungspflicht** hingewiesen werden, was in der Praxis auch üblich ist. Die Durchsetzung mittels gerichtlicher Zwangsmaßnahmen ist in § 98 InsO geregelt.[29] Entzieht sich der Schuldner beharrlich dem Auskunftsverlangen des Sachverständigen, so kann das Insolvenzgericht die **zwangsweise Vorführung** anordnen (§ 98 Abs. 2 InsO). Hält der Insolvenzgutachter diese Maßnahme für

---

[24] Uhlenbruck/*Pape* InsO § 5 Rn. 16.
[25] Vgl. zB hierzu Arbeitshinweise des AG Duisburg für Insolvenzsachverständige im Eröffnungsverfahren, NZI 1999, 308 (309).
[26] Es ist dem Sachverständigen anzuraten, sich vom Schuldner gleich zu Beginn seiner Tätigkeit alle Anschriften (privat und geschäftlich) sowie alle Telefonnummern (privat, geschäftlich, Handy) und die e-mail-Adressen mitteilen zu lassen.
[27] Auch die Angestellten des Schuldners sind nach § 101 Abs. 2 InsO zur Auskunft verpflichtet, soweit sie nicht früher als zwei Jahre vor dem Eröffnungsantrag ausgeschieden sind. Zwangsmaßnahmen gegen diese nach § 98 InsO sind jedoch ausgeschlossen. Allerdings kann sie das Gericht als Zeugen einvernehmen und zu diesem Zweck im Fall eines Nichterscheinens nötigenfalls zwangsweise vorführen lassen.
[28] Grundlegend zur Mitwirkungspflicht des Schuldners oder Schuldnervertreters im Insolvenzeröffnungsverfahren *Uhlenbruck* ZInsO 1999, 493 ff.; zur Einschränkung vgl. Uhlenbruck/*Zipperer* InsO § 20 Rn. 19.
[29] Der Sachverständige selbst kann keinen unmittelbaren Zwang gegen den Schuldner ausüben.

unerlässlich, hat er unter Schilderung des bisherigen Verhaltens beim Insolvenzgericht den Erlass eines Vorführungsbefehls anzuregen. Jedenfalls rechtfertigt die Nichterfüllung der **Auskunfts- und Mitwirkungspflichten** durch den Schuldner allein nicht die Abweisung des Insolvenzeröffnungsantrages wegen Schwierigkeiten bei der Ermittlung der Eröffnungsvoraussetzungen.[30] Dies gilt auch dann, wenn lediglich der Schuldner selbst den Insolvenzantrag gestellt hatte.

Besonders wichtig für die Beantwortung der im Gutachten zu behandelnden Fragen ist die Erfassung, Sichtung und **Auswertung der geschäftlichen Unterlagen** (insbesondere der EDV-Datenträger) des Schuldners. Soweit der Schuldner sich weigert, die für die Gutachtertätigkeit erforderlichen Bücher und Geschäftspapiere zu übergeben bzw. zur Verfügung zu stellen, kann das Insolvenzgericht nach Maßgabe des § 21 Abs. 1 InsO einen **Durchsuchungs- und Beschlagnahmebeschluss** erlassen.[31] Die Durchsuchung kann nicht vom Sachverständigen selbst ausgeführt werden, sondern bedarf der Hinzuziehung eines Gerichtsvollziehers. 19

Der Gutachter muss sich jedoch stets bewusst sein, dass die Auskünfte des Schuldners möglicherweise nicht vollständig oder wahrheitsgemäß sind. Dies mag darauf beruhen, dass der Schuldner entweder absichtlich bestimmte Schlüsselinformationen verschweigt oder, was in der Praxis häufig anzutreffen ist, der Schuldner bzw. dessen organschaftlicher Vertreter in der Krise jeglichen Überblick über die Vermögenslage, insbesondere über die bestehenden Drittrechte, verloren hat. Daher darf sich der Gutachter keinesfalls nur auf die Auskünfte des Schuldners verlassen, sondern hat darüber hinaus weitere – eigenständige – Ermittlungen anzustellen. 20

3. Bankauskünfte

Zu Ermittlung der wahren Vermögensverhältnisse des Schuldners wird der Sachverständige auch – nicht nur wenn Zweifel an der Richtigkeit der Angaben des Schuldners bestehen – die Kreditinstitute des Schuldners um Auskunft über **Guthaben, Depotbestände, Verbindlichkeiten** und bestellte **Sicherheiten** ersuchen. Da die Insolvenzordnung keine speziellen Regelungen hinsichtlich der rechtlichen Befugnisse des Sachverständigen gegenüber Dritten enthält, ist umstritten, ob überhaupt Auskunftspflichten der Kreditinstitute bestehen.[32] Mit *Huber* ist dies richtigerweise abzulehnen, da der Sachverständige allein aufgrund seiner Bestellung nicht zum Träger des Bankgeheimnisses wird.[33] Die Insolvenzgerichte lassen zur Vermeidung von Verzögerungen in der Regel mit der Abgabe einer schriftlichen Vermögensübersicht durch den Schuldner von ihm auch eine entsprechende Erklärung unterschreiben, dass er Banken und auch das Finanzamt von der Schweigepflicht entbindet. Unabhängig von dieser Frage sind Kreditinstitute im eigenen Interesse gut beraten (sofern natürlich kein Verstoß gegen das Bankgeheimnis vorliegt), bereits mit dem Sachverständigen (der idR zugleich vorläufiger Insolvenzverwalter ist) zusammenzuarbei- 21

---

[30] Vgl. LG Köln Beschl. v. 6.7.2001 – 19 T 103/01, NZI 2001, 559.
[31] MüKoInsO/*Schmahl*/*Vuia* § 20 Rn. 64; Graf-Schlicker/*Voß* InsO § 21 Rn. 31.
[32] Ausführlich zum Streitstand vgl. Uhlenbruck/*Pape* InsO § 5 Rn. 15.
[33] *Huber* ZInsO 2001, 289 (290).

ten und die erforderlichen Auskünfte zu erteilen. Damit wird sichergestellt, dass dem Sachverständigen für die Prüfung etwaiger Sicherungsrechte bereits alle relevanten Unterlagen vorliegen. Denn nicht selten kommt es in der Praxis vor, dass man sich im schuldnerischen Unternehmen an bestellte Sicherheiten nicht erinnern kann bzw. die Sicherheitenverträge teilweise oder gar vollständig fehlen.

22   Die Situation für den Sachverständigen gestaltet sich immer dann als besonders problematisch, wenn der Schuldner jegliche Mitwirkung unterlässt und auch die Bank unter Berufung auf das Bankgeheimnis[34] Auskünfte verweigert. Nach einer von *Wessel*[35] vertretenen Auffassung kann der Sachverständige vom Kreditinstitut Angaben über die dort unterhaltenen Guthabensbeträge, über die Auszahlungsbereitschaft, Aufrechnungslagen und Pfändungen verlangen. Wohl überwiegend wird allerdings ein eigenes Recht des Sachverständigen, Auskünfte von Banken zu verlangen, abgelehnt.[36]

23   Zur Lösung der Problematik besteht die Möglichkeit, dass der Schuldner auf Antrag des Sachverständigen durch das Insolvenzgericht verpflichtet wird, auf Grund seiner Mitwirkungspflicht nach den § 20 S. 2 iVm §§ 97, 98, 101 Abs. 1 S. 2, Abs. 2 InsO die Kreditinstitute vom Bankgeheimnis freizustellen.[37] Diese Vorgehensweise ist durch § 20 Abs. 1 InsO gedeckt, der die Mitwirkungspflicht (Unterstützungspflicht) des Schuldners ausdrücklich vorsieht.[38] Das führt dazu, dass die diesbezügliche Unterstützung durch den Schuldner nach § 98 InsO erzwungen werden kann. In der Praxis bietet sich auch die Vorgehensweise an, dass die Kreditinstitute die Angaben direkt dem Schuldner erteilen und dieser auf Grund seiner Auskunftspflicht nach § 20 InsO die Informationen dem Insolvenzgericht – notfalls zwangsweise – zur Verfügung stellt. Daraufhin können auch dem Sachverständigen die Bankauskünfte zum Zwecke der Gutachtenserstellung zur Verfügung gestellt werden.

24   Die Banken können sich jedoch dann nicht gegenüber dem Sachverständigen auf das Bankgeheimnis berufen, wenn dieser gleichzeitig zum **„starken" vorläufigen Insolvenzverwalter** bestellt wurde.[39] Voraussetzung dafür ist, dass nach § 21 Abs. 2 S. 1 Nr. 2 InsO dem Schuldner ein allgemeines Verfügungsverbot auferlegt wurde. Dadurch geht die Verwaltungs- und Verfügungsbefugnis auf den vorläufigen Verwalter über, der damit gegenüber der Bank in die Rechtsstellung des Schuldners einrückt.[40] Wird vom Insolvenzgericht lediglich ein vorläufiger Verwalter mit allgemeinem Zustimmungsvorbehalt oder ein sogenannter „halbstarker" vorläufiger Verwalter eingesetzt, bleibt es dabei, dass die Bank sich auf das Bankgeheimnis berufen kann und entsprechende Auskünfte verweigern darf.

---

[34] Zu den rechtlichen Grundlagen des Bankgeheimnisses vgl. *Vallender* FS Uhlenbruck, 2000, 2011, S. 134 f.
[35] *Wessel* DZWIR 1999, 230 (233).
[36] *Vallender* FS Uhlenbruck, 2000, S. 137 f.; *Huber* ZInsO 2001, 289 (290); Uhlenbruck/*Pape* InsO § 5 Rn. 15; MüKoInsO/*Ganter/Lohmann* § 5 Rn. 36.
[37] Uhlenbruck/*Pape* InsO § 5 Rn. 15; Graf-Schlicker/*Voß* InsO § 20 Rn. 7, 9.
[38] KPB/*Pape* InsO § 20 Rn. 39a; MüKoInsO/*Schmahl/Vuia* § 20 Rn. 9, 35.
[39] Gottwald InsR-HdB/*Huber*, Insolvenzrechts-Handbuch, § 97 Rn. 28; Uhlenbruck/*Pape* InsO § 6 Rn. 13.
[40] *Vallender* FS Uhlenbruck, 2000, S. 141.

4. Öffentliche Stellen

Der Sachverständige hat die in amtlichen Registern niedergelegten Informationen einzusehen und in die Gutachtenserstellung einzubeziehen. So sind die **Grundbuchämter** anzuschreiben und um Übersendung von Grundbuchauszügen zu ersuchen. Der Gutachter kann sich damit einen Überblick über die Grundstücke und grundstücksgleichen Rechte des Schuldners sowie den daran bestehenden Drittrechten (zB Grundschuld- und Hypothekenbestellungen) verschaffen. Daneben dient die Mitteilung einer geordneten Aufstellung aller Immobilien des Schuldners an das Insolvenzgericht auch der späteren Eintragung des Insolvenzvermerks nach § 32 InsO.

Ferner sollte der Insolvenzgutachter Auszüge aus dem **Gewerberegister** und aus dem **Handelsregister** anfordern. Aus dem Handelsregister können unter anderem die Vertretungsverhältnisse der Gesellschaft sowie der Gegenstand des Unternehmens entnommen werden; üblicherweise erholt in vielen Fällen bereits das Insolvenzgericht den Handelsregisterauszug, um die ordnungsgemäße Vertretung der Gesellschaft festzustellen und somit die Zulässigkeit des Insolvenzantrages prüfen zu können. In den amtlichen **Handelsregisterakten** befinden sich Gesellschaftsverträge, Anteilsübertragungsverträge, Kapitalerhöhungsbeschlüsse und Nachweise über den Wert von Sacheinlagen.[41] Hilfreich sind auch die dort hinterlegten Gesellschafterlisten, wenn es gilt, ausgeschiedene Gesellschafter für etwaig bestehende Haftungsansprüche zu ermitteln. Als Gehilfen des Insolvenzgerichts steht dem Gutachter ein Recht auf Einsicht in die internen Teile der Registerakten (Hauptband) zu.[42] Dazu braucht der Sachverständige beim Handelsregister nur seine Beauftragung durch das Insolvenzgericht nachzuweisen. Zudem können Bilanzen im Unternehmensregister des Bundesanzeigers eingesehen werden, soweit sie hinterlegt wurden. Schließlich kann der Gutachter auch Einsicht in die **Akten des Insolvenzgerichts** sowie ggf. in **staatsanwaltliche Ermittlungsakten**[43] bzw. die Strafakten[44] nehmen.

5. Finanzamt

Der Sachverständige sollte ferner auch das **Finanzamt** um Mitteilung von Steuerrückständen und Steuerguthaben ersuchen. Hierbei kann jedoch die Finanzbehörde die Auskunft mit einem Hinweis auf das Steuergeheimnis nach § 30 AO verweigern.[45] Insoweit besteht ein Parallelproblem zum oben bereits

---

[41] Arbeitshinweise des AG Duisburg für Insolvenzsachverständige im Eröffnungsverfahren, NZI 1999, 308 (309).

[42] Arbeitshinweise des AG Duisburg für Insolvenzsachverständige im Eröffnungsverfahren, NZI 1999, 308 (309).

[43] Dazu *Wessel* DZWIR 1999, 230 (233). Nach Ansicht von Uhlenbruck/*Pape* InsO § 5 Rn. 13, erhält der Sachverständige Auskünfte der Staatsanwaltschaft nur mit Zustimmung des Schuldners; MüKoInsO/*Schmahl/Vuia* § 16 Rn. 65.

[44] OLG Braunschweig Beschl. v. 10.3.2016 – 1 Ws 56/16, NJW 2016, 1834f., wonach der Sachverständige zur Einsicht berechtigt ist, wenn sich daraus Hinweise ergeben können, ob mit der Geltendmachung von Ansprüchen gegen den Insolvenzschuldner zu rechnen ist.

[45] OFD Frankfurt/M. ZInsO 2001, 747.

dargestellten Bankgeheimnis.[46] Verweigert der Schuldner jegliche Mitwirkung, bieten sich daher als Abhilfe die gleichen Lösungswege (oben unter Ziff. 3. dargestellt) an. So kann entweder der Schuldner – nach Aufforderung durch das Insolvenzgericht – das Finanzamt vom Steuergeheimnis freistellen (welches dann die Auskünfte direkt dem Sachverständigen erteilen kann) oder die Informationen werden direkt an den Schuldner gesandt, der dann nach § 20 InsO die Auskünfte dem Insolvenzgericht zur Verfügung zu stellen hat. Hierzu ist der Schuldner im Rahmen seiner Unterstützungs- und Auskunftspflichtpflicht (§ 20 Abs. 1 InsO) verpflichtet. Ob sich darüber hinaus ggf. ein Auskunftsanspruch im Rahmen des Informationsfreiheitsgesetzes ergibt, ist auf der Ebene des entsprechenden Landesrechts zu prüfen.

6. Sonstige Erkenntnisquellen

28 Dem Sachverständigen ist zu empfehlen, auch mit dem **Steuerberater** des Schuldners Kontakt aufzunehmen. Von ihm können bei Bedarf zurückliegende Bilanzen oder betriebswirtschaftliche Auswertungen angefordert werden. Voraussetzung hierfür ist aber die Entbindung des Steuerberaters von seiner Schweigepflicht durch den Schuldner.

29 In besonderen Ausnahmefällen kann der Sachverständige zur Informationsgewinnung dem Gericht die Anordnung einer **Postsperre** nach § 99 InsO iVm § 21 Abs. 2 S. 1 Nr. 4 InsO empfehlen. Grundsätzliche Voraussetzung ist aber, dass **konkrete Anhaltspunkte** für eine Vermögensverschleierung, -verkürzung oder -verschiebung vorliegen.[47] Die Anordnung bedarf zudem einer besonderen Begründung, da diese Maßnahme in das Grundrecht aus Art. 10 GG eingreift. Ferner hat in der Regel eine Anhörung des Schuldners vorauszugehen, sofern dadurch nicht wegen besonderer Umstände des Einzelfalls der Zweck der Anordnung gefährdet wird (§ 99 Abs. 1 S. 2 InsO).

30 Aufschlussreich für den Gutachter sind auch Anfragen bei den zuständigen **Sozialversicherungsträgern** hinsichtlich bestehender Beitragsrückstände. Bei Verweigerung der Auskunftserteilung kann diese allerdings nicht durch den Sachverständigen erzwungen werden.

31 Des Weiteren ist ein Überblick über die beim zuständigen Gerichtsvollzieher abgeschlossenen sowie noch bestehenden **Vollstreckungsaufträge** empfehlenswert. Neben der Kenntnis etwaig weiterer Gläubiger lassen sich so bereits erste Anfechtungsansprüche ermitteln, die für die Bewertung der freien Masse und damit für die Frage der Verfahrenseröffnung entscheidend sein können.

7. Spezielle Wertgutachter

32 Da die in der Handelsbilanz ausgewiesenen Buchwerte nicht die tatsächlichen Vermögensverhältnisse widerspiegeln, sollte der Gutachter in geeigneten Fällen möglichst frühzeitig einen Sachverständigen mit der Inventarisierung und Be-

---

[46] Eine Ausnahme besteht hier insoweit wieder beim „starken" vorläufigen Insolvenzverwalter. Da dieser als Vertreter gemäß § 34 Abs. 3 AO die steuerlichen Pflichten des Schuldners zu erfüllen hat, sind ihm auch alle dafür erforderlichen Auskünfte zu erteilen.
[47] BGH Beschl. v. 11.9.2003 – IX ZB 65/03, ZIP 2003, 1953.

wertung der Vermögenspositionen beauftragen.[48] Diese sind in der Lage, komplexe Unternehmenseinrichtungen sowohl unter Fortführungs- als auch unter Liquidationsgesichtspunkten zu bewerten. Die gesicherten Gläubiger sind in aller Regel bereit, die für die Bewertung anfallenden Kosten zu übernehmen, sofern es die wertmäßige und gegenständliche Erfassung ihres Sicherungsgutes betrifft und damit zu einer marktgerechten und effektiven Verwertung beiträgt.[49]

II. Das Gutachten

1. Aufbau/Gliederung

Der Inhalt des Gutachtens[50] unterliegt keinen gesetzlichen Vorgaben und hängt daher vom konkreten Gutachtensauftrag ab. Nach den Arbeitshinweisen des *AG Duisburg*[51] soll das Gutachten eine möglichst vollständige, geordnete, geprüfte und realistische Übersicht über die Vermögens-, Finanz- und Ertragslage des Schuldners einschließlich der Verbindlichkeiten vermitteln, wobei auch die Aus- und Absonderungsrechte zu berücksichtigen sind. 33

In jedem Falle müssen – entsprechend dem gutachterlichen Auftrag – eindeutige Aussagen über das Vorliegen der **Insolvenzgründe,** den Aussichten für eine **Fortführung** des schuldnerischen Unternehmens bzw. dessen Sanierungsfähigkeit sowie zur Frage, ob eine die **Kosten des Verfahrens deckende freie Masse** vorhanden ist, getroffen werden. Insbesondere zur Problematik der Massekostendeckung hat der Gutachter eine vorläufige Berechnung der Verfahrenskosten (§ 54 InsO) vorzulegen und der freien Masse gegenüberzustellen. Bestreitet der Schuldner bei einem Gläubigerantrag das Vorliegen eines Insolvenzgrundes, so ist dem Schuldner grundsätzlich auch zu dem Gutachten, das vom Gericht zur Prüfung eines Insolvenzgrundes eingeholt worden ist, **rechtliches Gehör** zu gewähren.[52] 34

Daneben kann das Gericht den Sachverständigen mit Ermittlungen zur **Zulässigkeit des Insolvenzantrages** (zB internationale und örtliche Zuständigkeit) beauftragen. Ob jedoch bei einem Antrag des Schuldners auf Anordnung der 35

---

[48] Nach Ansicht einzelner Gerichte erfolgt jedoch die Bestellung des Sachverständigen ausschließlich durch das Insolvenzgericht im Rahmen des § 5 Abs. 1 InsO, vgl. AG Hamburg Beschl. v. 29.4.2013 – 67g IN 327/11, ZIP 2014, 338.

[49] Eine Kostenübernahme ist auch durch die Masse möglich, wenn der Sachverständige zugleich als vorläufiger Insolvenzverwalter bestellt wurde und im Namen der Masse gehandelt hat. Als schwacher vorläufiger Insolvenzverwalter bedarf er aber einer gerichtlichen Einzelmächtigung, vgl. AG Hamburg Beschl. v. 6.4.2006 – 67g IN 256/02, ZInsO 2006, 448; krit. *Wiester/Wilk* NZI 2007, 12 ff.

[50] Das Gutachten unterliegt im Übrigen auch der Akteneinsicht, OLG Düsseldorf Beschl. v. 17.12.1999 – 3 Va 11/99, ZIP 2000, 322; OLG Celle Beschl. v. 31.8.2006 – 4 W 151/06, ZIP 2007, 299; MüKoInsO/*Schmahl/Vuia* § 16 Rn. 67 f. (zu Inhalt/Anforderungen); Uhlenbruck/*Pape* InsO § 5 Rn. 16.

[51] Vgl. Arbeitshinweise des AG Duisburg für Insolvenzsachverständige im Eröffnungsverfahren, NZI 1999, 308 (309).

[52] MüKoInsO/*Haarmeyer* § 26 Rn. 25; Graf-Schlicker/*Voß* InsO § 26 Rn. 18; LG München Beschl. v. 20.7.2001 – 14 T 10316/01, ZInsO 2001, 814.

Eigenverwaltung[53] er mit der Prüfung der Frage beauftragt werden kann, ob der Schuldner bzw. sein organschaftlicher Vertreter die Gewähr dafür bieten, dass die Anordnung der Eigenverwaltung nicht zu einer Verzögerung des Verfahrens oder zu sonstigen Nachteilen für die Gläubiger führen wird, ist umstritten.[54, 55]

36   Neben diesen speziellen Punkten soll der Gutachter dem Insolvenzgericht auch einen allgemeinen Überblick über das schuldnerische Unternehmen vermitteln.

Der Bundesarbeitskreis Insolvenzrecht hat als „Empfehlung an die Insolvenzgerichte" eine Checkliste für die Gutachtensgliederung und Gutachtenserstellung in Unternehmensinsolvenzverfahren erarbeitet, die von einem Gutachter als wertvolles Hilfsmittel herangezogen werden sollte.[56] Alternativ[57] kann auch folgende

Gliederung

verwendet werden:

1. Teil: Gerichtliche Anordnungen und Grundlagen des Gutachtens
    A. Gutachtensauftrag/Sicherungsmaßnahmen
        I. Insolvenzantrag
        II. Sachverständigenauftrag
        III. Sicherungsanordnungen
    B. Erkenntnisquellen für das Gutachten
2. Teil: Das Unternehmen
    A. Gesellschaftsrechtliche Verhältnisse
    B. Unternehmensbezogene Daten
    C. Unternehmensentwicklung und Ursachen der Krise
        I. Geschäftsbetrieb des Schuldners
        II. Wirtschaftliche Entwicklung
        III. Ursachen der Krise
    D. Maßnahmen im Antragsverfahren
        I. Informationseinholung
        II. Betriebsversammlungen
        III. Errichtung eines Treuhandkontos
        IV. Inventur/Inventar
        V. Bankeninformation
    E. Maßnahmen zur Aufrechterhaltung des Geschäftsbetriebes
    F. Arbeitnehmerbelange
        I. Anzahl/Kündigungsstatus
        II. Insolvenzgeld(-vor)finanzierung
    G. Buchhaltung/Jahresabschlüsse

---

[53] Vgl. § 270 Abs. 2 Nr. 1 InsO.
[54] Vgl. ausführlich Uhlenbruck/*Zipperer* InsO § 270 Rn. 52.
[55] Der so bestellte Gutachter hat aber nicht die Rechtstellung eines vorläufigen Sachwalters nach § 274 InsO. Letzterer hat neben der Prüfung der wirtschaftlichen Lage zusätzlich die Geschäftsführung sowie die Ausgaben für die Lebensführung zu überwachen.
[56] Empfehlung des BAKinso e. V. – Checkliste zur Gutachtenerstellung, NZI 2009, 37 und ZInsO 2009, 22 ff.
[57] Dieser Gliederung verwendet der Verfasser bei seiner Gutachtenserstellung.

§ 6. Das Sachverständigengutachten

       H. Sanierungsmöglichkeiten
          I. Insolvenzplan
          II. Übertragende Sanierung
3. Teil: Das Aktiv-Vermögen
       A. Anlagevermögen
          I. Immaterielles Anlagevermögen
          II. Grundstücke/grundstücksgleiche Rechte
          III. Technische Anlagen, Maschinen, Betriebs- und Geschäftsausstattung
          IV. Beteiligungen
       B. Umlaufvermögen
          I. Roh-, Hilfs- und Betriebsstoffe
          II. Unfertige Erzeugnisse/Fertige Erzeugnisse
          III. Forderungen aus Lieferungen und Leistungen
          IV. Sonstige Vermögensgegenstände
          V. Guthaben bei Kreditinstituten
          VI. Kassenbestand
       C. Sonderaktiva
          I. Ansprüche gegen Gesellschafter/Geschäftsführer
          II. Anfechtungsansprüche
       D. Zusammenfassung „freies" Aktivvermögen
4. Teil: Verbindlichkeiten und Insolvenzgründe
       A. Insolvenzgründe
          I. Zahlungsunfähigkeit/ggf. drohende Zahlungsunfähigkeit
          II. Überschuldung
       B. Ergebnis
5. Teil: Verfahrenskosten und Masseverbindlichkeiten
       A. Kosten des Insolvenzverfahrens iSd § 54 InsO
          I. § 54 Nr. 1 InsO
          II. § 54 Nr. 2 InsO
       B. Masseverbindlichkeiten/Prüfung der Masseunzulänglichkeit
          I. § 55 Abs. 1 Nr. 1 InsO
          II. § 55 Abs. 1 Nr. 2 InsO
          III. § 55 Abs. 4 InsO
       C. Ergebnis
6. Teil: Gutachtensergebnis und Entscheidungsempfehlung
       A. Insolvenzgründe
       B. Situation des Geschäftsbetriebes
       C. Verfahrenskostendeckung
       D. Weitere Gutachtenserkenntnisse
          I. Gläubigerausschuss
          II. Nachrangige Gläubiger (§ 174 Abs. 2 InsO)
          III. Anordnung eines schriftlichen Verfahrens
          IV. Postsperre
       E. Entscheidungsempfehlung

Im Einzelfall hat der Gutachter auch darauf einzugehen, ob im eröffneten 37 Verfahren eine **Postsperre** gemäß § 99 InsO erlassen werden soll bzw. dem Gericht eine entsprechende Anregung für eine dahingehende Anordnung zu geben. Die Empfehlung einer Postsperre bedarf einer besonderen Begründung. In diesem Falle sind im Gutachten auch Aussagen zu treffen, ob es ausnahmsweise gerechtfertigt ist, auf eine vorherige Anhörung des Schuldners nach § 99 Abs. 1 S. 2 InsO zu verzichten.

38 Des Weiteren ist auf die Zusammensetzung des vorgeschlagenen – oder bereits bestehenden vorläufigen – **Gläubigerausschusses** besonders einzugehen. Die (künftigen) Mitglieder des Gläubigerausschusses sind kurz darzustellen, jeweils mit dem Hinweis, welche Gläubigergruppen sie im Einzelnen vertreten (vgl. § 67 Abs. 2 InsO).

2. Vermögensübersicht

39 Der Sachverständige erstellt im Regelfall – unter Rückgriff auf die Bilanzgliederung nach § 266 Abs. 2 HGB – auch einen **Vermögensstatus**. Darin sind die Aktivpositionen sowohl mit Liquidations- als auch mit Fortführungswerten darzustellen.[58] Daneben ist mitzuteilen, ob an den Vermögensgegenständen Sicherungsrechte Dritter bestehen (Aus- und Absonderungsrechte) bzw. ob Aufrechnungslagen zu beachten sind. Lediglich die positive Differenz zwischen den Realisierungswerten und den Aussonderungs-, Absonderungs- bzw. Aufrechnungsansprüchen steht im eröffneten Verfahren der Gesamtheit der Insolvenzgläubiger als sog „**freie Masse**" zur Verfügung. Zu dieser sind ferner die gesetzlichen Verfahrenskostenbeiträge nach den §§ 170, 171 InsO zu zählen. Die freie Masse ist entscheidender Parameter für die Prüfung der Verfahrenskostendeckung und dient so letztendlich der Frage, ob das Insolvenzverfahren finanziert und damit eröffnet werden kann.

40 In der Praxis hat sich folgendes Aufbauschema bewährt:

Vermögensübersicht
zum ... in dem Insolvenzantragsverfahren über das Vermögen der Firma ...
Aktenzeichen Insolvenzgericht ......: ... IN .../...

AKTIVA

	Realisierungs-Werte (Liquidation) T-EUR	Realisierungs-Werte (Fortführung) T-EUR	Aussonderung Absonderung Aufrechnung T-EUR		Frei für die Masse T-EUR	
			Liquidation	Fortführung	Liquidation	Fortführung
A. Ausstehende Einlagen						
B. Anlagevermögen						
I. Immaterielle Vermögensgegenstände						
1. Konzessionen, gewerbliche Schutzrechte und ähnliche Rechte	0	0	0	0	0	0
2. Geschäfts- oder Firmenwert	0	0	0	0	0	0

---

[58] *Wessel* DZWIR 1999, 230 (234); gleichzeitig dient der Vermögensstatus als Grundlage für die nach Insolvenzeröffnung zu erstellende Vermögensübersicht (§ 153 Abs. 1 iVm § 151 Abs. 2 InsO).

	Realisierungs-Werte (Liquidation) T-EUR	Realisierungs-Werte (Fortführung) T-EUR	Aussonderung Absonderung Aufrechnung T-EUR		Frei für die Masse T-EUR	
			Liquidation	Fortführung	Liquidation	Fortführung
II. Sachanlagen						
1. Grundstücke/grundstücksgleiche Rechte und Bauten	5000	6000	4550	5460	450	540
2. Techn. Anlagen und Maschinen	2000	3500	1820	3185	180	315
3. Andere Anlagen, Betriebs- und Geschäftsausstattung	150	250	136,5	227,5	13,5	22,5
4. Fahrzeuge	100	200	91	182	9	18
III. Finanzanlagen						
1. Anteile an verbundenen Unternehmen	50	50	0	0	50	50
2. Beteiligungen	0	0	0	0	0	0
C. Umlaufvermögen						
I. Vorräte						
1. Roh-, Hilfs- u. Betriebsstoffe	200	350	182	318,5	18	31,5
2. Unfertige Erzeugnisse, unfertige Leistungen	150	300	136,5	273	13,5	27
3. Fertige Erzeugnisse, Waren	400	500	364	455	36	45
II. Forderungen und sonst. Vermögensgegenstände						
1. Forderungen aus Lieferungen und Leistungen	1850	2500	1683,5	2275	166,5	225
2. Forderungen gegen verbundene Unternehmen	0	0	0	0	0	0
3. Sonstige Vermögensgegenstände	200	200	182	182	18	18
III. Guthaben bei Kreditinstituten/Kasse						
1. Banken	200	200	0	0	200	200
2. Kasse	0	0	0	0	0	0
D. Insolvenzspezifische Ansprüche						
I. GF-/Vorstandshaftung	0	0	0	0	0	0
II. Insolvenzanfechtung	100	100	0	0	100	100
Summe:	10 400	14 150	9145,5	12 558	1254,5	1592

Vermögensübersicht

zum ... in dem Insolvenzantragsverfahren über das Vermögen der Firma ...
Aktenzeichen Insolvenzgericht ......: ... IN .../...

PASSIVA

	Betrag T-EUR	Aus-/Absonderung Aufrechnung T-EUR		Ungesichert T-EUR	
		Liquidation	Fortführung	Liquidation	Fortführung
A. Masseverbindlichkeiten[59]					
I. Kosten des Insolvenzverfahrens (§ 54 InsO)	150				
II. Sonstige Masseverbindlichkeiten					
1. § 55 Abs. 1 Nr. 1 InsO (Handlungen des Insolvenzverwalters)	100				
2. § 55 Abs. 1 Nr. 2 InsO (gegenseitige Verträge)	170				
3. § 55 Abs. 1 Nr. 3 InsO (ungerechtfertigte Bereicherung)	0				
4. § 55 Abs. 4 InsO (Steuern)	28				
5. Steuerverbindlichkeiten gemäß BFH, Urteil v. 9.12.2010	0				
III. Sozialplanforderungen (§ 123 Abs. 2 InsO)	750				
B. Insolvenzgläubiger (§ 38 InsO)					
I. Kreditinstitute					
1. Langfristdarlehen	8000	5370	7645	2630	355
2. Kurzfristige Ausreichungen	4000	1227,5	1409,5	2722,5	2590,5
II. Sonstige Darlehen	800	0	0	800	800
III. Lieferungen und Leistungen					
1. Warenlieferungen	3800	2548	3503,5	1252	296,5
2. Sonstige Leistungen	500	0	0	500	500
IV. Arbeitnehmerbereich					
1. Löhne und Gehälter	0		0	0	0
2. Insolvenzgeld	300		0	300	300
3. Betriebliche Altersversorgung	800		0	800	800
V. Steuern/öffentl. Abgaben	350		0	350	350
VI. Sonstige	0		0	0	0
C. Nachrangige Insolvenzgläubiger					
I. § 39 Abs. 1 Nr. 1	0	0	0	0	0
II. § 39 Abs. 1 Nr. 2	0	0	0	0	0
III. § 39 Abs. 1 Nr. 3	0	0	0	0	0
IV. § 39 Abs. 1 Nr. 4	0	0	0	0	0
V. § 39 Abs. 1 Nr. 5					
Summen B + C:	18550	9145,5	12558	9404,5	5992

---

[59] Zur Ermittlung der Kostendeckung und zur Information der Beteiligten werden auch die **künftigen Masseverbindlichkeiten** mit in die Vermögensübersicht eingestellt. Zur Prüfung der Überschuldung nach § 19 InsO müssen sie jedoch außer Betracht bleiben, da die erst nach Verfahrenseröffnung entstehenden Verbindlichkeiten nicht berücksichtigt werden dürfen. Im Rahmen der gutachterlichen Feststellungen können sie auch in einer „Nebenrechnung" zum Gutachten dargestellt werden.

3. Prüfungsaussagen und Prüfungsergebnisse

a) Prüfung und Darstellung der Insolvenzgründe. Nach § 16 InsO setzt 41
die Eröffnung eines Insolvenzverfahrens voraus, dass ein Eröffnungsgrund besteht. Damit kodifizierte der Gesetzgeber die sachlichen bzw. materiellen Voraussetzungen dafür, dass das Vermögen des Schuldners zur Haftungsverwirklichung verwertet werden kann und die Gläubiger bei der Verfolgung ihrer Forderungen in eine Zwangsgemeinschaft eingebunden werden.[60] Der Auftrag des Gerichts an den Sachverständigen enthält somit immer auch als wichtigsten Auftrag, zu ermitteln, ob einer oder mehrere der Insolvenzgründe (§§ 17–19 InsO) im konkreten Fall vorliegen.

Insolvenzgründe können sein:
– **Zahlungsunfähigkeit** (§ 17 InsO)
  Dies ist der in der Praxis am häufigsten auftretende Insolvenzgrund. Wann ihre Voraussetzungen vorliegen und wie sie von der bloßen Zahlungsstockung abzugrenzen ist, wird ausführlich unter → § 2 Rn. 20 ff. erörtert. Auf die dortigen Ausführungen wird Bezug genommen.[61]
– **Drohende Zahlungsunfähigkeit** (§ 18 InsO)
  Die drohende Zahlungsunfähigkeit ist ebenfalls bei natürlichen und juristischen Personen Insolvenzgrund. Besonderheit ist, dass die drohende Zahlungsunfähigkeit nur bei Schuldner-Eigenanträgen Insolvenzgrund sein kann (§ 18 Abs. 1 InsO). Im Übrigen wird auf die Ausführungen zu → § 2 Rn. 93 ff. Bezug genommen.
– **Überschuldung** (§ 19 InsO)
  Die Überschuldung ist Eröffnungsgrund nur bei juristischen Personen und Gesellschaften ohne Rechtspersönlichkeit, bei denen keine natürliche Person unbegrenzt haftet (§ 19 Abs. 1 InsO). Überschuldung kommt aber auch als Eröffnungsgrund im Fall eines Nachlasses in Betracht (§ 320 InsO). Bezüglich der Voraussetzungen wird Bezug genommen auf die Ausführungen in → § 2 Rn. 119 ff.

b) Prüfung der Verfahrenskostendeckung. aa) Die Berechnung der Verfahrens- 42
renskosten. Im Rahmen der Amtsermittlungspflichten[62] hat das Insolvenzgericht nicht nur die Insolvenzgründe, sondern darüber hinaus als weiteren Haupt-Prüfungspunkt auch festzustellen, ob das Vermögen des Schuldners voraussichtlich ausreichen wird, um die Kosten des Verfahrens zu decken, § 26 Abs. 1 S. 1 InsO. Ist dies nicht der Fall, weist das Gericht den Antrag auf Eröffnung des Insolvenzverfahrens ab. Der Staat braucht das Verfahren und seine Organe nicht unentgeltlich zur Verfügung zu stellen, da das Insolvenzverfahren nicht im öffentlichen Interesse, sondern im Interesse der Gläubiger durchgeführt wird.[63] Aus-

---

[60] Vgl. Uhlenbruck/*Hirte* InsO § 16 Rn. 2 f.
[61] Siehe auch die Definition der Zahlungsunfähigkeit als Abgrenzung zur Zahlungsstockung durch den Fachausschuss Sanierung und Insolvenz des Instituts der Wirtschaftsprüfer, ZIP 2009, 201 ff.
[62] Eine Verletzung dieser Verpflichtung, zB durch unzureichende Ermittlungen, kann haftungsrechtliche Ansprüche gegen den Staat und im Rückgriff gegen den Insolvenzrichter auslösen; vgl. *Haarmeyer* ZInsO 2001, 103 (104).
[63] *Bork* Einf Rn. 117.

nahmsweise unterbleibt eine Abweisung dann, wenn nach § 26 Abs. 1 S. 2 InsO zur Deckung der Verfahrenskosten ein ausreichender Geldbetrag durch einen Dritten vorgeschossen wird oder nach § 4a InsO die Verfahrenskosten gestundet werden. *Gundlach*[64] weist in diesem Zusammenhang darauf hin, dass die Prüfung der Massekostendeckung zu den schwierigsten Aufgaben des Sachverständigen gehört.

43 Nach § 26 Abs. 1 S. 1 InsO müssen zur Eröffnung des Insolvenzverfahrens die **„Kosten des Verfahrens"** gedeckt sein. In der Konkursordnung zählten zu den Kosten des Verfahrens im Rahmen des § 107 Abs. 1 KO auch die Massekosten iSd § 58 Nr. 1, 2 KO. Dazu rechnete man sämtliche Ausgaben für die Verwaltung, Verwertung und Verteilung der Masse, wie zB sämtliche Abgaben und Steuern sowie Versicherungsprämien.[65]

44 § 53 InsO differenziert nunmehr zwischen den eigentlichen Kosten des Insolvenzverfahrens und den sonstigen Masseverbindlichkeiten. Bei der Verfahrenskostenstundung ist lediglich auf die in § 54 InsO enumerativ aufgezählten – gesamten – Kosten abzustellen.

45 Im Vergleich zur Konkursordnung bleibt festzustellen, dass der enge Begriff der „Kosten des Verfahrens" eine **erleichterte Verfahrenseröffnung** ermöglicht.[66] Dies ist grundsätzlich begrüßenswert, da unter dem früherem Konkursrecht in den Jahren 1985 bis 1998 etwa 75 % der Anträge mangels Masse abgewiesen werden mussten.[67] Dies war insoweit bedenklich, da anstatt eines geordneten Verfahrens ein „Wettlauf der Gläubiger" einsetzte. Der Schuldner konnte am Markt weiter agieren. Vermögensmanipulationen bzw. Vermögensverschiebungen konnten weder aufgedeckt, geschweige denn rückgängig gemacht werden. Die Hauptgeschädigten waren in diesen Fällen insbesondere die Kleingläubiger.

46 **bb) Verfahrenskosten im Einzelnen.** § 54 InsO definiert abschließend die zu deckenden Verfahrenskosten. Dazu zählen
– die **Gerichtskosten** für das Insolvenzverfahren,
– die Vergütung und die Auslagen des **vorläufigen Insolvenzverwalters,**
– die Vergütung und die Auslagen des **endgültigen Insolvenzverwalters,**
– die Vergütung und die Auslagen der Mitglieder des (vorläufigen) **Gläubigerausschusses.**

47 **(1) Gerichtskosten.** Zu den Gerichtskosten zählen die Gebühren und Auslagen nach Maßgabe der §§ 1 Abs. 1 S. 1 Nr. 2, 58, 34 GKG und des Kostenverzeichnisses der Anlage 1 zum Gerichtskostengesetz. Hierzu gehören
– die Gerichtsgebühr für jeden (!) **Antrag auf Eröffnung** des Insolvenzverfahrens,
  • bei einem **Schuldnerantrag** (Nr. 2310 KV-GKG) **0,5** Gebührensatz,
  • bei einem **Gläubigerantrag** (Nr. 2311 KV-GKG) **0,5** Gebührensatz, mindestens jedoch 180 EUR,
– die Gerichtsgebühr für die Durchführung des Insolvenzverfahrens,
  • bei einem **Schuldnerantrag** ggf. kombiniert mit Gläubigerantrag (Nr. 2320 KV-GKG) **2,5** Gebührensatz,
  • bei reinem **Gläubigerantrag** (Nr. 2330 KV-GKG) **3,0** Gebührensatz

---

[64] Gottwald InsR-HdB/*Gundlach,* Insolvenzrechts-Handbuch, § 15 Rn. 5.
[65] *Kübler,* Kölner Schrift zur Insolvenzordnung, Kap. 18 Rn. 6.
[66] *Kübler,* Kölner Schrift zur Insolvenzordnung, Kap. 18 Rn. 10.
[67] Gottwald InsR-HdB/*Gundlach,* Insolvenzrechts-Handbuch, § 15 Rn. 1.

– Kosten für die **Zustellungen** (Nr. 9002 KV-GKG) werden pauschal mit 3,50 EUR pro Zustellung angesetzt,
– Auslagen für eine **öffentliche Bekanntmachung** (Nr. 9004 KV-GKG) sind in voller Höhe zu berücksichtigen. Dabei ist aber zu beachten, dass die frühere gesetzliche Verpflichtung zur auszugsweisen Veröffentlichung im Bundesanzeiger seit dem Jahr 2007 nicht mehr besteht. Die Veröffentlichung erfolgt seitdem kostenersparend im Internet („www.insolvenzbekanntmachungen.de").

Die Gerichtsgebühren berechnen sich nach Maßgabe des § 58 Abs. 1 S. 1 GKG aus dem Wert der freien Aktivmasse[68] zum Zeitpunkt der Beendigung des Insolvenzverfahrens. Die konkrete Berechnung ist nach § 34 Abs. 1 GKG iVm Anlage 2 des Gerichtskostengesetzes vorzunehmen, wobei bei einer Insolvenzmasse bis 500 EUR eine Mindestgebühr von 35 EUR (= 1,0 Gebührensatz) zugrunde zu legen ist. Wird von einem **Gläubiger** ein Insolvenzantrag gestellt, so bemisst sich die Gebühr für das **Verfahren über den Antrag** nach dem Betrag seiner Forderung. Ist der Wert der Insolvenzmasse geringer als die Forderung des Gläubigers, so ist wieder die Insolvenzmasse maßgeblich, § 58 Abs. 2 GKG. 48

Zu den Gerichtskosten zählt auch die **Entschädigung** des gerichtlich bestellten **Sachverständigen**. Die Vergütung richtet sich nach dem Justizvergütungs- und -entschädigungsgesetz (JVEG). 49

Für die Vergütung des isoliert bestellten Sachverständigen sind nach jüngster Ansicht des OLG Karlsruhe die in der Sachgebietsliste 6 genannten Stundensätze der Unternehmensbewertung einschlägig, so dass von einem Stundensatz von 115 EUR/Std. auszugehen sei.[69] Für den Sachverständigen, der zugleich zum „schwachen" oder „starken" vorläufigen Insolvenzverwalter bestellt wurde, gilt nach § 9 Abs. 2 JVEG ein Stundensatz von 80 EUR. Neben den entsprechend nachzuweisenden Auslagen (beispielsweise Kopierkosten nach § 7 Abs. 2 S. 1 Nr. 1 JVEG) wird jede Original-Druckseite des Gutachtens nach § 12 Abs. 1 Ziff. 3 JVEG mit 0,90 EUR je angefangene 1000 Anschläge erstattet. 50

(2) Vergütung des vorläufigen Insolvenzverwalters. Zur Ermittlung der Vergütung des vorläufigen Insolvenzverwalters ist nunmehr nach § 63 Abs. 3 Satz 2, 3 InsO[70] iVm § 11 Abs. 1 S. 1 InsVV als Bemessungsgrundlage das **gesamte Vermögen** heranzuziehen, auf das sich seine Tätigkeit während des Eröffnungsverfahrens erstreckt hat. Nach § 11 Abs. 1 S. 2 InsVV sind auch die mit künftigen Aus- und Absonderungsrechten belasteten Gegenstände ungekürzt einzustellen, allerdings nur soweit sich der vorläufige Verwalter in erheblichem Umfang damit befasst hat.[71] 51

Von dem sich daraus gemäß § 2 Abs. 1 InsVV ergebenden Regelsatz beträgt die Vergütung des vorläufigen Insolvenzverwalters nach Maßgabe des § 63 52

---

[68] Zur Ermittlung der freien Aktivmasse vgl. → § 6 Rn. 58 ff.
[69] OLG Karlsruhe Beschl. v. 16.9.2015 – 15 W 57/15, NZI 2016, 324; AG Göttingen Beschl. v. 26.7.2016 – 71 IN 21/16 NOM, 71 IN 21/16, ZInsO 2016, 1758 ff.
[70] Aufgrund des Beschlusses des BGH v. 15.11.2012 – IX ZB 88/09, NZI 2013, 29, war es erforderlich geworden, die Berechnungsgrundlage für die Vergütung des vorläufigen Insolvenzverwalter auf eine einfach-gesetzliche Grundlage zu stellen, um auch Aus- und Absonderungsrechte entsprechend § 11 Abs. 1 S. 2 InsVV berücksichtigen zu können.
[71] Insoweit sehr restriktiv: BGH Beschl. v. 14.12.2005 – IX ZB 256/04, ZIP 2006, 621, dazu *Keller* NZI 2006, 271; BGH Beschl. v. 13.7.2006 – IX ZB 104/05, ZIP 2006, 1403.

Abs. 3 S. 2 InsO **in der Regel** 25 Prozent der Vergütung des endgültigen Insolvenzverwalters. Unter Berücksichtigung der jeweiligen Aufgaben und Risiken ist jeweils im Einzelfall nach § 10 iVm § 3 InsVV über Zu- oder Abschläge zu entscheiden. Daneben sind schließlich auch die Auslagen (§ 8 Abs. 1, 3 InsVV) sowie die Umsatzsteuer (§ 7 InsVV) zu berücksichtigen. Zur Berechnung der Vergütung des vorläufigen Insolvenzverwalters vgl. näher: → § 52.

53 **(3) Vergütung des Insolvenzverwalters.** Bei der (vorläufigen) Ermittlung der Vergütung des Insolvenzverwalters ist nach § 1 InsVV der Wert der im Gutachten ermittelten **freien Masse** – also nach Abzug der Aus- und Absonderungsrechte – als Bemessungsgrundlage heranzuziehen. Soweit erkennbar, sind bereits entsprechende Zu- und Abschläge nach § 3 InsVV zu berücksichtigen. Abschließend sind wiederum auch die Auslagen (§ 8 Abs. 1, 3 InsVV) sowie die Umsatzsteuer (§ 7 InsVV) hinzuzusetzen. Zur Berechnung der Vergütung des Insolvenzverwalters vgl. näher: → § 51.

54 **(4) Vergütung der Mitglieder des Gläubigerausschusses.** Die Berechnung der Vergütung der Mitglieder des Gläubigerausschusses ist in § 17 InsVV geregelt. Danach sind neben den Auslagen (§ 18 InsVV) regelmäßig zwischen 35 und 95 EUR je Stunde – abhängig vom Umfang der Tätigkeit – anzusetzen. Die voraussichtliche zeitliche Belastung der Mitglieder des Gläubigerausschusses ist jeweils im Einzelfall anhand von Erfahrungswerten zu schätzen. Zur Berechnung der Vergütung der Mitglieder des Gläubigerausschusses vgl. näher: § 54.

55 cc) **Unschärfe der Verfahrenskostenprognose.** Der Gutachter hat sowohl das Vermögen des Schuldners als auch die Kosten des Verfahrens in nachvollziehbarer und nachprüfbarer Weise zu ermitteln. Dennoch ist insbesondere bei Großverfahren in der Phase der Gutachtenserstellung **keine exakte rechnerische Ermittlung** der zu deckenden Kosten möglich; der erforderliche Betrag kann „großzügig geschätzt" werden.[72] Da zB für die Vergütung des Insolvenzverwalters der Wert der Insolvenzmasse zum Zeitpunkt der Schlussrechnung maßgeblich ist und weder Zu- noch Abschläge festgestellt werden können, kann der Sachverständige lediglich eine Beurteilung im Rahmen einer **Prognose** abgeben.

Ebenso verhält es sich mit den Gerichtskosten, für deren Berechnung die Aktivmasse zum Zeitpunkt der Beendigung des Insolvenzverfahrens maßgeblich ist.[73] Zum Zeitpunkt der Entscheidung über den Insolvenzantrag kann diese Bemessungsgrundlage jedoch nur ungefähr bestimmt werden. Entscheidend kommt es daher mit *Haarmeyer*[74] darauf an, ob eine überwiegende Wahrscheinlichkeit dafür besteht, dass der Insolvenzverwalter nach Eröffnung die Mittel zur Deckung der Kosten aus dem Vermögen des Schuldners bereitstellen kann.

56 dd) **Keine Einbeziehung von Masseverbindlichkeiten.** Mit der Norm des § 26 Abs. 1 InsO hat der Gesetzgeber[75] deutlich zum Ausdruck gebracht, dass nur die im Rahmen des § 54 InsO aufgeführten Kosten zu berücksichtigen sind und eine Einbeziehung der sonstigen Masseverbindlichkeiten nach § 55 InsO

---

[72] Uhlenbruck/*Vallender* InsO § 26 Rn. 7.
[73] Vgl. dazu Uhlenbruck/*Vallender* InsO § 26 Rn. 7.
[74] *Haarmeyer* ZInsO 2001, 103 (106).
[75] *Begründung RegE* zu § 26 (30), *Kübler/Prütting*, Das neue Insolvenzrecht, 2. Aufl., S. 188.

nicht gewollt ist.[76] Dennoch wird von Teilen der Literatur[77] versucht, Masseschulden, die mit der Übernahme der persönlichen Haftung verbunden sind, möglichst in die Entscheidung über die Kostendeckung mit einzubeziehen.

Diese Auffassung ist abzulehnen, da sie nicht nur dem eindeutigen Willen des Gesetzgebers widerspricht, sondern zudem auch **contra legem** ist. Daher ist im Sinne der Rechtssicherheit klar zwischen den Kosten des Verfahrens gemäß § 54 InsO und den sonstigen Masseverbindlichkeiten nach § 55 InsO zu differenzieren. Bei einer Einbeziehung letzterer wären Eröffnungsentscheidungen kaum mehr berechenbar und nachprüfbar.[78] **Unvermeidbare Steuerberatungskosten** hat der BGH aber ausnahmsweise als zu berücksichtigende Auslagen dann anerkannt, wenn das Finanzamt den Verwalter zwingt, umfangreiche steuerliche Tätigkeiten zu erbringen.[79] Im Übrigen sind die Fälle, in denen zwar die Verfahrenskosten iSd § 54 InsO gedeckt sind, die Insolvenzmasse jedoch nicht ausreicht, um die fälligen sonstigen Masseverbindlichkeiten zu erfüllen, in den §§ 208 ff. InsO ausdrücklich geregelt. 57

ee) **Das Ergebnis.** Den im Wege der Prognoserechnung ermittelten Verfahrenskosten iSd § 54 InsO ist die sog **freie Masse** gegenüberzustellen. Zur Feststellung der freien Masse hat der Sachverständige das verwertbare und zudem zeitnah realisierbare Vermögen des Schuldners zu ermitteln und – jedenfalls im Grundsatz – je nach dem Ergebnis der Fortbestehensprognose mit Liquidations- oder Going-Concern-Werten anzusetzen. An dieser Stelle kann hinsichtlich der **Bewertung** der jeweiligen Vermögenspositionen auf die Darstellung der Aktivseite im Rahmen des Überschuldungsstatus Bezug genommen werden (vgl. → Rn. 39 f.). Es gilt aber zu beachten, dass umgekehrt mit dem Überschuldungsstatus – der ohne Rücksicht auf Aus- und Absonderungsrechte erstellt wird – nicht die freie Masse ermittelt werden kann. 58

Im Gegensatz zur Überschuldungsprüfung sind für die Frage der Massekostendeckung auch der **künftige Neuerwerb**, realisierbare Ansprüche gegen die Gesellschafter usw zu berücksichtigen. Um den Insolvenzverwalter nicht zu einer persönlichen Vorfinanzierung des Verfahrens zu zwingen, werden in die Deckungsrechnung allerdings nur solche Vermögensgegenstände einbezogen, die innerhalb eines Zeitraumes von 1 Jahr ab Insolvenzeröffnung realisiert werden können.[80] 59

Bestehen an den verwertbaren Positionen Sicherungsrechte Dritter (**Absonderungsrechte**), sind für die freie Masse lediglich die freien Erlösspitzen zu berücksichtigen. Daneben sind die mit Absonderungsrechten belasteten Gegenstände des Schuldners im Rahmen der gemäß § 171 Abs. 1 und 2 InsO anzusetzenden **Feststellungs- und Verwertungskosten** in Höhe von 4 % bzw. 5 % des Verkehrswertes in die freie Masse einzustellen, soweit diese erzielbar er- 60

---

[76] So auch HK-InsO/*Rüntz* § 26 Rn. 14; *Kübler*, Kölner Schrift zur Insolvenzordnung, Kap. 18 Rn. 6.
[77] Nerlich/Römermann/*Mönning*/*Zimmermann* § 26 Rn. 54 ff.; *Förster* ZInsO 1999, 141 ff.; *Rattunde/Röder* DZWIR 1999, 309 ff.; *Wineberg/Voigt* ZIP 1999, 1662; Uhlenbruck/*Vallender* InsO § 26 Rn. 10.
[78] So auch *Pape* ZInsO 2000, 227.
[79] BGH Beschl. v. 22.7.2004 – IX ZB 161/03, ZIP 2004, 1717 (1720).
[80] BGH Beschl. v. 17.6.2003 – IX ZB 476/02, NZI 2004, 30.

scheinen. Bei mithaftendem Grundstückszubehör ist in analoger Anwendung des § 10 Abs. 1 Nr. 1a ZVG ein Verfahrenskostenbeitrag von 4 % des festgestellten Verkehrswertes anzusetzen.

61 Bei der Verwertung von **Immobilien** oder grundstücksgleichen Rechten steht der Masse kraft Gesetzesanordnung kein Kostenbeitrag zu. Dennoch zeigt die insolvenzrechtliche Praxis, dass es insbesondere bei den im Insolvenzrecht erfahrenen Banken mittlerweile Usus ist, einen Beitrag in Höhe von 3 % bis 5 % der Verwertungserlöse der Masse zur Verfügung zu stellen.[81] Diese Vorgehensweise sollte bereits der Sachverständige, der in aller Regel durch seine Funktion als vorläufiger Insolvenzverwalter einen engen Kontakt zu den Kreditinstituten unterhält, abklären und sich entsprechend schriftlich bestätigen lassen. In diesem Falle kann auch für Grundstücksverwertung der Netto-Verwertungskostenbeitrag eingestellt werden.[82]

62 Künftige **Aussonderungsgegenstände** bleiben bei der Ermittlung der freien Masse völlig außer Betracht. Dem gegenüber ist der abzusehende künftige **Neuerwerb** des Schuldners nach § 35 Abs. 1, letzter Hs. InsO in die Prüfung der Massekostendeckung einzubeziehen. Auch **Haftungsansprüche** gegen die Gesellschafter, zB wegen offener Stammeinlagen, sind im realisierbaren Umfang in die Masse einzustellen. Ist bei einer Genossenschaft Insolvenzantrag gestellt, so ist auch die Nachschusspflicht der Genossen nach § 105 GenG zu berücksichtigen.[83]

63 Nach der Begründung zum Regierungsentwurf soll ein Insolvenzverfahren auch dann eröffnet werden können, wenn zwar das vorhandene Vermögen des Schuldners nicht mehr die Kosten des Verfahrens deckt, der fehlende Betrag aber im Wege der **Insolvenzanfechtung** hinzugewonnen werden kann.[84] Ebenso sind Forderungen zu berücksichtigen, die nur im Prozesswege durchsetzbar sind.[85]

64 Zu jedem Gegenstand ist gesondert die jeweilige Aussonderungs-, Absonderungs- und (potenzielle) **Aufrechnungsposition** mitzuteilen. Diese insoweit belasteten bzw. aufrechenbaren Vermögenswerte dienen nur bestimmten Gläubigern zur Befriedigung. Da sie im Rahmen der Haftungsrealisierung nicht der Gesamtheit der Gläubiger zur Verfügung stehen, müssen sie somit – mit Ausnahme des Überschussbetrages und des Verfahrenskostenbeitrages – bei der Ermittlung der freien Masse **außer Betracht** bleiben. Im Grundsatz wird nur die Differenz zwischen den Realisierungswerten und den „Drittansprüchen" (Aussonderung, Absonderung, Aufrechnung) in die freie Masse eingestellt.

65 Da in aller Regel zum Zeitpunkt der Prüfung der Verfahrenskostendeckung noch keine Aussage darüber getroffen werden kann, ob nach Verfahrenseröffnung eine Verwertung des Unternehmens im Ganzen gelingen wird und somit

---

[81] So bereits *Förster* ZInsO 1999, 689 f.
[82] Der gesetzlich nicht vorgesehene Verwertungskostenbeitrag stellt eine sonstige umsatzsteuerpflichtige Leistung an den Gläubiger dar, vgl. BFH Urt. v. 28.7.2011 – V R 28/09, BStBl II 2014, 406.
[83] Gottwald InsR-HdB/*Uhlenbruck*, Insolvenzrechts-Handbuch, § 15 Rn. 7; Uhlenbruck/*Hirte* InsO § 35 Rn. 350 ff.
[84] Begründung RegE zu § 22 (26), *Kübler/Prütting*, Das neue Insolvenzrecht, 2. Aufl., S. 182.
[85] HK-InsO/*Rüntz* § 26 Rn. 6.

Fortführungswerte erzielt werden können, sollten bei der Ermittlung der freien Masse im Zweifel nur **Liquidationswerte** angesetzt werden.

4. Handlungsoptionen bei mangelnder Kostendeckung

a) **Gläubiger.** Reicht die Insolvenzmasse voraussichtlich nicht aus, um die Verfahrenskosten zu decken, weist das Insolvenzgericht den Antrag nach § 26 InsO ab. Insbesondere für einen gesicherten **Gläubiger** (der uU sogar den Insolvenzantrag selbst gestellt hat) ist dies ein höchst unbefriedigendes Ergebnis. Hat er doch ein erhebliches Interesse daran, dass der Schutz seiner Absonderungsrechte durch eine kontrollierte und geregelte Haftungsabwicklung des schuldnerischen Vermögens gewährleistet wird. Damit das Insolvenzgericht trotz fehlender Verfahrenskostendeckung das Insolvenzverfahren dennoch eröffnet, besteht nach § 26 Abs. 1 S. 2 InsO für einen Gläubiger (und jeder sonst interessierten Person) die Möglichkeit, die Verfahrenskosten vorzufinanzieren.

Hierfür ist ein ausreichender **Verfahrenskostenvorschuss** in Höhe der voraussichtlich entstehenden Verfahrenskosten nach § 54 InsO zu leisten. Der Vorschuss wird dem Insolvenzverwalter als Sondervermögen mit der ausschließlichen Bestimmung der Massekostentilgung überlassen.[86] Statt der Einzahlung einer bestimmten Summe kann sich das Insolvenzgericht auch mit einer bankmäßigen Massekostengarantie begnügen.[87]

Mit der Verfahrenseröffnung stellt der Vorschussleistende sicher, dass durch die Bestellung eines Insolvenzverwalters die Drittrechte gewahrt werden und entsprechend werthaltig bleiben. Daneben besteht die Möglichkeit einer Massemehrung, indem Vermögensverschiebungen sowie Manipulationen aufgedeckt und dementsprechend Anfechtungsansprüche vom Verwalter geltend gemacht werden können. Im Falle einer Insolvenzverschleppung können nur so Haftungsansprüche gegen die antragspflichtigen Organe oder Gesellschafter verwirklicht und durchgesetzt werden. Droht die Abweisung mangels Masse, ist die Leistung eines die Kosten deckenden Vorschusses damit durchaus ein geeignetes Instrument zur Wahrung und Durchsetzung der Gläubigerinteressen. Im Übrigen hat der Vorschuss leistende Gläubiger gemäß § 26 Abs. 3 InsO einen **Rückgriffsanspruch** gegen die Geschäftsführer der Gesellschaft, sofern diese den Insolvenzantrag *„pflichtwidrig und schuldhaft nicht gestellt"* haben. Daneben besteht nun nach § 26 Abs. 4 S. 3 InsO die Möglichkeit, dass der Gläubiger bereits die Zahlung des Kostenvorschusses von demjenigen verlangt, der pflichtwidrig und schuldhaft keinen Insolvenzantrag gestellt hat. Jedoch läuft der Gläubiger dabei Gefahr, dass das Verfahren mangels Masse abgewiesen wird, sollte der Kostenvorschuss tatsächlich nicht geleistet werden.[88]

b) **Schuldner.** Wird der Antrag auf Eröffnung mangels Masse abgelehnt, bedeutet dies für den Schuldner als natürliche Person, dass er keine Möglichkeit hat, ein gesetzliches Restschuldbefreiungsverfahren (§§ 286 ff. InsO) einzulei-

---

[86] MüKoInsO/*Haarmeyer* § 26 Rn. 29.
[87] FK-InsO/*Schmerbach* § 26 Rn. 38.
[88] Eingehend zur Problematik Uhlenbruck/*Hirte* InsO § 26 Rn. 71; vgl. zur Anordnung einer darauf gerichteten vorläufigen Insolvenzverwaltung, AG München Beschl. v. 28.8.2014 – 1506 IN 3555/13, ZIP 2015, 491.

ten. Die ausdrücklich in § 1 S. 2 InsO zum Verfahrensziel erhobene Restschuldbefreiung setzt nämlich die vorherige Eröffnung und den Abschluss eines Insolvenzverfahrens voraus. Durch die Ablehnung der Eröffnung wird ihm faktisch die Chance genommen, sich wieder dauerhaft eine wirtschaftlich gesicherte Existenz zu schaffen.

70   Mit dem **InsOÄndG 2001** hat der Gesetzgeber durch die Einführung der §§ 4a–4d InsO ein **Stundungsmodell** geschaffen.[89] Ist der Schuldner eine natürliche Person und hat er einen Antrag auf Restschuldbefreiung gestellt, so werden ihm auf **Antrag** die Kosten des Insolvenzverfahrens bis zur Erteilung der Restschuldbefreiung **gestundet**. Die Stundung umfasst auch die Kosten des Verfahrens über den Schuldenbereinigungsplan und des Verfahrens zur Restschuldbefreiung. Die Verfahrenskosten werden damit nicht endgültig von der Staatskasse übernommen, es wird lediglich die Fälligkeit der Kostenansprüche hinausgeschoben. So können auch völlig mittellose Schuldner, bei denen das Vermögen voraussichtlich nicht ausreicht, um die Verfahrenskosten zu decken, mit einem Stundungsantrag den Weg für eine Verfahrenseröffnung ebnen. Aufgrund der Stundungsmöglichkeit kommt es in der Praxis in Fällen von Eigeninsolvenzanträgen natürlicher Personen mit zusätzlichem Restschuldbefreiungsantrag nur noch in seltenen Fällen zu einer Abweisung mangels Masse nach § 26 InsO.[90] Einschränkend ist jedoch anzumerken, dass die Möglichkeit der Stundung nach § 4a InsO ausschließlich natürlichen Personen offen steht.

71   c) **Insolvenzgericht.** Das Insolvenzgericht ist zur Anforderung eines Kostenvorschusses gem. § 26 Abs. 1 S. 2 InsO nur im Falle eines Gläubigerantrages verpflichtet, nicht jedoch dann, wenn nur der Schuldner selbst einen Eigenantrag gestellt hat. Falls das freie Vermögen des Schuldners also nicht ausreicht, um die Kosten des Verfahrens zu decken, wird das Insolvenzgericht den Antrag auf Eröffnung des Verfahrens abweisen, soweit eine Stundung ausscheidet und weder der Antragsteller noch ein sonstiger Verfahrensbeteiligter nach § 26 Abs. 1 S. 2 InsO zur Zahlung eines ausreichenden Kostenvorschusses bereit ist.[91] Ist bei einer natürlichen Person ein Stundungsantrag nach den §§ 4a ff. InsO noch nicht gestellt, so sollte das Insolvenzgericht vor einer Abweisungsentscheidung den Schuldner jedoch auf das Stundungsverfahren hinweisen und ihm unter Fristsetzung die Möglichkeit einräumen, einen entsprechenden Antrag zu stellen.[92]

---

[89] Vgl. hierzu näher die Ausführungen in → § 40 Rn. 72 ff. des Handbuches.
[90] Selbst wenn der Schuldner nach Erteilung der Restschuldbefreiung nicht in der Lage sein sollte, den gestundeten Betrag zu zahlen, so kann das Gericht die Stundung verlängern und die zu zahlenden Monatsraten festsetzen, vgl. § 4b Abs. 1 S. 1 InsO.
[91] KPB/*Pape* InsO § 26 Rn. 20.
[92] Uhlenbruck/*Vallender* InsO § 26 Rn. 5.

3. Teil.
Das eröffnete Insolvenzverfahren

§ 7. Allgemeine Wirkungen der Verfahrenseröffnung

Das folgende Kapitel befasst sich mit den allgemeinen Wirkungen der Verfahrenseröffnung. Gleich zu Beginn wird auf die für alle Verfahrensbeteiligten bedeutendste Wirkung der Eröffnung eingegangen, den Übergang der Verwaltungs- und Verfügungsbefugnis über das schuldnerische Vermögen auf den Insolvenzverwalter (→ Rn. 1 ff.). Die daran anschließenden Ausführungen haben auch gesellschaftsrechtliche Bezüge, geht es doch um die Rechtsstellung insolventer juristischer Personen und seiner Organe nach Verfahrenseröffnung (→ Rn. 7 ff.). Bedeutsam in diesem Zusammenhang ist insbesondere, welche Befugnisse den Führungsorganen der Gesellschaft noch verbleiben (→ Rn. 9) und ob diese beispielsweise noch Anmeldungen zum Handelsregister vornehmen dürfen (→ Rn. 13). Im Anschluss an diese auch gesellschaftsrechtliche Problematik wendet sich die Betrachtung dem Zivilprozess zu: Hier geht es um Auswirkungen des Insolvenzverfahrens auf Rechtsstreite im Allgemeinen (→ Rn. 14), auf Aktiv- und Passivprozesse (→ Rn. 15 ff.) sowie Prozesse ohne Vermögensbezug und andere Verfahren (→ Rn. 19 ff.).

A. Übergang der Verwaltungs- und Verfügungsbefugnis

I. Grundprinzip

Nach § 80 Abs. 1 S. 1 InsO geht mit der **Eröffnung des Insolvenzverfahrens** 1
das Recht des Schuldners, das zur Insolvenzmasse gehörige Vermögen (§ 35 Abs. 1 InsO) zu verwalten und über es zu verfügen, auf den Insolvenzverwalter über. Die Insolvenzordnung übernimmt damit ein Grundprinzip des früheren Konkurs- und Gesamtvollstreckungsrechts, in dem zugleich die **haftungsrechtliche Zuweisung** des schuldnerischen Vermögens zu Gunsten der Gesamtheit der Insolvenzgläubiger seinen Ausdruck findet. In Anlehnung an die Vorschriften der früheren Vergleichsordnung findet ein Übergang der Verwaltungs- und Verfügungsbefugnis auf den Sachwalter im Falle der Anordnung der **Eigenverwaltung** nicht statt (§ 270 Abs. 1 S. 1 InsO); der Schuldner ist vielmehr weiterhin berechtigt, unter der Aufsicht des Sachwalters die Insolvenzmasse zu verwalten und über sie zu verfügen.[1]

In dem Übergang der Verwaltungs- und Verfügungsbefugnis auf den Insol- 2
venzverwalter wird auch die wichtigste **Wirkung der Eröffnung**, die **Beschlagnahme** des schuldnerischen Vermögens, deutlich. Die Stellung des Schuldners als Eigentümer wird dadurch zwar nicht tangiert. Wegen der Haftungsverfan-

---

[1] Zu den Befugnissen des Sachwalters vgl. KPB/*Pape* § 270 Rn. 1.

genheit der Insolvenzmasse und ihrer Zuweisung an die Gesamtheit der Insolvenzgläubiger zum Zweck ihrer gemeinschaftlichen Befriedigung ist es jedoch gerechtfertigt, den Schuldner von allen Einwirkungsmöglichkeiten auszuschließen und diese ausschließlich dem Insolvenzverwalter zu übertragen.

3   Als Folge des Übergangs der Verwaltungs- und Verfügungsbefugnis regelt § 81 Abs. 1 InsO, dass **Verfügungen des Schuldners** über Gegenstände der Insolvenzmasse **unwirksam** sind. Die Verfügungen des Schuldners sind nicht nichtig, so dass die eingetretene Unwirksamkeit durch Genehmigung des Insolvenzverwalters geheilt werden kann. Die Unwirksamkeit der Verfügungen des Schuldners ist jedoch absolut; sie wirkt nicht nur gegenüber den Insolvenzgläubigern oder dem Vertragspartner, sondern gegenüber jedermann. Eine Ausnahme besteht nur bei Verfügungen über Gegenstände, die in das **Grundbuch** oder in die in § 81 Abs. 1 S. 2 InsO genannten Register eingetragen sind. In dem zuerst genannten Fall wird der gute Glaube geschützt (§§ 892, 893 BGB), soweit er sich auf das Grundbuch stützt. Durch eine rasche Eintragung des Insolvenzvermerks nach § 32 InsO kann diese Gefahr jedoch vollständig ausgeschlossen werden.[2] Daher ist es von besonderer Wichtigkeit, dass das Insolvenzgericht oder der Insolvenzverwalter bereits im Eröffnungsverfahren den Grundbuchstand ermitteln und entsprechende **Insolvenzvermerke** entweder auf Ersuchen des Gerichts oder auf Antrag des Insolvenzverwalters[3] eintragen lassen. Gleiches gilt für Eintragungen im **Schiffsregister** und dem **Register für Pfandrechte an Luftfahrzeugen**.[4] Weil sowohl das Insolvenzgericht als auch der Insolvenzverwalter die Eintragung der Vermerke veranlassen können, ist es wichtig, dass vorher abgesprochen wird, wer im Einzelfall tätig wird.[5] Wird eine Eintragung im Vertrauen darauf unterlassen, dass der jeweils andere Beteiligte tätig wird, kann dies bei einer Schädigung der Insolvenzmasse ernsthafte Haftungsprobleme nach sich ziehen. Werden erst im Laufe des Verfahrens Grundstücke des Schuldners bekannt, ist auch in diesem Fall unverzüglich die Eintragung des Insolvenzvermerks zu veranlassen.

4   Nach dem Wortlaut des § 81 Abs. 1 InsO sind nur Verfügungen des Schuldners unwirksam, so dass sich dieser auch nach Eröffnung des Insolvenzverfahrens weiterhin wirksam verpflichten kann. Diese **Verpflichtungsgeschäfte** begründen nur eine persönliche Verbindlichkeit des Schuldners, jedoch keine solche, die aus der Masse zu erfüllen ist.[6] Die Gläubiger solcher Geschäfte sind daher als sog „Neugläubiger" weder Massegläubiger (§ 55 Abs. 1 Nr. 1 InsO) noch Insolvenzgläubiger nach § 38 InsO.

5   Mit Verfahrenseröffnung wird auch § 91 InsO anwendbar, der den **Rechtserwerb** an Gegenständen der Insolvenzmasse **ausschließt**. Die Bestimmung erfasst alle Erwerbstatbestände, die ohne Zutun des Schuldners vollendet werden.[7] Wurde etwa einem Gläubiger vor Verfahrenseröffnung eine künftige Forderung zur Sicherung abgetreten, so verhindert § 91 Abs. 1 InsO, dass er

---

[2] Dazu *Holzer/Kramer* 5. Teil, Rn. 182; KPB/*Holzer* § 32 Rn. 4.
[3] Das Eintragungsverfahren ist dargestellt bei *Holzer/Kramer* 5. Teil Rn. 184 ff.
[4] KPB/*Holzer* § 33 Rn. 7 ff.
[5] *Holzer* Rn. 632 ff.
[6] KPB/*Lüke* § 81 Rn. 2 f.
[7] KPB/*Lüke* § 91 Rn. 4.

mit der Entstehung dieser Forderung nach Verfahrenseröffnung ein Absonderungsrecht erwerben kann.

II. Leistungen an den Schuldner

In dem Eröffnungsbeschluss werden die **Drittschuldner** nach § 28 Abs. 3 InsO aufgefordert, nicht mehr an den Schuldner, sondern nur noch an den Insolvenzverwalter zu leisten (sog „offener Arrest"). Der Schuldner darf die der Insolvenzmasse zustehenden Leistungen nicht mehr annehmen, weil auch die Annahme einer Leistung eine Verfügung über massezugehörige Forderungen darstellt, die nach § 82 S. 1 InsO unwirksam ist. Die Folgen einer verbotswidrigen Leistung an den Schuldner ergeben sich alleine aus der vorgenannten Bestimmung; § 28 Abs. 3 InsO hat lediglich eine **Warnfunktion** gegenüber dem Rechtsverkehr.[8] Die Leistung an den Schuldner wirkt zum Schutz des Drittschuldners nur dann schuldbefreiend, wenn der Leistende nach § 82 S. 1 InsO die Verfahrenseröffnung zurzeit der Leistung nicht kannte. Nach der **Beweislastregelung** des § 82 S. 2 InsO wird vor der alleine auf der zentralen Internetplattform der Länder zulässigen öffentlichen Bekanntmachung vermutet, dass der Leistende die Eröffnung nicht kannte, es sei denn, der Eröffnungsbeschluss war ihm bereits zugestellt worden.

6

B. Stellung des Schuldners und seiner Organe

I. Allgemeines

Die Eröffnung eines Insolvenzverfahrens hat für **juristische Personen** einschneidende **gesellschaftsrechtliche Folgen:** So werden etwa die Gesellschaft mit beschränkter Haftung, die Aktiengesellschaft und die Genossenschaft kraft Gesetzes aufgelöst (§§ 60 Abs. 1 Nr. 4 GmbHG, 262 Abs. 1 Nr. 3 AktG, 81a Nr. 1 GenG). Die Eintragung im Handelsregister erfolgt auf eine entsprechende Mitteilung des Insolvenzgerichts nach § 31 Nr. 1 InsO von Amts wegen (zB nach § 65 Abs. 1 S. 2 und 3 GmbHG).[9] Mit der **Auflösung** geht die Gesellschaft in das Stadium der **Liquidation** über und darf nicht mehr werbend tätig sein; jedoch ist sie weiterhin Träger von Rechten und Pflichten.[10] Im Falle der Vermögenslosigkeit kommt allerdings eine Amtslöschung nach § 394 Abs. 1 FamFG in Betracht.[11] Auch diese beseitigt die Rechtsfähigkeit der Gesellschaft nicht;[12] dies kann nur durch einen entsprechenden Beschluss der zuständigen Organe der Gesellschaft und die Anmeldung ihres Erlöschens bei dem Registergericht erreicht werden.

7

---

[8] KPB/*Pape* § 28 Rn. 9.
[9] Vgl. KPB/*Holzer* § 31 Rn. 3 mwN.
[10] Dazu → Rn. 9ff.
[11] Zu deren Voraussetzungen vgl. KPB/*Holzer* § 31 Rn. 10f.; zum Löschungsverfahren vgl. Prütting/Helms/*Holzer* § 394 Rn. 5ff.
[12] BGH Urt. v. 29.9.1967 – V ZR 40/66, BGHZ 48, 303 (307).

8   Mit Verfahrenseröffnung werden auch die **OHG und KG** nach §§ 131 Abs. 1 Nr. 3, 161 Abs. 2 HGB aufgelöst. Gleiches gilt für die Partnerschaftsgesellschaft (§ 9 Abs. 1 PartGG). Die Auflösung und ihr Grund sind von Amts wegen nach § 143 Abs. 1 S. 3 HGB in das Handelsregister einzutragen. Wird über das Vermögen einer BGB-Gesellschaft das Insolvenzverfahren eröffnet, führt auch dies nach § 728 Abs. 2 BGB zu deren Auflösung, wobei die Gesellschafter nach § 728 Abs. 1 S. 2 BGB die Fortsetzung der Gesellschaft beschließen können. Die vorgenannten Gesellschaften sind – wie juristische Personen – mit der Auflösung nicht beendet. Die Auflösung hat auch bei ihnen zur Folge, dass die Gesellschaften in das **Liquidationsstadium** eintreten, bis deren Erlöschen zum Handelsregister angemeldet wird.

II. Konsequenzen aus dem Übergang der Verwaltungs- und Verfügungsbefugnis

9   Nach § 80 Abs. 1 InsO geht mit der Eröffnung des Insolvenzverfahrens die Verwaltungs- und Verfügungsbefugnis über das Vermögen des Schuldners auf den Insolvenzverwalter über. Dieser Übergang betrifft ausschließlich die vermögensrechtliche Sphäre; alle aus dem **Gesellschaftsrecht** folgenden **Rechte** und **Pflichten** der insolventen Gesellschaft sind durch die Verfahrenseröffnung (abgesehen von dem oben[13] dargestellten Übergang in das Liquidationsstadium) nicht betroffen. Sowohl die Gesellschaft selbst als auch ihre Organe behalten die ihr entsprechend der jeweiligen Rechtsform zustehenden **Aufgaben,** Funktionen und Stellungen. Bei der Insolvenz der Gesellschaft ist damit streng zwischen den aus dem Gesellschaftsrecht und den aus dem Insolvenzrecht folgenden Rechten und Pflichten zu trennen. Die Verfügungsbefugnis über das Vermögen der Gesellschaft und die Aufgaben ihrer **Führungsorgane** können nicht deckungsgleich sein; es handelt es sich vielmehr um unterschiedliche Rechts- und Pflichtenkreise. Die **Organisation der Gesellschaft** und deren Willensbildung unterliegen somit auch nach Eröffnung des Insolvenzverfahrens ausschließlich dem für die jeweilige Gesellschaftsform maßgeblichen Gesellschaftsrecht.[14] Die notwendige Folge dieser Trennung ist, dass der Insolvenzverwalter nicht in die Rechtsstellung der Organe der Gesellschaft eintritt.[15]

10   Jedoch werden die Organe der Gesellschaft als Folge des Übergangs der Verwaltungs- und Verfügungsbefugnis auf den Insolvenzverwalter in Bezug auf die vermögensrechtliche Sphäre durch diesen verdrängt,[16] so dass eine **Funktionsteilung** zwischen den Organen der Gesellschaft und dem Insolvenzverwalter eintritt. Die Abwicklung des Insolvenzverfahrens hat deshalb ausschließlich nach den Vorschriften der Insolvenzordnung zu erfolgen, während für die Wahrnehmung der gesellschaftlichen Befugnisse sowie die Erfüllung der

---

[13] Vgl. → Rn. 7 f.
[14] *Ballmann/Erker* FS Beck, 2016, S. 13, 17; *Henssler* ZInsO 1999, 121.
[15] KPB/*Holzer* § 35 Rn. 6; ebenso zur KO *Weber* KTS 1970, 73 (77 ff.).
[16] Treffend bereits RG Urt. v. 6.5.1911 – Rep. L 164/10, RGZ 76, 244 (246) zum Konkursverwalter: „Ein Streit, der seines Amtes nicht ist, kann ihm nicht aufgezwungen werden. In einen solchen Streit haben die Organe der Aktiengesellschaft einzutreten, die ja auch im Konkurse bestehen bleiben"; vgl. im übrigen *Weber* KTS 1970, 73 (78).

aus dem Gesellschaftsrecht folgenden Pflichten der Gesellschaft ausschließlich deren Organe nach den Vorschriften des Gesellschaftsrechts zuständig sind.[17]

Die Frage, ob es in der Insolvenz der Gesellschaft überhaupt **insolvenzfreies Vermögen** gibt, hat auf die Aufgabenverteilung zwischen Insolvenzverwalter und Gesellschaft allerdings keinen Einfluss: Gibt es bei insolventen Gesellschaften überhaupt kein massefreies Vermögen,[18] so besteht kein Anlass, der Gesellschaft über die dargestellte Aufgabenverteilung hinaus weitere Rechte und Pflichten zuzuweisen. Sollte hingegen die Existenz insolvenzfreien Vermögens grundsätzlich möglich sein,[19] steht die **Verwaltungs- und Verfügungsbefugnis** über das freigegebene Vermögen wieder der Gesellschaft zu. Weil ihr übriges Vermögen nach wie vor vom Insolvenzbeschlag erfasst ist, verbleiben der Gesellschaft neben der Verwaltungs- und Verfügungsbefugnis über das insolvenzfreie Vermögen nur die aus dem Gesellschaftsrecht folgenden Rechte und Pflichten.

Auch die unterschiedlichen, zur **Rechtsstellung des Insolvenzverwalters** vertretenen Auffassungen verändern das Verhältnis von Gesellschaft und Insolvenzverwalter nicht.[20] Selbst wenn man nicht der absolut herrschenden Auffassung folgen würde, nach der der Insolvenzverwalter **Partei kraft Amtes** ist,[21] sondern die **Vertretertheorie** oder die wegen der Zulässigkeit der Prozessstandschaft heute nicht mehr vertretene **Organtheorie** bevorzugen sollte,[22] wird man den Insolvenzverwalter allenfalls als Vertreter bzw. Organ der verwalteten Masse, nicht aber der Gesellschaft selbst betrachten. Die Trennung zwischen vermögensrechtlicher und gesellschaftsrechtlicher Sphäre der Gesellschaft bleibt damit nach allen zur Rechtsstellung des Insolvenzverwalters vertretenen Auffassungen bestehen.

III. Befugnisse von Insolvenzverwalter und Gesellschaftsorganen im Einzelnen

Aus den oben dargestellten Grundsätzen folgen wichtige praktische Konsequenzen für die **Abgrenzung der Befugnisse** von Insolvenzverwalter, Gesellschaft und deren Organen: Wegen der strikten Trennung zwischen Vermögensverwaltung und innergesellschaftlicher Willensbildung können nur die Organe der Gesellschaft die **Haupt- bzw. Gesellschafterversammlung** durchführen,

---

[17] *Weber* KTS 1970, 73 (78).
[18] *Adolphsen* KTS 2005, 53 (62); *K. Schmidt* BB 1988, 5 (7); KPB/*Holzer* § 35 Rn. 32.
[19] So BGH Urt. v. 21.4.2005 – IX ZR 281/03, ZVI 2005, 492 (493).
[20] *Holzer* ZVI 2007, 401 (403).
[21] Vgl. hierzu nur KPB/*Lüke* § 80 Rn. 32 ff.; ständige Rechtsprechung seit RG Urt. v. 30.3.1892 – Rep. V 255/91, RGZ 29, 29 (35); ebenso BGH Beschl. v. 14.4.2005 – V ZB 25/05, NotBZ 2005, 257; BGH Beschl. v. 9.8.2006 – IX ZB 200/05, ZIP 2006, 1683 f.
[22] Anders der Meinungsstand in Österreich, vgl. OGH Entsch. v. 23.11.1932 – 2 Ob 1072/32, SZ 14/233 (Organtheorie); OGH Entsch. v. 29.12.2006 – 5 Ob 259/06h, ZIK 2007/162, 92; OGH Entsch. v. 16.3.2007 – 6 Ob 154/05y, ZIK 2007/177, 99 (100) (Vertretertheorie).

nicht aber der Insolvenzverwalter. Der Insolvenzverwalter ist auch nicht berechtigt, die Organe der Gesellschaft abzuberufen oder neue zu bestellen, eine Haupt- oder Gesellschafterversammlung durchzuführen und die dort gefassten Beschlüsse der Gesellschaft auszuführen, soweit nicht deren vermögensrechtliche Sphäre tangiert ist.[23] Nur die Gesellschaft selbst, nicht aber der Insolvenzverwalter darf deshalb Beschlüsse über **Satzungsänderungen** – etwa über Kapitalerhöhungen und -herabsetzungen – fassen. Der Insolvenzverwalter ist jedoch berechtigt, **Anmeldungen zum Handelsregister** vorzunehmen. Allerdings wird die Pflicht der Organe der Gesellschaft zur Erstellung und Offenlegung der Jahresabschlüsse durch die Sonderregel des § 155 Abs. 1 S. 2 InsO verdrängt, was jedenfalls bei einer Liquidation der Gesellschaft wegen der im Insolvenzverfahren erhältlichen präziseren Informationen und der mit Erstellung der Jahresabschlüsse verbundenen Kosten für die Gläubiger nicht sinnvoll sein dürfte.[24]

C. Auswirkungen auf Rechtsstreite

I. Allgemeines

14   Mit Eröffnung des Insolvenzverfahrens verliert der Schuldner sowohl seine Verwaltungs- und Verfügungsbefugnis als auch seine **Prozessführungsbefugnis**. Nach der Verfahrenseröffnung wird der Insolvenzverwalter möglicherweise mit einer Vielzahl laufender Prozesse konfrontiert; bevor er entscheidet, ob diese übernommen werden können, muss er zunächst die Gelegenheit erhalten, deren **Erfolgsaussichten** zu bewerten. Aus diesem Grunde werden schwebende Prozesse über das zur Insolvenzmasse gehörende Vermögen gem. § 240 S. 1 ZPO automatisch mit Verfahrenseröffnung unterbrochen. Dies hat zur Folge, dass der Lauf der Fristen aufhört und diese nach Beendigung der Unterbrechung neu beginnen (§ 249 Abs. 1 ZPO). Zu beachten ist, dass eine in erster Instanz durch Zwischenurteil ausgesprochene Unterbrechung des Rechtsstreits nach § 240 S. 1 ZPO wie ein Endurteil mit der Berufung angefochten werden kann, sofern vorgetragen wird, dass der Streitgegenstand nicht die Insolvenzmasse betrifft.[25] Die Wiederaufnahme unterbrochener Prozesse durch den Insolvenzverwalter regeln die §§ 85, 86 InsO, wobei zwischen Aktiv- und Passivprozessen zu unterscheiden ist.

II. Aktivprozesse

15   Nach § 85 Abs. 1 InsO können **anhängige Rechtsstreitigkeiten** über das zur Insolvenzmasse gehörende Vermögen in der Lage, in der sie sich befinden, vom Insolvenzverwalter **aufgenommen** werden. Bei diesen Aktivprozessen handelt

---

[23] *Weber* KTS 1970, 73 (79 f.); KPB/*Holzer* § 35 Rn. 6.
[24] *Holzer* ZVI 2007, 401 (404 ff.); *Ries* ZInsO 2008, 536 ff.
[25] Wimmer/Dauernheim/Wagner/Weidekind/*Maier* 3. Kap. Rn. 155.

es sich um Rechtsstreite, bei denen der Schuldner ein Vermögensrecht geltend macht, das dem Insolvenzbeschlag unterliegt,[26] wobei es auf dessen prozessuale Stellung nicht ankommt. Der Schuldner kann sowohl Kläger als auch Beklagter sein, weil alleine maßgebend ist, ob die Masse im Falle seines Obsiegens vermehrt wird.[27] Bei einer **verzögerten Aufnahme** durch den Insolvenzverwalter gilt gem. § 85 Abs. 1 S. 2 InsO die Bestimmung des § 239 Abs. 2–4 ZPO, dh, der Insolvenzverwalter kann auf Antrag des Gegners zur Aufnahme des Rechtsstreits und zur Verhandlung der Hauptsache geladen werden. Eine Verzögerung der Aufnahme durch den Verwalter liegt vor, wenn seit der Eröffnung des Insolvenzverfahrens eine für die Entscheidung über die Aufnahme angemessene Frist abgelaufen ist. Hierbei kommt es entscheidend auf den Einzelfall an, insbesondere auf die Schwierigkeit der Sach- und Rechtslage. Falls eine **Zustimmung des Gläubigerausschusses** gem. § 160 Abs. 2 Nr. 3 InsO notwendig ist, muss die zur Herbeiführung der Entscheidung erforderliche Zeit berücksichtigt werden.[28]

Die **Unterbrechung** dauert solange an, bis der Rechtsstreit vom Insolvenzverwalter wieder aufgenommen oder das Insolvenzverfahren aufgehoben wird. Einen besonderen Fall der Unterbrechung regelt § 16 Abs. 1 S. 1 AnfG: Nach dieser Bestimmung ist ein **Anfechtungsrechtsstreit** unterbrochen; der Verwalter kann die von den derzeitigen Insolvenzgläubigern erhobenen Anfechtungsansprüche zugunsten der Insolvenzmasse weiter verfolgen.[29]

16

III. Passivprozesse

Anhängige Prozesse gegen den Schuldner, mit denen ein vermögensrechtlicher Anspruch gegen die Masse verfolgt wird **(Passivprozesse)** können gemäß § 86 Abs. 1 InsO nur aufgenommen werden, soweit sie Masseverbindlichkeiten oder Aus- und Absonderungsrechte betreffen. Geht es dagegen um **Insolvenzforderungen,** so müssen diese zwingend zur Insolvenztabelle angemeldet werden (§§ 174 ff. InsO). Erst nach Ablehnung ist die Feststellung durch Aufnahme des Rechtsstreits zu betreiben (§ 180 Abs. 2 InsO).

17

IV. Prozesse ohne Vermögensbezug

Werden in einem Aktiv- oder Passivprozess Rechte geltend gemacht, die **keinen Vermögensbezug** haben, so unterliegen die streitgegenständlichen Ansprüche nicht dem Insolvenzbeschlag. Sie gehören deshalb der Insolvenzmasse nach § 35 Abs. 1 InsO nicht an bzw. können weder die in § 86 Abs. 1 InsO genannten Verbindlichkeiten bzw. Aus- oder Absonderungsrechte noch persönliche Forderungen des Schuldners iSd § 38 InsO darstellen. Ein Beispiel hierfür sind höchstpersönliche Rechte des Schuldners wie etwa das **Namensrecht.** Der Schuldner bleibt für Prozesse mit solchen Streitgegenständen auch nach Verfah-

18

---

[26] BGH Urt. v. 8.1.1962 – VII ZR 65/61, BGHZ 36, 258 (260).
[27] Wimmer/Dauernheim/Wagner/Weidekind/*Maier* 3. Kap. Rn. 160.
[28] KPB/*Lüke* § 85 Rn. 60.
[29] *Wimmer/Dauernheim/Wagner/Weidekind/Maier* 3. Kap. Rn. 153.

renseröffnung prozessführungsbefugt; sie werden deshalb nicht nach § 240 ZPO unterbrochen.

V. Andere Verfahren, insbesondere Selbständiges Beweisverfahren

19 Nach allgemeiner Ansicht ist § 240 ZPO auf das **selbständige Beweisverfahren** der §§ 485 ff. ZPO nicht anwendbar.[30] Das ergibt sich bereits aus Sinn und Zweck des selbständigen Beweisverfahrens, das künftige Rechtsstreite durch eine rechtzeitige Sicherung der Beweise erleichtern und beschleunigen soll. Mit diesem **Sicherungsaspekt** wäre es nicht vereinbar, wenn das selbständige Beweisverfahren durch die Eröffnung des Insolvenzverfahrens unterbrochen würde. Eine Weiterführung des selbständigen Beweisverfahrens verhindert die Verschlechterung der vorhandenen Beweissituation und ist geeignet, die Sachlage auch für die Prüfung des Insolvenzverwalters im Hinblick auf einen späteren Rechtsstreit zu klären.

20 Nicht unterbrochen werden auch **Verfahren der freiwilligen Gerichtsbarkeit**,[31] die überwiegend von Amts wegen sowie im öffentlichen Interesse betrieben werden und bei denen bereits aus diesem Grunde eine Anwendung des § 240 ZPO ausscheidet. Das gilt auch für das **schiedsgerichtliche Verfahren**, auf das die Regeln der Zivilprozessordnung ohnehin nicht ohne weiteres anwendbar sind.[32]

§ 8. Aufgaben und Befugnisse des Insolvenzgerichts

Dem Gericht trifft im Laufe des Insolvenzverfahrens wesentliche Leitentscheidungen und hat eine bedeutsame Aufsichtspflicht. Zudem wird es im Insolvenzverfahren teilweise auch als besonderes Vollstreckungsgericht tätig (→ Rn. 12 ff.).

Das Gericht wählt im Eröffnungsverfahren zur Masseermittlung Sachverständige (→ Rn. 20) und zur Sicherung vorläufige Insolvenzverwalter (→ Rn. 40) aus und unterhält zu diesem Zweck Vorauswahllisten (→ Rn. 29 ff.; Delistung → Rn. 107 ff.). Es überwacht diese und sonstige angeordnete Sicherungsmaßnahmen (→ Rn. 40 ff.). Dabei ist die Rechtsaufsicht von der Fachaufsicht zu unterscheiden (→ Rn. 44).

Mit Eröffnung des Verfahrens wird der Insolvenzverwalter bestimmt (→ Rn. 53) und im eröffneten Verfahren entsprechend überwacht (→ Rn. 83 ff.). Dem Gericht stehen hierbei neben Auskunftsrechten auch Zwangsmittel (→ Rn. 101) oder die Möglichkeit der Entlassung zur Verfügung (→ Rn. 102).

Das Gericht hat Prüfungspflichten im Rahmen eines Insolvenzplans (→ Rn. 117 ff.) und leitet die wesentlichen Termine (→ Rn. 127 ff.). Nach Abschluss des Verfahrens (→ Rn. 140) wird das Verfahren aufgehoben

---

[30] KPB/*Lüke* § 85 Rn. 30; *Holzer* EWiR 1997, 431 (432); OLG Hamm Beschl. v. 4.2.1997 – 21 W 12/96, ZIP 1997, 552.
[31] Wimmer/Dauernheim/Wagner/Weidekind/*Maier* 3. Kap. Rn. 157.
[32] KPB/*Lüke* § 85 Rn. 33.

(→ Rn. 145). Bei beantragter Restschuldbefreiung schließt sich die Wohlverhaltensperiode an (→ Rn. 147).

A. Einleitung

Insolvenzverfahren führen regelmäßig neben persönlicher Unsicherheit und Existenzangst der beteiligten Personen zu erheblichen finanziellen Einbußen für die beteiligten Gläubiger und Einschränkungen für die Schuldner. Zunächst wird je nach den unterschiedlichen Interessen der Beteiligten der Ruf nach einer starken oder moderaten Leitung und Überwachung des Verfahrens durch das Insolvenzgericht und einem von diesem bestellten Insolvenzverwalter laut. Oft setzt schon kurz nach Beginn des Verfahrens von allen Seiten Kritik an dem zu laschen oder zu harten Vorgehen des Insolvenzverwalters und dessen zu geringen Informationen ein. Daneben wird ein zu geringes Eingreifen des Insolvenzgerichts bedauert.

Dabei werden die Aufgaben und Möglichkeiten des Insolvenzgerichts oft erheblich überschätzt, nicht selten jedoch auch unterschätzt.

B. Allgemeines

I. Aufgaben der Insolvenzgerichte und die Anforderungen

Das Insolvenzverfahren ist aufgrund der grundgesetzlichen Verpflichtungen aus Art. 14 GG (Eigentumsschutz) zunächst ein staatliches Verfahren. Der Staat muss aber zur Erfüllung seiner Aufgaben nicht unbedingt – wie beispielsweise im Strafverfahren – ausschließlich Hoheitsträger einsetzen, sondern kann sich auch des Instruments der Fremd- oder Eigenverwaltung bedienen, muss dann aber – wie im Insolvenzverfahren zum Schutze des Eigentums der Gläubiger und auch der Schuldner – die Aufgabenerfüllung überwachen.[1] Die Überwachungs-, teilweise auch Verfahrenslenkungsaufgaben erfüllt das Insolvenzgericht durch Richter und Rechtspfleger.

Der Richter und auch der Rechtspfleger sind im Insolvenzverfahren als „Hüter der Rechtmäßigkeit" des Verfahrens anzusehen.[2]

Sie sind nicht aufgerufen, für bestimmte gesamtgesellschaftliche oder soziale Interessen als Sachwalter einzutreten, sondern für die bestmögliche Befriedigung der Gläubiger und zum Schutz von Minderheiten.[3] Staatliche Interessen müssen deshalb unter Umständen zurückstehen. Trotz des herrschenden Grundsatzes der Gläubigerautonomie und der Vermögensverwaltung durch den Insolvenzverwalter sollten Richter und Rechtspfleger entsprechend den Zielen der Insolvenzordnung immer wieder nötige Anstöße und, soweit möglich, auch

---

[1] *Grundlach/Frenzel/Strandmann*, Die Rechtsaufsicht des Insolvenzgerichts als Mittel der Begrenzung der Gläubigerautonomie, NZI 2008, 461 ff.
[2] Uhlenbruck/*Knof* InsO § 76 Rn. 1.
[3] Uhlenbruck/*Knof* InsO § 76 Rn. 1

konstruktive Vorschläge einbringen. Gerade durch die Möglichkeit der Unternehmensfortführung, der Reorganisation und Sanierung kann bei erfolgreicher Durchführung dem Gläubigerinteresse eher Rechnung getragen werden, als bei einer Zerschlagung. Das Insolvenzgericht übt vor und nach der Eröffnung durch **Leitentscheidungen staatlich hoheitliche Gewalt** aus.[4]

4 Das Insolvenzgericht trifft in erster Linie die verfahrensleitenden Entscheidungen, wie Zulassung, Anordnung von Sicherungsmaßnahmen und Zwangsmaßnahmen, Eröffnung, Bestellung des Insolvenzverwalters, Terminsbestimmung und Verhandlungsführung, Entscheidung über die Bestätigung eines Insolvenzplans sowie die weiteren notwendigen Entscheidungen.

5 Bei den **Leitentscheidungen,** die das Insolvenzgericht selbst trifft, muss berücksichtigt werden, dass einerseits der Gläubiger erhebliche Einschränkungen, vor allem seiner vermögensrechtlichen Ansprüche erleidet, andererseits dem Schuldner der Besitz an noch vorhandenen Vermögensgegenständen entzogen wird, er aber gleichzeitig Schutz vor Einzelvollstreckungen erreicht und insgesamt der öffentliche Friede gewahrt werden muss.

6 Da der Insolvenzverwalter durch die Insolvenzordnung mit erheblicher Macht ausgestattet ist, verpflichtet § 58 InsO das Insolvenzgericht zu seiner Überwachung. Die **Aufsichtspflicht** entspringt dem Grundsatz, dass der Staat die Personen überwachen (lassen) muss, die er als Verwalter fremden Vermögens einsetzt. Dies gilt beispielsweise auch im Betreuungsverfahren oder bei der Nachlassverwaltung. Die Aufsicht besteht während der gesamten Dauer des Insolvenzverfahrens.[5] **Sie ist in erster Linie Rechtsaufsicht, aber nicht Aufsicht über die Wirtschaftlichkeit und Zweckmäßigkeit von Entscheidungen** der Gläubigervertretungsorgane. Die Rechtsaufsicht des Insolvenzgerichts begrenzt auch die Gläubigerautonomie.[6]

7 **Die Aufsicht betrifft**
– den vorläufigen Insolvenzverwalter (§§ 21 Abs. 2 Nr. 1, 58 InsO),
– den Insolvenzverwalter (§ 58 InsO),
– den vorläufigen Sachwalter (§ 270a Abs. 1 S. 2, 274 Abs. 1, 58 InsO),
– den Sachwalter (§ 274 Abs. 1, 58 InsO),
– den Treuhänder in der Wohlverhaltensperiode (§ 292 Abs. 3 S. 2, 58 InsO),
– die Mitglieder des vorläufigen Gläubigerausschusses (§§ 21 Abs. 2 Nr. 1a, 70 InsO),
– die Mitglieder des Gläubigerausschusses (§ 70 InsO).

8 Der Auftrag an das Insolvenzgericht zur Leitung und Überwachung findet seine **Grenzen** in den gerichtlichen Kapazitäten, die häufig durch masselose Verfahren überladen sind. Zudem müssen Richter neben ihrem Insolvenzreferat oft noch andere Referate (zB Nachlass- oder Wohnungseigentumssachen) führen.

9 Insolvenzrichter werden nach § 21e Abs. 1 GVG durch das Gerichtspräsidium im Rahmen der Entscheidung über die **Geschäftsverteilung** mit der Insolvenz-Geschäftsaufgabe betraut. Richter bzw. Rechtspfleger auf Probe dürfen im

---

[4] Nerlich/Römermann/*Becker* InsO § 2 Rn. 6.
[5] FK-InsO/*Jahntz* § 58 Rn. 1 mwN.
[6] *Grundlach/Frenzel/Strandmann,* Die Rechtsaufsicht des Insolvenzgerichts als Mittel der Begrenzung der Gläubigerautonomie, NZI 2008, 461 ff.

ersten Jahr nach der Ernennung Insolvenzsachen nicht bearbeiten (§ 22 Abs. 6 S. 1 GVG). Nach § 22 Abs. 6 S. 2 GVG sollen Insolvenzrichter über belegbare Kenntnisse auf den Gebieten des Insolvenzrechts, des Handels- und Gesellschaftsrechts sowie über Grundkenntnisse der für das Insolvenzverfahren notwendigen Teile des Arbeits-, Sozial- und Steuerrechts und des Rechnungswesens verfügen. Die außerordentliche Entwicklung des nationalen und internationalen Insolvenzrechts, die schon durch die außerordentlich hohe Anzahl von Gesetzesänderungen und zusätzlichen Kodifikationen dokumentiert wird, hat den Insolvenzrichtern einen enormen Aufgabenzuwachs und Anforderungen beschert, die weit über die aussschließliche Anwendung des Insolvenzrechts hinausgehen.[7] Zusätzlich zu allen erdenklichen Angeboten der Qualitätsverbesserung und -sicherung im insolvenzrichterlichen und -rechtpflegerischen Bereich ist die jeweilige Landesjustizverwaltung gehalten, die Insolvenzgerichte sachlich so auszustatten, dass sie zur Erfüllung der Aufgaben der Aufsicht und Verfahrensleitung denselben Standart wie die Insolvenzverwalter erreichen.[8] Durch Einsparungsmaßnahmen bei den Justizhaushalten fehlt es aber oft an den Mitteln für Fachliteratur, wie Zeitschriften und Kommentaren und an Büchern zu Spezialthemen.

An die **Grenzen seiner Möglichkeiten** stößt das Insolvenzgericht bei „dubiosen" und „dolosen"[9] Handlungen einiger Verwalter, wie sie vermehrt in der Fachpresse dargestellt werden, insbesondere, wenn Verwalter Mittel aus einem Verfahren zur „Zwischenfinanzierung" anderer Verfahren verwenden. 10

Während Insolvenzeröffnungsverfahren etwa 1–3 Monate, in Ausnahmefällen zB wegen Ermittlung des Aufenthalts des Schuldners, Zwangsmaßnahmen oder schwierigen Masseermittlungen auch länger dauern können, dauern einfache eröffnete Verfahren ohne Restschuldbefreiung etwa 1–2 Jahre. Zur Bearbeitung und Überwachung sind während dieser Zeit die jeweiligen Inhaber der Geschäftsaufgabe zuständig und verantwortlich. Schließt sich an die Aufhebung des Verfahrens bei natürlichen Personen die so genannte Wohlverhaltensphase (§§ 291 ff. InsO) an, sind die Rechtspfleger regelmäßig mehrere Jahre ab Eröffnung mit solchen Verfahren befasst. Aber auch die Richter müssen immer wieder im eröffneten Verfahren die ihnen vorbehaltenen oder vorzulegenden Entscheidungen treffen, beispielsweise zur Versagung der Restschuldbefreiung, im Rahmen eines Insolvenzplans aber auch Haft- und Durchsuchungsentscheidungen. 11

II. Zuständigkeit des Insolvenzgerichts als besonderes Vollstreckungsgericht

Neben den verfahrensleitenden Entscheidungen im Rahmen des Insolvenzverfahrens ist das Insolvenzgericht in Einzelfällen auch als „besonderes Voll- 12

---

[7] *Uhlenbruck* FS Gero Fischer, Das Bild des heutigen Insolvenzrichters, 2008, 509 ff.; vgl. auch *Haarmeyer/Wutzke/Förster*, § 5 Rn. 7 ff.
[8] Siehe auch *Uhlenbruck* FS Gero Fischer S. 527 f.
[9] *Frind*, Reichweite und Grenzen der gerichtlichen Kontrolle des Insolvenzverwalters – was kann das Insolvenzgericht verhindern?, ZInsO 2006, 183.

Heilmaier

streckungsgericht" zuständig. Diese besondere Zuständigkeit folgt zum einen aus gesetzlichen Zuständigkeitsregeln, wird jedoch teilweise auch auf andere Fälle ausgedehnt. Nachfolgende Übersicht soll einen Überblick über die Zuständigkeiten nach Verfahrensstadium geben:

1. Insolvenzeröffnungsverfahren

13   Über Rechtsmittel gegen verbotswidrige Zwangsvollstreckungsmaßnahmen trotz Einstellung der Zwangsvollstreckung nach § 21 Abs. 2 Nr. 3 InsO entscheidet das Vollstreckungsgericht. § 89 Abs. 3 InsO ist im Eröffnungsverfahren nicht anwendbar, es bleibt daher bei der allgemeinen Zuständigkeit des Vollstreckungsgerichtes gemäß §§ 4 InsO, 766 Abs. 1 ZPO.[10]

2. Eröffnetes Verfahren

14   – Für Rechtsmittel gegen Vollstreckungsmaßnahmen, die gegen § 89 Abs. 1 oder 2 InsO verstoßen ist das Insolvenzgericht zuständig, § 89 Abs. 3 InsO. Die funktionelle Zuständigkeit des Richters ergibt sich aus § 20 Nr. 17 RPflG.
– Für Rechtsmittel gegen gemäß § 90 Abs. 1 InsO unzulässige Vollstreckungsmaßnahmen wegen Masseforderungen findet § 89 Abs 3 InsO entsprechende Anwendung, so dass das Insolvenzgericht zuständig ist.[11]
– Für Rechtsmittel gegen Vollstreckungsmaßnahmen, die nach § 88 InsO unwirksam geworden sind ist ebenfalls das Insolvenzgericht nach § 89 Abs. 3 InsO analog zuständig.[12]
– Streitigkeiten, inwieweit ein Gegenstand aufgrund seiner Pfändbarkeit oder Unpfändbarkeit zur Masse gehört, entscheidet das Insolvenzgericht nach § 36 Abs. IV InsO als Vollstreckungsgericht, auch in Vollstreckungsfragen, die über die in § 36 Abs. 1 S. 2 Inso hinausgehen.[13] Für Streitigkeiten, die sich nur auf die Massezugehörigkeit eines Gegenstandes beziehen, ohne Streit über die Pfändbarkeit desselben ist das Insolvenzgericht jedoch nicht zuständig.[14]

3. Wohlverhaltensphase

15   Über Rechtsmittel, die wegen einer gegen das Vollstreckungsverbot des § 294 Abs. I InsO verstoßenden Vollstreckungshandlung eingelegt werden, entscheidet das Vollstreckungsgericht.[15]

---

[10] Nerlich/Römermann/*Mönning* InsO § 21 Rn. 209; AG Köln, Beschl. v. 23.6.1999 – 73 IK 1/99, NZI 1999, 381.
[11] BGH, Beschl. v. 21.9.2006 – IX ZB 11/04, NZI 2006, 697, 698; Uhlenbruck/*Mock* InsO § 90 Rn. 27.
[12] Uhlenbruck/*Mock* InsO § 88 Rn. 60.
[13] LG Göttingen, Beschl. v. 7.3.2013 – 10 T 18/13, BeckRS 2013, 05898.
[14] BGH, Beschl. v. 5.6.2012 – IX ZB 31/10, NZI 2012, 672.
[15] Uhlenbruck/*Sternal* InsO § 294 Rn. 17.

C. Vom Insolvenzantrag bis zur Verfahrenseröffnung oder Abweisung

I. Der Insolvenzantrag – Beginn der Tätigkeit des Insolvenzgerichts

Insolvenzverfahren werden nicht von Amts wegen eingeleitet. Das Insolvenzgericht kann erst nach der Einreichung eines Insolvenzantrags eines Gläubigers (Fremdantrag, → § 4 Rn. 89 ff.) oder des Schuldners (Eigenantrag, → § 4 Rn. 60 ff.) tätig werden. 16

Wird beim **örtlich und sachlich zuständigen Amtsgericht – Insolvenzgericht** vom Schuldner oder von Gläubigern ein Insolvenzantrag eingereicht, ist für das so genannte **Insolvenzeröffnungsverfahren** zunächst der Richter funktionell zuständig (§ 18 Abs. 1 Nr. 1 RPflG), der zunächst die Zulässigkeit des Antrags (→ § 4 Rn. 24) überprüft. Liegt ein zulässiger Antrag vor, beginnt die aktive Tätigkeit des Insolvenzrichters durch Aufnahme von Ermittlungen und Erlass von Sicherungsmaßnahmen[16] (→ § 4 Rn. 171 ff.). 17

II. Verfahrensgrundsätze

Das Insolvenzgericht hat die Insolvenzanträge nach den in § 5 InsO enthaltenen Verfahrensgrundsätzen zu bearbeiten. 18
Dies sind:
- der **Amtsermittlungsgrundsatz** zur Ermittlung aller für das Insolvenzverfahren relevanten Umstände (§ 5 Abs. 1 InsO, → § 4 Rn. 16);
- der **Beschleunigungsgrundsatz** mit der Folge, dass Insolvenzverfahren **Eilverfahren** sind, die ein Ruhen nicht vorsehen (→ § 4 Rn. 17);
- die vorwiegend schriftliche Durchführung des Verfahrens (§ 5 Abs. 2 InsO);
- der Erlass von Entscheidungen ohne mündlichen Verhandlung (§ 5 Abs. 3 InsO);
- die Verwendung der Datenverarbeitung bei der Erstellung von Tabellen und Verzeichnissen (§ 5 Abs. IV InsO).

Insolvenzschuldner, deren organschaftliche Vertreter und sogar Angestellte – selbst noch nach deren Ausscheiden aus einem schuldnerischen Unternehmen – können bei säumigem Verhalten oder Verweigerung von Auskünften und der Mitwirkung vom Gericht durch **Zwangsmittel**, sogar durch Haft bis zu 6 Monaten zu aktivem Tun angehalten werden (§§ 20, 97, 98, 101 InsO, → § 4 Rn. 140 ff.). 19

III. Leitung und Beauftragung von Hilfskräften

1. Leitfunktion und Anordnungsbefugnis

Der zuständige Richter bearbeitet den eingegangenen und ihm vorgelegten Insolvenzantrag höchstpersönlich. 20

---

[16] BGH, Beschl. v. 12.12.2002 – IX ZB 426/02, ZVI 2003, 64; LG Potsdam, Beschl. v. 30.5.2002 – 5 T 124/02, ZVI 2002, 364 ff.; MüKoInsO/*Haarmeyer* § 22 Rn. 16.

Heilmaier

Der Richter bestimmt deshalb allein und in **richterlicher Unabhängigkeit** die Art und Durchführung der Ermittlungen. Dies bedeutet, dass der Insolvenzrichter im Rahmen seiner Leitfunktion und Anordnungsbefugnis aktiv in das Geschehen eingreift und umfassend den Sachverhalt und das Vermögen des Schuldners ermittelt, damit durch angemessene und sachgerechte Entscheidungen die Ziele der Insolvenzordnung (§ 1 InsO) verwirklicht werden können.

21 Das Insolvenzgericht beschränkt sich aber nicht nur auf eine reine Ermittlungstätigkeit, sondern sorgt dafür, dass das Verfahren ständig ohne Pause voranschreitet.[17] Da im Eröffnungsverfahren eine Gläubigerkontrolle nicht immer stattfindet (insbesondere, wenn kein vorläufiger Gläubigerausschuss eingesetzt wurde), muss die Aufsicht des Gerichts intensiver sein, als im eröffneten Verfahren,[18] in dem Gläubiger in den Gläubigerversammlungen und ein eingesetzter Gläubigerausschuss eine wesentliche Überwachungsfunktion einnehmen.

2. Beauftragung von Hilfskräften

22 Der Insolvenzrichter kann sich bei der Ermittlung alle möglichen Erkenntnisquellen nutzen und zur Erfüllung seiner Aufgaben Hilfskräfte, wie **Sachverständige** hinzuziehen (§ 5 Abs. 1 InsO). Die Auswahl des Sachverständigen erfolgt gem. § 4 InsO, § 404 Abs. 1 ZPO durch den Insolvenzrichter. Bei der Auswahl wird er sich im Hinblick auf eine mögliche Bestellung zum Insolvenzverwalter an der Vorschrift des § 56 Abs. 1 InsO orientieren. Die Tätigkeit des Sachverständigen unterliegt der Leitung des Insolvenzgerichts. Über Art und Umfang seiner Tätigkeit können ihm Weisungen erteilt werden (§ 4 InsO, § 404a Abs. 1 ZPO). Die Pflichten des Sachverständigen ergeben sich aus § 4 InsO, §§ 407 ff. ZPO. Sachverständige sind nicht befugt, dem Schuldner Weisungen zu erteilen und Entscheidungen über Unternehmensfortführung oder ähnliches treffen.

23 Seine Erkenntnisse und Vorschläge zum Erlass von Sicherungsmaßnahmen, wie allgemeinem Verfügungsverbot oder Bestellung eines vorläufigen Insolvenzverwalters legt der Sachverständige zeitnah in einem **Erstbericht** und folgenden Zwischenberichten dem Insolvenzgericht vor. Daher ist es zwingend notwendig, dass sich der Sachverständige unmittelbar nach Erhalt des Auftrags einen persönlichen Überblick über die Situation des Schuldners und eines eventuell noch laufenden Geschäftsbetriebes verschafft → § 6 Rn. 16 ff. Das Insolvenzgericht hat in der Regel nur die Akten als Erkenntnisquelle zur Verfügung, so dass die persönliche Überprüfung der dort in mehr oder minder umfassender Qualität vorliegenden Fakten unumgänglich ist. Das Insolvenzgericht überprüft auf Anregung nochmals, uU mit persönlicher oder telefonischer Rücksprache die Notwendigkeit und Zweckmäßigkeit der vorgeschlagenen Maßnahmen im Rahmen richterlichen Ermessens. Dem Sachverständigen wird eine ausreichende, aber im Hinblick auf den Grundsatz der Eilbedürftigkeit möglichst knapp bemessene Frist zur Gutachtenserstattung gegeben, die überwacht und im gegebenen Fall moniert wird. Nur mit begründetem Zwischenbericht kann eine Fristverlängerung gewährt werden.

---

[17] Nerlich/Römermann/*Becker* InsO § 5 Rn. 5.
[18] *Frind*, Reichweite und Grenzen der gerichtlichen Kontrolle des Insolvenzverwalters – was kann das Insolvenzgericht verhindern?, ZInsO 2006, 183 f.

a) Die Auswahl des Sachverständigen ist in der Praxis auch eine Vorentscheidung über die Bestellung des Insolvenzverwalters, falls die Begutachtung die Deckung der Verfahrenskosten ergibt. Sie erfordert viel **Erfahrung und Fingerspitzengefühl** des Insolvenzrichters. Dabei spielen eine Reihe von Kriterien, wie zB die Betriebsgröße des Schuldners, die Branche, in der er tätig ist, eine uU erforderliche Führung von Zivil-, Arbeits- und Verwaltungsgerichtsverfahren oder patent- und Urheberrechtsprozessen, eine vorübergehende Betriebsführung zur Sanierung oder Ausproduktion, die Ausstattung des Büros und der Buchhaltung des Sachverständigen, die Arbeit des zu Beauftragenden im Team oder als „Einzelkämpfer" vielleicht noch mit besonderen Fachanwaltsfähigkeiten eine wichtige, oft ausschlaggebende Rolle. 24

Da der beauftragte Sachverständige bei Vorhandensein ausreichender Masse regelmäßig zum Verwalter bestellt wird, muss beachtet werden, dass es sich um eine natürliche Person handelt (§ 56 InsO; siehe dort weitere Kriterien), die nicht überlastet ist. Die Beauftragung einer Sozietät, Partnerschaft oder Anwalts – GmbH scheidet aus. 25

Der Richter kann dann und wann von Insolvenzantragstellern oder Gläubigern gemachten **Vorschläge** zur Beauftragung einer bestimmten Person nachkommen, nachdem er besonders die Unabhängigkeit und fehlende Vorbefasstheit geprüft hat. Eine Verpflichtung hierzu besteht jedoch (unter Berücksichtigung des § 270b Abs. 2 S. 2 InsO) nicht. In der Praxis empfiehlt es sich – wenn seitens des Antragstellers Vorschläge für notwendig erachtet werden – im Rahmen der Antragstellung oder eines Vorgesprächs dem Richter mehrere als geeignet erscheinende Personen vorzuschlagen, so dass der Richter ggf. hieraus eine Entscheidung treffen kann. 26

Wer als Sachverständiger beauftragt und auch zum vorläufigen und schließlich zum Insolvenzverwalter bestellt wird, entscheidet allein der Richter in **richterlicher Unabhängigkeit** als Organ der Rechtspflege.[19] Die Sachverständigen- und Verwalterbestimmung ist kein Justizverwaltungsakt iSd §§ 23 ff. GVG[20] und nicht rechtsmittelfähig. Es besteht **kein Anspruch auf Bestellung** als Sachverständiger in einem bestimmten Verfahren und auch nicht auf Bestellung zum Verwalter. Der Richter ist insbesondere einem nicht bestellten – ggf. auch vorgeschlagenem – Bewerber gegenüber nicht verpflichtet, seine Entscheidung zu begründen. Der Richter übt sein Ermessen fehlerfrei im Rahmen des § 56 InsO aus. Die Ernennung eines (vorläufigen) Verwalters dient der sachgerechten Durchführung des Insolvenzverfahrens und damit der Wahrung der Interessen der Gläubiger sowie auch des Schuldners. Sie ist nicht zu dem Zweck geschaffen, Insolvenzverwaltern die berufliche Betätigung zu ermöglichen und schafft daher für sich genommen keine subjektiven Rechte hinsichtlich der Bestellung zum Insolvenzverwalter.[21] 27

Bestellt der zuständige Richter einen **vorläufigen Insolvenzverwalter**, gilt bei der Auswahl gem. § 21 Abs. 2 Nr. 1 InsO die Vorschrift über die Auswahl des Insolvenzverwalters – § 56 InsO – entsprechend. 28

---

[19] Uhlenbruck/*Zipperer* InsO § 56 Rn. 46.
[20] OLG Koblenz, Beschl. v. 16.12.1999 – 12 VA 5/99, ZIP aktuell 6/2000, A12 Nr. 25.
[21] BVerfG, Beschl. v. 23.5.2006 – 1 BvR 2530/04, NZI 2006, 453.

29 b) Nach einer Entscheidung des Bundesverfassungsgerichts[22] sind bei den Insolvenzgerichten so genannte **Vorauswahllisten**[23] zu erstellen, um den Bewerbern für eine Insolvenzverwaltung und zuvor auch für eine Bestellung als Sachverständige eine faire Chance zu geben, entsprechend seiner in § 56 Abs. 1 InsO vorausgesetzten Eignung berücksichtigt zu werden → § 3 Rn. 28. In eine Vorauswahlliste sollen nur Bewerber aufgenommen werden, die persönlich und fachlich geeignet sind. Das Gläubigerinteresse muss in die Eignungsbewertung durch den Richter eingehen. Es kommt besonders dadurch zur Geltung, dass die Gläubigerversammlung den vom Richter bestellten Insolvenzverwalter abberufen kann. Hierüber sind von den die Vorauswahlliste führenden Richtern für die Feststellung der Eignung eines Bewerbers sowie für eine sachgerechte Ausübung des Auswahlermessens Kriterien zu entwickeln, also ein Anforderungsprofil zu erstellen.[24]

30 **Kriterien** → § 3 Rn. 34 **für die Vorauswahl** sind die berufliche Qualifikation und einschlägige, mehrjährige **Berufserfahrung** des Bewerbers nicht nur auf dem Gebiet des Insolvenzrechts, sondern auch eine praktische Tätigkeit im Rahmen von Insolvenzverwaltungen (auch als „Frau/Mann hinter dem Verwalter").[25] Der Erwerb der Qualifikation eines **Fachanwalts für Insolvenzrecht** besagt jedoch nicht, dass der Träger der Bezeichnung besser qualifiziert ist, als ein seit Jahren zur vollen Zufriedenheit des Gerichts tätiger Gutachter und Insolvenzverwalter ohne diese Bezeichnung. Hinzu kommen muss eine funktionsfähige insolvenzspezifische **Büroorganisation und Mitarbeiterstab** und die **Unabhängigkeit** von an Insolvenzverfahren beteiligten Interessensgruppen (zB Banken, Versicherungen). Regelmäßig soll eine gewisse **Ortsnähe** zum Insolvenzgericht und eine **Erreichbarkeit** schon wegen der (höchst)persönlichen Kommunikation mit dem Insolvenzgericht und den im Insolvenzgerichtsbezirk ansässigen Schuldnern gegeben sein,[26] was jedoch kein alleiniges Ausschlusskriterium für eine Listung darstellen darf, wenn der Bewerber bspw. deutschlandweit Standorte für überregionale Insolvenzen oder besondere Spezialkenntnisse aufweisen kann.[27] Als weitere Voraussetzungen sollten die Zuverlässigkeit, die geordneten wirtschaftlichen Verhältnisse, unternehmerische Fähigkeiten zur Verwaltung von Firmeninsolvenzen gefordert werden sowie die Vorlage von Auskünften aus dem Schuldner-/Insolvenzverzeichnis und die Bestätigung einer ausreichenden Vermögenshaftpflichtversicherung.

---

[22] BVerfG, Beschl. v. 3.8.2004 – 1 BVR 135/00 u. 1 BVR 1086/01, ZInsO 2004, 913 ff.

[23] Siehe hierzu eine Zusammenfassung bei *Frind*, 25 Fragen und Antworten zur Praxis der Verwalter-Vorauswahl, ZInsO 2008, 655 ff.; Empfehlungen der Uhlenbruckkommission zur Vorauswahl und Bestellung von InsolvenzverwalterInnen sowie Transparenz, Aufsicht und Kontrolle in Insolvenzverfahren, NZI 2007, 507 ff.; *Uhlenbruck/Mönning*, Listing, Delisting und Bestellung von Insolvenzverwaltern, ZIP 2008, 157 ff.

[24] BGH, Beschl. v. 19.12.2007 – IV AR (VZ) 6/07, ZInsO 2008, 207 ff.

[25] OLG München, Beschl. v. 7.12.2004 – 9 VA 4–6/04, ZIP 2005, 670; OLG Nürnberg, Beschl. v. 5.9.2006 – 4 VA 276/06, ZIP 2007, 80.

[26] OLG Bamberg, Beschl. v. 3.12.2007 – VA 11/07, ZIP 2008, 82 ff.; aA OLG Stuttgart, Beschl. v. 5.12.2005 – 19 VA 4/05, ZIP 2006, 342; siehe auch OLG Düsseldorf, Beschl. v. 27.1.2009 – 3 VA 8/08, NZI 2009, 248.

[27] BGH, Beschl. v. 17.3.2016 – IX AR (V2) 2/15.

Heilmaier

Für Insolvenzrichter und -rechtspfleger ist auch bei mehrfacher Beauftragung 31
und selbst bei einem Kanzleibesuch die Büro- und Arbeitsorganisation mangels
näherer Kenntnis der Arbeitsabläufe wenig durchsichtig. Wie in der Wirtschaft,
Industrie und auch in sozialen Bereichen bei anderen Freiberuflern schon seit
Jahren üblich, besteht auch bei den Insolvenzverwalterkanzleien die Möglichkeit, sich zur Qualitätssicherung einer Zertifizierung → § 3 Rn. 32 nach „DIN
EN ISO 9001 zu unterziehen. Für das Insolvenzgericht kann das Vorhandensein eines Zertifikats ein Qualitätsmerkmal für das Vorhandensein einer professionellen Kanzleiorganisation sein, insbesondere bei Kanzleien, mit denen noch
keine umfassende Erfahrung des Gerichts besteht.

Die Vorauswahlliste kann von jedem einzelnen Richter erstellt werden, an 32
größeren Insolvenzgerichten mit mehreren Richtern auch gemeinsam oder von
einem Richter bzw. Abteilungsleiter nach Bestimmung als Verwaltungsaufgabe
im Rahmen der Geschäftsverteilung des Amtsgerichts.[28]

Ursprünglich waren zwei Grundtypen von Listen anzutreffen. Einmal die 33
„geschlossenen Listen" („closed shop"), in die neue Bewerber nur aufgenommen werden, wenn eine Person ausscheidet, und die von den Gerichten strikt
bei der Vergabe herangezogen werden. Überwiegend wurden aber **„offene Listen"** geführt, in die jeder geeignete Bewerber um ein Verwalteramt aufgenommen wurde. Welche Kriterien ansonsten für die Aufnahme in die Liste zu
Grunde gelegt werden, ist nicht eindeutig.

Die Beauftragung und Bestellung aus einem streng begrenzten Kreis (**„closed** 34
shop") ist unzulässig.[29] Eine Regelung über das Auswahlverfahren und die Führung der Vorauswahllisten wurde vom Gesetzgeber jedoch nicht getroffen.

Rechtlich stehen die Aufnahme in die Vorauswahlliste und die endgültige 35
Auswahlentscheidung nebeneinander[30] und sind von unterschiedlicher Qualität.
Bei der Prüfung der Geeignetheit für die Vorauswahlliste kann sich der Entscheidungsträger aller Erkenntnisquellen bedienen. Üblicherweise wird dem
Bewerber ein mehr oder weniger umfangreicher und von jedem Insolvenzgericht/richter individuell erstellter **Bewerbungsfragebogen** zugesandt, der
fristgerecht ausgefüllt und uU mit Anlagen, wie Auskünften aus dem Schuldnerverzeichnis, Bundeszentralregister, Abschriften von Haftpflichtversicherungspolicen etc versehen, eingereicht wird. War der Bewerber bereits für das
Gericht als Insolvenzverwalter tätig, kann der Entscheidungsträger auch sein
bisheriges Verhalten und Verfahrensführung heranziehen.[31] Erfüllt ein Bewerber die vom Insolvenzgericht aufgestellten Anforderungen und Qualifikationen, besteht kein Auswahlermessen.[32] Der Bewerber muss dann in die Vorauswahlliste eingetragen werden. Wer auf der Vorauswahlliste steht, kann, muss
aber nicht bestellt werden. Wer nicht darauf steht, kann – Eignung unterstellt –
aber dennoch bestellt werden.[33]

---

[28] Vgl. BGH Beschl. v. 17.3.2016, IX AR (VZ) 5/15.
[29] BVerfG, Beschl. v. 3.8.2004 – 1 BvR 135/00 u. 1 BvR 1086/01, ZInsO 2004, 913 ff.
[30] BVerfG, Beschl. v. 3.8.2004 – 1 BvR 135/00 u. 1 BvR 1086/01, ZInsO 2004, 913 ff.
[31] OLG Bamberg, Beschl. v. 3.12.2007 – VA 11/07, ZIP 2008, 82 ff.
[32] BGH, Beschl. v. 19.12.2007 – IV AR (VZ) 6/07, ZInsO 2008, 207; OLG Schleswig, Beschl. v. 28.11.2006 – 12 VA 3/06, ZIP 2007, 831 („enger Ermessensspielraum").
[33] Braun/*Blümle* InsO § 56 Rn. 11.

Anders verhält es sich bei der Bestellung eines Kandidaten für ein konkretes Verfahren.[34]

36 Umstritten ist, ob die Zahl der in eine Vorauswahlliste aufzunehmenden qualifizierten Bewerber keinerlei **Beschränkung** unterliegt. Eine Beschränkung könnte zum Einen wieder die Einführung eines „closed shop" bedeuten, andererseits führt schon die Aufnahme von 50, 100 oder mehr Bewerbern nicht nur zu einer völligen Unübersichtlichkeit sondern je nach Gerichtsgröße zu einer Qualitätseinbuße, wenn einzelne Bewerber nur noch mit ein oder zwei Verfahren im Jahr bedacht werden können. Schließlich darf nicht außer Betracht bleiben, dass die Aufnahme in eine Liste und die Pflege und Überwachung derselben zu einem nicht tragbaren Verwaltungsaufwand für die Insolvenzgerichte bzw. die Richter führt, der die Bearbeitung der Verfahren selbst beeinträchtigt. Der Richter hat die Fragebögen zu prüfen, diese mit den Rechtspflegern zu besprechen und die entsprechende Korrespondenz mit dem Bewerber zu veranlassen. Regelmäßig werden die Bewerber auch persönlich vorsprechen und sich vorstellen, so dass alleine die Erstlistung einen erheblichen Zeitaufwand mit sich bringt, welcher sich durch eine übergroße Anzahl von Anträgen entsprechend potenziert und neben der Bearbeitung der tatsächlichen Verfahren erledigt werden muss.

37 Die Berufsfreiheit der Insolvenzverwalter kann aber auch dadurch beeinträchtigt werden, dass einzelne gelistete Personen über Jahre hinweg bei der Vergabe von Insolvenzverwaltungen überhaupt nicht berücksichtigt werden und praktisch eine „Scheinliste" geführt wird.[35]

38 Die **Vorauswahlentscheidung ist ein Justizverwaltungsakt** iSd §§ 23 ff. EGGVG. Rechtsmittel werden deshalb vom zuständigen Oberlandesgericht entschieden. Wer Antragsgegner dieses Rechtsmittels ist, wurde ursprünglich unterschiedlich gesehen: Zum einen der oder die eine Vorauswahlliste führenden Insolvenzrichter als Justizbehörde im funktionellen Sinn,[36] aber auch der Direktor bzw. Präsident des Amtsgerichts,[37] unter Umständen sogar die Landesjustizverwaltung.[38] Nach der Entscheidung des BGH vom 17.3.2016 ist das jeweilige Amtsgericht als passivlegitimiert zu betrachten.[39]

39 Die bei den Insolvenzgerichten geführte Vorauswahlliste liegt für jeden Interessierten mit Namen und Orten der Bewerber aus. Ein Anspruch auf Versendung besteht nicht, ebenso eine Weitergabe von Anschriften oder gar persönlichen Daten der Gelisteten. Der nur gerichtsintern zu erörternde Kreis der in Betracht kommenden Insolvenzverwalter sollte von den Richtern mit den Rechtspflegern abgestimmt und gemeinsam mit diesen ständig überprüft werden.

---

[34] BGH, Beschl. v. 19.12.2007 – IV AR (VZ) 6/07, ZInsO 2008, 207.
[35] Siehe hierzu auch: *Uhlenbruck/Mönning*, Listing, Delisting und Bestellung von Insolvenzverwaltern, ZIP 2008, 157 ff., (159, 160).
[36] BGH, Beschl. v. 16.5.2007 – IV AR (VZ) 5/07, ZInsO 2007, 711; *Frind*, 25 Fragen und Antworten zur Praxis der Verwalter-Vorauswahl, ZInsO 2008, 655 ff. (660). So auch OLG Düsseldorf, Beschl. v. 15.8.2008 – I-3 VA 4/07, NZI 2008, 614.
[37] KG, Beschl. v. 8.1.2008 – 1 VA 7/07, NZI 2008, 187; aA OLG Hamm, Beschl. v. 2.8.2007 – 27 VA 1/07, ZIP 2007, 1722.
[38] BGH, Beschl. v. 16.5.2007 – IV AR (VZ) 5/07, ZInsO 2007, 711 u. Beschl. v. 19.12.2007 – IV AR (VZ) 6/07, ZInsO 2008/207.
[39] BGH, Beschl. v. 17.3.2016, IX AR 1/15.

Heilmaier

IV. Überwachung von Sicherungsmaßnahmen und vorläufigen Insolvenzverwaltern

Die vom Insolvenzgericht angeordneten **Sicherungsmaßnahmen** und deren Durchführung und Einhaltung sind entsprechend konsequent zu überwachen. Voraussetzung ist zunächst die geeignete und uU auch vorgeschriebene Bekanntmachung durch Zustellung an die Beteiligten und Veröffentlichungen (§ 23 InsO) sowie Mitteilungen nach der MiZi[40] anzuordnen. 40

Bei Anordnung der **Postsperre** → § 4 Rn. 189 kann die Postkontrolle nur dem (vorläufigen) Insolvenzverwalter übertragen werden, nicht aber dem Sachverständigen, denn es handelt sich um keine Verwaltungsaufgabe.[41] Sollte kein vorläufiger Verwalter bestellt sein, erfolgt die Postkontrolle durch das Gericht selbst. Das Gericht informiert den Sachverständigen oder vorläufigen Insolvenzverwalter von allen wesentlichen, für die Begutachtung notwendigen Erkenntnissen. 41

Der vom Gericht bestellte **vorläufige Insolvenzverwalter** ist eng an die Entscheidungen des Richters gebunden, wird aber zur Durchführung einer optimalen und insbesondere einer die Fortführung im eröffneten Verfahren erleichternden vorläufigen Insolvenzverwaltung die nach seiner Erkenntnis notwendigen **zusätzlichen Befugnisse** (zB Ermächtigung zur Eingehung von Masseverbindlichkeiten „Einzelermächtigung") oder **ergänzende Sicherungsmaßnahmen** beantragen (§§ 21 ff. InsO) → § 4 Rn. 176. 42

Im Rahmen des Eröffnungsverfahrens unterliegt der vorläufige Insolvenzverwalter der **Rechtsaufsicht des Insolvenzgerichts** Gem. § 21 Abs. 2 Nr. 1 InsO gelten §§ 8 Abs. 3, 56, 58–66 InsO entsprechend, wobei gerade § 58 InsO die Aufsicht des Insolvenzgerichts vorschreibt. 42a

In einigen Fällen handelt es sich im Eröffnungsverfahren faktisch auch um eine Art Fachaufsicht: Droht durch eine Unternehmensfortführung während des Eröffnungsverfahrens eine erhebliche Masseminderung, kann das Insolvenzgericht auf Vorschlag des vorläufigen Insolvenzverwalters einer Stilllegung eines schuldnerischen Betriebes zustimmen (§ 22 Abs. 1 Nr. 2 InsO). Derartige Entscheidungen lassen sich aber kaum durch rechtliche Erörterungen von Gericht und vorläufigem Verwalter lösen, sondern durch sachliche Erörterung der Zweckmäßigkeit. Dasselbe gilt für vom vorläufigen (schwachen) Verwalter angeforderte zusätzlichen Einzelermächtigungen (§ 22 Abs. 2 InsO). Das Insolvenzgericht überprüft auch, dass kein Gläubiger Sondervorteile erhält, Geldflüsse transparent gehalten und keine schwarzen Kassen angelegt werden.[42] 43

Exkurs: Definitionen der Rechtsaufsicht und der Fachaufsicht: 44
Die **Rechtsaufsicht** wird besonders im öffentlichen Recht durch Aufsichtsbehörden gegenüber den der Rechtsaufsicht unterworfenen Behörden ausgeübt

---

[40] Anordnung über Mitteilungen in Zivilsachen (MiZi): Länderrechtlich geregelt, aber im Wesentlichen bundeseinheitlich.
[41] *Pape*, Änderungen im eröffneten Verfahren durch das Gesetz zur Vereinfachung des Insolvenzverfahrens, NZI 2007, 481, 483.
[42] *Frind*, Reichweite und Grenzen der gerichtlichen Kontrolle des Insolvenzverwalters – was kann das Insolvenzgericht verhindern?, ZInsO 2006, 184 mwN.

Heilmaier

und bedeutet (übergeordnete, staatliche) Aufsicht und Kontrolle darüber, ob der der Aufsicht Unterliegende, bei seiner Amts- bzw. Geschäftsführung die gesetzlichen Vorschriften einhält.

Sie unterscheidet sich damit von der **Fachaufsicht,** die sich auf die Zweckmäßigkeit des Verwaltungshandelns bezieht und damit deutlich weiter geht, als die reine Rechtsaufsicht.[43]

V. Abschluss des Insolvenzeröffnungsverfahrens

45   Sind alle nötigen Erkenntnisquellen über das Vorliegen einer die Verfahrenskosten deckenden Masse nach § 35 Abs. 1 InsO, insbesondere durch Begutachtung ausgeschöpft, erfolgt die **Entscheidung über den Antrag auf Eröffnung des Insolvenzverfahrens.** Der Richter wird bei sachkundiger und überzeugender Darlegung den **Prognosen** über eine sicher zu erwartende Massemehrung des Gutachters folgen. Wurde kein Gutachter beauftragt, kann er sich auf seine eigenen praktischen Erfahrungen verlassen. Insbesondere in kleineren Verfahren (regelmäßig in Verbraucheranträgen) kann er teilweise anhand der (verlässlich) angegebenen Vermögenswerte und dem zu erwartenden Neuerwerb aufgrund der Einkommensverhältnisse eine Masseberechnung selbst vornehmen.

46   Mit einer rechtskräftigen **Abweisung des Insolvenzantrags** mangels einer die Verfahrenskosten deckenden Masse → § 4 Rn. 205 ff., aber auch wegen festgestellter Unzulässigkeit des Antrags, sind die Aufgaben des Insolvenzgerichts und damit auch des Insolvenzrichters beendet. Anders verhält es sich, wenn das Verfahren eröffnet wird.

D. Der Eröffnungsbeschluss und seine Folgen

I. Bedeutung des Eröffnungsbeschlusses

47   Die Eröffnung des Insolvenzverfahrens durch den **Eröffnungsbeschluss** gem. § 27 InsO bringt wohl den erheblichsten Einschnitt in das gesamte Insolvenzverfahren.

Nun steht zur Überzeugung des im Eröffnungsverfahrens von Amts wegen ermittelnden Richters fest, dass ein **Eröffnungsgrund vorhanden** ist (§ 16 InsO). Er hat sich durch Auskünfte, eigene Feststellungen und wohl zumeist durch ein Sachverständigengutachten auch überzeugen lassen, dass eine die Verfahrenskosten deckende Masse vorhanden ist. Ohne diese Voraussetzungen wäre die Eröffnung unzulässig.

48   Die **Insolvenzmasse** dient außer zur Deckung der Verfahrenskosten und der Masseschulden (§ 53 InsO) nur zur Befriedigung der persönlichen Gläubiger, die zur Zeit der Eröffnung einen begründeten Vermögensanspruch gegen den Schuldner haben (**Insolvenzgläubiger:** § 38 InsO). Die weitere Zuständigkeit

---

[43] Vgl. zur Defintion der Begriffe: *Rechenberg,* Zur Frage der Rechts- und Fachaufsicht über die Treuhandanstalt, DtZ 1994, 238, 239.

Heilmaier

und vorwiegend überwachende Tätigkeit des Insolvenzgerichts soll dies gewährleisten.

Nach § 80 Abs. 1 InsO geht mit der Insolvenzeröffnung das Recht des Schuldners, das zu dieser Zeit zur Insolvenzmasse gehörende Vermögen und den Neuerwerb während des Verfahrens (§ 35 InsO) zu verwalten und darüber zu verfügen, auf den Insolvenzverwalter über. 49

II. Funktionelle Zuständigkeit

Ab dem Eröffnungsbeschluss ist dem **Rechtspfleger** gem. § 3 Nr. 2e RPflG iVm § 18 RPflG die **funktionelle Zuständigkeit** übertragen → § 3 Rn. 11. Der Rechtspfleger ist in seinen Entscheidungen sachlich unabhängig (§ 9 RPflG). 50

Mit der Entscheidung über die Eröffnung unter Einschluss der Ernennung des Insolvenzverwalters und der Unterzeichnung des Eröffnungsbeschlusses (§ 18 Abs. 1 Nr. 1 RPflG) legt der Richter in fast 100 % der Fälle die **Verfahrensführung und -leitung** in die Hände des nach der Geschäftsverteilung für den nichtrichterlichen Dienstes zuständigen Rechtspflegers, es sei denn, er behält sich die weitere Abwicklung des Verfahrens ganz oder teilweise vor (§ 18 Abs. 2 RPflG).

Der Richter kann das auf den Rechtspfleger übertragene Verfahren wieder an sich ziehen, auch wenn er es sich zuvor nicht teilweise vorbehalten hat (§ 18 Abs. 2 S. 2 RPflG).[44] 51

Einige Entscheidungen bleiben dem Richter auch im eröffneten Verfahren gem. § 18 Abs. 1 RPflG vorbehalten, beispielsweise Entscheidungen über einen Insolvenzplan oder zur Versagung der Restschuldbefreiung. § 5 RPflG sieht auch die Vorlage durch den Rechtspfleger zu Entscheidungen, zB bei Auslandsbezug vor. Haft- und Durchsuchungsentscheidungen (§ 4 Abs. 2, 3 RPflG, Art. 13 Abs. 2 GG) darf ohnehin nur der Richter treffen. 52

III. Auswahl und Ernennung des Insolvenzverwalters

Gleichzeitig mit dem Eröffnungsbeschluss ernennt der Richter einen Insolvenzverwalter (§ 27 Abs. 2 Nr. 2 InsO; § 18 Abs. 1 RPflG), der wohl in den meisten Fällen mit dem zuvor beauftragten Gutachter oder vorläufigen Insolvenzverwalter identisch ist, bzw. aus dem dem Richter bekannten Kreis der erfahrenen Insolvenzverwalter stammt (§ 56 Abs. 1 S. 1 InsO). 53

1. Kriterien der Auswahl

Es muss sich dabei um eine für die jeweilige Insolvenz geeignete, insbesondere „geschäftskundige", leistungsbereite und objektive, von Gläubigern und Schuldnern **unabhängige und natürliche Person** handeln (§ 56 InsO), die die Interessen aller am Insolvenzverfahren Beteiligten wahrt.[45] Natürlich soll der 54

---

[44] Uhlenbruck/*Pape* InsO § 2 Rn. 4.
[45] Vgl. hierzu auch: *VID-Verband der Insolvenzverwalter Deutschland eV*, Berufsgrundsätze der Insolvenzverwalter v. 3.5.2013.

Insolvenzverwalter auch im positiven Sinn zum Nutzen der Gläubiger „geschäftstüchtig" dh in wirtschaftlichen Fragen ausgebildet und befähigt sein. Die Ernennung des „richtigen" Insolvenzverwalters ist zumeist die „Weichenstellung" für den weiteren Fortgang des Verfahrens.

Schließlich muss der vorgesehene Verwalter auch zur Übernahme des Amts bereit sein und kann die Bereitschaft auf die Übernahme bestimmter Verfahren (zB nur Regelverfahren) beschränken (§ 56 Abs. 1 S. 2, 3 InsO).

Ob es ermessensgerecht und für das Verfahren nützlich ist, einen Insolvenzverwalter zu bestellen, der bereits die allgemeinen **Altersgrenzen** (zB bei Ärzten, staatlich bestellten Prüfingenieuren oder das Rentenalter) überschritten hat, ist umstritten, insbesondere ob es sich um eine Beschränkung der Berufswahlfreiheit handelt.[46] Hierbei ist zu bedenken, dass der einmal bestimmte und bestätigte Insolvenzverwalter für eine gesamte Verfahrensdauer (manchmal über 10 Jahre) persönlich zur Verfügung stehen muss.

55 Ein **Anwaltsprivileg** zur Bestellung als Insolvenzverwalter besteht nicht. Geschäftskunde bedeutet, dass der Auszuwählende neben fundierten juristischen auch in gleicher Weise betriebswirtschaftliche Kenntnisse aufweisen muss.[47] Das Bundesverfassungsgericht[48] sieht in der Tätigkeit des Insolvenzverwalters ein eigenes Berufsbild. Die Tätigkeit von Insolvenzverwaltern könne angesichts der Entwicklung in den letzten zwei Jahrzehnten auch nicht mehr als bloße Nebentätigkeit der Berufsausübung von Rechtsanwälten oder von Kaufleuten angesehen werden. Vielmehr sei die Betätigung als Insolvenzverwalter zu einem eigenständigen Beruf geworden, der vielen Personen maßgeblich zur Schaffung und Aufrechterhaltung der Lebensgrundlage diene, sei es als alleiniger Beruf oder neben einem anderen Beruf. Rechtsanwälte würden sich beispielsweise spezialisiert zum Fachanwalt für Insolvenzrecht fortbilden. Es habe sich insoweit ein neuer „Markt" für Rechtsanwälte, Steuerberater und Kaufleute gebildet.

56 Von der **persönlichen – möglichst langjährigen – Erfahrung** → § 3 Rn. 39 **des zuständigen Insolvenzrichters** und seinen ständigen Kontakten mit den in Betracht kommenden Personen hängt es ab, dass zugeschnitten auf den Fall nicht nur ein qualifizierter Verwalter ausgewählt wird, sondern dieser auch büromäßig über die notwendige Kapazität und Unabhängigkeit verfügt, damit den Interessen der Gläubiger in vollem Umfang Genüge getan wird. Selbstverständlich wird ein Gericht kaum die ortsnahen Fachanwälte für Insolvenzrecht unbedacht lassen. Frühere Bestellungen bedeuten dabei jedoch keinen Anspruch, stets wieder oder gar mit immer größeren Verfahren betraut zu werden. Jeder mit einer Verwaltung Betraute muss immer neu das in ihn zunächst gesetzte Vertrauen des Richters rechtfertigen. Mit steigender Anzahl von Verfahren wird der Richter auch immer deutlicher die persönlichen Stärken und Schwächen eines ernannten Verwalters kennenlernen und auf dieses Wissen bei künftigen Ernennung zurückgreifen können. Der auszuwählende Insolvenzverwalter

---

[46] KG, Beschl. v. 14.1.2008 – 1 VA 8/07, ZIP 2008, 284 (Ablehnung einer Altersgrenze von 62 Jahren); OLG Hamm, Beschl. v. 2.8.2007 – 27 VA 1/07, ZIP 2007, 1722 (Ablehnung einer Altersgrenze von 65 Jahren).

[47] Uhlenbruck/*Zipperer* InsO § 56 Rn. 18.

[48] BVerfG, Beschl. v. 3.8.2004 – 1 BVR 135/00 u. 1 BVR 86/01, ZInsO 2004, 913 ff.

muss, wie auch schon der vorläufige, zudem das **Vertrauen** des Richters genießen, der die Auswahl im Rahmen des § 56 InsO in freiem Ermessen trifft, in gleicher Weise aber auch das Vertrauen der Rechtspfleger. Abzulehnen ist die Forderung, dem Richter durch gesetzliche Regelungen vorzuschreiben, in welcher Reihenfolge und aus welchem von Dritten vorbestimmten Kreis die Bestellung erfolgen muss.

Aufgrund der Gläubigerautonomie ist es dann ohnehin Aufgabe der Gläubigerversammlung gem. § 57 InsO zu entscheiden, ob der ernannte Verwalter auch das Vertrauen der Gläubiger genießt oder ob ein anderer Verwalter gewählt wird. 57

Der Insolvenzverwalter sollte besonders auch die örtlichen wirtschaftlichen Verhältnisse kennen und in räumlicher Nähe zum Schuldner einen Sitz haben. Sachgerecht ist auch unter Berücksichtigung moderner Verkehrsmittel und Bürokommunikation,[49] dass der Bewerber seinen Kanzleisitz im Umkreis von höchstens 100 km hat und dort auch mindestens 2 Tage in der Woche persönlich anwesend ist.[50] Dies schließt nicht aus, dass einmal, falls erkennbar, die Kapazitäten der örtlichen Verwalter für eine ausgesprochene Großinsolvenz nicht ausreichen, auf einen bekannten auswärtigen, auf eine bestimmte Branche spezialisierten Verwalter zurückgegriffen wird. In einem solchen Fall ist es aber unbedingt notwendig, dass der Richter nicht nur auf einen bekannten „Namen" vertraut, sondern vor der Bestellung die in Betracht kommende Person zu einem persönlichen Gespräch lädt oder diese bereits persönlich kennt. 58

Der Insolvenzrichter kann in diesen Einzelfällen auch nicht in der Vorauswahlliste enthaltene Personen, die beispielsweise über für das Verfahren erforderliche besondere **Branchenkenntnisse** verfügen oder bei einem national oder international tätigen Filialunternehmen durch eigene Büros und Berufsträger vor Ort präsent sind, bestellen. 59

Der Insolvenzverwalter darf den Schuldner zuvor nicht in einer über den allgemeinen Ablauf eines Insolvenzverfahrens hinausgehendenen Weise beraten (§ 56 Abs. 1 Nr. 2 InsO) oder vertreten haben (**„Vorbefasstheit"**), um jeden Anschein einer Abhängigkeit zu vermeiden.[51] Dies gilt auch, wenn eine mit ihm zur gemeinsamen Berufsausübung verbundene Person vorbefasst ist.[52] Interessenswidersprüche können auch dadurch auftreten, dass der Insolvenzverwalter in mehreren von ihm verwalteten Verfahren auftreten müsste, in denen einander widersprechende Interessen zu berücksichtigen sind. 60

Auch Tätigkeitsverbote iSd § 45 BRAO schließen die Bestellung aus. Dies entspricht den gesicherten Grundlagen der Insolvenzordnung.[53] Bei einem Fehlverhalten eines Insolvenzverwalters in einem früheren Verfahren ist abzu-

---

[49] Die Entfernung vom Gericht ist Gegenstand vielfältiger Entscheidungen, vgl. hierzu Uhlenbruck/*Zipperer* InsO § 56 Rn. 28; Entfernung unter 50 Minuten Fahrzeit kein Listungskriterium: OLG Celle, Beschl. v. 4.3.2015 – 16 VA 1/15; OLG Koblenz, Beschl. v. 12.5.2005 – 12 VA 1/04, ZIP 2005, 1283 ff.
[50] OLG Bamberg, Beschl. v. 3.12.2007 – VA 11/07, ZIP 2008, 82.
[51] Uhlenbruck/*Zipperer* InsO § 56 Rn. 44.
[52] Verhaltenskodex der Mitglieder des Arbeitskreises der Insolvenzverwalter Deutschland eV: *Arbeitskreis für Insolvenzrecht im DAV*, Verhaltensrichtlinien für als Insolvenzverwalter tätige Rechtsanwälte, AnwBl 1992, 119.
[53] OLG Celle, Beschl. v. 23.7.2001 – 2 W 71/01, ZInsO 2001, 755 ff.

wägen und zu prüfen, ob die Befürchtung besteht, der Bewerber werde sich wieder falsch verhalten.[54] Verwertbare **Vorstrafen,** die auch nicht im Zusammenhang mit der beruflichen Tätigkeit eines Rechtsanwalts stehen, stehen im Allgemeinen einer Bestellung zum Insolvenzverwalter entgegen. Stellt sich nachträglich eine Vorstrafe heraus und ergeben sich Zweifel an der Zuverlässigkeit des Bestellten, ist mindestens eine erheblich gesteigerte Überwachung erforderlich, falls keine Entlassung erfolgt.[55]

61 Der Insolvenzrichter ist nicht verpflichtet, im Rahmen seiner Ermessensentscheidung dem Eröffnungsbeschluss eine Begründung beizugeben, warum er unter den Bewerbern der Vorauswahlliste gerade diesen Bewerber zum Insolvenzverwalter bestellt.[56] Die Begründung müsste sich dann mit jedem weiteren Bewerber einer Liste von zB 50 Bewerbern auseinandersetzen. Dies würde schon der Eilbedürftigkeit des Verfahrens widersprechen und die eigentliche Eröffnungsentscheidung, zur Nebensache machen.[57] Eine Ausnahme gilt gem. § 27 Abs. 2 Nr. 4 InsO für den Fall, dass das Gericht von einem einstimmigen Vorschlag des Gläubigerausschusses abgewichen ist.

2. Sonderinsolvenzverwalter

62 Bei Insolvenzverfahren über das Vermögen einer GmbH & Co. KG. sollte in der Regel Abstand davon genommen werden, ein und dieselbe Person zum Verwalter über die Vermögensmassen der GmbH und der KG zu bestellen. Sollte dies aufgrund der Umstände des Einzelfalls dennoch notwendig sein, kann bei **Interessenkollision** immer noch ein Sonderinsolvenzverwalter bestellt werden.[58] Ein Sonderinsolvenzverwalter → § 3 Rn. 49 kann im eröffneten Verfahren auch vom Rechtspfleger bestellt werden, wenn erst im eröffneten Verfahren auftauchende Interessenskollisionen – auch mit anderen Verfahren – dies erfordern. Bei der Bestellung von Sonderinsolvenzverwaltern gelten die §§ 56, 58, 59 InsO entsprechend,[59] nicht aber § 57 InsO, da sich an die Bestellung keine gesonderte Gläubigerversammlung anschließt. Die Bestellung eines Sonderinsolvenzverwalters setzt voraus, dass der Verwalter selbst tatsächlich → § 3 Rn. 52 oder rechtlich → § 3 Rn. 51 verhindert ist.[60] Das Gericht hat sowohl bei der Auswahl, als auch bei der Abwahl, den ins Auge gefassten oder neu gewählten Verwalter zu möglichen Interessenkollisionen befragen.[61] Es ist aber auch Verpflichtung des Gutachters und (vorläufigen) Insolvenzverwalters, von sich aus auf mögliche Interessenskollisionen und auch mögliche Arbeitsüberlastung

---

[54] OLG Schleswig, Beschl. v. 28.11.2006 – 12 VA 3/06, ZIP 2007, 831.
[55] BGH, Beschl. v. 31.1.2008 – III ZR 161/07, ZInsO 2008, 267.
[56] OLG Koblenz, Beschl. v. 12.5.2005, 12 VA 1/04, NZI 2005, 453.
[57] Siehe hierzu: OLG Koblenz, Beschl. v. 12.5.2005 – 12 VA 1/04, NZI 2005, 453; *Vallender*, Rechtsschutz gegen die Bestellung eines Konkurrenten zum Insolvenzverwalter – Business as usual?, NJW 2006, 2597 ff.; *Frind*, Verwalterbestellung: Weder einklagen noch einschleichen, ZInsO 2006, 729 ff.; BVerfG, Beschl. v. 23.5.2006 – 1 BvR 2530/04, NJW 2006, 2613.
[58] Siehe hierzu: Braun/*Blümle* InsO § 56 Rn. 72.
[59] BGH, Beschl. v. 1.2.2007 – IX ZB 45/05, ZIP 2007, 547; Urt. v. 24.5.2007 – IX ZR 97/06, NJW-RR 2007, 1537 ff.
[60] BGH, Beschl. v. 2.3.2006 – IX ZB 225/04, NZI 2006, 474 Rn. 11.
[61] OLG Celle, Beschl. v. 23.7.2001 – 2 W 71/01, ZInsO 2001, 757.

Heilmaier

bei einer Bestellung hinzuweisen. Unterlässt er dies, soll dies schon für sich gesehen die Bestellung einer anderen Person rechtfertigen.[62]

3. Rechtsstellung des Insolvenzverwalters

Nach der herrschenden Amtstheorie[63] → § 3 Rn. 23 ist der Insolvenzverwalter amtliches Organ und leitet seine Legitimation unmittelbar aus dem Gesetz ab. Er handelt kraft eigenen Rechts und im eigenen Namen, tritt selbst als Partei für die Insolvenzmasse auf, und tritt in die Rechte und Pflichten des Schuldners ein. Er übernimmt die Rechtslage, die er zu diesem Zeitpunkt vorfindet, kann daher mit Ausnahme der insolvenzspezifischen Regelungen nicht mehr Rechte für die Insolvenzmasse beanspruchen, als sie dem Schuldner zustehen. Er handelt nicht hoheitlich. Das übertragene Amt ist höchstpersönlicher[64] Natur. Dies gilt auch beispielsweise für die Teilnahme an Gläubigerversammlungen.[65]

63

Als Verwalter der Masse ist er am Insolvenzverfahren weder persönlich beteiligt, noch haftet er mit seinem ganzen Vermögen.[66] Er wird nicht Kaufmann anstelle des Schuldners, muss sich aber an die Regeln des Geschäftsverkehrs und des Wettbewerbs (zB bei Insolvenzverkäufen) halten (§§ 7, 8 UWG). Er hat für die Sorgfalt eines ordentlichen und gewissenhaften Insolvenzverwalters einzustehen (§ 60 Abs. 1 S. 2 InsO).

Das Insolvenzgericht achtet darauf, dass der Insolvenzverwalter seiner Verpflichtung, die **Verwaltung und Verfügungsbefugnis über die Masse** zu übernehmen (§ 80 InsO), nachkommen kann. Deshalb ist es wenig sinnvoll, einen Verwalter (auch einen vorläufigen) zu bestellen, der in der kritischen Phase erkrankt, für längere Zeit verhindert oder erkennbar mit anderen Verwaltungen bereits voll ausgelastet ist.

64

4. Fehlerhafte Auswahl

Entstehen durch fehlerhafte Auswahl einer untauglichen Person im Rahmen der Insolvenzabwicklung Schäden, kommt unter dem Gesichtspunkt des Auswahlverschuldens eine Haftung des Richters gem. § 839 BGB iVm Art. 34 GG in Betracht.[67] Diese kann aber nur dann eingeklagt werden, wenn **völlig unvertretbare Entscheidungen** getroffen werden oder ein besonders grober Verstoß bei der Auswahl begangen wird. Insolvenzgerichte müssen kein eigenes Informationssystem über das (strafrechtliche) Vorleben einer Person schaffen.[68] Das gilt zB für die Weiterbeschäftigung eines Insolvenzverwalters, der strafrechtlich wegen eines insolvenzspezifischen Delikts belangt worden war, dies nicht of-

65

---

[62] AG Potsdam, Beschl. v. 30.11.2001 – 35 IN 677/01, NJW-RR 2002, 1201 f.
[63] Zur herrschenden Amtstheorie siehe: Nerlich/Römermann/*Wittkowski/Kruth* InsO § 80 Rn. 40.
[64] OLG Bamberg, Beschl. v. 3.12.2007 – VA 11/07, ZIP 2008, 82 ff.; *Eickmann*, Höchstpersönliches Verwalterhandeln oder Delegationsbefugnis?, KTS 1986, 197 ff.
[65] OLG Hamburg, Beschl. v. 19.10.2005 – 2 Va 2/05, ZIP 2005, 2166; *Eickmann*, Höchstpersönliches Verwalterhandeln oder Delegationsbefugnis?, KTS 1986, 197 ff.
[66] OLG Zweibrücken, Beschl. v. 22.3.2000 – 3 W 50/00, NJW-RR 2000, 864.
[67] Nerlich/Römermann/*Mönning/Schweizer* InsO § 27 Rn. 29 f.; Uhlenbruck/*Zipperer* InsO § 56 Rn. 61.
[68] OLG Stuttgart, Urt. v. 9.5.2007 NZI 2008, 102 ff.

fenbart hatte, im laufenden Verfahren Masse veruntreut, wenn deshalb von den Gläubigern Schadensersatz verlangt wird. In einem solchen Fall muss der Insolvenzrichter erst positiv, zB durch eine Mitteilung in Strafsachen („MiStra"), Kenntnis erhalten haben.[69]

5. Bestallungsurkunde

66 Der Rechtspfleger fertigt – soweit der Richter dies nicht an sich zieht- die Bestallungsurkunde aus und übergibt sie (§ 56 Abs. 2 S. 1 InsO).[70] Er hat aber keine Möglichkeit, die vom Richter getroffene Wahl abzuändern. Der Richter tut aber gut daran, sich in regelmäßigen Abständen beim Rechtspfleger über die praktische Arbeitsweise der von ihm ausgewählten und bestellten Verwalter zu informieren.

6. Vorläufigkeit der Bestellung

67 Trotzdem hat auch diese Bestellung gem. § 57 InsO bis zur Gläubigerversammlung nur einen vorläufigen Charakter, denn die Gläubiger haben (nur) in der **ersten Gläubigerversammlung,** die der Bestellung des Verwalters folgt,[71] die Möglichkeit nach Belieben und ohne Angabe von Gründen sich für einen anderen Verwalter zu entscheiden[72] und diesen an Stelle des gerichtlich Bestellten zu wählen → § 3 Rn. 47. Hier besteht die große Gefahr, dass besonders Großgläubiger ihnen genehme und evtl. gar willfährige Verwalter wählen.

68 Eine Abwahl erfolgt allerdings nur in einer sehr geringen Anzahl von Verfahren. § 57 S. 2 InsO schränkt die Möglichkeiten von Großgläubigern zur Abwahl aus rein egoistischen Erwägungen ein.

69 Der die Wahl leitende Rechtspfleger hat keine Möglichkeit, dies im Interesse der weiteren (Klein-)Gläubiger zu verhindern. Allerdings können die meist zahlreicheren Kleingläubiger durch die Notwendigkeit der Mehrheit nach Kopfzahl und Summen (§§ 57, 76 Abs. 2 InsO) derartige Manöver verhindern. Der Insolvenzverwalter soll von den Gläubigern und dem Schuldner unabhängig sein, um angemessen die gemeinsamen Interessen der Insolvenzgläubiger wahrnehmen zu können. Damit kein Zweifel an der Unparteilichkeit des Gewählten aufkommt, wurde durch Einfügung des § 57 S. 2 InsO[73] bestimmt, dass neben der für die Wahl erforderlichen Mehrheit nach „Summen" (§ 76 Abs. 2 InsO) auch eine Mehrheit nach „Köpfen" vorhanden sein muss. **Das freie Wahlrecht kann durch die Gläubiger nur ein einziges Mal ausgeübt werden.** Später kann der Verwalter nur noch aus wichtigem Grund entlassen werden.

70 Die **Bestellung des Gewählten kann nach § 57 S. 3 InsO durch das Insolvenzgericht nur versagt** werden, wenn ihm die Eignung für die Übernahme des Amtes fehlt. Dies bedeutet auch, dass der Gewählte die Gewähr dafür bie-

---

[69] BGH, Beschl. v. 31.1.2008 – III ZR 161/07, ZIP 2008, 466 f.
[70] MüKoInsO/*Graeber* § 56 Rn. 162; es handelt sich bei der Ausfertigung nicht um eine dem Richter vorbehaltene Aufgabe, dieser kann sie jedoch an sich ziehen.
[71] OLG Köln, Beschl. v. 23.2.2000 – 2 W 21/00, ZIP 2000, 548.
[72] OLG Köln, Beschl. v. 23.2.2000 – 2 W 21/00, ZIP 2000, 548.
[73] Gesetz zur Änderung der Insolvenzordnung und anderer Gesetze v. 26.10.2001, BGBl. I S. 2710, Art. 1 Nr. 8.

tet, dass er die Interessen aller Gläubiger wahrnimmt, zuverlässig und unparteiisch ist und über die erforderlichen praktischen Erfahrungen verfügt.[74] Der Beschluss der Gläubigerversammlung unterliegt aber nicht der Aufhebungsmöglichkeit nach § 78 Abs. 1 InsO, der die gemeinsamen Interessen der Gläubiger in den Vordergrund stellt.[75]

Eine erneute Möglichkeit der (Ab-)Wahl nach Versagung der Bestellung des neu gewählten ist gesetzlich nicht vorgesehen.[76] Für den Rechtspfleger[77] werden die erforderlichen Feststellungen nur mit größten Schwierigkeiten zu treffen sein, außer der Gewählte ergreift bereits in der ersten Gläubigerversammlung offen zum Nachteil der Minderheit Partei oder demonstriert in ungeschickter Weise seine Abhängigkeit von den Großgläubigern. Die erforderliche **Unabhängigkeit** kann auch durch laufende Mandatsverhältnisse mit den Großgläubigern in Frage gestellt werden. Kosten oder Zweckmäßigkeitsgründe kommen als Versagungsgründe nicht in Betracht.[78] Der Rechtspfleger hat aber bei Vorliegen gewisser Anhaltspunkte die Befugnis, die **Voraussetzungen für eine Versagung von Amts wegen zu ermitteln.** Er wird jedenfalls vor einer Entscheidung den Abgewählten und neu gewählten, bei dem die Versagung in Betracht kommt, **hören.**[79] Zu beachten ist, dass allein eine Abwahl ohne Neuwahl einer bestimmten Person wirkungslos ist.[80] 71

Stirbt ein Insolvenzverwalter oder scheidet er nach Ernennung und auch Bestätigung durch die Gläubigerversammlung aus seinem Amt aus, ist es wieder Aufgabe des Insolvenzgerichts, einen neuen Verwalter zu ernennen, der dann erneut von der nächsten Gläubigerversammlung zu bestätigen ist.[81] Hierfür ist der Rechtspfleger zuständig, es sei denn, der Richter macht von seinem Vorbehalt Gebrauch.[82] 72

IV. Terminsbestimmung

Der Eröffnungsbeschluss enthält auch die Ladung zu dem vom Rechtspfleger vorgeschlagenen und zuvor mit dem vorgesehenen Insolvenzverwalter abgestimmten **Berichtstermin und Prüfungstermin.** Eine einseitige Terminsbestimmung ohne Rücksprache wäre sinnlos. Für den Zeitpunkt der Termine gilt allerdings der zeitlich vorgegebenen Rahmen des § 29 Abs. 1 Nr. 1 u. 2 InsO. 73

Dem Insolvenzgericht sind durch die Insolvenzordnung bei bestimmten Entscheidungen und Anordnungen Veröffentlichungen (§ 9 InsO ua), aber auch 74

---

[74] *KPB/Lüke* InsO § 57 Rn. 5 mwN und unter Hinweis auf § 78 InsO.
[75] OLG Naumburg, Beschl. v. 26.5.2000 – 5 W 30/99, NZI 2000, 428 ff.; BVerfG, Beschl. v. 27.11.2008– 1 BvR 2032/08, NZI 2009, 371.
[76] LG Hamburg, Beschl. v. 2.10.2009 – 326 T 76/09, BeckRS 2010, 03270; siehe auch: *Kesseler*, Probleme der Verwalterwahl nach § 57 InsO, KTS 2000, 491, 500 ff.
[77] Zuständig aufgrund Übertragung ab eröffnetem Insolvenzverfahren, vgl. auch MüKoInsO/*Graeber* § 57 Rn. 23; aA offenbar AG Hamburg, Beschl. v. 16.1.2015 – 67c IN 513/13.
[78] OLG Naumburg, Beschl. v. 26.5.2000 – 5 W 30/99, NZI 2000, 428 ff.
[79] *KPB/Lüke* InsO § 5 Rn. 5 f.
[80] OLG Naumburg, Beschl. v. 26.5.2000 – 5 W 30/99, NZI 2000, 428 ff.
[81] *Kesseler*, Probleme der Verwalterwahl nach § 57 InsO, KTS 2000, 491, 493.
[82] MüKoInsO/*Graeber* § 57 Rn. 23.

Mitteilungen durch die Anordnung über Mitteilungen in Zivilsachen (MiZi),[83] vorgeschrieben. Diese erfolgen allgemein digital an das Justizportal des Internets unter **www.insolvenzbekanntmachungen.de** und zusätzlich schriftlich an eine Vielzahl von Ämtern, Anstalten und Körperschaften des öffentlichen Rechts. Die Mitteilungen über den Erlass des Eröffnungsbeschlusses an das Registergericht haben zB bei Kapitalgesellschaften und Personengesellschaften die Auflösung (§ 131 Abs. 1 Nr. 3 HGB, § 262 Abs. 1 Nr. 3 AktG, § 60 Abs. 1 Nr. 4 GmbHG) und unmittelbare Eintragung im Handelsregister (§ 143 Abs. 1 S. 3 HGB, 263 S. 3 AktG, 65 Abs. 1 S. 2 GmbHG) zur Folge. Ähnliches gilt bei der rechtskräftigen Abweisung des Insolvenzantrags mangels Masse.

E. Aufgaben des bestellten Insolvenzverwalters

I. Inbesitznahme des Schuldnervermögens

75 Der Rechtspfleger achtet darauf, dass der Insolvenzverwalter den Eröffnungsbeschluss als Beschlussausfertigung und die Bestallungsurkunde (§ 56 Abs. 2 InsO) erhält.

76 Zur Erfüllung des Auftrags gehören zunächst die **Inbesitznahme des gesamten zur Insolvenzmasse** gehörenden Schuldnervermögens (§ 148 Abs. 1 InsO), die Hinterlegung von Geld, Wertpapieren und Kostbarkeiten (§ 149 Abs. 1 S. 2 InsO) und die Zustellung des Eröffnungsbeschlusses an Gläubiger und Debitoren (Schuldner des Insolvenzschuldners) mit der Aufforderung gem. § 28 InsO, Forderungen anzumelden, Sicherungsrechte offen zu legen bzw. nicht mehr an den Schuldner zu leisten. Bei Grundstücken und grundstücksgleichen Rechten erfolgt die Inbesitznahme darüber hinaus durch Eintragung des Insolvenzvermerks in das Grundbuch.[84] Der Insolvenzverwalter darf die Sachen jedoch nicht gegen den Willen des Schuldners in Besitz nehmen.

77 Notfalls muss der Insolvenzverwalter **im Wege der Zwangsvollstreckung** entspr. §§ 883, 885 ZPO im Gewahrsam des Schuldners befindliche Sachen herausverlangen (§ 148 Abs. 2 InsO) und den Gerichtsvollzieher mit der Wegnahme beauftragen. Die vollstreckbare Ausfertigung des Eröffnungsbeschlusses wirkt als Titel (§ 794 Abs. 2 Nr. 3 ZPO). Da dieser vom Richter erlassen wurde, bedarf es für die **zwangsweise Durchsuchung** in Wohn- und Geschäftsräumen des Schuldners durch den Gerichtsvollzieher keines weiteren Durchsuchungsbeschlusses.[85]

78 Eine zwangsweise Durchsuchung – auch in Anwesenheit des Verwalters[86] – ist allerdings nur zulässig, wenn sie den Umständen nach verhältnismäßig ist und der Schuldner den Zutritt verweigert oder trotz Ankündigung eines Besuchs nicht anzutreffen ist. Dies gilt auch dann, wenn der Schuldner in

---

[83] Im Wesentlichen bundeseinheitlich. (Für Bayern: Anordnung über Mitteilungen in Zivilsachen (MiZi) vom 11. Mai 1998, zuletzt geändert durch Bekanntmachung vom 19. August 2014 (JMBl S. 138)).
[84] Braun/*Haffa*/*Leichtle* InsO § 148 Rn. 2.
[85] KPB/*Holzer* InsO § 148 Rn. 18 mwN.
[86] Braun/*Haffa*/*Leichtle* InsO § 148 Rn. 9.

einer Ehegemeinschaft, eheähnlichen Gemeinschaft oder einer sonstigen Wohngemeinschaft lebt.[87] Auf Antrag des Insolvenzverwalters kann das Insolvenzgericht – nur durch den Richter – gem. §§ 758, 758a Abs. 4 ZPO einen so genannten „Nachtbeschluss" erlassen. Zutreffend schreibt Andres,[88] dass der Schuldner kein Recht hat, in seinen Wohn- oder Geschäftsräumen in Ruhe gelassen zu werden, da der Insolvenzverwalter gesetzlich verpflichtet ist, das gesamte zur Insolvenzmasse gehörende Vermögen in Besitz zu nehmen und zu verwalten.

Bei **Erinnerungen gegen die Maßnahmen** des Insolvenzverwalters, zB wenn er zu Unrecht durch § 811 ZPO geschützte Gegenstände des Schuldners zur Masse zieht, entscheidet gem. § 766 ZPO iVm § 148 Abs. 2 S. 2 InsO anstelle des Vollstreckungsgerichts das Insolvenzgericht → Rn. 14 durch den Richter (§ 20 Nr. 17 S. 2 RPflG). Bei Dritten muss eine Herausgabeklage angestrengt werden. 79

II. Vorlage von Verzeichnissen, Vermögensübersicht und Bericht des Verwalters

Der Insolvenzverwalter wird auch aufgefordert, eine Bestätigung für die Aufgabe der zuzustellenden Beschlüsse vorzulegen und ein **Verzeichnis der Massegegenstände** (§ 151 InsO), der Gläubiger (§ 152 InsO) und eine Vermögensübersicht (§ 153 InsO) spätestens 10 Tage vor dem festgelegten Berichtstermin einzureichen, damit sie gem. § 154 InsO eine Woche vor dem Berichtstermin zur Einsichtnahme auf der Geschäftsstelle niedergelegt werden können. Die Vermögensübersicht hat eröffnungsbilanzähnlichen Charakter. Die Aktivseite richtet sich nach den bewerteten Massegegenständen, die Passivseite nach den Forderungen aus dem Gläubigerverzeichnis. Das Insolvenzgericht kann eine eidesstattliche Versicherung des Schuldners verlangen (§ 153 Abs. 2 InsO). 80

Gleichzeitig wird der Insolvenzverwalter aufgefordert, spätestens 10 Tage vor dem Berichtstermin den gem. § 156 InsO zu erstattenden **Bericht über die wirtschaftliche Lage des Schuldners,** ihre Ursachen und Möglichkeiten der Erhaltung, Sanierung und Reorganisation in schriftlicher Form vorzulegen, damit der Rechtspfleger sich auf den Termin vorbereiten kann. An Hand des Berichts kann auch die Durchführung der angeordneten Maßnahmen kontrolliert werden. Schließlich wird der Insolvenzverwalter aufgefordert, die Tabelle innerhalb des nach § 175 InsO vorgegebenen Zeitraums einzureichen. 81

Die Niederlegungen vor dem Berichtstermin dokumentiert der Urkundsbeamte der Geschäftsstelle und hält die Verzeichnisse zur Einsicht bereit. Er verständigt selbständig den Rechtspfleger, falls die Vorlage versäumt wird. Der Rechtspfleger kontrolliert die Einhaltung der Pflichten des Insolvenzverwalters nach §§ 148 ff. InsO rechtzeitig vor dem Berichtstermin, mahnt die Erledigung an und überprüft die Vollständigkeit, nicht aber die Richtigkeit des Inhalts der Berichte. 82

---

[87] Braun/*Haffa/Leichtle* InsO § 148 Rn. 9.
[88] Nerlich/Römermann/*Andres* InsO § 148 Rn. 43.

F. Überwachungs- und Leitfunktion des Gerichts im eröffneten Verfahren

I. Allgemeines

83 Nach Eröffnung obliegt dem Gericht vorrangig eine Überwachungs- und Leitfunktion im Rahmen einer **Rechtsaufsicht**, aber immer noch mit der Aufgabe, durch reine Verfahrenshandlungen[89] das Insolvenzverfahren mit Terminsbestimmungen, Ladungen, Bekanntmachungen und Eintragungen in Gang zu halten (Amtsbetrieb). Im Übrigen steht das Verfahren unter der **Selbstverwaltung der Gläubiger** mit dem vorrangigen Zweck der bestmöglichen Befriedigung der Gläubiger (§ 1 InsO). Das Verfahren wird bis zum Berichtstermin grundsätzlich ohne mündliche Verhandlung geführt (§ 5 Abs. 2 S. 1 InsO). Verfahrensleitende Maßnahmen und Entscheidungen können regelmäßig ohne vorherige Anhörung Beteiligter ergehen, was nicht heißt, dass der Richter/Rechtspfleger abgeschottet und ohne vorherige Kontaktaufnahme zB mit dem Insolvenzverwalter einsame Entscheidungen trifft. Das Insolvenzgericht übt jedoch vorrangig eine Rechtsaufsicht aus.[90] Grundsätzlich darf es keine Zweckmäßigkeitskontrollen durchführen, denn eine **Fachaufsicht** → Rn. 44 steht ihm nicht zu. Was zweckmäßig ist, entscheidet der Insolvenzverwalter im Rahmen seines Ermessens.[91]

84 Nur ausnahmsweise sieht die InsO in bestimmten wichtigen Fällen eine Überprüfung der **Zweckmäßigkeit** vor, insbesondere wenn eine Mitwirkungs- und Anordungsbefugnis es Gerichts vorgesehen ist (vgl. §§ 78 Abs. 1, 149 Abs. 1, 151 Abs. 3, 158 Abs. 2 S. 2, 161 S. 2, 163 Abs. 1 und 233 InsO).[92]

85 Der für das Gericht insbesondere im Eröffnungsverfahren geltende **Beschleunigungsgrundsatz** wird relativiert (die beschleunigte Verfahrensabwicklung selbst unterliegt aber der Aufsicht des Insolvenzgerichts[93]), wobei zunächst im Interesse eines zügigen Verfahrensablaufes ein fester Rahmen für den Fortgang des Verfahrens durch Bestimmung des Berichts- und des Prüfungstermins (§ 29 InsO) gesetzlich und gerichtlich vorgegeben wird, der allerdings (§ 29 Abs. 1 Nr. 1 InsO: Höchstfrist 3 Monate bis zum Berichtstermin) besonders bei Großverfahren als sehr eng erscheint, aber zu wirklich konzentriertem Arbeiten, vor allem des verantwortlichen Insolvenzverwalters zwingt. Die Gläubigerautonomie, Übergang der Verwaltungs- und Verfügungsrechte auf den Insolvenzverwalter (§ 80 InsO) und dessen Verpflichtung zur weitgehend selbständigen Massesammlung, Verwertung und gerechter Verteilung unter Information der Gläubiger und des Gerichts treten in den Vordergrund. Das Gericht kann auch in Abweichung vom Amtsbetrieb den Insolvenzverwalter be-

---

[89] *Grundlach/Frenzel/Strandmann*, Die Rechtsaufsicht des Insolvenzgerichts als Mittel der Begrenzung der Gläubigerautonomie, NZI 2008, 461 ff. (463).
[90] *Haarmeyer/Wutzke/Förster* Rn. 4/2; FK-InsO/*Jahntz* § 58 Rn. 5.
[91] KPB/*Lüke* InsO § 58 Rn. 11.
[92] Vgl. hierzu auch *Frind*, Reichweite und Grenzen der gerichtlichen Kontrolle des Insolvenzverwalters – was kann das Insolvenzgericht verhindern?, ZInsO 2006, 184.
[93] Uhlenbruck/*Vallender* InsO § 58 Rn. 10.

auftragen, Zustellungen durchzuführen (§ 8 Abs. 3 InsO). Der Verwalter nimmt die Forderungsanmeldungen entgegen und führt die Tabelle selbst (§§ 174f. InsO).

II. Aufsicht über den Verwalter

An erster Stelle steht die **Aufsicht über den Insolvenzverwalter** (§ 58 Abs. 1 S. 1 InsO). Diese Verpflichtung und Berechtigung bestand bereits bei der Bestellung eines vorläufigen Insolvenzverwalters im Rahmen der Anordnung von Sicherungsmaßnahmen gem. § 21 Abs. 2 Nr. 1 InsO (Verweis auf § 58 InsO). Auch der **Sachwalter bei Anordnung der Eigenverwaltung** (§ 274 Abs. 1 InsO) und der **Treuhänder in der Wohlverhaltensphase** (§ 292 Abs. 3 S. 2) unterliegen entsprechend § 58 InsO der Aufsicht des Insolvenzgerichts wie ein Insolvenzverwalter. Dasselbe gilt für den oder die Sachwalter des Refinanzierungsregisters eines Unternehmens, das ein Refinanzierungsregister nicht nur für Dritte führt (§ 22n KWG), neben dem vom Insolvenzgericht bestellten Insolvenzverwalter. 86

1. Die Überwachungspflicht ist auch ein Überwachungsrecht

Sie beginnt mit der Bestellung und Annahme des Amtes und dauert über dessen Beendigung fort, bis der Verwalter sämtliche Verpflichtungen vollständig erfüllt hat. Hierzu gehören insbesondere die Rechnungslegung und die Rückgabe der Bestellungsurkunde.[94] Die Überwachung erstreckt sich auf die gesamte Geschäftsführung des Insolvenzverwalters im eröffneten Verfahren und soll auch Gläubiger, wie Schuldner vor rechtswidrigen Maßnahmen/Unterlassungen schützen.[95] Art und Umfang der Überwachung liegt im pflichtgemäßen Ermessen des Gerichts.[96] Das Insolvenzgericht darf aber wegen der in diesem Bereich bestehenden Ermessensfreiheit des Insolvenzverwalters keine Zweckmäßigkeitskontrolle und Wirtschaftlichkeitsprüfung seiner Handlungen durchführen.[97] Dies zu kontrollieren ist Aufgabe eines eingesetzten Gläubigerausschusses und orientiert sich an den Zielen des Insolvenzverfahrens, der gemeinschaftlichen Befriedigung der Gläubiger oder einem Insolvenzplan mit anderen Regeln.[98] 87

Eine sorgfältige und intensive Überwachung des Verwalters durch den Gläubigerausschuss nach § 69 → § 10 Rn. 67ff. kann dazu führen, dass die gerichtliche Aufsicht eingeschränkt ist.[99] 88

Will ein Insolvenzverwalter einen dem Schuldner gehörenden Gegenstand, zB dessen PKW verwerten (§ 159 InsO), kann der Schuldner das Insolvenzge- 89

---

[94] BGH, Beschl. v. 14.4.2005 – IX ZB 76/04, ZIP 2005, 865ff.
[95] Nerlich/Römermann/*Delhaes* InsO § 58 Rn. 5ff.
[96] BGH, Beschl. v. 17.12.2009 – IX ZB 2/09, NZI 2010, 147.
[97] Nerlich/Römermann/*Delhaes* InsO § 58 Rn. 5; KPB/*Lüke* InsO § 58 Rn. 11; siehe auch BAKinso: Die Aufsicht über den Insolvenzverwalter im eröffneten Insolvenzverfahren, NZI 2009, 42.
[98] Nerlich/Römermann/*Delhaes* InsO § 69 Rn. 19.
[99] Uhlenbruck/*Vallender* InsO § 58 Rn. 5.

richt anrufen, die **Unpfändbarkeit** gem. § 36 Abs. 1 InsO rügen und **im Wege der Aufsicht eine Unterlassung** verlangen. Die Frage, ob ein Massegegenstand pfändbar ist, ist eine Rechtsfrage.

90 Ein **Einschreiten von Amts wegen** ist nur dann berechtigt, wenn der Verwalter verfahrensspezifische Pflichten verletzt und insolvenzzweckwidrige Handlungen vornimmt. Die Feststellung der Umstände, die Aufsichtsmaßnahmen rechtfertigen, erfolgt entweder durch Augenschein (Einsichtnahme in die Unterlagen des Verwalters) oder durch Amtsermittlungen nach § 5 InsO, indem das Insolvenzgericht einen Sachverständigen mit der Feststellung (zB Prüfung des Rechnungswesens oder der Zwischenrechnung) beauftragt.[100] Besonders im Rahmen einer Unternehmensfortführung soll die Entschlussfreudigkeit und Eigenverantwortlichkeit des Verwalters aber durch kleinliche Überwachung nicht beeinträchtigt werden, insbesondere, wenn als Überwachungsorgan der Gläubiger ein Gläubigerausschuss bestellt ist.[101]

2. Informationsrecht des Gerichts

91 Aus dem Überwachungsrecht und der Überwachungspflicht ergibt sich ein gerichtliches Informationsrecht (§ 58 Abs. 1 S. 2 InsO).[102] Das Informationsrecht ist insbesondere dann durchzusetzen, wenn routinemäßige Anfragen nicht beantwortet werden oder ein besonderer Anlass besteht. Auskunft kann in allen zweckdienlich erscheinenden Formen verlangt werden.[103]

92 So kann das Gericht jederzeit einen **Sachstandsbericht (Zwischenbericht)**, aber auch **Einzelauskünfte** verlangen (§ 58 Abs. 1 S. 2 InsO) und Bücher und Belege einsehen. Aus aktuellem Anlass, aber im Rahmen der Aufsicht auch im regelmäßigen Turnus, wird das Gericht eine Zwischenrechnung mit Zwischenbericht anfordern im Hinblick darauf, ob die Rechnungslegung den gesetzlichen Bestimmungen entspricht. In großen, massereichen Verfahren wird teilweise eine Zwischenrechnungsprüfung alle 6 Monate gefordert.[104] Dies soll nicht als von Misstrauen getragene Bewachung des Insolvenzverwalters angesehen werden. Für einen Insolvenzverwalter mit ordentlich geführtem Büro und Buchführung und unter Zuhilfenahme elektronischer Datenverarbeitung wird dies keine außergewöhnliche Belastung darstellen, sondern das gegenseitige Vertrauen fördern.

93 Das Insolvenzgericht darf die Sachstandsberichte nicht zum Anlass nehmen, mit dem Insolvenzverwalter in eine **Zweckmäßigkeitsdebatte** einzutreten. Ein gerichtliches Einschreiten ist erst dann erforderlich, wenn offenkundig **grob sinnlose Verwaltermaßnahmen**[105] die Gefahr erkennen lassen, dass die Insolvenzmasse über Gebühr belastet wird und entgegen den Prognosen nicht nur

---

[100] Uhlenbruck/*Vallender* InsO § 58 Rn. 8.
[101] LG Köln, Beschl. v. 20.12.2000 – 19 T 148/00, NZI 2001, 157 ff. und *Leithaus*, Zu den Aufsichtsbefugnissen des Insolvenzgerichts nach § 83 KO/§ 58 I InsO, NZI 2001, 124 ff.
[102] Uhlenbruck/*Vallender* InsO § 58 Rn. 9.
[103] Uhlenbruck/*Vallender* InsO § 58 Rn. 8.
[104] Uhlenbruck/*Vallender* InsO § 58 Rn. 3.
[105] *Frind*, Reichweite und Grenzen der gerichtlichen Kontrolle des Insolvenzverwalters – was kann das Insolvenzgericht verhindern?, ZInsO 2006, 184 mwN.

eine Auszahlung einer Quote für die Gläubiger unmöglich gemacht, sondern die Masse auch vorzeitig aufgezehrt wird.

Der Insolvenzverwalter entscheidet nach eigenem Ermessen, ob und welche Hilfskräfte er einsetzt. Dies können eigene Kräfte, aber auch ehemalige Angestellte des Schuldners sein und obliegt daher nicht der Aufsicht des Insolvenzgerichts. 94

3. Rechnungslegung

Eine Rechnungslegung durch den Insolvenzverwalter ist nach dem Gesetz (§ 66 Abs. 1, 2 InsO) zunächst nur in Form der **Schlussrechnung** vorgesehen. Adressat der Schlussrechnung ist die Gläubigerversammlung, sie wird jedoch vorher vom Insolvenzgericht geprüft, § 66 Abs. 2 InsO. Diese Prüfung ist Ausfluss der Aufsichtspflicht des Gerichts. Das Gericht darf sich – insbesondere in umfangreichen Verfahren – zur Prüfung der rechnerischen Richtigkeit der Schlussrechnung eines Sachverständigen bedienen.[106] 95

Die Schlussrechnung ist eine höchstpersönliche Pflicht des Verwalters, auch wenn er sich für das Rechenwerk fremder Hilfe bedienen darf.[107] Sie soll ein rechnerisch vollständiges Bild der gesamten Geschäftsführung des Verwalters vermitteln und enthält nach allgemeinen Kriterien eine Einnahmen- und Ausgabenrechnung, eine Schlussbilanz, einen Schlussbericht sowie das Schlussverzeichnis.[108]

Während des Verfahrens kann die Gläubigerversammlung die Vorlage von **Zwischenrechnungen** verlangen (§ 66 Abs. 3 InsO). In der Insolvenzpraxis hat sich eingebürgert, dass die Gläubigerversammlung dem Verwalter aufgibt, zu bestimmten Zeitpunkten während des Verfahrens Zwischenbericht zu erstatten und eine Zwischenrechnungslegung vorzunehmen. Das Insolvenzgericht kann im Rahmen seiner Aufsichtsbefugnis gem. § 58 Abs. 1 InsO auch unter der Zeit eine Zwischenrechnung verlangen.[109] Sollte ein Gläubigerausschuss bestellt sein, ist hierfür jedoch in der Regel ein besonderer Anlass notwendig.[110] Das Insolvenzgericht setzt jedenfalls, so weit angeordnet, die Vorlage der von der Gläubigerversammlung aufgegebenen Zwischenrechnung durch (§ 58 Abs. 2 InsO). Der Inhalt der Zwischenrechnung orientiert sich an dem der Schlussrechnung.[111] 96

4. Pflichtverstöße

Ein schuldhafter **Verstoß gegen die Aufsichtspflicht** ist Amtspflichtverletzung gem. § 839 BGB. Rechtspfleger und Richter sollten außerhalb der Versammlung und zu Aufsichtszwecken geführte Gespräche und Maßnahmen durch Vermerke aktenkundig machen und Wiedervorlagen für die Kontrolle der Erledigung machen. Ein Anspruch kann nur gegen den Staat geltend ge- 97

---

[106] Uhlenbruck/*Mock* InsO § 66 Rn. 90.
[107] Uhlenbruck/*Mock* InsO § 66 Rn. 15.
[108] Uhlenbruck/*Mock* InsO § 66 Rn. 49.
[109] BGH, Beschl. v. 25.9.2014 – IX ZB 11/14, NZI 2015, 20.
[110] Uhlenbruck/*Mock* InsO § 66 Rn. 97.
[111] Uhlenbruck/*Mock* InsO § 66 Rn. 111.

macht werden, der seinerseits den Richter bzw. Rechtspfleger in Regress nehmen kann (Art. 34 S. 2 GG).[112] Gegen den Beschluss, mit dem das Insolvenzgericht ein Einschreiten gem. § 58 InsO ablehnt, ist eine sofortige Beschwerde nicht statthaft, denn die InsO sieht dies nicht vor.[113]

98   Die **Haftung des Insolvenzverwalters** bestimmt sich nach § 60 InsO, die für seine Mitarbeiter nach § 278 BGB. Setzt er, oft gezwungenermaßen, ehemalige Angestellte des Schuldners ein, entfällt gem. § 60 Abs. 2 InsO eine Haftung nach § 278 BGB. Der Insolvenzverwalter ist nur für deren Überwachung und für Entscheidungen von besonderer Bedeutung verantwortlich. Die „Erfüllungsgehilfen" des Insolvenzverwalters unterliegen nicht der Aufsicht des Gerichts, sondern dessen besonderer eigener Kontrolle. Das Insolvenzgericht kann aber bei erkennbarem Fehlverhalten den Insolvenzverwalter selbst darauf hinweisen und eine sofortige Korrektur verlangen.

99   Zur Durchsetzung von **Schadensersatzansprüchen** der Insolvenzgläubiger gegen den Insolvenzverwalter bestimmt das Gericht auf deren Antrag gem. § 92 S. 2 InsO einen neuen Insolvenzverwalter (Sonderinsolvenzverwalter) → § 3 Rn. 49 ff. Im Rahmen der Aufsichtspflicht des § 58 InsO kann bei fehlendem Antragsrecht das Insolvenzgericht von Amts wegen prüfen, ob ein solcher zu bestellen ist.[114]

100 Der **Insolvenzverwalter** unterliegt während des laufenden Insolvenzverfahrens **ausschließlich der Aufsicht des Insolvenzgerichts**. Deshalb kann zB das Registergericht bzw. das Bundesamt der Justiz den Insolvenzverwalter nicht durch Androhung und Festsetzung von Zwangsgeldern zur Abgabe von Steuererklärungen in Verbindung mit der Einreichung eines Jahresabschlusses zwingen. In einem solchen Fall besteht auch keine Berechtigung mehr, den Insolvenzverwalter zur Nachholung von Versäumnissen eines Schuldnervertreters anzuhalten und im Verfahren auf den Insolvenzverwalter einzuwirken.[115]

III. Zwangsmittel gegen den Insolvenzverwalter

101 Bei pflichtwidrigem Verhalten kann das Insolvenzgericht gem. § 58 Abs. 2 InsO gegen den Insolvenzverwalter ein **Zwangsgeld** bis zu 25 000 EUR festsetzen. Der Festsetzung soll eine Androhung vorangehen.[116] Diese sollte nach Möglichkeit nicht nur schriftlich erfolgen, sondern in Form einer persönlichen Anhörung. Hierbei sollte natürlich der Insolvenzverwalter eindringlich auf vorliegendes Fehlverhalten hingewiesen, ermahnt und veranlasst werden, seinen Pflichten unverzüglich und vollständig nachzukommen. Eine solche Anhörung, zu der der Insolvenzverwalter unbedingt persönlich erscheinen muss,[117] kann dazu führen, dass der Insolvenzverwalter schleunigst das Versäumte nachholt, um sich nicht dadurch – jedenfalls bei diesem Gericht – der Gefahr der Delistung auszusetzen.

---

[112] Nerlich/Römermann/*Delhaes* InsO § 58 Rn. 26.
[113] LG Göttingen, Beschl. v. 15.5.2000 – 10 T 42/00, NZI 2000, 491.
[114] AG Göttingen, Beschl. v. 30.12.2005 – 74 IN 262/00, ZVI 2006, 32 ff.
[115] LG Mönchengladbach, Beschl. v. 19.8.2003 – 9 T 7/02, ZInsO 2005, 948 ff.
[116] LG Göttingen, Beschl. v. 20.11.2008 – 10 T 106/08, NZI 2009, 61.
[117] Siehe auch: OLG Bamberg, Beschl. v. 3.12.2007 – VA 11/07, ZIP 2008, 82 ff.

Gegen die Androhung eines Zwangsgeldes selbst ist im Gegensatz zur Festsetzung (§ 58 Abs. 2 S. 2 InsO) ein Rechtsmittel nicht statthaft.[118]

Die tatsächliche **Verhängung eines Zwangsgeldes** ist nur als (vor-)letztes Mittel zur Durchsetzung eines pflichtgemäßen Verhaltens des Verwalters gedacht.

IV. Entlassung des Verwalters (§ 59 InsO) und Ablehnung wegen Besorgnis der Befangenheit

1. Ablehnung des Insolvenzverwalters wegen Besorgnis der Befangenheit

Die Ablehnung eines Insolvenzverwalters wegen Besorgnis der Befangenheit ist unzulässig, da es sich um keine Gerichtsperson oder Gutachter entspr. den Vorschriften der ZPO handelt. Die Befangenheit kann nur nach Maßgabe der §§ 56–59 InsO geltend gemacht werden. Dem ablehnenden Gläubiger steht kein Rechtsmittel der sofortigen Beschwerde zu, wenn der Rechtspfleger den Antrag verwirft.[119]

102

2. Entlassung des Insolvenzverwalters aus einem wichtigen Grund

Letztes Mittel ist die vom Gericht **von Amts wegen** oder **auf Antrag** vorzunehmende Entlassung des Insolvenzverwalters aus wichtigem Grund (§ 59 Abs. 1 S. 1 InsO), wenn sich beispielsweise aufgrund wiederholter Pflichtwidrigkeiten die fehlende Fähigkeit zur ordnungsgemäßen Verwaltertätigkeit herausstellt. Nur der Gläubigerausschuss, die Gläubigerversammlung oder der Verwalter selbst (zB bei Krankheit oder einer Selbstanzeige) können die Entlassung beantragen (§ 59 Abs. 1 S. 2 InsO). Damit ist ein Entlassungsantrag eines einzelnen Gläubigers oder des Schuldners unzulässig. Ein einzelner Gläubiger müsste erst mindestens 5 Gläubiger mit einer § 75 Abs 1 Nr. 3 InsO entsprechenden Forderungssumme zur Einberufung einer Gläubigerversammlung gewinnen (§ 75 InsO). Einer Entlassung auf Antrag oder von Amts wegen müssen gründliche Ermittlungen vorangehen, die den wichtigen Grund zur Überzeugung des Gerichts ergeben. Bei einem Antrag der hierzu Berechtigten ist eine umfassende Dokumentation zu verlangen. Die Glaubhaftmachung von beachtlichen Entlassungsgründen – auch eines nicht antragsberechtigten Gläubigers – kann aber zu einer Überprüfung von Amts wegen führen.

103

Nur **schwerwiegende**[120] **Verstöße** gegen die Pflichten des Verwalters, die gleichzeitig zu einer „Delistung" führen sollten, insbesondere **Straftaten zu Lasten der Masse** oder **Amtsunfähigkeit** rechtfertigen die Entlassung.[121] Die Tatsachen, die den Entlassungsgrund bilden, müssen **zur vollen Überzeugung des Gerichts** nachgewiesen sein. Der bloße Verdacht und der „böse Schein" allein reichen nicht aus.[122] Das Insolvenzgericht muss immer damit rechnen,

104

---

[118] OLG Zweibrücken, Beschl. v. 23.11.2000 – 3 W 238/00, InVo 2001, 57.
[119] BGH, Beschl. v. 25.1.2007 – IX ZB 240/05, NJW-RR 2007, 1535 ff.
[120] Zu im Einzelnen nicht schwerwiegenden, dafür aber in großer Anzahl vorliegenden Verstößen vgl. BGH, Beschl. v. 25.9.2014 – IX ZB 11/14, BeckRS 2014, 20927.
[121] Nerlich/Römermann/*Delhaes* InsO § 59 Rn. 8; FK-InsO/*Jahntz* § 59 Rn. 7.
[122] Nerlich/Römermann/*Delhaes* InsO § 59 Rn. 8; Braun/*Blümle* InsO § 59 Rn. 9.

dass zB Schuldner oder deren gesetzliche Vertreter, die sich zB vor der Aufdeckung übler Machenschaften und Ansprüchen gegen das Privatvermögen fürchten, oder verbitterte Gläubiger unberechtigt, aber massiv auch mit Strafanzeigen gegen den gerichtlich eingesetzten Insolvenzverwalter vorgehen. Diese scheuen sich auch nicht davor, Einschüchterungsversuche gegen den Rechtspfleger durch Dienstaufsichtsbeschwerden und die Ankündigung der Erhebung von Schadensersatzansprüchen zu unternehmen.

Ausnahmsweise genügen konkrete Verdachtsgründe, dass Verstöße schwerster Art bestehen, die auch im Rahmen der Amtsermittlung (§ 5 Abs. 1 InsO) nicht ausgeräumt werden und, dass nur durch die Entlassung die Gefahr größerer Schäden von der Masse noch abgewendet werden kann.[123] Der Schutz der Berufsausübungsfreiheit (Art. 12 GG) und die Unschuldsvermutung müssen in einem solchen Fall zurücktreten. Im nicht konkret zu beweisenden Verdachtsfall ist aber auch zu überprüfen, ob nicht verschärfte Aufsichtsmaßnahmen ausreichen.[124]

105 Die **Störung des Vertrauensverhältnisses zwischen Insolvenzgericht und Insolvenzverwalter** allein reicht niemals für die Entlassung des Letzteren aus, wenn sie lediglich auf persönlichem Zwist beruht.[125] Eine Entlassung kann aber in Betracht kommen, wenn das Vertrauensverhältnis zwischen Gericht und Verwalter in einem Maße gestört bzw. zerrüttet ist, dass ein gedeihliches Zusammenwirken nicht mehr möglich ist, beispielsweise bei gleichzeitiger Führung der Verwaltung in zwei widerstreitenden Insolvenzverfahren und Zurückhalten von Geldern in einem Verfahren (Interessenskollision) oder durch Übersendung von Schreiben mit unsachlichem oder beleidigendem Inhalt an den Insolvenzrichter/Rechtspfleger.[126] Die nicht nur kurzfristige Amtsunfähigkeit zB wegen **Unfalls oder Krankheit** und mangelnder eigener Antrag, ihn von seinem Amt zu entbinden, kann ebenfalls zur Entlassung des Verwalters zwingen.

106 Gegen die **Entlassung** kann der Verwalter das **Rechtsmittel der sofortigen Beschwerde** erheben. Bei Zurückweisung steht dem Verwalter, dem Gläubigerausschuss, der Gläubigerversammlung und in letzterem Fall auch jedem einzelnen Insolvenzgläubiger, niemals aber dem Schuldner die sofortige Beschwerde zu (§ 59 Abs. 2 InsO).

V. Streichung von der Vorauswahlliste (Delistung)

107 Kommt der Insolvenzverwalter seinen Verpflichtungen wiederholt nicht nach, sollte dies durch den Rechtspfleger dokumentiert und dem für die Führung der Vorauswahlliste zuständigem Insolvenzrichter gemeldet werden, der insbesondere auch bei Verhängung von Zwangsgeldern den Insolvenzverwalter

---

[123] BGH, Beschl. v. 8.12.2005 – IX ZB 308/04, NZI 2006, 158 ff. mwN.
[124] Braun/*Blümle* InsO § 59 Rn. 9.
[125] BGH, Beschl. v. 8.12.2005 – IX ZB 308/04, NZI 2006, 158; BGH, Beschl. v. 19.1.2012 – IX ZB 21/11, NJW-RR 2012, 952.
[126] OLG Zweibrücken, Beschl. v. 31.5.2000 – 3 W 94/00, NZI 2000, 373 u. Beschl. v. 25.9.2000 – 3 W 205/00, ZInsO 2000, 611; Nerlich/Römermann/*Delhaes* InsO § 59 Rn. 8 mwN; Uhlenbruck/*Vallender* InsO § 59 Rn. 7 ff.

Heilmaier

nach vorheriger Anhörung wieder von der Liste nehmen kann. Gleiches gilt für den Fall, dass der Betreffende die Aufnahmekriterien nicht (mehr) erfüllt oder gem. § 59 InsO entlassen wurde.[127]

Die Uhlenbruckkommission hat folgende **Gründe für eine Delistung** erarbeitet:[128]
- strafrechtliche Verurteilung, insbesondere wegen Vermögens- oder Wirtschaftsdelikten
- Vermögensverfall
- Gesundheitliche Gründe
- Häufung von Haftungsfällen
- Beteiligung an Verwertungsgesellschaften
- Zweifel an der Unabhängigkeit
- Wiederholte fehlerhafte Rechnungslegung,
- verspätete und fehlerhafte Berichterstattung
- Schuldhafte Verstöße gegen Anzeigepflichten

108

Der die Vorauswahlliste Führende hat in jedem Fall bei einer Delistung sämtliche Richter und Rechtspfleger und anschließend den betroffenen Insolvenzverwalter zu hören. Das Ergebnis der Entscheidung über die **Streichung von der Vorauswahlliste** ist in einem detailliert begründeten Beschluss festzuhalten und dem Betroffenen zuzustellen. Gegen den Beschluss ist das Rechtsmittel der Beschwerde gem. §§ 23 ff. EGGVG statthaft.[129]

109

VI. Sicherungsmaßnahmen im eröffneten Verfahren

1. Anordnung von Sicherungsmaßnahmen

Über Sicherungsmaßnahmen, die auch noch nach Eröffnung angeordnet werden können, wird aufgrund **Empfehlung oder Antrag des Insolvenzverwalters** nach Anhörung des Schuldners bzw. -Vertreters durch das Insolvenzgericht entschieden.

110

Wie im Eröffnungsverfahren bleiben der Schuldner, organschaftliche Vertreter, persönlich haftende Gesellschafter und (auch ehemalige) Angestellte gegenüber dem Insolvenzgericht, dem Insolvenzverwalter und dem Gläubigerausschuss **zur Auskunft** (gegenüber dem Verwalter auch zur **Mitwirkung**) **verpflichtet** (§§ 97, 101 InsO). Die Masseermittlungen sind wegen der herrschenden Zeitnot (Beschleunigungsgrundsatz) bei der Eröffnung meist nur grob abgeschlossen. Detailfragen stehen an, die vorwiegend der Insolvenzverwalter zu stellen hat. Das Gericht kann in Zweifelsfällen anordnen, dass der Schuldner bzw. sein organschaftlicher Vertreter oder persönlich haftender Gesellschafter die Richtigkeit und Vollständigkeit seiner Angaben an Eides Statt versichert (§§ 98, 101 Abs. 1 InsO). Werden Auskünfte, die Mitwirkung an der Erfüllung

111

---

[127] MüKoInsO/*Graeber* § 56 Rn. 110.
[128] Empfehlungen der Uhlenbruckkommission zur Vorauswahl und Bestellung von InsolvenzverwalterInnen sowie Transparenz, Aufsicht und Kontrolle in Insolvenzverfahren v. 7.7.2007, B VI, NZI 2007, 507 ff.
[129] Zum Delisting: *Uhlenbruck/Mönning*, Listing, Delisting und Bestellung von Insolvenzverwaltern, ZIP 2008, 157 ff. (160).

von Aufgaben oder die Versicherung an Eides Statt verweigert oder sind die Masse schädigende Handlungen zu befürchten oder zu verhindern, kann das Insolvenzgericht, auch auf Antrag des Verwalters, die **zwangsweise** Vorführung und nach Anhörung die Haft anordnen (§§ 98, 101 Abs. 1 S. 1 u. 2 InsO). Die Androhung und der Erlass der Haftanordnung sind allein dem Richter (§ 4 Abs. 2 S. 2 RPflG) vorbehalten.

2. Überwachung der Sicherungsmaßnahmen durch den Insolvenzverwalter

112 Die eigentliche Überwachung der Sicherungsmaßnahmen übt der Insolvenzverwalter aus. So öffnet und kontrolliert der Insolvenzverwalter bei Anordnung der Postsperre (§§ 99, 101 f. InsO) die Post selbst. Es ist auch zu überprüfen, ob der Schuldner unter mehreren Anschriften (zB Wohnung – Zweitwohnung, Geschäft – Zweigniederlassung) und von mehreren Dienstleistern Post empfangen kann. In einem solchen Fall ist die **Postsperre** entsprechend einem Antrag des Insolvenzverwalters auf die weiteren Anschriften und Dienstleister zu erweitern (§ 99 InsO).

Er muss aber die den Schuldner (- Vertreter) persönlich betreffende Post unverzüglich an diesen weiterleiten (§ 99 Abs. 2 S. 2 InsO). Letzteres zu überwachen und durchzusetzen, obliegt wiederum dem Insolvenzgericht. Dieses ist nicht nur bei einer gegen die Anordnung gerichteten sofortigen Beschwerde der Fall (§§ 6 Abs. 2 S. 2, 99 Abs. 3 S. 1 InsO). Er muss sich auch durch Rückfrage beim Insolvenzverwalter informieren, ob die Anordnung noch notwendig ist und, wenn die Voraussetzungen weggefallen sind, diese nach Anhörung des Insolvenzverwalters wieder aufheben (§ 99 Abs. 3 S. 2 InsO).

G. Einsetzung eines Gläubigerausschusses

113 Das Insolvenzgericht kann bereits **vor der ersten Gläubigerversammlung** im Rahmen seines Ermessens einen **(vorläufigen) Gläubigerausschuss** einsetzen (§ 67 Abs. 1 InsO) → § 10 Rn. 23, welcher in Abgrenzung zum vorläufigen Gläubigerausschuss des Eröffnungsverfahrens (§ 22a InsO) auch als „Interimsausschuss" bezeichnet wird. Der Gläubigerausschuss repräsentiert die verschiedenen Gläubigergruppen. Wie der von der Gläubigerversammlung nach § 68 InsO gewählte und eingesetzte Gläubigerausschuss hat er gem. § 69 InsO die **Aufgabe, den Insolvenzverwalter nicht nur zu unterstützen, sondern auch zu überwachen.** Im Gläubigerausschuss sollen alle relevanten Gläubigergruppen (absonderungsberechtigte Gläubiger, Gläubiger mit höchster Forderung, Kleingläubiger und Arbeitnehmer, § 67 Abs. 2 InsO) repräsentiert sein, es können aber – im Unterschied zum Eröffnungsverfahren – auch Nichtgläubiger (§ 67 Abs. 3 InsO) beteiligt sein. Der Gläubigerausschuss kann aus 2 Personen, sollte aber in der Regel aus 3 Personen, evtl. 5 Personen bestehen, um schon bei der Abstimmung eindeutige Mehrheiten erzielen zu können.

114 Die **Mitglieder des Gläubigerausschusses** haben sich über den Gang der Geschäfte zu unterrichten, sowie die Bücher und Geschäftspapiere einzusehen und den Geldverkehr und -bestand überprüfen zu lassen (§ 69 S. 2 InsO). Der Gläubigerausschuss selbst untersteht bei seiner eigenverantwortlichen und un-

abhängigen Tätigkeit und seinen Beschlüssen als möglichst fachkundiges Aufsichtsgremium nicht der Aufsicht des Insolvenzgerichts,[130] entbindet aber andererseits nicht das Gericht von seiner Informationspflicht. In einem solchen Fall kommen aber zuerst auf Grund des Grundsatzes der Gläubigerautonomie die Aufsichtsrechte und -pflichten des Gläubigerausschusses zum Tragen, während das Gericht sich informiert, ob der Gläubigerausschuss ausreichend kontrolliert. Der Gläubigerausschuss kann sich natürlich an das Gericht wenden, wenn der Insolvenzverwalter die Überwachung behindert und die vorgesehenen Einsichtnahmen und Prüfungen verweigert und Sanktionen nach § 58 Abs. 2 InsO wie die Verhängung eines Zwangsgeldes beantragen. Der Insolvenzverwalter ist vor einer Entscheidung des Gerichts zu hören. Bei dieser Gelegenheit sollte das Gericht auf jeden Fall ohne Sanktionen den Insolvenzverwalter ermahnen und zu pflichtgemäßem Verhalten bewegen.

Wird kein Gläubigerausschuss eingesetzt, muss die Aufsicht des Gerichts wegen des Fehlens dieses Kontrollorgans entsprechend umfangreicher und genauer sein.

Von Amts wegen, auf Antrag des Mitglieds des Gläubigerausschusses oder 115 auf Antrag der Gläubigerversammlung kann das Insolvenzgericht nach erfolgter Anhörung ein Mitglied des Gläubigerausschusses **entlassen** (§ 70 InsO) → § 10 Rn. 54. Der Insolvenzverwalter hat kein Antragsrecht, kann aber das Insolvenzgericht auf derartige Gründe, zB Unregelmäßigkeiten, Weitergabe von Informationen zum einseitigen Vorteil eines Gläubigers[131] oder Verwendung des gewonnenen Know-hows zum Aufbau eines Konkurrenzbetriebs, hinweisen, damit das Insolvenzgericht von Amts wegen tätig wird. Da ein Mitglied des Gläubigerausschusses nicht einfach sein Amt niederlegen kann → § 10 Rn. 58, können auch sehr persönliche Umstände, wie längere Krankheit einen wichtigen Grund zu seiner Entlassung darstellen.

Gegen die **Entlassung** steht dem Ausschussmitglied das **Rechtsmittel der** 116 **sofortigen Beschwerde** zu (§ 70 S. 3 Hs. 2 InsO). Gegen die Zurückweisung des Entlassungsersuchens gibt es kein Rechtsmittel (§ 6 Abs. 1 InsO).

H. Der Insolvenzplan (§§ 217 ff. InsO)

Bei der Aufstellung **eines Insolvenzplans** (§ 43) und Durchführung des dafür 117 vorgesehenen Verfahrens sind Schuldner, Gläubiger, Insolvenzverwalter und nicht zuletzt das Insolvenzgericht wegen der Komplexität der Materie in höchstem Maße gefordert. Der Insolvenzplan, der die Erhaltung und Sanierung des Unternehmens fördern soll,[132] kann vom Schuldner (Unternehmen), auch schon mit Insolvenzantragstellung eingereicht werden (§ 218 Abs. 1 S. 2 InsO). Vorlageberechtigt sind weiter der Insolvenzverwalter, auch im Auftrag der Gläubigerversammlung (§ 157 S. 2 InsO) oder neben dem Schuldner und der von der Gläubigerversammlung damit beauftragte Sachwalter (§ 284 Abs. 1 InsO).[133]

---

[130] Braun/*Hirte* InsO § 69 Rn. 5; KPB/*Kübler* InsO § 69 Rn. 9 mwN.
[131] BGH, Beschl. v. 24.1.2008 – IX ZB 222/05, ZIP 2008, 652.
[132] Zum Insolvenzplan siehe in diesem Handbuch *Exner/Depré* § 43.
[133] MüKoInsO/*Eidenmüller* § 218 Rn. 109.

Ein Plan kann bis zum Ende des Schlusstermins (§ 218 Abs. 1 S. 3 InsO) vorgelegt werden. **Der Richter** ist gem. § 18 Abs. 1 Nr. 2 RPflG funktionell für den Insolvenzplan zuständig.

118 Das Gericht hat in jedem Fall eine **Vorprüfung** (§ 231 Abs. 1 InsO) des Plans vorzunehmen. Dabei gilt im Insolvenzplanverfahren der Amtsermittlungsgrundsatz nicht, es findet vielmehr der Beibringungsgrundsatz Anwendung.[134] Dabei sind zu prüfen:

- **Beachtung der gesetzlichen Bestimmungen** über das Vorlagerecht (§ 218 Abs. 1 Nr. 1 InsO) und den Inhalt des Plans. Die Prüfung des Planinhalts betrifft dabei keinesfalls ökonomische Gesichtspunkte, sondern die Normbefehle der §§ 217–230 InsO und eventuelle Widersprüche zu zwingenden gesetzlichen Regelungen.[135] Bei Mängeln kann (nur) in diesem Fall mittels Zwischenverfügung eine Frist zur Behebung gesetzt werden. Dabei hat das Gericht die einzelnen Mängel zu benennen.
- **Offensichtliche Aussichtslosigkeit,** dass der Plan später angenommen und bestätigt wird (§ 231 Abs. 1 Nr. 2 InsO, wenn der Schuldner allein vorgelegt hat).
- **Offensichtliche Unerfüllbarkeit** zB hinsichtlich der erwarteten Erträge iSd § 229 InsO (§ 231 Abs. 1 Nr. 3 InsO, wenn der Schuldner allein vorgelegt hat).

119 Verläuft die Vorprüfung negativ oder ist eine gesetzte, angemessene Frist nach § 231 Abs. 1 Nr. 1 InsO ohne (vollständige) Mängelbeseitigung verstrichen, erfolgt die **Zurückweisung des Plans (§ 231 InsO)**. Sie erfolgt von Amts wegen durch Beschluss nach den in § 231 InsO genannten Gründen.

120 Wird der Plan nach dem Ergebnis der Vorprüfung nicht zurückgewiesen, leitet der Richter den in § 232 Abs. 1 Nr. 1–3 und Abs. 2 InsO genannten Personen und Gremien den Plan zur Stellungnahme zu. Zur Abgabe der Stellungnahmen wird eine Frist gesetzt (§ 232 Abs. 3 InsO). Das Gericht kann zur Sicherung eine Aussetzung der Verwertung und Verteilung anordnen (§ 233 InsO). Der Insolvenzplan wird anschließend gem. § 234 InsO mit seinen Anlagen und den eingegangenen Stellungnahmen auf der Geschäftsstelle zur Einsichtnahme der Beteiligten ausgelegt.

121 Der Richter bestimmt einen **Erörterungs- und Abstimmungstermin** binnen Monatsfrist, welcher öffentlich bekanntzumachen ist (§ 235 Abs. 2 S. 1 InsO) und lädt die in § 235 Abs. 3 InsO genannten Beteiligten gesondert unter Übersendung eines Abdrucks des vollständigen Plans. Prüfungstermin und Erörterungs- und Abstimmungstermin können miteinander verbunden werden, § 236 InsO.

122 Im Erörterungstermin wird der Plan vorgestellt und erläutert sowie die Stimmrechte festgesetzt, welche der Urkundsbeamte in der Stimmliste festhält, § 239 InsO. Die Abstimmung erfolgt in den nach § 222 InsO gebildeten Gruppen (§ 243 InsO).[136] Die Stimmergebnisse der einzelnen Beteiligten, der Grup-

---

[134] Nerlich/Römermann/*Braun* InsO vor § 217 Rn. 90.

[135] Vgl. zum Prüfungsumfang: *Horstkotte*, Der Insolvenzplan in der gerichtlichen Vorprüfung, ZInsO 2014, 1297, 1298; *Stapper/Jacobi*, Der Insolvenzplan – Was prüft das Gericht?, ZInsO 2014, 1821 ff.

[136] Zur Gruppenbildung siehe in diesem Handbuch *Exner/Depré* § 43.

pen und das Endergebnis werden protokolliert. Die erforderlichen Mehrheiten ergeben sich aus § 244 InsO (vgl. auch §§ 245 ff. InsO). Erforderlich ist die Summen- und Kopfmehrheit in jeder Gruppe.

Der Schuldner kann nach § 247 InsO spätestens im Termin wegen unangemessener Benachteiligung widersprechen. **Widerspruchsrechte** stehen im Rahmen des Minderheitenschutzes auch einzelnen Gläubigern zu, § 251 InsO. Widersprüche werden protokolliert, ebenso die Tatsache, dass kein Widerspruch erhoben wurde. 123

Nach Annahme des Plans durch die Gläubiger bestätigt das Gericht nach Anhörung von Insolvenzverwalter, eingesetztem Gläubigerausschuss und Schuldner (§ 248 Abs. 2 InsO) den Plan (§ 248 InsO). Im Falle eines bedingten Plans muss diese vor Bestätigung eingetreten sein, § 249 InsO. Das Gericht kann die Bestätigung bei Verstößen gegen die einschlägigen Vorschriften oder unlauterer Herbeiführung der Annahme versagen (§ 250 InsO). Hierbei handelt es sich um eine reine Rechtmäßigkeitsprüfung der formellen und materiellen Vorschriften. Die Zweckmäßigkeit des Plans darf aufgrund der Gläubigerautonomie nicht geprüft werden.[137] Der Beschluss ist zu verkünden, § 252 Abs. 1 InsO und nebst eines Abdruck des beschlossenen Planes an die in § 252 Abs. 2 InsO genannten Personen zu übersenden. 124

Mit **Rechtskraft der Bestätigung beschließt das Insolvenzgericht die Aufhebung des Insolvenzverfahrens (§ 258 InsO), welche öffentlich bekanntzumachen ist.** Entsprechend § 258 Abs. 2 InsO müssen jedoch vor Aufhebung fällige Masseansprüche berichtigt bzw. ein Finanzplan, welcher deren Erfüllung sicherstellt, vorgelegt sein. Mit der Aufhebung erlöschen die Ämter des Insolvenzverwalters, und der Mitglieder des Gläubigerausschusses. Der Schuldner kann wieder über die Insolvenzmasse frei verfügen (§ 259 InsO). 125

Wenn dies im gestaltenden Teil des Plans vorgesehen ist, tritt die **Überwachung der Planerfüllung** durch den Insolvenzverwalter ein (§§ 260 ff. InsO), der seinerseits, wie auch der dann fortbestehende Gläubigerausschuss durch das Insolvenzgericht überwacht wird (§ 261 Abs. 1 S. 2 InsO). 126

I. Leitfunktion des Insolvenzgerichts in den Terminen

I. Allgemeines

Die Insolvenzordnung sieht nach Verfahrenseröffnung die Abhaltung von Gläubigerversammlungen in vom Gericht möglichst nach Absprache mit dem Insolvenzverwalter anberaumten und einberufenen Terminen vor (§§ 29, 74 InsO). Es sind dies zunächst der **Berichtstermin und der Prüfungstermin (§ 29 InsO)**. Beide Termine können auch verbunden werden (§ 29 Abs. 2 S. 1 InsO). Wenn nötig können auch auf Antrag (§ 75 InsO) weitere Termine, wie ein **besonderer Prüfungstermin** anberaumt werden. Regelmäßig schließt das Verfahren der **Schlusstermin** ab (§ 197 Abs. 1 S. 1 InsO).[138] Gemäß § 5 Abs. 2 127

---

[137] MüKoInsO/*Sinz* § 250 Rn. 2.
[138] Überblick über die Gläubigerversammlungen in diesem Handbuch: *Holzer* § 3.

S. 1 InsO wird das Verfahren oder Teile des Verfahrens schriftlich durchgeführt, wenn die Vermögensverhältnisse des Schuldners überschaubar und die Zahl der Gläubiger oder die Höhe der Verbindlichkeiten gering ist und keine mündliche Durchführung angeordnet wurde. Die Anordnung das Verfahren oder Teile davon mündlich durchzuführen kann jederzeit aufgehoben oder geändert werden (§ 5 Abs. 2 S. 2 InsO).

128 Die Gläubigerversammlungen werden regelmäßig **vom Rechtspfleger geleitet** (§§ 76 Abs. 1 InsO, 18 RPflG), der den Beteiligten das Wort erteilt und falls unbedingt notwendig auch entzieht (§ 4 ZPO, § 136 Abs. 2 ZPO). Er sorgt für den geordneten Verlauf und hat die **Sitzungsgewalt** inne (§§ 176 ff. GVG). Entsprechend § 139 ZPO und der gerichtlichen Fürsorgepflicht hat er mit den Beteiligten die anstehenden Verhandlungspunkte und Entscheidungen zu erörtern und rechtliche, wie sachliche **Hinweise** zu erteilen.

Eine der wichtigsten Aufgaben des Rechtspflegers ist es, bei widerstreitenden Interessen der Beteiligten einvernehmliche Entscheidungen herbeizuführen. Über den Gang der Gläubigerversammlung, die Anträge und Entscheidungen wird ein Protokoll erstellt. Die Teilnahmeberechtigung für Verfahrensbeteiligte ergibt sich aus § 74 Abs. 1 S. 2 InsO.

129 Die Gläubigerversammlungen sind **nicht öffentlich,** da das Insolvenzgericht hier kein erkennendes Gericht iSd § 169 GVG ist.[139] Pressevertreter können in Verfahren von großer Bedeutung zugelassen werden[140]

130 **Exkurs:** Insolvenzgericht und Grundsatz der Öffentlichkeit, § 169 GVG.
Die Öffentlichkeit der Sitzungen ist für das erkennende Gericht – vorbehaltlich etwaiger Ausnahmeregelungen – in § 169 GVG geregelt. Becker ordnet das Insolvenzverfahren in der überkommenen Zweiteilung zwischen erkennender („streitiger") Gerichtsbarkeit und mehr administrativer „freiwilliger" Gerichtsbarkeit eher dem letzteren Bereich zu.[141] Daher ist die Frage der Öffentlichkeit für die verschiedenen Termine einzeln zu betrachten.[142]

Ordnet das Insolvenzgericht eine mündliche Verhandlung (zB eine Beweisaufnahme oder eine Anhörung des Schuldners) zur Vorbereitung einer Entscheidung an, ist diese öffentlich.[143] Das Gericht wird hier als erkennendes Gericht tätig. Für die sonstigen Gläubigerversammlungen, den Berichtstermin (§ 156), den Prüfungstermin (§ 176) und den Schlusstermin (§ 197) gilt der Grundsatz der Öffentlichkeit nicht, weil das Gericht hier nicht als „erkennender Richter" im Sinne des § 169 GVG tätig wird.[144]

II. Der Berichtstermin

131 In der mit Eröffnungsbeschluss anberaumten **Gläubigerversammlung (Berichtstermin)** (§§ 29 Abs. 1 Nr. 1, 156 InsO) berichtet der Insolvenzverwalter

---

[139] Uhlenbruck/*Knof* InsO § 76 Rn. 14.
[140] Uhlenbruck/*Knof* InsO § 76 Rn. 16.
[141] Nerlich/Römermann/*Becker* InsO § 2 Rn. 8.
[142] Vgl. hierzu MüKoZPO/*Zimmermann* GVG § 169 Rn. 18 ff.
[143] MüKoInsO/*Ganter/Lohmann* § 4 Rn. 10; Uhlenbruck/*Pape* InsO § 4 Rn. 40.
[144] MüKoInsO/*Ganter/Lohmann* § 4 Rn. 7.

über Lage und Ursache des Verfahrens, sowie Aussichten für eine Erhaltung des Schuldnerunternehmens und Möglichkeiten für einen Insolvenzplan. Der Berichtstermin wird vom zuständigen Rechtspfleger geleitet (§§ 76 Abs. 1 InsO, 18 RPflG). Soweit wegen des Umfangs und der zu erwartenden Schwierigkeiten notwendig, wird die Niederschrift durch einen zusätzlichen Protokollführer erstellt.

Zuerst wird die **Anwesenheit der Beteiligten** ermittelt und die Vollmachten von Vertretern (Beachte §§ 4, 79 Abs. 2 ZPO) kontrolliert, sowie festgestellt, dass eine ordnungsgemäße Bekanntgabe des Termins durch Veröffentlichungen erfolgt ist und die bereits bekannten Gläubiger bzw. deren Vertreter durch Übersendung des Eröffnungsbeschlusses verständigt wurden. Dann wird festgestellt, dass die Verzeichnisse und die Vermögensübersicht zur Einsichtnahme rechtzeitig niedergelegt wurden (§§ 151 ff., 153 InsO). 132

Durch Eintragung in eine besondere Liste, in die die anwesenden stimmberechtigten Gläubiger und Forderungen aufgenommen werden, werden Vorbereitungen für die **Feststellung des Stimmrechts** in der Gläubigerversammlung getroffen. Nur Gläubiger des Schuldners sind stimmberechtigt. Ein Stimmrecht gewähren zunächst aber nur Forderungen, die angemeldet und weder vom Insolvenzverwalter noch von einem stimmberechtigten Gläubiger bestritten worden sind (§ 77 Abs. 1 InsO). Können sich die Beteiligten nicht über das Stimmrecht einigen, entscheidet der die Versammlung leitende Rechtspfleger (§ 77 Abs. 2 S. 2 InsO), denn lange dauernde Feststellungsverfahren würden in diesem Verfahrensabschnitt das gesamte Insolvenzverfahren blockieren. Hier ist der Fortgang des Verfahrens auch von so erheblicher Bedeutung, dass gegen die Entscheidung des Rechtspflegers kein Rechtsmittel statthaft ist (§ 6 Abs. 1 InsO). Die getroffene Entscheidung ist aber auf Antrag des Verwalters oder eines erschienenen Gläubigers abänderbar (§ 77 Abs. 2 S. 3 InsO), wirkt allerdings nur für die Zukunft und führt nicht zu einer Wiederholung einer bereits durchgeführten Abstimmung.[145] Zusätzlich gibt § 18 Abs. 3 RPflG die Möglichkeit, eine durch den Rechtspfleger getroffene Stimmrechtsfestsetzung durch den Richter neu festsetzen zu lassen, sofern sich die Festsetzung auf das Stimmergebnis ausgewirkt hat. In diesem Fall kann die Abstimmung neu durchgeführt werden.[146] Gegen die Abänderungsentscheidung des Insolvenzgerichts ist ein Rechtsmittel nicht gegeben (§§ 6 Abs 1 InsO, 11 Abs 3 S. 2 RPflG). 133

Anschließend erteilt das Gericht dem Insolvenzverwalter das Wort zur **Berichterstattung**. Nach deren Beendigung wird dem Schuldner, dem Gläubigerausschuss und weiteren Personen (§ 156 Abs. 2 InsO) **Gelegenheit zu weiteren Fragen** und zur Äußerung gegeben. Die Frage der Betriebsstilllegung oder -fortführung wird erörtert. Vor dem Berichtstermin kann das Insolvenzgericht auf Antrag des Schuldners und nach Anhörung des Verwalters die Stilllegung untersagen, wenn ein Aufschub bis zum Berichtstermin keine erhebliche Verminderung der Insolvenzmasse erwarten lässt (§ 158 Abs. 2 S. 2 InsO). 134

Nun **stimmt** nach erfolgter Feststellung der vertretenen Stimmrechte **die Gläubigerversammlung ab:** 135

---

[145] Uhlenbruck/*Knof* InsO § 77 Rn. 24.
[146] Zu den verschiedenen Vorgehensweisen gegen eine Stimmrechtsfestsetzung vgl. Uhlenbruck/*Knof* InsO § 77 Rn. 26.

- über die Beibehaltung des richterlich bestellten Insolvenzverwalters (§ 57 InsO)
- über die Bestellung eines Gläubigerausschusses (§ 68 Abs. 1 S. 1 InsO), die Beibehaltung eines vom Gericht bereits eingesetzten Gläubigerausschusses (§ 68 Abs. 1 S. 2 InsO) oder die Veränderung dessen Besetzung (§ 68 Abs. 2 InsO).

Der richtigen Auswahl der Mitglieder und deren Wahl kann ein erhebliches „Tauziehen" vorausgehen.

Nicht vergessen werden dürfen die Entscheidungen:
- über die Bestimmung der Hinterlegungsstelle, die, falls kein Gläubigerausschuss bestellt wurde, vom Insolvenzgericht bestimmt werden kann (§ 149 Abs. 1 S. 2 InsO)
- ob ein schuldnerisches Unternehmen stillgelegt wird oder bleibt (§ 157 InsO).
- über die Gestattung „besonders bedeutsamer Rechtshandlungen" iSd § 160 InsO.

Der Insolvenzverwalter kann beauftragt werden, einen Insolvenzplan auszuarbeiten (§ 157 S. 2 InsO).

Dem Insolvenzverwalter kann auch der Abschluss einer Haftpflichtversicherung für den Gläubigerausschuss und für sich selbst (§ 4 Abs. 3 S. 2 InsVV) gestattet werden.

136 Eine weitere Anzahl von anstehenden Entscheidungen durch das Insolvenzgericht ist aus den §§ 161 ff. InsO zu entnehmen. Im Berichtstermin wird auch festgelegt, in welchen Abständen der Verwalter im Rahmen seiner Berichtspflicht (zB halbjährig) und wann zum ersten Mal einen Bericht zu erstatten hat. Gemäß § 66 Abs. 3 InsO kann von der Gläubigerversammlung auch die Vorlage von Zwischenrechnungen in bestimmten Abständen beschlossen werden.

Abschließend stellt das Gericht die Bestellung des Insolvenzverwalters fest. Dies hat nur deklaratorischen Charakter. Soweit erforderlich, ordnet es an, dass aus der gesammelten Masse ein Vorschuss für die Verfahrenskosten an die Justizkasse oder auf Antrag ein Auslagenvorschuss an den Verwalter überwiesen wird.

137 Trotz der Gläubigerautonomie unterliegen die **Entscheidungen der Gläubigerversammlung** der **Kontrolle des Insolvenzgerichts,** wenn sie dem gemeinsamen Interesse der Insolvenzgläubiger widersprechen (also zB wenn einer der Gläubiger oder gar ein Dritter dadurch bevorzugt behandelt wird) und dies ein Gläubiger oder der Insolvenzverwalter in der Gläubigerversammlung beantragt (§ 78 Abs. 1 InsO).[147]

III. Der Prüfungstermin und weitere Termine

138 Im **Prüfungstermin** werden die angemeldeten Forderungen geprüft und bestrittene Forderungen erörtert (§ 176 InsO). Das Insolvenzgericht entscheidet nicht, ob eine bestrittene Forderung Bestand hat. Gem. §§ 179 ff. InsO muss ein Feststellungsverfahren (Klage) in einem ordentlichen Verfahren durchgeführt

---

[147] Nerlich/Römermann/*Delhaes* InsO § 78 Rn. 6.

werden. Wird eine Forderung erst nach Ablauf der Anmeldefrist oder sogar nach dem Prüfungstermin angemeldet, kann der Rechtspfleger einen **besonderen Prüfungstermin** bestimmen (§ 177 Abs. 1 S. 2, Abs. 2 u. 3 InsO). Die Voraussetzungen der Feststellung einer Forderung ergeben sich aus § 178 Abs. 1 S. 1 InsO. In die Tabelle der angemeldeten Forderungen wird eingetragen, inwieweit die Forderung festgestellt ist und wer der Feststellung widersprochen hat, § 178 Abs. 2 S. 1 InsO. Dabei kommt dem Gericht eine rein beurkundende Funktion zu, da es nicht über den Bestand der Forderung entscheidet.[148]

Weitere Termine können vom Insolvenzgericht (§§ 74 InsO) oder auf Antrag der in § 75 Abs. 1 Nr. 1–4 InsO genannten Berechtigten einberufen werden. 139

J. Der Abschluss des Insolvenzverfahrens

I. Verteilung

Nach dem Prüfungstermin kann durch den Insolvenzverwalter mit einer **Verteilung** des Verwertungserlöses begonnen werden (§ 187 Abs. 1 InsO). Die Verteilung erfolgt durch Abschlagsverteilung (§§ 187 ff. InsO), Schlussverteilung (§ 196 InsO) und bei weiteren Erlösen durch Nachtragsverteilung (§§ 203 ff. InsO). Ist ein Gläubigerausschuss bestellt, ist dessen Zustimmung als Kontrollorgan vorgeschrieben (§ 187 Abs. 3 S. 2 InsO). Die Schlussverteilung bedarf auch der **vorherigen Zustimmung des Insolvenzgerichts** (§ 196 Abs. 2 InsO). Der Rechtspfleger kann den Insolvenzverwalter gem. § 58 InsO auf Mängel von Schlussverzeichnis und Schlussrechnung hinweisen und, wenn diese nicht beseitigt werden, die Zustimmung verweigern. Verteilt der Insolvenzverwalter trotzdem, wird die Verteilung nicht unwirksam, kann aber die Haftung des Insolvenzverwalters begründen (§ 60 InsO).[149] Der Insolvenzverwalter trägt die alleinige Verantwortung für das Verteilungsverzeichnis nach § 188 InsO. 140

Ob und in welcher Höhe **Abschlagsverteilungen** vorgenommen werden entscheidet der Insolvenzverwalter nach pflichtgemäßem Ermessen.[150] Die Abschlagsverteilung ermöglicht eine zeitnahe, erste Quotenausschüttung an die Gläubiger, ohne die vollständige Verwertung der Masse abwarten zu müssen.[151] Das Insolvenzgericht ist nicht verpflichtet, das Verzeichnis sachlich und rechtlich auf Vollständigkeit und Richtigkeit zu überprüfen.[152] Das Insolvenzgericht kann den Insolvenzverwalter aber im Aufsichtsweg auf erkennbare Unrichtigkeiten hinweisen.[153] Gläubiger können Einwendungen gegen das Verzeichnis für eine Abschlagsverteilung gem. § 194 Abs. 1 InsO geltend machen und eine Entscheidung des Gerichts herbeiführen.

---

[148] MüKoInsO/*Schumacher* § 178 Rn. 47.
[149] Uhlenbruck/*Wegener* InsO § 196 Rn. 18.
[150] MüKoInsO/*Füchsl/Weishäupl/Kebekus/Schwarzer* § 187 Rn. 8; KPB/*Holzer* InsO § 187 Rn. 13.
[151] MüKoInsO/*Füchsl/Weishäupl/Kebekus/Schwarzer* § 187 Rn. 6.
[152] Uhlenbruck/*Wegener* InsO § 188 Rn. 5; KPB/*Holzer* InsO § 188 Rn. 19.
[153] Nerlich/Römermann/*Westphal* InsO § 188 Rn. 32.

Heilmaier

II. Schlussrechnung, Schlussbericht und Schlussverzeichnis

141 § 66 Abs. 1 InsO verlangt vom Insolvenzverwalter vor der Beendigung seines Amts die Vorlage einer **Schlussrechnung**. Es handelt sich bei der Schlussrechnung um das Zahlenwerk des Rechnungswesens sowie dessen Erläuterung in Form des sog. **Schlussberichts**.[154] Der Schlussbericht dient der Erläuterung, während es sich bei dem **Schlussverzeichnis** um ein Verteilungsverzeichnis iSd §§ 197 Abs. 1, 188 InsO handelt, der auf der Insolvenztabelle basiert und die geprüften, festgestellte und damit zu berücksichtigenden Forderungen mit Verteilungsvorschlag enthält.[155] Insgesamt handelt es sich bei der Schlussrechnung um einen **Tätigkeitsbericht**, der die Insolvenzabwicklung transparent machen muss.[156] Darauf wird das Insolvenzgericht zunächst dringen. Der Schlussrechnung müssen Belege beigefügt sein.

142 Das **Insolvenzgericht prüft die Schlussrechnung des Verwalters vor der Gläubigerversammlung, § 66 Abs. 2 S. 1 InsO**. Die Prüfung liegt deshalb nicht im richterlichen Ermessen bzw. Ermessen des zuständigen Rechtspflegers, sondern ist **Amtspflicht**. Die Prüfung untersucht die formelle Richtigkeit, dh die äußerliche Ordnungsmäßigkeit, die rechnerische Richtigkeit, die Vollständigkeit der beizufügenden Belege ua. Bei der materiellen Schlussrechnungsprüfung geht es darum, dass die Masseverwertung nachvollziehbar ist und die Vergütungsentnahmen den Vergütungsansprüchen entsprechen.[157] Die Belegprüfung kann durch Stichproben erfolgen[158] Bei umfangreichen Rechenwerken und Unterlagen kann das Insolvenzgericht auch **externe Rechnungsprüfer** mit der gutachtlichen Prüfung beauftragen. Hierbei muss das Insolvenzgericht darauf achten, dass der beauftragte Prüfer einerseits über außerordentliche Kenntnisse verfügt, andererseits aber nicht dadurch eine ohnehin zur Verteilung anstehende geringe Masse aufgezehrt wird. Über die Prüfung wird ein Prüfvermerk angebracht (§ 66 Abs. 2 S. 2 InsO).

Die Aufsicht des Insolvenzgerichts dauert bis der Verwalter sämtliche Verpflichtungen vollständig erfüllt hat.

III. Der Schlusstermin

143 Die regelmäßig das Verfahren abschließende Gläubigerversammlung findet nach Einreichung der Schlussrechnung und des Schlussberichts durch den Insolvenzverwalter im **Schlusstermin** statt (§ 197 Abs. 1 S. 1 InsO). Der Schlusstermin ist vom Insolvenzverwalter höchstpersönlich wahrzunehmen. Eine Vertretung ist unzulässig.[159]

Der Schlusstermin dient in erster Linie der **Erörterung der Schlussrechnung**. Es können aber auch Einwendungen gegen das Schlussverzeichnis erho-

---

[154] MüKoInsO/*Riedel* § 66 Rn. 2.
[155] Runkel/Schmidt/*Runkel*, § 6 Rn. 327 ff.; Braun/*Pehl* InsO § 196 Rn. 19 f.
[156] Runkel/Schmidt/*Runkel*, § 6 Rn. 322.
[157] Runkel/Schmidt/*Runkel*, § 6 Rn. 324.
[158] MüKoInsO/*Riedel* § 66 Rn. 27.
[159] Braun/*Pehl* InsO § 197 Rn. 5; Uhlenbruck/*Wegener* InsO § 197 Rn. 1; *Eickmann*, Höchstpersönliches Verwalterhandeln oder Delegationsbefugnis?, KTS 1986, 197 ff.

§ 8. Aufgaben und Befugnisse des Insolvenzgerichts

ben und Entscheidungen der Gläubiger über nicht verwertbare Massegegenstände getroffen werden (§ 197 Abs. 1 InsO). Der Schlusstermin kann auch nachträglicher Prüfungstermin sein[160] oder Anhörung der Gläubiger im Hinblick auf die Festsetzung der Vergütung des Insolvenzverwalters.

Das Insolvenzgericht entscheidet über Einwendungen gegen das Schlussverzeichnis mit anfechtbarem Beschluss, (§ 197 Abs. 3 InsO iVm § 194 Abs. 2, 3 InsO). 144

K. Die Aufhebung und Beendigung des Verfahrens

Die Schlussverteilung ist vollzogen, wenn der Insolvenzverwalter die entsprechenden Quoten an die Gläubiger ausgezahlt und die zurückbehaltenen Beträge (§ 198) hinterlegt hat. Einen Übererlös hat der Insolvenzverwalter an den Schuldner bzw. an den auf Grund seiner Beteiligung Berechtigten nach § 199 herauszugeben.[161] 145

Hat der Insolvenzverwalter seine Tätigkeit abgeschlossen und dies mit Verteilungsbericht angezeigt, beschließt der Rechtspfleger die **Aufhebung des Verfahrens**, § 200 Abs. 1 InsO. Nach § 200 Abs. 2 InsO ist die Aufhebung öffentlich bekanntzumachen. 146

L. Die Wohlverhaltensphase im Rahmen der Restschuldbefreiung

Im Restschuldbefreiungsverfahren wird mit der Entscheidung über die Aufhebung des Verfahrens (oder der Einstellung wegen Masseunzulänglichkeit) ein Treuhänder bestimmt, auf den die in der Abtretungserklärung nach § 287 Abs. 2 InsO bestimmten Bezüge übergehen, § 288 S. 2 InsO. In der Regel wird der bisherige Insolvenzverwalter einer natürlichen Person[162] vom Gericht zum Treuhänder ernannt. 147

Gem. § 292 Abs. 3 S. 2 InsO gelten die §§ 58, 59 InsO analog für die Gerichtsaufsicht und Entlassung des Treuhänders. Der Treuhänder hat bei Beendigung seines Amtes Rechnung zu legen, § 292 Abs. 3 S. 1 InsO. Ein gerichtliches Tätigwerden ist neben der **regelmäßigen Aufsicht und Erholung von Auskünften** nur bei Entscheidungen über Obliegenheitspflichtverletzungen (§§ 295 ff. InsO) durch den Richter, bei der Rechnungslegung (§ 293 Abs. 2 InsO) und bei der Entscheidung über die Restschuldbefreiung (§ 300 InsO) erforderlich. 148

M. Grenzen der Überwachung und Leitung

Die **Grenzen der Überwachung und Leitung** ergeben sich in erster Linie aus dem Grundsatz der **Gläubigerautonomie** und insbesondere der Befugnisse 149

---

[160] Vgl. hierzu Uhlenbruck/*Wegener* InsO § 197 Rn. 17.
[161] Braun/*Pehl* InsO § 200 Rn. 2.
[162] Vgl. Braun/*Pehl* InsO § 288 Rn. 2.

der Gläubigerversammlung und des Gläubigerausschusses. Das Gericht muss die Entscheidungen dieser Gläubigerorgane respektieren, es sei denn sie verstoßen gegen Recht und Gesetz. Die Überwachung findet aber auch ihre Grenzen in der starken Stellung des Insolvenzverwalters und der Beschränkung auf die Überprüfung derRechtmäßigkeit seines Handelns.

150 Das Insolvenzgericht ist nicht die **Unternehmenspressestelle** oder gar **Informationszentrum** für Verfahrensbeteiligte und Dritte. Es versteht sich von selbst, dass das Insolvenzgericht den Erlass einzelner Sicherungsmaßnahmen oder Ermächtigungen für einen vorläufigen Insolvenzverwalter nicht mit drittenVerfahrensbeteiligten diskutiert.

Erregt ein Insolvenzantrag Aufsehen in der Öffentlichkeit, teilt das Insolvenzgericht der örtlich zuständigen **Justizpressestelle** für die Öffentlichkeit bestimmte Informationen mit.

Über das Vorhandensein eines Insolvenzantrags wird nicht beteiligten Dritten, aber auch Gläubigern bei Fremdanträgen keine Auskunft erteilt. Wenn für die Öffentlichkeit bestimmte Sicherungsmaßnahmen erlassen und veröffentlicht worden sind, kann auf die Veröffentlichung unter www.insolvenzbekanntmachungen.de hingewiesen werden. Auch nach der Insolvenzeröffnung ist das Insolvenzgericht nur im Rahmen der allgemeinen Vorschriften über die Akteneinsicht → § 4 Rn. 7 nach §§ 4 InsO, 299 ZPO[163] berechtigt und verpflichtet, Auskünfte zu erteilen. Auskünfte können schon gar nicht durch eine **Dienstaufsichtsbeschwerde** erzwungen werden.

§ 9. Aufgaben und Befugnisse des Insolvenzverwalters

Das vorliegende Kapitel behandelt die Aufgaben und Befugnisse des Insolvenzverwalters, wobei sich die Ausführungen im Wesentlichen am Gang des Insolvenzverfahrens orientieren. Unmittelbar nach Verfahrenseröffnung wird der Insolvenzverwalter das vorhandene Vermögen des Schuldners erfassen und sichern (Rn. 1 ff.), wobei Gegenstand und Umfang der Insolvenzmasse von Bedeutung sind (Rn. 4 ff.). Im Anschluss daran wird erläutert, wie die Insbesitznahme der Insolvenzmasse erfolgt (Rn. 7 ff.) und gegebenenfalls im Wege der Herausgabevollstreckung gegen den Schuldner durchgesetzt wird (Rn. 12 ff.). Der Insolvenzverwalter wird auch Wertgegenstände sichern (Rn. 15 ff.) und dabei den Gläubigerausschuss einbinden (Rn. 21 ff.). Zur Aufgabe des Insolvenzverwaltes gehört auch die Siegelung von Räumlichkeiten (Rn. 25 ff.) sowie die Aufstellung diverser Verzeichnisse (Rn. 29 ff.). Die Bereinigung der gesicherten Insolvenzmasse erfolgt schließlich durch Aussonderung (Rn. 38 ff.), Absonderung (Rn. 48 ff.) und Insolvenzanfechtung (Rn. 44 ff.). Am Ende des Kapitels wird kurz auf die Bedeutung der Betriebsfortführung eingegangen.

---

[163] Zu den Besonderheiten der Akteneinsicht im Insolvenzverfahren vgl. Musielak ZPO/*Huber* ZPO § 299 Rn. 4.

A. Erfassen und Sichern des Vermögens

I. Umfang der Vermögenserfassung und -sicherung

Mit der Eröffnung des Insolvenzverfahrens geht das ursprünglich dem Schuldner zustehende **Verwaltungs- und Verfügungsrecht** gemäß § 80 Abs. 1 InsO auf den Insolvenzverwalter über.[1] Gleichzeitig unterliegt ab diesem Zeitpunkt die gesamte Insolvenzmasse dem Insolvenzbeschlag, der die **haftungsrechtliche Zuweisung** der Massegegenstände in rechtlicher Hinsicht zum Ausdruck bringt.[2] Um den Pflichtenkreis des Insolvenzverwalters bei der Erfassung und Sicherung der Vermögensgegenstände des Schuldners zu ermitteln, soll zunächst dargestellt werden, auf welche Gegenstände der Insolvenzverwalter sein Augenmerk richten muss.

1

Da die gemeinschaftliche Befriedigung der Insolvenzgläubiger durch Gesamtvollstreckung in das ihnen haftungsrechtlich zugewiesene Vermögen des Schuldners erfolgt, bedarf es einer rechtlichen Eingrenzung der Gesamtheit dieser Vermögensgegenstände; sie wird als **Insolvenzmasse** bezeichnet. Eine Definition des Massebegriffs sowie eine rudimentäre Bestimmung der gegenständlichen Grenzen der Insolvenzmasse findet sich in § 35 Abs. 1 InsO. § 36 Abs. 1 InsO engt den im Prinzip umfassenden Massebegriff des § 35 Abs. 1 InsO auf **Gegenstände** ein, die der **Zwangsvollstreckung** unterliegen, macht hiervon aber in Abs. 2 und 3 wiederum Ausnahmen.

2

Nach § 35 Abs. 1 InsO gehört auch das durch den Schuldner nach Verfahrenseröffnung erworbene Vermögen, der sogenannte **Neuerwerb**,[3] zur Insolvenzmasse. Der Gesetzgeber wollte damit die den Insolvenzgläubigern zur Verfügung stehende Masse anreichern und die Befriedigungsmöglichkeiten im Verfahren verbessern. Das hat allerdings zur Folge, dass für die sogenannten **Neugläubiger,** also diejenigen Personen, deren Forderungen nach Verfahrenseröffnung begründet werden, keine Haftungsmasse mehr zur Verfügung steht. Da sie keine Insolvenzgläubiger sind und ihre Forderungen im Verfahren nicht anmelden können, gehen sie, falls der Schuldner ihre Forderungen nicht aus einem etwa vorhandenen **insolvenzfreien Vermögen** (zB durch den Insolvenzverwalter freigegebene Gegenstände[4] oder der Erwerb aus einer selbständigen Tätigkeit, die nach § 35 Abs. 2 InsO nicht zur Insolvenzmasse gehört)[5] bezahlen kann, vollständig leer aus. Der Gesetzgeber hat damit das Haftungsrisiko von einer Gläubigergruppe auf eine andere verschoben. Abgesehen davon, dass diese Regelung im Hinblick auf die Eigentumsgarantie des Art. 14 Abs. 1 GG auf verfassungsrechtliche Bedenken stößt, hat sie zur Folge, dass man bei Geschäften mit dem Schuldner nach Verfahrenseröffnung sehr vorsichtig sein und im Zweifel davon Abstand nehmen sollte. Bei vielen Schuldnern wird dies zur Folge haben, dass eine **wirtschaftliche Isolierung** eintritt, die

3

---

[1] Dazu → § 7 Rn. 1 ff.
[2] KPB/*Holzer* § 35 Rn. 10.
[3] Dazu KPB/*Holzer* § 35 Rn. 33.
[4] Zur Möglichkeit der Freigabe vgl. KPB/*Holzer* § 35 Rn. 21.
[5] Dazu *Holzer* ZVI 2007, 289 (291 ff.).

dem vom Gesetzgeber gewünschten und wirtschaftlich sinnvollen Neuanfang entgegensteht.

4 Zur **Insolvenzmasse** gehören nach § 35 Abs. 1 InsO sämtliche **Grundstücksrechte** (zB das Eigentumsrecht an einem Grundstück) und grundstücksgleiche Rechte (zB das Erbbaurecht) sowie dingliche Wohnungsrechte (zB Wohnungseigentum nach dem WEG), ferner die im Rechtsverkehr ähnlich wie Grundstücke zu behandelnden Schiffe, Schiffsbauwerke und Luftfahrzeuge.[6] Selbstverständlich umfasst die Insolvenzmasse auch alle im Eigentum des Schuldners stehenden **beweglichen Gegenstände**, zu denen auch auf Datenträgern gespeicherte Computerprogramme gehören.[7] Problematisch sind **Praxisunterlagen eines Freiberuflers:** Diese fallen zwar grundsätzlich in die Insolvenzmasse, können von dem Insolvenzverwalter aber nur mit Zustimmung des Schuldners verwertet werden.[8] Gleiches gilt für **Geschäftsbücher** (§ 36 Abs. 2 Nr. 1 InsO).

5 Auch **Rechte** des Schuldners in verschiedensten Formen sind von § 35 Abs. 1 InsO umfasst. Hier sind vor allem die Mitgliedschaftsrechte in Gesellschaften, Körperschaften und Gesamthandsgemeinschaften zu nennen, aber auch die Firma (§ 17 Abs. 1 HGB), selbst wenn sie den Familiennamen des Schuldners enthält.[9] Die an urheberrechtlich geschützten Werken des Schuldners bestehenden Urheberverwertungsrechte gehören ebenso zur Insolvenzmasse wie Urheberrechte, die Gegenstand einer Vertragslizenz sind und Leistungsschutzrechte. Eine Ausnahme gilt jedoch dann, wenn die vorgenannten Rechte gem. §§ 113 bis 118 UrhG unpfändbar sind.[10]

6 § 36 InsO nimmt aus dem Begriff der Insolvenzmasse solche **Gegenstände** heraus, die nach § 811 Abs. 1 ZPO **nicht der Pfändung unterliegen.** Dazu gehören die dem persönlichen Gebrauch des Schuldners dienenden Gegenstände (§ 811 Abs. 1 Nr. 1 ZPO). **Unpfändbar** und dem Insolvenzverfahren entzogen sind ferner Gegenstände, die der Schuldner zu Erwerbszwecken benötigt, wie Bücher, Computer, Fahrzeuge oder Dienstkleidung (§§ 811 Abs. 1 Nr. 5 und 7 ZPO).[11] Gleiches gilt nach § 36 Abs. 3 InsO für solche Hausratsgegenstände, deren Verwertung den Gläubigern nur einen geringen Vorteil bringen würde und die deshalb, um für den Schuldner besondere Härten zu vermeiden, nicht gepfändet werden können. Nicht zur Insolvenzmasse gehört auch eine **private Altersvorsorge,** die der Schuldner nach Maßgabe des § 851c ZPO aufgebaut hat. Dabei ist nicht nur wie bei der gesetzlichen Rentenversicherung die regelmäßig bezogene Leistung, sondern auch das angesparte Kapital in dem Umfang geschützt, wie es für die Bildung einer entsprechenden Anwartschaft erforderlich ist.[12]

---

[6] KPB/*Holzer* § 35 Rn. 51 ff.
[7] Zur Pfändbarkeit von Computerprogrammen vgl. *Paulus* ZIP 1996, 2 (3); *ders.* in *Lehmann* (Hrsg.), Rechtsschutz und Verwertung von Computerprogrammen, S. 831 (835 ff.).
[8] BGH, Urt. v. 11.12.1991 – VIII ZR 4/91, NJW 1992, 737 (739 f.).
[9] KPB/*Holzer* § 35 Rn. 71 f.
[10] Limper/Musiol/*Holzer* (Handbuch) 20. Kap. Rn. 10; Limper/Musiol/*Holzer* (Formularbuch) 14. Kap. Rn. 5.
[11] Hierzu FK-*Borneman* § 36 Rn. 8.
[12] KPB/*Holzer* § 36 Rn. 28g ff.; *ders* ZVI 2007, 113 ff.; *ders* DStR 2007, 767 ff.

II. Inbesitznahme der Insolvenzmasse

Um den Eintritt des Insolvenzbeschlags im Rechtsverkehr zu dokumentieren und die Insolvenzmasse vor Verkürzungen durch den Schuldner und Dritte zu sichern, legt § 148 Abs. 1 InsO dem Insolvenzverwalter die Pflicht auf, die gesamte durch § 35 Abs. 1 InsO positiv bestimmte und durch § 36 InsO negativ abgegrenzte Insolvenzmasse einschließlich des Neuerwerbs sofort nach der Eröffnung des Verfahrens in **Besitz und Verwaltung** zu nehmen.[13] Falls der Insolvenzverwalter dieser Pflicht nicht in dem erforderlichen Umfang und in der gebotenen Eile nachkommt, kann er sich **schadensersatzpflichtig** machen, es sei denn, es würde sich um solche Gegenstände handeln, die von vornherein als wertlos zu betrachten oder so stark mit Absonderungsrechten belastet sind, dass ein Übererlös in keinem Fall erwartet werden kann.[14]

In der Praxis findet der Insolvenzverwalter bei der Übernahme der Insolvenzmasse nicht immer alle von dem Insolvenzbeschlag erfassten Vermögensgegenstände vor. Derartige **Verkürzungen der Masse** können ihren Grund in einem mutwilligen Vorgehen des Schuldners, aber auch eigenmächtigen Handlungen der Gläubiger haben. So kann es insbesondere in der Baubranche häufig beobachtet werden, dass, sobald sich der Insolvenzantrag des Schuldners herumgesprochen hat, der schuldnerische Betrieb von manchen Gläubigern in einer Art falsch verstandener Selbsthilfe regelrecht „ausgeplündert" wird. Der Insolvenzverwalter muss dann die entzogenen Gegenstände zeit- und kostenintensiv zurückholen.

In vielen Fällen ist der Insolvenzverwalter auch zu einer Inbesitznahme nicht in der Lage, weil die **Massegegenstände im Ausland** liegen oder ihm von dem Schuldner verschwiegen werden. In den genannten Fällen kann der Insolvenzverwalter deshalb seiner gesetzlichen Verpflichtung, die gesamte nach § 35 Abs. 1 InsO dem Insolvenzbeschlag unterliegende Masse (sogenannte **Soll-Masse**) in Besitz zu nehmen, nicht sofort nachkommen und ist vorerst darauf angewiesen, sich auf die Inbesitznahme der bei Verfahrenseröffnung vorgefundenen, dh tatsächlich vorhandenen Masse (sogenannte **Ist-Masse**) zu beschränken. Soweit sich Vermögensgegenstände in Staaten der Europäischen Union befinden, hat der Insolvenzverwalter dort gem. Art. 18 Abs. 1 EuInsVO bei der Erfassung und Sicherung der Masse dieselben Befugnisse wie im Inland.[15]

Ziel der Handlungen des Insolvenzverwalters im In- und Ausland wird es im Laufe des Verfahrens sein, die Ist-Masse der Soll-Masse möglichst anzunähern. Eine **Bereinigung der Ist-Masse** wird beispielsweise durch die Erfüllung von Aus- und Absonderungsrechten erfolgen. Der Insolvenzverwalter kann sich dabei auch der Mitwirkung des Schuldners bedienen, der den Beteiligten nach § 97 Abs. 1 S. 1 InsO über den Verbleib der Vermögensgegenstände Auskunft zu geben und die Vollständigkeit des aufgestellten **Vermögensverzeichnisses** gegebenenfalls an Eides statt zu versichern hat (§ 153 Abs. 2 S. 1 InsO). Dies kann auch zwangsweise durchgesetzt werden (§§ 98, 153 Abs. 2 S. 2 InsO).

---

[13] BGH, Urt. v. 11.7.1985 – XI ZR 178/94, ZIP 1985, 944 (947).
[14] Hierzu *Noack* KTS 1966, 149 (150).
[15] Vgl. KPB/*Kemper* EuInsVO Art. 18 Rn. 4.

11 Sollten nach der Aufhebung des Verfahrens (§ 200 Abs. 1 InsO) Massegegenstände zurückfließen, zurückbehaltene Beträge frei werden oder Gegenstände nachträglich ermittelt werden, so ist die Durchführung einer **Nachtragsverteilung** gem. § 203 InsO möglich. Voraussetzung dafür ist, dass eine vollständige Befriedigung der Insolvenzgläubiger nicht erfolgt und der Schlusstermin beendet ist. Bei nur geringfügigen Beträgen kann das Insolvenzgericht nach § 203 Abs. 3 Satz 1 InsO von der Durchführung einer Nachtragsverteilung absehen.[16]

III. Die Herausgabevollstreckung

12 Gibt der Schuldner die unter Insolvenzbeschlag stehenden Gegenstände nicht freiwillig heraus, so kann der **Insolvenzverwalter** den **Gerichtsvollzieher** mit der Wegnahme beauftragen (§§ 883, 885 ZPO). § 148 Abs. 2 S. 1 InsO erspart es dem Insolvenzverwalter in diesem Fall, die genannten Personen im Erkenntnisverfahren des Zivilprozesses auf Herausgabe zu verklagen. Er hat auf Grund der genannten Vorschrift vielmehr die Möglichkeit, mit einer Ausfertigung des Eröffnungsbeschlusses direkt die **Herausgabevollstreckung** durchzuführen und kann deshalb besonders rasch auf Verkürzungen der Insolvenzmasse reagieren.[17] Der Insolvenzverwalter ist nach der genannten Vorschrift auch berechtigt, den Schuldner (nicht aber Dritte) mit dem Eröffnungsbeschluss aus einer zur Insolvenzmasse gehörenden Wohnung räumen zu lassen, um sie zur Erzielung von Massezuwächsen weiter vermieten zu können.[18]

13 Der Insolvenzverwalter kann die **Vollstreckung** direkt **mit dem Eröffnungsbeschluss** durchführen, ohne dass darin die an den Gerichtsvollzieher herauszugebenden Gegenstände im Einzelnen aufgeführt sein müssen. Dies wäre in vielen Fällen auch nicht möglich, weil die Massegegenstände zum Zeitpunkt der Verfahrenseröffnung weder dem Insolvenzverwalter noch dem Gericht bekannt sind. Es ist daher ausreichend, wenn der Insolvenzverwalter die herauszugebenden Gegenstände in dem dem Gerichtsvollzieher gegebenen **Vollstreckungsauftrag** hinreichend präzisiert.[19] Der Eröffnungsbeschluss ersetzt dabei auch einen Durchsuchungsbeschluss nach § 758a Abs. 1 ZPO.[20]

14 Gegen die Art und Weise der Zwangsvollstreckung durch den Gerichtsvollzieher kann der Schuldner und der besitzende Dritte die **Vollstreckungserinnerung** nach § 148 Abs. 2 S. 2 InsO iVm § 766 ZPO einlegen, die allerdings – anders als im Recht der Mobiliarvollstreckung nach der ZPO – in das Rechtsbehelfssystem der InsO eingebettet ist. Gegen die Entscheidung des Insolvenzgerichts über die Vollstreckungserinnerung ist deshalb nach § 6 Abs. 1 InsO dann **kein Rechtsmittel zulässig,** wenn es bei diesem alleine um insolvenzrechtliche Fragen geht.[21] Das ist beispielsweise dann der Fall, wenn sich der Schuldner darauf beruft, dass bestimmte, von dem Gerichtsvollzieher heraus-

---

[16] KPB/*Holzer* § 203 Rn. 15 ff.
[17] KPB/*Holzer* § 148 Rn. 14 ff.; *ders* DGVZ 2008, 69 (70 ff.).
[18] Dazu KPB/*Holzer* § 148 Rn. 16.
[19] FK-*Wegener* § 148 Rn. 21.
[20] Vgl. Begründung RegE zu § 148, *Kübler/Prütting*, Das neue Insolvenzrecht, 2. Aufl., S. 369; *Holzer* DGVZ 2008, 69 (71).
[21] KPB/*Holzer* § 148 Rn. 20.

verlangte Gegenstände nach §§ 36 Abs. 1 InsO, 811 ZPO nicht zur Insolvenzmasse gehören. Wird allerdings die Art und Weise der Herausgabevollstreckung gerügt, so richtet sich das Rechtsmittel auch dann nach allgemeinen vollstreckungsrechtlichen Vorschriften, wenn das Insolvenzgericht nach § 148 Abs. 2 S. 2 InsO und nicht das Vollstreckungsgericht entschieden hat.[22] In diesem Fall ist eine die Herausgabevollstreckung aus dem Eröffnungsbeschluss betreffende **sofortige Beschwerde** nach § 793 ZPO statthaft.[23] Das gilt auch für die Frage, ob der Eröffnungsbeschluss ein geeigneter Titel für die Herausgabevollstreckung ist.

IV. Sicherung von Wertgegenständen

Der **Insolvenzverwalter** kann die ihm gesetzlich übertragenen Aufgaben nur wahrnehmen, wenn er die dem Insolvenzbeschlag unterliegenden wertvollen **Gegenstände** nicht nur nach § 148 InsO in Besitz nimmt, sondern auch **sichert** und in einer dem Insolvenzzweck entsprechenden Art und Weise **verwahrt**. Bei dem weiteren Vorgehen des Insolvenzverwalters (Anlegung und Hinterlegung) haben die Gläubiger nach § 149 Abs. 1 und 2 InsO ein wichtiges Mitspracherecht. 15

Die nach § 149 Abs. 1 S. 1 InsO vorgesehene besondere Behandlung von **Geld, Kostbarkeiten und Wertpapieren** rechtfertigt sich aus dem im Verhältnis zu ihrer Größe relativ hohem Wert und der Gefahr, dass diese Gegenstände deswegen abhanden kommen. 16

Das Gesetz versteht unter dem Begriff der **Kostbarkeit** Gegenstände von besonderem Wert wie Kunstobjekte, Pelze, Schmuck oder Münzen. Handelt es sich bei diesen nicht um Sammlermünzen, sondern um gültige in- oder ausländische Zahlungsmittel, werden sie als Geld betrachtet. Als **Wertpapiere** sind selbstständige Wertträger (zB Aktien, Pfandbriefe, Inhaberschuldverschreibungen) ebenso zu zählen wie solche Papiere, die lediglich Auskunft über Vermögensrechte des Schuldners geben und diese nicht selbst verkörpern (zB Hypotheken- und Grundschuldbriefe, Versicherungsscheine, Sparkassenbücher).[24] 17

In- und ausländische Zahlungsmittel, Wertpapiere und Kostbarkeiten sind einer **Hinterlegung** nach § 149 Abs. 1 InsO zugänglich. Die Hinterlegung kann sowohl bei einer öffentlichen Hinterlegungsstelle als auch bei einer Stelle geschehen, die eine ähnliche Sicherheit gewährleistet. Zu diesen Stellen sind insbesondere Banken und Sparkassen zu zählen.[25] Die Anlegung von Geld kann bei sogenannten Hinterlegungskassen im Sinne der Hinterlegungsordnungen der Länder geschehen. 18

Ist der Insolvenzverwalter **Rechtsanwalt, Steuerberater oder Wirtschaftsprüfer,** so kann er die Hinterlegung auf **Anderdepots** und die Anlegung auf **Anderkonten** auf seinen Namen mit der zusätzlichen Bezeichnung als Sonder- 19–20

---

[22] BGH, Beschl. v. 5.2.2004 – IX ZB 97/03, NZI 2004, 278; BGH, Beschl. v. 6.5.2004 – IX ZB 101/04, NZI 2004, 447.
[23] BGH, Beschl. v. 21.9.2006 – IX ZB 127/05, NZI 2006, 699.
[24] Hierzu KPB/*Holzer* § 149 Rn. 3 f.
[25] KPB/*Holzer* § 149 Rn. 6.

konto für die Insolvenzmasse vornehmen.[26] Bei der Anlage auf einem Anderkonto oder -Depot (einer Art des offenen Treuhandkontos) besteht bereits wegen der berufs- und standesrechtlichen Pflichten der Insolvenzverwalter für die Gläubiger ein hoher Grad an Sicherheit. Allgemein bietet sich daher die Anlage auf einem Insolvenzkonto als **Sonderkonto**, oder, falls der Insolvenzverwalter nicht zu den eingangs genannten Berufsgruppen gehört, auf einem persönlichen Vollrechtstreuhandkonto an. Der Insolvenzverwalter ist bei jeder Kontoart berechtigt, von dem Finanzamt eine Freistellungsbescheinigung nach § 44a Abs. 2 S. 1 Nr. 1 EStG zu verlangen.

V. Entscheidung über die Behandlung der Wertgegenstände

21   Ist noch kein **Gläubigerausschuss** bestellt oder hat dieser keinen entsprechenden Beschluss gefasst, so kann das Insolvenzgericht über die Behandlung der Wertgegenstände entscheiden (§ 149 Abs. 1 S. 2 InsO). In allen anderen Fällen ist der Gläubigerausschuss nach § 149 Abs. 1 S. 1 InsO zuständig. Eine entsprechende Verpflichtung besteht allerdings nicht; er kann deshalb die **Anlegung** oder **Hinterlegung** dem Insolvenzverwalter in vollem Umfang überlassen. Dies wird sich in vielen Fällen empfehlen, da der Insolvenzverwalter auf Grund seiner Tätigkeit die Konditionen der Anweisungs- oder Hinterlegungsstellen kennt oder zum Vorteil der Gläubiger aushandeln kann.

22   Der Gläubigerausschuss hat jedoch auch die Möglichkeit, den **Insolvenzverwalter** zur Hinterlegung bei einer bestimmten Stelle **anzuweisen**. Ist dies geschehen, so ist die durch den Gläubigerausschuss bestimmte Hinterlegungsstelle zugleich Anlegungsstelle. Die Anweisung kann sonach auf ein bestimmtes Kreditinstitut mit der Folge lauten, dass der Insolvenzverwalter auch bei einer Betriebsfortführung weitere Massekonten bei anderen Kreditinstituten nicht einrichten darf.[27] Der Gläubigerausschuss kann aber auch Ausnahmen vorsehen, zum Beispiel für besonders eilige Fälle.

23   Daran zeigt sich auch der **Nachteil einer Anweisung** des Gläubigerausschusses: Die Situation des insolventen Unternehmens kann es in vielen Fällen erforderlich machen, die bisherige Hausbank(en) zu wechseln. Man denke nur an die Fälle, in denen gegen Kreditinstitute Anfechtungsprozesse geführt werden müssen oder eine weitere Zusammenarbeit aus anderen Gründen ausgeschlossen ist. Bei Unternehmen mit weitreichenden Geschäftsverbindungen kann die Suche nach einer neuen Hausbank, die dem vorläufigen Insolvenzverwalter oder der Masse einen Kredit gewährt, problematisch sein. Der Gläubigerausschuss sollte deshalb das für die Hinterlegung und Anlegung zuständige Kreditinstitut nicht ohne Rücksprache mit dem Insolvenzverwalter auswählen.

24   Nach § 149 Abs. 2 InsO kann sich die **Gläubigerversammlung** an die Stelle des Gläubigerausschusses setzen und neue oder andere Anweisungen treffen. Wurde nach § 149 Abs. 1 InsO eine Anlegungs- oder Hinterlegungsstelle bestimmt, so ist bei der Empfangnahme von Wertgegenständen durch den Insol-

---

[26] Hierzu KPB/*Holzer* § 149 Rn. 8.
[27] LG Freiburg, Beschl. v. 13.7.1983 – 9 T 37/81, ZIP 1983, 1098 (1099f.).

venzverwalter die Mitwirkung eines Mitglieds des Gläubigerausschusses im Gegensatz zum früheren Recht nicht mehr erforderlich.[28]

VI. Siegelung

Der Insolvenzverwalter hat zur **Sicherung der Massegegenstände** nach § 150 S. 1 InsO die Möglichkeit, die sie umschließenden **Räume** oder **Behältnisse** siegeln zu lassen. Der Siegelung unterliegen alle Sachen, die der Insolvenzverwalter nach § 148 Abs. 1 InsO in Besitz und Verwaltung zu nehmen hat, nicht aber Geld, Wertpapiere und Kostbarkeiten, für die § 149 InsO einschlägig ist.[29] Die Siegelung ist bei drohendem Masseabfluss durch den Schuldner oder Dritte, insbesondere zur Sicherstellung von **Betriebs-, Buchhaltungs- und Geschäftsunterlagen** sowie zur Sicherung der **Datenverarbeitung** sinnvoll. Die Entfernung der Siegel ist nach § 136 Abs. 2 StGB eine Straftat (Siegelbruch), so dass ein effektiver Schutz gewährleistet ist.[30] 25

Das **Siegelungsverfahren** ist allerdings umständlich, weil die hierfür zuständige Person (stets der **Gerichtsvollzieher,** in manchen Bundesländern auch die Geschäftsstelle des Gerichts) zugezogen werden und das Protokoll über die Durchführung der Siegelung nach § 150 S. 2 InsO auf der Geschäftsstelle des Gerichts zur Einsicht der Beteiligten niedergelegt werden muss.[31] Auch fallen für die Siegelung Kosten an, durch die die Masse geschmälert wird (§ 55 Abs. 1 Nr. 1 InsO). 26

Ob eine Siegelung durchgeführt wird, entscheidet nicht das Insolvenzgericht, sondern alleine der **Insolvenzverwalter,**[32] der auch die Schlüssel der Räume oder Behältnisse erhält, in denen sich die zu schützenden Gegenstände befinden. Es handelt sich also nicht um eine mit der Beschwerde anfechtbare gerichtliche Maßnahme, sondern um einen Akt der Insolvenzverwaltung. 27

Auf eine Siegelung wird wegen des **schwerfälligen Verfahrens** in der Praxis sehr selten zurückgegriffen. Falls ein Sicherungsbedarf besteht, wird meist die schneller und effektiver durchführbare Sicherung durch einen privaten Wachdienst oder Arbeitnehmer des schuldnerischen Betriebes erfolgen. 28

VII. Verzeichnis der Massegegenstände und Bewertung

1. Allgemeines

Der Insolvenzverwalter ist nach § 151 Abs. 1 S. 1 InsO verpflichtet, ein **Verzeichnis der** nach § 148 Abs. 1 InsO in Besitz und Verwaltung genommenen **Massegegenstände** aufzustellen. Das Verzeichnis dient einerseits zur Feststel- 29

---

[28] Zum früheren Recht vgl. KPB/*Holzer* § 149 Rn. 16f.
[29] KPB/*Holzer* § 150 Rn. 1.
[30] *Kießling* ZInsO 2008, 531 (533f.).
[31] Muster der Protokolle für Siegelung und Entsiegelung sind abgedruckt bei *Holzer* DGVZ 2003, 147 (149f.).
[32] FK-*Wegener* § 150 Rn. 1.

lung des Bestands an Massegegenständen und ist deshalb der Erfassung und Sicherung des Vermögens des Schuldners zuzuordnen, andererseits aber auch zur Kontrolle des Insolvenzverwalters sowie als Grundlage für die später aufzustellende **Vermögensübersicht** (sog „Insolvenzeröffnungsbilanz") nach § 153 InsO.

30 Auf Antrag des Insolvenzverwalters kann das Insolvenzgericht gem. § 151 Abs. 3 S. 1 InsO gestatten, dass die **Aufstellung** des Verzeichnisses der Massegegenstände **unterbleibt**, beispielsweise, wenn die Buchführung des Schuldners auf dem Laufenden ist und kein Grund besteht, an ihrer Richtigkeit zu zweifeln. Auch wäre es nur Förmelei, ein derartiges Verzeichnis dann zu erstellen, wenn so wenige Massegegenstände vorhanden sind, dass ein Überblick über sie ohne weiteres möglich ist.[33] Der Schuldner ist zur Aufstellung des Verzeichnisses nur dann hinzuzuziehen, wenn sich dadurch keine Verzögerungen ergeben (§ 151 Abs. 1 S. 2 InsO).

2. Inhalt des Verzeichnisses

31 Das Verzeichnis der Massegegenstände enthält lediglich die vorhandenen **Aktiva** und stellt deshalb eine **Rohvermögensrechnung** dar. Es berücksichtigt die Passiva nicht und darf deshalb nicht mit der beide Elemente enthaltenden Insolvenzeröffnungsbilanz verwechselt werden.

32 Der Insolvenzverwalter wird zur Aufstellung des Verzeichnisses eine **Inventur** durchführen, die alle dem Insolvenzbeschlag unterliegenden und bekannten Vermögensgegenstände unabhängig davon erfasst, ob sie der Insolvenzverwalter bereits in Besitz und Verwaltung nehmen konnte oder ob sie erst vom Schuldner oder Dritten herausgegeben werden müssen. Die Vermögensgegenstände sind in der Regel einzeln aufzuführen und genau zu bezeichnen. Ferner ist ihr Wert in zweierlei Hinsicht anzugeben (§ 151 Abs. 2 S. 1 InsO): Der Insolvenzverwalter hat zunächst den reinen **Zerschlagungswert** (Liquidationswert) unter dem Gesichtspunkt eines in der Insolvenzsituation durchzuführenden Zwangsverkaufs unter Berücksichtigung des konkreten Absatzmarktes zu ermitteln. Er wird sich (vgl. § 151 Abs. 2 S. 3 InsO) hierfür häufig besonderer Sachverständiger oder geschulter Verwerter bedienen, die den vorhandenen Markt gut überblicken können.

33 Das Gesetz fordert ferner die Angabe des **Fortführungswerts**. Der Insolvenzverwalter wird hier oft auf erhebliche Schwierigkeiten stoßen, weil der Fortführungswert nur für ein Unternehmen als Gesamtheit, nicht aber für einzelne Vermögensgegenstände bestimmt werden kann. Der Fortführungswert besteht, gerade weil er über der Summe der Einzelveräußerungswerte liegen kann, aus einem Zusammenspiel **immaterieller Vermögenswerte** (Goodwill, gewerbliche Erfahrungen, Vertriebs- und Kundenstruktur, betriebliches Knowhow), die auf die einzelnen Vermögensgegenstände nicht umgelegt werden können;[34] der Fortführungswert wird sich deshalb entweder an den steuerlichen Teilwerten[35] oder an den Buchwerten orientieren müssen.

---

[33] FK-*Wegener* § 151 Rn. 27.
[34] KPB/*Wipperfürth* § 151 Rn. 22.
[35] KPB/*Wipperfürth* § 151 Rn. 27.

VIII. Gläubigerverzeichnis

Das Gläubigerverzeichnis nach § 152 InsO stellt das **Gegenstück** des Verzeichnisses der Massegegenstände für die **Passivseite** dar. Beide Verzeichnisse sind sachliche Bestandsverzeichnisse, die als Grundlage für die nach § 153 InsO aufzustellende Insolvenzeröffnungsbilanz dienen.[36] Der Insolvenzverwalter muss für die Anlage des Gläubigerverzeichnisses gegebenenfalls **eigene** Ermittlungen (etwa durch Befragung des Schuldners und seiner Mitarbeiter) anstellen. Mit der Anlage des Verzeichnisses darf keinesfalls solange gewartet werden, bis die Gläubiger ihre Forderungen nach § 174 Abs. 1 InsO angemeldet haben, weil nicht sicher ist, ob alle Gläubiger auch an dem Verfahren teilnehmen und nach § 39 InsO nachrangige Gläubiger zu einer Anmeldung ohnehin nicht verpflichtet sind (§ 174 Abs. 3 S. 1 InsO).

Nach § 152 Abs. 2 S. 2 InsO ist für jeden Gläubiger **Grund und Betrag der Forderung** in das Gläubigerverzeichnis aufzunehmen. Die absonderungsberechtigten Gläubiger und die einzelnen Rangklassen der nachrangigen Gläubiger müssen gesondert aufgeführt werden.[37]

34

35

IX. Vermögensübersicht

Das Verzeichnis der Massegegenstände nach § 151 InsO und das Gläubigerverzeichnis nach § 152 InsO bilden die Grundlage für die von dem Insolvenzverwalter aufzustellende **Vermögensübersicht** bzw. Insolvenzeröffnungsbilanz (§ 153 InsO).

36

B. Massebereinigung

I. Allgemeines

Der Insolvenzverwalter hat die nach den vorstehenden Ausführungen ermittelte und gesicherte Insolvenzmasse in einem weiteren Schritt um diejenigen Rechte zu bereinigen, die Dritten zustehen. Erst dadurch wird die zunächst aufgefundene **Ist-Masse** zur **Soll-Masse**.[38] Im Zuge der **Massebereinigung** hat der Insolvenzverwalter Gegenstände, die nicht zum Vermögen des Schuldners gehören, auszusondern und absonderungsberechtigte Gläubiger vorab zu befriedigen. Anderseits wird die Masse durch die Geltendmachung von Anfechtungsansprüchen angereichert.

37

---

[36] Dazu KPB/*Wipperführth* § 152 Rn. 1.
[37] Zum Inhalt des Verzeichnisses vgl. *Hess/Weis* NZI 1999, 482 (484).
[38] Vgl. auch → Rn. 9.

II. Aussonderung

1. Allgemeines

38 Wie bereits dargestellt, haftet der Schuldner den Insolvenzgläubigern nach § 35 Abs. 1 InsO nur mit seinem Vermögen.[39] Nur dieses **Vermögen** ist den Insolvenzgläubigern **haftungsrechtlich zugewiesen;** das hat zur Konsequenz, dass fremdes Vermögen, also insbesondere Gegenstände, an denen Dritten ein persönliches oder dingliches Recht zusteht, nicht zur Insolvenzmasse gehören. Sie sind nach § 47 InsO auszusondern. § 47 S. 2 InsO schreibt vor, dass die Berücksichtigung von **Aussonderungsrechten** außerhalb der Insolvenzordnung nach Maßgabe des jeweiligen dinglichen oder schuldrechtlichen Anspruchs durchzuführen ist.

39 **Aussonderungsberechtigt** sind insbesondere **Eigentümer** von Gegenständen, die der Schuldner in Besitz hatte und die sich in der Ist-Masse befinden. In der Praxis besonders häufig ist der Eigentumsvorbehalt, der im Zusammenhang mit Kaufverträgen solange vereinbart wird, bis der vollständige Kaufpreis bezahlt ist. Der Verkäufer ist bei Vereinbarung eines Eigentumsvorbehalts auch bei Erfüllungsablehnung des Insolvenzverwalters nach § 103 Abs. 2 InsO aussonderungsberechtigt. Zur Aussonderung berechtigt sind ferner Inhaber schuldrechtlicher Rückgabe- und Herausgabeansprüche (zB der **Vermieter, Verpächter** oder Verleiher). Der Aussonderungsanspruch wird durch den Insolvenzverwalter – je nach Art des Rechts – durch Herausgabe, Abtretung, Rückübereignung oder Unterlassung erfüllt.

2. Nutzungsüberlassung

40 Falls der Schuldner eine Gesellschaft mit beschränkter Haftung ist, bietet § 135 Abs. 3 InsO dem Insolvenzverwalter die Möglichkeit der Nutzung der der Schuldnerin von einem Gesellschafter überlassenen Gegenstände bzw. Rechte. Wegen des Wegfalls der früher gesellschaftsrechtlich qualifizierten **eigenkapitalersetzenden Nutzungsüberlassung** sieht die vorgenannte Bestimmung vor, dass der insolventen Gesellschaft auf andere Weise die ihr zur Nutzung überlassenen Gegenstände für einen begrenzten Zeitraum weiterhin zur Verfügung stehen. Die Rechte der Aussonderungsberechtigten sind insoweit eingeschränkt. Mit der Regelung soll die Gefahr vermieden werden, dass dem Unternehmen mit der Eröffnung des Insolvenzverfahrens die für eine **Betriebsfortführung** notwendigen Gegenstände nicht mehr zur Verfügung stehen. Letztlich würde es der Zweckbestimmung des Insolvenzverfahrens sowie der **Treuepflicht der Gesellschafter** widersprechen, wenn der Gesellschaft von einem Gesellschafter zum Gebrauch oder zur Ausübung überlassene Gegenstände nach Insolvenzeröffnung jederzeit zurückverlangt werden könnten, obwohl diese zur Betriebsfortführung von erheblicher Bedeutung sind (zB Betriebsgrundstücke oder Fahrzeuge).[40]

---

[39] Dazu → § 3 Rn. 55 ff., 96 ff.
[40] *Gehrlein* FS Beck, 2016, S. 168 (176); *K. Schmidt* DB 2008, 1727 (1733).

Die Regelung sieht vor, dass der Gesellschafter seinen Aussonderungsanspruch während der Dauer des Insolvenzverfahrens, höchstens aber für eine Zeit von **einem Jahr ab dessen Eröffnung,** nicht geltend machen kann. Der Gesetzgeber ging davon aus, dass es dem Insolvenzverwalter bei dem Bestehen ernsthafter Sanierungschancen nach einem Jahr gelingen wird, den Betrieb auch ohne die Inanspruchnahme der überlassenen Gegenstände fortzuführen. § 135 Abs. 3 S. 1 InsO setzt weiter voraus, dass der von dem Gesellschafter überlassene Gegenstand für die Fortführung des schuldnerischen Unternehmens von „**erheblicher Bedeutung**" ist. Die Begrifflichkeit ist an die Terminologie der Insolvenzordnung angeglichen, insbesondere an den bereits erwähnten § 21 Abs. 2 S. 1 Nr. 5 InsO.[41] Wie sich aus dem Zusammenhang mit § 135 Abs. 3 S. 2 InsO ergibt, kann nicht ohne weiteres von der leichten Beschaffbarkeit eines Gegenstandes auf seine Notwendigkeit für die Fortführung des Unternehmens geschlossen werden. Es kommt vielmehr entscheidend auf die **Bedingungen der Überlassung** des Gegenstandes an. Falls für dessen Überlassung keine Vergütung vereinbart bzw. tatsächlich geleistet worden war, ist es wohl kaum möglich, ihn zu denselben Konditionen von Dritten zu erhalten bzw. sonst auf dem Markt zu beschaffen. Die „erhebliche Bedeutung" ist deshalb sowohl auf den Gegenstand als auch auf das Unternehmen bezogen und letztlich eine Frage des Einzelfalls.[42] Der Insolvenzverwalter erhält nach § 135 Abs. 3 InsO kraft Gesetzes das Recht, der Gesellschaft überlassene bewegliche und unbewegliche **Gegenstände zu gebrauchen** und **Rechte auszuüben.** § 135 Abs. 3 S. 2 Hs. 1 InsO sieht vor, dem Gesellschafter dafür einen Ausgleich zu gewähren, der nach Verfahrenseröffnung eine Masseverbindlichkeit nach § 55 Abs. 1 Nr. 1 InsO darstellt. Das gilt auch dann, wenn der Insolvenzverwalter, der die Weiternutzung des Gegenstandes beansprucht, an der Vereinbarung mit dem Gesellschafter nicht mehr festhalten will und von seinem Sonderkündigungsrecht (zB nach § 103 Abs. 1 InsO) Gebrauch macht (etwa, weil die Laufzeit des Vertrages über den Jahreszeitraum des § 135 Abs. 3 S. 1 InsO hinausgeht).[43]

41

Die **Höhe der Ausgleichspflicht** bestimmt sich nach dem Durchschnitt der im letzten Jahr vor der Verfahrenseröffnung geleisteten Vergütung; bei kürzerer Dauer ist der Durchschnitt während dieses Zeitraums in Ansatz zu bringen. Wie aus dem Wortlaut ersichtlich ist („geleistet"), kommt es nicht auf die zwischen Gesellschafter und Gesellschaft vereinbarte, sondern alleine auf die **tatsächlich bezahlte Vergütung** an.[44] Durch das Abstellen auf die tatsächlichen Zahlungsflüsse wird verhindert, dass der Gesellschafter im Insolvenzfall zu Lasten der Gesamtheit der Gläubiger eine vereinbarte höhere oder gar überhöhte Vergütung verlangen kann. Er ist vielmehr verpflichtet, den Gegenstand dem Insolvenzverwalter für maximal ein Jahr zu den Konditionen zu überlassen, die in dem maßgeblichen Zeitraum vor der Verfahrenseröffnung tatsächlich bewirkt worden sind. Wurde der Gegenstand deshalb in Abweichung zu der getroffenen

42

---

[41] Beschlussempfehlung und Bericht des Rechtsausschusses (6. Ausschuss) vom 24.6. 2008, BT-Drs. 16/9737, 106 f.
[42] *Holzer* ZVI 2008, 369 (373).
[43] Beschlussempfehlung und Bericht des Rechtsausschusses (6. Ausschuss) vom 24.6. 2008, BT-Drs. 16/9737, 107.
[44] *Kind* NZI 2008, 475 (477).

Vereinbarung zu einem geringeren Preis oder gar **unentgeltlich überlassen,** so muss sich der Gesellschafter daran festhalten lassen.[45] Damit kann wirksam unterbunden werden, dass die Fortführung von Unternehmen durch „pro forma" getroffene entgeltliche Vereinbarungen gefährdet oder gar verhindert wird.[46]

43 Die nachfolgend dargestellte Regelung stellt zwar keine Ausnahme zur Geltendmachung des Aussonderungsrechts dar, weil sie das **Eröffnungsverfahren** betrifft. Wegen der Ähnlichkeit mit der Nutzungsüberlassung soll sie jedoch nachfolgend kurz erwähnt werden. Nach dem durch das Gesetz zur Vereinfachung des Insolvenzverfahrens vom 13.4.2007[47] eingeführten § 21 Abs. 2 S. 1 Nr. 5 InsO können zur Aussonderung berechtigende Gegenstände bereits im Eröffnungsverfahren vom Insolvenzverwalter genutzt werden, wenn sie zur **Fortführung** des Betriebs von **„erheblicher Bedeutung"** sind.[48] In der Praxis sind davon oft Leasingfahrzeuge betroffen; der Eingriff in die Rechtsstellung der absonderungsberechtigten Gläubiger stellt zwar ein gewisses Sonderopfer dar, das jedoch angesichts der regelmäßig nur dreimonatigen Eröffnungsphase und der für die Nutzung zu bezahlenden **Vergütung** hinnehmbar ist. Zu beachten ist jedoch, dass das Insolvenzgericht eine entsprechende Anordnung nur nach sorgfältiger Abwägung der widerstreitenden Interessen vornehmen darf und sich Formularbeschlüsse deshalb verbieten.

III. Absonderung

44 Inhaber von Sicherungsrechten haben im Insolvenzverfahren ein Recht zur **abgesonderten Befriedigung** nach §§ 49 ff. InsO. Anders als im Fall der Aussonderung werden die Absonderungsberechtigten grundsätzlich in das Insolvenzverfahren einbezogen; so können sie beispielsweise am Verteilungsverfahren nach § 190 Abs. 1 S. 1 InsO insoweit teilnehmen, als sie auf die abgesonderte Befriedigung verzichtet haben oder bei dieser ausgefallen sind.[49] Soweit eine Teilnahme am Verteilungsverfahren nicht erfolgt, können sich absonderungsberechtigte Gläubiger aus einem massezugehörigen Gegenstand vorzugsweise befriedigen; anders als die Insolvenzgläubiger sind sie insoweit nicht auf die Anmeldung ihrer Ansprüche zur Insolvenztabelle verwiesen.

45 Der **Katalog der Absonderungsrechte** ist abschließend geregelt. Abgesehen von § 51 Nr. 4 InsO bestehen Absonderungsrechte in folgenden Fällen (siehe Übersicht 1 → Rn. 46).

46 Der **Insolvenzverwalter** ist nach § 172 Abs. 1 InsO berechtigt, eine **bewegliche Sache,** an der ein Absonderungsrecht besteht und deren Verwertung er betreiben darf, für die Insolvenzmasse **zu nutzen.** Einen eventuell entstehenden Wertverlust muss er jedoch ab Eröffnung des Verfahrens durch laufende Zahlungen an die Gläubiger ersetzen. Unabhängig von der Nutzung des Gegen-

---

[45] Beschlussempfehlung und Bericht des Rechtsausschusses (6. Ausschuss) vom 24.6.2008, BT-Drs. 16/9737, 107.
[46] *Holzer* ZVI 2008, 369 (373).
[47] BGBl. 2007 I S. 509.
[48] Zum Begriff der „erheblichen Bedeutung" vgl. *Holzer* ZVI 2008, 369 (373).
[49] KPB/*Holzer* § 190 Rn. 1.

standes sind dem absonderungsberechtigten Gläubiger vom Berichtstermin an, spätestens jedoch drei Monate nach einem Verwertungsverbot gemäß § 21 InsO, die geschuldeten Zinsen aus der Insolvenzmasse zu bezahlen. Der Gläubiger soll dadurch vor einer Verzögerung der Verwertung geschützt werden.

Übersicht 1

- Bei einem Recht auf Befriedigung aus unbeweglichen Gegenständen (§ 49 InsO), zB Grundschuld, Hypothek.
- Bei einem rechtsgeschäftlichen Pfandrecht, einem gesetzlichem Pfandrecht (zB Vermieterpfandrecht) oder einem Pfändungspfandrecht an einem Gegenstand der Insolvenzmasse (§ 50 Abs. 1 InsO).
- Bei der Sicherungsübereignung einer beweglichen Sache oder der Sicherungsabtretung eines Rechts (§ 51 Nr. 1 InsO).
- Bei einem Zurückbehaltungsrecht an einer Sache wegen ihres Verwendungsersatzanspruches (§ 51 Nr. 2 InsO).
- Bei einem handelsrechtlichen Zurückbehaltungsrecht (§ 51 Nr. 3 InsO).

Die §§ 165–173 enthalten Vorgaben über die **Verwertung beweglicher und unbeweglicher Gegenstände,** an denen ein Absonderungsrecht besteht. Bewegliche Sachen, die der Insolvenzverwalter in Besitz hat, werden nach § 166 Abs. 1 InsO im Wege des freihändigen Verkaufs verwertet. Zur Sicherheit abgetretene Forderungen kann der Insolvenzverwalter nach § 166 Abs. 2 InsO einziehen oder in anderer Weise – etwa durch **freihändige Veräußerung** – verwerten. Gegenüber den absonderungsberechtigten Gläubigern sind von dem Insolvenzverwalter die Vorschriften der §§ 167–169 InsO zu beachten. Bei unbeweglichen Gegenständen können der Insolvenzverwalter und auch der absonderungsberechtigte Gläubiger nach § 165 InsO die Zwangsversteigerung betreiben. Meist werden Grundstücke jedoch durch den Insolvenzverwalter freihändig verwertet, weil sich dabei bessere Erlöse erzielen lassen.

IV. Insolvenzanfechtung

Zur **Mehrung der Insolvenzmasse** kann in vielen Fällen die konsequente Durchsetzung des Anfechtungsrechts nach den §§ 129ff. InsO beitragen.[50] Hierfür haben sich durch die Einführung der Insolvenzordnung die Chancen erheblich verbessert.[51] Der Gesetzgeber will diese Errungenschaft der Insolvenzrechtsreform allerdings durch so massive Einschränkungen des Anfechtungsrechts zu Gunsten öffentlich-rechtlicher Gläubiger zunichte machen, dass bereits von einer „Marginalisierung" des Anfechtungsrechts gesprochen wird.[52] Diese vom Gestaltungsspielraum des Gesetzgebers nicht mehr gedeckte und daher abzulehnende Änderung würde das seit Einführung der Konkursordnung

---

[50] Wimmer/Dauernheim/Wagner/Gietl/*Dauernheim*, 7. Kap. Rn. 1.
[51] *Holzer* WiB 1997, 729 (730).
[52] *Kayser/Heidenfelder* ZIP 2016, 447; dazu auch *Brinkmann/Jacoby/Thole* ZIP 2015, 2001 ff.; *Dahl/Schmitz/Taras* ZInsO 2016, 20 ff.

geltende Konzept der Insolvenzanfechtung zum Nachteil der Gesamtheit der Gläubiger so tiefgreifend verändern, dass ihr Zweck weitgehend verfehlt würde. Dieser besteht darin, eine vor Verfahrenseröffnung eingetretene und sachlich ungerechtfertigte **Schmälerung der Masse** zur Er-höhung der Befriedigungsaussichten der Gesamtheit der Insolvenzgläubiger rückgängig zu machen. Die Insolvenzanfechtung ist erst nach Verfahrenseröffnung möglich und eine Konsequenz aus der haftungsrechtlichen Zuweisung des schuldnerischen Vermögens an die Gesamtheit der Insolvenzgläubiger: Der anfechtbare Rechtserwerb führt zu einer **haftungsrechtichen Unwirksamkeit** gegenüber der Gesamtheit der Insolvenzgläubiger und ermöglicht damit den Zugriff auf das der Insolvenzmasse entzogene Vermögen.[53]

49   Die Anfechtung des Insolvenzrechts ist streng von der **zivilrechtlichen Anfechtung** von Willenserklärungen (§ 142 BGB) zu unterscheiden: Durch die Anfechtung nach § 142 Abs. 1 BGB werden Willenserklärungen der §§ 119 ff. BGB rückwirkend beseitigt. Diese Anfechtung stellt ein Gestaltungsrecht dar (§ 143 Abs. 1 BGB), nicht aber die Geltendmachung eines Rückgewähranspruchs wie nach der Insolvenzordnung.[54]

50   Nach § 143 Abs. 1 S. 1 InsO sind der Insolvenzmasse die durch die anfechtbare Handlung aus dem Vermögen des Schuldners abgeflossenen **Vermögenswerte zurückzugewähren**. **Anfechtungsberechtigt** ist nur der Insolvenzverwalter, der die Anfechtung innerhalb einer Verjährungsfrist von zwei Jahren seit der Eröffnung zu betreiben hat.

51   Voraussetzung jeder Insolvenzanfechtung ist nach § 129 InsO das Vorliegen einer vor Verfahrenseröffnung vorgenommenen **Rechtshandlung**, dh, jedes Handeln und Unterlassen, das eine materiellrechtliche oder prozessuale Wirkung auslöst. Die Gesamtheit der Insolvenzgläubiger muss zudem durch die Rechtshandlung **objektiv benachteiligt** worden sein (zB, wenn durch die anfechtbare Rechtshandlung die Aussichten der Gläubiger auf Befriedigung aus der Insolvenzmasse verschlechtert worden sind).[55] Neben der Gläubigerbenachteiligung müssen konkrete Tatbestände (**Anfechtungsgründe**, §§ 130–137 InsO) verwirklicht sein, die es rechtfertigen, eine Rechtshandlung der Anfechtung zu unterwerfen. Sie lassen sich grob in **vier Haupttatbestände** einteilen:[56]

52   – **Besondere Insolvenzanfechtung:** Hierzu gehören die Tatbestände der §§ 130–132 InsO (sog **kongruente und inkongruente Deckung**). Gemeinsames Element ist die zeitliche Nähe der Rechtshandlung zum Insolvenzantrag, nämlich längstens drei Monate vor diesem. Charakteristisch für diese Tatbestände ist, dass bei Vornahme der Rechtshandlung bestimmte Anzeichen einer bevorstehenden Insolvenz aufgetreten sind (Zahlungsunfähigkeit, Insolvenzantrag).

53   – **Vorsatzanfechtung:** Bei einer **vorsätzlichen Gläubigerbenachteiligung** nach § 133 InsO werden Zeiträume von bis zu zehn Jahren vor dem Insolvenzantrag erfasst. Charakteristisch für diesen Anfechtungstatbestand ist,

---

[53] G. *Paulus* AcP 155 (1956), 277 (319 ff.); *Henckel* JuS 1985, 836 (841).
[54] *Holzer* EWiR 1995, 493 (494); unzutreffend LG Chemnitz Urt. v. 6.2.1995 – 8 O 2987/94, ZIP 1995, 860.
[55] *Holzer* WiB 1997, 729 (733).
[56] Vgl. dazu die Übersicht bei *Holzer* WiB 1997, 729 (737 f.).

dass die Rechtshandlung mit dem Vorsatz, die Gläubiger zu benachteiligen, vorgenommen wurde und der andere Vertragsteil entweder unmittelbar den Vorsatz des Schuldners kannte oder Kenntnis von dessen drohender Zahlungsunfähigkeit und einer Gläubigerbenachteiligung hatte.

– **Schenkungsanfechtung:** § 134 InsO sieht eine Anfechtung von unentgeltlichen **Leistungen** des Schuldners vor, die dem Anfechtungsgegner in einem Zeitraum von vier Jahren vor dem Insolvenzantrag **zugewendet** worden ist, sofern es sich nicht um ein gebräuchliches Gelegenheitsgeschenk handelte. Charakteristisch für diesen Anfechtungstatbestand ist die Unentgeltlichkeit der Leistung aus dem Vermögen des Schuldners.[57]   54

– **Anfechtung im Zusammenhang mit Gesellschafterdarlehen:** Nach § 135 Abs. 1, 2 InsO und § 136 InsO kann eine Rechtshandlung angefochten werden, die für die **Forderung eines Gesellschafters auf Rückgewähr eines Darlehens** iSd § 39 Abs. 1 Nr. 5 InsO oder für eine gleichgestellte Forderung eine Sicherung oder Befriedigung gewährt hat. Gleiches gilt für die Anfechtung einer Rechtshandlung, mit der eine Gesellschaft einem Dritten für eine Forderung auf Rückgewähr eines Darlehens oder einer dieser wirtschaftlich entsprechenden Forderung Befriedigung gewährt hat.   55

C. Betriebsfortführung

Mit dem Inkrafttreten der Insolvenzordnung hat das Insolvenzrecht einen **Funktionswandel** vom **Vollstreckungsrecht** zum **Wirtschaftsrecht** erfahren. Während das frühere Recht der Konkurs- und Gesamtvollstreckungsordnung und auch weitgehend das der Vergleichsordnung die Zerschlagung des schuldnerischen Unternehmens und die Verteilung der erzielten Erlöse an die Gläubiger in Kauf nahm, hat sich bereits bei den ersten Beratungen zur Insolvenzordnung die Erkenntnis durchgesetzt, dass es weitaus sinnvoller ist, wenn das Unternehmen des Schuldners nicht zerschlagen und sein Erlös „versilbert", sondern erhalten und die bei seiner Fortführung erzielten Erlöse der Befriedigung der Gläubiger verwendet werden.   56

Der Gesetzgeber hat hierfür ein ganzes Bündel von Möglichkeiten geschaffen, die entweder zusammen, jedenfalls aber in sinnvoller Kombination die **Fortführung von Unternehmen** in besonderer Weise fördern. Diese Möglichkeiten können, wie die bisherige Praxis gezeigt hat, effektiv eingesetzt werden und haben bereits als Vorbild für ausländische Regelungen gedient.   57

Entscheidend für eine erfolgreiche Betriebsfortführung in der Insolvenz ist in aller Regel die **rechtzeitige Einleitung des Insolvenzverfahrens.** In der Praxis hat sich in vielen Fällen gezeigt, dass die zuständigen Organe der Unternehmen sich anbahnende Krisensituationen nicht rechtzeitig erkennen oder nicht in der Lage sind, darauf angemessen zu reagieren. Die Ursachen hierfür sind vielfältig; sie reichen vom Fehlen zuverlässiger **Frühwarnsysteme** als Reaktion auf leichte Unternehmenskrisen bis zu der Unfähigkeit der Leitungsorgane von Gesellschaften, eigene Fehler durch das Stellen von Insolvenzanträgen einzugeste-   58

---

[57] Zur Frage der Unentgeltlichkeit vgl. BGH, Beschl. v. 22.7.2004 – IX ZR 183/03, ZIP 2004, 1819; *Holzer* EWiR 2005, 29 (30).

hen.⁵⁸ Stehen diese Probleme nicht im Weg, kann über die Stellung eines Insolvenzantrags wegen **drohender Zahlungsunfähigkeit** (§ 18 InsO) rechtzeitig eine sinnvolle Sanierung des Unternehmens eingeleitet werden.

59 Im eröffneten Insolvenzverfahren stellen das **Planverfahren** der §§ 217 ff. InsO sowie die durch das ESUG gestärkte Eigenverwaltung (§§ 270 ff. InsO) besonders geeignete Möglichkeiten dar, um ein flexibles Verfahren unter Mitwirkung der Gläubiger mit sinnvollen betriebswirtschaftlichen Planungen zu verknüpfen. Nur dann, wenn eine **dynamische Unternehmensplanung** Eingang in das Insolvenzverfahren findet, können den Insolvenzgläubigern anhand von Planrechnungen die Aussichten für eine erfolgreiche Fortführung des Unternehmens und damit sinnvolle Alternativen zu seiner Zerschlagung aufgezeigt werden. Die rechtlichen Möglichkeiten hierzu könnten durchaus noch verbessert werden; bereits die Kommission für Insolvenzrecht hat völlig zu Recht angeregt, das insolvenzrechtliche **Planverfahren** stärker mit dem **Gesellschaftsrecht** der Unternehmen zu verknüpfen. Natürlich kann sich die Gesellschafterversammlung nicht an die Stelle der Organe der Schuldner setzen; dies ist auch nicht erforderlich, weil es genügt, dass die Gesellschaft durch das Insolvenzrecht verpflichtet wird, bestimmte Handlungen wie etwa eine Sitzverlegung, die Aufstockung des Kapitals oder ähnliches vorzunehmen.⁵⁹ Sinnvoll ist auch ein sogenannter **„dept-to-equity-swap"**, nach dem die Insolvenzgläubiger Anteile am Stammkapital einer schuldnerischen Gesellschaft erhalten.⁶⁰

60 Aus juristischer Sicht ist es allenfalls möglich, die rechtliche Umgebung und insbesondere die durch die Insolvenzordnung zur Verfügung gestellten Instrumentarien aufzuzeigen. Die Betriebsfortführung ist im Übrigen untrennbar mit der **betriebswirtschaftlichen Leitung und Planung** des Unternehmens verbunden und wird an anderer Stelle ausführlich dargestellt.⁶¹

§ 10. Bildung, Aufgaben und Befugnisse des Gläubigerausschusses

Der Gläubigerausschuss vertritt als Organ der Insolvenzgläubiger im Insolvenzverfahren die Interessen aller Insolvenzgläubiger. Die Aufgaben und Pflichten (→ Rn. 13) unterscheiden sich danach, ob es sich um einen vorläufigen Gläubigerausschuss im Eröffnungsverfahren (→ Rn. 2) oder um den Gläubigerausschuss des eröffneten Insolvenzverfahrens (→ Rn. 23) handelt. Neben der Aufsicht über den Insolvenzverwalter und seiner Unterstützung (→ Rn. 13, 68) stehen dem Gläubigerausschuss insbesondere Bestimmungsrechte hinsichtlich der Person des Insolvenzverwalters vor Eröffnung des Insolvenzverfahrens (→ Rn. 15) zu. Diese Tätigkeit ist mit einem eigenen Vergütungsanspruch (→ § 54), aber auch mit Haftungsrisiken (→ Rn. 102) verbunden.

---

⁵⁸ Dazu *Holzer* NZI 2005, 308 (309 ff.) mwN.
⁵⁹ Bundesministerium der Justiz (Hrsg.), Erster Bericht der Kommission für Insolvenzrecht, 1985, S. 170, Leitsatz 2.2.6.
⁶⁰ Dazu *Sassenrath* ZIP 2003, 1517 (1526 ff.); *Jaffé/Friedrich* ZIP 2008, 1849 (1853).
⁶¹ Dazu *Jaffé/Friedrich* ZIP 2008, 1849 (1854).

A. Bildung eines Gläubigerausschusses

Die **Einrichtung eines Gläubigerausschusses** in einem Insolvenzverfahren ist für das eröffnete Insolvenzverfahren **nicht zwingend; nur im Eröffnungsverfahren** sieht § 22a InsO vor, dass in bestimmten Fällen ein vorläufiger Gläubigerausschuss eingesetzt werden muss. Insoweit handelt es sich um eine Ausnahme von dem Grundsatz, dass die Einrichtung eines Gläubigerausschusses einer entsprechenden Entscheidung der Gläubigerversammlung bedarf. Im eröffneten Insolvenzverfahren steht es der Gläubigerversammlung frei, sich für oder gegen eine Einsetzung eines Gläubigerausschusses zu entscheiden, unabhängig davon, ob dies angesichts eines umfangreichen Großverfahrens sinnvoll wäre, im Eröffnungsverfahren gemäß § 22a Abs. 1 InsO ein vorläufiger Gläubigerausschuss zwingend einzusetzen war oder der Insolvenzverwalter dies anregt.

I. Einsetzung eines vorläufigen Gläubigerausschusses vor Eröffnung eines Insolvenzverfahrens

Für den Zeitraum zwischen der Antragstellung und der Entscheidung des Insolvenzgerichts über die Eröffnung eines Insolvenzverfahrens sah die Insolvenzordnung ursprünglich keine Regelung vor, nach der die Einsetzung eines Gläubigerausschusses im Eröffnungsverfahren möglich bzw. zulässig wäre. Mit Änderung der Insolvenzordnung durch das ESUG[1] wurde in § 21 Abs. 2 Nr. 1a InsO eingeführt, dass das Insolvenzgericht bereits **vor einer Entscheidung über den Eröffnungsantrag als vorläufige Maßnahme einen vorläufigen Gläubigerausschuss** einsetzen kann. Diese Regelung wird durch § 22a InsO konkretisiert und festgelegt, in welchen Fallkonstellationen ein vorläufiger Gläubigerausschuss eingesetzt werden muss, bzw. unter welchen Voraussetzungen eine Einsetzung indiziert sein kann.

1. Voraussetzungen für einen zwingenden vorläufigen Gläubigerausschuss im Eröffnungsverfahren gem. § 22a Abs. 1 InsO

Die Entscheidung darüber, ob in einem Eröffnungsverfahren ein vorläufiger Gläubigerausschuss eingesetzt werden soll oder nicht, hat der Gesetzgeber über § 22a InsO dem Insolvenzgericht nicht freigestellt. In Insolvenzverfahren, in denen der Insolvenzschuldner mindestens zwei der drei Merkmale
– mindestens **4 840 000 EUR Bilanzsumme** nach Abzug eines auf der Aktivseite ausgewiesenen Fehlbetrags im Sinne des § 268 Abs. 3 HGB
– mindestens **9 680 000 EUR Umsatzerlöse** in den 12 Monaten vor dem Abschlussstichtag
– im Jahresdurchschnitt mindestens **50 Arbeitnehmer**
erfüllt, hat das Insolvenzgericht gemäß § 22a Abs. 1 InsO die **Pflicht, einen vorläufigen Gläubigerausschuss einzusetzen.** Damit das Insolvenzgericht möglichst sogleich im Zeitpunkt der Antragstellung beurteilen kann, ob die

---

[1] Gesetz zur erleichterten Sanierung von Unternehmen (ESUG) v. 7.12.2011.

Voraussetzungen für einen zwingenden vorläufigen Gläubigerausschuss gemäß § 22a Abs. 1 InsO vorliegen, wurden die Verpflichtungen des Insolvenzschuldners bei Stellung eines Eigenantrages in § 13 InsO ergänzt und diesem aufgegeben, Angaben zu diesen Punkten zu machen und ein qualifiziertes Verzeichnis seiner Gläubiger einzureichen. Fehlen entsprechende Angaben und reicht der Schuldner sie trotz Aufforderung des Insolvenzgerichts nicht fristgemäß nach, kann der Eröffnungsantrag des Schuldners als unzulässig zurückgewiesen werden.[2]

2. Fakultativer vorläufiger Gläubigerausschuss, § 22a Abs. 2 InsO

4   Liegen die Voraussetzungen für einen zwingenden vorläufigen Gläubigerausschuss nach § 22a Abs. 1 InsO nicht vor, soll das Gericht **auf einen Antrag des Schuldners, eines Gläubigers oder des vorläufigen Insolvenzverwalters** einen vorläufigen Gläubigerausschuss einsetzen, wenn mit dem Antrag oder zumindest nach einem entsprechenden Hinweis des Insolvenzgerichts der Antragsteller des Einsetzungsantrags dem Insolvenzgericht **Personen benennt, die als Mitglieder dieses vorläufigen Gläubigerausschusses in Betracht kommen.** Mit dieser Regelung soll das Insolvenzgericht davon entlastet werden, in Verfahren, in denen die Voraussetzungen für einen zwingenden vorläufigen Gläubigerausschuss nach § 22a Abs. 1 InsO nicht vorliegen, erst ermitteln zu müssen, welche Personen bereit wären, in einem vorläufigen Gläubigerausschuss mitzuwirken. Entsprechend § 22a Abs. 2 InsO sind hierzu nicht allein geeignete Personen zu benennen, sondern dem Antrag eigene Originaleinverständniserklärungen der benannten Personen beizufügen, aus denen sich ergibt, dass diese bereit sind, in einem vorläufigen Gläubigerausschuss mitzuwirken. Ein Antrag nach § 22a Abs. 2 InsO, welche nicht mit einer entsprechenden Gläubigerliste nebst ordnungsgemäßen Einverständniserklärungen versehen ist, kann als unzulässig zurückgewiesen werden.[3]

3. Gründe für einen Verzicht auf einen vorläufigen Gläubigerausschuss, § 22a Abs. 3 InsO

5   § 22a Abs. 3 InsO sieht vor, dass auch in Fällen eines zwingenden Gläubigerausschusses gemäß § 22a Abs. 1 InsO oder eines ordnungsgemäßen Vorschlags nach § 22a Abs. 2 InsO eine Einsetzung nicht vorzunehmen ist, wenn der **Geschäftsbetrieb des Schuldners eingestellt** ist,[4] die Einsetzung des vorläufigen Gläubigerausschusses **im Hinblick auf die zu erwartende Insolvenzmasse unverhältnismäßig**[5] ist oder die mit der Einsetzung verbundene **Verzögerung** zu einer nachteiligen Veränderung der Vermögenslage des Schuldners führt. So-

---

[2] LG Potsdam, Beschl. v. 4.9.2013 – 2 T 58/13, ZInsO 2013, 2501; AG Essen, Beschl. v. 25.3.2015 – 166 IN 221/15, ZInsO 2015, 754.
[3] AG Hamburg, Beschl. v. 6.5.2013 – 67c IN 165/13, ZIP 2013, 1135.
[4] AG Hamburg, Beschl. v. 26.9.2013 – 67c IN 320/13, ZInsO 2013, 2166 und AG Hamburg, Beschl. v. 3.5.2013 – 67c IN 161/13, ZIP 2013, 1391 zur Bestimmung, wann ein Geschäftsbetrieb eingestellt ist.
[5] Zur Unverhältnismäßigkeit der Einsetzung eines vorläufigen Gläubigerausschusses: *Beth* ZInsO 2012, 1974.

wohl in Fällen einer Geschäftseinstellung als auch in Verfahren mit einer voraussichtlich geringen Masse besteht keine sinnvolle Notwendigkeit für die Bestellung eines vorläufigen Gläubigerausschusses, welcher in jedem Fall zu nicht unerheblichen Verfahrenskosten führt.[6] Eine Ablehnung der Einsetzung eines vorläufigen Gläubigerausschusses unterliegt keinem Rechtsmittel.

4. Zusammensetzung eines vorläufigen Gläubigerausschusses

Hinsichtlich der Zusammensetzung des vorläufigen Gläubigerausschusses verweist § 21 Abs. 2 Nr. 1a InsO auf den für den Gläubigerausschuss im eröffneten Insolvenzverfahren geltenden § 67 Abs. 2 InsO. Nach dieser Regelung sollen in einem Gläubigerausschuss die **absonderungsberechtigten Gläubiger,** die **Gläubiger mit den höchsten Forderungen,** die **Kleingläubiger** sowie ein **Vertreter der Arbeitnehmer** angehören. Die für das eröffnete Verfahren geltende Regelung des § 67 Abs. 3 InsO, wonach einem Gläubigerausschuss auch Personen angehören können, die selbst keine Gläubiger sind, gilt aufgrund der Beschränkung in § 21 Abs. 2 Nr. 1a InsO für den vorläufigen Gläubigerausschuss des Eröffnungsverfahrens nicht. An dessen Stelle regelt § 21 Abs. 2 Nr. 1a InsO, dass zu Mitgliedern dieses Gläubigerausschusses auch Personen bestellt werden können, die erst mit der Eröffnung des Verfahrens Gläubiger werden. Diese Klausel erlaubt es, in einen vorläufigen Gläubigerausschuss auch Personen aufzunehmen, die zum Zeitpunkt ihrer Bestellung und Tätigkeit noch nicht als Gläubiger des Schuldners anzusehen sind. Eine Beiziehung externer Experten wird hierdurch jedoch erschwert und bedarf einiger Manipulationen. 6

Hinsichtlich einer minimalen oder maximalen Anzahl von Gläubigerausschussmitgliedern enthält die Insolvenzordnung keinerlei Regelung. Zur Erleichterung der Beschlussfassung empfiehlt sich in jedem Fall eine ungerade Anzahl von Ausschussmitgliedern, womit die **Mindestzahl bei 2 Personen** liegt.[7] 7

Bei der Entscheidung, welche der infrage kommenden Personen tatsächlich in einen vorläufigen Gläubigerausschuss berufen werden, ist das Insolvenzgericht frei. Das Insolvenzgericht kann dabei auch von der Sollvorschrift des § 67 Abs. 2 InsO abweichen und die Zusammensetzung hinsichtlich der Gläubigergruppen anders bilden, ohne dass ein Verfahrensbeteiligter gegen diese Entscheidung vorgehen könnte. Auch bei Beachtung der Gläubigergruppen entsprechend § 67 Abs. 2 InsO kommen regelmäßig verschiedene Personen in Betracht. Die Regelung des § 22a Abs. 2 und Abs. 4 InsO, wonach dem Insolvenzgericht geeignete und für das Amt bereite Personen zu benennen sind, bewirkt keine Bindung des Insolvenzgerichts, auf diese Personen zurückzugreifen. Dass Insolvenzgerichte kann ohne weitere Begründung einzelne oder sämtliche benannten Personen durch andere Personen ersetzen. Auch dieser **Abweichung des Insolvenzgerichts von den Personenvorschlägen** unterliegt 8

---

[6] Ablehnung eines vorläufigen Gläubigerausschusses wegen Kosten in Höhe von 7 Prozent der zu erwartenden Teilungsmasse: AG Ludwigshafen, Beschl. v. 4.5.2012 – 3f IN 103/12, NZI 2012, 850.
[7] BGH, Beschl. v. 5.3.2009 – IX ZB 148/08, NZI 2009, 386.

keinem Rechtsmittel.[8] Das **Rechtsmittel des Insolvenzschuldners** gemäß § 21 Abs. 1 S. 2 InsO betrifft insoweit nur die Anordnung vorläufiger Maßnahmen und damit die Bestellung eines vorläufigen Gläubigerausschusses, nicht jedoch dessen Zusammensetzung.[9]

9 Aus der in der Regel bestehenden besonderen Eilbedürftigkeit des Eröffnungsverfahrens und der Notwendigkeit, kurzfristig einen vorläufigen Gläubigerausschuss einzusetzen, resultiert ein faktischer Zwang des Insolvenzgerichts, auf die ihm angedienten, für das Amt im vorläufigen Gläubigerausschuss bereiten Personen zurückzugreifen. Möchte das Insolvenzgericht von dem ihm unterbreiteten Vorschlag abweichen, wird es erst in einer regelmäßig zeitraubenden Weise ermitteln müssen, welche Gläubiger dieses Verfahrens bereit wären, in dem vorläufigen Gläubigerausschuss mitzuwirken. Unter Berücksichtigung einer angemessenen Überlegungsfrist und der nicht zu vermeidenden Ablehnungen wird eine Zusammenstellung eines repräsentativen vorläufigen Gläubigerausschusses allein durch das Insolvenzgericht regelmäßig zu erheblichen zeitlichen Verzögerungen führen. Faktisch hat es daher der **Insolvenzschuldner** bzw. der vorläufige Insolvenzverwalter oder der beantragende Gläubiger gemäß § 22a Abs. 2 InsO in der Hand, insbesondere im **Vorfeld eines Insolvenzantrags geeignete Personen für den vorläufigen Gläubigerausschuss auszusuchen** und anschließend dem Insolvenzgericht vorzuschlagen. Insbesondere bei der dadurch dem Insolvenzschuldner möglichen Vorauswahl der Gläubigerausschussmitglieder kann ermittelt werden, ob das mögliche Gläubigerausschussmitglied bereit ist, die Vorstellungen des Insolvenzschuldners über den Ablauf des Insolvenzverfahrens und die Person des Insolvenzverwalters entsprechend § 56a InsO mitzutragen. Es ist daher nicht überraschend, dass ein in dieser Weise zusammengestellter vorläufiger Gläubigerausschuss einem möglichen Sanierungskonzept des Insolvenzschuldners besonders aufgeschlossen gegenübersteht und bereit ist, dem Insolvenzgericht einen (vorläufigen) Insolvenzverwalter vorzuschlagen, von dem erwartet werden kann, dass er dieses Sanierungskonzept übernehmen wird.

10 Die Insolvenzordnung sieht es nicht vor, dass ein an einer Mitwirkung im vorläufigen Gläubigerausschuss interessierter Gläubiger seine Bereitschaft dem Insolvenzgericht anzeigen könnte. Gleichwohl ist einem jedem Gläubiger zuzugestehen, das Insolvenzgericht darauf hinzuweisen, dass hinsichtlich eines bestimmten Insolvenzschuldners – unabhängig davon bereits ein Insolvenzverfahren eingeleitet wurde oder nicht – eine Bereitschaft besteht, im Falle der Bestellung eines vorläufigen Gläubigerausschusses mitzuwirken. Eine solche **Bereitschaftsanzeige** kann durch Einreichung einer Schutzschrift oder durch eine sonstige Kontaktaufnahme mit dem Insolvenzgericht erfolgen. Dies führt zwar ebenso nicht zu einer Bindung des Insolvenzgerichts, ermöglicht diesem aber in einfacher Weise die Besetzung eines Gläubigerausschusses, wenn keine geeigneten Personen benannt werden oder das Gericht ganz oder teilweise von dem ihm insoweit zugeleiteten Vorschlag zur Besetzung des vorläufigen Gläubigerausschusses abweichen möchte.

---

[8] Zu den Rechtsmittelmöglichkeiten *Horstkotte* ZInsO 2012, 1930; *Römermann/Praß* ZInsO 2012, 1923; *Schmidt* ZInsO 2012, 1107.
[9] LG Kleve, Beschl. v. 4.4.2013 – 4 T 32/13, NZI 2013, 599.

Eine einmal getroffene **Entscheidung über die Einsetzung und Besetzung** **11**
eines vorläufigen Gläubigerausschusses kann das Insolvenzgericht im Eröffnungsverfahren abändern, wenn entsprechende Notwendigkeiten hierzu bestehen. Ohne dass dies in der Insolvenzordnung ausdrücklich benannt wurde, dürften die Gründe des § 22a Abs. 3 InsO, welche gegen die Einsetzung eines vorläufigen Gläubigerausschusses sprechen, eine Absetzung eines eingesetzten vorläufigen Gläubigerausschusses rechtfertigen, wenn die entsprechenden Gründe erst nach der ursprünglichen Entscheidung entstehen bzw. dem Insolvenzgericht bekannt werden. Das Insolvenzgericht wird auch als berechtigt angesehen, einen bereits eingesetzten vorläufigen Gläubigerausschuss durch weitere Personen zu erweitern, wenn es dies für sinnvoll und angemessen hält.[10]

Gemäß § 70 InsO iVm § 21 Abs. 2 Nr. 1a InsO kann das Insolvenzgericht ein **12**
einzelnes Mitglied des vorläufigen Gläubigerausschusses aus seinem **Amt entlassen, wenn hierfür ein wichtiger Grund vorliegt.** Diese Entlastungsmöglichkeit betrifft jedoch nur das einzelne Gläubigerausschussmitglied, nicht jedoch den vorläufigen Gläubigerausschuss insgesamt. Die Entlassung eines Mitglieds des vorläufigen Gläubigerausschusses kann von Amts wegen oder auf Antrag des Mitglieds erfolgen. Die in § 70 InsO vorgesehene Anschlussmöglichkeit einer Gläubigerversammlung entfällt für das insolvenzrechtliche Eröffnungsverfahren, da in diesem Zeitraum eine Gläubigerversammlung nicht möglich ist. Da mit der Eröffnung des Insolvenzverfahrens das Amt des vorläufigen Gläubigerausschusses automatisch endet, besteht auch keine Berechtigung oder Notwendigkeit eines entsprechenden Antrages einer Gläubigerversammlung bezüglich des vorläufigen Gläubigerausschusses des eröffneten Insolvenzverfahrens. Eine Antragsberechtigung hinsichtlich einer Entlassung eines Mitglieds des Gläubigerausschusses sieht § 70 InsO für den (vorläufigen) Insolvenzverwalter nicht vor. Sollte ein Insolvenzverwalter eine Entlassung eins Mitglieds eines Gläubigerausschusses für notwendig erachten, kann er dies gegenüber dem Insolvenzgericht anregen, welches sodann darüber zu befinden hat, ob ein Grund für eine Entlassung von Amts wegen vorliegt. Die Entscheidung des Insolvenzgerichts über einen Entlassungsantrag im Sinne des § 70 InsO unterliegt der sofortigen Beschwerde, § 70 S. 3 InsO.

5. Aufgaben und Pflichten des vorläufigen Gläubigerausschusses

Eigene Aufgaben des vorläufigen Gläubigerausschusses benennt § 22a InsO **13**
nicht. Systematisch bezeichnet § 21 Abs. 2 Nr. 1a InsO die Einsetzung eines vorläufigen Gläubigerausschusses als vorläufige Maßnahme des Insolvenzgerichts mit dem Zweck, zu verhüten, dass bis zur Entscheidung über den Antrag auf Eröffnung des Insolvenzverfahrens eine den Gläubigern nachteilige Veränderung in der Vermögenslage des Schuldners eintritt. Über § 21 Abs. 2 Nr. 1a InsO gilt hinsichtlich der Aufgaben § 69 InsO auch für den vorläufigen Gläubigerausschuss entsprechend. Daher haben die Mitglieder eines vorläufigen Gläubigerausschusses die Aufgabe, den vorläufigen Insolvenzverwalter bei seiner **Geschäftsführung zu unterstützen und zu überwachen.** Hierzu haben

---

[10] AG Kaiserslautern, Beschl. v. 15.6.2004 – IN 144/04, NZI 2004, 676.

Sie sich über den Gang der Geschäfte zu unterrichten sowie die Bücher und Geschäftspapiere einzusehen und den Geldverkehr und -bestand prüfen zu lassen.

14   In Eröffnungsverfahren werden die vorgenannten Aufgaben angesichts der regelmäßig begrenzten Rechte und Pflichten des vorläufigen Insolvenzverwalters und des zumeist kurzen Zeitraums des Eröffnungsverfahrens nur verhältnismäßig wenig Handlungsnotwendigkeiten für die Mitglieder des vorläufigen Gläubigerausschusses mit sich bringen. Außerhalb der Regelung der §§ 21 Abs. 2 Nr. 1a, 69 InsO besteht die Berechtigung und Notwendigkeit eines vorläufigen Gläubigerausschusses insbesondere durch die in § 56a InsO festgelegte Möglichkeit, auf die **Auswahlentscheidung des Insolvenzgerichts hinsichtlich der Person des Insolvenzverwalters** Einfluss zu nehmen.

15   Als Mittel zur Stärkung des Gläubigereinflusses im Insolvenzverfahren bestimmt § 56a Abs. 1 InsO, dass das Insolvenzgericht vor der Bestellung eines Insolvenzverwalters dem vorläufigen Gläubigerausschuss Gelegenheit zu geben hat, sich zu den **an den Verwalter zu stellenden Anforderungen und zur Person des Insolvenzverwalters** zu äußern. Eine solche Anhörungsnotwendigkeit sah die Insolvenzordnung bis zur Einführung des § 56a InsO nicht vor. Bei dieser Anhörung des vorläufigen Gläubigerausschusses handelt es sich nicht nur um eine Formalie. Über § 56a Abs. 2 InsO hat ein vorläufiger Gläubigerausschuss sogar die Möglichkeit, das Insolvenzgericht an die Entscheidung des vorläufigen Gläubigerausschusses zu binden. Benennt der vorläufige Gläubigerausschuss einstimmig eine bestimmte Person, darf das Insolvenzgericht nur dann eine andere Person als Insolvenzverwalter bestellen, wenn die vom vorläufigen Gläubigerausschuss vorgeschlagene Person für die Übernahme des Amtes nicht geeignet ist. Diese Beschränkung der Abweichungsmöglichkeit des Insolvenzgerichts auf Fälle der Nichteignung erlaubt es einem vorläufigen Gläubigerausschuss, auch Personen zum Insolvenzverwalter bestellen zu lassen, welche für das konkrete Verfahren nicht als bestmöglich geeignet anzusehen sind, solange eine Nichteignung nicht ausgesprochen werden kann.

16   Da es in der Regel der **Berater des Insolvenzschuldners** ist, der für einen Vorschlag an das Insolvenzgericht einen vorläufigen Gläubigerausschuss zusammenstellt, hat es dieser Dank § 56a Abs. 2 InsO in der Hand, selbst zu entscheiden, welche Person als Insolvenzverwalter zu bestellen ist. **Vorgespräche mit einzelnen Gläubigern** über die Frage, ob diese in einem vorläufigen Gläubigerausschuss mitwirken wollen und ob diese dem Vorschlag eines bestimmten Insolvenzverwalters mittragen können oder nicht, sind grundsätzlich als zulässig anzusehen. Verständlich ist, dass Gläubiger, die ein mögliches Konzept des Beraters des Insolvenzschuldners nicht mittragen wollen, von diesem auch nicht für den vorläufigen Gläubigerausschuss vorgeschlagen und damit in der Praxis auch nicht durch das Insolvenzgericht bestellt werden.

17   Auch in Fällen, in denen sich ein vorläufiger Gläubigerausschuss nicht einstimmig auf einen bestimmten Verwalter einigen kann, kann ein vorläufiger Gläubigerausschuss mit Stimmenmehrheit entsprechend § 56a Abs. 2 S. 2 InsO dem Insolvenzgericht in bindender Weise **Anforderungen vorgeben, die bei der Auswahl des (vorläufigen) Insolvenzverwalters zu beachten sind.** Auch dies ermöglicht es dem vorläufigen Gläubigerausschuss und damit eventuell auch dem Berater des Schuldners, Kriterien vorzugeben, welche auf die Bestel-

lung einer bestimmten Person hinlaufen oder zumindest unerwünschte Verwalterkandidaten ausschließen.

Insbesondere zu Beginn eines Eröffnungsverfahrens können Umstände vorliegen, die es nicht erlauben, die Bestellung eines vorläufigen Insolvenzverwalters herauszuschieben, um einem vorläufigen Gläubigerausschuss Gelegenheit zu geben, sich entsprechend § 56a InsO zur Person des vorläufigen Insolvenzverwalters zu äußern. In dem Zeitraum, der dafür notwendig ist, den vorläufigen Gläubigerausschuss zu bestellen, den einzelnen Mitgliedern Gelegenheit zu geben, dem Gericht gegenüber mitzuteilen, dass Sie das entsprechende Amt auch annehmen, sich zu konstituieren, zu informieren, zu beraten und letztlich dem Insolvenzgericht einen Vorschlag im Sinne des § 56a InsO zukommen zu lassen, können Veränderungen zulasten der Insolvenzgläubiger eintreten, die es häufig notwendig erscheinen lassen, mit der Bestellung eines vorläufigen Insolvenzverwalters nicht bis zu einer Stellungnahme des vorläufigen Gläubigerausschusses zuzuwarten. Daher stellt § 56a Abs. 1 InsO die Anhörungsverpflichtung des Insolvenzgerichts unter den Vorbehalt, dass diese nicht offensichtlich zu nachteiligen Veränderungen der Vermögenslage des Insolvenzschuldners führt. Ein Insolvenzgericht, welches vor der Bestellung eines vorläufigen Insolvenzverwalters **von einer Anhörung des vorläufigen Gläubigerausschusses absehen** möchte, hat das Vorliegen von Umständen, welcher einer Anhörungsnotwendigkeit entfallen lassen, in geeigneter Weise zu dokumentieren. Für einen solchen Fall sieht § 56a Abs. 3 InsO vor, dass der entsprechend übergangene vorläufige Gläubigerausschuss in seiner ersten Sitzung nach dieser Entscheidung einstimmig eine andere Person als die bestellte zum Insolvenzverwalter wählen kann. Auf eine Vorgabe bestimmter Kriterien kommt es in dieser Situation nicht mehr an. Für eine Entlassung des vom Insolvenzgericht bestellten ersten vorläufigen Insolvenzverwalters bedarf es einer einstimmigen Entscheidung des vorläufigen Gläubigerausschusses. Einem Vorschlag einer nicht geeigneten Person braucht das Insolvenzgericht nicht zu folgen.

Die Möglichkeit nach § 56a Abs. 3 InsO des vorläufigen Gläubigerausschusses, durch einstimmige Entscheidung einen Beschluss des Insolvenzgerichts abändern zu lassen, besteht faktisch nur für die Person des vorläufigen Insolvenzverwalters. Auch wenn die Anhörungsverpflichtung des Insolvenzgerichts gemäß § 56a InsO insbesondere für den Insolvenzverwalter des eröffneten Insolvenzverfahrens gilt, läuft die Abänderungsmöglichkeit des § 56a Abs. 3 InsO bei einer nicht Anhörung ins Leere, da mit der Eröffnung des Insolvenzverfahrens der vorläufige Gläubigerausschuss seine Existenz und damit seine Entscheidungsbefugnis automatisch verliert, ohne dass dies besonders festgestellt werden müsste.

6. Voraussetzungen für ein Handeln des vorläufigen Gläubigerausschusses im Eröffnungsverfahren

Um als vorläufiger Gläubigerausschuss im Eröffnungsverfahren mitwirken zu können, hat sich der vorläufige Gläubigerausschuss mit seinen Mitgliedern zu konstituieren. Vor einer solchen **Konstituierung** ist das Insolvenzgericht nicht gehalten, die einzelnen Mitglieder des bestellten vorläufigen Gläubigerausschusses anzuhören.[11] Vor einer Konstituierung hat jedes einzelne Mitglied

---

[11] AG München, Beschl. v. 14.6.2012 – 1506 IN 1851/12, ZIP 2012, 1308.

des vorläufigen Gläubigerausschusses zu entscheiden, ob es bereit ist, die Pflichten einer solchen Ausschuss Tätigkeit zu übernehmen und anschließend dem Insolvenzgericht **schriftlich mitzuteilen, ob es das ihm angetragene Amt annimmt oder nicht.** Für diese Erklärung sollte das Insolvenzgericht den einzelnen Mitgliedskandidaten eine kurze, aber angemessene Überlegungs- und Erklärungsfrist setzen. Nach Ablauf einer solchen Frist hat das Insolvenzrecht zu prüfen, ob eventuell einzelne Kandidaten, welche ihr Amt nicht in dieser Weise angenommen haben, durch neue Personen zu ersetzen sind. Unterbleibt einer Annahmeerklärung innerhalb der vom Gericht gesetzten Frist, kommt es nicht zu einer Mitgliedschaft im vorläufigen Gläubigerausschuss.[12] Wirkt ein ehemaliger Gläubigerausschusskandidat in einem Gläubigerausschuss mit, obwohl er es trotz Hinweises unterlassen hat, sein Amt anzunehmen, hat dies Auswirkungen auf die Rechtmäßigkeit der Beschlüsse des Gläubigerausschusses und auf die Berechtigung des fehlerhaften Gläubigerausschussmitglieds, eine Vergütung und einen Ersatz seiner Auslagen zu verlangen.

7. Rechte des vorläufigen Gläubigerausschusses gegenüber anderen Beteiligten

21   Die dem vorläufigen Gläubigerausschuss obliegenden Aufgaben und Pflichten hat der Gesetzgeber nicht mit entsprechenden Handlungskompetenzen oder Rechten gegenüber anderen Verfahrensbeteiligten ergänzt. Trotzdem der vorläufige Gläubigerausschuss die Pflicht hat, den vorläufigen Insolvenzverwalter zu überwachen, werden dem vorläufigen Gläubigerausschuss keinerlei **Zwangsmittel** gegenüber dem vorläufigen Insolvenzverwalter zur Verfügung gestellt. Der vorläufige Gläubigerausschuss kann einem vorläufigen Insolvenzverwalter auch keinerlei Handlungen auferlegen. Maßnahmen des vorläufigen Insolvenzverwalters, welche den Beschlüssen des vorläufigen Gläubigerausschusses zuwiderlaufen, sind uneingeschränkt wirksam. Die Entscheidungen des vorläufigen Gläubigerausschusses haben keinerlei Außenwirkung.

22   **Gegenüber dem Insolvenzschuldner** sieht die InsO keinerlei Berechtigungen und Aufgaben des vorläufigen Gläubigerausschusses vor. Auch für den Fall einer vorläufigen Eigenverwaltung entsprechend § 270a oder b InsO wird durch die InsO der Aufgabenbereich des vorläufigen Gläubigerausschusses nicht entsprechend erweitert. Allein über § 270 Abs. 3 InsO ist ein vorläufiger Gläubigerausschuss vor einer Anordnung einer Eigenverwaltung im eröffneten Insolvenzverfahren zu der Frage anzuhören, ob dieser den Antrag auf Anordnung einer Eigenverwaltung einstimmig unterstützt. Gemäß § 270a Abs. 3 S. 2 InsO führt ein solch einstimmiger Beschluss dazu, dass die Anordnung einer Eigenverwaltung nicht als nachteilig für die Gläubiger anzusehen ist.

II. Einsetzung eines ersten (vorläufigen) Gläubigerausschusses im eröffneten Insolvenzverfahren durch das Insolvenzgericht

23   Aus der **Notwendigkeit** heraus, dass ein bestellter Insolvenzverwalter evtl. kurz nach Eröffnung des Insolvenzverfahrens wesentliche Entscheidungen tref-

---

[12] LG Duisburg, Beschl. v. 29.9.2003 – 7 T 203/03, NZI 2004, 95.

fen muss, mit denen nicht bis zur ersten Gläubigerversammlung gewartet werden kann, sieht § 67 Abs. 1 InsO vor, dass das Insolvenzgericht an Stelle der noch nicht zusammengetretenen Gläubigerversammlung einen **vorläufigen Gläubigerausschuss** im eröffneten Insolvenzverfahren einsetzen kann. Das Insolvenzgericht ist dabei frei, sich für oder gegen eine Einsetzung eines vorläufigen Gläubigerausschusses zu entscheiden. Weder ist das Insolvenzgericht gezwungen, in jedem Fall einer größeren Insolvenzmasse oder eines aktiven Geschäftsbetriebs des Insolvenzschuldners eine Einsetzung vorzunehmen, noch muss es einer Anregung des Insolvenzverwalters hierzu folgen. Eine standardisierte Einsetzung in allen Verfahren mit einer nicht geringen Vermögensmasse dürfte vielmehr für einen Ermessenfehler des Insolvenzgerichts sprechen, als für eine sachgerechte Entscheidung anhand konkreter Zweckmäßigkeitserwägungen.

Zuständig für die Entscheidung über die Einsetzung eines vorläufigen Gläubigerausschusses ist funktionell die in diesem Moment für das Verfahren zuständige Person. Erfolgt die Einsetzung des vorläufigen Gläubigerausschusses zusammen mit der Entscheidung über die Eröffnung des Insolvenzverfahrens, liegt die Zuständigkeit beim Insolvenzrichter. Nach Unterzeichnung des Eröffnungsbeschlusses geht das Verfahren gem. § 18 Abs. 1 RPflG auf den Rechtspfleger über, der bis zur ersten Gläubigerversammlung über die Möglichkeit und Notwendigkeit der Einsetzung eines vorläufigen Gläubigerausschusses zu entscheiden hat. Dass der Insolvenzrichter bei der Eröffnung des Insolvenzverfahrens von der Einsetzung eines vorläufigen Gläubigerausschusses für das eröffnete Insolvenzverfahren abgesehen hat, hindert eine Einsetzung durch den Rechtspfleger nicht. Wurde mit der Eröffnung ein vorläufiger Gläubigerausschuss eingesetzt, ist der Rechtspfleger nicht in der Lage, die Einsetzung aufzuheben oder auszusetzen. Auch im Falle einer ausdrücklichen Ablehnung einer Einsetzung eines vorläufigen Gläubigerausschusses durch Beschluss ist der Rechtspfleger nicht berechtigt, eine abändernde Entscheidung zu treffen. Nur die Gläubigerversammlung kann gem. § 68 Abs. 1 S. 2 InsO die vorläufige Einsetzung beenden, indem sie sich ausdrücklich gegen eine Beibehaltung eines Gläubigerausschusses entscheidet, oder trotz der Ablehnung durch den Insolvenzrichter einen Gläubigerausschuss einsetzen lassen.

1. Fallkonstellationen eines vorläufigen Gläubigerausschusses im eröffneten Insolvenzverfahren

In der Praxis entscheiden sich die Insolvenzgerichte nur bei bestimmten Verfahrenskonstellationen für eine Einsetzung eines vorläufigen Gläubigerausschusses. Ohne dass dies eine Voraussetzung nach § 67 Abs. 1 InsO wäre, beschränken sich die Insolvenzgerichte zumeist auf **Verfahren mit größeren Insolvenzmassen und einem aktiven Geschäftsbetrieb** des Insolvenzschuldners. Durch die entsprechenden Massen kann gewährleistet werden, dass die mit der Einsetzung eines Gläubigerausschusses verbundenen Kosten durch die Vergütungen der Mitglieder des Gläubigerausschusses die effektive Befriedigungsquote der Insolvenzgläubiger nur gering belasten. Die von einem Insolvenzverwalter insbesondere zu Beginn seiner Tätigkeit zu treffenden Entscheidungen in Bezug auf einen aktiven Geschäftsbetrieb lassen in der Regel die

Einsetzung eines vorläufigen Gläubigerausschusses notwendig erscheinen, damit einerseits die Haftungsrisiken des Insolvenzverwalters minimiert werden, als auch den Beteiligungsrechten der Insolvenzgläubiger genüge getan wird.

26   Unabhängig von der Höhe der Insolvenzmasse bzw. eines aktiven Unternehmens des Insolvenzschuldners dürfte es sinnvoll sein, in den Verfahren, in denen das Insolvenzgericht mit der Eröffnung des Insolvenzverfahrens eine **Eigenverwaltung im Sinne des § 270 InsO** angeordnet hat, mit der Anordnung einen vorläufigen Gläubigerausschuss einzusetzen, der eine eigene Kontrolle des Insolvenzschuldners übernehmen kann, auch wenn die Insolvenzordnung insoweit weder ein Antragsrecht des Gläubigerausschusses nach § 272 InsO noch eine Anhörung Verpflichtung des Insolvenzgerichts vorgesehen hat.

2. Unterschiede zwischen einem vorläufigen Gläubigerausschuss im eröffneten Insolvenzverfahren und dem Gläubigerausschuss auf Beschluss der Gläubigerversammlung

27   Hinsichtlich der Entstehung unterscheiden sich der vorläufige Gläubigerausschuss und der (endgültige) Gläubigerausschuss im eröffneten Insolvenzverfahren dadurch, dass der durch das Insolvenzgericht eingesetzte vorläufige Ausschuss **nicht durch eine Entscheidung der Insolvenzgläubiger legitimiert** wurde. Das Insolvenzgericht benötigt für seine Entscheidung gemäß § 67 Abs. 1 InsO für die Einsetzung eines vorläufigen Ausschusses keine Zustimmung der Insolvenzgläubiger. Eine entsprechende Befragung aller Insolvenzgläubiger ist vor einer Gläubigerversammlung faktisch auch nicht möglich, da zu diesem Zeitpunkt nicht abschließend geklärt werden kann, wer als Insolvenzgläubiger anzusehen ist. Dementsprechend würde eine Anhörung der bekannten Gläubiger wohl nur eine Auswahl aller Insolvenzgläubiger betreffen und daher die Entscheidung des Insolvenzgerichts nicht zusätzlich legitimieren.

28   Die Entscheidung für oder gegen einen Gläubigerausschuss und dementsprechend über die Art und den Umfang der aktiven Beteiligung der Insolvenzgläubiger am Verfahren obliegt jedoch einzig und allein den Insolvenzgläubigern selbst. Dementsprechend haben sie nach § 68 Abs. 1 S. 2 InsO die Berechtigung, **frei darüber zu entscheiden,** ob die vom Gericht vorgenommene Einsetzung eines **Gläubigerausschusses im weiteren Verfahrensablauf aufrechterhalten** werden soll oder nicht. Die Entscheidung der Gläubiger im Sinne des § 68 Abs. 1 S. 2 InsO ist nicht einem Rechtsmittel vergleichbar und unterliegt keinen tatsächlichen oder rechtlichen Voraussetzungen. Unabhängig davon, wie sinnvoll oder zwingend man die Entscheidung des Insolvenzgerichts ansehen mag, haben die Insolvenzgläubiger die Berechtigung, frei zu entscheiden, ob die gerichtliche Vorentscheidung weiter Bestand haben soll oder nicht.

29   Diese Abhängigkeit des vorläufigen Gläubigerausschusses des eröffneten Insolvenzverfahrens von einer Bestätigung durch die Gläubigerversammlung macht den wesentlichen Unterschied gegenüber einem (endgültigen) Gläubigerausschuss aus. Sowohl die Entscheidung über die Aufrechterhaltung des vorläufigen Gläubigerausschusses als endgültigen Gläubigerausschuss gem. § 68 Abs. 1 S. 2 InsO als auch die Entscheidung über die Mitglieder des Gläubiger-

ausschusses gem. § 68 Abs. 2 InsO steht im **freien Ermessen der Gläubigerversammlung.** Dieses freie Ermessen hat die Gläubigerversammlung nach einer Entscheidung für einen Gläubigerausschuss und der Bestimmung seiner Mitglieder nicht mehr. Eine Entlassung eines Gläubigerausschussmitglieds kann die Gläubigerversammlung allein nicht mehr vornehmen. Da gem. § 70 S. 1 InsO eine Entlassung dann nur noch durch das Insolvenzgericht erfolgen kann, kann die Gläubigerversammlung eine entsprechende Entlassung nur beantragen, ohne dass ein Rechtsmittel zu Gunsten der Gläubigerversammlung im Falle einer Ablehnung vorgesehen wäre.

3. Zulässigkeit eines vorläufigen Gläubigerausschusses nach der ersten Gläubigerversammlung

Entsprechend der Formulierung des § 67 Abs. 1 InsO ist die **Berechtigung zur Einsetzung eines vorläufigen Gläubigerausschusses auf den Zeitraum bis zur ersten Gläubigerversammlung begrenzt.** Nach einer ersten Gläubigerversammlung berechtigt § 67 Abs. 1 InsO das Insolvenzgericht nicht mehr, selbständig eine Einsetzung eines Gläubigerausschusses vorzunehmen. Selbst dann, wenn eine Änderung der Verfahrenssituation eine Einsetzung eines Gläubigerausschusses notwendig erscheinen lässt und vermutet werden kann, dass eine Gläubigerversammlung sich nunmehr für einen Gläubigerausschuss entscheiden würde, kann das Insolvenzgericht nach der ersten Gläubigerversammlung keinen Gläubigerausschuss einsetzen. Nur über den Weg einer kurzfristigen Anberaumung einer Gläubigerversammlung mit dem Tagesordnungspunkt der Entscheidung über die Einsetzung eines Gläubigerausschusses kann es zu einer Einsetzung kommen. Ein Insolvenzgericht, welches ohne eine Entscheidung der Gläubigerversammlung nach einem ersten Termin einen Gläubigerausschuss einsetzt, hat das Risiko zu tragen, dass es für die hierdurch entstehenden Kosten zu haften hat.

30

4. Gläubigerbeirat als Alternative zum Gläubigerausschuss

Andere Organe als die Gläubigerversammlung und den Gläubigerausschuss sieht die Insolvenzordnung nicht vor. Daher ist es nicht möglich, einerseits auf die Einsetzung eines Gläubigerausschusses zu verzichten, an dessen Stelle aber eine Art **Gläubigerbeirat** zu stellen, der eine evtl. nur beratende Aufgabe hat, ohne dem Haftungsrisiko des § 71 InsO ausgesetzt zu sein. Die Gläubigerversammlung hat zu entscheiden, ob sie die Überwachungs- und Unterstützungsaufgaben des Gläubigerausschusses selbst übernehmen möchte, wozu die einzelnen Insolvenzgläubiger zumeist nicht bereit sein werden, oder die in der Insolvenzordnung hierzu vorgesehenen Möglichkeiten nutzt. Eine Abänderung der gesetzlichen Vorschriften zur **Vermeidung von Kosten oder Risiken** ist daneben nicht möglich. Sollten die Insolvenzgläubiger gleichwohl ein Beirat bestimmen, muss dieser funktions- und rechtlos bleiben. Ein Insolvenzverwalter kann sinnvolle Vorschläge des Beirats übernehmen, ist jedoch nicht gezwungen, mit diesem Nicht-Organ der Gläubigerversammlung zu korrespondieren.

31

Graeber

III. Entscheidung der Gläubigerversammlung über die Einsetzung eines Gläubigerausschusses

32 Der für das Verfahren nach der ersten Gläubigerversammlung allein maßgebliche (endgültige) Gläubigerausschuss entsteht entweder durch, dass die Gläubigerversammlung den vom Insolvenzgericht eingesetzten vorläufigen Gläubigerausschuss gem. § 68 Abs. 1 S. 2 InsO **beibehält**, oder in den Fällen, in denen das Insolvenzgericht keinen vorläufigen Gläubigerausschuss eingesetzt hatte, gem. § 68 Abs. 1 S. 1 InsO beschließt, einen **Gläubigerausschuss erstmalig einzusetzen.** Der Gläubigerversammlung steht es dabei frei, die Nichteinsetzung eines Ausschusses zu beschließen, auch wenn das Insolvenzgericht dies für notwendig und sinnvoll hielt. Die vorherige gerichtliche Entscheidung bindet die Gläubigerversammlung in keiner Weise. Das Insolvenzgericht kann die Gläubigerversammlung auch nicht durch einen Beschluss gemäß § 78 Abs. 1 InsO zwingen, bestimmte Personen oder Gläubigergruppen in den Gläubigerausschuss aufzunehmen.[13]

33 **Lehnt die Gläubigerversammlung eine Beibehaltung des vorläufigen Gläubigerausschusses ab,** endet dessen Amt und Tätigkeit mit diesem Beschluss, ohne dass die Mitglieder des Gläubigerausschusses berechtigt wären, gegen diese Entscheidung der Gläubigerversammlung vorzugehen. Gegen den Beschluss der Gläubigerversammlung im Sinne des § 76 InsO können nur nicht nachrangige Insolvenzgläubiger und absonderungsberechtigt Gläubiger neben dem Insolvenzverwalter gem. § 78 Abs. 1 InsO mit dem Argument vorgehen, der Beschluss widerspräche dem gemeinsamen Interesse der Gläubigergemeinschaft. Mitglieder des Gläubigerausschusses, die weder absonderungsberechtigt noch nicht nachrangige Insolvenzgläubiger sind, besitzen keine **Rechtsmittel** gegen eine Beendigung ihrer Stellung.

34 Spricht sich die Gläubigerversammlung nicht ausdrücklich gegen eine Beibehaltung des vorläufigen Ausschusses aus, bleibt dieser bestehen und die vom Insolvenzgericht bestimmten Gläubigerausschussmitglieder in ihrem Amt, bis die Gläubigerversammlung in einem **späteren Termin** eine Entscheidung über die Umbesetzung oder Auflösung des Gläubigerausschusses trifft. Nominell handelt es sich solange um einen vorläufigen Gläubigerausschuss, ohne dass dies Beschränkungen für die Gläubigerausschussmitglieder mit sich brächte. Zur Bildung eines regulären, endgültigen Gläubigerausschusses bedarf es in jedem Fall einer Entscheidung der Gläubigerversammlung nach § 68 Abs. 1 InsO.

IV. Besetzung des Gläubigerausschusses

35 Die Entscheidung über die Einsetzung bzw. Beibehaltung des Gläubigerausschusses und seine Besetzung sollte nach der gesetzlichen Regelung in der **ersten Gläubigerversammlung** getroffen werden; dies ist jedoch nicht zwingend.

---

[13] AG Köln, Beschl. v. 22.7.2003 – 71 IN 453/03, NZI 2003, 657.

1. Sollzusammensetzung des Gläubigerausschusses

Hinsichtlich der Zusammensetzung gibt § 67 Abs. 2 InsO Anleitungen, wie der Ausschuss zusammengesetzt sein sollte. Diese Vorschrift bindet aber weder die Gläubigerversammlung noch das Insolvenzgericht.[14] Eine **Abweichung von dieser Sollzusammensetzung** hat für das weitere Verfahren keinerlei Folgen. Gleichwohl empfiehlt es sich, die von § 67 Abs. 2 InsO empfohlene paritätische Zusammensetzung zu übernehmen. Danach sollten sich die Mitglieder aus Vertretern der absonderungsberechtigten Gläubiger, der Insolvenzgläubiger mit den höchsten Forderungen und der Kleingläubiger zusammensetzen. Sind auch die Arbeitnehmer des Insolvenzschuldners Insolvenzgläubiger mit nicht unerheblichen Forderungen, sollte ein Vertreter für diese, zB der entsprechenden Gewerkschaft in den Gläubigerausschuss aufgenommen werden.[15]

36

2. Entscheidung der Gläubigerversammlung über die Anzahl und die Personen des Gläubigerausschusses

a) Anzahl der Gläubigerausschussmitglieder. Die Entscheidung des Insolvenzgerichts bei der Einsetzung eines vorläufigen Gläubigerausschusses und die der Gläubigerversammlung sollte hinsichtlich der Zusammensetzung des Gläubigerausschusses von der **Art und den Umfang der Tätigkeit** des Insolvenzschuldners bestimmt werden. Je nach gewerblicher Ausrichtung dieser Tätigkeit empfiehlt es sich, Gläubigerausschussmitglieder zu wählen, deren Expertise dem Insolvenzverfahren förderlich sein kann.

37

Hinsichtlich der Anzahl der Mitglieder des Gläubigerausschusses gibt die InsO keine Vorgaben, wobei aus der Form eines Ausschusses zu schließen ist, dass der Gläubigerausschuss aus mehreren Personen bestehen muss. Die **Beauftragung einer einzelnen Person** genügt für die Einsetzung eines Gläubigerausschusses nicht; der insoweit Beauftragte kann jedoch als Delegierter der Gläubigerversammlung angesehen werden, ohne dass ihn die Rechte und Pflichten eines Gläubigerausschusses treffen würden.

38

Nicht zwingend, jedoch sinnvoll ist es, den Gläubigerausschuss mit einer **ungeraden Anzahl von Mitgliedern** zu besetzen, um die Bildung von Mehrheiten zu vereinfachen. Je nach Größe des Insolvenzverfahrens bzw. des schuldnerischen Unternehmens sollte auch die Größe des Gläubigerausschusses gewählt werden. Je umfangreicher die Überwachungs- und Kontrollaufgaben des Gläubigerausschusses voraussichtlich sein werden, umso mehr Mitglieder werden für diese Aufgaben benötigt, um zu verhindern, dass die Belastungen hieraus für die einzelnen Mitglieder unerträglich werden.

39

b) Ersatzmitglieder des Gläubigerausschusses. Praktisch nur selten erfolgt die Bestimmung von **Ersatzmitgliedern des Gläubigerausschusses,** welche an die Stelle von verhinderten Mitgliedern treten können. In größeren Verfahren dürfte es sinnvoll und anzuraten sein, neben den regulären Mitgliedern des Gläubigerausschusses auch weitere Ersatzmitglieder zu bestimmen, damit die Arbeit des Gläubigerausschusses nicht durch Interessenkollisionen, anderen Verhinderungen oder gar den Tod von Mitgliedern verhindert wird. Zwar steht

40

---

[14] AG Köln, Beschl. v. 22.7.2003 – 71 IN 453/03, NZI 2003, 657.
[15] AG Hannover, Beschl. v. 14.9.2015 – 908 IN 594/15-1, ZInsO 2015, 1982.

es der Gläubigerversammlung frei, im Laufe des Verfahrens zusätzliche Gläubigerausschussmitglieder zu bestimmen, doch kann im Einzelfall eine solche Entscheidung, welche erst die Einberufung einer Gläubigerversammlung voraussetzt, zu spät kommen. Gerade bei Insolvenzverfahren mit einem aktiven Unternehmen des Insolvenzschuldners sind teilweise Entscheidungen zu treffen, welche keinen Aufschub vertragen. Wäre hierzu eine Tätigkeit des Gläubigerausschusses notwendig, könnte eine **Verhinderung eines oder mehrerer Mitglieder** des Ausschusses nachteilige Folgen für das Verfahren haben.

41   Bei der Entscheidung über die Festlegung von Ersatzmitgliedern des Ausschusses hat die Gläubigerversammlung zu bestimmen, ob die Ersatzmitglieder jeweils an die Stelle eines bestimmten Mitglieds treten oder unabhängig davon, welches Gläubigerausschussmitglied verhindert ist, in einer bestimmten **Reihenfolge** in die Stellung als reguläres Gläubigerausschussmitglied eintreten.[16]

42   **c) Aufteilung der Gläubigerausschuss auf unterschiedliche Personengruppen.** Neben der für das Insolvenzverfahren förderlichen Expertise der möglichen Mitglieder des Gläubigerausschusses wird die Auswahl zumeist davon bestimmt, dass **bestimmte Gläubiger bzw. Gläubigergruppen** fast regelmäßig in den Gläubigerausschuss berufen werden.

43   In der Praxis setzt sich ein Gläubigerausschuss zumeist aus Vertretern von **Banken,** von **Lieferanten, Kreditversicherern,** dem Pensions-Sicherungsverein, der öffentlichen Hand (zB Finanzamt, Bundesanstalt für Arbeit), **Sozialversicherungsträgern** wie die Allgemeine Ortskrankenkasse, die Innungskrankenkasse etc zusammen. Bei aktiven Unternehmen kann es sich empfehlen, einen **Vertreter der Arbeitnehmer** in den Gläubigerausschuss aufzunehmen, um den Informationsfluss zu verbessern und damit eine für das Verfahren schädliche Unruhe unter den Arbeitnehmern zu vermeiden.

44   Ein Gläubigerausschuss, der sich nicht an diesen Aufteilungen orientiert, ist nicht anders zu behandeln, als ein entsprechend der Empfehlung des § 67 Abs. 2 InsO zusammengesetzter. Die einzelnen Gläubigergruppen haben keinen **rechtlichen Anspruch** darauf, im Gläubigerausschuss vertreten zu sein. Nur dann, wenn sie sich in der Abstimmung der Gläubigerversammlung argumentativ oder durch die Anzahl ihrer Stimmen durchsetzen können, kann ihr Interessenvertreter in den Gläubigerausschuss gelangen.

3. Entscheidung der Gläubigerversammlung über die vom Insolvenzgericht bestellten Mitglieder

45   Die Vorgaben des Insolvenzgerichts hinsichtlich der Mitglieder eines vorläufigen Gläubigerausschusses binden die Gläubigerversammlung in keiner Weise. Diese ist **vollkommen frei, alle oder einzelne vom Insolvenzgericht eingesetzte Mitglieder** in den (endgültigen) Gläubigerausschuss zu **übernehmen oder auszuwechseln,** § 68 Abs. 2 InsO. Die Anzahl der Gläubigerausschussmitglieder kann ebenso reduziert werden, wie die vom Gericht eingesetzten Mitglieder durch neue, weiter Mitglieder oder Ersatzmitglieder ergänzt werden.

---

[16] Das Insolvenzgericht kann durch Beschluss feststellen, dass das Ersatzmitglied an Stelle des verhinderten oder ausscheidenden Mitglieds getreten ist, AG Göttingen, Beschl. v. 14.11.2006 – 71 N 90/94, ZInsO 2007, 47.

Der vom Insolvenzgericht eingesetzte vorläufige Gläubigerausschuss kann daher als unverbindlicher Vorschlag des Insolvenzgerichts an die Gläubigerversammlung angesehen werden, dem diese folgen kann, aber nicht folgen muss.

4. Voraussetzungen für eine Tätigkeit als Gläubigerausschussmitglied

Die Insolvenzordnung sieht keine **Qualifikationen** vor, die eine Person aufweisen müsste, um als Gläubigerausschussmitglied eingesetzt zu werden. Angesichts der einem Gläubigerausschussmitglied obliegenden Pflichten ist jedoch ein Rechts- und Geschäftsfähigkeit zu fordern. Eine vollständige **Neutralität** gegenüber dem Schuldner oder den Gläubigern ist nicht Voraussetzung für eine Mitgliedschaft im Gläubigerausschuss. Wie aus § 67 Abs. 2 InsO ersichtlich ist, sollen auch gerade Insolvenzgläubiger im Gläubigerausschuss vertreten sein. 46

Evtl. **Interessenkollisionen** hindern eine Amtsübernahme nicht, sondern wirken sich im Rahmen der Erörterungen und Abstimmungen des Ausschusses aus (hierzu → Rn. 100).[17] Aufgrund ihrer eigenen Stellung im Verfahren sind jedoch der Insolvenzschuldner, der Insolvenzverwalter und die Mitglieder des Insolvenzgerichts gehindert, das Amt eines Gläubigerausschusses zu übernehmen. Auf Gesellschafter des Insolvenzschuldners ist dies zu übertragen. 47

Weitere Qualifikationen (**Ausbildung, Berufserfahrung, Kundigkeit** im Geschäftsbereich des Insolvenzschuldners usw) werden für eine erfolgreiche Tätigkeit sicherlich sinnvoll sein, sind jedoch keine rechtliche Bedingung für eine Einsetzung. Entscheidend für die Auswahlentscheidung der Gläubigerversammlung wird in jedem Fall die persönliche Eignung der jeweiligen Person bezogen auf die Besonderheiten des jeweiligen Verfahrens sein. 48

Nach allgemeiner Ansicht können **Behörden nicht zu Gläubigerausschussmitgliedern** bestellt werden, was jedoch die Bestellung von bestimmten Mitarbeitern dieser Behörden nicht hindert.[18] Andere **juristische Personen** können dagegen direkt, ohne den Umweg über die Bestellung eines Vertreters für sie in den Gläubigerausschuss berufen werden. Empfehlenswert ist jedoch immer die Bestimmung einer natürlichen Person.[19] 49

5. Bestellung von nicht am Verfahren beteiligten Personen

Das Gläubigerausschussmitglied muss nicht selbst Insolvenzgläubiger sein, § 67 Abs. 3 InsO. Gerade Personen außerhalb des Kreises der am Verfahren beteiligten Personen können wegen ihrer neutralen Stellung und einer besonderen Expertise eine sinnvolle Ergänzung des Ausschusses sein. Gerade in Großverfahren mit erheblicher wirtschaftlicher Bedeutung kann es sich empfehlen, den Gläubigerausschuss durch **ehemalige Insolvenzrichter oder ehemalige Insolvenzverwalter** zu verstärken, um eine sachliche und sachbezogene Tätigkeit des Gläubigerausschusses sicherzustellen. Ebenso wie bei der Bestellung von Insolvenzgläubigern ist darauf zu achten, Personen zu wählen, die mit den 50

---

[17] LG Hamburg, Beschl. v. 25.8.2014 – 326 T 81/14, NZI 2015, 28.
[18] BGH, Urt. v. 11.11.1993 – IX ZR 35/93, NJW 1994, 453; OLG Köln, Urt. v. 1.6.1988 – 13 U 234/87, ZIP 1988, 992.
[19] *Gundlach/Frenzel/Schmidt* ZInsO 2007, 531 gegen BGH, Urt. v. 11.11.1993 – IX ZR 35/93, NJW 1994, 453.

Divergenzen zwischen den Interessen aller Gläubiger im Insolvenzverfahren und den eigenen Interessen angemessen umgehen können. Im Einzelfall ist zu entscheiden, ob einzelne Mitglieder des Gläubigerausschusses von Beratung und Entscheidungen ausgeschlossen werden, wenn Interessenkollisionen zu befürchten sind.[20]

6. Übernahme des Amtes durch das Gläubigerausschussmitglied

51 Die Übernahme des Amtes als Mitglied des Gläubigerausschusses erfolgt nicht automatisch. Die gewählte Person hat zu erklären, ob die das **Amt annehmen** möchte oder nicht. Die **Annahmeerklärung** ist an das Insolvenzgericht zu richten, kann aber bei einer Annahme in der Gläubigerversammlung zu Protokoll des Rechtspflegers erklärt werden. Einer Bestellung durch das Gericht bedürfen die Mitglieder nicht; die jeweilige Person erhält ihr Amt durch die Wahl und ihre Erklärung, das Amt übernehmen zu wollen. In Fällen, in denen das gewählte Gläubigerausschussmitglied nicht persönlich in der Gläubigerversammlung anwesend ist, bedarf es einer schriftlichen Annahmeerklärung gegenüber dem Insolvenzgericht. Für diese Erklärung sollte das Insolvenzgericht dem Mitgliedskandidaten eine kurze, aber angemessene Überlegungs- und Erklärungsfrist setzen. Unterbleibt einer Annahmeerklärung innerhalb der vom Gericht gesetzten Frist, kommt es nicht zu einer Mitgliedschaft im Gläubigerausschuss.[21] zur Vermeidung einer solchen Situation empfiehlt es sich, dass die zukünftigen Gläubigerausschussmitglieder persönlich in der Gläubigerversammlung anwesend sind, damit diese sogleich erklären können, ob sie ihr Amt annehmen oder nicht. Im Falle einer Ablehnung kann die Gläubigerversammlung dann sofort ein anderes Mitglied wegen oder auch auf die Ergänzung des Gläubigerausschusses insoweit verzichten, soweit die Mindestzahl von 2 Personen, sinnvollerweise 3 Personen nicht unterschritten wird.

52 Wirkt ein ehemaliger Gläubigerausschusskandidat in einem Gläubigerausschuss mit, obwohl er es trotz Hinweises unterlassen hat, sein Amt anzunehmen, hat dies Auswirkungen auf die Rechtmäßigkeit der Beschlüsse des Gläubigerausschusses und auf die Berechtigung des fehlerhaften Gläubigerausschussmitglieds, eine Vergütung und einen Ersatz seiner Auslagen zu verlangen.

7. Abwahl vorher gewählter Gläubigerausschussmitglieder

53 Mit der Wahl der Gläubigerausschussmitglieder hat sich die Gläubigerversammlung insoweit gebunden, als sie zwar weitere Mitglieder in den Gläubigerausschuss entsenden kann, nicht jedoch die bereits gewählten Mitglieder durch eine neue Wahlentscheidung wieder **aus dem Amt entfernen** kann. Der Ausschluss bestimmter Mitglieder aus dem Gläubigerausschuss erfolgt einzig und allein über eine **Entlassung durch das Insolvenzgericht** gem. § 70 InsO (hierzu nachfolgend → Rn. 54), so nicht der Beschluss der Gläubigerversammlung über die Einsetzung eines Gläubigerausschusses oder die Wahl eines bestimmten Gläubigerausschussmitglieds durch eine Entscheidung des Insolvenzgerichts nach § 78 InsO aufgehoben wird.

---

[20] Hierzu vertieft *Gundlach/Frenzel/Schmidt* ZInsO 2005, 974.
[21] LG Duisburg, Beschl. v. 29.9.2003 – 7 T 203/03, NZI 2004, 95.

V. Entlassung von Gläubigerausschussmitgliedern

Eine Entlassung eines Mitglieds des Gläubigerausschusses kommt gem. § 70 S. 1 InsO nur bei **Vorliegen eines wichtigen Grundes** in Betracht. Antragsberechtigt ist gem. § 70 S. 2 InsO die Gläubigerversammlung und das Mitglied des Gläubigerausschusses, welches die Entlassung für sich begehrt. Weder dem Insolvenzverwalter, noch dem Insolvenzschuldner oder den Insolvenzgläubigern steht eine **Antragsrecht** in diesem Sinne zu. Das Insolvenzgericht kann eine Entlassung auch **von Amts wegen** beschließen, was durch jeden Beteiligten des Insolvenzverfahrens angeregt werden kann.

Voraussetzung für eine Entlassung eines Gläubigerausschussmitglieds ist in jedem Fall ein wichtiger Grund. Dieser kann in einer **schweren Verfehlung** des Mitglieds als auch in **persönlichen Umständen** liegen. Schwere Gründe in diesem Sinne können sein: eine **Begünstigung von Gläubigern**,[22] die Verfolgung von **Sonderinteressen** und die Verletzung von **Verschwiegenheitspflichten**,[23] eine längere, schwerwiegende **Erkrankung**, eine Feststellung, dass eine vorausgesetzte Geschäftserfahrung fehlt oder dass die Überwachungs- und Unterstützungsaufgaben nicht oder unzureichend wahrgenommen werden.[24] Eine Abberufung ohne eine Feststellung eines wichtigen Grundes ist nicht möglich.[25]

Ähnlich wie bei der Entlassung eines Insolvenzverwalters nach § 59 InsO genügen bei einer Entlassung gegen den Willen des Gläubigerausschussmitglieds nur **wichtige, schwerwiegende Gründe**, während bei einem Entlassungsantrag des Gläubigerausschussmitglieds selbst auch weniger schwerwiegende Begründungen akzeptiert werden können.[26] Insbesondere auf Antrag des Gläubigerausschussmitglieds ist eine Entlassung vorzunehmen, wenn diesem eine weitere Tätigkeit vernünftigerweise unzumutbar ist,[27] zB weil die Prämien für eine notwendige und angemessene Haftpflichtversicherung nicht mehr von der Insolvenzmasse getragen werden können.[28]

Vor einer Entscheidung des Insolvenzgerichts ist das betroffene Mitglied zu hören, § 70 S. 3 InsO. Gegen die Entscheidung des Insolvenzgerichts steht ihm

---

[22] BGH, Beschl. v. 15.5.2003 – IX ZB 448/02, NZI 2003, 436.
[23] Zur Informierung eines Mandanten s. BGH, Beschl. v. 24.1.1998 – IX ZB 222/05, NZI 2008, 306. Sa *Gundlach/Frenzel/Schmidt* ZInsO 2006, 69.
[24] BGH, Urt. v. 27.4.1978 – VII ZR 31/76, NJW 1978, 1527.
[25] Eine Störung eines Vertrauensverhältnisses ohne ein objektiv pflichtwidriges Verhalten genügt hierzu nicht, BGH, Beschl. v. 1.3.2007 – IX ZB 47/06, NZI 2007, 346. LG Deggendorf, Beschl. v. 27.2.2013 – 13 T 18/13, ZInsO 2013, 2282 zur Frage, ob die Geltendmachung von Schadensersatzansprüchen gegen das Gläubigerausschussmitglied eine Entlassung gerechtfertigt.
[26] In Konzerninsolvenzen kann sich ein Fehlverhalten evtl. auf alle einzelnen Verfahren auswirken und eine Entlassung rechtfertigen, auch wenn in dem konkreten Verfahren kein Fehlverhalten festzustellen ist, BGH, Beschl. v. 24.1.2008 – IX ZB 222/05, NZI 2008, 308. Die Beendigung des Arbeitsverhältnisses zwischen dem Gläubigerausschussmitglied und dem „entsendenden" Insolvenzgläubiger kann einen Entlassungsantrag des Mitglieds rechtfertigen, AG Duisburg, Beschl. v. 3.7.2003 – 62 IN 41/03, NZI 2003, 659; AG Norderstedt, Beschl. v. 10.8.2007 – 66 IN 261/04, ZInsO 2007, 1008.
[27] LG Göttingen, Beschl. v. 25.8.2011 – 10 T 50/11, NZI 2011, 857.
[28] BGH, Beschl. v. 29.3.2012 – IX ZB 310/11, ZIP 2012, 876.

die **sofortige Beschwerde** zu. Im Falle der Ablehnung einer Entlassung auf den Antrag der Gläubigerversammlung hin steht dieser kein Rechtsmittel zu.

VI. Amtsniederlegung durch Mitglieder des Gläubigerausschusses

58 Das Amt als Mitglied des Gläubigerausschusses kann nicht durch eine einseitige Erklärung **niedergelegt** werden.[29] Nach einer erfolgten Annahme des Amts kann das Mitglied nur durch einen Antrag im Sinne des § 70 S. 2 InsO und eine entsprechende Entlassungsentscheidung des Gerichts von seinen Verpflichtungen befreit werden. Auch in einem solchen Fall hat sich das Gericht davon zu überzeugen, dass ein wichtiger Grund für eine Entlassung vorliegt. Hierzu kann es ausreichen, dass das Ausschussmitglied sein weiteres Verbleiben im Amt nicht mehr für zumutbar hält und seine Motive hierzu offenbar nicht sachfremd erscheinen.[30] In einem solchen Fall hat das Insolvenzgericht zu entscheiden, ob es angezeigt ist, das ausgeschiedene Mitglied von Amts wegen durch eine andere Person zu ersetzen.[31]

B. Rechtsstellung des Gläubigerausschusses[32]

59 Die auf Seiten der Gläubigerschaft wesentlichen Entscheidungen sollten grundsätzlich durch die Gläubigerversammlung selbst getroffen werden. Die mit der Einberufung einer Gläubigerversammlung verbundenen Formalitäten sind jedoch bei der Behandlung von Detailfragen und bei kurzfristig zu treffenden Entscheidungen hinderlich. Zur Ermöglichung einer **fortlaufenden Begleitung des Verfahrens und der Tätigkeit des Verwalters** kann sich die Gläubigerversammlung des Ausschusses als Organ bedienen. Mit ihm können die Insolvenzgläubiger unabhängig von den Terminen der Gläubigerversammlungen ständigen Einfluss auf das Insolvenzverfahren ausüben.

60 Als Organ der Gläubigerversammlung und entsprechend dem allgemeinen Grundsatz der Gläubigerautonomie leitet der Gläubigerausschuss seine **Legitimation** direkt von der Gesamtheit der Insolvenzgläubiger ab und kann – mit Ausnahme des vorläufigen Gläubigerausschusses – lediglich durch die Gläubigerversammlung gebildet werden. Dieser gegenüber ist die Gläubigerausschuss **selbstständig, unabhängig und weisungsfrei**. Unabhängig davon, ob ein Gläubigerausschussmitglied selbst Insolvenzgläubiger oder Vertreter eines Insolvenzgläubigers ist oder als Verfahrensunbeteiligter in den Ausschuss berufen wurde, hat er seine Tätigkeit in eigener Verantwortung und **in Interesse der Gläubigergemeinschaft** auszuüben.

61 Entsprechend der Beschreibung der Aufgaben des Gläubigerausschusses in der Insolvenzordnung kann sich eine Gläubigerversammlung im Fall der Bestellung eines Gläubigerausschusses nicht an dessen Stelle setzen und **die dem**

---

[29] AG Duisburg, Beschl. v. 3.7.2003 – 62 IN 41/03, NZI 2003, 659.
[30] AG Duisburg, Beschl. v. 3.7.2003 – 62 IN 41/03, NZI 2003, 659.
[31] AG Duisburg, Beschl. v. 3.7.2003 – 62 IN 41/03, NZI 2003, 659.
[32] Ausführlich zu Rechtsstellung und Aufgaben des Gläubigerausschusses: *Vallender* WM 2002, 2040 ff.

Gläubigerausschuss obliegenden Entscheidungen selber treffen oder durch einen eigenen Beschluss überlagern. Eine indirekte Beeinflussung des Gläubigerausschusses kommt neben einer argumentativen Beeinflussung nur dadurch in Betracht, dass einzelne oder sämtliche Gläubigerausschussmitglieder gem. § 70 InsO entlassen werden.

Der Ausschuss unterliegt als eigenständiges Organ der Gläubigerversammlung nicht der **Überwachung durch das Gericht.** Das Insolvenzgericht kann zwar einzelne Mitglieder aus wichtigem Grund gem. § 70 S. 1 InsO entlassen, nicht jedoch den Gläubigerausschuss insgesamt auflösen. Möglichkeiten, **in die Geschäftsführung einzugreifen** oder einzelnen **Mitgliedern Weisungen zu erteilen,** besitzen weder das Gericht noch der Verwalter. 62

Das Amt als Gläubigerausschuss ist **höchstpersönlich** und **schließt eine Vertretung aus.** Juristische Personen werden dabei durch ihre Organe vertreten, welche entsprechend den gesellschaftsrechtlichen Regelungen wechseln können; eine Stellvertretung ist auch hier unzulässig. 63

Die Entscheidungen des Gläubigerausschusses haben keinerlei **Außenwirkungen.** Der Gläubigerausschuss kann dem Insolvenzverwalter weder Handlungen auferlegen, noch mit Wirkung für die Insolvenzmasse handeln; hierzu ist nur der Insolvenzverwalter befugt. Maßnahmen des Insolvenzverwalters, die ohne eine in der InsO vorgesehene Mitwirkung des Gläubigerausschusses getroffen werden, sind in der Regel wirksam und können nur einen Haftungsanspruch nach § 60 InsO gegen den Insolvenzverwalter begründen. 64

C. Die Aufgaben des Gläubigerausschusses im Insolvenzverfahren

Neben seiner Hauptaufgabe, die Interessen der Insolvenzgläubiger im Verfahren zu wahren hat der Gläubigerausschuss die **Ordnungsgemäßheit des Verfahrens,** insbesondere der **Handlungen des Insolvenzverwalters zu überwachen.** Diese Tätigkeit darf dabei nicht allein die Interessen der im Ausschuss vertretenen Gläubiger berücksichtigen; neben der Gläubigergesamtheit sind auch die berechtigten Interessen der übrigen Verfahrensbeteiligten maßgeblich. 65

Die in § 69 InsO und in weiteren Vorschriften benannten Aufgaben und Pflichten des Gläubigerausschusses belegen seine besondere Bedeutung im Insolvenzverfahren. Durch ihn haben die Insolvenzgläubiger nicht nur die Möglichkeit, vom Ablauf des Insolvenzverfahrens und den Handlungen des Insolvenzverwalters besser informiert zu werden, sie können über dieses Organ auch in begrenztem Rahmen **auf bestimmte Entscheidungen Einfluss nehmen.** Durch eine aktive Unterstützung des Insolvenzverwalters nach innen und nach außen hin kann die Akzeptanz der Entscheidungen des Insolvenzverwalters bei den Verfahrensbeteiligten aber auch gegenüber dessen Geschäftspartnern erhöht werden, was auch im Interesse der Insolvenzgläubiger liegen kann. 66

I. Aufgabenumschreibung des § 69 InsO

In § 69 InsO sind die Aufgaben des Gläubigerausschusses allgemein beschrieben. Der Gläubigerausschuss bzw. die Gläubigerausschussmitglieder ha- 67 ben den Insolvenzverwalter bei seiner Geschäftsführung zu unterstützen und zu überwachen. Dazu haben sie sich **über den Gang der Geschäfte zu unterrichten** sowie die **Bücher und Geschäftspapiere einzusehen** und den **Geldverkehr und -bestand prüfen** zu lassen. Neben diesen allgemeinen Pflichten obliegen den Mitgliedern weitere Aufgaben, die von der Stellung von Anträgen über die Erteilung von Genehmigungen, die Mitbestimmung und die Mitwirkung bis hin zur bloßen Anhörung und Unterrichtung gehen.

1. Unterstützung des Insolvenzverwalters

68 Die **aktive Unterstützung des Insolvenzverwalters** in der Abwicklung des Insolvenzverfahrens im Interesse der Insolvenzgläubiger und des Insolvenzschuldners obliegt nicht dem Insolvenzgericht, sondern den Insolvenzgläubigern selbst. Da eine Tätigkeit aller Insolvenzgläubiger weder sinnvoll noch praktikabel ist, muss eine Unterstützung durch das Organ der Gläubigerschaft vorgenommen werden. Diese Unterstützung des Insolvenzverwalters mit dem Ziel der Erreichung des Verfahrensziels der bestmöglichen Gläubigerbefriedigung steht nicht im Belieben des Gläubigerausschusses. Soweit möglich und von den Mitgliedern des Gläubigerausschusses zu erwarten, haben sie den Insolvenzverwalter zu unterstützen. Scheitert eine sinnvolle oder notwendige Maßnahme des Insolvenzverwalters daran, dass der Gläubigerausschuss eine Unterstützung des Insolvenzverwalters verweigerte oder unterließ, kann dies evtl. haftungsrechtliche Konsequenzen haben.

2. Überwachung des Insolvenzverwalters

69 Während die Unterstützung des Insolvenzverwalters in der Regel davon abhängt, ob eine Tätigkeit des Gläubigerausschusses notwendig und von den Mitgliedern des Gläubigerausschusses gefordert werden kann, ist der Pflicht des Gläubigerausschusses, den **Insolvenzverwalter zu überwachen,** von konkreten Ablauf des Insolvenzverfahrens unabhängig und in jedem Verfahren Genüge zu tun. Weder entfällt die Überwachungspflicht in kompliziert erscheinenden Verfahren noch verringern sich diese Pflichten in scheinbar einfachen Verfahren.

70 Für die Mitglieder des Gläubigerausschusses bedeutet dies, dass sie vor einer Annahme ihres Amtes prüfen sollten, ob sie **persönlich dazu in der Lage** sind, den je nach Verfahren vom Umfang her unterschiedlichen Überwachungsaufgaben nachzukommen. Entsprechend § 69 S. 2 InsO müssen sie die hierzu notwendigen Tätigkeiten nicht in eigner Person selbst erbringen, sondern können sich auch des **Sachverstands externer Spezialisten** bedienen. Die Entscheidung über die Auswahl und Beauftragung solcher Zuarbeiter haben die Gläubigerausschussmitglied dabei auch unter Berücksichtigung der dabei entstehenden Kosten im Verhältnis zur Insolvenzmasse zu treffen.

3. Pflicht, sich über den Gang der Geschäfte zu unterrichten

71 Damit der Gläubigerausschuss überhaupt in der Lage ist, über das Ob und Wie einer Unterstützung zu entscheiden bzw. eine Überwachung des Insolvenzverwalters vorzunehmen, müssen sie sich über den **Gang der Geschäfts-**

führung des Verwalters informieren. Hierzu genügt es nicht, sich gelegentlich über Einzelheiten informieren zu lassen, welche der Insolvenzverwalter selbst für informationswürdig ansieht. Der Gläubigerausschuss muss vielmehr dafür sorgen, dass er die für eine Unterstützung und Überwachung notwendigen Informationen erhält. Ist dies nicht der Fall, hat er die **Informationen vom Insolvenzverwalter zu fordern oder auf andere Weise zu erlangen.**

Hierzu hat der Gläubigerausschuss eigene **Ansprüche auf Information** gegenüber dem Insolvenzverwalter, dem Sachwalter und auch dem Insolvenzschuldner. Die Verpflichtung des Insolvenzverwalters zur Unterrichtung des Ausschusses und zur Gewährung von Einsicht in alle Akten und Unterlagen und zur Erteilung aller erbetenen Auskünfte folgt aus § 69 InsO und ist der Überwachungs- und Unterstützungsaufgabe des Ausschusses immanent.

4. Pflicht zur Prüfung des Geldverkehrs und des Geldbestands

Haftungsrechtlich ist für die Gläubigerausschussmitglieder vor allem die Pflicht zur **Überprüfung des Geldverkehrs und des Kassenbestandes** relevant, welche sich nicht nur auf die Pflicht zur Überprüfung der **Barbestände,** sondern auch auf die **Konten und Belege** erstreckt.[33] Durch § 69 S. 2 InsO wird klargestellt, dass diese Prüfung nicht unbedingt durch die Mitglieder selbst erfolgen muss, sondern auch einem **sachverständigen Dritten** überlassen werden kann. Den Gläubigerausschussmitgliedern obliegt es dabei, die mit der Prüfung beauftragte Person sorgfältig auszuwählen und zu überwachen, dass diese ihre Prüfungspflichten ordnungsgemäß und in angemessenen Zeitabständen nachkommt.[34] Zeitliche Vorgaben für die Erfüllung dieser besonderen Überwachungsaufgabe sieht § 69 InsO nicht vor. Zur Vermeidung von Haftungsrisiken sollte diese Überwachung möglichst regelmäßig erfolgen und unverzüglich nach Übernahme des Amtes beginnen.[35]

II. Besondere Aufgaben, Rechte und Pflichten des Gläubigerausschusses

1. Auskunftsrechte gegenüber dem Insolvenzschuldner

Der **Schuldner** ist neben dem Insolvenzverwalter und der Gläubigerversammlung **auf besondere Anordnung des Gerichts** auch dem Gläubigerausschuss nach **auskunftspflichtig,** § 97 Abs. 1 S. 1 InsO. Benötigt der Gläubigerausschuss Auskünfte des Insolvenzschuldners, die dieser dem Ausschuss nicht erteilen möchte, hat der Gläubigerausschuss beim Insolvenzgericht zu beantragen, dass dieses eine Anordnung gemäß § 97 Abs. 1 S. 1 InsO erlässt. Diese Anordnung muss sich nicht auf einzelne Fragen beziehen, sondern kann dem Insolvenzschuldner eine uneingeschränkte Auskunftspflicht gegenüber dem Gläubigerausschuss auferlegen.

---

[33] Zum Anspruch auf Aushändigung von Unterlagen, BGH, Beschl. v. 29.11.2007 – IX ZB 231/06, NZI 2008, 181.
[34] BGH, Urt. v. 9.10.2014 – IX ZB 140/11, NZI 2015, 166.
[35] BGH, Urt. v. 9.10.2014 – IX ZB 140/11, NZI 2015, 166.

2. Bestimmungs-, Zustimmungs- und Genehmigungsrechte

75 Ein Großteil des Ablaufs des Insolvenzverfahrens ist von **Bestimmungs-, Zustimmungs- und Genehmigungspflichten** des Ausschusses geprägt. Diese entfallen in den Fällen, in denen ein Gläubigerausschuss nicht gebildet wurde.

76 **a) Bestimmung der Hinterlegungsstelle.** Der Gläubiger kann gem. § 149 Abs. 1 InsO bestimmen, bei welcher Stelle und zu welchen Bedingungen Gelder, Wertpapiere und Kostbarkeiten hinterlegt oder angelegt werden sollen. Ist kein Ausschuss bestellt oder hat ein bestellter Ausschuss noch keine Bestimmung vorgenommen, so ist die Anordnung zunächst Sache des Insolvenzgerichts. Trifft weder ein Gläubigerausschuss noch das Insolvenzgericht eine entsprechende Bestimmung, hat der Insolvenzverwalter selbst nach pflichtgemäßem Ermessen zu entscheiden.

77 **b) Zustimmung zur Unterlassung der Aufstellung eines Masseverzeichnisses.** Der Insolvenzverwalter hat gemäß § 151 Abs. 1 InsO die Pflicht, eine Verzeichnis der einzelnen Gegenstände der Insolvenzmasse aufzustellen. Im Einzelfall kann dies untunlich sein. Möchte der Insolvenzverwalter **von der Aufstellung des Masseverzeichnisses absehen,** bedarf er für den Antrag auf Gestattung des Insolvenzgerichts, eine Aufstellung zu unterlassen, im Fall der Bestellung eines Gläubigerausschusses dessen Zustimmung, § 151 Abs. 3 S. 2 InsO. Verweigert der Gläubiger seine Zustimmung hierzu, ist der Antrag des Insolvenzverwalters unzulässig, mit der Folge, dass er bei der Verpflichtung zur Aufstellung des Masseverzeichnisses bleibt.

78 **c) Zustimmung zu besonders bedeutsamen Rechtshandlungen.** Neben der in § 69 InsO bestimmten Pflicht des Gläubigerausschusses zur Unterstützung und Überwachung des Verwalters stellen die Entscheidungen des Gläubigerausschusses zu **besonders bedeutsamen Rechtshandlungen des Verwalters** nach § 160 InsO einen zentralen Punkt der Aufgaben des Ausschusses dar.[36]

79 Welche Rechtshandlungen in einem Verfahren als besonders bedeutsam anzusehen ist, muss nach den **Umständen des Einzelfalls** entschieden werden. Dementsprechend wurden diese in der InsO nicht abschließend aufgezählt, sondern in § 160 Abs. 2 InsO bestimmte Handlungen exemplarisch als besonders bedeutsam im Sinne dieser Vorschrift benannt. Eine Zustimmung des bestellten Gläubigerausschusses ist daher insbesondere in folgenden Fällen erforderlich:
- wenn das Unternehmen, das Warenlager im Ganzen, ein unbeweglicher Gegenstand aus freier Hand, die Beteiligung des Schuldners an einem anderen Unternehmen, die der Herstellung einer dauernden Verbindung zu diesem Unternehmen dienen soll, oder das Recht auf den Bezug wiederkehrenden Einkünfte **veräußert werden** soll, § 160 Abs. 2 Nr. 1 InsO;
- wenn ein **Darlehen** aufgenommen werden soll, das die Insolvenzmasse erheblich belasten würde, § 160 Abs. 2 Nr. 2 InsO;
- wenn ein **Rechtsstreit mit erheblichem Streitwert** anhängig gemacht oder aufgenommen, die Aufnahme eines solchen Rechtsstreits abgelehnt oder zur Beilegung oder Vermeidung eines solchen Rechtsstreits ein Vergleich oder ein Schiedsvertrag geschlossen werden soll, § 160 Abs. 2 Nr. 3 InsO.

---

[36] Ausführlich *Gundlach/Frenzel/Jahn* ZInsO 2007, 1028.

Entsprechend der bisherigen Rechtsprechung aus Zeiten der Konkursordnung dürften auch unter der InsO bestimmte Rechtsgeschäfte typischerweise als zustimmungspflichtig im Sinne des § 160 Abs. 2 InsO angesehen werden, ohne dort ausdrücklich benannt worden zu sein. Solche, **typischerweise zustimmungsbedürftige** Geschäfte sind: 80
– Veräußerung von einzelnen Gegenständen, die zur Fortführung des schuldnerischen Unternehmens notwendig sind;
– **Erwerb von Grundstücken**, wenn sie nicht ausnahmsweise Gegenstand der fortzuführenden Unternehmenstätigkeit des Insolvenzschuldners ist;
– Eingehung neuer **Dauerschuldverhältnisse**;
– **Übernahme fremder Verbindlichkeiten und Bestellung von Sicherheiten**;
– Verzicht auf **Rechtsmittel**.

Für die Mitglieder des Gläubigerausschusses hat die Beurteilung, welche Rechtsgeschäfte ihrer Zustimmung bedürfen nur die Auswirkung, dass sie im Rahmen einer Zustimmungserteilung ihre Entscheidungen evtl. zu verantworten haben. Nimmt der Insolvenzverwalter **zustimmungsbedürftige Rechtsgeschäfte** vor, **ohne dass der Gläubigerausschuss zugestimmt hat**, hat dies primär nur für den Insolvenzverwalter eine haftungsrechtliche Bedeutung. Da der Gläubigerausschuss dies nicht verhindern kann, haftet er nicht für hieraus evtl. entstehende Schäden neben dem Insolvenzverwalter. 81

d) Stellungnahme zum Verwalterbericht. Der Gläubigerausschuss hat das Recht, **im Berichtstermin** zum Bericht des Insolvenzverwalters Stellung zu nehmen, bevor die Gläubigerversammlung gem. § 157 InsO über den Fortgang des Verfahrens entscheidet, § 156 Abs. 2 S. 1 InsO. 82

e) Zustimmung zu einer Unternehmensstilllegung oder Veräußerung vor dem Berichtstermin. Möchte der Verwalter bereits vor dem Berichtstermin das **Unternehmen des Insolvenzschuldners stilllegen oder veräußern**, hat er nach § 158 Abs. 1 InsO die Zustimmung des Gläubigerausschusses einzuholen. 83

f) Zustimmung über eine vorläufige Unterhaltsgewährung. Ähnlich § 158 Abs. 1 InsO hat der Insolvenzverwalter vor einer Gläubigerversammlung die Zustimmung dazu einzuholen, dem Insolvenzschuldner und seiner Familie **notwendigen Unterhalt** zu gewähren, § 100 Abs. 2 S. 1 InsO. 84

g) Bestimmung des Bruchteils einer Abschlagsverteilung. Ein besonderes Mitbestimmungsrecht besitzt der Gläubigerausschuss gem. § 195 InsO, als es der Gläubigerausschuss und nicht der Insolvenzverwalter ist, der bei einer **Abschlagsverteilung** den **zu zahlenden Bruchteil** bestimmt. Der Insolvenzverwalter kann den Abschlagsbruchteil vorschlagen, ihn jedoch selbst nicht festsetzen. Der Gläubigerausschuss ist an den Vorschlag des Verwalters nicht gebunden, sondern kann auch einen höheren oder niedrigeren Bruchteil festsetzen. 85

h) Zustimmung zur Verteilung. Bei einer **Erlösverteilung** wirkt der Gläubigerausschuss gem. § 187 Abs. 3 S. 2 InsO insofern mit, als er vor jeder Verteilung eine Zustimmung des Gläubigerausschusses einzuholen ist. 86

i) Stellungnahme zur Schlussrechnung des Insolvenzverwalters. Den Schlussbericht des Insolvenzverwalters hat das Insolvenzgericht dem Gläubi- 87 gerausschuss zuzuleiten, damit dieser den **Bericht mit eigenen Anmerkungen versehen** kann, welche ebenso wie der Schlussbericht selbst auszulegen sind. Zur Verhinderung unangemessener Verzögerungen kann das Insolvenzgericht dem Gläubigerausschuss für die Abfassung seiner Bemerkungen zum Schlussbericht gem. § 66 Abs. 2 S. 2 InsO eine Frist setzen.

88   **j) Kenntnisnahme vom Beschluss über die Vergütungsfestsetzung.** § 64 Abs. 2 S. 1 InsO schreibt vor, dass der ohne Angabe der festgesetzten Beträge öffentlich bekannt gemachte **Vergütungsfestsetzungsbeschluss dem Gläubigerausschuss ungekürzt zuzustellen** ist. Dies hat jedoch keine Rechtsmittelbefugnis des Gläubigerausschusses zur Folge. Insolvenzgläubiger, die im Gläubigerausschuss nicht vertreten sind, können den vollständigen Festsetzungsbeschluss auf dem Insolvenzgericht einsehen und unabhängig vom Gläubigerausschuss über ein Rechtsmittel entscheiden.

89   **k) Stellungnahme bei Einstellung des Verfahrens.** Vor einer Entscheidung des Insolvenzgerichts, das **Verfahren gem. §§ 212, 213 InsO einzustellen,** ist der Gläubigerausschuss zuvor zu hören, § 214 Abs. 2 S. 1 InsO.

90   **l) Zustimmung zu Handlungen des Insolvenzschuldners in der Eigenverwaltung.** In Verfahren, in denen eine Eigenverwaltung des Insolvenzschuldners angeordnet wurde, hat der Insolvenzschuldner ähnlich einem Insolvenzverwalter die Pflicht, zu **Rechtshandlungen von besonderer Bedeutung** eine Zustimmung des Gläubigerausschusses einzuholen, § 276 InsO.

91   Der neben dem eigenverwaltenden Insolvenzschuldner stehende Sachwalter hat gem. § 274 Abs. 3 InsO den Gläubigerausschuss über Umstände zu informieren, die erwarten lassen, dass die Fortführung der Eigenverwaltung zu Nachteilen für die Gläubiger führen wird. Der Gläubigerausschuss kann dann anregen, dass ein **Antrag auf Aufhebung der Eigenverwaltung** gem. § 272 Abs. 1 InsO gestellt wird.

92   **m) Mitwirkung bei der Aufstellung eines Insolvenzplans.** Eine besondere Mitwirkung des Ausschusses sieht § 218 Abs. 3 InsO bei der **Aufstellung eines Insolvenzplans** durch den Verwalter vor. Ob eine unterlassene Beteiligung des Gläubigerausschusses zu Mängeln des Insolvenzplans führt, ist streitig.

93   **n) Stellungnahme zum Insolvenzplan.** Nach § 232 Abs. 1 Nr. 1 InsO hat der Gläubigerausschuss das Recht, **zum Insolvenzplan Stellung** zu nehmen. Dieses Anhörungsrecht des Gläubigerausschusses wiederholt sich gem. § 248 Abs. 2 InsO anlässlich der gerichtlichen Bestätigung des Plans. Das Amt des Gläubigerausschusses wird durch eine Planbestätigung nicht grundsätzlich beendet. Gem. § 261 Abs. 1 S. 2 InsO besteht es während einer Planüberwachung im Sinne des § 260 InsO fort. Der die **Planerfüllung** überwachende Insolvenzverwalter hat gem. § 261 Abs. 2 InsO dem Gläubigerausschuss einmal jährlich über den Stand des Verfahrens und die weiteren Aussichten auf Erfüllung des Insolvenzplans zu berichten. Der Gläubigerausschuss ist berechtigt, einzelne Auskünfte oder Zwischenberichte zu verlangen.

94   In Verfahren ohne Planüberwachung endet das Verfahren nach rechtskräftiger Bestätigung des Insolvenzplans durch einen Aufhebungsbeschluss des Insolvenzgerichts gem. § 258 Abs. 1 InsO. Vor einem solchen Beschluss hat das

Insolvenzgericht die Mitglieder des Gläubigerausschusses über den Zeitpunkt des Wirksamwerdens der Aufhebung zu unterrichten, § 258 Abs. 3 InsO.

o) **Zustimmung zur Zurückweisung eines neuen Insolvenzplans.** Kommt ein vom Insolvenzschuldner vorgelegter Insolvenzplan nicht zustande, hängt der Erfolg eines neuen Insolvenzplans des Insolvenzschuldners ua davon ab, ob der Insolvenzverwalter die **Zurückweisung dieses Plans beantragt** oder nicht. Eine Zurückweisung kann der Insolvenzverwalter nur dann beantragen, wenn der Gläubigerausschuss dem zustimmt, § 231 Abs. 2 InsO. Eine ähnliche Zustimmung des Gläubigerausschusses benötigt der Insolvenzverwalter für einen Antrag, während des Planprüfungs- und -abstimmungsverfahrens eine Masseverwertung und -verteilung vorzunehmen, § 233 S. 2 InsO. 95

3. Einberufung der Gläubigerversammlung/Entlassung des Insolvenzverwalters

a) **Einberufung der Gläubigerversammlung.** Die Termine der Gläubiger werden durch das Insolvenzgericht nach pflichtgemäßem Ermessen unter Berücksichtigung der Fristenregelungen der InsO bestimmt. Die Verfahrensbeteiligten und gem. § 75 Abs. 1 Nr. 2 InsO der Gläubigerausschuss können die **Einberufung einer Gläubigerversammlung** beantragen. 96

b) **Antrag auf Entlassung des Insolvenzverwalters.** Der Insolvenzverwalter kann gem. § 59 Abs. 1 S. 1 InsO nur aus **wichtigem Grund entlassen** werden. Die Entlassung kann von Amts wegen, auf Antrag des Verwalters, auf Antrag der Gläubigerversammlung oder auf Antrag des Ausschusses erfolgen. 97

D. Beschlussfassung im Gläubigerausschuss

Für die Innenorganisation des Gläubigerausschusses sieht § 72 InsO vor, dass dessen Beschlüsse für eine **Gültigkeit die Mehrheit der abgegebenen Stimmen bei Teilnahme der Mehrheit der Mitglieder** an der Beschlussfassung bedürfen. Maßgeblich ist das Ergebnis **nach Köpfen**, nicht nach der Höhe etwaiger Forderungen, wobei alle Stimmen gleichwertig sind, was ein Endbestimmungsrecht bestimmter Mitglieder in **Pattsituationen** ausschließt. Weitere Regeln für die Organisation und das Verfahren des Gläubigerausschusses sieht das Gesetz nicht vor. Der jeweilige Gläubigerausschuss muss sich daher selbst organisieren, sich evtl. eine Geschäftsordnung geben und festlegen, bei welchen Anlässen der Gläubigerausschuss zusammentreten soll und für welche Punkte Beschlussfassungen im Umlaufverfahren genügen sollen. Um das Verfahren des Ausschusses und die Ergebnisse seiner Abstimmungen ausreichend zu dokumentieren, sind Sitzungs- und Beschlussprotokolle zu führen. Diese werden als Nebenakten zu den Insolvenzakten geführt und unterliegen nicht dem Einsichtsrecht nach §§ 4 InsO, 299 ZPO.[37] 98

Bei Einladungen zu Sitzungen des Gläubigerausschusses entspricht es einem fairen Verfahren, die **Tagesordnung der Sitzung,** also die zu behandelnden 99

---

[37] LG Landshut, Beschl. v. 20.7.2015 – 33 T 1203/15, NZI 2015, 981.

Themen mitzuteilen.[38] Die Ladungen müssen immer allen Mitgliedern des Gläubigerausschusses übermittelt werden. Beschlüsse, die unter Verletzung der Formalien für eine recht- und ordnungsgemäße Willensbildung zustande gekommen sind, sind unwirksam.

100 Treten im Rahmen der vom Gläubigerausschuss zu behandelnden Themen Kollisionen zwischen den eigenen Interessen des Gläubigerausschussmitglieds bzw. des Insolvenzgläubigers auf, für den das Mitglied in den Gläubigerausschuss berufen wurde, ist das jeweilige Gläubigerausschussmitglied gehindert, an einer Abstimmung teilzunehmen. Die Stimme des ausgeschlossenen Mitglieds ist bei der Ermittlung der Stimmenmehrheit nicht zu berücksichtigen. Die **Interessenkollision** kann bereits eine **Teilnahme an der Beratung und Erörterung** verbieten. Die Mitglieder des Gläubigerausschusses sind hinsichtlich möglicher Interessenkollisionen anzeigepflichtig. Ein Verstoß gegen diese Anzeigepflicht wirkt sich nicht nur auf das Abstimmungsergebnis aus, sondern kann auch eine Entlassung aus wichtigem Grund zur Folge haben.[39] Für die Beurteilung möglicher Interessenkollisionen gelten für die Gläubigerausschussmitglieder die Regeln der Zivilprozessordnung für den Ausschluss von Gerichtspersonen gem. §§ 41ff. ZPO entsprechend. Bei schwerwiegenden Verletzungen der Pflicht zur Verschwiegenheit – etwa der unbefugten Weitergabe von Insiderwissen an einen Gläubiger – kommt auch eine Strafbarkeit des Mitgliedes nach § 266 StGB oder § 203 StGB in Frage.

101 **Fehlerhafte Beschlüsse** des Gläubigerausschusses können durch das Insolvenzgericht nicht korrigiert werden. Der Gläubigerausschuss untersteht nicht der Aufsicht des Insolvenzgerichts; dieses hat daher keine rechtliche Möglichkeit, auf die Handlungen des Gläubigerausschusses einzuwirken. Fehlerhafte Entscheidungen können nur inzident im Rahmen späterer Haftungsprozesse überprüft werden. Auch die Gläubigerversammlung ist nicht in der Lage, Entscheidungen des Ausschusses, die ihr zweckwidrig erscheinen, zu ändern oder durch eigene zu ersetzen.[40] Die Gläubigerversammlung hat nur die Möglichkeit, Entlassungsverfahren nach § 70 InsO einzuleiten, wenn die Entscheidungen des Ausschusses den Interessen der Gläubiger massiv widersprechen.

E. Haftung der Mitglieder des Gläubigerausschusses

102 Für die Haftung der Mitglieder des Gläubigerausschusses sieht § 71 InsO eine eigene Haftungsregelung vor. Die Gläubigerausschussmitglieder haften den Insolvenz- und Absonderungsgläubigern nach § 71 InsO, wenn sie schuldhaft die ihnen **gesetzlich auferlegten Pflichten verletzen und dadurch ein Schaden entsteht.** Für Schäden des Insolvenzverwalters, von Aussonderungsberechtigten oder Masseläubigern haften die Gläubigerausschussmitglieder nicht.

103 Als Schadenshandlungen kommen zB die unbefugte Weitergabe von im Ausschuss bekannt gewordenen Geschäftsgeheimnissen in Betracht. Auch Entscheidungen, die bewusst gegen die zu berücksichtigenden Interessen der Gläu-

---

[38] Allgemein hierzu *Gundlach/Frenzel/Schmidt* NZI 2005, 304.
[39] LG Hamburg, Beschl. v. 25.8.2014 – 326 T 81/14, NZI 2015, 28.
[40] *Pape* ZInsO 675, 681.

bigergemeinschaft getroffen worden sind, können eine Haftung auslösen, wenn diese mit einem Schaden verbunden sind. Entsprechend ihrer ausdrücklichen Erwähnung in § 69 InsO können Haftungsgefahren der Gläubigerausschussmitglieder insbesondere aus einer **Vernachlässigung ihrer Pflichten** den Verwalter zu überwachen und zu kontrollieren herrühren.[41] Haftungsträchtig ist auch gerade die Pflicht den Geldverkehr und -bestand zu prüfen.[42] Daher handelt ein Gläubigerausschuss pflichtwidrig, wenn er die Führung eines Poolkontos durch den Insolvenzverwalter nicht unterbindet[43] oder nicht kontrolliert wird, ob der Insolvenzverwalter die Insolvenzmasse ordnungsgemäß auf den vorgegebenen Verfahrens konnten hinterlegt und nicht ganz oder teilweise seinem eigenen Vermögen zugeführt hat.

Mit einer Feststellung einer Verletzung von Kontroll- und Aufsichtspflichten ist ein **Anscheinsbeweis für die Kausalität dieser Pflichtverletzung** verbunden, die das in Anspruch genommene Gläubigerausschussmitglied zu widerlegen hat. Subjektiv genügt für eine Haftung nach § 71 InsO jede **Fahrlässigkeit,** wobei sich ein Gläubigerausschussmitglied weder dadurch entlasten kann, es habe seine Pflichten nicht gekannt,[44] wie dadurch, es habe seine eigenen Fähigkeiten und Kenntnisse überschätzt. Für **Hilfspersonen,** denen sich der Gläubigerausschuss bei der Erfüllung seiner Aufgaben, etwa durch eine externe Rechnungsprüfung, bedient, kann eine Haftung in Betracht kommen.   104

Die gerade in massehaltigen Verfahren bestehenden erheblichen Haftungsrisiken sollten die Gläubigerausschussmitglied durch den **Abschluss von Vermögensschadens-Haftpflichtversicherungen** mit entsprechender Deckung (je nach Wertigkeit des Verfahrens) im eigenen Interesse als auch im Interesse der Haftungsgegner absichern. Die angemessenen Prämien hierfür können als Auslagen geltend gemacht werden.   105

Schadensersatzansprüche werden im laufenden Insolvenzverfahren durch den Insolvenzverwalter geltend gemacht, so es sich um einen Gemeinschaftsschaden der Insolvenzmasse handelt. **Individuelle Schäden,** die nicht zu einer Verschlechterung der Insolvenzmasse geführt haben, können durch den Geschädigten geltend gemacht werden, unabhängig davon, ob dieser Insolvenzgläubiger, Aussonderungs- oder Absonderungsberechtigter oder gar Masseglänbiger ist.   106

Die Haftung der Mitglieder des Gläubigerausschusses trifft jedes Mitglied **persönlich.** Haften mehrere Gläubigerausschussmitglieder für einen Schaden gleichzeitig, haften sie gesamtschuldnerisch. Auch eine gesamtschuldnerische Haftung zusammen mit dem Insolvenzverwalter kommt in Betracht, sofern auch dieser seine Pflichten verletzt hat.   107

Die **Verjährung der Haftung** der Gläubigerausschussmitglieder richtet sich gem. § 71 S. 2 in Verbindung mit § 62 InsO nach den Regelungen über die regelmäßige Verjährung des BGB. Für den Verjährungsbeginn ist der Zeitpunkt maßgeblich, in dem der Verletzte von dem Schaden und den Umständen, die die   108

---

[41] Hierzu BGH, Urt. v. 11.12.1967 – VII ZR 139/65, BGHZ 49, 121; OLG Frankfurt aM, Urt. v. 12.12.1989 – 22 U 19/88, NJW 1990, 583.
[42] BGH, Urt. v. 11.12.1967 – VII ZR 139/65, BGHZ 49, 121.
[43] BGH, Beschl. v. 21.3.2013 – IX ZR 109/10, ZInsO 2013, 986; BGH, Urt. v. 25.6.2015 – IX ZR 142/13, NZI 2015, 799.
[44] BGH, Urt. v. 11.12.1967 – VII ZR 139/65, BGHZ 49, 121 (124).

Ersatzpflicht des Gläubigerausschussmitglieds begründen, Kenntnis erlangt. Der Schadensersatzanspruch verjährt jedoch gem. § 62 S. 2 InsO spätestens in drei Jahren von der Aufhebung oder der Rechtskraft der Einstellung des Insolvenzverfahrens an. Für Pflichtverletzungen, die im Rahmen einer Nachtragsverteilung (§ 203) oder einer Überwachung der Planerfüllung (§ 260) begangen worden sind, gilt S. 2 mit der Maßgabe, dass an die Stelle der Aufhebung des Insolvenzverfahrens der Vollzug der Nachtragsverteilung oder die Beendigung der Überwachung tritt.

§ 11. Insolvenzforderungen

A. Einleitung

§ 11 befasst sich mit der Erläuterung, was ein Insolvenzgläubiger ist und welche Verfahrensrechte er genießt (→ Rn. 5–82). Diese beschränken sich nämlich keineswegs nur auf die Verfolgung der Insolvenzforderungen. Vielmehr verschafft die InsO dem Insolvenzgläubiger diverse Verfahrensrechte, vor allem Teilnahme-, Informations- und Mitbestimmungsrechte, auf die in den → Rn. 64 ff. näher eingegangen wird. Ein besonderer Schwerpunkt des § 11 liegt auf der Definition der Insolvenzforderung (→ Rn. 15–31) und der Frage, wie und wann diese zur Insolvenztabelle angemeldet werden können (→ Rn. 83–107). Alsdann wird ein Einblick in die Arbeit eines Insolvenzverwalterbüros gewährt, indem beschrieben wird, wie der Insolvenzverwalter Forderungen prüft und welche Auswirkungen die verschiedenen Prüfungsergebnisse auf die Gläubigerforderungen haben (→ Rn. 108–122). Abgeschlossen werden die Ausführungen mit nachträglichen Änderungen der Insolvenztabelle (→ Rn. 192–202) und mit der Frage, wie ein Streit über die Berechtigung einer Insolvenzforderung, an der Verteilung teilnehmen zu dürfen, geführt wird (→ Rn. 203–221).

1 Gläubiger, vornehmlich solche, die regelmäßig am Wirtschaftsleben teilnehmen, kennen ihre Rechte, die sie außerhalb eines Insolvenzverfahrens haben. Sie setzen den Schuldner in Verzug, berechnen Verzugszinsen und außergerichtliche Mahnkosten, erklären die Aufrechnung, falls eine Gegenforderung geltend gemacht werden kann, erheben Zahlungsklage und betreiben nach erfolgreichem Prozess die Zwangsvollstreckung gegen ihren Schuldner. Gerät der Schuldner aber in die Krise und steht zB fest, dass nicht alle Gläubiger mit ihren Ansprüchen befriedigt werden können, würde ein „Wettlauf der Gläubiger" um die noch vorhandenen Vermögenswerte des Schuldners beginnen. Wer schnell ist, bekäme alles oder viel, die Langsamen bekämen nichts. Der Schuldner wäre in kürzester Zeit „kahlgepfändet" und wäre nicht imstande, ein gegebenenfalls sanierungsfähiges Unternehmen fortzuführen.

2 Die InsO versucht, diese zwangsläufige Abfolge zu durchbrechen; dazu beschneidet sie die Rechte der Gläubiger in mehrfacher Hinsicht. Soweit es das in diesem Abschnitt behandelte Thema betrifft, ist festzuhalten, dass die

og Rechte der Insolvenzgläubiger ab dem Zeitpunkt der **Eröffnung** des Insolvenzverfahrens nicht mehr bestehen und nicht mehr geltend gemacht werden können.

Die InsO unterstellt weiter, dass eine Insolvenz nicht erst mit der Eröffnung 3 des Verfahrens eintritt, sondern dass es sich bei ihr um einen sich entwickelnden Prozess handelt. Deshalb werden die Gläubigerrechte zum Teil schon ab dem **Antrag** auf Eröffnung des Insolvenzverfahrens beschnitten; einzelne Bestimmungen der InsO betreffen sogar einen noch vor der Antragstellung liegenden Zeitraum.

In diesem Abschnitt werden nur Insolvenzforderungen sowie Rechte und 4 Pflichten der Insolvenzgläubiger behandelt und Hinweise zu taktischem Verhalten gegeben. Deshalb ist zunächst zu klären, was eine Insolvenzforderung und wer Insolvenzgläubiger ist. In den meisten Fällen ist das leicht zu beantworten, es können aber auch Zweifelsfragen auftreten.

I. Begriff des Insolvenzgläubigers

Die InsO beschreibt in ihrem § 38, wer Insolvenzgläubiger ist. Das nämlich 5 ist, wer einen
– persönlichen
– zurzeit der Verfahrenseröffnung begründeten
– Vermögensanspruch
– gegen den Schuldner
hat. Diese Definition ist wichtig für das Gesamtverständnis der Zusammenhänge in der Insolvenz und bezeichnet diejenigen Personen, die Insolvenzforderungen geltend machen können. Die Definition grenzt insbesondere Aus- und Absonderungsrechte[1] sowie Masseverbindlichkeiten[2] aus.

1. Persönlicher Gläubiger

Mit der Bezeichnung als „persönlicher" Gläubiger ist gemeint, dass der 6 Schuldner mit seinem gesamten Vermögen für die Erfüllung der Verbindlichkeit einstehen muss bzw. – anders ausgedrückt – der Gläubiger wegen seines Anspruchs in das gesamte Vermögen des Schuldners vollstrecken könnte. Das ist für die meisten schuldrechtlichen Ansprüche, beruhen sie nun auf Vertrag oder auf Gesetz, der Fall. Eine Ausnahme wäre zB der folgende Fall:

Der Gläubiger hat eine Forderung aus Lieferung und Leistung gegen das Unternehmen 7 A. Das Unternehmen A bittet den Gläubiger wegen eines Liquiditätsengpasses um Stundung; zur Absicherung bietet die Tochtergesellschaft von A – die Firma B – dem Gläubiger die Sicherungsübereignung einer Maschine an. Fällt nun die Firma B in die Insolvenz, kann der Gläubiger zwar Befriedigung aus der ihm sicherungsübereigneten Maschine verlangen. Der Gläubiger kann aber seine Forderung nicht im Insolvenzverfahren der Firma B als Insolvenzforderung geltend machen. B haftet dem Gläubiger nicht mit ihrem gesamten Vermögen, sondern nur mit einem einzigen Gegenstand. Der Gläubiger ist kein persönlicher Gläubiger der Firma B (sondern ein solcher der Firma A).

---

[1] Dazu → §§ 14 und 15.
[2] Dazu → § 12 Rn. 16 ff.

8   Das Beispiel zeigt, dass sich schuldrechtliche Ansprüche nur gegen die Firma A richten, während die Firma B nur dinglich haftet (dingliche Rechte stammen aus der Position des Eigentümers oder sind eigentumsähnlich). Dingliche Rechte sind auf bestimmte Sachen oder bestimmbare Rechte des Schuldners gerichtet. Wer etwa dem Schuldner einen Gegenstand geliehen hatte, kann und will seinen Rückgabeanspruch als Eigentümer des verliehenen Gegenstandes ausschließlich auf eben diesen erstrecken. Der aus der Eigentümerposition resultierende Anspruch ist ein dinglicher, nicht ein schuldrechtlicher. In der Insolvenz des Schuldners hat der Eigentümer mit seinem Herausgabeanspruch in der Regel ein Aussonderungsrecht.

9   Gleiches gilt für den Warenlieferanten, der die Ware unter einfachem Eigentumsvorbehalt geliefert hatte. Solange der Schuldner den Kaufpreis nicht vollständig entrichtet hat, bleibt der Lieferant Eigentümer der gelieferten Ware. Das kann dazu führen, dass der Lieferant zwei streng voneinander zu trennende Ansprüche in der Insolvenz des Schuldners geltend machen kann.

10 **Beispiel:** Der Schuldner kauft beim Lieferanten unter Vereinbarung eines einfachen Eigentumsvorbehalts eine Ware, deren Wert 1000 EUR beträgt, für 1200 EUR und lässt sie an seine Anschrift liefern. Noch bevor der Schuldner etwas bezahlt, wird über sein Vermögen ein Insolvenzverfahren eröffnet.

11 Kann der Insolvenzverwalter die gelieferte Ware nicht gebrauchen, wird er in den noch nicht erfüllten Kaufvertrag nicht eintreten (§§ 103, 107 Abs. 2 InsO). Der Lieferant kann dann zunächst die Herausgabe der immer noch in seinem Eigentum stehenden Ware verlangen. Insofern ist er aussonderungsberechtigt und macht sein dingliches Recht geltend. Den Anspruch meldet er nicht zur Insolvenztabelle an, sondern richtet ihn nach allgemeinen zivilrechtlichen Regeln gegen den Insolvenzverwalter unmittelbar, in diesem Fall gem. § 985 BGB. Da die Ware nur einen Wert von 1000 EUR hat, der Lieferant nach dem ursprünglich geschlossenen Kaufvertrag aber 1200 EUR verlangen konnte, kann er – neben dem Herausgabeanspruch – Schadensersatz in Höhe von 200 EUR fordern. Diese Forderung, resultierend aus dem ursprünglichen Kaufvertrag, ist schuldrechtlicher Natur und deshalb Insolvenzforderung.[3]

12 Absonderungsberechtigten Gläubigern steht das Recht auf vorzugsweise Befriedigung an einem Gegenstand oder einem Recht zu, zB aus erweitertem oder verlängertem Eigentumsvorbehalt, aus Sicherungsübereignung oder -abtretung, Pfandrecht usw. Auch hier ist das bevorzugte Befriedigungsrecht auf ganz bestimmte Sachen oder Rechte und nicht auf das gesamte Vermögen des Schuldners gerichtet. Eine Bank etwa, der ein Kfz des Schuldners sicherungsübereignet ist, kann ein vorrangiges Befriedigungsrecht nur aus dem Erlös eben dieses Fahrzeugs geltend machen. Das Absonderungsrecht begründet deshalb keine Insolvenzforderung. Hat die Bank aber über den Erlös des Kfz hinausgehende Forderungen, ist sie mit dem Rest, aber auch nur mit dem Rest Insolvenzgläubiger. Sie hat eine sog „Ausfallforderung".[4]

13 Aus den vorstehenden Darlegungen lässt sich folgende **Faustformel** entnehmen:

---

[3] Vgl. aber auch die Ausführungen in → § 14 Rn. 5–9.
[4] Vgl. aber auch die Ausführungen in → § 15 Rn. 1 ff.

Ringstmeier

> Schuldrechtliche Ansprüche begründen in der Regel Insolvenzforderungen, die zur Insolvenztabelle angemeldet werden können, dingliche Rechte begründen Aus- oder Absonderungsrechte, die gegen den Insolvenzverwalter unmittelbar zu richten sind.

II. Zurzeit der Verfahrenseröffnung begründet

Dieses Merkmal besagt, dass die Forderung des Gläubigers spätestens im Zeitpunkt der Eröffnung des Insolvenzverfahrens begründet sein muss. Der Zeitpunkt der Begründung einer Forderung ist nicht unbedingt identisch mit ihrer Fälligkeit (vgl. § 271 BGB). Begründung der Forderung und ihre Fälligkeit können vielmehr auseinanderfallen, zB wenn der Gläubiger dem Schuldner ein Zahlungsziel gesetzt hatte. In einem solchen Fall ist es für die Einordnung der Forderung als Insolvenzforderung unerheblich, wenn das Zahlungsziel nach der Eröffnung des Insolvenzverfahrens liegt; entscheidend ist allein der Zeitpunkt der **Entstehung** des Anspruchs. Deshalb bestimmt § 41 Abs. 1 InsO: „Nicht fällige Forderungen gelten als fällig." 14

Insolvenzforderung sind kraft spezieller gesetzlicher Anordnung häufig auch solche Ansprüche, die zwar erst nach Verfahrenseröffnung entstehen, die ihre Grundlage aber in der Zeit vor Verfahrenseröffnung haben, zB der Nichterfüllungsschaden bei einem vorinsolvenzlich geschlossenen Vertrag, der erst nach Verfahrenseröffnung beendet wird (vgl. § 103 Abs. 2 S. 1 InsO). 15

Hingegen sind Ansprüche, die erst nach der Verfahrenseröffnung zur Entstehung gelangen, regelmäßig gem. § 55 InsO Masseschulden, die vom Verwalter ungeschmälert aus der von ihm verwalteten Vermögensmasse vorweg zu befriedigen sind. 16

Aus diesen Darlegungen ergibt sich eine weitere **Faustformel**: 17

> In der Zeit vor der Insolvenzeröffnung begründete Forderungen sind Insolvenzforderungen, nach Insolvenzeröffnung entstandene Ansprüche sind Masseschulden.

Allerdings gibt es von dieser Faustformel eine wichtige Ausnahme, die nachfolgend unter → Rn. 26–30 erörtert wird.

Im Übrigen ist die Abgrenzung von Insolvenzforderung und Masseschuld gelegentlich schwierig. Die folgenden **Sonderfälle** sollen deshalb angesprochen werden: 18

1. Dauerschuldverhältnisse

Unter Dauerschuldverhältnissen versteht man auf längere Zeit abgeschlossene Verträge, wonach sich der eine Teil verpflichtet, regelmäßig eine Leistung zu erbringen, während der andere Vertragspartner regelmäßig eine vereinbarte Gegenleistung zu erbringen hat. Häufige Fälle sind der Mietvertrag oder der Arbeitsvertrag. Nach § 108 InsO bestehen bestimmte Dauerschuldverhältnisse trotz der Insolvenzeröffnung fort. Alsdann werden die vertraglichen Ansprüche 19

2. Bedingte und betagte Ansprüche

20 Die Wirkung von Ansprüchen (Forderungen) kann gem. § 158 BGB von dem Eintritt oder Nichteintritt einer Bedingung abhängig gemacht werden; damit stellt sich die Frage, wie solche Forderungen einzuordnen sind.

21 Forderungen, die **auflösend bedingt** bei Eröffnung des Insolvenzverfahrens bestanden haben, begründen eine Insolvenzforderung, da auch sie im Zeitpunkt der Verfahrenseröffnung existiert haben, und erst durch Eintritt der Bedingung später wieder erlöschen können. Auflösend bedingt sind zB Einkommen- oder Körperschaftsteuervorauszahlungen; sie werden vom Finanzamt auf Grund von Vorauszahlungsbescheiden festgesetzt und begründen einen Steueranspruch. Die Einkommen- oder Körperschaftsteuer wird nach Ablauf des sog Veranlagungszeitraums (meist ein Kalenderjahr) abgerechnet und dann kann sich ergeben, dass für den abgelaufenen Veranlagungszeitraum, für den die Vorauszahlungen verlangt worden sind, keine oder nur eine geringere Steuerschuld besteht. Trotz der deshalb bestehenden Möglichkeit, dass auflösend bedingt Forderungen später wegfallen könnten, gilt: bei der Forderungsprüfung werden auflösend bedingte Ansprüche wie unbedingte behandelt, § 42 InsO.[5]

22 **Aufschiebend bedingte** Forderungen, bei denen die Bedingung erst nach der Insolvenzeröffnung eintritt, haben bei Verfahrenseröffnung noch nicht bestanden. Sie sind, wenn später die Bedingung eintritt, gleichwohl nur Insolvenzforderung und nicht Masseschuld, weil der Rechtsgrund der Forderung schon vor Verfahrenseröffnung gelegt worden war. Der Provisionsanspruch des Handelsvertreters kann zB eine aufschiebend bedingte Forderung sein, wenn der vom Handelsvertreter vermittelte Vertrag bei Eröffnung des Insolvenzverfahrens noch nicht abgeschlossen worden ist. Tritt die aufschiebende Bedingung auch während des laufenden Insolvenzverfahrens (noch) nicht ein, gelten für die Verteilung Sonderregeln gem. § 191 InsO.[6]

23 Ausgleichs- oder Rückgriffsansprüche von Gesamtschuldnern oder Bürgen sind Sonderfälle der aufschiebend bedingten Forderungen. Wenn ein Gesamtschuldner oder Bürge nach Verfahrenseröffnung von dem Gläubiger wegen einer Insolvenzforderung in Anspruch genommen worden ist und nunmehr auf das Schuldnervermögen zugreifen will, kann er dies wiederum nur als Insolvenzgläubiger, nicht als Massegläubiger, auch wenn er selbst erst nach Insolvenzeröffnung seinen Anspruch gegen den Schuldner erworben hat. In einem solchen Fall kommt es maßgeblich darauf an, dass die Forderung des (Haupt-)Gläubigers Insolvenzforderung war.[7]

24 Auch **betagte Ansprüche** begründen eine Insolvenzforderung, sofern der Vertragsabschluss vor der Verfahrenseröffnung gelegen hat. Betagte Ansprüche sind schon entstandene, aber noch nicht fällige Ansprüche, weil sie zB gestundet sind.

---

[5] Vgl. → Rn. 159.
[6] Vgl. → Rn. 160.
[7] Wegen der Anmeldung solcher Ausgleichs- und Rückgriffansprüche zur Tabelle, → Rn. 167–173.

Gleiches gilt für **Steuerforderungen,** die vom Finanzamt erst nach der Insolvenzeröffnung ermittelt werden, aber einem Zeitraum vor der Insolvenzeröffnung betreffen. Auch diese Ansprüche des Fiskus sind nur Insolvenzforderung, selbst wenn sie erst nach Verfahrenseröffnung festgesetzt werden. 25

3. Ausnahme: vorläufiger Insolvenzverwalter mit Verfügungsbefugnis

Von der in § 38 InsO niedergelegten Grundregel, dass alle Forderungen, die vor dem Zeitpunkt der Eröffnung des Insolvenzverfahrens begründet wurden, Insolvenzforderungen sind, macht § 55 Abs. 2 InsO eine wichtige Ausnahme. Danach werden nämlich Verbindlichkeiten, die von einem vorläufigen Insolvenzverwalter mit Verfügungsbefugnis begründet wurden, im nachfolgenden Insolvenzverfahren als Masseverbindlichkeiten behandelt. Gleiches gilt für die Gegenleistung aus einem Dauerschuldverhältnis, wenn der vorläufige Insolvenzverwalter mit Verfügungsbefugnis die Leistung in Anspruch genommen hat. 26

Was bedeutet die Ausnahmeregelung des § 55 Abs. 2 InsO für Gläubiger? Bestellt ein vorläufiger Insolvenzverwalter mit Verfügungsbefugnis vor der Eröffnung des Insolvenzverfahrens Waren oder Dienstleistungen, so kann der Vertragspartner die Gegenleistung (Kaufpreis oder Honorar) nach der Eröffnung des Verfahrens entgegen der Grundregel des § 38 InsO als Masseforderung vom Insolvenzverwalter verlangen. Gleiches gilt, wenn im Betrieb unter vorläufiger Insolvenzverwaltung mit Verfügungsbefugnis Dauerschuldverhältnisse genutzt werden, also zB Mietverhältnisse oder Arbeitsverhältnisse, für die daraus sich ergebende Gegenleistung (Miete, Arbeitslohn). 27

In der gerichtlichen Praxis der Insolvenzabwicklung kommt der vorläufige Insolvenzverwalter mit Verfügungsbefugnis nicht so häufig vor. Der Grund dafür liegt in der genannten Vorschrift des § 55 Abs. 2 InsO. In die Krise geratene Unternehmen müssen meist erst „insolvenzfit" gemacht werden, insbesondere sind Liquiditätsreserven zu schaffen, um insolvente Betriebe auch nach der Eröffnung des Verfahrens fortführen zu können, was eine entscheidende Voraussetzung für Sanierungen ist. Da zum Zeitpunkt der Insolvenzantragstellung häufig keine Liquidität mehr vorhanden ist, müssen die Liquiditätsreserven während der Antragsphase erst geschaffen werden. Das gelingt nur dann, wenn der vorläufige Insolvenzverwalter von betrieblichen Kosten weitgehend freigehalten wird. § 55 Abs. 2 InsO bewirkt aber gerade das Gegenteil: die Gegenleistung aus allen in Anspruch genommenen Dauerschuldverhältnissen ist Masseschuld und entlastet eben nicht. In der gerichtlichen Praxis ist deshalb viel häufiger der Fall anzutreffen, dass zwar ein vorläufiger Insolvenzverwalter bestellt wird, dem Schuldner aber nur aufgegeben wird, mit Zustimmung des vorläufigen Insolvenzverwalters über sein Vermögen zu verfügen. Ein allgemeines Verfügungsverbot, wie es in § 21 Abs. 2 Nr. 2, 1 Alt. InsO beschrieben wird, wird dem Schuldner hingegen nicht auferlegt. Folglich findet die Ausnahmevorschrift des § 55 Abs. 2 InsO dann keine Anwendung, so dass es bei der Grundregel des § 38 InsO verbleibt: Vor Eröffnung des Insolvenzverfahrens, also auch im Insolvenzantragsverfahren begründete Verbindlichkeiten sind Insolvenzforderungen. 28

An dieser Stelle setzt die Ausnahmeregelung des § 55 Abs. 3 InsO an (§ 55 Abs. 3 InsO regelt eine Ausnahme zu § 55 Abs. 2 InsO). Danach sind die An- 29 sprüche auf Lohn und Gehalt der im Antragsverfahren beschäftigten Arbeitnehmer dann lediglich Insolvenzforderungen, wenn darauf Insolvenzgeld geleistet wurde und die Ansprüche deshalb auf die Bundesagentur für Arbeit übergehen. Damit bleibt ein großer Teil der betrieblichen Kosten im Insolvenzantragsverfahren auch bei Anordnung einer „starken" vorläufigen Verwaltung Insolvenzforderung. Aber: die Verpflichtungen aus Miet- und Leasingverträgen des Schuldners werden Masseschulden, wenn der „starke" vorläufige Insolvenzverwalter die Leistungen in Anspruch nimmt, und das muss er regelmäßig. Auch die durch Betriebsfortführung im Antragsverfahren begründeten Umsatzsteuerforderungen des Finanzamts werden Masseschulden und machen damit den massemehrenden Effekt im Antragsverfahren zunichte. Der vorläufige Insolvenzverwalter mit Verfügungsbefugnis wird daher auch zukünftig nicht die Regel sein.

4. Ausnahme Steuerverbindlichkeiten beim „schwachen" vorläufigen Insolvenzverwalter

Die InsO enthält in seinem § 54 Abs. 4 einen weiteren Ausnahmetatbestand. Er betrifft den Fall, dass ein sog „schwacher" vorläufiger Insolvenzverwalter bestellt wird, also ein vorläufiger Insolvenzverwalter gem. § 21 Abs. 2 Nr. 1, Nr. 2, 2. Alt. InsO. Ein solcher vorläufiger Insolvenzverwalter hat keine Verwaltungs- und Verfügungsbefugnis (deshalb gilt auch nicht die zuvor beschriebene Ausnahme), sondern erhält allenfalls Zustimmungsbefugnisse.[8] Werden vom schwachen vorläufigen Insolvenzverwalter oder auch nur mit seiner Zustimmung vom Schuldner Steuerverbindlichkeiten während der Antragsphase begründet, werden diese Steuerschulden im nachfolgenden Insolvenzverfahren ebenfalls als Masseschulden behandelt. Die Vorschrift betrifft vor allem Umsatzsteuern, die aus Verwertungshandlungen während des Insolvenzantragsverfahrens herrühren. Hat der vorläufige Insolvenzverwalter mit Zustimmungsvorbehalt der Veräußerung zugestimmt, sind die aus dem Verwertungsgeschäft resultierenden Umsatzsteuern im nachfolgenden Insolvenzverfahren als Masseschulden zu behandeln. Führt der Schuldner seinen Betrieb mit Zustimmung des schwachen vorläufigen Insolvenzverwalters fort, sind alle aus der Betriebsfortführung resultierenden Umsatzsteuern Masseschulden.

Angesichts seines klaren Wortlautes kann § 55 Abs. 4 InsO nicht auf den vorläufigen Sachwalter entsprechend angewendet werden. Das kann ein Argument für die Einleitung eines Insolvenzverfahrens mit gleichzeitigem Antrag auf Anordnung einer Eigenverwaltung sein.

5. Ausnahme: Einzelermächtigung

30 Eine weitere Ausnahme von den geschilderten Grundsätzen greift, wenn das Insolvenzgericht zwar kein allgemeines Verfügungsverbot ausspricht und damit die Verfügungsbefugnis insgesamt auf den vorläufigen Insolvenzverwalter übergehen lässt, jedoch dem vorläufigen Insolvenzverwalter eine Einzelermächtigung erteilt. Mit einer solchen Einzelermächtigung überträgt das Gericht durch Beschluss für einzelne, konkret umrissene Rechtshandlungen die Verfügungsbe-

---

[8] Vgl. → § 5 Rn. 140 ff.

fugnis auf den vorläufigen Insolvenzverwalter. Diese Möglichkeit ist zwar im Gesetz nicht ausdrücklich angesprochen, sie ist aber nach ganz allgemeiner Meinung in der Befugnis enthalten, die „gesamte" Verfügungsbefugnis auf den vorläufigen Verwalter übergehen zu lassen. Der Eingriff in die Rechte des Schuldners ist bei der Einzelermächtigung geringer. Allerdings hat der BGH zu dieser Einzelermächtigung gefordert, den Bereich der Verfügungsbefugnis nicht nur allgemein zu umreißen. Die Einzelermächtigung muss vielmehr die vorzunehmende Verfügung sehr genau und konkret beschreiben. Es muss dabei erkennbar sein, dass sich das Gericht bei dem Beschluss mit der Notwendigkeit einer ganz konkreten Maßnahme auseinander gesetzt hat.

Trifft ein Gläubiger also auf einen vorläufigen Insolvenzverwalter und soll er im Antragsverfahren Leistungen an das Schuldnerunternehmen erbringen, so hat er tunlichst zu prüfen, ob dem Schuldner gleichzeitig ein allgemeines Verfügungsverbot auferlegt wurde (dann gilt die Ausnahmeregelung des § 55 Abs. 2 InsO) oder ob dem Schuldner nur ein Zustimmungsvorbehalt auferlegt wurde (dann verbleibt es bei der Grundregel des § 38 InsO). Im zuletzt genannten Fall muss der Gläubiger, der Leistungen an das insolvente Unternehmen erbringen soll, versuchen, dass der vorläufige Verwalter zum Abschluss des Vertrages mit ihm durch Beschluss ermächtigt wird (was in der Praxis nur bei einzelnen wichtigen Verträgen in Betracht kommt) oder er muss durch Vereinbarungen mit dem vorläufigen Insolvenzverwalter dafür Sorge tragen, dass er noch im Antragsverfahren seine Gegenleistung erhält. Anderenfalls würde er nach Eröffnung des Insolvenzverfahrens zum bloßen Insolvenzgläubiger und hätte bestenfalls Anspruch auf eine Insolvenzquote.

III. Vermögensanspruch

Der Anspruch des Gläubigers muss ein Vermögensanspruch sein, dh er muss auf Geld gerichtet oder in einen Geldanspruch umwandelbar sein; die Umwandlung in einen Geldanspruch erfolgt notfalls im Wege der Schätzung, § 45 S. 1 InsO. Diese Voraussetzung eines Vermögensanspruchs erklärt sich dadurch, dass die Befriedigung der Insolvenzgläubiger in Geld erfolgen soll, nämlich durch Zahlung einer Quote. 31

Keine Insolvenzforderungen sind demnach höchstpersönliche und ausschließlich familienrechtliche Ansprüche, außerdem unvertretbare Handlungspflichten wie zB ärztliche oder künstlerische Leistungen, Ansprüche auf Abgabe persönlicher Erklärungen, Auskunftsansprüche. Keine Insolvenzforderungen sind auch Unterlassungsansprüche. Wohl können Schadensersatzansprüche aus der Nichterbringung vorgenannter Schuldnerverpflichtungen Insolvenzforderungen sein; denn sie sind schließlich auf Geld gerichtet. 32

IV. Gegen den Schuldner

Im Insolvenzverfahren über das Vermögen eines Schuldners können nur gegen ihn gerichtete Ansprüche als Insolvenzforderung geltend gemacht werden. Zu beachten ist, dass auf Grund von Haftungsvorschriften Ansprüche gegen 33 einen Schuldner erhoben werden können, obgleich die Ansprüche ursprünglich im Verhältnis zu einem Dritten entstanden sind. So können zB Ansprüche gegen eine Kommanditgesellschaft auf Grund von §§ 128, 161 HGB auch gegen den Komplementär geltend gemacht werden.

B. Rechte der Insolvenzgläubiger

34 Grundsätzlich werden die Rechte der (künftigen) Insolvenzgläubiger von der bloßen **Beantragung** eines Insolvenzverfahrens über das Vermögen des Schuldners nicht berührt. Allerdings kann das Insolvenzgericht gemäß §§ 21 ff. InsO durch vorläufige Maßnahmen die Rechtsstellung der künftigen Insolvenzgläubiger einschränken. Die grundsätzliche Änderung erfährt die Rechtsstellung des Insolvenzgläubigers jedoch mit der Eröffnung des Insolvenzverfahrens, § 27 InsO.

35 Bis dahin verbleiben dem Gläubiger grundsätzlich sämtliche Rechte, die ihm auch außerhalb einer Insolvenzsituation zustehen. Dies betrifft insbesondere das Recht, Klage gegen den Schuldner zu erheben, die Zwangsvollstreckung zu betreiben sowie im Wege des einstweiligen Rechtsschutzes (insbes. Arrest gemäß §§ 916 ff. ZPO) Gegenstände des Schuldnervermögens sicherstellen zu lassen. Das Insolvenzgericht hat allerdings die Möglichkeit, bereits im Antragsverfahren Maßnahmen der Zwangsvollstreckung gegen den Schuldner gem. § 21 Abs. 2, Nr. 3 InsO einzustellen oder einstweilen zu untersagen, wovon viele Gerichte formularmäßig Gebrauch machen.

36 Die Zweckmäßigkeit derartiger Maßnahmen im Vorfeld einer drohenden oder gar einer schon beantragten Insolvenz ergibt sich weniger aus einer günstigeren Position im Insolvenzverfahren. Von praktischem Nutzen sind die Bemühungen des Gläubigers hinsichtlich der Realisierung seiner Forderung im unmittelbaren Vorfeld einer drohenden Insolvenz hingegen für den Fall, dass es nicht zu einer Eröffnung des Insolvenzverfahrens, sondern vielmehr zu einer Abweisung des Antrags kommt. Hierbei ist insbesondere an die Abweisung mangels Masse gemäß § 26 InsO zu denken, welche vom Insolvenzgericht ausgesprochen wird, falls das Vermögen des Schuldners voraussichtlich nicht ausreichen wird, um die prognostizierten Kosten des Insolvenzverfahrens zu decken. Ein geordnetes, gerichtliches Verteilungsverfahren findet in diesem Falle nicht statt. Dies bedeutet jedoch keineswegs, dass beim Schuldner keinerlei Vermögensgegenstände mehr vorhanden sind, aus denen die Gläubiger Befriedigung erlangen könnten. Gerade in diesem Fall erweist es sich für den einzelnen Gläubiger als vorteilhaft, seine Forderung bereits tituliert zu haben, um im Wege der Zwangsvollstreckung kurzfristig auf das noch vorhandene Schuldnervermögen zugreifen zu können; es gilt weiter der „Wettlauf der Gläubiger". Sind vor der Stellung des Insolvenzantrages bereits Zwangsvollstreckungsmaßnahmen erfolgt, so behalten diese im Falle der Abweisung des Antrages ihre Wirkung und wahren den Rang gegenüber konkurrierenden Gläubigern. Sobald das Insolvenzgericht nach einer Abweisung des Eröffnungsantrags mangels Masse die verhängten Sicherungsmaßnahmen aufhebt, kann die zuvor eingeleitete Zwangsvollstreckung weiter betrieben werden.

Ringstmeier

I. Insolvenzantragsrecht

Der Gläubiger ist berechtigt, die Eröffnung eines Insolvenzverfahrens über das Vermögen des Schuldners zu beantragen, wenn er an der Eröffnung ein rechtliches Interesse hat (§ 14 Abs. 1 InsO). Er muss in diesem Falle sowohl seine Forderung als auch den Eröffnungsgrund glaubhaft machen. Die Glaubhaftmachung, welche mit den in § 294 ZPO genannten Mitteln zulässig ist, geschieht in der Regel durch Vorlage eines vollstreckbaren Titels (titulierte Forderung) und einer Fruchtlosigkeitsbescheinigung des Gerichtsvollziehers gemäß § 63 Ziff. 1 GVGA (Eröffnungsgrund). 38

Ist ein zulässiger Antrag gestellt, so hört das Insolvenzgericht den Schuldner an (§ 14 Abs. 2 InsO) und ermittelt, ob ein Eröffnungsgrund gemäß §§ 16ff. InsO vorliegt. 39

Im Falle der Verfahrenseröffnung erfährt das Recht der beteiligten Gläubiger einschneidende Änderungen. Mit dem Übergang der Verwaltungs- und Verfügungsbefugnis auf den Insolvenzverwalter (§ 80 Abs. 1 InsO) wird die Rechtsstellung der beteiligten Gläubiger gleichsam „eingefroren". Verfügungen, die der Schuldner nach Verfahrenseröffnung trifft, wie beispielsweise Zahlungen, die Bestellung von Sicherheiten, Aufrechnung, Erlass etc, sind unwirksam (§ 81 Abs. 1 InsO). Zahlungen können an den Schuldner nicht mehr mit schuldbefreiender Wirkung bewirkt werden, sofern der Leistende von der Eröffnung des Verfahrens Kenntnis hat. 40

Das „Einfrieren" der Gläubigerrechte verfolgt das Ziel, den Wettlauf der konkurrierenden Gläubiger bei der Realisierung ihrer Einzelforderungen zu unterbrechen, um eine Gesamtvollstreckung in das Schuldnervermögen nach den Verteilungsregeln der InsO zu ermöglichen, § 1 S. 1 InsO. 41

II. Unterbrechung von Prozessen

Folgerichtig werden Prozesse, an denen der Schuldner als Kläger oder Beklagter beteiligt ist, unterbrochen (§ 240 ZPO). Aktivprozesse, dh Rechtsstreitigkeiten, in denen der Schuldner Kläger ist, können vom Insolvenzverwalter aufgenommen werden (§ 85 Abs. 1 InsO). Lehnt dieser die Aufnahme des Rechtsstreits ab, so können sowohl der Schuldner als auch der Prozessgegner den Rechtsstreit aufnehmen. Hinsichtlich der Prozesse, in denen der Schuldner beklagte Partei ist (Passivprozesse), kann eine Aufnahme des Rechtsstreits gemäß § 86 InsO erfolgen, wenn auf Aussonderung eines Gegenstandes aus der Insolvenzmasse, abgesonderte Befriedigung oder auf Anerkennung bzw. Erfüllung einer Masseverbindlichkeit geklagt wird (§ 86 Abs. 1 InsO). In diesem Falle ist das Klagerubrum auf den Insolvenzverwalter umzustellen, da dieser als Partei kraft Amtes in die Beklagtenrolle hineinwächst. 42

Zur Vermeidung von Kostennachteilen ist es ratsam, mit dem Verwalter in derartigen Fällen zunächst zu korrespondieren, um eine außergerichtliche Anerkennung des Klagebegehrens zu erreichen. Anderenfalls droht dem Kläger die Gefahr, dass der Verwalter den Klageanspruch im Prozess sofort anerkennt, wobei in diesem Falle gemäß § 86 Abs. 2 InsO der Kläger die Kosten seiner Rechtsverteidigung lediglich als Insolvenzforderung geltend machen kann. 43

Ringstmeier

44 Hingegen kann ein Prozess, der auf Erfüllung einer Forderung gerichtet ist, welche eine Insolvenzforderung darstellt, nicht ohne weiteres wieder aufgenommen werden. § 87 InsO bestimmt hierzu, dass Insolvenzgläubiger ihre Forderungen nur nach den Vorschriften der InsO verfolgen können. Der Gläubiger muss demzufolge zunächst seine Forderung zur Insolvenztabelle anmelden, welche sodann das vorgeschriebene Prüfungsverfahren durchläuft.

45 Bereits nach Stellung des Insolvenzantrages kann das Insolvenzgericht vorläufige Maßnahmen zum Schutze der künftigen Insolvenzmasse treffen. Insbesondere kann es dem Schuldner ein allgemeines Veräußerungsverbot auferlegen (§ 21 Abs. 2 Nr. 1 InsO). In diesem Falle werden gem. § 240 S. 2 ZPO anhängige Prozesse bereits zu diesem Zeitpunkt unterbrochen.

III. Einzelzwangsvollstreckung

46 Die Verfahrenseröffnung hat insbesondere Einfluss auf die Vollstreckungsmöglichkeiten des Gläubigers. Zwangsvollstreckungen für einzelne Insolvenzgläubiger sind während der Dauer des Insolvenzverfahrens unzulässig, und zwar sowohl in die Insolvenzmasse als auch in das sonstige Vermögen des Schuldners (§ 89 Abs. 1 InsO). Eine Ausnahme von diesem Grundsatz lässt § 89 Abs. 2 InsO lediglich für privilegierte Gläubiger (Unterhaltsgläubiger, Gläubiger einer Forderung aus unerlaubter Handlung) zu, denen die Möglichkeit verbleibt, denjenigen Teil des künftigen Arbeitseinkommens zu pfänden, der hinsichtlich der übrigen Gläubiger der Pfändung nicht unterworfen ist.

47 Die Wirkungen der Verfahrenseröffnung reichen jedoch darüber hinaus noch eine gewisse Zeit zurück. Gemäß § 88 InsO werden durch die Verfahrenseröffnung rückwirkend Sicherungsrechte unwirksam, die der Gläubiger innerhalb des letzten Monats vor dem Insolvenz**antrag** im Wege der Zwangsvollstreckung erlangt hat.

48 Auch zur Verhinderung von Maßnahmen der Einzelzwangsvollstreckung kann das Insolvenzgericht als vorläufige Vorkehrung zum Schutze der künftigen Insolvenzmasse ein allgemeines Veräußerungsverbot erlassen. Durch diese Anordnung werden die Wirkungen, die normalerweise erst der Eröffnung des Verfahrens zukommen, zeitlich in den Bereich des Antragsverfahrens vorverlegt. Muss das Insolvenzgericht nach Stellung eines Insolvenzantrags befürchten, dass sich bis zu einer Eröffnung des Verfahrens die Vermögensverhältnisse des Schuldners verschlechtern, so kann es nach seinem Ermessen alle geeigneten Maßnahmen treffen, um eine Schmälerung der künftigen Insolvenzmasse zu verhindern. Neben der Einsetzung eines vorläufigen Insolvenzverwalters kann das Gericht dem Schuldner die Verfügungsbefugnis generell oder nur bezüglich einzelner Massegegenstände entziehen, oder anordnen, dass Verfügungen nur mit Zustimmung des vorläufigen Verwalters möglich sind.

IV. Aufrechnung

49 Eine zum Zeitpunkt der Verfahrenseröffnung bestehende Aufrechnungslage wird durch die Eröffnung grundsätzlich nicht berührt (§ 94 InsO).[9] Der Gläu-

---

[9] Zur Anfechtung siehe auch im Einzelnen § 17.

Ringstmeier

biger, der zugleich Schuldner des Insolvenzschuldners ist, kann also seine eigene Forderung durch Aufrechnung realisieren. Hierbei spielt es keine Rolle, ob die Aufrechnungsbefugnis auf Grund einer (vor der Eröffnung getroffenen) Vereinbarung oder auf den gesetzlichen Vorschriften basiert. Daraus ergibt sich eine weitere **Faustformel:**

> Ein Gläubiger, der vor der Insolvenzeröffnung aufrechnen konnte, kann dies auch nach der Insolvenzeröffnung.

Eingeschränkt sind die Möglichkeiten der Aufrechnung dagegen, wenn die Aufrechnungslage erst im Laufe des Verfahrens eintritt. Dies kann etwa der Fall sein, wenn die aufzurechnende Forderung noch nicht fällig, oder aufschiebend bedingt ist. In diesem Falle kann die Aufrechnung erst erfolgen, wenn die Aufrechnungslage eingetreten ist (§ 95 Abs. 1 und 2 InsO). Die Aufrechnung ist jedoch gemäß § 95 Abs. 1 S. 3 InsO ausgeschlossen, wenn die Forderung des Aufrechnungsgegners (des Insolvenzschuldners) unbedingt und fällig wird, bevor die Aufrechnung erfolgen kann. Ob ein Gläubiger, der zugleich auch Schuldner des Insolvenzschuldners ist, letztlich seine noch nicht fällige Forderung durch Aufrechnung realisieren kann, hängt somit davon ab, ob diese früher oder später als die Forderung des Insolvenzschuldners fällig wird. Nur wenn die Forderung des Gläubigers zuerst fällig wird, kann er mit dieser die Aufrechnung erklären. 50

Unzulässig ist die Aufrechnung gemäß § 96 InsO, wenn die Aufrechnungslage erst nach Verfahrenseröffnung „geschaffen" wird (§ 96 Abs. 1 Nr. 1, 2 InsO), oder die Aufrechnungsmöglichkeit durch eine insolvenzrechtlich anfechtbare (vgl. §§ 129 ff. InsO) Rechtshandlung geschaffen wurde, § 96 Abs. 1 Nr. 3 InsO. 51

Beispiel: A hat beim Insolvenzschuldner Ware bezogen, aber noch nicht bezahlt. Er muss daher damit rechnen, dass der Verwalter die Zahlung des Kaufpreises zur Insolvenzmasse verlangen wird. B hat eine Werklohnforderung gegen den Schuldner, welche Insolvenzforderung ist, da er seine Werkleistung bereits vor Verfahrenseröffnung erbracht hat. A und B vereinbaren, dass B seine Forderung an A abtritt, damit dieser gegenüber dem Zahlungsanspruch des Schuldners aufrechnen kann. Die Aufrechnungslage entsteht erst mit der Abtretung der Forderung von B an A, da sich erst dann in der Person des A die wechselseitigen Forderungen aufrechenbar gegenüberstehen. Da dies nach der Verfahrenseröffnung geschah, ist die Aufrechnung gem. § 96 Abs. 1 Nr. 2 InsO unzulässig. 52

Erfolgte die Abtretung bereits vor der Eröffnung des Verfahrens, aber zu einem Zeitpunkt, in dem A und B bereits bekannt war, dass sich der Schuldner in der Krise befand, so ist die Abtretung uU insolvenzrechtlich anfechtbar. Die Aufrechnung ist dann ebenfalls unzulässig (§ 96 Abs. 1 Nr. 3 InsO). 53

V. Aus- und Absonderungsrechte

Von der Insolvenzeröffnung unberührt bleiben ferner die dinglichen Rechte, die Dritte in Ansehung der Insolvenzmasse geltend machen können. 54

Wer auf Grund eines dinglichen oder persönlichen Rechts geltend machen kann, dass ein Gegenstand nicht zur Insolvenzmasse gehört, der kann nach den außerhalb des Insolvenzverfahrens geltenden Gesetzen dieses Recht verfolgen (Aussonderung, § 47 InsO). Er ist diesbezüglich kein Insolvenzgläubiger und braucht sich daher am Verfahren nicht zu beteiligen.[10]

55   Gläubigern, denen für ihre Forderungen ein Pfandrecht oder ein anderes Sicherungsrecht an Gegenständen der Insolvenzmasse zusteht, können diesbezüglich abgesonderte Befriedigung verlangen (§§ 49 ff. InsO). Dieser Personenkreis ist lediglich insoweit Insolvenzgläubiger, als seine Forderung nicht durch die Geltendmachung des Pfandrechts realisiert werden kann. Zu den näheren Einzelheiten muss an dieser Stelle auf die Ausführungen zu → Rn. 10 ff. verwiesen werden.

VI. Auskunftsansprüche

56   Die Insolvenzordnung trifft keine Regelung darüber, ob und gegebenenfalls inwieweit das Insolvenzgericht, der vorläufige oder endgültige Insolvenzverwalter oder der Schuldner dem Insolvenzgläubiger zur Auskunft verpflichtet ist. Das Gesetz regelt lediglich in § 167 InsO, dass der Insolvenzverwalter vor der Verwertung einer mit einem Absonderungsrecht belasteten Sache den Absonderungsgläubiger unterrichten muss. Diese Spezialregelung gibt nichts für die Frage eines allgemeinen Auskunftsanspruchs der Gläubiger her.

57   Wenn nach einem allgemeinen Auskunftsanspruch gefragt wird, so steht fest, dass nicht am Insolvenzverfahren beteiligte Personen (zB die Presse) in jedem Falle keine Auskunftsansprüche geltend machen können. Gericht und Verwalter dürfen weder zum Stand des Verfahrens noch zu den betrieblichen Interna des Schuldners, erst recht nicht zu seinen persönlichen Verhältnissen, Auskünfte gegenüber dritten Personen erteilen, weil es sich bei einem Insolvenzverfahren um ein nicht öffentliches Verfahren handelt. Das schließt nicht aus, dass in Großverfahren, die von einem allgemeinen öffentlichen Interesse begleitet werden, eine Information der Öffentlichkeit erfolgen kann, jedoch begrenzt auf allgemeine, die breite Öffentlichkeit interessierende Informationen.

58   Am Verfahren beteiligte Gläubiger hingegen haben häufig aus durchaus berechtigten Gründen ein weitergehendes Informationsbedürfnis, denkt man zB an die Frage, mit welcher Insolvenzquote ein Gläubiger auf seine Forderung rechnen kann. Das Gericht ist für derartige Auskünfte wenig geeignet. Dem Gericht sind nur die Verfahrensdaten aus der Gerichtsakte bekannt; darüber hinaus könnte das Gericht nur diejenigen Informationen weitergeben, die es selbst vom Verwalter erhalten hat. Gläubiger wenden sich deshalb wegen ihrer Auskünfte zum Stand des Verfahrens, zur voraussichtlichen Verfahrensdauer und zur voraussichtlichen Insolvenzquote üblicherweise an den Verwalter. Dieser ist keineswegs verpflichtet, derartige Anfragen der Gläubiger zu beantworten; vielmehr erfüllt der Verwalter seine Auskunftspflicht gegenüber der Gläubigergesamtheit im Berichtstermin sowie in weiteren Gläubigerversammlungen. Im Berichtstermin können die Gläubiger dem Verwalter aufgeben, ihnen ge-

---

[10] Näheres in → § 14 Rn. 1 ff.

genüber in zeitlichen Abständen zu berichten, wovon in der Praxis indes richtigerweise kein Gebrauch gemacht wird. Üblicherweise gibt das Insolvenzgericht dem Verwalter auf, in regelmäßigen Abständen zum Stand des Verfahrens zu Händen des Gerichtes zu berichten. Die Gläubiger haben sodann die Möglichkeit, Einblick in die Gerichtsakte zu nehmen, um sich dadurch über den aktuellen Stand des Verfahrens und die zu erwartende Quote zu unterrichten. Insolvenzverwalter sind schon aus eigenem Interesse gut beraten, wenn sie ihre an das Gericht zu erstattenden Berichte so informativ (aus Gläubigersicht!) verfassen, dass der Verweis des Gläubigers auf die Einsicht in die Gerichtsakte tatsächlich auch zur Befriedigung des Informationsbedürfnisses der Gläubiger führen kann.

Außerhalb allgemeiner Sachstandsanfragen kann eine Pflicht des Insolvenzverwalters zur Abgabe von Erklärungen bestehen, denkt man zB an den Fall, dass der Insolvenzverwalter sich nach § 103 InsO zu der Frage, ob er einen beidseitig nicht vollständig erfüllten gegenseitigen Vertrag erfüllen will oder nicht. Auch eine Auskunftspflicht gegenüber Massegläubigern wird von der Rechtsprechung bejaht.

In folgendem Fall ist dem Gläubiger eine Anfrage beim Verwalter sogar dringend zu empfehlen: Hat der Insolvenzverwalter im Prüfungstermin eine vom Insolvenzgläubiger angemeldete Insolvenzforderung bestritten, so sollte der Gläubiger nicht ohne vorherige Anfrage beim Insolvenzverwalter nach den Gründen des Bestreitens Klage auf Feststellung zur Insolvenztabelle gemäß § 179 InsO erheben. Die Gründe, warum ein Insolvenzverwalter eine zur Tabelle angemeldete Forderung bestreitet, können vielfältig sein und uU schnell beseitigt werden. Erhebt zB ein Gläubiger, dessen Forderung im Prüfungstermin vom Verwalter bestritten wurde, Feststellungsklage gemäß § 179 InsO und legt der Klage Anlagen bei, die der Verwalter für die Forderungsprüfung nicht zur Verfügung hatte, die ihm insbesondere auch nicht vom Gläubiger zur Verfügung gestellt wurden, erklärt der Insolvenzverwalter im Prozess möglicherweise ein sofortiges Anerkenntnis (§ 93 ZPO), so dass der Gläubiger zwar die von ihm begehrte Feststellung zur Tabelle erlangt, die Kosten des Feststellungsprozesses aber allein tragen muss. In einem solchen Fall hätte eine Anfrage beim Verwalter, warum die Forderung bestritten wurde, ausgereicht, um dasselbe Ergebnis zu erzielen. **62**

Hat der Verwalter die Insolvenzforderung gar nur „vorläufig" bestritten, ist eine Anfrage beim Verwalter umso mehr angezeigt, gibt er damit doch zu erkennen, dass er sich ein abschließendes Urteil noch nicht hat bilden können. **63**

VII. Teilnahme an Gerichtsterminen/Abstimmung

Neben dem Recht des Gläubigers, seine Forderung zur Insolvenztabelle anzumelden, um sie nach Prüfung an den Verteilungen teilnehmen zu lassen,[11] stehen dem Insolvenzgläubiger verschiedene Verfahrensrechte zu. So ist er berechtigt, als Gläubiger an den stattfindenden (nicht öffentlichen) Gerichtsterminen teilzunehmen und sich an den Abstimmungen zu beteiligen. **64**

---

[11] Vgl. hierzu → Rn. 83 ff.

65 Eine Teilnahme am Prüfungstermin ist für den Gläubiger häufig weder erforderlich, noch sonderlich sinnvoll. Der Prüfungstermin, auf dessen Funktion im Folgenden unter → Rn. 123 ff. noch ausführlich eingegangen wird, dient in der Regel lediglich der Protokollierung der Ergebnisse der Forderungsprüfung des Verwalters durch das Gericht.

66 Die Teilnahme am Prüfungstermin ist für einen Gläubiger ausnahmsweise nur dann erforderlich, wenn er selbst gegen die Forderung eines anderen Gläubigers Widerspruch erheben will, wozu jeder Insolvenzgläubiger gemäß § 176 S. 2 InsO berechtigt ist. Hat ein Gläubiger Kenntnis davon, dass die angemeldete Forderung eines anderen Gläubigers nicht besteht, so würde es sich auf seine Quote nachteilig auswirken, wenn die in Wahrheit nicht bestehende Forderung zur Tabelle festgestellt und damit an den Verteilungen teilnehmen würde. Da der Gläubiger den Verwalter nicht dazu zwingen kann, eine Forderung zu bestreiten, steht jedem Gläubiger hinsichtlich der angemeldeten Forderungen anderer Gläubiger ein eigenes Widerspruchsrecht zu. Dieses kann **ausschließlich** im Prüfungstermin ausgeübt werden (§ 176 S. 1 InsO). Nicht ausreichend für ein wirksames Bestreiten ist daher ein vor oder nach dem Prüfungstermin eingereichter schriftlicher Widerspruch.

VIII. Teilnahme am Berichtstermin incl. taktischem Verhalten

67 Von besonderer Bedeutung für das Insolvenzverfahren ist der sogenannte Berichtstermin, § 156 InsO. Zweck dieses Termins ist die Verwirklichung der Gläubigerautonomie durch eine frühzeitige Beteiligung und Information der Insolvenzgläubiger. Nach der Vorstellung des Gesetzgebers soll weder das Insolvenzgericht noch der Insolvenzverwalter letztlich über das Schicksal des Schuldnerunternehmens sowie die bestmögliche Verwertung der Insolvenzmasse entscheiden. Vielmehr liegen die grundlegenden Entscheidungen hinsichtlich der Abwicklung des Insolvenzverfahrens in den Händen der Gläubiger. So entscheidet die Gläubigerversammlung über die Person des Insolvenzverwalters, die Einsetzung und Zusammensetzung eines Gläubigerausschusses, die Dauer und Zulässigkeit einer Betriebsfortführung oder über eine anzustrebende Sanierung des Schuldnerunternehmens. Die Gläubigerversammlung kann ferner dem Insolvenzverwalter den Auftrag erteilen, einen Insolvenzplan[12] aufzustellen. Eine dieser Gläubigerversammlungen ist der Berichtstermin, den das Insolvenzgericht bereits mit dem Eröffnungsbeschluss bestimmt und öffentlich bekannt macht. Die Bestimmung des Berichtstermins ist ferner den beteiligten Gläubigern zuzustellen. Sie muss neben Ort und Zeit auch die Tagesordnung des Termins enthalten.

68 Der Berichtstermin findet zwischen sechs Wochen und drei Monate nach der Eröffnung des Verfahrens statt. Er hat in der Regel folgenden Ablauf und Tagesordnungspunkte:

69 **Bericht des Insolvenzverwalters.** Der zunächst vom Insolvenzgericht eingesetzte Insolvenzverwalter erstattet der Gläubigerversammlung Bericht über die wirtschaftliche Lage des Schuldners und deren Ursachen sowie die bisher er-

---

[12] § 27.

griffenen Maßnahmen. Sodann wird er die Möglichkeiten erörtern, das Unternehmen des Schuldners zu erhalten, ggf. durch einen Insolvenzplan (§§ 217 ff. InsO). Ferner sollte der Insolvenzverwalter darlegen, wie sich die aufgezeigten Alternativen (Liquidation, vorläufige Fortführung, Veräußerung oder Sanierung des Unternehmens) auf die Befriedigungsmöglichkeiten der Gläubiger auswirken. Über den Bericht hinaus kann die Gläubigerversammlung vom Verwalter weitere einzelne Auskünfte im Berichtstermin verlangen.

Es ist darauf hinzuweisen, dass der Verwalter bereits vor dem Berichtstermin 70 das Verzeichnis der Massegegenstände (§ 151 InsO), das Gläubigerverzeichnis (§ 152 InsO) und die Vermögensübersicht (§ 153 InsO) auf der Geschäftsstelle des Insolvenzgerichts niederzulegen hat, so dass die Verfahrensbeteiligten hier Einsicht nehmen können. Häufig wird sich auch bereits ein schriftlicher Bericht des Verwalters vor dem Berichtstermin in der Insolvenzakte befinden. Der besonders am Ausgang eines Insolvenzverfahrens interessierte Gläubiger erhält damit die Möglichkeit, bereits vorab Informationen zu erhalten, die es ihm ermöglichen, im Berichtstermin gezielte Fragen und Anregungen vorzubringen.

Als nächster Tagesordnungspunkt besteht **Gelegenheit zur Stellungnahme** 71 zu dem Bericht des Verwalters für den Schuldner, einen etwaigen vorläufigen Gläubigerausschuss, den Betriebsrat und den Sprecherausschuss der leitenden Angestellten des Schuldnerunternehmens sowie ggf. den zuständigen Berufsverband (IHK, Innung, etc).

Auf der Basis der so erhaltenen Informationen fasst die Gläubigerversamm- 72 lung im Berichtstermin sodann die nach § 157 InsO vorgesehenen Beschlüsse. Dies betrifft zunächst die **Person des Insolvenzverwalters.** Das Insolvenzgericht hat zwar mit der Eröffnungsentscheidung auch die Person des Insolvenz- oder des Sachwalters bestimmt. Die Gläubigerversammlung ist aber berechtigt, anstelle des vom Gericht eingesetzten Verwalters einen anderen Insolvenz- oder Sachwalter zu bestimmen. In der gerichtlichen Praxis ist die Wahl eines anderen Verwalters eher selten.

Die Gläubigerversammlung hat sodann darüber zu entscheiden, ob das Un- 73 ternehmen des Schuldners stillgelegt oder fortgeführt werden soll. Allerdings können der Fortführung des Unternehmens eine Reihe von Umständen entgegenstehen, die bei der zu treffenden Entscheidung berücksichtigt werden müssen: Neben der fehlenden Profitabilität oder Liquidität kann eine Unternehmensfortführung auch daran scheitern, dass kurzfristig nicht ersetzbare Arbeitnehmer dem Schuldnerunternehmen bereits den Rücken gekehrt haben, oder die Gewerbeerlaubnis nicht vorliegt oder entzogen wird. Nicht selten wird der Betrieb bereits vor oder während des Insolvenzeröffnungsverfahrens eingestellt worden sein. Alsdann erübrigt sich eine Abstimmung über die Fortführung des Betriebes.

Ferner kann die Gläubigerversammlung den Insolvenzverwalter beauftragen, 74 einen Insolvenzplan zu erarbeiten und hierfür entsprechende Zielvorgaben machen. Das Planverfahren, welches mit der InsO eingeführt wurde, ist keineswegs auf die Fälle einer Unternehmensfortführung beschränkt. Die Gläubiger können mit dem Insolvenzplan eine von der gesetzlichen Norm abweichende Abwicklung des Verfahrens und Verteilung des Vermögens vereinbaren.

Die gem. § 157 InsO im Berichtstermin gefassten Beschlüsse binden zwar den 75 Verwalter, sind jedoch von der Gläubigerversammlung jederzeit abänderbar.

Ringstmeier

IX. Mitgliedschaft im Gläubigerausschuss, taktisches Verhalten

77 Der Gläubigerausschuss ist das Organ, durch das der ständige Einfluss der beteiligten Gläubiger auf den Ablauf des Insolvenzverfahrens sichergestellt werden soll. Normalerweise beschließt die Gläubigerversammlung im Berichtstermin über die Einsetzung eines Gläubigerausschusses, § 68 Abs. 1 S. 1 InsO. Die Gläubigerversammlung beschließt nicht nur darüber, ob überhaupt ein Gläubigerausschuss eingesetzt werden soll, sondern sie befindet auch darüber, wie viele Mitglieder dem Gläubigerausschuss angehören sollen und wer in das Organ berufen werden soll. Mitglied im Gläubigerausschuss können am Verfahren beteiligte Personen, aber auch Externe sein. Letzteres bietet sich vor allem dann an, wenn die besondere Sachkunde externer Personen nach der Vorstellung der Gläubigerversammlung dem Interesse der Gläubigergesamtheit dienlich ist.

78 Nach § 67 Abs. 1 InsO kann das Insolvenzgericht schon vor der ersten Gläubigerversammlung einen sogenannten vorläufigen Gläubigerausschuss einsetzen. Ist vom Insolvenzgericht ein vorläufiger Gläubigerausschuss bestellt worden, beschließt die Gläubigerversammlung, ob dieser beibehalten werden soll und auch welche Personen dem zukünftigen Gläubigerausschuss angehören sollen. Ein vorläufiger Gläubigerausschuss kann bzw. – wenn das Schuldnerunternehmen eine gewisse Größe hat – muss schon im Insolvenzantragsverfahren eingesetzt werden. Einzelheiten dazu ergeben sich aus den §§ 21 Abs. 2 Nr. 1a und 22a InsO[13]

79 Ein vorläufiger Gläubigerausschuss hat nach § 56a InsO einen erheblichen Einfluss darauf, wer zum Verwalter (Insolvenz- oder Sachwalter) bestellt wird, weil das Gericht dem vorläufigen Gläubigerausschuss Gelegenheit geben muss, sich zu den Anforderungen zu äußern, die (abstrakt) an die Person des Verwalters gestellt werden sollen. Diese Vorgaben soll das Gericht sodann seiner Bestellungsentscheidung zugrunde legen. Votieren die Mitglieder eines vorläufigen Gläubigerausschusses sogar einstimmig für eine ganz bestimmte namentlich benannte Person als Insolvenz- oder Sachwalter, darf das Gericht davon nur abweichen, wenn die vorgeschlagene Person für die Übernahme des Amtes nicht geeignet ist.

Auch im Übrigen kann die Mitgliedschaft im Gläubigerausschuss für Insolvenzgläubiger von Interesse und der Gesamtgläubigerschaft dienlich sein. Das gilt zumal für solche Insolvenzgläubiger, die auf Grund ihrer früheren geschäftlichen Beziehung zum Schuldner über interne Kenntnisse verfügen, die für den Insolvenzverwalter, der das Unternehmen nur in der Extremsituation der Krise kennen gelernt hat, hilfreich sein können. Verhandelt etwa der Verwalter mit einem Interessenten, der bereit ist, das Unternehmen des Schuldners im Wege der sanierenden Übertragung zu erwerben, so kann ein Gläubiger, der die Chancen der Branche und vielleicht auch die maßgeblichen branchenspezifischen Personen kennt, wertvolle Hinweise geben, die sich letztlich auch in einer verbesserten Insolvenzquote niederschlagen können.

---

[13] Zur Frage, unter welchen Voraussetzungen ein vorläufiger Gläubigerausschuss eingesetzt werden kann oder eingesetzt werden muss → § 10 Rn. 2 ff.

Allgemein lässt sich feststellen, dass der Einfluss des Gläubigerausschusses 80
auf das Verfahren in der Praxis viel höher ist als der Einfluss der Gläubigerversammlung. Die Mitglieder des Gläubigerausschusses haben einen regelmäßigen und vergleichsweise engen Kontakt zum Insolvenzverwalter, so dass durch die Mitgliedschaft im Gläubigerausschuss ein Informationsvorsprung gegenüber anderen Gläubigern erlangt werden kann.

Die Mitglieder des Gläubigerausschusses haften allen Gläubigern gegenüber 81
für die ordnungsgemäße Erfüllung ihrer Pflichten, haben aber auch Anspruch auf eine Vergütung.

Beabsichtigt ein Gläubiger als Mitglied im Gläubigerausschuss mitzuwirken, 82
so empfiehlt sich eine frühzeitige Kontaktaufnahme mit dem Insolvenzverwalter und dem Insolvenzgericht. An beiden Stellen sollte das Interesse des Gläubigers zur Mitwirkung im Gläubigerausschuss kundgetan werden. Die Erfahrung zeigt, dass Mitglieder des vorläufigen Gläubigerausschusses zumeist auch Mitglieder des endgültigen Gläubigerausschusses sind.

C. Anmeldung einer Forderung zur Insolvenztabelle

I. Anmeldbare Forderungen

Zur Insolvenztabelle können nur Insolvenzforderungen angemeldet werden. 83
Die InsO unterscheidet in den §§ 38, 39 InsO zwischen den (normalen) Insolvenzforderungen und nachrangigen Insolvenzforderungen. Nachrangige Insolvenzforderungen können gem. § 174 Abs. 3 InsO nur angemeldet werden, wenn das Insolvenzgericht dazu besonders auffordert. Das wird es nur tun, wenn zu erwarten ist, dass alle Masseverbindlichkeiten und sämtliche (normalen) Insolvenzforderungen befriedigt werden können und weitere Masse zur Verteilung vorhanden ist.

Nicht zur Insolvenztabelle anmeldbar sind Masseverbindlichkeiten und Aus- 84
sonderungsansprüche. Masseverbindlichkeiten (§ 55 InsO) sind beim Verwalter als Zahlungsanspruch und nicht zur Eintragung in die Tabelle geltend zu machen. Aussonderungsansprüche (§ 47 InsO) sind ebenfalls, und zwar als Herausgabeanspruch, beim Verwalter geltend zu machen. Wenn dennoch nicht anmeldbare Ansprüche zur Eintragung in die Tabelle beim Verwalter angemeldet werden, wird dieser eine Eintragung, sofern sie auf Geldzahlung gerichtet ist, in die Insolvenztabelle vornehmen müssen, denn dem Verwalter steht kein Vorprüfungsrecht zu, das über die Prüfung der formellen Voraussetzungen der Forderungsanmeldung hinaus geht. Freilich wird der Verwalter solche Forderungen nach Aufnahme in die Tabelle bestreiten.

Wird eine Masseverbindlichkeit irrtümlich zur Insolvenztabelle angemeldet, 85
stellt sich die Frage, ob der Insolvenzverwalter den Gläubiger auf diesen Irrtum hinweisen muss. Dies wird in einer älteren Entscheidung vom OLG München[14] bejaht. Zu beachten ist, dass die Verjährung von Masseverbindlichkeiten durch die Anmeldung zur Insolvenztabelle nicht gehemmt wird, so dass dem irrenden

---

[14] OLG München v. 30.4.1981 – 1 U 4248/80 –, ZIP 1981, 887.

Gläubiger ein Nachteil entstehen kann. Der Verwalter sollte nicht verpflichtet sein, den Gläubiger über den Inhalt rechtlicher Vorschriften belehren zu müssen, um einer eigenen Haftung entgehen zu können. Die Praxis sollte sich aber an der Entscheidung des OLG München orientieren und vorsorglich einen Hinweis machen.

86 Das bietet sich für Verwalter aus einem mehr praktischem Grund an; denn selbst wenn die irrigerweise zur Insolvenztabelle angemeldete Masseverbindlichkeit vom Verwalter anerkannt würde, so verlöre sie doch deshalb nicht ihren Masseschuldcharakter, so dass eine Bezahlung dennoch aus der Masse verlangt werden kann.[15] Dies freilich nur Zug-um-Zug gegen Rücknahme der zu Unrecht zur Insolvenztabelle angemeldeten und anerkannten Forderung, denn der Gläubiger kann nur einmal Befriedigung verlangen.

87 Absonderungsgläubiger, denen der Schuldner auch persönlich haftet, können hingegen ihre Forderung zur Tabelle anmelden, und zwar sogar in voller Höhe. Sie sind freilich nur berechtigt, eine Quotenzahlung zu erhalten, wenn und soweit sie bei der abgesonderten Befriedigung ausgefallen sind oder auf sie verzichtet haben, § 52 InsO. Die Beschränkung auf den tatsächlich erlittenen Ausfall muss der Verwalter bei der Prüfung der Absonderungsforderung berücksichtigen.[16] Meldet ein Absonderungsgläubiger seine persönliche Forderung zur Insolvenztabelle an, so kann darin keinesfalls ein Verzicht auf sein Absonderungsrecht gesehen werden.

88 Anmeldbar sind auch bedingte oder betagte (noch nicht fällige) Ansprüche. Letztere gelten gemäß § 41 Abs. 1 InsO als im Insolvenzverfahren fällig. Handelt es sich hierbei um eine verzinsbare Forderung, so ist nur der Kapitalbetrag anzumelden. Ist die betagte Forderung hingegen unverzinslich, so ist sie mit dem gesetzlichen Zinssatz (4 % gem. § 246 BGB oder 5 % gem. § 352 HGB) abzuzinsen. Die Berechnung erfolgt nach der sog **„Hoffmannschen Formel"** wie folgt:

$$A = \frac{36\,500 * N}{36\,500 + (Z \times T)}$$

wobei gilt:
A = Anmeldungsbetrag
N = Nennbetrag der Forderung
Z = Zinsfuß in %
T = Anzahl der Tage zwischen Insolvenzeröffnung und (ursprünglicher) Fälligkeit.

89 Forderungen, für die mehrere Personen haften, können ohne Einschränkung in voller Höhe zum Insolvenzverfahren angemeldet werden, § 43 InsO.

II. Adressat der Forderungsanmeldung

90 Die Anmeldung von Insolvenzforderungen ist unmittelbar an den Verwalter zu richten. Eine Anmeldung beim Insolvenzgericht ist weder zu Protokoll der Geschäftsstelle noch schriftlich möglich. Gehen gleichwohl Anmeldungen beim

---

[15] BGH, Urt. v. 13.6.2006 – IX ZR 15/04, ZInsO 2006, 829.
[16] Dazu → Rn. 136 ff.

Gericht ein, wird es diese an den Verwalter weiterleiten. In Bezug auf Fristen entfaltet die an das Gericht gesandte Forderungsanmeldung erst beim Eingang bei dem Insolvenzverwalter ihre Wirkung.

III. Frist für die Anmeldung

Insolvenzforderungen können erst nach der Eröffnung des Insolvenzverfahrens zur Tabelle angemeldet werden; im Antragsverfahren angemeldete Forderungen gelten im nachfolgenden Verfahren als nicht angemeldet. Der Verwalter wird aber die ihm aus dem Antragsverfahren bekannt gewordenen Gläubiger in das gem. § 152 Abs. 1 InsO aufzustellende Gläubigerverzeichnis aufnehmen müssen. Dass der Verwalter in diesem Fall Kenntnis erlangt hat und zwar nicht in seiner Eigenschaft als Insolvenzverwalter, sondern als vorläufiger Insolvenzverwalter, für den § 152 InsO noch nicht gilt, dürfte dem nicht entgegenstehen. § 152 InsO verpflichtet nämlich den Insolvenzverwalter gar dazu, eigene Ermittlungen über das Vorhandensein von Gläubigern anzustellen. Er wird sich schwerlich darauf berufen können, er habe nicht einmal Anlass gehabt, in seiner Eigenschaft als endgültiger Verwalter Ermittlungen anzustellen, wenn ihm als vorläufiger Verwalter eine Forderung bekannt geworden war. 91

Nimmt der Verwalter den Gläubiger also in die Gläubigerliste nach § 152 InsO auf, wird der Gläubiger eine Aufforderung zur Anmeldung seiner Forderung erhalten. Er darf nunmehr nicht annehmen, er habe bereits im Antragsverfahren angemeldet, so dass es keiner erneuten Anmeldung bedarf. Gerade dies ist jedoch erforderlich: da die Anmeldung im Antragsverfahren keine Wirkung entfalten konnte, muss der Gläubiger zwingend eine Anmeldung nunmehr beim Insolvenzverwalter vornehmen. 92

Mit der Veröffentlichung des Eröffnungsbeschlusses fordert das Insolvenzgericht die beteiligten und dem Gericht bekannt gemachten Gläubiger auf, ihre Forderungen binnen einer dort genannten Frist anzumelden. Diese kann gemäß § 28 Abs. 1 S. 1, 2 InsO maximal drei Monate betragen. Die Anmeldefrist stellt jedoch keine Ausschlussfrist dar, so dass nach Ablauf der Frist eingehende Anmeldungen gleichwohl berücksichtigt, dh in die Tabelle eingetragen und geprüft werden müssen. Ist eine Prüfung im allgemeinen Prüfungstermin nicht mehr möglich, so muss ein besonderer ggfls. auch schriftlich durchgeführter Prüfungstermin bestimmt werden. Die verspätete Anmeldung hat für den Gläubiger kostenmäßige Nachteile, da er die Kosten eines besonderen Prüfungstermins zu tragen hat. Im Übrigen drohen bei Versäumung der Anmeldefrist Rechtsnachteile erst beim Beginn der Verteilungen, wenn die verspätet angemeldete Forderung aus diesem Grunde nicht an der Verteilung teilnehmen kann. 93

Hierzu hat der BGH entschieden, dass eine Forderung, die nach dem Ablauf der Ausschlussfrist des § 189 Abs. 1 InsO und der Zustimmung des Insolvenzgerichts zur Schlussverteilung angemeldet wird, selbst dann nicht mehr an der Verteilung teilnimmt, wenn diese im Rahmen einer nachträglichen Prüfung zur Insolvenztabelle anerkannt wird.[17] Dass eine Anmeldung nach Feststellung des 94

---

[17] BGH, Beschl. v. 22.3.2007 – IX ZB 8/05 –, ZIP 2007, 876.

Schlussverzeichnisses nicht mehr berücksichtigt werden kann, ist aus der Systematik der Vorschriften über die Forderungsanmeldung und die Einwendungen gegen das Schlussverzeichnis recht deutlich zu erkennen und überrascht nicht. In den Gründen zu dieser Entscheidung findet sich aber eine Aussage, die uU den Weg für eine viel weitergehende Gefahr weist: Der BGH führt nämlich aus, dass die Aufnahme noch ungeprüfter, also auch von gegebenenfalls noch im Schlusstermin anzuerkennenden Forderungen in das Schlussverzeichnis unzulässig ist. Damit läuft ein Gläubiger also immer (!) bei einer verspäteten Anmeldung Gefahr, dass der Verwalter und das Gericht die nachträgliche Prüfung auf den Schlusstermin verschieben und vor dem Schlusstermin das Verteilungsverzeichnis erstellt und auslegt wird. Da dann im Zeitpunkt der Erstellung des Verteilungsverzeichnisses die nachträglich angemeldete Forderung noch nicht geprüft ist, kann sie nicht in das Verteilungsverzeichnis aufgenommen werden. Damit nimmt die nachträglich angemeldete Forderung unabhängig vom Ausgang der Prüfung nicht an der Verteilung teil. Aus der Sicht des Verwalters und des Gerichts ist dieses Vorgehen allerdings nicht ungefährlich, weil vertreten wird, dass in solchen Fällen grundsätzlich der Prüfungstermin nicht mit dem Schlusstermin verbunden werden soll. Eine Klärung durch die Rechtsprechung gibt es hierzu allerdings nicht; der BGH lässt diesen Punkt in der Entscheidung ausdrücklich offen.

IV. Inhalt und Form der Anmeldung

95 Am Insolvenzverfahren beteiligte Insolvenzgläubiger sollten die Einhaltung von Inhalt und Form nicht unterschätzen: Insolvenzforderungen können ab der Eröffnung des Verfahrens nicht mehr beim Prozessgericht eingeklagt werden, § 87 InsO. An die Stelle dieser Möglichkeit tritt das Verfahren der Forderungsprüfung nach der InsO. Die Anmeldung einer Insolvenzforderung entspricht in diesem Verfahren der „Klageschrift".

96 Aus der Forderungsanmeldung muss deshalb hervorgehen, wer Inhaber des angemeldeten Anspruchs ist. Bei der Forderungsanmeldung einer Gesellschaft bürgerlichen Rechts sind daher die Namen und Anschriften aller Gesellschafter anzugeben, anderenfalls ist die Forderungsanmeldung nicht wirksam. Meldet ein gesetzlicher oder rechtsgeschäftlicher Stellvertreter eine Forderung an, ist somit anzugeben, in wessen Namen die Anmeldung erfolgt. Alsdann ist die Vertretungsberechtigung auch nachzuweisen, und zwar durch Mitübersendung einer Vollmacht, bei juristischen Personen durch Übersendung eines aktuellen Handelsregisterauszugs.

97 Rechtsanwälte brauchen mit Blick auf § 88 Abs. 2 ZPO ihre Vertretungsbefugnis zunächst nicht nachzuweisen. Allerdings ist der Insolvenzverwalter berechtigt, die Forderung allein wegen der nicht nachgewiesenen Vollmacht des Rechtsanwalts zu bestreiten. Die Vorlage einer Vollmacht empfiehlt sich deshalb auch für Rechtsanwälte. Zur Anmeldung einer Insolvenzforderung ist auch ein Inkassounternehmen berechtigt, was in § 174 Abs. 1 Satz 3 InsO klargestellt ist.

98 Bereits an dieser Stelle sei darauf hingewiesen, dass die Berechtigung, eine Insolvenzforderung anzumelden, noch nicht bedeutet, dass der Anmeldende auch

zur Entgegennahme einer Quotenzahlung berechtigt ist. Ohne Vorlage einer ausdrücklichen schriftlichen Geldempfangsvollmacht muss der Insolvenzverwalter immer an den Gläubiger selbst zahlen, niemals an den Bevollmächtigten. Das gilt auch dann, wenn sich der Gläubiger durch einen Rechtsanwalt vertreten lässt.

Die Anmeldung beim Verwalter muss in deutscher Sprache und, worauf § 174 Abs. 1 S. 1 InsO ausdrücklich hinweist, schriftlich erfolgen. Mündliche oder gar telefonische Anmeldungen beim Verwalter entfalten keine Wirkung. Zulässig ist aber eine Forderungsanmeldung per Telefax oder Telegramm, weil eine Unterschrift zur Einhaltung der Form nicht auf der Forderungsanmeldung enthalten sein muss, § 126 Abs. 1 BGB ist nicht anwendbar. Zur Anmeldung der Forderung per Email bestimmt § 174 Abs. 4 InsO, dass diese zulässig ist, wenn der Insolvenzverwalter einer Entgegennahme der Forderungsanmeldung in elektronischer Form zugestimmt hat. In diesem Fall müssen beizufügende Unterlagen aber unverzüglich nachgereicht werden. 99

Erforderlich ist ferner die Angabe des Betrages der anzumeldenden Forderung, und zwar gegebenenfalls getrennt nach Kapital, vor Verfahrenseröffnung entstandenen Kosten und den bis zur Verfahrenseröffnung angefallenen Zinsen. Beträge in ausländischer Währung sind nach dem Wechselkurs, der zum Zeitpunkt der Verfahrenseröffnung am Zahlungsort gilt, in inländische Währung (EUR) umzurechnen, § 45 S. 2 InsO. Für Ansprüche, die nicht auf die Zahlung von Geld gerichtet sind oder deren Geldbetrag unbestimmt ist, muss eine Schätzung des Wertes zum Zeitpunkt der Verfahrenseröffnung erfolgen, § 45 S. 1 InsO. Die Umrechnung oder Schätzung ist durch den Gläubiger, nicht durch den Verwalter vorzunehmen. Eine unbezifferte Forderungsanmeldung entfaltet keine Wirksamkeit und darf vom Verwalter nicht in die Tabelle aufgenommen werden. Im Zweifel empfiehlt es sich daher zunächst, den Forderungsbetrag großzügig zu schätzen und diesen Schätzbetrag anzumelden. 100

Zur Konkretisierung des angemeldeten Anspruchs ist ferner der Schuldgrund bei der Anmeldung anzugeben. Hierbei muss der Gläubiger jedoch nicht eine rechtliche Einordnung des Anspruchs vornehmen (Beispiel: Werkvertrag oder Dienstvertrag). Vielmehr genügt die Angabe des Lebenssachverhalts, der dem Anspruch zugrunde liegt.[18] Insoweit kann auch auf Anlagen Bezug genommen werden, die der Forderungsanmeldung beigefügt sind. Will der Gläubiger auch festgestellt wissen, dass sein Anspruch aus einer vorsätzlich begangenen unerlaubten Handlung des Schuldners resultiert, so hat er die nach seiner Einschätzung dafür maßgeblichen Tatsachen vorzutragen, § 174 Abs. 2 InsO. Die bloße Angabe, es handele sich um eine Forderung aus einer vorsätzlich begangenen unerlaubten Handlung des Schuldners ohne Schilderung der Umstände, aus denen sich dieses ergeben soll, reicht nicht aus. Besonders anzugeben sind ferner Forderungen aus Unterhaltspflichten und aus bestimmten Steuerstraftatbeständen, § 174 Abs. 2 InsO. Dies kann für den Gläubiger insbesondere deshalb wichtig sein, weil Forderungen aus vorsätzlich begangenen unerlaubten Handlungen, wegen vorsätzlich pflichtwidriger Verletzung gesetzlicher Unterhaltspflichten und wegen Steuerstraftaten nach § 302 Nr. 1 InsO nicht von der Restschuldbefreiung erfasst werden. 101

---

[18] BGH, Urt. v. 22.1.2009 – IX ZR 3/08 – Rn. 10, NZI 2009, 242.

102 Die Anmeldung einer Forderung zur Insolvenztabelle muss nicht zwingend unterschrieben sein, allerdings muss sie erkennen lassen, wer der Anmeldende ist und dass die Erklärung endgültig abgegeben werden soll, es sich also nicht nur um einen Entwurf handelt.

V. Anlagen zur Anmeldung

103 Erfolgt die Forderungsanmeldung durch einen Vertreter (zB Prozessbevollmächtigten, Inkassounternehmen), so ist dessen Legitimation (Vollmacht) der Anmeldung beizufügen. Sinnvoll ist es ferner, der Anmeldung Durchschriften für das Insolvenzgericht sowie die zum Nachweis der angemeldeten Forderung erforderlichen Unterlagen (zB Rechnungskopien) beizufügen. Gleiches gilt für eine Abtretungserklärung, wenn der Gläubiger eine Forderung aus abgetretenem Recht zur Tabelle anmeldet. Das Fehlen derartiger Urkunden macht die Anmeldung zwar nicht unzulässig. Der Anmeldende erspart sich auf diese Weise jedoch uU einen notwendigen Schriftverkehr, der daraus resultiert, dass der Verwalter die Forderung vorläufig bestreitet, da für ihn die Forderung anhand der (häufig unvollständigen) Buchführung des Schuldners nicht nachvollziehbar ist.[19]

104 Existiert für die angemeldete Forderung bereits ein Titel (Vollstreckungsbescheid, Urteil, Prozessvergleich, notarielle Urkunde mit Vollstreckungsunterwerfung usw), so soll dieser **im Original** der Forderungsanmeldung beigefügt werden. Wird der Titel nicht im Original vorgelegt, steht dies einer Feststellung zur Tabelle nicht entgegen, obwohl es dadurch zu der Situation kommt, dass der Gläubiger nach Beendigung des Insolvenzverfahrens zwei vollstreckbare Titel über die gleiche Forderung hat: den bereits vorhandenen Titel (zB Urteil oder Vollstreckungsbescheid) und den vollstreckbaren Auszug aus der Insolvenztabelle.[20] Einen dieser Titel zu beseitigen, ist dann Aufgabe des Schuldners, nicht des Insolvenzverwalters. Wird der Titel spätestens im Prüfungstermin nicht im Original vorgelegt, kehrt sich die Betreibenslast für die Forderungsfeststellung zulasten des Bestreitenden ausnahmsweise nicht nach § 179 Abs. 2 InsO um.

VI. Aufforderung zur Anmeldung nachrangiger Forderungen

107 Nachrangige Forderungen[21] sind erst anzumelden, wenn das Insolvenzgericht hierzu besonders auffordert (§ 174 Abs. 3 S. 1 InsO). Eine Prüfung der als nachrangig angemeldeten Forderungen findet erst statt, wenn das Insolvenzgericht die Aufforderung zur Anmeldung ausgesprochen hat.[22]

---

[19] Siehe dazu ergänzend → Rn. 153 ff.
[20] BGH, Urt. v. 1.12.2005 – IX ZR 95/04, ZInsO 2006, 102.
[21] Vgl. → Rn. 83.
[22] Zur Behandlung von Forderungsanmeldungen, welche vor Aufforderung gemäß § 174 Abs. 3 S. 1 InsO eingehen, vgl. nachfolgend unter → Rn. 121.

D. Behandlung eingehender Forderungsanmeldungen durch den Verwalter

I. Aktenmäßige Erfassung

Die Forderungsanmeldung zum Insolvenzverfahren steht hinsichtlich ihrer verjährungshemmenden Wirkung der Zustellung einer Klage bzw. eines Mahnbescheides gleich (§ 204 Abs. 1 Nr. 10 BGB). Dieser Umstand erfordert besondere Sorgfalt des Verwalters bei der Behandlung und Dokumentation der eingegangenen Anmeldungen, um die Datierbarkeit und Nachweisbarkeit zu gewährleisten. 108

Die eingehenden Anmeldungen sind am Tage des Eingangs mit einem deutlich lesbaren Datumstempel zu versehen und sodann in geordneter Form abzuheften. Letzteres kann entweder nach dem Datum des Eingangs oder alphabetisch nach dem Namen des Gläubigers erfolgen. Im Falle einer chronologischen Sortierung ist darauf zu achten, dass eine Zuordnung etwaig später eingehender Ergänzungen, Änderungen und Nachträge zu der Forderungsanmeldung des betreffenden Gläubigers problemlos möglich ist. Dies erfordert gegenüber der alphabetischen Ablage einen erhöhten Aufwand. 109

Die eingehenden Forderungsanmeldungen finden Eingang in das nach § 152 InsO vom Verwalter aufzustellende Gläubigerverzeichnis. Hier sind alle Gläubiger mit ihrer Anschrift, dem Grund und dem Betrag der Forderung anzugeben. Zusätzlich ist bei absonderungsberechtigten Gläubigern zu vermerken, an welchem Gegenstand das Absonderungsrecht besteht und in welcher Höhe der absonderungsberechtigte Gläubiger mit seiner Forderung mutmaßlich ausfällt. Gleichfalls ist anzugeben, wenn der Gläubiger Aufrechnungsmöglichkeiten hat und sich auf diesem Wege Befriedigung verschaffen kann. 110

Bezüglich nachrangiger Insolvenzgläubiger, deren Forderungen jedoch nur nach besonderer Aufforderung des Insolvenzgerichts anmeldbar sind, (§ 174 Abs. 3 S. 1 InsO) ist, ebenso wie für die Absonderungsgläubiger, eine gesonderte Abteilung des Gläubigerverzeichnisses anzulegen. 111

II. Aufstellung der Tabelle

Ferner obliegt es dem Insolvenzverwalter, die angemeldeten Forderungen in die Tabelle einzutragen. Im Unterschied zum Gläubigerverzeichnis werden hier nur die tatsächlich angemeldeten, nicht jedoch sonstige, dem Verwalter bekannte Forderungen eingetragen. Dies ist Ausdruck der Dispositionsmaxime, nach der es eine Entscheidung der Parteien ist, ob sie eine Forderung in einem gerichtlichen Verfahren geltend machen wollen oder nicht. 112

In der Tabelle sind neben den Angaben, die zur Identifizierung des Gläubigers erforderlich sind, der Grund und der Betrag der Forderung anzugeben. Ferner ist der Tag des Eingangs der Forderungsanmeldung zu vermerken. Um Probleme bei der Zustellung zu vermeiden, sind neben Namen und Anschrift des Gläubigers auch Angaben zu einem etwaigen Gläubigervertreter nebst Adresse und ggf. Aktenzeichen erforderlich. Hat der Gläubiger angegeben, die 113 von ihm angemeldete Forderung beruhe auf einer vorsätzlich begangenen unerlaubten Handlung des Schuldners, auf einer vorsätzlich pflichtwidrigen Verletzung einer gesetzlichen Unterhaltspflicht oder auf einer Steuerstraftat, ist dies in der Tabelle gesondert zu vermerken, § 175 Abs. 1 S. 1 InsO. Darauf ist besonders zu achten, weil dies nach § 302 Nr. 1 InsO zum Ausschluss der Restschuldbefreiung für die betreffende Forderung führt, was zum Nachteil des Gläubigers nicht eintritt, wenn die Aufnahme dieses Umstandes in der Tabelle unterbleibt und daher ein Hinweis des Gerichts gemäß § 175 Abs. 3 InsO unterbleibt.

114 Bei der Anmeldung von nachrangigen Forderungen, welche nur zulässig ist, wenn das Insolvenzgericht hierzu besonders auffordert (§ 174 Abs. 3 S. 1 InsO), ist darüber hinaus auf den Nachrang hinzuweisen und die dem Gläubiger zustehende Rangstelle zu bezeichnen.

115 Die so vom Verwalter aufgestellte Insolvenztabelle dient der Vorbereitung des Prüfungstermins und muss zusammen mit den Anmeldungen sowie den beigefügten Urkunden auf der Geschäftsstelle des Insolvenzgerichts niedergelegt werden, damit die Verfahrensbeteiligten die Möglichkeit erhalten, Einsicht in die Tabelle zu nehmen. Die Niederlegung muss nach der Regelung des § 175 S. 2 InsO bis zum Ablauf des ersten Drittels des Zeitraums zwischen dem Ablauf der Anmeldefrist und dem Prüfungstermin erfolgen. Der genannte Zeitraum, der nach § 29 Abs. 1 Nr. 2 InsO mindestens eine Woche und höchstens zwei Monate beträgt, wird in der Regel von den Insolvenzgerichten ausgeschöpft, so dass der Verwalter wohl in den meisten Fällen ca. zwanzig Tage Zeit hat, um die Tabelle zur Niederlegung beim Insolvenzgericht aufzustellen und vorzubereiten. Allerdings kann dieser Zeitraum im Einzelfall auch erheblich kürzer sein.

116 Die rechtzeitige Niederlegung der Tabelle innerhalb der Frist des § 175 S. 2 InsO ist vom Verwalter zu beachten. Die richtige Berechnung soll an folgendem **Beispiel** dargestellt werden:

117 Das Insolvenzgericht setzt im Eröffnungsbeschluss den Prüfungstermin auf den 23.3. fest und verfügt, dass Insolvenzforderungen bis zum 1.3. beim Insolvenzverwalter anzumelden sind. Die Zeitdauer zwischen dem Ablauf der Anmeldefrist (1.3.) und dem Prüfungstermin (23.3.) beträgt 21 Tage. Davon ist ein Drittel 7 Tage. Innerhalb des ersten Drittels ist die Tabelle niederzulegen, also bis zum 8.3.

III. Behandlung unzulässiger Anmeldungen

119 In der Praxis dürfte nicht selten das Problem auftreten, dass der Verwalter unzulässige Anmeldungen erhält.[23] Zunächst ist der Fall möglich, dass die Anmeldung nicht den formellen und inhaltlichen Anforderungen des § 174 Abs. 1 S. 2 InsO entspricht, also zB der Betrag der Forderung nicht oder in einer Fremdwährung angegeben ist. Alsdann muss der Verwalter die Anmeldung als unzulässig zurückweisen und dem Gläubiger Gelegenheit geben, die Mängel zu beheben. Dadurch eintretende Fristversäumnisse trägt der Gläubiger. Gegen die Zurückweisung der Anmeldung kann der Gläubiger gem. § 58 Abs. 2 S. 1 InsO

---

[23] Zur verfrühten bzw. verspäteten Anmeldung → Rn. 91 ff.

das Insolvenzgericht anrufen und den Verwalter zur Aufnahme der Forderung in die Tabelle anhalten lassen. Das Insolvenzgericht wird sodann selbst die Prüfung der Eintragungsfähigkeit der Forderung vornehmen und den Verwalter unter Androhung von Zwangsgeld zur Eintragung anhalten, wenn es die Anmeldung für mangelfrei hält. Will der Verwalter dem nicht nachkommen, bleibt ihm nur die Möglichkeit, den Zwangsgeldbeschluss abzuwarten, um sodann gegen diesen ein Rechtsmittel zu ergreifen. In der Praxis wird es voraussichtlich nicht so weit kommen, der Verwalter wird die Eintragung auf Anweisung des Gerichts vielmehr vornehmen; es bleibt ihm ja die Möglichkeit, die Forderung im Prüfungstermin zu bestreiten.

Ist auch das Insolvenzgericht der Meinung, die Forderung könne nicht eingetragen werden, wird es den Gläubiger darüber unterrichten, so dass dieser den Mangel beheben kann. **120**

Davon zu unterscheiden ist der Fall, dass die Forderungsanmeldung formal in Ordnung ist, aber eine nicht zur Tabelle anmeldbare Forderung betrifft. Das wäre zB der Fall, wenn der Gläubiger eine nachrangige Forderung anmeldet, obgleich das Insolvenzgericht dazuu noch nicht aufgefordert hat (vgl. § 174 Abs. 3 InsO), oder wenn die Anmeldung von Masseverbindlichkeiten oder sonstigen Forderungen, die nicht als Insolvenzforderungen anmeldbar sind, erfolgt.[24] In diesem Falle ist der Verwalter verpflichtet, die Forderung, so wie sie angemeldet wurde, in die Tabelle einzutragen. Allgemein gilt: der Verwalter darf anlässlich der Eintragung einer Forderung in die Insolvenztabelle keine über formelle Voraussetzungen hinausgehende Vorprüfung unternehmen. **121**

Werden Masseforderungen oder andere nicht anmeldbare Forderungen zur Tabelle und damit als Insolvenzforderung angemeldet, so liegt kein formeller Mangel der Anmeldung vor. Deshalb erfolgt keine Zurückweisung der Anmeldung. Vielmehr werden die Widerspruchsberechtigten, also Verwalter und ggf. auch Gläubiger im Prüfungstermin die Forderung bestreiten. **122**

E. Ablauf des Prüfungstermins

Die eigentliche Prüfung der angemeldeten Forderungen erfolgt in einem sogenannten „Prüfungstermin" beim zuständigen Insolvenzgericht. Prüfungstermine können mündlich oder schriftlich abgehalten werden. Bestimmt das Insolvenzgericht einen schriftlichen Prüfungstermin, sind alle Erklärungen der Beteiligten (auch des Insolvenzverwalters) bis zu einem bestimmten, vom Insolvenzgericht festgelegten Termin gegenüber dem Gericht schriftlich abzugeben. Das Gericht erstellt daraus ein Protokoll, in das alle fristgerecht bei ihm eingegangenen Erklärungen zu den einzelnen Forderungen aufgenommen werden. Bei größeren Insolvenzverfahren wird demgegenüber ein mündlicher Prüfungstermin abgehalten, dessen Ablauf im Folgenden mit den verschiedenen Prüfungsergebnissen dargestellt werden soll. **123**

---

[24] Dazu auch unter → Rn. 83 ff.

I. Veröffentlichung/Teilnahmeberechtigung

124 Der Prüfungstermin wird vom Insolvenzgericht bereits im Eröffnungsbeschluss bestimmt und findet mindestens eine Woche, höchstens aber zwei Monate nach dem Ablauf der Frist für die Anmeldungen der Insolvenzforderungen statt (§ 29 Abs. 1 Ziff. 2 InsO). Da diese maximal drei Monate beträgt, muss der Prüfungstermin somit spätestens fünf Monat nach Verfahrenseröffnung stattfinden. Der Prüfungstermin kann mit dem Berichtstermin (§ 29 Abs. 1 Ziff. 1 InsO) verbunden werden. Beide Termine werden mit dem Eröffnungsbeschluss öffentlich bekannt gemacht. Die öffentliche Bekanntmachung erfolgt durch Veröffentlichung im Internet unter der Internetadresse www.insolvenzbekanntmachungen.de. Ferner wird der Beschluss den bekannten Gläubigern, den Schuldnern des Schuldners und dem Schuldner selbst besonders durch Post zugestellt.

125 Ein gesonderter Hinweis des Insolvenzgerichts ergeht gemäß § 175 Abs. 2 InsO an den Schuldner, wenn ein Gläubiger eine Forderung anmeldet und behauptet, der Anspruch resultiere aus einer vorsätzlich begangenen unerlaubten Handlung des Schuldners, einer vorsätzlich pflichtwidrigen Verletzung einer gesetzlichen Unterhaltspflicht oder aus bestimmten Steuerstrafbeständen. Solche Forderungen würden gemäß § 302 Nr. 1 InsO nicht von einer Restschuldbefreiung erfasst, worauf der Schuldner gesondert aufmerksam gemacht werden muss. Damit soll ihm Gelegenheit gegeben werden, den vom Gläubiger behaupteten Rechtsgrund zu bekämpfen, um die für ihn missliche Rechtsfolge aus § 302 Nr. 1 InsO zu vermeiden.

126 Alle Gläubiger sind berechtigt, aber nicht verpflichtet, am Prüfungstermin teilzunehmen. Ihre angemeldeten Forderungen müssen auch dann geprüft werden, wenn die jeweiligen Gläubiger im Prüfungstermin nicht anwesend sind.

127–128 In der Praxis erfolgt die Forderungsprüfung im Wesentlichen durch den Verwalter. Allerdings sind sowohl die Gläubiger als auch der Schuldner berechtigt, den angemeldeten Forderungen zu widersprechen (§ 176 S. 2 InsO). Das Widerspruchsrecht der Gläubiger ist Ausdruck der Gläubigerautonomie, welcher das Insolvenzverfahren beherrscht.

II. Prüfung durch Verwalter

129 Die Forderungsprüfung zählt zu den Amtspflichten des Verwalters. Rechtzeitig vor dem Prüfungstermin muss sich der Verwalter bereits entscheiden, welche zur Insolvenztabelle angemeldete Forderungen als quotenberechtigt ansieht und welche nicht. Er wird in seinem Exemplar der Insolvenztabelle sein Prüfungsergebnis vermerken und anschließend die Tabelle mit seinen Prüfungsergebnissen an das Insolvenzgericht übersenden. Im Prüfungstermin werden die Prüfungsergebnisse lediglich noch protokolliert, wobei auf die dem Gericht durch vorherige Übersendung der Tabelle enthaltenen Prüfungsergebnisse verwiesen werden kann.

Um zu einem Prüfungsergebnis zu kommen, kann sich der Verwalter auf Angaben des Schuldners stützen. In der Praxis wird er zunächst auf die Buchhaltung des Schuldners zurückgreifen und die angemeldeten Forderungen mit der letzten Offene-Posten-Liste abgleichen. Je nach dem Stand der Buchhaltung ist es ferner erforderlich, die noch nicht gebuchten Eingangsrechnungen zu berücksichtigen. Ergänzend kann der Schuldner gemäß § 97 Abs. 1 InsO befragt werden. Reichen diese Informationen nicht aus, um sich eine Überzeugung vom Bestehen oder Nichtbestehen der Forderung zu bilden, wird der Verwalter den Gläubiger auffordern, seinen Anspruch durch Vorlage weiterer Belege (zB Lieferungsnachweise, Stundenzettel oÄ) nachzuweisen.

Falls die Zeitspanne zwischen Anmeldeschluss und Prüfungstermin großzügig bemessen ist, kann es sich für den Verwalter als vorteilhaft erweisen, den Gläubiger bereits vor dem Prüfungstermin auf noch fehlende Unterlagen oder etwaige Mängel der Anmeldung aufmerksam zu machen. Dieser kann dann noch vor dem Prüfungstermin hierauf reagieren und es so möglicherweise vermeiden, dass seine Forderung im Prüfungstermin zunächst bestritten werden muss. 130

1. Anerkennen

Ist der Verwalter nach Nutzung der ihm zur Verfügung stehenden Erkenntnisquellen davon überzeugt, dass die angemeldete Forderung besteht, so wird er sie anerkennen. Das Insolvenzgericht beurkundet dieses Prüfungsergebnis. Die Forderung gilt damit, vorbehaltlich eines Widerspruchs eines anderen Beteiligten (vgl. → Rn. 174ff.) als rechtskräftig festgestellt. Sie nimmt somit an dem Verteilungsverfahren teil. 131

Der Gläubiger kann und braucht in diesem Falle nichts mehr zu unternehmen. Kommt es zu einem späteren Zeitpunkt zu einer Quotenzahlung an die Insolvenzgläubiger, erhalten lediglich diejenigen Gläubiger, deren Forderungen anerkannt wurden, eine Zahlung (auch „Dividende" genannt). Den Zeitpunkt der Quotenzahlung kann der Gläubiger nicht bestimmen; er muss die Verwertungsbemühungen des Insolvenzverwalters abwarten, was nicht selten dazu führt, dass eine Insolvenzquote erst nach Jahren an die Gläubiger mit anerkannten Forderungen gezahlt wird. Andererseits braucht der Gläubiger, dessen Forderung anerkannt wurde, regelmäßig nicht zu befürchten, dass sein Anspruch übersehen wird; mit der Feststellung zur Insolvenztabelle ist seine Quotenberechtigung festgeschrieben (zur Ausnahme bei der Geltendmachung von Absonderungsrechen vgl. sogleich → Rn. 137). 132

Rein praktisch tritt folgendes Problem in der Praxis auf: Das Insolvenzgericht wird gem. § 179 Abs. 3 Satz 3 InsO die Gläubiger mit anerkannten Fordserungen über das Prüfungsergebnis nicht informieren. Auch der Insolvenzverwalter ist keineswegs verpflichtet, die Gläubiger zu unterrichten. Nimmt der Gläubiger also nicht am Prüfungstermin teil und wird sein Anspruch anerkannt, erhält er darüber keine Nachricht. Nach der Vorstellung des Gesetzgebers kann ein Gläubiger getrost davon ausgehen, dass „alles seine Ordnung" hat, wenn sich niemand bei ihm meldet. Tatsächlich ist jedoch zu beobachten, dass Gläubiger einige Zeit nach dem Prüfungstermin unruhig werden, weil „sie nichts hören". Die Folge davon ist, dass Nachfragen beim Insolvenzgericht oder beim Verwalter angestellt werden. Derartige Anfragen belasten Gericht und Verwalter. Für Insolvenzverwalter sollte dies Anlass dafür sein, in Rundschreiben die Gläubiger vom Prüfungsergebnis zu unterrichten, was zwar einen 133 zusätzlichen Aufwand bedeutet, aber eine Entlastung vieler Einzelanfragen von Gläubigern zur Folge hat. Ein Rundschreiben bietet außerdem Gelegenheit dafür, zur Quotenerwartung überhaupt, gegebenenfalls zum Zeitpunkt einer Quotenzahlung ergänzende Ausführungen zu machen.

134 Nach Beendigung des Verfahrens kann der Gläubiger, dessen Forderung anerkannt wurde, beim Insolvenzgericht einen Auszug aus der Tabelle beantragen. Dieser hat die gleiche Wirkung wie ein durch Klage erstrittenes Urteil, dh daraus ist auch die Zwangsvollstreckung möglich (§ 201 Abs. 2 InsO). Ob die Beschaffung eines Auszugs aus der Insolvenztabelle zum Zweck der Zwangsvollstreckung sinnvoll ist, muss im Einzelfall entschieden werden. Praktisch relevant dürfte dies nur bei Insolvenzverfahren über das Vermögen einer natürlichen Person werden; allerdings wird gerade in diesen Fällen häufig die Restschuldbefreiung beantragt werden, so dass die Einzelzwangsvollstreckung ohnehin nicht möglich ist.

2. Teilweises Anerkennen

135 Sofern der Verwalter die Berechtigung einer Forderung nur zum Teil feststellen kann, wird er die Forderung auch nur zum Teil anerkennen. Hinsichtlich des übrigen Teils wird er einen Widerspruch zu Protokoll erklären, so dass die Forderung insoweit als bestritten gilt. Hinsichtlich des anerkannten Teils kann auf die Ausführungen unter → Rn. 131 f. verwiesen werden. Bezüglich der Möglichkeit des Gläubigers, eine Feststellung des bestrittenen Teils der Forderung zu erreichen, wird auf die Ausführungen zu → Rn. 156 und → Rn. 203 ff. verwiesen.

3. Anerkennen für den Ausfall

136 In der Praxis weit verbreitet ist das Anerkennen einer Forderung „für den Ausfall" (häufig bezeichnet als „AfA" oder „FdA"). Für Insolvenzgläubiger und Verwalter ist die Anmeldung einer Forderung für den Ausfall bzw. die Prüfung einer Forderung für den Ausfall nicht ungefährlich, wenn auch bequem. Zunächst einige allgemeine Erwägungen:

137 Hat ein Insolvenzgläubiger für seine Forderung gegen den Schuldner eine Sicherheit, die in der Insolvenz ein **Ab**sonderungsrecht begründet, zB Grundschuld, Sicherungsübereignung eines Gegenstandes oder Vermieterpfandrecht, so ist er gleichwohl berechtigt, zunächst seine volle Forderung im Insolvenzverfahren geltend zu machen und diese auch zur Insolvenztabelle anzumelden. Eine Quote soll und will der Gläubiger tatsächlich aber nur in Höhe seiner sogenannten Ausfallforderung erhalten, was auch dem tatsächlichen Ablauf im Insolvenzverfahren entspricht: Der Gläubiger wird sich in Verbindung mit dem Insolvenzverwalter um eine Verwertung des Absonderungsgegenstandes bemühen und dafür einen Geldbetrag erhalten. Beispielsweise werden die mit dem Vermieterpfandrecht belasteten Gegenstände vom Insolvenzverwalter veräußert, wobei der Veräußerungserlös nach Abzug der Feststellungs- und Verwertungspauschale sowie der zu entrichtenden Umsatzsteuer an den Gläubiger ausgekehrt wird (§ 170 Abs. 1 InsO). Dieser wird den erhaltenen Betrag auf seine Forderung anrechnen und kann dann nur noch Befriedigung als Insolvenzgläubiger für den Restbetrag beanspruchen, mit dem er bei der Geltendma-

chung seines Absonderungsrechts ausgefallen ist (deshalb „Ausfallforderung"). Das Gesetz regelt dies in § 52 S. 2 InsO. Absonderungsberechtigte Gläubiger sind danach zwar Insolvenzgläubiger, aber zur anteilsmäßigen Befriedigung aus der Insolvenzmasse nur berechtigt, soweit sie auf eine abgesonderte Befriedigung verzichtet haben oder bei ihr ausgefallen sind. Da die Anmeldung der Insolvenzforderung zeitlich der Verwertung des Absonderungsguts meist vorhergeht, kann der absonderungsberechtigte Insolvenzgläubiger zunächst nur seine volle Forderung anmelden, da er zu diesem Zeitpunkt noch keine Kenntnis darüber hat, mit welchem Ergebnis das Absonderungsgut später verwertet wird.

Die Prüfung einer solchen zur Tabelle angemeldeten Forderung „für den Ausfall" ist keineswegs zu beanstanden. Zu beachten ist freilich, dass die so angemeldete Forderung in ihrer ursprünglichen Höhe an der späteren Verteilung nicht teilnehmen darf, sondern zunächst auf die tatsächliche Ausfallforderung reduziert werden muss. Das Gesetz schreibt dafür in § 190 InsO eine Ausschlussfrist vor, auf die nachfolgend noch eingegangen wird.

Eine vom Verwalter „für den Ausfall" anerkannte Forderung ist eine anerkannte Forderung, so dass der Gläubiger weder berechtigt noch verpflichtet ist, Feststellungsklage gegen den Verwalter zu erheben. Der Gläubiger wird vielmehr wie bei anerkannten Forderungen keinerlei Nachricht vom Prüfungsergebnis erhalten, so dass ihm möglicherweise der Umstand, dass seine Forderung **nur** für den Ausfall anerkannt wurde, unbekannt bleibt. **138**

Dies wiederum hat für den Gläubiger gegebenenfalls einschneidende Nachteile: Nach § 190 Abs. 1 InsO müssen absonderungsberechtigte Gläubiger innerhalb einer Ausschlussfrist, auf deren Berechnung später eingegangen wird, den Nachweis ihres Ausfalls gegenüber dem Insolvenzverwalter führen. Wird der Nachweis nicht innerhalb der noch zu besprechenden Ausschlussfrist geführt, so nimmt die Forderung überhaupt nicht an der Verteilung teil, und zwar auch dann nicht, wenn der Gläubiger einen Totalausfall erlitten hat, aus der Verwertung des Absonderungsguts also nichts erhalten hat, so dass seine ursprünglich angemeldete Forderung noch in der vollen Höhe existiert. Gläubiger, deren Forderung für den Ausfall festgestellt wurde, müssen deshalb tunlichst darauf hinwirken, den ihnen entstandenen Ausfall dem Verwalter alsbald nachzuweisen, damit dieser die Möglichkeit hat, die Beschränkung seines Anerkenntnisses („für den Ausfall") gegenüber dem Insolvenzgericht zurückzunehmen. Nur durch eine solche Rücknahme der Beschränkung seines Anerkenntnisses verwandelt sich die für den Ausfall anerkannte Forderung in eine anerkannte Forderung, so dass diese in jedem Falle an einer Verteilung der Insolvenzmasse teilhaben kann. **139**

Ausnahmsweise bedarf es eines solchen Nachweises durch den Gläubiger nicht, wenn nämlich nur der Verwalter zur Verwertung des Absonderungsguts berechtigt ist, § 190 Abs. 3 S. 1 InsO. Diese in der Praxis weitgehend unbekannte Regelung ist konsequent, für den Gläubiger aber nachteilig. Da das Verwertungsrecht für Absonderungsgut, welches sich im Besitz des Verwalters befindet, bei diesem liegt, kennt der Verwalter den Verwertungserlös, den der Gläubiger auf seine Insolvenzforderung anrechnen muss; schließlich hat der Verwalter den Erlösanteil, der dem Absonderungsgläubiger gebührt, selbst an diesen ausgekehrt. Der Gesetzgeber hat es in diesem Fall offensichtlich für ent- **140** behrlich gehalten, den Gläubiger zur Mitteilung der nach Verrechnung verbleibenden Restforderung an den Insolvenzverwalter anzuhalten. Vielmehr soll dieser selbst die Anrechnung vornehmen und muss dann die nach Verrechnung verbleibende Insolvenzforderung ohne Beschränkung auf den Ausfall anerkennen, also die Beschränkung für den Ausfall zurücknehmen. Für den Gläubiger hat die Regelung des § 190 Abs. 3 S. 1 InsO den Vorteil, dass er nach Erhalt des Erlösanteiles aus der Verwertung des Absonderungsguts keine Mitteilung an den Verwalter machen muss und dennoch sicher sein kann, an der Verteilung der Insolvenzmasse teilnehmen zu können. Nachteilig ist für den Gläubiger allerdings, dass der Verwalter eine Anrechnung nur auf die zur Tabelle angemeldeten Forderungen vornehmen kann; weitere Ansprüche des Gläubigers sind ihm schließlich nicht bekannt. Der Gläubiger hingegen wäre auch berechtigt, den Erlös aus der Verwertung des Absonderungsguts auf die nach Insolvenzeröffnung entstandenen Kosten sowie auf nach der Insolvenzeröffnung fortlaufenden Zinsen anzurechnen und somit eine deutlich höhere Gesamtbefriedigung zu erlangen.

141 **Beispiel:** Die Bank hat eine durch Sicherungsübereignung des Anlagevermögens gesicherte Forderung in Höhe von 10 Mio. EUR. Nach drei Monaten wird das Anlagevermögen verwertet und auf das Absonderungsrecht entfällt ein Erlösanteil nach Abzug der Verfahrenskosten und der Umsatzsteuer von 600 000,00 EUR. Der Verwalter, der die Forderung der Bank für den Ausfall anerkannt hatte, wird gem. § 190 Abs. 3 S. 1 InsO eine Ausfallforderung der Bank von 400 000,00 EUR ohne Beschränkung auf den Ausfall anerkennen (die Tabelle insoweit also durch das Gericht berichtigen lassen). Würde die Bank selbst verrechnen können, könnte sie eine Verrechnung auf nach Insolvenzeröffnung angefallene Zinsen vornehmen. Bei einem angenommenen Zinssatz von 9 % würde dies einen Betrag von EUR 22 500,00 ausmachen. Von den 600 000,00 EUR müsste dann lediglich der Rest (577 500,00 EUR) auf die Insolvenzforderung angerechnet werden. Die Bank würde in diesem Fall also auf 422 500,00 EUR eine Quote erhalten statt auf nur 400 000,00 EUR.

142 Die Regelung des § 190 Abs. 3 S. 1 InsO ist aber aus einem noch anderen Grund für den Gläubiger nachteilig. Möglicherweise hat der Gläubiger mehrere Forderungen zur Tabelle angemeldet und der Insolvenzverwalter hat diese für den Ausfall anerkannt, weil der Gläubiger ein Absonderungsrecht hat. Auf welche Forderung soll der Verwalter nach Auskehr des Erlöses gem. § 190 Abs. 3 S. 1 InsO verrechnen? Was soll gelten, wenn der Gläubiger für eine der angemeldeten Forderungen noch eine zusätzliche Sicherheit, etwa eine Bürgschaft des Gesellschafters (kein Absonderungsrecht!) hat? Muss der Verwalter dies bei der Auswahl der zu verrechnenden Forderung beachten? Diese Fragen werden von § 190 Abs. 3 S. 1 InsO nicht eindeutig geklärt, so dass dem Insolvenzverwalter wohl auch keine Pflichtverletzung vorgeworfen werden kann, wenn er eine für den Gläubiger ungünstige Verrechnung vornimmt.

Kompliziert wird es, wenn der Gläubiger Absonderungsrechte geltend machen kann, bei denen die Verwertung des Absonderungsguts teils dem Verwalter, teils dem Gläubiger selbst obliegt, sei es dass der Gläubiger bei Verfahrenseröffnung im Besitz des Absonderungsgegenstandes war oder dass der Verwalter den Absonderungsgegenstand freigegeben hatte. In solchen Fällen treffen die Anrechnungspflicht des Verwalters gem. § 190 Abs. 3 S. 1 InsO und die Nachweispflicht des Absonderungsgläubigers gem. § 190 Abs. 1 InsO zusammen.

§ 11. Insolvenzforderungen

143 Außerdem macht die Berechnung der in § 190 Abs. 1 InsO genannten Frist Schwierigkeiten. § 190 Abs. 1 InsO verweist auf die in § 189 Abs. 1 InsO vorgesehene Ausschlussfrist von zwei Wochen nach der öffentlichen Bekanntmachung. Mit öffentlicher Bekanntmachung im Sinne des § 189 Abs. 1 InsO ist die in § 188 S. 3 InsO genannte öffentliche Bekanntmachung des Verzeichnisses der Forderungen, die bei der Verteilung der Insolvenzmasse zu berücksichtigen sind, gemeint. Die öffentliche Bekanntmachung erfolgt nach § 9 Abs. 1 S. 1 InsO stets im Internet (www.insolvenzbekanntmachungen.de). Die Frist des § 189 InsO berechnen sich dabei nach § 9 Abs. 1 S. 3 InsO: Danach gilt eine öffentliche Bekanntmachung als bewirkt, sobald nach dem Tag der Veröffentlichung im Internet zwei weitere Tage verstrichen sind. Dies lässt sich nur anhand eines **Beispiels** verständlich machen:

144 Die Veröffentlichung, bei der der Insolvenzverwalter die bei der Verteilung zu berücksichtigenden Forderungen angibt, wird am 1.3. eines Jahres im Internet eingestellt. Die Bekanntmachung gilt als bewirkt, entfaltet also ihre Wirkung, sobald nach dem Tag der Veröffentlichung zwei weitere verstrichen sind. Also beginnt die Veröffentlichung zu wirken mit Ablauf des 3.3., um 24.00 Uhr, also am 4.3. 0.00 Uhr. Gemäß § 189 InsO beträgt die Ausschlussfrist, die mit der Veröffentlichung in Gang gesetzt wird, zwei Wochen. Sie endet in diesem Falle also am 17.3. 24.00 Uhr.

145 Das Beispiel mag verdeutlichen, dass Gläubiger keineswegs zufrieden „die Hände in den Schoß legen können", wenn ihre Forderung für den Ausfall anerkannt wurde. Problematisch ist dabei, dass der Beginn der Ausschlussfrist für Gläubiger häufig unbemerkt erfolgt, weil die Veröffentlichungen im Internet nicht zur täglichen Lektüre gehören. Viele Insolvenzverwalter beugen diesem Risiko des Gläubigers vor, indem sie die „für den Ausfall" – geprüften Gläubiger vor der Ingangsetzung der Ausschlussfrist anschreiben und (meist unter Fristsetzung) auffordern, den entstandenen Ausfall nachzuweisen. Diese „Hilfestellung" der Verwalter kostet Zeit und Geld und bringt gelegentlich auch Ärger; die Gläubiger werden nämlich mit Einschreiben gegen Rückschein oder mit Einwurfeinschreiben angeschrieben. Leider versterben Gläubiger (also Erben ermitteln und anschreiben!) oder ziehen um (neue Anschrift ermitteln!), gelegentlich werden Sachbearbeiter auch krank oder befinden sich im Urlaub, weshalb um Fristverlängerung gebeten wird.

146 Ist indes die Forderung des Gläubigers für den Ausfall anerkannt worden, so hat er gegenüber dem Insolvenzverwalter, nicht etwa gegenüber dem Insolvenzgericht, den Nachweis für die Höhe seines Ausfalles zu führen. Kommt es auf die Einhaltung der Frist des § 190 Abs. 1 InsO an, so muss der Gläubiger darauf achten, dass der Nachweis dem Insolvenzverwalter auch tatsächlich rechtzeitig zugeht. Kann der Nachweis innerhalb der Ausschlussfrist nicht geführt werden, weil zB das Absonderungsgut noch nicht verwertet wurde, so kann der Gläubiger seine Teilnahme an der Schlussverteilung nur dadurch sichern, dass er auf sein Absonderungsrecht verzichtet. Dann besteht der Ausfall in Höhe der ursprünglichen Anmeldung. Anderes würde nur dann gelten, wenn der Gläubiger an mehreren Gegenständen ein Absonderungsrecht geltend machen konnte, von denen einige verwertet wurden, andere nicht. Alsdann könnte der Gläubiger wegen der bereits verwerteten Gegenstände dem Verwalter nachweisen, dass und wie er sie auf seine Forderung angerechnet hat, während

er nur für die noch nicht verwerteten Absonderungsgüter einen Verzicht erklären müsste, um an der Schlussverteilung teilnehmen zu können

147 Verständige Verwalter sind in Fällen einer ungebührlichen Verzögerung bei der Verwertung des Absonderungsguts bereit, die Höhe des voraussichtlich erzielbaren Verwertungserlöses zu schätzen, so dass der Gläubiger den geschätzten Betrag auf seine Forderung anrechnen kann.

148 Auch für Insolvenzverwalter ist die Prüfung von Forderungen „für den Ausfall" gegebenenfalls nicht ungefährlich. Die erste Gefahr besteht darin, dass die §§ 52 und 190 InsO ausdrücklich nur Absonderungsgläubiger ansprechen. So sind zB **Aus**sonderungsgläubiger von dieser Regelung nicht betroffen. Ein Lieferant, der wegen Forderungen aus Warenlieferungen einfache Eigentumsvorbehaltsrechte geltend macht, kann wegen seines Aussonderungsbegehrens nicht „für den Ausfall" geprüft werden. Gleiches gilt in Fällen, in denen der Gläubiger überhaupt keine Sicherungsrechte am Vermögen des Schuldners geltend macht. Zu denken ist in diesen Fällen an Kreditinstitute, die am Vermögen des Schuldners nicht gesichert sind, aber eine Bürgschaft des Gesellschafters haben. Absonderungsrechte können nur am Vermögen des Schuldners bestehen, nicht am Vermögen dritter Personen. Im vorgenannten Fall ist das Kreditinstitut kein Absonderungsgläubiger und kann deshalb nicht für den Ausfall geprüft werden. Völlig unrichtig, in der Praxis aber häufig anzutreffen ist es, eine aufschiebend oder auflösend bedingte Forderung, zB eine Avalforderung für den Ausfall anzumelden oder festzustellen. Hat ein Kreditinstitut etwa eine Gewährleistungsbürgschaft herausgelegt und meldet sie die Avalforderung zur Insolvenztabelle an, dann steht möglicherweise nicht fest, ob die Bank aus der Bürgschaft in Anspruch genommen wird oder nicht. Es handelt sich deshalb um eine aufschiebend bedingte Forderung. Diese kann, weil kein Absonderungsrecht vorliegt, nicht für den Ausfall geprüft werden.

149 Die vorstehenden Fälle, in denen kein Absonderungsrecht besteht, sind durchaus praxisrelevant. Weist nämlich der vermeintliche Absonderungsgläubiger, der in Wirklichkeit kein Absonderungsrecht geltend macht, innerhalb der Frist des § 190 InsO auch nach Aufforderung des Insolvenzverwalters seinen angeblichen „Ausfall" nicht nach und wird dieser Gläubiger deshalb bei der Verteilung der Insolvenzmasse wegen der Regelung des § 190 Abs. 1 S. 2 InsO nicht berücksichtigt, so drohen dem Insolvenzverwalter Haftungsrisiken, wenn sich später klärt, dass kein Fall von § 190 InsO vorlag und deshalb die Nichtberücksichtigung des Gläubigers bei der Verteilung eine Fehlentscheidung war.

Auf ein weiteres Risiko für Insolvenzverwalter ist hinzuweisen: Ist die öffentliche Bekanntmachung gemäß § 188 InsO erfolgt und hat ein (zu Recht) für den Ausfall geprüfter Absonderungsgläubiger rechtzeitig innerhalb der Ausschlussfrist des § 190 Abs. 1 InsO die Höhe seines Ausfalls nachgewiesen, so kann der Verwalter das Verteilungsverzeichnis nur innerhalb einer Frist von drei Tagen nach Ablauf der Ausschlussfrist ändern, § 193 InsO. Die dreitägige Frist des § 193 InsO ist außerordentlich knapp bemessen und setzt den Verwalter unter einen erheblichen Zeitdruck.

150 Aus den vorgenannten Gründen sollten Gläubiger um eine Prüfung ihrer Forderung „für den Ausfall" nur bitten, wenn sie tatsächlich ein Absonderungsrecht geltend machen (nicht bei Aussonderungsrechten und nicht bei Drittsicherheiten) und dies auch nur, wenn sie die vorstehenden Gefahren auf

sich nehmen wollen. Insolvenzverwalter sollten erwägen, ob ein Anerkenntnis für den Ausfall tatsächlich zur Arbeitserleichterung beiträgt; zur Haftungsreduzierung trägt dieses Prüfungsergebnis wohl nicht bei. Will der Verwalter nicht „für den Ausfall" prüfen, so bleibt ihm in der Praxis nur die Möglichkeit, die Forderung des Gläubigers insgesamt zu bestreiten, solange die tatsächliche Höhe des Ausfalls nicht feststeht. Die Rechtslage des Gläubigers verändert sich dadurch: bei einer Abschlagsverteilung wird eine für den Ausfall festgestellte Forderung unter weitergehenden Voraussetzungen zurückbehalten, was aber nicht für bestrittene Forderungen gilt. Ein Unterschied ist umgekehrt bei den Befugnissen des Gläubigers zu erkennen: während der Gläubiger einer bestrittenen Forderung jederzeit Feststellungsklage erheben kann, ist die Erhebung einer Klage des für den Ausfall festgestellten Gläubigers jedenfalls nicht mit dem Argument möglich, dass nur für den Ausfall anerkannt wurde. Doch könnte auch dieser durchaus ein Interesse an der Klärung zB der tatsächlichen Höhe des Ausfalls haben. Möglicherweise entsteht zwischen Verwalter und Gläubiger Streit darüber, ob das Absonderungsgut in der richtigen Höhe auf die Forderung des Gläubigers angerechnet wurde, oder ob die Anrechnungsmethode zutreffend ist oder nicht. Bei bestritten gebliebenen Forderungen kann dieser Streit notfalls, und zwar auch schon lange vor Ablauf der Frist des § 190 InsO, gerichtlich geklärt werden, während eine gerichtliche Klärung im Falle der Feststellung der Forderung für den Ausfall jedenfalls nicht durch Feststellungsklage möglich wäre. Das Bestreiten einer Forderung eines Absonderungsgläubigers versetzt diesen außerdem in erhöhte „Alarmbereitschaft", weil er an der Feststellung seiner Forderung interessiert ist, während er bei einem Anerkenntnis für den Ausfall ein solches Interesse in der Praxis vermissen lässt.

Andererseits ist klarzustellen, dass bei einem Bestreiten einer Ausfallforderung durch den Verwalter dieser stets Gefahr läuft, dass der Gläubiger Feststellungsklage erhebt und mit dieser obsiegt. Die Geltendmachung einer abgesonderten Befriedigung rechtfertigt rechtlich eben kein Bestreiten der Forderung. 151

4. Bestreiten

Hält der Verwalter die Forderung für unberechtigt, so wird er diese im Prüfungstermin bestreiten. Das Insolvenzgericht protokolliert den Widerspruch in der Tabelle. Dem Gläubiger steht insbesondere die Möglichkeit einer Feststellungsklage zur Verfügung, um doch noch eine Feststellung seiner Forderung zu erreichen (§ 179 Abs. 1 InsO). Zu den näheren Einzelheiten wird auf die Ausführungen unter → Rn. 203 ff. verwiesen. 152

5. Vorläufiges Bestreiten

Bei in der Praxis gar nicht so seltenen Fällen ist der Verwalter jedenfalls zum Zeitpunkt des Prüfungstermins noch nicht in der Lage, das Bestehen der angemeldeten Ansprüche endgültig zu beurteilen. Um die Bindungswirkung einer Feststellung bzw. eines unterbliebenen Widerspruchs zu vermeiden, wird er in solchen Fällen die Forderung vorläufig bestreiten. Hiermit bringt er zum Ausdruck, dass ihm auf der Basis der bis dato vorliegenden Tatsachen und Erkenntnisse eine Anerkennung der Forderung noch nicht möglich ist, er sich aber gleichwohl ein späteres Anerkenntnis vorbehält. 153

Ringstmeier

154 Insolvenzgläubiger sollten berücksichtigen, dass häufig die Buchhaltung des Schuldners – insbesondere in den letzten Monaten vor der Antragstellung – unvollständig und lückenhaft ist oder gar überhaupt nicht geführt wurde. Der Verwalter ist in diesen Fällen darauf angewiesen, die betreffenden Geschäftsvorfälle durch Auskunftserteilung des Schuldners, Aufarbeitung der Geschäftsunterlagen oder gar Nachbuchen der betreffenden Buchungsbelege aufzuklären, um die Berechtigung der angemeldeten Forderungen prüfen zu können. Dies kann zum einen mehr Zeit erfordern, als bis zum Prüfungstermin zur Verfügung steht. Zum anderen müssen für derartige Maßnahmen liquide Mittel zur Verfügung stehen.

155 Ein weiterer Grund für ein vorläufiges Bestreiten kann auf Seiten des Gläubigers gegeben sein. Fügt dieser seiner Forderungsanmeldung nur unvollständige Unterlagen bei, so kann der Verwalter jedenfalls im Prüfungstermin noch kein Anerkenntnis abgeben. Auch in diesem Falle wird er die Forderung vorläufig bestreiten.

156 In allen Fällen des vorläufigen Bestreitens empfiehlt es sich für den Gläubiger, mit dem Verwalter Kontakt aufzunehmen, um die Gründe für das vorläufige Bestreiten zu ermitteln. Sind die Hinderungsgründe für eine Feststellung zur Tabelle von Seiten des Gläubigers zu beheben (zB durch Zurverfügungstellung weiterer Unterlagen), so kann der Gläubiger in eigenem Interesse daran mitwirken, dass dem Verwalter eine nachträgliche Anerkennung der Forderung möglich wird.[25] Keinesfalls sollten die Gläubiger sogleich und ohne vorherige Rückfrage beim Verwalter eine Feststellungsklage gemäß § 180 InsO erheben, weil sie bei einem sofortigen Anerkenntnis durch den Verwalter mit der Übernahme der Prozesskosten rechnen müssen. Zum einen geht die obergerichtliche Rechtsprechung davon aus, dass der Verwalter bei vorläufigem Bestreiten keinen Anlass zu einer sofortigen Klage im Sinne des § 93 ZPO gegeben hat; Anlass zur Klage besteht erst dann, wenn der Verwalter nach den Gründen für das vorläufige Bestreiten gefragt wird und sich dann nicht innerhalb einer angemessenen Frist erklärt. Zum anderen leiden Forderungsanmeldungen sehr häufig unter Schlüssigkeitsmängeln oder es fehlen wichtige Unterlagen. Werden diese dann erstmals mit der Klage im Prozess vorgelegt, kann der Verwalter ebenfalls sofortig anerkennen mit der Folge der Kostentragungspflicht des Gläubigers. Um als Anwalt des Gläubigers auf der sicheren Seite zu sein, sollte man dem Verwalter unter Umständen den Entwurf der Klageschrift mit Anlagen vorgerichtlich mit einer letzten Frist zur Stellungnahme zuleiten.

6. Nachträgliches Anerkennen

157 Der Verwalter kann (teilweise) bestrittene oder vorläufig bestrittene Forderungen nachträglich anerkennen. Dies geschieht durch schriftliche Mitteilung gegenüber dem Insolvenzgericht unter Angabe des Gläubigers, der laufenden Nummer der Tabelle sowie des anerkannten Betrages. Rechtstechnisch gesehen liegt in dieser Mitteilung an das Insolvenzgericht die (teilweise) Rücknahme des im Prüfungstermin erhobenen Widerspruchs.

---

[25] Zu den Möglichkeiten einer nachträglichen Änderung der im Prüfungstermin protokollierten Ergebnisse, vgl. → Rn. 192 ff.

7. Bedingte Forderungen

Hinsichtlich der Anmeldung und Prüfung bedingter Forderungen gibt es zunächst keinerlei Besonderheiten.[26] Sowohl die auflösend bedingte als auch die aufschiebend bedingte Forderung ist zur Tabelle anmeldbar und muss im Prüfungstermin geprüft werden. **158**

Bezüglich der **auflösend** bedingten Forderung bestimmt § 42 InsO ausdrücklich, dass diese, solange die Bedingung nicht eingetreten ist, wie eine unbedingte Forderung berücksichtigt wird. Tritt im Laufe des Verfahrens die auflösende Bedingung ein, so dass die Forderung im Ergebnis entfällt, so kann der Verwalter die Forderung bestreiten, sofern diese noch nicht festgestellt ist. Nach Feststellung hat der Verwalter die Möglichkeit, den Eintritt der auflösenden Bedingung durch Vollstreckungsabwehrklage geltend zu machen. In diesem Falle sind bereits geleistete Zahlungen auf die Forderung zur Insolvenzmasse zurückzuerstatten. Tritt die Bedingung erst nach Abschluss des Insolvenzverfahrens ein, so obliegt es dem Schuldner, diesen Umstand durch eine Vollstreckungsabwehrklage geltend zu machen. **159**

Die **aufschiebend** bedingte Forderung ist wie eine unbedingte Forderung zu prüfen. § 77 Abs. 3 Nr. 1 InsO bestimmt ausdrücklich, dass für die aufschiebend bedingte Forderung ein Stimmrecht in der Gläubigerversammlung besteht. Allerdings kann mit der aufschiebend bedingten Forderung gemäß § 95 Abs. 1 InsO erst dann aufgerechnet werden, wenn sie unbedingt geworden ist. Eine unterschiedliche Behandlung erfährt die aufschiebend bedingte Forderung erst im Verteilungsverfahren. Sie ist bei Abschlagsverteilungen zwar mit ihrem vollen Betrag zu berücksichtigen; der auf die Forderung entfallende Anteil wird aber nicht ausbezahlt, sondern zurückbehalten. Tritt die Bedingung nicht im Laufe des Verfahrens ein, so wird die aufschiebend bedingte Forderung bei der Schlussverteilung nicht berücksichtigt, wenn die Möglichkeit des Eintritts der Bedingung so fern liegt, dass die Forderung zurzeit der Schlussverteilung keinen Vermögenswert hat. Damit ist nicht ein zeitlicher Aspekt angesprochen („… so fern liegt …"). Es kommt nicht darauf an, dass der Bedingungseintritt zeitlich weit entfernt eintritt; gemeint ist vielmehr „wahrscheinlich" oder „unwahrscheinlich". Ist es eher unwahrscheinlich, dass die Bedingung eintritt, dann werden etwaige bei Abschlagsverteilungen zurückbehaltene Anteile für die Schlussverteilung frei. Ist es dagegen eher wahrscheinlich, dass die Bedingung eintritt, wird die Forderung bei der Verteilung berücksichtigt wie eine unbedingte. **160**

8. Betagte Forderungen

Auch bezüglich der Anmeldung und Prüfung betagter Forderungen, dh Forderungen, deren Fälligkeit noch nicht eingetreten ist, gibt es keinerlei Besonderheiten. Die betagte Forderung gilt im Insolvenzverfahren gemäß § 41 Abs. 1 InsO als fällig. Lediglich für den Fall, dass der Fälligkeitseintritt ungewiss ist, ist die Forderung nicht als betagt, sondern als auflösend bedingt anzusehen und damit wie unter → Rn. 160 ausgeführt, zu behandeln. **161**

---

[26] Zur Einordnung bedingter Forderungen als Insolvenzförderung → Rn. 20 ff.

162 Die Vorteile, die der Gläubiger dadurch hat, dass seine noch nicht fällige Forderung im Insolvenzverfahren als fällig gilt, werden durch § 41 Abs. 2 InsO ausgeglichen. Danach ist bestimmt, dass und wie eine unverzinsliche Forderung abzuzinsen ist. Insoweit wird auf die obigen Ausführungen unter → Rn. 88 verwiesen.

9. Gesamtschuldner

163 Haften dem Gläubiger mehrere Personen auf die gesamte Forderung (Gesamtschuldnerschaft gemäß § 421 BGB) und ist einer davon der Insolvenzschuldner, so kann der Gläubiger gemäß § 43 InsO im Insolvenzverfahren bis zu seiner vollständigen Befriedigung den ganzen Betrag geltend machen, den er zurzeit der Verfahrenseröffnung zu fordern hatte. Falls über das Vermögen beider Schuldner Insolvenzverfahren eröffnet sind, so bedeutet dies, dass der Gläubiger in beiden Verfahren seine Forderung in voller Höhe anmelden kann. Durch § 44 InsO wird für diesen Fall ausgeschlossen, dass die Insolvenzmasse doppelt in Anspruch genommen wird. Danach kann der Mitverpflichtete, dem der Schuldner im Innenverhältnis ausgleichspflichtig ist, seine Forderung nur dann anmelden, wenn der Gläubiger sie nicht geltend macht.

164 Der Insolvenzverwalter kann also die vom ursprünglichen Gläubiger angemeldete Forderung nicht deshalb bestreiten, weil dem noch ein anderer Gesamtschuldner haftet. Liegen keine anderen Gründe vor, die ein Bestreiten rechtfertigen würden, muss der Verwalter die Forderung anerkennen. Dem steht nicht entgegen, dass der Gläubiger von dem anderen Gesamtschuldner befriedigt wird oder werden könnte. Befriedigt der mithaftende Gesamtschuldner den Gläubiger außerhalb des Insolvenzverfahrens vollständig, so geht dessen Forderung nach den Regeln über den Gesamtschuldnerausgleich des § 426 BGB auf ihn über.

10. Bürgen und Mitverpflichtete

165 Gleiches gilt für Bürgen und sonstige Mitverpflichtete des Schuldners. Befriedigt der Bürge den Gläubiger, so geht dessen Forderung gegen den Schuldner kraft Gesetzes auf ihn über (§ 774 BGB). Der Bürge ist gemäß § 44 InsO nur dann berechtigt, seine Forderung im Insolvenzverfahren geltend zu machen, wenn der ursprüngliche Gläubiger dies nicht tut. Das wird in der Praxis häufig unzutreffend gehandhabt.

166 Als weitere Mitverpflichtete kommen die Eigentümer dinglich mithaftender Gegenstände in Betracht, beispielsweise die Eigentümer von Grundstücken, welche für eine Verbindlichkeit des Schuldners hypothekarisch belastet sind. Bei Prüfung der Insolvenzforderungen sind mehrere Fallvarianten denkbar:

167 – **Der Verwalter hat Kenntnis von der Befriedigung des Hauptgläubigers und der Prüfungstermin hat noch nicht stattgefunden:** In diesem Fall wird der Verwalter die Forderung des Hauptgläubigers bestreiten, denn ihm steht der Anspruch gegen den Insolvenzschuldner nicht mehr zu. Vielmehr ist die Forderung des Hauptgläubigers auf den Mitverpflichteten oder Bürgen übergegangen und kann von diesem zur Insolvenztabelle angemeldet werden. Der Anerkennung des von dem Mitverpflichteten oder Bürgen angemeldeten Forderung steht § 44 InsO nicht entgegen, denn diese Vorschrift regelt nur den Fall, dass der Mitverpflichtete oder Bürge den Hauptgläubiger erst „zukünftig" befriedigen wird, dass also die Forderung „noch" beim Hauptgläubiger liegt. Nur dann ist eine gleichzeitige Anmeldung vom Hauptgläubiger, der die Forderung noch hat, und vom Mitverpflichteten/Bürgen, der die Forderung zukünftig erlangen wird, durch § 44 InsO ausgeschlossen, um eine Doppelberücksichtigung ein und derselben Forderung auszuschließen.

- **Der Verwalter hat keine Kenntnis von der Befriedigung des Hauptgläubigers und der Prüfungstermin hat noch nicht stattgefunden:** Falls keine anderen Gründe vorhanden sind, derentwegen der Verwalter die Forderung des Hauptgläubigers bestreiten müsste, wird er sie anerkennen. Er kann und darf die Forderung nicht etwa nur „für den Ausfall" anerkennen, weil dieses nur zulässig wäre, wenn der Gläubiger gleichzeitig ein Absonderungsrecht geltend macht. Die Möglichkeit des Hauptgläubigers, einen Mitverpflichteten oder Bürgen in Anspruch nehmen zu können, begründet aber kein Absonderungsrecht. Allerdings erkennt der Verwalter für den Hauptgläubiger eine Forderung an, die diesem nicht mehr zusteht. Das ist nicht pflichtwidrig und begründet keine Haftung des Verwalters gem. § 60 InsO, denn ein Insolvenzverwalter ist keineswegs verpflichtet, vor Anerkennung der Forderung des Hauptgläubigers Erkundigungen darüber einzuholen, ob zwischenzeitlich eine Befriedigung durch den Mitverpflichteten/Bürgen erfolgt ist. Vielmehr ist es Sache des Hauptgläubigers und vor allem des Mitverpflichteten/Bürgen, dem Insolvenzverwalter die außerhalb des Insolvenzverfahrens eingetretene Befriedigung des Hauptgläubigers nachzuweisen. 168

Durch das Anerkenntnis des Verwalters sind indes Rechte des (ehemaligen) Hauptgläubigers begründet worden, die ihm tatsächlich nicht mehr zugestanden haben, insbesondere solche auf Teilnahme an der Verteilung der Insolvenzmasse. Um dieses Ergebnis zu korrigieren, könnte der Hauptgläubiger seine Rechte aus der Forderungsfeststellung an den Mitverpflichteten/Bürgen abtreten, was dem Insolvenzverwalter anzuzeigen ist. Der (ehemalige) Hauptgläubiger könnte auf seine Rechte aus der Tabellenfeststellung auch verzichten, so dass der Weg für eine Anmeldung und Feststellung der Rückgriffsforderung durch den Mitverpflichteten/Bürgen frei wäre. Ist der (ehemalige) Hauptgläubiger weder zu einer Abtretung noch zu einem Verzicht bereit, muss der Insolvenzverwalter mE Klage aus § 812 BGB wegen ungerechtfertigter Bereicherung, ggf. auch gemäß § 826 BGB erheben mit dem Ziel, die Tabellenfeststellung für den (ehemaligen) Hauptgläubiger für unwirksam zu erklären. 169

- Die Befriedigung des Hauptgläubigers erfolgt, nachdem der Prüfungstermin stattgefunden hat; die Forderung des Hauptgläubigers war anerkannt worden: Bei diesem in der Praxis häufig vorkommenden Fall „zieht" oder „nimmt" der Hauptgläubiger gelegentlich wegen der Befriedigung durch einen Mitverpflichteten/Bürgen die „Forderung zurück". Das ist in mehrfacher Hinsicht problematisch. Einmal ist eine Rücknahme der Forderung nach ihrer Feststellung wohl nicht mehr möglich; der Gläubiger kann allenfalls auf seine Rechte aus der Tabellenfeststellung verzichten. Des Weiteren ist zu beachten, dass der (ehemalige) Hauptgläubiger nach Befriedigung durch den Mitverpflichteten/Bürgen nicht mehr Inhaber der Tabellenforderung ist, weil diese gem. § 774 BGB (analog) auf den Dritten, der den Hauptgläubiger be- 170 friedigt hat, übergegangen ist. Nur dieser ist seitdem berechtigt, über die Tabellenforderung zu verfügen, zB also auf sie zu verzichten. Die Erklärung des (ehemaligen) Hauptgläubigers, er nehme die Forderung zurück oder er verzichte auf die Rechte aus der Tabellenfeststellung, ist daher für Verwalter und Insolvenzgericht unbeachtlich. Müsste der Bürge immer die auf ihn übergegangene Forderung neu anmelden, könnte dies unter bestimmten Umständen Nachteile für ihn mit sich bringen. Das wäre etwa dann der Fall, wenn der Bürge den Hauptgläubiger erst nach der Veröffentlichung des § 188 InsO befriedigt; zwar könnte der Bürge seine Forderung noch zur Insolvenztabelle anmelden und der Verwalter könnte sie ihm Schlusstermin auch noch anerkennen, an der Verteilung der Masse könnte diese Forderung aber nicht mehr teilnehmen. Das kann nicht richtig sein. Vielmehr ist der Übergang der zugunsten des Hauptgläubigers festgestellten Forderung durch öffentliche oder öffentlich beglaubigte Urkunden gemäß § 727 Abs. 1 ZPO analog nachzuweisen, was das Insolvenzgericht zu einer Änderung der Person des Gläubigers in der Tabelle veranlassen wird.

171 Werden Insolvenzverwalter oder Insolvenzgericht nur von dem Forderungsübergang informiert, ohne dass dieser durch öffentliche Urkunden nachgewiesen wird, darf der Verwalter eine Quotenzahlung an den ehemaligen Hauptgläubiger nicht mehr leisten. Vielmehr muss er diesen zu einer Erklärung veranlassen, wonach dem Mitverpflichteten/Bürgen die Quote zusteht. Gelingt dies nicht, muss der Insolvenzverwalter die Quote notfalls hinterlegen. Hat hingegen der Hauptgläubiger seine Forderung bereits zurückgenommen und sollte es für eine Aufnahme der neu angemeldeten Forderung des Mitverpflichteten/Bürgen in das Verteilungsverzeichnis schon zu spät sein, kann die auf den Mitverpflichteten/Bürgen übergegangene Forderung an der Verteilung nicht teilnehmen. Hier zeigt sich, dass die eilige Rücknahme der Forderung durch den ehemaligen Hauptgläubiger zu einer Verkürzung der Rechte des Mitverpflichteten/Bürgen führen und eine Änderung der Tabelle hinsichtlich der Person des Gläubigers günstiger sein kann. Eine Änderung der Tabelle und des Verteilungsverzeichnisses auf Grund einer durch öffentliche Urkunden nachgewiesenen Rechtsnachfolge ist nämlich zeitlich unbegrenzt möglich.

172 Werden Insolvenzverwalter und Insolvenzgericht über den Forderungsübergang überhaupt nicht informiert, erfolgt natürlich auch keine Änderung des Gläubigers im Tabellenauszug. Bei einer Quotenzahlung würde der Insolvenzverwalter also an den (ehemaligen) Hauptgläubiger zahlen. Alsdann wird sich der wahre Berechtigte (Mitverpflichtete oder Bürge) mit dem ehemaligen Hauptgläubiger, der die Quotenzahlung zu Unrecht erhalten hat, auseinandersetzen müssen.

173 – **Die Befriedigung des Hauptgläubigers erfolgt, nachdem der Prüfungstermin stattgefunden hat; die Forderung des Hauptgläubigers war bestritten worden:** Da die Forderung durch die Befriedigung des Hauptgläubigers auf den Bürgen übergegangen ist, kann nur noch dieser und nicht mehr der ehemalige Hauptgläubiger eine Feststellungsklage erheben. Zuvor freilich sollte der Bürge den Übergang der Forderung auf sich gemäß § 727 Abs. 1 ZPO analog beim Insolvenzgericht anzeigen, um eine Änderung der Tabelleneintragung zu erwirken, damit das Prozessgericht die Aktivlegitima-

tion des Bürgen nachvollziehen kann. Ist dies aus zeitlichen Gründen nicht mehr möglich, weil zB der Fristablauf des § 189 InsO unmittelbar bevorsteht, wird man den Bürgen für berechtigt halten müssen, die Feststellungsklage auch ohne vorherige Änderung der Gläubigerbezeichnung in der Tabelle erheben zu können; in diesem Fall ist im Klageantrag allerdings auch die Berichtigung der Tabelle in Bezug auf die Gläubigerbezeichnung mit aufzunehmen und der Bürge ist verpflichtet, seine Aktivlegitimation nach Maßgabe des § 727 Abs. 1 ZPO analog im Feststellungsprozess nachzuweisen. Besteht der erwähnte Zeitdruck nicht, kann der Bürge die auf ihn übergegangene Forderung auch erneut anmelden, wobei ihn freilich die Kosten für einen nachträglich anzuberaumenden Prüfungstermin treffen. Bestreitet der Insolvenzverwalter erneut, kann der Bürge wie jeder andere Insolvenzgläubiger auch Feststellungsklage erheben.

– **Teilbefriedigungen:** Hatte der Bürge/Mitverpflichtete den Gläubiger bereits vor der Insolvenzeröffnung teilweise befriedigt, so kann der Gläubiger nur seinenRestbetrag zur Insolvenztabelle anmelden und auch nur dieser Teil darf zu seinen Gunsten anderkannt werden. Der Bürge/Mitverpflichtete kann seinerseits denjenigen Betrag anstelle des früheren Gläubigers als Insolvenzforderung verfolgen, der durch die Teilbefriedigung auf ihn übergegangen ist. Erfolgt aber die Teilbefriedigung erst nach der Verfahrenseröffnung, ist der Gläubiger trotzdem berechtigt, den gesamten Forderungsbetrag zur Tabelle anzumelden und dieser ist auch zu seinen Gunsten anzuerkennen. Der Bürge/Mitverpflichtete, der nur einen Teil seiner Bürgschafts- oder Mitverpflichtung gegenüber dem Gläubiger erfüllt hat, darf den auf ihn übergegangenen Teil erst geltend machen, wenn der Hauptgläubiger seinerseits überhaupt nicht mehr am Verfahren teilnimmt.

III. Widerspruchsrecht der Gläubiger und des Schuldners

Nicht allein dem Verwalter steht im Prüfungstermin das Recht zu, angemeldete Forderungen zu bestreiten. Auch die übrigen Gläubiger sowie der Schuldner sind hierzu berechtigt, § 176 S. 2 InsO. 174

In jedem Falle muss die Erhebung des Widerspruchs im Prüfungstermin erklärt werden; schriftliche Ankündigungen, eine Forderung werde bestritten, reichen im Falle eines mündlich durchgeführten Prüfungstermins nicht aus. Will ein Gläubiger also die angemeldete Forderung eines anderen Gläubigers bestreiten, so muss er am Prüfungstermin teilnehmen (→ Rn. 66). Anders im Falle eines schriftlich durchgeführten Prüfungstermins; zu diesem ist ein persönliches Erscheinen nicht möglich, vielmehr müssen die Beteiligten (Insolvenzverwalter, Gläubiger und Schuldner) die Erklärungen schriftlich einreichen. 175

Bestreitet ein konkurrierender Gläubiger die Forderung eines anderen Gläubigers, so gilt die Forderung – genau so wie beim Widerspruch des Verwalters – als nicht festgestellt. Sie nimmt daher am Verteilungsverfahren nicht teil. Eine etwaige Feststellungsklage[27] muss in diesem Falle gegen den widersprechenden Gläubiger gerichtet werden. 176

---

[27] Vgl. → Rn. 203 ff.

177 Hingegen hindert der Widerspruch des Schuldners nicht die Feststellung und damit die Teilnahme der betreffenden Forderung am Insolvenzverfahren. Der Widerspruch des Schuldners hat nur die Wirkung, dass aus der Tabelle nach Abschluss des Verfahrens gegen den Schuldner nicht die Zwangsvollstreckung betrieben werden kann. Die praktische Relevanz derartiger Widersprüche ist jedoch gering. Davon freilich ist eine Ausnahme zu beachten: für den Schuldner von erheblicher Bedeutung kann sein, wenn ein Gläubiger eine Forderung aus vorsätzlich begangener unerlaubter Handlung oder wegen vorsätzlich pflichtwidriger Verletzung einer gesetzlichen Unterhaltspflicht des Schuldners oder wegen einer Steuerstraftat zur Tabelle anmeldet; zumindest gilt dies für natürliche Personen als Schuldner. Solche Forderungen werden nämlich nach § 302 Nr. 1 InsO nicht von der Restschuldbefreiung erfasst, worauf das Insolvenzgericht den Schuldner gemäß § 175 Abs. 2 InsO gesondert hinzuweisen hat. In einem solchen Fall kann es für den Schuldner daher von großer Bedeutung sein, der angemeldeten Forderung im Prüfungstermin zu widersprechen. Dabei kann der Schuldner der Forderung insgesamt oder auch nur dem vom Gläubiger behaupteten Rechtsgrund widersprechen.

IV. Eintragung des Prüfungsergebnisses in die Tabelle

178 Die Tabelle wird zwar bis zum Prüfungstermin vom Verwalter geführt, der sie anhand der eingehenden Forderungsanmeldungen aufstellen muss. Die Beurkundung des Prüfungsergebnisses ist jedoch dem Insolvenzgericht vorbehalten. Dieses vermerkt zu jeder einzelnen Forderung, ob und ggf. in welcher Höhe ein Widerspruch von Seiten der Widerspruchsberechtigten erhoben wurde. Es handelt sich hierbei um eine bloß protokollierende Tätigkeit und nicht um eine gerichtliche Entscheidung über die Berechtigung des angemeldeten Gläubigerrechts. Die Entscheidung hierüber obliegt vielmehr den Widerspruchsberechtigten.

179 Die Feststellung zur Tabelle erzeugt hinsichtlich der festgestellten Forderung gemäß § 178 Abs. 3 InsO Rechtskraftwirkung gegenüber dem Insolvenzverwalter und allen Insolvenzgläubigern. Sie kommt in ihrer Wirkung damit einem rechtskräftigen Urteil gleich. Die festgestellte Forderung nimmt am Verteilungsverfahren teil. Darüber hinaus kann aus dem Tabellenauszug nach Beendigung des Insolvenzverfahrens (vorbehaltlich der Regelungen über die Restschuldbefreiung bei der Insolvenz natürlicher Personen, §§ 286 ff. InsO) die Zwangsvollstreckung gegen den Schuldner betrieben werden, § 201 Abs. 2 InsO.

V. Mitteilung an Gläubiger

180 Eine Mitteilung vom Ergebnis der Prüfung an den Gläubiger ist gesetzlich nur für den Fall vorgesehen, dass die Forderung nicht oder nicht in vollem Umfang festgestellt wurde. Dann erhält der Gläubiger gem. § 179 Abs. 3 InsO eine Mitteilung des Insolvenzgerichts, damit er seine Rechte wahrnehmen kann.

181 Benötigt ein Gläubiger für außerhalb des Verfahrens liegende Zwecke einen Nachweis darüber, dass seine Forderung festgestellt ist, so sollte er beim Insolvenzgericht die Erteilung eines Auszugs aus der Tabelle beantragen.

Ringstmeier

Für den Insolvenzverwalter kann es sich wegen der Regelung des § 179 **182**
Abs. 3 InsO uU empfehlen, sämtliche Gläubiger vom Ergebnis des Prüfungstermins zu unterrichten, damit zeitraubende Nachfragen der Gläubiger vermieden werden. Insbesondere im Falle des Bestreitens einer Forderung erleichtert es die Abwicklung, dem Gläubiger bereits eine kurze Information zu liefern, weshalb die Forderung bestritten wurde.

VI. Sonderfall:
Forderungen aus vorsätzlich begangenen unerlaubten Handlungen, aus vorsätzlich pflichtwidriger Verletzung gesetzlicher Unterhaltspflichten des Schuldners und wegen Steuerstraftaten nach §§ 370, 373 oder 374 AO

Es ist in den vorangegangenen Darstellungen immer wieder auf die Anmeldung und Prüfung von Forderungen eingegangen worden, die auf vorsätzlich begangenen unerlaubten Handlungen des Schuldners, auf einer vorsätzlich pflichtwidrigen Verletzung seiner gesetzlichen Unterhaltspflicht oder aus der Verwirklichung bestimmter Steuerstraftaten beruhen. Solche Forderungen werden von der Restschuldbefreiung nicht erfasst (§ 302 Nr. 1 InsO). Diese Rechtsfolge ist für Gläubiger und natürliche Personen als Schuldner wichtig; deshalb werden die Voraussetzungen für den Eintritt dieser Rechtsfolge noch einmal zusammenfassend beschrieben. **183**

Bei jeder Forderungsanmeldung ist nach § 174 Abs. 2 InsO der Grund der **184, 185**
Forderung anzugeben. Der Grund einer Forderung ist der Sachverhalt, aus dem sich die Forderung ergibt.[28] Bei vorsätzlich begangenen unerlaubten Handlungen verlangt das Gesetz etwas Zusätzliches, wie sich aus dem Wortlaut des § 174 Abs. 2 InsO ergibt („... sowie ..."). Der Gläubiger soll nämlich auch noch die Tatsachen angeben, aus denen sich nach seiner Einschätzung ergibt, dass eine vorsätzlich begangene unerlaubte Handlung des Schuldners vorgelegen hat. Da das Gesetz nur von Tatsachen spricht, scheint eine rechtliche Würdigung, dass es sich nämlich wegen der mitgeteilten Tatsachen um eine vorsätzlich vom Schuldner begangene unerlaubte Handlung gehandelt haben soll, entbehrlich zu sein. Das wiederum passt nicht zum Wortlaut des § 302 Nr. 1 InsO: dort wird nämlich verlangt, dass der Gläubiger bei seiner Anmeldung nach § 174 Abs. 2 InsO auf den „Rechtsgrund" der vorsätzlich begangenen unerlaubten Handlung hingewiesen haben muss. Vor allem der Begriff des Vorsatzes verlangt eine rechtliche Würdigung, die dann also offensichtlich vorgenommen worden sein muss. Der BGH hat sich zu dieser Frage im Januar 2014[29] geäußert und erklärt, der Rechtsgrund der vorsätzlich begangenen unerlaubten Handlung sei wirksam angemeldet, wenn der geltend gemachte Anspruch in tatsächlicher Hinsicht zweifelsfrei bestimmt sei und der Schuldner erkennen könne, welches Verhalten der Gläubiger ihm vorwirft. Eines Vortrags, der sämtliche objektive und subjektive Tatbestandsmerkmale der behaupteten unerlaubten Handlung ausfülle, bedürfe es nicht.

---

[28] BFH, Urt. v. 26.2.1987 – V R 114/79 –, ZIP 1987, 583 f.
[29] BGH, Urt. v. 9.1.2014 – IX ZR 103/13 –, Rn. 8, NZI 2014, 127.

186 Nach § 175 Abs. 2 InsO ergeht die Aufforderung an das Gericht, den Schuldner auf die Rechtsfolge des § 302 Nr. 1 InsO und auf die Möglichkeit eines Widerspruches hinzuweisen, wenn der Gläubiger eine von der Restschuldbefreiung ausgenommene Forderung angemeldet hat. Daher wird sich das Insolvenzgericht nicht auf die Eintragung des Rechtsgrundes in der Tabelle verlassen, sondern wird die Anmeldeunterlagen selbst durchsehen, ob bei einer Forderungsanmeldung zB auf Tatsachen hingewiesen wurde, die eine vorsätzlich begangene unerlaubte Handlung gewesen sein könnten.

187–188 Der Gläubiger kann den Rechtsgrund der vorsätzlich begangenen unerlaubten Handlung oder der Unterhaltspflichtverletzung im Wege einer Änderungsanmeldung gem. § 177 Abs. 1 S. 3 InsO auch nach Feststellung der Forderung zur Tabelle noch „nachschieben".[30] Die Feststellung der Forderung ohne den Zusatz (Delikt, Unterhaltspflichtverletzung, Steuerstraftat) präkludiert eine spätere Nachmeldung des Zusatzes nicht, da bei der Forderungsprüfung ohne den Zusatz über den Rechtscharakter des Anspruchs nicht entschieden wurde. Die geänderte Forderungsanmeldung wird dann nach § 177 Abs. 1 InsO wie eine verspätete Forderungsanmeldung behandelt und in einem nachträglichen Prüfungstermin geprüft. Hier wird in dem nachträglichen Prüfungstermin freilich nur noch die Frage geprüft, ob es sich um eine Forderung tatsächlich aus vorsätzlicher unerlaubter Handlung, tatsächlich aus Unterhaltspflichtverletzung oder Steuerstraftat handelt, so dass auch nur der Schuldner selbst ein Interesse hat, der Änderung zu widersprechen.

189 Der Insolvenzverwalter ist neben dem Schuldner zur Prüfung von Insolvenzforderungen berechtigt. Er kann die Forderung anerkennen oder bestreiten; anders als der Schuldner kann der Insolvenzverwalter seinen Widerspruch aber nicht auf den Rechtsgrund einer zur Tabelle angemeldeten Forderung beschränken.[31] Die pflichtgemäße Wahrnehmung seiner Aufgaben besteht darin, nur solche Forderungen zur Verteilung zuzulassen, die auch wirklich begründet sind. Auf welchem Rechtsgrund die Forderung beruht, ist für die übrigen Gläubiger nicht von (wirtschaftlichem) Interesse, solange der Anspruch nur überhaupt besteht. Der Verwalter ist deshalb nicht berechtigt, eine Forderung deshalb zu bestreiten, weil er zB meint, der Schuldner habe lediglich fahrlässig gehandelt, während der Gläubiger die Auffassung vertritt, es handele sich um eine Forderung aus vorsätzlicher Handlung des Schuldners. Da der Anspruch in jedem Falle besteht, zumindest wegen fahrlässigen Verhaltens des Schuldners, muss der Verwalter anerkennen. Den Widerspruch wegen des Rechtsgrundes und nur wegen des Rechtsgrundes kann allein der Schuldner erheben.

190 Das Insolvenzgericht muss den Schuldner auf die Rechtsfolge des § 302 Nr. 1 InsO hinweisen und ihn über die Möglichkeit, einen Widerspruch einzulegen, aufklären. Unterbleibt dies und versäumt der Schuldner deshalb, einen Widerspruch gegen den vom Gläubiger angegebenen Rechtsgrund einzulegen, erstreckt sich die Restschuldbefreiung nicht auf diese Forderung. Das kann zu Schadensersatzansprüchen des Schuldners gegen die Justizverwaltung führen. In der Praxis wird der Fall zum Teil dadurch gelöst, dass das Insolvenzgericht

---

[30] BGH, Urt. v. 17.1.2008 – IX ZR 220/06 –, ZIP 2008, 566.
[31] BGH, Urt. v. 12.6.2008 – IX ZR 100/07 –, NJW 2008, 3285.

dem Schuldner bei nachträglichem Bestreiten des Rechtsgrundes (auch nach Verfahrensbeendigung) Wiedereinsetzung gewährt und den Widerspruch in die Tabelle aufnimmt. Die Gewährung von Wiedereinsetzung ist zwar bedenklich, es gibt allerdings kein Rechtsmittel dagegen.

Bestreitet der Schuldner nicht die Forderung insgesamt, sondern nur den Rechtsgrund der unerlaubten Handlung, der Unterhaltspflichtverletzung oder die Steuerstraftat, so ist dem Gläubiger nach Beendigung des Insolvenzverfahrens auch bei erteilter Restschuldbefreiung gleichwohl ein vollstreckbarer Auszug aus der Tabelle zu gewähren.[32] Der Gläubiger soll in einem solchen Fall nicht noch einmal das grundsätzliche Bestehen seines Anspruchs im Klageverfahren erstreiten müssen, weil der Schuldner insoweit keinen Widerspruch erhoben hat. Will der Schuldner sich gegen die Vollstreckung trotz Restschuldbefreiung wehren, muss er Vollstreckungsgegenklage nach § 767 ZPO erheben; in diesem Prozess wird dann nur noch über den zwischen den Parteien streitigen Rechtsgrund der Forderung entschieden. Der Gläubiger kann freilich auch schon während des noch laufenden Verfahrens eine Feststellungsklage gegen den Schuldner erheben. Alsdann entscheidet das ordentliche Gericht über den Rechtsgrund und damit zugleich auch über die Frage, ob die Forderung von einer Restschuldbefreiung erfasst wird oder nicht. Den Widerspruch kann der Schuldner nur im Prüfungstermin erklären; ein nach der Prüfung erklärter Widerspruch hat keine Wirkung.

F. Nachträgliche Änderung der Tabelle

Die im Prüfungstermin protokollierten Prüfungsergebnisse können – abgesehen von den unter → Rn. 203 ff. unten behandelten Wirkungen einer Feststellungsklage – durch nachträgliche Umstände Änderungen erfahren. In diesem Falle vermerkt das Insolvenzgericht die Änderungen in der Tabelle, damit die betreffende Forderung bei der Verteilung zutreffend berücksichtigt wird.

I. Schriftliches Anerkennen

Wie bereits unter → Rn. 157 erwähnt, kann der Verwalter seinen im Prüfungstermin erklärten Widerspruch (ggf. teilweise) zurücknehmen und die Forderung somit nachträglich anerkennen. Dies muss schriftlich oder zu Protokoll der Geschäftsstelle erklärt werden. Das Muster eines schriftlichen Anerkenntnisses durch den Insolvenzverwalter ist nachstehend abgedruckt.

---

[32] BGH, Beschl. v. 3.4.2014 – IX ZB 93/13 –, Rn. 11 ff., NZI 2014, 568 ff.

Beispiel für schriftliches Anerkenntnis

194

An das Amtsgericht
– Insolvenzabteilung –
74745 Korrektstadt

15 IN 89342/16 – Insolvenzverfahren über das Vermögen der Firma Pleitegeier GmbH
hier: Berichtigung der Insolvenztabelle in Rang 0, lfd. Nr.: 13
Gläubiger: Firma Hans Schmitz Eisenhandel

Sehr geehrte Damen und Herren,
die von dem Gläubiger angemeldete und unter der o. g. laufenden Nummer eingetragene Forderung erkenne ich hiermit nachträglich in Höhe von
EUR 5299
an. Ich bitte Sie, die Tabelle entsprechend zu berichtigen.
Der Gläubiger erhält eine Durchschrift dieses Schreibens zur Kenntnisnahme.

Mit freundlichen Grüßen

Insolvenzverwalter

II. Ergänzung durch Gläubiger

195 Die Erhöhung einer bereits geprüften Forderung ist nicht möglich. Stellt der Gläubiger fest, dass seine Forderung höher ist, als er zunächst angemeldet hat, und „erhöht" er durch ein Schreiben an den Verwalter die bereits angemeldete Forderung, so ist dies als neue Anmeldung zu behandeln. Die Forderungsanmeldung erhält in der Tabelle eine andere laufende Nummer und selbstverständlich auch ein anderes Anmeldedatum als die bereits angemeldete Forderung.[33] Wegen der Besonderheit des Nachschiebens von Gründen, die dazu führen, dass die Forderung gem. § 302 Nr. 1 InsO von der Restschuldbefreiung ausgenommen ist, → Rn. 190.

III. Reduzierung durch Gläubiger

196 Aus verschiedenen Gründen kann es erforderlich werden, dass ein Gläubiger die von ihm zunächst angemeldete Forderung nachträglich reduzieren muss. Dies kann zum einen dadurch bedingt sein, dass der Gläubiger zum Zeitpunkt der Forderungsanmeldung seine Forderung noch nicht abschließend beziffern konnte und zunächst vorsorglich einen höheren, geschätzten Betrag angemeldet hat.

197 Ist dem Gläubiger nach Feststellung der Forderung eine präzise Bezifferung möglich, welche niedriger ausfällt als die angemeldete Forderung, so kann es erforderlich werden, dass die bereits festgestellte Forderung nach unten korrigiert werden muss.

---

[33] Zu verspätet angemeldeten Forderungen auch → Rn. 93 f.

Ringstmeier

Beispiel: Der Schuldner hat bei Bauarbeiten mit einem Kran das Dach eines benachbarten Hauses beschädigt. Während der Frist für die Anmeldung der Insolvenzforderungen ist die Höhe der Reparaturkosten noch nicht bekannt. Dem Gläubiger liegt jedoch ein Kostenvoranschlag des Dachdeckers vor. Er meldet die voraussichtlichen Reparaturkosten entsprechend des dort ausgewiesenen Betrags zur Tabelle an. Die Forderung wird im Prüfungstermin festgestellt. Die Rechnung des Dachdeckers fällt geringer aus als erwartet.

In diesem Fall ist die Forderung vom Gläubiger durch eine schriftliche Erklärung gegenüber dem Insolvenzgericht zu reduzieren. Ein entsprechendes Muster ist nachstehend abgedruckt.

Beispiel für Reduzierung durch den Gläubiger

An das Amtsgericht
– Insolvenzabteilung –
74745 Korrektstadt

15 IN 89342/16 – Insolvenzverfahren über das Vermögen der Firma Pleitegeier GmbH
hier: Berichtigung der Insolvenztabelle in Rang 0, lfd. Nr.: 13
Gläubiger: Firma Hans Schmitz Eisenhandel

Sehr geehrte Damen und Herren,

am 17.5.2016 haben wir eine Forderung in Höhe von EUR 35 000 als geschätzten Schadensersatzanspruch zur Insolvenztabelle angemeldet. Sie ist eingetragen unter laufender Nummer 13 und vom Insolvenzverwalter anerkannt worden. Nunmehr steht die Schadenshöhe fest, wir verweisen dazu auf die anliegend in Kopie beigefügte Rechnung des Dachdeckers Meier über EUR 32 098.

Wir reduzieren daher die festgestellte Forderung auf
EUR 32 098
und verzichten auf den darüber hinausgehenden Betrag von EUR 2901. An der Verteilung wollen wir nur mit der reduzierten Forderung teilnehmen.

Mit freundlichen Grüßen

Hans Schmitz Eisenhandel

IV. Rücknahme durch Gläubiger

Aus den gleichen Gründen kann es sich als erforderlich erweisen, die Forderungsanmeldung gänzlich zurückzuziehen, und zwar dann, wenn die Forderung des Gläubigers außerhalb des Insolvenzverfahrens zu 100 % befriedigt worden und nicht auf einen Dritten übergegangen oder weggefallen ist. In diesem Falle muss der Gläubiger durch einen entsprechenden Schriftsatz an das Insolvenzgericht erklären, dass er keine Rechte mehr aus der betreffenden Forderungsanmeldung herleitet. Das Muster eines entsprechenden Schriftsatzes ist nachstehend abgedruckt.

Beispiel für Rücknahme durch den Gläubiger

202

An das Amtsgericht
– Insolvenzabteilung –
74745 Korrektstadt

15 IN 89342/16 – Insolvenzverfahren über das Vermögen der Firma Pleitegeier GmbH
hier: Berichtigung der Insolvenztabelle in Rang 0, lfd. Nr.: 13
Gläubiger: Firma Hans Schmitz Eisenhandel

Sehr geehrte Damen und Herren,

am 17.5.2016 haben wir eine Forderung in Höhe von EUR 35000 als geschätzte Schadensersatzforderung zur Insolvenztabelle angemeldet. Sie ist eingetragen unter laufender Nummer 13 und vom Insolvenzverwalter anerkannt worden. Nunmehr steht fest, dass uns ein Schaden tatsächlich nicht entstanden ist.

Wir verzichten deshalb auf unsere Rechte aus der Feststellung zur Tabelle. An der Verteilung wollen wir nicht teilnehmen.

Mit freundlichen Grüßen

Hans Schmitz Eisenhandel

V. Sonderfall Insolvenzplan

Besonderheiten gelten dann, wenn das Insolvenzverfahren infolge eines Insolvenzplans aufgehoben wird. Dann kommt es häufig zu einer Konstellation, dass ein Gläubiger eine Forderung noch nachträglich in die Insolvenztabelle aufgenommen haben möchte. Dies könnte auf bloßer Nachlässigkeit des Insolvenzgläubiger beruhen, der es versäumt hat, seine Forderung während des Verfahrens anzumelden. Möglich ist aber auch der Fall, dass ein Anfechtungsrechtsstreit erst nach der Aufhebung des Insolvenzverfahrens entschieden wird, der Insolvenzgläubiger daraufhin eine angefochtene Befriedigung zurückgewähren muss und dessen Forderung daher erst nach Verfahrensbeendigung wieder auflebt. Die rechtliche Behandlung solcher Konstellationen ist noch wenig entschieden.

Fest steht, dass die Aufhebung des Insolvenzverfahrens aufgrund eines Plans nicht etwa zur Folge hat, dass verspätete Anmeldungen nicht mehr möglich wären und sie deshalb zurückgewiesen werden können. Das gilt selbst dann, wenn dies nach dem Inhalt des Plans so geregelt ist. Denn der BGH[34] hat dazu entschieden, dass solche Klauseln in einem Insolvenzplan unwirksam sind und darauf hingewiesen, dass sich der Gesetzgeber ausdrücklich gegen eine Ausschlussmöglichkeit verspäteter Forderungsanmeldungen ausgesprochen hat. Stattdessen wurde in § 259b InsO eine Verjährungsregelung in das Gesetz aufgenommen, wonach spätestens ein Jahr nach dem Abstimmungstermin alle bis dahin nicht angemeldeten Insolvenzforderungen verjährt sind.

---

[34] BGH, Beschl. v. 7.5.2015 – IX ZB 75/14 –, ZIP 2015, 1346.

Fest steht auch, dass die Regelungen des Insolvenzplans für alle Insolvenzgläubiger gelten, gleich ob sie am Verfahren teilgenommen haben oder nicht, was sich aus § 254 InsO und noch einmal ausdrücklich aus § 254b InsO ergibt. Ist etwa für die Insolvenzgläubiger im Plan geregelt, dass sie 15 % auf ihre Nominalforderung erhalten sollen, dann steht diese Quote auch denjenigen Gläubigern zu, die nicht rechtzeitig zur Insolvenztabelle etwas angemeldet haben.

Die Konsequenz aus diesen beiden Erkenntnissen kann nur bedeuten, dass auch noch nach der Aufhebung des Insolvenzverfahrens infolge eines Plans bislang nicht zur Tabelle angemeldete Forderungen geltend gemacht werden können, die von demjenigen, der nach dem Insolvenzplan für die Quotenzahlung zuständig ist (zB der sanierte Schuldner oder der frühere Insolvenz- oder Sachwalter), in das Verteilungsverzeichnis aufzunehmen sind. Sollte ein Insolvenzverwalterbüro für die Auszahlungen zuständig sein, wird man dort die verspätet angemeldete Forderung in die Tabelle aufnehmen müssen, weil die Insolvenzverwaltersoftware in der Regel das Verteilungsverzeichnis aus der Tabelle generiert.

Der Schuldner kann selbstverständlich alle Einwendungen gegen die verspätet angemeldete Forderung geltend machen und zusätzlich die Verjährung gem. § 259b InsO einwenden, wenn sie zum Zeitpunkt der nachträglichen Geltendmachung bereits eingetreten ist. Kommt es zum Streit darüber, ob die verspätete Forderung berechtigt ist, die nach dem Plan für Insolvenzforderungen vorgesehenen Quoten oder Erfüllungssurrogate zu bekommen, muss darüber ein Feststellungsrechtsstreit geführt werden.

Ein Feststellungsrechtsstreit muss nach der Aufhebung des Insolvenzverfahrens auch noch für diejenigen Gläubiger möglich sein, die rechtzeitig, also innerhalb des Verfahrens ihre Forderung zur Tabelle angemeldet haben, die aber bestritten wurde. Würde man diese Gläubiger mit dem Argument, das Insolvenzverfahren sei inzwischen beendet, von der Erhebung einer Feststellungsklage ausnehmen, führte dies zu einer nicht berechtigten Besserstellung der zu spät kommenden Insolvenzgläubiger führen. Das sollte vermieden werden.

G. Feststellungsklage

Soweit eine Forderung im Feststellungsverfahren bestritten worden oder zumindest teilweise bestritten geblieben ist, sieht die Insolvenzordnung die Durchführung eines förmlichen gerichtlichen Verfahrens vor, um die Berechtigung der Gläubigerforderung zu überprüfen. In diesem Feststellungsprozess, welcher nicht vor dem Insolvenzgericht, sondern vor dem ordentlichen Gericht geführt wird, wird die Frage des Bestehens des angemeldeten Insolvenzgläubigerrechts entschieden. 203

Eine besondere Frist ist für die Erhebung der Feststellungsklage nicht einzuhalten. Allerdings wird die bestrittene und nicht titulierte Forderung bei Verteilungen nicht berücksichtigt. Gem. § 189 InsO muss sie nur dann durch Bildung einer Rückstellung berücksichtigt werden, wenn der Gläubiger dem Verwalter binnen zwei Wochen nach der öffentlichen Bekanntmachung des Verteilungsverzeichnisses nachweist, dass er Klage erhoben hat. Während die Nichtberücksichtigung bei einer Abschlagsverteilung gem. § 192 InsO bei der nächsten 204

Verteilung kompensiert wird, sofern die Voraussetzungen für eine Berücksichtigung dann vorliegen, droht bei einer Versäumung der Frist des § 189 InsO hinsichtlich der Schlussverteilung der endgültige Rechtsverlust. Will der Gläubiger mit einer bestritten gebliebenen Forderung an der Verteilung der Masse teilhaben, so muss er also spätestens binnen zwei Wochen nach Veröffentlichung des Schlussverzeichnisses für die Erhebung der Feststellungsklage Sorge tragen **und** dem Verwalter dies nachweisen.

I. Betreibenslast

205 Wer das Verfahren betreiben muss, hängt davon ab, ob die Forderung bereits tituliert ist oder nicht. Im Regelfall wird über die betreffende Forderung noch kein Vollstreckungstitel vorliegen. In diesem Falle obliegt es dem anspruchstellenden Gläubiger, im Falle eines Widerspruchs eine Feststellungsklage gemäß § 179 InsO zu erheben.

206 Existiert hingegen für die Forderung ein vollstreckbarer Schuldtitel, ist es Sache des Bestreitenden, seinen Widerspruch zu verfolgen. Dies geschieht durch Erhebung einer Feststellungsklage oder durch Aufnahme eines anhängigen und nach § 240 ZPO unterbrochenen Verfahrens über die Forderung. Ist die Titulierung der Forderung also schon rechtskräftig, verbleiben nur die allgemeinen (und selten Erfolg versprechenden) Möglichkeiten einer Restitutions- oder Nichtigkeitsklage oder eines Herausgabeverlangens auf der Grundlage des § 826 BGB. Daneben kann der Bestreitende solche Einwendungen ohne prozessuale Beschränkung verfolgen, die aus dem Insolvenzrecht folgen, insbesondere also den Einwand, dass es sich bei der titulierten Forderung nicht um eine Insolvenzforderung handelt. Hier steht die Rechtskraft des Titels nicht entgegen, da diese Fragen in dem Verfahren zur Erlangung des Titels noch nicht entschieden wurden.

207 Parteien des Feststellungsprozesses werden in jedem Falle der Gläubiger und der jeweilige Widerspruchsführer, in der Regel also der Verwalter. Widersprechen mehrere Beteiligte, beispielsweise der Verwalter und einer oder mehrere Gläubiger, so sind die Widersprechenden notwendige Streitgenossen im Sinne von § 62 ZPO.

II. Zuständigkeit

208 Bei den Feststellungsprozessen gemäß § 180 Abs. 1 InsO ist grundsätzlich im ordentlichen Verfahren idR vor den Zivilgerichten Klage zu erheben. Ist der Rechtsweg zu den Zivilgerichten ausnahmsweise nicht gegeben, so hat die Feststellung vor dem zuständigen anderen Gericht, bzw. der zuständigen Verwaltungsbehörde zu erfolgen, § 185 InsO.

209 Die örtliche Zuständigkeit richtet sich nach dem Sitz des zuständigen Insolvenzgerichts. Hinsichtlich der durch die Höhe des Streitwerts bedingten sachlichen Zuständigkeit finden die allgemeinen Vorschriften der ZPO Anwendung, wobei darauf hinzuweisen ist, dass der Streitwert sich in der Regel nicht allein nach der Höhe der betreffenden Forderung richtet.[35]

---

[35] Vgl. hierzu nachfolgend unter → Rn. 212.

§ 11. Insolvenzforderungen

210 Abweichend von dieser grundsätzlichen Regelung bestimmt § 180 Abs. 2 InsO, dass für den Fall, dass vor Eröffnung des Insolvenzverfahrens bereits ein gerichtliches Verfahren über die betreffende Forderung anhängig war, der Rechtsstreit vor diesem Gericht fortgesetzt wird, falls ein Feststellungsprozess notwendig ist. Dies dient der Prozessökonomie, da somit nicht verschiedene Gerichte mehrfach mit der Entscheidung des gleichen Lebenssachverhalts belastet werden.

III. Kosten

211 Um unnötige Kostenbelastungen zu vermeiden, empfiehlt es sich für den Gläubiger, vor Erhebung einer Feststellungsklage mit dem Widersprechenden außergerichtlich zu korrespondieren. Wie bereits unter → Rn. 153 ff. dargestellt, kann insbesondere der Verwalter eine Reihe von Gründen haben, weswegen er die Forderung (vorläufig) bestreitet. Sofern das Bestreiten nur erfolgt, weil dem Verwalter nicht genügend Unterlagen bzw. Informationen vorliegen, um die Forderung abschließend prüfen, bzw. feststellen zu können, kann dieses Hindernis häufig von Seiten des Gläubigers problemlos behoben werden, so dass sich ein Feststellungsprozess erübrigt. Festzuhalten ist, dass es grundsätzlich dem Gläubiger als Anspruchsteller obliegt, die Berechtigung seiner Forderung nachzuweisen, sofern diese nicht bereits tituliert ist. Führt er den betreffenden Nachweis erstmals im Prozess, so ist der widersprechende Verwalter unter Umständen in der Lage, im Feststellungsprozess ein sofortiges Anerkenntnis abzugeben. In diesem Fall hätte der Gläubiger nach § 93 ZPO die Kosten des Feststellungsprozesses zu tragen. Insbesondere im Hinblick darauf, dass der Feststellungsprozess bis zum Beginn der Schlussverteilung eingeleitet werden kann, empfiehlt es sich, die Möglichkeiten einer außergerichtlichen Vermeidung eines derartigen Feststellungsprozesses intensiv zu nutzen.

212 Die Kosten des Feststellungsprozesses richten sich nach den allgemeinen zivilprozessualen und kostenrechtlichen Vorschriften. Zu berücksichtigen ist allerdings, dass der Gegenstandswert regelmäßig nicht nach der Höhe der festzustellenden Forderung bemessen wird, sondern nach § 182 InsO grundsätzlich nur nach der auf diese Forderung voraussichtlich entfallenden Quote. Lediglich bei einer Klage, die gegen den Widerspruch des Schuldners gerichtet ist, ist der Streitwert nach der Höhe der Forderung zu bestimmen.

213 Obsiegt der Gläubiger im Feststellungsprozess, so stellt sein Anspruch auf Erstattung der aufgewendeten Kosten (Rechtsanwaltsgebühren, Gerichtskosten) keine Insolvenzforderung dar. Vielmehr ist der Kostenerstattungsanspruch als Masseverbindlichkeiten vom Verwalter zu berücksichtigen, wenn dieser den Widerspruch erhoben hatte.

IV. Vollstreckung

214 Die rechtskräftige Entscheidung über das Bestehen des Insolvenzgläubigerrechts im Feststellungsprozess wirkt gegenüber dem Insolvenzverwalter und allen Insolvenzgläubigern (§ 183 Abs. 1 InsO). Dies gilt uneingeschränkt, wenn das angerufene Gericht feststellt, dass der angemeldete Anspruch nicht besteht,

der Widerspruch somit berechtigt war. Die Forderung kann dann nicht mehr zur Tabelle festgestellt werden, so dass sie auch nicht an den Verteilungen teilnimmt. Ferner kann nach Beendigung des Insolvenzverfahrens nicht die Zwangsvollstreckung gegen den Schuldner aus dem Tabellenauszug betrieben werden.

215 Hat hingegen das Gericht rechtskräftig festgestellt, dass der Widerspruch unberechtigt war, so kann der Gläubiger unter Vorlage des Urteils die Berichtigung der Tabelle beantragen. Damit ist der Anspruch als Insolvenzforderung anerkannt und nimmt an den Verteilungen teil.

216 Eine Einschränkung ist lediglich für den Fall zu machen, dass der Gläubiger zwar in dem Feststellungsprozess rechtskräftig obsiegt, damit allerdings noch nicht sämtliche gegen die angemeldete Forderung erhobenen Widersprüche beseitigt sind. Haben nämlich mehrere Widerspruchsberechtigte (zB sowohl der Verwalter als auch ein Gläubiger) Widerspruch erhoben, ohne dass diese alle an dem Feststellungsprozess beteiligt waren, so bleiben die Widersprüche der an dem Prozess nicht Beteiligten solange bestehen, bis auch über sie rechtskräftig entschieden ist. Die Berichtigung der Tabelle setzt somit voraus, dass **sämtliche** Widersprüche beseitigt sind; daher sind mehrere Widerspruchsberechtigte im Prozess auch als notwendige Streitgenossen beteiligt, damit eine einheitliche Entscheidung ergeht.

V. Änderungen des Verteilungsverzeichnisses

217 Mit der Berichtigung der Insolvenztabelle ist auch das Verteilungsverzeichnis entsprechend zu ändern. Sofern noch keinerlei Verteilungen stattgefunden haben, wird die Forderung des obsiegenden Gläubigers durch diese Änderung zutreffend berücksichtigt. Sofern bereits Abschlagsverteilungen stattgefunden haben, ist darauf zu achten, dass der obsiegende Gläubiger entsprechende Berücksichtigung bei den weiteren Verteilungen findet.

H. Verteilungsverzeichnis/Verteilung

218 Das vom Verwalter erstellte Verteilungsverzeichnis wird durch das Gericht geprüft. Dazu wird es gegebenenfalls einen Schlussrechnungsprüfer einsetzen. Das Verteilungsverzeichnis liegt an Gerichtsstelle zur Einsichtnahme durch alle Beteiligten, insbesondere also auch zur Einsichtnahme durch die Insolvenzgläubiger aus. Es wird gemäß § 188 InsO zur öffentlichen Bekanntmachungen im Internet veröffentlicht, wobei aus der Veröffentlichung lediglich die Summe der bei der Verteilung zu berücksichtigenden Forderungen einerseits und des zur Verfügung stehenden Massestandes andererseits angegeben werden müssen.

219 Im Schlusstermin können die Gläubiger Einwendungen gegen die Richtigkeit des Verteilungsverzeichnisses erheben.

220 Haben sich für das Gericht keine Bedenken gegen die Richtigkeit der Schlussrechnung und des Verteilungsverzeichnisses ergeben, genehmigt das Gericht die Verteilung, so dass der Verwalter auf der Grundlage des – gegebe-

nenfalls veränderten – Verteilungsverzeichnisses eine Ausschüttung der Quote an die Gläubiger vornehmen kann.

Wegen weiterer Einzelheiten zur Aufstellung des Verteilungsverzeichnisses, zur Prüfung desselben und zum Widerspruchsrecht der Gläubiger gegen die Richtigkeit des Verteilungsverzeichnisses sowie zu den einzelnen Verteilungsarten (Abschlagsverteilung-Schlussverteilung-Nachtragsverteilung) sei auf die Ausführungen von Holzer[36] verwiesen. **221**

---

[36] → § 9.

Anlage 1

Amtsgericht Köln	Aktenzeichen	SCHULDNER(IN)	Insolvenzverwalter	Angemeldeter Rang
				Spalte 1
--	123 IN 56/99	Prof. Schuldenberg, 76131 Karlsruhe	Dr. Andreas Ringstmeier Rechtsanwalt Magnusstraße 13 50672 Köln	0
Insolvenztabelle				

Vertreter des Gläubigers, Hinweis auf die Vollmacht		GLÄUBIGER(IN)	Laufende Nummer
Spalte 4		Spalte 3	Spalte 2
			23
		Herrn Hans Bauer Herderstr. 77 45366 Dresden	Tag der Anmeldung
			Spalte 5
	ffs 1		22.02.2000
			Blattzahl:

Angemeldeter Betrag in EUR	Grund der Forderung (urkundliche Beweisstücke)	Ergebnis der Prüfungsverhandlung	Berichtigungen	Bemerkungen
Spalte 6	Spalte 7	Spalte 8	Spalte 9	Spalte 10
176,14		Festgestellt in Höhe von 127,82 EUR. Rest vom Verwalter bestritten.		
176,14		Köln, den 03.09.2002		
		Rechtspflegerin U.d.G.		
		Beglaubigt:		

Ringstmeier

Anlage 2

Amtsgericht Köln • Luxemburger Str. 101 • 50939 Köln

Insolvenztabelle - Abt. I -

Geschäfts-Nr.	123 IN 56/99	
Schuldner/in	Prof. Schuldenberg, 76131 Karlsruhe	
Insolvenzverwalter	Dr. Andreas Ringstmeier Rechtsanwalt, Magnusstraße 13, 50672 Köln	
Gläubiger/in	Hans Bauer, Herderstr. 77, 45366 Dresden	
Az. d. Gläubiger/s/in	ffs 1	
Gläubigervertreter/in		
Az. d. Gläubigervertr.		
Hinweis auf die Vollmacht		
Tag der Anmeldung	22.02.2000	
Blattzahlen der Anmeldung		
Beanspruchter Rang	0	
Laufende Nummer	23	
Angemeldeter Betrag EUR	Grund der Forderung (urkundliche Beweisstücke)	Ergebnis der Prüfungsverhandlungen
176,14		Festgestellt in Höhe von 127,82 EUR. Rest vom Verwalter bestritten.
176,14		
		Köln, den 03.09.2002
		Winter
		Rechtspfleger/in U.d.G.
Berichtigungen/Bemerkungen		

Ringstmeier

Anlage 3

Amtsgericht Köln
Luxemburger Str. 101
50939 Köln

Amtsgericht Köln

Beglaubigter Auszug aus der Insolvenztabelle

③ Gläubiger

Herrn
Hans Bauer
Herderstr. 77

45366 Dresden

ffs1

123 IN 56/99 ← Geschäftsnummer bitte stets angeben!

Tag der Anmeldung ⑤	Rangklasse ①	lfd. Nr. ②
22.02.2000	0	23

Angemeldete Forderungen
im (IN) Insolvenzverfahren über das Vermögen des/der
Prof. Schuldenberg, 76131 Karlsruhe

Insolvenzverwalter
Dr. Andreas Ringstmeier
Rechtsanwalt
Magnusstraße 13
50672 Köln

Angemeldeter Betrag in EUR ⑥	Genaue Bezeichnung des Grundes der Forderung ⑦	Ergebnis der Prüfungsverhandlung ⑧	Berichtigung ⑨
176,14		Festgestellt in Höhe von 127,82 EUR. Rest vom Verwalter bestritten. Köln, den 03.09.2002 Rechtspfleger/in U.d.G.	
176,14			

Bemerkungen ⑩

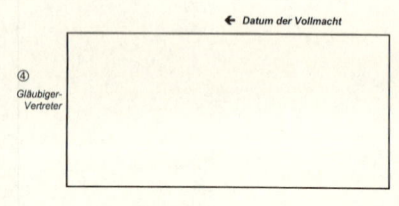

← Datum der Vollmacht

④ Gläubiger-Vertreter

Die Richtigkeit dieses Auszugs beglaubigt

Urkundsbeamter(beamtin) der Geschäftsstelle

Die Feststellung der ganz oder zum Teil bestrittenen Forderung kann gemäß §§ 179, 180 InsO im Wege der Klage oder, falls bereits ein Rechtsstreit über die Forderung anhängig ist, durch Aufnahme des Rechtsstreits betrieben werden. Es ist jedoch ratsam, sich zuvor unmittelbar an den Insolvenzverwalter mit der Bitte um nachträgliche Anerkennung der Forderung zu wenden; das Insolvenzgericht ist hierzu nicht befugt.

Dr. Andreas Ringstmeier

Formular 3037 • Vers 1.63

Anlage 4

Amtsgericht Köln
Luxemburger Str. 101
50939 Köln

			Ihr Zeichen:		
③ Gläubiger	123 IN 56/99 ← Herrn Hans Bauer Herderstr. 77 45366 Dresden	Geschäftsnummer bitte stets angeben			ffs1

		Blatt der Akten	Tag ⑤ der Anmeldung	Rang ① klasse	Lfd. Nr. ②
			22.02.2000	0	23

Auszug aus der Tabelle Zu ④Vollmacht d. Gläub.-Vertr.:

der im (IN) Insolvenzverfahren über das Vermögen des/der
Prof. Schuldenberg, 76131 Karlsruhe

angemeldeten Forderungen.

Insolvenzverwalter Dr. Andreas Ringstmeier Rechtsanwalt, Magnusstraße 13, 50672 Köln

Angemeldeter Betrag in EUR ⑥	Genaue Bezeichnung ⑦ des Grundes der Forderung	Ergebnis der Prüfungsverhandlung ⑧
176,14		Festgestellt in Höhe von 127,82 EUR.
176,14		Rest vom Verwalter bestritten. ⑨
		Köln, den 03.09.2002
		Rechtspfleger/in U.d.G.

Die Feststellung Ihrer ganz oder zum Teil bestrittenen Forderung können Sie gemäß § 179 Abs. 1 InsO im Wege der Klage oder, falls schon ein Rechtsstreit über Ihre Forderung anhängig ist, durch Aufnahme des Rechtsstreits betreiben. Es wird Ihnen aber anheimgegeben, zunächst den Insolvenzverwalter schriftlich um eine Auskunft zu bitten, warum er Ihre Forderung bestreitet. Kommen Sie mit ihm zu einer Einigung, wird er bei dem Gericht seinen Widerspruch ganz oder teilweise zurückziehen.

Die Anerkennung der Forderung ist ausschließlich Sache des Insolvenzverwalters. Das Gericht beurkundet nur seine Erklärungen. Es ist daher zwecklos, sich wegen anderweitiger Feststellung Ihrer Forderung an das Gericht zu wenden.

Berichtigungen/Bemerkungen ⑨ ⑩

④ Gläubiger-Vertreter	Geschäftszeichen d. Gläub.-Vertr.:
	Beglaubigt am 03.09.2002
	Unterschrift d. Urkundsbeamten(beamtin) / Justizangestellten
	Dr. Andreas Ringstmeier

Formular 3028 • Vers 1.63

§ 12. Masseverbindlichkeiten

Einleitung

Im Kapitel „Masseverbindlichkeiten" werden zunächst die Begriffe Masseverbindlichkeit, Massekosten und Masseschulden erklärt (→ Rn. 7 ff.) und diese danach gegen die Insolvenzforderungen abgegrenzt (→ Rn. 9). Alsdann werden die dogmatischen Ansätze, wie Masseschulden entstehen, unter verschiedenen Aspekten betrachtet, und zwar nach Zeitabschnitten (→ Rn. 16 ff.) und nach der Person des Verursachers (→ Rn. 27 ff.). Es folgen eine Darstellung, dass es auch unter Masseverbindlichkeiten eine Befriedigungsreihenfolge geben kann (→ Rn. 46 ff.) und wie die Massegläubiger ihre Rechte gegenüber dem Insolvenzverwalter geltend machen können. (→ Rn. 53 ff.). Sodann soll der Frage nachgegangen werden, was mit nicht erfüllten Masseverbindlichkeiten geschieht, wenn das Insolvenzverfahren beendet wird. Die Ausführungen zu Masseverbindlichkeiten werden abgeschlossen durch einige Hinweise darauf, was im Verwalterbüro in Bezug auf Masseverbindlichkeiten beachtet werden muss (→ Rn. 74 ff.) und wie sich eine fehlerhafte Behandlung der Masseverbindlichkeiten auswirkt (→ Rn. 81 ff.).

1 Auch wenn das Ziel des Insolvenzverfahrens auf die bestmögliche Befriedigung der Insolvenzgläubiger gerichtet ist, steht vor den Insolvenzgläubigern die Gruppe der Massegläubiger. Hierzu regelt § 53 InsO sehr einfach: „Aus der Insolvenzmasse sind die Kosten des Insolvenzverfahrens und die sonstigen Masseverbindlichkeiten vorweg zu berichtigen".

2 Die Begründung dieser Reihenfolge von Masseverbindlichkeiten und Insolvenzforderungen dient einer wichtigen Funktion innerhalb eines Insolvenzverfahrens: Um überhaupt zu einer Verwertung und Verteilung des Schuldnervermögens zugunsten der Insolvenzgläubiger kommen zu können, müssen die mit der Durchführung eines solchen Verfahrens zwangsläufig verbundenen Kosten und Aufwendungen gedeckt sein. Das betrifft namentlich die Kosten und Auslagen des Gerichts sowie die Vergütungen und Auslagen des Insolvenzverwalters und anderer Funktionsträger im Verfahren (Sonderinsolvenzverwalter, Gläubigerausschuss). Ferner muss der Insolvenzverwalter zur Begründung von Verbindlichkeiten in der Lage sein, welche er dann auch vollständig und sofort erfüllen dürfen muss, weil ihm sonst eine Verwertung des Schuldnervermögens nicht möglich wäre; zB muss der Verwalter dem Käufer eines von ihm veräußerten Fahrzeugs dieses auch sofort übereignen und er muss eine im Rahmen der Betriebsfortführung von ihm bestellte Ware auch bezahlen können.

3 Daneben werden mit der Einordnung als Masseverbindlichkeiten einzelne Gläubigergruppen privilegiert, indem nämlich deren Forderungen aus vorinsolvenzlich geschlossenen Verträgen bereits kraft Gesetzes, also ohne eine Entscheidung des Insolvenzverwalters zu Masseverbindlichkeiten erhoben werden (vgl. insbes. § 108 InsO: Dienstnehmer, Mieter, Vermieter und Darlehensnehmer) – sog oktroyierte Masseverbindlichkeiten.

Ringstmeier

Im Grundsatz geht es darum, dass Masseverbindlichkeiten vollumfänglich bei 4
Fälligkeit aus der Insolvenzmasse befriedigt werden dürfen (und müssen). Der
Insolvenzverwalter steht dabei seinen Massegläubigern genau so gegenüber wie
jeder andere Leistungsverpflichtete seinen Gläubigern außerhalb der Insolvenz
auch: er kann also verklagt werden und der Gläubiger kann mit einem Titel die
Zwangsvollstreckung in die Insolvenzmasse betreiben (beachte den Aufschub
nach § 90 InsO). Schließlich gibt es noch einen ganz wichtigen Unterschied zu
Insolvenzforderungen: während sich nicht auf Geldzahlung gerichtete Insolvenzforderungen in Geld umwandeln, geschieht das bei Masseverbindlichkeiten
nicht; vielmehr muss der Insolvenzverwalter die tatsächlich geschuldete Leistung erbringen.

Beispiel: Der Schuldner hatte vor der Insolvenzeröffnung ein Fahrzeug verkauft und 5
dafür auch schon das Geld erhalten. Danach wird über sein Vermögen das Insolvenzverfahren eröffnet. Der Käufer des Fahrzeugs kann aus der Insolvenzmasse nicht die Lieferung des gekauften Kfz verlangen und er kann auch die Lieferung oder Übereignung
nicht zur Insolvenztabelle anmelden. Vielmehr wandelt sich sein Anspruch auf Übereignung des Fahrzeugs gem. § 45 InsO in einen Geldanspruch um, der zur Insolvenztabelle
angemeldet werden kann.
Verkauft der Insolvenzverwalter nach der Insolvenzeröffnung ein zur Masse gehörendes Kfz, dann ist die Verpflichtung zur Lieferung und Übereignung des Fahrzeugs eine
Masseschuld und er muss das Fahrzeug auch tatsächlich übereignen.
Gleiches würde gelten, wenn im vorstehenden Beispiel der Käufer des Kfz den Kaufpreis noch nicht an den Schuldner bezahlt hätte. Dann läge nämlich ein Fall des § 103
InsO vor und der Insolvenzverwalter könnte in den Vertrag eintreten. Damit würde er
den Anspruch des Käufers auf Übereignung des gekauften Fahrzeugs zur Masseschuld
erheben und müsste diese dann auch genauso erfüllen: er müsste also das Kfz übereignen.

Von dem Grundsatz der Durchsetzbarkeit und Vollstreckbarkeit von Masse- 6
verbindlichkeiten gibt es allerdings eine praktisch wichtige Ausnahme: wenn
nämlich die Insolvenzmasse nicht zur Befriedigung aller Masseverbindlichkeiten ausreicht, kann der Insolvenzverwalter die Masseunzulänglichkeit anzeigen.
Dies hat dann zur Folge, dass die Masseverbindlichkeiten nur noch nach der
Rangfolge des § 209 InsO erfüllt werden müssen und dürfen (dazu näher
→ § 13 Rn. 52 ff.).

A. Begriff der „Masseverbindlichkeiten"

Unter dem Oberbegriff „Masseverbindlichkeiten" sind solche Verbindlich- 7
keiten zusammengefasst, die aus der Insolvenzmasse vorab (damit ist gemeint:
vor den Insolvenzgläubigern) zu befriedigen sind. Es handelt sich um einen
Oberbegriff zu den beiden Fallgruppen „Massekosten" und „sonstige Masseverbindlichkeiten" bzw. „Masseschulden".

Massekosten sind dabei die Kosten, die auf Seiten des Gerichts und des 8
Insolvenzverwalters durch das Insolvenzverfahren entstehen (§ 54 InsO). Masseschulden/sonstige Masseverbindlichkeiten (im Folgenden nur noch als „Masseschulden" bezeichnet) sind hingegen die Verbindlichkeiten des Gemeinschuldners gegenüber Dritten, die nach der Regelungen der InsO, vorwiegend
nach § 55 InsO, in den Rang einer Masseverbindlichkeit erhoben werden. Für

den Fall, dass die Insolvenzmasse nicht zur Befriedigung aller Masseverbindlichkeiten ausreicht, gehen die Massekosten den sonstigen Masseverbindlichkeiten im Rang vor, werden also privilegiert (§ 209 Abs. 1 InsO).

9 Der Gegenpol zu den Masseverbindlichkeiten findet sich in den Insolvenzforderungen nach § 38 InsO. Während die Masseverbindlichkeiten grundsätzlich sofort und vollständig zu befriedigen sind, werden die Insolvenzforderungen fast immer nur anteilig, also quotal bei der Verteilung der Insolvenzmasse bedient. Die Begriffe schließen sich also aus: Masseverbindlichkeiten können nicht gleichzeitig Insolvenzforderungen sein und umgekehrt. Allerdings lassen sich nicht alle Verbindlichkeiten und Verpflichtungen des Schuldners einem dieser beiden Begriffe zuordnen, vielmehr gibt es in den Randbereichen noch weitere Kategorien: ZB sind höchstpersönliche Verpflichtungen des Schuldners und solche Verpflichtungen, die der Schuldner selbst nach Verfahrenseröffnung begründet hat, weder Insolvenzforderungen noch Masseverbindlichkeiten.

10 Ebenfalls nicht in das Begriffspaar einzuordnen sind Aus- und Absonderungsrechte. Bei Aus- und Absonderungsrechten geht es nicht um die Schaffung eines Rangverhältnisses von schuldrechtlichen Forderungen, sondern um die Durchsetzung dinglicher Rechtspositionen. Eine Überschneidung besteht freilich darin, dass den Aus- und Absonderungsrechten regelmäßig (aber nicht zwingend!) schuldrechtliche Ansprüche zugrunde liegen, die ihrerseits entweder Insolvenzforderungen oder Masseverbindlichkeiten darstellen können. Im wirtschaftlichen Ergebnis gehen die Aus- und Absonderungsrechte den Masseverbindlichkeiten vor, da die Massegläubiger nur aus derjenigen Insolvenzmasse befriedigt werden dürfen, die sich nach der Abwicklung von Aus- und Absonderungsrechten bildet.

B. Massekosten

11 Massekosten sind nach § 54 InsO die Gerichtskosten für das Insolvenzverfahren und die Vergütungen und Auslagen des vorläufigen Insolvenzverwalters, des Insolvenzverwalters und der Mitglieder des Gläubigerausschusses. Es handelt sich dabei also um Kosten, die unmittelbar aus der Verfahrenseinleitung und Verfahrensdurchführung folgen. Dabei spielt es keine Rolle, ob die Massekosten vor oder nach der Insolvenzeröffnung entstehen oder entstanden sind.

12 Für die Eröffnung des Insolvenzverfahrens müssen nur die Massekosten gedeckt sein, nicht auch noch die sonstigen zu erwartenden Masseverbindlichkeiten. Von einigen Insolvenzgerichten wird allerdings die Meinung vertreten, dass auch Verwaltungskosten, die dem Insolvenzverwalter zwangsläufig entstehen werden, gedeckt sein müssen, damit das Insolvenzverfahren eröffnet werden darf. Dieser Streit soll an dieser Stelle nicht vertieft werden, weil es hier nur darum geht, die Unterschiede zwischen Massekosten und Masseschulden zu verdeutlichen, nicht auch darum, wie die Vorschrift des § 26 InsO zu verstehen und auszulegen ist.

13 Massekosten im Sinne des § 54 InsO sind:
– Gerichtsgebühren und Auslagen des Gerichts (dazu zählen ua auch die für einen im Insolvenzantragsverfahren eingeschalteten Sachverständigen, der für

§ 12. *Masseverbindlichkeiten* 443

das Insolvenzgericht das Vorliegen der Insolvenzgründe und die Massekostendeckung prüfen soll sowie die Kosten eines vom Gericht beauftragten Schlussrechnungsprüfers)
– Vergütung und Auslagen des vorläufigen Insolvenzverwalters und Sachwalters
– Vergütung und Auslagen des Insolvenzverwalters/Sachwalters/Treuhänders
– Vergütung und Auslagen eines Sonderinsolvenzverwalters
– Vergütung und Auslagen der Mitglieder des vorläufigen und endgültigen Gläubigerausschusses

Wegen der Einzelheiten hierzu wird auf die Ausführungen zum Sachverständigengutachten im Insolvenzeröffnungsverfahren unter Kapitel § 6 → Rn. 39 ff. verwiesen. 14

C. Masseschulden

Als Grundsatz kann gesagt werden, dass Masseschulden solche Verbindlichkeiten sind, die nach der Verfahrenseröffnung durch eine Handlung des Insolvenzverwalters begründet werden. Rechtsfolge ist dann, dass diese Verbindlichkeiten vollumfänglich bei Fälligkeit zu befriedigen sind. Allerdings gibt es von diesem Grundsatz vielfältige im Gesetz angeordnete Ausnahmen, denen jeweils spezielle Wertungen des Gesetzgebers zugrunde liegen. Ausnahmen ergeben sich auf der Tatbestandsseite, beim Zeitpunkt der Forderungsentstehung, bei der Verursachung durch den Insolvenzverwalter und auf der Rechtsfolgenseite im Falle der Masseunzulänglichkeit. 15

I. Betrachtung der Masseschulden nach Zeitabschnitten

1. Grundregel: Entstehung nach Insolvenzeröffnung

Grundsätzlich entstehen Masseschulden erst nach der Eröffnung des Insolvenzverfahrens. Das ist der entscheidende und in der Praxis wichtigste Unterschied zu den Insolvenzforderungen, welche grundsätzlich vor der Eröffnung des Insolvenzverfahrens begründet worden sein müssen.[37] 16

Zentrale Vorschrift für Masseschulden ist der § 55 InsO. Nach dessen Abs. 1 Nr. 1 sind Masseschulden solche Verbindlichkeiten, die durch Handlungen des Insolvenzverwalters oder in anderer Weise durch die Verwaltung, Verwertung und Verteilung der Insolvenzmasse begründet werden. Dazu zählen zunächst einmal alle rechtsgeschäftlichen Verbindlichkeiten, die der Insolvenzverwalter eingeht, zB aus dem Abschluss von Verträgen, der Vornahme von Prozesshandlungen oder der Genehmigung einer nach Verfahrenseröffnung vorgenommenen Geschäftsführung ohne Auftrag. Ebenfalls zählen dazu Ansprüche aus unerlaubter Handlung oder Gefährdungshaftung, soweit solche Ansprüche aus Handlungen im Rahmen der Amtsführung des Insolvenzverwalters resultieren. Die Fallgruppe der nicht durch Handlungen des Insolvenzverwalters, sondern „in anderer Weise" begründeten Verbindlichkeiten betrifft schon eine erste 17

---

[37] Vgl. dazu die Ausführungen in → § 11 Rn. 5 ff.

Ringstmeier

Ausnahme, die das Gesetz an – zumeist ungewollte – Folgen eines bestimmten Verhaltens knüpft; dazu sogleich.

18 Nach § 55 Abs. 1 Nr. 3 InsO sind auch solche Forderungen Masseschulden, die aus einer ungerechtfertigten Bereicherung der Insolvenzmasse resultieren. Damit sind nur solche Bereicherungsvorgänge gemeint, die nach der Eröffnung des Insolvenzverfahrens stattgefunden haben, bei denen also der Massezufluss erst nach der Verfahrenseröffnung erfolgt ist. Das lässt sich dem Wort „Masse" entnehmen, denn eine Insolvenzmasse gibt es erst nach der Eröffnung des Insolvenzverfahrens. Ist die Bereicherung hingegen vorinsolvenzlich erfolgt, stellt der Bereicherungsanspruch nach § 38 InsO nur eine Insolvenzforderung dar.

2. Ausnahme: Entstehung vor der Insolvenzeröffnung

19 Vor der Verfahrenseröffnung gegen den Schuldner entstandene Forderungen sind Insolvenzforderungen und können entgegen der Reglung in § 38 InsO nur dann Masseschulden sein, wenn sich eine entsprechende Ausnahmeregelung dazu im Gesetz findet.

20 a) **Erfüllungswahl.** Hierher zählt zunächst einmal die Regelung in § 55 Abs. 1 Nr. 2 für die gegenseitigen Verträge, bei denen der Insolvenzverwalter für die Zeit nach Verfahrenseröffnung Erfüllung verlangt oder diese nach dem Gesetz erfolgen muss. In diesen Fällen ist der Anspruch des Gläubigers bereits vor der Verfahrenseröffnung durch den damaligen Abschluss eines Vertrages entstanden und wird daher mit Verfahrenseröffnung grundsätzlich zur Insolvenzforderung. Aufgrund der Regelungen in den §§ 103 ff. InsO kann der Verwalter solche Ansprüche aber durch entsprechende Erklärung in den Rang einer Masseverbindlichkeit „erheben". Dazu entscheidet sich der Insolvenzverwalter im Regelfall deshalb, um die vom Vertragspartner zu erbringende Gegenleistung für die Insolvenzmasse erlangen zu können (vgl. dazu näher Kapitel → § 21 Rn. 26 ff., 38 f.). Für die Systematik ist die Erkenntnis wichtig, dass durch die Erfüllungswahl des Insolvenzverwalters gem. § 103 InsO kein „neuer" Vertrag abgeschlossen wird. Das wäre auch nicht nötig, weil durch die Insolvenzeröffnung der zuvor mit dem Schuldner abgeschlossene Vertrag nicht etwa erlischt. Vielmehr bestehen die gegenseitigen Ansprüche trotz der Insolvenzeröffnung fort, allerdings mit dem „Schönheitsfehler", dass die Ansprüche des Vertragspartners des Schuldners nur als Insolvenzforderung geltend gemacht werden können. Und nur diesen „Schönheitsfehler" beseitigt der Verwalter, indem er die Erfüllung des Vertrages wählt. Auch hier ergibt sich der Masseschuldcharakter des Gläubigeranspruchs aus einer Handlung des Insolvenzverwalters, nämlich der Erfüllungswahl. Im Unterschied zu § 55 Abs. 1 Nr. 1 InsO, bei dem der Vertrag erst nach der Insolvenzeröffnung durch den Insolvenzverwalter abgeschlossen wird, handelt es sich bei § 55 Abs. 1 Nr. 2 InsO um einen vorinsolvenzlich abgeschlossenen Vertrag.

21 b) **Fortbestehen von Dauerschuldverhältnissen.** Bei einigen Dauerschuldverhältnissen wie insbesondere bei der Miete und den Dienstverhältnissen des Schuldners, bei denen die Erfüllung zur Masse erfolgen muss (vgl. § 108 InsO), ist der Vertrag ebenfalls vor der Insolvenzeröffnung abgeschlossen wor-

Ringstmeier

den.³⁸ Bei diesen Vertragstypen wird auf die Zeitabschnitte abgestellt, die in der Zeit nach der Insolvenzeröffnung liegen. Sie sind gemeint, wenn in § 55 Abs. 1 Nr. 2 InsO von gegenseitigen Verträgen gesprochen wird, bei denen die Erfüllung „für die Zeit nach der Eröffnung des Insolvenzverfahrens erfolgen muss". Zur Vermeidung von Missverständnissen hat der Gesetzgeber in § 108 Abs. 2 InsO deutlich gemacht, dass sich der Masseschuldcharakter nicht auf die Ansprüche für Zeitabschnitte bezieht, die vor der Insolvenzeröffnung gelegen haben; diese bleiben Insolvenzforderung.

c) Vorläufiger Insolvenzverwalter mit Übergang der Verfügungsbefugnis. 22
Eine weitere, sehr wichtige Ausnahme von dem Grundsatz, dass Masseverbindlichkeiten nur Ansprüche aus der Zeit nach der Eröffnung des Insolvenzverfahrens sein können, ergibt sich aus § 55 Abs. 2 InsO. Masseverbindlichkeiten können gem. § 55 Abs. 2 S. 1 InsO nämlich dann aus der Zeit vor der Verfahrenseröffnung stammen, wenn sie von einem vorläufigen Insolvenzverwalter begründet wurden, auf den die Verfügungsbefugnis über das Vermögen des Schuldners übergegangen ist, sog „starker" vorläufiger Insolvenzverwalter. Mit dieser Regelung können also – soweit es um die Begründung von Masseverbindlichkeiten geht – die Wirkungen der Insolvenzeröffnung auf einen früheren Zeitpunkt, nämlich demjenigen, zu dem die Verfügungsbefugnis durch Gerichtsbeschluss auf den vorläufigen Insolvenzverwalter übertragen wird, vorverlagert werden. Während Satz 1 der Reglung vom vorläufigen Verwalter rechtsgeschäftlich begründete Verbindlichkeiten erfasst, bekleiden nach Satz 2 auch die Forderungen aus vorher begründeten Dauerschuldverhältnissen den Rang einer Masseverbindlichkeit, für die der vorläufige Insolvenzverwalter die Gegenleistung in Anspruch genommen hat. Mit diesen Regelungen wollte der Gesetzgeber dem vorläufigen Insolvenzverwalter das Haftungsrisiko abnehmen, dass er alle in der Antragsphase in Anspruch genommenen Leistungen auch vor Verfahrenseröffnung bezalt haben muss. In der Praxis hat freilich gerade diese Regelung dazu geführt, dass der starke vorläufige Insolvenzverwalter die Ausnahme und der sog „schwache" vorläufige Insolvenzverwalter der Regelfall ist: aufgrund der Begründung von Masseverbindlichkeiten fallen beim starken vorläufigen Verwalter Finanzierungseffekte weg, die dieser als schwacher vorläufiger Verwalter zum Aufbau der Masse ausnutzen kann.

Dass an die Inanspruchnahme der Gegenleistung Konsequenzen für die 23
rechtliche Qualifizierung einer Forderung geknüpft werden, begegnet uns noch an anderer Stelle. So entscheidet bei fortbestehenden Dauerschuldverhältnissen die Inanspruchnahme der Gegenleistung durch den Insolvenzverwalter im Falle der Masseunzulänglichkeit darüber, ob die Ansprüche des Vertragspartner Alt- oder Neumasseschulden darstellen. Hier wie dort kommt es darauf an, wann ein Insolvenzverwalter die Gegenleistung „in Anspruch nimmt". Dies ist teilweise für Mietverhältnisse höchstrichterlich geklärt. Danach nimmt der Verwalter die Gegenleistung nicht nur dann in Anspruch, wenn er für die Insolvenzmasse das Mietobjekt nutzt, sondern auch dann, wenn er es unterlässt, dem Vertragspartner die volle eigene Nutzungsmöglichkeit wieder einzuräumen. Daher verlangt die Rechtsprechung, dass der Insolvenzverwalter nicht nur ein

---

³⁸ Dazu Näheres in § 22.

Mietobjekt räumt, sondern auch, dass er aktiv wird und das Mietobjekt übergibt, insbesondere also dem Vermieter den Schlüssel zum Mietobjekt zugänglich macht.

24 Zur Inanspruchnahme der Gegenleistung durch den „starken" vorläufigen Insolvenzverwalter gibt es auch eine Ausnahme, die in § 55 Abs. 3 InsO geregelt ist. Nach den bisherigen Ausführungen müssten nämlich die Ansprüche der Arbeitnehmer, die von einem „starken" vorläufigen Insolvenzverwalter während der Antragsphase weiterbeschäftigt werden, im nachfolgenden Insolvenzverfahren Masseschulden sein. Denn es kann keinem Zweifel unterliegen, dass die Weiterbeschäftigung eines Arbeitnehmers die Inanspruchnahme der aus dem Arbeitsverhältnis folgenden Gegenleistung darstellt. Da aber die Arbeitnehmer für genau jenen Zeitraum Insolvenzgeld beanspruchen können, würde die Bundesagentur für Arbeit als Massegläubiger in Erscheinung treten. Damit aber würde der Insolvenzgeldeffekt als ein ganz wichtiges Element für die Massebildung in der Antragsphase weggefallen. Um dies zu verhindern, hat der Gesetzgeber mit § 55 Abs. 3 InsO eine Gegenausnahme von der in § 55 Abs. 2 InsO geregelten Ausnahme geschaffen und die Rückgriffsansprüche der Bundesagentur für Arbeit wieder in den Rang einer einfachen Insolvenzforderung zurück gestuft. Für die Ansprüche der Bundesagentur bleibt es also bei der ursprünglichen Grundregel, dass die vor der Insolvenzeröffnung begründeten Ansprüche der Arbeitnehmer auf Lohn- und Gehaltszahlung auch dann eine normale Insolvenzforderung bleiben, wenn die Weiterbeschäftigung während der Insolvenzantragsphase vom „starken" vorläufigen Insolvenzverwalter veranlasst worden ist. Der erhoffte Erfolg, dass dadurch häufiger „starke" vorläufige Insolvenzverwalter bestellt werden, blieb jedoch weitgehend aus.

25 **d) Vorläufiger Insolvenzverwalter mit Einzelermächtigung.** Auch der sog „halbstarke" vorläufige Insolvenzverwalter kann bereits in der Antragsphase Masseverbindlichkeiten begründen. Dazu wird der „schwache" vorläufige Verwalter durch einen gesonderten Beschluss des Insolvenzgerichts ermächtigt, bestimmte Geschäfte mit Wirkung zulasten der künftigen Insolvenzmasse abzuschließen, so dass die Verfügungsbefugnis über das Vermögen des Schuldners nicht vollständig, sondern nur partiell auf den vorläufigen Insolvenzverwalter übergeht. Die Möglichkeit für eine solche Beschlussfassung ergibt sich aus einem „Erst-Recht-Schluss": wenn das Gericht dem Schuldner schon die Verfügungsbefugnis insgesamt entziehen und auf den vorläufigen Verwalter überleiten darf – mit der Folge, dass der Verwalter Masseverbindlichkeiten begründet –, dann darf es dies als milderes Mittel auch nur teilweise tun. Verhindert hat der BGH hier allerdings die Praxis, dass die Einzelermächtigung pauschal erteilt wird: nach der Rechtsprechung muss in dem Beschluss der Umfang des Überganges der Verfügungsbefugnis genau bestimmbar beschrieben sein.

e) Steuerschulden aus der Antragsphase. Mit dem Absatz 4 hat der Gesetzgeber in § 55 InsO eine weitere Ausnahme vom Grundsatz geschaffen, dass Masseschulden erst nach der Insolvenzeröffnung entstehen können. Bei § 55 Abs. 4 InsO geht es um Steuerschulden des Schuldners, die während des Insolvenzantragsverfahrens entweder von einem vorläufigen Insolvenzverwalter oder vom Schuldner mit Zustimmung eines vorläufigen Insolvenzverwalters begründet worden sind. Auf die vorläufige Eigenverwaltung ist die Vorschrift nicht anwendbar.[39] Der maßgebliche Unterschied zu den vorherigen Ausnahmen liegt bei Abs. 4 darin, dass hier der „schwache" vorläufige Insolvenzverwalter gemeint ist. Von diesem wissen wir,[40] dass er keine Masseverbindlichkeiten begründen kann und der Schuldner kann selbst mit Zustimmung des schwachen vorläufigen Insolvenzverwalters auch keine Masseschulden begründen. Auch dies ist ein Grundsatz! Und davon macht § 55 Abs. 4 InsO eine Ausnahme, allerdings begrenzt auf Verbindlichkeiten aus einem Steuerschuldverhältnis. Wenngleich mit dem Begriff „Verbindlichkeiten aus dem Steuerschuldverhältnis" keine Einschränkung auf eine bestimmte Steuerart verbunden ist, also alle Steuerverbindlichkeiten gemeint sein können, hat die Vorschrift vor allem die Umsatzsteuer im Blick. So wollte der Gesetzgeber vor allem die anlässlich einer Verwertung anfallende Umsatzsteuer für sich vereinnahmen können.

Beispiel: Der umsatzsteuerpflichtige Schuldner verwertet mit der Zustimmung des schwachen vorläufigen Insolvenzverwalters sein gesamtes Betriebsvermögen schon in der Antragsphase und zieht den Kaufpreis dafür ein, bevor das Insolvenzverfahren eröffnet wird. Der Schuldner – oder nach der Insolvenzeröffnung der Insolvenzverwalter – erklärt diesen Umsatz gegenüber dem Finanzamt, führt aber die Umsatzsteuer nicht ab. Dazu erklärt der Insolvenzverwalter dem Finanzamt, die Umsatzsteuerverbindlichkeit sei vor der Insolvenzeröffnung, nämlich durch die Verwertungshandlungen im Antragsverfahren entstanden, weshalb es sich um Insolvenzforderungen handele, die das Finanzamt zur Insolvenztabelle anmelden könne.

Mit dieser Argumentation hatte der Insolvenzverwalter tatsächlich Recht, sehr zur Verärgerung der Finanzverwaltung. Daher wurde § 55 Abs. 4 InsO geschaffen. Seitdem es diese Vorschrift gibt, muss der Insolvenzverwalter die vorinsolvenzlich begründete Umsatzsteuer als Masseschuld abführen, weil die Verwertungshandlung vom Schuldner mit der Zustimmung des schwachen vorläufigen Insolvenzverwalters erfolgt war.

Nach Meinung des BFH[41] fällt auch die bloße Vereinnahmung von Kundenforderungen des Schuldners während der Insolvenzantragsphase unter § 55 Abs. 4 InsO, und zwar ohne dass es darauf ankommen soll, ob der Schuldner ein Ist- oder ein Soll-Versteuerer ist. Diese Rechtsprechung des BFH wird von praktisch er gesamten Literatur als falsch entlarvt, die nur eine Besserstellung des Fiskus gegenüber allen anderen Gläubigern im Insolvenzverfahren dient, sie ist von der Praxis aber unbedingt zu beachten, weil anderenfalls persönliche Haftungsrisiken des Insolvenzverwalters drohen. Daher sind die Umsatzsteuern, die in Kundenforderungen enthalten sind, welche während der Antragsphase vom vorläufigen Insolvenzverwalter oder mit dessen Zustimmung vom Schuldner vereinnahmt wurden, im nachfolgenden Insolvenzverfahren als Masseschuld abzuführen.

e) **Nachlassinsolvenzverfahren.** Im Nachlassinsolvenzverfahren stammen häufig Masseverbindlichkeiten aus der Zeit zwischen dem Eintritt des Erbfalles und der Eröffnung des Insolvenzverfahrens; dazu sogleich unter → Rn. 39 ff.

---

[39] Schmidt/*Thole* § 55 Rn. 47.
[40] Vgl. → § 5 Rn. 139.
[41] BFH, Urt. v. 24.9.2014 – V R 48/13 –, DStR 2014, 2452 Rn. 21 ff.

II. Betrachtung der Masseschulden nach Verursachung

1. Vom Insolvenzverwalter begründet

27 Im Grundsatz werden Masseschulden nach § 55 Abs. 1 InsO durch einen Willensentschluss des Insolvenzverwalters begründet. Entscheidend ist natürlich nicht, ob der Insolvenzverwalter auch tatsächlich Masseverbindlichkeiten begründen will oder nicht; er kann zB nicht den Gegentand eines Dritten in Anspruch nehmen und sich dann gegen die Forderung auf Nutzungsersatz damit verteidigen, dass er keine Forderung im Rang einer Masseverbindlichkeit habe begründen wollen. Für eine Zuordnung zu dieser Fallgruppe ist aber zumindest erforderlich, dass der Verwalter eine vom Willen getragene Handlung vorgenommen oder eine Unterlassung zu verantworten hat.

28 Unter die vom Verwalter begründeten Masseverbindlichkeiten lassen sich auch die Sozialplanansprüche nach § 123 Abs. 2 S. 1 InsO einordnen, wenn der Sozialplan zwischen Betriebsrat und Verwalter geschlossen wurde. Ferner zählt hierzu wohl der Anspruch des Anfechtungsgegners nach § 144 Abs. 2 S. 2 InsO, dessen Forderung auf die Gegenleistung bei Rückgabe des Erlangten dann wieder im Rang einer Masseverbindlichkeit auflebt, wenn diese Gegenleistung noch unterscheidbar in der Insolvenzmasse vorhanden ist. Ebenfalls an ein Verhalten des Verwalters knüpfen die Regelungen in § 169 S. 1 InsO, § 172 Abs. 1 S. 1 InsO, § 183 Abs. 3 InsO und § 30e ZVG an, worin jeweils Verzinsungs- oder Wertersatzpflichten als Masseverbindlichkeit geregelt sind.

2. Vom Schuldner begründet

29 Der Schuldner selbst begründet Masseverbindlichkeiten ausnahmsweise dann, wenn bei Verfahrenseröffnung die Eigenverwaltung angeordnet wurde. In diesem Fall gelten die Ausführungen zur Begründung von Masseverbindlichkeiten durch den Insolvenzverwalter entsprechend, da der Schuldner als Eigenverwalter selbst die Aufgaben des Insolvenzverwalters wahrnimmt.

30 In einem Nachlassinsolvenzverfahren gibt es gleich eine ganze Reihe von Ausnahmeregelungen, nach denen der Schuldner in der Zeit vor der Verfahrenseröffnung Masseverbindlichkeiten begründet.

31 Weitere Beispiele für die Begründung von Masseverbindlichkeiten durch den Schuldner finden sich in § 81 Abs. 1 S. 3 InsO (Rückgewähr noch vorhandener Gegenleistung für unwirksame Verfügung des Schuldners) und § 115 Abs. 2 S. 3 InsO (Notgeschäftsführung bei Ausführung eines vom Schuldner erteilten Auftrages).

3. Sonderfall: Öffentliche Lasten, insbesondere Steuerverpflichtungen

32 Die Insolvenzmasse wird im Rang einer Masseverbindlichkeit gem. § 55 Abs. 1 Nr. 1 Alt. 2 InsO auch durch solche Verbindlichkeiten belastet, die in anderer Weise als durch Verwaltung, Verwertung und Verteilung der Insolvenzmasse begründet werden. Hierbei handelt es sich insbesondere auch um solche Pflichten, die aufgrund von Beschlüssen von Gemeinschaften, kraft Gesetzes oder durch Verwaltungsakt entstehen und eben nicht auf Rechtshandlungen des Insolvenzverwalters zurück zu führen sind. Hierzu die wichtigsten Beispiele:

– Die wichtigsten Verbindlichkeiten in diesem Zusammenhang sind Steuerforderungen des Fiskus gegen die Insolvenzmasse. Sämtliche Steuerverbindlichkeiten stehen immer dann im Rang einer Masseverbindlichkeit, wenn der Steuertatbestand nach der Eröffnung des Insolvenzverfahrens verwirklicht wird. Häufig geschieht dies infolge einer Handlung des Insolvenzverwalters. Das wäre zB dann der Fall, wenn der Insolvenzverwalter bei der Abwicklung einer Unternehmensinsolvenz eine bewegliche Sache verkauft und dabei Umsatzsteuer anfällt. Diese muss die Insolvenzmasse abführen, und zwar im Rang einer Masseverbindlichkeit. Aber auch ohne Verwalterhandeln können Steuerverbindlichkeiten als Masseschulden entstehen. Dies gilt zB für Objektbezogene Steuern, wie zB Grundsteuern auf Immobilien oder Kfz-Steuern auf Kraftfahrzeuge, jeweils bezogen auf die Zeit nach Verfahrenseröffnung. Von solchen Steuern kann der Insolvenzverwalter die Masse nur dadurch freihalten, wenn er den Eintritt der steuerbegründenden Umstände verhindert – bei Objektsteuern zB durch die Freigabe des betroffenen Gegenstandes aus der Insolvenzmasse. Bei der Kfz-Steuer folgt die Steuerverantwortung der Haltereigenschaft, die durch die Insolvenzeröffnung automatisch auf den Insolvenzverwalter übergehen soll. Die meisten Finanzverwaltungen verlangen deshalb eine Aufgabe der Haltereigenschaft durch den Insolvenzverwalter, was nicht durch bloße Freigabe des Fahrzeugs aus der Masse bewerkstelligt wird, sondern allein durch Abmeldung (selbst wenn der Schuldner das von ihm benötigte Fahrzeug im nächsten Moment wieder auf sich anmeldet). 33

– Durch die Verwaltung der Insolvenzmasse entstehen auch die Verbindlichkeiten im Rahmen der öffentlich-rechtlichen sozialen Lasten, wie zB Beiträge zur Krankenversicherung, Arbeitslosenversicherung und Rentenversicherung. 34

– Masseverbindlichkeiten sind auch solche öffentlich-rechtliche Lasten, die durch Verwaltungsakt festgesetzt werden, zB im Rahmen der Gefahrenabwehr (insbes. Altlasten), Erschließungsbeiträge, Kammerbeiträge (zB Handwerkskammer) und Säumniszuschläge, soweit die Hauptforderung selbst Masseverbindlichkeit ist. 35

– Beitragspflichten gegenüber einer Wohnungseigentümergemeinschaft, an der der Insolvenzverwalter aufgrund des Schuldnereigentums, zB an einer Eigentumswohnung, zwangsläufig teilnimmt. 36

– Beitragspflicht bei einer Vereins- oder Verbandsmitgliedschaft, wenn die Eröffnung des Insolvenzverfahrens nicht zu einem Ausschluss aus der Vereinigung führt und eine solche Beitragspflicht zB zeitraumbezogen nach der Eröffnung des Verfahrens entsteht. 37

– Hierher gehören schließlich auch die Ansprüche der Arbeitnehmer auf Nachteilsausgleich nach § 113 BetrVG, wenn die ausgleichspflichtige Maßnahme vom Insolvenzverwalter vorgenommen wurde. 38

4. Sonderfall: Nachlassinsolvenzverfahren

Im Nachlassinsolvenzverfahren greifen zwar zunächst auch die Grundsätze der §§ 54, 55 InsO, zusätzlich erheben aber die Regelungen in § 324 Abs. 1 InsO weitere Verbindlichkeiten zu Masseverbindlichkeiten. Um dies zu verstehen, muss man sich die Grundüberlegungen des Gesetzgebers klar machen: 39

Zwischen dem Tod des Erblassers und dem Tag der Insolvenzeröffnung vergehen in der Regel Wochen, gelegentlich sogar mehrere Monate. Dennoch werden die Wirkungen der späteren Insolvenzeröffnung soweit wie möglich auf den Zeitpunkt des Todes des Erblassers zurückverlegt. In Bezug auf Masseverbindlichkeiten ergibt sich daraus, dass alle nach dem Todeszeitpunkt entstandenen Verbindlichkeiten als Masseverbindlichkeiten angesehen werden. Voraussetzung ist lediglich, dass der Erbe die Verbindlichkeit ohne Kenntnis der Insolvenzreife des Nachlasses und im Interesse des Nachlasses begründet hat; dann nämlich sind dem Erben gem. §§ 1978, 1979 BGB die Aufwendungen, die er getätigt hat oder noch tätigen muss, aus dem Nachlass zu erstatten. Und dieser Erstattungsanspruch ist Masseschuld gem. § 324 Abs. 1 Nr. 1 InsO.

40   Daher kann der Erbe nach § 324 Abs. 1 InsO im Rang einer Masseverbindlichkeit die Erstattung sämtlicher im Rahmen der vorinsolvenzlich ausgeführten ordnungsgemäßen Verwaltung angefallenen Aufwendungen nebst Zinsen (§§ 1978 Abs. 3, 670, 683, 256 BGB) und Freistellung von allen in diesem Zusammenhang begründeten persönlichen Verbindlichkeiten (§§ 670, 257 BGB) verlangen; nicht jedoch eine Vergütung für seine Tätigkeit. Einen Spezialfall des Aufwendungsersatzes regelt § 1979 BGB iVm § 1978 BGB: Hat der Erbe Nachlassverbindlichkeiten aus eigenen Mitteln befriedigt, folgt daraus ein Erstattungsanspruch gegen den Nachlass. Durfte der Erbe dabei annehmen, dass der Nachlass für alle Verbindlichkeiten ausreichen würde, besteht dieser Erstattungsanspruch auch nach der Eröffnung eines Nachlassinsolvenzverfahrens im Rang einer Masseverbindlichkeit, da gem. § 1979 BGB auch die Zahlung unmittelbar aus der Masse hinzunehmen gewesen wäre. Hat hingegen der Erbe die Unzulänglichkeit des Nachlasses gekannt oder fahrlässig nicht erkannt, kann er in einem späteren Nachlassverfahren aus der Masse nur noch eine etwaige Bereicherung der Masse verlangen (§§ 1978 Abs. 3, 684 BGB) und nimmt mit der auf ihn übergegangenen beglichenen Forderung nur in deren Rang am Verfahren teil, § 326 Abs. 2 InsO.

41   Ebenfalls als Masseverbindlichkeiten eingeordnet werden die mit dem Erbfall faktisch unmittelbar verbundenen Kosten, namentlich die Kosten der Beerdigung, die Kosten der Todeserklärung und die Kosten der Eröffnung einer Verfügung des Erblassers, vgl. § 324 Abs. 1 Nr. 2–4 InsO.

42   Masseschulden sind ferner solche Verbindlichkeiten, die aus Rechtsgeschäften eines Nachlasspflegers, eines Nachlassverwalters oder eines Testamentsvollstreckers resultieren. Der Begriff des Rechtsgeschäfts wird in diesem Zusammenhang denkbar weit ausgelegt und umfasst auch Verpflichtungen aus anderen Handlungen der genannten Personen (zB Steuerschulden, Bereicherungsansprüche); nicht erfasst sind allerdings deliktische Verbindlichkeiten. Eine weitere Beschränkung besteht darin, dass die Verbindlichkeiten im Rahmen der ordnungsgemäßen Verwaltung des Nachlasses entstanden sein müssen. Aufgrund der bereits gesetzlich angeordneten Qualifizierung der vertraglichen Verbindlichkeiten als Masseschuld sind die §§ 103 ff. InsO bei den hier betroffenen Verträgen ohne Bedeutung.

43   Durch den zusätzlichen Katalog an Masseverbindlichkeiten und den damit verbundenen Umstand, dass der Verwalter keinen Einfluss auf die Begründung von Masseverbindlichkeiten vor Verfahrenseröffnung bzw. Antragstellung hatte, erlangt die Prüfung der Masseunzulänglichkeit für den Verwalter eine ganz

besondere Bedeutung, da die Masseverbindlichkeiten des § 324 Abs. 1 InsO gem. Abs. 2 der Vorschrift nach der Anzeige der Masseunzulänglichkeit den Rang von Altmasseverbindlichkeiten bekleiden. Um eine persönliche Haftung zu vermeiden, muss der Nachlassinsolvenzverwalter sich unverzüglich ein möglichst umfassendes Bild über die nach § 324 Abs. 1 InsO bereits „vorhandenen Masseverbindlichkeiten" machen.

5. Weitere Ausnahmen

Nach § 100 InsO kann die Gläubigerversammlung die Gewährung von Unterhalt an den Schuldner und seine Familie festsetzen. Durch einen solchen Beschluss werden unmittelbar Masseschulden begründet. 44

In § 183 Abs. 3 InsO ist geregelt, dass ein Insolvenzgläubiger dann Erstattung seiner Prozesskosten als Masseverbindlichkeit geltend machen kann, wenn nur er eine Insolvenzforderung bestritten und den Feststellungsprozess gewonnen hat. 45

III. Betrachtung der Masseschulden nach Befriedigungsreihenfolge

1. Grundsatz: vollständige, sofortige Befriedigung

Auf der Rechtsfolgenseite bedeutet die Einordnung als Masseverbindlichkeit, dass die Verbindlichkeit grundsätzlich vollständig bei Fälligkeit vom Verwalter befriedigt werden muss. Insbesondere gelten die Regelungen zur Fälligkeit oder Umwandlung in eine Geldforderung aus §§ 41 ff. InsO nicht – diese sind nur auf Insolvenzforderungen zugeschnitten. Die Masseverbindlichkeit ist vielmehr so zu erfüllen, wie sie auch außerhalb des Insolvenzverfahrens zu erfüllen wäre. Die Insolvenzmasse kommt bei Masseverbindlichkeiten nach den allgemeinen einschlägigen zivilrechtlichen Regelungen in Verzug und muss bei Nichtleistung oder verspäteter Leistung Verzugszinsen leisten bzw. Schadensersatz bezahlen. 46

2. Ausnahme: Masseunzulänglichkeit

Etwas anderes gilt allerdings dann, wenn die Insolvenzmasse voraussichtlich nicht zur Befriedigung aller Insolvenzgläubiger ausreicht – sog Masseunzulänglichkeit. Mit der Anzeige der Masseunzulänglichkeit (§ 208 Abs. 1 InsO) werden die vorhandenen Masseschulden zu Altmasseschulden und verlieren ihre Durchsetzbarkeit. Masseverbindlichkeiten werden dann stattdessen nur noch nach der in § 209 InsO vorgesehenen Rangfolge beglichen. Wichtig für das Verständnis von Alt- und Neumasseschulden ist zunächst, dass nach den bereits in diesem Kapitel beschriebenen Grundentscheidungen eine Masseschuld vorhanden ist; erst danach muss weiter unterschieden werden, ob es sich um eine Alt- oder um eine Neumasseschuld handelt. Wegen der weiteren Voraussetzungen und Rechtsfolgen der Masseunzulänglichkeit wird hier auf die Ausführungen zur massearmen Insolvenz in Kapitel → § 13 Rn. 39 ff. verwiesen. 47

3. Sonderfall: Sozialplananspruche

Eine besondere Form von Masseschuld sind die in § 123 Abs. 2 InsO geregelten Ansprüche aus einem nach der Insolvenzeröffnung abgeschlossenen Sozial- 48 plan.[42] Für Ansprüche aus einem Sozialplan, den der Insolvenzverwalter nach der Eröffnung des Insolvenzverfahrens aufgestellt hat, gilt nämlich, dass diese zwar Masseverbindlichkeiten darstellen, aber für die Befriedigung solcher Ansprüche nicht mehr als ein Drittel der Masse verwendet werden darf, die ohne den Sozialplan zur Verteilung an die Insolvenzgläubiger zur Verfügung stünde.

49 **Beispiel:** Nach der Eröffnung eines Insolvenzverfahrens schließt der Insolvenzverwalter mit dem Betriebsrat des Schuldnerunternehmens einen Sozialplan ab, der insgesamt Sozialplanansprüche der Arbeitnehmer im Umfang von 600 000 EUR begründet. Die Ansprüche der Arbeitnehmer aus diesem Sozialplan sind Masseschulden, und zwar zunächst einmal nach der allgemeinen Grundregel, dass alle Verpflichtungen, die ein Insolvenzverwalter begründet, gem. § 55 Abs. 1 Nr. 1 InsO Masseschulden sind. Allerdings greift ergänzend für Sozialplansprüche die Regelung des § 123 Abs. 2 InsO.

Angenommen die Insolvenzmasse würde nach der Erfüllung aller anderen Masseverbindlichkeiten (Massekosten und Masseschulden) noch exakt 600 000 EUR betragen, dann müssen trotzdem 400 000 EUR an Insolvenzgläubiger verteilt werden, weil an die Sozialplangläubiger nur $1/3$ der nach Erfüllung aller anderen Masseverbindlichkeiten verbleibenden Masse verteilt werden darf; das wäre im vorliegenden Fall ein Betrag von 200 000 EUR.

50 Es müssen deshalb zur Ermittlung des für Sozialplangläubiger zur Verfügung stehenden Betrages zunächst alle anderen Masseverbindlichkeiten befriedigt sein. Nicht befriedigte, aber entstandene oder zukünftig noch entstehende Masseverbindlichkeiten sind ebenfalls vorab zu berücksichtigen.

51 **Beispiel:** Wieder soll der gesamte Sozialplananspruch sämtlicher Arbeitnehmer 600 000 EUR betragen. In der Masse ist ein Barbestand von 1 500 000 EUR vorhanden. Es müssen noch Vergütungsansprüche des Insolvenzverwalters und Gerichtskosten in Höhe von voraussichtlich 100 000 EUR bezahlt werden. Außerdem muss der Insolvenzverwalter noch Jahresabschlüsse erstellen lassen (ca. 50 000 EUR) und einen Prozess führen, der ein Kostenrisiko von 150 000 EUR hat, falls der Prozess verloren geht.

Der Verwalter rechnet wie folgt:

Massebestand		1 500 000 EUR
./. Massekosten, ca.	./.	100 000 EUR
./. Jahresabschluss, ca.	./.	50 000 EUR
./. Prozesskostenrisiko, ca.	./.	150 000 EUR
Verfügbar für Insolvenzgläubiger, wenn es keinen Sozialplan gäbe		1 200 000 EUR
Davon $1/3$ für Sozialplangläubiger		**400 000 EUR**

An die Sozialplangläubiger könnte deshalb zum jetzigen Zeitpunkt eine Quote von rd. 66,6 % (400 000 EUR auf 600 000,00 EUR) ausgeschüttet werden. Der restliche Betrag von 800 000 EUR könnte als Abschlagsverteilung an die Insolvenzgläubiger ausgeschüttet werden.

---

[42] Ansprüche aus einem vor der Insolvenzeröffnung abgeschlossenen Sozialplan begründen nach der allgemeinen Regelung des § 38 InsO lediglich eine Insolvenzforderung. Allerdings können sowohl der Insolvenzverwalter wie auch der Betriebsrat einen solchen Sozialplan widersprechen, wenn er nicht länger als drei Monate vor der Insolvenzantragstellung abgeschlossen worden ist, § 124 Abs. 1 InsO. Ein Betriebsrat macht von der Widerrufsmöglichkeit vor allem deshalb Gebrauch, weil auf diese Weise der Abschluss eines neuen Insolvenzplans erzwungen werden kann, nun aber nach der Insolvenzeröffnung mit der Folge, dass die daraus resultieren Ansprüche nunmehr Masseschulden darstellen.

Ringstmeier

Um zu verhindern, dass zum Nachteil der Insolvenzgläubiger die Masse aufzehrende Zahlungen an Sozialplangläubiger geleistet werden, ist in § 123 Abs. 3 InsO geregelt, dass der Verwalter Abschlagszahlungen nur dann leisten soll, wenn hinreichende „Barmittel" in der Masse vorhanden sind. Es kommt mithin nicht darauf an, ob sich in der Masse noch nicht verwertete andere Vermögensgegenstände befinden. Für Auszahlungen an Sozialplangläubiger muss der Verwalter ferner die Zustimmung des Insolvenzgerichts einholen. Und damit die vorstehenden Regelungen nicht ausgehebelt werden, ist ausnahmsweise eine Vollstreckung der Sozialplangläubiger wegen ihrer Forderungen in die Insolvenzmasse ausgeschlossen, § 123 Abs. 3 S. 2 InsO. 52

IV. Die Durchsetzung von Masseansprüchen

Massegläubiger unterliegen ansonsten grundsätzlich keinen Verfolgungsbeschränkungen und können ihre Ansprüche deshalb gegen die Insolvenzmasse auch zwangsweise durchsetzen. Allerdings gibt es für Masseschulden die folgenden Besonderheiten: 53

1. Verrechnung

Grundsätzlich können Massegläubiger ihre Forderungen mit Ansprüchen der Insolvenzmasse gegen sie verrechnen; die Verrechnungsverbote der §§ 95 und 96 InsO greifen nur gegenüber Gläubigern von Insolvenzforderungen ein, die sich durch eine Verrechnung keinen Sondervorteil verschaffen sollen. Ob die Verrechnungsbeschränkungen der §§ 95, 96 InsO ausnahmsweise für Altmassegläubiger im Fall der Masseunzulänglichkeit entsprechend gelten, ist noch nicht endgültig geklärt. 54

2. Erkenntnisverfahren

Massegläubiger können ihre Forderungen grundsätzlich mit den normalen Mitteln gegen die Insolvenzmasse verfolgen, insbesondere also durch Leistungs- oder Feststellungsklage und Mahnbescheid. Die Rechtsverfolgung richtet sich gegen den Insolvenzverwalter als Partei kraft Amtes. Eine wegen einer Masseverbindlichkeit gegen den Schuldner eingereichte Klage ist unzulässig. 55

Falls bereits vorinsolvenzlich ein Prozess über eine spätere Masseverbindlichkeit anhängig war, wird dieser durch die Verfahrenseröffnung nach § 240 ZPO unterbrochen. Der Prozess kann dann von beiden Parteien nach den allgemeinen Regeln wieder aufgenommen werden. Es besteht aber die Besonderheit, dass eine Umstellung des Klageantrags auf Feststellung zur Tabelle nicht erfolgt, es vielmehr beim Antrag auf Leistung verbleiben kann. 56

Bei der Durchsetzung von Altmasseverbindlichkeiten wird mit der Anzeige der Masseunzulänglichkeit eine Leistungsklage unzulässig, weil ihr mangels Vollstreckbarkeit gegen die Masse das Rechtsschutzbedürfnis fehlt. Der Altmassegläubiger kann nur noch auf Feststellung seiner Forderung als Altmasseverbindlichkeit klagen. Im Kostenfestsetzungsverfahren ist der Erlass eines Kostenfestsetzungsbeschlusses unzulässig, wenn der Kostenerstattungsanspruch eine Altmasseverbindlichkeit darstellt, da auch hier kein Rechtsschutzbedürfnis 57 mehr für die Schaffung eines Vollstreckungstitels gegeben ist – zulässig ist nur noch eine Kostenberechnung. Wird dennoch ein Kostenfestsetzungsbeschluss erlassen, kann der Verwalter sich dagegen mit der Vollstreckungsgegenklage wehren.

58 Das Vorstehende gilt entsprechend für Neumasseverbindlichkeiten im Falle der Neumasseunzulänglichkeit.

59 Unzulässig ist immer eine Leistungsklage gegen den Insolvenzverwalter wegen einer Sozialplanforderung, da wegen dieser Ansprüche gem. § 123 Abs. 2 S. 2 InsO eine Zwangsvollstreckung in die Masse unzulässig ist und es dem Kläger deshalb am Rechtsschutzbedürfnis für eine Leistungsklage fehlt. Beim Streit über das Bestehen eines Sozialplananspruchs kommt deshalb nur eine Feststellungsklage in Betracht.

3. Zwangsvollstreckung – Grundsätze

60 Aus einem Titel gegen die Insolvenzmasse kann der Gläubiger einer Masseverbindlichkeit nach den allgemeinen Regeln die Zwangsvollstreckung in die Insolvenzmasse betreiben. Vollstreckungsgegenstand ist dabei allerdings nur dasjenige Vermögen, welches dem Insolvenzbeschlag unterfällt. Für eine Vollstreckung in insolvenzfreies Vermögen des Schuldners ist grundsätzlich ein Titel gegen den Schuldner selbst erforderlich.

61 Im Rahmen der Zwangsvollstreckung gegen die Insolvenzmasse ist der Insolvenzverwalter der Vollstreckungsschuldner. Daraus folgt, dass im Grundsatz der Verwalter auch zur Abgabe einer Eidesstattlichen Versicherung im Rahmen der Vollstreckung verpflichtet ist, wenn die Voraussetzungen hierfür vorliegen. Allerdings fehlt es im Regelfall für einen Antrag auf Abgabe der eidesstattlichen Versicherung an einem Rechtsschutzbedürfnis, da der Verwalter ohnehin umfassend zur Rechnungslegung und Berichterstattung verpflichtet ist und unter der Aufsicht des Insolvenzgerichts steht.

62 Aus einem gegen den Schuldner gerichteten Titel kann die Vollstreckung in die Insolvenzmasse nicht betrieben werden. Eine Umschreibung des Titels kommt nicht in Betracht, da für eine Vollstreckung gegen die Masse der Umstand geklärt werden muss, dass es sich um eine Masseverbindlichkeit handelt – dies kann nur in einem neuen Erkenntnisverfahren geschehen.

4. Zwangsvollstreckung – Ausnahmen

63 Die Zwangsvollstreckung in die Insolvenzmasse ist in speziellen Ausnahmefällen beschränkt:

64 a) **Vollstreckungsaufschub nach § 90 InsO.** Für Masseverbindlichkeiten, die nicht durch eine Rechtshandlung des Insolvenzverwalters begründet wurden, ist die Vollstreckung in die Insolvenzmasse für die Dauer von sechs Monaten nach der Eröffnung des Insolvenzverfahrens ausgeschlossen. Die Vorschrift soll die Insolvenzmasse davor schützen, dass sie unmittelbar nach der Verfahrenseröffnung durch aufoktroyierte Masseverbindlichkeiten aufgezehrt wird. Nicht gehindert ist durch § 90 InsO die Geltendmachung eines Masseanspruchs im Erkenntnisverfahren; ein Rechtsschutzbedürfnis ist hierfür trotz des Vollstreckungsaufschubs gegeben. Auch ergeben sich in materiell rechtlicher Hinsicht

keine Besonderheiten durch § 90 InsO, so dass zB der Gläubiger aus einem Mietvertrag, der in den ersten sechs Monaten nach Verfahrenseröffnung den Mietzins vom Verwalter nicht bezahlt bekommt, unter den allgemeinen Voraussetzungen wegen Zahlungsverzuges den Mietvertrag kündigen kann.

b) Sozialplanforderungen nach § 123 Abs. 3 S. 2 InsO. Für Ansprüche aus einem nach Verfahrenseröffnung geschlossenen Sozialplan regelt § 123 InsO zwar, dass es sich um Masseverbindlichkeiten handelt, diese aber der Höhe nach vom Bestand der Masse abhängen (vgl. dazu bereits → Rn. 48 ff.). Zur Sicherstellung dieser Höhenbeschränkung ist es notwendig, dass diese Ansprüche nicht zwangsweise vor Ausgleich aller übrigen Masseverbindlichkeiten durchgesetzt werden können. Daher ist eine Zwangsvollstreckung in die Masse nach § 123 Abs. 3 S. 2 InsO unzulässig.

c) Einstellung der Vollstreckung im Eröffnungsverfahren. Im Rahmen des Eröffnungsverfahrens kann das Insolvenzgericht die Vollstreckung in das Schuldnervermögen untersagen oder einstweilen einstellen. Diese Möglichkeit besteht auch bei der Vollstreckung solcher Gläubiger, deren Forderungen nach der Verfahrenseröffnung nach § 55 Abs. 2 InsO den Rang von Masseverbindlichkeiten bekleiden werden.

d) Vollstreckungsverbot bei Masseunzulänglichkeit nach § 210 InsO. Diese Vorschrift regelt ein Vollstreckungsverbot für Altmasseschulden im Falle der Masseunzulänglichkeit. Das ist konsequent, denn anderenfalls würde die Aufstellung einer vom Insolvenzverwalter zu beachtenden Reihenfolge von Alt- und Neumasseschulden keinen Sinn ergeben, wenn es den Massegläubigern möglich wäre, gegen diese Reihenfolge im Wege der Zwangsvollstreckung ihre Ansprüche durchzusetzen. Die Beschränkung der Vollstreckung betrifft nur die Altmassegläubiger, nicht auch die Neumassegläubiger.

e) Vollstreckungsverbot bei Neumasseunzulänglichkeit. Die Regelung des § 210 InsO wird aber gegen Neumassegläubiger entsprechend angewendet, wenn das Insolvenzverfahren neumasseunzulänglich ist. Im Unterschied zur unmittelbaren Anwendung des § 210 InsO bei der „normalen" Masseunzulänglichkeit muss die Neumasseunzulänglichkeit nicht gesondert angemeldet werden, so dass das Vollstreckungsverbot nur gilt, wenn der Insolvenzverwalter den Nachweis der Neumasseunzulänglichkeit führt.

V. Aufhebung und Einstellung des Insolvenzverfahrens

a) Haftung des Schuldners besteht fort. Nach der Aufhebung des Insolvenzverfahrens haftet der Schuldner selbst für nicht befriedigte Masseverbindlichkeiten fort. Dies ist in der InsO nicht gesondert geregelt, ergibt sich aber daraus, dass der Schuldner selbst das Rechtssubjekt ist, welches die Masseverbindlichkeiten trägt. Durch die Verfahrensaufhebung wird lediglich der Insolvenzbeschlag auf dem Schuldnervermögen beendet, an der Zuordnung der Masseverbindlichkeiten ändert sich dadurch nichts. Die Haftung greift daher nicht nur für vertraglich begründete Verbindlichkeiten, sondern auch für solche Masseverbindlichkeiten, die durch eine Pflichtverletzung des Verwalters begründet wurden, solange dieser dabei nur in Ausübung seines Amtes gehandelt hat. Allerdings ist nach wohl überwiegender Meinung der Umfang der Haftung des Schuldners auf das Vermögen beschränkt, welches dem Insolvenzbeschlag unterlag, da der Insolvenzverwalter auch nur insoweit verfügungsbefugt war.

70 **b) Dem Verwalter nachträglich bekannt werdende Masseansprüche.** Grundsätzlich geht das Gesetz davon aus, dass ein Insolvenzverfahren erst dann aufgehoben wird, wenn alle Masseverbindlichkeiten vollständig bezahlt sind. Das ergibt sich nicht zuletzt aus § 200 Abs. 1 InsO, wonach das Gericht die Aufhebung des Verfahrens verfügt, wenn die Schlussverteilung vollzogen ist, der Insolvenzverwalter also seinen gesamten Massebestand verteilt hat. Allerdings hat das Gesetz den Fall gesehen, dass ein Massegläubiger dem Insolvenzverwalter erst mit Verspätung bekannt wird. Dieser Fall ist in § 206 InsO geregelt. Danach muss sich ein Massegläubiger mit demjenigen zufrieden geben, was nach einer Abschlags-, Schluss- oder Nachtragsverteilung übrig geblieben ist, wenn er seine Masseforderung erst nach jeweils in § 206 InsO festgelegten Zeitpunkten geltend gemacht hat. Daraus kann der Schluss gezogen werden, dass jeder Massegläubiger selbst gehalten ist, seine Ansprüche rechtzeitig gegenüber dem Insolvenzverwalter geltend macht. Eine Geltendmachung gegenüber dem Insolvenzgericht, die in der Praxis gelegentlich beobachtet wird, nützt dem Massegläubiger nichts, es sei denn, der Insolvenzverwalter erfährt über den Umweg des Gerichts von der Masseschuld, was aber der Gläubiger weder in der Hand hat noch in der Regel wird beweisen können.

71 **c) Einstellung mangels Masse und nach Anzeige der Masseunzulänglichkeit.** Bei der Einstellung des Insolvenzverfahrens – sei es mangels Masse gem. § 207 InsO, sei es im Falle der Masseunzulänglichkeit gem. § 211 InsO – ist hingegen klar, dass gerade nicht sämtliche Masseverbindlichkeiten befriedigt werden konnten. Auch in solchen Fällen haftet der Schuldner für die Massebindlichkeit fort und wird von ihnen auch nicht durch Restschuldbefreiung entlastet, weil die Restschuldbefreiung nur gegenüber Insolvenzgläubigern gilt, § 301 Abs. 1 InsO. Für die Befriedigung der Massegläubiger hat das Gesetz in § 207 Abs. 3 S. 1 InsO (bei Einstellung mangels Masse) und in § 211 iVm § 209 InsO (bei Einstellung nach Anzeige der Masseunzulänglichkeit) gesonderte Regelungen aufgestellt, wie die insgesamt zu geringen Mittel auf die jeweils berechtigten Massegläubiger zu verteilen sind. Wegen der Einzelheiten wird auf Kapitel → § 13 Rn. 32 ff. und 57 ff. verwiesen.

72 **d) Einstellung nach § 214 InsO.** Eine besondere Regelung gilt für Masseansprüche im Falle des Wegfalls des Eröffnungsgrundes gem. § 212 InsO sowie nach Einstellung aufgrund einer Zustimmung aller Insolvenzgläubiger gem. § 213 InsO. In beiden Fällen müssen vor einer Einstellung des Verfahrens die unstreitigen Masseansprüche befriedigt sein, für streitige Masseansprüche ist Sicherheit zu leisten, § 214 Abs. 3 InsO. Grund ist in beiden Fällen, dass das Verfahren vorzeitig abgeschlossen wird.

73 **e) Aufhebung nach Bestätigung eines Insolvenzplans.** Derselbe Grund streitet auch für die Regelung des § 258 Abs. 2 InsO. Die Vorschrift ordnet bei einer Aufhebung des Insolvenzverfahrens aufgrund eines bestätigten Insolvenzplans ebenfalls an, dass zuvor alle Masseansprüche befriedigt und für strei-

tige Sicherheit geleistet sein müssen. Allerdings sind Fälle denkbar, in denen unstreitige Masseansprüche aufgrund einer Abrede mit dem Massegläubiger gerade nicht befriedigt, sondern zB gestundet werden sollen. Alsdann sollte sowohl im Falle des § 214 Abs. 3 InsO wie auch im Falle des § 258 Abs. 2 InsO eine Verfahrenseinstellung zulässig sein. Denn die genannten Vorschriften sollen die Massegläubiger schützen, die entweder der Verfahrenseinstellung nicht zugestimmt haben und auch nicht zustimmen mussten oder die am Insolvenzplanverfahren nicht durch Stimmrechte beteiligt werden können, die aber auch keinen Tabellenauszug als Titel beanspruchen können. Daher müssen die Massegläubiger auch imstande sein, auf den Schutz der §§ 214 Abs. 3, 258 Abs. 2 InsO verzichten zu können. Immerhin wären sie auch berechtigt, auf ihren gesamten Masseanspruch zu verzichten; das weniger einschneidende Mittel des Verzichtes auf die Schutzvorschriften sollte deshalb ebenso zulässig sein.

D. Organisation im Verwalterbüro („Massetabelle")

Der Insolvenzverwalter wird, wenn er über hinreichende Mittel verfügen kann, alle Masseverbindlichkeiten bei Fälligkeit ohne Verzug bezahlen. In der Praxis besteht eine Schwierigkeit oftmals darin, dass nicht ausreichend Liquidität verfügbar ist, um alle Masseverbindlichkeiten immer pünktlich bezahlen zu können. In diesem Fall ist der Insolvenzverwalter gehalten, die Masseunzulänglichkeit beim Gericht anzuzeigen. Entgegen gelegentlich geäußerter Meinung liegt Masseunzulänglichkeit nicht nur dann vor, wenn die Masse insgesamt nicht reicht, um alle Masseverbindlichkeiten bezahlen zu können, sondern auch dann, wenn die Insolvenzmasse zur Erfüllung sämtlicher Masseverbindlichkeiten ausreichen wird, sie aber nicht schnell genug liquidiert werden kann, um im jeweiligen Fälligkeitszeitpunkt über ausreichende Barmittel verfügen zu können. 74

I. Einrichtung einer Massetabelle

Abgesehen davon, dass der Insolvenzverwalter in einem solchen Falle die Masseunzulänglichkeit des Verfahrens anzeigen kann, muss er sich gegen das Vergessen einer Masseverbindlichkeit schützen. Dafür gibt es keine vorgeschriebene Methode. Die gängigen EDV-Insolvenzverwaltungsprogramme stellen dafür eine Listenform zur Verfügung, die meist (in Anlehnung an den Begriff der Insolvenztabelle) als Massetabelle bezeichnet wird. In diese Liste werden alle entstandenen, aber nicht befriedigten sowie alle voraussichtlich noch entstehenden Masseverbindlichkeiten eingestellt, idealerweise getrennt nach den Kategorien 75
– Massekosten
– Normale Masseschulden (bei Masseunzulänglichkeit nochmals getrennt nach Alt- und Neumasseschulden)
– Sozialplanverbindlichkeiten

Richtig und vollständig zusammengestellt gibt die Massetabelle einen guten Überblick über alle im Verfahren noch zu erfüllenden Masseverbindlichkeiten. Im Abgleich mit der jeweils vorhandenen (liquiden und nicht liquiden) Insol- 76 venzmasse entsteht auf diese Weise eine Gesamtschau auf das Verfahren, aus der sich auch die „Bewegungsfreiheit" des Verwalters ergibt.

77 Die Einrichtung und dauerhafte Pflege der Massetabelle ist der Garant dafür, den Insolvenzverwalter von Haftungsrisiken im Zusammenhang mit Masseverbindlichkeiten freizuhalten. Sie wird am besten schon im Insolvenzantragsverfahren eingerichtet, jedenfalls dann, wenn schon im Antragsverfahren Masseverbindlichkeiten entstehen können. Im Zusammenhang mit der Beendigung des Insolvenzverfahrens, insbesondere bei der Erstellung des Schlussberichtes, wird die Massetabelle hinzugezogen und dadurch sichergestellt, dass alle Masseverbindlichkeiten bezahlt wurden oder spätestens jetzt werden.

II. „Heimlich" entstehende Masseverbindlichkeiten

78 Besonders tückisch sind solche Masseverbindlichkeiten, die nicht ausdrücklich gegenüber dem Insolvenzverwalter geltend gemacht werden, sondern die „im Stillen" entstehen und bei denen der Insolvenzverwalter und seine Mitarbeiter ohne äußeren Anstoß darauf achten müssen, sie nicht zu vergessen. Das gilt beispielsweise für fortlaufende Ansprüche von Arbeitnehmern des Schuldners. Ein versehentlich nicht gekündigtes Arbeitsverhältnis läuft weiter und begründet fortdauernd weitere Masseschulden, und zwar solche Masseschulden, deren Entstehung dem Insolvenzverwalter bekannt ist, wenn sich das Arbeitsverhältnis nur aus den Personalunterlagen des Schuldnerunternehmens ergibt. Nach erheblichem Zeitablauf mag dem Insolvenzverwalter die Berufung auf Verwirkung gelingen, eine komfortable Verteidigung ist das indes nicht.

79 Weitere Beispiele für „im Stillen" entstehende Masseverbindlichkeiten sind
 – Verbindlichkeiten aus Dauerschuldverhältnissen nach § 108 InsO, von denen der Verwalter (zunächst) nichts weiß.
 – Kfz-Steuer für Fahrzeuge, bei denen der Schuldner im Eröffnungszeitpunkt als Halter eingetragen war, und zwar selbst dann, wenn der Insolvenzverwalter das Fahrzeug nicht einmal in Besitz genommen hat;
 – Andere Steuerverbindlichkeiten, etwa die sich aus der Mindestbesteuerung ergibt und die dann zu befürchten ist, wenn Vermögensgegenstände erheblich über Buchwert veräußert werden können;
 – Umlagen einer Wohnungseigentümergemeinschaft, wenn sich in der Insolvenzmasse zB eine Eigentumswohnung befindet;
 – Kosten eines verloren gegangenen Prozesses. Sie werden gelegentlich dann nicht erfasst, wenn nicht der Insolvenzverwalter selbst den Prozess einleitet (dann denkt man zumeist an das Prozesskostenrisiko), sondern seinerseits verklagt worden ist;
 – Verpflichtungen aus dem Arbeitnehmererfindungsgesetz, wenn solche Erfindungen für die Masse genutzt werden;
 – Nebenkostennachzahlungsverpflichtungen, die erst nach Abrechnung der Nebenkosten für die Zeit nach der Insolvenzeröffnung bekannt werden;
 – Kosten für die Beseitigung von Bodenkontaminierungen, die als Masseschulden geltend gemacht werden können und vor allem bei Betriebsfortführungen durch den Insolvenzverwalter in Frage kommen können;

Ringstmeier

Die Aufzählung ist keineswegs vollständig und ließe sich vermutlich noch weit fortsetzen. An dieser Stelle ist allein die Erkenntnis von Bedeutung, dass sich Masseverbindlichkeiten gelegentlich nicht aufdrängen und dennoch beachtet werden müssen, auch in der Vorschau. **80**

E. Falsche Behandlung von Masseverbindlichkeiten

I. Falsche Handhabung durch Massegläubiger

1. Masseforderung als Insolvenzforderung

Verkennt der Massegläubiger die Einordnung seiner Forderung und meldet diese fälschlich als Insolvenzforderung zur Insolvenztabelle an, so ändert dies an der Einordnung als Masseverbindlichkeit auch dann nichts, wenn der Verwalter die Forderung ebenso fälschlich zur Insolvenztabelle feststellt.[43] Der Rang als Masseverbindlichkeit geht der Forderung dadurch nicht verloren. Zwar wird der Massegläubiger freiwillig durch einen rechtsgeschäftlichen Gestaltungsakt auf seine Rechte verzichten und mit seiner Forderung auch in den Rang einer Insolvenzforderung zurück treten können; dafür muss aber ein entsprechender Rechtsbindungswillen feststellbar sein, der in der einfachen Anmeldung als Insolvenzforderung gerade nicht zu erblicken ist. **81**

Der Insolvenzverwalter muss bei einer solchen fälschlichen Anmeldung die Forderung zwar in die Tabelle eintragen, muss sie dann aber bestreiten, da es sich gerade nicht um eine Insolvenzforderung handelt. Es besteht aber keine allgemeine Pflicht des Insolvenzverwalters, den Gläubiger auf seinen Irrtum hinzuweisen. **82**

Problematisch für den Gläubiger ist in dieser Konstellation, dass die Anmeldung der Forderung zur Insolvenztabelle nicht zu einer Hemmung der Verjährung führen soll. **83**

2. Insolvenzforderung als Masseverbindlichkeit

Macht ein Gläubiger andersherum eine Insolvenzforderung als Masseforderung gegen die Insolvenzmasse geltend, kann und muss der Verwalter eine Erfüllung ablehnen und sich notfalls gegen die Forderung verteidigen. Wenn die Geltendmachung eindeutig als Masseverbindlichkeit erfolgt, kann der Verwalter die Forderung trotz ihres Charakters auch nicht in die Insolvenztabelle aufnehmen, da der Gläubiger eine solche Eintragung in die Tabelle ja gerade nicht begehrt. Auch hier wird man annehmen müssen, dass die fälschliche Geltendmachung als Masseforderung die Verjährung für die Insolvenzforderung nicht unterbricht. **84**

Hat der Insolvenzverwalter eine Insolvenzforderung fälschlich als Masseverbindlichkeit befriedigt, so kann er den vollen Betrag vom Insolvenzgläubiger nach Bereicherungsrecht zurück verlangen. Zwar erfolgte die Zahlung nicht ohne Rechtsgrund, da die Forderung als solche tatsächlich bestand, allerdings **85**

---

[43] Vgl. dazu auch → § 11 Rn. 84 ff.

fehlte es der Insolvenzforderung an ihrer Durchsetzbarkeit, so dass es sich um eine Leistung auf eine dauerhaft einredebehaftete Forderung nach § 813 BGB handelte.

II. Falsche Handhabung durch Insolvenzverwalter

1. Falsche Verteilung von Geld

86 In der Rangfolge[44] muss der Insolvenzverwalter die Masseverbindlichkeiten vollständig befriedigen, bevor er etwas an Insolvenzgläubiger zur Ausschüttung bringen darf. Tut er dies schuldhaft nicht und entsteht dem Massegläubiger dadurch ein Schaden, haftet der Insolvenzverwalter persönlich gem. § 60 InsO wegen der fehlerhaften Verteilung von Geld.

87 Zu berücksichtigen hat der Verwalter dabei sämtliche ihm bekannt gewordenen Masseverbindlichkeiten und auch diejenigen Masseverbindlichkeiten, die ihm bei gehöriger Sorgfalt hätten bekannt sein müssen.[45] Gibt es Zweifel oder Streit über das Bestehen eines Anspruchs, muss der Verwalter die Rechtslage erst klären oder durch Bildung entsprechender Rücklagen sicherstellen, dass er die Forderung wird befriedigen können, wenn sie sich als berechtigt herausstellt. Das Vorstehende gilt auch dann, wenn der Massegläubiger seinen Anspruch nicht aktiv verfolgt.

88 **Beispiel:** Der Insolvenzverwalter kennt alle Tatsachen, aus denen sich ein Bereicherungsanspruch im Rang einer Masseverbindlichkeit für einen Gläubiger ergibt. Da dieser Gläubiger den Anspruch selbst noch nicht entdeckt hat und daher auch keine Forderung erhebt, reicht der Insolvenzverwalter den Schlussbericht ein und verteilt die vorhandene Masse auf die Insolvenzgläubiger. Wenn nun danach der Massegläubiger seinen Anspruch entdeckt, kann er diesen im Wege des Schadensersatzes gegen den Insolvenzverwalter persönlich verfolgen, da dieser schuldhaft – er kannte ja den dem Anspruch zugrunde liegenden Sachverhalt – die Insolvenzmasse falsch verteilt hat. Dabei tröstet es den Verwalter regelmäßig nur bedingt, dass die Insolvenzmasse einen Bereicherungsanspruch gegen jeden Insolvenzgläubiger in Höhe der zuviel erhaltenen Quote hat und er sich daraus theoretisch schadlos halten kann, weil er gegen die Zahlung des Schadensersatzes Abtretung der Masseforderung an sich verlangen kann.

89 Ein probates Mittel zur Klärung strittiger Masseverbindlichkeiten ist die Erhebung einer negativen Feststellungsklage gegen den Gläubiger, der sich einer Masseforderung berühmt. Sind Masseverbindlichkeiten problematisch, bei denen der mögliche Gläubiger sich noch nicht erklärt hat, dann sollte der Verwalter aber zunächst versuchen, eine verbindliche Klärung der Frage herbeizuführen, ob der Gläubiger den Anspruch geltend macht oder nicht. Ansonsten läuft er bei unmittelbarer Klageerhebung Gefahr, dass der vermeintliche Gläubiger den Klageanspruch sofort iSd § 93 ZPO anerkennt und die Insolvenzmasse die Kosten des Prozesses tragen muss.

---

[44] Das ist nicht in zeitlicher Hinsicht gemeint. Tatsächlich kommt es in der Praxis häufig vor, dass eine Quotenzahlung als Abschlagsverteilung an die Insolvenzgläubiger erfolgt, derweil noch nicht sämtliche Masseverbindlichkeiten befriedigt sind. Das ist nicht nur zulässig, sondern vom Gesetz ausdrücklich gewollt (vgl. § 187 Abs. 2 S. 1 InsO).
[45] Siehe dazu die „heimlichen" Masseverbindlichkeiten, → Rn. 78.

Ringstmeier

2. Verspätete Anzeige der Masseunzulänglichkeit

Ähnlich dem Fall der falschen Verteilung von Geld ist die verspätete Anzeige 90
der Masseunzulänglichkeit. Der Verwalter ist nämlich verpflichtet die aktuelle
und künftige Zahlungsfähigkeit der Insolvenzmasse stets im Blick zu halten und
unverzüglich die Unzulänglichkeit der Insolvenzmasse anzuzeigen, wenn er
eine solche feststellt. Verletzt er diese Pflicht und zeigt die Masseunzulänglichkeit verspätet an, kommt es im Ergebnis zu einer falschen Verteilung von Geld:
Die Altmassegläubiger, die zwischen dem Eintritt der Masseunzulänglichkeit
und der verspäteten Anzeige noch voll befriedigt wurden, haben mehr erhalten,
als ihnen bei richtiger Handhabung durch den Insolvenzverwalter zustand.
Wäre die Unzulänglichkeit nämlich rechtzeitig angezeigt worden, hätten sie
nach der Rangfolge des § 209 InsO erst nach den Neumassegläubigern und neben den übrigen Altmassegläubigern etwas erhalten. Die ausgezahlten Mittel
fehlen jetzt freilich den Neumassegläubigern bzw. den übrigen Altmassegläubigern, die dadurch weniger erhalten. Auch hier haftet der Insolvenzverwalter
persönlich nach § 60 InsO, wenn er den Eintritt der Masseunzulänglichkeit
schuldhaft nicht rechtzeitig festgestellt und angezeigt hat.

3. Nichterfüllung von Masseverbindlichkeiten

Gemäß § 61 InsO haftet der Insolvenzverwalter persönlich, wenn eine von 91
ihm begründete Masseverbindlichkeiten aus der Masse nicht vollständig bezahlt werden kann und er dies bei der Begründung der Masseverbindlichkeit
hätte erkennen konnte. Auf die Ausführungen hierzu unter § 48 wird hier verwiesen.

Besonders tückisch ist in diesem Zusammenhang auch eine Haftung des In- 92
solvenzverwalters, wenn gem. § 209 Abs. 2 Nr. 2 InsO Neumasseschulden deshalb entstehen, weil es der Insolvenzverwalter unterlassen hat, nach der Anzeige der Masseunzulänglichkeit Dauerschuldverhältnisse zum nächstmöglichen
Termin zu kündigen. Dieser Haftungsfall wird als solcher des § 61 InsO, der
entsprechend angewendet wird, behandelt.

§ 13 Die massearme Insolvenz

Massearmut im engeren Sinn liegt vor, wenn die Insolvenzmasse nicht
ausreicht, um die Verfahrenskosten zu decken (→ Rn. 6, 21 ff.). Die fehlende
Verfahrenskostendeckung führt im Eröffnungsverfahren nach § 26 InsO zur
Abweisung des Insolvenzantrages (→ Rn. 7 f.) und im eröffneten Insolvenzverfahren zur Einstellung des Insolvenzverfahrens nach § 207 InsO (→ Rn. 9),
wenn keine Verfahrenskostenstundung nach § 4a InsO (→ Rn. 12) gewährt
oder kein Kostenvorschuss nach § 207 Abs. 1 S. 2 InsO (→ Rn. 13 ff.) geleistet
wird. Bei der Ermittlung der Massearmut gemäß § 207 InsO wird die realisierte
Aktivmasse (→ Rn. 22 f.) den voraussichtlich anfallenden Verfahrenskosten
(→ Rn. 24 f.) gegenübergestellt.

Massearmut im weiteren Sinn (auch Masseunzulänglichkeit genannt) liegt
vor, wenn die Insolvenzmasse nicht ausreicht, um nach den Verfahrenskosten

die sonstigen Masseverbindlichkeiten zu bedienen (→ Rn. 6, 58 ff.). Es gibt verschiedene Erscheinungsformen der Masseunzulänglichkeit (→ Rn. 62 ff.). Der Insolvenzverwalter hat eine Anzeigepflicht nach § 208 Abs. 1 S. 1 InsO (→ Rn. 77 ff.). Das Insolvenzgericht prüft nur, ob die angezeigte Masseunzulänglichkeit schlüssig dargelegt wurde (→ Rn. 85). Die §§ 208 ff. InsO regeln den Verfahrensgang (→ Rn. 86 ff.). Es bestehen Haftungsgefahren für den Insolvenzverwalter (→ Rn. 142 ff.) nach § 60 InsO (→ Rn. 144 ff.) bzw. § 61 InsO (→ Rn. 152 ff.) und für den Insolvenzschuldner (→ Rn. 160). Eine Masseunzulänglichkeitsanzeige ist auch in einem Insolvenzplanverfahren gemäß § 210a InsO (→ Rn. 161 ff.) und bei Eigenverwaltung unter Aufsicht eines Sachwalters gemäß § 285 InsO (→ Rn. 164 ff.) möglich.

A. Einführung

I. Historische Entwicklungen

1   Zu Zeiten der Konkursordnung (KO) war das Verfahren bei Masselosigkeit in den §§ 60, 204 KO nur höchst unvollständig geregelt.[1] Erst mit der Einführung der Insolvenzordnung (InsO) vom 5.10.1994 wurden umfassendere Regelungen für die Abwicklung von massearmen Insolvenzverfahren geschaffen. Jedoch wiesen auch diese Vorschriften Lücken auf.[2] Seit dem Inkrafttreten der InsO am 1.1.1999[3] gab es zahlreiche Reformen der Insolvenzordnung,[4] die die Abwicklung von massearmen Insolvenzverfahren allerdings kaum berührt haben. Bedeutung für die massearme Insolvenz haben lediglich das Gesetz zur Änderung der Insolvenzordnung und anderer Gesetze vom 26.10.2001[5] und das ESUG[6] erlangt.

2   Das Gesetz zur Änderung der Insolvenzordnung und anderer Gesetze vom 26.10.2001[7] ermöglichte mit der Einführung der Stundungsregelungen in den §§ 4a ff. InsO, dass Insolvenzverfahren, in denen ein Antrag auf Verfahrenskostenstundung gestellt wurde, unabhängig von der Frage der Verfahrenskostendeckung aus der Insolvenzmasse, eröffnet und durchgeführt werden können. Die durch die §§ 4a ff. InsO geschaffene Möglichkeit der Kostenstundung im Verbraucherinsolvenzverfahren und im Insolvenzverfahren über das Vermögen ehemals Selbständiger, die nicht in den Anwendungsbereich des § 304 InsO fallen,[8] führte ab dem 1.12.2001 in diesem Bereich zu einem sprunghaften Anstieg der Verfahrenszahlen.

---

[1] KPB/*Pape* InsO § 207 Rn. 2; Uhlenbruck/*Ries* InsO § 207 Rn. 1; FK-InsO/*Kießner* Vor § 207 Rn. 3; Mohrbutter/Ringstmeier/*Pape*, HdB Insolvenzverwaltung, Kap. 12 Rn. 1; Gottwald InsR-HdB/*Klopp/Kluth/Wimmer*, § 59 Rn. 2 f.
[2] FK-InsO/*Kießner* Vor § 207 Rn. 3; KPB/*Pape* InsO § 207 Rn. 1.
[3] BGBl. I, S. 2866.
[4] Siehe zu den Reformen die Auflistung in Schönfelder Deutsche Gesetze Nr. 110.
[5] BGBl. I, S. 2710.
[6] BGBl. I, S. 2582.
[7] BGBl. I, S. 2710.
[8] Vgl. im Einzelnen → § 40 dieses Handbuchs.

§ 13. Die massearme Insolvenz

Das ESUG hat den früheren Streit,[9] ob nach Anzeige der Masseunzulänglichkeit die Vorlage von Insolvenzplänen weiterhin zulässig ist oder in diesem Fall kein Planverfahren mehr möglich sei, geklärt. § 210a InsO sieht nun ausdrücklich vor, dass ein Insolvenzplanverfahren auch nach einer Anzeige der Masseunzulänglichkeit durchgeführt werden kann.   3

II. Statistik

Im Jahr 2015 stellte das Statistische Bundesamt 127.683 Insolvenzverfahren fest. Davon wurden 116.092 Verfahren eröffnet, 9.715 Anträge mangels Masse abgewiesen und 1.716 Verfahren mit einem Schuldenbereinigungsplan beendet.[10]   4

Waren es zu Zeiten der KO noch ca. 75 % aller Konkursanträge, die mangels Masse abgelehnt wurden, so ist diese Quote mit Einführung der InsO deutlich geringer geworden. Durch die Absenkung der Eröffnungshürden mit der Beschränkung der Kostendeckung auf das Minimum der Verfahrenskosten (§ 54 InsO) und der Möglichkeit der Kostenstundung im Insolvenzverfahren natürlicher Personen nach §§ 4a ff. InsO kam es tatsächlich zu dem erwarteten Anstieg der Eröffnungszahlen.   5

III. Begrifflichkeiten und Systematik

Die InsO trifft in den §§ 207 ff. InsO Regelungen zur Massearmut. Sie unterscheidet zwischen der fehlenden Verfahrenskostendeckung (§ 207 Abs. 1 InsO), auch als Massearmut im engeren Sinn bzw. bei vollständigem Fehlen von freier Masse als Masselosigkeit bezeichnet, und der Masseunzulänglichkeit (§ 208 Abs. 1 InsO), also der Unzulänglichkeit der Insolvenzmasse zur vollständigen Befriedigung der sonstigen Masseverbindlichkeiten. Letztere wird gelegentlich auch als Masseinsuffizienz oder Massearmut im weiteren Sinn bezeichnet.[11]   6

1. Fehlende Verfahrenskostendeckung im Eröffnungsverfahren (§ 26 InsO)

Das Insolvenzgericht weist den Antrag auf Eröffnung des Insolvenzverfahrens nach § 26 InsO ab, wenn das Vermögen des Schuldners voraussichtlich nicht ausreichen wird, um die Kosten des Verfahrens zu decken.[12]   7

Zu den Kosten des Insolvenzverfahrens gehören die Gerichtskosten und die Vergütungen und Auslagen des vorläufigen Insolvenzverwalters, des Insolvenzverwalters und der Mitglieder des Gläubigerausschusses, § 54 InsO. Dem Gesetzeswortlaut zufolge gehören unausweichliche Verwaltungskosten wie etwa Strom-, Gas-, Heizungs- und notwendige Bewachungskosten nicht zu den   8

---

[9] Dazu Uhlenbruck/*Ries* InsO § 210a Rn. 1; Mohrbutter/Ringstmeier/*Pape,* HdB Insolvenzverwaltung, Kap. 12 Rn. 153; Haarmeyer/Stephan/Pape/Nickert/*Pape,* Formular-Kommentar Insolvenzrecht, Teil 12 Rn. 21; Kübler/*Balthasar,* HRI, § 26 Rn. 164.
[10] Statistisches Bundesamt, Fachserie 2, Reihe 4.1, 12/2015.
[11] Vgl. Uhlenbruck/*Ries* InsO § 208 Rn. 5; KPB/*Pape* InsO § 207 Rn. 7; *Kübler* Kölner Schrift zur Insolvenzordnung, S. 967 Rn. 45.
[12] Hierzu näher → § 4 Rn. 205 ff. dieses Handbuchs.

Kosten des Insolvenzverfahrens, ebenso wenig die Kosten der Verwaltung, Verwertung und Verteilung der Masse.

2. Fehlende Verfahrenskostendeckung nach Insolvenzeröffnung (§ 207 InsO)

9   Stellt sich nach der Eröffnung des Insolvenzverfahrens heraus, dass die Insolvenzmasse nicht ausreicht, um die Kosten des Verfahrens zu decken, so stellt das Insolvenzgericht das Verfahren nach § 207 InsO nachträglich mangels Masse ein, sofern kein ausreichender Geldbetrag vorgeschossen wird oder die Verfahrenskosten gemäß § 4a InsO gestundet werden.

3. Masseunzulänglichkeit (§§ 208 ff. InsO)

10 Masseunzulänglichkeit liegt nach § 208 Abs. 1 S. 1 InsO vor, wenn zwar die Kosten des Verfahrens gemäß § 54 InsO aus der Masse bezahlt werden können, die Insolvenzmasse jedoch nicht ausreicht, um die fälligen sonstigen Masseverbindlichkeiten gemäß § 55 InsO zu erfüllen.[13]

Sonstige Masseverbindlichkeiten gemäß § 55 Abs. 1 und 2 InsO sind:
– Verbindlichkeiten, die durch Handlungen des Insolvenzverwalters oder in anderer Weise durch die Verwaltung, Verwertung und Verteilung der Insolvenzmasse begründet werden und nicht zu den Kosten des Insolvenzverfahrens gehören (§ 55 Abs. 1 Nr. 1 InsO),
– Verbindlichkeiten aus gegenseitigen Verträgen, soweit deren Erfüllung zur Insolvenzmasse verlangt wird oder für die Zeit nach der Eröffnung des Insolvenzverfahrens erfolgen muss (§ 55 Abs. 1 Nr. 2 InsO),
– Verbindlichkeiten aus einer ungerechtfertigten Bereicherung der Masse (§ 55 Abs. 1 Nr. 3 InsO),
– Verbindlichkeiten, die von einem vorläufigen Insolvenzverwalter begründet worden sind, auf den die Verfügungsbefugnis über das Vermögen des Schuldners übergegangen ist (§ 55 Abs. 2 S. 1 InsO),
– Verbindlichkeiten aus Dauerschuldverhältnissen, soweit der (starke) vorläufige Insolvenzverwalter für das von ihm verwaltete Vermögen die Gegenleistung in Anspruch genommen hat (§ 55 Abs. 2 S. 2 InsO).

Verbindlichkeiten des Insolvenzschuldners aus dem Steuerschuldverhältnis, die von einem vorläufigen Insolvenzverwalter oder vom Schuldner mit Zustimmung eines vorläufigen Insolvenzverwalters begründet worden sind, gelten gemäß § 55 Abs. 4 InsO nach Eröffnung des Insolvenzverfahrens auch als Masseverbindlichkeit.

11 Die Prüfung dieser sonstigen Masseverbindlichkeiten ist regelmäßig nicht Gegenstand des Gutachtensauftrages des gerichtlich bestellten Sachverständigen, da deren Behandlung und Bewältigung – jedenfalls nach den Vorstellungen des Gesetzgebers[14] – ein Problem des eröffneten Verfahrens darstellt. In der Praxis sind in einem Massezulänglichkeitsgutachten jedoch auch Ausführungen über voraussichtlich anfallende Masseverbindlichkeiten enthalten.[15]

---

[13] Zu den Masseverbindlichkeiten → § 12 dieses Handbuchs.
[14] KPB/*Pape* InsO → § 26 Rn. 9.
[15] Zum Sachverständigengutachten → § 6 dieses Handbuchs.

IV. Möglichkeiten zur Vermeidung einer massearmen Insolvenz

1. Verfahrenskostenstundung nach § 4a InsO

Die Einstellung des Verfahrens mangels Masse kann gemäß § 207 Abs. 1 S. 2 InsO abgewendet werden, wenn die Kosten des Verfahrens einer natürlichen Person nach § 4a InsO gestundet werden. **12**

2. Kostenvorschuss nach § 207 Abs. 1 S. 2 InsO

Die Einstellung des Verfahrens mangels Insolvenzmasse kann gemäß § 207 Abs. 1 S. 2 InsO auch verhindert werden, wenn ein ausreichender Geldbetrag vorgeschossen wird, um die Verfahrenskosten zu decken. **13**

Der Kreis der Vorschussberechtigten ist nicht auf bestimmte Personen beschränkt, vielmehr kann der Vorschuss von jeder an der Durchführung des Verfahrens interessierten Person freiwillig eingezahlt werden. Dem Insolvenzverwalter steht nach herrschender Meinung jedoch keine Befugnis zu, einen Vorschuss zu leisten und später Rückgriff gegen die Gesellschaftsorgane zu nehmen.[16] Würde man dies annehmen, würde der Insolvenzverwalter in die Rolle eines Verfahrensbeteiligten schlüpfen und könnte aktiven Einfluss auf die Art und Weise der Beendigung des Verfahrens nehmen, was aber seiner Stellung als unabhängiges Verfahrensorgan widerspricht. **14**

Nach § 207 Abs. 1 S. 2 HS. 2 InsO gilt § 26 Abs. 3 InsO entsprechend. Für den Gläubiger, der einen Verfahrenskostenvorschuss leistet, besteht somit ein Erstattungsanspruch in Höhe des vorgeschossenen Betrages gegen die Person, die entgegen insolvenz- oder gesellschaftsrechtlichen Vorschriften den Antrag auf Eröffnung des Insolvenzverfahrens pflichtwidrig und schuldhaft nicht bzw. zu spät gestellt hat.[17] Ein Ersatzanspruch entsprechend § 26 Abs. 3 InsO setzt jedoch voraus, dass ein Gläubiger einen erforderlichen Massekostenvorschuss tatsächlich leistet und der Zweck des Kostenvorschusses darin besteht, das Verfahren trotz Massearmut zu eröffnen.[18] Der Gesetzgeber hat für den Fall der Geltendmachung einer Regressforderung des vorschießenden Gläubigers einige Beweiserleichterungen vorgesehen.[19] Die praktische Erfahrung zeigt jedoch, dass von der Regressmöglichkeit nach § 26 Abs. 3 InsO kaum Gebrauch gemacht wird. Ein Gläubiger, der einen Vorschuss geleistet hat, jedoch im Verfahren nicht befriedigt worden ist, hat kaum Anreiz auch noch das Prozess- und Vollstreckungsrisiko gegen den Geschäftsführer bzw. den Vorstand der insolventen Gesellschaft zu tragen und zusätzliche Kostenrisiken einzugehen.[20] Schließlich ist noch zu berücksichtigen, dass viele Geschäftsführer oder Vor- **15**

---

[16] Umstr.; wie hier Uhlenbruck/*Ries* InsO § 207 Rn. 5; aA FK-InsO/*Kießner* § 207 Rn. 27.
[17] Nerlich/Römermann/*Westphal* InsO § 207 Rn. 26 f.; FK-InsO/*Kießner* § 207 Rn. 30 und *Schmerbach* § 26 Rn. 117 ff.; Braun/*Herzig* InsO § 26 Rn. 44 ff. und *Kießner* § 207 Rn. 22.
[18] BGH, Urt. v. 15.1.2009 – IX ZR 56/08, NZI 2009, 233 f.; BGH, Beschl. v. 14.11.2002 – IX ZR 40/02, ZInsO 2003, 28; OLG Brandenburg, Urt. v. 17.1.2002 – 8 U 53/01, ZIP 2003, 451 ff.; FK-InsO/*Schmerbach* § 26 Rn. 117 ff.
[19] Braun/*Herzig* InsO § 26 Rn. 44 ff.
[20] FK-InsO/*Schmerbach* § 26 Rn. 117 ff.; Braun/*Herzig* InsO § 26 Rn. 44 ff.

stände selbst in finanziellen Schwierigkeiten stecken. Aus diesen Gründen ist die Bedeutung und Effizienz der Vorschrift zweifelhaft.[21] Sollte es dem Vorschussleistenden gelingen, seinen Anspruch aus § 26 Abs. 3 InsO durchzusetzen, dann entfällt die Rückzahlungspflicht des Insolvenzverwalters.[22]

3. Weitere Maßnahmen zur Anreicherung der Insolvenzmasse

16 a) **Insolvenzanfechtung. aa) Bei Massearmut nach § 207 InsO.** Insolvenzrechtliche Anfechtungsklagen nach den §§ 129 ff. InsO haben sich automatisch mit der Einstellung des Insolvenzverfahrens gemäß § 207 InsO in der Hauptsache erledigt, da der anfechtungsrechtliche Rückgewähranspruch von der Durchführung eines Insolvenzverfahrens abhängig und die Geltendmachung des Anspruchs nur dem Insolvenzverwalter möglich ist. Der Schuldner kann einen insolvenzrechtlichen Anfechtungsprozess nicht weiterführen.[23]

17 **bb) Bei Masseunzulänglichkeit nach § 208 InsO.** Umstritten ist, ob in einem masseunzulänglichen Insolvenzverfahren der Insolvenzverwalter gestützt auf die Tatbestände der §§ 129 ff. InsO Anfechtungsklagen erheben oder bereits vor Anzeige der Masseunzulänglichkeit anhängige Anfechtungsklagen weiterführen darf. Nach Anzeige der Masseunzulänglichkeit bleibt der Verwalter prinzipiell zur Insolvenzanfechtung und zur klageweisen Geltendmachung derselben berechtigt.[24] Anderenfalls verschlösse man dem Insolvenzverwalter wichtige Mittel zur Mehrung der Masse.[25] Die Masseunzulänglichkeit steht der Gläubigerbenachteiligung iSd § 129 Abs. 1 InsO und damit der Insolvenzanfechtung nicht entgegen.[26] Die Gegenauffassung ist auch mit Blick auf die Folgen eines Restschuldbefreiungsverfahrens bei natürlichen Personen nicht vertretbar.[27] Wäre eine Insolvenzanfechtung mit Anzeige der Masseunzulänglichkeit ausgeschlossen, dann dürften die Empfänger anfechtbarer Leistungen die erlangten Vermögenswerte unangetastet behalten, während die Insolvenzgläubiger an die Beschränkungen der sechsjährigen Wohlverhaltensperiode gebunden sind und nach Erteilung der Restschuldbefreiung den Verlust ihrer Ansprüche in Kauf nehmen müssten.

18 Allerdings sind die Anfechtungsvorschriften beim Übergang vom Regelinsolvenzverfahren zum masseunzulänglichen Verfahren nicht erneut anwendbar. Der Insolvenzverwalter kann seine eigenen Rechtshandlungen aus der Zeit zwischen Verfahrenseröffnung und Anzeige der Masseinsuffizienz grundsätzlich nicht anfechten.[28]

---

[21] So auch Nerlich/Römermann/*Westphal* InsO § 207 Rn. 26 f.; FK-InsO/*Schmerbach* § 26 Rn. 117 ff.; Braun/*Herzig* InsO § 26 Rn. 44 ff.
[22] Nerlich/Römermann/*Westphal* InsO § 207 Rn. 26 f.
[23] MüKoInsO/*Hefermehl* § 207 Rn. 84; HambK-InsO/*Weitzmann* § 207 Rn. 25; Uhlenbruck/*Ries* InsO § 207 Rn. 51; aA Mohrbutter/Ringstmeier/*Pape*, HdB Insolvenzverwaltung, Kap. 12 Rn. 59.
[24] Vgl. Uhlenbruck/*Ries* InsO § 208 Rn. 55 und BGH, Urt. v. 19.7.2001 – IX ZR 36/99, ZIP 2001, 1641 (die Entscheidung erging zur GesO), str.
[25] *Pape/Hauser*, Massearme Verfahren nach der InsO, Rn. 370.
[26] *Zwanziger*, NZA 2015, 577, 580.
[27] Uhlenbruck/*Ries* InsO § 208 Rn. 56.
[28] *Pape* ZIP 2001, 901 (904); *Pape/Hauser*, Rn. 375.

b) Maßnahmen zur Verfahrenssteuerung trotz Masseamut.
Ein erfahrener Insolvenzverwalter wird gerade im masseunzulänglichen Verfahren versuchen, auch auf unkonventionellem Wege finanzielle Mittel zu erschließen. Er kann der Masse insbesondere durch die freiwillige Einbindung wirtschaftlich besonders interessierter Personen zusätzliche Liquidität zuführen. Folgende Personenkreise sind, insbesondere aus eigennützigen Überlegungen, bereit, in bestimmten Fällen Kostenbeiträge zu leisten:

– Inhaber von Sicherheiten, die eine optimale Verwertung im Rahmen eines Ordnungsverfahrens erwarten;
– Beteiligte, die befürchten müssen, bei Nichterfüllung durch den insolventen Hauptschuldner als Bürgen (zB als Avalkreditgeber) in Anspruch genommen zu werden;
– Vertragspartner, die auf eine pünktliche Belieferung angewiesen sind (zB bei Just-in-Time-Produktionen).

Diese Beteiligten können in „Nachverhandlungen" häufig dazu motiviert werden, einzelne Verfahrensabschnitte oder Projekte innerhalb eines masseunzulänglichen Verfahrens zu finanzieren.

B. Die Einstellung mangels Masse gemäß § 207 InsO

I. Die Ermittlung der Masseamut

Zur Ermittlung der Masseamut ist ein Vermögensstatus aufzustellen, indem die voraussichtlich realisierbare Aktivmasse den voraussichtlich anfallenden Verfahrenskosten gegenüber gestellt wird.[29]

1. Aktivmasse

Eine ausführliche Bewertung der Aktivmasse, unter Berücksichtigung möglicher Aus- und Absonderungen sowie gesetzlicher Verfahrenskostenbeiträge, erfolgt bereits im Rahmen der Erstellung eines sog Massezulänglichkeitsgutachtens,[30] spätestens jedoch anlässlich der Niederlegung der Vermögensübersicht gemäß §§ 152, 153 InsO. Der Vermögensstatus zum Eröffnungszeitpunkt wird in den weiteren Berichterstattungen des Insolvenzverwalters gemäß § 58 InsO fortgeschrieben.

Bei der Ermittlung des Wertes der Aktivmasse sind alle Vermögenswerte der Insolvenzschuldnerin einzubeziehen. Die Vermögensgegenstände werden mit dem Realisierungswert angesetzt. Es ist also zu ermitteln, welcher Geldbetrag bei der Verwertung des Vermögensgegenstandes voraussichtlich zu realisieren sein wird. Soweit noch kein tatsächlicher Realisierungswert vorliegt, sind geschätzte Verwertungserlöse anzusetzen.[31] Können Vermögensgegenstände aller Voraussicht nach nicht verwertet oder Ansprüche der Insolvenzschuldnerin gegen Dritte oder Gesellschaftsorgane nicht durchgesetzt werden, dann sollte

---

[29] Siehe dazu → D. Checkliste 1.
[30] Zum Sachverständigengutachten → § 6 dieses Handbuchs.
[31] Mohrbutter/Ringsmeier/*Pape*, HdB Insolvenzverwaltung, Kap. 12 Rn. 15.

im Vermögensstatus zur Ermittlung einer Massearmut für diese Vermögensposition nur ein Erinnerungswert eingestellt werden.

2. Verfahrenskosten

24 Die Verfahrenskosten sind in § 54 InsO geregelt. Danach zählen zu den Verfahrenskosten die Gerichtskosten für das Insolvenzverfahren sowie die Vergütung und Auslagen des (vorläufigen) Insolvenzverwalters und der Mitglieder des Gläubigerausschusses.

25 Die Berechnung dieser Kosten erfolgt nach dem GKG und der InsVV.[32] Die Schwierigkeiten bei der Feststellung der Kosten des Verfahrens liegen vor allem in der Bestimmung des Wertes der Insolvenzmasse, auf den sich die Schlussrechnung mutmaßlich beziehen wird. Dieser Wert steht erst am Ende des Verfahrens fest.[33] Daher ist der Wert der Insolvenzmasse nach dem Gebot der Vorsicht zu ermitteln und die Vermögensgegenstände im Zweifel nur mit einem realisierbaren Liquidationswert oder Erinnerungswert anzusetzen.

3. Unausweichliche Verwaltungskosten

26 Fraglich ist, ob auch notwendige bzw. unausweichliche Verwaltungskosten zu den Verfahrenskosten iSd § 54 InsO gehören. Dabei geht es um die Deckung von Aufwendungen, die der Insolvenzverwalter im Rahmen seiner Aufgabenerfüllung nicht vermeiden kann, weil sie aus tatsächlichen oder rechtlichen Gründen zwingend aufgebracht werden müssen.[34]

27 Die Gleichstellung der unausweichlichen Verwaltungskosten mit den Verfahrenskosten nach §§ 26 Abs. 1 S. 1, 207 Abs. 1 S. 1 und § 209 Abs. 1 Nr. 1 InsO wird von Teilen in der Literatur befürwortet.[35] Dieser Ansicht haben sich auch einige Gerichte angeschlossen.[36] Gegen die Einbeziehung der Verwaltungskosten als Auslagen in die Feststellung der Verfahrenskostendeckung wird vorgebracht, dass der Gesetzgeber eine strikte Trennung zwischen der Massekostendeckung nach § 207 InsO und der Deckung der sonstigen Masseverbindlichkeiten nach § 208 InsO vorgesehen hat.[37]

28 Unter dem Begriff Auslagen werden nur Verbindlichkeiten erfasst, die den Insolvenzverwalter persönlich treffen.[38] Nach § 155 Abs. 1 InsO hat der Insol-

---

[32] Ausführlich → § 6 dieses Handbuchs.
[33] Mohrbutter/Ringstmeier/*Pape*, HdB Insolvenzverwaltung, Kap. 12 Rn. 14 mwN.
[34] BGH, Beschl. v. 13.3.2014 – IX ZB 204/11, ZInsO 2014, 951f.; BGH, Beschl. v. 14.10.2010 – IX ZB 224/08, WM 2010, 2233; HambK-InsO/*Weitzmann* § 207 Rn. 5; FK-InsO/*Kießner* § 207 Rn. 7.
[35] HK-InsO/*Landfermann* § 207 Rn. 5ff.; FK-InsO/*Kießner* § 207 Rn. 7ff.; HambK-InsO/*Weitzmann* § 207 Rn. 5 und § 209 Rn. 3; Graf-Schlicker/*Riedel* InsO § 207 Rn. 13.
[36] LG Kassel, Beschl. v. 25.9.2002 – 3 T 360/02, ZInsO 2002, 1040f.; LG Essen, Beschl. v. 6.6.2003 – 5 T 115/03, ZInsO 2003, 625; LG Dresden, Beschl. v. 27.5.2003 – 5 T 0710/02, 5 T 710/02, ZInsO 2003, 665.
[37] AG Hamburg, ZInsO 2004, 1093; Mohrbutter/Ringstmeier/*Pape*, Hdb Insolvenzverwaltung, § 12 Rn. 17.
[38] BK-InsO/*Breutigam* InsO § 207 Rn. 6; AG Duisburg, Beschl. v. 27.4.2003 – 62 IN 241/02 ZInsO 2003, 863f.; FK-InsO/*Kießner* § 207 Rn. 9.

venzverwalter in Bezug auf die Insolvenzmasse die handels- und steuerrechtlichen Rechnungslegungspflichten zu erfüllen. Dann müssen dem Verwalter aber auch die Aufwendungen für die Rechnungslegung als Auslagen vorrangig erstattet werden.[39] Aufwendungen, die im Zusammenhang mit der Fertigung von Steuererklärungen stehen, werden ohne weiteres als Auslagen eingeordnet.[40] Dagegen sind Aufwendungen für Lieferungen keine Auslagen, zB Energielieferungen.[41]

Die vorstehenden Ausführungen zeigen, dass sich das Problem der unausweichlichen Verwaltungskosten nicht mit pauschalen Aussagen lösen lässt. Der Insolvenzverwalter befindet sich bei notwendigen bzw. unausweichlichen Verwaltungskosten in einem unlösbaren Konflikt: Bei Nichteingehen der Verbindlichkeit könnte er sich schadenersatzpflichtig machen, wenn der Masse dadurch ein Schaden entsteht, zB wenn die Nichtfortführung des Energielieferungsvertrags zum Verderb von Waren führt. Kann der Insolvenzverwalter jedoch die von ihm veranlassten Aufwendungen letztlich nicht aus der Insolvenzmasse bezahlen, dann droht ihm eine Haftung nach § 61 InsO.[42]

Auch eine Stundung der Verfahrenskosten nach den §§ 4a ff. InsO vermag das Problem nicht zu lösen. Der Verwalter kann aus der vorhandenen Masse zunächst die unausweichlichen Verwaltungskosten bezahlen. Wenn aber die freie Masse nicht ausreicht, um sämtliche Verwaltungskosten zu decken, dann entsteht wieder das Problem der Pflichtenkollision.

Eine Lösung könnte unter Beibehaltung des Gesetzeswortlauts über eine verfassungskonforme Auslegung des Verfahrenskostenbegriffs erfolgen. Wenn man die Verfahrenskosten iSd § 54 InsO normativ auslegt, dann könnten unter den Begriff „Kosten des Verfahrens" auch diejenigen unausweichlichen Aufwendungen subsumiert werden, die der Verwalter zur Vermeidung einer Haftung wegen Pflichtverletzung eingehen muss.[43] Der BGH hat diese Frage bis jetzt noch nicht entschieden.[44]

II. Aufgaben des Insolvenzverwalters

Stellt das Insolvenzgericht bei Prüfung der Eröffnungsvoraussetzungen fest, dass das Vermögen des Schuldners voraussichtlich nicht ausreichen wird, um die Kosten des Verfahrens zu decken, so weist es den Antrag auf Eröffnung des Insolvenzverfahrens ab. Die fehlende Verfahrenskostendeckung kann aber auch erst im Verlaufe des Insolvenzverfahrens zutage treten, etwa weil ursprünglich als sicher erwartete Massezuflüsse nicht erfolgen oder weil Masseverbindlichkeiten in nicht erwarteter Höhe anfallen. Es gehört zu den Amtspflichten eines Insolvenzverwalters, die Kostendeckung des Verfahrens ständig zu prüfen und

---

[39] FK-InsO/*Kießner* § 207 Rn. 9.
[40] BGH, Beschl. v. 22.7.2004 – IX ZB 161/03 ZInsO 2004, 970; *Gottwald* InsR-HdB/*Gundlach* § 15 Rn. 7; MüKoInsO/*Hefermehl* § 207 Rn. 29.
[41] FK-InsO/*Kießner* § 207 Rn. 10.
[42] FK-InsO/*Kießner* § 207 Rn. 11.
[43] HK-InsO/*Landfermann* § 207 Rn. 5 ff.
[44] Vgl. BGH, Beschl. v. 19.11.2009 – IX ZB 261/08, NZI 2010, 188 und Beschl. v. 19.4.2012 – IX ZB 129/10, BeckRS 2012, 10717.

im Falle einer nicht mehr vorhandenen Kostendeckung einen Antrag auf Einstellung des Insolvenzverfahrens beim Insolvenzgericht zu stellen.[45]

33 Der Insolvenzverwalter hat, wie ein Sachverständiger im Insolvenzeröffnungsverfahren, eine Berechnung der Verfahrenskosten und der realisierbaren Insolvenzmasse zum Zeitpunkt seiner Anregung zur Einstellung des Verfahrens mangels Masse vorzulegen. § 207 InsO überträgt zwar dem Insolvenzgericht die Einstellung des Verfahrens wegen Masselosigkeit bzw. Massearmut im engeren Sinne, allerdings ist die Überwachung ihrer Voraussetzungen ebenso Aufgabe des Insolvenzverwalters wie ihre Feststellung und Anzeige.[46]

34 Wie in allen Fällen der treuhänderischen Verwaltung fremden Vermögens ist der Insolvenzverwalter dem Gericht gegenüber rechnungslegungspflichtig. Ein darüber hinausgehendes spezielles Verzeichnis über die Verteilung der Barmittel ist jedoch nicht erforderlich.[47]

III. Aufgaben des Insolvenzgerichts

35 Die Anzeige der fehlenden Massekostendeckung gemäß § 207 InsO muss vom Insolvenzgericht vor Einstellung des Insolvenzverfahrens im Rahmen der Amtsermittlung gemäß § 5 Abs. 1 InsO überprüft werden. Um aber überhaupt eine Prüfung vornehmen zu können, bedarf es einer vom Verwalter vorzulegenden Berechnung der zu erwartenden Massekosten nebst Nachweis der fehlenden Deckung.

IV. Verfahrensgang

1. Anregung durch den Insolvenzverwalter

36 Sollte sich nach Verfahrenseröffnung herausstellen, dass nicht einmal die Verfahrenskosten gemäß § 54 InsO gedeckt sind, liegt also Masselosigkeit bzw. Massearmut im engeren Sinne vor, so gehört es zu den Aufgaben des Verwalters, die fehlende Verfahrenskostendeckung bei Gericht anzuzeigen[48] und die Einstellung mangels Masse anzuregen.[49,50]

2. Gläubigerbeteiligung (§ 207 Abs. 2 InsO)

37 Gemäß § 207 Abs. 2 InsO hat das Gericht vor der Einstellung die Gläubigerversammlung, den Insolvenzverwalter und die Massegläubiger zu hören. Es wird diskutiert, ob diese Anhörung in einer eigens anzuberaumenden Gläubigerversammlung stattzufinden hat[51] oder ob es genügen soll, wenn bereits in der 1. (ordentlichen) Gläubigerversammlung im Hinblick auf § 207 InsO ein

---

[45] So *Pape/Hauser* Rn. 178.
[46] Uhlenbruck/*Ries* InsO § 207 Rn. 16.
[47] Mohrbutter/Ringstmeier/*Pape*, HdB Insolvenzverwaltung, Kap. 12 Rn. 42 mwN.
[48] So auch KPB/*Pape* InsO § 207 Rn. 10.
[49] Vgl. Uhlenbruck/*Ries* InsO § 207 Rn. 16.
[50] Siehe dazu → D., Muster 2.
[51] MüKoInsO/*Hefermehl* § 207 Rn. 42; KPB/*Pape* InsO § 207 Rn. 20 f.

entsprechender „Vorratsbeschluss" gefasst wird. Letzteres ist zu bejahen, da zahlreiche Verfahren als massearme Ordnungsverfahren eröffnet werden (müssen), deren voraussichtlicher finanzieller Verlauf bereits in der 1. Gläubigerversammlung prognostiziert werden kann. Voraussetzung ist jedoch, dass in der Einladung zur 1. Gläubigerversammlung ein solcher „Vorratsbeschluss" iSd § 207 InsO angekündigt und die Gläubigerversammlung tatsächlich gehört wird.[52]

3. Einstellungsbeschluss

Bejaht das Insolvenzgericht die fehlende Massekostendeckung und wird weder von einem interessierten Dritten ein ausreichender Geldbetrag vorgeschossen noch eine Kostenstundung nach § 4a InsO ausgesprochen, so stellt das Insolvenzgericht durch Beschluss das Verfahren gemäß § 207 Abs. 1 InsO mangels Masse ein.[53] Entsprechend § 215 Abs. 1 S. 2 iVm § 9 Abs. 1 S. 3 InsO erlangt der Beschluss mit Ablauf des zweiten Tages nach dem Tag der Veröffentlichung seine Wirksamkeit. **38**

4. Veröffentlichung

Vor der öffentlichen Bekanntmachung sind der Schuldner, der Insolvenzverwalter und die Mitglieder des Gläubigerausschusses über den Zeitpunkt des Wirksamwerdens der Einstellung zu unterrichten (§ 215 Abs. 1 S. 2 InsO). Registergerichte und Grundbuchämter sind zwecks Löschung von Sperrvermerken zu informieren (§§ 215 Abs. 1 S. 3, 200 Abs. 2 InsO).[54] **39**

Die Veröffentlichung des Einstellungsbeschlusses erfolgt gemäß § 215 Abs. 1 InsO durch öffentliche Bekanntmachung. Dies geschieht durch eine zentrale und länderübergreifende Veröffentlichung im Internet (www.insolvenzbekanntmachungen.de). Eine Eintragung in das Schuldnerverzeichnis erfolgt nicht. **40**

5. Rechtsmittel (§ 216 InsO)

Der Einstellungsbeschluss ist gemäß § 216 InsO mit der sofortigen Beschwerde anfechtbar.[55] Die Beschwerde selbst hat entsprechend § 6 Abs. 3 S. 1 InsO keine aufschiebende Wirkung. Beschwerdeberechtigt sind die Insolvenzgläubiger und der Schuldner. Nicht beschwerdeberechtigt sind die Massegläubiger; ihnen bleibt jedoch der Haftungstatbestand des § 61 InsO vorbehalten. **41**

Der Insolvenzverwalter selbst ist nicht befugt, gegen die Fortsetzung des Insolvenzverfahrens Beschwerde zu erheben, wenn ein von ihm gestellter Antrag, das Verfahren mangels Kostendeckung einzustellen, abgelehnt worden ist.[56] **42**

---

[52] Dazu *Pape/Hauser* Rn. 222 mwN; HambK-InsO/*Weitzmann* § 207 Rn. 19.
[53] Siehe dazu → D., Muster 3.
[54] Gottwald InsR-HdB/*Klopp/Kluth/Wimmer*, § 74 Rn. 17.
[55] Zum Beschwerdeverfahren → § 58 dieses Handbuchs.
[56] BGH, Beschl. v. 26.4.2007 – IX ZB 221/04, ZIP 2007, 1134 f.

V. Verfahrensabwicklung[57]

1. Bis zur tatsächlichen Einstellung des Verfahrens

43 Vor der Einstellung des Verfahrens ist der Verwalter zur weiteren Verwertung von Massegegenständen zwar berechtigt, aber nicht mehr verpflichtet (§ 207 Abs. 3 S. 2 InsO). Er hat jedoch die in der freien Massen befindlichen Barmittel zur anteiligen Begleichung der Massekosten iSd § 54 InsO zu verwenden. Zweckmäßigerweise sollte er vor der Einstellung die Festsetzung der Gerichtskosten und der Vergütung des Insolvenzverwalters und des Gläubigerausschusses beantragen.

2. Rechtsfolgen nach Einstellung des Verfahrens

44 a) **Verwaltungs- und Verfügungsbefugnis.** Mit der Einstellung des Insolvenzverfahrens erhält der Schuldner die Verwaltungs- und Verfügungsbefugnis über sein Vermögen zurück (§ 215 Abs. 2 InsO). Der Insolvenzverwalter hat das zur Insolvenzmasse gehörende Vermögen einschließlich der Geschäftsunterlagen an den Schuldner herauszugeben.

45 b) **Rückgängigmachung von Zahlungen.** Grundsätzlich gibt es keinen Anspruch der (ehemaligen) Insolvenzmasse gegen Zahlungsempfänger auf Rückgabe früherer Auszahlungen. Auch Vorschusszahlungen auf die Vergütung des Insolvenzverwalters müssen bei Einstellung des Verfahrens nach § 207 InsO nicht wieder anteilig zurückbezahlt werden. Aus diesem Grund sollte ein Insolvenzverwalter so bald als möglich Vorschüsse auf seine Vergütung entnehmen, um so das Risiko eines Ausfalls im Falle einer nachträglichen Massekostenunterdeckung zu minimieren.[58] Rückzahlungen sind jedoch zu leisten bei Überzahlungen auf eine tatsächlich geringere Vergütung und bei fehlerhaften Auszahlungen an Massegläubiger, sofern diese über die Masseunzulänglichkeit informiert wurden, da sie danach nicht mehr auf die ordnungsgemäße Befriedigung ihrer Ansprüche vertrauen durften.[59]

46 c) **Gläubigerrechte.** Mit Einstellung mangels Masse fallen auch alle durch die Insolvenzeröffnung eingetretenen Zwangsvollstreckungshindernisse weg. Die Insolvenzgläubiger können nach der Aufhebung des Insolvenzverfahrens gemäß § 201 InsO ihre restlichen Forderungen gegen den Schuldner unbeschränkt geltend machen. Mit einem beglaubigten Tabellenauszug über eine festgestellte Forderung kann der Gläubiger die Zwangsvollstreckung betreiben.

47 Mit Einstellung des Insolvenzverfahrens entfallen auch die verjährungsunterbrechenden Wirkungen der Anmeldung einer Forderung zur Insolvenztabelle (§ 204 Abs. 1 Nr. 10 BGB). Die Verjährungsfrist läuft weiter. Bei Masseschulden gelten ebenfalls die allgemeinen Verjährungsregelungen der §§ 194 ff. BGB.

---

[57] Zum Pflichtenkreis des Insolvenzverwalters bei Massearmut iSd § 207 InsO: BGH, Beschl. v. 16.7.2009 – IX ZB 221/08, NZI 2009, 602 ff.
[58] LG Göttingen, Beschl. v. 8.4.2014 – 10 T 16/14, NZI 2014, 713.
[59] *Pape/Hauser* Rn. 233.

d) Liquidation. Ist der Schuldner eine vermögenslose Gesellschaft oder Genossenschaft, so ist nach § 394 FamFG[60] der Schuldner gesellschaftsrechtlich zu liquidieren. 48

3. Vollstreckungsverbot

Nach § 209 Abs. 1 Nr. 1 InsO sind vorrangig die Kosten des Verfahrens zu bedienen, damit eine ordnungsgemäße Abwicklung im Insolvenzverfahren gewährleistet werden kann. Nun würde aber die Befriedigung der Kostengläubiger nach § 207 Abs. 3 S. 1 InsO erheblich gefährdet werden, wenn ein Kostengläubiger, trotz der Tatsache, dass die vorhandenen Mittel nicht zur Deckung der Verfahrenskosten nach §§ 209 Abs. 1 Nr. 1, 54 InsO ausreichen, ungehindert in die Masse vollstrecken könnte.[61] 49

Nach Mitteilung der fehlenden Verfahrenskostendeckung durch den Insolvenzverwalter muss auf die tatsächliche Einstellung des Verfahrens mangels Masse durch das Insolvenzgericht gewartet werden. Für die Zeit zwischen Mitteilung und Einstellung mangels Masse gibt es keinen gesetzlichen Vollstreckungsschutz, sodass eine planwidrige Regelungslücke gegeben ist.[62] Nach herrschender Meinung findet das Vollstreckungsverbot des § 210 InsO deshalb auch bei fehlender Verfahrenskostendeckung gemäß § 207 Abs. 1 InsO entsprechende Anwendung.[63] 50

4. Auswirkungen auf laufende Rechtsstreitigkeiten

Der Insolvenzverwalter verliert bei bereits anhängigen Rechtsstreitigkeiten mit der Einstellung des Insolvenzverfahrens nach § 207 InsO, ohne Unterschied, ob er den Prozess eingeleitet oder aufgenommen hat, die Prozessführungsbefugnis. Bis zum Einstellungsbeschluss hat der Insolvenzverwalter zwar weiterhin noch die Verwaltungs- und Verfügungsbefugnis, es wird jedoch aus § 207 Abs. 3 S. 2 InsO abgeleitet, dass der Verwalter einen Anfechtungsrechtsstreit weder beginnen noch in die nächste Instanz treiben darf, denn ein Rechtsstreit stelle keine naheliegende und risikolose Verwertungsmaßnahme dar. 51

Nach der Einstellung mangels Masse endet für unterbrochene Prozesse die Wirkung des § 240 ZPO. Der Rechtsstreit kann ohne weitere Erklärung von dem Schuldner oder dem Gläubiger fortgesetzt werden. 52

Ein laufendes Prozesskostenhilfe-Verfahren (kurz PKH-Verfahren) sollte bei Einstellung des Verfahrens mangels Masse vom Insolvenzverwalter für erledigt erklärt werden.[64] Der Antrag auf PKH nach einer Feststellung der Massekos- 53

---

[60] Bis 1.9.2009 geregelt in § 141a FGG.
[61] MüKoInsO/*Madaus* § 210 Rn. 27; HambK-InsO/*Weitzmann* § 210 Rn. 7; Jaeger/*Windel* InsO § 207 Rn. 100; Mohrbutter/Ringstmeier/*Pape*, HdB Insolvenzverwaltung, § 12 Rn. 59; BGH, Beschl. v. 9.10.2008 – IX ZB 129/07, NJW-RR 2009, 59.
[62] BGH, Beschl. v. 21.9.2006 – IX ZB 11/04, NZI 2006, 697; MüKoInsO/*Madaus* § 210 Rn. 27.
[63] BGH, Urt. v. 13.4.2006 – IX ZR 22/05, ZInsO 2006, 541; HambK-InsO/*Weitzmann* § 210 Rn. 7; MüKoInsO/*Madaus* § 210 Rn. 27; Mohrbutter/Ringstmeier/*Pape*, HdB Insolvenzverwaltung, Kap. 12 Rn. 60; aA Gottwald InsR-HdB/*Klopp/Kluth/Wimmer* § 74 Rn. 44, lehnen eine Analogie ab und befürworten eine Vollstreckungsgegenklage.
[64] Mohrbutter/Ringstmeier/*Pape*, HdB Insolvenzverwaltung, Kap. 12 Rn. 46.

tenarmut nach § 207 InsO ist mutwillig und zurückzuweisen, wenn nicht einmal die Verfahrenskosten gedeckt werden können.[65] Anders ist die Lage jedoch, wenn das PKH-Verfahren geeignet ist, die Massekostenarmut zu beseitigen.[66] Ein PKH-Verfahren für die Einleitung eines Passivprozesses hingegen ist bei einer Massekostenarmut regelmäßig mutwillig.[67]

5. Nachtragsverteilung

54 Es wird diskutiert, ob es im Falle einer Einstellung des Verfahrens mangels Masse nach § 207 InsO die Möglichkeit einer Nachtragsverteilung geben kann, etwa wenn nachträglich Massegegenstände ermittelt werden.[68] Für die Fälle der Einstellung des Verfahrens gemäß § 207 InsO fehlt eine gesetzliche Regelung. Die Vorschrift des § 211 Abs. 3 InsO gilt nur für die Fälle der §§ 208 ff. InsO.

55 Zum Teil wird in der Literatur und Rechtsprechung die Ansicht vertreten, dass eine Nachtragsverteilung entsprechend §§ 211 Abs. 3, 203 Abs. 1 InsO für den Fall des § 207 InsO nicht in Betracht komme, da der Gesetzgeber eine entsprechende Anwendung der Vorschrift für den Fall der Massekostenarmut nicht getroffen hat, obwohl ihm das Problem bekannt gewesen sei.[69] Zusätzlich wird argumentiert, dass der Verwalter im Fall des § 207 InsO, anders als im Einstellungsverfahren nach §§ 208, 211 InsO, nicht mehr die Aufgabe habe, die Masse zu verwerten, sondern allenfalls noch einzelne Abwicklungsmaßnahmen vorzunehmen hat.

56 Für den Fall der nachträglichen Ermittlung von Massegegenständen oder des Freiwerdens von Gegenständen der Insolvenzmasse besteht das Bedürfnis, eine Nachtragsverteilung zuzulassen, um die Einleitung und Durchführung eines neuen Insolvenzverfahrens zu vermeiden.[70] Der Gesetzgeber wollte, ausweislich der Begründung zu § 211 Abs. 3 InsO,[71] nicht nur den Fall der nachträglichen Ermittlung von Massegegenständen nach einer Einstellung nach § 208 InsO gesetzlich fixieren, sondern vielmehr alle Fälle erfassen, in denen die fehlende Möglichkeit einer Nachtragsverteilung bereits nach der KO kritisiert worden war.[72] Sowohl im Fall der Einstellung nach § 208 InsO als auch im Fall der Einstellung nach § 207 InsO können wegen des Mangels an liquiden Mitteln nicht alle Masseverbindlichkeiten befriedigt werden.[73] Eine nachträgliche Befriedigung der Gläubiger kann auch im Anschluss an eine Einstellung nach

---

[65] BGH, Beschl. v. 16.7.2009 – IX ZB 221/08, NZI 2009, 602.
[66] Vgl. BGH, Beschl. v. 22.11.2012 – IX ZB 62/12, NZI 2013, 79; BGH, Beschl. v. 7.2.2013 – IX ZB 48/12, ZInsO 2013, 496; BGH, Beschl. v. 16.7.2009 – IX ZB 221/08, ZInsO 2009, 1556.
[67] *Zwanziger* NZA 2015, 577, 581 f.
[68] Vgl. hierzu: *Pape/Hauser* Rn. 263 ff.
[69] So LG Kassel, Beschl. v. 22.3.2013 – 3 T 141/13, ZInsO 2013, 2565 f.; LG Marburg, Beschl. v. 27.11.2002 – 3 T 214/02, ZInsO 2003, 288, 289; HK-InsO/*Landfermann* § 207 Rn. 25; Jaeger/*Windel* InsO § 207 Rn. 114; MüKoInsO/*Hefermehl* § 207 Rn. 87; Nerlich/Römermann/*Westphal* InsO § 207 Rn. 39; *Dinstühler* ZIP 1998, 1697, 1707.
[70] BGH, Beschl. v. 10.10.2013 – IX ZB 40/13, ZIP 2013, 2320 ff.
[71] BT-Drucks. 12/2443, S. 221 zu § 324.
[72] Vgl. *Pape* ZIP 1992, 747, 749 ff.; *Uhlenbruck* ZIP 1993, 241, 244.
[73] BGH, Beschl. v. 10.10.2013 – IX ZB 40/13, ZIP 2013, 2320 ff.

§ 207 InsO am schnellsten und kostengünstigsten durch Anordnung der Nachtragsverteilung geschehen.[74] Die Eröffnung eines weiteren Insolvenzverfahrens über die nachträglich ermittelten oder frei gewordenen Massegegenstände[75] erscheint nicht erforderlich und wäre mit unnötigen Kosten verbunden.[76] Schließlich ist auch die Frage, ob eine Schlussverteilung der Insolvenzmasse stattgefunden hat, nicht relevant. Eine Schlussverteilung erfolgt weder im Fall der §§ 208, 211 InsO noch im Fall des § 207 InsO.[77]

6. Steuerliche Pflichten

Die steuerlichen Verpflichtungen des Insolvenzverwalters enden mit der Beendigung seiner Verwaltungs- und Verfügungsbefugnis.[78]   57

C. Die Masseunzulänglichkeit gemäß §§ 208 ff. InsO

I. Die Ermittlung der Masseunzulänglichkeit

Nach § 53 InsO sind aus der Insolvenzmasse die Kosten des Insolvenzverfahrens und die sonstigen Masseverbindlichkeiten zum Zeitpunkt ihrer Fälligkeit vorweg zu berichtigen. Für die Ermittlung der Masseunzulänglichkeit ist ein Vermögensstatus aufzustellen, aus dem sich die voraussichtliche freie Masse, die Verfahrenskosten und die sonstigen fälligen Masseverbindlichkeiten ergeben.[79] Es wird geprüft, ob genügend Liquidität vorhanden ist, um vorrangig die Verfahrenskosten und dann die fälligen Masseverbindlichkeiten aus der Insolvenzmasse zu bezahlen.   58

1. Aktivmasse

Die Kriterien für die Ermittlung der Aktivmasse wurden bereits bei der Prüfung der Massekostendeckung nach § 207 Abs. 1 InsO dargestellt.[80]   59

2. Verfahrenskosten

Bei der Prüfung des § 208 Abs. 1 InsO werden die Verfahrenskosten nach denselben Kriterien ermittelt wie bei der Prüfung der Massekostendeckung nach § 207 Abs. 1 InsO.[81]   60

---

[74] BGH, Beschl. v. 10.10.2013 – IX ZB 40/13, ZIP 2013, 2320 ff.
[75] Wie es Jaeger/*Windel* InsO § 207 Rn. 117 und MüKoInsO/*Hefermehl* § 207 Rn. 87 befürworten.
[76] BGH, Beschl. v. 10.10.2013 – IX ZB 40/13, ZIP 2013, 2320 ff.
[77] BGH, Beschl. v. 10.10.2013 – IX ZB 40/13, ZIP 2013, 2320 ff.; AGR/*Wagner* InsO § 203 Rn. 15.
[78] MüKoInsO/*Hefermehl* § 207 Rn. 64.
[79] Siehe dazu → D., Checkliste 4.
[80] Siehe → Rn. 22 f.
[81] Siehe → Rn. 24 f.

3. Masseverbindlichkeiten

61 Der Insolvenzverwalter hat darüber hinaus zu prüfen, ob die Masseverbindlichkeiten „im Zeitpunkt der Fälligkeit" erfüllt werden können (§ 208 Abs. 1 S. 2 InsO). Bezogen auf die Masseverbindlichkeiten hat der Insolvenzverwalter also eine „Geldflussrechnung" aufzustellen, anhand derer geprüft wird, ob die jeweils vorhandene und verfügbare freie Liquidität ausreicht, um die jeweils fälligen Masseverbindlichkeiten abzudecken.

II. Arten (Erscheinungsformen) der Masseunzulänglichkeit

1. Eingetretene Masseunzulänglichkeit

62 Stellt der Insolvenzverwalter in seinen Planungsrechnungen fest, dass die Insolvenzmasse zwar ausreicht, um die Verfahrenskosten zu decken, jedoch nicht mehr, um die fälligen sonstigen Masseverbindlichkeiten zu bezahlen, so liegt gemäß § 208 Abs. 1 S. 1 InsO die eingetretene Masseunzulänglichkeit vor.

63 Die Feststellungen in der Masseberechnung beruhen jedoch teilweise auf Schätzungen und sind mit gewissen Unsicherheiten behaftet. Ausschlaggebend für eine Anzeigeverpflichtung soll die Feststellung sein, mit welcher Deckungsquote wahrscheinlich die Masseverbindlichkeiten bedient werden können. Wird noch ein Deckungsgrad von 95 % erreicht, muss dies noch nicht unbedingt heißen, dass tatsächlich bereits Masseunzulänglichkeit vorliegt. Sinkt der Deckungsgrad jedoch über einen Zeitraum von mindestens zwei Wochen unter 95 %, so geht eine Ansicht in der Literatur davon aus, dass Masseunzulänglichkeit vorliegt und die Masseunzulänglichkeit angezeigt werden muss.[82] Die von der Literatur entwickelten Kriterien für die Feststellung einer Masseunzulänglichkeit (Deckungsquote unter 95 % mehr als zwei Wochen) sind zu unterscheiden von den Kriterien der Rechtsprechung[83] zur Abgrenzung der Zahlungsunfähigkeit von der Zahlungsstockung (Deckungsquote weniger als 90 % für drei Wochen).

2. Drohende Masseunzulänglichkeit (§ 208 Abs. 1 S. 2 InsO)

64 Nach § 208 Abs. 1 S. 2 InsO besteht die Anzeigepflicht des Insolvenzverwalters auch schon, wenn zu erwarten ist, dass die Masse voraussichtlich nicht ausreichen wird, um die bestehenden sonstigen Masseverbindlichkeiten im Zeitpunkt der Fälligkeit zu erfüllen.

65 In der Literatur wird vorgeschlagen, die Grundsätze der Feststellung einer drohenden Zahlungsunfähigkeit (§ 18 InsO) auch bei der Feststellung der drohenden Masseunzulänglichkeit heranzuziehen. Die drohende Masseunzulänglichkeit ist dann gegeben, wenn sich aus der in die Zukunft fortgeschriebenen Masseunzulänglichkeitsberechnung ergibt, dass zu irgendeinem Zeitpunkt die fehlende Deckung der Masseverbindlichkeiten wahrscheinlicher ist als deren

---

[82] *Pape/Hauser* Rn. 329.
[83] BGH, Urt. v. 24.5.2005 – IX ZR 123/04, ZIP 2005, 1426ff.; zitiert in neueren Entscheidungen ua BGH, Urt. v. 7.11.2013 – IX ZR 49/13; BGH, Urt. v. 18.4.2013 – IX ZR 90/10.

vollständige Erfüllbarkeit.[84] Ebenso wie bei der Prüfung der drohenden Zahlungsunfähigkeit iSd § 18 InsO können jedoch erkennbar nur vorübergehende Zahlungsstockungen oder ein geringfügiges Massedefizit außer Betracht bleiben.[85]

Bei Prüfung der drohenden Masseunzulänglichkeit darf der Insolvenzverwalter aus Vorsichtsgründen auch noch ungewisse Masseverbindlichkeiten in seine Planungsrechnungen einbeziehen. Bis zur Erkenntnis bzw. abschließenden Entscheidung, ob und in welcher Höhe tatsächlich Masseverbindlichkeiten anfallen, ist ihm ein Ermessensspielraum zuzubilligen. Spricht eine gewisse Wahrscheinlichkeit dafür, dass die Masseverbindlichkeiten bestehen oder wurde die Forderung von Seiten des Gläubigers bereits gerichtlich geltend gemacht, so kann der Insolvenzverwalter die noch unsichere Verpflichtung bei der Berechnung der Masseunzulänglichkeit berücksichtigen. 66

Eine frühe Masseunzulänglichkeitsanzeige sichert ihn vor der Eingehung von neuen Verbindlichkeiten dahingehend ab, dass er die vorher begründeten Masseverbindlichkeiten nicht mehr voll bezahlen muss. Allerdings werden, insbesondere im Falle von Dauerschuldverhältnissen, die nach Anzeige der Masseunzulänglichkeit auflaufenden Masseverbindlichkeiten in der Gesamtsumme erhöht. Eine späte Masseunzulänglichkeitsanzeige kann somit den Gesamtbetrag der jedenfalls aus der Insolvenzmasse zu erfüllenden Neu-Masseverbindlichkeiten (vgl. § 209 Abs. 1 Nr. 2 InsO) reduzieren. Der Insolvenzverwalter hat im Einzelfall alle Umstände abzuwägen. Es ist zu empfehlen, dass er eine Wahrscheinlichkeitsberechnung anstellt und die Masseunzulänglichkeit dann anzeigt, wenn nach seinen Berechnungen die Nichterfüllung sämtlicher bereits begründeter Masseverbindlichkeiten überwiegend wahrscheinlich ist. 67

Die Anzeige der drohenden Masseunzulänglichkeit gemäß § 208 Abs. 1 S. 2 InsO steht der Anzeige der Masseunzulänglichkeit iSd § 208 Abs. 1 S. 1 InsO gleich.[86] 68

3. Temporäre Masseunzulänglichkeit

Gerade zu Beginn eines Insolvenzverfahrens steht der Verwalter häufig vor der Situation, dass insbesondere die aufoktroyierten Masseverbindlichkeiten (zB Mietzinsen, Lohn- und Gehaltsansprüche freigestellter Mitarbeiter) zur Zahlung fällig sind, dass aber die erforderliche freie Masse erst im Laufe des Verfahrens durch Verwertungsbemühungen oder Wertschöpfungen im Rahmen einer Betriebsfortführung generiert werden kann. In diesen Fällen erklärt der Verwalter die temporäre Masseunzulänglichkeit. Er signalisiert damit den Massegläubigern, dass nach seiner Einschätzung die Masseunzulänglichkeit im Verlaufe des Verfahrens überwunden werden wird. 69

Die Anzeige der temporären Masseunzulänglichkeit hindert den Verwalter nicht, ein Unternehmen fortzuführen, sofern die vorrangigen Masseverbindlichkeiten gedeckt sind und die Betriebsfortführung zu Überschüssen führt.[87] 70

---

[84] *Pape/Hauser* Rn. 338 f. mwN; *Kübler*, Kölner Schrift zur Insolvenzordnung, S. 974 Rn. 26; Uhlenbruck/*Ries* InsO § 208 Rn. 6.
[85] Vgl. Uhlenbruck/*Ries* InsO § 208 Rn. 15.
[86] AG Hamburg, Urt. v. 14.4.2015 – 48 C 68/14, ZVI 2015, 295.
[87] Vgl. HambK-InsO/*Weitzmann* § 208 Rn. 10.

Die Anzeige der temporären Masseunzulänglichkeit privilegiert die nach der Anzeige entstehenden Neumasseverbindlichkeiten iSd § 209 Abs. 1 Nr. 2 InsO vor den übrigen Masseverbindlichkeiten[88] in der Weise, dass die Forderungen der Altmassegläubiger während der Dauer der temporären Masseunzulänglichkeit nicht befriedigt werden dürfen. In dieser Zeitspanne sind sowohl Leistungsklagen[89] als auch Zwangsvollstreckungen unzulässig (§ 210 InsO).

4. Prophylaktische Masseunzulänglichkeit

71 Vom Gesetzeswortlaut nicht gedeckt und daher unzulässig, ist hingegen die aus Ängstlichkeit oder übertriebener Vorsicht erklärte prophylaktische Anzeige der Masseunzulänglichkeit, weil hier ohne gesetzliche Rechtfertigung die Befriedigungsreihenfolge des § 209 InsO herbeigeführt wird.[90]

72 Ein Insolvenzverwalter wird im Falle einer beabsichtigten Betriebsfortführung genau überlegen, wann er eine Masseunzulänglichkeit anzeigt. Eine prophylaktische Anzeige der Masseunzulänglichkeit, um bereits davor begründete Masseverbindlichkeiten nicht aus der Insolvenzmasse bezahlen zu müssen und damit auch die Bezahlung der künftigen Masseverbindlichkeiten abzusichern, ist unzulässig. Der Insolvenzverwalter hat Prüfungsrechnungen aufzustellen und in einem etwaigen Haftungsprozess nachzuweisen, dass zum Zeitpunkt seiner Masseunzulänglichkeitsanzeige tatsächlich eine Unterdeckung vorlag bzw. sich künftig einstellen wird.

5. Masseunzulänglichkeit wegen eventueller Masseverbindlichkeiten

73 Die Frage nach einer Anzeige der Masseunzulänglichkeit kann sich auch schon stellen, wenn ungewiss ist, ob bestimmte Forderungen tatsächlich als Masseverbindlichkeiten zu befriedigen sind. Eine hypothetische Annahme, dass möglicherweise Forderungen gegen die Insolvenzmasse geltend gemacht werden könnten, ist nicht ausreichend, um eine Masseunzulänglichkeit anzuzeigen.[91] Eine Masseunzulänglichkeit kann aber schon dann angezeigt werden, wenn die Insolvenzmasse wegen einer strittigen Forderung bereits tatsächlich in Anspruch genommen wurde und eine Haftung der Masse tatsächlich nicht völlig ausgeschlossen ist. Bei eventuellen Masseverbindlichkeiten hat eine Bewertung der Durchsetzbarkeit der Forderung anhand der Wahrscheinlichkeit der Haftung der Insolvenzmasse zu erfolgen.[92]

6. Wiederholte Anzeige der Masseunzulänglichkeit

74 Eine erneute Anzeige der Masseunzulänglichkeit könnte dann relevant werden, wenn der Insolvenzverwalter im Verlaufe des Insolvenzverfahrens feststellt, dass er auch die weiter auflaufenden Neumasseverbindlichkeiten nach § 209 Abs. 1 Nr. 2 InsO nicht mehr aus der Insolvenzmasse bedienen kann. Die

---

[88] OLG Frankfurt aM, Beschl. v. 25.11.2003 – 25 W 60/03, NZI 2005, 40 f.
[89] BGH, Urt. v. 13.4.2006 – IX ZR 22/05, ZInsO 2006, 541.
[90] Vgl. Uhlenbruck/*Ries* InsO § 208 Rn. 21.
[91] KPB/*Pape* InsO § 208 Rn. 17c.
[92] KPB/*Pape* InsO § 208 Rn. 17c.

§ 13. Die massearme Insolvenz

Zulässigkeit einer zeitlich aufeinander folgenden Anzeige der Masseunzulänglichkeit ist umstritten.[93] Während eine Ansicht die erneute Anzeige der Masseunzulänglichkeit im Verfahren für zulässig hält und die Rangordnung des § 209 InsO jeweils an der letzten Anzeige der Masseunzulänglichkeit orientiert,[94] wollen andere dem Insolvenzverwalter im Falle einer zwangsweisen Inanspruchnahme durch die Neugläubiger, die jedoch aus der Masse nicht befriedigt werden können, nur den Einwand der Masseerschöpfung geben.[95] Die Rechtsprechung hat in den Fällen einer erneuten Anzeige der Masseunzulänglichkeit das Modell der „Insolvenz in der Insolvenz der Insolvenz" entwickelt.[96] Fraglich ist, ob jeder formellen Anzeige der Masseunzulänglichkeit eine Bindungswirkung beizumessen ist und in jeder Stufe die §§ 207 ff. InsO anzuwenden wären. Der BGH spricht sich gegen eine analoge Anwendung der §§ 207 ff. InsO auf den Fall der weiteren Unzulänglichkeit der nach der ersten Anzeige der Masseunzulänglichkeit erwirtschafteten Neumasse aus.[97] Rechtlich nicht geklärt ist, ob eine erneute Anzeige der Masseunzulänglichkeit rechtsverbindlich ist.[98]

Eine erneute Anzeige der Masseunzulänglichkeit sollte jedoch aus Gründen der öffentlichen Dokumentation der eingeschränkten Befriedigungsmöglichkeiten für die Neumassegläubiger vorgenommen werden. Nur durch eine erneute Anzeige kann festgelegt werden, welche Gläubiger zu welcher Rangklasse des § 209 InsO gehören. Der Insolvenzverwalter darf jedoch nach der erstmaligen Masseunzulänglichkeitsanzeige nicht leichtfertig weitere Masseverbindlichkeiten begründen, wenn er diese nicht voll aus der Masse befriedigen kann. Er haftet dann möglicherweise gemäß § 61 InsO persönlich für den Ausfall der Neumassegläubiger. 75

III. Aufgaben des Insolvenzverwalters

Nach § 208 Abs. 1 S. 1 InsO hat der Insolvenzverwalter dem Insolvenzgericht anzuzeigen, dass Masseunzulänglichkeit vorliegt. Das bedeutet, dass den Insolvenzverwalter eine ständige Prüfungspflicht dahingehend trifft, ob neben der Verfahrenskostendeckung auch die sonstigen Masseverbindlichkeiten nach § 55 InsO aus der Insolvenzmasse bezahlt werden können. 76

Dieselbe Anzeige- und Prüfungsverpflichtung trifft den Sachwalter nach § 285 InsO im Verfahren der Eigenverwaltung und auch den Treuhänder im Verbraucherinsolvenzverfahren nach § 304 Abs. 1 S. 1 InsO. 77

Das Insolvenzgericht hat eigene Feststellungen zur Masseunzulänglichkeit grundsätzlich nicht anzustellen. Gerichtlich überprüfbar ist das tatsächliche Vorliegen der Masseunzulänglichkeit erst in einem streitigen Verfahren, beispielsweise in einem (Haftungs-)Rechtsstreit eines Gläubigers gegen den Insol- 78

---

[93] Grundsätzlich zulässig: BGH, Beschl. v. 9.10.2008 – IX ZB 129/07, ZIP 2008, 2284; BGH, Beschl. v. 27.9.2007 – IX ZB 172/05, ZIP 2007, 2140.
[94] MüKoInsO/*Hefermehl* § 208 Rn. 60.
[95] *Pape/Hauser* Rn. 356.
[96] BGH, Urt. v. 3.4.2003 – IX ZR 101/02, NZI 2003, 369 ff.
[97] BGH, Urt. v. 3.4.2003 – IX ZR 101/02, NZI 2003, 369 ff.
[98] Vgl. BGH, Urt. v. 13.4.2006 – IX ZR 22/05, ZInsO 2006, 541, 544.

venzverwalter auf Bezahlung von Masseverbindlichkeiten, die aufgrund der angezeigten Masseinsuffizienz aus der Insolvenzmasse nicht bezahlt werden.

79 Der Insolvenzverwalter hat letztlich vor jeder Entscheidung über die Begründung neuer Masseverbindlichkeiten zu prüfen, ob sich aus den Planungen deren Erfüllbarkeit ergibt. Die dabei aufzustellenden Planungsrechnungen sind in einem späteren Haftungsprozess gegen den Insolvenzverwalter bei Nichterfüllung von eingegangenen Masseverbindlichkeiten als Beweisunterlagen vorzulegen. Der Insolvenzverwalter hat nachzuweisen, dass die Masseunzulänglichkeit nicht zu erkennen war und er annehmen konnte, dass die eingegangenen Masseverbindlichkeiten auch erfüllt werden.[99]

80 Der Insolvenzverwalter steht bei (drohender) Masseunzulänglichkeit vor dem Dilemma, dass er einerseits – wenn auch mit verändertem Ziel – seinen Verwaltungsaufgaben nach § 208 Abs. 3 InsO weiter nachgehen muss, andererseits aber seine finanziellen Möglichkeiten eingeschränkt sind. Zudem darf er keine weiteren Verbindlichkeiten mehr eingehen, die nicht von der Insolvenzmasse gedeckt sind. Grundsätzlich ist der Insolvenzverwalter im Stadium der Masseunzulänglichkeit gehalten, nur noch Verbindlichkeiten einzugehen, die einer raschen Liquidation des Restvermögens dienen und die eine noch zu verteilende Masse im Interesse der Altmassegläubiger erhalten.[100]

IV. Allgemeine Auswirkungen der Anzeige der Masseunzulänglichkeit[101]

81 Die Anzeige der Masseunzulänglichkeit bewirkt nicht die Eröffnung eines neuen Verfahrens, sondern nur, dass die Befriedigungsreihenfolge der Massegläubiger geändert wird, dass Altmassegläubiger wegen einer Altmasseverbindlichkeit nicht mehr vollstrecken dürfen und dass das Insolvenzverfahren einzustellen und nicht mehr gemäß den §§ 200 ff. InsO aufzuheben ist, sobald die Massegläubiger in der Reihenfolge des § 209 InsO befriedigt sind.[102]

82 In einem masseunzulänglichen Insolvenzverfahren haben die einfachen Insolvenzgläubiger keine Aussicht auf eine Quotenzahlung. Die Massegläubiger können nur noch in der Rangfolge des § 209 InsO bedient werden. Die Altmassegläubiger, deren Anspruch vor Anzeige der Masseunzulänglichkeit entstanden ist, werden nicht mehr vorweg aus der Insolvenzmasse bedient, sondern nur noch anteilig.[103] Das Verfahrensziel eines masseunzulänglichen Insolvenzverfahrens ist die geordnete Abwicklung des Insolvenzverfahrens zur Befriedigung der Massegläubiger.

83 Die Handhabung der „Insolvenz in der Insolvenz" wirft zahlreiche Fragen auf. Gesetzlich gibt es keine ausdrückliche Regelung, ob und inwieweit sich die Vorschriften der InsO zur Erfüllung gegenseitiger Verträge, zur Aufrechnung

---

[99] Zu diesem Entlastungsbeweis vgl. BGH, Urt. v. 6.5.2004 – IX ZR 48/03, ZIP 2004, 1107; BGH, Urt. v. 17.12.2004 – IX ZR 185/03, ZInsO 2005, 222; BGH, Urt. v. 13.2.2014 – IX ZR 313/12, ZIP 2014, 736.
[100] Uhlenbruck/*Ries* InsO § 209 Rn. 14.
[101] Weitere prozessuale und materielle Auswirkungen der Anzeige der Masseunzulänglichkeit → Rn. 107 ff.
[102] HK-InsO/*Landfermann* § 208 Rn. 20 f.
[103] MüKoInsO/*Hefermehl* § 208 Rn. 46.

und zur Unwirksamkeit von Sicherungen, die durch Zwangsvollstreckung vor Verfahrenseröffnung erlangt wurden, im Verfahren nach den §§ 208 ff. InsO bezogen auf den Eintritt in die Masseunzulänglichkeit wiederholt anwenden lassen. Die Klärung dieser Fragen wollte der Gesetzgeber der Rechtsprechung vorbehalten.[104] Aufgrund dessen ist die Anwendung der genannten Regelungskomplexe – neben einer ganzen Reihe anderer Rechtsinstitute – im masseunzulänglichen Verfahren in weiten Teilen umstritten und ungeklärt.

V. Aufgaben des Insolvenzgerichts

Das Insolvenzgericht hat keine Prüfungskompetenz dahingehend, ob die materiellen Voraussetzungen der Masseunzulänglichkeit wirklich vorliegen,[105] ob also die „Einschätzungen" des Verwalters zutreffen, wohl aber die Pflicht zur Prüfung, ob die Masseunzulänglichkeit schlüssig dargelegt worden ist.[106] Das Insolvenzgericht hat nämlich gemäß § 5 Abs. 1 InsO von Amts wegen alle Umstände zu ermitteln, die für das Verfahren von Bedeutung sind. Der Insolvenzverwalter steht unter seiner Aufsicht. Von ihm kann das Gericht jederzeit einzelne Auskünfte oder einen Bericht über den Sachstand und die Geschäftsführung verlangen (§ 58 Abs. 1 InsO).[107] Die gerichtliche Aufsicht ist primär Rechtsaufsicht.[108] Allein schon um dem Insolvenzgericht die aufsichtliche Überprüfung der bereits eingetretenen oder bevorstehenden Masseunzulänglichkeit zu ermöglichen, bedarf es entsprechender Darlegungen des Insolvenzverwalters.

84

VI. Verfahrensgang

1. Anzeige der Masseunzulänglichkeit durch den Insolvenzverwalter

a) Zeitpunkt. Sobald der Insolvenzverwalter aufgrund einer Massekostendeckungsrechnung bzw. Prognoserechnung die Masseunzulänglichkeit feststellen kann, hat er sie auch anzuzeigen.[109]

85

Ein Ermessensspielraum besteht also nicht hinsichtlich des Zeitpunktes der Anzeige,[110] wohl aber hinsichtlich des „Zeittaktes" der Masseunzulänglichkeitsprüfung.

86

Im eigenen wohlverstandenen Interesse wird der Insolvenzverwalter die Masseunzulänglichkeit frühestmöglich ermitteln und anzeigen, schon um bei Geltendmachung einer Schadensersatzhaftung nach § 61 InsO zum Zwecke der Exkulpation darlegen und beweisen zu können, dass er die im Verkehr gebotene Sorgfalt beachtet hat und er bei der Begründung einer Verbindlichkeit nicht

87

---

[104] *Begr. Rechtsausschuss* zu § 234b InsO in *Kübler/Prütting*, Das neue Insolvenzrecht, S. 437.
[105] HK-InsO/*Landfermann* § 208 Rn. 8.
[106] AA ist die wohl hM, vgl. nur *Pape/Hauser*, Rn. 283 ff.
[107] Vgl. MüKoInsO/*Hefermehl* § 208 Rn. 39; KPB/*Pape* InsO § 208 Rn. 8.
[108] Uhlenbruck/*Vallender* InsO § 58 Rn. 6 und 9.
[109] Siehe dazu → D., Muster 5.
[110] So aber BK-InsO/*Breutigam* InsO § 208 Rn. 16.

erkennen konnte, dass die Masse voraussichtlich nicht zur Bedienung ausreichen wird. Dem Insolvenzverwalter ist zu raten, auch eine verspätete Masseunzulänglichkeitsanzeige noch abzugeben.

88   **b) Form.** Das Gesetz selbst schreibt weder für die Feststellung der Masseunzulänglichkeit noch für die Anzeige eine bestimmte Form vor. Gleichwohl hat der Insolvenzverwalter die Umstände, aus denen sich die (drohende) Masseunzulänglichkeit ergibt, schlüssig darzulegen. Eine Begründungspflicht ist gesetzlich nicht geregelt.[111] Dennoch verlangt die Literatur teilweise, dass der Masseunzulänglichkeitsanzeige eine vollständige Liste aller Massegläubiger beizufügen ist, damit die Zustellung nach § 208 Abs. 2 S. 2 InsO gewährleistet ist.[112] Noch weitergehend ist die Ansicht, dass der Anzeige ein aktueller Insolvenzstatus beiliegen solle, um den Altmassegläubigern einen Einblick in die finanzielle Lage der Insolvenzschuldnerin geben zu können.[113] Ein derartiges Vorgehen findet im Gesetz allerdings keinen Rückhalt.

2. Veröffentlichung

89   Ab dem Eingang der Anzeige des Insolvenzverwalters beim Insolvenzgericht wird das Insolvenzverfahren als masseunzulängliches Verfahren geführt. Der Eingang der Anzeige beim Insolvenzgericht ist deshalb genau zu dokumentieren. Ab diesem Zeitpunkt gelten die Regelungen der §§ 208 ff. InsO für alle Verfahrensbeteiligten. Die Anzeige selbst ist nach § 208 Abs. 2 InsO öffentlich bekannt zu machen und den Massegläubigern gesondert zuzustellen. Sie kann bei von Anfang an feststehender oder drohender Masseunzulänglichkeit mit der Bekanntmachung des Eröffnungsbeschlusses verbunden werden. Gegen die Anzeige der Masseunzulänglichkeit bestehen keine Rechtsschutzmöglichkeiten (vgl. § 216 Abs. 1 InsO). Es sind deswegen verfassungsrechtliche Bedenken vorgetragen worden.[114] Diese können dann ausgeräumt werden, wenn man, wie hier vertreten, dem Gericht wenigstens eine aufsichtsrechtliche Prüfung abverlangt.

90   Weiterhin kommt der Anzeige eine „Inter-omnes" Wirkung zu, dh es wird ein einheitlicher Zeitpunkt der Massearmut fixiert, der sowohl den Massegläubigern entgegengehalten werden kann, als auch für das Gericht bindend ist.[115]

3. Gläubigerbeteiligung

91   Anders als bei Einstellung des Insolvenzverfahrens mangels Masse gemäß § 207 InsO sind in dem Anzeigeverfahren über die Masseinsuffizienz die Gläubiger nicht zu beteiligen und nicht zu hören. Da die Insolvenzgläubiger in einem masseunzulänglichen Verfahren letztlich keine Befriedigung mehr erhalten,

---

[111] RefE GAVI 2007 sah eine Begründungspflicht vor, der Gesetzesvorschlag wurde aber nicht weiter verfolgt.
[112] *Haarmeyer/Wutzke/Förster*, HdB zur Insolvenzverwaltung, Kap. 8 Rn. 164; *Dinstühler* ZIP 1998, 1697, 1701.
[113] Uhlenbruck/*Ries* InsO § 208 Rn. 20.
[114] *Kluth* ZInsO 2000, 177 (178 f., 184).
[115] BGH, Urt. v. 29.4.2004 – IX ZR 141/03, ZInsO 2004, 674 ff.; FK-InsO/*Kießner* § 208 Rn. 17.

wird deren Beteiligung nicht mehr für notwendig erachtet. Den Massegläubigern ist gemäß § 208 Abs. 2 S. 2 InsO die Anzeige der Masseunzulänglichkeit nur bekanntzumachen.[116] In einigen Fällen ist jedoch trotzdem eine Gläubigerbeteiligung notwendig, beispielsweise für die Anhörung bei Erteilung der Restschuldbefreiung gemäß § 289 Abs. 1 S. 1 InsO.[117]

Man könnte sich auf den Standpunkt stellen, dass die Einberufung von Gläubigerversammlungen nach Anzeige der Masseunzulänglichkeit insofern wenig Sinn macht, als auf die Insolvenzgläubiger ohnehin keine Quote mehr entfällt. Die Abhaltung solcher Versammlungen und Prüfungstermine könnte als (insolvenz-)zweckfrei angesehen werden. Andererseits haben die Insolvenzgläubiger ein Interesse daran, dass ihre Forderungen zur Tabelle festgestellt werden, um gemäß § 201 Abs. 2 InsO gegen den Schuldner wieder vollstrecken zu können[118] oder um Nachweise über Forderungsausfälle gegenüber den Warenkreditversicherern, dem Finanzamt oder den Bürgen zu erhalten. Daneben besteht auch im masseunzulänglichen Verfahren die Pflicht zur Einholung der Zustimmung des Gläubigerausschusses bzw. der Gläubigerversammlung, wenn besonders bedeutsame Rechtshandlungen vorgenommen werden sollen (§ 160 InsO).[119] Da die Normen der §§ 160 ff. InsO nicht auf das masseunzulängliche Verfahren zugeschnitten sind, empfiehlt sich für den Insolvenzverwalter eine Absicherung gegenüber den Massegläubigern und dem Insolvenzgericht durch eine entsprechende Beschlussfassung in den Gläubigerversammlungen oder Gläubigerausschusssitzungen. *Hefermehl*[120] empfiehlt die rechtzeitige Information des Insolvenzgerichtes von beabsichtigten besonders bedeutsamen Rechtshandlungen und die Einholung von Stellungnahmen der betroffenen Massegläubiger. In der Gesamtbetrachtung mögen geänderte Verfahrenszwecke und Kostengesichtspunkte zwar gegen die Durchführung von Gläubigerversammlungen sprechen. Die anhaltende Pflicht zur Verwaltung und Verwertung der Masse (§ 208 Abs. 3 InsO), zur gesonderten Rechnungslegung (§ 211 Abs. 2 InsO) und die Möglichkeit der Anordnung einer Nachtragsverteilung (§ 211 Abs. 3 S. 1 InsO) verlangen sowohl für sich selbst genommen als auch unter besonderer Berücksichtigung der §§ 160 ff. InsO in der Regel die Abhaltung von Gläubigerversammlungen und Prüfungsterminen.

92

4. Schlusstermin

Der Insolvenzverwalter hat weder eine Insolvenzgläubigertabelle, noch eine Masseforderungstabelle, noch ein Schlussverteilungsverzeichnis zu erstellen.[121] Die Erstellung einer Masseforderungstabelle und einer Verteilungsrechnung kann sinnvoll sein, die Unterlagen sind jedoch unverbindlich und nicht zu prüfen.[122] Ein Schlusstermin findet in masseramen Verfahren in der Regel nicht

93

---

[116] Siehe dazu → D., Muster 6.
[117] Zu einzelnen Problemen: *Pape/Hauser* Rn. 319 ff.
[118] Uhlenbruck/*Ries* InsO § 208 Rn. 40.
[119] MüKoInsO/*Hefermehl* § 208 Rn. 44.
[120] Vgl. MüKoInsO/*Hefermehl* § 208 Rn. 44.
[121] Gottwald InsR-HdB/*Klopp/Kluth/Wimmer* § 74 Rn. 39; aA *Smid*, Grundzüge des Insolvenzrechts, § 23 Rn. 34.
[122] Gottwald InsR-HdB/*Klopp/Kluth/Wimmer* § 74 Rn. 42 mwN.

statt.¹²³ Das Insolvenzgericht stellt nach Mitteilung der Verteilung der Masse durch den Insolvenzverwalter und Prüfung der vorgelegten Schlussrechnung das Verfahren nach § 211 Abs. 2 InsO ein.¹²⁴ Die Abnahme der Schlussrechnung durch die Gläubigerversammlung gemäß § 66 InsO entfällt.¹²⁵

94 Jedenfalls wenn eine Restschuldbefreiung erteilt werden soll, ist wegen § 289 Abs. 1 S. 1 InsO ein Schlusstermin notwendig. Außerdem sind in diesem Fall die angemeldeten Forderungen zur Tabelle in einem Prüfungstermin zu prüfen und ein Schlussverzeichnis zu erstellen, da ansonsten eine Verteilung von Masse an die Gläubiger durch den Treuhänder während der Wohlverhaltensperiode nicht erfolgen kann.¹²⁶

5. Einstellungsbeschluss nach § 211 InsO

95 Sobald der Insolvenzverwalter die Masse verteilt hat, stellt das Gericht nach § 211 Abs. 1 InsO das Verfahren grundsätzlich ohne Beteiligung der Gläubiger¹²⁷ durch Beschluss ein.¹²⁸ Der Beschluss und der Einstellungsgrund sind öffentlich bekannt zu machen. Mit der Einstellung des Insolvenzverfahrens erhält der Schuldner das Recht zurück, über die Insolvenzmasse frei zu verfügen, § 215 Abs. 2 InsO. Der Beschluss ist von den Insolvenzgläubigern gemäß § 216 Abs. 1 InsO nicht mit der sofortigen Beschwerde anfechtbar. Nach Einstellung des Verfahrens können die Gläubiger wieder in das Schuldnervermögen vollstrecken.¹²⁹

6. Nachtragsverteilung (§ 211 Abs. 3 InsO)

96 § 211 Abs. 3 InsO sieht ausdrücklich die Möglichkeit zur Anordnung einer Nachtragsverteilung für die Fälle vor, dass nach der Einstellung des Verfahrens noch Gegenstände der Insolvenzmasse auftauchen. Dies dient dem Zweck, ein neues Insolvenzverfahren zu vermeiden und eine vollständige Haftungsrealisierung zu erreichen. Hiervon werden auch Gegenstände erfasst, die während des Verfahrens tatsächlich nicht verwertbar waren oder der Verwalter zunächst für unverwertbar hielt.¹³⁰ Zu beachten ist, dass die in § 203 Abs. 1 Nr. 1 und Nr. 2 InsO aufgeführten Fälle vom Wortlaut des § 211 Abs. 3 InsO grundsätzlich nicht erfasst werden. Da dies aber dem Zweck der Nachtragsverteilung widersprechen würde, muss man eine Nachtragsverteilung auch für nach Verfahrenseinstellung zurückfließende oder im Hinblick auf einen anhängigen Rechtsstreit zunächst zurückbehaltene Beträge bejahen.¹³¹

---

¹²³ MüKoInsO/*Hefermehl* § 211 Rn. 16 mwN; HK-InsO/*Waltenberger* § 289 Rn. 6.
¹²⁴ Vgl. MüKoInsO/*Hefermehl* § 211 Rn. 16.
¹²⁵ MüKoInsO/*Hefermehl* § 211 Rn. 16.
¹²⁶ Vgl. Braun/*Kießner* InsO § 211 Rn. 8 ff.
¹²⁷ Ausnahme: Bei Erteilung einer Restschuldbefreiung.
¹²⁸ Siehe dazu → D., Muster 7.
¹²⁹ Uhlenbruck/*Ries* InsO § 211 Rn. 12.
¹³⁰ BGH, Beschl. v. 26.1.2012 – IX ZB 111/10, ZIP 2012, 437 und BGH, Beschl. v. 2.12.2010 – IX ZB 184/09, ZIP 2011, 135.
¹³¹ BGH, Beschl. v. 16.1.2014 – IX ZB 122/12; BGH, Beschl. v. 10.10.2013 – IX ZB 40/13; MüKoInsO/*Hefermehl* § 211 Rn. 19; *Bork* ZIP 2009, 2077, 2080 f.; AGR/*Henning* InsO § 211 Rn. 14; HK-InsO/*Landfermann* § 211 Rn. 8; Mohrbutter/Ringstmeier/*Pape*,

Die Anordnung der Nachtragsverteilung erfolgt entweder von Amts wegen oder auf Antrag des Verwalters oder eines Massegläubigers, § 211 Abs. 3 S. 1 InsO. Die Insolvenzgläubiger haben kein Antragsrecht. Insoweit können sie aber einen (unzulässigen) Antrag stellen und durch diese Anregung ggf. erreichen, dass das Insolvenzgericht die Voraussetzungen für die Anordnung der Nachtragsverteilung prüft und bei deren Vorliegen diese anordnet.[132]

97

7. Rechtsmittel

Eine Überprüfung der Anzeige der Masseunzulänglichkeit durch das Insolvenzgericht findet nicht statt.[133] Das Gesetz sieht keine verfahrensimmanente Prüfung oder Kontrolle der Verwalteranzeige vor. Der Gesetzgeber hat ausdrücklich die Justiziabilität der Anzeige der Masseverbindlichkeit nicht vorgesehen, um die Insolvenzgerichte von der gerichtlichen Prüfung zu entlasten und damit auch auf eine zügige Abwicklung des masseunzulänglichen Verfahrens hinzuwirken.[134] Nach *Runkel/Schnurbusch*[135] soll eine Feststellungsklage durch Massegläubiger mit dem Ziel, festzustellen, dass keine Masseunzulänglichkeit vorliegt, zulässig sein. Dies widerspricht aber der Intention des Gesetzgebers, der durch den Ausschluss von Rechtsmitteln das Abwicklungsverfahren beschleunigen und vereinfachen und darüber hinaus auch Planungssicherheit für den Insolvenzverwalter schaffen wollte. Eine Anfechtung des Einstellungsbeschlusses ist jedenfalls unzulässig.

98

VII. Verfahrensabwicklung

1. Verfahrensziel nach Anzeige der Masseunzulänglichkeit

Trotz der Anzeige der Masseunzulänglichkeit bleibt der Verwalter gemäß § 208 Abs. 3 InsO weiterhin zur Verwaltung und Verwertung der Masse verpflichtet, hat sich hierbei jedoch an einer möglichst raschen Liquidation zu orientieren.[136] Durch die Anzeige ändert sich der Verfahrenszweck dahingehend, dass eine zügige Restabwicklung ausschließlich im Interesse der Massegläubiger zu erfolgen hat.[137]

99

2. Die Rangordnung des § 209 InsO

Durch die Anzeige der Masseunzulänglichkeit erfolgt eine Rangrückstufung der bis dahin entstandenen sonstigen Masseverbindlichkeiten im Sinne des § 55

100

HdB Insolvenzverwaltung, § 12 Rn. 147; Graf-Schlicker/*Riedel* InsO § 211 Rn. 15; aA LG Kassel, Beschl. v. 22.3.2013 – 3 T 141/13, ZInsO 2013, 2565.
[132] Nerlich/Römermann/*Westphal* InsO § 211 Rn. 16.
[133] HambK-InsO/*Weitzmann* § 208 Rn. 22; MüKoInsO/*Hefermehl* § 208 Rn. 35; HK-InsO/*Landfermann* § 208 Rn. 8.
[134] MüKoInsO/*Hefermehl* § 208 Rn. 38.
[135] *Runkel/Schnurbusch*, NZI 2000, 52.
[136] Braun/*Kießner* InsO § 208 Rn. 29.
[137] Uhlenbruck/*Ries* InsO § 208 Rn. 40.

InsO gegenüber denjenigen, die erst nach Anzeige der Masseunzulänglichkeit begründet werden, vgl. § 209 Abs. 1 Nr. 1–3 InsO.[138] Demnach stehen die Kosten des Insolvenzverfahrens (§ 54 InsO) vor den sog „Neumasseverbindlichkeiten", diese wiederum vor den sog „Altmasseverbindlichkeiten". Bei den Altmasseverbindlichkeiten ist gemäß § 209 Abs. 1 Nr. 3 InsO zuletzt der dem Schuldner und seiner Familie nach §§ 100, 101 Abs. 1 S. 3 InsO bewilligte Unterhalt zu berichtigen.

101 Für die Verteilung nach § 209 InsO ist kein eigenes gesetzliches Verfahren vorgeschrieben. Dem Insolvenzverwalter ist freigestellt, wie er die Aufgabe der ranggerechten Verteilung der Insolvenzmasse erfüllt.[139] Allerdings hat er zu berücksichtigen, dass er für seine Tätigkeit nach Anzeige der Masseunzulänglichkeit gesondert Rechnung zu legen hat, § 211 Abs. 2 InsO.

102 § 209 InsO sieht folgende Rangfolge vor: Die Verfahrenskosten erhalten durch § 209 Abs. 1 Nr. 1 InsO ein Recht auf eine absolute Vorwegbefriedigung noch vor den Masseverbindlichkeiten. Mit Anzeige der Masseunzulänglichkeit hat der Insolvenzverwalter nun, allerdings mit Haftungsrisiken verbunden, sogar die Möglichkeit neue Masseverbindlichkeiten zu begründen, die, wenn das Verfahren weiter erfolgreich durch schnelle Liquidation des Schuldnervermögens abgewickelt wird, noch vor den bisher entstandenen Masseverbindlichkeiten voll bezahlt werden dürfen (§ 209 Abs. 1 Nr. 2 InsO). Allerdings darf eine begrenzte Betriebsfortführung mit neuen Masseverbindlichkeiten die Befriedigungschancen der Altmassegläubiger nicht wesentlich verschlechtern.[140]

103 Die Befriedigung der Massegläubiger erfolgt auch in der Wohlverhaltensperiode entsprechend der Rangordnung des § 209 Abs. 1 InsO.[141]

3. Die Rückkehr ins Regelverfahren nach Überwindung der Masseunzulänglichkeit

104 Wie bereits dargestellt,[142] ist für die Feststellung der Masseunzulänglichkeit im Insolvenzverfahren regelmäßig eine Prognoseentscheidung mit einer Wahrscheinlichkeitsbeurteilung erforderlich. Dies bringt aber auch Unwägbarkeiten mit sich. Der tatsächliche Verlauf kann von der Prognose abweichen. Es kann also eine prognostizierte Masseunzulänglichkeit sich tatsächlich nicht verwirklichen oder sie kann nachträglich entfallen.

105 Die Masseunzulänglichkeit hat der Insolvenzverwalter dem Insolvenzgericht anzuzeigen und die Anzeige ist öffentlich bekannt zu machen (§ 208 Abs. 2 InsO). Im Fall einer Wiederherstellung der Massezulänglichkeit muss im Umkehrschluss schon aus formalen Gründen ebenfalls eine Anzeige über die Wiedererlangung der Massezulänglichkeit beim Insolvenzgericht erfolgen. Nachdem die ursprüngliche Anzeige der Masseunzulänglichkeit veröffentlicht wird, sollte wegen der Publizitätswirkung auch die Überwindung der Masseunzulänglichkeit öffentlich bekannt gemacht werden.

---

[138] Braun/*Kießner* InsO § 208 Rn. 29.
[139] MüKoInsO/*Hefermehl* § 211 Rn. 5.
[140] KPB/*Pape* InsO § 209 Rn. 11.
[141] Ringstmeier/*Pape*, HdB der Insolvenzverwaltung, § 12 Rn. 145.
[142] Siehe → Rn. 62 f.

§ 13. Die massearme Insolvenz

Bei Massezulänglichkeit können sowohl die Kosten des Verfahrens als auch alle sonstigen Masseverbindlichkeiten vollumfänglich aus der Insolvenzmasse bedient werden. Die gesetzliche Befriedigungsreihenfolge für die Massegläubiger nach § 209 InsO ist bei Überwindung der Masseunzulänglichkeit nicht mehr relevant, da alle Massegläubiger befriedigt werden. Die Überwindung der Masseunzulänglichkeit wird letztlich auch durch die Befriedigung sämtlicher Masseverbindlichkeiten angezeigt. 106

VIII. Weitere prozessuale und materielle Auswirkungen der Anzeige der Masseunzulänglichkeit

1. Unzulässigkeit der Zwangsvollstreckung

Um die Rangordnung des § 209 InsO durchzusetzen, erklärt § 210 InsO die Zwangsvollstreckung wegen einer Altmasseverbindlichkeit iSd § 209 Abs. 1 Nr. 3 InsO für unzulässig. 107

Der Insolvenzverwalter ist befugt, einem vollstreckenden Altmassegläubiger den von Amts wegen zu beachtenden Einwand des § 210 InsO notfalls im Wege der Erinnerung nach § 766 ZPO entgegenzuhalten.[143] Das vollstreckende Organ ist – anders als nach früherer Rechtslage[144] – nicht zur Prüfung befugt, ob tatsächlich Masseinsuffizienz vorliegt.[145] Das Verbot des § 210 InsO bezieht sich auf sämtliche Verfahren, die zu einer Vollstreckung in die Insolvenzmasse führen können,[146] also Einzelzwangsvollstreckung, Forderungspfändung, behördliche Vollstreckungshandlungen usw. Neumassegläubiger können dahingegen grundsätzlich ihre Forderungen[147] ungehindert durchsetzen und vollstrecken.[148] Im Fall eines laufenden Zwangsvollstreckungsverfahrens durch einen Neumassegläubiger gebietet die Anzeige der Masseunzulänglichkeit und der damit einhergehenden Aussicht auf eine nur teilweise Befriedigung der Neumassegläubiger aus der Insolvenzmasse, eine Vollstreckungsgegenklage zu erheben.[149] 108

2. Unzulässigkeit von Leistungsklagen

Die weitere Konsequenz des Vollstreckungsverbotes ist strittig. Nach überwiegend vertretener Auffassung ist die Leistungsklage eines Altmassegläubigers (sowohl eine bereits anhängige als auch eine neu zu erhebende) gegen die Masse nach Anzeige der Masseunzulänglichkeit unzulässig.[150] Der Leistungsklage fehlt wegen mangelnder Vollstreckbarkeit auf Grund von § 210 InsO das Rechts- 109

---

[143] Vgl. *Pape/Hauser* Rn. 391.
[144] Vgl. BAG, Urt. v. 31.1.1979 – 5 AZR 749/77, NJW 1980, 141, 143, unter Geltung der KO musste Vollstreckungsgegenklage erhoben werden.
[145] MüKoInsO/*Hefermehl* § 210 Rn. 15; *Runkel/Schnusbusch* NZI 2000, 49, 53.
[146] Uhlenbruck/*Ries* InsO § 210 Rn. 4.
[147] Vgl. *Pape/Hauser* Rn. 397.
[148] Braun/*Kießner* InsO § 210 Rn. 8.
[149] Vgl. *Pape/Hauser* Rn. 393; KPB/*Pape* InsO § 210 Rn. 6.
[150] BAG, Urt. v. 11.12.2001 – 9 AZR 459/00, ZIP 2002, 628 ff.; BGH, Urt. v. 13.4.2006 – IX ZR 22/05, ZInsO 2006, 541 ff.; *Pape* ZIP 2001, 60, 61 f.; Braun/*Kießner* InsO § 210 Rn. 7; aA *Runkel/Schnusbusch* NZI 2000, 49, 52 f.; *Roth* FS Gaul, S. 577 f.

488 3. Teil. Das eröffnete Insolvenzverfahren

schutzbedürfnis.[151] Die Klage ist daher auf eine Feststellungsklage hin umzustellen, bzw. kann nur als solche erhoben werden.[152]

110 Für Neumassegläubiger gemäß § 209 Abs. 1 Nr. 2 InsO gilt das Vollstreckungsverbot des § 210 InsO nach dem eindeutigen Wortlaut nicht. Stellt sich jedoch im Laufe des Insolvenzverfahrens heraus, dass auch die Neumassegläubiger nicht voll aus der Insolvenzmasse bedient werden können, so werden die Gläubiger des 2. Rangs gemäß § 209 Abs. 1 aE InsO nach dem Verhältnis ihrer Beträge bedient. In diesem Fall ist die Erhebung einer Leistungsklage der Neumassegläubiger nach Anzeige der Masseunzulänglichkeit ebenfalls als unzulässig anzusehen.[153]

3. Auswirkungen auf laufende Rechtsstreitigkeiten

111 Die Voraussetzungen für die Gewährung einer Prozesskostenhilfe (kurz: PKH) sind in § 116 S. 1 Nr. 1 ZPO geregelt. Danach erhält eine Partei kraft Amtes auf Antrag Prozesskostenhilfe, wenn die Kosten aus der verwalteten Vermögensmasse nicht aufgebracht werden können und den am Gegenstand des Rechtsstreits wirtschaftlich Beteiligten nicht zuzumuten ist, die Kosten aufzubringen. Bei Anzeige der Masseunzulänglichkeit nach § 208 InsO ist grundsätzlich davon auszugehen, dass die Kosten eines Rechtsstreits nicht aus dem verwalteten Vermögen aufgebracht werden können.[154]

112 Die Anzeige der Masseunzulänglichkeit nach § 208 InsO macht die Führung des PKH-Rechtsstreits durch den Verwalter nicht mutwillig iSd § 116 S. 2 iVm § 114 S. 1, Abs. 2 ZPO.[155] Die Pflicht des Verwalters zur Verwaltung und Verwertung der Masse besteht nach § 208 Abs. 3 InsO fort.[156] Die Anzeige der Masseunzulänglichkeit führt bei einem laufenden Antrag des Insolvenzverwalters auf Gewährung von PKH zur zwingenden Prüfung, ob sich die Befriedigungsmöglichkeiten für die Gläubiger von Altmasseverbindlichkeiten im Falle der Durchführung des streitigen Verfahrens erhöhen. Insolvenzgläubiger können nur dann zuschusspflichtig sein, wenn durch einen Prozesserfolg die Chance besteht, die Masseunzulänglichkeit zu beseitigen.[157] Jedoch kann PKH versagt werden, wenn ein erfolgreicher Prozess nur die Vergütung des Insolvenzverwalters decken und darüber hinaus nur ein geringer Überschuss zugunsten der Insolvenzmasse erzielt werden würde.[158]

113 Der PKH-Antrag eines Insolvenzgläubigers wird mit Anzeige der Masseunzulänglichkeit auch nicht automatisch unwirksam, weil sowieso keine Quote mehr zu erwarten ist,[159] sondern kann fortgesetzt werden, weil trotz der Anzeige der Masseunzulänglichkeit eine Rückkehr ins Regelverfahren möglich

---

[151] Vgl. BAG, Urt. v. 11.12.2001 – 9 AZR 459/00, ZIP 2002, 628, 629; BGH, Urt. v. 3.4.2003 – IX ZR 101/02, NJW 2003, 2454.
[152] Vgl. AG Hamburg, Urt. v. 14.4.2015 – 48 C 68/14, ZVI 2015, 295.
[153] *Pape/Hauser* Rn. 388; BGH, Urt. v. 13.4.2006 – IX ZR 22/05, ZInsO 2006, 541 ff.
[154] BFH, Beschl. v. 19.2.2014 – V S 33/13 (PKH), BFH/NV 2014, 727.
[155] BGH, Beschl. v. 28.2.2008 – IX ZB 147/07, NZI 2008, 431.
[156] BFH, Beschl. v. 19.2.2014 – V S 33/13 (PKH), BFH/NV 2014, 727.
[157] *Zwanziger*, NZA 2015, 577, 581.
[158] OLG Köln, Beschl. v. 7.1.2014 – I-18 W 21/12, 18 W 21/13, ZIP 2014, 2311.
[159] So LG Freiburg, Beschl. v. 26.9.2003 – 4 T 216/03, ZInsO 2003, 954 ff.

ist[160] und letztlich die Situation noch eintreten kann, dass die Masseverbindlichkeiten voll befriedigt werden und die Insolvenzgläubiger zumindest anteilig eine Quote erwarten können.

4. Das Wahlrecht des § 103 InsO

Die genauen Anwendungsmodi des § 103 InsO im masseunzulänglichen Verfahren sind umstritten. Es ist insbesondere unklar, ob und in welchem Ausmaß die Konzeption der „Insolvenz in der Insolvenz" durchgreift und wann § 103 InsO ggf. analog angewendet werden kann. Nach dem Wortlaut des § 209 Abs. 2 Nr. 1 InsO kann der Verwalter jedenfalls die Erfüllung des Vertrages (erstmals) wählen, nachdem er die Masseunzulänglichkeit angezeigt hatte. Er begründet damit Neumasseverbindlichkeiten gemäß § 209 Abs. 1 Nr. 2 InsO. 114

Der Verwalter hat in jedem Einzelfall abzuwägen, ob der geänderte Verfahrenszweck wirklich eine Erfüllungswahl nach § 103 InsO erfordert, da eine Erfüllungswahl nach Anzeige der Masseunzulänglichkeit zu Neumasseverbindlichkeiten führt, § 209 Abs. 2 Nr. 1 InsO, während eine Ablehnung der Erfüllung nach § 103 Abs. 2 InsO lediglich Insolvenzforderungen begründet. 115

Es stellen sich jedoch insbesondere die Fragen, ob der Verwalter die Erfüllung eines von ihm selbst zwischen Insolvenzeröffnung und Masseunzulänglichkeitsanzeige geschlossenen Vertrages nach § 103 InsO analog wählen kann oder ob er die Erfüllung nach Anzeige der Masseunzulänglichkeit ablehnen kann, obwohl er zuvor bereits im eröffneten Verfahren die Erfüllung gewählt hatte.[161] Ein derart widersprüchliches Verhalten lässt die Systematik der §§ 208 ff. InsO nicht zu. Die Anzeige der Masseunzulänglichkeit eröffnet kein neues Verfahren und ändert auch nichts an der Identität des Insolvenzverwalters. § 208 Abs. 3 InsO erklärt ausdrücklich, dass die Pflicht des Verwalters zur Verwaltung und Verwertung fortgesetzt wird. Im Übrigen ist für die Qualifikation und Befriedigungsreihenfolge von Ansprüchen aus gegenseitigen Verträgen iSd § 103 InsO nach dem Zeitpunkt ihres Entstehens zu differenzieren.[162] 116

Die erstmalige Ablehnung der Erfüllung gibt dem Vertragspartner nur einen Schadensersatzanspruch im Rang einer Insolvenzforderung (§ 38 InsO), die Erfüllungswahl nach Anzeige der Masseunzulänglichkeit führt dahingegen stets zu Neumasseverbindlichkeiten. Widersprüchliches Verhalten des Verwalters (also zB Erfüllungswahl bzw. erstmaliger Vertragsschluss nach Eröffnung des Insolvenzverfahrens, aber Ablehnung der Erfüllung nach Anzeige der Masseunzulänglichkeit) führt – falls man dieses Verhalten entgegen der hier vertretenen Ansicht als rechtswirksam zulässt – zu Altmasseverbindlichkeiten und bringt jedenfalls die Gefahr der persönlichen Haftung des Verwalters mit sich (§ 61 InsO). 117

---

[160] Siehe zB Braun/*Kießner* InsO § 208 Rn. 32.
[161] Vgl. KPB/*Pape* InsO § 209 Rn. 12 ff.; Uhlenbruck/*Ries* InsO § 209 Rn. 12 f.
[162] Vgl. dazu im Einzelnen Uhlenbruck/*Ries* InsO § 209 Rn. 12 ff.; MüKoInsO/*Hefermehl* § 209 Rn. 25 ff.

5. Dauerschuldverhältnisse

118 Besondere Gefahren und gleichzeitig besondere Einsparungsmöglichkeiten ergeben sich bei der Behandlung von Dauerschuldverhältnissen im masseunzulänglichen Insolvenzverfahren.

119 Nach § 209 Abs. 2 Nr. 2 und Nr. 3 InsO gelten als Neumasseverbindlichkeiten insbesondere folgende Dauerschuldverhältnisse:
– § 209 Abs. 2 Nr. 2 InsO: Verbindlichkeiten aus einem Dauerschuldverhältnis für die Zeit nach dem ersten Termin, zu dem der Verwalter nach Anzeige der Masseunzulänglichkeit kündigen konnte;
– § 209 Abs. 2 Nr. 3 InsO: Verbindlichkeiten aus einem Dauerschuldverhältnis, soweit der Verwalter nach Anzeige der Masseunzulänglichkeit für die Insolvenzmasse die Gegenleistung in Anspruch genommen hat.

120 Diese Alternativen führen unabhängig voneinander zu Neumasseverbindlichkeiten. Der Insolvenzverwalter hat in Bezug auf Dauerschuldverhältnisse unverändert nur die ordentlichen bzw. besonderen insolvenzrechtlichen Kündigungsrechte, da die Anzeige der Masseunzulänglichkeit kein außerordentliches Kündigungsrecht gibt.[163]

121 Nach § 209 Abs. 2 Nr. 2 InsO werden die Forderungen von Vertragspartnern aus Dauerschuldverhältnissen für die Zeit nach Insolvenzeröffnung bei rechtzeitiger Ausübung des Kündigungsrechtes durch den Verwalter nur als Altmasseverbindlichkeiten eingestuft. Versäumt der Verwalter die Kündigung nach Anzeige der Masseunzulänglichkeit oder kündigt er gar nicht, erfolgt eine Aufteilung (vgl. Wortlaut des § 209 Abs. 2 Nr. 2 InsO: *„für die Zeit nach dem erstem Termin, zu dem der Verwalter ... hätte kündigen können"*): Bis zum ersten möglichen Kündigungstermin nach Anzeige der Masseunzulänglichkeit sind die Ansprüche des Vertragspartners als Altmasseverbindlichkeiten zu qualifizieren, danach als Neumasseverbindlichkeiten.[164]

122 Gemäß § 209 Abs. 2 Nr. 3 InsO entstehen nach Anzeige der Masseunzulänglichkeit auch insoweit Neumasseverbindlichkeiten, als der Insolvenzverwalter die Gegenleistung nach Anzeige der Masseunzulänglichkeit für die Insolvenzmasse entgegennimmt. Will der Verwalter Neumasseverbindlichkeiten vermeiden, muss er die Alternativen in § 209 Abs. 2 Nr. 2 und Nr. 3 InsO jeweils für sich im Auge behalten. Die Problematik dieser Regelungen lässt sich durch ihre Anwendung auf folgende gängige Arten von Dauerschuldverhältnissen verdeutlichen:

123 a) **Miete/Pacht von Immobilien.** Hat bei einem Mietverhältnis über Räume der Insolvenzverwalter des Mieters die Kündigung nach Anzeige der Masseunzulänglichkeit rechtzeitig im Sinne des § 209 Abs. 2 Nr. 2 InsO erklärt, benutzt er allerdings die Räume bis zum Ablauf der Kündigungsfrist weiter, so ist der Anspruch des Vertragspartners auf Mietzahlung nach Anzeige der Masseunzulänglichkeit insgesamt als Neumasseverbindlichkeit zu qualifizieren, § 209 Abs. 2 Nr. 3 InsO.[165]

124 Es kann jedoch das Problem auftreten, dass der Verwalter das Mietverhältnis rechtzeitig gekündigt hat, ihm aber die finanziellen Mittel zur Räumung fehlen.

---

[163] Braun/*Kießner* InsO § 209 Rn. 25; Nerlich/Römermann/*Westphal* InsO § 209 Rn. 8.
[164] KPB/*Pape* InsO § 209 Rn. 15.
[165] KPB/*Pape* InsO § 209 Rn. 17.

§ 13. Die massearme Insolvenz

Uhlenbruck[166] ist der Auffassung, dass eine schlicht unterbliebene Rückgabe ohne tatsächliche Inanspruchnahme nicht genügen kann, um die Rechtsfolge des § 209 Abs. 2 Nr. 3 InsO auszulösen. Vielmehr muss die Inanspruchnahme der Gegenleistung willentlich erfolgt sein. Diese Auffassung wird von der aktuellen BGH-Rechtsprechung[167] unterstützt, wonach die „bloße" nicht erfolgte Räumung nach Insolvenzeröffnung dem Vermieter zwar einen Schadensersatzanspruch gibt, dieser Schadensersatzanspruch aber – entgegen früherer Rechtsprechung[168] – keine Masseschuld darstellt, sondern lediglich den Charakter einer Insolvenzforderung hat.

b) Miete/Leasing von beweglichen Wirtschaftsgütern. Für Miet- und Leasingverträge über bewegliche Wirtschaftsgüter ist auch in masseunzulänglichen Verfahren § 103 InsO maßgebend. Der Nichteintritt in ein solches Verhältnis wirkt auf den Eröffnungszeitpunkt zurück. Es bleibt allerdings § 209 Abs. 2 Nr. 2 und Nr. 3 InsO zu beachten, so dass Alt- bzw. Neumasseverbindlichkeiten entsprechend dieser Norm entstehen. Bei Gegenständen, die noch benötigt werden, bietet sich ein Nichteintritt in Verbindung mit einem Neuabschluss an, so dass für die Masse vorteilhaftere Konditionen ausgehandelt werden können. 125

c) Dienst- und Arbeitsverhältnisse. Der Insolvenzverwalter tritt mit seiner Bestellung an die Stelle des bisherigen Arbeitgebers und somit auch in dessen Rechte und Pflichten ein. Die Arbeitsverhältnisse der einzelnen Arbeitnehmer bestehen gemäß § 108 Abs. 1 S. 1 InsO fort, können jedoch mit einer Frist von drei Monaten gekündigt werden, es sei denn die tatsächliche Kündigungsfrist ist kürzer, §§ 622 Abs. 2 S. 1 Nr. 1–3 BGB, 113 S. 2 InsO. Trotz der Anzeige der Masseunzulänglichkeit bei Gericht verbleibt es bei den dargestellten Grundsätzen. 126

d) Sozialplanansprüche. Ansprüche aus einem Sozialplan, der erst nach Verfahrenseröffnung aufgestellt wurde, sind Masseverbindlichkeiten, § 123 Abs. 2 S. 1 InsO. Allerdings setzt ihre Berücksichtigung nach § 123 Abs. 2 S. 2 und S. 3 InsO das Vorhandensein einer Teilungsmasse für die Insolvenzgläubiger voraus. Da bei Masseunzulänglichkeit per definitionem keine solche Teilungsmasse vorhanden ist, dürfen Sozialplanansprüche bei der Verteilung nach § 209 InsO nicht berücksichtigt werden.[169] 127

6. Ausschluss sonstigen Rechtserwerbs (§ 91 InsO)

§ 91 InsO sichert die Insolvenzmasse nach Eröffnung des Insolvenzverfahrens vor der Begründung von weiteren Rechten an Massegegenständen. In entsprechender Anwendung des § 91 InsO soll auch verhindert werden, dass Altmassegläubiger nach Anzeige der Masseunzulänglichkeit entgegen der Rangfolge in § 209 Abs. 1 Nr. 3 InsO an der Insolvenzmasse weitere Rechte erlangen.[170] 128

---

[166] Uhlenbruck/*Ries* InsO § 209 Rn. 25.
[167] Vgl. BGH, Urt. v. 5.7.2001 – IX ZR 327/99, NJW 2001, 2966.
[168] BGH, Urt. v. 5.10.1994 – XII ZR 53/93, NJW 1994, 3232, 3234.
[169] Uhlenbruck/*Ries* InsO § 209 Rn. 43.
[170] Vgl. KPB/*Pape* InsO § 210 Rn. 9.

7. Gesamtschaden (§§ 92, 93 InsO)

129 Die §§ 92, 93 InsO sind im masseunzulänglichen Verfahren nur dann anwendbar, wenn im Einzelfall gerade auch Massegläubiger geschädigt sind.[171] Folglich sind diese Normen entsprechend teleologisch zu reduzieren, so dass der Insolvenzverwalter solche Ansprüche nicht als Gesamtschaden geltend machen darf, die nach dem Schutzzweck der jeweiligen Haftungsnorm nur den Insolvenzgläubigern zugutekommen sollen.[172] Die §§ 92, 93 InsO sind dann nicht anwendbar.

8. Anwendung der Aufrechnungsvorschriften (§§ 94 ff. InsO)

130 Nach dem Modell von der „Insolvenz in der Insolvenz" sind die Aufrechnungsverbote der §§ 94 ff. InsO im masseunzulänglichen Verfahren entsprechend anzuwenden.[173] Das bedeutet, dass nach § 94 InsO analog die Aufrechnung mit Altmasseverbindlichkeiten nur dann möglich ist, wenn die Aufrechnungslage zugunsten des Massegläubigers bei Anzeige der Masseunzulänglichkeit bereits bestanden hat.[174] Die Herleitung des Aufrechnungsverbotes wird in der Literatur unterschiedlich begründet. So leiten *Runkel/Schnurbusch*[175] – anders als die wohl herrschende Auffassung, die sich auf die §§ 94 ff. InsO analog beruft – das Aufrechnungsverbot aus § 394 S. 1 BGB iVm § 210 InsO im Sinne eines materiell-rechtlichen Aufrechnungsverbotes her.

131 War die Aufrechnungslage bei Anzeige der Masseunzulänglichkeit jedoch noch nicht gegeben, dann sind die Aufrechnungsverbote des § 96 Abs. 1 InsO entsprechend anwendbar, wobei nur den Regelungen des § 96 Abs. 1 Nr. 1 und Nr. 2 InsO eine praktische Relevanz zukommt. Nach Anzeige der Masseunzulänglichkeit hat ein Altmassegläubiger gemäß § 209 Abs. 1 Nr. 3 InsO nur einen Anspruch auf teilweise Befriedigung aus der Insolvenzmasse. Könnte der Altmassegläubiger gegen einen voll durchsetzbaren Anspruch der Masse aufrechnen, dann würde die anteilige Befriedigungsanordnung des § 209 Abs. 1 Nr. 3 InsO unterlaufen werden. Es gilt deshalb § 96 Abs. 1 Nr. 1 InsO analog. Dies gilt über § 96 Abs. 1 Nr. 2 InsO analog auch bei Erwerb einer Altmasseverbindlichkeit.

9. Betriebsfortführung

132 Durch die Anzeige der Masseunzulänglichkeit liegt das Verfahrensziel eines Insolvenzverfahrens nicht mehr auf der gleichmäßigen Befriedigung aller Insolvenzgläubiger, sondern nur noch in der geordneten Abwicklung des Verfahrens zur Befriedigung der Massegläubiger in der Rangfolge des § 209 InsO. Es stellt sich somit die Frage, ob ein Insolvenzverwalter in einem masseunzulänglichen Verfahren eine Fortführung des insolventen Betriebes anstreben darf.

---

[171] Uhlenbruck/*Ries* InsO § 208 Rn. 58.
[172] Vgl. hierzu im Detail Uhlenbruck/*Ries* InsO § 208 Rn. 58.
[173] HM vgl. etwa Uhlenbruck/*Ries* InsO § 208 Rn. 44; FK-InsO/*Kießner* § 209 Rn. 52.
[174] Braun/*Kießner* InsO § 210 Rn. 11.
[175] *Runkel/Schnurbusch* NZI 2000, 49, 54 f.

Die Frage ist zu bejahen.[176] Der Insolvenzverwalter hat auch in einem masseunzulänglichen Insolvenzverfahren die Verwaltungs- und Verfügungsbefugnis gemäß § 80 Abs. 1 InsO. Ihm obliegt damit auch die Entscheidung über eine Betriebsfortführung des schuldnerischen Unternehmens. Er hat dabei stets zu prüfen, dass die zusätzlichen Masseverbindlichkeiten die zusätzlichen Massezuflüsse aus der Betriebsfortführung nicht übersteigen.[177] Außerdem ist ein masseunzulängliches Insolvenzverfahren zügig abzuwickeln,[178] damit die Massegläubiger baldmöglichst in der Rangfolge des § 209 InsO Befriedigung erhalten.[179] Diese Vorgabe einer zügigen Abwicklung wird deshalb in eine Pflicht des Insolvenzverwalters zur zügigen Liquidation umgedeutet.

133

10. Rechnungslegung

Gemäß § 211 Abs. 2 InsO hat der Insolvenzverwalter für die Zeit nach der Anzeige der Masseunzulänglichkeit gesondert Rechnung zu legen. Der Verwalter hat die Schlussrechnung (Masseverzeichnis) in zwei Zeiträume zu unterteilen.[180] Diese gesplittete Rechnungslegungspflicht ist Ausdruck des geänderten Verfahrenszwecks.[181] Die Erstellung eines Verteilungsverzeichnisses ist hinfällig geworden. Der Verwalter hat aber neben einer Darstellung seiner Verwaltertätigkeit eine Verteilungsliste einzureichen, aus der sich die Alt- und Neumassegläubiger ergeben sowie ihre Forderungen und die auf sie entfallenden Beträge.[182]

134

11. Steuerliche Pflichten

Grundsätzlich hat der Insolvenzverwalter die sich aus dem Steuerrechtsverhältnis ergebenden Pflichten zu erfüllen, wie die Buchführung, die Erstellung von Jahresabschlüssen und die Abgabe der Steuererklärungen, vgl. §§ 34 Abs. 3, 153 Abs. 1, 140 AO, § 155 InsO.[183] Die Steuererklärungs- und Rechnungslegungspflichten bestehen grundsätzlich auch bei Masseunzulänglichkeit im Insolvenzverfahren fort. Dies führt für den Verwalter insbesondere bei „Nullmassen" zu Problemen, seitdem solche Verfahren aufgrund der Möglichkeit der Verfahrenskostenstundung für natürliche Personen (§§ 4aff. InsO) zur Eröffnung gelangen können.[184]

135

Die frühere Rechtsprechung des BFH zur Steuererklärungspflicht des (Konkurs-)Insolvenzverwalters, wonach der Insolvenzverwalter aus §§ 155 Abs. 1 InsO, 34 Abs. 3 AO (§§ 6 KO, 34 Abs. 3 AO) auch im massearmen Verfahren zur Abgabe der Steuererklärung verpflichtet war,[185] hat mit der Regelung des

136

---

[176] So auch HambK-InsO/*Weitzmann* § 208 Rn. 10.
[177] BGH, Urt. v. 12.10.1989 – IX ZR 245/88, ZIP 1989, 1584, 1589.
[178] Vgl. FK-InsO/*Kießner* § 208 Rn. 18.
[179] BK-InsO/*Breutigam* InsO § 208 Rn. 18.
[180] Vgl. Uhlenbruck/*Ries* InsO § 211 Rn. 2.
[181] MüKoInsO/*Hefermehl* § 211 Rn. 14.
[182] Uhlenbruck/*Ries* InsO § 211 Rn. 2; weitere Anforderungen stellt Braun/*Kießner* InsO § 211 Rn. 8 ff.
[183] MüKoInsO/*Hefermehl* § 208 Rn. 71.
[184] Hierzu *Ast* ZVI 2002, 183 f.
[185] Vgl. BFH, Urt. 23.8.1994 – VII R 143/92, ZIP 1994, 1969, 1972.

massearmen Verfahrens in der Insolvenzordnung eine neue Aktualität gewonnen. Das AG Duisburg hat entschieden, dass Zwangsmaßnahmen der Finanzbehörden zur Abgabe einer Steuererklärung nicht gegen den Insolvenzverwalter ergehen dürfen, wenn der Insolvenzverwalter die Masseunzulänglichkeit angezeigt hat oder die Verfahrenskosten nach § 4a InsO gestundet wurden und feststeht, dass die Kosten für die Erstellung der Steuererklärung nicht von der vorhandenen Insolvenzmasse gedeckt sind.[186] Der BGH tendiert zu der Auffassung des AG Duisburg, lässt die Frage nach der Steuererklärungspflicht gemäß § 34 Abs. 3 AO und deren zwangsweisen Durchsetzung aber ausdrücklich offen, solange dem Insolvenzverwalter bei Kostenstundung gemäß § 4a InsO ein Anspruch auf Erstattung der den Umständen nach angemessenen Kosten für die Beauftragung eines Steuerberaters als Auslagen aus der Staatskasse zusteht.[187] Der Insolvenzverwalter sollte daher bei der Finanzverwaltung vorstellig werden und eine Befreiung von der Vorlage von Steuererklärungen und Bilanzen, jedenfalls für den Zeitraum vor Eröffnung des Insolvenzverfahrens, zu beantragen.[188] Gegebenenfalls wird das Finanzamt eine Schätzung der Besteuerungsgrundlagen akzeptieren.[189] Der Insolvenzverwalter sollte dafür alle geeigneten Bemessungsunterlagen vorlegen.

12. Masseunzulänglichkeit im Regelinsolvenzverfahren einer natürlichen Person[190]

137 Auch in einem Regelinsolvenzverfahren über das Vermögen einer natürlichen Person, die selbständig tätig ist oder war (§ 304 InsO), ist eine Anzeige der Masseunzulänglichkeit nach den §§ 208 ff. InsO möglich.

138 Bei einer selbständigen Tätigkeit des Insolvenzschuldners wird der Insolvenzverwalter mit Eröffnung des Insolvenzverfahrens prüfen, ob er aus haftungsrechtlichen Gründen den Geschäftsbetrieb nach § 35 Abs. 2 InsO aus dem Insolvenzbeschlag freigibt. Mit der Freigabe wird die Begründung von Masseverbindlichkeiten aus der selbständigen Tätigkeit zu Lasten der Insolvenzmasse verhindert. Wird die Freigabe nicht erklärt oder durch das Insolvenzgericht gemäß § 35 Abs. 2 S. 3 InsO für unwirksam erklärt, kann der Insolvenzverwalter nach § 208 InsO den Eintritt der Masseunzulänglichkeit anzeigen und hat dann die Masseverbindlichkeiten im Rang des § 209 InsO zu bedienen. Nach abschließender Verteilung der Insolvenzmasse an die Massegläubiger nach § 209 InsO könnte das Insolvenzgericht nach § 211 Abs. 1 InsO das Insolvenzverfahren einfach einstellen. Im Insolvenzverfahren einer natürlichen Person schließt sich jedoch die sog Wohlverhaltensphase und eine mögliche Restschuldbefreiung am Ende der Wohlverhaltenszeit an. Im Fall einer Masseunzulänglichkeit im Regelinsolvenzverfahren einer natürlichen Person ist zur Ermöglichung der Restschuldbefreiung unter Einhaltung der Vorschriften der §§ 286 ff. InsO

---

[186] Vgl. AG Duisburg, Beschl. v. 27.4.2003 – 62 IN 241/02, ZInsO 2003, 863, 864.
[187] Vgl. BGH, Beschl. v. 22.7.2004 – IX ZB 161/03, ZInsO 2004, 970, 971.
[188] Vgl. HambK-InsO/*Weitzmann* § 208 Rn. 17; BGH v. 22.7.2004 – IX ZB 161/03, ZInsO 2004, 970, 971; *Graf-Schlicker/Remmer* ZInsO 2002, 563, 567 f.
[189] MüKoInsO/*Hefermehl* § 208 Rn. 71; vgl. auch Bericht der Bund-Länder-Arbeitsgruppe Insolvenzrecht, abgedruckt in Auszügen in ZVI 2002, 185, 186 f.
[190] Zur Insolvenz natürlicher Personen → § 40 dieses Handbuchs.

trotzdem ein Tabellenverfahren nach den §§ 174 ff. InsO und ein Prüfungs- und ein Schlusstermin mit Anhörung der Gläubiger durchzuführen.[191]

Ungeklärt ist jedoch, ob in der Wohlverhaltensperiode die Massegläubiger vorrangig vor den Insolvenzgläubigern befriedigt werden müssen. Nach § 292 Abs. 1 S. 2 InsO hat der Treuhänder die Beträge, die er durch die Abtretung erlangt, einmal jährlich aufgrund des Schlussverzeichnisses an die Insolvenzgläubiger zu verteilen, sofern die nach § 4a InsO gestundeten Verfahrenskosten abzüglich der Kosten für die Beiordnung eines Rechtsanwalts berichtigt sind. Der Gesetzgeber hat jedoch keine Regelung getroffen, ob vor einer Verteilung an die Insolvenzgläubiger die bisher unbefriedigten Massegläubiger zu bedienen sind. Nach herrschender Ansicht in der Literatur sind die Ansprüche der Massegläubiger bevorrechtigt und auch in der Wohlverhaltensperiode vom Treuhänder vorrangig vor den übrigen Insolvenzgläubigern zu berücksichtigen.[192] Andernfalls würden die Insolvenzgläubiger davon profitieren, dass es im Verfahren nicht zu einer vollständigen Befriedigung der Massegläubiger gekommen ist.[193] 139

Nach § 289 Abs. 3 InsO kann im Falle der Einstellung des Insolvenzverfahrens nach § 211 InsO die Restschuldbefreiung nur erteilt werden, wenn nach Anzeige der Masseunzulänglichkeit die Insolvenzmasse nach § 209 InsO verteilt worden ist. 140

IX. Haftungsgefahren

1. Insolvenzverwalter[194]

Die Durchführung von masseunzulänglichen Insolvenzverfahren birgt für den Insolvenzverwalter zahlreiche Haftungsgefahren. 141

a) **Haftungssachverhalte.** Haftungsrechtlich relevant können insbesondere folgende Sachverhalte sein: 142
– Die Masseunzulänglichkeit wird nicht rechtzeitig angezeigt.
– Die Masseunzulänglichkeit wird zu früh angezeigt.
– Die Anzeige der Masseunzulänglichkeit ist unbegründet.
– Es werden Neumasseverbindlichkeiten begründet, die nicht beglichen werden können.

b) **§ 60 InsO.** Nach § 60 Abs. 1 InsO ist der Insolvenzverwalter allen Beteiligten zum Schadenersatz verpflichtet, wenn er schuldhaft die Pflichten verletzt, die ihm nach diesem Gesetz obliegen. Er hat für die Sorgfalt eines ordentlichen und gewissenhaften Insolvenzverwalters einzustehen. Eine Haftung des Insolvenzverwalters nach § 60 Abs. 1 S. 1 InsO kommt also nur in Betracht, wenn eine insolvenzspezifische Pflicht verletzt wurde. 143

---

[191] Zum Ganzen: *Bork/Hölzle-Achelis/Scharff/Schemmerling:* HdB Insolvenzrecht, Kap. 15 Rn. 302 ff.
[192] HK-InsO/*Waltenberger* § 289 Rn. 9; Uhlenbruck/*Vallender* InsO § 289 Rn. 10; Frege/Keller/*Riedel,* Hdb. der Rechtspraxis, Band 3, Insolvenzrecht, Kap. 8 Rn. 1805.
[193] Mohrbutter/Ringstmeier/*Pape,* HdB Insolvenzverwaltung, § 17 Rn. 105.
[194] Zur Haftung des Insolvenzverwalters → § 47 dieses Handbuchs.

144 Der BGH stellte in einem nach wie vor wegweisenden Urteil vom 21.10. 2010[195] klar, dass dem Insolvenzverwalter ein weiter Handlungsspielraum bei der Frage eingeräumt wird, wann er die Anzeige der Masseunzulänglichkeit abgibt.[196] Der Insolvenzverwalter muss die Anzeige der Masseunzulänglichkeit nicht begründen und das Insolvenzgericht überprüft die materielle Richtigkeit der Masseunzulänglichkeitsanzeige nicht. Auch der später ergehende Einstellungsbeschluss des Gerichtes ist nicht mit Rechtsmitteln angreifbar.[197] Es gibt für den Insolvenzverwalter keine insolvenzspezifische Pflicht zur rechtzeitigen Anzeige der Masseunzulänglichkeit.[198]

145 Eine Haftung des Insolvenzverwalters nach § 60 InsO kommt jedoch in Betracht, wenn ein Gläubiger durch eine Zahlung an einen anderen Gläubiger einen Schaden erleidet, weil die Rangordnung des § 209 Abs. 1 InsO nicht eingehalten wurde. Abzustellen ist bei der Prüfung, ob ein Verteilungsfehler vorliegt, auf den tatsächlichen Eintritt der Masseunzulänglichkeit.[199]

146 Ein Verstoß gegen die Sorgfaltspflichten eines ordentlichen Insolvenzverwalters liegt also vor, wenn der Insolvenzverwalter offene Masseverbindlichkeiten bei Fälligkeit nicht mehr voll bedient hat, obwohl zum Zeitpunkt der Fälligkeit noch keine Masseunzulänglichkeit vorliegt. Ein Insolvenzverwalter hat die Pflicht, die fälligen Masseverbindlichkeiten unverzüglich zu bezahlen. Er darf die Befriedigung nicht verzögern.

147 Hat der Insolvenzverwalter die Anzeige der Masseunzulänglichkeit zu früh abgegeben, so erleidet der Massegläubiger, dessen Forderungen aus der vorhandenen Masse eigentlich noch vollständig befriedigt hätte werden müssen, einen Nachteil, wenn seine Forderung nunmehr nur noch unter § 209 Abs. 1 Nr. 3 InsO einzuordnen ist. Der Insolvenzverwalter haftet dem benachteiligten Massegläubiger nach Ansicht des BGH für die Differenz persönlich.[200]

148 Eine verspätete Anzeige der Masseunzulänglichkeit kann dazu führen, dass der Insolvenzverwalter bereits Massegläubiger voll bedient hat, obwohl sie in einem masseunzulänglichen Verfahren nur in der Rangordnung des § 209 InsO zu bedienen wären.

149 Zusammengefasst kann auf Basis der Rechtsprechung des BGH[201] festgehalten werden: Der Insolvenzverwalter haftet nicht nach § 60 InsO, wenn er die Anzeige der Masseunzulänglichkeit zu früh oder zu spät oder gar nicht abgibt. Er haftet jedoch, wenn er nach eingetretener Masseunzulänglichkeit bei der Bedienung der Massegläubiger die Rangordnung des § 209 Abs. 1 InsO nicht einhält.

150 Nutzt der Insolvenzverwalter jedoch die Anzeige einer tatsächlich nicht vorliegenden Masseunzulänglichkeit um die Rechtsfolgen der Masseunzulänglich-

---

[195] BGH, Urt. v. 21.10.2010 – IX ZR 220/09, DZWIR 2010, 204.
[196] Vgl. HambK-InsO/*Weitzmann* § 208 Rn. 7; MüKoInsO/*Hefermehl* § 208 Rn. 30; Uhlenbruck/*Ries* InsO § 208 Rn. 18.
[197] Siehe → Rn. 96, 99.
[198] BGH, Urt. v. 21.10.2010 – IX ZR 220/09, DZWIR 2010, 204.
[199] OLG München, Urt. v. 18.6.2009 – 8 U 5606/08, ZInsO 2010, 145; Mohrbutter/Ringstmeier/*Pape*, HdB Insolvenzverwaltung, Kap. 12 Rn. 80; Pape/Graeber/*Spliet*, HdB der Insolvenzverwalterhaftung, Rn. 313.
[200] *Gundlach/Frenzel/Jahn*, DZWIR 2011, 177.
[201] BGH, Urt. v. 21.10.2010 – IX ZR 220/09, DZWIR 2010, 204.

keitsanzeige, insbesondere das Vollstreckungsverbot nach § 210 InsO und die prozessualen Folgen, in Gang zu setzen, dann kann eine Haftung des Insolvenzverwalters nach § 826 BGB eintreten.[202]

c) § 61 InsO. Kann eine Masseverbindlichkeit, die durch eine Rechtshandlung des Insolvenzverwalters begründet worden ist, aus der Insolvenzmasse nicht voll erfüllt werden, so ist der Verwalter dem Massegläubiger gemäß § 61 S. 1 InsO zum Schadenersatz verpflichtet.

151

Die Haftungsnorm des § 61 InsO[203] greift zu Gunsten der Massegläubiger also nur ein, wenn der Insolvenzverwalter willentlich Masseverbindlichkeiten begründet, obwohl voraussehbar war, dass er diese bei Fälligkeit nicht erfüllen kann.[204] Diese Haftung besteht jedoch nicht bei fortlaufenden Dauerschuldverhältnissen, da die fortlaufenden Verbindlichkeiten dem Insolvenzverwalter aufoktroyiert werden.[205]

152

Zwar kann sich der Insolvenzverwalter gemäß § 61 S. 2 InsO exkulpieren, wenn er bei der Begründung der Verbindlichkeit nicht erkennen konnte, dass die Masse voraussichtlich zur Erfüllung nicht ausreichen würde. Dem Insolvenzverwalter obliegt die Darlegungs- und Beweislast dafür, dass er die spätere Masseinsuffizienz bei Begründung der Verbindlichkeiten nicht erkennen konnte.[206]

153

Um eine Exkulpation nach § 61 S. 2 InsO überhaupt zu erreichen, muss der Insolvenzverwalter fortwährend die Massezulänglichkeit prüfen und möglichst frühzeitig die drohende Masseunzulänglichkeit anzeigen.[207] Er hat dazu eine plausible Liquiditätsberechnung aufzustellen, die ständig überprüft und aktualisiert werden sollte.[208] Kann der Insolvenzverwalter darlegen und beweisen, dass er zum Zeitpunkt der Begründung der Verbindlichkeit von den in seiner Prognoseberechnung zugrunde gelegten Annahmen ausgehen durfte, trifft ihn aber nicht die Verpflichtung, die Gründe für eine abweichende tatsächliche Entwicklung darzulegen und zu beweisen.[209]

154

Selbst wenn der Insolvenzverwalter mit Sorgfalt vorgeht und sich bemüht, für die Masse nur positive Verwertungshandlungen vorzunehmen, so kann doch im Rahmen einer Betriebsfortführung die Situation schnell in den Zustand der Liquidationsverschleppung umschlagen.[210] Dem Verwalter ist deshalb eine verfahrensbegleitende sorgfältige Dokumentation,[211] insbesondere der Vorausset-

155

---

[202] *Gundlach/Frenzel/Jahn*, DZWIR 2011, 177, 180; vgl. BGH, Urt. v. 26.6.2001 – IX ZR 209/98, BGHZ 148, 175, 181 f.

[203] Vgl. hierzu im Einzelnen → § 47 dieses Handbuchs.

[204] Vgl. BGH, Urt. v. 2.12.2004 – IX ZR 142/03, DZWIR 2005, 332; BGH, Urt. v. 10.12.2009 – IX ZR 220/08, ZInsO 2010, 288.

[205] *Gundlach/Frenzel/Jahn*, DZWIR 2011, 177, 178.

[206] Mohrbutter/Ringstmeier/*Pape*, HdB Insolvenzverwaltung, Kap. 12 Rn. 72.

[207] Vgl. Uhlenbruck/*Ries* InsO § 208 Rn. 18.

[208] Zur Exkulpation des Insolvenzverwalters nach § 61 S. 2 InsO durch fortlaufende Planung BGH, Urt. v. 6.5.2004 – IX ZR 48/03, BGHZ 159, 104, 115 ff., ZInsO 2004, 609 ff.; MüKoInsO/*Schoppmeyer* § 61 Rn. 24 ff.; Jaeger/*Gerhardt* InsO § 61 Rn. 16 ff.

[209] Mohrbutter/Ringstmeier/*Pape*, HdB Insolvenzverwaltung, Kap. 12 Rn. 72 u. Rn. 81 mwN.

[210] Vgl. *Kübler*, Kölner Schrift zur Insolvenzordnung, S. 981, Rn. 51.

[211] Hierzu *Pape/Hauser*, Rn. 282 ff.

zungen der Masseinsuffizienz, anzuraten, selbst wenn man die Ansicht vertritt, dass das Gericht diese nicht überprüft. Der Insolvenzverwalter sollte im Falle der persönlichen Inanspruchnahme durch einen Gläubiger im Rahmen der Exkulpation darlegen und beweisen können, dass er bei Eingehung der Verbindlichkeit die Masseunzulänglichkeit nicht hätte vorhersehen können.[212]

156 Vor der Eingehung unerfüllbarer Masseverbindlichkeiten steht dem Verwalter als letzte „Notbremse" noch die Möglichkeit zur Verfügung, über § 207 InsO eine sofortige Einstellung der Verfahrens zu bewirken, indem er die Kosten des Verfahrens nicht mehr so „bescheiden" und zurückhaltend bewertet, wie es zu Beginn des Verfahrens geboten ist.[213]

157 Eine Haftung nach § 61 InsO könnte auch dann in Betracht kommen, wenn der Insolvenzverwalter einen Prozess einleitet oder weiterführt, obwohl er bereits Masseunzulänglichkeit angezeigt hat. Im Falle des Unterliegens des Insolvenzverwalters würde der Kostenerstattungsanspruch des Prozessgegners aus der Insolvenzmasse nicht voll bezahlt werden können. Nach der Rechtsprechung des BGH vom 2.12.2004[214] kommt eine persönliche Haftung des Insolvenzverwalters für Rechtsanwaltskosten eines obsiegenden Prozessgegners der Masse nach §§ 60, 61 InsO nicht in Betracht. Der Insolvenzverwalter haftet persönlich für solche Kosten nur unter den Voraussetzungen des § 826 BGB.[215]

158 Allerdings soll ein Insolvenzverwalter nicht daran gehindert werden, Ansprüche für die Insolvenzmasse durchzusetzen, wenn aus seiner Sicht hinreichende Aussicht auf Erfolg besteht, dass er zugunsten der Insolvenzmasse den Prozess gewinnt. Entscheidend für eine Haftung nach § 61 InsO ist also die Beurteilung der Erfolgsaussichten durch den Insolvenzverwalter bei der Einleitung weiterer Prozesshandlungen. Eine Haftung des Insolvenzverwalters scheidet dann aus, wenn die Voraussetzungen für die Bewilligung von Prozesskostenhilfe gegeben sind.[216]

2. Insolvenzschuldner

159 Mit der Einstellung des Insolvenzverfahrens erlangt der Schuldner die Verwaltungs- und Verfügungsbefugnis wieder zurück. Es stellt sich die Frage, ob der Insolvenzschuldner auch für die vom Insolvenzverwalter begründeten, aber nicht mehr befriedigten Masseverbindlichkeiten einstehen muss. Der Insolvenzschuldner wird durch die Handlungen des Insolvenzverwalters nicht verpflichtet. Die Verfügungen des Insolvenzverwalters beziehen sich auf die Insolvenzmasse, insofern ist eine Nachhaftung des Insolvenzschuldners für unbefriedigte Masseverbindlichkeiten beschränkt auf die dem Insolvenzschuldner nach Einstellung des Verfahrens noch ausgekehrte Insolvenzmasse.[217]

---

[212] OLG Schleswig-Holstein, Urt. v. 16.11.2001 – 1 U 203/00, DZWIR 2002, 256, 258.
[213] Vorschlag von *Kübler*, Kölner Schrift zur Insolvenzordnung, S. 976, Rn. 33.
[214] BGH, Urt. v. 2.12.2004 – IX ZR 142/03, DZWIR 2005, 332.
[215] OLG München, Urt. v. 9.9.2014 – 5 U 3864/11, ZInsO 2015, 1679.
[216] *Pape/Hauser* Rn. 307.
[217] Vgl. HK-InsO/*Depré* § 201 Rn. 3; MüKoInsO/*Hintzen* § 201 Rn. 15f.; KPB/*Pape* InsO § 207 Rn. 37f.

X. Besonderheiten

1. Insolvenzplanverfahren[218]

Das Insolvenzverfahren dient der bestmöglichen Gläubigerbefriedigung (§ 1 InsO). Das Planverfahren wiederum stellt den Beteiligten einen Rechtsrahmen für die einvernehmliche Bewältigung der Insolvenz im Weg von Verhandlungen und privatautonomen Austauschprozessen zur Verfügung. Ein Höchstmaß an Flexibilität der Regelungen gestattet es den Beteiligten, die für sie günstigste Art der Insolvenzabwicklung zu entdecken und durchzusetzen.[219] **160**

Mit dem ESUG wurde § 210a InsO in die Insolvenzordnung eingefügt. Danach gelten bei Anzeige der Masseunzulänglichkeit die Vorschriften über den Insolvenzplan nach den §§ 217 ff. InsO mit der Maßgabe, dass an die Stelle der nicht nachrangigen Insolvenzgläubiger die Massegläubiger mit dem Rang des § 209 Abs. 1 Nr. 3 InsO treten und für die nicht nachrangigen Insolvenzgläubiger § 246 Nr. 2 InsO gilt. **161**

Auch in einem massearmen Verfahren kann es wirtschaftlich erstrebenswert sein, eine Sanierung im Rahmen eines Planverfahrens durchzuführen, um Vermögenswerte für Gläubiger zu realisieren, die die Liquidationswerte im Rahmen eines Zerschlagungsverfahrens deutlich überschreiten.[220] Bei Durchführung eines Insolvenzplanverfahrens bei Masseunzulänglichkeit kommt es letztlich darauf an, dass die Massegläubiger an dem Verwertungsergebnis angemessen beteiligt werden und mit den Regelungen des Insolvenzplanes einverstanden sind. **162**

2. Verfahren mit Eigenverwaltung unter Aufsicht eines Sachwalters

Für die Eigenverwaltung sind die Sondervorschriften der §§ 270 ff. InsO maßgeblich. **163**

Nach § 274 Abs. 3 InsO hat der Sachwalter das Insolvenzgericht und den Gläubigerausschuss bzw. die Insolvenzgläubiger über Umstände zu informieren, die erwarten lassen, dass die Fortsetzung der Eigenverwaltung zu Nachteilen für die Gläubiger führen wird. Der Sachwalter hat dem Insolvenzgericht insbesondere die Masseunzulänglichkeit anzuzeigen (§ 285 InsO). Die bloße Masseunzulänglichkeitsanzeige führt nicht zur Beendigung der Eigenverwaltung, es sei denn, diese wird gesondert angeordnet (§ 272 InsO).[221] **164**

Der Schuldner hat das Verfahren nach den Bestimmungen der §§ 207 ff. InsO fortzusetzen und dabei insbesondere die Rangordnung des § 209 InsO zu beachten.[222] **165**

---

[218] Zum Insolvenzplan → § 43 dieses Handbuchs.
[219] So ausdrücklich BT 12/2443 v. 15.4.1993, abgedruckt in *Kübler/Prütting* RWS-Dokumentation 18, 110.
[220] So auch FK-InsO/*Kießner* § 210a Rn. 2; Uhlenbruck/*Ries* InsO § 210a Rn. 1; BK-InsO/*Gruber* InsO § 210a Rn. 8 ff.; KPB/*Pape* InsO § 210a Rn. 20; *Paul* ZInsO 2005, 1136, 1137.
[221] FK-InsO/*Foltis* § 285 Rn. 2; HK-InsO/*Landfermann* § 285 Rn. 4.
[222] KPB/*Pape* InsO § 285 Rn. 21; Uhlenbruck/*Zipperer* InsO § 285 Rn. 3; FK-InsO/ *Foltis* § 285 Rn. 2.

XI. Weitere praktische Probleme

1. Vermeidung von Neumasseverbindlichkeiten durch Freigabe

166 Die Haftung der Insolvenzmasse für Neumasseverbindlichkeiten kann auch durch die Freigabe von Vermögensgegenständen aus dem Insolvenzbeschlag gemäß § 35 InsO begrenzt werden.

167 **a) Freigabe von belasteten Vermögensgegenständen.** Durch eine sog echte Freigabe von Vermögensgegenständen aus dem Insolvenzbeschlag gemäß § 35 InsO wird die Verwaltungs- und Verfügungsbefugnis des Insolvenzverwalters gemäß § 80 Abs. 1 InsO und damit die Vermögenszugehörigkeit eines zunächst zur Insolvenzmasse gehörenden Vermögensgegenstandes auf den Schuldner zurückübertragen. Der Vermögensgegenstand wird insolvenzfreies Vermögen. Eine solche Freigabe kommt insbesondere dann in Betracht, wenn die Vermögensgegenstände mit Kosten und Verpflichtungen belastet sind, die einen möglichen Verwertungserlös zugunsten der Insolvenzmasse übersteigen.[223]

168 Durch die Freigabe können künftig entstehende Masseverbindlichkeiten zu Lasten der Insolvenzmasse vermieden werden. Bereits vor Freigabe entstandene Masseverbindlichkeiten können durch die Freigabe jedoch nicht mehr nachträglich beseitigt werden, sonst bestünde ein Wertungswiderspruch zu den Vorschriften der §§ 103 ff. InsO.[224] Eine Freigabe von belasteten Vermögensgegenständen ist vom Insolvenzverwalter zur Vermeidung von Neumasseverbindlichkeiten zu erwägen, wenn beispielsweise Immobilien wertausschöpfend belastet sind, erhebliche Aufwendungen für Steuern oder Gebühren entstehen und ein freier Verwertungserlös aus dem belasteten Objekt zugunsten der Masse nicht wahrscheinlich ist, eine Haftung der Insolvenzmasse für Altlasten droht oder die Belastung der Masse mit weiteren Steuerverpflichtungen vermieden werden kann.[225]

169 **b) „Freigabe" des Geschäftsbetriebes gemäß § 35 Abs. 2 InsO.**[226] Das Problem der Vermeidung von weiteren Masseverbindlichkeiten stellt sich für den Insolvenzverwalter auch bei einer Fortführung des Geschäftsbetriebes durch einen selbständigen Insolvenzschuldner nach Eröffnung des Insolvenzverfahrens über sein Vermögen.

170 Bereits mit Duldung der weiteren Tätigkeit des Schuldners durch den Insolvenzverwalter entstehen Masseverbindlichkeiten gemäß § 55 Abs. 1 Nr. 1 InsO. Um unübersehbare Haftungsfolgen für die Insolvenzmasse zu vermeiden, kann die selbständige Tätigkeit in der Insolvenz vom Insolvenzverwalter freigegeben werden.

---

[223] Uhlenbruck/*Hirte* InsO § 35 Rn. 74.
[224] Vgl. BGH, Urt. v. 2.2.2006 – IX ZR 46/05, WM 2006, 1496 ff.
[225] Zu den Anwendungsbeispielen der echten Freigabe, vgl. MüKoInsO/*Peters* § 35 Rn. 90 ff.
[226] Näheres dazu → § 42 Rn. 23 ff. dieses Handbuchs.

2. Arbeitnehmeransprüche nach Anzeige der Masseunzulänglichkeit[227]

Die Arbeitnehmeransprüche, die nach Insolvenzeröffnung entstanden sind, können entweder als vorrangig zu befriedigende Neumasseverbindlichkeiten (§ 209 Abs. 1 Nr. 2 InsO) oder als nachrangig berechtigte Altmasseverbindlichkeiten (§ 209 Abs. 1 Nr. 3 InsO) eingeordnet werden.[228] Für die Einordnung ist der Zeitpunkt der Entstehung der Verbindlichkeiten maßgeblich. Verbindlichkeiten aus Dienst- und Arbeitsverhältnissen, die vor der Anzeige der Masseunzulänglichkeit begründet wurden, sind Altmasseverbindlichkeiten und diejenigen, die nach der Anzeige entstanden sind, stellen Neumasseverbindlichkeiten dar. Urlaubsansprüche sind zeitratierlich aufzuteilen.[229] Entscheidend ist die öffentliche Bekanntmachung der angezeigten Masseunzulänglichkeit.[230]

171

Nach § 209 Abs. 2 Nr. 2 InsO gelten als Neumasseverbindlichkeiten die Verbindlichkeiten aus einem Arbeitsverhältnis für die Zeit nach dem ersten Termin, zu dem der Verwalter nach der Anzeige der Masseunzulänglichkeit kündigen konnte. Für die Abgrenzung zwischen Neu- und Altmasseverbindlichkeiten wird auf den Zeitpunkt abgestellt, zu dem der Insolvenzverwalter frühestmöglich hätte kündigen können.[231] § 209 Abs. 2 Nr. 2 InsO stellt dabei nicht auf ein tatsächliches, sondern auf ein rechtliches Können ab.[232] Ob eine Kündigung auch gemäß § 1 KSchG sozial gerechtfertigt wäre, ist zunächst irrelevant.[233]

172

Am rechtlichen Können mangelt es, soweit und solange eine Kündigung noch nicht wirksam ausgesprochen werden kann, etwa weil eine Zustimmung des Integrationsamtes gemäß § 85 SGB IX, eine Zustimmung des Gewerbeaufsichtsamtes gemäß §§ 9 Abs. 3 MuSchG, 18 Abs. 1 BEEG oder eine Stellungnahme des Betriebsrates gemäß § 102 BetrVG noch fehlt.[234]

173

Auch bei fehlendem Interessenausgleich gemäß § 112 BetrVG kann eine Kündigung noch nicht wirksam ausgesprochen werden. Bei einer Kündigung ohne Interessenausgleich wird die Insolvenzmasse mit Ansprüchen auf Nachteilsausgleich gemäß § 113 BetrVG belastet.[235] Für den Fall, dass ein Interessenausgleich ohne Verschulden des Insolvenzverwalters verzögert wird, kann die Freistellung der Mitarbeiter nach Anzeige der Masseunzulänglichkeit besondere Relevanz bekommen. Kann nämlich der Insolvenzverwalter wegen fehlendem Interessenausgleich nicht kündigen, begründet er zwar keine Neumasseverbindlichkeit nach § 209 Abs. 2 Nr. 2 InsO, aber nach § 209 Abs. 2 Nr. 3 InsO, solange er die Arbeitsleistung entgegennimmt.

174

Grundsätzlich ist eine Kündigung des Arbeitsverhältnisses eines Arbeitnehmers durch den bisherigen Arbeitgeber (Insolvenzverwalter) oder durch den

175

---

[227] Zum Arbeitsrecht → §§ 27, 28 dieses Handbuchs.
[228] MüKoInsO/*Hefermehl* § 209 Rn. 30.
[229] BAG, Urt. v. 21.11.2006 – 9 AZR 97/06, NZA 2007, 696 ff.
[230] BAG, Urt. v. 31.3.2004 – 10 AZR 254/03, ZInsO 2005, 50, 51.
[231] MüKoInsO/*Hefermehl* § 209 Rn. 32.
[232] BGH, Beschl. v. 11.12.2008 – IX ZR 26/06; BAG, Urt. v. 4.6.2003 – 10 AZR 586/02, NZA 2003, 1087, 1088; BAG, Urt. v. 21.7.2005 – 6 AZR 592/04, NZA 2006, 162, 165.
[233] BAG, Urt. v. 21.7.2005 – 6 AZR 592/04, NZA 2006, 162.
[234] BAG, Urt. v. 4.6.2003 – 10 AZR 586/02, NZA 2003, 1087, 1088.
[235] BAG, Urt. v. 31.3.2004 – 10 AZR 254/03, ZInsO 2005, 50, 51.

neuen Inhaber wegen des Übergangs eines Betriebs oder Betriebsteils nach § 613a Abs. 4 BGB unwirksam. Problematisch ist eine Entscheidung des Insolvenzverwalters über den Ausspruch von Kündigungen und Freistellungen, wenn er aufgrund von schwebenden konkreten Verhandlungen mit einem potentiellen Investor noch keine Stilllegungsentscheidung getroffen hat bzw. treffen konnte. Kündigt er während der noch laufenden Übernahmeverhandlungen, dann sind die Kündigungen uU mangels betriebsbedingten Kündigungsgrundes unwirksam. Kündigt der Verwalter jedoch wegen der laufenden Übernahmeverhandlungen noch nicht und damit nicht zum frühestmöglichen Kündigungstermin und stellt die Mitarbeiter auch nicht von der Erbringung ihrer Arbeitsleistung frei, dann werden Neumasseverbindlichkeiten begründet. Zur Vermeidung von Haftungen der Insolvenzmasse und auch des Insolvenzverwalters sind daher die konkreten Umstände der Übernahmeverhandlungen sorgfältig zu dokumentieren, die Risiken für die Insolvenzmasse zu definieren und mit den Gläubigern, insbesondere mit einem Gläubigerausschuss, abzustimmen.

176 Die Ansprüche der Arbeitnehmer für die Zeit nach dem ersten möglichen Kündigungszeitpunkt sind als Neumasseverbindlichkeiten nach § 209 Abs. 2 Nr. 2 InsO zu qualifizieren. Dies gilt selbst dann, wenn die Arbeitnehmer vom Insolvenzverwalter von der Arbeit freigestellt wurden, also der Verwalter die Arbeitsleistung nicht mehr in Anspruch genommen hat.[236] Hat der Insolvenzverwalter frühestmöglich gekündigt, dann sind die Ansprüche der Arbeitnehmer, nur dann Neumasseverbindlichkeiten gemäß § 209 Abs. 1 Nr. 2 InsO, soweit die Gegenleistung durch den Verwalter in Anspruch genommen wurde (§ 209 Abs. 2 Nr. 3 InsO). Wurden die Arbeitnehmer vom Verwalter frühestmöglich gekündigt und von der Erbringung ihrer Arbeitsleistung freigestellt, dann sind ihre Ansprüche bis zum Vertragsende nur als Altmasseverbindlichkeiten im Rang des § 209 Abs. 1 Nr. 3 InsO zu erfüllen.[237] Sollte ein Arbeitsgericht nach erfolgter unwiderruflicher Freistellung und rechtzeitiger Kündigung jedoch die Rechtsunwirksamkeit feststellen, handelt es sich bei den Kündigungsausfalllöhnen bis zum Ende des Arbeitsverhältnisses um nachrangige Masseverbindlichkeiten. Die Annahmeverzugslohnansprüche, die über das Ende des Arbeitsverhältnisses hinausgehen, sind als vorrangig zu befriedigende Masseverbindlichkeiten einzustufen.[238]

177 Nach herrschender Meinung[239] besitzt der Insolvenzverwalter in einem masseunzulänglichen Verfahren ein insolvenzspezifisches Freistellungsrecht, das Ausfluss seiner Pflicht zur Schonung der Insolvenzmasse ist. Der Insolvenzverwalter hat hingegen keine insolvenzspezifische Pflicht, die Anzeige der Masseunzulänglichkeit im Interesse der Gläubiger von Dauerschuldverhältnissen zu einem bestimmten Zeitpunkt abzugeben, um den Gläubigern eine nach § 209

---

[236] KPB/*Pape* InsO § 209 Rn. 16; MüKoInsO/*Hefermehl* § 209 Rn. 32a; *Ries*, ZInsO 2012, 1362 zu Folgeproblemen.
[237] MüKoInsO/*Hefermehl* § 209 Rn. 32b.
[238] Uhlenbruck/*Ries* InsO § 209 Rn. 24.
[239] LAG Hamm, Urt. v. 27.9.2000 – 2 Sa 1178/00, ZIP 2001, 435 und Urt. v. 6.9.2001 – 4 Sa 1276/01, ZInsO 2002, 45; BAG, Urt. v. 31.3.2004 – 10 AZR 253/03, ZIP 2004, 1323 und Urt. v. 4.6.2003 – 10 AZR 586/02, NZA 2003, 1087; LAG Nürnberg, Beschl. v. 30.8.2005 – 6 Sa 273/05, NZA-RR 2006, 151.

Abs. 1 Nr. 2 InsO bevorrechtigte Neumasseverbindlichkeit zu verschaffen.[240] Mit der Freistellung erklärt der Insolvenzverwalter, dass er die Gegenleistung der Arbeitnehmer nicht in Anspruch nehmen werde. Ein entstehender Annahmeverzugslohn wegen Freistellung der Arbeitnehmer aus §§ 611, 615 BGB wird als Altmasseverbindlichkeit qualifiziert.[241] Hat der Insolvenzverwalter bereits vor der Anzeige der Masseunzulänglichkeit die Arbeitnehmer von der Erbringung ihrer Arbeitsleistung freigestellt, dann wird auch der Annahmeverzugslohn für den Zeitraum nach der Masseunzulänglichkeitsanzeige nur als Altmasseverbindlichkeit gemäß § 209 Abs. 1 Nr. 3 InsO berücksichtigt.[242] Für den Fall, dass der Insolvenzverwalter die Arbeitsverhältnisse jedoch nicht oder nicht zum frühestmöglichen Zeitpunkt kündigt, entstehen auch bei einer Freistellung der Mitarbeiter Neumasseverbindlichkeiten nach § 209 Abs. 2 Nr. 2 InsO.[243]

Mit der Anzeige der Masseunzulänglichkeit können Arbeitnehmer ihre Ansprüche aus Altmasseverbindlichkeiten nicht mehr einklagen, da gemäß § 210 InsO ein Vollstreckungsverbot wegen Masseverbindlichkeiten iSd § 209 Abs. 1 Nr. 3 InsO besteht. Den Arbeitnehmern bleibt die Möglichkeit, die Altmasseverbindlichkeiten im Rahmen einer Feststellungsklage feststellen zu lassen.[244] Aus der Verweisung des § 210 InsO auf § 209 Abs. 1 Nr. 3 InsO ergibt sich, dass für Ansprüche aus Neumasseverbindlichkeiten nach § 209 Abs. 1 Nr. 1 und Nr. 2 InsO der § 210 InsO nicht gilt und diese mit der Leistungsklage geltend gemacht werden können.[245]

178

D. Mustervorlagen und Checklisten

Checkliste 1:	Ermittlung der Massearmut gemäß § 207 InsO
Muster 2:	Anregung des Insolvenzverwalters zur Einstellung mangels Masse
Muster 3:	Einstellungsbeschluss mangels Masse nach § 207 InsO
Checkliste 4:	Ermittlung der Masseunzulänglichkeit gemäß § 208 InsO
Muster 5:	Anzeige der Masseunzulänglichkeit durch den Insolvenzverwalter
Muster 6:	Bekanntmachung der Masseunzulänglichkeit an die Massegläubiger
Muster 7:	Einstellungsbeschluss nach § 211 InsO

---

[240] BGH, Urt. v. 21.10.2010 – IX ZR 220/09, ZIP 2010, 2356; BAG, Urt. v. 15.11.2012 – 6 AZR 321/11, NZI 2013, 284.
[241] *Bertram* NZI 2001, 625, 626.
[242] BAG, Urt. v. 15.6.2004 – 9 AZR 431/03, NZI 2004, 636 ff.
[243] BAG, Urt. v. 31.3.2004 – 10 AZR 253/03, NZA 2004, 1093 ff.
[244] Siehe → Rn. 109.
[245] BAG, Urt. v. 11.12.2001 – 9 AZR 459/00, ZInsO 2002, 891, 892; BAG, Urt. v. 4.6.2003 – 10 AZR 586/02, NZA 2003, 1087, 1088.

**Checkliste 1: Ermittlung der Massearmut
gemäß § 207 InsO**

**I. Vermögenswerte:
Realisierbarer Wert der Insolvenzmasse
nach Abzug von Aus- und Absonderungen**

1. **Anlagevermögen**
   Grundstücke/grundstücksgleiche Rechte
   bewegliches Sachanlagevermögen
   Beteiligungen

2. **Umlaufvermögen**
   Vorratsvermögen
   Forderungen
   sonstige Vermögensgegenstände
   Guthaben bei Kreditinstituten
   Guthaben auf Anderkonto
   Kasse

3. **Sonderaktiva**
   Einzahlung Stammkapital oder Einlagen
   Schadenersatzansprüche
   Insolvenzanfechtungsansprüche
   Überschuss aus der Betriebsfortführung bzw. Ausproduktion
   **Summe der realisierbaren freien Insolvenzmasse
   nach Abzug von Aus- und Absonderungen** ... EUR

II. Verfahrenskosten:

1. **§ 54 Nr. 1 InsO**
   0,5 Gebühr aus dem Wert der Insolvenzmasse
   (Nr. 2310 bzw. 2311 KV, § 58 GKG, mindestens 500,00 EUR)
   2,5 bzw. 3,0 Gebühren aus dem Wert der Insolvenzmasse
   (Nr. 2320 bzw. 2330 KV, § 58 GKG, mindestens 500,00 EUR)
   Auslagen für Zustellungen (Nr. 9002 KV)
   Auslagen für öffentliche Bekanntmachung (Nr. 9004 KV)
   Auslagen für Sachverständigen (Nr. 9005 KV)

2. **§ 54 Nr. 2 InsO**
   Vergütung des vorläufigen Insolvenzverwalters gemäß §§ 10, 11 InsVV
   Vergütung des Insolvenzverwalters gemäß § 2 InsVV
   Vergütung der Mitglieder des Gläubigerausschusses
   Auslagen gemäß § 8 Abs. 3 InsVV

   Summe der Verfahrenskosten ... EUR

Muster 2: Anregung des Insolvenzverwalters zur Einstellung mangels Masse

Amtsgericht (Ort)
– Insolvenzgericht –
....
....

Insolvenzverfahren über das Vermögen der ....
Aktenzeichen Insolvenzgericht: ....

hier: Nachträgliche Einstellung des Insolvenzverfahrens mangels Masse (§ 207 InsO)

Sehr geehrte Damen und Herren,

in dem oben genannten Insolvenzverfahren nehme ich Bezug auf mein Insolvenzgutachten vom ...

Zum Zeitpunkt der Erstellung des Gutachtens konnten die prognostizierten Verfahrenskosten durch die ermittelte freie Insolvenzmasse gedeckt werden.

Nach heutigen Erkenntnissen reicht die tatsächlich vorhandene freie Masse in Höhe von ... EUR jedoch nicht mehr aus, um die Kosten des Verfahrens in Höhe von ... EUR zu decken.

Ich empfehle daher, das Insolvenzverfahren über das Vermögen der ... gemäß § 207 InsO

einzustellen.

Ich rege an, einen Termin zur Anhörung der Gläubigerversammlung zu bestimmen und die Massegläubiger in dem Verfahren zur Einstellung zu hören.

Gemäß § 207 Abs. 3 S. 1 InsO hat der Verwalter vor der Einstellung des Verfahrens aus den vorhandenen Barmitteln die Kosten des Verfahrens, von diesen zuerst die Auslagen, nach dem Verhältnis ihrer Beträge zu berichtigen. Von dem vorhandenen Geldbetrag in Höhe von ... EUR können die Auslagen des Gerichts und die Auslagen des (vorläufigen) Insolvenzverwalters in Höhe von ... EUR beglichen werden. Eine quotale Befriedigung erfolgt auf die Gerichtskosten und die Vergütungsansprüche des Unterzeichners.

Ich übergebe den Vergütungsantrag (Anlage), ein Masseverzeichnis mit der Aufstellung der Verfahrenskosten gemäß § 54 InsO (Anlage) sowie ein Schlussverzeichnis gemäß § 188 InsO (Anlage).

Mit freundlichen Grüßen

....

Insolvenzverwalter

Muster 3: Einstellungsbeschluss mangels Masse nach § 207 InsO

Amtsgericht (Ort)
– Insolvenzgericht –

Beschluss

Das Insolvenzverfahren über das Vermögen der ... (Schuldner) wird mangels Masse gemäß § 207 InsO eingestellt.

Gründe:

Der Insolvenzverwalter hat mit Schreiben vom ... mitgeteilt, dass die vorhandenen bzw. noch zu erwartenden Verwertungserlöse nicht ausreichen werden, um die errechneten Verfahrenskosten nach § 54 InsO zu decken.

Ein Massekostenvorschuss nach § 207 Abs. 1 S. 2 1. HS InsO wurde nicht geleistet.

Nach Anhörung der Gläubigerversammlung, des Insolvenzverwalters und der Massegläubiger gemäß § 207 Abs. 3 S. 1 InsO wird das am ... eröffnete Insolvenzverfahren mangels Masse eingestellt.

....
Rechtspfleger

Checkliste 4: Ermittlung der Masseunzulänglichkeit gemäß § 208 InsO

I. Vermögenswerte: Realisierbarer Wert der Insolvenzmasse nach Abzug von Aus- und Absonderungen

1. **Anlagevermögen**
   Grundstücke/grundstücksgleiche Rechte
   bewegliches Sachanlagevermögen
   Beteiligungen

2. **Umlaufvermögen**
   Vorratsvermögen
   Forderungen
   sonstige Vermögensgegenstände
   Guthaben bei Kreditinstituten
   Guthaben auf Anderkonto
   Kasse

3. **Sonderaktiva**
   Forderungen auf Einzahlung Stammkapital oder Einlagen
   Schadenersatzansprüche
   Insolvenzanfechtungsansprüche
   Überschuss aus der Betriebsfortführung bzw. Ausproduktion
   **Summe der realisierbaren freien Insolvenzmasse
   nach Abzug von Aus- und Absonderungen** ... EUR

II. Verfahrenskosten:

1. **§ 54 Nr. 1 InsO**
   0,5 Gebühr aus dem Wert der Insolvenzmasse
   (Nr. 2310 bzw. 2311 KV, § 58 GKG, mindestens 500,00 EUR)

2,5 bzw. 3,0 Gebühren aus dem Wert der Insolvenzmasse
(Nr. 2320 bzw. 2330 KV, § 58 GKG, mindestens 500,00 EUR)
Auslagen für Zustellungen (Nr. 9002 KV)
Auslagen für öffentliche Bekanntmachung (Nr. 9004 KV)
Auslagen für Sachverständigen (Nr. 9005 KV)

2. § 54 Nr. 2 InsO
Vergütung des vorläufigen Insolvenzverwalters gemäß §§ 10, 11 InsVV
Vergütung des Insolvenzverwalters gemäß § 2 InsVV
Vergütung der Mitglieder des Gläubigerauschusses
Auslagen gemäß § 8 Abs. 3 InsVV
Summe der Verfahrenskosten ... EUR

III. **Masseverbindlichkeiten**

1. § 55 Abs. 1 Nr. 1 InsO
Zahlungsverpflichtungen, die vom Insolvenzverwalter bei der Verwaltung, Verwertung und Verteilung der Insolvenzmasse begründet werden

2. § 55 Abs. 1 Nr. 2 InsO
Zahlungsverpflichtungen aus gegenseitigen Verträgen, soweit die Leistung von der Insolvenzmasse beansprucht wird oder erfolgen muss

3. § 55 Abs. 1 Nr. 3 InsO
Rückzahlungsverpflichtungen wegen ungerechtfertigter Bereicherung der Insolvenzmasse

4. § 55 Abs. 2 InsO
Zahlungsverpflichtungen, die ein vorläufiger starker Insolvenzverwalter begründet hat
Zahlungsverpflichtungen aus Dauerschuldverhältnissen für Leistungen, die ein vorläufiger Insolvenzverwalter für die Insolvenzmasse beansprucht hat

5. § 55 Abs. 4 InsO
Verbindlichkeiten aus einem Steuerschuldverhältnis, die von einem vorläufigen Insolvenzverwalter oder vom Schuldner mit Zustimmung des vorläufigen Insolvenzverwalters begründet worden sind
Summe Masseverbindlichkeiten ... EUR

Muster 5: Anzeige der Masseunzulänglichkeit durch den Insolvenzverwalter

Amtsgericht (Ort)
– Insolvenzgericht –
....
....

Insolvenzverfahren über das Vermögen der ....
Aktenzeichen Insolvenzgericht: ....

hier: Anzeige der Masseunzulänglichkeit

Sehr geehrte Damen und Herren,

in dem oben genannten Insolvenzverfahren nehme ich Bezug auf mein Insolvenzgutachten vom ...

Kraemer

> Dem Gutachten ist zu entnehmen, dass die Verfahrenskosten, jedoch nicht sämtliche Masseverbindlichkeiten iSd § 55 InsO durch die vorhandene freie Masse gedeckt sind.
>
> Nach dem gegenwärtigen Stand des Verfahrens ist derzeit eine frei verfügbare Insolvenzmasse in Höhe von … EUR vorhanden. Die Kosten des Verfahrens wurden in Höhe von … EUR beziffert. Gegenüber nachfolgenden Gläubiger bestehen derzeit folgende Masseverbindlichkeiten …………
>
> Ich zeige aus diesem Grunde hiermit die
>
> **Masseunzulänglichkeit**
>
> gemäß § 208 Abs. 1 InsO an.
>
> Ich bitte, die Anzeige der Masseunzulänglichkeit zu veröffentlichen.
>
> Mit freundlichen Grüßen
>
> ……………………………
> Insolvenzverwalter

Muster 6: Bekanntmachung der Masseunzulänglichkeit an die Massegläubiger

> Amtsgericht (Ort)
> – Insolvenzgericht –
> ……………………
> ……………………
>
> **Insolvenzverfahren über das Vermögen der** ……………
> **Aktenzeichen Insolvenzgericht:** …………
>
> **hier: Bekanntmachung der Masseunzulänglichkeit an die Massegläubiger**
>
> Sehr geehrte Damen und Herren,
>
> in meiner Eigenschaft als Insolvenzverwalter über das Vermögen der … (Schuldner) habe ich dem Insolvenzgericht … (Ort) mit Schreiben vom … angezeigt, dass die Insolvenzmasse nicht ausreichend ist, um alle Massegläubiger zum Zeitpunkt der Fälligkeit der Verpflichtungen zu bedienen, und damit Masseunzulänglichkeit vorliegt.
>
> Das Insolvenzgericht hat mich beauftragt, die Masseunzulänglichkeit den Massegläubigen bekanntzumachen.
>
> Die Zahlungsansprüche der Massegläubiger werden nach der Rangordnung des § 209 InsO bedient. Eine Verteilung nach § 209 InsO kann jedoch erst erfolgen, wenn die Insolvenzmasse vollständig verwertet ist und die Verfahrenskosten sowie die Aus- und Absonderungsrechte bedient sind.
>
> Rein vorsorglich teile ich Ihnen mit, dass die Vollstreckung wegen einer Masseverbindlichkeit iSd § 209 Abs. 1 Nr. 3 gemäß § 210 InsO unzulässig ist.
>
> Mit freundlichen Grüßen
>
> ……………………………
> Insolvenzverwalter

Muster 7: Einstellungsbeschluss nach § 211 InsO

Amtsgericht (Ort)
– Insolvenzgericht –

Beschluss

Das Insolvenzverfahren über das Vermögen der ... (Schuldner) wird gemäß § 211 InsO eingestellt.

Gründe:

Der Insolvenzverwalter hat mit Schreiben vom ... mitgeteilt, dass die vorhandenen bzw. noch zu erwartenden Verwertungserlöse zwar ausreichend sind, um die ermittelten Verfahrenskosten nach § 54 InsO zu decken. Die Insolvenzmasse reicht jedoch nicht aus, um die Masseverbindlichkeiten zum Zeitpunkt der Fälligkeit zu bedienen.

Nachdem die Insolvenzmasse zwischenzeitlich gemäß der Rangfolge des § 209 InsO verteilt worden ist, war das Insolvenzverfahren einzustellen.

....
Rechtspfleger

4. Teil. Die Bereinigung der Insolvenzmasse

§ 14. Aussonderung

A. Wirtschaftlicher Hintergrund

In § 14 wird die sehr praxisrelevante Aussonderung beschrieben und dargestellt, in welchen Fällen Aussonderungsrechte entstehen (→ Rn. 12–29) und wie sie durchgesetzt werden (→ Rn. 30–33). Der Sonderfall der Ersatzaussonderung wird in den → Rn. 33–38 beschrieben. Abschließend werden Hinweise an die praktische Handhabung sowohl aus Gläubigersicht (→ Rn. 39–51) wie aus der Perspektive des Insolvenzverwalters (→ Rn. 52–58) gegeben.

Gläubiger, die einen Anspruch gegen den Schuldner haben, werden diesen 1 außerhalb der Insolvenz durch Urteil feststellen lassen und sodann die Zwangsvollstreckung in das Schuldnervermögen vornehmen. Ein Insolvenzverfahren ist davon geprägt, dass der Schuldner weniger (liquides) Vermögen hat, als er zur Befriedigung seiner (fälligen) Verbindlichkeiten benötigt. Kommt es zur Insolvenz eines Schuldners, gilt der Grundsatz der gleichmäßigen Befriedigung aller Insolvenzgläubiger. Alsdann ist es einzelnen Insolvenzgläubigern verwehrt, die Zwangsvollstreckung gegen den Schuldner zu betreiben, weil dies zu einer bevorzugten Befriedigung des vollstreckenden Gläubigers führen würde, was mit dem Gleichbehandlungsgrundsatz aller Gläubiger nicht vereinbar wäre. Stattdessen ist es die Aufgabe des Insolvenzverwalters, das Schuldnervermögen zu verwerten und daraus die Gläubiger zu befriedigen. Das Insolvenzverfahren ersetzt deshalb trotz der der Insolvenzordnung innewohnenden modernen Elemente, wonach das Insolvenzverfahren auch der Sanierung des Schuldners dienen kann, das Zwangsvollstreckungsverfahren zugunsten einzelner Gläubiger. Diese Ersetzungsfunktion des Insolvenzverfahrens wird deshalb gelegentlich damit umschrieben, dass die Insolvenz eine **„Generalvollstreckung"** darstellt. Wie bei einer Einzelzwangsvollstreckung eines Gläubigers findet auch bei der Generalvollstreckung durch Insolvenz die Vollstreckung nur in das dem Schuldner gehörende Vermögen statt. Dies ist in § 1 InsO auch ausdrücklich erwähnt. Dort heißt es: „Das Insolvenzverfahren dient dazu, die Gläubiger eines Schuldners gemeinschaftlich zu befriedigen, indem *das Vermögen des Schuldners* verwertet und der Erlös verteilt (...) wird".

Regelmäßig befinden sich im Besitz des Schuldners Vermögenswerte, die 2 nicht dem Schuldner, sondern einem Dritten gehören. In dieses Drittvermögen dürfte bei einer Einzelzwangsvollstreckung der Gläubiger nicht vollstrecken; anderes darf bei der Insolvenzabwicklung als „Generalvollstreckung" nicht gelten. Daher sind diese dritten Personen gehörenden Gegenstände vom Vermögen des Schuldners zu trennen. Diesen Trennungsvorgang nennt man **Aussonderung.** Mit der Aussonderung macht ein Gläubiger geltend, ein bestimmter Vermögenswert gehöre nicht dem Schuldner, sondern ihm, weshalb der betreffende Gegenstand nicht zur Befriedigung der Insolvenzgläubiger herangezogen werden dürfe, sondern an ihn, den Gläubiger, herauszugeben sei.

3 Damit wird das in der Insolvenz bestehende **Spannungsverhältnis** ersichtlich: Wer die Aussonderung eines Vermögensgegenstandes geltend macht, reduziert damit den Umfang des allen Insolvenzgläubigern haftenden Vermögens und reduziert damit auch die Quote für Insolvenzgläubiger. Aufgabe des Insolvenzverwalters ist es, die Trennung des Schuldnervermögens von dem Vermögen Dritter durchzuführen, damit nicht versehentlich das Vermögen Dritter zur Befriedigung der Insolvenzgläubiger des Schuldners herangezogen wird. Andererseits hat der Insolvenzverwalter darauf zu achten, dass wirklich nur Drittvermögen ausgesondert wird, weil jede Aussonderung die Haftungsmasse für Insolvenzgläubiger schmälert.

4 Die Masse, die der Insolvenzverwalter tatsächlich in Besitz nimmt, nennt man „**Ist-Masse**". Unter die „**Soll-Masse**" fällt aber nur das Vermögen, das dem Schuldner zurzeit der Eröffnung tatsächlich gehört und das er während des Verfahrens erlangt. Die Gegenstände, die den Schuldnern nicht gehören und damit nicht unter die „Soll-Masse" fallen, muss der Insolvenzverwalter an die Aussonderungsberechtigten herausgeben.

B. Geltendmachung der Aussonderung

5 Aus den vorstehenden Darlegungen geht bereits hervor, dass der die Aussonderung begehrende Gläubiger seinen Anspruch auf Herausgabe direkt gegen den Insolvenzverwalter geltend machen kann, der ja zur Durchführung des zuvor beschriebenen Trennungsvorgangs verpflichtet ist. Mit seinem **Anspruch auf Aussonderung** ist der Gläubiger deshalb kein Insolvenzgläubiger. Vielfach sind aussonderungsberechtigte Gläubiger außerdem noch Insolvenzgläubiger; dann stehen sie dem Insolvenzverwalter zweimal gegenüber: einmal als Aussonderungsgläubiger, ein weiteres Mal als Insolvenzgläubiger. Beide Fälle sind, wenngleich sie häufig in einem inneren Zusammenhang stehen, streng voneinander zu trennen.

6 **Beispiel:** Ein Lieferant hat Waren im Wert von 1000 EUR an den Schuldner geliefert. Zum Zeitpunkt der Insolvenzeröffnung befindet sich ein vom Lieferanten gelieferter Gegenstand mit einem Wert von 300 EUR noch im Besitz des Schuldners. Der Lieferant kann an diesem Gegenstand einen einfachen Eigentumsvorbehalt geltend machen. In diesem Fall erscheint der Lieferant einmal als Aussonderungsgläubiger, soweit es um die Herausgabe des noch im Besitz des Schuldners befindlichen Gegenstandes im Wert von 300 EUR geht. Darüber hinaus ist der Lieferant außerdem Insolvenzgläubiger, und zwar in jedem Falle wegen einer Forderung in Höhe von 700 EUR; möglicherweise auch deshalb, weil er nach Durchführung der Aussonderung noch Schadensersatzansprüche geltend machen kann.

7 Während die Insolvenzgläubiger ihre Ansprüche nach den Regeln geltend machen müssen, die die Insolvenzordnung aufstellt (siehe dazu § 11 – Insolvenzforderungen), fallen die nicht dem Schuldner, sondern dem Gläubiger gehörenden Vermögenswerte nicht unter die Insolvenzmasse und können deshalb auch nicht den Regeln der Insolvenzordnung unterworfen werden. § 47 InsO regelt folglich, dass sich der Anspruch des Aussonderungsgläubigers „nach den

Gesetzen bestimmt, die außerhalb des Insolvenzverfahrens gelten". Typischerweise macht ein Aussonderungsgläubiger einen Anspruch auf Herausgabe geltend, zB nach § 985 BGB. Entscheidend dabei ist, dass nicht jeder Herausgabeanspruch ein Aussonderungsrecht begründet, sondern nur ein solcher, womit der Gläubiger geltend macht, der entsprechende Vermögensgegenstand gehöre nicht dem Schuldner. Daran wird deutlich, dass sich das Aussonderungsrecht auf sog **dingliche Rechte** bezieht.[1] Ein dingliches Recht ist ein solches, das eine Vermögenszuordnung zu einem bestimmten Gegenstand einer bestimmten Person ermöglicht. Im Gegensatz dazu stehen schuldrechtliche Ansprüche, die einen Anspruch auf Herausgabe begründen können. Dingliche Ansprüche sind dadurch gekennzeichnet, dass sie gegenüber jedermann wirken, unabhängig davon, wer den entsprechenden Gegenstand besitzt. Ausnahmsweise können auch schuldrechtliche Herausgabeansprüche zur Aussonderung berechtigen, wenn der Vermögensgegenstand aufgrund des Herausgabeanspruchs gerade nicht dauerhaft dem Vermögen des Schuldners zugewiesen sein soll. Beispiele dafür sind der Rückgabeanspruch des Vermieters, Verpächters, Verleihers oder Hinterlegers. Keine Aussonderungskraft haben dagegen schuldrechtliche Verschaffensansprüche wie der Anspruch des Käufers aus § 433 Abs. 1 BGB auf Übergabe und Eigentumsverschaffung der Kaufsache; typisch für diese Ansprüche ist, dass gerade eine Leistung aus der Insolvenzmasse begehrt wird.

Beispiel: Der Gläubiger A hat dem Schuldner S ein Auto geliehen. A hat zwei Herausgabeansprüche, nämlich einen vertraglichen auf Rückgabe des Leihgegenstandes nach Beendigung des Leihvertrages und einen zweiten Anspruch auf Herausgabe, weil A und nicht S Eigentümer des Autos ist. Der Unterschied zwischen dem vertraglichen Anspruch und dem aus dem Eigentum resultierenden Anspruch wird deutlich, wenn S das Auto an seinen Freund F weitergegeben hat. Gegenüber F kann A keinen vertraglichen Anspruch auf Herausgabe geltend machen, weil zwischen A und F ein Leihvertrag nicht besteht. Wohl kann A das Fahrzeug von F herausverlangen, weil A Eigentümer des Fahrzeugs ist. 8

Das vorstehende Beispiel zeigt, dass der sich aus dem Eigentum ergebende Herausgabeanspruch **gegenüber jedermann,** im vorstehenden Beispiel also auch gegenüber F geltend gemacht werden kann, wohingegen vertragliche Ansprüche lediglich gegen den Vertragspartner gerichtet werden können. Gerät F in die Insolvenz, kann A seinen Aussonderungsanspruch gegenüber dem Insolvenzverwalter von F geltend machen. Befindet sich hingegen das Fahrzeug noch im Besitz des Schuldners S und gerät dieser in die Insolvenz, dann kann A beide Ansprüche geltend machen: Den Eigentumsherausgabeanspruch (dinglicher Anspruch) und den vertraglichen Rückgabeanspruch aus der Leihe. Der Anspruch auf Aussonderung kann in diesem Fall sowohl auf den dinglichen Anspruch (§ 985 BGB) als auch auf den vertraglichen Rückgabeanspruch (§ 604 Abs. 1 BGB) gestützt werden. 9

Die Geltendmachung des dinglichen Rechts erfolgt – wie gesagt – außerhalb des Insolvenzverfahrens und geschieht in der Weise, dass der Aussonderungsgläubiger seinen Herausgabeanspruch zunächst beim Insolvenzverwalter geltend macht. Dazu sollte er ihm tunlichst all diejenigen Informationen zukommen lassen, die der Insolvenzverwalter benötigt, um die Feststellung treffen zu können, dass der Gläubiger und nicht etwa der Schuldner Eigentümer des be- 10

---

[1] Uhlenbruck/*Brinkmann* § 47 Rn. 1.

treffenden Vermögenswertes ist. Zu beachten ist in diesem Zusammenhang § 1006 BGB. Nach dieser Vorschrift wird vermutet, dass derjenige Eigentümer einer Sache ist, der sie als ihm gehörend besitzt. Findet also der Insolvenzverwalter beim Schuldner einen Gegenstand, so kann der Insolvenzverwalter unter Berufung auf § 1006 BGB die **Vermutung** für sich in Anspruch nehmen, dieser Gegenstand gehöre dem Schuldner zu Eigentum. Der die Aussonderung begehrende Gläubiger muss diese Vermutung durch geeignete Beweise widerlegen.[2] Kommt es zwischen dem Aussonderungsgläubiger und dem Insolvenzverwalter zum Streit darüber, wer Eigentümer des betreffenden Gegenstandes ist, dann sind für diese Auseinandersetzung die ordentlichen Gerichte zuständig.[3] Der Aussonderungsgläubiger muss also Klage gegen den Insolvenzverwalter auf Herausgabe eines bestimmten Gegenstandes erheben. Allgemeiner Gerichtsstand für einen solchen Prozess ist nach der Regelung des § 19a ZPO der Sitz des Insolvenzgerichts. Daneben können besondere Gerichtsstände (§§ 27, 29 ZPO) gegeben sein. Bei Immobiliarrechten kann der ausschließliche Gerichtsstand des § 24 bestehen.

11   Ein Insolvenzverwalter ist grundsätzlich nicht daran interessiert, fremdes Vermögen in seinem Besitz zu halten, da dies mit weitergehenden Pflichten, wie zB solchen auf **Sicherung**[4] und Versicherung verbunden sein kann. Hat der Aussonderungsgläubiger geeignet nachgewiesen, dass er Eigentümer eines bestimmten Gegenstandes ist, so wird der Insolvenzverwalter diesen freiwillig an den Aussonderungsgläubiger herausgeben. Zur Herausgabe an einem bestimmten **Ort** ist der Insolvenzverwalter allerdings nicht verpflichtet.[5] Er genügt seiner Herausgabepflicht dadurch, dass er für die Insolvenzmasse an dem Aussonderungsgegenstand keine Rechte geltend macht. Dem kommt der Insolvenzverwalter in der Regel dadurch nach, dass er den Aussonderungsgläubiger entsprechend informiert und ihm anheimstellt, den Aussonderungsgegenstand selbst abzuholen.[6] Die dem Aussonderungsgläubiger insoweit entstehenden **Kosten** kann dieser als Insolvenzforderung geltend machen. Das gilt auch dann, wenn die Kosten erst nach der Eröffnung des Insolvenzverfahrens entstanden sind, weil sie in einem untrennbaren Zusammenhang mit dem Herausgabeanspruch selbst stehen, welcher bereits vor der Eröffnung des Insolvenzverfahrens bestanden hat.[7] Die Kosten für die Nachforschung und die Bereitstellung des Aussonderungsguts trägt hingegen die Insolvenzmasse.[8]

C. Die wichtigsten Aussonderungsrechte

12   Die folgenden Rechte gewähren insbesondere einen Anspruch auf Aussonderung:

---

[2] OLG Hamburg 12.10.1993, ZIP 1983, 348.
[3] Uhlenbruck/*Brinkmann* § 47 Rn. 108.
[4] Uhlenbruck/*Brinkmann* § 47 Rn. 101.
[5] Uhlenbruck/*Brinkmann* § 47 Rn. 101.
[6] Uhlenbruck/*Brinkmann* § 47 Rn. 101.
[7] Uhlenbruck/*Brinkmann* § 47 Rn. 105.
[8] Uhlenbruck/*Brinkmann* § 47 Rn. 105.

- Eigentum
- Einfacher Eigentumsvorbehalt
- Factoring
- Grundschuldrückgewähranspruch
- Erbschaftsanspruch
- Uneigennützige Treuhand
- Heimfallanspruch gem. § 2 Nr. 4 ErbbauVO

Die wichtigsten Aussonderungsfälle sollen im Folgenden kurz dargestellt werden:

I. Eigentum

Der bedeutendste Fall des Aussonderungsrechts ist das Eigentum. Das Eigentum an einem Gegenstand gewährt dem Gläubiger einen Anspruch auf Herausgabe gegen den Besitzer (§ 985 BGB). Hat der Schuldner ein Recht zum Besitz aus § 986 Abs. 1 BGB (zB weil der Schuldner mit dem Eigentümer einen Leih- oder Mietvertrag abgeschlossen hatte), dann beschränkt sich der Anspruch auf Feststellung des Eigentums. Das Eigentum an einem Gegenstand können idR solche Gläubiger geltend machen, die dem Schuldner Sachen geliehen, vermietet, verleast usw haben. Während der Vertragsdauer hat der Schuldner ein Recht zum Besitz an diesen Gegenständen. Nach Vertragsbeendigung müssen geliehene, geleaste, gemietete Gegenstände herausgegeben werden.

13

II. Einfacher Eigentumsvorbehalt

Bei einem einfachen Eigentumsvorbehalt haben beide Parteien eines Kaufvertrages diesen noch nicht vollständig erfüllt. Der Käufer hat noch nicht den (vollständigen) Kaufpreis gezahlt und der Verkäufer hat das Eigentum an der gekauften Sache dem Käufer noch nicht übertragen; dafür erlangt der Käufer ein quasi-dingliches Anwartschaftsrecht als „Minus" aus dem Eigentum. Damit liegt grundsätzlich auch die Konstellation des § 103 InsO vor, wonach dem Verwalter ein Wahlrecht zustehen soll, ob er an der Durchführung des Kaufvertrages festhalten will oder ob er die Erfüllung des Vertrages ablehnen möchte. Für den speziellen Fall des einfachen Eigentumsvorbehalts hat der Gesetzgeber in § 107 InsO Sonderregelungen geschaffen. Danach ist zu unterscheiden zwischen dem Fall, dass der Käufer einer unter Eigentumsvorbehalt gelieferten Sache insolvent wird oder ob der Verkäufer in die Insolvenz gerät.

14

1. Insolvenz des Vorbehaltskäufers

In der Insolvenz des Vorbehaltskäufers wird der Herausgabeanspruch des Verkäufers, der ja noch Eigentümer ist, vom **Wahlrecht** des Verwalters aus § 103 iVm § 107 Abs. 2 InsO „überlagert".[9] Der Verwalter soll durch Ausübung seines Wahlrechts entscheiden können, ob er den Kaufvertrag erfüllen will oder nicht. Entscheidet sich der Verwalter für die Erfüllungswahl, so hat er den (rest-

15

---

[9] Vgl. auch die Ausführungen in → § 21 Rn. 119 ff.

4. Teil. die Bereinigung der Insolvenzmasse

lichen) Kaufpreis für den Kaufgegenstand an den Verkäufer zu bezahlen. Beim einfachen Eigentumsvorbehalt löst die vollständige Zahlung des Kaufpreises an den Verkäufer den Eigentumsübergang auf den Erwerber (hier also: auf den Schuldner bzw. die Masse) automatisch aus. Damit hat der Verwalter die Möglichkeit, das dingliche Recht des Verkäufers, dessen Eigentum, durch Zahlung des Kaufpreises zu vernichten. Zahlt der Verwalter den vollständigen Kaufpreis, geht das Eigentum auf den Schuldner über und der Aussonderungsanspruch des Verkäufers erlischt.

16 Damit regelt die Insolvenzordnung die besondere Situation des einfachen Eigentumsvorbehalts. Der Verkäufer, der den Gegenstand an den Schuldner geliefert hatte, ist ja auf der Grundlage des mit dem Schuldner abgeschlossenen Kaufvertrages eher daran interessiert, den Kaufpreis zu erhalten, anstatt den unter Eigentumsvorbehalt gelieferten Gegenstand zurückzunehmen. Der Gesetzgeber mutet dem Vorbehaltsverkäufer nach § 107 Abs. 2 S. 1 InsO zu, dem Verwalter bis zum **Berichtstermin** Gelegenheit zu geben, sein Wahlrecht auszuüben. Lediglich für den Fall, dass in der Zeit bis zum Berichtstermin eine erhebliche Verminderung des Wertes der Sache zu befürchten ist und der Gläubiger den Verwalter auf diesen Umstand ausdrücklich hingewiesen hat, ist letzterer verpflichtet, sein Wahlrecht – wie sonst auch üblich – unverzüglich auszuüben, § 107 Abs. 2 S. 2 InsO.

17 Die Regelung des § 107 Abs. 2 InsO dient somit auch dem Interesse des Schuldners bzw. der Insolvenzgläubiger. Da der Insolvenzverwalter nach § 158 InsO verpflichtet ist, den Betrieb zumindest bis zum Berichtstermin fortzuführen, muss er auch die Möglichkeit haben, dieser Verpflichtung entsprechen zu können. Würden aus dem Betrieb des Schuldners sämtliche unter einfachem Eigentumsvorbehalt stehenden Gegenstände unverzüglich nach Eröffnung des Insolvenzverfahrens entfernt werden, hätte dies in aller Regel zwangsläufig die **Einstellung der Betriebstätigkeit** im schuldnerischen Unternehmen zur Folge.

18 Um dieses zu vermeiden, wurde die Regelung in § 107 Abs. 2 InsO geschaffen. Andererseits kommen in der Praxis immer wieder Fälle vor, in denen schon bei der Eröffnung des Insolvenzverfahrens oder in der Zeit zwischen der Insolvenzeröffnung und dem Berichtstermin der Geschäftsbetrieb des Schuldners zum Stillstand kommt bzw. gekommen ist. In diesem Falle ist der Insolvenzverwalter keineswegs verpflichtet, mit der Ausübung seines Wahlrechts bis zum Berichtstermin zu warten. Der Verwalter kann also, er muss aber nicht vor dem Berichtstermin eine Erklärung nach § 103 InsO abgeben.

19 Lehnt der Verwalter die Erfüllung des noch nicht vollständig erfüllten Kaufvertrages ab, dann verliert er auch das Recht, durch vollständige Zahlung des Kaufpreises den Eigentumsübergang auf die Insolvenzmasse herbeizuführen. Dann steht zugleich fest, dass es beim Eigentum des Vorbehaltsverkäufers bleibt. Alsdann ist der Aussonderungsanspruch des Vorbehaltsverkäufers durch Herausgabe des Gegenstandes zu erfüllen.

Bislang wurde der Fall betrachtet, dass der Vorbehaltsverkäufer selbst den Aussonderungsanspruch in der Käuferinsolvenz verfolgt. Was aber gilt, wenn der Vorbehaltsverkäufer seine Rechte aus dem Kaufvertrag mit dem Schuldner auf einen Dritten überträgt und nun der Dritte erwägt, die an den Schuldner gelieferte Sache auszusondern? Dieser Fall liegt immer dann vor, wenn der

Vorbehaltsverkäufer seine Forderunegen an einen Factor überträgt. Alsdann ist zu unterscheiden zwischen unechtem Factoring (Sicherungseigentum und Absonderung) und echtem Factoring (Vorbehaltseigentum und Aussonderung).[10] Handelt es sich um einen Fall des unechten Factorings, so steht dem Factor lediglich ein Absonderungsrecht zu. Überträgt der Vorbehaltsverkäufer das Eigentum an der Kaufsache auf einen Darlehensgeber, welcher für den Käufer den Erwerb finanziert, kann der Darlehensgeber das vorbehaltene Eigentum in der Insolvenz des Käufers nicht aussondern, sondern ist wie ein Sicherungseigentümer lediglich zur abgesonderten Befriedigung berechtigt.[11] Grund hierfür ist, dass das Vorbehaltseigentum durch die Übertragung auf den Darlehensgeber einen Bedeutungswandel hin zum Sicherungseigentum erfährt. Während das originäre Eigentum des Vorbehaltsverkäufers seinen Warekredit sichert und zur Aussonderung gem. § 47 InsO berechtigt, entfällt dieser Sicherungszweck und die besondere Schutzwürdigkeit ab der Übertragung des Eigentums auf einen Darlehensgeber (Factor).

Beim echten Factoring handelt es sich nicht um einen Darlehensvertrag, sondern um einen Kaufvertrag über Rechte iSd § 453 BGB.[12] Ist dem Factor das Vorbehaltseigentum an der gelieferten Sache übertragen und mit ihm alle Rechte aus dem Kaufvertrag (also auch das gesetzliche Rücktrittsrecht nach §§ 323 ff. BGB), so erfüllt das übertragene Vorbehaltseigentum nach wie vor den Sicherungszweck, den durch Rücktritt vom Kaufvertrag bedingten Herausgabeanspruch nach § 449 Abs. 2 BGB zu sichern. Macht der Factor von seinem Rücktrittsrecht Gebrauch, so kann er Aussonderung der Sache verlangen. Der vom Lieferanten abgeleitete Eigentumsvorbehalt des Factors im Rahmen eines echten Factoringvertrags berechtigt in der Insolvenz also zur Aussonderung des Vorbehaltseigentums.[13]

2. Insolvenz des Vorbehaltsverkäufers

Die Verkäuferinsolvenz darf beim einfachen Eigentumsvorbehalt nicht zu Lasten des Käufers gehen. Daher ist das Anwartschaftsrecht des Käufers bis zur vollständigen Kaufpreiszahlung nach § 107 Abs. 1 InsO insolvenzfest. Dies bedeutet, dass der Käufer die Vertragserfüllung verlangen darf und der Insolvenzverwalter den Eigentumsübergang nicht einseitig verhindern kann; sein Wahlrecht aus § 103 InsO ist insoweit ausgeschlossen.

Ist der Käufer dagegen vertragsuntreu, weil er zB die Zahlung verweigert oder in Zahlungsverzug gerät, lebt das Wahlrecht des Insolvenzverwalters aus § 103 InsO wieder vollumfänglich auf; er kann dann Erfüllung verlangen oder sich vom Vertrag lösen. Zu beachten ist, dass im Falle des Rücktritts der Rückzahlungsanspruch des Käufers nur eine einfache Insolvenzforderung ist, die nur mit der Quote befriedigt wird (vgl. dazu → § 21 Rn. 110 ff.).

20

21

---

[10] Vgl. auch die Ausführungen in → § 14 Rn. 28 ff.
[11] BGH 27.3.2008, ZIP 2008, 842.
[12] BGH 15.4.1987, ZIP 1987, 855.
[13] BGH 8.5.2014, ZIP 2014, 1345 (1346).

III. Treuhand

22 Ein Aussonderungsanspruch kann sich aus einem Treuhandverhältnis ergeben. Dabei ist zwischen der **uneigennützigen Treuhand** („echte" Treuhand), bei der die Übertragung des Gegenstandes im Interesse des Treugebers vorgenommen wird, und der **eigennützigen Treuhand** („unechte" Treuhand), bei der die Übertragung des Treugutes im Interesse des Treuhänders erfolgt, zu unterscheiden.

Auch bei der Treuhand ist unter dem Gesichtspunkt der Aussonderung nur derjenige Fall von Interesse, dass der Treuhänder, der das Treugut in seinem Besitz hat, insolvent wird. Alsdann stellt sich die Frage, ob der Treugeber Aussonderungsansprüche geltend machen kann.

24 Handelt es sich um ein **uneigennütziges (= echtes) Treuhandverhältnis** (zB Inkassozession, Übertragung von Vermögensgegenständen zur Verwaltung) und der Treugeber wird insolvent, dann kann dessen Insolvenzverwalter die Herausgabe des Treuguts verlangen. Interessanter ist es, wenn der Treuhänder in einer solchen Situation insolvenz wird. Dann kann der Treugeber beim Insolvenzverwalter des Treuhänders ein Aussonderungsrecht geltend machen. So hat beispielsweise die Wohnungseigentümergemeinschaft (= Treugeber) im Falle der Insolvenz des WEG-Verwalters (= Treuhänder) ein Aussonderungsrecht am Wohngeldkonto.[14] Schwierigkeiten bereiten in der Praxis solche Fälle, in denen Kontoguthaben, bei denen es sich um treuhänderisch gehaltenes Geld handeln soll, ausgesondert werden sollen. Entscheidend ist nämlich, dass sich das treuhänderische Vermögen nicht mit sonstigem Vermögen des Schuldners (= Treuhänders) vermischt haben darf.[15] Sind bei einem Schuldner, der zB Mietkautionen entgegengenommen hat, diese auf gesonderten Konten angelegt, so hat eine Vermischung mit dem übrigen Vermögen des Schuldners nicht stattgefunden und die Mieter können die Kautionsguthaben aussondern (damit ist noch keine Entscheidung darüber getroffen, ob nicht der Insolvenzverwalter wegen möglicherweise bestehender Ansprüche gegen den Mieter auf das Kautionsguthaben zugreifen darf). Früher verlangte die Rechtsprechung außerdem, dass der treuhänderisch zu haltende Geldbetrag „unmittelbar" aus dem Vermögen des Treugebers an den Treuhänder gelangt sein muss. Diese Rechtsprechung ist inzwischen aufgegeben. Nunmehr wird nur noch verlangt, dass sich der treuhänderisch gehaltene Betrag nach wie vor im Geldbestand des Schuldnervermögens befindet.[16] Dies soll nur dann nicht der Fall sein, wenn sich der Kontostand des Schuldners nach Eingang des treuhänderisch zu haltenden Betrages so weit vermindert hat, dass der Treuhandbetrag dabei angegriffen wurde. Gegebenenfalls führt dies zu einer anteiligen Aussonderung des Treuhandbetrages.

25 **Beispiel:** Der Mieter M hat dem Schuldner als Kaution einen Geldbetrag von 1000 EUR auf das Konto des Schuldners überwiesen. Abweichend von seiner Verpflichtung gem. § 551 Abs. 3 BGB hat der Schuldner den auf seinem Konto eingegangen Geldbetrag nicht von seinem sonstigen Vermögen getrennt verwaltet, sondern auf dem Konto belassen. Das Guthaben des Schuldners betrug ursprünglich 5000 EUR und wuchs durch Eingang der

---

[14] OLG Hamm 11.2.1999, ZIP 1999, 765; Uhlenbruck/*Brinkmann* § 47 Rn. 33.
[15] BGH 20.12.2007, ZInsO 2008, 206; BGH 7.7.2005, ZInsO 2005, 879 (880).
[16] BGH 7.7.2005, ZInsO 2005, 879 (880).

Mietkaution auf 6000 EUR an. In der Folgezeit gab der Schuldner 5500 EUR aus, so dass der Kontostand auf 500 EUR herabsank. Danach sind bis zur Eröffnung des Insolvenzverfahrens weitere 2000 EUR auf dem Konto eingegangen, so dass zum Zeitpunkt der Insolvenzeröffnung der Kontostand 2500 EUR betrug. Der Mieter kann nunmehr nicht die Aussonderung von 1000 EUR verlangen, obgleich es sich um ein echtes Treuhandverhältnis handelte und der Schuldner als Vermieter verpflichtet war, den Geldbetrag von seinem sonstigen Vermögen getrennt zu verwahren. Denn tatsächlich hat er Letzteres nicht getan. Aus dem Verlauf des Saldos auf dem Konto lässt sich vielmehr entnehmen, dass der Schuldner in Höhe von 500 EUR das Kautionsguthaben angegriffen hat. Die Rechtsprechung geht davon aus, dass ein Schuldner zuletzt das ihm anvertraute Treuhandvermögen angreift; für den vorliegenden Fall bedeutet dies, dass der Schuldner zuletzt die Mietkaution angegriffen hat, als er über das Konto in Höhe von insgesamt 5500 EUR verfügt hat. Somit waren auf dem Konto noch 500 EUR von der Kaution verblieben und sind im Zeitpunkt der Insolvenzeröffnung auch noch vorhanden. Diesen Betrag kann der Mieter aussondern. Wegen seines restlichen Anspruchs von weiteren 500 EUR kann der Mieter lediglich eine Forderung zur Insolvenztabelle anmelden. Dass dies uU eine für den Schuldner strafrechtliche Konsequenz haben kann, ändert an dem Ergebnis nichts.

Handelt es sich hingegen um einen Fall der **eigennützigen Treuhand** („unechte" Treuhand), zB Sicherungsübereignung, Sicherungszession an eine Bank als Treuhänderin und diese wird insolvent, hat der Treugeber nur dann ein Aussonderungsrecht, wenn er die gesicherte Forderung der Bank erfüllt. Dagegen steht dem Treuhänder in der Insolvenz des Treugebers (Sicherungsgeber) nach § 51 Nr. 1 InsO lediglich ein Absonderungsrecht zu.[17] 26

IV. Factoring

Aussonderungsansprüche können auch beim Factoring entstehen. Beim echten Factoring kauft der Factor von dem Anschlusskunden Forderungen, die dieser gegenüber seinen Debitoren hat. Der Factor übernimmt beim echten Factoring das Risiko der Zahlungsunfähigkeit und der Zahlungsunwilligkeit der Debitoren (sog Delcredere-Risiko). Damit gibt es kein Rückgriffsrecht des Factors gegen den Anschlusskunden, wenn ein Debitor nicht zahlt. In der **Insolvenz des Anschlusskunden** hat der Factor ein Recht auf Aussonderung.[18] 27

Im Gegensatz zum echten Factoring übernimmt der Factor beim unechten Factoring nicht das Risiko der Zahlungsunfähigkeit der Debitoren. Daher wird von der wohl noch herrschenden Meinung angenommen, dem Factor stünde, da er die Forderung lediglich wie eine Sicherheit erwerbe und nicht kaufe, in der Insolvenz des Anschlusskunden kein Aussonderungsrecht, sondern nur ein Absonderungsrecht zu.[19] 28

Umgekehrt ist die Situation in dem Fall, dass nicht der Anschlusskunde, sondern der **Factor in die Insolvenz** gerät. Beim echten Factoring hat der Factor die Forderung durch Kaufvertrag vollumfänglich erworben, so dass dem Anschlusskunden lediglich eine Kaufpreisforderung zusteht, die er ggf. nur als Insolvenzforderung geltend machen kann. Beim unechten Factoring, bei dem 29

---

[17] Ausführlicheres in § 15.
[18] Uhlenbruck/*Brinkmann* § 47 Rn. 94.
[19] Uhlenbruck/*Brinkmann* § 47 Rn. 94; Sinz, Kölner Schrift zur Insolvenzordnung, S. 638 ff.

Ringstmeier

der Factor die Forderung lediglich wie eine Sicherheit erwirbt, wird der Anschlusskunde noch als Inhaber der Forderung angesehen. Er kann deshalb Aussonderungsansprüche beim Insolvenzverwalter des Factors geltend machen, wenn er den Kaufpreis für die Forderung an die Insolvenzmasse zurückzahlt.[20]

D. Aussonderungsansprüche vor Eröffnung des Insolvenzverfahrens

30 Aussonderungsansprüche werden nach § 47 S. 2 InsO außerhalb des Insolvenzverfahrens geltend gemacht. Die Aussonderungsgläubiger sind an die Regelungen der Insolvenzordnung nicht gebunden. Allerdings ist der Begriff „Aussonderung" ein spezieller, nur von der Insolvenzordnung verwendeter Begriff, mit dem die Nichtzugehörigkeit eines Gegenstandes zur Insolvenzmasse geltend gemacht wird. Außerhalb der Insolvenzordnung und vor der Insolvenzeröffnung gibt es keine Aussonderungsrechte, weil es auch keine Insolvenzmasse gibt. Der Gläubiger, zB der Eigentümer, kann deshalb vor der Eröffnung des Insolvenzverfahrens in Wirklichkeit keine Aussonderungsrechte geltend machen, sondern lediglich Herausgabeansprüche – was aber dasselbe ist und nur anders bezeichnet wird. Die Herausgabeansprüche richten sich vor der Eröffnung des Verfahrens gegen den Schuldner, nicht gegen den Insolvenzverwalter, weil ein solcher erst mit der Eröffnung des Insolvenzverfahrens bestellt wird.

31 Der **vorläufige Insolvenzverwalter** ist, wenn nicht ein allgemeines Verfügungsverbot gegen den Schuldner erlassen worden ist, nicht allgemeiner Vertreter des Schuldners, sondern nimmt im Interesse der späteren Insolvenzgläubiger lediglich Sicherungsmaßnahmen wahr, vgl. § 22 Abs. 1, 2 InsO. Dazu zählt auch die Inbesitznahme von Gegenständen, an denen Aussonderungsrechte geltend gemacht werden können. Da die Herausgabe von Aussonderungsgut sogar nach der Eröffnung des Insolvenzverfahrens möglich ist, bestehen grundsätzlich keine Bedenken dagegen, dass der vorläufige Insolvenzverwalter bereits im Antragsverfahren Herausgaberechte befriedigen kann. Ausgenommen davon sind lediglich Gegenstände, die unter einfachen Eigentumsvorbehalt fallen. Da nach § 107 Abs. 2 InsO der Verwalter sein Wahlrecht in Bezug auf § 103 InsO erst unverzüglich nach dem Berichtstermin ausüben muss, darf er die Herausgabe von Gegenständen, die unter einfachem Eigentumsvorbehalt stehen, erst recht während des Insolvenzantragsverfahrens verweigern. Dies ergibt sich einmal aus der Funktion des § 107 Abs. 2 InsO, der anderenfalls weitgehend leer liefe. In der Literatur[21] wird darüber hinaus erwogen, § 112 InsO analog anzuwenden. Nach § 112 InsO ist die Kündigung eines Vermieters unwirksam, wenn sie auf einen Verzug mit der Entrichtung von Miet- oder Pachtzins gestützt wird, der zum Zeitpunkt der Insolvenzantragstellung bereits bestanden hat. Mit der analogen Anwendung des § 112 InsO auf den Fall des Vorbehaltskaufs soll erreicht werden, dass ein der Kündigung in Mietvertrag entsprechender Rücktritt vom Kaufvertrag aus denselben Gründen unwirksam sein soll.

---

[20] Uhlenbruck/*Brinkmann* § 47 Rn. 96.
[21] Vgl. Heidelberger Kommentar/*Marotzke* § 107 Rn. 31.

Ringstmeier

Mit der Regelung des § 21 Abs. 2 Nr. 5 InsO hat der Gesetzgeber eine Möglichkeit geschaffen, die den vorläufigen Insolvenzverwalter sogar legitimiert, Aussonderungsgut zu behalten und für die Interessen der Insolvenzmasse einzusetzen. Zwar ist bei Nutzung des Aussonderungsguts eine Wertentschädigung in Höhe der Abnutzung an den Aussonderungsgläubiger zu entrichten; aber eine Herausgabe kann der Aussonderungsgläubiger jedenfalls dann nicht mehr gegen den Schuldner bzw. des vorläufigen Insolvenzverwalter durchsetzen, wenn das Insolvenzgericht einen entsprechenden Beschluss erlassen hat. In der Praxis werden solche Beschlüsse durch den vorläufigen Insolvenzverwalter beim Insolvenzgericht erbeten, um damit einer Herausgabeklage oder gar einer strafrechtlichen Verfolgung durch den Aussonderungsgläubiger zuvorzukommen. Die Regelung des § 21 Abs. 2 Nr. 5 InsO geht in Bezug auf Aussonderungsgüter sehr weit und begründet ein Recht des vorläufigen Insolvenzverwalters auf das Behaltendürfen des Aussonderungsgegenstandes. Damit schafft die Regelung für den vorläufigen Insolvenzverwalter mehr Rechte, als sie der endgültige Insolvenzverwalter hätte. 32

E. Ersatzaussonderung

Es kann vorkommen, dass der Schuldner vor der Insolvenzeröffnung oder der Insolvenzverwalter nach der Eröffnung einen Gegenstand unberechtigt veräußert, dessen Aussonderung hätte verlangt werden können. Die Insolvenzordnung trifft für diesen Fall in § 48 InsO die Regelung, dass der Aussonderungsberechtigte die Abtretung des Rechts auf die Gegenleistung – zumeist eine Kaufpreisforderung – verlangen kann, solange diese noch in der Masse unterscheidbar vorhanden ist. Veräußert der sog „starke" vorläufige Insolvenzverwalter vor der Verfahrenseröffnung unberechtigt, greift § 48 InsO, und zwar direkt, nicht analog ein.[22] 33

§ 48 InsO spricht von **Veräußerung** eines Gegenstandes, dessen Aussonderung, wäre die Veräußerung unterblieben, hätte verlangt werden können. Es besteht indes Einigkeit darüber, dass jede rechtsgeschäftliche Verfügung, die zu einem Verlust des dinglichen Rechts des Gläubigers führt, unter § 48 InsO fällt.[23] 34

Des Weiteren muss die Veräußerung **unberechtigt** erfolgt sein; das ist bei der Veräußerung fremden Eigentums eigentlich evident, jedoch können sich auch Zweifelsfragen, insbesondere bei der Veräußerung von Eigentumsvorbehaltsware ergeben. Die Allgemeinen Geschäftsbedingungen von Lieferanten sehen vor, dass der Kunde (= späterer Insolvenzschuldner) berechtigt ist, die unter Eigentumsvorbehalt gekaufte Ware im „ordnungsgemäßen Geschäftsverkehr" zB weiterverkaufen oder verarbeiten darf. In diesem Sinne ist ein Geschäftsverkehr ordnungsgemäß, solange der EV-Käufer seine Zahlungen nicht eingestellt hat.[24] Eine Veräußerung von EV-Ware ist daher nach Eintritt der Insolvenzkrise nicht im ordnungsgemäßen Geschäftsverkehr erfolgt und somit unberechtigt. Erfor- 35

---

[22] Uhlenbruck/*Brinkmann* § 48 Rn. 5.
[23] Uhlenbruck/*Brinkmann* § 48 Rn. 8.
[24] Uhlenbruck/*Brinkmann* § 48 Rn. 16a mwN.

derlich ist freilich, dass die Veräußerung wirksam sein muss, anderenfalls ja der Aussonderungsgläubiger sein Recht noch gar nicht verloren hat.

36 Die Ersatzaussonderung geht auf Abtretung der **Gegenleistung**, soweit diese noch aussteht. Hat also der Schuldner vor der Insolvenzeröffnung unberechtigt Aussonderungsgut verkauft und steht bei Insolvenzeröffnung der Kaufpreis noch aus, dann kann der Gläubiger die Abtretung der Kaufpreisforderung verlangen und ist berechtigt, den Kaufpreis einzuziehen.

37 **Steht die Gegenleistung nicht mehr aus**, etwa weil der Käufer bereits an den Schuldner oder die Masse gezahlt hat, bereitet die Ersatzaussonderung dann Schwierigkeiten, wenn der Kaufpreis auf ein Konto des Schuldners oder des Insolvenzverwalters eingezahlt wurde, auf dem neben dieser Gutschrift noch weitere Eingangszahlungen und auch Belastungen gebucht wurden. Erforderlich ist nach § 48 S. 2 InsO, dass die Gegenleistung in der Masse noch unterscheidbar vorhanden ist. Geldzahlungen auf ein Konto der Insolvenzmasse lassen aufgrund der Buchung und der dazugehörigen Belege die Unterscheidbarkeit nicht entfallen; maßgebend ist das verfügbare Guthaben und die Kontodeckung. Solange das Konto noch eine ausreichende Deckung aufweist, steht das Guthaben dem Ersatzaussonderungsberechtigten zu.[25] Allerdings ist eine Einschränkung insoweit zu machen, als die Ersatzaussonderung nur bis zur Höhe des in der Zeit nach der Gutschrift eingetretenen niedrigsten Saldos besteht („Bodensatz"). Wird das Konto erst danach wieder aufgefüllt, findet eine Ersatzaussonderung nicht statt.

38 **Ist eine Ersatzaussonderung mangels Unterscheidbarkeit nicht mehr möglich,** kann der Berechtigte einen Anspruch gegen die Masse (§ 55 Abs. 1 Nr. 3 InsO) oder ggf. einen Schadensersatzanspruch gegen den Insolvenzverwalter (§ 60 InsO) geltend machen, sofern der Insolvenzverwalter den Gegenstand schuldhaft veräußert hat.[26]

F. Praxisrelevante Einzelfragen zur Aussonderung

I. Art und Weise der Geltendmachung

39 Für Gläubiger, die in einem Insolvenzverfahren Aussonderungsansprüche geltend machen wollen, also vornehmlich für Lieferanten, stellen sich durchaus praxisrelevante Fragen, die im Folgenden kurz dargestellt werden sollen:

1. Schriftform und Belege

40 Die Aussonderung sollte schriftlich vom Insolvenzverwalter begehrt werden. Dabei sollte der Gläubiger ausdrücklich darauf hinweisen, dass er die Herausgabe eines bestimmten, in seinem Eigentum stehenden Vermögenswertes beansprucht. Sinnvoll ist es, den Grund darzulegen, warum der Schuldner in den Besitz des herausverlangten Gegenstandes gekommen ist. Um dem Insolvenz-

---

[25] BGH 8.5.2008, ZIP 2008, 1127 (1128); BGH 19.1.2006, ZIP 2006, 959; BGH 11.3.1999, ZIP 1999, 626.
[26] OLG Düsseldorf 14.1.2003, ZInsO 2003, 997.

verwalter eine Prüfung des geltend gemachten Aussonderungsanspruchs zu ermöglichen, ist es notwendig, ihm die Unterlagen (Allgemeine Geschäftsbedingungen des Lieferanten, aus denen sich ein einfacher Eigentumsvorbehalt ergibt, Auftragsbestätigung und Lieferschein oder Miet- oder Leihvertrag usw) zu übermitteln, aus denen sich das Eigentum des Gläubigers ergeben soll; denn der Gläubiger ist darlegungs- und beweispflichtig für die Tatsache, dass der herausverlangte Gegenstand sein Eigentum ist.[27]

Muster

> Sehr geehrter Herr Insolvenzverwalter,
> auf Grund eines zwischen dem Schuldner und uns am 15.3.2016 abgeschlossenen Leasingvertrages haben wir dem Schuldnerunternehmen einen Fotokopierer der Marke XY, Typ Z, Seriennummer 1.234.567, verleast. Der Kopierer wurde am 20.3.2016 an den Schuldner geliefert. Der Leasingvertrag ist von uns vor der Insolvenzantragstellung außerordentlich gekündigt worden, weil der Schuldner mit vier monatlichen Leasinggebühren in Verzug war.
> Wir bitten um Herausgabe des in unserem Eigentum stehenden, oben näher bezeichneten Kopiergerätes und bitten um Bekanntgabe eines Aussonderungstermins.
> Anliegend übersenden wir Ihnen eine Fotokopie des Leasingvertrages, des Auslieferungsscheins sowie unseres Kündigungsschreibens.
> Mit freundlichen Grüßen

41

Die **Übersendung der Belege** ist zunächst nicht zwingend, denn der Insolvenzverwalter hat möglicherweise nach Prüfung schon festgestellt, dass ein bestimmter Gegenstand nicht Eigentum des Schuldners, sondern des Gläubigers ist. Alsdann erkennt der Verwalter das Gläubigereigentum auch ohne Belege an. Andererseits trifft den Gläubiger ja die Nachweispflicht, weshalb Belege spätestens nachgereicht werden müssen, wenn der Insolvenzverwalter erklärt, er könne das Eigentum des Gläubigers nicht feststellen. Davon abgesehen kann die sofortige Übermittlung der Eigentumsbelege sinnvoll sein, und zwar aus mehreren Gründen: Üblicherweise nimmt ein Insolvenzverwalter nicht sämtliche Vertragsunterlagen eines Schuldnerunternehmens an sich, um diese in sein Büro zu verbringen; dafür reicht schon meist der Platz nicht aus. Also muss der Verwalter beim Schuldner nachforschen oder nachforschen lassen. Hinzu kommt, dass Insolvenzverwalter immer wieder auf Schuldnerunternehmen treffen, deren Geschäftsunterlagen ungeordnet sind, so dass vom Verwalter beim Schuldner erbetene Vertragsunterlagen und Korrespondenzen nicht oder nicht kurzfristig auffindbar sind.

42

Je überschaubarer die zum Beweis des Eigentums erforderlichen Belege sind, desto eher bietet sich eine sofortige Übersendung von Fotokopien an; handelt es sich dagegen um eine große Anzahl von umfangreichen Belegen, so sollte dem Insolvenzverwalter deren nachträgliche Übermittlung angeboten werden.

43

---

[27] Uhlenbruck/*Brinkmann* § 47 Rn. 115.

2. Zeitpunkt

44 Aussonderung kann jedenfalls nach der Eröffnung des Insolvenzverfahrens verlangt werden; das Begehren auf Aussonderung ist dann an den Insolvenzverwalter zu richten. Ob der Berichtstermin schon stattgefunden hat oder nicht, spielt regelmäßig keine Rolle: Der Verwalter ist berechtigt und verpflichtet, Aussonderungsansprüche in jedem Stadium des eröffneten Insolvenzverfahrens zu befriedigen. Eine Ausnahme davon gilt lediglich in Bezug auf den einfachen Eigentumsvorbehalt; darauf gerichtete Aussonderungsansprüche braucht der Insolvenzverwalter erst nach dem Berichtstermin zu erfüllen, § 107 Abs. 2 InsO. § 107 Abs. 2 InsO begründet ein sonstiges Recht zum Besitz iSd § 986 Abs. 1 BGB.

45 Allgemein bietet sich an, die Aussonderung möglichst **frühzeitig** vom Insolvenzverwalter zu verlangen. Dies macht ihn darauf aufmerksam, dass ein bestimmter Gegenstand nicht dem Schuldner gehört, so dass sich das Verwertungsrecht des Verwalters darauf auch nicht beziehen kann. Ein Insolvenzverwalter ist grundsätzlich immer daran interessiert, möglichst bald zu erfahren, an welchen Gegenständen Aussonderungsansprüche bestehen. Andererseits geht das Eigentumsrecht des Gläubigers nicht durch Zeitablauf unter, dh Aussonderungsrechte können zu jedem Zeitpunkt, also auch noch lange nach der Insolvenzeröffnung geltend gemacht werden. Der Gläubiger läuft freilich Gefahr, dass sein Eigentum untergeht, wenn er dieses nicht für sich reklamiert und der Insolvenzverwalter in Unkenntnis des fremden Eigentumsrechtes den Gegenstand im Zuge der Verwertung des Schuldnervermögens mitverkauft. Dann beschränken sich die Rechte des Gläubigers auf Ersatzaussonderung, Massebereicherung oder Schadensersatz gegen den Insolvenzverwalter, wobei Letzteres ausscheidet, wenn der Aussonderungsgläubiger es versäumt, seine Rechte zeitnah geltend zu machen und der Insolvenzverwalter keine Anhaltspunkte für das fremde Eigentum hatte. Umgekehrt haftet der Insolvenzverwalter persönlich, wenn er fremdes Eigentum zur Masse zieht und verwertet, soweit er Kenntnis vom fremden Eigentum hatte.[28] Es liegt also im eigenen Interesse des Aussonderungsgläubigers, den Verwalter auf das Aussonderungsrecht frühzeitig hinzuweisen.

3. Auskunft

46 Zu den Pflichten des Insolvenzverwalters gehört es auch, dem Aussonderungsgläubiger Auskunft über Verbleib, Zustand, eine etwaige Verarbeitung oder eine Belastung des Aussonderungsguts zu erteilen.[29] Das ist aus der Sicht des Aussonderungsberechtigten auch erforderlich, denn er ist nicht ohne weiteres berechtigt, die Geschäftsräume des Schuldners zu betreten[30] oder gar im Wege der Selbsthilfe das Aussonderungsgut herauszuholen. Gesetzlich geregelt ist der Auskunftsanspruch nicht, über sein Bestehen herrscht jedoch Einigkeit.[31] Art und Umfang der Auskunft richten sich nach den Umständen des Einzelfal-

---

[28] BGH 9.5.1986, ZIP 1996, 1181 (1183).
[29] Uhlenbruck/*Brinkmann* § 47 Rn. 103.
[30] Uhlenbruck/*Brinkmann* § 47 Rn. 101.
[31] Uhlenbruck/*Brinkmann* § 47 Rn. 100.

les und finden ihre Grenzen in der Zumutbarkeit. Der Insolvenzverwalter ist insbesondere nicht verpflichtet, umfangreiche Nachforschungen anzustellen, zumal wenn diese in einer Verfolgung einer Vielzahl von Vorgängen bestehen.[32] Immerhin kann der Verwalter auf die Mitwirkung des Schuldners bzw. dessen Mitarbeiter zurückgreifen (§ 97 InsO). In der Praxis kann der Verwalter gut beraten sein, dem Aussonderungsgläubiger einen Besichtigungstermin einzuräumen bzw. ihm anzubieten, (unter Aufsicht) Einsicht in die Geschäftsunterlagen des Schuldners zu nehmen. Dies verschafft dem Aussonderungsgläubiger die von ihm gewünschten Informationen und hält die Arbeitsbelastung des Insolvenzverwalters sowie der mit der Abwicklung im Verwalterbüro tätigen Mitarbeiter in erträglichen Grenzen.

4. Insolvenzantragsverfahren

Im Insolvenzantragsverfahren kann der Gläubiger einen Herausgabeanspruch gegen den Schuldner selbst richten. Das gilt auch dann, wenn im Insolvenzantragsverfahren ein vorläufiger Insolvenzverwalter mit Zustimmungsvorbehalt eingesetzt ist. Dieser muss vor einer Herausgabe durch den Schuldner freilich prüfen, ob es sich bei dem herausverlangten Gegenstand tatsächlich nicht um Eigentum des Schuldners, sondern um solches des Gläubigers handelt. Im Übrigen wird der vorläufige Insolvenzverwalter im Interesse einer Erhaltung des Schuldnervermögens prüfen, ob der herausverlangte Gegenstand zB für die Aufrechterhaltung der Betriebstätigkeit noch benötigt wird. Sollte dies der Fall sein, wird der vorläufige Insolvenzverwalter mit Zustimmungsvorbehalt seine Zustimmung zur Herausgabe des Gegenstandes an den Gläubiger verweigern. 47

Notfalls erbittet der vorläufige Insolvenzverwalter beim Gericht einen Beschluss nach § 22 Abs. 2 Nr. 5 InsO, wonach der Aussonderungsgegenstand nicht herausgegeben werden muss und für die Fortführung des schuldnerischen Betriebes verwendet werden darf. 48

5. Sicherheitenverwertungsgemeinschaft (Pool)

Gelegentlich besteht das Bedürfnis von Aussonderungsgläubigern, sich zu einem Pool zusammenzuschließen. Typischerweise erfolgt dies im Zusammenhang mit der Durchsetzung von Absonderungsrechten.[33] Zulässig ist dies indes auch zur Durchsetzung von Aussonderungsansprüchen. 49

Ein Aussonderungsgläubiger, der sein Eigentum zweifelsfrei dem Insolvenzverwalter nachweisen kann, wird meist keine Notwendigkeit sehen, seine Aussonderungsansprüche an eine Sicherheitenverwertungsgemeinschaft abzutreten, damit sie vom sog Poolführer oder Poolverwalter geltend gemacht werden. Vielmehr wird der Aussonderungsgläubiger seine Rechte **individuell** gegen den Insolvenzverwalter verfolgen; dies ist schneller und günstiger möglich. 50

Rechtliche Schwierigkeiten können dann auftreten, wenn ein Aussonderungsgläubiger sein Eigentum nicht allein nachweisen kann, weil ihm der sog **Nämlichkeitsnachweis** nicht gelingt. Darunter versteht man, dass ein Aussonderungsgläubiger einen ganz bestimmten Gegenstand als sein Eigentum nach- 51

---

[32] OLG Köln 14.7.1982, ZIP 1982, 1107.
[33] Dazu → § 15 Rn. 78 ff.

weisen muss (es muss der „nämliche" Gegenstand sein). Sind etwa gleich aussehende Schreibtische vom Lieferanten A und vom Lieferanten B an den Schuldner geliefert worden und haben beide unter einfachem Eigentumsvorbehalt geliefert, der auch noch besteht, dann kann weder A noch B zweifelsfrei nachweisen, welcher Schreibtisch der von ihm gelieferte ist. A und B beschließen deshalb, ihre Ansprüche gemeinsam gegen den Insolvenzverwalter geltend zu machen. Sie treten gemeinschaftlich an ihn heran und erklären, beide Schreibtische gehörten ihnen beiden. Diese Form des Pools ist ebenfalls zulässig,[34] denn durch den Zusammenschluss von A und B steht zweifelsfrei fest, dass beide Schreibtische nicht zum Schuldnervermögen gehören und deshalb ausgesondert werden können. Die Aufteilung der ausgesonderten Schreibtische auf A und B ist später Sache dieser beiden Lieferanten.

II. Handhabung beim Insolvenzverwalter

52 Von Aussonderung betroffene Gegenstände gehören nicht zur sog Soll-Masse und unterliegen insbesondere auch nicht dem Verwertungsrecht des Insolvenzverwalters. Dessen Pflicht ist es, das fremde Eigentum zu beachten, es zu sichern und dem Eigentümer zur Verfügung zu stellen. Schon wegen der Ermittlung der freien Masse, aber auch im Zusammenhang mit der Prüfung, ob ein Insolvenzplan in Frage kommt, ist eine möglichst frühzeitige Kenntnis davon, welche beim Schuldner vorgefundenen Gegenstände von Aussonderung betroffen sein werden, von erheblicher Bedeutung für den Verwalter. Es bietet sich deshalb an, in das **Verzeichnis der Massegegenstände** gem. § 151 InsO auch das Aussonderungsgut mit aufzunehmen, obwohl dies von der genannten Vorschrift nicht gefordert wird. Das bietet sich auch deshalb an, weil nicht immer schon am Anfang eines Verfahrens feststeht, welche Gegenstände in fremden Eigentum stehen; so besteht die Möglichkeit, das Verzeichnis der Massegegenstände zu ergänzen, wenn nachträglich Aussonderungsrechte bekannt werden.

53 Zumindest beim Anlagevermögen bietet es sich an, das Verzeichnis der Massegegenstände schon im **Insolvenzantragsverfahren** zu erstellen, weil meist bis zur Eröffnung nur geringe Veränderungen im Bestand eintreten. Daraus ergibt sich ein weiterer Vorteil: Insolvenzverwalter und vorläufiger Insolvenzverwalter sind, wenn dem vorläufigen Insolvenzverwalter entsprechende Aufgaben im Bestellungsbeschluss zugewiesen sind, zur Sicherung des Vermögens verpflichtet. Diese Sicherungspflicht bezieht sich auch auf Aussonderungsgut. Wird später Aussonderung verlangt und ist der Aussonderungsgegenstand nicht mehr vorhanden, kann der Insolvenzverwalter durch Verweis auf das von ihm in der Insolvenzantragsphase erstellte Verzeichnis der Massegegenstände nachweisen, dass der herausverlangte Gegenstand schon bei Insolvenzantragstellung nicht mehr vorhanden war.

54 Grundsätzlich muss der Aussonderungsgläubiger sein Recht auf Aussonderung geltend machen. Der Insolvenzverwalter ist deshalb generell nicht verpflichtet, eigene **Nachforschungen** anzustellen, ob an einem bestimmten Gegenstand Eigentumsrechte Dritter bestehen.[35] Eine Ausnahme ist nur dann zu

---

[34] Uhlenbruck/*Brinkmann* § 47 Rn. 59.
[35] OLG Köln 14.7.1982, ZIP 1982, 1107.

machen, wenn „typischerweise" Aussonderungsansprüche bestehen, insbesondere weil bestimmte Gegenstände regelmäßig nur unter einfachem Eigentumsvorbehalt geliefert werden. Alsdann kann den Verwalter eine erhöhte Prüfungspflicht treffen.[36] Ansonsten ist der Verwalter nur zur Beachtung von Aussonderungsrechten verpflichtet, wenn er von deren Existenz Kenntnis erlangt; diese hat er allerdings schon dann, wenn er im Insolvenzantragsverfahren vom Aussonderungsgläubiger angeschrieben worden ist.

Die Entscheidung darüber, ob er dem Aussonderungsbegehren nachkommt oder nicht, wird der Insolvenzverwalter meist im Zusammenhang damit treffen müssen, ob er in Verträge eintreten will oder nicht, vgl. §§ 103 ff. InsO. Maßgeblich sind die **Gesamtinteressen der Gesamtgläubigerschaft**. Entscheidet sich der Verwalter für die Herausgabe des fremden Gegenstandes, hat er diesen nicht auf Kosten der Masse dem Aussonderungsgläubiger zur Verfügung zu stellen. Der Insolvenzverwalter kommt seiner Herausgabeverpflichtung schon dadurch nach, dass er den Gegenstand zur Abholung durch den Gläubiger bereitstellt. Die diesem entstehenden Kosten der Abholung kann er zur Insolvenztabelle anmelden. Andererseits hat die Insolvenzmasse die Aufwendung für Aufsuchen und Bereitstellen des Aussonderungsguts zu tragen.

Weil sich die **Sicherungspflicht** des Verwalters auch auf das Aussonderungsgut erstreckt, wird ein Insolvenzverwalter die Masse nicht länger als erforderlich mit dem Behalten des Aussonderungsgegenstandes belasten. Tatsächlich entspricht es der Amtspflicht des Insolvenzverwalters, das geltend gemachte Aussonderungsrecht des Gläubigers zeitnah zu prüfen und das Aussonderungsgut dem Gläubiger sodann unverzüglich zur Abholung bereitzustellen. Die Dauer der dem Insolvenzverwalter zuzubilligenden Prüfungsfrist kann in einem mittleren Unternehmensinsolvenzverfahren mit rd. zwei Monaten angegeben werden.[37]

III. Auswirkung auf Insolvenzforderung

Es ist bereits oben darauf hingewiesen worden, dass aussonderungsberechtigte Gläubiger gleichzeitig auch Insolvenzgläubiger sein können (das ist in der Praxis meistens der Fall). Für diesen Fall wird der Insolvenzverwalter darauf achten müssen, dass eine durchgeführte Aussonderung in der Höhe der Insolvenzforderung Berücksichtigung findet. Ein Lieferant beispielsweise, der einen unter einfachem Eigentumsvorbehalt gelieferten Gegenstand zurücknimmt, muss dafür eine Gutschrift erstellen. Dies führt zu einer **Reduzierung der** als **Insolvenzforderung** geltend zu machenden Ansprüche des Lieferanten. Diese können freilich auch wieder dadurch erhöht werden, dass die Aussonderung mit Kosten für den Gläubiger verbunden war, die dieser ebenfalls als Insolvenzforderung geltend machen kann. Ist die Aussonderung auf Grund eines einfachen Eigentumsvorbehalts durchgeführt worden, kommt folgende Erwägung hinzu:

Der Verwalter hatte bis zum Berichtstermin gem. § 107 Abs. 2 InsO die Möglichkeit, die Erfüllung oder Nichterfüllung des mit dem Lieferanten abgeschlos-

---

[36] Uhlenbruck/*Brinkmann* § 47 Rn. 99.
[37] Uhlenbruck/*Brinkmann* § 47 Rn. 99.

senen Kaufvertrages zu wählen. Ist die Aussonderung durchgeführt worden, hat der Verwalter offensichtlich die Nichterfüllung des Vertrages gewählt, was gem. § 103 Abs. 2 S. 1 InsO zu weiteren **Schadensersatzansprüchen** des Vertragspartners (= Lieferant) führen kann. All dies hat sich in der Berechnung der zur Tabelle festzustellenden Insolvenzforderung niederzuschlagen. Für die Abwicklungspraxis ist es deshalb ratsam, dass bei der Prüfung der Insolvenzforderungen durchgesetzte Aussonderungsrechte berücksichtigt werden.

§ 15. Absonderung

A. Abgrenzung Aussonderung – Absonderung

§ 15 befasst sich mit der für die Insolvenzpraxis sehr wichtigen Absonderung. Sie ist streng von der Aussonderung zu unterscheiden (→ Rn. 1–12). Zunächst werden die wichtigsten Absonderungsrechte vorgestellt (→ Rn. 13–49) und deren Kollision besprochen (→ Rn. 50). Sodann erfolgt eine Beschreibung, wie und wann der Gläubiger sein Absonderungsrecht geltend machen kann und welche Fehler dabei vermieden werden sollten (→ Rn. 63–82). Da es bei der Abwicklung eines Insolvenzverfahrens um die Befriedigung aus Absonderungsrechten geht, nimmt die Darstellung zur Verwertung von Absonderungsgut einen breiten Raum ein. Zunächst wird die Verwertung von unbeweglichen Gegenständen mit Absonderungsrechten beschrieben (→ Rn. 88–99), sodann die Verwertung von beweglichen Sachen und Rechten, also vor allem Forderungen (→ Rn. 100–146). Am Schluss geht das Kapitel noch auf die Abrechnung zwischen Verwalter und Absonderungsgläubiger ein (→ Rn. 147–165) und gibt in diesem Zusammenhang Hinweise zur Handhabung im Verwalterbüro (→ Rn. 160–162) und zur Anrechnung des Verwertungserlöses beim Gläubiger (→ Rn. 163–165).

1 Für die Praxis der Insolvenzabwicklung und für die Rechtsstellung der Gläubiger ist die **Abgrenzung zwischen Aussonderungsrechten und Absonderungsrechten** von eminenter Bedeutung, wie im Folgenden noch zu zeigen sein wird. Für das Verständnis, insbesondere der Behandlung der Absonderungsrechte, ist es deshalb wichtig, die grundsätzlichen Unterschiede zwischen Aussonderung und Absonderung zu erkennen.

2 Mit der **Aussonderung** macht der Gläubiger geltend, ein von ihm beanspruchter Vermögenswert, meistens ein bestimmter Gegenstand, gehöre nicht dem Schuldner und damit nicht zur Insolvenzmasse. Ist die Behauptung des Gläubigers zutreffend, dann kann keine Berechtigung des Insolvenzverwalters bestehen, diesen Gegenstand zu verwerten und den Verwertungserlös an die Insolvenzgläubiger zu verteilen. Denn es handelt sich in der Regel um die im Eigentum eines Dritten stehende Sache, wohingegen der Insolvenzverwalter lediglich „das Vermögen des Schuldners" in Besitz nehmen, verwalten und verwerten soll. Aussonderungsrechte werden deshalb vom Insolvenzverfahren nicht berührt, sieht man einmal davon ab, dass sich der Aussonderungsgegenstand zunächst auch im Besitz des Insolvenzverwalters befindet, und sieht man

darüber hinaus von dem Sonderfall des einfachen Eigentumsvorbehalts in § 107 Abs. 2 InsO ab.

Demgegenüber handelt es sich bei **Absonderung**sgut sehr wohl um Vermögen des Schuldners, welches damit auch der Zuständigkeit des Insolvenzverwalters unterfällt. Der Insolvenzverwalter darf und muss es in Besitz nehmen, verwalten und verwerten. Die Besonderheit liegt meist darin, dass der Schuldner vor der Verfahrenseröffnung einem Gläubiger an dem Absonderungsgegenstand Sicherungsrechte verschafft hat.

Sicherungsrechte (zB Sicherungsübereignung und Sicherungszession) nehmen im Wirtschaftsverkehr eine wichtige Rolle ein. Ein Vertragspartner hat ein natürliches und von der Rechtsordnung auch gebilligtes Interesse daran, dass er sich wegen seiner Ansprüche für den Fall der Insolvenz des Vertragspartners absichert. Vor allem die Personen, Unternehmen und Institutionen, die regelmäßig am Wirtschaftsverkehr teilnehmen, insbesondere also Lieferanten und Kreditinstitute, erfahren häufig, dass sie wegen ihrer Ansprüche gegen einen Schuldner lediglich eine Forderung zur Insolvenztabelle anmelden können, auf die es sodann keine oder nur eine geringfügige Quote gibt. Um dieses Risiko zu minimieren, werden zugunsten der Vertragspartner Sicherungsrechte begründet. Deren Funktion ist es, gerade in der Insolvenz des Schuldners die Rechtsstellung des Gläubigers zu verbessern. Die Insolvenzordnung muss die Besserstellung solcher Gläubiger einerseits schützen, weil ohne Sicherungsrechte der moderne Wirtschaftsverkehr nicht denkbar wäre; dies geschieht über das Absonderungsrecht. Andererseits muss die Insolvenzmasse davor geschützt werden, durch die Vereinbarung von Sicherungsrechten vollkommen zu verarmen; Sicherungsrechte gewähren daher, wie § 51 Nr. 1 InsO zeigt, „nur" ein Absonderungsrecht und kein Aussonderungsrecht.

Die **Sicherung der Vertragspartner** erfolgt typischerweise in der Form, dass der Schuldner Teile seines Vermögens als Sicherheit zur Verfügung stellt, und zwar in der Weise, dass der Gläubiger (= Sicherungsnehmer) im Fall der Insolvenz seine (eigentlich nur als Insolvenzforderung geltend zu machende) Forderung aus dem Sicherungsgegenstand befriedigen kann.

Formalrechtlich werden Sicherungsrechte vielfach in der Weise begründet, dass dem Sicherungsnehmer Eigentumsrechte an dem Sicherungsgut übertragen werden. Nun will aber bei einer Sicherung der Sicherungsnehmer nicht wirklich Eigentümer werden, er will insbesondere nicht über das Sicherungsgut völlig frei verfügen dürfen; ihm reicht eine Position aus, wonach er sich für den Fall der Insolvenz vor allen anderen Insolvenzgläubigern aus dem Verwertungserlös, den der Verwalter für das Sicherungsgut erlangt hat, befriedigen darf. Damit steht im Vordergrund der Sicherung gerade nicht das formale Eigentum am Sicherungsgut, sondern nur die vorrangige **Befriedigungsmöglichkeit aus dem Verwertungserlös**. Daraus hat die Insolvenzordnung Konsequenzen gezogen:

Obwohl der Sicherungsnehmer formal Eigentümer des Sicherungsguts wird, behandelt die Insolvenzordnung dieses dennoch als „Vermögen des Schuldners"; dies verdeutlicht besonders § 51 Nr. 1 InsO. Folglich fällt das Sicherungsgut nach § 1 S. 1 InsO in die Insolvenzmasse. Die Insolvenzordnung muss deshalb **verschiedene Aspekte** für dieses Sicherungsgut regeln, nämlich
– der Verwalter muss, weil es sich ja um Vermögen des Schuldners handelt, das Sicherungsgut **verwerten** dürfen (dies ist formaljuristisch nicht unproblema-

tisch, weil nicht der Schuldner, sondern der Sicherungsnehmer rechtlich Eigentümer des Sicherungsguts ist)

9 – die Insolvenzordnung muss regeln, dass der Sicherungsnehmer vorrangig, also vor den Masse- und Insolvenzgläubigern am Erlös aus der Verwertung des Sicherungsguts **partizipiert;**

10 – da der Sicherungsgläubiger vorrangig am Verwertungserlös partizipieren soll, trägt er auch das Verwertungsrisiko mit. Dies bedeutet, dass der Sicherungsnehmer bei der Art und Weise der Verwertung, insbesondere bei der Frage, zu welchem Preis das Sicherungsgut verwertet wird, soll **mitbestimmen** dürfen.

11 Aus den vorstehenden Darlegungen wird deutlich, welche maßgeblichen **Unterschiede zwischen Aussonderung und Absonderung** bestehen: Aussonderungsgut gehört nicht dem Schuldner und ist deshalb aus der Masse auszuscheiden; Absonderungsgut gehört hingegen dem Schuldner und ist damit Teil der Insolvenzmasse. Für Aussonderungsgut ist der Verwalter nicht dauerhaft besitzberechtigt, er hat den Aussonderungsgegenstand früher oder später an den wahren Berechtigten herauszugeben oder für die Masse zu kaufen; Absonderungsgegenstände sind Vermögenswerte des Schuldners, die der Verwalter nach § 148 Abs. 1 InsO in Besitz zu nehmen hat. Aussonderungsgut darf der Insolvenzverwalter nicht verwerten, es gehört dem Aussonderungsgläubiger; Absonderungsgut ist Teil der Insolvenzmasse und unterliegt deshalb dem Verwertungsrecht des Insolvenzverwalters, § 166 InsO.

12 Regelmäßig bereitet die Abgrenzung zwischen Aussonderung und Absonderung keine praktischen Schwierigkeiten. Eine Ausnahme davon ist für Eigentumsvorbehaltsrechte zu machen, bei denen in der Praxis **Abgrenzungsschwierigkeiten** auftreten können. Im Übrigen können Absonderungsrechte an sämtlichen Vermögenswerten eines Schuldners bestehen, insbesondere also an unbeweglichem Vermögen, zB Grundstücken, an beweglichen Gegenständen und an Rechten. Im Folgenden sollen zunächst diejenigen wichtigsten Rechtsverhältnisse dargestellt werden, die in der Insolvenz ein Absonderungsrecht begründen.

B. Die wichtigsten Absonderungsrechte

I. Hypotheken, Grundschulden

13 Im Grundbuch eines Grundstücks oder im Wohnungs- oder Teileigentumsgrundbuch, außerdem in den Registern von Luftfahrzeugen und Schiffen eingetragene Hypotheken und Grundschulden gewähren ein Absonderungsrecht. In den Grundbüchern und Registern sind die Hypotheken und Grundschulden in Abteilung III eingetragen. Dabei gilt eine strenge Reihenfolge: Wer zuerst eingetragen wurde, darf sich auch zuerst aus dem Verwertungserlös befriedigen. Zu beachten ist, dass die nacheinander im Grundbuch oder im Register eingetragenen Hypotheken- und Grundschuldgläubiger ihre Reihenfolge untereinander verändern können, was aber ebenfalls im Grundbuch bzw. Register eingetragen und daraus also ersichtlich ist. Das Absonderungsrecht durch Hypo-

§ 15. Absonderung

theken und Grundschulden erstreckt sich auf den unbeweglichen Gegenstand, also das **Grundstück,** das **Teileigentum** oder das **Wohnungseigentum** und – da **Flugzeuge und Schiffe** als unbewegliche Gegenstände behandelt werden – auf das im Register eingetragene Flugzeug bzw. im Register eingetragene Schiff.

Außerdem erstrecken sich Grundschulden und Hypotheken nach § 1120 BGB auch auf diejenigen beweglichen Gegenstände, die sich auf einem Grundstück befinden und dem Grundstück zu dienen bestimmt sind, sog Zubehör gem. § 97 BGB. Hypotheken und Grundschulden als Absonderungsrechte sind geregelt in § 49 InsO.

In § 49 InsO nicht genannt sind Absonderungsrechte, die – etwas versteckt – im **Zwangsversteigerungsgesetz (ZVG)** geregelt sind. Diese Absonderungsrechte bestehen kraft Gesetzes und sind nicht nur anlässlich einer Zwangsversteigerung zu beachten, sondern auch bei einer freihändigen Verwertung von Immobilien durch den Insolvenzverwalter. Zu nennen sind in diesem Zusammenhang vor allem die in § 10 Ziffer 3 ZVG genannten öffentlichen Abgaben, die auf einem Grundstück lasten. Wegen weiterer Einzelheiten wird auf die Ausführungen unter → Rn. 90 verwiesen. 14

II. Sicherungsübertragungen

In der Praxis besonders bedeutsam sind die sicherungshalber vorgenommenen Übertragungen einzelner Vermögenswerte des Schuldners auf einen Sicherungsnehmer. Je nachdem, ob der Schuldner bewegliche Gegenstände sicherungsübertragen oder Rechte zur Sicherheit abgetreten hat, spricht man von Sicherungseigentum oder Sicherungsabtretung. 15

1. Sicherungseigentum

Häufig übereignet der Schuldner zur Sicherheit des Gläubigers einzelne Gegenstände oder Sachgesamtheiten an diesen. Der Gläubiger wird damit formaljuristisch Eigentümer der übereigneten Gegenstände, ist im Verhältnis zum Schuldner aber verpflichtet, diese Rechtsposition nur im Hinblick auf sein Sicherungsbedürfnis wegen der gesicherten Forderungen wahrzunehmen. Die Eigentumsübertragung auf den Sicherungsnehmer ist somit vom Sicherungszweck begrenzt. Damit unterscheidet sich das Sicherungseigentum vom Volleigentum, bei dem der Eigentümer grundsätzlich keinen Beschränkungen unterworfen ist, wie er mit seinem Eigentum umzugehen gedenkt. Diesen Umstand trägt § 51 Nr. 1 InsO Rechnung, so dass lediglich ein Absonderungsrecht besteht. 16

Das Sicherungseigentum kann sich auf einzelne Sachen beschränken, was insbesondere häufig in denjenigen Fällen geschieht, in denen der Schuldner die Anschaffung des betreffenden Gegenstandes durch den Sicherungsnehmer finanziert hat. 17

Beispiel: Der Schuldner möchte ein Kraftfahrzeug kaufen und nimmt zu diesem Zweck einen Kredit bei seiner Bank auf. Aus dem Kreditverhältnis steht der Bank ein Rückzahlungsanspruch zu, der – fällt der Schuldner später in die Insolvenz – lediglich eine einfache Insolvenzforderung darstellt. Um dieses Risiko zu minimieren, verlangt die Bank von dem Schuldner, dass dieser das mit dem Geld der Bank gekaufte Fahrzeug an die Bank sicherungsübereignet. 18

19   Andererseits ist die Sicherungsübereignung nicht auf solche Fälle beschränkt, in denen der Schuldner den sicherungsübereigneten Gegenstand mit Mitteln des Gläubigers erworben hat. Auch solche beweglichen Gegenstände, die der Schuldner mit anderen Mitteln angeschafft hat und die in seinem Eigentum stehen, können Gegenstand einer Sicherungsübereignung zugunsten eines Gläubigers sein.

20   Wirksam ist die Übertragung, also auch die sicherungshalber vorgenommene Übertragung beweglicher Gegenstände nur dann, wenn die von der Eigentumsübertragung betroffenen Sachen **bestimmt** sind. Bestimmbarkeit des Sicherungsguts ist nicht ausreichend; vielmehr ist erforderlich, dass die Gegenstände so exakt bezeichnet sind, dass auch ein Dritter, der die Parteiabrede zwischen dem Sicherungsgeber und dem Sicherungsnehmer nicht kennt, eindeutig feststellen kann, ob der Gegenstand übertragen wurde oder nicht. Dabei ist es zulässig, dass diese Erkennbarkeit nur unter Zuhilfenahme weiterer Unterlagen möglich ist. Besitzt der Schuldner etwa mehrere Kraftfahrzeuge, so ist eine Sicherungsübereignung nicht wirksam, wenn sie als Gegenstand der Sicherungsübereignung lediglich ein „Kfz" bezeichnet. Alsdann bliebe nämlich unklar, welches der dem Schuldner gehörende Kraftfahrzeuge sicherungsübereignet worden ist.

21   Bei der Sicherungsübereignung ist es möglich, dass der Schuldner einen Gegenstand nacheinander an verschiedene Gläubiger sicherungsübereignet. So könnte der Schuldner zB eine Maschine zunächst an den Gläubiger A, dann an den Gläubiger B und schließlich an den Gläubiger C sicherungsübereignen. Freilich muss er, um sich nicht dem Vorwurf eines Betruges auszusetzen, die Gläubiger B und C darüber informieren, dass bereits vorrangige Sicherungsübereignungen bezüglich desselben Gegenstandes bestehen; anderenfalls würden B und C getäuscht. In einem solchen Fall **„hintereinander geschalteter" Sicherungsübereignungen** ist für den Verwalter zu prüfen, welche Sicherungsübereignung Vorrang (sog Priorität) genießt und ob ein gutgläubiger Erwerb stattgefunden hat (§§ 932ff. BGH).

22   Gegenstand einer „Sicherungsübereignung können" auch **Sachgesamtheiten** sein. Rechtlich darf die Sachgesamtheit zwar Gegenstand des schuldrechtlichen Sicherungsvertrages sein, für das dingliche Rechtsgeschäft (Übereignung) muss jedoch jede Sache aus der Sachgesamtheit theoretisch einzeln übertragen werden (Einzelrechtsübertragung). In der Praxis kommt die Sicherungsübereignung „sämtlicher Gegenstände der Betriebs- und Geschäftsausstattung" oder des „gesamten Warenlagers" häufig vor. Die Sicherungsübereignung von Sachgesamtheiten ist mit Vorsicht zu genießen und vom Verwalter mit besonderer Aufmerksamkeit zu überprüfen, insbesondere im Hinblick auf die oben bereits erwähnte Bestimmtheit derjenigen Gegenstände, die von der Sicherungsübereignung erfasst sein sollen. Meistens wird es notwendig sein, die Räumlichkeiten, in denen sich die sicherungsübereigneten Gegenstände befinden, auf einem Lageplan kenntlich zu machen und diesen dem Sicherungsübereignungsvertrag beizufügen. Um die Bestimmtheit der sicherungsübereigneten Gegenstände zu erreichen, kann aber auch ergänzend auf Listen, die sogar fortgeschrieben werden können, verwiesen werden; der Einzelrechtsübertragung der Sachen wird über die Bestimmtheit gewahrt. So reicht eine Sicherungsübereignung sämtlicher Gegenstände der Betriebs- und Geschäftsausstattung, „die sich aus dem

§ 15. Absonderung

Anlageverzeichnis, Konto ..., des Rechnungswesens des Schuldners ergeben" aus; ebenso die Sicherungsübereignung des gesamten Warenlagers, soweit „die Waren in der Buchhaltung des Schuldners, Konto ..., erfasst sind". Allerdings ist darauf zu achten, dass der Schuldner (natürlich) nur solche Gegenstände zur Sicherheit übereignen kann, an denen er selbst Eigentum besitzt. Befinden sich folglich im Warenlager einzelne Gegenstände, die noch unter einfachem Eigentumsvorbehalt des Lieferanten stehen, dann sollte sich eine Sicherungsübereignung des Schuldners auf das noch fremde Eigentum nicht erstrecken. In diesen Fällen sehen Sicherungsübereignungsverträge, wie sie zB von Kreditinstituten verwendet werden, vor, dass der Schuldner anstelle des Eigentums das ihm zustehende Anwartschaftsrecht an dem betreffenden Gegenstand zur Sicherheit überträgt. Auch die Sicherungsübereignung von Sachgesamtheiten kollidiert uU mit anderen Sicherungsrechten, die anderen Gläubigern des Schuldners zustehen; in diesem Zusammenhang ist insbesondere das Vermieterpfandrecht zu erwähnen.[1]

2. Sicherungsabtretung

Rechte des Schuldners können ebenfalls zur Sicherheit übertragen werden, und zwar durch Abtretung (§§ 398 ff. BGB). Häufig werden Forderungen des Schuldners zur Sicherheit abgetreten, insbesondere Forderungen aus Lieferungen und Leistungen. Auch die Sicherungsabtretung kann sich auf einzelne Rechte oder auf die Gesamtheit von Rechten erstrecken. In der Insolvenz des Schuldners (Sicherungsgebers) besteht gem. § 51 Nr. 1 InsO ein Absonderungsrecht. Anders als bei der Sicherungsübereignung von Gegenständen ist bei der Abtretung (= Zession) von Rechten durch den Schuldner (= Zedent) an den Sicherungsgläubiger (= Zessionar) keine „Hintereinanderschaltung" mehrerer Abtretungen möglich. Ein Recht kann nur einmal abgetreten werden; später vorgenommene Abtretungen, die sich auf dasselbe Recht beziehen, sind unwirksam, da ein gutgläubiger Erwerb wie bei Sachen nach §§ 932 ff. BGB ausscheidet. 23

Ein weiterer Unterschied zwischen Sicherungsübereignung und Sicherungszession liegt darin, dass die zur Sicherheit übertragenen Forderungen nur **bestimmbar** sein müssen; es reicht folglich aus, wenn sich aus der Hinzunahme weiterer Informationen und Unterlagen durch Auslegung ergibt, ob ein Recht von der Sicherungszession erfasst sein soll oder nicht. Gegenstand einer Sicherungsabtretung können sämtliche Rechte eines Schuldners sein (Globalzession); als solche kommen neben Forderungen auch Beteiligungsrechte, Patente, Markenrechte, Herausgabeansprüche usw in Frage. Bei der Abtretung von Ansprüchen, die sich gegen das Finanzamt richten, sind besondere Formvorschriften nach der Abgabenordnung zu beachten. Bei der Abtretung von Miet- und Pachtzinsen ist die zeitliche Grenze des § 110 Abs. 1 InsO zu beachten. 24

Nach der neuesten Rechtsprechung des BGH sind Globalzessionsverträge auch hinsichtlich der zukünftig entstehenden Forderungen grundsätzlich nur als kongruente Deckung **anfechtbar**.[2] Desgleichen gilt für die Werthaltigmachung dieser Forderungen.

---

[1] Zur Kollision von Sicherungsrechten → Rn. 50 ff.
[2] BGH 29.11.2007, ZIP 2008, 183; vgl. Näheres unter → § 16 Rn. 176.

III. Erweiterte und verlängerte Eigentumsvorbehaltsrechte

25 Der einfache Eigentumsvorbehalt kann in der Käuferinsolvenz ein Aussonderungsrecht des Lieferanten begründen.[3] Erweiterte und verlängerte Eigentumsvorbehaltsrechte hingegen begründen lediglich ein Absonderungsrecht, denn sie stehen aufgrund ihres Sicherungszwecks der Sicherungsübertragung nach § 51 Nr. 1 InsO gleich.[4]

1. Erweiterter Eigentumsvorbehalt

26 Unter einem erweiterten Eigentumsvorbehalt werden gemeinhin zwei verschiedene Sicherungsrechte für Lieferanten verstanden. Zum einen kann sich aus den allgemeinen Geschäftsbedingungen eines Lieferanten ergeben, dass ein gelieferter Gegenstand nicht nur solange im Eigentum des Lieferanten verbleiben soll, bis dieser Gegenstand bezahlt ist (das ist der einfache Eigentumsvorbehalt!), sondern nach seiner Bezahlung auch als Sicherheit für andere Ansprüche des Lieferanten dienen soll. Dient der erworbene Gegenstand zur Sicherung anderer Ansprüche, handelt es sich um einen erweiterten Eigentumsvorbehalt, der denselben Regeln unterworfen ist wie die Sicherungsübereignung im Übrigen auch. Der erweiterte Eigentumsvorbehalt begründet deshalb in der Käuferinsolvenz lediglich ein Absonderungsrecht.

27 Unter erweitertem Eigentumsvorbehalt wird auch folgende Konstellation verstanden: Der Schuldner hat vom Lieferanten einen Gegensand erworben und entweder nicht bezahlt (einfacher Eigentumsvorbehalt) oder der Gegenstand dient zur Sicherung anderer Ansprüche des Lieferanten gegen den Schuldner (erweiterter Eigentumsvorbehalt). Wird die Kaufsache nunmehr im Betrieb des Schuldners **verarbeitet,** mit anderen Sachen **verbunden** oder **vermischt,** so erlischt nach den Regelungen der §§ 946–950 BGB zwingend das bisherige Eigentum. Stattdessen erlangt der bisherige Eigentümer an der neu geschaffenen oder vermischten Sache Miteigentum (im Falle der Verbindung und Vermischung) oder der „Hersteller" erwirbt (im Falle der Verarbeitung gem. § 950 BGB) Alleineigentum an der hergestellten Sache. Deswegen findet sich in allgemeinen Geschäftsbedingungen von Lieferanten häufig eine Klausel, wonach anstelle des untergegangenen Eigentums des Lieferanten das Alleineigentum an der neuen Sache (im Falle von Verbindung und Vermischung) treten soll bzw. wonach der Lieferant als Hersteller iSd § 950 BGB gilt, wenn das ursprüngliche Eigentum des Lieferanten verarbeitet worden ist. Die Rechte, die dem Lieferanten aus diesen Klauseln zufließen, werden ebenfalls als erweiterte Eigentumsvorbehaltsrechte bezeichnet und begründen wiederum ein Absonderungsrecht in der Käuferinsolvenz.

2. Verlängerter Eigentumsvorbehalt

28 Schließlich ist noch der verlängerte Eigentumsvorbehalt zu erwähnen. Er ist der Sicherungszession ähnlich. Steht eine von einem Lieferanten gelieferte Sache

---

[3] Dazu → § 14 Rn. 14 ff.
[4] BGH 27.3.2008, ZIP 2008, 842 (844).

unter einfachem oder erweitertem Eigentumsvorbehalt und veräußert der Schuldner diese Sache an einen Dritten, so geht das Eigentum an der Sache auf den Dritten über, sofern der Schuldner zur Weiterveräußerung ermächtigt war, was regelmäßig der Fall ist, solange die Veräußerung im ordnungsgemäßen Geschäftsverkehr des Schuldners vorgenommen worden ist. Anstelle des untergegangenen Eigentums erwächst dem Schuldner eine **Forderung gegen den Dritten**, an den er den Gegenstand veräußert hat. Indem der Lieferant in seinen allgemeinen Geschäftsbedingungen regelt, dass die gegen den Dritten entstehende Forderung im Wege der Zession vorab an die Stelle des untergegangenen einfachen bzw. erweiterten Eigentumsvorbehalts treten soll, wird ein verlängerter Eigentumsvorbehalt vereinbart. Durch den verlängerten Eigentumsvorbehalt werden also Forderungen aus dem Weiterverkauf von Eigentumsvorbehaltsware auf den Lieferanten übertragen.

3. Abwehrklauseln

Regelmäßig ergeben sich einfache, erweiterte und verlängerte Eigentumsvorbehaltsrechte zugunsten eines Lieferanten aus dessen allgemeinen Geschäftsbedingungen. Gelegentlich kommt es vor, dass der Schuldner seinerseits unter Verwendung sog Einkaufsbedingungen beim Lieferanten bestellt hat. In solchen Fällen sind die **Einkaufsbedingungen des Schuldners** daraufhin zu überprüfen, ob diese eine sog Abwehrklausel enthalten. Unter einer Abwehrklausel versteht man eine Regelung in den Einkaufsbedingungen des Schuldners, wonach dieser lediglich seine eigenen allgemeinen Geschäftsbedingungen (= Einkaufsbedingungen) für das Vertragsverhältnis mit dem Lieferanten zugrunde legen will. Da sich in den Einkaufsbedingungen des Schuldners keine Eigentumsregelungen zugunsten des Lieferanten finden, erhebt sich die Frage, ob nun die Verkaufsbedingungen des Lieferanten oder die Einkaufsbedingungen des Schuldners für das Vertragsverhältnis gelten sollen. Bezogen auf den hier relevanten Fall der Vereinbarung von Eigentumsvorbehaltsrechten in den AGB der Lieferanten gilt Folgendes: 29

Nach der Rechtsprechung[5] ändert eine vom Schuldner verwendete Abwehrklausel nichts daran, dass der Lieferant einfache Eigentumsvorbehaltsrechte haben kann. Denn ein einfacher Eigentumsvorbehalt besteht bereits dann, wenn der Lieferant den Eigentumsübergang an einer gelieferten Sache von der Zahlung des Kaufpreises für diese Sache abhängig macht. Das Eigentum geht dann erst mit vollständiger Kaufpreiszahlung für diese Sache auf den Schuldner über. Bei erweiterten und verlängerten Eigentumsvorbehalten soll hingegen der gelieferte Gegenstand auch als Sicherheit für andere Ansprüche des Lieferanten dienen. Die Begründung der Abrede, dass der Gegenstand zur Sicherheit für andere Ansprüche des Lieferanten dienen soll, bedarf – anders als beim einfachen Eigentumsvorbehalt – einer Vereinbarung zwischen Lieferant und Käufer.[6] Unter Kaufleuten kommt eine solche Vereinbarung üblicherweise dadurch zustande, dass der Verkäufer allgemeine Geschäftsbedingungen verwendet, sich in diesen ein erweiterter und verlängerter Eigentumsvorbehalt findet und der Käu- 30

---

[5] BGH 15.6.1989, ZIP 1989, 933.
[6] BGH 28.6.1990, WM 1990, 1671.

fer den AGB nicht widerspricht. Widerspricht aber der Käufer, zB durch Verwendung einer Abwehrklausel, dann ist die maßgebliche Vereinbarung eben nicht zustande gekommen, so dass **erweiterte und verlängerte Eigentumsvorbehaltsrechte des Lieferanten** nicht entstehen können. In den Fällen sich widersprechender AGB kommt es insbesondere nicht darauf an, wer zuletzt auf seine AGB verwiesen hat. Diese sog „Theorie des letzten Wortes" ist verworfen worden. Es reicht vielmehr aus, wenn der Schuldner nur ein einziges Mal auf seine Einkaufsbedingungen hingewiesen hat. Will der Lieferant trotz der Verwendung der Einkaufsbedingungen erweiterte und verlängerte Eigentumsvorbehaltsrechte für die von ihm gelieferten Waren begründen, so bedarf es einer Individualvereinbarung. Eine solche Individualvereinbarung kann zB darin bestehen, dass der Lieferant mit dem Schuldner vereinbart, dass für die Lieferbeziehungen nur und ausschließlich die Verkaufsbedingungen des Lieferanten geltend sollen und nicht etwa die Einkaufsbedingungen des Schuldners, selbst wenn dieser in zukünftigen Fällen darauf verweist.

31   Für die **Abwicklungspraxis** bedeutet dies, dass jeweils zu prüfen ist, ob der Schuldner Einkaufsbedingungen verwendet hat und ob sich in den Einkaufsbedingungen eine Abwehrklausel findet.

32   In diesem Zusammenhang ist darauf hinzuweisen, dass derartige **Prüfungen des Insolvenzverwalters** nicht etwa als „besondere Gemeinheit gegenüber dem Lieferanten" missverstanden werden dürfen. Der Insolvenzverwalter ist zur Vermeidung seiner eigenen Haftung verpflichtet, nur solche Absonderungsrechte zu berücksichtigen, die dem Sicherungsnehmer auch zweifelsfrei zustehen. Setzt sich ein Insolvenzverwalter unter Bezugnahme auf eine vom Schuldner verwendete Abwehrklausel nicht gegen erweiterte und verlängerte Eigentumsvorbehaltsrechte von Lieferanten zur Wehr, würde er Gegenstände dem Lieferanten zur Befriedigung überlassen, die bei richtiger Handhabung für die Befriedigung aller Gläubiger hätten herangezogen werden müssen.

IV. Pfandrechte

33   Pfandrechte sind die „klassischen" Absonderungsrechte und sind deshalb gesondert in § 50 InsO geregelt. Bei Pfandrechten unterscheidet man zwischen Besitzpfandrechten und besitzlosen Pfandrechten. Ein Pfandrecht kann an Sachen und an Rechten bestehen, es kann durch Vertrag, Zwangsvollstreckung und Gesetz begründet werden.

1. Vertraglich begründete Pfandrechte

34   Das Besitzpfandrecht an beweglichen Sachen, auch rechtsgeschäftliches Pfandrecht genannt, entsteht durch Abschluss eines Pfandvertrages zwischen dem Gläubiger und dem Schuldner sowie Übertragung des unmittelbaren Besitzes am Gegenstand auf den Gläubiger. Das Besitzpfandrecht spielt im Wirtschaftsverkehr nur eine geringe Rolle, weil zu dessen Begründung die **Übergabe des Gegenstandes** an den Pfandgläubiger erforderlich ist. Meistens kann der Schuldner auf den Gegenstand aber nicht verzichten, so dass eine Übergabe für ihn nicht in Frage kommt.

Ringstmeier

§ 15. Absonderung

Ein rechtsgeschäftliches Pfandrecht kann auch an Forderungen begründet werden, wofür ebenfalls der Abschluss eines Pfandvertrages notwendig ist. Forderungen können nicht „übergeben" werden, stattdessen ist gem. § 1280 BGB dem jeweiligen Drittschuldner (= Debitor) **anzuzeigen**, dass an der Forderung ein Pfandrecht begründet worden ist. Das ist aufwändig und schadet ggf. dem Ruf des Schuldners, weshalb auch diese Form der Sicherung nur selten anzutreffen ist. 35

2. Durch Zwangsvollstreckung begründete Pfandrechte

Ein Pfandrecht kann auch durch Einzelzwangsvollstreckung erworben werden; alsdann spricht man vom Pfändungspfandrecht, welches ebenfalls zur Absonderung berechtigt. Hingewiesen sei an dieser Stelle allerdings darauf, dass eine Sicherheit, die durch Zwangsvollstreckung innerhalb des letzten Monats vor der Insolvenzantragstellung oder danach erlangt worden ist, mit der Eröffnung des Insolvenzverfahrens gem. § 88 InsO automatisch wegfällt, sog Rückschlagsperre. In Verbraucherinsolvenzverfahren erstreckt sich die Rückschlagsperre sogar auf einen Zeitraum von drei Monaten vor der Insolvenzantragstellung, § 88 Abs. 2 InsO.[7] Außerdem wird der Insolvenzverwalter bei durch Zwangsvollstreckungen erwirkten Pfändungspfandrechten eine Insolvenzanfechtung prüfen.[8] 36

3. Gesetzlich begründete Pfandrechte

Daneben gibt es die gesetzlichen Pfandrechte. Sie sind typischerweise besitzlos, dh die Sache bleibt im Besitz des Schuldners. Dazu zählen das Pfandrecht des Vermieters und Verpächters (§§ 562ff. BGB), des Gastwirtes (§ 704 BGB), des Werkunternehmers (§ 647 BGB), des Hinterlegungsbegünstigten (§ 233 BGB), des Kommissionärs (§§ 397ff. HGB), des Spediteurs (§§ 410ff. HGB), des Lagerhalters (§ 421 HGB), des Frachtführers (§§ 440ff. HGB), des Verfrachters (§ 623 HGB) und des Schiffseigners (§ 77 Abs. 2 Binnenschifffahrtsgesetz). 37

a) Vermieter- und Verpächterpfandrecht. In der Abwicklungspraxis kommen besonders häufig das Vermieter- und das Verpächterpfandrecht vor. In vielen Fällen hatte der Schuldner ein Grundstück oder Räume gemietet bzw. gepachtet und war bis zur Eröffnung des Insolvenzverfahrens einen Teil des Miet- oder Pachtzinses schuldig geblieben. Immer hat sich der Insolvenzverwalter bei einer solchen Konstellation mit dem Vermieter bzw. Verpächter wegen dessen Pfandrecht an den eingebrachten Sachen des Schuldners auseinander zu setzen. Das Vermieter- und Verpächterpfandrecht entsteht kraft Gesetzes und bedarf deshalb keiner besonderen Vereinbarung zwischen dem Mieter und Vermieter bzw. Pächter und Verpächter. Das Vermieter- und Verpächterpfandrecht ist ein sog besitzloses Pfandrecht, so dass – anders als beim rechtsgeschäftlichen Pfandrecht – nicht Voraussetzung ist, dass der Vermieter oder Verpächter im Besitz der vom Pfandrecht betroffenen Gegenstände ist; entscheidend ist, dass dem Mieter die Sache gehört. Wegen der Einzelheiten zur Entstehung, zur 38

---

[7] Nähere Einzelheiten dazu finden sich in § 28.
[8] Für gepfändete Miet- und Pachtzinsforderungen nach § 110 Abs. 2 InsO → § 22 Rn. 99ff.

4. Teil. Die Bereinigung der Insolvenzmasse

Durchsetzung und zum Erlöschen des Vermieter- und Verpächterpfandrechts sei auf die Vorschriften §§ 562–562d sowie § 581 Abs. 2 BGB verwiesen.

39 Das Vermieter- und Verpächterpfandrecht entsteht bereits latent (sozusagen „schlummernd") mit Beginn des Miet- oder Pachtvertrages und „entfaltet" sich dadurch, dass Miet- oder Pachtzinsen nicht bezahlt werden. Selbst wenn erst nach der Insolvenzantragstellung Miet- oder Pachtzins rückständig bleibt, unterliegt das **Entstehen des Pfandrechts** alsdann nicht der späteren Insolvenzanfechtung, weil ja das Pfandrecht schon als mit Beginn des Miet- oder Pachtvertrages begründet angesehen wird. Für die Anfechtbarkeit kommt es dann lediglich noch darauf an, ob ein Gegenstand, auf den sich das Vermieter- oder Verpächterpfandrecht beziehen soll, nach Eintritt der Krise in die gemieteten bzw. gepachteten Räumlichkeiten eingebracht worden ist.[9] Wegen weiterer Einzelheiten wird verwiesen auf die Ausführungen in § 9 C.

40 Eine weitere Beschränkung ergibt sich aus § 50 Abs. 2 InsO, wonach sich Vermieter- und Verpächterpfandrechte auf Ansprüche aus den **letzten 12 Monaten** vor der Eröffnung des Insolvenzverfahrens beschränken. Noch weiter zurückliegende Miet- und Pachtzinsansprüche können Vermieter und Verpächter zwar geltend machen, aber lediglich als Insolvenzforderung. Das Absonderungsrecht bezieht sich nicht auf Ansprüche, die länger als 12 Monate vor dem Zeitpunkt der Insolvenzeröffnung zurückliegen.

41 Das Pfandrecht des Vermieters bzw. Verpächters kann auch **nach der Eröffnung des Insolvenzverfahrens** entstehen, wenn der Insolvenzverwalter den Miet- oder Pachtzins (das sind natürlich Masseschulden) nicht entrichtet. Treffen Insolvenzforderungen des Vermieters und Mietzinsansprüche als Masseschulden zusammen, kann der Insolvenzverwalter nach der Verwertung der dem Vermieterpfandrecht unterfallenden Sachen nicht darüber entscheiden, welche Forderungen des Vermieters zunächst damit befriedigt werden. Die Tilgungsbestimmung liegt vielmehr ausschließlich beim Vermieter.[10]

Allerdings kann das Vermieter- oder Verpächterpfandrecht nicht wegen **Schadensersatzansprüchen** geltend gemacht werden. Damit scheidet ein Absonderungsrecht an den eingebrachten Sachen insbesondere wegen der Schadensersatzansprüche aus, die einem Vermieter oder Verpächter dadurch entstehen, dass der Verwalter mit verkürzter Frist gem. § 109 Abs. 1 InsO kündigen kann, § 50 Abs. 2 S. 1 InsO.

42 **Beispiel:** Das Schuldnerunternehmen hatte Büroräume zum monatlichen Mietzins von 1000 EUR für die Zeit bis zum 31.12.2020 gemietet. Die Miete ist bezahlt bis einschließlich Januar 2015. Am 1.7.2016 wird das Insolvenzverfahren eröffnet; der Insolvenzverwalter spricht sofort gem. § 109 Abs. 1 Satz InsO in Verbindung mit § 580a Abs. 2 BGB die Kündigung aus, die das Mietverhältnis zum 31.10.2016 beendet.
In der Zeit zwischen Insolvenzeröffnung (1.7.2016) bis zur Beendigung des Mietverhältnisses (31.10.2016) stellen die Mietzinsen Masseschulden dar und müssen vom Insolvenzverwalter aus der Masse bezahlt werden.
Die rückständigen Mietzinsen aus der Zeit vor der Insolvenzeröffnung, also für den Zeitraum vom 1.2.2015 bis zum 30.6.2016 mit insgesamt 17000 EUR sind Insolvenzforderungen. Wegen dieser Forderung kann der Vermieter das Vermieterpfandrecht beanspruchen, aber gem. § 50 Abs. 2 S. 1 InsO höchstens für die letzten zwölf, vor der Insolvenz-

---

[9] BGH 14.12.2006, ZIP 2007, 191.
[10] BGH 9.10.2014 – IX ZR 69/14, NZI 2014, 1044 ff.

eröffnung liegenden Monate. Somit kann das Vermieterpfandrecht nur für 12 000 EUR geltend gemacht werden. Die darüber hinausgehenden 5000 EUR sind ungesicherte Insolvenzforderungen.

Wegen der vorzeitigen Beendigung des Mietverhältnisses zum 31.10.2016 (ursprünglich sollte es bis zum 31.12.2020 andauern) ist dem Vermieter ein Schaden entstanden, der gem. § 109 Abs. 1 S. 3 InsO aber nur als Insolvenzforderung geltend gemacht werden kann. Der Schaden beträgt, wenn der Vermieter das Objekt bis zum 31.12.2020 nicht anderweitig vermieten kann, 50 000 EUR (50 Monate á 1000 EUR). Wegen dieses Schadens kann der Vermieter kein Vermieterpfandrecht beanspruchen, § 50 Abs. 2 S. 1 InsO.

b) Spediteur- und Frachtführerpfandrecht. Das Spediteurpfandrecht besteht gem. § 464 iVm § 441 Abs. 2 HGB an den zu transportierenden Waren des Auftraggebers, das des Frachtführers gem. § 440 HGB. Darauf sollte der Insolvenzverwalter achten, wenn er vor oder nach der Insolvenzeröffnung Waren an einen Spediteur oder Frachtführer übergibt, um sie an Kunden ausliefern zu lassen. Es ist zu befürchten, dass der Spediteur/Frachtführer die Waren sodann unter Berufung auf sein Pfandrecht zurückhält und nur bereit ist, diese gegen Zahlung seiner Altforderungen auszuliefern. Freilich wäre dieses Vorgehen nach Insolvenzantragstellung und erst recht nach Insolvenzeröffnung nicht zulässig (anfechtbar nur[11] gem. § 130 Abs. 1 InsO). Der (vorläufige) Insolvenzverwalter muss aber einkalkulieren, dass durch ein solches Vorgehen des Spediteurs/Frachtführers Lieferverzögerungen eintreten können, die vermeidbar sind. Es ist daher ratsam, entweder einen anderen Spediteur zu beauftragen als denjenigen, mit dem der Schuldner zusammengearbeitet hat, oder sich vom Spediteur vor der Übergabe der Ware bestätigen zu lassen, dass er wegen seiner Altforderungen das Spediteurpfandrecht nicht an den zukünftig übergebenen Gegenständen geltend machen wird. 43

V. Kaufmännisches Zurückbehaltungsrecht

Nach § 51 Nr. 3 InsO begründet das sog kaufmännische Zurückbehaltungsrecht, geregelt in §§ 369 ff. HGB, ebenfalls ein Absonderungsrecht. Das Absonderungsrecht kann allerdings lediglich für bereits entstandene Forderungen in Anspruch genommen werden. Die früher geltende Regelung in § 370 HGB, wonach das kaufmännische Zurückbehaltungsrecht auch für zukünftige Forderungen ausgeübt werden konnte, ist durch Art. 40 Nr. 18 EGInsO aufgehoben worden. 44

Die **Voraussetzungen** für das Entstehen eines kaufmännischen Zurückbehaltungsrechtes sind in erster Linie Kaufmannseigenschaft beider Vertragsparteien im Zeitpunkt des Entstehens des Zurückbehaltungsrechtes. Die Tatsache, dass einer der Vertragsparteien später die Kaufmannseigenschaft verliert, ändert an dem bereits entstandenen kaufmännischen Zurückbehaltungsrecht und damit an dem bereits entstandenen Absonderungsrecht nichts. Das kaufmännische Zurückbehaltungsrecht kann nur an beweglichen Sachen und Wertpapieren im engeren Sinne (Inhaber- und Orderpapiere nicht aber Namenspapiere) geltend gemacht werden, nicht auch an Rechten, insbesondere nicht an Forderungen und nicht zB an einem Kfz-Brief. 45

---

[11] BGH 18.4.2002 – IX ZR 219/01, BGHZ 150, 326; BGH 21.4.2005 – IX ZR 24/04, NZI 2005, 389.

46 Wegen der **Durchsetzung** des kaufmännischen Zurückbehaltungsrechtes sei auf § 371 HGB hingewiesen, wonach der Absonderungsberechtigte, der sich ja im Besitz des Absonderungsgutes befindet, einen vollstreckbaren Titel benötigt, um die Sache selbst verwerten zu dürfen. Diesen kann er – ungehindert von §§ 89, 91 InsO – auch während des laufenden Insolvenzverfahrens erwerben, wobei er den Titel innerhalb der Ausschlussfrist des § 189 Abs. 1 InsO erlangen muss.

VI. Allgemeines Zurückbehaltungsrecht

47 Allgemeine Zurückbehaltungsrechte gewähren, wie die Regelungen in § 51 Nr. 2 und 3 InsO zeigen, dem Gläubiger grundsätzlich **kein Absonderungsrecht**. Der Gläubiger muss deshalb einen in seinem Besitz befindlichen Gegenstand, der zur Insolvenzmasse gehört, trotz des bestehenden Zurückbehaltungsrechtes an den Insolvenzverwalter herausgeben, damit dieser ihn verwerten kann.[12]

48 Eine **Ausnahme** ist in § 51 Nr. 2 InsO geregelt; danach begründet das allgemeine Zurückbehaltungsrecht ausnahmsweise dann auch ein Absonderungsrecht, wenn der Gläubiger etwas zum Nutzen der Sache, die er in seinem Besitz hat, aufgewandt hat, und zwar auch nur dann, soweit die Forderung aus der Verwendung den noch vorhandenen Vorteil nicht übersteigt. In Betracht kommen die Verwendungsersatzansprüche gemäß §§ 102, 292 Abs. 2, 304, 347 Abs. 2, 459, 536a Abs. 2, 539, 590b, 591, 601 Abs. 2, 670, 675, 683, 693, 850, 972, 1049 Abs. 1, 1216, 2381 iVm § 273 Abs. 2 BGB sowie §§ 992 Abs. 2, 994 ff., 2022, 2023 iVm §§ 1000 S. 1, 1003 BGB.

49 **Beispiel:** Der Steuerberater des Schuldners weigert sich, dem Insolvenzverwalter die Belege des Schuldners herauszugeben, die er vor der Insolvenz erhalten hatte, um den Jahresabschluss zu erstellen. Er macht ein Zurückbehaltungsrecht wegen nicht bezahlter Honorarrechnungen geltend.
Die Geschäftspapiere gehören zur Insolvenzmasse, § 36 Abs. 2 Nr. 1 InsO. Die zur Masse gehörenden Gegenstände und Papiere sind an den Insolvenzverwalter auszuhändigen. Der Steuerberater könnte sie allenfalls zurückhalten, wenn er sich auf ein Absonderungsrecht berufen könnte. Das ist nicht der Fall; zwar besteht zu seinen Gunsten ein Zurückbehaltungsrecht gem. § 273 BGB, welches aber kein Absonderungsrecht darstellt, wie § 51 InsO zeigt. Nr. 2 des § 51 InsO ist nicht einschlägig, weil der Steuerberater die Geschäftspapiere zwar zu einem Nutzen (Jahresabschluss) verwendet hat, aber nicht zum Nutzen der Geschäftspapiere („... zum Nutzen **der Sache** verwendet ..."). Nr. 3 des § 51 InsO ist ebenfalls nicht anwendbar, weil der Steuerberater nicht Kaufmann ist.[13]

VII. Wohnungseigentümergemeinschaft

In der Insolvenz des Wohnungseigentümers stellt sich für die Wohnungseigentümergemeinschaft die Frage, inwiefern vom Insolvenzverwalter **Kosten gem. § 16 WEG** verlangt und im Wege der abgesonderten Befriedigung geltend gemacht werden können. Von Bedeutung sind hier die besonderen Vollstreckungsregelungen des § 10 Abs. 1 Nr. 2 ZVG, wonach die Wohnungseigentü-

---

[12] Uhlenbruck/*Brinkmann* § 51 Rn. 33.
[13] Nähere Einzelheiten bei Uhlenbruck/*Brinkmann* § 51 Rn. 37.

mergemeinschaft für Beiträge nach § 16 Abs, 2, § 28 Abs. 2 und Abs. 5 WEG absonderungsberechtigt ist. Dies gilt – entgegen dem Wortlaut der Norm – aufgrund der Wirkung des § 80 Abs. 1 InsO nicht für Masseverbindlichkeiten.[14]

VIII. Kollision von Absonderungsrechten

Gelegentlich treten in der Praxis Schwierigkeiten auf, weil mehrere Gläubiger teilweise unterschiedliche Absonderungsrechte an ein und demselben Gegenstand geltend machen. Dabei sind grundsätzlich zwei Fälle zu unterscheiden. 50

Haben zB mehrere Lieferanten Ware unter erweitertem Eigentumsvorbehalt und unter Verwendung einer Verarbeitungsklausel an den Schuldner geliefert und hat der Schuldner aus diesen Gegenständen eine neue Sache hergestellt, so erwachsen den Lieferanten, die durch die Verarbeitung ihr Eigentum verlieren, **Miteigentumsrechte** an der neu hergestellten Sache.[15] In diesem Fall stehen die Lieferanten gleichsam nebeneinander in der Geltendmachung ihrer Ansprüche. Kommt es später zu einer Verwertung der neu hergestellten Sache, so sind die Lieferanten anteilig, nämlich in Höhe des Wertes der von ihnen gelieferten und in die neue Sache eingebrachten Waren zu befriedigen, so dass der Verwertungserlös quotal aufzuteilen ist. 51

Häufiger freilich sind „hintereinander geschaltete" Absonderungsrechte verschiedener Gläubiger. So ist beispielsweise ein Gegenstand vom Schuldner zweimal sicherungsübereignet worden. In einem solchen Fall ist vom Verwalter zu prüfen, welches Sicherungsrecht zeitlich zuerst begründet wurde, denn dieses Sicherungsrecht hat Vorrang vor dem zeitlich später begründeten Sicherungsrecht (sog Prioritätsprinzip). 52

Regelmäßig kommt es auch zu Kollisionen zwischen Eigentumsvorbehaltsrechten der **Lieferanten** und Raumsicherungsübereignungsverträgen zugunsten anderer Gläubiger, vorwiegend **Kreditinstitute**. 53

Beispiel: Einer Bank sind sämtliche Waren im Warenlager des Schuldners sicherungsübereignet. An einem bestimmten Gegenstand werden erweiterte Eigentumsvorbehaltsrechte des Lieferanten geltend gemacht; außerdem beansprucht auch die Bank den Erlös aus der Verwertung des Gegenstandes. 54

Für diese Fälle müssen die Bedingungen der Raumsicherungsübereignung vorsehen, dass Eigentumsvorbehaltswaren von der Raumsicherung ausgeschlossen werden; den Eigentumsvorbehaltsrechten des Lieferanten muss also der Vorrang eingeräumt sein. Um gleichwohl eine möglichst umfassende Sicherung durch Abschluss eines Raumsicherungsvertrages zu erlangen, wird vom Raumsicherungsübereignungsvertrag das sog **Anwartschaftsrecht,** also das Recht des Schuldners, das Eigentum an der unter Eigentumsvorbehalt erworbenen Sache durch Zahlung des Kaufpreises erwerben zu können, mit übertragen. 55

Auch Kollisionen von **Vermieter- oder Verpächterpfandrecht** einerseits und **Raumsicherungsübereignungsverträgen** sind in der Praxis häufig anzutreffen. Wie beim Prioritätsgedanken[16] auch, kommt es hier für die Frage, wessen Ab- 56

---

[14] BGH 18.4.2002, ZIP 2002, 1043; BGH 21.7.2011, ZIP 2011, 1723.
[15] Vgl. dazu auch → Rn. 27.
[16] → Rn. 52.

sonderungsrecht sich zunächst durchsetzt, darauf an, welche Sicherung zeitlich früher begründet wurde. Die Rechtsprechung hat dem Vermieterpfandrecht gegenüber dem Raumsicherungsübereignungsvertrag den Vorrang eingeräumt, wenn zum Zeitpunkt der Einbringung der Sache in die Mieträume oder auf das Mietgrundstück der Raumsicherungsübereignungsvertrag bereits bestanden hat.[17] Eine Sache des Schuldners wird in dem Moment von dem Vermieter- oder Verpächterpfandrecht erfasst, indem es auf das gemietete Grundstück oder in die gemieteten Räumlichkeiten gebracht wird.

IX. Ersatzabsonderung

57   Es ist allgemein anerkannt,[18] dass die Vorschrift des § 48 InsO entsprechende Anwendung auf den Fall findet, dass ein **Absonderungsrecht vereitelt** worden ist. Ist also ein Gegenstand, an dem ein Absonderungsrecht bestanden hat, vom Schuldner oder vom Insolvenzverwalter unberechtigt veräußert worden, so kann der Absonderungsgläubiger die Abtretung der Rechte auf die Gegenleistung verlangen, soweit diese noch aussteht; ist die Gegenleistung schon zur Masse gelangt, kann er sie herausverlangen, soweit sie in der Masse noch unterscheidbar vorhanden ist.

Aus dem Anwendungsbereich des § 48 InsO analog ist vorab eine Fallkonstellation auszuscheiden: grundsätzlich ist nach **§ 166 InsO** der Insolvenzverwalter zur Verwertung von beweglichen Sachen und Forderungen des Schuldners, an denen ein Absonderungsrecht besteht, berechtigt. Eine Verwertung solcher Gegenstände und Forderungen durch den Insolvenzverwalter ist also nicht „unberechtigt". Der Absonderungsgläubiger gelangt dann über § 170 Abs. 1 S. 2 InsO an den ihm zustehenden Erlösanteil. Dies ist somit kein Fall einer Ersatzabsonderung.

58   Damit bleiben **zwei Fallvarianten** über, auf die § 48 InsO analog angewendet werden kann:
– der Schuldner oder der sog „starke" vorläufige Insolvenzverwalter veräußert vor der Eröffnung des Verfahrens und die Veräußerung war unberechtigt, zB weil sie nicht im ordentlichen Geschäftsverkehr erfolgt war;
– der Insolvenzverwalter veräußert nach der Insolvenzeröffnung, obgleich er zur Verwertung des Absonderungsguts nicht berechtigt war; dieser Fall kann nur dann eintreten, wenn ein Verwertungsrecht des Insolvenzverwalters gem. § 166 InsO nicht bestanden hat.

59   Nicht dem Wortlaut der Vorschrift, wohl aber dem Sinn des § 48 InsO ist eine weitere Voraussetzung zu entnehmen, dass nämlich das Sicherungsrecht des Absonderungsgläubigers durch die unberechtigte Veräußerung auch **untergegangen** sein muss. Ist das ausnahmsweise nicht der Fall, kommt eine Ersatzabsonderung auch nicht in Betracht, weil ja der Gläubiger nach wie vor Befriedigung aus seinem Sicherungsrecht beanspruchen kann und deshalb auf die Ersatzabsonderung nicht „angewiesen" ist. Rechtstechnisch liegt kein Fall einer Surrogation vor.

---

[17] BGH 4.12.2003, ZIP 2004, 151.
[18] Uhlenbruck/*Brinkmann* § 48 Rn. 30.

Beispiel 1: Der Schuldner verkauft seinen gesamten Forderungsbestand an einen Käufer und tritt seine Forderungen an ihn ab, obwohl die Forderungen schon vorher an die Bank B abgetreten waren. Der Käufer hat die Forderungen des Schuldners tatsächlich nicht erworben, weil der Schuldner sie nicht mehr wirksam übertragen konnte. B kann also nach wie vor sein Absonderungsrecht an den (verkauften) Forderungen des Schuldners geltend machen.

Beispiel 2: Fall wie im Beispiel 1, nur hat der Käufer schon einen Teil der verkauften Forderungen eingezogen und – das soll unterstellt werden – die Kunden haben auch mit schuldbefreiender Wirkung an den Käufer gezahlt. Dieser hatte den gesamten Kaufpreis an den Schuldner gezahlt, welcher auch noch unterscheidbar in der Masse vorhanden ist. Der Käufer merkt nun, dass sein mit dem Schuldner abgeschlossener Kaufvertrag nicht wirksam war und verlangt teilweise Rückzahlung des von ihm an den Schuldner gezahlten Kaufpreises, nämlich soweit er Forderungen nicht eingezogen hat. Die Bank B macht Ersatzabsonderungsrechte an dem Teil des Kaufpreises geltend, der dem Anteil der vom Käufer eingezogenen Forderungen entspricht.

In Bezug auf die vom Käufer schon eingezogenen Forderungen des Schuldners liegt eine unberechtigte Veräußerung vor und das Sicherungsrecht der Bank an ihnen ist auch untergegangen, weil die Kunden mit schuldbefreiender Wirkung an den Käufer gezahlt haben. Insoweit ist der Anspruch der Bank auf Ersatzabsonderung berechtigt.

Wie bei einer Ersatzaussonderung, dem regulären Fall des § 48 InsO, ist auch bei einer Ersatzabsonderung weitere Voraussetzung, dass entweder die **Gegenleistung** aus der Veräußerung noch **aussteht** (dann kann der Absonderungsgläubiger dessen Abtretung an sich verlangen) oder dass die Gegenleistung zwar erbracht, in der Insolvenzmasse aber noch **unterscheidbar** vorhanden ist (dann kann der Absonderungsgläubiger Zahlung aus der Masse verlangen).[19]

C. Geltendmachung der Absonderung

Unter dem Aspekt, wie ein Absonderungsrecht eines Gläubigers geltend zu machen ist, sind aus Gläubigersicht zwei verschiedene Stoßrichtungen zu unterscheiden. Zunächst einmal stellt sich für den Gläubiger die Frage, wie er den Vermögensgegenstand, auf den sich sein Sicherungsrecht bezieht, dem Schuldnervermögen entziehen kann, damit das Sicherungsgut nicht vom Insolvenzbeschlag erfasst wird. Ist dem Gläubiger dies nicht gelungen oder hat er bewusst davon abgesehen, dem Schuldner das Sicherungsgut zu entziehen, so stellt sich für den Gläubiger die Frage, wie er im Insolvenzverfahren gegenüber dem Insolvenzverwalter sein **Absonderungsrecht durchsetzen** kann. Beiden Fragen soll im Folgenden nachgegangen werden.

I. Inbesitznahme des Sicherungsguts durch Gläubiger

1. Vor Insolvenzantragstellung

Außerhalb der Insolvenz kann der Gläubiger versuchen, freiwillig vom Schuldner die Herausgabe des Sicherungsguts zu verlangen. Weigert sich der

---

[19] Wegen der Unterscheidbarkeit von Geld auf einem Bankkonto sei auf die Ausführungen unter → § 14 Rn. 24 f. verwiesen.

Schuldner, ist der Gläubiger nicht berechtigt, sich im Wege der Selbsthilfe den Besitz am Sicherungsgut zu verschaffen. Geschieht dies dennoch, dann ist der Besitzverlust des Schuldners später durch den Insolvenzverwalter anfechtbar. Überdies setzt sich der Gläubiger Schadensersatzansprüchen aus, wenn durch den Besitzverlust wirtschaftliche Nachteile beim Schuldner entstehen, insbesondere wenn die Wegnahme des Gegenstandes zur Beeinträchtigung der Betriebstätigkeit des Schuldners führt. Verweigert der Schuldner eine freiwillige Herausgabe des Sicherungsguts, bleibt dem Gläubiger lediglich die Möglichkeit, **Herausgabeklage gegen den Schuldner** zu erheben und nach obsiegendem Urteil die Herausgabevollstreckung gegen den Schuldner zu betreiben. Kreditinstitute, denen häufig Sachgesamtheiten zur Sicherung übertragen wurden, sehen richtigerweise von einer Inbesitznahme des Sicherungsguts (notfalls durch Herausgabeklage) meistens ab, weil dies zu einem Wertverlust des Sicherungsguts führt. Vom Schuldner eingekaufte und an einen Gläubiger sicherungsübereignete Gegenstände haben ihren Wert regelmäßig vor allem in der speziellen für den Schuldnerbetrieb konzipierten Zusammensetzung des Sicherungsguts. Ein Auseinanderreißen des schuldnerischen Vermögens mit der Folge, eine Einzelverwertung durchführen zu müssen, erscheint nur in Ausnahmefällen attraktiv. Anders bei der Sicherungsabtretung von Forderungen. Diese kann der Sicherungsnehmer auch schon vor der Insolvenzantragstellung des Schuldners und ohne eine vorherige Klage offenlegen und dadurch erreichen, dass die Kunden mit schuldbefreiender Wirkung nur noch an den Zessionar zahlen können. Hier zeigt der vorinsolvenzliche Zugriff auf das Sicherungsgut tatsächlich Wirkung.

2. Nach Insolvenzantragstellung

65   Hat der Schuldner einen Insolvenzantrag gestellt, verändert sich dadurch die Situation des Sicherungsgläubigers zunächst nicht. Wie auch vor der Insolvenzantragstellung kann er versuchen, den Schuldner zur freiwilligen Herausgabe von Sicherungsgut zu bewegen, notfalls eine Herausgabeklage erheben, wobei diese freilich wegen der zeitlichen Abfolge bis zur Eröffnung des Verfahrens nicht entschieden sein dürfte. Sind Forderungen abgetreten, kann der Zessionar auch nach Insolvenzantragstellung grundsätzlich die Zession offen legen.

66   Zumindest teilweise verändert sich die Situation dann, wenn das Gericht Sicherungsmaßnahmen angeordnet hat, insbesondere einen **vorläufigen Insolvenzverwalter** bestellt hat. Dessen Aufgabe ist es, das Vermögen des Schuldners zu sichern und zu erhalten; der vorläufige Insolvenzverwalter, auf den wegen der Anordnung eines allgemeinen Verfügungsverbots die Verwaltungs- und Verfügungsbefugnis des Schuldners übergegangen ist, ist gem. § 22 Abs. 1 S. 2 Nr. 2 InsO außerdem verpflichtet, den Betrieb des Schuldners fortzuführen. Damit würde es sich nicht vertragen, wenn Sicherungsgläubiger schon im Antragsverfahren Absonderungsrechte erfolgreich durchsetzen könnten. Daher kann der vorläufige Insolvenzverwalter insbesondere beantragen, dass das Insolvenzgericht gem. § 21 Abs. 2 Nr. 5 InsO anordnet, dass Absonderungsgüter vom Sicherungsgläubiger nicht verwertet oder eingezogen werden dürfen, und dass diese Güter für die Fortführung des schuldnerischen Betriebes eingesetzt werden dürfen, wenn sie hierfür von erheblicher Bedeutung sind.

Ringstmeier

Von diesen Beschränkungen und von der Möglichkeit eines Beschlusses gem. § 21 Abs. 2 Nr. 5 InsO sind allerdings Absonderungsrechte an **unbeweglichen Gegenständen** nicht berührt. Diese können sogar nach der Eröffnung des Insolvenzverfahrens unbehindert geltend gemacht werden, in der Regel durch Zwangsverwaltung oder Zwangsvollstreckung. Alsdann bestehen keine Bedenken, dass bereits in der Insolvenzantragsphase die Absonderungsrechte am unbeweglichen Vermögen verfolgt werden. Die Einstellung von Zwangsvollstreckungsmaßnahmen in das unbewegliche Vermögen ist – anders als bei Zwangsvollstreckungen in das bewegliche Vermögen des Schuldners – durch Beschluss des Insolvenzgerichts nicht zulässig, § 21 Abs. 2 Nr. 3 InsO. 67

3. Nach Insolvenzeröffnung

Nach der Eröffnung des Insolvenzverfahrens besteht das **Besitzrecht** für Absonderungsgegenstände allein **beim Verwalter,** sofern er bei Verfahrenseröffnung den Gegenstand in unmittelbaren Besitz genommen hat. Einen Herausgabeanspruch kann der Absonderungsgläubiger nicht geltend machen, weil ihm gem. § 166 InsO schon das Verwertungsrecht nicht zusteht. Überdies wäre auch eine Zwangsvollstreckung, gerichtet auf Herausgabe des Absonderungsguts, gem. § 89 InsO nicht zulässig, weil das Absonderungsgut zum Vermögen des Schuldners gehört. Eine nach der Eröffnung des Insolvenzverfahrens gegen den Insolvenzverwalter gerichtete Herausgabeklage wäre also schon mangels Rechtsschutzbedürfnis und wegen der fehlenden Vollstreckungsmöglichkeit gem. § 89 InsO unzulässig. 68

Dem steht auch **§ 86 Abs. 1 Nr. 2 InsO** nicht entgegen; diese Vorschrift betrifft einen Sachverhalt, wonach der absonderungsberechtigte Gläubiger eine Leistungsklage gegen den Schuldner vor Eröffnung des Insolvenzverfahrens erhoben hatte. In diesem Fall ist zu unterscheiden: Soweit sich die Klage auf Herausgabe von Sicherungsgut im Besitz des Schuldners richtet, ist diese mit Eröffnung des Insolvenzverfahrens im Klageantrag umzustellen auf Feststellung, dass ein Absonderungsrecht an einem bestimmten Gegenstand besteht; sie ist ab diesem Zeitpunkt natürlich gegen den Insolvenzverwalter zu richten, auf den die Verwaltungs- und Verfügungsbefugnis über das schuldnerische Vermögen übergegangen ist.[20] Richtet sich hingegen die Klage des Sicherungsgläubigers auf Duldung der Zwangsvollstreckung in das unbewegliche Vermögen des Schuldners, so kann diese auch nach Eröffnung des Verfahrens gegen den Insolvenzverwalter fortgesetzt werden. Letzterer ist auch im Insolvenzverfahren nicht zur freihändigen Verwertung von unbeweglichen Vermögenswerten befugt (vgl. § 165 InsO), so dass die Klage gegen ihn fortgesetzt werden kann. 69

Hatte ein Gläubiger bereits vor der Eröffnung des Insolvenzverfahrens eine Klage wegen abgesonderter Befriedigung erhoben, so empfiehlt es sich unabhängig davon, ob sich diese auf einen beweglichen Gegenstand, auf Rechte oder auf einen unbeweglichen Gegenstand bezieht, vor Umstellung des Prozesses auf den Insolvenzverwalter **Kontakt** mit diesem aufzunehmen, um die Kostenfolge des § 86 Abs. 2 InsO zu vermeiden. Der Insolvenzverwalter wird in Bezug auf das streitige Recht des Gläubigers möglicherweise eine andere Einschätzung als der Schuldner haben und das Recht auf abgesonderte Befriedigung zugunsten 70

---

[20] HambK-InsO/*Kuleisa* § 86 Rn. 10; aA HK-InsO/*Eickmann* § 86 Rn. 4.

des Gläubigers anerkennen. Möglicherweise beruhte die Haltung des Schuldners, die den Gläubiger zur Erhebung der Klage veranlasst hatte, auch auf einer bloßen Verweigerungstaktik, die ihren Ursprung in der zuvor eingetretenen Insolvenzreife hat; eine derartige Motivlage kann beim Insolvenzverwalter, der ja ohnehin das Verwertungsrecht gem. § 166 InsO ausüben kann, nicht unterstellt werden.

4. Offenlegung einer Zession

71   Sind einem Gläubiger Forderungen aus Lieferungen und Leistungen, zB durch einen verlängerten Eigentumsvorbehalt oder durch eine Sicherungszession übertragen, so ist der Gläubiger – Verwertungsreife vorausgesetzt – berechtigt, die Zession gegenüber den Drittschuldnern offen zu legen und Zahlung an sich zu verlangen. Diese Maßnahme führt nur in Ausnahmefällen zum gewünschten wirtschaftlichen Ergebnis beim Absonderungsgläubiger. Die mit einer Abtretung konfrontierten Drittschuldner erkennen durch eine Offenlegung der Zession, dass sich der Schuldner in wirtschaftlichen Schwierigkeiten befindet und nutzen diese Kenntnis, tatsächliche oder vermeintliche Gegenansprüche einem Zahlungsbegehren des Sicherungsgläubigers entgegenzusetzen. Der Sicherungszessionar ist nur in Ausnahmefällen in der Lage, den Einwendungen des Drittschuldners qualifiziert zu beggnen. Verweigert der Drittschuldner ohne Angabe von Gründen eine Zahlung an den Zessionar, so benötigt letzterer zur Erhebung einer Zahlungsklage meist ergänzende Unterlagen, die sich im Schuldnerbesitz befinden (Vertragsunterlagen, Auftragsbestätigungen, Lieferscheine, Rechnungen usw). Die Offenlegung einer Zession durch den Zessionar bewährt sich deshalb **nur in Ausnahmefällen.** Erfahrungsgemäß sind die Erfolge beim Einzug von Forderungen durch den späteren Insolvenzverwalter auch unter Berücksichtigung der Verfahrenskostenbeiträge, die der Masse zufallen, für den Zessionar besser. Zulässig ist die Offenlegung aber vor der Insolvenzantragstellung und auch noch danach, nicht mehr jedoch nach Eröffnung des Insolvenzverfahrens; dies wird mit dem Übergang der Einziehungsbefugnis auf den Insolvenzverwalter nach § 166 Abs. 2 InsO begründet. Allerdings kann die Offenlegung einer Zession auch schon im Insolvenzantragsverfahren durch das Insolvenzgericht durch Erlass eines Beschlusses gem. § 21 Abs. 2 Nr. 5 InsO verboten werden.

II. Geltendmachung gegenüber dem Insolvenzverwalter

72   Absonderungsgläubiger sind gut beraten, ihr Recht auf abgesonderte Befriedigung an einem zum Schuldnervermögen gehörenden Gegenstand oder Recht möglichst unverzüglich (schriftlich!) geltend zu machen. Es spricht auch nichts dagegen, den Hinweis auf das Absonderungsrecht bereits im **Insolvenzantragsverfahren** an den vorläufigen Insolvenzverwalter zu geben, soweit das Gericht einen solchen bestellt hat. Damit wird zumindest der Insolvenzverwalter sich zukünftig nicht mehr auf Unkenntnis in Bezug auf das Absonderungsrecht berufen können.

73   Mit dem Insolvenzeröffnungsbeschluss werden die Sicherungsgläubiger gem. **§ 28 Abs. 2 InsO** aufgefordert, dem Verwalter mitzuteilen, welche Sicherungs-

rechte sie an beweglichen Sachen oder an Rechten des Schuldners für sich in Anspruch nehmen. Dabei sind der Gegenstand, an dem das Sicherungsrecht beansprucht wird, die Art und der Entstehungsgrund des Sicherungsrechts sowie die gesicherte Forderung zu bezeichnen.

Muster

> Sehr geehrter Herr Insolvenzverwalter, 74
> wir machen in dem Insolvenzverfahren über das Vermögen der Firma XY Absonderungsrechte an der Fräsmaschine der Marke AB, Seriennummer 1234, geltend. Die Maschine ist uns mit Vertrag vom 23.3.2016 zur Sicherheit unseres Darlehensrückzahlungsanspruchs aus dem Darlehensvertrag vom 23.3.2016 übereignet worden. Das Darlehen valutiert noch mit 23 456 EUR. Darlehensvertrag, Sicherungsübereignungsvertrag, Beleg über die Auszahlung des Darlehens an den Schuldner und Aufstellung über die Entwicklung des Darlehens fügen wir diesem Schreiben in Kopie bei.
> Bitte bestätigen Sie uns, dass unser Absonderungsrecht von Ihnen anlässlich der Verwertung berücksichtigt wird.

Gläubiger, die abgesonderte Befriedigung am unbeweglichen Vermögen des 75 Schuldners geltend machen oder die sich bereits im Besitz des Absonderungsguts befinden, brauchen die sog Anzeigefrist des § 28 Abs. 2 InsO nicht zu beachten. Für alle anderen Sicherungsgläubiger gilt sie aber, insbesondere also für Sicherungsgläubiger, die Absonderungsrechte an beweglichen, im Besitz des Insolvenzverwalters befindlichen Sachen oder an Rechten des Schuldners machen. Die Anzeigefrist des § 28 Abs. 2 InsO ist **keine Ausschlussfrist,** dh deren Versäumnis führt nicht etwa zum Erlöschen des Sicherungsrechts. Die Versäumung der Anzeigefrist begründet aber möglicherweise einen Schadensersatzanspruch der Insolvenzmasse, falls dieser durch das Unterlassen der Anzeige ein Schaden entsteht. Im Übrigen ist die Verwertung von Sicherungsgut durch den Insolvenzverwalter ohne Beachtung der Vorschriften §§ 166 ff. InsO dann nicht rechtswidrig, wenn der Schuldner die Anzeige gem. § 28 Abs. 2 InsO unterlassen hat und für den Verwalter auch aus anderen Umständen nicht erkennbar war, dass ein Absonderungsrecht bestanden hat.

Der Sicherungsgläubiger sollte sein Absonderungsrecht **schriftlich** gegenüber 76 dem Insolvenzverwalter geltend machen, wenngleich die Anzeige auch mündlich wirksam ist. Aus Gründen der besseren Beweisbarkeit empfiehlt sich für den Gläubiger jedoch die Schriftform.

Abzuraten ist Sicherungsgläubigern davon, im Wege der **verbotenen Eigen-** 77 **macht** (§ 858 Abs. 1 BGB) Besitz an den Absonderungsgegenständen zu nehmen. Insofern ist darauf hinzuweisen, dass der Insolvenzverwalter auch die Rechte der absonderungsberechtigten Gläubiger zu beachten und zu bewahren hat, so dass sich das Sicherungsgut auch aus der Sicht des Gläubigers „in guten Händen" befindet. Befürchtet der Sicherungsgläubiger aus ihm zugegangenen Informationen das Abhandenkommen des Sicherungsguts, so ist ein entsprechender Hinweis an den Insolvenzverwalter hilfreich, damit dieser über die besondere Gefahr einer Verflüchtigung des Gegenstandes Kenntnis erlangt und entsprechende Sicherungsmaßnahmen ergreifen kann. Auch in diesem Fall ist eine Inbesitznahme „bei Nacht und Nebel" unzulässig, zumal sie möglicherweise den Betriebsablauf des schuldnerischen Unternehmens empfindlich stört und damit zum Eintritt von Schäden für die Gesamtgläubigerschaft führen könnte.

III. Sicherheitenverwertungsgemeinschaft (Pool)

78 Im Zusammenhang mit einer Krisensituation sehen vor allem Absonderungsgläubiger häufig eine Notwendigkeit, sich zu einer Verwertungsgemeinschaft zusammenzuschließen; rechtlich handelt es sich um die Gründung einer BGB-Gesellschaft. Deren Zweck besteht darin, **Abgrenzungs- und Beweisschwierigkeiten** im Zusammenhang mit der **Geltendmachung und Verwertung** von Absonderungsrechten zu überwinden. Ein Pool kann nur von Banken, nur von Lieferanten, von Lieferanten und Banken gemeinsam und sogar unter Beteiligung des Insolvenzverwalters zustande kommen. Der Pool wird nach außen durch einen Poolführer vertreten, welcher nicht der Insolvenzverwalter sein kann, da Letzterer gem. § 56 Abs. 1 InsO eine vom Schuldner und den Gläubigern unabhängige Person sein muss.[21]

79 Gelegentlich werden Sicherheitengemeinschaften schon lange vor einer Insolvenz des Schuldners gegründet; dann dienen sie meist der Verteilung von Risiken einer umfangreichen Finanzierung des Schuldners; Poolmitglieder sind in aller Regel Kreditinstitute. Häufig erfolgt jedoch die Poolbildung zum Zweck der Durchsetzung und Verwertung von Absonderungsrechten in unmittelbarer zeitlicher Nähe zu einer Insolvenz des Schuldners. Dann handelt es sich meist um eine **Verwertungsgemeinschaft**. Die einzelnen Mitglieder bringen in den Pool ihre individuellen Sicherheiten (Absonderungs- bzw. Aussonderungsrechte) ein, die sich dadurch freilich nicht erhöhen können. Deshalb kann ein Pool nicht mehr Rechte haben als seine einzelnen Mitglieder zusammen. Insbesondere gewährt die im Rahmen eines Sicherheitenpoolvertrages einem beteiligtem Gläubiger gegebene Sicherungsabtretung den anderen Beteiligten mangels Übertragung eines dinglichen Rechts für deren Forderungen kein Absonderungsrecht. Die Erweiterung des Sicherungszwecks im Poolvertrag genügt dazu nicht, selbst wenn der Sicherungsgeber dem Vertrag zugestimmt hat.[22] Auch ist es nicht zulässig, vorhandene Sicherheiten auf Forderungen auszudehnen, die außerhalb des Pools ungesichert wären.

80 Der Pool ist **durch den Zusammenschluss** der Absonderungsgläubiger besser in der Lage, die auf ihn übergegangenen Absonderungsrechte der Poolmitglieder gegenüber dem Verwalter durchzusetzen; insbesondere können dadurch Beweisschwierigkeiten überwunden werden, die etwa bei der Kollision von Sicherungsrechten entstehen können. Außerdem wird der Zusammenschluss der Absonderungsgläubiger eher „günstigere" Verwertungsmöglichkeiten im Sinne des § 168 Abs. 1 S. 2 InsO dem Verwalter benennen können als der Einzelne.

---

[21] Allgemein zum Pool, sehr umfangreich und instruktiv: Uhlenbruck/*Brinkmann* § 51 Rn. 46–81. Zum Sicherheitenpool bei Aussonderungsrechten vgl. → § 14 Rn. 49 ff.
[22] BGH 2.6.2005, ZIP 2005, 1651.

Aus der **Sicht des Insolvenzverwalters** muss sich eine Sicherheitenverwertungsgesellschaft keineswegs nachteilig auf die Abwicklung des Verfahrens auswirken. Ein Vorteil liegt vor allem darin, dass sich für den Insolvenzverwalter die Anzahl derjenigen, mit denen er individuell korrespondieren muss, deutlich reduziert. Gerade bei konkurrierenden Sicherungsrechten an einem zur Verwertung anstehenden Gegenstand erspart allein der Wegfall mehrerer Anhörungen gem. § 168 Abs. 1 S. 1 InsO erheblichen Aufwand, weil wegen der im Pool zusammengeschlossenen Absonderungsgläubiger nur noch mit dem Poolführer korrespondiert werden muss. Auch können häufig mit dem Poolführer Pauschalregelungen getroffen werden, die sich vorteilhaft auf die Verwertungsgeschwindigkeit auswirken können. Schließlich liegt ein Vorteil noch darin, dass der Insolvenzverwalter in dem Poolführer meist eine fachkundige Person antrifft, dessen Interesse dem des Verwalters nicht entgegensteht, so dass sich eine fruchtbare Zusammenarbeit ergeben kann. 81

Immer freilich wird der Insolvenzverwalter darauf zu achten haben, dass sich in der Poolbildung selbst, aber auch aus den Vereinbarungen, die mit dem Pool getroffen werden, **keine wirtschaftlichen Nachteile** für die ungesicherten Gläubiger ergeben. Das gilt namentlich dann, wenn mit dem Pool pauschale Quoten vereinbart werden, nach denen die Erlöse aus der Verwertung von Absonderungsgut zwischen Pool und Insolvenzmasse verteilt werden sollen. 82

D. Erfassung und Prüfung von Absonderungsrechten durch den Insolvenzverwalter

Insolvenzverwalter sind organisatorisch darauf eingerichtet, die besondere Bedeutung der Absonderungsgläubiger für das Insolvenzverfahren zu beachten. Sie sind gem. § 151 Abs. 1 InsO verpflichtet, ein Verzeichnis der einzelnen Gegenstände der Insolvenzmasse, zu denen auch die Sicherungsgüter gehören, aufzustellen, sobald das Insolvenzverfahren eröffnet ist. Das Verzeichnis der Massegegenstände gem. § 151 InsO ist bei Gericht zu hinterlegen und kann dort von allen Gläubigern, insbesondere auch von den Absonderungsgläubigern eingesehen werden. In der Praxis hat es sich bewährt, sog **lieferantenbezogene Inventuren** aufzustellen, bei denen die Erfassung einzelner Vermögenswerte nicht nach Warengruppen, sondern nach Lieferherkunft erfolgt, sofern das Rechnungswesen im Schuldnerunternehmen eine solche Zuordnung zulässt. Vor allem bei Schuldnerunternehmen, die über umfangreiche Warenläger verfügen, bietet sich diese Vorgehensweise an, da das Sicherungsrecht der Lieferanten dann zügig erfasst werden kann. Der Verwalter ist auf diese Weise auch besser imstande, eine Entscheidung zB darüber zu treffen, ob er einen Lieferanten auslösen will, der möglicherweise deutlich geringere persönliche Forderungen gegen den Schuldner hat, als an Wert des Sicherungsguts im Unternehmen vorhanden ist. 83

Eine möglichst alsbaldige **Erfassung** aller Absonderungsrechte, die im Verfahren zu beachten sind, ist für den Verwalter auch im Hinblick auf die spätere Prüfung von Insolvenzforderungen von Interesse, weil Absonderungsgläubiger, sofern sie auch wegen ihrer persönlichen Forderungen am Verfahren teilneh- 84 men, lediglich für den Ausfall eine Quote erhalten dürfen, § 52 S. 2 InsO. Im Übrigen ist der Insolvenzverwalter gem. § 167 Abs. 1 InsO verpflichtet, dem Absonderungsgläubiger **Auskunft** über den Zustand des Absonderungsguts zu erteilen oder dem Absonderungsgläubiger zu gestatten, das Sicherungsgut zu besichtigen. In der Praxis machen Absonderungsgläubiger von dieser Möglichkeit nur selten Gebrauch, allenfalls dann, wenn sich das Absonderungsrecht auf wertvolle Gegenstände bezieht. Meist begnügen sich die Gläubiger mit einer Information seitens des Verwalters dahingehend, welche Sicherungsgegenstände noch vorhanden sind.

85 Der Auskunftsanspruch besteht auch zugunsten der Absonderungsgläubiger, die an Forderungen des Schuldners gesichert sind. In diesem Fall kann der Insolvenzverwalter anstelle einer Auskunftserteilung dem Gläubiger gestatten, **Einsicht** in Bücher und Geschäftspapiere des Schuldners zu nehmen, § 167 Abs. 2 InsO.

86 Im Übrigen ist der Insolvenzverwalter daran interessiert, möglichst schnell einen **Überblick** über den Umfang aller sich durchsetzenden Absonderungsrechte zu erhalten. Dies ist für die Erstellung des Gläubigerverzeichnisses gem. § 152 InsO ebenso wichtig wie für die Aufstellung der Vermögensübersicht gem. § 153 InsO. Erst eine möglichst exakte Einschätzung aller im Verfahren zu berücksichtigenden Absonderungsrechte ermöglicht dem Verwalter die Ermittlung der für Masseverbindlichkeiten und Insolvenzforderungen zur Verfügung stehenden Masse, was ihm wiederum erst eine Berechnung der zu erwartenden Insolvenzquote ermöglicht.

87 Andererseits sind die Insolvenzverwalter auch den **ungesicherten Gläubigern** gegenüber verantwortlich; das voreilige Anerkennen und Berücksichtigen eines Absonderungsrechts führt zu einer Verringerung der zur Verteilung stehenden Insolvenzmasse und damit zu einer Verschlechterung der Insolvenzquote. Der Insolvenzverwalter hat deshalb darauf zu achten, dass nur solche Absonderungsrechte berücksichtigt werden, die zweifelsfrei bestehen, weil er sich anderenfalls der persönlichen Inanspruchnahme gem. § 60 InsO ausgesetzt sähe. Es sollte deshalb von Absonderungsgläubigern nicht beanstandet werden, dass der Insolvenzverwalter das Entstehen und das Fortbestehen von Absonderungsrechten genauestens prüft und etwaige Zweifel dem Absonderungsgläubiger mitteilt. Denn Aufgabe des Verwalters ist nicht nur die Beachtung der Rechte von Absonderungsgläubigern, sondern auch die Abwehr von nicht wirksamen, also vermeintlichen Absonderungsrechten. Diese Verpflichtung kann der Verwalter bei Vermeidung einer eigenen persönlichen Haftung nur dadurch erfüllen, indem er möglichst unangreifbar die wahre Rechtslage prüft. Bei etwaigen begründeten Zweifeln wird der Verwalter ein Absonderungsrecht des Gläubigers daher zurückweisen und diesen notfalls auch auf den Weg einer gerichtlichen Feststellung verweisen.

E. Verwertung von unbeweglichen Gegenständen

88 Nach § 165 InsO als dem gesetzlichen Regelfall ist der Insolvenzverwalter nicht zur freihändigen Verwertung von **unbeweglichen Gegenständen** befugt, soweit daran Absonderungsrechte bestehen. Das betrifft Grundstücke sowie

§ 15. Absonderung

Miteigentumsanteile an Grundstücken, grundstücksgleiche Rechte wie Erbbaurechte, Gebäudeeigentum, Wohnungs- und Teileigentum bzw. Miteigentumsanteile daran. Des Weiteren gehören zu den unbeweglichen Gegenständen auch Luftfahrzeuge, Schiffe und Schiffsbauwerke. Das Absonderungsrecht des Grundpfandgläubigers umfasst darüber hinaus alle zum Haftungsverbund gem. §§ 1120 ff. BGB gehörenden Gegenstände, § 49 InsO.

I. Zwangsversteigerung

Wohl ist der Insolvenzverwalter berechtigt, seinerseits die Zwangsversteigerung (und auch die Zwangsverwaltung) in den unbeweglichen Gegenstand zu betreiben. Davon wird er nur dann Gebrauch machen, falls eine mit den Grundpfandgläubigern abgestimmte freihändige Verwertung[23] ausnahmsweise nicht zustande kommt und auch der Absonderungsgläubiger keine Zwangsverwertungsmaßnahmen einleitet. 89

Kommt es zur Zwangsversteigerung eines unbeweglichen Gegenstandes, ist § 10 ZVG zu beachten. Auf die dortigen **Rangklassen** wird verwiesen. Für die Praxis relevant sind die Rangklassen 1a (Feststellungspauschale für Zubehörgegenstände), außerdem die Rangklasse 3 (öffentliche Grundstückslasten, insbesondere Grundsteuer, Erschließungskosten, Kommunalabgaben usw) sowie die Rangklasse 4, die die dinglichen Rechte am Grundstück, soweit sie in Abteilung III des Grundbuchs eingetragen sind, umfasst. Die Ansprüche der Gläubiger aus den dargestellten Rangklassen werden in der vom ZVG vorgegebenen Reihenfolge aus dem Versteigerungserlös berichtigt. Daraus wird deutlich, dass die in Abteilung III eines Grundbuchs eingetragenen Grundpfandgläubiger keineswegs die „erste" Zugriffsmöglichkeit auf den Steigerlös haben. Diese Erkenntnis ist für einen freihändigen Verkauf eines Grundstücks durch den Insolvenzverwalter von besonderer Bedeutung.[24] 90

Nach der gesetzlichen Regelung des § 49 InsO kann bei unbeweglichen Gegenständen der **Gläubiger selbst** sein Absonderungsrecht realisieren, und zwar durch Zwangsversteigerung und/oder Zwangsverwaltung. Diese Form der Zwangsvollstreckung ist also auch während des Insolvenzverfahrens möglich. 91

Falls der Gläubiger die Zwangsversteigerung betreibt, kann der Verwalter gem. § 30d ZVG einen Antrag auf **einstweilige Einstellung der Zwangsvollstreckung** stellen, wenn der Berichtstermin nach § 29 Abs. 1 Nr. 1 InsO noch bevorsteht, wenn danach das Grundstück für eine Fortführung oder Veräußerung noch benötigt wird, wenn die Durchführung eines Insolvenzplans gefährdet wäre oder wenn sonst durch die Versteigerung die angemessene Verwertung der Insolvenzmasse wesentlich erschwert würde. Das Vollstreckungsgericht muss in diesem Fall die Interessen der Insolvenzmasse einerseits und die des absonderungsberechtigten Gläubigers andererseits gegeneinander abwägen. Gemäß § 30e ZVG kann das Gericht eine einstweilige Einstellung der Zwangsversteigerung von der Zahlung eines Betrages für Zinsnachteile und Wertverlust abhängig machen. 92

---

[23] Dazu → Rn. 93 ff.
[24] Dazu → Rn. 94 f.

Ringstmeier

II. Freihändige Verwertung durch Insolvenzverwalter

93 In der praktischen Abwicklung ist die freihändige Verwertung von Immobiliarvermögen durch den Verwalter (sog **„kalte Zwangsversteigerung"**), anders als dies die gesetzliche Rechtslage vermuten lässt, die Regel, die Zwangsversteigerung von Immobiliarvermögen eher die Ausnahme. Insoweit liegen dem zwar nicht gleich lautende, aber doch gleich gerichtete Interessen von Absonderungsgläubigern einerseits und Insolvenzverwalter andererseits zugrunde. Zunächst erspart der Hypotheken- bzw. Grundpfandgläubiger die Umschreibung des Titels auf den Insolvenzverwalter sowie die Durchführung des förmlichen Zwangsversteigerungsverfahrens, was zu einer teilweise beachtlichen zeitlichen Verkürzung führen kann; überdies lassen sich anlässlich einer freihändigen Veräußerung gelegentlich bessere Kaufpreise erzielen, als wenn das Grundstück durch Zwangsversteigerung verwertet werden müsste. Umgekehrt kann auch der Verwalter ein Interesse an einer freihändigen Verwertung von Immobilien haben. Meistens gelingt es ihm, mit dem Absonderungsgläubiger einen Betrag zu vereinbaren, den die Masse als Gegenleistung für die Verwertungsbemühungen des Verwalters aus dem Kaufpreis einbehalten kann. Insoweit ist der Absonderungsgläubiger also bereit, auf Auskehr des Verwertungserlöses zu verzichten. Die Höhe des der Masse zufließenden Betrages richtet sich üblicherweise nach der Höhe des Kaufpreises und wird in einem bestimmten Prozentsatz des erzielten Kaufpreises vereinbart. Der Betrag orientiert sich an Aufwand und Schwierigkeitsgrad der Verwertung, teilweise auch daran, ob es sich um Immobiliarvermögen mit vergleichsweise niedrigem oder vergleichsweise hohem Wert handelt. Als Richtgröße kann angegeben werden, dass der der Masse zufallende Betrag in Normalfällen zwischen 2 % und 5 % des Kaufpreises liegt. Abweichungen nach oben und unten sind wegen der Besonderheiten der Verwertung oder den Besonderheiten des Verwertungsobjekts üblich.

94 Auch eine freihändige Verwertung durch den Insolvenzverwalter ist eine Realisierung durch Zwangsvollstreckung. Dies hat insbesondere zur Folge, dass der Verwalter anlässlich der Verwertung die den Hypotheken- und Grundpfandgläubigern vorhergehenden **Rangklassen nach § 10 ZVG** zu beachten hat. Dabei wird gelegentlich übersehen, dass die in § 10 Ziff. 3 ZVG zu berücksichtigenden öffentlichen Grundstückslasten den Hypotheken- und Grundpfandrechten vorgehen. Der Verwalter muss darauf achten, dass die Rechte der vorrangigen Absonderungsgläubiger anlässlich der freihändigen Veräußerung nicht missachtet werden. Um dieses zu vermeiden, könnte ein notarieller Kaufvertrag zB folgende Klausel enthalten:

Muster

95 „Der Notar wird angewiesen, aus dem bei ihm hinterlegten Kaufpreis einen Betrag von … EUR an den Insolvenzverwalter auf ein von diesem noch anzugebendes Insolvenzanderkonto zu überweisen; alsdann sind aus dem Kaufpreis die öffentlichen Grundstückslasten, die in einer Zwangsversteigerung gem. § 10 Ziffer 3 ZVG zu berücksichtigen wären, durch Zahlung zu erfüllen. Schließlich hat der Notar die Lö-

> schungskosten, die der Verkäufer nach diesem Vertrag zu tragen hat, zu entnehmen und den sodann verbleibenden Rest an den Grundpfandgläubiger ... auf ein von diesem anzugebendes Konto auszukehren."

Außerdem ist bei der freihändigen Verwertung durch den Insolvenzverwalter zu beachten, dass sich das Absonderungsrecht der Hypotheken- und Grundpfandgläubiger auch auf das **Zubehör** gem. **§§ 1120ff. BGB** bezieht. Dieses kann der Verwalter meist in Abstimmung mit den Grundpfandgläubigern gesondert verwerten; alsdann geltend die Regeln der §§ 166ff. InsO. 96

Will der Insolvenzverwalter unbewegliches Vermögen freihändig veräußern, ist gem. § 160 Abs. 2 Ziff. 1 InsO die vorherige **Zustimmung des Gläubigerausschusses** erforderlich; ist ein Gläubigerausschuss nicht bestellt, so hat der Verwalter die **Zustimmung der Gläubigerversammlung** einzuholen. In der Praxis wird häufig dem Verwalter von der ersten Gläubigerversammlung (Berichtstermin gem. § 156 InsO) eine „Generalermächtigung" erteilt, unbewegliche Gegenstände freihändig zu veräußern. Gelegentlich wird in solchen Fällen die „Generalermächtigung" davon abhängig gemacht, dass der Verwalter bestimmte Mindestwerte bei der freihändigen Veräußerung erzielt. So könnte zB ein Beschluss der Gläubigerversammlung dahingehend lauten, dass der Verwalter berechtigt ist, unbewegliche Gegenstande freihändig zu verwerten, wenn er mindestens 70% derjenigen Werte als Kaufpreis vereinbaren kann, die in der Insolvenzeröffnungsbilanz den einzelnen unbeweglichen Gegenständen zugeordnet worden sind. Überdies ist § 161 InsO zu beachten. Vor der Beschlussfassung des Gläubigerausschusses bzw. der Gläubigerversammlung hat der Insolvenzverwalter den Schuldner zu unterrichten, sofern dies ohne nachteilige Verzögerung möglich ist. Die Unterrichtung des Schuldners soll bewirken, dass dieser den Gläubigern in der Gläubigerversammlung oder im Gläubigerausschuss seine Meinung soll unterbreiten können, damit die Gläubiger auch unter Berücksichtigung der Auffassung des Schuldners ihre Entscheidung treffen können. Zu beachten ist, dass eine Rechtshandlung, die der Verwalter unter Missachtung der §§ 160 und 161 InsO vornimmt, gleichwohl wirksam ist (§ 164 InsO), möglicherweise aber die persönliche Haftung des Verwalters zur Folge hat. 97

III. Zwangsverwaltung

Ohne Anordnung eines Zwangsverwaltungsverfahrens hat der Grundpfandgläubiger keine Befugnis, von der Insolvenzmasse Zinsen für die Nutzung eines mit Absonderungsrechten belasteten Grundstücks zu verlangen, und ist auch nicht befugt, auf die Zinserträge zuzugreifen, die sich durch Weitervermietung von massezugehörigen Immobilien ergeben. Anders wäre es, wenn dem Grundpfandgläubiger außerdem auch noch Mietzinsansprüche, die die Masse aus der Weitervermietung realisieren kann, abgetreten wurden. Weil dies nicht oft der Fall ist, erwägt der Grundpfandgläubiger die Einleitung eines förmlichen Zwangsverwaltungsverfahren, um an Mieterträge herankommen zu können. 98

Stattdessen wird häufig im Verhältnis zwischen den Absonderungsgläubigern an einem Grundstück und dem Insolvenzverwalter die sog „**kalte Zwangsver-** 99

waltung" vereinbart. Sie kommt regelmäßig unter dem Druck des Absonderungsgläubigers zustande, er werde die Zwangsverwaltung des Immobiliarvermögens veranlassen, wenn nicht der Verwalter seine Bereitschaft erklärt, der Masse zufließende Mieterträge zumindest teilweise an den Grundpfandgläubiger weiterzuleiten. Kalte Zwangsverwaltung bedeutet, dass der Insolvenzverwalter auch ohne förmliches Zwangsverwaltungsverfahren im Verhältnis zum Absonderungsgläubiger handelt, als wenn er vom Vollstreckungsgericht als Zwangsverwalter eingesetzt worden wäre. Dabei werden die frei verhandelbaren Beträge, die als „Zwangsverwaltungsgebühr" bezeichnet werden können, nicht dem Insolvenzverwalter persönlich, sondern der Insolvenzmasse zugeordnet. Meistens gelingt es Insolvenzverwaltern, höhere Beiträge für die Masse zu verhandeln, als die Grundpfandgläubiger bei einer förmlichen Zwangsverwaltung dem Zwangsverwalter überlassen müssten. Dieses kommt der Insolvenzmasse und damit der Gesamtgläubigerschaft zugute. Die Hypotheken- bzw. Grundpfandgläubiger sind an diesem Verfahren interessiert, weil dadurch die Umschreibung der Titel auf den Insolvenzverwalter und die Schaffung der sonstigen Voraussetzungen für eine Zwangsvollstreckung entbehrlich wird; außerdem wird das Grundbuch nicht durch einen entsprechenden Eintrag belastet, was sich möglicherweise positiv auf die Höhe des Kaufpreises anlässlich einer noch durchzuführenden Verwertung auswirken kann. Regelmäßig ist der Verwalter auch im Besitz aller für eine Zwangsverwaltung relevanten Unterlagen, wie Versicherungsunterlagen, Mietverträge, Vereinbarungen mit Versorgungsträgern usw. Hinzu kommt, dass der Verwalter oft eine vom Schuldner geschaffene Organisation zur Verwaltung des Immobilienbestandes übernehmen und damit effektiver als ein fremder Dritter die Verwaltung betreiben kann. Zu beachten ist bei Abschluss einer Vereinbarung über die kalte Zwangsverwaltung, dass der Umfang der Forderungen, auf die sich das Absonderungsrecht des Hypotheken- oder Grundpfandgläubigers beziehen soll, exakt bezeichnet wird. Die förmliche Anordnung der Zwangsverwaltung erfasst auch Mietzinsrückstände, so dass zB eine Regelung zwischen Verwalter und Absonderungsgläubiger auch über diese Ansprüche getroffen werden sollte, falls eine kalte Zwangsverwaltung in Betracht kommt.

IV. Umsatzsteuer

Beim freihändigen Verkauf von grundpfandrechtsbelasteten Grundstücken durch den Verwalter im Insolvenzverfahren („kalte Zwangsvollstreckung" vgl. → § 15 Rn. 99) gilt hingegen etwas anderes. Hier hält auch das BMF im vorerwähnten Schreiben an der Rechtsprechung des BFH nach wie vor fest. Nach der Rechtsprechung des BFH liegt bei einer freihändigen Veräußerung eines grundpfandrechtsbelasteten Grundstücks durch den Verwalter aufgrund einer mit dem Grundpfandrechtsgläubiger getroffenen Vereinbarung eine **entgeltliche Geschäftsbesorgungsleistung** der Masse an den Grundpfandrechtsgläubiger vor, wenn der Verwalter vom Verwertungserlös einen bestimmten Betrag für die Masse einbehalten darf. Für die Verwaltung eines grundpfandrechtsbelasteten Grundstücks unter Einbehaltung eines Kostenbeitrags von den erzielten Kaltmieten gilt diese Beurteilung entsprechend.

Ringstmeier

F. Verwertung von beweglichen Gegenständen und Rechten

I. Vorüberlegungen

1. Verwertungskompetenz des Verwalters

Bewegliche Sachen, an denen ein Absonderungsrecht besteht, kann der Insolvenzverwalter gem. § 166 Abs. 1 InsO freihändig verwerten, wenn er die Sache in seinem Besitz hat. Dies ist dogmatisch nicht unproblematisch. Juristisch liegt das Eigentum an einer beweglichen Sache, die zB sicherungsübereignet ist, beim Sicherungsgläubiger und nicht beim Schuldner oder Insolvenzverwalter, auf den die Verwaltungs- und Verfügungsbefugnis über das Schuldnervermögen nach § 80 Abs. 1 InsO übergegangen ist. Da der Schuldner formaljuristisch kein Eigentum hat, könnte auch der Verwalter eigentlich kein Eigentum übertragen. Wenn § 166 Abs. 1 InsO gleichwohl die Verwertungsbefugnis des Insolvenzverwalters normiert, so kann damit nur gemeint sein, dass der Verwalter Eigentum soll übertragen dürfen. § 166 Abs. 1 InsO muss also eine **Veräußerungsermächtigung** iSd § 185 BGB enthalten. Gleiches gilt für den Einzug von Forderungen; insoweit muss dem Insolvenzverwalter, der nach § 166 Abs. 2 InsO Forderungen einziehen oder in anderer Weise verwerten darf, eine Einziehungsermächtigung übertragen sein. 100

2. Keine Verwertungspflicht des Verwalters

Eine Verpflichtung zur Verwertung von beweglichen Sachen oder Forderungen, an denen Absonderungsrechte bestehen, besteht hingegen nicht. Dies lässt sich dem Wortlaut des § 166 InsO eindeutig entnehmen; danach „darf" der Insolvenzverwalter bewegliche Sachen verwerten und Forderungen einziehen oder verwerten, er muss es aber nicht. 101

Problematisch wäre allenfalls, wenn der Verwalter **überhaupt keine Entscheidung** über das Schicksal von Absonderungsgut trifft. Für diesen Fall nämlich würde die Masse gem. § 169 InsO mit Zinsen belastet, und zwar für die Zeit nach dem Berichtstermin. Die Zinszahlungsverpflichtung der Insolvenzmasse gem. § 169 InsO ist nicht davon abhängig, dass das Absonderungsgut vom Verwalter für den Betrieb des Schuldners auch genutzt wird. Selbst ohne Nutzung ist die Masse zur Zinszahlung verpflichtet. 102

Somit trifft den Verwalter zwar keine Verpflichtung zur Verwertung von Absonderungsgut, wohl muss er aber eine irgendwie geartete Verwertungsentscheidung treffen. Diese könnte zB auch in der **Freigabe des Absonderungsguts** zugunsten des Schuldners oder des Absonderungsgläubigers bestehen. 103

Denkbar ist auch ein **Absehen von Verwertung** durch den Insolvenzverwalter, was insbesondere dann in Betracht zu ziehen ist, wenn der Betrieb des Schuldners auch über den Berichtstermin hinaus fortgeführt werden soll. In diesem Fall hat der Verwalter Zinsen gem. § 169 InsO und Wertverlust gem. § 172 InsO an den Absonderungsgläubiger zu leisten.[25] Ob dies im Interesse der Gesamtgläubigerschaft liegt, wird der Verwalter unter Rücksichtnahme auf 104

---

[25] → Rn. 171 ff.

die Entscheidungen in der Gläubigerversammlung im Interesse der Masse zu entscheiden haben.

3. Verwertungskompetenz des Absonderungsgläubigers

105 Liegen die Voraussetzungen des § 166 InsO nicht vor, hat insbesondere der Verwalter den Absonderungsgegenstand nicht in Besitz, so ist gem. § 173 InsO der **Sicherungsgläubiger selbst** zur Verwertung des Absonderungsguts berechtigt. Im Interesse einer zügigen Durchführung des Verfahrens kann der Insolvenzverwalter gem. § 173 Abs. 2 InsO beim Insolvenzgericht beantragen, dass dieses nach Anhörung des Gläubigers eine Frist bestimmt, innerhalb derer der Gläubiger den Gegenstand zu verwerten hat. Ist die Frist abgelaufen, geht das Verwertungsrecht auf den Verwalter über.

106 Streitig dabei ist, ob **nach Fristablauf** der Verwalter allein verwertungsberechtigt ist, oder ob sein Verwertungsrecht neben das des Gläubigers tritt, der auch nach Fristablauf weiterhin verwertungsberechtigt bleibt. Für den Verwalter ist in diesem Zusammenhang problematisch, dass er bei beweglichen Sachen diese nicht im Besitz hat und sie deshalb auch nicht durch Übergabe des Besitzes an einen Erwerber verkaufen kann. Der Verwalter wäre allenfalls in der Lage, die Verwertung durch Abtretung des Herausgabeanspruchs gegen den Absonderungsgläubiger vorzunehmen. Ob ein Erwerbsinteressent unter derartigen Bedingungen bereit ist, einen gleich hohen Kaufpreis wie bei gleichzeitiger Besitzübertragung auf ihn zu bezahlen, kann zweifelhaft sein. Vor diesem Hintergrund wird man die Auffassung vertreten müssen, dass der Absonderungsgläubiger sein Verwertungsrecht verliert und den in seinem Besitz befindlichen Gegenstand an den Insolvenzverwalter herausgeben muss, der allein zur Verwertung berechtigt ist.

107 In jedem Fall ist der Insolvenzverwalter, wenn das Verwertungsrecht gem. § 173 Abs. 2 S. 2 InsO auf ihn übergegangen ist, verpflichtet, bei Verwertung die **Kostenbeiträge gem. §§ 170, 171 InsO** einzuhalten. § 168 InsO, wonach der Verwalter vor Veräußerung eine Mitteilung an den Absonderungsgläubiger zu machen hat, soll nicht gelten.[26]

II. Voraussetzungen einer Verwertung durch den Insolvenzverwalter

1. Besitz an beweglichen Sachen

110 Voraussetzung für die Verwertung von beweglichen Sachen durch den Insolvenzverwalter ist, dass er diese „in seinem Besitz" hat, § 166 Abs. 1 InsO. Damit sind all solche beweglichen Gegenstände erfasst, die sich im Zeitpunkt der Verfahrenseröffnung im Besitz des Schuldners befunden haben. Dessen Rechtsstellung geht mit der Eröffnung des Verfahrens auf den Insolvenzverwalter über, § 80 Abs. 1 InsO.

111 In der Literatur ist streitig, was unter „Besitz" zu verstehen ist. Einigkeit besteht noch insoweit, als dass jedenfalls der **unmittelbare Besitz** gemeint ist (§ 854 Abs. 1 BGB). Soweit sich bewegliche Gegenstände im Besitz zB von

---

[26] Schmidt/*Sinz* § 173 Rn. 19.

Mitarbeitern des Schuldnerunternehmens befinden, sind die Mitarbeiter sog **Besitzdiener** (§ 855 BGB) und beeinträchtigen deshalb den unmittelbaren Besitz des Schuldners nicht. Fraglich ist aber, ob schon der **mittelbare Besitz** (§ 868 BGB) ausreicht, um das Verwertungsrecht des Verwalters gem. § 166 Abs. 1 InsO zu begründen. Dies wird in der Rechtsprechung bejaht, wenn der Gegenstand vom Schuldner aus betrieblichen Gründen entgeltlich an einen Dritten übergeben worden ist.[27] Die Literatur geht m. E. zutreffend weiter und lässt mittelbaren Besitz ausreichen, wenn der Gegenstand für die Betriebsfortführung oder die geordnete Abwicklung benötigt wird.[28] Das ist richtig und ergibt sich aus der mit § 166 InsO zum Ausdruck gekommenen Motivlage des Gesetzes. Die Insolvenzordnung hat die Chancen für eine Verbesserung der Sanierung des Schuldnerunternehmens schaffen wollen. In diesem Zusammenhang ist das Verwertungsrecht auch für Absonderungsgut auf den Verwalter übertragen worden, der insbesondere dadurch die Möglichkeit erhalten hat, notfalls gegen den Willen eines Absonderungsgläubigers eine Verwertung des schuldnerischen Vermögens im Ganzen durchführen zu können. Dabei freilich kann es keinen Unterschied machen, ob der Schuldner seine Warenvorräte auf dem von ihm genutzten Betriebsgrundstück lagert oder zB bei einem Dritten zwischengelagert hat (= bloß mittelbarer Besitz des Schuldners), oder ob der Schuldner zB einzelne Vermögenswerte zum Zweck der Reparatur an einen Dritten übergeben hat, der damit unmittelbarer Besitzer geworden ist. Die zwischengelagerten oder zu einer Reparatur weggegebenen Gegenstände werden deshalb für den Betrieb des schuldnerischen Unternehmens nicht überflüssig, so dass eine Verwertung des Gesamtbetriebes des Schuldners scheitern kann, wenn nicht auch gleichzeitig die nur im mittelbaren Besitz des Schuldners stehenden Gegenstände mitveräußert werden können. Es spricht daher mehr dafür, mittelbaren Besitz des Schuldners für das Verwertungsrecht des Verwalters gem. § 166 Abs. 1 InsO ausreichen zu lassen. Für den Fall, dass eine sicherungsübereignete Sache gewerblich vermietet oder verleast wird, hat sich der BGH dieser Auffassung angeschlossen.[29]

Unzweideutig nicht vom Verwertungsrecht des Verwalters erfasst sind solche Gegenstände, an denen der Schuldner nicht einmal mittelbaren Besitz hat, insbesondere also solche Gegenstände, die er einem Absonderungsgläubiger **verpfändet** hat. Bei solchen Gegenständen steht das Verwertungsrecht dem Gläubiger zu. 112

Hat der Schuldner vor der Eröffnung des Insolvenzverfahrens den unmittelbaren Besitz durch **verbotene Eigenmacht** des Gläubigers verloren, insbesondere weil der Absonderungsgläubiger den Gegenstand ohne Wissen und Wollen des Schuldners an sich genommen hat, so besteht ein Anspruch des Insolvenzverwalters auf Wiedereinräumung des Besitzes gem. § 861 BGB. Alsdann kann dem Verwalter auch das Verwertungsrecht für diese durch verbotene Eigenmacht abhanden gekommenen Sachen nicht abgesprochen werden. 113

Bewegliche Sachen, die der **Zubehörhaftung** gem. §§ 1120 ff. BGB unterliegen, sind ebenfalls nicht vom Verwertungsrecht des Verwalters erfasst. Deren 114

---

[27] BGH 16.2.2006 – IX ZR 26/06, ZIP 2006, 814.
[28] Schmidt/*Sinz* § 166 Rn. 9.
[29] BGH 16.2.2006, ZIP 2006, 814; BGH 16.11.2006, ZIP 2006, 2390.

Verwertung erfolgt zusammen mit der Zwangsversteigerung des unbeweglichen Gegenstands.[30] Insoweit ist bereits an anderer Stelle[31] darauf hingewiesen worden, dass häufig eine Absprache zwischen Hypotheken- bzw. Grundpfandgläubiger und Insolvenzverwalter herbeigeführt wird, wonach das Zubehör außerhalb der Zwangsversteigerung des unbeweglichen Gegenstands durch freihändige Veräußerung seitens des Insolvenzverwalters verwertet wird. Kommt eine solche Regelung zustande, dann ist von einem Verzicht des Hypotheken- bzw. Grundpfandgläubigers auf das Verwertungsrecht gem. § 165 InsO auszugehen, was die Anwendbarkeit der §§ 166 ff. InsO für diese beweglichen Gegenstände zur Folge hat.

115 Der Insolvenzverwalter, der nach Eröffnung des Insolvenzverfahrens die beweglichen Gegenstände des Schuldners in Besitz nimmt (vgl. § 148 InsO), verliert sein daran geknüpftes Verwertungsrecht gem. § 166 Abs. 1 InsO nicht dadurch, dass er den Besitz **vorübergehend aufgibt**. Das Verwertungsrecht geht insbesondere nicht deshalb unter, weil der Insolvenzverwalter zB einen massezugehörigen Gegenstand zum Zweck der Reparatur an einen Dritten übergibt. Selbst die Verpachtung des gesamten Betriebsvermögens des Schuldners führt nicht zum Verlust des Verwertungsrechts; in diesem Fall bleibt der Verwalter ja mittelbarer Besitzer.[32]

2. Forderungen des Schuldners und Rechte

116 Gemäß § 166 Abs. 2 InsO ist der Insolvenzverwalter berechtigt, Forderungen, die der Schuldner zur Sicherung eines Anspruchs abgetreten hat, entweder einzuziehen oder in anderer Weise zu verwerten. Zur Sicherheit abgetretene Forderungen sind einmal solche, die auf Grund einer Einzel- oder Globalzession auf einen Gläubiger übertragen wurden, aber auch von einem verlängerten Eigentumsvorbehalt erfasste Forderungen, vgl. § 51 Nr. 1 InsO. Für das Verwertungsrecht des Verwalters bei abgetretenen Forderungen spielt es keine Rolle, ob der Sicherungszessionar die Abtretung gegenüber den Drittschuldnern offengelegt hat oder nicht. Ausgeschlossen sind hingegen verpfändete Forderungen, bei denen der Schuldner die Verpfändung gegenüber den Drittschuldnern offengelegt hat. Diese sind vom Verwertungs- und Einziehungsrecht des Verwalters nicht umfasst. Ausgenommen sind auch Forderungen, die an den Teilnehmer eines Abrechnungssystems gemäß § 1 Abs. 16 KWG oder an eine Zentralbank im Bereich der europäischen Union oder des europäischen Wirtschaftsraums abgetreten sind. Dabei geht es um Forderungsabtretungen, die auf Grund der Richtlinie 98/26/EG über die Wirksamkeit von Abrechnungen in Zahlungs- sowie Wertpapierliefer- und -abrechnungssystemen von den Wirkungen des Insolvenzverfahrens unberührt bleiben müssen.

117 Höchstrichterlich noch ungeklärt ist die Frage, ob unter § 166 Abs. 2 InsO auch andere Rechte des Schuldners als Forderungen fallen. So könnte es sich zB anbieten, **gewerbliche Schutzrechte und Patente** ebenfalls dem Verwertungsrecht des Insolvenzverwalters zu unterstellen. Auch diese sind für ein Funktionieren des schuldnerischen Geschäftsbetriebs regelmäßig erforderlich und zB

---

[30] Schmidt/*Sinz* § 166 Rn. 6.
[31] → Rn. 96.
[32] *Klasmeyer/Elsner/Ringsmeier*, Kölner Schrift zur Insolvenzordnung, S. 1086.

für eine Gesamtübertragung des schuldnerischen Betriebes an einen Nachfolgeunternehmer wesentliche Wirtschaftsgüter. Diese vom Verwertungsrecht des Verwalters auszunehmen, würde den Bemühungen der Insolvenzordnung um eine möglichst weitgehende Erhaltung aller für den Betrieb des Schuldners erforderlichen Vermögenswerte zuwiderlaufen. Ausdrücklich erfasst sind solche Rechte insbesondere von § 166 Abs. 2 InsO aber nicht, so dass nur eine analoge Anwendung in Frage kommt.

III. Beteiligung des Absonderungsgläubigers

Bevor der Insolvenzverwalter Sicherungsgut (bewegliche Sache oder Forderung) verwerten will, muss er gem. § 168 InsO zuvor **Mitteilung** von der beabsichtigten Veräußerung an den absonderungsberechtigten Gläubiger machen und diesem Gelegenheit geben, innerhalb einer Woche auf eine andere, für den Gläubiger günstigere Möglichkeit der Verwertung hinzuweisen. Die Mitteilung der Veräußerungsabsicht ist eine empfangsbedürftige Willenserklärung, die den Lauf der Wochenfrist erst mit Zugang beim absonderungsberechtigten Gläubiger auslöst. Der Verwalter wird also Vorkehrungen treffen müssen, notfalls auch den Zugang der Mitteilung beim Absonderungsgläubiger beweisen zu können. Unterlässt der Verwalter die Mitteilung gem. § 168 InsO, so ist die von ihm vorgenommene Verwertung dennoch wirksam, so dass ein Erwerber ohne Rücksicht auf die dem Verwalter obliegenden insolvenzrechtlichen Mitteilungs- und Abstimmungspflichten wirksam vom Verwalter erwerben kann. Die Mitteilungspflicht des Insolvenzverwalters gem. § 168 InsO soll dem Absonderungsgläubiger die Möglichkeit einräumen, auf die Verwertung des Absonderungsguts Einfluss zu nehmen. Dies erscheint sinnvoll, gebührt doch der Erlös aus der Verwertung des Absonderungsguts nach Abzug der Verfahrensbeiträge dem absonderungsberechtigten Gläubiger, der damit auch das wirtschaftliche Risiko der Veräußerung vorrangig tragen muss. Unterlässt der Verwalter die Mitteilung gem. § 168 InsO, so können sich daraus Schadensersatzansprüche ergeben, für die er ggf. nach § 60 InsO auch persönlich haftbar gemacht werden kann.

1. Inhalt der Mitteilung

Der Absonderungsgläubiger soll auf der Grundlage der Mitteilung des Insolvenzverwalters die Möglichkeit haben, den Verwalter auf bessere Verwertungsmöglichkeiten hinzuweisen. Was Inhalt der Mitteilung des Verwalters sein muss, ergibt sich somit aus einer verständigen Beachtung der **Interessenlage des Gläubigers,** welche Parameter der beabsichtigten Veräußerung aus dessen Sicht verbesserungswürdig sein können oder nicht. Weil der Absonderungsgläubiger in erster Linie ein vorrangiges Interesse daran haben wird, dass ein möglichst hoher Verwertungserlös erzielt wird, ist mitteilungspflichtig fraglos die Höhe des vom Verwalter erzielbaren Verwertungserlöses. Andererseits kann sich im Einzelfall ergeben, dass sich die Mitteilung auf die Höhe des Kaufpreises nicht beschränken kann. So kann zB die Art und Weise der Kaufpreiszahlung für den Absonderungsgläubiger Bedeutung erlangen. Es ist leicht nachvollziehbar, dass es für den Absonderungsgläubiger einen Unterschied macht, ob der Käufer den beabsichtigten Kaufpreis sogleich und in voller Höhe entrichtet oder ob Ratenzahlung vereinbart werden soll, wie die Ratenzahlungsvereinbarung im Einzelfalls aussehen soll, ob der Kaufpreis bei Ratenzahlung verzinst wird oder nicht, und ob zB ein beweglicher Gegenstand bei Ratenzahlung unter Eigentumsvorbehalt an den Erwerber veräußert wird. Die Person des Erwerbers wird regelmäßig nicht von überragendem Interesse für den Absonderungsgläubiger sein, so dass der Verwalter den Namen des Erwerbers regelmäßig nicht angeben muss. Ausnahmen könnten sich aber zB daraus ergeben, dass der Insolvenzverwalter eine Verwertung an nahe stehende Angehörige iSd § 138 InsO vornehmen will. Im Zweifelsfall ist dem Verwalter zu empfehlen, die Mitteilung möglichst umfassend vorzunehmen; höchstrichterliche Rechtsprechung zum Umfang der Mitteilungspflicht existiert bislang noch nicht.

120 Insbesondere im Hinblick auf die verschärften **Gewährleistungsregelungen** kann es für den absonderungsberechtigten Gläubiger von Bedeutung sein, ob der beabsichtigte Erwerber ein Verbraucher oder eine juristische Person bzw. Gewerbetreibender oder Freiberufler ist. Bei Kaufverträgen mit anderen Personen als Verbrauchern gelten zwar ebenfalls die verschärften Gewährleistungsregelungen, sind aber dispositiv, können also abbedungen werden (§ 475 Abs. 1 BGB). In den Grenzen des § 444 BGB ist auch ein vollständiger Ausschluss der Gewährleistung sowie der Haftung möglich. Problematisch indes ist die Veräußerung beweglicher Gegenstände an Verbraucher, wobei es unerheblich ist, ob neue oder gebrauchte Gegenstände veräußert werden. Gewährleistungsansprüche sind bei solchen Kaufverträgen nicht auszuschließen. Erschwerend tritt hinzu, dass zumindest bei dem Verkauf neuer Sachen der Verkäufer (= Insolvenzverwalter) die Mängelfreiheit des Kaufgegenstandes beweisen muss, wenn innerhalb der ersten sechs Monate ein Mangel am Kaufgegenstand auftritt (§ 476 BGB). Dies gilt nur dann nicht, wenn der Mangel nach seiner Art untypisch für den Kaufgegenstand ist. Treten Mängel auf, so steht dem Verbraucher grundsätzlich auch ein Nachbesserungsrecht zu. Dieses ist ebenfalls nicht abdingbar. Der Erwerber (Verbraucher) kann also verlangen, dass der Verkäufer (Insolvenzverwalter) den Mangel durch Nachbesserung beseitigt. Bislang ungeklärt ist in diesem Zusammenhang, wer die Mängelbeseitigungskosten in der Insolvenz zu tragen hat. Unmittelbarer Ansprechpartner des Erwerbers ist der Verwalter, der die Mängelbeseitigung zunächst mit Mitteln der Masse, also zum Nachteil der ungesicherten Gläubiger durchführen muss. Eine gesetzliche Regelung, wonach der Insolvenzverwalter den insoweit der Masse entstandenen Aufwand vom Absonderungsgläubiger erstattet verlangen kann, fehlt. Andererseits kann im Ergebnis die Insolvenzmasse mangelhafte Absonderungsgegenstände nicht zu Lasten der ungesicherten Gläubiger in einen mangelfreien Zustand versetzen, damit der Absonderungsgläubiger einen höheren Erlös erhält. Im wirtschaftlichen Ergebnis muss deshalb der Absonderungsgläubiger mit Mängelbeseitigungskosten belastet werden können. Dann aber ist es für den Absonderungsgläubiger natürlich von erheblichem Interesse, ob der beabsichtigte Erwerber ein Verbraucher ist oder nicht. Will sich der Insolvenzverwalter also nicht der Möglichkeit berauben, Mängelbeseitigungsaufwand dem Absonderungsgläubiger in Rechnung zu stellen, so wird er in seine Mitteilung an den Absonderungsgläubiger mit aufnehmen müssen, ob der Erwerber ein Verbraucher ist oder nicht.

Ringstmeier

§ 15. *Absonderung* 561

Nicht mitteilungspflichtig gem. § 168 InsO ist der **Lauf der Wochenfrist**, innerhalb derer der Gläubiger auf eine bessere Verwertungsmöglichkeit hinweisen kann. Der Verwalter darf davon ausgehen, dass der Absonderungsgläubiger die gesetzlichen Regelungen kennt und deshalb weiß, dass mit Eingang der Mitteilung gem. § 168 InsO eine Wochenfrist zu laufen beginnt. 121

Unter Umständen kann eine **erneute Mitteilungspflicht** des Verwalters begründet sein. Das gilt namentlich dann, wenn sich die Verwertungsmöglichkeiten gegenüber den ursprünglich mitgeteilten verschlechtern.[33] 122

2. Wochenfrist des § 168 InsO

Die Wochenfrist des § 168 InsO, innerhalb derer der Gläubiger auf eine bessere Verwertungsmöglichkeit hinweisen kann, ist keine Ausschlussfrist. Der Verwalter hat deshalb den Hinweis des Gläubigers auf eine bessere Verwertungsmöglichkeit auch dann noch zu beachten, wenn ihn dieser Hinweis erst nach Ablauf der Wochenfrist, aber vor der Verwertung erreicht. Dies ergibt sich aus § 168 Abs. 2 InsO; danach hat der Insolvenzverwalter den Hinweis des Gläubigers zu beachten, wenn er nur „rechtzeitig vor der Veräußerung" erfolgt. 123

In der **Praxis** spielt, soweit sie bislang beobachtet werden konnte, die Wochenfrist des § 168 InsO keine überragend große Rolle; häufig reagieren die Absonderungsgläubiger auf eine Mitteilung des Insolvenzverwalters nicht, möglicherweise weil bei einer großen Anzahl von Gläubigern, zumal wenn sie nicht regelmäßig von Kundeninsolvenzen betroffen sind, die Mitwirkungsmöglichkeiten nach § 168 InsO nicht bekannt sind. Teilweise werden die Absonderungsgläubiger mangels eigener Kenntnis auch keine für sie günstigeren Verwertungsmöglichkeiten kennen, insbesondere weil es für den „durchschnittlichen" Absonderungsgläubiger auch nur begrenzte Möglichkeiten geben wird, nach eigenen Verwertungsmöglichkeiten zu suchen, die sodann bessere Ergebnisse zeitigen als die vom Insolvenzverwalter mitgeteilten. 124

3. Reaktion des Sicherungsgläubigers

Anhand der Mitteilung, die der Verwalter gem. § 168 InsO vornimmt, soll der Gläubiger die beabsichtigte Verwertung daraufhin überprüfen können, ob damit seine Befriedigungserwartungen erfüllt werden oder nicht. Der Absonderungsgläubiger hat mehrere Möglichkeiten, auf die Mitteilung des Verwalters zu reagieren: 125

a) Hinweis auf günstigere Verwertungsmöglichkeit. Für den Verwalter beachtlich ist nur ein Hinweis, wenn er für den Absonderungsgläubiger eine günstigere Möglichkeit der Verwertung darstellt. Selbst dann ist der Insolvenzverwalter nicht verpflichtet, dem Hinweis Folge zu leisten; er kann dennoch verwerten wie er ursprünglich beabsichtigt hatte. Allerdings muss er den Absonderungsgläubiger so behandeln, als ob er dem Hinweis gefolgt wäre. 126

Hatte der Absonderungsgläubiger dem Verwalter eine „günstigere" Verwertungsmöglichkeit mitgeteilt (zB einen anderen Käufer benannt, der mehr bezahlen will als der vom Verwalter beigebrachte Interessent) und kann der Verwalter 127

---

[33] Dazu ergänzend → Rn. 136.

Ringstmeier

einen wiederum noch besseren Kaufpreis erzielen als den, den der Absonderungsgläubiger mitgeteilt hatte, dann muss der Verwalter davon **nicht erneut Mitteilung** an den Absonderungsgläubiger machen. Er darf vielmehr davon ausgehen, dass der Absonderungsgläubiger die ihm beste Verwertungsmöglichkeit benannt hat, die für ihn erzielbar ist.

128   Was „**günstiger**" im Sinne des § 168 Abs. 1 S. 2 InsO ist, wird vom Gesetz nicht geregelt. Dabei kann angenommen werden, dass „günstiger" solche Verwertungsmöglichkeiten aus der Sicht des Absonderungsgläubigers sind, die ihm eine höhere Befriedigung verschaffen, aber auch solche, die die von ihm zu tragenden Verwertungsrisiken minimieren. Günstiger ist in diesem Zusammenhang also fraglos die Erzielung eines höheren Kaufpreises durch Veräußerung an einen anderen Käufer als den vom Verwalter vorgeschlagenen. Als günstiger wird aber auch bezeichnet werden können die Veräußerung an einen Käufer, der – anders als der vom Verwalter vorgeschlagene – den Kaufpreis sofort Zug-um-Zug bei Entgegennahme des Kaufgegenstandes zahlt. Da der Absonderungsgläubiger nach der hier vertretenen Auffassung auch die wirtschaftlichen Risiken aus einer Mangelhaftigkeit des Kaufgegenstandes tragen muss, ist günstiger aus seiner Sicht auch eine Verwertung an einen Gewerbetreibenden anstatt an einen Verbraucher. Dies kann freilich zu schwierigen Entscheidungen führen, wenn der Absonderungsgläubiger wegen der Gewährleistungsrisiken einen Verkauf an einen Gewerbetreibenden präferiert und sogar bereit ist, dafür einen geringeren Kaufpreis zu akzeptieren.

129   In der Praxis treten dann Schwierigkeiten auf, wenn **mehrere Absonderungsgläubiger** nachgeschaltete oder gleichrangige Sicherungsrechte an einem Gegenstand, zu dessen Verwertung der Verwalter berechtigt ist, geltend machen. In diesem Fall erstreckt sich die Mitteilungspflicht des Verwalters gem. § 168 Abs. 1 InsO darauf, dass alle Absonderungsgläubiger von der beabsichtigten Verwertung informiert werden müssen. Alsdann ist vorstellbar, dass die Absonderungsgläubiger unterschiedliche Vorstellungen zu der Frage entwickeln, welche Verwertungsmöglichkeit günstiger ist. Auch in diesem Fall ist der Verwalter verpflichtet, im Interesse der Gesamtgläubigerschaft, die das Risiko der Verwertungshandlung des Verwalters tragen muss, die Verwertungsentscheidung zu treffen. Erforderlichenfalls wird der Insolvenzverwalter das Absonderungsgut aus der Insolvenzmasse freigeben, falls die abweichenden Verwertungshinweise der Absonderungsgläubiger zu einem nicht akzeptablen Risiko für die ungesicherten Gläubiger führen.

130   Jeder Hinweis eines Absonderungsgläubigers auf eine für ihn günstigere Verwertungsmöglichkeit ist eine **empfangsbedürftige Willenserklärung** iSd § 130 BGB. Will der Gläubiger seine Interessen aus § 168 Abs. 2, letzter Hs. InsO wahren, wird er dafür Sorge tragen müssen, notfalls den Zugang des Hinweises beim Verwalter nachweisen zu können.

131   **b) Selbsteintritt des Gläubigers.** Gemäß § 168 Abs. 3 S. 1 InsO kann die andere Verwertungsmöglichkeit, die der Absonderungsgläubiger dem Verwalter nachweist, auch darin bestehen, dass der Gläubiger den Gegenstand selbst übernimmt. Die Übernahme des Absonderungsgegenstandes zu den vom Verwalter mitgeteilten Bedingungen gem. § 168 Abs. 3 InsO ist aus der Sicht des Verwalters eine Verwertung wie an jeden anderen Kaufinteressenten auch. So gesehen

Ringstmeier

§ 15. Absonderung

ist das Eintrittsrecht des Absonderungsgläubigers gem. § 168 Abs. 3 InsO eine Art „**Vorkaufsrecht**". Konsequenterweise muss in diesem Fall der Absonderungsgläubiger einen Kaufpreis an die Masse entrichten, den er freilich durch Aufrechnung erbringen kann, soweit nicht die Verfahrensbeiträge (Feststellungspauschale, Verwertungspauschale, Umsatzsteuerbetrag) in der Masse bleiben müssen.

Keine Rolle spielt es dabei, ob der Absonderungsgläubiger den Gegenstand alsdann behält und selbst nutzt oder ob er ihn weiterveräußert. Bemüht sich der Absonderungsgläubiger nach Selbstübernahme des Gegenstandes um eine Weiterverwertung, so trägt er alle **Chancen und Risiken,** die sich daraus ergeben. Erzielt er zB einen höheren Kaufpreis, so besteht keine Verpflichtung, den Mehrerlös an die Masse abzuführen; umgekehrt muss sich der Gläubiger auf seine Insolvenzforderung immer denjenigen Betrag anrechnen lassen, der sich bei einer Abrechnung der Eintrittsbedingungen ergibt; er kann also einen von ihm selbst erzielten Mindererlös nicht als Begründung dafür heranziehen, mit einer höheren Ausfallforderung an der Verteilung der Insolvenzmasse zu partizipieren. Damit korrespondiert auch die vorherige Aussage, dass der Gläubiger, entscheidet er sich für eine Verwertung des von ihm übernommenen Gegenstandes, alle Chancen und Risiken dieser Verwertung selbst zu tragen hat; er verwertet ja sein Eigentum, das er vom Verwalter erworben hat. 132

Der Fall des § 168 Abs. 3 InsO darf nicht verwechselt werden mit dem des § 170 **Abs. 2 InsO.** Im zuletzt genannten Fall sieht der Insolvenzverwalter von einer Verwertung (auch von einer Verwertung im Sinne von § 168 Abs. 3 InsO) gänzlich ab. Er unternimmt also keine Verwertungsbemühungen und macht natürlich auch keine Mitteilung nach § 168 Abs. 1 InsO. § 170 Abs. 2 InsO regelt vielmehr den Fall, dass der Verwalter von der ihm nach § 166 InsO eingeräumten Befugnis zur Verwertung keinen Gebrauch macht; alsdann soll der absonderungsberechtigte Gläubiger selbst verwerten dürfen. § 170 Abs. 2 InsO regelt für diesen Fall die Verteilung des vom Absonderungsgläubiger erzielten Verwertungserlöses. 133

c) Keine Reaktion des Gläubigers. Verstreicht die Wochenfrist des § 168 Abs. 1 InsO, ohne dass sich der Absonderungsgläubiger zu der Mitteilung des Verwalters geäußert hat, sind dem Absonderungsgläubiger die Einwendungen, die er andernfalls nach § 168 InsO erheben könnte, abgeschnitten. Er kann also in seiner Eigenschaft als Absonderungsgläubiger nicht mehr verlangen, dass aus sonstigen Mitteln der Masse sein Absonderungsrecht mit einem höheren Betrag bedient wird, als der Verwalter tatsächlich erzielt hat. 134

Andererseits ist die Wochenfrist des § 168 Abs. 1 InsO **keine Ausschlussfrist.** Der Absonderungsgläubiger kann deshalb auch noch nach Fristablauf den Verwalter auf eine bessere Verwertungsmöglichkeit hinweisen. Falls der Hinweis auf die bessere Verwertungsmöglichkeit vor der Verwertung beim Verwalter eingeht, ist dieser verpflichtet, dem Hinweis Folge zu leisten oder den Absonderungsgläubiger so zu stellen, wie wenn er dem Hinweis gefolgt wäre. 135

Äußert sich der Gläubiger innerhalb der Wochenfrist nicht, kann sich eine **erneute Mitteilungsverpflichtung** des Verwalters gem. § 168 Abs. 1 InsO ergeben, wenn er eine andere, ersichtlich schlechtere Verwertung vornehmen will, als er dem Gläubiger ursprünglich mitgeteilt hatte. Findet der Verwalter hinge- 136 gen eine noch bessere Verwertungsmöglichkeit als die, die er dem Absonderungsgläubiger mitgeteilt hatte, bedarf es (natürlich) keiner erneuten Mitteilung.

IV. Entscheidung über die Verwertung

137   Nach Ablauf der Wochenfrist des § 168 Abs. 1 InsO bzw. nach Eingang eines Hinweises des absonderungsberechtigten Gläubigers trifft der Insolvenzverwalter eine Verwertungsentscheidung.

1. Verwertung durch den Verwalter und Behandlung des Verwertungserlöses

138   Unter Berücksichtigung eines vom Absonderungsgläubiger gemachten Hinweises auf eine günstigere Verwertungsmöglichkeit kann der Verwalter den Absonderungsgegenstand selbst verwerten. Dabei hat er etwaige Mitwirkungsrechte der **Gläubigerversammlung** oder des **Gläubigerausschusses** gem. § 160 InsO zu beachten.[34]

Der vom Verwalter eingezogene Verwertungserlös sollte von der übrigen Insolvenzmasse **getrennt verwahrt** werden.[35] Dies ergibt sich bereits aus dem Wortlaut des § 170 Abs. 1 S. 1 InsO, wonach der Insolvenzverwalter aus dem Verwertungserlös die Verfahrenspauschalen vorweg für die Insolvenzmasse „entnehmen" kann. Andererseits besteht eine ausdrückliche gesetzliche Verpflichtung zur gesonderten Aufbewahrung des Erlöses aus der jeweiligen Verwertung des Sicherungsguts nicht. Führt der Insolvenzverwalter den Erlös zur Masse und ist dieser noch unterscheidbar in der Masse vorhanden, so setzt sich das Sicherungsrecht des Gläubigers an dem Erlös fort. In diesem Zusammenhang ist die Entscheidung des BGH vom 11.3.1999[36] von Bedeutung. Danach ist Fremdvermögen in der Masse immer dann noch vorhanden, wenn der Saldo des Anderkontos nicht unterhalb desjenigen Betrages sinkt, der zur Befriedigung des Fremdgläubigers erforderlich ist. Ist der Erlös indes untrennbar Massebestandteil geworden, kann der Gläubiger seine Forderung nur noch als Masseverbindlichkeit iSd § 55 Abs. 1 Nr. 3 InsO geltend machen.[37] Dies kann in Fällen, in denen das Verfahren nach der Vereinnahmung des Verwertungserlöses masseunzulänglich wird, problematisch werden. Ist der Masseanspruch des Absonderungsgläubigers vor Anzeige der **Masseunzulänglichkeit** begründet worden und versäumt der Verwalter die Auskehr des dem Absonderungsgläubiger gebührenden Betrages, so hat der Absonderungsgläubiger lediglich einen sog Alt-Masseanspruch, den der Insolvenzverwalter erst nach Befriedigung sämtlicher Neu-Massegläubiger berücksichtigen darf. Nicht zuletzt um diesem Risiko vorzubeugen ist in § 170 Abs. 1 S. 2 InsO geregelt, dass der an den Absonderungsgläubiger auszukehrende Betrag „unverzüglich" auszuzahlen ist. Ein Insolvenzverwalter, der den alsbaldigen Eintritt der Masseunzulänglichkeit seines Verfahrens befürchten muss, sollte deshalb vorsorglich den Erlös aus der Ver-

---

[34] Vgl. dazu auch → Rn. 97.
[35] Uhlenbruck/*Brinkmann* § 170 Rn. 9.
[36] ZIP 1999, 626.
[37] Uhlenbruck/*Brinkmann* § 170 Rn. 9.

wertung von Absonderungsgut auf ein von der Insolvenzmasse getrenntes Konto vereinnahmen und lediglich die der Masse gebührenden Verwertungsanteile dem allgemeinen Ander- oder Sonderkonto zuführen.

2. Übernahme durch den Gläubiger

Will der Insolvenzverwalter dem Hinweis des Absonderungsgläubigers folgen, dass dieser den Absonderungsgegenstand selbst übernehmen möchte (§ 168 Abs. 2 InsO), so handelt es sich um eine Verwertung iSd § 166 Abs. 1 InsO. Der Absonderungsgläubiger hat in diesem Falle also einen Kaufpreis zu bezahlen, der in seiner Höhe demjenigen Betrag entspricht, den der Verwalter bei Durchführung der ursprünglich angedachten Verwertung hätte erzielen können. Allerdings darf der Absonderungsgläubiger aufrechnen mit dem Teil des Kaufpreises, den der Verwalter wieder an ihn auskehren müsste. Tatsächlich zur Masse fließen müssen nur die Verfahrensbeiträge und die Umsatzsteuer. Abrechnungsmuster dazu → Rn. 157. 139

Der Insolvenzverwalter kann ein **Zurückbehaltungsrecht** an dem Gegenstand geltend machen, solange die Verfahrensbeiträge iSd § 171 InsO sowie die Umsatzsteuer nicht gezahlt sind. Nur gegen Zahlung dieser Beträge muss er den Kaufgegenstand (= Absonderungsgegenstand) an den Gläubiger herausgeben. Es empfiehlt sich eine Herausgabe Zug-um-Zug gegen Zahlung des der Masse gebührenden Betrages. 140–141

3. Überlassung zur Verwertung durch den Gläubiger

Aus § 170 Abs. 2 InsO ergibt sich, dass der Insolvenzverwalter auch von Verwertungshandlungen in Bezug auf Absonderungsgegenstände Abstand nehmen kann. Er kann stattdessen dem Gläubiger anbieten, das Absonderungsgut selbst zu verwerten. Will der Absonderungsgläubiger von dieser Möglichkeit Gebrauch machen, muss er die Feststellungspauschale in Höhe von 4 % sowie die die Masse belastende Umsatzsteuer nach der Verwertungshandlung an die Masse auskehren. Die 5 %ige Verwertungspauschale kann der Verwalter freilich nicht verlangen, weil eine Verwertung durch den Gläubiger erfolgt, nicht durch die Masse. Darin liegt ein Unterschied zum vorstehend geschilderten Fall einer Übernahme durch den Gläubiger im Sinne des § 168 Abs. 3 InsO. 142

Hinzuweisen ist freilich darauf, dass eine **Verpflichtung** des Gläubigers zur Selbstverwertung des Gegenstandes nicht besteht. Der Insolvenzverwalter kann deshalb den Absonderungsgläubiger nicht nach § 170 Abs. 2 InsO zwingen, die Eigenverwertung des Absonderungsguts durchzuführen. 143

4. Freigabe

Möglich bleibt dem Insolvenzverwalter die Freigabe des Gegenstandes, was zur Beendigung des Insolvenzbeschlags führt. Die Freigabe wird gegenüber dem Insolvenzschuldner bzw. dessen gesetzlichen Vertreter erklärt. Damit scheidet der Absonderungsgegenstand aus der Insolvenzmasse aus und eine Verwertung durch den Schuldner (in Abstimmung mit dem Absonderungsgläubiger) wird möglich. In diesem Fall sind keine Verfahrensbeiträge an die Masse zu entrichten. 144

Ringstmeier

5. Verwertung von Forderungen – § 166 Abs. 2 InsO

145 Nach § 166 Abs. 2 InsO ist der Insolvenzverwalter berechtigt, eine zur Sicherheit abgetretene Forderung einzuziehen oder auf andere Art zu verwerten. Soweit der Insolvenzverwalter eine Verwertung etwa im Sinne einer Veräußerung des Forderungsbestandes beabsichtigt, sind die zuvor beschriebenen Beteiligungsrechte des Absonderungsgläubigers aus § 168 InsO auch für diesen Fall zu beachten. Mitteilungspflichten des Verwalters bestehen aber dann nicht, wenn dieser eine Forderung lediglich einzieht. Aus dem eingezogenen Betrag sind freilich die Verfahrensbeiträge, also **Feststellungs- und Verwertungspauschale** sowie die von der Insolvenzmasse zu entrichtende **Umsatzsteuer** zugunsten der Masse zu entnehmen und nur der Rest an den Absonderungsgläubiger auszukehren. Es besteht aber keine Verpflichtung des Insolvenzverwalters, vor der Einziehung einer Forderung dem Gläubiger über diese Absicht Mitteilung zu machen.

146 Probleme können dann auftreten, wenn im Zuge des Forderungseinzugs **Zugeständnisse durch den Verwalter** eingeräumt werden müssen, um eine Forderung zumindest teilweise realisieren zu können. Dieser Fall kann eintreten, wenn der Drittschuldner Einwendungen erhebt, zB Gewährleistungseinreden geltend macht; gelegentlich sieht sich ein Insolvenzverwalter auch gehalten, Vergleichsvereinbarungen mit einem Drittschuldner zu treffen, weil dieser nicht zur Zahlung des insgesamt geforderten Betrages in der Lage ist. Darin liegt ein Teilverzicht, den sich der Absonderungsgläubiger nicht entgegenhalten lassen muss. In solchen Fällen ist deshalb eine Abstimmung mit dem Absonderungsgläubiger auf Basis der Regelungen in § 168 InsO erforderlich.

V. Abrechnung mit dem Absonderungsgläubiger

147 Hat der Insolvenzverwalter eine bewegliche Sache, an der ein Absonderungsrecht besteht, verkauft oder eine Forderung verwertet bzw. eingezogen, die der Schuldner zur Sicherheit abgetreten hatte, so ist der Erlös nach Maßgabe der **§§ 170, 171 InsO** zu verteilen. Die genannten Vorschriften sind im Interesse der Gesamtgläubigerschaft nicht vorab abdingbar, jedoch können Insolvenzverwalter und Absonderungsgläubiger abweichende Vereinbarungen treffen. Das kommt in der Praxis insbesondere dann vor, wenn sich der Insolvenzverwalter mit einer ungewöhnlich aufwändigen Verwertung von Sicherungsgut konfrontiert sieht; zu nennen ist etwa der Einzug von Forderungen aus Bautätigkeit des Schuldners, bei denen regelmäßig im erhöhten Umfang Gewährleistungseinwendungen von den Drittschuldnern geltend gemacht werden. Auch der Einzug einer Vielzahl von Kleinforderungen kann einen erhöhten Verfahrensbeitrag rechtfertigen, ebenso wie die Verwertung einer großen Anzahl von Kleinteilen im Wege der Einzelverwertung.

1. Feststellungspauschale

148 Die Insolvenzmasse erhält gem. § 171 Abs. 1 InsO für die Feststellung des Absonderungsrechts 4 % des erzielten Bruttoerlöses (Nettokaufpreis zzgl. Umsatzsteuer). Es handelt sich dabei um eine pauschalierte Regelung, die Abweichungen nach oben oder unten wegen besonders schwieriger oder besonders einfacher Feststellung eines Absonderungsrechts nicht zulässt. Mit der Feststellungspauschale sollen die Aufwendungen kompensiert werden, die der Insolvenzmasse mit der Befassung von Absonderungsgut entstehen.

2. Verwertungspauschale

Die Verwertungspauschale berechnet sich nach § 171 Abs. 2 S. 1 und 2 InsO. Grundsätzlich können Verwertungskosten von 5 % des Brutto-Verwertungserlöses (Nettokaufpreis zzgl. Umsatzsteuer) in Ansatz gebracht werden. Anders als bei der Feststellungspauschale eröffnet § 171 Abs. 2 S. 2 InsO die Möglichkeit, dass geringere oder höhere Beträge mit dem Absonderungsgläubigers abgerechnet werden. Die Einzelheiten dazu sind nicht unproblematisch: 149

Ein **Abweichen** von der 5%igen Pauschale ist nach dem Gesetzeswortlaut nur dann möglich, wenn die Verwertungskosten erheblich niedriger oder erheblich höher ausgefallen sind. Was „erheblich" in diesem Zusammenhang ist, lässt sich der Regierungsbegründung zur Insolvenzordnung entnehmen.[38] Danach liegen die Verwertungskosten erheblich niedriger, wenn sie nicht einmal 50 % der Pauschale betragen, also unter 2,5 % des Bruttoerlöses liegen. Umgekehrt sind die Verwertungskosten „erheblich" höher, wenn sie mindestens doppelt so hoch wie die Pauschale ausfallen, also 10 % oder mehr des Brutto-Verwertungserlöses ausgemacht haben. Für das Entstehen der erheblich niedrigeren oder erheblich höheren Verwertungskosten ist derjenige darlegungs- und beweisbelastet, der sich auf die für ihn günstige Tatsache beruft: Will der Absonderungsgläubiger also lediglich eine geringere Verwertungspauschale als 2,5 % des Bruttoerlöses als Abzug akzeptieren, so ist er darlegungs- und beweispflichtig dafür, dass entsprechend niedrige Verwertungskosten entstanden sind. Umgekehrt ist der Verwalter darlegungs- und beweispflichtig, wenn er mehr als 10 % des Bruttoerlöses als Kostenerstattung für den Verwertungsaufwand beansprucht. 150

Problematisch dabei ist, dass nach dem Wortlaut des § 171 Abs. 2 S. 2 InsO ein Abweichen vom Pauschalsatz in Höhe von 5 % des Bruttoerlöses nur zulässig ist, wenn das Entstehen der höheren oder niedrigeren Verwertungskosten **„erforderlich"** war. So wird es nicht ausreichen, wenn der Insolvenzverwalter besonders hohe Provisionsvereinbarungen mit einem Verwerter trifft, sofern eine qualitativ gleichwertige Verwertung auch durch andere Verwerter zu günstigeren Konditionen möglich gewesen wäre. Soweit ersichtlich, ist bislang keine höchstrichterliche Entscheidung zu der Frage ergangen, welche Verwertungskosten notwendig iSd § 171 Abs. 2 S. 2 InsO sind. In jedem Falle müssen die Kosten „tatsächlich entstanden" sein, wenn von der 5%igen Pauschalregelung abweichende Beträge maßgeblich sein sollen. 151

Die Frage, ob die Verwertungskostenbeiträge nach §§ 170, 171 InsO **umsatzsteuerpflichtig** sind, wurde in den vergangenen Jahren von Gerichten und Finanzverwaltung uneinheitlich beantwortet und war Gegenstand von BFH-Rechtsprechung und Anwendungserlassen des BMF (siehe nachfolgender Überblick). Im Ergebnis gilt seit dem BMF-Schreiben vom 30.4.2014 nun, dass auf die Verwertungskosten von beweglichen Gegenständen keine Umsatzsteuer ausgewiesen werden darf. 152

---

[38] Amtl. Begründung RegE zu § 196, BT-Drs. 12/2443, 181 f.

Ringstmeier

> **Kostenbeitrag und Umsatzsteuer: Ein Überblick**
>
> Ursprünglich war der BFH der Ansicht, dass die Pauschale für die Verwertung von beweglichem Schuldnervermögen durch den Insolvenzverwalter gerade keine Leistung des Verwalters an den absonderungsberechtigten Gläubiger darstellte, vielmehr sei der Verwalter gem. § 166 Abs. 1 InsO zur Verwertung befugt. Entsprechend wurde die Verwertungshandlung auch als nicht umsatzsteuerpflichtig angesehen.[39] Diese Rechtsprechung wurde durch Urteil des BFH vom 28.7.2011 überholt.[40] Hierin vertrat der BFH die Ansicht, dass der Insolvenzverwalter durch die freihändige Veräußerung oder Verwertung eine steuerbare und steuerpflichtige Leistung an die Gläubiger erbringt und zwar unabhängig davon, ob es sich um bewegliches oder unbewegliches Sicherungsgut handelt. Gestützt wurde diese Ansicht auf das Argument, dass der Verwalter schließlich die Verwertung auch dem Gläubiger überlassen könne, § 170 Abs. 2 InsO. Die Mitspracherechte des Gläubigers zeigten zudem, dass die Verwertung gerade im Interesse der Gläubiger geschehe. Diese Entscheidung stieß auf Widerstand und der Meinungsstreit wurde mit BMF-Schreiben vom 30.4.2014 gegenstandslos.[41] In diesem wurde wie folgt entschieden:
>
> Für den Fall, dass der Verwalter sein Verwertungsrecht nicht ausübt, sondern das Sicherungsgut im Namen des Sicherungsnehmers veräußert, liegt ein Doppelumsatz vor. Das Entgelt für die Lieferung der Masse an den Gläubiger entspricht dann dem Betrag in Höhe der Schuldbefreiung, die sich für die Masse aufgrund der Verwertung durch den Gläubiger ergibt. Die vorweg zu begleichenden Kosten der Feststellung gem. § 170 Abs. 2 InsO gehören dabei nicht zum Entgelt.
>
> Verwertet der Verwalter das Absonderungsgut im eigenen Namen, so erbringt er zwar eine Geschäftsbesorgungsleistung für den Sicherungsnehmer, allerdings findet ein Dreifachumsatz statt, in welchem die Geschäftsbesorgungsleistung aufgeht, sodass der Insolvenzverwalter den Umsatz „wie ein Kommissionär" erbringt. Die Kosten, welche bei Feststellung und Verwertung nach § 170 InsO iVm. § 171 InsO anfallen, sind demnach umsatzsteuerlich genauso zu behandeln wie die Provisionen des Kommissionärs bei einem Verkaufskommissionsgeschäft. Somit sind die Beträge vom Verkaufsentgelt abzuziehen mit der Folge, dass seit dem 1.7.2014 auf die Verwertungspauschale keine Umsatzsteuer mehr ausgewiesen werden darf.

3. Umsatzsteuer

153 Die Verwertung von massezugehörigen Gegenständen fällt nach § 1 UStG infolge einer Lieferung gegen Entgelt (§ 3 UStG) durch einen Unternehmer unter die Umsatzsteuerpflicht. Die Umsatzsteuer ist Masseverbindlichkeit iSd § 55 Abs. 1 Nr. 1 InsO. Die Belastung der Insolvenzmasse mit Umsatzsteuer berechtigt den Insolvenzverwalter, bei der Verwertung von Sicherungsgut den Betrag in Höhe der Belastung aus dem Verwertungserlös einzubehalten. Ohne die Regelung des § 171 Abs. 2 S. 3 InsO würde die Gesamtgläubigerschaft die Steuerbelastung aus der Verwertung von Absonderungsgut tragen müssen, obgleich sie lediglich in Höhe der Verfahrensbeiträge davon profitiert.

---

[39] BFH 18.8.2005, ZIP 2005, 2119.
[40] BFH 28.7.2011, ZIP 2011, 1923.
[41] BMF-Schreiben vom 30.4.2014 – IV D 2 – S 7100/07/10037.

Die Formulierung in § 171 Abs. 2 S. 3 InsO, wonach nur der Betrag vom Verwertungserlös zugunsten der Masse abgesetzt werden darf, mit dem die Insolvenzmasse „belastet" wird, ist missverständlich: Hat die Masse im selben Zeitraum, in dem die Veräußerung von Absonderungsgut der Steuer unterworfen wird, **Vorsteuerabzugsbeträge**, ist der in diesem Voranmeldungszeitraum zu leistende Zahlbetrag geringer als die vom Verwalter vereinnahmte Umsatzsteuer aus der Verwertung des Absonderungsguts. Gleichwohl ist der Absonderungsgläubiger mit dem Gesamtbetrag der vereinnahmten Umsatzsteuer zu belasten, weil ohne eine Veräußerung des Absonderungsguts im selben Voranmeldungszeitraum Steuererstattungsansprüche bestanden hätten, die bei gleichzeitiger Versteuerung des Verwertungserlöses nicht realisiert werden können.

154

Zieht der Insolvenzverwalter nach der Eröffnung des Insolvenzverfahrens **Forderungen des Schuldners aus Lieferungen und Leistungen** ein, die vor der Insolvenzeröffnung begründet worden sind einschließlich solcher, die vor der Insolvenzantragstellung begründet wurden, so ist die in den Forderungen enthaltene Umsatzsteuer als Masseverbindlichkeit abzuführen.[42] Dies gilt unabhängig davon, ob der Schuldner Ist- oder Soll-Versteuerer ist.[43]

155

Überlässt der Verwalter einen beweglichen Absonderungsgegenstand dem Gläubiger zur **Eigenverwertung gem. § 170 Abs. 2 InsO**, so liegt bereits in der Übergabe des beweglichen Gegenstandes an den Sicherungsgläubiger ein steuerbarer Vorgang, denn der Absonderungsgläubiger erlangt erst mit Erhalt des Sicherungsgegenstandes die Möglichkeit, diesen verwerten zu können; deshalb handelt es sich um eine Lieferung. Verwertet der Absonderungsgläubiger sodann an einen Dritten, fällt Umsatzsteuer zweimal an: einmal durch Überlassung des Absonderungsguts an den Sicherungsgläubiger (mit der Umsatzsteuer ist die Insolvenzmasse belastet, und zwar als Masseverbindlichkeit) und erneut durch Lieferung des Gegenstandes an den Käufer, der mit dem Absonderungsgläubiger einen Kaufvertrag abgeschlossen hat (diese Umsatzsteuer belastet den Sicherungsgläubiger, der freilich auch regelmäßig eine entsprechende Mehrwertsteuereinnahme hat). Auch in diesem Fall ist also die Insolvenzmasse mit Umsatzsteuern belastet, die vom Absonderungsgläubiger getragen werden soll. Daher bestimmt § 170 Abs. 2 InsO, dass vor der Überlassung des Gegenstandes an den Absonderungsgläubiger dieser einen Betrag in Höhe der Umsatzsteuerbelastung an die Masse zu zahlen hat. Überlässt der Insolvenzverwalter dem Zessionar den Einzug sicherungshalber abgetretener Forderungen des Schuldners aus Lieferungen und Leistungen, muss der Absonderungsgläubiger gem. § 13c UStG die in den realisierten Forderungen enthaltene Umsatzsteuer abführen.

156

4. Formular für Abrechnung mit Absonderungsgläubigern

Im Folgenden wird zunächst ein Beispiel einer Abrechnung von Verfahrensbeiträgen dargestellt. Alsdann wird ein Abrechnungsformular vorgeschlagen, welches vom Insolvenzverwalter im Anschluss an die Verwertung einer beweglichen Sache, an der ein Absonderungsrecht bestanden hat, Verwendung finden könnte:

157

---

[42] BFH 11.3.2014 – V B 61/13, ZIP 2014, 1237.
[43] BFH 9.12.2010 – V R 22/10, NZI 2011, 336.

158 Beispiel:[44] Der Verwalter hat eine Maschine, die der X-Bank sicherungsübereignet ist, an den Käufer K verkauft. Der Verwalter stellt folgende Rechnung an K aus, die dieser bezahlt:

159 Rechnung an K

1 Maschine, Typ ABC, Seriennr. 123456, netto	50 000,00 EUR
+ 19 % Umsatzsteuer	9500,00 EUR
	59 500,00 EUR

Mit der X-Bank nimmt der Verwalter die folgende Abrechnung vor:

Brutto-Verwertungserlös	59 500,00 EUR
./. Umsatzsteuerbelastung der Masse (§ 171 II S. 3 InsO)	9500,00 EUR
./. 4 % Feststellungspauschale	2380,00 EUR
./. 5 % Verwertungspauschale	2975,00 EUR
Betrag der Schuldentilgung	44 645,00 EUR
+ darauf 19 % Umsatzsteue	8482,55 EUR
Brutto-Entgelt	53 127,55 EUR
./. Umsatzsteuerbelastung der Masse (§ 171 II S. 3 InsO)	8482,55 EUR
Tatsächlicher Auskehrbetrag an X-Bank	**44 645,00 EUR**

5. Buchungshinweise für Insolvenzverwalter

160 Bei der Verbuchung des Verwertungserlöses von Absonderungsgut bestehen unterschiedliche Möglichkeiten. Teilweise wird lediglich die Vereinnahmung der dem Anderkonto zufließenden Beträge (Feststellungspauschale, Verwertungspauschale, Umsatzsteuer) verbucht (rein pagatorische Buchung), teilweise wird in der Insolvenzbuchhaltung der gesamte Verwertungserlös buchhalterisch erfasst. Bei diesen Unterschieden ist Folgendes zu bedenken:

161 Bei der Inventarisierung gem. §§ 151, 152 InsO hat der Insolvenzverwalter auch die mit Absonderungsrechten belasteten Vermögenswerte zu erfassen. Folglich sind auch solche Vermögenswerte zu aktivieren, an denen Absonderungsrechte bestehen, und zwar mit ihrem vollen Wert, nicht lediglich mit den der Masse verbleibenden Pauschalen und der anlässlich der Verwertung zu erzielenden Umsatzsteuer. Nimmt der Insolvenzverwalter Absonderungsgut auch in der Insolvenzeröffnungsbilanz auf, so ist die Funktion der Schlussrechnung zu berücksichtigen; bei Abschluss des Insolvenzverfahrens hat der Insolvenzverwalter Rechnung über all diejenigen Vermögenswerte zu legen, die er in Verantwortung seines Amtes als Insolvenzverwalter übernommen hat. Die Abrechnung wäre unvollständig, würde sich aus ihr nicht auch ergeben, dass der Insolvenzverwalter die mit Absonderungsrechten belasteten Vermögenswerte verwertet hat. Aus diesem Grund bietet es sich an, **buchhalterisch den gesamten beim Verwalter eingehenden Verwertungserlös als Einnahme** zu erfassen. Die Weiterleitung eines Teilbetrags an den Absonderungsgläubiger ist demgegenüber als Ausgabe „Drittrecht" zu behandeln. Die Differenz zwischen der Einnahme aus der Verwertung eines Absonderungsgegenstandes und der Ausgabe (Weiterleitung des Verwertungserlöses teilweise an den Absonderungs-

---

[44] Abgeleitet vom Beispiel im Schreiben des Bundesministerium der Finanzen an die Obersten Finanzbehörden der Länder vom 30.4.2014 – IV D 2 – S 7100/07/10037 zum Urteil des BFH v. 28.7.2011 – V R 28/09.

gläubiger) stellt den Gesamtbetrag der Verfahrensbeiträge einschließlich Umsatzsteuer dar. Vollständig ist die Darstellung freilich erst dann, wenn die Verwertung des vom Verwalter in der Insolvenzeröffnungsbilanz erfassten Vermögens auch dann gebucht wird, falls diese nicht als Einnahme und Ausgabe auf dem Insolvenzanderkonto erscheint.

Eine **Verpflichtung,** in dieser Weise zu verfahren, besteht freilich nicht. Sie eröffnet dem Verwalter aber außerdem die Möglichkeit, in der Schlussrechnung den Umfang der von ihm bearbeiteten Aus- und Absonderungsrechte darzustellen, um damit das Ausmaß seiner Handlungen zu verdeutlichen, selbst wenn sich dieses nicht in einer signifikanten Erhöhung der Teilungsmasse niedergeschlagen hat. Für die Höhe der festzusetzenden Verwaltervergütung kann dies ein ausschlaggebendes Argument sein. 162

6. Auswirkungen der Verwertung auf Insolvenzforderung

Der Absonderungsgläubiger hat die ihm zufließenden Erlöse aus der Verwertung des Absonderungsguts – unabhängig davon, ob die Verwertung durch den Verwalter vorgenommen wurde oder durch den Absonderungsgläubiger selbst – auf seine Insolvenzforderung zu verrechnen. In der Literatur ist streitig, wie die Verrechnung auf Hauptforderung, Zinsen und Kosten vorzunehmen ist. 163

Die **unterschiedlichen Meinungen** entzünden sich am Wortlaut des § 50 Abs. 1 InsO. Danach sind Absonderungsgläubiger nach Maßgabe der §§ 166–173 „für Hauptforderung, Zinsen und Kosten" zur abgesonderten Befriedigung berechtigt. Teilweise[45] wird angenommen, die nach dem Wortlaut des § 50 InsO vorgegebene Reihenfolge von (1.) Hauptforderung, (2.) Zinsen und (3.) Kosten sei zwingend und stehe im Einklang damit, dass zB nach Verfahrenseröffnung entstandene Zinsansprüche und Verfahrenskosten nachrangige Insolvenzforderungen iSd § 39 Abs. 1 Nr. 1, 2 InsO seien. Gestützt wird diese Argument dadurch, dass gem. § 190 Abs. 3 InsO der Insolvenzverwalter selbst verpflichtet ist, die Höhe des Ausfalls eines Absonderungsgläubigers zur Tabelle festzustellen, wenn er selbst zur Verwertung des Absonderungsguts berechtigt war. Dieses wäre dem Verwalter nicht korrekt möglich, wenn er ihm unbekannte, weil nicht zur Insolvenztabelle angemeldete nach Verfahrenseröffnung entstandene Kosten und Zinsen bei der Berechnung des Ausfalls mitberücksichtigen müsste. 164

Dogmatisch verfängt das Argument indes nicht. Absonderungsgläubiger treten – wie auch Aussonderungsgläubiger dies können[46] – regelmäßig zweifach im Insolvenzverfahren in Erscheinung: sie sind zum einen dinglich Berechtigte am Absonderungsgegenstand und genießen einen Anspruch auf vorzugsweise Befriedigung aus dem Verwertungserlös; sie sind außerdem auch Insolvenzgläubiger, wenn und soweit ihnen der Schuldner auch persönlich haftet. Zwingend ist die doppelte Erscheinung des Absonderungsgläubigers freilich nicht. Es ist denkbar, dass ein Absonderungsgläubiger keine persönlichen Ansprüche gegen den Schuldner geltend machen kann oder auf seine Teilnahme am Insolvenzverfahren verzichtet. Alsdann tritt er ausschließlich als dinglich Berechtigter am Absonderungsgegenstand in Erscheinung. Für diesen Fall kann eine Unterschei- 165

---

[45] Uhlenbruck/*Brinkmann* § 50 Rn. 48.
[46] → § 14 Rn. 5 ff.

dung in nachrangige und nicht nachrangige Insolvenzforderungen nicht vorgenommen werden, weil der Absonderungsgläubiger kein Insolvenzgläubiger ist. Sachenrechtlich kann es keinem Zweifel unterliegen, dass in einem solchen Fall der Absonderungsgläubiger Deckung seiner gesicherten Forderung aus dem Absonderungsgut verlangen kann; dazu zählen – so regelmäßig jedenfalls nach den Sicherungsverträgen, die üblicherweise von Lieferanten und Kreditinstituten verwendet werden – auch die Zinsen und Kosten, die bis zur vollen Erfüllung entstanden sind. Außerhalb der Insolvenz gilt dafür die **Tilgungsreihenfolge des § 367 BGB,** wonach zunächst Kosten, dann Zinsen und erst zuletzt die Hauptforderung getilgt werden. Unverständlich wäre es, wenn eine unterschiedliche Tilgungsreihenfolge eingreifen soll, je nachdem, ob der Absonderungsgläubiger auch Insolvenzgläubiger ist oder nicht. Deshalb sollte der Absonderungsgläubiger berechtigt sein, die von ihm vereinnahmten Beträge zunächst auch auf nach Verfahrenseröffnung entstandene Kosten und Zinsen und erst dann auch die nicht nachrangige Insolvenzforderung zu verrechnen.

G. Schutz des Absonderungsgläubigers vor einer Verzögerung der Verwertung

166 Da bei mit Absonderungsrechten behafteten Forderungen und beweglichen Gegenständen, die der Verwalter in Besitz hat, das Verwertungsrecht beim Verwalter liegt, hat der Absonderungsgläubiger keinen **Einfluss auf die Verwertungsgeschwindigkeit** des Verwalters. Dieser soll freilich bis zum Berichtstermin gem. § 156 InsO mit der Verwertung nicht beginnen, sondern die Verwertung erst unter Berücksichtigung der Beschlüsse der Gläubigerversammlung nach dem Berichtstermin einleiten. Alsdann aber soll die Verwertung, wenn dem nicht Beschlüsse der Gläubigerversammlung entgegenstehen, unverzüglich durchgeführt werden. Um einen Schutz des absonderungsberechtigten Gläubigers vor einer Verzögerung der Verwertung zu erreichen, bestimmt § 169 InsO, dass ab dem Berichtstermin Zinsen an den Absonderungsgläubiger geleistet werden müssen. War schon vor der Eröffnung des Insolvenzverfahrens eine Verwertungsmöglichkeit für den Absonderungsgläubiger nicht gegeben, zB weil Sicherungsmaßnahmen angeordnet worden waren, die eine Zwangsvollstreckung des Absonderungsgläubigers in das Absonderungsgut ausschlossen, so beginnt die Zinszahlungspflicht spätestens drei Monate nach Anordnung der Sicherungsmaßnahmen.

167 Ein **Verschulden des Insolvenzverwalters** ist für die Auslösung der Zinszahlungspflicht nicht notwendig. Allerdings hat die Insolvenzmasse nicht für die Werthaltigkeit des Sicherungsgutes einzustehen. Die Schutzbedürftigkeit des Gläubigers entfällt ausnahmsweise, wenn der Gläubiger im Falle einer eigenen Verwertung seine gesicherten Ansprüche auch nicht früher hätte verwirklichen können. So ist für die Bewertung von Rechten deren Einbringlichkeit entscheidend. Die Verzinsungspflicht entfällt, wenn die Forderung wertlos ist oder die Beitreibbarkeit der Forderung sich aus Gründen verzögert, die beim Drittschuldner liegen.[47] Bei der Verwertung von sicherungsübereigneten Gegenstän-

---

[47] BGH 20.2.2003, ZIP 2003, 694.

den entfällt ein Zinsanspruch, wenn diese gar nicht verwertungsfähig sind oder wenn der Gläubiger die Sache nicht schneller hätte verwerten können als der Insolvenzverwalter. Der Insolvenzverwalter trägt die Darlegungs- und Beweislast für die Umstände, die einen Zinsanspruch des Gläubigers ausschließen; ihm kommt jedoch die Beweiserleichterung des § 287 ZPO zugute.[48] Der Insolvenzverwalter sollte daher zur Vermeidung der Zinszahlungspflicht eine Verwertungsvereinbarung mit dem Absonderungsberechtigten treffen oder das Absonderungsgut freizugeben.

Die **Höhe der Zinsen** richtet sich nach den vertraglichen Vereinbarungen, die zwischen Schuldner und Absonderungsgläubiger vereinbart waren; sie betragen jedoch mindestens 4%. Die gesetzlichen Verzugszinssätze sind nicht anwendbar.[49] 168

Der **Betrag, für den Zinsen beansprucht werden können,** orientiert sich an dem geschätzten Betrag, der anlässlich einer Verwertung voraussichtlich an den Absonderungsgläubiger fließen wird. Es kommt somit nicht auf den Wert des Absonderungsgegenstandes an, sondern auf den voraussichtlich auszukehrenden Betrag. Dieser ist notfalls zu schätzen; falls den Parteien, also dem Insolvenzverwalter und dem Absonderungsgläubiger, eine einvernehmliche Festlegung des Betrages nicht gelingt, ist dieser notfalls nach § 287 ZPO durch das Prozessgericht zu schätzen. Soweit von der Masse außerdem Wertersatz geschuldet wird, hat eine Anpassung „nach unten" zu erfolgen, weil der Absonderungsgläubiger wegen der Zahlung des Wertersatzes bereits Teilbefriedigung erlangt hat. 169

Die Pflicht zur **Zinszahlung endet** an dem Tag, an dem der Absonderungsgläubiger den ihm gebührenden Anteil aus dem Verwertungserlös erlangt, ggf. auch mit Freigabe des Absonderungsgegenstandes durch den Insolvenzverwalter. Die bis dahin geschuldeten Zinsen nach § 169 InsO sind Masseverbindlichkeiten. Die Zinsen sind, wie es der Wortlaut des Gesetzes ausdrückt, „laufend" zu entrichten. Der angesprochene Schutz des Absonderungsgläubigers vor einer Verzögerung der Verwertung gebietet es, dass der Insolvenzverwalter in regelmäßigen Abständen eine Zahlung leistet, wobei sich wohl monatliche Zahlungen anbieten. 170

H. Schutz des Absonderungsgläubigers vor einem Wertverzehr des Absonderungsguts

Die Einbeziehung der Absonderungsrechte in das Insolvenzverfahren bringt es vor allem im Falle der Fortführung der Betriebstätigkeit des schuldnerischen Unternehmens mit sich, dass der Insolvenzverwalter berechtigt sein muss, in Gemäßheit der Beschlüsse der Gläubigerversammlung Absonderungsgut zu benutzen, es sogar mit anderen Sachen zu verbinden, vermischen und zu verarbeiten. Soweit durch die Benutzung des Absonderungsguts ein **Wertverlust** eintritt, ist die Masse nach § 172 Abs. 1 InsO verpflichtet, in gleicher Höhe 171

---
[48] BGH 16.2.2006, ZIP 2006, 814.
[49] BGH 16.2.2006, ZIP 2006, 814.

Zahlung an den Absonderungsgläubiger zu leisten, sofern dieser aus der Verwertung des Absonderungsguts Befriedigung erlangt hätte. Anders als die Zinszahlungspflicht nach § 169 InsO besteht die Verpflichtung zur Erstattung des Wertverlustes bereits mit Eröffnung des Insolvenzverfahrens und dauert bis zur Verwertung des Sicherungsguts an. Wie in § 169 InsO ist der Hinweis auf „laufende" Zahlungen so zu verstehen, dass diese regelmäßig, am ehesten wohl monatlich zu leisten sind.

172 **Begrenzt** ist die Verpflichtung zum Ausgleich des Wertverlustes freilich auf die Befriedigungsmöglichkeit, die der Absonderungsgläubiger anlässlich einer Verwertung erlangen könnte. Beträgt etwa der Wert eines Sicherungsgegenstandes 2000,00 EUR und kann der Absonderungsgläubiger nur wegen eines Betrages von 1000,00 EUR abgesonderte Befriedigung verlangen, so ist bis zu einer Abschmelzung des Wertes auf 1279,10 EUR (Bruttowert zzgl. 4 % Feststellungspauschale, zzgl. 5 % Verwertungspauschale) kein Wertverlust an den Absonderungsgläubiger zu entrichten.

173 Der Verwalter ist auch berechtigt, eine bewegliche Sache, an der Absonderungsrechte bestehen und zu dessen Verwertung er nach § 166 Abs. 1 InsO berechtigt ist, mit anderen Sachen zu verbinden, zu vermischen und zu verarbeiten, sofern dadurch die Sicherung des absonderungsberechtigten Gläubigers nicht beeinträchtigt wird, dh sich also seine Sicherungsrechte an der neuen Sache fortsetzen. Soweit dadurch ein **Wertzuwachs** im Hinblick auf das Sicherungsgut eintritt, ist der Absonderungsgläubiger in Höhe des eingetretenen Zuwachses zur **Freigabe der Sicherheit** verpflichtet. Im Ergebnis soll sich das Absonderungsrecht des Gläubigers zwar nicht verschlechtern, aber auch nicht verbessern.

§ 16. Anfechtung

Das der gemeinschaftlichen und bestmöglichen Gläubigerbefriedigung dienende Insolvenzanfechtungsrecht ist schuldrechtlicher Natur und folgt einer eigenen Gesetzessystematik (I.). Die Grundsatznorm § 129 regelt die allgemeinen Voraussetzungen einer jeden Anfechtung (IV.). Hierzu zählen ua die Anfechtungsbefugnis und die Person des Anfechtungsgegners; § 140 bestimmt den maßgeblichen Zeitpunkt der anfechtbaren Rechtshandlung (III.). Die §§ 130–132 normieren die Tatbeständen der besonderen Insolvenzanfechtung (V.).

Die weiteren Insolvenzanfechtungstatbestände sind in den §§ 133–136 festgesetzt (VI.–IX.). § 143 normiert die Rechtsfolgen der Insolvenzanfechtung (X.). Die Ansprüche des Anfechtungsgegners sind in § 144 festgelegt (XI.). Die besondere Fristberechnung des Anfechtungsrechts ist in § 139 niedergelegt; die Verjährung richtet sich nach der Regelverjährung des BGB, § 146 (XII.). § 147 trifft Bestimmungen über Rechtshandlungen nach Insolvenzeröffnung (XIII.).

A. Zweck der Insolvenzanfechtung, Rechtsnatur des Anfechtungsrechts und Gesetzessystematik

I. Zweck der Insolvenzanfechtung

Zweck der in den §§ 129–147 InsO[1] geregelten Insolvenzanfechtung ist es, die gemeinschaftliche Befriedigung der Gläubiger (§ 1 S. 1) dadurch zu gewährleisten, dass sachlich und rechtlich ungerechtfertigte Vermögensverschiebungen im Vorfeld einer Insolvenz, durch die die spätere Insolvenzmasse verringert bzw. die Passiva vermehrt werden,[2] revidiert werden. Die Insolvenzanfechtung dient der Haftungsverwirklichung im eröffneten Insolvenzverfahren zugunsten der beteiligten Gläubiger. 1

Mit Hilfe der Insolvenzanfechtung wird der Schutz der Gläubiger auf einen Zeitraum vor Eröffnung des Insolvenzverfahrens ausgedehnt. Der Grundsatz der Gleichbehandlung der Gläubiger (par conditio creditorum) wird auf den Zeitpunkt des Eintritts der wirtschaftlichen Krise vorverlagert.[3] 2

Ab Eintritt der Krise sichert das Anfechtungsrecht die Gläubiger gemeinschaftlich gegen den Entzug von Vermögen aus der späteren Insolvenzmasse und begrenzt damit gleichzeitig die Privatautonomie des Schuldners im Rechtsverkehr.[4] 3

Ein leistungsstarkes Anfechtungsrecht ermöglicht es zudem, die Insolvenzmasse nachhaltig zu mehren und die Eröffnung von Insolvenzverfahren zu erleichtern,[5] da beispielsweise Vermögensübertragungen an nahe stehende Personen, Vermögensverschleuderungen zur Liquiditätsgenerierung, unentgeltliche Verfügungen und die Befriedigung besonders drängender Gläubiger im Vorfeld eines Insolvenzverfahrens rückgängig gemacht werden können.[6] 4

Um diese Ziele zu erreichen, ist es erforderlich, die einer Anfechtung zugrunde liegenden Sachverhalte und Vorgänge stärker nach wirtschaftlichen als nach formell rechtlichen Aspekten zu bewerten.[7] 5

II. Rechtsnatur des Anfechtungsrechts

Die dogmatische Einordnung des Anfechtungsrechts ist umstritten. Es werden **neun** verschiedene Theorien vertreten,[8] die sich in drei Gruppen zusammenfassen lassen: 6

---

[1] §§ ohne Gesetzesangabe sind solche der Insolvenzordnung.
[2] Uhlenbruck/*Hirte*/*Ede* InsO § 129 Rn. 1; Braun/*de Bra* InsO § 129 Rn. 1; MüKoInsO/*Kirchhof* Vor §§ 129–147 Rn. 2.
[3] *Zeuner*, Die Anfechtung in der Insolvenz, Rn. 1.
[4] Gottwald InsR-HdB/*Huber*, Insolvenzrechts-Handbuch, § 46 Rn. 2; Braun/*de Bra* InsO § 129 Rn. 4; (*Zeuner*), Die Anfechtung in der Insolvenz, Rn. 1.
[5] MüKoInsO/*Kirchhof* Vor §§ 129–147 Rn. 3.
[6] Gottwald InsR-HdB/*Huber*, Insolvenzrechts-Handbuch, § 46 Rn. 2.
[7] BGH Urt. v. 14.6.1978 – VIII 149/77, NJW 1978, 1921 (1922f.); BGH Urt. v. 11.11.1954 – IV ZR 64/54, WM 1955, 407 (409); Uhlenbruck/*Hirte*/*Ede* InsO § 129 Rn. 3.
[8] *Zeuner*, Die Anfechtung in der Insolvenz, Rn. 2; Jaeger/*Henckel* KO § 37 Rn. 2 ff.

7 Die **dingliche Theorie** geht davon aus, dass der Erwerb des in anfechtbarer Weise übertragenen Vermögensgegenstandes dinglich unwirksam und somit das zugrunde liegende Rechtsgeschäft bzw. das Vollzugsgeschäft fehlerhaft sei.[9]

8 Gemäß der **haftungsrechtlichen Theorie** dient die Insolvenzanfechtung dazu, die Verringerung der Haftungsmasse beim Schuldner auszugleichen. Das Anfechtungsrecht führt haftungsrechtlich zur Unwirksamkeit der anfechtbaren Rechtshandlung, wobei die Änderung der Vermögenszuordnung zunächst wirksam bleiben soll.[10]

9 Nach der von der Rechtsprechung und einem Teil der Literatur vertretenen **schuldrechtlichen Theorie** führt die Verwirklichung eines Anfechtungstatbestandes zu einem schuldrechtlichen Rückgewähranspruch gegen den Anfechtungsgegner. Der Anspruch ist Bestandteil eines eigenständigen Schuldverhältnisses und entsteht bei vorheriger Verwirklichung eines Anfechtungstatbestandes mit Eröffnung des Insolvenzverfahrens.[11]

10 Der Gesetzgeber legte bei der Konzipierung des Anfechtungsrechtes der Insolvenzordnung die schuldrechtliche Theorie zugrunde. Durch den Wortlaut des § 143 Abs. 1 S. 1 wird klargestellt, dass dasjenige, was durch die anfechtbare Handlung aus dem Vermögen des Schuldners veräußert, weggegeben oder aufgegeben wird, zur Insolvenzmasse zurückgewährt werden muss.[12]

III. Gesetzessystematik

1. Gesetzliche Gliederung der Insolvenzanfechtung

11 Die Insolvenzanfechtung ist wie folgt gegliedert:
- § 129 regelt als **Grundsatznorm** die allgemeinen Tatbestandsmerkmale, die für alle Anfechtungstatbestände maßgeblich sind.
- In den §§ 130–136 sind die einzelnen **Anfechtungstatbestände** normiert.
- Die §§ 137–142 und § 147 legen weitere spezielle Anfechtungsvoraussetzungen fest.
- In den §§ 143–145 sind die **Rechtsfolgen** einer Insolvenzanfechtung niedergelegt.
- **Bestimmungen über die Verjährung** des Anfechtungsanspruchs enthält § 146.

2. Die Anfechtungstypen

12 Die Insolvenzanfechtungstatbestände sind in vier Gruppen zu kategorisieren:
- Die besondere Insolvenzanfechtung gemäß §§ 130–132 betrifft die Anfechtbarkeit der Rechtshandlungen, die der Schuldner in der Krise, max. bis

---

[9] *Hellwig* ZZP 26 (1899), 474, 476; MüKoInsO/*Kirchhof* Vor. §§ 129–147 Rn. 13 ff.

[10] *G. Paulus* AcP 155 (1952), 277, 300 ff.; Uhlenbruck/*Hirte/Ede* InsO § 129 Rn. 7; Nerlich/Römermann/*Nerlich* § 129 Rn. 8.

[11] BGH Urt. v. 3.12.1954 – V ZR 96/53, NJW 1955, 259 (260); BGH Urt. v. 9.7.1987 – IX ZR 167/86, ZIP 1987, 1132 (1134); BGH Urt. v. 20.3.1997 – IX ZR 71/96, WM 1997, 831 (832); MüKoInsO/*Kirchhof* Vor. §§ 129–147 Rn. 17.

[12] Zur praktischen Bedeutung des Theorienstreits: *Bork,* Handbuch des Anfechtungsrechts, S. 5, Rn. 8 f.; MüKoInsO/*Kirchhof* Vor. §§ 129–147 Rn. 35.

§ 16. Anfechtung

3 Monate vor Insolvenzantragstellung, vorgenommen hat. In diesem Zeitraum müssen die „Vorboten der Insolvenz", also die Zahlungsunfähigkeit bzw. der Insolvenzantrag,[13] bereits vorgelegen haben.
- Der Vorsatzanfechtung gemäß § 133 unterliegen die Sachverhalte, bei denen der Schuldner die Gläubiger in den letzten 10 Jahren vor der Stellung des Insolvenzantrages vorsätzlich benachteiligt hat.
- Mit der Schenkungsanfechtung gemäß § 134 können unentgeltliche Leistungen des Schuldners in einem Zeitraum von vier Jahren vor dem Antrag auf Eröffnung des Insolvenzverfahrens revidiert werden.
- Mit der Anfechtung gemäß § 135 können Leistungen des späteren Insolvenzschuldners an Gesellschafter, die innerhalb eines Jahres vor dem Insolvenzantrag erfolgt sind, rückgängig gemacht werden. Sofern eine Besicherung einer Forderung eines Gesellschafters erfolgte, beträgt der Anfechtungszeitraum zehn Jahre.

Anfechtungszeitraum rückwirkend ab Antragsstellung	Norm	Anfechtungstatbestand	Objektive bzw. subjektive Tatbestandsvoraussetzungen
Nach Antragstellung	§ 130 Abs. 1 Nr. 2	Kongruente Deckung	Kenntnis des Eröffnungsantrags oder Kenntnis der Zahlungsunfähigkeit
	§ 132 Abs. 1 Nr. 2	Unmittelbar benachteiligende Rechtshandlung	Kenntnis des Eröffnungsantrags oder Kenntnis der Zahlungsunfähigkeit
1 Monat	§ 131 Abs. 1 Nr. 1	Inkongruente Deckung	
3 Monate	§ 130 Abs. 1 Nr. 1	Kongruente Deckung	Zahlungsunfähigkeit und Kenntnis davon
	§ 131 Abs. 1 Nr. 2, 3	Inkongruente Deckung	Zahlungsunfähigkeit
	§ 131 Abs. 2	Kongruente Deckung gegenüber Nahestehenden	Kenntnis der Benachteiligung wird vermutet
	§ 132 Abs. 1 Nr. 1	Unmittelbar benachteiligende Rechtshandlung	Zahlungsunfähigkeit und Kenntnis davon
1 Jahr	§ 135 Abs. 1 Nr. 2	Zahlungen an Gesellschafter	
2 Jahre	§ 133 Abs. 2	Vorsätzliche Gläubigerbenachteiligung mit Nahestehenden	Kenntnis des Vorsatzes wird vermutet
4 Jahre	§ 134 Abs. 1	Unentgeltliche Leistung	
10 Jahre	§ 133 Abs. 1	Vorsätzliche Gläubigerbenachteiligung	Kenntnis des Benachteiligungsvorsatzes
	§ 135 Abs. 1 Nr. 1	Besicherung von Gesellschafterdarlehen	

---

[13] Gottwald InsR-HdB/*Huber*, Insolvenzrechts-Handbuch, § 46 Rn. 5.

3. Konkurrenz der Insolvenztatbestände

13 Die Anfechtungstatbestände stehen selbständig nebeneinander, schließen sich grundsätzlich nicht gegenseitig aus und können gleichzeitig erfüllt sein.[14] Die Anfechtung unmittelbar nachteiliger Rechtsgeschäfte gemäß § 132 Abs. 1 sowie die Anfechtung sonstiger nachteiliger Rechtshandlungen gemäß § 132 Abs. 2 dienen der Schließung von Lücken, welche das Konkurs- bzw. Gesamtvollstreckungsrecht aufwies. Sie fungieren damit als Auffangtatbestände. Die Tatbestände der Deckungsanfechtung gemäß §§ 130, 131 verdrängen als leges speciales die Tatbestände des § 132.

B. Ausblick: Gesetzentwurf der Bundesregierung zum Anfechtungsrecht

I. Stand des Gesetzgebungsverfahrens

13a Der Gesetzentwurf der Bundesregierung zur Verbesserung der Rechtssicherheit bei Anfechtungen nach der Insolvenzordnung und nach dem Anfechtungsgesetz (BT-Drucks. 18/7054) datiert auf den 16.12.2015.
Am 15.1.2016 fand die erste Lesung im Bundestag statt und wurde der Gesetzentwurf zur weiteren Beratung in die Ausschüsse verwiesen.
Am 24.2.2016 erfolgte die öffentliche Sachverständigenanhörung im Ausschuss für Recht und Verbraucherschutz. Zuletzt wurde der Entwurf in den Berichterstattergesprächen am 28.4.2016 beraten.

II. Inhalt

13b Zum Inhalt der geplanten Änderungen, die zu einer wesentlichen Änderung des bislang geltenden Rechtes und einer signifikanten Einschränkung der Anfechtungsmöglichkeiten führen, sei auf die Ausführungen bei den jeweiligen Paragraphen verwiesen.

C. Anfechtungsbefugnis und -gegner, maßgeblicher Zeitpunkt der Vornahme der Rechtshandlung

I. Anfechtungsbefugnis und -gegner

1. Anfechtungsbefugnis

14 Ausweislich des § 129 ist **ausschließlich** der Insolvenzverwalter nach **wirksamer Verfahrenseröffnung** zur Geltendmachung der Anfechtungsansprüche befugt. Dem Insolvenzverwalter steht der Sachwalter in der Eigenverwaltung gleich (§ 280).[15]

---

[14] MüKoInsO/*Kirchhof* Vor. §§ 129–147 Rn. 94; Gottwald InsR-HdB/*Huber*, Insolvenzrechts-Handbuch, § 46 Rn. 6.
[15] MüKoInsO/*Kayser* § 129 Rn. 192.

§ 16. Anfechtung

In bis zum 30.6.2014 beantragten Verbraucherinsolvenzverfahren im Sinne 15
der §§ 304 ff., bei dem der Treuhänder die Verwalterfunktion wahrnimmt, ist
gemäß § 313 Abs. 2 S. 1 aF zur Anfechtung von Rechtshandlungen **nicht** der
Treuhänder, sondern jeder Insolvenzgläubiger berechtigt.[16] Die Gläubigerversammlung kann jedoch gemäß § 313 Abs. 2 S. 3 aF den Treuhänder oder einen
bestimmten Gläubiger mit der Anfechtung beauftragen.

§ 313 aF wurde durch das Gesetz zur Verkürzung des Restschuldbefreiungsverfahrens und zur Stärkung der Gläubigerrechte ersatzlos aufgehoben, sodass
in ab dem 1.7.2014 beantragten Verbraucherinsolvenzverfahren die Anfechtungsansprüche von dem Insolvenzverwalter geltend gemacht werden.

Der **vorläufige Insolvenzverwalter** ist **nicht** zur Anfechtung befugt, da der 16
Anfechtungsanspruch erst mit der der Eröffnung des Insolvenzverfahrens entsteht.[17] Der vorläufige Insolvenzverwalter kann auch nicht, wie in der Praxis
häufig von Gläubigern gefordert, auf die Anfechtungsrechte verzichten.[18]

2. Anfechtungsgegner

a) **Grundsatz.** Anfechtungsgegner gemäß § 144 ist derjenige, gegenüber 17
dem die anfechtbare Handlung vorgenommen wurde, mithin derjenige, der
durch die Rechtshandlung eine vermögenswerte Position zum Nachteil der
Masse erlangt hat.[19]

b) **Mittelbare Zuwendungen.** Bei mittelbaren Zuwendungen, dh bei Vermö- 18
gensverschiebungen an einen Dritten unter Einschaltung einer Mittelperson,
die dem Schuldner gegenüber zur Leistung verpflichtet ist, ist **Anfechtungsgegner** der (mittelbare) **Empfänger,** nicht die Mittelperson. Eine Haftung der
Mittelperson besteht nur dann, wenn sie den Anfechtungsgegenstand noch in
Besitz oder durch die anfechtbare Rechtshandlung einen eigenen Vorteil erlangt
hat.[20] So ist zB die Insolvenzanfechtung einer Werklohnzahlung, die ein Auftraggeber direkt an den Subunternehmer/Nachunternehmer des Insolvenzschuldners leistet, unmittelbar gegenüber dem Subunternehmer/Nachunternehmer geltend zu machen.[21]

c) **Gesamtrechtsnachfolger.** Um den Bestand der insolvenzrechtlichen Haf- 19
tungsmasse in den Fällen zu sichern, bei welchen der anfechtbar erlangte Vermögenswert vom Empfänger auf Dritte übergegangen ist, erfasst § 145 Abs. 1

---

[16] HambK-InsO/*Ritter* § 313 aF Rn. 4.
[17] BGH Beschl. v. 29.4.2004 – IX ZB 225/03, ZInsO 2004, 672 (673).
[18] OLG Hamm Beschl. v. 2.11.2004 – 27 W 44/04, ZInsO 2005, 217 f.; LG Bremen Urt. v. 1.2.1991 – 9 O 1371/90a, ZIP 1991, 1224; *Bork* ZIP 2006, 589 (595 ff.); MüKoInsO/*Kayser* § 129 Rn. 193.
[19] BGH Urt. v. 24.10.1973 – VIII ZR 82/72, NJW 1974, 57; BGH Urt. v. 12.2.2004 – IX ZR 70/03, NJW 2004, 2163; BGH Urt. v. 22.11.2012 – IX ZR 142/11, ZIP 2012, 2513; BGH Urt. v. 10.10.2013 – IX ZR 319/12, ZIP 2013, 2210; BGH Urt. v. 13.2.2014 – IX ZR 133/13, ZIP 2014, 528.
[20] HambK-InsO/*Rogge/Leptien* § 143 Rn. 7e; Uhlenbruck/*Hirte/Ede* InsO § 143 Rn. 77.
[21] BGH Urt. v. 17.12.2015 – IX ZR 287/14, ZIP 2016, 279; BGH Urt. v. 16.10.2008 – IX ZR 2/05, ZIP 2008, 2324 ff.; BGH Urt. v. 9.1.2003 – IX ZR 85/02, ZInsO 2003, 178 (179); OLG Dresden Urt. v. 11.11.1999 – 4 U 2045/99, ZInsO 2000, 54; BGH Urt. v. 29.11.2007 – IX ZR 121/06, ZInsO 2008, 761 ff.

als Anfechtungsgegner auch die **Erben** oder andere **Gesamtrechtsnachfolger** des Anfechtungsgegners.

20   Gesamtrechtsnachfolge im Sinne des § 145 Abs. 1 liegt insbesondere bei Fortführung des Handelsgeschäfts unter der bisherigen Firma (§ 25 HGB), bei der Gütergemeinschaft (§§ 1415 ff. BGB), der fortgesetzten Gütergemeinschaft (§§ 1483 ff. BGB) und beim Erbschaftskauf (§§ 2371 ff. BGB) vor.

23   **d) Sonderrechtsnachfolger. aa) Sonderrechtsnachfolger** sind dann Rückgewährschuldner eines Anfechtungsanspruchs, wenn der anfechtbar weggegebene Gegenstand in derselben Gestalt und mit demselben Inhalt auf sie übertragen wird,[22] sofern eine Alternative der **zusätzlichen Voraussetzungen** des § 145 Abs. 2 erfüllt ist.

24   Sonderrechtsnachfolge ist jeder Erwerb eines Rechts durch Übertragung, wie zB Übereignung oder Abtretung. Sonderrechtsnachfolge ist insbesondere gegeben bei einer Grundschuldbestellung,[23] der Bestellung einer Drittsicherheit[24] sowie der Übertragung des Besitzes mit Einräumung des Besitzrechtes.[25]

25   **Originärer Rechtserwerb** durch Fund (§ 973 BGB), Ersitzung (§ 937 BGB), Aneignung (§ 958 BGB), Verbindung (§§ 946, 947 BGB), Vermischung (§ 948 BGB), Verarbeitung (§ 950 BGB), Enteignung sowie Eigentumserwerb durch Zuschlag im Rahmen eines Zwangsversteigerungsverfahrens stellt **keine Sonderrechtsnachfolge** dar.[26]

Sonderrechtsnachfolger ist zudem **nicht** der **Empfänger** einer **mittelbaren Zuwendung**.

26   bb) Der **Sonderrechtsnachfolger** ist nur dann **Rückgewährschuldner**, wenn ihm zur Zeit des Rechtserwerbs die Tatsachen bekannt waren, welche die Anfechtbarkeit des Erwerbs seines Rechtsvorgängers begründen (§ 145 Abs. 2 Nr. 1 und Nr. 2). Ist dem Rechtsnachfolger das Erlangte unentgeltlich zugewendet worden, kann ihm gegenüber die Anfechtung gemäß § 145 Abs. 2 Nr. 3 geltend gemacht werden.

27   cc) Die Haftung des Rechtsnachfolgers tritt nicht an die Stelle, sondern neben die des Rechtsvorgängers.[27]

Keine Anwendung findet § 145 Abs. 2 auf so genannte Anweisungsfälle.[28] Hat der spätere Insolvenzschuldner seinen Schuldner angewiesen, die geschuldete Leistung an einen Dritten zu erbringen, ist der Dritte nicht Rechtsnachfolger des Angewiesenen. Er ist vielmehr Ersterwerber, weil der Insolvenzschuldner mittelbar an ihn geleistet hat.

28   dd) Gemäß **§ 145 Abs. 2 Nr. 1** kann gegen den Rechtsnachfolger die Anfechtbarkeit geltend gemacht werden, wenn dem Rechtsnachfolger zur Zeit des Erwerbs die Umstände bekannt waren, welche die Anfechtbarkeit des Erwerbs seines Rechtsvorgängers begründen. Der Rechtsnachfolger muss von den Tatsachen **positive Kenntnis** haben, grob fahrlässige Unkenntnis reicht nicht aus.

---

[22] HK-InsO/*Thole* § 145 Rn. 5.
[23] Uhlenbruck/*Hirte/Ede* InsO § 145 Rn. 18.
[24] Uhlenbruck/*Hirte/Ede* InsO § 145 Rn. 18.
[25] Uhlenbruck/*Hirte/Ede* InsO § 145 Rn. 20.
[26] MüKoInsO/*Kirchhof* § 145 Rn. 18a.
[27] MüKoInsO/*Kirchhof* § 145 Rn. 32.
[28] Uhlenbruck/Hirte/Ede InsO § 145 Rn. 22.

Nicht erforderlich ist, dass der Sonderrechtsnachfolger und Anfechtungsgegner auch die rechtlichen Folgen der ihm bekannten Umstände, insbesondere die Anfechtbarkeit der Rechtshandlung, zutreffend einordnen kann.[29]

ee) Gegenüber nahestehenden Personen (§ 138) wird gemäß der Regelung des § 145 Abs. 2 Nr. 2 die Kenntnis der die Anfechtbarkeit des Erwerbs begründenden Umstände vermutet. 29

ff) Die Regelung des § 145 Abs. 2 Nr. 3 greift ein, wenn dem Rechtsnachfolger das Erlangte **unentgeltlich** zugewendet worden ist. Vorausgesetzt wird lediglich, dass der Ersterwerb einen der Anfechtungstatbestände der §§ 130–135 InsO erfüllt und bei allen Zwischenerwerbern die Voraussetzungen einer Rechtsnachfolge im Sinne des § 145 vorlagen. 30

Gelegenheitsgeschenke sowie Pflicht- und Anstandsschenkungen werden – wie auch im Rahmen des § 134 – von § 145 Abs. 2 Nr. 3 **nicht** umfasst.[30] Ist der Empfänger einer unentgeltlichen Leistung gutgläubig, haftet er nur im Umfang der noch vorhandenen Bereicherung (§ 143 Abs. 2).

II. Zeitpunkt der Vornahme einer Rechtshandlung (§ 140)

Zeitpunkt der Vornahme einer Rechtshandlung

1. Grundsatz § 140 Abs. 1
– Bei „einaktigen" Rechtsgeschäften ist für die Insolvenzanfechtung der Zeitpunkt maßgeblich, in dem die rechtlichen Wirkungen eintreten, dh eine Rechtsposition erlangt wird, die im Insolvenzverfahren zu revidieren wäre.
– Bei „mehraktigen" Rechtsgeschäften ist die Verwirklichung des zeitlich letzten zur Wirksamkeit erforderlichen Teilaktes maßgeblich.

2. Ausnahme § 140 Abs. 2
Bei Grundbuch- und Registereintragungen ist der Zeitpunkt maßgeblich, in dem der Vertragspartner/Begünstigte eine gesicherte Rechtsposition erlangt hat. Der Zeitpunkt der Eintragung ist dann nicht **maßgeblich**.

3. Bedingte und befristete Rechtshandlung § 140 Abs. 3
Maßgeblich ist bei bedingten und befristeten Rechtshandlungen der Zeitpunkt der rechtsbegründenden Tatumstände und **nicht** der Zeitpunkt des Eintritts der Bedingung oder des Termins.

---

1. Grundsatz

Die Frage, zu welchem **Zeitpunkt eine Rechtshandlung als vorgenommen gilt**, ist für die Grundsatznorm des § 129 wie auch für die in §§ 130–136 genannten Anfechtungszeiträume von **erheblicher Bedeutung**. 31

Der Regelung des § 140 liegt der Gedanke zugrunde, dass für die Anfechtbarkeit einer Rechtshandlung der **Zeitpunkt entscheidend** ist, zu dem eine 32

---

[29] Uhlenbruck/Hirte/Ede InsO § 145 Rn. 27.
[30] Uhlenbruck/*Hirte/Ede* InsO § 145 Rn. 33.

Rechtsposition erlangt worden ist, die im Falle der Insolvenzeröffnung zu einer Masseminderung führt und daher zu korrigieren ist.

33 Der für die Anfechtung maßgebliche Zeitpunkt ist derjenige, in dem die rechtlichen Wirkungen einer Rechtshandlung eintreten (§ 140 Abs. 1).[31]

34 Besteht eine Rechtshandlung aus **verschiedenen Teilakten**, ist die Verwirklichung des **zeitlich letzten** zur Wirksamkeit **erforderlichen Teilaktes maßgeblich**.[32] Sofern die Wirksamkeit eines Rechtsgeschäfts von der **privatrechtlichen Genehmigung eines Dritten** abhängig ist, ist der Zeitpunkt der Erteilung der Genehmigung maßgeblich.[33] Bedarf ein Rechtsgeschäft zu seiner Wirksamkeit einer **öffentlich-rechtlichen Genehmigung,** so ist der Zeitpunkt des Vertragsschlusses maßgeblich, sofern dieser bindend war.[34]

2. Fallgruppen

35 Folgende **Fallgruppen** besitzen eine hohe Praxisrelevanz:
- Bei **schuldrechtlichen Rechtsgeschäften** ist der **Abschluss** des Rechtsgeschäftes der maßgebliche Zeitpunkt.
- Bei dinglichen Verfügungen das letzte nach dem gesetzlichen Übertragungstatbestand zur Rechtsänderung erforderliche Tatbestandsmerkmal, sofern nicht die Ausnahme des § 140 Abs. 2 eingreift.
- Bei der Zwangsvollstreckung die Vollendung der Pfändung.[35]
- Bei der Vorpfändung gemäß § 845 ZPO kommt es auf den Zeitpunkt an, zu dem die Hauptpfändung erfolgt ist.[36]
- Bei der Verpfändung einer Forderung der Zugang der Anzeige beim Debitor (§ 1280 BGB).
  Bei der **Abtretung einer Versicherungsleistung** der Zugang der Abtretungsanzeige beim Versicherungsunternehmen (§ 13 Abs. 4 ALB 1986; § 14 Abs. 4 ALB 1994). Fehlt die Abtretungsanzeige, ist die Abtretung absolut unwirksam.[37]
- Bei der Pfändung einer künftigen Forderung ist der Zeitpunkt maßgeblich, zu dem die Forderung entsteht.[38]
- Bei der **Abtretung einer künftigen Forderung (Globalzession)** ist das Entstehen und nicht das Fälligwerden dieser Forderung maßgeblich.[39]

---

[31] BGH Urt. v. 19.3.1998 – IX ZR 22/97, ZIP 1998, 793 (798). BGH Urt. v. 22.1.2004 – IX ZR 39/03, ZIP 2004, 513 (514).
[32] BGH Urt. v. 22.7.2004 – IX ZR 183/03, NZI 2004, 623 (624); BGH Urt. v. 14.12.2006 – IX ZR 102/03, ZIP 2007, 191 (192).
[33] Uhlenbruck/*Ede/Hirte* InsO § 140 Rn. 9.
[34] Uhlenbruck/*Ede/Hirte* InsO § 140 Rn. 9.
[35] Uhlenbruck/*Ede/Hirte* InsO § 140 Rn. 103.
[36] BAG Urt. v. 24.10.2013 – 6 AZR 466/12, ZIP 2014, 91 (94); BGH Urt. v. 13.3.2006 – IX ZR 116/03, ZIP 2006, 916 (917 f.).
[37] BGH Urt. v. 31.10.1990 – IV ZR 24/90, NJW 1991, 559; BGH Urt. v. 19.2.1992 – IV ZR 111/91, VersR 1992, 561.
[38] BGH Urt. v. 20.3.2002 – IX ZR 166/02, NJW 2003, 2171; BGH Urt. v. 14.1.2010 – IX ZR 78/09, NZI 2010, 220 (221 f.).
[39] BGH Urt. v. 29.11.2007 – IX ZR 30/07, ZIP 2008, 183 (185 ff.); BGH Urt. v. 22.7.2004 – IX ZR 183/03, ZIP 2004, 1819 (1821); BGH Urt. v. 20.3.2003 – IX ZR 166/02, ZIP 2003, 808.

§ 16. Anfechtung

- Bei der **Pfändung der Ansprüche** aus einem **Dispositionskredit (offene Kreditlinie)** ist der Zeitpunkt maßgeblich, zu dem der Schuldner den ihm zur Verfügung stehenden Kreditbedarf abrufen kann.[40]
- Bei Anfechtung des **Vermieterpfandrechts** ist der Zeitpunkt der Einbringung der Sachen in die Mieträume maßgeblich.[41]
- Bei **Mietzinszahlungen** ist der Abschluss des Mietvertrages maßgeblich.[42]
- Bei **Pfändungs- und Einziehungs(Überweisungs-)beschlüssen** bei einer Forderungspfändung der Zugang beim Drittschuldner.[43]
- Bei einer **Raumsicherungsübertragung** ist der Zeitpunkt maßgeblich, zu dem die **Gegenstände** in den Sicherungsraum gelangt sind.[44]
- Das sog Werthaltigmachen einer Forderung kann selbst anfechtbare Rechtshandlung sein. Maßgeblich ist dann der Zeitpunkt der Bewirkung der Werthaltigkeit, -steigerung, des -erhaltes.[45]
- Bei der **Aufrechnung oder der Verrechnung** kommt es darauf an, wann das Gegenseitigkeitsverhältnis bzw. die Verrechnungslage begründet worden ist. Es ist grundsätzlich unerheblich, ob die Forderung des Schuldners oder des Insolvenzgläubigers früher entstanden oder früher fällig geworden ist.[46]
- Bei der **Pfändung künftiger Ansprüche** aus einem **Girovertrag** ist der maßgebliche Zeitpunkt der Eingang der gutgeschriebenen Beträge (Anspruch auf Gutschrift) bei der Bank.[47]
- Bei der **Mantelzession oder Mantelsicherungsübereignung** kommt es auf den Zeitpunkt des Zugangs der entsprechenden Listen beim Sicherungsnehmer an.[48]

3. Maßgeblicher Zeitpunkt bei Grundbuch- und Registereintragungen

Ist für den Eintritt der rechtlichen Wirksamkeit eines Rechtsgeschäftes eine Eintragung im Grundbuch, im Schiffsregister, im Schiffsbauregister oder im Register für Pfandrechte an Luftfahrzeugen erforderlich, so gilt dieses Rechtsgeschäft gemäß § 140 Abs. 2 als vorgenommen, sobald die übrigen Voraussetzungen für das Wirksamwerden erfüllt sind, die Willenserklärung des Schuldners für ihn bindend geworden ist und der andere Teil den **Antrag auf Eintragung** der Rechtsänderung gestellt hat.

36

---

[40] BGH Urt. v. 22.1.2004 – IX ZR 39/03, NZI 2004, 206; BGH Urt. v. 17.2.2004 – IX ZR 318/01, NZI 2005, 690 (691); BGH Urt. v 9.6.2011 – IX ZR 179/08, ZIP 2011, 1324 (1325).
[41] BGH Urt. v. 23.9.2004 – IX ZR 25/03, NZI 2005, 165 (166).
[42] BGH Urt. v. 21.12.2006 – IX ZR 7/06, NZI 2007, 164 (165).
[43] BAG Urt. v. 24.10.2013 – 6 AZR 466/12, ZIP 2014, 91 (95f.); *Wagner* ZIP 2005, 637 (645).
[44] Uhlenbruck/*Ede/Hirte* InsO § 140 Rn. 61; *Molitor* ZInsO 2006, 23 (29).
[45] BGH Urt. v. 20.12.2012 – IX ZR 21/12, NZI 2013, 258 (259f.); BGH Urt. v. 14.2.2013 – IX ZR 94/12, ZIP 2013, 588 (589f.).
[46] BGH Urt. v. 14.6.2007 – IX ZR 56/06, NZI 2007, 515 (516f.); BGH Urt. v. 29.11.2007 – IX ZR 30/07, NZI 2008, 89.
[47] BGH Urt. v. 20.3.1997 – IX ZR 71/96, ZIP 1997, 737 (739); BGH Urt. v. 26.10.2000 – IX ZR 289/99, ZInsO 2001, 72; BGH Urt. v. 22.10.2009 – IX ZR 90/08, ZIP 2009, 2347 (2350).
[48] *Obermüller*, Insolvenzrecht in der Bankpraxis, Rn. 6.135.

4. Bedingte und befristete Rechtshandlungen

37 Für bedingte und befristete Rechtshandlungen (§§ 158 ff. BGB) wird durch die Regelung des § 140 Abs. 3 der anfechtungsrechtlich maßgebliche Zeitpunkt auf den Abschluss der rechtsbegründenden Tatumstände vorverlegt,[49] ohne die Anfechtbarkeit des Rechtsgeschäftes insoweit von dem Eintritt einer Bedingung oder einer Befristung abhängig zu machen.

Die bedingten oder befristeten Rechtshandlungen werden so behandelt, als wären sie unbedingt bzw. unbefristet.[50] So entstehen beispielsweise Mietzinsforderungen mit Abschluss des Mietvertrages, sodass für die Anfechtung der Zeitpunkt des Vertragsschlusses maßgeblich ist. Forderungen auf Rückzahlung zu viel gezahlter Nebenkostenvorschüsse entstehen aufschiebend bedingt durch Ablauf des Abrechnungszeitraums. Eine tatsächlich eingetretene Überzahlung entsteht ebenfalls bereits mit Abschluss des Mietvertrages.[51]

D. Allgemeine Voraussetzungen der Insolvenzanfechtung gemäß § 129

38

Allgemeine Voraussetzungen der Insolvenzanfechtung

1. **Rechtshandlung** = Tun oder Unterlassen (§ 129), das **vor Insolvenzeröffnung** erfolgte; maßgeblicher Zeitpunkt: § 140
2. **Objektive Gläubigerbenachteiligung** = Verringerung der späteren Insolvenzmasse
   – **Unmittelbare** Gläubigerbenachteiligung (Voraussetzung gem. §§ 132 und 133 Abs. 2)
   – **Mittelbare** Gläubigerbenachteiligung (Voraussetzung gem. §§ 130, 131, 133 Abs. 1, 134, 135)
3. **Kausalität zwischen Rechtshandlung und Gläubigerbenachteiligung**
4. **Kein Bargeschäft § 142** = Austausch gleichwertiger Leistungen aufgrund vertraglicher Vereinbarung in einem engen zeitlichen Zusammenhang

---

Gemäß der Grundsatznorm des § 129 sind **Rechtshandlungen**, die vor der Eröffnung des Insolvenzverfahrens vorgenommen worden sind und die **Insolvenzgläubiger benachteiligen,** nach Maßgabe der §§ 130–146 anfechtbar.

I. Rechtshandlung

1. Begriff

39 Der Begriff der Rechtshandlung im Sinne des Insolvenzanfechtungsrechts ist weit auszulegen. Erfasst wird jedes von einem Willen getragene Handeln, das

---

[49] BGH Urt. v. 11.2.2010 – IX ZR 104/07, ZIP 2010, 682 (683 f.); FK-InsO/*Dauernheim* § 140 Rn. 16.
[50] Braun/*Riggert* InsO § 140 Rn. 11.
[51] BGH Urt. v. 11.11.2004 – IX ZR 237/03, ZIP 2005, 181 (182); BGH Urt. v. 14.12.2006 – IX ZR 102/03, ZIP 2007, 191 (192).

eine rechtliche Wirkung auslöst und das Vermögen des Schuldners zum Nachteil der Insolvenzgläubiger verändern kann.[52]
Rechtshandlungen im Sinne des § 129 stellen neben dem positiven Tun auch Unterlassungen dar (vgl. § 129 Abs. 2).

2. Fallgruppen

Zu den Rechtshandlungen im Sinne des § 129 gehören: 40
– **Willenserklärungen** als Teil schuldrechtlicher und dinglicher Rechtsgeschäfte jeder Art,[53] die alleine oder mit anderen Tatbestandsmerkmalen Rechtsfolgen herbeiführen,[54] insbesondere der Abschluss von Kauf-, Miet-, Darlehens-, Sicherheiten- und Gesellschaftsverträgen.
– **Rechtsgeschäftsähnliche Handlungen,** dh auf einen tatsächlichen Erfolg gerichtete Erklärungen, deren Rechtsfolgen kraft Gesetzes eintreten,[55] wie zB die Abtretungsanzeige gemäß § 409 BGB,[56] die Schuldübernahme gemäß § 415 BGB, die Mahnung gemäß § 286 Abs. 1 BGB und die Fristsetzung gemäß § 323 Abs. 1 BGB.
– **Verfügungen,** wie zB das Erbringen von Erfüllungshandlungen, Steuerzahlungen,[57] Rückzahlungen aus einem Cash-Pool,[58] Genehmigung einer Lastschrift im Einzugsermächtigungsverfahren,[59] Warenlieferungen,[60] Erbringung von Werkleistungen,[61] Gestellung von Arbeitskräften und Arbeitsgeräten,[62] Sozialplanleistungen mit weitergehenden Regelungen als in §§ 123, 124,[63] Kontosperre, mit der eine spätere Verrechnung erst ermöglicht werden soll,[64] Einräumung eines Bezugsrechts für eine Lebensversicherung,[65] Abtretung von Rechten und Übereignung von Sachen.[66]
– **Realakte,** dh gewollte reine Tathandlungen, die rechtserheblich sind, wie zB die Verbindung (§§ 946, 947 BGB), die Vermischung (§ 948 BGB) sowie die Verarbeitung (§ 950 BGB) von Sachen, Kontosperren.[67]

---

[52] BGH Urt. v. 20.2.2014 – IX ZR 164/13, ZIP 2014, 584 f.; BGH Urt. v. 5.2.2004 – IX ZR 473/00, NZI 2004, 374.
[53] MüKoInsO/*Kayser* § 129 Rn. 11.
[54] Vgl. Palandt/*Ellenberger,* Überblick vor § 104 Rn. 2.
[55] BGH Urt. v. 15.10.1975 – VIII ZR 62/74, WM 1975, 1182 (1184); vgl. Palandt/*Ellenberger,* Überblick vor § 104 Rn. 6.
[56] OLG Nürnberg Urt. v. 19.8.1998 – 12 U 2082/98, DZWIR 1999, 37 (38).
[57] BGH Urt. v. 16.6.1994 – IX ZR 94/93, NJW 1994, 2893 (2894 f.).
[58] *Thomas* ZInsO 2007, 77 (78).
[59] OLG Karlsruhe Urt. v. 18.1.2007 – 12 U 185/06, ZIP 2007, 286 (287).
[60] BGH Urt. v. 23.9.1981 – VIII ZR 245/80, ZIP 1981, 1229 (1230).
[61] BGH Urt. v. 22.2.2001 – IX ZR 191/98, NZBau 2001, 498.
[62] OLG Hamm Urt. v. 3.12.1981 – 5 U 259/80, ZIP 1982, 722; OLG Frankfurt aM Urt. v. 24.11.2005 – 1 U 19/05, ZIP 2005, 2325.
[63] HK-InsO/*Thole* § 129 Rn. 22; MüKoInsO/*Kayser* § 129 Rn. 14 mwN.
[64] BGH Urt. v. 12.2.2004 – IX ZR 98/03, ZInsO 2004, 342 (343).
[65] BGH Urt. v. 22.10.2015 – IX ZR 248/14, ZIP 2015, 2328 (2329 ff.); BGH Urt. v. 23.10.2003 – IX ZR 252/01, ZIP 2003, 2307 (2309).
[66] FK-InsO/*Dauernheim* § 129 Rn. 24.
[67] BGH Urt. v. 18.12.2003 – IX ZR 9/03, ZIP 2004, 324 (325); BGH Urt. v. 12.2.2004 – IX ZR 98/03, ZIP 2004, 620 (621).

- **Prozesshandlungen,** wie zB Verzicht oder Anerkenntnis, Klagerücknahme (§ 269 ZPO), Rücknahme eines Rechtsmittels (§ 515 ZPO), Antrag auf Eintragung in das Grundbuch sowie Abschluss eines Vergleichs.[68]
- **Maßnahmen der Zwangsvollstreckung** sind Rechtshandlungen im Sinne des § 129.
- **Unterlassungen** sind anfechtbar, soweit sie wissentlich und willentlich geschehen und zu einer Minderung des Schuldnervermögens führen, wie zB Nichtausübung eines Vorkaufsrechts oder einer Option, Verjährenlassen eines Anspruchs, Nichterhebung der Verjährungseinrede, Unterlassung der Sachmängelrüge (§ 377 HGB), Unterlassung der Einwendungen gegen Lastschriften innerhalb der Frist der Nr. 7 Abs. 2 AGB-Banken.[69]
- **Aufrechnungen bzw. Verrechnungen** sind Rechtshandlungen im Sinne des § 129. Die Anfechtung einer Auf- bzw. Verrechnung wird jedoch in der Regel von § 96 Nr. 3 verdrängt.[70]
- **Werthaltigmachen einer Forderung,** insbesondere durch die Fertigstellung eines Werkes, die Übergabe einer Kaufsache, die Erbringung von Dienstleistungen und Einsetzung von Arbeitskräften.[71]
- **Unternehmensveräußerung/-übertragung.**[72]

3. Handelnde Personen/Urheber der Rechtshandlung

41 Die Anfechtung einer gläubigerbenachteiligenden Rechtshandlung ist unabhängig davon möglich, ob der Schuldner diese vorgenommen hat oder ob sie **allein** von einem Gläubiger oder einem Dritten verwirklicht wurde.[73]

42 **a) Gläubiger und Dritte als Urheber der Rechtshandlung.** Handlungen von Gläubigern bzw. Dritten können ausschließlich mit der besonderen Insolvenzanfechtung gemäß §§ 130, 131 angefochten werden. Im Rahmen des § 133 sind Gläubigerhandlungen nur anfechtbar, wenn Mitwirkungshandlungen des Schuldners erfolgt sind. Anfechtungsrelevante Sachverhalte werden von Gläubigern insbesondere in der Zwangsvollstreckung verwirklicht. Hat der Schuldner im Rahmen der Zwangsvollstreckung keine Möglichkeit mehr zu selbstbestimmtem Handeln, weil er zB nur noch die Wahl hatte, die geforderte Zahlung sofort zu leisten oder die Vollstreckung durch den bereits anwesenden Gerichtsvollzieher zu dulden, liegt keine Rechtshandlung des Schuldners vor. Maßgeblich ist, ob der Schuldner noch willentlich über die konkrete Art und Weise der Befriedigung des Gläubigers entscheiden konnte.[74]

---

[68] HK-InsO/*Thole* § 129 Rn. 14.
[69] LG Köln Urt. v. 25.4.2007 – 13 S 375/06, NZI 2007, 469 (471); MüKoInsO/*Kayser* § 129 Rn. 25; *Spliedt* ZIP 2005, 1260 (1266).
[70] *Bork,* Handbuch des Insolvenzanfechtungsrechts, Kapitel 3, Rn. 12 ff.
[71] BGH Urt. v. 29.11.2007 – IX ZR 30/07, NZI 2008, 89 (92); BGH Urt. v. 29.11.2007 – IX ZR 165/05, NZI 2008, 236; BGH Urt. v. 26.6.2008 – IX ZR 144/05, NZI 2008, 539 (541); BGH Urt. v. 20.12.2012 – IX ZR 21/12, NZI 2013, 258 (260); BGH Urt. v. 14.2.2013 – IX ZR 94/12, ZIP 2013, 588 (589 f.).
[72] MüKoInsO/*Kayser* § 129 Rn. 94; HambK-InsO/*Rogge/Leptien* § 129 Rn. 50.
[73] BGH Urt. v. 20.1.2000 – IX ZR 58/99, ZIP 2000, 364 ff.
[74] BGH Urt. v. 10.2.2005 – IX ZR 211/02, ZIP 2005, 494 (498); Uhlenbruck/*Hirte/Ede* InsO § 133 Rn. 15.

§ 16. Anfechtung

b) Rechtshandlungen des Schuldners. Die Anfechtungstatbestände der §§ 132 Abs. 1 und 2, 133 Abs. 1 und 2 sowie § 134 Abs. 1 beschränken die Anfechtbarkeit ausschließlich auf Rechtshandlungen des **Schuldners**. In § 133 Abs. 2 ist zudem eine Rechtshandlung gegenüber einer nahe stehenden Person im Sinne von § 138 Tatbestandsvoraussetzung. 43

c) Rechtshandlungen des vorläufigen Insolvenzverwalters. Grundsätzlich können **Rechtshandlungen des vorläufigen Insolvenzverwalters** vom späteren Insolvenzverwalter **angefochten** werden.[75] Dies gilt auch für den Fall, dass der spätere Insolvenzverwalter das Amt des vorläufigen Insolvenzverwalters wahrgenommen hat. 44

aa) Rechtliche Ausgestaltung der vorläufigen Insolvenzverwaltung. (1) Rechtshandlungen des „starken" vorläufigen Insolvenzverwalters, auf den die Verwaltungs- und Verfügungsbefugnis gemäß § 21 Abs. 2 Nr. 1, Nr. 2 Alt. 1 übergegangen ist, sind nach der herrschenden Meinung einer Anfechtung **entzogen**.[76] 45

Demgegenüber unterliegen Rechtshandlungen des „schwachen" vorläufigen Insolvenzverwalters sowie des „Zustimmungsvorbehaltsverwalters" (§ 21 Abs. 2 Nr. 2 Alt. 2) uneingeschränkt der Insolvenzanfechtung.[77] 46

Ebenso bejaht der Bundesgerichtshof die Möglichkeit, dass Rechtshandlungen eines „halbstarken" vorläufigen Insolvenzverwalters, dh eines vorläufigen Insolvenzverwalters, auf den die Verwaltungs- und Verfügungsbefugnis partiell übergegangen ist, anfechtbar sind.[78] 47

(2) Rechtshandlungen des „starken" vorläufigen Insolvenzverwalters bzw. des „halbstarken" vorläufigen Insolvenzverwalters sind dann einer **Anfechtung im eröffneten Insolvenzverfahren entzogen**, wenn durch sie **Masseverbindlichkeiten** im Sinne von § 55 Abs. 2 InsO begründet wurden. 48

Durch Anordnung einer „starken" bzw. „halbstarken" vorläufigen Insolvenzverwaltung soll das Vertrauen des Rechtsverkehrs in die Tätigkeit des vorläufigen Verwalters und die Kreditwürdigkeit seiner Person gestärkt werden. Dieser Zweck würde unterlaufen, wenn die im Antragsverfahren begründeten Masseverbindlichkeiten (§ 55 Abs. 2 InsO) im Wege der Anfechtung wieder beseitigt werden könnten.[79] 49

Befriedigt der starke oder halbstarke vorläufige Insolvenzverwalter jedoch „Altforderungen", dh Ansprüche, die als Insolvenzforderungen im Sinne von § 38 InsO zu qualifizieren sind, sind diese Rechtshandlungen grundsätzlich anfechtbar.[80] Gleiches gilt, wenn bei einem synallagmatischen Rechtsgeschäft 50

---

[75] BGH Urt. 9.7.2009 – IX ZR 86/08, ZIP 2009, 1674 (1677); BGH Urt. v. 10.1.2013 – IX ZR 161/11, ZIP 2013, 528 (529); BGH Urt. v. 20.2.2014 – IX ZR 164/13, ZInsO 2014, 598 (599).
[76] BGH Urt. v. 20.2.2014 – IX ZR 164/13, ZIP 2014, 584 (585); MüKoInsO/*Kayser* § 129 Rn. 45; Nerlich/Römermann/*Nerlich* § 129 Rn. 47; Gottwald InsR-HdB/*Huber*, Insolvenzrechts-Handbuch, § 46 Rn. 32; aA FK-InsO/*Dauernheim* § 129 Rn. 33.
[77] BGH Urt. v. 9.12.2004 – IX ZR 108/04, ZIP 2005, 314 (315ff.); BGH Urt. v. 15.12.2015 – IX ZR 156/04, ZIP 2006, 431 (432f.); BGH Urt. v. 30.9.2010 – IX ZR 177/07, NZI 2010, 981f.; BGH Urt. v. 20.2.2014 – IX ZR 164/13, ZInsO 2014, 598 (599).
[78] BGH Urt. v. 15.12.2005 – IX ZR 156/04, ZInsO 2006, 208 (209).
[79] Uhlenbruck/*Hirte/Ede* InsO § 129 Rn. 140.
[80] BGH Urt. v. 13.3.2003 – IX ZR 64/02, ZIP 2003, 810 (811); BGH Urt. v. 13.3.2003 – IX ZR 56/02, ZIP 2003, 855 (856).

die Leistung des Anfechtungsgegners hinter der Gegenleistung zurückbleibt und somit eine Gläubigerbenachteiligung herbeigeführt wird.[81]

51 **bb) Schutzwürdiges Vertrauen.** (1) Unabhängig von der rechtlichen Ausgestaltung der vorläufigen Insolvenzverwaltung sind Rechtshandlungen des vorläufigen Insolvenzverwalters stets dann **nicht** anfechtbar, wenn der spätere Insolvenzverwalter einen schutzwürdigen Vertrauenstatbestand beim Empfänger geschaffen hat und der potentielle Anfechtungsgegner nach dem Grundsatz von Treu und Glauben davon ausgehen konnte, mit der Leistung des Verwalters eine nicht mehr zu revidierende Rechtsposition erlangt zu haben.[82]

52 (2) Einen schutzwürdigen Vertrauenstatbestand begründet der vorläufige Verwalter in der Regel dann, wenn er Verträgen **vorbehaltlos** zustimmt, die der Schuldner mit dem Gläubiger nach der gerichtlichen Anordnung von Sicherungsmaßnahmen geschlossen und in denen er im Zusammenhang mit den an das Schuldnerunternehmen zu erbringenden Leistungen des Gläubigers Erfüllungszusagen für Altverbindlichkeiten gegeben hat.[83]

Wegen der Einbindung des vorläufigen Verwalters in den Vertragsabschluss darf der Gläubiger davon ausgehen, die als Erfüllung geleisteten Zahlungen endgültig behalten zu dürfen. Sie können ihm daher auch nach Eröffnung des Insolvenzverfahrens nicht mehr im Wege der Anfechtung entzogen werden.[84]

Der Rechtsprechung des Bundesgerichtshofes ist zuzustimmen, da ohne den erforderlichen Vertrauensschutz die für eine Betriebsfortführung stets erforderlichen Lieferanten und Dienstleister oftmals nicht dazu zu bewegen sind, die Geschäftsbeziehungen aufrechtzuerhalten.

53 (3) Kein Vertrauenstatbestand kann in den Fällen begründet werden, in welchen die Befriedigung einer Altforderung erst durch Druck des Gläubigers erwirkt wird,[85] wenn von den Arbeitnehmern des Schuldners nur einzelne befriedigt werden[86] oder wenn der vorläufige Verwalter bei Vornahme der Leistung auf die spätere Anfechtung ausdrücklich hinweist.[87] Ein solcher Hinweis ist allerdings nicht zwingend erforderlich, wenn sich dem Vertragspartner aus den Umständen des Einzelfalls die Option der späteren Insolvenzanfechtung aufdrängen muss. Dies ist insbesondere dann der Fall, wenn der vorläufige Verwalter darauf hinweist, dass die Belieferung durch den Vertragspartner für die Aufrechterhaltung des Geschäftsbetriebes unabdingbar bzw. eine Substituierung des Warenlieferanten aufgrund sehr langfristiger Lieferzeiten nicht möglich ist und nur aus diesem Grund „Altforderungen" getilgt werden.

54 Eine allein durch die Ausnutzung **besonderer Marktstärke** bewirkte (erzwungene) Zustimmung des vorläufigen Verwalters führt daher unter dem Gesichtspunkt von Treu und Glauben nicht dazu, die Anfechtung nach Eröffnung

---

[81] BAG Urt. v. 27.10.2004 – 10 AZR 123/04, ZIP 2005, 86 (87).
[82] BGH Urt. v. 15.12.2005 – IX ZR 156/04, ZInsO 2006, 208 (209); BGH Urt. v. 29.11.2007 – IX ZR 165/05, ZIP 2008, 372 (374); BGH Urt. v. 25.4.2013 – IX ZR 235/12, ZIP 2013, 1127 (1130); BGH Urt. v. 20.2.2014 – IX ZR 164/13, ZInsO 2014, 598 (599).
[83] BGH Urt. v. 15.12.2005 – IX ZR 156/04, ZInsO 2006, 208 (209).
[84] BGH Urt. v. 9.12.2004 – IX ZR 108/04, NJW 2005, 1118 (1121).
[85] BGH Urt. v. 15.12.2005 – IX ZR 156/04, ZInsO 2006, 208 (209).
[86] LAG München Urt. v. 5.2.2004 – 2 Sa 774/03, ZInsO 2004, 1157 (1159).
[87] BGH Urt. v. 9.12.2004 – IX ZR 108/04, ZIP 2005, 314 (316); BGH Urt. v. 13.3.2003 – IX ZR 64/02, ZIP 2003, 810 (813).

§ 16. Anfechtung

des Insolvenzverfahrens auszuschließen, wobei dem Insolvenzverwalter die Beweislast für solche Tatsachen obliegt.[88] Dh ein die Anfechtung ausschließender Vertrauenstatbestand liegt dann nicht vor, wenn der Gläubiger die Zustimmung des vorläufigen Verwalters nur aufgrund seiner wirtschaftlichen Machtstellung gegen einen zunächst erklärten Widerstand durchsetzen konnte.[89]

d) Rechtshandlungen des Vertreters. Rechtshandlungen eines gewillkürten gem. § 164 BGB oder gesetzlichen Vertreters werden (zB gem. §§ 1629, 1793, 1902, 1915, 1960, 1981 BGB) der vertretenen Person oder Gesellschaft als eigene Handlung zugerechnet.[90]   55

Handelt der Vertreter ohne Vertretungsmacht, bedarf es der Genehmigung gemäß § 177 BGB, um die Rechtshandlung der vertretenen Person zuzurechnen.[91]   56

II. Objektive Gläubigerbenachteiligung

1. Allgemeines

Weitere Voraussetzung für **alle Anfechtungstatbestände** ist das Vorliegen einer **objektiven Benachteiligung** der Insolvenzgläubiger (§§ 38, 39). Erforderlich ist eine Rechtshandlung, die in ihrer Wirkung zu Lasten der insolvenzrechtlichen Haftungsverwirklichung geht.   57

Eine Gläubigerbenachteiligung ist stets dann gegeben, wenn die Rechtshandlung die Verbindlichkeiten des Schuldners vermehrt[92] oder die spätere Insolvenzmasse verkürzt[93] und in Folge dessen der Zugriff auf das Vermögen des Schuldners vereitelt, erschwert oder verzögert wird.[94] Eine Benachteiligung kommt somit nur hinsichtlich der Vermögensgegenstände in Betracht, die als Teil der späteren Insolvenzmasse zu qualifizieren sind.   58

Letztlich kommt es darauf an, dass sich die **Befriedigungsmöglichkeit** der Gläubiger ohne die Vornahme der anfechtbaren Rechtshandlung – bei ökonomischer Betrachtungsweise – **positiver gestalten** würde.[95]   59

Eine Gläubigerbenachteiligung liegt nur dann vor, wenn die **Gesamtheit der Gläubiger** beeinträchtigt ist,[96] wobei es genügt, wenn bereits nachrangige Gläubiger durch die anfechtbare Handlung schlechter gestellt werden. **Nicht ausreichend** ist die Benachteiligung **lediglich einzelner Gläubiger** bzw. **Gläubigergruppen**.[97]   60

Hat der Schuldner für seine Leistung unmittelbar eine gleichwertige Gegenleistung erhalten, liegt ein Bargeschäft gemäß § 142 vor, sodass die entsprechen-   61

---

[88] BGH Urt. v. 15.12.2005 – IX ZR 156/04, ZInsO 2006, 208 (209).
[89] BGH Urt. v. 15.12.2005 – IX ZR 156/04, ZIP 2006, 431 (432 f.); Uhlenbruck/Hirte/Ede InsO § 129 Rn. 145.
[90] MüKoInsO/*Kayser* § 129 Rn. 37; Uhlenbruck/*Hirte*/*Ede* InsO § 129 Rn. 133.
[91] FK-InsO/*Dauernheim* § 129 Rn. 34; Uhlenbruck/*Hirte*/*Ede* InsO § 129 Rn. 134.
[92] BGH Urt. v. 7.6.1991 – V ZR 17/90, WM 1991, 1575.
[93] BGH Urt. v. 7.6.2001 – IX ZR 195/00, ZIP 2001, 1248.
[94] HambK-InsO/*Rogge*/*Leptien* § 129 Rn. 37.
[95] BGH Urt. v. 11.1.2007 – IX ZR 31/05, NJW 2007, 1357 (1358); BGH Urt. v. 11.12.1986 – IX ZR 78/66, ZIP 1987, 305 (307 f.); BGH Urt. v. 11.5.1989 – IX ZR 222/88, ZIP 1989, 785 (786).
[96] BGH Urt. v. 19.4.2007 – IX ZR 199/03, ZIP 2007, 1164 (1165 f.).
[97] Uhlenbruck/*Hirte*/*Ede* InsO § 129 Rn. 163; *Kulzer*/*Müller* ZInsO 2002, 313 ff.

de Rechtshandlung infolge einer danach eintretenden Gläubigerbenachteiligung nur unter engen Voraussetzungen gem. § 133 Abs. 1 anfechtbar ist.

62   **Exkurs: § 28e Abs. 1 SGB IV**
Anfechtung von Arbeitnehmeranteilen an Sozialversicherungsbeiträgen (zu den Einzelheiten des damaligen Diskussionsstandes: siehe Vorauflage)

Der BGH hat zwischenzeitlich entschieden, dass auch die Zahlung des Arbeitnehmeranteils als Rechtshandlung des Arbeitgebers über dessen Vermögen als mittelbare Zuwendung an die Einzugsstellen weiterhin gläubigerbenachteiligend ist.[98]

2. Fallgruppen

63 Das **Vorliegen** einer **Gläubigerbenachteiligung** wird in folgenden Fällen angenommen:
– Zahlungen aus Darlehen, sofern dem Schuldner ein Anspruch auf die Auszahlung zustand.[99]
– Zahlungen aus einer nicht ausgeschöpften Kreditlinie.[100]
– Nachteilige, das künftige Vermögen betreffende Rechtshandlungen, da dieses zur Insolvenzmasse gemäß § 35 gehört.

64 **Keine Gläubigerbenachteiligung** ist bei folgenden Fällen anzunehmen:
– Es ist ausreichend Masse vorhanden, um **sämtliche** Gläubiger zu befriedigen.
– Einräumung einer Sicherheit durch einen Dritten.[101]
– Zahlung durch einen Bürgen.[102]
– Weggabe eines Gegenstandes, der nicht im Eigentum des Schuldners steht.[103]
– Zahlung des Grundstückskäufers zur Ablösung der Grundschuld auf das debitorische Konto des Schuldners, sofern der Kaufpreis angemessen ist.[104]
– Rückgabe der Kaufsache an den Eigentumsvorbehaltsverkäufer,[105] sofern keine Anzahlung des Schuldners geleistet wurde.
– Veräußerung einer Sache, die wertausschöpfend belastet ist, zu einem angemessenen Kaufpreis.[106]
– Austausch gleichwertiger Sicherheiten.[107]
– Unmittelbarer Sicherheitentausch in einer Sicherheitenkette.[108]
– Rückzahlung eines Kredits, sofern Kreditsicherheiten bestanden, die zur abgesonderten Befriedigung berechtigt hätten.[109]

---

[98] BGH Urt. v. 5.11.2009 – IX ZR 233/08, ZIP 2009, 2301.
[99] BGH Urt. v. 7.2.2002 – IX ZR 115/99, ZInsO 2002, 276 (277).
[100] BGH Urt. v. 29.3.2001 – IX ZR 34/00, ZIP 2001, 825.
[101] FK-InsO/*Dauernheim* § 129 Rn. 42.
[102] OLG Köln Urt. v. 25.3.2002 – 13 U 58/01, ZInsO 2002, 444.
[103] BGH Urt. v. 12.5.1980 – VIII ZR 170/79, NJW 1980, 1964; MüKoInsO/*Kayser* § 129 Rn. 78.
[104] BGH Urt. v. 17.6.2004 – IX ZR 124/03, ZIP 2004, 1509 (1510).
[105] FK-InsO/*Dauernheim* § 129 Rn. 42.
[106] BGH Urt. v. 11.7.1996 – IX ZR 226/94, ZIP 1996, 1516 (1519).
[107] BGH Urt. v. 21.4.2005 – IX ZR 24/04, NZI 2005, 389 (390).
[108] BGH Urt. v. 29.11.2007 – IX ZR 30/07, NZI 2008, 89.
[109] BGH Urt. v. 19.3.1998 – IX ZR 22/97, ZIP 1998, 793 (800).

§ 16. Anfechtung

- Berechtigte Verwertung des Sicherungsgutes durch den Sicherungsnehmer vor Insolvenzeröffnung. Dies gilt auch hinsichtlich der Verfahrenskostenbeiträge (§§ 170, 171), da durch diese Beiträge nur der tatsächlich entstehende Aufwand ausgeglichen werden soll.[110]
- Die Tilgung einer Gläubigerforderung aus einer **ungenehmigten, lediglich geduldeten** Kontoüberziehung ist nach einer **Änderung der Rechtsprechung des BGH** nun gläubigerbenachteiligend, da diese der Befriedigung aus einem Dispositionskredit gleichsteht.[111]

Exkurs: Kontoüberziehung.
(zu den Einzelheiten des damaligen Diskussionsstandes: siehe Vorauflage)

3. Arten der Gläubigerbenachteiligung

Bei der Insolvenzanfechtung ist zwischen der **unmittelbaren** und der **mittelbaren Gläubigerbenachteiligung** zu unterscheiden. Nur die Insolvenzanfechtungstatbestände der §§ 132 und 133 Abs. 2 setzen ausdrücklich eine **unmittelbare Gläubigerbenachteiligung** voraus. 65

a) Unmittelbare Gläubigerbenachteiligung. Unmittelbar ist eine Gläubigerbenachteiligung, die ohne Hinzukommen späterer Umstände schon mit der Vornahme der anfechtbaren Rechtshandlung selbst eintritt.[112] 66

Maßgeblicher Zeitpunkt im Sinne des § 140 ist derjenige der Vollendung der Rechtshandlung.[113] Die unmittelbare Gläubigerbenachteiligung ist durch ein **Vermögensopfer des Schuldners** gekennzeichnet.

Eine **unmittelbare Gläubigerbenachteiligung** liegt in folgenden Fällen vor: 67
- Veräußerung eines Vermögensgegenstandes unter Wert.[114]
- Gewährung eines Darlehens zu geringeren als marktüblichen Zinsen.[115]
- Bestellung einer Sicherheit ohne Rechtsgrund.
- Bestellung einer Sicherheit, die den Wert der gesicherten Forderung deutlich übersteigt.[116]
- Veräußerung von Sicherungsgut durch den Sicherungsnehmer unter dem erzielbaren Erlös.[117]
- Rücktritt oder Kündigung von Geschäften, die für die spätere Insolvenzmasse vorteilhaft sind.[118]
- Begleichung einer Verbindlichkeit unter Verzicht auf die Geltendmachung berechtigter Einwendungen.[119]

---

[110] BGH Urt. v. 23.9.2004 – IX ZR 25/03, NZI 2005, 165 (166); kritisch bzgl. der Feststellungskostenpauschale: MüKoInsO/*Kayser* § 129 Rn. 109a.
[111] BGH Urt. v. 6.10.2009 – IX ZR 191/05, ZIP 2009, 2009 (2010f.).
[112] BAG Urt. v. 9.11.1983 – 5 AZR 204/81, NJW 1985, 695; BGH Urt. v. 15.12.1994 – IX ZR 153/93, NJW 1995, 659; BGH Urt. v. 12.7.2007 – IX ZR 235/03, NZI 2007, 718.
[113] BGH Urt. v. 12.7.2007 – IX ZR 235/03, NZI 2007, 718.
[114] MüKoInsO/*Kayser* § 129 Rn. 115.
[115] MüKoInsO/*Kayser* § 129 Rn. 115.
[116] BGH Urt. v. 28.9.1964 – VIII ZR 21/61, WM 1964, 1166f.
[117] BGH Urt. v. 9.1.1997 – IX ZR 1/96, ZIP 1997, 367 (370).
[118] FK-InsO/*Dauernheim* § 129 Rn. 47.
[119] BGH Urt. v. 6.4.1995 – IX ZR 61/94, ZIP 1995, 1021 (1025).

– Zahlungen für ein dem Schuldner persönlich bestelltes unpfändbares dingliches Wohnrecht, da eine Verwertung zugunsten der Gläubiger ausscheidet.[120]

68 **b) Mittelbare Gläubigerbenachteiligung.** Für alle Insolvenzanfechtungstatbestände mit Ausnahme der §§ 132 und 133 Abs. 2 genügt eine **mittelbare Gläubigerbenachteiligung**. Eine mittelbare Gläubigerbenachteiligung liegt vor, wenn zu der anfechtbaren Rechtshandlung ein Umstand hinzutritt, der die Schlechterstellung der Gläubiger auslöst. Eine mittelbare Gläubigerbenachteiligung ist regelmäßig verwirklicht, wenn eine unmittelbare Benachteiligung vorliegt, kann aber auch unter erweiterten Voraussetzungen gegeben sein.[121]

Für die Beurteilung des Vorliegens einer mittelbaren Gläubigerbenachteiligung ist der Zeitpunkt der letzten mündlichen Verhandlung, auf welche in der Tatsacheninstanz das Urteil folgt, entscheidend.[122]

69 Eine **mittelbare Gläubigerbenachteiligung** ist in folgenden Fallkonstellationen gegeben:

– Nach Veräußerung eines Gegenstandes zu einem angemessenen Preis ist die Gegenleistung in Verlust geraten – beispielsweise wenn der Schuldner den Erlös verbraucht hat – und kann somit nicht mehr der Befriedigung der Gläubigergemeinschaft dienen.[123]
– Uneinbringbarkeit des Erlöses nach Verkauf eines Gegenstandes zu einem günstigen bzw. angemessenen Kaufpreis.[124]
– Späterer Anstieg des Kurses von Wertpapieren nach Veräußerung zum damaligen Zeitwert.[125]
– Verrechnung einer Altforderung mit einer Kaufpreisforderung des Schuldners, da die nach Insolvenzeröffnung quotal zu befriedigende Altforderung mit einem vollwertigen Anspruch bedient wurde.[126]
– Nachträgliche Wertsteigerung eines verkauften Gegenstandes.[127]
– Leistungen auf einen erzwingbaren Sozialplan, soweit diese nicht im Insolvenzverfahren gleichermaßen zu erbringen wären.[128]
– Zahlung einer angemessenen Vergütung für erfolglose Sanierungsbemühungen.[129]
– Der Anspruch eines Kreditinstituts auf Rückzahlung des Überziehungskredits stellt sich gegenüber dem Anspruch des befriedigten Gläubigers als masseungünstig dar, da das Kreditinstitut für den Darlehensrückzahlungsanspruch über (bessere) Sicherheiten verfügt.[130]

---

[120] BGH Urt. v. 13.7.1995 – IX ZR 81/94, ZIP 1995, 1364.
[121] MüKoInsO/*Kayser* § 129 Rn. 121.
[122] BGH Urt. v. 26.4.2012 – IX ZR 146/11, ZIP 2012, 1183 (1184).
[123] BGH Urt. v. 3.3.1988 – IX ZR 11/87, NJW-RR 1988, 827 (828); FK-InsO/*Dauernheim* § 129 Rn. 43.
[124] FK-InsO/*Dauernheim* § 129 Rn. 49.
[125] MüKoInsO/*Kayser* § 129 Rn. 122.
[126] BGH Urt. v. 5.4.2001 – IX ZR 216/98, ZIP 2001, 885 (887).
[127] BGH Urt. v. 12.11.1992 – IX ZR 237/91, ZIP 1993, 271 (274); BGH Urt. v. 24.9.1996 – IX ZR 190/95, ZIP 1996, 1907 (1908).
[128] MüKoInsO/*Kayser* § 129 Rn. 122.
[129] BGH Urt. v. 4.12.1997 – IX ZR 47/97, NJW 1998, 1561 (1564).
[130] BGH Urt. v. 28.2.2008 – IX ZR 213/06, ZIP 2008, 701.

III. Kausalität

1. Allgemeines

Zwischen einer **Rechtshandlung** und der eingetretenen **Gläubigerbenachteiligung** muss ein **kausaler Zusammenhang** (Zurechnungszusammenhang) gegeben sein.[131] 70
Hierzu ist auf der Grundlage der realen Gegebenheiten eine **Überprüfung** dahingehend vorzunehmen, ob ohne die relevante Rechtshandlung die **Gläubigerbefriedigung günstiger** ausgefallen wäre.[132]
Rein hypothetische Geschehensabläufe können den Ursachenzusammenhang weder herstellen noch in Frage stellen und sind daher unerheblich.[133] 71
Das Gleiche gilt im Falle der Verhinderung einer hypothetischen Begünstigung der Insolvenzmasse bei Wegfall der Rechtshandlung.[134]
Allerdings ist nicht erforderlich, dass die maßgebliche Rechtshandlung die einzige Ursache für die Herbeiführung einer mittelbaren Gläubigerbenachteiligung darstellt.[135] Besteht die anzufechtende Rechtshandlung in einem Unterlassen, ist die erforderliche Kausalität dann gegeben, wenn ohne die Unterlassung die Benachteiligung nicht eingetreten oder noch vor Insolvenzeröffnung revidiert worden wäre.[136] 72

2. Fallgruppen

Unerheblich für die Feststellung der Kausalität ist, 73
- ob der Schuldner über den betreffenden Gegenstand auch unanfechtbar hätte verfügen können,[137]
- ob ein anderer Gläubiger unanfechtbar auf den Gegenstand zugegriffen hätte,[138]
- ob der Gläubiger hätte vollstrecken können, anstatt gegen Sicherheitsleistung die Forderung zu stunden,[139]
- dass im Falle einer Kontokorrentverrechnung der Drittschuldner als Bürge auch unmittelbar an das Kreditinstitut hätte leisten müssen.[140]

---

[131] BGH Urt. v. 9.12.1999 – IX ZR 102/97, ZIP 2000, 238 (240).
[132] BGH Urt. v. 2.6.2005 – IX ZR 263/03, ZInsO 2005, 884; BGH Urt. v. 11.5.1989 – IX ZR 222/88, ZIP 1989, 785.
[133] BGH Urt. v. 19.4.2007 – IX ZR 199/03, ZInsO 2007, 596 (598); BGH Urt. v. 7.2.2002 – IX ZR 115/99, NJW 2002, 1574 (1576).
[134] OLG Hamm Urt. v. 20.10.1987 – 27 U 69/87, ZIP 1988, 588.
[135] HambK-InsO/*Rogge/Leptien* § 129 Rn. 112; MüKoInsO/*Kayser* § 129 Rn. 171.
[136] BGH Urt. v. 10.2.2005 – IX ZR 211/02, NJW 2005, 1121 (1124); MüKoInsO/*Kayser* § 129 Rn. 170a.
[137] BGH Urt. v. 13.7.1995 – IX ZR 81/94, ZIP 1995, 1364.
[138] BGH Urt. v. 13.7.1995 – IX ZR 81/94, ZIP 1995, 1364.
[139] HambK-InsO/*Rogge/Leptien* § 129 Rn. 111.
[140] BGH Urt. v. 1.10.2002 – IX ZR 360/99, ZIP 2002, 2182 (2183).

IV. Bargeschäft

1. Allgemeines

74 § 142 regelt, dass eine Leistung des Schuldners, für die **unmittelbar** eine **gleichwertige Gegenleistung** in sein Vermögen gelangt, nur unter den engen Voraussetzungen des § 133 Abs. 1 anfechtbar ist.

Der **Ausnahmeregelung** des § 142 liegt der Gedanke zugrunde, dass auch einem in einer wirtschaftlichen Schieflage befindlichen Schuldner seine wirtschaftliche Bewegungsfreiheit **nicht** genommen werden soll.[141] Die **Privilegierung des Bargeschäfts** gemäß § 142 beim Austausch wirtschaftlich gleichwertiger Leistungen gewährleistet, dass der Schuldner auch in der Krise Sanierungsoptionen prüfen und seinen Geschäftsbetrieb – wenn auch eingeschränkt – aufrechterhalten kann.[142]

75 Mit Hilfe des **Bargeschäftsprivilegs** ist es darüber hinaus dem **vorläufigen Insolvenzverwalter** möglich, den für eine Betriebsfortführung zwingend erforderlichen Waren- und Dienstleistungsaustausch darzustellen,[143] ohne dass der Vertragspartner der Gefahr einer späteren Anfechtung ausgesetzt ist.

76 Die Vorschrift des § 142 hat somit eine **zentrale Funktion** sowohl bei der Unternehmensfortführung und -sanierung als auch bei der Liquiditätssicherung, insbesondere durch Sanierungskredite, im Vorfeld einer Insolvenz.

2. Tatbestandsvoraussetzungen

77 Ein Bargeschäft im Sinne des § 142 liegt vor, wenn der Schuldner in **engem zeitlichen Zusammenhang** mit seiner Leistung aufgrund einer **Vereinbarung** eine der Vereinbarung entsprechende **gleichwertige Gegenleistung** erhält.[144]

78 **a) Verknüpfung von Leistung und Gegenleistung. aa) Voraussetzungen.** Bedingung für die Annahme eines Bargeschäftes ist, dass Leistung und Gegenleistung durch eine Parteivereinbarung miteinander verknüpft sind. Die Gegenleistung muss für die Leistung des Schuldners erbracht werden.[145] Vereinbarungen im Sinne des § 142 sind alle synallagmatischen Verträge, wie zB Kauf-, Darlehens-, Kontokorrent- und Werkverträge.[146]

79 **Nicht ausreichend** ist demgegenüber die bloße Kausalität der Leistungsverknüpfung ohne vertragliche Grundlage.[147]

Die Regelung des § 142 stellt somit im Kern auf die **objektive Bewertung** des **wirtschaftlichen Leistungsaustausches** auf Basis eines **Vertragsverhältnisses** ab.[148]

---

[141] BT-Drs. 12/2443.
[142] BGH Beschl. v. 27.9.1984 – IX ZR 3/84, WM 1984, 1430f.
[143] FK-InsO/*Dauernheim* § 142 Rn. 1.
[144] HK-InsO/*Thole* § 142 Rn. 3.
[145] BT-Drs. 12/2443, 167.
[146] BGH Urt. v. 25.2.1999 – IX ZR 353/98, ZInsO 2002, 319; BGH Urt. v. 30.9.1993 – IX ZR 227/92, ZIP 1993, 1653.
[147] HambK-InsO/*Rogge/Leptien* § 142 Rn. 3; MüKoInsO/*Kirchhof* § 142 Rn. 5.
[148] Braun/*Riggert* InsO § 142 Rn. 14.

§ 16. Anfechtung

Nach der Rechtsprechung des Bundesgerichtshofes können **inkongruente Deckungen,** dh Leistungen, die nicht der ursprünglich geschlossenen Vereinbarung entsprechen, keinen Bargeschäftscharakter erhalten, mit der Folge, dass
– entgegen dem Wortlaut des § 142, aber unter Berücksichtigung des Normzwecks – auch eine Anfechtung gemäß § 131 möglich ist.[149]

Bei einer Unentgeltlichkeit der schuldnerischen Leistung im Sinne von § 134 findet § 142 ebenfalls **keine Anwendung.**[150]

bb) Fallgruppen. **Kein gegenseitiger Leistungsaustausch** aufgrund **vertraglicher Regelungen** ist in folgenden Fällen gegeben:
– Leistung des Arbeitgebers an **Sozialversicherungsträger,**[151] da die Erfüllung einer einseitigen gesetzlichen Pflicht **nie** ein Bargeschäft darstellen kann.[152]
– Zahlung der **Lohnsteuer** an das Finanzamt.[153] Der Bundesfinanzhof hat, soweit ersichtlich, hierzu noch keine Entscheidung getroffen.[154]
– Bei zukünftigen, von einer **Globalzession** erfassten Forderungen sind die Voraussetzungen des Bargeschäfts nicht gegeben, da insoweit keine rechtsgeschäftliche Verknüpfung zwischen Leistung und Gegenleistung, dh zwischen der Darlehensvergabe und dem Entstehen neuer Forderungen, vorliegt.[155]
– Gewährt der Schuldner eine inkongruente Deckung, scheidet ein Bargeschäft stets aus.[156]
– **Verrechnungen im Kontokorrent,** die zur Reduzierung einer **ungenehmigten Überziehung** führen, besitzen mangels Vereinbarung keinen Bargeschäftscharakter.[157]
– Verrechnungen im Kontokorrent zur Erfüllung eigener Ansprüche des Kreditinstitutes sind nicht als Bardeckungen zu qualifizieren.[158]
– Bei so genannten **Druckzahlungen** ist eine Berufung auf die Privilegierung des § 142 nicht möglich, auch wenn Vertragsgrundlage der erzwungenen Leistung ein Bargeschäft war.[159]
– **Ein privilegierter vertraglicher Leistungsaustausch** wird insbesondere bei **Kontokorrentverrechnungen** angenommen, sofern das Kreditinstitut den Schuldner über Zahlungseingänge verfügen lässt. In Höhe der Kontoverfü-

---

[149] BGH Urt. v. 13.4.2006 – IX ZR 158/05, ZInsO 2006, 712; MüKoInsO/*Kirchhof* § 142 Rn. 7; HK-InsO/*Thole* § 142 Rn. 9; BGH Urt. v. 20.1.2011 – IX ZR 58/10, ZIP 2011, 438 (439); BGH Urt. v. 10.7.2014 – IX ZR 192/13, ZIP 2014, 1491.
[150] HambK-InsO/*Rogge/Leptien* § 142 Rn. 14.
[151] BGH Urt. v. 8.12.2005 – IX ZR 182/01, ZInsO 2006, 94.
[152] MüKoInsO/*Kirchhof* § 142 Rn. 5b.
[153] *Kayser* ZIP 2007, 55.
[154] HambK-InsO/*Rogge/Leptien* § 142 Rn. 3a.
[155] BGH Urt. v. 29.11.2007 – IX ZR 30/07, NJW 2008,430; BGH Urt. v. 17.3.2011 – IX ZR 63/10, ZIP 2011, 773 (776f.).
[156] BGH Urt. v. 10.5.2007 – IX ZR 146/05, ZInsO 2007, 662 (669).
[157] KG Urt. v. 28.11.2003 – 7 U 245/02, ZInsO 2004, 394.
[158] BGH Urt. v. 11.10.2007 – IX ZR 195/04, ZIP 2008, 237; BGH Urt. v. 7.5.2009 – IX ZR 140/08, ZIP 2009, 1124 (1125).
[159] BGH Urt. v. 10.2.2005 – IX ZR 211/02, ZIP 2005, 494 (497); BGH Urt. v. 18.12.2003 – IX ZR 199/02, WM 2004, 299 (300).

gung liegt ein unanfechtbares Bargeschäft vor, wenn Ein- und Auszahlungen in einem engen zeitlichen Zusammenhang erfolgen (14 Tage), wobei die zeitliche Reihenfolge unerheblich ist.[160]
– Lebensversicherung auf den Todesfall.[161]

b) Gleichwertigkeit der Leistungen. aa) Voraussetzungen. Vom Bargeschäftsprivileg werden nur Leistungen und Gegenleistungen erfasst, bei denen der objektive Wert beider Leistungen gleichwertig ist,[162] sodass im Ergebnis bei der Vertragsabwicklung nur eine **Vermögensumschichtung** herbeigeführt wird.[163]

83

84 Die **Gleichwertigkeit** der Leistungen ist nach **objektiven Maßstäben** gegebenenfalls unter Einsetzung eines Sachverständigen durch einen Vermögensvergleich zu ermitteln. Die subjektiven Erwartungen bzw. Einschätzungen bezüglich der Gleichwertigkeit seitens der Vertragspartner genügen nicht.

Wertabweichungen aufgrund der Marktsituation sind dann zu akzeptieren, wenn sich die Schwankungen im marktüblichen Rahmen bewegen.[164]

85 Für den Schuldner objektiv günstige Vereinbarungen, bei denen die zufließende Leistung höherwertiger als die abfließende ist, können jederzeit geschlossen werden.[165]

86 **Maßgeblicher Zeitpunkt** für die Beurteilung der Gleichwertigkeit ist der Zeitpunkt, zu dem die erste geschuldete Leistung seitens eines Vertragspartners erbracht wird.[166] Spätere Änderungen sind nur beachtlich, wenn Tagespreise festgelegt wurden.

87 **bb) Fallgruppen. Keine Gleichwertigkeit** der gegenseitigen Leistungen ist anzunehmen,
– wenn für die Weiterbelieferung rückständige Verbindlichkeiten bedient werden müssen.[167]
– wenn ein überhöhter Kaufpreis durch den Schuldner bezahlt wird.[168]
– wenn ein erweiterter Eigentumsvorbehalt vereinbart wurde, da der Schuldner neben dem Kaufpreis grundsätzlich weitere Ansprüche aus der Geschäftsbeziehung tilgen muss.[169]

88 **Gleichwertigkeit** der Leistung und Gegenleistung liegt bei folgenden Fallkonstellationen vor:
– Bei der **Besicherung von Bankkrediten,** wenn der Wert der Sicherheiten der Höhe des Kredites entspricht,[170] wobei ein angemessener Risikoabschlag bei der Bewertung von beweglichen Sicherungsobjekten und Forderungen aus Lieferungen und Leistungen hingenommen werden kann.

---

[160] BGH Urt. v. 7.3.2002 – IX ZR 223/01, NJW 2002, 1722.
[161] BGH Urt. v. 23.10.2003 – IX ZR 252/01, ZIP 2003, 2307 f.
[162] FK-InsO/*Dauernheim* § 142 Rn. 2; Uhlenbruck/*Hirte/Ede* InsO § 142 Rn. 23 ff.
[163] HK-InsO/*Thole* § 142 Rn. 8.
[164] MüKoInsO/*Kirchhof* § 142 Rn. 9.
[165] HambK-InsO/*Rogge/Leptien* § 142 Rn. 10.
[166] MüKoInsO/*Kirchhof* § 142 Rn. 10.
[167] BGH Urt. v. 30.1.1986 – IX ZR 79/85, NJW 1986, 1496.
[168] MüKoInsO/*Kirchhof* § 142 Rn. 13.
[169] HambK-InsO/Rogge/Leptien § 142 Rn. 20.
[170] BGH Urt. v. 19.3.1998 – IX ZR 242/97, ZInsO 1998, 89.

– Beim **Sicherheitentausch,** sofern sich die neu bestellte Sicherheit wirtschaftlich als gleichwertig gegenüber der freizugebenden Sicherheit darstellt.
– Bei der Besicherung von **Sanierungskrediten,** wenn es sich um Neukredite handelt und keine offensichtliche Unmöglichkeit des Sanierungsversuches vorliegt sowie marktübliche Bedingungen vereinbart werden.[171] **Kein Bargeschäft** liegt jedoch vor, wenn die für den Neukredit bestellten Sicherheiten **gleichrangig** den Altkredit besichern sollen.[172]
– Bei **Honoraren für Sanierungskonzepte,** sofern sie angemessen sind. Dies gilt auch, wenn die Sanierung scheitert, sofern konkrete Erfolgsaussichten bestanden.[173]

c) **Unmittelbarkeitserfordernis. aa) Voraussetzungen.** Ein Bargeschäft im Sinne des § 142 liegt nur dann vor, wenn die gegenseitigen Leistungen Zug um Zug oder in einem engen zeitlichen Zusammenhang ausgetauscht werden, wobei keine starren Zeitgrenzen gefordert werden. **89**

Maßgeblich sind die Umstände des Einzelfalls, wie zB die innerbetriebliche Übung hinsichtlich der Durchführung von Zahlläufen. Das Rechtsgeschäft darf aber nicht den Charakter einer **Kreditgewährung** annehmen.[174] **90**

Es liegt **kein Bargeschäft** mehr vor, wenn dem Schuldner, der bei Fälligkeit nicht leistet, eine Stundung bzw. ein Zahlungsaufschub zugebilligt wird.[175] **91**

Eine andere Beurteilung ist für den Fall erforderlich, wenn der zahlungsverpflichtete Schuldner die Leistung nicht fristgerecht erbringt, mithin einen „Kredit" erzwingt.[176]

Verzögerungen durch Dritte, zB des Grundbuchamtes bei der Eintragung einer Auflassung oder Grundschuld, sind für die Qualifizierung des Bargeschäftes unbeachtlich, sofern der Eintragungsantrag rechtzeitig, dh unverzüglich gestellt wird.[177] **92**

bb) **Fallgruppen.** Folgende **Zeitspannen** erfüllen noch das Kriterium der zeitlichen Nähe: **93**
– **14 Tage** zwischen Soll- und Habenbuchungen bei der Kontokorrentverrechnung.[178]
– **14 Tage** nach Erbringung der Gegenleistung im Rahmen der Sicherungsabtretung künftiger Forderungen.[179]
– **7 Tage** zwischen Lieferung, Rechnungsstellung und Scheckübergabe (Überweisung) beim Kauf beweglicher Sachen.[180]
– **30 Tage** zwischen Beginn bzw. Ausführung der anwaltlichen Tätigkeit und der Honorarzahlung. Ist ein Vergütungsvorschuss vereinbart, ist ein Barge-

---

[171] Braun/Riggert InsO § 142 Rn. 5.
[172] BGH Urt. v. 12.11.1992 – IX ZR 237/91, WM 1993, 265.
[173] BGH Urt. v. 26.10.2000 – IX ZR 289/99, NJW 2001, 517 (519).
[174] Braun/Riggert InsO § 142 Rn. 18.
[175] BGH Urt. v. 19.12.2002 – IX ZR 377/99, ZIP 2003, 488 (493).
[176] Braun/Riggert InsO § 142 Rn. 20.
[177] BGH Urt. v. 9.2.1955 – IV ZR 173/54, WM 1955, 404 (406f.).
[178] BGH Urt. v. 7.3.2002 – IX ZR 223/01, ZIP 2002, 812 (814).
[179] OLG Hamm Urt. v. 14.6.2005 – 27 U 85/04, ZIP 2006, 433 (434).
[180] BGH Urt. v. 21.5.1980 – VIII ZR 40/79, NJW 1980, 1961 (1962).

598   4. Teil. Die Bereinigung der Insolvenzmasse

schäft nur gegeben, wenn dieser die Tätigkeit für die nächsten **30 Tage** erfasst und in diesem Zeitraum abgerechnet wird.[181]
- **30 Tage** zwischen Fälligkeit von Arbeitsentgelten und deren tatsächlicher Bezahlung.[182]
- **2 Monate** bei Eintragung einer Grundschuld (Kreditsicherheit), wenn der Eintragungsantrag unverzüglich gestellt wurde.[183]
- **4 Monate** zwischen Gewährung und Eintragung eines Grundpfandrechtes.[184]
- Maximal **4 Monate** für eine Sicherheitenbestellung bei komplizierten Sachverhalten und Aufgabenkomplexen.[185]

3. Rechtsfolgen

94   Liegen die Voraussetzungen des § 142 vor, ist die **Anfechtung** gemäß §§ 130, 132, 135 und 136 **ausgeschlossen**.

Anfechtbar sind **inkongruente Deckungen** gemäß § 131, **unentgeltliche Leistungen** gemäß § 134 sowie **Vereinbarungen** gemäß § 133 Abs. 1, bei denen subjektiv eine Gläubigerschädigung im Vordergrund steht und der Vertragspartner nicht nur Kenntnis von der wirtschaftlichen Krise, sondern auch vom Gläubigerbenachteiligungsvorsatz des Schuldners hat.[186] Da in dieser Fallkonstellation auch eine tatsächliche Gläubigerbenachteiligung gegeben sein muss, kommt eine Anfechtung nur dann in Betracht, wenn der Schuldner die Gegenleistung „beiseite" schaffen konnte.[187]

95   Obwohl § 142 nur auf § 133 Abs. 1 verweist, ist § 133 Abs. 2, der lediglich eine Beweislastregel beinhaltet, nach der herrschenden Meinung von der Verweisung mit umfasst.[188]

4. Beweislast

96   § 142 stellt einen **„Ausnahmetatbestand"** dar, sodass der Anfechtungsgegner für das Vorliegen eines Bargeschäftes beweispflichtig ist.[189]

5. Ausblick: Entwurf der Bundesregierung zum Anfechtungsrecht

Der Gesetzentwurf der Bundesregierung zum Anfechtungsrecht sieht folgenden Wortlaut des § 142 vor:

(1) Eine Leistung des Schuldners, für die unmittelbar eine gleichwertige Gegenleistung in sein Vermögen gelangt, ist nur anfechtbar, wenn die Voraussetzungen des § 133 Absatz 1 bis 3 gegeben sind und der andere Teil erkannt hat, dass der Schuldner unlauter handelte.

---

[181] BGH Urt. v. 6.12.2007 – IX ZR 284/03, ZIP 2008, 232; BGH Urt. v. 13.4.2006 – IX ZR 158/05, ZIP 2006, 1261 (1265).
[182] *Bork* ZIP 2007, 2337 (2339).
[183] BGH Urt. v. 21.12.1977 – VIII ZR 255/76, WM 1978, 133 (135).
[184] OLG Hamburg Urt. v. 26.10.1984 – 11 U 168/83, ZIP 1984, 1373 (1376).
[185] Braun/*Riggert* InsO § 142 Rn. 19.
[186] HambK-InsO/*Rogge/Leptien* § 142 Rn. 14.
[187] BGH Urt. v. 30.9.1993 – IX ZR 227/92, ZIP 1993, 1653 (1654).
[188] KPB/*Ehricke* § 142 Rn. 21; Nerlich/Römermann/*Nerlich* § 142 Rn. 14; aA *Huber* AnfG § 3 Rn. 47.
[189] BGH Urt. v. 1.10.2002 – IX ZR 360/99, ZInsO 2002, 1136.

§ 16. Anfechtung

(2) Der Austausch von Leistung und Gegenleistung ist unmittelbar, wenn er nach Art der ausgetauschten Leistungen und unter Berücksichtigung der Gepflogenheiten des Geschäftsverkehrs in einem engen zeitlichen Zusammenhang erfolgt. Gewährt der Schuldner seinem Arbeitnehmer Arbeitsentgelt, ist ein enger zeitlicher Zusammenhang gegeben, wenn der Zeitraum zwischen Arbeitsleistung und Gewährung des Arbeitsentgelts drei Monate nicht übersteigt.

Der Entwurf enthält wesentliche Änderungen des bisher geltenden Rechts.

Die Neuregelung in § 142 Abs. 1 sieht vor, dass künftig bei Vorliegen eines Bargeschäftes die Vorsatzanfechtung gemäß § 133 generell ausscheidet, es sei denn der Schuldner handelt für den Anfechtungsgegner erkennbar unlauter. Bislang ist eine „bargeschäftsähnliche Lage" nur ein Indiz zur Entkräftung von Beweisanzeichen.

Gemäß der Begründung des Regierungsentwurfes setzt ein unlauteres Verhalten mehr voraus, als die Vornahme der Rechtshandlung in dem Bewusstsein, nicht mehr in der Lage zu sein, alle Gläubiger befriedigen zu können. Es müssen hinreichend gewichtige Umstände hinzutreten, um in dem vollzogenen Austausch einen besonderen Unwert zu erkennen.

Dies soll etwa bei folgenden Konstellationen anzunehmen sein:[190]
– Gezielte Benachteiligung, dh wenn es dem Schuldner in erster Linie darauf ankommt, durch die Befriedigung des Leistungsempfängers andere Gläubiger zu schädigen.
– Ausgabe von Vermögen für flüchtige Luxusgüter in Kenntnis der eigenen Zahlungsunfähigkeit
– Abstoßen von zur Aufrechterhaltung des Betriebes unverzichtbarem Betriebsvermögen, in der Absicht den vereinnahmten Gegenwert seinen Gläubigern zu entziehen.

Das Merkmal der Unmittelbarkeit zwischen Leistung und Gegenleistung, dh des engen zeitlichen Zusammenhangs wird ergänzt um die „Gepflogenheiten des Geschäftsverkehrs". Die bislang für die überwiegende Anzahl an Sachverhaltskonstellationen angenommene „30-Tage-Regel" wir damit aufgeweicht.

V. Anfechtung bei Masseunzulänglichkeit

Hat der Insolvenzverwalter die Masseunzulänglichkeit des Insolvenzverfahrens angezeigt, führt dies nicht zum Ausschluss der erforderlichen Gläubigerbenachteiligung und damit einhergehend zum Ausschluss einer Insolvenzanfechtung. Bei einer anderen Betrachtungsweise würde das Ziel des Insolvenzverfahrens, die bestmögliche Befriedigung der Gläubiger – zu denen auch die Massegläubiger zu rechnen sind – verfehlt werden und der Anfechtungsgegner eine grundsätzlich anfechtbar erlangte Rechtsposition ungerechtfertigt beibehalten können.[191]

Die Masseunzulänglichkeit des Verfahrens ist mithin kein Ausschlussgrund für die Geltendmachung eines Anfechtungsanspruches.[192]

97

---

[190] BT-Drucks. 18/7054.
[191] BGH Urt. v. 28.2.2008 – IX ZR 213/06, NZI 2008, 297 (298).
[192] BGH Beschl. v. 18.9.2003 – IX ZB 460/02, ZIP 2003, 2036.

VI. Nahestehende Person § 138

98 Dem Schuldner **nahestehende Personen** iSd § 138 haben bei der Insolvenzanfechtung eine **Sonderstellung**, da bezüglich dieses Personenkreises erleichterte Voraussetzungen für eine Anfechtung gegeben sind. Die Verschärfung des Anfechtungsrechtes gegenüber den nahestehenden Personen ist damit zu begründen, dass dieser Personenkreis über besondere Informationsmöglichkeiten hinsichtlich der Vermögensverhältnisse des Schuldners verfügt und zudem eher bereit sein wird, mit dem Schuldner zum Nachteil der Gläubigergemeinschaft zusammen zu arbeiten.[193]

99 Bei den **Verweisungen** innerhalb der Normen des Anfechtungsrechtes auf die Regelung des § 138 InsO ist zwischen **Tatbestandsvoraussetzungen** (§§ 133 Abs. 2, 145 Abs. 2 Nr. 2,) und **Beweislastregeln** zu Ungunsten der nahestehenden Person (§§ 130 Abs. 3, 131 Abs. 2 S. 2, 132 Abs. 3, 137 Abs. 2 S. 2) zu unterscheiden.[194]

100 Das „Näheverhältnis" zum Schuldner muss zu dem Zeitpunkt gegeben sein, zu dem die anfechtbare Rechtshandlung als vorgenommen iSv § 140 gilt.

101 Die Insolvenzordnung enthält in § 138 eine Legaldefinition des Begriffs der nahestehenden Person. Die Aufzählung innerhalb der Regelung des § 138 ist **abschließend**, sodass eine analoge Erstreckung auf weitere Personen (Ausnahme: § 138 Abs. 2 Nr. 3) nicht in Betracht kommt.[195]

102 Ehemalige „Insider", die die in § 138 Abs. 2 Nr. 1 und Nr. 2 genannte Stellung zum Zeitpunkt der Vornahme der anfechtbaren Rechtshandlung nicht mehr innehaben, gelten **nicht** als nahestehende Personen.[196]

103 Der von § 138 erfasste Personenkreis kann dem **nachstehenden Organigramm** entnommen werden:

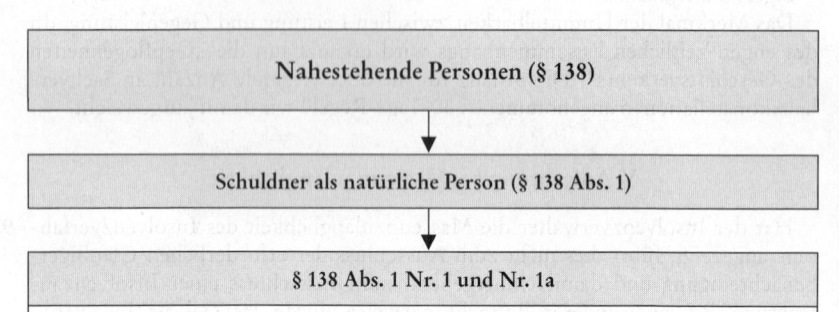

Nahestehende Personen (§ 138)

↓

Schuldner als natürliche Person (§ 138 Abs. 1)

↓

§ 138 Abs. 1 Nr. 1 und Nr. 1a

– § 138 Abs. 1 Nr. 1
 Ehegatte, auch wenn die Ehe nach der Rechtshandlung (§ 140) geschlossen (maßgeblicher Zeitpunkt: Ehe besteht bei letzter mündlichen Verhandlung in der Tatsacheninstanz) oder innerhalb eines Jahres vor der maßgeblichen Handlung aufgelöst worden ist.

---

[193] BT-Drs. 15/3844.
[194] FK-InsO/*Dauernheim* § 138 Rn. 1.
[195] FK-InsO/*Dauernheim* § 138 Rn. 2.
[196] HambK-InsO/*Rogge/Leptien* § 138 Rn. 28.

- **§ 138 Abs. 1 Nr. 1a**
  Gleichgeschlechtliche Lebenspartner gem. § 1 Abs. 1 LPartG des Schuldners (ansonsten wie § 138 Abs. 1 Nr. 1)

§ 138 Abs. 1 Nr. 2

- **Geschwister** des Ehegatten oder des Lebenspartners in auf- und absteigender Linie, dh **Eltern** oder **Kinder** sowie die **Ehepartner** der Verwandten.
- **Geschwister** (voll- und halbbürtig) des Schuldners, Ehegatten oder Lebenspartners sowie die **Ehepartner der Geschwister**.

§ 138 Abs. 1 Nr. 3

- Personen, die in **häuslicher Lebensgemeinschaft** als Partner einer verschieden geschlechtlichen nicht ehelichen Lebensgemeinschaft, da mit dem Schuldner leben, auch wenn die Gemeinschaft bis zu einem Jahr aufgelöst worden ist.
- Personen sind nahe stehend, wenn sie **dienstverpflichtet** und in der Lage sind, sich über die wirtschaftlichen Verhältnisse des Schuldners zu unterrichten (zB Buchhalter; **nicht** Haushälterin).
- **Nicht** Personen, die nur in einer Wohngemeinschaft leben.
- **Strittig** bei sonstigen engen häuslichen Gemeinschaften, zB bei Pflegeeltern und Pflegekindern.

§ 138 Abs. 1 Nr. 4

- **Juristische Personen,** zB Aktiengesellschaft, Gesellschaft mit beschränkter Haftung, Kommanditgesellschaft auf Aktien, eingetragener Verein und eingetragene Genossenschaft (§ 11 Abs. 1 Satz 2) oder **Gesellschaften ohne Rechtspersönlichkeit,** zB die offene Handelsgesellschaft, Kommanditgesellschaft, GmbH & Co. KG, Gesellschaft des bürgerlichen Rechts als Außengesellschaft) sind **nahestehende Personen,** wenn der Schuldner oder eine der in § 138 Abs. 1 Nr. 1 bis 3 genannten Personen
  • Mitglied des Vertretungsorgans (Vorstand der Aktiengesellschaft, Geschäftsführer der Gesellschaft mit beschränkter Haftung, Geschäftsführer der Komplementär GmbH einer Kommanditgesellschaft) ist. Die Kommanditistenstellung reicht **nicht** aus.
  • Mitglied des Aufsichtsorgans aufgrund Gesetzes oder durch Satzung oder Gesellschaftsvertrag (Aufsichtsrat, Beirat, Verwaltungsrat) ist.
  • persönlich haftender Gesellschafter einer offenen Handelsgesellschaft, Kommanditgesellschaft, Gesellschaft des bürgerlichen Rechts, unabhängig von der Vertretungsbefugnis und der Höhe der Beteiligung, ist.
  • mit mehr als **25 %** an dem Kapital einer Aktiengesellschaft, Kommanditgesellschaft auf Aktien oder Gesellschaft mit beschränkter Haftung als Gesellschafter beteiligt ist.

- eine vergleichbare gesellschaftsrechtliche oder dienstvertragliche Verbindung innehat, die eine Unterrichtung über die wirtschaftlichen Verhältnisse des Schuldners ermöglicht, zB wenn der Geschäftsführer einer Gesellschaft zugleich als leitender Angestellter in der Einzelfirma des Schuldners tätig ist.

Schuldner als juristische Person oder Gesellschaft ohne Rechtspersönlichkeit (§ 138 Abs. 2)

§ 138 Abs. 2 Nr. 1

Nahestehende Personen sind Mitglieder des Vertretungs- oder Aufsichtsorgans sowie persönlich haftende Gesellschafter des Schuldners und Personen, die zu mehr als einem Viertel am Kapital des Schuldners beteiligt sind (vgl. zu den Einzelheiten oben § 138 Abs. 1 Nr. 4).

§ 138 Abs. 2 Nr. 2

– Nahe stehend ist eine Person (natürlich und juristisch) oder eine Gesellschaft, die aufgrund
  - einer vergleichbaren gesellschaftsrechtlichen Verbindung (so dass sog „Insiderwissen" vorhanden ist, zB Verhältnis des herrschenden zum abhängigen insolventen Unternehmen; nicht: Konzerntöchter oder Schwestergesellschaften) oder
  - einer dienstvertraglichen Verbindung zum Schuldner (Prokuristen, Betriebsleiter und leitende Angestellte)
  die besonderen **Informationsmöglichkeiten** als Insider hat, sich über die wirtschaftlichen Verhältnisse des Schuldners zu informieren.
– § 138 Abs. 2 Nr. 2 InsO ist auch einschlägig, wenn wesentliche Gesellschafter zweier Gesellschaften identisch oder nahe Angehörige sind.
– **Nicht** von § 138 Abs. 2 Nr. 2 InsO betroffen sind Freiberufler, wie Wirtschaftsprüfer, Steuerberater, Rechtsanwälte etc., die für den Schuldner tätig sind.

§ 138 Abs. 2 Nr. 3

– Nahestehende Person (natürliche Personen und juristische Personen) im Sinne des § 138 Abs. 2 Nr. 3 InsO sind diejenigen, die zu einer in § 138 Abs. 1 Nr. 1 oder Nr. 2 bezeichneten Person in solchen Verbindungen stehen, die in § 138 Abs. 1 Nr. 1 bis 3 normiert sind.
  - Erfasst werden alle in § 138 Abs. 1 Nr. 1 bis 3 genannten natürlichen Personen, die in einem Näheverhältnis zu den Mitgliedern der Vertretungs- und Aufsichts-

> organe, Gesellschaftern und sonstigen mit der Schuldnergesellschaft gesellschaftsrechtlich oder dienstvertraglich verbundenen Personen stehen.
> • Dies gilt **nicht**, wenn die von § 138 Abs. 2 Nr. 1 und Nr. 2 erfassten Personen zur Verschwiegenheit kraft Gesetzes (**nicht** kraft Vertrages oder Satzung) verpflichtet sind, wie zB der GmbH-Geschäftsführer (§ 85 GmbHG), Vorstands- und Aufsichtsratsmitglieder einer AG (§§ 93 Abs. 2 Satz 2, 116, 404 AktG).

E. Die besondere Insolvenzanfechtung (§§ 130–132)

I. Einleitung

Die §§ 130–132 regeln die „**besondere Insolvenzanfechtung**" bei kongruenten und inkongruenten Deckungen sowie unmittelbar nachteiligen Rechtshandlungen. 104

Als besondere Insolvenzanfechtung werden die vorgenannten Vorschriften deshalb bezeichnet, da diese Tatbestände nur im eröffneten Insolvenzverfahren durchgesetzt werden können, im Anfechtungsgesetz hingegen für die Einzelanfechtung keine gleich gelagerten Regelungen vorhanden sind.

Die Anfechtungstatbestände der §§ 130–132 verwirklichen das gesetzgeberische Ziel, die Durchsetzung des Gläubigergleichbehandlungsgrundsatzes (par conditio creditorum) auf den Zeitpunkt des Eintritts der Zahlungsunfähigkeit vorzuverlagern. Durch die besondere Insolvenzanfechtung wird insbesondere verhindert, dass sich bei Vorliegen der Krise, dh der materiellen Insolvenz, einzelne Gläubiger noch Deckung verschaffen.[197]

> **Voraussetzungen der Anfechtung kongruenter Deckungen gemäß § 130**
>
> 1. **Objektiver Tatbestand**
>   – Rechtshandlung innerhalb eines Zeitraumes von drei Monaten vor Insolvenzantragstellung oder nach Insolvenzantragstellung
>   – Anfechtungsgegner ist Insolvenzgläubiger
>   – Vorliegen einer Gläubigerbenachteiligung
>   – Kausalität zwischen Rechtshandlung und Eintritt der Gläubigerbenachteiligung
>   – Rechtshandlung führt zur Befriedigung oder Sicherung eines Insolvenzgläubigers
>   – Vorliegen der Zahlungsunfähigkeit im Sinne von § 17
> 2. **Subjektiver Tatbestand**
>   a) **Subjektiver Tatbestand des § 130 Abs. 1 Nr. 1**
>   – Positive Kenntnis des Gläubigers von der Zahlungsunfähigkeit
>   b) **Subjektiver Tatbestand des § 130 Abs. 1 Nr. 2**
>   – Alternativ: positive Kenntnis des Gläubigers von der Zahlungsunfähigkeit oder dem Eröffnungsantrag
>   c) **Beweiserleichterung gem. § 130 Abs. 2**
>   – Gläubiger hat Kenntnis von Umständen, die zwingend auf die Kenntnis von der Zahlungsunfähigkeit oder dem Eröffnungsantrag schließen lassen

---

[197] Uhlenbruck/*Hirte*/*Ede* InsO § 130 Rn. 1.

d) Beweislastumkehr gem. § 130 Abs. 3
– Beweislastumkehr bei nahestehenden Personen gemäß § 130 Abs. 3
3. **Ausnahmen**
a) Finanzsicherheiten gemäß § 130 Abs. 1 Satz 2
b) Wechsel- und Scheckzahlungen gemäß § 137

II. Die kongruente Deckung (§ 130)

105 Die Vorschrift des § 130 regelt die **Anfechtbarkeit** einer dem Gläubiger gebührenden **(kongruenten) Sicherung oder Befriedigung** (Deckung). Die Insolvenzanfechtung gemäß § 130 Abs. 1 Nr. 1 setzt das Vorliegen einer Rechtshandlung des Schuldners oder eines Dritten voraus, die einem Gläubiger eine Sicherung oder Befriedigung gewährt oder ermöglicht hat und die Insolvenzgläubiger benachteiligt, sofern die Rechtshandlung innerhalb eines Zeitraums von drei Monaten vor Stellung des Insolvenzantrages vorgenommen worden ist und der Insolvenzgläubiger die eingetretene Zahlungsunfähigkeit des Schuldners gekannt hat.

Die Deckungsanfechtung führt zu dem Ergebnis, dass auch die vertragsgemäße Erfüllung eines Anspruches, mit der keine Schädigungsabsicht einhergeht, der Anfechtung unterliegt, soweit die maßgebliche Rechtshandlung in Kenntnis der Zahlungsunfähigkeit vollzogen wurde.[198]

106 Das Gleiche gilt gemäß § 130 Abs. 1 Nr. 2, wenn die maßgebliche Rechtshandlung nach dem Eröffnungsantrag erfolgt ist und der Anfechtungsgegner Kenntnis von dem Eröffnungsantrag oder von der Zahlungsunfähigkeit hatte.

107 § 130 Abs. 2 erleichtert dem anfechtenden Insolvenzverwalter die Beweisführung, indem der positiven Kenntnis von der Zahlungsunfähigkeit die Kenntnis von Umständen gleichgestellt wird, die zwingend auf die Zahlungsunfähigkeit oder den Eröffnungsantrag schließen lassen.[199]

108 Die Regelung des § 130 Abs. 3 enthält eine Vermutung dafür, dass eine Person, die dem Schuldner zum Zeitpunkt der Vornahme der anzufechtenden Rechtshandlung nahestand (§ 138), Kenntnis von der Zahlungsunfähigkeit oder dem Eröffnungsantrag hatte. Es handelt sich hierbei um eine **Beweislastregel** zum Nachteil des Anfechtungsgegners.[200]

1. Tatbestandsvoraussetzungen des § 130 Abs. 1

109 a) **Objektiver Tatbestand. aa) Rechtshandlung.** § 130 Abs. 1 setzt voraus, dass eine Rechtshandlung vorgenommen wurde, durch der der Gläubiger eine Sicherung oder Befriedigung erlangt hat. Ausreichend sind auch Rechtshandlungen, die eine Deckung lediglich ermöglicht haben, zB die Abgabe eines Anerkenntnisses oder eine Zwangsvollstreckungsunterwerfung.[201]

110 bb) **Maßgeblicher Zeitraum.** Die Rechtshandlung muss in einem Zeitraum von **drei Monaten vor Insolvenzantragstellung** (§ 130 Abs. 1 Nr. 1) bzw. nach

---
[198] HK-InsO/*Thole* § 130 Rn. 2.
[199] HambK-InsO/*Rogge/Leptien* § 130 Rn. 18.
[200] FK-InsO/*Dauernheim* § 138 Rn. 1.
[201] FK-InsO/*Dauernheim* § 130 Rn. 13.

§ 16. Anfechtung

Insolvenzantragstellung (§ 130 Abs. 1 Nr. 2) im Sinne von § 140 vorgenommen worden sein. Die Frist wird gemäß § 139 berechnet.

cc) Anfechtungsgegner als Insolvenzgläubiger. Der Anfechtungsgegner muss **Insolvenzgläubiger** sein, dh bei der erfüllten oder gesicherten Forderung muss es sich um eine Insolvenzforderung im Sinne von § 38 handeln, wobei auch nachrangige Insolvenzforderungen gemäß § 39 erfasst sind.[202] Unerheblich ist, ob der Anfechtungsgegner durch eine Forderungsanmeldung (§§ 174 ff.) am Verfahren selbst teilnimmt.[203] 111

dd) Gläubigerbenachteiligung und Kausalität. Die Gläubigeranfechtung bei kongruenter Deckung setzt objektiv eine zumindest **mittelbare Gläubigerbenachteiligung** voraus, wobei die angefochtene Rechtshandlung **kausal** für die eingetretene Gläubigerbenachteiligung gewesen sein muss. 112

ee) Gewährung oder Ermöglichung einer Befriedigung bzw. einer Sicherung.

(1) Die Insolvenzanfechtung gemäß § 130 erstreckt sich auf **Sicherungen** und **Befriedigungen**, auf die der Gläubiger/Anfechtungsgegner in der erbrachten **Art und Weise** einen **Anspruch** hatte **(kongruente Deckung)**, ihm mithin zustanden.[204] 113

(2) **Befriedigung** im Sinne des § 130 stellt die vollständige oder teilweise **Erfüllung** eines Anspruches dar,[205] die das Erlöschen der Forderung zur Folge hat. Umfasst werden auch Leistungen an Erfüllungs statt (§ 364 BGB), die Hinterlegung (§ 372 BGB) und der Erlassvertrag (§ 397 BGB). 114

Eine der wichtigsten Fallgruppen der **Befriedigung** eines Gläubigers/Anfechtungsgegners gemäß § 130 bildet die Möglichkeit der Aufrechnung, §§ 387 ff. BGB. Entscheidend ist hierbei für die Insolvenzanfechtung nicht der Zeitpunkt der Abgabe der Aufrechnungserklärung, sondern der Zeitpunkt der Begründung der Aufrechnungslage.[206] Sofern die Aufrechnungslage anfechtbar geschaffen worden ist, greift die Regelung des § 96 Abs. 1 Nr. 3 ein, ohne dass die Anfechtung ausdrücklich erklärt werden muss. 115

(3) **Sicherung** iSv § 130 ist als die Schaffung einer Rechtsposition zu definieren, die geeignet ist, die Anspruchsdurchsetzung zu erleichtern bzw. zu fördern.[207] 116

(a) Der Begriff der Sicherheit ist weit zu verstehen und umfasst vertragliche und gesetzliche Sicherheiten, wie zB Sicherungsübereignungen, Zessionen, Pfandrechte, Zurückbehaltungsrechte und fiduziarische Sicherheiten.[208] 117

(b) Bei einer Sicherheitenbestellung handelt es sich nur dann um eine **kongruente Deckung,** wenn der Gläubiger/Anfechtungsgegner aufgrund einer vertraglichen Vereinbarung oder aufgrund seiner Allgemeinen Geschäftsbedin- 118

---

[202] FK-InsO/*Dauernheim* § 130 Rn. 6.
[203] HambK-InsO/*Rogge/Leptien* § 130 Rn. 3.
[204] Uhlenbruck/*Hirte/Ede* InsO § 130 Rn. 5; HambK-InsO/*Rogge/Leptien* § 130 Rn. 6.
[205] Uhlenbruck/*Hirte/Ede* InsO § 130 Rn. 9; HambK-InsO/*Rogge/Leptien* § 130 Rn. 8.
[206] OLG Stuttgart Urt. v. 26.7.2000 – 20 U 18/2000, NZI 2000, 430 (433); FK-InsO/*Dauernheim* § 130 Rn. 30.
[207] MüKoInsO/*Kayser* § 130 Rn. 8; HK-InsO/*Thole* § 131 Rn. 19.
[208] HK-InsO/*Thole* § 131 Rn. 19; FK-InsO/*Dauernheim* § 130 Rn. 35.

gungen einen hinreichend konkretisierten Anspruch auf Bestellung dieser Sicherheit hat.²⁰⁹ Eine Kongruenz liegt damit nur dann vor, wenn konkret, dh bei Abschluss eines Kreditvertrages, die Sicherheitenbestellung vereinbart und die zu bestellende Sicherheit bestimmt wurde.²¹⁰
Ist dies nicht der Fall, ist eine Anfechtung der Sicherheiten unter den erleichterten Voraussetzungen des § 131 möglich.

119 Nicht hinreichend definiert und konkretisiert sind zB die Ansprüche auf Nachbesicherung gemäß Nr. 13 Abs. 1 und Abs. 2 AGB-Banken und Nr. 22 Abs. 1 AGB-Sparkassen, die sich allgemein auf die Bestellung bankmäßiger Sicherheiten richten.²¹¹

120 (4) Folgende **praxisrelevante Fallgruppen** sind hervorzuheben:
- **Befriedigung** im Sinne von § 130 stellen die Erfüllung (§ 362 BGB), die Leistung an Erfüllungs statt (§ 364 BGB), die Hinterlegung (§ 372 BGB) und der Erlassvertrag (§ 397 BGB) dar.
- Einen wichtigen Fall bei der besonderen Insolvenzanfechtung stellt die **Aufrechnung** in Form des Eingangs von Gutschriften auf einem debitorischen Konto des Schuldners und deren Verrechnung dar. Erfüllt die Herbeiführung der Aufrechnung/Verrechnung einen Anfechtungstatbestand, bedarf es keiner Anfechtung, da die Aufrechnung/Verrechnung gemäß § 96 Abs. 1 Nr. 3 unzulässig ist. Das Anfechtungsrecht wird in diesem Fall dem Recht der Aufrechnung inkorporiert.²¹²
- Ob die Herstellung der Aufrechnungslage zu einer kongruenten oder inkongruenten Deckung führt, hängt davon ab, ob der Anfechtungsgegner im maßgeblichen Zeitpunkt die Deckung beanspruchen konnte oder nicht.
- Die Rückführung der **ungekündigten Kreditlinie** im Wege der Aufrechnung/Verrechnung stellt eine inkongruente Deckung dar.²¹³
- Globalzessionsverträge sind auch hinsichtlich der künftig entstehenden Forderungen grundsätzlich nur als kongruente Deckungen anfechtbar.²¹⁴ Das Gleiche gilt, wenn ein sog Sicherheitentausch vorliegt.²¹⁵
- Eine anfechtbare Aufrechnungslage liegt vor, wenn ein Gläubiger einen Vorschuss auf entstandene, aber noch nicht fällige Forderungen erhält.²¹⁶
- Anfechtbar ist die Begründung einer Aufrechnungslage, wenn der Gläubiger in Kenntnis der Zahlungsunfähigkeit oder des Insolvenzantrags Waren vom Schuldner erwirbt und gegen die Forderung des Schuldners mit eigenen Ansprüchen die Aufrechnung erklärt.²¹⁷
- **Hinweis: Rechtsfolgenbeschränkung**
Die Rechtsfolge der Anfechtung kann in diesem Fall auf die Unzulässigkeit der Aufrechnung beschränkt werden, mit der Folge, dass der Insolvenzver-

---

[209] *Kirchhof* ZInsO 2004, 465 ff.
[210] FK-InsO/*Dauernheim* § 130 Rn. 35.
[211] Uhlenbruck/*Hirte/Ede* InsO § 131 Rn. 30 ff.
[212] *Paulus* ZIP 1997, 569 (576).
[213] BGH Urt. v. 7.3.2002 – IX ZR 223/01, ZInsO 2002, 462.
[214] BGH Urt. v. 29.11.2007 – IX ZR 30/07, ZIP 2008, 183
[215] BGH Urt. v. 1.10.2002 – IX ZR 360/99, ZIP 2002, 2182.
[216] BGH Urt. v. 22.12.1982 – VIII ZR 214/81, ZIP 1983, 191.
[217] BGH Urt. v. 5.4.2001 – IX ZR 216/98, ZIP 2001, 885; BGH Urt. v. 22.4.2004 – IX ZR 370/00. ZIP 2004, 1160 (1160 f.).

walter bei Vorliegen eines Kaufvertrages die Kaufpreisforderung verlangen kann, ohne dass der Kaufvertrag insgesamt aufgelöst werden muss.[218]
- Eine **Globalzession** ist nur als kongruente Deckung anfechtbar,[219] es sei denn, sie wurde im 3-Monatszeitraum vor Insolvenzantragstellung – ohne dass ein Anspruch des Kreditinstitutes/Gläubigers auf die Bestellung dieser Sicherheit gegeben war – vereinbart.
- Eine Anfechtung ist aber dann möglich, wenn das Kreditinstitut zum Zeitpunkt des Entstehens der Forderung oder im Zeitraum der Werthaltigmachung des Anspruches Kenntnis von der Zahlungsunfähigkeit hatte.[220]
- Das Gleiche gilt für die Sicherungsübereignung.
- **Die im Rahmen einer Mantelzession** durch Übersendung der Zessionsliste vorgenommene Abtretung ist **kongruent**.[221]
- Für die **Mantelsicherungsübereignung** gilt das oben Gesagte.
- Anfechtbar ist der Abschluss eines **Poolvertrages** als die deckungsermöglichende Rechtshandlung, wenn durch die Bildung einer Sicherheitenverwertungsgemeinschaft das Sicherungsrecht durchsetzbar wird[222] oder eine zuvor nicht voll valutierte Sicherheit mit ungesicherten Forderungen verknüpft wird. Hierzu genügen bereits Beweiserleichterungen, die die Befriedigung der Poolmitglieder verbessern.[223]

ff) Zahlungsunfähigkeit. Weitere objektive Tatbestandsvoraussetzung des 121 § 130 Abs. 1 ist, dass der Schuldner zum Zeitpunkt der Vornahme der Rechtshandlung (§ 140) zahlungsunfähig im Sinne des § 17 war. Nach der Rechtsprechung des Bundesgerichtshofes[224] liegt Zahlungsunfähigkeit dann vor, wenn der Schuldner 10 % oder mehr seiner fälligen Gesamtverbindlichkeiten innerhalb eines Zeitraums von drei Wochen nicht erfüllen kann,[225] sofern nicht ausnahmsweise mit an Sicherheit grenzender Wahrscheinlichkeit zu erwarten ist, dass die Liquiditätslücke demnächst vollständig oder fast vollständig beseitigt werden wird und den Gläubigern ein Zuwarten nach den besonderen Umständen des Einzelfalls zuzumuten ist. Beträgt die innerhalb von drei Wochen nicht zu beseitigende Liquiditätslücke weniger als 10 %, liegt Zahlungsunfähigkeit nur vor, wenn bereits absehbar ist, dass die Lücke demnächst mehr als 10 % erreichen wird.[226]

Die Zahlungsunfähigkeit im Sinne des § 17 kann auch dann gegeben sein, 122 wenn der Schuldner noch einzelne Gläubiger – auch mit namhaften Beträgen – befriedigt.[227]

Nach der gesetzlichen Legaldefinition gemäß § 17 Abs. 2 ist Zahlungsunfä- 123 higkeit in der Regel anzunehmen, wenn der Schuldner seine Zahlungen **eingestellt** hat.

---

[218] BGH Urt. v. 9.10.2003 – IX ZR 28/03, ZIP 2003, 2370.
[219] BGH Urt. v. 29.11.2007 – IX ZR 30/07, ZIP 2008, 183.
[220] BGH Urt. v. 29.11.2007 – IX ZR 30/07, ZIP 2008, 183.
[221] FK-InsO/*Dauernheim* § 130 Rn. 35.
[222] BGH Urt. v. 12.11.1992 – IX ZR 237/91, ZIP 1993, 271.
[223] *Smid* NZI 2000, 505.
[224] BGH Urt. v. 24.5.2005 – IX ZR 123/04, ZInsO 2005, 807.
[225] BGH Urt. v. 24.5.2005 – IX ZR 123/04, ZInsO 2005, 807.
[226] Zu den Einzelheiten hinsichtlich der Feststellung der Zahlungsunfähigkeit vgl. § 2.
[227] BT-Drs. 12/2443.

124 In der Praxis wird bei der Mehrzahl der Fälle weiterhin auf die **Zahlungseinstellung** abzustellen sein, da diese die **Illiquidität** des Schuldners für die beteiligten Verkehrskreise dokumentiert. **Zahlungseinstellung** ist das nach Außen hervorgetretene Verhalten des Schuldners, aus dem zu schließen ist, dass er wegen eines anhaltenden Mangels an Zahlungsmitteln seine fälligen Verbindlichkeiten nicht bedienen können wird.[228]

125 Die Zahlungsunfähigkeit gemäß § 17 ist **nicht gleichzusetzen** mit der drohenden **Zahlungsunfähigkeit** gemäß § 18, bei deren Vorliegen keine Insolvenzanfechtung gemäß §§ 129 ff. möglich ist.[229]

126 Die Insolvenzanfechtung ist ebenfalls ausgeschlossen, wenn ein an sich zahlungsfähiger Schuldner lediglich **zahlungsunwillig** ist, eine Forderung zu bedienen.[230]

127 **gg) Begrenzung der Deckungsanfechtung bei Vorliegen eines Bargeschäfts (§ 142).** Die Möglichkeit der Anfechtbarkeit von **kongruenten Rechtshandlungen** in der Krise ist bei Vorliegen eines Bargeschäftes gemäß § 142 ausgeschlossen, da der Schuldner in diesem Fall aufgrund einer vertraglichen Beziehung eine gleichwertige Gegenleistung in einem unmittelbaren zeitlichen Zusammenhang für die seinerseits erbrachte Leistung erhält.[231]

128 **b) Subjektiver Tatbestand.** Die Insolvenzanfechtung einer kongruenten Deckung erfordert neben den oben beschriebenen objektiven Tatbestandsmerkmalen das Vorhandensein der nachfolgenden subjektiven Tatbestandselemente.

129 **aa) Subjektive Tatbestandsmerkmale des § 130 Abs. 1 Nr. 1.** Gemäß § 130 Abs. 1 Nr. 1 ist erforderlich, dass der Anfechtungsgegner positive Kenntnis von der Zahlungsunfähigkeit hat.

130 Kenntnis bedeutet in diesem Zusammenhang für sicher gehaltenes Wissen. Der Gläubiger kennt die Zahlungsunfähigkeit als komplexen Rechtsbegriff nur, wenn er die Liquidität oder das Zahlungsverhalten des Schuldners wenigstens laienhaft als Zahlungsunfähigkeit bewerten kann.[232] Hierfür genügt es, wenn der Gläubiger den Schluss zieht, dass der Schuldner wesentliche Teile seiner ernsthaft eingeforderten Verbindlichkeiten zeitnah nicht wird tilgen können.[233]

131 Es genügt demnach, wenn der Anfechtungsgegner Kenntnis davon hat, dass der Schuldner **10 % seiner Gesamtverbindlichkeiten** nicht innerhalb von **drei Wochen** zurückführen kann.

132 Eine grob fahrlässige Unkenntnis von der Zahlungsunfähigkeit schadet dem Anfechtungsgegner nicht,[234] dh der Gläubiger muss die tatsächlichen Umstände kennen, aus denen bei zutreffender rechtlicher Bewertung die Zahlungsunfähigkeit zweifelsfrei folgt.[235]

---

[228] BGH Urt. v. 25.1.2001 – IX ZR 6/00, ZIP 2001, 524 (525).
[229] MüKoInsO/*Kayser* § 130 Rn. 28c.
[230] BGH Urt. v. 17.5.2001 – IX ZR 188/98, ZInsO 2001, 617 (618).
[231] FK-InsO/*Dauernheim* § 130 Rn. 4.
[232] BGH Urt. v. 19.2.2009 – IX ZR 62/08, ZIP 2009, 526 (527).
[233] BGH Urt. v. 19.12.2002 – IX ZR 377/99, ZInsO 2003, 324; BGH Urt. v. 12.10.2006 – IX ZR 228/03.
[234] MüKoInsO/*Kayser* § 130 Rn. 34.
[235] BGH Urt. v. 19.2.2009 – IX ZR 62/08, ZIP 2009, 526.

§ 16. Anfechtung

bb) Subjektive Tatbestandsvoraussetzungen des § 130 Abs. 1 Nr. 2. Wurde 133
die anfechtbare Deckungshandlung nach der Stellung des Eröffnungsantrags
vorgenommen, muss der Anfechtungsgegner gemäß § 130 Abs. 1 Nr. 2 alternativ positive Kenntnis von der Zahlungsunfähigkeit oder dem Eröffnungsantrag
haben. Nicht notwendig ist die Kenntnis des Anfechtungsgegners von der
Zulässigkeit oder Begründetheit des Insolvenzantrages, sodass es unerheblich
ist, wenn der Anfechtungsgegner den Insolvenzantrag für unbegründet hält.[236]
Liegen **mehrere Eröffnungsanträge** vor, genügt es, wenn der Gläubiger einen dieser Anträge, der die Eröffnungsvoraussetzungen erfüllt, kannte, auch
wenn die Insolvenzeröffnung aufgrund eines anderen Insolvenzantrages erfolgte.[237]

Allein aus der öffentlichen Bekanntmachung der Bestellung eines vorläufigen 134
Insolvenzverwalters bzw. der Anordnung von Sicherungsmaßnahmen im Sinne
der §§ 21, 22 kann nicht auf die Kenntnis vom Eröffnungsantrag geschlossen
werden.[238]

cc) Kenntnis von Umständen gemäß § 130 Abs. 2. Die Regelung des § 130 135
Abs. 2 enthält für den anfechtenden Insolvenzverwalter eine **Beweiserleichterung** dahingehend, dass der positiven Kenntnis von der Zahlungsunfähigkeit
oder dem Eröffnungsantrag gemäß § 130 Abs. 1 die Kenntnis von Umständen gleichgesetzt wird, die zwingend auf die Zahlungsunfähigkeit schließen
lassen.

Vorausgesetzt wird demgemäß, dass der Gläubiger die tatsächlichen Umstän- 136
de kennt, aus denen bei zutreffender rechtlicher Bewertung die Zahlungsunfähigkeit zweifelsfrei folgt. Der Gläubiger kann sich dann nicht mit Erfolg darauf
berufen, dass er den zwingenden Schluss von den Tatsachen auf den Rechtsbegriff der Zahlungsunfähigkeit nicht gezogen hat.[239]

Die Kenntnis einzelner Tatsachen, die für die Zahlungseinstellung oder Zah- 137
lungsunfähigkeit sprechen, kann nicht genügen, wenn sie nur eine ungewisse
Möglichkeit einer Zahlungsunfähigkeit befürchten lassen.[240]

Mischen sich in die Vorstellung des Gläubigers – wenngleich möglicherweise 138
irrtümlich – Tatsachen, die bei einer Gesamtbetrachtung den Schluss auf die
Zahlungsunfähigkeit des Schuldners nicht zwingend nahe legen, fehlt dem
Gläubiger die entsprechende Kenntnis. Bewertet er hingegen das ihm vollständige Tatsachenbild, das objektiv die Annahme der Zahlungsunfähigkeit gebietet,
falsch, kann er sich nicht mit Erfolg darauf berufen, dass er diesen Schluss nicht
gezogen habe.[241]

---

[236] BGH Urt. v. 19.2.2009 – IX ZR 62/08, ZIP 2009, 526; HambK-InsO/*Rogge/Leptien*
§ 130 Rn. 24.
[237] HK-InsO/*Thole* § 130 Rn. 42.
[238] BGH Urt. v. 7.10.2010 – IX ZR 209/09, ZIP 2010, 2307 (2308f.); BGH Beschl. v.
10.11.2001 – IX ZA 1/10.
[239] BGH Urt. v. 19.2.2009 – IX ZR 62/08, ZIP 2009, 526 (527); BGH Urt. v. 20.11.2001
– IX ZR 48/01, ZIP 2002, 87; HK-InsO/*Thole* § 130 Rn. 38; FK-InsO/*Dauernheim* § 130
Rn. 39.
[240] BGH Urt. v. 19.2.2009 – IX ZR 62/08, ZIP 2009, 526 (527); MüKoInsO/*Kayser*
§ 130 Rn. 33.
[241] BGH Urt. v. 19.2.2009 – IX ZR 62/08, ZIP 2009, 526 (527); BGH Urt. v. 20.11.2001
– IX ZR 48/01, ZIP 2002, 87; MüKoInsO/*Kayser* § 130 Rn. 36.

139 Nach der Rechtsprechung des Bundesgerichtshofes[242] sind **unterschiedliche Bewertungsmaßstäbe** für institutionelle Gläubiger oder Gläubiger mit Insiderwissen im Vergleich zu außenstehenden Gläubigern und Arbeitnehmern anzulegen, da die letztgenannten Gläubigergruppen keinen Gesamtüberblick über die Liquiditäts- oder Zahlungssituation des schuldnerischen Unternehmens haben.

140 Institutionelle Gläubiger, wie zB Kreditinstitute, Sozialversicherungsträger und Finanzämter, trifft bei der Erlangung von Informationen, die auf Liquiditätsprobleme schließen lassen, eine Beobachtungs- und Erkundigungspflicht,[243] insbesondere aufgrund von Presseberichten, bei verspäteten Zahlungen von Sozialversicherungsbeiträgen, bei schleppenden Steuerzahlungen oder wenn Kontoüberziehungen bzw. Kontopfändungen erfolgt sind. In diesen Fällen haben die vorgenannten Gläubiger die weitere Entwicklung des krisenbehafteten Unternehmens zu verfolgen.[244]

141 Für außenstehende Kleingläubiger, kleinere Lieferanten und Arbeitnehmer besteht die vorgenannte Erkundigungspflicht nicht.[245]

142 dd) **Fallgruppen.** Kenntnis der **Gläubiger** von der **Zahlungsunfähigkeit** bzw. von **Umständen,** die zwingend auf die **Zahlungsunfähigkeit schließen lassen,** liegt bei folgenden Fallkonstellationen vor:

– Der Schuldner leistet auf anwachsende Steuerschulden nur Teilzahlungen.[246]
– Der Schuldner hat sechs Monate keine Sozialversicherungsbeiträge abgeführt.[247]
– Der Schuldner bemüht sich um Stundung oder Erlass seiner Verbindlichkeiten.[248]
– Der Schuldner hat seine Gläubiger darauf hingewiesen, dass Vollstreckungsversuche im Zwangsvollstreckungsverfahren fruchtlos geblieben sind.[249]
– Presseberichte, die die wirtschaftliche Situation des Schuldners beschreiben.[250] In diesem Fall besteht eine Erkundigungspflicht für institutionelle Gläubiger.
– Vollstreckungsversuche gegen den Schuldner sind gescheitert[251] bzw. der Schuldner hat auf Aufforderung des Gerichtsvollziehers nicht gezahlt.
– Der Schuldner hält Zahlungszusagen nicht ein und Schecks werden nicht eingelöst.[252]
– Es erfolgen Warenabholungen durch Lieferanten und der Schuldner bedient nur noch Neuforderungen.[253]

---

[242] BGH Urt. v. 19.2.2009 – IX ZR 62/08, ZIP 2009, 526 (527).
[243] BGH Urt. v. 19.2.2009 – IX ZR 62/08, ZIP 2009, 526; BGH Urt. v. 19.7.2001 – IX ZR 36/99, ZIP 2001, 1641.
[244] BGH Urt. v. 19.2.2009 – IX ZR 62/08, ZIP 2009, 526 (528).
[245] BGH Urt. v. 19.2.2009 – IX ZR 62/08, ZIP 2009, 526 (528); MüKoInsO/*Kayser* § 130 Rn. 39a.
[246] BGH Urt. v. 9.1.2003 – IX ZR 175/02, ZIP 2003, 410.
[247] BGH Urt. v. 20.11.2001 – IX ZR 48/01, ZInsO 2002, 29.
[248] BGH Urt. v. 4.10.2001 – IX ZR 81/99, ZIP 2001, 2097 (2098).
[249] BGH Urt. v. 27.11.1974 – VIII ZR 21/73, WM 1975, 6.
[250] BGH Urt. v. 19.7.2001 – IX ZR 36/99, ZIP 2001, 1641.
[251] BGH Urt. v. 30.1.1997 – IX ZR 89/96, ZIP 1997, 513 (515).
[252] BGH Urt. v. 20.11.2001 – IX ZR 159/00, ZIP 2002, 228.
[253] OLG Stuttgart Urt. v. 22.1.1997 – 9 U 138/96, ZIP 1997, 652.

§ 16. Anfechtung

- Der Schuldner befriedigt einzelne auf Zahlung dringende Gläubiger mit Sachleistungen.
- Der Schuldner hat seinen Geschäftsbetrieb eingestellt.[254]
- Nichtzahlung bzw. verschleppte Zahlung von Lohn- und Lohnnebenkosten.[255]
- Nichtzahlung bzw. unregelmäßige Zahlung von Lohn-, Umsatz- und Gewerbesteuer.[256]

Die Bitte des Schuldners auf Abschluss einer **Ratenzahlungsvereinbarung** ist, wenn sie sich im Rahmen der Gepflogenheiten des Geschäftsverkehrs hält, als solche **kein Indiz** für eine Zahlungsunfähigkeit des Schuldners.[257]

Ein **Kreditinstitut** hat bei folgenden Sachverhalten positive Kenntnis von der Zahlungsunfähigkeit bzw. Kenntnis von Umständen, die zwingend auf die Zahlungsunfähigkeit schließen lassen:[258]

- Grundlose Reduzierung des Kontokorrentkredits des Schuldners durch das Kreditinstitut.[259]
- Kündigung der Kreditlinien und Einforderung der Verbindlichkeiten.[260]
- Androhung von Zwangsmitteln zur Rückführung eines Kredits, wenn der Schuldner nicht mehr kreditfähig sein soll.[261]
- Zustellung von mehreren Pfändungs- und Überweisungsbeschlüssen an das Kreditinstitut als Drittschuldner innerhalb kurzer Zeit.[262]
- Kündigung und Fälligstellung der Kreditlinie nach Buchprüfung durch das Kreditinstitut und anschließender Verrechnung mit dem Sollsaldo.[263]
- Kontensperrung der Hausbank in Kenntnis, dass es sich um das Hauptgeschäftskonto des Schuldners handelt.[264]
- Bei Vergaben von Großkrediten über 250 000,00 EUR oder diesen gemäß § 21 KWG gleichgestellten Geschäften folgt aus § 18 KWG die Vermutung, dass das Kreditinstitut bei Einblick in die wirtschaftlichen Verhältnisse Kenntnis von einer vorliegenden Zahlungsunfähigkeit hat.[265]
- Vordatierte Schecks.
- Rückstände bei Sozialversicherungsträgern.[266]
- Mehrfache nicht geduldete Kontoüberziehungen.[267]
- Plötzlicher Kreditmehrbedarf.[268]
- Wechsel- und Scheckproteste.[269]

---

[254] *Bork*, Handbuch des Insolvenzanfechtungsrechts, § 130 Rn. 92 ff.
[255] FK-InsO/*Dauernheim* § 130 Rn. 45.
[256] BGH Urt. v. 4.10.2001 – IX ZR 81/99, ZIP 2001, 2097.
[257] BGH Beschl. v. 16.4.2015 – IX ZR 6/14, ZInsO 2015, 898.
[258] Vgl. zum Ganzen auch: *Kuder* ZIP 2008, 289 (291).
[259] OLG Brandenburg Urt. v. 2.11.1995 – 8 U 14/95, ZIP 1996, 142.
[260] BGH Urt. v. 30.4.1992 – IX ZR 176/91, ZIP 1992, 778 (779).
[261] BGH Urt. v. 27.4.1995 – IX ZR 147/94, ZIP 1995, 929.
[262] KG Urt. v. 28.11.2003 – 7 U 245/02, ZInsO 2004, 394 (395).
[263] BGH Urt. v. 25.1.2001 – IX ZR 6/00, ZInsO 2001, 318.
[264] BGH Urt. v. 25.1.2001 – IX ZR 144/99, ZIP 2000, 1016 (1017).
[265] FK-InsO/*Dauernheim* § 130 Rn. 47.
[266] BGH Urt. v. 10.7.2003 – IX ZR 89/02, ZIP 2003, 1666.
[267] *Kuder* ZIP 2008, 289 (291).
[268] OLG Karlsruhe Urt. v. 7.8.1997 – 12 U 318/96, ZIP 1997, 1712.
[269] BGH Urt. v. 14.10.1971 – III ZR 86/70, NJW 1972, 101.

Exkurs: Anfechtung von Lohnzahlungen

143a Nach der Rechtsprechung des Bundesgerichtshofs[270] rechtfertigt die Kenntnis des Arbeitnehmers, der vom Arbeitgeber in der Krise noch Lohnzahlungen erhält, davon, dass Lohnrückstände für mehrere Monate – auch für weitere Mitarbeiter – bestehen, nicht den Schluss auf die Zahlungsunfähigkeit oder Zahlungseinstellung des Arbeitgebers.

Ist der Arbeitnehmer des Schuldners ohne Einblick in die Liquiditäts- und Zahlungslage des Unternehmens, trifft ihn in der ihm bekannten Krise auch **keine Erkundigungspflicht**.

Die Insolvenzanfechtung von Lohnzahlungen ist demnach wohl nur dann möglich, wenn der Arbeitgeber selbst die Zahlungsunfähigkeit eingeräumt hat oder der Arbeitnehmer mittelbar oder unmittelbar Einblick in die Liquiditätslage des Unternehmens, beispielsweise durch seine Stellung als Buchhalter, erhält. Seitens des Insolvenzverwalters ist dementsprechend die Anfechtung einer Lohnzahlung nur dann in Erwägung zu ziehen, wenn der Anfechtungsgrund zweifelsfrei gegeben ist.

Exkurs: Rechtsweg für die Anfechtung von Ansprüchen aus Arbeitsverhältnissen.

(zu den Einzelheiten des damaligen Diskussionsstandes: siehe Vorauflage)

143b Der Gemeinsame Senat der obersten Gerichtshöfe des Bundes hat aufgrund des Vorlagebeschlusses des BGH vom 2.4.2009 entschieden, dass es sich bei der Anfechtung von Lohnzahlungen um eine bürgerlich-rechtliche Streitigkeit zwischen Arbeitnehmer und Arbeitgeber aus dem Arbeitsverhältnis handele.[271] Dh bei Anfechtungsansprüchen auf Lohnrückzahlungen sind die **Arbeitsgerichte** zuständig.

144 **ee) Beweislastumkehr gem. § 130 Abs. 3.** § 130 Abs. 3 enthält eine **Beweislastregel** dahingehend, dass eine nahestehende Person die Zahlungsunfähigkeit oder den Eröffnungsantrag kennt, da diese über die Möglichkeit der besonderen Informationsgewinnung bezüglich der wirtschaftlichen Verhältnisse des Schuldners verfügt.

2. Finanzsicherheiten § 130 Abs. 1 S. 2

145 Ausgeschlossen ist die Insolvenzanfechtung gemäß § 130 Abs. 1 S. 2 – aufgrund von Vorgaben des EU-Rechts – bei bestimmten Finanzsicherheiten gemäß § 1 Abs. 17 KWG.

Unanfechtbar sind Deckungen, die auf Sicherheitenvereinbarungen beruhen, die die Verpflichtung enthalten, eine Finanzsicherheit zu bestellen, um das in der Sicherheitenvereinbarung festgelegte Verhältnis zwischen dem Wert der gesicherten Verbindlichkeiten und dem Wert der geleisteten Sicherheiten wiederherzustellen.[272]

---

[270] BGH Urt. v. 19.2.2009 – IX ZR 62/08, ZIP 2009, 526.
[271] GmS-OGB 27.9.2010 GmS-OGB 1/09.
[272] Vgl. zu den Einzelheiten: Begr. RegE ZIP 2003, 1566.

3. Wechsel- und Scheckzahlungen § 137

Die Regelung des § 137 ist im Verhältnis zu den §§ 130 und 132 eine **Sondervorschrift**, die auf den Besonderheiten des Wechsel- und Scheckrechts beruht.

§ 137 enthält eine **Privilegierung** und trägt der Besonderheit Rechnung, dass bei Wechselverbindlichkeiten neben dem Bezogenen subsidiär auch der Aussteller und gegebenenfalls die Indossanten haften.[273]

Hat der Wechselgläubiger eine Wechselzahlung vom Schuldner erlangt und wäre diese aufgrund einer vom Insolvenzverwalter geltend gemachten Anfechtung in die Insolvenzmasse zu erstatten, so wäre dem Wechselgläubiger die Erhebung des Protestes (in der Regel verspätet) und damit der Regress ebenso versperrt wie im Falle der Ablehnung der Zahlung durch den Schuldner.

Aufgrund der oben geschilderten rechtlichen Situation gestattet § 137 Abs. 1 dem Zahlungsempfänger, das Empfangene zu behalten, und transformiert die Anfechtungsfolgen – sofern die subjektiven Voraussetzungen vorliegen – auf den letzten Rückgriffsverpflichteten (§ 137 Abs. 2), wobei die Vorschriften der §§ 130 Abs. 2 und Abs. 3 entsprechende Anwendung finden (§ 137 Abs. 2 S. 2).[274]

Der Ausschluss der Anfechtbarkeit betrifft nur die Leistung auf die Wechselverbindlichkeiten. Das zugrunde liegende Kausalgeschäft bleibt hingegen – bei Vorliegen der Tatbestandsvoraussetzungen – grundsätzlich anfechtbar.[275]

Die Vorschrift des § 137 Abs. 2 S. 1 ermöglicht es – zur Vermeidung, dass die Tilgung von Verbindlichkeiten per Wechselzahlung insgesamt der Anfechtung entzogen werden – den letzten Rückgriffsverpflichteten, oder, wenn dieser den Wechsel für Rechnung eines Dritten begeben hatte, den Dritten als Anfechtungsgegner zur Erstattung der gezahlten Wechselsumme in Anspruch zu nehmen.

Dies ist dann möglich, wenn diese bei der Ausstellung des Wechsels Kenntnis von der Zahlungsunfähigkeit des Schuldners oder von dem Eröffnungsantrag hatten bzw. Umstände kannten (§ 130 Abs. 2), die auf die Zahlungsunfähigkeit schließen lassen, mithin die subjektiven Voraussetzungen des § 130 erfüllt sind.[276]

Gemäß § 137 Abs. 3 gelten die vorgenannten Regelungen in gleicher Weise auch für Scheckzahlungen.

III. Die inkongruente Deckung (§ 131)

Die Vorschrift des § 131 unterwirft inkongruente Deckungshandlungen, die in der Krise des Schuldners vorgenommen worden sind, unter bestimmten Voraussetzungen der Insolvenzanfechtung. Gläubiger, die für ihre Forderungen eine inkongruente Deckung erhalten, dh eine Deckung, die nicht dem gegen den Schuldner gerichteten Anspruch entspricht, sind nach dem gesetzgeberischen Willen weniger schutzwürdig. Gestaffelt nach der zeitlichen Nähe zum

---
[273] Art. 9, 15, 43 WG.
[274] HK-InsO/*Thole* § 137 Rn. 12.
[275] MüKoInsO/*Kirchhof* § 137 Rn. 10.
[276] HK-InsO/*Thole* § 137 Rn. 11.

Insolvenzantrag unterliegt die inkongruente Deckung daher der verschärften Anfechtbarkeit des § 131.

Voraussetzungen der Anfechtung inkongruenter Deckungen gemäß § 131

1. **Allgemeiner Tatbestand**
   - Rechtshandlung
   - Deckung zugunsten eines Insolvenzgläubigers
   - Inkongruenz der Deckung
   - Gläubigerbenachteiligung gemäß § 129
2. **Weitere Tatbestandsvoraussetzungen des 131 Abs. 1 Nr. 1**
   Vornahme der Rechtshandlung innerhalb des letzten Monats vor der Stellung des Insolvenzantrags oder nach diesem Antrag
3. **Weitere Tatbestandsvoraussetzungen des § 131 Abs. 1 Nr. 2**
   - Vornahme der Rechtshandlung innerhalb des zweiten oder dritten Monats vor der Stellung des Insolvenzantrags
   - Zahlungsunfähigkeit des Schuldners zur Zeit der Rechtshandlung
4. **Weitere Tatbestandsvoraussetzungen des 131 Abs. 1 Nr. 3**
   - Vornahme der Rechtshandlung innerhalb des zweiten oder dritten Monats vor der Stellung des Insolvenzantrags
   - Kenntnis des Gläubigers von der Gläubigerbenachteiligung durch die Rechtshandlung
5. **Beweiserleichterung gemäß § 131 Abs. 2 S. 1**
   Kenntnis von Umständen, die zwingend auf die Benachteiligung der Insolvenzgläubiger schließen lassen, begründet unwiderlegliche Vermutung von der Kenntnis der Gläubigerbenachteiligung
6. **Beweislastumkehr gemäß § 131 Abs. 2 S. 2**
   Deckungshandlungen zugunsten nahestehender Personen

---

1. Objektive Tatbestandsvoraussetzungen

155   a) **Allgemeines.** Gemäß § 131 unterliegen **Rechtshandlungen,** die einem Insolvenzgläubiger eine **Sicherung** oder **Befriedigung** gewährt oder ermöglicht haben, die er **nicht** oder **nicht in der Art** oder **nicht zu der Zeit** zu beanspruchen hatte und durch die die anderen **Insolvenzgläubiger benachteiligt** werden, der Insolvenzanfechtung.

156   Erfolgte die Rechtshandlung **innerhalb des letzten Monats** vor dem Insolvenzantrag oder nach diesem, ist die Anfechtung an **keine weiteren Voraussetzungen** geknüpft (§ 131 Abs. 1 Nr. 1).

157   **Rechtshandlungen,** die **innerhalb des zweiten oder dritten Monats** vor dem Eröffnungsantrag vorgenommen worden sind, unterliegen nur dann der Insolvenzanfechtung, wenn der **Schuldner** zur Zeit der Rechtshandlung **zahlungsunfähig** war (§ 131 Abs. 1 Nr. 2) oder wenn dem Gläubiger zur Zeit der Rechtshandlung bekannt war, dass die Rechtshandlung andere Insolvenzgläubiger benachteiligt (§ 131 Abs. 1 Nr. 3).

Exner/Gempel

b) Rechtshandlungen/Deckung zu Gunsten eines Insolvenzgläubigers.

aa) § 131 setzt voraus, dass eine Rechtshandlung des Schuldners oder eines Dritten einem Insolvenzgläubiger eine **inkongruente Deckung** gewährt oder ermöglicht hat. Zwischen der Rechtshandlung und der erlangten Deckung muss ein kausaler Zusammenhang bestehen.

bb) § 131 definiert den Begriff der Deckung als das Erlangen einer Sicherung oder Befriedigung für einen Anspruch. Inkongruent ist die Deckung, wenn sie der Gläubiger nicht, nicht in der Art oder nicht zu der Zeit zu beanspruchen hatte. Entscheidend hierfür ist, ob die von dem Gläubiger erlangte Deckung von dem materiell rechtlichen Anspruch abweicht.[277]

cc) Der Begriff des **Insolvenzgläubigers** in § 131 ist weit zu verstehen. Auch wenn demjenigen, der die Deckung erlangt hat, überhaupt kein materiellrechtlicher Anspruch gegen den Schuldner zustand, ist nach zutreffender Ansicht die Anfechtungsmöglichkeit nach § 131 eröffnet.[278]

Da diesen Personen grundsätzlich überhaupt kein Anspruch zusteht, der im Insolvenzverfahren zu verfolgen wäre, zählen sie nicht zu den Insolvenzgläubigern im Sinne des § 38. Demgegenüber dient der Begriff des Insolvenzgläubigers in § 131 der Abgrenzung gegenüber Massegläubigern, die aufgrund ihrer bevorzugten Stellung von der Insolvenzanfechtung ausgenommen sind, sowie sonstigen Anfechtungsgegnern, die, ohne Gläubiger des Schuldners zu sein, von der Anfechtung nach § 132 erfasst werden.[279] Die aA[280] verneint in diesen Fällen eine Anfechtung nach § 131 und stellt allein auf bereicherungsrechtliche Rückgewähransprüche nach den §§ 812 ff. BGB oder die Anfechtung gemäß § 132 ab.

Diese Ansicht überzeugt nicht. Sie führt zu einer Schlechterstellung der Gläubiger, die aufgrund eines bestehenden Anspruchs gegen den Schuldner eine Befriedigung erlangt haben und diese aufgrund anfechtungsrechtlicher Vorschriften zur Insolvenzmasse zurückgewähren müssen.

Demgegenüber würden Personen, die überhaupt keinen Anspruch gegenüber den Schuldner hatten, nur nach bereicherungsrechtlichen Vorschriften bzw. nach der Anfechtungsnorm des § 132 haften. Gegen einen bereicherungsrechtlichen Rückgewähranspruch der Insolvenzmasse kann der Bereicherungsschuldner mit eigenen vorinsolvenzlich entstandenen Ansprüchen gegen den Insolvenzschuldner aufrechnen (§§ 94 ff.).

Die Anfechtungsnorm des § 132 ist ebenfalls kein vollwertiger Ersatz für die Anfechtung der inkongruenten Deckung, da sie eine Rechtshandlung des Schuldners verlangt und zudem innerhalb des letzten Monats vor der Stellung des Insolvenzantrags an engere Voraussetzungen geknüpft ist (§ 132 Abs. 1 Nr. 1). Zudem ergibt sich aus dem Wortlaut des § 131 der Wille des Gesetzgebers, auch solche Deckungen der Anfechtung zu unterwerfen, die nicht zu beanspruchen waren, für die also kein Rechtsgrund bestand.

---

[277] *Bork*, Handbuch des Insolvenzanfechtungsrechts, § 131 Rn. 24; *Zeuner*, Die Anfechtung in der Insolvenz, Rn. 125; MüKoInsO/*Kayser* § 131 Rn. 9.
[278] HambK-InsO/*Rogge/Leptien* § 131 Rn. 2; MüKoInsO/Kayser § 131 Rn. 6; *Bork*, Handbuch des Insolvenzanfechtungsrechts, § 131 Rn. 24.
[279] MüKoInsO/Kayser § 131 Rn. 6.
[280] *Zeuner*, Die Anfechtung in der Insolvenz, Rn. 127; *Hess/Weis/Wienberg* InsO § 131 Rn. 11.

164 **c) Gläubigerbenachteiligung.** Durch die Rechtshandlung müssen die übrigen Insolvenzgläubiger des Schuldners gemäß § 129 Abs. 1 benachteiligt worden sein. Ausreichend ist eine **mittelbare Benachteiligung**.

165/166 **d) Inkongruenz der Deckung. aa) Inkongruente Besicherung. (1) Nicht zu beanspruchende Sicherung.** Steht dem Gläubiger ein materiell-rechtlicher Anspruch auf Stellung einer Sicherheit **nicht** zu, so handelt es sich ohne weiteres um eine **inkongruente Besicherung**.

167 Daraus ergibt sich im Umkehrschluss jedoch nicht, dass jeder Rechtsanspruch auf Besicherung die Sicherheit zu einer kongruenten Deckung macht. Erforderlich für eine Kongruenz der Sicherheit ist neben dem Anspruch selbst auch die Konnexität zwischen der zu sichernden Forderung und der gewährten Sicherheit, dh der Anspruch auf Besicherung einer bestimmten Forderung muss sich auf die Stellung hinreichend bestimmter Sicherheiten beziehen.[281]

168 **(2) Fallgruppen**
– Der **Anspruch auf die Leistung** selbst begründet kein Recht auf Besicherung.[282] Erst die mit der Begründung der Hauptleistung vereinbarte Besicherung gewährt einen kongruenten Anspruch auf Bestellung der Sicherheit. **Inkongruenz** liegt daher vor, wenn bei Begründung des Schuldverhältnisses eine Besicherung nicht vereinbart wurde[283] und nicht kraft Gesetzes besteht (zB §§ 562, 647, 704 BGB, §§ 397, 440, 475b HGB).

169 – Die **gesetzlichen Pfandrechte** stellen grundsätzlich kongruente Sicherheiten dar.[284] Im Fall der gesetzlichen Pfandrechte ist es ausnahmsweise ausreichend, wenn der zu sichernde Anspruch erst später entsteht.[285] Andernfalls wäre das gesetzliche Pfandrecht, das seine Wirkung vor allem in der Krise entfalten soll, wirtschaftlich wertlos, da der zu sichernde Anspruch regelmäßig in zeitlichem Abstand zu der Sicherheit entsteht. Das Pfandrecht des Vermieters, des Werkunternehmers, des Frachtführers, des Spediteurs und des Lagerhalters gewährt folglich einen Anspruch auf die Sicherheit, durch den die Inkongruenz ausgeschlossen wird.

170 Die erforderliche **Konnexität** zwischen der zu sichernden Forderung und der Sicherheit wird dadurch gewährleistet, dass für außenstehende Dritte eine ausreichende Bestimmtheit durch die Einbringung bzw. Übergabe der Gegenstände gewährleistet ist.[286]

171 Hinsichtlich des **Frachtführerpfandrechts** ist sogar für die aus früheren Leistungen herrührenden, inkonnexen Forderungen des Frachtführers die Kongruenz der Sicherheit zu bejahen.[287] Der Bundesgerichtshof folgert die anfechtungsrechtliche Unverdächtigkeit des Frachtführerpfandrechts hinsichtlich der inkonnexen Forderungen aus einer spezifisch transportrechtli-

---

[281] BGH Urt. v. 11.12.1997 – IX ZR 341/95, ZIP 1998, 257; BGH Urt. v. 12.11.1992 – IX ZR 236/91, ZIP 1993, 276; *Bork*, Handbuch des Insolvenzanfechtungsrechts, § 131 Rn. 76.
[282] BGH Urt. v. 1.6.2006 – IX ZR 159/04; BGH Urt. v. 10.1.2013 – IX ZR 13/12, ZIP 2013, 174 (176).
[283] BGH Urt. v. 18.4.2002 – IX ZR 219/01, ZInsO 2002, 670.
[284] BGH Urt. v. 18.4.2002 – IX ZR 219/01, ZInsO 2002, 670.
[285] BGH Urt. v. 18.4.2002 – IX ZR 219/01, ZInsO 2002, 670.
[286] BGH Urt. v. 18.4.2002 – IX ZR 219/01, ZInsO 2002, 670.
[287] BGH Urt. v. 18.4.2002 – IX ZR 219/01, ZInsO 2002, 670.

chen Sicht. Aufgrund der wachsenden Umlaufgeschwindigkeit der beförderten Güter und der Tatsache, dass die Rechnungsstellung durch den Frachtführer regelmäßig erst erfolgt, wenn dieser den Besitz an dem Beförderungsgut wieder verloren hat, würde die Beschränkung des gesetzlichen Frachtführerpfandrechts auf konnexe Forderungen zu dessen Aushöhlung führen.

- Ein Anspruch auf **Nachbesicherung** bestehender Verbindlichkeiten besteht grundsätzlich nicht.[288] Die nachträglich vereinbarte Besicherung einer bestehenden Verbindlichkeit ist **inkongruent**.[289] 172
- Wird für eine neubegründete Verbindlichkeit eine Besicherung vereinbart und werden durch diese gleichzeitig auch **Altverbindlichkeiten** besichert, so wird hierdurch ebenfalls die Konnexität zwischen zu sichernder Forderung und gestellter Sicherheit durchbrochen. In diesem Fall hat eine Abgrenzung zu erfolgen, inwieweit sich die Sicherheit auf die Neuverbindlichkeit und auf die Altverbindlichkeit verteilt. Hinsichtlich der Besicherung der Altverbindlichkeit liegt eine inkongruente Besicherung vor. Kann eine solche Abgrenzung nicht durchgeführt werden, weil unklar ist, wie sich die Sicherheit auf Alt- und Neuverbindlichkeit aufteilt, so ist das Sicherungsgeschäft als **insgesamt** inkongruent einzustufen.[290] Soll hingegen vorrangig die Neuverbindlichkeit besichert werden und ist die Sicherheit nicht geeignet, diese voll abzudecken, so ist die Besicherung als kongruent zu bewerten.[291] 173
- Der allgemeine Besicherungsanspruch aus den **AGB der Banken und Sparkassen** ist nicht geeignet, eine kongruente Besicherung zu gewähren. Das AGB-mäßige Pfandrecht gewährt keinen auf eine bestimmte Sicherheit konkretisierten Anspruch. Ob und in welchem Umfang die Gläubigerrechte zur Entstehung kommen, ist völlig dem Zufall bzw. dem Ermessen der Beteiligten überlassen. Derartige allumfassende Sicherungsklauseln sind daher zu unbestimmt, um eine kongruente Sicherheit entstehen lassen zu können.[292] 174
- Die durch eine **Zwangsvollstreckungsmaßnahme** erlangte Sicherung des Gläubigers ist **inkongruent**, wenn sie während der gesetzlichen **Dreimonatsfrist** der §§ 130, 131 erlangt wird.[293] Die Befugnis des Gläubigers, sich mittels hoheitlicher Zwangsmaßnahmen eine rechtsbeständige Sicherung zu verschaffen, tritt innerhalb des insolvenzrechtlichen dreimonatigen Anfechtungszeitraums hinter den Schutz der Gläubigergesamtheit zurück. 175
- Die Besicherung von Verbindlichkeiten mittels einer **Globalzession** bewirkt eine kongruente Sicherheit zugunsten des Gläubigers.[294] Die Kongruenz erstreckt sich hierbei sowohl auf die Abtretung der im Abtretungszeitpunkt bereits bestehenden als auch auf die erst künftig entstehenden Forderungen. 176

---

[288] BGH Urt. v. 4.12.1997 – IX ZR 47/97, ZIP 1998, 248 (250).
[289] BGH Urt. v. 4.12.1997 – IX ZR 47/97, ZIP 1998, 248 (250); BGH Urt. v. 18.4.2002 – IX ZR 219/01, ZInsO 2002, 670; BGH Urt. v. 7.6.2001 – IX ZR 134/00, ZInsO 2001, 706.
[290] BGH Urt. v. 12.11.1992 – IX ZR 236/91, ZIP 1993, 276.
[291] BGH Urt. v. 12.11.1992 – IX ZR 236/91, ZIP 1993, 276.
[292] BGH Urt. v. 7.3.2002 – IX ZR 223/01, ZIP 2002, 812; BGH Urt. v. 29.11.2007 – IX ZR 30/07, ZInsO 2008, 91; *Kirchhof* ZInsO 2008, 465 (466).
[293] BGH Urt. v. 9.9.1997 – IX ZR 14/97, WM 1997, 2093; BGH Urt. v. 22.1.2004 – IX ZR 39/03, NJW 2004, 1444; BGH Urt. v. 7.12.2006 – IX ZR 157/05, ZIP 2007, 136.
[294] BGH Urt. v. 26.6.2008 – IX ZR 47/05, ZIP 2008, 1437; BGH Urt. v. 29.11.2007 – IX ZR 30/07, ZIP 2008, 385 (391).

Letztere sind zum Zeitpunkt der Abtretung zwar nicht konkret bestimmt. Im Unterschied zu den AGB-mäßigen Sicherheiten der Banken und Sparkassen ist die Begründung zukünftiger Forderungen jedoch dem freien Belieben des Schuldners entzogen.[295] Zedent und Zessionar gehen vielmehr davon aus, dass der Geschäftsbetrieb des Kreditnehmers im bisherigen Umfang oder in einer zuvor näher erläuterten Weise fortgesetzt wird und in diesem Zusammenhang ständig neue Ansprüche gegen Dritte erworben werden.

Den Parteien muss darüber hinaus bewusst sein, dass eine für den Darlehensgeber taugliche Sicherheit nur durch Einbeziehung der zukünftigen Forderungen geschaffen werden kann, da die zum Zeitpunkt des Abschlusses des Globalzessionsvertrags bereits entstandenen Forderungen nach wenigen Monaten entweder durch Erfüllung erloschen sein werden oder als nicht werthaltig, sei es aufgrund von Einreden des Drittschuldners oder dessen mangelnder wirtschaftlicher Leistungsfähigkeit, zu qualifizieren sind. Ein angemessener Ausgleich zu dem Verfahrensziel der Gläubigergleichbehandlung im Insolvenzverfahren wird dadurch gewährleistet, dass die Abtretung zukünftiger Forderungen gemäß § 140 als in dem Zeitpunkt vorgenommen gilt, in dem die jeweilige Forderung entsteht. Grundsätzlich kann daher die Anfechtung der in den letzten drei Monaten vor der Stellung des Insolvenzantrags entstandenen Forderungen gegen Drittschuldner unter den **erschwerten** Anfechtungsvoraussetzungen des § 130 erfolgen.

177 – Das nach der Abtretung erfolgte **Werthaltigmachen künftiger Forderungen** gegen Drittschuldner ist als selbständige Rechtshandlung getrennt von der Abtretung selbst anfechtbar. Erbringt zB der Insolvenzschuldner die geschuldete Arbeitsleistung gegenüber einem Auftraggeber, so führt er die Fälligkeit der Vergütung herbei bzw. räumt die Einrede des nicht erfüllten Vertrags (§ 320 BGB) aus. Dem Sicherungsgläubiger, dem die Forderung abgetreten wurde, wird erst hierdurch eine werthaltige Sicherheit verschafft. Solche Realakte, die zur Werthaltigkeit einer abgetretenen Forderung führen, sind selbständig anfechtbar.[296] Für die Einordnung des **Werthaltigmachens** als **kongruente** oder **inkongruente Deckung** ist auf die Forderungsabtretung abzustellen. Wurde mit der Abtretung eine inkongruente Sicherheit gewährt, so gilt das Gleiche für das Werthaltigmachen dieser Forderung.[297]

178 **bb) Inkongruente Befriedigung. (1) Nicht zu beanspruchende Befriedigung.** Nicht zu beanspruchen hat der Insolvenzgläubiger die Befriedigung eines wirksam entstandenen Anspruchs, dem eine **dauernde Einrede** entgegensteht. Die Befriedigung einer verjährten Forderung durch den Schuldner führt daher zu einer Befriedigung, die der Gläubiger nicht (mehr) beanspruchen konnte (§ 214 Abs. 1 BGB).[298]

---

[295] BGH Urt. v. 29.11.2007 – IX ZR 30/07, ZIP 2008, 385 (391).
[296] BGH Urt. v. 29.11.2007 – IX ZR 30/07, ZInsO 2008, 91; BGH Urt. v. 26.6.2008 – IX ZR 144/05, ZInsO 2008, 801; *Bork,* Handbuch des Insolvenzanfechtungsrechts, § 131 Rn. 5.
[297] BGH Urt. v. 26.6.2008 – IX ZR 144/05, ZInsO 2008, 801; BGH Urt. v. 29.11.2007 – IX ZR 30/07, ZInsO 2008, 91.
[298] Uhlenbruck/*Hirte/Ede* InsO § 131 Rn. 5; Jaeger/*Henckel* InsO § 131 Rn. 8; *Zeuner,* Die Anfechtung in der Insolvenz, § 131 Rn. 127; MüKoInsO/*Kayser* § 131 Rn. 14a.

Stützt der vermeintliche Gläubiger seinen Anspruch auf ein **nichtiges** 179
Rechtsgeschäft, so ist die Anwendbarkeit des § 131 umstritten. Richtigerweise unterliegen auch diese Fälle der inkongruenten Deckungsanfechtung.[299] Da die Nichtigkeit eines Anspruchs in der Praxis zudem häufig strittig ist und die Beweislast, beispielsweise bei der Sittenwidrigkeit von Verträgen (§ 138 BGB), bei dem Kondiktionsgläubiger, dh dem Insolvenzverwalter liegt, ist der Rückgewähranspruch der Insolvenzmasse in jedem Fall auch auf die Anfechtbarkeit aus § 131 zu stützen.

Die Rechtsprechung unterstellt zugunsten der Anfechtungseinrede im Zweifel die Wirksamkeit des Rechtsgeschäfts, wenn feststeht, dass entweder die Nichtigkeitseinrede oder die Anfechtbarkeit Erfolg haben muss.[300]

Formunwirksame Rechtsgeschäfte, die durch Erfüllung geheilt werden (zB 180 §§ 311b Abs. 1 S. 2, 518 Abs. 2, 766 S. 3 BGB, § 15 Abs. 4 S. 2 GmbHG), gewähren ebenfalls keine klagbaren Ansprüche. Die Erfüllung durch den Schuldner hat jedoch die Wirksamkeit dieser Rechtsgeschäfte zur Folge. Die Leistung wurde von dem Gläubiger mit Rechtsgrund erlangt. In diesen Fällen ist § 131 ohne weiteres anwendbar.[301]

Dasselbe gilt für die Leistung auf eine **unvollkommene Verbindlichkeit** (§§ 762 f. BGB).[302]

Ob die **Befriedigung durch Auf- oder Verrechnung** als kongruent oder in- 181 kongruent einzustufen ist, richtet sich danach, ob der Gläubiger einen Anspruch auf Herstellung der Aufrechnungslage hatte. Bei „*normalen*" Gläubigern wird dies regelmäßig nicht der Fall sein, da ein Anspruch auf Herstellung einer Aufrechnungslage durch Abschluss eines Gegengeschäfts mit dem Schuldner grundsätzlich nicht besteht. Praktische Relevanz erlangt die Frage der Inkongruenz von Verrechnungen vor allem bei der **Rückführung debitorischer Salden** durch Kreditinstitute. Da ein Kreditinstitut bei einem debitorischen Konto einen Anspruch auf Ausgleich hat und auch Befriedigung durch Verrechnung verlangen kann, entscheidet sich die Frage der Inkongruenz letztlich danach, ob die Befriedigung durch Verrechnung zu der betreffenden Zeit verlangt werden konnte.[303] Diese Konstellation wird daher ausführlich unter dem Punkt (3) (→ Rn. 189) erörtert.

(2) Nicht in der Art zu beanspruchende Befriedigung. Die Art der von den 182 Gläubigern zu beanspruchenden Befriedigung richtet sich nach der konkreten Parteivereinbarung.[304] Maßgeblich ist somit der **Inhalt des Schuldverhältnisses,** der von den Parteien auch nachträglich abgeändert werden kann. Eine solche Abänderung kann ihrerseits selbst der Anfechtung unterliegen.

---

[299] HambK-InsO/*Rogge*/*Leptien* § 131 Rn. 2; MüKoInsO/*Kayser* § 131 Rn. 6; *Bork,* Handbuch des Insolvenzanfechtungsrechts, § 131 Rn. 24.
[300] BGH Urt. v. 18.2.1993 – IX ZR 129/92, ZIP 1993, 521 (522).
[301] HK-InsO/*Thole* § 131 Rn. 7; Jaeger/*Henckel* InsO § 131 Rn. 8; *Bork,* Handbuch des Insolvenzanfechtungsrechts, § 131 Rn. 24; FK-InsO/*Dauernheim* § 131 Rn. 7; Uhlenbruck/*Hirte*/*Ede* InsO § 131 Rn. 5 aA *Zeuner,* Die Anfechtung in der Insolvenz, § 131 Rn. 127.
[302] HK-InsO/*Thole* § 131 Rn. 7; für lediglich entsprechende Anwendung: Uhlenbruck/*Hirte*/*Ede* InsO § 131 Rn. 5.
[303] BGH Urt. v. 7.3.2002 – IX ZR 223/01, ZInsO 2002, 426.
[304] BGH Urt. v. 30.4.1992 – IX ZR 176/91, ZIP 1992, 778.

183 Die Befriedigung im Wege der **Zwangsvollstreckung** innerhalb der Dreimonatsfrist der §§ 130, 131 ist von dem Gläubiger nicht zu beanspruchen und daher **inkongruent**.[305] In den letzten drei Monaten vor dem Eröffnungsantrag wird der das Zwangsvollstreckungsrecht beherrschende Prioritätsgrundsatz zugunsten der Gleichbehandlung der Gläubiger verdrängt.

184 Leistungen des Schuldners, die innerhalb der Dreimonatsfrist aufgrund der **Androhung von Zwangsvollstreckungsmaßnahmen** erfolgen, gewähren dem Gläubiger eine **inkongruente Befriedigung**.[306] Für die Beurteilung einer Leistung als inkongruent ist es unerheblich, ob die Zwangsvollstreckung bereits im formalrechtlichen Sinn begonnen hat oder ob der Gläubiger lediglich zum Ausdruck bringt, Mittel der Zwangsvollstreckung einsetzen zu wollen.[307]

185 Die bloße **Erwirkung eines Vollstreckungstitels** begründet für sich genommen noch keinen ausreichenden Vollstreckungsdruck, der eine Leistung des Schuldners zu einer inkongruenten machen könnte. Leistet der Schuldner daher auf eine fällige und titulierte Forderung, ohne dass der Gläubiger hierzu Mittel der Zwangsvollstreckung angedroht hat, liegt nur eine kongruente Deckung vor.[308] Ebenfalls keinen Vollstreckungsdruck begründet die bloße Zustellung eines Vollstreckungsbescheids durch das Mahngericht. Anders liegt der Fall, wenn die Zustellung eines Vollstreckungstitels im Parteibetrieb erfolgt, da hierin eine dem Gläubiger zurechenbare Willensäußerung liegen kann, im Fall der Nichtzahlung mit Zwangsvollstreckungsmaßnahmen beginnen zu wollen.[309] Zusammenfassend muss der Gläubiger über die bloße Erwirkung eines Titels weiteren Druck auf den Schuldner ausüben. Nur hierdurch verliert die Leistung des Schuldners den Charakter der Freiwilligkeit mit der Folge, dass die schärfere Haftung des § 131 gerechtfertigt ist.[310]

186 Die aufgrund eines (angedrohten) **Insolvenzantrages** von dem Gläubiger erzielte Deckung ist **stets**, auch außerhalb des Dreimonatszeitraums, inkongruent.[311]

187 Erbringt der Schuldner **Leistungen an Erfüllungs statt** (§ 346 BGB) oder **erfüllungshalber**, erlangt der Gläubiger eine andere Leistung als diejenige, die er nach dem Inhalt des Schuldverhältnisses beanspruchen konnte.[312] Die Befriedigung ist **inkongruent**. Lediglich geringfügige Abweichungen von dem Inhalt des Schuldverhältnisses sind unbeachtlich. Inkongruent ist daher die Hingabe von Waren statt der geschuldeten Zahlung[313] oder die Abtretung einer Forderung.[314] Eine lediglich unerhebliche Abweichung liegt demgegenüber vor, wenn

---

[305] BGH Urt. v. 7.12.2006 – IX ZR 157/05, ZInsO 2007, 99; BGH Urt. v. 9.9.1997 – IX ZR 14/97, WM 1997, 2093; BGH Urt. v. 22.1.2004 – IX ZR 39/03, NJW 2004, 1444.
[306] BGH Urt. v. 7.12.2006 – IX ZR 157/05, ZInsO 2007, 99; BGH Urt. v. 11.4.2002 – IX ZR 211/01, ZIP 2002, 1159 (1161).
[307] BGH Urt. v. 11.4.2002 – IX ZR 211/01, ZIP 2002, 1159 (1161).
[308] BGH Urt. v. 7.12.2006 – IX ZR 157/05, ZInsO 2007, 99.
[309] BGH Urt. v. 7.12.2006 – IX ZR 157/05, ZInsO 2007, 99.
[310] BGH Urt. v. 7.12.2006 – IX ZR 157/05, ZInsO 2007, 99.
[311] BGH Urt. v. 8.12.2005 – IX ZR 182/01, ZInsO 2006, 94; BGH Urt. v. 18.12.2003 – IX ZR 199/02, ZInsO 2004, 145.
[312] BGH Urt. v. 30.9.1993 – IX ZR 227/92, NJW 1993, 3267.
[313] BGH Urt. v. 26.5.1971 – VIII ZR 61/70, WM 1971, 908.
[314] OLG Brandenburg Urt. v. 26.2.1998 – 8 U 73/97, ZIP 1998, 1367.

der Schuldner anstelle der vereinbarten Zahlungsart einen anderen verkehrsüblichen Zahlungsweg wählt. Verkehrsüblich ist insbesondere die Zahlung durch Scheck,[315] Überweisung oder Anweisung. Nicht verkehrsüblich ist hingegen die Hingabe eines Kundenwechsels[316] und sogar eines eigenen Wechsels des Schuldners.[317]

Reicht der Schuldner bei seiner Bank zwecks Darlehensrückführung ihm von einem Dritten zur Erfüllung einer Forderung überlassene Kundenschecks ein, erlangt das Kreditinstitut eine inkongruente Deckung, wenn ihr die den Schecks zugrunde liegende Kausalforderungen nicht abgetreten waren.[318]

Die **Anweisung des Schuldners an einen Drittschuldner,** unmittelbar an einen Gläubiger zu leisten, gewährt stets eine inkongruente Deckung. Bereits aus der Mittelbarkeit der Zahlung folgt die Inkongruenz der Deckung, da der Gläubiger regelmäßig keinen Anspruch auf Zahlung durch andere Personen als durch den Schuldner hat.[319] Eine Ausnahme kann nur dann gelten, wenn es sich bei dem Angewiesenen um ein Kreditinstitut handelt, dessen sich der Schuldner zur Abwicklung seines Zahlungsverkehrs bedient. 188

(3) Nicht zu der Zeit zu beanspruchende Befriedigung. Nicht zu der Zeit zu beanspruchen hat der Gläubiger die Befriedigung nicht fälliger, betagter oder befristeter Forderungen. Unerheblich ist, ob der Schuldner die Leistung bereits früher bewirken darf (§ 271 Abs. 2 BGB). 189

Die Zahlung auf seine Forderung kann der Gläubiger erst bei Eintritt der Fälligkeitsvoraussetzungen verlangen. Die **vorfällige Zahlung** weicht daher vom Inhalt des Schuldverhältnisses ab.[320] Bei einer nur geringfügigen Abweichung kann die Leistung als kongruent einzustufen sein.[321] Vor allem beim bargeldlosen Zahlungsverkehr ist der Schuldner regelmäßig geneigt früher zu leisten, da er die Dauer des Zahlungsvorganges berücksichtigen muss. Kongruent ist die Zahlung, wenn die Zeitspanne der Verfrühung die voraussichtliche Dauer des Zahlungsvorganges nicht nennenswert überschreitet.[322] Eine nennenswerte Überschreitung ist dabei dann anzunehmen, wenn die Zahlung früher als **fünf Bankgeschäftstage** vor dem Fälligkeitszeitpunkt vorgenommen wird.[323] 190

Die Befriedigung der Forderung eines Kreditinstituts im Wege der **Verrechnung von Zahlungseingängen** auf dem Konto des Schuldners mit dem Debetsaldo stellt nicht ohne weiteres eine inkongruente Deckung dar. Räumt das Kreditinstitut einem Kunden im Rahmen einer Giroabrede (§ 675f BGB) einen Kreditrahmen ein, kann der Kunde bis zur Höhe des Limits Verfügungen zu Lasten des Kontos vornehmen. Gleichzeitig folgt aus der Giroabrede das Recht des Kreditinstituts, Zahlungseingänge in das Kontokorrent einzustellen und bei 191

---

[315] BGH Urt. v. 2.2.2006 – IX ZR 67/02, ZInsO 2006, 322.
[316] BGH Urt. v. 30.9.1993 – IX ZR 227/92, NJW 1993, 3267.
[317] MüKoInsO/*Kayser* § 131 Rn. 35; FK-InsO/*Dauernheim* § 131 Rn. 14; HambK-InsO/*Rogge/Leptien* § 131 Rn. 9.
[318] BGH Urt. v. 14.5.2009 – IX ZR 63/08, ZInsO 2009, 1254 (1255).
[319] BGH Urt. v. 10.5.2007 – IX ZR 146/05, ZInsO 2007, 662; BGH Urt. v. 8.12.2005 – IX ZR 182/01, ZInsO 2006, 94; BGH Urt. v. 9.1.2003 – IX ZR 85/02, ZInsO 2003, 178.
[320] BGH Urt. v. 20.7.2006 – IX ZR 44/05, ZIP 2006, 1591.
[321] MüKoInsO/*Kayser* § 131 Rn. 11.
[322] BGH Urt. v. 9.6.2005 – IX ZR 152/03, ZInsO 2005, 766.
[323] BGH Urt. v. 9.6.2005 – IX ZR 152/03, ZInsO 2005, 766.

Rechnungsabschluss zu saldieren.³²⁴ Zeitlich kann das Kreditinstitut die Rückzahlung des Kredits allerdings erst nach dessen Fälligkeit verlangen. War der Kredit nicht befristet, so setzt die Fälligkeit eine **Kündigung** voraus. Die Girobeziehungsweise Kontokorrentabrede selbst stellt den Kredit nicht zur Rückzahlung fällig.³²⁵

192 Die **Rückführung eines debitorischen Saldos** kann daher nur dann eine inkongruente Befriedigung darstellen, wenn der Kredit zum Zeitpunkt der Rückführung noch nicht fällig gestellt worden ist. Auch in diesem Fall ist die Rückführung aber nur insoweit inkongruent, als die Zahlungseingänge auf dem Kontokorrentkonto die Zahlungsausgänge übersteigen.³²⁶ Denn in dem Umfang, in dem das Kreditinstitut Verfügungen über das Konto zulässt, setzt es den Giroverkehr absprachegemäß fort und handelt damit vertragsgemäß.³²⁷ Nicht von der Giroabrede gedeckt sind Verfügungen zu Lasten des Kontos, mit denen andere Forderungen derselben Gläubigerbank getilgt werden (**eigennützige Verrechnungen**).³²⁸ Im Ergebnis ist festzuhalten, dass als inkongruente Befriedigung der Überschuss der Zahlungseingänge über die Zahlungsausgänge zuzüglich etwaiger eigennütziger Verrechnungen des Kreditinstituts anzusehen ist.

193 **Überschreitet** der Schuldner die ihm **eingeräumte Kreditlinie**, so stellt die Rückführung bis zur Höhe der Kreditlinie auch bei ansonsten ungekündigtem Kontokorrent eine kongruente Befriedigung dar, da das Kreditinstitut die Rückführung der **Überziehung** jederzeit verlangen kann.³²⁹ Wird die Überziehung aufgrund einer vertraglichen Vereinbarung gestattet, kann die Rückführung hingegen erst nach einer Kündigung verlangt werden. Eine solche Vereinbarung kann auch konkludent zustande kommen.³³⁰ Welche Kriterien eine nur geduldete Kontoüberziehung zu einer konkludenten Kreditgewährung machen, ist nicht abschließend geklärt. Allein die Tatsache, dass ein Kreditinstitut die kurzfristige Überziehung eines Kreditrahmens zulässt, kann die Annahme einer Kreditgewährung nicht rechtfertigen.³³¹ Gleiches gilt für einzelne Überziehungen, die sich in einem nicht ungewöhnlichen Umfang bewegen.³³²

194 Von einer **stillschweigenden Erweiterung der Kreditlinie** muss aber in den Fällen ausgegangen werden, in denen sowohl Dauer als auch Höhe der Überschreitung erheblich sind. Einen Anhaltspunkt für die Erheblichkeit der Dauer der Überziehung kann den internen Richtlinien der Banken entnommen werden, die die maximale Laufzeit einer Überziehung beispielsweise auf 60 Tage

---

³²⁴ *Obermüller*, Insolvenzrecht in der Bankpraxis, Rn. 3.142.
³²⁵ BGH Urt. v. 17.6.1999 – IX ZR 62/98, ZInsO 1999, 467; BGH Urt. v. 1.10.2002 – IX ZR 360/99, ZInsO 2002, 2182; BGH Urt. v. 7.5.2009 – IX ZR 140/08, ZInsO 2009, 1054.
³²⁶ BGH Urt. v. 7.3.2002 – IX ZR 223/01, ZInsO 2002, 426.
³²⁷ BGH Urt. v. 17.6.2004 – IX ZR 2/01, ZInsO 2004, 854.
³²⁸ BGH Urt. v. 17.6.2004 – IX ZR 124/03, ZInsO 2004, 856.
³²⁹ BGH Urt. v. 17.6.1999 – IX ZR 62/98, ZInsO 1999, 467; BGH Urt. v. 21.12.1977 – VIII ZR 255/76, NJW 1978, 758.
³³⁰ BGH Urt. v. 28.2.2008 – IX ZR 213/06, ZInsO 2008, 374; BGH Urt. v. 11.1.2007 – IX ZR 31/05, ZInsO 2007, 269; BGH Urt. v. 17.6.1999 – IX ZR 62/98, ZInsO 1999, 467; *Obermüller*, Insolvenzrecht in der Bankpraxis, Rn. 3.213 ff.
³³¹ *Obermüller*, Insolvenzrecht in der Bankpraxis, Rn. 3.213 ff.
³³² OLG Köln Urt. v. 23.4.2003 – 13 U 107/02, ZInsO 2004, 43.

begrenzen und im Anschluss eine Neuordnung durch Kreditvereinbarung oder Einleitung sofortiger Rückführungsmaßnahmen festlegen.[333] Eine **Überziehung um mehr als zehn Prozent** der ursprünglichen Darlehenssumme ist erheblich. An die Dauer der Überziehung sind umso geringere Anforderungen zu stellen, je ausgeprägter das Kriterium der Höhe der Überziehung vorliegt.

Ein Anspruch des Kreditinstituts auf Rückführung des Debetsaldos besteht in diesen Fällen daher erst nach einer Kündigung des Kredits. 195

Widerspricht das Kreditinstitut der Überziehung fortlaufend und verlangt die Rückführung des Saldos bis zur Höhe des eingeräumten Kreditlimits, so ist für die Annahme einer stillschweigenden Kreditgewährung grundsätzlich kein Raum. Gleichwohl kann bei einer weiteren Duldung der Überziehung ein Vertrauenstatbestand für den Schuldner geschaffen werden, dass die Überziehung weiterhin in Anspruch genommen werden darf und nicht ohne weiteres zurückgeführt werden muss. Der Wille des Kreditinstituts, dem Schuldner keinen Kredit zu gewähren, ist insoweit wegen widersprüchlichen Verhaltens unbeachtlich.[334] Auch in diesem Fall ist eine Erweiterung der Kreditlinie anzunehmen. Die Rückführung des Saldos ohne Kündigung durch das Kreditinstitut gewährt in diesem Fall eine inkongruente Befriedigung.

d) Weitere objektive Tatbestandsvoraussetzungen des § 131 Abs. 1 Nr. 1. 196
Neben der allgemeinen Anfechtungsvoraussetzung der Gläubigerbenachteiligung (§ 129) bedarf die Anfechtung einer inkongruenten Deckung, die innerhalb des letzten Monats vor der Stellung des Insolvenzantrags erlangt worden ist, keiner weiteren Voraussetzungen (§ 131 Abs. 1 Nr. 1).

e) Weitere objektive Tatbestandsvoraussetzungen des § 131 Abs. 1 Nr. 2. 197
Die Anfechtung der inkongruenten Deckung innerhalb des zweiten oder des dritten Monats vor der Stellung des Insolvenzantrags erfordert neben der Gläubigerbenachteiligung (§ 129) die objektive **Zahlungsunfähigkeit** des Schuldners zum Zeitpunkt der Rechtshandlung.

2. Subjektive Tatbestandsvoraussetzungen gemäß § 131 Abs. 1 Nr. 3

Die Anfechtung der inkongruenten Deckung verlangt nur für den Fall des § 131 Abs. 1 Nr. 3 das Vorliegen subjektiver Tatbestandsvoraussetzungen. Die Vorschrift wird überwiegend als Sonderfall der Anfechtung wegen vorsätzlicher Benachteiligung (§ 133) angesehen.[335] Vereinzelt wird hieraus gefolgert, dass nur Rechtshandlungen des Schuldners anfechtbar sind.[336] Eine derartige Beschränkung des Anwendungsbereichs der Norm widerspricht dem Wortlaut und Zweck der Vorschrift und ist daher abzulehnen.[337] 198

Soweit bei einer inkongruenten Deckung innerhalb des zweiten oder dritten Monats vor der Insolvenzantragstellung die Zahlungsunfähigkeit des Schuldners nicht vorgelegen hat oder nicht nachgewiesen werden kann (§ 131 Abs. 1 199

---

[333] *Persch*, Die Insolvenzanfechtung von Kontokorrentverrechnungen, S. 101.
[334] OLG Köln Urt. v. 23.4.2000 – 13 U 107/02, ZInsO 2004, 43.
[335] Uhlenbruck/*Hirte/Ede* InsO § 131 Rn. 20; *Zeuner*, Die Anfechtung in der Insolvenz, Rn. 143; *Bork*, Handbuch des Insolvenzanfechtungsrechts, § 131 Rn. 135.
[336] Nerlich/Römermann/*Nerlich* § 131 Rn. 64.
[337] MüKoInsO/*Kayser* § 131 Rn. 49.

Nr. 2), kann die Anfechtung gemäß § 131 Abs. 1 Nr. 3 auch darauf gestützt werden, dass der Anfechtungsgegner Kenntnis von der gläubigerbenachteiligenden Wirkung der Rechtshandlung hatte. Dies setzt voraus, dass der Gläubiger weiß, dass durch die Deckung die Befriedigungsaussichten der übrigen Insolvenzgläubiger verschlechtert werden. Dies ist anzunehmen, wenn der Gläubiger die Vorstellung hat, dass die Rechtshandlung das zur Gläubigerbefriedigung verfügbare Vermögen des Schuldners schmälert und dieses voraussichtlich nicht ausreichen wird, sämtliche anderen Gläubiger zu befriedigen.[338]

3. Darlegungs- und Beweislast

200 **a) Grundsatz.** Der Insolvenzverwalter trägt die Beweislast für sämtliche Tatbestandsmerkmale der Insolvenzanfechtung.

201 **b) Beweiserleichterung.** Gemäß § 131 Abs. 2 S. 1 ist dem Insolvenzverwalter der Nachweis der subjektiven Tatbestandsvoraussetzung des § 131 Abs. 1 Nr. 3 erleichtert. Es besteht eine unwiderlegliche Vermutung für die Kenntnis des Anfechtungsgegners von der gläubigerbenachteiligenden Wirkung der Rechtshandlung, wenn dem Gläubiger zur Zeit der Rechtshandlung Umstände bekannt waren, die zwingend auf die Benachteiligung schließen lassen. Der Insolvenzverwalter muss folglich nur die Kenntnis solcher Umstände darlegen und beweisen.

202 Ausreichend hierfür ist der Nachweis, dass der Gläubiger aufgrund der ihm bekannten Tatsachen die Liquiditäts- und Vermögenslage des Schuldners als so unzureichend einschätzt, dass er annehmen musste, dass der Schuldner in absehbarer Zeit seine Zahlungspflichten nicht mehr in vollem Umfang erfüllen kann und die anderen Insolvenzgläubiger wenigstens teilweise leer ausgehen.[339]

203 Die Kenntnis des Gläubigers, eine inkongruente Leistung zu erhalten, ist für sich genommen nicht ausreichend, um die Kenntnis einer unzureichenden Liquiditäts- und Vermögenslage des Schuldners annehmen zu können.

204 Sie stellt jedoch ein im Rahmen freier richterlicher Beweiswürdigung zu berücksichtigendes Indiz für die Kenntnis von der wirtschaftlichen Krise des Schuldners dar, da Gläubiger nach der allgemeinen Lebenserfahrung eine inkongruente Deckung oft gerade deshalb verlangen oder annehmen, weil zu befürchten ist, dass andernfalls von dem Schuldner überhaupt nichts mehr erlangt werden kann.[340]

205 Eine Kenntnis des Gläubigers von der unzureichenden Vermögenslage des Schuldners ist beispielsweise anzunehmen, wenn der Gläubiger in der Vergangenheit bereits erfolglose Vollstreckungsmaßnahmen gegen den Schuldner unternommen hat oder sich zur Durchsetzung seiner Ansprüche fortlaufend der Androhung von Vollstreckungsmaßnahmen bedient hat.[341] Ebenfalls für eine

---

[338] BGH Urt. v. 13.1.2005 – IX ZR 457/00, ZInsO 2005, 373; MüKoInsO/*Kayser* § 131 Rn. 53.
[339] BGH Urt. v. 18.12.2003 – IX ZR 199/02, ZInsO 2004, 145; BGH Urt. v. 26.9.2002 – IX ZR 66/99, ZInsO 2003, 80.
[340] BGH Urt. v. 18.12.2003 – IX ZR 199/02, ZInsO 2004, 145; HambK-InsO/*Rogge/Leptien* § 131 Rn. 43; MüKoInsO/*Kayser* § 131 Rn. 63.
[341] BGH Urt. v. 18.12.2003 – IX ZR 199/02, ZInsO 2004, 145.

solche Kenntnis sprechen nur unvollständige Zahlungen des Schuldners über Monate hinweg.[342]

c) Beweislastumkehr. Gemäß § 131 Abs. 2 S. 2 besteht gegenüber nahe stehenden Personen eine Vermutung dafür, dass diese die gläubigerbenachteiligende Wirkung der Rechtshandlung kannten. Das Näheverhältnis muss **im Zeitpunkt der Rechtshandlung** bereits bestanden haben.[343] Die volle Beweislast für die Unkenntnis von der Gläubigerbenachteiligung liegt bei dem Anfechtungsgegner.

206

4. Ausblick: Entwurf der Bundesregierung zum Anfechtungsrecht

Der Entwurf der Bundesregierung sieht eine Änderung des § 131 vor. Absatz 1 wird folgender Satz angefügt:

206a

> *„Eine Rechtshandlung wird nicht allein dadurch zu einer solchen nach Satz 1, dass die Sicherung oder Befriedigung durch Zwangsvollstreckung erwirkt oder zu deren Abwendung bewirkt worden ist."*

Der Entwurf enthält eine **signifikante Änderung** des bisher geltenden Rechts. Zwangsvollstreckungsmaßnahmen werden danach in den Anwendungsbereich des § 130 verlagert. Das hat zur Folge, dass künftig nur noch dann eine Insolvenzanfechtung möglich sein dürfte, wenn dem Insolvenzverwalter der Nachweis der Zahlungsunfähigkeit des Schuldners und der Kenntnis des Anfechtungsgegners hiervon gelingt.

Das ab dem Zeitpunkt der materiellen Insolvenz geltende Gleichbehandlungsprinzip wird dadurch erheblich aufgeweicht und durch das Prioritätsprinzip verdrängt, was insbesondere zu einer Privilegierung des Fiskus und der Sozialversicherungsträger führt.

IV. Die Anfechtung unmittelbar nachteiliger Rechtshandlungen (§ 132)

Die beiden Anfechtungstatbestände des § 132 Abs. 1 und Abs. 2 fungieren als **Auffangtatbestände,** sofern die Insolvenzanfechtung nicht gemäß §§ 130, 131, die insoweit leges speciales sind, möglich ist.[344]

207

1. Objektive Tatbestandsvoraussetzungen des § 132 Abs. 1

Die Anfechtung gemäß § 132 Abs. 1 Nr. 1 erfasst Rechtsgeschäfte des Schuldners, die die Insolvenzgläubiger **unmittelbar benachteiligen,** wenn diese in den letzten **drei Monaten** vor Insolvenzantrag vorgenommen wurden und der Anfechtungsgegner **Kenntnis von der tatsächlich vorliegenden Zahlungsunfähigkeit** hatte.

208

---

[342] BGH Urt. v. 18.12.2003 – IX ZR 199/02, ZInsO 2004, 145.
[343] MüKoInsO/*Kayser* § 133 Rn. 42.
[344] HambK-InsO/*Rogge/Leptien* § 132 Rn. 2.

> **Tatbestandsvoraussetzungen des § 132**
>
> 1. **Objektiver Tatbestand**
>   a) § 132 Abs. 1
>   – Rechtsgeschäft des Schuldners innerhalb eines Zeitraums von drei Monaten vor Insolvenzantragstellung oder nach Insolvenzantragstellung
>   – Vorliegen einer unmittelbaren Gläubigerbenachteiligung
>   – Vorliegen der Zahlungsunfähigkeit des Schuldners gemäß § 17
>   b) § 132 Abs. 2
>   – Rechtshandlung des Schuldners führt zu
>   • Rechtsverlust des Schuldners
>   • Unmöglichkeit der Geltendmachung eines Rechts des Schuldners
>   • Erhalt eines vermögensrechtlichen Anspruchs gegen den Schuldner
>   • Durchsetzbarkeit eines vermögensrechtlichen Anspruchs gegen den Schuldner
> 2. **Subjektiver Tatbestand**
>   Der subjektive Tatbestand des § 132 Abs. 1 und Abs. 2 ist deckungsgleich mit dem subjektiven Tatbestand des § 130 Abs. 1 (→ Rn. 128).
> 3. **Verweisung**
>   Gemäß § 132 Abs. 3 gilt § 130 Abs. 2 und Abs. 3.

209 a) Mit Hilfe der Vorschrift des § 132 Abs. 1 sind nur **Rechtsgeschäfte** des Schuldners, dh Handlungen, die zumindest aus einer Willenserklärung bestehen und auf die Herbeiführung einer Rechtsfolge abzielen, **anfechtbar**.[345]

Dies hat zur Folge, dass sowohl Prozesshandlungen als auch Unterlassungen nicht von § 132 Abs. 1 erfasst werden. Das Gleiche gilt für Zwangsvollstreckungsmaßnahmen.[346]

210 b) § 132 Abs. 1 setzt weiterhin das Vorliegen einer **unmittelbaren Gläubigerbenachteiligung** voraus.[347]

211 c) Zu den von § 132 Abs. 1 erfassten Rechtsgeschäften gehören ua Verkäufe unter Wert, Käufe zu überhöhten Preisen, Aufnahme von Darlehen zu ungünstigen Bedingungen, unentgeltliche Verfügungen, Schenkungen, Rücktritt oder Kündigung von massegünstigen Verträgen, Eingehung von Schuldanerkenntnisverträgen, Abschluss von Bürgschaften und Befriedigung oder Besicherung fremder Schulden ohne vollwertige Gegenleistung[348] sowie der Abschluss von Erlassverträgen (§ 397 Abs. 1 BGB).

2. Subjektiver Tatbestand (§ 132 Abs. 1 und Abs. 2)

212 Der subjektive Tatbestand des § 132 Abs. 1 und Abs. 2 ist deckungsgleich mit den subjektiven Voraussetzungen des § 130 Abs. 1.
Gemäß § 132 Abs. 3 gelten § 130 Abs. 2 und Abs. 3 entsprechend.

---

[345] HambK-InsO/*Rogge/Leptien* § 132 Rn. 3
[346] Uhlenbruck/*Hirte/Ede* InsO § 132 Rn. 5a.
[347] FK-InsO/*Dauernheim* § 132 Rn. 6.
[348] BGH Urt. v. 5.2.2004 – IX ZR 473/00, ZIP 2004, 917 (919).

3. Gleichgestellte Handlungen (§ 132 Abs. 2)

Die Vorschrift des § 132 Abs. 2, die den unmittelbar benachteiligenden Rechtsgeschäften bestimmte Rechtshandlungen des Schuldners gleichstellt, verfolgt insbesondere das Ziel, **Regelungslücken** bei der Anfechtung von **Unterlassungen** des Schuldners **zu schließen**.[349] Voraussetzung ist, dass das Unterlassen des Schuldners ohne Hinzutreten weiterer Umstände dazu führt, dass der Schuldner ein Recht verliert oder nicht mehr geltend machen kann oder ein vermögensrechtlicher Anspruch gegen ihn erhalten oder durchsetzbar wird.

213

Abweichend von der Regelung des § 132 Abs. 1 genügt, dass die Rechtshandlung im Sinne des § 132 Abs. 2 lediglich eine mittelbare Gläubigerbenachteiligung herbeiführt,[350] wobei die weiteren **Voraussetzungen des § 132 Abs. 1** ebenfalls vorliegen müssen.

214

§ 132 Abs. 2 ist bei folgenden **Fallkonstellationen** anwendbar:

215

– **Rechtsverlust** durch Unterlassung eines Wechselprotestes oder durch Unterbrechung der Ersitzung (§§ 940 ff. BGB).
– **Unmöglichkeit der Geltendmachung eines Rechts** durch Unterlassung der Einlegung von Rechtsmitteln, durch Unterlassung der Verjährungsunterbrechung oder durch Unterlassung der Mängelrüge (§ 377 Abs. 2 HGB).
– **Anspruchserhalt** gegen den Schuldner durch Unterlassung der Herbeiführung einer auflösenden Bedingung, durch Unterlassung der Anfechtung einer Willenserklärung (§§ 119 ff. BGB) oder durch Unterlassung der Kündigung eines ungünstigen Vertrages.
– **Anspruchsdurchsetzbarkeit** gegen den Schuldner durch Unterlassung der Erhebung der Verjährungseinrede im Passivprozess.

4. Beweislast

Dem Insolvenzverwalter obliegt die Beweislast für die objektiven und subjektiven Tatbestandsvoraussetzungen gemäß § 132 Abs. 1 und Abs. 2.

216

Die Beweislastumkehr zu Ungunsten nahestehender Personen im Sinne von § 138 erfolgt durch die Verweisung in § 132 Abs. 3 auf § 130 Abs. 3.

F. Die Vorsatzanfechtung (§ 133)

Mit der Vorsatzanfechtung soll die insolvenzrechtliche Haftungsordnung gegen gezielte Beeinträchtigungen **des Schuldners** geschützt werden. Der Norm des § 133 liegt der Gedanke zugrunde, dass ein Rechtserwerb, der auf eine vorsätzliche Gläubigerbenachteiligung durch den Schuldner zurückzuführen ist, nicht schutzwürdig ist, sofern dem **Anfechtungsgegner** der **Benachteiligungsvorsatz bekannt** war.[351] Aufgrund der Rechtsfortbildung durch die Recht-

217

---

[349] BT-Drs. 12/2443, 159.
[350] HK-InsO/*Thole* § 132 Rn. 10.
[351] MüKoInsO/*Kayser* § 133 Rn. 1.

sprechung des Bundesgerichtshofs[352] hat sich die Vorsatzanfechtung zu einem „scharfen Schwert" entwickelt.

Voraussetzungen der Vorsatzanfechtung

1. **Objektiver Tatbestand**
   - Rechtshandlung des Schuldners
   - Gläubigerbenachteiligung gemäß § 129
   - Innerhalb der letzten 10 Jahre vor Insolvenzantragstellung.
2. **Subjektive Tatbestandsvoraussetzungen beim Schuldner**
   Mindestens bedingter Vorsatz hinsichtlich der Gläubigerbenachteiligung.
3. **Subjektive Tatbestandsvoraussetzungen beim Anfechtungsgegner**
   Kenntnis von der Gläubigerbenachteiligungsabsicht des Schuldners.
4. **Beweiserleichterung gemäß § 133 Abs. 1 S. 2**
   Bei Kenntnis des Anfechtungsgegners von der drohenden Zahlungsunfähigkeit und der Tatsache der Gläubigerbenachteiligung.
5. **Beweiserleichterung** bei inkongruenter Deckung.
6. **Beweislastumkehr gemäß § 133 Abs. 2** bei Rechtsgeschäften mit nahestehenden Personen.

I. Tatbestandsvoraussetzungen

1. Allgemeines

218 Der **Insolvenzanfechtung** gemäß § 133 unterliegen gläubigerbenachteiligende **Rechtshandlungen des Schuldners,** die dieser in den letzten **10 Jahren** vor dem Antrag auf Eröffnung des Insolvenzverfahrens oder nach diesem Antrag mit dem Vorsatz, seine Gläubiger zu benachteiligen, **vorgenommen** hat, wenn dem Anfechtungsgegner zur Zeit der Handlung der Benachteiligungsvorsatz des Schuldners bekannt war.

2. Objektiver Tatbestand

219 a) **Rechtshandlung. aa) Grundsatz.** Die Anfechtung gemäß § 133 Abs. 1 setzt eine Rechtshandlung des Schuldners voraus. **Rechtshandlungen Dritter** können nach dieser Vorschrift **nicht angefochten** werden.

Zu den Rechtshandlungen des Schuldners zählen solche, die von dem Schuldner selbst oder in zurechenbarer Weise bzw. unter seiner Mitwirkung vorgenommen worden sind. Neben den allgemeinen Zurechnungsregeln des Bürgerlichen Gesetzbuches (§§ 164 ff. BGB) kommt eine Zurechnung nach § 133 Abs. 1 in Betracht. Die **Zurechnung nach § 133 Abs. 1** verlangt ein **selbstbestimmtes Handeln,** dh dem Schuldner muss eine Handlungsalternative zu der gläubigerbenachteiligenden Rechtshandlung offen stehen.[353]

---

[352] BGH Urt. v. 20.12.2007 – IX ZR 93/06, WM 2008, 452.
[353] BGH Urt. v. 16.1.2014 – IX ZR 31/12, NJW-RR 2014, 562.

§ 16. Anfechtung

bb) Zwangsvollstreckung. Zwangsvollstreckungsmaßnahmen sind grundsätzlich nicht anfechtbar. Etwas anderes gilt bei freiwilligen Leistungen des Schuldners zur Abwendung von angedrohten oder bereits begonnenen Zwangsvollstreckungsmaßnahmen[354] sowie bei einem gezielten Ermöglichen der Zwangsvollstreckung.[355] Es liegt jedoch dann kein freiwilliges, selbstbestimmtes Handeln mehr vor, wenn der Schuldner nur noch die Wahl hat, an die bereits anwesende Vollstreckungsperson zu leisten oder andernfalls die sofortige Durchführung der Zwangsvollstreckungsmaßnahme zu dulden.[356] Verhandelt der Schuldner jedoch mit dem Vollstreckungsorgan über eine Ratenzahlung (§ 802b Abs. 2 ZPO) und leistet er in Erfüllung der ersten Rate eine Barzahlung oder übergibt einen Scheck, so handelt es sich um eine selbstbestimmte Handlung des Schuldners.[357] Dies gilt auch für den Fall, dass mangels pfändbarer Gegenstände der Pfändungsversuch erfolglos wäre.[358]

Eine Rechtshandlung des Schuldners liegt ferner vor, wenn dieser durch **bewusstes Unterlassen** zu einer Zwangsvollstreckungsmaßnahme beigetragen hat, beispielsweise durch Schaffung eines Titels durch Untätigsein (Versäumnisurteil) oder Unterlassen von aussichtsreichen vollstreckungshindernden Maßnahmen.[359]

cc) Weitere Fallgruppen. Dem Schuldner zurechenbare Rechtshandlungen liegen in folgenden Fällen vor:

Zahlungen des Schuldners im **Lastschriftverfahren** (Abbuchungsauftrags- bzw. Einzugsermächtigungsverfahren).[360]

– Zahlungen des Schuldners von seinem **gepfändeten Konto,** wenn der Pfändungsgläubiger die Verfügungsmacht des Schuldners durch Erklärung gegenüber dem Drittschuldner zeitweise wieder hergestellt hat.[361]

– **Werthaltigmachen** einer abgetretenen Forderung durch Erbringung der geschuldeten Arbeitsleistung.[362]

– Anweisung des Schuldners an einen Drittschuldner, die Leistung nicht an ihn, sondern an einen seiner Gläubiger zu erbringen **(mittelbare Zuwendung).** Diese Konstellation ist so zu behandeln, als hätte der Angewiesene an den Anweisenden (Schuldner) geleistet und dieser sodann seinen Gläubiger befriedigt.[363]

---

[354] BGH Urt. v. 27.5.2003 – IX ZR 169/02, ZInsO 2003, 764; BGH Urt. v. 10.12.2009 – IX ZR 128/08, NJW 2010, 1671.
[355] BGH Urt. v. 3.2.2011 – IX ZR 231/09, ZIP 2011, 531.
[356] BGH Urt. v. 10.2.2005 – IX ZR 211/02, ZInsO 2005, 260; BGH Urt. v. 10.12.2009 – IX ZR 128/08, NJW 2010, 1671.
[357] BGH Urt. v. 10.12.2009 – IX ZR 128/08, NJW 2010, 1671; BGH Urt. v. 14.6.2012 – IX ZR 144/09, ZIP 2012, 1422; FK-InsO/*Dauernheim* § 133 Rn. 7.
[358] BGH Beschl. v. 19.2.2009 – IX ZR 22/07, ZInsO 2009, 717.
[359] BGH Urt. v. 10.2.2005 – IX ZR 211/02, ZInsO 2005, 260; BGH Urt. v. 17.7.2003 – IX ZR 215/02, NZI 2004, 87; BGH Urt. v. 16.1.2014 – IX ZR 31/12, NJW-RR 2014, 562.
[360] BGH Urt. v. 19.12.2002 – IX ZR 377/99, ZInsO 2003, 324.
[361] BGH Beschl. v. 25.10.2007 – IX ZR 157/06, ZInsO 2008, 161; BGH Urt. v. 9.6.2011 – IX ZR 179/08, ZIP 2011, 1324.
[362] BGH Urt. v. 26.6.2008 – IX ZR 144/05, ZInsO 2008, 801.
[363] BGH Urt. v. 16.11.2007 – IX ZR 194/04, ZInsO 2008, 106; BGH Urt. v. 23.10.2003 – IX ZR 252/01, ZInsO 2003, 1096.

b) Gläubigerbenachteiligung

222 b) **Gläubigerbenachteiligung.** Durch die Rechtshandlung müssen die übrigen Gläubiger des Schuldners gemäß § 129 Abs. 1 benachteiligt worden sein.

223 Im Rahmen des **§ 133 Abs. 1** genügt eine **mittelbare Gläubigerbenachteiligung.** Die anfechtbare Rechtshandlung alleine muss noch zu keinem Nachteil für die Insolvenzmasse geführt haben. Ausreichend ist, dass durch die Rechtshandlung die Grundlage für eine Benachteiligung im weiteren Verfahrensverlauf gebildet worden ist.[364] Die Vorschrift des **§ 133 Abs. 2** setzt hingegen eine **unmittelbare Benachteiligung** voraus.

3. Subjektive Tatbestandsvoraussetzung beim Schuldner

224 Der Schuldner muss bei der Vornahme der Rechtshandlung mit dem Vorsatz gehandelt haben, seine übrigen Gläubiger zu benachteiligen. Ausreichend ist **bedingter Vorsatz,** dh der Schuldner muss die Benachteiligung seiner Gläubiger als Folge seiner Rechtshandlung für möglich gehalten und billigend in Kauf genommen haben.[365] Nicht erforderlich ist, dass die Benachteiligung Ziel oder Beweggrund des Schuldners war.[366] Ebenfalls nicht erforderlich ist ein unlauteres Handeln des Schuldners.[367] Der Benachteiligungsvorsatz des Schuldners muss sich nicht notwendigerweise auf bereits zum Zeitpunkt der angefochtenen Rechtshandlung vorhandene Gläubiger beziehen. Ausreichend ist bereits der Vorsatz, künftig neu hinzuzutretende Gläubiger zu benachteiligen.[368]

4. Subjektive Tatbestandsvoraussetzungen beim Anfechtungsgegner

225 Der Anfechtungsgegner muss zum Zeitpunkt der Vornahme der Rechtshandlung (§ 140) **Kenntnis von dem Benachteiligungsvorsatz** des Schuldners gehabt haben. Dem Anfechtungsgegner müssen zumindest die Tatsachen bekannt gewesen sein, die bei objektiver Betrachtung die Annahme eines Benachteiligungsvorsatzes rechtfertigen.[369] Eine lediglich grob fahrlässige Unkenntnis dieser Umstände ist nicht ausreichend.

II. Darlegungs- und Beweislast

1. Grundsatz

226 Der Insolvenzverwalter trägt die Beweislast für sämtliche Tatbestandsmerkmale der Vorsatzanfechtung.

---

[364] BGH Urt. v. 9.12.1999 – IX ZR 102/97, ZIP 2000, 238.
[365] BGH Urt. v. 27.5.2003 – IX ZR 169/02, ZInsO 2003, 764; BGH Urt. v. 8.12.2005 – IX ZR 182/01, ZInsO 2006, 94.
[366] *Zeuner,* Die Anfechtung in der Insolvenz, Rn. 190.
[367] BGH Urt. v. 13.5.2004 – IX ZR 190/03, ZInsO 2004, 859; BAG Urt. v. 12.9.2013 – 6 AZR 980/11, ZIP 2014, 37.
[368] BGH Urt. v. 18.3.2010 – IX ZR 57/09, ZIP 2010, 841; HambK-InsO/*Rogge/Leptien* § 133 Rn. 14; FK-InsO/*Dauernheim* § 133 Rn. 13.
[369] BGH Urt. v. 13.5.2004 – IX ZR 190/03, ZIP 2004, 1512; Braun/*de Bra* InsO § 133 Rn. 22.

2. Beweiserleichterungen

a) Vermutungsregelungen. Gemäß § 133 Abs. 1 S. 2 wird die Kenntnis des 227 anderen Teils von dem Benachteiligungsvorsatz des Schuldners **vermutet**, wenn der Anfechtungsgegner wusste, dass die Zahlungsunfähigkeit des Schuldners drohte und dass die Handlung die Gläubiger benachteiligt. Die **Vorschrift** normiert eine **Beweiserleichterung** zugunsten des Insolvenzverwalters. Der Insolvenzverwalter muss also nicht den Beweis führen, dass der Anfechtungsgegner positive Kenntnis von der schwer zu beweisenden inneren Haltung des Schuldners (Benachteiligungsvorsatz) hatte. Ausreichend ist bereits der Beweis, dass der Anfechtungsgegner Kenntnis von den objektiven Merkmalen einer zumindest drohenden Zahlungsunfähigkeit des Schuldners sowie der Gläubigerbenachteiligung hatte. Die Kenntnis von einer bereits eingetretenen Zahlungsunfähigkeit genügt dementsprechend erst recht. Ferner gilt auch im Rahmen des § 133 Abs. 1 S. 2 die Vermutungsregelung des § 17 Abs. 2 S. 2, sodass auch die Kenntnis von der Zahlungseinstellung genügen kann.[370]

In Anlehnung an § 130 Abs. 2 steht der Kenntnis von der (drohenden) Zahlungsunfähigkeit die Kenntnis von solchen **Umständen** gleich, die zwingend auf eine (drohende) Zahlungsunfähigkeit des Schuldners **hindeuten**.[371] Der Gläubiger, dem solche Umstände und die Existenz weiterer Gläubiger bekannt sind, weiß von der drohenden Zahlungsunfähigkeit und der Benachteiligung anderer Gläubiger.[372] Von dem Vorhandensein weiterer Gläubiger muss regelmäßig bei einem unternehmerisch bzw. gewerblich tätigen Schuldner ausgegangen werden.[373]

b) Beweiswürdigung. Die Rechtsprechung hat eine Reihe von Beweisanzei- 228 chen entwickelt, die den Benachteiligungsvorsatz des Schuldners sowie die Kenntnis des Anfechtungsgegners hiervon bzw. die Kenntnis von Umständen, die zwingend auf eine (drohende) Zahlungsunfähigkeit hindeuten, gleichermaßen indizieren.

Ob von dem Vorliegen solcher Beweisanzeichen auf den Vorsatz des Schuldners sowie auf die Kenntnis des Anfechtungsgegners hiervon geschlossen werden kann, ist im Rahmen der gemäß § 286 ZPO durchzuführenden tatrichterlichen Gesamtwürdigung aufgrund der mündlichen Verhandlung und einer etwaigen Beweisaufnahme zu beurteilen.[374] Eine solche Schlussfolgerung liegt umso näher, je mehr dieser Beweisanzeichen verwirklicht werden.[375]

c) Einzelne Beweisanzeichen. Ein im Rahmen der Beweiswürdigung zu be- 229 rücksichtigendes Beweisanzeichen für den Gläubigerbenachteiligungsvorsatz

---

[370] BGH Urt. v. 17.12.2015 – IX ZR 61/14, NJW 2016, 1171.
[371] BGH Urt. v. 17.12.2015 – IX ZR 61/14, NJW 2016, 1171.
[372] BGH Urt. v. 17.2.2004 – IX ZR 318/01, ZInsO 2004, 385; BGH Urt. v. 13.5.2004 – IX ZR 190/03, ZInsO 2004, 859; BGH Urt. v. 27.5.2003 – IX ZR 169/02, ZInsO 2003, 764; BGH Urt. v. 20.12.2007 – IX ZR 93/06, ZInsO 2008, 273; BGH Urt. v. 20.11.2008 – IX ZR 188/07, ZInsO 2009, 145; BGH Urt. v. 3.4.2014 – IX ZR 201/13, ZIP 2014, 1032; MüKoInsO/*Kayser* § 133 Rn. 24d; HambK-InsO/*Rogge/Leptien* § 133 Rn. 21.
[373] BGH Urt. v. 25.2.2016 – IX ZR 109/15, NJW 2016, 1168.
[374] Uhlenbruck/*Ede/Hirte* InsO § 133 Rn. 69.
[375] BGH Urt. v. 25.2.2016 – IX ZR 109/15, NJW 2016, 1168.

oder die Kenntnis des anderen Teils hiervon ist in folgenden **Fallkonstellationen** gegeben:

230 aa) Die **Kenntnis der Zahlungsunfähigkeit** stellt ein gewichtiges Beweisanzeichen dar.[376] Der BGH geht davon aus, dass der Schuldner, der seine Zahlungsunfähigkeit kennt, in aller Regel mit Benachteiligungsvorsatz handelt, da er weiß, dass sein Vermögen nicht ausreicht, um sämtliche Gläubiger zu befriedigen. Dies gilt entsprechend für diejenigen Gläubiger, die die Zahlungsunfähigkeit des Schuldners erkannt haben.

231 bb) Die Bitte oder der Abschluss einer **Ratenzahlungsvereinbarung** ist nur dann ein Indiz, wenn sie mit der Erklärung des Schuldners verbunden ist, seine fälligen Verbindlichkeiten (anders) nicht begleichen zu können.[377] Hält sich die Bitte um Ratenzahlung im Rahmen der Gepflogenheiten des Geschäftsverkehrs, ist sie kein solches Indiz, da diese Bitte etwa auf der Erzielung von Zinsvorteilen oder der Vermeidung von Kosten und Mühen im Zusammenhang mit der Aufnahme eines ohne weiteres erlangbaren Darlehens beruhen kann.

232 cc) Das Gewähren einer **inkongruenten Deckung** bildet ein wesentliches Beweisanzeichen.[378] Für die Kenntnis des Anfechtungsgegners von dem Benachteiligungsvorsatz des Schuldners gilt dies jedoch nur dann, wenn aus Sicht des Anfechtungsgegners Anlass dazu bestand, an der Liquidität des Schuldners zu zweifeln.[379] Ferner hängt der Beweiswert der Inkongruenz von deren Art und Ausmaß ab sowie dem zeitlichen Abstand zwischen der gläubigerbenachteiligenden Rechtshandlung und der Antragsstellung bzw. der Krise.[380]

233 dd) **Weitere Beweisanzeichen,** deren Beweiswert jeweils im Einzelfall beurteilt werden muss, können in folgenden Fällen vorliegen:
– Monatelanges Schweigen auf Rechnungen und Mahnungen.[381]
– Das Unvermögen des Schuldners, erhebliche Verbindlichkeiten zu begleichen.[382]
– Die Nichterfüllung strafbewehrter Zahlungspflichten (zB Sozialversicherungsbeiträge).[383]
– Vorausgegangene fruchtlose Pfändungsmaßnahmen des Anfechtungsgegners.[384]
– Insolvenzbezogene Leistungen und Lösungsklauseln.[385]
– Die Beweisanzeichen der Unentgeltlichkeit, der unmittelbaren Benachteiligung sowie des Näheverhältnisses haben nur schwache indizielle Bedeutung.[386]

---

[376] BGH Urt. v. 25.2.2016 – IX ZR 109/15, NJW 2016, 1168; Uhlenbruck/*Hirte/Ede* InsO § 133 Rn. 83 ff.
[377] BGH Beschl. v. 16.4.2015 – IX ZR 6/14, NJW 2015, 1959; BGH Urt. v. 25.2.2016 – IX ZR 109/15, NJW 2016, 1168.
[378] Uhlenbruck/*Ede/Hirte* InsO § 133 Rn. 99.
[379] BGH Urt. v. 7.11.2013 – IX ZR 248/12, NJW 2014, 467.
[380] BGH Urt. v. 18.12.2003 – IX ZR 199/02, NJW 2004, 1385; BAG Urt. v. 12.9.2013 – 6 AZR 980/11, ZIP 2014, 37.
[381] BGH Urt. v. 25.2.2016 – IX ZR 109/15, NJW 2016, 1168.
[382] BGH Urt. v. 25.2.2016 – IX ZR 109/15, NJW 2016, 1168.
[383] BGH Urt. v. 17.12.2015 – IX ZR 61/14, NJW 2016, 1171.
[384] BGH Urt. v. 17.7.2003 – IX ZR 215/02, ZIP 2003, 1900.
[385] BGH Urt. v. 7.11.2013 – IX ZR 248/12, NJW 2014, 467.
[386] Uhlenbruck/*Ede/Hirte* InsO § 133 Rn. 117–119.

d) **Entkräftung der Beweisanzeichen.** Die Indizwirkung der Kenntnis der Zahlungsunfähigkeit sowie der Inkongruenz kann im Einzelfall entkräftet sein, wenn der Schuldner von einer anfechtungsrechtlich unbedenklichen Willensrichtung geleitet wurde und dadurch das Bewusstsein der Gläubigerbenachteiligung in den Hintergrund getreten ist.[387] Dies gilt zum einen, wenn die Rechtshandlung Bestandteil eines ernsthaften **Sanierungsversuches** war, sowie zum anderen im Falle einer **bargeschäftsähnlichen Lage**.[388]

aa) Zur Entkräftung der Beweisanzeichen ist ein auf den Einzelfall bezogenes **Sanierungskonzept** erforderlich, dessen Umsetzung bereits begonnen hat und in Folge dessen auf Seiten des Schuldners zur Zeit der Rechtshandlung die ernsthafte und begründete Aussicht auf Erfolg zu rechtfertigen ist.[389]

Nicht erforderlich ist eine Überzeugung des Schuldners, dass das Sanierungsvorhaben gelingen wird, da jeder Sanierungsversuch mit der Gefahr des Scheiterns verbunden ist. Zumindest aber muss der Sanierungswille des Schuldners aus Sicht eines objektiven Dritten aufgrund konkret benennbarer Umstände eine positive Prognose nachvollziehbar und vertretbar erscheinen lassen.[390] Die bloße Hoffnung auf eine Sanierung genügt hierfür nicht, wenn die dazu erforderlichen Bemühungen über die Entwicklung von Plänen und die Erörterung von Hilfsmöglichkeiten nicht hinausgekommen sind.[391]

bb) Ferner ist das Vorliegen eines **Bargeschäftes** oder eines bargeschäftsähnlichen Vorganges ein starkes Indiz gegen den Benachteiligungsvorsatz des Schuldners und die Kenntnis des Anfechtungsgegners hiervon.[392] In einem solchen Fall wird der Schuldner die Leistung in der Regel nur wegen des im Gegenzug erhaltenen gleichwertigen Vermögensvorteiles erbracht haben, ohne dass ihm eine dadurch eintretende Gläubigerbenachteiligung bewusst war.[393] Dies gilt umso mehr, wenn das Geschäft zur Betriebsfortführung erforderlich ist und daher den Gläubiger im Allgemeinen nützt.[394]

3. Beweislastumkehr

a) **Grundsatz. § 133 Abs. 2** stellt **keinen eigenständigen Anfechtungstatbestand** dar. Es handelt sich lediglich um eine **partielle Beweislastumkehr** für die **Anfechtung entgeltlicher Verträge** des Schuldners mit **nahestehenden Personen iSd § 138**, die innerhalb der letzten zwei Jahre vor dem Eröffnungsantrag geschlossen worden sind und durch die die Gläubigergesamtheit unmittelbar benachteiligt werden.

---

[387] BGH Urt. v. 10.7.2014 – IX ZR 192/13, NJW 2014, 2579.
[388] BGH Urt. v. 10.7.2014 – IX ZR 192/13, NJW 2014, 2579.
[389] BGH Urt. v. 12.11.1992 – IX ZR 236/91, ZIP 1993, 276; BGH Urt. v. 3.4.2014 – IX ZR 201/13, NJW 2014, 1963; BGH Urt. v. 17.12.2015 – IX ZR 61/14, NJW 2016, 1171.
[390] BGH Urt. v. 12.11.1992 – IX ZR 236/91, ZIP 1993, 276; HK-InsO/*Thole* § 133 Rn. 27.
[391] BGH Urt. v. 3.4.2014 – IX ZR 201/13, NJW 2014, 1963.
[392] Uhlenbruck/*Ede/Hirte* InsO § 133 Rn. 142.
[393] BAG Urt. v. 29.1.2014 – 6 AZR 345/12, ZIP 2014, 628; BGH Urt. v. 10.7.2014 – IX ZR 192/13, NJW 2014, 2579.
[394] BAG Urt. v. 29.1.2014 – 6 AZR 345/12, ZIP 2014, 628; BGH Urt. v. 17.12.2015 – IX ZR 61/14, NJW 2016, 1171.

Der Benachteiligungsvorsatz des Schuldners und die Kenntnis des Anfechtungsgegners von dem Vorsatz werden in diesen Fällen vermutet. Die **Beweislast**, dass der Schuldner ohne Benachteiligungsvorsatz handelte oder dass ein solcher Vorsatz nicht bekannt war, trägt der **Anfechtungsgegner**. Er hat auch die Tatsache zu beweisen, dass der Vertrag früher als zwei Jahre vor dem Eröffnungsantrag geschlossen worden ist.

Der Insolvenzverwalter hat lediglich das Vorliegen eines entgeltlichen Vertrags mit einer nahestehenden Person sowie die dadurch bewirkte unmittelbare Gläubigerbenachteiligung zu beweisen.[395]

236 b) **Vertrag.** Der Vertragsbegriff des § 133 Abs. 2 ist **weit auszulegen**.[396] Erfasst wird jeder auf einer wechselseitigen Willensübereinstimmung beruhender Erwerbsvorgang.[397] Erfasst sind daher nicht nur Verträge im eigentlichen Sinn, sondern auch von den Parteien übereinstimmend vorgenommene Realakte.

237 Als Verträge im Sinne des § 133 Abs. 2 sind daher ua schuldrechtliche, dingliche (Übereignung, Sicherheitenbestellung für eine eigene Schuld) sowie gesellschaftsrechtliche Vereinbarungen (Ausschüttungen) anzusehen.[398] Das Geben und Nehmen einer Leistung als Erfüllung bzw. an Erfüllungs statt stellt ebenfalls einen Vertrag im Sinne des § 133 Abs. 2 dar,[399] da insoweit keine Unterscheidung zwischen Deckungshandlungen und den zugrunde liegenden Rechtsgeschäften erfolgt.[400]

238 c) **Entgeltlichkeit.** Die Entgeltlichkeit des Vertrags erfordert eine von der angefochtenen Leistung rechtlich abhängige **Gegenleistung des anderen Teils**.[401] Ausreichend ist bereits, dass der Schuldner eine die Minderung seines haftenden Vermögens nur teilweise ausgleichende Gegenleistung erhält.[402] Als Gegenleistung ist jeder wirtschaftliche Vorteil des Schuldners anzusehen, zB Kreditgewährungen, Stundungen sowie Zahlungserleichterungen. Bei der Tilgung einer Verbindlichkeit besteht das Entgelt in der Befreiung von der Schuld.[403]

239 d) **Nahestehende Person.** Ob es sich bei dem Anfechtungsgegner um eine nahestehende Person nach § 138 handelt, richtet sich danach, ob das Näheverhältnis **im Zeitpunkt des Vertragsschlusses** bereits bestanden hat.[404]

240 e) **Unmittelbare Benachteiligung.** Damit die Beweislastumkehr des § 133 Abs. 2 eingreift, muss der Vertragsschluss zu einer **unmittelbaren** Gläubigerbenachteiligung geführt haben.

---

[395] BGH Urt. v. 20.10.2005 – IX ZR 276/02, ZInsO 2006, 151; Uhlenbruck/*Ede/Hirte* InsO § 133 Rn. 195.
[396] MüKoInsO/*Kayser* § 133 Rn. 40.
[397] FK-InsO/*Dauernheim* § 133 Rn. 25.
[398] Uhlenbruck/*Ede/Hirte* InsO § 133 Rn. 188.
[399] BGH Urt. v. 10.7.2014 – IX ZR 192/13, NJW 2014, 2579; BGH Urt. v. 15.2.1990 – IX ZR 149/88, ZIP 1990, 459.
[400] MüKoInsO/*Kayser* § 133 Rn. 40a; Uhlenbruck/*Ede/Hirte* InsO § 133 Rn. 185.
[401] BGH Urt. v. 20.12.2012 – IX ZR 130/10, ZIP 2013, 374; MüKoInsO/*Kayser* § 133 Rn. 41; *Zeuner*, Die Anfechtung in der Insolvenz, Rn. 179.
[402] BGH Urt. v. 26.6.2008 – IX ZR 47/05, ZIP 2008, 1437.
[403] BGH Urt. v. 10.7.2014 – IX ZR 192/13, NJW 2014, 2579; BGH Urt. v. 15.2.1990 – IX ZR 149/88, ZIP 1990, 459; BGH Urt. v. 6.4.1995 – IX ZR 61/94, ZIP 1995, 1021.
[404] MüKoInsO/*Kayser* § 133 Rn. 42; *Zeuner*, Die Anfechtung in der Insolvenz, Rn. 184.

III. Ausblick: Entwurf der Bundesregierung zum Anfechtungsrecht

Gemäß dem Entwurf der Bunderegierung wird in § 133 der bisherige Abs. 2 zu Abs. 4 und nach Abs. 1 folgende Absätze eingefügt:

„*(2) Hat die Rechtshandlung dem anderen Teil eine Sicherung oder Befriedigung gewährt oder ermöglicht, beträgt der Zeitraum nach Absatz 1 Satz 1 vier Jahre.*

(3) Hat die Rechtshandlung dem anderen Teil eine Sicherung oder Befriedigung gewährt oder ermöglicht, welche dieser in der Art und zu der Zeit beanspruchen konnte, tritt an die Stelle der drohenden Zahlungsunfähigkeit des Schuldners nach Absatz 1 Satz 2 die eingetretene. Hatte der andere Teil mit dem Schuldner eine Zahlungsvereinbarung getroffen oder diesem in sonstiger Weise eine Zahlungserleichterung gewährt, wird vermutet, dass er zur Zeit der Handlung die Zahlungsunfähigkeit des Schuldners nicht kannte."

Durch den Regierungsentwurf soll die Vorsatzanfechtung insbesondere bei kongruenten Deckungen eingeschränkt werden. Dies wird zum einen durch die Verkürzung des anfechtungsrelevanten Zeitraums gemäß § 133 Abs. 2 RegE erreicht. Zum anderen greift die Vermutung des § 133 Abs. 1 S. 2 gemäß § 133 Abs. 3 S. 1 RegE nur noch bei Kenntnis von der eingetretenen Zahlungsunfähigkeit. Ferner wird in § 133 Abs. 3 S. 2 RegE eine Vermutungsregel für die Unkenntnis des anderen Teils von der Zahlungsunfähigkeit bei einer Zahlungsvereinbarung aufgestellt. Inwieweit dieser Vermutungsregel eine eigenständige Bedeutung zukommt, erscheint fraglich. Schließlich hat der Insolvenzverwalter ohnehin die Kenntnis des anderen Teils von der Zahlungsunfähigkeit zu beweisen.[405]

G. Anfechtung unentgeltlicher Leistungen (§ 134)

Die Vorschrift des § 134 (die frühere Schenkungsanfechtung) regelt die Möglichkeit der Anfechtung unentgeltlicher Leistungen des Schuldners, die innerhalb eines Zeitraumes von **vier Jahren** vor Stellung des Insolvenzantrages erfolgten.

§ 134 liegt der Rechtsgrundsatz zugrunde, dass der **Empfänger der unentgeltlichen Leistung weniger schutzwürdig** ist als der Gläubiger eines entgeltlichen Rechtsgeschäftes.[406]

§ 134 enthält ausschließlich **objektive Tatbestandsmerkmale,** sodass für die Insolvenzanfechtung das Vorliegen einer unentgeltlichen Leistung des Schuldners genügt, durch die der Anfechtungsgegner einen Vermögenswert innerhalb der letzten vier Jahre vor dem Eröffnungsantrag erlangt hat.

241

---

[405] HK-InsO/*Thole* § 133 Rn. 43.
[406] BGH Urt. v. 3.4.2014 – IX ZR 236/13, ZIP 2014, 977; HK-InsO/*Thole* § 134 Rn. 2.

Tatbestandsvoraussetzungen des § 134
§ 134 Abs. 1 Unentgeltliche Leistung
– Leistung des Schuldners (= alle Zuwendungen aus dem Schuldnervermögen) – Unentgeltlichkeit (= Empfänger der Zuwendung/Leistung hat keine Gegenleistung an den Schuldner oder einen Dritten zu erbringen; kein Vermögensopfer beim Leistungsempfänger) – Unentgeltliche Leistung wurde während der letzten 4 Jahre vor dem Antrag auf Eröffnung vorgenommen – Gläubigerbenachteiligung gemäß § 129
§ 134 Abs. 2 Gebräuchliches Gelegenheitsgeschenk
Ausnahmetatbestand des § 134 Abs. 2: Keine Insolvenzanfechtung bei gebräuchlichen Gelegenheitsgeschenken

I. Tatbestand

1. Leistung des Schuldners

242 Der Begriff der **Leistung** im Sinne von § 134 ist weit auszulegen. Erfasst werden **alle Zuwendungen aus dem Schuldnervermögen**.[407] Aufgrund des eindeutigen Wortlauts des § 134 muss die anfechtbare Leistung vom Schuldner selbst vorgenommen worden sein oder der Schuldner muss an ihr zumindest mitgewirkt haben.[408]

Unterlassungen im Sinne von § 129 Abs. 2 stehen **Leistungen** des Schuldners **gleich**, sofern sie die Geltendmachung eines Rechts des Schuldners ausschließen.[409]

2. Unentgeltlichkeit

243 Für die Beurteilung des Vorliegens der **Unentgeltlichkeit** ist zwischen Zwei-Personen- sowie Drei-Personen-Verhältnissen zu unterscheiden.

In einem **Zwei-Personen-Verhältnis** ist eine Leistung als unentgeltlich anzusehen, wenn ihr nach dem Inhalt des Rechtsgeschäfts keine Leistung gegenübersteht, dem Leistenden also keine dem von ihm aufgegebenen Vermögenswert entsprechende Gegenleistung zufließen soll.[410]

In einem **Drei-Personen-Verhältnis** kommt es nicht entscheidend darauf an, ob der Leistende selbst einen Ausgleich für seine Leistung erhält, sondern ob der Zuwendungsempfänger seinerseits eine Gegenleistung zu erbringen hat.[411]

---

[407] FK-InsO/*Dauernheim* § 134 Rn. 6; HK-InsO/*Thole* § 134 Rn. 6.
[408] MüKoInsO/*Kayser* § 134 Rn. 11; Nerlich/Römermann/*Nerlich* § 134 Rn. 36, HambK-InsO/*Rogge/Leptien* § 134 Rn. 6; aA FK-InsO/*Dauernheim* § 134 Rn. 6.
[409] HambK-InsO/*Rogge/Leptien* § 134 Rn. 4; Jaeger/*Henckel* InsO § 134 Rn. 41.
[410] BGH Urt. v. 29.10.2015 – IX ZR 123/13, ZIP 2015, 2484.
[411] BGH Urt. v. 29.10.2015 – IX ZR 123/13, ZIP 2015, 2484.

Es entspricht der dem § 134 immanenten Wertung, dass der Empfänger einer (unentgeltlichen) Zuwendung weniger Schutz verdient, wenn er keine ausgleichende Gegenleistung zu erbringen hat.[412] Entscheidend für die **Qualifizierung einer Leistung als unentgeltlich** ist nicht allein die Vermögensminderung beim Schuldner, sondern auch, dass der **Leistungsempfänger kein Vermögensopfer** erbringt.[413] Wurde eine Gegenleistung vereinbart, bleibt diese jedoch aus, führt das nicht zur Anfechtbarkeit gemäß § 134.[414] Der Insolvenzverwalter muss in derartigen Konstellationen vielmehr auf die Erbringung der Gegenleistung klagen.

244

Die Beurteilung, ob der Leistung des Schuldners eine **ausgleichende Gegenleistung** gegenübersteht, beurteilt sich nach **objektiven Kriterien**, dh nach dem objektiven Verhältnis der ausgetauschten Werte.[415]

245

Dies hat zur Folge, dass **subjektive Bewertungen und Intentionen** des Schuldners aus moralischen, familiären oder sonstigen Gründen für die Frage der Unentgeltlichkeit **nicht von Bedeutung** sind.[416]

246

Subjektive Vorstellungen der Beteiligten sind – allenfalls stark eingeschränkt – für die Beurteilung der Frage maßgeblich, ob die geschuldete **Gegenleistung** den Wert der schuldnerischen Leistung **kompensiert**.[417] Den Beteiligten wird nach der Rechtsprechung jedoch bezüglich des Verhältnisses zwischen Leistung und Gegenleistung ein angemessener Beurteilungsspielraum zugebilligt.[418]

247

Ist die Bewertung der gegenseitigen Leistungen bei objektiver Betrachtungsweise willkürlich oder grob unangemessen, wird der den Beteiligten zugestandene Beurteilungsspielraum überschritten,[419] wobei **Notveräußerungen** unter Wert grundsätzlich als **entgeltliche Leistungen** gewertet werden.[420]

Objektiv wertlose Gegenleistungen vermögen deshalb nicht die Entgeltlichkeit der Leistungen zu begründen.[421]

248

II. Praxisrelevante Fallkonstellationen

In der Praxis sind die nachfolgenden Fallkonstellationen von Bedeutung:
– **Schenkungen** gemäß § 516 BGB und Schenkungen unter einer Auflage gemäß § 525 BGB bilden typische Fälle der Anfechtung gemäß § 134.

249

---

[412] BGH Urt. v. 30.3.2006 – IX ZR 84/05, NZI 2006, 399 (400).
[413] BGH Urt. v. 25.6.1992 – IX ZR 4/91, ZIP 1992, 1089 (1092) z. AnfG.
[414] BGH Urt. v. 21.1.1999 – IX ZR 429/97, ZInsO 1999, 163; Uhlenbruck/*Ede/Hirte* § 134 InsO Rn. 22.
[415] BGH Urt. v. 9.11.2006 – IX ZR 285/03, ZInsO 2006, 1322 (1323); BGH Urt. v. 26.4.2012 – IX ZR 146/11, ZIP 2012, 1183.
[416] FK-InsO/*Dauernheim* § 134 Rn. 9.
[417] BGH Urt. v. 3.3.2005 – IX ZR 441/00, ZIP 2005, 767; BGH Urt. v. 1.4.2004 – IX ZR 305/00, ZIP 2004, 957; BAG Urt. v. 12.9.2013 – 6 AZR 913/11, ZIP 2014, 139.
[418] BGH Urt. v. 1.4.2004 – IX ZR 305/00, ZIP 2004, 957; BAG Urt. v. 12.9.2013 – 6 AZR 913/11, ZIP 2014, 139.
[419] BGH Urt. v. 2.4.1998 – IX ZR 232/96, ZIP 1998, 830 (836); BAG Urt. v. 12.9.2013 – 6 AZR 913/11, ZIP 2014, 139.
[420] Uhlenbruck/*Ede/Hirte* InsO § 134 Rn. 29.
[421] FK-InsO/*Dauernheim* § 134 Rn. 13.

- Bei einer **verdeckten Schenkung**, dh ein entgeltliches Geschäft wird nur zum Schein abgeschlossen, ist das Scheingeschäft gemäß § 117 BGB nichtig und die unentgeltliche Zuwendung gemäß § 134 anfechtbar.[422]
- Im Falle einer **gemischten Schenkung**, bei der objektiv betrachtet der Wert der Gegenleistung geringer ist als die Leistung des Schuldners, sind die Vorstellungen der Vertragsparteien hinsichtlich der teilweisen Unentgeltlichkeit der Leistung des Schuldners nur dann zu berücksichtigen, wenn sich diese innerhalb eines vertretbaren Bewertungsspielraumes bewegen.[423] Eine Anfechtbarkeit gemäß § 134 ist gegeben, wenn der Wert der Leistung den der Gegenleistung übersteigt und die Vertragsparteien den ihnen zustehenden Bewertungsspielraum überschritten haben.[424]

Hinsichtlich der Rechtsfolge ist bei der gemischten Schenkung zu unterscheiden, ob die Leistung teilbar (zB Geld) oder unteilbar (zB Grundstücke) ist. Sofern die Leistung **teilbar** ist, bleibt die Rechtsfolge der Anfechtung gemäß § 134 auf den überschießenden Teil, der als **unentgeltlich** gilt, beschränkt.[425]

Der verbleibende **(entgeltliche)** Teil der Leistung ist nur dann anfechtbar, wenn die Voraussetzungen der §§ 130–133 vorliegen.

Bei einer **unteilbaren** Leistung des Schuldners richtet sich die Anfechtung gemäß § 134 auf Rückgewähr der Leistung insgesamt, Zug um Zug gegen Rückgabe der erbrachten Gegenleistung.[426] Der Anfechtungsgegner kann in diesem Fall die Rückgewähr der erlangten Leistung durch Zahlung eines anteiligen Wertersatzes abwenden.[427]

Die **Erfüllung eigener Verbindlichkeiten** ist stets als **entgeltlich** zu qualifizieren, wenn die Verbindlichkeit durch einen entgeltlichen Vertrag begründet wurde.[428] Wurde die getilgte Verbindlichkeit hingegen unentgeltlich begründet, so ist auch deren Erfüllung unentgeltlich.[429]

- Die **nachträgliche Besicherung** einer **eigenen, entgeltlich begründeten Verbindlichkeit des Schuldners** ist nach der herrschenden Meinung stets **entgeltlich**.[430] Da auch die Inkongruenz einer Sicherung nicht die Unentgeltlichkeit begründet, sind nachträgliche Besicherungen eigener Verbindlichkeiten als inkongruente Deckungen anzufechten.[431]

---

[422] BGH Urt. v. 24.6.1993 – IX ZR 96/92, ZIP 1993, 1170; Uhlenbruck/*Ede/Hirte* InsO § 134 Rn. 35.

[423] BGH Urt. v. 24.6.1993 – IX ZR 96/92, NJW-RR 1993, 1379 (1381); BGH Urt. v. 2.4.1998 – IX ZR 232/96, ZIP 1998, 83; MüKoInsO/*Kayser* § 134 Rn. 41.

[424] BGH Urt. v. 24.6.1993 – IX ZR 96/92, ZIP 1993, 1170; Uhlenbruck/*Ede/Hirte* InsO § 134 Rn. 34.

[425] BGH Urt. v. 25.6.1992 – IX ZR 4/91, ZIP 1992, 1089.

[426] BGH Urt. v. 7.4.1989 – V ZR 252/87, NJW 1989, 2122.

[427] MüKoInsO/*Kayser* § 134 Rn. 42; Uhlenbruck/*Ede/Hirte* InsO § 134 Rn. 34.

[428] BGH Urt. v. 25.6.1992 – IX ZR 4/91, ZIP 1992, 1089; BGH Urt. v. 13.2.2014 – IX ZR 133/13, ZIP 2014, 528.

[429] BGH Urt. v. 13.2.2014 – IX ZR 133/13, ZIP 2014, 528.

[430] BGH Urt. v. 22.7.2004 – IX ZR 183/03, ZIP 2004, 1819; BGH Urt. v. 7.11.2013 – IX ZR 248/12, NJW 2014, 467; MüKoInsO/*Kayser* § 134 Rn. 28.

[431] BGH Urt. v. 22.7.2004 – IX ZR 183/03, ZIP 2004, 1819 (1820); BGH Urt. v. 10.1.2013 – IX ZR 13/12, NJW 2013, 611.

Die Tilgung einer fremden Verbindlichkeit ist dann unentgeltlich, wenn der Leistungsempfänger kein Vermögensopfer bzw. keine Gegenleistung zu erbringen hat.[432]

Für die Frage der Unentgeltlichkeit kommt es somit nicht darauf an, ob der Schuldner eine Gegenleistung erhalten hat, sondern ob der Leistungsempfänger eine Gegenleistung an den Schuldner oder einen Dritten zu erbringen bzw. erbracht hat,[433] da in diesem Fall der Leistungsempfänger schutzwürdig ist.

Die Gegenleistung des Empfängers, dessen gegen einen Dritten gerichtete Forderung bezahlt wird, liegt in der Regel darin, dass er eine werthaltige Forderung gegen seinen Schuldner verliert, sodass in diesem Fall nicht der Leistungsempfänger, sondern dessen Schuldner der Anfechtungsgegner im Sinne von § 134 ist.[434]

Dagegen ist die Erfüllung im Verhältnis zum Gläubiger **unentgeltlich,** wenn dessen Forderung gegen den Dritten wertlos war, da er in diesem Fall bei wirtschaftlicher Betrachtung nichts verliert, was als Gegenleistung für die Zuwendung angesehen werden kann.[435] Hierbei ist es unerheblich, ob der Leistungsempfänger die Wertlosigkeit der Forderung gegen den Drittschuldner kannte.[436]

– Die **nachträgliche Besicherung** einer fremden Schuld ist unter folgenden Voraussetzungen anfechtbar:
  - Es muss eine **nachträgliche** Besicherung vorliegen, da bei anfänglicher Besicherung einer fremden Schuld die Kreditgewährung an den Dritten als (entgeltliche) Gegenleistung für die Bestellung der Sicherheit zu qualifizieren ist.[437]
  - Für die **Qualifizierung** der Besicherung als **entgeltlich** ist es **nicht ausreichend,** wenn der **Sicherungsgeber ein lediglich wirtschaftliches Interesse** an der Kreditgewährung zugunsten des Dritten hatte.
  - Keine Gegenleistung des Dritten und damit keine Unentgeltlichkeit liegt vor, wenn der Dritte eine **nicht werthaltige** Forderung lediglich stehen lässt.[438] Es liegt dann kein Vermögensopfer vor.
  - Höchstrichterlich geklärt ist die Frage, ob der Sicherungsnehmer dadurch eine Gegenleistung erbringt, wenn er seine gekündigte oder kündbare **werthaltige** Forderung gegen den Dritten stehen lässt. Die Anfechtbarkeit

---

[432] BGH Urt. v. 30.3.2006 – IX ZR 84/05, ZIP 2006, 957; BGH Urt. v. 29.10.2015 – IX ZR 123/13, ZIP 2015, 2484.
[433] BGH Urt. v. 30.3.2006 – IX ZR 84/05, NZI 2006, 399; BGH Urt. v. 29.10.2015 – IX ZR 123/13, ZIP 2015, 2484.
[434] BGH Urt. v. 30.3.2006 – IX ZR 84/05, ZIP 2006, 957 (958); BGH Urt. v. 29.10.2015 – IX ZR 123/13, ZIP 2015, 2484.
[435] BGH Urt. v. 3.3.2005 – IX ZR 441/00, NZI 2005, 323 (324); BGH Urt. v. 30.3.2006 – IX ZR 84/05, ZIP 2006, 957 (958); BGH Urt. v. 29.10.2015 – IX ZR 123/13, ZIP 2015, 2484.
[436] BGH Urt. v. 30.3.2006 – IX ZR 84/05, ZIP 2006, 957 (958).
[437] BGH Urt. v. 1.6.2006 – IX ZR 159/04, NZI 2006, 524 (525); BGH Urt. v. 11.12.2008 – IX ZR 194/07, ZIP 2009, 228.
[438] BGH Urt. v. 1.6.2006 – IX ZR 159/04, NZI 2006, 524; BGH Urt. v. 20.12.2012 – IX ZR 21/12, NZI 2013, 258.

gemäß § 134 ist in diesem Fall gegeben, da dem Schuldner durch das Stehenlassen der Forderung kein neuer Vermögenswert vorliegt. Der Schuldner hat ihn vielmehr bereits durch die Darlehensgewährung erhalten; das bloße Unterlassen der Rückforderung ist nicht als Vermögensopfer des Dritten zu qualifizieren.[439]
- Hat der Schuldner nachträglich eine **Bürgschaft** oder die **Mithaft** für eine **fremde Schuld** übernommen, liegt grundsätzlich eine Verstärkung der Rechtsposition beim Gläubiger vor. Der Gläubiger hat in diesem Fall eine Verbesserung seiner Rechtsposition unentgeltlich erlangt, sofern er keine Gegenleistung gegenüber dem Hauptschuldner oder dem Insolvenzschuldner erbracht hat. Der Ausgleichsanspruch gemäß § 774 BGB stellt in dieser Fallkonstellation **keine Gegenleistung** dar.[440]
- Die Qualifizierung eines **Vergleiches** als unentgeltlich hängt davon ab, ob durch diesen ein angemessener Interessensausgleich stattgefunden hat oder ob der Vergleich aufgrund eines finanziellen Engpasses geschlossen wurde.[441]
- Auszahlungen von Scheingewinnen in einem Kapitalanlagesystem („**Schneeballsystem**") sind als unentgeltliche Leistungen anfechtbar.[442] Gleiches gilt für **Provisionen**, die auf Scheingewinnen beruhen.[443] Dabei ist zu beachten, dass die bewusste Erfüllung einer tatsächlich nicht bestehenden Forderung auch dann unentgeltlich ist, wenn der Leistungsempfänger irrtümlich von dem Bestehen dieser Forderung ausgeht.[444]
- **Leistungen im Arbeitsverhältnis** sind in der Regel entgeltlich, da sie entweder auf dienstvertraglichen Verpflichtungen oder auf einer Fürsorgepflicht des Arbeitgebers beruhen. Etwas anderes gilt nur, wenn zusätzliche, vertraglich nicht geschuldete Leistungen seitens des Arbeitgebers erbracht werden, zB die Zahlung von Überstunden, die nach dem Arbeitsvertrag durch das Gehalt bereits abgegolten sind.[445] Jedoch werden **Halteprämien** nicht unentgeltlich gewährt, sondern als Gegenleistung für die Betriebstreue des Arbeitnehmers.[446]
- Die **Einräumung eines Bezugsrechts** für einen Dritten an einer **(Risiko-) Lebens- oder Unfallversicherung**, die der Schuldner als Versicherungsnehmer abgeschlossen hat, stellt grundsätzlich eine **unentgeltliche Zuwendung dar**, die gemäß § 134 anfechtbar ist. Etwas anderes gilt nur, wenn die Lebensversicherung als **Kreditsicherheit**[447] oder als **Direktversicherung**[448] als Teil der arbeitsvertraglichen Verpflichtung qualifiziert werden kann.

---

[439] BGH Urt. v. 7.5.2009 – IX ZR 71/08, NZI 2009, 435; BGH Urt. v. 20.12.2012 – IX ZR 21/12, NZI 2013, 258.
[440] MüKoInsO/*Kayser* § 134 Rn. 34; *Hirte* ZInsO 2004, 1161.
[441] Uhlenbruck/*Ede/Hirte* InsO § 134 Rn. 54 f.
[442] BGH Urt. v. 18.7.2013 – IX ZR 198/10, NJW 2014, 305.
[443] BGH Beschl. v. 21.12.2010 – IX ZR 199/10, ZIP 2011, 484.
[444] BGH Urt. v. 18.7.2013 – IX ZR 198/10, NJW 2014, 305.
[445] LAG Hamm Urt. v. 26.11.1997 – 14 Sa 1240/97, ZIP 1998, 920.
[446] BAG Urt. v. 12.9.2013 – 6 AZR 913/11, ZIP 2014, 139.
[447] MüKoInsO/*Kayser* § 134 Rn. 16.
[448] Uhlenbruck/*Ede/Hirte* InsO § 134 Rn. 100.

- Wird ein **unwiderrufliches Bezugsrecht** an einer Lebensversicherung unentgeltlich eingeräumt, ist die Anfechtung nur möglich, wenn innerhalb des 4-Jahres-Zeitraums die Einsetzung als unwiderruflich Bezugsberechtigter erfolgt, der Versicherungsfall vor Insolvenzeröffnung eingetreten und die Versicherungssumme ausgezahlt worden ist.[449] Der Insolvenzverwalter kann ansonsten gegen den Bezugsberechtigten im Wege der Anfechtung gemäß § 134 nur die im **4-Jahres-Zeitraum entrichteten Versicherungsprämien** – vorbehaltlich § 143 Abs. 2 – geltend machen.[450]
- Eine Anfechtung bei Vorliegen eines **widerruflichen Bezugsrechts** ist nur dann möglich, wenn im 4-Jahres-Zeitraum der Versicherungsfall eingetreten ist, da der Bezugsberechtigte gemäß § 159 Abs. 2 VVG erst mit dessen Eintritt eine gesicherte Rechtsposition erlangt.[451]

Ist das Bezugsrecht des Dritten widerruflich und der Versicherungsfall noch nicht eingetreten, ist eine Anfechtung entbehrlich, da der Insolvenzverwalter das Bezugsrecht gemäß § 159 Abs. 1 VVG widerrufen kann.

III. Ausnahme: Gebräuchliche Gelegenheitsgeschenke (§ 134 Abs. 2)

Aufgrund der Vorschrift des § 134 Abs. 2 kommt eine **Anfechtung** gemäß § 134 Abs. 1 dann **nicht in Betracht,** wenn sich die Leistung des Schuldners auf ein **gebräuchliches Gelegenheitsgeschenk mit geringem Wert** gerichtet hat. 250

Die Norm des § 134 Abs. 2 erfasst **ausschließlich Schenkungen** gemäß § 516 BGB.[452]

Als **Gelegenheitsgeschenke** sind Zuwendungen zu qualifizieren, die vor allem zu besonderen Anlässen, wie zB Geburtstag, Hochzeit, Taufe bzw. an Feiertagen (Weihnachten) getätigt werden, sowie Spenden an Parteien, Wohltätigkeitsorganisationen und Kirchen.[453] Ein Gelegenheitsgeschenk liegt jedoch nicht vor, wenn es sich um regel- sowie planmäßige Zahlungen zu Finanzierungszwecken ohne besonderen Anlass handelt.[454] 251

Die **Gebräuchlichkeit** des Gelegenheitsgeschenkes bestimmt sich danach, welche Zuwendungen nach Art und Umfang in der Gesellschaftsschicht des Schuldners für einen **konkreten Anlass** üblich sind, sodass für begüterte Personen ein anderer Maßstab anzulegen sein dürfte.[455] 252

Ob ein gebräuchliches Gelegenheitsgeschenk **geringwertig** ist, ist nach objektiven Kriterien zu ermitteln. Die absolute Obergrenze beträgt dabei für das einzelne Geschenk 200,00 EUR, im Kalenderjahr bezüglich des einzelnen Be- 253

---

[449] Uhlenbruck/*Ede*/*Hirte* InsO § 134 Rn. 94.
[450] BGH Urt. v. 20.12.2012 – IX ZR 21/12, ZIP 2013, 223; Uhlenbruck/*Ede*/*Hirte* InsO § 134 Rn. 95.
[451] BGH Urt. v. 23.10.2003 – IX ZR 252/01, NJW 2004, 214; BGH Urt. v. 27.9.2012 – IX ZR 15/12, NJW 2013, 232.
[452] BGH Urt. v. 4.2.2016 – IX ZR 77/15, ZIP 2016, 583.
[453] BGH Urt. v. 4.2.2016 – IX ZR 77/15, ZIP 2016, 583; MüKoInsO/*Kayser* § 134 Rn. 47.
[454] BGH Urt. v. 4.2.2016 – IX ZR 77/15, ZIP 2016, 583.
[455] HK-InsO/*Thole* § 134 Rn. 22.

schenkten insgesamt 500,00 EUR.[456] Bei einmaligen Sonderanlässen kann in diesem Rahmen ein zusätzlicher Betrag berücksichtigt werden.[457]

254 Die Regelung des § 134 Abs. 2 führt jedoch nicht zum Ausschluss einer Anfechtung gemäß §§ 130–133 Abs. 1.[458]

IV. Beweislast und Fristberechnung

255 **Beweispflichtig** für das Vorliegen einer **unentgeltlichen Leistung** des Schuldners sowie der **Gläubigerbenachteiligung** ist der **Insolvenzverwalter**. Sofern es für das Vorliegen der Unentgeltlichkeit entscheidend ist, hat der Insolvenzverwalter ferner zu beweisen, dass der Schuldner eine gegen einen Dritten gerichtete **wertlose Forderung** erfüllt hat.[459] Die Vermutungswirkung des § 1362 Abs. 1 BGB bei Anfechtungen gegen Ehegatten des Schuldners kommt dem Insolvenzverwalter zu Gute.[460]

256 Die **4-Jahres-Frist berechnet** sich gemäß **§ 139**, wobei sich der Zeitpunkt der Vornahme der Handlung gemäß § 140 bestimmt. Bei der Erfüllung eines unentgeltlichen Vertrages oder eines Schenkungsversprechens ist es ausreichend, wenn der Vollzug des Vertrages oder des Versprechens innerhalb der Frist des § 134 erfolgt.[461]

257 Der **Anfechtungsgegner** hat gegebenenfalls **nachzuweisen,** dass die Leistung **früher als vier Jahre** vor dem Eröffnungsantrag vorgenommen wurde, dass ein **Ausnahmefall** gemäß § 134 Abs. 2 vorliegt oder dass die **Bereicherung** gemäß § 143 Abs. 2 **weggefallen** ist.

Ist dem Insolvenzverwalter der Beweis der Unentgeltlichkeit bzw. des Fehlens einer Gegenleistung mangels schriftlichen Vertrages nicht möglich, so obliegt es dem Anfechtungsgegner im Rahmen der sekundären Darlegungslast, die von ihm erbrachte Gegenleistung im Einzelnen darzulegen.[462]

H. Anfechtungstatbestände im Zusammenhang mit Gesellschafterdarlehen (§ 135)

258 | Tatbestandsvoraussetzungen des § 135 |

1. § 135 Abs. 1
a) **Objektiver Tatbestand**
– Anfechtungsgegenstand und sachlicher/persönlicher Anwendungsbereich: Forderung eines Gesellschafters auf Rückgewähr eines Darlehens im Sinne des § 39 Abs. 1 Nr. 5 oder Forderung aus einer Rechtshandlung, die einem solchen Darlehen wirtschaftlich entspricht.

---

[456] BGH Urt. v. 4.2.2016 – IX ZR 77/15, ZIP 2016, 583.
[457] BGH Urt. v. 4.2.2016 – IX ZR 77/15, ZIP 2016, 583.
[458] HK-InsO/*Thole* § 134 Rn. 23.
[459] BGH Beschl. v. 9.10.2014 – IX ZR 294/13, ZInsO 2015, 305.
[460] Uhlenbruck/*Ede*/*Hirte* InsO § 134 Rn. 165.
[461] BGH Urt. v. 13.2.2014 – IX ZR 133/13, ZIP 2014, 528.
[462] LG Köln Urt. v. 17.9.2015 – 36 O 164/14, ZInsO 2016, 760.

§ 16. Anfechtung 643

- Rechtshandlung des § 135 Abs. 1 Nr. 1:
  Gewährung einer **Sicherung** innerhalb eines Zeitraums von 10 Jahren vor Insolvenzantragstellung oder nach Insolvenzantragstellung.
- Rechtshandlung des § 135 Abs. 1 Nr. 2:
  Gewährung einer **Befriedigung** innerhalb eines Zeitraums von einem Jahr vor Insolvenzantragstellung oder nach Insolvenzantragstellung.
  b) **Keine subjektiven Tatbestandsvoraussetzungen**
2. **§ 135 Abs. 2**
  a) **Objektiver Tatbestand**
  - Forderung eines Dritten gegenüber der Gesellschaft (= Schuldner) auf Rückgewähr eines Darlehens oder wirtschaftlich äquivalente Forderung
  - Gesellschafter hat für die Forderung eine Sicherheit bestellt oder haftet als Bürge
  - Rechtshandlung: Gesellschaft (= Schuldner) gewährt Drittem Befriedigung innerhalb eines Zeitraumes von einem Jahr vor Insolvenzantragstellung oder nach Insolvenzantragstellung
  - Anfechtungsgegenstand: Befreiung des Gesellschafters von seiner Verpflichtung aus dem Sicherungsvertrag
  - Anfechtungsgegner: Gesellschafter (nicht der Dritte)
  b) **Keine subjektiven Tatbestandsvoraussetzungen**
  d) **Rechtsfolgen (§ 143 Abs. 3)**
  - Gesellschafter hat die dem Dritten durch die Gesellschaft (= Schuldner) gewährte Leistung zur Insolvenzmasse zu erstatten.
  - Gemäß § 143 Abs. 3 S. 2 Begrenzung der Erstattungspflicht auf Höhe der Befreiung des Gesellschafters aus der Sicherheit
  - Gemäß § 143 Abs. 3 S. 3 Befreiungsmöglichkeit des Gesellschafters von Zahlungsverpflichtung bei Herausgabe der Realsicherheit an Insolvenzmasse
3. **§ 135 Abs. 3**
  Nutzungsüberlassung (kein Anfechtungstatbestand)
  - Aussonderungsanspruch eines Gesellschafters kann für die Dauer des Insolvenzverfahrens, maximal jedoch für 1 Jahr ab Eröffnung des Insolvenzverfahrens nicht geltend gemacht werden, wenn der Gegenstand für die Fortführung des Unternehmens von erheblicher Bedeutung ist
  - Hierfür steht dem Gesellschafter ein Ausgleichsanspruch zu
4. **Verweisung in § 135 Abs. 4**
  Ausschluss der Anfechtung bei Eingreifen der Ausnahmetatbestände des § 39 Abs. 4 und 5.
5. **Übergangsregelung zum MoMiG gemäß Art. 103d EGInsO**

I. Reform des Kapitalersatzrechts durch das MoMiG/Neufassung des § 135/Auswirkungen auf den Gläubigerschutz und die Stellung der Gesellschafter

Am 1.11.2008 trat das Gesetz zur Modernisierung des GmbH-Rechts und zur Bekämpfung von Missbräuchen (MoMiG) in Kraft. Dieses hat das Recht der eigenkapitalersetzenden Gesellschafterhilfe grundlegend reformiert und § 135 neu gefasst. Die einzelnen Änderungen und die Auswirkungen auf den Gläubigerschutz und die Stellung der Gesellschafter wurden in der Vorauflage ausführlich dargestellt.

Exner/Gempel

II. Anfechtung von Rückzahlungen und Besicherungen von Gesellschafterdarlehen § 135 Abs. 1

1. Tatbestand

274 Gemäß § 135 Abs. 1 Nr. 1 ist eine Rechtshandlung anfechtbar, die für die Forderung eines Gesellschafters auf Rückgewähr eines Darlehens im Sinne des § 39 Abs. 1 Nr. 5 oder für eine gleichgestellte Forderung **Sicherung** gewährt hat, wenn die Handlung in den letzten **zehn Jahren** vor dem Antrag auf Eröffnung des Insolvenzverfahrens oder nach diesem Antrag vorgenommen worden ist.

275 Gemäß § 135 Abs. 1 Nr. 2 ist die **Befriedigung** einer solchen Forderung anfechtbar, wenn die entsprechende Rechtshandlung **im letzten Jahr** vor dem Eröffnungsantrag oder danach vorgenommen worden ist.

276 Durch den **Verzicht auf das Merkmal „kapitalersetzend"** und den Verweis auf § 39 Abs. 1 Nr. 5 wird auch anfechtungsrechtlich klargestellt, dass **jede Befriedigung bzw. Sicherung** einer gesetzlich subordinierten Gesellschafterforderung **innerhalb** der entsprechenden **Anfechtungsfristen** der Insolvenzanfechtung unterliegt, ohne dass es auf eine Qualifizierung als eigenkapitalersetzend ankäme. Ob die Insolvenzschuldnerin im Zeitpunkt der Befriedigung bzw. Sicherheitenstellung bereits in der **Krise** war, ist demnach **unerheblich**.

2. Anfechtungsgegenstand

277 a) **Gesellschafterdarlehen.** Der Anfechtbarkeit gemäß § 135 Abs. 1 unterliegen Befriedigungs- und Sicherungshandlungen im Zusammenhang mit **Darlehensrückzahlungsansprüchen oder gleichgestellten Forderungen.** Maßgeblicher Zeitpunkt für die Gesellschafterstellung ist im Rahmen des § 135 nicht die Gewährung der Gesellschafterhilfe. Es kommt vielmehr darauf an, ob der Leistungsempfänger innerhalb der Fristen des § 135 die Gesellschaftereigenschaft innehatte.[463] Die Anfechtung kann sich deshalb auch gegen denjenigen richten, der seine Beteiligung erst nach Gewährung des Darlehens oder der Sicherung erworben hat.[464] Andererseits unterliegt der (ehemalige) Gesellschafter auch dann noch der Anfechtung, wenn er seine Beteiligung an der Gesellschaft innerhalb eines Jahres vor Antragsstellung übertragen hat.[465] Der Wortlaut des § 135 Abs. 1 spricht nur von den Rückgewähransprüchen, die unter § 39 Abs. 1 Nr. 5 fallen. Mit umfasst ist dabei aber auch ein Gesellschafterdarlehen, für das ein Rangrücktritt vereinbart worden ist, das also unter § 39 Abs. 2 einzuordnen ist.[466]

278 Durch § 135 Abs. 4 wird klargestellt, dass die Ausnahmetatbestände des § 39 Abs. 4 und Abs. 5 entsprechend gelten. Die **Anfechtung gemäß § 135** ist somit **ausgeschlossen** bei Personengesellschaften, bei denen eine natürliche Person direkt oder indirekt persönlich haftet, sowie gegenüber Sanierungs- und nicht

---

[463] BGH Urt. v. 21.2.2013 – IX ZR 32/12, ZIP 2013, 582 (585f.).
[464] BGH Urt. v. 20.2.2014 – IX ZR 164/13, ZInsO 2014, 598 (600).
[465] BGH Urt. v. 21.2.2013 – IX ZR 32/12, ZIP 2013, 582 (586).
[466] Beschlussempfehlung des Bundestages, BT-Drs. 16/9737, 105; *Wälzholz* GmbHR 2008, 841 (847); *Bitter* ZIP 2013, 2ff.

geschäftsführenden Kleingesellschaftern (Beteiligung von 10% oder weniger).⁴⁶⁷

Durch den **Verweis auf § 39 Abs. 1 Nr. 5** sind neben den Darlehensrückzahlungsansprüchen auch Befriedigungs- und Sicherungshandlungen bzgl. „**Forderungen aus Rechtshandlungen, die einem solchen Darlehen wirtschaftlich entsprechen**", Anfechtungsgegenstand. Da mit der aus dem aufgehobenen § 32a Abs. 3 S. 1 GmbHG übernommenen Formulierung Umgehungsgeschäfte vermieden werden sollen, ist der **Begriff weit auszulegen.**⁴⁶⁸ Erfasst sind alle Geschäfte zwischen Gesellschaft und Gesellschafter mit **kreditähnlichem Charakter**, wie zB die Stundung von Forderungen, Fälligkeitsvereinbarungen in Kauf- und anderen Austauschverträgen, die Nichtgeltendmachung von fälligen Forderungen, die Erbringung von Vorleistungen durch den Gesellschafter oder der Erwerb gestundeter Forderungen Dritter. Auch Unterlassungen, wie zB die Nichtgeltendmachung von Ansprüchen aus Lieferverträgen, können im Einzelfall als der Darlehensgewährung wirtschaftlich entsprechende Geschäfte qualifiziert werden.⁴⁶⁹ 279

Dem Anfechtungsgegenstand des § 135 unterfallen zudem Darlehensrückzahlungsansprüche oder wirtschaftlich entsprechende Forderungen **gleichgestellter Dritter**. Zur Vermeidung von Umgehungsgeschäften sollen dadurch solche Vorgänge erfasst werden, die zwar nicht in rechtlicher, aber **in wirtschaftlicher Hinsicht von einem Gesellschafter stammen**.⁴⁷⁰ „Dritte" in diesem Sinne sind Verwandte oder nahe Angehörige von Gesellschaftern, Personen, die der Gesellschaft im eigenen Namen, aber mit Mitteln oder auf Rechnung des Gesellschafters Darlehen gewähren, sowie verbundene Unternehmen.⁴⁷¹ 280

b) **Sicherung/Befriedigung.** Erfasst von § 135 werden alle Arten von Sicherungen, zB Sicherungsübereignungen, Sicherungsabtretungen,⁴⁷² Pfandrechte und Befriedigungen, zB Leistung an Erfüllungsstatt oder erfüllungshalber oder Erfüllung durch Aufrechnung. Der Befriedigung kommt dabei **keine „Sperrwirkung"** zu.⁴⁷³ Wird eine für ein Gesellschafterdarlehen anfechtbar bestellte Sicherung verwertet, greift die Anfechtung auch dann durch, wenn die Verwertung länger als ein Jahr vor der Antragstellung erfolgte.

III. Anfechtung bei gesellschafterbesicherten Drittdarlehen § 135 Abs. 2

1. Tatbestand

Gemäß § 135 Abs. 2 ist eine Rechtshandlung anfechtbar, mit der eine Gesellschaft **einem Dritten** für eine Forderung auf Rückgewähr eines Darlehens oder 281–285

---

⁴⁶⁷ Aufgrund der systematischen Stellung des § 135 Abs. 4 InsO gelten die Privilegierungen bei allen Tatbeständen des § 135 Abs. 1–3 InsO.
⁴⁶⁸ *Ulmer/Habersack* GmbHG §§ 32a, 32b Rn. 106 ff. mwN.
⁴⁶⁹ *Ulmer/Habersack* GmbHG §§ 32a, 32b Rn. 110 ff.; FK-InsO/*Bornemann* § 39 Rn. 66.
⁴⁷⁰ BGH Urt. v. 7.11.1994 – IX ZR 8/93, ZIP 1995, 124; *Lutter/Hommelhoff* GmbHG §§ 32a, 32b Rn. 138 ff.
⁴⁷¹ FK-InsO/*Bornemann* § 39 Rn. 86; BGH Urt. v. 21.2.2013 – IX ZR 32/12.
⁴⁷² BGH Urt. v. 18.7.2013 – IX ZR 219/11, ZInsO 2013, 1573 (1574).
⁴⁷³ BGH Urt. v. 18.7.2013 – IX ZR 219/11, ZInsO 2013, 1573 (1574 f.).

einer wirtschaftlich äquivalenten Forderung im letzten Jahr vor dem Eröffnungsantrag oder danach Befriedigung gewährt hat, wenn ein **Gesellschafter für die Forderung eine Sicherheit bestellt hatte oder als Bürge haftete.**
Durch § 135 Abs. 2 wird die bisher in § 32b GmbHG enthaltene Regelung in rechtsformneutraler Form ins Anfechtungsrecht der Insolvenzordnung übernommen, wo sie systematisch auch hingehört. Der unpräzis formulierte und komplizierte Tatbestand ist im Zusammenhang mit dem **neu eingefügten § 143 Abs. 3** zu lesen, der die **vom Normalfall abweichenden Rechtsfolgen** der Anfechtung gemäß § 135 Abs. 2 gesondert regelt.

2. Anfechtungsgegenstand/Anfechtungsgegner/Rechtsfolgen

286 **Anfechtungsgegenstand** ist nicht – wie der insoweit irreführende Wortlaut des § 135 Abs. 2 suggeriert – die Leistung der Gesellschaft an den dritten Kreditgläubiger, sondern die daraus resultierende **Befreiung des Gesellschafters von seiner Verpflichtung aus dem Sicherungsvertrag.**[474] Klargestellt wird dies durch den neu eingefügten § 143 Abs. 3, wonach der sichernde Gesellschafter die dem Dritten durch die Gesellschaft gewährte Leistung zur Insolvenzmasse zu erstatten hat. In den Fällen der sog **Doppelsicherung,** dh der Gewährung einer Gesellschaftersicherheit neben einer Gesellschaftssicherheit, greift die Anfechtung gegenüber dem Gesellschafter gem. § 135 Abs. 2 auch dann, wenn die Gesellschaftssicherheit **nach Insolvenzeröffnung** zugunsten des Kreditgläubigers verwertet wird.[475] In Höhe der Befriedigung des Kreditgläubigers durch Verwertung der Gesellschaftssicherheit wird der Gesellschafter von seiner Sicherheit befreit und ist analog § 143 Abs. 3 zur Erstattung an die Insolvenzmasse verpflichtet.[476]

287 **Adressat des Anfechtungsanspruches und Anfechtungsgegner** ist demnach auch nicht wie üblich der Zahlungsempfänger, sondern **der durch die Zahlung gegenüber dem Zahlungsempfänger befreite Gesellschafter.**

288 Gemäß § 143 Abs. 3 S. 2 besteht die **Erstattungspflicht des Gesellschafters** nur in dem Umfang, in welchem er bezüglich seiner Verpflichtung aus der Sicherheit frei geworden ist. Im Falle der Stellung einer Realsicherheit kann sich der Gesellschafter nach seiner Wahl von der Zahlungsverpflichtung befreien, wenn er das freigewordene Sicherungsgut der Insolvenzmasse zur Verfügung stellt (§ 143 Abs. 3 S. 3).

IV. Anwendbarkeit des Bargeschäftsprinzips § 142

288a Die Anwendung des Bargeschäftsprivilegs im Rahmen des § 135 ist umstritten.
Nach herrschender Meinung[477] ist § 142 auch bei der Anfechtung gem. § 135 anwendbar. Allerdings ist der Anwendungsbereich des § 142 bei § 135 klein, da es regelmäßig an dem Erfordernis der Unmittelbarkeit fehlt. Die Rückzahlung

---

[474] *Schmidt* BB 2008, 1966 ff. (1969); BGH ZInsO 2014, 598, 600.
[475] BGH Urt. v. 1.12.2011 – IX ZR 11/11, ZIP 2011, 2417 (2418 ff.).
[476] BGH Urt. v. 1.12.2011 – IX ZR 11/11, ZIP 2011, 2417 (2419).
[477] Uhlenbruck/*Hirte*/*Ede* § 142 Rn. 8; MüKoInso/*Kirchhof* § 142 Rn. 22.

eines Darlehens stellt keine unmittelbare Gegenleistung für die Darlehensgewährung dar.[478] Dem Anwendungsbereich des Bargeschäftsprivilegs kann zB die **anfängliche Besicherung** unterfallen, sofern sie unmittelbar im Zuge der Darlehensgewährung erfolgt ist und eine gleichwertige Gegenleistung für diese darstellt.[479]

V. Nutzungsüberlassung durch Gesellschafter § 135 Abs. 3

Der **neu eingefügte § 135 Abs. 3** betrifft die **bisherige Fallgruppe der eigenkapitalersetzenden Nutzungsüberlassung**. Während als Folge des Wegfalls des Merkmals „kapitalersetzend" die dogmatische Grundlage der bisherigen Rechtsprechung zur eigenkapitalersetzenden Nutzungsüberlassung entfallen ist, wird mit § 135 Abs. 3 eine Regelung geschaffen, mit der diese **Rechtsprechung teilweise fortgeführt bzw. gesetzlich normiert** wird. Danach kann der Aussonderungsanspruch eines Gesellschafters im Hinblick auf einen Gegenstand, den er der schuldnerischen Gesellschaft zum Gebrauch oder zur Ausübung überlassen hat, während der Dauer des Insolvenzverfahrens, höchstens aber für ein Jahr ab Eröffnung des Verfahrens, nicht geltend gemacht werden, wenn der Gegenstand für die Fortführung des Unternehmens des Schuldners von **erheblicher Bedeutung** ist (§ 135 Abs. 3 S. 1). Im Gegenzug steht dem Gesellschafter für diese zeitlich begrenzte Aussonderungssperre ein Ausgleichsanspruch zu. Trotz der Verortung des neuen § 135 Abs. 3 im Insolvenzanfechtungsrecht handelt es sich **nicht um eine Anfechtungsregelung**.[480] Da die Vorschrift einerseits das Aussonderungsrecht des Gesellschafters einschränkt und andererseits die Handhabung des Überlassungsvertrages in der Insolvenz regelt, ist die Regelung gedanklich den §§ 103 ff. bzw. dem § 47 zuzuordnen.

Eine ausführliche Darstellung des § 135 Abs. 3 erfolgt im Kapitel „Gesellschaftsrechtliche Folgen der Insolvenz, B II 3.

VI. Übergangsregelung zum MoMiG, Art. 103d EGInsO

1. Gesetzliche Regelung

Die Überleitungsvorschrift zum MoMiG bzgl. der Anwendbarkeit der neuen Vorschriften der Insolvenzordnung enthält **Art. 103d EGInsO**. Danach sind bei **Insolvenzverfahren,** die vor dem Inkrafttreten des MoMiG, dem **1.11.2008, eröffnet** wurden, generell die alten Vorschriften anzuwenden.

Bei Insolvenzverfahren, die **nach dem 1.11.2008 eröffnet** werden, wird differenziert: Für Rechtshandlungen, die vor dem 1.11.2008 vorgenommen wurden, gelten die alten Anfechtungsregeln der Insolvenzordnung, soweit die Rechtshandlungen danach der Anfechtung entzogen oder in geringerem Umfang un-

---

[478] BGH Urt. v. 7.5.2013 – IX ZR 271/12, NZI 2013, 816.
[479] HambK-InsO/*Schröder* § 135 Rn. 29.
[480] *Schmidt* DB 2008, 1727 ff. (1732).

terworfen sind. Im Übrigen finden die neuen Bestimmungen der Insolvenzordnung Anwendung.[481]

2. Reichweite der Übergangsvorschrift[482]

291 In der Literatur[483] wird zu Recht darauf hingewiesen, dass mit dieser rein verfahrensrechtlich ausgestalteten Übergangsregelung zum zeitlichen Anwendungsbereich der neuen *insolvenzrechtlichen* Bestimmungen keine Aussage darüber getroffen ist, ob auch *schon entstandene gesellschaftsrechtliche* Ansprüche gegen Gesellschafter aus §§ 30, 31 GmbHG analog mit materieller Wirkung fortfallen. Der Bundesgerichtshof hat mit Urteil vom 26.1.2009[484] hierzu entschieden, dass das Eigenkapitalersatzrecht in Gestalt der Novellenregeln und der Rechtsprechungsregeln gemäß der Überleitungsnorm des Art. 103d EG/InsO wie nach allgemeinen Grundsätzen des intertemporalen Rechts auf „Altfälle", in denen das Insolvenzverfahren vor Inkrafttreten des MoMiG eröffnet worden ist, als zur Zeit der Verwirklichung des Entstehungstatbestands des Schuldverhältnisses geltendes „altes" Gesetzesrecht weiterhin Anwendung findet.

J. Anfechtung bei der stillen Gesellschaft
(§ 136)

I. Normzweck

292 § 136 regelt die Anfechtbarkeit einer Rechtshandlung, durch die einem **stillen Gesellschafter** die Einlage ganz oder teilweise zurückgewährt oder sein Anteil am Verlust ganz oder teilweise erlassen wird, sofern die der Rechtshandlung zugrunde liegende Vereinbarung im letzten Jahr vor dem Antrag auf Eröffnung des Insolvenzverfahrens oder danach getroffen worden ist.

Die Vorschrift hat **nur objektive Voraussetzungen**. Die erleichterte Anfechtungsmöglichkeit gegenüber dem stillen Gesellschafter beruht darauf, dass dieser seinen Wissensvorsprung aufgrund seiner Informationsrechte nutzen kann, um angesichts einer sich abzeichnenden Krise der Gesellschaft bzw. der späteren Insolvenzmasse seinen Gesellschaftsanteil zu entziehen.[485]

---

[481] Seit dem 1.11.2008 müssen also auch die Gesellschafter bestehender GmbHs bei ihren Finanzierungsentscheidungen die neuen Regelungen der Insolvenzordnung über Gesellschafterhilfen berücksichtigen.
[482] Vgl. hierzu ausführlich HambK-InsO/*Schröder* § 135 Rn. 87 ff.
[483] *Hirte* WM 2008, 1429 ff. (1435).
[484] BGH Urt. v. 26.1.2009 – II ZR 260/07, WM 2009, 609.
[485] Vgl. zu den Informations- und Kontrollrechten des stillen Gesellschafters § 233 HGB; FK-InsO/*Dauerheim* § 136 Rn. 1; Braun/*Riggert* InsO § 136 Rn. 2.

Tatbestandsvoraussetzungen des § 136

1. Objektiver Tatbestand
- Vorliegen einer stillen Gesellschaft (§§ 230 ff. HGB)
- Vereinbarung zwischen Geschäftsinhaber und stillem Gesellschafter als Grundlage der Rechtshandlung innerhalb eines Zeitraums von einem Jahr vor Insolvenzantragstellung oder nach Insolvenzantragstellung
- Rechtshandlung: Vollständige/teilweise Rückgewähr der Einlage des stillen Gesellschafters oder vollständiger/teilweiser Erlass eines auf den stillen Gesellschafter entfallenden Verlustanteils
- Gläubigerbenachteiligung gemäß § 129

2. Keine subjektiven Tatbestandsvoraussetzungen

3. Ausschluss der Anfechtbarkeit gemäß § 136 Abs. 2 falls Insolvenzeröffnungsgrund erst nach Abschluss der Vereinbarung eingetreten ist (Beweislast hierfür trägt Anfechtungsgegner, dh der stille Gesellschafter)

II. Tatbestand

1. Stille Gesellschaft

Es muss eine (echte oder unechte) stille Gesellschaft im Sinne der §§ 230 ff. HGB bestehen. Ist der Gesellschaftsvertrag nichtig oder nach den allgemeinen Vorschriften angefochten worden, ist § 136 nicht einschlägig. Das Vorliegen einer fehlerhaften stillen Gesellschaft ist jedoch ausreichend.[486]

Die stille Gesellschaft ist von der Kommanditgesellschaft (§§ 161 ff. HGB) und von dem partiarischen Darlehen (Darlehen mit Gewinnbeteiligung) **abzugrenzen**. Auf das partiarische Darlehen finden die Anfechtungsregeln keine entsprechende Anwendung.[487]

2. Besondere Vereinbarung innerhalb der Jahresfrist

Die Rückgewähr der Einlage oder im Falle einer Verlustbeteiligung des stillen Gesellschafters der Erlass des Verlustes muss **aufgrund einer Vereinbarung zwischen dem Geschäftsinhaber und dem stillen Gesellschafter** erfolgt sein. Eine solche Vereinbarung liegt **nicht** vor, wenn der stille Gesellschafter auf die Einlagenrückgewähr oder den Erlass des Verlustanteils einen gesetzlichen oder vertraglichen Anspruch hatte oder die Rückgewähr nach berechtigter Ausübung eines gesetzlichen oder vertraglichen Kündigungsrechts erfolgte.[488] Fehlt es an einer Vereinbarung und ist die Gesellschaft aus anderen Gründen zur Rückgewähr der Einlage verpflichtet, **scheidet die Anwendung des § 136 man-**

---

[486] OLG Hamm Urt. v. 2.3.1999 – 27 U 257/98, ZIP 1999, 1530 ff. (1533 f.); Uhlenbruck/*Hirte* InsO § 136 Rn. 5.

[487] OLG Dresden Urt. v. 8.9.1999 – 19 U 101/99, NZG 2000, 302f; aA Uhlenbruck/*Hirte* InsO § 136 Rn. 5.

[488] FK-InsO/*Dauernheim* § 136 Rn. 8; Braun/*Riggert* InsO § 136 Rn. 9; HambK-InsO/*Schröder* § 136 Rn. 7.

gels **Tatbestandsmäßigkeit aus.** Anders als bei den Anfechtungstatbeständen der §§ 130–135, bei denen der Zeitpunkt der Vornahme der die Masse schmälernden Rechtshandlung (§ 140) entscheidend ist, kommt es **bei § 136 für die Anfechtungsfrist entscheidend auf das Zustandekommen der zugrunde liegenden Vereinbarung** an. Eine Rechtshandlung, die auf einer Vereinbarung beruht, die vor der Jahresfrist rechtsverbindlich wurde, ist daher nicht nach § 136 anfechtbar.

296   Gemäß § 136 Abs. 1 S. 2 wird die Anfechtbarkeit auf solche Fälle erstreckt, in denen die stille Gesellschaft im Zusammenhang mit der Vereinbarung aufgelöst worden ist.

3. Rechtshandlung

297   Anfechtbare Rechtshandlung[489] des § 136 ist zum einen die vollständige oder teilweise Rückgewähr der Einlage des stillen Gesellschafters und zum anderen der vollständige oder teilweise Erlass von auf den Stillen entfallenden Verlustanteilen.

298   Unter den **Tatbestand der Einlagenrückgewähr** fallen alle Rechtshandlungen, durch die der stille Gesellschafter eine Deckung für die von ihm erbrachte Einlage erhält. Neben der Erfüllung des Rückgewähranspruchs selbst ist hierunter auch **jedes Erfüllungssurrogat** zu subsumieren, wie zB die Leistung an Erfüllungs statt, die befreiende Leistung an einen Dritten oder die Aufrechnung. Der Begriff der Einlagenrückgewähr umfasst auch die Bestellung von Sicherheiten zugunsten des stillen Gesellschafters, die ihm ein Recht auf abgesonderte Befriedigung gewähren, denn auch dadurch wird der Zugriff anderer Gläubiger beeinträchtigt.[490]

299   Die Rechtshandlung muss zu einer Gläubigerbenachteiligung im Sinne des § 129 geführt haben, wobei eine mittelbare Benachteiligung ausreicht.

4. Ausschluss der Anfechtbarkeit gemäß § 136 Abs. 2

300   Ist ein Insolvenzeröffnungsgrund im Sinne der §§ 17–19 erst **nach** der Vereinbarung eingetreten und damit die **Vereinbarung nicht in der Krise abgeschlossen** worden, scheidet eine Anfechtung nach § 136 Abs. 1 aus. Entscheidend ist der Zeitpunkt des objektiven Vorliegens der Eröffnungsgründe.

III. Beweislast

301   Die Beweislast für das Eingreifen des Ausschlusstatbestandes des § 136 Abs. 2 trägt der Anfechtungsgegner, dh der stille Gesellschafter.[491]
Alle sonstigen Anfechtungsvoraussetzungen des § 136 Abs. 1 hat der Insolvenzverwalter zu beweisen.[492]

---

[489] Ausführlich zu den in Betracht kommenden Rechtshandlungen im Rahmen des § 136: FK-InsO/*Dauernheim* § 136 Rn. 10–12.
[490] Uhlenbruck/*Hirte* InsO § 136 Rn. 6; HambK-InsO/*Schröder* § 136 Rn. 9.
[491] BGH Urt. v. 1.3.1982 – II ZR 23/81, WM 1982, 896.
[492] Uhlenbruck/*Hirte* InsO § 136 Rn. 10.

J. Die Rechtsfolgen der Insolvenzanfechtung

I. Überblick

Die Vorschrift des § 143 regelt die **Rechtsfolgen der Insolvenzanfechtung** gemäß §§ 129 ff. Bei einer erfolgreichen Anfechtung hat der Anfechtungsgegner alles, was aus dem Vermögen des Schuldners veräußert, weggegeben oder aufgegeben ist, zur Insolvenzmasse zurückzugewähren. Es wird ein schuldrechtlicher Verschaffungsanspruch[493] begründet, der mit Eröffnung des Verfahrens entsteht und gleichzeitig fällig wird.[494]

Nach der Rechtsprechung des Bundesgerichtshofes ist bei der **Durchsetzung** des Insolvenzanfechtungsanspruchs **keine ausdrückliche Anfechtungserklärung** notwendig.[495] Gleichwohl wird der Insolvenzverwalter in der Regel den Anfechtungsgegner außergerichtlich zur Rückgewähr des Erlangten **aufgrund insolvenzrechtlicher Anfechtung** auffordern, da die Anfechtungsabsicht erkennbar sein muss.[496]

302

II. Rückgewähranspruch gemäß § 143 Abs. 1

1. Berechtigter/Verpflichteter

Inhaber des Anfechtungsanspruches ist der Insolvenzschuldner, wobei der Insolvenzverwalter zur Durchsetzung des Anspruches berechtigt ist.

303

Der Anspruch ist gegenüber demjenigen geltend zu machen, bei dem der anfechtbare Erwerb stattgefunden hat, bzw. gegenüber dessen Rechtsnachfolger (§ 145 InsO).

2. Inhalt des Rückgewähranspruchs gemäß § 143 Abs. 1 S. 1 (Primäranspruch)

Der Rückgewähranspruch gemäß § 143 Abs. 1 S. 1 richtet sich **originär auf Herausgabe** dessen, was aus dem **Vermögen des Schuldners veräußert, weggegeben oder aufgegeben** wurde.

304

Dabei ist es unerheblich, ob eine Bereicherung des Anfechtungsgegners vorlag bzw. zum Zeitpunkt der Geltendmachung des Rückgewähranspruches vorliegt,[497] da das zurückzugewähren ist, was dem schuldnerischen Vermögen entzogen wurde, jedoch nicht dasjenige, was in das Vermögen des Anfechtungsgegners gelangt ist. Die Insolvenzmasse ist in die Lage zu versetzen, in der sie sich befinden würde, wenn die anfechtbare Rechtshandlung unterblieben

---

[493] BGH Urt. v. 21.9.2006 – IX ZR 235/04, ZInsO 2006, 1217.
[494] BGH Urt. v. 21.2.2008 – IX ZR 209/06, ZInsO 2008, 508 (509); BGH Urt. v. 18.7.2013 – IX ZR 198/10, NJW 2014, 305; BAG Urt. v. 27.2.2014 – 6 AZR 367/13, ZIP 2014, 1396.
[495] BGH Urt. v. 1.2.2007 – IX ZR 96/04, ZInsO 2007, 261; BAG Urt. v. 27.2.2014 – 6 AZR 367/13, ZIP 2014, 1396.
[496] BGH Urt. v. 1.2.2007 – IX ZR 96/04, ZInsO 2007, 261.
[497] BAG Urt. v. 19.5.2011 – 6 AZR 736/09, ZIP 2011, 1628.

wäre.[498] Die Anfechtung ist somit darauf gerichtet, eine Gläubigerbenachteiligung zu beseitigen, die durch die Rechtshandlung des Schuldners verursacht wurde.[499] Gleichzeitig darf die Erfüllung des Rückgewähranspruchs den Insolvenzgläubigern keine Vorteile verschaffen.[500]

305 Sofern sich das Erlangte noch beim Anfechtungsgegner befindet, ist dies in Natura zur Insolvenzmasse zurückzugewähren. Ist die Naturalrestitution nicht möglich, besteht gemäß § 143 Abs. 1 S. 2 ein Anspruch auf Wertersatz (**Sekundäranspruch**), der sich aufgrund der Verweisung auf das Bereicherungsrecht ergibt.

Bei einer anfechtbaren Übereignung ist dementsprechend das Eigentum rückzuübertragen (§§ 929 ff. BGB bzw. §§ 873, 925 BGB). Sind in anfechtbarer Weise Forderungen übertragen worden, sind diese, sofern sie noch nicht durch Zahlung erloschen sind, an die Insolvenzmasse rückabzutreten.[501] Die Kosten sind in diesen Fällen vom Anfechtungsgegner zu tragen.

3. Inhalt des Rückgewähranspruchs gemäß § 143 Abs. 1 S. 2

306 Die Vorschrift des § 143 Abs. 1 S. 2 enthält eine **Rechtsfolgenverweisung** auf die Vorschriften des **Bereicherungsrechtes**. Ansprüche der Insolvenzmasse auf Nutzungsersatz und Wertersatz sowie Gegenansprüche des Anfechtungsgegners bezüglich getätigter Verwendungen sind nach den Vorschriften des Bereicherungsrechtes zu ermitteln, wobei zulasten des Anfechtungsgegners die Regelungen der §§ 819 Abs. 1, 818 Abs. 4 BGB zur Anwendung gelangen. Dies hat zur Folge, dass der Anfechtungsgegner dem bösgläubigen Bereicherungsschuldner gleichgestellt wird.[502] Dem **Anfechtungsgegner** ist es insbesondere **nicht möglich,** sich auf die **Entreicherung** gemäß § 818 Abs. 3 BGB zu berufen.[503] Dies gilt insbesondere auch für einen uneigennützigen Treuhänder, der anfechtbar erlangte Gelder des Schuldners weisungsgemäß an dessen Gläubiger auszahlt.[504]

307 a) **Nutzungen.** Der Anfechtungsgegner hat alle **tatsächlich gezogenen Sach- und Rechtsfrüchte** sowie **Gebrauchsvorteile** gemäß §§ 819 Abs. 1, 818 Abs. 4, 292, 987 Abs. 1 BGB bzw. gemäß § 818 Abs. 1 BGB in Natur **herauszugeben.** Weiterhin hat der Anfechtungsgegner Wertersatz für solche Nutzungen zu leisten, die dieser zum Zeitpunkt des Wirksamwerdens der Rechtshandlung[505] entgegen den Regeln einer ordnungsgemäßen Wirtschaft schuldhaft nicht gezogen hat, §§ 819 Abs. 1, 818 Abs. 4, 292, 987 Abs. 2 BGB.

---

[498] MüKoInsO/*Kirchhof* § 143 Rn. 24; BGH Urt. v. 19.4.2007 – IX ZR 59/06, NJW 2007, 2325.

[499] BGH Urt. v. 21.1.1999 – IX ZR 329/97, ZIP 1999, 406; BGH Urt. v. 5.4.2001 – IX ZR 216/98, ZIP 2001, 885 (886); BGH Urt. v. 13.2.2014 – IX ZR 133/13, ZIP 2014, 528.

[500] BGH Urt. v. 11.11.1993 – IX ZR 257/92, ZIP 1994, 40 (45); HambK-InsO/*Rogge/Leptien* § 143 Rn. 9.

[501] BGH Urt. v. 1.12.1988 – IX ZR 112/88, NJW 1989, 985 (986); BGH Urt. v. 21.9.2006 – IX ZR 235/04, ZIP 2006, 2176.

[502] FK-InsO/*Dauernheim* § 143 Rn. 1.

[503] BAG Urt. v. 19.5.2011 – 6 AZR 736/09, ZIP 2011, 1628; Uhlenbruck/*Ede/Hirte* InsO § 143 Rn. 27.

[504] BGH Urt. v. 26.4.2012 – IX ZR 74/11, NJW 2012, 1959.

[505] BGH Urt. v. 24.5.2012 – IX ZR 125/11, ZIP 2012, 1299.

Sofern es sich bei dem Rückgewähranspruch um eine originäre **Geldleistung** handelt, hat der Anfechtungsgegner alle tatsächlich gezogenen Zinsen und sonstigen Erträge herauszugeben, die aus einer rentierlichen Anlage geflossen sind, sowie die durch Tilgung einer verzinslichen Forderung ersparten Schuldzinsen und die durch eine vermiedene Kreditaufnahme ersparten Kreditzinsen.[506] Nicht gezogene Zinsen hat der Anfechtungsgegner zu ersetzen, wenn ein objektiver Verstoß gegen die Regeln der „ordnungsgemäßen Wirtschaft" vorliegt und der Anfechtungsgegner dies gemäß den §§ 276ff. BGB zu vertreten hat. Dies ist regelmäßig der Fall, da die Vermutungswirkung des § 280 Abs. 1 S. 2 BGB zur Anwendung gelangt.[507] Die Höhe des Zinssatzes hat der Insolvenzverwalter zu beweisen.

b) Verwendungen. Im Zusammenhang mit der **Herausgabe von Nutzungen** kann der **Anfechtungsgegner im Gegenzug** alle notwendigen **Verwendungen**, die er tatsächlich getätigt hat, geltend machen. Dieser Anspruch stellt eine **Masseverbindlichkeit (§ 55 Abs. 1 Nr. 3)** dar, sofern es sich um notwendige Verwendungen im Sinne des § 994 BGB handelt. Weitere **Voraussetzung** für den **Ersatz der notwendigen Verwendung** ist, dass diese dem **wirklichen oder mutmaßlichen Willen des Geschäftsherrn** gemäß §§ 994 Abs. 2, 683, 670 BGB entsprochen hat.[508] 308

c) Surrogation. Aufgrund der Verweisung in § 143 Abs. 1 S. 2 auf die §§ 819 Abs. 1, 818 Abs. 4 BGB ist § 285 BGB anwendbar, mit der Folge, dass **gesetzliche** Surrogate (Ersatzansprüche), wie zB Versicherungsleistungen, vom Insolvenzverwalter im Rahmen der Insolvenzanfechtung herausverlangt werden können. Für den anfechtenden Insolvenzverwalter hat die Anwendbarkeit des § 285 BGB den Vorteil, dass diese Norm – im Gegensatz zur Verpflichtung zum Wertersatz – kein **Verschulden des Anfechtungsgegners** voraussetzt.[509] 309

Rechtsgeschäftliche Surrogate, die der Anfechtungsgegner aufgrund eines Rechtsgeschäftes (zB Kauf, Tausch) anstelle des ursprünglichen Gegenstands erworben hat, können **nicht herausverlangt** werden, da bei **Unmöglichkeit der Herausgabe** grundsätzlich **Wertersatz** zu leisten ist.[510] Der Insolvenzverwalter kann sich jedoch mit dem rechtsgeschäftlichen Surrogat an Erfüllung statt begnügen.[511] In diesem Fall gebührt ihm gegebenenfalls auch ein über den Gegenstandswert hinaus erzielter Gewinn.[512] 310

Dem Anfechtungsgegner ist es jedoch nicht möglich, sich seiner Verpflichtung zu vollem Wertansatz durch das Angebot auf Herausgabe des Surrogats zu befreien, wenn dieses minderwertig ist.[513]

---

[506] BGH Urt. v. 1.2.2007 – IX ZR 96/04, WM 2007, 556; BGH Urt. v. 24.5.2012 – IX ZR 125/11, ZIP 2012, 1299.
[507] MüKoInsO/*Kirchhof* § 143 Rn. 63.
[508] HambK-InsO/*Rogge/Leptien* § 143 Rn. 51.
[509] MüKoInsO/*Kirchhof* § 143 Rn. 72, HambK-InsO/*Rogge/Leptien* § 143 Rn. 56.
[510] BGH Urt. v. 23.10.2008 – IX ZR 202/07, ZIP 2008, 2272.
[511] MüKoInsO/*Kirchhof* § 143 Rn. 72.
[512] MüKoInsO/*Kirchhof* § 143 Rn. 72.
[513] MüKoInsO/*Kirchhof* § 143 Rn. 83.

311   **d) Wertersatz.** Ist dem Anfechtungsgegner die **Herausgabe des erlangten Gegenstandes** im Wege der Naturalrestitution **nicht möglich** und führt auch ein gesetzliches Surrogat nicht zu einem vollständigen Ausgleich des Anfechtungsanspruches, hat der **Anfechtungsgegner** gemäß § 143 Abs. 1 S. 2 iVm §§ 819 Abs. 1, 818 Abs. 4, 292 Abs. 1, 989 BGB **Wertersatz zu leisten.** Der Anspruch auf Wertersatz ist ein schuldrechtlicher Schadensersatzanspruch,[514] mit dem die Ersatzpflicht auch auf gezogene Nutzungen und gesetzliche Surrogate sowie auf schuldhaft nicht gezogene Nutzungen erstreckt wird.

312   Die **Rückgewähr** ist dann **unmöglich,** wenn die **Rückgabe** deshalb **objektiv ausgeschlossen** ist, weil die anfechtbar erlangte Sache oder der Gegenstand vernichtet wurde oder ein übertragenes Recht untergegangen ist. Gleiches gilt, wenn nach Eigenart oder Beschaffenheit des Erlangten eine Rückgewähr ausgeschlossen ist, der Schuldner zB Dienstleistungen in anfechtbarer Weise erbracht hat.

Der **objektiven Unmöglichkeit** der Herausgabe steht das **subjektive Unvermögen zur Herausgabe** des Anfechtungsgegners **nicht gleich.** Stehen beispielsweise der Naturalrestitution Rechte Dritter entgegen, so ist der Anfechtungsgegner vorrangig dazu verpflichtet, die Wiederbeschaffung des Gegenstandes herbeizuführen.

313   Neben der Unmöglichkeit der Herausgabe in Natur **setzt der Anspruch auf Wertersatz voraus,** dass der Anfechtungsgegner den **Untergang,** die **Verschlechterung** oder das **Unvermögen** zur Herausgabe **zu vertreten** hat.[515] Anderenfalls haftet er gemäß §§ 987 Abs. 2, 989 BGB nicht auf Wertersatz.

Bei der **Ermittlung des Verschuldensmaßstabes** ist der Wortlaut des § 143 Abs. 1 S. 2 zu berücksichtigen, dh, dass dem Leistungsempfänger der „Mangel des rechtlichen Grundes" bekannt ist. Der Anfechtungsgegner ist daher so zu behandeln, als wäre der Rückgewähranspruch gegen ihn schon in demjenigen Zeitpunkt rechtshängig geworden, in dem die anfechtbare Handlung im Sinne von § 140 vorgenommen wurde, und haftet folglich für Vorsatz und jede Fahrlässigkeit.[516]

Gemäß § 286 Abs. 1 S. 2 BGB wird die für den Verzug erforderliche Mahnung der Rechtshängigkeit gleichgestellt, mit der Folge, dass der **Anfechtungsgegner** nur dann **nicht** für einen **zufälligen Untergang** der Sache haftet, wenn es ihm gelingt, **gemäß § 286 Abs. 4 BGB** nachzuweisen, dass die Rückgewähr der Leistung aufgrund eines Umstandes unterbleibt, den er nicht zu vertreten hat, oder wenn der Untergang der Sache auch bei rechtzeitiger Rückgewähr eingetreten wäre, § 287 S. 2 BGB.[517]

314   Bei einer **Verschlechterung der anfechtbar erlangten Sache** ist diese in Natur herauszugeben und im Übrigen für die verschuldete Wertminderung Wertersatz zu leisten.[518]

---

[514] HK-InsO/*Thole* § 143 Rn. 20.
[515] BGH Urt. v. 26.4.2012 – IX ZR 74/11, NJW 2012, 1959; HambK-InsO/*Rogge/Leptien* § 143 Rn. 62.
[516] BGH Urt. v. 26.4.2012 – IX ZR 74/11, NJW 2012, 1959; MüKoInsO/*Kirchhof* § 143 Rn. 78.
[517] Uhlenbruck/*Ede*/*Hirte* InsO § 143 Rn. 34.
[518] Uhlenbruck/*Hirte*/*Ede* InsO § 143 Rn. 29.

4. Sonderfall: Insolvenz des Anfechtungsgegners

Ist über das Vermögen des Anfechtungsgegners ein Insolvenzverfahren eröffnet worden, steht dem **anfechtenden Insolvenzverwalter** des Schuldners ein **Aussonderungsrecht** an dem zurückzugewährenden Gegenstand zu, sofern die **Naturalrestitution möglich** ist.[519] 315

Ein Recht auf **Ersatzaussonderung einer Gegenleistung** kommt gegebenenfalls dann in Betracht, sofern diese in der **Insolvenzmasse unterscheidbar vorhanden** ist (§ 48 S. 2).[520] 316

Ein Anspruch des anfechtenden Insolvenzverwalters wegen **Massebereicherung** gemäß § 55 Abs. 1 Nr. 3 ist nur gegeben, wenn die Insolvenzmasse erst **nach der Insolvenzeröffnung** bereichert worden ist.[521] 317

Sind die vorgenannten Fallkonstellationen nicht gegeben, stellt der **Zahlungsanspruch** des Anfechtungsgläubigers in der Insolvenz des Anfechtungsgegners eine **Insolvenzforderung** dar, wenn er im Zeitpunkt der Insolvenzeröffnung über sein Vermögen lediglich Wertersatz schuldete und die Gegenleistung für den anfechtbar erlangten Gegenstand selbst nicht unterscheidbar in seinem Vermögen vorhanden ist.[522] 318

III. Rückgewähr unentgeltlicher Leistungen (§ 143 Abs. 2)

1. Haftungsbegrenzung (§ 143 Abs. 2 S. 1)

Für den **Anfechtungsgegner**, der eine **unentgeltliche Leistung** empfangen hat, gilt eine **gemilderte Haftung**, sofern die Anfechtung ausschließlich auf § 134 Abs. 1 gestützt wird. Die Vorschrift betrifft den **redlichen Empfänger** einer unentgeltlichen Leistung. § 143 Abs. 2 S. 1 ist unanwendbar, wenn neben § 134 weitere Anfechtungstatbestände einschlägig sind.[523] 319

Die Rückgewährpflichten des Anfechtungsgegners, der eine unentgeltliche Leistung erhalten hat, sind deckungsgleich mit denen eines Bereicherungsschuldners, wobei die Haftungsbeschränkung nur die Verpflichtung zum Wertersatz umfasst. 320

Keine Haftungsbeschränkung ist gegeben, wenn der anfechtbar erlangte Gegenstand in Natur herausgegeben werden kann, da in diesem Fall stets eine Bereicherung gegeben ist.[524] 321

Der **redliche Empfänger** einer unentgeltlichen Leistung **haftet nicht** dafür, dass er den Gegenstand oder gezogene Nutzungen aus seinem Verschulden nicht oder nur in seinem Wert gemindert herausgeben kann oder dass er Nutzungen schuldhaft nicht gezogen hat.[525] Vielmehr entspricht seine Rückge- 322

---

[519] BGH Urt. v. 2.4.2009 – IX ZR 236/07, ZIP 2009, 1080; HK-InsO/*Thole* § 143 Rn. 38.
[520] BGH Urt. v. 24.6.2003 – IX ZR 228/02, ZInsO 2003, 761.
[521] BGH Urt. v. 24.6.2003 – IX ZR 228/02, ZInsO 2003, 761.
[522] BGH Urt. v. 24.6.2003 – IX ZR 228/02, ZInsO 2003, 761.
[523] BGH Urt. v. 15.12.2012 – IX ZR 173/09, ZIP 2013, 131; MüKoInsO/*Kirchhof* § 143 Rn. 101.
[524] BGH Urt. v. 24.3.2016 – IX ZR 159/15, ZInsO 2016, 1069; HambK-InsO/*Rogge/Leptien* § 143 Rn. 84.
[525] BGH Urt. v. 15.12.2012 – IX ZR 173/09, ZIP 2013, 131.

währpflicht der Verpflichtung eines Bereicherungsschuldners gemäß § 818 Abs. 1–3.[526]

Keine Entreicherung begründen solche Aufwendungen, die der Anfechtungsgegner vor Empfang der unentgeltlichen Leistung getätigt hat.[527]

2. Wegfall der Haftungserleichterung (§ 143 Abs. 2 S. 2)

323 Die Haftungserleichterung gemäß § 143 Abs. 2 S. 1 greift gemäß § 143 Abs. 2 S. 2 nicht, sobald der **Empfänger einer unentgeltlichen Leistung** weiß oder den Umständen nach wissen muss, dass die **unentgeltliche Leistung die Gläubiger benachteiligt**. Neben der **positiven Kenntnis** schadet auch **grob fahrlässige Unkenntnis** von der Benachteiligung. Grob fahrlässige Unkenntnis liegt vor, wenn dem Anfechtungsgegner Umstände bekannt sind, die mit auffallender Deutlichkeit für eine Gläubigerbenachteiligung sprechen und deren Kenntnis auch einem Empfänger mit durchschnittlichem Erkenntnisvermögen ohne gründliche Überlegung die Annahme nahe legt, dass die Befriedigung der Insolvenzgläubiger in Folge der Freigiebigkeit verkürzt wird.[528]

324 Mit Rechtshängigkeit des Anfechtungsanspruchs trifft den Anfechtungsgegner die Haftung gemäß § 818 Abs. 4 BGB. Ist die Bereicherung vollständig weggefallen, bevor der Anfechtungsgegner Kenntnis von Umständen im Sinne des § 143 Abs. 2 S. 2 erlangt hat, entfällt seine Rückgewährverpflichtung.[529]

3. Beweislast

325 Die Darlegungs- und Beweislast für die Bösgläubigkeit des Empfängers obliegt dem Insolvenzverwalter.[530] Eine Umkehr dieser Beweislast für nahestehende Personen (§ 138) wurde nicht normiert.[531] Dass eine unentgeltliche Leistung einer nahe stehenden Person zugewandt wird, wird in der Regel im Rahmen der Beweiswürdigung von Bedeutung sein.[532]

IV. Rückgewähranspruch gemäß § 143 Abs. 3 bei der Anfechtung gesellschafterbesicherter Drittdarlehen gemäß § 135 Abs. 2

326 Gemäß § 135 Abs. 2 ist eine Rechtshandlung anfechtbar, mit der eine Gesellschaft einem Dritten für eine Forderung auf Rückgewähr eines Darlehens oder eine wirtschaftlich äquivalente Forderung im letzten Jahr vor dem Eröffnungsantrag oder danach Befriedigung gewährt hat, wenn ein Gesellschafter für die Forderung eine Sicherheit bestellt hatte oder als Bürge haftete.

---

[526] HK-InsO/*Thole* § 143 Rn. 30.
[527] BGH Urt. v. 24.3.2016 – IX ZR 159/15, ZInsO 2016, 1069.
[528] HambK-InsO/*Rogge/Leptien* § 143 Rn. 86; aA MüKoInsO/*Kirchhof* § 143 Rn. 107 sowie FK-InsO/*Dauernheim* § 143 Rn. 32, die jeweils einfache Fahrlässigkeit als ausreichend erachten; in BGH Urt. v. 24.3.2016 – IX ZR 159/15, ZInsO 2016, 1069 noch offen gelassen.
[529] BGH Urt. v. 24.3.2016 – IX ZR 159/15, ZInsO 2016, 1069; FK-*Dauernheim* § 143 Rn. 34.
[530] BGH Urt. v. 24.3.2016 – IX ZR 159/15, ZInsO 2016, 1069.
[531] BGH Urt. v. 24.3.2016 – IX ZR 159/15, ZInsO 2016, 1069.
[532] BGH Urt. v. 24.3.2016 – IX ZR 159/15, ZInsO 2016, 1069; HK-InsO/*Thole* § 143 Rn. 37.

Nach der Sonderregelung des § 143 Abs. 3 S. 1 hat im Fall der Anfechtung nach § 135 Abs. 2 der Gesellschafter, der die Sicherheit bestellt hat oder als Bürge haftete, die dem Dritten gewährte Leistung zur Insolvenzmasse zu erstatten. Diese Verpflichtung besteht nur bis zur Höhe des Betrages, mit dem der Gesellschafter als Bürge haftete oder der dem Wert der von ihm bestellten Sicherheit im Zeitpunkt der Rückgewähr des Darlehens oder der Leistung auf die gleichgestellte Forderung entspricht, § 143 Abs. 3 S. 2. Der Gesellschafter wird von der Verpflichtung frei, wenn er die Gegenstände, die dem Gläubiger als Sicherheit gedient hatten, der Insolvenzmasse zur Verfügung stellt, § 143 Abs. 3 S. 3. Mit der Insolvenzanfechtung gemäß §§ 135 Abs. 2, 143 Abs. 3 soll revidiert werden, dass der Gesellschafter eine Haftungsbefreiung als Sicherungsgeber durch die Befriedigung einer von ihm besicherten Forderung erlangt hat. Von dieser Verpflichtung kann sich der Gesellschafter dadurch befreien, dass er die Sicherungsobjekte der Insolvenzmasse zur Verfügung stellt.[533] Es besteht jedoch kein Anspruch der Gesellschaft auf Überlassung der Sicherungsobjekte.[534]

Im Falle einer Doppelbesicherung durch die Gesellschaft und den Gesellschafter besteht ebenso ein Anspruch aus § 143 Abs. 3.[535] Dies gilt auch, wenn der Darlehensgeber nach Insolvenzeröffnung durch Verwertung der Gesellschaftssicherheit befriedigt wurde, der Anspruch folgt dann jedoch aus einer entsprechenden Anwendung des § 143 Abs. 3.[536]

V. Ausblick: Entwurf der Bundesregierung zum Anfechtungsrecht

Der Entwurf der Bundesregierung sieht folgende Änderung in § 143 Absatz 1 vor:

„Eine Geldschuld ist nur zu verzinsen, wenn die Voraussetzungen des Schuldnerverzuges oder des § 291 BGB vorliegen; ein darüber hinaus gehender Anspruch auf Herausgabe von Nutzungen eines erlangten Geldbetrages ist ausgeschlossen."

Nach bisher geltendem Recht ist der Anfechtungsbetrag ab Eröffnung des Insolvenzverfahrens mit fünf Prozentpunkten über dem Basiszinssatz zu verzinsen.[537] Durch die geplante Neuregelung soll der Zinslauf von der Insolvenzeröffnung entkoppelt werden und eine Verzinsung nur noch ab Schuldnerverzug oder gerichtlicher Geltendmachung geschuldet sein.

Ziel dieser Ergänzung ist die Verhinderung des Entstehens von erheblichen Zinsansprüchen seit der Verfahrenseröffnung, insbesondere wenn die Anfechtungsklage erst kurz vor Ablauf der Verjährung erhoben wird.[538] Halbsatz 2 schließt das Abschöpfen tatsächlich erwirtschafteter Zinsen sowie tatsächlich erwirtschafteter sonstiger Vorteile aus.[539]

---

[533] Jaeger/*Henckel* InsO § 135 Rn. 23.
[534] Uhlenbruck/*Ede/Hirte* InsO § 143 Rn. 119.
[535] BGH Urt. v. 1.12.2011 – IX ZR 11/11, ZIP 2011, 2417.
[536] BGH Urt. v. 1.12.2011 – IX ZR 11/11, ZIP 2011, 2417.
[537] BGH Urt. v. 1.2.2007 – IX ZR 96/04, ZIP 2007, 488 (489 f.).
[538] HK-InsO/*Thole* § 143 Rn. 26.
[539] HK-InsO/*Thole* § 143 Rn. 26.

K. Ansprüche des Anfechtungsgegners
(§ 144)

327 Die Vorschrift des § 144 regelt die **insolvenzrechtlichen Folgen einer Anfechtung** hinsichtlich der **Ansprüche des Anfechtungsgegners**. § 144 Abs. 1 erfasst die Rückabwicklung von Erfüllungsgeschäften, § 144 Abs. 2 hingegen die Rückabwicklung von Verpflichtungsgeschäften.

328 Ziel und Zweck der Regelung des § 144 ist es, den **Anfechtungsgegner so zu stellen**, als wenn die **angefochtene Rechtshandlung nicht vorgenommen worden wäre**, wobei die Insolvenzmasse durch die erfolgreiche Anfechtung nicht größer bzw. werthaltiger werden soll, als wenn der angefochtene Lebenssachverhalt unterblieben wäre.[540]

329 Beide Absätze des § 144 erfordern, dass zum einen ein Leistungszufluss von dem Anfechtungsgegner in das Schuldnervermögen erfolgt und zum anderen, dass der Insolvenzverwalter die Anfechtung durchsetzt.[541] Aufgrund der unterschiedlichen Voraussetzungen schließen sich § 144 Abs. 1 und § 144 Abs. 2 gegenseitig aus.

I. Wiederaufleben getilgter Forderungen
(§ 144 Abs. 1)

1. Voraussetzungen

330 Die Norm des § 144 Abs. 1 erfasst diejenigen anfechtbaren **Rechtshandlungen**, durch die eine **Verbindlichkeit des Schuldners getilgt** worden ist, sodass die Insolvenzmasse von dieser Schuld befreit wurde.
Die Anwendbarkeit des § 144 Abs. 1 ist ausschließlich dann gegeben, wenn die getilgte Verbindlichkeit des Schuldners nicht selbst anfechtbar begründet worden war oder gegenüber dem Anfechtungsgegner nicht oder nicht wirksam angefochten worden ist, da andernfalls keine Gegenforderung existent ist, die wieder aufleben könnte.[542] § 144 Abs. 1 regelt mithin nur die **Fallkonstellationen** der **isolierten Anfechtung des Erfüllungsgeschäftes**.[543]
Unter die Vorschrift des § 144 Abs. 1 fallen auch die Sachverhalte, bei denen der Schuldner eine Leistung an Erfüllung statt erhalten hat, erzwungene Leistungen des Schuldners, Erlöschen einer Forderung des Anfechtungsgegners durch Aufrechnung und wenn der Schuldner eine mittelbare Leistung erbracht hat.[544]

331 Anspruchsinhaber im Sinne von § 144 Abs. 1 ist der Empfänger der anfechtbaren Leistung, der die ihm obliegende Erfüllungsleistung tatsächlich erbracht sowie das anfechtbar Erlangte zurückgewährt hat.[545]

---

[540] BGH Urt. v. 29.4.1986 – IX ZR 145/85, ZIP 1986, 787.
[541] MüKoInsO/*Kirchhof* § 144 Rn. 3.
[542] HambK-InsO/*Rogge/Leptien* § 144 Rn. 4; MüKoInsO/*Kirchhof* § 144 Rn. 5.
[543] Braun/*Riggert* InsO § 144 Rn. 3.
[544] HambK-InsO/*Rogge/Leptien* § 144 Rn. 4.
[545] MüKoInsO/*Kirchhof* § 144 Rn. 4.

2. Rechtsfolgen

Mit der tatsächlichen Rückgewähr des Erlangten lebt der ursprünglich befriedigte Anspruch als **einfache Insolvenzforderung** (§ 38) in der Form wieder auf, in der er zum Zeitpunkt der Vornahme der anfechtbaren Rechtshandlung existent war.[546] Gleichzeitig leben auch rückwirkend und kraft Gesetzes die **ursprünglich gestellten Sicherheiten** wieder auf. Sofern diese Sicherheiten anfechtbar begründet wurden, kann sich der Insolvenzverwalter auf die Anfechtbarkeit berufen oder diese geltend machen.[547]

Dies gilt für akzessorische und nicht akzessorische Sicherheiten, wenn letztere nicht vom Anfechtungsgegner/Sicherungsnehmer zurückgegeben worden waren.[548] In dem Fall, dass nicht akzessorische Sicherheiten bereits rückübertragen wurden, sind diese neu zu bestellen. Ist dies nicht möglich, besteht für den Anfechtungsgegner ein Masseanspruch (§ 55 Abs. 1 Nr. 3) auf Neubestellung bzw. auf Wertersatz.[549]

332

II. Vertragliche Gegenleistungen (§ 144 Abs. 2)

1. Voraussetzungen

Der Anspruch des Anfechtungsgegners gemäß § 144 Abs. 2 setzt nach der herrschenden Meinung voraus, dass ein gegenseitiger schuldrechtlich verpflichtender Vertrag erfolgreich angefochten worden ist, dessen Inhalt **unmittelbar gläubigerbenachteiligende** Wirkung hat.[550] Als Gegenleistung ist das, was der Anfechtungsgegner aufgrund des angefochtenen Verpflichtungsgeschäftes geleistet hat, zu definieren.[551]

333

2. Rechtsfolgen

a) **Erstattungsanspruch gemäß § 144 Abs. 2 S. 1.** Sofern die **Gegenleistung unterscheidbar in der Insolvenzmasse** vorhanden ist, ist sie vom **Insolvenzverwalter in natura herauszugeben.**[552]

334

Dieser Anspruch ist als Masseverbindlichkeit im Sinne von § 55 Abs. 1 Nr. 3 und **nicht** als Aussonderungsrecht (§ 47) zu qualifizieren.[553] § 144 Abs. 2 wird als Bereicherungsanspruch angesehen, mit der Folge, dass § 818 Abs. 1 BGB anwendbar ist, sodass gezogene Nutzungen ebenfalls vom Insolvenzverwalter auszukehren sind.

---

[546] OLG Brandenburg Urt. v. 9.3.2004 – 11 U 95/03, ZInsO 2004, 504 (506); Braun/*Riggert* InsO § 144 Rn. 3.
[547] Uhlenbruck/*Hirte*/*Ede* InsO § 144 Rn. 7.
[548] OLG Frankfurt aM 25.11.2003 – 9 U 127/02, ZInsO 2004, 211; HK-InsO/*Thole* § 144 Rn. 3.
[549] OLG Frankfurt aM 25.11.2003 – 9 U 127/02, ZInsO 2004, 211; HambK-InsO/ *Rogge*/*Leptien* § 144 Rn. 14.
[550] FK-InsO/*Dauernheim* § 144 Rn. 1; HK-InsO/*Thole* § 144 Rn. 4.
[551] HK-InsO/*Thole* § 144 Rn. 4.
[552] Braun/*Riggert* InsO § 144 Rn. 9.
[553] HambK-InsO/*Rogge*/*Leptien* § 144 Rn. 22.

335 An die Stelle der Gegenleistung treten, wenn die Naturalrestituion nicht möglich ist, die von der Insolvenzmasse erlangten **gesetzlichen Surrogate** (§ 818 Abs. 1 BGB)[554] bzw. die Insolvenzmasse hat **Wertersatz** (§ 818 Abs. 2 BGB) zu leisten, sofern die Insolvenzmasse um den Wert der Gegenleistung bereichert ist (analog § 818 Abs. 3 BGB). Ist die vom Insolvenzverwalter geschuldete Gegenleistung **vor** Eintritt der Rechtshängigkeit (§ 818 Abs. 4 BGB) oder einer Bösgläubigkeit des Insolvenzverwalters (§ 819 Abs. 1 BGB) untergegangen, greift § 818 Abs. 3 BGB zugunsten der Insolvenzmasse ein.[555]

Der Erstattungsanspruch aus § 144 Abs. 2 S. 1 entsteht erst mit der Rückgewähr gemäß § 143, da die Masse vorher nicht ungerechtfertigt bereichert ist.[556]

336 **b) Voraussetzungen des § 144 Abs. 2 S. 2.** Ist die Insolvenzmasse zum Zeitpunkt des Vollzugs des Rückgewähranspruchs gemäß § 143 nicht mehr um den Wert der Gegenleistung bereichert bzw. ist die Leistung des Anfechtungsgegners nicht mehr unterscheidbar in der Insolvenzmasse vorhanden, kann der Anfechtungsgegner seinen Erstattungsanspruch nur als einfache Insolvenzforderung gemäß § 38 zur Insolvenztabelle gemäß § 174 anmelden.[557]

L. Fristenberechnung (§ 139) und Verjährung des Anfechtungsanspruchs (§ 146)

I. Fristen gemäß §§ 130–136 und deren Berechnung (§ 139)

337 Die Anfechtungsfristen, die in den §§ 130–136 normiert sind (vgl. Tabelle → Rn. 12), definieren den Zeitraum, in dem die anfechtbare Handlung iSv § 140 vorgenommen worden sein muss, um ein materielles Anfechtungsrecht zu begründen. § 139 Abs. 1 regelt die **(Rückwärts-)Berechnung** der in den einzelnen Anfechtungstatbeständen genannten Anfechtungsfristen.

338 Die Vorschrift des **§ 139 Abs. 2 S. 1** stellt klar, dass die Stellung des **ersten zulässigen und begründeten Eröffnungsantrags** für die (Rückwärts-)Berechnung gemäß § 139 Abs. 1 **maßgeblich** ist, auch wenn das Insolvenzverfahren aufgrund eines späteren Antrags eröffnet worden ist.

Ein **rechtskräftig abgewiesener Antrag** ist grundsätzlich **nicht** zu berücksichtigen, es sei denn, dass der Antrag **mangels Masse** abgewiesen wurde (§ 139 Abs. 2 S. 2), da in diesem Fall feststeht, dass der Schuldner insolvent ist. Weitere Voraussetzung für die Anwendbarkeit des § 139 Abs. 2 S. 2 ist, dass eine einheitliche Insolvenz des Schuldners vorgelegen hat.[558] Dies ist nicht der Fall, wenn nach Abweisung des Insolvenzantrages mangels Masse der Insolvenzgrund behoben wurde und sodann im weiteren Verlauf ein neuer Insolvenzgrund eingetreten ist.[559]

---

[554] BGH Urt. v. 29.4.1986 – IX ZR 145/85, ZIP 1986, 787; BGH Urt. v. 11.10.1979 – VII ZR 285/78, NJW 1980, 178.
[555] HK-InsO/*Thole* § 144 Rn. 5; MüKoInsO/*Kirchhof* § 144 Rn. 17a.
[556] BGH Urt. v. 29.4.1986 – IX ZR 145/85, ZIP 1986, 787.
[557] Uhlenbruck/*Hirte*/*Ede* InsO § 144 Rn. 14.
[558] BGH Beschl. v. 18.9.2014 – IX ZA 9/14, ZInsO 2014, 2166.
[559] BGH Beschl. v. 18.9.2014 – IX ZA 9/14, ZInsO 2014, 2166.

Nicht bei der **Fristberechnung** gemäß § 139 heranzuziehen sind ferner **zu-** 339
rückgenommene Anträge[560] sowie **Anträge**, die rechtswirksam für **erledigt
erklärt** wurden.[561] Jedoch ist ein im Zeitpunkt des Eröffnungsbeschlusses zulässiger und begründeter Antrag auf Eröffnung eines Insolvenzverfahrens für die Berechnung der Anfechtungsfristen maßgeblich, wenn er nach Eröffnung wegen prozessualer **Überholung** für erledigt erklärt worden ist.[562]

II. Verjährung des Anfechtungsanspruchs (§ 146)

1. Regelmäßige Verjährung

Die Norm des § 146 Abs. 1, die nicht als Ausschlussfrist ausgestaltet wurde, 340
regelt die **Verjährung des Anfechtungsanspruchs** (genauer: des Rückgewähranspruchs im Sinne von § 143) und richtet sich nach den Vorschriften über die regelmäßige Verjährung nach dem Bürgerlichen Gesetzbuch, sodass die **Regelverjährungsfrist von drei Jahren** gemäß § 195 BGB für Verfahren, die ab dem 15.12.2004 eröffnet wurden, **gilt**.[563]

Die Frist beginnt gemäß § 199 Abs. 1 Nr. 1 BGB mit Schluss des Kalender- 341
jahres, in dem der Anfechtungsanspruch entstanden ist (maßgeblich: Zeitpunkt der Insolvenzeröffnung)[564] sowie der Insolvenzverwalter gemäß § 199 Abs. 1 Nr. 2 BGB von den den Anspruch begründenden Umständen und der Person des Anfechtungsgegners Kenntnis erlangt oder ohne grobe Fahrlässigkeit erlangen musste.

Im Falle eines **Verwalterwechsels** ist in entsprechender Anwendung des § 404 BGB auf die Kenntnis bzw. grob fahrlässige Unkenntnis des früheren Insolvenzverwalters abzustellen.[565] Offen gelassen hat der BGH die Frage, ob § 210 BGB entsprechend anwendbar ist, was zur Folge hätte, dass bei einem Verwalterwechsel die Verjährungsfrist nicht früher als sechs Monaten seit der Bestellung des neuen Verwalters abläuft.[566]

Bei der Ermittlung von Anfechtungsansprüchen muss der Insolvenzverwalter entsprechendes Personal selbst vorhalten oder Dritte als Dienstleister damit beauftragen.[567]

2. Höchstfrist gemäß § 199 Abs. 4 BGB

Aufgrund der Tatsache, dass der Anfechtungsanspruch nicht als Schadenser- 342
satzanspruch zu qualifizieren ist, gilt neben der Regelverjährungsfrist die kenntnisunabhängige 10-Jahres-Frist (Höchstfrist) des § 199 Abs. 4 BGB.[568]

---

[560] BGH Urt. v. 2.4.2009 – IX ZR 145/08, ZInsO 2009, 870; Uhlenbruck/*Hirte/Ede* InsO § 139 Rn. 12.
[561] BGH Urt. v. 8.12.2005 – IX ZR 182/01, ZIP 2006, 290; BGH Urt. v. 2.4.2009 – IX ZR 145/08, ZInsO 2009, 870.
[562] BGH Urt. v. 2.4.2009 – IX ZR 145/08, ZInsO 2009, 870.
[563] *Huber* ZInsO 2005, 190.
[564] BGH Urt. v. 30.4.2015 – IX ZR 1/13, NZI 2015, 734.
[565] BGH Urt. v. 30.4.2015 – IX ZR 1/13, NZI 2015, 734.
[566] BGH Urt. v. 30.4.2015 – IX ZR 1/13, NZI 2015, 734.
[567] LG Dresden Urt. v. 31.5.2013 – 10 O 3091/12, ZIP 2013, 1319.
[568] MüKoInsO/*Kirchhof* § 146 Rn. 8d.

3. Hemmung und Neubeginn der Verjährung

343 Die Vorschriften der §§ 203–211 BGB über die Verjährungshemmung sind **unmittelbar anwendbar**, da § 146 Abs. 1 eine echte Verjährungsfrist beinhaltet. Der Zeitraum, während dessen die Verjährung gehemmt ist, wird gemäß § 209 BGB nicht in die Verjährungsfrist eingerechnet.

344 Praxisrelevante Konstellationen bilden:[569]
– Schwebende Verhandlungen mit dem Anfechtungsgegner gemäß § 203 BGB
– Klageerhebung bzw. Widerklageerhebung gemäß § 204 Abs. 1 Nr. 1 BGB
– Mahnbescheidszustellung gemäß § 204 Abs. 1 Nr. 3 BGB
– Sicherung des Anfechtungsanspruchs im Wege des einstweiligen Rechtsschutzes gemäß § 204 Abs. 1 Nr. 9 BGB
– Prozesskostenhilfeverfahren gemäß § 204 Abs. 1 Nr. 14 BGB
– Neubeginn der Verjährung bei Anerkenntnis gemäß § 212 Abs. 1 Nr. 1 BGB.

III. Einrede der Anfechtbarkeit gemäß § 146 Abs. 2

345 Auch im Falle der **Verjährung des Anfechtungsanspruchs** ist der Insolvenzverwalter gemäß § 146 Abs. 2 berechtigt, die **Erfüllung** einer Leistungspflicht **zu verweigern**, sofern diese auf einer anfechtbaren Handlung beruht.

Das Verweigerungsrecht erfasst Leistungspflichten aller Art, zB auch etwaige Aus- und Absonderungsansprüche.[570] Es genügt ein mittelbarer Zusammenhang zwischen der anfechtbaren Handlung und der Leistungspflicht, die allerdings nicht bereits vor Insolvenzeröffnung gegen den Schuldner bestanden haben muss.[571]

346 Die **Einrede der Anfechtbarkeit** kann der Insolvenzverwalter **ohne Beachtung** von Formvorschriften und zeitlich unbegrenzt (jedoch beschränkt auf die Dauer des Insolvenzverfahrens) auch außerprozessual geltend machen.[572] Die Einrede ist nicht von Amts wegen zu berücksichtigen.[573]

Die **Einrede der Anfechtbarkeit** hat zur Folge, dass der **Insolvenzverwalter den Massebestand verteidigen**, zB die Aussonderung oder sonstige Herausgabeansprüche abwehren kann, eine angriffsweise Geltendmachung scheidet jedoch aus.[574]

M. Rechtshandlungen nach Verfahrenseröffnung (§ 147)

347 Die Anfechtungsvorschriften der §§ 129–136 setzen eine **vor Insolvenzeröffnung** vorgenommene Rechtshandlung voraus. Nach Insolvenzeröffnung sind Verfügungen des Schuldners gemäß §§ 80, 81, 89, 91 Abs. 1 unwirksam.[575]

---

[569] Vgl. auch *Huber* ZInsO 2005, 190 (191).
[570] BGH Urt. v. 17.7.2008 – IX ZR 148/07, ZIP 2008, 1593.; BT-Drs. 12/2443, 169.
[571] *Graf-Schlicker/Huber* InsO § 146 Rn. 16.
[572] Uhlenbruck/*Hirte/Ede* InsO § 146 Rn. 14.
[573] HambK-InsO/*Rogge/Leptien* § 146 Rn. 15.
[574] BGH Urt. v. 2.4.2009 – IX ZR 236/07, ZIP 2009, 1080.
[575] HambK-InsO/*Rogge/Leptien* § 147 Rn. 1.

Die Vorschrift des § 147 S. 1 erstreckt die Anfechtbarkeit auf Tatbestände, die gemäß § 140 nach der Verfahrenseröffnung vorgenommen wurden und einen gutgläubigen Rechtserwerb aufgrund des öffentlichen Glaubens von Grundbuch- und Registereintragungen herbeiführen.[576]

§ 147 Satz 1 stellt klar, dass die oben genannten Rechtshandlungen nach den Vorschriften angefochten werden können, die für die Anfechtung einer vor der Verfahrenseröffnung vorgenommenen Rechtshandlung gelten.

Die Regelung des § 147 Satz 2 wurde im Zusammenhang mit der Umsetzung der EU-Richtlinie über Finanzsicherheiten eingefügt und erfasst die in § 96 Abs. 2 genannten Zahlungssysteme.[577]

§ 17. Aufrechnung

Die Aufrechnung ist ein probates Mittel, damit Insolvenzgläubiger doch noch ein Erfüllungsäquivalent erhalten. Zu beleuchten ist hierbei die gesetzlichen Aufrechnungssituation (→ Rn. 6 ff.) ebenso wie die Einschränkungen und Besonderheiten im Rahmen der Insolvenz nach § 95 InsO (→ Rn. 18 ff.) und § 96 InsO (→ Rn. 24 ff.), einschließlich weiterer Aufrechnungsverbote (→ Rn. 39). Weiter werden einzelne besondere Problembereiche aufgegriffen und schließlich auch der umgekehrte Fall die Aufrechnung durch den Verwalter (→ Rn. 56 f.) erörtert.

A. Aufrechnungsbefugnis der Insolvenzgläubiger im eröffneten Insolvenzverfahren (§§ 94–96 InsO)

I. Regelungszweck und Grundsätze

Nach dem in § 94 InsO geregeltem Grundsatz sind Insolvenzgläubiger zur 1 Aufrechnung berechtigt, wenn ihnen eine Befugnis kraft Gesetzes oder aufgrund einer Vereinbarung eingeräumt worden ist. § 94 InsO normiert die Grundregel,[1] dass die bestehende Aufrechnungslage erhalten bleibt. Ausnahmen und Abweichungen ergeben sich insoweit aus den §§ 95 und 96 InsO.

Nach § 389 BGB bewirkt die Aufrechnung, dass die Forderungen, soweit sie 2 sich decken, als in dem Zeitpunkt erloschen gelten, in welchem sie zur Aufrechnung geeignet gegenübergetreten sind. Die Aufrechnung ist damit ein Erfüllungssurrogat[2] und hat eine Sicherungs- und Vollstreckungsfunktion gerade bei einem Vermögensverfall des Aufrechnungsgegners.[3]

---

[576] Graf-Schlicker/*Huber* InsO § 147 Rn. 2; HK-InsO/*Thole* § 147 Rn. 2.
[577] Vgl. zu den Einzelheiten: Begr. RegE, ZIP 2003, 1566.
[1] Uhlenbruck/*Sinz* InsO § 94 Rn. 1; Braun/*Kroth* InsO § 94 Rn. 2; MüKOInsO/*Brandes*/*Lohmann* InsO § 94 Rn. 5.
[2] Palandt/*Grüneberg* BGB § 387 Rn. 1; Jauernig/*Stürner* BGB § 387 Rn. 2; HK-BGB/*Reiner Schulze* § 387 Rn. 1 ff.
[3] Palandt/*Grüneberg* BGB § 387 Rn. 1; BeckOK BGB/*Dennhardt* § 387 Rn. 1.

3 Soweit der Gesetzgeber in § 94 InsO auch die vereinbarte Aufrechnung für grundsätzlich möglich erachtet hat, hat dies im Ergebnis nur eine klarstellende Wirkung dahingehend, dass durch Vereinbarung von den Voraussetzungen der Gegenseitigkeit, Gleichartigkeit, Fälligkeit und Erfüllbarkeit (§ 387 BGB) abgesehen werden kann.[4] Diese Erweiterungen der Aufrechnungsmöglichkeiten sind, wie nachfolgend aufgezeigt werden wird, aber nur begrenzt möglich bzw. vielfach insolvenzrechtlich unwirksam.

4 Eine Pflicht zur Anmeldung der Gegenforderungen durch den Gläubiger zur Insolvenztabelle besteht nicht. Hier setzt sich der Grundsatz durch, dass die Aufrechnung eine Art Eigenvollstreckung des zur Aufrechnung Befugten gewährleistet. Soweit durch eine wirksame Aufrechnung auch die Gegenforderung erloschen ist, ist auch eine diesbezügliche Anmeldung zur Insolvenzforderung zu bestreiten, da die Forderung nicht mehr besteht, sondern rückwirkend erloschen ist (§ 389 BGB).

II. Die geschützten Aufrechnungslagen

5 Die Regelungen der §§ 94, 95 schützen drei unterschiedliche Aufrechnungslagen:
1. die bestehende gesetzliche Aufrechnungslage (§ 94, 1. Alternative InsO)
2. die künftige Aufrechnungslage, soweit diese schutzwürdig ist (§ 95 InsO)
3. die vereinbarte Aufrechnung, also eine von der gesetzlichen Voraussetzung abweichende, zumeist erweiterte Aufrechnungslage (§ 94, 2. Alternative InsO)

1. Die gesetzliche Aufrechnungslage

6 Unproblematisch ist die bestehende gesetzliche Aufrechnungslage, die, abgesehen von § 96 InsO, uneingeschränkt die Befriedigungs-/Vollstreckungsmöglichkeit gewährt. Die gesetzlichen Voraussetzungen dieser Aufrechnung ergeben sich aus den §§ 387ff. BGB. Voraussetzung ist demnach insbesondere zunächst einmal die Gegenseitigkeit der wechselseitigen Forderungen. Der Aufrechnende muss dementsprechend der Gläubiger der Gegenforderung und Schuldner der Hauptforderung sein. Der Aufrechnungsgegner ist korrespondierend Schuldner der Gegenforderung und Gläubiger der Hauptforderung.[5]

7 Zu prüfen ist in diesem Kontext also stets, ob die Identität zwischen den wechselseitig Verpflichteten bzw. Berechtigten besteht. Weitere Voraussetzung ist auch, dass die zur Aufrechnung gestellte Gegenforderung fällig und voll wirksam ist.[6]

8 Nach § 390 BGB kann nicht mit einer Forderung aufgerechnet werden, der eine Einrede entgegensteht. Der in der Praxis häufig vorkommende Fall einer verjährten Forderung hindert hingegen eine Aufrechnung nicht. § 215 BGB

---

[4] Uhlenbruck/*Sinz* InsO § 94 Rn. 7; MüKoInsO/*Brandes*/*Lohmann* § 94 Rn. 1.
[5] Palandt/*Grüneberg* BGB § 387 Rn. 4; BeckOK BGB/*Dennhardt* § 387 Rn. 22; MüKoBGB/*Schlüter* § 387 Rn. 1.
[6] BGH Urt. v. 20.11.2008 – IX ZR 139/07, NJW-RR 09, 407; MüKoInsO/*Brandes*/*Lohmann* § 94 Rn. 30; Jauernig/*Stürner* BGB § 387 Rn. 6.

lässt gerade eine Aufrechnung zu, sofern sich die Ansprüche in einem Zeitpunkt aufrechenbar gegenüber gestanden sind, in dem die zur Aufrechnung gestellte Gegenforderung noch nicht verjährt war. Nicht Voraussetzung ist insoweit, dass eine Aufrechnungserklärung vorher abgegeben worden ist (abweichend von § 390 Satz 2 BGB aF). Auch die Voraussetzungen der Fälligkeit erklären sich letzten Endes aus der Quasi-Vollstreckungsfunktion der Aufrechnung. Die Aufrechnung soll nicht dazu führen, dass Forderungen, die noch nicht fällig sind, auf diesem Wege durch Aufrechnung entgegengehalten werden können. Dies würde im Ergebnis nämlich dazu führen, dass Forderungen zur Tilgung eingesetzt werden können, auf die an sich für den Aufrechnungsberechtigten noch gar kein Anspruch besteht. Umgekehrt kann allerdings auch gegen eine Forderung aufgerechnet werden, die bereits erfüllbar ist (vgl. § 271 BGB). Auch dies erklärt sich daraus, dass man grundsätzlich auch vor Fälligkeit eine Forderung erfüllen kann. Ausnahmen können sich bei berechtigten Interessen des Gläubigers, zum Beispiel bei verzinsten Darlehen, ergeben.

Grundsätzlich stehen einer Aufrechnung auch vertraglich vereinbarte Aufrechnungsverbote entgegen. Diesbezügliche Vereinbarungen haben allerdings in der Insolvenz des Aufrechnungsgegners regelmäßig keine Wirkung mehr. Das vertragliche Aufrechnungsverbot tritt im Insolvenzfalle vielmehr (auch nach § 242 BGB) zurück.[7]

Auch in Allgemeinen Geschäftsbedingungen können Aufrechnungsverbote vereinbart werden. Allerdings gilt dies jedenfalls dann nicht, wenn es sich um eine unbestrittene, rechtskräftig festgestellte oder entscheidungsreife Gegenforderung handelt (vgl. § 309 Nr. 3 BGB). Ob sich weitere Schranken aus § 307 BGB wegen der Diskrepanz zu § 309 Nr. 2 BGB, dem Verbot der Einschränkung der (Zurückbehaltungs)rechte nach §§ 320, 273 BGB, ergeben können, kann hier offen bleiben.[8] Auch Aufrechnungsverbote in Allgemeinen Geschäftsbedingungen gelten in der Insolvenz des Aufrechnungsgegners nicht mehr.

Unberührt bleiben von der Insolvenz allerdings gesetzliche Aufrechnungsverbote. So verbietet § 390 BGB, wie bereits vorgetragen, eine Aufrechnung mit einredebehafteten Forderungen, ausgenommen einer verjährten Forderung gemäß § 215 BGB. Andere Einreden, wie zB die Einrede gem. § 320 BGB oder die Einrede der beschränkten Erbenhaftung[9] gelten auch im Falle der Insolvenz. Im Rahmen von Werkverträgen besteht allerdings nach der Rechtsprechung des Bundesgerichtshofes nicht mehr die Möglichkeit den sog Druckzuschlag (§ 641 Absatz 3 BGB) gegenüber dem insolventen Werkunternehmer einzuwenden. Der Sinn und Zweck des Zuschlages, den Werkunternehmer zur Nachbesserung und Mängelbeseitigung zu veranlassen, kann hier nicht mehr verwirklicht werden.[10]

Ebenfalls kann nicht gegen eine beschlagnahmte Forderung aufgerechnet werden (§ 392 BGB).

9

10

11

12

---

[7] Palandt/*Grüneberg* BGB § 387 Rn. 17; Nerlich/Römermann/*Kruth/Wittkowski* InsO § 94 Rn. 23 f.
[8] MüKoBGB/*Wurmnest* § 309 Nr. 2 Rn. 3.
[9] Palandt/*Grüneberg* BGB § 390 Rn. 2; betreffend Erbenhaftung: MüKoBGB/*Schlüter* § 390 Rn. 2.
[10] BGH Urt. v. 17.12.1998 – IX ZR 151-98, NJW 1999, 1261 (1262).

13 Eine Aufrechnung gegen eine Forderung aus unerlaubter Handlung ist unzulässig, wenn die unerlaubte Handlung vorsätzlich begangen worden ist. Dies gilt selbst dann, wenn die Gegenforderung ebenfalls auf vorsätzlich unerlaubter Handlung beruht. Der Hintergrund ist insoweit, dass darüber eine sanktionslose Privatrache verhindert werden soll.[11]

14 Die bei bestehender Aufrechenbarkeit notwendige Aufrechnungserklärung ist eine einseitige Willenserklärung, die gegenüber dem Aufrechnungsempfänger zu erklären ist und diesem zugehen muss. Ob eine Aufrechnungserklärung vorliegt, ist durch Auslegung der Erklärung zu ermitteln. So kann auch die Geltendmachung eines Zurückbehaltungsrechtes in Wahrheit eine Aufrechnungserklärung darstellen, wenn sich nur Geldforderungen gegenüber stehen.[12] Nach Insolvenzeröffnung ist der Aufrechnungsgegner der Insolvenzverwalter, da auf diesen die Verfügungs- und Verwaltungsbefugnis übergegangen ist (§ 80 InsO). Im vorläufigen Verfahren empfiehlt sich, auch wegen der schwierigen Frage, welche Auswirkungen und Reichweite Zustimmungsvorbehalte und Ermächtigungen haben, die Erklärung gegenüber dem Schuldner und dem vorläufigen Verwalter abzugeben.

15 Die Aufrechnung ist ferner bedingungs- und befristungsfeindlich. Zulässig ist allerdings anerkanntermaßen die Hilfsaufrechnung, also die Aufrechnung unter der Voraussetzung, dass eine Forderung der Gegenseite besteht. Eine solche Bedingung ist auch außerprozessual möglich, da die Erklärung lediglich davon abhängig ist, dass tatsächlich eine Hauptforderung besteht. Sollte eine solche nicht bestehen, geht eine entsprechende (Hilfs-)Aufrechnung regelmäßig ins Leere.

16 Wie bereits ausgeführt, muss der zur Aufrechnung Berechtigte die Forderung nicht zur Insolvenztabelle anmelden. Er kann vielmehr, dem Grundgedanken der „Eigenvollstreckung" folgend, sich auch darauf beschränken, die entsprechende Aufrechnung zu erklären. Hat er die Forderung zur Insolvenztabelle angemeldet, so hindert ihn dies nicht an der Aufrechnung. In der Anmeldung liegt insbesondere kein Verzicht auf das Recht zur Aufrechnung.[13]

17 Es ist aber festzustellen, dass sich die Rechtsposition des Gläubigers vielfach dadurch verbessert, wenn der Insolvenzverwalter eine (aufrechenbare) Forderung anerkennt und es zur Feststellung in der Insolvenztabelle kommt. Es handelt sich insoweit dann um eine titulierte Forderung, gegen die Einwände nur in einem sehr beschränkten Umfang geltend gemacht werden können. Sobald der Insolvenzgläubiger allerdings von seiner Aufrechnungsbefugnis Gebrauch gemacht hat, verfügt er über keine Forderung mehr, so dass er die Insolvenzanmeldung zurücknehmen müsste bzw. auf eine festgestellte Forderung verzichten müsste. Ggf. bliebe insoweit eine Vollstreckungsabwehrklage nach §§ 767 ff. ZPO, wenn nachträglich eine Aufrechnung erfolgt und wirksam ist. Für den Verwalter bedeutet dies umgekehrt die Notwendigkeit zu einer erhöhten Aufmerksamkeit bei der Forderungsprüfung. Wenn streitig ist, ob Gegenansprüche bestehen und insbesondere eine Aufrechnung nicht auszuschließen ist, ist die Prüfung hier noch intensiver vorzunehmen.

---

[11] Vgl. *Deutsch* NJW 1981, 735; HK-BGB/*Reiner Schulze* § 393 Rn. 1.
[12] Palandt/*Grüneberg* BGB § 388 Rn. 1.
[13] Uhlenbruck/*Sinz* InsO § 94 Rn. 41; Braun/*Kroth* InsO § 94 Rn. 26.

2. Künftige Aufrechnungslagen (§ 95 InsO)

§ 95 InsO hat den Grundgedanken, dass auch künftig entstehende Aufrechnungslagen geschützt werden können, soweit die Aufrechnungslage bereits „angelegt" ist bzw. war. Nach der diesbezüglichen Regelung in Abs. 1 ist die Aufrechnung auch zulässig, wenn die Aufrechnungslage erst nachträglich eintritt. Unabhängig von § 95 InsO ist eine Aufrechnung schon nach den allgemeinen Regelungen zulässig, wenn die Hauptforderung nur erfüllbar ist.[14] § 95 Abs. 1 soll hingegen sogenannte Aufrechnungsanwartschaften [15] schützen. Demnach kann der Insolvenzgläubiger auch aufrechnen, wenn seine Forderung schon vor oder gleichzeitig mit Verfahrenseröffnung fällig ist. Gleiches gilt, wenn die Insolvenzforderung im Verfahren vor oder gleichzeitig mit der Forderung der Masse fällig wird. Hingegen nicht zulässig ist eine Aufrechnung entsprechend § 95 Abs. 1 Satz 3 InsO, wenn die Forderung, gegen die aufgerechnet werden soll, also die Hauptforderung, unbedingt und fällig wird, bevor die Aufrechnung erfolgen kann. 18

Zulässig ist nach § 95 InsO insbesondere auch eine Aufrechnung mit aufschiebend bedingten Forderungen soweit nicht die Ausnahme nach § 95 Abs. 1 Satz 3 einschlägig ist. Dies hat seine Bedeutung insbesondere für die Fälle, wenn die Forderung „ihrem Kerne nach" bereits vor Eröffnung des Insolvenzverfahrens entstanden ist.[16] Dann soll eine Aufrechnung auch möglich sein, weil ein hinreichendes Vertrauen auf die Aufrechnungsmöglichkeit besteht. 19

Auch mit künftigen Forderungen ist die Aufrechnung möglich, sofern die Forderung des Aufrechnungsberechtigten im Laufe des Verfahrens und vor der Gegenforderung fällig wird. Hier wird letztlich das Vertrauen auf das Entstehen einer künftigen Aufrechnungslage geschützt.[17] 20

Ebenfalls möglich ist die Aufrechnung im Rahmen des § 95 InsO, wenn die Gleichartigkeit erst nach Insolvenzeröffnung eintritt, soweit nicht wiederum ein Fall des § 95 Abs. 1 Satz 3 vorliegt. Kein Anwendungsfall des § 95 InsO ist es hingegen, wenn sich eine Gleichartigkeit der Sache nach lediglich aus den §§ 41 und 45 InsO ergibt (§ 95 Abs. 1 Satz 2 InsO). Nach §§ 41, 45 InsO gelten für die Zwecke der Insolvenzanmeldung nicht fällige Forderungen als fällig und es hat eine Umrechnung von nicht auf Geld gerichteten Forderungen zum Zwecke der Insolvenzanmeldung zu erfolgen hat (§ 95 InsO). Dies dient lediglich der Ermöglichung der diesbezüglichen Insolvenzanmeldung und der sich hieraus resultierenden Abwicklung, soll aber nicht eine Aufrechnungslage herbeiführen.[18] 21

Soweit allerdings die mangelnde Gleichartigkeit nur darauf beruht, dass unterschiedliche Währungen oder Rechnungseinheiten gegeben sind, ist dies kein Hindernis (§ 95 Abs. 2 Satz 1) für die Aufrechnung, wenn die Währungs- und 22

---

[14] Vgl. MüKoInsO/*Brandes/Lohmann* § 95 Rn. 6; Nerlich/Römermann/*Kruth/Wittkowski* InsO § 95 Rn. 5; Palandt/*Grüneberg* BGB § 387 BGB Rn.12.
[15] MüKoInsO/*Brandes/Lohmann* § 95 Rn. 6.
[16] Uhlenbruck/*Sinz* InsO § 95 Rn. 11; Nerlich/Römermann/*Kruth/Wittkowski* InsO § 95 Rn. 2; Karsten Schmidt/*Thole* InsO § 95 Rn. 5.
[17] Uhlenbruck/*Sinz* InsO § 95 Rn. 2, 7; Andres/Leithaus/*Leithaus* InsO § 95 Rn. 3.
[18] Uhlenbruck/*Sinz* InsO § 95 Nr. 5; Nerlich/Römermann/*Andres* InsO § 45 Rn. 7; MüKoInsO/*Bitter* § 45 Rn. 60.

Rechnungseinheiten konvertibel sind. Die Aufrechnung erfolgt dann nach dem Kurswert, der für diesen Ort zur Zeit des Zugangs der Aufrechnungserklärung maßgeblich ist (§ 95 Abs. 2 Satz 2 BGB).

23 Eine weitere bedeutende Einschränkung von § 95 Abs. 1 Satz 3 BGB ergibt sich bei gegenseitigen Verträgen. Hier ist in der Vergangenheit versucht worden, eine mangelnde Aufrechenbarkeit, zB mit Mängelgewährleistungsansprüchen daraus zu begründen, dass die Ansprüche erst später als die Werklohnforderung, zB nach Ablauf einer Fristsetzung oä fällig geworden sind. Bei strikter Orientierung am Wortlaut hätte dann eine Aufrechnung bzw. Verrechnung nicht erfolgen können. Der BGH hat allerdings deutlich gemacht, dass bei synallagmatisch verbundenen Ansprüchen, auch vor dem Hintergrund der Wertung des § 320 BGB, eine wechselseitige Verrechnung zulässig sein muss.[19] Dies auch angesichts des Umstandes, dass sich die gegenteilige Auffassung angesichts der synallagmatischen Verknüpfung beider Leistungen kaum begründen lässt, da es ansonsten vom Zufall abhängen würde und in der Praxis auch vielfach abhängt, wann Ansprüche entstehen oder offenbar werden. Die Gegenauffassung hat sich damit nicht durchgesetzt.[20]

3. Insolvenzspezifische Beschränkungen der Aufrechnung im Insolvenzverfahren

24 Aus der Regelung des § 96 InsO ergeben sich weitere Beschränkungen der Aufrechnung im Insolvenzfalle. Der Regelungszweck von § 96 InsO bildet gleichsam die Grenze der Aufrechnungsbefugnis und gibt vier unterschiedlichen Alternativen vor, wann eine Aufrechnung gleichwohl nicht zulässig sein kann.

25 **a) Unzulässigkeit der Aufrechnung nach § 96 Abs. 1 Nr. 1 InsO.** Nach dem Wortlaut des § 96 Abs. 1 Nr. 1 InsO ist eine Aufrechnung dann unzulässig, wenn der Insolvenzgläubiger erst nach Eröffnung des Verfahrens etwas zur Insolvenzmasse schuldig geworden ist. Auch hier muss man wieder beim Vertrauensschutz ansetzen. § 96 soll insbesondere verhindern, dass die nachträglich herbeigeführten Aufrechnungslagen von § 94 InsO erfasst werden. Die Aufrechnungsverbote haben dabei den Zweck, ein gewisses Gleichgewicht zwischen dem Vertrauensschutzgedanken und dem Schutz zur Insolvenzmasse zugunsten einer gleichmäßigen Befriedigung aller Gläubiger herzustellen.[21] Der klassische Anwendungsbereich von § 96 Abs. 1 Nr. 1 ist hierbei ein nachträglicher Anspruch, der darauf beruht, dass der Insolvenzverwalter zugunsten der Insolvenzmasse eine Vereinbarung mit einem Debitor trifft, zB bei einem Verkauf von massezugehörigen Anlagegegenständen, dem Abschluss von Miet- und Nutzungsverträgen oÄ. Soweit die Schuldnerstellung des Insolvenzgläubigers erst nach Verfahrenseröffnung entstanden ist,[22] ist der Insolvenzgläubiger

---

[19] BGH Urt. v. 22.9.2005 – VII ZR 117/03; vgl. auch BGH Urt. v. 3.3.2016 – IX ZR 132/15, NZI 2016, 347 (348f.).
[20] Vgl. auch Anmerkung *Popp* zu BGH Urt. v. 7.2.2013 – IX ZR 218/11, ZfLR 2013, 440, 441.
[21] Vgl. Uhlenbruck/*Sinz* InsO § 96 Rn. 1; MüKoInsO/*Brandes/Lohmann* § 96 Rn. 1; BGH Urt. v. 6.12.1990 – IX ZR 44/90, NJW 1991, 1060.
[22] Uhlenbruck/*Sinz* InsO, § 96 Rn. 4; Nerlich/Römermann/*Kruth/Wittkowski* InsO § 96 Rn. 3ff.; Braun/*Kroth* InsO § 96 Rn. 13.

auch nicht schutzwürdig, im Gegenteil. Es soll hier nicht durch die Hintertür ermöglicht werden, dass ein Insolvenzgläubiger besser gestellt wird, weil er nachträglich mit dem Verwalter eine Vereinbarung trifft.

Auch die Erfüllungswahl nach § 103 InsO führt dazu, dass es sich um eine originäre Masseforderung handelt, die der Insolvenzverwalter geltend machen kann. Auch hier ist eine Aufrechnung des Debitors nach § 96 Abs. 1 Nr. 1 InsO ausgeschlossen, soweit diese nicht auf einer synallagmatischen Verbindung beruhen. Ohne die Erfüllungswahl hätte der Insolvenzgläubiger allenfalls eine Quote erlangt. Durch die Erfüllungswahl soll keine Aufrechnungslage zu seinen Gunsten entstehen, dies käme einem nicht vorgesehenen Absonderungsrecht gleich.[23]

26

Ebenso anerkannt ist, dass im Fall der Nichterfüllung gemäß § 103 InsO der Insolvenzgläubiger gegen den sich ergebenden Saldierungsanspruch des Insolvenzverwalters nicht mit der Forderung aus einem anderen Schuldverhältnis aufrechnen kann.[24] Auch hier bleibt die Aufrechnung aufgrund einer synallagmatischen Verbindung, dh aufgrund von Ansprüchen innerhalb desselben Vertragsverhältnisses unberührt, wobei sich das Ergebnis letzten Endes auch aus der Saldierung ohnehin ergeben dürfte.

27

Besondere Bedeutung hat § 96 Abs. 1. Nr. 1 InsO auch bei steuerlichen Verbindlichkeiten. Entscheidend ist nach der Auffassung des BFH, wann der steuerliche Tatbestand vollständig verwirklicht ist, nicht alleine wann die Lieferung oder Leistung erfolgte.[25] Nach Eröffnung entrichtete Steuerbeträge, die nicht aus freigegebenen Vermögen (s. insoweit auch die Ausführungen zu § 96 Abs. 1 Nr. 4 InsO) resultieren, können daher nur auf Steuerschulden angerechnet werden, die Masseschulden (vgl. etwa § 55 Abs. 4 InsO) darstellen.[26] Einer Aufrechnung mit Insolvenzforderungen gegen nachinsolvenzlich entstandene Erstattungsansprüche steht § 96 Abs. 1 Nr. 1 entgegen.[27]

28

b) Unzulässigkeit der Aufrechnung nach § 96 Abs. 1 Nr. 2 InsO. Nach § 96 Abs. 1 Nr. 2 InsO ist ferner eine Aufrechnung dann nicht zulässig, wenn ein Insolvenzgläubiger seine Forderung erst nach Eröffnung des Verfahrens von einem anderen Gläubiger erworben hat. Solche Versuche sind in der Praxis nicht selten. Im Ergebnis könnte dann ein Insolvenzgläubiger seiner Forderung an einen Dritten abtreten, der seinerseits etwas der Masse schuldet und sich sodann durch Aufrechnung befreien.[28] Dies wäre letztlich ein „Geschäftsmodell", um der Masse Ansprüche zu entziehen. Allerdings ist für die Unzulässigkeit nicht Voraussetzung, dass tatsächlich eine Masseminderungsgefahr besteht.[29] Entscheidend ist vielmehr, dass die Forderung nach Eröffnung des Insolvenzverfahrens von einem anderen Insolvenzgläubiger auf den Schuldner übergegangen ist.[30] Dies gilt sowohl für die Gesamt- wie die Sonderrechtsnach-

29

---

[23] Uhlenbruck/*Sinz* InsO § 96 Rn. 8f. auch zu Differenzierungen bei Teilbarkeit.
[24] Vgl. Uhlenbruck/*Sinz* § 96 Rn. 11; BeckOK InsO/*Berberich* § 103 Rn. 107.
[25] BFH Urt. v. 25.7.2012 – VII R 29/11, NZI 2012 1022; Braun/*Kroth* InsO, § 96 Rn. 8.
[26] BFH Urt. v. 24.2.2015 – VII ZR 27/14, NZI 2015, 475.
[27] BFH Urt. v. 24.2.2015 – VII ZR 27/14, NZI 2015, 475.
[28] Uhlenbruck/*Sinz* InsO § 96 Rn. 32; MüKoInsO/*Brandes/Lohmann* § 96 Rn. 21.
[29] Uhlenbruck/*Sinz* InsO § 96 Rn. 33.
[30] Uhlenbruck/*Sinz* InsO § 96 Rn. 33.

folge, zB infolge Abtretung.[31] Erwirbt der Insolvenzgläubiger eine Forderung, die er abgetreten hat nach Verfahrenseröffnung zurück, so ist eine Aufrechnung nur ausgeschlossen, wenn die Zession vor Verfahrenseröffnung erfolgt ist, also im Zeitpunkt der Eröffnung keine Aufrechnungslage bestanden hat.[32]

30 Besonderheiten ergeben sich im Rahmen des § 52 SGB I. Der für eine Geldleistung zuständige Leistungsträger kann demnach mit Ermächtigung eines anderen Leistungsträgers dessen Ansprüche gegen den Berechtigten mit der ihm obliegenden Geldleistung verrechnen, soweit nach § 51 SGB I die Aufrechnung zulässig ist. Insoweit liegt eine Abweichung vom Grundsatz der Gegenseitigkeit vor.[33] Strittig ist, ob im Fall der Insolvenz dem nicht § 96 Absatz 1 Nr. 2 InsO entgegensteht. Die höchstrichterliche Rechtsprechung geht davon aus, dass diese Regelungen – auch angesichts des Gedankens der Einheit der Sozialleistungsträger,[34] der § 52 SGB I zugrunde liegt, der Regelung in § 96 Abs. 1 Nr. 2 vorgeht.[35] Der Grundsatz der Gläubigerbenachteiligung sei nicht verletzt, da dieser gesetzliche Bevorzugungen nicht generell ausschließe, wie sich etwa in der Zuerkennung von Absonderungsrechten oder der grundsätzlich – wenn auch in der Praxis eingeschränkten – Möglichkeit der Vereinbarung einer Aufrechnungsmöglichkeit nach § 94 InsO.[36]

31 **c) Unzulässigkeit bei anfechtbar erworbener Aufrechnungslage (§ 96 Abs. 1 Nr. 3 InsO).** § 96 Abs. 1 Nr. 3 InsO soll verhindern, dass eine Aufrechnung mit Forderungen möglich ist, wenn die Möglichkeit der Aufrechnung durch eine anfechtbare Rechtshandlung erlangt worden ist. In Betracht kommen grundsätzlich alle Tatbestände der Insolvenzanfechtung.[37] Anders als im Fall der Insolvenzanfechtung bedarf es insoweit keiner ausdrücklichen Geltendmachung. Vielmehr ist eine in anfechtbarer Weise begründete Aufrechnung rückwirkend automatisch unwirksam.[38] Eine aufrechenbare Aufrechnungslage kann insoweit auch durch den Abschluss von (Kauf)verträgen nebst Lieferung bzw. Erfüllungshandlungen des Insolvenzschuldners herbeigeführt werden,[39] soweit die weiteren Voraussetzungen insbesondere der §§ 130–131 InsO erfüllt sind. Maßgeblicher Zeitpunkt ist die Bewirkung der Werthaltigkeit oder Wertsteigerung.[40] Bei Werkleistungen des Insolvenzschulnders kommt es auf die Erbringung derselben,[41] bei Kaufverträgen in der Regel auf die Lieferung

---

[31] Uhlenbruck/*Sinz* InsO § 96 Rn. 33; MüKoInsO/*Brandes/Lohmann* § 96 Rn. 20.
[32] MüKoInsO/*Brandes/Lohmann* § 96 Rn. 21; *Keller*, Insolvenzrecht, 1. Aufl. 2006, 3. Teil, Rn. 1148–1150.
[33] BeckOK SozR/*Gutzler* SGB I § 52 Rn. 3.
[34] Uhlenbruck/*Sinz* InsO § 96 Rn. 35; MüKoInsO/*Brandes/Lohmann* § 96 Rn. 25.
[35] BGH Beschl. v. 29.5.2008 – IX ZB 51/07, NZI 2008, 479; BSG Urt. v. 10.12.2003 – B 5 RJ 18/03 R, BeckRS 2004, 40829; Uhlenbruck/*Sinz* InsO § 96 Rn. 35.
[36] BGH Urt. v. 29.5.2008 – IX ZB 51/07, NZI 2008, 479 (481); Uhlenbruck/*Sinz* § 96 Rn. 35.
[37] Uhlenbruck/*Sinz* InsO § 96 Rn. 47.
[38] Uhlenbruck/*Sinz* InsO § 96 Rn. 46.
[39] BGH Urt. v. 5.4.2001 – IX ZR 216/98, NJW 2001, 1940; BGH Urt. v. 14.2.2013 – IX ZR 94/12, NZI 2013, 344, Uhlenbruck/*Hirte/Ede* InsO § 129 Rn. 112.
[40] Vgl. BGH Urt. v. 20.12.2012 – IX ZR 21/12, NZI 2013, 25; OLG München Urt. v. 8.9.2009 – 5 U 2499/09, NZI 2009, 773.
[41] BGH Urt. v. 14.2.2013 – IX ZR 94/12, NZI 2013, 344.

an.⁴² Ohne die entsprechende Lieferung, Leistung bzw. Erfüllungshandlung wäre keine Aufrechnungslage entstanden. Besteht kein Anspruch auf Herstellung einer solchen Aufrechnungslage, was von den zugrunde liegenden Vereinbarungen abhängt,⁴³ so liegt eine inkongruente Deckung (vgl. § 131 InsO) vor. Gerade bei einer dauernden Geschäftsbeziehung und wechselseitigen Lieferungen/Leistung kann daher eine nähere Prüfung hinsichtlich der Aufrechenbarkeit angezeigt sein.

Erhebliche Bedeutung hat im Rahmen der Regelung des § 96 Abs. 1 Nr. 3 InsO auch die Frage, welche Verjährungsfristen für die Geltendmachung der Forderung gelten. Gerade dann, wenn der originäre Anspruch des Insolvenzschuldners einer kurzen Verjährung unterliegt (zum Beispiel: § 439 HGB), könnte man auf den Gedanken kommen, dass dann auch die Geltendmachung der unzulässigen Aufrechnung nach § 96 Abs. 1 Nr. 3 InsO einer kurzen Verjährungsfrist unterliegt. Dem ist aber nicht so. Vielmehr geht die Rechtsprechung davon aus, dass in diesen Fällen die übliche dreijährige Verjährungsfrist (nach Kenntnis bzw. grob fahrlässiger Unkenntnis) für die Geltendmachung der Forderung des Insolvenzschuldners eingreift.⁴⁴ Grund hierfür ist der Sache nach der Schutz der Masseschmälerung und der Umstand, dass der Insolvenzverwalter hinreichend Zeit haben muss, solche anfechtungsrechtlich relevanten Sachverhalte zu überprüfen. Anderenfalls würde man zu dem kaum vertretbaren Ergebnis gelangen, dass manche Ansprüche, wenn diese vermeintlich durch Aufrechnung getilgt sind, äußerst kurzfristig vom Insolvenzverwalter gerichtlich geltend zu machen sind. Demnach richtet sich der Anspruch nach den Regeln über die regelmäßige Verjährung (§ 199 BGB). Die Hauptforderung muss innerhalb der allgemeinen Verjährungsfrist verjährungshemmend geltend gemacht werden, da sonst auch die Anfechtbarkeit der Aufrechnungslage nicht mehr eingewandt werden kann.

Keine Besonderheiten ergeben sich mehr im Hinblick auf die Regelung des § 146 InsO. Die Verjährung des Anfechtungsanspruches wurde in Absatz an die regelmäßige Verjährungsfrist angepasst. Die nach altem Recht kürzere Frist von 2 Jahren gilt daher nicht mehr.

d) Unzulässigkeit der Aufrechnung nach § 96 Abs. 1 Nr. 3 InsO. Das Aufrechnungsverbot nach § 96 Abs. 1 Nr. 4 InsO betrifft Fälle, wenn der Gläubiger, dessen Forderung aus dem freien Vermögen des Schuldners zu erfüllen ist, etwas zur Insolvenzmasse schuldet. Letztlich fehlt es hier bereits am Erfordernis der Gegenseitigkeit.⁴⁵ Die Regelung dient daher lediglich der Klarstellung.⁴⁶ Betroffen sind insbesondere Vereinbarungen, die der Schuldner nach Eröffnung des Insolvenzverfahrens abschließt. Der Schuldner kann die Masse unstreitig nicht verpflichten, andererseits fällt der Neuerwerb aber in die Masse (§ 35 Abs. 1, 2. Alt. InsO). Der mit dem Schuldner selbst kontrahierende Gläubiger

---

⁴² BGH Urt. v. 5.4.2001 – IX ZR 216/98, NJW 2001, 1940.
⁴³ BGH Urt. v. 5.4.2001 – IX ZR 216/98, NJW 2001, 1940.
⁴⁴ BGH Urt. v. 28.9.2006, NZI 2007, 31; Urt. v. 24.9.2015 – 1 K 2893/12, BeckRS 2016, 94026.
⁴⁵ Uhlenbruck/*Sinz* InsO § 96 Rn. 65.
⁴⁶ Uhlenbruck/*Sinz* InsO § 96 Rn. 65 mwN; vgl. auch Nerlich/Römermann/*Wittkowski/Kruth* InsO § 96 Rn. 22.

soll in diesen Fällen aber lediglich auf das insolvenzfreie Vermögen des Schuldners zurückgreifen.[47]

35 Allerdings soll § 406 BGB iVm § 82 InsO[48] (analog) anzuwenden sein, so dass für einen Neugläubiger, der von der Eröffnung des Insolvenzverfahrens keine Kenntnis hat, die Aufrechnung zulässig sein soll.[49] Auch die theologische Reduktion bei konnexen Forderungen wird erwogen.[50]

36 Darüber hinaus soll § 96 Abs. 1 Nr. 4 InsO keine Anwendung bei der nunmehr ausdrücklich geregelten Freigabe nach § 35 Abs. 2 InsO finden. Die Aufrechnung des Finanzamtes gegen einen Erstattungsanspruch des Schuldners aus freigegebener Tätigkeit oder gegen einen Erstattungsanspruch aus der Wohlverhaltensphase soll demnach zulässig sein, da diese Ansprüche nicht in die Insolvenzmasse fallen und daher § 96 keine Anwendung finden soll.[51]

37 **e) Ausnahmeregelung nach § 96 Abs. 2 InsO.** § 96 Abs. 2 InsO beschränkt die Unzulässigkeit der Aufrechnung sowie die Anwendbarkeit von § 95 Abs. 1 Satz 3 InsO. In der Umsetzung einer europarechtlich vorgegebenen Richtlinie stellt sie eine Ausnahmeregelung zu den Aufrechnungsbeschränkungen dar.[52] Dementsprechend ist die Verfügung über Finanzsicherheiten im Sinne des § 1 Abs. 17 KWG oder der Verrechnung von Ansprüchen und Leistungen aus Zahlungsaufträgen, Aufträgen zwischen Zahlungsdienstleistern oder zwischen geschalteten Stellen oder Aufträgen zur Übertragung von Wertpapieren nicht nach § 96 InsO ausgeschlossen, wenn die Systeme im Sinne des § 1 Abs. 16 des KWG eingebracht wurden, dass der Ausführung solcher Verträge dient, sofern die Verrechnung spätestens am Tag der Eröffnung des Insolvenzverfahrens erfolgt ist.

38 Verfügungen über Finanzsicherheiten in diesem Sinne (1. Alternative), also insbesondere Aufrechnungen oder sonstige Verrechnungen[53] dürfen dementsprechend erfolgen. Ferner sind auch Verrechnungen im Interbankenverkehr nach Maßgabe dieser Regelung zulässig.[54] Die erfassten Zahlungssysteme ergeben sich aus einem entsprechenden Verweis auf § 1 Abs. 16 KWG, die betroffenen Finanzsicherheiten aus dem Verweis auf § 1 Abs. 17 KWG.

39 **f) Weitere Aufrechnungsverbote.** Anerkannt ist weiterhin, dass gegen Insolvenzanfechtungsansprüche des Verwalters keine Aufrechnung mit Insolvenzforderungen erklärt werden kann. Dies ergibt sich bereits aus dem System und dem Zweck der Insolvenzanfechtung. Es wäre geradezu widersinnig, wenn gegen Insolvenzanfechtungsansprüche mit Insolvenzforderungen aufgerechnet werden könnte, da dann gerade bei Großgläubigern die Insolvenzanfechtung letztlich leerlaufen würde. Im Übrigen handelt es sich dogmatisch gesehen um erst nach Eröffnung des Insolvenzverfahrens entstandene Ansprüche; Grund-

---

[47] Braun/*Kroth* InsO § 96 Rn. 16; MüKoInsO/*Brandes/Lohmann* § 96 Rn. 40.
[48] Zur Kenntnis, insbesondere bei vorhandenen Informationssystem vgl. Uhlenbruck/*Sinz* InsO § 82 Rn. 12–14.
[49] Braun/*Kroth* InsO § 96 Rn. 16; MüKoInsO/*Brandes/Lohmann* § 96 Rn. 40.
[50] Braun/*Kroth* InsO § 96 Rn. 16; MüKoInsO/*Brandes/Lohmann* § 96 Rn. 40.
[51] BFH Urt. v. 23.8.2011 – VII B 8/11, BeckRS 2011, 96543; BFH Urt. v. 22.5.2012 – VII R 58/10, BeckRS 2012, 96178; Nerlich/Römermann/*Kruth/Wittkowski* InsO § 96 Rn. 12f.
[52] Uhlenbruck/*Sinz* InsO § 96 Rn. 72; Karsten Schmidt/*Thole* InsO § 96 Rn. 26.
[53] Uhlenbruck/*Sinz* InsO § 96 Rn. 78.
[54] Uhlenbruck/*Sinz* InsO § 96 Rn. 79.

voraussetzung für einen Insolvenzanfechtungsanspruch ist die Eröffnung des Insolvenzverfahrens. Dementsprechend ergibt sich eine Unwirksamkeit auch bereits aus § 96 Abs. 1 Nr. 1 InsO.[55]

Soweit Massegläubiger Ansprüche nach Maßgabe der Insolvenzordnung (vgl. §§ 53 ff. InsO) haben, können diese grundsätzlich auch gegenüber Ansprüchen des Insolvenzverwalters, auch wenn sie auf Anfechtung beruhen,[56] aufrechnen. Massegläubiger sind insoweit keine Insolvenzgläubiger, so dass schon die Regelung des § 96 InsO keine Anwendung finden kann. Anders kann sich die Rechtslage allerdings dann darstellen, wenn Masseunzulänglichkeit vorliegt. Insoweit ist die Wertung des § 208 InsO sowie die Verteilungsreihenfolge des § 209 ff. InsO zu berücksichtigen. Die Aufrechnung ist, wie bereits ausgeführt, eine Art der privaten Vollstreckung. Nach Anzeige der Masseunzulänglichkeit besteht aber gerade ein Vollstreckungsverbot (§ 210 InsO) für Masseverbindlichkeiten im Sinne des § 209 Abs. 1 Nr. 3 InsO, also insbesondere für Altmasseverbindlichkeiten. 40

Für Neumasseverbindlichkeiten besteht zwar kein gesetzlich geregeltes Vollstreckungsverbot. Der BGH geht insoweit aber in ständiger Rechtsprechung davon aus, dass dann, wenn eine Masseunzulänglichkeit besteht, auch für Neumasseverbindlichkeiten kein Rechtsschutzbedürfnis für eine Zahlungsklage gegeben ist.[57] Auch soll eine Aufrechnung nicht dazu führen, dass die Befriedigungsreihenfolge des § 209 mit dem absoluten Vorrang der Kosten des Insolvenzverfahrens[58] ausgehebelt werden kann. Anderenfalls würde ein Aufrechnungsgläubiger entgegen der Verteilungsregelungen der §§ 208 ff. InsO privilegiert, wofür kein Anlass besteht. Schon das „Ob" aber auch die Reichweite eines sich hieraus ergebenden Aufrechnungsverbotes in diesem Kontext ist allerdings umstritten. Nach herrschender Meinung soll ein Aufrechnungsverbot im Fall der Masseunzulänglichkeit gelten. Insoweit soll letztlich eine analoge Anwendung der §§ 95 ff. InsO stattfinden. Nur solche Aufrechnungslagen sollen behalten und geschützt bleiben, die zum Zeitpunkt der Anzeige der Masseunzulänglichkeit bereits bestanden haben.[59] Entscheidend ist insoweit der Zugang der Masseunzulänglichkeitsanzeige bei Gericht.[60] In analoger Anwendung von § 96 Abs. 1 Nr. 1 ist die Aufrechnung daher unzulässig, wenn der Massegläubiger erst nach Anzeige der Masseunzulänglichkeit etwas zur Masse schuldig geworden ist oder nach § 96 Abs. 1 Nr. 2, wenn der Massegläubiger die Masseforderung erst nach Anzeige der Masseunzulänglichkeit von einem anderen Gläubiger erworben hat. Die genaue dogmatische Ableitung ist im Einzelnen strittig.[61] 41

---

[55] Uhlenbruck/*Kirchhof* InsO § 143 Rn. 109 mwN; MüKoInsO/*Brandes/Lohmann* § 96 Rn. 2c.
[56] Vgl. Uhlenbruck/*Kirchhof* InsO § 143 Rn. 110; MüKoInsO/*Hefermehl* § 53 Rn. 52.
[57] Vgl. BGH Beschl. v. 9.10.2008 – IX ZB 129/07, NJW-RR 2009, 59 (60); BGH Urt. v. 13.4.2006 – IX ZR 22/05, NJW 2006, 2997 (3000).
[58] BGH Urt. v. 13.4.2006 – IX ZR 22/05, NJW 2006, 2997; ebenso: Braun/*Kießner* InsO § 209 Rn. 51.
[59] Uhlenbruck/*Ries* InsO, § 208 Rn. 44; MüKoInsO/*Hefermehl* § 208 Rn. 70.
[60] BGH Urt. v. 7.7.2005 – IX ZR 241/01, NZI 2005, 561; MüKoInsO/*Hefermehl* § 208 Rn. 70.
[61] Uhlenbruck/*Ries* InsO, § 208 Rn. 44.

4. Einzelne besondere Problembereiche

42 **a) Gesellschaftsrecht.** Im Gesellschaftsrecht ergeben sich Besonderheiten hinsichtlich der Aufrechnung. So besteht wegen der persönlichen Haftung des Gesellschafters einer OHG oder KG sowie einer GbR die Gegenseitigkeit zwischen einer Forderung des Gläubigers gegen die Gesellschaft und einer Forderung eines Gesellschafters gegen den Gesellschaftsgläubiger.[62] Eine Aufrechnung des Gläubigers scheitert gleichwohl an § 93 InsO[63] Grund hierfür ist, dass § 93 InsO nur dem Insolvenzverwalter das Recht gibt, die Haftungsansprüche aus der persönlichen Haftung gegen den persönlich haftenden Gesellschafter zu verfolgen. Der Gläubiger soll hier keine Bevorzugung erlangen.

43 Der persönlich haftende Gesellschafter kann demgegenüber mit seinen Ansprüchen gegen Ansprüche der Gesellschaft aufrechnen. Zwar führt § 93 InsO nicht zu einer Gegenseitigkeit der Ansprüche, dies sind nach wie vor Ansprüche der Gläubiger gegen die Gesellschaft. Die Aufrechnungsmöglichkeit ergibt sich aber aus § 129 Abs. 3 HGB[64]

44 Auch für Aufrechnungen des Finanzamtes gilt im Insolvenzverfahren grundsätzlich das Gegenseitigkeitserfordernis. Eine Forderung gegen die Gesellschaft kann daher im Fall der Insolvenz der Gesellschaft nicht mit Forderungen gegenüber dem Gesellschafter aufgerechnet werden.[65] Die Ausnahme des § 226 Abs. 4 AO ist hier erkennbar nicht einschlägig, diese erlaubt nur behördenübergreifende Aufrechnungen, da als Aufrechnungsgläubiger die Körperschaft gilt die die Steuer verwaltet.

45 **b) Geschäftsbeziehung mit Banken.** Im Rahmen der Geschäftsbeziehung mit einer Bank ist festzuhalten, dass mit Ansprüchen, die der Insolvenzverwalter nach der Insolvenzeröffnung gegen das Kreditinstitut erwirbt, nicht aufgerechnet werden kann. Dies ergibt sich schon aus § 96 Abs. 1 Nr. 1 InsO.

46 Verrechnungen vor Eröffnung im Kontokorrent sind gegebenenfalls nach § 130 InsO anfechtbar, sie sind vielfach (bei ungekündigtem Kontokorrent) als kongruent anzusehen.[66] Lässt das Kreditinstitut bei einem ungekündigten Kontokorrentverhältnis Verfügungen des Schuldners zu, so ist nach der Rechtsprechung die Kongruenz gewahrt und es liegt ggf. sogar ein Bargeschäft nach § 142 InsO vor. Inkongruenz besteht aber, wenn der Sollstand am Ende des Anfechtungszeitraumes niedriger ist als zu Beginn. Denn auf eine Rückführung des Kontokorrents hat die Bank keinen Anspruch solange der Kontokorrentvertrag ungekündigt ist.[67]

47 Das AGB-Pfandrecht der Banken führt hingegen nicht auch im Rahmen von Verrechnungen/Aufrechnungen nicht zur Kongruenz, da dieses Pfandrecht

---

[62] Uhlenbruck/*Sinz* InsO § 94 Rn. 15; Andres/Leithaus/*Leithaus* InsO § 93 Rn. 1, 3.
[63] Uhlenbruck/*Sinz* InsO § 94 Rn. 15; Andres/Leithaus/*Leithaus* InsO 93 Rn. 1, 3.
[64] Uhlenbruck/*Sinz* InsO § 94 Rn. 16.
[65] Uhlenbruck/*Sinz* InsO § 94 Rn. 21; BFH Urt. v. 24.7.1984 – VII R 6/81, BStBl II 1984, 795.
[66] BGH Beschl. v. 11.2.2010 – IX ZR 42/08, NZI 2010, 344 (345); Gottwald InsR-HdB/*Huber* § 46 Rn. 87.
[67] BGH Beschl. v. 27.3.2008 – IX ZR 29/07, BeckRS 2008, 05759; MüKoInsO/*Kayser* § 131 Rn. 18; Karsten Schmidt/*Thole* InsO § 96 Rn. 24.

nicht hinreichend bestimmt ist. Es steht insbesondere völlig im Ermessen der Bank, ob und in welchem Umfang Gläubigerrechte entstehen.[68]

Demgegenüber ist nach der Rechtsprechung des BGH eine Globalzession als kongruent anzusehen, wiewohl sie sich an sich auf künftige (unbestimmte) Ansprüche erstreckt. Die teilweise schon auch rechtspolitischen Erwägungen des Bundesgerichtshofes zur Bedeutung dieses Sicherheitsinstrumentes[69] stellen dabei darauf ab, dass die Forderung zumindest abstrakt schon in gewisser Weise vorgegeben sei. Auch sei die Sicherheit dem freien Belieben entzogen. Vielmehr beruhe die getroffene Sicherungsvereinbarung gerade darauf, dass die Vertragspartner davon ausgehen, der Kreditnehmer werde den Geschäftsbetrieb im bisherigen Umfang – oder in einer der Bank zuvor näher erläuterten Weise – fortsetzen und daher ständig neue Ansprüche gegen Kunden erwerben.[70] Dabei würden die Beteiligten zugleich davon ausgehen, dass eine für den Darlehensgeber taugliche Sicherheit nur durch Einbeziehung der zukünftigen Forderungen geschaffen werden könne.[71] Eine in unkritischer Zeit vereinbarte Globalzession soll sich demnach auch für künftige Forderungen insolvenzrechtlich als kongruent darstellen. 48

Eine gewisse Aufweichung erfährt diese Rechtsprechung jedoch dadurch, dass der Bundesgerichtshof die Anfechtbarkeit der Werthaltigmachung künftiger Forderungen, die der Globalzession unterfielen, zulässt.[72] Dies hat nicht unerhebliche Bedeutung im Falle einer Fortführung im vorläufigen Verfahren. 49

5. Aufrechnungslage durch Parteivereinbarung

Derartige Vereinbarungen zur erweiterten Aufrechnungsmöglichkeit sind nach § 94 InsO zwar nunmehr grundsätzlich zulässig. Es ergeben sich jedoch angesichts der Regelungen des § 96 InsO und dem Übergang der Verfügungsbefugnis ab Insolvenzeröffnung (§ 80 InsO) erhebliche Einschränkungen für solche Vereinbarungen. Hinzu kommt, dass sich solche Vereinbarung vielfach als insolvenzrechtlich anfechtbar erweisen und dürfen überdies die Erfüllungswahl des Insolvenzverwalters nicht übermäßig beschränken (vgl. § 119 InsO). Dies setzt doch relativ enge Grenzen. 50

a) Vereinbarungen über den sofortigen Vollzug der Aufrechnung. Grundsätzlich wären nach dem Wortlaut des § 94 auch Vereinbarungen über den Sofortvollzug der Aufrechnung statthaft. Solche Vereinbarungen können im Ergebnis nur bis zur Eröffnung des Insolvenzverfahrens getroffen werden. Danach scheitert eine Vereinbarung schon an der mangelnden Verfügungsbefugnis (§ 80 InsO). Vereinbarung im Rahmen des vorläufigen Insolvenzverfahren bzw. bis 3 Monate vor Antragsstellung sind als gläubigerbenachteiligende Vereinbarungen regelmäßig darüber hinaus nach Maßgabe des § 131 InsO anfechtbar bzw. die Aufrechnung ist nach § 96 Abs. 1 Nr. 3 InsO unzulässig. 51

---

[68] BGH Urt. v. 29.11.2007 – IX ZR 30/07, NJW 2008, 430 (431); Braun/*de Bra* InsO § 131 Rn. 20 f.
[69] BGH Urt. v. 29.11.2007 – IX ZR 30/07, NJW 2008, 430 (433).
[70] BGH Urt. v. 29.11.2007 – IX ZR 30/07, NJW 2008, 430 (432).
[71] BGH Urt. v. 29.11.2007 – IX ZR 30/07, NJW 2008, 430 (432).
[72] BGH Urt. v. 29.11.2007 – IX ZR 30/07, NJW 2008, 430 (434).

Popp

52 **b) Verrechnungsvereinbarungen.** Gerade im Geschäftsverkehr mit Banken sind Verrechnungs-, Kontokorrent und Clearingabsprachen, die eine automatische Saldierung zu bestimmte Zeitpunkte vorsehen üblich; letztlich sehen diese eine Vorausverfügung mit Aufrechnungscharakter vor.[73] Ggf. unterliegen diese – je nach Gestaltung, Art und Umstände der Vereinbarung der Insolvenzanfechtung gemäß §§ 129 ff. InsO. Nach Insolvenzeröffnung haben diese keine Wirkung mehr, was sich vielfach auch aus §§ 115, 116 InsO ergibt.[74]

53 **c) Erweiterungsvereinbarungen, insbesondere Konzernverrechnungsklauseln.** Auch Erweiterungsvereinbarungen, insbesondere bezüglich des Kreises der Aufrechnungsberechtigten oder der aufrechenbaren Forderungen, sind denkbar und vielfach auch üblich. Der klassische Fall sind sog Konzernverrechnungsklauseln. Grundsätzlich würden auch diese von § 94 umfasst. Allerdings geht die Rechtsprechung davon aus, dass solche Klauseln im Ergebnis nicht insolvenzfest sind. Es bleibt insoweit insbesondere bei dem Grundsatz, dass eine Aufrechnungslage erst in dem Zeitpunkt entsteht, in dem beide Forderungen einander aufrechenbar gegenüber treten. Eine erst nach Insolvenzeröffnung, unter Berufung auf eine Konzernverrechnungsklausel, erklärte Aufrechnung ist daher schon analog § 96 Abs. 1 Nr. 2 InsO unzulässig. Konzernverrechnungsklauseln, die den Kreis zur Aufrechnung zur Verfügung stehender Hauptforderungen erweitern, scheitern letztlich an § 96 Abs. 1 Nr. 1 InsO in analoger Anwendung.[75] Darüber hinaus können sich solche Vereinbarungen auch als insolvenzrechtlich anfechtbar erweisen. Dies gilt gerade dann, wenn nachträglich die Aufrechnungsmöglichkeit erleichtert wird. Dies stellt sich dann als eine inkongruente Vereinbarung bzw. Ergänzung dar, die bei Erfüllung der weiteren Voraussetzung insolvenzrechtlich anfechtbar sein kann.

III. Insolvenzrechtliche Sonderregelungen bezüglich der Aufrechenbarkeit

54 § 110 Abs. 3 InsO regelt, dass der Mieter oder Pächter gegen die Miet- oder Pachtforderung aufrechnen kann, soweit diese sich auf die Forderung bezieht, die für den zur Zeit der Eröffnung des Verfahrens laufenden Kalendermonat besteht. Ist die Eröffnung nach dem 15. Tag des Monats erfolgt, so ist die Verfügung auch für den folgenden Kalendermonat wirksam. Dies ergibt sich aus den Verweisungen in § 110 Abs. 3 InsO und § 110 Abs. 1 InsO. Die Regelung entspricht den Regelungen im Haftungsverband der Hypothek/Grundschuld die ebenfalls entsprechende Verfügungs- und Aufrechnungsbeschränkungen vorsieht.[76] Allerdings bleiben die Regelungen der §§ 95 und 96 Nr. 2–4 unberührt. Keine Anwendung findet insoweit hingegen § 96 Nr. 1 InsO (siehe § 110 Abs. 2 Satz 2 InsO).

---

[73] Vgl. *Fehl* in der Vorauflage § 17 Rn. 54; Uhlenbruck/*Sinz* InsO § 94 Rn. 8.
[74] Uhlenbruck/*Sinz* InsO § 94 Rn. 8; MüKoInsO/*Ott/Vuia* § 116 Rn. 34 ff.
[75] BGH Urt. v. 13.7.2006 – IX ZR 152/04, NZI 2006, 639; Uhlenbruck/*Sinz* InsO § 94 Rn. 10; MüKoInsO/*Brandes/Lohmann* § 94 Rn. 47.
[76] Siehe § 1124 Abs. 2 BGB; vgl. auch MüKoInsO/*Eckert* § 110 Rn. 1.

§ 17. Aufrechnung 677

Ursprünglich sah § 114 InsO vor, dass eine vor Verfahrenseröffnung erfolgte 55
abtretende Verpfändung von Bezügen insoweit unwirksam ist, als es sich um
Bezüge für die Dauer von zwei Jahren, gerechnet ab dem Ende des zur Zeit der
Verfahrenseröffnung laufenden Kalendermonats handelt. Die Vorschrift ist mit
Wirkung vom 1.7.2014 aufgehoben worden. Dies beruht auf dem Gesetz zur
Verkürzung des Restschuldbefreiungsverfahrens und zur Stärkung der Gläubigerrechte. Der Grundsatz der Gläubigergleichbehandlung sollte damit gestärkt
werden und das Arbeitseinkommen als regelmäßige Einnahmequelle möglichst
ungeschmälert zur Verfügung stehen.[77]

B. Aufrechnungsbefugnis für den Insolvenzverwalters

Die Normen der §§ 94–96 InsO regeln nur die Aufrechnung von Insolvenz- 56
gläubigern nach Verfahrenseröffnung. Für den Insolvenzverwalter bestehen
demgegenüber keine korrespondierenden Aufrechnungsbeschränkungen. Es
bleibt insoweit bei den allgemeinen Bestimmungen. Dementsprechend ist auch
der Insolvenzverwalter, wenn er selbst aufrechnen will, auch an zulässige vertragliche Aufrechnungsverbote gebunden. Denkbar sind somit auch Aufrechnungen des Insolvenzverwalters mit einer massezugehörigen Forderung gegen
eine Insolvenzforderung, insbesondere wenn die massezugehörige Forderung
uneinbringlich ist. Eine Aufrechnung des Insolvenzverwalters ist nur dann
nicht zulässig, wenn diese klar und eindeutig der gleichmäßigen Befriedigung
aller Insolvenzgläubiger zuwider läuft.[78]

Nicht zulässig ist hingegen die Aufrechnung des Insolvenzverwalters gegen 57
eine festgestellte Tabellenforderung, wenn die Aufrechnungslage schon vor
Feststellung gegeben war. Es ergibt sich aus der Konsequenz, dass der Tabellenauszug nach § 178 Abs. 3 einem rechtkräftigen Urteil gleichstellt, so dass Einwände nur nur noch nach Maßgabe des § 767 Abs. 2 ZPO geltend gemacht
werden könnten.[79]

---

[77] MüKoInsO/*Caspers* § 114 Rn. 5.
[78] BGH Urt. v. 8.5.2014 – IX ZR 118/12, NZI 2014, 693; Uhlenbruck/*Sinz* InsO § 94
Rn. 7.
[79] Uhlenbruck/*Sinz* InsO § 94 Rn. 78; BGH Urt. v. 8.5.2014 – IX ZR 118/12; DNotZ
2014, 761.

5. Teil. Betriebsfortführung in der Insolvenz

§ 18. Der Geschäftsbetrieb in der Insolvenz

– Rechtliche Vorgaben –

Die Betriebsfortführung in der Insolvenz hat in den letzten Jahrzehnten eine Entwicklung durchlaufen, die ausgehend von der Sichtweise zur Zeiten der Konkursordnung (→ Rn. 1) ihren gesetzlichen Niederschlag in der Insolvenzordnung gefunden hat (→ Rn. 2). Untersucht wird die Fortführungspflicht im Insolvenzantragsverfahren (→ Rn. 5 ff.), die Situation im eröffneten Verfahren (→ Rn. 10 ff.) sowie etwaige Ausnahmen zur Fortführungspflicht (→ Rn. 12 ff.). Die Einbeziehung der Gläubigerversammlung wird abschließend thematisiert (→ Rn. 17 ff.).

A. Rückblick auf die Konkursordnung

Der Gedanke der Betriebsfortführung brach sich im „Lebenszyklus" der Konkursordnung erst relativ spät die Bahn.

Bis etwa in die **80er Jahre** des vorigen Jahrhunderts galt der Konkurs in der Wahrnehmung aller Beteiligten als Gesamtvollstreckungsverfahren, das zur unverzüglichen Einstellung der Geschäftsaktivitäten führen musste. Im Urteil vom 10.4.1979 betonte der BGH[1] nochmals die Pflicht des Konkursverwalters, die Masse schnellstmöglich zu verwerten, mithin einen Betrieb als Ausnahme von der Regel zu eng umgrenzten Zwecken kurzfristig fortzuführen und deshalb auch bei Fortführung des Betriebes Masseansprüche nur zu begründen, wenn gegen ihre Befriedigung aus der Masse nach sorgfältiger Prüfung aller Umstände keine Bedenken bestehen.

Erst in seiner Entscheidung vom 4.12.1986 änderte der BGH[2] seine **rigorose Haftungsrechtsprechung** zu Lasten des fortführenden Konkursverwalters. Er entschied, dass der Konkursverwalter den Massegläubigern, zu deren Befriedigung die Masse nicht ausreicht, nur dann persönlich haftet, wenn er im Laufe der Fortführung des Betriebes erkannt hat oder bei Anwendung der Sorgfalt eines ordentlichen gewissenhaften Geschäftsleiters hätte erkennen müssen, dass er die aus der Masse zu erfüllenden Verbindlichkeiten nicht werde erfüllen können. Der BGH hat damit seine bisherige **Rechtsprechung** ausdrücklich **abgeändert**. Eine geplante Veräußerung des Betriebes sei häufig eine günstigere Verwertung als seine Zerschlagung; daher sei nicht nur die sofortige Liquidation, sondern auch die Fortführung des Unternehmens zwecks besserer Verwertung aufgrund eines dahingehenden Beschlusses der Gläubigerversammlung vom Konkurszweck gedeckt.

[1] BGH 10.4.1979 – VI ZR 77/77 NJW 1980, 55.
[2] BGH 4.12.1986 – IX ZR 47/86, ZIP 1987, 115 ff.

Innovative Konkursverwalter sahen darin die Chance, insbesondere größere Unternehmen mit zahlreichen Arbeitnehmern durch eine Kombination aus Vorfinanzierung des Konkursausfallgeldes, gleichzeitiger Betriebsfortführung und übertragender Sanierung auf einen neuen Rechtsträger zu erhalten.

B. Paradigmenwechsel – Die Fortführungspflicht im Insolvenzverfahren

I. Vorstellungen des Gesetzgebers

2   Nach den Vorstellungen des Gesetzgebers bezweckt die Insolvenzordnung ua den regelmäßig über dem Liquidationswert liegenden **Fortführungswert** des schuldnerischen Unternehmens zu **erhalten** und als Haftungsmasse für die Gläubiger zur Verfügung zu stellen.[3]

3   Nach der Gesamtkonzeption der Insolvenzordnung sollen weder der Insolvenzantrag noch die Verfahrenseröffnung eine Vorentscheidung zur Stilllegung eines Unternehmens treffen. Daher ist sowohl der **vorläufige** als auch der **endgültige Verwalter** – soweit möglich – gehalten, den Geschäftsbetrieb des schuldnerischen Unternehmens regelmäßig bis zur Eröffnung des Verfahrens bzw bis zum **Berichtstermin** der Gläubigerversammlung[4] aufrecht zu halten. Die Entscheidungsmöglichkeit über den Ablauf des Verfahrens ist Ausfluss einer besonderen Betonung der **Gläubigerautonomie.** Prägende Intention dieser Ausgestaltung war die Überlegung des Gesetzgebers, dass die Entscheidung über den Ablauf des Verfahrens bzw das Verfahrensziel grundsätzlich von denjenigen Personen zu treffen ist, *„deren Vermögenswerte auf dem Spiel stehen".*[5] Daher dürfen die Gläubiger den Gang des Verfahrens bestimmen, müssen aber gleichzeitig die sich aus der Prognoseunsicherheit ergebenden Risiken „der richtigen Entscheidung" tragen. Vor diesem Hintergrund hat der Gesetzgeber auf eine hoheitliche Entscheidung durch das Insolvenzgericht sowie auf eine freie Entscheidung durch den Insolvenzverwalter verzichtet.

4   Dies bedeutet allerdings nicht, dass der Gesetzgeber das Ziel verfolgt, einen insolventen Rechtsträger gegen die Kräfte des Marktes „unsterblich"[6] zu machen. Nur wenn die Fortführung für die Beteiligten oder für neue Geldgeber vorteilhafter ist als die Liquidation, wird es zu einer Sanierung des Unternehmens kommen.[7]

II. Die Fortführungspflicht im Insolvenzantragsverfahren

5   Bei Anordnung der vorläufigen Insolvenzverwaltung ist den §§ 21 Abs. 1 S. 1, 22 Abs. 1 S. 2 Nr. 2 InsO bereits für das Eröffnungsverfahren bis zur Ent-

---

[3] Vgl. BT-Drs. 12/2443, 74, 76.
[4] Vgl. zur Gläubigerversammlung und dem Berichtstermin (→ § 3 Rn. 174 ff.).
[5] Vgl. BT-Drs. 12/2443, 79 f.
[6] BT-Drs. 12/2443, 76.
[7] BT-Drs. 12/2443, 76.

§ 18. Der Geschäftsbetrieb in der Insolvenz

scheidung über die Eröffnung des Verfahrens eine grundsätzliche **Pflicht zur Fortführung** des Geschäftsbetriebes zu entnehmen.[8]

1. Der „starke" vorläufige Insolvenzverwalter

Wurde einem vorläufigen Verwalter die Verwaltungs- und Verfügungsbefugnis übertragen, handelt es sich also um einen **„starken" vorläufigen Verwalter,** so bestimmt **§ 22 Abs. 1 S. 2 Nr. 2 InsO,** dass das Unternehmen des Schuldners bis zur Entscheidung über die Eröffnung des Insolvenzverfahrens fortzuführen ist.[9] Die Unternehmensfortführung steht keinesfalls im Ermessen des vorläufigen Verwalters, sondern stellt eine **Pflichtaufgabe** dar.[10] Nur ausnahmsweise ist das Unternehmen stillzulegen, um eine erhebliche Verminderung des Haftungsvermögens zu vermeiden.[11] Besonders erwähnenswert erscheint in diesem Zusammenhang, dass durch die einstweilige Unternehmensfortführung der vorläufige Verwalter gezwungen ist, erhebliche Haftungsrisiken einzugehen.[12] So stellen die von ihm begründeten Verbindlichkeiten nach § 55 Abs. 2 InsO Masseverbindlichkeiten dar. Können diese aus der Masse nicht vollständig bedient werden, so ist nach Maßgabe des § 61 InsO der vorläufige Verwalter dem Massegläubiger unter bestimmten Voraussetzungen zum Schadenersatz verpflichtet.[13] Damit bleibt festzuhalten, dass einem „starken" vorläufigen Verwalter die Pflicht zur einstweiligen Fortführung obliegt und er gleichzeitig die sich daraus ergebenden erhöhten Haftungsrisiken zu tragen hat.

6

2. Der „halbstarke" vorläufige Insolvenzverwalter

Das gleiche gilt für den sog „halbstarken" vorläufigen Verwalter,[14] soweit ihm vom Insolvenzgericht gemäß § 22 Abs. 2 InsO partiell die Aufgabe der Betriebsfortführung übertragen wurde, ohne dass gleichzeitig der Schuldner mit einem allgemeinen Verfügungsverbot belegt wird.[15]

7

---

[8] Uhlenbruck/*Vallender* InsO § 21 Rn. 1; MüKoInsO/*Haarmeyer* § 21 Rn. 11–14; Braun/*Böhm* InsO § 22 Rn. 34; Gottwald InsR-HdB/*Klopp/Kluth/Pechartscheck*, Insolvenzrechts-Handbuch, § 22 Rn. 45; HambK-InsO/*Schröder*, § 21 Rn. 4.
[9] Vgl. Uhlenbruck/Vallender InsO § 22 Rn. 23; Einzelheiten bei *Ampferl* Rn. 341 ff.; Gottwald InsR-HdB/*Vuia*, Insolvenzrechts-Handbuch, § 14 Rn. 154–159.
[10] Braun/*Böhm* InsO § 22 Rn. 15.
[11] Braun/*Böhm* InsO § 22 Rn. 16; vgl. → § 5 Rn. 109 ff.
[12] Gottwald InsR-HdB/*Vuia*, Insolvenzrechts-Handbuch, § 14 Rn. 137, 159; vgl. auch → § 5 Rn. 136.
[13] Vgl. hierzu ausführlich: Gottwald InsR-HdB/*Vuia*, Insolvenzrechts-Handbuch, § 14 Rn. 137–146; Uhlenbruck/*Vallender* InsO § 22 Rn. 28–31; vgl. zur Anwendbarkeit der „Business Judgement Rule" und dem Haftungsmaßstab: *Erker*, Die Business Judgment Rule im Haftungsstatut des Insolvenzverwalters, ZInsO 2012, 199; *Ehlers*, Haftungsprävention – ein Gebot für Insolvenzverwalter, ZInsO 2011, 458, 459.
[14] Vgl. dazu ausführlich → § 5 Rn. 159 ff.
[15] Vgl. MüKoInsO/*Haarmeyer* § 22 Rn. 88.

3. Der „schwache" vorläufige Insolvenzverwalter

8   Obwohl der „schwache" vorläufige Verwalter[16] nur über den Zustimmungsvorbehalt Einfluss nehmen kann und er für die Masse keine Verpflichtungs- oder Verfügungsgeschäfte vornehmen darf, hat er seine Entscheidungen am Ziel der Betriebsfortführung zu orientieren.[17] Dies ergibt sich bereits aus der Generalklausel des § 21 Abs. 1 InsO, wonach es Ziel aller Sicherungsmaßnahmen ist, nachteilige Veränderungen in der Vermögenslage des Schuldners zu verhindern. Hierzu zählt, darauf weist der Gesetzgeber ausdrücklich hin, dass ein Unternehmen des Schuldners vorläufig fortgeführt werden soll.[18] Mangels eigener Verfügungsbefugnis besteht die Fortführungspflicht des „schwachen" vorläufigen Verwalters auf der Ebene der Ausübung des Zustimmungsvorbehalts. In der Praxis fungiert der schwache vorläufige Verwalter als „Geschäftsführer hinter dem Geschäftsführer".[19] Rein passives Verhalten des schwachen vorläufigen Insolvenzverwalters oder die Ausübung der Zustimmungserklärungen, die sich nicht am Ziel der Betriebsfortführung orientiert, wie beispielsweise das Zudrehen des Geldhahnes,[20] wäre demzufolge pflichtwidrig; der vorläufige Insolvenzverwalter liefe Gefahr, sich wegen Verletzung der Fortführungsverpflichtung schadenersatzpflichtig zu machen.[21] In diesem Zusammenhang ist zu berücksichtigen, dass eine „schwache" vorläufige Insolvenzverwaltung spätestens dann in eine „starke" vorläufige Verwaltung umgewandelt werden sollte (muss), wenn
– eine besondere rechtliche Absicherung der Betriebsfortführung durch die notwendige Begründung von Masseverbindlichkeiten erforderlich ist oder
– eine mangelnde oder fehlende Mitwirkung des Schuldners bzw dessen gesetzlichen Vertreters die Handlungsfähigkeit des Schuldners gefährdet.[22]

4. Der bereits eingestellte Betrieb

9   Ist der Geschäftsbetrieb zum Zeitpunkt der Bestellung des vorläufigen Verwalters **bereits eingestellt,** so geht die Verpflichtung zur Betriebsfortführung ins Leere. Da in diesem Fall die betrieblichen Strukturen in aller Regel bereits auseinandergebrochen sind, besteht keine Verpflichtung zur Wiederaufnahme der Betriebstätigkeit.[23] Auch durch eine gerichtliche Anordnung kann der vor-

---

[16] Ausführlich → § 5 Rn. 139 ff.
[17] Braun/*Böhm* InsO § 22 Rn. 26 f.; Uhlenbruck/*Vallender* InsO § 21 Rn. 24; vgl. dazu auch → § 5 Rn. 149 ff.
[18] Vgl. Begründung RegE zu § 21 (25): BT-Drs. 12/2443, 116.
[19] So ausdrücklich *Wiester,* Zur Insolvenzfestigkeit von Zahlungszusagen im Eröffnungsverfahren, NZI 2003, 632. Ihm wird das Verfügungsrecht über Bankguthaben und Außenstände des Schuldners eingeräumt.
[20] *Wiester* NZI 2003, 632.
[21] *Undritz,* Betriebsfortführung im Eröffnungsverfahren – die Quadratur des Kreises?, NZI 2007, 65 (68).
[22] MüKoInsO/*Haarmeyer* § 21 Rn. 69.
[23] Vgl. Uhlenbruck/*Vallender* InsO § 22 Rn. 31; Nerlich/Römermann/*Mönning* § 22 Rn. 62; Gottwald InsR-HdB/*Vuia,* Insolvenzrechts-Handbuch, § 14 Rn. 154; *Ampferl* Rn. 342.

läufige Verwalter nicht zur Wiederaufnahme eines bereits stillgelegten Geschäftsbetriebes verpflichtet werden.[24]

III. Die Fortführungspflicht im eröffneten Verfahren

Die Pflicht zur Betriebsfortführung durch den Insolvenzverwalter bis zum **Berichtstermin** ergibt sich aus der Gesetzessystematik, insbesondere aus den Bestimmungen der **§§ 157, 158 InsO**. 10
Zudem ginge die Fortführungspflicht im Eröffnungsverfahren (**§ 22 Abs. 1 S. 2 Nr. 2 InsO**) ins Leere und machte keinen Sinn, wenn nicht auch den Insolvenzverwalter – wie vorher den vorläufigen Verwalter – mit Verfahrenseröffnung eine Fortführungspflicht träfe.
Der den Gläubigern zugedachte Entscheidungsspielraum wäre reine Makulatur, wenn der Verwalter das Unternehmen nicht bis zu diesem Zeitpunkt fortführen müsste. Danach hängt die Unternehmensstilllegung vor dem Berichtstermin gemäß § 158 Abs. 1 InsO von der Zustimmung des Gläubigerausschusses ab, sofern ein solcher bestellt wurde. Das Gericht kann gemäß § 158 Abs. 2 S. 2 InsO auf Antrag des Schuldners die Stilllegung bis zum Berichtstermin untersagen. Daraus wird deutlich, dass nach dem gesetzgeberischen Wertungsplan die Betriebsfortführung nach Verfahrenseröffnung als Regelfall konzipiert wurde.

Die Pflicht zur Betriebsfortführung bedeutet grundsätzlich gleichzeitig ein **vorläufiges Verwertungsverbot**.[25] Nach § 159 InsO darf der Verwalter erst nach dem Berichtstermin das zur Insolvenzmasse gehörige Vermögen verwerten. Selbstverständlich ist der Verwalter jedoch berechtigt, normale **Verkäufe im ordnungsgemäßen Geschäftsgang** vorzunehmen. Insoweit handelt es sich aber um Fortführungs- und nicht um klassische Verwertungsmaßnahmen. Zulässig ist auch, dass im Rahmen der Weiterführung des betrieblichen Produktionsprozesses Gegenstände des Umlaufvermögens (zB Roh-, Hilfs- und Betriebsstoffe) verarbeitet und verbraucht sowie Fertigwaren veräußert werden.[26] Andernfalls könnte der Betrieb rein tatsächlich nicht aufrechterhalten werden. Auch bei verderblicher Ware oder bei Gefahr im Verzug braucht der Verwalter nicht den Berichtstermin abzuwarten. Nach zutreffender Auffassung von *Zipperer*[27] ist der Insolvenzverwalter sogar befugt, vor dem Berichtstermin die für die Betriebsfortführung nicht benötigten Gegenstände des Anlage- und Umlaufvermögens zu veräußern, um die für die Fortführung notwendige Liquidität zu erhalten. Auch die Einziehung fälliger Forderungen ist zulässig, da dadurch die Entscheidungsfreiheit der Gläubigerversammlung in keinster Weise eingeschränkt wird.[28] 11

---

[24] Vgl. *Ampferl* Rn. 343.
[25] Vgl. MüKoInsO/*Füchsl/Weishäupl/Jaffé* § 148 Rn. 6 ff.
[26] Vgl. Gottwald InsR-HdB/*Vuia*, Insolvenzrechts-Handbuch, § 14 Rn. 156; Uhlenbruck/*Vallender* InsO § 22 Rn. 29; MüKoInsO/*Haarmeyer* § 21 Rn. 99; HambK-InsO/ Schröder, § 21 Rn. 69d aE; BerlKo/*Breutigam* § 159 Rn. 46.
[27] Uhlenbruck/*Zipperer* InsO § 159 Rn. 44.
[28] Zur Zulässigkeit der Einziehung zedierter Forderungen vgl. § 166 Abs. 2 InsO.

IV. Ausnahme von der Fortführungspflicht

1. Sofortige Betriebsstilllegung

12 **a) Im Eröffnungsverfahren.** Ausnahmsweise darf ein vorläufiger Verwalter mit Verwaltungs- und Verfügungsbefugnis einen Betrieb bereits im Eröffnungsverfahren stilllegen. Erste Voraussetzung – neben der Zustimmung des Insolvenzgerichts – ist, dass die Stilllegung zur Vermeidung einer **erheblichen Verminderung des Vermögens** erforderlich sein muss (§ 22 Abs. 1 S. 2 Nr. 2 InsO). Wann diese Schwelle überschritten ist, hat der Gesetzgeber nicht weiter präzisiert. In der Kommentarliteratur wird die Grenze bei einer Vermögensminderung zwischen 10 %[29] und 25 %[30] gezogen.

13 **b) Durch den Insolvenzverwalter.** Die Insolvenzordnung verfolgt das Ziel, das Schuldnerunternehmen als Ganzes bis zum Berichtstermin zusammenzuhalten und eine vorzeitige Wertezerschlagung zu vermeiden. Als Pendant zur Stilllegungsnorm des § 22 Abs. 1 S. 2 Nr. 2 Hs. 2 InsO im Eröffnungsverfahren ist daher die Unternehmensstilllegung auch in der Zeit von der Eröffnung bis zum Berichtstermin nur unter den besonderen Voraussetzungen des § 158 InsO zulässig. Die Vorschrift greift nicht nur bei einer Stilllegung des gesamten Unternehmens ein, sondern auch bei der Einstellung von Betriebsteilen oder Teilbetrieben des Schuldners.[31]

14 Als Ausfluss der Gläubigerautonomie hat der Verwalter vor der beabsichtigten Betriebsstilllegung die **Zustimmung des Gläubigerausschusses** einzuholen, wenn ein solcher bestellt ist, § 158 Abs. 1 InsO. Damit der Gläubigerausschuss in die Lage versetzt wird, auf ausreichender Grundlage schnell eine Entscheidung zu treffen, hat der Verwalter alle erforderlichen Informationen und Kriterien, insbesondere in Form von Planrechnungen, vorzulegen. Wurde mit Eröffnung des Verfahrens kein vorläufiger Gläubigerausschuss eingesetzt, so entscheidet der Insolvenzverwalter nach pflichtgemäßem Ermessen in eigener Zuständigkeit über die Stilllegung; er muss jedoch vorher den Schuldner unterrichten (§ 158 Abs. 2 S. 1 InsO).[32]

15 Im Gegensatz zu § 22 Abs. 1 S. 2 Nr. 2 Hs. 2 InsO verzichtet § 158 InsO auf einen besonderen Stilllegungsgrund. Dies rechtfertigt sich nach der zutreffenden Ansicht von *Wellensiek*[33] daraus, dass im eröffneten Verfahren das Bestandsschutzinteresse des Schuldners an der Erhaltung seines Geschäftsbetriebes vermindert und durch das Interesse der Gläubiger an der Haftungsverwirklichung verdrängt wird. Dennoch darf die Stilllegung nicht grundlos erfolgen. Dies folgt im Umkehrschluss aus der generellen Verpflichtung des Verwalters zur Betriebsfortführung bis zum Berichtstermin. Daher muss der Insolvenzverwalter dem Gläubigerausschuss entweder **wirtschaftliche** oder

---

[29] HK-InsO/*Kirchhof* § 22 Rn. 24.
[30] Nehrlich/Römermann/*Mönning* § 22 Rn. 176, 190; MüKoInsO/*Haarmeyer* § 22 Rn. 114; Jaeger/*Gerhardt* § 22 Rn. 84.
[31] Vgl. Uhlenbruck/*Zipperer* § 158 Rn. 2.
[32] Vgl. KPB/*Onusseit* § 158 Rn. 6.
[33] Vgl. *Wellensiek* FS Uhlenbruck, 2000, 199, 211; Uhlenbruck/*Zipperer* § 158 Rn. 1.

rechtliche Gründe darlegen, die eine sofortige Stilllegung rechtfertigen.³⁴ Rechtlicher Stilllegungsgrund ist beispielsweise der Wegfall einer Betriebserlaubnis, einer Konzession oder der erforderlichen Gewerbeerlaubnis.³⁵ Eine Fortführung ist bis zum Berichtstermin wirtschaftlich dann sinnlos, wenn ein weiteres Zuwarten zu einer nicht unerheblichen Minderung der Masse führt und mit einer Veräußerung des schuldnerischen Betriebes nicht mehr zu rechnen ist.³⁶

Gemäß § 158 Abs. 2 S. 1 InsO muss der Verwalter vor der Beschlussfassung **16** des Gläubigerausschusses bzw. wenn ein solcher nicht bestellt ist, vor der vorzeitigen Stilllegung des Unternehmens den **Schuldner unterrichten.** Der Schuldner kann daraufhin beim Insolvenzgericht nach § 158 Abs. 2 S. 2 InsO den Antrag stellen, die Stilllegung zu untersagen. Nach Anhörung des Verwalters trifft das Gericht – wegen der Eilbedürftigkeit **ohne weiteres Sachverständigengutachten** – eine Untersagungsentscheidung, wenn die Stilllegung **ohne erhebliche Verminderung der Insolvenzmasse** bis zum Berichtstermin aufgeschoben werden kann. Wann die Schwelle der „Erheblichkeit" überschritten ist, muss stets im Einzelfall beurteilt werden. Jedenfalls nimmt der Gesetzgeber eine mit der einstweiligen Unternehmensfortführung verbundene begrenzte Schädigung der Gläubiger bewusst in Kauf.³⁷

V. Entscheidungen der Gläubigerversammlung zur Betriebsfortführung

Die Bestimmung des Verfahrensfortganges obliegt der **Gläubigerversamm-** **17** **lung (§ 157 InsO).** Wie bereits ausgeführt, haben die Gläubiger – sofern diese Entscheidung zuvor nicht durch den (vorläufigen) Gläubigerausschuss getroffen wurde – im Berichtstermin ua zu entscheiden, ob der Geschäftsbetrieb **stillgelegt** oder **vorläufig fortgeführt** wird.

1. Stilllegung

Bei einem bis zum Berichtstermin fortgeführten Betrieb hat die Gläubiger- **18** versammlung die uneingeschränkte Wahl über den Fortgang des Verfahrens. Eine der in § 157 InsO vorgesehenen Varianten ist die **sofortige Stilllegung** des Schuldnerunternehmens. Sie kommt grundsätzlich in Frage, wenn die zu erwartenden Liquidationswerte höher sind als die im Rahmen einer Fortführungslösung erzielbaren Erlöse. Eine exakte rechnerische Bestimmung ist freilich nicht möglich.³⁸ Vielmehr kann sich der Verwalter, der die Gläubigerversammlung nach § 156 InsO zu informieren hat, lediglich auf entsprechende Bewertungsgutachten, Kaufangebote und nicht zuletzt auf seine Erfahrung verlassen.

Eine sofortige Stilllegung kommt regelmäßig nur in Betracht, wenn sich **19** selbst die Ausproduktion (bei fehlenden Sanierungsperspektiven) nicht mehr

---

[34] Vgl. Uhlenbruck/*Zipperer* § 158 Rn. 4.
[35] Vgl. Nerlich/Römermann/*Balthasar* § 158 Rn. 15 ff.
[36] Vgl. Uhlenbruck/*Zipperer* § 158 Rn. 4.
[37] Vgl. Nerlich/Römermann/*Balthasar* § 158 Rn. 24; Uhlenbruck/*Zipperer* § 158 Rn. 11.
[38] Dies andeutend Allgemeine Begründung RegE Ziff. 3. a) kk), *Kübler/Prütting*, Das neue Insolvenzrecht, 2. Aufl., S. 96.

lohnt, da es sich beispielsweise um veraltete und nicht mehr konkurrenzfähige Produkte handelt. Die Fertigstellung der Halberzeugnisse würde in dieser Konstellation lediglich Kosten verursachen, die nicht wieder durch Erlöse ausgeglichen werden könnten und somit zu einer Verminderung der Haftungsmasse führen würden.

20 Ein Stilllegungsbeschluss bedeutet gleichzeitig, dass der Verwalter nach § 159 InsO unverzüglich mit der Verwertung des zur Insolvenzmasse gehörenden Vermögens zu beginnen hat. Dies wird in aller Regel bedeuten, dass die Gegenstände im Sinne einer **liquidierenden Zerschlagung**, beispielsweise durch eine Auktion oder Einzelverwertung, veräußert werden. Eine sog übertragende Sanierung wäre zwar theoretisch noch immer möglich, dürfte mangels eines funktionierenden Geschäftsbetriebes in der Praxis allerdings nicht vorkommen.

2. Vorläufige Fortführung des Betriebes

21 Die Gläubigerversammlung kann beschließen, dass der Geschäftsbetrieb bzw. Teile davon **vorläufig fortgeführt** werden. Die Motive hierfür sind vielfältig. Zu denken ist dabei vor allem an die sog **übertragende Sanierung**, bei der im Wege einer Einzelrechtsübertragung *(„asset deal")* das betriebsnotwendige Vermögen auf einen Investor übertragen wird.[39] So kann die einstweilige Weiterführung auch nur zum Zwecke einer **Auslaufproduktion** oder eines **geordneten Abverkaufs** erfolgen. Dies bietet sich vor allem bei einem großen Bestand an Halbfertigprodukten oder Fertigprodukten und gleichzeitig einem hohen Auftragsbestand an.

Die Gläubigerversammlung kann sogar eine **dauerhafte Betriebsfortführung** mit dem Ziel einer endgültigen Unternehmenssanierung beschließen.[40] Dies setzt jedoch voraus, dass die für die Fortführung erforderlichen finanziellen Mittel vorhanden sind oder durch den betrieblichen Produktionsprozess generiert werden können. Eine solche dauerhafte Betriebsfortführung würde in dem in den §§ 217 ff. InsO geregeltem **Insolvenzplan** münden, durch den der (dann sanierte) Rechtsträger erhalten bliebe.[41]

Aufgrund der Regelung des § 61 InsO stellt die (vorläufige) Fortführung ein nicht zu unterschätzendes Haftungsrisiko für den Insolvenzverwalter dar.[42]

22 Für den Beschluss der Gläubigerversammlung gibt es kein bestimmtes Muster. So können auch sogenannte **„Vorratsbeschlüsse"** gefasst werden, mit denen dem Verwalter ein bestimmter Handlungsrahmen gesetzt wird.[43] Es kann beispielsweise die vorläufige Fortführung mit der Maßgabe beschlossen werden, dass der Betrieb oder Teile davon bei nicht mehr kostendeckender Führung durch den Verwalter einzustellen sind. Die vorläufige Fortführung kann auch dazu dienen, die Möglichkeiten einer übertragenden Sanierung offenzuhalten. Kommt diese nicht innerhalb einer bestimmten Frist zustande, wird der Betrieb

---

[39] Vgl. zur Beschlussfassung über die übertragene Sanierung → § 3 Rn. 182 ff., 195 sowie den arbeitsrechtlichen Aspekten (§ 613a BGB) der übertragenden Sanierung → § 28 Rn. 265 ff.
[40] Vgl. Nerlich/Römermann/*Balthasar* § 157 Rn. 9.
[41] Vgl. zum Insolvenzplan ausführlich: → § 43.
[42] Darauf ebenfalls hinweisend Uhlenbruck/*Zipperer* § 157 Rn. 6.
[43] Vgl. MüKoInsO/*Görg* § 157 Rn. 22.

stillgelegt. Letztendlich kann die einstweilige Fortführung in einer gestreckten Liquidation, einer übertragenden Sanierung oder in einem Insolvenzplan enden.[44]

§ 19. Die wirtschaftlich-organisatorischen Maßnahmen zur Betriebsfortführung

Die von der Insolvenzordnung geforderte Fortführung des Geschäftsbetriebes stellt das Fundament der Sanierung des Unternehmens dar (→ Rn. 1). Neben den bereits existierenden geschäftlichen Abläufen sind zusätzlich insolvenzspezifische Prozesse einzurichten (→ Rn. 2f.), die ua die Sicherung der Rechte der Beteiligten zum Gegenstand haben. Aufbauend auf der Bestandsaufnahme der betrieblichen Situation (→ Rn. 4–20) wird die Machbarkeit der Betriebsfortführung durch die insolvenzspezifische Planung geprüft (→ Rn. 21–30). Sobald der Finanzbedarf feststeht, sind die Finanzierungsmöglichkeiten auszuloten (→ Rn. 31–45). Gleichzeitig sind die Kunden und Lieferanten sowie die Belegschaft in diesen Prozess miteinzubeziehen (→ Rn. 46–65). Zur Steuerung der laufenden Betriebsfortführung sind darauf abgestimmte Mechanismen einzuführen (→ Rn. 66–70). Den Abschluss der Ausführungen zu den wirtschaftlich-organisatorischen Maßnahmen der Betriebsfortführung bildet eine Checkliste (→ Rn. 72).

A. Betriebsfortführung als zwingende Voraussetzung für eine erfolgreiche Sanierung

I. Handlungsebenen einer erfolgreichen Sanierung

Zur erfolgreichen Sanierung des Betriebs einer Insolvenzschuldnerin ist in der Regel ein **Handeln auf drei aufeinander aufbauenden Ebenen** erforderlich. Die Grundlage (Ebene 1) bildet die **Aufrechterhaltung des Geschäftsbetriebs**. Nur ein laufender Geschäftsbetrieb kann Gegenstand einer übertragenden Sanierung[1] oder die Basis für einen Insolvenzplan[2] sein. Damit der Betrieb für potenzielle Investoren attraktiv wird, ist es erforderlich, dass die Beseitigung der operativen Schwachstellen zeitnah nach der Insolvenzantragstellung begonnen, oder zumindest ein Konzept der erforderlichen **Restrukturierungsmaßnahmen** aufgezeigt wird (Ebene 2). Aufbauend auf dem laufenden Geschäftsbetrieb und den aufgezeigten und eingeleiteten Restrukturierungsmaßnahmen kann dann mittels **Verkauf des Geschäftsbetriebs oder eines Insolvenzplans** (Ebene 3) die Insolvenzsituation für den Geschäftsbetrieb bzw die Schuldnerin überwunden werden. Das Handeln auf diesen Ebenen erfolgt grundsätzlich parallel, wie das nachfolgende Schaubild skizzenhaft zeigt:

1

---

[44] Uhlenbruck/*Zipperer* § 157 Rn. 5 ff.
[1] Siehe zu „übertragender Sanierung" → § 18 Rn. 21, → § 28 Rn. 265 ff.
[2] Siehe zu „Insolvenzplan" § 43.

Erfolgreiche Sanierung in der Insolvenz erfordert ein paralleles Handeln auf drei Ebenen

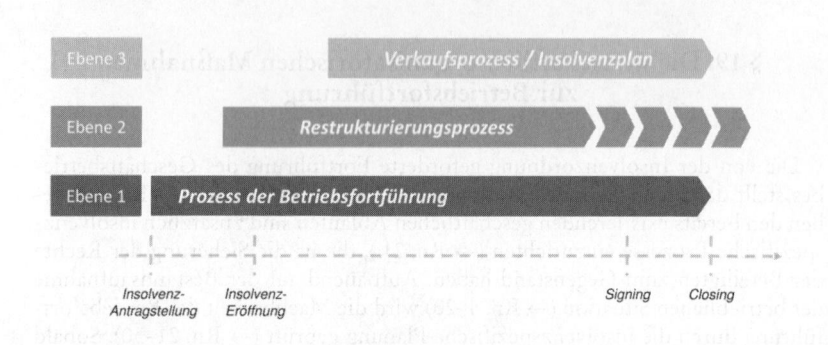

- Ebene 3: Verkaufsprozess / Insolvenzplan
- Ebene 2: Restrukturierungsprozess
- Ebene 1: Prozess der Betriebsfortführung

Insolvenz-Antragstellung — Insolvenz-Eröffnung — Signing — Closing

Die Ausführungen dieses Paragraphen befassen sich ausschließlich mit den Maßnahmen zur Aufrechterhaltung des Geschäftsbetriebs (Ebene 1).

II. Betriebsfortführung als Prozess

2   Zur Veranschaulichung dessen, was für das Gelingen einer Betriebsfortführung in der Insolvenz erforderlich ist, eignet sich insbesondere die Darstellung der **Betriebsfortführung als Prozess**.[3] Neben dem Aufrechterhalten der eigentlichen geschäftlichen Abläufe der Insolvenzschuldnerin sind zusätzliche insolvenzspezifische Prozesse einzurichten, die einem Insolvenzverwalter eine fundierte Fortführung erst ermöglichen und die damit verbundenen Risiken transparent machen.

Diese insolvenzspezifischen Prozesse haben vor allen Dingen zum Gegenstand, dem (vorläufigen) Insolvenzverwalter Informationen für die Steuerung des Spagats zwischen dem insolvenzrechtlich Erstrebenswerten (Betriebsfortführung) und dem wirtschaftlich Machbaren an die Hand zu geben. Die weitere Fortführung des Geschäftsbetriebs darf grundsätzlich nicht zu einer Massevernichtung oder Anhäufung weiterer Schulden führen. Die laufenden Auszahlungen für Personal, Material und Dienstleistungen müssen grundsätzlich über die laufenden Einzahlungen gedeckt werden können.

Die nach einer Insolvenzantragstellung zur Aufrechterhaltung des Geschäftsbetriebs einzuleitenden Maßnahmen und einzurichtenden insolvenzspezifischen Prozesse stehen unter einem enormen Zeitdruck. In der Regel müssen

---

[3] Ein Geschäftsprozess beschreibt die Ausführung einer Abfolge logisch miteinander verknüpfter Aktivitäten, um ein bestimmtes betriebliches Ziel zu erreichen. Dieser Prozess erstreckt sich meistens über mehrere betriebliche Funktionen und ist wiederholbar. Vgl. Gabler Wirtschaftslexikon, Stichwort: Geschäftsprozess, http://wirtschaftslexikon.gabler.de/Archiv/5598/35/Archiv/5598/geschaeftsprozess-v11.html. In diesem Sinne werden die hier angesprochenen insolvenzspezifischen Prozesse auch als wiederholbare Abfolge logisch miteinander verknüpfter Aktivitäten verstanden, die eine erfolgreiche Betriebsfortführung in der Insolvenz sicherstellen.

Pechartscheck/Zupancic

die zeitkritischen Maßnahmen innerhalb von zwei Wochen nach der Antragsstellung bzw. Anordnung der vorläufigen Verwaltung abgeschlossen oder umgesetzt sein. Eine längere Phase der Ungewissheit wird ein Geschäftsbetrieb meist nicht überleben. Eine Checkliste mit der Darstellung von Maßnahmen, die auf der Zeitachse zu erledigen sind, ist eines der zentralen Werkzeuge für den vorläufigen Insolvenzverwalter. Ein Beispiel einer solchen Checkliste findet sich am Ende von § 19.

B. Insolvenzspezifische Prozesse der Betriebsfortführung

I. Vorbemerkung

Wesentlich für die Gestaltung und Einrichtung der insolvenzspezifischen Prozesse ist eine möglichst schnelle Kenntnis über die betriebliche Situation der Insolvenzschuldnerin. Unmittelbar nach der Bestellung zum vorläufigen Insolvenzverwalter sollte dieser eine **Bestandsaufnahme der betrieblichen Situation** durchführen. Die Erkenntnisse aus dieser Bestandsaufnahme bilden sodann die Basis für die Gestaltung der **insolvenzspezifischen Prozesse,** die sich in (1) insolvenzspezifische Planung, (2) Finanzierung der Betriebsfortführung, (3) Workflow zur Steuerung der Auftragsannahme, (4) Workflow zur Steuerung der Lieferantenbestellungen und (5) Management der Betriebsfortführung gliedern.

Die nachfolgenden Ausführungen und Empfehlungen orientieren sich an den Gegebenheiten, wie sie bei Betrieben existieren, die mindestens die Größe mittlerer Unternehmen haben. Nach der Definition des Instituts für Mittelstandsforschung (IfM) haben diese Betriebe mindestens 50 Beschäftigte und erzielen einen Umsatz von mehr als EUR 10 Mio.[4]

II. Kurzfristige Bestandsaufnahme der betrieblichen Situation

Im Rahmen der kurzfristigen Bestandsaufnahme der betrieblichen Situation sind die betriebswirtschaftliche Infrastruktur und die Versicherungssituation zu analysieren. Des Weiteren ist eine Inventur des Vermögens durchzuführen, die die Basis für die spätere dingliche Zuordnung der Vermögensgegenstände auf die Verfahrensbeteiligten bildet. Ein weiteres wesentliches Element der Bestandsaufnahme bildet die Beurteilung der Arbeitnehmersituation.

1. Betriebswirtschaftliche Infrastruktur

Der organisatorische Aufbau des Unternehmens ist idealerweise in einem **Unternehmensorganigramm** dokumentiert, welches die betrieblichen Funktionen (zB Einkauf, Produktion, Logistik, Vertrieb, EDV, Personal, Rechnungswesen und Finanzen etc) und die dafür verantwortlichen Personen auflis-

---

[4] Zur Definition der Unternehmens-Größenklassen vgl. Institut für Mittelstandsforschung (IfM), Bonn: http://www.ifm-bonn.org/definitionen/kmu-definition-des-ifm-bonn/.

tet. Die Vorstellung des Organigramms durch die Geschäftsführung und die kritische Hinterfragung durch den vorläufigen Insolvenzverwalter und sein Team ist eine gute erste Quelle, um **Informationen über die Qualität und Stabilität der Organisation** zu erhalten. So werden Fluktuation und Vakanzen in den Führungsebenen sowie mögliche Disharmonien zwischen den Funktionen und ihren Trägern deutlich.

Da die eigentliche Wertschöpfung des Unternehmens jedoch nicht isoliert in den betrieblichen Funktionen, sondern vielmehr im organisatorischen Ablauf über die Funktionen erfolgt, sollte man sich durch eine detaillierte Betriebsbegehung entlang des Güterflusses (sofern es sich nicht um ein Dienstleistungsunternehmen handelt) ein eigenes Bild über die betriebliche Effizienz machen. Intensive Gespräche mit den wesentlichen Führungskräften und Mitarbeitern auf der Arbeitsebene runden das erste Bild ab.

Die Steuerung der betrieblichen Abläufe basiert immer auf Informationen, die in **betrieblichen Informationssystemen** hinterlegt sind. Die Analyse der im Einsatz befindlichen Systeme und die daraus abzuleitenden Erkenntnisse sind von essentieller Bedeutung für die Absicherung der Betriebsfortführung. Die wichtigsten zu beantwortenden Fragen lauten:

5   Handelt es sich um ein integriertes System?[5] Dh, werden die Informationen über alle betrieblichen Funktionen hinweg in einem System und somit zwangsläufig konsistent und auf gleichem Aktualitätsgrad erfasst? Oder sind in dem Unternehmen eine Vielzahl lediglich funktionsspezifischer Systeme im Einsatz, die – wenn überhaupt – lediglich mittels Schnittstellen miteinander verbunden sind? Wie erfolgt der Datenaustausch im Rahmen des Bestellprozesses gegenüber den Lieferanten? Generiert das System automatisch Bestellungen und leitet diese elektronisch an die Lieferanten weiter oder erfolgt der Bestellprozess manuell über die Einkaufsabteilung?

6   Es wird deutlich, dass **fehlende Integration und Aktualität** der Informationen im Rahmen der Betriebsfortführung **durch geeignete Hilfsmaßnahmen auszugleichen** sind. Sofern bislang Verpflichtungen der Insolvenzschuldnerin auch durch automatische Prozesse ausgelöst wurden, sind hierfür in der Betriebsfortführung Abläufe zu gestalten, die die Automatik allenfalls als Vorschlag nutzen. Auf die in diesem Zusammenhang einzurichtenden insolvenzspezifischen Prozesse wird unten ab → Rn. 58 ff. detailliert eingegangen.

7   Bereits im Rahmen der Analyse des existierenden Rechnungswesenssystems ist zu ergründen, welche Möglichkeiten das System bietet, die Daten der **Finanzbuchhaltung in folgende drei Zeiträume zu gliedern:** (1) Zeitraum bis zur Insolvenzantragstellung bzw. Anordnung der vorläufigen Insolvenzverwaltung, (2) Zeitraum von Insolvenzantragstellung bzw. Anordnung der vorläufigen Insolvenzverwaltung bis zur Insolvenzeröffnung und (3) Zeitraum ab Insolvenzeröffnung. Diese Unterscheidung ist insbesondere deshalb wichtig, um die bestehenden und künftigen Verpflichtungen und Ansprüche in Abhängigkeit von ihrer zeitlichen Begründung insolvenzrechtlich beurteilen zu können. In Abhängigkeit von dem konkret im Einsatz befindlichen System könnten zB

---

[5] Integrierte Systeme werden als „Enterprise-Resource-Planning (ERP)"-Systeme bezeichnet. Mittels dieser Systeme wird der aufeinander abgestimmte Mitteleinsatz (Material, Betriebsmittel, Personal, Kapital) IT-gestützt geplant.

für die Zeiträume (2) und (3) den Buchungen jeweils insolvenzspezifische Belegarten zugeordnet werden. Es ist wichtig, dass die zur Unterscheidung gewählte Verfahrensweise den **Leistungszeitpunkt** dokumentiert, sich das Vorgehen praktikabel in die Abläufe der Buchhaltung einfügt, durch eine klare Vorgehensbeschreibung mit Kontrollmechanismus die Fehleranfälligkeit minimiert und das System möglichst bereits vor der ersten Buchung von Geschäftsvorfällen, die den Zeitraum (2) betreffen, eingerichtet wird. Der Vollständigkeit halber sei noch erwähnt, dass die Finanzbuchhaltung vollständig und zeitaktuell sein muss. Insbesondere ist darauf zu drängen, dass auch alle Geschäftsvorfälle aus dem Zeitraum (1) im System abgebildet sind.[6]

Neben der Analyse der betrieblichen Informationssysteme hat auch immer eine separate Sicherung, der sich in den Systemen befindlichen Daten, auf externen Speichern zu erfolgen. Es sind sowohl die Daten zum Zeitpunkt der Insolvenzantragstellung als auch zum Zeitpunkt der Insolvenzeröffnung zu sichern. Die externen Speicher sind außerhalb des Unternehmens aufzubewahren.

2. Versicherungssituation

Eine umfassende Überprüfung der Versicherungssituation gehört zu den ersten Aktivitäten im Rahmen der Bestandsaufnahme. Zum einen ist zu prüfen, ob Prämienrückstände existieren, bereits **qualifizierte Mahnungen** eingegangen sind und somit kein Versicherungsschutz mehr besteht.[7] Zum anderen ist der bislang eingedeckte Versicherungsumfang daraufhin zu kontrollieren, ob er risikoadäquat ist. Zu überprüfen sind die Haftpflichtversicherungen (Betriebshaftpflicht, Umwelthaftpflicht, Rückruf etc), die Sachversicherungen (Gebäude, Einrichtungen, Vorräte, Betriebsunterbrechung etc), sowie Transport- und Kfz-Versicherungen.

3. Inventur und rechtliche Zuordnung des Vermögens

Jegliches geschäftliches Handeln im Rahmen einer Betriebsfortführung führt zu Veränderungen in der Vermögenssituation der Insolvenzschuldnerin. Daher hat der vorläufige Insolvenzverwalter die Aufgabe, **unmittelbar nach seiner Bestellung** eine Inventur der Vermögensgegenstände zu veranlassen sowie den Stand der Verbindlichkeiten und Außenstände festzuhalten. Hierdurch wird die Ausgangslage dokumentiert. Ohne eine genaue vorherige Inventarisierung der

---

[6] Wenn sichergestellt wird, dass in der Finanzbuchhaltung alle Geschäftsvorfälle aus der Zeit bis zur Insolvenzantragstellung vollständig erfasst sind, können insbesondere die Daten der Kreditorenbuchhaltung für die Prüfung der zur Insolvenztabelle angemeldeten Forderungen herangezogen werden.

[7] Der Versicherer kann sich bei der Nichtzahlung einer Folgeprämie gemäß § 38 VVG nur dann auf seine Leistungsfreiheit berufen, wenn er den Versicherungsnehmer zuvor qualifiziert gemahnt hat. Die qualifizierte Mahnung muss in Textform (1) die rückständigen Beträge der Prämie, der Zinsen und der Kosten genau beziffern, (2) eine Zahlungsfrist von mindestens 2 Wochen setzen, (3) einen Hinweis auf die Leistungsfreiheit und Möglichkeit der fristlosen Kündigung nach Fristablauf geben sowie (4) einen Hinweis darauf geben, dass bei nachträglicher Zahlung innerhalb der Frist Versicherungsschutz gegeben ist. Der Versicherer ist für den Zugang der qualifizierten Mahnung beim Versicherungsnehmer beweispflichtig.

vorgefundenen Gegenstände (Ist-Masse) darf weder eine Auslieferung von Waren noch eine Ver- bzw. Bearbeitung von Vorräten stattfinden. Vgl. zu der rechtlichen Zulässigkeit der Verarbeitung (→ § 5 Rn. 98 ff.). Die Inventur bildet die Grundlage für die Erstellung des Insolvenzgutachtens sowie die quantitative Basis zur Ermittlung der Gläubigerrechte. Auch auf den Zeitpunkt der Insolvenzeröffnung ist die Inventur der Vermögensgegenstände sowie die Erstellung der Verzeichnisse gem. §§ 151 ff. InsO durchzuführen. Diese sind dem Gericht als Verzeichnis der Massegegenstände (§ 151 InsO), Gläubigerverzeichnis (§ 152 InsO) und Vermögensübersicht (§ 153 InsO) vorzulegen.

11   Die Inventur der Vermögensgegenstände besagt zunächst noch nicht, ob es sich – im eröffneten Verfahren – um freies Vermögen, um Gegenstände im Dritteigentum (Aussonderungsgüter) oder um Sicherungsgut (Absonderungsgüter) handelt. Die genaue dingliche Zuordnung der Vermögensgegenstände zu einzelnen Beteiligten erfolgt erst in einem nächsten, auf der Inventur aufbauenden Schritt. Gleichwohl ist bereits bei der Inventur bzw. der Gestaltung der Inventurauswertungen darauf zu achten, dass die Informationen gläubigerbezogen dargestellt werden.

12   a) **Vorräte.** Die ideale Vorgehensweise ist, unmittelbar nach der Insolvenzantragstellung eine körperliche Bestandsaufnahme aller Roh-, Hilfs- und Betriebsstoffe (RHB), unfertigen und fertigen Erzeugnisse sowie Handelswaren durchzuführen. Dabei sollte das im Unternehmen vorhandene Regelwerk der Jahresabschlussinventur verwendet werden. Da diese Vorgehensweise bei der hier betrachteten Größenordnung von Unternehmen in der Regel zu einem Betriebsstillstand von mindestens drei Tagen führt, sollte die körperliche Vollaufnahme der Vorräte jedoch nur bei Betrieben durchgeführt werden, die bereits zum Stillstand gekommen sind oder wenn mit keinen Beschädigungen der Kundenbeziehungen aufgrund inventurbedingter Auslieferungsverzögerungen zu rechnen ist.

13   In allen anderen Fällen sollten die Sollbestände der Vorräte, die in den betrieblichen Informationssystemen geführt sind, als Ausgangslage der Inventur verwendet werden. Unter Hinzuziehung des bisherigen Abschlussprüfers der Gesellschaft werden diese Sollbestände dann mittels Stichproben geprüft. Über die Ergebnisse der **Stichprobenprüfung** erstellt der Abschlussprüfer kurzfristig einen Bericht. Verläuft die Prüfung ohne Auffälligkeiten, wird der Sollbestand zum Istbestand. Bei signifikanten Auffälligkeiten ist zu klären, ob es sich um isolierte Abweichungen handelt oder ob es flächendeckende Fehler bei der Erfassung des Vorratsvermögens gibt. In extremen Fällen ist dann doch noch eine körperliche Inventur durchzuführen, um den korrekten Istbestand zu ermitteln.

14   Um die an dem Vorratsbestand bestehenden Lieferantenrechte der Höhe nach prüfen zu können, ist es erforderlich, dass die **Vorräte lieferantenbezogen aufbereitet** werden. Unterstellt man beispielsweise, dass die Lieferanten über den einfachen und verlängerten Eigentumsvorbehalt[8] gesichert sind, müsste die Aufbereitung der Vorräte folgendes umfassen:

---

[8] Vgl. zu den verschiedenen Formen des Eigentumsvorbehalts: Palandt/*Weidenkaff* § 449 BGB Rn. 12 ff.

§ 19. Die Maßnahmen zur Betriebsfortführung

– Unter Verwendung von Artikel- und Lieferantenstammdaten Zuordnung aller einzelnen Artikel der Roh-, Hilfs- und Betriebsstoffe sowie Handelswaren mit ihren jeweiligen Mengen und Werten auf die Lieferanten, von denen sie bezogen wurden.

– Über Stücklistenauflösung[9] Zuordnung der in den unfertigen Erzeugnissen und fertigen Erzeugnissen enthaltenen Materialien mit ihren jeweiligen Mengen und Werten auf die Lieferanten, von denen sie bezogen wurden.

Sofern beispielhaft die Lieferanten nur den einfachen Eigentumsvorbehalt als Sicherungsrecht beanspruchen können, sind lediglich die Roh-, Hilfs- und Betriebsstoffe sowie Handelswaren lieferantenbezogen aufzubereiten und dort ausschließlich lediglich die Vorräte aufzuführen, die aus Lieferungen stammen, deren Rechnungen zum Zeitpunkt der Insolvenzantragstellung noch unbezahlt waren. Denn durch die Vermischung oder Verarbeitung tritt grundsätzlich ein gesetzlicher Eigentumsübergang auf den Hersteller, die Insolvenzschuldnerin, gem. §§ 947 ff. BGB ein.

b) Forderungen aus Lieferungen und Leistungen. Analog zu den Vorräten, sind auch die zum Zeitpunkt der Insolvenzantragstellung existierenden **Forderungen aus Lieferungen und Leistungen gläubigerbezogen** aufzubereiten. Verfügen beispielhaft die Lieferanten über verlängerte Eigentumsvorbehaltsrechte, so ist ebenfalls über eine Stücklistenauflösung die lieferantenbezogene Zuordnung der in den offenen Forderungen aus Lieferungen und Leistungen enthaltenen Materialien mit ihren jeweiligen Mengen und Werten darzustellen. Kommt es später durch Zahlungen der Debitoren zur Begleichung dieser Forderungen, so lassen sich leicht die hierauf entfallenden Lieferantenansprüche ablesen.

15

c) Bewegliches Anlagevermögen. Die in der Anlagenbuchhaltung der Insolvenzschuldnerin geführten Gegenstände des beweglichen Anlagevermögens haben als Wertansatz die um Abschreibungen verminderten historischen Anschaffungs- bzw. Herstellungskosten. Diese Wertansätze können jedoch für das Verzeichnis der Massegegenstände bzw. die Vermögensübersicht nicht verwendet werden, da sie nicht die Wertverhältnisse im Liquidationsfall widerspiegeln. Aus diesem Grunde ist in den Fällen der hier betrachteten Größenordnung von Unternehmen in der Regel ein **Sachverständiger für die Bewertung des beweglichen Anlagevermögens** zu beauftragen.[10] Er wird auf der Basis der Inaugenscheinnahme der Gegenstände und seiner Expertise eine Wertanalyse der einzelnen Gegenstände durchführen und ihnen einen Liquidationswert sowie einen Fortführungswert zuordnen.

16

4. Arbeitnehmersituation

Die **Mitarbeiter des Unternehmens sind das zentrale Element** für eine erfolgreiche Betriebsfortführung. Die betrieblichen Strukturen und Abläufe funk-

17

---

[9] In sogenannten Stücklisten wird festgeschrieben, aus welchen einzelnen Teilen und Materialien ein Erzeugnis besteht. Mittels einer Stücklistenauflösung lässt sich daher ermitteln, welche einzelnen Teile und Materialien in halbfertigen oder fertigen Erzeugnissen verbaut wurden.
[10] Vgl. § 151 Abs. 2 S. 2 InsO.

tionieren nur, wenn auch geeignete Mitarbeiter im Betrieb tätig sind. Insolvente Unternehmen sind in der Regel durch einen langen Weg des wirtschaftlichen Niedergangs und Auszehrens der Substanz gekennzeichnet. Aufgrund der mangelnden Perspektiven haben bereits häufig Leistungsträger das Unternehmen verlassen oder stehen kurz davor, dies zu tun. Darüber hinaus ist meistens auch das Vertrauensverhältnis zwischen der Geschäftsleitung und den Mitarbeitern stark beschädigt. Die Ungewissheit über das Ob und Wie des Fortbestehens des eigenen Arbeitsplatzes bedeutet für die Mitarbeiter zwangsläufig eine große Unsicherheit und Sorge über die eigene künftige Situation.

Der vorläufige Verwalter muss daher zum einen kurzfristig in Erfahrung bringen, ob mit den noch zur Verfügung stehenden Mitarbeitern eine Betriebsfortführung zu bewerkstelligen ist bzw. wie Vakanzen vorübergehend beseitigt werden können. Zum anderen muss er ebenfalls binnen kürzester Zeit Vertrauen in der Belegschaft aufbauen. Die hierfür geeigneten Mittel sind:

– Darlegung der eingangs beschriebenen drei Handlungsebenen der erfolgreichen Sanierung in der Insolvenz. Verdeutlichung, dass eine positive Perspektive nur durch eine erfolgreiche Betriebsfortführung und den hierfür erforderlichen Einsatz der Mitarbeiter erreicht werden kann.
– Ehrliche Wertschätzung den Mitarbeitern gegenüber zum Ausdruck bringen und aufzeigen, dass ihr Engagement ganz wesentlich für die Bewältigung der Krise ist. Die hierdurch geweckte Motivation in der Belegschaft ist ein nicht zu unterschätzender Erfolgsfaktor.
– Mitarbeitern klar und verständlich informieren, wie ihre bereits erworbenen sowie ihre künftigen Ansprüche gegenüber ihrem Arbeitgeber insolvenzrechtlich behandelt werden.

18   a) **Insolvenzgeld/-vorfinanzierung.** Die Arbeitnehmer haben nach § 165 Abs. 1 Satz 1 SGB III Anspruch auf Insolvenzgeld. Dieser Anspruch bezieht sich auf die drei Monate, die dem Insolvenzereignis vorausgehen, wobei als Insolvenzereignis ua gilt: (1) die Eröffnung des Verfahrens oder (2) die Ablehnung des Antrags auf Eröffnung eines Insolvenzverfahrens mangels Masse. Da dementsprechend die Bundesagentur für Arbeit erst ab diesem Zeitpunkt über die Anträge auf Insolvenzgeld entscheidet, besteht die Notwendigkeit, für die Mitarbeiter eine finanzielle Überbrückung zu gestalten. Diese Überbrückung wird in der Praxis mit dem Instrument der **Insolvenzgeldvorfinanzierung** geschaffen.[11] Die kurzfristige Organisation der Vorfinanzierung und Auszahlung der rückständigen Löhne und Gehälter ist ein erster wesentlicher Schritt zum Vertrauensaufbau zwischen Verwalter und der Belegschaft.

19   b) **Lohn- und Gehaltsansprüche ab Insolvenzeröffnung.** Ab Insolvenzeröffnung müssen die Löhne und Gehälter der Mitarbeiter als Masseverbindlichkeiten bezahlt werden. Mitarbeiter, deren Dienste nicht benötigt werden und die unter Anrechnung offener Urlaubsansprüche von der Arbeit unwiderruflich freigestellt werden, erhalten in massearmen Verfahren ab dem Tag der Freistellung von der Bundesagentur Arbeitslosengeld (sog „Gleichwohlgewährung"). Dieses verauslagte Arbeitslosengeld sowie die darüberhinausgehenden Differenzlohnansprüche der Arbeitnehmer müssen allerdings bei ei-

---

[11] Siehe zu „Insolvenzgeldvorfinanzierug" → § 29 Rn. 99 ff.

§ 19. Die Maßnahmen zur Betriebsfortführung

ner Wiederherstellung der Massezulänglichkeit von der Masse erstattet werden.[12]

c) Überstunden-/Urlaubsansprüche. Neben der Sicherstellung der laufenden Löhne und Gehälter ist eine zentrale Frage der Mitarbeiter bei Insolvenzantragstellung, wie mit den aufgelaufenen Überstunden- (Zeitkontenguthaben) und Urlaubsansprüchen verfahren wird. Eine frühe und klare Kommunikation – zB anlässlich einer Mitarbeiterversammlung – über die rechtliche Situation und die geplante Umsetzung im betrieblichen Ablauf schafft auf der Arbeitnehmerseite zum einen Sicherheit und verhindert zum anderen unkoordinierte Einzelaktionen.[13]

III. Insolvenzspezifische Planung

Neben der Inventur der Vermögensgegenstände muss unmittelbar, dh in Abhängigkeit von der Unternehmensgröße und –komplexität, **innerhalb der ersten Woche nach Anordnung der vorläufigen Insolvenzverwaltung,** eine Ergebnis- und Finanzplanung (Liquiditätsplanung) unter Insolvenzbedingungen aufgestellt werden. Nur so wird die Voraussetzung geschaffen, dass der vorläufige Verwalter ein quantitatives Geländer erhält, welches ihm die voraussichtliche Entwicklung des anvertrauten Vermögens und der damit einhergehenden Liquidität aufzeigt. Auf der Grundlage dieser Planung ist er dann in der Lage, kurzfristig Entscheidungsprozesse einzuleiten, die die Dauer der Betriebsfortführung, die Finanzierung der Betriebsfortführung, die einzuleitenden Restrukturierungsmaßnahmen und den Verkaufsprozess betreffen.

Ergebnis- und Finanzplanung sind selbstverständlich **integriert** zu erstellen.[14] Eine Bilanzplanung als Quelle von Steuerungsinformationen für die Betriebsfortführung ist nicht erforderlich. Eine Ertrags-, Bilanz- und Finanzplanung wird erst im weiteren Verfahrensverlauf im Rahmen des Verkaufsprozesses oder der Insolvenzplanerstellung benötigt.

1. Ergebnisplanung

Der **Planungshorizont** muss sich an der Branche und ihrer Saisonverläufe sowie der Einschätzung der möglichen Dauer des Verkaufsprozesses bzw. des Insolvenzplanverfahrens orientieren. Die insolvenzspezifische Planung sollte aber mindestens den Zeitraum eines halben Jahres umfassen, wobei für das vorläufige Verfahren die einzelnen Wochen und für das eröffnete Verfahren die jeweiligen Monate zu planen sind.

---

[12] Siehe zu Differenzlohnansprüchen → § 27 Rn. 39.
[13] Siehe zu Urlaubsstunden/Urlaubsansprüchen → § 27 Rn. 41 ff.
[14] Bei einer integrierten Ergebnis- und Finanzplanung sind die beiden Rechenwerke „Ergebnisplanung" und „Finanzplanung" streng miteinander verknüpft. Dh, alle liquiditätswirksamen Vorgänge der Ergebnisplanung werden unter Berücksichtigung der erwarteten Zahlungsfälligkeit auch in der Finanzplanung erfasst. Änderungen von liquiditätswirksamen Größen der Ergebnisplanung führen automatisch zu entsprechenden Anpassungen in der Finanzplanung.

23 Aus Praktikabilitätsgründen empfiehlt sich für die **Gliederung der Planungsrechnung** eine Orientierung an § 275 Abs. 2 HGB. Das dort hinterlegte Schema des sog Gesamtkostenverfahrens[15] hat den Vorteil, dass die einzelnen Kostenarten bzw Kostenartengruppen (Personalkosten, Raumkosten, etc) geplant werden, was im Gegensatz zur Struktur des Umsatzkostenverfahrens eine Plausibilisierung der Planung, ohne über spezifische Branchenkenntnisse zu verfügen, vereinfacht. Des Weiteren sind lediglich die Positionen zu planen, die nicht nur ergebnis- sondern auch liquiditätswirksam werden. Daher sind zB Abschreibungen sowie die Personalkosten der Antragsphase, die über das Insolvenzgeld (vgl. zur Zulässigkeit des Einsatzes des Insolvenzgeldeffektes → Rn. 33) gezahlt werden, nicht zu erfassen.

24 Die **Ausgangslage für die Planerarbeitung** bilden zum einen die bei der Insolvenzschuldnerin existierenden aktuellen Pläne, die Informationen der Betriebswirtschaftlichen Auswertungen (BWA), die Gewinn- und Verlustrechnungen der letzten Jahresabschlüsse, der aktuell existierende Auftragsbestand, die künftig erwartete Kundennachfrage sowie die Informationen über Plan- und Nachkalkulationen der Produkte. Zum anderen liefern Gespräche mit den Mitarbeitern wichtige Informationen. Die Planung sollte **mengenbasiert** erfolgen sowie die Kosten enthalten, die durch das Verfahren bedingt sind (zB Haftpflichtversicherungen für Verwalter und Gläubigerausschuss, Beraterkosten etc). Von einer weiteren Verwendung der ursprünglichen Planrechnungen der Insolvenzschuldnerin ist – auch nach einer eventuell erfolgten Plausibilisierung und Anpassung – dringend abzuraten.

25 Die insolvenzspezifische **Ergebnisplanung sollte immer den Status Quo abbilden,** der lediglich um die bereits offenkundigen Handlungsnotwendigkeiten korrigiert wird, die der (vorläufige) Insolvenzverwalter und die Insolvenzschuldnerin unabhängig von den anderen Verfahrensbeteiligten umsetzen können. Solche Maßnahmen könnten zB die Streichung unterkalkulierter Produkte, die Beendigung unrentabler Projekte oder die Kündigung und Freistellung von Mitarbeitern ab Insolvenzeröffnung sein. Eine unter diesen Prämissen aufgebaute Planung zeigt ein realistisches Bild sowie die Handlungsbedarfe auf, bei denen die Mitwirkung der anderen Verfahrensbeteiligten erforderlich ist, um eine Betriebsfortführung ohne Masseverminderung zu gewährleisten. Mögliche Handlungsbedarfe sind zB Reduktion von Leasing- und Mietkonditionen sowie Einkaufspreisen bei Lieferanten, Preiserhöhungen gegenüber Kunden, Kundenanzahlungen, Verlustübernahmen durch Kunden, Bereitstellung von unechtem oder echtem Massekredit.

26 Das Schaubild zeigt das Beispiel einer insolvenzspezifischen Ergebnisplanung.

---

[15] Vgl. zum Gesamtkostenverfahren *Coenenberg/Haller/Schultze,* Jahresabschluss und Jahresabschlussanalyse, 24. Aufl. 2016, S. 539 ff.

§ 19. Die Maßnahmen zur Betriebsfortführung

Ergebnisplanung

Zeilenbezeichnung [alle Werte in T€]	Woche 49/14	Woche 50/14	Woche 51/14	vorläufiges Verfahren Woche 52/14	Woche 1/15	Woche 2/15	Woche 3/15	Woche 4/15	Woche 5/15	eröffnetes Verfahren Monat Feb 15	Monat Mrz 15	Monat Apr 15	Monat Mai 15	vorl. Verf.	Summe eröffn. Verf.	TOTAL
Umsatzerlöse Produktgruppe 1	288	288	432	198	179	357	357	357	357	1.610	2.149	2.035	1.927	2.815	7.721	10.535
Umsatzerlöse Produktgruppe 2	342	342	514	236	213	425	425	425	425	1.916	2.556	2.420	2.292	3.348	9.184	12.532
Umsatzerlöse Produktgruppe 3	240	240	359	165	149	297	297	297	297	1.340	1.789	1.693	1.603	2.342	6.425	8.768
Umsatzerlöse TOTAL	**870**	**870**	**1.305**	**600**	**540**	**1.080**	**1.080**	**1.080**	**1.080**	**4.866**	**6.494**	**6.148**	**5.822**	**8.505**	**23.330**	**31.835**
Materialaufwand Rohstoffe	-84	-105	-116	-75	-61	-123	-179	-181	-182	-1.026	-1.629	-1.735	-1.785	-1.105	-6.174	-7.279
Materialaufwand Hilfs- und Betriebsstoffe	-90	-108	-121	-85	-67	-117	-163	-165	-166	-1.031	-1.437	-1.334	-1.322	-1.083	-5.124	-6.207
Materialaufwand Eingangsfrachten	-37	-40	-43	-23	-13	-28	-36	-37	-37	-204	-246	-307	-310	-294	-1.067	-1.360
Materialaufwand Verpackungen	-51	-43	-39	21	-8	-34	-18	-18	-18	-132	-108	-113	-109	-207	-462	-669
Summe Materialaufwand	**-262**	**-295**	**-319**	**-162**	**-149**	**-302**	**-396**	**-401**	**-403**	**-2.393**	**-3.420**	**-3.488**	**-3.525**	**-2.689**	**-12.826**	**-15.515**
ROHERTRAG	**608**	**575**	**986**	**438**	**392**	**778**	**684**	**679**	**677**	**2.474**	**3.074**	**2.659**	**2.297**	**5.816**	**10.504**	**16.320**
Personalaufwand - direkte Löhne										-424	-424	-424	-421		-1.693	-1.693
Personalaufwand - indirekte Löhne										-163	-163	-163	-163		-650	-650
Personalaufwand - Gehälter										-957	-954	-954	-948		-3.813	-3.813
Personalaufwand - Mehrarbeitsstd. u. Zuschläge										-42	-42	-42	-42		-168	-168
Personalaufwand - Sozialabgaben										-287	-286	-286	-284		-1.143	-1.143
Summe Personalaufwand										**-1.872**	**-1.868**	**-1.868**	**-1.857**	**0**	**-7.466**	**-7.466**
Zwischensumme	**608**	**575**	**986**	**438**	**392**	**778**	**584**	**679**	**677**	**601**	**1.206**	**791**	**439**	**5.816**	**3.038**	**8.854**
Miete/Pacht Gebäude	-4	-3	-3	-4	-4	-4	-4	-4	-4	-21	-21	-19	-21	-34	-81	-115
Betrieb Mietnebenkosten	-73	-54	-47	-73	-71	-73	-73	-72	-85	-323	-299	-222	-227	-621	-1.071	-1.692
Reparaturen, Instandhaltungen und Wartungen	-44	-33	-29	-45	-44	-45	-45	-44	-49	-230	-233	-208	-233	-378	-904	-1.282
Versicherungen	-9	-7	-6	-6	-9	-9	-9	-9	-10	-47	-48	-43	-48	-78	-186	-264
Versicherungen (vorl.) Insolvenzverwalter + GLA	0	0	-140	0	0	0	0	0	0	0	0	0	0	-140	0	-140
KFZ-Kosten (Leasing, Treibstoff etc.)	-27	-20	-17	-27	-26	-27	-27	-26	-29	-137	-139	-124	-139	-225	-539	-765
Leasing/Miete (Maschinen, Einrichtungen etc.)	-9	-6	-6	-9	-8	-9	-9	-9	-10	-44	-45	-40	-45	-73	-175	-248
Reise- und Bewirtungskosten	-9	-6	-6	-8	-8	-9	-9	-9	-10	-44	-45	-40	-45	-73	-175	-248
Ausgangsfrachten / Sonderfrachten zum Kunden	-4	-3	-2	-4	-4	-4	-4	-4	-4	-20	-20	-18	-20	-33	-79	-112
Büromaterial	-14	-10	-9	-14	-14	-14	-14	-14	-16	-73	-74	-66	-74	-120	-288	-408
EDV-Kosten	-35	-296	-22	-17	-15	-30	-30	-29	-38	-156	-228	-185	-195	-513	-764	-1.277
sonstige Positionen			-143							-2	-2	-2	-2	-146	-7	-153
Summe sonstige betriebliche Aufwendungen	**-228**	**-438**	**-429**	**-211**	**-204**	**-224**	**-224**	**-220**	**-256**	**-1.098**	**-1.154**	**-968**	**-1.049**	**-2.434**	**-4.269**	**-6.703**
Insolvenzspezifisches Ergebnis	**380**	**136**	**557**	**227**	**188**	**554**	**450**	**459**	**421**	**-496**	**52**	**-177**	**-610**	**3.382**	**-1.231**	**2.151**

2. Finanzplanung

27 **Die Finanzplanung baut auf der Ergebnisplanung auf.** Orientiert an den erwarteten Zahlungszielen werden die Einzahlungen aufgrund der prognostizierten Umsätze bzw. die Auszahlungen in Folge der geplanten Aufwendungen in die entsprechenden Wochen und Monate eingestellt. Da das insolvenzspezifische Ergebnis nur Erträge und Aufwendungen erfasst, die auch zahlungswirksam sind, bildet sich das Ergebnis auch in voller Höhe in der Finanzplanung ab (siehe unten im Schaubild Finanzplanung den Betrag in Höhe von TEUR 2151 unter der Gruppierung „Betriebsfortführung ergebnis- und zahlungswirksam"). Die Finanzplanung weist noch einen mit „Nachlauf" umschriebenen Zeitraum auf, der über den eigentlichen Planungshorizont hinausgeht. Dieser Nachlauf nimmt alle Zahlungen auf, die aufgrund der zahlungszielbedingten zeitlichen Verzögerung erst nach dem Ende des Planungshorizonts erfolgen.

28 Darüber hinaus sind in der Finanzplanung auch die Zahlungsvorgänge zu erfassen, die zwar im Zeitraum der Betriebsfortführung passieren aber keine Ergebniswirkung haben. Dieses sind zum einen der Übertrag von eventuell vorhandenen Guthabenkonten auf das Treuhandkonto des vorläufigen Insolvenzverwalters, die Vereinnahmung von Zahlungen auf Debitoren, die vor dem Zeitpunkt der Antragstellung entstanden sind oder die Zahlung von Sicherheitsleistungen an Lieferanten (siehe unten im Schaubild „Finanzplanung" den Betrag in Höhe von TEUR 1389 unter der Gruppierung „Betriebsfortführung nur zahlungswirksam"). Zum anderen ist die Auskehrung vereinnahmter Sicherheitenerlöse zu erfassen (siehe unten im Schaubild „Finanzplanung" den Betrag in Höhe von TEUR 1100 unter der Gruppierung „Verwertung ohne Vorratsverbrauch"). In dem Beispiel ist unterstellt, dass in den ersten vier Wochen des Planungszeitraums jeweils die Hälfte des Materialaufwands aus dem Verbrauch von Vorräten erfolgt, die bereits zur Antragstellung im Bestand waren (TEUR 519). Da die Auszahlung dieses Verbrauchs in der Finanzplanung bereits unter den ergebniswirksamen Auszahlungen erfasst ist, erfolgt zur Vermeidung von Doppelzählungen in der Gruppierung „Verwertung ohne Vorratsverbrauch" eine entsprechende Gutschrift.

29 Für das dargestellte Beispiel zeigt die Ergebnisplanung einen Überschuss in Höhe von TEUR 2151 über den gesamten Planungszeitraum, wobei dieser sich aus einem positiven Ergebnis während der Antragsphase in Höhe von TEUR 3382 und einem Verlust im eröffneten Verfahren in Höhe von TEUR 1231 zusammensetzt. Die Finanzplanung weist für das Beispiel am Ende des Planungshorizonts einen Liquiditätsstand von TEUR 2440 aus. Die letzten drei Monate des Planungszeitraums sind allerdings stark unterdeckt, da die Einzahlungen aufgrund der Kundenzahlungsziele zeitlich verzögert eingehen, die Aufwendungen jedoch direkt zu zahlen sind. In der Praxis bestünde nun die **Notwendigkeit, kurzfristig Finanzierungsmöglichkeiten zu finden,** um die Betriebsfortführung bis zum Ende des Planungshorizonts abzusichern.

30 Insolvenzspezifische Finanzplanung

§ 19. Die Maßnahmen zur Betriebsfortführung

Finanzplanung

		vorläufiges Verfahren								eröffnetes Verfahren					Summe
													2.151	**1.389**	**-1.100**
Zeilenbezeichnung [alle Werte in T€]	Woche 49/14	Woche 50/14	Woche 51/14	Woche 52/14	Woche 1/15	Woche 2/15	Woche 3/15	Woche 4/15	Woche 5/15	Monat Feb 15	Monat Mrz 15	Monat Apr 15	Monat Mai 15	Nach-lauf	TOTAL
ergebniswirksame EINZAHLUNGEN															
Umsatzerlöse Produktgruppe 1	435	870	1.087	952	570	810	1.080	1.080	1.080	2.973	5.680	6.321	5.985	2.911	31.835
Umsatzerlöse Produktgruppe 2															
Umsatzerlöse Produktgruppe 3															
Summe ergebniswirksame EINZAHLUNGEN	435	870	1.087	952	570	810	1.080	1.080	1.080	2.973	5.680	6.321	5.985	2.911	31.835
ergebniswirksame AUSZAHLUNGEN															
Materialaufwand	-262	-295	-319	-162	-149	-302	-396	-401	-403	-2.393	-3.420	-3.488	-3.525		-15.515
Personalaufwand	0	0	0	0	0	0	0	0	0	-1.872	-1.868	-1.868	-1.857		-7.466
sonstige betriebliche Aufwendungen	-228	-438	-429	-211	-204	-224	-224	-220	-256	-1.098	-1.154	-968	-1.049		-6.703
Summe ergebniswirksame AUSZAHLUNGEN	-490	-734	-748	-372	-353	-526	-620	-621	-659	-5.363	-6.442	-6.325	-6.432		-29.684
nicht ergebniswirksame EINZAHLUNGEN															
Vereinnahmung von Alt-Debitoren	400	300	300	100											1.100
Startkontostand (Guthaben-Konten/Kasse)	289														289
Summe nicht ergebniswirksame EINZAHLUNGEN	689	300	300	100											1.389
nicht ergebniswirksame AUSZAHLUNGEN															
Bezahlung Vorauskassen an Lieferanten und Dienstleister	-150	-100	-50											300	0
Summe nicht ergebniswirksame AUSZAHLUNGEN	-150	-100	-50											300	0
EINZAHLUNGEN aufgrund Verwertung															
Einzahlungen Verwertung/Verbrauch Umlaufvermögen	131	148	160	81											519
Summe EINZAHLUNGEN aufgrund Verwertungen	131	148	160	81											519
AUSZAHLUNGEN aufgrund Sicherheitenauskehr															
Auskehr Verwertung/Verbrauch Umlaufvermögen	-131	-148	-160	-81											-519
Auskehr Vereinnahmung zedierter Gelder	-400	-300	-300	-100											-1.100
Summe AUSZAHLUNGEN aufgrund Sicherheitenauskehr	-531	-448	-460	-181											-1.619
TOTAL	84	36	289	580	217	284	460	459	421	-2.389	-762	-4	-447	3.211	2.440
TOTAL kumuliert	84	120	409	989	1.206	1.491	1.951	2.410	2.831	441	-321	-324	-771	2.440	

Pechartscheck/Zupancic

IV. Finanzierung der Betriebsfortführung

31 Die finanzielle Ausgangssituation der Insolvenzschuldnerin ist zum Zeitpunkt der Antragstellung typischerweise desaströs. Freie Guthabenbestände sowie Barreserven sind in der Regel nicht vorhanden, Betriebsmittelkredite und Forderungen gegenüber Drittschuldnern sind den finanzierenden Kreditinstituten zur Sicherheit abgetreten. Vorräte unterliegen den Eigentumsvorbehaltsrechten der Lieferanten und sind darüber hinaus von Raumsicherungsübereignungsverträgen umfasst. Grundstücke, Gebäude und das Grundstückszubehör sind über den Verkehrswert hinaus mit Grundpfandrechten belastet. Darüber hinaus bestehen Pfandrechte der Spediteure, Werkunternehmer und Vermieter.

32 Sofern nicht bereits erfolgt, werden die Kreditinstitute sofort nach Insolvenzantragstellung die Kredite kündigen und zur Rückzahlung fällig stellen. Sämtliche Sicherheiten werden vorsorglich geltend gemacht und der vorläufige Insolvenzverwalter wird aufgefordert, dafür Sorge zu tragen, dass Sicherheitenerlöse unverzüglich ausgekehrt werden. Die Lieferanten untersagen die weitere Verwendung und Verwertung der Vorräte. Trotz dieser misslichen Situation existieren einige Möglichkeiten, Liquidität zu generieren und damit die Finanzierung der Betriebsfortführung sicher zu stellen.[16] Die wesentlichen Finanzierungsmöglichkeiten werden im folgendem aufgezeigt und deren Wirkung anhand von Beispielen dargelegt.

1. Insolvenzgeld

33 Durch das Insolvenzgeld bzw. die Insolvenzgeldvorfinanzierung werden von dritter Seite Mittel zur Zahlung der Arbeitnehmeransprüche für einen Zeitraum von längstens drei Monaten vor Insolvenzeröffnung bereitgestellt. Somit erhält der Betrieb Leistungen seiner Arbeitnehmer, für die er nicht bezahlen muss. Der **Finanzierungseffekt besteht in den „gesparten" Lohn- und Gehaltszahlungen.** In dem oben aufgeführten Beispiel zum Ergebnis- und Finanzplan ist der Insolvenzgeldzeitraum zwei Monate und der Finanzierungseffekt beträgt TEUR 3745, wenn als monatlicher Betrag für die Personalkosten der Wert aus dem Monat Februar unterstellt wird. Das Insolvenzgeld finanziert somit das Antragsverfahren und hält noch einen finanziellen Überschuss für das eröffnete Verfahren bereit. Das Insolvenzgeld bzw. die Insolvenzgeldvorfinanzierung ist häufig eine wesentliche (Liquiditäts- und/oder Verlust-)Finanzierungsquelle für die Betriebsfortführung.

33a Jedenfalls soweit das Insolvenzgeld durch die „ersparten" Personalkosten Verluste subventioniert, wird von einzelnen Stimmen in der Literatur vertreten, dass dies pflichtwidrig sei. Denn zum Einen würden durch das Insolvenzgeld Verbindlichkeiten entstehen und zum Anderen würden den Kunden als Empfänger der Leistungen des Schuldners ein Sondervorteil zugewendet werden.[17]

---

[16] Unter Finanzierung werden alle Zahlungsmittelzuflüsse (Einzahlungen) sowie alle beim Zugang nicht monetärer Güter vermiedenen sofortigen Zahlungsmittelabflüsse (Auszahlungen) verstanden. Vgl. *Perridon/Steiner/Rathgeber*, Finanzwirtschaft der Unternehmung, 16. Aufl. 2012, S. 389.

[17] *Siemon* ZInsO 2014, 625, 630, 634; *Hill* ZInsO 2014, 1513, 1518.

§ 19. Die Maßnahmen zur Betriebsfortführung

Vielmehr solle das schuldnerische Unternehmen – trotz der bestehenden Verträge mit den Kunden – durch entsprechende Preiserhöhungen „restrukturiert" werden, um die Verluste abzudecken. Es solle unter Ausnutzung der „Verhandlungsmacht" das „Maximum herausgeholt werden".[18]

Diese angebliche Pflichtwidrigkeit findet allerdings weder in den einschlägigen Vorschriften des SGB III noch in der Insolvenzordnung eine Stütze. Die Voraussetzungen zum Bezug von Insolvenzgeld und dessen Vorfinanzierung sind in den §§ 165 ff. SGB III sowie der entsprechenden *Insolvenzgeld Durchführungsanweisung (DA)* der Bundesagentur für Arbeit[19] abschließend geregelt. Die **verlustfreie Betriebsfortführung** wird **nicht** zur **Voraussetzung** gemacht.[20] Aus der Durchführungsanweisung zur Vorfinanzierung wird deutlich, dass das **Insolvenzgeld** gerade zum **Erhalt von Arbeitsplätzen** in Unternehmen, die saniert werden müssen (und damit defizitär arbeiten) eingesetzt werden kann. Dass es auf diese Weise gemäß § 169 SGB III zum Anspruchsübergang der Entgeltansprüche der Arbeitnehmer auf die Agentur für Arbeit kommt, ist auf das gesetzliche System zurückzuführen. Zusätzliche Verbindlichkeiten entstehen hierdurch entgegen der Auffassung der genannten Autoren nicht. Es liegt vielmehr ein „Passivtausch" vor.

33b

Zudem sei nochmals klargestellt, dass die Insolvenzordnung die Verpflichtung zur Fortführung des schuldnerischen Unternehmens verlangt, soweit die Insolvenzmasse hierdurch nicht erheblich vermindert wird (vgl. ua § 22 Abs. 1 S. 2 Nr. 2 InsO). Denn konsequent angewendet, würde die ablehnende Auffassung dazu führen, dass nur unter Vollkosten profitabel arbeitende Geschäftsbetriebe fortgeführt werden dürfen, da nur dann neben den allgemeinen Ausgaben auch die Personalkosten vollständig abgedeckt wären. In der Praxis verfügen jedoch die wenigsten Geschäftsbetriebe zu Beginn eines Insolvenzverfahrens über einen auskömmlichen Geschäftsbetrieb. Es kann zudem nicht pauschal behauptet werden, dass die fehlende Auskömmlichkeit stets ausschließlich auf die zu geringen Verkaufspreise zurückzuführen ist. Oft wurden notwendige Kostenanpassungen, zB auf Mitarbeiterebene, im Einkauf oder im sonstigen betrieblichen Aufwand nicht vorgenommen. Würde einseitig der Kunde belastet werden, würde dies in den meisten Fällen den sofortigen oder kurzfristigen Marktaustritt des Unternehmens bedeuten, denn die verhandelten Verkaufspreise spiegeln regelmäßig den Marktpreis wider. Die Ausnutzung des **Insolvenzgeldeffektes** ist deshalb **nicht pflichtwidrig**.[21]

33c

2. Revolvierender Einsatz von Sicherheitenerlösen

Zahlungseingänge aus Sicherheitenerlösen sind grundsätzlich unverzüglich gegenüber dem Sicherheiteninhaber abzurechnen und auszukehren. Ein **Finanzierungsweg** könnte jedoch in der **Verwendung der Zahlungseingänge aus den „alten" Sicherheiten** der Kreditinstitute und Lieferanten zur Bezahlung neu benötigter Vorräte bestehen. Eine Auskehr dieser Erlöse würde dann erst

34

---

[18] *Hill* ZInsO 2014, 1513, 1518.
[19] Insolvenzgeld Durchführungsanweisung (DA), abrufbar unter: https://www.arbeitsagentur.de.
[20] *Paulus* ZInsO, 2160, 2163 f.
[21] Vgl. ausführlich: *Paulus* ZInsO 2015, 2160, 2162 f.; *Fahlbusch* ZInsO 2015, 837, 838 f.

aus den späteren Zahlungseingängen aufgrund neuer Leistungen erfolgen. In der Praxis wird daher in der Regel eine Verständigung mit den betroffenen Gläubigern (Warenkreditversicherer, Kreditinstituten) über den **revolvierenden Einsatz** ihrer Sicherheitenerlöse vorgenommen, wenn die durch die Betriebsfortführung entstehenden neuen Sicherheiten im Sinne eines „Bargeschäfts" nach § 142 InsO[22] an die Stelle der Altsicherheiten treten. Diese Art der Finanzierung wird als „unechter Massekredit" bezeichnet.[23]

35 Die integrierte Ergebnis- und Finanzplanung stellt die Basis für Vereinbarungen über den revolvierenden Einsatz von Sicherheitenerlösen dar. Mittels entsprechender Darstellung in der Finanzplanung wird aufgezeigt, wann der Betrieb im Rahmen der Fortführung über ausreichend Liquidität, die durch neue Wertschöpfung geschaffen wurde, verfügt, um die Sicherheitenerlöse auszukehren. In dem unten angeführten Schaubild „Finanzplanung – revolvierender Einsatz von Sicherheitenerlösen" ist die Planung in dem Beispiel so justiert worden, dass die Verbräuche der Bestandsvorräte erst ab der Eröffnung des Verfahrens und die Auskehr der vereinnahmten zedierten Gelder erst am Ende des Planungszeitraums erfolgt. Der hierdurch hervorgerufene Finanzierungseffekt beträgt in dem Beispiel in der Spitze TEUR 1619. Durch diese Maßnahmen wird die Finanzierung der Betriebsfortführung möglich.

36 Insolvenzspezifische Finanzplanung – revolvierender Einsatz von Sicherheitenerlösen

---

[22] Siehe zu „Bargeschäft" → § 16 Rn. 74 ff.
[23] Siehe zu „unechtem Massekredit" → § 5 Rn. 109.

§ 19. Die Maßnahmen zur Betriebsfortführung

Finanzplanung - revolvierender Einsatz von Sicherheitenerlösen

		Woche 49/14	Woche 50/14	Woche 51/14	Woche 52/14	vorläufiges Verfahren Woche 1/15	Woche 2/15	Woche 3/15	Woche 4/15	Woche 5/15	Monat Feb 15	eröffnetes Verfahren Monat Mrz 15	Monat Apr 15	Monat Mai 15	Nachlauf	Summe TOTAL
Betriebsfortführung ergebnis- und zahlungswirksam	**ergebniswirksame EINZAHLUNGEN**															
	Umsatzerlöse Produktgruppe 1															
	Umsatzerlöse Produktgruppe 2															
	Umsatzerlöse Produktgruppe 3															
	Summe ergebniswirksame EINZAHLUNGEN	435	870	1.087	952	570	810	1.080	1.080	1.080	2.973	5.680	6.321	5.985	2.911	31.835
	ergebniswirksame AUSZAHLUNGEN															
	Materialaufwand	-262	-295	-319	-162	-149	-302	-396	-401	-403	-2.393	-3.420	-3.488	-3.525		-15.515
	Personalaufwand	0	0	0	0	0	0	0	0	0	-1.872	-1.868	-1.868	-1.857		-7.466
	sonstige betriebliche Aufwendungen	-228	-438	-429	-211	-204	-224	-224	-220	-256	-1.098	-1.154	-968	-1.049		-6.703
	Summe ergebniswirksame AUSZAHLUNGEN	-490	-734	-748	-372	-353	-526	-620	-621	-659	-5.363	-6.442	-6.325	-6.432		-29.684
Betriebsfortführung nur zahlungswirksam	**nicht ergebniswirksame EINZAHLUNGEN**															
	Vereinnahmung von Alt-Debitoren	400	300	300	100											1.100
	Startkontostand (Guthaben-Konten/Kasse)	289														289
	Summe nicht ergebniswirksame EINZAHLUNGEN	689	300	300	100											1.389
	nicht ergebniswirksame AUSZAHLUNGEN															
	Bezahlung Vorauskassen an Lieferanten und Dienstleister	-150	-100	-50											300	0
	Summe nicht ergebniswirksame AUSZAHLUNGEN	-150	-100	-50											300	0
Verwertung ohne Vorratsverbrauch	**EINZAHLUNGEN aufgrund Verwertung**															
	Einzahlungen Verwertung/Verbrauch Umlaufvermögen	131	148	160	81											519
	Summe EINZAHLUNGEN aufgrund Verwertungen	131	148	160	81											519
	AUSZAHLUNGEN aufgrund Sicherheitenauskehr															
	Auskehr Verwertung/Verbrauch Umlaufvermögen										-131	-148	-160	-81		-519
	Auskehr Vereinnahmung zedierter Gelder														-1.100	-1.100
	Summe AUSZAHLUNGEN aufgrund Sicherheitenauskehr	0	0	0	0						-131	-148	-160	-81	-1.100	-1.619
	TOTAL	615	484	749	761	217	284	460	459	421	-2.521	-910	-163	-528	2.111	2.440
	TOTAL kumuliert	615	1.099	1.848	2.609	2.826	3.110	3.571	4.029	4.450	1.930	1.020	857	329	2.440	

Summen: 2.151 | 1.389 | -1.100

3. Kundenanzahlungen

37 Immer dann, wenn der Betrieb der Insolvenzschuldnerin langlaufende kundenbezogene Projekte in Bearbeitung hat, besteht die Möglichkeit, die **Weiterführung der Projektarbeit** von der Vorfinanzierung durch den Kunden abhängig zu machen. Auf der Basis der Fertigstellungsgrade der verschiedenen Projekte zum Zeitpunkt der Antragstellung ist die noch erforderliche Leistung inkl. Marge je Projekt zu kalkulieren. Die sich so ergebenden Beträge werden durch die Kunden auf **projektspezifische Treuhandkonten** überwiesen. Von diesen Treuhandkonten werden dann im Rahmen der Fortführung die projektbezogenen Zahlungen geleistet. Die Verfahrensweise wird in Vereinbarungen zwischen vorläufigem Verwalter/Insolvenzschuldnerin und Kunde geregelt. Insbesondere werden hier neben der Gestaltung der Sicherheiten die Modalitäten der Endabrechnung nach Projektfertigstellung fixiert.

4. Verlustfinanzierung

38 Moderne **Produktionsarchitekturen** sehen vor, dass Produkte häufig aus einer Vielzahl von Teilen entstehen, die bei Zulieferern herstellgestellt und ohne Lagerhaltung direkt zur Endmontage angeliefert werden. Derartige Produktionsketten sind in der Regel dadurch gekennzeichnet, dass der Hersteller des Endprodukts (1) nur eine geringe Wertschöpfungstiefe sowie keine oder nur kleine Lagerhaltung und (2) häufig je Zulieferteil nur einen Lieferanten hat. Somit ist die **Stabilität der Produktionskette** davon abhängig, wie stabil die einzelnen Unternehmen dieser Kette sind. Kommt es nun bei einem der Zulieferer zu einer Insolvenz, ist die Aufrechterhaltung der Kette maßgeblich von der Fortführung des insolventen Betriebes abhängig.

39 Um einen unmittelbaren Produktionsstopp in ihren Montagewerken zu verhindern und Zeit für die Erarbeitung tragfähiger Zukunftslösungen zu schaffen, können Kunden den insolventen Zulieferer durch eine Erhöhung des Preises oder einer Verlustfinanzierung der laufenden Produktion stützen.

40 In einer Vereinbarung zwischen dem Insolvenzverwalter und den Kunden werden auf Basis der insolvenzspezifischen Ergebnis- und Finanzplanung (1) der Fortführungszeitraum, (2) das Finanzierungsvolumen und die auf die einzelnen Kunden entfallenden Anteile, (3) die Verlustdefinition und (4) die Modalitäten der Endabrechnung festgelegt. Damit die Verlustfinanzierung den – aus dem Blickwinkel des fortzuführenden Betriebes – gewünschten Effekt hat, ist die Verlustfinanzierung als **verlorener Zuschuss** zu gestalten. In dem unten angeführten Schaubild „Finanzplanung – Verlustfinanzierung" ist die Planung in dem Beispiel so aufgebaut, dass die Kunden den für die Eröffnungsphase prognostizierten Verlust in Höhe von TEUR 1231 monatlich in vier gleichen Raten (à TEUR 308) zahlen. Die Finanzierung der Betriebsfortführung ist hierdurch gesichert.

41 Insolvenzspezifische Finanzplanung – Verlustfinanzierung

§ 19. Die Maßnahmen zur Betriebsfortführung

Finanzplanung - Verlustfinanzierung

				vorläufiges Verfahren								eröffnetes Verfahren					Summe
	Zeilenbezeichnung [alle Werte in T€]	Woche 49/14	Woche 50/14	Woche 51/14	Woche 52/14	Woche 1/15	Woche 2/15	Woche 3/15	Woche 4/15	Woche 5/15		Monat Feb 15	Monat Mrz 15	Monat Apr 15	Monat Mai 15	Nach-lauf	TOTAL
Betriebsfortführung ergebnis- und zahlungswirksam	**ergebniswirksame EINZAHLUNGEN**																
	Umsatzerlöse Produktgruppe 1																
	Umsatzerlöse Produktgruppe 2																
	Umsatzerlöse Produktgruppe 3																
	Summe ergebniswirksame EINZAHLUNGEN	435	870	1.087	952	570	810	1.080	1.080	1.080		2.973	5.680	6.321	5.985	2.911	31.835
	ergebniswirksame AUSZAHLUNGEN																
	Materialaufwand	-262	-295	-319	-162	-149	-302	-396	-401	-403		-2.393	-3.420	-3.488	-3.525		-15.515
	Personalaufwand	0	0	0	0	0	0	0	0	0		-1.872	-1.868	-1.868	-1.857		-7.466
	sonstige betriebliche Aufwendungen	-228	-438	-429	-211	-204	-224	-224	-220	-256		-1.098	-1.154	-968	-1.049		-6.703
	Summe ergebniswirksame AUSZAHLUNGEN	-490	-734	-748	-372	-353	-526	-620	-621	-659		-5.363	-6.442	-6.325	-6.432		-29.684
Betriebsfortführung nur zahlungswirksam	**nicht ergebniswirksame EINZAHLUNGEN**																
	Verlustfinanzierung											308	308	308	308		1.231
	Vereinnahmung von Alt-Debitoren	400	300	300	100												1.100
	Startkontostand (Guthaben-Konten/Kasse)	289															289
	Summe nicht ergebniswirksame EINZAHLUNGEN	689	300	300	100							308	308	308	308		2.620
	nicht ergebniswirksame AUSZAHLUNGEN																
	Bezahlung Vorauskassen an Lieferanten und Dienstleister	-150	-100	-50												300	0
	Summe nicht ergebniswirksame AUSZAHLUNGEN	-150	-100	-50												300	0
Verwertung ohne Vorratsverbrauch	**EINZAHLUNGEN aufgrund Verwertung**																
	Einzahlungen Verwertung/Verbrauch Umlaufvermögen	131	148	160	81												519
	Summe EINZAHLUNGEN aufgrund Verwertungen	131	148	160	81												519
	AUSZAHLUNGEN aufgrund Sicherheitenauskehr																
	Auskehr Verwertung/Verbrauch Umlaufvermögen	-131	-148	-160	-81												-519
	Auskehr Vereinnahmung zedierter Gelder	-400	-300	-300	-100												-1.100
	Summe AUSZAHLUNGEN aufgrund Sicherheitenauskehr	-531	-448	-460	-181												-1.619
	TOTAL	84	36	289	580	217	284	460	459	421		-2.082	-454	304	-139	3.211	3.671
	TOTAL kumuliert	84	120	409	989	1.206	1.491	1.951	2.410	2.831		749	295	599	460	3.671	

2.151	2.620	-1.100

5. Massekredit

42 Die Vergabe eines Massekredits ist aus Sicht der Banken ein Kreditgeschäft wie jedes andere. Der Kreditantrag durchläuft die üblichen bankinternen Entscheidungsprozesse und es werden die Modalitäten bezüglich Höhe, Laufzeit, Zins und Sicherheiten bestimmt. Da der Massekredit zurückgezahlt werden muss, ist grundsätzlich **höchste Sorgfalt sowohl auf Seiten des vorläufigen Insolvenzverwalters als auch auf Seiten der kreditgebenden Bank gefordert.** Weder der vorläufige Insolvenzverwalter noch die Entscheidungsträger der Bank möchten mit Schadensersatzforderungen oder Haftungsansprüchen konfrontiert werden, sofern eine Rückzahlung des Massekredits nicht gelingt. Der (vorläufige) Insolvenzverwalter will nicht wegen Verletzung insolvenzspezifischer Pflichten nach § 60 InsO oder gar wegen Nichterfüllung von Masseverbindlichkeiten nach § 61 InsO persönlich auf Schadensersatz in Anspruch genommen werden.

43 **a) Rückführung des Massekredits.** Nimmt im Antragsverfahren das Unternehmen mit Zustimmung des vorläufigen „schwachen" Insolvenzverwalters einen Kredit auf, so stellt nach Insolvenzeröffnung die Rückzahlungsverpflichtung des Kredits eine Insolvenzforderung nach § 38 InsO dar. Diese, insbesondere von den kreditgebenden Banken nicht gewünschte, Konsequenz lässt sich vermeiden, wenn dem vorläufigen Verwalter durch das Insolvenzgericht eine partielle, auf die Kreditaufnahme beschränkte, Verwaltungs- und Verfügungsmacht eingeräumt wird. Nimmt dann der sogenannte „halbstarke" vorläufige Insolvenzverwalter den Kredit auf, so darf der Kredit nach Insolvenzeröffnung als Masseverbindlichkeit nach § 55 Abs. 2 S. 1 InsO zurückgezahlt werden.[24]

44 **b) Besicherung des Massekredits.** Zum Zeitpunkt der Insolvenzantragstellung sind in der Regel sämtliche Vermögensgegenstände eines insolventen Unternehmens mit Sicherungsrechten belegt. Sicherheiten für den Massekredit können demnach nur aus der ab Insolvenzantragstellung geschaffenen Wertschöpfung bereitgestellt werden: Nämlich Sicherungsübereignung der ab Insolvenzantragstellung neu hergestellten Vorräte sowie Globalzession der ab Insolvenzantragstellung neu entstandenen Forderungen.

45 **c) Haftung.** Der vorläufige „halbstarke" Insolvenzverwalter hat ebenso wie der endgültige Insolvenzverwalter Schadensersatz zu leisten, wenn der Kredit aus der Insolvenzmasse nicht voll zurückgezahlt werden kann (§ 21 Abs. 2 Nr. 1 iVm § 61 InsO). **Die Verpflichtung zum Schadensersatz besteht allerdings nicht, wenn der vorläufige Insolvenzverwalter bei der Begründung der Verbindlichkeit nicht erkennen konnte, dass die Masse voraussichtlich zur Erfüllung nicht ausreichen würde.**[25] Es ist somit auf die ex ante Betrachtung abzustellen. Hat der vorläufige Insolvenzverwalter den Kreditantrag ausreichend begründet und lege artis dargelegt, dass und unter welchen betriebswirtschaftlich sinnvollen Annahmen der Kredit zurückgeführt werden kann, ist

---

[24] Siehe zur Unterscheidung von „schwachem", „halbstarkem" und „starkem" vorl. Insolvenzverwalter → § 5 Rn. 25 ff.
[25] BGH Urt. v. 17.12.2004, ZInsO 2005, 205, 206.

er im Sinne des § 61 S. 2 InsO exkulpiert.²⁶ Die **integrierte Ergebnis- und Finanzplanung** ist somit auch in diesem Zusammenhang ein **unverzichtbares Werkzeug** des vorläufigen Insolvenzverwalters.

V. Steuerung der Auftragsannahme

Die Schnittstellen des Unternehmens zu seinen Kunden bzw. Lieferanten sind im Rahmen der Betriebsfortführung in der Insolvenz von großer Bedeutung. Neben den besonderen Herausforderungen an die Kommunikation mit den Vertragspartnern ist sowohl auf Seiten der Auftragsannahme wie auf Seiten der Lieferantenbestellungen ein **standardisierter Arbeitsablauf (Workflow)** einzurichten. Dieser stellt sicher, dass der Insolvenzverwalter für seine Entscheidungen eine transparente Datenbasis und stets einen Überblick über die eingegangenen Verpflichtungen hat. 46

1. Kundenkommunikation

Wenn die Insolvenzschuldnerin im Geschäft mit Unternehmern („business-to-business") tätig ist, sollte eine unverzügliche Kontaktaufnahme mit den Kunden erfolgen. Hierfür bietet sich eine zweigleisige Vorgehensweise an. (1) Um alle Kunden inhaltsgleich und schnell informieren zu können, sollte ein **Rundschreiben** versendet werden, in dem darüber informiert wird, dass die Fortführung beabsichtigt ist und derzeit an den Grundlagen für die Fortführung gearbeitet wird.²⁷ Des Weiteren sollte zur Sicherung der Liquidität grundsätzlich im Rahmen des Rundschreibens die Einverständniserklärung des Kunden zum Aufrechnungsverzicht von zum Antragsstichtag bzw. zum Zeitpunkt der Anordnung der vorläufigen Insolvenzverwaltung bestehenden Verpflichtungen der Insolvenzschuldnerin mit Ansprüchen der Insolvenzschuldnerin aus künftigen Leistungen eingeholt werden. (2) Die **Top-Kunden** des Unternehmens sollten grundsätzlich parallel von den Vertriebsmitarbeitern, die für diese Kunden zuständig sind, **persönlich informiert** werden. Den Vertriebsmitarbeitern ist ein Gesprächsleitfaden an die Hand zu geben, damit eine inhaltsgleiche Information sichergestellt wird. Je nach konkreter Situation sollten die Gespräche mit den Top-Kunden durch den vorläufigen Insolvenzverwalter oder Mitarbeiter seines Teams begleitet werden. 47

2. Analyse der vorhandenen Aufträge

Parallel zu dem Bemühen, die Aufträge zu erhalten, muss der vorläufige Insolvenzverwalter sicherstellen, dass die Auftragsdurchführung auch für den Betrieb selbst von Nutzen ist. Da Unternehmen in der Krise oft zu massiven Preiszugeständnissen bereit sind und nach dem Motto „Liquidität vor Rentabilität" agieren, sind Aufträge bzw. Produkte mit negativen Deckungsbeiträgen keine Seltenheit. 48

---

²⁶ BGH Urt. v. 17.12.2004, ZInsO 2005, 205, 207.
²⁷ Die Rundschreiben sollten mittels Fax versendet werden, da über das Fax-Protokoll der Versende- und Empfangsnachweis geführt werden kann.

49 Der vorläufige Insolvenzverwalter hat zum einen das bestehende **Kalkulationssystem** des Unternehmens auf seine Eignung **zu überprüfen und ggf. so anzupassen,** dass es aussagefähige Informationen liefern kann. Zum anderen muss er dafür Sorge tragen, dass der vorhandene Auftragsbestand unter den spezifischen Insolvenzbedingungen nachkalkuliert wird. Hierbei ist zu berücksichtigen, um welche Art von Aufträgen es sich handelt. An die **Nachkalkulation** kundenspezifischer Einzelanfertigungen (zB Bauwerke oder Werkzeuge) sind andere Anforderungen zu stellen als an die Nachkalkulation von Serien- oder Massenprodukten. Die Nachkalkulation zeigt auf, bei welchen Aufträgen bzw. Produkten das Erfordernis der Preisnachverhandlung besteht.

50 Neben der Beantwortung der Frage, ob die vorhandenen Aufträge vorteilhaft – im Sinne von Zahlungsüberschuss generierend – fertiggestellt werden können ist auch zu prüfen, ob der Auftraggeber zahlungsfähig und – willig ist. Insbesondere bei langlaufenden oder technisch anspruchsvollen Aufträgen ist zu prüfen, ob die vertraglich geschuldete Leistung angesichts des Insolvenzantrags noch erbracht werden kann. Die Fertigstellung dieser Aufträge steht unter dem Risiko, dass die hierfür benötigten Kompetenz- und Wissensträger für die Dauer der Leistungserbringung nicht vollumfänglich zur Verfügung stehen.

3. Annahme neuer Aufträge

51 Für die künftige Erstellung von Angeboten bzw. Festlegung von Produktpreisen ist ein standardisierter Ablauf einzurichten. Die Angebotsentwürfe sind mit den zugehörigen Kalkulationen dem (vorläufigen) Insolvenzverwalter zur Freigabe vorzulegen.

52 Die Konditionenfindung ist insbesondere in der Insolvenz ein sehr spezielles Thema. Der Zeitraum der Betriebsfortführung ist zeitlich begrenzt, da er lediglich die oben beschriebene erste Ebene der Sanierung in der Insolvenz darstellt, um der zweiten Ebene (Restrukturierung) und der dritten Ebene (Verkaufsprozess/Insolvenzplan) die nötige Basis zu geben. Vor diesem kurzfristigen Hintergrund wären Preise, die zu positiven **Deckungsbeiträgen** aber nicht zur Deckung der Vollkosten inkl. Abschreibungen und Zinsen führen, ausreichend. Eine Preisgestaltung zB ohne Deckung von Abschreibungen und Zinsen stellt jedoch ein Handicap für die übertragende Sanierung bzw. einen Insolvenzplan dar. Denn ein sanierter Betrieb benötigt Preise, die ihm auch die Deckung von Abschreibungen und Zinsen ermöglichen.

53 Die Laufzeit der angenommen neuen **Aufträge sollte grundsätzlich kongruent zum Planungshorizont** der Ergebnis- und Finanzplanung der Betriebsfortführung durch den Insolvenzverwalter sein. Wird dieser Zeitraum überschritten, geht der Insolvenzverwalter ein nicht unerhebliches Haftungsrisiko ein.

VI. Steuerung der Lieferantenbestellungen

54 Die Insolvenzantragstellung hat zur Folge, dass die Lieferanten nach Kenntniserlangung zunächst grundsätzlich die Belieferung einstellen. Sie weisen den vorläufigen Verwalter auf die Beachtung und Einhaltung der in den AGB vereinbarten **Eigentumsvorbehaltsrechte** hin und sprechen teilweise auch ein

Verarbeitungs- und Veräußerungsverbot aus. Einige Lieferanten machen die Weiterbelieferung von der Begleichung offener Rechnungen abhängig und bestehen auf der Leistung von Vorkassen für neue Lieferungen. Somit besteht zunächst eine denkbar ungünstige Ausgangslage für eine Betriebsfortführung. Die Herausforderung für den vorläufigen Verwalter besteht nun darin, **über geeignete Information und Transparenz das Vertrauen der Lieferanten zu erlangen.** Den Lieferanten muss grundsätzlich erläutert werden, dass die Bezahlung der Verbindlichkeiten aus der Zeit vor Stellung des Insolvenzantrags bzw. Anordnung der vorläufigen Insolvenzverwaltung nicht erfolgen darf. Des Weiteren muss der (vorläufige) Insolvenzverwalter einen Prozess installieren, der sicherstellt, dass keine Verpflichtungen gegenüber Lieferanten ohne seine Zustimmung eingegangen werden.

1. Lieferantenkommunikation und Erlangung von Lieferantenvertrauen

Analog zur oben beschriebenen Kundenkommunikation ist auch bei der Information der Lieferanten zweigleisig vorzugehen. (1) Über ein **Rundschreiben an alle Lieferanten** wird über die Antragstellung und die beabsichtigte Betriebsfortführung unter Wahrung der Sicherungsrechte der Lieferanten informiert. Es wird beschrieben, dass künftige Bestellungen nur von dem (vorläufigen) Insolvenzverwalter oder von Personen ausgelöst werden, die durch den (vorläufigen) Insolvenzverwalter autorisiert wurden. (2) Die **wichtigsten Lieferanten** werden parallel von den Einkaufsmitarbeitern, die für diese Lieferanten zuständig sind, **persönlich informiert.** Den Mitarbeitern wird hierfür ein Gesprächsleitfaden an die Hand gegeben. Gegebenenfalls erfolgt eine Begleitung dieser Gespräche durch den (vorläufigen) Insolvenzverwalter oder Mitarbeiter seines Teams.

Den Lieferanten werden kurzfristig die **Ergebnisse der lieferantenbezogenen Inventur** (→ Rn. 14) zugeleitet. Wenn von Lieferanten gewünscht, sollte ihnen zur Vertrauensbildung der Zugang zum Betrieb ermöglicht werden, damit diese zusätzlich zur Inventur den aktuellen Bestand sichten und einen Abgleich vor Ort vornehmen können. Des Weiteren werden die Lieferanten über den Prozess der Wahrung ihrer Sicherungsrechte informiert. Wenn Sicherungsrechte insolvenzfest bestehen, erfolgt entweder die Rückgabe der Waren, wenn sie nicht mehr benötigt werden oder die Auskehrung der Kaufpreise (bei Absonderungsrechten nach Abzug von Verfahrenskosten), wenn die Waren im Rahmen der Betriebsfortführung verbraucht worden sind. In diesem Zusammenhang ist wichtig, dass den Lieferanten auch mitgeteilt wird, in welchem zeitlichen Rahmen diese Abrechnung erfolgt. Die Praxis zeigt, dass aufgrund der Erläuterung dieser Vorgehensweise – und selbstverständlich auch der späteren Umsetzung – schnell eine Vertrauensbasis hergestellt wird.

Sollte sich trotzdem ein Vertragspartner dieser Vorgehensweise verweigern, kann der vorläufige Insolvenzverwalter versuchen, über eine **gerichtliche Anordnung der Sicherungsmaßnahmen gem. § 21 Abs. 2 Nr. 5 InsO** den Lieferanten zu überzeugen. Allerdings ist umstritten, ob selbst dann, wenn einzelne Gegenstände (Vorräte) zur Betriebsfortführung von erheblicher Bedeutung sind und sich diese Gegenstände im Besitz des Insolvenzschuldners befinden, eine Verarbeitung oder Veräußerung von einer entsprechenden gerichtlichen Anordnung gedeckt ist. Die hM stimmt dem wohl zu, allerdings gibt es auch anders lautende Stimmen.[28] In Streitfällen sollte der Insolvenzverwalter also idealerweise mit dem jeweiligen Lieferanten eine Vereinbarung treffen oder zumindest Vorkehrungen treffen, dass die spätere Insolvenzmasse auch im Falle einer erfolglosen Betriebsfortführung in der Lage ist, die Lieferantenrechte abzulösen.

2. Zentralisierter Bestellprozess

58 Bestellungen, die im Antragsverfahren mit Zustimmung des vorläufigen Insolvenzverwalters bzw. nach Insolvenzeröffnung durch den Insolvenzverwalter ausgelöst wurden, begründen Verpflichtungen, die in Form von Bargeschäften zu zahlen sind (Leistungszeitpunkt im Antragsverfahren) oder zu Masseverbindlichkeiten führen (Leistungszeitpunkt nach Insolvenzeröffnung). Dh, vor Auslösung von Bestellungen muss Klarheit darüber bestehen, dass (1) die konkrete Bestellung für die Betriebsfortführung notwendig ist und (2) sie im Einklang mit der insolvenzspezifischen Ertrags- und Finanzplanung steht. Dies stellt besondere Anforderungen an die Organisation des Bestellprozesses.

59 Die größte Sicherheit bietet ein Bestellwesen, bei dem alle Bestellungen von einer Stelle (Einkauf) auf der Basis eines integrierten ERP-Systems (→ Rn. 5) ausgelöst werden. Diese Organisationsform gewährleistet grundsätzlich eine streng bedarfsorientierte Beschaffung mit hoher Transparenz. Im konkreten Fall ist deshalb zu prüfen, inwieweit bisher die Bestellungen der Insolvenzschuldnerin zentral ausgelöst und in einem System verwaltet worden sind. Sofern die bisherigen Abläufe nicht diesem Ideal entsprechen, hat der (vorläufige) Insolvenzverwalter einen Bestellprozess einzurichten, der diesen Anforderungen gerecht wird.

60 Da der neue **Bestellprozess** kurzfristig umzusetzen ist, können in der Regel nur rein organisatorische Maßnahmen mit unterstützenden IT-Anwendungen (Tabellenkalkulationsprogramme) in Frage kommen: (1) **Bündelung aller Bestellungen bei einem zentralen Einkauf** und Installierung des zentralen Einkaufs als kritische Instanz, (2) abschließende **Freigabe der Bestellungen durch den (vorläufigen) Insolvenzverwalter**, (3) Reduzierung der in Systemen hinterlegten Bestellmengen, (4) IT-gestützte Dokumentation der bislang platzierten und noch nicht zur Anlieferung gelangten Bestellungen (sogenanntes Bestellobligo).

61 Die Praxis zeigt, dass Zentralisierung und Transparenz automatisch zu einem geringeren Bestellvolumen führen, da der einzelne Mitarbeiter weiß, dass seine Bestellanforderungen kritisch geprüft und hinterfragt werden. Dieser positive Einfluss auf die Verminderung der zu beschaffenden Roh-, Hilfs-, Betriebsstoffe und Waren trägt dazu bei, dass die Mittelbindung aufgrund vermehrt geforderter Vorkassen zumindest teilweise kompensiert wird.[29]

---

[28] Vgl. zum Meinungsstand: MüKoInsO/*Haarmeyer* § 21 Rn. 99; HambK-InsO/*Schröder* § 21 Rn. 69d und die Ausführungen in § 5 Rn. 98 ff.

[29] Die in den Vorräten und Forderungen gebundenen Mittel, die nicht durch Lieferantenkredite (Lieferantenzahlungsziele) gedeckt sind, kennzeichnen das sogenannte Working Capital. Vgl. *Brealey/Myers/Allen*, Principles of Corporate Finance, 9. Aufl. 2008, S. 145. Durch effiziente Beschaffungs-, Vorrats- und Forderungssteuerung lässt sich häufig der Finanzmittelbedarf erheblich senken.

VII. Management der Betriebsfortführung

Der (vorläufige) Insolvenzverwalter hat die oben beschriebenen insolvenzspezifischen Prozesse und ihr Zusammenspiel mit den originären Geschäftsprozessen so zu gestalten, dass durch die Betriebsfortführung die Basis für eine erfolgreiche Sanierung geschaffen wird. Dementsprechend muss er die **Hauptfunktionen des Managements** beherrschen: Planen, Organisieren, Führen und Kontrollieren. Und er muss über die geeigneten Informationen verfügen, die ihm eine gute Steuerung der Aktivitäten ermöglichen.

62

1. Zusammenspiel von Insolvenzverwalter und Führungskräften

Ein zentraler Baustein erfolgreicher Betriebsfortführung ist das **gute Zusammenspiel von (vorläufigem) Insolvenzverwalter und seinem Team mit den Führungskräften** der Insolvenzschuldnerin. Es geht darum, die Expertise der Insolvenzfachleute möglichst gut mit der Erfahrung und Branchenkenntnis der Führungskräfte zu kombinieren. Aus diesem Grunde ist es ratsam, bereits bei dem ersten Treffen mit den Führungskräften diesen Sachverhalt deutlich zu machen, die Verantwortung für die operativen Prozesse explizit bei den Mitarbeitern zu belassen und **den Führungskräften das Vertrauen zu geben.**

63

Bei der Größe der hier betrachteten Unternehmen sollte ab dem Zeitpunkt der Insolvenzeröffnung das Zusammenwirken auch formal im Organigramm dokumentiert werden. Die **Gesamtverantwortung obliegt dem Insolvenzverwalter, das operative Geschäft mit seinen betrieblichen Funktionen (Einkauf, Produktion, Logistik, Vertrieb etc) wird von den Führungskräften der Insolvenzschuldnerin und die Funktion Finanzen vom Insolvenzverwalter betreut.** Die weiteren Teammitglieder des Insolvenzverwalters fungieren quasi wie Stabstellen und unterstützen in insolvenzspezifischen Fragestellungen.

64

Ein geeignetes Hilfsmittel zur Unterstützung der Führung durch den Insolvenzverwalter ist die **Einrichtung von Jour Fixe Terminen** mit der Gruppe der Führungskräfte. Der Jour Fixe ermöglicht einen einheitlichen Informationsaustauch über funktionsübergreifende Themen und dient dem Insolvenzverwalter als Plattform, um seine wichtigen Botschaften direkt an die Führungskräfte geben zu können.

65

2. Steuerungsinformationen

"If you can't measure it, you can't manage it!"[30] Diese Managementregel gilt es insbesondere im Rahmen der mit vielfältigen Risiken behafteten Betriebsfortführung in der Insolvenz zu beachten.

66

Die insolvenzspezifische Ergebnis- und Finanzplanung stellt das quantitative Geländer der Fortführung dar. Sie zeigt auf, unter welchen Bedingungen eine Fortführung nicht zur Verminderung der Masse führt. Ob sich die Fortführung aber auch tatsächlich entlang dieses geplanten Geländers bewegt oder ob sie sich von ihm in negative Richtung entfernt, bedarf einer **permanenten Über-**

67

---

[30] Diese Aussage stammt von Peter Drucker, dessen Wirken in der Mitte des letzten Jahrhunderts ganz wesentlich die moderne Unternehmensberatung beeinflusst hat. Siehe beispielhaft *Drucker*, The Effective Executive, 1967.

prüfung. Denn nur so wird gewährleistet, dass kurzfristig Entscheidungen getroffen werden können, um negative Entwicklungen zu verhindern.

68 Aus den monatlichen betriebswirtschaftlichen Abschlüssen der Insolvenzschuldnerin sind daher die Ist-Zahlen abzuleiten und in Form eines **Plan-Ist-Vergleichs der insolvenzspezifischen Planung** gegenüberzustellen und mit aussagekräftigen Abweichungsanalysen zu versehen. Um bereits zwischen diesen Monatsintervallen die Entwicklung der Daten transparent zu machen, die insbesondere für die **liquiditätsmäßige Steuerung** von großer Bedeutung sind, ist die Einrichtung eines sogenannten **Verwalter-Cockpits** zu empfehlen.

69 Das Verwalter-Cockpit zeigt täglich auf einem Übersichtsblatt die Entwicklung von Bankguthaben, Debitoren, Kreditoren, Bestellobligo, Umsatz, Auftrags- und Vorratsbestand. Wird diese Übersicht in elektronischer Form erstellt, so besteht die Möglichkeit, sie mit einer Drill-Down-Funktion[31] auszustatten, die dem Empfänger die Möglichkeit gibt, neben den Überblick- auch Detailinformationen zu sehen. Das unten angefügte Schaubild zeigt ein Beispiel eines Verwalter-Cockpits.

70 Verwalter-Cockpit

---

[31] Drill-Down-Funktionen öffnen dem Anwender den Einblick in die im IT-System gespeicherten Basisdaten.

Verwalter-Cockpit (Werte in €)

	Monat	05	05	05	05	05	05
	Tag	Fr	Mo	Di	Mi	Do	Fr
	Datum	20	23	24	25	26	27
Kontostände		166.666,30	177.933,85	225.256,44	218.037,15	218.037,15	207.477,65
OP - Debitor (ab Antrag)		111.240,66	319.596,63	257.269,44	276.193,65	276.193,65	279.430,09
OP - Debitor (bis Antrag)		122.527,91	122.527,91	122.527,91	122.527,91	122.527,91	122.527,91
OP - Kreditor (ab Antrag)		44.189,21	29.956,56	36.719,16	37.853,27	37.853,27	28.426,77
Wareneingang ohne Rechnung		2.481,32	200,88	8.443,20	10.146,76	10.146,76	10.234,76
Umsatz kumuliert (ab Antrag)		261.696,47	489.027,99	497.338,26	513.240,96	513.240,96	533.037,94
Umsatz kumuliert Monat		149.829,29	377.160,81	385.471,08	401.373,78	401.373,78	421.170,76
Auftragsbestand		1.656.627,84	1.429.296,32	1.525.298,39	1.621.021,29	1.621.021,29	1.392.714,81
offene Bestellungen (ab Antrag)		147.951,92	151.932,30	157.838,28	174.351,84	174.351,84	176.977,96
Bestand RHB		606.931,39					605.548,81
Bestand FE/ UE/ Waren		953.155,99					778.085,10
Bestand gesamt		1.560.087,38					1.383.633,91
davon Bestand (Antragszeitpunkt)		1.111.179,00					1.010.611,42

C. Fazit

71 Die Betriebsfortführung in der Insolvenz erfordert den Einsatz eines mannigfaltigen betriebswirtschaftlichen Repertoires. Der (vorläufige) Insolvenzverwalter muss die rechtlichen Möglichkeiten und Gefahren sowie die insolvenzspezifischen Prozesse der Betriebsfortführung beherrschen. Er muss über Managerqualitäten verfügen und Flexibilität und Führungsstärke zeigen. Die Betriebsfortführung in der Insolvenz ist rechtlich geboten und tatsächlich möglich. Sie ist aber kein Übungsfeld für Anfänger.

72

Zeit- und Maßnahmenplanung im Insolvenzantragsverfahren
(mit Betriebsfortführung)

Hinweis:
Die folgenden Arbeitsvorschläge sind anhand der konkreten Situation zu würdigen/anzupassen. Betriebsinterne Arbeiten: so früh wie möglich veranlassen. Beachte: Motivationsverlust/Schwund an qualifizierten Arbeitnehmern!

Unverzüglich erledigen

1. Sofortüberblick
   1.1 Betriebsbegehung
   1.2 Belegschaftssituation
       1.2.1 Anzahl Mitarbeiter
       1.2.2 Kündigungssituation
       1.2.3 Lohn- und Gehaltsrückstände
   1.3 Auftragsbestand
   1.4 Produktionsmöglichkeiten
       1.4.1 Roh-, Hilfs- und Betriebsstoffe
       1.4.2 Halbfertigwaren
       1.4.3 Fertigwaren
   1.5 Forderungen/Außenstände
   1.6 Erstinformation zur Sicherheitenlage
2. Sofortmaßnahmen
   2.1 Fragebogen/Checklisten an Schuldner aushändigen
   2.2 Standard-Infos und Anfragen an
       2.2.1 Kreditinstitute
       2.2.2 Grundbuchämter
       2.2.3 Finanzamt
       2.2.4 Sozialversicherer
       2.2.5 Registergericht
       2.2.6 Gewerbeämter

Innerhalb von 48 Stunden

1. Inventur
   1.1 Gemischtes Inventurteam aus Betrieb und eigenen Mitarbeitern
   1.2 Verantwortlichkeiten bestimmen
   1.3 Gleichzeitig: Diebstahlsvorsorge
2. „Gestattung" Fortproduktion (ohne Zukäufe und Auslieferung)
3. Kreditorenverzeichnis
4. Debitorenverzeichnis
5. Übersicht zur aktuellen Produktion und Hindernisse
6. Information Insolvenzgericht nebst Anregung von Sicherungsmaßnahmen

Innerhalb von 72 Stunden
(nach Anordnung der vorläufigen Insolvenzverwaltung)

1. Arbeitspapier (Checkliste) zum Gutachten abfragen
2. Auftragssituation klären
   2.1 Gesamtaufträge
   2.2 Reichweite der Aufträge
3. Benötigte Sofortliquidität, insbesondere für
   3.1 Materialzukäufe
   3.2 Energie
   3.3 Fremdleistungen
4. Betriebsversammlung
   4.1 Generelle Information
   4.2 Info zum Insolvenzgeld
      4.2.1 Vorfinanzierung durch Gehaltskonto-Überziehung
      4.2.2 Vorfinanzierung durch Verkauf und Abtretung
   4.3 Zeitliche Perspektive klären
   4.4 Theoretische Verfahrensalternativen
5. Situation der Mitarbeiter prüfen
   5.1 Motivationslage
   5.2 Ausscheiden von Schlüssel-Mitarbeitern
6. Arbeitsvorgaben
   6.1 Finanzbuchhaltung
   6.2 Vertragssammlung
      6.2.1 Versicherungen
      6.2.2 Leasing
      6.2.3 Miete
      6.2.4 Sonstige Verträge
7. Treuhandkonto eröffnen
8. Vorsorgeanordnungen zu
   8.1 Aufrechnung/Zurückbehaltung der Kunden
   8.2 Spediteure/Werkunternehmer
   8.3 Handelsvertreter/Außendienst
   8.4 Tank- und Telefonkarten/sonstige Kreditkarten
9. Versicherungen (Deckungsschutz) prüfen
   9.1 Kraftfahrzeuge
   9.2 Betriebliche Versicherungen
   9.3 Versicherung des vorläufigen Insolvenzverwalters

10. Problembewusstsein herstellen
   10.1 Künftige Masseverbindlichkeiten
   10.2 Erfüllung von künftigen Insolvenzforderungen
   10.3 Zulässigkeit von „Bargeschäften"
   10.4 Behandlung von Sicherungsgütern
      10.4.1 Eigentumsvorbehalt
      10.4.2 Sicherungsübereignung
      10.4.3 Zessionen
   10.5 Persönliches Vertrauen und Konsequenzen
      10.5.1 Zivilrechtliche Haftung
      10.5.2 Steuerrechtliche Pflichten
11. Sicherstellung der Weiterproduktion
   11.1 Lieferanten-Info/Rundschreiben
   11.2 Kunden-Info/Rundschreiben

Innerhalb der 1. Arbeitswoche

1. Rohentwurf Insolvenzstatus
2. Produktionsplanung bis Ende des Insolvenzgeldzeitraumes
3. Liquiditätsbedarf bis Ende des Insolvenzgeldzeitraumes
   3.1 Ohne Löhne und Gehälter
   3.2 Ohne „Altschulden"
   3.3 Nur Neueinkäufe/aktueller Mittelbedarf
4. Sicherheitenklärung
   4.1 Tatsächliche Inanspruchnahme von Sicherheiten
   4.2 Rechtlicher Bestand
   4.3 Konkurrenzen und Sicherheitenabgrenzung
5. Vorbereitung Bankengespräch
   5.1 Ist-Situation klären
      5.1.1 Bankforderungen
      5.1.2 Banksicherheiten
      5.1.3 Verbleibende Risiken der Kreditinstitute
         5.1.3.1 Unbesicherte Forderungen
         5.1.3.2 Nicht verkaufsreife Wirtschaftsgüter
         5.1.3.3 Realisierungsalternativen erarbeiten
   5.2 Sofort-Liquidität durch Sofort-Darlehen
      5.2.1 Rechtliche Vorbereitung
      5.2.2 Mindestbedarf
      5.2.3 Besicherung/Rückführung
6. Beauftragungen (prüfen, ob jetzt schon notwendig)
   6.1 Umweltbeauftragter
   6.2 Arbeitssicherheitsbeauftragter
7. Externe Bewertung/Taxation veranlassen

Innerhalb von 14 Tagen

1. Arbeitspapier zum Gutachten „nacharbeiten"
2. Prüfung der Kreditsicherheiten
3. Handelsvertreter-Rundschreiben/Außendienstmeeting

4. Produktionsplanungen (ggf.: Alternativen)
   4.1 Bis Eröffnung
   4.2 Bis 1. Gläubigerversammlung oder Ablauf Kündigungsfristen
5. Endgültiges Insolvenzverwalterdarlehen
6. Zwischeninformation Gericht

Bis Ende 1. Monat

1. Entwurf Gutachten fertigen
2. Inventurauswertung
3. Bewertungsgutachten für bewegliches und unbewegliches Anlagevermögen
4. Kurzpräsentation Unternehmen (offenes Verfahrensziel) erarbeiten
5. Arbeitnehmerdaten erarbeiten
6. Interessenausgleich vorbereiten
7. Pensionen/Pensions-Sicherungs-Verein
8. Betriebswirtschaftliche Lage
   8.1 Sanierungsfähigkeiten durch Plan
   8.2 Übertragende Sanierung
   8.3 Stilllegung
9. Insolvenzgeldanträge vorbereiten
10. Finanzbuchhaltung aufarbeiten
11. Mahnläufe
12. Gläubiger-/Schuldnerlisten nebst Etikettenaufdruck vorbereiten
13. Einwendungen/Reklamationsbearbeitung
14. Beginn Entsorgung der Altunterlagen
15. Vorsorge für Zahlungspflichten nach Insolvenzeröffnung (zB Treuhandkonto)

6. Teil
Vertragsbeziehungen in der Insolvenz

§ 20. Einführung

Im Kapitel „§ 20. Einführung" wird dargelegt, wie sich eine Insolvenzeröffnung auf Verträge ganz grundsätzlich auswirkt (→ Rn. 4–9) und welche Vertragstypen vor diesem Hintergrund voneinander unterschieden werden müssen (→ Rn. 13). Außerdem werden die von der InsO bereitgestellten „Werkzeuge", nämlich das Wahlrecht des Verwalters und die Kündigung vorgestellt (→ Rn. 10–12).

Ein in die Insolvenz geratener Schuldner, insbesondere ein insolventes Unternehmen, steht zu dritten Personen in vielfältigen Rechtsbeziehungen, denen zuvor abgeschlossene Verträge zugrunde liegen. Die Insolvenzordnung regelt in den §§ 103–119 das Schicksal solcher Vertragsverhältnisse. In den weiteren Vorschriften der §§ 120–128 InsO sind Sonderregelungen für die Mitwirkungen eines Betriebsrats getroffen worden, die im Rahmen dieses Kapitels nicht mitbehandelt werden. 1

Die §§ 103–119 InsO orientieren sich in ihrem Regelungsinhalt an den Zielen des Insolvenzverfahrens, die in § 1 InsO niedergelegt sind: die Verwertung des Schuldnervermögens zum Zweck der gemeinschaftlichen Befriedigung der Gläubiger einerseits sowie die Sanierung des Schuldners andererseits. Dieser Flexibilität des Insolvenzverfahrens entsprechend sind auch die Vorschriften zum Schicksal der Vertragsverhältnisse in der Insolvenz flexibel ausgestaltet: einerseits soll dem Verwalter die Möglichkeit eingeräumt werden, sich schnell von Vertragsverhältnissen lösen zu können, andererseits soll er an Vertragsverhältnissen trotz der eingetretenen Insolvenz festhalten können, wenn das Fortbestehen der Verträge für eine befristete Fortführung des Geschäftsbetriebs oder gar für eine Sanierung des Unternehmens sinnvoll oder nützlich ist. Die Insolvenzordnung stellt damit maßgeblich auf die Entscheidung des Insolvenzverwalters ab und gibt ihm in den §§ 103–119 InsO ein Instrumentarium an die Hand, um je nach Fallgestaltung das angestrebte Ziel möglichst effizient erreichen zu können. 2

Anwendbar sind die §§ 103 ff. InsO erst nach der Eröffnung des Insolvenzverfahrens. Für die Zeit zwischen Insolvenzantragstellung und Insolvenzeröffnung gelten die genannten Vorschriften noch nicht. Die Insolvenzantragstellung hat auf das Bestehen von Verträgen und aus den sich daraus für die Vertragsparteien ergebenden Verpflichtungen grundsätzlich keinen Einfluss. Erst die Eröffnung des Insolvenzverfahrens wirkt sich auf die Vertragsbeziehungen aus. Das Verständnis für die §§ 103–119 InsO erschließt sich am ehesten, indem man sich diese Vorschriften aus der Insolvenzordnung wegdenkt. Wäre zu Vertragsverhältnissen nichts geregelt, würde niemand auf den Gedanken kommen, die Eröffnung des Insolvenzverfahrens könne auf den Bestand von Vertragsverhält- 3 nissen irgendeinen Einfluss haben. Genau dies ist auch das Grundkonzept der Insolvenzordnung.

A. Die Wirkung der Insolvenzeröffnung auf Verträge allgemein

4   Grundsätzlich hat die Insolvenzeröffnung keine Auswirkungen auf das Bestehen von Vertragsverhältnissen. Würden alle Verträge und auch die daraus resultierenden Ansprüche automatisch durch die Eröffnung des Verfahrens erlöschen, könnte zB ein Lieferant wegen der von ihm erbrachten Leistungen keine Insolvenzforderung zur Tabelle anmelden (allenfalls als Schadensersatz- oder Bereicherungsanspruch). Denn der Insolvenzgläubiger stützt seine Forderungsanmeldung (selbstverständlich) auf den früher mit dem Schuldner abgeschlossenen Vertrag. Auch ein Vermieter stützt seine offenen Forderungen auf einen Vertrag, den Mietvertrag.

5   Umgekehrt zieht der Insolvenzverwalter die Forderungen des Schuldners aus Lieferungen und Leistungen ein und begründet den Zahlungsanspruch mit dem Vertrag, den der Schuldner mit dem Dritten abgeschlossen hatte. Das wäre nicht mehr möglich, wenn infolge der Verfahrenseröffnung alle Verträge erlöschen würden. Auch stelle man sich vor, mit Eröffnung des Insolvenzverfahrens würden Arbeits- und Mietverträge automatisch erlöschen; eine Aufrechterhaltung der Betriebstätigkeit des schuldnerischen Unternehmens wäre unmöglich.

6   Verträge bleiben also trotz Insolvenzeröffnung grundsätzlich bestehen. Davon gibt es einige wenige Ausnahmen, und zwar die vom Schuldner erteilten Aufträge und Vollmachten sowie die Geschäftsbesorgungsverträge, die sich auf massezugehöriges Vermögen beziehen. Diese Verträge beeinträchtigen die alleinige Verwaltungs- und Verfügungsbefugnis des Insolvenzverwalters und erlöschen daher ausnahmsweise mit Eröffnung des Verfahrens automatisch. Einer gesonderten Erklärung des Verwalters bedarf es nicht.

7   Damit ergibt sich folgendes Schaubild, das Regeln und Ausnahmen zum Schicksal der Vertragsverhältnisse durch Insolvenzeröffnung darstellt:

Verträge

8   Grundsatz: Erlöschen durch Insolvenzeröffnung nicht! (Das ist in der InsO nicht ausdrücklich geregelt, liegt aber dem Grundkonzept des Gesetzes zu Grunde.)

9   Ausnahme: Automatisches Erlöschen, wenn die „Alleinherrschaft" des Insolvenzverwalters berührt wird (Auftrag, Vollmacht, Geschäftsbesorgungsvertrag – §§ 115–117 InsO, Gewinnabführungs- und Beherrschungsverträge).

B. Wahlrecht oder Kündigung

10   Die Insolvenzordnung lässt grundsätzlich alle Vertragsverhältnisse trotz der Eröffnung des Verfahrens bestehen. Aber deswegen sind sie von der Insolvenz

nicht etwa völlig unberührt. Insbesondere ist § 38 InsO zu beachten. Danach können alle vor der Insolvenzeröffnung begründeten Ansprüche – vor allem also alle vertraglichen Ansprüche! – nur noch als Insolvenzforderung geltend gemacOht werden. Machen wir uns das an einem Beispiel deutlich:

Beispiel: Einige Wochen vor der Insolvenz schloss der spätere Schuldner einen Kaufvertrag über ein neues Auto zum Kaufpreis von EUR 30000,00. Noch bevor die Vertragsparteien ihre Leistungen austauschen konnten, wird über das Vermögen des Schuldners das Insolvenzverfahren eröffnet. Der Autoverkäufer kann einige Tage nach der Insolvenzeröffnung das Auto ausliefern und fragt sich, was denn jetzt mit dem Kaufvertrag ist, ob er den Wagen ausliefern darf oder gar muss und ob er denn auch den Kaufpreis bekommt, wenn er seinerseits liefert. Der Insolvenzverwalter wird ihm erklären, dass durch Abschluss des Kaufvertrages ein Anspruch des Schuldners auf Übergabe eines Neuwagens begründet worden ist und dass er als Insolvenzverwalter den Neuwagen deshalb für die Masse fordert. Der Verwalter wird weiter erklären, dass der Gegenanspruch des Autoverkäufers auf Zahlung von EUR 30000,00 eine Insolvenzforderung sei, weil dieser Anspruch ebenfalls vor der Insolvenzeröffnung, nämlich durch Abschluss des Neuwagenkaufvertrages begründet worden ist. Auf diesen Anspruch, so führt der Verwalter weiter aus, werde es je nach Abwicklungsergebnis zwischen 0% und 5% Quote geben. Der Autoverkäufer entgegnet, dass er unter diesen Umständen den Neuwagen nicht ausliefern werde und beruft sich dazu auf § 320 BGB. Diese Vorschrift besagt, dass man als Partei eines gegenseitigen Vertrages selbst nicht leisten muss, wenn auch die andere Partei nicht leistet. Und der Verwalter hat schließlich erklärt, er werde nicht etwa den vereinbarten Kaufpreis bezahlen, sondern nur eine Quote darauf. Das wäre in der Tat keine vollständige Leistung!

Damit wäre die Abwicklung dieses Vertrages auf Dauer blockiert. Das mag aus der Sicht des Insolvenzverwalters ein akzeptables Ergebnis sein, weil er mit dem Neuwagen nichts anfangen kann. Es ist aber auch denkbar, dass er für eine Betriebsfortführung dringend auf das Fahrzeug angewiesen ist und der Kaufpreis von EUR 30000,00 außerdem ein echtes Schnäppchen ist. Nun könnte eingewandt werden, der Autoverkäufer und der Insolvenzverwalter könnten den alten Vertrag ignorieren und einfach einen neuen Vertrag über dasselbe Fahrzeug zu demselben Kaufpreis abschließen; alsdann wäre der (neue) Kaufpreisanspruch nicht vor, sondern nach der Insolvenzeröffnung begründet worden und hätte deshalb gem. § 55 Abs. 1 Nr. 1 InsO die Qualität einer Masseschuld. Der Verwalter dürfte zahlen und bekäme im Gegenzug das Auto. Aber das wäre erstens umständlich und zweitens will der Vertragspartner vielleicht keinen neuen Vertrag abschließen oder nur einen mit höherem Kaufpreis. Das würde die Abwicklung des Insolvenzverfahrens erschweren oder zumindest das Ergebnis verschlechtern. Das Gesetz geht deshalb einen anderen Weg und gewährt dem Insolvenzverwalter in einer derartigen Situation das Recht, die aus dem ursprünglichen Vertrag resultierenden Ansprüche des Vertragspartners (Autoverkäufer) zu Masseschulden zu machen. Damit wird das gleiche Ergebnis erzielt wie beim Neuabschluss des Vertrages nach der Insolvenzeröffnung, nur hat die gesetzliche Lösung den Vorteil, dass der Insolvenzverwalter nicht mehr davon abhängig ist, dass der Vertragspartner bereit ist, einen neuen Vertrag zu denselben Bedingungen abzuschließen.

Grundsätzlich gilt, dass der Insolvenzverwalter wählen darf, ob er mit Mitteln der Insolvenzmasse einen Vertrag erfüllen oder ob er ihn nicht erfüllen will.

Ringstmeier

Mit dem Wahlrecht wird dem Insolvenzverwalter eine flexible Handhabung ermöglicht, mit welcher er stets im Interesse der Masse, also der Gesamtgläubigerschaft entscheiden kann, ob diese mehr von der Durchführung des Vertrages profitiert oder mehr von der Nichterfüllung des Vertrages. Dabei braucht der Insolvenzverwalter auf die Belange des jeweiligen Vertragspartners grundsätzlich keine Rücksicht zu nehmen; allein die Interessen aller Gläubiger sind für ihn maßgeblich.

12 Vom Gesetzgeber als besonders wichtig eingestufte, weil auf Dauer angelegte Verträge, nämlich Miet- oder Pachtverträge über Grundstücke und Räume, Darlehensverträge, bei denen der Schuldner Darlehensgeber ist, sowie Dienstverträge, vor allem also Arbeitsverträge mit Arbeitnehmern, sind vom Wahlrecht des Insolvenzverwalters ausgenommen. Bestehen solche Verträge trotz Insolvenzeröffnung fort, sind die Ansprüche des Vertragspartners für die Zeit nach der Eröffnung des Verfahrens automatisch Masseschulden, was der Insolvenzverwalter nicht verhindern kann. So kann der Vermieter des Schuldners nach der Insolvenzeröffnung den fortlaufenden Mietzins von der Masse verlangen, der Arbeitnehmer kann von der Masse die fortlaufenden Gehälter einfordern und der Darlehensnehmer muss die Darlehensvaluta grundsätzlich nicht vorzeitig zurückgeben, muss aber seine Zinsen zahlen. Wichtig sind solche Verträge für den Schuldner, der zB den Betrieb auf dem gemieteten Grundstück weiterbetreiben will. Auch die Ansprüche auf Erbringung der Arbeitsleistung gegen die Arbeitnehmer müssen fortbestehen, wenn der Schuldnerbetrieb weitergeführt werden soll. Aber auch für die Vertragspartner des Schuldners sind Mietverträge über Grundstücke und Räume oder der Arbeitsvertrag besonders wichtige Verträge, weil sie typischerweise langfristig angelegt sind und damit existenzsichernden Charakter haben. An Stelle des dem Verwalter nicht zustehenden Wahlrechts gibt ihm die Insolvenzordnung ein einseitiges Kündigungsrecht, mit dem sich der Verwalter vorzeitig aus solchen Vertragsverhältnissen lösen kann.

C. Von §§ 103–119 InsO nicht geregelte Verträge

13 Wie sich die Eröffnung eines Insolvenzverfahrens auf Verträge auswirkt, lässt sich für bestimmte Vertragstypen klären, ohne dass dazu auf die §§ 103–119 InsO zurückgegriffen werden müsste. Es handelt sich dabei um die sog **einseitig** verpflichtenden Verträge. Das sind Verträge, an denen zwar zwei Parteien beteiligt sind, aus denen aber nur eine der Parteien verpflichtet wird. Die andere Vertragspartei ist nur begünstigt. Das gilt etwa für die Bürgschaft, aber auch für Leihe-, Schenkungs- und unverzinsliche Darlehensverträge. Für solche nur einseitig verpflichtende Verträge bedurfte es keiner besonderen Regelung im Gesetz; die Vorschriften der §§ 103–119 InsO finden auf diese Verträge keine Anwendung.

§ 21. Gegenseitige nicht vollständig erfüllte Verträge, §§ 103–107 InsO

A. Die Grundnorm § 103 InsO

Musterfälle Der Schuldner betreibt einen Handel mit Kraftfahrzeugen. Er hatte vor der Insolvenzeröffnung mit der Firma V (= Verkäuferin) einen Kaufvertrag abgeschlossen. Danach sollte die Firma V dem Schuldner einen gebrauchten Jaguar zum Kaufpreis von 10 000 EUR liefern.	1
Variante A: Noch vor der Eröffnung des Insolvenzverfahrens hatte V den Jaguar an den Schuldner geliefert, dieser hat aber den Kaufpreis noch nicht bezahlt.	2
Variante B: Der Schuldner hatte vor der Insolvenzeröffnung den Kaufpreis bezahlt, die Firma V hat aber den Wagen bis zur Insolvenzeröffnung noch nicht ausgeliefert.	3
Variante C: Im Zeitpunkt der Insolvenzeröffnung war außer dem Abschluss des Kaufvertrages noch gar nichts passiert; weder hatte V den Wagen an den Schuldner geliefert noch hatte dieser den Kaufpreis bezahlt.	4
Variante D: Vor der Eröffnung des Verfahrens hatte der Schuldner eine Anzahlung von 3000 EUR bezahlt. Geliefert hat V noch nicht.	5
Variante E: Der Schuldner hatte (wie bei Variante D) auf den Kaufpreis 3000 EUR angezahlt. V hatte den Jaguar auch an den Schuldner übergeben, sich aber das Eigentum bis zur vollständigen Bezahlung des Kaufpreises vorbehalten (= Lieferung unter Eigentumsvorbehalt).	6

Das Kapitel 21 befasst sich mit dem Schicksal gegenseitiger Verträge, falls einer der Vertragsparteien während der Vertragsabwicklung in die Insolvenz fällt. Dabei unterscheidet das Gesetz zwischen den Austauschverträgen und den auf Dauer angelegten Verträgen. In § 21 werden die Austauschverträge behandelt. Die Grundnorm dafür ist § 103 InsO, dessen Wirkungsweise (→ Rn. 7 ff.), Voraussetzungen (→ Rn. 12 ff.) und Rechtsfolgen (→ Rn. 26 ff.) zunächst dargestellt werden. Alsdann werden die Ausnahmen zu der Grundregel des § 103 InsO dargestellt und erläutert, nämlich die sog Fixgeschäfte (→ Rn. 65 ff.), Verträge über teilbare Leistungen (→ Rn. 71 ff.), die Ausnahme einer zugunsten des Vertragspartners eingetragenen Vormerkung (→ Rn. 89 ff.) und die Besonderheiten beim Kauf unter Eigentumsvorbehalt (→ Rn. 104 ff.). Im folgenden Kapitel § 22 werden sodann die Dauerschuldverhältnisse dargestellt, also vor allem die Miete und Pacht über Grundstücke und Räume. Arbeitsverträge werden in Kapitel D. behandelt.

I. Problem: die Einrede des nichterfüllten Vertrages

7   Ein Vertrag ist ein meist zwischen zwei Personen (= Vertragspartnern) hergestelltes „Beziehungsgeflecht". Der häufigste Fall ist der zweiseitig verpflichtende Vertrag, der für jeden Vertragspartner Rechte und Pflichten begründet. Dabei ist die Pflicht des einen gleichzeitig das Recht des anderen. Beispiel Kaufvertrag gem. § 433 BGB: die Pflicht des Verkäufers ist die Übergabe und Eigentumsübertragung (die wird von manchen gern vergessen) des Kaufgegenstandes sowie die Entgegennahme des Kaufpreises. Andererseits hat der Verkäufer das Recht, den Kaufgegenstand beim Käufer abzuliefern sowie ihm das Eigentum daran zu übertragen, und schließlich das Recht, den Kaufpreis vom Käufer zu fordern. Der Käufer hingegen hat das Recht, den Kaufgegenstand und die Eigentumsübertragung daran zu fordern und die Pflicht, den Kaufgegenstand abzunehmen und an der Eigentumsübertragung mitzuwirken. Weiterhin hat der Käufer die Pflicht, den Kaufpreis an den Verkäufer zu zahlen. Rechte und Pflichten der Vertragspartner stehen in einem inneren Zusammenhang, den man Synallagma nennt. All dieses wird durch den gegenseitigen Vertrag geregelt. Er kommt dadurch zustande, dass beide Vertragspartner sich gegenseitig erklären (= versprechen), die im Vertrag geregelten Rechte und Pflichten übernehmen zu wollen.

8   In der Insolvenz sind problematisch diejenigen Verträge, bei denen beide Vertragspartner noch etwas vom anderen verlangen können. Weil Leistung und Gegenleistung in einem festen Geflecht miteinander stehen (Synallagma), kann jeder seine Leistung davon abhängig machen, dass der andere ebenfalls leistet. Anders ausgedrückt: jeder Vertragspartner kann die Einrede des nicht erfüllten Vertrages erheben (§ 320 BGB) und deshalb seine Leistung zurückhalten. In der Fallvariante C des Musterfalles hat der Schuldner einen Anspruch auf Auslieferung des Fahrzeugs nach § 433 Abs. 1 S. 1 BGB. Würde der Insolvenzverwalter den Verkäufer auffordern, den Jaguar zu liefern und ihm gleichzeitig mitteilen, dass der Verkäufer seine Kaufpreisforderung zur Insolvenztabelle anmelden kann, würde V nicht liefern müssen. Er könnte einwenden, er habe im Gegenzug einen Anspruch auf Zahlung von 10 000 EUR und nicht einen Anspruch nur auf die Quote. V würde die Einrede des nicht erfüllten und nicht erfüllbaren Vertrages einwenden. Da der Kaufvertrag schon vor der Insolvenzeröffnung abgeschlossen worden war, gilt § 38 InsO mit der Folge, dass der Insolvenzverwalter nicht mehr als nur die Quote an V bezahlen dürfte. Da V nur eine Insolvenzforderung hat, braucht er nicht zu liefern; der Insolvenzverwalter darf aber eine Insolvenzforderung nicht vollständig aus der Masse bezahlen und könnte daher den Wagen nicht bekommen, obwohl er das Fahrzeug möglicherweise für 15 000 EUR weiterverkaufen könnte. Für diese „Sackgasse" gibt § 103 InsO einen Ausweg, auf den später eingegangen wird. An dieser Stelle soll zunächst nur verdeutlicht werden, dass der Weg immer dann in die „Sackgasse" führt, wenn der eine Vertragspartner seine Leistung zurückhalten kann, weil er seinerseits nicht die volle Gegenleistung erhält.

Ringstmeier

Damit wird klar: derjenige der die volle Gegenleistung schon erhalten hat, kann nicht die Einrede des nicht erfüllten Vertrages (§ 320 BGB) erheben und deshalb auch nicht seine Leistung zurückhalten. Hat V also den Kaufpreis schon vor der Insolvenzeröffnung vollständig erhalten (wie in der Fallvariante B), hat er kein Recht mehr, das Fahrzeug zurück zu halten, wenn der Insolvenzverwalter ihn zur Leistung auffordert. Keine „Sackgasse"! Daraus wird deutlich, dass die InsO keine Regelungen für die Abwicklung solcher Verträge, bei denen einer der Vertragspartner schon vollständig geleistet hat, bereitstellen muss.

Hatte der Schuldner vor der Insolvenzeröffnung vollständig erfüllt, der Vertragspartner dagegen noch nicht, dann wird der Insolvenzverwalter die dem Schuldner gebührende Gegenleistung beim Vertragspartner einfordern. Hatte der Schuldner etwa eine Ware verkauft und auch ausgeliefert, kann der Insolvenzverwalter die Gegenleistung, also hier die Zahlung des Kaufpreises verlangen. Hatte umgekehrt der Vertragspartner vollständig geleistet, kann er den Anspruch auf die Gegenleistung nur als Insolvenzforderung gem. § 38 InsO geltend machen. In beiden Fällen muss das Gesetz nicht besondere Regeln darüber aufstellen, was mit dem Vertrag geschehen soll; da der Vertrag nicht erlischt, kann jeder das fordern, was ihm der andere versprochen hatte, wobei der Vertragspartner des Schuldners seinen Anspruch nur zur Tabelle anmelden kann.

Problematisch für die Sondersituation der Insolvenz sind solche Verträge, die sich „mitten in der Abwicklung" befinden; damit sind Verträge gemeint, bei denen *jeder* Vertragspartner von dem jeweils anderen noch etwas zu fordern hat, die also von beiden Seiten noch nicht vollständig erfüllt sind. Auch diese Verträge erlöschen nicht automatisch mit Insolvenzeröffnung, sondern bestehen fort; aber in diesen Fällen soll der Verwalter wählen dürfen, ob die Vertragsabwicklung für die Masse sinnvoll ist oder nicht. Das Gesetz regelt diese Fälle in §§ 103–107 InsO.

II. Voraussetzungen des § 103 InsO

Für die Anwendbarkeit des § 103 InsO sind verschiedene Voraussetzungen erforderlich, die im Zeitpunkt der Eröffnung des Insolvenzverfahrens vorliegen müssen.

1. Gegenseitigkeit des Vertrages

Unter §§ 103–107 InsO fallen gegenseitige Verträge, soweit nicht die Spezialvorschriften der §§ 108–118 InsO einschlägig sind. Entscheidend ist die wechselseitige Bedingtheit der Hauptleistungspflichten aus dem Vertrag. Bei einem Kaufvertrag beispielsweise wird der Kaufgegenstand nur deshalb an den Käufer ausgehändigt (§ 433 Abs. 1 BGB), weil der Verkäufer im Gegenzug den Kaufpreis erhält (§ 433 Abs. 2 BGB). Diese Abhängigkeit von Leistung und Gegenleistung wird als Synallagma bezeichnet.

Folgende wichtige Vertragstypen (beachte ggf. die Sonderregelungen zu § 103 InsO in §§ 104–107 InsO) fallen unter § 103 InsO:

15 – **Kaufverträge**, wobei es unerheblich ist, was Gegenstand des Kaufvertrages ist. Dies können bewegliche Sachen, unbewegliche Sachen, also Grundstücke, aber auch Rechte sein. Ob der Kaufgegenstand und der dafür zu zahlende Kaufpreis nach dem Kaufvertrag gleichwertig sind, ist für die Anwendbarkeit des § 103 InsO nicht maßgeblich. Allenfalls kann dies Auswirkungen darauf haben, ob der Verwalter die Erfüllung des Vertrages wählt oder nicht.

16 – **Tauschverträge.** Auch hierbei kommt es für die grundsätzliche Anwendbarkeit der Vorschrift nicht darauf an, ob die Tauschgegenstände gleichwertig sind oder nicht.

17 – **Miet- und Pachtverträge** über *bewegliche* Sachen fallen ebenfalls unter die Regelung des § 103 InsO. Im Gegenseitigkeitsverhältnis stehen hier die Pflicht zur Gebrauchsüberlassung und zur Miet- oder Pachtzinszahlung (§ 535 BGB). Die Vorschriften der §§ 108–112 InsO betreffen nur unbewegliche Gegenstände, also Immobilien oder Räume. Bei diesen gilt kein Wahlrecht des Verwalters, sondern das Gesetz räumt ihm ein Sonderkündigungsrecht ein.

18 – **Darlehensverträge** (§ 488 BGB) fallen grundsätzlich nur dann unter die Regelung des § 103 InsO, wenn der Schuldner Darlehens**nehmer** ist. Ist der Schuldner Darlehens**geber**, greift die Sonderregelung des § 108 Abs. 2 InsO. Ferner ist für die Anwendbarkeit des § 103 InsO entscheidend, ob es sich um verzinsliche Darlehen handelt, da bei unverzinslichen Darlehensverträgen nur der Darlehensgeber eine Hauptleistungspflicht hat, nämlich die Überlassung des Geldes. Die Rückzahlungsverpflichtung des Darlehensnehmers ist nämlich keine im Synallagma stehende Pflicht, sondern bloße Nebenpflicht.

19 – **Werk- und Werklieferungsverträge**, vor allem Bauverträge und Bauträgerverträge unterfallen grundsätzlich der Regelung des § 103 InsO, wobei in § 106 InsO ein Spezialfall geregelt ist, dass nämlich zugunsten des Erwerbers eines Grundstücks eine Auflassungsvormerkung im Grundbuch eingetragen ist.

20 – Ein vor der Eröffnung abgeschlossener gegenseitiger **Vergleich**, der von beiden Parteien noch nicht vollständig erfüllt ist, fällt auch unter § 103 InsO.

2. Beidseitigkeit der nicht erfüllten Leistungen

21 Es ist bereits darauf hingewiesen worden, dass die vollständige Erfüllung des einen Vertragspartners zur Folge hat, dass die §§ 103 ff. InsO nicht angewendet werden können. Entweder kann der Insolvenzverwalter die sich aus dem Vertrag ergebende Gegenleistung beim Vertragspartner einfordern (das ist der Fall, wenn der Schuldner schon geleistet hat – in der Abwicklungspraxis wird dieser Fall als „Forderungseinzug" bezeichnet). Oder – falls der Vertragspartner schon vor der Insolvenzeröffnung geleistet hatte und nun vom Schuldner die Gegenleistung einfordert – der Vertragspartner kann lediglich eine Insolvenzforderung geltend machen kann (vgl. → Rn. 8 f.). Als Zeitpunkt, auf den wegen der beidseitig nicht vollständigen Erfüllung abgestellt werden muss, kommt ausschließlich die **Eröffnung** des Insolvenzverfahrens in Frage. Eine analoge Anwendung der §§ 103 ff. InsO auf den Zeitpunkt der Insolvenzantragstellung findet nicht statt.

Ringstmeier

Hat ein Vertragspartner bei einem im Zeitpunkt der Eröffnung des Insolvenzverfahrens beidseitig nicht vollständig erfüllten Vertrag die ihm obliegende Leistung später an die Masse erbracht, zB weil er von der Eröffnung des Insolvenzverfahrens keine Kenntnis hatte, und hatte der Insolvenzverwalter zu diesem Zeitpunkt die Erfüllung des Vertrages nach § 103 Abs. 1 InsO noch nicht gewählt, so muss die Masse das nach der Eröffnung des Verfahrens Erlangte an den Vertragspartner wieder herausgeben. Denn sie hatte, da der Verwalter noch keine Erfüllung gewählt hatte, keinen Anspruch darauf, dass der Vertragspartner seine Leistung erbringt. Die Regelungen über eine ungerechtfertigte Bereicherung der Masse werden in diesem Fall analog angewandt.

3. Unvollständigkeit der Leistungen

Ob die beiderseitigen Leistungspflichten nicht erfüllt sind, hängt davon ab, was im Vertrag als Erfüllung der Parteien geschuldet war. Bei einem Kaufvertrag beispielsweise schuldet der Verkäufer im Normalfall nach § 433 Abs. 1 BGB die fehlerfreie Übergabe des Kaufgegenstandes und die Übereignung desselben, während der Käufer die Zahlung des Kaufpreises schuldet, § 433 Abs. 2 BGB. Ein Kaufvertrag, bei dem der Lieferant vor Eröffnung des Verfahrens einen Kaufgegenstand an das Schuldnerunternehmen unter Eigentumsvorbehalt geliefert hatte (§ 449 BGB) und bei dem der Schuldner den Kaufpreis nicht bezahlt hatte, ist ein beidseitig nicht vollständig erfüllter Vertrag. Unzweifelhaft hatte der Schuldner die ihm obliegende Leistung (Kaufpreiszahlung) nicht erbracht. Aber auch der Verkäufer hat die ihm nach dem Vertrag obliegende Leistung ebenfalls nicht erbracht. Denn er ist nicht nur zur Lieferung des Gegenstandes, sondern auch zu dessen Eigentumsübertragung verpflichtet gewesen. Hatte der Lieferant vor der Eröffnung des Verfahrens zwar den Gegenstand geliefert, sich aber das Eigentum daran vorbehalten, sind also seine vertraglichen Verpflichtungen nicht vollständig erfüllt gewesen. Folglich fällt dieser Vertrag grundsätzlich unter die Regelung des § 103 InsO.[1]

Das gleiche gilt – wie beim Werkvertrag auch – bei einem Fehler der Kaufsache. Der Verkäufer schuldet die Übereignung und Übergabe eines mangelfreien Gegenstandes, so dass bei Vorliegen eines Mangels keine vollständige Erbringung der Leistung durch den Verkäufer vorliegt.

Ob vollständig erfüllt wurde oder nicht, hängt allein davon ab, ob im Zeitpunkt der Eröffnung des Insolvenzverfahrens der Erfolg der zu erbringenden Leistung eingetreten ist. Nicht hingegen kommt es auf die Leistungs**handlung** an. Hatte der Schuldner vor der Eröffnung des Insolvenzverfahrens eine Überweisung getätigt, um damit zB einen Kaufpreis zu bezahlen, kam es aber nicht mehr zur Ausführung des Überweisungsauftrages, weil zwischenzeitlich die Eröffnung des Insolvenzverfahrens erfolgt ist, so ist der Erfolg der vom Schuldner zu erbringenden Leistung, nämlich der Eingang des Kaufpreises auf dem Konto des Verkäufers, nicht eingetreten, so dass ein Fall der Nichterfüllung der Schuldnerleistung besteht. Hatte auch der Verkäufer nicht vollständig geleistet, liegt ein Fall des § 103 InsO vor.

---

[1] Vgl. Spezialregelung in § 107 Abs. 2 InsO.

III. Die Rechtswirkungen des Wahlrechts

26 Der Insolvenzverwalter hat drei Möglichkeiten, wie er mit gegenseitigen Verträgen, die im Zeitpunkt der Insolvenzeröffnung beidseitig noch nicht vollständig erfüllt sind, umgehen will: Er kann (1) die Erfüllung des Vertrages wählen, also in den Vertrag eintreten, (2) die Nichterfüllung wählen bzw. einen Eintritt in den Vertrag ablehnen und er kann (3) schweigen, also keine Erklärung abgeben.

1. Insolvenzverwalter wählt Nichterfüllung

30 Wählt der Insolvenzverwalter die Nichterfüllung des Vertrages, führt dies nicht zur Beendigung des Vertragsverhältnisses; die Wahl der Nichterfüllung hat also nicht die Wirkung einer Kündigung. Vielmehr wird dem nur die Bedeutung beigemessen, dass der Insolvenzverwalter zukünftig nicht mehr die noch ausstehenden Ansprüche gegen den Vertragspartner geltend machen kann. Bereits vor der Insolvenzeröffnung entstandene und auch durchsetzbare Ansprüche des Schuldners können vom Verwalter hingegen verfolgt werden, lediglich die zukünftigen nicht. Gleichzeitig steht mit der Erfüllungsablehnung auch fest, dass der Vertragspartner zumindest im Insolvenzverfahren die noch ausstehenden Ansprüche ebenfalls nicht erfolgreich durchsetzen kann.

31 Soweit der Vertragspartner bereits Leistungen erbracht hat, ohne dass seine vertragliche Verpflichtung schon vollständig erfüllt wäre, muss er trennen zwischen den erbrachten anteiligen Leistungen und den noch ausstehenden. Die ihm gebührende Gegenleistung aus von ihm vor der Insolvenzeröffnung erbrachten anteiligen Leistungen kann er zur Insolvenztabelle anmelden. Damit ist dann aber noch nichts über das Schicksal des Vertrages im Übrigen gesagt, was also die noch zukünftigen Leistungen und die darauf entfallenden Gegenleistungen betrifft. Diesbezüglich hat der Vertragspartner ein Wahlrecht: entscheidet er sich, wegen seiner ausstehenden Leistungen nichts zu unternehmen, bleibt der Vertrag wegen der ausstehenden Restleistung bestehen. Nach Beendigung des Insolvenzverfahrens kann der Vertragspartner die restliche Vertragserfüllung wieder einfordern. Er *kann* (siehe Wortlaut des § 103 Abs. 2 S. 1 InsO) aber auch eine Schadensersatzforderung wegen Nichterfüllung des Vertragsrestes zur Insolvenztabelle anmelden. Dann und nur dadurch erfährt der Vertrag eine Änderung; macht der Vertragspartner Ansprüche wegen Nichterfüllung als Insolvenzforderung geltend, kann er selbst – auch nach Beendigung des Verfahrens – keine Erfüllung des Vertragsrestes mehr verlangen.

32 Damit kann eine wichtige vertragsrechtliche Erkenntnis festgehalten werden: der gegenseitige, von beiden Vertragsparteien nicht vollständig erfüllte Vertrag erlischt nicht durch die Eröffnung des Insolvenzverfahrens; er erlischt auch nicht durch die Nichterfüllungswahl des Insolvenzverwalters, sondern nur durch die Entscheidung des Vertragspartners, anstelle der (restlichen) Vertragserfüllung eine Forderung wegen Nichterfüllung geltend zu machen. Dabei ist die Reihenfolge zu beachten: zunächst steht dem Insolvenzverwalter das Wahlrecht in Bezug auf Erfüllung oder Nichterfüllung des Vertrages zu; nur wenn der Insolvenzverwalter die Erfüllung des Vertrages ablehnt, liegt das Schicksal des noch ausstehenden Restvertrages in der Hand des Vertragspartners.

Ringstmeier

§ 21. Gegenseitige nicht vollständig erfüllte Verträge, §§ 103–107 InsO

Die richtige Ermittlung des zur Insolvenztabelle anzumeldenden Schadensersatzanspruchs kann schwierig sein. Der Umfang richtet sich immer nach den vertraglichen Regelungen, die zwischen den Parteien gegolten haben. § 103 InsO selbst ist nämlich keine Anspruchsgrundlage, sondern ordnet den Schadensersatzanspruch des Vertragspartners nur als Insolvenzforderung ein. Wie der Anspruch zu berechnen ist, richtet sich nach allgemeinem Zivilrecht.

Sind an sich unteilbare Leistungen teilweise schon vor der Eröffnung des Verfahrens erbracht worden, werden diese im Rahmen der Schadensberechnung saldiert. Ergibt sich dabei ein Überschuss zugunsten der Masse, kann der Verwalter diesen vom Vertragspartner fordern; wobei auch der Verwalter zunächst die zivilrechtliche Vertragsbeendigung nach den allgemeinen Regeln herbeiführen muss, wenn der Vertragspartner das noch nicht getan hat. Ergibt sich umgekehrt ein Überschuss zugunsten des Vertragspartners, so kann dieser lediglich einen Anspruch als Insolvenzforderung geltend machen. War beispielsweise der Schuldner verpflichtet, auf dem Grundstück des Vertragspartners ein Gebäude zu errichten und war zum Zeitpunkt der Verfahrenseröffnung lediglich der Rohbau fertig, während der Vertragspartner eine Anzahlung von zB 100 000 EUR geleistet hatte, könnte folgende Abrechnung erfolgen: Zugunsten der Masse ist zu berücksichtigen, welchen Wert die bis zu diesem Zeitpunkt erbrachte Leistung hatte, was hier mit 150 000 EUR angenommen werden soll. Umgekehrt hat der Vertragspartner einen Schaden in Höhe der von ihm geleisteten Anzahlung, also in Höhe von 100 000 EUR. Sind dem Vertragspartner durch Erfüllungsablehnung weitere Schäden entstanden, angenommen in Höhe von 30 000 EUR, so ergäbe die Saldierung einen Überhang zugunsten der Insolvenzmasse in Höhe von 20 000 EUR, den der Vertragspartner auszugleichen hätte. Sind die Schadensersatzansprüche des Vertragspartners deutlich höher, also zB 100 000 EUR, dann ergibt sich insgesamt (einschließlich der vom Vertragspartner geleisteten Anzahlung) eine Forderung von 200 000 EUR, dem lediglich der Anspruch der Masse in Höhe von 150 000 EUR entgegengesetzt werden kann. In diesem Falle bestünde eine Schadensersatzforderung des Vertragspartners in Höhe von 50 000 EUR, die zur Tabelle angemeldet werden kann.

2. Insolvenzverwalter wählt Erfüllung

Wählt der Insolvenzverwalter stattdessen die Erfüllung des Vertrages, so geschieht vertragsrechtlich gar nichts. Der Vertrag war vor der Eröffnung des Insolvenzverfahrens abgeschlossen worden und durch die Verfahrenseröffnung auch nicht erloschen. Allerdings bewirkt die Erfüllungswahl eine Aufwertung der dem Schuldner noch obliegenden Leistung in der Weise, dass diese zu Masseverbindlichkeiten werden.

Masseverbindlichkeiten werden mit der Erfüllungswahl nicht nur die Hauptleistungspflichten, sondern auch Nebenleistungspflichten, auch soweit sie aus der Zeit vor der Eröffnung des Verfahrens resultieren. Auch Ersatzverpflichtungen oder Ansprüche des Vertragspartners wegen Lieferverzuges werden Masseverbindlichkeiten. Der Verwalter wird all dies bei seiner Entscheidung darüber, ob er Erfüllung des Vertrages wählt oder nicht, mit berücksichtigen müssen.

33

Ringstmeier

33a   Im Gegenzug dazu werden die Ansprüche der Masse gegen den Vertragspartner werthaltig, dh der Vertragspartner ist verpflichtet, die von ihm vertraglich übernommene Leistung zur Masse zu erfüllen. Auch im Vertrag etwa geregelte Vorleistungsverpflichtungen gelten für den durch Erfüllungswahl wieder „ins Leben gerufenen" Vertrag. War der Vertragspartner nach dem Vertrag verpflichtet, seinerseits vorzuleisten, so gilt dies auch, wenn der Verwalter nach Eröffnung des Verfahrens Erfüllung dieses Vertrages wählt. Im umgekehrten Fall muss der Verwalter vorleisten und kann erst nach der vertraglich vereinbarten Zeit die Gegenleistung vom Vertragspartner einfordern, falls dies im Vertrag so vorgesehen war.

Gegebenenfalls spaltet die Erfüllungswahl das Vertragsverhältnis in einen Teil vor und einen Teil nach Insolvenzeröffnung. Soweit der Vertrag bis zur Insolvenzeröffnung von einem der Vertragspartner schon erbracht worden war, verbleibt es bei den sich aus den Vorleistungen des einen ergebenden Konsequenzen. Nur soweit Leistung und **darauf entfallende** Gegenleistung noch ausstehen, kann der Vertragspartner eine Masseschuld geltend machen. Im Übrigen bleibt es bei den insolvenzrechtlichen Grundregeln. Das soll an folgendem Beispiel deutlich gemacht werden:

34   **Beispiel:** Der Schuldner hat 1000 kg einer Ware für 1000 EUR gekauft. Der Verkäufer hat 300 kg geliefert, aber noch keinen Kaufpreis erhalten, als das Insolvenzverfahren eröffnet wird. Der Verwalter wählt Erfüllung. Die Leistung des Schuldners steht zwar noch in voller Höhe aus (1000 EUR), darauf entfällt aber nur noch eine Gegenleistung von 700 kg. Nur in dem Maße, in dem Leistung und **darauf entfallende** Gegenleistung noch ausstehen, werden die Ansprüche des Vertragspartners Masseschulden. Nach der Erfüllungswahl durch den Insolvenzverwalter muss der Vertragspartner also noch 700 kg liefern und hat deswegen eine Masseforderung von 700 EUR. Wegen der schon vor Insolvenzeröffnung gelieferten 300 kg kann nur eine Forderung in Höhe von 300 EUR zur Insolvenztabelle angemeldet werden.

35   Die Spaltung des Vertrages ist, darauf muss hingewiesen werden, nicht vertragsrechtlich, sondern nur insolvenzrechtlich zu verstehen. Sie soll bewirken, dass die Masse für die von ihr zu erbringende Leistung ungeschmälert auch die Gegenleistung erhält, während es für vor Verfahrenseröffnung erbrachte Teilleistungen bei den normalen insolvenzrechtlichen Regeln verbleibt. Daraus ergeben sich verschiedene Konsequenzen:

36   Im vorstehenden Beispiel kann der Vertragspartner nach Erfüllungswahl durch den Insolvenzverwalter nicht einwenden, er dürfe an der noch ausstehenden Lieferung von 700 kg ein Zurückbehaltungsrecht geltend machen, weil der erste Teil von 300 kg noch nicht bezahlt ist. Dies ist eine Folge der Spaltung des Vertrages in der Weise, dass aus dem vor Insolvenzeröffnung abgespaltenen Teil resultierende Rechte nicht gegen den nach Eröffnung des Verfahrens liegenden Teil geltend gemacht werden können.

37   Umgekehrt gilt das aber in gleicher Weise: Ist im vorstehenden Beispiel der Verkäufer insolvent geworden und tritt der Verwalter des Verkäufers in den Vertrag ein, so wird er die ausstehenden 700 kg liefern und dafür auch 700 EUR zur Masse ziehen können. Der Verwalter wird auch versuchen, den Kaufpreis für die vor Verfahrenseröffnung gelieferten 300 kg einzuziehen. Wegen dieses Teils des Kaufpreises, der vorinsolvenzlich entstanden ist, kann der Vertragspartner aber zB aufrechnen mit anderen Ansprüchen gegen den

Schuldner. Der Insolvenzverwalter muss dies hinnehmen, wenn die Aufrechnung nach anderen insolvenzrechtlichen Vorschriften zulässig ist. Dagegen muss er keine Aufrechnung mit Insolvenzforderungen fürchten wegen der nach Insolvenzeröffnung gelieferten 700 kg Die darauf entfallende Gegenleistung steht der Masse ungeschmälert zur Verfügung.

3. Insolvenzverwalter schweigt

In der Abwicklungspraxis kommt sehr häufig der Fall vor, dass der Insolvenzverwalter keine Erklärung abgibt. Dabei sind zwei Fälle zu unterscheiden. Zunächst ist festzuhalten, dass es für die Abgabe einer Erklärung nach § 103 InsO keine Frist gibt. Ein Insolvenzverwalter, der nach der Insolvenzeröffnung keinerlei Erklärung abgibt, kann sich später für eine Erfüllung oder für eine Nichterfüllung entscheiden, gegebenenfalls sogar noch nach Jahren. Schweigen bedeutet also gar nichts, weder Erfüllungswahl noch Erfüllungsablehnung. Die dadurch entstehende Ungewissheit ist für den Vertragspartner zumutbar, denn er hat die Möglichkeit, die Ungewissheit zu beenden, indem er den Insolvenzverwalter zur Ausübung seines Wahlrechts ausdrücklich auffordert.

37a

Fordert nämlich der Vertragspartner den Insolvenzverwalter auf, seine Wahl gem. § 103 InsO zu treffen, so muss sich der Insolvenzverwalter innerhalb angemessener Frist[2] dazu äußern, ob er die Erfüllung oder die Nichterfüllung wählt. Schweigt der Insolvenzverwalter auch in diesem Falle, so werden an sein Schweigen Konsequenzen geknüpft. Nach § 103 Abs. 2 Satz 2 und 3 InsO hat sein Schweigen in diesem Falle die Konsequenz, dass er gegen den Willen des Vertragspartners die Erfüllung des Vertrages nicht mehr durchsetzen kann. Der Verwalter verliert somit sein Wahlrecht. Das schließt nicht aus, dass sich der Insolvenzverwalter und der Vertragspartner trotzdem noch dafür entscheiden können, den Vertrag durchzuführen. Dazu ist der Verwalter aber nicht mehr einseitig imstande. Hatte er auf eine Aufforderung zur Ausübung seiner Wahl geschwiegen, kann er später nur noch mit dem Vertragspartner gemeinsam entscheiden, den Vertrag dennoch abzuwickeln. Für den Vertragspartner hat das Schweigen des Verwalters nach einer an ihn gerichteten Aufforderung zur Ausübung des Wahlrechts den Vorteil, dass er gegen seinen Willen nicht mehr zur Vertragserfüllung gezwungen werden kann. Er ist somit insbesondere berechtigt, den Vertrag zu beenden und Schadensersatz als Insolvenzforderung zu verlangen.

4. Zusammenfassung

Damit lassen sich folgende Aussagen für die gegenseitigen, von beiden Vertragsparteien noch nicht vollständig erfüllten Verträge festhalten:
– Die Eröffnung des Insolvenzverfahrens verändert den Vertrag nicht.
– Die weitere Abwicklung des Vertrages folgt den ganz „normalen" insolvenzrechtlichen Regeln, dh der Vertragspartner des Schuldners kann seine vertraglichen Erfüllungsansprüche nur als Insolvenzforderung geltend machen, weil diese schon vor der Eröffnung des Verfahrens entstanden sind (§ 38 InsO).

38

---

[2] → Rn. 55 ff.

- Der Insolvenzverwalter kann nun wählen. Lehnt er die Erfüllung des Vertrages ab, dann bedeutet das nur, dass er – der Insolvenzverwalter – nicht bereit ist, an dem vorstehenden Ergebnis etwas zu ändern. Dies wiederum berechtigt den Vertragspartner dazu, den Vertrag zu beenden, indem er eine Forderung wegen Nichterfüllung geltend macht. Diese ist wieder Insolvenzforderung, § 103 Abs. 2 S. 1 InsO.
- Wählt der Insolvenzverwalter stattdessen die Erfüllung des Vertrages, so verändert er damit nur die Qualität des gegnerischen Erfüllungsanspruchs: dieser ist ab sofort nicht mehr Insolvenzforderung, sondern Masseschuld.
- Trifft der Verwalter auf eine entsprechende Aufforderung des Vertragspartners hin überhaupt keine Wahl, verliert er sein Wahlrecht für die Zukunft. Er kann sich also später nicht mehr für eine Vertragserfüllung entscheiden. Damit führt das Schweigen des Verwalters dazu, dass nunmehr die Entscheidungshoheit beim Vertragspartner. Wie bei der ausdrücklichen Erfüllungsablehnung kann er einen Schadensersatzanspruch zur Insolvenztabelle anmelden.

39 Damit kann folgende **Faustregel** aufgestellt werden: Die Erfüllungswahl des Insolvenzverwalters gem. § 103 InsO hat nur Einfluss auf die Qualität des gegnerischen Erfüllungsanspruchs (Masseschuld statt Insolvenzforderung). Eine Umgestaltung des Vertrages findet erst statt, wenn der Vertragspartner eine Schadensersatzforderung wegen Nichterfüllung gem. § 103 Abs. 2 Satz 1 InsO geltend macht, denn damit erlöschen die ursprünglichen Erfüllungsansprüche.

5. Sicherungsrechte Dritter

40 Die zuvor beschriebene Wirkungsweise des § 103 InsO löst auch das Problem, dass der Schuldner vor der Insolvenz seine Forderungen aus Lieferungen und Leistungen an Dritte, insbesondere an eine Bank abgetreten hatte. Grundsätzlich entsteht die gegen den Kunden gerichtete Forderung schon bei Abschluss des Vertrages, nicht erst bei Lieferung des Vertragsgegenstandes und erst recht nicht durch das Ausstellen einer Rechnung. Hatte der Schuldner vor der Krise zB mit seiner Bank einen Globalzessionsvertrag abgeschlossen, wonach alle gegen Kunden des Schuldners gerichteten Forderungen im Voraus an die Bank sicherungshalber abgetreten werden, dann geht mit Abschluss des Kundenvertrages die Forderung des Schuldners auf die Bank über. In der Abwicklungspraxis tritt häufig der Fall auf, dass der Kundenvertrag ein beidseitig nicht erfüllter Vertrag im Sinne des § 103 InsO ist.

41 Wie in den vorangegangenen Ausführungen dargestellt, bewirkt die Erfüllungswahl des Verwalters, dass die vorinsolvenzlich begründeten Ansprüche des Schuldners rechtlich durchsetzbar werden, denn zuvor hat ihnen die Einrede des nichterfüllten Vertrages entgegen gestanden. Damit erlangt die Masse durch die Erfüllungswahl einen Wertzuwachs, an dem nach dem Grundgedanken des § 91 Abs. 1 InsO keine Rechte Dritter bestehen können.[3] Die ur-

---

[3] BGH 9.3.2006 – IX ZR 55/04, ZIP 2006, 859; Uhlenbruck/*Wegener* § 103 Rn. 150.

sprüngliche Forderung, die bereits bei Abschluss des Vertrages zwischen Schuldner und Kunden entstanden und auf den Abtretungsempfänger übergegangen war, existiert infolge der Erfüllungswahl in einem insolvenzrechtlich veränderten Zustand. Die neue Forderung gegen den Kunden, die durch den Eintritt des Verwalters gem. § 103 InsO nach der Eröffnung des Verfahrens entstanden ist, konnte auf den Abtretungsempfänger nicht mehr übergehen; das verhindert § 91 Abs. 1 InsO. Der Verwalter kann also nach Eintritt in einen Kundenvertrag gem. § 103 InsO die gegen den Kunden gerichtete Forderung in jedem Falle zur Masse ziehen, selbst wenn der zu erfüllende Vertrag mit dem Kunden schon vor der Insolvenz abgeschlossen wurde und eine Zession zugunsten eines Sicherungsgläubigers besteht. Nur dieses Ergebnis ist insolvenzrechtlich vertretbar; die mit Mitteln der Insolvenzmasse, die allen Gläubigern zusteht, werthaltig gemachten Ansprüche können nicht einem Sonderrechtsgläubiger zu Gute kommen. Das wäre ein Verstoß gegen den Gleichbehandlungsgrundsatz.

Bei im Zeitpunkt der Insolvenzeröffnung vom Schuldner teilweise erbrachten 42 Leistungen kann das Sicherungsrecht des Dritten wohl an dem vorinsolvenzlich vom Schuldner erbrachten Teil der Gegenleistung fortbestehen, nicht aber an dem Teil der Gegenleistung, der nach Insolvenzeröffnung mit Mittel der Masse werthaltig gemacht worden ist.

Beispiel: Der Schuldner hat 1000 kg einer Ware für 1000 EUR verkauft und seinen 43 Kaufpreisanspruch sicherungshalber an eine Bank abgetreten. Noch vor Insolvenzeröffnung hat der Schuldner 300 kg an den Käufer geliefert; dieser hat aber noch nicht bezahlt. Der Insolvenzverwalter tritt gem. § 103 InsO in den Vertrag ein und liefert die restlichen 700 kg.

Wegen der 300 EUR für die vorinsolvenzlich gelieferte Ware kann die Bank den Kaufpreis als Absonderungsgläubigerin beanspruchen (abzgl. Verfahrensbeiträge). Die 700 EUR für die nach Insolvenzeröffnung gelieferte Ware stehen in vollem Umfang der Masse zu.

Bei verlängerten Eigentumsvorbehaltsrechten von Lieferanten ist grundsätz- 44 lich nicht anders zu entscheiden. Allerdings sind Lieferanten typischerweise noch durch andere Rechte gesichert, insbesondere durch einfachen und erweiterten Eigentumsvorbehalt, meist auch durch eine Verarbeitungsklausel, durch die der „Hersteller" in § 950 BGB definiert wird. Soweit solche Rechte der Lieferanten bei Insolvenzeröffnung bestehen, sind sie vom Verwalter zu beachten.[4]

6. Aufrechnung durch Vertragspartner

Auch kann der Vertragspartner des Schuldners gegen die Ansprüche der Mas- 45 se, die infolge einer Erfüllungswahl des Insolvenzverwalters durchsetzbar geworden sind, nicht mit Insolvenzforderungen aufrechnen. Dem steht § 96 Abs. 1 Nr. 1 InsO entgegen.[5] Im Hinblick auf § 96 Abs. 1 Nr. 1 InsO unbedenklich hingegen ist die Aufrechnung gegen den Teil der Gegenleistung, für den der Schuldner die Leistung schon vor der Insolvenz erbracht hat.

---

[4] Wegen weiterer Einzelheiten → § 15 Rn. 25 ff.
[5] Uhlenbruck/*Wegener* § 103 Rn. 152, 153.

7. Lösung der Musterfälle

Bereits an dieser Stelle lassen sich die Fälle aus dem Beginn dieses Abschnitts lösen:

46 Der zwischen dem Schuldner und der Firma V abgeschlossene Kauf**vertrag** ist durch die Eröffnung des Insolvenzverfahrens **nicht** erloschen. Falls beide Vertragspartner noch Erfüllungsansprüche hatten, liegt ein Fall des § 103 InsO vor; alsdann stellt sich nur noch die Frage, ob die Erfüllungsansprüche des Vertragspartners Masseschulden oder Insolvenzforderungen sind.

Variante A:

47 V hatte vor der Insolvenzeröffnung den Jaguar an den Schuldner übergeben und ihm auch das Eigentum daran übertragen. Mehr hatte der Schuldner nicht zu verlangen. Alle seine Vertragsansprüche sind schon vor Verfahrenseröffnung erfüllt worden. Es handelte sich deshalb im Zeitpunkt der Verfahrenseröffnung nicht um einen **beid**seitig nicht vollständig erfüllten Vertrag. Nur der Verkäufer hatte noch etwas zu fordern (den Kaufpreis nämlich). Frage: Ist der Kaufpreisanspruch des V eine Masseschuld oder eine Insolvenzforderung? Die Antwort richtet sich danach, wann der (noch nicht erfüllte) Kaufpreisanspruch entstanden ist. In diesem Fall resultiert der Anspruch des V aus dem mit dem Schuldner abgeschlossenen Vertrag, also aus der Zeit **vor** der Insolvenzeröffnung. Folglich kann V den Anspruch auf Kaufpreiszahlung nur als Insolvenzforderung zur Tabelle anmelden, § 38 InsO. Rechtsgrund für die Tabellenforderung ist der Kaufvertrag (der ist ja nicht erloschen!).

Variante B:

48 Auch dieser Vertrag ist im Zeitpunkt der Insolvenzeröffnung nicht **beid**seitig unerfüllt. In diesem Fall hat V nichts mehr zu fordern, weil er den gesamten Kaufpreis noch vor Verfahrenseröffnung erhalten hat. Erfüllungsansprüche hat noch der Schuldner, nämlich auf Übergabe des Wagens und dessen Eigentumsübertragung. Beides wird vom Verwalter geltend gemacht werden. Die Frage nach Masseschuld oder Insolvenzforderung stellt sich bei dieser Variante nicht, weil nicht V insolvent ist.

Variante C:

49 Bei dieser Variante haben **beide** Vertragspartner Erfüllungsansprüche zu fordern, V den Kaufpreis und der Schuldner (Insolvenzverwalter) den Jaguar. Das ist ein Fall des § 103 InsO und der Verwalter kann wählen, ob er den Vertrag erfüllen will oder nicht. Tritt der Verwalter nicht in den Vertrag ein, kann (nicht: muss!) V einen Anspruch wegen Nichterfüllung des Vertrages geltend machen, und zwar als Insolvenzforderung, § 103 Abs. 2 Satz 1 InsO. Wählt der Verwalter Erfüllung des Vertrages gem. § 103 InsO Abs. 1, kann er die Lieferung des Jaguars verlangen. Auch V kann den Kaufpreis verlangen. Frage: Als Masseschuld oder als Insolvenzforderung? Normalerweise wäre der Kaufpreisanspruch eine Insolvenzforderung, weil er vor der Eröffnung des Insolvenzverfahrens entstanden ist (vgl. § 38 InsO). Die Erfüllungswahl des Insolvenzverwalters hat den Kaufpreisanspruch indes qualitativ verbessert und ihn „in den Rang einer Masseschuld erhoben", § 55 Abs. 1 Nr. 2 InsO. Folglich ist der Kaufpreisanspruch des V in Höhe von 10 000 EUR eine Masseschuld.

Variante D:
Der Schuldner hatte lediglich eine Anzahlung von 3000 EUR bezahlt; 7000 EUR 50
sind von ihm noch zu zahlen. Umgekehrt hat V den Wagen noch nicht geliefert, hat
seinerseits also auch noch nicht vollständig erfüllt. Somit liegt ein Fall des § 103
InsO vor und der Verwalter kann zwischen Erfüllung und Nichterfüllung wählen.

Variante E:
Wieder hat der Schuldner den Kaufpreis noch nicht vollständig gezahlt. Aber auch V 51
hat nicht vollständig erfüllt. Zwar hat er das Fahrzeug ausgeliefert, aber das Eigentum
daran hat er noch nicht auf den Schuldner übertragen. Dieses indes würde zu seiner
Verkäuferpflicht gem. § 433 BGB gehören. Da also beide Vertragspartner noch nicht
vollständig erfüllt haben, unterfällt auch die Variante E dem § 103 InsO, jedoch mit
der Modifikation des § 107 Abs. 2 Satz 1 InsO, wonach der Insolvenzverwalter des
Schuldners sich bis nach dem Berichtstermin mit der Entscheidung seines Erfüllungswahlrechts Zeit lassen darf.[6]

IV. Ausübung des Wahlrechts

1. Allgemeines

Der Verwalter muss die Entscheidung darüber, ob er Vertragserfüllung vom 52
Vertragspartner wählt, im Interesse der Masse, dh der Gesamtgläubigerschaft
treffen. Dabei muss er berücksichtigen, dass die dem Schuldner obliegende Gegenleistung im Falle seiner Erfüllungswahl als Masseschuld gem. § 55 Abs. 1
Nr. 2 InsO an den Vertragspartner zu leisten ist. Der Verwalter wird sich deshalb für seine Entscheidung danach richten, ob das abzuwickelnde Geschäft für
die Masse günstig oder ungünstig ist. Ein Geschäft kann für die Masse dann
günstig sein, wenn die als Masseschuld zu erbringende Gegenleistung geringer
ist als die vom Vertragspartner durch Vertragserfüllung zu erlangende Leistung.
Aber auch bei Gleichwertigkeit von Leistung und Gegenleistung kann die
Erfüllungswahl für die Masse sinnvoll sein, wenn zB der Verwalter den Geschäftsbetrieb des Schuldners fortführt und die vom Vertragspartner zu fordernde Leistung vielleicht teuer bezahlt werden muss, für die Aufrechterhaltung des Geschäftsbetriebs aber zwingend erforderlich ist. Entscheidend ist eine
Gesamtbetrachtung nach Maßgabe des zu erreichenden Verfahrenszieles.

Dabei spielt uU auch eine Rolle, ob der Verwalter bestimmte Masseverbind- 53
lichkeiten „ohnehin" erfüllen muss (sog „Ohnehin"- oder „Sowiesokosten").
Aufgrund der Spezialregelung in § 108 Abs. 1 InsO muss beispielsweise ein
Arbeitnehmer, dessen Kündigungsfrist erst geraume Zeit nach der Insolvenzeröffnung ausläuft, von der Masse „ohnehin" bezahlt werden, unabhängig davon,
ob er Arbeitsleistung erbringt oder nicht. Selbst vom Schuldner schlecht kalkulierte Aufträge können daher ggf. der Masse Vorteile bringen, weil daraus wenigstens teilweise Deckungsbeiträge für die Ohnehinkosten generiert werden
können.

Das Wahlrecht aus § 103 InsO obliegt einzig und allein dem Insolvenzver- 54
walter und kann diesem auch nicht entzogen werden. Insbesondere sind ver-

---

[6] Näheres dazu unter → Rn. 104 ff.

tragliche Klauseln, nach denen im Falle der Insolvenz des einen Vertragspartners der Vertrag automatisch erlöschen soll, unwirksam, § 119 InsO.[7]

2. Zeitpunkt der Erfüllungswahl

55 Das Gesetz schreibt in § 103 InsO nicht vor, dass sich der Verwalter innerhalb einer bestimmten Frist entscheiden muss, ob er Vertragserfüllung wählt oder nicht. Folglich kann der Insolvenzverwalter die Erfüllung eines im Zeitpunkt der Verfahrenseröffnung beidseitig nicht vollständig erfüllten Vertrages theoretisch auch noch längere Zeit nach Antritt seines Amtes wählen. Allerdings kann der Vertragspartner des Schuldners den Verwalter auffordern, sich zur Erfüllungswahl nach § 103 InsO zu erklären. In diesem Fall muss der Verwalter die Erklärung unverzüglich abgeben, § 103 Abs. 2 S. 2 InsO. Unterlässt der Verwalter eine unverzügliche Erklärung, so verliert er das Recht, die Erfüllung des Vertrages wählen zu können.

56 In der Praxis kann es zu Problemen führen, was mit dem Begriff „unverzüglich" in § 103 Abs. 2 S. 2 InsO gemeint ist. In § 121 Abs. 1 S. 1 BGB findet sich eine Legaldefinition, wonach unter unverzüglich „ohne schuldhaftes Zögern" zu verstehen ist. Man wird dem Verwalter besonders während der Einarbeitungszeit in die Gegebenheiten des Schuldnerunternehmens eine hinreichende Zeitspanne einräumen müssen. Andererseits wird man im Interesse des Vertragspartners auch dessen Bedürfnisse nicht außer Acht lassen können. Für den Fall der Vorbehaltskäufer-Insolvenz (der Schuldner hat vor der Insolvenzeröffnung eine Sache unter Eigentumsvorbehalt gekauft und bereits Besitz an der Sache erlangt) regelt das Gesetz in § 107 Abs. 2 S. 1 InsO, dass die Erklärung des Verwalters erst nach dem Berichtstermin, dann allerdings unverzüglich, abgegeben werden muss. Dies ist wohl darauf zurückzuführen, dass erst im Berichtstermin die Gläubigerversammlung über den Fortbestand des Unternehmens entscheidet und die Entscheidungshoheit der Gläubigerversammlung nicht dadurch unterlaufen werden soll, dass unter Vorbehalt eingekaufte Sachen wegen zwischenzeitlich abgelaufener Erklärungsfrist des Verwalters nach § 103 InsO nicht mehr vorhanden sind, obwohl sie für den Fortbestand des Unternehmens von wesentlicher Bedeutung sind. Vor diesem Hintergrund wird man auch § 160 InsO für die Berechnung der Erklärungsfrist des Verwalters hinzuziehen dürfen. Nach § 160 InsO ist der Verwalter verpflichtet, die Zustimmung des Gläubigerausschusses einzuholen, wenn er Rechtshandlungen vornehmen will, die für das Insolvenzverfahren von besonderer Bedeutung sind. Eine besondere Bedeutung könnte auch die Entscheidung darüber haben, ob Verträge erfüllt werden sollen oder nicht. In einem derartigen Fall muss die Erklärungsfrist des Verwalters mindestens so lang sein, dass er Gelegenheit hat, die Entschließung der Gläubigerausschussmitglieder einzuholen.

57 In Normalfällen, die kein besonderes Beschleunigungsbedürfnis des Vertragspartners aufweisen und bei denen die Erfüllung oder Nichterfüllung des gegenseitigen Vertrages nicht von essentieller Bedeutung für die weitere Verfahrensabwicklung ist, wird man dem Verwalter eine Erklärungsfrist von wenigstens 7–14 Tagen einräumen müssen. Sie ist zu Beginn einer Verfahrensabwick-

---

[7] Vgl. § 24.

§ 21. Gegenseitige nicht vollständig erfüllte Verträge, §§ 103–107 InsO

lung wegen der dann noch erforderlichen Einarbeitungsphase eher länger als nach Ablauf einer gewissen Abwicklungsdauer. Eine bereits gegenüber dem vorläufigen Insolvenzverwalter geäußerte Aufforderung zur Erklärung entfaltet nach Verfahrenseröffnung keine Wirkung.[8]

3. Form der Verwaltererklärung

Aus Gründen der Rechtssicherheit ist eine ausdrückliche Erklärung des Verwalters, am besten noch in schriftlicher Form und unter Bezugnahme auf die Vorschrift des § 103 InsO wünschenswert. 58

Das gilt umso mehr, als dass die Erklärung des Verwalters nach § 103 InsO nicht zwangsweise als ausdrückliche Erklärung abgegeben werden muss. Vielmehr sind auch konkludente Erklärungen, also solche durch bloße Handlungen, die auf einen Erklärungswillen des Verwalters schließen lassen, denkbar. Liefert etwa der Verwalter nach der Eröffnung des Insolvenzverfahrens einen Kaufgegenstand aus, so kann darin sinnvollerweise nur die Erfüllungswahl erblickt werden. Alsdann muss man den Vertragspartner für verpflichtet halten, seinerseits auch die Gegenleistung zur Masse zahlen zu müssen. 59

In der Praxis bereiten diejenigen Fälle Probleme, in denen der Verwalter eine nicht eindeutige Erklärung abgibt oder durch bestimmte Handlungen beim Vertragspartner den Eindruck erweckt, er wolle Erfüllung verlangen. Fordert der Insolvenzverwalter etwa den Vertragspartner auf, die geschuldete Leistung zu erbringen, so wird darin regelmäßig eine Erklärung im Sinne der Erfüllungswahl des Vertrages zu sehen sein. War indessen dem Verwalter nicht bewusst, dass die Forderung, die er neben vielen anderen aus der Debitorenliste des Schuldnerunternehmens entnommen hat, aus einem beidseitig nicht vollständig erfüllten Vertrag stammt, dann wird man die formularmäßige Aufforderung, für einen Ausgleich der Forderung zu sorgen, nicht als Erklärung nach § 103 InsO ansehen können. Auch die Feststellung einer Forderung zur Tabelle, die der Vertragspartner eines beidseitig nicht erfüllten Vertrages vorsorglich zur Tabelle angemeldet hatte, kann nicht als Erklärung iSd § 103 InsO verstanden werden. 60–64

B. Fixgeschäfte und Finanztermingeschäfte, § 104 InsO

§ 104 InsO ist – wie § 105 InsO – ein Unterfall des § 103 InsO. Die Vorschrift greift deshalb nur dann ein, wenn die Voraussetzungen des § 103 InsO vorliegen, es sich also um einen gegenseitigen Vertrag handelt, der beidseitig nicht vollständig erfüllt ist. In der Praxis der Unternehmensinsolvenzen trifft der Verwalter selten auf Verträge, die unter § 104 InsO fallen. 65

I. Die unter § 104 InsO fallenden Verträge

Absatz 1 betrifft Warenlieferungen, Absatz 2 Finanzleistungen; in beiden Fällen ist Voraussetzung, dass die Ware oder Finanzleistung „einen Markt- oder 66

---

[8] BGH 8.11.2007 – IX ZR 53/04, ZInsO 2007, 1275.

Börsenpreis" hat. Das ist ein Preis, der börsenkurs- oder marktabhängig ist und damit weitgehend objektiviert (also ohne Berücksichtigung der Besonderheiten des Einzelfalles) feststellbar ist. Ein Markt- oder Börsenpreis existiert nicht nur dann, wenn für die Warenlieferung oder die Finanzleistung mit ihren konkreten Konditionen und Fälligkeiten ein liquider Markt besteht und die Preise aus der Finanzpresse oder aus Bildschirmveröffentlichungen zu entnehmen sind; Marktpreis ist etwa auch ein von anderen Marktpreisen und Marktfaktoren, zB Kassapreisen und Zinssätzen mathematisch abgeleiteter Preis.

II. Weitere Voraussetzungen

Liegt diese Voraussetzung vor, gilt § 104 InsO nach seinem
67 – Absatz 1 für **Warenlieferungen,** die zu einem *festbestimmten* Termin oder innerhalb einer *festbestimmten* Frist erbracht werden müssen, und dieser Termin oder der Ablauf der Frist nach Verfahrenseröffnung liegt bzw. eintritt;
68 – Absatz 2 für **Finanzleistungen,** die zu einem *bestimmten* Termin oder innerhalb einer *bestimmten* Frist erbracht werden müssen, und dieser Termin oder der Ablauf der Frist nach Verfahrenseröffnung liegt bzw. eintritt (beachte die *kursiv* geschriebenen Begriffe, die Unterschiede signalisieren!).

III. Rechtsfolge: Einschränkung des Wahlrechts

69 § 104 InsO schränkt alsdann das Wahlrecht des Insolvenzverwalters ein und bestimmt, dass – anders als bei § 103 InsO – die gegenseitigen Vertragsansprüche *endgültig* erlöschen. Der Grund für diese gesetzliche Anordnung liegt in dem potentiellen Risiko der in § 104 InsO beschriebenen Geschäfte einerseits und in der Rechtsvereinheitlichung (das gilt bei den Finanzleistungen) andererseits.
70 Grundsätzlich wandelt sich das Vertragsverhältnis wegen des Erlöschens der Ansprüche in ein Abrechnungsverhältnis um. Allerdings bestimmt § 104 InsO in seinem Absatz 3 *abweichend von* § *103 InsO,* wie die Ausgleichsforderung wegen Nichterfüllung des Vertrages zu berechnen ist. Die Ausgleichsforderung steht dabei derjenigen Partei zu, für die das Geschäft vorteilhaft war.

C. Teilbare Leistungen, § 105 InsO

71 Eine wichtige Modifikation der Rechtsfolgen des § 103 InsO ist in der Vorschrift des § 105 InsO geregelt. Die Wirkungsweise des § 105 InsO sei zunächst anhand eines Beispiels dargestellt:
72 **Beispiel:** Der Schuldner betreibt ein Unternehmen, das in hohem Maße Strom verbraucht. Er hatte deshalb Sonderkondition mit dem Stromversorger vereinbart. Als das Insolvenzverfahren eröffnet wird, sind in den zwei vorhergehenden Monaten keine Stromrechnungen mehr bezahlt worden. Der Insolvenzverwalter will den Betrieb fortführen und die vom Schuldner vereinbarten günstigeren Konditionen in Anspruch nehmen. Er erwägt deshalb, gem. § 103 InsO in den Stromversorgungsvertrag einzutreten.

Ringstmeier

I. Die Wirkungsweise des § 105 InsO

§ 105 InsO regelt solche Fälle, bei denen die gegenseitig geschuldeten Leistungen teilbar sind. Der Gesetzgeber hatte die Vorstellung, dass bestimmte Verträge wie „Rahmenvereinbarungen" ausgestaltet sind, in denen die Bedingungen geregelt sind, wie einzelne Leistungen zwischen den Vertragspartnern erbracht und abgerechnet werden sollen. Die einzelnen Leistungen hingegen werden (auf der Grundlage der Rahmenvereinbarung) in festgelegten Zeitabschnitten erbracht und abgerechnet. In Wirklichkeit wird damit ein einheitlicher Vertrag künstlich in mehrere Teile „gespalten". Nach § 105 S. 1 InsO erleiden die einzelnen Teile bei Eintritt des Verwalters gem. § 103 InsO in den Vertrag unterschiedliche Schicksale, je nachdem, ob die Teilabschnitte vor oder nach der Insolvenzeröffnung liegen.

Beispiel: Der oben erwähnte Strombezugsvertrag ist ein solch teilbarer Vertrag. Die zwischen dem Schuldner und dem Versorgungsunternehmen getroffene Regelung soll nur der „Rahmen" sein, innerhalb dessen die Parteien fortlaufend ihre gegenseitigen Leistungen schulden. Tritt der Verwalter in einen solchen „teilbaren" Vertrag ein, dann bleibt die Gegenleistung des Vertragspartners für die vor der Insolvenzeröffnung erbrachten Teile eine Insolvenzforderung. Masseschulden sind dann nur Zahlungsansprüche des Vertragspartners für die nach Verfahrenseröffnung erbrachten Teile.

II. Die unter § 105 InsO fallenden Verträge

Ob ein Vertrag unter § 105 InsO fällt, hängt entscheidend davon ab, ob die einzelnen Teile der insgesamt geschuldeten Leistung „jeweils einzeln einen selbständigen wirtschaftlichen Zweck haben"[9] und ob „sich die Gegenleistung auf diese Teilleistungen beziehen lässt".[10] Die Rechtsprechung legt diese Voraussetzung denkbar weit aus, so dass praktisch nicht unter § 105 InsO fallende Verträge die Ausnahme darstellen.

– Ausdrücklich nennt die Begründung zum Regierungsentwurf die Verträge über den fortlaufenden Bezug von Waren oder Energie, also **Versorgungsverträge über Strom, Gas, Wasser, Fernwärme usw.**
– Auch **Kaufverträge** können unter § 105 InsO fallen, wenn sie etwa die Lieferung mehrerer Sachen, für die jeweils Einzelpreise geschuldet werden, beinhalten.
– **Bau- und andere Werkleistungen** können ebenfalls teilbare Einzelleistungen regeln. Im Einzelfall muss dies nach dem Vertrag, in den der Verwalter eintreten will, beurteilt werden.
– **Miet- und Pachtverträge über bewegliche Sachen** (Verträge über unbewegliche Sachen fallen unter § 108 InsO, wo die Regelung des § 105 InsO in § 108 Abs. 3 InsO aufgegriffen ist) fallen unter § 105 InsO, ebenso Leasingverträge.
– **Versicherungsverträge** sollen nicht unter § 105 InsO fallen, es sei denn, die Prämie wird für bestimmte Zeitabschnitte entrichtet.

---

[9] BGH 9.7.1986 – VIII ZR 232/85, BGHZ 98, 160 (171).
[10] BGH 10.3.1994 – IX ZR 236/93, BGHZ 125, 270 (275).

III. Erfüllungsablehnung durch Verwalter

82 Lehnt der Verwalter gem. § 103 InsO die Erfüllung eines unter § 105 InsO fallenden Vertrages ab, gelten keine Besonderheiten; die Masse kann keine weiteren Ansprüche gegen den Vertragspartner geltend machen. Dieser ist mit seinen bislang erbrachten Leistungen sowie mit einem etwaigen Schadensersatzanspruch nur Insolvenzgläubiger. In § 105 InsO musste dies nicht gesondert geregelt werden, weil es sich schon aus der Grundnorm des § 103 InsO ergibt.

IV. Verwalter wählt Erfüllung

83 Hingegen sind von § 103 InsO abweichende Rechtsfolgen in § 105 InsO geregelt, wenn der Verwalter in einen teilbaren Vertrag nach § 103 InsO eintritt. Insgesamt treten mehrere Rechtsfolgen ein:

1. Konsequenzen aus der Erfüllungswahl

84 **Erste Rechtsfolge:** § 105 InsO ist ein Unterfall des § 103 InsO, dh die hier maßgeblichen Vertragsverhältnisse fallen zunächst unter § 103 InsO, dessen Voraussetzungen vorliegen müssen und dessen Rechtsfolgen eintreten, soweit diese nicht abweichend in § 105 InsO geregelt sind. Deshalb treten die allgemeinen Rechtsfolgen des § 103 InsO ein.

85 **Zweite Rechtsfolge:** Nach Satz 1 des § 105 InsO kann der Vertragspartner für die von ihm vor der Eröffnung des Verfahrens erbrachten Teilleistungen nur eine Forderung zur Tabelle anmelden und auch kein Zurückbehaltungsrecht für die noch ausstehenden Teilleistungen ausüben (dogmatisch wird also der Anwendungsbereich des § 320 BGB modifiziert). Für die Teilleistungen, die der Vertragspartner *nach* der Eröffnung erbringt, bleibt es bei der Grundregel des § 103 InsO, dass diese als Masseschulden auszugleichen sind.

86 **Dritte Rechtsfolge:** Mit Satz 2 des § 105 InsO will der Gesetzgeber verhindern, dass die in Satz 1 ausgesprochene Rechtsfolge unterlaufen wird. Daher stellt § 105 S. 2 InsO klar, dass der Vertragspartner nicht etwa die Rückgabe einer vor Verfahrenseröffnung in das Vermögen des Schuldners gelangten Teilleistung deshalb verlangen kann, weil er mit den Gegenansprüchen für diese Teilleistungen nicht vollständig befriedigt wird. An dieser Stelle schneidet der Gesetzgeber die ihm eigentlich nach BGB zustehenden Rücktrittsrechte ab.

2. Verbleibende Rechte des Vertragspartners

87 § 105 S. 2 InsO schneidet das Rücktrittsrecht aber nur insoweit ab, als es darauf gerichtet wird, die Rückgabe einer Teilleistung aus der Masse zu verlangen. Das heißt nicht gleichzeitig, dass der Vertragspartner nicht mit anderen Rechtsfolgen den Rücktritt vom Vertrag erklären kann. So verbietet § 105 S. 2 InsO nicht, dass der Vertragspartner den Rücktritt vom Vertrag mit dem Ziel erklärt, den Vertrag für die Zukunft, also für die Zeit nach Verfahrenseröffnung zu zerstören; auf diese Weise kann der Vertragspartner das Wahlrecht des Verwalters nach § 103 InsO unterlaufen. Voraussetzung ist freilich, dass der Vertragspartner einen Rücktrittsgrund hat.

Ringstmeier

§ 21. Gegenseitige nicht vollständig erfüllte Verträge, §§ 103–107 InsO

Vorsicht ist für Verwalter auch in folgender Situation angezeigt: Hatte der Vertragspartner des Schuldners bei einem teilbaren Kaufvertrag vor der Insolvenzeröffnung einzelne Kaufgegenstände unter Eigentumsvorbehalt an den Schuldner geliefert (§ 449 BGB), so kann er seinen darauf entfallenden Kaufpreisanspruch nur als Insolvenzgläubiger geltend machen, § 105 S. 1 InsO. Er kann auch nicht Rückgabe der vor der Insolvenz gelieferten Teile nach Rücktrittsrecht verlangen, § 105 S. 2 InsO. Er kann aber seinen Eigentumsherausgabeanspruch gem. § 985 BGB geltend machen und Aussonderung gem. § 47 InsO verlangen.[11] Dies verhindert auch § 105 S. 2 InsO nicht. 88

D. Durch Vormerkung gesicherter Erfüllungsanspruch, § 106 InsO

Die Regelung des § 106 InsO schränkt das Wahlrecht des Insolvenzverwalters gem. § 103 InsO bei gegenseitigen Verträgen, die beidseitig noch nicht vollständig erfüllt sind, ein. Damit stellt sich § 106 InsO – wie § 104 InsO und § 105 InsO – als Unterfall des § 103 InsO dar. § 106 InsO hat in der Praxis eine erhebliche Bedeutung. 89

I. Allgemeine Voraussetzungen

Die Anwendbarkeit des § 106 InsO setzt zunächst voraus, dass ein gegenseitiger Vertrag existiert, der im Zeitpunkt der Insolvenzeröffnung von beiden Vertragsparteien noch nicht vollständig erfüllt ist. Grundsätzlich kann der Insolvenzverwalter in solchen Fällen wählen, ob er gem. § 103 InsO in den Vertrag eintritt oder nicht. § 106 InsO regelt den Fall, dass zu Gunsten des Vertragspartners eine Vormerkung zur Sicherung seines Erfüllungsanspruches im Register, in der Regel dem Grundbuch eingetragen ist. 90

Beispiel: Der Schuldner hat vor der Insolvenz ein Grundstück an den Käufer verkauft. Unmittelbar nach Abschluss des notariellen Vertrages ist zu Gunsten des Käufers eine Auflassungsvormerkung im Grundbuch eingetragen worden. Noch bevor es zur Erfüllung des notariellen Vertrages kommt, wird das Insolvenzverfahren über das Vermögen des Schuldners eröffnet. 91

II. Begriff der Vormerkung

Eine Vormerkung (geregelt in § 883 BGB) kann nur an Sachen bestellt werden, für die ein Register existiert, außerdem an Rechten, die in solchen Registern eingetragen sind.
Register werden in der Bundesrepublik Deutschland geführt für
– Grundstücke
– Schiffe einer bestimmten Mindestgröße
– Schiffsbauwerken einer bestimmten Mindestgröße und
– Luftfahrzeuge (Flugzeuge, Zeppeline usw). 92

---

[11] Zur Aussonderung Näheres unter → § 14 Rn. 13 ff.

93 Die in der Praxis wichtigsten Rechte an solchen Sachen, die im Register eingetragen sind, können sein
– Eigentum
– Hypotheken und Grundschulden
– Pfandrechte
– Dienstbarkeiten.

94 Sollen solche in Registern eingetragenen Sachen oder Rechte an solchen Sachen geändert werden, muss dies in dem Register eingetragen werden. Das Register für Grundstücke zB wird bei den Amtsgerichten geführt und nennt sich Grundbuch. Die gewünschte Veränderung einzutragen, benötigt relativ viel Zeit, manchmal mehrere Wochen. Um während dieser Zeit den aus der geplanten Veränderung Begünstigten davor zu schützen, dass seine Rechte vereitelt werden, kann zu seinen Gunsten eine sog Vormerkung in das Register eingetragen werden. Eine Vormerkung hat zur Sicherung des Berechtigten eine Art „Sperrwirkung" zur Folge: nach Eintragung einer Vormerkung getroffene Verfügungen über das durch die Vormerkung geschützte Recht sind gegenüber dem Begünstigten aus der Vormerkung unwirksam.

95 Im Beispielsfall soll der Käufer als neuer Eigentümer des von ihm gekauften Grundstücks in das Grundbuch eingetragen werden. Der Rechtsgrund dafür ist der zwischen dem Schuldner und dem Käufer geschlossene notarielle Vertrag. In diesem hat sich der Käufer verpflichtet, für das Grundstück einen bestimmten Kaufpreis zu bezahlen, der Schuldner hat sich verpflichtet, dem Käufer im Gegenzug das Eigentum an dem Grundstück zu übertragen. Zur Übertragung des Eigentums an einem Grundstück ist die Eintragung im Grundbuch, dass der Käufer der neue Eigentümer sein soll, erforderlich. Die Eintragung dieser Rechtsänderung im Grundbuch dauert – wie gesagt – relativ lang, weil das Grundbuchamt diverse formale Voraussetzungen überprüfen muss, bevor es einen Eigentumswechsel im Grundbuch eintragen kann. Um diese Zeit sicher zu überbrücken, wird zugunsten des Käufers eine Vormerkung im Grundbuch eingetragen; das geht, anders als die Eigentumsumschreibung, sehr schnell. Alle von dem Schuldner nach der Eintragung der Vormerkung vorgenommenen Rechtsänderungen in Bezug auf das Grundstück sind dem Käufer gegenüber unwirksam. Würde etwa der Schuldner das Grundstück nach Eintragung der Vormerkung für den Käufer erneut verkaufen, zB an seinen Freund, und würde der Freund schneller als der Käufer im Grundbuch als neuer Eigentümer vermerkt, braucht dieses den Käufer nicht zu interessieren. Sein Eigentumserwerb ist durch Vormerkung geschützt. Der nach der Eintragung „seiner" Vormerkung eingetragene Eigentumswechsel an den Freund ist ihm, dem Käufer gegenüber, unwirksam. Der Käufer würde trotzdem als neuer Eigentümer im Grundbuch eingetragen werden können. An diesem Beispiel wird erkennbar, dass die Eintragung einer Vormerkung für den Begünstigten eine sichere Position „auf dem Weg" zum endgültigen Rechtserwerb schafft.

96 § 106 InsO regelt den Fall, dass „auf diesem Weg", also zwischen Eintragung der Vormerkung und der Eintragung des eigentlich gewollten Rechts das Insolvenzverfahren über das Vermögen des Schuldners eröffnet wird, so wie dies im Eingangsfall geschildert ist. Die Ausgangssituation des § 106 InsO sieht also immer wie folgt aus: der noch Berechtigte an einer Sache oder einem Recht (noch ist der Schuldner Eigentümer des Grundstücks) wird insolvent, nachdem

für den zukünftig Berechtigten (der Käufer wird erst in der Zukunft Eigentümer des Grundstücks) eine Vormerkung an der Sache oder an dem Recht eingetragen worden ist.

III. Rechtsfolge: Einschränkung des Wahlrechts

Weil die Vormerkung „auf dem Weg" bis zum endgültigen Rechtserwerb für den Erwerber eine so sichere Rechtsposition schafft, muss dies zwangsläufig auch auf die Rechte eines Insolvenzverwalters eine einschränkende Wirkung ausüben. Das Gesetz erreicht dies, indem es die Rechte des Insolvenzverwalters nach § 103 InsO einschränkt. 97

Im Beispielsfall handelt es sich um einen gegenseitigen Vertrag, der von beiden Seiten noch nicht vollständig erfüllt ist: der Käufer hat den Kaufpreis noch nicht an den Schuldner bezahlt und der Schuldner hat das Eigentum noch nicht auf den Käufer übertragen, denn dazu wäre die Eintragung im Grundbuch erforderlich gewesen. Da die Grundkonstellation des § 103 InsO vorliegt, könnte nach dieser Vorschrift der Insolvenzverwalter die Erfüllung des notariellen Vertrages ablehnen. Dann könnte – so die Rechtsfolge aus § 103 InsO – der Käufer nicht mehr Erfüllung (Eigentumsübertragung auf ihn) verlangen, sondern nur noch einen Schadensersatzanspruch als Insolvenzforderung geltend machen. Das würde sich mit der sicheren Rechtsposition, die eine Vormerkung verschaffen soll, nicht vertragen. § 106 InsO bestimmt deshalb, dass der Verwalter den gegenseitigen, beidseitig nicht erfüllten Vertrag erfüllen *muss*. Dabei spielt es keine Rolle, ob dieser Vertrag günstig oder ungünstig für die Masse ist (bei besonders ungünstigen Verträgen, die der Schuldner abgeschlossen hatte, kann der Verwalter aber möglicherweise den Vertrag anfechten). 98

Aber beachte § 106 Abs. 1 S. 2 InsO: Das Wahlrecht des Verwalters aus § 103 InsO ist nur so weit eingeschränkt wie die Vormerkung reicht. Wenn also der Schuldner in einem Vertrag ein in seinem Eigentum stehendes Grundstück an den Käufer verkauft und sich gleichzeitig verpflichtet hat, auf diesem Grundstück auch noch ein Gebäude zu errichten, dann sichert die Auflassungsvormerkung nur den Erwerb des Eigentums am Grundstück, nicht auch das Recht des Käufers, vom Schuldner den Bau eines Gebäudes zu verlangen. In einem solchen Fall würde der Insolvenzverwalter die Erfüllung des Vertrages gem. § 103 InsO ablehnen können. Damit würde er freilich nicht verhindern, dass der Käufer als neuer Eigentümer im Grundbuch eingetragen werden wird; denn insoweit ist der Käufer durch die Vormerkung geschützt. Wohl aber könnte der Verwalter durch die Erfüllungsablehnung die vertragliche Verpflichtung der Masse beseitigen, dem Käufer auch noch ein Gebäude bauen zu müssen. 99

Auf eine weitere Konsequenz des § 106 Abs. 1 S. 2 InsO ist hinzuweisen: Ist im Vertrag geregelt, dass das Grundstück *lastenfrei* auf den Gläubiger zu übertragen ist, dann ist die Lastenfreiheit des Grundstücks ebenfalls nicht durch die Vormerkung geschützt, sondern allein der Anspruch auf Übertragung des Eigentums. Der Verwalter muss dann zwar das Eigentum übertragen, er muss dies aber nicht lastenfrei tun.[12] 100

---

[12] BGH 22.9.1994 – V ZR 236/93, ZIP 1994, 1705.

Die Regelung des § 106 InsO hat aber zunächst keine zivilrechtlichen Auswirkungen auf den Vertrag, insbesondere behält der Verwalter also auch die Einrede aus § 320 BGB, so dass er nur Zug um Zug gegen die Gegenleistung erfüllen muss. In der Konstellation, dass die Gegenleistung für einen durch § 106 InsO gesicherten und einen nicht gesicherten Teil zu zahlen ist, wird der Vertrag insoweit aufgespalten, dass die Einrede des § 320 BGB im Bereich des gesicherten Anspruchs nur auf die auf diesen Teil der Leistung entfallenden gestützt werden kann. Hierzu wieder obiges Beispiel: Hat der Vertragspartner von dem Schuldner ein zu bebauende Grundstück für 200 TEUR gekauft und eine Auflassungsvormerkung eingetragen und geht der Schuldner dann zu einem Zeitpunkt in die Insolvenz, in dem der Vertragspartner noch nichts geleistet hat und der Bau noch nicht begonnen wurde, so kann der Vertragspartner nur Übereignung des Grundstücks privilegiert nach § 106 InsO verlangen. Dem kann der Verwalter die Einrede des § 320 BGB entgegen halten, aber nicht über die vollen 200 TEUR, sondern nur auf den auf das unbebaute Grundstück entfallenden Teilbetrag von zB 100 TEUR.

101 Somit ist bei Rechten, die durch eine Vormerkung geschützt sind, folgende Prüfungsreihenfolge einzuhalten:
(1) Liegt überhaupt eine Grundkonstellation des § 103 InsO vor, handelt es sich also wirklich um einen Fall eines gegenseitigen, beidseitig nicht vollständig erfüllten Vertrages?
(2) Welches Recht des Gläubigers ist durch die Vormerkung geschützt? Dieses Recht kann der Gläubiger – trotz Insolvenzeröffnung – gegen die Masse durchsetzen.
(3) Sind in dem beidseitig nicht vollständig erfüllten Vertrag vielleicht noch andere Rechte des Gläubigers begründet worden? Falls ja, muss geprüft werden, ob es für die Masse sinnvoll ist, diese zusätzlichen Rechte des Gläubigers auch noch erfüllen zu wollen, zB weil dafür eine zusätzliche Gegenleistung in die Masse gezahlt würde. Nur wenn alle anderen, nicht durch die Vormerkung geschützten Rechte des Gläubigers erfüllt werden sollen, wird der Verwalter in den Vertrag eintreten. Sollen die anderen Rechte des Gläubigers nicht erfüllt werden, wird der Verwalter die Nichterfüllung des Vertrages gem. § 103 InsO wählen und nur das durch Vormerkung geschützte Recht des Gläubigers wegen § 106 InsO erfüllen.

IV. Hinweise für die Abwicklungspraxis

102 In der Verwalterpraxis wird sich meist die Ablehnung des Vertrages anbieten, selbst wenn in dem Vertrag auch Rechte begründet wurden, die mit einer Vormerkung geschützt sind; regelmäßig begründen schon einfache Grundstückskaufverträge weitere Verpflichtungen des Schuldners, wie zB die lastenfreie Übertragung des Grundstücks, Gewährleistungsverpflichtungen für Rechtsmängel, Zusagen wegen der Freiheit von Bodenverunreinigungen usw. Will der Verwalter die Masse von solchen Verpflichtungen freihalten, darf er in den Vertrag nicht eintreten, sondern muss die Erfüllung gem. § 103 InsO ablehnen.

Ringstmeier

Eine ausdrückliche Erklärung des Verwalters, dass er die Erfüllung des Vertrages ablehne, ist empfehlenswert. Wie oben[13] dargestellt, kann die Erklärung des Verwalters, er wolle Erfüllung wählen, auch konkludent abgegeben werden. Ein Dritter, zB ein Gericht könnte in der Teilerfüllung des Vertrages, nämlich der Erfüllung des durch die Vormerkung geschützten Rechts, die Erklärung des Verwalters erblicken, den gesamten Vertrag erfüllen zu wollen. Um dieses zu verhindern, sollte der Verwalter – wie immer – eine eindeutige Erklärung abgeben. 103

E. Kauf und Verkauf unter Eigentumsvorbehalt, § 107 InsO

Auch § 107 InsO modifiziert für bestimmte Verträge das Wahlrecht des § 103 InsO. Die weiteren Voraussetzungen des § 107 InsO sind die Folgenden: 104

I. Allgemeine Voraussetzungen

1. Kaufvertrag

§ 107 InsO ist eine Norm, die sich nur auf Kaufverträge bezieht. Nach überwiegender Meinung ist sie analog auf kaufähnliche Geschäfte, insbesondere auf Werklieferung und Leasingverträge mit Kaufoption anzuwenden.[14] Es ist davon auszugehen, dass darüber die Rechtsprechung befinden wird. 105

2. Bewegliche Sache

In beiden Absätzen des § 107 InsO muss Gegenstand des Kaufvertrages eine bewegliche Sache sein. Damit scheiden Immobilien und Sachen, für die ein Register geführt wird (Schiffe, Schiffsbauwerke und Luftfahrzeuge), aus dem Anwendungsbereich der Norm aus. 106

3. Besitzübergang erfolgt

Weitere Voraussetzung der beiden Absätze des § 107 InsO ist, dass dem Käufer der beweglichen Sache der Besitz daran schon übertragen worden sein muss. Besitz in diesem Sinne kann nicht nur der unmittelbare, sondern auch der mittelbare Besitz sein. Maßgeblich ist, dass der Käufer ein Anwartschaftsrecht erworben hat. Das ist aber grundsätzlich bei allen Formen der Besitzübertragung möglich. 107

Der Zeitpunkt, für den zu prüfen ist, ob dem Käufer der Besitz übertragen ist oder nicht, ist der der Verfahrenseröffnung. 108

In seinen Absätzen 1 und 2 unterscheidet § 107 InsO danach, ob der Schuldner die Rolle des Käufers oder des Verkäufers einnimmt. Die Rechtsfolgen der beiden Absätze sind unterschiedlich, je nachdem in welcher Rolle sich der Schuldner befindet. 109

---

[13] → Rn. 59 f.
[14] Dafür: Mohrbutter/Ringstmeier/*Homann* § 7 Rn. 62; Uhlenbruck/*Wegener* § 107 Rn. 4; dagegen: *Pape* Wprax 1995, 25 (28).

II. Schuldner als Verkäufer, § 107 Abs. 1 InsO

110 Hatte der Schuldner vor der Insolvenzeröffnung eine bewegliche Sache verkauft und dem Käufer an dem Kaufgegenstand auch schon den Besitz eingeräumt, dann hatte der Käufer schon bei Eröffnung des Verfahrens ein sog Anwartschaftsrecht an der Sache. Ein Anwartschaftsrecht ist eine Art „Vorstufe" zum Eigentum, die darin zum Ausdruck kommt, dass es allein vom Käufer abhängt, ob er das endgültige Eigentum schließlich erwirbt oder nicht. Wer eine bewegliche Sache unter Eigentumsvorbehalt kauft, kann allein durch sein eigenes Handeln den Eigentumserwerb herbeiführen: Er braucht lediglich den Kaufpreis für die Sache (einfacher Eigentumsvorbehalt) oder aber die Ansprüche des Verkäufers auch aus anderen Geschäften (erweiterter Eigentumsvorbehalt) zu bezahlen. Mit dem Ausgleich des jeweiligen Verkäuferanspruchs tritt die Bedingung ein, unter der der Eigentumserwerb noch steht, und der Eigentumserwerb erfolgt automatisch.

1. Schutz des Anwartschaftsrechts des Käufers

111 Der Gesetzgeber wollte das Anwartschaftsrecht, da es sich bereits um eine Vorstufe des Eigentums handelt, ähnlich wie das Eigentum selbst schützen. Es sollte deshalb insolvenzfest sein. Anders ausgedrückt: der Gesetzgeber wollte trotz der Insolvenz des Verkäufers die Rechtsposition des Käufers nicht beeinträchtigen. Die Rechtsposition des Käufers ist die, dass er durch Herbeiführung der Bedingung (Zahlung des Kaufpreises beim einfachen Eigentumsvorbehalt bzw. Ausgleich aller Ansprüche des Schuldners beim erweiterten Eigentumsvorbehalt) das Eigentum erlangen kann. Die Herbeiführung der Bedingung aber kann nur auf der Grundlage der Erfüllung des gegenseitigen, noch nicht erfüllten Kaufvertrages erfolgen. Konsequenterweise musste der Gesetzgeber dem Verwalter das Wahlrecht aus § 103 InsO nehmen. Stattdessen soll der Käufer entscheiden dürfen, ob er durch Erfüllung des Kaufvertrages das Eigentum endgültig erwerben will oder nicht.

2. Wechselwirkung mit § 103

112 § 107 Abs. 1 S. 1 InsO regelt deshalb, dass der Käufer die Erfüllung des Kaufvertrages verlangen kann. Eine Erklärung des Verwalters gem. § 103 InsO, den Kaufvertrag nicht erfüllen zu wollen, bleibt also ohne Wirkung, wenn der Käufer die Erfüllung des Vertrages verlangt.

113 Nur wenn der Käufer seinerseits die Erfüllung des Vertrages nicht wünscht, dringt der Verwalter mit einer Erfüllungsablehnung gem. § 103 InsO durch. Für die Abwicklungspraxis bedeutet dies, dass auch im Falle eines vom Schuldner vorgenommenen Verkaufs einer beweglichen Sache unter Eigentumsvorbehalt der Verwalter eine eigene Entscheidung treffen muss: Will der Verwalter, dass der Kaufvertrag erfüllt wird, weil zB der vom Schuldner ausgehandelte Kaufpreis für die Masse günstig ist, kann er Erfüllung des Vertrages gem. § 103 InsO wählen. § 107 Abs. 1 S. 1 InsO steht dem nicht entgegen. Auf Grund der Erfüllungswahl des Verwalters muss der Käufer seinerseits den Vertrag erfüllen, ob er will oder nicht.

Will der Verwalter nicht in den Vertrag eintreten, weil es sich um einen für die Masse ungünstigen Vertrag handelt (der Verwalter hat zB ein Angebot, die vom Schuldner schon verkaufte Sache zu einem höheren Preis zu veräußern), dann kann er die Erfüllung des Kaufvertrages gem. § 103 InsO ablehnen. Gem. § 107 Abs. 1 S. 1 InsO liegt es dann aber in der Hand des Vorbehaltskäufers, ob er diese Erklärung des Verwalters akzeptiert oder nicht; er kann auf Erfüllung bestehen (dann muss der Verwalter den Vertrag durchführen) oder er kann die Nichterfüllungserklärung des Verwalters akzeptieren. 114

§ 107 Abs. 1 InsO macht den § 103 InsO also keineswegs überflüssig. Lediglich im Falle der Erfüllungsablehnung durch den Verwalter setzt sich ein entgegenstehender Wille des Vorbehaltskäufers durch. 115

Die Masse ist dadurch nicht rechtlos gestellt, denn immerhin kann sie vom Vorbehaltskäufer die Gegenleistung erlangen. Würde sich der Verwalter vom Kaufvertrag lieber lösen wollen, weil er zB einen besseren Kaufvertrag mit einem Dritten abschließen könnte, verlangt aber der Vorbehaltskäufer die Vertragserfüllung, muss der Verwalter den für die Masse ungünstigeren Vertrag erfüllen. 116

Umfasst der Vertrag, den der Schuldner mit dem Käufer geschlossen hatte, noch weitere Bestandteile, so bezieht sich die Einschränkung des Verwalters, den Vertrag nicht gegen den Willen des Vertragspartners ablehnen zu können, nur auf denjenigen Teil, derentwegen der Käufer bereits das Anwartschaftsrecht erlangt hat. Anders ausgedrückt reicht § 107 Abs. 1 InsO nur so weit, wie das Anwartschaftsrecht reicht. Hatte der Schuldner dem Käufer zwei Teile unter Eigentumsvorbehalt verkauft, aber den Besitz erst für ein Teil übertragen, dann bezieht sich § 107 Abs. 1 S. 1 InsO nur auf das schon übergebene Teil, nicht auch auf dasjenige, welches sich noch im Besitz des Schuldners befindet. Hinsichtlich des Teiles, das sich noch im Besitz des Schuldners befindet, kann der Insolvenzverwalter auch gegen den Willen des Käufers den Vertrag gem. § 103 InsO ablehnen, denn der für § 107 InsO erforderliche Besitzübergang hat nicht stattgefunden. 117

Wird ein solcher Vertrag teilweise erfüllt, teilweise nicht erfüllt, muss die vom Käufer zu zahlende Gegenleistung entsprechend reduziert werden. Das kann zu Auseinandersetzungen führen, wenn der Vertrag nicht exakt erkennen lässt, wie viel eines Gesamtkaufpreises für welchen Teil gezahlt werden muss. Hier ist das Verhandlungsgeschick beider Vertragspartner gefordert, notfalls muss eine gerichtliche Entscheidung herbeigeführt werden. 118

III. Schuldner als Käufer, § 107 Abs. 2 InsO

Eine völlig andere Wertung liegt dem Absatz 2 des § 107 InsO zu Grunde. Auch hier macht man sich die Bedeutung der Vorschrift am leichtesten klar, wenn man sie sich wegdenkt. 119

1. Grundsätzlich gilt: Wahlrecht des Verwalters gem. § 103

Hat der Schuldner vor der Eröffnung des Insolvenzverfahrens eine Sache gekauft, jedoch noch nicht bezahlt, so sind die dem Schuldner obliegenden Ver- 120 pflichtungen noch nicht erfüllt. Hatte umgekehrt der Lieferant die Sache zwar schon an den Schuldner geliefert, ihm aber noch nicht das Eigentum übertragen, weil die Übertragung des Eigentums an die vollständige Bezahlung durch den Schuldner gekoppelt worden war (diese aber ja noch nicht erbracht wurde), so hat auch der Lieferant seine Verpflichtungen noch nicht vollständig erfüllt. Es handelt sich folglich um ein beidseitig noch nicht vollständig erfülltes Vertragsverhältnis. Für ein solches Vertragsverhältnis gilt grundsätzlich § 103 InsO. Das bedeutet, dass der Vertragspartner unmittelbar nach der Eröffnung des Insolvenzverfahrens den Insolvenzverwalter auffordern kann, sich nach § 103 InsO zu erklären. Der Verwalter muss dann „unverzüglich" darüber entscheiden, ob er in den Vertrag eintreten will oder die Erfüllung des Vertrages ablehnen möchte.

2. Aber: Entscheidung erst nach dem Berichtstermin

121   Die Insolvenzordnung geht von der Vorstellung aus, dass die Gläubiger im Berichtstermin über das weitere Schicksal des Schuldnerunternehmens entscheiden sollen. Liegt ein Insolvenzplan zur Entscheidung vor, so sollen die Gläubiger im sog Erörterungstermin, der mit dem Berichtstermin verbunden wird, falls der Plan rechtzeitig eingereicht wird, die maßgeblichen Entscheidungen fällen. Wäre der Insolvenzverwalter schon „unverzüglich" nach der Insolvenzeröffnung gezwungen, sich nach § 103 InsO zu erklären, müsste er gegebenenfalls eine Entscheidung treffen, die zB eine Fortführung des Betriebes unmöglich machen würde. Die Insolvenzgläubiger hätten dann zwar noch formal das Recht, im Berichtstermin über das Schicksal des Schuldnerbetriebes zu bestimmen, wären aber tatsächlich schon vor vollendete Tatsachen gestellt.

122   Praktisch alle Güter, die ein Schuldner für seinen Betrieb anschafft, werden heute unter Verwendung von Allgemeinen Geschäftsbedingungen, in denen sich Regeln über den Eigentumsvorbehalt der Lieferanten finden, eingekauft. Typischerweise sind viele Lieferanten bei Eröffnung des Verfahrens noch nicht oder zumindest nicht vollständig befriedigt. Müsste der Insolvenzverwalter in all diesen Fällen schon „unverzüglich" nach der Eröffnung des Verfahrens erklären, ob er in den Vertrag eintreten will, könnte dies einen „nahezu entleerten" Schuldnerbetrieb im Berichtstermin zur Folge haben. Nicht immer verfügt ein Insolvenzverwalter bei Eröffnung des Verfahrens über die erforderlichen Mittel, um in alle noch nicht vollständig erfüllten Kaufverträge einzutreten und dann auch die Kaufpreise aus der Masse zu bezahlen. Selbst wenn ihm dies gelänge, würden ihm dann vielleicht die Mittel fehlen, um den Betrieb weiterführen zu können, also Miete und Arbeitnehmer zu bezahlen und um Ware einzukaufen. Und wenn er auch das noch schaffen würde, dann beschließt vielleicht die Gläubigerversammlung, dass der Betrieb des Schuldners eingestellt und liquidiert werden soll. In diesem Fall wäre es misslich, dass der Verwalter just zuvor von den Lieferanten gezwungen worden wäre, in diverse Kaufverträge einzutreten.

123   Vor diesem Hintergrund erscheint es dem Gesetzgeber sinnvoll, dem Verwalter eine Frist zuzugestehen, innerhalb derer er seine Entscheidung zu § 103 InsO zurückstellen kann. Gerade wegen der überragenden Bedeutung des Berichtstermins, in dem die Gläubiger die entscheidenden Richtungen für das In-

solvenzverfahrens vorgeben sollen, ist es naheliegend, dem Verwalter eine Erklärungsfrist bis kurz nach dem Berichtstermin einzuräumen. So kann der Verwalter bei seiner Entscheidung nach § 103 InsO die Beschlüsse der Gläubigerversammlung gleich mit berücksichtigen.

Warum gilt dann nicht immer die Regel, dass der Verwalter erst nach dem Berichtstermin entscheiden muss? Das liegt daran, dass beim Verkauf unter Eigentumsvorbehalt der Verkäufer dem Schuldner die Sachen ohne sofortige Bezahlung ganz bewusst überlassen hatte und sogar damit einverstanden war, dass der Zeitpunkt des Eigentumsüberganges in die Hand des Käufers gelegt wird. Daher kann dem Verkäufer ausnahmsweise zugemutet werden, mit einer Erfüllungsentscheidung bis zum Berichtstermin zuzuwarten.

Einem Missverständnis freilich ist vorzubeugen: der Verwalter ist keineswegs verpflichtet, mit seiner Wahl nach § 103 InsO bis nach dem Berichtstermin zu warten. Er bleibt berechtigt, schon vor dem Berichtstermin Erfüllung oder Ablehnung des Kaufvertrages zu wählen. So verstanden erweitert § 107 Abs. 2 InsO die Rechte des Insolvenzverwalters, ohne sie gleichzeitig zu beschneiden. **124**

3. Ausnahme: leicht verderbliche Ware

Es sind allerdings auch Fälle denkbar, bei denen das Zuwarten des Insolvenzverwalters mit seiner Erklärung nach § 103 InsO bis nach dem Berichtstermin für die Lieferanten schlicht nicht zumutbar ist. Es handelt sich dabei um solche Fälle, bei denen der Gegenstand des nicht vollständig erfüllten Vertrages leicht verderbliche oder nur saisonal verwendbare Sachen sind. In solchen Fällen überwiegt das Interesse des Lieferanten, schnell Gewissheit darüber zu erlangen, ob er für seine Waren den vereinbarten Kaufpreis erhält oder ob er die Ware auf Grund des Eigentumsvorbehalts zurücknehmen kann. Das Interesse der Masse weicht von dem des Lieferanten meist nicht ab: auch der Insolvenzverwalter will, wenn es sich um leicht verderbliche oder nur saisonal verwendbare Sachen handelt, ebenfalls zu einer schnellen Entscheidung gelangen. Ein Eintritt in den Vertrag macht nur dann Sinn, wenn die Ware noch nicht verdorben ist bzw. wenn sie auf Grund der saisonalen Umstände noch zu gebrauchen ist, insbesondere weiterverkauft werden kann. **125**

Immer aber muss es sich in derartigen Fällen um Waren handeln, deren Wert durch das Zuwarten bis zum Berichtstermin erheblich vermindert wird. Das gilt sicherlich für frische Lebensmittel, die nach vier bis sechs Wochen – so lang ist meist die Zeitspanne zwischen Eröffnung des Insolvenzverfahrens und Berichtstermin – nicht mehr genießbar sind. Eine erhebliche Verminderung des Wertes kann auch bei nicht verderblichen Waren eintreten, wenn es sich zB um Teile handelt, die nur für einen einzigen Zweck erstellt worden sind und nur verwendet werden können, wenn sie zu einem bestimmten Stichtag zur Verfügung stehen und dieser Stichtag vor dem Berichtstermin liegt. Ob Modewaren (zB Kleidungsstücke) unter diese Sonderregelung fallen, ist nur im Einzelfall zu entscheiden. Immer muss aber die durch die zeitliche Verzögerung eintretende Wertminderung „erheblich" sein. Bloße Werteinbußen, die nicht erheblich sind, können den Verwalter nicht zu einer vor dem Berichtstermin abzugebenden Erklärung zwingen. **126**

Ringstmeier

127 Problematisch dabei scheint, dass der Verwalter grundsätzlich das Risiko trägt, bei der Einschätzung richtig zu liegen, ob die eintretende Wertminderung erheblich oder nicht erheblich ist. Um das Haftungsrisiko des Verwalters zu minimieren, bestimmt § 107 Abs. 2 S. 2 InsO, dass der Vertragspartner den Insolvenzverwalter auf den Eintritt der erheblichen Wertminderung durch Zeitverzögerung hinweisen muss. Unterlässt der Vertragspartner einen solchen Hinweis, bleibt es bei Satz 1 des § 107 Abs. 2 InsO, und der Verwalter muss die Erklärung nach § 103 InsO erst nach dem Berichtstermin abgeben. Das Risiko der Wertminderung liegt dann allein beim Lieferanten.

128 Die Sonderregelung des § 107 Abs. 2 S. 2 InsO bezieht sich nur auf eine eintretende Wertminderung an der verkauften Sache. Sonstige Schäden, die dem Lieferanten entstehen, bleiben unberücksichtigt.

§ 22. Dauerschuldverhältnisse

A. Regelungsinhalt und systematische Stellung des § 108 InsO

Dauerschuldverhältnisse nehmen in der Insolvenzpraxis einen erheblichen Stellenwert ein, denn sie belasten die Insolvenzmasse teilweise ganz erheblich. Daher wird ihnen ein entsprechend breiter Raum eingeräumt. Eingeleitet wird das Kapitel § 22 mit der Darstellung des § 108 InsO, der das Fortbestehen bestimmter Dauerschuldverhältnisse regelt (→ Rn. 1–8), nämlich Miet- und Pachtverhältnisse, Dienstverträge, Darlehensverträge, bei denen der Schuldner als Darlehensgeber aufgetreten ist und schließlich bestimmte Leasingverträge über bewegliche Gegenstände. Sodann befasst sich § 22 mit dem für die Praxis wichtigen Fall, dass der Schuldner Mieter oder Pächter von Grundstücken oder Räumen ist (→ Rn. 22–88). Die umgekehrte Rolle des Schuldners, dass er als Vermieter auftritt, wird in den → Rn. 89–135 dargestellt. Der Sonderfall, dass der Schuldner die Vermieterrolle deshalb innehatte, weil er Eigentümer von Grundstücken oder anderer unbeweglicher Sachen ist, wird in den → Rn. 115 ff. dargestellt. Dabei soll es in diesem Kapitel aber nur um das Schicksal des Miet- oder Pachtvertrages gehen. In den → Rn. 114–116 wird die sog „kalte Zwangsverwaltung" beschrieben.

I. Die Grundnorm § 108 InsO

1 In § 108 Abs. 1 S. 1 InsO regelt der Gesetzgeber ausdrücklich, dass Miet- und Pachtverhältnisse des Schuldners über unbewegliche Gegenstände oder Räume sowie Dienstverhältnisse trotz der Eröffnung des Insolvenzverfahrens fortbestehen; in § 108 Abs. 2 InsO findet sich eine entsprechende Regelung für Darlehensverträge, bei denen der Schuldner Darlehensgeber ist. Die Formulierung der Regelung ist ungenau: das Fortbestehen von Vertragsverhältnissen trotz Insolvenzeröffnung ist nicht regelungsbedürftig gewesen, weil die Eröffnung

des Insolvenzverfahrens normalerweise gerade nicht das automatische Erlöschen von Vertragsverhältnissen zur Folge hat.[1]

Richtig verstanden liegt die wirkliche Bedeutung des § 108 InsO darin, dass die in der Vorschrift genannten Vertragsverhältnisse aus dem Anwendungsbereich des § 103 InsO herausgenommen werden. Der Verwalter soll eben kein Wahlrecht haben; vielmehr sollen die Verträge – notfalls auch gegen den Willen des Insolvenzverwalters – mit Masseschuldcharakter fortlaufen.

Das Fortbestehen der in § 108 InsO genannten Vertragsverhältnisse muss den Insolvenzverwalter veranlassen, die Vertragsurkunden möglichst schon im Insolvenzantragsverfahren zu beschaffen und sich mit deren Inhalt vertraut zu machen. Die sich aus den fortbestehenden Verträgen ergebenden Verpflichtungen des Schuldners treffen die Masse sogleich mit Eröffnung des Verfahrens und können eine enorme Belastung für sie darstellen.

Die Regelungstiefe des § 108 InsO ist gering, regelt er doch nur in seinen Abs. 1 und 2 das Fortbestehen von Vertragsverhältnissen und in seinem Abs. 3 die Qualität von Ansprüchen des Vertragspartners aus der Zeit vor der Insolvenzeröffnung. Auf § 108 InsO bauen aber weitere Vorschriften auf, die weitere Details zu einzelnen Vertragstypen bestimmen, und zwar gelten

§§ 109, 112 InsO für Miet-/Pachtverhältnisse über unbewegliche Gegenstände oder Räume, wenn der Schuldner Mieter oder Pächter ist

§§ 110, 111 InsO für Miet-/Pachtverhältnisse über unbewegliche Gegenstände oder Räume, wenn der Schuldner Vermieter oder Verpächter ist

§ 113 InsO für Dienstverhältnisse des Schuldners, bei denen der Schuldner Arbeitgeber ist.

II. Anwendungsbereich des § 108 InsO

1. Miet- und Pachtverhältnisse über unbewegliche Gegenstände oder Räume

Die Vorschrift bezieht sich auf Miet- und Pachtverhältnisse des Schuldners über unbewegliche Gegenstände (also über Grundstücke, Schiffe, Schiffsbauwerke und Luftfahrzeuge) sowie über Räume. Es spielt für die Anwendbarkeit der Norm keine Rolle, ob der Schuldner Vermieter bzw. Verpächter ist oder ob er sich in der Rolle des Mieters bzw. Pächters befindet. In dem einen wie dem anderen Fall besteht der Vertrag fort und § 103 InsO findet mit seinen Sonderregelungen keine Anwendung.

Freilich ist auch denkbar, dass sich der Schuldner gleichzeitig in der Rolle des Mieters/Pächters und des Vermieters/Verpächters befindet. Diese Konstellation ist bei Untermietverhältnissen anzutreffen, wenn zB der Schuldner angemietet und dann untervermietet hat. In diesen Fällen bestehen beide Mietverhältnisse fort.

§ 108 Abs. 1 S. 1 InsO gilt auch für Leasingverträge über unbewegliche Sachen, wenn der Leasingvertrag – wie meistens – mietähnliche Regelungen zum Gegenstand hat. Nur dann, wenn der Leasingvertrag vergleichbar ist mit einem Ratenkauf, wenn er also insbesondere die letztendliche Übertragung des Eigentums auf den Mieter/Pächter als Käufer schon bei Vertragsschluss zwingend

---

[1] Ergänzend sei auf die Ausführungen unter → § 20 Rn. 4 ff. verwiesen.

vorsieht, passt die Regelung des § 108 Abs. 1 S. 1 InsO nicht. Dann ist wieder § 103 InsO bzw. § 105 InsO anwendbar.

2. Bewegliche Gegenstände oder Rechte, § 108 Abs. 1 S. 2 InsO

12 Grundsätzlich ist erforderlich, dass das Miet- bzw. Pachtverhältnis unbewegliche Gegenstände oder Räume betrifft. Miet- und Pachtverträge über bewegliche Gegenstände oder über Rechte sind somit normalerweise aus dem Anwendungsbereich des § 108 InsO herausgenommen; auf solche Vertragsverhältnisse findet § 103 InsO (teilweise wird auch angenommen § 107 InsO analog) Anwendung. Davon freilich gibt es eine wichtige Ausnahme:

13 Einen besonderen Anwendungsfall regelt die Norm nämlich in ihrem Abs. 1 Satz 2: nicht §§ 103, 107 InsO, sondern ausnahmsweise § 108 Abs. 1 S. 1 InsO ist anwendbar, wenn der Schuldner „sonstige Gegenstände" vermietet und verpachtet hat und diese Gegenstände einem Dritten zur Sicherheit übertragen worden sind. Der Begriff „sonstige Gegenstände" steht im Gegensatz zu unbeweglichen Gegenständen und Räumen. Damit erstreckt sich § 108 Abs. 1 S. 1 InsO *doch* auf bewegliche Gegenstände und Rechte, aber nur, wenn diese Gegenstände oder Rechte einem Dritten zur Sicherheit für eine Finanzierung übertragen worden sind. Der Gesetzgeber hat damit einem besonderen Wunsch der Leasingbranche und deren Finanzierern Rechnung getragen.

14 Durch diese Sonderregelung bleiben Miet- und Pachtverhältnisse auch über bewegliche Sachen bestehen, wenn die Miet- oder Pachtsache an einen Dritten sicherungsübereignet wurde, weil dieser deren Herstellung oder Anschaffung finanziert hat. Der Fall des § 108 Abs. 1 S. 2 InsO lässt sich am ehesten verstehen, wenn man annimmt, eine Leasinggesellschaft geriete in die Insolvenz. Das Kerngeschäft einer Leasinggesellschaft liegt in der Vermietung oder Verpachtung beweglicher Gegenstände. Deren Finanzierung wäre einer auch gesunden Leasinggesellschaft kaum mehr möglich, wenn die finanzierende Bank befürchten müsste, dass im Falle der Insolvenz der Leasinggesellschaft deren Insolvenzverwalter die Nichterfüllung der mit den Leasingnehmern geschlossenen Verträge gem. § 103 InsO wählen könnte; alsdann würden der finanzierenden Bank die ihr zur Sicherheit übertragenen Leasingforderungen des Leasinggebers abhandenkommen. Also nahm der Gesetzgeber diesen Fall aus dem Anwendungsbereich des § 103 InsO hinaus (wo er eigentlich hingehört) und unterwarf ihn der Regelung des § 108 Abs. 1 S. 2 InsO.

15 Aus dieser Überlegung ergibt sich aber auch zugleich eine Beschränkung des § 108 Abs. 1 S. 2 InsO: es bestehen nur Vertragsverhältnisse fort, bei denen der Schuldner der **Vermieter** oder **Verpächter** des beweglichen Gegenstandes ist (merke: insolvent ist die Leasinggesellschaft, nicht der **Leasingnehmer**) und nur dann, wenn der jeweilige Leasinggegenstand sicherungsübereignet ist. Außerdem muss die Sicherungsübereignung *wegen* der Herstellung oder Anschaffung des Miet- oder Pachtgegenstandes erfolgt sein und noch fortbestehen (damit wird letztlich der Finanzierer geschützt). Soll der Miet- oder Pachtgegenstand der Sicherung einer anderen Finanzierung dienen, gilt die Sonderregelung des § 108 Abs. 1 S. 2 InsO nicht. Dann bleibt es bei dabei, dass auf das Miet- bzw. Pachtverhältnis über den beweglichen Gegenstand §§ 103, 105 InsO Anwendung finden.

Ringstmeier

3. Dienstverhältnisse

Daneben gilt § 108 Abs. 1 S. 1 InsO auch für Dienstverhältnisse, die der Schuldner eingegangen ist, vor allem also für Arbeitsverträge. Bei diesen Vertragstypen spielt es für die Anwendbarkeit der Norm keine Rolle, auf welcher Seite des Vertrages der Schuldner steht, ob er also als Dienstberechtigter (Arbeitgeber) oder als Dienstnehmer (Arbeitnehmer) in Erscheinung tritt. 16

4. Darlehensverträge

Nach § 108 Abs. 2 InsO gilt das Fortbestehen von Verträgen auch für solche Darlehensverträge, bei denen der Schuldner Darlehensgeber ist und der Darlehensgegenstand bereits überlassen wurde. Die Regelung zielt nach der Intention des Gesetzgebers auf Bankeninsolvenzen: hier soll ausgeschlossen sein, dass der Insolvenzverwalter der Bank bei Darlehensverträgen die Nichterfüllung wählt und die Darlehensnehmer damit zu einer sofortigen Rückzahlung verpflichtet wären. Durch den Fortbestand des Vertrages kann der Darlehensnehmer den Darlehensvertrag also wie vorgesehen weiter nutzen und der Insolvenzverwalter kann Zinsen und bei Vertragsbeendigung Rückzahlung verlangen. 17

Bezüglich des Darlehensgegenstandes schränkt der § 108 Abs. 2 InsO nicht ein, so dass neben Gelddarlehen dem Wortlaut nach auch Sachdarlehen erfasst sind. Der Begründung des Gesetzgebers ist allerdings zu entnehmen, dass die Regelung nur für entgeltliche Darlehensverträge gelten soll.[2]

III. Ansprüche des Vertragspartners aus der Zeit vor der Insolvenzeröffnung, § 108 Abs. 3 InsO

Absatz 3 des § 108 InsO setzt sich mit der Frage auseinander, wie die Ansprüche des Vertragspartners des Schuldners geregelt werden sollen. Diese sind, soweit sie die Zeit bis zur Verfahrenseröffnung (teilweise) betreffen, Insolvenzforderungen. Die Ansprüche, die die Zeit nach der Insolvenzeröffnung betreffen, sind Masseschulden gem. § 55 Abs. 1 Ziffer 2 InsO. 18

Wichtig ist die Erkenntnis, dass § 108 InsO zwar das Fortbestehen der in dieser Norm geregelten Vertragsverhältnisse anordnet, aber die vorinsolvenzrechtlichen Forderungen des Vertragspartners *nicht* zu Masseschulden, sondern zu Insolvenzforderungen erklärt. Die Vertragsverhältnisse laufen also zwar über die Insolvenzeröffnung hinaus weiter, die Ansprüche des Vertragspartners aber werden in die Zeit vor und nach Verfahrenseröffnung aufgeteilt. Ergänzt wird dies durch die Kündigungssperre gem. § 112 InsO, die dem Vertragspartner sogar außerinsolvenzliche Kündigungsrechte nehmen, um den Fortbestand der Vertragsverhältnisse abzusichern.[3] 19

War während des Insolvenzantragsverfahrens ein vorläufiger Insolvenzverwalter mit Verfügungsbefugnis tätig, wird § 108 Abs. 3 InsO durch die Sonderregelung des § 55 Abs. 2 InsO verdrängt; danach sind die Ansprüche des Vertragspartners für die Dauer der vorläufigen Insolvenzverwaltung entgegen dem 20

---

[2] So auch allgM vgl. Uhlenbruck/*Ries/Wegener* § 108 Rn. 61.
[3] Dazu → Rn. 32 ff.

§ 108 Abs. 3 InsO Masseschulden, wenn die weiteren Voraussetzungen des § 55 Abs. 2 InsO vorliegen, wenn insbesondere der „starke" vorläufige Insolvenzverwalter die Gegenleistung aus den Verträgen in Anspruch genommen hat.

IV. Absicherung durch § 119 InsO

21   Die Regelungen in § 108 InsO werden gegen abweichende Vereinbarungen, die vor der Verfahrenseröffnung getroffen worden sind, durch § 119 InsO abgesichert (dazu → § 24).

B. Schuldner als Mieter oder Pächter von unbeweglichen Gegenständen oder Räumen, §§ 109, 112 InsO

I. Dem Schuldner bei Eröffnung schon überlassene Miet- und Pachtobjekte, § 109 InsO

22   § 109 InsO betrifft den Fall, dass ein Miet- oder Pachtverhältnis über einen unbeweglichen Gegenstand wegen § 108 Abs. 1 S. 1 InsO fortbesteht, und dass der Schuldner die Rolle des Mieters oder Pächters hat. In seinen beiden Absätzen unterscheidet § 109 InsO danach, ob der Miet-/Pachtgegenstand bei Eröffnung des Verfahrens schon an den Schuldner überlassen worden war (der in der Praxis am häufigsten anzutreffende Fall) – dann Absatz 1 – oder noch nicht überlassen war – dann Absatz 2.[4]

1. Fortbestand des Miet- oder Pachtvertrages

23   Das Miet- oder Pachtverhältnis, bei dem der Schuldner die Rolle des Mieters oder Pächters einnimmt, besteht trotz der Eröffnung des Verfahrens fort. Das ergibt sich aus § 108 Abs. 1 S. 1 InsO. Ab dem Zeitpunkt der Verfahrenseröffnung nimmt die Insolvenzmasse die Rolle des Mieters bzw. Pächters ein.

24   a) **Miet- und Pachtzinsen als Masseverbindlichkeit.** Die nach der Eröffnung des Insolvenzverfahrens anfallenden Miet- oder Pachtzinsen sind (für einen im Eröffnungszeitpunkt laufenden Monat ggf. zeitanteilig) Masseverbindlichkeit gem. § 55 Abs. 1 Nr. 2 InsO. War das Miet- oder Pachtverhältnis schon vor der Eröffnung des Insolvenzverfahrens beendet worden, nutzt die Masse das Objekt aber weiter, so ist die insoweit anfallende Nutzungsentschädigung eine Masseverbindlichkeit.

25   b) **Problemfall Masseunzulänglichkeit.** Ist oder wird das Insolvenzverfahren masseunzulänglich, können die Miet- bzw. Pachtzinsen eine Neumasseschuld oder eine Altmasseschuld sein. Um Neumasseschulden handelt es sich nach § 209 Abs. 1 Nr. 2 iVm Abs. 2 Nr. 3 InsO insbesondere dann, wenn die Insolvenzmasse die „Gegenleistung" in Anspruch nimmt. Gegenleistung in diesem Sinne ist die Nutzung des Miet- oder Pachtobjekts durch die Masse. Dabei ist

---

[4] Zu diesem Fall → Rn. 73 ff.

zu beachten, dass die Masse das Miet- oder Pachtobjekt im Rechtssinne so lange nutzt, bis es an den Vermieter oder Verpächter zurückgegeben worden ist.[5] Die Verpflichtung zur Berücksichtigung des Miet- oder Pachtzinses als Neumasseschuld beginnt an dem Tag, an dem der Insolvenzverwalter die Masseunzulänglichkeit gem. § 208 Abs. 1 S. 1 InsO dem Insolvenzgericht anzeigt, wobei es für die Wirksamkeit auf den Eingang der Verwalteranzeige beim Gericht ankommt. Die Miet- und Pachtzinsen aus der Zeit zwischen Insolvenzeröffnung und Eingang der Anzeige der Masseunzulänglichkeit bei Gericht werden, soweit sie noch unbeglichen sind, als Altmasseverbindlichkeit berücksichtigt.

Stellt der Verwalter nach Anzeige der Masseunzulänglichkeit die Nutzung 26 des Miet- oder Pachtobjekts ein, so werden die Miet- bzw. Pachtzinsen ab diesem Zeitpunkt zu Altmasseverbindlichkeiten „zurückgestuft". Das ergibt sich aus den Worten „..., soweit der Verwalter ... die Gegenleistung in Anspruch genommen hat." in § 209 Abs. 2 Nr. 3 InsO.

Obwohl der Insolvenzverwalter das Miet- oder Pachtobjekt nach Anzeige 27 der Masseunzulänglichkeit nicht nutzt, können dennoch Neumasseverbindlichkeiten entstehen, und zwar für die Zeit nach dem ersten möglichen Kündigungstermin, den der Insolvenzverwalter nach Eintritt der Masseunzulänglichkeit hätte erreichen können. Dabei ist zu berücksichtigen, dass es für das vorzeitige Kündigungsrecht des Insolvenzverwalters gem. § 109 Abs. 1 S. 1 InsO keinen „Verbrauch" gibt. Der Insolvenzverwalter kann, wie in → Rn. 49 dargelegt, während des gesamten Verfahrens von der vorzeitigen Kündigungsmöglichkeit Gebrauch machen.

c) **Aufrechterhaltung anderer objektbezogener Verträge.** Besteht das 28 Mietverhältnis fort und werden zB die vom Schuldner angemieteten Räume weiterhin genutzt, dann müssen auch die das Mietobjekt betreffenden anderen Dauerschuldverhältnisse fortgesetzt werden. In diesem Zusammenhang ist insbesondere an die Versorgung mit Wärme, Strom, Gas, Wasser usw zu denken. Regelmäßig wird der Verwalter in solche Versorgungsverträge gem. § 103 iVm § 105 InsO eintreten wollen und müssen. Dabei ist allerdings zu berücksichtigen, dass der Eintritt zu den ursprünglichen Bedingungen zu erfolgen hat, insbesondere was die Laufzeit der Versorgungsverträge betrifft. Ggf. kann es aus Sicht der Insolvenzmasse günstiger sein, die Erfüllung der Versorgungsverträge abzulehnen und stattdessen neue Versorgungsverträge abzuschließen.

d) **Versicherungspflicht für Miet- oder Pachtobjekt.** Aus dem Mietvertrag 29 kann sich uU ergeben, dass der Mieter verpflichtet ist, für die Versicherung des Objekts Sorge zu tragen; da der Mietvertrag über die Eröffnung des Verfahrens hinaus fortgilt, ist ab diesem Zeitpunkt der Verwalter für die Erfüllung dieser Pflicht verantwortlich, falls sich der Schuldner in der Rolle des Mieters befunden hat.

e) **Verkehrssicherungspflichten.** Ab dem Zeitpunkt der Verfahrenseröff- 30 nung trifft die Insolvenzmasse die Verkehrssicherungspflicht für ein vom Schuldner angemietetes Objekt, die der Verwalter zu organisieren hat. Er hat deshalb Gefährdungen, die für dritte Personen von dem Miet- oder Pachtobjekt

---

[5] Zur Rückgabe des Objekts → Rn. 67.

ausgehen, zu beseitigen, zB im Winter für die Schneefreiheit der Gehwege zu sorgen.

31 **f) Problemfall übertragende Sanierung.** Gelingt es dem Insolvenzverwalter, für den schuldnerischen Betrieb einen Übernehmer zu finden, der auf dem bislang von dem Schuldner genutzten Gelände den Betrieb fortführen möchte, so ist zu bedenken, dass der Verwalter den Miet- oder Pachtvertrag nicht „mitverkaufen" kann. Der Betriebsübernehmer hat sich vielmehr mit dem Grundstückseigentümer wegen des Neuabschlusses eines Vertrages ins Benehmen zu setzen. Dabei ist ein gleichzeitiges Ausscheiden der Insolvenzmasse aus dem Miet- oder Pachtvertrag mit der dabei einhergehenden Masseentlastung meistens für den Insolvenzverwalter erreichbar. Gegebenenfalls kann erwogen werden, dass die Masse mit dem Betriebsübernehmer einen Untermietvertrag abschließt, sofern dies nach dem Hauptmiet- bzw. Hauptpachtvertrag zulässig ist.

g) Gebrauchsüberlassung durch Gesellschafter. Ist der Vermieter/Verpächter gleichzeitig Gesellschafter des Schuldners, so enthält § 135 Abs. 3 InsO eine Spezialregelung für die zu zahlende Nutzungsentschädigung.

2. Absicherung des Fortbestandes des Miet- oder Pachtverhältnisses durch Kündigungssperre, § 112 InsO

32 Der Fortbestand des Mietverhältnisses eines vom Schuldner angemieteten Objekts ist für die von der InsO verfolgten Zwecke häufig von besonderer Bedeutung. Das zeigt sich eindrucksvoll in Fällen, in denen der Schuldnerbetrieb auch über die Eröffnung des Insolvenzverfahrens hinaus aufrechterhalten wird und dies auf oder in gemieteten Flächen geschieht. Könnte der Vermieter/Verpächter ungehindert das Miet- oder Pachtverhältnis fristlos kündigen, stünde die Betriebsfortführung, uU sogar die Sanierung des Schuldners, auf dem Spiel. Gerade aus diesem Grund hat der Gesetzgeber nur dem Verwalter die Möglichkeit eingeräumt, sich vorzeitig aus dem Miet- oder Pachtverhältnis zu lösen. Typischerweise kann sich gerade in Krisensituationen ein Vermieter oder Verpächter vorzeitig von dem Vertrag lösen, weil ihm meist der fristlose Kündigungsgrund der Nichtzahlung von mehreren Miet- bzw. Pachtzinsen zur Seite steht (§§ 543 Abs. 2 Ziff. 3, 581 Abs. 2 BGB). Auch der außerordentliche Kündigungsgrund der erheblichen Vermögensverschlechterung des Mieters/Pächters (Schuldners) ist gerade bei Beantragung eines Insolvenzverfahrens gegeben.

33 Die Regelung des § 108 InsO, dass die vom Schuldner eingegangenen Miet- und Pachtverhältnisse über die Eröffnungen des Verfahrens hinaus fortbestehen, wäre dann unzulänglich, wenn sich der Vermieter oder Verpächter regelmäßig durch fristlose Kündigung aus den vorstehend genannten Gründen von dem Vertrag lösen könnte. Daher hat der Gesetzgeber dem § 108 InsO die Vorschrift des § 112 InsO zur Seite gestellt. Sie bewirkt eine Kündigungssperre für den Vermieter oder Verpächter.

34 **a) Voraussetzungen des § 112 InsO.** § 112 InsO findet nur dann Anwendung, wenn sich der Schuldner in der Rolle des Mieters oder Pächters befindet. Unanwendbar ist die Vorschrift, wenn der Schuldner als Vermieter oder Ver-

pächter aufgetreten war. Dann liegt auch nicht die typische Risikolage für den Vertragspartner vor, die ihn außerhalb der Insolvenz zur fristlosen Kündigung berechtigen würde.

Nach dem Wortlaut des § 112 InsO ist nicht Voraussetzung, dass dem Schuldner das Miet- oder Pachtobjekt schon überlassen wurde; die Kündigungssperre gilt also auch für den Fall, dass dem Schuldner das Miet- oder Pachtobjekt noch gar nicht überlassen worden war. Allerdings kann der Vertragspartner in diesem Fall gem. § 109 Abs. 2 S. 1 InsO vom Vertrag zurücktreten, so dass es einer fristlosen Kündigung nicht bedarf. 35

b) Rechtsfolge des § 112 InsO. Die Kündigungssperre des § 112 InsO gilt ab dem Zeitpunkt der Insolvenzantragstellung, wobei es unerheblich ist, ob der Insolvenzantrag vom Schuldner selbst oder von einem Gläubiger gestellt worden ist. Ob vorläufige Insolvenzverwaltung vom Gericht angeordnet wird oder nicht, spielt ebenfalls keine Rolle. Es versteht sich von selbst, dass das Kündigungsverbot auch während des eröffneten Insolvenzverfahrens fortgilt. Somit kann der Vermieter/Verpächter ab Insolvenz*antragstellung wegen zweier Gründe* nicht mehr kündigen, nämlich 36
– Kündigung wegen Verzug mit Miet- oder Pachtzinsen aus der Zeit vor der Insolvenzantragstellung und
– Kündigung wegen Verschlechterung der Vermögensverhältnisse des Schuldners.

c) Trotz Kündigungssperre zulässige Kündigung. Damit bleiben dem Vermieter/Verpächter alle anderen Kündigungsgründe erhalten und eine Beendigung des Miet- oder Pachtverhältnisses, auch eine fristlose Beendigung wegen anderer Gründe, bleibt zulässig. Insbesondere bleibt zulässig eine auch fristlose Kündigung wegen Nichtzahlung von Miet- oder Pachtzins für die Zeit *nach* der Insolvenz*antragstellung*. Möglich wäre daher etwa, dass ein Vermieter bereits während des Insolvenzantragsverfahrens fristlos kündigt, wenn schon im Antragsverfahren zwei oder mehr Monatsmieten rückständig bleiben. Vorläufige Insolvenzverwalter, vorläufige Sachwalter und Insolvenzverwalter sowie Sachwalter sind gehalten, bereits ab Insolvenzantragstellung darauf zu achten, dass nicht zwei volle Mietzinsen rückständig werden, falls an dem Fortbestand des Miet- oder Pachtverhältnisses Interesse besteht. 37

d) Masseunzulänglichkeit und Kündigungssperre. Falls Masseunzulänglichkeit besteht, gelten keine Besonderheiten: zahlt etwa der Verwalter die Mietzinsen eines von ihm genutzten Mietobjekts (Neumasseschuld gem. § 209 Abs. 2 Nr. 3 InsO) nicht, so ist der Vermieter zur außerordentlichen Kündigung berechtigt. Der Hinweis auf die Masseinsuffizienz nützt dem Verwalter nichts. Zahlt der Verwalter (zunächst) deshalb nicht, weil er das Mietobjekt nicht nutzt und der Mietzins deshalb Altmasseverbindlichkeit ist, die (noch) nicht beglichen werden kann, ist der Vermieter ebenfalls zur außerordentlichen Kündigung berechtigt. Das schadet der Masse dann nicht, weil sie das Objekt ohnehin nicht nutzt. 38

Im Übrigen ist der Eintritt der Masseunzulänglichkeit selbst kein außerordentlicher Kündigungsgrund für einen Vermieter oder Verpächter, obwohl diese erst nach Verfahrenseröffnung eintritt. Anders als die Kündigungssperre wegen 39

Zahlungsverzuges, die ja bei einem Zahlungsverzug nach Insolvenzantragstellung nicht mehr greift, gilt die Kündigungssperre wegen Vermögensverschlechterung ohne zeitliche Begrenzung; sie gilt insbesondere auch dann, wenn die Vermögensverschlechterung (die Masseunzulänglichkeit ist eine Vermögensverschlechterung) nach Insolvenzeröffnung eintritt.

40 **e) Gilt § 112 InsO für andere Beendigungsgründe analog?** Eine vertragliche Regelung, die eine automatische Beendigung des Miet- oder Pachtverhältnisses im Falle der Insolvenzantragstellung oder der Insolvenzeröffnung vorsieht, würde gegen den Grundgedanken des § 112 InsO verstoßen und ist deshalb unwirksam.[6] Gleiches gilt, falls der Miet- oder Pachtvertrag unter die auflösende Bedingung der Insolvenzantragstellung oder der Insolvenzeröffnung gestellt wurde.

41 Es spielt auch für die Anwendbarkeit des § 112 InsO keine Rolle, wenn das Lösungsrecht des Vermieters/Verpächters nicht „Kündigung", sondern „Rücktritt" oder ähnlich genannt wird. Sachlich ist dasselbe gemeint, nämlich dass sich der Vermieter/Verpächter bei Eintritt der Insolvenz oder bei Verzug von Miet-/Pachtzinsen vom Vertrag soll lösen dürfen; solche Vertragsklauseln scheitern trotz der „pfiffig" gewählten Worte an § 112 InsO.

42 **f) Durch § 112 InsO hervorgerufene Problemlagen.** Die Kündigungssperre des § 112 InsO gilt erst ab der Insolvenzantragstellung. Das könnte Vermieter oder Verpächter dazu veranlassen, das dem (zukünftigen) Schuldner überlassene Objekt schon bei den ersten Anzeichen einer drohenden Insolvenz zu kündigen, um einem Insolvenzantrag und damit der Kündigungssperre des § 112 InsO zuvorzukommen. Tatsächlich ist dem rechtlich nichts entgegenzusetzen; möglicherweise führt dies in der Beratungspraxis für Schuldner dazu, Insolvenzanträge nicht unnötig hinauszuzögern, weil zumindest in Bezug auf Miet- und Pachtverhältnisse die Sanierung durch Insolvenz leichter ist als die Sanierung ohne Insolvenz.

43 Gelegentlich wird angenommen, § 112 InsO belaste Insolvenzverfahren, weil eine vom Vermieter/Verpächter ausgesprochene fristlose Kündigung wegen Zahlungsverzugs aus der Zeit vor der Insolvenzantragstellung oder wegen Vermögensverschlechterung unwirksam ist, der Verwalter aber an einer sofortigen Beendigung des Vertrages deshalb Interesse hat, weil er das Objekt ohnehin nicht für die Masse nutzen kann oder will. Das ist nicht richtig, wie ein Blick auf § 119 InsO zeigt. Nach § 119 InsO[7] sind nur Vereinbarungen unwirksam, die schon *im Voraus* die Anwendung der §§ 103–118 InsO ausschließen. Damit steht zugleich fest, dass der Verwalter auf den Schutz des § 112 InsO verzichten kann. Kündigt also ein Vermieter/Verpächter nach Insolvenzantragstellung wegen § 112 InsO unwirksam, so kann der Verwalter gleichwohl die Kündigung als wirksam entgegen nehmen. Wem dies zu unsicher ist, der schließe mit dem Vermieter/Verpächter eine Aufhebungsvereinbarung über das Miet- oder Pachtverhältnis; das sollte gelingen, wenn der Vermieter/Verpächter durch die (unwirksame) Kündigung bereits zum Ausdruck gebracht hat, dass er sich vom Vertrag lösen will.

---

[6] Uhlenbruck/*Sinz* § 119 Rn. 21.
[7] Siehe dazu § 24.

§ 22. Dauerschuldverhältnisse 759

g) Reichweite des § 112 InsO. Die Kündigungssperre gilt von der Insolvenzantragstellung bis zur Beendigung des Insolvenzverfahrens. Danach kann der Vermieter/Verpächter wieder von seinem außerordentlichen Kündigungsrecht Gebrauch machen, falls der Kündigungsgrund zu diesem Zeitpunkt noch besteht. Wird der Insolvenzantrag zurückgenommen oder rechtskräftig abgewiesen, lebt das Kündigungsrecht ebenfalls wieder auf. Allerdings muss der Vermieter/Verpächter ggf. eine neue Kündigung aussprechen. Eine gegen § 112 InsO verstoßende Kündigung etwa im Insolvenzantragsverfahren ist unwirksam und wird auch nicht durch den Wegfall der Kündigungssperre geheilt. 44

45

h) Kündigungssperre auch für Wohnungsmietvertrag des Schuldners? Streitig ist, ob § 112 InsO auch für das vom Schuldner persönlich genutzte Wohnraummietverhältnis Anwendung findet.[8] Der Streit entzündet sich an der Erkenntnis, dass der Insolvenzverwalter bzgl. der vom Schuldner für Wohnzwecke genutzten Mietwohnung kein Interesse haben kann und deshalb das Argument wegfällt, § 112 InsO wolle die Masse im Interesse der Gläubigerbefriedigung zusammenhalten. Andererseits ist zu berücksichtigen, dass die Insolvenzordnung auch einen Sanierungsgedanken verfolgt. Dieser würde dem Verbraucherschuldner entzogen, wenn der Vermieter der Wohnung eine außerordentliche Kündigung entgegen § 112 InsO aussprechen könnte. Die Vorschrift gilt daher richtigerweise auch für die Wohnung des Schuldners. 46

3. Sonderkündigungsrecht des Insolvenzverwalters

Der Insolvenzverwalter kann in den Fällen des § 109 Abs. 1 InsO nicht wählen, ob er die Erfüllung des Vertrages für die Masse will oder nicht; das verhindert § 108 Abs. 1 S. 1 InsO. Stattdessen gibt ihm der Gesetzgeber ein besonderes Kündigungsrecht. Es ist dadurch gekennzeichnet, dass der Verwalter immer jedenfalls mit einer Frist von drei Monaten kündigen kann und nicht an vertraglich vereinbarte Kündigungsfristen gebunden ist, soweit diese länger laufen. Bei kürzeren gesetzlichen oder vereinbarten Kündigungsfristen gelten freilich diese. Das Sonderkündigungsrecht steht allein dem (endgültigen, nicht dem vorläufigen) **Insolvenzverwalter,** nicht dem Vermieter zu. Der Vermieter bleibt also an die vertraglich vereinbarte Frist gebunden, gegebenenfalls mit den das Kündigungsrecht eines Vermieters beschränkenden Regelungen des BGB (das gilt vor allem für die Wohnraummiete, bei der das Kündigungsrecht eines Vermieters weitgehend beschränkt ist). 47

a) Andere Kündigungs- und sonstigen Beendigungsmöglichkeiten für den Insolvenzverwalter. Neben dem Sonderkündigungsrecht bleibt es dem Verwalter natürlich unbenommen, mit dem Vermieter oder Verpächter frei vereinbarte Regelungen zur vorzeitigen Beendigung des Miet- oder Pachtverhältnisses zu treffen. Das kommt in der Praxis häufig dann vor, wenn der Schuldner/die Mas- 48

---

[8] Dafür: AG Hamburg 18.1.2010 – 713D C 369/09, NZI 2010, 311; MüKoInsO/*Eckert* § 112 Rn. 3; FK-InsO/*Wegener* § 112 Rn. 6; *Eichner* WuM 1999, 260 (261); *Schläger* ZMR 1999, 522 (523 f.); *Vallender/Dahl* NZI 2000, 246 (248); *Börstinghaus* NZM 2000, 326 f.; dagegen: *Marotzke* KTS 1999, 269 (283 f., 288); HK-InsO/*Marotzke* § 112 Rn. 4; *Grote* NZI 2000, 66 (68 f.); offen gelassen BGH 21.12.2006 – IX ZR 66/05, NZI 2007, 287.

Ringstmeier

se das Mietobjekt nicht mehr benötigt, zB weil bei Verfahrenseröffnung der Geschäftsbetrieb des Schuldnerunternehmens bereits eingestellt ist. Da Vermieter und Verpächter ggf. befürchten müssen, dass die Masse unzulänglich wird, sind sie gelegentlich an einer vorzeitigen Vermietung an einen Dritten interessiert. Für den Verwalter eröffnet sich die Möglichkeit durch eine vereinbarte vorzeitige Beendigung des Mietverhältnisses Masseverbindlichkeiten zu reduzieren.

49 **b) Keine „Verfristung" des Sonderkündigungsrechts.** Schließlich ist darauf hinzuweisen, dass es für den Verwalter keinerlei Frist gibt, innerhalb derer er von seinem besonderen Kündigungsrecht aus § 109 Abs. 1 S. 1 InsO Gebrauch machen muss. Der Verwalter kann also das Mietverhältnis auch geraume Zeit nach der Insolvenzeröffnung nutzen, ohne eine Kündigung auszusprechen; er hat dann später immer noch Gelegenheit, das Miet- oder Pachtverhältnis unter Berufung auf § 109 Abs. 1 S. 1 InsO mit einer Frist von max. drei Monaten zum Monatsende zu kündigen.

50 **c) Ausspruch der Kündigung durch Verwalter.** Das Sonderkündigungsrecht sieht eine Kündigungsfrist von drei Monaten zum Monatsende vor. Das soll an einem Beispiel erläutert werden:

51 **Beispiel:** Geht dem Vermieter die Kündigung des Verwalters am 3.7. zu, so endet das Mietverhältnis am 31.10.

52 Wie immer ist zu empfehlen, eine Kündigung schriftlich auszusprechen; für Mietverhältnisse über Wohnraum ist die Schriftform für die Kündigung sogar gesetzlich zwingend vorgeschrieben (siehe § 568 Abs. 1 BGB). Die Einhaltung aller Formvorschriften nützt freilich wenig, wenn dies im Streitfalle nicht auch nachgewiesen werden kann. Deshalb ist es ratsam, die Kündigung per Telefax und per Einschreiben/Einwurf oder per Einschreiben/Rückschein, notfalls durch Botenübergabe auszusprechen.

53 **d) Sonderfall: Mietvertrag über den Wohnraum des Schuldners.** Ist der Schuldner eine natürliche Person, so wird er eine Wohnung für sich, ggf. auch für seine Familie angemietet haben. Auch ein solches Wohnraummietverhältnis fällt unter § 108 InsO, so dass es trotz Insolvenzeröffnung fortbesteht. Folglich sind die Mietzinsansprüche des Vermieters für die Zeit nach der Insolvenzeröffnung Masseverbindlichkeiten gem. § 55 Abs. 1 Nr. 2 InsO. Gleichwohl kann der Insolvenzverwalter das Mietverhältnis nicht kündigen. Eine Kündigung durch den Verwalter würde zum Verlust der gemieteten Privatwohnung des Schuldners führen, so dass er uU gar obdachlos würde. Eine Kündigung kann vielmehr nur der Schuldner selbst aussprechen. Eine dennoch vom Insolvenzverwalter ausgesprochene Kündigung des Wohnraummietverhältnisses ist unwirksam.

54 Stattdessen kann der Insolvenzverwalter nur erklären, dass nach Ablauf einer Frist, die der gesetzlichen Kündigungsfrist entspricht, die Vermieteransprüche nicht mehr gegen die Insolvenzmasse geltend gemacht werden können, § 109 Abs. 1 S. 2 InsO. Damit kann der Insolvenzverwalter letztlich dasselbe erreichen, als wenn er kündigen dürfte: nämlich, dass die Masse nicht unbegrenzt lange mit Mietzinszahlungen belastet wird. Indes erspart eine Erklärung nach

§ 109 Abs. 1 S. 2 InsO dem Schuldner die Nachteile, die eine Kündigung des Verwalters nach sich ziehen würde: den dauerhaften Verlust der Wohnung. Damit steht auch gleichzeitig fest, dass der Insolvenzverwalter keine Möglichkeit hat, an die früher vom Schuldner an den Vermieter geleistete Kaution „heranzukommen". Da das Mietverhältnis trotz der vom Verwalter gem. § 109 Abs. 1 S. 2 InsO abgegebenen Erklärung weiter besteht, muss der Vermieter eine Kaution nicht herausgeben. 55

Um die gewünschte Entlastung der Masse zu erreichen, wird der Insolvenzverwalter etwa folgende Erklärung gegenüber dem Vermieter abgeben: 56

„Sehr geehrter Herr (Vermieter), 57
in meiner Eigenschaft als Insolvenzverwalter in dem Insolvenzverfahren über das Vermögen des Herrn (Schuldner) erkläre ich hierdurch gem. § 109 Abs. 1 Satz 2 InsO, dass mit Ablauf des („imaginärer Kündigungstermin") Ansprüche aus dem Mietverhältnis nicht mehr gegen die Insolvenzmasse geltend gemacht werden können. Ab dem vorgenannten Zeitpunkt gehen alle Mieterpflichten wieder auf den Schuldner persönlich über, der allein auch für die Zahlung des Mietzinses aufzukommen hat. Hingegen haftet die Masse für die Ansprüche bis zum („imaginärer Kündigungstermin"), soweit nicht der Schuldner aus seinem pfändungsfreien Einkommen Zahlung leistet.
Mit freundlichen Grüßen"

Der Vermieter kann sich nach dem „imaginären Kündigungstermin" nur noch an den Schuldner selbst und dessen unpfändbares Einkommen halten. Die Erklärung des Verwalters wirkt allerdings erst ab dem Zeitpunkt, zu dem ihm eine Kündigung möglich gewesen wäre. Damit kann der Verwalter die Massebelastung auf eine Zeitspanne von max. drei Monaten zum Monatsende beschränken. Bis zu dem Zeitpunkt, zu dem der Masseschuldcharakter der Mietzinsen endet, bleibt die Insolvenzmasse (natürlich) in der vollen Mieterverantwortung, insbesondere hat die Masse für die Mietzinsen einzustehen. Dies ist ihr uU nicht möglich, wenn Masseunzulänglichkeit besteht. Davon unabhängig muss der Schuldner aus seinem pfändungsfreien Vermögen für die Miete aufkommen, denn diese ist in der Berechnung des pfändungsfreien Betrages mitberücksichtigt worden. 58

Wenngleich die Vorschrift des § 109 Abs. 1 S. 2 InsO ihrem Wortlaut nach nur davon spricht, dass die Mietverbindlichkeiten nach dem „imaginären Kündigungstermin" keine Masseschulden mehr sind, besteht kein Zweifel daran, dass ab diesem Zeitpunkt die Insolvenzmasse aus dem Mietverhältnis insgesamt ausscheidet, so dass auch andere Pflichten des Mieters dann nur noch den Schuldner persönlich treffen, zB die Verkehrssicherungspflichten. 59

Die Erklärung nach § 109 Abs. 1 S. 2 InsO ist vom Verwalter „wie eine Kündigung" zu behandeln. Insbesondere kann es zu Nachteilen für die Insolvenzmasse und den Verwalter führen, wenn die Abgabe der Erklärung nach § 109 Abs. 1 S. 2 InsO vergessen wird: 60
– In diesem Fall kann nämlich der Vermieter auch nach dem „imaginären Kündigungstermin" seine Ansprüche gegen die Insolvenzmasse geltend machen,

Ringstmeier

was zu einer Benachteiligung anderer Massegläubiger oder der Insolvenzgläubiger führt.

– Wird das Insolvenzverfahren masseunzulänglich, was bei Verbraucherinsolvenzen ein häufiger Fall ist, muss § 209 Abs. 2 Nr. 2 InsO beachtet werden. Wenn nämlich der Verwalter ein Dauerschuldverhältnis nicht gekündigt hat, obwohl ihm dies möglich gewesen wäre, dann sind die Ansprüche des Vertragspartners für die Zeit nach dem ersten möglichen Kündigungstermin Neumasseschulden. Es dürfte keinem Zweifel unterliegen, dass die Rechtsprechung den § 209 Abs. 2 Nr. 2 InsO auch auf den Fall der „imaginären Kündigung" gem. § 109 Abs. 1 S. 2 InsO zur Anwendung bringen wird. Die Sachlage ist nicht anders zu beurteilen, ob der Verwalter die Möglichkeit einer Kündigung oder einer „imaginären Kündigung" hatte. Verwalter müssen beachten, dass sie für die Erfüllung der Neumasseschulden gem. § 209 Abs. 2 Nr. 2 InsO uU persönlich haften (§ 61 InsO).

61 **e) Absicherung des Sonderkündigungsrechts durch § 119 InsO.** Vereinbarungen in Miet- oder Pachtverträgen, durch die das Sonderkündigungsrecht des Insolvenzverwalters aus § 109 Abs. 1 S. 1 InsO unterlaufen werden kann, sind – soweit die Vereinbarung im Voraus, also im Vorfeld der Insolvenzantragstellung getroffen wurde – unwirksam. Das ist in § 119 InsO geregelt.[9]

62 **f) Schadensersatz als Folge einer vorzeitigen Verwalterkündigung.** Macht der Insolvenzverwalter von seinem Recht Gebrauch, das Miet- oder Pachtverhältnis vorzeitig gem. § 109 Abs. 1 S. 1 InsO zu kündigen, so endet der Vertrag mit Ablauf der Kündigungsfrist. Das war nicht regelungsbedürftig. Der Gesetzgeber musste aber eine Vorschrift schaffen, die sich mit den daraus resultierenden Ansprüchen des Vertragspartners befasst, und zwar aus folgendem Grund:

63 War das Miet- oder Pachtverhältnis für einen längeren Zeitraum befristet, dann wird der Vertragspartner durch eine vorzeitige Kündigung in seiner Erwartung enttäuscht, er könne bis zum Fristende mit der vereinbarten Miete rechnen. Nach allgemeinen vertragsrechtlichen Grundsätzen steht dem Vertragspartner deshalb ein Schadensersatzanspruch zu. Da der Schadensersatzanspruch hier nach der Insolvenzeröffnung entsteht und dazu noch durch eine Handlung des Insolvenzverwalters, würde er nach allgemeinen insolvenzrechtlichen Regeln Masseschuldcharakter haben. Das würde freilich dem Normzweck des § 109 InsO, der ja die Masse entlasten soll, zuwiderlaufen. Dementsprechend regelt § 109 Abs. 1 S. 3 InsO, dass die Schadensersatzansprüche des Vertragspartners, die ihm wegen der vorzeitigen Vertragsbeendigung erwachsen, Insolvenzforderungen sind. Zwar liest sich § 109 Abs. 1 S. 3 InsO so, als ob er den Schadensersatzanspruch des Vermieters/Verpächters begründet, gemeint ist aber als Regelungsinhalt die Qualifizierung des Schadensersatzanspruches als Insolvenzforderung. Besser hätte der Gesetzgeber hinter dem Wort „Vertragsverhältnisses" noch das Wörtchen „nur" eingefügt.

64 Gleiches gilt, wenn der Insolvenzverwalter eine Erklärung gem. § 109 Abs. 1 S. 2 InsO abgibt. Auch dadurch entstehende Schadensersatzansprüche des Vertragspartners können nur als Insolvenzforderungen geltend gemacht werden.

---

[9] Dazu § 24.

Zur Höhe des Schadensersatzanspruchs trifft § 109 Abs. 1 S. 3 InsO keine 65
Aussage; das ist konsequent, denn dabei handelt es sich nicht um eine insolvenzrechtliche Frage. Die Höhe des Schadensersatzanspruchs richtet sich vielmehr nach allgemeinen zivilrechtlichen Regeln. Ausgangsgröße für die Höhe des Schadens ist danach zunächst die Summe der durch die vorzeitige Kündigung entfallenden Mietzinsen. Hinzu gerechnet werden können die Kosten, die dem Vermieter/Verpächter im Zuge eine Neuvermietung entstehen, also Kosten für Inserate und Maklertätigkeit. Andererseits muss sich der Vermieter/Verpächter die anderweitig erzielten und im fraglichen Zeitraum erzielbaren Miet-/Pachtzinsen des Nachmieters oder Nachpächters anrechnen lassen.

4. Konsequenzen aus der Vertragsbeendigung für Insolvenzverwalter

Für den Insolvenzverwalter ergeben sich aus der Beendigung eines Miet- 66
oder Pachtverhältnisses weitere Konsequenzen, die bedacht werden müssen, und zwar unabhängig davon, ob das Vertragsverhältnis vorzeitig oder zu den Bedingungen des ursprünglichen Vertrages endet.

a) Rückgabe des Objekts. Zum Zeitpunkt der Beendigung des Miet- oder 67
Pachtverhältnisses ist das Objekt an den Vermieter bzw. Verpächter zurück zu geben. Zumindest sind sämtliche Schlüssel am besten anlässlich eines zu protokollierenden Übergabetermins zurück zu reichen. Die Rückgabeverpflichtung ist, wenn das Miet- bzw. Pachtverhältnis nach Verfahrenseröffnung endet, eine Masseschuld und muss vom Insolvenzverwalter erfüllt werden. Er kommt seiner Verpflichtung nur dann nach, wenn er dem Vermieter/Verpächter die tatsächliche Möglichkeit einer Nutzung des Objekts wieder einräumt. Dafür ist nicht Voraussetzung, dass das Objekt zuvor geräumt worden ist.[10]

b) Renovierungspflicht der Insolvenzmasse? In der Praxis kommt es zwi- 68
schen Verwalter und Vermieter/Verpächter anlässlich des Rückgabetermins häufig zu Disharmonien, was den Zustand des Objekts betrifft. Es ist daher für beide Parteien wichtig zu wissen, welche Verpflichtungen den Insolvenzverwalter tatsächlich treffen. Dabei bereitet die Abgrenzung zwischen Insolvenzforderungen und Masseverbindlichkeiten gelegentlich Schwierigkeiten.

Die vertragliche Vereinbarung, die der Schuldner mit dem Vermieter/Ver- 69
pächter getroffen hat, wonach das Objekt zB im renovierten Zustand zurückgegeben werden muss, ist zwar vor der Eröffnung des Insolvenzverfahrens entstanden, trifft aber – da ja der Vertrag gem. § 108 InsO fortbesteht – uU auch die Insolvenzmasse. Rechtsprechung und Literatur stellen für die Beantwortung der Frage, ob die Renovierungsansprüche des Vermieters/Verpächters Insolvenzforderung oder Masseschuld sind, darauf ab, wann die Renovierungsbedürftigkeit entstanden ist. Soweit die Renovierungsbedürftigkeit durch Nutzung vor Verfahrenseröffnung herbeigeführt worden war, kann der Vermieter/Verpächter nur eine Schadensersatzforderung zur Tabelle anmelden. Die Insolvenzmasse ist zur Renovierung dann nicht als Masseschuld verpflichtet. Anders ist freilich dann zu entscheiden, wenn die Abnutzung nach der Eröffnung des Insolvenzverfahrens entstanden ist. Dann ist die Wiederherstellung

---

[10] BGH 5.7.2001 – IX ZR 327/99, ZIP 2001, 1469 ff.

Ringstmeier

des vertragsgerechten Zustands eine Masseverbindlichkeit. Abgrenzungsschwierigkeiten können auftauchen, wenn der Insolvenzverwalter das gemietete oder gepachtete Objekt für eine längere Zeit nach Insolvenzeröffnung nutzt, zB im Rahmen einer Fortführung des schuldnerischen Geschäftsbetriebs. Dann kann die Verpflichtung zur Wiederherstellung des vertraglichen Zustands des Objekts teilweise Insolvenzforderung, teilweise Masseverbindlichkeit sein.

70 Der Vermieter/Verpächter wird natürlich daran interessiert sein, dass die Renovierungsverpflichtung Masseverbindlichkeit ist. Er muss dafür nach der allgemeinen Beweislastverteilung darlegen und beweisen, dass und ggf. in welchem Umfang die Renovierungsbedürftigkeit nach der Eröffnung des Verfahrens entstanden und damit Masseschuld ist. Das wird dem Vermieter/Verpächter regelmäßig nur gelingen, wenn der Zustand des Objekts zum Zeitpunkt der Verfahrenseröffnung festgehalten wird.

71 **c) Rückbauverpflichtungen.** Ähnlich wird bei sog „Rückbauverpflichtungen" entschieden. Damit sind die Fälle gemeint, in denen das gemietete oder gepachtete Objekt verändert worden ist. So kann der Schuldner zB Wände versetzt, Decken abgehängt oder – was bei industriell produzierenden Unternehmen gelegentlich vorkommt – Druckluft-, Wasser- oder Ölleitungen installiert haben. Ist im Miet- oder Pachtvertrag geregelt, dass das Objekt bei Vertragsende im ursprünglichen Zustand zurück zu geben ist, so stellt sich die Frage, ob die Verpflichtung zur Wiederherstellung des alten Zustandes Insolvenzforderung oder Masseschuld ist. Dies wird, wie die Renovierungsfrage, danach entschieden, ob die Veränderungen am Objekt vor Insolvenzeröffnung (dann Insolvenzforderung) oder nach der Eröffnung vorgenommen worden ist (dann Masseschuld).

72 **d) Beendigung der Versorgungsverträge.** Endet das Miet- oder Pachtverhältnis, wird der Insolvenzverwalter zum selben Zeitpunkt auch die objektbezogenen sonstigen Vertragsverhältnisse beenden, insbesondere die Verträge über die Versorgung mit Strom, Wasser, Wärme usw. Auch die Telefonanschlüsse müssen, falls dies nicht bereits früher geschehen ist, gekündigt werden ebenso wie etwa von der Masse fortgeführte objektbezogene Versicherungsverträge.

II. Dem Schuldner bei Eröffnung noch nicht überlassene Miet- und Pachtobjekte, § 109 Abs. 2 InsO

1. Voraussetzungen

73 Der Absatz 2 des § 109 InsO betrifft den Fall, dass der Schuldner vor der Eröffnung des Insolvenzverfahrens einen Miet- oder Pachtvertrag abgeschlossen hat, dass ihm aber bis zum Eröffnungszeitpunkt das Objekt noch nicht „überlassen" worden ist.

74 **a) „nicht überlassen".** Überlassen ist ein Miet- oder Pachtobjekt dann, wenn dem Mieter bzw. Pächter wissentlich die Nutzung gestattet ist; auf die Übergabe der Schlüssel kommt es zwar wesentlich, aber nicht allein an. Unerheblich ist, ob der Schuldner von der ihm eingeräumten Nutzungsmöglichkeit auch tatsächlich Gebrauch gemacht hat.

§ 22. Dauerschuldverhältnisse

b) "Zurzeit der Eröffnung des Verfahrens". Maßgeblicher Zeitpunkt dafür, 75 ob das Objekt überlassen war oder nicht, ist der der Insolvenzeröffnung. Das lässt einen Vermieter oder Verpächter im Antragszeitraum möglicherweise auf folgenden Gedanken kommen: nach dem Wortlaut des § 109 Abs. 2 InsO kommt es nicht darauf an, ob das Objekt bis zum Eröffnungszeitraum überlassen werden *musste*, sondern ob es tatsächlich überlassen *wurde*. Will ein Vermieter oder Verpächter angesichts der Insolvenzsituation seines Vertragspartners kurzfristig den Vertrag rückgängig machen, könnte er die (vertraglich vielleicht vorgesehene) Überlassung des Objekts hinausschieben, um nach der Verfahrenseröffnung sodann von der Möglichkeit des Vertragsrücktritts Gebrauch zu machen. Das dürfte aber aus zweierlei Gründen nicht zum gewünschten Erfolg führen.

Zum einen steht einem solchen Ansinnen der Rechtsgedanke des § 162 BGB 76 entgegen, wonach derjenige, der den Eintritt einer Bedingung treuwidrig vereitelt, sich nicht auf den durch sein eigenes treuwidriges Verhalten herbeigeführten Sachstand berufen kann. Zum anderen verstieße ein solches Vorgehen auch gegen den Rechtsgedanken des § 112 Nr. 2 InsO; wegen der offenkundig gewordenen Insolvenzreife des Schuldners räumt das Zivilrecht dem Vertragspartner des Schuldners möglicherweise eine außerordentliche Kündigung wegen Vermögensverschlechterung ein. Diese Kündigungsmöglichkeit ist gem. § 112 Nr. 2 InsO ab dem Insolvenzantrag aber gerade ausgeschlossen und Umgehungsversuche wie das zuvor dargestellte Vorgehen ebenfalls.[11]

c) Gilt die Vorschrift auch für Wohnräume des Schuldners? Mangels anderer gesetzlicher Regelung gilt die Vorschrift auch für Mietverhältnisse über 77 Wohnraum des Schuldners. Das kann zu folgender Problemlage führen: Hatte der Schuldner seine für private Wohnzwecke ursprünglich angemietete Wohnung gekündigt und einen neuen Mietvertrag abgeschlossen, bei dem aber das Mietobjekt noch nicht überlassen ist, so können der Verwalter und auch der Vermieter vom Vertrag zurücktreten. Der Schuldner kann also die neue Wohnung nicht beziehen, muss aber wegen der von ihm selbst ausgesprochenen Kündigung der „alten" Wohnung aus dieser ausziehen.

2. Rücktrittsmöglichkeit für beide Vertragspartner

Rechtsfolge für ein noch nicht überlassenes Objekt ist nach § 109 Abs. 2 78 InsO, dass beide Vertragspartner die Möglichkeit haben, vom Vertrag zurück zu treten. Nur wenn der Insolvenzverwalter und der Vertragspartner des Schuldners einig sind, wird der Miet- bzw. Pachtvertrag tatsächlich durchgeführt.

Durch die Rücktrittserklärung auch nur einer der beiden Vertragspartner 79 wird der Vertrag rückwirkend beseitigt; bereits erbrachte Leistungen oder Teilleistungen können zurückgefordert werden.

a) Rücktritt durch Verwalter. Die Rücktrittserklärung des Verwalters ist – 80 wie die des Vertragspartners auch – eine einseitige empfangsbedürftige Willenserklärung, die dem jeweils anderen zugehen muss, wofür der die Erklärung Ab-

---
[11] → Rn. 40 f.

gebende beweispflichtig ist. Bei Kündigung durch einen Vertreter ist § 174 BGB zu beachten.

81 **aa) Frist für Verwalter und Anfrage des Vermieters/Verpächters gem. § 109 Abs. 2 S. 3 InsO.** Der Rücktritt durch den Insolvenzverwalter muss nicht innerhalb einer bestimmten Frist erklärt werden. Allerdings kann der Vermieter oder Verpächter den Insolvenzverwalter auffordern, innerhalb einer Frist von zwei Wochen zu erklären, ob er vom Vertrag zurücktreten will oder nicht, Abs. 2 Satz 3. Will der Insolvenzverwalter den Miet- oder Pachtvertrag nicht in Vollzug setzen, sich also möglichst schnell davon lösen, muss er innerhalb der Zwei-Wochen-Frist die Rücktrittserklärung abgeben; die Frist ist nur gewahrt, wenn die Erklärung des Verwalters vor Fristablauf beim Vermieter oder Verpächter eingeht! Äußert sich der Verwalter hingegen nicht, so verliert er die Möglichkeit, den Rücktritt später noch erklären zu können.

82 Gelegentlich wird erwogen, dem Verwalter eine Überlegensfrist bis zum Berichtstermin einzuräumen.[12] Dies soll dem Zweck dienen, ähnlich wie es dem Gedanken des § 107 Abs. 2 S. 1 InsO zu Grunde liegt, dass der Verwalter zunächst die Entschließung der Gläubigerversammlung zum weiteren Verfahrensablauf abwarten kann, ehe er für das Schuldnerunternehmen bindende und uU weitreichende Entscheidungen trifft. In der Tat könnte es aus Verwaltersicht sinnvoll sein, eine Entscheidung über die Invollzugsetzung des noch nicht begonnenen Miet- oder Pachtverhältnisses erst dann zu treffen, wenn die Gläubigerversammlung zB über die Fortführung oder Schließung des Geschäfts des Schuldners entschieden hat. Dieser Überlegung steht indes der eindeutige Wortlaut des § 109 Abs. 2 S. 3 InsO entgegen. Der Gesetzgeber hat, wie die Vorschrift des § 107 Abs. 2 S. 1 InsO zeigt, den Entscheidungszwang des Insolvenzverwalters vor dem Berichtstermin durchaus gesehen; er hat aber im Interesse des Vermieters/Verpächters entschieden, dass der Verwalter infolge der Aufforderung des Vertragspartners möglicherweise schon vor dem Berichtstermin über den Rücktritt vom Vertrag entscheiden soll.[13]

83 **bb) Verkürzte Kündigungsfrist gem. § 109 Abs. 1 S. 1 InsO nach unterlassenem Rücktritt?** Daraus folgt eine weitergehende Fragestellung: Kann der Insolvenzverwalter, der sich dafür entscheidet, von der Rücktrittsmöglichkeit keinen Gebrauch zu machen, später mit der verkürzten Frist des § 109 Abs. 1 S. 1 InsO kündigen? Gegen eine vorzeitige Kündigungsmöglichkeit könnte sprechen, dass der Vollzug des Miet- oder Pachtvertrages erst auf Grund einer Entschließung des Insolvenzverwalters (und des Vertragspartners, der ja dann von seiner Rücktrittsmöglichkeit ebenfalls keinen Gebrauch gemacht hat) stattfindet, somit also nicht die „normale" Situation eines Insolvenzverwalters vorliegt, dass ihm das Miet- oder Pachtverhältnis „aufgezwungen" wird. Vielmehr, so könnte argumentiert werden, gehe der Vollzug des Miet- bzw. Pachtverhältnisses auf eine von beiden Vertragsparteien getroffene Entscheidung zurück; eine solche Konstellation liege einem nach Insolvenzeröffnung abgeschlossenen, völlig neuem Vertrag näher als dem nach § 108 InsO zu „übernehmenden" Vertrag, den schon der Schuldner abgeschlossen habe. Schlösse aber der Insolvenzverwalter mit einem Vermieter oder Verpächter nach Insolvenzeröffnung einen

---

[12] KPB/*Tintelnot* § 109 Rn. 58 ff.; Nehrlich/Römermann/*Balthasar* § 109 Rn. 19.
[13] So auch HK-InsO/*Marotzke* § 109 Rn. 47.

neuen Vertrag ab, so könne er diesen nicht vorzeitig kündigen, sondern sei an eine vertraglich vereinbarte Befristung oder an vertraglich vereinbarte längere Kündigungsfristen gebunden. ME greift die vorstehende Argumentation jedoch nicht. § 109 Abs. 1 S. 1 InsO zwingt wie dargelegt den Insolvenzverwalter nicht, unverzüglich von der verkürzten Kündigungsmöglichkeit Gebrauch zu machen. Unterlässt es der Insolvenzverwalter zunächst, ein von ihm zu übernehmendes Miet- oder Pachtverhältnis mit der verkürzten Frist gem. § 109 Abs. 1 S. 1 InsO zu kündigen, dann liegt ja ebenfalls eine bewusste Verwalterentscheidung vor und dennoch kann zu einem späteren Zeitpunkt die Kündigung mit der gesetzlichen Frist ausgesprochen werden. Also kann bei einem im Eröffnungszeitpunkt rechtlich schon bestehenden Miet- oder Pachtverhältnis die nach der Insolvenzeröffnung vom Verwalter zu treffende Entscheidung, sich kurzfristig davon lösen zu wollen oder nicht, keine entscheidende Bedeutung haben. Stattdessen ist festzustellen, dass die Voraussetzungen des § 109 Abs. 1 S. 1 InsO, nämlich das Bestehen eines vom Schuldner abgeschlossenen Miet- oder Pachtvertrages im Eröffnungszeitpunkt, auch für den in § 109 Abs. 2 InsO geregelten Fall vorliegen. Schweigt also der Insolvenzverwalter auf eine Anfrage des Vermieters/Verpächters gem. § 109 Abs. 2 S. 3 InsO, so ist Rechtsfolge nur der Verlust des Rücktrittsrechts, nicht auch der Verlust des vorzeitigen Kündigungsrechts gem. § 109 Abs. 1 S. 1 InsO.[14]

cc) Haftung bei unterlassenem Rücktritt im Fall der Masseunzulänglichkeit. Übt der Insolvenzverwalter eine ihm eingeräumte Kündigungsmöglichkeit für ein Miet- oder Pachtverhältnis nicht aus und kann die Masse die nach dem ersten Kündigungstermin anfallenden Miet- oder Pachtzinsen nicht bezahlen, haftet der Insolvenzverwalter dafür persönlich nach § 61 InsO analog. Nichts anderes gilt, wenn der Verwalter die ihm eingeräumte Rücktrittsmöglichkeit gem. § 109 Abs. 2 InsO trotz Masseunzulänglichkeit nicht ausübt und der Vermieter/Verpächter mit seinen weiter laufenden Ansprüchen auf Miet- oder Pachtzinszahlung ausfällt.[15]

dd) Schadensersatzanspruch des Vermieters/Verpächters. Übt der Insolvenzverwalter sein Recht zum Rücktritt vom Vertrag aus, so kann der Vermieter oder Verpächter wegen des vorzeitigen Endes des Vertrages eine Schadensersatzforderung geltend machen, die allerdings nur den Rang einer Insolvenzforderung hat. Zu den Grundsätzen, nach denen der Vermieter/Verpächter seinen Anspruch berechnen kann, wird auf die früheren Ausführungen[16] verwiesen, die für den hier geregelten Fall entsprechend gelten.

b) Rücktritt durch Vermieter/Verpächter. Auch der Vermieter/Verpächter kann vom Vertrag zurücktreten, wenn die übrigen Voraussetzungen des Abs. 2 vorliegen. Sein Rücktrittsrecht unterliegt ebenso wenig einer Frist wie das des Insolvenzverwalters. Freilich kann auch der Verwalter den Vermieter/Verpächter auffordern, sich zum Rücktrittsrecht innerhalb von zwei Wochen zu äußern; insoweit gelten die zuvor zur Aufforderung durch den Vermieter/Verpächter ausgeführten Erwägungen entsprechend. Insbesondere verliert auch der

---

[14] Uhlenbruck/*Wegener* § 109 Rn. 35; Gottwald InsR-Hdb/*Huber* § 37 Rn. 30.
[15] HK-InsO/*Marotzke* § 109 Rn. 30.
[16] → Rn. 65.

Vermieter/Verpächter die Möglichkeit, vom Vertrag zurückzutreten, wenn er nach Aufforderung durch den Insolvenzverwalter die Zwei-Wochen-Frist ungenutzt verstreichen lässt.

3. Absicherung des § 109 InsO durch § 119 InsO

88 Vom Inhalt des § 109 InsO abweichende vertragliche Vereinbarungen sind gem. § 119 InsO unwirksam, wenn sie im Voraus getroffen worden sind. Abweichende Vereinbarungen mit dem Insolvenzverwalter sind indes immer möglich (Näheres unter § 24).

C. Der Schuldner als Vermieter oder Verpächter, §§ 110, 111 InsO

89 Der Schuldner kann auch Vertragspartner eines Miet- oder Pachtvertrages sein und dabei die Rolle des Vermieters bzw. Verpächters einnehmen. In diesem Zusammenhang interessieren zwei Problemkreise: zum einen stellt sich die Frage, was mit dem Miet- oder Pachtverhältnis durch die Insolvenzeröffnung geschieht, zum anderen kann sich das Bestehen des Miet- oder Pachtverhältnis auf die Verwertungsbemühungen auswirken, wenn der Schuldner gleichzeitig Eigentümer des vermieteten oder verpachteten Objekts ist. Nur zur Erinnerung wird darauf hingewiesen, dass die §§ 110, 111 InsO nur bei Vermietung und Verpachtung von *unbeweglichen* Gegenständen und Räumen gelten. Für bewegliche Gegenstände und Rechte gelten die §§ 103, 105 InsO.

I. Fortbestand des Miet- oder Pachtverhältnisses trotz Insolvenzeröffnung

90 Der Miet- oder Pachtvertrag bleibt trotz der Eröffnung des Insolvenzverfahrens bestehen. Das ergibt sich bereits aus § 108 Abs. 1 S. 1 InsO, der ja nicht zwischen der Rolle des Schuldners als Mieter oder Vermieter bzw. Pächter oder Verpächter unterscheidet und den Fortbestand des Vertrages festschreibt. Dabei spielt es keine Rolle, ob der Schuldner Eigentümer des Objekts ist und als solcher einen Miet- oder Pachtvertrag mit einem Dritten geschlossen hat, oder ob der Schuldner das Objekt seinerseits angemietet (für das Anmietungsverhältnis gelten dann die §§ 108, 109, 112 InsO) und dann untervermietet hat. Im zuletzt genannten Fall sind die beiden Miet- oder Pachtverhältnisse streng voneinander zu trennen.

91 Obwohl der Wortlaut des § 108 Abs. 1 InsO – anders als § 109 InsO – eine solche Unterscheidung nicht vorsieht, kommt es nach der Rechtsprechung auf die Überlassung der Mietsache vor Verfahrenseröffnung an: War der Schuldner Vermieter und die Mietsache bei Insolvenzeröffnung noch nicht überlassen, greift die Regelung des § 108 InsO nicht ein.[17]

92 § 110 InsO begründet auch keine gesonderten Kündigungsrechte des Insolvenzverwalters; das beruht auf dem Gedanken, dass die Vermietung oder Verpachtung durch den Schuldner ein typischerweise für die Masse „günstiges" Geschäft ist, aus dem sich der Verwalter nicht vorzeitig lösen muss, um das Ver-

---

[17] BGH 5.7.2007 – IX ZR 185/06, ZIP 2007, 2087.

fahren im Interesse der Gläubiger schnell und effektiv abwickeln zu können. Eine Sondersituation tritt nur dann auf, wenn das Miet- oder Pachtverhältnis über ein im Eigentum des Schuldners stehendes Grundstück abgeschlossen wurde. Dann kann eine bestehende Vermietungs- oder Verpachtungssituation die Verwertung durch Veräußerung beeinträchtigen; dazu bestimmt § 111 InsO Sonderregeln, die sogleich[18] behandelt werden.

1. Miet- bzw. Pachtzinsforderung zur Masse ziehen

Im Regelfall kann der Insolvenzverwalter die Miet- oder Pachtzinsen, die meist monatlich vom Mieter oder Pächter gezahlt werden müssen, zur Insolvenzmasse ziehen. Folglich ist der Mieter/Pächter – sofern dies nicht schon in der Insolvenzantragsphase geschehen ist – aufzufordern, den Miet- oder Pachtzins auf ein vom Verwalter geführtes Konto zu überweisen. Gleiches gilt für eine etwa zu fordernde Nebenkostenpauschale.[19] 93

a) Absonderungsrecht an Miet- oder Pachtzins. Der Miet- oder Pachtzins kann dann (zunächst) nicht zur Masse gezogen werden, wenn der Schuldner darüber vor Verfahrenseröffnung verfügt hat, insbesondere wenn er die Ansprüche gegen den Mieter oder Pächter an einen Dritten abgetreten hat. Da das Miet- bzw. Pachtverhältnis trotz erfolgter Insolvenzeröffnung wirksam bleibt, treffen die Insolvenzmasse diverse Pflichten aus dem Mietverhältnis als Masseschulden.[20] Da also die Insolvenzmasse belastet wird, sollen ihr nach der Vorstellung des Gesetzgebers auch die Früchte zukommen. Daher regelt § 110 Abs. 1 InsO, dass eine Verfügung des Schuldners über Miet- oder Pachtzinsen grundsätzlich nur für kurze Zeit Geltung beanspruchen kann. Da in der Praxis häufig Miet- und Pachtzinsen an die ein Grundstück finanzierende Bank abgetreten werden, ist die Frist, während der die vom Schuldner vorgenommene Abtretung noch gelten soll, so bemessen, dass die Bank eine Zwangsverwaltung der Immobilie anordnen lassen kann. 94

aa) Insolvenzeröffnung bis 15. des Kalendermonats einschließlich. Grundsätzlich gilt eine Abtretung der Miet- oder Pachtzinsen gem. § 110 Abs. 1 S. 1 InsO nur noch für den laufenden Monat, in dem die Eröffnung des Insolvenzverfahrens erfolgt ist. 95

Beispiel: Die Insolvenzeröffnung ist am 1.4. eines Kalenderjahres (oder bis zum 15.4. einschließlich) erfolgt. In diesem Fall gilt das Absonderungsrecht für den Miet- oder Pachtzins nur für den laufenden Monat, also nur für die Aprilmiete oder Aprilpacht. Der für den Monat Mai fällige Miet- oder Pachtzins ist an die Insolvenzmasse und nicht an den Abtretungsempfänger (Bank) zu zahlen. 96

bb) Insolvenzeröffnung ab dem 16. des Kalendermonats. § 110 Abs. 1 S. 2 InsO regelt demgegenüber den Fall, dass die Insolvenzeröffnung *nach* dem 15. eines Monats erfolgt ist; in diesem Fall gilt die Abtretung des Miet- oder Pachtzinses nicht nur für den Eröffnungsmonat, sondern auch noch für den folgenden. 97

---

[18] → Rn. 119 ff.
[19] Zu Nebenkosten allgemein, → Rn. 110.
[20] Dazu → Rn. 110.

Ringstmeier

98 **Beispiel:** Der Insolvenzverwalter lässt das Verfahren am 27.4. eröffnen, weil er noch im Monat April die Kündigung der Arbeitsverhältnisse aussprechen möchte. Für abgetretene Miet- oder Pachtzinsen bedeutet dies: die Abtretung gilt für den vollen April und auch für den vollen Monat Mai. Die Insolvenzmasse gelangt erst für die Zeit ab dem 1.6. in den Genuss der Miet- oder Pachtzinsen.

99 **cc) Pfändung der Miet- oder Pachtzinsforderung.** Ein Absonderungsrecht an den Miet- oder Pachtzinsforderungen besteht auch dann, wenn ein Gläubiger die Ansprüche im Wege der Zwangsvollstreckung gepfändet hatte. Deshalb stellt § 110 Abs. 2 S. 2 InsO ausdrücklich klar, dass auch in diesem Fall die Pfändung nur für die zuvor dargestellten Zeiträume gilt, je nachdem ob die Insolvenzeröffnung bis zum 15. oder nach dem 15. eines Kalendermonats erfolgt ist.

100 **dd) Anfechtung und Rückschlagssperre.** Die Regelungen in den § 110 Abs. 1 und 2 InsO schließen nicht aus, dass der Insolvenzverwalter die Begründung des Absonderungsrechts, dh die durch den Schuldner vorgenommene Abtretung oder die vom Gläubiger durchgeführte Zwangsvollstreckung anficht. Das Anfechtungsrecht und die Regelungen in § 110 InsO stehen nebeneinander. Kann der Verwalter das Absonderungsrecht eines Gläubigers durch Anfechtung beseitigen, stehen der Masse dadurch sämtliche Mietzinsen zu; nur wenn das Absonderungsrecht nicht anfechtbar ist, greifen die zuvor beschriebenen Beschränkungen des § 110 InsO.

101 Zu denken ist auch an die Rückschlagssperre des § 88 InsO. Liegt die Begründung des Absonderungsrechts (Zustellung des Pfändungsbeschlusses) durch Zwangsvollstreckung innerhalb des letzten Monats vor der Insolvenzantragstellung, erlischt das Pfändungspfandrecht an der Miet- oder Pachtzinsforderung mit Eröffnung des Verfahrens automatisch. Der Insolvenzverwalter kann die Miet- und Pachtzinsen dann ohne die zeitlichen Beschränkungen des § 110 InsO zur Masse ziehen.

102 **ee) Feststellungs- und Verwertungspauschalen.** Hinzuweisen ist noch darauf, dass der Masse zumindest die Feststellungspauschale von 4% gemäß § 171 InsO zusteht, und zwar für denjenigen Zeitraum, in dem das Absonderungsrecht des Gläubigers gilt.[21] Ist die Insolvenzeröffnung bis zum 15. des Kalendermonats erfolgt und steht deshalb der Mietzins für den laufenden Kalendermonat dem Absonderungsgläubiger zu, erhält die Masse die Feststellungspauschale jedoch nicht, wenn zum Zeitpunkt der Verfahrenseröffnung der Mietzins schon gezahlt ist.

103 **ff) Gesondertes Konto für Miet- und Pachtzinsen?** Der Insolvenzverwalter wird den Mieter oder Pächter deshalb anweisen müssen, ab Insolvenzeröffnung nicht mehr an den Abtretungsempfänger, sondern an ihn zu zahlen. Unter Abzug der Feststellungs- und Verwertungspauschale ist sodann der Mietzins an den Absonderungsgläubiger auszukehren, solange das Absonderungsrecht nach den oben dargestellten Grundsätzen noch gilt.

104 Es kann sinnvoll sein, für den Miet- oder Pachtzins ein gesondertes Konto, das nicht mit dem „normalen" Ander- oder Sonderkonto des Insolvenzverwalters identisch ist, einzurichten. Das kommt insbesondere in Betracht, wenn der Insolvenzverwalter eine sog „kalte Zwangsverwaltung"[22] beabsichtigt, weil in

---

[21] Zu den Verwertungskosten → § 15 Rn. 147ff.
[22] Dazu → Rn. 114ff.

diesen Fällen die Mieter/Pächter später nicht noch einmal mit einer neuen Kontoverbindung konfrontiert werden müssen.

b) Aufrechnung und Zurückbehaltung. Die Miet- und Pachtzinsen können nicht oder zumindest nicht ungeschmälert zur Masse gezogen werden, wenn der Mieter bzw. Pächter ein Recht zur Aufrechnung oder ein Zurückbehaltungsrecht ausüben kann. Da jedoch die Insolvenzmasse durch den Fortbestand des Miet- bzw. Pachtverhältnisses (gewissermaßen zwangsläufig) mit Masseschulden belastet wird, musste der Gesetzgeber regeln, inwieweit sich solche Gegenrechte des Mieters oder Pächters in der Insolvenz durchsetzen. 105

Der Gesetzgeber hat sich in § 110 Abs. 3 S. 1 InsO dafür entschieden, das Recht zur Aufrechnung in gleicher Weise zu beschränken wie Absonderungsrechte. Soweit eine Aufrechnung überhaupt zulässig ist (siehe §§ 95 f., insbesondere § 96 InsO), kann der Mieter/Pächter nur für die anteiligen Zeiträume, für die auch das Absonderungsrecht noch greifen würde, eine Aufrechnung erklären („... für den in Absatz 1 bezeichneten Zeitraum ..."). Daher greift eine Aufrechnung nur für denjenigen Kalendermonat, in dem das Insolvenzverfahren eröffnet wurde (bei Eröffnung bis zum 15. einschließlich), oder für den anteilig laufenden und den folgenden Kalendermonat (bei Eröffnung nach dem 15. des Kalendermonats). 106

Die in § 96 Abs. 1 Nr. 1 InsO geregelte Einschränkung der Aufrechnungsmöglichkeit, wonach derjenige nicht aufrechnen darf, der erst nach der Insolvenzeröffnung etwas zur Masse schuldig geworden ist, findet in diesem Rahmen keine Anwendung; insofern gilt die Spezialregelung des § 110 Abs. 3 S. 2 InsO, so dass der Mieter/Pächter auch mit einer Gegenforderung aufrechnen kann, die Insolvenzforderung ist. 107

Ein Zurückbehaltungsrecht kann nur gegenüber dem Miet- oder Pachtzinsanspruch der Masse ausgeübt werden, wenn die Voraussetzungen des § 51 Nr. 2 oder 3 InsO vorliegen; im Übrigen ist das (allgemeine) Zurückbehaltungsrecht des BGB nicht insolvenzfest.[23] Aber auch das Zurückbehaltungsrecht findet seine Grenze in den Zeiträumen des § 110 Abs. 1 InsO. 108

c) Mietvorauszahlungen. Hatte der Mieter oder Pächter Vorauszahlungen auf den Mietzins entrichtet, kann der Insolvenzverwalter für die Zeit ab Verfahrenseröffnung den Miet- oder Pachtzins erneut zur Masse ziehen. Mit der Vorauszahlung hat der Mieter das Insolvenzrisiko des Vermieters übernommen und muss dieses dann auch tragen.[24] 109

2. Gewährung vertragsgerechten Gebrauchs

Im Gegenzug muss die Masse dem Mieter oder Pächter den vertragsgemäßen Gebrauch des Miet- oder Pachtobjektes gewähren. Das bedeutet nicht allein die Gestattung der Nutzung, sondern zB auch die Aufrechterhaltung der Versorgungsleistungen, soweit dies nach dem Inhalt des Miet- oder Pachtvertrages vom Vermieter/Verpächter gefordert werden kann. Die Bestimmungen des Miet- oder Pachtvertrages bleiben wirksam und sind vom Insolvenzverwalter zu beachten. Im Einzelfall bedeutet dies 110

---

[23] Vgl. dazu → § 15 Rn. 47 ff. HK-InsO/*Marotzke* § 110 Rn. 18 f.
[24] Uhlenbruck/*Wegener* § 110 Rn. 10.

- Eintritt in Versorgungsverträge gem. §§ 103, 105 InsO betreffend Strom, Gas, Wasser, Fernwärme usw, soweit die entsprechende Versorgung vom Vermieter/Verpächter geschuldet ist (Miet- bzw. Pachtvertrag prüfen!).
- Zahlung von Grundsteuer und Versicherungsprämie (Eintritt in den Vertrag!) sowie von Wohngeld, sofern das Objekt unter das Wohnungseigentumsgesetz fällt.
- Erstellung von Nebenkostenabrechnungen auch für die vor der Eröffnung des Verfahrens liegenden Zeiträume, erst recht aber für die Zeit nach der Insolvenzeröffnung, wenn dies so im Mietvertrag geregelt worden war.
- Möglicherweise sind Mietkautionen an den Schuldner gezahlt worden; diese waren vom Schuldner gem. § 551 Abs. 3 S. 3 BGB von seinem Vermögen getrennt zu verwahren. Der Insolvenzverwalter sollte nach dem Verbleib der Kautionen forschen: sind diese noch aussonderungsfähig vorhanden, so hat auch der Verwalter eine Vermischung mit sonstigem Vermögen zu vermeiden und muss die Kautionsbeträge getrennt verwahren.[25] Ist der Kautionsbetrag unter *insolvenzrechtlichen* Aspekten nicht mehr rückzahlbar (= aussonderungsfähig), weil das Kautionsguthaben mit anderen Vermögenswerten des Schuldners vermischt worden war, sollte dies dem Mieter alsbald mitgeteilt werden, damit er seinen Kautionsrückzahlungsanspruch zur Insolvenztabelle anmelden kann. Außerdem vermeidet der Verwalter in diesem Fall eine später aufkommende Diskussion darüber, ob nicht möglicherweise er selbst für das Abhandenkommen des Kautionsbetrages die Verantwortung trägt.
- Zur Gewährung des vertragsgemäßen Gebrauchs gehört auch die Beseitigung von Schäden am Miet- oder Pachtobjekt, soweit der Vermieter/Verpächter dafür verantwortlich ist. Anderenfalls ist der Mieter/Pächter zur Minderung des Miet- oder Pachtzinses berechtigt.

II. Zwangsverwaltung

111 In der Regel liegen die Kosten für die Gewährung des vertragsgemäßen Gebrauchs der Sache an den Mieter oder Pächter niedriger als die zu vereinnahmenden Miet- und Pachtzinsen einschließlich Nebenkostenpauschale. Das liegt nicht zuletzt daran, dass die das Grundstück finanzierenden Banken ab der Eröffnung des Verfahrens keine Zinsen und Tilgung für das Finanzierungsdarlehen aus der Masse mehr fordern können. Meist wird es also für die Insolvenzmasse günstig sein, ein vermietetes oder verpachtetes Objekt in der Masse vorzufinden. Um einen solchen Vorteil für sich zu sichern, lassen Grundpfandgläubiger häufig die Zwangsverwaltung einer Immobilie anordnen. Dazu sind die Grundpfandgläubiger, also solche, die im Grundbuch in Abteilung III eingetragen sind, auch berechtigt. Ab der Anordnung der Zwangsverwaltung, die vom Vollstreckungsgericht verfügt wird, gehen Rechte und Pflichten aus der Vermietung oder Verpachtung auf den Zwangsverwalter über. Sodann steht der Masse auch nicht die 4%ige Feststellungspauschale für die weiter laufenden Mietzinsen zu.

---

[25] Siehe dazu auch Ausführungen in → § 14 Rn. 24f.

Ringstmeier

Wird die Zwangsverwaltung angeordnet, verliert das Grundstück deshalb nicht die Massezugehörigkeit; allerdings geht die „Zuständigkeit für Miet- und Pachtverhältnisse" vom Insolvenzverwalter auf den Zwangsverwalter über. Dieser muss insbesondere auch die Aufwendungen, die im Zusammenhang mit dem Miet- oder Pachtobjekt entstehen, tragen, so dass die Insolvenzmasse davon befreit wird. Freilich verliert die Masse gleichzeitig die Befugnis, den Miet- oder Pachtzins einzuziehen. 112

Die zuvor beschriebene Konsequenz der Anordnung einer Zwangsverwaltung kann auch im Interesse der Masse liegen, insbesondere wenn die Kosten der Immobilie höher sind als deren Ertrag. In einem solchen Fall sollte der Insolvenzverwalter erwägen, seinerseits die Anordnung der Zwangsverwaltung zu beantragen, wozu er berechtigt ist. 113

III. „Kalte" Zwangsverwaltung

Unter „kalter" Zwangsverwaltung (es handelt sich nicht um einen juristischen, sondern um einen umgangssprachlichen Begriff) versteht man eine Vereinbarung zwischen dem Insolvenzverwalter einerseits und dem Grundpfandgläubiger andererseits. Gegenstand einer solchen Vereinbarung ist, dass der Insolvenzverwalter *wie* ein Zwangsverwalter handelt, ohne dass dies gerichtlich angeordnet wird. Der Insolvenzverwalter wird dann im Rahmen seiner Insolvenzabwicklungstätigkeit auch wie ein Zwangsverwalter tätig; aus den Einnahmen aus Vermietung oder Verpachtung bestreitet er die objektbezogenen Aufwendungen. Der danach verbleibende Rest wird nach einem frei zwischen den Parteien vereinbarten Schlüssel teilweise an den Grundpfandgläubiger, teilweise an die Insolvenzmasse verteilt; im Gegenzug verzichtet der Grundpfandgläubiger auf den ihm möglichen Antrag auf Anordnung der Zwangsverwaltung. Um die mit dem Grundpfandgläubiger vorzunehmende Abrechnung der Einnahmen und Ausgaben transparent zu gestalten, empfiehlt es sich, für die kalte Zwangsverwaltung ein gesondertes Konto anzulegen. 114

Anders als bei der „echten" Zwangsverwaltung bleibt bei der „kalten" Zwangsverwaltung die Zuständigkeit der Insolvenzmasse für die Immobilie sowie für Miet- und Pachtverhältnisse bestehen. In Betracht kommt die „kalte" Zwangsverwaltung nur, wenn der Schuldner Eigentümer der vermieteten oder verpachteten Immobilie ist. Der Vorteil einer „kalten" Zwangsverwaltung (gegenüber der „echten" Zwangsverwaltung) wird meist darin gesehen, dass dem Grundpfandgläubiger der mit der Anordnung der („echten") Zwangsverwaltung verbundene Aufwand erspart wird; vornehmlich besteht der Vorteil aber darin, dass die Immobilie nicht mit dem „Makel der Zwangsverwaltung" (sie wird im Grundbuch eingetragen und ist damit für jedermann ersichtlich) behaftet wird. Gelegentlich ist die von den Parteien erwartete Zeitspanne zwischen Insolvenzeröffnung und beabsichtigter Verwertung einer Immobilie auch so kurz, dass sich die Anordnung der „echten" Zwangsverwaltung nicht lohnt. 115

Für Insolvenzverwalter besteht anlässlich der mit dem Grundpfandgläubiger zu treffenden Vereinbarung die Chance, einen erheblichen Anteil an dem verteilungsfähigen „Überschuss" für die Masse zu verhandeln, was sich natürlich vorteilhaft auf die Teilungsmasse und damit auf die Verwaltervergütung 116

Ringstmeier

auswirkt. Bei der „echten" Zwangsverwaltung erhält die Masse regelmäßig nichts.

IV. Freigabe

117 Der Insolvenzverwalter kann ein in der Masse befindliches Grundstück auch freigeben, das heißt den Insolvenzbeschlag aufheben. Damit verliert die Insolvenzmasse den Anspruch auf die Miet- und Pachtzinsen ab dem Zeitpunkt, ab dem die Freigabe wirksam wird; andererseits braucht sie die sich aus Miet- oder Pachtverhältnissen oder aus der Eigentümerstellung ergebenden Verpflichtungen nicht mehr zu erfüllen.

V. Kündigung des Miet- oder Pachtverhältnisses

118 Der Insolvenzverwalter kann, da die Verwaltungs- und Verfügungsbefugnis auf ihn übergegangen ist, Miet- und Pachtverhältnisse des Schuldners auch kündigen. Da ihm § 110 InsO aber keine Sonderkündigungsrechte einräumt, ist er an die vertraglichen und an die gesetzlichen Kündigungsgründe und Kündigungsfristen gebunden. Insbesondere sind die zahlreichen im BGB geregelten Mieterschutzbestimmungen auch vom Insolvenzverwalter zu beachten.

VI Veräußerung von vermieteten oder verpachteten Immobilien, § 111 InsO

119 Bei Immobilien, die sich in der Masse befinden, kann der Insolvenzverwalter neben der Zwangsverwaltung auch die Zwangsversteigerung betreiben; das regelt § 165 InsO ausdrücklich. Das schließt nicht aus, dass der Insolvenzverwalter Grundstücke des Schuldners auch freihändig verwerten kann. Hier interessiert nur, wie sich eine freihändige Verwertung einer Immobilie auf bestehende Miet- und Pachtverhältnisse auswirkt.

1. Vorüberlegung: Miet- und Pachtverträge bei Versteigerung

120 Es sollten die folgenden Vorüberlegungen angestellt werden, um den Regelungsinhalt von § 111 InsO zu verstehen. Im Zwangsversteigerungsgesetz (ZVG) werden dem Ersteher besondere Kündigungsmöglichkeiten gegenüber den Mietern des ersteigerten Grundstücks zugestanden. Dies ist im Einzelnen in § 57a ZVG geregelt. Damit soll dem Ersteher einer Immobilie die Möglichkeit eingeräumt werden, zB selbst in das erstandene Objekt einziehen zu können. Möglicherweise hatte der frühere Eigentümer des Grundstücks auch nachteilige Mietverträge abgeschlossen, insbesondere einen unangemessen geringen Mietzins vereinbart; alsdann kann das Interesse des Erstehers dahin gehen, das Objekt oder Teile davon zu marktgängigen Mietzinsen neu zu vermieten.

121 All dies setzt voraus, dass zunächst bestehende Mietverträge beendet werden können, um eine Neuvermietung oder eine Selbstnutzung zu ermöglichen. Nun ist das Kündigungsrecht außerordentlich kompliziert und zulasten eines Grundstückseigentümers auch sehr weitgehend eingeschränkt. In der Sondersi-

§ 22. Dauerschuldverhältnisse

tuation der Versteigerung wollte der Gesetzgeber dem Ersteher weitergehende Kündigungsrechte einräumen. Damit erhofft man sich im Interesse der Grundpfandgläubiger, die eine Zwangsversteigerung des Grundstücks betreiben, höhere Erlöse; denn nur wenn ein Ersteher die aus seiner Sicht nachteiligen Mietverträge kurzfristig beenden und damit das Grundstück nach seinen Vorstellungen betreiben kann, wird er bereit sein, ein marktgerechtes Gebot abzugeben.

Das bedeutet freilich nicht, dass die Mieterschutzvorschriften im Falle einer Zwangsversteigerung vollständig unanwendbar sind; sie werden lediglich zurückgeschraubt. Im Übrigen ging der Gesetzgeber des ZVG davon aus, dass ein Ersteher grundsätzlich kein Interesse daran haben kann, marktgerechte Mietverträge zu beenden. 122

Im Insolvenzverfahren trifft man auf eine der Zwangsversteigerung sehr ähnliche Ausgangslage: auch in der Insolvenz treffen die vom Schuldner abgeschlossenen ungünstigen Mietverträge wirtschaftlich nicht mehr den Schuldner selbst, sondern die Gläubiger, vor allem natürlich die Grundpfandgläubiger, die unter den wertbeeinträchtigenden Mietverträgen leiden müssten. Nun hätte es nahe gelegen, die Gläubiger und vor allem die Grundpfandgläubiger auf den Weg der Zwangsversteigerung mit seinen besonderen Kündigungsrechten für Ersteher zu verweisen. Allerdings besteht Einigkeit darüber, dass die erzielbaren Verwertungserlöse in der Zwangsversteigerung meist niedriger liegen als bei einer freihändigen Verwertung. Deswegen hat der Gesetzgeber § 111 InsO geschaffen. 123

2. Voraussetzungen des § 111 InsO

Für die Anwendbarkeit des § 111 InsO sind verschiedene Voraussetzungen erforderlich: 124

a) **Freihändige Veräußerung.** Der Verkauf muss freihändig, also durch Verkauf erfolgen. Bei Verwertungen durch Zwangsversteigerung finden die Vorschriften des ZVG Anwendung, nicht § 111 InsO. 125

b) **durch Insolvenzverwalter.** Der Verkauf muss durch den Insolvenzverwalter erfolgen, und zwar durch den endgültigen. Ein Verkauf durch den vorläufigen Verwalter, auch wenn er Verwaltungs- und Verfügungsbefugnis besitzt, führt nicht zur Anwendbarkeit des § 111 InsO. 126

Eine Freigabe des Grundstücks durch den Insolvenzverwalter führt zur Aufhebung des Insolvenzbeschlages und der Schuldner wird wieder verfügungsbefugt. Eine Veräußerung durch den Schuldner nach Freigabe des Verwalters kann ebenfalls nicht zur Anwendung des § 111 InsO führen. 127

c) **unbeweglicher Gegenstand oder Räume.** Die Vorschrift findet nur Anwendung, wenn der Insolvenzverwalter einen unbeweglichen Gegenstand oder Räume veräußert. Zu erinnern ist in diesem Zusammenhang daran, dass auch im Register eingetragene Schiffe und Schiffsbauwerke sowie in der Luftfahrzeugrolle eingetragene Flugzeuge unbewegliche Sachen im Rechtssinne sind.[26] Bewegliche Gegenstände fallen nicht unter § 111 InsO. 128

---

[26] Vgl. → Rn. 9.

129 **d) vom Schuldner begründetes Miet- oder Pachtverhältnis.** § 111 InsO findet nur Anwendung auf Miet- oder Pachtverhältnisse, die der Schuldner begründet hatte. Damit kann ein Erwerber keine verkürzten Kündigungsrechte gegenüber einem Mieter oder Pächter ausüben, der mit dem Insolvenzverwalter kontrahiert hatte.

130 **e) Eintritt des Erwerbers in das Miet- oder Pachtverhältnis.** § 111 InsO setzt voraus, dass der Erwerber anstelle des Schuldners in das Miet- oder Pachtverhältnis eintritt. Gemeint ist damit der gesetzliche Eintritt gemäß §§ 566 Abs. 1, 578, 578a Abs. 1, 581 Abs. 2, 593b BGB oder § 98 Abs. 2 des Gesetzes über Rechte an Luftfahrzeugen. Dieser Eintritt erfolgt kraft Gesetzes. Ob neben dem gesetzlichen Eintritt zwischen Insolvenzverwalter und Käufer ergänzende Vereinbarungen über den Eintritt in Miet- oder Pachtverhältnisse getroffen worden sind, ist im Rahmen des § 111 InsO nicht erheblich.

3. Erleichterte Kündigungsmöglichkeit für den Erwerber

131 Rechtsfolge des § 111 InsO ist eine erleichterte Kündigungsmöglichkeit des Erwerbers: er kann bestehende Miet- oder Pachtverhältnisse mit der gesetzlichen Frist kündigen. Damit setzen sich vor allem mit dem Schuldner getroffene vertragliche Kündigungsbegrenzungen oder -ausschlüsse nicht durch. Allerdings ist „die Freiheit" für den Käufer nicht grenzenlos:
- er kann von der besonderen Kündigungsmöglichkeit nur für den ersten möglichen Termin Gebrauch machen;
- er muss die gesetzlichen Kündigungsschutzbestimmungen des BGB für Wohnräume beachten.

132 Insbesondere die zuerst genannte Beschränkung kann den Erwerber zwingen, besonders schnell zu handeln. Das soll an einem Beispiel erläutert werden; zuvor muss jedoch geklärt werden, worauf sich der „erste" Termin bezieht. Gemeint ist damit der nach Umschreibung des Eigentums der unbeweglichen Sache oder Räume erstmals in Frage kommende Kündigungstermin. Damit scheidet zB der nach „Übergang von Besitz, Nutzen und Lasten" erstmals mögliche Kündigungstermin als „erster" Termin aus. Die Umschreibung zB eines Grundstücks vollzieht sich aber ohne Beteiligung der Vertragspartner durch Eintragung des Eigentumswechsels in das Grundbuch; dadurch tritt der Erwerber als der neue Eigentümer in das Miet- oder Pachtverhältnis ein und er hat das besondere Kündigungsrecht aus § 111 InsO. Dieses kann er freilich nicht ausüben, so lange er keine Kenntnis von der erfolgten Eigentumsumschreibung erlangt hat. Bekommt er Kenntnis, ist unter Umständen Eile geboten.

133 **Beispiel:** Der Insolvenzverwalter verkauft dem Käufer K ein Grundstück, welches der Schuldner für 20 Jahre gewerblich an den Mieter M vermietet hatte. Der Kaufvertrag wird am 28.4.2016 geschlossen. Nach dem Vertrag sollen Besitz, Nutzen und Lasten auf den K am Tage der Kaufpreishinterlegung beim Notar übergehen; dies ist der 13.5.2016. Die Eintragung des K als neuer Eigentümer des Grundstücks wird am 29.8.2016 in das Grundbuch eingetragen. Dies wird dem K am 31.8.2016 durch eine Benachrichtigung seitens des Grundbuchamts mitgeteilt.
Da die gesetzliche Kündigungsfrist für gewerbliche Mietverhältnisse gem. § 580a Abs. 2 BGB sechs Monate zum Quartal beträgt, wäre der „erste Termin", den K mit einer Kündigung erreichen könnte, der 31.3.2017 (erster erreichbarer Termin nach der Benachrich-

tigung des K durch das Grundbuchamt). Dem M müsste also die Kündigung des K spätestens am 3.10.2016 zugegangen sein. Verpasst K diesen Termin, ist er an den 20-jährigen Mietvertrag gebunden.

4. Schadensersatzanspruch des Mieters/Pächters

Kündigt ein Käufer, der eine unbewegliche Sache oder Räume vom Insolvenzverwalter gekauft hat, ein Miet- oder Pachtverhältnis wegen § 111 InsO vorzeitig, so entsteht dem Mieter/Pächter dadurch möglicherweise ein Schaden, zB weil sich für eine längere Nutzungsdauer gedachte Investitionen nicht auszahlen. Der Schadensersatzanspruch des Mieters/Pächters kann allerdings nur als Insolvenzforderung zur Tabelle angemeldet werden (str.).[27] 134

5. Absicherung des § 111 InsO durch § 119 InsO

Im Voraus vereinbarte Beschränkungen oder Ausschlüsse des § 111 InsO sind wegen § 119 InsO nicht wirksam. Der Mieter oder Pächter kann deshalb nicht wirksam mit dem Schuldner vereinbaren, dass das Sonderkündigungsrecht des Erwerbers, der vom Insolvenzverwalter kauft, beschränkt oder ausgeschlossen sein soll. 135

D. Dienstverhältnisse des Schuldners, § 113 InsO

§ 113 InsO befasst sich mit Dienstverhältnissen, die der Schuldner begründet hatte, allerdings nur sehr rudimentär. Die Norm wird daher durch zahlreiche andere Vorschriften ergänzt. 136

Der Schuldner kann einmal Dienstberechtigter, also insbesondere Arbeitgeber sein, zum anderen kann er auch die Rolle des Dienstverpflichteten, also zB des Arbeitnehmers einnehmen. In beiden Fällen stellt sich die Frage, welche Auswirkungen die Eröffnung des Insolvenzverfahrens auf das Dienstverhältnis hat. 137

Aus § 108 Abs. 1 S. 1 InsO ergibt sich bereits, dass das Dienstverhältnis – egal ob der Schuldner Arbeitgeber oder Arbeitnehmer ist – trotz der Insolvenzeröffnung fortbesteht. In den fortbestehenden Dienstvertrag greift § 113 InsO nur sehr eingeschränkt ein: 138

I. Der Schuldner als Dienstberechtigter = Arbeitgeber

Mit der Eröffnung des Insolvenzverfahrens geht die Verwaltungs- und Verfügungsbefugnis vom Schuldner auf den Insolvenzverwalter über; dieser „schlüpft" damit auch in die Rolle des Schuldners als Dienstberechtigter und übt zB alle Arbeitgeberrechte (und -pflichten!) aus. § 113 InsO erweitert dabei die Rechte des Insolvenzverwalters als Arbeitgeber gegenüber den Rechten, die der Schuldner selbst ausüben konnte. 139

---

[27] KPB/*Tintelnot* § 111 Rn. 14; Braun/*Kroth* § 111 Rn. 11; aA MüKoInsO/*Eckert* § 111 Rn. 30; Uhlenbruck/*Wegener* § 111 Rn. 13; FK-InsO/*Wegener* § 111 Rn. 12.

II. Der Schuldner als Dienstverpflichteter = Arbeitnehmer

140 In die Rolle des Schuldners als Arbeitnehmer kann der Insolvenzverwalter nicht schlüpfen, weil die im Rahmen eines Arbeitsverhältnisses zu erbringenden Leistungen höchstpersönlicher Natur sind. Der Schuldner bleibt also trotz Eröffnung des Insolvenzverfahrens wie zuvor verpflichtet, seine Leistungen im Rahmen des Arbeitsvertrages zu erbringen.

141 Solche Fragen tauchen typischerweise im Rahmen von Verbraucherinsolvenzverfahren auf und werden daher in § 40 behandelt. Um Doppelausführungen zu vermeiden, wird auf die dortigen Ausführungen verwiesen.

§ 23. Aufträge, Geschäftsbesorgungsverträge und Vollmachten

A. Vorbemerkung

§ 23 beschreibt das Schicksal von Aufträgen und Geschäftsbesorgungsverträgen sowie von Vollmachen, die der Schuldner erteilt hatte (→ Rn. 6). Sie erlöschen, weil die vom Schuldner abgeleiteten Befugnisse in der Insolvenz nicht fortbestehen können, während er selber die Verwaltungs- und Verfügungsbefugnis über sein Vermögen verloren hat. Allerdings sind die Fälle zu regeln, dass der Handelnde bei Gefahr im Verzug tätig wird und der Fall, dass er von der Insolvenzeröffnung und daher vom Erlöschen der Verträge und der Vollmacht keine Kenntnis hat. In → Rn. 25–32 werden die Vertretungsverhältnisse in Gesellschaften beleuchtet, an denen der Schuldner beteiligt war und die infolge seiner Insolvenz aufgelöst sind.

1 Die §§ 115, 116 InsO befassen sich mit dem Schicksal von Auftragsverhältnissen und Geschäftsbesorgungsverträgen, allerdings nur, wenn der Schuldner Auftraggeber ist. Ist der Schuldner Auftragnehmer oder aus dem Geschäftsbesorgungsvertrag Verpflichteter, finden die §§ 115, 116 InsO keine Anwendung. Vom Schuldner erteilte Aufträge und Geschäftsbesorgungsverträge erlöschen automatisch durch die Eröffnung des Insolvenzverfahrens. Der Grund für diese gesetzliche Regelung ist einfach: ab der Eröffnung des Insolvenzverfahrens kann der Schuldner selbst nicht mehr mit Bezug auf die Insolvenzmasse handeln, §§ 80–82 InsO; dann aber soll auch kein vom Schuldner Beauftragter anstelle des Schuldners auf die Masse Einfluss nehmen können. So gesehen sollen die §§ 115, 116 InsO die „Alleinherrschaft" des Insolvenzverwalters schützen.[1] Ergänzt werden diese Vorschriften durch § 117 InsO, wonach mit der Eröffnung des Verfahrens auch vom Schuldner erteilte Vollmachten erlöschen.

---

[1] Vergleiche zu Verträgen in der Insolvenz einführend → § 20 Rn. 4 ff.

Ringstmeier

B. Die Regelungen in §§ 115–117 InsO

Das BGB unterscheidet Aufträge (§ 662 BGB) und Geschäftsbesorgungsverträge (§ 675 BGB) danach, ob sie unentgeltlich (dann Auftrag) oder entgeltlich (dann Geschäftsbesorgungsvertrag) sind. Für die Praxis der Insolvenzbewältigung spielt der Unterschied keine entscheidende Rolle, weshalb beide Vertragstypen gleich behandelt werden. Nach § 116 S. 1 InsO wird nämlich der § 115 InsO auf Geschäftsbesorgungsverträge sinngleich (dh entsprechend) angewendet. So findet sich in der Praxis ein und derselbe Vertragstyp einmal als entgeltlicher Vertrag, einmal als unentgeltlicher Vertrag und unterfällt somit einmal dem § 115 InsO, einmal dem § 116 InsO in Verbindung mit § 115 InsO.

2

Regelmäßig werden dem Auftragnehmer oder Geschäftsbesorger auch Vollmachten erteilt. Die §§ 115, 116 InsO werden deshalb durch § 117 InsO ergänzt, der sich mit dem Schicksal von Vollmachten, die der Schuldner erteilt hat, befasst. Dabei hat § 117 InsO meist nur klarstellende Wirkung (siehe § 168 S. 1 BGB) und nur ausnahmsweise[2] einen eigenständigen Regelungscharakter.

3

I. Von §§ 115, 116 InsO erfasste Verträge

Im Folgenden sollen einige Beispiele für Aufträge und Geschäftsbesorgungsverträge angeführt werden:
– Treuhandvertrag
– Inkassovertrag
– Anwaltsvertrag
– Steuerberatungsvertrag
– Girovertrag
– Speditionsvertrag

4

Ausdrücklich nicht hierher gehören nach § 116 S. 3 InsO bankmäßige Überweisungs-, Zahlungs- und Übertragungsverträge. Diese bestehen trotz Insolvenzeröffnung fort und begründen auch kein Wahlrecht des Insolvenzverwalters nach § 103 InsO.

5

II. Von § 117 InsO erfasste Vollmachten

Der in § 117 InsO gebrauchte Begriff der „Vollmacht" bezieht sich auf alle denkbaren Formen von Vollmachten und Ermächtigungen, ohne Rücksicht darauf, in welchem Zusammenhang die Vollmacht erteilt worden ist (Auftrag, Geschäftsbesorgungsvertrag, Dienstvertrag, Arbeitsvertrag, Hausverwaltungsvertrag, Girovertrag usw), insbesondere auf
– Prozessvollmacht
– Steuerberatungsvollmacht
– Kontovollmacht
– Handlungsvollmacht
– Generalvollmacht

6

---

[2] Dazu → Rn. 19.

- Prokura
- Verfügungsermächtigung
- Einziehungsermächtigung.

III. Automatisches Erlöschen durch Insolvenzeröffnung

7 Aufträge und Geschäftsbesorgungsverträge und die in diesem Zusammenhang vom Schuldner erteilten Vollmachten erlöschen mit der Eröffnung des Insolvenzverfahrens automatisch, weil sie die „Alleinherrschaft" des Insolvenzverwalters beeinträchtigen, § 115 Abs. 1, § 116 S. 1, § 117 Abs. 1 InsO. Nur er allein soll bestimmen dürfen, ob und ggf. wie die Angelegenheiten, die die Masse betreffen, behandelt werden sollen.

8 Daraus ergeben sich zwei – eigentlich selbstverständliche – Einschränkungen:
- Zum einen erlöschen nur solche Aufträge, Geschäftsbesorgungsverträge und Vollmachten, die der Schuldner begründet hat. Daraus folgt, dass ein Auftrag oder ein Geschäftsbesorgungsvertrag, den ein vorläufiger Insolvenzverwalter mit Verfügungsbefugnis (sog „starker" vorläufiger Insolvenzverwalter) begründet hat, nicht erlischt, sondern lediglich vom (endgültigen) Insolvenzverwalter gekündigt werden kann.[3]
- Aufträge, Geschäftsbesorgungsverträge und Vollmachten erlöschen mit Insolvenzeröffnung nur dann automatisch, wenn sie sich auf die Insolvenzmasse beziehen; ist dies nicht der Fall, bleiben die Verträge und die Vollmacht von der Insolvenzeröffnung unberührt.

IV. Notgeschäftsführung (Eilgeschäfte), § 115 Abs. 2 InsO

9 Das automatische Erlöschen von Auftrag, Geschäftsbesorgungsvertrag und Vollmacht durch die Eröffnung des Insolvenzverfahrens kann Nachteile für die Masse hervorrufen. Dies soll an folgendem Beispiel verdeutlicht werden:

10 **Beispiel:** Der Schuldner hatte den Rechtsanwalt R mit der Durchsetzung eines Anspruchs beauftragt. Am Tag nach der Insolvenzeröffnung tritt wegen des Anspruchs Verjährung ein. R kann den Insolvenzverwalter zum Zweck der Abstimmung darüber, ob verjährungsunterbrechende Maßnahmen ergiffen werden sollen, nicht erreichen. Er weiß aber, dass sein Geschäfdtsbesorgungsvertrag und die ihm vom Schuldner erteilte Vollmacht erloschen sind. Er ergreift gleichwohl verjährungsunterbrechende Maßnahmen, um die Insolvenzmasse zu schützen und den Eintritt der Verjährung zu verhindern.

11 Im vorstehenden Beispiel wird R im Interesse der Insolvenzmasse tätig, obwohl sein Vertragsverhältnis beendet ist. Der Gesetzgeber hat in § 115 Abs. 2 InsO eine Pflicht des Auftragnehmers bzw. Geschäftsbesorgers zur Fortsetzung der Tätigkeiten festgeschrieben („... hat ... fortzusetzen ..."), um durch das automatische Erlöschen Nachteile von der Insolvenzmasse fernzuhalten. Voraussetzung ist allerdings, dass mit dem Aufschub „Gefahr verbunden ist". Flankiert wird diese Regelung durch § 117 Abs. 2 InsO, wonach in diesem Fall auch die Vollmacht als fortbestehend gilt.

---

[3] Mohrbutter/Ringstmeier/*Homann* § 7 Rn. 118.

1. Voraussetzungen der Notgeschäftsführung

Eine Gefahr in diesem Sinne liegt vor, wenn ein Aufschub der Handlung zu einer Benachteiligung der Masse oder der Gesamtgläubigerschaft führen würde, die entweder nicht oder nur noch mit erhöhtem Kostenaufwand wieder beseitigt werden kann. Der Aufschub, den das Gesetz in Abs. 2 Satz 1 erwähnt, ist die zeitliche Verzögerung, die durch eine Neubeauftragung derselben Person oder einer anderen Person durch den Insolvenzverwalter eintreten würde. Liegen solche Voraussetzungen vor, dann wird der Auftrag bzw. der Geschäftsbesorgungsvertrag als nicht erloschen, sondern trotz Insolvenzeröffnung als fortbestehend behandelt. Konsequenterweise billigt Satz 3 des Abs. 2 dem Auftragnehmer bzw. Geschäftsbesorger wegen seiner Ersatzansprüche einen Masseanspruch zu. Das ist nur angemessen, denn der Insolvenzverwalter hätte zur Abwendung der drohenden Gefahr in jedem Falle Aufwendungen aus der Masse getätigt. Diese sollen ihr nicht erspart werden, weil sie ja auch die Vorteile des Handelns des Auftragnehmers/Geschäftsbesorgers genießt. 12

Ob der Auftragnehmer/Geschäftsbesorger vom Erlöschen seines Vertrages Kenntnis hat oder nicht, spielt im Rahmen des § 115 Abs. 2 InsO keine Rolle. 13

2. Risiken für Auftragnehmer/Geschäftsbesorger

In der Praxis ist die Konstellation des § 115 Abs. 2 InsO nicht sehr häufig. Das ist darauf zurückzuführen, dass bei vielen Insolvenzfällen bereits im Antragsverfahren vorläufige Insolvenzverwalter eingesetzt sind, die den Eintritt einer durch Aufschub verbundenen Gefahr bereits im Vorfeld abwenden. Gelingt dies einmal nicht, treten uU die mit § 115 Abs. 2 InsO verbundenen Gefahren für den Auftragnehmer/Geschäftsbesorger hervor. Dieser ist nämlich auf der einen Seite verpflichtet, die zur Abwendung der Gefahr erforderlichen Maßnahmen zu ergreifen. Auf der anderen Seite darf der Auftragnehmer/Geschäftsbesorger keine Handlungen mehr vornehmen, wenn kein Fall einer „Gefahr" im Sinne des § 115 Abs. 2 InsO vorliegt oder droht; denn der Auftrag bzw. Geschäftsbesorgungsvertrag sowie die Vollmacht sind durch Insolvenzeröffnung erloschen (sie „gelten" ja nur als fortbestehend). Damit trägt der Auftragnehmer/Geschäftsbesorger das Risiko, dass er im konkreten Fall die Begriffe „Aufschub" und „Gefahr" richtig, dh im Interesse der Masse und der Gesamtgläubigerschaft liegend, einschätzt. Handelt er nicht, obwohl seine Handlung erforderlich gewesen wäre, ist er möglicherweise schadensersatzpflichtig, denn der Auftrag/Geschäftsbesorgungsvertrag und die Vollmacht gelten insoweit als fortbestehend und es bestand eine Pflicht zur Handlung. Handelt er, obwohl keine Gefahr bestanden hat, kann er seine Ersatzansprüche nicht als Masseschuld geltend machen; dann gilt aber auch der Auftrag/Geschäftsbesorgungsvertrag sowie die Vollmacht nicht als fortbestehend, so dass das Handeln ohne Berechtigung für den Vertretenen (das ist die Insolvenzmasse) erfolgt ist. In diesem Fall droht dem Handelnden auch noch die Gefahr, als Vertreter ohne Vertretungsmacht gem. § 179 BGB in Anspruch genommen zu werden. Diesem Risiko tritt der Abs. 3 des § 115 InsO zumindest für den Fall entgegen, dass der Handelnde ohne Verschulden keine Kenntnis von der Insolvenzeröffnung hatte. 14

Ringstmeier

V. Handeln in Unkenntnis der Insolvenzeröffnung (keine Eilgeschäfte)

15 Durch die Eröffnung des Insolvenzverfahrens erlöschen Auftragsverhältnisse und Geschäftsbesorgungsverträge sowie Vollmacht automatisch. Der Auftragnehmer/Geschäftsbesorger kann und darf für den Schuldner (ab Eröffnung: für die Masse) nicht mehr handeln, es sei denn, Gefahr ist in Verzug; dann gelten die Regelungen des § 115 Abs. 2 und § 117 Abs. 2 InsO. Was aber soll gelten, wenn der Auftragnehmer/Geschäftsbesorger nach Eröffnung des Verfahrens weiter tätig wird, obwohl kein Eilgeschäft im Sinne des § 115 Abs. 2 InsO vorliegt?

16 Zunächst ist er mit den Ersatzansprüchen bzw. mit seinen Vergütungsansprüchen kein Massegläubiger, sondern Insolvenzgläubiger. Das regelt § 115 Abs. 3 S. 2 InsO ausdrücklich. Obwohl das Handeln nach der Eröffnung des Verfahrens erfolgte, ist es der Zeit vor der Verfahrenseröffnung zuzurechnen.

17 Darüber hinaus besteht aber außerdem für den Handelnden das Risiko, dass er als Vertreter ohne Vertretungsmacht (die Vertretungsmacht ist ja durch das Erlöschen des Auftrags bzw. des Geschäftsbesorgungsvertrages auch erloschen!) gem. § 179 BGB persönlich haften muss. Dieses Risiko wollte der Gesetzgeber einschränken und nur für den Fall bestehen lassen, dass der Auftragnehmer/Geschäftsbesorger von der Insolvenzeröffnung und damit vom Erlöschen des Vertrages schuldhaft keine Kenntnis hatte. Darin allein liegt der Grund dafür, dass in § 115 Abs. 3 S. 1 InsO geregelt wurde, der Auftrag/Geschäftsbesorgungsvertrag gelte zu Gunsten des Handelnden fort, solange er ohne Verschulden von der Insolvenzeröffnung keine Kenntnis habe. Konsequenterweise flankiert § 117 Abs. 3 InsO die Regelung in § 115 Abs. 3 InsO in der Weise, dass der ehemals Bevollmächtigte nicht als Vertreter ohne Vertretungsmacht haftet, wenn er schuldlos von der Verfahrenseröffnung keine Kenntnis hat.

18 Positiv ausgedrückt bedeutet dies: hat der Auftragnehmer/Geschäftsbesorger Kenntnis von der Verfahrenseröffnung oder muss er sich so behandeln lassen, als ob er Kenntnis habe, und liegt kein Fall eines Eilgeschäftes gem. § 115 Abs. 2 InsO vor, dann ist der Auftrag bzw. Geschäftsbesorgungsvertrag und auch die ehemals vom Schuldner erteilte Vollmacht erloschen und der Handelnde haftet uU als Vertreter ohne Vertretungsmacht gem. § 179 BGB. Wegen seines Handelns entstandene Ersatz- oder Vergütungsansprüche kann der Handelnde nur als Insolvenzforderung zur Tabelle anmelden.

VI. Sonstiges Erlöschen von Vollmachten

19 Eine Vollmacht ist vom Schuldner möglicherweise nicht nur im Zusammenhang mit der Erteilung eines Auftrages oder eines Geschäftsbesorgungsvertrages erteilt worden. So hatte der Schuldner Vollmachten (zB Prokura) vielleicht im Zuge von Arbeits- oder Dienstverhältnissen erteilt. Solche Verträge bleiben gem. § 108 InsO trotz Eröffnung des Verfahrens bestehen und erlöschen nicht. Doch auch die im Rahmen von fortbestehenden Verträgen erteilten Vollmach-

§ 23. Aufträge, Geschäftsbesorgungsverträge und Vollmachten

ten erlöschen durch die Eröffnung des Insolvenzverfahrens, weil die „Alleinherrschaft" des Insolvenzverwalters nicht angetastet werden soll. In solchen Fällen hat § 117 InsO nicht nur klarstellende (als Ergänzung zu §§ 115, 116 InsO) Funktion, sondern einen eigenen Regelungsgehalt.

Ob der Insolvenzverwalter erneut beschränkte Vollmachten oder sogar Prokura erteilt, obliegt seiner Entscheidung. In der „Stunde 0", also bei Eröffnung des Insolvenzverfahrens, soll er allein für das dem Insolvenzbeschlag unterfallende Vermögen handlungsbefugt sein.

VII. Exkurs: Pflicht zur Herausgabe von Unterlagen an den Verwalter

In der Praxis bereitet es immer wieder Schwierigkeiten, dass Rechtsanwälte oder Steuerberater/Wirtschaftsprüfer die ihnen vom Schuldner übergebenen Unterlagen nicht an den Insolvenzverwalter herausgeben wollen, sondern an den Unterlagen wegen offener Honorarforderungen ein Zurückbehaltungsrecht ausüben. Dabei ist zu unterscheiden:

Die unter Zuhilfenahme der vom Schuldner übergebenen Unterlagen erstellten Arbeitsergebnisse des Rechtsanwalts oder Steuerberaters, also etwa der vom Rechtsanwalt erstellte Schriftsatz oder die vom Steuerberater erstellte Buchführung, müssen nicht entgeltlos an den Insolvenzverwalter herausgegeben werden. Der Rechtsanwalt/Steuerberater kann daran ein Zurückbehaltungsrecht ausüben und braucht seine Arbeitsergebnisse erst dann abzugeben, wenn er dafür auch honoriert wird.

Anders ist wegen der vom Schuldner übergebenen Unterlagen selbst zu entscheiden, also etwa die dem Steuerberater überlassenen Belege zur Erstellung der Buchhaltung. Diese Unterlagen sind zur ordnungsgemäßen Abwicklung des Verfahrens an den Insolvenzverwalter herauszugeben und können vom Rechtsanwalt/Steuerberater nicht wegen offener Honorarforderungen zurückbehalten werden.[4]

VIII. Absicherung der §§ 115–117 InsO durch § 119 InsO

Die Regelungen der §§ 115–117 InsO können im Voraus nicht abbedungen werden. Insoweit handelt es sich um zwingendes Recht.

C. Weitere Geschäftsführung in aufgelösten Gesellschaften, § 118 InsO

§ 118 InsO spricht von Gesellschaften ohne Rechtspersönlichkeiten sowie von Kommanditgesellschaften auf Aktien. Die Gesellschaften ohne Rechtspersönlichkeit sind legaldefiniert in § 11 Abs. 2 Nr. 1 InsO. Im Einzelnen handelt es sich um

---

[4] OLG Hamm 5.2.1999 – 25 U 133/98, ZIP 1987, 1330 f.

- OHG,
- KG,
- Partnerschaftsgesellschaft,
- BGB-Gesellschaft,
- Partenreederei,
- Europäische wirtschaftliche Interessenvereinigung.

26 Außerdem ist noch die stille Gesellschaft zu nennen, bei der es sich auch um eine Gesellschaft ohne Rechtspersönlichkeit handelt.

27 Einige dieser Gesellschaften werden durch die Eröffnung des Insolvenzverfahrens eines Gesellschafters kraft Gesetzes aufgelöst; im Übrigen kann die Auflösung der Gesellschaft bei Insolvenz eines Gesellschafters auch im Gesellschaftsvertrag vorgesehen werden.

28 In diesen Fällen ist nicht der Insolvenzverwalter zuständig für die aufgelöste und sich in Liquidation befindliche Gesellschaft; vielmehr befindet sich in der Masse lediglich der dem Schuldner zustehende Gesellschaftsanteil.

29 Der Zweck der Regelung liegt darin, dass ursprünglich unter den Gesellschaftern vereinbarte Vertretungsregeln wegen der durch die Auflösung der Gesellschaft veränderten Situation nicht mehr gelten. Vielmehr muss unter Beteiligung des Insolvenzverwalters eine den geänderten Umständen angepasste neue Vertretungsregelung gefunden werden. Bis dies geschehen ist, liegt eine den §§ 115–117 InsO vergleichbare Konstellation vor, weshalb der Fall der aufgelösten Gesellschaft im Zusammenhang mit §§ 115–117 InsO geregelt ist.

30 Bei § 118 InsO geht es deshalb nur um die Frage, wie die Geschäfte, die der ursprünglich für die Gesellschaft Vertretungsberechtigte nach Insolvenzeröffnung (= Auflösung der Gesellschaft) getätigt hat, insolvenzrechtlich behandelt werden sollen. Dabei orientiert sich § 118 InsO stark an den §§ 115–117 InsO. Das heißt bei eilbedürftigen Geschäften sind die Ersatz- und Honoraransprüche des (ehemaligen) Vertreters Masseverbindlichkeiten, bei nicht eilbedürftigen Geschäften bloß Insolvenzforderung. Kannte der ehemalige Vertreter bei nicht eilbedürftigen Geschäften gar die Eröffnung des Verfahrens, ist er wegen seiner Ersatz- und Honoraransprüchen nicht einmal Insolvenzgläubiger.

31 In § 118 InsO bedurfte es keiner Regelung wie in §§ 115, 116 InsO zum Fortbestand der Vertretungsbefugnis bei Unkenntnis der Insolvenzeröffnung, da sich solche Regelungen schon bei den gesellschaftsrechtlichen Spezialbestimmungen finden (siehe zB § 729 S. 1 für die BGB-Gesellschaft).

32 Auch § 118 InsO kann nicht im Voraus ausgeschlossen oder beschränkt werden. Dies verhindert § 119 InsO.

§ 24. Lösungsklauseln, § 119 InsO

1 § 119 InsO bestimmt, dass Vereinbarungen, durch die im Voraus die Anwendung der §§ 103–118 InsO ausgeschlossen oder beschränkt werden, unwirksam sind. Damit werden die §§ 103–118 InsO insoweit zu zwingendem Recht, als dass deren Anwendbarkeit grundsätzlich abgesichert wird. Das bedeutet nicht gleichzeitig, dass etwa der Insolvenzverwalter in Abstimmung mit dem jeweiligen Vertragspartner keine anderen Vereinbarungen, die von den §§ 103 ff. InsO

abweichen, treffen dürfte. Lediglich die im Voraus geregelte Abweichung oder Beschränkung der §§ 103–118 InsO ist untersagt. Insolvenzverwalter treffen daher grundsätzlich auf immer gleich zu behandelnde Sachverhalte und können im Einzelfall abweichende Vereinbarungen schließen. Gleichzeitig wird durch § 119 InsO auch für die Vertragspartner Rechtssicherheit geschaffen.

A. Unwirksame Klauseln

In Verträgen getroffene Vereinbarungen, wonach im Falle der Insolvenzeröffnung über das Vermögen der einen Partei der anderen Partei das Recht eingeräumt wird, sich vom Vertrag zu lösen, sind wegen § 119 InsO nicht wirksam. Dadurch würde das Wahlrecht des Insolvenzverwalters aus §§ 103 ff. InsO unterlaufen. Gleichzeitig sind auch Vertragsklauseln wegen Verstoßes gegen § 119 InsO unwirksam, die der anderen Partei sonstige Rechte oder Befugnisse einräumen sowie den Vertrag so umgestalten, dass die in §§ 103–118 InsO dem Verwalter eingeräumten Rechte und Befugnisse wegfallen oder erschwert werden. 2

Unwirksam wären danach etwa die folgenden Klauseln: 3

„Wird über das Vermögen des Käufers (oder Verkäufers/Mieters/Pächters/Vermieters/ Verpächters) ein Insolvenzverfahren eröffnet, erlischt der Vertrag, ohne dass es einer Kündigung bedarf."

„Wird über das Vermögen des Käufers (oder Verkäufers/Mieters/Pächters/Vermieters/ Verpächters) ein Insolvenzverfahren eröffnet, ist der Insolvenzverwalter verpflichtet, innerhalb einer Frist von einer Woche sein Wahlrecht (oder Kündigungsrecht) auszuüben."

„Dem Vermieter steht das Recht zu, vom Vertrag zurückzutreten, wenn der Mieter mit der Erfüllung seiner Pflichten in Verzug gerät. Der Vermieter erklärt bereits jetzt für den Fall der Insolvenz des Mieters den Rücktritt vom Vertrag."

Klauseln der vorstehenden Art werden nicht dadurch „wirksamer", dass sie besonders findig formuliert sind. Es spielt deshalb für die Unwirksamkeit der Klausel auch keine Rolle, ob sich darin die Worte „Insolvenzverfahren", „Insolvenzeröffnung" oder „Insolvenzverwalter" finden. Vielmehr knüpft die Unwirksamkeit von Klauseln an der typischen Insolvenzsituation an, die unterlaufen werden soll. Das ist zB dann der Fall, wenn eine solche Klausel bei Eintritt der Überschuldung, der Zahlungsunfähigkeit oder der Zahlungseinstellung eingreifen soll. 4

B. Sonderfall: § 8 Nr. 2 Abs. 1 VOB/B 2000

Nach der genannten Vorschrift der VOB/B hat ein Auftraggeber das Recht, einen der VOB unterfallenden Vertrag außerordentlich zu kündigen, wenn der Auftragnehmer seine Zahlungen einstellt oder das Insolvenzverfahren über sein Vermögen eröffnet oder mangels Masse abgelehnt wird. In einer noch zur Konkursordnung ergangenen Entscheidung hat der BGH[1] entschieden, dass damit 5

---

[1] BGH 26.9.1985 VII ZR 19/85, BGHZ 96, 34 ff.

nur ein dem Auftraggeber bereits nach § 649 BGB ohnehin zustehendes Recht, den Auftrag jederzeit kündigen zu können, festgeschrieben wird. Daran hat sich durch das Inkrafttreten der InsO mit seinem § 119 InsO nichts geändert. Das hat der BGH[2] ausdrücklich bestätigt. Danach verstößt das Sonderkündigungsrecht nach VOB nicht gegen § 119 InsO.

C. Unbedenkliche Klauseln

8   Trotz § 119 InsO unbedenklich sind Klauseln, die dem Vertragspartner Rechte für den Fall einräumen, dass der andere in Verzug gerät oder sonstige Vertragspflichten verletzt. Dabei darf es auch keine Rolle spielen, wenn der den Vertrag Verletzende nachfolgend insolvent wird. Solche Klauseln finden sich auch in verschiedenen Gesetzen und werden wegen § 119 InsO nicht unwirksam. Insbesondere muss dem Vertragspartner die Befugnis zugestanden werden, sich vom Vertrag lösen zu dürfen, wenn der andere mit seinen Leistungen in Verzug gerät. Diese Befugnis bleibt auch nach der Eröffnung des Insolvenzverfahrens bestehen. Davon bildet lediglich § 112 InsO eine Ausnahme, der sogar schon ab dem Insolvenzantragsverfahren gilt, und als Spezialvorschrift zu § 119 InsO betrachtet werden muss.

---

[2] BGH 7.4.2016 – VII ZR 56/15, ZIP 2016, 981.

7. Teil.
Die Stellung der Kreditinstitute im Insolvenzverfahren

§ 25. Bankenverhalten/Bankengeschäfte im Vorfeld einer Kundeninsolvenz

A. Einleitung

Die **InsO** hat seit ihrem Inkrafttreten eine ganze Reihe weitergehender Änderungen und Ergänzungen erfahren, die in erheblichem Umfang in die ursprüngliche Konzeption eingreifen und deren Auswirkungen die Kreditwirtschaft umfänglich betreffen sowie in hohem Maße Anforderungen an die wirtschaftliche und juristische Kompetenz aller am Verfahren Beteiligten stellen. 1

Das für einen Gläubiger vorrangige Ziel bei gefährdetem Anspruch, nämlich Verlustrisiken soweit wie möglich zu vermindern bzw. idealerweise gänzlich zu vermeiden, wird dabei häufig mit divergierenden Zielen anderer Verfahrensbeteiligter kollidieren. Dies verlangt von allen Beteiligten, gleich ob Gericht, Verwalter, Sachwalter, (eigenverwaltendem) Schuldner oder Gläubiger Verantwortungsbewusstsein und nach Möglichkeit die Zusammenführung der unterschiedlichen Interessen zum Zwecke einer bestmöglichen **Haftungsverwirklichung**. Die letzten Jahre waren neben der Reformbaustelle InsO insbesondere von zunehmend komplexer werdenden Verfahren im Unternehmensbereich geprägt, was nicht zuletzt an der Internationalisierung größerer mittelständischer Unternehmen und einem Finanzierungsmix aus Fremd- und Eigenkapitalmitteln liegt. Der Gesetzgeber hat mit dem ESUG gezeigt, dass die Förderung schuldner- und gläubigerautonomer Gestaltungsmöglichkeiten nicht nur ein formelhaftes Bekenntnis ist und hat die Grundlage für eine sanierungsfreundliche Insolvenzkultur gelegt. 2

Gerade Banken sind hierbei wegen ihrer Funktion als Fremd- bzw. nicht zuletzt auch Eigenkapitalgeber Erwartungen ausgesetzt, die über das Ziel der Haftungsverwirklichung hinaus gehen, beispielsweise die Unterstützung sanierender und arbeitsplatzerhaltender Maßnahmen etc. 3

Die Bank ist daher gut beraten, sich durch entsprechende organisatorische Maßnahmen auf ihre Rolle bei ausfallgefährdeten Engagements einzustellen (→ Rn. 6–10). IdR erfolgt ab einer bestimmten Risikoklassifizierung die Überleitung von Engagements in dafür spezialisierte Sanierungs- und Abwicklungseinheiten, was auch den aufsichtsrechtlichen Vorgaben entspricht. Die mit dieser Rolle einhergehenden Risiken sind zu berücksichtigen (→ Rn. 11 ff.). Daneben wird sie prüfen, ob ein eigener Insolvenzantrag zu stellen ist (→ Rn. 28 ff.). 4

Neben der Rolle als Gläubigerin wird die Bank auch hinsichtlich der Durchführung von **Neugeschäften** gefragt sein. Zu denken ist dabei an die Abwicklung des Zahlungsverkehrs beispielsweise bei Betriebsfortführungen im Eröffnungsverfahren/eröffneten Verfahren (→ Rn. 27 und bei § 26), sowie der Bereit- 5 stellung neuer Kredite zur Finanzierung des Verfahrens (→ Rn. 17 ff. und bei § 26). Schließlich kann sich die Bank auch überlegen, die Kredite in dieser Phase zu veräußern (→ Rn. 36 ff.).

B. Bankverbindung vor Insolvenzantrag

6   Sobald die Bank Kenntnis davon erhält, dass ihr Kunde in wirtschaftliche Schwierigkeiten geraten ist, stellt sich für sie die Frage nach geeigneten Maßnahmen im Hinblick auf die weitere Behandlung des Engagements. Die Bank wird sich überlegen müssen, ob sie
- stillhält
- außergerichtliche Sanierungsmaßnahmen mitträgt
- eine stille Liquidation mitträgt
- das Kreditengagement kündigt/bestehende Sicherheiten verwertet
- Einzelzwangsvollstreckungsmaßnahmen ergreift
- durch eigenen Antrag ein Insolvenzverfahren einleitet oder ggf. den Kredit und etwa bestehende Sicherheiten an einen Dritten veräußert.

7   Ziel jeglicher Handlungsoption wird aus Sicht der Bank die Verminderung von **Verlustrisiken** sein. Die Überlegungen werden also vorrangig durch wirtschaftliche Kriterien bestimmt. Darüber hinaus mögen auch sonstige Faktoren im Rahmen der Kundenbeziehung (langjährige Geschäftsbeziehung; mittelbare Auswirkungen auf andere Engagements) bzw. externer Art, zB (sozial)politische Erwägungen (Arbeitsplätze) eine Rolle spielen. Grundsätzlich wird sich die Bank jedoch im wohlverstandenen Eigeninteresse auf erstgenanntes Ziel beschränken. Soweit sie sich dabei an die rechtlichen Spielregeln hält, ist dies auch legitim. Sie ist beispielsweise nicht verpflichtet, bei Vorliegen von Kündigungsgründen oder bei bereits eingetretener Fälligkeit des Kredits, diesen aufrecht zu erhalten, zu prolongieren oder gar zusätzliche Kredite zur Verfügung zu stellen. Etwas anderes kann nur dann gelten, wenn die Bank rechtlich relevantes Vertrauen auf die Durchführung bestimmter Maßnahmen geschaffen hat. Zu denken wäre hierbei an Zusagen, von einer Kreditkündigung (derzeit) abzusehen oder stillzuhalten.

8   Jede der eingangs genannten Handlungsoptionen ist neben der wirtschaftlichen Betrachtung auch rechtlich zu prüfen, insbesondere auf etwaige **Haftungsrisiken**.

I. Bestandsaufnahme

9   Zunächst empfiehlt sich die Durchführung einer Bestandsaufnahme. Diese dient der Feststellung der Situation des Schuldners sowie der Risiken und Vorgehensweise der Bank. Häufig wird eine objektive Bestandsaufnahme durch einen Mangel an verfügbarer Information erschwert. So wünschenswert eine offene, aktuelle Information durch den Schuldner wäre, muss gleichwohl in der Praxis festgestellt werden, dass dieses Idealbild nicht verwirklicht ist/verwirklicht werden kann. In solchen Fällen ist zu überlegen, inwieweit andere **Informationsquellen** genutzt werden können. Folgende Schritte seien kurz erwähnt:

- Analyse der wirtschaftlichen Situation/Ursachen der Krise/Perspektiven
- Übersichtsartige Erfassung des Kreditengagements
- Überprüfung und Bewertung der vorhandenen Kreditsicherheiten/Haftungstatbestände
- Prüfung von Begleitmaßnahmen wie Bildung eines Sicherheitenpools/Abschluss von Abgrenzungsvereinbarungen mit Lieferanten
- Vergleich der verschiedenen Handlungsoptionen.

In dieser Phase wird sich nicht nur der Schuldner idealerweise wirtschaftlich (und rechtlich) beraten lassen, ggf. durch einen sanierungserfahrenen Unternehmensberater, auch die Bank wird in aller Regel professionellen internen und/oder externen **Rechtsrat** einholen. Hierbei werden vor allem folgende Themen aus juristischer Sicht von Bedeutung sein:

- Steuerung des Zahlungsverkehrs
- Nachbesicherung
- Kündigung
- Stillhalteabkommen
- neue Kredite (Überbrückungskredit/Sanierungskredit)
- außergerichtliche Sanierung/Risiken
- Insolvenzantrag.

II. Rechtliche Risiken bei außergerichtlicher Sanierung

Gerade die Entscheidung, eine außergerichtliche Sanierung zu begleiten, wird häufig von rechtlichen Themen maßgeblich beeinflusst. Die Beurteilung, welche Risiken sich für die Bank ergeben können, findet ihren Ausgangspunkt in den jeweiligen Handlungsalternativen, die der Bank als Reaktion auf eine krisenhafte Entwicklung bei ihrem Kunden zur Verfügung stehen.

1. Stillhalten

Die Nichtgeltendmachung eines **Kündigungsrechts** oder das Nichteinfordern an sich fälliger Ansprüche ist sowohl im Hinblick auf eine Haftung der Bank gegenüber dem Schuldner als auch gegenüber Dritten grundsätzlich unbedenklich, und zwar auch dann, wenn es sich um die Hausbank handelt.[1] Insbesondere kann hieraus der Bank nicht zum Vorwurf gemacht werden, sie habe sich an einer Insolvenzverschleppung beteiligt oder andere Gläubiger des Schuldners getäuscht. Anders liegt der Fall, wenn gegenüber dem Schuldner eine Prolongation des Kredits ausgesprochen wird. Diese unterliegt den gleichen Kriterien wie eine Neukreditvergabe. Darüber hinaus ist zu beachten, dass die Nichtausübung eines außerordentlichen Kündigungsgrundes, beispielsweise bei eingetretener oder drohender wesentlicher Verschlechterung der Vermögensverhältnisse, letztendlich dazu führt, dass diese Umstände später nicht mehr als Begründung einer Kündigung verwendet werden können. Die Bank muss sich also in angemessener Frist[2] entscheiden, ob sie von einem eingetretenen außerordentlichen Kündigungsrecht Gebrauch machen will oder nicht.

---

[1] BGH Urt. v. 29.5.2001 – VI ZR 114/00, WM 2001, 1458 ff.
[2] BGH Urt. v. 10.1.1980 – III ZR 108/78, WM 1980, 380 f.

13 Umgekehrt besteht weder eine Verpflichtung der Bank, Kredite trotz bestehenden Kündigungsrechts aufrechtzuerhalten, auf ein Einfordern fälliger Ansprüche zu verzichten oder neue Kredite auszureichen, noch selbst Antrag auf Durchführung eines Insolvenzverfahrens zu stellen. Etwas anderes mag nur dann gelten, wenn die Bank selbst in eine geschäftsführerähnliche Position gerückt ist oder diese sogar übernommen hat (und Antragspflichten bestehen).

2. Einräumung neuer Kredite

14 Liegt eine Überschuldung im Sinne von § 19 InsO vor, so kann die Bank bei einem Ausfall anderer Gläubiger diesen wegen einer sittenwidrigen **Insolvenzverschleppung** nach § 826 BGB schadensersatzpflichtig sein. Neue Sicherheiten können nach § 138 BGB unwirksam sein. Im schlimmsten Fall kann dies möglicherweise auch auf eigentlich unproblematische Altsicherheiten ausstrahlen (§ 139 BGB).[3] Dies soll beispielsweise dann der Fall sein, wenn im Austausch zu einer bislang auf bestimmte Kredite eingeschränkten Sicherungszweckabrede eine neue Erklärung hereingenommen wird, die die Sicherheit auf bislang hiervon nicht gesicherte Kredite erstreckt und die deshalb unwirksam ist (Nachbesicherung). Eine Beschränkung der Nichtigkeitsfolgen auf die neu unterstellten Kredite dürfte sich allerdings schon deshalb ergeben, da neben der in den Sicherheitenbestellungen zumeist enthaltenen Sicherungszweckabreden auch in den jeweiligen Kreditverträgen Bezug auf die zu stellenden Sicherheiten genommen wird, was als Zweckvereinbarung ausreichend ist. Unabhängig davon verbleibt das Risiko einer Anfechtung der Besicherung.

15 **Beispiele:** Insolvenz des Kunden wird durch Kredit im Rahmen einer ungeeigneten Sanierung hinausgeschoben,
– um die Rückzahlung alter Kredite zu erhalten und die Bank nimmt dabei in Kauf,
– dass dadurch Dritte über die Kreditwürdigkeit getäuscht werden,
– um zu erreichen, dass der Schuldner den dadurch gewonnenen Zeitraum nutzt,
– Waren, die der Bank als Sicherheit übereignet sind, fertigzustellen und damit aufzuwerten,
– um von dritter Seite Waren geliefert zu bekommen, die in das Sicherungsgut der Bank übergehen und die Sicherheitenposition der Bank verbessern.

16 Soweit unabhängig von einer Überschuldung Zahlungsunfähigkeit vorliegt (§ 17 InsO) und die Bank entweder
– Altkredite nachbesichert oder
– Neukredite ausreicht und hierbei die neu bestellten Sicherheiten durch Vereinbarung eines weiten Sicherungszwecks auch den Altkrediten zuordnet,
kann dies eine strafbare Anstiftung oder Beihilfe zur **Gläubigerbegünstigung** (§ 283c, §§ 26, 27 StGB) darstellen.

17 Die vorstehend aufgezeigten Risiken sollten weder Schuldner noch Gläubiger zu dem Schluss veranlassen, eine Neukreditierung sei von vornherein wegen der damit einhergehenden Risiken nicht beherrschbar. Geschieht diese im Rahmen eines geeigneten Sanierungsversuchs, zu dem in aller Regel die Zurverfügungstellung neuer Liquidität nur zum Teil beiträgt, so ist dies nicht zu beanstanden. Bei Ausreichung eines **Sanierungskredits** ist daher auf Folgendes zu achten:

---

[3] *Neuhof* NJW 1998, 3225 (3231).

– Die Einräumung eines Sanierungskredits allein beseitigt eine etwaige Überschuldung nicht. Hierfür sind ggf. geeignete weitere Maßnahmen zu ergreifen (Kapitalerhöhung, Rangrücktritt, Forderungsverzicht).
– Beschränkung des Sicherungszwecks neu bestellter Sicherheiten des Schuldners auf den Sanierungskredit ist ratsam.
– Prüfung der Geeignetheit der Sanierung.

Diese Prüfung kann – zumindest in einfach gelagerten, überschaubaren Konstellationen – eigenverantwortlich durch die Bank vorgenommen werden. Wichtig ist, dass eine ausreichende **Dokumentation** erstellt wird, um bei Scheitern der Sanierung darlegen zu können, dass man von der Geeignetheit der Sanierung ausgehen durfte.

Rechtlich wohl nicht zwingend erforderlich ist die Einschaltung eines sachkundigen, neutralen Dritten (zB Wirtschaftsprüfer) (der BGH tendiert allerdings dazu, jedenfalls bei für die Bank eigennützigen Sanierungen die Einschaltung als geboten zu betrachten).[4] Gleichwohl wird man – von einfach gelagerten Fällen abgesehen – in der Beratungspraxis zur Vermeidung von Haftungsrisiken (ggf. auch zur Vermeidung des Vorwurfs, sich strafbar gemacht zu haben) dazu raten müssen, einen **unabhängigen Dritten** einzuschalten, um den bei gescheiterten Sanierungen häufig ex post erhobenen Vorwurf, man habe von Anfang an nicht auf die Geeignetheit des Sanierungskonzeptes vertrauen dürfen, entgegenzutreten. Eine solche Prüfung kann wie folgt gegliedert sein (nach IDW S 6):[5] 18

– Beschreibung von Auftragsgegenstand und -umfang
– Darstellung der wirtschaftlichen Ausgangslage
– Analyse von Krisenstadium und -ursachen
– Darstellung des Leitbilds des sanierten Unternehmens
– Maßnahmen zur Bewältigung der Unternehmenskrise integrierter Unternehmensplan.

Hierbei handelt es sich um Orientierungspunkte, die sich im Rahmen einer Sanierung als ökonomisch und rechtlich sinnvoll herauskristallisiert haben, Sie sind jedoch nicht formelhaft anzuwenden, sondern können an die Gegebenheiten des jeweiligen Falls angepasst werden.[6]

Für die Zeit einer solchen Prüfung kann die Bank zur Überbrückung einen Kredit zur Verfügung stellen, ohne sittenwidrig zu handeln (anders nur, wenn die Sanierung von vornherein evident nicht möglich ist). Sie sollte aber darauf achten, dass der Kredit nur zum Zwecke der Überbrückung der Prüfungsphase ausgereicht wird und zeitlich bis zur Vorlage des Sanierungsgutachtens begrenzt ist. Liegen zu diesem Zeitpunkt bereits Insolvenzgründe vor oder steht fest, dass eine Sanierung aussichtslos ist, darf kein Überbrückungskredit ausgereicht werden.

---

[4] BGHZ 10, 228 (234).
[5] Siehe hierzu auch BGH Urt. v. 18.10.2010 – II ZR 151/09, DB 2010, 2661; OLG Köln Urt. v. 24.9.2009 – 18 U 134/05, NZI 2010, 49.
[6] OLG München Urt. v. 16.12.2014, ZIP 2015, 1890ff.; BGH Urt. v. 12.5.2016 – IX ZR 65/14, WM 2016, 1182ff.

3. Knebelung des Schuldners, insbesondere faktische Übernahme der Geschäftsführung

19   Eine solche Knebelung liegt zum Beispiel vor, wenn das Kreditinstitut den Schuldner zu seinem bloßen Strohmann erniedrigt, der nur noch nach außen hin als Inhaber des Geschäfts erscheint. Er hat der Bank gegenüber aber in Wirklichkeit nur noch die Stellung eines abhängigen Verwalters und zwar so, dass der ganze Gewinn des Geschäfts dem Kreditinstitut zufließt, ein etwaiger Verlust von ihm aber nicht getragen und jede Haftung für die Geschäftsschulden auch bei fehlender sonstiger Deckung von ihm abgelehnt wird.[7]

Indikatoren sind:
- eine von der Bank in den Betrieb ihres Schuldners eingesetzte Aufsichtsperson hat nach den Absichten der Bank in solcher Weise auf die Geschäftsführung eingewirkt, dass diese unsachlich beeinflusst und dadurch einseitig zugunsten der Bank gelenkt wurde, insbesondere durch Einflussnahme auf die Entscheidung über das Ob und das Ausmaß der Rückführung sonstiger Verbindlichkeiten
- die Bank hat ihren Kunden gezwungen, sich einer Überwachung seiner Geschäftsführung durch einen Vertrauensmann der Bank zu unterwerfen und sich jeder Verfügung über Vermögenswerte ohne ihre vorherige Zustimmung zu enthalten
- die Bank hatte einen Mitarbeiter in das Unternehmen entsandt; dieser wurde zwar zuvor förmlich aus dem Anstellungsverhältnis entlassen, leistete aber tatsächlich weiterhin den Anweisungen der Bank Folge.

Konsequenzen einer solchen Handlungsweise können sein:
- kein Anspruch auf Kreditrückzahlung (§ 138 BGB); uU Gefährdung auch der Altkredite/Altsicherheiten und Anwendung der nach Inkrafttreten des MoMiG im Anfechtungsrecht verorteten Kapitalersatzregeln
- Schadensersatzpflicht gegenüber Unternehmen, Anteilseignern und Gläubigern gemäß § 826 BGB.

20   Selbstverständlich wird die kreditgebende Bank im eigenen, legitimen Interesse **Prüf-** und/oder **Kontrollmaßnahmen** durchführen müssen. Dies ergibt sich schon aus § 18 KWG und ist dem Schuldner auch zuzumuten, solange ihm noch eine ausreichende wirtschaftliche Bewegungsfreiheit bleibt. Im Einzelfall ist die Entscheidung, welche Maßnahmen die Bank noch treffend darf, häufig nicht einfach. Wichtig ist, dass eine Gesamtschau aller Maßnahmen/Einschränkungen vorgenommen wird und die Bank darauf achtet, dass der Schuldner im Rahmen seiner Kreditlinie weiterhin ungehindert verfügen kann (also zB keine Auswahl durch die Bank nach „sinnvollen" Zahlungen), dass er Waren und Rohstoffe nach eigenen Vorstellungen kaufen/verkaufen kann und dass er in der Einstellung/Entlassung des Personals keinen Beschränkungen unterliegt.

4. Sonstiges

21   Kurz erwähnt seien weitere, in rechtlicher Sicht relevante Themen im Rahmen der Entscheidung, eine außergerichtliche Sanierung zu begleiten.

---

[7] RGZ 136, 247 ff. mit grundlegender Bildung von Fallgruppen iRd § 826 BGB.

– In der Praxis stellen § 75 Abs. 1 AO (Haftung für Steuerschulden bei außerinsolvenzlicher Übertragung des Betriebs) sowie § 613a BGB (Haftung des Erwerbers für Arbeitnehmerforderungen; Fortsetzung von Arbeitsverhältnissen bei (Teil-)Betriebsveräußerungen) gewichtige Sanierungshindernisse dar. 22
– Bei Einführung der InsO kam es zunächst im Rahmen der §§ 32a, b GmbHG (kapitalersetzende Darlehen) zu keiner Änderung. Nach § 32a GmbHG konnten Kredite, die ein Gesellschafter seiner GmbH in der Krise neu gewährte oder die er der GmbH trotz Kündigungsmöglichkeit weiterhin zur Verfügung stellte, im Falle einer Insolvenz der GmbH nicht geltend machen (nach InsO: nachrangige Forderung gem. § 39 Abs. 1 Nr. 5 InsO). Dies galt unabhängig vom Umfang seiner gesellschaftsrechtlichen Beteiligung. Für Gesellschafterforderungen gestellte Sicherheiten fielen in die Masse. Für die Banken bestanden daher als Kreditgeber besondere Risiken, wenn sie sich beispielsweise im Rahmen einer Sanierung auch am Eigenkapital beteiligten. 23

Im Jahr 1998 wurde neben der Privilegierung von Kleinanteilen durch das Kapitalaufnahmeerleichterungsgesetz im Rahmen des Gesetzes für Kontrolle und Transparenz (jetzt in § 39 Abs. 5 InsO geregelt) im Unternehmensbereich ein seit langem für wünschenswert erachtetes, bislang allerdings von der Rechtsprechung nicht anerkanntes **Sanierungsprivileg** für kreditgewährende Gläubiger gesetzlich geregelt (§ 32a Abs. 3 S. 3 GmbHG). Hiernach unterlagen bestehende oder neu gewährte Kredite dann nicht mehr den Kapitalersatzregeln, wenn der Kreditgeber in der Krise einer Gesellschaft zum Zwecke ihrer Überwindung Geschäftsanteile erwarb. Durch das MoMiG wurde das gesamte Thema umfassend neu geregelt. Neben der allgemeinen (nicht nur in der Krise!) Nachrangigkeit von Gesellschafterdarlehen (§ 39 Abs. 1 Nr. 5 InsO) wurde auch der übrige Regelungskomplex ins Insolvenz(anfechtungs)recht verlagert. 24

Entscheidende Voraussetzung für die Anwendung des Sanierungsprivilegs (§ 39 Abs. 4 InsO) ist, dass die Beteiligung zum **Zwecke der Sanierung** eingegangen wird. Die Privilegierung setzt dabei die Geeignetheit der Sanierung voraus, wobei vergleichbare Maßstäbe gelten dürften wie bei der Beurteilung einer etwaigen Konkursverschleppung oder Gläubigergefährdung. Eine Privilegierung kommt daher nur dann in Betracht, wenn der Erwerb Teil eines umfassenden Maßnahmenbündels zur Sanierung des Unternehmens darstellt. Maßgeblich ist also, dass man vom Erfolg der Sanierungsmaßnahmen überzeugt sein durfte. Scheitert später die Sanierung trotz aller Bemühungen, muss die Bank damit rechnen, dass das Sanierungsprivileg nicht anerkannt wird. Die Bank sollte daher auch durch entsprechende Prognoserechnungen sowie Sanierungs- und Maßnahmenpläne dokumentieren, dass ihre Überzeugung ex ante zutreffend und der Erwerb der Beteiligung zur Sanierung erforderlich und geeignet war. Auch hier wird man nur dazu raten können, die Sanierungsfähigkeit, -würdigkeit und -geeignetheit durch einen sachkundigen, neutralen Dritten bestätigen zu lassen. 25

Mit Eintritt des Sanierungserfolgs „entfällt" das Sanierungsprivileg, dh, die zunächst privilegiert erworbene Beteiligung wird dann wie eine „normale" Beteiligung behandelt. Die damit einhergehenden Schwierigkeiten, den Zeitpunkt nicht zu verpassen, sich vom Gesellschaftsanteil wieder zu lösen, haben in der Praxis dazu geführt, dass von solchen Anteilserwerben weitestgehend Abstand genommen wird.

Zuleger

26 Diese sanierungsfreundliche Tendenz der Gesetzgebung wird allerdings von ihr selbst konterkariert durch die Besteuerung von **Sanierungsgewinnen.** Es ist mehr als fraglich, ob Gläubiger bereit sein werden, Forderungsverzichte im Rahmen einer Sanierung auszusprechen, wenn hiervon im Wesentlichen der Fiskus profitiert bzw. sonst nach erfolgreicher Sanierung nutzbare Verlustvorträge durch den Forderungsverzicht aufgezehrt werden. Die Besteuerung des Sanierungsgewinns kann nur im Rahmen der Anwendung des sogenannten Sanierungserlasses vermieden werden.[8] Aufgrund der vielfältigen Unsicherheiten empfiehlt sich die Einholung einer steuerlichen Unbedenklichkeitsbestätigung. In der Praxis erweisen sich auch die unterschiedlichen Ansprechpartner zB bei der Gewerbesteuer und politische Implikationen als tatsächliche Hürden. Der BFH hat nunmehr dem Großen Senat die Frage vorgelegt, ob der Sanierungserlass gegen den Grundsatz der Gesetzmäßigkeit der Verwaltung verstößt und ob insbesondere ein Verstoß gegen EU-Beihilferecht vorliegt (was vom vorlegenden Senat jeweils verneint wird).[9]

III. Einflussnahme auf den Zahlungsverkehr

27 Neben der Frage, inwieweit durch eine Einflussnahme auf den Zahlungsverkehr Haftungsrisiken wegen Knebelung entstehen,[10] sind nicht selten bei erkannter Krise des Schuldners Kreditinstitute versucht, einen bei ihnen vorliegenden Debetsaldo dadurch zu verringern, dass sie den Schuldner zu Widersprüchen bzw. zur Geltendmachung der Rückerstattung des Lastschriftbetrages gemäß § 675x Abs. 4 BGB bei an sich berechtigte Lastschriften animieren, so dass diese an die Bank des Lastschriftempfängers zurückgegeben werden. Einer solchen missbräuchlichen Handhabung ist die Rechtsprechung in begrüßenswerter Deutlichkeit entgegengetreten und hat Schadenersatzansprüche der Gläubigerbank auch gegen die Zahlstelle (Schuldnerbank) gemäß § 826 BGB anerkannt.[11]

IV. Insolvenzantragstellung durch die Bank

28 Nach § 13 Abs. 1 S. 2 InsO kann auch ein Gläubiger unter den Voraussetzungen des § 14 InsO die Durchführung eines Insolvenzverfahrens über das Schuldnervermögen beantragen. Damit stellt sich für die Bank die Frage, ob sie einen **Gläubigerantrag** stellen soll. In der Praxis sind Anträge von Banken erfahrungsgemäß eher selten. Sie ist auch nicht verpflichtet, einen Antrag zu stellen. Bei ihrer Entscheidung wird die Bank in der Regel die wirtschaftlichen Vorteile bei Durchführung eines Insolvenzverfahrens im Vergleich zu sonstigen Handlungsmöglichkeiten wie zB unanfechtbare Nachbesicherung aus Drittvermögen, Einzelzwangsvollstreckung, außergerichtliche Sanierung oder stille

---

[8] Vgl. im Einzelnen BMF Schreiben v. 27.3.2003, BStBl. I 2003, 240; BMF Schreiben v. 22.12.2009, BStBl. I 2010, 18.
[9] BFH Beschl. v. 25.3.2015 – X R 23/13.
[10] Vgl. → § 25 Rn. 19.
[11] BGH Urt. v. 15.6.1987 – II ZR 301/86, WM 1987, 895.

Liquidation setzen sowie die rechtlichen Voraussetzungen und sonstige Auswirkungen eines Insolvenzverfahrens, zB Öffentlichkeitswirkung, sorgfältig prüfen. Unzulässig ist ein Insolvenzantrag, wenn die Forderung des Gläubigers zweifelsfrei vollständig dinglich gesichert ist.[12] Zu beachten ist außerdem, dass das Insolvenzeröffnungsverfahren nicht dazu geeignet ist, den Bestand rechtlich zweifelhafter Forderungen zu klären.[13] Soll der Eröffnungsgrund aus einer einzigen Forderung des antragstellenden Gläubigers abgeleitet werden und ist diese Forderung ernsthaft bestritten, muss sie für die Eröffnung des Insolvenzverfahrens bewiesen sein.[14] Fällt die rechtliche Bewertung nicht eindeutig aus, ist der Gläubiger schon mit seiner Glaubhaftmachung gescheitert und die Parteien sind auf den Prozessweg zu verweisen.[15]

1. Wirtschaftliche Überlegungen

Die Durchführung eines Insolvenzverfahrens kann in Fällen vorteilhaft sein, in denen der Schuldner nicht (mehr) bereit ist, mit seinen Gläubigern, beispielsweise im Rahmen eines außergerichtlichen Sanierungsversuchs, zusammenzuarbeiten. Jedes weitere Zuwarten kann in solchen Fällen die Chancen einer Sanierung wegen der **Auszehrung** der noch vorhandenen Vermögenswerte gefährden und damit auch die Verlustrisiken erhöhen. Selbst bei eigentlich wertmäßig ausreichender Besicherung kann es empfehlenswert sein, möglichst rasch in ein geordnetes (Vor-)Verfahren zu gelangen, beispielsweise dann, wenn der Schuldner sicherungsübereignete Gegenstände unter Wert verkauft oder gar beiseiteschafft, Forderungen nicht mehr über die Bank einzieht oder in sonstiger Weise die Werthaltigkeit der bestellten Sicherheiten gefährdet wird. In diesen Fällen dürfte regelmäßig ein Antrag auf Eigenverwaltung scheitern (§ 270 Abs. 2 Nr. 2 InsO). 29

Darüber hinaus besteht die Gefahr, dass andere Gläubiger unkontrolliert unter Berufung auf Ab- oder Aussonderungsrechte Gegenstände mit oder ohne Mitwirkung des Schuldners abholen und damit Fakten schaffen, die sich im Zweifel später nur schwer revidieren lassen. 30

Das (Vor-)Verfahren gewährleistet hier eine **ordnungsgemäße Abwicklung**, deren Vorteile gegenüber dem – leider – nicht selten eintretenden chaotischen Umständen bei tatsächlicher Insolvenz ohne „ordnende Hand" eines (vorläufigen) Verwalters auf der Hand liegen. Auch die häufig vorgetragene Befürchtung, die Einleitung eines Insolvenzverfahrens führe wegen der dann eintretenden Offenkundigkeit der wirtschaftlichen Misere bei Unternehmen zu nicht beherrschbaren Reaktionen auf Seiten von Vertragspartnern (Lieferanten, Abnehmer, etc) kann im Einzelfall durchaus begründet sein, lässt sich aber erfahrungsgemäß nicht verallgemeinern. Häufig wird die Krise des Schuldners, zumindest branchenintern, wenigstens in Umrissen bekannt sein. Darüber hinaus kann einem Lieferanten durchaus daran gelegen sein, die Lieferbeziehungen in der Insolvenz – nach etwaiger Sanierung auch darüber hinaus – aufrechtzuerhalten. Gleiches gilt auf Abnehmerseite. 31

---

[12] BGH Beschl. v. 29.11.2007 – IX ZB 12/07, ZIP 2008, 281.
[13] BGH Beschl. v. 13.6.2006 – IX ZB 214/05, WM 2006, 1629 (1631).
[14] BGH Beschl. v. 29.6.2006 – IX ZB 245/05, NZI 2006, 588 (589).
[15] BGH Beschl. v. 14.12.2005 – IX ZB 207/04, NZI 2006, 174 (175).

2. Rechtliche Voraussetzungen

32 Die rechtlichen Voraussetzungen sind sorgfältig zu prüfen, da ein willkürlich gestellter Antrag, beispielsweise zur Durchsetzung einer (bestrittenen) Zahlungsverpflichtung Schadensersatzansprüche gegen den Antragsteller auslösen kann. Die Bank muss darüber hinaus überlegen, ob sie bei eigener Antragstellung für die Kosten des Verfahrens zweckmäßigerweise eine entsprechende **Garantieerklärung** abgibt (oder unmittelbar **Kostenvorschuss** leistet), um zu vermeiden, dass sie die mit dem Insolvenzantrag verfolgten Ziele nicht wegen einer Verfahrensabweisung mangels Masse (§ 26 Abs. 1 InsO) verfehlt. Ob das Gericht eine Garantie akzeptiert oder die Leistung eines Kostenvorschusses vorzieht, ist in dessen Ermessen gestellt. Das Gericht wird sich dabei insbesondere vom Umfang der Garantieerklärung und der Tauglichkeit des Bürgen leiten lassen und insoweit sich an den Maßstäben, die im Rahmen von § 108 ZPO, §§ 232 Abs. 2, 239 BGB gelten, orientieren (§ 4 InsO).

33 Für eine **Verfahrenskostengarantie** kann wie folgt formuliert werden:

An das Insolvenzgericht
Verfahrenskostengarantie
Hiermit erklären wir unter Bezugnahme auf unseren Verfahrensantrag vom ......
[Garantieerklärung kann auch direkt mit Verfahrensantrag verbunden werden] die Kosten des Verfahrens unbeschränkt und unbefristet zu garantieren (§§ 26, 54 InsO).

---

34 Eine betragsmäßige oder zeitliche Begrenzung sollte nach Möglichkeit vermieden werden oder zumindest mit dem Gericht vorab besprochen werden, da die Gefahr besteht, dass eine solche Erklärung nicht akzeptiert wird. Mit Verfahrensbeendigung entfällt dann auch die Garantie, soweit sie nicht in Anspruch genommen wird. Eine Inanspruchnahme kommt dabei nur insoweit in Betracht, als während des Verfahrens nur unzureichend Masse „generiert" werden konnte, so dass noch nicht einmal die Verfahrenskosten gedeckt sind.

3. Sonstige Einflussfaktoren

35 Die wirtschaftlichen Auswirkungen sowie die rechtlichen Gegebenheiten wird die Bank nach sorgfältiger Prüfung abzuwägen haben, mit sonstigen, zum Teil nur schwer greifbaren Einflussfaktoren. Handelt es sich bei dem Schuldner um ein weithin bekanntes Unternehmen, so dürfte der Bank mit ihrem Insolvenzantrag möglicherweise hohe öffentlichkeitswirksame Aufmerksamkeit sicher sein. Darüber hinaus besteht die Gefahr, dass der antragstellenden Bank die Verantwortung für die sich aus der Insolvenz ergebenden Wirkungen negativer Art zugeschoben wird. Auch wenn dies bei unterstellter Einhaltung der rechtlichen Voraussetzungen nicht justitiabel ist, so mag dies doch nicht unbedeutenden Einfluss auf das Ansehen der Bank in der Öffentlichkeit haben. Darüber hinaus kann der Insolvenzantrag gewisse Fernwirkungen hervorrufen (Beispiel: wichtiger Abnehmer fällt aus) und damit andere Kunden der Bank gegen diese aufbringen.

Zuleger

V. Veräußerung notleidender Kredite

Der Verkauf und die Übertragung von Darlehens-/Kreditforderungen und Sicherheitensowohl auf Einzelfallbasis als auch im Rahmen sogenannter Portfolioverkäufe ist in der Praxis immer wieder anzutreffen. Die grundsätzliche rechtliche Zulässigkeit der Veräußerung notleidender Kredite hat dabei ihre Bestätigung durch die höchstrichterliche Rechtsprechung gefunden.[16]

Denkbarer Beweggrund für die Veräußerung eines Forderungsbestandes kann zunächst die Umsetzung einer strategischen Entscheidung der Verkäuferin sein, sich aus bestimmten Geschäftsarten oder -regionen zurückzuziehen. Daneben ermöglicht der gezielte Verkauf bestimmter Kreditforderungen der Verkäuferin ein aktives Portfolio-Management und die Schöpfung von Liquidität. Zudem lässt sich – was gerade im Bereich notleidender Kredite von zentraler Bedeutung sein wird – im Wege eines Verkaufes von Kreditforderungen eine Verlagerung des Adressausfallrisiko auf die Käuferin erzielen. Diese Verbesserung der Risikostruktur wirkt eigenkapitalentlastend. Des Weiteren verspricht man sich auf Verkäuferseite positive Auswirkungen auf das eigene Rating, was wiederum niedrigere Refinanzierungskosten sichert. Überdies ist die eigene Betreuung notleidender Kredite sehr bearbeitungsintensiv, so dass sich die Verkäuferin im Falle einer Veräußerung des Forderungsbestandes eine Freisetzung und Optimierung gebundener Personalkapazitäten erwartet. Forderungsverkäufe haben in nicht unerhebliche Kritik erfahren. So wurde ua kritisiert, Forderungserwerber würden die Forderung mit mehr Stringenz verfolgen als der ursprüngliche Gläubiger. Dass eine professionelle, sich im Rahmen der Gesetze haltende Forderungsdurchsetzung keine Abwehransprüche des Schuldners erzeugen kann, sollte ebenso selbstverständlich sein wie der Umstand, dass dem Schuldner durch die Forderungsveräußerung keine rechtlichen Nachteile entstehen dürfen. Vor diesem Hintergrund hat der Gesetzgeber im sog Risikobegrenzungsgesetz den Darlehensgläubigern bestimmte Informationspflichten und Kündigungsbeschränkungen aufgegeben und klargestellt, dass eine Verwertung einer als Sicherheit dienenden Grundschuld nicht unabhängig von der zugrundeliegenden Kreditforderung erfolgen darf.

Sofern Gegenstand der Übertragung voll valutierte Darlehensforderungen und/oder gekündigte Kontokorrentkreditforderungen bilden, handelt es sich nicht um ein Kreditgeschäft im Sinne des § 1 Abs. 2 Ziff. 2 des Kreditwesengesetzes (KWG) mit der Folge, dass die Forderungskäuferin keiner schriftlichen Erlaubnis der BaFin nach § 32 Abs. 1 S. 1 KWG bedarf.

Etwas anderes gilt jedoch, wenn die Käuferin in Folge der Transaktion auch Auszahlungsverpflichtungen gegenüber dem Darlehens-/Kreditnehmer – etwa aufgrund noch nicht vollständig valutierter Darlehen oder ungekündigter Kontokorrentkreditverhältnisse – übernimmt oder sich zur Gewährung neuer Kredite verpflichtet.

Forderungsverkäufe werden in unterschiedlichen Transaktionsstrukturen vorgenommen. Neben der Abtretung der Forderung werden (mit Zustimmung des Kreditnehmers) auch Vertragsübernahmen vereinbart. Daneben kommen

---

[16] BGH Urt. v. 27.2.2007 – XI ZR 195/05, NJW 2007, 2106; BVerfG Urt. v. 11.7.2007 – 1 BvR 1025/07, NJW 2007, 2348.

auch gesellschaftsrechtliche Konstruktionen (zB Teilabspaltung) zum Zuge. Seltener finden sich Veräußerungen, bei denen – wie bei ABS-Deals üblich – das sog Servicing beim Veräußerer verbleibt.[17]

§ 26. Bankenverhalten/Bankengeschäfte in der Kundeninsolvenz

Soweit die Bank bislang noch keine Bestandsaufnahme durchgeführt hat, ist dies spätestens im Eröffnungsverfahren veranlasst (→ Rn. 1 ff.). Die Bank wird dabei auch die weitere Geschäftsbeziehung zum insolventen Kunden prüfen (→ Rn. 12 ff.) und ob sie nunmehr Sicherheiten verwertet (→ Rn. 25 ff.). Darüber hinaus kann die Bank gefordert sein, sich an der Deckung der für die (Vor) Verfahrensdurchführung notwendigen Liquidität zu beteiligen (→ Rn. 36 ff.). Vergleichbare Fragen stellen sich dann auch im eröffneten Verfahren (→ Rn. 45 ff.), wobei hier den Sicherheitenverwertungsthemen besondere Bedeutung zukommt (→ Rn. 61 ff.). Besonderheiten gelten im Planverfahren (→ Rn. 91 ff.) und in der Verbraucherinsolvenz (→ Rn. 113 ff.).

A. Bankverbindung im Eröffnungsverfahren

I. Allgemeines

1   Soweit die Bank den Insolvenzantrag nicht selbst gestellt hat bzw. vom Schuldner über seinen Antrag nicht vorab informiert wurde oder dieser nicht absehbar war, wird sie nicht selten durchaus überraschend mit dieser Situation konfrontiert sein. Dies umso mehr, als der Schuldner nach § 18 InsO die Möglichkeit hat, schon bei drohender Zahlungsunfähigkeit, also zu einem relativ frühen Zeitpunkt die Durchführung eines Insolvenzverfahrens einzuleiten.

2   Soweit der Antrag die Bank unvorbereitet trifft, wird sie – wie bei erkannter Krise schon ratsam und erforderlich – zunächst eine **Bestandsaufnahme** durchführen. Anders als in der Vorphase eines Insolvenzantrages sind hierbei vorab zusätzlich formale Fragestellungen zu beachten, die durch das Antragsverfahren im Verhältnis zwischen Kunde und Bank erzeugt werden. Die Bank wird sich insbesondere überlegen müssen, welche Auswirkungen die Antragstellung, die Einsetzung eines vorläufigen Insolvenzverwalters und die Anordnung sonstiger Sicherungsmaßnahmen (§ 21 InsO) auf die Geschäftsbeziehung zu ihrem Kunden hat, welche Maßnahmen sie ergreifen muss und welche Reaktionsmöglichkeiten ihr im Übrigen zur Verfügung stehen. Nicht selten wird ihr auch angetragen, sich als Mitglied in den zu bildenden Gläubigerausschüssen (je nach Verfahrensstadium) zu beteiligen

3   Die Beantragung eines Insolvenzverfahrens bedeutet nicht, dass eventuell bisher diskutierte oder schon eingeleitete Sanierungsbemühungen obsolet wären bzw. jedenfalls nunmehr ohne Zutun der Bank vonstattengingen. Wie ein-

---

[17] Zum Ganzen vgl. Jobe/Stachuletz/*Fischer*/*Zuleger*, Workout Management und Handel von Problemkrediten, 2005, S. 411 ff.

§ 26. Bankenverhalten/Bankengeschäfte in der Kundeninsolvenz

leitend bereits ausgeführt ist das Insolvenzverfahren nicht zwingend auf die Liquidierung/Zerschlagung des Schuldnervermögens ausgerichtet. Es bietet vielmehr zum einen durch das Insolvenzplanverfahren den rechtlichen Rahmen zur Sanierung des Unternehmensträgers, lässt andererseits aber – wie bisher – die Möglichkeit der sogenannten übertragenden Sanierung offen, also der Sanierung des Unternehmens durch Verkauf des Betriebs an einen Übernehmer im Wege des asset deals bzw. – nach Übertragung des Betriebs auf einen neu gegründeten Unternehmensträger – durch einen share deal.

Die notwendige Bestandsaufnahme darf sich daher nicht auf die Frage nach den rechtlichen Auswirkungen des vorläufigen Insolvenzverfahrens verengen, sondern erfordert weiterhin eine breite, an den Interessen der Bank ausgerichtete Untersuchung des status quo, der Definition von Zielen und der Prüfung, auf welche Weise diese erreicht werden können. 4

II. Sofortmaßnahmen der Bank nach Antragstellung

Die Antragstellung als solche hat auf die zwischen Bank und Kunde geschlossenen Verträge keine unmittelbaren Auswirkungen. Die rechtliche Handlungsfreiheit des Kunden ist weiterhin gegeben. **Verfügungsbeschränkungen** ergeben sich durch die Antragstellung als solche nicht. Dies ändert sich erst, wenn das Insolvenzgericht für den Zeitraum bis zur Entscheidung über den Antrag Anordnungen im Sinne von § 21 InsO trifft. 5

Sobald die Bank hiervon erfährt, wird sie folgende Schritte unternehmen:

1. Feststellung der Geschäftsverbindung

Soweit die Geschäftsbeziehung bereits beendet ist, sind keine weiteren Maßnahmen notwendig. Es empfiehlt sich jedoch, dem Schuldner bzw. – bei Erlass eines Verfügungsverbots – dem vorläufigen Insolvenzverwalter eine kurze Mitteilung über diese Tatsache zukommen zu lassen, um unnötige Nachfragen zu vermeiden. Sonstige Maßnahmen hängen davon ab, welcher Art die Geschäftsbeziehung zwischen Bank und Kunde ist. Dabei ist stets zu beachten, dass – auch bei Erlass von Verfügungsbeschränkungen – bestehende Vertragsverhältnisse dadurch nicht aufgelöst werden. Die Wirkungen sind vielmehr in §§ 24 Abs. 1, 81, 82 InsO beschrieben. 6

2. Kontosperre

Wie sich daraus ergibt, sind, soweit ein Verfügungsverbot (§ 21 Abs. 2 Nr. 1 InsO) oder ein Zustimmungsvorbehalt angeordnet wurde, Neuverfügungen, die der Schuldner ohne Mitwirkung des vorläufigen Insolvenzverwalters vornimmt, unwirksam. Die Bank muss daher durch geeignete Maßnahmen vermeiden, dass es zu solchen Verfügungen kommt. Eine manuelle Überwachung des Kontos scheidet dabei wegen des unvertretbar hohen Aufwands in aller Regel aus. Vielmehr wird es geboten sein, eine sogenannte **Kontosperre** zu veranlassen. Diese ist so auszugestalten, dass keinerlei Verfügungen des Schuldners und bisher vertretungsberechtigter Dritter über das Konto mehr möglich sind und zwar unabhängig davon, welcher Art die Verfügung ist (also zB Barverfügun- 7 gen, Überweisungen, Schecks, Lastschriften, Daueraufträge) und welche Stelle der Bank befasst ist (die Bank kann sich bei Kenntnis von der Verfügungsbeschränkung – dazu s. nachfolgend – nicht darauf berufen, dass einzelne Stellen nichts davon gewusst haben. Sie hat sich vielmehr organisatorisch so einzurichten, dass dieser Umstand bankweit überwacht wird).[1] Gesperrt werden müssen dabei nur solche Konten, über die Verfügungen durch den Schuldner möglich sind. Reine Buchungskonten, Zwischenkonten etc müssen nicht erfasst werden, soweit ein Zugriff des Schuldners schon wegen der Art des Kontos ausgeschlossen ist. Bestehen Unklarheiten über die Bezeichnung des Schuldners/Kunden, zB geringfügig abweichende Schreibweise des Namens, Verwendung einer nicht mehr aktuellen Adresse etc, bietet es sich an, umgehend bei Gericht bzw. beim vorläufigen Verwalter nachzufragen und festzustellen, ob Identität zwischen Gemeinschuldner und Bankkunde besteht. Ist die Bank (unverschuldet) nicht in der Lage, den Schuldner als Kunden zu identifizieren, kann sie sich weiterhin auf fehlende Kenntnis berufen.

8   Die Anordnung eines Verfügungsverbotes betreffend das Konto eines Dritten dürfte unzulässig sein. Dies gilt selbst dann, wenn erhebliche Anhaltspunkte für schwerwiegende Vermögensverschiebungen zwischen dem Insolvenzschuldner und dem Dritten vorliegen.[2] Die betroffene Bank steht vor dem Problem, wie sie mit einer rechtswidrigen Anordnung nach § 21 InsO umgehen soll. Außer einer Verfassungsbeschwerde steht ihr kein Rechtsmittel zur Verfügung. Vorsorglich wird sie die Kontosperre beachten und darauf hoffen müssen, dass der Kontoinhaber angesichts der hoheitlichen Anordnung keine Schadensersatzansprüche gegen sie herleiten kann.

3. Auskunft an den vorläufigen Insolvenzverwalter

9   Ein umfängliches Verfügungsverbot nach § 21 Abs. 2 Nr. 2 Alt. 1 InsO wird das Gericht nur dann beschließen, wenn gleichzeitig ein vorläufiger Verwalter eingesetzt wird, da ansonsten eventuell dringend gebotene Verfügungen nicht mehr vorgenommen werden können.
In diesem Fall richten sich die Befugnisse des vorläufigen Verwalters nach § 22 Abs. 1 InsO. Er ist insoweit auch berechtigt, wie der Bankkunde selbst, **Auskünfte** über Art und Umfang der Geschäftsverbindung von der Bank zu fordern. Die Bank kann diese somit auch nicht unter Hinweis auf das **Bankgeheimnis** ablehnen. Soweit sie allerdings bereits Auskunft im Rahmen der Geschäftsverbindung erteilt hatte, beispielsweise durch Zurverfügungstellung bei Kontoabschlüssen, Kontoauszügen etc und der vorläufige Verwalter begründeter Weise nochmalige Auskunft – ggf. die Überlassung von Zweitschriften – begehrt, weil beispielsweise Altunterlagen nicht mehr auffindbar sind, ist die Bank hierzu nur gegen Kostenübernahme verpflichtet, da sie ihren regelmäßigen Informationsverpflichtungen bereits im Verhältnis zum Schuldner nachgekommen war.

10   § 28 Abs. 2 InsO, der gesicherte Gläubiger dazu verpflichtet, auf Grund einer im Eröffnungsbeschluss enthaltenen Aufforderung bekanntzugeben, welche Sicherungsrechte sie an beweglichen Sachen oder an Rechten des Schuldners in

---

[1] BGH Urt. v. 15.12.2005 – IX ZR 227/04, ZInsO 2006, 92 f.
[2] *Obermüller* Rn. 2.13.

Anspruch nehmen, gilt im Vorverfahren nicht. Die Bank ist also nicht verpflichtet, von sich aus Informationen zur Geschäftsverbindung an den vorläufigen Verwalter herauszugeben. Dies geschieht vielmehr auf Anforderung durch diesen. Sollte sich dieser bei der Bank nicht melden, kann es sich anbieten, dass sich die Bank ihrerseits an ihn wendet und ihn darauf aufmerksam macht, dass eine Geschäftsbeziehung besteht. Sollten Informationen benötigt werden, wird der vorläufige Verwalter sie sodann konkretisieren und abfragen. Auch ohne eine entsprechende Verpflichtung trägt diese Verfahrensweise zu einer frühzeitigen, sinnvollen **Kommunikation** zwischen (vorläufigem) Verwalter und Bank bei.

Soweit die Verfügungsbefugnisse nicht auf den vorläufigen Verwalter übertragen wurden, richten sich dessen Aufgaben nach § 22 Abs. 2, 3 InsO. Er ist somit gegenüber der Bank zumindest nicht weisungsbefugt. Ob er auskunftsberechtigt ist, hängt davon ab, ob ihm evtl. entsprechende Rechte durch Einzelanweisung übertragen wurden.[3] Vor Erteilung einer Auskunft wird die Bank daher prüfen, welche Reichweite die Anordnungen des Insolvenzgerichts haben. Stellt sie fest, dass der vorläufige Verwalter nicht auskunftsberechtigt ist, wird sie ihn auf diesen Umstand aufmerksam machen, damit der vorläufige Verwalter das **Einverständnis** des Schuldners/Bankkunden oder eine entsprechende Befugniszuteilung durch das Insolvenzgericht einholen kann.

III. Geschäftsbeziehung im Eröffnungsverfahren

1. Allgemeines

Neben den zu veranlassenden Sofortmaßnahmen wird die Bank in aller Regel zu prüfen haben, wie sich die weitere Kontoführung gestaltet, der Zahlungsverkehr abzuwickeln ist, insbesondere, inwieweit Zahlungseingänge/-ausgänge durch das Vorverfahren berührt werden, ob und welche Maßnahmen im Hinblick auf etwa zur Verfügung stehende Kreditsicherheiten zu ergreifen sind und ob – ggf. welche – Neugeschäfte insbesondere Kredite, in dieser Phase getätigt werden können.[4]

a) Kontoführung. Die Bank wird, soweit kein Verfügungsverbot erlassen wurde, die Konten unabhängig davon, ob ein vorläufiger Verwalter eingesetzt wurde oder nicht, weiter unter dem Namen des Schuldners führen. Eine beantragte Eigenverwaltung nach § 270a InsO oder § 270b InsO lässt die Kontoinhaberschaft und die Verfügungsbefugnisse des Schuldners unberührt.

Sollte ein Verfügungsverbot erlassen worden sein, dürfen Verfügungen des Schuldners nicht mehr zugelassen werden. Der vorläufige Insolvenzverwalter ist in diesen Fällen alleine verfügungsbefugt, was für ihn insbesondere im Rahmen der Betriebsfortführung (§ 22 Abs. 1 S. 2 Nr. 2 InsO) wichtig ist. Nicht selten wird er aber mit der Situation konfrontiert sein, dass das Konto, bzw. zumindest der eingeräumte (Kontokorrent-)Kredit, gekündigt oder ausgelaufen ist. Hier wird es notwendig sein, dass er unter dem Namen oder der Firma des Schuldners ein **neues Konto** eröffnet, wozu er auf Grund der ihm zustehenden

---

[3] Uhlenbruck/*Zipperer* InsO § 20 Rn. 14.
[4] Zu letzterem vgl. → § 26 Rn. 36 ff.

Zuleger

Verfügungs- und Verwaltungsbefugnisse in der Lage ist (§ 22 Abs. 1 InsO) und über welches er auch alleine verfügen kann. Von der Eröffnung eines **Anderkontos** sollte abgesehen werden, wenn es sich bei dem Verwalter um einen Rechtsanwalt handelt, da er insoweit nicht in dieser Eigenschaft tätig wird. Die internen Kontoführungsanweisungen vieler Banken lassen dementsprechend keine Anderkonten Eröffnung in Insolvenzfällen zu, so dass sie in den letzten Jahren an praktischer Bedeutung verloren hat. Möglich ist allerdings die Einrichtung eines Treuhandkontos, lautend auf den (vorläufigen) Verwalter. Vorteil dieser Lösung gegenüber einem Anderkonto ist insbesondere, dass eine Vertretung auch durch nicht anderkontenfähige Dritte erfolgen kann. Zudem sind solche Treuhandkonten nicht von einer trotz Rückschlagsperre noch ausgebrachten Kontopfändung beim Schuldner umfasst. Allerdings wird der Verwalter zu bedenken haben, dass sich etwaige Bereicherungsansprüche gegen ihn als Kontoinhaber richten[5]

15 Die Weiterverwendung des alten Kontos bietet sich dann an, wenn noch mit weiteren Zahlungseingängen zu rechnen ist, um Rückgaben zu vermeiden. Hier ist auf eine klare Vereinbarung zur Abgrenzung der bisherigen Kontoverbindung zum Schuldner zu achten, insbesondere im Hinblick auf Verrechnungen/Aufrechnungen, Einzug abgetretener Forderungen etc.

16 **b) Zahlungseingänge.** Von hoher praktischer Bedeutung ist die Behandlung von Zahlungseingängen auf Girokonten nach Erlass eines Verfügungsverbots (die Beantragung eines Insolvenzverfahrens als solche bleibt ohne unmittelbare rechtliche Auswirkungen).

17 Offen ist, ob durch den Erlass eines Verfügungsverbots (§ 21 Abs. 2 Nr. 2 InsO) die in der Kontokorrentabrede enthaltene antizipierte **Verrechnungsvereinbarung** erlischt, so dass ab diesem Zeitpunkt eine Verrechnung nicht mehr möglich ist oder die §§ 24 Abs. 1, 81 Abs. 1 InsO die vorab getroffene **Kontokorrentabrede** unberührt lassen.[6] Für die Frage, ob die Bank auf einem debitorischen Konto eingegangene Gelder wieder freigeben muss, braucht obige Streitfrage nicht geklärt zu werden, da jedenfalls eine Tilgung des Debet-saldos durch Aufrechnung erfolgen kann, die, wie auch eine etwaige Verrechnung nur durch Anfechtungstatbestände begrenzt ist (§§ 94 ff., 96 Nr. 3 InsO). Eine allgemeine Vorverlagerung des Aufrechnungsverbots des § 96 Nr. 1 InsO kommt dagegen angesichts des klaren Wortlauts der Vorschrift nicht in Betracht.

In der Praxis wird es also ausschließlich darauf ankommen, ob Anfechtungstatbestände gegeben sind.

18 **c) Abverfügungen.** Häufig wird die Bank noch mit entsprechenden Kundenaufträgen (Barauszahlungen, Überweisungen, Schecks, Lastschriften) konfrontiert sein, obwohl bereits ein allgemeines Verfügungsverbot erlassen wurde, sei es, dass der Auftrag erst nach Erlass erteilt wurde, sei es, dass sich der Auftrag in Durchführung befindet.

19 Aus dem Verfügungsverbot folgt für die hierunter fallenden Verfügungen des Schuldners eine absolute, also gegenüber jedermann geltende **Unwirksamkeit** (§§ 24 Abs. 1, 82 Abs. 1 S. 1 InsO).

---

[5] BGH Urt. v. 26.3.2015 – IX ZR 302/13, ZIP 2015, 1179.
[6] BGH Urt. v. 20.3.1997 – IX ZR 71/96, ZIP 1997, 737.

Unabhängig davon, ob ein debitorisches oder kreditorisches Konto betroffen 20
ist, kann die Bank bei Kenntnis des Verfügungsverbots keinen Aufwendungsersatzanspruch gegen den Schuldner herleiten, so dass etwaige Belastungs-
buchungen rückgängig zu machen sind. Sie ist darauf beschränkt, **Bereicherungsansprüche** gegen den Zahlungsempfänger geltend zu machen, welche
häufig an einer Entreicherung (§ 818 Abs. 3 BGB) bzw. § 814 BGB (Kenntnis
der Nichtschuld) scheitern werden. Diese Ausführungen gelten jedoch nicht
für Überweisungen und Lastschriften. Hier sieht § 675n Abs. 1 S. 1 BGB
die Verpflichtung zur Ausführung vor, soweit nicht gegen Rechtsvorschriften
verstoßen wird (§ 675o Abs. 2 BGB). Beim Verfügungsverbot handelt es sich
nicht um eine solche, sondern um eine gerichtliche Anordnung. Solche Abverfügungen kann der vorläufige Insolvenzverwalter nur nach § 675p BGB verhindern.[7]

Soweit die Bank keine Kenntnis vom Verfügungsverbot hatte, richten sich die 21
Rechtsfolgen nach §§ 24 Abs. 1, 82 InsO. Bei einem kreditorischen Konto bedeutet dies, dass die Bank die Verfügung **schuldbefreiend** vornehmen kann, dh
die entsprechende Leistung nicht nochmals an die Masse zu erbringen ist und
die Belastungsbuchung Bestand hat. Hierbei spielt es keine Rolle, dass die Auszahlung, wie zB bei der Überweisung an einen Drittempfänger, nicht unmittelbar an den Schuldner erfolgt.

Für die Frage, ab welchem Zeitpunkt eine **Kenntniserlangung** schadet, 22–23
kommt es darauf an, ob die Bank ihrerseits die im Hinblick auf die Abverfügungen notwendigen Maßnahmen ergriffen hat bzw. die Abverfügungen nicht
mehr rückgängig machen kann (beispielsweise eine Scheckrückgabe nicht mehr
möglich ist) oder sich die Bank, bereits gegenüber Dritten obligiert hat bzw.
ohne ihr Zutun obligiert werden kann (Garantievertrag bei ec-Schecks unter
Verwendung der Scheckkarte; hM).

Für die **Wissenszurechnung** innerhalb der Bank gilt nach den allgemeinen 24
Regeln (§ 166 Abs. 1 BGB), dass es auf die Kenntnis der im Verhältnis zum
Kunden vertretungsberechtigten Mitarbeiter ankommt; darüber hinaus besteht
für andere Stellen der Bank die Verpflichtung, ihr Wissen an die kontoführende
Stelle weiterzugeben. Geschieht dies nicht, muss sich die Bank so stellen lassen,
als habe dieses Wissen an der zutreffenden Stelle existiert.[8] Etwas anderes gilt
nur dann, wenn der Wissensträger zur Verschwiegenheit verpflichtet ist, beispielsweise, weil er sein Wissen als Aufsichtsratsmitglied des Schuldners oder
als persönliches Mitglied eines Gläubigerausschusses[9] erlangt hat. Allerdings ist
genau zu prüfen, ob die fragliche Tatsache der Verschwiegenheit unterliegt.
Zumindest nach öffentlicher Bekanntmachung der Verfügungsbeschränkung
(§§ 21 Abs. 2 Nr. 2, 23 Abs. 1, 9 InsO) wird man dies verneinen müssen. Aus
§ 18 Abs. 1 S. 1 KWG, der Kreditinstituten vorschreibt, sich vor der Gewährung von Krediten in Höhe von mehr als 750 000,00 EUR die wirtschaftlichen
Verhältnisse des Kreditnehmers offenlegen zu lassen, kann nicht ohne weiteres
der Schluss gezogen werden, dass die Bank tatsächlich Erkenntnisse über die

---

[7] Uhlenbruck/*Mock* InsO § 82 Rn. 38 f.; *Obermüller* Rn. 3.49.
[8] BGH Urt. v. 15.12.2005 – IX ZR 227/04, NZI 175, 176.
[9] *Steinwachs*, Teilnahme am Gläubigerausschuss in der Insolvenz des Firmenkunden,
BP 2006, 248 (249).

(schlechten) Verhältnisse erlangt hat.[10] Erlangt eine Bank Kenntnis von der Eröffnung eines Insolvenzverfahrens über das Vermögen eines Nichtkundens, so ist sie nicht verpflichtet, diese Information zu speichern. Jedenfalls wenn der Insolvenzschuldner ggf. Jahre nach der Insolvenzeröffnung ein Konto bei dieser Bank eröffnet, hat sie – trotz § 9 Abs. 3 InsO – (zulässiger Weise) keine Kenntnis mehr von diesem Insolvenzverfahren.[11]

25 **d) Verwertung von Kreditsicherheiten im Vorverfahren.** Sobald ein allgemeines Verfügungsverbot erlassen wurde, ist es jedenfalls dem Schuldner selbst nicht mehr möglich, über mit Absonderungsrechten belastete Gegenstände zu verfügen. Eine zu diesem Zeitpunkt noch eingeräumte **Verkaufsermächtigung** (regelmäßig bei sicherungsübereignetem Umlaufvermögen erteilt) bzw. Einzugsermächtigung (zB bei Globalzession von Forderungen aus Lieferungen und Leistungen) kann aber vom vorläufigen Insolvenzverwalter weiter ausgeübt werden, solange diese nicht von der Bank widerrufen wurde; die entsprechenden Befugnisse enden durch das vorläufige Insolvenzverfahren, jedenfalls ohne Anordnung von Verfügungsbeschränkungen, nicht automatisch.[12]

26 Zu **weitergehenden Verwertungsmaßnahmen** ist der vorläufige Verwalter grundsätzlich nicht berechtigt, soweit keine Anordnung nach § 21 Abs. 2 S. 1 Nr. 5 InsO ergeht. Die Regelung ermöglicht es dem Insolvenzgericht anzuordnen, dass die Gläubiger im Insolvenzeröffnungsverfahren keine eigene Verwertung oder Einziehung bezüglich solcher Gegenstände vornehmen dürfen, an denen sie im eröffneten Verfahren Aussonderungsrechte geltend machen oder die § 166 InsO unterfielen. Zudem können solche Gegenstände zur Fortführung des Unternehmens des Schuldners eingesetzt werden, soweit sie hierfür von erheblicher Bedeutung sind. Zieht der vorläufige Verwalter auf der Grundlage einer entsprechenden Anordnung sicherungshalber abgetretene Forderungen ein, gelten die §§ 170, 171 InsO entsprechend, so dass er zugunsten der Masse Feststellungs- und Verwertungskosten verlangen darf.

27 In der Praxis haben die Insolvenzgerichte Anordnungen nach § 21 Abs. 2 S. 1 Nr. 5 InsO überwiegend nur auf ausdrücklichen Wunsch des jeweiligen vorläufigen Insolvenzverwalters erlassen. Verwertet der vorläufige Verwalter rechtswidrig, dh ohne dass er durch das Insolvenzgericht entsprechend ermächtigt wurde, begründet er im Verhältnis zur absonderungsberechtigten Bank, soweit man nicht schon in analoger Anwendung des § 48 InsO ein Ersatzabsonderungsrecht bejaht (und die sonstigen tatbestandlichen Voraussetzungen des § 48 InsO gegeben sind), Schadensersatzansprüche gem. §§ 60, 21 Abs. 2 Nr. 2 InsO in Höhe des vereinnahmten Erlöses, soweit dieser nicht mehr aus der Masse ausgekehrt werden kann. Darüber hinausgehende Schadensersatzansprüche bestehen dann, wenn eine bessere Verwertungsmöglichkeit vom absonderungsberechtigten Gläubiger nachgewiesen werden kann, jeweils begrenzt durch die Höhe der gesicherten Forderung. Auch das Insolvenzgericht kann mangels gesetzlicher Grundlage in das Verwertungsrecht des Sicherungsgläubigers nicht eingreifen und etwa dem vorläufigen Verwalter mit dem Forderungseinzug be-

---

[10] MüKoInsO/*Kirchhof* § 130 Rn. 39.
[11] OLG Dresden Urt. v. 8.8.2007, ZInsO 2008, 509 (510 f.); BGH Urt. v. 7.5.2009 – IX ZR 151/07; BGH Urt. v. 15.12.2005 – IX ZR 227/04, NZI 2006, 175.
[12] BGH Urt. v. 6.4.2000 – IX ZR 422/98, NZI 306, 308.

trauen. Hat also die vertraglich eingeräumte Einziehungsbefugnis des Schuldners geendet, ginge eine entsprechende Anordnung ins Leere.[13]

Soweit der vorläufige Verwalter unberechtigt verwertet, stehen der Masse die in §§ 170, 171 InsO genannten Kostenbeiträge nicht zu, so dass ggf. auch insoweit Schadensersatzforderungen anderer Insolvenzgläubiger auf ihn zukommen. 28

Entgehen kann der vorläufige Verwalter, der sich nicht auf eine Anordnung nach § 21 Abs. 2 S. 1 Nr. 5 InsO stützen kann, diesen Schadensersatzansprüchen, wenn er mit den absonderungsberechtigten Gläubigern **Verwertungsvereinbarungen** getroffen hat, die der Masse einen angemessenen Kostenbeitrag zukommen lassen.[14] 29

Unabhängig davon stellt sich für die Bank als absonderungsberechtigte Gläubigerin die Frage, ob sie selbst in die **Sicherheitenverwertung** in dieser Phase eintritt, soweit das Verwertungsrecht bei ihr verbleibt. 30

Hierbei hat sie zunächst zu bedenken, dass im Rahmen des Forderungseinzugs durch den Schuldner/vorläufigen Verwalter in dessen Namen und die dadurch einhergehende Beschränkung der Funktion der Bank als **Zahlstelle**, sie sich in der Regel nicht dem Einwand aussetzen muss, sie habe Absonderungsrechte von Dritten, beispielsweise von Lieferanten, die unter verlängertem Eigentumsvorbehalt geliefert hatten, verletzt. Die Leistung des Drittschuldners erfolgt hier an den Schuldner (auf dessen Konto bei der Bank), so dass Bereicherungsansprüche, die grundsätzlich entlang der Leistungsbeziehungen abzuwickeln sind, sich nicht gegen die Bank richten können. Konsequenterweise wurden daher Ansprüche von Lieferanten gegen die Bank, die sich auf ihre Rolle als Zahlstelle beschränkt, nur im Rahmen des § 826 BGB angenommen.[15]

Unabhängig von diesen Erwägungen ist die Bank durch den Erlass eines reinen Verfügungsverbots ohne Anordnungen nach § 21 Abs. 2 Nr. 5 InsO nicht gehindert, auch solche Sicherheiten zu verwerten, die im eröffneten Verfahren dem Verwertungsrecht des Verwalters unterliegen (§ 166 InsO), also zur Sicherheit zedierte Forderungen sowie Sicherungsübereignungen. 31

Bei **Sicherungszessionen** kann die Bank sowohl die Abtretung anzeigen als auch die Forderungen einziehen. Beides geschieht ohne Zutun des Schuldners, so dass sich das Verfügungsverbot hierauf von vornherein nicht beziehen kann.[16] Die Einziehungsbefugnis der Bank endet erst mit Verfahrenseröffnung. Daher kann der Sicherungsnehmer im Insolvenzeröffnungsverfahren grundsätzlich die ihm abgetretenen Forderungen einziehen.[17] Dieses Recht wird auch nicht durch ein Verbot der Zwangsvollstreckung iSv § 21 Abs. 2 Nr. 3 InsO berührt.[18] 32

Gleiches gilt grundsätzlich auch für die **Sicherungsübereignung.** Soweit sich, was die Regel sein wird, der sicherungsübereignete Gegenstand noch im 33

---

[13] *Mitlehner* ZIP 2001, 677 (678).
[14] Uhlenbruck/*Vallender* InsO § 22 Rn. 50.
[15] BGH Urt. v. 9.11.1978 – VII ZR 17/76, NJW 1963, 1055; BGH Urt. v. 9.11.1978 – VII ZR 17/76, NJW 1979, 371.
[16] *Zimmermann* NZI 1998, 57 (62).
[17] BGH Urt. v. 20.3.2003 – IX ZR 81/02, ZIP 2003, 632 (635 f.).
[18] BGH Urt. v. 20.3.2003 – IX ZR 81/02, ZIP 2003, 632 (636), Uhlenbruck/*Vallender* InsO § 22 Rn. 51 f.

Besitz des Schuldners/vorläufigen Verwalters befindet, ergibt sich allerdings folgende Situation: Verweigert der Schuldner/vorläufige Insolvenzverwalter die freiwillige Herausgabe, bliebe der Bank nur der Weg über die Herausgabevollstreckung. Diese kann jedoch auch in Bezug auf Absonderungsrechte gem. § 21 Abs. 2 Nr. 3 InsO einstweilen eingestellt bzw. verboten werden, so dass selbst, was in der Praxis von vornherein in der Kürze der Zeit nur selten vorliegen dürfte, ein entsprechender Titel nicht weiterhelfen wird. Auch Schadensersatzansprüche gegen den vorläufigen Verwalter kommen nicht zum Tragen, soweit dieser die fraglichen Gegenstände zur Erfüllung seiner Fortführungsverpflichtung (§ 22 Abs. 1 S. 2 Nr. 2 InsO) benötigt.

34 Eine freiwillige Herausgabe durch den Schuldner kommt, soweit ein allgemeines Verfügungsverbot erlassen wurde, schon deswegen nicht mehr in Betracht, da die allgemeinen Verfügungs- und Verwaltungsbefugnisse auf den vorläufigen Insolvenzverwalter übergegangen sind. Soweit kein allgemeines Verfügungsverbot erlassen wurde, kann auch eine entsprechende konkrete Anordnung, bezogen auf einzelne Gegenstände, ergehen.

35 Nicht selten wird es sich anbieten, dass die sicherheitenhaltende Bank zur Erzielung eines optimalen Verwertungsergebnisses in Abstimmung mit dem (vorläufigen) Verwalter vorgeht, insbesondere prüft, ob nicht eine Verwertung durch diesen selbst sinnvoll ist. Zwar ist der vorläufige Verwalter grundsätzlich nicht zu Verwertungshandlungen befugt. Ohne weiteres ist aber möglich, dass der Sicherungsgläubiger mit dem vorläufigen Verwalter eine Vereinbarung trifft, wonach letzterer das Sicherungsgut des Gläubigers gegen zur Masse zu leistendes Entgelt verwertet. Eine solche Regelung kann für die Bank dann sinnvoll sein, wenn hierdurch auf ggf. beim Schuldner noch vorhandenes Branchen-Know-how, intakte Kundenbeziehungen, Marketing, interne Buchungsunterlagen oÄ zurückgegriffen werden kann. Die Bank muss bei freiwillig vereinbarten Kostenbeiträgen jedoch stets beachten, dass nach teilweise vertretener Auffassung etwaige Bürgen gem. § 776 BGB insoweit von ihrer Haftung frei werden.[19]

2. Neugeschäft, insbesondere Kreditierung

36 Zu jedem Zeitpunkt des (Vor-)Verfahrens kann sich die Frage stellen, wie der **Finanzbedarf** gedeckt werden kann, der erforderlich ist, um die Durchführung des Verfahrens, insbesondere die Fortführung des Schuldnerunternehmens, zu ermöglichen.[20] Dies gilt unabhängig von der „Art" der Haftungsverwirklichung für die Liquidation, die übertragende Sanierung oder die Sanierung des Schuldners selbst.

37 Nach § 22 Abs. 1 Nr. 2 InsO ist der vorläufige Verwalter grundsätzlich verpflichtet, das Schuldnerunternehmen zunächst fortzuführen. Zwar werden durch das Vorverfahren bestehende Kreditverträge nicht berührt, da die §§ 103 ff. InsO nach dem eindeutigen Wortlaut erst im eröffneten Verfahren Wirkungen entfalten (ein Verweis auf §§ 103 ff. InsO ist in den Vorschriften über das Vorverfahren nicht enthalten). Gleichwohl wird der vorläufige Verwal-

---

[19] OLG Dresden Beschl. v. 15.5.2003 – 18 W 361/03, WM 2003, 2137.
[20] Zum Massekredit: *Schönfelder,* Die Besicherung von Massekrediten im Insolvenzeröffnungsverfahren, WM 2007, 1489.

ter, auch wenn ihm wegen des Erlasses eines Verfügungsverbots die weitergehenden Befugnisse nach § 22 Abs. 1 InsO zustehen, kaum je in der Lage sein, solche Kredite zur Finanzierung des Vorverfahrens zu nutzen, da entweder, wie häufig, die Kredite voll valutiert sind bzw. in der Krise, spätestens aber mit Antragstellung, vom Gläubiger gekündigt werden.

Für die somit in der Regel notwendige Neukreditierung bringt die InsO insoweit Rechtssicherheit, als Verbindlichkeiten, die der vorläufige Verwalter, dem die Befugnisse nach § 22 Abs. 1 InsO zustehen (also nicht, soweit kein Verfügungsverbot angeordnet wurde), zu Lasten des Schuldners eingeht, für den Fall der Verfahrenseröffnung gem. § 55 Abs. 2 S. 1 InsO als **Masseverbindlichkeiten** behandelt werden, die auch von einem etwaigen Insolvenzplan unberührt bleiben (§ 217 InsO). Kreditgeber müssen allerdings berücksichtigen, dass diese Masseverbindlichkeiten gem. § 209 Abs. 1 Nr. 3 InsO erst nach den Kosten des Verfahrens sowie Masseverbindlichkeiten, die nach Anzeige der Masseunzulänglichkeit begründet wurden, berichtigt werden. Sollte es nicht zu einer Verfahrenseröffnung kommen, werden die vom vorläufigen Verwalter aufgenommenen Verbindlichkeiten aus dem verwalteten Vermögen bedient (§ 25 Abs. 2 S. 2 InsO) – soweit vorhanden. Eine Haftung des vorläufigen Insolvenzverwalters nach §§ 21 Abs. 2 Nr. 1, 61 InsO kommt dabei dann nicht in Betracht, wenn er bei Begründung der Verbindlichkeit nicht erkennen konnte, dass die Masse voraussichtlich zur Erfüllung nicht ausreichen wird (§ 61 S. 2 InsO). Die Bank wird daher in aller Regel ihre Entscheidung, Kredite zur (Vor-)Verfahrensfinanzierung von folgenden **Faktoren** abhängig machen: 38

– Nachhaltige Bedienbarkeit des Kredits gewährleistet?
– Stellung werthaltiger Sicherheiten möglich?
– Eigeninteresse an der Verfahrensfinanzierung?

Wenn – wie häufig – kaum freies Schuldnervermögen bei Antragstellung vorhanden ist, bleibt für die Stellung von **Sicherheiten** nur solches Vermögen, das aus der Fortführung des Unternehmens generiert wird, also insbesondere im Bereich des Umlaufvermögens durch absonderungsrechtsfreien Neuerwerb (das Verfügungsverbot hat zur Folge, dass die in revolvierenden Sicherungen wie Raumsicherungsübereignung oder Globalzession enthaltenen Vorausverfügungen keinen wirksamen Sicherungserwerb mehr bewirken können). Häufig wird die Bank, die um die Kreditierung gebeten wird, bereits im Rahmen der bisherigen Kreditverbindung Umlaufvermögen als Sicherheit erhalten haben. In solchen Fällen bietet es sich an, dass der Forderungseinzug weiterhin durch den Schuldner selbst erfolgt. Um absonderungsberechtigte Altforderungen und Neuforderungen (die ggf. als Sicherheit für die Verfahrenskreditierung dienen) unterscheiden zu können, sollte eine Abgrenzungsvereinbarung getroffen werden, die diese Aufteilung nachvollziehbar festlegt. 39

Neben den üblichen Kriterien, die für eine Kreditentscheidung Anwendung finden, spielt insbesondere das Interesse der Bank an der Fortführung/Verfahrensdurchführung eine entscheidende Rolle bei der Frage, ob eine Kreditierung erfolgt. Die Praxis zeigt, dass es kaum je zu Massekreditausreichungen durch nicht am Verfahren beteiligte Kreditgeber kommt. Häufig werden hier ähnliche Überlegungen ausschlaggebend sein, wie sie auch für die Frage gelten, ob die Bank selbst einen Insolvenzantrag stellt. Dies gilt auch, wenn kein Verfügungsverbot angeordnet wurde, also keine Privilegierung nach § 55 Abs. 2 S. 1 InsO 40

Zuleger

erreicht werden kann. Selbstverständlich kann auch in einer solchen Situation kreditiert werden. Zu beachten ist hierbei allerdings, dass der Kreditvertrag mit dem (späteren) Gemeinschuldner selbst zu schließen ist (ggf. unter obligatorischer Zustimmung des vorläufigen Insolvenzverwalters, soweit ein entsprechender Vorbehalt angeordnet wurde). Die so begründeten Ansprüche werden als normale Insolvenzforderungen behandelt; Sicherheiten können allerdings auch hier nicht angefochten werden, soweit ein Bargeschäft (§ 142 InsO) vorliegt. **Praxistipp:** Die Privilegierung als Masseschuld kann in diesen Fällen erreicht werden, wenn – begrenzt auf den Fall der Kreditaufnahme – der vorläufige Insolvenzverwalter Verwaltungs- und Verfügungsbefugnis erhält (§§ 21 Abs. 1, 22 Abs. 2 InsO).[21] Unsicherheiten über die Begründung von Masseverbindlichkeiten bestehen im Rahmen der Eigenverwaltung nach § 270a InsO, da dort, anders als im Schutzschirmverfahren nach § 270b InsO, keine ausdrückliche Regelung besteht. In der Rechtsprechung der Instanzgerichte werden dazu jegliche denkbare Meinungen vertreten (nie Masseverbindlichkeiten/immer Masseverbindlichkeiten/Einzelermächtigung an Schuldner (mE die zutreffende Lösung)/Einzelermächtigung an Sachwalter).[22] Für die Praxis ist dies ein unzumutbarer Zustand, der noch dadurch verschärft wird, dass Rechtsmittel praktisch nicht zur Verfügung stehen und der BGH bei den wenigen Gelegenheiten, die Frage klarzustellen, eher für weitere Rechtsunsicherheit sorgt.[23] Eine zügige gesetzliche Klarstellung erscheint daher dringend geboten.

41 Bei Ausreichung des Kredits bietet es sich an, dass zwischen Finanzierung des Vorverfahrens und des eröffneten Verfahrens differenziert wird. Letztlich kommt dem Kredit im Vorverfahren (bzw. ab Eröffnung bis zum Berichtstermin, in dem über die weitere Vorgehensweise entschieden wird) **Überbrückungsfunktion** zu, während spätestens ab Berichtstermin ggf. über eine längerfristige Finanzierung entschieden werden muss. Beispielhaft kann bei einer Unternehmensinsolvenz wie folgt vorgegangen werden:

42 Schreiben an ...... als vorläufigen Insolvenzverwalter der Firma ......

Am ...... wurde beim Amtsgericht ...... der Antrag auf Durchführung eines Insolvenzverfahrens über das Vermögen der Firma ...... gestellt. Das Amtsgericht ...... hat ein Verfügungsverbot erlassen und Sie als vorläufigen Insolvenzverwalter eingesetzt.

Zur Fortführung des Betriebes ist freibleibend vorgesehen, dass wir Ihnen einen Massekredit zur Verfügung stellen, dessen Höhe nach Abschluss der Liquiditätsplanungen noch zu vereinbaren ist.

Im Vorgriff auf diesen Massekredit stellen wir Ihnen unter Einbezug unserer Allgemeinen Geschäftsbedingungen einen Überbrückungskredit (Kontokorrentkredit) bis zur Höhe von EUR ...... zur Verfügung. Für den Kredit gelten folgende Bedingungen:

Laufzeit: ......
Zinssatz: ...... % p. a.

---

[21] AG Hof Beschl. v. 29.9.1999, NZI 2000, 37 f.
[22] AG Fulda ZIP 2012, 147; LG Duisburg NZI 2013, 91; AG Hamburg NZI 2012, 566; AG Köln NZI 2012, 375; AG München ZIP 2012, 1470; AG Montabaur NZI 2013, 350.
[23] BGH Beschl. v. 7.2.2013 – IX ZB 43/12, WM 2013, 518 f.

> Kreditverwendung: Die Kreditmittel sind zweckgebunden und dürfen ausschließlich zur Fortführungsfinanzierung verwendet werden.
>
> Rückzahlung: Der Kredit ist spätestens mit Ausreichung des Massekredits zurückführen bzw. auf den Massekredit in Anrechnung zu bringen. Im Falle des Verzuges ......
> [Verzugsschadensregelung]
>
> Sicherheiten: Abtretung sämtlicher ab dem ...... [idR: Tag des Erlasses des Verfügungsverbots] entstehender Forderungen aus Lieferungen und Leistungen.
>
> [......]
> Sonstiges: [Informationspflichten/Kündigungsregelung ......]
>
> ......, ...
> Ort, Datum   Unterschrift Bank
>
> ......, ...
> Ort, Datum   Unterschrift Firma/
>   vorläufiger Verwalter

Zum sich anschließenden Massekredit vgl. → § 18 Rn. 102 ff.

IV. Widerspruch des Insolvenzverwalters im Lastschrifteinzugsverfahren

1. Konsequenzen der gesetzlichen Neuregelung der §§ 675c ff. BGB

Die Problematik, ob dem (vorläufigen) Insolvenzverwalter ein pauschales Recht zum Widerspruch gegen Lastschriftbuchungen im Einzugsermächtigungsverfahren zusteht, und welche Folgen sich gegebenenfalls hieraus ergeben, war seit den Entscheidungen des BGH vom 4.11.2004[24] Gegenstand zahlreicher gerichtlicher Entscheidungen und juristischer Fach- und Praxisbeiträge. Dieser Meinungsstreit,[25] der für die Praxis von erheblicher Bedeutung war und zu zahlreichen Auseinandersetzungen und Gerichtsverfahren führte, gehört spätestens mit der gesetzlichen Neuregelung der §§ 675c ff. BGB, mit denen eine europäische Richtlinie in deutsches Recht umgesetzt wurde, der Vergangenheit an. 43

2. Konsequenzen für die Bankpraxis

Die Banken haben ihre Lastschriftbedingungen entsprechend angepasst. Bei der Einzugsermächtigungslastschrift und der sog SEPA-Basislastschrift autorisiert der Kunde gegenüber der Zahlstelle die Einlösung der jeweiligen Lastschrift (Vorautorisierung). Einer nachträglichen Genehmigung bedarf es daher nicht mehr. An die Stelle des früheren Lastschriftwiderrufs ist der Anspruch auf Rückerstattung des Lastschriftbetrages gemäß § 675x Abs. 4 BGB getreten. 44

---

[24] BGH Urt. v. 4.11.2004 – IX ZR 22/03, ZInsO 2004, 1353; BGH Urt. v. 4.11.2004 – IX ZR 82/03, ZInsO 2005, 40; BGH Urt. v. 4.11.2004 – IX ZR 28/04, EWiR 2005, 227.

[25] Hierzu ausführlich in der Vorauflage § 26 Rn. 43 ff.; Uhlenbruck/*Vallender* InsO § 22 Rn. 273 ff.

Diesen kann ausschließlich der Schuldner geltend machen.[26] Bei der SEPA-Firmenlastschrift ist dieser Erstattungsanspruch ausgeschlossen.

B. Bankverbindung im eröffneten Verfahren

I. Regelabwicklung

1. Allgemeines

45 **a) Auswirkungen auf die Geschäftsbeziehung.** Die mit Eröffnung des Verfahrens eintretende Zäsur in der Geschäftsbeziehung zum Schuldner wird im Hinblick auf die damit einhergehenden Folgen häufig schon durch das Vorverfahren, jedenfalls soweit dort ein Verfügungsverbot (§ 21 Abs. 2 Nr. 2 Alt. 1 InsO) erlassen wurde, antizipiert. Vielfach wird sich die Bank also bereits auf die tatsächlichen und rechtlichen Gegebenheiten eingestellt haben, die mit der Verfahrenseröffnung verbunden sind. Nicht selten werden Banken aber auch von Kundeninsolvenzen überrascht, insbesondere, wenn sie nicht die Hauptbank des Kunden sind. Die Bank kann den Beweis bezüglich ihrer Unkenntnis von der Insolvenzeröffnung auch dann führen, wenn die Insolvenzeröffnung öffentlich bekannt gemacht wurde (zB im Internet, § 9 Abs. 1 S. 3 InsO).[27] Allerdings verlangt der BGH von den Banken, eine organisatorische Vorsorge dahingehend zu treffen, damit ihre Entscheidungsträger Kundeninsolvenzen zur Kenntnis nehmen. Außerdem obliege es den Banken, einen internen Informationsaustausch zu gewährleisten. Fehle es an einer solchen Organisation, müsse sich die Bank das Wissen einzelner Mitarbeiter zurechnen lassen.[28]

46 **aa)** Für die Kontoführung betreffend die bisherigen Konten des Schuldners bedeutet dies, dass, soweit noch keine Kontosperre veranlasst wurde, diese nunmehr wegen der gem. § 80 InsO übergehenden Verwaltungs- und Verfügungsbefugnisse einzurichten ist.

Neue Konten sollten im eröffneten Verfahren nicht als Anderkonto geführt werden,[29] sondern auf den Namen des Schuldners mit einem entsprechenden Zusatz („in Insolvenz") lauten und der Name des Verwalters vermerkt werden. Ebenfalls möglich ist die Kontoführung in Form eines offenen Treuhandkontos.[30] Wurde die Bank als Hinterlegungsstelle bestimmt, können Verfügungen über solche Konten durch den Verwalter allein gem. § 149 InsO nur vorgenommen werden, wenn feststeht, dass kein Gläubigerausschuss bestellt wurde und eine Bescheinigung des Gerichts vorliegt, wonach der Insolvenzverwalter von der Gläubigerversammlung zu selbstständigem Handeln ermächtigt ist.

---

[26] BGH Urt. v. 20.7.2010 – XI ZR 236/07, NZI 2010, 723; Uhlenbruck/*Vallender* InsO § 22 Rn. 279 ff.
[27] OLG Rostock Urt. v. 19.6.2006 – 3 U 6/06, ZInsO 2006, 884 f.; Schleswig-Holsteinisches OLG Urt. v. 21.6.2002 – 1 U 208/01, DZWIR 2002, 514 f.
[28] BGH Urt. v. 15.12.2005 – IX ZR 227/04, NZI 2006, 175.
[29] Vgl. → § 26 Rn. 14.
[30] *Kießling*, Die Kontenführung im Insolvenzverfahren, NZI 2006, 440 (442).

Auch bevor eine Weisung des Insolvenzgerichts oder der Gläubigerorgane nach § 149 InsO erfolgt, ist der Verwalter verpflichtet, für eine zinsgünstige Anlageform zu sorgen.[31]

Hinsichtlich der **Verfügungsberechtigung** bietet es sich an, Erkundigungen beim zuständigen Insolvenzgericht einzuholen. Sofern ein Gläubigerausschuss besteht, kann der Verwalter ohne Mitzeichnung eines Mitglieds des Gläubigerausschusses über bei der Bank eingehende Gelder nicht verfügen, soweit nicht die Gläubigerversammlung etwas anderes bestimmt hat. Falls Eigenverwaltung angeordnet ist, steht die Verfügungsbefugnis dem Schuldner zu. Der Sachwalter kann allerdings die Kassenführung an sich ziehen (§ 2755 Abs. 2 InsO) und im Rahmen des § 277 InsO ein Zustimmungsvorbehalt angeordnet werden.

Im Übrigen kann auf die Ausführungen zur Kontoführung nach Erlass eines Verfügungsverbots verwiesen werden.[32]

bb) Gleiches gilt für die Behandlung des **Zahlungsverkehrs**. Zwar enden mit der Verfahrenseröffnung sowohl Kontokorrentabrede als auch der Zahlungsdiensterahmenvertrag (§§ 675c ff. BGB) so dass Zahlungseingänge unabhängig davon, ob das Konto debitorisch oder kreditorisch geführt wird, auszukehren sind. Zur Entgegennahme von Zahlungseingängen (die sie dann an den Insolvenzverwalter herausgeben muss) ist die Bank in diesem Verfahrensstadium berechtigt, aber nicht verpflichtet.[33] Der durch §§ 115 Abs. 3, 82 InsO erzeugte Schutz der Bank wird aber bei Abverfügungen im gleichen Umfang relevant wie im Vorverfahren nach Erlass eines Verfügungsverbots.[34] Seit der Einführung von § 116 S. 3 InsO gilt für Überweisungsverträge, die die Bank vor Verfahrenseröffnung entgegen genommen hat, dass diese durch die Verfahrenseröffnung nicht erlöschen, sondern mit Wirkung für die Masse fortbestehen. Die Ansprüche der Bank durch die Ausführung der Überweisung stellen somit Masseverbindlichkeiten nach § 55 Abs. 1 Nr. 2 InsO dar. Ist die Gefahr zu besorgen, dass die Masse nicht ausreicht, diese Verbindlichkeit zu erfüllen, sollte die Bank vorab überlegen, ob sie den Überweisungsvertrag gem. § 676a Abs. 3 BGB kündigt. Führt die Bank in Kenntnis eines angeordneten Zustimmungsvorbehalts einen vom Schuldner ohne Zustimmung des vorläufigen Insolvenzverwalters erteilten Überweisungsauftrag aus, kann sie den Überweisungsbetrag nicht in das Kontokorrent einstellen, weil die Belastung des Kontos an der fehlenden Genehmigung scheitert.[35]

Ansprüche aus Kredit gelten zwar gem. § 41 InsO als fällig, so dass an sich eine Kündigung, soweit sie bislang nicht angesprochen wurde, entbehrlich ist. Allerdings findet die Vorschrift keine Anwendung im Zusammenhang mit dem Eintreten einer Aufrechnungslage, § 95 Abs. 1 S. 2 InsO. Deshalb sollte vorsorglich immer eine Kündigung der Kreditverträge erfolgen. Dies gilt erst Recht, wenn Dritte für den Kredit haften, zB als Bürge, oder andere Sicherheiten gestellt haben. Auch wenn es hier aus Schutzgründen ausreichend wäre, die

---

[31] KG Urt. v. 18.6.2002 – 7 U 96/01, NZI 2002, 497.
[32] Vgl. → § 26 Rn. 7 ff.
[33] BGH Urt. v. 5.12.2006 – XI ZR 21/06, NJW 2007, 914 (915).
[34] Vgl. → § 25 Rn. 58 ff.
[35] BGH Urt. v. 5.2.2009 – IX ZR 78/07, DZWiR 2009, 294 (296).

Inanspruchnahme gegenüber dem Dritten zu erklären, wird hier eine ausdrückliche Kündigung auch gegenüber dem Schuldner gefordert.[36]

49 cc) Im Rahmen der **Insolvenzanfechtung** kann für typischerweise im Rahmen der Geschäftsbeziehung zum Kunden auftretende Fallgestaltungen danach differenziert werden, ob – ohne zusätzliche Nachteile – ein Vorgang rückgängig zu machen ist oder ob aus der Verbindung des angefochtenen Vorgangs mit anderen wirtschaftlich relevanten Tatbeständen weitere negative Konsequenzen für die betroffene Bank entstehen können.

50 Zur ersten Fallgruppe gehören zB die Nachbesicherung eines Kredits, die Vereinnahmung von Zahlungen ohne Zulassung von Abverfügungen sowie die Rückzahlung eines Blankokredits. In diesen Fällen besteht der „Nachteil" der von der Anfechtung betroffenen Bank „nur" in der Rückgängigmachung einer sie individuell begünstigenden Vermögensverschiebung, die sich für die Insolvenzgläubiger als nachteilig erwiesen hatte (§ 129 Abs. 1 InsO).

51 Anders dagegen stellt sich die Situation für die Bank in der zweiten Fallgruppe dar. Hierzu gehören beispielhaft
– die Zulassung von Abverfügungen im Rahmen von Eingängen[37]
– die Besicherung eines neu ausgereichten Kredits
– die Freigabe von Kreditsicherheiten nach Rückführung des gesicherten Kredits.

52 Die wirtschaftlich nachteiligen Konsequenzen – soweit Anfechtungstatbestände einschlägig sind – liegen in diesen Fallgruppen darin, dass die Bank eigene Vermögensdispositionen vornimmt, die von der Erwartung getragen werden, dass diesen adäquate „Leistungen" gegenüberstehen. Wird nun diese Gegenleistung rückgängig gemacht, stellen die diesbezüglich veranlassten Dispositionen, soweit sie nicht ebenfalls wirtschaftlich neutralisiert werden können, aus der Sicht der Bank einen zusätzlichen **Schaden** dar, den sie zu tragen hat. Nicht zuletzt im Hinblick auf diese Fälle, sind die Banken daher gut beraten, die Entwicklung des Anfechtungsrechts nach der InsO sorgfältig zu beobachten und ihr Verhalten darauf einzurichten. Die anfechtungsrechtliche Behandlung von Zahlungseingängen stellt dabei ein Beispiel von hoher Praxisrelevanz dar; im Hinblick auf die Frage nach einer zulässigen Verrechnung/Aufrechnung nimmt § 96 Abs. 1 Nr. 3 InsO ausdrücklich auf die Anfechtungstatbestände Bezug. Die wirtschaftliche Bedeutung einer Verfügbarkeit des Kontos gerade in der sich abzeichnenden Krise des Schuldners liegt auf der Hand; gelingt es nicht, zumindest bei der/den Hausbank/en einen geregelten Zahlungsverkehr aufrecht zu erhalten, werden außerinsolvenzliche Sanierungsbemühungen von vornherein zum Scheitern verurteilt sein. Dabei lassen sich in der Praxis insbesondere folgende Fallgruppen vorfinden:
– Verfügungen im Rahmen einer eingeräumten Kontokorrentlinie
– Verfügungen im Rahmen einer geduldeten Überziehung
– Verfügungen im Rahmen einer Saldensistierung (Abverfügung nur bei entsprechenden Eingängen möglich).

53 Die weitgehend zu verzeichnende Bereitschaft der (Haus)Banken, auch in der Krise des Schuldners Zahlungsverkehr (Ein- und Ausgänge) jedenfalls insoweit

---

[36] *Uhlenbruck* § 41 Rn. 2.
[37] Vgl. nachstehend → § 26 Rn. 53 ff.

zuzulassen, als sich hierdurch keine Saldoerhöhungen ergaben, steht vor dem Hintergrund eines sowohl rechtlich als auch tatsächlich weitgehend überschaubaren Risikos, Eingänge trotz Zulassung von Abverfügungen nicht „behalten", also verrechnen/aufrechnen zu können.[38]

Soweit die Zahlungseingänge auf Forderungen des Schuldners beruhen, die dieser an die Bank zur Sicherheit abgetreten hatte, liegt kein Anfechtungstatbestand vor, da es schon an der Grundvoraussetzung einer jeglichen Anfechtung, nämlich der **Gläubigerbenachteiligung** (§ 129 Abs. 1 InsO) fehlt.[39] Zulässig ist auch die Aufrechnung gegen Kundenforderungen, die unanfechtbar verpfändet wurden. Soweit das Pfandrecht auf der Vereinbarung der AGB Banken beruht, handelt es sich insoweit um eine inkongruente Besicherung.[40] 54

Eine unmittelbare Benachteiligung kann auch durch Gegenleistungen kompensiert werden. Allerdings muss die **Gegenleistung** nicht nur wirtschaftlich gleichwertig sein, sondern auch in einer engen Verknüpfung zur Leistung des Schuldners stehen (§ 142 InsO). Ein solcher Zusammenhang mit Zahlungseingängen ist zu bejahen, wenn die Bank weiterhin Abverfügungen zulässt. In Höhe der Abverfügungen im anfechtungsrelevanten Zeitraum ist die Bank daher vor einer Anfechtung der Verrechnung/Aufrechnung der Zahlungseingänge geschützt.[41] Dies gilt, da § 142 InsO insoweit nicht differenziert, unabhängig davon, ob – bei debitorischem Konto – zum Zeitpunkt des Zahlungseingangs ein Anspruch auf Rückführung des Debets bestand oder nicht und ob die Kreditlinie ausgeschöpft war.[42] Unberührt bleibt jedoch eine Anfechtung wegen vorsätzlicher Benachteiligung (§ 133 Abs. 1 InsO). Allerdings dürfte der Anwendungsbereich dieser Ausnahme für die hier interessierende Zulassung des Zahlungsverkehrs eher gering sein und mit der Reform der Insolvenzanfechtung noch weiter abnehmen. 55

Ausgenommen von den Fragen nach der Zulässigkeit von Aufrechnungen/Verrechnungen nach §§ 95, 96 Abs. 1 InsO sind Ansprüche und Leistungen iSv § 96 Abs. 2 InsO soweit sie in ein entsprechendes Zahlungs-, Wertpapierlieferungs- und -abrechnungssystem iSv § 96 Abs. 2 S. 2 InsO eingebracht wurden. 56

Darüber hinaus werden Nettingvereinbarungen im Rahmen von Finanztermingeschäften durch § 104 Abs. 2 S. 3 InsO insolvenzrechtlich privilegiert.[43] In seinem Anwendungsbereich begreift diese Vorschrift die einen Rahmenvertrag unterfallenden Einzelgeschäfte als einen einzigen Vertrag im Sinne der §§ 103, 104 InsO und sorgt so für die Insolvenzfestigkeit einer Verrechnung dieser Geschäfte. Hierdurch wird vermieden, dass der Verwalter Einzelgeschäfte, die für den Schuldner günstig sind, herausgreift und auf Erfüllung besteht, während er für ungünstige Einzelgeschäfte Nichterfüllung wählt.

---

[38] Vgl. auch *Dampf* KTS 1998, 145 (164).
[39] BGH Urt. v. 29.11.2007 – IX ZR 30/07, ZInsO 2008, 91; BGH Urt. v. 1.10.2002 – IX ZR 360/99, NZI 2003, 34; Uhlenbruck/*Hirte*/*Ede* InsO § 131 Rn. 75 ff.
[40] BGH Urt. v. 29.11.2007 – IX ZR 30/07, NZI 2008, 89; BGH Urt. v. 28.1.2016 – IX ZR 185/13.
[41] BGH Urt. v. 25.2.1999 – IX ZR 353/98, WM 1999, 781; BGH Urt. v. 25.1.2001 – IX ZR 353/98, DZWIR 2001, 374 (375 f.); BGH Urt. v. 15.11.2007 – IX ZR 212/06, ZInsO 2008, 159 (161).
[42] BGH Urt. v. 7.3.2002 – IX ZR 223/01, WM 2002, 951 ff.; *Zuleger* ZInsO 2002, 49 ff.
[43] Hierzu ausführlich *Benzler* ZInsO 2000, 1 ff.

57 **b) Neugeschäft, insbesondere Kreditierung.** Wie schon im Vorverfahren nach Erlass eines Verfügungsverbots werden auch Kredite, die der Insolvenzverwalter im eröffneten Verfahren aufnimmt, als Masseverbindlichkeiten privilegiert (§ 55 Abs. 1 Nr. 1 InsO), so dass vollinhaltlich auf die Ausführungen in → § 18 Rn. 82 verwiesen werden kann. Die Fortsetzung der dort aufgeführten Überbrückungsfinanzierung[44] kann beispielhaft wie folgt vorgenommen werden:

---

58 Schreiben an ......
als Insolvenzverwalter der Fa. ......

Am ...... wurde das Insolvenzverfahren über das Vermögen der Firma ...... eröffnet. Das Amtsgericht ...... hat Sie als Insolvenzverwalter eingesetzt.

Zur Fortführung des Betriebes stellen wir Ihnen unter Zugrundelegung unserer Allgemeinen Geschäftsbedingungen einen Massekredit als Kontokorrentkredit bis zu einer Höhe von EUR ...... zur Verfügung. Der im Vorgriff auf diesen Massekredit zur Verfügung gestellte Kontokorrentkredit vom ...... wird auf diesen Massekredit in Anrechnung gebracht. Für den nunmehr ausgereichten Massekredit gelten folgende Bedingungen: ......

[wie im Überbrückungskredit formuliert, folgen hier allgemeine Bestimmungen]

---

59 Alternativ kann die Verfahrensfinanzierung auch durch ein Zurverfügungstellen von absonderungsberechtigten Altforderungen dargestellt werden. Dies ist allerdings nur dann sinnvoll, wenn – wie häufig – der Forderungseinzug vom Insolvenzverwalter auch bzgl. der Altforderungen durchgeführt und eine Abgrenzungsvereinbarung getroffen wurde. Inhalt einer solchen Regelung können also sein:
– Abgrenzung von Alt- und Neuforderungen
– Regelung von Verwertungsmodalitäten
– Verzinsung
– Sicherheiten.

60 Nach § 160 Abs. 2 Nr. 2 InsO hat der Verwalter die Zustimmung des Gläubigerausschusses/der Gläubigerversammlung einzuholen, soweit die dort genannten Voraussetzungen vorliegen. Gleiches gilt für die Stellung von Sicherheiten, wobei eine fehlende Zustimmung die Wirksamkeit der Kreditierung und der Sicherheitenbestellung unberührt lässt (§ 164 InsO).

2. Sicherheitenverwertung in der Regelabwicklung

61 **a) Allgemeines.** Soweit die (vertraglichen) **Verwertungsvoraussetzungen** gegeben sind, also die gesicherte Forderung fällig und die Verwertung – soweit erforderlich – mit angemessener Frist angedroht wurde (die meisten formularmäßigen Sicherungsverträge regeln detailliert die einzelnen Verwertungsvoraussetzungen), kann die Bank unabhängig von einer weiteren Zustimmung des Schuldners/Sicherungsgebers die Verwertung der Sicherheiten betreiben. Nach

---

[44] Vgl. → § 25 Rn. 80 f.

Möglichkeit sollte die Verwertung in Abstimmung mit dem Sicherungsgeber, ggf. sogar durch ihn selbst erfolgen, um ein wirtschaftlich optimales Verwertungsergebnis (Vertriebs-Know-how/spezieller Abnehmerkreis etc) zu erzielen.

Die Auswirkungen eines Regelinsolvenzverfahrens auf die Sicherheitenverwertung richten sich nach der Art der Sicherheit.

Drittsicherheiten, also Sicherheiten, die nicht aus dem Schuldnervermögen stammen, sind von der Durchführung eines Regelinsolvenzverfahrens in keiner Weise betroffen. Welchen Einfluss Erlöse aus Drittsicherheiten für die im Verfahren angemeldete Forderung haben, regelt § 43 InsO. Danach kann ein Gläubiger mit dem vollen Betrag der Forderung, wie er zum Eröffnungszeitpunkt des Verfahrens bestand, am Verfahren teilnehmen, auch wenn ihm Dritte für die Forderung haften, solange er nicht voll befriedigt ist.[45] Haftung im Sinne von § 43 InsO ist dabei weit zu verstehen und umfasst neben Gesamtschuldverhältnissen jegliche Formen der persönlichen und/oder dinglichen Haftung. § 43 InsO findet hiernach beispielsweise auch Anwendung auf von einem Dritten stammende Sicherungsübereignungen oder Sicherungszessionen.

Unabhängig davon ist die Bank berechtigt, Sicherheitenerlöse, gleich ob die Sicherheit vom Schuldner oder einem Dritten gestellt wurde, auch auf seit Verfahrenseröffnung anfallende **Zinsen und Kosten** für die Forderung zu verrechnen. Trotz der Einstufung dieser Ansprüche als nachrangige Insolvenzforderungen (§ 39 Abs. 1 Nr. 1 InsO), hat sich zunächst die herrschende Ansicht in der Literatur[46] und inzwischen auch der BGH hierzu bekannt.[47] § 50 Abs. 1 InsO ordnet dabei keine von § 367 BGB abweichende Tilgungsreihenfolge an Die Vorschrift regelt, **dass** sich der absonderungsberechtigte Gläubiger hinsichtlich Hauptforderung, Zinsen und Kosten befriedigen darf, nicht aber **wie** er dies darf. Wenn die Insolvenzordnung, die Verfahrensrecht regelt, Vorschriften des bürgerlichen Rechts (hier: § 367 BGB) in ihrer Wirkung abändern will, muss dies ausdrücklich erfolgen. § 497 Abs. 3 S. 1 BGB, immerhin auch eine Vorschrift des bürgerlichen Rechts, ordnet bspw. unter expliziter Erwähnung der allgemeinen Norm eine abweichende Rechtsfolge an. Für eine durch § 50 Abs. 1 InsO abweichende Tilgungsreihenfolge gibt es auch keine sachliche Rechtfertigung. Während § 497 Abs. 3 S. 1 BGB Verbraucher günstiger stellen will, gibt es keine sinnvolle Erklärung dafür, warum sich ein Insolvenzgläubiger der sich grundsätzlich gemäß der Tilgungsreihenfolge des § 367 Abs. 1 BGB befriedigen kann, dies aber ausgerechnet bei Absonderungsrechten nicht dürfen soll.

Gravierende Auswirkungen hat das Regelinsolvenzverfahren auf vom **Schuldner stammende Sicherheiten.** Im Folgenden sollen praxisrelevante Zweifelsfragen sowie etwaige Handlungsoptionen/Reaktionsmöglichen der Bank dargestellt werden, die sich im Sinne einer wirtschaftlich optimalen Verwertung ergeben.

In der Praxis hat sich gezeigt, dass dieses Ziel am ehesten durch die Erzielung von **Einvernehmen** zwischen Verwalter und Gläubiger erreicht werden kann.

---

[45] *Wegmann,* Behandlung von Sicherheitenerlösen, BP 2006, 536 (538).
[46] *Wegmann* BP 2006, 536.
[47] BGH Urt. v. 17.7.2008 – IX ZR 132/07, ZIP 2008, 1539 ff.

66 Die §§ 165 ff. InsO haben in Bezug auf Sicherungsrechte der Banken insbesondere Bedeutung für sämtliche Formen von Sicherungsübereignungen (Einzel-, Mantel-, Listen-, Raum-) und Sicherungszessionen von Forderungen.

67 Für die allgemeine Darstellung kann auf § 15 in diesem Handbuch verwiesen werden.[48]

68/69 b) Problemkreise. aa) Umfang des Verwertungsrechts gem. § 166 InsO. Teilweise wird die Auffassung vertreten, § 166 Abs. 1 InsO greife auch dann ein, wenn weder Gläubiger noch Schuldner unmittelbarer Besitzer sind, der Schuldner aber zumindest **mittelbarer Besitzer** ist, beispielsweise bei Einbindung eines Lagerhalters oder in den Reparaturfällen.[49]

70 Aus Sicht der Bankpraxis bietet es sich an, jedenfalls solche Gegenstände, die für die Fortführung evident notwendig sind, nicht dem Zugriff des mittelbar besitzenden Verwalters zu entziehen, ggf. die Frage der Kostenbeiträge im Nachhinein zu klären. Hierüber müssten zwischen Verwalter und Gläubiger entsprechende Vereinbarungen abgeschlossen werden.

71 § 166 Abs. 2 InsO erlaubt dem Insolvenzverwalter die Verwertung zur Sicherheit zedierter Forderungen, aber weder die Verwertung von verpfändeten Forderungen, noch von abgetretenen Rechten. Das Verwertungsrecht steht dem Verwalter auch bei vorab angezeigter Forderungsabtretung durch den Gläubiger an den Drittschuldner zu.[50]

72 Dass sich § 166 Abs. 2 InsO nur auf sicherungsabgetretene Forderungen, nicht aber auf **verpfändete Forderungen** und auf **abgetretene/verpfändete Rechte** (zB Patente, Lizenzen, Marken) bezieht, ergibt sich nicht nur aus dem eindeutigen Wortlaut von § 166 Abs. 2 InsO, sondern auch aus der Entstehungsgeschichte der Vorschrift, die eine planwidrige Regelungslücke als fernliegend erscheinen lässt.[51] Der Gegenmeinung[52] ist zuzustehen, dass es im Einzelfall zweckmäßig sein kann, wenn das Verwertungsrecht dem Verwalter zusteht. In solchen Fällen wäre es geboten, wenn sich der Verwalter um eine Verständigung mit dem Sicherungsnehmer bemüht. Um beispielsweise bei der Verpfändung von Gesellschaftsanteilen der rechtlichen Diskussion zu entgehen, kann es sich anbieten, solche in eine sog doppelnützige Treuhand einzubringen. Ein Treuhänder hält die Anteile als Vollrechtsinhaber für den bisherigen Gesellschafter und verspricht im Rahmen eines Vertrages zugunsten Dritter dem Sicherungsnehmer, einen etwaigen Verwertungserlös an diesen auszukehren.[53]

73 Nach Verfahrenseröffnung darf die Bank eine bereits begonnene Verwertung nicht fortsetzen. Der Übergang des Verwertungsrechts führt auch in aller Regel zu erheblichen tatsächlichen Schwierigkeiten beim **Forderungseinzug**. Wer hiermit je befasst war, wird die Erfahrung gemacht haben, dass Drittschuldner dies zunächst als willkommenen Anlass nehmen, überhaupt nicht zu reagieren und zu zahlen. Ändert sich nun die Person des Einziehenden nochmals, wird sich dieser tatsächliche Effekt noch verstärken.

---

[48] Vgl. → § 15 Rn. 100 ff.
[49] Uhlenbruck/*Brinkmann* InsO § 166 Rn. 14 ff.
[50] BGH 11.7.2002 – IX ZR 262/01, NZI 2002, 599.
[51] MüKoInsO/*Tetzlaff* § 166 Rn. 66.
[52] *Bitter/Alles* KTS 2013, 113 mwN.
[53] BGH Urt. v. 24.9.2015 – IX ZR 272/13, NZI 2016, 21.

Umstritten ist, ob der Drittschuldner weiterhin leistungsbefreiend an die bislang einziehende Bank leisten kann. Der BGH hat in diesem Zusammenhang entschieden, dass ein Drittschuldner dann nicht mehr schuldbefreiend an den Abtretungsgläubiger leisten kann, wenn ihm die Eröffnung des Insolvenzverfahrens über das Vermögen seines ursprünglichen Gläubigers bekannt ist und er weiß, dass die Abtretung lediglich zu Sicherungszwecken erfolgt ist.[54] Die wohl hM in der Literatur bejaht dies.[55] In entsprechender Anwendung des § 82 InsO sowie § 407 BGB kann jedenfalls ein gutgläubiger Dritter trotz Übergangs des Verwertungsrechts an die Bank, die materiell Forderungsinhaberin bleibt, leistungsbefreiend zahlen. Leistet ein Drittschuldner nach Insolvenzeröffnung an die Bank, erhält die Insolvenzmasse allerdings die in §§ 170, 171 InsO geregelte Feststellungspauschale. Werden sicherungshalber abgetretene Forderungen vor Insolvenzeröffnung getilgt, stehen der Insolvenzmasse weder Feststellungs- noch Verwertungskosten zu.

bb) Günstigere Verwertungsmöglichkeit (§ 168 InsO). Im Rahmen des nach § 168 InsO möglichen Gläubigerhinweises auf eine günstigere Verwertungsmöglichkeit erhebt sich ua die Frage nach der Vergleichbarkeit der hiernach evtl. gegebenen Verwertungsalternativen. Beispiele:

– Verwertung eines Einzelgegenstandes
Verwalter: 100 000,– EUR in vier Raten
Gläubiger: 80 000,– EUR sofort.

Ausgangspunkt ist sicherlich der Vergleich der erzielbaren Kaufpreise, wobei eine Abzinsung erforderlich ist, um Ratenzahlung und sofortige Zahlung vergleichbar zu machen. Unklar ist die Höhe des Abzinsungsfaktors. Immerhin vergrößert die Vereinbarung von Ratenzahlung tendenziell das Ausfallrisiko, sofern der Kaufpreisanspruch nicht werthaltig gesichert wird. Daher spielt auch die Bonität des Abnehmers eine Rolle. Dasselbe gilt für die Höhe der anfallenden Verwertungskosten, weshalb der Verwalter diese vorab offenlegen muss, wenn sie die Pauschale von 5 % überschreiten.[56] Unklar ist, ob die nachträgliche Illiquidität des vom Verwalter gewählten Abnehmers im Rahmen der Ersatzpflicht nach § 168 Abs. 2 Alt. 2 InsO Berücksichtigung findet.

– Verwertung von Sachgesamtheiten
Verwalter: Verkauf des gesamten Maschinenparks für 3 Mio. EUR; auf eine dem Gläubiger sicherungsübereignete Maschine entfallen 350 000,– EUR
Gläubiger: Verkauf der einzelnen Maschine für 400 000,– EUR.

Der absonderungsberechtigte Gläubiger kann hier berechtigterweise auf eine günstigere Verwertungsmöglichkeit verweisen. Will der Verwalter den Paketverkauf gleichwohl durchführen, hat er den Gläubiger gem. § 168 Abs. 2 Alt. 2 InsO so zu stellen, als habe dieser die von ihm nachgewiesene Verwertungsmöglichkeit wahrgenommen.[57] Der Insolvenzverwalter darf allerdings die Kos-

---

[54] BGH Urt. v. 23.4.2009 – IX ZR 65/08, NZI 2009, 425.
[55] *Wegmann* ZInsO 2008, 1014 (1015), mwN.
[56] AG Duisburg Urt. v. 8.5.2002 – 45 C 2180/01, ZInsO 2003, 190 (191).
[57] *Klasmeyer/Elsner/Ringstmeier* KS S. 845 Rn. 36; HK-InsO/*Landfermann* § 168 Rn. 11; *Gundlach/Frenzel/Schmidt* ZInsO 2001, 537 (540); LG Düsseldorf Urt. v. 9.5.2003 – 14d O 34/02, DZWIR 2003, 389 (390).

ten in Abzug bringen, die bei der vom Gläubiger vorgeschlagenen Verwertung angefallen wären. Darum kann der Gläubiger im Ergebnis den **fiktiven Nettoerlös** verlangen.[58]

75 Andere, nur **mittelbare Faktoren** wie beispielsweise die Bevorzugung eines anderen Kunden der Bank bei ansonsten wirtschaftlicher Gleichwertigkeit der Alternativangebote spielen keine Rolle, da der Vergleich nach Vorstellung des Gesetzgebers auf Grund messbarer, objektivierbarer Kriterien erfolgen soll. Möchte die Bank diesen Weg wählen, bleibt ihr allenfalls der Weg über den Selbsteintritt gem. § 168 Abs. 3 S. 1 InsO.

76 Zugegebenermaßen treten die aufgezeigten Probleme in vielen Fällen deshalb nicht auf, weil es schon einen Verwertungserfolg darstellt, wenigstens einen Interessenten in angemessener Zeit und zu akzeptablen Bedingungen gefunden zu haben. Um von vornherein Streit über Verwertungsalternativen zu vermeiden, bietet es sich neben der gemeinsamen Suche nach Abnehmern an, vorab **Verwertungsvereinbarungen** zu treffen, in denen dann auch die einzelnen Verwertungsmodalitäten regelbar sind.

77 cc) **Ausgleichsverpflichtung (§ 169 InsO).** Grundsätzlich wird § 169 InsO allgemein als verschuldensunabhängige Ausgleichsverpflichtung für den entzogenen Zugriff auf den Sicherungsgegenstand verstanden. Die Vorschrift stellt auf den reinen Zeitablauf ab, indem ohne weiteres eine Ausgleichsverpflichtung ab Berichtstermin angeordnet wird.[59] Die Bank ist daher nicht verpflichtet darzulegen, dass eine tatsächliche Verwertungsmöglichkeit ungenutzt geblieben ist.

Allerdings schränkt die Rechtsprechung den Anwendungsbereich des § 169 InsO ein. Bei der Verwertung von beweglichen Gegenständen soll der Zinsanspruch entfallen, falls die Sicherheitenverwertung durch nicht insolvenzspezifische Gründe verzögert wird. Ein solcher Grund liegt vor, wenn es für Gegenstände aufgrund ihrer spezifischen Beschaffenheit keinen Markt gibt. Der BGH sieht jedoch die Beweislast für das Vorliegen einer solchen Ausnahmesituation auf Seiten des Verwalters.[60] Dem Absonderungsgläubiger steht aber in jedem Fall dann ein Zinsanspruch zu, wenn der Verwalter erfolglose Verwertungsbemühungen über längere Zeit fortsetzt.[61]

Sofern sich der Insolvenzverwalter ab dem Berichtstermin ordnungsgemäß um den Forderungseinzug bemüht, soll bei abgetretenen Forderungen der Zinsanspruch des Gläubigers entfallen, wenn die Verwertungsverzögerung in der Sphäre des Drittschuldners liegt und der Gläubiger bei einer eigenen Durchführung der Verwertung auch nicht schneller an sein Geld gekommen wäre. § 169 InsO soll dem Gläubiger nicht das Risiko der Einbringlichkeit der Forderung und das Risiko von Zahlungsverzögerungen abnehmen.[62]

Die Höhe des Zinssatzes richtet sich danach, in welcher Höhe der Gläubiger Zinsen aus dem ungestörten Rechtsverhältnis mit dem Schuldner fordern konnte. Waren keine Zinsen als Hauptleistung geschuldet oder lag der vereinbarte Zinssatz unter 4 %, soll nach der BGH-Rechtsprechung eine Mindestverzin-

---

[58] *Haas/Scholl* NZI 2002, 642 (647).
[59] HK-InsO/*Landfermann* § 169 Rn. 5; *Hellmich* ZInsO 2005, 678 (680).
[60] BGH Urt. v. 16.2.2006 – IX ZR 26/05, NZI 2006, 342 (343).
[61] MüKoInsO/*Lwowski/Tetzlaff* § 169 Rn. 25.
[62] BGH Urt. v. 20.2.2003 – IX ZR 81/02, NZI 1003, 259 (262).

§ 26. Bankenverhalten/Bankengeschäfte in der Kundeninsolvenz

sung in Höhe von 4% erfolgen.[63] Der BGH hat entschieden, dass die Zinszahlungspflicht nicht schon mit der Einziehung der Forderung durch den Verwalter endet, sondern erst mit der Auszahlung des Erlöses. Dies erscheint jedoch nicht richtig. Richtigerweise tritt mit dem Einzug der Forderung durch den Verwalter eine Zäsur ein.[64] Ab diesem Zeitpunkt verzögert der Verwalter nicht die Verwertung, sondern er verletzt seine Pflicht aus § 170 Abs. 1 S. 2 InsO, den Erlös unverzüglich auszukehren. Wenn er mit dieser Pflicht in Verzug gerät, müsste er ab Erlösvereinnahmung nach richtiger Ansicht den Verzugszinssatz bezahlen.

Basis für die Zinsberechnung ist der tatsächlich erzielte Netto-Verwertungserlös sein.[65]

ee) **Ersatzsicherheiten.** Wie sich aus dem eindeutigen Wortlaut von § 172 InsO ergibt, gewährt die Insolvenzordnung dem Verwalter nicht die Möglichkeit zum Verbrauch des Gegenstandes und der Stellung von Ersatzsicherheiten. In der bisherigen Praxis haben sich in diesem Zusammenhang **Vereinbarungen** bewährt, die dem Verwalter im Rahmen der Fortführung den Verbrauch der Sicherungsgegenstände gegen Stellung von Ersatzsicherheiten ermöglichten, beispielsweise durch revolvierende „Aufrechterhaltung" der Warenlagersicherungsübereignung und der Zession neu entstehender Kundenforderungen.[66]

ff) **Einstweilige Einstellung der Zwangsversteigerung.** Vergleichbar mit § 169 InsO sieht § 30e Abs. 1 ZVG für den Fall der einstweiligen Einstellung der Zwangsversteigerung vor, dass für den betroffenen Gläubiger ein Ausgleich zu gewähren ist, der aber von der Prognose abhängt, inwieweit im Falle der Versteigerung das Grundpfandrecht abgedeckt wäre (§ 30e Abs. 3 ZVG). Die Entscheidung wird vom Insolvenzgericht im Rahmen der einstweiligen Einstellung getroffen, zu einem Zeitpunkt also, zu dem möglicherweise das Verkehrswertgutachten gem. § 74a Abs. 5 ZVG noch nicht vorliegt. Angesichts der zur einstweiligen Einstellung führenden Gründe ist zu erwarten, dass die erforderliche **Prognoseentscheidung** nicht mit der häufig zeitaufwändigen Intensität und Sorgfalt gefällt wird, die auf das Verkehrswertgutachten verwendet wird (ganz davon abgesehen, dass kein auch noch so sorgfältig erstelltes Gutachten eine Gewähr dafür bietet, den zutreffenden Versteigerungserlös festgestellt zu haben).

Die Bank ist daher gut beraten, ihre Wertvorstellungen in den Entscheidungsprozess einzubringen, ggf. die Entscheidung des Insolvenzgerichts mit Rechtsmitteln zu korrigieren versuchen. Stellt sich allerdings erst im Nachhinein heraus, dass sich die Prognoseentscheidung nicht mit der Wirklichkeit deckt, also zu viel oder zu wenig Ausgleichszahlungen geleistet wurden, erhebt sich die Frage, ob diese nachträglich korrigiert werden können. Grundlage der Zahlung ist eine hoheitliche, gerichtliche Entscheidung. Ist diese rechtskräftig, kann auch keine **Korrektur** über bereicherungsrechtliche Wege erfolgen. Ver-

---

[63] BGH Urt. v. 16.2.2006 – IX ZR 26/05, NZI 2006, 342 (343).
[64] LG Stendal Urt. v. 14.2.2002 – 22 S 208/01, DZWIR 2002, 294 ff.
[65] *Hellmich*, Zur Zinszahlungspflicht des Insolvenzverwalters nach § 169 InsO, ZInsO 2005, 678 (682).
[66] Zum Massekredit: *Schönfelder*, Die Besicherung von Massekrediten im Insolvenzeröffnungsverfahren, WM 2007, 1489.

gleichbar mit der Lage bei Zuschlag eines dem Vollstreckungsschuldners nicht gehörenden Gegenstandes an den Erwerber im Rahmen einer Versteigerung, bei dem der tatsächliche Eigentümer keine Ansprüche gegen den Erwerber geltend machen kann,[67] kommt auch hier kein Ausgleich zwischen den verschiedenen Grundpfandgläubigern oder zwischen Grundpfandgläubiger und Masse in Betracht.

81 Für den nach § 10 Abs. 1 Nr. 1a ZVG anfallenden **Kostenbeitrag** des Gläubigers an die Masse im Falle der Zwangsversteigerung, bezogen auf die Feststellung des mithaftenden Zubehörs, wird der Gläubiger häufig zugleich Rechte aus einer Sicherungsübereignung geltend machen können. Welche der verschiedenen Kostenbeiträge anfällt (4 % des nach § 74a Abs. 5 ZVG festgestellten Verkehrswerts des Zubehörs bzw. § 171 InsO bei Sicherungsübereignung) hängt davon ab, welche Verwertungsart gewählt wird. Die Bank sollte dies allerdings nicht zum Anlass nehmen, auf eine Sicherungsübereignung zu verzichten. Häufig bestehen erhebliche Unsicherheiten, ob der fragliche Gegenstand als Zubehör in den Haftungsverbund des Grundpfandrechts fällt.[68]

82 **gg) Freihändiger Verkauf von (belasteten) Grundstücken.** Der Insolvenzverwalter kann Grundstücke des Insolvenzschuldners nicht nur zwangsweise (§ 165 InsO), sondern auch freihändig verwerten. Nach § 80 Abs. 1 InsO geht das Verfügungsrecht über Massevermögen auf ihn über. In der Praxis werden sich die Beteiligten darüber einigen müssen, ob und wie der Aufwand des Insolvenzverwalters, der mit einem freihändigen Objektverkauf verbunden ist, vergütet wird, ob ihm die Risiken aus dem Rechtsgeschäft mit dem Käufer abgenommen werden und welche Gegenleistung die Absonderungsgläubiger erhalten, wenn sie einen lastenfreien Verkauf durch Erteilung entsprechender Löschungsbewilligungen ermöglichen.

83 Absonderungsberechtigte Gläubiger werden in der Regel mindestens den Betrag aus dem Kaufpreis für sich beanspruchen wollen, den sie auch im Falle einer Zwangsversteigerung erhalten würden. Es sind aber die verschiedensten Interessenlagen denkbar. Grundsätzlich können die Parteien die Bedingungen frei aushandeln, solange das Ergebnis nicht insolvenzzweckwidrig ist. Kritisch ist es, wenn die Inhaber nachrangiger und damit nicht werthaltiger Grundschulden („Schornsteingrundschulden") die Erteilung einer Löschungsbewilligung und damit den Weg für einen freihändigen lastenfreien Verkauf davon abhängig machen, dass sie eine sog Lästigkeitsprämie aus dem Kaufpreis erhalten. Der BGH hält diese Praxis für unzulässig. Die Zahlung des Insolvenzverwalters laufe dem Insolvenzzweck der gleichmäßigen Gläubigerbefriedigung zuwider.[69] Deshalb sei die zugrunde liegende Zahlung nichtig. Der BGH hat aber offen gelassen, ob er anders entschieden würde, wenn die Vereinbarung (Lästigkeitsprämie gegen Löschungsbewilligung) einen so günstigen Kaufvertragsabschluss ermöglicht hätte, dass freie Masse generiert worden wäre. Interessant wird sein, wie sich die Praxis behelfen wird. Möglicherweise werden die Inhaber nachrangiger Grundschulden nun eine Löschungsbewilligung nur gegen eine Abstandszahlung aus dem Vermögen des Käufers erteilen. Insoweit

---

[67] Palandt/*Thomas* BGB § 812 Rn. 111 ff.
[68] *Obermüller* Rn. 6.696.
[69] BGH Urt. v. 20.3.2008 – IX ZR 68/08), WM 2008, 937 (938).

dürfte keine Insolvenzzweckwidrigkeit gegeben sein. Eine solche liegt nach Auffassung des BGH ebenfalls nicht vor, wenn die Zahlung ausschließlich zu Lasten eines damit einverstandenen vorrangigen Grundpfandgläubigers geht.[70]

Umgekehrt machen manche Insolvenzverwalter ihre Mitwirkung an einem freihändigen Verkauf davon abhängig, dass sie zugunsten der Masse einen Kostenbeitrag erhalten, obwohl ein solcher vom Gesetz nicht vorgesehen ist. Soweit ein freihändiger Verkauf für die Absonderungsgläubiger günstiger ist, als eine zwangsweise Verwertung, sind sie häufig mit einem Massekostenbeitrag in Höhe von etwa 3 % einverstanden. In der Regel wird die konkrete Höhe davon abhängen, welcher Aufwand und welches Risiko für den Insolvenzverwalter mit dem freihändigen Verkauf verbunden ist. Verweigert der Insolvenzverwalter seine Mitwirkung an einem freihändigen Verkauf ohne sachlichen Grund, setzt er sich Schadensersatzansprüchen aus. Insbesondere macht sich der Insolvenzverwalter schadensersatzpflichtig, wenn eine freihändige Verwertung deshalb scheitert, weil er seine Mitwirkung von einer überhöhten Beteiligung abhängig gemacht hat.[71]

Da das Gesetz keinen Kostenbeitrag vorsieht, handelt es sich um eine freiwillige Zahlung, wenn eine Bank trotzdem einen Beitrag leistet. Dies hat zwei Konsequenzen: Ist die durch die Grundschulden gesicherte Schuld zusätzlich durch eine Bürgschaft besichert, wird der Bürge frei, soweit die Bank dem Insolvenzverwalter mehr zugesteht, als sie nach dem Gesetz müsste (§§ 776 S. 1, 774 Abs. 1 BGB analog).[72] Will sie dieses Ergebnis vermeiden, muss sie sich zunächst mit dem Bürgen abstimmen. Außerdem hat der BFH entschieden, dass ein Kostenbeitrag anlässlich eines freihändigen Grundstücksverkaufes umsatzsteuerpflichtig sein soll.[73] Die Begründung des BFH überzeugt nicht, denn der Insolvenzverwalter erbringt „freiwillige" keine Leistung an den Gläubiger, sondern eine Leistung nach der Insolvenzordnung, indem er seiner Verwertungspflicht (§ 159 InsO) nachkommt.[74] Dennoch weisen die Insolvenzverwalter verständlicher Weise seit dieser Entscheidung den zusätzlichen Umsatzsteuerbetrag aus. Im Umgang mit Altfällen sollte eine einvernehmliche Lösung angestrebt werden, denn mit der Entscheidung des BFH dürfte unstreitig keiner der Beteiligten gerechnet haben.

hh) Die Globalzession in der Insolvenz. Die Globalzession ist für die gesamte Kreditwirtschaft eines der bedeutendsten Sicherungsmittel.[75] Insbesondere kleine und mittelständische Unternehmen können als einzige nennenswerte Kreditsicherheit oft nur die Abtretung ihrer Forderungen aus Lieferung und Leistung anbieten. In den letzten Jahren war die Globalzession Gegenstand zahlreicher höchst- und instanzgerichtlicher Entscheidungen. Höchst umstritten war bis zum Grundsatzurteil des BGH vom 29.11.2007 vor allem, ob die

---

[70] BGH Urt. v. 20.3.2013 – IX ZR 80/13, WM 2014, 954 f.
[71] *Weis/Ristelhuber*, Die Verwertung von Grundbesitz im Insolvenzverfahren und die Kostenpauschalen für die Insolvenzmasse, ZInsO 2002, 859 (861).
[72] OLG Dresden Beschl. v. 15.5.2003 – 18 W 361/03, WM 2003, 2137.
[73] BFH Urt. v. 10.2.2005 – V R 31/04, ZInsO 2005, 813, aA *Onusseit* ZInsO 2005, 815.
[74] *de Weerth* DZWIR 2005, 375.
[75] Vgl. hierzu *Piekenbrock*, Zum Wert der Globalzession in der Insolvenz, WM 2007, 141.

7. Teil. Die Stellung der Kreditinstitute im Insolvenzverfahren

einzelnen Forderungsübergänge, soweit sie denn in der kritischen Phase der §§ 130, 131 InsO stattfinden, eine kongruente oder eine inkongruente Besicherung ermöglichen. Obwohl der BGH entschieden hat, dass der Forderungsübergang aufgrund Kongruenz nur unter den Voraussetzungen des § 130 InsO angefochten werden kann,[76] sind in diesem Zusammenhang immer noch praxisrelevante Fragen offen. Der BGH hat inzwischen mehrfach entschieden,[77] dass eine Leistungserbringung des Insolvenzschuldners an dessen Vertragspartner, die eine abgetretene Forderung werthaltig macht, ein Anfechtungsrecht des späteren Insolvenzverwalters dahingehend begründet, dass die Werthaltigmachung gegenüber dem Abtretungsempfänger angefochten werden kann. Auch diese Anfechtung ist allerdings nur unter den Voraussetzungen des § 130 InsO möglich.

87 Nun stellen sich insbesondere folgende Fragen: a) Welche Handlungen und Vorgänge begründen eine solche Werthaltigmachung? b) Wie wird die Höhe der anfechtbaren Werthaltigmachung ermittelt, wenn diese nur anteilig im Dreimonatszeitraum erfolgte? c) Und wie erfolgt ein Gesamtschuldnerausgleich zwischen dem Abtretungsempfänger und dem tatsächlichen Leistungsempfänger?

88 a) Welche Handlungen und Vorgänge eine Werthaltigmachung im Verständnis der BGH-Rechtsprechung begründen, hängt zunächst vom jeweiligen Vertragstyp ab, der zwischen dem späteren Insolvenzschuldner und dem tatsächlichen Leistungsempfänger vereinbart wurde. Bei einem Kaufvertrag ist auf die Übergabe der Kaufsache abzustellen. Der Eintritt der Fälligkeit des Kaufpreisanspruches ist hingegen kein Anfechtungskriterium.[78] Völlig unmaßgeblich ist im Zusammenhang mit einer Insolvenzanfechtung – dies wird in der Praxis häufig verkannt – im Übrigen der Zeitpunkt einer Rechnungsstellung. Die Rechnungsstellung wirkt im Allgemeinen weder forderungsbegründend, noch werthaltig machend.[79] Dies gilt nicht nur im Hinblick auf Kaufverträge, sondern auf sämtliche Rechtsgeschäfte. Bei einem Werk- oder Werklieferungsvertrag liegt in der Erbringung der Werkleistung die Werthaltigmachung. Auf die Abnahme durch den Besteller kommt es nicht an. Beim Dienst- oder Geschäftsbesorgungsvertrag ist der Zeitpunkt der Dienstleistung oder Geschäftsbesorgung maßgeblich. Genauso wie bei Mietverträgen wird hier aber sogar die Entstehung der Forderung von der Erbringung der tatsächlichen Leistungserbringung abhängen. Anfechtbar ist insoweit also der mit der Forderungentstehung einhergehende Forderungsübergang. Für eine nachgelagerte Werthaltigmachung ist hier kein Raum, weil Forderungsentstehung und tatsächliche Leistungserbringung im selben Zeitpunkt stattfinden. Das Gegenteil gilt wiederum im Bereich des Finanzierungsleasings, denn hier geht der BGH von einer betagten Forderung aus, die bereits mit dem Vertragsabschluss entstanden ist. Der Forderungsübergang ist daher in aller Regel weit außerhalb der kritischen

---

[76] BGH Urt. v. 29.11.2007 – IX ZR 30/07, ZIP 2008, 183; BGH Urt. v. 29.11.2007 – IX ZR 165/05, NZI 2008, 236.
[77] BGH Beschl. v. 17.1.2008 – IX ZR, 134/07, DZWIR 2008, 253; BGH Urt. v. 26.6.2008 – IX ZR 144/05, NZI 2008, 539; BGH Urt. v. 26.6.2008 – ZR 47/05, WM 2008, 1442.
[78] *Cranshaw* DZWIR 2008, 221 (228).
[79] Vgl. hierzu *Cranshaw* DZWIR 2008, 221 (227).

Zuleger

Phase vollendet. Eine Werthaltigmachung in der kritischen Phase ist hier deshalb nicht denkbar, weil nicht die Gebrauchsüberlassung, sondern der Finanzierungscharakter im Vordergrund steht.

b) Die Frage, wie die Höhe der anfechtbaren Werthaltigmachung ermittelt wird, wenn diese nur anteilig im Dreimonatszeitraum erfolgte, stellt sich in erster Linie bei Werkverträgen. Bislang hat noch kein anderes Gericht dieser Frage so sorgfältige Beachtung geschenkt, wie das OLG Dresden. Es kommt für die Ermittlung der Werthaltigmachung nicht auf den Aufwand an, den der Schuldner bei der Durchführung des Vertrages hatte. Entscheidend ist vielmehr, welche Wertschöpfung das geschuldete Werk im Anfechtungszeitraum durch Handlungen des Schuldners erfahren hat.[80] Soweit Wertsteigerungen im anfechtungsfreien Zeitraum erfolgten, können diese dem Sicherungsnehmer verbleiben. Die Berechnung der Wertschöpfung im Anfechtungszeitraum hat in entsprechender Anwendung der Minderungsformel der §§ 437, 441 BGB erfolgen.[81] Danach ist der Gesamtwerklohn im Zweifel in jenem Wertverhältnis zu teilen, in welchem das Werk zum Zeitpunkt der Ablieferung des Werkes, verglichen mit dem Wert des Werktorsos zu Beginn des Anfechtungszeitraumes stand. Es kommt also nicht darauf an, welchen Aufwand der spätere Insolvenzschuldner in der kritischen Phase betrieben hat, entscheidend ist allein die Wertsteigerung. Maßgeblich ist dies in Fällen, in welchen in der kritischen Phase noch umfangreiche Arbeiten durch den späteren Insolvenzschuldner ausgeführt wurden, die aber nur zu einer geringen Wertsteigerung geführt haben. Denn hier ist trotz des geleisteten Aufwands lediglich die geringe Werterhöhung anfechtbar. Dass diese Werterhöhung durch die Arbeitskraft der Arbeitnehmer des Insolvenzschuldners bewirkt wurde, und nicht durch den Insolvenzschuldner persönlich, steht der Annahme einer Gläubigerbenachteiligung und damit einer Insolvenzanfechtung nicht entgegen.[82]

c) In mehreren Entscheidungen hat der BGH darauf hingewiesen, dass der Insolvenzverwalter ein Wahlrecht habe, ob er den tatsächlichen Leistungsempfänger oder den Abtretungsempfänger mittels einer Insolvenzanfechtung in Anspruch nimmt.[83] Kommt ein Anfechtungsanspruch sowohl gegenüber dem Abtretungsempfänger als auch gegenüber dem tatsächlichen Leistungsempfänger in Betracht, haften beide Gläubiger als Gesamtschuldner.[84] Dies zieht zwangsläufig die Frage nach sich, ob und wie ein Gesamtschuldnerausgleich möglich ist, wenn – wie üblich – nur einer von ihnen in Anspruch genommen wird. In der Regel nimmt der Insolvenzverwalter die Bank als Abtretungsempfängerin in Anspruch. Diese schuldet bei Vorliegen der Anfechtungsvoraussetzungen unstreitig die Zahlung von Geld. Kann sie vom tatsächlichen Leistungs-

---

[80] OLG Dresden Urt. v. 13.10.2005 – 13 U 2364/04, ZIP 2005, 2167; Revision zurückgewiesen BGH Beschl. v. 16.2.2006 – IX ZR 183/05.
[81] OLG Dresden Urt. v. 13.10.2005 – 13 U 2364/04, ZIP 2005, 2167; BGH Urt. v. 22.2.2001 – IX ZR 191/98, WM 2001, 1470.
[82] BGH Urt. v. 26.6.2008 – IX ZR 144/05, NZI 2008, 539.
[83] BGH Urt. v. 26.6.2008 – ZR 47/05, WM 2008, 1442; BGH Urt. v. 29.11.2007 – IX ZR 165/05, NZI 2008, 236.
[84] BGH Urt. v. 29.11.2007 – IX ZR 165/05, NZI 2008, 236.

empfänger im Wege des Gesamtschuldnerausgleiches ebenfalls die Zahlung von Geld verlangen, wenn dieser eine Sach-, Werk- oder sonstige Leistung empfangen hat? Häufig wird es schon gar nicht möglich sein, diese Leistung zu teilen. In der Praxis dürfte es auch nicht im Interesse der Beteiligten sein, eine solche Aufteilung vorzunehmen, selbst wenn dies möglich wäre. Die Bank wird den Gesamtschuldner daher auf Zahlung von Geld in Anspruch nehmen können.

Die Bank wird vom tatsächlichen Leistungsempfänger daher die Hälfte des von ihr im Hinblick auf die Insolvenzanfechtung geleisteten Betrages verlangen können, da es an einer anderen Bestimmung im Sinne des § 426 Abs. 1 S. 1 BGB in aller Regel fehlen wird.[85] Sie muss in diesem Zusammenhang darauf achten, keine Rechtsnachteile durch freiwillige Leistungen an den Insolvenzverwalter zu erleiden. Denn sollte ein Regressprozess zur Durchsetzung des Ausgleichsanspruches erforderlich werden, wird unter anderem die Frage der Anfechtbarkeit in diesem Rechtsstreit zu klären sein. Die Bank müsste dann unter anderem beweisen können, dass der Insolvenzschuldner zum Zeitpunkt der Werthaltigmachung zahlungsunfähig war. Da ihr die tatsächlichen Umstände häufig nicht bekannt sein werden, bleibt ihr kaum eine andere Möglichkeit, als einen Rechtsstreit mit dem Verwalter in Kauf zu nehmen und dem potentiellen Gesamtschuldner den Streit zu verkünden. Lohnenswert ist dies aber nur, wenn sie dem potentiellen Gesamtschuldner auch die für eine diesem gegenüber erfolgreiche Anfechtung erforderlichen subjektiven Umstände nachweisen kann und der Anfechtung kein Bargeschäftscharakter aus dem Verhältnis zwischen dem Schuldner und dem Leistungsempfänger entgegensteht.

II. Planverfahren

91   Die Regelungen über den Insolvenzplan stellen sowohl in formeller als auch in materieller Hinsicht hohe Anforderungen an alle Beteiligten. Unabhängig von der Art des Plans erfordert dies nicht zuletzt von den Banken in viel stärkerem Maß als in vielen Regelinsolvenzverfahren ein aktives Mitwirken an Aufstellung, Erörterung und Umsetzung der jeweiligen Plankonzepte. Planverfahren finden grundsätzlich dort Resonanz, wo die Erhaltung des Rechtsträgers für die Fortführung von Verträgen, öffentlich-rechtlichen Genehmigungen oder Lizenzen notwendig ist. Daneben lässt sich in der Praxis feststellen, dass insbesondere Eigenverwaltungsverfahren häufig mit den Unternehmensträger erhaltenden Plänen einhergehen. Dabei sollte die Bedeutung des Plans auch nicht überbewertet werden. Dort, wo es an einer generellen Sanierungsfähigkeit fehlt und keine, wenigstens annähernd einvernehmliche Willensbildung hergestellt werden kann, wird es keine erfolgreiche Sanierung geben. Es ist allerdings nicht zu verkennen, dass die Stellung des Schuldners ganz erheblich verbessert wird. Dies zum einen durch die Möglichkeit, selbst planinitiativ zu werden (§ 218 Abs. 1 InsO), und – darüber hinaus – dadurch, dass der Schuldner durch Anordnung der Eigenverwaltung in die Lage versetzt wird, weiterhin autonom (unter Aufsicht eines Sachverwalters) die Insolvenzmasse zu verwalten und hierüber zu verfügen (§§ 270 ff. InsO).

---

[85] Vgl. hierzu *Cranshaw* DZWIR 2008, 221 (231), der verschiedene denkbare Sachverhaltsvarianten bespricht.

Umso mehr wird es für die Bank als häufig maßgeblich Betroffene eines Planverfahrens geboten sein, sich zu überlegen, wie sie sich in einem solchen Verfahren verhält, ob sie selbst versucht, Pläne durchzusetzen, ob sie passiv bleibt und sich auf reaktive verfahrensmäßige Rechte zurückzieht, etc. Nachstehend soll daher dargestellt werden, wie sich Pläne auf die Position der Bank auswirken können und in welcher Weise ein Insolvenzplan von der Bank begleitet werden kann.

1. Mögliche Auswirkungen von Insolvenzplänen auf die Position der Bank

Angesichts der Vielgestaltigkeit von Insolvenzplänen können im Folgenden nur typische, allgemeine **Auswirkungen** beschrieben werden. Ausgangspunkt ist dabei, dass durch den Insolvenzplan Art und Umfang der Befriedigung von Forderungen und die Bedienung von Absonderungsrechten sowie nicht zuletzt die Haftung des Schuldners nach Beendigung des Verfahrens in einem Insolvenzplan abweichend von der Regelabwicklung geregelt werden können (§ 217 InsO). Der Insolvenzplan kann somit Auswirkungen haben auf ungesicherte Forderungen, gesicherte Forderungen und Absonderungsrechte.

Im Hinblick auf ungesicherte Forderungen sind jegliche Maßnahmen denkbar, die diese tangieren, wie zB umfänglicher Forderungsverzicht, Teilforderungsverzicht und Stundung/Teilstundung.

Ein (teilweiser) Forderungsverzicht kann dabei auch an bestimmte Bedingungen geknüpft bzw. mit einem Besserungsschein versehen werden.

Die gleichen Eingriffsmöglichkeiten wie vorstehend geschildert, bestehen auch bei Forderungen, für die die Bank **Sicherheiten** innehat. Hierbei hat die Bank insbesondere darauf zu achten, dass Eingriffe in den Forderungsbestand auch Einfluss auf die Besicherung haben, und zwar auch dann, wenn der Insolvenzplan keine ausdrücklichen Angaben zu Eingriffen in Absonderungsrechte beinhaltet.

Hierbei ist zu unterscheiden zwischen Art der Besicherung und von wem diese stammt.

Wurde die Sicherheit vom Schuldner gestellt und ist diese akzessorisch, also eine solche, deren Bestand abhängig ist vom Bestehen einer gesicherten Forderung (Beispiel: Pfandrechte), folgt aus einem (Teil-)Forderungsverzicht automatisch auch das entsprechende Erlöschen des Sicherungsrechts. Dieses bleibt nur insoweit bestehen, als noch eine gesicherte Restforderung vorhanden ist.

Auch nicht akzessorische Sicherheiten wie beispielsweise Sicherungsübereignung, Sicherungszession, Grundschuld, sind von einem (Teil-)Forderungsverzicht betroffen. Zwar findet hier kein automatisches Erlöschen statt. Gleichwohl wird durch den Wegfall der gesicherten Forderung ein schuldrechtlicher **Rückgewähranspruch** generiert, der unabhängig davon besteht, ob ein solcher ausdrücklich in den entsprechenden Sicherungsverträgen geregelt ist (wie üblich) oder nicht.[86] Die Sicherheit ist daher insoweit freizugeben, als sie nicht mehr von einer entsprechenden Forderung des Sicherungsnehmers gedeckt ist.

Soweit es sich um Drittsicherheiten handelt (unabhängig, ob akzessorisch oder nicht akzessorisch) gilt nach § 254 Abs. 2 S. 1 InsO, dass solche Sicherhei-

---

[86] Vgl. BGH GrSZ WM 1998, 227 ff.

ten durch den im Plan vorgesehenen Eingriff in die gesicherte Forderung nicht tangiert werden. Die gesicherten Forderungen bleiben insoweit als Naturalobligationen bestehen, dh ihre Rückzahlung kann nicht mehr beansprucht werden, sie dienen aber weiterhin als Verrechnungsgrundlage für die bestellten Sicherheiten.

98 Der Plan kann schließlich **direkte Eingriffe** in die gestellten Sicherheiten, die zur abgesonderten Befriedigung berechtigen würden, vorsehen (§§ 217, 222 Abs. 1 Nr. 1 InsO). Auch hier gilt dies somit nur für vom Schuldner gestellte Sicherheiten, die zu einem Absonderungsrecht führen, im Wesentlichen also Sicherungsübereignung, Sicherungszession und Grundschuld. Von Dritten gestellte Sicherheiten, unabhängig ob Personalsicherheiten wie Bürgschaft oder dingliche Sicherheiten, sind vom Verfahren nicht betroffen. In ihren Bestand kann daher durch einen Insolvenzplan nicht eingegriffen werden.[87] Der Schuldner selbst ist hierbei insoweit geschützt, als nach § 254 Abs. 2 S. 2 InsO der Regressanspruch des Sicherungsgebers gegen den Schuldner in gleicher Weise vermindert wird wie die gesicherte Forderung.

99 Sollte ausnahmsweise in **Drittsicherungsrechte** eingegriffen werden, so müsste dies außerhalb des Plans erfolgen.

100 Für den **Eingriff in Absonderungsrechte** stehen insbesondere folgende Möglichkeiten zur Verfügung:
– vollständiger Verzicht
– Teilverzicht
– Regelung von Verwertungsmodalitäten, beispielsweise
Zeitpunkt der Verwertung
Kosten der Verwertung
Ausgleichsansprüche des absonderungsberechtigten Gläubigers bei hinausgeschobener Verwertung
Einbringung der Sicherheiten in einen Sicherheitenpool
Austausch der gesicherten Forderung/Festlegung Rangverhältnis
Sicherheitentausch.

101 Die Bank wird in jedem Fall sorgfältig durch Einsichtnahme in den Plan prüfen müssen, inwieweit ihre Position tangiert ist (vgl. § 223 Abs. 2 InsO). Welche **Einflussmöglichkeiten** ihr hierbei zur Verfügung stehen, ist nachstehend dargestellt.

102 Die Eingriffe in die Absonderungsrechte (wie auch in den Forderungsbestand) manifestieren sich gem. § 254 Abs. 1 InsO mit **Rechtskraft** der Bestätigung des Insolvenzplans. Soweit nicht schon auf Grund des Charakters der Sicherheit ein automatischer Rückfall an den Schuldner erfolgt, ersetzt der rechtskräftige Plan etwa notwendige Willenserklärungen des Sicherungsnehmers zur Rückübertragung der Sicherheit. Der Sicherungsgeber muss also nur insoweit noch mitwirken, als zur Rückübertragung neben einer entsprechenden Willenserklärung noch zusätzlich Übertragungsakte erforderlich sind, beispielsweise Herausgabe der sicherungsübereigneten Sache, soweit sie sich im Besitz des Sicherungsnehmers befindet.

103 Soweit die Bank auf ihre gesicherte Forderung verzichtet hat und/oder direkt ihr Absonderungsrecht freigegeben hat, kann für den Fall, dass der Plan nach

---

[87] AA *Obermüller* WM 1998, 483 (489).

Rechtskraft nicht wie vorgesehen durchgeführt werden kann, beispielsweise etwaige Gegenleistungen an die Bank nicht erbracht werden, keine nachträgliche Wiedereinräumung der Sicherheit verlangt werden.[88] Selbst wenn der Plan, was möglich wäre, einen Anspruch auf Wiederherstellung des alten Sicherheitenzustandes oder die Bestellung anderweitiger Sicherheiten vorsehen würde, hätte dies kaum je einen wirtschaftlichen Wert für den Sicherungsnehmer, da eine gescheiterte Planerfüllung in der Regel ein neuerliches Insolvenzverfahren nach sich ziehen dürfte und etwa nachgeholte Sicherungen dann den entsprechenden Anfechtungsvorschriften unterliegen würden.[89]

2. Begleitung eines Insolvenzplanverfahrens durch die Bank

a) Eigene Planinitiative. Zum einen kommt eine **Zusammenarbeit** mit dem vorlageberechtigten Schuldner (§ 218 Abs. 1 S. 1 Fall 2 InsO) in Betracht. Dies wird sich dort anbieten, wo sich die wirtschaftliche Krise nicht auch in einem Vertrauensverlust in die Person des Schuldners bzw. des vertretungsberechtigten Organs des Schuldners manifestiert hat. Die Zusammenarbeit mit dem Schuldner und die Einfügung eigener Gestaltungsvorschläge ist dabei nicht mit denjenigen Risiken verknüpft, die beispielsweise bei einer außergerichtlichen Sanierung im Rahmen einer unzulässigen Knebelung des Schuldners durch Übernahme der stillen Geschäftsinhaberschaft einhergehen. Die dortigen Regeln kommen schon deswegen nicht zur Anwendung, weil über den Planinhalt in einem rechtsförmlichen Verfahren unter Beteiligung aller betroffener Gläubiger durch Mehrheitsentscheidung beschlossen und dieser dadurch legitimiert wird. Übergangene Gläubiger bzw. der Schuldner sind über entsprechende Regelungen (insbesondere §§ 245, 247, 251 InsO) hinreichend geschützt.

Daneben kann die **Gläubigerversammlung** den Verwalter beauftragen, einen Insolvenzplan auszuarbeiten (§§ 218 Abs. 2, 157 S. 2 InsO). Die erforderlichen Mehrheiten richten sich nach §§ 76, 77 InsO (Summenmehrheit). Nachdem es nur auf die Summenmehrheit, nicht jedoch (auch) auf die Kopfmehrheit ankommt, ist jedenfalls ein maßgeblich beteiligter Gläubiger in der Lage, eine entsprechende Beschlussfassung herbeizuführen.

Unabhängig davon, wer planinitiativ wird, gilt, dass die Erfolgsaussichten eines Plans nicht nur wegen der notwendigen Mehrheiten (§ 244 InsO), sondern gerade auch wegen sonstiger Mitwirkungserfordernissen, wie zB die Vergabe von Neukrediten, die Einbringung von Eigenkapital, etc erheblich verbessert werden, wenn die Plangestaltung zumindest weitgehend **einvernehmlich** erfolgt. Wer den Plan wegen seiner Möglichkeit der Gruppengestaltung, der Mehrheitsentscheidung und des Obstruktionsverbots (§§ 243, 244, 245 InsO) als Mittel zur Verfolgung von Partikularinteressen versteht, wird häufig zum Scheitern verurteilt sein.

b) Bündelung von Gläubigerinteressen. Es kann sich anbieten, bereits im Vorfeld die wechselseitigen Interessen zu bündeln, beispielsweise durch Abschluss eines Sicherheitenpoolvertrages unter den Banken oder von Abgren-

---

[88] HK-InsO/*Flessner* § 255 Rn. 12.
[89] *Obermüller* WM 1998, 483 (490).

zungsvereinbarungen zwischen Lieferanten (bzw. Warenkreditversicherern) und Banken.

Beim **Sicherheitenpoolvertrag**[90] erfolgt in der Regel eine treuhänderische Verwaltung der Sicherheiten durch die sicherheitenhaltende Bank auch für die anderen Poolbanken. Häufig werden neue Sicherheiten hierfür ausschließlich gegenüber der Poolführerin bestellt (auch eine Zusammenführung der Altsicherheiten ist möglich) (bei akzessorischen Sicherheiten muss aus rechtlichen Gründen allerdings eine Bestellung zugunsten aller Poolbanken erfolgen). Im Zusammenhang mit dem Poolvertrag kann dann auch unter den beteiligten Banken ein einheitliches Stimmverhalten verabredet werden (ein solches ist allerdings auch durch einen Sicherheitenpoolvertrag nicht zwingend gewährleistet bzw. kann umgekehrt auch ohne Sicherheitenpoolvertrag verabredet werden).

Soweit ein Sicherheitenpool vereinbart wird, ist darauf zu achten, dass dies unter Umständen erheblichen Einfluss auf die **Stimmrechte** in der Abstimmung über den Insolvenzplan hat. Nach § 244 Abs. 2 InsO werden Gläubiger, denen ein Recht gemeinschaftlich zusteht, bei der Abstimmung als ein Gläubiger gerechnet. Das Gleiche gilt, wenn die Rechte der Gläubiger bis zum Eintritt des Eröffnungsgrundes ein einheitliches Recht gebildet haben, so dass, die Anwendbarkeit von § 244 Abs. 2 InsO auf Sicherheitenpoolverträge unterstellt, auch eine Klausel in den Poolverträgen, wonach für den Fall der Insolvenz eine Aufteilung der Sicherheiten zum Zwecke der Stimmrechtsausübung erfolgt, nicht weiterhelfen würde.

Die Zusammenfassung von zur Absonderung berechtigenden Sicherheiten bei einer (oder mehrerer) Poolbanken unter gleichzeitiger Vereinbarung eines Treuhandverhältnisses führt zu einer dinglich ausschließlich der sicherheitenhaltende Poolbank zukommenden Rechtsposition. Erfolgt keine Zusammenführung, so erzeugt die dem Poolvertrag immanente Verabredung eines Gesellschaftsverhältnisses keine Zusammenrechnung, da die Sicherheiten in der Regel nicht auf den Pool übertragen werden, sondern nur für die übrigen Poolpartner mit verwaltet werden.[91]

108 Deutlich seltener als Sicherheitenpoolverträge zwischen Banken sind sog **Sicherheitenabgrenzungsverträge** zwischen Banken und Lieferanten anzutreffen.[92] Auch insoweit wird zu überlegen sein, inwieweit die Interessen der Bank und der Lieferanten, nicht zuletzt im Hinblick auf die Abgrenzungsschwierigkeiten bei der Kollision von Sicherungsübereignung/Sicherungszession zugunsten der Bank mit (verlängerten) Eigentumsvorbehalten gebündelt werden können (der einfache Eigentumsvorbehalt gewährt ein Aussonderungsrecht, welches von einem Plan nicht betroffen ist).

109 **c) Debt-to Equity-Swap.** Angesichts der durch das ESUG eingeführten Möglichkeit, Gesellschafter und deren Anteile in das Planverfahren einzubeziehen (§§ 217 S. 2, 225a, 254a Abs. 2 InsO) stellt sich auch für die Bank die Frage nach dem sich hieraus ergebenden Konsequenzen. Erleichterungen gegenüber

---

[90] *Wenzel* WM 1996, 561 ff.; *Wenzel* BuB Bd. 2 Rn. 4/284a ff.; dort auch mit Erläuterungen zum Vertragsmuster.
[91] *Wenzel* BuB Bd. 2 Rn. 4/290a.
[92] *Obermüller* Rn. 6.260 ff. mwN.

den allgemeinen Rechtsfolgen einer Beteiligung am Schuldnerunternehmen zu Sanierungszwecken, ergeben sich aus § 254 Abs. 4 InsO, der Einwendungen gegen die Werthaltigkeit der umzuwandelnden Forderung auf das Planverfahren selbst beschränkt. Für die steuerlichen und sonstigen Implikationen wie die Behandlung der neuen Anteilseigner, wenn gleichzeitig ein Kreditverhältnis besteht, verbleibt es bei den geschilderten Unsicherheiten.[93]

d) Neukredite im Insolvenzplanverfahren. Soweit es sich um einen Sanierungsplan handelt, wird eine der maßgeblichen Fragen, die über Ge- oder Misslingen des Plans und der Sanierung entscheiden, die nach der Finanzierung der Fortführung/der Sanierungsmaßnahmen sein. 110

Wenn bereits im Eröffnungsverfahren bzw. nach Verfahrenseröffnung kreditiert wurde, verbleibt es bei den hierfür geltenden Regelungen, unabhängig davon, ob im Verfahren ein Insolvenzplan vorgelegt und bestätigt wird oder es bei der Regelabwicklung verbleibt. Sonderregelungen gelten bei Durchführung eines Insolvenzplans insoweit, als es um Finanzierungen nach Bestätigung des Insolvenzplans in der Zeit der Überwachung der Planerfüllung geht. Solche Kredite sollen für den Fall einer neuerlichen Insolvenz eine **Privilegierung** nach Maßgabe der §§ 264–266 InsO erfahren. 111

Banken, die bereit sind, das Verfahren und darüber hinaus den Plan und die Fortführung des Unternehmens zu finanzieren, werden, soweit sie die Privilegierung nach vorgenannten Vorschriften in Anspruch nehmen wollen, darauf achten, dass hierfür das Stehenlassen von Verfahrenskrediten nach Verfahrensaufhebung (rechtlich betrachtet handelt es sich um eine Neukreditierung nach zunächst erfolgter Rückzahlung des einen Masseanspruch gewährenden Kredits)[94] nicht ausreichend ist. Vielmehr ist strikt auf die in § 264 InsO normierten Verfahrensabläufe zu achten. Unabhängig von dieser Privilegierung werden Banken auch in dieser Konstellation ihre Entscheidung, Kredite auszureichen, nach allgemeinen **Kreditentscheidungsparametern** ausrichten. Hierzu gehört neben der Frage der nachhaltigen Bedienbarkeit des Kredits insbesondere auch die Art und Weise der Besicherung des Kredits. Zum einen kann bereits der Insolvenzplan selbst eine entsprechende Besicherung vorsehen. Daneben ist zum anderen der Schuldner nach Aufhebung des Verfahrens selbst in der Lage, Sicherheiten für solche Kredite zu bestellen, soweit nicht in der Überwachungsphase nach § 263 InsO die Zustimmung des Insolvenzverwalters notwendig ist.[95] 112

III. Verbraucherinsolvenzverfahren/Restschuldbefreiungsverfahren

Mit der seit Mitte 2014 geltenden Neuregelung in Teilen des Verbraucherinsolvenzverfahrens und der Restschuldbefreiung verfolgt der Gesetzgebr das Ziel, das Verfahren an internationale Standards, die teils sehr viel kürzere Zeiträume bis zur Erlangung der Schuldenbefreiung vorsehen, anzupassen. 113

---

[93] Vgl. → § 25 Rn. 23 ff.
[94] *Wittig* DB 1999, 197 (203).
[95] *Wittig* DB 1999, 197 (205).

114 Im Folgenden sollen die für die Bank wesentlichen **Konsequenzen** für die Geschäftsbeziehung, insbesondere für eingeräumte Kredite und Kreditsicherheiten sowie die jeweiligen Handlungsoptionen der Bank in den einzelnen Verfahrensstadien
– außergerichtlicher Einigungsversuch
– gerichtliche Schuldenbereinigung
– Insolvenzverfahren
– Restschuldbefreiung (kommt bei allen natürlichen Personen in Betracht, so dass statt eines Verbraucherinsolvenzverfahrens auch ein Regelinsolvenzverfahren vorangehen kann)
dargestellt werden.

1. Außergerichtliche Schuldenbereinigung

115 Dieser Verfahrensabschnitt lässt sich am besten als freiwilliger, einstimmiger, **außergerichtlicher Vergleich** charakterisieren. Wie dort auch stehen der Bank zu den Vorschlägen des Schuldners sämtliche Optionen offen. Sie kann – ohne Begründung – den vorgeschlagenen Plan ablehnen und muss in diesem Verfahrensstadium auch nicht befürchten, überstimmt zu werden. Reagiert sie auf den vorgeschlagenen Plan nicht, so gilt ihr Schweigen, anders als im Rahmen des gerichtlichen Schuldenbereinigungsverfahrens, nicht als Zustimmung. Soweit die Bank nicht zustimmen möchte, bietet es sich gleichwohl an, die Ablehnung zu begründen bzw. ausdrücklich anzugeben, unter welchen Prämissen eine Zustimmung in Betracht käme, um dem Schuldner die Möglichkeit zu geben, seinen bisherigen Plan entsprechend für das gerichtliche Schuldenbereinigungsverfahren abzuändern. Stimmt die Bank zu, so ist sie hieran für den Fall, dass die außergerichtliche Schuldenbereinigung scheitert, nicht gebunden, da die Zustimmung von der Erwartung der Planannahme ausgeht. Gleichwohl sollte sicherheitshalber ein entsprechender Vorbehalt ausdrücklich aufgenommen werden.

116 Im Rahmen der außergerichtlichen Schuldenbereinigung sind jegliche Arten von Regelungen, die Forderung und die Sicherheiten der Bank betreffend, möglich. Wichtig ist, dass die Bank sorgfältig die **Konsequenzen** für die ihr bestellten Sicherheiten prüft, auch wenn hierzu im Plan keine ausdrückliche Regelung zu finden ist. Anders als nach den §§ 254 Abs. 2, 301 Abs. 2 InsO kommen auf dieser Verfahrensstufe ausschließlich die allgemeinen zivilrechtlichen Regeln zur Anwendung. Dies bedeutet, dass akzessorische Sicherheiten, gleich ob vom Schuldner oder von einem Dritten gestellt, automatisch erlöschen, soweit auf die gesicherte Forderung verzichtet wird. Hinsichtlich nicht akzessorischer Sicherheiten besteht in diesem Fall ein schuldrechtlicher Rückübertragungsanspruch (unabhängig davon, ob im Sicherungsvertrag ausdrücklich vereinbart oder nicht).

117 Soweit gesicherte Forderungen gestundet werden sollen, hat dies ebenfalls Einfluss auf die hierfür bestehenden Sicherheiten. Diese können entweder kraft gesetzlicher Anordnung (so zB § 768 BGB) bzw. kraft vertraglicher Vereinbarung nur dann verwertet werden, wenn die gesicherte Forderung fällig ist (in den meisten Formularsicherungsverträgen finden sich Klauseln, die zusätzliche Verwertungsvoraussetzungen regeln, beispielsweise das regelmäßige Erfordernis einer Verwertungsandrohung etc).

Zuleger

Etwas anderes gilt nur dann, wenn der Plan trotz Eingriffs in die gesicherte   118
Forderung die **Verwertung** von Sicherheiten ausdrücklich zulässt. Allerdings
kann eine solche Gestattung nur Sicherheiten betreffen, die vom Schuldner
stammen. Bei Drittsicherheiten käme dies – ohne Zustimmung des Dritten –
einem unzulässigen Vertrag zu Lasten Dritter gleich. Hierfür bedürfte es
also einer gesonderten Mitwirkung des Dritten, um die Sicherheit aufrechtzuerhalten. Will die Bank während der außergerichtlichen Schuldenbereinigung Sicherheiten verwerten oder auf Grund eines Titels Zwangsvollstreckungsmaßnahmen ergreifen, so wird sie hieran durch das laufende Verfahren nicht gehindert.[96]

2. Gerichtliche Schuldenbereinigung

Die Eingriffsmöglichkeiten in die Gläubigerposition gleichen denjenigen bei   119
Durchführung einer außergerichtlichen Schuldenbereinigung. Allerdings hat
sich die Bank darauf einzustellen, dass sie innerhalb einer Notfrist von einem
Monat zum Plan Stellung nehmen sollte (§ 307 Abs. 1 S. 1 InsO). Schweigen
oder Fristversäumung gelten als **Zustimmung** (§ 307 Abs. 2 InsO). Darüber
hinaus erlöschen in diesem Fall auch Forderungen, die nicht im Forderungsverzeichnis enthalten sind (§§ 307 Abs. 1 S. 2, 308 Abs. 3 S. 2 InsO). Das Forderungsverzeichnis wird nach der Neufassung von § 307 Abs. 1 InsO im Übrigen
nicht mehr an den Gläubiger zugestellt, sondern liegt bei Gericht zur Einsichtnahme aus. Als Verfahrensbeteiligte kann und sollte sich die Bank, soweit sie
nicht selbst Einsicht nimmt, Abschriften von der Geschäftsstelle erteilen lassen
(§ 4 InsO iVm § 299 I ZPO). Die Bank muss also durch **organisatorische
Maßnahmen** – etwa vergleichbar bei Zustellung von Pfändungs- und Überweisungsbeschlüssen – sicherstellen, dass innerhalb der Frist eine Bearbeitung des
Vorgangs stattfindet. Gerade im Hinblick auf die in den letzten Jahren zunehmend festzustellende Kundensegmentierung und Divisionalisierung dürfte ein
nicht unerhebliches Risiko von hausinternen Fehlleitungen bzw. Übersehen von
Forderungen bestehen (einzubeziehen sind sämtliche Forderungen, also nicht
nur Kreditforderung, sondern auch aus sonstigen Geschäften mit den Kunden,
Provisionsforderungen etc). Hierbei gilt folgendes: Der Fristlauf setzt eine
wirksame Zustellung des Schuldenbereinigungsplans voraus. Fraglich ist, ob bei
Filialbanken bzw. bei divisionalisierten Organisationsformen dazu immer an
der die jeweilige Geschäftsbeziehung betreuende Stelle zugestellt werden muss,
ob die Zustellung an einer anderen Stelle (Filiale, Niederlassung) möglich ist,
bejahendenfalls, ob die kundenbetreuende/kontoführende Stelle anzugeben ist
und unter welchen Voraussetzungen eine Wiedereinsetzung in den vorigen
Stand bei Fristversäumung möglich ist.

Die **Zustellung** ist förmlich durchzuführen. Die erleichterte Zustellung nach   120
§ 8 InsO, insbesondere durch Aufgabe zur Post, ist gem. § 307 Abs. 1 S. 3 InsO
nicht zulässig. Ob sich § 21 ZPO entsprechend anwenden lässt, ist zweifelhaft.
Dies würde dazu führen, dass bei Filialzustellungen nur solche zulässig wären,
bei denen der Schuldner seine Geschäftsverbindung unterhält. Für die durchaus
vergleichbare Fallkonstellation im Rahmen von Pfändungs- und Überwei-

---

[96] *Obermüller* WM 1998, 483 (490).

sungsbeschlüssen (§ 829 ZPO) wird es für ausreichend erachtet, dass in jedem Geschäftslokal des Gläubigers zugestellt werden kann.[97]

121 Die Frage der Filialbezeichnung dürfte daher nicht auf der Ebene der Zustellung, sondern bei der Frage der **Bestimmtheit der gemachten Angaben** zu entscheiden sein. Bei einer Pfändung als gerichtlichen Hoheitsakt muss diese auch im Hinblick auf den Schuldner der Forderung so konkret bezeichnetsein, dass auch ein unbeteiligter Dritter in der Lage ist, die gepfändete Forderung eindeutig zuzuordnen.[98] Ähnliche Erwägungen ergeben sich im Rahmen eines gerichtlichen Schuldenbereinigungsplans. Auch dieser ist hinreichend substantiiert zu verfassen. Ob die zur Frage der Bestimmtheit von Pfändungs- und Überweisungsbeschlüssen erarbeiteten Regeln (hier werden Zustellungen an kundenferne Filialen bzw. die Zentrale mangels Bestimmtheit für unwirksam gehalten)[99] ohne weiteres auf den gerichtlichen Schuldenbereinigungsplan übertragbar sind, erscheint im Hinblick auf die im Rahmen der §§ 829 ff. ZPO nicht gegebene Möglichkeit der Wiedereinsetzung in den vorigen Stand (§ 4 InsO iVm § 233 Abs. 1 ZPO) zumindest nicht sicher (wenn auch zutreffend). Möglicherweise wird sich die Bank angesichts der fortschreitenden Vernetzung und eines nahezu allumfassenden Einsatzes der EDV vorhalten lassen müssen, dass die bankinterne Organisation so auszugestalten ist, dass auch bei Zustellung in einer kundenfernen Filiale eine Zuordnung möglich ist. Die Lösung dieser Problematik könnte daher auch erst auf der Ebene der Wiedereinsetzung zu entscheiden sein.[100] Die zu § 233 Abs. 1 ZPO entwickelten Kriterien lassen sich dabei auch auf gerichtliche Schuldenbereinigungsverfahren übertragen. Die Banken sind daher gut beraten, wenn sie möglichst auch bei Zustellungen an kundenferne Filialen sowie bei Zustellungen an die Zentrale eine Weiterleitung an die jeweils zuständige Stelle innerhalb kürzester Zeit organisatorisch sicherstellen.

122 Noch mehr als die Frist zur Stellungnahme nach § 307 Abs. 1 S. 1 InsO dürfte in der Praxis die Regelung des § 308 Abs. 3 S. 2 InsO Probleme bereiten.
Jegliche Wirkungen des Plans, auch die des § 308 Abs. 3 S. 2 InsO setzten zunächst eine hinreichend bestimmte, wirksame Zustellung des Plans an den Gläubiger voraus. Wird überhaupt nicht (oder unwirksam) zugestellt, entfaltet der Plan dem übergangenen Gläubiger gegenüber keine Wirkung (§ 308 Abs. 3 S. 1 InsO).

123 § 308 Abs. 3 S. 2 InsO ist nach seinem Wortlaut auch dann anzuwenden, wenn es sich nicht nur um einen nicht aufgeführten Forderungsteil aus demselben Rechtsverhältnis handelt (also zB eine KK-Forderung, die tatsächlich mit 40 000,– EUR valutiert, mit 20 000,– EUR angegeben wurde), sondern auch dann, wenn rechtlich und tatsächlich völlig selbstständige Forderungen „vergessen" wurden (Bsp.: nur KK-Forderung über 30 000,– EUR aufgeführt, nicht aber priv. Baufinanzierung über 600 000,– EUR), darüber hinaus sogar dann, wenn es um gänzlich unterschiedliche Forderungsarten geht, also zB Forderungen aus Krediten, aus Haftungsübernahmen, aus Provisionen, aus sonstigen

---

[97] *Stöber* Rn. 935, 935a; *Hess/Obermüller* Rn. 923.
[98] BGH Urt. v. 9.7.1987 – IX ZR 165/86, WM 1987, 1311.
[99] *Wittig* WM 1998, 157 (166) mwN.
[100] *Wittig* WM 1998, 157 (166).

Vertragsverhältnissen (bspw. werkvertragliche Ansprüche) etc Gerade Ansprüche die nicht kontomäßig abrufbar sind, wird die Bank nicht ohne weiteres aufdecken können, wenn sie in der zur Einsichtnahme ausliegenden Forderungsaufstellung nicht enthalten sind. Lässt man in solchen Fällen, in denen es um nicht aufgeführte Forderungen aus gänzlich anderen Lebenssachverhalten geht, die Wirkungen nicht bereits auf der Stufe der Zustellung/Bestimmtheit scheitern und scheidet eine **Wiedereinsetzung** aus, kann allenfalls auf allgemeine zivilrechtliche Unwirksamkeitstatbestände (insbes. § 138 BGB, Anfechtung §§ 119 ff. BGB)[101] zurückgegriffen werden. Richtigerweise sollte die Lösung durch eine verfassungskonforme Auslegung bzw. Einschränkung von § 308 Abs. 3 S. 2 InsO erfolgen. Immerhin wird in Eigentumsrechte des Gläubigers eingegriffen, was einer besonderen Rechtfertigung bedarf. Sollte sich herausstellen, dass § 308 Abs. 3 S. 2 InsO weit ausgelegt wird, dürfte dies der Akzeptanz des Verfahrens erheblich zuwiderlaufen. Es steht für diesen Fall zu erwarten, dass Gläubiger „vorsorglich" eingereichten Plänen generell widersprechen, da bei Nichtannahme des Plans die Erlöschungswirkung nicht eintritt.

Bei **Bürgschaften** ist zudem fraglich, ob solche Ansprüche auch dann unter 124 § 308 Abs. 3 S. 2 InsO fallen, wenn künftige Ansprüche verbürgt sind, also Hauptforderung und damit auch Bürgenforderung (noch) nicht entstanden sind, es sich insoweit also um eine Eventualverbindlichkeit handelt. Da § 308 Abs. 3 InsO nur entstandene Forderungen betrifft, dürften aufschiebend bedingte/befristete Forderungen nicht betroffen sein. Aus Vorsichtsgründen empfiehlt es sich aber, bis zu einer Klärung der Reichweite von § 308 Abs. 3 S. 2 InsO, auch solche Forderungen, soweit nicht aufgenommen, zu ergänzen.

Ähnlich wie bei der vom Schuldner im Rahmen der Vorbereitung des Forderungsverzeichnisses von der Bank kostenfrei zu erstellenden schriftlichen **Forderungsaufstellung** (§ 305 Abs. 2 S. 2 InsO, ein Hinweis auf bereits erteilte Kontoauszüge, -abschlüsse reicht nicht; die Bank kann sich aber ein Entgelt für den Fall vorbehalten, dass es nicht zu einem gerichtlichen Schuldenbereinigungsverfahren kommt oder der diesbezügliche Antrag zurückgenommen wird)[102] wird auch der sonstige Aufwand der Bank im Rahmen des gerichtlichen Schuldenbereinigungsplans nicht ersetzt (§ 310 InsO). Abweichende Vereinbarungen sind unzulässig. 125

Bei der Entscheidung, ob sich die Bank auf den vorgelegten Plan einlässt, 126 wird es zum einen auf die Regelung über die Bedienung der Forderung und zum anderen auf die Behandlung der zur Verfügung stehenden Sicherheiten ankommen.

Eine **Zustimmung** kann in der Regel dann erwartet werden, wenn, was 127 gleichzeitig auch bei verweigerter Zustimmung Maßstab für die Ersetzung ist (§ 309 Abs. 1 Nr. 2 InsO), die Bank nicht schlechter gestellt wird, als bei Durchführung des vereinfachten Verfahrens nebst Restschuldbefreiung. Umgekehrt dürfte auch für den Schuldner in der Regel kein Anreiz gegeben sein, mehr anzubieten, als bei Durchführung des vereinfachten Verfahrens nebst Restschuldbefreiung. Sicherlich mag es Konstellationen geben, die unabhängig von einem Vergleich zwischen angenommenen und gescheitertem Plan es in der

---

[101] FK-InsO/*Kohte* § 308 Rn. 7.
[102] KPB/*Wenzel* § 305 Rn. 33.

einen oder anderen Richtung opportun erscheinen lassen, von diesen Zielvorgaben abzuweichen. Ob dies allerdings den von allen Beteiligten – Schuldner und Gläubiger – abverlangten Aufwand rechtfertigt, mag hier dahinstehen. Dementsprechend konnten in der Praxis bislang im Wesentlichen nur Nullpläne verzeichnet werden, deren vorrangiges Motiv die Vorbereitung einer Restschuldbefreiung sein dürfte.

128 Für das Schicksal bestellter **Kreditsicherheiten** gilt das zum außergerichtlichen Schuldenbereinigungsplan gesagte entsprechend. §§ 301 Abs. 1, 254 Abs. 2 InsO kommen nicht zur Anwendung. Ob § 305 Abs. 1 Nr. 4 Hs. 2 InsO dahingehend zu verstehen ist, dass die Auswirkungen auf Sicherheiten nur dann darzustellen sind, wenn in diese unmittelbar eingegriffen wird, beispielsweise eine Freigabe geregelt ist, oder ob darüber hinaus Auswirkungen auf Sicherheiten darzustellen sind, die sich aus Regelungen die Forderung betreffend ergeben, also Entfallen akzessorischer Sicherheiten/schuldrechtlicher Freigabeanspruch bei nicht akzessorischen Sicherheiten, soweit die Forderung erlischt, ist unklar. Für eine Angabepflicht spricht, dass die Gläubiger in jedem Fall aufgeklärt werden sollen und keine Unklarheiten erzeugt werden. Solche werden sich aber gerade in Fällen nur mittelbarer Auswirkungen auf die Sicherheiten ergeben.[103] Unabhängig davon empfiehlt es sich, wenn auch die Bank bei nur unmittelbar die Forderung betreffenden Regelungen prüft, inwieweit hiervon Sicherheiten berührt sind. Die Nichteinhaltung von § 305 Abs. 1 Nr. 4 InsO führt nämlich unmittelbar nur zu einer vom Insolvenzgericht zu fordernden Nachbesserungspflicht (§ 305 Abs. 3 InsO). Ein Verstoß, der vom Insolvenzgericht nicht gerügt wird, bleibt zunächst ohne Rechtsfolgen und es bleibt der Insolvenzpraxis und -rechtsprechung überlassen, zu klären, ob ein Eingriff in materielle Gläubigerrechte nur zulässig ist, wenn sämtliche Formvorschriften, auch solche, die nur vom Insolvenzgericht gerügt werden können, eingehalten werden.

3. Insolvenzverfahren

129 Wird der gerichtliche Schuldenbereinigungsplan nicht angenommen, kommt es zur Durchführung des Insolvenzverfahrens.

130 Für die Bank ist von Bedeutung, dass infolge der Aufhebung der §§ 313, 314 InsO, welche bislang das (vereinfachte) Insolvenzverfahren regelten, nunmehr der Verwalter die Anfechtungsrechte ausübt und diesem auch die Verwertungsrechte der §§ 165 ff. InsO zustehen. Zudem wurde eine verlängerte Rückschlagsperre (3 Monate) eingeführt (§ 88 Abs. 2 InsO). Neu geregelt wurde auch die Öffnung des Insolvenzplanverfahrens, das allerdings in der Praxis bei Verbrauchern (noch) keine größere Bedeutung erlangt hat.

4. Restschuldbefreiung

131 Das Restschuldbefreiungsverfahren dient der Befreiung von Verbindlichkeiten einer natürlichen Person, soweit diese nicht im (Verbraucher)Insolvenzverfahren erfüllt wurden (§ 286 InsO).

---

[103] *Hess/Obermüller* Rn. 932.

Zuleger

Die Banken müssen sich darauf einstellen, dass eine Beitreibung von Forderungen gegen natürliche Personen sowohl rechtlich als auch wirtschaftlich unter dem Aspekt der Restschuldbefreiung zu beurteilen ist. **132**

Die in § 300 Abs. 1 InsO geregelten Fristverkürzungen stellen einen nicht unerheblichen Eingriff in die Rechtsposition der Gläubiger dar. Dabei ist aber nicht zu verkennen, dass angesichts der zahlreichen „Nullpläne" und der international teils deutlich kürzeren Fristen eine Anpassung aus Sicht der Praxis akzeptabel war. **133**

8. Teil.
Arbeits- und Sozialrecht in der Insolvenz

§ 27. Individualarbeitsrecht

In diesem Kapitel werden die arbeitsrechtlichen Zusammenhänge und Besonderheiten erläutert, die häufig im Zusammenhang mit einem Insolvenzverfahren eine Rolle spielen und – soweit möglich – die Handlungsalternativen der Betroffenen – Arbeitnehmer, Betriebsräte, Insolvenzverwalter – dargestellt. Dabei wird schwerpunktmäßig auf diejenigen arbeitsrechtlichen Regelungen und Konstellationen der Fokus gesetzt, die im Insolvenzverfahren besonders häufig eine Rolle spielen. Unter **B.** werden die Auswirkungen auf das Arbeitsverhältnis dargestellt (→ Rn. 3 ff.), die besondere Rechtsstellung des vorläufigen Insolvenzverwalters erläutert (→ Rn. 12 ff.) und unter → Rn. 20 ff. die Rangordnung der verschiedenen Arbeitnehmeransprüche dargestellt. Sodann werden die verschiedenen Beendigungsmöglichkeiten von Arbeitsverhältnissen dargestellt (→ Rn. 64 ff.) unter besonderer Berücksichtigung der verschiedenen bestehenden Kündigungsschutzalternativen und schließlich in einem weiteren Kapitel die Besonderheiten bei Massenentlassungen aufgezeigt (→ Rn. 170 ff.).

A. Einleitung

Die Insolvenzordnung trifft in §§ 113, 120–128 InsO die maßgeblichen Regelungen für die Arbeitsverhältnisse in der Insolvenz. Diese Vorschriften tragen dem Grundgedanken des Insolvenzrechts Rechnung, Sanierungsmöglichkeiten gegenüber der bloßen Liquidation und Gläubigerbefriedigung zu erleichtern und eine größere Verteilungsgerechtigkeit unter den Gläubigern herzustellen. Die Arbeitnehmer sind nach dem ersatzlosen Wegfall ihrer früheren Konkursvorrechte nach § 59 Abs. 1 Nr. 3 KO (nachrangige Masseverbindlichkeiten) und § 61 Abs. 1 Nr. 1 KO (bevorrechtigte Konkursforderungen) lediglich noch im Rahmen des § 55 InsO mit ihren Ansprüchen für die Zeit nach der Insolvenzeröffnung privilegierte Massegläubiger, im übrigen Insolvenzgläubiger. 1

Das Nebeneinander von Arbeits- und Insolvenzrecht wird auch mit der InsO grundsätzlich fortgeführt. Der Insolvenzverwalter nimmt die abgeleiteten Arbeitgeberfunktionen wahr. Mit den Vorschriften der §§ 113, 120 ff. InsO wurden arbeitsrechtliche Sonderregelungen geschaffen, die die Tätigkeit des Insolvenzverwalters im Sinne einer besseren Masseerhaltung bzw. Massevermehrung erleichtern sollen, wodurch das früher geltende Arbeitsrecht in der Insolvenz doch erheblich modifiziert wird. 2

B. Das Arbeitsverhältnis in der Insolvenz

I. Allgemeines

3 Die Arbeitnehmer des Schuldners sind nicht per se Beteiligte des Insolvenzverfahrens, doch verfolgt die Insolvenzordnung auch das Ziel, den Arbeitnehmern Handlungschancen einzuräumen, die sie von bloßen Opfern der Insolvenz zu Mitakteuren der Insolvenzbewältigung machen sollen. So sollen sie etwa nach § 222 Abs. 3 InsO eine besondere Gruppe bei der Aufstellung eines Insolvenzplans bilden, wenn sie mit nicht unerheblichen Forderungen am Verfahren beteiligt sind. Nach § 67 Abs. 2 InsO soll dem Gläubigerausschuss auch ein Vertreter der Arbeitnehmer angehören, wenn diese mit nicht unerheblichen Forderungen Verfahrensbeteiligte sind. Daneben besteht weiterhin die betriebsverfassungsrechtliche Mitwirkung der Arbeitnehmervertretungen zB nach dem Betriebsverfassungsgesetz; Handlungsspielräume haben die Arbeitnehmer nach der InsO schließlich bei der Verfügung über ihre Insolvenzforderungen, insbesondere über rückständige Entgeltforderungen und bei der Bemessung des Volumens eines im Insolvenzverfahren aufzustellenden Sozialplans.

In der Praxis empfiehlt es sich für den Insolvenzverwalter bzw. vorläufigen Verwalter bereits bei der ersten Kontaktaufnahme mit dem Insolvenzschuldner sämtliche wesentlichen Details zu den bestehenden Arbeitsverhältnissen zu erfragen und die hierzu wesentlichen Unterlagen zu sichten. Hierzu kann die Verwendung der nachstehenden Checkliste „Arbeitsrechtliche Informationen" sehr hilfreich sein.

---

4 **Checkliste**

Arbeitsrechtliche Informationen zu Beginn der Insolvenzverwaltung/vorläufigen Insolvenzverwaltung

1. Steuerberater/Lohnbuchhaltung: ....
2. Letzte Lohnzahlung erfolgt für: ....
3. Vollständige Arbeitnehmerliste und ggf. Betriebsrentner mit Name/Anschrift/
   Geburtsdatum/Betriebszugehörigkeit
   Bruttolohn/Unterhaltspflichten/Steuerklasse
   Kündigungen erfolgt: ....
   Freistellungen erfolgt: ....
4. Arbeitsbescheinigungen
   Lohnabrechnungen
   Insolvenzgeldbescheinigungen/Anträge
5. Arbeitsverträge
6. Tarifverträge
7. Betriebsvereinbarungen
8. Arbeitszeitkonten
9. Betriebliche Übung zu Sonderzahlungen
   – Weihnachtsgeld
   – Urlaubsgeld
   – Sonstiges

- Fälligkeit der Sonderzahlungen
- 12telung bei Eintritt/Austritt innerhalb Kalenderjahr oder Stichtagsregelung?
10. Betriebsrat
Name/Anschrift/private Telefonnummer des Vorsitzenden, ggf. stellvertretenden Vorsitzenden
11. Besondere Arbeitsverhältnisse
    - Schwerbehinderte
    - Mutterschutzfälle
    - Elternzeitler
    - Azubis
    - Altersteilzeitler
    - Pflegezeitler
    Datenschutzbeauftragte
    Sonstige
12. Laufende Arbeitsgerichtsprozesse
13. Betriebliche Altersversorgung:
    - Lebensversicherungsscheine im Original
    - Überprüfung der Bezugsberechtigungen
    - Mitteilungen/Korrespondenz mit PSV
    - Rentengutachten
    - Beteiligte Träger der Betr.AV (Pensionskassen, Pensionsfonds, Unterstützungskassen, Versicherungsunternehmen)
14. Massenentlassungsanzeige

II. Auswirkungen der Insolvenzeröffnung auf das Arbeitsverhältnis

Nach heute einhelliger Meinung tritt der Insolvenzverwalter mit der Verfahrenseröffnung gemäß § 80 InsO in die **Arbeitgeberposition** ein.[1] Ansonsten hat die Verfahrenseröffnung keine unmittelbare Rechtswirkung auf das Arbeitsverhältnis, da es in der Insolvenz grundsätzlich unverändert fortbesteht. Ordnet das Insolvenzgericht die **Eigenverwaltung** nach § 270 Abs. 1 InsO an, kann der dem Schuldner an die Seite gestellte Sachwalter nach § 274 InsO nicht selbst Verfügungen vornehmen. Deshalb bleibt der Schuldner in diesem Fall nicht nur weiterhin Arbeitgeber, sondern auch allein befugt, Kündigungserklärungen abzugeben und entgegenzunehmen.

5

Die Verfahrenseröffnung hat auf das **Direktionsrecht** des Arbeitgebers keine Auswirkungen, dh der Arbeitnehmer braucht wegen der Verfahrenseröffnung auch keine andere, als die nach dem Arbeitsvertrag vereinbarte Tätigkeit auszuüben.[2] Lediglich in außergewöhnlichen Notfällen hat der Arbeitnehmer auf Grund seiner Treuepflicht auf Verlangen des Insolvenzverwalters vorübergehend auch solche Arbeiten zu übernehmen, die nicht in seinen vertraglichen Tätigkeitsbereich fallen. Dies ist jedoch keine spezielle Folge der Verfahrenseröffnung, sondern kann ausschließlich mit einer konkreten Krisen- oder Bedarfssituation begründet werden.

6

---

[1] BAG (GrS) Beschl. v. 13.12.1978 – GS 1/77, NJW 1979, 774 = KTS 1979, 158 (zu § 6 KO); MüKoInsO/*Ott/Vuia* § 80 Rn. 121 mwN.
[2] MüKoInsO/*Ott/Vuia*, Rn. 122 (3. Aufl. 2013).

7 Schließlich können nach der Verfahrenseröffnung auch alle Anwartschaften, die anlässlich und im Zusammenhang mit dem Arbeitsverhältnis begründet wurden, weiterlaufen und auch während des Insolvenzverfahrens nach Ablauf der Fristen zu einer rechtlich durchsetzbaren Position erstarken zB die Erlangung des Kündigungsschutzes durch Fristablauf des § 1 Abs. 1 KSchG.

8 Weiterhin treffen den Arbeitnehmer neben der primären Arbeitspflicht auch alle **Nebenpflichten aus dem Arbeitsverhältnis**, insbesondere die Treuepflicht. Der Arbeitnehmer darf also nicht ohne weiteres seine Arbeitsleistung einstellen, widrigenfalls er sich grundsätzlich schadensersatzpflichtig macht. Da der Arbeitnehmer andererseits aber seinen Anspruch auf Arbeitentgelt behält, kann er bei erheblichem Zahlungsrückstand und vergeblicher Zahlungsanmahnung das Arbeitsverhältnis fristlos kündigen und seinen Anspruch aus § 628 Abs. 2 BGB geltend machen. Im Insolvenzverfahren ist der Arbeitnehmer zur außerordentlichen Kündigung berechtigt, wenn die Vergütungsforderungen, die nach Verfahrenseröffnung entstehen, aus der Masse nicht gedeckt werden können.

9 Kann der Insolvenzverwalter wegen Betriebstilllegung den Arbeitnehmer nicht mehr weiter beschäftigen, so wird er ihn **von der Arbeitsleistung freistellen**. Dabei bewirkt die Freistellung jedoch keinen Verlust des Anspruchs auf die Arbeitsvergütung, weil der Verwalter in Annahmeverzug ist. Die Freistellung entlastet die Insolvenzmasse dergestalt, dass die Ansprüche der Arbeitnehmer dadurch aus der Rangklasse der Befriedigungsreihenfolge des § 209 Abs. 1 Nr. 2 InsO in die nachfolgende Rangklasse des § 209 Abs. 1 Nr. 3 InsO zurückfallen. Durch die Freistellung kann sich der Arbeitnehmer außerdem sofort bei der Agentur für Arbeit arbeitslos melden und damit einen Anspruch auf Zahlung von Arbeitslosengeld erlangen, da er nunmehr dem Arbeitsmarkt zur Verfügung steht (§ 157 Abs. 1 SGB III). Erhält der Arbeitnehmer Arbeitslosengeld, geht sein Anspruch auf Arbeitsentgelt gegen den Insolvenzverwalter in entsprechender Höhe gemäß § 115 SGB X auf die Agentur für Arbeit über, ohne dass es hierzu einer besonderen Feststellung durch Verwaltungsakt bedarf. Der Arbeitnehmer bleibt dann gegenüber dem Insolvenzverwalter Gläubiger hinsichtlich des überschießenden Betrages, der sogenannten „Lohnspitze".

10 Hat der Arbeitnehmer Zweifel daran, dass die Voraussetzungen für eine Freistellung vorliegen, so kann er seinen **Weiterbeschäftigungsanspruch** klageweise oder auch im Wege der einstweiligen Verfügung geltend machen,[3] wenn ihm an der Fortsetzung seiner Tätigkeit auf Grund eines besonderen Interesses gelegen ist. In der Rechtsprechung des BAG ist seit langem anerkannt, dass der Arbeitnehmer grundsätzlich einen Beschäftigungsanspruch – abgeleitet aus dem Persönlichkeitsschutz – hat.[4] Dieser Beschäftigungsanspruch muss nach dieser Rechtsprechung nur dann zurücktreten, wenn überwiegende und schutzwürdi-

---

[3] LAG Bln Entscheidung v. 15.9.1980 – 12 Sa 42/80, DB 1980, 2449.
[4] BAG Urt. v. 10.11.1955 – 2 AZR 591/54, AP BGB § 611 Nr. 2 Beschäftigungspflicht = NJW 1956, 359; BAG Urt. v. 4.5.1962 – 1 AZR 128/61, AP SchwBG § 12 Nr. 1 = NJW 1962, 1836; BAG Urt. v. 26.10.1971 – 1 AZR 113/68, AP GG Art. 9 Nr. 44 Arbeitskampf = NJW 1972, 599; BAG Urt. v. 22.12.1956 – 3 AZR 91/56, AP BGB § 626 Nr. 13 Verdacht strafbarer Handlungen = NJW 1957, 478.

ge Interessen des Arbeitgebers entgegenstehen.[5] Die Rechtsprechung geht von einem originären Freistellungsrecht des Insolvenzverwalters aus, wenn Masseunzulänglichkeit besteht oder der Betrieb eingestellt werden muss.[6] Ein **Mitbestimmungsrecht des Betriebsrats** besteht dabei nicht.[7]

Der Insolvenzverwalter ist an die geltenden und bestehenden **Tarifverträge** gebunden. Er kann insbesondere gegenüber einem laufenden Tarifvertrag kein Wahlrecht hinsichtlich der Bindung geltend machen, da § 103 InsO auf Tarifverträge keine Anwendung findet. Insofern fehlt es an einem „gegenseitigen Vertrag".[8] Dies gilt unabhängig davon, ob es sich um einen Flächentarifvertrag, einen Firmentarifvertrag oder eine Tarifbindung auf Grund eines allgemeinverbindlichen Tarifvertrages handelt und unabhängig davon, ob die Arbeitnehmer lediglich noch Abwicklungsarbeiten verrichten. Auch **Betriebsvereinbarungen** bleiben unbeschadet des Insolvenzverfahrens bestehen, jedoch belastet mit dem Sonderkündigungsrecht des § 120 InsO.

11

III. Arbeitsrechtliche Stellung des vorläufigen Insolvenzverwalters

1. Vorläufige Insolvenzverwaltung bei Anordnung eines allgemeinen Verfügungsverbots

Das Insolvenzgericht bestellt bei Unternehmensinsolvenzen regelmäßig bereits im Insolvenzantragsverfahren einen vorläufigen Insolvenzverwalter nach § 21 Abs. 2 Nr. 1 InsO. Es kann dem Schuldner gleichzeitig mit dieser Bestellung ein **allgemeines Verfügungsverbot** auferlegen, mit der Folge, dass die Verwaltungs- und Verfügungsbefugnis über das Vermögen des Schuldners bereits zu diesem Zeitpunkt auf den vorläufigen Insolvenzverwalter übergeht (§ 22 Abs. 1 S. 1 InsO). Die primäre Funktion dieser vorläufigen Insolvenzverwaltung besteht in der **Erhaltung und Sicherung der Masse,** so dass nach § 22 Abs. 1 S. 2 Nr. 2 InsO die **Unternehmensfortführung** bis zur Entscheidung des Insolvenzgerichts über den Insolvenzantrag der Regelfall ist und eine Betriebsstilllegung nur mit Zustimmung des Insolvenzgerichts möglich ist, wenn ansonsten eine erhebliche Verminderung des Vermögens droht. Bei dieser Form der vorläufigen Insolvenzverwaltung („starker vorläufiger Insolvenzverwalter") gelten nach § 55 Abs. 2 S. 1 InsO Verbindlichkeiten, die von einem solchen vorläufigen Insolvenzverwalter begründet worden sind, nach Eröffnung des Verfahrens als **Masseverbindlichkeiten.** Gleiches gilt nach § 55 Abs. 2 S. 2 InsO für Verbindlichkeiten aus Dauerschuldverhältnissen, soweit der vorläufige Insolvenzverwalter mit Verfügungsbefugnis für das von ihm verwaltete Vermögen die Gegenleistung in Anspruch genommen hat. Unter diese Regelung fallen insbesondere die **Ansprüche der Arbeitnehmer,** soweit diese im Rahmen der als Regelfall vorgesehenen Unternehmensfortführung für den vorläufigen In-

12

---

[5] BAG Urt. v. 19.8.1976 – 3 AZR 173/75, AP BGB § 611 Nr. 4 Beschäftigungspflicht = NJW 1977, 215; LAG Hamm Urt. v. 27.9.2000 – 2 Sa 1178/00, ZIP 2001, 435.
[6] BAG Urt. v. 18.12.1986 – 8 AZR 481/84, ZIP 1987, 798; LAG Hamm Urt. v. 27.9. 2000 – 2 Sa 1178/00, ZInsO 2001, 698.
[7] LAG Hamm Beschl. v. 20.9.2002 – 10 TaBV 95/02, ZInsO 2003, 531.
[8] Gottwald InsR-HdB/*Bertram* § 105 Rn. 85 f.; MüKoInsO/*Huber* § 103 Rn. 96.

solvenzverwalter gearbeitet haben bzw. von ihm nicht von der Arbeitsleistung freigestellt wurden. Allein die Tatsache, dass Arbeitsverhältnisse wegen laufender Kündigungsfristen noch nicht beendet sind, reicht nicht aus, um daraus Masseverbindlichkeiten abzuleiten. Diese entstehen vielmehr nur, wenn die **Leistungen der Arbeitnehmer tatsächlich in Anspruch genommen werden**.

13 Diese Konsequenz, die der Gesetzgeber an den „starken" vorläufigen Verwalter geknüpft hatte, kann zu einer erheblichen Mehrbelastung der Insolvenzmasse führen, die eine Betriebsfortführung sogleich von vornherein wieder deutlich erschwert und besondere Haftungsrisiken für den vorläufigen Verwalter mit sich bringt. Gehen solche Arbeitnehmeransprüche allerdings auf Grund einer Insolvenzgeldleistung auf die Bundesagentur für Arbeit über, kann die Agentur diese Ansprüche gem. § 55 Abs. 3 InsO wiederum nur als Insolvenzgläubiger geltend machen.

14 Der starke vorläufige Insolvenzverwalter wird stets im Einzelfall genau zu prüfen haben, ob er im Hinblick auf diese Rechtsfolge des § 55 Abs. 2 InsO den gesamten Betrieb fortführt oder den Betrieb ganz oder teilweise mit Zustimmung des Insolvenzgerichts stilllegt und die Arbeitnehmer von der Arbeitsleistung freistellt.

15 Im Rahmen dieser Entscheidungen ist der vorläufige Verwalter allerdings dem Risiko der **persönlichen Haftung** aus §§ 60, 61 InsO ausgesetzt, die über § 21 Abs. 2 Nr. 1 InsO für den vorläufigen Verwalter entsprechend gelten. Im Rahmen der Prüfung seiner Schadensersatzpflicht wird ihm allerdings die Schwierigkeit, die Insolvenzmasse zu Beginn seiner Tätigkeit gleich vollständig zu überblicken zu Gute zu halten sein wie auch die Tatsache, dass die gesetzgeberische Intention des § 22 Abs. 1 S. 2 Nr. 2 InsO die Betriebsfortführung als den Regelfall darstellt.[9]

16 Bei Bestellung eines vorläufigen Insolvenzverwalters mit Anordnung eines allgemeinen Verfügungsverbotes gehen die **Arbeitgeberpflichten** sogleich vollständig auf den Verwalter über.[10] Er ist also im Rahmen der allgemeinen arbeitsrechtlichen Bestimmungen berechtigt und verpflichtet, bereits im Eröffnungsverfahren alle arbeitsrechtlichen Maßnahmen zu treffen, die geeignet sind, die Masse von unverhältnismäßigen Kosten zu entlasten und eine künftige Sanierung oder Liquidation vorzubereiten. Soweit er aktiv Arbeitnehmeransprüche begründet – zB eine Abfindungsvereinbarung mit dem Arbeitnehmer schließt oder eine Betriebsänderung durchführt, aus der sich ein Nachteilsausgleich nach § 113 BetrVG ergibt, sind auch diese Ansprüche als Masseverbindlichkeiten nach § 55 Abs. 2 Nr. 1 InsO zu qualifizieren. Allerdings gelten für ihn nicht die besonderen **Kündigungserleichterungen** der §§ 113 ff. InsO[11] und die Erleichterungen bei der Durchführung einer Betriebsänderung nach § 122 InsO.

17 Kündigt der starke vorläufige Verwalter wegen geplanter Betriebsstilllegung, ist die Kündigung aber unwirksam, wenn die Zustimmung des Insolvenzgerichts zur Betriebsstilllegung (§ 22 Abs. 2 Nr. 2 2. alt InsO) nicht im Zeitpunkt des Kündigungszugangs vorliegt.[12]

---

[9] *Peters-Lange* ZIP 1999, 421.
[10] MüKoInsO/*Ott/Vuia* § 80 Rn. 112; Gottwald InsR-HdB/*Bertram* § 10 Rn. 22 f.
[11] BAG Urt. v. 20.1.2005 – 2 AZR 134/04, NZA 2006, 1352.
[12] LAG Düsseldorf Urt. v. 8.5.2003 – 10 (11) Sa 246/03, ZInsO 2003, 819.

Gerichtliche Verfahren werden auch durch die Einsetzung eines vorläufigen Insolvenzverwalters mit Verwaltungs- und Verfügungsbefugnis über das Vermögen des Schuldners **unterbrochen**, nicht jedoch wenn dem Schuldner nur ein **Zustimmungsvorbehalt** des vorläufigen Verwalters iSv § 21 Abs. 2 Nr. 2 InsO auferlegt wird.[13]

2. Vorläufige Insolvenzverwaltung ohne Anordnung eines allgemeinen Verfügungsverbots

Das Insolvenzgericht kann auch einen vorläufigen Insolvenzverwalter bestellen, ohne dass dem Schuldner ein allgemeines Verfügungsverbot auferlegt wird (§ 22 Abs. 2 S. 1 InsO). In diesem Fall bestimmt es in dem Bestellungsbeschluss detailliert und individuell die Rechte und Pflichten des vorläufigen Verwalters. In praxi ist diese Form der vorläufigen Insolvenzverwaltung in über 90 % aller Insolvenzeröffnungsverfahren die Regel.[14] Dies deshalb, da bei dieser Variante die Entstehung von Masseverbindlichkeiten nach § 55 Abs. 2 InsO vermieden wird. Auch bei Bestellung eines vorläufigen Verwalters mit einem **allgemeinen Zustimmungsvorbehalt** nach § 21 Abs. 2 Nr. 2 InsO entstehen keine Masseverbindlichkeiten nach § 55 Abs. 2 S. 1 InsO.[15] Der schwache vorläufige Verwalter – auch mit Zustimmungsvorbehalt – kann Masseverbindlichkeiten nur dann begründen, wenn er hierzu vom Gericht ausdrücklich ermächtigt wurde[16] – § 55 Abs. 2 InsO S. 1 InsO ist auf den vorläufigen Verwalter mit Zustimmungsvorbehalt weder direkt noch analog anwendbar.[17] Andererseits sind **rechtsgestaltende arbeitsrechtliche Willenserklärungen** wie Kündigungen weiterhin vom Schuldner vorzunehmen, bei Zustimmungsvorbehalt ist zur Wirksamkeit der Kündigung dabei zwingend die Zustimmung des vorläufigen Verwalters erforderlich,[18] die üblicherweise mit einer Gegenzeichnung „einverstanden" auf der Kündigungserklärung zum Ausdruck gebracht wird.

Da das Insolvenzgericht die Anordnungen zum vorläufigen Verwalter jederzeit ändern kann, empfiehlt es sich für alle Beteiligten bei Rechtsgeschäften mit dem Schuldner bzw. dem vorläufigen Verwalter sich jeweils zuvor genau zu versichern, mit welcher Rechtsmacht bzw. mit welchen Einzelbefugnissen der vorläufige Verwalter zur Zeit ausgestattet ist.

Der vorläufige Verwalter ohne Verwaltungs- und Verfügungsbefugnis hat auch **kein Prozessführungsrecht** für den Schuldner und dessen laufende Prozessverfahren werden durch diese Variante der vorläufigen Verwaltung nicht nach § 240 ZPO unterbrochen. Dies gilt auch, wenn dem Schuldner kein allgemeines Verfügungsverbot, sondern nur ein **Zustimmungsvorbehalt** iSv § 21 Abs. 2 Nr. 2 InsO auferlegt wurde.[19]

---

[13] BGH Urt. v. 21.6.1999 – II ZR 70–98, NJW 1999, 2822 = ZIP 1999, 1314.
[14] *Blank* ZInsO 2001, 780.
[15] HessLAG Urt. v. 6.2.2001 – 4 Sa 1583/00, ZInsO 2001, 562; OLG Köln Urt. v. 29.6.2001 – 19 U 199/00, NZI 2001, 554.
[16] OLG Köln Urt. v. 29.6.2001 – 19 U 199/00, ZInsO 2001, 762.
[17] BGH Urt. v. 18.7.2002 – IX ZR 195/01, ZIP 2002, 1625.
[18] BAG Urt. v. 10.10.2002 – 2 AZR 532/01, ZIP 2003, 1161.
[19] BGH Urt. v. 21.6.1999 – II ZR 70–98, NJW 1999, 2822 = ZIP 1999, 1314.

IV. Rangordnung der Arbeitnehmeransprüche im System der InsO

1. Allgemeines

20   Der Arbeitnehmer behält auch im Insolvenzverfahren alle vertraglichen Rechte und Ansprüche aus dem Arbeitsverhältnis mit nachfolgendem Rangverhältnis:

Rang der Arbeitsentgeltansprüche

21

Verfahrenseröffnung	Ende des Arbeitsverhältnisses
Insolvenzforderungen § 38 InsO ←	Masseverbindlichkeiten → nach § 209 Abs. 1 Nr. 2 oder Nr. 3 InsO §§ 55 Abs. 1 Nr. 2, 53 InsO laufendes Arbeitsentgelt Sozialplanansprüche nach Insolvenzeröffnung Nachteilsausgleichsansprüche für Betriebsänderung nach Eröffnung
oder ← Masseverbindlichkeiten wenn → Arbeitsleistung gegenüber vorläufigem Verwalter mit Verfügungsbefugnis erbracht und kein Anspruchsübergang auf die Bundesagentur für Arbeit (§ 55 Abs. 3 InsO)	
3 Monate ←································→ Insolvenzgeldzeitraum Lohn- und Gehaltsrückstände Schadensersatzansprüche gemäß § 113 Abs. 1 Satz 3 InsO Sozialplanansprüche vor Insolvenzeröffnung Nachteilsausgleichsansprüche § 113 Abs. 3 BetrVG bei Betriebsänderung vor Eröffnung	

22   Nach § 209 Abs. 1 Nr. 1 InsO sind somit **an erster Stelle die Kosten des Insolvenzverfahrens** zu berichtigen.

23   Dann folgen Masseverbindlichkeiten nach § 55 Abs. 1 InsO – das sind Ansprüche, die durch Handlungen des Insolvenzverwalters oder in anderer Weise durch die Verwaltung, Verwertung und Verteilung der Insolvenzmasse begrün-

det werden, ohne zu den Kosten des Insolvenzverfahrens zu gehören (§ 55 Abs. 2 Nr. 1 InsO) und aus gegenseitigen Verträgen, soweit deren Erfüllung zur Insolvenzmasse verlangt wird oder für die Zeit nach Eröffnung des Insolvenzverfahrens erfolgen muss (§ 55 Abs. 1 Nr. 2 InsO). Dies bedeutet, dass die Arbeitnehmeransprüche von Verfahrenseröffnung bis zum Ende der Kündigungsfrist als Masseverbindlichkeiten privilegiert sind. Mit allen anderen Ansprüchen sind die Arbeitnehmer Insolvenzgläubiger ohne Vorrecht (§ 108 Abs. 2 InsO).

Ausnahmsweise gelten aber auch die **Arbeitnehmeransprüche, soweit sie von einem vorläufigen Insolvenzverwalter begründet** worden sind, auf den die **Verfügungsbefugnis über das Vermögen des Schuldners** übergegangen ist und soweit dieser vorläufige Insolvenzverwalter die Arbeitsleistung tatsächlich in Anspruch genommen hat gemäß § 55 Abs. 2 InsO nach Verfahrenseröffnung als Masseverbindlichkeiten, wenn sie nicht nach § 55 Abs. 3 InsO auf die Bundesagentur für Arbeit übergegangen sind. § 55 Abs. 2 InsO ist insofern als lex specialis gegenüber § 108 Abs. 2 InsO anzusehen.

Innerhalb der Masseverbindlichkeiten wird nochmals in der Rangfolge differenziert nach Ansprüchen, die nach der Anzeige der Masseunzulänglichkeit begründet worden sind (§ 209 Abs. 1 Nr. 2 InsO) und den übrigen Masseverbindlichkeiten (§ 209 Abs. 1 Nr. 3 InsO). Zu den ersteren gehören nach § 209 Abs. 2 Nr. 3 InsO auch die Ansprüche der Arbeitnehmer, soweit der Verwalter nach der Anzeige der Masseunzulänglichkeit deren Arbeitsleistung in Anspruch genommen hat. Nach wie vor sind die Arbeitnehmeransprüche bezogen auf die letzten drei Monate des Arbeitsverhältnisses vor der Eröffnung des Insolvenzverfahrens durch **Insolvenzgeld** gesichert.

Die Masseverbindlichkeiten sind gegenüber dem Insolvenzverwalter nicht zu der von ihm geführten Insolvenztabelle, sondern unmittelbar zur vorrangigen Auszahlung anzumelden (§ 53 InsO). Diese Ansprüche können somit auch grundsätzlich während des Laufes des Insolvenzverfahrens gegenüber dem Verwalter eingeklagt und auch vollstreckt werden.

Zu beachten ist allerdings das Vollstreckungsverbot des § 210 InsO für die Masseverbindlichkeiten im Sinne des § 209 Abs. 1 Nr. 3 InsO, sobald der Verwalter die Masseunzulänglichkeit angezeigt hat. Bei erklärter Masseunzulänglichkeit ist auch eine gegen den Verwalter gerichtete Leistungsklage wegen einer Masseverbindlichkeit iSd § 209 Abs. 1 Nr. 3 InsO unzulässig, da ein Rechtsschutzbedürfnis hierfür auf Grund des Vollstreckungsverbots des § 210 InsO nicht besteht.[20] Wohl aber ist eine Feststellungsklage zulässig.[21]

2. Ansprüche aus dem Arbeitsverhältnis im Einzelnen

Die Arbeitnehmeransprüche unterliegen ggf. **arbeitsvertraglichen oder tarifvertraglichen Verfallklauseln** und den gesetzlichen **Verjährungsregeln**. Unberührt bleiben die Ausschlussfristen für Ansprüche, die erst nach der Insolvenzeröffnung aus dem fortgeführten Arbeitsverhältnis entstehen.[22] Ist der Anspruch bei Insolvenzeröffnung wegen Ablaufs der Ausschlussfrist bereits

---

[20] BAG Urt. v. 11.12.2001 – 9 AZR 459/00, ZIP 2002, 628; LAG Düsseldorf Urt. v. 25.5.2000 – 5 Sa 418/00, ZIP 2001, 2034.
[21] BAG Urt. v. 31.3.2004 – 10 AZR 253/03, NZA 2004, 1094.
[22] BAG Urt. v. 31.3.2004 – 10 AZR 253/03.

erloschen, besteht die Forderung nicht mehr und der Insolvenzverwalter kann sich hierauf berufen. Für anfechtungsrechtliche Rückgewähransprüche des Insolvenzverwalters gegen Arbeitnehmer gelten solche Verfallklauseln allerdings nicht.

27 Eine bestehende **Tarifbindung des Schuldners besteht** für den Insolvenzverwalter **fort**. Endet diese etwa nach der Satzung des Arbeitgeberverbands durch die Insolvenzeröffnung, führt dies aber nicht dazu, dass Tarifverträge grundsätzlich unanwendbar werden. Vielmehr kommt es gemäß § 3 Abs. 3 TVG zu einer **Nachwirkung der Tarifverträge**, so dass grundsätzlich nach wie vor eine Bindung des Verwalters besteht. Nur diejenigen Tarifverträge, die nach Verfahrenseröffnung neu abgeschlossen werden, binden den Insolvenzverwalter dann nicht mehr.

28 In der Praxis kann es unter Umständen sehr lange dauern, bis tatsächlich Zahlungen auf diese Ansprüche geleistet werden, insbesondere dann, wenn der Insolvenzverwalter Prozesse zur Massemehrung durch mehrere Instanzen führen muss. Für solche Fälle empfiehlt es sich für beide Seiten zur Vermeidung von Gerichtsverfahren Verjährungs- bzw. Verwirkungseinredeverzichte zu vereinbaren.

29 Um sich die Erfassung dieser Masseverbindlichkeiten zu erleichtern, erscheint es angezeigt, die Arbeitnehmer zur Anmeldung ihrer Masseverbindlichkeiten unter Beifügung eines hierzu auszufüllenden Formulars aufzufordern, in dem sie Angaben über den im Laufe der Kündigungsfrist erfolgten Arbeitslosengeldbezug oder anderweitiges Erwerbseinkommen im Freistellungszeitraum zu machen haben. Zu diesen Angaben sind sie gegenüber dem Insolvenzverwalter aus dem Arbeitsverhältnis verpflichtet. Der Insolvenzverwalter kann hieraus evtl. mögliche Kürzungen der Brutto-Arbeitsvergütung ersehen und die Angaben mit den ihm von der Arbeitsagentur zugeleiteten Unterlagen abgleichen.

Muster zur Feststellung von Masseverbindlichkeiten der Arbeitnehmer

30 Absender:

....

(Name, Anschrift, Anspruchsteller)

An den
Insolvenzverwalter
(Name, Anschrift)

Betr.: **Feststellung der Masseverbindlichkeiten im Insolvenzverfahren der Firma** ......

Sehr geehrte ....,
in vorgenanntem Insolvenzverfahren mache ich folgende Ansprüche geltend:

Lohn-Gehaltsansprüche für die Zeit vom .... – ....
                                        (Insolvenzer-   (Kündigungsend-
                                        öffnung)   termin)

a) Lohn/Gehalt brutto   EUR ....
b) Urlaubsabgeltung
   (................ Tage)   EUR ....

Depré/Heck

c) Urlaubsgeld	EUR............................	
d) Weihnachtsgeld/ Sonderzahlung	EUR............................	
e) Sonstiges	EUR............................	
Gesamtbetrag		Brutto EUR............................
abzüglich		
a) Arbeitslosengeld	EUR............................	
b) Krankengeld	EUR............................	
c) Neuverdienst (brutto) Hier ist sämtliches Arbeitseinkommen innerhalb der Kündigungsfrist anzugeben	EUR............................	
d) Zahlungen des Insolvenzverwalters (brutto)	EUR............................	EUR............................
		............................EUR

Weitere Beträge, als die hier angegebenen mache ich nicht mehr geltend.

Belege für sämtliche Angaben etc (Bescheide zum Arbeitslosengeld, Insolvenzgeld, Krankengeld, Abrechnung neuer Arbeitgeber, etc) sind beigefügt.

Der anfallende Betrag soll auf mein Konto IBAN. .... BIC ....
bei der .... -Bank überwiesen werden.

....
Ort, Datum   Unterschrift

Nachstehend sei auf einige **Besonderheiten** von Arbeitnehmeransprüchen eingegangen:

a) **Altersteilzeit und Arbeitszeitkonten.** Bei diesen Formen der Arbeitsvergütung bereitet naturgemäß die Abgrenzung und Zuordnung der Arbeitnehmeransprüche zu Insolvenzforderungen oder Masseverbindlichkeiten Schwierigkeiten, da der zeitliche Zusammenhang von Arbeitsleistung und Arbeitsentgelt gelockert ist. Bei der Altersteilzeit ist zwischen den verschiedenen Praxismodellen zu unterscheiden:

Beim **Grundmodell der Altersteilzeit** wird beim älteren Arbeitnehmer die Arbeitszeit auf die Hälfte verkürzt, das Arbeitsentgelt aber nicht halbiert, sondern auf mindestens 70% aufgestockt (vgl. §§ 2 ff. ATG). Obwohl der Aufstockungsbetrag also nicht für die Arbeit, sondern für die partielle Räumung des Arbeitsplatzes gezahlt wird, teilt er in jeder Hinsicht das Schicksal des Arbeitsentgeltanspruchs.[23] Dieses Modell entspricht einer echten Teilzeitbeschäftigung ohne Besonderheiten – Arbeitsentgelt und Aufstockungsbetrag sind somit Masseverbindlichkeiten für die Zeit nach Insolvenzeröffnung.

31

---

[23] BAG Urt. v. 20.8.2002 – 9 AZR 710/00, NZA 2003, 510; BAG Urt. v. 16.3.2004 – 9 AZR 267/03, NZA 2005, 784.

32 Häufiger in der Praxis ist allerdings das **Blockmodell**. Solange der Altersteilzeitbeschäftigte nach Insolvenzeröffnung seine Arbeitsleistung weiter erbringt, handelt es sich um eine Neumasseverbindlichkeit gem. § 209 Abs. 1 Nr. 2 InsO, nach Freistellung durch den Verwalter um eine Masseverbindlichkeit mit dem Nachrang des § 209 Abs. 1 Nr. 3 InsO. Altersteilzeitmitarbeiter in der Freistellungsphase können weder gekündigt noch freigestellt werden. Nach langem Streit in Literatur und Rechtsprechung hat nunmehr das BAG höchstrichterlich hierzu entschieden, dass der Arbeitsentgeltanspruch in der Freistellungsphase auch nach Insolvenzeröffnung keine Masseverbindlichkeit, sondern eine Insolvenzforderung iSd §§ 108 Abs. 2, 38 InsO darstellt.[24]

33 Fällt das Insolvenzereignis noch in die **Arbeitsphase** und beendet der Verwalter das Arbeitsverhältnis nach § 113 InsO, wird die Durchführung der Altersteilzeit unmöglich oder ihre Geschäftsgrundlage entfällt, so dass dem Arbeitnehmer die Differenz zwischen dem aufgestockten Arbeitsentgelt und dem Vollarbeitsentgelt zu erstatten ist.[25]

34 Auch Altersteilzeit-Arbeitsverhältnisse in der Freistellungsphase gehen bei einem Betriebsübergang auf den neuen Betriebsinhaber über – die bereits erarbeiteten Vergütungsansprüche des nicht mehr arbeitspflichtigen Altersteilzeitlers sind jedoch bloße Insolvenzforderungen, für die der Betriebserwerber nicht haftet.[26]

35 Für Altersteilzeit im Blockmodell hat der Arbeitgeber nach § 8a ATG das Wertguthaben gegen Insolvenz zu sichern, was nicht abdingbar ist (§ 8a Abs. 5 ATG). Dies gilt jedoch nicht für den Insolvenzverwalter als Arbeitgeber.[27] Dies gilt auch nicht für die während der Freistellungsphase fällig werdenden Aufstockungsbeträge. Wird hiergegen allerdings verstoßen, ergibt sich daraus keine persönliche Haftung von Organvertretern einer Kapitalgesellschaft für das entgangene Wertguthaben und kein Insolvenzvorrecht.[28]

36 Die gleichen Zuordnungsfragen stellen sich bei der Einrichtung von **Arbeitszeitkonten**. Sozialversicherungsrechtlich werden die auf diesen Konten „geparkten" Entgelte nicht der Zeit ihrer Erarbeitung, sondern der Zeit ihrer Auszahlung in Freistellungsperioden zugerechnet (vgl. §§ 7–7f., 23–23c SGB IV). Es handelt sich arbeitsrechtlich nicht um eine einfache Stundung, sondern um die Zuordnung von Entgelten zu späteren Phasen des Arbeitsverhältnisses. Diese gesetzlichen Regelungen des SGB IV betreffen allerdings nur Zeitwertkonten, die während der aktiven Dienstzeit eine bedarfsgerechte Lebensarbeitszeit, insbesondere den Vorruhestand gestalten sollen – also nicht nur der flexiblen Gestaltung der werktäglichen oder wöchentlichen Arbeitszeit etc dienen.[29]

37 § 7e SGB IV normiert nunmehr einen zwingenden Insolvenzschutz für die Wertguthaben ab dem 3-fachen des Regelarbeitsentgelts. Als anerkannte Siche-

---

[24] BAG Urt. v. 19.10.2004 – 9 AZR 647/03, NZA 2005, 408 = ZIP 2005, 457; BAG Urt. v. 19.10.2004 – 9 AZR 645/03, NZA 2005, 527. BAG Urt. v. 30.10.2008 – 8 AZR 54/07, NZA 2009, 432.
[25] *Debler* NZA 2001, 1289.
[26] BAG Urt. v. 31.10.2008 – 8 AZR 27/07, NZA 2008, 705 = ZIP 2008, 1333.
[27] BAG Urt. v. 15.1.2013 – 9 AZR 448/11, ZInsO 2013, 680.
[28] BAG Urt. v. 13.12.2005 – 9 AZR 436/04, NZA 2005, 729; BAG Urt. v. 16.8.2005 – 9 AZR 79/05, NJW 2006, 3308 = NZA 2006, 1052.
[29] *Langohr-Plato/Sopora* NZA 2008, 1377 ff.

rungsmittel werden neben einer Treuhandlösung auch Versicherungsmodelle, schuldrechtliche Verpfändungsvereinbarungen und Bürgschaftsmodelle aufgeführt. Erleidet der Arbeitnehmer durch Verstoß gegen diese Vorgaben eine Verringerung oder einen Verlust des Wertguthabens, haftet nicht nur der Arbeitgeber für den entstandenen Schaden, sondern bei juristischen Personen und Gesellschaften ohne Rechtspersönlichkeit auch deren organschaftliche Vertreter gesamtschuldnerisch mit, es sei denn, sie haben den Schaden nicht zu vertreten (vgl. § 7e Abs. 7 SGB IV).

b) Verzugslohn bei Freistellung/Anrechnung von Arbeitslosengeld, anderweitigem Erwerb und Urlaub. Der Insolvenzverwalter wird häufig mangels Weiterbeschäftigungsmöglichkeit zB infolge sofortiger Betriebsstilllegung die Arbeitsleistung des Arbeitnehmers nicht annehmen und insofern eine Freistellung von der Arbeitspflicht erklären. Forderungen aus solchen Phasen bleiben allerdings weiterhin sonstige Masseverbindlichkeiten im Sinne des § 55 Abs. 1 InsO. Der Verwalter sollte aber bei auch nur drohender Masseunzulänglichkeit zusätzlich unverzüglich das Arbeitsverhältnis kündigen – versäumt er dies, gilt die Arbeitsvergütung für die Zeit nach dem ersten Termin, zu dem der Verwalter nach Anzeige der Masseunzulänglichkeit kündigen konnte als vorrangige Masseverbindlichkeit iSd § 209 Abs. 2 Nr. 2 InsO – auch bei erfolgter Freistellung.[30] Zulässiger Freistellungsgrund ist im Insolvenzfall grundsätzlich die vollständige oder teilweise Betriebsstilllegung.[31]

38

Die Freistellung kann bei sachlichem Grund sowohl vor, zusammen mit als auch nach einer Kündigung gegenüber dem Arbeitnehmer ausgesprochen werden.[32] Die Freistellung hat für den Arbeitnehmer den angenehmen Effekt, dass er damit dem Arbeitsmarkt zur Verfügung steht und daher sofort **Arbeitslosengeld** auf Antrag erhält – soweit die übrigen Voraussetzungen vorliegen –, wenn der Insolvenzverwalter die Vergütung nicht mehr bezahlen kann (vgl. § 157 Abs. 1 SGB III). Für die Dauer des Leistungsbezugs geht der Anspruch des Arbeitnehmers auf Arbeitsentgelt dann gemäß § 115 SGB X auf die Bundesagentur für Arbeit über. In diesem Fall hat die Bundesagentur für den Arbeitnehmer auch die Kranken- und Rentenversicherungsbeiträge gemäß § 3 Nr. 3 SGB VI zu entrichten. Der Differenzlohnanspruch („Lohnspitze") zwischen bezogenem Arbeitslosengeld und vertraglich geschuldetem Arbeitsentgelt verbleibt dem Arbeitnehmer als Masseverbindlichkeit gegenüber dem Insolvenzverwalter.

39

Arbeitnehmer müssen sich **anderweit erhaltene Vergütungen** während der Freistellungszeit anrechnen lassen Der Insolvenzverwalter wird tunlichst Freistellungen unwiderruflich erklären und in dieser schriftlichen Erklärung darauf hinweisen, dass die Freistellung „unter Anrechnung auf Urlaubsansprüche" erfolgt, denn nur durch die unwiderrufliche Freistellung kann auch der **Urlaubsanspruch des Arbeitnehmers durch die Freistellungszeit verbraucht**

40

---

[30] BAG Urt. v. 31.3.2004 – 10 AZR 253/03, NZA 2004, 1094.
[31] BAG Urt. v. 18.12.1986 – 8 AZR 481/84, ZIP 1987, 798.
[32] Vgl. zu den Rechten und Pflichten der Arbeitsvertragsparteien bei Suspendierung/Freistellung: Schaub/*Linck* § 95 Rn. 10 ff.

werden.³³ Ein Schadensersatzanspruch gegen den Insolvenzverwalter wegen nicht erfolgter Freistellung und damit Arbeitslosengeldverlust wird dem Arbeitnehmer aber nicht zugebilligt.³⁴

41 c) **Urlaubsansprüche.** Auch die Urlaubsansprüche werden von der Insolvenzeröffnung nicht berührt. Ansprüche auf Urlaubsentgelt/Urlaubsgeld sind für die Zeit zwischen Insolvenzeröffnung und Urlaubsende Masseverbindlichkeiten iSv § 55 Abs. 1 Nr. 2 InsO.³⁵ Gleiches gilt, wenn der Verwalter den Arbeitnehmer weiter beschäftigt und die zeitlichen Voraussetzungen des Urlaubsanspruchs erst während des Insolvenzverfahrens entstehen.³⁶ War der Urlaub bereits vom Arbeitnehmer vor Verfahrenseröffnung angetreten worden, so sind die Ansprüche für die Zeit ab Verfahrenseröffnung wiederum Masseverbindlichkeiten.³⁷

42 aa) **Urlaubsentgelt und Urlaubsgeld.** Urlaubsentgelt ist die während des Urlaubs fortzuzahlende Arbeitsvergütung. Der Anspruch auf Urlaubsentgelt ist daher mit dem Gehaltsanspruch rechtlich identisch und ergibt sich aus § 611 BGB. Einem Arbeitnehmer der sich „selbst beurlaubt" hat, steht allerdings auch dann kein Urlaubsentgelt für diese Zeit zu, wenn ihm der Arbeitgeber den Urlaub zuvor zu Unrecht verweigert hat.³⁸

43 Die Anzeige der Masseunzulänglichkeit durch den Verwalter (§ 208 InsO) führt zu einer Neuordnung der Masseverbindlichkeiten nach Maßgabe von § 209 InsO. Stellt der Verwalter den Arbeitnehmer unwiderruflich „unter Anrechnung auf Urlaub" von der Arbeitsleistung frei, entsteht hinsichtlich der Urlaubsansprüche keine Neumasseverbindlichkeit. Wird der Arbeitnehmer zur Arbeitsleistung herangezogen, begründen die offenen Urlaubsansprüche nur hinsichtlich der anteilig auf die Beschäftigungszeit nach Anzeige der Masseunzulänglichkeit entfallenden Teile eine Neumasseverbindlichkeit.³⁹

44 Im Unterschied zum Urlaubsentgelt als fortzuzahlende Vergütung während des Urlaubs ist das **Urlaubsgeld** eine Sondervergütung, die auf Grund Tarifvertrags, Betriebsvereinbarung oder nach einzelvertraglicher Abrede zusätzlich zum Urlaubsentgelt gewährt wird. Gelegentlich wird das Urlaubsgeld als **Urlaubsgratifikation** bezeichnet. Seine rechtliche Einordnung richtet sich nach den jeweiligen vertraglichen Vorgaben.

45 bb) **Urlaubsabgeltung.** Kann der Urlaub wegen Beendigung des Arbeitsverhältnisses ganz oder teilweise nicht mehr gewährt werden, ist er abzugelten (§ 7 Abs. 4 BUrlG). Deshalb besteht der Urlaubsabgeltungsanspruch im Fall des Betriebsübergangs nach § 613a BGB auch nur (noch) gegenüber dem Betriebsübernehmer, da in diesem Fall ja keine „Beendigung des Arbeitsverhältnisses"

---

³³ BAG Urt. v. 14.3.2006 – 9 AZR 11/05, NZA 2006, 1008. BAG Urt. v. 19.5.2009 – 9 AZR 433/08 in ZInsO 2009, 2120.
³⁴ LAG Hamm Urt. v. 27.5.2009 – 2 Sa 331/09.
³⁵ BAG Urt. v. 21.11.2006 – 9 AZR 97/06, NZA 2007, 696; BAG Urt. v. 15.2.2005 – 9 AZR 78/04, ZInsO 2006, 670.
³⁶ Vgl. zu § 59 KO: BAG Urt. v. 10.3.1966 – 5 AZR 498/65, DB 1966, 788.
³⁷ BAG Urt. v. 21.5.1980 – 5 AZR 441/78, NJW 1981, 79 = AP KO § 59 Nr. 10; Uhlenbruck/*Sinz* § 55 Rn. 63.
³⁸ Schaub/*Linck* § 104 Rn. 81 ff. und 119 ff.; ErfK/*Gallner* BUrlG § 7 Rn. 9.
³⁹ BAG Urt. v. 21.11.2006 – 9 AZR 97/06, NZA 2007, 696.

vorliegt. Für die Frage, ob dieser dann von dem Betriebsveräußerer/Insolvenzverwalter einen Ausgleich verlangen kann, wird es auf die zwischen diesen Parteien hierzu getroffenen Vereinbarungen und deren Auslegung ankommen. Die haftungsrechtlichen Beschränkungen, die bei Betriebsübergängen von der Rechtsprechung im Rahmen des § 613a BGB gemacht werden, finden hinsichtlich solcher Urlaubsabgeltungsansprüche bzw. Urlaubsansprüche, die erst nach dem Zeitpunkt der Insolvenzeröffnung fällig werden, keine Anwendung.[40]

Liegt der Zeitraum des Endes des Arbeitsverhältnisses nach Insolvenzeröffnung, ist der Anspruch auf die Urlaubsabgeltung Masseverbindlichkeit, soweit dieser Zeitpunkt vor Insolvenzeröffnung liegt einfache Insolvenzforderung. 46

Der Arbeitnehmer kann unter Umständen auch einen **Schadensersatzanspruch in Höhe des Urlaubsabgeltungsanspruchs** haben. Ist nämlich die Urlaubsgewährung infolge des Ablaufs des Kalenderjahres unmöglich, tritt an die Stelle des Urlaubsanspruchs ein Ersatzurlaubsanspruch in gleicher Höhe, wenn der Arbeitgeber sich mit der Urlaubserteilung in Verzug befand, der Arbeitnehmer den Anspruch also zuvor erfolglos bereits geltend gemacht hatte. Im Rahmen dieses Schadensersatzes kann der Arbeitnehmer dann nach §§ 249 S. 1, 251 Abs. 1 BGB eine Entschädigung in Geld entsprechend dem geschuldeten Urlaubsentgelt (und Urlaubsgeld) verlangen.[41] Hier ergeben sich in der Praxis häufig Beweisprobleme, da derlei zwischen den Arbeitsvertragsparteien oft nur mündlich abläuft. 47

Nach 166 Abs. 1 Nr. 1 SGB III ist der Urlaubsabgeltungsanspruch nicht insolvenzgeldfähig, da er mit der Beendigung des Arbeitsverhältnisses n ursächlichem Zusammenhang steht.[42] 48

d) Gratifikationen. Gratifikationen sind Sonderzuwendungen, die der Arbeitgeber aus bestimmten Anlässen, etwa Weihnachten, Urlaub, Jubiläum, etc gewährt. Bei geringwertigen Kleingratifikationen bis zu 100,00 EUR, wie sie etwa als Festgabe zum Weihnachtsfest gedacht sind, ist nach der Rechtsprechung der gesamte Betrag Masseverbindlichkeit, wenn der Fälligkeitszeitpunkt nach Verfahrenseröffnung liegt.[43] Ansonsten ist bei den Gratifikationen derjenige Teil, der auf die Zeit nach der Verfahrenseröffnung entfällt, Masseverbindlichkeit im Sinne des § 55 Abs. 1 Nr. 2 InsO.[44] 49

Der Insolvenzverwalter hat also zunächst zu ermitteln, woran sich die Zahlung der Gratifikation orientiert, dh mit welcher Intention der Arbeitgeber diese Sonderzahlung gewährt hat, um festzustellen ob bzw. welcher Teil der Gratifikation auf die Zeit nach Verfahrenseröffnung entfällt. Hat sie sich etwa an der Tätigkeit des Arbeitnehmers im jeweils vergangenen Kalenderjahr orientiert, so ist bei monatlicher Gehaltszahlung eine **Zwölftelung des Anspruchs** veranlasst und damit der Anspruch insofern Masseverbindlichkeit, als die Zwölftel der 50

---

[40] BAG Urt. v. 18.11.2003 – 9 AZR 347/03, NZA 2004, 654.
[41] BAG Urt. v. 23.6.1992 – 9 AZR 57/91, NZA 1993, 360 = AP BUrlG § 1 Nr. 22.
[42] BSG Urt. v. 20.2.2002 – B 11 AL 71/01 R, NZA-RR 2003, 210 = NZA 2002, 786.
[43] Vgl. zu § 59 KO: BAG Urt. v. 10.3.1966 – 5 AZR 498/65, AP KO § 59 Nr. 2 = BB 1966, 580; BAG Urt. v. 23.5.1967 – 5 AZR 449/66, NJW 1967, 1926.
[44] Vgl. zu § 59 KO: BAG Urt. v. 21.5.1980 – 5 AZR 337/78, NJW 1981, 77 = NZA 1987, 633 = AP KO § 59 Nr. 10; BAG Urt. v. 23.5.1967 – 5 AZR 449/66, AP KO § 59 Nr. 3 = BB 1967, 962.

Jahresleistung in die Zeit nach Verfahrenseröffnung fallen.[45] Die für diese Zuordnung entscheidende Auslegung kann im Einzelfall oftmals sehr schwierig sein.

Am fruchtbarsten sind die Anspruchsregelungen, die sich aus einem **Tarifvertrag** ergeben, da dort häufig ausführlich geregelt ist, wann, unter welchen Voraussetzungen, zu welchem Zeitpunkt und in welcher Höhe der Arbeitnehmer einen Anspruch auf die Sonderzahlung hat. Häufig ist etwa im Tarifvertrag eine Zwölftelung des Anspruchs für den Fall vorgesehen, dass der Arbeitnehmer im Laufe des Kalenderjahres eintritt oder ausscheidet. Die Auslegung einer solchen Regelung wird im Zweifel ergeben, dass die Sonderzahlung eine zusätzliche Vergütung für die im Bezugszeitraum geleistete Arbeit bezweckt, so dass sie im Insolvenzverfahren je nach Lage des Zeitraumes vor und nach der Insolvenzeröffnung Insolvenzforderung oder Masseverbindlichkeit ist.[46] Sieht ein Tarifvertrag keine Zwölftelung der Jahresleistung im Eintritts- und Austrittsjahr oder für andere Fälle vor und kommt es für die Entstehung des Anspruchs auf das Bestehen eines Arbeitsverhältnisses an einem bestimmten **Stichtag** an, ist diese Sonderzahlung Masseverbindlichkeit, wenn der Stichtag nach der Insolvenzeröffnung und vor dem Ende des Arbeitsverhältnisses liegt. Muss dies aus einem Arbeitsvertrag oder gar lediglich aus der betrieblichen Übung beim Schuldner abgeleitet werden, kann oftmals nur schwer eine sichere Grundlage für die Bewertung des Masseverbindlichkeitencharakters herausgearbeitet werden. Dann wird die Klärung einem arbeitsgerichtlichen Verfahren oder einem außergerichtlichen Vergleich vorbehalten bleiben.

51 Die Frage der Einordnung der Sonderzahlung in die Systematik der InsO stellt sich in gleicher Weise bei der Prüfung, ob der Anspruch des Arbeitnehmers auf **Insolvenzgeld** auch die Sonderzahlung bzw. in welcher Höhe er diese erfasst. Auch in dieser rechtlichen Diskussion mit der Arbeitsagentur über die Insolvenzgeldfähigkeit der Sonderzahlung entscheidet das BSG nach den vorgenannten Grundsätzen.

52 **e) Abfindungen.** Abfindungsansprüche, die sich aus einer Vereinbarung zwischen dem Arbeitnehmer und dem Arbeitgeber vor Insolvenzeröffnung für den Fall der Beendigung des Arbeitsverhältnisses ergeben, begründen selbst dann keine Masseverbindlichkeit, wenn das Arbeitsverhältnis erst nach Insolvenzeröffnung beendet wird,[47] denn der Abfindungsanspruch war schon im Zeitpunkt der Insolvenzeröffnung als eine durch das Ende des Arbeitsverhältnisses aufschiebend bedingte Forderung begründet – dies gilt auch für vereinbarte Abfindungen in Geschäftsführerverträgen.[48] Unerheblich ist, ob die Vereinbarung im Rahmen eines Aufhebungsvertrages oder im Nachgang zu einer Kündigung durch einen Vergleich vor Insolvenzeröffnung beendet wurde[49] oder im Kündigungsschutzprozess erfolgt ist. Gleiches gilt, wenn das Arbeits-

---

[45] BAG Urt. v. 21.5.1980 – 5 AZR 337/78, NJW 1981, 77.
[46] BAG Urt. v. 21.5.1980 – 5 AZR 337/78, NJW 1981, 77 = AP KO § 59 Nr. 10 = NZA 1987, 633; BSG Urt. v. 30.11.1977 – 12 RAr 99/76, AP AFG § 141b Nr. 3; Gottwald InsR-HdB/*Bertram* § 104 Rn. 13 f.
[47] BAG Urt. v. 27.9.2007 – 6 AZR 975/06, ZIP 2008, 374 = AP InsO § 38 Nr. 5.
[48] OLG Frankfurt aM Urt. v. 16.9.2004 – 3 U 205/03, ZInsO 2004, 1260.
[49] BAG Urt. v. 6.12.1984 – 2 AZR 348/81, AP KO § 16 Nr. 14.

§ 27. Individualarbeitsrecht

verhältnis vor Eröffnung durch Urteil des Arbeitsgerichts gegen Zahlung einer Abfindung nach §§ 9, 10 KSchG aufgelöst wurde oder der Arbeitgeber vor Insolvenzeröffnung nach § 113 BetrVG zur Zahlung einer Abfindung verurteilt wurde.[50]

Die Abfindung ist auch keine Masseverbindlichkeit, wenn sie als **Nachteilsausgleich** nach § 113 Abs. 1 BetrVG aus einer Betriebsänderung herrührt, die bereits der Schuldner vor der Insolvenzeröffnung begonnen oder durchgeführt hat, etwa wenn er alle Arbeitnehmer unwiderruflich freistellt – selbst wenn der Insolvenzverwalter erst nach Eröffnung die Kündigung ausspricht.[51]

Umgekehrt liegt aber eine Masseverbindlichkeit gegenüber dem Insolvenzverwalter vor, wenn zwischen ihm selbst und dem Arbeitnehmer eine Abfindungsvereinbarung etwa in einem Aufhebungsvertrag geschlossen wurde oder wenn das Arbeitsverhältnis durch einen **Vergleich mit dem Insolvenzverwalter** bei Zahlung einer Abfindung aufgelöst wurde, unabhängig davon, ob der Prozess vor oder nach Insolvenzeröffnung eingeleitet wurde[52] oder wenn der Abfindungsanspruch auf einem Nachteilsausgleich gem. § 113 Abs. 3 BetrVG beruht, weil der Insolvenzverwalter nach Verfahrenseröffnung selbst eine Betriebsänderung ohne Interessenausgleich durchgeführt hat.[53]

Ein vom Insolvenzverwalter persönlich begründeter Abfindungsanspruch ist also grundsätzlich eine Masseverbindlichkeit nach § 55 Abs. 1 Nr. 1 InsO. Dies gilt ebenso für **Abfindungsvereinbarungen mit dem vorläufigen Insolvenzverwalter**, wenn ihm die Verfügungsbefugnis über das Vermögen des Schuldners übertragen wurde, auch wenn diese sich aus einem **Nachteilsausgleich** nach § 113 BetrVG wegen **Betriebsänderung durch den vorläufigen Verwalter** ergeben.

Besonderheiten gelten, soweit sich die **Abfindungsansprüche aus einem Sozialplan** ergeben (§§ 123, 124 InsO): Danach kann weiterhin für den Ausgleich oder die Milderung der wirtschaftlichen Nachteile, die Arbeitnehmern infolge der geplanten Betriebsänderung entstehen, ein Gesamtbetrag von bis zu 2½ Monatsverdiensten, der von einer Entlassung betroffenen Arbeitnehmer vorgesehen werden. Weiterhin darf, wenn nicht ein Insolvenzplan zustande kommt, für die Berichtigung von Sozialplanforderungen nicht mehr als ⅓ der Masse verwendet werden, die ohne einen Sozialplan für die Verteilung an die Insolvenzgläubiger zur Verfügung stünde (§ 123 Abs. 1 und 2 InsO).

§ 123 Abs. 2 S. 1 InsO regelt die **Qualifizierung der Sozialplanforderungen** aber nur als **nachrangige Masseverbindlichkeiten,** so, dass die Sozialplangläubiger erst befriedigt werden dürfen, wenn die übrigen Masseverbindlichkeiten voll erfüllt worden sind und gedeckelt auf ⅓ des an die Insolvenzgläubiger zu verteilenden Betrages – auch wenn die Betriebsänderung bereits vom Schuldner

---

[50] BAG Urt. v. 18.12.1984 – 1 AZR 176/82, AP BetrVG § 113 Nr. 88 Ausschlussfristen.
[51] BAG Urt. v. 4.12.2002 – 10 AZR 16/02, NZA 2003, 665 = NJW 2003, 1964; BAG Urt. v. 3.4.1990 – 1 AZR 150/89, AP BetrVG § 213 Nr. 20 = NZA 1990, 619 = ZIP 1990, 873; BAG Urt. v. 4.12.2002 – 10 AZR 16/02, ZIP 2003, 311, LAG Berlin-Brandenburg Urt. v. 2.3.2012 – 13 Sa 2187/11, ZInsO 2012, 893.
[52] BAG Urt. v. 12.6.2002 – 10 AZR 180/01, ZInsO 2002, 1156.
[53] BAG Urt. v. 9.7.1985 – 1 AZR 323/83, AP BetrVG § 113 Nr. 13 = ZIP 1986, 45; BAG Urt. v. 13.6.1989 – 1 AZR 819/87, AP BetrVG § 113 Nr. 19 = ZIP 1989, 1205.

geplant war.⁵⁴ Ansprüche aus **Sozialplänen**, die **vor Insolvenzveröffnung** abgeschlossen wurden, sind nur Insolvenzforderungen, es sei denn, es hat ein vorläufiger Verwalter mit Verfügungsbefugnis iSd von § 55 Abs. 2 InsO gehandelt, auch wenn die Ansprüche erst nach Insolvenzeröffnung mit der Beendigung des Arbeitsverhältnisses entstehen.⁵⁵ Leistungsklagen gegen den Insolvenzverwalter auf Zahlung der Abfindung aus einem nach Anzeige der Masseunzulänglichkeit abgeschlossenen Sozialplan sind unzulässig.⁵⁶

58 **f) Schadensersatzansprüche.** Kündigt der Insolvenzverwalter das Arbeitsverhältnis nach § 113 InsO, entstehen dem Arbeitnehmer hieraus bei im Übrigen geltender längerer Kündigungsfrist Schadensersatzansprüche (§ 113 S. 3 InsO). Diesen Anspruch in Höhe der Differenz zu der durch § 113 InsO abgekürzten Kündigungsfrist kann der Arbeitnehmer jedoch nur als Insolvenzgläubiger geltend machen.

59 **g) Zeugnisanspruch.** Der Arbeitnehmer kann vom Insolvenzverwalter auch für die Zeit vor Verfahrenseröffnung ein qualifiziertes **Zeugnis** über Führung und Leistung verlangen, wenn das Arbeitsverhältnis erst nach Verfahrenseröffnung endet.⁵⁷ Über die Leistungen des Arbeitnehmers, die er nicht selbst beurteilen kann, muss sich der Verwalter dann ggf. bei Personalverantwortlichen der Insolvenzschuldnerin erkundigen – in der Praxis wird man in aller Regel einen Formulierungsvorschlag des Arbeitnehmers übernehmen. Hat das Arbeitsverhältnis vor Insolvenzeröffnung geendet, bleibt grundsätzlich der Insolvenzschuldner selbst zur Erteilung des Zeugnisses verpflichtet. § 108 Abs. 1 InsO fingiert keine Arbeitgeberstellung des Insolvenzverwalters für bereits beendete Arbeitsverhältnisse.⁵⁸ Der vorläufige Verwalter hat vor Insolvenzeröffnung den Zeugnisanspruch nur dann zu erfüllen, wenn dem Schuldner ein allgemeines Verfügungsverbot gem. § 22 Abs. 1 InsO auch verlegt worden ist, nicht bei bloßem Zustimmungsvorbehalt.⁵⁹

60 **h) Karenzentschädigung für Wettbewerbsverbote.** Kündigt der Insolvenzverwalter, so bleibt ein mit dem Arbeitnehmer vereinbartes **Wettbewerbsverbot** grundsätzlich bestehen. Es gelten jedoch weiterhin die Vorschriften der §§ 75 ff. HGB, so dass der Insolvenzverwalter sich hinsichtlich der Entschädigung für das Wettbewerbsverbot eine Masseverbindlichkeit aufbürdet, wenn er auf der Einhaltung des Verbots besteht.⁶⁰ Lehnt der Verwalter andererseits nach § 103 InsO die Erfüllung ab, oder erklärt er sich dazu gar nicht, so hat der Arbeitnehmer einen Schadensersatzanspruch als Insolvenzgläubiger. Ist der Anspruch des Arbeitnehmers auf **Karenzentschädigung** durch Massearmut gefährdet, steht ihm ein außerordentliches Kündigungsrecht der Wettbewerbsabrede zu. Karenzentschädigungen sind also bis zur Verfahrensöffnung Insolvenzforde-

---

⁵⁴ LAG Hamm Beschl. v. 30.4.2010 – 10 TaBV 7/10, ZInsO 2010, 1899.
⁵⁵ BAG Urt. v. 31.7.2002 – 10 AZR 275/01, NJW 2003, 989; BAG Urt. v. 27.10.1998 – 1 AZR 94/98, ZIP 1999, 540, BGH Urt. v. 8.10.2009 – IX ZR 61/06, ZIP 2009, A87.
⁵⁶ BAG Urt. v. 21.10.2010 – 6 AZR 785/08, ZIP 2010, A8.
⁵⁷ BAG Urt. v. 23.6.2004 – 10 AZR 495/03, NZA 2004, 1393.
⁵⁸ BAG Urt. v. 23.6.2004 – 10 AZR 495/03.
⁵⁹ BAG, 23.6.2004 – 10 AZR 495/03.
⁶⁰ Vgl. Uhlenbruck/*Wegener* InsO § 103 Rn. 52.

rungen, danach ebenso, wenn der Verwalter die Wettbewerbsvereinbarung nicht fortsetzt, sonst Masseverbindlichkeiten.

i) GmbH-Geschäftsführervergütung. Die Vergütungsansprüche des GmbH-Geschäftsführers, die auf die Zeit von der Insolvenzeröffnung bis zum Wirksamwerden einer Kündigung entstehen, sind nach § 55 Abs. 1 Nr. 2 InsO Masseverbindlichkeiten. Dies ergibt sich auch aus dem Zusammenspiel der §§ 113 Abs. 1, 108 InsO – letztere Vorschrift ist insbesondere lex specialis zu § 103 InsO und damit von ihrem Wortlaut her (Dienstverträge) auch für die Geschäftsführervergütung einschlägig. Macht der Geschäftsführer diese Ansprüche gegenüber dem Insolvenzverwalter geltend, wird dieser zunächst die nahe liegende Prüfung anstellen, ob möglicherweise eine Aufrechnung mit Ansprüchen der Schuldnerin gegen den Geschäftsführer in Betracht kommt. Dies wird sich häufig gegenüber von Gesellschafter-Geschäftsführern aus den Vorschriften über die Insolvenzanfechtung ergeben oder etwa aus der schuldhaften Verletzung von Geschäftsführerpflichten vor der Insolvenz. Teilweise wird in der Literatur auch die Geltendmachung des vollen Geschäftsführergehalts im Hinblick auf die durch die Insolvenz stark eingeschränkte Dienstleistungspflicht für rechtsmissbräuchlich gehalten,[61] insbesondere bei der Ein-Personen-GmbH mit dem Argument, dass hier der Gesellschafter-Geschäftsführer dem Gemeinschuldner wirtschaftlich gleich steht. 61

j) Halteprämien sind Masseverbindlichkeiten, wenn der Stichtag für die unerwünschte Eigenkündigung nach Insolvenzeröffnung liegt.[62] 62

k) Prozesskosten. Führt der Insolvenzverwalter einen Prozess fort, oder beginnt er einen solchen, so werden die vor Insolvenzeröffnung entstandenen Prozesskosten der gleichen Instanz Masseverbindlichkeiten, weil nach der Regelung des § 91 ZPO später eine einheitliche Kostenentscheidung ergeht. Nach anderer Ansicht ist im Einklang mit § 105 InsO eine Aufteilung der Kosten nach Zeitabschnitten geboten.[63] Ebenso sind Masseverbindlichkeiten die Kosten, die der Verwalter in einem **Prozessvergleich** übernimmt oder durch einen solchen auslöst. 63

C. Beendigung des Arbeitsverhältnisses in der Insolvenz

I. Allgemeines

Aus § 113 InsO ergibt sich, dass das Arbeitsverhältnis ohne Kündigung über die Insolvenzeröffnung hinaus fortbesteht und lediglich unter Einhaltung einer dreimonatigen bzw. sich aus anderen Rechtsgründen ergebenden kürzeren Frist gekündigt werden kann. Diese Bestimmung gibt dem Insolvenzverwalter und dem Arbeitnehmer jedoch kein besonders Kündigungsrecht wegen der Insolvenz bzw. keinen besonderen Kündigungsgrund. Alle Kündigungen, seien sie 64

---

[61] OLG Karlsruhe Urt. v. 23.7.2003 – 6 U 203/01, ZInsO 2003, 856; *Hess* § 55 Rn. 186.
[62] BAG Urt. v. 12.9.2013 – 6 AZR 980/11 in BeckRS 2013, 74786.
[63] Uhlenbruck/*Sinz* InsO § 55 Rn. 14.

verhaltens-, personen- oder betriebsbedingt, unterliegen auch in der Insolvenz den allgemeinen und besonderen Kündigungsschutzbestimmungen. Ebenso sind weiterhin alle Formvorschriften und Zugangserfordernisse für die Kündigung einzuhalten. Eine Vereinbarung, die das Kündigungsrecht des Verwalters ausschließt oder beschränkt ist unwirksam (§ 119 InsO).

II. Einvernehmliche Aufhebung des Arbeitsverhältnisses

65 Der Insolvenzverwalter ist grundsätzlich frei in der Vereinbarung eines Aufhebungsvertrages mit dem Arbeitnehmer. Im Hinblick auf seine Pflicht zur Vermeidung von Masseverbindlichkeiten wird sich dies oft anbieten, insbesondere wenn Arbeitnehmer an den Verwalter wegen der Eingehung eines neuen Arbeitsverhältnisses herantreten. Zu beachten ist jedoch, dass ein Aufhebungsvertrag in **Zusammenhang mit einem Betriebsübergang** unwirksam ist, wenn er objektiv auf die Umgehung der Rechtsfolgen des § 613a BGB abzielt.[64] Wann dies vorliegt, ist jeweils nach allen Umständen des Einzelfalles zu beurteilen. So tritt Nichtigkeit des Aufhebungsvertrages nach § 134 BGB ein, wenn die Arbeitnehmer vom Arbeitgeber veranlasst werden, beim Betriebsübernehmer sogleich ein neues Arbeitsverhältnis unter Aufgabe von Rechtspositionen aus dem alten Arbeitsverhältnis einzugehen,[65] was in der Praxis nicht selten vorkommt und als reine Umgehung von § 613a Abs. 4 BGB zu werten ist. Nicht zu beanstanden ist es, wenn der Aufhebungsvertrag mit dem alten oder neuen Arbeitgeber dagegen auf ein endgültiges Ausscheiden des Arbeitnehmers gerichtet ist.[66]

66 Zu beachten ist auch, dass der **Arbeitgeber** vor Abschluss eines Aufhebungsvertrages in bestimmten Fällen verpflichtet sein kann, den Arbeitnehmer **auf die rechtlichen Folgen** einer einvernehmlichen Beendigung des Beschäftigungsverhältnisses **hinzuweisen**. Diese Rechtsprechung hat das BAG zunächst vor allem in Zusammenhang mit entgangenen Versorgungsansprüchen aus einer betrieblichen Altersversorgung entwickelt.[67] Es hat sie sodann auf die Rechtsnachteile ausgedehnt, die dem Arbeitnehmer nach den §§ 117, 119 AFG, den heutigen §§ 157, 158, 159 SGB III (Ruhen des Arbeitslosengeldanspruchs und Sperrzeit) entstehen können.[68] Andererseits genügt der Insolvenzverwalter dieser Pflicht durch den allgemeinen Hinweis auf eventuell eintretende negative Folgen beim Leistungsbezug von Arbeitslosengeld; eine umfängliche rechtliche Aufklärung wird nicht gefordert.

---

[64] BAG Urt. v. 11.12.1997 – 8 AZR 654/95, ZInsO 1998, 191.
[65] BAG Urt. v. 10.12.1998 – 8 AZR 324/97, NZA 1999, 422; BAG Urt. v. 28.4.1987 – 3 AZR 75/86, NZA 1988, 198 = AP BetrAVG § 1 Nr. 5 Betriebsveräußerung; BAG Urt. v. 12.5.1992 – 3 AZR 247/91, NZA 1992, 1080 = AP BetrAVG § 1 Nr. 14 Betriebsveräußerung; BAG Urt. v. 29.10.1985 – 3 AZR 485/83, EzA BGB § 613a Nr. 52; LAG Düsseldorf Urt. v. 28.4.1997 – 10 Sa 1534/96, LAGE BGB § 613a Nr. 61.
[66] BAG Urt. v. 11.7.1995 – 3 AZR 154/95, NZA 1996, 207 = AP TVG § 1 Nr. 56 Tarifverträge: Einzelhandel; BAG Urt. v. 10.12.1998 – 8 AZR 324/97, NZA 1999, 422.
[67] BAG Urt. v. 3.7.1990 – 3 AZR 382/89, DB 1990, 2431 = NZA 1990, 971.
[68] BAG Urt. v. 10.3.1988 – 8 AZR 420/85, NZA 1988, 837; BAG Urt. v. 10.3.1988 – 8 AZR 420/85, AP BGB § 611 Nr. 99 Fürsorgepflicht.

Die Aufhebungsvereinbarung bedarf nach § 623 BGB in jedem Falle der **Schriftform**. Wegen des Wortlauts von § 126 BGB und der hierzu vorliegenden Rechtsprechung bedeutet dies insbesondere, dass die Unterschriften beider Parteien auf das gleiche Papier/Urkunde gesetzt werden müssen, ansonsten die Unwirksamkeitsfolge nach § 125 BGB droht – Telefaxe genügen der Schriftform nicht.

67

III. Beendigungskündigung

1. Kündigungserklärung und Zugang

Kraft Gesetzes gilt für die Kündigung ausnahmslos das Schriftformerfordernis des § 623 BGB. Der Insolvenzverwalter muss daher in Fällen, in denen die Belegschaft vom Insolvenzschuldner vor seiner Bestellung lediglich „nach Hause geschickt wurde", der gesamten Belegschaft nochmals schriftlich nachkündigen. Eine Kündigung per **Telefax** genügt dem Schriftformerfordernis nicht.[69] Die Kündigung ist grundsätzlich ohne Angabe des Kündigungsgrundes wirksam.[70] Sonderregelungen gelten für Auszubildende (§ 22 BBiG), Schwangere (§ 9 Abs. 3 MuSchG) und Arbeitsverhältnisse der Seeleute (§ 62 SeemannsG). Besondere Vorschriften für die Form, den Inhalt und den Zugang der Kündigung können sich andererseits aus Tarifverträgen, Betriebsvereinbarungen oder dem Arbeitsvertrag ergeben.

68

Die Kündigung muss als einseitige empfangsbedürftige rechtsgestaltende Willenserklärung dem anderen Teil zugehen (§ 130 Abs. 1 BGB). Darlegungs- und beweisbelastet für den Zugang der Kündigung ist der Erklärende. Die Kündigung ist zugegangen, wenn sie so in den **Machtbereich des Empfängers** gelangt ist, dass bei Annahme gewöhnlicher Verhältnisse damit zu rechnen ist, dass er von ihr Kenntnis nehmen konnte.[71] Sie kann mithin auch zugehen, wenn sie einem **Familienangehörigen**,[72] der Lebensgefährtin[73] oder dem Zimmervermieter an der Wohnungstür ausgehändigt wird.[74] Wird die Kündigung dagegen einem bloßen **Empfangsboten** ausgehändigt, so geht sie erst zu, wenn nach dem regelmäßigen Verlauf der Dinge die Übermittlung an den Adressaten zu

69

---

[69] BAG Urt. v. 4.11.2004 – 2 AZR 17/04, NZA 2005, 513.

[70] BAG Urt. v. 15.12.1955 – 2 AZR 228/54, AP HGB § 67 Nr. 1 = NJW 1956, 807; BAG Urt. v. 21.3.1959 – 2 AZR 375/56 und 30.6.1959 – 3 AZR 111/58, AP KSchG § 1 Nr. 55, 56; BAG AP KSchG § 1 Nr. 1 Betriebsbedingte Kündigung; BGH Urt. v. 5.5.1958 – II ZR 245/56, AP BGB § 626 Nr. 26 = NJW 1958, 1136.

[71] BAG Urt. v. 11.6.1959 – 2 AZR 334/57, AP BGB § 130 Nr. 1; BAG Urt. v. 13.11.1975 – 2 AZR 610/74, EzA BetrVG 1972 § 102 Nr. 20; BAG Urt. v. 16.1.1976 – 2 AZR 619/74, EzA BGB § 130 Nr. 5; BAG Urt. v. 18.2.1977 – 2 AZR 770/75, EzA BGB § 130 Nr. 8; BAG Urt. v. 16.3.1988 – 7 AZR 587/87, EzA BGB § 130 Nr. 16; BAG Urt. v. 2.3.1989 – 2 AZR 275/88, EzA BGB § 130 Nr. 22.

[72] BAG Urt. v. 11.11.1992 – 2 AZR 328/92, AP BGB § 130 Nr. 18 = NJW 1993, 1093 = NZA 1993, 259.

[73] LAG Brem Beschl. 17.2.1988 – 3 Ta 79/87, NZA 1988, 548.

[74] BAG Urt. v. 16.1.1976 – 2 AZR 619/74, AP BGB § 130 Nr. 7.

erwarten ist.[75] Auch der **Einwurf in den Briefkasten** an der Wohnung bewirkt den Zugang, wenn und sobald mit der Leerung zu rechnen ist.[76]

70 Zu beachten ist allerdings, dass in Fällen der **Zugangsfiktion** durch abstrakte Möglichkeit der Kenntnisnahme dem Arbeitnehmer grundsätzlich der Kündigungsschutz hierdurch nicht verloren geht. Er kann nämlich bei Verhinderung der rechtzeitigen Erhebung einer Kündigungsschutzklage nach § 4 KSchG eine **nachträgliche Klagezulassung** nach § 5 Abs. 1 KSchG erreichen. Dies wird regelmäßig bei den Fällen der urlaubs- oder kurbedingten Abwesenheit dem Arbeitnehmer nach Lage der Umstände zuzubilligen sein.[77]

71 Ein **Übergabe-Einschreiben** geht erst mit der Aushändigung durch die Post, nicht jedoch mit der Hinterlassung eines Benachrichtigungszettels im Briefkasten zu,[78] was den Zugang erheblich verzögern kann und daher für die Kündigung nicht zu empfehlen ist. Nach der überwiegenden Rechtsprechung gibt es auch keinen Anscheinsbeweis für den Zugang einer Versendung per Einschreiben.[79] Die Zustellung durch **Einwurf-Einschreiben** ermöglicht den späteren Zugangsnachweis durch Zustellungsbestätigung der Post auf die erteilte Einschreibenummer.

72 Bei der Übermittlung der Kündigung durch **Postzustellung mit Postzustellungsurkunde** geht die Kündigung nicht schon durch die Ersatzzustellung durch Niederlegung bei der Poststelle zu, sondern erst in dem Moment, in dem der Arbeitnehmer die Kündigungserklärung bei der Post abholt,[80] allerdings bei Zustellung durch einen **Gerichtsvollzieher** (nach § 132 BGB) kann die Zugangswirkung nach den Vorschriften der ZPO auch durch Ersatzzustellung durch Niederlegung erreicht werden.[81]

73 Verweigert der **Erklärungsempfänger** die **Annahme** der Kündigungserklärung ohne Grund, so gilt die Erklärung auch ohne Wiederholung als zugegangen.[82] Musste der Arbeitnehmer mit der Kündigung rechnen, muss er sich so behandeln lassen, als sei ihm die Kündigung im Zeitpunkt der Annahmeverweigerung zugegangen.[83]

---

[75] BGH Urt. v. 15.3.1989 – VIII ZR 303/87, ZIP 1989, 650 = WM 1989, 852 = NJW-RR 1989, 757 = EzA BGB § 130 Nr. 23.

[76] BAG Urt. v. 8.12.1983 – 2 AZR 337/82, AP BGB § 130 Nr. 12 = DB 1984, 1202 = NJW 1984, 1651.

[77] MüKoBGB/*Hergenröder* § 5 KSchG Rn. 6; BAG Urt. v. 22.3.2012 – 2 AZR 224/11.

[78] BAG Urt. v. 15.11.1962 – 2 AZR 301/62 und Urt. v. 4.3.1965 – 2 AZR 261/64, AP BGB § 130 Nr. 4, 5; BAG Urt. v. 31.5.1989 – 2 AZR 548/88, AP ZPO § 794 Nr. 39; BAG Urt. v. 10.8.1977 – 5 AZR 394/76, AP ZPO § 81 Nr. 2; BGH Urt. v. 3.11.1976 – VIII ZR 140/75, NJW 1977, 194.

[79] BGH Urt. v. 27.5.1957 – II ZR 132/56, NJW 1957, 1230 = BGHZ 24, 308; BGH Urt. v. 17.2.1964 – II ZR 87/61, NJW 1964, 1176.

[80] BAG Urt. v. 30.6.1983 – 2 AZR 10/82, EzA SchwbG § 12 Nr. 13; LAG Düsseldorf Entsch. v. 8.12.1977 – 14 Ta 176/77, DB 1978, 752; BGH Urt. v. 23.11.1977 – VIII ZR 107/76, DB 1978, 739; BGH Urt. v. 3.11.1976 – VIII ZR 140/75, NJW 1977, 194.

[81] MüKoBGB/*Hesse* Vorbem. zu §§ 620–630 BGB Rn. 96a; LAG Bremen, Beschluß vom 26.5.2003 – 2 Ta 4/03; Palandt/*Ellenberger* § 132 Rn. 2.

[82] LAG Düsseldorf Entsch. v. 28.6.1974 – 15 Ta 57/74, DB 1974, 1584.

[83] BGH Urt. v. 27.10.1982 – V ZR 24/82, NJW 1983, 929; BAG Urt. v. 3.4.1986 – 2 AZR 258/85, AP SchwbG § 18 Nr. 9 = DB 1986, 2336 = EzA SchwbG § 18 Nr. 7.

Unter Beachtung dieser Rechtsprechung wird es sich für den Insolvenzverwalter anbieten, Kündigungen gegenüber nicht im Betrieb anwesenden Arbeitnehmern durch einen zuverlässigen **Boten** übermitteln zu lassen, der Übergabe oder Einwurf des Kündigungsschreibens als Zeuge und durch schriftliche Dokumentation im Streitfall bestätigen kann. Bei unklaren Zugangsverhältnissen ist es empfehlenswert, mehrere Zustellungsmöglichkeiten nebeneinander zu wählen und fürsorglich nachzukündigen.

2. Kündigungsfrist

a) Sonderkündigungsfrist, Sonderklagefrist und Geltungsbereich des § 113 InsO. Nach § 113 InsO beträgt die Kündigungsfrist für Dienstverhältnisse, bei denen der Schuldner der Dienstberechtigte ist, für den Insolvenzverwalter grundsätzlich 3 Monate zum Monatsende, wenn nicht eine kürzere Frist maßgeblich ist. **§ 113 InsO** ist nach § 119 InsO **zwingendes Recht**, seine Anwendung kann von den Parteien im Voraus weder ausgeschlossen noch beschränkt werden.

Die Vorschrift erfasst nach ihrem Sinn und Zweck, Ungewissheit über die Rechtswirksamkeit von Kündigungen auszuschließen, auch Arbeitsverhältnisse, die wegen Nichterfüllung der Wartezeit des § 1 KSchG oder der Kleinbetriebsregelung des § 23 Abs. 1 KSchG dem Kündigungsschutzgesetz nicht unterfallen,[84] ebenso die Kündigung von **Ausbildungsverhältnissen** und Dienstverhältnissen von Geschäftsführern, auch soweit sie an der Gesellschaft beteiligt sind.[85] Nicht vom Anwendungsbereich des § 113 InsO erfasst bleiben Werkverträge, Auftragsverhältnisse sowie Geschäftsbesorgungsverträge. § 113 InsO setzt sich als lex specialis gegenüber sämtlichen längeren Kündigungsfristen, Befristungen oder Unkündbarkeitsregelungen durch, gleichgültig, ob diese auf Gesetz, (Sanierungs-)Tarifvertrag[86] oder Einzelarbeitsvertrag beruhen.[87]

Anderes wäre mit der Zielsetzung des § 113 InsO nicht vereinbar. Tarifvertragliche, gesetzliche oder einzelvertragliche Kündigungsfristen gelten somit nur dann, wenn sie kürzer als die 3-Monats-Frist sind.[88] Freilich ist stets vom Verwalter zu prüfen, ob tarifvertragliche Kündigungsfristen überhaupt auf das Arbeitsverhältnis zur Anwendung kommen – dies ist, wenn das Arbeitsverhältnis räumlich, personell und zeitlich von dem Tarifvertrag erfasst wird bei beiderseitiger **Tarifbindung** der Arbeitsvertragsparteien der Fall (§ 4 Abs. 1 TVG) oder bei Allgemeinverbindlichkeit des Tarifvertrags (§ 5 TVG) oder bei einzelvertraglicher Einbeziehung eines Tarifvertrages als Ganzes oder einzelner tarifvertraglicher Kündigungsbestimmungen in das Arbeitsverhältnis. Aus der Feststellung, dass § 113 InsO den früheren § 22 KO vollständig ersetzt, hat das BAG abgeleitet, dass nach § 622 Abs. 5 S. 3 BGB eine vertraglich vereinbarte

---

[84] *Müller* NZA 1998, 1317; aA: *Zwanziger* § 113 Rn. 22.
[85] OLG Hamm Urt. v. 29.3.2000 – 8 U 156/99, NJW-RR 2000, 1651.
[86] LAG Düsseldorf Urt. v. 18.11.2015, 4 Sa 478/15, BeckRS 2016, 66767.
[87] BAG Urt. v. 16.6.1999 – 4 AZR 191-98, ZIP 1999, 1933 = NZA 1999, Heft 13, S. VII = ZInsO 1999, 714; BVerfG Beschl. v. 21.5.1999 – 1 BvL 22/98, ZIP 1999, 1219; BVerfG Beschl. v. 8.2.1999 – 1 BvL 25/97, ZIP 1999, 1221 = NZA 1999, 597.
[88] Vgl. den Bericht des Rechtsausschusses BT-Drs. 12/7302, Nr. 72.

längere als die gesetzliche Kündigungsfrist maßgeblich sei, wenn diese wiederum kürzer als die Frist des § 113 InsO ist.[89] Schließlich findet bei Anwendung des § 133 InsO keine Billigkeitskontrolle nach § 315 BGB statt.[90]

77 Die verkürzte Kündigungsfrist gilt auch für **Änderungskündigungen,** da auch § 2 KSchG in der Insolvenz weiter gilt. § 113 InsO gilt indes nicht für den **vorläufigen Insolvenzverwalter,** selbst bei Anordnung eines allgemeinen Verfügungsverbots; dieser ist vielmehr an die allgemeinen arbeitsrechtlichen Bestimmungen auch bei der Kündigung gebunden.[91] Dies führt dazu, dass der Insolvenzverwalter zur Vermeidung seiner Haftung nach Maßgabe des § 113 InsO nochmals „nachkündigen" muss, wenn sich dadurch gegenüber einer bereits vor Insolvenzeröffnung ausgesprochenen Kündigung eine Fristverkürzung ergibt, denn dies entlastet die Insolvenzmasse. Diese Nachkündigung stellt auch nicht etwa eine unzulässige Wiederholungskündigung dar, sondern ist voll wirksam[92] und daher aus Sicht des Verwalters zwingend erforderlich.

78 Will ein Arbeitnehmer geltend machen, dass eine **Kündigung unwirksam** ist, so muss er innerhalb von drei Wochen nach Zugang der Kündigung Klage beim Arbeitsgericht auf Feststellung erheben, dass das Arbeitsverhältnis durch die Kündigung nicht aufgelöst ist – auch innerhalb der 6-monatigen Wartezeit des § 1 Abs. 1 KSchG (§ 4 S. 1 KSchG).[93] Der Arbeitnehmer kann sich bei Versäumung dieser Frist nicht mehr auf die Unwirksamkeit bzw. Rechtswidrigkeit einer Kündigung berufen.

79 **b) Gesetzliche und tarifvertragliche Kündigungsfristen.** Eine kürzere maßgebliche Kündigungsfrist im Sinne des § 113 S. 2 InsO kann sich aus Gesetz oder (tarif-)vertraglicher Vereinbarung ergeben. Die **gesetzlichen Grundkündigungsfristen** betragen vier Wochen zum 15. oder zum Ende eines Kalendermonats und verlängern sich je nach Dauer des Arbeitsverhältnisses stufenweise gem. § 622 Abs. 1 BGB für den Arbeitgeber und damit auch den Insolvenzverwalter. Die altehrwürdige Bestimmung in § 622 Abs. 1 BGB, wonach nur die Betriebszugehörigkeit jenseits des 25. Lebensjahrs des Arbeitnehmers zählt, ist verfassungs- und europarechtswidrig.[94,95]

80 Während einer vereinbarten **Probezeit,** längstens für die Dauer von sechs Monaten, kann das Arbeitsverhältnis mit einer Frist von zwei Wochen gekündigt werden (§ 622 Abs. 3 BGB). Hierfür genügt also bereits die Vereinbarung der Probezeit als solcher im Arbeitsvertrag, ohne dass eine ausdrückliche Kündigungsfristbestimmung dazu getroffen sein muss.[96] Auch die im Rahmen des § 622 Abs. 5 BGB vereinbarten kürzeren Kündigungsfristen bis hin zur fristlosen ordentlichen Kündigung bei Aushilfsarbeitsverhältnissen und in Kleinbe-

---

[89] BAG Urt. v. 3.12.1998 – 2 AZR 425-98, ZIP 1999, 370 = NZA 1999, 425 = NJW 1999, 1571.
[90] BAG Urt. v. 27.2.2014 – 6 AZR 301/12, NZA 2014, 897.
[91] BAG Urt. v. 20.1.2005 – 2 AZR 134/04, NZA 2006, 1352.
[92] BAG Urt. v. 22.5.2003 – 2 AZR 255/02, NJW 2003, 3364; LAG Hamm Urt. v. 21.11.2001 – 2 Sa 1123/01, ZIP 2002, 1857.
[93] BAG Urt. v. 28.6.2007 – 6 AZR 873/06, ZIP 2008, 384.
[94] LAG Düsseldorf Beschl. v. 21.11.2007 – 12 Sa 1311/07, ZIP 2008, 1786.
[95] EUGH Urt. v. 19.1.2010 – C-555/07.
[96] Ascheid/Preis/Schmidt/*Linck* § 622 BGB Rn. 83 f.; MüKoBGB/*Hesse* § 622 Rn. 31.

trieben behalten in der Insolvenz ihre Gültigkeit. Maßgeblich für die Bestimmung der Kündigungsfrist ist der **Zeitpunkt des Zugangs der Kündigung**.[97]

3. Betriebsratsanhörung

Ein bestehender Betriebsrat ist **vor jeder Kündigung**, auch des Insolvenzverwalters anzuhören.[98] Das gilt auch bei mehrfachen Kündigungen desgleichen Arbeitnehmers.[99] Ansonsten ist die Kündigung absolut unwirksam (§ 102 Abs. 1 S. 1 BetrVG). 81

Fehlender Kündigungsschutz nach dem KSchG macht die Betriebsratsanhörung ebenfalls nicht entbehrlich, was insbesondere auch für Kleinbetriebe (§ 23 KSchG) zu beachten ist. Dass die zu kündigenden Arbeitnehmer bereits in einem **Interessenausgleich** nach § 125 InsO namentlich bezeichnet sind, macht die Betriebsratsanhörung ebenfalls nicht entbehrlich, da der Interessenausgleich selbst lediglich die Stellungnahme des Betriebsrats nach § 17 KSchG ersetzt.[100] Auch wenn dies letztlich auf eine inhaltlich unsinnige Förmelei hinausläuft, muss der Insolvenzverwalter angesichts der herrschenden Rechtsprechung auch in dieser Situation die Anhörung nach § 102 BetrVG durchführen. – Es sei denn, der Verwalter bringt in dem Interessenausgleich zum Ausdruck, dass damit gleichzeitig das Anhörungsverfahren bezüglich der in der Namensliste aufgeführten Arbeitnehmer eingeleitet und der Betriebsrat bezüglich dieser Arbeitnehmer eine abschließende Stellungnahme abgegeben hat.[101] 82

Der Betriebsrat kann auf die Anhörung zu einer **ordentlichen Kündigung** längstens **innerhalb einer Woche** schriftlich Bedenken anmelden. Äußert er sich innerhalb dieser Frist nicht, gilt seine Zustimmung zur Kündigung als erteilt. Bei der **außerordentlichen Kündigung** hat der Betriebsrat Bedenken unverzüglich, spätestens jedoch innerhalb von drei Tagen schriftlich mitzuteilen (§ 102 Abs. 2 S. 3 BetrVG). Dabei erfolgt die Anhörung zu einer außerordentlichen Kündigung mit notwendiger sozialer Auslauffrist nach den für eine ordentliche Kündigung geltenden Bestimmungen.[102] Hat der Betriebsrat aus einem der Kataloggründe des § 102 Abs. 3 BetrVG der Kündigung widersprochen, hat der Arbeitgeber dem Arbeitnehmer mit der Kündigung eine Abschrift der Stellungnahme des Betriebsrats zuzuleiten (§ 102 Abs. 4 BetrVG). Unterlässt er dies, ist die Kündigung deshalb jedoch nicht unwirksam.[103] 83

Der Inhalt eines Widerspruchs des Betriebsrats hat jedoch auf die Wirksamkeit der Kündigung selbst keine Auswirkung, sondern führt lediglich unter den Voraussetzungen des § 102 Abs. 5 BetrVG zu dem dort dargestellten Weiterbeschäftigungsanspruch: Hat der Betriebsrat einer ordentlichen Kündigung fristgemäß und aus einem der Kataloggründe des § 102 Abs. 3 BetrVG widerspro- 84

---

[97] Nerlich/Römermann/*Hambacher* § 113 InsO Rn. 151.
[98] Vgl. zu § 22 KO: BAG Urt. v. 16.9.1993 – 2 AZR 267/93, AP BetrVG 1972 § 102 Nr. 62.
[99] BAG Urt. v. 3.4.2008 – 2 AZR 965/06, NZA 2008, 807.
[100] BAG Urt. v. 20.5.1999 – 2 AZR 532/98, DB 2000, 149 = NZA 1999, 1101; BAG Urt. v. 20.5.1999 – 2 AZR 148/99, DB 2000, 148 = NZA 1999, 1039.
[101] LAG Hamm Urt. v. 4.6.2002 – 4 Sa 81/02, BB 2003, 159 = ZInsO 2003, 47.
[102] BAG Urt. v. 18.10.2000 – 2 AZR 627/99, NJW 2001, 1229.
[103] Ascheid/Preis/Schmidt/*Koch* § 102 BetrVG Rn. 159; aA *Düwell* NZA 1988, 866.

chen und der Arbeitnehmer Kündigungsschutzklage erhoben, so muss der Arbeitgeber auf Verlangen den Arbeitnehmer auch nach Ablauf der Kündigungsfrist bis zum rechtskräftigen Abschluss des Kündigungsrechtsstreits weiterbeschäftigen, soweit nicht im Übrigen ein Freistellungsrecht – etwa wegen Betriebsstilllegung – besteht.

85 Äußert sich der Betriebsrat auf die Anhörung nicht, kann die ordentliche Kündigung nach Ablauf einer Woche, die außerordentliche Kündigung nach Ablauf von drei Tagen ausgesprochen werden (§ 102 Abs. 2 BetrVG).

86 Auf den **Inhalt und die Formalien** dieser Betriebsratsanhörung ist vom Insolvenzverwalter äußerste Sorgfalt zu verwenden, denn die Kündigung ist bei mangelhafter Anhörung des Betriebsrats, insbesondere wegen nicht ausreichender Information zum Kündigungssachverhalt unwirksam, egal, ob der Betriebsrat diese mangelhafte Anhörung selbst überhaupt gerügt hat.[104] In der Praxis ist es häufig so, dass im Rahmen des Insolvenzverfahrens etwa die Frage der Betriebseinstellung unstreitig sein mag, die Arbeitnehmer jedoch formelle und inhaltliche Mängel der Betriebsratsanhörung rügen, umso im Kündigungsschutzverfahren noch zu einem Abfindungsvergleich zu kommen, insbesondere, da die **Darlegungs- und Beweislast** hinsichtlich der Betriebsratsanhörung beim Insolvenzverwalter liegt und der Arbeitnehmer lediglich ganz pauschal die Ordnungsgemäßheit der Betriebsratsanhörung rügen muss.[105]

87 Die Anhörung muss erfolgt sein, bevor das Kündigungsschreiben den Machtbereich des Arbeitgebers verlassen hat.[106] Die Unterrichtung durch den Arbeitgeber ist schriftlich oder mündlich **zu Händen des Betriebsratsvorsitzenden** vorzunehmen (§ 26 Abs. 3 BetrVG). Bei Mitteilung an ein anderes Betriebsratsmitglied als Erklärungsbote trägt der Arbeitgeber das **Übermittlungsrisiko**.[107] Umstritten ist, ob während vereinbarter Betriebsferien oder sonstiger Verhinderung des Betriebsrats die Anhörungsfristen des § 102 Abs. 2 BetrVG für den Betriebsrat laufen.[108]

88 Neben den **Personalien** der betroffenen Arbeitnehmer sind dem Betriebsrat auch die **Kündigungsgründe mitzuteilen.** Der Insolvenzverwalter muss **alle Kündigungsgründe mitteilen,** die ihm bekannt sind und auf die er die Kündigung stützen will. Im späteren Kündigungsschutzprozess ist lediglich eine weitere Erläuterung oder Konkretisierung der mitgeteilten Kündigungsgründe möglich, sofern dadurch nicht überhaupt erst ein kündigungsrechtlich erheblicher Sachverhalt eingeführt wird.[109]

---

[104] BAG Urt. v. 16.9.1993 – 2 AZR 267/93; MüKoBGB/*Henssler* § 626 Rn. 22 mit Verweis auf § 102 Abs. 1 BetrVG 1972.
[105] BAG Urt. v. 19.8.1975 – 1 AZR 613/74, AP BetrVG 1972 § 102 Nr. 5; BAG Urt. v. 7.11.1975 – 1 AZR 74/74, AP BetrVG 1972 § 130 Nr. 1.
[106] BAG Urt. v. 13.11.1975 – 2 AZR 610/74, AP BetrVG 1972 § 102 Nr. 7.
[107] BAG Urt. v. 27.8.1974 – 1 AZR 505/73, AP PersVG Niedersachsen § 72 Nr. 1; BAG Urt. v. 27.6.1985 – 2 AZR 412/84, AP BetrVG 1972 § 102 Nr. 37. Daten überprüfen.
[108] *Pauken* GWR 2015, 199; aA BAG Urt. v. 18.8.1982 – 7 AZR 437/80, AP BetrVG 1972 § 102 Nr. 24; ErfK/*Kania* BetrVG § 102 Rn. 2.
[109] BAG Urt. v. 18.12.1980 – 2 AZR 1006/78, AP BetrVG 1972 § 102 Nr. 22; BAG Urt. V. 11.4.1985 – 2 AZR 239/84, AP BetrVG 1972 § 102 Nr. 39; BAG Urt. v. 11.10.1989 – 2 AZR 61/89, AP KSchG 1969 § 1 Nr. 47 Betriebsbedingte Kündigung; BAG Urt. v. 29.3.1990 – 2 AZR 369/89, AP KSchG 1969 § 1 Nr. 50 Betriebsbedingte Kündigung.

§ 27. Individualarbeitsrecht

Es sind **alle konkreten Tatsachen** mitzuteilen, die der Betriebsrat zur Beurteilung des Kündigungssachverhalts benötigt, sofern diese dem Betriebsrat nicht ohnehin bekannt sind.[110] Unter Umständen sind entsprechend § 80 Abs. 2 BetrVG dem Betriebsrat auch zur Beurteilung erforderliche **schriftliche Unterlagen** zu unterbreiten. Hierin liegt eine erhebliche Gefahr für den Insolvenzverwalter, wenn er nicht vorhandenes Vorwissen etwa zur Betriebseinstellung oder Teilbetriebsschließung voraussetzt, denn dies geht beweislich voll zu seinen Lasten.[111] Die **Art der Kündigung**, ist mitzuteilen, also (fristlose) ordentliche, außerordentliche oder außerordentliche Kündigung mit Auslauffrist.[112] Auch **Kündigungsfrist und Kündigungsendtermin** dürfen nicht fehlen.[113] Muss die Kündigung mangels Zugangs wiederholt werden, so bedarf es keiner erneuten Anhörung.[114] Ist aber die Kündigungserklärung schon zugegangen, so ist der Betriebsrat bei jeder Wiederholungskündigung erneut anzuhören.[115]

89

Kommt es bei betriebsbedingten Kündigungen auf die soziale Auswahl unter mehreren Arbeitnehmern an, so sind auch die hierfür wesentlichen Gesichtspunkte, die **Sozialdaten** der Arbeitnehmer **anzugeben**, zumindest Dauer der Betriebszugehörigkeit, Lebensalter und Unterhaltspflichten des Arbeitnehmers sowie alle Umstände eines eventuellen besonderen Kündigungsschutzes. Ist eine Sozialauswahl aber etwa wegen einer Stilllegung des gesamten Betriebes nicht vorzunehmen, braucht der Verwalter den Betriebsrat über Familienstand und Unterhaltspflichten der einzelnen Arbeitnehmer, allerdings nicht mehr zu unterrichten.[116] Hat der Insolvenzverwalter das Anhörungsverfahren ordnungsgemäß eingeleitet, so sind **Mängel in der Willensbildung des Betriebsrats** unerheblich, wenn der Insolvenzverwalter mit dem Ausspruch der Kündigung die Wochenfrist des § 102 Abs. 2 BetrVG abgewartet hat.[117]

90

Eine Frist für den Ausspruch der Kündigung nach Anhörung des Betriebsrats ist gesetzlich nicht vorgesehen, lediglich falls sich der Kündigungssachverhalt geändert hat, wäre für eine nachfolgende Kündigung eine erneute Anhörung erforderlich. Bei Schwerbehinderten kann der Betriebsrat schon vor Abschluss des Verfahrens vor dem Integrationsamt angehört werden. Besteht im Betrieb des Schuldners ein **Sprecherausschuss**, so ist vor der **Kündigung eines leitenden Angestellten** dieser wie vorstehend zum Betriebsrat ausgeführt anzuhören, ansonsten die Kündigung unwirksam ist (§ 31 Abs. 2 SprAUG).

91

---

[110] BAG Urt. v. 13.7.1978 – 2 AZR 717/76, AP BetrVG 1972 § 102 Nr. 17; BAG Urt. v. 28.9.1978 – 2 AZR 2/77, AP BetrVG 1972 § 102 Nr. 19; BAG Urt. v. 4.3.1981 – 7 AZR 104/79, AP LPVG BW § 77 Nr. 1; BAG Urt. v. 11.7.1991 – 2 AZR 119/91, AP BetrVG 1972 § 102 Nr. 57.
[111] BAG Urt. v. 27.6.1985 – 2 AZR 412/84, AP BetrVG 1972 § 102 Nr. 37.
[112] BAG Urt. v. 12.8.1976 – 2 AZR 311/75, AP BetrVG 1972 § 102 Nr. 10; BAG Urt. v. 29.8.1991 – 2 AZR 59/91, AP BetrVG 1972 § 102 Nr. 58.
[113] BAG Urt. v. 29.3.1990 – 2 AZR 420/89, AP BetrVG 1972 § 102 Nr. 56; BAG Urt. v. 21.8.1990 – 1 AZR 576/89, AP LPVG NW § 72 Nr. 3; BAG Urt. v. 16.9.1993 – 2 AZR 267/93, AP BetrVG 1972 § 102 Nr. 62; BAG Urt. v. 15.12.1994 – 2 AZR 327/94, AP KSchG 1969 § 1 Nr. 67 Betriebsbedingte Kündigung.
[114] BAG Urt. v. 11.10.1989 – 2 AZR 88/89, AP BetrVG 1972 § 102 Nr. 55.
[115] BAG Urt. v. 16.9.1993 – 2 AZR 267/93, AP BetrVG 1972 § 102 Nr. 62.
[116] BAG Urt. v. 13.5.2004 – 2 AZR 329/03, ZIP 2004, 1773.
[117] BAG Urt. v. 24.6.2004 – 2 AZR 461/03, NJW 2005, 239.

92 Zu beachten ist auch, dass nach der Betriebsstilllegung ein **Restmandat des Betriebsrats** gem. § 21b BetrVG fortbesteht, insbesondere um dessen Beteiligungsrechte nach den §§ 111, 112 BetrVG gegenüber den Arbeitgeber wahrnehmen zu können.[118] Dieses Restmandat besteht auch im Rahmen der Anhörung nach § 102 BetrVG im stillgelegten Betrieb.[119] Bei Einstellung der betrieblichen Tätigkeit durch eines von zwei Unternehmen eines Gemeinschaftsbetriebes, führt dies grundsätzlich nicht zur Beendigung der Amtszeit des für den Gemeinschaftsbetrieb gewählten Betriebsrats.[120]

4. Kündigungsrechtliche Stellung der Organvertreter der Schuldnerin

93 § 113 InsO erfasst alle Dienstverhältnisse, bei denen der Insolvenzschuldner der Dienstberechtigte ist, sodass auch alle Mitglieder der Organe juristischer Personen im Insolvenzfall mit dieser Sonderkündigungsfrist gekündigt werden können.[121] Für Dienstverträge von GmbH-Geschäftsführern geltend die Kündigungsfristen des § 622 Abs. 2 BGB analog.[122]

94 Die Kündigung durch den Insolvenzverwalter beendet jedoch nur das Anstellungsverhältnis und nicht das Organverhältnis. Die **Abberufung der Organmitglieder** ist Sozialakt und obliegt den hierfür zuständigen Gesellschaftsorganen (§ 84 Abs. 3 AktG, § 104 GenG, § 46 Nr. 5 GmbHG). Die Kündigung durch den Insolvenzverwalter löst nur die Beziehungen des gekündigten Organmitgliedes zur Insolvenzmasse, nicht dagegen zur Gesellschaft.[123] Das Gesellschaftsorgan bleibt daher trotz Kündigung durch den Verwalter befugt, sämtliche Rechte der Gesellschaft aus der Schuldnerrolle in der Insolvenz geltend zu machen. Mit der Kündigung des Vertrages erlöschen aber nicht die verfahrensrechtlichen Pflichten zB nach §§ 20, 97, 98, 153 InsO.

95 Wird bei der GmbH & Co KG lediglich die KG insolvent, so wirkt sich dieses Insolvenzverfahren auf die Geschäftsführungsbefugnis des GmbH-Geschäftsführers nicht aus. Sein Anstellungsverhältnis mit der GmbH ist nicht durch den Insolvenzverwalter der KG kündbar, anders jedoch, wenn der Anstellungsvertrag des GmbH-Geschäftsführers mit der KG geschlossen worden ist[124] oder wenn die GmbH als Komplementärin selbst insolvent wird.[125]

IV. Allgemeiner Kündigungsschutz in der Insolvenz

1. Allgemeines/Kündigungsgrund

96 Da § 113 InsO lediglich eine Sonderregelung für die Kündigungsfrist enthält, bleiben alle übrigen Kündigungs- und Kündigungsschutzvorschriften auch

---

[118] BAG Urt. v. 16.6.1987 – 1 AZR 528/85, AP BetrVG 1972 § 111 Nr. 20.
[119] BAG Urt. v. 26.7.2007 – 8 AZR 769/06, NZA 2008, 112.
[120] BAG Urt. v. 19.11.2003 – 7 AZR 11/03, NJW 2004, 1613.
[121] OLG Hamm Urt. v. 29.3.2000 – 8 U 156/99, NJW-RR 2000, 1651.
[122] BGH Urt. v. 29.1.1981 – II ZR 92/80.
[123] BGH Urt. v. 18.12.1980 – II ZR 140/79, ZIP 1981, 178; BeckOK ArbR/*Plössner* § 113 InsO Rn. 11.
[124] BGH 25.6.1979 – II ZR 219/78, NJW 1980, 595 = BGHZ 75, 209.
[125] EBJS/*Henze/Notz*, HGB, Anhang A. Die GmbH & Co. KG, Rn. 99.

für den Insolvenzverwalter bindend. Er braucht also, wenn er das Arbeitsverhältnis kündigen will, einen anerkannten **Kündigungsgrund,** wenn der Arbeitnehmer **allgemeinen Kündigungsschutz** nach §§ 1–14 KSchG genießt. Nach § 1 Abs. 1 KSchG ist die Kündigung unwirksam, wenn sie sozial ungerechtfertigt ist. Dies ist nach § 1 Abs. 2 S. 1 KSchG der Fall, wenn die Kündigung nicht durch Gründe bedingt ist, die entweder in der Person oder dem Verhalten des Arbeitnehmers liegen oder durch dringende betriebliche Erfordernisse, die einer Weiterbeschäftigung entgegenstehen. Kein Kündigungsschutz besteht, wenn der Arbeitnehmer in demselben Betrieb oder Unternehmen noch nicht länger als sechs Monate (§ 1 Abs. 1 KSchG) oder in einem Kleinbetrieb isd § 23 KSchG beschäftigt ist. Maßgebend für die Beschäftigungsdauer des Arbeitnehmers und die Größenverhältnisse ist auch hier der **Zeitpunkt des Zugangs der Kündigung.**[126] Das BVerfG hat hierzu festgestellt, dass auch Arbeitnehmer in Kleinbetrieben durch die Herausnahme aus dem allgemeinen Kündigungsschutz nicht völlig schutzlos gestellt sind, sondern durch die zivilrechtlichen Generalklauseln etwa der §§ 138, 242 BGB vor sitten- oder treuwidrigen Kündigungen geschützt werden.[127]

2. Betriebsbedingte Kündigung

a) Dringende betriebliche Erfordernisse. aa) Allgemeines. Der häufigste Kündigungsgrund wird für den Insolvenzverwalter in den vorgefundenen betrieblichen Verhältnissen liegen. Eine Kündigung ist – vereinfacht ausgedrückt – dann im Sinne von § 1 Abs. 2 S. 1 KSchG durch dringende betriebliche Erfordernisse bedingt, wenn die bislang von einem Arbeitnehmer im Betrieb verrichtete Arbeit wegfällt. Ursache hierfür können sowohl außerbetriebliche Faktoren (zB Auftragsmangel, Umsatzrückgang) oder innerbetriebliche Faktoren, dh vom Insolvenzverwalter veranlasste Maßnahmen (zB Rationalisierungsmaßnahmen) oder auch eine Kombination von beiden sein. Insofern trifft der Insolvenzverwalter mit der Kündigung eine **unternehmerische Entscheidung,** die nach der ständigen Rechtsprechung des BAG nicht auf ihre sachliche Rechtfertigung oder Zweckmäßigkeit, sondern nur daraufhin überprüft werden kann, ob sie **offenbar unvernünftig oder willkürlich ist.**[128] Diese Unternehmerentscheidung muss der Insolvenzverwalter im arbeitsgerichtlichen Verfahren aber hinsichtlich ihrer organisatorischen Durchführbarkeit und der Dauer der beabsichtigten Personalreduzierung tunlichst verdeutlichen, damit das Gericht ua prüfen kann, ob nicht eben doch unsachliche, unvernünftige oder willkürliche Entscheidungsgrundlagen gegeben sind.[129] Das BAG ist bisher davon ausgegangen, es bestehe eine Vermutung dafür, dass die Organisationsentscheidung des Unternehmers aus sachlichen Gründen erfolgte.[130] Dies gilt jedoch dann nicht,

---

[126] Ascheid/Preis/Schmidt/*Dörner/Vossen* § 1 KSchG Rn. 31.
[127] BVerfG Beschl. v. 27.1.1998 – 1 BvL 15/87, NZA 1998, 470.
[128] BAG Urt. v. 9.5.1996 – 2 AZR 438/95, NZA 1996, 1145 = AP KSchG § 1 Nr. 79 Betriebsbedingte Kündigung = EzA KSchG § 1 Nr. 85 Betriebsbedingte Kündigung.
[129] BAG Urt. v. 17.6.1999 – 2 AZR 522/98, NZA 1999, 1095.
[130] BAG Urt. v. 30.4.1987 – 2 AZR 184/86, NZA 1987, 776; BAG Urt. v. 24.10.1979 – 2 AZR 940/77, NJW 1981, 301.

wenn die Organisationsentscheidung des Arbeitgebers und sein Kündigungsentschluss ohne nähere Konkretisierung praktisch deckungsgleich sind.[131] In diesen Fällen muss der Arbeitgeber darlegen, in welchem Umfang die fraglichen Arbeiten künftig im Vergleich zum bisherigen Zustand entfallen. Die Umsetzung der unternehmerischen Entscheidung des Arbeitgebers auf die Beschäftigungspolitik bedarf einer substantiierten Darlegung. Der Grat zwischen erforderlicher Verdeutlichung der Unternehmerentscheidung und Nichtnachprüfbarkeit der Entscheidung selbst ist sehr schmal und der Insolvenzverwalter muss sich auf die ihm vom Arbeitsgericht abverlangten Substantiierungserfordernisse einlassen. Werden diese in der mündlichen Verhandlung oder in Aufklärungsbeschlüssen des Gerichts nicht eindeutig offen gelegt, muss der Insolvenzverwalter aus prozessualer Vorsicht hierzu umfangreich vortragen. Hinzunehmen ist von den Gerichten insofern eine Entscheidung des Arbeitgebers dahingehend, die veränderte Arbeitsmenge auf weniger Arbeitnehmer zu verteilen, soweit die dadurch verbundene Arbeitsintensivierung den verbliebenen Arbeitnehmern keine überobligatorische Leistung abverlangt oder etwa die Entscheidung, bestimmte Aufgaben in Zukunft durch freie Mitarbeiter statt Arbeitnehmer ausführen zu lassen.[132] Vom Gericht nachzuprüfen ist allerdings, ob die zur Begründung der Kündigung geltend gemachten betrieblichen Erfordernisse tatsächlich vorliegen und wie sich diese Umstände im betrieblichen Bereich auswirken, dh ob dadurch Arbeitsplätze ganz oder teilweise wegfallen.

98   Bei der Prüfung des **Wegfalls des Arbeitsplatzes** sind allein die **Verhältnisse des Betriebes** maßgebend, da der gesetzliche Kündigungsschutz grundsätzlich betriebsbezogen ist.[133] Die Verhältnisse des **Unternehmens** oder des **Konzerns** sind ebenso nicht von Bedeutung,[134] wie die Verhältnisse lediglich eines **Betriebsteiles**.[135]

99   Die sich hieraus ergebenden **betrieblichen Erfordernisse** müssen **dringend** sein, worunter die Rechtsprechung versteht, dass auf die betriebliche Lage nicht durch andere Maßnahmen, zB auf technischem, organisatorischem oder wirtschaftlichem Gebiet reagiert werden konnte,[136] ohne dass diese Dringlichkeit bereits den Grad einer Unzumutbarkeit einer Weiterbeschäftigung im Sinne eines wichtigen Kündigungsgrundes nach § 626 BGB erreicht haben muss. Verlangt wird insofern von der Rechtsprechung eine **verständige betriebswirt-**

---

[131] BAG Urt. v. 17.6.1999 – 2 AZR 456/98, DB 1999, 2117; BAG Urt. v. 17.6.1999 – 2 AZR 141/99, DB 1999, 1909 = NZA 1999, 1098 = AP KSchG 1969 § 1 Nr. 101–103 Betriebsbedingte Kündigung.
[132] BAG Urt. v. 13.3.2008 – 2 AZR 1037/06, NZA 2008, 878 = NJW 2008, 2872.
[133] BAG Urt. v. 25.9.1956 – 3 AZR 102/54, AP KSchG § 1 Nr. 18; BAG Urt. v. 14.10.1982 – 2 AZR 568/80, AP KSchG 1969 § 1 Nr. 1 Konzern; BAG Urt. v. 22.5.1986 – 2 AZR 612/85, AP KSchG 1969 § 1 Nr. 4 Konzern; BAG Urt. v. 11.10.1989 – 2 AZR 61/89, AP KSchG 1969 § 1 Nr. 47 Betriebsbedingte Kündigung.
[134] BAG Urt. v. 14.10.1982 – 2 AZR 568/80, AP KSchG 1969 § 1 Nr. 1 Konzern; BAG Urt. v. 22.5.1986 – 2 AZR 612/85, AP KSchG 1969 § 1 Nr. 4 Konzern.
[135] BAG Urt. v. 11.10.1989 – 2 AZR 61/89, AP KSchG 1969 § 1 Nr. 47; LAG Bln Entsch. v. 21.4.1975 – 5 Sa 53/74, BB 1975, 1438.
[136] BAG Urt. v. 7.12.1978 – 2 AZR 155/77, AP KSchG 1969 § 1 Nr. 6.

Depré/Heck

schaftliche Betrachtung, die wirtschaftliche Alternativen zur Kündigung nicht außer Acht lässt.[137]

Die Kündigung muss im Rahmen des **Verhältnismäßigkeitsgrundsatzes**[138] **erforderlich** und **geeignet** zur Durchsetzung des vom Arbeitgeber verfolgten Zweckes sein. Darüber hinaus sind von den Arbeitsgerichten keine Angemessenheits- bzw. allgemeine Interessenabwägungen anzustellen. Schließlich muss durch die dringenden betrieblichen Erfordernisse ein **Arbeitsplatz weggefallen** sein, allerdings muss dies nicht der konkrete Arbeitsplatz des gekündigten Arbeitnehmers sein,[139] sondern sie müssen sich konkret auf die Einsatzmöglichkeit des gekündigten Arbeitnehmers im gesamten Betrieb ausgewirkt haben. Nach § 1 Abs. 2 S. 1 KSchG ist die Kündigung jedoch nur dann sozial gerechtfertigt, wenn **keine Möglichkeit zur anderweitigen Beschäftigung** des Arbeitnehmers besteht. Obwohl die Vorschrift von der Weiterbeschäftigung des Arbeitnehmers „in diesem Betrieb" spricht, geht die Rechtsprechung einhellig davon aus, dass sich die **Weiterbeschäftigungsmöglichkeit generell auf das gesamte Unternehmen** – dh auf alle Betriebe des Arbeitgebers – erstreckt.[140] Die Weiterbeschäftigungsmöglichkeit ist aber **nicht konzernbezogen**,[141] denn dagegen spricht zwingend die rechtliche Selbständigkeit der Konzernunternehmen. Dies kann freilich anders sein, wenn sich aus dem Arbeitsvertrag oder sonstigen rechtlichen Bindungen des Arbeitgebers hierzu etwas anderes ergibt.

Die Weiterbeschäftigungsmöglichkeit besteht nur, soweit ein **freier Arbeitsplatz** besteht, was bedeutet, dass der Arbeitnehmer keinen Anspruch auf die Einrichtung eines neuen Arbeitsplatzes hat. Es muss vielmehr ein vorhandener Arbeitsplatz frei sein.[142] Auch besteht kein Anspruch des Arbeitnehmers auf Freikündigung eines Arbeitsplatzes. Die Weiterbeschäftigungsmöglichkeit ist nach den Umständen **zum Zeitpunkt der Kündigung** zu beurteilen.[143] Die Kündigung wird nicht nachträglich unwirksam, wenn sich die betrieblichen Verhältnisse später verändern/verbessern. In diesem Fall kann dem gekündigten Arbeitnehmer lediglich ein **Wiedereinstellungsanspruch** zustehen,[144] jedoch wiederum nicht, wenn der maßgebliche Umstand erst nach Ablauf der Kündi-

---

[137] BAG Urt. v. 7.12.1978 – 2 AZR 155/77, AP KSchG 1969 § 1 Nr. 6 Betriebsbedingte Kündigung; BAG Urt. v. 30.5.1985 – 2 AZR 321/84, AP KSchG 1969 § 1 Nr. 24 Betriebsbedingte Kündigung; BAG Urt. v. 15.6.1989 – 2 AZR 600/88, AP KSchG 1969 § 1 Nr. 45 Betriebsbedingte Kündigung; BAG Urt. v. 18.1.1990 – 2 AZR 183/89, AP KSchG 1969 § 2 Nr. 27.
[138] BAG Urt. v. 18.1.1990 – 2 AZR 183/89, AP KSchG 1969 § 2 Nr. 27; BAG Urt. v. 29.3.1990 – 2 AZR 369/89, AP KSchG 1969 § 1 Nr. 50 Betriebsbedingte Kündigung.
[139] MüKoBGB/*Hergenröder* § 1 KSchG Rn. 289.
[140] BAG Urt. v. 13.9.1973 – 2 AZR 601/72, AP KSchG 1969 § 1 Nr. 2; BAG Urt. v. 17.5.1984 – 2 AZR 109/83, AP KSchG 1969 § 1 Nr. 21 Betriebsbedingte Kündigung.
[141] BAG Urt. v. 18.10.1976 – 3 AZR 576/75, AP KSchG 1969 § 1 Nr. 3 Betriebsbedingte Kündigung; BAG Urt. v. 14.10.1982 – 2 AZR 568/80, AP KSchG 1969 § 1 Nr. 1 Konzern.
[142] BAG Urt. v. 3.2.1977 – 2 AZR 476/75, AP KSchG 1969 § 1 Nr. 4 Betriebsbedingte Kündigung; BAG Urt. v. 29.3.1990 – 2 AZR 369/89, AP KSchG 1969 § 1 Nr. 50 Betriebsbedingte Kündigung.
[143] BAG Urt. v. 27.9.1984 – 2 AZR 309/83, AP BGB § 613a Nr. 39.
[144] LAG BW Urt. v. 18.3.1986 – 10 Sa 117/85, DB 1987, 543; LAG HH Urt. v. 26.4.1990 – 2 Sa 90/89, DB 1991, 1180.

gungsfrist entsteht und auch nicht, wenn sich lediglich wider Erwarten im Laufe der Kündigungsfrist doch noch ein Unternehmenskäufer findet, der den Betrieb fortführt.[145] Allerdings sind in die Weiterbeschäftigungsmöglichkeit diejenigen Arbeitsplätze einzubeziehen, die im Laufe der für den Arbeitnehmer geltenden Kündigungsfrist mit hinreichender Sicherheit frei werden.[146] Nicht nur die Weiterbeschäftigungsmöglichkeiten **im Rahmen des Direktionsrechts des Arbeitgebers** sind zu beachten, sondern auch, soweit sich die Weiterbeschäftigung durch eine **Änderungskündigung** des Arbeitnehmers erreichen lässt, denn nach dem **ultima-ratio-Prinzip**, das für die Beendigungskündigung gilt, hat der Arbeitgeber auch sofern dies möglich ist, eine Änderungskündigung mit Weiterbeschäftigungsmöglichkeit zu geänderten, evtl. schlechteren Arbeitsbedingungen vor der Beendigungskündigung in Betracht zu ziehen, sofern ein entsprechender freier Arbeitsplatz vorhanden ist.[147]

102 Im Einzelfall kann der Arbeitgeber auch verpflichtet sein, für den betroffenen Arbeitnehmer **Umschulungs- oder Fortbildungsmaßnahmen** durchzuführen,[148] freilich nur dann, wenn der Arbeitnehmer hierzu bereit ist und die Maßnahme für den Arbeitgeber zumutbar ist.

102a Eine vor Insolvenzeröffnung durch den Insolvenzschuldner ausgesprochene **Beschäftigungsgarantie** schließt jedoch ausnahmsweise eine betriebsbedingte Kündigung des Insolvenzverwalters nicht aus.[149]

103 Für die Fälle des **Betriebsüberganges** hat die Rechtsprechung anerkannt, dass der Veräußerer (Insolvenzverwalter) betriebsbedingte Kündigungen auch aufgrund eines **Erwerberkonzepts** aussprechen kann.[150] Dabei ist unerheblich, ob der Veräußerer selbst bei eigener Betriebsfortführung das Konzept hätte durchführen können. Um Umgehungsmöglichkeiten zu vermeiden, fordert die Rechtsprechung allerdings eine bereits gegebene rechtliche Absicherung des Betriebsübergangs, die gewährleistet, dass das betriebswirtschaftliche Konzept des Erwerbers tatsächlich verwirklicht wird – etwa durch Vorliegen eines rechtsverbindlichen Sanierungsplans oder eines Vorvertrags hierzu – die Grenzen sind diesbezüglich naturgemäß fließend.

103 b) **Sozialauswahl.** Eine Kündigung wegen dringender betrieblicher Erfordernisse ist **sozial ungerechtfertigt,** wenn der Arbeitgeber bei der Auswahl des Arbeitnehmers die in § 1 Abs. 3 S. 1 KSchG genannten sozialen Gesichtspunkte nicht oder nicht ausreichend berücksichtigt hat. Die Darlegungs- und Beweis-

---

[145] BAG Urt. v. 13.5.2004 – 8 AZR 198/03, ZIP 2004, 1610; LAG Köln Urt. v. 13.10.2004 – 7 (5) Sa 273/04, ZIP 2005, 1090; LAG Hamm Urt. v. 27.3.2003 – 4 Sa 839/03, ZInsO 2003, 868.
[146] BAG Urt. v. 6.6.1984 – 7 AZR 451/82, AP KSchG 1969 § 1 Nr. 16 Betriebsbedingte Kündigung; BAG Urt. v. 29.3.1990 – 2 AZR 369/89, AP KSchG 1969 § 1 Nr. 50 Betriebsbedingte Kündigung.
[147] BAG Urt. v. 27.9.1984 – 2 AZR 62/83, AP KSchG § 2 Nr. 8.
[148] BAG Urt. v. 7.5.1968 – 1 AZR 407/67, AP KSchG § 1 Nr. 18 Betriebsbedingte Kündigung; BAG Urt. v. 10.3.1982 – 4 AZR 158/79, AP KSchG 1969 § 2 Nr. 2; BAG Urt. v. 29.7.1976 – 3 AZR 11/75, AP ZPO § 373 Nr. 1; BAG Urt. v. 7.2.1991 – 2 AZR 205/90, EzA KSchG § 1 Personenbezogene Kündigung Nr. 9.
[149] BAG Urt. v. 17.11.2005 – 6 AZR 107/05, BB 2006, 1636 = AP InsO § 113 Nr. 19.
[150] BAG Urt. v. 20.3.2003, 8 AZR 97/02 in NZA 2003, 1027.

last für das Vorliegen der Voraussetzungen des § 1 Abs. 3 S. 2 KSchG liegt beim Arbeitgeber. Diese Vorgaben muss der Insolvenzverwalter bei der Auswahl des/der zu kündigenden Arbeitnehmer beachten, wenn der Wegfall der Beschäftigungsmöglichkeit nicht zwangsläufig einen ganz bestimmten Arbeitnehmer betrifft. In diese Sozialauswahl sind grundsätzlich diejenigen **Arbeitnehmer des Betriebes** einzubeziehen, die von dem Wegfall der Beschäftigungsmöglichkeit betroffen sein können und miteinander vergleichbar sind.[151] Die Vergleichbarkeit bzw. Austauschbarkeit der Arbeitnehmer ist **arbeitsplatzbezogen** festzustellen, dh es ist zu prüfen, ob der Arbeitnehmer, dessen Arbeitsplatz konkret weggefallen ist, die Funktion anderer Arbeitnehmer wahrnehmen kann.[152] Da sich der Arbeitnehmervergleich somit auf derselben Betriebshierarchie bzw. -ebene abspielt, spricht man von **horizontaler Vergleichbarkeit**. Diese setzt voraus, dass der Arbeitgeber den Arbeitnehmer einseitig auf den anderen Arbeitsplatz umsetzen bzw. versetzen kann.[153] Die Sozialauswahl hat Vollzeit- und Teilzeitbeschäftigte gleichermaßen einzubeziehen, wenn nicht der Arbeitgeber zuvor für seinen Betrieb eine Organisationsentscheidung dahingehend getroffen hat, bestimmte Arbeiten jeweils nur durch Vollzeitkräfte oder Teilzeitkräfte durchführen zu lassen.[154]

In **Tarifverträgen, Betriebsvereinbarungen** oder **Richtlinien** nach dem Personalvertretungsgesetz kann festgelegt werden, wie die sozialen Gesichtspunkte im Verhältnis zueinander zu bewerten sind. In diesem Fall kann die soziale Auswahl der Arbeitnehmer nur auf **grobe Fehlerhaftigkeit** überprüft werden (§ 1 Abs. 4 KSchG). Finden sich solche Regelungen in einem Tarifvertrag, so sind sie bei Tarifbindung des Arbeitgebers auch auf seine nicht tarifgebundenen Arbeitnehmer anzuwenden, um eine einheitliche Verfahrensweise im Betrieb überhaupt zu ermöglichen. Den Betriebspartnern steht bei der Festlegung der Punktwerte der Auswahlkriterien ein **Beurteilungsspielraum** zu, der nach dem BAG zB noch gewahrt ist, wenn Alter und Betriebszugehörigkeit im Wesentlichen gleich bewertet sind.[155] Zur Vermeidung unbilliger Härten hat dem Arbeitgeber im Anschluss an die Vorauswahl nach der Punktetabelle regelmäßig ein Entscheidungsspielraum für die zu treffende individuelle Abschlussprüfung zu verbleiben, der umso größer sein muss, je weniger differenziert das Punktsystem ausgestaltet ist.[156] Die Auswahlrichtlinie selbst unterliegt weiterhin der Rechtskontrolle etwa dahingehend, ob die Sozialauswahl mit höherrangigem Gesetzes- oder Verfassungsrecht in Einklang steht. Erweist sich eine Auswahlrichtlinie danach wegen Überschreitung der Ermessensgrenze des § 1 Abs. 4 KSchG als rechtsunwirksam, so führt dies allerdings nicht zwangsläufig zur Fehlerhaftigkeit einer vorgenommenen Sozialauswahl und zur Sozialwidrigkeit

104

---

[151] BAG Urt. v. 24.2.2005 – 2 AZR 214/04, ZIP 2005, 1189.
[152] BAG Urt. v. 7.2.1985 – 2 AZR 91/84, AP KSchG 1969 § 1 Nr. 9 Soziale Auswahl; BAG Urt. v. 15.6.1989 – 2 AZR 580/88, AP 1 KSchG 1969 § 1 Nr. 18 Soziale Auswahl; BAG Urt. v. 29.3.1990 – 2 AZR 369/89, AP KSchG 1969 § 1 Nr. 50 Betriebsbedingte Kündigung.
[153] BAG Urt. v. 29.3.1990 – 2 AZR 369/89, NZA 1991, 181.
[154] BAG Urt. v. 3.12.1998 – 2 AZR 341-98, NZA 1999, 431 = NJW 1999, 1732.
[155] BAG Urt. v. 18.1.1990 – 2 AZR 357/89, NZA 1990, 729 = EzA KSchG § 1 Soziale Auswahl Nr. 28.
[156] *Bader* NZA 1999, 69.

der Kündigung. Die Auswahlentscheidung ist vielmehr einer **Ergebniskontrolle** zu unterziehen.

105 Sind bei einer Kündigung des Insolvenzverwalters auf Grund einer Betriebsänderung nach § 111 BetrVG die Arbeitnehmer, denen gekündigt werden soll, in einem Interessenausgleich zwischen Insolvenzverwalter und Betriebsrat namentlich bezeichnet, so wird vermutet, dass die Kündigung durch dringende betriebliche Erfordernisse bedingt ist (§§ 1 Abs. 5 KSchG; 125 Abs. 1 S. 1 Nr. 1 InsO). Die Vermutung umfasst auch das Fehlen einer anderweitigen Beschäftigungsmöglichkeit in einem anderen Betrieb des Unternehmens.[157] Die soziale Auswahl der Arbeitnehmer kann dann nur noch auf grobe Fehlerhaftigkeit überprüft werden (§§ 1 Abs. 5 KSchG; 125 Abs. 1 S. 1 Nr. 2 InsO). Diese Regelungen lassen dem Arbeitnehmer also nur noch wenig Erfolgsaussicht im Kündigungsschutzprozess, weshalb der Insolvenzverwalter grundsätzlich auf einen solchen Interessensausgleich mit Namensliste hinwirken wird. Bei dieser Fallkonstellation hat der Insolvenzverwalter im Bestreitensfalle jedenfalls die Grundvoraussetzungen für die Anwendbarkeit dieser Vorschriften darzulegen und zu beweisen, nämlich das wirksame Zustandekommen eines Interessenausgleichs mit namentlicher Benennung des Gekündigten und das Vorliegen einer Betriebsänderung im Sinne des § 111 BetrVG. Sofern diese Voraussetzungen feststehen, hat der Arbeitnehmer im Kündigungsschutzprozess ggf. darzulegen und zu beweisen, dass sein Arbeitsplatz trotz Betriebsänderung nicht weggefallen ist, dass eine anderweitige Beschäftigungsmöglichkeit besteht und dass keine dringenden betrieblichen Erfordernisse für die Kündigung vorliegen.[158]

106 Grob fehlerhaft ist die Sozialauswahl im Sinne des § 125 Abs. 1 S. 1 Nr. 2 InsO, wenn der Arbeitnehmer darlegt und im Bestreitensfall beweist, dass die Gewichtung der Kriterien jede Ausgewogenheit vermissen lässt.[159] Davon geht die Rechtsprechung in etwa aus, wenn der relevante Personenkreis willkürlich oder nach unsachlichen Kriterien bestimmt wurde, unsystematische Altersgruppen der Arbeitnehmer gebildet wurden, eines der drei sozialen Grundkriterien überhaupt nicht berücksichtigt oder zusätzliche Auswahlkriterien überhöht bewertet wurden.[160] Ein Abweichen vom Interessenausgleich, dh die Kündigung anderer als der namentlich genannten Arbeitnehmer, hat abgesehen von § 113 BetrVG nur zur Folge, dass die Vermutung der Betriebsbedingtheit der Kündigung und der in § 125 InsO vorgesehene großzügige Prüfungsmaßstab für die Sozialauswahl nicht mehr zur Anwendung kommt. Dieser großzügige Prüfungsmaßstab kommt nach § 125 Abs. 1 S. 2 InsO auch dann nicht zur Anwendung, wenn sich die Sachlage nach Zustandekommen des Interessenausgleichs wesentlich geändert hat. Falls die Pflichtkriterien im Interessenausgleich nicht im Detail bewertet sind, müssen sie quasi hinzugedacht und inzident geprüft werden.[161] Eine grobe Fehlerhaftigkeit liegt nach § 125 Abs. 1 Nr. 2 InsO insbesondere dann nicht vor, wenn eine ausgewogene **Personalstruktur** des Betriebes erhalten oder geschaffen wird. Stellt der Insolvenzverwalter hierzu

---

[157] BAG Urt. v. 6.9.2007 – 2 AZR 715/06, NZA 2008, 633.
[158] BAG Urt. v. 7.5.1998 – 2 AZR 536/97, NZA 98, 933 = NJW 98, 3586 ff.
[159] BAG Urt. v. 2.12.1999 – 2 AZR 757/98, DB 2000, 1338.
[160] LAG Hamm Urt. v. 5.6.2003 – 4 (16) Sa 1976/02, ZIP 2004, 1863.
[161] BT-Drs. 13/4612, 9.

Überlegungen an, hat er einen sehr weiten Ermessensspielraum, der lediglich im Grundsatz gerichtlich nachprüfbar ist. Er kann die Überlegungen zur Schaffung und Erhaltung einer ausgewogenen Personalstruktur zB allein im Hinblick darauf anstellen, den Betrieb „verkaufsfähig" zu machen, auch wenn noch kein konkreter Verkaufsfall ansteht. Unbedingt vom Insolvenzverwalter zu beachten ist, dass der Interessenausgleich mit Namensliste nach §§ 1 Abs. 5 KSchG, 125 Abs. 2 InsO nur die Stellungnahme des Betriebsrats nach § 17 Abs. 3 S. 2 KSchG zur Massenentlassung, nicht jedoch die Anhörung des Betriebsrats vor Ausspruch der Kündigung nach § 102 BetrVG ersetzt.[162] Zu den **Formalien des Interessenausgleichs** hat das BAG entschieden, dass die Rechtsfolgen der §§ 1 Abs. 5 KSchG, 125 InsO auch dann eintreten, wenn der gekündigte Arbeitnehmer in einer **nicht unterschriebenen Namensliste** benannt ist, die mit dem Interessenausgleich, der auf die Namensliste als Anlage ausdrücklich Bezug nimmt, mittels **Heftmaschine** fest verbunden ist.[163]

c) **Darlegungs- und Beweislastverteilung.** Im Kündigungsschutzprozess trifft den Insolvenzverwalter gem. § 1 Abs. 2 S. 4 KSchG die Beweislast dafür, dass die Kündigung durch dringende betriebliche Erfordernisse bedingt und eine Weiterbeschäftigung nicht möglich oder nicht zumutbar ist. Er hat in diesem Zusammenhang detailliert darzulegen, wie sich die von ihm behaupteten Umstände unmittelbar oder mittelbar auf den Arbeitsplatz des gekündigten Arbeitnehmers auswirken. Der Arbeitnehmer hat sodann gemäß § 1 Abs. 3 S. 3 KSchG die Tatsachen zu beweisen, die die Kündigung als sozial ungerechtfertigt erscheinen lassen. In diesem Zusammenhang geht das BAG von einer **abgestuften Darlegungs- und Beweislast** zwischen Arbeitnehmer und Arbeitgeber aus.[164] Auf Rüge des Arbeitnehmers hat der Insolvenzverwalter gem. § 1 Abs. 3 S. 1 KSchG die Gründe darzulegen, die ihn zu der von ihm getroffenen Sozialauswahl veranlasst haben. Den Arbeitnehmer trifft dann die Darlegungs- und Beweislast für die objektive Unrichtigkeit der Sozialauswahl. Sofern der Arbeitnehmer auf Grund eigener Kenntnis keine Möglichkeit hat, hierzu im Einzelnen konkret vorzutragen, hat der Insolvenzverwalter zur getroffenen Sozialauswahl durch Darstellung des aus seiner Sicht vergleichbaren Personenkreises und bezüglich der berücksichtigten Sozialkriterien und deren Gewichtung zueinander konkret Stellung zu nehmen – ggf. auch zur Herausnahme einzelner Arbeitnehmer aus der Sozialauswahl gem. § 1 Abs. 3 S. 2 KSchG. Legt er seine Auswahlüberlegungen nicht offen, wird der Arbeitnehmer insoweit von seiner Darlegungs- und Beweislast befreit. Im Rahmen der §§ 1 Abs. 5 KSchG, 125 InsO wird durch die Vermutung von dringenden betrieblichen Erfordernissen, die einer Weiterbeschäftigung des Arbeitnehmers entgegenstehen, eine **Beweislastumkehr** gegenüber § 1 Abs. 2 S. 4 KSchG erreicht. Voraussetzung hierfür ist eine genaue namentliche Bezeichnung der betroffenen Arbeitnehmer nach

---

[162] BAG Urt. v. 20.5.1999 – 2 AZR 532/98, DB 2000, 149 = EZA BetrVG 1972 § 102 Nr. 102; BAG Urt. v. 20.5.1999 – 2 AZR 148/99, DB 2000, 148 = EZA KSchG § 1 Nr. 7 Interessenausgleich; *Berscheid* MDR 1998, 942.
[163] BAG Urt. v. 7.5.1998 – 2 AZR 55–98, ZIP 1998, 1885.
[164] BAG Urt. v. 3.11.1982 – 7 AZR 5/81, DB 1983, 830; BAG Urt. v. 21.12.1983 – 7 AZR 421/82, DB 1984, 2303.

Art, Inhalt und Frist der beabsichtigten Kündigung im Interessenausgleich.[165] Dabei erstreckt sich die Vermutungswirkung auch auf das Nichtvorliegen einer anderweitigen Beschäftigungsmöglichkeit für den Arbeitnehmer im Betrieb. Der Insolvenzverwalter hat nur die Grundvoraussetzungen für die Anwendbarkeit der §§ 1 Abs. 5 KSch, 125 InsO zu beweisen, nämlich, das wirksame Zustandekommen eines Interessenausgleichs mit namentlicher Benennung der Gekündigten und das Vorliegen einer Betriebsänderung im Sinne von § 111 BetrVG.[166]

108 Der Arbeitnehmer kann allerdings bei Aufnahme in eine Namensliste zur anstehenden Kündigung im Kündigungsschutzprozess vom Arbeitgeber verlangen, die Gründe anzugeben, die zu der getroffenen Sozialauswahl geführt haben; einschließlich der betrieblichen Interessen, die den Arbeitgeber zur Ausklammerung an sich vergleichbarer Arbeitnehmer gem. § 1 Abs. 3 S. 2 KSchG veranlasst haben.[167]

3. Prozessuale Grundsätze zu Betriebsstilllegung und Betriebsübergang

109 Die von der Rechtsprechung entwickelten Grundsätze zur Betriebsstilllegung sind entsprechend auch auf die **Stilllegung von Betriebsteilen** anwendbar. Die Betriebsstilllegung rechtfertigt als innerbetriebliche Ursache grundsätzlich eine betriebsbedingte ordentliche Kündigung.[168] Mit ihr wird man es im Rahmen der Insolvenz häufig als Kündigungsgrund zu tun haben. Die Betriebsstilllegung ist eine unternehmerische Maßnahme, die von der Entscheidung des Arbeitgebers bzw. Insolvenzverwalters abhängt und daher im Kündigungsschutzprozess nicht auf Notwendigkeit, Zweckmäßigkeit oder wirtschaftliche Rechtfertigung zu prüfen ist. Zum Zeitpunkt der Kündigung muss der Betrieb auch nicht etwa bereits stillgelegt sein. Es kommt insofern auch eine Kündigung wegen **beabsichtigter Betriebsstilllegung** in Betracht.[169] Bei einer juristischen Person und bei der GmbH & Co. KG bedarf es für die arbeitsrechtliche Annahme einer Stilllegung keines Beschlusses der für die Auflösung der Gesellschaft zuständigen Organe.[170]

110 Häufig wird sich die Stilllegung erst im Rahmen des Auslaufens der Kündigungsfristen der Arbeitnehmer – ggf. bei sukzessiver Freistellung von der Arbeitsleistung – ergeben. Voraussetzung ist lediglich, dass der Insolvenzverwalter im Zeitpunkt des Zugangs der Kündigung den ernsthaften und endgültigen

---

[165] ArbG Hannover Urt. v. 22.8.1997 – 1 Ca 775/96, BB 1997, 2167.
[166] BAG Urteil v. 7.5.1998 – 2 AZR 536/97, NZA 1998, 933.
[167] BAG Urt. v. 10.2.1999 – 2 AZR 716/98, NZA 1999, 702 = DB 1999, 908.
[168] BAG Urt. v. 23.3.1984 – 7 AZR 409/82, AP KSchG 1969 § 1 Nr. 38 Betriebsbedingte Kündigung; BAG Urt. v. 7.6.1984 – 2 AZR 602/82, AP KO § 22 Nr. 5; BAG Urt. v. 27.9.1984 – 2 AZR 309/83, AP BGB § 613a Nr. 39; BAG Urt. v. 27.2.1987 – 7 AZR 652/85, AP KSchG 1969 § 1 Nr. 41 Betriebsbedingte Kündigung; BAG Urt. v. 28.4.1988 – 2 AZR 623/87, AP BGB § 613a Nr. 74; BAG Urt. v. 19.6.1991 – 2 AZR 127/91, EzA KSchG § 1 Betriebsbedingte Kündigung Nr. 53.
[169] BAG Urt. v. 27.2.1987 – 7 AZR 652/85, AP KSchG 1969 § 1 Nr. 41 Betriebsbedingte Kündigung; BAG Urt. v. 28.4.1988 – 2 AZR 623/87, AP BGB § 613a Nr. 74; BAG Urt. v. 19.6.1991 – 2 AZR 127/91, EzA KSchG § 1 Betriebsbedingte Kündigung Nr. 53.
[170] BAG Urt. v. 11.3.1998 – 2 AZR 414-97, NZA 1998, 879 = NJW 1998, 3371 – entgegen LAG Bln LAGE KSchG § 1 Betriebsbedingte Kündigung Nr. 13.

Entschluss gefasst hat, den Betrieb **nicht nur vorübergehend** stillzulegen. Hierfür ist im Kündigungsschutzprozess ggf. substantiiert darzulegen, dass und zu welchem Zeitpunkt organisatorische Maßnahmen geplant waren, die sich als Betriebsstilllegung darstellen.[171] Bei **alsbaldiger Wiedereröffnung des Betriebes** spricht eine tatsächliche Vermutung gegen die ernsthafte Stilllegungsabsicht.[172] Gestützt auf die künftige Entwicklung der betrieblichen Verhältnisse ist die Kündigung nur dann begründet, wenn die geplanten Maßnahmen bereits **greifbare Formen** angenommen haben und eine vernünftige und betriebswirtschaftliche Betrachtung die Prognose ergibt, dass bis zum Auslaufen der einzuhaltenden Kündigungsfrist die Maßnahmen durchgeführt sind und der Arbeitnehmer dann entbehrt werden kann.[173] Dafür, dass die geplanten Maßnahmen bereits greifbare Formen angenommen haben, ist der Insolvenzverwalter darlegungs- und beweispflichtig.[174] Daran fehlt es zB wenn der Insolvenzverwalter zum Zeitpunkt der Kündigung noch in ernsthaften **Verhandlungen über eine Betriebsveräußerung** steht und deswegen nur vorsorglich mit der Begründung kündigt, der Betrieb solle zu einem bestimmten Zeitpunkt stillgelegt werden, falls eine Veräußerung scheitert.[175] Der Kündigung muss also eine endgültige, abschließende Planung vorausgegangen sein. Daran fehlt es zB wenn zum Kündigungszeitpunkt alternativ noch über eine **Weiterveräußerung der Gesellschaftsanteile** verhandelt wird.[176]

In der Praxis wird von den Arbeitnehmern häufig im Rahmen von Kündigungsschutzklagen geltend gemacht, es läge ein **Betriebsübergang** vor, wenn sich im Rahmen der Insolvenz eine **Auffanggesellschaft** konstituiert und einen Teil der Arbeitnehmer des Schuldners übernommen hat. Der Insolvenzverwalter muss gegenüber solchen Klagen dem Arbeitsgericht gegenüber darlegen, dass kein Betriebsübergang iSd § 613a BGB vorliegt, wenn er an der Kündigung festhalten will, denn nur die Betriebsstilllegung bzw. eindeutig abgrenzbare Teilbetriebsstilllegung liefert dem Insolvenzverwalter den Grund für eine ordentliche betriebsbedingte Kündigung aller hiervon betroffenen Arbeitnehmer ohne Sozialauswahl, denn § 613a BGB gilt auch in der Insolvenz. Der Arbeitnehmer steht in dieser Situation vor der Frage, wer nach Ausspruch einer Kündigung für ihn der richtige Klagegegner ist. Hier gilt der Grundsatz, dass der Arbeitgeber, der das Arbeitsverhältnis vor einem Betriebsübergang gekündigt hat, für die gerichtliche Klärung der Wirksamkeit der Kündigung auch nach

---

[171] BAG Urt. v. 23.3.1984 – 7 AZR 409/82, AP KSchG 1969 § 1 Nr. 38 Betriebsbedingte Kündigung, BAG Urt. v. 19.6.1991, aaO. 2 AZR 127/91.
[172] BAG Urt. v. 27.9.1984 – 2 AZR 309/83, AP BGB § 613a Nr. 39.
[173] BAG Urt. v. 27.2.1958 – 2 AZR 445/55, AP KSchG § 1 Nr. 1 Betriebsbedingte Kündigung; BAG Urt. v. 27.2.1987 – 7 AZR 652/85, AP KSchG 1969 § 1 Nr. 41 Betriebsbedingte Kündigung; BAG Urt. v. 19.5.1988 – 2 AZR 596/87, AP BGB § 613a Nr. 75; BAG Urt. v. 19.6.1991 – 2 AZR 127/91, EzA KSchG § 1 Betriebsbedingte Kündigung Nr. 53.
[174] BAG Urt. v. 23.3.1984 – 7 AZR 409/82, AP KSchG 1969 § 1 Nr. 38 Betriebsbedingte Kündigung; BAG Urt. v. 19.6.1991 – 2 AZR 127/91, EzA KSchG § 1 Betriebsbedingte Kündigung Nr. 753.
[175] BAG Urt. v. 27.9.1984 – 2 AZR 309/83, AP BGB § 613a Nr. 39.
[176] BAG Urt. v. 10.10.1996 – 2 AZR 477/95, EzA KSchG § 1 Betriebsbedingte Kündigung Nr. 81 = ZIP 1997, 122.

dem Betriebsübergang passiv legitimiert ist.[177] Auf einen nach Rechtshängigkeit der Kündigungsschutzklage vollzogenen Betriebsübergang finden die §§ 265, 325 ZPO entsprechende Anwendung, dh der alte Arbeitgeber bleibt prozessführungsbefugt und es tritt eine Rechtskrafterstreckung gegen den Betriebsübernehmer ein. Wird allerdings die Kündigungsschutzklage erst nach Betriebsübergang erhoben, so ist sie gegen den Betriebserwerber zu richten, auch wenn der alte Arbeitgeber gekündigt hat. Wird sie gegen den alten Arbeitgeber gerichtet, ist sie mangels Passivlegitimation abzuweisen.[178] Dagegen besteht seit langem die Gegenansicht des LAG Hamm, welches in ständiger Rechtsprechung verlangt, dass auch bei Kündigungsschutzklageerhebung vor Betriebsübergang bei nachfolgendem Betriebsübergang dieser Rechtsstreit nicht mehr fortgesetzt werden könne, da das Rechtsschutzbedürfnis entfallen sei, so dass die Klage auf den Betriebserwerber umzustellen sei, widrigenfalls sie als unzulässig abzuweisen sei.[179] Ausnahmsweise könne in der Betriebsübergangssituation auch selbst bei Kündigung des neuen Arbeitgebers auf Feststellung gegen den alten Arbeitgeber geklagt werden, soweit dafür ein besonderes Rechtsschutzbedürfnis besteht, etwa im Hinblick auf offen stehende Ansprüche nach § 613a Abs. 2 BGB.[180] Die Klage sollte daher aus Sicherheitsgründen gegen beide Arbeitgeber als Streitgenossen erhoben werden.

Hat der alte Arbeitgeber die Kündigung nach dem Betriebsübergang ausgesprochen und der Arbeitnehmer diesem nicht widersprochen, geht die Kündigung an sich mangels bestehenden Arbeitsverhältnisses ins Leere, eine gleichwohl erhobene Kündigungsschutzklage wäre unbegründet.[181] In dieser rechtlich unübersichtlichen Situation sollte der Arbeitnehmer daher im Zweifelsfalle primär den allgemeinen Feststellungsantrag nach § 256 ZPO auf Feststellung des (ungekündigt) übergegangenen Arbeitsverhältnisses gegen den vermeintlichen Betriebsübernehmer und hilfsweise den Kündigungsschutzantrag stellen. Will der Arbeitnehmer auch den **Weiterbeschäftigungsanspruch** geltend machen, ist diese Klage in der Betriebsübergangssituation stets gegen den Betriebsübernehmer zu richten, da der alte Arbeitgeber diesen Anspruch definitiv nicht mehr erfüllen kann.[182] Treten nacheinander **mehrere Betriebsübergänge** ein, so kann der Arbeitnehmer neben der Kündigungsschutzklage gegen den alten Arbeitgeber bei Bestehen eines Rechtsschutzbedürfnisses nach den vorstehenden Grundsätzen gleichzeitig die Betriebsübernehmer nebeneinander auf Feststellung des Fortbestandes des Arbeitsverhältnisses in Anspruch nehmen.[183]

---

[177] BAG AP BGB § 613a Nr. 34; BAG Urt. v. 27.9.1984 – 2 AZR 309/83, NZA 1985, 493 = AP BGB § 613a Nr. 39; BAG Urt. v. 18.3.1999 – 8 AZR 306/98, AP KSchG 1969 § 4 Nr. 44.
[178] MüKoBGB/*Müller-Glöge* § 613a Rn. 205; *Schaub* DB 1999, 225.
[179] Vgl. LAG Hamm Entsch. v. 17.5.1993 – 17(11) Sa 1686/92, BB 1993, 1520; LAG Hamm Urt. v. 12.12.1996 – 4 Sa 1258/94, MDR 1997, 950; LAG Hamm Urt. v. 26.11.1998 – 4 (19) Sa 1360/98, ZInsO 1999, 302; LAG Hamm Beschl. v. 2.12.1999 – 4 Sa 1153/99, ZInsO 2000, 55 = ZIP 2000, 325.
[180] MüKoBGB/*Müller-Glöge* § 613a Rn. 205.
[181] BAG Urt. v. 10.12.1998 – 8 AZR 596/97; *Müller-Glöge* NZA 1999, 456.
[182] LAG Hamm Urt. v. 26.11.1998 – 4 (19) Sa 1360/98, ZInsO 1999, 302.
[183] LAG Brem Urt. v. 15.12.1995 – 4 Sa 91/95, NZA-RR 1996, 470.

Eine einheitliche, in allen Fällen gleiche Verteilung der **Darlegungs- und** 112
Beweislast hinsichtlich des Vorliegens eines Betriebsübergangs gibt es nicht. Es
kommt jeweils darauf an, ob der Betriebsübergang zu den anspruchsbegründenden und erhaltenden oder zu den rechtsvernichtenden Tatsachen gehört.
Macht der Arbeitnehmer geltend, eine ihm erklärte Kündigung sei gem. § 613a
Abs. 4 BGB unwirksam, hat er die den Betriebsübergang ausmachenden Tatsachen darzulegen und ggf. zu beweisen. Aus Gründen der Sachnähe kann
die Pflicht zur Substantiierung abnehmen, ggf. sogar eine abgestufte Darlegungslast anzunehmen sein.[184] Im Übrigen liegt die Verteilung der Darlegungs- und Beweislast im Rahmen der auch ansonsten geltenden gesetzlichen Regeln, etwa des § 1 Abs. 2 S. 4 KSchG, dh der Arbeitgeber bzw. Insolvenzverwalter
hat als Kündigungsgrund die dringenden betrieblichen Erfordernisse zu belegen, wozu die ernsthafte und endgültige Stilllegungsabsicht zum Zeitpunkt des
Kündigungsausspruchs gehört, wobei dann eben ein enger zeitlicher Zusammenhang eines nachfolgenden Betriebsübergangs als Indiz gegen eine solche
Stilllegungsabsicht spricht,[185] ebenso wie eine alsbaldige Wiedereröffnung des
Betriebes nach nur kurzer Stilllegung eine tatsächliche Vermutung gegen die
ernsthafte und endgültige Stilllegungsabsicht im Zeitpunkt der Kündigung begründet.[186]

4. Personenbedingte Kündigung

Auch die personenbedingte Kündigung unterliegt der Fristregelung des § 113 113
InsO, denn diese Vorschrift soll im Hinblick auf die Interessen der Insolvenzgläubiger eine kurzfristige Personalreduzierung ermöglichen, was alle Kündigungsformen betrifft.[187] Eine personenbedingte Kündigung ist möglich, wenn
der Arbeitnehmer **auf Grund seiner persönlichen Fähigkeiten und Eigenschaften** nicht mehr in der Lage ist, künftig seine arbeitsvertraglichen Verpflichtungen zu erfüllen.[188] Der Kündigungsgrund liegt damit in der Sphäre des
Arbeitnehmers, ohne dass allerdings ein Verschulden des Arbeitnehmers vorausgesetzt wird. Entsprechend bedarf es auch keiner Abmahnung vor Kündigungsausspruch. Darüber hinaus müssen durch die personenbedingten Gründe
betriebliche oder wirtschaftliche Interessen des Arbeitgebers konkret beeinträchtigt werden. Insbesondere zu diesem Punkt hat bei der **krankheitsbedingten Kündigung** die BAG-Rechtsprechung eine ausgeprägte Kasuistik entwickelt, die hier im Einzelnen wegen des Umfangs nicht dargestellt werden
kann.[189] Sie erfordert zumindest ein **betriebliches Eingliederungsmanagement,**
abgeleitet aus § 84 SGB IX auch bei nicht schwerbehinderten Arbeitnehmern,
wonach kündigungsvermeidende Möglichkeiten zuvor von den Parteien ausgelotet werden müssen.

---

[184] *Müller-Glöge* NZA 1999, 456 (457).
[185] MüKoBGB/*Müller-Glöge* § 613a Rn. 191.
[186] AG Urt. v. 27.9.1984 – 2 AZR 309/83, EzA BGB § 613a Nr. 40, BAG Urt. v.
5.12.1985 – 2 AZR 2/85.
[187] MüKoInsO/*Löwisch/Caspers* § 113 Rn. 6 f., 17 f.
[188] BAG Urt. v. 20.5.1988 – 2 AZR 682/87, AP KSchG 1969 § 1 Nr. 9 Personenbedingte
Kündigung.
[189] Vgl. hierzu etwa *Schunder* NZA-Beilage 2015, 90.

114 In Frage kommen personenbedingte Kündigungen zB wegen fehlender persönlicher Eignung des Arbeitnehmers, mangelnder fachlicher Qualifikation, Krankheit sowohl in der Form der häufigen Kurzerkrankung als auch wegen Langzeiterkrankung, als häufiger Unterfall hiervon die Alkohol- und Drogensucht, fehlende Arbeitserlaubnis oder Haftverbüßung. Unter dem Gesichtspunkt des **Verhältnismäßigkeitsgrundsatzes** ist zu prüfen, ob der Arbeitnehmer auf einem anderen Arbeitsplatz weiterbeschäftigt werden kann, bei dem die Mängel nicht mehr oder nur unbedeutend relevant werden.[190] Hierzu kommen grundsätzlich nur **vergleichbare Arbeitsplätze** in Betracht, die dem Arbeitnehmer im Wege des Direktionsrechts zugewiesen werden können, wobei auch grundsätzlich die Pflicht des Arbeitgebers zur Durchführung einer zumutbaren Umschulungs- und Fortbildungsmaßnahme besteht. Abschließend hat eine **Interessenabwägung** zwischen dem Weiterbeschäftigungsinteresse des Arbeitnehmers und dem Arbeitgeberinteresse an der Kündigung des Arbeitsverhältnisses zu erfolgen, die alle Umstände des Einzelfalls berücksichtigt. Dabei ist ein strenger Maßstab anzulegen, da der Arbeitnehmer in dieser Situation besonders schutzwürdig ist.[191]

5. Verhaltensbedingte Kündigung

115 Auch auf die verhaltensbedingte Kündigung ist die Fristregelung des § 113 InsO anzuwenden. Kündigungsgründe im Verhalten des Arbeitnehmers können **Vertragsverletzungen** verschiedenster Art sein, seien es Verletzungen von Haupt- oder Nebenpflichten aus dem Arbeitsverhältnis. Erforderlich ist grundsätzlich ein **rechtswidriger und schuldhafter Pflichtverstoß** des Arbeitnehmers.[192] Die Rechtsprechung verlangt hierzu, dass der Arbeitgeber im Falle eines Pflichtverstoßes dem Arbeitnehmer mindestens einmal in der Vergangenheit eine **Abmahnung** erteilt haben muss, die in zeitlichem Zusammenhang mit dem kündigungsrelevanten Pflichtverstoß stehen muss, um dem Arbeitnehmer Gelegenheit zu geben, sein Verhalten in Zukunft zu korrigieren. Hierzu gibt es keine starren zeitlichen Festlegungen, sondern lediglich eine Orientierung an der Schwere der Pflichtwidrigkeit. Die Abmahnung muss, um eine spätere Kündigung rechtfertigen zu können, gegenüber dem Arbeitnehmer ein konkretes Fehlverhalten aufzeigen, ihn für die Zukunft zu insofern vertragsgemäßem Verhalten auffordern und ihm für den Wiederholungsfall die Konsequenz einer Kündigung aufzeigen. Allerdings ist die Abmahnung grundsätzlich nur bei Pflichtwidrigkeiten im **Leistungsbereich** erforderlich, während bei Störungen im **Vertrauensbereich** der Arbeitnehmer nur ausnahmsweise vor der Kündigung abzumahnen ist.[193] Hat der Arbeitgeber einen Pflichtverstoß zunächst zum Anlass für eine Abmahnung genommen, kann er später wegen die-

---

[190] BAG Urt. v. 10.3.1977 – 2 AZR 79/76, AP KSchG 1969 § 1 Nr. 4 Krankheit; BAG Urt. v. 20.5.1988 – 2 AZR 682/87, AP KSchG § 1 Nr. 9 Personenbedingte Kündigung.
[191] BAG Urt. v. 10.3.1977 – 2 AZR 79/76, AP KSchG 1969 § 1 Nr. 4 Krankheit.
[192] BAG Urt. v. 21.5.1992 – 2 AZR 10/92, DB 1992, 2446.
[193] BAG Urt. v. 18.11.1986 – 7 AZR 674/84, AP KSchG 1969 § 1 Nr. 17 Verhaltensbedingte Kündigung; BAG Urt. v. 10.11.1988 – 2 AZR 215/88, AP KSchG 1969 § 1 Nr. 3 Abmahnung.

ser Pflichtwidrigkeit keine Kündigung mehr aussprechen, erst wegen eines nachfolgenden Verstoßes.

Eine sofortige Kündigung **ohne vorherige Abmahnung** ist außerdem möglich, wenn sie nach Abwägung aller Umstände angesichts von Art, Schwere und Folge der Pflichtverletzung billigenswert und angemessen erscheint, dem Arbeitnehmer die Pflichtwidrigkeit ohne weiteres erkennbar ist und er mit deren Billigung durch den Arbeitgeber nicht rechnen konnte[194] – etwa bei Diebstahl oder sexueller Belästigung von Mitarbeitern. Generell geeignet als verhaltensbedingte Kündigungsgründe sind etwa die Verletzung der Anzeigepflicht über Erkrankungen, eigenmächtiger Urlaubsantritt, häufig verspäteter Arbeitsbeginn, für das Arbeitsverhältnis bedeutende Straftaten – ausnahmsweise auch außerdienstliches Verhalten, wenn dadurch das Arbeitsverhältnis konkret gestört wird – etwa bei privater Trunkenheitsfahrt eines Berufskraftfahrers. Zur sozialen Rechtfertigung auch der verhaltensbedingten Kündigung ist eine negative Zukunftsprognose erforderlich.[195] Diese lässt sich aus der Beharrlichkeit vergangener Vertragsverletzungen und dem Grad des Verschuldens ableiten. Die zu befürchtenden künftigen Beeinträchtigungen des Arbeitsverhältnisses dürfen auch nicht durch eine **Weiterbeschäftigung** auf einem **anderen freien Arbeitsplatz** vermeidbar sein.[196] Abschließend ist auch bei der verhaltensbedingten Kündigung eine **Interessenabwägung** durchzuführen, wobei die Sozialdaten des Arbeitnehmers und das Ausmaß der Beeinträchtigung der betrieblichen Interessen durch das Verhalten zu werten sind. 116

6. Außerordentliche Kündigung

Die Eröffnung des Insolvenzverfahrens stellt für sich genommen keinen Grund für eine außerordentliche Kündigung dar, allerdings wird durch sie die außerordentliche Kündigung unter den Voraussetzungen des § 626 BGB auch nicht ausgeschlossen. Der Arbeitnehmer kann das Arbeitsverhältnis insbesondere dann außerordentlich kündigen, wenn der Insolvenzverwalter die fällige Vergütung zumindest nach erfolgloser Mahnung nicht bezahlt. Dies löst die Schadensersatzfolge des § 628 Abs. 2 BGB aus. Insoweit kann der Arbeitnehmer auch ein Zurückbehaltungsrecht an seiner Arbeitsleistung geltend machen.[197] Auf Seiten des Insolvenzverwalters andererseits rechtfertigt eine beabsichtigte Betriebsstilllegung regelmäßig nur eine ordentliche Kündigung.[198] Als **wichtiger Kündigungsgrund** im Sinne des § 626 Abs. 1 BGB kommt für den Insolvenzverwalter generell in Betracht die beharrliche und vorsätzliche Leistungsverweigerung, eigenmächtiger Urlaubsantritt, unbefugtes, auch vorzeitiges Verlassen des Arbeitsplatzes, Vortäuschen einer Krankheit, wiederholte Un- 117

---

[194] BAG Urt. v. 30.11.1978 – 2 AZR 145/77, AP SeemG § 64 Nr. 1; BAG Urt. v. 12.7.1984 – 2 AZR 320/83, AP BetrVG 1972 § 102 Nr. 32.
[195] BAG Urt. v. 10.11.1988 – 2 AZR 215/88, AP KSchG 1969 § 1 Nr. 3 Abmahnung; BAG Urt. v. 7.12.1988 – 7 AZR 122/88, EzA KSchG § 1 Verhaltensbedingte Kündigung Nr. 26.
[196] BAG Urt. v. 22.7.1982 – 2 AZR 30/81, AP KSchG 1969 § 1 Nr. 5 Verhaltensbedingte Kündigung.
[197] BAG Urt. v. 25.10.1984 – 2 AZR 417/83, ZIP 1985, 302.
[198] BAG Urt. v. 22.7.1992 – 2 AZR 84/92, EzA BGB § 626 Nr. 141.

pünktlichkeit, Verstoß gegen Wettbewerbsverbote, verbotene Nebentätigkeit, erwiesene strafbare Handlungen oder der Verdacht schwerer Verfehlungen, wenn bereits der Verdacht das Vertrauensverhältnis zerstört und bereits dadurch die Fortsetzung des Arbeitsverhältnisses unzumutbar wird.

118 Auch der Insolvenzverwalter hat für die fristlose Kündigung die **Zwei-Wochen-Frist** des § 626 Abs. 2 BGB zu beachten, wobei für den Beginn der Frist entscheidend die Kenntnis des Insolvenzverwalters als Kündigungsberechtigtem ist. Dabei muss sich der Verwalter den Teil der Frist, der eventuell bereits vor Verfahrenseröffnung in der Person des Schuldners abgelaufen ist, anrechnen lassen, da mit der Verfahrenseröffnung die Frist des § 626 Abs. 2 BGB nicht nochmals neu zu laufen beginnt.

119 Ein Sonderfall der außerordentlichen Kündigung ergibt sich bei der Betriebsstilllegung in der Insolvenz bezogen auf die arbeitsvertraglich oder tarifvertraglich **nicht mehr kündbaren Arbeitnehmer.** In dieser Situation besteht ausnahmsweise für den Verwalter ein Recht zur außerordentlichen Kündigung dieser Arbeitnehmer unter Einhaltung der ordentlichen Kündigungsfrist, die gelten würde, wenn die ordentliche Kündigung nicht ausgeschlossen wäre, wenn der Arbeitsplatz des Arbeitnehmers weggefallen ist und der Arbeitnehmer auch unter Einsatz aller zumutbaren Mittel, ggf. durch Umorganisation des Betriebes, nicht weiterbeschäftigt werden kann.[199] Es würde insofern einen Wertungswiderspruch darstellen, den Arbeitnehmer mit besonderem tariflichem Kündigungsschutz durch eine fristlose Kündigung schlechterzustellen, als den Arbeitnehmer, demgegenüber eine ordentliche Kündigung zulässig ist und dem aus demselben Kündigungsgrund nur ordentlich gekündigt werden könnte. Nach der Rechtsprechung des BAG ist in diesen Fällen allerdings für die Anwendung der Ausschlussfrist des § 626 Abs. 2 BGB kein Raum, da der Wegfall der Beschäftigungsmöglichkeit einen Dauertatbestand darstellt. Dabei sind verschärfte Anforderungen an die Pflicht des Arbeitgebers zu stellen, mit allen zumutbaren Mitteln eine Weiterbeschäftigung des Arbeitnehmers im Betrieb bzw. im Unternehmen zu versuchen. Der Betriebsrat hat ein Widerspruchsrecht, auf das § 102 Abs. 3–5 BetrVG entsprechend anzuwenden ist. Er ist bei seiner Stellungnahme also nicht an die Frist von drei Tagen nach § 102 Abs. 2 S. 3 BetrVG gebunden, es gilt vielmehr die Wochenfrist des § 102 Abs. 2 S. 1 BetrVG.

7. Änderungskündigung

120 Eine Änderungskündigung ist die Kündigung eines Arbeitsverhältnisses, verbunden mit dem Angebot, zu neuen geänderten Arbeitsbedingungen weiterzuarbeiten. Nimmt der Arbeitnehmer das Angebot vorbehaltlos an, ist er nach Ablauf der Kündigungsfrist bzw. zu dem Zeitpunkt, den der Arbeitgeber angeboten hat, verpflichtet, zu den neuen geänderten Konditionen zu arbeiten bzw. die neue angebotene Tätigkeit auszuüben. Lehnt der Arbeitnehmer das Ange-

---

[199] BAG Urt. v. 6.11.1956 – 3 AZR 42/55, NJW 1957, 118 = BAGE 3, 168; BAG Urt. v. 11.7.1958 – 1 AZR 366/55 NJW 1958, 1652 = BAGE 6, 109; BAG Urt. v. 19.12.1974 – 2 AZR 565/73, DB 1975, 890 = AP BGB § 620 Nr. 3 Bedingung = BAGE 26, 417; BAG Urt. v. 22.7.1992 – 2 AZR 84/92, EzA BGB § 626 nF Nr. 14; BAG Urt. v. 5.2.1998 – 2 AZR 227/97, DB 1998, 1035.

bot ab, so hat er einen Anspruch darauf, bis zum Ablauf der Kündigungsfrist zu seinen bisherigen Bedingungen und der bisherigen Tätigkeit beschäftigt zu werden. Dann endet das Arbeitsverhältnis. Nimmt der Arbeitnehmer eine Änderungskündigung unter dem Vorbehalt der sozialen Rechtfertigung an, dann akzeptiert er die Änderungskündigung unter dem Vorbehalt, dass eine gerichtliche Überprüfung ergibt, dass die Änderung sozial gerechtfertigt war. Diesen Vorbehalt muss der Arbeitnehmer dem Arbeitgeber gegenüber innerhalb der Kündigungsfrist, spätestens jedoch innerhalb von drei Wochen nach Zugang der Änderungskündigung erklären (§ 2 KSchG). Er nimmt dem Arbeitnehmer das Risiko ab, im Falle einer für ihn negativ ausgehenden gerichtlichen Überprüfung der Sozialwidrigkeit mit dem Prozess auch den Arbeitsplatz zu verlieren.

Gerade die Insolvenzsituation wird häufig ein Ineinandergreifen von teilweiser Betriebsfortführung, Freisetzung eines großen Teils der Arbeitskräfte und umfassender Betriebsneuorganisation mit sich bringen, in deren Rahmen den Arbeitnehmern häufig andere Aufgaben zugewiesen werden müssen, als arbeitsvertraglich vereinbart. Dies kann der Insolvenzverwalter – von der einvernehmlichen Änderung der Arbeitsverträge abgesehen – nur durch die Änderungskündigung erreichen, da die Insolvenzeröffnung das Direktionsrecht des Arbeitgebers nicht erweitert. Auch bei der ordentlichen Änderungskündigung kommt dem Insolvenzverwalter die verkürzte Kündigungsfrist des § 113 InsO zu Gute.[200] Eine Umstrukturierung kann so spätestens nach der dreimonatigen Kündigungsfrist durchgeführt werden. 121

Die Änderungskündigung ist auch geeignet zur Herabsetzung von Gehaltszulagen oder Nebenleistungen wie Gratifikationen und Urlaubsgeld im Sanierungsfall. Insbesondere hat das BAG anerkannt, dass die Herabsetzung außertariflicher Zulagen für die Mitarbeiter einer Betriebsabteilung zum Zwecke der Sanierung sozial gerechtfertigt ist, wenn die Ertragslage des gesamten Betriebes dazu zwingt.[201] Eine Änderungskündigung zur **Entgeltabsenkung** wird von der Rechtsprechung aber nur äußerst eingeschränkt zugelassen.[202] Voraussetzung ist, dass der Gesamtbetrieb unrentabel arbeitet, die bisherige Personalkostenstruktur zu betrieblich nicht mehr aufzufangenden Verlusten führt und der Arbeitgeber/Insolvenzverwalter einen umfassenden Sanierungsplan vorlegt, aus dem sich die Alternativlosigkeit aber auch die Erfolgsaussicht des geplanten Vorgehens ergibt. 122

Bei Anwendbarkeit des Kündigungsschutzgesetzes ist die Änderungskündigung im Prozessfalle darauf zu überprüfen, ob sie **sozial gerechtfertigt** ist. Dies richtet sich danach, ob personen-, verhaltens- oder betriebsbedingte Gründe die Änderung der Arbeitsbedingungen rechtfertigen und ob der Arbeitgeber sich bei einem an sich anerkennenswerten Grund darauf beschränkt hat, nur solche Änderungen vorzunehmen, die der Arbeitnehmer billigerweise hinnehmen

---

[200] MüKoInsO/*Caspers* § 113 Rn. 3.
[201] BAG Urt. v. 11.10.1989 – 2 AZR 61/89, AP KSchG 1969 § 1 Nr. 47 Betriebsbedingte Kündigung.
[202] BAG Urt. v. 20.3.1986 – 2 AZR 294/85, AP KSchG 1969 § 2 Nr. 14; BAG Urt. v. 20.8.1998 – 2 AZR 84/98, AP KSchG 1969 § 2 Nr. 50; BAG Urt. v. 12.11.1998 – 2 AZR 91/98, AP KSchG 1969 § 2 Nr. 51.

muss. Die gesetzliche Vermutungswirkungen des § 1 Abs. 5 KschG gelten auch für Änderungskündigungen.[203]

123 Der Insolvenzverwalter hat alle allgemeinen Kündigungsvorgaben zu beachten. So ist neben der Anhörung des Betriebsrats nach § 102 BetrVG im Falle einer damit verbundenen **Versetzung oder Umgruppierung** im Sinne der §§ 95 Abs. 3, 99 Abs. 1 BetrVG auch die Zustimmung des Betriebsrats nach § 99 Abs. 1 S. 1 BetrVG einzuholen.

V. Besonderer Kündigungsschutz in der Insolvenz

1. Mutterschutz und Elternzeit

124 Nachdem der Insolvenzverwalter als Arbeitgeber grundsätzlich an die allgemeinen und besonderen Kündigungsschutzbestimmungen gebunden ist, hat er gegenüber Müttern und Elternzeitlern insbesondere die Kündigungsverbote der §§ 9 MuSchG und 18 BEEG zu beachten.

125 Danach ist die Kündigung gegenüber einer Frau während der **Schwangerschaft** und bis zum Ablauf von vier Monaten nach der Entbindung unzulässig, wenn dem Arbeitgeber zur Zeit der Kündigung die Schwangerschaft oder Entbindung bekannt war oder innerhalb von zwei Wochen nach Zugang der Kündigung mitgeteilt wird, wobei das Überschreiten dieser Frist unschädlich ist, wenn es auf einem von der Frau nicht zu vertretenden Grund beruht und die Mitteilung unverzüglich nachgeholt wird (§ 9 Abs. 1 S. 1 MuSchG). Dies gilt auch für Frauen, die den in Heimarbeit Beschäftigten gleichgestellt sind, wenn sich die Gleichstellung auch auf den 9. Abschnitt des Heimarbeitsgesetzes erstreckt (§ 9 Abs. 3 MuSchG). Das Kündigungsverbot des § 9 MuSchG greift bereits mit Abschluss des Arbeitsvertrages ein, ungeachtet der tatsächlichen Arbeitsaufnahme.[204] Die Unkenntnis der Arbeitnehmerin von einer im Zeitpunkt des Ausspruchs einer **Eigenkündigung** bestehenden Schwangerschaft rechtfertigt grundsätzlich **keine Irrtumsanfechtung**.[205] Ebenso wenig ist die schwangere Arbeitnehmerin zur Anfechtung nach § 119 BGB berechtigt, wenn sie sich über die mutterschutzrechtlichen Folgen eines Aufhebungsvertrages irrt, da dies bloßer Rechtsfolgenirrtum ist. Wird einer Schwangeren der Abschluss eines Aufhebungsvertrags angeboten und eine von ihr erbetene Bedenkzeit abgelehnt, so kann ein gleichwohl abgeschlossener Aufhebungsvertrag nicht allein wegen dieses Zeitdrucks nach § 123 BGB angefochten werden.[206]

126 Der Arbeitgeber darf auch das Arbeitsverhältnis mit dem Elternteil, der **Elternzeit** in Anspruch nehmen möchte, ab dem Zeitpunkt des Elternzeitverlangens, höchstens jedoch acht Wochen vor Beginn der Elternzeit und während der Elternzeit nicht mehr kündigen (§ 18 Abs. 1 BEEG). Dies gilt auch für die in Heimarbeit Beschäftigten und die ihnen Gleichgestellten, soweit sie am Stück mitarbeiten (§ 20 Abs. 2 S. 1 BEEG). Elternzeit kann von Müttern und Vätern bis zur Vollendung des 8. Lebensjahres des Kindes in Anspruch genommen

---

[203] BAG Urt. v. 19.6.2007 – 2 AZR 304/06, NZA 2008, 103.
[204] LAG Düsseldorf LAGE MuSchG § 9 Nr. 18.
[205] BAG Urt. v. 6.2.1992 – 2 AZR 408/91, EzA BGB § 119 Nr. 13.
[206] BAG Urt. v. 16.2.1983 – 7 AZR 134/81, NJW 1983, 2958.

werden, soweit die Voraussetzungen der §§ 1 und 15 BEEG vorliegen. Der Arbeitnehmer muss die Elternzeit spätestens sieben Wochen vor ihrem Beginn – oder 13 Wochen vorher bei Inanspruchnahme zwischen dem 3. und 8. Lebensjahr – schriftlich vom Arbeitgeber verlangen und gleichzeitig erklären, für welche Zeiten er Elternzeit nehmen werde (§ 16 Abs. 1 S. 1 BEEG). Eine Fristunterschreitung des Arbeitnehmers allein rechtfertigt aber grundsätzlich keine Kündigung des Arbeitgebers.

§ 9 MuSchG, § 18 BEEG erklären **jede Kündigung** des Arbeitgebers für **unzulässig.** Das Verbot erstreckt sich also sowohl auf ordentliche als auch auf fristlose Kündigungen, auch auf Kündigungen innerhalb einer Probezeit und auch auf Änderungskündigungen.[207] Die Kündigungsverbote hindern jedoch weder eine Kündigung durch die Schwangere oder Mutter, diese ist vielmehr zusätzlich nach § 10 Abs. 1 MuSchG während der Schwangerschaft und während der Schutzfrist nach der Entbindung ohne Einhaltung einer Frist zum Ende der Schutzfrist nach der Entbindung möglich und nach § 19 BEEG zusätzlich zum Ende der Elternzeit unter Einhaltung einer Kündigungsfrist von drei Monaten. Ansonsten ist auch die Arbeitnehmerkündigung mit den allgemeinen Kündigungsfristen möglich. Eine **vertragliche Aufhebung des Arbeitsverhältnisses** ist durch die Kündigungsverbote ebenfalls nicht ausgeschlossen.[208] Ebenso wenig hindert bei einem **befristeten Arbeitsverhältnis** die während des Arbeitsverhältnisses eingetretene Schwangerschaft den Arbeitgeber daran, sich auf die durch Fristablauf eintretende Beendigung des Arbeitsverhältnisses zu berufen.[209]

Nach § 9 Abs. 3 S. 1 MuSchG und § 18 Abs. 1 S. 2 und 3 BEEG kann die für den Arbeitsschutz zuständige oberste Landesbehörde oder die von ihr bestimmte Stelle in besonderen Fällen, die nicht mit dem Zustand einer Frau während der Schwangerschaft oder ihrer Lage bis zum Ablauf von vier Monaten nach der Entbindung in Zusammenhang stehen, ausnahmsweise eine **Kündigung für zulässig erklären.** Die Kündigungsverbote des § 9 Abs. 1 MuSchG und § 18 BEEG stehen nebeneinander, so dass der Arbeitgeber bei gleichzeitigem Vorliegen von Mutterschutz und Elternzeit für eine Kündigung die Zulässigerklärung der Arbeitschutzbehörde nach beiden Vorschriften benötigt.

Zwar wird die Insolvenzeröffnung allein nicht als Grund für den Wegfall des besonderen Kündigungsschutzes angesehen, doch stellt eine dauerhafte Betriebsstilllegung, wie sie oftmals damit einhergeht, einen besonderen Fall iSd § 18 Abs. 1 S. 2 BEEG dar, der regelmäßig nur die Ermessensentscheidung der Behörde zulässt, die beabsichtigte Kündigung des Elternzeitlers für zulässig zu erklären.[210] Ob die Voraussetzungen vom Sachverhalt her gegeben sind, unterliegt der vollen gerichtlichen Nachprüfbarkeit, wobei für die Klage der Arbeitsvertragsparteien der Verwaltungsrechtsweg gegeben ist.[211]

Der Insolvenzverwalter kann sodann das Arbeitsverhältnis mit Zustimmung der Behörde längstens mit der Frist des § 113 S. 2 InsO kündigen, wenn nicht

---

[207] Ascheid/Preis/Schmidt/*Rolfs* MuSchG § 9 Rn. 12 und BEEG § 18 Rn. 2f.
[208] BAG Urt. v. 8.12.1955 – 2 AZR 13/54, DB 1956, 47.
[209] BAG Beschl. v. 12.10.1960 – Gr. Senat 1/59 (3 AZR 65/56), NJW 1961, 798.
[210] BAG Urt. v. 20.1.2005 – 2 AZR 500/03, NJW 2005, 2109.
[211] BVerwG Urt. v. 10.2.1960 – V C 14/58, BB 1960, 742.

eine kürzere Frist maßgeblich ist. Die Kündigung des Insolvenzverwalters gegenüber der Frau im Mutterschutz bedarf ausnahmsweise nach § 9 Abs. 3 MuSchG zu ihrer **Wirksamkeit der Angabe des zulässigen Kündigungsgrundes.**

131 Will die Arbeitnehmerin die Unwirksamkeit dieser Kündigung gerichtlich geltend machen – sei sie mit oder ohne Zustimmung der zuständigen Behörde durch den Insolvenzverwalter erfolgt – muss dies ebenfalls innerhalb der **Drei-Wochen-Frist des § 4 KSchG** geschehen, ansonsten eine Heilung auch der fehlenden Zustimmung durch die bloße Fristversäumnis eintritt. Der Insolvenzverwalter sollte dringend der Kündigung zumindest eine Abschrift der Genehmigungsentscheidung beifügen, denn Arbeitnehmer können das Fehlen einer solchen Genehmigung bis zur Grenze der Verwirkung auch noch außerhalb der 3-wöchigen Klagefrist des § 4 KschG geltend machen, denn erst ab Bekanntgabe der Entscheidung beginnt dessen Frist zu laufen.[212]

Da die für den Sonderkündigungsschutz zuständigen Behörden für die Genehmigungen durchweg ansehnliche Gebühren verlangen, ist dem Insolvenzverwalter zu empfehlen, bei massearmen Verfahren einen Befreiungsantrag von der Kostenpflicht nach den jeweiligen Landeskostengesetzen zu stellen.

2. Schwerbehindertenschutz

132 **a) Voraussetzungen des Kündigungsschutzes.** Schwerbehinderte sind nach § 2 SGB IX Personen mit einem Grad der Behinderung von mindestens 50%, wenn sie eine nicht nur vorübergehende regelwidrige körperliche, geistige oder seelische Funktionsbeeinträchtigung haben. Die Behinderung wird durch die Versorgungsämter per Feststellungsbescheid, der auf den Tag der Antragstellung zurückwirkt, festgestellt und durch einen Ausweis nachgewiesen.

133 Die Kündigung des Arbeitsverhältnisses eines Schwerbehinderten bedarf grundsätzlich gemäß § 85 SGB IX der vorherigen **Zustimmung des Integrationsamtes.** Das Zustimmungserfordernis gilt sowohl für die **ordentliche und außerordentliche Beendigungskündigung** als auch für die **Änderungskündigung.** Die Kündigungsfrist für den Ausspruch der ordentlichen Kündigung beträgt dabei mindestens vier Wochen nach § 86 SGB IX. Die Eigenkündigung des Schwerbehinderten selbst bedarf allerdings keiner Zustimmung seitens der Hauptfürsorgestelle, ebenfalls nicht die einvernehmliche Beendigung des Arbeitsverhältnisses im Wege eines **Aufhebungsvertrages,** die Beendigung eines befristeten Arbeitsverhältnisses infolge Zeitablaufes und die Anfechtung des Arbeitsverhältnisses. Bei gleichbleibendem Kündigungssachverhalt können ggf. innerhalb des Zeitfensters auch wiederholt Kündigungen ausgesprochen werden – zB wegen formeller Bedenken, ohne dass es dann für diese einer erneuten Zustimmung bedarf. Ein Verbrauch des Kündigungsrechts tritt dann nicht ein.[213]

134 Der Sonderkündigungsschutz gemäß §§ 85 ff. SGB IX gilt für alle Schwerbehinderten im Sinne des § 2 SGB IX und diesen gleichgestellten Arbeitnehmer. Zu ihnen zählen auch die **leitenden Angestellten** und **Auszubildenden,**[214]

---

[212] BAG Urt. v. 3.7.2003 – 2 AZR 487/02, NZA 2003, 1335.
[213] BAG Urt. v. 8.11.2007 – 2 AZR 425/06, NJW 2008, 1757 = ZInsO 2008, 760.
[214] BAG Urt. v. 10.12.1987 – 2 AZR 385/87, DB 1988, 1069.

ebenso die in **Heimarbeit** beschäftigten Schwerbehinderten gemäß § 127 Abs. 2 SGB IX; **arbeitnehmerähnliche Personen**, die auf Grund eines selbstständigen Dienstvertrages tätig sind, fallen nicht unter das SGB IX.

Der Sonderkündigungsschutz kommt nicht zur Anwendung, soweit eine der in § 90 SGB IX aufgezählten Ausnahmen eingreift, dh wenn das Arbeitsverhältnis des Schwerbehinderten im Zeitpunkt des Zugangs der Kündigungserklärung ohne Unterbrechung noch nicht länger als sechs Monate besteht oder der Schwerbehinderte zu einer der in § 73 Abs. 2 Nr. 2–5 SGB IX und § 90 Abs. 1 Nr. 3 SGB IX aufgezählten besonderen Arbeitnehmergruppen gehört. Bei Beendigung des Arbeitsverhältnisses innerhalb der ersten sechs Monate besteht nach § 90 Abs. 3 SGB IX eine bloße **Anzeigepflicht** des Arbeitgebers. Eine Ausnahmeregelung gilt des Weiteren gemäß § 90 Abs. 2 SGB IX für **Entlassungen aus witterungsbedingten Gründen**. 135

Der Arbeitnehmer genießt den Sonderkündigungsschutz, wenn die Schwerbehinderung durch Bescheid des Amtes im Zeitpunkt der Kündigungserklärung festgestellt ist oder die Feststellung beantragt ist und später rückwirkend auf den Zeitpunkt der Kündigung die Feststellung erfolgt – letzteres gilt jedoch dann nicht, wenn das Versorgungsamt nach Ablauf der Frist des § 69 Abs. 1 S. 2 SGB IX eine Feststellung wegen fehlender Mitwirkung des Schwerbehinderten nicht treffen konnte (§ 90 Abs. 2a SGB IX). Eine Antragstellung ist ausnahmsweise nur dann nicht erforderlich, wenn die **Schwerbehinderteneigenschaft** für den Arbeitgeber **offenkundig** ist.[215] Hat der Arbeitnehmer im Zeitpunkt der Kündigung den Antrag auf Feststellung der Schwerbehinderung bzw. Gleichstellung gestellt, so braucht der Arbeitgeber hierüber zunächst nicht informiert zu werden. Allerdings muss der Arbeitnehmer, um seinen Sonderkündigungsschutz später nicht zu verwirken dem Arbeitgeber innerhalb einer angemessenen Frist die sowohl bei der ordentlichen als auch bei der außerordentlichen Kündigung regelmäßig mit einem Monat ab Zugang der Kündigung anzusetzen ist, mitteilen, dass er schwerbehindert ist oder einen Antrag auf Feststellung der Schwerbehinderung gestellt hat. Versäumt er dies, so ist die Kündigung nicht wegen Verstoß gegen § 85 SGB IX unwirksam. Die Schwerbehinderteneigenschaft kann dann nur noch Bedeutung im Rahmen der Interessenabwägung gemäß § 1 KSchG bzw. § 626 BGB haben.[216] 136

b) Zustimmungsverfahren. Die Zustimmung zur Kündigung hat der Insolvenzverwalter bei dem für den Sitz des Betriebes oder der Dienststelle zuständigen Integrationsamtes schriftlich zu beantragen (§ 87 SGB IX). Das Amt holt daraufhin eine Stellungnahme der zuständigen Agentur für Arbeit, des Betriebs- oder Personalrats und der Schwerbehindertenvertretung ein. Es hört den Schwerbehinderten mündlich oder schriftlich an und entscheidet schließlich nach § 88 SGB IX grundsätzlich im Rahmen einer **Ermessensentscheidung**, die innerhalb eines Monats ab dem Tag des Antragseingangs zu treffen ist (§ 88 Abs. 1 SGB IX) – widrigenfalls sie nach § 88 Abs. 5 S. 2 SGB IX kraft Fiktion als erteilt gilt. 137

---

[215] Ascheid/Preis/Schmidt/*Vossen* SGB IX § 85 Rn. 10.
[216] BAG Urt. v. 5.7.1990 – 2 AZR 8/90, DB 1991, 2676.

138 Eine **Einschränkung des Ermessens,** die insbesondere im Insolvenzfall Bedeutung hat, sieht § 89 SGB IX vor. Danach hat das Amt die Zustimmung zu erteilen bei Kündigungen in Betrieben und Dienststellen, die nicht nur vorübergehend eingestellt oder aufgelöst werden oder nicht nur vorübergehend wesentlich eingeschränkt werden, wenn zwischen dem Tag der Kündigung und dem Tag, bis zu dem Gehalt oder Lohn gezahlt wird, mindestens drei Monate liegen. Diese Bestimmung kann unter Umständen eine über das Ende der Kündigungsfrist des Schwerbehinderten hinaus reichende Zahlungspflicht auslösen und die Masse belasten, wenn das Amt die Zustimmung mit dieser Maßgabe erteilt. Diese Lohnzahlungspflicht hat wohlgemerkt keinen Einfluss auf die unter Umständen kürzere Kündigungsfrist, die aufrecht erhalten bleibt. Doch hängt die Wirksamkeit der nachfolgenden Kündigung davon ab, ob die auferlegte mindestens dreimonatige Lohnzahlung Bedingung für die Erteilung der Zustimmung im Rechtssinne war und erfüllt wird oder ob es sich dabei lediglich um eine Auflage handelt mit der Folge, dass solange von einer wirksamen Zustimmung des Amtes auszugehen ist, wie ein Widerruf nach § 47 SGB X nicht erfolgt ist.[217] In der Praxis entscheiden die Integrationsämter bei Betriebseinstellungen teilweise unter Ausspruch der Bedingung bzw. Auflage nach § 89 SGB IX, teilweise auch ohne Ausspruch dieser dreimonatigen Lohnzahlungspflicht, ohne dass hierzu eine besondere Reflexion der Behörden zu erkennen wäre.

139 **Ermessensbindungen** des Integrationsamts ergeben sich nach § 89 Abs. 3 SGB IX in verschiedenen Fällen bei Abschluss eines Interessenausgleiches. Das Integrationsamt hat jeweils nur zu prüfen, ob dem Arbeitnehmer wegen seiner Behinderung gekündigt werden soll, grundsätzlich hat es sich einer Entscheidung über die arbeitsrechtliche Zulässigkeit der Kündigung zu enthalten.[218]

140 Erteilt das Amt die Zustimmung zur Kündigung, kann der Insolvenzverwalter die **Kündigung nur innerhalb eines Monats** nach Zustellung erklären, was bedeutet, dass die Kündigung dem Arbeitnehmer innerhalb dieser Frist zugehen muss, wobei sich die Frist verlängert, wenn noch andere Zustimmungen erforderlich sind, zB wegen Elternzeit.[219] Ein Betriebserwerber kann sich indes nicht auf eine den Veräußerer/Insolvenzverwalter erteilten Zustimmungsbescheid berufen, der nach dem Betriebsübergang nur dem Insolvenzverwalter zugestellt worden ist.[220] **Widerspruch und Anfechtungsklage** gegen die Zustimmung haben **keine aufschiebende Wirkung** (§ 88 Abs. 4 SGB IX). Dies gilt auch im Falle der Zustimmungsfiktion bei Überschreitung der Monatsfrist des § 88 Abs. 1 SGB IX (vgl. § 88 Abs. 5 SGB IX). Wird die erteilte Zustimmung allerdings im Rechtsmittelverfahren rechtskräftig aufgehoben, so wird die Kündigung rückwirkend unwirksam. Die neben dem Zustimmungsverfahren erforderliche **Betriebs- oder Personalratsanhörung** kann vor, während oder nach der Durchführung des Zustimmungsverfahrens des Integrationsamtes eingeleitet

---

[217] BAG Urt. v. 12.7.1990 – 2 AZR 35/90, DB 1991, 1731.
[218] VGH Mannheim Urt. v. 4.3.2002 – 7 S 1651/01, DB 2002, 1784.
[219] BAG Urt. v. 24.11.2011 – 2 AZR 429/10, NJW 2012, 2135, LAG Köln Urt. v. 27.2.1997 – 5 Sa 1377/96, NZA-RR 1997, 337.
[220] BAG Urt. v. 15.11.2012 – 8 AZR 827/11, BeckRS 2013, 66929.

§ 27. Individualarbeitsrecht

werden.[221] Wurde die Anhörung vor Einschaltung des Integrationsamtes eingeleitet, so ist eine erneute Anhörung auch dann nicht erforderlich, wenn die Zustimmung der Hauptfürsorgestelle erst nach jahrelangem verwaltungsgerichtlichem Verfahren erteilt wird, soweit sich der Sachverhalt nicht geändert hat.[222]

Bei der **außerordentlichen Kündigung** kann die Zustimmung nur **innerhalb von zwei Wochen** ab dem Zeitpunkt, in dem der Arbeitgeber von den für die Kündigung maßgeblichen Tatsachen Kenntnis erlangt, beantragt werden (§ 91 Abs. 2 SGB IX). Das Amt hat innerhalb von zwei Wochen ab Eingang des Antrags zu entscheiden, wobei nach Fristablauf die Zustimmung ohne weiteres als erteilt gilt (§ 91 Abs. 3 SGB IX). Auch diese **fingierte Zustimmung** ist im Verwaltungsrechtsweg angreifbar.[223] Nach Erteilung der Zustimmung hat der Arbeitgeber die **außerordentliche Kündigung unverzüglich zu erklären**, auch noch nach Ablauf der Frist des § 626 Abs. 2 S. 1 BGB (§ 91 Abs. 5 SGB IX). 141

c) Rechtsschutz. Gegen die Verweigerung bzw. Erteilung der Zustimmung können Insolvenzverwalter bzw. Arbeitnehmer nach vorangegangenem verwaltungsrechtlichem Widerspruchsverfahren den Verwaltungsrechtsweg beschreiten. Hier gelten die allgemeinen verwaltungsrechtlichen Regelungen. Über die Zulässigkeit der Kündigung entscheidet aber das Arbeitsgericht, in dessen Prüfungskompetenz auch gehört, ob die Kündigung zustimmungsbedürftig war und ggf. wirksam erteilt wurde. Die rechtswirksam erteilte oder verweigerte Zustimmung entfaltet gegenüber dem Arbeitsgericht Tatbestandswirkung, dh die Entscheidung ist hinzunehmen und kann nicht durch eine eigene ersetzt werden. Kommt es also auf die Wirksamkeit einer Zustimmung an, die noch im verwaltungsrechtlichen Verfahren streitig ist, steht es im Ermessen des Gerichts, das arbeitsgerichtliche Verfahren gemäß § 148 ZPO bis zum Abschluss des verwaltungsgerichtlichen Verfahrens auszusetzen. Obsiegt der Arbeitnehmer später im verwaltungsgerichtlichen Verfahren, kann er die Wiederaufnahme des arbeitsgerichtlichen Verfahrens gemäß § 580 Nr. 6 ZPO betreiben.[224] Sollte er die Wiederaufnahmefrist des § 586 ZPO versäumen, ist ihm darüber hinaus ggf. ein Wiedereinstellungsanspruch aus nachwirkender Treuepflicht einzuräumen.[225] 142

Auch für die Kündigung des Schwerbehinderten gilt grundsätzlich die **Kündigungsfristenregelung des § 113 S. 2 InsO**, wenn keine kürzere Kündigungsfrist eingreift mit der Besonderheit, dass die Klagefrist für den Arbeitnehmer erst mit Bekanntgabe der Entscheidung des Integrationsamtes beginnt.[226] Hatte bereits der Insolvenzschuldner mit Zustimmung des Integrationsamts gekündigt und will der Insolvenzverwalter dann mit der Frist des § 113 InsO nochmals nachkündigen, muss er wiederum erneut die Zustimmung des Integrationsamts für die Nachkündigung einholen.[227] 143

---

[221] BAG Urt. v. 3.7.1980 – 2 AZR 340/78, DB 1981, 103.
[222] BAG Urt. v. 18.5.1994 – 2 AZR 626/93, DB 1995, 532.
[223] BVerwG Urt. v. 10.9.1992 – 5 C 39/88, NZA 1993, 76.
[224] BAG Urt. v. 25.11.1980 – 6 AZR 210/80, DB 1980, 2451; BAG Entsch. v. 15.8.1984 – 7 AZR 958/82, DB 1985, 344.
[225] BAG Urt. v. 19.9.1963 – 2 AZR 39/63, AP SchwbG § 14 Nr. 37.
[226] BAG Urt. v. 3.7.2003 – 2 AZR 487/02, ZIP 2003, 2129; BAG Urt. v. 13.2.2008 – 2 AZR 864/06, ZIP 2008, 1715.
[227] LAG BB Urt. v. 18.6.2003 – 7 Sa 63/03, ZInsO 2003, 915.

3. Schutz der Betriebsverfassungsorgane

144 **a) Geschützter Personenkreis.** Besonderen Kündigungsschutz genießen bestimmte Betriebsverfassungsorgane – auch in der Insolvenz.[228] So ist nach § 15 Abs. 1 KSchG die Kündigung von Mitgliedern eines **Betriebsrats**, einer **Jugend- und Auszubildendenvertretung**, einer **Bordvertretung** oder eines **Seebetriebsrats** unzulässig, es sei denn, es liegen Tatsachen für eine Kündigung aus wichtigem Grund (§ 626 BGB) vor; ebenso geschützt sind die Mitglieder eines **Europäischen Betriebsrats**, soweit im Inland beschäftigt (§ 40 EBRG), sowie des besonderen Verhandlungsgremiums der Europäischen Gesellschaft (§ 42 SEBG). Selbst nach Beendigung ihrer Amtszeit besteht noch **nachwirkender Kündigungsschutz** für die Dauer eines Jahres, für Mitglieder einer Bordvertretung für sechs Monate – jeweils vom Zeitpunkt der Beendigung der Amtszeit an gerechnet, es sei denn, die Beendigung des Amtes beruhte auf einer gerichtlichen Entscheidung (§ 15 Abs. 1 S. 2 KSchG). Gleiches gilt nach § 15 Abs. 2 KSchG für die Mitglieder einer Personalvertretung, einer Jugend- und Auszubildendenvertretung oder einer Jugendvertretung im öffentlichen Dienst. Geschützt sind nach § 15 Abs. 3 und Abs. 3a KSchG im Rahmen der Betriebs- und Personalverfassung weiterhin die **Mitglieder des Wahlvorstands**, die **Wahlbewerber** für alle vorausgehend für die Geltung von § 15 Abs. 1 und 2 KSchG genannten Arbeitnehmervertretungen und die **zur Wahl einladenden Arbeitnehmer.** Der volle besondere Schutz des Wahlvorstandes und der Wahlbewerber besteht bis zur Bekanntgabe des Wahlergebnisses. Danach haben diese Personen den **nachwirkenden Kündigungsschutz** für die Dauer von sechs Monaten – für den Wahlvorstand wiederum mit Ausnahme der Mitglieder, die durch gerichtliche Entscheidung durch einen anderen Wahlvorstand ersetzt worden sind (§ 15 Abs. 3 S. 2 KSchG). Die Mitglieder des Wahlvorstands werden durch den Betriebsrat nach §§ 16, 17 BetrVG bestellt, ausnahmsweise durch das Arbeitsgericht und in betriebsratslosen Betrieben in einer Betriebsversammlung. Für die Wahl der Jugend- und Auszubildendenvertretung, der Bordvertretung und des Seebetriebsrats gelten die entsprechenden Regelungen in §§ 63 Abs. 2 und 3, 115 Abs. 2, 116 Abs. 2 BetrVG, im öffentlichen Dienst §§ 20 ff., 53 Abs. 2 und 3, 56, 60 Abs. 1 und 64 BPersVG, sowie die einschlägigen Landespersonalvertretungsgesetze. Ebenso geschützt sind diese Organmitglieder, soweit sie in Heimarbeit beschäftigt sind (§ 29a HAG).

145 Der besondere Kündigungsschutz des § 15 KSchG gilt gemäß § 96 Abs. 3 SGB IX auch für die Mitglieder der **Schwerbehindertenvertretung** (Vertrauensperson) und der **Konzern-, Gesamt- und Bezirksschwerbehindertenvertretung** (§ 97 SGB IX).

146 Keinen besonderen Kündigungsschutz nach § 15 KSchG genießen dagegen **Ersatzmitglieder,** solange sie nicht nachgerückt oder als Stellvertreter für ein zeitweilig verhindertes Mitglied tätig geworden sind (§ 25 Abs. 1 BetrVG), wobei ein solches Tätigwerden bereits dann vorliegt, wenn das Ersatzmitglied zur Vertretung eines verhinderten Betriebsratsmitglieds nur aufgefordert wurde, an einer Betriebsratssitzung aber noch nicht teilnehmen konnte.[229] Sie genießen

---

[228] BAG Urt. v. 17.11.2005 – 6 AZR 118/05, NJW 2006, 1837.
[229] LAG BB Urt. v. 9.6.1995 – 5 Sa 205/95, BB 1995, 1912.

ansonsten lediglich für sechs Monate lang den nachwirkenden Kündigungsschutz als Wahlbewerber nach § 15 Abs. 3 S. 2 KSchG von der Bekanntgabe des Wahlergebnisses an. **Mitglieder des Wirtschaftsausschusses** (§ 107 BetrVG), sofern sie nicht dem Betriebsrat angehören, **Mitglieder einer Einigungsstelle** (§ 76 Abs. 2 BetrVG), einer **betrieblichen Beschwerdestelle** (§ 86 BetrVG) oder einer **tariflichen Schlichtungsstelle** (§ 76 Abs. 8 BetrVG) genießen keinen besonderen Kündigungsschutz, ebenso wenig **Arbeitnehmervertreter im Aufsichtsrat** und **gewerkschaftliche Vertrauensleute** in den Betrieben.

Der besondere Kündigungsschutz beginnt grundsätzlich mit dem jeweiligen **Beginn der Amtszeit**. Bis dahin genießen die gewählten Arbeitnehmer den Schutz als Wahlbewerber nach § 15 Abs. 3 KSchG. Diese beginnt für Betriebsratsmitglieder bzw. Gleichgestellte mit der Bekanntgabe des Wahlergebnisses, oder wenn zu diesem Zeitpunkt noch ein Betriebsrat besteht, mit Ablauf von dessen Amtszeit (§ 21 S. 2 BetrVG). 147

Mängel der Wahl hindern den Kündigungsschutz nicht, solange die Wahl nicht angefochten ist, es sei denn bei absoluter Nichtigkeit der Wahl wegen besonders schwerwiegender Mängel.[230] In diesem Fall tritt wiederum mit Ausnahme für die Wahlvorstandsmitglieder der Schutz als Wahlbewerber ein.[231] 148

Die Beendigung des vollen Kündigungsschutzzeitraumes nach § 15 Abs. 1–3 jeweils S. 1 KSchG bedeutet, dass ab diesem Zeitpunkt die Zustimmung des Betriebsrats oder Personalrats nach §§ 103 BetrVG, 47 Abs. 1, 108 Abs. 1 BPersVG zu außerordentlichen Kündigungen nicht mehr erforderlich ist. Vielmehr gilt in dem dann laufenden **Nachwirkungszeitraum** nur noch ein **abgeschwächter Kündigungsschutz**, dh die weiterhin noch allein mögliche außerordentliche Kündigung bedarf nicht mehr der Zustimmung des Betriebs- oder Personalrats, sondern die Arbeitnehmervertretung muss lediglich hierzu nach §§ 102 Abs. 1 BetrVG, 79 Abs. 3 BPersVG angehört werden. Der Ausschluss der ordentlichen Kündigung gilt weiter bis zum Ablauf des Nachwirkungszeitraums. 149

b) **Zulässigkeit der Kündigung.** Nach § 15 Abs. 1–3 KSchG werden mit Ausnahme der (fristlosen) Kündigung aus wichtigem Grund (§ 626 BGB, § 15 Abs. 1 BBiG) alle Kündigungen für unzulässig erklärt. Abzustellen dabei ist auf **den Zeitpunkt der Kündigungserklärung.** Ging diese also bereits vor Beginn des Sonderkündigungsschutzes zu, so wird ihre Wirksamkeit nicht dadurch berührt, dass die Kündigungsfrist erst im besonderen Kündigungsschutzzeitraum abläuft.[232] Auch eine ordentliche **Änderungskündigung** fällt unter § 15 KSchG und ist damit unzulässig,[233] auch wenn sie in der Form der ordentlichen Gruppen- oder Massenänderungskündigung auftritt.[234] Nicht erfasst werden 150

---

[230] BAG Urt. v. 27.4.1976 – 1 AZR 482/75, AP BetrVG 1972 § 19 Nr. 4.
[231] LAG Düsseldorf Entsch. v. 24.8.1978 – 7 Sa 326/78, BB 1979, 575 = DB 1979, 1092.
[232] LAG Hamm Entsch. v. 29.11.1973 – 3 Sa 663/73, DB 1974, 389; MüKoBGB/ Hergenröder § 15 KSchG Rn. 40.
[233] BAG Urt. v. 12.8.1976 – 2 AZR 303/75, AP KSchG 1969 § 15 Nr. 2; BAG Urt. v. 29.1.1981 – 2 AZR 778/78, AP KSchG 1969 § 15 Nr. 10 = EzA KSchG § 15 Nr. 26.
[234] BAG Urt. v. 24.4.1969 – 2 AZR 319/68, AP KSchG § 13 Nr. 18 BAG Urt. v. 29.1.1982 – 2 AZR 778/78, AP KSchG 1969 § 15 Nr. 10.

von dieser Vorschrift **Aufhebungsverträge** oder das Auslaufen des Arbeitsverhältnisses bei **Befristungsende**.[235] Die gleichwohl ausgesprochene unzulässige (ordentliche) Kündigung ist gemäß § 134 BGB nichtig, was innerhalb von 3 Wochen mit der Kündigungsschutzklage nach § 4 KSchG gerügt werden muss.

151 aa) **Zulässigkeit der fristlosen Kündigung.** Für die nach § 15 KSchG mögliche außerordentliche fristlose Kündigung tritt für den Zeitraum des vollen Sonderkündigungsschutzes als weiteres Erfordernis die **Zustimmung des Betriebsrats** bzw. der zuständigen Personalvertretung. Die weiteren Voraussetzungen der außerordentlichen Kündigung nach § 626 BGB müssen vorliegen, der Insolvenzverwalter hat innerhalb der **Zwei-Wochen-Frist** des § 626 Abs. 2 BGB den Betriebsrat zu informieren und zur Zustimmung nach § 103 Abs. 1 BetrVG aufzufordern. Verweigert der Betriebsrat die Zustimmung oder äußert er sich nicht innerhalb von drei Tagen nach Unterrichtung, so muss der Insolvenzverwalter ebenfalls noch innerhalb der Zwei-Wochen-Frist beim Arbeitsgericht den **Antrag auf Ersetzung der Zustimmung** nach § 103 Abs. 2 BetrVG stellen. Die Kündigung kann dann nach Rechtskraft des die Zustimmung ersetzenden Beschlusses – und zwar dann nur unverzüglich – ausgesprochen werden. Die **Zustimmung** oder gerichtliche Zustimmungsersetzung muss stets **vor Ausspruch der Kündigung** vorliegen, sie kann nicht nachgeholt werden.

152 Nicht gemeint von § 15 Abs. 1–3 KSchG und damit nicht zulässig ist die **außerordentliche Kündigung auf Grund nur tariflich oder vertraglich vereinbarter besonderer Gründe**, auch wenn sie fristlos erfolgen kann, ebenso kommt eine lediglich durch Tarifvertrag ganz allgemein **entfristete ordentliche Kündigung** nicht in Betracht, es sei denn, dass sie zugleich als außerordentliche Kündigung aus einem wichtigen Grund gemäß § 626 BGB erfolgt.[236] Für den Begriff des wichtigen Grundes gelten die allgemeinen Regeln. Die **Insolvenzeröffnung ist kein wichtiger Grund** im Sinne von § 626 BGB bzw. der Kündigungsschutzvorschriften des § 15 KSchG, woran auch die Einführung der Sonderkündigungsfrist des § 113 InsO für den Insolvenzverwalter nichts geändert hat.[237]

153 bb) **Zulässigkeit der ordentlichen Kündigung.** Die Kündigung gegenüber den nach § 15 Abs. 1–3 KSchG geschützten Personen ist nach § 15 Abs. 4 KSchG ausnahmsweise (ordentlich) zulässig, wenn der ganze Betrieb stillgelegt wird. **Betriebsstilllegung** ist die Aufgabe des Betriebszwecks und Auflösung der diesem Zweck dienenden Organisation.[238] Maßgebend ist in erster Linie der

---

[235] Ascheid/Preis/Schmidt/*Linck* § 15 KSchG Rn. 15; MüKoBGB/*Hergenröder* § 15 KSchG Rn. 78.
[236] Richardi/*Thüsing* BetrVG § 16 KSchG Rn. 28.
[237] BAG Urt. v. 25.10.1968 – 2 AZR 23/68, AP KO § 22 Nr. 1.
[238] Vgl. zur Begriffsdefinition: BAG Urt. v. 17.9.1957 – 1 AZR 352/56, AP KSchG § 13 Nr. 8; BAG Urt. v. 6.11.1959 – 1 AZR 329/58, AP KSchG § 13 Nr. 15; BAG Urt. v. 14.10.1982 – 2 AZR 568/80, AP KSchG 1969 § 1 Nr. 1 Konzern; BAG Urt. v. 27.9.1984 – 2 AZR 309/83, AP BGB § 613a Nr. 39; BAG Urt. v. 3.7.1986 – 2 AZR 68/85, AP BGB § 613a Nr. 53 unter B III 1; BAG Urt. v. 12.2.1987 – 2 AZR 247/86, AP BGB § 613a Nr. 67 unter II 1a; BAG Urt. v. 27.2.1987 – 7 AZR 652/85, AP KSchG 1969 § 1 Nr. 41 Betriebsbedingte Kündigung unter II 3b; BAG Urt. v. 19.6.1991 – 2 AZR 127/91, EzA KSchG § 1 Betriebsbedingte Kündigung Nr. 70 unter II 1.

Wille des Unternehmers, der allerdings nach außen zum Ausdruck kommen und zu einer **tatsächlichen Auflösung der Organisation des Betriebes** führen muss. Dabei steht die Weiterbeschäftigung einzelner Arbeitnehmer mit **Aufräumarbeiten** oder Arbeiten zur Erhaltung von technischen Einrichtungen der Annahme einer Betriebsstilllegung nicht entgegen.[239] Die Stilllegung des Betriebes braucht **nicht notwendig endgültig** zu sein – nur darf nicht von vornherein die Wiederaufnahme des Betriebs nach so kurzer Zeit beabsichtigt sein, dass sie als Fortsetzung des bisherigen Betriebs erscheint und sich damit nur als **Betriebsunterbrechung** oder **Betriebspause** darstellt[240] und sie darf selbstverständlich nicht nur den Zweck verfolgen, die sich aus dem KSchG ergebenden Kündigungsschutzbeschränkungen zu umgehen (Scheinstilllegung). Dagegen schadet eine kurze Dauer der Stilllegung dann nicht, wenn diese auf unbestimmte oder jedenfalls längere Zeit beabsichtigt war, aber aus unvorhergesehenen Umständen schon bald eine Wiedereröffnung des Betriebes möglich wird. Allerdings wird in praxi bei alsbaldiger Wiedereröffnung des Betriebes eine starke tatsächliche Vermutung gegen eine ernsthafte Stilllegungsabsicht sprechen. Wie im Rahmen des § 1 KSchG hat auch im Rahmen des § 15 Abs. 4 KSchG die Arbeitsgerichtsbarkeit die unternehmerische Entscheidung des Arbeitgebers bzw. des Insolvenzverwalters grundsätzlich hinzunehmen, sofern nur die Betriebsstilllegung sich nicht als völlig unsachlich oder willkürlich darstellt.[241]

Die bloße **Betriebsveräußerung** wie auch die **Insolvenzeröffnung** sind nicht mit der Betriebsstilllegung gleichzusetzen, eine **Betriebsverlegung** nur dann, wenn die alte Belegschaft tatsächlich aufgelöst und am neuen Betriebssitz eine ganz neue aufgebaut wird.[242] Kommt allerdings eine **Weiterbeschäftigung in einem anderen Betrieb** des Unternehmens in Betracht, muss eine Beendigungskündigung auch nach § 15 Abs. 4 KSchG ausscheiden und statt dessen eine Änderungskündigung oder Versetzung im Wege des Direktionsrechts ausgesprochen werden, was sich aus einer teleologischen Reduktion der Vorschrift ergibt.[243]

Die zulässige Kündigung nach § 15 Abs. 4 KSchG wird nach ganz überwiegender Meinung als **ordentliche Kündigung** angesehen.[244] Vor der Kündigung nach § 15 Abs. 4 KSchG ist der Betriebsrat/Personalrat daher nach § 102 BetrVG bzw. §§ 79, 108 Abs. 2 BPersVG anzuhören, eine Zustimmung nach § 103 BetrVG und § 47 Abs. 1, 108 Abs. 1 BPersVG ist nicht not-

---

[239] BAG Urt. v. 17.9.1957 – 1 AZR 352/56, AP KSchG § 13 Nr. 8; BAG Urt. v. 14.10.1982 – 2 AZR 568/80, AP KSchG 1969 § 1 Nr. 1 Konzern.
[240] BAG Urt. v. 27.9.1984 – 2 AZR 309/83, AP BGB § 613a Nr. 39 unter B III 2.
[241] BAG Urt. v. 17.9.1957 – 1 AZR 352/56, AP KSchG § 13 Nr. 8; BAG Urt. v. 27.2.1987 – 7 AZR 652/85, AP KSchG 1969 § 1 Nr. 41 Betriebsbedingte Kündigung.
[242] BAG Urt. v. 6.11.1959 – 1 AZR 329/58, AP KSchG § 13 Nr. 15; BAG Urt. v. 12.2.1987 – 2 AZR 247/86, AP BGB § 613a Nr. 67.
[243] MüKoBGB/*Hergenröder* § 15 KSchG Rn. 173.
[244] BAG Urt. v. 29.3.1977 – 1 AZR 46/75, AP BetrVG 1972 § 102 Nr. 11; BAG Urt. v. 23.4.1980 – 5 AZR 49/78, AP KSchG 1969 § 15 Nr. 8; BAG Urt. v. 14.10.1982 – 2 AZR 568/80, AP KSchG 1969 § 1 Nr. 1 Konzern; BAG Urt. v. 20.11.1984 – 3 AZR 584/83, AP KSchG 1969 § 15 Nr. 16.

wendig.²⁴⁵ Die Anhörung nach § 102 BetrVG ist auch ausreichend, wenn einem Betriebsratsmitglied auf Grund tariflicher Unkündbarkeit in dieser Situation außerordentlich mit sozialer Auslauffrist gekündigt wird.²⁴⁶

156 Bei der Kündigung nach § 15 Abs. 4 KSchG muss die jeweils geltende **Kündigungsfrist** eingehalten werden, welche sich für den Insolvenzverwalter wiederum längstens aus § 113 Abs. 1 InsO ergibt. Dies gilt auch für die arbeitsvertraglich oder tarifvertraglich unkündbaren Arbeitnehmer, für die dann ausnahmsweise zulässige außerordentliche Kündigung. Die Kündigung ist frühestens zum Zeitpunkt der Stilllegung zulässig. Erfolgt also der Abbau der Belegschaft im Hinblick auf die geplante Stilllegung stufenweise, so kann den Betriebsverfassungsorganen nach § 15 Abs. 4 KSchG nur so gekündigt werden, dass sie erst mit der letzten Gruppe ausscheiden.²⁴⁷ Ausnahmsweise ist die Kündigung aber zu einem früheren Zeitpunkt zulässig, wenn sie durch dringende betriebliche Erfordernisse bedingt ist, etwa, wenn ein Mitglied des Betriebsrats Arbeit zu verrichten hat, für die im Hinblick auf die geplante Stilllegung kein Bedürfnis mehr vorhanden ist und das Betriebsratsmitglied auch nicht mit anderer Arbeit beschäftigt werden kann.²⁴⁸

157 Sofern der Betrieb nicht insgesamt, sondern nur teilweise stillgelegt wird, besteht die Verpflichtung, das Betriebsratsmitglied in dem verbleibenden **Restbetrieb** zu beschäftigen. Ist dies aus betrieblichen Gründen nicht möglich, etwa weil ein geeigneter Arbeitsplatz dort nicht zur Verfügung steht, kann gleichwohl ordentlich gekündigt werden (§ 15 Abs. 5 KSchG). Die Rechtsprechung geht aber davon aus, dass der Arbeitgeber ggf. verpflichtet ist, für ein Betriebsratsmitglied eine besetzte **Stelle freizukündigen**.²⁴⁹

158 Die **Kündigungserklärung** selbst kann schon **vor der Betriebsstilllegung** ausgesprochen werden, um unter Wahrung der Kündigungsfrist das Ende des Arbeitsverhältnisses zum Zeitpunkt der Betriebsstilllegung überhaupt zu ermöglichen.²⁵⁰ Verzögert sich die Betriebsstilllegung, so endet das Arbeitsverhältnis des Betriebsrats durch die Kündigung erst mit dem nächstzulässigen Termin nach der Betriebsstilllegung.²⁵¹ Kommt es dagegen überhaupt nicht zur Stilllegung, weil der Betrieb zuvor veräußert wird, ist die Kündigung wegen Übergangs des Arbeitsverhältnisses auf den Erwerber gegenstandslos.²⁵²

159 Der Betriebsrat bleibt ungeachtet ausgesprochener Kündigungen solange im Amt, wie er noch betriebsverfassungsrechtliche Pflichten zu erfüllen und Rechte

---

²⁴⁵ BAG Urt. v. 29.3.1977 – 1 AZR 46/75, AP BetrVG 1972 § 102 Nr. 11; BAG Urt.v. 23.4.1980 – 5 AZR 49/78, AP KSchG 1969 § 15 Nr. 8; BAG Urt. v. 14.10.1982 – 2 AZR 568/80, AP KSchG 1969 § 1 Nr. 1 Konzern; BAG Urt. v. 20.1.1984 – 7 AZR 443/82, AP KSchG 1969 § 15 Nr. 16.
²⁴⁶ BAG Beschl. v. 18.9.1997 – 2 ABR 15/97, AP BetrVG 1972 § 103 Nr. 35 = EzA KSchG § 15 Nr. 46.
²⁴⁷ BAG Urt. v. 26.10.1967 – 2 AZR 422/66, AP KSchG § 13 Nr. 17; BAG Urt. v. 29.3.1977 – 1 AZR 46/75, AP BetrVG 1972 § 102 Nr. 11.
²⁴⁸ MüKoBGB/*Hergenröder* § 15 KSchG Rn. 179.
²⁴⁹ BAG Urt. v. 25.11.1981 – 7 AZR 382/79, DB 1982, 809 = AP KSchG § 15 Nr. 11; BAG Urt. v. 18.10.2000 – 2 AZR 494/99, DB 2001, 1729.
²⁵⁰ BAG Urt. v. 14.10.1982 – 2 AZR 568/80, AP KSchG 1969 § 1 Nr. 1 Konzern.
²⁵¹ Gottwald InsR-HdB/*Heinze/Bertram* § 104 Rn. 107f.
²⁵² BAG Urt. v. 23.4.1980 – 5 AZR 49/78, AP KSchG 1969 § 15 Nr. 8.

wahrzunehmen hat, dh es verbleibt ein **Restmandat** gem. § 21b BetrVG.[253] Durch dieses Restmandat wird das Arbeitsverhältnis der Betriebsratsmitglieder allerdings nicht verlängert. Diese erhalten in analoger Anwendung des § 37 Abs. 3 BetrVG eine an der Arbeitszeit orientierte Vergütung für die Amtsführung.[254]

4. Weitere Arbeitsverhältnisse mit besonderem Kündigungsschutz

Sonderkündigungsschutz über den allgemeinen Kündigungsschutz hinaus genießen noch weitere Arbeitnehmer – etwa diejenigen, die Pflegezeit nach dem Pflegezeitgesetz in Anspruch nehmen (§ 5 PflegeZG, Datenschutzbeauftragte gemäß § 4f Abs. 3 BDSG, Gewässerschutzbeauftragte nach § 21f Abs. 2 WHG, Immissionsschutzbeauftragte nach § 58 Abs. 2 BinSchG und Abfallbeauftragte nach § 55 Abs. 3 KrW-/AbfG.

VI. Befristetes Arbeitsverhältnis

Die grundsätzliche Zulässigkeit befristeter Arbeitsverhältnisse folgt aus § 14 TzBfG. Die Befristung muss zwingend – und zwar vor Antritt des Arbeitsverhältnisses[255] – schriftlich vereinbart werden (§ 14 Abs. 4 TzBfG).

1. Befristung ohne Sachgrund

Gemäß § 14 Abs. 2 TzBfG ist die Befristung eines Arbeitsvertrages **bis zur Dauer von zwei Jahren** ohne Sachgrund zulässig. Bis zur Gesamtdauer von zwei Jahren ist auch die höchstens dreimalige Verlängerung eines befristeten Arbeitsvertrages zulässig. Es muss sich also um eine **Neueinstellung,** also eine **erstmalige Einstellung** eines Arbeitnehmers bei diesem Arbeitgeber handeln (§ 14 Abs. 2 S. 2 TzBfG). Tarifvertraglich kann die Anzahl der Verlängerungen oder die Höchstdauer der Befristung abweichend geregelt werden. Auch für ältere Arbeitnehmer ab dem 52. Lebensjahr sieht das Gesetz Erleichterungen vor (vgl. § 14 Abs. 3 TzBfG).

2. Befristung mit Sachgrund

§ 14 Abs. 1 TzBfG lässt eine befristete Beschäftigung mit Sachgrund zu. Die im Gesetz gewählte Aufzählung einzelner Sachgründe ist nicht abschließend. Das Insolvenzereignis und dessen Abwicklung stellen keinen sachlichen Grund für die Befristung von Arbeitsverhältnissen dar. Auch der Insolvenzverwalter bedarf für den Abschluss eines befristeten Arbeitsverhältnisses in der Insolvenz eines besonderen Befristungsgrundes, etwa die Restabwicklung näher bezeichneter Aufgaben durch einen bestimmten Arbeitnehmer.[256]

Maßgeblicher Zeitpunkt für die Überprüfung der Zulässigkeit der Befristung ist der Abschluss des Arbeitsvertrages.[257] Nachträglich eintretende Ent-

---

[253] BAG Beschl. v. 30.10.1979 – 1 ABR 112/77, NJW 1980, 1542.
[254] BAG Urt. v. 14.10.1982 – 2 AZR 568/80, ZIP 1983, 1492.
[255] BAG Urt. v. 1.12.2004 – 7 AZR 198/04, AP TzBfG § 14 Nr. 15.
[256] Vgl. zur KO: LAG Düsseldorf Entsch. 8.3.1994 – 16 Sa 163/94, BB 1994, 1504.
[257] BAG Urt. v. 8.9.1983 – 2 AZR 438/82, DB 1984, 621; BAG Urt. v. 22.3.1985 – 7 AZR 487/84, BB 1985, 2048.

wicklungen sind grundsätzlich unerheblich.²⁵⁸ Die konkret gewählte Dauer der Befristung bedarf keiner eigenständigen sachlichen Rechtfertigung, der Befristungsgrund muss auch nicht immer mit der gewählten Dauer der Befristung übereinstimmen, denn der Arbeitgeber hat die freie Entscheidung, eine Stelle im Betrieb auch unbesetzt zu lassen. **Kettenbefristungen** sind weiterhin in der Weise zulässig, dass sich an ein ohne Sachgrund zulässigerweise befristetes Arbeitsverhältnis eine Befristung mit Sachgrund anschließt, bzw. dass sich an eine Befristung mit Sachgrund erneut eine Befristung mit Sachgrund anschließt. Bei Kettenbefristungen kann es aber bei Missbrauchsfällen zur Anwendung des KSchG und damit zum Erfordernis eines sachlichen Grundes für die Befristung kommen.

3. Ende des befristeten Arbeitsverhältnisses

165 Das befristete Arbeitsverhältnis endet grundsätzlich nach Ablauf der Zeit, für die es eingegangen ist, ohne dass es einer Kündigung bedarf (§ 15 Abs. 1 TzBfG). Will der Arbeitnehmer geltend machen, dass die Befristung unwirksam sei, so muss er dies nach § 17 TzBfG durch Erhebung einer Feststellungsklage innerhalb von drei Wochen nach dem vereinbarten Ende des befristeten Arbeitsverhältnisses geltend machen. Diese **dreiwöchige Klagefrist** gilt für befristete Arbeitsverträge jedweder Art. Die Darlegungs- und Beweislast für die Befristung und den Befristungsgrund hat derjenige zu tragen, der sich darauf oder einen früheren Beendigungszeitpunkt beruft.²⁵⁹

166 Wird das befristete Arbeitsverhältnis über den vorgesehenen Endtermin oder nach seiner Zweckerreichung hinaus mit Wissen des Arbeitgebers **fortgesetzt**, so gilt es als auf unbestimmte Zeit verlängert, sofern nicht der Arbeitgeber unverzüglich widerspricht oder dem Arbeitnehmer die Zweckerreichung nicht unverzüglich mitteilt (§ 15 Abs. 5 TzBfG). Außerhalb des Insolvenzverfahrens ist die ordentliche Kündigung während der Laufzeit des Vertrages nur dann zulässig, wenn die Parteien dies einzelvertraglich oder tarifvertraglich so vereinbart haben (§ 15 Abs. 3 TzBfG). Im Insolvenzverfahren kann jedoch auch das befristete Arbeitsverhältnis ausdrücklich nach § 113 InsO „ohne Rücksicht auf eine vereinbarte Vertragsdauer" wie das unbefristete Arbeitsverhältnis gekündigt werden.²⁶⁰

VII. Ausbildungsverhältnis

167 Das Ausbildungsverhältnis dauert grundsätzlich bis zum vereinbarten Ende der Ausbildungszeit (§ 21 BBiG) oder endet mit einer bereits vorher bestandenen Abschlussprüfung (§ 21 Abs. 2 BBiG). Arbeitet der Auszubildende nach Beendigung des Ausbildungsverhältnisses weiter, ohne dass hierüber ausdrücklich etwas vereinbart wurde, so gilt ein Arbeitsverhältnis auf unbestimmte Zeit als begründet (§ 24 BBiG). Dies gilt auch dann, wenn er die Abschlussprüfung nicht bestanden hat. Es kann grundsätzlich nur während der höchstens viermo-

---

[258] BAG Urt. v. 31.10.1974 – 2 AZR 483/73, DB 1975, 842.
[259] BAG Urt. v. 12.10.1994 – 7 AZR 745/93, DB 1995, 980.
[260] LAG Düsseldorf Urt. v. 5.11.1999 – 10 Sa 1247/99, ZInsO 2000, 169; LAG Hamm Urt. v. 8.12.1999 – 2 Sa 2506/98, ZInsO 2000, 408.

natigen Probezeit (§ 20 BBiG) ohne Einhaltung einer Kündigungsfrist gekündigt werden (§ 22 Abs. 2 BBiG). Nach dieser Probezeit kann es nur noch vom Auszubildenden oder vom Arbeitgeber aus wichtigem Grund gekündigt werden (§ 22 Abs. 2 Nr. 1 BBiG). Hierzu hatte das BAG die für den Insolvenzfall bedeutende Rechtsprechung entwickelt, dass im Falle einer **Betriebsstilllegung** gleichwohl eine außerordentliche Kündigung durch den Verwalter unter Einhaltung der gesetzlichen Kündigungsfristen analog § 622 BGB zulässig sei. Dabei ist diejenige Kündigungsfrist einzuhalten, die für das Arbeitsverhältnis gelten würde, wenn die Ausbildung zu dem erstrebten Beruf geführt hätte.[261] Des Weiteren sind für den Beendigungszeitpunkt die von der Rechtsprechung des BAG entwickelten Grundsätze zum Ausscheiden von Betriebsratsmitgliedern nach § 15 Abs. 4 KSchG zu beachten, wonach das Ausbildungsverhältnis in diesem speziellen Kündigungsfall erst mit dem tatsächlichen Wegfall der Ausbildungsmöglichkeit endet.[262] Die Ratio dieser Rechtsprechung spricht dafür, auch dem **vorläufigen Insolvenzverwalter** ein solches **Sonderkündigungsrecht** bei Betriebseinstellungen zuzubilligen.

Die Kündigung des Insolvenzverwalters muss **schriftlich** und bei Kündigung nach der Probezeit **unter Angabe der Kündigungsgründe** erfolgen (§ 22 Abs. 3 BBiG). 168

Kündigt der Insolvenzverwalter das Ausbildungsverhältnis nach der Probezeit vorzeitig, so hat der Auszubildende einen **Schadensersatzanspruch** nach § 23 Abs. 1 BBiG, der spätestens drei Monate nach Beendigung des Berufsausbildungsverhältnisses geltend gemacht werden muss (§ 23 Abs. 2 BBiG). Mit diesem Anspruch ist der Auszubildende analog § 113 S. 3 InsO **einfacher Insolvenzgläubiger**. 169

D. Anzeigepflicht des Insolvenzverwalters im Rahmen von Massenentlassungen

I. Allgemeines

Nach Maßgabe der §§ 17–22 KSchG hat auch der Insolvenzverwalter als Arbeitgeber der Agentur für Arbeit gegenüber eine Anzeige zu erstatten, bevor er eine **Massenentlassung** durchführt.[263] Die Regelung dient arbeitsmarktpolitischen Zielen. Die Arbeitsverwaltung soll die Möglichkeit haben, einer Massenarbeitslosigkeit zu begegnen, etwa indem sie den Unternehmer in geeigneter Form unterstützt oder Vorsorge für eine anderweitige Vermittlung der Arbeitnehmer trifft. Die Massenentlassungsvorschriften stehen kumulativ neben den übrigen Kündigungsvorschriften.[264] 170

---

[261] BAG Urt. v. 27.5.1993 – 2 AZR 601/92, ZIP 1993, 1316.
[262] Gottwald InsR-HdB/*Heinze/Bertram* § 105 Rn. 43.
[263] Vgl. zum KO-Verwalter: BSG Urt. v. 5.12.1978 – 7 RAr 32/78, DB 1979, 1283; BAG Urt. v. 16.6.2005 – 6 AZR 451/041; Nerlich/Römermann/*Hambacher* § 113 InsO Rn. 173a.
[264] BAG Urt. v. 27.2.1958 – 2 AZR 445/55, AP KSchG § 15 Nr. 4; BAG Urt. v. 27.2.1958 – 2 AZR 445/55, AP KSchG § 1 Nr. 1 Betriebsbedingte Kündigung = BAGE 6, 1 = NJW 1958, 1156.

II. Anwendungsbereich der Massenentlassungsvorschriften

1. Betrieblicher Geltungsbereich

171 Die §§ 17 ff. KSchG gelten grundsätzlich für alle Betriebe und Verwaltungen des privaten Rechts sowie für Betriebe, die von einer öffentlichen Verwaltung zur Erreichung wirtschaftlicher Zwecke geführt werden, nicht für Seeschiffe und deren Besatzungen (§ 23 Abs. 2 KSchG).

172 Maßgeblich für die Anzeigepflicht ist die **Zahl der in einem Betrieb erfolgenden Entlassungen** im Verhältnis zur Zahl der idR in diesem Betrieb beschäftigten Arbeitnehmer, wobei auch hier vom **allgemeinen Betriebsbegriff** iSd §§ 1, 23 KSchG auszugehen ist. Danach versteht man unter einem Betrieb die organisatorische Einheit von persönlichen, sachlichen und immateriellen Mitteln zur Erreichung eines bestimmten arbeitstechnischen Zweckes.[265] Dabei können auch zwei selbstständige Unternehmen im kündigungsrechtlichen Sinne einen einheitlichen Betrieb bilden, wenn sie diesen gemeinschaftlich führen. Die Anzeige muss sich dann auf den gesamten Geschäftsbetrieb beziehen.[266] Gemäß § 4 BetrVG gelten Betriebsteile als selbstständige Betriebe, wenn Sie die Voraussetzungen des § 1 BetrVG erfüllen und entweder räumlich weit vom Hauptbetrieb entfernt oder durch Aufgabenbereich und Organisation eigenständig sind. Nebenbetriebe sind grundsätzlich selbstständige Betriebe und daher dem Hauptbetrieb nur zuzuordnen, wenn sie die Voraussetzungen des § 1 BetrVG nicht erfüllen.

173 Ausgenommen von der Anzeigepflicht sind nach § 22 KSchG Saison- und Kampagnebetriebe, soweit es sich um Entlassungen handelt, die durch die Eigenart der Betriebe bedingt sind, mit Ausnahme wiederum von Betrieben des Baugewerbes nach Maßgabe des § 22 Abs. 2 KSchG.

2. Maßgebliche Größenordnung

174 Nach § 17 Abs. 1 KSchG hat der Insolvenzverwalter als Arbeitgeber eine Anzeige zu erstatten, bevor er

1. in Betrieben mit in der Regel mehr als 20 und weniger als 60 Arbeitnehmern mehr als 5 Arbeitnehmer,
2. in Betrieben mit in der Regel mindestens 60 und weniger als 500 Arbeitnehmern 10 % der im Betrieb regelmäßig beschäftigten Arbeitnehmer oder aber mehr als 25 Arbeitnehmer,
3. in Betrieben mit in der Regel mindestens 500 Arbeitnehmern mindestens 30 Arbeitnehmer

innerhalb von 30 Kalendertagen entlässt. Der Begriff „in der Regel" entspricht hier dem des § 23 Abs. 1 S. 2 KSchG.[267] Entscheidend ist also die **Beschäftigtenzahl bei regelmäßigem Gang des Betriebes**. Zeiten außergewöhnlichen Geschäftsanfalls oder kurzfristiger Geschäftsdrosselung – zB Weihnachtsge-

---

[265] BAG Beschl. v. 25.11.1980 – 6 ABR 108/78, EzA BetrVG 1972 § 1 Nr. 2; MüKo-BGB/*Müller-Glöge* § 613a Rn. 14.
[266] LAG Niedersachsen Urt. v. 18.12.2013 – 17 Sa 335/13, ZInsO 2014, 1236.
[267] BAG Urt. v. 31.7.1986 – 2 AZR 594/85, EzA KSchG § 17 Nr. 3.

schäft, Jahresabschlussarbeiten, Ferienzeiten, Nachsaison – oder ein mit der Insolvenzsituation unmittelbar zusammenhängender Personalabbau sind nicht ausschlaggebend,[268] wobei sich bei der Betriebseinstellung Anhaltspunkte aus der bisherigen Personalentwicklung ergeben werden. Entscheidend ist dabei, wann der Arbeitgeber noch eine regelmäßige Betriebstätigkeit entwickelt und wie viele Arbeitnehmer er dafür benötigt hat.[269] Wird eine Betriebsstilllegung durch sukzessive Entlassungen durchgeführt, so ist für die Bewertung des Begriffs der regelmäßig Beschäftigten auf den Zeitpunkt des Stilllegungsbeschlusses abzustellen.[270] Unberücksichtigt bleiben ausscheidende Ersatz- und Aushilfskräfte sowie Arbeitnehmer, die auf Grund von Tatbeständen ausscheiden, die nicht dem Massenentlassungsschutz unterliegen. Ohne Belang ist, ob anstelle der entlassenen andere Arbeitnehmer eingestellt werden.

Die Vorschrift des § 17 KSchG mit ihrer Definition der Massenentlassung nach den drei Alternativen anhand der Betriebsgröße hat nach der Rechtsprechung des BAG auch über die Anzeigepflicht hinaus Bedeutung erlangt, als die dortigen Zahlen- und Prozentangaben – jedoch ohne den dort festgelegten Zeitraum von 30 Kalendertagen auch als Maßstab für das Vorliegen einer Betriebseinschränkung iSd § 111 BetrVG durch einen bloßen Personalabbau unter Beibehaltung der sächlichen Betriebsmittel gelten.[271] Damit lösen Entlassungen in der Größenordnung des § 17 KSchG die Sozialplanpflicht des Betriebes aus.[272] Für Großbetriebe hat das BAG allerdings die Staffelung des § 17 KSchG dahingehend abgeändert, dass von der Entlassung mindestens 5 % der Belegschaft betroffen sein müssen.[273]

Nach § 112a BetrVG kann eine Betriebsänderung auch in der bloßen Entlassung von Arbeitnehmern bestehen. Die dort von § 17 KSchG abweichende Staffelung hat aber nur für die Frage der Erzwingbarkeit eines Sozialplans Bedeutung.

3. Persönlicher Geltungsbereich

Zu berücksichtigen im Sinne des § 17 KSchG sind alle Arbeitnehmer im Sinne des § 1 KSchG. Hierzu zählen auch Auszubildende und Volontäre, Teilzeitbeschäftigte und mitarbeitende Familienangehörige, wenn sie auf Grund eines Arbeitsvertrages und nicht lediglich auf Grund familienrechtlicher Pflichten

---

[268] BAG Urt. v. 24.2.2005 – 2 AZR 207/04; Richardi/*Thüsing* BetrVG § 9 Rn. 11 ff.
[269] Vgl. für eine zunächst nur beabsichtigte Betriebseinschränkung: BeckOK ArbR/*Volkening* § 17 KSchG Rn. 10.
[270] BAG Urt. v. 8.6.1989 – 2 AZR 624/88, AP KSchG 1969 § 17 Nr. 6 = NZA 1990, 224 = BB 1989, 2403 = DB 1990, 183.
[271] BAG Urt. v. 22.5.1979 – 1 AZR 848/76, EzA BetrVG 1972 § 111 Nr. 3.
[272] BAG Urt. v. 7.8.1990 – 1 AZR 445/89, EzA BetrVG 1972 § 111 Nr. 27; BAG Beschl. v. 15.10.1979 – 1 ABR 49/77, EzA BetrVG 1972 § 111 Nr. 8; BAG Urt. v. 4.12.1979 – 1 AZR 843/76, EzA BetrVG 1972 § 111 Nr. 6; BAG Urt. v. 22.1.1980 – 1 ABR 28/78, EzA BetrVG 1972 § 111 Nr. 7; BAG Urt. v. 21.10.1980 – 1 AZR 145/79, EzA BetrVG 1972 § 111 Nr. 12; BAG Urt. v. 2.8.1983 – 1 AZR 516/81, EzA BetrVG 1972 § 111 Nr. 16.
[273] BAG Urt. v. 2.8.1983 – 1 AZR 516/81, EzA BetrVG 1972 § 111 Nr. 16.

tätig sind.²⁷⁴ Nach neuester Rechtsprechung zählen sogar Fremdgeschäftsführer und staatlich geförderte Praktikanten ohne Vergütungsanspruch mit.²⁷⁵

178 Die **Anzeigenpflicht gilt nicht** für Handelsvertreter, Heimarbeiter und andere arbeitnehmerähnliche Personen, freie Mitarbeiter, vertretungsberechtigte Organmitglieder in Betrieben einer juristischen Person, in Betrieben einer Personengesellschaft die kraft Gesetzes, Satzung oder Gesellschaftsvertrag zur Vertretung der Personengesamtheit berufenen Personen sowie die leitenden Angestellten, die zur selbstständigen Einstellung oder Entlassung befugt sind (§ 17 Abs. 5 KSchG). Dieser Personenkreis darf daher weder bei der Berechnung der Gesamtzahl der Arbeitnehmer, noch bei der Zahl der zu Entlassenden mitgerechnet werden.

4. Zeitraum der Entlassungen

179 Für die Anzeigepflicht ist abzustellen auf die innerhalb von 30 Kalendertagen entlassenen (§ 17 Abs. 1 S. 1 KSchG) oder auf andere Weise auf Veranlassung des Arbeitgebers freigesetzten Arbeitnehmer (§ 17 Abs. 1 S. 2 KSchG). Dies soll einer Umgehung durch sukzessive Entlassungen entgegenwirken. Der Arbeitgeber ist allerdings nicht gehindert, nach Ablauf dieser Frist jeweils knapp unterhalb der Bemessungsgrenzen Entlassungen vorzunehmen. Darin liegt keine unzulässige Umgehung der Anzeigepflicht, vielmehr wird dies als eine aus arbeitsmarktpolitischer Sicht eher verträgliche Verteilung der Entlassungen über einen längeren Zeitraum angesehen.²⁷⁶

180 Führt der Arbeitgeber **stufenweise Entlassungen** durch und werden dadurch bereits durchgeführte Entlassungen nachträglich anzeigepflichtig, weil die anzeigepflichtige Zahl erst im Laufe der 30 Kalendertage erreicht wird, so ist ausnahmsweise eine nachträgliche Anzeige zulässig, aber auch erforderlich.²⁷⁷ Unterbleibt die Anzeige, sind sämtliche Entlassungen unwirksam.

5. Entlassung und gleichgestellte Beendigungstatbestände

181 Unter **Entlassung** wurde früher einhellig die tatsächliche Beendigung des Arbeitsverhältnisses, zB der **Fristablauf** bei Kündigungen, verstanden. Dieses Verständnis ist inzwischen vollständig überholt, nachdem der EuGH in seiner damals völlig überraschenden „Junk"-Entscheidung²⁷⁸ entschieden hat, dass „Entlassung" im Sinne der Richtlinie 98/59/EG die Kündigungserklärung des Arbeitgebers meint. Die deutsche Rechtsprechung hat sich in kürzester Zeit dieser Rechtsansicht vollständig angeschlossen²⁷⁹ und hat dies mit einer richtlinienkonformen Auslegung von § 17 KSchG begründet.

182 Bloße **Freistellungen** oder **Versetzungen** der Arbeitnehmer lösen keine Anzeigepflicht aus. Der Massenentlassungsschutz gilt grundsätzlich nicht für frist-

---

²⁷⁴ Vgl. zu Einzelheiten MüKoBGB/*Hergenröder* § 17 KSchG Rn. 19.
²⁷⁵ EUGH Urt. v. 9.7.2015 – C-229/14 in NJW 2015, 2481.
²⁷⁶ Schaub/*Linck* § 142 Rn. 14.
²⁷⁷ BSG Urt. v. 9.12.1958 – 7 RAr 117/55, AP KSchG § 15 Nr. 3; Ascheid/Preis/Schmidt/*Moll* § 18 KSchG Rn. 19 f.
²⁷⁸ EuGH Urt. v. 27.1.2005 – C-188/03, NZA 2005, 213 = NJW 2005, 1099.
²⁷⁹ BAG Urt. v. 23.3.2006 – 2 AZR 343/05, NZA 2006, 971; BAG Urt. v. 6.7.2006 – 2 AZR 520/05, NZA 2007, 266.

lose Entlassungen (§ 17 Abs. 4 S. 1 KSchG), auch wenn aus sozialen Gründen eine Auslauffrist eingehalten wird, jedoch gilt er wiederum für **entfristete Kündigungen**, dh für Kündigungen bei denen gemäß § 622 Abs. 3 und 4 BGB zulässigerweise durch Tarifvertrag oder Arbeitsvertrag eine Kündigung ausgeschlossen wurde, denn die Geltung des § 17 Abs. 4 S. 1 KSchG knüpft an eine außerordentliche Kündigungsmöglichkeit im Sinne des § 626 BGB an.[280] Diese unterfallen[281] vom Sinn und Zweck der Regelung her ebenfalls dem Massenentlassungsschutz.

Die **Eigenkündigung** des Arbeitnehmers wird vom Massenentlassungsschutz der §§ 17ff. KSchG nur erfasst, wenn diese vom Arbeitgeber veranlasst worden ist.[282] Klassischer Fall hierzu ist, dass der Arbeitnehmer nur deshalb kündigt, weil der Arbeitgeber erklärt, er werde zum selben Zeitpunkt kündigen, wenn der Arbeitnehmer seiner Aufforderung zur Kündigung nicht nachkomme.[283]

Änderungskündigungen sind immer anzeigepflichtig, egal ob das Änderungsangebot angenommen wird.[284]

Nicht anzeigepflichtig ist die Beendigung des Arbeitsverhältnisses infolge **Befristung, Anfechtung wegen Irrtums oder arglistiger Täuschung und Bedingungseintritt**, es sei denn, bei Umgehungsabsicht.[285]

Ebenfalls nicht unter § 17 KSchG fällt grundsätzlich die Beendigung des Arbeitsverhältnisses auf Grund eines **Aufhebungsvertrages** – anders allerdings wiederum, wenn die Aufhebung erfolgt ist, weil andernfalls das Arbeitsverhältnis durch Arbeitgeberkündigung zum selben Zeitpunkt aufgelöst worden wäre, da dies zu einer Umgehung der Massenentlassungsvorschriften führen würde.[286]

Nicht anzeigepflichtig ist auch das Ausscheiden auf Grund von **Vorruhestandsvereinbarungen**, da der Arbeitnehmer hier dem Arbeitsmarkt nicht mehr zur Verfügung steht.[287]

Unerheblich für die Frage der Anzeigenpflicht ist der Grund für die Beendigung des Arbeitsverhältnisses, so dass auch **personen- und verhaltensbedingte Kündigungen** die Anzeigepflicht auslösen.

Die Massenentlassungsanzeige wird mit jeder Kündigung verbraucht mit der Folge, dass jede weitere Kündigung des Arbeitsverhältnisses (zB Nachkündigungen des Insolvenzverwalters) unter den Voraussetzungen des § 17 KSchG einer erneuten Massenentlassungsanzeige bedürfen.[288]

---

[280] Ascheid/Preis/Schmidt/*Moll* § 17 Rn. 39.
[281] Ascheid/Preis/Schmidt/*Moll* § 17 Rn. 30; ErfK/*Kiel* § 17 KSchG Rn. 12.
[282] BAG Urt. v. 6.12.1973 – 2 AZR 10/73.
[283] BAG Urt. v. 6.12.1973 – 2 AZR 10/73 = AP KSchG 1969 § 17 Nr. 1.
[284] BAG Urt. v. 20.2.2014 – 2 AZR 346/12, ZIP 2014, 1691.
[285] Vgl. hierzu LAG Düsseldorf Entsch. v. 23.2.1976 – 16 Sa 743/75, DB 1976, 1019.
[286] BAG Urt. v. 13.11.1996 – 10 AZR 340/96, DB 1997, 936 = AP BGB § 620 Nr. 4 Aufhebungsvertrag; BAG Urt. v. 11.3.1999 – 2 AZR 461/98, ZIP 1999, 1568 = NZA 1999, 761 = DB 1999, 1274.
[287] *Bauer/Röder* NZA 1985, 203; *Vogt* BB 1985, 1142.
[288] BAG Urt. v. 22.4.2010 – 6 AZR 948/08, ZInsO 2010, 1754.

III. Erstattung der Massenentlassungsanzeige

1. Zeitpunkt, Form und Adressat

190 Die Massenentlassungsanzeige hat vor der Entlassung zu erfolgen, dh vor Ausspruch der Kündigung bzw. der der Kündigung gleichstehenden Maßnahmen.[289] Entscheidend ist der Zugangszeitpunkt bei der Arbeitsagentur.

191 Die Massenentlassungsanzeige ist **schriftlich** zu erstatten, kann allerdings auch per Telefax erfolgen, ansonsten ist sie unwirksam (§ 17 Abs. 3 S. 2 KSchG). Anzeigepflichtig ist auch ggf. der **vorläufige Insolvenzverwalter**, soweit ihm gem. § 22 Abs. 1 S. 1 InsO die Verwaltungs- und Verfügungsbefugnis über das Vermögen des Schuldners übertragen wurde. Ansonsten hat er darauf hinzuwirken, dass der Schuldner als Noch-Arbeitgeber die Anzeige abgibt.

190 Die Anzeige ist bei der Arbeitsagentur für Arbeit vorzulegen, in deren Bezirk der Betrieb gelegen ist. Ein davon abweichender Sitz des Unternehmens ist hierfür ohne Bedeutung. Eine bei einer örtlich unzuständigen Agentur für Arbeit vorgelegte Anzeige wird erst mit dem Eingang bei der örtlich zuständigen Agentur für Arbeit wirksam. Für die Erstattung der Anzeige hat die Bundesagentur für Arbeit **Formblätter** herausgegeben, die der Insolvenzverwalter im eigenen Interesse benutzen sollte und die unter der Homepage www.arbeitsagentur.de aus dem Internet heruntergeladen werden können.

Dem Formular ist darüber hinaus noch eine Liste der zu kündigenden Arbeitnehmer und eine Liste mit einer Aufgliederung nach Berufsgruppen beizufügen.

2. Inhalt und Anlagen

191 Die Massenentlassungsanzeige hat gemäß § 17 Abs. 3 S. 4 KSchG die folgenden **Mindestangaben** zu enthalten:

192 Name des Arbeitgebers, Sitz und Art des Betriebes, Gründe für die geplanten Entlassungen, Zahl und Berufsgruppen der zu entlassenden und in der Regel beschäftigten Arbeitnehmer, den Zeitraum, in dem die Entlassungen vorgenommen werden sollen und die vorgesehenen Kriterien für die Auswahl der zu entlassenden Arbeitnehmer. Fehlt eine dieser in § 17 Abs. 3 S. 4 KSchG aufgeführten Punkte, ist die **Anzeige** nach dem zwingenden Wortlaut der Vorschrift **unwirksam**.[290] Die Agentur für Arbeit soll den Arbeitgeber auf die Unvollständigkeit hinweisen. Dieser kann die unterlassenen Angaben nachholen, jedoch läuft konsequenterweise auch die Sperrfrist des § 18 KSchG erst ab Vervollständigung der Anzeige (ex-nunc-Wirkung). Nach § 17 Abs. 3 S. 5 KSchG sollen in der Anzeige ferner im Einvernehmen mit dem Betriebsrat Angaben über Geschlecht, Alter, Beruf und Staatsangehörigkeit der zu entlassenden Arbeitnehmer gemacht werden, wobei ein Verstoß hiergegen aber keinen Einfluss auf die Wirksamkeit der Anzeige hat.

---

[289] EuGH Urt. v. 27.1.2005 – C-188/03, NZA 2005, 213 = NJW 2005, 1099.
[290] BAG Urt. v. 8.6.1989 – 2 AZR 624/88, AP KSchG 1969 § 17 Nr. 6.

Besteht ein Betriebsrat, hat der Arbeitgeber der Agentur für Arbeit gleichzeitig mit der Anzeige auch eine Abschrift der **Mitteilung an den Betriebsrat** zuzuleiten mit dem Inhalt des § 17 Abs. 2 KSchG. Der Anzeige ist nach § 17 Abs. 3 S. 2 KSchG weiterhin die **Stellungnahme des Betriebsrats** beizufügen – die durch einen Interessensausgleich mit Namensliste ersetzt werden kann. Entscheidend ist dabei, das Vorliegen einer Namesliste![291] Auch dies ist **Wirksamkeitsvoraussetzung** der Anzeige.[292] Liegt eine Stellungnahme des Betriebsrates nicht vor, so ist nach § 17 Abs. 3 S. 3 KSchG die Anzeige wirksam, wenn der Arbeitgeber glaubhaft macht, dass er den Betriebsrat mindestens zwei Wochen vor Erstattung der Anzeige nach § 17 Abs. 2 S. 1 KSchG unterrichtet hat und er den Stand der Beratungen darlegt. 193

Mit § 17 Abs. 3a KSchG hat der Gesetzgeber eine **Konzernklausel** eingefügt, wonach sich der Arbeitgeber hinsichtlich seiner Pflichten nicht mit dem Hinweis exkulpieren kann, die Entscheidung über die Entlassungen sei von einem beherrschenden Unternehmen getroffen worden und dieses habe ihm nicht die notwendigen Auskünfte übermittelt. 194

IV. Rechtsfolgen der Anzeige

1. Sperrfrist und Freifrist

Die Massentlassungsanzeige setzt mit ihrem Eingang bei der Agentur für Arbeit eine **Sperrfrist** von regelmäßig einem Monat in Lauf. Auf Antrag des Arbeitgebers kann die Sperrfrist bis auf null verkürzt werden (§ 18 Abs. 1 Hs. 2 KSchG). Im Ausnahmefall kann die Agentur für Arbeit die Sperrfrist aber auch auf bis zu zwei Monate verlängern (§§ 18 Abs. 2, 20 Abs. 4 KSchG). Hat der Insolvenzschuldner etwa versäumt, notwendige Kündigungen durch eine rechtzeitige Massenentlassungsanzeige vorzubereiten, wird der Insolvenzverwalter sinnvollerweise die Zustimmung der Agentur für Arbeit zur Verkürzung der Sperrfrist nach § 18 Abs. 1 KSchG beantragen und hierbei die Umstände im Einzelnen und insbesondere die Erforderlichkeit der Kündigungen mit den angegebenen Kündigungsfristen darlegen. Die rechtliche Beendigungswirkung der arbeitgeberseitigen Kündigung bzw. der sonstigen vom Arbeitgeber veranlassten Beendigungshandlung tritt während dieser Sperrfrist nicht ein, sondern erst mit deren Ablauf. Die Sperrfrist hat also die Wirkung einer Art gesetzlichen Mindestkündigungsfrist. Der Arbeitgeber kann unmittelbar nach Erstattung der Massenentlassungsanzeige dh Zugang bei der Arbeitsagentur kündigen,[293] die Kündigungsfrist läuft ab Ausspruch der Kündigung. 195

Die Bundesagentur kann, wenn der Arbeitgeber nicht in der Lage ist die Arbeitnehmer während der Dauer der Sperrfrist zu beschäftigen, die Einführung von Kurzarbeit gestatten (§ 19 Abs. 1 KSchG). 196

---

[291] BAG Urt. v. 21.3.2012 – 6 AZR 596/10, ZIP 2012, 1259; BAG Urt. v. 7.7.2011 – 6 AZR 248/10, ZIP 2011, 1786.
[292] LAG Hamm Urt. v. 6.6.1986 – 16 Sa 2188/86, LAGE KSchG § 17 Nr. 2; BAG Urt. v. 21.5.1970 – 5 AZR 421/69, AP KSchG § 15 Nr. 11.
[293] BAG Urt. v. 6.11.2008 – 2 AZR 935/07.

2. Un-/Wirksamkeit der Anzeige und Verhältnis zum Individualkündigungsschutz

197 Die Unterlassung der Anzeige vor der Kündigung führt grundsätzlich dazu, dass die Kündigung das Arbeitsverhältnis nicht auflösen kann.[294] Dies gilt auch für alle anderen vom Arbeitgeber veranlassten Beendigungshandlungen. Im Hinblick auf das neue Verständnis vom Entlassungsbegriff geht die Rechtsprechung in allen Defizitfällen des § 17 Abs. 3 KSchG von der Unwirksamkeit der Kündigung des Arbeitgebers aus – so entschieden bei fehlender, verspäteter, inhaltlich falscher, unvollständiger oder sonstwie fehlerhafter Massenentlassungsanzeige,[295] bei fehlendem Konsultationsverfahren mit dem Betriebsrat,[296] bei fehlenden Angaben zu Kriterien der Sozialauswahl,[297] der Angabe einer falschen Anzahl der regelmäßig beschäftigten Arbeitnehmer[298] – allerdings können sich nur die Arbeitnehmer, die von der Massenentlassungsanzeige nicht erfasst sind, auf die zu niedrige Angabe berufen. Nach der Junk- Entscheidung des EUGH vom 27.1.2005 kann eine Nachholung von fehlenden Angaben nur noch bis zum Ausspruch der Kündigung/gleichgestellten Beendigungshandlung erfolgen. Eine zuvor ausgesprochene (dann unwirksame) Kündigung müsste dann wiederum erneut ausgesprochen werden.

198 Von jeher hat die Rechtsprechung den Vorschriften der §§ 17 ff. KSchG **arbeitnehmerschützende Wirkung** beigemessen,[299] sodass der Arbeitnehmer die Unwirksamkeit der Kündigung im Kündigungsschutzverfahren geltend machen kann, ohne dass der Arbeitnehmer allerdings diesen Fehler ausdrücklich rügen müsste, es genügt, dass dieser sich aus den Unterlagen ergibt.[300]

199 Entgegen der früheren Rechtsprechung wird eine unzureichende Massenentlassungsanzeige nicht dadurch geheilt, dass die Bundesagentur etwa durch bestandskräftigen Verwaltungsakt nach §§ 18, 20 KSchG hierüber eine Entscheidung trifft.[301]

200 Die Massenentlassungsvorschriften sind zwingendes Recht und unterliegen nicht der Parteidisposition. Wohl aber kann jeder einzelne Arbeitnehmer, der von der Entlassung betroffen ist, entscheiden, ob er die Unwirksamkeit der Entlassung überhaupt geltend macht. Ohne weiteres kann er durch Vergleich der Entlassung zustimmen; lediglich ein antizipierter Verzicht auf die Schutzbestimmungen ist nicht möglich.[302]

---

[294] BAG Urt. v. 13.7.2006 – 6 AZR 198/06, NZA 2007, 25 = BB 2007, 156; BAG Urt. v. 16.6.2005 – 6 AZR 451/04, NZA 2005, 1109.
[295] *Lembke/Oberwinter* NJW 2007, 727.
[296] BAG Urt. v. 13.12.2012 – 6 AZR 5/12, BeckRS 2013, 67924, BAG Urt. v. 28.6.2012 – 6 AZR 780/10, ZIP 2012, 1822.
[297] LAG Düsseldorf Urt. v. 26.9.2013 – 5 Sa 530/13, ZIP 2014, 47.
[298] LAG Rheinland-Pfalz Urt. v. 26.8.2011, 7 Sa 672/10, ZInsO 2012, 346.
[299] BAG Urt. v. 13.7.2006 – 6 AZR 198/06, NZA 2007, 25.
[300] BAG Urt. v. 13.12.2012 – 6 AZR 5/12, BeckRS 2013, 67924.
[301] BAG Urt. v. 28.6.2012 – 6 AZR 780/10, ZIP 2012, 1822.
[302] BAG Urt. v. 11.3.1999 – 2 AZR 461/98, AP KSchG 1969 § 17 Nr. 12; Ascheid/Preis/Schmidt/*Moll* § 17 KSchG Rn. 16b.

§ 28. Kollektives Arbeitsrecht

Arbeits- und Sozialrecht in der Insolvenz

Das kollektive Arbeitsrecht befasst sich im Gegensatz zum Individualarbeitsrecht mit den Rechtsregelungen und Normen, die den Rahmen für das Handeln und die Kompetenzen von Betriebsrat und Gewerkschaft auf der einen und Arbeitgebervereinigungen und Arbeitgebern auf der anderen Seite bilden. Betriebsverfassungsrechtlich sind auch mit Eröffnung eines Insolvenzverfahrens die kollektivarbeitsrechtlichen Bestimmungen anzuwenden (→ Rn. 1). Der Insolvenzverwalter nimmt die Arbeitgeberstellung ein und ist somit Verhandlungspartner des Betriebsrats, gerade auch bei Betriebsänderungen (→ Rn. 44). Jedoch sind in der Insolvenz eine Reihe von Sondervorschriften, gerade auch zur Betriebsänderung nach § 111 BetrVG vorzufinden (→ Rn. 178).

Eine Betriebsänderung kann auch während des Eröffnungsverfahrens durch den vorläufigen Insolvenzverwalter durchgeführt werden. Hierzu muss dessen rechtliche Stellung bewertet werden (→ Rn. 186). Neben dem Interessenausgleich schließen die Betriebsparteien auch im Insolvenzverfahren einen Insolvenzsozialplan. Dieser unterliegt neben der absoluten Beschränkung auch einer sog relativen Beschränkung gemäß § 123 Abs. 2 InsO, mit welcher die Sozialplanforderungen 1/3 der freien Masse nicht überschreiten dürfen (→ Rn. 223). Besonders große Fallstricke können sich bei der übertragenden Sanierung und dem Betriebsübergang gemäß § 613a BGB ergeben (→ Rn. 265). Ein etabliertes Instrument zur rechtssicheren Gestaltung des Betriebsübergangs ist die Transfergesellschaft (→ Rn. 301). Mit deren Ausgestaltung kann im Insolvenzverfahren – aber auch außerhalb – Personalabbau sozialverträglich durchgeführt werden.

A. Betriebsverfassungsrechtliche Aspekte der Insolvenz

I. Betriebsverfassung in der Insolvenz

1. Grundlegendes

a) Der Insolvenzverwalter als Träger von Rechten und Pflichten. Die Beantragung der Eröffnung eines Insolvenzverfahrens und die Eröffnung selbst haben nach ständiger Rechtsprechung des BAG[1] und allgemein anerkannter Auffassung[2] keinerlei Auswirkung auf die vom Insolvenzverwalter zu beachtenden kollektivarbeitsrechtlichen Bestimmungen. Der gesetzlich festgelegte Wechsel der Arbeitgeberstellung durch den Übergang der Verwaltungs- und Verfügungsbefugnis auf den Insolvenzverwalter ist ein gesetzlicher „Parteiwechsel" ohne Konsequenzen für den Bestand der entsprechenden Ver-

1

---

[1] BAG AP Nr. 1 zu § 113 BetrVG 1972; BAG AP Nr. 6 zu § 112 BetrVG 1997.
[2] Vgl. MHdB ArbR/*Matthes*, Bd. 2, § 271 Rn. 3; Kübler/Prütting/*Moll* §§ 123, 124 Rn. 20.

Zobel

pflichtungen und erfolgt spätestens im Zeitpunkt der Eröffnung des Insolvenzverfahrens.

2 Die Arbeitgeberstellung und die sich hieraus ergebenden Verpflichtungen auf der betriebsverfassungsrechtlichen Ebene obliegen dann dem Insolvenzverwalter. Gleiches gilt für den vorläufigen Insolvenzverwalter ab dem Zeitpunkt, in dem die Verfügungsbefugnis gemäß § 21 Abs. 2 Nr. 2 Alt. 1 InsO iVm § 22 Abs. 1 InsO auf ihn übergeht oder dem vorläufigen Insolvenzverwalter durch Beschluss des Insolvenzgerichtes insoweit übertragen wurde.[3] Im Rahmen der Eigenverwaltung (§§ 270a, 270b InsO) wird die Arbeitgeberstellung auf die eigenverwaltete Schuldnerin übertragen. Der Sachwalter tritt zu keinem Zeitpunkt in die Stellung des Arbeitgebers ein. Die Verpflichtungen für den Insolvenzverwalter korrespondieren mit dem Verlust der Verwaltungs- und Verfügungsbefugnis des Insolvenzschuldners, da dieser nunmehr die Rechte und Pflichten des Arbeitgebers nicht mehr wahrnehmen kann.[4] Entsprechendes gilt für die eigenverwaltete Schuldnerin. Die Arbeitgeberfunktion wird auch nicht auf die Gläubigerversammlung oder den Gläubigerausschuss übertragen. Diese Gremien üben im wesentlichen Kontroll- und Weisungsfunktionen aus. Im Innenverhältnis kontrollieren sie den Insolvenzverwalter, der im Hinblick auf die Arbeitsverhältnisse kraft Amtes alle Befugnisse auszuüben hat. Folge ist, dass sämtliche Beteiligungsrechte iSd BetrVG nur zwischen Betriebsrat und dem vorläufigen Insolvenzverwalter (mit Verfügungsbefugnis oder entsprechender Übertragung der Arbeitgeberstellung) oder im eröffneten Verfahren mit dem Insolvenzverwalter oder der eigenverwalteten Schuldnerin bestehen.

3 **b) Stellung des Betriebsrates.** Eine Beteiligungsverpflichtung setzt voraus, dass der Betrieb betriebsratsfähig ist und die Belegschaft einen Betriebsrat gewählt hat. Sofern dieses der Fall ist, sind Beteiligte der Betriebsverfassung der Insolvenzverwalter, der Betriebsrat und seine ggf. existierenden Gremien (Wirtschaftsausschuss, Jugendausbildungsvertretung usw). Der Betriebsrat ist Rechtssubjekt und Zuordnungssubjekt der im BetrVG eingeräumten Rechte und Pflichten.[5] Er ist im Sinne des § 10 ArbGG im arbeitsgerichtlichen Beschlussverfahren beteiligtenfähig.

4 Der Betriebsrat ist weder Vertreter der einzelnen Arbeitnehmer[6] noch Vertreter der Gewerkschaft noch in sonstiger Weise an gewerkschaftliche Richtlinien bzw. Vorgaben gebunden. Die betriebsverfassungsrechtlichen Rechte nimmt der Betriebsrat in seiner Funktion und nicht die Gewerkschaft, aber auch nicht ein hinzugezogener Sachverständiger wahr. Gewerkschaften können durch ihre Gewerkschaftssekretäre beratend zur Seite stehen. Dieses ist auf Grund der Komplexität der Materie im Insolvenzverfahren durchaus ratsam. Zur Erfüllung der dem Betriebsrat obliegenden Rechte und Verpflichtungen ist es den Besonderheiten in Insolvenzverfahren geschuldet, sachlich geboten und überwiegend erforderlich, dem Betriebsrat Unterstützung durch einen Sachverständigen (beispielhaft Rechtsbeistand) zu gewähren.[7]

---

[3] Vgl. → Rn. 207 ff.
[4] Vgl. *Kania* DStR 1996, 832.
[5] Vgl. Richardi/*Richardi* Einleitung Rn. 108 ff. BetrVG.
[6] BAG Urt. v. 19.7.1977 – 1 AZR 483/74, AP Nr. 1 zu § 77 BetrVG 1972.
[7] Vgl. Richardi/*Thüsing* § 80 Rn. 100 ff.

Zobel

c) **Informations-, Beratungs-, Mitwirkungs- und Mitbestimmungsrechte des Betriebsrates.** Das Betriebsverfassungsgesetz regelt grundsätzlich die Funktion des Betriebsrates abschließend. Die sich aus diesem Gesetz ergebenden Mitwirkungs-, Beratungs-, Informations- und Mitbestimmungsrechte des Betriebsrates sind vom Insolvenzverwalter zu beachten. Die Qualität und Stärke der Beteiligungsnotwendigkeit lässt sich bereits aus der Didaktik ablesen. Mitbestimmung ist die stärkste Form der Beteiligung, Information die schwächste. Als Beispiele für Mitwirkungs- und Mitbestimmungsrechte seien genannt: Die Mitbestimmung bei der Betriebsänderung gemäß §§ 111 ff. BetrVG; das Mitbestimmungsrecht bei personellen Einzelmaßnahmen, wie der Einstellung und Versetzung iSv § 99 BetrVG; der Kündigung gemäß § 102 BetrVG; die Angelegenheiten des Kataloges des § 87 Abs. 1 BetrVG. Wesentlich ist auch das Informationsrecht des Wirtschaftsausschusses gemäß § 106 BetrVG sowie die Auskunftsrechte des Betriebsrates gemäß § 80 Abs. 2 BetrVG. Für die Begründung der Auskunftspflicht wird als ausreichend erachtet, dass der Betriebsrat Auskunft benötigt, um festzustellen, ob ein Mitbestimmungsrecht besteht.[8]

Bei Verstößen des Insolvenzverwalters gegen die Verpflichtungen aus dem Betriebsverfassungsgesetz hat dieser zu befürchten, dass die dem Betriebsrat zustehenden Rechte im Rahmen von Beschlussverfahren, einstweiligen Verfügungsverfahren sowie durch das strafbewehrte Verfahren des § 23 BetrVG verfolgt werden. Je stärker das Beteiligungsrecht, umso rigider ist grundsätzlich auch die Sanktion bei einem Verstoß. In Fällen der erzwingbaren Mitbestimmung besteht die Möglichkeit, das Einigungsstellenverfahren einzuleiten, vgl. § 76 f. BetrVG.

Besonderheiten im Insolvenzverfahren: Über § 156 Abs. 2 InsO hat der Betriebsrat in dem Berichtstermin Gelegenheit, zu den Ausführungen des Insolvenzverwalters Stellung zu nehmen. Ein Betriebsrat kann Mitglied im Gläubigerausschuss werden, vgl. § 67 Abs. 2 S. 2 InsO.

d) **Arbeitsbefreiung von Betriebsratsmitgliedern.** § 37 Abs. 2 BetrVG regelt die Verpflichtung des Arbeitgebers zur Befreiung der Betriebsratsmitglieder von der Ausübung ihrer beruflichen Tätigkeit ohne Minderung des Arbeitsentgeltes, sofern dies nach Umfang und Art des Betriebes zur ordnungsgemäßen Durchführung der Betriebsratsaufgaben erforderlich ist. Einer ausdrücklichen Genehmigung des Arbeitgebers für die Arbeitsbefreiung des Betriebsrates bedarf es trotz der Formulierung des § 37 Abs. 2 BetrVG nicht. Dies ist mit der Unabhängigkeit des Betriebsratsmandates nicht vereinbar.[9]

Der Betriebsrat hat sich jedoch vor **Verlassen des Arbeitsplatzes** bei dem Dienstvorgesetzten ordnungsgemäß **abzumelden**.[10] Um dem Arbeitgeber eine Disposition und den hiermit zusammenhängenden ordnungsgemäßen Betriebsablauf zu ermöglichen, hat der Betriebsrat die Dauer der voraussichtlichen Betriebsratstätigkeit sowie den Ort der Ausübung mitzuteilen. Häufig anzutreffen ist die Erledigung der anfallenden notwendigen Betriebsratstätigkeiten außer-

---

[8] LAG Berlin Urt. v. 6.8.1997 – 13 TaBV 3/97, AiB 1998, 167 (Vorlage von Kaufverträgen durch den Verwalter an den Betriebsrat).
[9] BAG Urt. v. 15.7.1992 – 7 AZR 466/91, AP Nr. 9 zu § 611 BGB, Abmahnung; BAG Urt. v. 15.3.1995 – 7 AZR 643/94, AP Nr. 105 zu § 37 BetrVG 1972.
[10] BAG Urt. v. 15.7.1992 – 7 AZR 466/91; BAG Urt. v. 15.3.1995 – 7 AZR 643/94.

Zobel

halb der Arbeitszeit gerade in kritischen Unternehmenssituationen. Im Falle der Erforderlichkeit bedarf es auch hier keiner ausdrücklichen Zustimmung des Arbeitgebers, die Information des Arbeitgebers ist dem Betriebsrat jedoch anzuraten.

10 e) **Zahlungsverpflichtung bei Arbeitsbefreiung von Betriebsratsmitgliedern.** Grundsätzlich ist den Betriebsratsmitgliedern die Arbeitszeit, die mit notwendigen Betriebsratstätigkeiten belegt ist, zu vergüten. Die Verpflichtung zur Entgeltzahlung richtet sich nach dem Lohnausfallprinzip.[11] Für außerhalb der Regelarbeitszeit erledigte notwendige Betriebsratstätigkeiten regelt § 37 Abs. 3 BetrVG grundsätzlich die Verpflichtung, diese durch Arbeitsbefreiung auszugleichen. § 37 Abs. 3 S. 3 Hs. 2 BetrVG schafft parallel die Möglichkeit, die entsprechende Arbeitszeit als Mehrarbeit zu vergüten, sofern die Freizeitgewährung aus betriebsbedingten Gründen nicht möglich ist.

11 Der Insolvenzverwalter kann **Betriebsratsmitglieder** von der Erbringung der Arbeitsleistung **freistellen.**[12] Die Betriebsratsmitglieder haben zur Erledigung ihrer Betriebsratstätigkeiten weiterhin das Recht, an Sitzungen des Betriebsrates mit der sich hieraus ergebenden Verpflichtung zur Entgeltzahlung teilzunehmen.

12 Im Falle der Betriebsstilllegung behält der Betriebsrat ein allgemein anerkanntes **Restmandat.**[13] Tätigkeiten im Rahmen des Restmandates sind durch den Insolvenzverwalter als Masseverbindlichkeiten zu vergüten. Die Ausübung des Betriebsratsmandates muss auf Grund der Notwendigkeiten zur Beschlussfähigkeit, § 33 BetrVG, durch das Gremium erfolgen.

13 Der Insolvenzverwalter muss den Betriebsrat **nicht bis zur endgültigen Stilllegung beschäftigen.** Hier ist auf §§ 15 Abs. 4 und 5 KSchG zu verweisen. Der Insolvenzverwalter hat auch nicht die Verpflichtung, Betriebsratsmitglieder vorrangig für Abwicklungsarbeiten im Insolvenzverfahren einzusetzen.[14]

14 f) **Kostentragungspflicht des Insolvenzverwalters. aa) Generell erstattungsfähige Kosten.** § 40 BetrVG regelt die Kostentragungspflicht des Arbeitgebers für die durch den Betriebsrat innerhalb des ihm vom Gesetz zugewiesenen Aufgabenbereiches getätigten notwendigen Aufwendungen.[15] Die Kosten sind durch den Arbeitgeber zu erstatten, wenn sie zur **ordnungsgemäßen Erfüllung der Aufgaben** des Betriebsrates notwendig und vertretbar und folglich nach dem Grundsatz der Verhältnismäßigkeit berücksichtigungsfähig sind.[16] Zu den erstattungsfähigen Kosten des Betriebsrates gehören die Kosten von Rechtsstreitigkeiten, Schulungskosten iSv § 37 Abs. 6 und 7 BetrVG, die Kosten für Sachmittel, insbesondere Fachliteratur, Telefonkosten, ggf. die Bereitstellung von Büropersonal und Sachverständigenkosten. Unter den Begriff der Sachverständigenkosten sind grundsätzlich auch Rechtsanwaltshonorare zu subsumieren, soweit diese nicht im Rahmen von Prozessvertretungen angefallen sind.

---

[11] Vgl. Richardi/*Thüsing* BetrVG § 37 Rn. 34 ff.
[12] Vgl. zur Leistungspflicht: § 143 Abs. 3 SGB III sowie zur Überleitung der Ansprüche auf die Bundesanstalt für Arbeit: § 115 Abs. 1 SGB X.
[13] BAG Urt. v. 16.6.1987 – 1 AZR 528/85, AP Nr. 20 zu § 111 BetrVG.
[14] LAG Düsseldorf Urt. v. 4.10.1996 – 9 Sa 912/96, ZIP 1997, 81.
[15] BAG Urt. v. 18.1.1989 – 7 ABR 89/87, AP Nr. 28 zu § 40 BetrVG 1972.
[16] BAG Urt. v. 30.3.1994 – 7 ABR 45/93, AP Nr. 42 zu § 40 BetrVG 1972.

bb) Hinzuziehung eines Sachverständigen. Der Betriebsrat kann gemäß 15
§ 80 Abs. 3 BetrVG einen Sachverständigen hinzuziehen, der die fehlende Sach-
und Fachkunde des Betriebsrates ersetzt, um diesen in die Lage zu versetzen,
die sich aus dem BetrVG ergebenden Rechte und Pflichten sachgerecht wahrzunehmen.[17] Soweit es darum geht, dem Betriebsrat fehlende Rechtskenntnisse
zu vermitteln, ist ein Rechtsanwalt als Sachverständiger zu bewerten.[18]

Die Hinzuziehung eines Sachverständigen kann, wie bereits dargestellt, zur 16
ordnungsgemäßen Erfüllung der Aufgaben des Betriebsrates erforderlich sein.
Sie bedarf der vorhergehenden näheren Vereinbarung zwischen dem Betriebsrat
und dem Insolvenzverwalter gemäß § 80 Abs. 3 BetrVG. Ohne Vereinbarung
sind die Kosten aus dem Gedanken der unzulässigen Drittverpflichtung nicht
zu übernehmen.[19] Sofern der Arbeitgeber die Hinzuziehung eines Sachverständigen nicht für notwendig erachtet, hat der Betriebsrat die Möglichkeit, im
Rahmen eines einstweiligen Verfügungsverfahrens über § 85 Abs. 2 ArbGG die
Notwendigkeit der Hinzuziehung und ggf. auch die Kostentragungsverpflich-
tung klären zu lassen. Nach Eintritt der Rechtskraft kann der Betriebsrat dann
einen Rechtsanwalt als Sachverständigen hinzuziehen.[20]

Da es dem Betriebsrat auf Grund der unverzüglichen Handlungsnotwendig- 17
keiten in einem Insolvenzverfahren nicht möglich sein wird, sich die erforderliche Sachkunde durch den Besuch von Schulungsveranstaltungen kostengünsti-
ger zugänglich zu machen und er aus eigener Sachkunde heraus kaum über die
notwendigen Kenntnisse verfügen wird, ist davon auszugehen, dass im Insolvenzverfahren die Erforderlichkeit der Hinzuziehung eines Rechtsanwaltes als
Sachverständigen des Betriebsrates zu bejahen ist. Sachverständige können auch
Gewerkschaftssekretäre sein.[21] Der Betriebsrat kann einen Rechtsanwalt auch
bevollmächtigen, seine Interessen vor der Einigungsstelle wahrzunehmen,[22] sofern es sich um eine schwierige Rechtsfrage handelt.

Nach § 111 S. 2 BetrVG ist der Betriebsrat in Betrieben mit über 300 Arbeit- 18
nehmern per gesetzlicher Regelung berechtigt, bei geplanten Betriebsänderungen zu seiner Unterstützung einen Berater hinzuzuziehen. Hinsichtlich der
Kostentragungspflicht gelten die vorstehenden Ausführungen.

cc) Kosten eines Sachverständigen. Aufgrund der Regelungen des RVG und 19
der Möglichkeit, jede abgrenzbare Tätigkeit als gesonderten Gebührentatbe-
stand abzurechnen, ist dem Insolvenzverwalter zu empfehlen, vorab eine Regelung über die Höhe des Honorars, ggf. in Abbedingung des RVG, schriftlich
festzulegen.

Zwei Beispiele sollen das wirtschaftliche Risiko sowie das Streitpotential verdeutlichen:

---

[17] BAG Urt. v. 19.4.1989 – 7 ABR 87/87, AP Nr. 35 zu § 80 BetrVG 1972; BAG Urt. v. 26.2.1992 – 7 ABR 51/90, AuR 1993, 93.
[18] Vgl. Richardi/*Thüsing* BetrVG § 80 Rn. 98.
[19] BAG Urt. v. 19.4.1989 – 7 ABR 87/87, NZA 89, 936.
[20] BAG Urt. v. 19.4.1989 – 7 ABR 87/87, NZA 89, 936.
[21] Zur Frage der einstweiligen Verfügung des Betriebsrats auf Bestellung eines Sachverständigen: LAG Hamm Urt. v. 15.3.1994 – 13 TaBV 16/94, AiB 1994, 423; Arbeitsgericht Wesel Urt. v. 26.5.1997, AiB 1997, 538; ausführlich mit Beschlussmustern und An-
tragsformularen: *Bichlmeier/Engberding/Oberhofer* Insolvenzhandbuch S. 416 ff.
[22] BAG Urt. v. 21.6.1989 – 7 ABR 78/87, NZA 90, 107.

20 **(1) Gegenstandswert des Sozialplanes.** Der **Gegenstandswert im Einigungsstellenverfahren** ermittelt sich bei Sozialplanverhandlungen gemäß § 23 Abs. 3 S. 2 RVG und bemisst sich aus der Differenz zwischen den jeweiligen Vorschlägen.[23] Im Rahmen der Anfechtung eines Sozialplanes handelt es sich um eine nicht vermögensrechtliche Streitigkeit, so dass sich der Gegenstandswert zum einen aus dem letztlich strittigen Sozialplanvolumen und zum anderen an der Höchstgrenze von 500 000,– EUR orientiert.[24]

21 Die Frage der Aufstellung eines Sozialplanes und dessen Höhe ist eine vermögensrechtliche Streitigkeit, der das Sozialplanvolumen zugrunde zu legen ist. Der Sachverständige führt jedoch für den Betriebsrat keine Verhandlungen.[25] Sofern Streit über das Vorliegen eines Mitbestimmungsrechtes hinsichtlich der Aufstellung eines Sozialplanes besteht, ist von einem Regelgegenstandswert von 4000,– EUR gem. § 23 Abs. 3 S. 2 RVG auszugehen.[26]

22 **(2) Gegenstandswert des Interessenausgleiches.** Der **Gegenstandswert eines Interessenausgleiches** orientiert sich an dem Gesamtsozialplanvolumen eines Insolvenzsozialplanes gemäß § 123 InsO, wobei im Rahmen der Ermessensausübung je nach Komplexität von diesem Wert ca. 60 % bis 80 % in Ansatz zu bringen sind.[27] Nach anderer Ansicht ermittelt sich der Gegenstandswert aus der Addition der jeweiligen Bruttomonatsverdienste der unter einen Interessenausgleich fallenden Arbeitnehmer.

23 Der Sachverständige des Betriebsrates führt nach herrschender Meinung keine Verhandlungen für den Betriebsrat. Eine Einigungsgebühr gemäß Nr. 1000 VV RVG kann aus diesem Grunde nicht entstehen.[28] Aus dem zu ermittelnden Gegenstandswert fällt jedoch eine Geschäftsgebühr gemäß Nr. 2300 VV RVG innerhalb eines Rahmens von 1,3 (Mindestgebühr) bis 2,5 (Höchstgebühr) zuzüglich Auslagen und gesetzlicher Mehrwertsteuer an.

24 **dd) Insolvenzrechtliche Einordnung der Kosten.** Kosten, die gemäß § 40 BetrVG bzw. gemäß § 40 iVm § 80 Abs. 3 BetrVG nach Eröffnung des Insolvenzverfahrens entstanden bzw. dem vorläufigen Insolvenzverwalter mit Verfügungsbefugnis iSd § 22 Abs. 1 InsO zuzurechnen sind, werden als Masseverbindlichkeiten gemäß § 55 Abs. 1 bzw. Abs. 2 InsO behandelt und sind vom Insolvenzverwalter zu begleichen. Um hier von vornherein Planungssicherheit hinsichtlich der Kosten auf Insolvenzverwalterseite zu gewährleisten, ist die oben vorgeschlagene pauschalierte Regelung zu präferieren.

25 Im Übrigen sind die Kosten, die vor Eröffnung bzw. Einsetzung eines „starken" vorläufigen Insolvenzverwalters entstanden sind, als Insolvenzforderungen gemäß § 38 InsO zu behandeln. Sie müssen dementsprechend zur Insolvenztabelle als Insolvenzforderung angemeldet werden. Hier sollten die als Sachverständige Hinzugezogenen entsprechende Sicherungen vorsehen.

---

[23] BAG Urt. v. 14.2.1996 – 7 ABR 25/95, NZA 96, 892.
[24] LAG Düsseldorf Urt. v. 29.11.1994 – 7 Ta BV 1336/94, DB 1995, 52.
[25] BAG Urt. v. 13.5.1998 – 7 ABR 65/96, NZA 98, 900.
[26] LAG SchlH Urt. v. 6.5.1993 – 1 Ta BV 54/93, BB 1993, 1520.
[27] LAG Hamm Urt. v. 13.10.1988 – 8 Ta BV 53/88, ArbG Darmstadt Urt. v. 29.6.1994 – 7 BV 4/94.
[28] ArbG Berlin Urt. v. 15.3.2006 – 9 BV 21646/05, NZA-RR 2006, 543.

Zobel

2. Das Einigungsstellenverfahren

a) Grundlegendes. Die Einigungsstelle als eine sogenannte selbstständige Schlichtungsstelle[29] ist eine betriebsverfassungsrechtliche Institution eigener Art.[30] Sie wird als privatrechtliche Einrichtung definiert,[31] die weder Gericht noch Verwaltungsbehörde ist. Die Einigungsstelle dient ihrer Funktion nach der Durchsetzung der im Betriebsverfassungsgesetz manifestierten Mitbestimmungsrechte und ist darüber hinaus in gesetzlich definierten Einzelfällen zuständig.

b) Das Verfahren. Bei **zwingenden Mitbestimmungsrechten** ersetzt der Spruch der Einigungsstelle die Einigung zwischen den Betriebsparteien. Die Einigungsstelle wird gemäß § 76 Abs. 5 S. 1 BetrVG auf Antrag des Arbeitgebers oder des Betriebsrates tätig und kann auch gegen den Willen einer Betriebspartei gebildet werden. Sofern die Betriebsparteien über die Anrufung und Besetzung der Einigungsstelle kein Einvernehmen erzielen, können sie deren Einsetzung beim Arbeitsgericht beantragen. Der Antrag muss den Vorsitzenden und die Zahl der Beisitzer gemäß § 76 Abs. 2 S. 2 und 3 BetrVG enthalten. Vorab hat die antragstellende Betriebspartei die Gegenseite zur Mitwirkung an der Bildung einer Einigungsstelle zu beteiligen. Dies sollte unter Fristsetzung erfolgen, um in dem Beschlussverfahren vor dem Arbeitsgericht gemäß § 2a Abs. 1 Nr. 1, Abs. 2 iVm §§ 80ff., 98 ArbGG das Rechtsschutzbedürfnis darstellen zu können. Aufgrund der besonderen Ausgestaltung des § 112 Abs. 3 BetrVG handelt es sich in diesem Falle nicht um ein verbindliches Einigungsstellenverfahren.[32] Kommt es im Insolvenzverfahren tatsächlich zum Streit über die Besetzung der Einigungsstelle, ist mit einer immensen Zeitverzögerung zu rechnen. Es ist davon auszugehen, dass Streitigkeiten über den Vorsitz sowie über die Besetzung der Einigungsstelle zwar grundsätzlich im ersten Anhörungstermin entschieden werden können. Das Verfahren ist jedoch erst dann erledigt, wenn der Vorsitzende das Amt durch Erklärung gegenüber dem Arbeitsgericht annimmt.[33] Darüber hinaus ist gegen den Beschluss über die Bestellung der Einigungsstelle die sofortige Beschwerde gemäß § 98 Abs. 2 S. 1 ArbGG möglich.

Das Verfahren ist im Übrigen nur unvollkommen geregelt. Sobald die Einigungsstelle wirksam eingesetzt ist, hat der Vorsitzende die Mitglieder der Einigungsstelle zu einer Sitzung einzuladen. Die Einigungsstelle hat jedenfalls den Parteien vor der Entscheidung rechtliches Gehör zu gewähren.[34] Das Verfahren vor der Einigungsstelle ist für die Parteien öffentlich. Die Beratung und Beschlussfassung erfolgt demgegenüber nichtöffentlich.[35]

---

[29] BAG Urt. v. 6.4.1973 – 1 ABR 20/72, AP Nr. 1 zu § 76 BetrVG 1972.
[30] Vgl. Richardi/*Richardi/Maschmann* BetrVG § 76 Rn. 6.
[31] BAG Urt. v. 12.6.1975 – 3 ABR 66/74, AP Nr. 3 zu § 87 BetrVG 1972, Lohngestaltung.
[32] Vgl. Richardi/*Annuß* BetrVG § 112 Rn. 230 mwN.
[33] Vgl. Richardi/*Richardi/Maschmann* BetrVG § 76 Rn. 70.
[34] BAG Urt. v. 11.2.1992 – 1 ABR 51/91, AP Nr. 50 zu § 76 BetrVG 1972.
[35] BAG Urt. v. 18.1.1994 – 1 ABR 43/93, AP Nr. 51 zu § 76 BetrVG 1972.

29 **c) Entscheidung durch Spruch.** Die Entscheidung der Einigungsstelle erfolgt durch einen Spruch auf Basis eines Beschlusses. Grundsätzlich entscheidet die Einigungsstelle mit Stimmenmehrheit, wobei im Rahmen der ersten Beschlussfassung der Vorsitzende sich der Stimme zu enthalten hat. Der Beschluss sollte schriftlich begründet werden.[36] Rechtsnatur des Spruches ist je nach Regelungsgegenstand eine Betriebsvereinbarung, eine Regelungsabrede oder lediglich eine Rechtsfeststellung,[37] jedenfalls kein Vollstreckungstitel.[38] Der Spruch unterliegt der arbeitsgerichtlichen Rechtskontrolle[39] sowie gemäß § 76 Abs. 5 S. 4 BetrVG der fristgebundenen Ermessenskontrolle,[40] die innerhalb von zwei Wochen nach Zuleitung des Spruches geltend zu machen ist. Eine bindende Entscheidung im Rahmen des Interessenausgleichsverfahrens ist für die Einigungsstelle nicht möglich. Der Vorsitzende wird deshalb eigene Vorschläge erarbeiten, deren Durchsetzung nur gemeinschaftlich möglich ist. Der Vorsitzende hat zwischen den Betriebsparteien in dem Fall die Funktion eines „Mediators", der ggf. auch das Scheitern der Verhandlungen festzustellen hat.

3. Betriebsvereinbarungen in der Insolvenz

30 **a) Die Betriebsvereinbarung.** Bei einer Betriebsvereinbarung iSv § 77 BetrVG handelt es sich um die klassische Form der Ausübung der Beteiligungsrechte und der Gestaltung der betrieblichen Angelegenheiten zwischen den Betriebsparteien.[41] Die Betriebsvereinbarung ist das Instrument der innerbetrieblich verbindlichen Rechtsetzung. Sie wirkt wie eine Rechtsnorm auf Arbeitsverhältnisse, bestimmt deren Inhalt und ist gemäß § 77 Abs. 2 BetrVG an die Schriftform sowie beiderseitige Unterzeichnung gebunden.[42] Grundsätzlich hat die Eröffnung des Insolvenzverfahrens keinerlei Auswirkungen auf die zwischen Betriebsrat und Arbeitgeber geschlossenen Betriebsvereinbarungen. Diese gelten gemäß § 77 Abs. 4 BetrVG unmittelbar und zwingend fort. Sie entfalten in Bezug auf die Einzelarbeitsverhältnisse normative Wirkung mit unabdingbarem Regelungscharakter.[43] Gemäß § 77 Abs. 5 BetrVG sind Betriebsvereinbarungen mit einer Frist von drei Monaten kündbar, sofern keine anderweitige Abrede zwischen den Parteien getroffen worden ist. Hierfür bedarf es keines sachlichen Grundes.[44]

31 **b) Kündigungsmöglichkeit von Betriebsvereinbarungen nach § 120 InsO.** Belastende Betriebsvereinbarungen können nach Insolvenzeröffnung mit der Maßgabe des § 120 Abs. 1 S. 2 InsO mit einer Frist von drei Monaten gekündigt werden. Eine Belastung ist immer anzunehmen, wenn sich aus der Betriebsver-

---

[36] BVerfG Urt. v. 18.10.1987 – 1 BvR 1426/83, AP Nr. 7 zu § 87 BetrVG, Auszahlung; Fitting/*Engels/Schmidt/Trebinger/Linsenmaier* BetrVG § 76 Rn. 79, 92.
[37] Vgl. Fitting/*Engels/Schmidt/Trebinger/Linsenmaier* BetrVG § 76 Rn. 134f.
[38] *Gaul/Bartenbach* NZA 1985, 341 (343).
[39] BAG Urt. v. 30.1.1990 – 1 ABR 2/89, NZA 1990, 571; BAG Urt. v. 25.7.1989 – 1 ABR 46/88, NZA 1989, 979.
[40] BAG Urt. v. 26.5.1988 – 1 ABR 11/87.
[41] Vgl. Richardi/*Richardi* BetrVG § 77 Rn. 17.
[42] BAG Urt. v. 12.10.1994 – 7 AZR 398/93, NZA 1995, 641.
[43] Vgl. ausführlich: Richardi/*Richardi* BetrVG § 77 Rn. 23ff.
[44] BAG Urt. v. 8.12.1982, AP Nr. 6 zu § 77 BetrVG 1972, Nachwirkung.

einbarung eine unmittelbare Leistungspflicht ergibt (Prämien, Beihilfen, Zusatzurlaub, Kantine, Kindergarten usw). § 120 InsO findet demzufolge auf alle belastenden entgeltrelevanten freiwilligen und erzwingbaren Betriebsvereinbarungen Anwendung und gilt auch für Betriebsvereinbarungen der betrieblichen Altersversorgung. Nicht erfasst sind hingegen Betriebsvereinbarungen über die betriebliche Organisation oder auch nur mittelbar sonstige Betriebsvereinbarungen (Kündigung von Tarifregelungen).[45] Die Kündigungsmöglichkeit bezieht sich auch auf kollektivrechtliche Regelungen, die Beschäftigungssicherungen, Regelung über die Unkündbarkeit oder Standortgarantien zum Inhalt haben.[46]

Betriebsvereinbarungen sind aus wichtigem Grunde auch außerordentlich **32** kündbar.[47] Ob die außerordentliche Kündigung einer Betriebsvereinbarung möglich ist, hängt maßgeblich davon ab, ob es dem Kündigenden unter Berücksichtigung aller Umstände und unter Abwägung der Interessen der Beteiligten nicht möglich ist, bis zum Ablauf der ordentlichen Kündigungsfrist an der Betriebsvereinbarung festzuhalten.[48] Die Insolvenz an sich, ebenso wie das Nichtvorhandensein von Geldmitteln zur Erbringung der Leistungen, stellt keinen außerordentlichen Kündigungsgrund dar.[49]

Die gesonderte Kündigungsmöglichkeit des Insolvenzverwalters nach § 120 **33** InsO ist lex specialis zu § 77 Abs. 5 BetrVG. Teilkündigungen von Betriebsvereinbarungen sind auf der Grundlage des § 120 InsO nicht möglich. Eine Ausnahme besteht nur dann, wenn die Teilkündigung ausdrücklich vereinbart ist oder einen selbstständigen Teilbereich betrifft. Die in § 120 Abs. 1 S. 1 InsO festgelegte Beratung der Betriebsparteien ist als reine Sollvorschrift ausgestaltet und im Licht des § 74 BetrVG zu betrachten, so dass man zwar mit dem enthaltenen Willen der Einigung erörtern muss, jedoch kein einklagbares Beratungsgespräch oder sogar ein Kündigungshemmnis im Falle des Unterlassens besteht. Aufgrund der Nachwirkung ergibt sich jedoch nach Kündigung zwingend die Beratungsnotwendigkeit, ggf. durch Einleitung eines Einigungsstellenverfahren.

Praxistipp: Dem Insolvenzverwalter ist anzuraten, sich schnellstmöglich eine Aufstellung aller bestehenden Betriebsvereinbarungen zugänglich zu machen, um eine Entscheidungsgrundlage zur Nutzung des § 120 InsO zu erhalten. Daraufhin sollten Beratungen über eine einvernehmliche Regelung wegen der Nachwirkungsproblematik und der Ablösungsnotwendigkeit von den Betriebsparteien bevorzugt werden. Eine schnelle Kündigung führt oft nicht zu dem gewünschten Ergebnis. **34**

c) Nachwirkung von Betriebsvereinbarungen. Die Kündigung von Betriebsvereinbarungen zieht nicht zwangsläufig ein Entfallen der betreffenden Regelung nach sich. Aufgrund des Prinzips der Nachwirkung von erzwing- **35**

---

[45] Vgl. Fitting/*Engels/Schmidt/Trebinger/Linsenmaier* § 77 Rn. 154.
[46] BAG Urt. v. 22.9.2005, AP Nr. 21 zu § 113 InsO; BAG Urt. v. 17.11.2005, AP Nr. 19 zu § 113 InsO.
[47] Vgl. Richardi/*Richardi* BetrVG § 77 Rn. 201; Kübler/Prütting/*Moll* § 120 Rn. 46 mwN.
[48] BAG Urt. v. 28.4.1992 – 1 ABR 68/91, AP Nr. 11 zu § 50 BetrVG 1972; Fitting/ *Engels/Schmidt/Trebinger/Linsenmaier* § 77 Rn. 151.
[49] BAG Urt. v. 10.8.1994 – 10 ABR 61/93, ZIP 1995, 1037.

baren Betriebsvereinbarungen iSv § 77 Abs. 6 BetrVG gelten gekündigte Betriebsvereinbarungen grundsätzlich so lange fort, bis sie durch eine andere Vereinbarung oder eine Entscheidung der Einigungsstelle ersetzt werden.

36 Obwohl § 120 InsO nicht ausdrücklich zwischen erzwingbaren und freiwilligen Betriebsvereinbarungen differenziert, ist deren Unterscheidung dennoch maßgeblich für die Frage der Nachwirkung. In die Kategorie der erzwingbaren Betriebsvereinbarungen fallen grundsätzlich solche, bei denen die fehlende Einigung zwischen Arbeitgeber und Betriebsrat durch einen Spruch der Einigungsstelle ersetzt werden kann (vgl. insbesondere § 87 Abs. 1 und Abs. 2 iVm § 76 Abs. 6 BetrVG). Im Rahmen dieser der Mitbestimmung unterliegenden Regelungsbereiche ist in jedem Falle von einer Nachwirkung der Betriebsvereinbarungen gemäß § 77 Abs. 6 BetrVG auszugehen. Diese kann nur durch den Abschluss einer neuen Betriebsvereinbarung oder durch den Spruch der Einigungsstelle ersetzt werden. Eine Nachwirkung besteht im übrigen selbst dann, wenn die erzwingbare Betriebsvereinbarung iSv § 88 BetrVG aus wichtigem Grund außerordentlich gekündigt wird.

37 Die freiwilligen Betriebsvereinbarungen sind dadurch gekennzeichnet, dass hier gerade nicht die Möglichkeit besteht, eine fehlende Einigung zwischen Arbeitgeber und Betriebsrat durch einen Spruch der Einigungsstelle zu ersetzen. Bei Kündigung einer freiwilligen Betriebsvereinbarung durch den Insolvenzverwalter scheidet eine Nachwirkung grundsätzlich aus, wenn der Verwalter damit einen völligen Wegfall der Leistungen erreichen will. Damit entfällt der Anspruch auf die betreffenden Leistungen mit Ablauf der Kündigungsfrist. Betrifft eine Betriebsvereinbarung gemischte Tatbestände, kann sich daraus eine Nachwirkung ableiten.[50]

38 Vereinbarungen über die Nachwirkung freiwilliger Betriebsvereinbarungen sind grundsätzlich anerkannt.[51] Eine gewillkürte Nachwirkung ist im Hinblick auf den Normzweck des § 120 InsO jedoch abzulehnen. Die Folge wäre unweigerlich eine erhebliche Belastung der Insolvenzmasse. Dies wollte der Gesetzgeber mit der Einführung gerade des § 120 InsO vermeiden.[52]

39 **d) Regelungsabreden. aa) Rechtscharakter und Anwendungsbereich.** Neben dem Instrumentarium der Betriebsvereinbarungen können die Betriebsparteien auch sog Regelungsabreden bzw. Betriebsabsprachen treffen.[53] Unter einer Regelungsabrede ist eine formlose Einigung der Betriebsparteien zur Regelung von betrieblichen Angelegenheiten zu verstehen. Das Betriebsverfassungsgesetz erfordert nicht, dass zwingende Mitbestimmungsangelegenheiten nur durch Betriebsvereinbarungen einer Regelung zugeführt werden können. Das Gesetz spricht lediglich von Einigung, Einvernehmen oder Einverständnis bzw. von allgemeinen Vereinbarungen.[54] Die Regelungsabrede wirkt lediglich rechtlich verbindlich zwischen Arbeitgeber und Betriebsrat,

---

[50] BAG AP Nr. 5 zu § 77 BetrVG 1972 Nachwirkung; BAG AP Nr. 6 zu § 77 BetrVG 1972, Nachwirkung.
[51] BAG Urt. v. 28.4.1998 – 1 ABR 43/97, NZA 1998, 1348.
[52] Vgl. Fitting/*Engels/Schmidt/Trebinger/Linsenmaier* § 77 Rn. 156.
[53] Vgl. zum Begriff: BAG Urt. v. 10.3.1992 – 1 ABR 31/91, AP Nr. 1 zu § 77 BetrVG 1972, Regelungsabrede.
[54] Vgl. Richardi/*Richardi* BetrVG § 77 Rn. 226.

§ 28. Kollektives Arbeitsrecht   911

jedoch **ohne** die **normative Wirkung** einer Betriebsvereinbarung.[55] Soll sie Inhalt eines Arbeitsvertrages werden, bedarf sie der vorherigen Umsetzung auf der arbeitsvertraglichen Ebene.

Aufgrund des Umstandes, dass Regelungsabreden keine normative Wirkung   40
entfalten, eignen sie sich grundsätzlich nicht zur Regelung zwingender, insbesondere sozialer Mitbestimmungstatbestände. Das geeignete Instrument hierfür stellt vielmehr die Betriebsvereinbarung dar, weil nur sie nach Maßgabe des § 77 Abs. 3 BetrVG unmittelbar und zwingend auf die Arbeitsverhältnisse einwirkt.

bb) Kündigung und Nachwirkung. Für die Kündigung von Regelungsabre-   41
den gilt, soweit explizit keine Kündigungsfrist vereinbart ist, § 77 Abs. 5 BetrVG in entsprechender Anwendung. Insoweit ist eine Kündigungsfrist von drei Monaten zu beachten.[56] Sollten die Parteien bei einer Regelungsabrede die Kündigungsmöglichkeit beispielsweise über eine Befristung eingeschränkt haben, so ist im Rahmen der Insolvenz § 120 InsO analog anzuwenden. Zwar ist die Regelung des § 120 InsO nach ihrem Wortlaut nur auf Betriebsvereinbarungen anwendbar.[57] Aufgrund der Vergleichbarkeit der beiden Rechtsinstitute und dem Bestehen einer Regelungslücke ist eine analoge Anwendung im Falle von belastenden Regelungsabreden geboten.

Regelungsabreden entfalten im Übrigen keine Nachwirkung iSv § 77 Abs. 6   42
BetrVG. Dieses bezieht sich auch auf die Fälle, in denen Regelungsabreden mitbestimmungspflichtige Gegenstände beinhalten, da ansonsten der Regelungsabrede die gleiche Wirkung wie der Betriebsvereinbarung zukommen würde.[58] Die entgegenstehende Auffassung ist abzulehnen. Wäre eine Nachwirkung von Regelungsabreden vom Gesetzgeber gewollt gewesen, so hätte er dies in § 77 Abs. 6 BetrVG ausdrücklich angeordnet. Mangels Nachwirkung ist mit Ablauf der Kündigungsfrist die mitbestimmungspflichtige Angelegenheit zwischen den Betriebsparteien ungeregelt. Der Regelungsgegenstand ist entweder durch eine Betriebsvereinbarung zu ersetzen oder, sofern dies nicht geschieht, das Einigungsstellenverfahren beispielhaft über § 87 Abs. 2 BetrVG einzu-leiten.

e) Betriebliche Übung. Die Insolvenzeröffnung hat keinerlei Auswirkungen   43
auf ggf. bestehende betriebliche Übungen. Diese sind keinesfalls über die Norm des § 120 InsO einer Beseitigung zugänglich.

---

[55] BAG Urt. v. 24.2.1987 – 1 ABR 18/85, AP Nr. 21 zu § 77 BetrVG 1972 und insbesondere BAG Urt. v. 14.2.1991 – 2 AZR 415/90, AP Nr. 4 zu § 611 BGB, Kurzarbeit.
[56] BAG Urt. v. 10.3.1992 – 1 ABR 67/91, AP Nr. 1 zu § 77 BetrVG 1972, Regelungsabrede; BAG Urt. v. 10.3.1992 – 1 ABR 67/91, AP Nr. 48 zu § 77 BetrVG 1972; *Heinze* NZA 1994, 580 (584).
[57] Vgl. Fitting/*Engels/Schmidt/Trebinger/Linsenmaier* BetrVG § 77 Rn. 225.
[58] Vgl. MHdB ArbR/*Matthes*, Bd. 2, § 239 Rn. 103; Richardi/*Richardi* BetrVG § 77 Rn. 234; Fitting/*Engels/Schmidt/Trebinger/Linsenmaier* BetrVG § 77 Rn. 266; aA Kübler/Prütting/*Moll* § 120 Rn. 14 mit Verweis auf BAG Urt. v. 23.6.1992 – 1 ABR 53/91, AP Nr. 51 zu § 87 BetrVG 1972, Arbeitszeit; Fitting/*Engels/Schmidt/Trebinger/Linsenmaier* BetrVG § 77 Rn. 226; HSWGN/*Hess* BetrVG § 77 Rn. 179 mwN.

Zobel

II. Interessenausgleich in der Insolvenz

1. Grundlegendes

44 Meist führt die Insolvenz eines Unternehmens zu einschneidenden Maßnahmen sowohl im betriebsorganisatorischen als auch im personellen Bereich. Im Extremfall hat dies eine Gesamtbetriebsstilllegung, in weniger einschneidenden Fällen eine Teilbetriebsstilllegung zur Folge. Jedenfalls aber – mit ganz wenigen Ausnahmen – kommt es zu einer erheblichen Reduzierung des Personalstandes. Die Erfahrungswerte zeigen, dass es sich hierbei fast immer um eine Personalreduzierung in einer Größenordnung von 40%–60% handelt. Bei Entlassungs- bzw. Betriebsänderungsnotwendigkeiten iSd Regelungen der §§ 111 ff. BetrVG kommt es – sofern die nachfolgend näher zu erläuternden Voraussetzungen vorliegen – zu der Verpflichtung des Insolvenzverwalters, mit dem Betriebsrat in Verhandlungen über den Abschluss eines sog Interessenausgleiches einzutreten. Für die Beteiligungsnotwendigkeit des Betriebsrates ist es unerheblich, aus welchen Gründen eine Betriebsänderung vorzunehmen ist und dass bzw. ob diese durch die Insolvenz bedingt ist.[59]

45 Der Antrag auf Eröffnung eines Insolvenzverfahrens an sich stellt nach allgemeiner Ansicht[60] keine Betriebsänderung iSd §§ 111 ff. BetrVG dar. Schließlich führt die Insolvenzantragstellung noch zu keiner Änderung der Gestaltung des Betriebes. Die Betriebsidentität bleibt gewahrt.[61]

46 Die Regelung des § 111 BetrVG ist nicht betriebsvereinbarungsdispositiv.[62] Der Betriebsrat kann nicht im Voraus – beispielsweise über einen Rahmeninteressenausgleich – sein Einverständnis zu einer unbestimmten Betriebsänderung erklären. Eine Beteiligung ist folgerichtig für jede konkrete Maßnahme, die eine Betriebsänderung darstellt, notwendig.

2. Der Interessenausgleich

47 **a) Gegenstand des Interessenausgleiches.** Der Interessenausgleich ist das Instrumentarium, das den Interessenkonflikt zwischen Arbeitgeber und Betriebsrat im Falle einer Betriebsänderung lösen soll. Der Arbeitgeber wird im Wesentlichen wirtschaftliche Erwägungen anbringen, wohingegen der Betriebsrat den Erhalt der Arbeitsplätze und, sofern unvermeidlich, jedenfalls sozialverträgliche Lösungen im Blick haben wird. Der Interessenausgleich beschreibt demzufolge die Betriebsänderung und deren Folgen.

47a **b) Rechtsnatur des Interessenausgleiches.** Bei einem Interessenausgleich handelt es sich um ein Rechtsinstitut eigener Art,[63] das per gesetzlicher Definition keine Betriebsvereinbarung iSd § 77 Abs. 4 BetrVG ist. Eine normative Wirkung auf Einzelarbeitsverhältnisse kann ein Interessenausgleich nur entfal-

---

[59] Vgl. insoweit: Richardi/*Annuß* BetrVG § 111 Rn. 35.
[60] Vgl. MHdB ArbR/*Matthes*, Bd. 2, § 271 Rn. 2.
[61] Vgl. → Rn. 1.
[62] BAG 29.11.1983 – 1 AZR 523/82, AP Nr. 10 zu § 113 BetrVG 1972; NJW 1984, 1650.
[63] Vgl. Fitting/*Engels*/*Schmidt*/*Trebinger*/*Linsenmaier* BetrVG §§ 112, 112a Rn. 43; Richardi/*Annuß* BetrVG § 112 Rn. 36; HSWGN/*Hess* BetrVG § 112 Rn. 14.

ten, wenn die Betriebsparteien dies eindeutig und unmissverständlich zum Ausdruck gebracht haben und diesen als Betriebsvereinbarung ausformulieren. Entsprechendes ist als von den Parteien gewählte höher qualifizierte Einigung zulässig. Im Zweifelsfall sind die Auslegungsregelungen nach den allgemeinen Grundsätzen des BGB heranzuziehen.[64] Grundsätzlich hat der Betriebsrat **keinen kollektivrechtlichen Erfüllungsanspruch** auf Durchführung des vereinbarten Interessenausgleiches.[65] Auch eine gerichtliche Durchsetzung des Interessenausgleiches scheidet aus, da dieser keine Grundlage für einen vollstreckbaren Titel darstellt.[66] Die Einhaltung der Vereinbarungen des Interessenausgleiches können nicht durch eine einstweilige Verfügung erzwungen werden.[67] Grundsätzliche **Sanktionsregelung** bei einem Verstoß gegen den Interessenausgleich ist § 113 BetrVG. Darüber hinaus sind lediglich konkrete normative Wirkungen für die Einzelarbeitsverhältnisse unter den og Bedingungen mit den sich daraus ergebenden Rechtsfolgen des klagbaren Rechtes des einzelnen Arbeitnehmers aus der Vereinbarung heraus denkbar. Durch die Regelung des § 125 InsO werden dem Interessenausgleich in Einzelfällen besondere Rechtswirkungen kraft Gesetzes auferlegt.

c) **Zustandekommen eines Interessenausgleiches. aa) Verfahrensablauf.** 48
Die Aufstellung eines Interessenausgleiches zwischen den Betriebsparteien ist nicht erzwingbar. Dies ist Ausfluss der unternehmerischen Entscheidungsfreiheit, die grundsätzlich nicht eingeschränkt werden darf.[68] Das Interessenausgleichsverfahren beginnt mit der rechtzeitigen und umfassenden Unterrichtung des Betriebsrates über die geplante Maßnahme. Daran schließt sich die Beratungsphase an, die grundsätzlich durch Einigung und Abschluss eines Interessenausgleiches endet. Kommt es zwischen den Betriebsparteien zu keiner Einigung, so kann jede Betriebspartei den Vorstand der Bundesagentur für Arbeit um Vermittlung ersuchen (vgl. § 112 Abs. 2 S. 1 BetrVG). § 121 InsO ändert die vorgenannte Regelung in Insolvenzverfahren dahingehend ab, dass der Vermittlungsversuch nur dann vorangeht, wenn die Betriebsparteien gemeinsam um Vermittlung ersuchen.[69]

Praxistipp: Die Praxisrelevanz ist untergeordnet. Um Verfahrensverzögerungen zu 49 vermeiden, ist anzuraten, den Weg über den Vermittlungsversuch nicht zu wählen. Unterbleibt der Vermittlungsversuch oder ist dieser ergebnislos, kann jede Betriebspartei die Einigungsstelle (§ 76 BetrVG) gemäß § 112 Abs. 3 BetrVG anrufen.[70] Die Anrufung stellt gleichzeitig das Scheitern eines – imaginären – Einigungsversuchs dar (§ 112 Abs. 2 S. 2 InsO).

---

[64] BAG 22.1.1997– 5 AZR 658/95, AP Nr. 6 zu § 620 BGB, Teilkündigung; BAG Urt. v. 26.6.1996 – 7 AZR 674/95, AP Nr. 23 zu § 620 BGB, Bedingung.
[65] Vgl. insoweit BAG Urt. v. 28.8.1991 – 7 ABR 72/90, AP Nr. 2 zu § 85 ArbGG 1979; *Wilhelmsen/Hohenstatt* NZA 1997, 345 (348 ff.).
[66] Vgl. Richardi/*Annuß* BetrVG § 112 Rn. 47.
[67] BAG Urt. v. 28.8.1991 – 7 ABR 72/90.
[68] BAG Urt. v. 7.12.1978, 24.10.1979, 30.4.1987, AP Nr. 6, 8, 42 zu § 1 KSchG 1969, betriebsbedingte Kündigung; BAG Urt. v. 26.6.1996 – 2 AZR 200/96, EZA Nr. 86, § 1 KSchG, betriebsbedingte Kündigung.
[69] Vgl. *Giesen* ZIP 1998, 142; Kübler/Prütting/*Moll* § 121 Rn. 5.
[70] Einigungsstellenverfahren vgl. → Rn. 27 f.

Zobel

50 **bb) Der Abschluss über die Einigungsstelle.** Sowohl der Insolvenzverwalter als auch der Betriebsrat haben die Möglichkeit gemäß § 112 Abs. 3 BetrVG, die Einigungsstelle anzurufen. Die Errichtung der Einigungsstelle regelt § 76 BetrVG. Scheitert der Versuch, eine Einigung zwischen den Parteien zu erzielen und endet das Interessenausgleichsverfahren ohne Ergebnis, hat die Einigungsstelle festzustellen, dass eine Einigung zwischen den Betriebsparteien nicht zustande gekommen und das Interessenausgleichsverfahren damit abgeschlossen ist.

51 Einigungsstellenverfahren sind nicht nur kostenträchtig. Wesentlich nachteiliger ist der erhebliche Zeitverlust, der damit einhergeht. Sofern Streit über die Einrichtung der Einigungsstelle, die Zahl der Beisitzer oder die Person des Vorsitzenden der Einigungsstelle besteht, ist eine Zeitverzögerung von mehreren Monaten einzukalkulieren. Entsprechende Beschlussverfahren können durch zwei Instanzen geführt werden. Das Interessenausgleichsverfahren ist aber erst mit dem Spruch der Einigungsstelle abgeschlossen. Aus Haftungsgesichtspunkten (nicht zuletzt wegen möglicher Nachteilsausgleichsansprüche aus § 113 Abs. 3 BetrVG) sollte der Insolvenzverwalter gut überlegen, ob er bereits vor der Feststellung, dass der Interessenausgleich gescheitert ist, (endgültige) personelle Maßnahmen einleiten. Allerdings besteht die Möglichkeit, nicht unumkehrbare Maßnahmen, wie zB widerrufliche Freistellungen zu erklären, die zudem grundsätzlich nicht der Mitbestimmung des Betriebsrats unterliegen.

52 **Praxistipp:** Durch eine sachgerechte Informationspolitik der Insolvenzverwaltung gegenüber dem Betriebsrat wird dieser im Interesse einer möglichen Sanierung in der Regel zu einer konstruktiven Zusammenarbeit und zur Durchführung gebotener Maßnahmen bereit sein. Extremfälle sind in der Insolvenzpraxis selten zu finden.

53 Die Insolvenzordnung trägt der Beschleunigungsnotwendigkeit durch Einführung eines Verfahrens über die Zustimmung zur Durchführung einer Betriebsänderung gemäß § 122 InsO Rechnung. Der Insolvenzverwalter sollte seine Information des Betriebsrats an den Notwendigkeiten des Verfahrens ausrichten und diese parallel vorbereiten.

54 **cc) Formerfordernis.** Kommt zwischen den Betriebsparteien ein Interessenausgleich zustande, ist dieser nur dann wirksam, wenn er schriftlich niedergelegt und von beiden Parteien unterzeichnet worden ist, vgl. § 125 BGB. Für die Schriftform gilt § 126 Abs. 1 BGB.[71] Der Insolvenzverwalter ist in der Beweislast hinsichtlich der Einhaltung der Formalien. Die Schriftform als Wirksamkeitsvoraussetzung hat die Funktion, die Verhandlung von der Einigung abzugrenzen und dient der Rechtssicherheit.[72] Das Instrumentarium der Regelungsabrede ist dem Interessenausgleichsverfahren fremd.

55 Der Interessenausgleich muss nicht in einer gesonderten Urkunde neben dem Sozialplan abgeschlossen werden. Vielfach findet sich eine Verquickung von Interessenausgleich und Sozialplan.[73] Schließen die Betriebsparteien vor Durchführung der Betriebsänderung einen Sozialplan ab, ist darin grundsätzlich

---

[71] BAG Urt. v. 9.7.1985 – 1 AZR 323/83, AP Nr. 13 zu § 113 BetrVG 1972.
[72] Vgl. Richardi/*Annuß* BetrVG § 112 Rn. 28, mwN.
[73] BAG Urt. v. 20.4.1994 – 10 AZR 186/93, AP Nr. 27 zu § 113 BetrVG 1972.

gleichzeitig der Interessenausgleich zu sehen.[74] Ein Rahmensozialplan kann die Wirkung jedoch nicht entfalten.[75]

Erfolgt eine entsprechende Niederlegung eines Interessenausgleiches in der dargestellten notwendigen Form nicht, so sind die mündlichen oder auch schriftlichen, aber nicht unterzeichneten Abreden wirkungslos. Die Sanktion ist in § 113 Abs. 3 BetrVG geregelt.

56

Praxistipp: Aus Sicherheitsgründen ist ein Interessenausgleich in dreifacher Ausfertigung jeweils in einer Urkunde in fester Verbindung vor Unterschrift zu erstellen, einzeln zu paraphieren, durchzunummerieren und zu unterzeichnen. Niemals eine Urkunde zur Vervielfältigung entklammern, sondern ein Exemplar als Kopierexemplar verwenden!

d) Inhalt des Interessenausgleiches. Der Interessenausgleich dient der Darstellung der ausgehandelten Betriebsänderung. Inhalt des Interessenausgleiches sind **Regelungen** über die Form, den Umfang und die Folgen einer Betriebsänderung. Darin sollen konkret die Änderungen in den einzelnen Bereichen/Abteilungen des Betriebes und die daraus resultierenden Notwendigkeiten bzw. Folgewirkungen in den einzelnen Bereichen/Abteilungen dargestellt und die Folgen geregelt werden (beispielsweise die Stilllegung einer Abteilung usw). Dies dient auch der Absicherung der handelnden Parteien. Nicht selten sind die Verhandlungspartner des Insolvenzverwalters später nicht mehr greifbar oder haben Erinnerungsdefizite. Vor diesem Hintergrund besteht eine Dokumentationsnotwendigkeit. In einem Kündigungsschutzverfahren ist eine Betriebsänderung in einer Kausalkette bis zum Entfall des einzelnen Arbeitsplatzes unabhängig von einem Interessenausgleichsverfahren grundsätzlich konkret zu erläutern und unter Beweis zu stellen.[76] Ohne hinreichende Dokumentation kann dies zu folgenschweren, bösen Überraschungen für den Insolvenzverwalter in Kündigungsschutzverfahren führen. Dies gilt eingeschränkt selbst bei Anwendung der Regelungen des § 125 InsO.

57

Praxistipp: Gilt außerhalb der Insolvenz der Grundsatz im Interessenausgleich: „wer zuviel schreibt, schränkt sich ein", ändert sich dies in der Insolvenz in den Grundsatz: „wer schreibt, der bleibt".

e) Getrennte Verhandlung von Interessenausgleich und Sozialplan. Häufig ist wegen der negativen Folgen eines Interessenausgleiches auf den Personalbestand eine Verquickung mit den Verhandlungen über den Abschluss eines Sozialplanes anzutreffen. Der Betriebsrat macht in diesen Fällen den Abschluss des Interessenausgleichs von der Höhe des Sozialplans oder der zusätzlichen Errichtung einer Transfergesellschaft abhängig.[77] Diese Verbindung ist grundsätzlich zulässig.[78] Dies findet seine Begründung in der Unterscheidung des Gesetzgebers zwischen Interessenausgleich und Sozialplan und der daraus resultierenden Trennung beider Verhandlungen. Des Weiteren ist unter den in

58

---

[74] BAG Urt. v. 20.4.1994 – 10 AZR 186/93.
[75] BAG Urt. v. 29.11.1983 – 1 AZR 523/82, AP Nr. 10 zu § 113 BetrVG 1972.
[76] Vgl. BAG EZA Nr. 37 zu § 1 KSchG, betriebsbedingte Kündigung; KR/*Etzel* KSchG § 1 Rn. 553.
[77] Vgl. § 28 Rn. 301 ff.
[78] AA; Richardi/*Annuß* BetrVG § 112 Rn. 24 mwN; Fitting/*Engels/Schmidt/Trebinger/ Linsenmaier* §§ 112, 112a Rn. 126 aA.

§ 112a BetrVG normierten Voraussetzungen ein Sozialplan erzwingbar, ein Interessenausgleich wegen der geschützten unternehmerischen Freiheit jedoch nicht. Würde man die Verbindung der zweigleisigen Handlungsstränge uneingeschränkt zulassen, hätte dies indirekt die Aufwertung des Interessenausgleichs zur Konsequenz.

59 Die vorstehend dargestellte Problematik hat auf Grund der absoluten Beschränkungen der Sozialplanhöhe in der Insolvenz kaum Relevanz und kann sich nur untergeordnet auf die Verhandlungstaktik der Betriebsräte auswirken.

Praxistipp: Die Verhandlungsparteien sollten über die gesetzlich begrenzten Verhandlungspositionen von vornherein aufgeklärt werden. Dies erleichtert die Verhandlung und die Konzentration auf die wesentlichen Gestaltungselemente.

60 **f) Interessenausgleich als Betriebsvereinbarung.** Die Aufwertung eines Interessenausgleiches als Betriebsvereinbarung ist häufiges Ziel der Betriebsräte. Betriebsvereinbarungen räumen jedem einzelnen Arbeitnehmer einen einklagbaren Anspruch ein.[79] Regelungen, die in einem laufenden Geschäftsbetrieb durchaus sinnvoll sein können, erweisen sich jedoch in der Insolvenz oft als großes Hemmnis im Hinblick auf die Fortführung oder die Übertragung eines Betriebes. Deshalb sollte von einer Aufwertung des Interessenausgleiches Abstand genommen werden.

61 **g) Interessenausgleich und Insolvenzplan.** Im Falle der Aufstellung eines Insolvenzplanes bleiben die Rechte des Betriebsrates auf Abschluss eines Interessenausgleiches von der Stellungnahme des Betriebsrates zum Insolvenzplan gemäß §§ 218 Abs. 3, 232 Abs. 1 Nr. 1 und § 235 Abs. 3 S. 1 InsO unberührt.

62 Praxistipp: Der Insolvenzverwalter sollte einen Insolvenzplan erst dann zur Abstimmung bringen, wenn die darin enthaltene **Betriebsänderung** (gestaltender Teil) bereits Gegenstand eines Interessenausgleichs geworden ist. Sollte dies aus Zeitmangel nicht umsetzbar sein, ist daran zu denken, entsprechendes als **Planbedingung** aufzunehmen.

63 **h) Voraussetzungen für den Abschluss eines Interessenausgleiches. aa) Bestehen eines Betriebsrates.** Grundsätzliche Voraussetzung zur Anwendung des BetrVG ist, dass im **Zeitpunkt** des **Entstehens eines Beteiligungsrechtes** auf Grund einer Betriebsänderung ein Betriebsrat besteht.[80]

64 In betriebsratslosen Betrieben entfällt mangels eines Verhandlungspartners die Verpflichtung, den Abschluss eines Interessenausgleiches zu versuchen, wie auch die Verpflichtung zum Abschluss eines Sozialplanes.[81] Folglich ist auch die Nachteilsausgleichsregelung des § 113 Abs. 3 BetrVG nicht einschlägig. Ein nach Durchführung der Betriebsänderung gewählter Betriebsrat hat keinen Anspruch auf Abschluss eines Sozialplanes.[82] Selbst wenn die Vorbereitungen zur Wahl eines Betriebsrates bereits getroffen worden sind und dies entsprechend der Vorschriften der Wahlordnung dem Insolvenzverwalter bekannt ist, hindert

---

[79] Vgl. → Rn. 30.
[80] Vgl. insoweit: HSWGN/*Hess* BetrVG § 111 Rn. 2; Fitting/*Engels/Schmidt/Trebinger/Linsenmaier* BetrVG § 111 Rn. 33 ff.; BAG Urt. v. 20.4.1982 – 1 ABR 3/80, AP Nr. 15 zu § 112 BetrVG.
[81] Vgl. Richardi/*Annuß* BetrVG § 111 Rn. 27 ff.
[82] BAG Urt. v. 28.10.1992 – 10 ABR 75/91, ZIP 1993, 289.

dies nicht die Durchführung einer Betriebsänderung. Ein Beteiligungsrecht entsteht erst im Zeitpunkt der konstituierenden Sitzung des Betriebsrates.

bb) Beteiligung des Betriebsrates/Gesamtbetriebsrates/Konzernbetriebsrates. (1) Zuständigkeit. Besteht ein Unternehmen iSd BetrVG aus mehreren Betrieben und wurde ein Gesamtbetriebsrat gebildet, so sind für die Ermittlung der Zuständigkeit die Regelungen der §§ 50, 59 ff. BetrVG maßgeblich. Die Zuständigkeit des Gesamtbetriebsrates gegenüber den Einzelbetriebsräten ist durch den Gesetzgeber subsidiär (vgl. § 50 Abs. 1 S. 1 BetrVG) ausgestaltet. Die gesetzliche Verteilung der Zuständigkeit zwischen Gesamtbetriebsrat und Betriebsrat ist weder durch Tarifvertrag noch durch Betriebsvereinbarung abdingbar.[83] Maßgeblich für die Zuständigkeitsabgrenzung im Falle einer Betriebsänderung ist die geplante Maßnahme des Insolvenzverwalters. Betrifft die unternehmerische Maßgabe mehrere Betriebe auch in völlig unterschiedlicher Intensität der Betriebsänderung iSd § 111 BetrVG, dann erfordert dies in der Umsetzung eine einheitliche, für die betroffenen Betriebe in ihrer Auswirkung abgestimmte Regelung. Daraus ergibt sich die originäre Zuständigkeit des Gesamtbetriebsrates für das Interessenausgleichsverfahren.

Der Gesamtbetriebsrat ist in der Insolvenz zuständig, sofern sämtliche Betriebe eines Unternehmens stillgelegt werden.[84] Seine Zuständigkeit ist ebenfalls anerkannt,[85] wenn das Unternehmen die Verlagerung eines Betriebes und dessen Zusammenlegung mit einem anderen Betrieb plant. Der Gesamtbetriebsrat ist unzuständig,[86] wenn eine grundlegende Änderung der Betriebsanlagen nur die Hauptverwaltung des Unternehmens und nicht dessen sonstigen Betriebe betrifft.

Ob der Gesamtbetriebsrat in diesem Falle auch für die Aufstellung der Namensliste iSv § 125 InsO zuständig ist, wird diskutiert.

Grundsätzlich ist dessen Zuständigkeit immer dann anzunehmen, wenn ein zwingendes Erfordernis für eine unternehmenseinheitliche oder jedenfalls **betriebsübergreifende Regelung** besteht.[87] Neben der originären Zuständigkeit des Gesamtbetriebsrates besteht nach Maßnahme des § 50 Abs. 2 BetrVG die Möglichkeit, dem Gesamtbetriebsrat durch Beauftragung die verbindliche Wahrnehmung bestimmter Angelegenheiten zu übertragen. Hierbei ist arbeitgeberseits darauf zu achten, dass nicht lediglich das Verhandlungsmandat erteilt wird, sondern der Gesamtbetriebsrat auch Abschlusskompetenz erhält.

Praxistipp: Vor Aufnahme der Verhandlungen ist ein Beschluss der beteiligten Betriebsratsgremien beizubringen und schriftlich zu fixieren, welches Gremium der Betriebsvertreter das Verhandlungs- und Abschlussmandat hat. Des Weiteren ist dem Insolvenzverwalter zu raten, eine Namensliste sowohl vom Betriebsrat als auch vom Gesamtbetriebsrat unterzeichnen zu lassen, um den Streit über die Wirksamkeit zu vermeiden.

---

[83] BAG Urt. v. 9.12.2003 – 1 ABR 49/02, NZA 2005, 234.
[84] BAG Urt. v. 17.2.1981 – 1 AZR 290/78, AP Nr. 11 zu § 112 BetrVG; BAG Urt. v. 11.12.2001 – 1 AZR 193/01, AP Nr. 22 zu § 59 BetrVG 1972.
[85] BAG Urt. v. 24.1.1996 – 1 AZR 542/95, AP Nr. 16 zu § 50 BetrVG 1972.
[86] BAG Urt. v. 26.10.1982 – 1 ABR 1/81, AP Nr. 10 zu § 111 BetrVG.
[87] BAG Urt. v. 20.4.1994 – 10 AZR 1968/93, EzA Nr. 22 zu § 113 BetrVG 1972; BAG Urt. v. 17.2.1981 – 1 AZR 290/78, AP Nr. 11 zu § 112 BetrVG 1972.

67 **(2) Rechtsfolgen der fehlerhaften Beteiligung.** Die Wirksamkeit eines abgeschlossenen Interessenausgleiches hängt davon ab, ob dieser mit dem richtigen Verhandlungspartner abgeschlossen wurde. Ergibt sich demzufolge aus § 50 Abs. 1 S. 1 BetrVG eine originäre Zuständigkeit des Gesamtbetriebsrates, so ist der Betriebsrat der falsche Verhandlungspartner und nicht zum Abschluss befugt! Ein mit dem unzuständigen Betriebsrat abgeschlossener Interessenausgleich ist unwirksam und nicht hilfreich.[88]

68 Zur Vermeidung hieraus resultierender Nachteilsausgleichsansprüche gemäß § 113 Abs. 3 BetrVG ist es in Zweifelsfällen geboten, eine Beauftragung des Gesamtbetriebsrates gemäß § 50 Abs. 2 BetrVG durch die Einzelbetriebsräte zu erreichen. Hilfsweise sind Verhandlungen mit beiden Gremien aufzunehmen.

69 Für die Zuständigkeit des Konzernbetriebsrates, §§ 58, 59 Abs. 1 iVm § 51 Abs. 5 BetrVG gelten die Ausführungen über die Zuständigkeit des Gesamtbetriebsrates entsprechend.

70 Wie jeder Arbeitgeber ist auch der Insolvenzverwalter gut beraten, sich über die Strukturen der Gremien, mit denen er zu verhandeln hat, unverzüglich Klarheit zu verschaffen. So kann es uU zur Umsetzung einzelner Maßnahmen aus taktischen Gründen sinnvoll sein, eine Übertragung auf den Gesamtbetriebsrat zu veranlassen.

71 **cc) Zuständigkeit des Gesamtbetriebsrates in betriebsratslosen Betrieben.** Der Gesamtbetriebsrat ist gemäß § 50 Abs. 1 S. 1 Hs. 2 BetrVG zuständig für Betriebe, in denen kein Betriebsrat besteht, soweit der Gesamtbetriebsrat zur Behandlung der Angelegenheit originär gemäß § 50 Abs. 1 S. 1 BetrVG zuständig ist.[89]

72 **dd) Anzahl der beschäftigten Arbeitnehmer.** § 111 S. 1 BetrVG stellt klar, dass die Unterrichtungs- und Beratungsrechte des Betriebsrates im Falle einer geplanten Betriebsänderung durch den Unternehmer sowie die in § 112 BetrVG normierte Verpflichtung zum Versuch des Abschlusses eines Interessenausgleiches nur in Unternehmen mit der Regel mehr als 20 wahlberechtigten Arbeitnehmern bestehen.

73 Konsequenz der Neufassung des § 111 BetrVG ist, dass man auch in Betrieben mit weniger als 20 Arbeitnehmern, in denen ein Betriebsrat besteht, ein Unterrichtungs- und Beratungsrecht des Betriebsrates bei Betriebsänderungen zu beachten hat, sofern der Betrieb einem Unternehmen mit mehr als 20 Arbeitnehmern angehört. Bei Kleinbetrieben, die keinem Unternehmen angehören, hängt das Beteiligungsrecht weiterhin maßgeblich davon ab, ob dort **in der Regel mehr als 20** wahlberechtigte Arbeitnehmer beschäftigt werden.[90] Die Regelung des § 111 BetrVG stellt grundsätzlich auf den Begriff des konkret betroffenen Betriebes ab.

74 Nach § 112a Abs. 1 Nr. 1 BetrVG nF ist jedoch in Fällen, in denen eine Betriebsänderung allein in der Entlassung von Arbeitnehmern besteht, ein Sozialplan nun auch in Betrieben mit weniger als 20 Arbeitnehmern erzwingbar, sofern die sonstigen Voraussetzungen dieser Vorschrift vorliegen.

---

[88] BAG Urt. v. 11.12.2001 – 1 AZR 193/01, AP Nr. 22 zu BetrVG 1972.
[89] Vgl. Fitting/*Engels/Schmidt/Trebinger/Linsenmaier* BetrVG § 50 Rn. 29.
[90] Vgl. MHdB ArbR/*Matthes* Bd. 2, § 268 Rn. 2.

§ 28. Kollektives Arbeitsrecht

ee) Wahlberechtigte Arbeitnehmer. Bei der erforderlichen Addition der Arbeitnehmer ist auf den betriebsverfassungsrechtlichen Begriff der wahlberechtigten Arbeitnehmer iSd § 5 Abs. 1 BetrVG abzustellen. Diese Norm legt den Kreis der Arbeitnehmer fest, die durch das BetrVG erfasst und demzufolge auch durch den **Betriebsrat repräsentiert** werden. Arbeitnehmer iSd BetrVG sind demzufolge Arbeiter, Angestellte, Auszubildende, Heimarbeiter, Arbeitnehmer im Erziehungs- oder Mutterschaftsurlaub uä. Es ist nicht darauf abzustellen, ob die Beschäftigungsverhältnisse sozialversicherungsfrei sind oder ob sie in Teilzeit ausgeübt werden (beispielsweise Aushilfen).[91] Die Diskussion über die Arbeitnehmereigenschaft, die bei der Massenentlassungsanzeige gemäß § 17 KSchG hinsichtlich der Berücksichtigung von Geschäftsführern erfolgt, ist im Geltungsbereich des BetrVG nicht relevant und auch nicht übertragbar.

75

Nicht vom Betriebsverfassungsgesetz werden Arbeitnehmer erfasst, die unter den Regelungsbereich des § 5 Abs. 2–4 BetrVG fallen, demzufolge Geschäftsführer und leitende Angestellte. Geschäftsführer werden folglich bei der Ermittlung der Arbeitnehmeranzahl nicht mitgerechnet. Nach allgemeiner Auffassung wird die Ausnahmeregelung für Geschäftsführer durch die neuere Rechtsprechung des EuGH, nach der Geschäftsführer Arbeitnehmer im unionsrechtlichen Sinn sein können, nicht in Frage gestellt. Diese Rechtsprechung lässt sich nur auf solche Gesetze der Mitgliedsstaaten übertragen, die auf Unionsrecht, insbesondere Richtlinien, beruhen. Dazu zählt das BetrVG nicht. Leitende Angestellte sind jedenfalls solche Personen, die zur selbstständigen Einstellung oder Entlassung von im Betrieb oder in den Betriebsabteilungen beschäftigten Arbeitnehmern berechtigt sind. Ferner zählen dazu Personen, denen Generalvollmacht bzw. Prokura erteilt wurde und diese Prokura im Verhältnis zum Arbeitgeber nicht als unbedeutend zu bewerten ist. Es kommt nicht auf die **Qualifikation im Anstellungsvertrag** an, aber es genügen auch mündliche Absprachen.[92] Diese Aufgaben und Befugnisse dürfen dem leitenden Angestellten nicht nur in Vertretung oder gelegentlich übertragen worden sein.[93] Bei der Wahrnehmung der Aufgaben muss der leitende Angestellte im Wesentlichen frei von Weisungen Dritter sein und die Entscheidungen selbst maßgeblich beeinflussen.[94] Nach allgemeiner Auffassung wird die Ausnahmeregelung für Geschäftsführer durch die neuere Rechtsprechung des EuGH, nach der Geschäftsführer Arbeitnehmer im unionsrechtlichen Sinn sein können, nicht in Frage gestellt. Diese Rechtsprechung lässt sich nur auf solche Gesetze der Mitgliedsstaaten übertragen, die auf Unionsrecht, insbesondere Richtlinien, beruhen. Dazu zählt das BetrVG nicht.

76

Praxistipp: Als grundsätzliches Indiz für die Zuordnung zu den leitenden Angestellten kann der Insolvenzverwalter bewerten, ob diese Arbeitnehmer an der letzten Betriebsratswahl teilgenommen haben. Sofern die Betriebsparteien die notwendigen Prüfungen vorgenommen haben, hätten sie im Rahmen der Betriebsratswahl zumindest das Problem erörtern und im Falle der Nichteinigung über die Zuordnung eines Angestellten zu dem

77

---

[91] Vgl. Fitting/*Engels*/*Schmidt*/*Trebinger*/*Linsenmaier* BetrVG § 5 Rn. 157 f.
[92] BAG Urt. v. 23.3.1976 – 1 AZR 314/75, AP Nr. 14 zu § 5 BetrVG 1972.
[93] BAG Urt. v. 25.10.1989 – 7 ABR 60/88, AP Nr. 2, 3, 11, 32 und 42 zu § 5 BetrVG 1972.
[94] Vgl. insoweit Richardi/*Richardi* BetrVG § 5 Rn. 216.

Kreis der leitenden Angestellten ein entsprechendes Verfahren gemäß § 18a BetrVG durchführen müssen.

78 **ff) In der Regel beschäftigte Arbeitnehmer.** Die Auslegung des Tatbestandsmerkmales „in der Regel beschäftigte" bedeutet, dass während des größten Teiles des Jahres mehr als 20 Arbeitnehmer beschäftigt sein müssen.[95] Die Ermittlung der regelmäßigen Beschäftigtenzahl des Unternehmens gemäß § 111 S. 1 BetrVG stellt auf den Zeitpunkt ab, zu dem nach den vorgenannten Vorschriften die Beteiligungsrechte des Betriebsrates entstehen. Hierfür ist jedoch nicht die zufällig zu diesem Zeitpunkt vorliegende Beschäftigungszahl maßgeblich, sondern die normalerweise im Unternehmen vorherrschende. Man spricht von der das Unternehmen im Allgemeinen **kennzeichnenden Personalmesszahl.** Grundsätzlich ist ein Rückblick durchzuführen, in deren Rahmen es erforderlich ist, den Personalbestand des letzten Jahres vor dem Zeitpunkt des Beschlusses zur Durchführung der Betriebsänderung zu betrachten.[96]

Praxistipp: Häufig sind schleichende Abbauprozesse zu beobachten, die nach folgender Faustformel Berücksichtigung finden können: Es wird ein Personalstand auf MAK in Vollzeit jeweils zum Ende eines Quartalsstichtags (31.3./30.6. usw.) ermittelt und dieser im Rückblick für jeweils zwei Jahre gegenübergestellt. Prägend ist dann in der ersten Stufe der am häufigsten auftretende MAK-Wert, der in der zweiten Stufe im Falle einer tendenziellen MAK-Rechnung in den letzten drei Quartalen nach unten zu korrigieren ist. Ein Ausblick ist nicht zu berücksichtigen, da diese Folge erst Gegenstand der möglichen Betriebsänderung ist.

79 Geht der geplanten Betriebsänderung **ein Stellenabbau voraus,** so ist der kontinuierliche Personalabbau in die Betrachtung der regelmäßig beschäftigten Arbeitnehmer miteinzubeziehen. Es ist häufig anzutreffen, dass vor dem Zeitpunkt des Stilllegungsbeschlusses immer wieder Einzelpersonalmaßnahmen durchgeführt werden, welche mit dem Argument der wirtschaftlichen Leistungsfähigkeit des Betriebes und des Erhalts von Arbeitsplätzen mit sehr geringen Sozialplänen hinterlegt werden. Schlussendlich erfolgt dann eine Stilllegung. In diesem Falle sind die davor liegenden Personalmaßnahmen rückblickend **als Vorstufe** zu bewerten.[97] Sind vorangegangene Personalmaßnahmen mit zu berücksichtigen, so erhöht sich die Zahl der Regelbeschäftigten mit der Folge, dass mehr als 20 Arbeitnehmer zu berücksichtigen sein werden.

80 Lediglich, wenn die vorangegangenen Personalreduzierungen für eine nicht unerhebliche Zeit zu einer **Stabilisierung der Belegschaftsstärke** auf geringerem Niveau geführt haben, ist die Zahl der Regelbeschäftigten auf dieser Zwischenstufe festzulegen.[98] Bei der Ermittlung der maßgebenden Zahlen der Arbeitnehmer sind auch diejenigen mitzuzählen, die auf Grund von Eigenkündigungen oder Aufhebungsverträgen aus den Diensten des Arbeitgebers ausgeschieden sind.[99]

---

[95] BAG Urt. v. 19.7.1983 – 1 AZR 26/82, DB 1983, 2634; BAG Urt. v. 16.11.2004 – 1 AZR 642/03, AP BetrVG 1972 § 111 Nr. 58.
[96] LAG Hamm Urt. v. 30.10.1981, DB 1982, 439.
[97] BAG Urt. v. 9.5.1995 – 1 ABR 51/94, EzA Nr. 30 zu § 111 BetrVG.
[98] BAG – 1 ABR 51/94.
[99] BAG Urt. v. 19.7.1995 – 10 AZR 885/94, DB 1995, 2531 ff. und beachtenswert BAG Urt. v. 23.8.1988 – 1 AZR 276/87, AP Nr. 17 zu § 113 BetrVG.

Veränderungen im Rahmen der Belegschaftsstärke und im Rahmen der normalen Geschäftstätigkeit sind grundsätzlich bei der Bewertung unerheblich. Aus der für die Betriebsratswahl entscheidenden Belegschaftsstärke und der Größe eines Betriebsrates kann nicht auf die Verpflichtung zum Abschluss eines Interessenausgleiches geschlossen werden.[100]

Praxistipp: Zu den Quartalsstichtagen ist ergänzend zur Definition der kennzeichnenden Personalmesszahl eine Arbeitnehmerliste mit MAK-Werten unter Auflistung der erfolgten und feststehenden Ein- und Austritte zu erstellen. Dies ermöglicht Dokumentation und Entscheidung.

i) Betriebsänderung. aa) Definition der Betriebsänderung. Das Vorliegen einer Betriebsänderung iSd § 111 BetrVG ist grundsätzliche Voraussetzung für das Entstehen eines Beteiligungsrechtes des Betriebsrates. Nach § 111 S. 1 BetrVG ist der Betriebsrat an geplanten Betriebsänderungen zu beteiligen, sofern diese wesentliche Nachteile für die Belegschaft oder erhebliche Teile der Belegschaft zur Folge haben können. Hieraus lässt sich keine Begriffsdefinition der Betriebsänderung entnehmen. § 111 S. 2 Nr. 1–4 BetrVG enthält einen Katalog von Maßnahmen, welche als Betriebsänderung iSd § 111 S. 1 BetrVG gelten.

Die streitige Frage, ob die Aufzählung des § 111 S. 2 Nr. 1–4 BetrVG abschließend oder beispielhaft ist,[101] kann dahinstehen. Im Wesentlichen werden die vom Insolvenzverwalter einzuleitenden Maßnahmen unter die Katalogtatbestände des § 111 S. 2 Nr. 1–4 BetrVG zu subsumieren sein. Nachdem in der überwiegenden Zahl der Insolvenzen im Rahmen der Reorganisation des Betriebes eine Personalverminderung von etwa 40 % bis 60 % erfolgt, wird in den häufigsten Fällen der Katalogtatbestand des § 111 S. 2 Nr. 1 BetrVG einschlägig sein.

bb) Stilllegung als Betriebsänderung. Die Stilllegung eines Betriebes bzw. die Stilllegung eines Betriebsteiles ist dann anzunehmen, wenn zwischen dem Unternehmen und den Arbeitnehmern bestehende **Betriebs- und Produktionsgemeinschaft** auf Dauer, dh für eine wirtschaftlich nicht unerhebliche, unbestimmte Zeitspanne, **aufgelöst** wird.[102] Dies setzt voraus, dass nicht nur die Produktion eingestellt wird und die Arbeitsverhältnisse gekündigt werden, sondern auch die Rechtshandlungen vorgenommen werden, die der Auflösung der Sachgesamtheit, der Lieferbeziehungen usw, dienen.[103]

cc) Einschränkung des Betriebes und Personalabbau. Der auslegungsbedürftige Begriff der Einschränkung des Betriebes bezieht sich nicht lediglich auf eine Einschränkung der Leistungsfähigkeit des Betriebes durch dauerhafte Verringerung der Betriebsanlagen, beispielsweise durch deren Stilllegung oder Veräußerung. Vielmehr kann eine Einschränkung des Betriebes im Wesentlichen auch in den Rationalisierungsentscheidungen, die häufig mit bloßem Personal-

---

[100] BAG Urt. v. 22.3.1983 – 1 AZR 260/81, AP Nr. 7 zu § 113 BetrVG 1972.
[101] Vgl. zum Meinungsstreit Richardi/*Annuß* BetrVG § 111 Rn. 41 ff. mwN.
[102] BAG Urt. v. 24.8.2006 – 8 AZR 317/05, AP Nr. 152 zu § 1 KSchG 1969; BAG Urt. v. 10.5.2007 – 2 AZR 263/06, AP Nr. 165 zu § 1 KSchG 1969; BAG Urt. v. 12.7.2007 – 2 AZR 722/05, AP Nr. 168 zu § 1 KSchG 1969.
[103] Vgl. Richardi/*Annuß* § 111 Rn. 60; LAG Rheinland-Pfalz Urt. v. 25.11.2014 – 8 Sa 358/14.

Zobel

abbau und Ersatzbeschaffungen einhergehen, liegen.[104] Eine Betriebsänderung, welche die Beteiligungsrechte des Betriebsrates im Rahmen des Versuches, einen Interessenausgleich abzuschließen bedingt, liegt immer dann vor, wenn eine **Personalverminderung** in einem gewissem Umfang geplant ist.

85   Zur Auslegung der Frage, wann erhebliche Teile der Belegschaft betroffen sind, wird bei einem Personalabbau aus betriebsbedingten Gründen auf die **Größenordnung** des § 17 Abs. 1 KSchG zurückgegriffen.[105] Gemäß § 17 Abs. 1 S. 1 KSchG müssen mindestens 5 % der Belegschaft abgebaut werden. Dabei sind auch die Arbeitnehmer hinzuzurechnen, die dem Übergang auf einen Betriebserwerber/Teilbetriebserwerber widersprochen haben und denen deshalb gekündigt werden muss, weil eine Beschäftigungsmöglichkeit im verbleibenden Betrieb nicht besteht. Dies gilt auch für die arbeitgeberseitig veranlassten Eigenkündigungen und Aufhebungsverträge.[106]

86   Der in § 17 Abs. 1 KSchG festgelegte Zeitraum (30 Kalendertage) ist ohne Bedeutung. Entscheidend bei der Beurteilung ist vielmehr die einheitliche unternehmerische Planung.[107]

87   Die vom BAG entwickelten Grundsätze zur Festlegung, ab wann eine Personalreduzierung als erheblich anzusehen ist, werden auch auf die Frage angewendet, wann die Einschränkung eines wesentlichen Teiles des Betriebes eine Betriebsänderung darstellt. Hier sind die Prozentangaben des § 17 Abs. 1 KSchG ebenfalls maßgeblich.[108] Diese Übertragung führt zwangsläufig zu dem Ergebnis, dass die zweite Alternative des § 111 S. 2 Nr. 1 BetrVG dem Grunde nach in diesem Bereich keine selbstständige Bedeutung mehr erlangt und hierdurch bei der Einschränkung eines wesentlichen Betriebsteiles Beteiligungsrechte eingeschränkt werden können. Über die Regelung des § 111 S. 1 BetrVG wird dieses Ergebnis dadurch vermieden, dass die Stilllegung oder Einschränkung von wesentlichen Betriebsteilen wesentliche Nachteile für iSd § 17 KSchG erhebliche Teile der Belegschaft des Gesamtbetriebes zur Folge haben kann. Hierbei ist unerheblich, ob diese Nachteile den betroffenen Arbeitnehmern des eingeschränkten Betriebsteiles oder der verbleibenden Betriebsteile des Gesamtbetriebes zukommen.[109]

88   dd) **Ausgliederung als Betriebsänderung.** Die Ausgliederung einzelner Betriebsteile ist von der Fremdvergabe bisher betriebsintern durchgeführter Aufgaben zu unterscheiden. In beiden Fällen ist an die Regelung des § 613a BGB zu

---

[104] BAG Urt. v. 22.5.1979 – 1 ABR 17/77, AP Nr. 4 zu § 111 BetrVG 1972; BAG Urt. v. 15.10.1979 – 1 ABR 49/77, AP Nr. 5 zu § 111 BetrVG 1972; BAG Urt. v. 6.12.1988 – 1 ABR 47/87, AP Nr. 26 zu § 111 BetrVG 1972; BAG Urt. v. 10.12.1996 – 1 AZR 290/96, NZA 1997, 787 (788).
[105] BAG Urt. v. 28.3.2006 – 1 ABR 5/05, AP Nr. 62 zu § 111 BetrVG 1972; BAG Urt. v. 9.11.2010, NZA 2011, 466.
[106] BAG Urt. v. 7.8.1990 – 1 AZR 445/89, AP Nr. 30 zu § 111 BetrVG 1972, 30-Tagesfrist; BAG Urt. v. 10.12.1996 – 1 ABR 43/96, EzA 1997 § 111 BetrVG Nr. 34; BAG Urt. v. 28.3.2006 – 1 ABR 5/05, AP Nr. 62 zu § 111 BetrVG 1972; Uhlenbruck/InsO § 121, 122 RN 21.
[107] BAG Urt. v. 8.6.1989 – 2 AZR 624/88, AP Nr. 6 zu § 17 KSchG mwN, BAG Urt. v. 7.8.1990 – 1 AZR 45/89, AP Nr. 34 zu § 111 BetrVG 1972, 30-Tagesfrist.
[108] BAG Urt. v. 7.8.1990 – 1 AZR 445/89, AP Nr. 34 zu § 111 BetrVG 1972.
[109] Vgl. MHdB ArbR/*Matthes* Bd. 2, § 268 Rn. 32.

denken. Der Betriebsübergang durch Rechtsgeschäft auf einen anderen Inhaber im Wege der Betriebsveräußerung bzw. die Betriebsverpachtung[110] ist grundsätzlich **keine Betriebsänderung.**[111] Die Ausgliederung von bisher betriebsintern erledigten Aufgaben im Wege der Fremdvergabe führt unter den og Voraussetzungen zum Vorliegen einer Betriebsänderung jedenfalls dann, wenn die Fremdvergabe nicht unter die Regelung des § 613a BGB zu subsumieren ist.

Häufig ist der Betriebsinhaberwechsel – insbesondere in der Insolvenz im Rahmen einer übertragenden Sanierung – mit einer Betriebsänderung verbunden. Hier kann auf die obigen Grundsätze verwiesen werden. Die Beteiligungsrechte entstehen gegenüber demjenigen, der die Betriebsänderung plant und durchführt. Maßnahmen im Rahmen der Ausgliederung von Betriebsteilen bedingen selbst im Falle eines Betriebsüberganges eine Interessenausgleichsverpflichtung des abgebenden Betriebes, weil für die im Betrieb verbleibenden Arbeitnehmer Nachteile entstehen können. 89

Praxistipp: Höchst vorsorglich sollte bei jeder nicht nur geringfügigen Änderung der Struktur des Betriebes ein Interessenausgleich zumindest versucht werden. Wegen der erheblichen Konsequenzen (Nachteilsausgleichsansprüche gemäß § 113 III BetrVG) sind Umgehungsversuche, beispielsweise ein Personalabbau, der durch mehrere Entlassungswellen vorgenommen wird, dem Insolvenzverwalter nicht anzuraten.[112] 90

ee) Allgemeines. Grundsätzlich benötigt der Insolvenzverwalter im Eröffnungsverfahren gemäß § 22 Abs. 1 S. 2 Nr. 2 InsO die Zustimmung des Gerichts bzw. nach Eröffnung gemäß § 158 Abs. 1 und 2 InsO die Zustimmung des Gläubigerausschusses oder der Gläubigerversammlung gemäß § 157 InsO zur Stilllegung des Betriebes.[113] 91

Die aufgezeigte Voraussetzung hindert den Insolvenzverwalter nicht daran, sämtliche, die Betriebsstilllegung vorbereitenden, Handlungen vorzunehmen. Der Insolvenzverwalter kann demzufolge mit dem Betriebsrat in Verhandlungen über den Abschluss eines Interessenausgleiches eintreten und diesen vereinbaren. Der Abschluss eines auf eine Betriebsstilllegung gerichteten Interessenausgleiches dient **lediglich der Vorbereitung** der sich aus einer Stilllegungsentscheidung schlussendlich ergebenden Notwendigkeiten. 92

Praxistipp: In der Gläubigerversammlung bestehen keine Mitwirkungs- oder Mitbestimmungsrechte des Betriebsrates, die über die gegenüber dem Insolvenzverwalter aus dem BetrVG bestehenden Rechte hinaus bereits existent sind.[114]

j) Unterrichtung des Betriebsrates. aa) Zeitpunkt der Unterrichtung über die geplante Betriebsänderung. Der Betriebsrat soll zum frühestmöglichen Zeitpunkt über die geplante Betriebsänderung unterrichtet werden. Dieser Zeitpunkt wird immer dann gegeben sein, wenn die Vorüberlegungen des In- 93

---

[110] Vgl. Uhlenbruck/*Zobel* InsO § 121, 122 Rn. 40 ff.; BAG Urt. v. 26.2.1987 – 2 AZR 768/85, AP Nr. 59 zu § 613a BGB.
[111] BAG Urt. v. 26.4.2007 – 8 AZR 695/05; BAG Urt. v. 17.3.1987 – 1 ABR 47/85, AP Nr. 18 zu § 111 BetrVG 1972.
[112] Vgl. tatsächliche Vermutung der einheitlichen unternehmerischen Planung beispielhaft Fitting/*Engels*/*Schmidt*/*Trebinger*/*Linsenmaier* BetrVG § 111 Rn. 76; BAG Urt. v. 9.1.1995 aaO.
[113] Vgl. KPB/*Onusseit* InsO § 158 Rn. 5 ff.; Uhlenbruck/*Zipperer* InsO § 158 Rn. 5.
[114] Vgl. KPB/*Onusseit* InsO § 157 Rn. 33.

solvenzverwalters über die einzelnen Notwendigkeiten der Betriebsänderung so weit gediehen sind, dass **die Umsetzung des Planes** zur Betriebsänderung durch ihn eingeleitet werden könnte.[115]

94 Solange in der Unternehmensführung noch über unterschiedliche Möglichkeiten der Umsetzung der intern bzw. extern gegebenen Notwendigkeiten **diskutiert** wird, ist ein Eintreten in die Informationsverpflichtung/Unterrichtungsverpflichtung gegenüber dem Betriebsrat nicht gegeben. Letztendlich legt der Insolvenzverwalter durch seine Entscheidung den Zeitpunkt fest.

95 Gerade in Insolvenzverfahren ist der Umfang und der Zeitpunkt der Informationsweitergabe an den Betriebsrat sehr schwierig festzulegen. Der Betriebsrat sollte frühestmöglich und tiefgreifend darüber informiert werden, dass aus der Erfahrung heraus mit einer Betriebsänderung in einer Insolvenzsituation zu rechnen ist. Häufig ist es dem Insolvenzverwalter jedoch wegen der in Vielem stark differierenden Konzepte nicht möglich, konkret festzulegen, welche Maßnahmen letztendlich durchgeführt werden. Oft erfordert es die Darstellung und parallele Gestaltung sowie Verhandlung unterschiedlicher Konzepte mit Investoren. Das **Spannungsverhältnis** verstärkt sich durch die grundsätzliche Notwendigkeit der Fortführung des Betriebes bis zur ersten Gläubigerversammlung mit den daraus resultierenden Verpflichtungen für den Insolvenzverwalter. Gleichzeitig wenden sich an den Insolvenzverwalter Interessenten, die vorab selbstverständlich den Betrieb einer genauen Prüfung unterziehen wollen und um zu verifizieren, welche betriebliche Leistung und demzufolge welcher Personalbedarf besteht. Zwangsläufig kommt es zu einem Spannungsverhältnis, wann und wie der Betriebsrat einzubinden und über all dies zu unterrichten ist. Der Betriebsrat selbst hat in der Krisensituation eine **gesteigerte Verantwortung** gegenüber der Belegschaft und geht selbstverständlich auch jedem Gerücht nach. Der Insolvenzverwalter demgegenüber hat sich in vielen Fällen verpflichtet, Namen der Interessenten und deren Planungen nicht preiszugeben und läuft bei einem Verstoß hiergegen Gefahr, die Chance einer Betriebsfortführung zu vereiteln.

Praxistipp: Unter Berücksichtigung der vorstehenden Definition besteht eine Unterrichtungspflicht gegenüber dem Betriebsrat hinsichtlich der Interessenten (ohne Namensnennung) und deren Planungen erst in dem Zeitpunkt, in welchem die Vertragsverhandlungen in ein **unterschriftsreifes Stadium** gelangen. Erst dann sind die Planungen zu einer Betriebsänderung so konkret, dass mit der Verwirklichung des Planes begonnen werden kann. Im Vorfeld handelt es sich um Vorüberlegungen, Prüfungen und Konzepterstellung, ggf. um die Erstellung eines Erwerberkonzeptes.[116] Es ist geboten, den Betriebsrat ggf. unter Einholung einer strafbewehrten Verschwiegenheitserklärung soweit als rechtlich zulässig zu informieren und in den Veräußerungsprozess einzubinden. Dies schafft Vertrauen und den Blick für notwendigen Maßnahmen sowie die nützliche Kooperation zwischen Insolvenzverwalter und Betriebsrat im Interesse der Fortführung.

96 **bb) Form der Unterrichtung.** Die **Unterrichtung** des Betriebsrates muss schriftlich erfolgen. Nur hierdurch kann im Rahmen eines Verfahrens dargestellt werden, welche Tatsachen dem Betriebsrat wann zur Kenntnis gebracht worden sind und die Verhandlungsfrist des § 122 I S. 1 InsO zu laufen beginnt.

---

[115] Vgl. auch HSWGN/*Hess* BetrVG § 111 Rn. 61.
[116] Vgl. Uhlenbruck/*Zobel* InsO § 128 Rn. 11 ff.

Die Notwendigkeit beruht auch auf § 17 Abs. 1, Abs. 2 KSchG, wenn Massenentlassungen gemäß den vorgenannten Vorschriften mit der Betriebsänderung verbunden sind, weil der Interessenausgleich eine gesonderte Unterrichtung des Betriebsrates entbehrlich macht und diese ersetzt (vgl. § 125 Abs. 2 InsO). Weil der Insolvenzverwalter über den aktuellen Sachstand nur informiert, ist dies selbstverständlich formfrei möglich.

cc) Inhalt der Unterrichtung des Betriebsrates. Aus dem Mitwirkungsrecht 97 des Betriebsrates hinsichtlich der unternehmerischen Entscheidung im Rahmen einer Betriebsänderung ergibt sich, dass der Betriebsrat über die Hintergründe der geplanten Betriebsänderung umfassend unter **Vorlage der erforderlichen Unterlagen** zu unterrichten ist. Dem Betriebsrat ist die Notwendigkeit einer Betriebsänderung dezidiert darzustellen. Selbstverständlich sind nur Unterlagen vorzulegen, die sich auf die von dem Unternehmer geplante Betriebsänderung beziehen. Dem Betriebsrat sind diese Unterlagen nicht lediglich zur Einsicht vorzulegen, sondern zur Verfügung zu stellen.[117] Es besteht kein Anspruch des Betriebsrats, dass für diesen gesonderte Daten erhoben und ggf. Unterlagen erstellt werden, die nicht Entscheidungsgrundlage und/oder Basis der Planung der unternehmerischen Entscheidung sind bzw. waren.

Die Darstellung der internen bzw. externen Gegebenheiten muss es dem Be- 98 triebsrat ermöglichen, zu der geplanten Betriebsänderung Stellung zu nehmen sowie darüber zu entscheiden, in welcher Form auch aus seiner Warte eine Betriebsänderung notwendig wird. Ebenfalls sind dem Betriebsrat aus dem vorstehend Genannten die sich ergebenden Notwendigkeiten im personellen Bereich konkret für die einzelnen Bereiche und Abteilungen des Betriebes sowie für die betroffenen Arbeitsplätze und die einzelnen Arbeitnehmer darzustellen. Von dieser letztgenannten Notwendigkeit geht der Gesetzgeber insbesondere im Rahmen der Erstellung eines Interessenausgleiches unter namentlicher Bezeichnung der von einer Betriebsänderung betroffenen Arbeitnehmer iSv § 125 InsO aus. Dem Verhandlungspartner des Insolvenzverwalters wird es nur möglich sein, die geplante Betriebsänderung entsprechend mitzutragen und eine Namensliste zu erstellen, wenn die Unterrichtung des Betriebsrates den vorstehend genannten Erfordernissen entspricht.

Der Inhalt der vorzulegenden Unterlagen lässt sich im Wesentlichen aus den 99 Regelungen des Unterrichtungsrechtes iSd § 106 BetrVG ableiten. Auch in Betrieben, die nicht verpflichtet sind, einen Wirtschaftsausschuss einzurichten, weil sie weniger als 100 ständig beschäftigte Arbeitnehmer haben, sind jedenfalls diese Unterlagen, sofern sie sich auf die geplante Betriebsänderung beziehen, vorzulegen. Darunter fallen alle Berichte, Pläne, insbesondere Planrechnungen, die die Wirtschaftlichkeit vor und nach der geplanten Betriebsänderung betreffen und maßgeblich in die Entscheidung eingeflossen sind, die Insolvenzeröffnungsbilanz, Organisationspläne vor und nach Betriebsänderung sowie Stellenbeschreibungen, sofern vorhanden. Weiterhin sind bisherige und zukünftige Mitarbeiterkapazitäten sowie das Leistungs- und Absatzvolumen inkl. Produktportfolio bzw. ggf. Änderungen darzulegen. Soweit sich der Insolvenzverwalter/Unternehmer gegenüber Dritten zur Geheimhaltung verpflichtet hat,

---

[117] Vgl. Richardi/Annuß § 111 Rn. 151; BAG Urt. v. 20.11.1984 – 1 ABR 64/82, AP Nr. 3 zu § 106 BetrVG.

ist dieses im Rahmen der Unterrichtungspflicht gegenüber dem Betriebsrat unbeachtlich.[118]

Praxistipp: Sparen Sie nicht mit Informationen an den Betriebsrat. Arbeiten Sie nach dem Grundsatz „Elevator Pitch" und stellen Sie die unternehmerische Entscheidung für jede Maßnahme auf maximal zwei DIN A4-Seiten dar. Im Übrigen: Nach § 111 S. 2 BetrVG ist der Betriebsrat in Betrieben mit mehr als 200 Arbeitnehmern berechtigt, bei einer Betriebsänderung zu seiner Unterstützung einen Berater hinzuziehen, meist ist das sinnvoll.

100 **dd) Fristrechnung und Verfahren gemäß § 122 InsO.** Kommt es zwischen dem Insolvenzverwalter und dem Betriebsrat nicht innerhalb von drei Wochen nach Verhandlungsbeginn oder schriftlicher Aufforderung zur Aufnahme von Verhandlungen zum Abschluss eines Interessenausgleiches, kann der Insolvenzverwalter die gerichtliche Zustimmung zur Durchführung der Betriebsänderung über § 122 Abs. 1 InsO beantragen. Grundsätzlich ist für den Fristbeginn die umfassende Unterrichtung über die geplante Betriebsänderung gemäß § 111 S. 1 BetrVG maßgeblich. Für den Beginn der **Drei-Wochen-Frist** ist entweder die Aufnahme der tatsächlichen Beratungen der Betriebsparteien oder die **schriftliche Aufforderung** seitens des Arbeitgebers zur Aufnahme der Beratungen entscheidend. Im ersteren Fall entscheiden Insolvenzverwalter und Betriebsrat, wann sie mit den Beratungen beginnen. Der Betriebsrat hat die Möglichkeit, einen Eintritt in die Beratung nach erstmaliger Unterrichtung durch den Insolvenzverwalter mit der Begründung abzulehnen, dass ihm ein angemessener Zeitraum für die Vorbereitungen der Beratungen einzuräumen ist. Der Betriebsrat hat im Übrigen über die Frage, ob die Unterrichtung ordnungsgemäß erfolgte, die Möglichkeit, den Beginn des Laufes der Drei-Wochen-Frist iSv §§ 122 und 126 InsO streitig zu stellen, wobei es letztendlich ausschließlich entscheidend ist, ob der Betriebsrat **objektiv** ausreichend unterrichtet ist. Ebenfalls kann der Betriebsrat sich generell weigern, in Beratungen über eine geplante Betriebsänderung einzutreten. In diesem Falle steht es dem Insolvenzverwalter frei, das Scheitern der Verhandlungen zu erklären, das Verfahren gemäß § 122 InsO einzuleiten und das Einigungsstellenverfahren zu betreiben.[119]

101 Die Frist endet gemäß § 188 Abs. 2 Alt. 1 BGB mit dem Ablauf desjenigen Tages der dritten Woche, welche dem Tag entspricht, an dem die Beratungen tatsächlich begonnen haben oder die schriftliche Aufforderung zur Beratung dem Betriebsrat zugegangen ist. Für den Fall, dass der letzte Tag der Frist ein Samstag, Sonntag oder gesetzlich anerkannter Feiertag ist, tritt an die Stelle des vorgenannten Zeitpunktes gemäß § 193 BGB der nächste Werktag. Nachdem für den Fristbeginn der Eingang des Aufforderungsschreibens des Insolvenzverwalters maßgebend ist, sollte eine Übergabe an den Betriebsratsvorsitzenden erfolgen und diese dokumentiert werden.

102 **Praxistipp:** Dem Insolvenzverwalter ist anzuraten, den Betriebsrat zeitnah und **möglichst umfassend** über Inhalt und Umfang der geplanten Betriebsänderung unter Vorlage aller ihm zur Verfügung stehenden Unterlagen zu unterrichten. Nicht zuletzt um den Lauf der Frist nachvollziehbar in Gang zu setzen, ist der Betriebsrat mit Unterrichtung schriftlich zur Aufnahme von Beratungen aufzufordern.

---

[118] Vgl. Richardi/*Annuß* BetrVG § 111 Rn. 152 mwN.
[119] Vgl. → Rn. 26 f.; Uhlenbruck/*Zobel* InsO § 121, 122 Rn. 79.

3. Arten des Interessenausgleichsverfahrens, Allgemeines

Durch die Einführung der Sonderbestimmungen der §§ 121, 122, 125 sowie 126 InsO stehen dem Insolvenzverwalter unterschiedliche Instrumentarien zur „Betriebsänderung" zur Verfügung. Der Insolvenzverwalter kann entweder den bisher üblichen Weg der §§ 111–113 BetrVG wählen oder von den oben genannten Sonderbestimmungen Gebrauch machen. Es ist darauf hinzuweisen, dass im Falle der Eigenverwaltung gemäß §§ 270 ff. InsO die identischen Instrumentarien zur Verfügung stehen. Gemäß § 279 InsO kann in diesem Falle von der eigenverwalteten Schuldnerin von den gleichen Rechten Gebrauch gemacht werden, die dem Insolvenzverwalter gemäß §§ 103–128 InsO zur Verfügung stehen. Hinzuweisen ist hier insbesondere auf § 279 S. 2 und S. 3 InsO, kraft dessen im Falle der Eigenverwaltung grundsätzlich im Innenverhältnis das Einvernehmen des Sachwalters notwendig ist. Die Durchführung der besonderen Beschlussverfahren gemäß §§ 120, 122 und 126 InsO bedürfen allerdings als Wirksamkeitsvoraussetzung der Zustimmung des Sachwalters. 103

a) Das klassische Verfahren gemäß § 111 iVm § 112 BetrVG. Entscheidet sich der Insolvenzverwalter mit dem Betriebsrat, die klassische Variante eines Interessenausgleiches iSd § 112 Abs. 1–3 iVm § 111 BetrVG zur Definition der Betriebsänderung abzuschließen oder ist aus Zeitgründen vorab eruiert worden, dass der Betriebsrat nur bereit ist, eine Regelung in dieser Form zu akzeptieren, dann richten sich die Notwendigkeiten und einzelnen Handlungsschritte nach den oben dargelegten Ausführungen. Sofern eine Einigung nicht zustande kommt, ist vor Umsetzung der Betriebsänderung das Einigungsstellenverfahren bis zum Abschluss durchzuführen. 104

b) Interessenausgleich gemäß § 125 InsO.[120] **aa) Rechtsnatur.** Die Regelung des § 125 InsO schafft ein Rechtsinstrument in Ergänzung zu der Regelung des § 111 iVm § 112 Abs. 1 S. 3 BetrVG, das die Möglichkeit beinhaltet, einen Interessenausgleich mit namentlicher Bezeichnung der von einer Entlassung betroffenen Arbeitnehmer abzuschließen. Dieses führt zu wesentlichen Erleichterungen der Darlegungs- und Beweislast im Bereich der dringenden betrieblichen Gründe. Die Darlegungslast hinsichtlich einer durchzuführenden Sozialauswahl verbleibt zwar grundsätzlich in abgestufter Form letztendlich beim Arbeitgeber.[121] Das Ergebnis der Sozialauswahl ist jedoch nur auf **grobe Fehlerhaftigkeit** überprüfbar. 105

Kommt demzufolge ein Interessenausgleich gemäß den Vorschriften des § 125 Abs. 1 InsO iVm §§ 112 Abs. 1–3, § 111 BetrVG zustande, so können die **Prozessrisiken** wesentlich minimiert werden. 106

Die Spezialität der namentlichen Bezeichnung der von einer Kündigung betroffenen Arbeitnehmer in einem Interessenausgleich ist nicht über das Instrument der Einigungsstelle durchsetzbar. Entsprechendes ergibt sich bereits aus der Tatsache, dass die Einigungsstelle keinen Interessenausgleich durch Spruch 107

---

[120] Muster eines Interessenausgleiches, vgl. Anlage 1.
[121] BAG Urt. v. 10.2.1999 – 2 AZR 716/98, EzA § 1 KSchG, soziale Auswahl Nr. 18; BAG Urt. v. 5.12.2002 – 2 AZR 697/01, AP Nr. 60 zu § 1 KSchG 1969 soziale Auswahl; ausführlich Uhlenbruck/*Zobel* InsO § 125 Rn. 56 ff.

Zobel

herbeiführt, sondern am Ende des Verfahrens lediglich das Scheitern der Interessenausgleichsverhandlungen feststellen kann.

108 **bb) Parallele Einleitung des Interessenausgleichsverfahrens.** Die Verhandlungen über den Abschluss eines klassischen Interessenausgleiches sowie die Verhandlungen über einen Interessenausgleich gemäß § 125 InsO können **parallel** angestrebt werden. Es handelt sich von ihrem Inhalt her zwar formal um unterschiedliche Arten eines Interessenausgleiches. Leitet der Insolvenzverwalter das Verfahren gemäß § 125 InsO ein, so endet dieses entweder mit dem Abschluss einer einvernehmlichen Regelung unter namentlicher Bezeichnung oder mit dem Scheitern der Verhandlungen. Im letzteren Fall ist der Interessenausgleich gemäß § 125 InsO aus seiner Rechtsnatur heraus nicht über die Einigungsstelle durchsetzbar. Nachdem das Interessenausgleichsverfahren jedoch erst mit dem Spruch der Einigungsstelle und dem Feststellen des Scheiterns abgeschlossen ist, müsste der Insolvenzverwalter das klassische Verfahren danach nochmals durchlaufen. Im Falle einer anderen Betrachtung stünde das Scheitern des Interessenausgleiches gemäß § 125 InsO bereits in dem Zeitpunkt fest, in welchem die Parteien feststellen, dass eine Einigung über die Namensliste nicht erfolgt. Der Insolvenzverwalter könnte dann in der Umsetzung der Maßnahme bereits zu diesem Zeitpunkt frei sein. Nachdem die formalen Voraussetzungen für den **Abschluss** eines **Interessenausgleiches** dem Grunde nach identisch sind, wird über die Regelung des § 125 InsO der Verfahrensablauf **nicht modifiziert.** Dies spricht auch dagegen, den Interessenausgleich gemäß § 125 InsO als eigene Art zu bewerten. Vielmehr liegen unterschiedliche Regelungsinhalte vor. Der Interessenausgleich ohne Namensliste ist ein Minus zu dem des § 125 InsO, aber eben auch ein Interessenausgleich. Das Interessenausgleichsverfahren, nach dem der Insolvenzverwalter die Betriebsänderung umsetzen kann, ist erst nach Durchlaufen des Einigungsstellenverfahrens abgeschlossen.

109 Konsequent ist es demzufolge nur, wenn die klassischen Regelungen der § 112 Abs. 1–3 iVm § 111 BetrVG mit der des § 125 InsO einhergeht. Aus der Natur der Sache heraus kann gegen den Widerstand des Betriebsrates ohnehin ein Interessenausgleich mit Namensliste nicht beschlossen und eben erst recht nicht durch die Einigungsstelle ersetzt werden. Der Informationsstand im Rahmen der Unterrichtung des Betriebsrates ist aber in beiden Fällen im Hinblick auf die zugrundeliegende Betriebsänderung identisch.

110 Wegen des besonderen Beschlussverfahrens gemäß § 126 InsO, welches auf der Regelung des § 125 InsO aufbaut, sowie der gesonderten Möglichkeit des § 122 InsO, die gerichtliche Zustimmung zur Durchführung einer Betriebsänderung zu betreiben, welches wiederum auf dem klassischen Instrumentarium des Interessenausgleiches basiert, ist es aus der Rechtsnatur beider Arten des Interessenausgleiches geboten, in der **Unterrichtung des Betriebsrates** auf **beide Arten** hinzuweisen, um die jeweiligen Fristen in Lauf zu setzen.

Praxistipp: Der Insolvenzverwalter sollte im Rahmen der Einleitung des Interessenausgleichsverfahrens sowohl die klassische Interessenausgleichsvariante als auch die des § 125 InsO in die Unterrichtung aufnehmen. Ohne diesen Hinweis können die Fristen der §§ 122 und 126 InsO nicht nachvollziehbar dokumentiert zu laufen beginnen.

Zobel

cc) Fiktion der dringenden betrieblichen Belange. (1) Vermutungswirkung.
Nach Maßgabe des § 125 Abs. 1 S. 1 Nr. 1 InsO wird vermutet, dass bei einer geplanten Betriebsänderung iSv § 111 BetrVG und einem zwischen dem Insolvenzverwalter und dem Betriebsrat zustande gekommenen Interessenausgleich die Kündigung der namentlich bezeichneten Arbeitnehmer durch dringende betriebliche Erfordernisse bedingt ist.[122] Notwendig für die Fiktion die vollumfängliche Verständigung der Betriebsparteien über die gesamte Betriebsänderung.

Die Norm des § 125 Abs. 1 S. 1 Nr. 1 InsO stellt darüber hinaus die Vermutung auf, dass eine Weiterbeschäftigung in dem Betrieb oder eine Weiterbeschäftigung zu unveränderten Arbeitsbedingungen nicht möglich ist.[123] Diese Vermutungswirkung erstreckt sich sowohl auf den Wegfall des bisherigen Arbeitsplatzes als auch auf das Fehlen einer anderweitigen Beschäftigungsmöglichkeit.

(2) Darlegungs- und Beweislast. Der wesentliche Vorteil eines Interessenausgleiches gemäß § 125 InsO ist in der Beseitigung des § 1 Abs. 2 S. 4 KSchG zu sehen. Gemäß § 1 Abs. 2 S. 4 KSchG trägt der Arbeitgeber die Beweislast für die Tatsachen, die die Kündigung bedingen. Hierunter fällt auch die Betriebsbedingtheit.[124] Entgegen der grundsätzlichen Regelung des § 1 Abs. 2 S. 4 KSchG beschränkt sich die Darlegungs- und Beweislast des Insolvenzverwalters im Rahmen eines Interessenausgleiches iSv § 125 Abs. 1 S. 1 Nr. 1 InsO auf die Tatbestandsvoraussetzungen des § 125 Abs. 1 InsO.

Der Insolvenzverwalter hat demzufolge lediglich darzulegen und unter Beweis zu stellen, dass es sich bei den von ihm durchgeführten Maßnahmen um eine Betriebsänderung iSv § 111 BetrVG gehandelt hat und ein Interessenausgleich unter Einhaltung der formalen Voraussetzungen abgeschlossen worden ist. Weiterhin hat der Insolvenzverwalter darzulegen, dass die zu kündigenden Arbeitnehmer in einer Namensliste, die Bestandteil des Interessenausgleichs ist, namentlich bezeichnet worden sind. Die **namentliche Bezeichnung** der Arbeitnehmer hat durch Nennung des **Vor- und Nachnamens** zu erfolgen. Ratsam ist es darüber hinaus, weitere Kriterien aufzuführen, die von vornherein einen Streit über die Individualisierung der betroffenen Arbeitnehmer ausschließt. Es sollten betriebliche Kennzeichen wie die Personalnummer, die Kostenstelle, die Abteilung oÄ, ergänzend verwendet werden. Da die Namensliste Bestandteil des Interessenausgleiches ist, sollte aus **datenschutzrechtlichen Gründen** vermieden werden, weitergehende personenbezogene Daten zu verwenden.

Hat der Insolvenzverwalter insoweit seiner Darlegungslast Genüge getan, greift die widerlegbare Vermutung gemäß § 46 Abs. 2 S. 2 ArbGG iVm § 292 S. 1 ZPO zu seinen Gunsten dahingehend ein, dass die Kündigung durch dringende betriebliche Belange bedingt ist. Diese Vermutung ist durch Führung des

---

[122] BAG Urt. v. 19.12.2013, NZA 2014, 909; BAG Urt. v. 17.3.2016 – 2 AZR 182/15.
[123] BAG Urt. v. 7.5.1998 – 2 AZR 536/97, AP Nr. 94 zu § 1 KSchG 1969; BAG Urt. v. 6.9.2007 – 2 AZR 715/06, AP Nr. 170 zu § 1 KSchG 1969 betriebsbedingte Kündigung.
[124] BAG Urt. v. 26.6.1996 – 2 AZR 200/96; BAG Urt. v. 30.4.1987 – 2 AZR 184/86; BAG Urt. v. 19.6.2007 – 2 AZR 304/06, NZA 2008, 103; KR/*Etzel* KSchG § 1 Rn. 553 ff.

Hauptbeweises des Arbeitnehmers, dh lediglich durch Beweis des Gegenteiles, zu beseitigen.[125]

116 Ein Bestreiten des Vorliegens betrieblicher Gründe reicht nicht aus. Es gelten die allgemeinen Regeln der Beweislastverteilung. Insbesondere im Falle des Vorliegens eines non liquid geht dieses zulasten des Arbeitnehmers. Es ist nicht erforderlich, dass der Arbeitgeber zur Betriebsbedingtheit der Kündigung substantiiert vorträgt. Dass dem Arbeitnehmer ggf. die notwendigen Tatsachen gar nicht bekannt sein können, wird vom Gesetzgeber billigend in Kauf genommen.[126]

117 **(3) Wirkung des § 125 InsO ohne namentliche Benennung.** Hat ein abgeschlossener Interessenausgleich gemäß § 125 InsO eine Betriebsstilllegung zum Gegenstand und ist in dem Interessenausgleich definiert, dass sämtliche Arbeitnehmer des Betriebes zu einem bestimmten Zeitpunkt auf Grund einer Stilllegung des Betriebes entlassen werden, bedarf es wohl einer namentlichen Bezeichnung im Rahmen der Erstellung des Interessenausgleichs nicht.[127] Aus dem Interessenausgleich heraus und dem Personalbestand lässt sich der Kreis der Betroffenen unzweifelhaft ermitteln, so dass es eine Förmelei wäre, diese Arbeitnehmer noch zusätzlich in einer entsprechenden Namensliste benennen zu müssen. Erforderlich ist es, den Interessenausgleich eindeutig als Interessenausgleich gemäß § 125 InsO zu bezeichnen, um hierdurch die beabsichtigte Rechtswirkung des § 125 InsO zu verdeutlichen.

Praxistipp: Wegen der Rechtswirkung und der Absicherung der Maßnahmen sollte auch bei einer Stilllegung eine namentliche Bezeichnung erfolgen. Der Versuch, den Betriebsrat von der namentlichen Individualisierung dahingehend zu entlasten, dass eine Positivliste der im Betrieb verbleibenden Arbeitnehmer erstellt wird, ist untauglich, vom Gesetzeswortlaut nicht gedeckt und kann die beabsichtigte Wirkung nicht entfalten.

118 **(4) Benennung der Kündigungsart.** Der Interessenausgleich gemäß § 125 InsO entfaltet seine Wirkung nicht für personen- oder verhaltensbedingte Kündigungen, sondern nur für betriebsbedingte Kündigungen. Sofern betriebsbedingte Beendigungs- und Änderungskündigungen geplant sind, muss die beabsichtigte Kündigung je betroffenen Arbeitnehmer eindeutig konkretisiert werden. Ob nähere Definitionen hinsichtlich der geplanten Arbeitsbedingungen bei der Änderungskündigung (zB Vertragsbedingungen ua) erforderlich sind, ist strittig (zum Meinungsstand vgl. Uhlenbruck/*Zobel* InsO § 125 Rn. 30).

Praxistipp: Nachdem Zweifel hinsichtlich der beabsichtigten Vertragsänderung und des Angebots zu Lasten der Vermutungswirkung des § 125 InsO gehen, ist eine eindeutige Definition ratsam.

---

[125] BAG Urt. v. 26.4.2007 – 8 AZR 609/06, Uhlenbruck/*Zobel* InsO § 125 Rn. 8 ff.; *Warrikoff* BB 1994, 2238, 2341; *Schrader* NZA 1997, 70 (74); *Berscheid* MDR 1998, 942 (943); LAG Köln Urt. v. 1.8.1997, DB 1997, 2181; LAG Düsseldorf Urt. v. 29.1.1997, DB 1998, 1235; Arbeitsgericht Kiel NZA RR 1998, 67; BAG Urt. v. 7.5.1998 – 2 AZR 536/97, NZA 1998, 933 (934); BAG Urt. v. 10.2.1999 – 2 AZR 716/97, EzA § 1 KSchG, soziale Auswahl Nr. 38.
[126] Vgl. insoweit ausführlich Kübler/Prütting/*Moll* § 125 Rn. 44 ff.
[127] Strittig, zu Manipulation vgl. Uhlenbruck/*Zobel* InsO § 125 Rn. 24.

(5) Formale Fehler. Das BAG hat sich zwischenzeitlich mit einer Vielzahl von Unwägbarkeiten im Zusammenhang mit dem Abschluss eines Interessenausgleiches mit Namensliste befassen müssen. Allesamt sind diese vermeidbar, wenn das Augenmerk darauf gerichtet wird: Der Interessenausgleich mit Namensliste gemäß § 125 InsO erfordert in formeller Hinsicht die Erfüllung des gesetzlichen Schriftformerfordernisses. Gemäß §§ 125, 126 BGB ist grundsätzlich die **feste körperliche Verbindung** des Textteiles des Interessenausgleiches mit der Namensliste notwendig, so dass eine einheitliche Urkunde entsteht. Diese feste Verbindung erfolgt idealerweise mittels Heftklammer und auf jeden Fall vor der Unterzeichnung der Gesamturkunde.[128] Ausreichend ist aber auch eine Unterzeichnung von Interessenausgleich und Namensliste durch die Betriebsparteien bei wechselseitiger Inbezugnahme von Interessenausgleich und Namensliste in der jeweiligen Urkunde.[129]

119

c) Beschränkung der Überprüfbarkeit der Sozialauswahl auf grobe Fehlerhaftigkeit. Die Regelung des § 125 Abs. 1 S. 1 Nr. 2 InsO verändert die grundsätzlich im Kündigungsschutzrecht geltende Verteilung der Darlegungs- und Beweislast bezüglich der Sozialauswahl nicht.[130] Nach gefestigter Rechtsprechung und den entwickelten Grundsätzen der abgestuften Darlegungs- und Beweislast[131] hat zuerst der Arbeitnehmer die Sozialauswahl zu rügen und gemäß § 1 III S. 1 HS 2 KSchG den Insolvenzverwalter zur Auskunft über die getroffene soziale Auswahl aufzufordern. Sofern der Arbeitnehmer mangels eigener Kenntnis dazu nicht in der Lage ist, hat der Insolvenzverwalter zur getroffenen Sozialauswahl konkret Stellung zu nehmen. Dieses beinhaltet die Darstellung des aus seiner Sicht vergleichbaren Personenkreises und die in Bezug genommenen Sozialkriterien sowie deren Gewichtung gegeneinander. Soweit ggf. gemäß § 1 Abs. 3 S. 2 KSchG die Herausnahme einzelner Arbeitnehmer wegen betriebstechnischer, wirtschaftlicher oder sonstiger berechtigter betrieblicher Bedürfnisse aus der Sozialauswahl erfolgt ist, muss dies der Insolvenzverwalter ebenfalls darlegen und beweisen.

120

dd) Die Sozialauswahl. Die Einschränkung der Überprüfbarkeit auf den Maßstab der groben Fehlerhaftigkeit bezieht sich lediglich auf die gesetzlich normierten Auswahlkriterien, Dauer der Betriebszugehörigkeit, Lebensalter und Unterhaltsverpflichtungen. Das in § 1 III, V KSchG ergänzend enthaltene Kriterium der Schwerbehinderung fehlt verfassungskonform.[132]

121

---

[128] BAG Urt. v. 6.7.2006 – 2 AZR 520/05, AP Nr. 80 zu § 1 KSchG 1969; BAG Urt. v. 6.12.2001 – 2 AZR 422/00, EZA KSchG § 1 – Interessenausgleich – Nr. 9; BAG Urt. v. 12.5.2010 – 2 AZR 51/08.

[129] BAG Urt. v. 22.1.2004 – 2 AZR 111/02, AP Nr. 1 BetrVG 1972 – Namensliste; BAG Urt. v. 10.6.2010 – 2 AZR 420/09.

[130] BAG Urt. v. 10.2.1999 – 2 AZR 716/98, EzA Nr. 38 zu § 1 KSchG, soziale Auswahl; BAG Urt. v. 17.11.2005 – 6 AZR 107/05, AP Nr. 19 zu § 113 InsO; BAG Urt. v. 21.2.2002 – 2 AZR 581/00, NZA 2002, 1360.

[131] BAG Urt. v. 17.11.2005 – 6 AZR 107/05; BAG Urt. v. 18.10.1984 – 2 AZR 61/83, AP Nr. 18 zu § 1 KSchG 1969, betriebsbedingte Kündigung; BAG Urt. v. 21.7.1988 – 2 AZR 75/88, AP Nr. 17 zu § 1 KSchG 1969, soziale Auswahl.

[132] Kübler/Prütting/*Moll* § 125 Rn. 79 InsO; BAG Urt. v. 7.5.1998 – 2 AZR 536/97, DB 1998, 1768; BAG Urt. v. 12.4.2002 – 2 AZR 706/00, NZA 2003, 42; zur Schwertbehinderung vgl. MüKoInsO/*Caspers* § 125, Rn. 91 f.

Zobel

122 Eine grobe Fehlerhaftigkeit ist immer nur dann anzunehmen, wenn schwere Fehler entweder bei der Bildung des vergleichbaren Arbeitnehmerkreises oder bei der Gewichtung der einzelnen Kriterien gegeneinander bestehen. Es muss ein offenkundiger Verstoß vorliegen. Dieses ist beispielsweise dann anzunehmen, wenn eines der in § 125 Abs. 1 S. 1 Ziff. 2 InsO festgelegten Kriterien vollständig außer Acht gelassen worden ist oder diesem ein völlig überhöhtes bzw. ungenügendes Gewicht gegeben worden ist.[133]

123 Eine grobe Fehlerhaftigkeit liegt nur dann vor, wenn offensichtlich über die Grundsätze der Sozialauswahl bestimmte Personen oder Personengruppen ausgegrenzt bzw. durch entsprechende Vergabekriterien/Richtlinien ein Wunschergebnis herbeigeführt wird. Voraussetzung ist damit, dass ein evidenter, ins Auge springender **schwerer** Fehler vorliegt und der Interessenausgleich, insbesondere bei der Gewichtung der Auswahlkriterien, jede Ausgewogenheit vermissen lässt.[134] Entsprechendes gilt für die Festlegung des vergleichbaren Arbeitnehmerkreises als auch der Herausnahme einzelner Arbeitnehmer aus der Sozialauswahl iSv § 1 Abs. 3 S. 2 KSchG.[135]

124 Eine grobe Fehlerhaftigkeit[136] ist auch dann anzunehmen, wenn im Rahmen der Festlegung der vergleichbaren Arbeitnehmer – aus welchen Gründen, ist unerheblich – ein nicht in diesen Kreis fallender Arbeitnehmer aufgenommen oder ein dazugehöriger Arbeitnehmer fälschlicherweise **ausgegrenzt** worden ist. Diesem ist jedenfalls im Falle der Offensichtlichkeit bzw. im Falle nachweisbarer Willkür zuzustimmen, weil die grobe Fehlerhaftigkeit ein gewisses Maß an Fehlern toleriert. Bei der Vergleichsgruppenbildung liegt damit eine hohe Fehlerhaftigkeit vor, wenn bei der Bestimmung des Kreises der vergleichbaren Arbeitnehmer die **Austauschbarkeit** offensichtlich **verkannt** worden ist oder bei der Anwendung des Ausnahmetatbestandes des § 1 Abs. 3 S. 2 KSchG die betrieblichen Interessen augenfällig überdehnt worden sind.[137] Der Vollständigkeit halber sei darauf hingewiesen, dass das BAG zwischenzeitlich die bisher im Rahmen der Sozialauswahl geltende **„Dominotheorie"** aufgegeben hat.[138] Damit können sich nur noch solche Arbeitnehmer auf die Fehlerhaftigkeit berufen, denen ohne Vorhandensein des Fehlers nicht hätte gekündigt werden können.

125 Die Auswahlentscheidung, welche grundsätzlich nach den subjektiv objektivierten Kriterien der Betriebsparteien erfolgt ist, wird ggf. im Rahmen einer arbeitsgerichtlichen Überprüfung einer objektiven Ergebniskontrolle[139] zugeführt. Sofern die Festlegung des Kreises der vergleichbaren Arbeitnehmer grob fehlerhaft ist, bedarf es der Prüfung, ob die richtige Zuordnung zu einem anderen Ergebnis geführt hätte. Dies wird bei der Außerachtlassung von den Kriterien des § 125 Abs. 1 S. 1 Ziffer 2 InsO regelmäßig der Fall sein.

---

[133] BAG Urt. v. 29.1.2015 – 2 AZR 706/00.
[134] BAG Urt. v. 20.9.2006, AP Nr. 316 zu § 613a BGB; BAG Urt. v. 28.8.2003, AP Nr. 1 zu § 125 InsO.
[135] BAG Urt. v. 20.9.2012 – 6 AZR 483/13; *Caspers* Rn. 186 ff.; Uhlenbruck/*Zobel* InsO § 125 Rn. 61.
[136] Vgl. *Hoyningen-Huene/Linck* DB 1997, 41 (44); *Bader* NZA 96, 1125 (1131).
[137] BAG Urt. v. 17.11.2005 – 6 AZR 107/05, AP Nr. 4 zu § 125 InsO; BAG Urt. v. 20.9.2006, AP Nr. 316 zu § 613a BGB.
[138] BAG Urt. v. 9.11.2006 – 2 AZR 518/05, AP Nr. 84 zu § 1 KSchG 1969.
[139] Vgl. *Hoyningen-Huene/Linck* DB 1997, 41 (44).

d) Erhalt und Schaffung einer ausgewogenen Personalstruktur. (aa) Systematische Einordnung. § 125 Abs. 1 S. 1 Ziff. 2 letzter Hs.
InsO schafft dem Insolvenzverwalter die Handlungsalternative, in der Durchführung und Planung von notwendigen Rationalisierungsmaßnahmen im Rahmen eines Interessenausgleiches der besonderen Art, die vorhandene Personalstruktur in die Fortführungsüberlegungen miteinzubeziehen. Dem Insolvenzverwalter ist es möglich, sowohl eine ausgewogene Personalstruktur zu erhalten oder durch die Schaffung einer ausgewogenen Personalstruktur Versäumnisse aus der Vergangenheit aufzuarbeiten.

Gesetzesdogmatisch handelt es sich hierbei um eine Ausgestaltung des § 1 Abs. 3 S. 2 KSchG, der es ermöglicht, Arbeitnehmer trotz entgegenstehender Sozialauswahl aus betriebstechnischen, wirtschaftlichen oder sonstigen berechtigten betrieblichen Bedürfnissen zur Weiterbeschäftigung im Betrieb zu belassen.[140] Bei der Schaffung bzw. dem Erhalt einer ausgewogenen Personalstruktur kommt dem Insolvenzverwalter insbesondere die Regelung des § 1 Abs. 3 S. 2 KSchG entgegen, wonach die Möglichkeit besteht, Arbeitnehmer aus der Sozialauswahl herauszunehmen, weil diese über im Betrieb benötigte Kenntnisse, Fähigkeiten und Leistungen verfügen. Hierfür reichen jedoch reine pauschale schlag- oder stichwortartige Bezeichnungen der besonderen Kenntnisse und Fähigkeiten nicht aus.[141] Abzustellen ist hier beispielsweise auf die Teilnahme an Schulungen, Fortbildungsveranstaltungen, berufliche Weiterqualifikation, Abschlüsse, körperliche Eignung zur Erfüllung bestimmter Tätigkeiten, Wahrnehmen von Führungsaufgaben, Kundenbeziehungen ua.[142]

Eine eindeutige Klarstellung des § 125 Abs. 1 S. 1 Ziff. 2 Hs. 2 InsO dahingehend, wie sich der Gesetzgeber den Erhalt bzw. die Schaffung einer ausgewogenen Personalstruktur vorstellt, ist dieser Regelung nicht zu entnehmen. Gemäß § 125 Abs. 1 S. 1 Ziff. 2 Hs. 2 InsO kann die soziale Auswahl durch die Arbeitsgerichte nur auf grobe Fehlerhaftigkeit hin überprüft werden. Hs. 2 stellt klar, dass grobe Fehlerhaftigkeit dann nicht vorliegt, wenn eine ausgewogene Personalstruktur geschaffen wird. Mit anderen Worten: Die unternehmerische Entscheidung, im Rahmen der Sozialauswahl eine ausgewogene Personalstruktur zu erhalten oder zu schaffen, ist an sich nicht grob fehlerhaft. Das Ergebnis ist aber auf grobe Fehlerhaftigkeit hin überprüfbar.

Ob die Festlegung der Grundlagen der ausgewogenen Personalstruktur ebenfalls auf grobe Fehlerhaftigkeit überprüft werden kann oder ob es sich hierbei um eine Unternehmerentscheidung handelt, die lediglich auf **Willkürlichkeit** durch die Arbeitsgerichtsbarkeit überprüfbar ist,[143] ist umstritten.[144]

Anders als im Fall der grundgesetzlich geschützten unternehmerischen Freiheit zur Festlegung, ob und in welchem Umfang ein Betrieb geführt wird, ist

---

[140] LAG Hamm Urt. v. 28.5.1998 – 8 Sa 76/98, LAGE § 125 InsO Nr. 1; Uhlenbruck/*Zobel* InsO § 125 Rn. 76 ff.
[141] Vgl. *Berscheid* WiPRA 1996, 354 (357).
[142] BAG Urt. v. 26.10.1995 – 6 AZR 928/94, AP Nr. 100 zu § 112 BetrVG 1972; BAG Urt. v. 18.4.1996 – 6 AZR 607/95, AP Nr. 14 zu § 4 TVG, Rationalisierungsschutz; *Grunsky/Moll* ArbRInsO Rn. 137; *Schwedes* BB 1996, Beilage 17/1996, 2 (3).
[143] Vgl. KR/*Etzel* KSchG § 1 Rn. 692 ff.
[144] Vgl. Kübler/Prütting/*Moll* InsO § 125 Rn. 60 mwN.

die Ausgewogenheit einer Personalstruktur an bestimmten und bestimmbaren Kriterien festzulegen. Hier obliegt es der Rechtsprechung, wie auch bei der Frage der Sozialauswahl, entsprechende Kriterien herauszuarbeiten, die, beispielhaft in den Kriterien der Betriebszugehörigkeit, des Lebensalters und der Unterhaltsverpflichtungen in § 125 Abs. 1 InsO Einzug gehalten haben.

131 Eine lediglich auf Willkür beschränkte arbeitsgerichtliche Kontrolle wird der Intention des Gesetzgebers ebenso wenig gerecht wie eine durch die Arbeitsgerichtsbarkeit uneingeschränkte Überprüfbarkeit der Konzeption in der Personalstruktur durch den Arbeitgeber.

132 **bb) Ansatzpunkte für die Schaffung bzw. den Erhalt einer ausgewogenen Personalstruktur.** Der gesetzlich nicht definierte unbestimmte Rechtsbegriff der ausgewogenen Personalstruktur ist **auslegungsbedürftig** und führt mangels weiterer Handlungskriterien zu einer Diskussion über die Problematik, welche Maßstäbe für die Ausfüllung des Begriffes des Erhaltes bzw. der Schaffung einer ausgewogenen Personalstruktur heranzuziehen sind.[145] Personalstruktur im Sinne des § 125 Abs 1 S 1 Nr 2 Hs 2 InsO beschränkt sich dabei nicht nur auf eine bestimmte Altersstruktur des Betriebes. Vielmehr ist der Begriff der Gesetzesbegründung zufolge in einem umfassenderen Sinn zu verstehen. Danach soll dem Schuldner oder dem Übernehmer ein funktions- und wettbewerbsfähiges Arbeitnehmerteam zur Verfügung stehen.[146] Deshalb muss die Personalstruktur auch die Kriterien der Ausbildung und der Qualifikation der Arbeitnehmer im Betrieb erfassen. Möglich und zulässig ist es demnach, bestimmte Qualifikationsgruppen und Qualifikationsbereiche zu bilden. Die anzupassende Personalstruktur betrifft demnach vielmehr die Leistungsstärke und Qualifikation der Belegschaft als alleine und ausschließlich die Altersstruktur an sich.[147]

133 Die Bildung einer Personalstruktur als Grundlage weiterer Überlegungen kann über vier Stufen konkretisiert werden:

– **Erste Stufe** ist die ohnehin im Rahmen der Sozialauswahl notwendige Festlegung des Kreises der vergleichbaren Arbeitnehmer. Steht fest, dass ein betriebliches Bedürfnis zur Aufrechterhaltung eines Bereiches mit vergleichbaren Arbeitnehmern eines Betriebes besteht, so bilden diese Arbeitnehmer eine **Gruppe**.

– **Zweite Stufe** ist sodann die Personalstrukturnotwendigkeit. Diese kann sich auf die Qualifikationsstruktur, die Berufsausbildungsstruktur, die Anforderungsstruktur in Bezug auf Leistungselemente und nicht zuletzt auf die Altersstruktur des Betriebes beziehen. Die zweite Stufe dient der **Sicherstellung** der **notwendigen personellen Ressourcen** zur wettbewerbsfähigen Teilnahme des Betriebes am Markt. Dabei sind Teilzeitbeschäftigungsanteile, Anteile von Schwerbehinderten uä Kriterien ebenfalls zu berücksichtigen.

– **Dritte Stufe** ist das Herauslösen einzelner Arbeitnehmer aus der Gruppe, deren Weiterbeschäftigung aus betriebstechnischen, wirtschaftlichen oder

---

[145] Vgl. *Grunsky/Moll* ArbRInsO Rn. 146 ff.; *Löwisch* NZA 1996, 1009 (1011); *Preis* NJW 1996, 3369 (3378); Kübler/Prütting/*Moll* InsO § 125 Rn. 60; *Bichlmeier/Engberding/Oberhofer*, 434; *Berscheid*, Kölner Schrift zur InsO, S. 1415 f.

[146] Vgl. BT-Drs 12/7302, 172.

[147] BAG Urt. v. 28.8.2003 – 2 AZR 368/02, AP Nr. 1 zu § 125 InsO = NZA 2004, 432 = NZI 2004, 338, mwN unter Rn. 36.

sonstigen berechtigten betrieblichen Bedürfnissen unabdingbar ist. Dies kann beispielsweise auf deren Leistungsstärke und ggf. auch auf krankheitsbedingten Fehlzeiten (Negativabgrenzung) beruhen.[148]

– **Vierte Stufe** ist die ermittelte Personalreduzierungsquote (beispielsweise in Höhe von 20%), die auf die Gruppen der vergleichbaren Arbeitnehmer zu verteilen ist. Dies beinhaltet ebenfalls eine ggf. notwendige Aufteilung auf die gebildeten Altersgruppen, wobei jedenfalls im Falle des Erhaltes der Personalstruktur, vorher herausgelöste Arbeitnehmer, unabhängig vom Grund der Herausnahme, in den jeweiligen Gruppen bei den **Personalmesszahlen** zu berücksichtigen sind. Innerhalb der gebildeten Altersgruppe ist die Sozialauswahl dann nach den Kriterien Betriebszugehörigkeit, Lebensalter und Unterhaltsverpflichtungen durchzuführen.[149] Erst hierdurch erfolgt dann die Festlegung der sozial am wenigsten schutzwürdigen und deshalb zu kündigenden Arbeitnehmer über ein „**Ranking**". Ebenfalls auf der vierten Stufe würde die Umsetzung der Qualifikationsstruktur durch Herauslösung der vorhandenen verbleibenden Strukturinhalte und Definitionen der nicht benötigten Qualifikationsstrukturen erfolgen.[150]

cc) Umsetzung des systematischen Ansatzes. (1) Grundlegendes. Die 134 Schaffung bzw. der Erhalt einer ausgewogenen Personalstruktur am Beispiel der Altersstruktur bedingt es, dass zur Vermeidung der Willkürgefahr abstrakte Altersgruppen geschaffen werden. Gerade in Insolvenzbetrieben ist es häufig anzutreffen, dass die Gefahr einer Überalterung des Betriebes besteht und die Quote der jüngeren Arbeitnehmer verschwindend gering ist. Häufig haben diese Betriebe bereits mehrere Reorganisationsmaßnahmen durchlebt mit der Folge, dass – vielfach – die Sozialauswahl lediglich nach den Altersgesichtspunkten erfolgt ist. Diese Betriebe müssen, um überhaupt veräußert werden zu können, entsprechend neu strukturiert werden.

(2) Anhaltspunkte zur Schaffung/Erhalt einer Personalstruktur. Insbe- 135 sondere die Schaffung einer ausgewogenen Personalstruktur kann nur dadurch realisiert werden, dass mit Hilfe eines Branchenvergleichs über die Arbeitgeberverbände bzw. die beteiligten Gewerkschaften festgestellt wird, mit welchen Hierarchiestrukturen und welchen Personaleinsatz bei gleicher Leistungsquote vergleichbare Betriebe arbeiten. Eine pauschale Darstellung ist demzufolge mit größter Vorsicht zu bewerten. Die oben dargestellten Einzelkriterien wären miteinzubeziehen. In der Praxis haben die Probleme bei der Bestimmung der Personalstruktur bzw. der hier anzusetzenden Merkmale und Kriterien dazu geführt, dass weit überwiegend eine rein altersgruppenbezogene Sozialauswahl vorgenommen wird.

(3) Handlungsvorschlag. Die bereits dargestellte grundsätzliche Notwendig- 136 keit zur Bildung von Altersgruppen hat auf Basis der oben angeführten Krite-

---

[148] Vgl. hinsichtlich der Leistungsunterschiede BAG Urt. v. 24.3.1983 – 2 AZR 21/82, ZIP 1983, 1105; BAG Urt. v. 7.12.2006 – 2 AZR 748/05, NZA-RR 2007, 460.
[149] BAG Urt. v. 20.10.1983 – 2 AZR 211/82, AP Nr. 13 zu § 1 KSchG 1969, betriebsbedingte Kündigung.
[150] Bsp. für Qualifikationsstruktur: Gastronomiebetrieb, der von der klassischen Eigenherstellung auf ein „Franchise- und Systemgastronomiegeschäft" umstellt. Die Qualifikationsanforderungen wandeln sich von Koch zum Systemgastronom.

rien zu erfolgen, wobei davon auszugehen ist, dass die Schaffung einer ausgewogenen Altersstruktur im dringenden betrieblichen Interesse ist. Nachdem eine Staffelung der einzelnen Altersgruppen durch das Gesetz nicht vorgeschrieben ist, kann lediglich eine Einteilung in verschiebbare Arbeitnehmergruppen durchgeführt werden. Außerhalb des Insolvenzverfahrens kann die Personalanpassung gem. § 1 Abs. 3 S 2 KSchG nur zur „Erhaltung" der vorhandenen Altersstruktur vorgenommen werden. Dies bedingt, dass der Personalabbau nur in den gebildeten Altersgruppen gleichmäßig (zB durch linearen Abbau um 20% oder 30% der Arbeitnehmer jeder Altersgruppe) erfolgen darf.[151]

Im eröffneten Insolvenzverfahren ist dagegen auch die „Schaffung" einer neuen Altersstruktur zulässig. Gefordert wird, dass der Arbeitgeber/Insolvenzverwalter ein berechtigtes betriebliches Interesse vorweisen kann, welches sich in der gewählten Altersstruktur niederschlägt. Damit es grundsätzlich zulässig, dass der Arbeitgeber gem § 1 Abs. 3 S. 2 KSchG bzw. gem § 1 Abs. 5 S. 2, § 125 Abs. 1 S. 1 Nr. 2 InsO nach sachlichen Kriterien Altersgruppen bildet, den prozentualen Abbau in der Gruppe festlegt und entsprechend prozentual den Anteil aufteilt. Die Sozialauswahl erfolgt sodann in der Gruppe und ist auf diese beschränkt. Erforderlich ist, dass der Arbeitgeber darlegt, welche konkrete Altersstruktur geschaffen oder erhalten bleiben sollte und welche billigenswerte Gründe es dafür gibt. Zuletzt muss über einen Vorher-Nacher-Vergleich die Mittelgeeignetheit der Gruppenbildung belegt werden.[152] In einem Kündigungsrechtsstreit muss der Insolvenzverwalter darlegen können, welche konkrete Personalstruktur er schaffen (§ 125 Abs. 1 S. 1 Nr. 2 InsO) oder erhalten (§ 1 Abs. 3 S. 2 KSchG) will und aus welchen Gründen dies erfolgen soll. Andernfalls kann nicht überprüft werden, ob die Ungleichbehandlung über die Gruppen hinweg durch das verfolgte Ziel gerechtfertigt ist.[153] Im Rahmen einer Massenentlassung, wenn also die Schwellenwerte des § 17 KSchG erreicht werden, sollen Erleichterungen in der Darlegungsbelastung des Arbeitgebers gelten. Hier wird jedenfalls das betriebliche Interesse an der der Beibehaltung der Altersstruktur widerlegbar vermutet.[154] Dazu muss jedoch nach der Rechtsprechung des Bundesarbeitsgerichtes die Anzahl der Entlassungen in der einzelnen Gruppe im Verhältnis zur Anzahl aller Arbeitnehmer des Betriebes die Schwellenwerte des § 17 KSchG erreichen.[155] Bei der Vorbereitung einer Personalabbaumaßnahme über die Bildung von Altersgruppen ist demnach der Dokumentation der Hintergründe und der Ziele der Reorganisation (insb. der gewünschten personellen Soll-Struktur) besonderes Augenmerk zu schenken.

Spezifische gesetzliche Vorgaben für die Bildung von Altersgruppen existieren nicht. Die konkrete Altersgruppenbildung sollte sich demnach an der von der Rechtsprechung gebildeten Kasuistik ausrichten. Verallgemeinerungen sind

---

[151] BAG Urt. v. 22.3.2012 – 2 AZR 167/11; BAG Urt. v. 19.7.2012 – 2 AZR 352/11.
[152] BAG Urt. v. 24.10.2013 – 6 AZR 854/11; EZA § 125 InsO Nr 11.
[153] BAG Urt. v. 22.1.2009 – 8 AZR 906/07, NZA 2009, 945, 950 Rn. 59; BAG Urt. v. 19.12.2013 – 6 AZR 790/12, NZA-RR 2014, 185.
[154] *Lingemann/Otte* NZA 2016, 65.
[155] BAG Urt. v. 18.3.2010 – 2 AZR 468/08, NZA 2010, 1059; *Lingemann/Otto* NZA 2016, 65.

deshalb nicht möglich. Entscheidend bleibt die Betrachtung des konkreten Einzelfalls, wenn auch die Rechtsprechung gewisse Leitlinien vorgibt. Nach überwiegend vertretener Auffassung[156] bietet sich eine Altersgruppenbildung in Dezimalschritten, höchstens jedoch in Schritten von 15 Lebensjahren an. Da das Instrumentarium der Bildung von Altersgruppen grundsätzlich dem Ziel dient, hierdurch bestimmte Arbeitnehmer durch das Raster einer Punkteschemabewertung als am wenigsten sozial schutzwürdig fallen zu lassen, muss eine stringente Einteilung erfolgen, um dem Vorwurf der groben Fehlerhaftigkeit/Willkür von vornherein entgegen zu steuern.[157]

Gleichsam kann grundsätzlich nicht lediglich eine Altersgruppe herausgenommen werden. Möglich sind jedoch unterschiedliche Gewichtungen, sofern sachliche Gründe vorliegen. Bei der Altersgruppenbildung ist dabei auch dem Verbot der Altersdiskriminierung Rechnung zu tragen.[158] Dabei geht das Bundesarbeitsgericht im Gegensatz zu unterinstanzlichen Entscheidungen und auch der Literatur davon aus, dass die Bildung von Altersgruppen in der Sozialauswahl keine Benachteiligung wegen des Alters darstellt, sondern vielmehr die überschießende Gewichtung des Lebensalters als Sozialkriterium relativiert.[159]

137

Unter Berücksichtigung der weiteren, auf der Stufe 2 liegenden, sachlichen Kriterien, der Berufserfahrung und der Leistungsfähigkeit ua kommen damit unterschiedliche Altersstufen bzw. Einteilungen in Betracht. Denkbar sind bspw. folgende Modelle:[160]

138

drei Altersgruppen mit Arbeitnehmern (Dreiereinteilung):	fünf Altersgruppen mit Arbeitnehmern (Fünfereinteilung):	vier Altersgruppen mit Arbeitnehmern (Vierereinteilung):
– bis 35 Jahren, – von 35 bis 50 Jahren, – über 50 Jahren	– bis 25 Jahren, – von 25 bis 35 Jahren, – von 35 bis 45 Jahren, – von 45 bis 55 Jahren, – über 55 Jahren	– bis 25 Jahren, – von 25 bis 40 Jahren, – von 40 bis 55 Jahren, – über 55 Jahren

Eine unkritische Übernahme von Altersgruppenmodellen ohne Berücksichtigung der betrieblichen Besonderheiten ist jedoch zu vermeiden. Zudem können rechtliche Bedenken gegen einzelne Jahreseinteilungen vorgebracht werden. So wird bspw. gegen die Fünfereinteilung vorgebracht, diese berücksichtige nicht, dass Arbeitnehmer über 25 Jahre bei normalem Verlauf der Berufsausbildung nicht mehr der Gruppe der „Berufsanfänger" zugeschlagen werden könnten. Zudem werde nicht berücksichtigt, dass die Gruppe über 55 Jahre ggfs. Al-

139

---

[156] Vgl. *Stahlhacke/Preis* WiB 1996, 1025 (1031).
[157] Vgl. *Seidel* ZTR 1996, 449 (452).
[158] BAG Urt. v. 20.4.2005 – 2 AZR 201/04, NJW 2005, 2475; BAG Urt. v. 19.12.2013 – 6 AZR 790/12, NZA-RR 2014, 185.
[159] BAG Urt. v. 19.6.2007 – 2 AZR 304/06; BAG Urt. v. 6.9.2007 – 2 AZR 387/06, aaO.
[160] Vgl. *Lingemann/Otte* NZA 2016, 65.

tersteilzeitregelungen oder betriebliche Vorruhestandsmodelle in Anspruch nehmen könnten.[161]
Denkbar ist neben der oben dargestellten Gruppenbildung auch eine Einteilung in 9-Jahres Gruppen. Eine Einteilung könnte in diesem Modell in die Altersgruppen bis 25 Jahre, von 25 bis 30, von 30 bis 35, von 35 bis 40, von 40 bis 45, von 45 bis 50, von 50 bis 55, von 55 bis 60 und über 60 Jahre erfolgen.[162]
Gleichsam ist auch eine Unterteilung in die Führungsebene sowie die Arbeitsebene denkbar. Ist es daraufhin Ziel, die bisherige Altersstruktur aufrecht zu erhalten (einzige Option außerhalb des Insolvenzszenarios), so würde sich der notwendige Personalabbau prozentual gleichmäßig über sämtliche geschaffenen Altersgruppen verteilen. Diese Verteilung hat zur Folge, dass in jeder Altersgruppe der gleiche prozentuale Personalabbau durchzuführen ist. Hierbei hat die Praxis gezeigt, sofern die Altersstruktur über sämtliche Abteilungen eines Betriebes einheitlich vorgenommen wird, dass in Betrieben mittlerer Größe (50 bis 250 Arbeitnehmer) in einzelnen Altersgruppen lediglich ein, zwei oder gar keine Arbeitnehmer beschäftigt werden. Dies macht eine Umverteilung zur Erzielung des Personalabbauergebnisses notwendig. Die quotale einheitliche Reduzierung führt auch dazu, dass zum Teil ein stundenweiser Abbau bei einzelnen Arbeitnehmern zu erfolgen hat, der dann wiederum nur durch Änderungskündigungen durchzuführen wäre. Aus diesen praktischen Problemen heraus ist eine einheitliche Altersgruppeneinteilung über einen Betrieb kaum realistisch durchführbar, insbesondere nicht mit dem Ergebnis, eine ausgewogene Personalstruktur zu schaffen bzw. zu erhalten. Die Einteilung in Altersgruppen kann demzufolge nur ein Ansatzpunkt sein und muss darüber hinaus auch in einzelnen Abteilungen eines Betriebes unterschiedlich möglich sein.
Wie hoch der prozentuale Abbau in den Altersgruppen tatschlich sein kann und welche Werte hier noch als „ausgewogen" anzusehen sind, hängt von der Anzahl der benötigten Arbeitnehmer und der vorhandenen Altersstruktur des Betriebes ab. Entscheidend sind hier also die Vorgaben des Reorganisationskonzepts und insb. die festgelegte Ziel-Struktur des Betriebes. Soll eine Altersstruktur erhalten werden, darf es nicht mehr Altersgruppen als Kündigungen geben, so dass im Ergebnis in jeder Altersgruppe mindestens eine Kündigung ausgesprochen werden muss.[163] Will der Arbeitgeber trotzdem die Entscheidung treffen, innerhalb einer Altersgruppe keine Kündigung auszusprechen, soll er bei der Auswahl dieser Altersgruppe, die von Kündigungen verschont bleiben soll, ebenfalls Sozialauswahlgesichtspunkte berücksichtigen. Dies wird im Ergebnis dazu führen, dass die Altersgruppe der jüngeren Arbeitnehmer von einer Kündigung nicht verschon werden darf.[164]

---

[161] *Berscheid*, Kölner Schrift zur InsO, S. 1417 Rn. 50.
[162] LAG Frankfurt/Main Urt. v. 24.6.1999 – 3 Sa 1278/98, NZA-RR 2000, 74; LAG Düsseldorf Urt. v. 17.3.2000 – 9/6 Sa 84/00, LAGE § 1 KSchG Soziale Auswahl Nr 32, NZA-RR 2000, 421; krit. dazu *Seidel* ZTR 1996, 449, 452.
[163] BAG Urt. v. 19.12.2013 – 6 AZR 790/12, NZA-RR 2014, 185; *Lingemann/Otte* NZA 2016, 65.
[164] *Lingemann/Otte* NZA 2016, 65.

(4) Herauslösung einzelner Arbeitnehmer wegen gesetzlichem Sonder- 140
kündigungsschutz. Aus dem auswahlrelevanten Personenkreis scheiden trotz
Vergleichbarkeit Arbeitnehmer aus, deren Kündigung auf Grund besonderer gesetzlicher Vorschriften ausgeschlossen sind. Hierbei handelt es sich beispielsweise um betriebsverfassungsrechtliche Funktionsträger (§ 15 KSchG), Arbeitnehmer, die Kündigungsschutz nach dem Mutterschutzgesetz (§ 9 MuSchG), Kündigungsschutz wegen Elternzeit (§ 18 BEEG) oder Kündigungsschutz für Schwerbehinderte (§§ 85 ff. SGB IX) oder etwa nach § 5 PflegezeitG genießen. Die Sozialauswahl erstreckt sich allerdings auf die Arbeitnehmer, die nach den obigen Vorschriften nach Zustimmung der zuständigen Behörden gekündigt werden können sowie auf Arbeitnehmer, die einen tariflichen oder vertraglichen Sonderkündigungsschutz genießen, da dieses über § 113 InsO unbeachtlich ist. Eine Alterssicherung ist in der Insolvenz gemäß § 113 InsO ebenfalls unbeachtlich.[165]

e) Änderung der Sachlage iSv § 125 Abs. 1 S. 2 InsO. In Insolvenzverfahren 141
findet man häufig die Situation vor, dass ein Interessenausgleich wegen der Betriebsstilllegung abgeschlossen worden ist und sich später doch noch Interessenten finden, die bereit sind, einen reorganisierten Betrieb zu übernehmen. Insbesondere auch für diesen Fall regelt § 125 Abs. 1 S. 2 InsO, dass die Rechtswirkungen des § 125 Abs. 1 S. 1 InsO nicht gelten, soweit sich die Sachlage nach Zustandekommen des Interessenausgleiches wesentlich geändert hat.

Die Sachlage, die dem Interessenausgleich zugrunde liegt, ist die in dem Inte- 142
ressenausgleich definierte Betriebsänderung mit den sich daraus ergebenden Personalmaßnahmen. Sie stellt grundsätzlich die Geschäftsgrundlage zwischen den Betriebsparteien dar.[166] Wesentlich ist eine Änderung der Sachlage dann, wenn die Betriebsparteien in Kenntnis der neuen Sachlage einen Interessenausgleich mit gleichem Inhalt nicht abgeschlossen hätten.[167]

Nicht als wesentlich werden demgegenüber Änderungen im Einzelfalle be- 143
wertet, weil diese nicht die Gesamtkonzeption, die Geschäftsgrundlage zwischen den Betriebsparteien war, tangieren.[168]

Werden beispielhaft einzelne Arbeitnehmer aus der Sozialauswahl herausge- 144
nommen, neu miteinbezogen oder verlassen einzelne nicht zur Kündigung vorgesehene Arbeitnehmer den Betrieb und sind hierdurch Arbeitnehmer, die auf der Namensliste bezeichnet sind, nicht mehr zu kündigen, so führt dieses nicht zu einer Neuverhandlung des Interessenausgleichs. Einzelne Veränderungen der Namensliste, ggf. durch **Ringtausch von Arbeitnehmern** oder auf Grund der vorstehend dargestellten Gegebenheiten, ändern an der Rechtswirkung des § 125 InsO nichts. Maßstab ist die wesentliche Änderung der Sachlage, die selbst bei einer Verlängerung der Ausproduktion mittels befristeter Arbeitsverträge im Rahmen einer Betriebsstilllegung von ca. 50 % der Belegschaft abge-

---

[165] BAG Urt. v. 12.3.2009 – 2 AZR 418/07, NZA 2009, 1023 ff.; BAG Urt. v. 19.1.2000 – 4 AZR 70/99, AP Nr. 5 zu § 113 InsO; BAG Urt. v. 16.6.2005 – 6 AZR 476/04, NZA 2006, 270.
[166] BAG Urt. v. 22.1.2004 – 2 AZR 111/02, AP BetrVG 1972 § 112 Namensliste Nr. 1 – LAG Köln Urt. v. 1.8.1997, DB 1997, 2181; *Caspers* Rn. 208.
[167] Vgl. *Bader* NZA 1996, 1125 (1133); Uhlenbruck/*Zobel* InsO § 125 Rn. 38.
[168] Vgl. Kübler/Prütting/*Moll* InsO § 125 Rn. 90.

lehnt wird.[169] Eine als Rangfolge oder Tabellenplatz vorzunehmende Erstellung der Namensliste (Rangfolge der Sozialauswahl) ist nicht notwendig.[170]

145 Hinzuweisen ist darauf, dass auf Grund der punktuellen Streitgegenstandstheorie eine Veränderung der Sachlage nach Ausspruch und Zugang der Kündigung nicht zwangsläufig auch Auswirkungen auf die Rechtmäßigkeit der Kündigung hat.[171] § 125 Abs. 1 S. 2 InsO verlagert nicht den Beurteilungszeitpunkt im Rahmen der arbeitsgerichtlichen Überprüfung einer Kündigung. Der grundsätzliche Normzweck wird hierdurch nicht geändert.[172] Der Anwendungszweck des § 125 Abs. 1 S. 2 InsO beschränkt sich vor diesem Hintergrund auf den Zeitraum bis zum Ausspruch der Kündigung.[173] Nach Ausspruch der Kündigung ist auf die Grundsätze des Bundesarbeitsgerichtes zum Wiedereinstellungsanspruch zu verweisen.[174] Die Darlegungs- und Beweislast für die wesentliche Änderung der Sachlage trägt im Kündigungsschutzprozess der Arbeitnehmer.[175]

146 f) § 125 InsO und Massenentlassungsanzeige. § 125 Abs. 2 InsO stellt klar, dass ein Interessenausgleich gemäß § 125 Abs. 1 InsO die Stellungnahme des Betriebsrates gemäß § 17 Abs. 3 S. 2 KSchG ersetzt. Die Stellungnahme des Betriebsrates ist nach allgemeiner Auffassung Wirksamkeitsvoraussetzung für eine rechtswirksame Massenentlassungsanzeige. Im Rahmen der Massenentlassungsanzeige ist der Interessenausgleich demzufolge der Anzeige beizufügen.[176]

147 g) § 125 InsO und Betriebsratsanhörung. Das Erfordernis der gesonderten Betriebsratsanhörung gemäß § 102 BetrVG bleibt auch im Falle der gemeinsamen Erstellung einer Namensliste zwischen Betriebsrat und Arbeitgeber bestehen.[177] Dies findet seine Begründung in dem Schutzzweck der Norm des § 102 BetrVG, aber auch in dem Wortlaut des § 125 InsO, der ausdrücklich keine Ersetzung beinhaltet. Das Anhörungsverfahren unterliegt auch ansonsten **keinen Erleichterungen**[178] mit der Konsequenz, dass im Falle einer fehlerhaften oder fehlenden Betriebsratsanhörung eine ausgesprochene Kündigung gemäß § 102 Abs. 1 S. 3 BetrVG unwirksam ist.

---

[169] LAG Hamm Urt. v. 12.2.2003 – 2 Sa 826/02, ZInsO 2004, 569; aA *Giesen* ZIP 1998, 46 (49).
[170] Vgl. offen gelassen insoweit LAG SchlH Urt. v. 22.4.1998 – 2 Sa 556/97, LAGE § 1 KSchG; Interessenausgleich Nr. 5.
[171] Vgl. Kübler/Prütting/*Moll* InsO § 125 Rn. 92.
[172] Vgl. ausführlich Kübler/Prütting/*Moll* InsO § 125 Rn. 92.
[173] BAG Urt. v. 22.1.2004 – 2 AZR 111/02, AP Nr. 1 zu § 112 BetrVG 1972.
[174] BAG Urt. v. 27.2.1997 – 2 AZR 160/96, DB 1997, 1414; BAG Urt. v. 6.8.1997 – 7 AZR 557/96, DB 1998, 423; BAG Urt. v. 4.121997; DB 1998, 1087; *Nägele* BB 1998, 1686 (1687 ff.); BAG Urt. v. 21.2.2001 – 2 AZR 39/00, ZIP 2001, 1825; LAG Düsseldorf Urt. v. 10.6.2011 – 6 Sa 327/11; LAG Hessen Urt. v. 7.6.2013 – 14 Sa 1076/12; LAG Nürnberg Urt. v. 25.8.2015 – 6 Sa 159/15.
[175] Vgl. Kübler/Prütting/*Moll* InsO § 125 Rn. 93.
[176] Vgl. *Bader* NZA 1996, 1125 (1133); Uhlenbruck/*Zobel* InsO § 125 Rn. 106.
[177] Vgl. *Berscheid* MDR 1998, 942; Kübler/Prütting/*Moll* InsO § 125 Rn. 95 ff.
[178] BAG Urt. v. 20.5.1992 – 2 AZR 148/99, EZA Nr. 101 zu § 102 BetrVG 1972; BAG Urt. v. 13.5.2004 – 2 AZR 329/03, AP BetrVG 1972 § 102 InsO Nr. 140; LAG Hamm Urt. v. 3.4.2006, AP 13 Sa 1027/05; ErfK/*Gallner* InsO § 125 Rn. 19.

Dem Grundsatz der subjektiven Determinierung wird lediglich dahingehend Rechnung getragen, dass der Insolvenzverwalter die dem Betriebsrat als bekannt und im Rahmen der Interessenausgleichsverhandlungen **mitgeteilten Tatsachen nicht** nochmals im Rahmen des Anhörungsverfahrens dartun muss. Die Darlegungs- und Beweislast für die Vorkenntnisse trägt der Insolvenzverwalter. Rechtsdogmatisch mag die Trennung durchaus ihre Begründung finden. In der Praxis ist nicht zu erkennen, aus welchem Grunde dem Betriebsrat in zwei Verfahren dem Grunde nach Gleiches mitgeteilt werden soll. Zulässig ist, das Verfahren gemäß § 102 BetrVG mit der Erstellung der Namensliste zu **verbinden**.[179]

Der Betriebsrat kann im Interessenausgleich mit dem Insolvenzverwalter auch gleichzeitig die Frist des § 102 BetrVG abkürzen und eine abschließende Stellungnahme in dem Anhörungsverfahren abgeben. 148

Praxistipp: Der Insolvenzverwalter **muss** vor Ausspruch der Kündigungen auch im Falle des § 125 InsO ein **Anhörungsverfahren** iSd § 102 BetrVG **durchführen,** welches er sinnvollerweise mit dem Interessenausgleichsverfahren zusammenfasst. Die Mitteilungspflicht bezieht sich auch auf die Sozialauswahl ggf. unter Bezugnahme auf den Inhalt der Interessenausgleichsverhandlungen. Im Rahmen des abzuschließenden Interessenausgleiches sollte eine entsprechende Dokumentation aufgenommen werden, die zB wie folgt gestaltet werden könnte: 149

„Bei der Verhandlung über den Interessenausgleich und der Erstellung der Namensliste lagen dem Betriebsrat die Sozialdaten sämtlicher Arbeitnehmer des Betriebes vor. Mit der Erstellung der Namensliste ist gleichzeitig das Anhörungsverfahren nach § 102 BetrVG zur Kündigung der in der Namensliste genannten Arbeitnehmer eingeleitet worden. Die Erörterungen, die zur Erstellung der Namensliste geführt haben, sind gleichzeitig die förmliche Information des Betriebsrates über die Kündigungsgründe gemäß § 102 Abs. 1 Satz 2 BetrVG. Der Betriebsrat hatte in seiner heutigen Sitzung vom ... Gelegenheit, über die beabsichtigten Kündigungen zu beraten. Er gibt dazu folgende abschließende Stellungnahme ab: Die Kündigungen werden zur Kenntnis genommen. Das Anhörungsverfahren ist damit abgeschlossen."[180] 150

h) Gerichtliche Zustimmung zur Durchführung einer Betriebsänderung gemäß § 122 InsO. aa) Regelungsgegenstand und Antragsvoraussetzungen. Sofern die Betriebsparteien den oben dargestellten klassischen Weg des Interessenausgleichsverfahrens wählen, bietet die Regelung des § 122 InsO dem Verwalter die Möglichkeit, bereits nach Ablauf von drei Wochen nach Beginn der Verhandlungen oder schriftlicher Aufforderung zur Aufnahme von Verhandlungen anstelle der Anrufung der Einigungsstelle ein Beschlussverfahren gemäß vorstehender Vorschrift beim Arbeitsgericht als sogenanntes besonderes Beschlussverfahren einzuleiten. 151

Da der Insolvenzverwalter in die Arbeitgeberstellung eintritt, hat er die entsprechenden Verpflichtungen des Arbeitgebers, mithin auch sämtliche Vorschriften zum Interessenausgleichsverfahren im Rahmen der §§ 111 und 112 BetrVG, einzuhalten.[181] 152

---

[179] BAG Urt. v. 20.5.1999 – 2 AZR 148/99, NZA 1999, 1039.
[180] Vgl. *Preis* DB 1998, 1614.
[181] Vgl. *Warrikoff* BB 1994, 2338 (2339).

Zobel

153 Wesentliche Voraussetzung für die Anwendbarkeit des § 122 InsO ist, dass der Insolvenzverwalter eine Betriebsänderung plant. Insoweit nimmt § 122 Abs. 1 S. 1 InsO vollinhaltlich Bezug auf die Regelung des § 111 S. 1 BetrVG. Für den Lauf der Drei-Wochen-Frist ist die umfassende und rechtzeitige Unterrichtung des Betriebsrates erforderlich. Weiterhin müssen zwischen Betriebsrat und Insolvenzverwalter Verhandlungen über den Abschluss eines Interessenausgleiches aufgenommen worden sein oder der Insolvenzverwalter hat den Betriebsrat nachweisbar schriftlich zur Aufnahme von Verhandlungen aufgefordert. Für die Zulässigkeit eines Antrages des Insolvenzverwalters im besonderen Beschlussverfahren darf innerhalb einer Frist von drei Wochen nach Erfüllung der vorgenannten Voraussetzungen ein Interessenausgleich nicht zustande gekommen sein.

154 Bei Vorliegen der entsprechenden Voraussetzungen, deren Darstellung und Glaubhaftmachung dem Insolvenzverwalter obliegen, kann dieser die Zustimmung des Arbeitsgerichtes zur Durchführung einer Betriebsänderung beantragen. Auf ein vorangegangenes Einigungsstellenverfahren gemäß § 112 Abs. 2 BetrVG kommt es demzufolge nicht an. Nachdem die Zustimmung des Arbeitsgerichtes zur Durchführung einer Betriebsänderung begehrt wird, sind erhebliche Probleme im Rahmen der präzisen Antragstellung zu erwarten. Im Falle einer Betriebsstilllegung bzw. Teilbetriebsstilllegung wird dieses noch unproblematisch zu tolerieren sein. In den übrigen Fällen der Rationalisierung hat eine konkrete Darstellung der jeweiligen einzelnen geplanten Maßnahmen zu erfolgen, welche sich an den aus Beweissicherheitsgründen ohnehin auch in einem klassischen Interessenausgleich bzw. einem Interessenausgleich nach § 125 InsO anzulegenden Maßstäben orientieren muss. Der Antrag hat nicht die wirtschaftlichen Hintergründe, sondern lediglich die Schlussfolgerungen, die konkret daraus resultierenden Maßnahmen, zu enthalten. Die Hintergründe sind neben der Darlegung der notwendigen Zulässigkeitsvoraussetzungen in die Begründung des Antrages aufzunehmen.

155 Auf die Begründung sollte ein besonderes Augenmerk gerichtet werden. Hintergrund ist, dass auch die parallele Einleitung des Beschlussverfahrens für zulässig gehalten wird, sofern zwischen Inlaufsetzung der Drei-Wochen-Frist und dem Anhörungstermin eben mindestens dieser Zeitraum liegt.[182]

156 Dies ergibt sich daraus, dass die Zulässigkeitsvoraussetzungen erst im Zeitpunkt des Schlusses der letzten mündlichen Verhandlung vorliegen müssen. Dem Insolvenzverwalter ist aus diesem Grunde eine entsprechend ausführliche Darstellung anzuraten.

157 **bb) Verfahrensrechtliches.** Bei dem arbeitsgerichtlichen Verfahren auf Zustimmung zur Durchführung einer Betriebsänderung handelt es sich über die Norm des § 122 Abs. 2 S. 1 erster Hs. InsO um ein besonderes Beschlussverfahren. Dieses Verfahren unterliegt den Bestimmungen der §§ 80ff. ArbGG. Es finden ferner die Normen des § 61a Abs. 3–6 ArbGG Anwendung.

158 Normzweck ist die beschleunigte und vorrangige Erledigung des Verfahrens. Die Vorschrift des § 61 Abs. 2 ArbG ist ausdrücklich nicht anzuwenden. Das Gericht hat über die Anwendung des § 61a Abs. 3–6 ArbGG die Möglichkeit,

---

[182] Vgl. *Bork/Koschmieder,* Fachanwaltshandbuch Insolvenz, 2008, Teil 18 Rn. 18, 75 mwN.

auch im Beschlussverfahren Ausschlussfristen mit den entsprechenden **Präklusionswirkungen** zu setzen. Es gilt gemäß § 83 Abs. 1 ArbGG grundsätzlich das Amtsermittlungsprinzip.

Beteiligte des Verfahrens sind gemäß § 122 Abs. 2 S. 1 zweiter Hs. InsO der Insolvenzverwalter und der Betriebsrat, nicht hingegen die betroffenen Arbeitnehmer. Zur Verfahrensdauer ist festzuhalten, dass nach Antragstellung durch das Arbeitsgericht dem Betriebsrat gemäß § 61a Abs. 3 ArbGG eine Frist zur schriftlichen Stellungnahme von mindestens zwei Wochen im Rahmen des rechtlichen Gehörs zu gewähren ist. Nach erfolgter Stellungnahme des Betriebsrates hat ggf. zur Vorbereitung des durch das Gericht zu bestimmenden Anhörungstermins eine weitere Stellungnahme des Insolvenzverwalters auf die Antragserwiderung des Betriebsrates zu erfolgen. Hierfür sind jedenfalls weitere zwei Wochen einzuplanen. Erst nach erfolgter Replik des Insolvenzverwalters wird sinnvollerweise ein Anhörungstermin anzuberaumen sein, weil zu erwarten ist, dass keine weiteren Aufklärungshandlungen des Gerichtes im Rahmen entsprechender Beschlüsse sachnotwendig sein werden. Dem Beschleunigungsgrundsatz gehorchend, kann dann im Anhörungstermin eine Entscheidung gefällt werden. Zwischen Antragstellung und erstem Anhörungstermin ist folglich unter Berücksichtigung der erforderlichen Zustellzeiten mit einer Frist von jedenfalls acht Wochen zu rechnen. Dies drängt die Frage nach der Zulässigkeit einer einstweiligen Gestaltungsverfügung im Rahmen eines Verfügungsverfahrens gemäß § 85 II ArbGG auf.[183]

cc) **Prüfungsumfang des Arbeitsgerichtes.** Den Prüfungsmaßstab für die Zustimmung zur Durchführung einer Betriebsänderung regelt § 122 Abs. 2 InsO. Das Arbeitsgericht erteilt die Zustimmung, wenn die wirtschaftliche Lage des Unternehmens auch unter Berücksichtigung der sozialen Belange der Arbeitnehmer erfordert, dass die Betriebsänderung ohne vorheriges Verfahren nach § 112 Abs. 2 BetrVG durchgeführt wird. Die Prüfung erfolgt in zwei Schritten. Zuerst ist festzustellen, ob die wirtschaftliche Lage isoliert betrachtet die Durchführung einer Betriebsänderung notwendig macht. Danach werden die sozialen Belange der Arbeitnehmer in einem zweiten Prüfungsschritt dahingehend berücksichtigt, ob trotz deren Beeinträchtigung in diesem Einzelfalle die Situation es gebietet, das Einigungsstellenverfahren gemäß § 112 Abs. 2 BetrVG nicht durchzuführen.

dd) **Betriebsänderung ohne Einigungsstellenverfahren auf Grund der wirtschaftlichen Lage des Unternehmens.** Bei dem Begriff der wirtschaftlichen Lage des Unternehmens handelt es sich um einen **ausfüllungsbedürftigen unbestimmten Rechtsbegriff**. Gerade unter Berücksichtigung der Tatsache, dass die Regelung des § 122 InsO der Beschleunigung des Insolvenzverfahrens dient, kann sich die Definition des Begriffes nicht an einem am aktiven Wirtschaftsleben ohne insolvenzspezifische Gegebenheiten tätig werdenden Unternehmen orientieren.

Die Auslegung des Begriffs hat sich demnach an den insolvenzspezifischen Gegebenheiten zu orientieren. Analogien zu den Auslegungen artverwandter Begriffspaare, beispielsweise in § 16 BetrAVG, welche die Frage der Anpassung von Betriebsrenten wirtschaftlich aktiver Unternehmen betrifft oder die Rege-

---

[183] Vgl. → Rn. 173.

lung des § 112 Abs. 5 S. 1 BetrVG, welche sich bei der Aufstellung eines Sozialplanes im Rahmen eines Einigungsstellenverfahrens auf die wirtschaftliche Vertretbarkeit der Entscheidung der Einigungsstelle für das Unternehmen im Interesse dessen Erhaltes bezieht, können als Auslegungsmaßstab **nicht** herangezogen werden.

163 In jedem Falle ist bei der Auslegung eine Orientierung an den Reformzielen der Insolvenzordnung notwendig. § 1 der Insolvenzordnung stellt klar, dass das Insolvenzverfahren dazu dient, die Gläubiger eines Schuldners gemeinschaftlich zu befriedigen, indem das Vermögen des Schuldners verwertet und der Erlös verteilt oder in einem Insolvenzplan eine abweichende Regelung, insbesondere zum Erhalt des Unternehmens, getroffen wird. Unabhängig von den parallel nebeneinanderstehenden Reformzielen der Sanierung und der Liquidation von Unternehmen, deren Weichenstellung erst im Rahmen des ersten Berichtstermins durch die Gesamtheit der Gläubiger bzw. in Ausnahmefällen durch das Insolvenzgericht auf Antrag des Schuldners gemäß § 158 Abs. 2 InsO erfolgt, ist letztendlich weiterhin die bestmögliche Haftungsverwirklichung im Interesse der Gläubiger maßgebliches Auslegungskriterium für die wirtschaftliche Lage des Unternehmens. Inwieweit die Entscheidung über Fortbestand oder Verwertung eines Unternehmens bei den Gläubigern verbleibt, kann insoweit dahinstehen.

164 Ist davon auszugehen, dass der vorgenannte **Auslegungsmaßstab** wesentlich ist, so hat eine Auslegung durch die Arbeitsgerichtsbarkeit anhand einer Gegenüberstellung der wirtschaftlichen Belastungen im Falle einer späteren Umsetzung einer Betriebsänderung gegenüber einer Umsetzung über die Zustimmung des Arbeitsgerichtes im Rahmen von § 122 InsO zu erfolgen. Der Insolvenzverwalter hat im Rahmen einer entsprechenden Bilanz, die beide Alternativen beinhaltet, dem Arbeitsgericht eine **Prognose vorzulegen,** welche wirtschaftlichen Nachteile im Falle des Durchlaufens eines Einigungsstellenverfahrens durch die möglichen Verzögerungen entstehen würden.[184]

165 Überwiegend wird darüber hinaus vertreten, dass die Mehrbelastungen im Rahmen der Durchführung eines Verfahrens nach § 112 Abs. 3 BetrVG nicht ganz unerheblich sein dürfen. Bereits die Unbestimmtheit der zeitlichen Dauer eines Einigungsstellenverfahrens spricht gegen die Einführung eines darüber hinausgehenden Kriteriums.

166 Die Bewertung der wirtschaftlichen Lage des Unternehmens erfolgt nicht nach der Frage des von der Gläubigerversammlung letztendlich eingeschlagenen Weges, da der Insolvenzverwalter bereits vor dem ersten Berichtstermin eine Betriebsänderung einleiten kann. Insbesondere aus **Haftungsgesichtspunkten** besteht eine Verpflichtung des Insolvenzverwalters, geeignete Maßnahmen, die er für den Betrieb für notwendig erachtet, möglichst umgehend einzuleiten. Die Einleitung erfolgt regelmäßig vor dem ersten Berichtstermin, in welchem die Gläubiger über die Art der weiteren Vorgehensweise entscheiden. Stellt der Insolvenzverwalter fest, dass eine Betriebsveräußerung durchaus möglich ist, für deren Realisierung der Investor jedoch umfangreiche Reorganisationsmaßnahmen fordert, insbesondere im personellen Bereich, so hat der Insolvenzver-

---

[184] Vgl. auch Kübler/Prütting/*Moll* InsO § 122 Rn. 37 ff.; *Kreuzer/Rößner* NZI 2012, 699.

walter entsprechende Maßnahmen einzuleiten. Im Rahmen der Bewertung der wirtschaftlichen Lage des Unternehmens ist demzufolge die Frage der **erheblichen Verminderung der Insolvenzmasse** über § 158 Abs. 2 InsO den Arbeitsgerichten nicht entzogen. Vielmehr haben die Arbeitsgerichte ggf. über eine aus wirtschaftlichen Gründen unumgängliche Betriebsstilllegung in dem Verfahren zum Abschluss eines Interessenausgleiches zu entscheiden. Sollte die Betriebsstilllegung vor dem Beschluss der Gläubiger oder vor Stellung des Antrages des Schuldners an das Insolvenzgericht oder nach Stellung des Antrages und offener Entscheidung hierüber im Rahmen des Verfahrens nach § 122 InsO arbeitsrechtlich zur Meidung von Nachteilsausgleichsansprüchen der Arbeitnehmer gemäß § 113 Abs. 3 BetrVG vorbereitet werden, so handelt es sich hierbei um zwei völlig voneinander zu trennende Regelungsgegenstände. Das Insolvenzgericht entscheidet lediglich über die Frage der Stilllegung. Im Rahmen des Verfahrens nach § 122 InsO wird nur darüber entschieden, wann eine Betriebsänderung durchgeführt werden kann und nicht, ob dies erfolgt.

Des Weiteren ist darauf hinzuweisen, dass § 158 Abs. 2 InsO die Stilllegung **167** des gesamten Unternehmens und nicht einzelner unrentabler Betriebe oder Betriebsteile oder lediglich die Rationalisierung des Betriebes bzw. des Unternehmens beinhaltet. Die Differenzierung zwischen Betrieb und Unternehmen ist der InsO nicht fremd.[185] Es ist dem Insolvenzverwalter insoweit **nicht verwehrt,** die arbeitsrechtlich notwendigen Maßnahmen im Spannungsfeld zwischen persönlicher Haftung und Gläubigerentscheidung vor dem ersten Berichtstermin vorzunehmen und ggf. auch durchzuführen, sofern es sich nicht um eine Stilllegung des gesamten Unternehmens bereits vor dem ersten Berichtstermin handelt. Erfolgt die Durchführung sämtlicher notwendiger Maßnahmen inklusive der Personalmaßnahmen vor den vorgenannten Zeiträumen, jedoch erst mit Wirkung nach denselben, so hängt die Wirksamkeit vom Votum der Gläubiger ab. Die Genehmigung der Maßnahmen wirkt jedoch auf den Zeitpunkt der Durchführung zurück.

Praxistipp: Eine Darlegung, die die sofortige Durchführung einer Betriebsänderung ohne Einigungsstellenverfahren begründen kann, weil die wirtschaftliche Lage dies erfordert, setzt eine wirtschaftliche Alternativbetrachtung der Szenarien voraus. Dieses Zahlenwerk muss vorbereitet und glaubhaft gemacht werden.

ee) Soziale Belange der Arbeitnehmer. Hat das Arbeitsgericht im Rahmen **168** seiner Prüfung im ersten Schritt festgestellt, dass die wirtschaftliche Lage des Unternehmens die Durchführung der Betriebsänderung erfordert, so ist im **zweiten Schritt** zu prüfen, ob die sozialen Belange der Arbeitnehmer trotz alledem gegen eine Zustimmung zur sofortigen Durchführbarkeit der Betriebsänderung sprechen und das Einigungsstellenverfahrens vorab einzuleiten ist.

Nicht als sozialer Belang zu bewerten ist die **mögliche Verzögerung** im Rah- **169** men des Einigungsstellenverfahrens und die sich dadurch auf einen späteren Zeitpunkt hinausschiebende Kündigungsmöglichkeit des Insolvenzverwalters mit der Folge der verzögerten Arbeitslosigkeit. Wäre dies in die sozialen Belange der Arbeitnehmer einzubeziehen, wäre die Regelung des § 122 InsO völlig sinnentleert. Ebenfalls reichen bloße Gerüchte über eine mögliche Vermeidung

---

[185] Vgl. ausführlich: MüKoInsO/*Caspers* § 125 Rn. 108.

Zobel

der Stilllegung einzelner Betriebsabteilungen, Teilbetriebe oder Betriebe durch eine Sanierung nicht als berücksichtigungsfähige soziale Belange der Arbeitnehmer aus. Insgesamt sind soziale Belange der Arbeitnehmer **nur dann tangiert**, wenn im Einzelfall durch Vermittlung der Einigungsstelle die Aussicht besteht, sozial verträglichere Lösungen aufzeigen zu können.[186]

170 Die Anwendungsfälle der Einschränkung der arbeitsgerichtlichen Zustimmung wegen Berücksichtigung sozialer Belange sind bei Vorliegen der besonderen wirtschaftlichen Lage des Unternehmens darauf beschränkt, dass sich die Situation zwischen Antragstellung und letzter mündlicher Verhandlung so konkret ändert, wodurch nunmehr grundsätzlich eine andere Betriebsänderung für die Belange der Arbeitnehmer sinnvoller wäre. Denkbar sind darüber hinaus Missbrauchsstatbestände.[187]

4. Rechtsmittel gegen die Entscheidung des Arbeitsgerichtes; Verhältnis zu §§ 125 und 126 InsO

171 **a) Rechtsmittel.** Gegen den Beschluss über die Zustimmung zur Betriebsänderung ist gemäß § 122 Abs. 3 S. 1 InsO grundsätzlich das Rechtsmittel der **Beschwerde** nicht gegeben. In Ausnahmefällen kann das Arbeitsgericht gemäß § 122 Abs. 3 S. 2 Hs. 2 InsO iVm § 72 Abs. 2 und 3 ArbGG die Rechtsbeschwerde zum BAG zulassen, wenn die Angelegenheit grundsätzliche Bedeutung hat oder von einem Beschluss eines anderen Arbeitsgerichtes oder des BAG abweicht. Die Rechtsbeschwerde muss innerhalb eines Monats nach Zustellung beim BAG eingelegt und begründet werden.[188]

172 Die Möglichkeit, eine schnelle Entscheidung über die Durchführung einer Betriebsänderung für den Insolvenzverwalter – oder dessen Ablehnung – zu erreichen, entspricht der Konzeption, wonach § 122 Abs. 3 InsO keine Verweisung auf die Regelung des § 92a ArbGG und § 72a ArbGG enthält. Die in § 72a ArbGG normierten Voraussetzungen für die Nichtzulassungsbeschwerde sowie die Regelung des § 92a ArbGG führen im Ergebnis dazu, dass Beschlüsse des Arbeitsgerichtes im Regelfall **sofort** rechtskräftig werden.[189] Nachdem in dem Verfahren nach § 122 InsO im wesentlichen Tatfragen eine Rolle spielen und diese nicht im Rahmen der Rechtsbeschwerde bzw. Nichtzulassungsbeschwerde einer Überprüfung oder Ergänzung zugeführt werden können, ist dem grundsätzlich zuzustimmen, wobei dem „blauen Himmel oberhalb der Arbeitsgerichtsbarkeit" durchaus verfassungsrechtliche Bedenken gegenüberstehen. Für die Regelung des § 126 Abs. 2 S. 2 InsO gilt im Übrigen auf Grund der Verweisung auf § 122 Abs. 3 InsO Vorstehendes entsprechend.

173 **b) Durchführung eines Eilverfahrens im Wege der einstweiligen Verfügung.** § 122 Abs. 2 S. 2 Hs. 1 InsO enthält eine Generalverweisung auf die Vorschriften des arbeitsgerichtlichen Beschlussverfahrens. Daher besteht auch für den Insolvenzverwalters die Möglichkeit, die Zustimmung zur Durchführung einer Betriebsänderung im Rahmen des einstweiligen Rechtsschutzes durchzu-

---

[186] Vgl. FK-InsO/*Eisenbeis* § 122 Rn. 19; Kübler/Prütting/*Moll* InsO § 122 Rn. 36.
[187] Vgl. MüKoInso/*Caspers* § 125 Rn. 108.
[188] Vgl. *Giesen* ZIP 1998, 142 (146); *Schrader* NZA 1997, 70 (73).
[189] Vgl. *Caspers* Rn. 263 mwN; Kübler/Prütting/*Moll* § 122 Rn. 54 ff. mwN.

setzen. Bei der einstweiligen Verfügung in der Form der Gestaltungsverfügung wird die Hauptsache nicht nur vorweggenommen, sondern auch unumkehrbar und auf Grund der Regelung des § 85 Abs. 2 ArbGG nicht mit Schadenersatzansprüchen gemäß § 945 ZPO bewehrt. Dies ist nur in engen Grenzen möglich. An die Voraussetzungen Verfügungsgrund und Verfügungsanspruch der Gestaltungsverfügung nach § 940 ZPO müssen vor diesem Hintergrund und wegen der **Ausschaltung des Sanktionscharakters** des § 113 Abs. 3 BetrVG erhöhte Anforderungen gestellt werden. Für die Zustimmung zur Betriebsänderung, der Nichtdurchführung des Einigungsstellenverfahrens sowie der Beschränkung des Hauptsacheverfahrens auf den Rechtssinn – nicht die Änderung der Entscheidung – gelten ebenfalls gesteigerte Anforderungen im Vergleich zu üblichen Verfügungsverfahren. Ein **Verfügungsgrund** kann nur gegeben sein, wenn ansonsten eine sofortige Einstellung des Insolvenzverfahrens gemäß § 207 Abs. 1 InsO droht und hierdurch der Gläubigergesamtheit ein erheblicher Schaden entsteht. Des Weiteren darf im Zeitpunkt der Eröffnung des Insolvenzverfahrens diese Sachlage nicht erkennbar gewesen sein, da ansonsten hinsichtlich der Eröffnung des Verfahrens in Kenntnis der Notwendigkeiten von Betriebsänderungen eine andere Sachentscheidung über das Verfahren hätte getroffen werden müssen.[190]

c) **Verhältnis der §§ 122, 125 und 126 InsO zueinander.** Über die Regelung des § 122 Abs. 1 S. 3 InsO bleibt dem Insolvenzverwalter das Recht unbenommen, neben dem Verfahren gemäß § 122 InsO des Weiteren den Versuch zu unternehmen, einen Interessenausgleich nach § 125 InsO abzuschließen oder einen Feststellungsantrag in dem besonderen Beschlussverfahren nach § 126 InsO zu stellen.

Aus § 122 Abs. 1 S. 3 InsO kann der gesetzgeberische Wille abgeleitet werden, wonach das Verfahren gemäß § 125 InsO als besonderer Interessenausgleich ein eigenständiges Verfahren neben der klassischen Variante des § 112 BetrVG ist, welches über die Regelung des § 122 InsO beschleunigt werden soll. Dem Verwalter bleibt es demnach unbenommen, beide Verfahren **parallel** nebeneinander zu betreiben. Die Klarstellung ist insbesondere vor dem Hintergrund notwendig, dass dem Insolvenzverwalter, der gemäß § 125 InsO weitergehend mit dem Betriebsrat verhandelt, im Verfahren gemäß § 122 InsO durch den Betriebsrat nicht das fehlende Rechtsschutzbedürfnis entgegengehalten werden kann. Nicht zu folgen ist der teilweise vertretenen Auffassung, dass ein Interessenausgleich gemäß § 125 InsO keine Einigung über die Betriebsänderung enthalten müsse. Dieses entspricht nicht dem Normzweck.[191]

Fraglich ist in diesem Zusammenhang lediglich, ob der Insolvenzverwalter neben dem eingeleiteten Verfahren nach § 122 InsO trotz alledem auch den klassischen Interessenausgleich mit dem Betriebsrat weiterverhandeln kann. Würde man dem Insolvenzverwalter dieses Recht absprechen, hätte dies zur Folge, dass bei Abweisung der beantragten Zustimmung zur Betriebsänderung im Beschlussverfahren nach § 122 InsO erst im Anschluss daran das klassische

---

[190] Vgl. *Caspers* Rn. 426 zur Einstellung des Verfahrens und Rn. 423 bei der Gestaltungsverfügung; Stein/*Jonas*/Grunsky ZPO Vorb. § 935 Rn. 36; Zöller/*Vollkommer* ZPO § 935 Rn. 2 ff.
[191] Vgl. Kübler/Prütting/*Moll* § 122 Rn. 64.

Zobel

Einigungsstellenverfahren nach § 112 BetrVG durchgeführt werden könnte. Hierdurch würden weitere erhebliche Zeitverzögerungen entstehen. Vor diesem Hintergrund muss aus dem Normzweck heraus der Insolvenzverwalter die Möglichkeit erhalten, das Verfahren auf Zustimmung zur Durchführung der Betriebsänderung gemäß § 122 InsO durch das Arbeitsgericht parallel zu dem Verfahren gemäß dem § 112 Abs. 2 und 3 BetrVG durchzuführen. Die Einwendung, für letzteres **fehle das Rechtsschutzbedürfnis**, greift nicht durch, weil es sich bei der Regelung des § 122 InsO um ein besonderes Beschlussverfahren handelt, welches nicht das Ziel haben kann, zu einer Verzögerung des normalen klassischen Interessenausgleichsverfahrens zu führen.

177 Nach § 122 Abs. 1 S. 3 InsO bleibt das Recht des Verwalters, einen Feststellungsantrag in dem besonderen Beschlussverfahren gemäß § 126 InsO zu stellen, **unberührt**. Da die Regelungsgegenstände des Verfahrens nach § 122 InsO – Zustimmungsverfahren zur Ermöglichung der Durchführung einer Betriebsänderung – völlig von denen des § 126 InsO – soziale Rechtfertigung betriebsbedingter Kündigungen – zu unterscheiden sind, können beide Verfahren parallel zueinander geführt werden.[192] Ob die Verfahren parallel oder nacheinander bei beliebiger Reihenfolge eingeleitet werden, ist demzufolge unerheblich. Der Ausgang des Verfahrens gemäß § 122 InsO hat lediglich hinsichtlich der Sanktionswirkung des § 113 Abs. 3 BetrVG entsprechende Auswirkungen auf die Individualansprüche derjenigen Arbeitnehmer, die eine Entscheidung über die soziale Rechtfertigung der beabsichtigten oder ausgesprochenen Kündigungen im Rahmen des präventiven Kündigungsschutzverfahrens gemäß § 126 InsO beantragt haben.[193]

Praxistipp: Der Insolvenzverwalter ist im Falle einer abweisenden Entscheidung nicht gehindert, einen neuen Antrag mit leicht geändertem oder konkretisiertem Inhalt zu stellen, da die Rechtskraft dem nicht entgegensteht.

III. Betriebsänderung ohne Interessenausgleich

1. Maßnahmen ohne Interessenausgleich trotz Verpflichtung

178 Bei der Frage der Betriebsänderung ohne Abschluss eines Interessenausgleiches ist zu unterscheiden, ob es sich um einen Betrieb handelt, bei dem auf Grund des Nichterreichens der maßgeblichen Schwellenwerte eine **Verpflichtung** zur Durchführung **nicht besteht** oder auf Grund des Nichtvorhandenseins eines Betriebsrates ein Interessenausgleich nicht zum Abschluss kommen kann oder ob seitens des Verwalters trotz bestehender Verpflichtung der Abschluss eines Interessenausgleiches nicht versucht wurde. In den erstgenannten Fällen besteht keine Notwendigkeit zum Abschluss eines Interessenausgleiches, demzufolge kann es weder zu Sanktionen auf kollektivem noch auf individualarbeitsrechtlichem Gebiet kommen. Besteht jedoch für

---

[192] Vgl. *Schrader* NZA 1997, 70 (76).
[193] Vgl. MüKoInsO/*Caspers* § 122 Rn. 60; aA *Löwisch* RdA 1997, 8086, der davon ausgeht, dass eine Entscheidung über das Verfahren iSv § 126 InsO erst fallen kann, wenn über das Beschlussverfahren gemäß § 122 InsO rechtskräftig entschieden worden ist; Vorrangtheorie des § 122 InsO.

den Verwalter die Verpflichtung gemäß § 112 Abs. 1–3, § 111 BetrVG, bzw. die Option des § 125 InsO, so greift die Sanktionswirkung des § 113 Abs. 3 BetrVG ein.

Dem Fall des § 113 Abs. 3 BetrVG, in dem der Unternehmer ohne zwingenden Grund von einem vereinbarten Interessenausgleich über eine geplante Betriebsänderung abweicht, wird der Fall gleichgestellt, in dem der Unternehmer eine entsprechende Maßnahme durchführt, ohne den Betriebsrat überhaupt iSd Regelungen des § 112 Abs. 1–3 BetrVG zu beteiligen. Gleiches gilt, wenn der Insolvenzverwalter während des Laufes des Verfahrens über den Abschluss eines klassischen Interessenausgleiches bzw. der Möglichkeit des § 122 InsO vor arbeitsgerichtlicher Entscheidung oder dem Ende der Verhandlungen über die Herbeiführung eines Interessenausgleiches mit der Betriebsänderung beginnt. 179

Soweit § 113 Abs. 3 BetrVG auf die entsprechende Geltung des § 113 Abs. 1, insbesondere Satz 1, verweist, führt die Auslegung des Tatbestandsmerkmales „ohne zwingenden Grund" im Falle der Abweichung von einem abgeschlossenen Interessenausgleich nicht dazu, dass hierdurch insgesamt keine Nachteilsausgleichsansprüche der Arbeitnehmer entstehen. Zwar sind grundsätzlich Fälle denkbar, in denen eine Betriebsänderung ohne Interessenausgleich durchgeführt werden kann,[194] jedoch ist als **„zwingender Grund"** iSd § 113 Abs. 1 BetrVG für eine Betriebsänderung nicht bereits eine wirtschaftliche Notlage ausreichend.[195] Aufgrund der Sonderregelung des § 122 InsO mit dem entsprechenden Beschleunigungseffekt und der Möglichkeit des einstweiligen Rechtsschutzes hat der Gesetzgeber dem Insolvenzverwalter die notwendigen Handlungsalternativen an die Hand gegeben, so dass es zu darüber hinausgehenden Abkürzungsnotwendigkeiten grundsätzlich nicht mehr kommen kann. Ein Aushebeln der Sanktion des § 113 Abs. 3 BetrVG über vorstehende Begründungen in der Insolvenz erscheint vor diesem Hintergrund nicht möglich. 180

2. Inhalt der Nachteilsausgleichsansprüche

Die Höhe der Nachteilsausgleichsansprüche bemisst sich gemäß § 113 Abs. 3 iVm § 113 Abs. 1 BetrVG nach der Vorschrift des § 10 KSchG. Hiernach liegt die maximale Grenze, zu deren Leistung der Insolvenzverwalter verurteilt werden kann, bei 18 Bruttomonatsverdiensten des entlassenen Arbeitnehmers. Diese Ansprüche bestehen im Falle, dass ein Interessenausgleichsabschluss durch den Insolvenzverwalter nicht versucht worden ist, für alle entlassenen Arbeitnehmer. Unter Entlassen ist in diesem Zusammenhang nicht die Kündigung der betroffenen Arbeitnehmer zu verstehen, vielmehr kommt es darauf an, dass das Arbeitsverhältnis auf Veranlassung des Arbeitgebers **tatsächlich beendet** wird.[196] Der Arbeitnehmer darf sich nicht lediglich auf die Unwirksamkeit der 181

---

[194] Vgl. ausführlich mit entsprechenden Nachweisen Richardi/*Annuß* InsO § 113 Rn. 27.
[195] BAG Urt. v. 17.9.1974 – 1 AZR 16/74, AP Nr. 1 zu § 113 BetrVG 1972; Uhlenbruck/*Zobel* InsO §§ 121, 122 Rn. 109; vgl. → Rn. 183 f.
[196] BAG Urt. v. 23.8.1988 – 1 AZR 276/87, AP Nr. 17 zu § 113 BetrVG; ausführlich Richardi/*Annuß* BetrVG § 113 Rn. 36 ff.

ihm gegenüber ausgesprochenen Kündigung berufen. Wendet sich der Arbeitnehmer im Rahmen einer Feststellungsklage gegen die Wirksamkeit der Kündigung, so kann er, für den Fall der Rechtswirksamkeit, jedoch einen Eventualantrag stellen.

182 Die Durchführung einer Betriebsänderung ohne den Versuch des Abschlusses der notwendigen betriebsverfassungsrechtlichen Erfordernisse führt demzufolge nicht nur zu einem erheblichen wirtschaftlichen Risiko der **Insolvenzmasse**, sondern auf Grund der dann entstehenden Verbindlichkeiten auch zu immensen Haftungsrisiken des Insolvenzverwalters.

3. Abweichung von einem Interessenausgleich

183 Sofern über eine geplante Betriebsänderung ein Interessenausgleich zwischen Insolvenzverwalter und Betriebsrat abgeschlossen worden ist, hat der Insolvenzverwalter im Falle einer **wesentlichen Abweichung** ebenfalls Nachteilsausgleichsansprüche gemäß § 113 Abs. 1 BetrVG zu befürchten. Das Abweichen von einem abgeschlossenen Interessenausgleich führt nicht zu der Verpflichtung, einen neuen Interessenausgleich abzuschließen, was jedoch jederzeit in Ablösung des alten möglich wäre. Grundsätzlich hat der Interessenausgleich in der bestehenden Form eine Bindungswirkung für die Betriebsparteien. Die Bindungswirkung wird jedoch über § 113 Abs. 1 BetrVG dahin abgeschwächt, dass der Unternehmer von einer geplanten Betriebsänderung bei Vorliegen eines zwingenden Grundes abweichen kann, ohne die gesetzlich normierte Sanktionswirkung auszulösen.

184 Zwingende Gründe iSd Regelung des § 113 Abs. 1 BetrVG sind nachträglich entstandene oder nachträglich erkennbar gewordene Umstände, die im Zeitpunkt des Abschlusses des Interessenausgleiches nicht berücksichtigt werden konnten oder nicht berücksichtigt worden sind, weil sie erst zu einem späteren Zeitpunkt entstanden oder erkennbar geworden sind.[197] Ein zwingender Grund ist insoweit grundsätzlich als Wegfall der Geschäftsgrundlage des abgeschlossenen Interessenausgleiches zu bewerten, kraft dessen es dem Unternehmer nach Treu und Glauben nicht mehr möglich war, an der Vereinbarung festzuhalten. Dieses ist vom Standpunkt eines objektiven Dritten aus zu bewerten.[198] Als zwingender Grund für den Insolvenzverwalter kann insbesondere eine nicht vorhersehbare Veränderung der Marktlage in Betracht gezogen werden.[199]

185 Der Anspruch des einzelnen Arbeitnehmers gemäß § 113 Abs. 1 BetrVG hängt darüber hinaus davon ab, ob die Entlassung kausal durch die Abweichung vom Interessenausgleich bedingt ist.[200] Die Darlegungs- und Beweislast, dass ein zwingender Grund für die Abweichung von dem geschlossenen Interessenausgleich besteht, obliegt dem Insolvenzverwalter.

---

[197] BAG Urt. v. 17.9.1974, AP Nr. 1 zu § 113 BetrVG 1972; Fitting/*Engels*/*Schmidt*/*Trebinger*/*Linsenmaier* BetrVG § 113 Rn. 8; Richardi/*Annuß* BetrVG § 113 Rn. 15; HSWGN/*Hess* BetrVG § 113 Rn. 5.
[198] Vgl. ErfK/*Kania* BetrVG § 113 Rn. 4.
[199] Vgl. Richardi/*Annuß* BetrVG § 113 Rn. 16.
[200] Vgl. Richardi/*Annuß* BetrVG § 113 Rn. 19.

4. Betriebsänderung und der vorläufige Insolvenzverwalter

a) Arbeitgeberstellung des vorläufigen Insolvenzverwalters. Ist eine Betriebsänderung vor Insolvenzeröffnung geplant, so muss die rechtliche Stellung des vorläufigen Insolvenzverwalters bewertet werden.

Wird ein vorläufiger Insolvenzverwalter bestellt und dem Schuldner gleichzeitig ein allgemeines Verfügungsverbot auferlegt, so ordnet das Gesetz in § 22 Abs. 1 S. 1 InsO an, dass die Verwaltungs- und Verfügungsbefugnis auf den vorläufigen Verwalter übergeht. Damit geht zwingend auch die Arbeitgeberstellung über.[201] Der vorläufige Insolvenzverwalter nach § 22 Abs. 1 InsO ist kraft „gesetzlicher Kompetenzzuweisung"[202] Arbeitgeber und hat die im Zusammenhang stehenden Rechte und Pflichten wahrzunehmen.[203]

Der „starke" vorläufige Insolvenzverwalter hat somit die Befugnis zur Kündigung von Arbeitsverhältnissen. Dies muss gleichfalls das Recht bzw. die Verpflichtung zum Abschluss eines Interessenausgleiches einschließen, weil darin eine Voraussetzung zur Vorbereitung von Kündigungen zu sehen ist. Soweit ein bloßer Zustimmungsvorbehalt iSv § 21 Abs. 2 Nr. 2 Alt. 2 InsO und keine Übertragung der Arbeitgeberstellung durch Einzelanordnung erfolgt ist, bleibt die Arbeitgeberstellung bei dem Schuldner.[204] Dass der vorläufige „starke" Insolvenzverwalter in die Arbeitgeberstellung mit den entsprechenden Kompetenzen einrückt, führt jedoch nicht zur Anwendbarkeit der Normen der §§ 113, 120 ff. InsO. Die spezialgesetzliche Privilegierung steht nur dem Insolvenzverwalter nach Verfahrenseröffnung zu.[205]

b) Nachteilsausgleichsansprüche als Insolvenzforderungen oder Masseverbindlichkeiten. Wurde ein **vorläufiger „schwacher" Insolvenzverwalter** eingesetzt und hat der Arbeitgeber vor Insolvenzeröffnung mit Zustimmung des vorläufigen Insolvenzverwalters die Betriebsänderung begonnen, so handelt es sich bei Nachteilsausgleichsansprüchen grundsätzlich lediglich um **Insolvenzforderungen** gemäß § 38 InsO.[206]

Praxistipp: Diese Ansprüche sind innerhalb der festgelegten Frist anzumelden. Tarifliche Ausschlussfristen kommen nicht zur Anwendung.[207] Für den Fall, dass der Insolvenzverwalter die Forderungen bestreitet, ist eine Feststellungsklage zu erheben.

Hat hingegen der **vorläufige Insolvenzverwalter mit Verfügungsbefugnis** iSd § 22 Abs. 1 InsO die Betriebsänderung geplant und ohne die Einhaltung der entsprechenden Voraussetzungen umgesetzt, so handelt es sich gemäß § 55 Abs. 2 S. 1 InsO bei daraus resultierenden Nachteilsausgleichsansprüchen um **Masseverbindlichkeiten**. Für diese sind die Ausschlussfristen zu beachten.

---

[201] Vgl. nur *Berscheid* NZI 2000, 1 (2); ferner sprechen *Bichlmeier/Engberding/Oberhofer* Insolvenzhandbuch S. 188, von *einem „Quasi-Arbeitgeber"*.
[202] Vgl. *Berscheid* NZI 2000, 1 (4).
[203] BAG Urt. v. 23.6.2004 – 10 AZR 495/03, NZA 2004, 1392.
[204] Vgl. nur *Berscheid* NZI 2000, 1 (3); ausführlich Uhlenbruck/*Vallender* InsO § 22 Rn. 64 f.
[205] BAG Urt. v. 20.1.2005 – 2 AZR 134/04, NZA 2006, 1352; BAG Urt. v. 24.9.2015 – 6 AZR 492/14, NZA 2016, 102.
[206] BAG Urt. v. 4.12.2002 – 10 AZR 16/02; BAG Urt. v. 22.10.2000, ZIP 2002, 1300.
[207] BAG Urt. v. 18.12.1984 – 1 AZR 588/82, AP Nr. 88 zu § 4 TVG, Ausschlussfristen.

Zobel

952   8. Teil. Arbeits- und Sozialrecht in der Insolvenz

191   Eine **Masseverbindlichkeit** liegt auch immer dann vor, wenn der Insolvenzverwalter die Betriebsänderung geplant und begonnen hat. Es handelt sich dann um eine Handlung des Insolvenzverwalters gemäß § 55 Abs. 1 Nr. 1 InsO.[208]

Praxistipp: Sobald Nachteilsausgleichsansprüche Masseverbindlichkeit sind, müssen diese durch Leistungsklage gegenüber dem Insolvenzverwalter verfolgt werden. Sollten diese aus der Insolvenzmasse nicht vollständig erfüllbar sein, kommt eine persönliche Haftung des Insolvenzverwalters in Betracht (gemäß § 61 InsO).

192   **c) Durchsetzung von Nachteilsausgleichsansprüchen.** Dem Insolvenzverwalter kommt nicht das Vollstreckungsverbot des § 123 Abs. 3 S. 3 InsO zugute, da Nachteilsausgleichsansprüche keine Sozialplanforderungen darstellen. Lediglich das Vollstreckungsverbot gemäß § 90 Abs. 1 InsO greift, wenn der vorläufige Insolvenzverwalter mit vollständiger Verfügungsbefugnis die Betriebsänderung veranlasst hat.[209]

193   Nachteilsausgleichsansprüche gemäß § 113 Abs. 3 BetrVG sind automatisch auf die Sozialplanabfindungen anzurechnen.[210] Die §§ 123, 124 InsO, welche eine Obergrenze für Sozialplanansprüche der Arbeitnehmer festlegen, gelten jedoch nicht für Nachteilsausgleichsansprüche iSv § 113 BetrVG.[211]

194   Nachteilsausgleichsansprüche sind innerhalb ggf. bestehender tarifvertraglicher Ausschlussfristen geltend zu machen. Die Drei-Wochen-Frist des § 4 S. 1 KSchG ist nicht entsprechend anwendbar. Die Geltendmachung der Nachteilsausgleichsansprüche verlängert jedoch auch nicht die Frist zur Einlegung der Kündigungsschutzklage. Ein Verzicht bespielhaft im Rahmen einer Sanierungsregelung ist unproblematisch, von der Vertragsfreiheit gedeckt und damit möglich. Die Ansprüche verjähren innerhalb einer Frist von 3 Jahren (§§ 195, 196 BGB).

5. Unterlassungsanspruch des Betriebsrates

195   Neben der Sanktion des § 113 Abs. 3 BetrVG wird teilweise die Auffassung vertreten, dass auf Antrag des Betriebsrates dem Arbeitgeber die Durchführung der Betriebsänderung im Rahmen einer einstweiligen Verfügung gemäß § 940 ZPO bis zum Zeitpunkt der Beendigung des Verfahrens zum Abschluss eines Interessenausgleiches untersagt werden könne.[212] Dieser kollektivrechtliche Unterlassungsanspruch ist strittig.[213]

---

[208] BAG Urt. v. 9.7.1985 – 1 AZR 323/83, AP Nr. 13 zu § 113 BetrVG 1972 sowie Urt. v. 13.6.1989 – 1 AZR 819/87, AP Nr. 19 zu § 113 BetrVG; BAG Urt. v. 22.7.2003 – 1 AZR 541/02.
[209] Vgl. § 55 Abs. 2 S. 1 InsO.
[210] BAG Urt. v. 13.6.1989 – 1 AZR 819/87, AP Nr. 19 zu § 113 BetrVG; BAG Urt. v. 20.11.2001 – 1 AZR 97/01, NZA 2002, 992; aA ErfK/*Kania* BetrVG § 113 Rn. 2.
[211] Vgl. *Warrikoff* BB 1994, 2338 f.
[212] LAG Berlin Urt. v. 7.9.1995 – 10 TaBV 5 und 9/95, LAGE § 111 BetrVG 1997 Nr. 13; HessLAG Urt. v. 27.6.2007 – 4 TaBVGa 137/07; LAG Hamm Urt. v. 18.6.2010 – 13 Ta 372/10; LAG Nürnberg Urt. v. 9.3.2009 – 6 TaBVGa 2/09.
[213] LAG Düsseldorf Urt. v. 19.11.1996 – 8 TaBV 80/96, DB 1997, 1286; Fitting/*Engels/ Schmidt/Trebinger/Linsenmaier* BetrVG § 111 Rn. 133 mwN; Richardi/*Annuß* § 111 BetrVG Rn. 166 ff.

Zobel

§ 112 BetrVG gibt dem Betriebsrat kein Mitbestimmungs- sondern lediglich ein Mitwirkungsrecht. Der Betriebsrat hat demzufolge keine erzwingbare Verhandlungsposition, sondern lediglich einen Beratungsanspruch.[214] Die Auffassung, dass die Einräumung eines allgemeinen Unterlassungsanspruches des Betriebsrates[215] dieses erforderlich mache, ist nicht auf den Fall eines Mitwirkungsrechtes, sondern lediglich auf die Fälle der zwingenden Mitbestimmungsrechte beschränkt.[216] Deshalb besteht keine Notwendigkeit, einen kollektivrechtlichen Unterlassungsanspruch des Betriebsrates im Falle von Mitwirkungsrechten festzuschreiben. Das BetrVG sieht explizit diesen Anspruch nicht vor. Der Gesetzgeber hat keine Notwendigkeit zur Aufnahme trotz mehrerer Initiativen gesehen. Der Betriebsrat hat lediglich die Möglichkeit, ein **Zwangsverfahren** gemäß § 23 Abs. 3 BetrVG einzuleiten, weil in der Nichtbeteiligung des Betriebsrates eine grobe Pflichtverletzung zu sehen ist. Im Insolvenzverfahren ist der Streit eher akademischer Natur, weil die legislatorische Deckelung von Sozialplanansprüchen im Verhältnis zu dem Risiko der persönlichen Haftung des Insolvenzverwalters im Falle der Verwirklichung von Nachteilsausgleichsansprüchen gemäß § 113 III BetrVG das Korrektiv der Handlungsweise des Insolvenzverwalters darstellt.

196

Praxistipp: Dem Insolvenzverwalter ist anzuraten zu prüfen, ob in dem Zuständigkeitsbereich des Landesarbeitsgerichtes, in dem sein Betrieb liegt, der Unterlassungsanspruch bejaht oder verneint wird, um seine Vorgehensweise darauf einzustellen.

IV. Insolvenzsozialplan

1. Grundlagen, Begriff und Inhalt des Sozialplanes

a) Rechtsnatur. Der Sozialplan ist eine Betriebsvereinbarung,[217] auf die die Regelungen des § 77 Abs. 5 und 6 BetrVG über die Kündigungsmöglichkeit sowie die Nachwirkung Anwendung finden. Die in den Inhaltsnormen des Sozialplanes geregelten Ansprüche gelten **unmittelbar** und **zwingend** für die vom Sozialplan erfassten Arbeitsverhältnisse. Der Tarifvorbehalt des § 77 Abs. 3 BetrVG gilt nicht für Sozialpläne, da diese Regelung über § 112 Abs. 1 S. 4 BetrVG ausgeschlossen ist. Im Geltungsbereich von Rationalisierungsschutzabkommen, die von den Tarifvertragsparteien geschlossen werden, können aus diesem Grund Sozialpläne aufgestellt werden, ohne gegen den Vorrang des Tarifvorbehaltes des § 87 Abs. 1 BetrVG zu verstoßen.[218] Grundsätzlich ist den Betriebsparteien in den Fällen, in welchen Regelungen durch Tarifverträge getroffen bzw. üblicherweise getroffen werden, die Regelungskompetenzen entzogen.[219]

197

---

[214] Vgl. *Löwisch* RDA 1989, 216 (219).
[215] BAG Urt. v. 3.5.1994 – 1 ABR 24/93, AP Nr. 23 zu § 23 BetrVG.
[216] Vgl. *Hanau* NZA 1996, 841 (844).
[217] BAG Urt. v. 27.8.1975 – 4 AZR 454/74, AP Nr. 2 zu § 112 BetrVG 1972; BAG Urt. v. 8.11.1988 – 1 AZR 721/87, AP Nr. 48 zu § 112 BetrVG 1972; BAG Urt. v. 10.8.1994 – 10 ABR 61/93; MHdB ArbR/*Matthes*, Bd. 2, § 270 Rn. 28.
[218] Vgl. ErfK/*Kania* BetrVG § 77 Rn. 59.
[219] Vgl. Richardi/*Richardi* BetrVG § 77 Rn. 244 ff.

198 **b) Grundlagen.** Der Sozialplan ist zwischen den Betriebsparteien[220] aufzustellen und bedarf gemäß § 112 Abs. 1 S. 2 BetrVG der Schriftform.[221] Aufgabe des Sozialplanes[222] ist es, die den Arbeitnehmern auf Grund einer Betriebsänderung entstehenden wirtschaftlichen Nachteile zu mildern bzw. diese auszugleichen. Das Mitbestimmungsrecht des Betriebsrates hinsichtlich der Aufstellung eines Sozialplanes bezieht sich grundsätzlich auf die konkret geplante Betriebsänderung.[223] Die Aufstellung eines Sozialplanes und dessen ggf. bestehende Durchsetzungsmöglichkeit durch den Betriebsrat hängt im Wesentlichen davon ab, ob eine Betriebsänderung durch den Arbeitgeber geplant ist. Erst zu diesem Zeitpunkt können die Beteiligungsrechte des Betriebsrates entstehen. Ein erzwingbares Mitbestimmungsrecht des Betriebsrates besteht nicht für noch nicht geplante, aber denkbare Betriebsänderungen.[224] Sozialpläne können ebenfalls nach Durchführung der Betriebsänderung abgeschlossen werden. Dieses ist vielfach sogar ratsam, um die dem einzelnen Arbeitnehmer konkret entstehenden Nachteile beurteilen zu können.

199 Der Anspruch des Betriebsrates hinsichtlich der Aufstellung eines Sozialplanes hängt nicht davon ab, ob der Arbeitgeber das Interessenausgleichsverfahren durchgeführt hat.[225] Nachteilsausgleichsansprüche können neben Ansprüchen aus einem Sozialplan bestehen. Die Regelung des § 113 Abs. 3 BetrVG schließt nicht das Mitbestimmungsrecht des Betriebsrates zur Aufstellung eines Sozialplanes aus.[226]

200 Nachdem ein Mitbestimmungsrecht des Betriebsrates erst im Zeitpunkt der geplanten Betriebsänderung besteht, sind Dauer- bzw. Rahmensozialpläne sogenannte freiwillige Betriebsvereinbarungen, die den Arbeitgeber nicht von seiner Verpflichtung entbinden können, mit dem Betriebsrat einen Interessenausgleich zu versuchen.[227] Ein Rahmensozialplan kann nicht über die Einigungsstelle erzwungen werden.[228] Der Dauer- bzw. Rahmensozialplan ist darüber hinaus dahingehend auszulegen, ob dem Arbeitnehmer hieraus bereits Individualansprüche erwachsen sollen. Ist dies der Fall, kann gegen den Willen des Arbeitgebers keine abweichende Regelung mehr getroffen werden.[229]

201 Der Betriebsrat kann die Ausgestaltung als sogenannten Transfer-Sozialplan verlangen. Transfer-Sozialpläne sind gekennzeichnet durch die Integration von Maßnahmen der aktiven Arbeitsförderung, die neben Entlassungsentschädigungen stehen. Hierbei kann es sich sowohl um Maßnahmen der sozialen Absi-

---

[220] Vgl. zur Zuständigkeit generell → Rn. 65 f.
[221] Vgl. zur Schriftform generell → Rn. 54.
[222] BAG Urt. v. 27.8.1975 – 4 AZR 454/74.
[223] Vgl. Richardi/*Annuß* BetrVG § 112 Rn. 61.
[224] ArbG Mannheim Urt. v. 2.7.1987, NZA 87, 682.
[225] BAG Urt. v. 15.10.1979, AP Nr. 5 zu § 111 BetrVG 1972; Richardi/*Annuß* BetrVG § 112 Rn. 59.
[226] BAG Urt. v. 13.12.1978, AP Nr. 6 zu § 112 BetrVG 1972; LAG Hamm Urt. v. 1.3.1972, AP Nr. 1 zu § 112 BetrVG 1972.
[227] BAG Urt. v. 26.8.1997 – 1 ABR 12/97, NZA 1998, 216.
[228] BAG Urt. v. 25.10.1983 – 1 AZR 225/82; BAG Urt. v. 22.3.2016 – 1 ABR 12/14 (LAG Schleswig-Holstein Urt. v. 22.1.2014 – 3 TaBV 28/13).
[229] BAG Urt. v. 26.8.1997 – 1 ABR 12/97, NZA 1998, 216.

Zobel

cherung außerhalb des Arbeitslosengeld-Bezuges als auch um tatsächlich beschäftigungsfördernde Eingliederungsmaßnahmen handeln.

Sofern im Falle einer Betriebsstilllegung zwischen den Betriebsparteien bis zum Stilllegungszeitpunkt ein Sozialplan nicht abgeschlossen worden ist, steht dem Betriebsrat[230] gemäß § 21b BetrVG ein über den Stilllegungszeitpunkt hinausgehendes, gesetzlich definiertes Restmandat zu. Das Restmandat endet entweder durch Abhandlung aller offener Verhandlungsgegenstände, spätestens in dem Zeitpunkt, in welchem die Betriebsratsmitglieder nach außen – ggf. durch Untätigkeit – zu erkennen geben, dass sie die sich aus dem Restmandat ergebenden Verhandlungsbefugnisse nicht wahrnehmen wollen. Die Grundsätze der Verwirkung[231] sind hierauf anzuwenden. 202

c) **Geltungsbereich.** Unter den Geltungsbereich eines Sozialplanes fallen lediglich Arbeitnehmer iSd § 5 Abs. 1 BetrVG. Der Kreis der Anspruchsberechtigten definiert sich grundsätzlich bereits über den Interessenausgleich, und der darin definierten Betriebsänderung. 203

Nicht unter den Geltungsbereich fallen die Vertreter juristischer Personen sowie leitende Angestellte iSv § 5 Abs. 3 BetrVG. 204

d) **Inhaltliche Gestaltung des Sozialplans.** Der wesentliche Inhalt eines Sozialplanes besteht in der Festlegung der Höhe und der Berechnungsmodalitäten über die Verteilung des sich in der Insolvenz aus § 123 Abs. 1 InsO ergebenden Sozialplanvolumens. Neben den Entlassungsentschädigungen kommen im Rahmen eines Sozialplanes darüber hinaus auch Regelungen in Betracht, die beispielsweise im Falle von Änderungskündigungen einen Lohnausgleich gewähren oder die Folgen von Versetzungen oder Verlagerungen (Umzugskosten oÄ) abmildern sollen.[232] Es ist demzufolge möglich, dass ein Sozialplan sowohl Leistung an entlassene als auch an weiterbeschäftigte Arbeitnehmer enthält. 205

In der Insolvenz ist ein Sozialplan, der sich mit dem Ausgleich von **anderen wirtschaftlichen Nachteilen** als Entlassungsentschädigungen befasst, nach dem Wortlaut des § 123 Abs. 1 InsO unzulässig und unwirksam. § 123 Abs. 1 InsO bezieht sich bei der Festlegung des Sozialplanvolumens ausdrücklich nur auf „von einer Entlassung betroffener Arbeitnehmer". 206

Wird von dem Insolvenzverwalter ein Sozialplan abgeschlossen, der sich mit sonstigen Nachteilen befasst, ist dessen Qualifizierung umstritten. Der Gesetzgeber hat bei der Schaffung des § 123 InsO lediglich die „von einer Entlassung betroffenen Arbeitnehmer" im Auge gehabt. Dies führt bei einschränkender Auslegung[233] zu dem Ergebnis, dass § 123 InsO auf „sonstige Nachteile" nicht anwendbar ist. Der Insolvenzverwalter würde eine freiwillige Sozialplanleistung in der Rechtsform einer freiwilligen Betriebsvereinbarung abschließen. Dies

---

[230] BAG Urt. v. 5.10.2000 – 1 AZR 48/00, ZinsO 2001, 776; BAG Urt. v. 24.5.2012 – 2 AZR 250/11.
[231] BAG Urt. v. 20.5.1988 – 2 AZR 711/87, NZA 1989, 16; BAG Urt. v. 9.1.1987 – 2 AZR 37/86; BAG Urt. v. 13.6.1996 – 2 AZR 431/96, NZA 1996, 1032.
[232] Zum Meinungsstand Uhlenbruck/*Zobel* InsO §§ 123, 124 Rn. 22; Richardi/*Annuß* BetrVG § 112 Rn. 84 mwN, 96.
[233] Vgl. Kübler/Prütting/*Moll* InsO §§ 123, 124 Rn. 31: teleologische Reduktion.

Zobel

begründet Masseverbindlichkeiten, die wegen der Überschreitung der legislativen Festlegung in § 123 II InsO zu berichtigen wären und die Frage der Haftungsrelevanz iSv § 60 InsO in den Blickpunkt stellen. Die herrschende Meinung geht von einer **planwidrigen Gesetzeslücke** aus,[234] die über eine **analoge** Anwendung des § 123 Abs. 1 InsO zu schließen ist. § 123 Abs. 1 InsO ist demzufolge dergestalt auszulegen, dass die von der Betriebsänderung durch Entlassung oder in sonstiger Weise konkret betroffener Arbeitnehmer in die Ermittlung des Sozialplanvolumens aufgenommen werden können.

207 **e) Verteilungskriterien der Entlassungsentschädigungen.** Die Betriebsparteien haben bei der Aufstellung eines Sozialplanes zu berücksichtigen, dass über § 75 BetrVG die unter den Geltungsbereich eines Sozialplanes fallenden Arbeitnehmer nach den Grundsätzen von Recht und Billigkeit behandelt werden. Insbesondere hat jede Benachteiligung von Personen aus Gründen ihrer Rasse oder wegen ihrer ethnischen Herkunft, ihrer Abstammung oder sonstigen Herkunft, ihrer Nationalität, ihrer Religion oder Weltanschauung, ihrer Behinderung, ihres Alters, ihrer politischen oder gewerkschaftlichen Betätigung oder Einstellung oder wegen ihres Geschlechts oder ihrer sexuellen Identität zu unterbleiben.

208 Der Gleichbehandlungsgrundsatz des § 75 Abs. 1 BetrVG stellt neben dem sonstigen zwingenden staatlichen Recht[235] die Prämisse der Verteilungsgrundsätze dar.[236] Eine Differenzierung bedarf eines **sachlichen Grundes**. Die Gewährung von Sozialplanabfindungen darf nicht daran geknüpft werden, dass ein Arbeitnehmer gegen seine Kündigung keine gerichtlichen Schritte einleitet.[237]

209 Zulässig ist demgegenüber eine Vereinbarung, welche die Fälligkeit von Sozialplanabfindungen auf den Zeitpunkt des rechtskräftigen Abschlusses eines Kündigungsschutzrechtsstreites hinausschiebt.[238] Ebenfalls zulässig ist die Vereinbarung, dass Abfindungen aus dem Sozialplan auf Abfindungen, die in einem gerichtlichen Vergleich ausgehandelt werden, anzurechnen sind.[239] Zulässig ist eine Differenzierung nach den Kriterien Lebensalter, Betriebszugehörigkeit und Rentennähe auch dann, wenn Arbeitnehmer von Sozialplanleistungen ausgeschlossen werden, die im Zeitpunkt der Auflösung des Arbeitsverhältnisses die Voraussetzungen für den übergangslosen Bezug von Sozialleistungen erfüllen.[240]

210 Die Differenzierung, eine Sozialplanleistung alleine auf die Betriebszugehörigkeit abzustellen, ist ebenfalls unzulässig.[241] Unzulässig ist es, Arbeitnehmer, die durch Aufhebungsvertrag auf Veranlassung des Arbeitgebers aus dem Be-

---

[234] Vgl. Fitting/*Engels/Schmidt/Trebinger/Linsenmaier*/BetrVG §§ 112, 112a Rn. 308 mwN; Richardi/*Annuß* BetrVG Anhang zu § 113/§ 123 InsO Rn. 6; Uhlenbruck/*Zobel* InsO § 123/§ 124 Rn. 22.
[235] Vgl. § 17 Abs. 1 AGG; ErfK/*Kania* BetrVG §§ 112, 112a Rn. 24.
[236] BAG Urt. v. 30.11.1994, AP Nr. 89 zu § 112 BetrVG 1972.
[237] BAG Urt. v. 20.12.1983, AP Nr. 17 zu § 112 BetrVG 1972; BAG Urt. v. 31.5.2005, AP Nr. 175 zu § 113 BetrVG 1972.
[238] BAG Urt. v. 20.6.1985 – 2 AZR 427/84, NZA 1986, 258.
[239] BAG Urt. v. 20.12.1983, AP Nr. 17 zu § 112 BetrVG 1972.
[240] BAG Urt. v. 26.5.2009 – 1 AZR 198/08, ZIP 2009, 1584 ff.; EuGH Urt. v. 6.12.2012 – C-152/11.
[241] BAG Urt. v. 14.9.1994, NZA 1995, 440.

trieb ausscheiden, aus dem Sozialplan herauszunehmen. Aufhebungsverträge, die im Zusammenhang mit einer Betriebsänderung abgeschlossen werden, sind in diesem Falle wie Arbeitgeberkündigungen zu behandeln.[242] Zulässig ist es demgegenüber, Arbeitnehmer von den Leistungen eines Sozialplanes auszuschließen, die vorgezogenes Altersruhegeld lückenlos in Anspruch nehmen können bzw. eine befristete volle Erwerbsminderungsrente beziehen.[243] Unzulässig ist die Verweisung eines Schwerbehinderten auf den vorzeitigen Renteneintritt wegen Schwerbehinderung und die Anrechnung der Abfindung auf einen Pauschalbetrag.

Nicht zu beanstanden ist die Festlegung eines Stichtages für die Berücksichtigung der Schwerbehinderteneigenschaft bei der Gewährung eines Sonderbetrages, zu welchem diese Eigenschaft feststehen muss.[244] Wird in einem Sozialplan, der wegen einer Betriebsstilllegung aufgestellt wird, mit einer sachlichen Begründung eine Sonderabfindung erst ab dem 2. Kind gewährt, so ist dies grundsätzlich zulässig.[245] Zulässig ist des Weiteren der Ausschluss von Arbeitnehmern aus einem Sozialplan, wenn diese durch Vermittlung des Arbeitgebers einen neuen zumutbaren Arbeitsplatz erhalten haben, wobei als Vermittlung jeder Beitrag des Arbeitgebers zu verstehen ist, der die Begründung eines neuen Arbeitsverhältnisses möglich macht.[246] Ebenfalls ist der Ausschluss von der Sozialplanberechtigung zulässig, wenn der Arbeitnehmer einen zumutbaren Arbeitsplatz im Betrieb, Unternehmen oder Konzern ablehnt.[247] Unzulässig ist es, einen Sozialplananspruch an die Unterzeichnung eines Aufhebungsvertrages, insbesondere mit einem Betriebsübernehmer zu knüpfen. Diese Verknüpfung ist bereits wegen Verstoßes gegen den Gleichbehandlungsgrundsatz sowie wegen der funktionswidrigen Einsetzung des Sozialplanes zur Aushebelung kündigungsrechtliche Bestimmungen, unwirksam.[248] Zulässig ist es, bei teilzeitbeschäftigten Arbeitnehmern die Höhe der Sozialplanabfindung in das Verhältnis zur persönlichen Arbeitszeit gegenüber der betriebsüblichen Arbeitszeit zu setzen.[249] Zulässig ist es auch, Arbeitnehmer aus dem Geltungsbereich eines Sozialplanes herauszunehmen, die einem Betriebsübergang gemäß § 613a BGB widersprechen, weil die Weiterarbeit bei einem Betriebsübergang in der Regel zumutbar ist.[250]

Unter Berücksichtigung der vorstehenden Rechtsprechung haben sich für die Verteilung von feststehenden Sozialplanvolumina Regelungen herausgebildet,

---

[242] BAG Urt. v. 28.4.1993 – 10 AZR 222/92; SächsLAG Urt. v. 27.1.1993, DB 1993, 1426.
[243] BAG Urt. v. 26.7.1988 – 1 AZR 156/87, NZA 1989, 25; LAG Hamm Urt. v. 14.5.2014 – 2 Sa 1651/13; BAG Urt. v. 8.12.2015 – 1 AZR 595/14; BAG Urt. v. 9.12.2014 – 1 AZR 102/13.
[244] BAG Urt. v. 19.4.1983 – 1 AZR 498/81.
[245] HessLAG Urt. v. 22.1.1982 – 13 Sa 950/81.
[246] BAG Urt. v. 19.6.1996, AP Nr. 102 zu § 112 BetrVG 1972; NZA 1997, 562.
[247] BAG Urt. v. 28.9.1988, AP Nr. 47 zu § 112 BetrVG 1972; BAG Urt. v. 8.12.1976 – 5 AZR 613/75; LAG Hamm Urt. v. 25.1.1990 – 16 Sa 969/89.
[248] LAG BW 16.9.1997, NZA-RR 1998, 358.
[249] BAG Urt. v. 28.10.1992, NZA 1993, 515; vgl. auch zur Elternzeitberücksichtigung LAG München Urt. v 13.10.2015 – 6 Sa 577/114.
[250] BAG Urt. v. 5.2.1997 – 10 AZR 553/96, NZA 1998, 158.

die sowohl auf die Betriebszugehörigkeit, das Lebensalter als auch sonstige berücksichtigungsfähige sachliche Differenzierungskriterien, wie Unterhaltspflichten, Schwerbehinderteneigenschaft sowie Teilzeitbeschäftigung abstellen.[251] Ergänzungsnotwendigkeiten ergeben sich insbesondere nach Inkrafttreten des AGG. Gemäß § 10 S. 3 Nr. 6 AGG ist eine Differenzierung nach Alter oder Betriebszugehörigkeit in Sozialplänen zulässig, welche die wesentlich vom Alter abhängenden Chancen auf dem Arbeitsmarkt durch die verhältnismäßig starke Betonung des Lebensalters erkennbar berücksichtigt. Demnach sind bei der Punkteverteilung die Vermittlungschancen der Arbeitnehmer zu berücksichtigen, wobei sich eine nach Altersgruppen gestaffelte Bewertung anbietet. Grundlage der Punktevergabe muss hier die aktuelle und regional zu beobachtende Vermittlungsquote und wohl nicht die feststellbare Arbeitslosigkeit in bestimmten Altersgruppen (beispielsweise hohe Jugendarbeitslosigkeit) sein. Auch Höchstbetragsklauseln sind unter diesem Gesichtspunkt damit als wirksam zu betrachten.[252] Ebenso ist zulässig, Arbeitnehmer, die unmittelbar nach ihrem Ausscheiden in den vorgezogenen Ruhestand gehen können, geringere Sozialplanleistungen zuzusprechen.[253]

2. Erzwingbarkeit eines Sozialplanes gemäß § 112a BetrVG

213   Im Gegensatz zum Interessenausgleich ist die Aufstellung eines Sozialplanes unter den Voraussetzungen des § 112 Abs. 4 BetrVG und, sofern die geplante Betriebsänderung alleine in der Entlassung von Arbeitnehmern besteht, in dem Falle des § 112a BetrVG durch die Einigungsstelle **erzwingbar**. Die Einigungsstelle ist bei der Ermessensausübung an höherrangiges Recht und die legislative Festlegung von Höchstgrenzen gem. § 123 InsO gebunden. § 112a BetrVG modifiziert den Fall der Betriebsänderung iSd § 111 S. 2 Nr. 1 BetrVG dahingehend, dass bei einer Betriebsänderung, die alleinig in der Entlassung von Arbeitnehmern besteht, ein Anspruch auf Abschluss eines Sozialplanes besteht. Beinhaltet die Maßnahme des Unternehmers mehr als lediglich eine Personalreduzierung, wird beispielsweise gleichzeitig ein wesentlicher Betriebsteil stillgelegt oder tritt eine sonstige Betriebsänderung iSd § 111 S. 2 Nr. 1–5 BetrVG ein, so verbleibt es bei der Sozialplanpflichtigkeit, auch wenn weniger Arbeitnehmer als in § 112a Abs. 1 BetrVG genannt, betroffen sind. § 112a BetrVG ändert nichts an der ansonsten bestehenden Sozialplanpflichtigkeit bei Betriebsänderungen.[254] Im Falle einer Gesamtbetriebsstilllegung bei Unterschreiten der Grenzen im Rahmen des § 112a BetrVG verbleibt es ebenfalls bei einer Sozialplanpflicht.[255]

214   Bei der Frage der Festlegung der Anzahl der von einer Entlassung betroffenen Arbeitnehmer ist nicht auf die hypothetische Anzahl von Vollzeitbeschäftigten, sondern auf die tatsächliche Anzahl der zur Entlassung anstehenden Ar-

---

[251] Beispiel: Mustersozialplan, vgl. Anlage 2.
[252] BAG Urt. v. 2.10.2007 – 1 AZN 793/07, DB 2008, 69.
[253] LAG Köln Urt. v. 4.6.2007 – 14 Sa 201/07, BB 2007, 2572; BAG Urt. v. 20.1.2009 – 1 AZR 740/07, NZA 2009, 495 Rn. 17, 25 mwN.
[254] BAG Urt. v. 5.12.1988 – 1 ABR 47/87; Richardi/*Annuß* BetrVG § 112a Rn. 3, 7.
[255] Vgl. MHdB ArbR/*Matthes*, Bd. 2, § 268 Rn. 35.

Zobel

beitnehmer abzustellen.[256] Die Bedeutung des § 112a BetrVG reduziert sich infolgedessen auf die Differenz zwischen der Verpflichtung zum Versuch des Abschlusses eines Interessenausgleiches iSv § 112 Abs. 1–3 iVm § 111 BetrVG iVm § 17 KSchG und den Entlassenen auf Grundlage dieses Interessenausgleiches iSv § 112a Abs. 1 BetrVG. Zwingende Tatbestandsvoraussetzung des § 112a BetrVG ist im Übrigen die geplante Betriebsänderung isd § 111 S. 2 Nr. 1 BetrVG.

Nachfolgende tabellarische Darstellung für die genannte Fallkonstellation 215 dient der Verdeutlichung:

Unternehmensgröße zur Begründung einer Interessenausgleichspflicht iS von §§ 112, 111 Satz 2 Nr. 1 iVm § 17 Abs. 1 KSchG[257]	Arbeitnehmerzahl	Unternehmensgröße zur Begründung einer Sozialplanpflicht iS von § 112 Abs. 4, 112a iVm § 111 Satz 2 Nr. 1 BetrVG, sofern Betriebsänderung sich ausschl. in der Personalreduzierung manifestiert:	Arbeitnehmerzahl
1–20 AN	nicht gegeben	1–20 AN	nicht gegeben
21–59 AN	6 AN	21–30 AN	6 AN
		31–35 AN 20 %	7 AN
		36–40 AN 20 %	8 AN
		41–45 AN 20 %	9 AN
		46–50 AN 20 %	10 AN
		51–55 AN 20 %	11 AN
		56–59 AN 20 %	12 AN
60–499 AN 10 %	26 AN	60–249 AN 20 %	37 AN
		oder	
		250–499 AN 15 %	60 AN
		oder	
500 und mehr AN 5 %	30 AN	500 und mehr AN 10 %	mind. 60 AN

3. Sozialplanprivileg neugegründeter Unternehmen

§ 112a Abs. 2 BetrVG schließt die Anwendung der Regelungen des § 112 216 Abs. 4 und 5 BetrVG auf Betriebe neugegründeter Unternehmen innerhalb eines Zeitraumes von **vier Jahren** aus. § 112a Abs. 2 S. 3 BetrVG legt den maßgeblichen Zeitpunkt fest. Es wird auf eine fiktive Verpflichtung abgestellt, die dem Unternehmer eine Meldepflicht ab dem Zeitpunkt der Eröffnung eines gewerblichen Betriebes bzw. einer Betriebsstätte auferlegt. Maßgebend ist der Zeitpunkt der **Aufnahme der Erwerbstätigkeit** iSv § 138 AO.[258]

---

[256] LAG BW Urt. v. 16.6.1987 8 (14) TaBV 21/86.
[257] LAG Nds Urt. v. 27.4.1988, NZA 1989, 280; BAG Urt. v. 9.11.2010 – 1 AZR 708/09, NZA 2011, 466.
[258] Vgl. Fitting/*Engels/Schmidt/Trebinger/Linsenmaier* BetrVG § 112 Rn. 110.

217 Das Sozialplanprivileg gilt sowohl für neugegründete Unternehmen, die einen Betrieb übernehmen[259] als auch für Betriebe neugegründeter Unternehmen, sofern das Unternehmen nicht älter als vier Jahre ist.[260] Das Sozialplanprivileg ist ausgeschlossen, soweit es sich um eine Neugründung im Zusammenhang mit der rechtlichen Umstrukturierung von Unternehmen und Konzernen, beispielsweise nach dem Umwandlungsgesetz, handelt.[261]

4. Begrenzung des Sozialplanvolumens in der Insolvenz

218 **a) Legislatorische Festlegung.** Die §§ 123 und 124 InsO dienen dem Zweck, einen angemessenen Ausgleich zwischen den Belangen der Arbeitnehmer und den Interessen der Gläubiger herzustellen. Auf der einen Seite gebietet die besondere Situation der Insolvenz die Aufrechterhaltung der Arbeitnehmerschutzrechte. § 123 Abs. 1 InsO nimmt die wirtschaftliche Vertretbarkeit, welche die Einigungsstelle im Rahmen eines Verfahrens gemäß § 112 Abs. 5 BetrVG bei der Festsetzung der Sozialplanhöhe zu berücksichtigen hätte, vorweg und wägt diese mit den Sozialbelangen der betroffenen Arbeitnehmer im geschilderten Rahmen gesetzgeberisch ab.[262] Die Frage der Höhe des Sozialplanvolumens wird für den Fall eines Einigungsstellenverfahrens demzufolge nur in ganz wenigen, Fällen eine Rolle spielen. Das Unterschreiten der Höchstgrenze kann beispielsweise dann im Rahmen eines Einigungsstellenverfahrens nach § 112 Abs. 5 BetrVG geboten sein, wenn auf Vermittlung des Insolvenzverwalters Arbeitnehmer neue Arbeitsstellen gefunden haben und diese deshalb von der Sozialplanberechtigung ausgenommen werden können. In diesem Falle sind die Nachteile der Arbeitnehmer aus der Betriebsänderung geringer, so dass mit Rücksicht auf die Insolvenzgläubiger eine **Reduzierung** notwendig ist.[263] Weiterer Anwendungsfall wäre die „gemischte Betriebsänderung", die die Entlassung, aber auch der Abfederung sonstiger Nachteile (Versetzung; Änderungskündigung; Lohnkürzung) vorsieht. Im Übrigen ist das Verhältnis zwischen § 112 Abs. 5 BetrVG und den §§ 123, 124 InsO durch den Gesetzgeber abschließend entschieden.

219 **b) Ermittlung des Sozialplanvolumens gemäß § 123 InsO. aa) Kreis der Berechtigten.** Der nach Eröffnung des Insolvenzverfahrens zwischen den Betriebsparteien aufgestellte Sozialplan ist in seinem Gesamtvolumen auf 2,5 Bruttomonatsverdienste der von einer „Entlassung" betroffenen Arbeitnehmer begrenzt. **Betroffen** sind Arbeitnehmer, die durch den Arbeitgeber betriebsbedingt auf Grund der Betriebsänderung gekündigt werden. Es fallen hierunter aber auch Arbeitnehmer, die auf Veranlassung des Arbeitgebers mit diesem wegen der Betriebsänderung Aufhebungsverträge abschließen, wobei eine allge-

---

[259] BAG Urt. v. 13.6.1989 – 1 ABR 14/88, AP Nr. 3 zu § 112a BetrVG 1972; Richardi/*Annuß* BetrVG § 112a Rn. 15 mwN; BAG Urt. v. 27.6.2006 – 1 ABR 18/05, NZA 2007, 106.
[260] Vgl. BAG Urt. v. 22.2.1995 – 10 ABR 23/94, AP Nr. 7, 8 zu § 112a BetrVG 1972.
[261] Vgl. Richardi/*Annuß* BetrVG § 112a Rn. 17ff.; Fitting/*Engels/Schmidt/Trebinger/Linsenmaier* BetrVG §§ 112, 112a Rn. 106ff.
[262] Vgl. *Balz* DB 1985, 689 (691); HSWGN/*Hess* Sozialplankonkursgesetz § 2 Rn. 3; Kübler/Prütting/*Moll* InsO §§ 123, 124 Rn. 18.
[263] Vgl. FK-InsO/*Eisenbeis* § 123 Rn. 19; MüKoInsO/*Caspers* § 123 Rn. 38.

meine Unsicherheit über die Frage der Situation des Betriebes und die bestehende Zukunftsprognose nicht ausreichend ist.[264] Kritisch zu prüfen ist, ob auch Arbeitnehmer, die eine Eigenkündigung aussprechen, sozialplanberechtigt sind. Wird durch den Insolvenzverwalter im Rahmen einer Betriebsversammlung ein Personalabbau angekündigt und die Empfehlung ausgesprochen, dass sich Arbeitnehmer nach einem neuen Arbeitsplatz umsehen mögen, so ist die Eigenkündigung eines Arbeitnehmers von einer hinreichenden Veranlassung des Arbeitgebers gedeckt[265] und sie sind in den Sozialplan aufzunehmen. Arbeitnehmer, deren Arbeitsverhältnisse befristet sind oder die auf Grund einer ordentlichen oder außerordentlichen Arbeitgeberkündigung aus personen- oder verhaltensbedingten Gründen aus dem Betrieb ausscheiden, fallen **nicht** unter den Begriff der entlassenen Arbeitnehmer iSv § 123 Abs. 1 InsO. Wird in einem Sozialplan ein Stichtag festgelegt, der über die Aufnahme in den Kreis der Anspruchsberechtigten entscheidet, muss dieser auf einem Sachgrund basieren.[266] Unerheblich ist demgegenüber, ob ein Arbeitnehmer bereits unter den Geltungsbereich des Kündigungsschutzgesetzes fällt.

bb) **Bemessungsgrundlage.** Bemessungsgrundlage für die Ermittlung des Sozialplanvolumens nach Festlegung des berechtigten Personenkreises ist der Monatsverdienst dieser Arbeitnehmer. Der **Monatsverdienst** ist einzeln zu ermitteln.

Gemäß § 10 Abs. 3 KSchG zählt zum Monatsverdienst jegliche Geld- und Sachleistung, die dem betroffenen Arbeitnehmer unter Berücksichtigung seiner regelmäßigen Arbeitszeit zusteht. Hierbei handelt es sich um die Bruttogrundvergütung ohne Abzug von Sozialabgaben und Steuern. Es kann sich um einen Akkordverdienst, Stundenlohn, Gehalt oder um ein Fixum handeln. Die Grundvergütung ist um die regelmäßig geschuldeten Zulagen und Zuschläge, zum Beispiel Gefahrenzulagen, Erschwerniszulagen, Mehrarbeitszuschläge, Schicht- und Nachtarbeitszuschläge, zu erhöhen. Mehrarbeit ist jedenfalls dann zu berücksichtigen, wenn sie regelmäßig über einen längeren Zeitraum angefallen ist. Weitere Zuwendungen mit Entgeltcharakter, beispielhaft 13. Monatsgehalt, Tantiemen, Bonuszahlungen, werden anteilig hinzugerechnet, sofern sie als Gegenleistung für erbrachte Arbeitsleistung zu bewerten sind.[267] Ebenfalls sind dem Arbeitnehmer gewährte Sachbezüge als Geldwert hinzuzurechnen. Die Ermittlung erfolgt anhand des Geldwertes, den ein Arbeitnehmer aufwenden muss, um sich die Leistung zu Marktpreisen zu beschaffen.

Die Bestimmung des Monatsverdienstes erfolgt gemäß § 10 Abs. 3 KSchG in dem Monat, in dem das Arbeitsverhältnis endet. Ebenfalls ist auf die individuelle Arbeitszeit und nicht auf die betriebsübliche abzustellen. Die Arbeitgeberanteile zur Sozialversicherung sind **nicht** hinzuzurechnen.

---

[264] BAG Urt. v. 20.4.1994 – 10 AZR 323/93, ZIP 1994, 1548; BAG Urt. v. 19.7.1995 – 10 AZR 885/94, ZIP 1995, 1915.
[265] Vgl. BAG Urt. v. 28.10.1992 – 10 AZR 406/91, ZIP 1993, 453; BAG Urt. v. 19.7.1995 – 10 AZR 885/94, ZIP 1995, 1915.
[266] Vgl. Uhlenbruck/*Zobel* InsO § 123, 124 Rn. 20; BAG Urt. v. 12.4.2011, NZA 2011, 1302; vgl. zu Stichtagsregelungen BAG Urt. v. 13.10.2015 – 1 AZR 765/14; BAG Urt. v. 17.11.2015 – 1 AZR 881/13.
[267] Vgl. FK-InsO/*Eisenbeis* § 123 Rn. 11.

Das Gesamtsozialplanvolumen ermittelt sich aus der Multiplikation der jeweiligen individuellen Monatsverdienste der unter den Geltungsbereich des Sozialplanes fallenden Arbeitnehmer mit dem Faktor 2,5 und deren Addition. Das Ergebnis stellt die Höchstgrenze der Sozialplandotierung dar.

Praxistipp: Trotz des entgegenstehenden Wortlautes des § 10 Abs. 3 KSchG ist aus Praktikabilitätsgründen die Festlegung eines einheitlichen, sachlich zu begründenden Stichtages (Monats) zur Ermittlung des maßgeblichen Monatsverdienstes als zulässig zu bewerten.[268] Denkbar ist auch der Durchschnitt eines festzulegenden Quartals nach dem Zeitpunkt des Abschlusses des Interessenausgleichs.

222 **c) Sozialplanansprüche als Masseverbindlichkeiten.** Die Sozialplanforderungen der Arbeitnehmer sind in der Insolvenz sogenannte letztrangige Masseverbindlichkeiten gemäß § 123 Abs. 2 S. 1 InsO. Sie unterliegen weder der Anmeldung zur Insolvenztabelle noch der Prüfung im Prüfungstermin. Die Insolvenzsozialplananspruchsberechtigten sind Massegläubiger und ihre Sozialplanforderungen in das Masseverzeichnis iSv § 152 InsO aufzunehmen. Für die Geltendmachung von Sozialplanansprüchen kommen die tariflichen Ausschlussfristen und insbesondere auch die gesetzlichen Verjährungsregelungen zur Anwendung.[269] Abfindungsansprüche aus vor der Insolvenz abgeschlossenen Sozialplänen entstehen mit dem Abschluss der Vereinbarung und sind insolvenzrechtlich entsprechend einzuordnen.[270] Auf die Fälligkeit kommt es ohne besondere Festlegung nicht an.[271]

Praxistipp: Zur Vermeidung der aktuell noch bestehenden Verjährungsproblematik von Insolvenzsozialplanansprüchen ist in der Vereinbarung eine Regelung aufzunehmen (vgl. Muster C II Anlage Insolvenzsozialplan).

223 **d) Relative Beschränkung des Sozialplanes.** Der Sozialplan unterliegt neben der absoluten Beschränkung auch einer sogenannten relativen Beschränkung gemäß § 123 Abs. 2 InsO. Für Sozialplanforderungen darf nicht mehr als 1/3 der freien Masse verwendet werden, die ohne einen Sozialplan für die Verteilung an die Insolvenzgläubiger zur Verfügung stehen würde. Seitens des Insolvenzverwalters ist festzulegen, wie viel Insolvenzmasse nach Berücksichtigung der Aus- und Absonderungsrechte sowie Aufrechnungen und nach Abzug der Kosten des Insolvenzverfahrens gemäß § 54 InsO sowie der sonstigen Masseverbindlichkeiten gemäß § 55 InsO für die Insolvenzgläubiger gemäß § 38 InsO zur Verteilung zur Verfügung steht. Hierbei handelt es sich um die sogenannte **Teilungsmasse.** Die Sozialplansumme, dh der Betrag, der letztendlich zur Verteilung ansteht, darf 1/3 dieses Betrages nicht übersteigen.

---

[268] Vgl. FK-InsO/*Eisenbeis* § 123 Rn. 11.
[269] BAG Urt. v. 27.3.1996 – 10 AZR 668/95, AP Nr. 134 zu § 4 TVG, Ausschlussfristen; NZA 1996, 988; *Höflich-Bartlik/Mattes* NZI 2013, 752/785; LAG Düsseldorf Urt. v. 10.10.2013 – 5 Sa 823/12; Uhlenbruck/*Zobel* InsO § 123, 124 Rn. 44a.
[270] BAG Urt. v. 31.7.2002 – 10 AZR 275/01, NZA 2002, 1332.
[271] BAG Urt. v. 27.10.1998 – 1 AZR 94/98, NZA 99, 719.

Zur Erläuterung folgendes Beispiel:

Sozialplanvolumen nach absoluter Beschränkung des § 123 Abs. 1 InsO	1 000 000,00 EUR
Gesamtforderung Insolvenzgläubiger	500 000,00 EUR
Nach Abzug der Massekosten und Masseverbindlichkeiten stehen zur Verteilung an die Insolvenzgläubiger zur Verfügung	500 000,00 EUR
Der Sozialplan wird auf ⅓ dieser Summe, dh auf begrenzt.	166 666,67 EUR

Nach § 123 Abs. 2 S. 3 InsO ist sodann jede Sozialplanforderung entsprechend zu kürzen.

Kommt es zu einem Insolvenzplan gemäß §§ 217 ff. InsO, so kann von der relativen Beschränkung **abgewichen** werden, § 123 Abs. 2 S. 3 InsO. Soweit der Insolvenzplan im Rahmen des Eigenverwaltungsverfahrens (§ 270a oder 270b InsO) geschlossen wird, unterliegt er keinen weiteren Besonderheiten. Insoweit findet auch § 123 Abs. 2 S. 3 InsO uneingeschränkt Anwendung. Auch kann im Rahmen der Eigenverwaltung von der relativen Beschränkung abgewichen werden. Die Aufgaben des Insolvenzverwalters obliegen der eigenverwalteten Schuldnerin. Der Abschluss des Sozialplans soll im Einvernehmen mit dem Sachwalter erfolgen (§ 279 InsO). 224

Ein Sozialplan, der **nach Aufhebung** des Insolvenzverfahrens gemäß § 258 InsO vereinbart wird, unterliegt nicht den Beschränkungen der §§ 123 und 124 InsO.

e) **Absolute Beschränkung des Sozialplanvolumens.** Das maximale Gesamtsozialplanvolumen (2,5fache Bruttomonatslohnsumme) wurde legislativ festgelegt. Wird die absolute Obergrenze des Sozialplanvolumens überschritten, so verstößt der Sozialplan gegen § 134 BGB und ist nichtig.[272] Dieses gilt auch für einen Spruch der Einigungsstelle.[273] Der Arbeitnehmer kann aus einem nichtigen Sozialplan keine individuellen Ansprüche ableiten.[274] Sofern Sozialplanberechtigte im arbeitsgerichtlichen Urteilsverfahren Leistungen begehren, die die Obergrenze überschreiten, hat durch das Gericht auf den Einwand des Insolvenzverwalters, die absolute Obergrenze werde überschritten, eine **inzidente Prüfung** des Sozialplans durchzuführen. Die Rechtswirksamkeit eines Sozialplanes kann auch Gegenstand eines Beschlussverfahrens zwischen den beteiligten Betriebsparteien sein, in dem die Überschreitung der absoluten Obergrenze, demzufolge die Nichtigkeit iSv § 123 Abs. 1 InsO iVm § 134 BGB, zu überprüfen ist. Ist der Sozialplan durch Spruch der Einigungsstelle zustande gekommen, greift die Antragsfrist des **§ 76 Abs. 5 BetrVG** von zwei Wochen zur Einleitung eines Beschlussverfahrens zum Zwecke der Überprüfung, ob die Einigungsstelle die Grenzen des Ermessens überschritten hat, **nicht.** Da es sich bei der Überschreitung der absoluten Obergrenze nicht um eine Ermessensentscheidung, sondern um einen Gesetzesverstoß handelt, der zur Nichtigkeit führt, kann die Geltendmachung im Rahmen eines Beschlussverfahrens nicht fristgebunden sein. 225

---

[272] Vgl. Fitting/*Engels/Schmidt/Trebinger/Linsenmaier* BetrVG §§ 112, 112a Rn. 304, oA.; MüKoInsO/*Caspers* § 123 Rn. 64.
[273] Vgl. Kübler/Prütting/*Moll* InsO §§ 123, 124 Rn. 65.
[274] Vgl. Fitting/*Engels/Schmidt/Trebinger/Linsenmaier* BetrVG §§ 112, 112a Rn. 307.

226 Folge der Überschreitung der absoluten Höchstbeträge ist die Nichtigkeit des Sozialplanes insoweit. Ob von einer Gesamtnichtigkeit auszugehen ist, oder eine sogenannte geltungserhaltende Reduktion erfolgt, wird kontrovers diskutiert. Die Behandlung eines die Obergrenze überschreitenden Sozialplanes als gesamtnichtig hat jedenfalls den Vorteil der Rechtsklarheit gegenüber allen Parteien, insbesondere gegenüber den aus dem Sozialplan Berechtigten. Die teilweise Aufrechterhaltung eines nichtigen Sozialplanes führt dazu, dass eine **anteilige Kürzung** aller Ansprüche erfolgen müsste, die **nur** dann **zulässig** ist, wenn eine der **Auslegung fähige Regelungslücke** in dem Sozialplan enthalten ist. Dieses setzt den Insolvenzverwalter im Falle der Überschreitung jedenfalls der Gefahr aus, dass die Behauptung aufgestellt wird, die Überschreitung der Obergrenze sei gewollt und die Betriebsvereinbarung sei hinsichtlich des überschreitenden Teiles als freiwillige Betriebsvereinbarung zu bewerten, die dann Haftungsansprüche gegen den Insolvenzverwalter auslösen würde. Da hierfür keinerlei Notwendigkeiten gegeben sind und über § 134 BGB die Vermutung der Gesamtnichtigkeit besteht, müssen die Betriebsparteien nochmals in Verhandlungen über den Abschluss eines Sozialplanes eintreten. Dieses kann lediglich in den Fällen vermieden werden, in welchen die Parteien **ausdrückliche Regelungen** in den Sozialplan aufnehmen, die beispielsweise eine anteilige Kürzung aller Ansprüche im Falle des Überschreitens der Grenze des § 123 Abs. 1 InsO vorsehen. In diesem Falle ist eindeutig erkennbar, dass die Parteien keine höhere Verpflichtung eingehen wollten. Die Gesamtnichtigkeit mit dem daraus resultierenden Aufwand und Unsicherheiten wird vermieden.

Praxistipp: Um eine geltungserhaltende Reduktion zu ermöglichen, ist in einem Insolvenzsozialplan eine ausdrückliche Regelung zu formulieren, die festlegt, wie im Falle einer Obergrenzenüberschreitung vorgegangen wird.

227 f) **Abschlagszahlungen.** Nach § 123 Abs. 3 S. 1 InsO soll der Insolvenzverwalter Abschlagszahlungen auf die Sozialplanforderungen leisten, so oft hinreichend Barmittel in der Masse vorhanden sind. Dazu benötigt er die Zustimmung des Insolvenzgerichtes. Abschlagszahlungen auf den Sozialplan können von den Arbeitnehmern wie auch vom Gläubigerausschuss beim Insolvenzgericht angeregt werden. Der Insolvenzverwalter wird Abschlagszahlungen gemäß § 123 Abs. 3 S. 1 InsO mit größter Vorsicht vornehmen. Ein Anspruch auf die Gewährung von Abschlagszahlungen steht dem Sozialplangläubiger grundsätzlich nicht zu. Die Ausgestaltung als Soll-Vorschrift stellt dieses klar.[275]

228 Ist durch den Insolvenzverwalter eine Gesamtabwicklung des Sozialplanes erfolgt und setzen erst im Anschluss daran Arbeitnehmer ihre Aufnahme in den Kreis der Sozialplanberechtigten gerichtlich erfolgreich durch, besteht ein Haftungsrisiko des Insolvenzverwalters.

Praxistipp: Sofern der Insolvenzverwalter zu einem frühen Zeitpunkt des Verfahrens Abschlagszahlungen leistet, sollte dieses unabhängig von der Frage der Durchsetzbarkeit an eine vertragliche Rückzahlungsklausel des Sozialplanberechtigten geknüpft werden.[276] Bei der Ausgestaltung der vertraglichen Rückzahlungsverpflichtungen ist sowohl auf die relative Obergrenze iSd § 122 Abs. 2 S. 2 InsO als auch die absolute Obergrenze des § 123 Abs. 1 InsO ausdrücklich zu verweisen.

---

[275] Vgl. Uhlenbruck/*Zobel* InsO §§ 123, 124 Rn. 43; MüKoInsO/*Caspers* Rn. 70.
[276] Vgl. *Balz* DB aaO; *Uhlenbruck* NJW 1985, 712 (713).

§ 28. Kollektives Arbeitsrecht

g) **Zwangsvollstreckung.** Eine Zwangsvollstreckung gegenüber dem Insolvenzverwalter wegen der Entlassungsentschädigung ist gemäß § 123 Abs. 3 S. 2 InsO aufgrund des normierten Vollstreckungsverbotes unzulässig. Einer Leistungsklage des Anspruchsberechtigten fehlt nach hM das Rechtsschutzbedürfnis.[277]

h) **Pfändungs-, Steuer- und sozialversicherungsrechtliche Behandlung von Sozialplanansprüchen.** Entlassungsentschädigungen sind Arbeitseinkommen iSv § 850 Abs. 2, 4 ZPO und nach Maßgabe der §§ 850a–i ZPO pfändbar. Entlassungsentschädigungen sind Einkünfte aus nicht selbständiger Tätigkeit iS § 19 Abs. 1 S. 1 Nr. 1 EStG und nach derzeitiger Gesetzeslage wegen einer vom Arbeitgeber veranlassten oder gerichtlich ausgesprochenen Auflösung des Dienstverhältnisses als außerordentliche Einkünfte gemäß §§ 24 Nr. 1, 34 EStG steuerpflichtig. Sie werden jedoch nicht als Arbeitsentgelt iS § 14 SGB IV bewertet und sind deshalb sozialversicherungsfrei.[278] Die Abrechnung erfolgt nach dem Zuflussprinzip, so dass in dem Verfahren über Jahre die Arbeitnehmer-Daten zu pflegen sind.

5. Sozialplan vor Insolvenzeröffnung, § 124 InsO

a) **Festlegung des Widerrufszeitraumes.** Ein Sozialplan, der vor Eröffnung des Insolvenzverfahrens, jedoch nicht früher als **drei Monate** vor dem Insolvenzantrag aufgestellt worden ist, kann von den Betriebsparteien widerrufen werden. Maßgebend für die Festlegung des Drei-Monats-Zeitraumes ist demzufolge der Zeitpunkt des Insolvenzantrages und der Zeitpunkt der Aufstellung des Sozialplanes.

Das Insolvenzverfahren wird gemäß § 13 Abs. 1 InsO auf Antrag eines iSv §§ 14 und 15 InsO Antragsberechtigten bei dem Insolvenzgericht eingeleitet.

Der Sozialplan ist aufgestellt, wenn sich die Betriebsparteien geeinigt und den Sozialplan unterzeichnet haben (vgl. §§ 145 ff., § 125 S. 1, § 126 BGB). Auf das Datum des Inkrafttretens des Sozialplanes kommt es nicht an. Kommt der Sozialplan erst durch Spruch der Einigungsstelle zustande, muss er auch vom Vorsitzenden der Einigungsstelle unterzeichnet werden. Dieses ist Wirksamkeitsvoraussetzung.[279] Der Sozialplan ist gemäß § 76 Abs. 3 S. 3 BetrVG aufgestellt, sobald der Beschluss der Einigungsstelle schriftlich niedergelegt ist. Eine Begründung ist nicht erforderlich.[280] Die in § 76 Abs. 3 S. 3 BetrVG ebenfalls vorgesehene Zuleitung – Übermittlung – des Beschlusses an die Betriebsparteien erfolgt nach Aufstellung des Sozialplanes und ist demzufolge für die Fristberechnung nicht erheblich. Für die Berechnung der Drei-Monats-Frist gelten die §§ 187 Abs. 1, 188 Abs. 2, 3 BGB.[281]

---

[277] BAG Urt. v. 21.1.2010 – 6 AZR 785/08; Fitting/*Engels/Schmidt/Trebinger/Linsenmaier* InsO §§ 112, 112a Rn. 235.
[278] BSG Urt. v. 21.2.1990 – 12 RK 20/88, DB 1990, 1520; BAG Urt. v. 19.11.1988 – 4 AZR 333/88, AP Nr. 6 zu § 10 KSchG.
[279] Vgl. FK-InsO/*Eisenbeis* § 124 Rn. 9.
[280] Vgl. Richardi/*Richardi/Maschmann* BetrVG § 76 Rn. 108; BAG Urt. v. 8.3.1977 – 1 ABR 33/75, AP Nr. 1 zu § 87 BetrVG, Auszahlung.
[281] Vgl. Palandt/*Heinrichs* § 187 Rn. 1, § 188 Rn. 2.

Zobel

234 **b) Widerrufsmöglichkeit und Abwägung des Insolvenzverwalters. aa) Widerrufsmöglichkeit.** Ein Sozialplan, der in den über die Ausführungen unter → Rn. 251 ff. festzulegenden Zeitraum fällt, kann sowohl durch den Betriebsrat als auch durch den Insolvenzverwalter widerrufen werden. Die Widerrufserklärung ist weder an eine Form gebunden, noch zu begründen[282] und muss als einseitige empfangsbedürftige Willenserklärung der anderen Betriebspartei zugehen. § 124 Abs. 1 InsO enthält für die Ausübung des Widerrufes keine Frist. Die Parteien eines in den Drei-Monats-Zeitraum fallenden Sozialplanes müssen diesen nicht widerrufen. Der Ausübung des Widerrufsrechtes wird seitens des Insolvenzverwalters die Abwägung vorausgehen, wie sich der Widerruf auf die Insolvenzmasse auswirkt. Übt keine der Betriebsparteien das Widerrufsrecht aus, so bleiben die Sozialplanforderungen aus dem nicht widerrufenen Sozialplan als Insolvenzforderungen gemäß § 38 InsO bestehen.[283] Eine Verpflichtung des Insolvenzverwalters, einen Widerruf zu erklären, soweit die relative bzw. absolute Obergrenze gemäß § 123 Abs. 1 bzw. § 123 Abs. 2 S. 2 InsO überschritten ist, besteht nicht, weil es sich um einen vorinsolvenzlichen Sozialplan mit der vorstehend genannten Folge handelt.[284]

235 Dass der Insolvenzverwalter ggf. als vorläufiger Insolvenzverwalter mit oder ohne Verfügungsbefugnis an dem Abschluss eines Sozialplanes, der in den Drei-Monats-Zeitraum fällt, mitgewirkt hat, hindert das Widerrufsrecht des Insolvenzverwalters gemäß § 124 Abs. 1 InsO nicht. § 124 Abs. 1 InsO stellt lediglich auf den Zeitpunkt der Eröffnung des Insolvenzverfahrens ab.

236 **bb) Abwägung des Insolvenzverwalters.** Bei der Abwägung des Widerrufes seitens des Insolvenzverwalters wird von Bedeutung sein, ob und inwieweit **Leistungen** bereits aus dem Sozialplan **geflossen sind.** § 124 Abs. 3 S. 1 InsO stellt klar, dass diese Leistungen nicht zurückgefordert werden können. Die Fassung des § 124 Abs. 2 InsO, nach deren Wortlaut Arbeitnehmer, die unter einen widerrufenen Sozialplan fallen, bei der Aufstellung eines Sozialplanes im Insolvenzverfahrens berücksichtigt werden können, lässt vordergründig den Schluss zu, dass der Insolvenzverwalter durch den Widerruf Arbeitnehmer aus dem widerrufenen Sozialplan nicht in den Insolvenzsozialplan aufnehmen muss. Dieses trifft **nur** dann zu, **wenn** vor Eröffnung des Insolvenzverfahrens ein **freiwilliger Sozialplan** zustande gekommen ist. Bestand eine Sozialplanpflicht wegen der Betriebsänderung, deren Folgen in dem widerrufenen Sozialplan geregelt worden sind, so besteht nach Widerruf die Sozialplanpflicht unverändert fort. Die Aufnahme dieser Arbeitnehmer in den Sozialplan ist sodann zwingend und **erzwingbar.**

237 Sofern Leistungen an Arbeitnehmer gemäß § 124 Abs. 3 InsO gewährt wurden und trotz Widerrufes nicht zurückgefordert werden können, stellt dies einen sachlichen Grund für die Herausnahme dieser Arbeitnehmer aus der Sozialplanpflicht dar. Bei der Prüfung, ob eine Sozialplanpflicht generell für die Maßnahme bestand, sind diese Arbeitnehmer jedoch mit hinzuzurechnen. Durch den Widerruf werden die grundsätzlich begründeten Individualansprü-

---

[282] Vgl. Kübler/Prütting/*Moll* InsO §§ 123, 124 Rn. 92.
[283] Vgl. Kübler/Prütting/*Moll* InsO §§ 123, 124 Rn. 104; *Braun* InsO § 124 Rn. 9.
[284] Vgl. Kübler/Prütting/*Moll* InsO §§ 123, 124 Rn. 130; BAG Urt. v. 31.7.2002 – 10 AZR 275/01, NZA 2002, 1332.

che aus dem widerrufenen vorinsolvenzlichen Sozialplan gegenstandslos. Die in dem widerrufenen Sozialplan aufgestellten Verteilungskriterien sind demzufolge obsolet.

cc) Widerruf seitens des Betriebsrates. Der Betriebsrat wird den Widerruf grundsätzlich davon abhängig machen, ob der Sozialplan im Wesentlichen erfüllt oder nicht erfüllt ist. Ggf. können vorinsolvenzliche Sanierungssozialpläne auch wesentlich geringere Volumina ausweisen als die maximale Obergrenze des § 123 Abs. 1 InsO zulassen würde. 238

c) Berücksichtigung von Arbeitnehmern aus widerrufenen Sozialplänen. Über § 124 Abs. 1 InsO wird eine Widerrufsmöglichkeit für sämtliche bestehenden, auch freiwillige Sozialpläne aufgestellt. Ein Sozialplan, der auch andere wirtschaftliche Nachteile neben der Leistung von Sozialplanabfindungen ausgleicht, bleibt nach Widerruf nicht aufrecht erhalten, weil sich der Widerruf auf den Gesamtsozialplan bezieht. Aufgrund der systematischen Stellung der §§ 123 und 124 InsO können jedoch Arbeitnehmer, die einem **freiwilligen Sozialplan** unterfallen bzw. für die sonstige Leistungen durch einen Sozialplan festgesetzt worden sind, über § 124 Abs. 2 InsO aus dem Geltungsbereich eines nachinsolvenzlichen Sozialplanes ausgeschlossen werden. 239

§ 124 Abs. 3 S. 2 InsO legt fest, dass Leistungen, die iSv § 124 Abs. 3 S. 1 InsO bereits an Arbeitnehmer geflossen sind, bei der Berechnung des Gesamtbetrages der Sozialplanforderungen iSv § 123 Abs. 1 InsO bis zur Höhe des 2,5fachen Monatsverdienstes abzusetzen sind. 240

Bei der Errechnung des Gesamtbetrages des Sozialplanvolumens werden demzufolge alle diejenigen Arbeitnehmer berücksichtigt, die unter den Geltungsbereich des widerrufenen Sozialplanes gefallen sind. Für diese Arbeitnehmer wird der 2,5fache Bruttomonatsverdienst iSv § 123 Abs. 1 InsO zugrunde gelegt. Nicht entscheidend ist, ob diese Arbeitnehmer aus dem widerrufenen vorinsolvenzlichen Sozialplan eine höhere Individualleistung erhalten haben oder ggf. erhalten hätten. Über § 124 Abs. 3 S. 3 InsO sind den Arbeitnehmern die Beträge wieder in Abzug zu bringen, die sie bereits erhalten haben, jedoch begrenzt auf die 2,5fache Bruttolohnsumme des einzelnen Arbeitnehmers. Für Ratenzahlungen gilt Entsprechendes. 241

Im Falle des Widerrufes eines bestehenden Sozialplanes erfolgt ein Vergleich zwischen der ursprünglichen und der neu festgesetzten Abfindungshöhe. Dies hat zur Folge, dass diejenigen, die nach dem nachinsolvenzlichen Sozialplan einen höheren Anspruch haben, die Differenz unter Berücksichtigung der insolvenzrechtlichen Gegebenheiten erhalten. Diejenigen Arbeitnehmer, für die sich aus dem nachinsolvenzlichen Sozialplan ein geringerer Anspruch ergibt, müssen die Differenz nicht zurückzahlen, haben jedoch auch keinen darüber hinausgehenden Anspruch. Die Neufestsetzung der Abfindung führt bei erfolgter Ratenzahlung dazu, dass der Arbeitnehmer nur noch die Differenz zwischen den erhaltenen Ratenzahlungen und der neu festgesetzten Abfindung erhält. 242

Beispiel: 10 Arbeitnehmer haben aus einem Sozialplan, der in den Drei-Monats-Zeitraum fällt, jeweils einen Anspruch in Höhe von 15 000,– EUR. Ein Arbeitnehmer hat den Anspruch bereits realisiert. Nach Eröffnung des Insolvenzverfahrens wird der Sozialplan widerrufen. 100 Arbeitnehmer werden entlassen. Es wird ein neuer Sozialplan aufgestellt. 243

Zobel

8. Teil. Arbeits- und Sozialrecht in der Insolvenz

In diesen Sozialplan werden die 10 Arbeitnehmer mitaufgenommen. Der Bruttoverdienst der einzelnen Arbeitnehmer beträgt 1500,– EUR. Das Gesamtsozialplanvolumen beläuft sich auf 500 000,– EUR.

244 Von dem Gesamtsozialplanvolumen von 500 000,– EUR wird die an den einen Arbeitnehmer ausgezahlte Abfindung in Höhe von 15 000,– EUR, gedeckelt auf die 2,5fache Bruttolohnsumme dieses Arbeitnehmers, demzufolge 3750,– EUR, vom Gesamtsozialplanvolumen abgezogen. Das Gesamtsozialplanvolumen reduziert sich demzufolge auf 496 250,– EUR. Sämtliche übrigen Arbeitnehmer, die noch keine Leistungen erhalten haben, fallen komplett unter die Regelung des nachinsolvenzlichen Sozialplanes.

245 **d) Sozialpläne außerhalb des Drei-Monats-Zeitraumes.** Sozialpläne, die außerhalb des Drei-Monats-Zeitraumes liegen, werden genauso behandelt, wie Sozialpläne innerhalb des Drei-Monats-Zeitraumes, für die ein Widerruf nicht erfolgt. Ansprüche aus diesen Sozialplänen sind **Insolvenzforderungen** gemäß § 38 InsO.[285] Die Insolvenzsituation an sich gibt dem Betriebsrat nicht die Möglichkeit, von dem Insolvenzverwalter die Aufstellung eines neuen Sozialplanes zu verlangen, da die Grundsätze des Wegfalls der Geschäftsgrundlage nicht anwendbar sind.[286] Auch dass außerhalb des Drei-Monats-Zeitraumes liegende Sozialpläne lediglich Insolvenzforderungen begründen, führt nicht dazu, dass der Betriebsrat einen Anspruch auf Abschluss eines neuen Sozialplanes herleiten kann.[287]

V. Besondere Beschlussverfahren zur Vereinheitlichung und Beschleunigung der Durchsetzung von Betriebsänderungen

1. Besonderes Beschlussverfahren zum Kündigungsschutz gemäß § 126 InsO

246 **a) Antragsbefugnis.** Das besondere Beschlussverfahren des § 126 InsO als Ergänzungsregelung zu § 125 InsO bezweckt die Ermöglichung eines quasi **kollektiven Kündigungsschutzverfahrens.** Ziel ist eine beschleunigte Behandlung der in diesem Zusammenhang auftretenden Streitigkeiten.[288]
Dem Insolvenzverwalter wird die Antragsbefugnis eingeräumt, wenn in einem Betrieb kein Betriebsrat vorhanden ist oder ein Betriebsrat besteht, aber ein Interessenausgleich gemäß § 125 Abs. 1 InsO aus anderen Gründen nicht zustande kommt, obwohl der Betriebsrat rechtzeitig und umfassend unterrichtet ist.[289] Antragsvoraussetzung ist weiterhin, dass eine Betriebsänderung iSd § 111 BetrVG vorliegt, die noch nicht Gegenstand eines Interessenausgleiches und der daraus resultierenden Sperrwirkung gewesen ist.[290] Die Verweisung des § 126 Abs. 1 S. 1 InsO auf die Regelung des § 125 InsO, wonach eine Betriebs-

---

[285] Vgl. *Röder/Baeck* DStR 1995, 260 (264).
[286] Vgl. Fitting/*Engels/Schmidt/Trebinger/Linsenmaier*/BetrVG §§ 112, 112a Rn. 329 f.
[287] Vgl. Kübler/Prütting/*Moll* InsO §§ 123, 124 Rn. 107 ff.
[288] Vgl. Kübler/Prütting/*Moll* InsO § 126 Rn. 5; ablehnend auch zur außerordentlichen Kündigung Fitting/*Engels/Schmidt/Trebinger/Linsenmaier* InsO §§ 112, 112a Rn. 329 f.
[289] Vgl. *Friese* ZInsO 2002, 3505; vgl. zu Inhalt und Unterrichtungspflicht des Insolvenzverwalters → Rn. 93 ff.
[290] BAG Urt. v. 20.1.2000 – 2 ABR 30/99, AP Nr. 1 zu § 126 InsO.

Zobel

änderung²⁹¹ isd § 111 BetrVG erforderlich ist, sowie der Normzusammenhang und die Entstehungsgeschichte der Norm, rechtfertigen die einschränkende Auslegung.²⁹² Der Insolvenzverwalter ist demzufolge in Betrieben, die nicht mehr als 20 Arbeitnehmer iSd § 111 S. 1 BetrVG beschäftigen, nicht antragsbefugt, wenn der Betrieb keinem Unternehmen mit mehr als 20 Beschäftigten angehört.²⁹³

b) **Weitere Zulässigkeitsvoraussetzungen des Antrages, Fristablauf.** Besteht in einem Betrieb **kein Betriebsrat**, kann der Insolvenzverwalter das Verfahren gemäß § 126 Abs. 1 S. 1 InsO ohne weitere Voraussetzungen einleiten. Besteht ein **Betriebsrat**, hat der Insolvenzverwalter diesen rechtzeitig und umfassend zu unterrichten und mit ihm zu verhandeln bzw. ihn schriftlich aufzufordern, Verhandlungen aufzunehmen. Die Tatbestandsvoraussetzungen entsprechen denen des § 122 Abs. 1 S. 1 InsO. Ein Antrag gemäß § 126 InsO ist in den Fällen der Notwendigkeit des Abschlusses eines Interessenausgleiches bis zum Ablauf der Drei-Wochen-Frist unzulässig.²⁹⁴

247

c) **Antragsinhalt.** Bei dem Antrag des Insolvenzverwalters handelt es sich um einen Feststellungsantrag, in welchem jede einzelne Maßnahme so zu konkretisieren ist, dass sie dem **Bestimmtheitsgrundsatz** genügt. Der Insolvenzverwalter hat zu beantragen, festzustellen, dass die Kündigung der in der Antragsschrift individualisierten Arbeitnehmer durch dringende betriebliche Erfordernisse bedingt und sozial gerechtfertigt ist.²⁹⁵ Da § 126 Abs. 1 S. 1 InsO lediglich von der Kündigung von Arbeitsverhältnissen spricht, kann der Insolvenzverwalter sowohl Änderungs- als auch Beendigungskündigungen in den Antrag aufnehmen.²⁹⁶ Dem Bestimmtheitsgrundsatz genügt der Antrag nur, wenn der Insolvenzverwalter darlegt, ob es sich um Beendigungs- oder Änderungskündigungen handelt. Der Antrag kann sowohl geplante als auch bereits ausgesprochene Kündigungen enthalten.²⁹⁷ Der Insolvenzverwalter ist auch berechtigt, während der Durchführung des Beschlussverfahrens Kündigungen auszusprechen.²⁹⁸

248

2. Verfahrensbeteiligte

Die §§ 80 ff. ArbGG sind auf das besondere Beschlussverfahren des § 126 InsO über die Regelung des § 126 Abs. 2 S. 1 InsO anzuwenden. Hiernach richtet sich, welche Personen Verfahrensbeteiligte sein können. Verfahrensbeteiligt

249

---

²⁹¹ Näher zu den Voraussetzungen vgl. → Rn. 82 ff.
²⁹² Vgl. eingehend Kübler/Prütting/*Moll* InsO § 126 Rn. 11 ff.
²⁹³ AA MüKoInsO/*Caspers* § 126 Rn. 6, der eine Ausdehnung des Anwendungsbereiches des § 126 InsO auf Grund des Gesetzeszweckes auf alle betriebsbedingten Kündigungen in der Insolvenz für erforderlich hält.
²⁹⁴ Vgl. *Schrader* NZA 1997, 70.
²⁹⁵ Vgl. Kübler/Prütting/*Moll* InsO § 126 Rn. 19; BAG Urt. v. 29.6.2000 – 8 ABR 44/99, NZA 2000, 1180 ff.
²⁹⁶ Vgl. MüKoInsO/*Caspers* § 126 Rn. 7.
²⁹⁷ BAG Urt. v. 29.6.2000 – 8 ABR 44/99, AP Nr. 2 zu § 126 InsO.
²⁹⁸ Vgl. Kübler/Prütting/*Moll* InsO § 126 Rn. 22; *Lohkemper* KTS 1996, 1 (15); *Schrader* NZA 1997, 70 (77); aA *Lakies* RdA 1997, 145 (155).

sind der Insolvenzverwalter, sofern der Versuch des § 125 InsO vorausging, der Betriebsrat sowie **sämtliche** in Haupt- und Hilfsanträgen[299] bezeichnete und demzufolge **betroffene Arbeitnehmer**. Nicht verfahrensbeteiligt sind die Arbeitnehmer, die eine Änderungs- bzw. Beendigungskündigung akzeptieren bzw. deren Kündigungen rechtskräftig werden.[300] Diesen fehlt zu diesem Zeitpunkt das Rechtsschutzbedürfnis.

3. Entscheidung des Gerichtes

250 Das kollektive Kündigungsschutzverfahren iSd § 126 InsO bleibt neben den sonstigen Zulässigkeitsvoraussetzungen einer betriebsbedingten Kündigung bestehen. Gleichzeitig hat das Arbeitsgericht im Beschlussverfahren die Zugangsvoraussetzungen des § 126 InsO zu prüfen. Dieses ist insbesondere für die Darlegungs- und Beweislast des Insolvenzverwalters von Bedeutung. Der Insolvenzverwalter hat, sofern ein Interessenausgleich gemäß § 125 InsO innerhalb der Frist nicht zustande gekommen ist, die Voraussetzungen der Betriebsänderung, die umfassende rechtzeitige Unterrichtung, den Zeitpunkt der Aufnahme der Verhandlungen bzw. die schriftliche Aufforderung hierzu, darzulegen und zu beweisen. Die Vorlage eines Interessenausgleichs gemäß § 125 InsO innerhalb der Informationsphase ist empfehlenswert.

251 Zwar gilt über § 126 Abs. 2 S. 1 Hs. 1 InsO die Regelung des § 83 Abs. 1 S. 1 ArbGG, so dass das Arbeitsgericht den zugrunde liegenden Sachverhalt nach dem Untersuchungsgrundsatz von Amts wegen zu ermitteln hat, jedoch obliegt den Beteiligten die Verpflichtung, bei der **Sachverhaltsaufklärung** gemäß § 83 Abs. 1 S. 2 ArbGG mitzuwirken. Das Arbeitsgericht hat lediglich an den Vortrag anzuknüpfen und ist nicht verpflichtet, weitere Sachverhaltsaufklärung von Amts wegen vorzunehmen.[301] Dem Insolvenzverwalter obliegt die Darlegung- und Beweislast nach den **allgemeinen kündigungsschutzrechtlichen Bestimmungen** für das Vorliegen eines betriebsbedingten Kündigungsgrundes. Gleiches gilt für die abgestufte Darlegungs- und Beweislast bezüglich der Sozialauswahl. Die Regelung des § 126 Abs. 1 S. 2 InsO legt fest, dass die Überprüfung auf die Kriterien Betriebszugehörigkeit, Lebensalter und Unterhaltspflichten beschränkt ist, wobei dieses nicht auf grobe Fehlerhaftigkeit begrenzt ist.

252 Unwirksamkeitsgründe sonstiger Art, wie beispielsweise fehlende Betriebsratsanhörung oder Sonderkündigungsschutz, sind auf Grund des eindeutigen Wortlautes des § 126 InsO nicht Gegenstand der Entscheidung in diesem Verfahren. Sonderkündigungsschutzregelungen, soweit innerhalb der Insolvenz beachtlich, sind seitens des Antragstellers auf Grund der Regelung des § 127 InsO trotz alledem zu berücksichtigen. Erfolgt dies nicht, ist die positive Entscheidung zugunsten des Insolvenzverwalters in dem Beschlussverfahren in einem nachfolgenden Individualrechtsstreit ein Pyrrhussieg.

---

[299] BAG Urt. v. 29.6.2000 – 8 ABR 44/99, NZA 2000, 1180; *Caspers* Rn. 253; *Grunsky* FS Lücke, 191, 198; MüKoInsO/*Caspers* § 126 Rn. 34.

[300] Vgl. Kübler/Prütting/*Moll* InsO § 126 Rn. 48.

[301] Vgl. ErfK/*Koch* ArbGG § 83 Rn. 1; GWBG/*Greiner* ArbGG § 83 Rn. 2ff.; Germelmann/Matthes/Prütting/*Matthes*/*Spinner* ArbGG § 83 Rn. 84; BAG Urt. v. 26.5.1988 – 1 ABR 11/87, ZIP 1988, 1483.

Das Arbeitsgericht entscheidet gemäß § 84 ArbGG durch Beschluss. Maß- 253
geblicher Beurteilungszeitpunkt ist in den Fällen, in denen eine Kündigung
noch nicht ausgesprochen worden ist, der Schluss der letzten mündlichen Verhandlung, ansonsten nach der punktuellen Streitgegenstandstheorie der Zeitpunkt des Zuganges der Kündigungserklärung gegenüber den Beteiligten. Hinsichtlich möglicher Rechtsmittel ist über § 126 Abs. 2 S. 2 InsO der Verweis in
§ 122 Abs. 2 InsO maßgeblich.[302]

4. Bindungswirkung, § 127 InsO

a) Grundsätzliches. Mit der Regelung des § 126 InsO hat der Gesetzgeber 254
ein Verfahren zur Erlangung präventiver Rechtssicherheit in dem Bereich des
Kündigungsschutzes geschaffen. Die Folgen eines seitens des Insolvenzverwalters obsiegend geführten Beschlussverfahrens iSd § 126 InsO werden durch
§ 127 InsO normiert. § 127 Abs. 1 S. 1 InsO stellt klar, dass eine rechtskräftige
Entscheidung in dem Verfahren gemäß § 126 InsO für die Parteien bindend ist,
sofern sich die Sachlage nach dem Schluss der Letzten mündlichen Verhandlung
nicht wesentlich geändert hat. Gleiches gilt auf Grund der Bindungswirkung
auch in der umgekehrten Ausrichtung, so dass gleichsam im Falle eines abweichenden Beschlusses feststeht, dass die Kündigung entweder nicht betriebsbedingt oder auf Grund fehlerhafter Sozialauswahl rechtsunwirksam ist.[303] Die
Bindungswirkung erstreckt sich über § 128 Abs. 2 InsO auch auf die Feststellung, dass die Kündigung nicht wegen eines Betriebsüberganges erfolgt ist.

Die Bindungswirkung iSd § 127 Abs. 1 InsO **folgt der Rechtskraft**.[304] Der 255
materiellen Rechtskraft ist lediglich der Inhalt der Entscheidung fähig mit der
Folge, dass andere Unwirksamkeitsgründe weiterhin geltend gemacht werden
können.[305] Dies sind exemplarisch die fehlerhafte Anhörung des Betriebsrates
iSv § 102 BetrVG sowie in der Insolvenz beachtliche Sonderkündigungsschutzregeln.

b) Wesentliche Änderung der Sachlage. Unter Änderung der Sachlage ist die 256
Änderung eines kündigungsrelevanten Sachverhaltes zu verstehen. Keine Änderung der Sachlage ist das Auftreten neuer Beweismittel oÄ Grundsätzlich ist auf
die Ausführungen hinsichtlich einer Änderung der Sachlage iSd § 125 InsO zu
verweisen.[306] Der **Unterschied** zwischen den Regelungen des § 127 InsO und
des § 125 InsO ist in der Ausgestaltung der Bindungswirkung zu sehen. Bei
§ 127 InsO bezieht sich diese auf die dringenden betrieblichen Erfordernisse
und auf die Sozialauswahl, wohingegen bei einer wesentlichen Änderung iSd
§ 125 Abs. 1 S. 2 InsO die Vermutungswirkung in Wegfall gerät. Eine wesentliche Änderung ist nicht bereits dann anzunehmen, wenn in Einzelfällen der
Kündigungsgrund beseitigt oder einzelne Arbeitnehmer, ggf. durch das Aus-

---

[302] Vgl. → Rn. 157 ff.; BAG Urt. v. 20.1.2000, AP Nr. 1 zu § 126 InsO.
[303] Vgl. *Löwisch* RdA 1997, 80 (85); aA *Bork/Koschmieder* Teil 18, Rn. 18.132.
[304] Vgl. *Kübler/Prütting/Moll* InsO § 127 Rn. 15 ff.; BAG Urt. v. 1.2.1983 – 1 ABR 33/78, AP Nr. 14 zu § 322 ZPO.
[305] Vgl. *Caspers* Rn. 269; *Lakies* RdA 1997, 145 (152); MüKoInsO/*Caspers* § 127 Rn. 7 ff.
[306] Vgl. → Rn. 141.

scheiden durch Eigenkündigung aus dem Betrieb, aus der Bindungswirkung herausfallen. In diesen Fällen handelt es sich um eine Frage der Weiterbeschäftigungsmöglichkeit und ggf. um eine Frage des Wiedereinstellungsanspruches, nicht jedoch um einen Fall der wesentlichen Änderung im Verhältnis zur Gesamtsituation.[307] Eine wesentliche Änderung wird beispielhaft dann anzunehmen sein, wenn eine geplante Betriebsstilllegung von einer Betriebsübernahme gemäß § 613a BGB überholt wird.[308]

257 **c) Aussetzung des Feststellungsverfahrens.** § 127 Abs. 2 InsO regelt den Fall, in welchem dem Arbeitnehmer durch den Insolvenzverwalter eine Kündigung ausgesprochen worden ist und hiergegen eine Kündigungsschutzklage anhängig ist. Gemäß § 127 Abs. 2 InsO ist die Verhandlung **auf Antrag** des Insolvenzverwalters bis zum Zeitpunkt der rechtskräftigen Entscheidung im Verfahren nach § 126 InsO auszusetzen. Die Verpflichtung, einen Aussetzungsantrag zu stellen, wird dem Insolvenzverwalter nicht auferlegt.[309]

5. Anhörung des Betriebsrates nach Durchführung des Verfahrens gemäß § 126 InsO

258 Eine vorangegangene Betriebsratsanhörung gemäß § 102 BetrVG ist nicht Zulässigkeitsvoraussetzung für die Durchführung des Verfahrens gemäß § 126 InsO. Das Verfahren an sich ersetzt jedoch auch nicht die Notwendigkeit der gesonderten Betriebsratsanhörung.

6. Betriebsveräußerung in der Insolvenz

259 **a) Grundlegendes.** Die Regelung des § 128 InsO verdeutlicht die Anwendbarkeit der §§ 125, 126 und 127 InsO auch in den Fällen, in denen eine in einem Interessenausgleich bzw. einem Feststellungsantrag definierte Betriebsänderung erst nach Betriebsveräußerung durchgeführt wird.

260 § 128 Abs. 2 InsO regelt, dass sich die Vermutung des § 125 Abs. 1 S. 1 Nr. 1 InsO sowie die gerichtliche Feststellung gemäß § 126 Abs. 1 S. 1 InsO auch darauf bezieht, dass die Kündigung des Arbeitsverhältnisses **nicht wegen des Betriebsüberganges** erfolgt ist. Ausgeschlossen ist über § 613a IV S 1 BGB lediglich die Kündigung wegen des Betriebsübergangs, aber nicht die betriebsbedingten Kündigungen an sich, weder durch den Insolvenzverwalter noch durch einen Erwerber.[310] Eine Abgrenzung ist immer schwierig in Fällen, in denen der Insolvenzverwalter mit oder für den Erwerber eine Rationalisierung ggf. auch auf Basis eines von diesem vorgelegten Konzepts durchführt und Kündigungen ausspricht. Entscheidend für die Abgrenzung ist ein nachvollziehbares Konzept des potenziellen Erwerbers. Dies ist ein tragender Sachgrund und dann greift § 613 IV S 1 BGB nicht. Sofern ein Erwerber aber lediglich die Bedingung aufstellt, dass § 613a BGB nicht greift oder für Teilkreise von Arbeitnehmern nicht greifen darf, besteht die Vermutung, dass der Betriebsübergang das tragende

---

[307] Vgl. Kübler/Prütting/*Moll* InsO § 127 Rn. 34.
[308] Vgl. *Schrader* NZA 1997, 70 (77).
[309] Vgl. *Giesen* ZIP 1998, 46 (54).
[310] Vgl. Uhlenbruck/*Zobel* InsO § 128 Rn. 8.

Motiv ist.[311] In einem möglichen Kündigungsschutzprozess hat der Arbeitnehmer den Gegenbeweis zu der Vermutungswirkung des § 128 InsO zu führen. Der Arbeitnehmer trägt auch nach bisheriger Regelung die Darlegung- und Beweislast dafür, dass ein Betriebsübergang vorliegt und der Ausspruch der Kündigung gegen die Regelung des § 613a Abs. 4 BGB verstößt. Die Führung des Gegenbeweises verstärkt die dem Arbeitnehmer auferlegte Verpflichtung dahingehend, dass der **Anscheinsbeweis** durch den zeitlichen Zusammenhang über § 128 InsO entkräftet wird.[312]

In dem Gesamtkontext ist ein ggf. bestehender **Wiedereinstellungsanspruch** 261 des Arbeitnehmers zu berücksichtigen.[313] Dieser Wiedereinstellungsanspruch besteht auch in der Insolvenz als Korrektiv der Prognoseentscheidung eines Arbeitsplatzentfalls, der erst in der Zukunft eintritt. Ändert sich die Grundlagen iS eines Wegfalls der Geschäftsgrundlage oder entsteht eine nachträgliche Weiterbeschäftigungsmöglichkeit, so führt dies innerhalb der Grenze jedenfalls der maximalen Kündigungsfrist des § 113 S 2 InsO zu einem Wiedereinstellungsanspruch.[314] Wird innerhalb offener Kündigungsfrist die (Teil)-Stilllegungsentscheidung revidiert oder erfolgt ein (Teil)-Betriebsübergang, besteht ebenfalls ein Wiedereinstellungsanspruch.[315] Erfolgt ein Betriebsübergang nach Ablauf der Kündigungsfrist, scheidet ein Widereinstellungsanspruch grundsätzlich aus.[316]

Im Rahmen der Übertragung von Betrieben wird der Insolvenzverwalter 262 häufig vor die Situation gestellt, einen „reorganisierten Betrieb" ohne Risiken, insbesondere frei von Risiken des § 613a BGB, zu übertragen. Nicht zuletzt an dieser Tatsache scheitern immer wieder aussichtsreiche Übernahmeverhandlungen. Die Vorschrift des § 613a BGB wird in ihrer praktischen Bedeutung zwar häufig überbewertet, ist jedoch für den Erwerber ein scharfes Schwert in den Verhandlungen mit dem Insolvenzverwalter. § 128 InsO stellt klar, dass der Insolvenzverwalter eine Betriebsänderung für einen Erwerber komplett einleiten und durchführen kann, selbst wenn der Zeitpunkt des Betriebsüberganges schon bevorsteht und die Durchführung der Betriebsänderung erst nach dem Zeitpunkt des Betriebsüberganges beginnen und durch den Erwerber umgesetzt werden kann.[317] Diese Vorgehensweise wird häufig unter das Schlagwort „Erwerberkonzept" gestellt. Entscheidend für die Erzielung der Rechtswirkung der §§ 125, 128 InsO ist, dass ein Interessenausgleich bereits **vor** Betriebsveräußerung durch den Insolvenzverwalter abgeschlossen worden ist. Der Insolvenzverwalter kann auch ein Beschlussverfahren gemäß § 126 InsO trotz bevor-

---

[311] BAG Urt. v. 26.4.2007 – 8 AZR 695/05; BAG Urt. v. 20.9.2006 – 6 AZR 249/05.
[312] Vgl. *Giesen* ZIP 1998, 46 f. (51).
[313] BAG Urt. v. 27.2.1997 – 2 AZR 160/96, NZA 1997, 757; BAG Urt. v. 10.12.1998 – 8 AZR 324/97, NZA 1999, 422; BAG Urt. v. 28.10.2004 – 8 AZR 199/04, NZA 2005, 405; BAG Urt. v. 13.5.2004 – 8 AZR 198/03, AP Nr. 264 zu § 613a BGB.
[314] BAG Urt. v. 28.10.2004 – 8 AZR 199/04, NZA 2005, 405; BAG Urt. v. 13.5.2004 – 8 AZR 198/03, AP Nr. 264 zu § 613a BGB; BAG Urt. v. 15.12.2011 – 8 AZR 197/11.
[315] BAG Urt. v. 25.10.2007 – 8 AZR 989/06, NZA 2008, 359; BAG Urt. v. 15.12.2011 – 8 AZR 197/11.
[316] BAG Urt. v. 16.2.2012 – 8 AZR 693/10; vgl. Uhlenbruck/*Zobel* InsO § 128 Rn. 32 ff.
[317] Vgl. grundlegend BAG Urt. v. 20.3.2003 – 8 AZR 97/02, AP Nr. 250 § 613a BGB.

stehendem Betriebsübergang einleiten. Der Insolvenzverwalter wird quasi für den Erwerber tätig und kann die Wirksamkeit von Personalmaßnahmen klären.

263 **b) Beteiligte.** Am Beschlussverfahren gemäß § 126 InsO wird **der Erwerber** beteiligt, wobei das Gesetz nicht klarstellt, ab welchen Zeitpunkt dies zu erfolgen hat. Ein Kaufinteressent ist jedenfalls nicht als Erwerber zu betrachten und demzufolge nicht zu beteiligen.[318] Nachdem die Bindungswirkung des § 126 InsO unabhängig davon eintritt, ob der Erwerber an dem Verfahren beteiligt worden ist oder nicht, muss die Regelung wohl als Soll-Vorschrift interpretiert werden.

7. Wirkung des § 128 InsO

264 Gemäß § 279 InsO ist § 128 InsO **auch bei** der **Eigenverwaltung** iSd § 270 InsO anwendbar. Auf den vorläufigen Insolvenzverwalter findet die Vorschrift des § 128 InsO keine Anwendung. Im Eröffnungsverfahren gem. § 270a InsO und im Rahmen des Schutzschirmverfahrens gem. § 270b InsO findet § 128 InsO ebenfalls keine Anwendung.

B. Übertragende Sanierung; § 613a BGB; Möglichkeiten des SGB III

I. Der Betriebsübergang in der Insolvenz gemäß § 613a BGB

1. Normzweck und Anwendbarkeit des § 613a BGB in der Insolvenz

265 Normzweck des § 613a BGB ist die Sicherung des Fortbestandes der Arbeitsverhältnisse und des sozialen Besitzstandes der Arbeitnehmer auf Grund eines Betriebsinhaberwechsels.[319] Zwingende gesetzliche Folge eines Betriebsüberganges ist der Eintritt des Erwerbers in alle bestehenden Arbeitsverhältnisse.[320] § 613a BGB ist Schutzgesetz zugunsten der Arbeitnehmer.[321] Des Weiteren regelt diese Norm die Fortgeltung von Betriebsvereinbarungen bzw. Tarifverträgen, die Haftung des alten und neuen Betriebserwerbers,[322] den Bestand des Betriebsrates und die Gewähr des Mitbestimmungsrechtes.[323]

266 Weder der Gesetzgeber noch das BAG[324] war bislang der insolvenzrechtlichen Argumentation zugänglich und hat den vorgebrachten Einwendungen, die

---

[318] Vgl. *Lakies* RdA 1997, 145 ff.
[319] BAG Urt. v. 12.5.1992 – 3 AZR 247/91, EZA Nr. 104 zu § 613a BGB; Erstmals durch § 622 BetrVG 1972, seit 19.1.1972 in Kraft; BGBl. 1972 I 13; geändert durch das arbeitsrechtliche EG-Anpassungsgesetz 13.8.1980, BGBl. I 1308; seit 21.8.1980 der Umsetzung der Richtlinie des europäischen Rates 14.2.1977, 77/187/EWG EG-APl L-61 vom 5.3.1977, S. 26.
[320] EuGH Urt. v. 14.11.1996 – C-305/94, EZA Nr. 144 zu § 613a BGB.
[321] BAG Urt. v. 26.2.1987 – 2 AZR 768/85, EZA Nr. 57 zu § 613a BGB.
[322] BAG Urt. v. 11.11.1986 – 3 AZR 179/85, EZA Nr. 60 zu § 613a BGB.
[323] BAG Urt. v. 3.7.1980 – 3 AZR 1077/78, EZA Nr. 29 zu § 613a BGB.
[324] Ausführlich BAG Urt. v. 26.5.1983 – 2 AZR 477/81, EZA Nr. 34 zu § 613a BGB; BAG Urt. v. 29.10.1985 – 3 AZR 485/83, EZA Nr. 52 zu § 613a BGB; BAG Urt. v. 4.12.1986 – 2 AZR 246/86, EZA Nr. 56 zu § 613a BGB; BAG Urt. v. 20.6.2002 – 8 AZR 459/01, ZIP 2003, 222.

Zobel

§ 28. *Kollektives Arbeitsrecht* 975

gegen eine Anwendung des § 613a BGB in Insolvenzverfahren sprechen, nicht Rechnung getragen.[325] § 613a BGB – dies stellt auch § 128 Abs. 2 InsO inzident klar – ist unzweifelhaft in der Insolvenz anzunehmen.

2. Geltungsbereich der Norm

Von den Regelungen des § 613a BGB sind **sämtliche Arbeitsverhältnisse**, 267 unabhängig ob Vollzeit/Teilzeit oder geringfügig, ob befristet oder unbefristet, einschließlich der Berufsausbildungsverhältnisse und der leitenden Angestellten iSd § 5 Abs. 3 BetrVG erfasst.[326] Ebenfalls gehen **ruhende** Arbeits- und Altersteilzeitverhältnisse über.[327]

Arbeitnehmern, denen bereits vor dem Eintritt des Betriebsüberganges ge- 268 kündigt wurde, deren Arbeitsverhältnisse aber zu diesem Zeitpunkt noch nicht beendet sind, werden von der Regelung des § 613a BGB erfasst.[328] Organmitglieder juristischer Personen sowie bereits ausgeschiedene Arbeitnehmer gehen nicht auf den Erwerber über.[329] Ebenso wenig fallen Ruhestandsverhältnisse und Heimarbeitsverhältnisse unter die Regelung des § 613a BGB.[330]

3. Tatbestand der Norm des § 613a BGB

a) **Wirtschaftliche Einheit/Betriebsbegriff.** Nach der ursprünglichen Defini- 269 tion ist ein Betrieb eine organisatorische Einheit, in der Personen mit Hilfe persönlicher, sachlicher und immaterieller Mittel bestimmte arbeitstechnische Zwecke fortgesetzt verfolgen.[331] Diese Definition des Betriebsbegriffes iSv § 613a BGB hat auf den allgemeinen Betriebsbegriff zurückgegriffen.[332] Notwendige Voraussetzung für einen Betriebs- oder Teilbetriebsübergang war demzufolge nach ständiger Spruchpraxis des BAG,[333] dass der Unternehmer mit den übernommenen sachlichen und immateriellen Betriebsmitteln, dem sogenannten Betriebssubstrat, bestimmte arbeitstechnische Zwecke weiterverfolgen kann. Der EuGH,[334] dem das BAG[335] nunmehr seit mehr als einem Jahrzehnt

---

[325] Vgl. zur Möglichkeit der einschränkenden Anwendung über Art. 3 und 4 der Richtlinie 2001/23/EG ErfK/*Preis* BGB § 613a Rn. 146.
[326] BAG Urt. v. 19.1.1988 – 3 AZR 263/86, EZA Nr. 69 zu § 613a BGB; BAG Urt. v. 13.7.2006 – 8 AZR 382/05, NZA 2006, 1406; KR/*Pfeiffer* BGB § 613a Rn. 103.
[327] BAG Urt. v. 18.12.2003 – 8 AZR 621/02, AP BGB § 613a Nr. 263; LAG Düsseldorf Urt. v. 22.10.2003 – 12 Sa 1202/03, ZIP 2004, 272 ff.
[328] BAG Urt. v. 22.2.1978 – 5 AZR 800/76, EZA Nr. 18 zu § 613a BGB.
[329] BAG Urt. v. 11.11.1986 – 3 AZR 179/85, ZIP 1987, 874; BAG Urt. v. 13.2.2003 – 8 AZR 654/01, ZIP 2003, 1010.
[330] BAG Urt. v. 3.7.1980, EZA Nr. 29 zu § 613a BGB.
[331] BAG Urt. v. 27.10.1994 – 8 AZR 687/92, EZA Nr. 126 zu § 613a BGB; KR-*Pfeiffer* BGB § 613a Rn. 18.
[332] Vgl. *Bauer*, Handbuch des Unternehmens- und Beteiligungskaufes, S. 471 Rn. 27 ff.; BAG Urt. v. 9.2.1994 – 2 AZR 781/93, NZA 1994, 612.
[333] Vgl. *Annuß* BB 1998, 1582 ff.
[334] EuGH Urt. v. 14.4.1994 – C-392/92, EZA Nr. 114 zu § 613a BGB; EuGH Urt. v. 11.3.1997 – C-13/95, BB 1997, 735 „Ayse Süzen"; EuGH Urt. v. 24.1.2002 – 77/187, EWG Nr. 1.
[335] BAG Urt. v. 17.4.2003 – 8 AZR 253/02, AP BGB § 613a Nr. 253b; BAG Urt. v. 13.11.1997 – 8 AZR 375/96, NZA 1998, 249.

Zobel

folgt, stellt entsprechend der Richtlinie 2001/23/EG Art. 1 Abs. 1b auf „**den Übergang einer ihre Identität bewahrenden wirtschaftlichen Einheit is einer organisatorischen Zusammenfassung von Ressourcen zur Verfolgung einer wirtschaftlichen Haupt- oder Nebentätigkeit ab**". Durch die Kaprizierung auf die wirtschaftliche Einheit verliert die Definition eines Betriebsteils an Bedeutung und bildet nunmehr lediglich eine Untergruppe innerhalb des Kriteriums „wirtschaftliche Einheit". Entscheidend kommt es nunmehr auf die „Teil/Übertragung" einer im Wesentlichen funktionsfähigen organisatorisch geschaffenen Arbeitseinheit an, in der unter quasi unveränderter Fortführung eine dort abgrenzbar geleistete Tätigkeit fortgesetzt werden kann. Erforderlich ist nicht nur, dass einzelne Arbeitnehmer unterschiedlicher Bereiche eingesetzt werden, sondern das Vorliegen einer auf Dauer angelegten organisatorischen Einheit.

270 Ob demzufolge ein Betrieb auf einen Dritten übertragen wird oder bloße Betriebsmittel, muss anhand von **Auslegungskriterien** differenziert geklärt werden. Der bloße Betriebsmittelübergang ist kein Betriebsübergang. Alleine die Übernahme beispielsweise eines Reinigungsauftrages, stellt keinen Betriebsübergang dar.[336] Die bloße Funktionsnachfolge ist ebenfalls nicht ausreichend,[337] um einen Betriebsübergang anzunehmen. Die Prüfung der erforderlichen wirtschaftlichen Einheit erfolgt auf Basis einer **typologischen Gesamtbetrachtung** der zu übertragenden Teil/Einheit nach ständiger Rechtsprechung des BAG anhand von den nachfolgenden fünf Einzelkriterien, die sodann einer Gesamtwürdigung unterzogen werden;[338] sind diese Kriterien zu bejahen, greift die Rechtsfolge des § 613a BGB ein:

271 aa) **Art des Betriebes.** Durch die Feststellung der Art des Betriebes bestimmte sich die Gewichtung der weiteren maßgebenden Kriterien. Die wesentliche **Untergliederung** ist der Bereich **Handel-** und Dienstleistungen und der Bereich des **produzierenden** Gewerbes.[339] Typischerweise kommt es im Produktionsbetrieb in erheblich stärkerem Maße auf die Übertragung von sächlichen Betriebsmitteln an als im betriebsmittelarmen Dienstleistungssektor. Dort bestehen häufig die den Betrieb prägenden Rechtsbeziehungen aus know-how, good will, Lage des Geschäfts oder auch Einzelpersonen usw, demzufolge aus „immateriellen Betriebsmitteln", so dass die Identität nicht an der Übertragung sächlicher Betriebsmittel festgestellt werden kann.

272 bb) **Übertragung von materiellen/immateriellen Aktiva und Kundenbeziehungen.** Bei diesen Kriterien kommt es auf das Ob der Übertragung, den Wert des Übertragungsgegenstandes im Verhältnis zum Betrieb und schlussendlich deren Relevanz für den verfolgten wirtschaftlichen Zweck an. Bei der Be-

---

[336] BAG Urt. v. 22.1.1998 – 8 AZR 775/96, NZA 1998, 638; BAG Urt. v. 13.11.1997 – 8 AZR 295/95, NZA 1998, 251.
[337] EuGH Urt. v. 7.3.1996 – verb. C-171/94 und C-172/94, NZA 1996, 413; in einschränkender Auslegung EuGH Urt. v. 14.4.1994 – C-392/92, NZA 1994, 545 ff., „Cristel Schmidt"; einschränkend ebenfalls EuGH Urt. v. 19.9.1995 – C-48/94, NZA 1995, 1031, wonach die bloße Übernahme von Restarbeiten im Rahmen eines Bauhandwerkerauftrages keinen Betriebsübergang darstellt.
[338] EuGH Urt. v. 6.3.2014 – C 458/12; BAG Urt. v. 22.1.2015 – 8 AZR 139/14; BAG Urt. v. 21.8.2014 – 8 AZR 648/13; BAG Urt. v. 24.8.2006 – 8 AZR 556/05, NZA 2007, 1320; BAG Urt. v. 18.4.2002, AP Nr. 232 zu § 613a BGB.
[339] Vgl. ErfK/*Preis* BGB § 613a Rn. 12; BAG Urt. v. 27.10.2005; NZA 2006, 668.

wertung der Aktiva ist zuerst wiederum zwischen betriebsmittelgeprägten- und betriebsmittelarmen Betrieben zu unterscheiden. Daran schließt sich die Auflistung der für den wirtschaftlichen Zweck **relevanten** materiellen oder immateriellen Aktiva an. Denklogisch ist dies je nach Art und Leistungsspektrum des Betriebes unterschiedlich. Im produzierenden Gewerbe wird die wirtschaftliche Einheit stark geprägt sein durch bewegliches oder unbewegliches Vermögen,[340] wohingegen es im Dienstleistungsbereich durchaus möglich ist, dass die wirtschaftliche Einheit auch ohne die Übertragung relevanter materieller oder immaterieller Betriebsmittel übergeht.[341] Auf die **Art der Übertragung** oder der Zurverfügungstellung der Aktiva kommt es nicht an. Die Zurverfügungstellung kann durch Veräußerung oder jedwede Art der **Nutzungsvereinbarung** erfolgen. Entscheidend ist nur, dass eine tatsächliche Nutzung durch den Erwerber erfolgt.[342]

Neben den materiellen Aktiva stehen die **Immateriellen**, Vermögensgegenstände deren Werte die Erstgenannten wesentlich übersteigen können. Auch die immateriellen Werte können für den Betrieb prägend sein, so dass es auf die Übertragung materieller Werte nicht ankommt. So bestimmt beispielsweise die Übertragung von Warenzeichen, Gebrauchsmustern oder Patenten und Lizenzen die Möglichkeit, bestimmte Dinge vertreiben zu können, mit der Konsequenz, dass dieses wesentliches Asset zum Betreiben einer wirtschaftlichen Einheit ist. Gleichfalls bestimmt sich daraus der Kundenkreis. Auch die Übertragung von Namensrechten (Firmenname) kann im Dienstleistungsbereich von entscheidender Bedeutung sein.[343] Die Übernahme der bisherigen Kundenbeziehungen führt für sich alleine genommen noch nicht zu einem Betriebsübergang gemäß § 613a BGB.[344] Der Übergang von Kunden- und Lieferantenbeziehungen kann jedoch zu den maßgeblichen Tatsachen zur Feststellung eines Betriebsüberganges zählen.[345] Die Übertragung von Kunden ist nur mit deren Zustimmung denkbar, so dass die Vereinbarung der Übernahme einer Kundenkartei und/oder von Vertriebsberechtigungen ein weiteres Indiz in der Gesamtbetrachtung bildet.[346]

cc) Übernahme der Belegschaft. Grundsätzlich ist die Übernahme der Belegschaft Rechtsfolge des § 613a BGB und nicht Tatbestandsvoraussetzung. Unumstritten ist jedoch die prägende Wirkung der Arbeitnehmer für den Be-

---

[340] Vgl. KR/*Pfeiffer* BGB § 613a Rn. 38; ErfK/*Preis* BGB § 613a Rn. 18.
[341] BAG Urt. v. 15.12.2011 – 8 AZR 692/10; BAG Urt. v. 26.8.1999; BAG Urt. v. 26.8.1999 – 8 AZR 827/98; LAG München Urt. v. 8.7.2014 – 2 SA 94/14, ZIP 2014, 2255; Das Notariat.
[342] Vgl. Unter Aufgabe der Voraussetzung der eigenwirtschaftlichen Nutzung: EuGH Urt. v. 15.12.2005, NZA 2006, 29; BAG Urt. v. 2.3.2006, AP BGB § 613a Nr. 302 NZA 2006, 1105; BAG Urt. v. 6.4.2006, AP BGB § 613a Nr. 299 NZA 2006, 723; BAG Urt. v. 13.6.2006, AP BGB § 613a Nr. 305 NZA 2006, 1101; BAG Urt. v. 15.2.2007, AP BGB § 613a Nr. 320 NZA 2007, 793; *Willemsen* NJW 2007, 2065.
[343] Vgl. ErfK/*Preis* BGB § 613a Rn. 23.
[344] BAG Urt. v. 14.8.2007 – 8 AZR 803/06, NZA 2007, 1428.
[345] BAG Urt. v. 24.8.2006 aaO.
[346] LAG Düsseldorf Urt. v. 29.2.2000 – 3 Sa 1896/99, NZA RR 2000, 353 (Übernahme Arztpraxis mit Patientenkartei); EuGH Urt. v. 20.11.2003 AP EWG Richtlinie 77/187 Nr. 34 (Catering in Krankenhaus an überlassenem Inventar).

trieb. Konsequent hat die Rechtsprechung dieses Kriterium als gleichwertiges zu den übrigen Tatbestandsvoraussetzungen aufgenommen.[347] Wird eine nach ihrer Sachkunde **als wesentlich** zu beurteilende Anzahl von Beschäftigten, die vom Veräußerer zur Durchführung des Betriebszweckes eingesetzt wurden und durch den Erwerber in quasi gleicher Funktion wieder eingesetzt werden, übernommen, so ist dies ein Asset, das die Fortsetzung der wirtschaftlichen Tätigkeit erst ermöglicht. Dies kann so weit gehen, dass es ausreicht, wenn ein **know-how**-Träger im Betrieb vorhanden ist, sofern dieser alle wesentlichen „Erfahrungen" für die Fortsetzung der wirtschaftlichen Tätigkeit auf sich vereint.[348] Grundsätzlich gilt: Je geringer der Qualifikationsstand der Arbeitnehmer, desto größer muss die Zahl der übernommenen Arbeitnehmer sein. Als Faustformel bei **geringer Qualifikation** wird eine Übernahme von 75 % der Ausgangsbelegschaft des abgebenden Betriebes angenommen.[349] Es kommt dabei nicht darauf an, ob die Arbeitnehmer als freie Mitarbeiter tituliert werden. Auch kann der Versuch der Umgehung über das Instrument der Arbeitnehmerüberlassung nicht als unschädlich bewertet werden.[350]

275   dd) **Identität der wirtschaftlichen Einheit.** Ohne Wahrung der Identität der übertragenden Einheit liegt ein Betriebsübergang nicht vor. Es ist deshalb zu prüfen, ob zwischen ursprünglicher wirtschaftlicher Einheit und der neuen wirtschaftlichen Einheit eine wesentliche Identität unter Wahrung des Funktionszusammenhangs gegeben ist. Hierbei muss auf die Elemente Tätigkeit, Arbeitsorganisation und Betriebsmethode und zur Verfügung stehende materielle oder immaterielle Betriebsmittel zurückgegriffen werden. Wird eine kleine Einheit übertragen und unter Auflösung ihrer Organisation in eine große Einheit **übergreifend integriert,** ist die Identität nicht gewahrt. Der Wechsel vom Möbeleinzelhandel mit Beratung zum Möbeldiscounter;[351] der Wechsel von gutbürgerlicher Küche zum exotischen Spezialitätenrestaurant sind signifikante Beispiele[352] für die Auflösung der Identität.[353]

276   ee) **Fortsetzung der Betriebstätigkeit.** Ein Übergang iSv § 613a Abs. 1 S. 1 BGB scheidet grundsätzlich aus, wenn der Betrieb vor dem Erwerb stillgelegt worden ist,[354] denn der Betriebsübergang setzt eine Fortsetzung der Tätigkeit voraus. Die Auflösung und Veräußerung der Produktionsmittel kann keinen Betriebsübergang darstellen.[355] Die Abgrenzung zwischen Stilllegung und Übergang erfolgt danach, ob der Unternehmer den **ernstlichen und endgülti-**

---

[347] BAG Urt. v. 21.6.2012 – 8 AZR 181/11, NZA-RR 2013, 6; EuGH Urt. v. 11.3.1997 – C-13/95, AP EWG-Richtlinie Nr. 77/187 Nr. 14; BAG Urt. v. 11.12.1997, AP BGB § 613a Nr. 172.
[348] BAG Urt. v. 9.2.1994 – 2 AZR 781/93, NZA 1994, 612.
[349] BAG Urt. v. 10.12.1998, AP Nr. 187 zu § 613a BGB; BAG Urt. v. 11.12.1997 – 8 AZR 729/96, NZA 1998, 534; BAG Urt. v. 15.12.2011, NZARR 2013, 79.
[350] Vgl. ErfK/*Preis* BGB § 613a Rn. 28a; *Preis/Greiner* ZTR 2006, 290 (294); *Müller-Glöge* NZA 1999, 449; BAG Urt. v. 12.12.2013, NZA 2014, 436.
[351] BAG Urt. v. 13.7.2006, AP BGB § 613a BGB Nr. 313.
[352] BAG Urt. v. 11.9.1997, AP EWG Richtlinie 77/183 Nr. 16.
[353] EuGH Urt. v. 12.2.2009 – 466/07; BAG Urt. v. 4.5.2006, AP Nr. 304 zu § 613a BGB; BAG Urt. v. 13.5.2004, AP Nr. 273 zu § 613a BGB.
[354] BAG Urt. v. 19.11.1996 – 3 AZR 394/95, EZA Nr. 146 zu § 613a BGB.
[355] BAG Urt. v. 27.4.1995 – 8 AZR 197/94, EZA Nr. 128 zu § 613a BGB.

Zobel

gen Entschluss gefasst und umgesetzt hat, die Betriebs- und Produktionsgemeinschaft zwischen Arbeitgeber und Arbeitnehmer auf Dauer, jedenfalls für einen unbestimmten, aber wirtschaftlich nicht unerheblichen Zeitraum aufzuheben.[356] Zur Stilllegung gehört neben der vollständigen Einstellung der Betriebstätigkeit die **Auflösung** der dem Betriebszweck dienenden **Organisation,** die Kündigung aller Arbeitsverhältnisse und die Veräußerung der Produktionsmittel an verschiedene Erwerber.[357] Als erheblich wird ein Stilllegungszeitraum von jedenfalls neun Monaten angenommen.[358] Eine Stilllegung liegt nicht vor, wenn die Arbeitnehmer ihr Arbeitsverhältnis unter dem Versprechen, dass ein Großteil der Arbeitnehmer von einem neuen Erwerber übernommen werde, durch Eigenkündigung beenden.[359] Rechtsfolge der Umgehung der nicht abdingbaren Schutznorm des § 613a BGB ist die Nichtigkeit der Arbeitnehmerkündigung sowie die Nichtigkeit ggf. geschlossener Aufhebungsverträge.[360] Wird ein Betrieb oder Betriebsteil nach tatsächlicher Stilllegung alsbald wiedereröffnet, so spricht eine tatsächliche Vermutung gegen eine ernsthafte Stilllegungsabsicht mit der Folge eines Betriebsüberganges. Betriebsübergang und Betriebsstilllegung schließen sich aus.[361]

b) Betriebsteil. Die wesentliche Bedeutung der Teilbetriebsdefinition ist nunmehr nur noch in der Definition der von der Übertragung betroffenen Arbeitnehmer zu sehen. Ein Teilbetrieb liegt vor, wenn es sich bei der übertragenen wirtschaftlichen Teileinheit um eine organisatorische Untergliederung des Gesamtbetriebes handelt, mit der innerhalb des betrieblichen Gesamtzwecks ein Teilzweck verfolgt worden ist, selbst wenn es sich hierbei um eine völlig untergeordnete Hilfsfunktion handelt.[362] Vom Betriebsübergang sind **nur** die Arbeitnehmer betroffen, die direkt dem Teilbetrieb zugeordnet sind. Arbeitnehmer, die ggf. aus anderen Abteilungen Teilfunktionen übernommen haben oder die aus Zentralabteilungen für den Teilbetrieb quotal (Verwaltung/Einkauf) oder auf Stabsstellen beschäftigt waren, gehen nicht über.[363] Ob ein lebensfähiger Restbetrieb verbleibt, ist unerheblich.[364] 277

c) Funktionsnachfolge. Die Funktionsnachfolge an sich ohne weitere Elemente stellt keinen Betriebsübergang dar. Von einer Funktionsnachfolge spricht man im Wesentlichen in den Fällen des Outsourcing oder der Auftragsneuver- 278

---

[356] BAG Urt. v. 27.9.1984 – 2 AZR 309/83, AP Nr. 39 zu § 613a BGB; BAG Urt. v. 28.4.1988 – 2 AZR 623/87, EZA Nr. 80 zu § 613a BGB; BAG Urt. v. 16.9.1991, EZA Nr. 70 zu § 1 KSchG, betriebsbedingte Kündigung; ErfK/*Preis* § 613a Rn. 35 f., 50.
[357] BAG Urt. v. 13.11.1986 – 2 AZR 771/85, EZA Nr. 55 zu § 613a BGB; BAG Urt. v. 30.10.1986 – 2 AZR 696/85, EZA Nr. 58 zu § 613a BGB.
[358] BAG Urt. v. 22.5.1997, NZA 1997, 1050.
[359] BAG Urt. v. 13.11.1986, EZA Nr. 55 zu § 613a BGB, sogenanntes Lemgoer Modell.
[360] BAG Urt. v. 28.4.1987, EZA Nr. 67 zu § 613a BGB; BAG Urt. v. 12.11.1992, EZA Nr. 97 zu § 613a BGB.
[361] BAG Urt. v. 27.4.1995, EZA Nr. 126 zu § 613a BGB; BAG Urt. v. 16.2.2012, NZARR 2012, 465.
[362] BAG Urt. v. 13.11.1997, NZA 1998, 249.
[363] BAG Urt. v. 17.6.2003, AP BGB § 613a Nr. 260; BAG Urt. v. 8.8.2002, NZA 2003, 315; BAG Urt. v. 24.8.2006, NZA 2007, 5216; BAG Urt. v. 21.6.2012, NZA-RR 2013, 6.
[364] Vgl. ErfK/*Preis* BGB § 613a Rn. 9.

gabe. Die klassische Fremdvergabe einer bislang im eigenen Unternehmen durchgeführten Aufgabe ist jedenfalls ohne Übertragung von Personal und Betriebsmitteln kein Betriebsübergang.[365] Ebenfalls stellt ohne weitere Elemente die Auftragsneuvergabe und die Nachfolge eines Dritten in der Funktion keinen Betriebsübergang dar.[366]

279   d) **Übergang der Leitungsmacht.** Der Übergang der Organisations- und Leitungsmacht ist dann anzunehmen, wenn der Erwerber diejenigen sachlichen oder immateriellen Betriebsmittel erhalten hat, durch deren Nutzung er die wirtschaftliche Einheit mit identischem Zweck unverändert fortführen kann.[367] Der Eigentumsübergang ist nicht entscheidend. Es kommt vielmehr lediglich auf die Übergabe der zur Leitung erforderlichen Nutzungs-, Verfügungs- und Entscheidungsbefugnisse an.[368] Entscheidend ist darüber hinaus, dass der Erwerber von der eingeräumten Möglichkeit auch tatsächlich **Gebrauch macht**.[369] Gerade der in der Insolvenz im Rahmen einer übertragenden Sanierung typische Fall der Übertragung des Geschäftsbetriebes durch einen sogenannten „asset deal" auf eine Auffanggesellschaft führt zur Übertragung der Leitungsmacht.[370] Die Einräumung eines Rücktrittsrechtes ist für den Übergang der Leitungsmacht unschädlich.[371]

280   Soweit die Leitungsmacht vor Eröffnung eines Insolvenzverfahrens auf den Erwerber übertragen wird, sind insbesondere die sich daraus ergebenden haftungsrechtlichen Konsequenzen[372] zu berücksichtigen. Selbst wenn der Wechsel in der betrieblichen Leitungsmacht vor Eröffnung des Insolvenzverfahrens nicht nach außen hin deutlich geworden ist, kann ein Betriebsübergang vor Insolvenzeröffnung vorliegen. Dieses ist dann der Fall, wenn dem Erwerber nachgewiesen wird, dass er im Innenverhältnis bereits die betriebliche Leitungsmacht vor dem konkreten Abschluss des Rechtsgeschäftes übergeben bekommen hat.[373]

281   e) **Rechtsgeschäft.** Weitere Voraussetzung für die Anwendbarkeit des § 613a BGB ist, dass der Übergang des Betriebes bzw. eines Betriebsteiles/der wirtschaftlichen Einheit durch Rechtsgeschäft auf einen Dritten, den Erwerber. erfolgt. Der Übergang kann seine Rechtsgrundlage in einem Kauf-, Pacht-, Leasing-, Mietvertrag usw sowie einer Schenkung, Ersteigerung von dem Zwangsverwalter, einem Vermächtnis, der treuhänderischen Übertragung,[374] sowie durch Gesellschaftsvertrag, finden. Nicht zwingend ist, dass das Rechtsgeschäft zwischen Veräußerer und neuem Betriebsinhaber abgeschlossen wird.

---

[365] BAG Urt. v. 14.8.2007 – 8 AZR 1043/06, BB 2007, 2742.
[366] Vgl. ErfK/*Preis* BGB § 613a Rn. 37.
[367] BAG Urt. v. 27.4.1995, EZA Nr. 128 zu § 613a BGB.
[368] BAG Urt. v. 16.10.1987, EZA Nr. 66 zu § 613a BGB; BAG Urt. v. 26.2.1987, EZA Nr. 62 zu § 613a BGB; LAG Baden-Württemberg Urt. v. 26.2.2016 – 17 Sa 58/15.
[369] BAG Urt. v. 11.9.1997, NZA 1998, 31; BAG Urt. v. 11.12.1997, NZA 1998, 534.
[370] BAG Urt. v. 20.11.1984, EZA Nr. 41 zu § 613a BGB.
[371] BAG Urt. v. 15.12.2005, EZA § 613a BGB 2002 Nr. 45.
[372] Vgl. → Rn. 282.
[373] BAG Urt. v. 26.3.1996 – 3 AZR 965/94, NZA 1997, 94.
[374] Differenzierend KR/*Pfeiffer* BGB § 613a Rn. 71; BAG Urt. v. 18.8.2011, NZA 2012, 267.

Sofern der Erwerber sich die notwendigen Betriebsmittel von verschiedenen Sicherungseigentümern verschafft, ist dieses für die Annahme eines Überganges kraft Rechtsgeschäftes unschädlich.

4. Haftungsrechtliche Besonderheiten in der Insolvenz.

Grundsätzlich haften gemäß § 613a BGB der bisherige Arbeitgeber neben dem neuen Inhaber als Gesamtschuldner für Ansprüche, die vor dem Zeitpunkt des Betriebsüberganges entstanden sind und vor Ablauf eines Jahres nach diesem Zeitpunkt fällig werden. In den Fällen, in denen ein Betriebsübergang nach Eröffnung des Insolvenzverfahrens stattgefunden hat, wird die **Haftung** des Erwerbers für in den vorgenannten Zeitraum fallende oder fällig werdende Arbeitnehmerforderungen im Wege einer teleologischen Reduktion **ausgeschlossen.** § 613a Abs. 2 BGB ist im Rahmen eines Betriebsüberganges nach Insolvenzeröffnung insoweit nicht anwendbar als die Vorschrift die Haftung des Betriebserwerbers für bereits **entstandene Ansprüche** vorsieht.[375] Es ist hierbei unerheblich, ob es sich um individual- oder kollektivrechtlich begründete Ansprüche handelt[376] und ob die Masse zur Befriedigung ausreicht.[377] Entscheidend ist lediglich der Zeitpunkt des Überganges. 282

Wird der Betrieb im Rahmen eines eröffneten Insolvenzverfahrens veräußert, so haftet der Erwerber lediglich für den Teil der Betriebsrentenansprüche von Arbeitnehmern, die nach Insolvenzeröffnung erdient worden sind. Die bis zu diesem Zeitpunkt entstandenen Betriebsrentenanwartschaften nehmen am Insolvenzverfahren teil.[378] 283

Erfolgt eine Veräußerung an einen Erwerber **vor** Insolvenzeröffnung, so besteht keinerlei Haftungsprivilegierung. § 613a BGB ist dann in Gänze mit den haftungsrechtlichen Konsequenzen anwendbar.[379] Gleiches gilt auch im Falle des Überganges der Leitungsmacht vor Insolvenzeröffnung. 284

5. Rechtsfolgen

a) Grundsätzliche Wirkung auf kollektivrechtliche Vereinbarungen. Im Falle einer rechtsgeschäftlichen Übertragung eines Betriebes wird die Fortgeltung kollektivrechtlicher Vereinbarungen aus einem Tarifvertrag oder einer Betriebsvereinbarung durch § 613a Abs. 1 S. 2 BGB iS einer **individualrechtlichen** Weitergeltung geregelt. Danach ist vorgesehen, dass die durch Rechtsnormen eines Tarifvertrages oder durch eine Betriebsvereinbarung geregelten Rechte und Pflichten Inhalt des Arbeitsvertrages zwischen dem neuen Inhaber und dem Arbeitnehmer werden und nicht vor Ablauf eines Jahres nach dem Zeitpunkt des Überganges zum Nachteil des Arbeitnehmers geändert werden dürfen. 285

---

[375] BAG Urt. v. 17.1.1980, EZA Nr. 24 zu § 613a BGB; BAG Urt. v. 20.11.1984, BB 1985, 869 ff.; BAG Urt. v. 13.11.1986, BB 1987, 761; BAG Urt. v. 11.2.1992, EZA Nr. 97 zu § 613a BGB; BAG Urt. v. 26.3.1996, NZA 1997, 94 ff.; BAG Urt. v. 19.12.2006, BB 2007, 1281; Hessisches LAG Urt. v. 29.4.2015 – 12 Sa 973/13.
[376] BAG Urt. v. 13.7.1994, EZA Nr. 70 zu § 40 BetrVG 1972.
[377] BAG Urt. v. 13.11.1986 aaO.
[378] BAG Urt. v. 16.2.1993 – 3 AZR 347/92, BB 1994, 506.
[379] Vgl. KR/*Pfeiffer* BGB § 613a Rn. 143.

Zobel

286 Über die Regelung des § 613a Abs. 1 S. 3 BGB wird eine Ausnahme dann geschaffen, wenn die Rechte und Pflichten bei dem neuen Inhaber durch Rechtsnormen eines anderen Tarifvertrages oder durch andere Betriebsvereinbarungen geregelt sind. Darüber hinaus ist eine Abänderung gemäß § 613a Abs. 1 S. 4 BGB vor Ablauf eines Jahres möglich, wenn der Tarifvertrag oder die Betriebsvereinbarung nicht mehr gilt oder wenn bei fehlender beiderseitiger Tarifgebundenheit im Geltungsbereich eines anderen Tarifvertrages dessen Anwendung zwischen dem neuen Inhaber und dem Arbeitnehmer vereinbart wird.

287 Das BAG hat darüber hinaus in seiner Entscheidung vom 5.2.1991[380] unabhängig von der Regelung des § 613a Abs. 1 S. 2 BGB (individualrechtliche Weitergeltung) eine sogenannte normative Fortgeltung von kollektiven Normenverträgen (Tarifverträge, Betriebsvereinbarungen) konstruiert.

288 **b) Fortgeltung von Tarifverträgen.** Wird oder ist der Erwerber nicht Mitglied des zuständigen Arbeitgeberverbandes, so unterfällt der Betrieb im Zeitpunkt des Überganges nicht mehr den normativen Wirkungen des bisherigen Tarifvertrages. Der Rechtsnachfolger ist nicht an vom Rechtsvorgänger veranlasste Koalitionszugehörigkeiten gebunden.[381] Der Insolvenzverwalter ist im Übrigen in der Regel nicht in einem Arbeitgeberverband, mithin sowieso nicht tarifgebunden. Die Mitgliedschaft der Schuldnerin endet in der Regel mit der Eröffnung eines Insolvenzverfahrens.

289 Die oben bereits dargestellte statische normative Fortgeltung von kollektiven Normverträgen bleibt jedoch in einem Insolvenzverfahren für eine Übergangszeit bestehen. Sollte man diese Auffassung nicht vertreten, so greift die individualrechtliche Fortgeltung iSd § 613a Abs. 1 S. 2 BGB. Zu prüfen ist darüber hinaus, ob nicht in den Individualarbeitsverträgen eine entsprechende Inbezugnahme von Tarifverträgen erfolgt ist. Hierdurch würden diese ohnehin fortgelten.

290 Im Übrigen ist darauf hinzuweisen, dass den Arbeitnehmern lediglich die bisher bestehenden Rechte erhalten und gewahrt bleiben. Änderungen der Tarifverträge werden darüber hinaus nicht mehr weitergegeben. Es handelt sich um eine statische Regelung, die ihre Begründung darin findet, dass der Erwerber nicht Mitglied der Koalition (Verbandsmitglied) ist und demzufolge Änderungen nicht mehr mitzutragen hat.[382]

291 Darüber hinaus ist darauf hinzuweisen, dass die Regelung des § 613a Abs. 1 S. 2 BGB (individualrechtliche Transformation der Arbeitsbedingungen in das Beschäftigungsverhältnis) nicht gilt, sofern die Rechte und Pflichten bei dem Erwerber durch Rechtsnormen eines anderen Tarifvertrages geregelt sind, § 613a Abs. 1 S. 3 BGB. Hierbei handelt es sich um ein **Ablösungsprinzip.** Die einjährige Veränderungssperre, wie oben dargestellt, verbietet lediglich eine individualrechtliche Verschlechterung der Arbeitsbedingungen, nicht jedoch eine kollektivrechtliche Ablösung, ggf. auch über eine Haustarifregelung.

---

[380] BAG Urt. v. 5.2.1991, AP Nr. 89 zu § 613a BGB.
[381] BAG Urt. v. 5.10.1993, NZA 1994, 848.
[382] BAG Urt. v. 13.11.1985, AP Nr. 46 zu § 613a BGB.

c) **Fortgeltung von Betriebsvereinbarungen.** Da die Identität des Betriebes 292
erhalten bleibt und demzufolge auch der Betriebsrat im Amt bleibt, gelten die
geschlossenen Betriebsvereinbarungen bei dem Erwerber fort.[383] Auf die Sonderregelung des § 120 InsO ist zu verweisen.[384] Gesamtbetriebsvereinbarungen gelten jedenfalls dann fort, wenn ein Betrieb übertragen wird.[385] Die individualvertragliche Transformation von Rechten und Pflichten aus Betriebsvereinbarungen ist nur noch in Ausnahmefällen denkbar.[386]

d) **Folgen für das Arbeitsverhältnis.** Nachdem der übernehmende Rechts- 293
träger in die mit dem übertragenden Rechtsträger bestehenden Arbeitsverhältnisse zu dem festzulegenden Stichtag eintritt, erlöschen zu diesem Zeitpunkt sämtliche Rechte und Pflichten gegenüber dem Veräußerer. Die Arbeitsverhältnisse mit dem Veräußerer enden insoweit kraft Gesetzes. Maßgeblicher Zeitpunkt ist die Übernahme der organisatorischen Leitungsmacht.[387]

Bei der Regelung des § 613a BGB handelt es sich um eine nicht abdingbare 294
gesetzliche Schutznorm.[388] Ein vertraglicher Ausschluss der Übernahme von einzelnen Arbeitsverhältnissen ist demzufolge rechtsunwirksam.[389] Die nach dem Übergang bestehenden Arbeitsverhältnisse[390] gehen mit den bisherigen Rechten und Pflichten, dh unter Beibehaltung des gesetzlichen Besitzstandes (Betriebszugehörigkeit, Zulagen, besonderer Kündigungsschutz, Vereinbarungen über betriebliche Altersversorgung usw) auf den Erwerber über. Einvernehmliche Vertragsänderungen sind jedoch zulässig.[391]

Eine Kündigung aus Anlass des Betriebsüberganges ist gemäß § 613a Abs. 4 295
BGB rechtsunwirksam. Hierunter fallen jedoch nur Kündigungen, die erfolgen, um eine Überleitung des Arbeitsverhältnisses auf einen neuen Rechtsträger zu verhindern. Ob eine Kündigung wegen des Betriebsüberganges ausgesprochen worden ist, richtet sich ausschließlich nach der objektiven Sachlage im Zeitpunkt des Zuganges der Kündigung.

6. Widerspruchsrecht des Arbeitnehmers

Insolvenzverwalter bzw. Erwerber haben, als Gesamtschuld ausgestaltet, den 296
von einem Betriebsübergang erfassten Arbeitnehmern eine ausreichende Wissensgrundlage zu verschaffen, welche Folgen ein Übergang ihres Arbeitsverhältnisses hat. Gemäß § 613a Abs. 5 BGB sind diese Arbeitnehmer grundsätzlich vor der Überführung in Textform gemäß § 126b BGB über den Zeitpunkt bzw. den geplanten Zeitpunkt, den Grund, die rechtlichen, wirtschaftlichen und

---

[383] BAG Urt. v. 27.7.1994, NJW 1995, 3270; *Gaul* NZA 1995, 717 (723 ff.).
[384] Vgl. → Rn. 32 ff.
[385] BAG Urt. v. 18.9.2002, AP BetrVG 1972 § 77 BetrVG Betriebsvereinbarung Nr. 7.
[386] Vgl. ErfK/*Preis* BGB § 613a Rn. 116.
[387] Vgl. → Rn. 279.
[388] BAG Urt. v. 12.5.1992, EZA Nr. 104 zu § 613a BGB.
[389] BAG Urt. v. 12.5.1992, EZA Nr. 104 zu § 613a BGB.
[390] Vgl. ausführlich ErfK/*Preis* § 613a Rn. 67; LAG Hamm Urt. v. 11.6.2015 – 17 Sa 1584/14.
[391] BAG Urt. v. 15.3.1979, AP Nr. 15 zu § 613a BGB; BAG Urt. v. 7.11.2007, NZA 2008, 530.

sozialen Folgen des Überganges und der hinsichtlich der übergehenden Arbeitnehmer in Aussicht gestellten Maßnahmen zu unterrichten. Inhaltlich bedeutet dies, das Erfordernis einer weitreichenden Darstellung, der den Betriebsübergang tragenden Gründe nebst dahinterliegenden unternehmerischen Entscheidungen sowie der jedenfalls schlagwortartigen Erläuterung der zukünftigen Konzeption des Erwerbers und den Folgen auch im kollektivarbeitsrechtlichen Bereich.[392] Die Erstellung eines standardisierten Musterschreibens, welches eine bloße Wiederholung des Gesetzestextes beinhaltet, wird als nicht ausreichend bewertet. Darunter fällt auch die Inanspruchnahme der Sozialplanprivilegierung gemäß § 112a BetrVG.[393] Vielmehr müssen die Auswirkungen auf das Arbeitsverhältnis des Einzelnen individualisiert oder jedenfalls nach Gruppenauswirkung unterteilt, in für einen durchschnittlichen Arbeitnehmer verständlicher Form, dargestellt werden. Der Arbeitnehmer soll entscheiden können, ob er übergehen will, Rechtsrat benötigt oder dem Übergang widerspricht. Inhalt und Umfang der Unterrichtungsnotwendigkeit findet seine Grenze in dem subjektiven Kenntnisstand des Insolvenzverwalters und des Erwerbers zum Zeitpunkt der Unterrichtung. Ändern sich die tatsächlichen Gegebenheiten nach Unterrichtung und führt dies zu Änderungen der rechtlichen Bewertung, löst dies dennoch keine erneute Unterrichtungsverpflichtung aus.

297   Die **Formvorschrift** des § 126b BGB verlangt, dass die Unterrichtung über eine in Schriftzeichen gefasste lesbare Erklärung unter Angabe der Person des Erklärenden, jedoch ohne zwingende Unterzeichnung erfolgt. Die Erklärung ist den betroffenen Arbeitnehmern zugänglich zu machen, wobei dies nicht an Formvorschriften gekoppelt ist. Nachdem der Fristbeginn der Widerspruchsfrist davon abhängig ist, wird aus Beweissicherheitsgründen empfohlen, den Zugang zu dokumentieren und die übliche Form der Zustellung zu präferieren.

298   Bei der Informationspflicht gemäß § 613a Abs. 5 BGB handelt es sich um eine Rechtspflicht,[394] die den **Insolvenzverwalter** und den **Erwerber** gleichermaßen in Form einer „Wahlschuld" trifft.[395] Aus der Verletzung dieser Rechtspflicht können sich für die Verpflichteten Schadenersatzansprüche ergeben.[396] Die Information gegenüber den betroffenen Arbeitnehmern hat grundsätzlich vor dem Zeitpunkt des Betriebsüberganges zu erfolgen. Eine Information iSd § 613a Abs. 5 BGB nach erfolgtem Betriebsübergang ist möglich, setzt jedoch die Widerspruchsfrist erst zu diesem Zeitpunkt in Lauf.

299   Der Arbeitnehmer kann gemäß § 613a Abs. 6 BGB innerhalb einer Frist von einem Monat nach Zugang der Unterrichtung über den Betriebsübergang gemäß § 613a Abs. 5 BGB dem Übergang seines Arbeitsverhältnisses auf den Betriebserwerber widersprechen. Der Widerspruch kann sowohl dem bisherigen Arbeitgeber als auch dem neuen Inhaber gegenüber erklärt werden. Der Widerspruch hat unter Einhaltung der Schriftform iSv § 126 BGB zu erfolgen. Die

---

[392] BAG Urt. v. 26.3.2015 – 2 AZR 783/13; LAG Sachsen-Anhalt Urt. v. 1.9.2015 – 6 Sa 221/14.
[393] Vgl. ErfK/*Preis* BGB § 613a Rn. 88; BAG Urt. v. 13.7.2006 – 8 AZR 303/05, NZA 2006, 1273; BAG Urt. v. 23.7.2009, NZA 2010, 91.
[394] BAG Urt. v. 31.1.2008, NZA 2008, 642.
[395] Vgl. *Bauer/von Steinau-Steinrück* ZIP 2002, 458.
[396] BAG Urt. v. 31.1.2008, NZA 2008, 642.

§ 28. Kollektives Arbeitsrecht

einmonatige Widerspruchsfrist beginnt erst nach vollständiger Unterrichtung des Arbeitnehmers zu laufen.[397] Die Rechtsfolge eines wirksam und fristgemäß erklärten Widerspruchs ist in § 613a Abs. 1 S. 1 BGB normiert. Das Arbeitsverhältnis geht in diesem Falle nicht auf den Erwerber über. Der Widerspruch wirkt auf den Zeitpunkt des Betriebsübergangs zurück.[398] Da der Insolvenzverwalter in der Regel bei der Ausübung des Widerspruchsrechts keine anderweitige Beschäftigungsmöglichkeit für den Arbeitnehmer hat, muss dieser mit einer betriebsbedingten Beendigungskündigung rechnen. Derartige Nachteile muss der Arbeitnehmer in Kauf nehmen.[399]

Praxistipp: Aus den vorstehend dargestellten Unwägbarkeiten ist dem Insolvenzverwalter/Betriebserwerber anzuraten, mit den vom Betriebsübergang betroffenen Arbeitnehmern eine Einverständniserklärung bezüglich des Betriebsübergangs oder einen Verzicht auf die Ausübung des Widerspruchsrechts zu vereinbaren.[400] Die Wirksamkeit der Einverständniserklärung ist nicht abhängig von der vollständigen Information oder Unterrichtung der Arbeitnehmer iSv § 613a Abs. 5 BGB. Sie muss sich jedoch auf einen konkreten Betriebsübergang beziehen. 300

II. Transfergesellschaften

1. Grundlagen des Modells

a) Die Grundfunktion einer Transfergesellschaft. Eine Transfergesellschaft[401] ist ein Rechtsträger, der von Arbeitslosigkeit bedrohte Arbeitnehmer für einen befristeten Zeitraum als Arbeitgeber aufnimmt. Dieses Instrument ist im Sozialgesetzbuch (§ 111 SGB III) verankert und dient der Vermeidung von Entlassungen und Arbeitslosigkeit. Gleichzeitig hat sie den Zweck der Verbesserung der Vermittlungsaussichten der von betrieblichen Restrukturierungsprozessen betroffenen Arbeitnehmer. 301

b) Der Wechsel in eine Transfergesellschaft. Arbeitnehmer, die die Kündigung ihres Arbeitsverhältnisses vermeiden wollen, schließen einen Aufhebungsvertrag mit ihrem bisherigen Arbeitgeber und begründen ein neues befristetes Arbeitsverhältnis mit der Transfergesellschaft[402] (sogenannter „Dreiseitiger Vertrag"). Der Verdeutlichung dient nachfolgendes Schaubild: 302

---

[397] Vgl. BR-Drs. 831/01, 40f.; BAG Urt. v. 15.2.2007 – 8 AZR 431/06, abgedr. DB 2007, 1759; BAG Urt. v. 14.12.2006 – 8 AZR 763/05, NZA 2007, 682; BAG Urt. v. 13.7.2006 – 8 AZR 305/05 u. 303/05, NZA 2006, 1268 (1273); LAG Sachsen-Anhalt Urt. v. 1.9.2015 – 6 Sa 221/14.
[398] BAG Urt. v. 13.7.2006 – 8 AZR 305/05 u. 303/05, NZA 2006, 1268 (1273).
[399] BAG Urt. v. 4.3.1993, NZA 1994, 260.
[400] BAG Urt. v. 19.3.1998, NZA 1998, 750f.
[401] Auch Beschäftigungs- und Qualifizierungsgesellschaft bzw. Personalentwicklungsgesellschaft genannt; *Küttner*, Personalhandbuch, 100 Rn. 1ff.
[402] Eigener Rechtsträger/beE im abgebenden Betrieb BAG Urt. v. 18.12.1998, NZA 1999, 422; BAG Urt. v. 18.8.2005, NZA 2006, 145ff.; *Zobel* ZInsO 2006, 576ff.

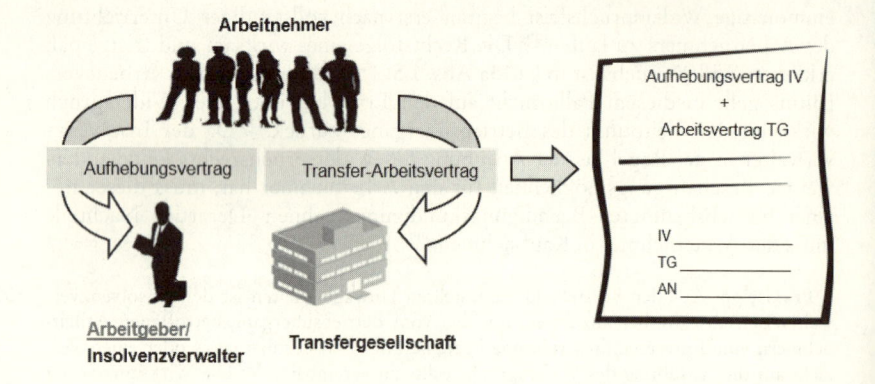

Der Wechsel in die Transfergesellschaft erfolgt einvernehmlich. Es ist sinnvoll, Anreize zu schaffen. Entsprechende Regelungen können bereits im Sozialplan aufgenommen werden.

303 **c) Inhalt des Arbeitsvertrages mit einer Transfergesellschaft.** Der Inhalt des Arbeitsverhältnisses in der Transfergesellschaft ist darauf ausgerichtet, den Arbeitnehmer bei der Bewerbung um ein neues Arbeitsverhältnis auf dem ersten Arbeitsmarkt zu unterstützen. Zu diesem Zweck werden im Rahmen dieses Arbeitsverhältnisses Profiling-, Coaching- und Qualifizierungsmaßnahmen durchgeführt. Die Aufgabe des Arbeitnehmers in einer Transfergesellschaft ist demnach nicht auf die Herstellung von Waren oÄ gerichtet, so dass eine klassische Arbeitsleistung nicht geschuldet wird.

304 **d) Die Vergütung des Arbeitnehmers.** Der Arbeitnehmer in der Transfergesellschaft erhält ein sogenanntes „Transferkurzarbeitergeld", welches in etwa der Höhe des Arbeitslosengeldes (60 % bzw. 67 % des ursprünglichen Nettolohnes) entspricht. Möglich ist darüber hinaus die Aufstockung des Transferkurzarbeitergeldes im Wege einer Nettolohnaufstockung iSv § 106 II 2 SGB III. Dies ist in Abstimmung mit der zuständigen Agentur für Arbeit auf bis zu 80 % des letzten Nettoentgeltes als sog Aufstockungsleistung des Transferkurzarbeitergeldes grundsätzlich unproblematisch möglich.[403] Allerdings sollte die Aufstockung nicht höher ausfallen, um das Verweilen in der Transfergesellschaft nicht zu attraktiv zu gestalten und zum latenten Vermittlungshemmnis zu werden.[404] Der Arbeitnehmer ist während des Arbeitsverhältnisses mit der Transfergesellschaft sozialversichert. Das Transferkurzarbeitergeld wird für maximal 12 Monate durch die Agentur für Arbeit gewährt.[405]

305 **e) Vorteile für den Arbeitnehmer.** Der Arbeitslosengeldanspruch bleibt dem Arbeitnehmer sowohl dem Grunde als auch der Höhe nach vollständig für die

---

[403] BAG Urt. v. 16.12.2015 – 5 AZR 567/14; NZA 2016, 438 f.
[404] Vgl. *Bissels/Jordan/Wisskirchen* NZI 2009, 865 (867); *Rolf/Riechwald* BB 2011, 2805 (2806).
[405] Genaueres zum Transferkurzarbeitergeld im Merkblatt 8c – Transferleistungen von der Bundesagentur für Arbeit.

Zobel

Zeit nach Beendigung des Arbeitsverhältnisses mit der Transfergesellschaft erhalten.

Das Arbeitsverhältnis in der Transfergesellschaft ist ein reguläres sozialversicherungspflichtiges Arbeitsverhältnis, folglich bewirbt sich der Arbeitnehmer aus einem bestehenden Arbeitsverhältnis und wird dabei professionell durch die Transfergesellschaft unterstützt. Durch den Übertritt in die Transfergesellschaft erhält der Arbeitnehmer je nach Laufzeit regelmäßig mehr Vergütungszahlungen als bei einer Kündigung.

f) Die Kosten einer Transfergesellschaft. Neben den gesetzlichen Leistungen des Transferkurzarbeitergeldes fallen diverse Sozialversicherungsbeiträge, Feiertags- und Entgeltzahlungen, als auch Kosten für die Qualifizierung und nicht zuletzt Verwaltungskosten der Transfergesellschaft an. Diese müssen grundsätzlich durch den ursprünglichen Arbeitgeber getragen bzw. sichergestellt werden. Als Faustformel gilt: ein Monat Kündigungsfrist ist ausreichend zur Finanzierung von zwei Monaten Verweildauer der Betroffenen in der Transfergesellschaft. 306

g) Das Ziel einer Transfergesellschaft. Ziel der Transfergesellschaft ist es, die von Arbeitsplatzverlust bedrohten Arbeitnehmer aufzufangen, in der problematischen Situation zu betreuen, bei Bewerbung und Qualifizierung zu unterstützen und in von der Transfergesellschaft akquirierte freien Stellen zu vermitteln. 307

h) Vorgehen bei der Auswahl. Die Umsetzung sowie die Methoden, die geeignet sind, die Ziele des § 111 SGB III zu erreichen, werden in Transfergesellschaften sehr unterschiedlich gehandhabt. Im Falle des Zurückgreifens auf bestehende Transfergesellschaften ist ein wesentliches Augenmerk bei der Auswahl auf die wirtschaftliche Zuverlässigkeit, den Leistungsumfang und den Qualitätsstandard zu richten. Auch die Qualifizierung der einzelnen Trainer und Berater darf nicht vernachlässigt werden.[406] Leistungspflichten einer Transfergesellschaft sind zu konkretisieren und in möglichst umfassender Präzisierung festzulegen, ebenso ist der Umgang mit bereitgestellten finanziellen Mitteln, deren Abrechnung und Rückführung an den/die Mittelgeber zu regeln. 308

Sobald der Gedanke der Implementierung einer Transfergesellschaft zur sozialverträglichen Begleitung eines Personalabbaus aufkommt, sollte Kontakt zu der zuständigen Agentur für Arbeit hergestellt werden. Dort können insbesondere auch die Erfahrungen mit Transfergesellschaftsanbietern ausgelotet werden, die bei der Auswahl sehr hilfreich sein können.

Praxistipp: Bei der Auswahl von externen Anbietern ist im Vorfeld mit der Agentur für Arbeit ein Sondierungsgespräch sinnvoll. Es sollte darauf geachtet werden, eine transparente Leistungs- und Kostenstruktur zu schaffen und unterschiedliche Dienstleister einzubinden.

2. Voraussetzungen zur Gewährung von Transferkurzarbeitergeld

Die Voraussetzungen zur Gewährung von Transferkurzarbeitergeld sind in § 111 SGB III geregelt. Sie untergliedern sich im Wesentlichen in die betriebs- 309

---

[406] Vgl. *Dittrich* AiB 2006, 362 (364).

bezogenen- und die personenbezogenen Voraussetzungen. Betriebsbezogene Voraussetzungen sind der **dauerhafte unvermeidbare Arbeitsausfall** mit Entgeltausfall (Arbeitszeit „Null"),[407] die Betriebsänderung iSv § 111 BetrVG, in dessen Folge nicht nur vorübergehend die Beschäftigungsmöglichkeit einer abgrenzbaren Arbeitnehmerschaft entfällt und diese Arbeitnehmer dann in eine **betriebsorganisatorisch eigenständige Einheit** zusammengefasst werden.[408] Darüber hinaus müssen die persönlichen Voraussetzungen des Arbeitnehmers zum Bezug von Transferkurzarbeitergeld erfüllt sein. Der Arbeitnehmer muss konkret von Arbeitslosigkeit bedroht sein,[409] dh, ihm muss aufgrund der Betriebsänderung die **Kündigung** konkret **bevorstehen**, der Arbeitnehmer muss an einer sog Feststellungsmaßnahme[410] teilgenommen haben, beabsichtigen, wieder in ein versicherungspflichtiges Arbeitsverhältnis zu wechseln, und dies durch eine frühzeitige Arbeitssuchendmeldung iSv § 37b SBG III dokumentieren.

3. Wirtschaftliche Betrachtung des Modells Transfergesellschaft

310 a) **Kostenarten.** Wesentliches Hemmnis beim Einsatz der Regelung des § 111 SGB III in der Insolvenz sind die im Zusammenhang entstehenden Kosten. Durch die Transfergesellschaft sind Kosten des Urlaubsentgeltes sowie die Feiertagsentgeltbezahlung in voller Höhe inklusive der Arbeitgeberanteile zu leisten. Darüber hinaus müssen durch die Transfergesellschaft die Sozialversicherungsbeiträge des Arbeitnehmers sowie des Arbeitgebers abzüglich des Anteiles der Arbeitslosenversicherung auf Basis des 80%igen Gesamtbruttolohnes abgeführt werden.[411] Kosten der Berufsgenossenschaft, ggf. Kosten einer Aufstockung des Kurzarbeitergeldes sowie Risikokosten sind ebenfalls zu berücksichtigen.

311 Darüber hinaus entstehen bei der Transfergesellschaft Verwaltungskosten, die zum einen in der Erstellung der Abrechnungen, der Bearbeitung sämtlicher Transferkurzarbeitergeldanträge, der Organisation und Überprüfung sowie Abrechnung der einzelnen Maßnahmen begründet sind. Die auflaufenden Verwaltungskosten hängen im Wesentlichen von der Größe der Maßnahmen ab, da von externen Dienstleistern zumeist ein Pauschalbetrag pro Arbeitnehmer abgerechnet wird.[412] Weiterhin sind Kosten für Qualifizierungsmaßnahmen und Kosten der **aktiven Job-Vermittlung** anzusetzen. Zur Verdeutlichung wird eine Alternativberechnung Abbau durch Kündigung und Abbau durch Einschaltung einer Transfergesellschaft am Muster eines Modellbetriebes mit 100 Arbeitnehmern mit einem durchschnittlichen Bruttogehalt in Höhe von 4166,00 EUR, einer durchschnittlichen Kündigungsfrist von 3 Monaten gemäß § 113 InsO und einer Abbauquote in Höhe von 50% vorgenommen. Die Beispielberechnung wird an einem durchschnittlichen Arbeitnehmer des Betriebs dargestellt:

---

[407] Vgl. GA Kurzarbeitergeld BA, Stand 06/2013, Teil C, S. 214.
[408] Vgl. Brand/*Kühl* SGB III, § 111 Rn. 10.
[409] Vgl. Gagel/*Bieback/Deinert* SGB III § 111 Rn. 72 ff.
[410] Vgl. GA Kurzarbeitergeld BA, Stand 06/2013, Teil C, S 27.
[411] Vgl. Lexikon für das Lohnbüro, Stichwort: Kurzarbeitergeld, S. 546 ff.
[412] Vgl. *Gaul* NZA 2004, 1301 (1306).

Ausgangsbetrieb		Modell: 12 Monate Transfergesellschaft	
Kosten pro Arbeitnehmer (Abbau):		Grundgehalt € 4.166,00; 12 Monate Transfer-KUG gem. § 111 SGB III; Aufzahlung auf das KUG i.H.v. **10,0%** **brutto**, gesetzlicher Urlaubsanspruch und Berücksichtigung der gesetzlichen Feiertage (10 Tage), Profiling	
Kündigungsfristlöhne 3 Monate x € 4.166,00 + 20% SV-Beiträge	€ 14.997,60		
Vorbereitungskosten wegen BR-Anhörung gem. § 102 BetrVG, Massenentlassungsanzeige, Zustimmungsersetzung 1 Monatsgehalt + SV-Beitrag	€ 4.999,20	**Kosten pro Arbeitnehmer (12 Monate):**	
		SV-Beiträge auf 80% Brutto (§ 232 a Abs. 2 SGB V)	€ 12.780,24
		Urlaubs-, Feiertagsentgelt	€ 6.971,28
Rechtsverfolgungskosten Bei Klagequote 20% (Gebühren n. RVG)	€ 500,00	Aufzahlung 10% brutto auf KUG	€ 5.000,04
		Notwendige Remanenzkosten	€ 24.751,55
Bearbeitungskosten zur Begleitung Prozesse 10 h-Personalabt. Verrechnungssatz 75€	€ 750,00	Qualifizierungskosten	€ 600,00
		Verwaltungskosten	€ 1.550,00
		Risikozuschlag (2%) für z. B. Änderung SV-Anteil	€ 538,03
Geschätzte Gesamtkosten pro AN	€ 21.246,80		
Effekt Neuverträge 50 Arbeitnehmer Rechnung Sonderleistungen, betriebl. Altersversorgung; 5% Bruttolohnsumme ⌀ Einsparpotential / Jahr	€ 149.975,00	Geschätzte Gesamtkosten pro AN	€ 27.439,59
		Gesamtkosten pro AN und Monat	€ 2.286,63

Aus der Berechnung wird ersichtlich, dass die arbeitnehmerbezogenen Auslauflöhne etwa ausreichend sind, um 10 Monate Verweildauer in einer Transfergesellschaft zu finanzieren.

b) Abwicklung und Abrechnung. In der Insolvenz wird der Investor die erforderlichen Mittel im Wesentlichen aufbringen müssen. Ggf. können durch den Insolvenzverwalter Beiträge über die Kapitalisierung der Kündigungsfristen dargestellt werden.[413] Der Insolvenzverwalter muss darauf achten, dass nicht zuletzt aus Gründen der Transparenz und Masseverwaltung die Zuschüsse zu den Kosten an die Transfergesellschaft einer **Ist-Kosten-Abrechnung** hinsichtlich der an die Arbeitnehmer erbrachten Leistungen zugeführt werden und sog Restmittel, die im Wesentlichen aus sog **Fluktuationsgewinnen** entstehen können (Vermittlung) an den Insolvenzverwalter/das Unternehmen zurückerstattet werden. Anreize über Austrittsprämien für Arbeitnehmer (Stichwort Turboprämie) und evtl. auch eine Beteiligung der Transfergesellschaft an diesen Fluktuationsgewinnen sind sinnvolle und transparente Möglichkeiten der Gestaltung und Unterstützung der Zielsetzung.

Nicht zuletzt aus Gründen der Rechtssicherheit hat sich das Modell durchgesetzt, dass die notwendigen finanziellen Leistungen, die von einem Dritten zu tragen sind, an einen Treuhänder ausgekehrt werden, der dann die notwendigen Mittel an die Transfergesellschaft auf Anforderung und unter Beachtung des Zuflussprinzips und des tatsächlichen aktuellen Bedarfes, der darzulegen ist, weiterleitet. Sicherzustellen ist, dass es sich um eine sogenannte **Sicherungstreuhand** handelt. Diese Lösung bildet nur ein Beispiel der möglichen Vorgehensweisen. Eine Vielzahl anderer Gestaltungsmöglichkeiten ist denkbar und in der Praxis bereits erfolgreich umgesetzt.

Die Rechte und Pflichten zwischen dem abgebenden Betrieb, der aufnehmenden Transfergesellschaft und dem Arbeitnehmer werden üblicherweise in einem **Drei-Parteien-Vertrag** geregelt.[414] Denkbar sind jedoch ebenfalls gesonderte Regelungen, die sich wechselseitig bedingen.[415] Üblicherweise wird, so-

---

[413] Vgl. *Ries* NZI 2002, 521 (526).
[414] Mustertext, vgl. Anlage 3.
[415] Vgl. *Lembke* BB 2004, 773 (775).

fern ein Betriebsrat vorhanden ist, darüber hinaus eine entsprechende Betriebsvereinbarung, welche die Option der Ermöglichung des Überwechselns in eine Transfergesellschaft definiert, abgeschlossen.[416] Darüber hinaus sind vielfältigste Gestaltungsvarianten denkbar und möglich.[417]

4. Abwägungsgedanken zu dem gesetzlichen Modell des § 216b SGB III

314 Der Einsatz von Transfergesellschaften[418] dient den wechselseitigen Interessen von Arbeitgebern und Arbeitnehmern. Die Arbeitgeberseite hat ein Interesse daran, ein Reorganisationsverfahren im Betrieb möglichst in einer Form umzusetzen, die sich auf den verbleibenden Betrieb sowie auf den Markt nicht negativ auswirkt.[419] Durch die Vermeidung von Arbeitslosigkeit und die stichtagsbezogene Überleitung der betroffenen Arbeitnehmer können **emotionale Spannungen** unter den Arbeitnehmern beseitigt werden. Gleichzeitig kann der Arbeitgeber neben Sozialplanabfindungen zumindestens die Chance auf Schaffung einer beruflichen Perspektive eröffnen.

315 Parallel wird dem Rechtssicherheitsgedanken des Arbeitgebers nach Ausspruch von Kündigungen durch entsprechende Vereinbarungen zwischen den Parteien Rechnung getragen, wodurch nicht zuletzt **Rückstellungsnotwendigkeiten** wegen Annahmeverzugsrisiken auf Grund langwieriger arbeitsgerichtlicher Verfahren beseitigt werden.[420] Der Arbeitnehmer wird je nach Arbeitsmarkt- und persönlicher Situation häufig gezwungen sein, unter Verwendung der ihm zustehenden arbeitsrechtlichen Mittel zu „kämpfen". Die Sozialplanabfindung an sich trägt der Befriedungsfunktion allein nicht mehr Rechnung.

316 Das Überwechseln in eine Transfergesellschaft hat für den Arbeitnehmer die Folge, dass er das soziale Gefüge nicht verliert und durch die Transfergesellschaft selbst entsprechend betreut werden kann. Daneben werden für den Arbeitnehmer in enger Abstimmung mit der Arbeitsverwaltung Berufswegepläne aufgestellt, anhand derer ihm eine Zukunftsperspektive aufgezeigt werden kann. Diese **Zukunftsperspektive** wird sodann durch entsprechende Qualifizierungsmaßnahmen mit dem Ziel der Rückführung in den ersten Arbeitsmarkt hinterlegt. Neben den Qualifizierungsmaßnahmen muss ein weitreichender Teil der Aktivitäten einer Transfergesellschaft auf die Stellenakquise, beispielsweise im Rahmen eines Job-Centers, gerichtet werden. Vorrangig muss es sich hierbei um Stellen handeln, die der Arbeitsverwaltung nicht allgemein bekannt sind, mithin um Arbeitsplätze in dem sog **latenten Arbeitsmarkt**. Die Begleitung und Betreuung der Arbeitnehmer sollte eine Selbstverständlichkeit sein.

317 Wirtschaftlich liegt der Vorteil des Arbeitnehmers darüber hinaus darin, dass die Bezugsdauer von Transferkurzarbeitergeld nicht auf die Bezugszeiten von Arbeitslosengeld angerechnet wird. Sollte der Arbeitnehmer keinen neuen Arbeitsplatz finden, so wird das anschließende Arbeitslosengeld nach dem Trans-

---

[416] Von dem Abdruck einer Musterübertrittsbetriebsvereinbarung zur Ermöglichung des Überwechselns in eine Transfergesellschaft wird wegen der Umfänglichkeit Abstand genommen. Im Bedarfsfall kann diese direkt über den Autor bezogen werden.
[417] Vgl. *Growe* AiB 1998, 260 (265 ff.); generell: *Schindele* NZA 1999, 130 ff.
[418] Vgl. *Bichlmeier*, Insolvenzhandbuch, S. 462 ff.
[419] Vgl. *Rundstedt*, Personaldienstleister in Deutschland, 2009, S. 220 f.
[420] Vgl. *Lembke* BB 2004, 773 (775).

§ 28. Kollektives Arbeitsrecht

ferkurzarbeitergeld zugrundeliegenden **Bruttoverdienst** während der Verweildauer in der Transfergesellschaft ermittelt.[421] Zu beachten ist, dass bei der Ermittlung des Arbeitslosengeldes sozialversicherungspflichtige Sonderzahlungen eine Berücksichtigung finden. Sofern diese in der Transfergesellschaft nicht gewährt werden, wirkt sich dies negativ auf die Höhe des Arbeitslosengeldes aus.[422]

Um entsprechende Härten bei der Ermittlung des Arbeitslosengeldes zu vermeiden, besteht die Möglichkeit, den für die Ermittlung des Arbeitslosengeldes zugrundeliegenden Zeitraum gemäß § 150 Abs. 1 und 3 SGB III von 12 auf 24 Monate auszudehnen. Dies bedarf einer entsprechenden Abstimmung mit der zuständigen Agentur für Arbeit. 318

Da es sich in der Transfergesellschaft um ein grundsätzlich ganz **normales Arbeitsverhältnis** handelt, werden Rentenversicherungs-, Krankenversicherungs- und Pflegeversicherungsbeiträge auf Basis von 80 % des in der Transfergesellschaft festgelegten Bruttomonatsentgeltes abgeführt (§ 232a Abs. 2 SGB V). Für den Arbeitnehmer ist dies bei der Erlangung von Rentenanwartschaften und einem evtl. Krankengeldbezug von Bedeutung. 319

Im Fall einer übertragenden Sanierung aus der Insolvenz heraus steht der Insolvenzverwalter häufig vor der Situation, dass ein potentieller Interessent die Übernahme von der Schaffung von Rechtssicherheit gerade im arbeitsrechtlichen Bereich abhängig macht. Neben dem klassischen Instrumentarium des Quasi-Sozialplanes kommt der Transfergesellschaft **erhebliche Bedeutung** zu. Dadurch kann allen betroffenen Arbeitnehmern in einem Insolvenzverfahren eine Zukunftsperspektive eröffnet werden. 320

Die Ausgangssituation sowohl der Arbeitnehmer, die in eine NewCo (Käufer) überwechseln, als auch derjenigen, die in eine Transfergesellschaft gehen, ist gleichsam von Unsicherheit über die Zukunft geprägt. Der Wechsel in die operative NewCo ist zwar grundsätzlich vorzuziehen, jedoch zeigt die Erfahrung, dass dieses Modell nicht nur die Startchancen einer NewCo wesentlich verbessert, sondern auch dazu beiträgt, neue Arbeitsplätze und ein verträgliches Klima zwischen Investor, Belegschaft, Betriebsvertretung, Insolvenzverwalter und Transfergesellschaft zu schaffen, wodurch, nicht zuletzt auf Grund bestehender Kontakte, insbesondere die Arbeitnehmer in der Transfergesellschaft durch Überleitung in den ersten Arbeitsmarkt profitieren können. 321

5. Die Transfergesellschaft und § 613a BGB

Im Sinne der Gestaltung eines Erwerbes unter Eingrenzung des Betriebsübergangsproblems werden zunehmend Transfergesellschaftslösungen als probates rechtliches Mittel gesehen.[423] Der Übertritt der Arbeitnehmer des abgebenden Betriebes in eine betriebsorganisatorisch eigenständige Einheit mittels dreiseitigen Vereinbarungen (Aufhebungsvertrag und befristeter Arbeitsvertrag) lässt einen (Teil-)Betrieb zurück, der ohne bestehende Arbeitsverhältnisse oder im verminderten Umfang im Wege eines Asset Deals übertragen werden kann. 322

---

[421] Vgl. *Stück* MDR 2005, 663 (665).
[422] Vgl. Lexikon für das Lohnbüro, Stichwort Kurzarbeitergeld, S. 546f.
[423] Vgl. *Küttner/Röller/Kania/Seidel/Voelzke*, Personalhandbuch, Stichwort: Beschäftigungsgesellschaft, Rn. 1.

Der Erwerber kann, sofern neue dauerhafte Arbeitsplätze geschaffen werden, auch Arbeitnehmer aus der Transfergesellschaft heraus übernehmen, die für **seine** Betriebsfortführung zukünftig benötigt werden. Ein sog „Personalvorhaltebecken" darf eine Transfergesellschaftslösung förderrechtlich jedoch niemals darstellen.

322a Problematisch an dieser Vorgehensweise ist die **rechtssichere Gestaltung** der Konzeption und der dreiseitigen Vereinbarungen.[424] Zur Verdeutlichung folgendes Schaubild:

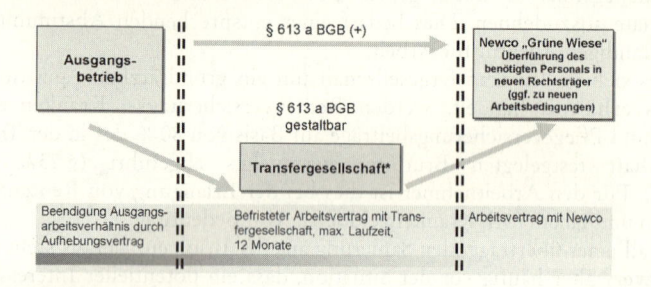

322b Eine Umgehung des § 613a BGB mit der Folge der Unwirksamkeit der Vereinbarungen gem. § 134 BGB ist dann gegeben, wenn die Vereinbarung nicht auf das endgültige Ausscheiden des Arbeitnehmers aus dem abgebenden Betrieb gerichtet ist.[425] Dies ist beispielhaft der Fall, wenn die Arbeitnehmer unter Hinweis auf eine Einstellungsgarantie beim Erwerber zum Abschluss der Aufhebungsvereinbarungen mit dem abgebenden Betrieb veranlasst worden sind.[426] Gleiches gilt, wenn mit Abschluss des Aufhebungsvertrages zugleich ein neues Arbeitsverhältnis zum Betrieb des Erwerbers vereinbart wird, verbindlich in Aussicht gestellt wird oder die Übernahme in die Transfergesellschaft nur zum Schein erfolgt, um eine ansonsten erforderliche Sozialauswahl zu umgehen.[427] Die Aufhebungsvereinbarung ist dagegen wirksam, wenn sie ein sog **Risikogeschäft** darstellt. Dies ist anzunehmen, wenn der Arbeitnehmer keine Kenntnis davon hat, welche und wie viele Arbeitnehmer später ein neues Arbeitsverhältnis bei dem Erwerber erhalten werden.[428] Die mehr oder weniger begründete Erwartung, der Erwerber werde ein neues Arbeitsverhältnis mit dem Arbeitnehmer eingehen, ist für die Annahme eines Risikogeschäftes unschädlich.[429] Zu fordern ist jedoch, dass der Arbeitnehmer über die Folgen des § 613a BGB informiert wurde und ihm die sachgrundbehafteten und von der Recht-

---

[424] Vgl. *Pils* NZA 2013, 125 (126).
[425] BAG Urt. v. 10.12.1998, NZA 1999, 422 (Dörries Scharmann); BAG Urt. v. 18.8.2005, NZA 2006, 145; BAG Urt. v. 18.8.2011 – 8 AZR 312/10.
[426] BAG Urt. v. 28.4.1987, NZA 1988, 198 (Lemgoer-Modell); BAG Urt. v. 27.9.2010 – 8 AZR 826/11; BAG Urt. v. 25.10.2012 – 8 AZR 572/11.
[427] BAG Urt. v. 18.8.2005 – 8 AZR 312/10; BAG Urt. v. 21.5.2008 – 8 AZR 481/07, NZA 2009, 144; *Fuhlrott* NZA 2012, 549 (552).
[428] BAG Urt. v. 18.8.2005 – 8 AZR 312/10; *Zobel* ZinsO 2006, 576; *Pils* NZA 2013, 125 (126).
[429] LAG BW Urt. v. 6.6.2008 – 7 Sa 18/08; *Fuhlrott* NZA 2012, 549 (553).

sprechung billigenswerte Motive und Umstände des abgebenden Arbeitgebers bekannt sind.[430]

Praxistipp: Um die Rechtsfolgen des § 613a BGB zu beherrschen, ist besonderes Augenmerk auf die Gestaltung, den Inhalt und den richtigen Zeitpunkt der Unterrichtung der Belegschaft zu legen.

322c

III. Transfermaßnahmen iSv § 110 SGB III

1. Grundlegendes

Das Modell der Ausgestaltung von beschäftigungswirksamen Sozialplänen, die auch als Transfersozialpläne bezeichnet werden, gewinnt zunehmend an Bedeutung. Dieses Instrument findet seine gesetzliche Grundlage in § 97 Abs. 2, § 112 Abs. 5 Nr. 2a BetrVG sowie in § 110 SGB III. Die Aufnahme von Transfermaßnahmen in Sozialpläne ist über die Einigungsstelle erzwingbar.[431] In beschäftigungswirksame Sozialpläne können Transfermaßnahmen iSv § 110 SGB III, aber auch Transfergesellschaftslösungen implementiert werden.[432]

323

Der Transfersozialplan beinhaltet lediglich zum Teil direkte Abfindungszahlungen und sieht ein weiteres Konzeptelement in dem wirtschaftlichen Ausgleich der dem Arbeitnehmer durch Arbeitsplatzverlust entstehenden Nachteile in der Gestaltung von Transfermaßnahmen, die gleichbedeutend sind mit Wiedereingliederungsmaßnahmen. Ziel und Zweck der gesetzlichen Regelung des § 110 SGB III ist die Einführung und Festschreibung von Eingliederungsmaßnahmen in einen Sozialplan zur Vermeidung von Arbeitslosigkeit.[433] Gerade in Insolvenzfällen, in denen die Werthaltigkeit von Insolvenzsozialplänen häufig nicht abschätzbar ist, kann über Transfermaßnahmen eine sozialverträgliche Regelung eines notwendigen Personalabbaus gestaltet werden.

Die Eingliederungsmaßnahmen werden durch Zuschüsse der Agentur für Arbeit, die als Pflichtleistungen[434] ausgestaltet sind, gefördert. Förderfähig sind Maßnahmen, die ihr Hauptaugenmerk auf die direkte Wiedereingliederung in den ersten Arbeitsmarkt richten. Hierbei handelt es sich im Wesentlichen um Outplacementmaßnahmen, die ggf. um Kurzqualifikationen ergänzt werden und eine sog „Job zu Job Vermittlung" ermöglichen sollen.[435]

324

2. Wesentliche Anspruchsvoraussetzungen § 110 SGB III

a) Betriebsänderung. Die Regelung des § 110 SGB III knüpft an die Tatbestandsmerkmale der Betriebsänderung iSv § 111 S. 2 BetrVG an.

325

b) Drohende Arbeitslosigkeit. Die zu fördernden Arbeitnehmer müssen von Arbeitslosigkeit bedroht sein. Erforderlich ist hierbei nicht, dass diesen gegen-

325a

---

[430] BAG Urt. v. 18.8.2005 – 8 AZR 312/10; *Zobel* ZinsO 2006, 576; BAG Urt. v. 23.11.2006 – 8 AZR 349/06; ErfK/*Preis* § 613a BGB Rn. 85.
[431] Vgl.ErfK/*Kania* § 112a BetrVG, Rn. 73a ff.
[432] Vgl. Fitting/*Engels/Schmidt/Trebinger/Linsenmaier* BetrVG §§ 112, 112a Rn. 273 ff.
[433] Vgl. ErfK/*Kania* 112a BetrVG Rn. 37a ff; Uhlenbruck/*Zobel* InsO § 124 Rn. 24 f.
[434] Vgl. Gagel/*Bepler* § 110 SGB III, Rn. 1.
[435] Vgl. GA Kurzarbeitergeld BA, Stand 06/2013, Teil C, S. 319f.

über bereits Kündigungen ausgesprochen worden sind. Es besteht jedoch die Notwendigkeit, dass die Arbeitnehmer – ggf. über eine Betriebsversammlung – von der bevorstehenden Kündigung in Kenntnis gesetzt worden sind.

325b   c) **Dritte als Maßnahmeträger.** Weitere Voraussetzungen sind die Sicherstellung der finanziellen und inhaltlichen Durchführbarkeit, der Nachweis einer Qualitätssicherung sowie die Notwendigkeit, die Maßnahme durch einen Dritten durchführen zu lassen. Die Auswahl des Maßnahmeträgers kann hierbei vom Arbeitgeber oder Betriebsrat oder gemeinschaftlich erfolgen.

325c   d) **Abschluss eines Sozialplanes.** Grundsätzlich ist zwischen den Betriebsparteien ein Sozialplan abzuschließen, in dem der Kreis der zu fördernden Arbeitnehmer festgelegt wird. Auch sollten Art, Umfang und Inhalt der Maßnahme bestimmt werden. Die Eingliederungsmaßnahme darf nicht den betrieblichen Interessen des abgebenden Betriebes dienen.

3. Höhe der Zuschüsse

326   § 110 Abs. 2 SGB III legt fest, dass durch den Arbeitgeber eine angemessene finanzielle Eigenbeteiligung sichergestellt sein muss. Durch die Agentur für Arbeit erfolgt die Förderung durch Gewährung eines Zuschusses, der 50 % der aufzuwendenden Maßnahmekosten beträgt. Der Höchstbetrag ist auf 2500,00 EUR je förderfähigem Arbeitnehmer begrenzt. Die gesetzliche Mehrwertsteuer ist nicht förderfähig. Gehaltskosten inkl. Kosten der Sozialversicherung sind ebenfalls nicht förderfähig (Kosten der Lebenshaltung).

4. Gleichzeitige Anwendung der §§ 110, 111 SGB III

327   Die Struktur der beiden Paragraphen spricht gegen eine gleichzeitige Inanspruchnahme, denn der § 110 SGB III setzt voraus, dass Arbeitnehmer durch eine Betriebsänderung von Arbeitslosigkeit bedroht sind, wohin gegen nach § 111 SGB III die Beschäftigungsmöglichkeit infolge der Betriebsänderung entfallen muss. Zudem schließt der § 110 Abs. 4 SGB III ausdrücklich die Teilnahme an Transfermaßnahmen und andere Leistungen der aktiven Arbeitsförderung mit gleichartiger Zielsetzung aus. Die Leistungen der Arbeitsförderung sind in § 3 SGB III abschließend aufgezählt, welche auf das Dritte und Vierte Kapitel verweisen und sind dann von Relevanz, wenn im Gesetz auf den Begriff verwiesen wird.[436] So werden in § 3 Abs. 3 Nr. 7 SGB III Transfermaßnahmen nach § 110 SGB III sowie Transferkurzarbeitergeld nach § 111 SGB III als Anspruchsleistung eingeordnet.[437] Somit schließen sie sich bei gleichzeitiger Inanspruchnahme aus. Dieser Aussage schließt sich die Bundesagentur für Arbeit zwar an, gleichzeitig wird aber die Gewährung von Transferkurzarbeitergeld gemäß § 111 SGB III ausgeschlossen, wenn dies im Anschluss gemäß § 110 SGB III geförderte Transfermaßnahmen sind.[438]

---

[436] Vgl. Gagel/*Deinert* § 3 SGB III, Rn. 4.
[437] Vgl. Mutschler/Schmidt-De Caluwe/Coseriu/*Schmidt-De Caluwe* SGB III § 3 Rn. 20.
[438] Vgl. GA Kurzarbeitergeld BA, Stand 06/2013, Teil C, S. 202.

Zobel

So kann wie in folgender Abbildung der Beschäftigungstransfer in zwei Phasen gegliedert werden.[439]

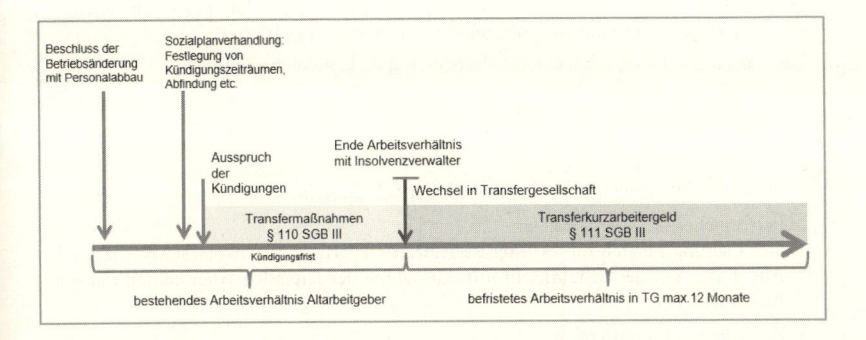

```
Beschluss der            Sozialplanverhandlung:
Betriebsänderung         Festlegung von
mit Personalabbau        Kündigungszeiträumen,
                         Abfindung etc.

                                    Ausspruch        Ende Arbeitsverhältnis
                                    der              mit Insolvenzverwalter
                                    Kündigungen                    Wechsel in Transfergesellschaft
                                          Transfermaßnahmen            Transferkurzarbeitergeld
                                             § 110 SGB III                 § 111 SGB III
                                          Kündigungsfrist
                      bestehendes Arbeitsverhältnis Altarbeitgeber   befristetes Arbeitsverhältnis in TG max.12 Monate
```

C. Anhang

I. Anlage 1

Muster: Interessenausgleich

**Interessenausgleich
gemäß § 125 InsO**

Zwischen
...... als Insolvenzverwalter über das Vermögen der Firma ......
– nachstehend „Insolvenzverwalter" genannt –
und
dem Betriebrat der Firma ......
– nachfolgend: „BR" genannt –

Präambel:

I.

Am ...... wurde durch die Firma Insolvenzantrag gestellt. Mit Beschluss des Amtsgerichts/Insolvenzgerichts ...... vom ...... wurde über das Vermögen der Firma das Insolvenzverfahren eröffnet und ...... zum Insolvenzverwalter bestellt. Die nachfolgend definierte betriebliche Umstrukturierungsmaßnahme dient dem Ziel, den Geschäftsbetrieb den wirtschaftlichen sowie den Marktgegebenheiten anzupassen. Eine Eigensanierung bzw. eine „übertragende Sanierung" aus einem eröffneten Insolvenzverfahren soll hierdurch ermöglicht werden.

II.

Die bisher mit potentiellen Investoren geführten Gespräche führten zu dem Ergebnis, dass der Betrieb auf einen externen Erwerber übertragen werden soll. Zur Fortführung des Geschäftsbetriebes und der Sicherung der Produktion am Standort ... hat der Erwerber ein unternehmerisches Konzept entwickelt.

---

[439] Eigene Darstellung in Anlehnung an *Dittrich* AiB 2006, 362.

Der Insolvenzverwalter hat sich dieses Konzept zu eigen gemacht und setzt dieses entsprechend der Vorgaben des Erwerbers um. Hieraus ergibt sich sowohl die Zahl der nach Umsetzung des Erwerberkonzeptes verbleibenden Arbeitsplätze als auch spiegelbildlich der Umfang des notwendigen Personalabbaus. Die notwendigen personellen Maßnahmen sind Gegenstand dieses Interessenausgleiches.

Dies vorausgeschickt, schließen die Parteien folgende Vereinbarung:

§ 1 Geltungsbereich und Gegenstand

1. Räumlicher Geltungsbereich
Diese Vereinbarung gilt für den Betrieb der Schuldnerin.

2. Persönlicher Geltungsbereich
Der Geltungsbereich dieses Interessenausgleichs erfasst alle Arbeitnehmer iSd § 5 Abs. 1 BetrVG der Schuldnerin mit Ausnahme der leitenden Angestellten iSd § 5 Abs. 3 BetrVG.

3. Zeitlicher Geltungsbereich
Diese Vereinbarung gilt für alle Arbeitnehmer, die im Zeitpunkt der Insolvenzeröffnung in einem noch nicht wirksam beendeten Arbeitsverhältnis mit der Schuldnerin standen.

§ 2 Gegenstand der Betriebsänderung

1. Allgemeines
Vorab wird der Inhalt der Präambel zur Vermeidung unnötiger Wiederholungen zum ausdrücklichen Inhalt dieser Vereinbarung erhoben.
Der BR nimmt zur Kenntnis, dass eine Fortführung des schuldnerischen Betriebes im Hinblick auf die Finanz- und Auftragslage in der ursprünglichen Organisation/Struktur durch den Insolvenzverwalter nicht mehr möglich ist.

2. Bisherige Betriebsorganisation/Arbeitsverhältnisse
Die bisherige Organisation der Schuldnerin mit sämtlichen Arbeitnehmern lässt sich der **Anlage 1** dieses Interessenausgleiches entnehmen. Die **Anlage 1** ist fester Bestandteil des Interessenausgleiches und beinhaltet auch die ausgeübten Tätigkeiten bzw. Arbeitsplätze der einzelnen Arbeitnehmer.

3. Wegfall von Arbeitsplätzen/Erwerberkonzept
Zur Fortführung des Geschäftsbetriebes hat der Erwerber ein unternehmerisches Sanierungskonzept entwickelt. Der Insolvenzverwalter hat sich dieses zu eigen gemacht und setzt es entsprechend der Vorgaben des Erwerbers um. Aufgrund der hieraus wegfallenden Beschäftigungsmöglichkeiten ist ein entsprechender Personalabbau dringend erforderlich.
Die Parteien sind sich einig, dass dieses Konzept von seiner Zielsetzung und Struktur, insbesondere in personeller Hinsicht, eine geeignete Grundlage für eine sanierende Übertragung und Fortführung durch den Erwerber der genannten Teilbereiche darstellt und die personelle Reorganisation zur Vermeidung unnötigen Zeitverlustes für den Erwerber unverzüglich vorgenommen werden muss.
Das Erwerberkonzept ist dem BR zur Kenntnis gebracht und ausführlich dargestellt worden. Die Erwerberkonzeption ist in seiner personellen Auswirkung diesem Interessenausgleich als **Anlage 2** beigefügt, welche als fester Bestandteil dieser Vereinbarung beigefügt ist.
Hieraus ergibt sich sowohl die Zahl der verbleibenden erforderlichen Arbeitsplätze als auch der Umfang des notwendigen Personalabbaus im Verhältnis zur bisherigen personellen Organisation sowie die neue betriebliche Struktur.

§ 3 Durchführung personeller Maßnahmen

Der BR nimmt zur Kenntnis, dass aufgrund der vorstehend dargestellten Notwendigkeiten unverzüglich personelle Maßnahmen durchgeführt werden müssen. Vor diesem Hintergrund wird die dargestellte Betriebsänderung aus dem Erwerberkonzept durch den Insolvenzverwalter umgesetzt.

1. Sozialauswahl/Namensliste
Zur Besetzung der nach dem Erwerberkonzept im Betrieb verbleibenden Arbeitsplätze wurde eine Sozialauswahl nach den gesetzlichen Maßgaben des § 1 Abs. 3 KSchG durchgeführt.
Die in diesem Rahmen von einer betriebsbedingten Kündigung betroffenen Arbeitnehmer sind in der **Anlage 3** zu diesem Interessenausgleich, die diesem als fester Bestandteil beigefügt ist, aufgeführt. Die Parteien sind sich einig, dass es sich hierbei um eine Namensliste iSv § 125 InsO, handelt. Diese Namensliste ist im Rahmen einer zusammengesetzten Urkunde integraler Bestandteil dieses Interessenausgleiches und wurde von den Parteien gegengezeichnet.

2. Ausspruch betriebsbedingter Kündigungen
Der BR nimmt zur Kenntnis, dass aufgrund der vorstehend dargestellten Notwendigkeiten unverzüglich personelle Maßnahmen durchgeführt werden müssen. Seitens der Insolvenzverwaltung wird umgehend mit der Durchführung der in dieser Vereinbarung definierten personellen Maßnahmen begonnen.
Sämtliche Arbeitnehmer, die in der **Anlage 3** zu dieser Vereinbarung namentlich genannt sind, erhalten eine betriebsbedingte Arbeitgeberkündigung.
Die Kündigungen werden unverzüglich ausgesprochen. Sofern die Kündigungen nur nach Zustimmung von Behörden (Mutterschutz, Elternzeit, Schwerbehinderung ua) ausgesprochen werden können, kommen die Parteien dieser Vereinbarung überein, dass in diesem Falle der BR im Rahmen der Stellungnahme gegenüber den Behörden keine Möglichkeit sieht, den Kündigungen zu widersprechen. Sofern die Einholung der behördlichen Zustimmung vor einem etwaigen Betriebsübergang zeitlich nicht mehr gelingt, wird der Erwerber das behördliche Verfahren betreiben und im Anschluss die Kündigungen aussprechen.

3. Kündigungsfristen
Die im Rahmen des Personalabbaus auszusprechenden betriebsbedingten Arbeitgeberkündigungen erfolgen unter Berücksichtigung der individuellen, tariflichen bzw. gesetzlichen Kündigungsfrist, die bei Ausspruch durch den Insolvenzverwalter in § 113 InsO (maximale Kündigungsfrist drei Monate zum Monatsende) ihre Begrenzung findet.

4. Freistellungen
Des Weiteren kann sich für den Insolvenzverwalter aufgrund der wirtschaftlichen Situation die Notwendigkeit ergeben, Arbeitnehmer von der Erbringung der Arbeitsleistung – auch im Einzelfall – freizustellen. Der BR nimmt dies zur Kenntnis.

§ 4 Zusammenarbeit mit dem BR

1. Der Insolvenzverwalter wird den BR laufend über alle erforderlichen personellen Einzelmaßnahmen im Zusammenhang mit der oben dargestellten Maßnahme informieren.

2. Die Parteien sind sich darüber einig, dass mit Abschluss dieser Vereinbarung sämtliche Beteiligungsrechte des BR gemäß den § 106, §§ 111 ff. und 99 BetrVG erfüllt sind, soweit es sich um Maßnahmen handelt, die in dieser Vereinbarung beschrieben sind.

3. Im Hinblick auf die erforderlich werdenden betriebsbedingten Kündigungen besteht zwischen den Parteien Einigkeit darüber, dass der Betriebsrat im Rahmen der

Zobel

Interessenausgleichsverhandlungen umfassend gemäß § 17 Abs. 2 KSchG unterrichtet und beteiligt worden ist. Dem Betriebsrat sind insbesondere die Gründe für die geplanten Entlassungen, die Zahl und die Berufsgruppen der zu entlassenden Arbeitnehmer, der Zeitraum, in dem die Entlassungen vorgenommen werden sollen sowie die vorgesehenen Kriterien für die Auswahl der zu entlassenden Arbeitnehmer mitgeteilt worden (vgl. Schreiben vom …). Insoweit ist dem Betriebsrat im Zuge der Verhandlungen zu diesem Interessenausgleich eine Liste zu den jeweiligen Berufsgruppen der zu entlassenden und der regelmäßig beschäftigten Arbeitnehmer übergeben worden.

Der Betriebsrat nimmt den Personalabbau aufgrund der Betriebsstilllegung mit Bedauern zur Kenntnis und gibt im Hinblick auf das hiermit abgeschlossene Konsultationsverfahren gemäß § 17 KSchG keine weitere Stellungnahme ab. Diese Vereinbarung ersetzt zugleich die abschließende Stellungnahme des Betriebsrats gemäß § 17 Abs. 3 S. 2 KSchG. Soweit erforderlich, wird der Betriebsrat dies gesondert gegenüber der Agentur für Arbeit bestätigen. Das Konsultationsverfahren ist insoweit für die im Interessenausgleich beschriebene Maßnahme abgeschlossen.

4. Der BR wurde in einem gesonderten Anhörungsverfahren gemäß § 102 BetrVG unter Übergabe sämtlicher der Insolvenzschuldnerin zur Verfügung stehenden Datenmaterialien bezüglich der auszusprechenden Kündigungen angehört. Der BR sieht vor dem Hintergrund des ausgehandelten Interessenausgleiches sowie der erstellten Namensliste keine Möglichkeit, den beabsichtigten Kündigungen sowie sonstigen personellen Einzelmaßnahmen zu widersprechen und nimmt diese zur Kenntnis. Hierbei handelt es sich hinsichtlich der beabsichtigten betriebsbedingten Kündigungen gemäß § 102 BetrVG um die endgültige und abschließende Stellungnahme des BR.

§ 5 Option Transfergesellschaft

Vorbehaltlich einer möglichen Finanzierung und der rechtlichen Voraussetzungen wird darauf hingewirkt, den in diesem Interessenausgleich von Kündigungen betroffenen Arbeitnehmern ein Vertragsangebot für die Aufnahme in eine Transfergesellschaft zu unterbreiten, ohne dass den betroffenen Arbeitnehmern aus dem Interessenausgleich ein Rechtsanspruch hierauf entstehen kann.

§ 6 Inkrafttreten

Die vorstehenden Maßnahmen sollen mit beiderseitiger Unterzeichnung des Interessenausgleiches gemäß § 125 InsO sofort in Kraft treten.

§ 7 Schlussbestimmungen

1. Sollten eine oder mehrere Bestimmungen dieser Vereinbarung ungültig sein oder werden, so bleibt die Wirksamkeit der übrigen Bestimmungen dieser Vereinbarung hiervon unberührt. Die Parteien werden in diesem Falle zusammenwirken, um die aus der Unwirksamkeit der betreffenden Bestimmung entstehende Lücke durch Einfügen einer neuen Bestimmung dergestalt zu schließen, dass der wirtschaftliche Zweck der unwirksamen Bestimmung so weit wie möglich erreicht wird.

2. Änderungen und Ergänzungen des Interessenausgleiches bedürfen zu ihrer Wirksamkeit der Schriftform. Ebenfalls ist die Aufhebung des Schriftformerfordernisses nur schriftlich möglich.

3. Alle in dieser Vereinbarung erwähnten und mit dieser Vereinbarung fest verbundenen Anlagen sind ebenfalls im Wege einer zusammengesetzten Urkunde integraler Bestandteil dieser Vereinbarung. Sämtliche Anlagen wurden einzeln durch die Parteien gegengezeichnet. Änderungen und Ergänzungen der Anlagen werden mit

dem Zeitpunkt der beiderseitigen Unterzeichnung rechtswirksam und sind dieser Vereinbarung beizufügen. Sie modifizieren die Vereinbarung zu diesem Zeitpunkt und werden gleichsam im Wege einer zusammengesetzten Urkunde integraler Bestandteil.

4. Die Vertragsparteien sind sich darüber einig, dass die Verhandlungen abgeschlossen sind und das Verfahren zur Herbeiführung eines Interessenausgleiches zu der Betriebsänderung ebenfalls abgeschlossen ist.

......, den ......
......, den ......

......
Insolvenzverwalter

......
BR

II. Anlage 2

Muster: Insolvenzsozialplan

Insolvenzsozialplan

Zwischen
...... als Insolvenzverwalter über das Vermögen der Firma ......
– nachstehend „Insolvenzverwalter" genannt –
und
dem Betriebrat der Firma ......
– nachfolgend: „BR" genannt –

Präambel:

1. Am ...... wurde durch die Firma Insolvenzantrag gestellt. Mit Beschluss des Amtsgerichts/Insolvenzgerichts ...... vom ...... wurde über das Vermögen der Firma das Insolvenzverfahren eröffnet und ...... zum Insolvenzverwalter bestellt.

2. Am ...... haben die Parteien dieses Insolvenzsozialplans einen Interessenausgleich zur betrieblichen Umstrukturierung abgeschlossen.
Die Parteien nehmen auf diesen, ihnen bekannten Interessenausgleich vom ...... Bezug und erklären diesen zum festen Bestandteil dieser Vereinbarung. Zum Ausgleich bzw. zur Milderung der wirtschaftlichen Nachteile, die den von einer Beendigung des Arbeitsverhältnisses auf Grund der im Interessenausgleich definierten Umstrukturierungsmaßnahme betroffenen Arbeitnehmern entstehen, wird folgender

Insolvenzsozialplan

vereinbart:

§ 1 Geltungsbereich

1. Der vorliegende Insolvenzsozialplan gemäß § 123 InsO dient dem Ausgleich und/oder der Milderung wirtschaftlicher Nachteile der Arbeitnehmer/innen, welche aufgrund der im Interessenausgleich vom ... beschriebenen Betriebsänderung durch betriebsbedingte Arbeitgeberkündigung oder durch einvernehmliche Beendigung des Arbeitsverhältnisses aus dem Betrieb ausgeschieden sind oder ausscheiden werden (Verlust des Arbeitsplatzes).

Zobel

2. Auf leitende Angestellte iSd § 5 Abs. 3 KSchG findet dieser Sozialplan keine Anwendung.
3. In den Geltungsbereich dieses Insolvenzsozialplans fallen insbesondere nicht die
   3.1 Arbeitnehmer, deren Arbeitsverhältnis aus verhaltensbedingten oder personenbedingten Gründen ordentlich oder außerordentlich rechtswirksam beendet wurde oder wird,
   3.2 Arbeitnehmer, die vor dem Zeitpunkt des Abschlusses des Interessenausgleiches eine Eigenkündigung ausgesprochen oder einen Aufhebungsvertrag geschlossen haben, wobei dies nicht für Aufhebungsverträge gilt, die aus Anlass des Überwechselns in eine Transfergesellschaft geschlossen wurden oder werden,
   3.3 Arbeitnehmer, deren Arbeitsverhältnisse aufgrund einer Befristung geendet hat oder enden wird,
   3.4 Arbeitnehmer, welche innerhalb von 6 Monaten nach ihrem Ausscheiden aus dem Arbeitsverhältnis mit dem Insolvenzverwalter eine ungekürzte gesetzliche Altersrente beziehen können oder während des Arbeitsverhältnisses mit der Schuldnerin bereits bezogen haben,
   3.5 Arbeitnehmer, denen gegenüber eine Änderungskündigung ausgesprochen worden ist und dieses Änderungsangebot angenommen wurde oder wird.
4. Die gemäß den obigen Regelungen nach Auffassung der Betriebsparteien unter den Geltungsbereich dieses Insolvenzsozialplans fallenden Arbeitnehmer sind in der **Anlage A** namentlich bezeichnet. Diese Anlage ist fester Bestandteil dieser Vereinbarung.

§ 2 Insolvenzsozialplanvolumen

1. Das Insolvenzsozialplanvolumen beträgt gemäß § 123 Abs. 1 InsO das 2,5fache des Bruttomonatsverdienstes nach § 10 Abs. 3 KSchG der in den Geltungsbereich dieser Vereinbarung fallenden Arbeitnehmer/innen.
   Das maximale Volumen des Insolvenzsozialplanes ergibt sich aus **Anlage A** dieser Vereinbarung nebst den zugrunde gelegten Bruttomonatsverdiensten.
   Sollten nach Abschluss dieses Insolvenzsozialplanes Abweichungen der in **Anlage A** festgelegten Bruttomonatsverdienste festgestellt werden, wird das Insolvenzsozialplanvolumen nur bei einem Überschreiten der gesetzlichen Obergrenze gem. § 123 Abs. 1 InsO (entsprechend Ziff. 3) korrigiert.
2. Das Insolvenzsozialplanvolumen gilt vorbehaltlich der vom Geltungsbereich (§ 1) erfassten Arbeitnehmer/innen.
   Sollten weitere, hiernach nicht berücksichtigte Arbeitnehmer/innen, durch rechtskräftiges Urteil oder Vergleich als sozialplanberechtigt festgestellt werden, wird das Insolvenzsozialplanvolumen entsprechend erhöht und sodann der gemäß diesem Insolvenzsozialplan festgesetzte Einzelpunktwert neu berechnet.
   Wird nach Abschluss dieses Insolvenzsozialplanes festgestellt, dass ein/e in der **Anlage A** aufgeführte/r Arbeitnehmer/innen nicht dem Geltungsbereich unteriegt, entfällt der Anspruch auf den individuellen Abfindungsbetrag. Das Insolvenzsozialplanvolumen wird in diesem Fall nur bei einem Überschreiten der gesetzlichen Obergrenze gem. § 123 Abs. 1 InsO (entsprechend Ziff. 3) korrigiert.
3. Für den Fall, dass das Insolvenzsozialplanvolumen die gesetzliche Obergrenze einer Regelungen der Insolvenzordnung (§ 123 InsO) überschreiten sollte, vereinbaren die Vertragsparteien eine entsprechend anteilige Kürzung der jeweiligen individuellen Insolvenzsozialplanansprüche nach gleichem Verhältnis zueinander bis zum Erreichen der absoluten Obergrenzen.

§ 28. Kollektives Arbeitsrecht

§ 3 Abfindungsberechnung/Sozialfaktoren

Für Arbeitnehmer, die unter den Geltungsbereich dieses Insolvenzsozialplanes fallen **(Anlage A)**, berechnet sich die Abfindungshöhe entsprechend den nachfolgenden Regelungen, basierend auf der Vergabe von Insolvenzsozialplanpunkten:

1. Stichtag
   Der Stichtag für die Festlegung der Betriebszugehörigkeit und des Lebensalters wird für alle von diesem Insolvenzsozialplan erfassten Arbeitnehmer auf den ... festgelegt.

2. Punkte Unterhaltspflichten
   Für jedes auf der Lohnsteuerkarte ... des Arbeitnehmers auch hälftig nachgewiesene leibliche bzw. adoptierte unterhaltsberechtigte Kind erhält der Arbeitnehmer 5 Punkte.
   Hälftige Werte für Kinder auf der Lohnsteuerkarte werden aufgerundet.
   Zwischen den Parteien besteht Einigkeit darüber, dass darüber hinausgehende Unterhaltsverpflichtungen, ggf. gegenüber Ehegatten oder sonstigen Personen, bei der Ermittlung des Abfindungsbetrages/der Punkte, aufgrund mangelnder Kenntnis der Parteien nicht berücksichtigt werden können.

3. Punkte Betriebszugehörigkeit
   Pro Jahr der Betriebszugehörigkeit erhält der Arbeitnehmer
   1 Punkt,
   errechnet auf den Stichtag.
   Bei den Betriebszugehörigkeitsjahren werden nur volle Monate berücksichtigt. Diese sind in Bruchzahlen, kaufmännisch auf zwei Stellen gerundet, umzurechnen und den Jahren hinzuzuzählen.

4. Punkte Einkommensberücksichtigung
   Für das gem. § 2 Ziff. 1 ermittelte und in Anlage 1 dargestellte durchschnittliche Bruttomonatseinkommen werden Punkte nach folgender Maßgabe auf Basis der regelmäßigen betrieblichen Arbeitszeit bei Vollzeit (35 Stunden pro Woche) in die Berechnung eingestellt:
   Einkommen bis 2500,00 EUR   3 Punkte
   Einkommen über 2500,00–4000,00 EUR   4 Punkte
   Einkommen über 4000,00 EUR   5 Punkte
   Für Teilzeitbeschäftigte errechnet sich das maßgebliche Einkommen durch die entsprechende Hochrechnung der Bruttomonatsvergütung auf Vollzeit (35 Stunden pro Woche).

5. Punkte Lebensalter
   a) Grundpunkte Lebensalter
   Die Parteien sind sich darüber einig, dass die generelle Berücksichtigung des Lebensalters sachlich gerechtfertigt ist, soweit die Betriebszugehörigkeit im Verhältnis zur Berücksichtigung des Lebensalters regelmäßig erheblich überwiegt. Dabei sollen nur die Zeiten nach dem 14. vollendeten Lebensjahr Berücksichtigung finden, da dies den frühestmöglichen Zeitpunkt zum Eintritt in die Erwerbstätigkeit darstellt. Die Parteien legen fest, dass nach dieser Betrachtung grundsätzlich 1 Jahr Betriebszugehörigkeit zu 8 Lebensjahren sein Äquivalent findet.
   Ab dem 14. vollendeten Lebensjahr erhält der/die Arbeitnehmer/in für jedes weitere vollendete Lebensjahr somit
   0,125 Punkte,
   errechnet auf den Stichtag.

b) Besondere Altersgruppen
Die Arbeitnehmer der Altersgruppen, welche einen besonders hohen Arbeitslosenanteil aufweisen, erhalten entsprechend den nachfolgenden Regelungen zusätzliche Punkte.

Die Parteien gehen davon aus, dass eine hohe Arbeitslosenquote der maßgeblichen Altersgruppe eine grundsätzlich geringere Vermittlungschance auf dem Arbeitsmarkt bedeutet als in anderen Altersgruppen. Der somit im Verhältnis grundsätzlich erhöhte wirtschaftliche Nachteil im Rahmen des Wiedereintritts in den Arbeitsmarkt soll im Rahmen der Altersgruppenbetrachtung Berücksichtigung finden. Dabei wird die Nähe zum gesetzlichen Rentenanspruch aus Altersgründen und die Möglichkeit zur vorzeitigen Rente als Abmilderung der wirtschaftlichen Nachteile berücksichtigt.

Die Parteien sind sich einig, dass hierbei nur eine pauschale Bewertung auf Basis der bekannten Informationen des bundesdeutschen Arbeitsmarktes zugrunde gelegt werden kann und keine Einzelfallbetrachtung stattfindet.

aa) Die Gruppe der zum Stichtag 15–24jährigen weist unter Betrachtung des Zeitraumes der Entlassung eine überdurchschnittliche Arbeitslosigkeit auf. Unter Berücksichtigung der grundsätzlich stärkeren Fortbildungs- und Qualifizierungsmöglichkeiten jüngerer Arbeitnehmer und der grundsätzlich wieder deutlich ansteigenden Vermittlungschancen erhalten die Arbeitnehmer, die dieser Altersgruppe angehören, zusätzlich 3 Punkte für das Lebensalter.

bb) In den Altersgruppen der zum Stichtag 50–65jährigen besteht ein deutlich überdurchschnittlicher Arbeitslosenanteil. Die Arbeitnehmer dieser Altersgruppe zum Stichtag erhalten daher unter Berücksichtigung des gesetzlichen Rentenanspruchs aus Altersgründen mit 65 Jahren und der Möglichkeit zur vorzeitigen Rente wie folgt zusätzliche Punkte:

(1) Die Arbeitnehmer mit vollendeten 50 bis 60 Lebensjahren erhalten zusätzlich 5 Punkte für das Lebensalter.

(2) Die 61–65jährigen Arbeitnehmer erhalten abgestuft zusätzliche Punkte, dh mit vollendeten
61 Lebensjahren zusätzlich 4 Punkte,
62 Lebensjahren zusätzlich 3 Punkte,
63 Lebensjahren zusätzlich 2 Punkte,
64 Lebensjahren zusätzlich 1 Punkt,
65 Lebensjahren und älter keine zusätzlichen Punkte
für das Lebensalter.

6. Schwerbehinderte
Bei einer Schwerbehinderung bzw. Gleichstellung erhält der/die betroffene Arbeitnehmer/in zusätzlich 5 Punkte, wobei maßgeblich der am Stichtag in der Personalabteilung der Schuldnerin vorliegende Nachweis über das Bestehen einer Schwerbehinderung bzw. Gleichstellung ist.

7. Teilzeitbeschäftigte
Teilzeitbeschäftigte Arbeitnehmer erhalten die Punktwerte im Verhältnis der regelmäßigen betrieblichen Arbeitszeit (35 Stunden pro Woche) zu ihrer individuellen Arbeitszeit jeweils anteilig.

8. Ermittlung der Punktzahl
Die Punktzahl des Arbeitnehmers ermittelt sich aus der Addition der jeweils errechneten Punktwerte gemäß den vorstehenden Punktekriterien. Die so ermittelte Punktzahl wird ggf. um den Faktor der Teilzeitbeschäftigung reduziert.

Zobel

9. **Praktisches Beispiel:**

Lebensalter 56 Jahre	5,25 Punkte
zusätzlich Lebensalter/Altersgruppen	5,00 Punkte
Unterhaltsberechtigte Kinder 2	10,00 Punkte
Betriebszugehörigkeit 10 Jahre	10,00 Punkte
Gleichstellung Schwerbehinderung	5,00 Punkte
Bruttomonatseinkommen 3500,00 EUR	4,00 Punkte
Gesamtpunkte	39,25 Punkte
Teilzeitbeschäftigt mit 20 Stunden pro Woche	22,43 Punkte

10. Ermittlung der Gesamtpunktzahl
    Die Gesamtpunktzahl der Arbeitnehmer ermittelt sich aus der Addition der Punktzahlen aller Arbeitnehmer.

11. Ermittlung des Geldwertes
    Der Geldwert des Einzelpunktes ermittelt sich wie folgt:
    Das in dieser Vereinbarung festgelegte Insolvenzsozialplanvolumen wird durch die Gesamtpunktzahl der insolvenzsozialplanberechtigten Arbeitnehmer dividiert und daraus der Einzelpunktwert ermittelt.

12. Individueller Abfindungsanspruch
    Dieser Geldwert des Einzelpunktes mit den jeweiligen Endpunktzahlen des Arbeitnehmers multipliziert ergibt den individuellen Insolvenzsozialplananspruch des jeweiligen Arbeitnehmers.
    Im übrigen nehmen die Parteien bezüglich der Berechnung des Einzelpunktwertes, der Ermittlung des Insolvenzsozialplanvolumens sowie der übrigen Berechnungsparameter auf die dieser Insolvenzsozialplanvereinbarung beiliegenden **Anlage A** Bezug.

§ 4 Individuelle Insolvenzsozialplanansprüche/Auszahlung/Anrechnung/Verrechnung/Verfall

1. Die individuellen Insolvenzsozialplanansprüche ergeben sich aus der als **Anlage A** zu diesem Insolvenzsozialplan beigefügten Liste. Diese kann aufgrund der vorstehenden Regelungen Änderungen unterliegen.

2. Die Ansprüche aus dem Insolvenzsozialplan sind nach den Regelungen der Insolvenzordnung (insbesondere § 123 InsO) als Masseverbindlichkeiten nach der Schlussverteilung auszuzahlen. Der Anspruch auf Auszahlung der Abfindung wird zum Zeitpunkt der Schlussverteilung fällig.

Hinweis:

Ob, wann und ggf. in welcher quotalen Höhe eine Auszahlung der individuellen Insolvenzsozialplanansprüche erfolgt, ist im Zeitpunkt des Abschlusses des Insolvenzsozialplanes nicht absehbar und richtet sich nach der endgültigen Verteilungsmasse bzw. nach den Regelungen des Insolvenzsozialplanes und den gesetzlichen Regelungen.

3. Die Auszahlung erfolgt durch Überweisung auf das der Schuldnerin/dem Insolvenzverwalter durch den/die Arbeitnehmer/in bekannt gegebene Bankkonto. Etwaige Unterrichtungen oder Mitteilungen in diesem Zusammenhang erfolgen an die durch den/die Arbeitnehmer/in bekannt gegebene jeweilige Adresse.
Jeder insolvenzsozialplanberechtigte Arbeitnehmer ist verpflichtet, Änderungen seiner Anschrift und/oder Bankverbindung dem Insolvenzverwalter bis zum Abschluss des Insolvenzverfahrens bzw. einer vollständigen Bedienung seiner Ansprüche aus dieser Vereinbarung unverzüglich mitzuteilen. Hierbei handelt es sich um eine anspruchsvernichtende Obliegenheit des Arbeitnehmers. Zur Vermeidung

von Auszahlungsverzögerungen wird der BR die Arbeitnehmer/innen zum Zwecke der unverzüglichen Bekanntgabe von Änderungen bei Kontoverbindungen und Adressdaten iR ihrer Möglichkeiten unterrichten.

Der Insolvenzverwalter teilt den Arbeitnehmern schriftlich per Einwurf-Einschreiben die anstehende – auch quotale – Auszahlung mit. Unmittelbar im Anschluss daran erfolgt der Auszahlungsversuch auf das seitens des Arbeitnehmers zuletzt bekannt gegebene Konto. Scheitert der Auszahlungsversuch bestehen Nachforschungspflichten nicht über die Einholung einer Auskunft beim zuständigen Einwohnermeldeamt des zuletzt bekannt gegebenen Wohnorts hinaus. Bei Auszahlungsbeträgen unter 100,00 EUR sind Nachforschungsverpflichtungen gänzlich ausgeschlossen. Etwaige Aufwendungen zur Beitreibung der erforderlichen Informationen über den/die Arbeitnehmers/in zum Zwecke der Auszahlung können seitens des Insolvenzverwalters ebenso vom Auszahlungsbetrag in Abzug gebracht werden wie entstandene Kosten für entsprechend fehlgeschlagene Auszahlungsversuche.

4. Für den Fall, dass eine Auszahlung nach den oben dargelegten Maßgaben nicht erfolgen kann, verfällt der Anspruch aufgrund der anspruchsvernichtenden Obliegenheitsverletzung des Anspruchsberechtigten innerhalb einer Frist von 2 Monaten, gerechnet ab dem Zeitpunkt des Auszahlungsversuches.

5. Erhebt ein(e) von einer Kündigung betroffene(r) Arbeitnehmer/in Kündigungsschutzklage oder Klage bzgl. eines anderen arbeitsgerichtlichen Verfahrens über Leistungen aus diesem Insolvenzsozialplan, so ruhen die finanziellen Ansprüche aus diesem Insolvenzsozialplan für diese(n) Arbeitnehmer/in bis zum rechtskräftigen Abschluss des Rechtsstreites. Im Rahmen eines solchen Rechtsstreites sich ergebende Abfindungsansprüche iSd §§ 9 und 10 KSchG sowie Nachteilsausgleichsansprüche gemäß § 113 BetrVG werden auf die individuellen Insolvenzsozialplanansprüche angerechnet.

Ebenso werden anderweitige Abfindungszahlungen, welche im Zusammenhang mit der Beendigung eines Arbeitsverhältnisses geleistet wurden, auf etwaige individuelle Insolvenzsozialplanansprüche angerechnet.

6. Sollte die Unwirksamkeit der Kündigung gerichtlich festgestellt werden, entfällt der Anspruch auf Abfindung aus diesem Insolvenzsozialplan, es sei denn, das Arbeitsverhältnis wird durch eine weitere betriebsbedingte Kündigung des Insolvenzverwalters wirksam beendet. Das Insolvenzsozialplanvolumen wird bei Anspruchsentfall nur bei einem Überschreiten der gesetzlichen Obergrenze gem. § 123 Abs. 1 InsO (entsprechend § 2 Ziff. 3 dieser Vereinbarung) korrigiert.

7. Kehrt ein(e) Arbeitnehmer(in) bis zum .... zur Insolvenzschuldnerin oder deren möglicher Nachfolgegesellschaft zurück, so verliert er/sie seinen/ihren Anspruch auf die festgesetzte Sozialabfindung.

§ 5 Vererbung, Verpfändung und Abtretung

Ansprüche aus diesem Insolvenzsozialplan sind vererbbar auf den jeweilig hinterbliebenen Ehegatten und, wenn ein solcher nicht vorhanden ist, auf die hinterbliebenen Kinder. Ein darüber hinausgehender Erbanspruch besteht nicht.

Ansprüche aus diesem Insolvenzsozialplan sind weder verpfändbar noch abtretbar.

§ 6 Schlussbestimmungen

1. Widerspricht eine Vorschrift dieses Insolvenzsozialplanes höherrangigem Recht, so bleibt die Gültigkeit der übrigen Bestimmungen davon unberührt. Die unwirksame Bestimmung wird durch eine dieser Vorschrift angemessene Regelung ersetzt.

2. Für den Inhalt des Insolvenzsozialplanes steht beim BR ein Exemplar zur Einsichtnahme durch die Arbeitnehmer zur Verfügung.

3. Der Insolvenzverwalter erkennt den derzeitigen Betriebsrat im Rahmen eines etwaigen gesetzlichen Restmandats oder Übergangmandats als zuständig für die Durchführung des Insolvenzsozialplans an. Soweit in dieser Vereinbarung in Betriebsvereinbarungen, Gesetze, insbesondere der Betriebsverfassung Rechte des Betriebsrats bestimmt sind, wird das Restmandat und Übergangmandats auch weiterhin anerkannt.

......, den ......

......, den ......

...... Insolvenzverwalter

...... BR

III. Anlage 3

Muster: Aufhebungsvertrag und befristeter Arbeitsvertrag

Aufhebungsvertrag und befristeter Arbeitsvertrag gem. § 14 Teilzeit- und Befristungsgesetz

Zwischen
Herrn/Frau ......

– nachstehend „Arbeitnehmer" genannt –

und
......

– nachfolgend: „Firma" genannt –

und
der Firma TG,

– nachstehend „TG" genannt –

Präambel:

Dem Arbeitnehmer ist bekannt, dass sein Arbeitsplatz aufgrund der Betriebsänderung in Wegfall gerät und eine Beschäftigungsnotwendigkeit nicht mehr besteht. Zur Vermeidung einer Entlassung und zur Schaffung von Auffangstrukturen wird die TG eingeschaltet. Die Parteien dieses Vertrages gehen davon aus, dass die TG Transferkurzarbeitergeld iSd § 216b SGB III beantragt und erhält und die betriebsorganisatorisch eigenständige Einheit beE „..." errichtet.

Dies vorausgeschickt, treffen die Parteien folgende Vereinbarung:

§ 1 Beendigung des Arbeitsverhältnisses

1. Zwischen Arbeitnehmer und dem Insolvenzverwalter besteht Einigkeit darüber, dass das zwischen ihnen bestehende Arbeitsverhältnis auf arbeitgeberseitige Veranlassung aus betriebsbedingten Gründen mit Wirkung zum ... beendet werden wird.
2. Arbeitnehmer und Insolvenzverwalter sind sich darüber einig, dass etwaig noch bestehende Entgeltansprüche (Masseforderungen und Insolvenzforderungen) ordnungsgemäß abgerechnet werden. Der Arbeitnehmer meldet die einfachen Insolvenzforderungen zur Tabelle des Insolvenzverwalters an. Der Insolvenzverwalter erkennt diese an.

Zobel

§ 2 Insolvenzsozialplananspruch

Ein Anspruch des Arbeitnehmers aus dem noch zwischen Insolvenzverwalter und Betriebsrat abzuschließenden Insolvenzsozialplan wird von dieser Vereinbarung nicht tangiert.

§ 3 Befristetes Arbeitsverhältnis mit der TG

1. Zwischen der TG und dem Arbeitnehmer wird gemäß § 14 Teilzeit- und Befristungsgesetz mit Wirkung zum ... ein bis zum ... befristetes Beschäftigungsverhältnis begründet. Dieses endet demzufolge automatisch, ohne dass es einer Kündigung bedarf, am . Die Geltung von § 625 BGB ist ausgeschlossen.
Sachlicher Grund für die Befristung ist die begrenzte Finanzierbarkeit der TG beE „..." sowie die begrenzte Bezugsdauer von Transferkurzarbeitergeld durch den Arbeitnehmer. Die Laufzeit des befristeten Beschäftigungsverhältnisses beträgt 12 Monate.

2. Während der Dauer des befristeten Arbeitsverhältnisses ist der Arbeitnehmer verpflichtet, an der Suche nach einem neuen Arbeitsplatz mitzuwirken sowie an den Terminen zur Erstellung des Profilings, dem Bewerbungstraining und ggf. durchzuführenden Qualifizierungsmaßnahmen teilzunehmen. Die Mitwirkung und Teilnahme an den oben aufgeführten Maßnahmen ist Inhalt des Beschäftigungsverhältnisses und zwingende Voraussetzung zum Bezug von Transferkurzarbeitergeld.

3. Der Arbeitnehmer ist berechtigt, das befristete Arbeitsverhältnis jederzeit nach vorheriger schriftlicher Kündigung sofort zu beenden.

4. Die TG kann das Arbeitsverhältnis aus verhaltensbedingten Gründen ordentlich unter Einhaltung der gesetzlichen Fristen sowie außerordentlich bei Vorliegen eines wichtigen Grundes (insbesondere Verstöße gegen § 3 Ziffer 2 des Vertrages) kündigen.

5. Vermögenswirksame Leistungen werden nicht gewährt.

6. Die TG ist nicht tarifgebunden. Sonderzahlungen, Gratifikationen oder sonstige Sonderleistungen werden nicht gewährt.

7. Der Urlaubsanspruch richtet sich nach dem Bundesurlaubsgesetz in der zum Zeitpunkt des Vertragsabschlusses gültigen Fassung.
Die zeitliche Lage des Urlaubs ist mit der TG abzustimmen.

8. Dem Arbeitnehmer ist bekannt, dass die TG keine betriebliche Altersversorgung des bisherigen Arbeitgebers übernimmt oder fortführt.

§ 4 Ermittlung des Entgelts

1. Berechnungsbasis für das Transferkurzarbeitergeld
Der Arbeitnehmer erhält während der Zeit der befristeten Beschäftigung in der TG Transferkurzarbeitergeld gemäß den gesetzlichen Regelungen.
Als Berechnungsbasis für das Transferkurzarbeitergeld wird das bisherige Bruttoentgelt (Grundlage ...-Abrechnung 200..)
in Höhe von EUR (...)
zugrunde gelegt.
Das Transferkurzarbeitergeld wird auf dieser Basis nach den gesetzlichen Vorgaben ermittelt.
Hinweis:
Berücksichtigt werden kann lediglich das Bruttomonatseinkommen des Arbeitnehmers, soweit es sich um Soll-Entgelt iSv § 179 SGB III handelt.

2. Aufstockungsbetrag

Der Arbeitnehmer erhält für die Dauer des Bezuges von Transferkurzarbeitergeld eine monatliche Brutto-Aufzahlung in Höhe von 10% des unter § 4 Ziffer 1 ausgewiesenen rechnerischen monatlichen Bruttolohns/Bruttogehalts (Berechnungsbasis für das Transferkurzarbeitergeld):

Brutto-Aufzahlung = EUR .... × 10% = EUR ....

Der Anspruch erlischt bei Kündigung des Beschäftigungsverhältnisses. Er lebt bei Rückkehr des Arbeitnehmers innerhalb der Rückkehrfrist wieder auf. Eine rückwirkende Gültigkeit ist ausgeschlossen.

3. Fälligkeit des Entgelts

Das gemäß den Vorgaben ermittelte Nettoentgelt ist zum 3. des Folgemonats fällig und wird zu diesem Zeitpunkt bargeldlos auf ein vom Arbeitnehmer zu benennendes Konto überwiesen.

4. Arbeitszeit

Das Entgelt gemäß § 4, Ziffer 1 und 2 basiert auf einer regelmäßigen wöchentlichen Arbeitszeit von ... Stunden unter gleichmäßiger Verteilung auf die Arbeitstage Montag bis Freitag.

5. Abtretung oder Verpfändung

Die teilweise oder vollständige Abtretung oder Verpfändung des Entgelts ist grundsätzlich ausgeschlossen.

6. Transferkurzarbeit

Der Arbeitnehmer erklärt sich mit der Leistung von Transferkurzarbeit in der TG einverstanden.

§ 5 Nebentätigkeit

Der Arbeitnehmer ist verpflichtet, jegliche Nebentätigkeiten schriftlich gegenüber der TG anzuzeigen. Dem Arbeitnehmer ist bekannt, dass während des Bezuges von Transferkurzarbeitergeld seitens der Agentur für Arbeit eine Anrechnung des erzielten Nebenverdienstes auf das Transferkurzarbeitergeld erfolgen kann. Ein Ausgleich durch die TG erfolgt nicht.

§ 6 Arbeitsunfähigkeit

1. Die Entgeltfortzahlung im Krankheitsfall wird ab dem ersten Tag der Beschäftigung gewährt. Im übrigen gilt das Entgeltfortzahlungsgesetz.

2. Bei Erkrankung oder Verhinderung des Arbeitnehmers ist die TG unverzüglich zu verständigen. Die Anzeigepflicht besteht auch dann, wenn die ursprünglich vorgesehene Dauer der Arbeitsverhinderung überschritten wird. Vor Ablauf des dritten Tages nach Beginn der Arbeitsunfähigkeit ist ein entsprechendes ärztliches Attest vorzulegen, welches die Erkrankung ab dem ersten Tag nachweist.

§ 7 Sonstiges

1. Der Arbeitnehmer verpflichtet sich, an Aus-, Fort- und Weiterbildungsmaßnahmen (Integrationsmaßnahmen) sowie Umschulungsmaßnahmen teilzunehmen. Sollte der Arbeitnehmer an entsprechenden Maßnahmen nicht teilnehmen und der Bezug von Transferkurzarbeitergeld oder anderweitigen Leistungen/Sozialleistungen, (zB Unterhaltsgeld) durch die Arbeitsverwaltung aus diesem Grunde versagt werden, so wird das Beschäftigungsverhältnis für diesen Zeitraum mit der TG ruhend gestellt. Weitergehende Ansprüche gegenüber der TG bestehen nicht. Die unentschuldigte Nichtteilnahme berechtigt die TG zur außerordentlichen Kündigung.

2. Darüber hinaus ist dem Arbeitnehmer bekannt, dass das Ziel der Verweildauer in der TG die Vermittlung in den ersten Arbeitsmarkt ist. Der Arbeitnehmer erhält in der **Anlage 1** ein Merkblatt der Agentur für Arbeit mit wesentlichen Hinweisen zum Bezug von Transferkurzarbeitergeld sowie ein Merkblatt der Agentur für Arbeit für Arbeitslose. Auf diese Merkblätter wird vollinhaltlich verwiesen. Sollte der Arbeitnehmer ein – nach den Grundsätzen der Arbeitsverwaltung zumutbares – Arbeitsangebot ablehnen und hierdurch für ihn die Voraussetzung zum Bezug von Transferkurzarbeitergeld oder sonstiger Leistungen ganz oder für einen begrenzten Zeitraum entfallen, so steht dem Arbeitnehmer kein Anspruch auf Zahlung von Entgeltleistungen seitens der TG zu. Vielmehr kommen die Parteien überein, dass für diesen Zeitraum das Beschäftigungsverhältnis ruhend gestellt wird. Weitergehende Ansprüche gegenüber der TG bestehen nicht.

3. Dem Arbeitnehmer ist bekannt, dass im Falle der Gewährung anderweitiger Leistungen/Sozialleistungen durch Dritte das Beschäftigungsverhältnis mit der TG ruhend gestellt wird. Eine Verlängerungsmöglichkeit der in § 3 Ziffer 1 festgelegten Verweildauer in der TG wegen des Bezuges anderweitiger Leistungen/Sozialleistungen bzw. aus den in § 7 Ziffer 1 und 2 genannten Gründen, während dessen das Beschäftigungsverhältnis mit der TG ruht, wird ausgeschlossen.

4. Im Hinblick auf den Vorrang der Vermittlung in Arbeit gegenüber dem Bezug von Transferkurzarbeitergeld ist, soweit noch nicht geschehen, nach der Unterzeichnung dieses Vertrages zur frühestmöglichen Einleitung der Vermittlungsbemühungen der Agentur für Arbeit die unverzügliche Arbeitssuchendmeldung vorzunehmen. Grundsätzlich ist der Arbeitnehmer verpflichtet, bei seiner zuständigen Agentur für Arbeit in regelmäßigen Zeitabständen bei der Stelle Arbeitsvermittlung/-beratung persönlich vorzusprechen. Dies hat spätestens alle 3 Monate zu erfolgen, da ansonsten die Agentur für Arbeit den Arbeitnehmer als Arbeitssuchenden automatisch aus dem Datenbestand löscht mit der Folge, dass der Bezug von Transferkurzarbeitergeld durch die Agentur für Arbeit versagt werden kann.

5. Nach den Vorgaben der Arbeitsagentur ist die TG ebenfalls verpflichtet, schnellstmöglich alle zur frühestmöglichen Einleitung von Vermittlungsbemühungen erforderlichen Maßnahmen einzuleiten. Hierzu ist gemäß den Vorgaben der Agentur für Arbeit mit dem Arbeitnehmer ein Profilinggespräch zu führen. Zur Vorbereitung dieses Profilinggesprächs ist der als **Anlage 2** beigefügte Vordruck „Bewerberprofil" vom Arbeitnehmer auszufüllen und zum Profilinggespräch mitzubringen.

6. Die TG bzw. von ihr beauftragte Dritte verarbeiten unter Berücksichtigung des Bundesdatenschutzgesetzes personenbezogene Daten in Dateien. Für die Entgeltabrechnung und Personaladministration stellt der Insolvenzverwalter persönliche Daten sowie sonstige Unterlagen und Urkunden der TG zur Verfügung. Hiermit erklärt sich der Arbeitnehmer einverstanden.

7. Der Arbeitnehmer wurde über mögliche Sperr- und Ruhenszeiten belehrt – siehe Merkblatt 8c – Transferleistungen – und Merkblatt 1 – Arbeitslose – der Agentur für Arbeit.

§ 8 Ruhen des Arbeitsverhältnisses mit der TG

Ziel der Aufnahme in die TG sowie sämtlicher dort eingeleiteter Maßnahmen ist es, die Vermittlung in Arbeit zu fördern. Aus diesem Grund wird dem Arbeitnehmer, in Absprache mit der Agentur für Arbeit und der TG, die Möglichkeit eingeräumt, das Arbeitsverhältnis mit der TG längstens für die Dauer von sechs Monaten mit der TG (§ 3 Ziffer 1) ruhend zu stellen, um befristete Arbeitsverhältnisse bei neuen Arbeitgebern (Dritten) zu ermöglichen und das Risiko einer Probezeit abzusichern.

Der Arbeitnehmer kann innerhalb des vorstehend maximal definierten Ruhenszeitraums und wiederum begrenzt durch die Befristungsabrede gemäß § 3 Ziffer 1 dieses Vertrages am Tag nach der Beendigung des Arbeitsverhältnisses mit einem neuen Arbeitgeber (Dritten) in die beE „..." zu den Bedingungen dieses Vertrages zurückkehren. Der Anspruch auf Rückkehr in die TG besteht höchstens bis zum vereinbarten Ende des Arbeitsverhältnisses mit der TG. Die Zeit bei einem anderen Arbeitgeber wird auf die Verweildauer gemäß § 3 Ziffer 1 dieses Vertrages vollständig angerechnet. Eine Verlängerungsoption besteht nicht.

§ 9 Vertragsabschluss

1. Der Arbeitnehmer kann diesen Aufhebungs- und befristeten Arbeitsvertrag unterzeichnet bis spätestens …, … Uhr beim Betriebsrat abgeben.

2. Der Insolvenzverwalter sowie die TG können diesen Aufhebungs- und befristeten Arbeitsvertrag durch schriftliche Erklärung – Unterzeichnung des Vertrages – abschließen. Dies kann erst nach der Bewilligung von Transferkurzarbeitergeld iSd §§ 216b ff. SGB III sowie der Bereitstellung der notwendigen Mittel zur Finanzierung der übrigen Kosten erfolgen. Die Parteien kommen überein, dass die Unterzeichnung ab Vorliegen der vorgenannten Prämissen unverzüglich zu erfolgen hat Die Annahme kann nur gemeinsam durch den Insolvenzverwalter und die TG erfolgen.

§ 10 Schlussbestimmungen

1. Änderungen und Ergänzungen des Vertrages bedürfen der Schriftform. Die Aufhebung des Schriftformerfordernisses kann nur schriftlich erfolgen.

2. Alle im Zusammenhang mit dem befristeten Arbeitsverhältnis zwischen dem Arbeitnehmer und der TG bestehenden Ansprüche sind innerhalb einer Frist von 3 Monaten ab deren Fälligkeit schriftlich gegenüber der TG geltend zu machen. Nach Ablauf dieser Frist sind sie verfallen.

………, den……… ……… Arbeitnehmer
………, den……… ……… Firma
………, den……… ……… TG

§ 29. Insolvenzgeld

Das Insolvenzgeld (Insg) ist eine Sozialleistung iSe Entgeltersatzleistung im Rahmen des Arbeitsförderungsrechts nach dem SGB III. Es dient in erster Linie dem Schutz der im Inland beschäftigten Arbeitnehmerinnen und Arbeitnehmer (→ Rn. 11 ff.), die bei Zahlungsunfähigkeit ihres Arbeitgebers das ihnen zustehende Arbeitsentgelt insolvenzbedingt nicht erhalten. Darüber hinaus kann es dazu eingesetzt werden, Liquidität im Eröffnungsverfahren zu schaffen (→ Rn. 88 ff., 103 ff.). Maßgebend ist aber nicht die Insolvenz generell. Vielmehr muss ein bestimmtes Insolvenzereignis eingetreten sein (→ Rn. 21 ff.), wozu auch ausländische zählen (→ Rn. 61). Die Leistung ist allerdings beschränkt auf das ausgefallene Arbeitsentgelt in den letzten drei Monaten des Arbeitsverhältnisses vor dem Insolvenzereignis (sog Insolvenzgeld-Zeitraum) (→ Rn. 32 ff.). Gesichert wird ferner in diesem Rahmen der vom Arbeitgeber nicht abgeführte Gesamtsozialversicherungsbeitrag (→ Rn. 117ff.). Insg wird in Höhe des Nettoarbeitsentgelts bezahlt, jedoch maximal bis zur Höhe der monatlichen Beitragsbemessungsgrenze (→ Rn. 75ff.). Zuständig für die Leistung ist die Bundesagentur für Arbeit (→ Rn. 3, 145f.), bei der innerhalb einer Ausschlussfrist von zwei Monaten der Insg-Antrag einzureichen ist (→ Rn. 139ff.). Die Finanzierung erfolgt im Wege einer Umlage (U 3) allein bei den Arbeitgebern (→ Rn. 188ff.).

A. Vorbemerkung

1   Seit dem 1.1.1999 wird der **Arbeitnehmerschutz** im Falle der **Insolvenz** des Arbeitgebers durch das sog Insolvenzgeld (amtliche Abkürzung: Insg) nach dem Dritten Buch Sozialgesetzbuch („Arbeitsförderung") bewirkt (vgl. §§ 165 ff. SGB III).[1] Mit Einführung dieser Leistung[2] hat der Gesetzgeber das bis dahin geltende Recht des Konkursausfallgeldes (Kaug) nach dem Arbeitsförderungsgesetz (vgl. §§ 141b ff. AFG) zwar abgelöst, im Wesentlichen aber unverändert fortgeschrieben.[3] Er hat aber auch die Gelegenheit benutzt, einige wenige Akzente bei der Ausfallversicherung anders zu setzen. Der Grund hierfür lag im Allgemeinen in gewissen Unzulänglichkeiten, die sich bei der Umsetzung des Konkursausfallgeld-Rechts in der Praxis ergeben hatten. Die wichtigste gesetzliche Änderung erfolgte im Bereich der Vorfinanzierung von Arbeitsentgelten (vgl. § 170 Abs. 4 SGB III).[4] Von praktischer Bedeutung ist ferner die Vorschuss-Regelung (§ 168 SGB III).[5]

2   Danach haben Arbeitnehmerinnen und Arbeitnehmer[6] Anspruch auf Ersatz des ausgefallenen Arbeitsentgelts, soweit dieses bei Eintritt eines Insolvenzereignisses (→ Rn. 21) für die vorausgehenden drei Monate des Arbeitsverhältnisses noch offen steht. Entsprechend gesichert ist auch der auf diesen Zeitraum entfallende **Gesamtsozialversicherungsbeitrag** (§ 175 SGB III).

3   Sachlich zuständig für die Gewährung von Insolvenzgeld sind die Agenturen für Arbeit und die sonstigen Dienststellen der Bundesagentur für Arbeit (BA).[7]

---

[1] Die neue Nummerierung – bisher §§ 183 ff. – geht zurück auf das Gesetz zur Verbesserung der Eingliederungschancen am Arbeitsmarkt vom 20.12.2011, BGBl. 2011 I 2848 und ist mWz 1.4.2012 erfolgt. Eine *inhaltliche* Änderung war damit nicht verbunden. Der Gesetzgeber hat allerdings gewisse *sprachliche* „Korrekturen" vorgenommen, um dem Prinzip des Gender Mainstreaming Rechnung zu tragen, vgl. dazu näher Fn. 6.

[2] Parallel zum Inkrafttreten der InsO (G v. 5.10.1994, BGBl. 1994 I 2866); EGInsO, G v. 5.10.1994, BGBl. 1994 I 2911.

[3] Zu Einzelheiten des Reformprozesses vgl. bereits *Braun* SGb 1995, 521.

[4] Vgl. dazu ausführlich → Rn. 103 ff.

[5] Vgl. dazu näher → Rn. 88.

[6] Die mWz 1.4.2012 ausdrückliche Nennung auch der weiblichen Form im Gesetz ist offenbar dem Prinzip des Gender Mainstreaming geschuldet. Allerdings wurde das gesetzgeberische Anliegen nicht konsequent durchgeführt. Zwar gibt es inzwischen – jedenfalls im SGB III, nicht aber in der InsO – auch Insolvenzverwalterinnen (vgl. etwa § 316 SGB III). Dagegen ist es in anderen Fällen bei der ausschließlichen Verwendung der männlichen Form geblieben, etwa bei den Begriffen „Arbeitgeber" (zB in § 316 SGB III), „Erbe" (§ 165 Abs. 4 SGB III), „Gläubiger" oder „Pfandgläubiger" (zB in § 170 SGB III).

[7] Vgl. § 19 Abs. 1 Nr. 4 iVm Abs. 2 SGB I.

Nach der Terminologie des SGB III handelt es sich um eine Pflichtleistung der sog „passiven" Arbeitsförderung an Arbeitnehmer iSe **Entgeltersatzleistung** (§ 3 Abs. 1 iVm dem Vierten Kapitel, § 3 Abs. 2, Abs. 4 Nr. 5, § 165 Abs. 1 S. 1 SGB III).

In diesem Abschnitt werden neben den materiell-rechtlichen **Anspruchsvor-** **4** **aussetzungen** des Insolvenzgeldes auch das **Verfahren (mit praktischen Hinweisen)** bei der Geltendmachung vorgestellt. Besonders berücksichtigt werden dabei neben der (kollektiven) Vorfinanzierung der Arbeitsentgeltansprüche durch Dritte die insolvenzrechtliche Einordnung der auf die Arbeitsverwaltung übergehenden Arbeitsentgeltansprüche. Soweit die bisherige Rechtslage des AFG inhaltlich unverändert in das SGB III übernommen wurde, orientiert sich der rechtliche Teil des Beitrags an der zum Bereich des Konkursausfallgeldes ergangenen **Rechtsprechung** des BSG und des BAG.

B. Allgemeine Einführung

Aufgrund zivilrechtlicher Vorschriften sind Arbeitnehmerinnen und **Arbeit-** **5** **nehmer** in aller Regel zur **Vorleistung** verpflichtet, müssen also die vereinbarte Arbeitsleistung vorweg erbringen, wohingegen der Arbeitgeber das Arbeitsentgelt im Allgemeinen erst nach Ablauf eines vertraglich festgelegten Zeitabschnitts zu zahlen hat (vgl. § 614 BGB). **Zweck** der Insolvenzgeld-Versicherung ist es daher, Arbeitnehmer, die regelmäßig nicht in der Lage sind, für ihre Arbeitsleistung Sicherheiten zu fordern, für einen begrenzten Zeitraum bei **Lohnausfällen zu schützen** (zur Finanzierung vgl. → Rn. 188). Die Sicherung der rückständigen Arbeitsentgelt- bzw. Beitragsansprüche bei Insolvenz des Arbeitgebers ist anlässlich der Einführung des Konkursausfallgeldes (1974) nicht zugunsten der zahlungsunfähigen Unternehmen erfolgt. Ansonsten wäre das Insg im Rahmen des EU-Rechts eine möglicherweise unzulässige Beihilfe. Allerdings hatte das Gesetz zuweilen die Nebenfolge, dass die Arbeitnehmer unter bestimmten Umständen eher und eine längere Zeit dazu bereit waren, ohne Entgeltzahlung am Arbeitsverhältnis festzuhalten.[8] Damit eröffnete die Konkursausfallgeld-Regelung auch die Möglichkeit, dass das in die Krise geratene **Unternehmen** seine **Liquidität** wiedererlangt und damit **Arbeitsplätze** erhält. Die gleichen Überlegungen können auch der Konzeption des Insolvenzgeldes unterstellt werden.

C. Entwicklung des Insolvenzgeldes

Das Insolvenzgeld hat **sozialrechtlich** und auch **wirtschaftlich** gesehen seit **6** seiner Einführung als Konkursausfallgeld ganz erheblich an Bedeutung gewonnen. Dies beruhte in erster Linie auf der ständig steigenden Zahl der **Unternehmensinsolvenzen**. Dieser Anstieg wurde nicht zuletzt auch durch die Vereinigung der beiden deutschen Staaten geprägt. Gab es im Jahre 1991 noch rd. 9000 Unternehmensinsolvenzen, so hat sich diese Zahl in 2007 mit rd. 30 000

---

[8] BT-Drs. 7/1750, 10.

Insolvenzen mehr als verdreifacht (nach einem Höchststand von knapp 40 000 in 2003). Parallel dazu sind naturgemäß die **Ausgaben** für das Insolvenzgeld/Konkursausfallgeld stark angewachsen. Zwar wurde der ursprünglich durch den Gesetzgeber bei Inkrafttreten der Konkursausfallgeld-Regelung im Jahre 1974[9] erwartete Ansatz von 40 Mio. DM/Jahr[10] schon unmittelbar danach schnell überschritten. Aber auch die aktuellen Zahlen zeigen, wie weit man von den Vorstellungen von 1974 entfernt ist. Die BA veranschlagte in ihrem Haushalt im Jahre **1991** nämlich bereits **rd. 400 Millionen** DM. Im Jahre **2002** beliefen sich die Ausgaben für das Insolvenzgeld (bezogen auf rd. 455 000 bewilligte Leistungsanträge) auf **knapp 2 Mrd. EUR**. Inzwischen haben sich allerdings – entsprechend der stetig zurückgehenden Insolvenzzahlen – auch die Ausgaben für das Insolvenzgeld deutlich verringert. In 2015 beliefen sie sich nur noch auf rd. 654 Mio. EUR.

7   *Grafik 1: Entwicklung der Unternehmensinsolvenzen/Ausgaben*

Jahr	Zahl der Unternehmensinsolvenzen	Ausgaben für Insolvenzgeld (in Mio. EUR)
2003	39 320	1675
2004	39 213	1423
2005	36 843	1210
2006	30 357	836
2007	29 160	697
2008	30 100	654
2010	32 060	740
2012	28 720	982
2013	26 120	912
2014	24 030	694
2015	23 123	654

D. Gemeinschaftsrechtliche Aspekte

8   Inwieweit die (nationalen) Insolvenzgeld-Vorschriften des SGB III, und zwar insbesondere im Hinblick auf die Lage des Insolvenzgeld-Zeitraums, mit dem **Europäischen Gemeinschaftsrecht** kompatibel sind, war durch zwei Entscheidungen des EuGH aus dem Jahre 1997 fraglich geworden.[11] Bis dahin war man davon ausgegangen, dass mit dem Gesetz über Konkursausfallgeld aus dem Jahr 1974, das der Gesetzgeber 1999 mit den Insolvenzgeld-Vorschriften (§§ 183 ff. SGB III; seit 1.4.2012: §§ 165 ff.) im Wesentlichen fortgeschrieben hat, eine Re-

---

[9] Drittes AFG-Änderungsgesetz vom 17.7.1974, BGBl. 1974 I 1481.
[10] BT-Drs. 7/1750, 18.
[11] Vgl. dazu schon *Braun/Wierzioch* ZInsO 1999, 496.

gelung existierte, die der späteren **Insolvenzrichtlinie**[12] entsprach.[13] Die beiden **EuGH-Entscheidungen** vom 10.7.1997[14] betrafen zwar italienische Sachverhalte. Soweit darin jedoch allgemeine Aussagen getroffen werden, schienen sich gewisse Diskrepanzen zum deutschen Recht zu ergeben. Nach Auffassung des Gerichts ist nämlich der „Eintritt der Zahlungsunfähigkeit des Arbeitgebers" iSd Art. 3 Abs. 2 der Richtlinie der Zeitpunkt der **Stellung des Antrags auf Eröffnung** des Verfahrens zur gemeinschaftlichen Gläubigerbefriedigung, wobei die garantierte Leistung nicht vor der Entscheidung über die Eröffnung eines solchen Verfahrens beansprucht werden kann.[15] Würde man diesen Zeitpunkt für die Bestimmung des Insolvenzgeld-Zeitraums zu Grunde legen, wäre der sog „starke" vorläufige Verwalter iSd §§ 22 Abs. 1 Nr. 2, 157 InsO bei der Erfüllung seiner gesetzlichen Verpflichtung zur Unternehmensfortführung bis zum Berichtstermin beeinträchtigt, weil er auf das Instrumentarium der Vorfinanzierung von Arbeitsentgelten durch das Insolvenzgeld, auf das er regelmäßig angewiesen ist, nicht zurückgreifen könnte.[16]

Die Urteile des EuGH beruhen allerdings – wie bereits erwähnt – auf Besonderheiten des italienischen Rechts, die das deutsche Recht nicht kennt. Ein entsprechender Zwang zur Anpassung der Insolvenzgeld-Vorschriften scheidet schon deshalb aus, weil die deutsche Regelung **günstiger** ist als die in der Richtlinie festgelegten Mindestanforderungen.[17] Auch der Gesetzgeber sah damals jedenfalls keinen Handlungsbedarf. Nach Auffassung des SG Berlin[18] lässt sich ein unmittelbarer Anspruch auf erweitertes Konkursausfallgeld (jetzt: Insolvenzgeld) nicht aus Art. 3 der genannten Richtlinie ableiten.[19] Die oben (Fn. 12) erwähnte Richtlinie ist jedoch inzwischen durch Beschluss des Rates vom 27.6.2002 geändert worden. Insbesondere enthält sie nicht mehr den aus der Sicht des deutschen Rechts problematischen Begriff des „Eintritts der Zahlungsunfähigkeit". Vielmehr bleibt es nun den Mitgliedstaaten überlassen, den Zeitpunkt festzulegen, von dem aus sich der geschützte Ausfallzeitraum erstreckt (Art. 3 Abs. 2 nF). Damit hat sich der Streit, ob § 165 Abs. 1 SGB III mit dem Europäischen Gemeinschaftsrecht vereinbar sei, erledigt. Der Schluss-

9

---

[12] Richtlinie 80/987/EWG des Rates zur Angleichung der Rechtsvorschriften der Mitgliedstaaten über den Schutz der Arbeitnehmer bei Zahlungsunfähigkeit des Arbeitgebers vom 20.10.1980, ABl. 1980 L 283, S. 23. Zur Änderung der Richtlinie vgl. → Rn. 9.

[13] So ausdrücklich LSG Bayern Urt. v. 15.12.1998 – L 8 AL 242/97, NZS 2000, 50.

[14] C-373/95, ZIP 1997, 1658 – Maso und C-94/95, ZIP 1997, 1663 – Bonifaci; vgl. dazu *Steinwedel* DB 1998, 822.

[15] Zur Anrechnung von im Bezugszeitraum geleisteten Arbeitsentgeltzahlungen auf nichterfüllte Ansprüche iSv Art. 4 Abs. 2 der Richtlinie, die vor diesem Zeitraum liegen, vgl. EuGH Urt. v. 14.7.1998 – C 125/97, NZA 1998, 1109. Auf diese Entscheidung nimmt das LSG Niedersachsen Urt. v. 22.6.1999 – L 7 AL 32/99, ZInsO 2000, 174 ausdrücklich Bezug.

[16] So auch *Wimmer* ZIP 1997, 1635; ähnlich *Peters-Lange* ZIP 1999, 421. Zu Aufgaben und Befugnissen des vorläufigen Verwalters vgl. oben *Beck/Wimmer*, § 5 Rn. 25 ff. sowie *Heilmaier,* → § 4 Rn. 174 ff.

[17] Vgl. Art. 9 der Richtlinie iVm EuGH Urt. v. 10.7.1997 – C-373/95 Ziff. 53, ZIP 1997, 1658.

[18] Urt. v. 18.9.1998 – S 58 Ar 927/98, DZWIR 1999, 331.

[19] Ebenso *Berscheid* ZInsO 2000, 135.

antrag des Generalanwalts des EuGH vom 2.7.2002 in der Rechtssache C-160/01 ist somit überholt.[20] Die Mitgliedstaaten besitzen gegenüber bisher aber nicht nur einen größeren Spielraum bezüglich der Lage des Ausfallzeitraums, sondern auch im Hinblick auf dessen Dauer (vgl. Art. 4 Abs. 2 nF).[21]

E. Anspruchsvoraussetzungen

10 Gem. § 165 Abs. 1 S. 1 SGB III haben Anspruch auf Insolvenzgeld Arbeitnehmerinnen und Arbeitnehmer, sofern eines der in § 165 Abs. 1 S. 2 SGB III genannten Insolvenzereignisse vorliegt (→ Rn. 21) – das kann auch ein **ausländisches** sein (§ 165 Abs. 2 S. 1 SGB III) – und sie im Zeitpunkt der Antragstellung für den sog Insolvenzgeld-Zeitraum (→ Rn. 32) noch Ansprüche auf Arbeitsentgelt gegen ihren Arbeitgeber haben. Zusätzlich muss grundsätzlich ein **inländisches** Beschäftigungsverhältnis gegeben sein (vgl. § 165 Abs. 1 S. 3 SGB III)[22] – unabhängig davon, wo der Arbeitgeber seinen Sitz hat. Dies gilt – anders als beim früheren Konkursausfallgeld – auch für die Sonderregelung des § 165 Abs. 4 SGB III (Weiterarbeit/Arbeitsaufnahme in Unkenntnis des Insolvenzereignisses). Allerdings muss der Arbeitnehmer – trotz § 30 Abs. 1 SGB I – im Inland keinen Wohnsitz haben. Die Regelungen über die Ausstrahlung (vgl. §§ 4, 6 SGB IV) sind vielmehr nach der Rechtsprechung des BSG in modifizierter Form anzuwenden. Als Grundsatz gilt, dass ein im Sinne von § 4 SGB IV ins Ausland **entsandter Arbeitnehmer** bei Insolvenz seines inländischen Arbeitgebers in der Regel auch Anspruch auf Insolvenzgeld hat.[23] Darüber hinaus kann ein Anspruch aber auch bestehen, wenn nicht alle Voraussetzungen einer „Entsendung" erfüllt sind. Dies kann zB der Fall sein, wenn der Arbeitnehmer im Ausland den inländischen Arbeitgeber gewechselt hat und nur für ein Arbeitsverhältnis im Ausland eingestellt worden ist, ohne einen inländischen Wohnsitz oder gewöhnlichen Aufenthalt zu haben. Zusätzlich wird nach der Rechtsprechung des BSG in diesem Fall aber gefordert, dass der im Ausland beschäftigte Arbeitnehmer, jedenfalls ursprünglich, in ein Gebiet außerhalb des Geltungsbereichs des SGB III entsandt wurde[24] und erhebliche **Berührungspunkte** zur **deutschen Rechtsordnung** hat, aus denen zu folgern ist, dass der Schwerpunkt der rechtlichen und tatsächlichen Merkmale des Arbeitsverhältnisses im Inland lag.[25] Dazu gehören etwa Anwendung des inländischen Tarifvertrages, Vereinbarung der Vergütung in inländischer Währung, Gewährung von Heimaturlaub, Vereinbarung eines deutschen Gerichtsstandes für Rechts-

---

[20] Vgl. ZIP 2002, 1253 ff.
[21] Inzwischen liegt mit der Richtlinie 2008/94/EG vom 22. Oktober 2008 über den Schutz der Arbeitnehmer bei Zahlungsunfähigkeit des Arbeitgebers eine kodifizierte Fassung vor (ABl. 2008 L 283/36).
[22] Neufassung durch das Gesetz zur Reform der arbeitsmarktpolitischen Instrumente (Job-AQTIV-Gesetz) vom 10.12.2001, BGBl. 2001 I 3443. Zur inländischen Beschäftigung vgl. ferner §§ 3 und 7 SGB IV.
[23] Zu Sachverhalten mit Auslandsberührung vgl. → Rn. 61 ff.
[24] BSG Urt. v. 23.2.1994 – 10 RAr 8/93, SozR 3–4100 § 141b Nr. 9.
[25] BSG Urt. v. 21.9.1983 – 10 RAr 6/82, ZIP 1984, 469 und BSG Urt. v. 29.2.1984 – 10 RAr 20/82, BSGE 56, 201.

§ 29. Insolvenzgeld

streitigkeiten. **Ortskräfte,** die für inländische Arbeitgeber im Ausland tätig sind, **ohne** dass der Schwerpunkt des Arbeitsverhältnisses im Inland liegt und die daher auch nicht dem deutschen Sozialversicherungsrecht unterliegen, haben grundsätzlich keinen Anspruch auf Insolvenzgeld (vgl. aber → Rn. 61 ff.).

I. Begriff des Arbeitnehmers/der Arbeitnehmerin und des Arbeitgebers

1. Arbeitnehmer/Arbeitnehmerin

Nach § 165 Abs. 1 S. 1 SGB III haben nur **Arbeitnehmer** bzw. **Arbeitnehmerinnen**[26] Anspruch auf Insolvenzgeld. Eine Legaldefinition des Begriffs des Arbeitnehmers ist in den Vorschriften über das Insolvenzgeld allerdings nicht enthalten. Da das Insolvenzgeld jedoch die Funktion einer Entgeltersatzleistung (vgl. § 3 Abs. 4 Nr. 5 SGB III) erfüllt, liegt es nahe, vom traditionellen arbeitsrechtlichen Arbeitnehmerbegriff[27] auszugehen, so wie er sich in der einschlägigen Literatur und der Judikatur des **BAG** entwickelt hat – zumal der Bezug von Insolvenzgeld gerade **nicht** daran geknüpft ist, dass der Antragsteller/Arbeitnehmer der Beitragspflicht zur Sozialversicherung unterliegt. Darüber hinaus findet § 7 Abs. 1 SGB IV entsprechende Anwendung. Danach ist Beschäftigung die **nicht selbstständige Arbeit,** insbesondere in einem Arbeitsverhältnis. Deshalb können für die Abgrenzung Arbeitnehmer/Selbständiger bereits nach der Rechtsprechung des **BSG** zum Konkursausfallgeld grundsätzlich die Merkmale herangezogen werden, wie sie in den Vorschriften über die **Versicherungspflicht** zur Kranken-, Renten- und Arbeitslosenversicherung (§§ 24 ff. SGB III) verwendet werden.[28] Für die Bestimmung des individuellen Insolvenzgeld-Zeitraums (→ Rn. 32 ff.) ist allerdings das Ende des Arbeitsverhältnisses vor dem Insolvenzereignis maßgebend und nicht das ggf. davon abweichende Ende des Beschäftigungsverhältnisses.

11

Arbeitnehmer ist also, wer eine **Erwerbstätigkeit in persönlicher Abhängigkeit** zu einem Arbeitgeber ausübt. Persönlich abhängig ist bei einer Beschäftigung in einem fremden Betrieb der Beschäftigte, der in den Betrieb eingegliedert ist und dem Weisungsrecht des Arbeitgebers unterliegt, das Zeit, Dauer, Ort und Art der Arbeitsausführung umfasst (vgl. § 106 GewO). Kennzeichnend für eine selbstständige Tätigkeit ist dagegen das eigene Unternehmerrisiko, die Verfügungsmöglichkeit über die eigene Arbeitskraft und die Möglichkeit, frei über Arbeitsort und Arbeitszeit zu bestimmen (vgl. auch § 84 Abs. 1 S. 2

12

---

[26] Zur Begrifflichkeit vgl. oben Fn. 6. Zur besseren Lesbarkeit wird im Folgenden lediglich die männliche Form verwendet.
[27] Zutr. *Brand/Kühl* SGB III § 165 Rn. 9; ebenso *Kreikebohm/Spellbrink/Waltermann/ Mutschler* Kommentar zum Sozialrecht § 165 SGB III Rn. 3; aA *Schaub/Koch* Arbeitsrechts-Handbuch § 94 Rn. 3; *Bichlmeier/Wroblewski,* Das Insolvenzhandbuch für die Praxis, Teil 11 Rn. 5; *Banafsche/Körtek ua/Schön* LPK-SGB III § 165 Rn. 9 (für den Begriff des Arbeitgebers soll dagegen die arbeitsrechtliche Betrachtungsweise maßgebend sein, aaO Rn. 23). Zum arbeitsförderungsrechtlichen Arbeitnehmerbegriff vgl. schon BSG Urt. v. 4.7.2007 – B 11a AL 5/06, BeckRS 2007, 47898.
[28] BSG Urt. v. 7.9.1988 – 10 RAr 13/87, SozR 4100 § 141b Nr. 41; BSG Urt. v. 30.1.1997 – 10 RAr 6/95, SozR 3–4100 § 141b Nr. 17; BSG Urt. v. 23.9.1982 – 10 RAr 10/81, ZIP 1983, 103.

HGB).[29] Auch **Studenten, Schüler** und andere **geringfügig Beschäftigte** iSd § 8 SGB IV haben folglich dem Grunde nach Anspruch auf Insolvenzgeld. Auf den Umfang und die Dauer der Beschäftigung sowie die Frage, ob der Antragsteller künftig als Arbeitnehmer tätig werden will, kommt es nicht an. Zu den Arbeitnehmern im Sinne des § 165 Abs. 1 S. 1 SGB III gehören auch die **zur Berufsausbildung Beschäftigten** und die **Heimarbeiter** (vgl. § 25 Abs. 1 iVm §§ 13, 14 SGB III), aber nicht die Hausgewerbetreibenden (vgl. § 12 Abs. 1 SGB IV iVm § 2 HAG).

13 **Handelsvertreter** (§§ 84 ff. HGB) sind, soweit sie ihr Gewerbe selbstständig betreiben, keine Arbeitnehmer. Es spielt dabei keine Rolle, ob sie – wie im Regelfall – selbst die Kaufmannseigenschaft besitzen oder (als Kleingewerbetreibende) keine Kaufleute sind (vgl. §§ 1, 2 HGB). Etwas anderes mag allenfalls gelten, wenn sie als Einfirmenvertreter („arbeitnehmerähnliche" Handelsvertreter) tätig sind und daher arbeitsrechtlich besonderen Schutz genießen (vgl. § 5 Abs. 3 ArbGG).

2. Arbeitgeber

14 Der Begriff des **Arbeitgebers** ist in den Vorschriften über das Insolvenzgeld ebenfalls nicht näher definiert. Sinn und Zweck des Gesetzes rechtfertigen es aber, den Arbeitgeberbegriff in diesem Zusammenhang grundsätzlich im gleichen Sinne auszulegen wie im Arbeitsrecht. Danach ist derjenige als Arbeitgeber anzusehen, dem die Arbeitsleistung geschuldet wird und der das Arbeitsentgelt zu zahlen hat.[30] Dabei kann es sich um eine natürliche oder juristische Person des Privatrechts handeln.

15 Soweit der Arbeitgeber eine **Personengesellschaft** des Handelsrechts (OHG, KG) ist, kommt es entscheidend auf die Insolvenz der Gesellschaft an und nicht lediglich auf die der Komplementäre. Ähnliches gilt für die BGB-Gesellschaft (§§ 705 ff. BGB), die ebenfalls insolvenzfähig ist (§ 11 Abs. 2 Nr. 1 InsO). Eine erweiternde Auslegung des Arbeitgeberbegriffs, durch die zusätzlich Personen eingeschlossen werden, die **haftungsrechtlich** vom Arbeitnehmer in Anspruch genommen werden können, entspricht nicht dem Schutzzweck der Ausfallversicherung.[31]

3. Einzelfragen

16 a) **Personen nach § 2 S. 1 Nr. 9 SGB VI.** Diese haben zwar einen **arbeitnehmerähnlichen** Status, sie werden aber auch nach der Rechtsänderung weiterhin als tatsächlich selbstständig Tätige behandelt. Allein die Einbeziehung dieses Personenkreises in die gesetzliche Rentenversicherungspflicht begründet demnach **keinen** Anspruch auf Insolvenzgeld.

---

[29] Vgl. BAG Urt. v. 11.8.2015 – 9 AZR 98/14, BeckRS 2015, 73319; BAG Beschl. v. 17.9.2014 – 10 AZB 43/14, ZIP 2015, 247; BAG Urt. v. 15.2.2012 – 10 AZR 301/10, BeckRS 2012, 69452; ferner *Schaub/Vogelsang* Arbeitsrechts-Handbuch § 8 I 1; *Reinecke* NZA 1999, 729.
[30] BSG Urt. v. 28.6.1983 – 10 RAr 26/81, BSGE 55, 195 = ZIP 1983, 1224.
[31] So BSG Urt. v. 10.8.1988 – 10 RAr 10/86, SozR 1300 § 45 Nr. 38; zust. *Gagel/Peters-Lange* SGB III § 165 Rn. 30.

b) GmbH-Geschäftsführer. Arbeitsrechtlich sind **GmbH-Geschäftsführer** 17
bereits wegen ihrer Organstellung zwar keine Arbeitnehmer – unabhängig davon, ob sie als Fremdgeschäftsführer oder als Gesellschafter-Geschäftsführer tätig sind.[32] Sozialrechtlich bedeutet dies jedoch nicht zwingend, dass sie auch aus dem Schutz des Insg herausfallen. Jedenfalls **Gesellschafter-Geschäftsführer** oder mitarbeitende Gesellschafter einer GmbH gehören dann zum berechtigten Personenkreis, wenn sie in einem **abhängigen Beschäftigungsverhältnis** zur Gesellschaft stehen. Ein abhängiges Beschäftigungsverhältnis zur GmbH liegt nach der ständigen Rechtsprechung des BSG vor, wenn die Gesellschafter
- funktionsgerecht dienend am Arbeitsprozess der GmbH teilhaben,
- für ihre Beschäftigung ein entsprechendes Arbeitsentgelt erhalten und
- keinen maßgeblichen Einfluss auf die Geschicke der Gesellschaft, insbesondere kraft eines etwaigen Anteils am Stammkapital, geltend machen können.[33]

Praxishinweis: Ob ein Geschäftsführer einer GmbH als Arbeitnehmer zu betrachten ist, hängt vom Inhalt der jeweiligen Verträge sowie den tatsächlichen Verhältnissen ab. Insoweit kann auf die Kriterien bei der Prüfung der Versicherungspflicht zur Sozialversicherung (vgl. etwa § 25 Abs. 1 SGB III) verwiesen werden. Grundsätzlich entscheidet die Deutsche Rentenversicherung Bund, ob eine Beschäftigung vorliegt (§ 7a SGB IV). An diese Feststellung ist die Arbeitsagentur leistungsrechtlich gebunden (§ 336 SGB III). In allen Fällen, in denen eine Feststellungsentscheidung nicht vorliegt, ist die Arbeitnehmereigenschaft von der Arbeitsagentur zu prüfen (vgl. dazu den amtlichen Feststellungsbogen „Gesellschafter-Geschäftsführer" im Internet unter www.arbeitsagentur.de).

Vorstandsmitglieder einer Aktiengesellschaft genießen dagegen eine unter- 18
nehmerähnliche, unabhängige Stellung im Unternehmen und haben deshalb schlechthin keinen Anspruch auf Insolvenzgeld[34] – unabhängig davon, ob sie am Kapital des Unternehmens beteiligt sind. Auf eine Abgrenzung im Einzelfall kommt es hier also nicht an. Sie sind im Übrigen versicherungsfrei nach § 27 Abs. 1 Nr. 5 SGB III.

c) Arbeitnehmer in Altersteilzeit. Auch in **Altersteilzeitarbeit** beschäftigte 19
Arbeitnehmer haben bei Vorliegen der sonstigen Voraussetzungen Anspruch auf Insolvenzgeld, da es sich bei diesem Vertragsverhältnis um ein reguläres Arbeitsverhältnis handelt. Im Rahmen sog Blockmodelle (mit in der Regel verstetigtem Monatsentgelt) kann Insolvenzgeld allerdings nur insoweit bean-

---

[32] Vgl. § 5 Abs. 1 S. 3 ArbGG; § 14 Abs. 1 Nr. 1 KSchG. Zur Arbeitnehmereigenschaft eines GmbH-Geschäftsführers vgl. ferner BAG Beschl. v. 17.9.2014 – 10 AZB 43/14, NJW 2015, 572 mAnm *Plagemann* EWiR 6/2015, 199; BAG Urt. v. 17.4.2013 – 10 AZR 272/12, BeckRS 2013, 70391; OLG München Beschl. v. 27.10.2014 – 7 W 2097/14, BeckRS 2014, 20148; *Schulze/Hintzen* ArbRAktuell 2012, 332810.
[33] BSG Urt. v. 5.2.1998 – B 11 AL 71/97, NZS 1998, 492; BSG Urt. v. 7.9.1988 – 10 RAr 13/87, SozR 4100 § 141b Nr. 41. Vgl. ferner BSG Urt. v. 14.12.1999 – B 2 AL 48/98, BB 2000, 674 (im Rahmen der gesetzlichen Unfallversicherung); LSG Baden-Württemberg Urt. v. 26.4.2012 – L 11 KR 2769/11, BeckRS 2012, 71687; LSG Berlin-Brandenburg Beschl. v. 19.6.2013 – L 8 AL 211/11, BeckRS 2012, 71031. Zur versicherungsrechtlichen Beurteilung von Gesellschafter-Geschäftsführern einer GmbH vgl. B+P 9/14 S. 640.
[34] BSG Urt. v. 22.4.1987 – 10 RAr 5/86, NZA 1987, 614 = BSGE 61, 282.

sprucht werden, als es sich um rückständige Arbeitsentgeltansprüche für den Insolvenzgeld-Zeitraum handelt. Dh, dass bei Eintritt des Insolvenzereignisses sowohl in der Arbeits- als auch in der Freistellungsphase Insolvenzgeld gleichermaßen nur für das Arbeitsentgelt beansprucht werden kann, das der Arbeitgeber für die Teilzeitarbeit schuldet (vgl. § 7 Abs. 1a SGB IV und → Rn. 52, 53). Zusätzlich wird jedoch (in der arbeitsrechtlich geschuldeten Höhe) auch der Aufstockungsbetrag zum Teilzeitarbeitsentgelt erstattet. Der nach § 7a SGB IV und § 8a Altersteilzeitgesetz gesetzlich geforderte Insolvenzschutz auf arbeitsrechtlicher Basis bleibt unberührt.

d) Einstellung von Arbeitnehmern nach Eröffnungsantrag. Ob Arbeitnehmer, die erst **nach** dem Eröffnungsantrag vom vorläufigen Verwalter eingestellt werden, bei Vorliegen der übrigen Voraussetzungen Anspruch auf Insolvenzgeld haben, ist umstritten. Nach Auffassung der **BA**[35] ist jedenfalls in Anwendung des Rechtsgedankens des § 98 Abs. 1 Nr. 1b SGB III folgendermaßen zu differenzieren: Sofern sie eine sog **Schlüsselposition** innehaben und ihre Einstellung zwingend notwendig war, um die unmittelbare Betriebsschließung zu verhindern, haben sie grundsätzlich einen Anspruch auf Insg. Soll die Neueinstellung dagegen der Bewältigung von Kapazitätsengpässen bzw. der Produktionsausweitung dienen, kommt für diese Personen ein Insg-Anspruch nicht in Betracht. Begründet wird dieses Ergebnis vor allem damit, dass derartige Einstellungen letztlich auf eine Belastung der Versichertengemeinschaft (Insolvenzgeldumlage, § 358 SGB III) abzielten, da bereits bei Vertragsschluss feststehe, dass das Arbeitsentgelt nicht gezahlt werde. Diese Einschätzung stößt in der Rechtsprechung der **Sozialgerichtsbarkeit** jedoch auf (fast) einhellige Ablehnung, da sich ein kompletter Ausschluss eines Insg-Anspruchs in diesen Fällen weder aus dem Wortlaut noch aus der Systematik oder dem Sinn und Zweck des Gesetzes ergebe. Eine entsprechende Anwendung des § 165 Abs. 3 sei ebenfalls nicht möglich, so dass es auch auf eine Kenntnis des Arbeitnehmers, dass das Insolvenzverfahren durch die Anordnung der vorläufigen Verwaltung durch das Insolvenzgericht eingeleitet bzw. ein Antrag auf Einleitung eines Insolvenzverfahrens durch den Arbeitgeber gestellt worden sei, *nicht* ankomme.[36]

20 **e) Erben.** § 165 Abs. 4 SGB III bezieht die **Erben** als materiell Anspruchsberechtigte in den durch die Insolvenzgeld-Regelung geschützten Personenkreis ein. Ein Anspruch auf Insolvenzgeld besteht daher zB auch dann, wenn der Arbeitnehmer vor dem Insolvenzereignis gestorben ist. Damit kann der Erbe wie ein Arbeitnehmer (→ Rn. 11) auf der Grundlage der §§ 165 ff. SGB III einen eigenen Anspruch geltend machen, soweit er Inhaber der nicht erfüllten Arbeitsentgeltansprüche des verstorbenen Arbeitnehmers geworden ist (vgl. auch → Rn. 47). Die Regelungen des § 170 bzw. § 171 SGB III über die Übertragung von Ansprüchen auf Arbeitsentgelt oder Insolvenzgeld (→ Rn. 99) finden insoweit **keine** Anwendung.

---

[35] Durchführungsanweisungen (DA) der BA zu § 165 SGB III Ziff. 2.2 Abs. 14.
[36] So ausdrücklich LSG Baden-Württemberg Urt. v. 24.5.2016 – L 13 AL 1503/15, ZInsO 2016, 1336; ferner LSG Sachsen Urt. v. 18.12.2014 – L 3 AL 13/13, NZI 2015, 522; ebenso SG Kassel Urt. v. 7.11.2012 – S 7 AL 43/12, BeckRS 2013, 65755 und LSG Baden-Württemberg Urt. v. 6.2.2009 – L 8 AL 4096/06, NZS 2010, 163.

II. Insolvenzereignis

Der Begriff des Insolvenzereignisses, obwohl in Literatur und Rechtsprechung bereits früher häufig verwendet, ist erst mit der Einführung des Insolvenzgeldes gesetzlich definiert worden. Nach § 165 Abs. 1 S. 2 SGB III handelt es sich dabei entweder um die **Eröffnung** des Insolvenzverfahrens über das Vermögen des Arbeitgebers (Nr. 1), um die **Abweisung** des Antrags auf Eröffnung des Insolvenzverfahrens **mangels Masse** (Nr. 2) oder um die **vollständige Beendigung der Betriebstätigkeit** im Inland unter den dort genannten weiteren Voraussetzungen (Nr. 3). Der Eintritt eines derartigen Insolvenzereignisses setzt grundsätzlich die **Insolvenzfähigkeit** des Arbeitgebers, also die rechtliche Fähigkeit, in einem Insolvenzverfahren Schuldner zu sein, voraus. Sie beurteilt sich nach §§ 11, 12 InsO. Insolvenzfähig sind insbesondere natürliche Personen, juristische Personen (zB AG, GmbH, aber auch die englische Limited), Gesellschaften ohne Rechtspersönlichkeit (zB OHG, KG, BGB-Gesellschaft, Genossenschaften, Vorgesellschaften). Nicht insolvenzfähig ist dagegen eine Wohnungseigentümergemeinschaft (§ 11 Abs. 3 WEG). Sie ist daher auch nicht umlagepflichtig im Rahmen der Insg-Finanzierung nach § 358 SGB III.[37]

21

Anzuerkennen sind dabei nicht nur inländische Insolvenzereignisse, also für den Fall, dass der Schuldner im Inland seinen allgemeinen Gerichtsstand hat (§ 3 Abs. 1 S. 1 InsO). Gem. § 165 Abs. 1 S. 3 SGB III wird nämlich ein Insolvenzgeld-Anspruch inzwischen[38] für einen im Inland beschäftigten Arbeitnehmer auch dann begründet, wenn ein **ausländisches** Insolvenzereignis vorliegt (vgl. dazu näher → Rn. 61). Eines Rückgriffs auf die ausdrückliche gesetzliche Regelung im deutschen (internationalen) Insolvenzrecht bedarf es insoweit nicht mehr. Gemäß Art. 102 Abs. 1 S. 1 EGInsO erfasst nämlich ein ausländisches Insolvenzverfahren auch das im Inland befindliche Vermögen des Schuldners. Nach Auffassung des BSG[39] bezieht sich die Vorschrift allerdings nur auf in Deutschland belegenes Vermögen und privatrechtliche Ansprüche deutscher Gläubiger. Sie besage aber nichts über die Anspruchsvoraussetzungen für die deutsche Ausfallversicherung.

22

1. Eröffnung des Insolvenzverfahrens

Im Fall des § 165 Abs. 1 S. 2 **Nr. 1** SGB III tritt das Insolvenzereignis an dem Tag (sog Insolvenztag) ein, an dem das **Insolvenzverfahren** über das Vermögen

24

---

[37] BSG Urt. v. 23.10.2014 – B 11 AL 6/14, NZI 2015, 383 (mAnm *Bieback* SGb 2015, 562). Zur Insolvenzfähigkeit vgl. → *Ampferl/Kilper*, § 2 Rn. 1 ff. sowie → *Beck*, § 1 Rn. 22 ff.

[38] Neufassung des § 183 (jetzt: § 165) SGB III mWz 1.1.2002 auf Grund des sog Job-AQTIV-Gesetzes.

[39] BSG Urt. v. 29.6.2000 – B 11 AL 75/99, SozR 3–4100 § 141a Nr. 3 (mAnm *Braun* SGb 2001, 324). Der Gesetzgeber hat inzwischen auf Grund der Verordnung (EG) Nr. 1346/2000 des Rates vom 29.5.2000 über Insolvenzverfahren (EuInsVO, vgl. ABl. 2000 L 160), die am 31.5.2002 in Kraft getreten ist, das deutsche internationale Insolvenzrecht geändert (vgl. Art. 102 EGInsO). Sie wurde neu gefasst durch die Verordnung (EU) 2015/848 des europäischen Parlaments und des Rates vom 20. Mai 2015 über Insolvenzverfahren, ABl. 2015 L 141/19.

des Arbeitgebers **eröffnet** worden ist. Der Beschluss ist öffentlich bekannt zu machen (§ 30 InsO). Dies geschieht gem. § 9 Abs. 1 InsO durch eine zentrale und länderübergreifende Veröffentlichung im Internet.[40] Die Einführung des Begriffs Insolvenztag erscheint sinnvoll im Hinblick auf die Berechnung des Insolvenzgeld-Zeitraums (vgl. dazu → Rn. 32 ff.).

2. Abweisung mangels Masse

25 Im Fall des § 165 Abs. 1 S. 2 **Nr. 2** SGB III ist der Insolvenztag derjenige Tag, an dem der Antrag auf Eröffnung des Insolvenzverfahrens über das Vermögen des Arbeitgebers **mangels Masse abgewiesen** worden ist (§ 26 InsO). Auch dieser Beschluss ist öffentlich bekannt zu machen (§ 26 Abs. 1 S. 3 InsO). Ferner wird der Schuldner in das Schuldnerverzeichnis nach § 882b ZPO eingetragen (§ 26 Abs. 2 InsO). Darüber hinaus ist der Arbeitgeber verpflichtet, den Betriebsrat bzw. die Arbeitnehmer über den Abweisungsbeschluss unverzüglich (§ 121 Abs. 1 S. 1 BGB) zu informieren (§ 165 Abs. 5 SGB III).[41] Diese Verpflichtung lässt sich allerdings nicht (mehr) mit der fehlenden Publizität des Abweisungsbeschlusses begründen.[42] Jedenfalls genügt die Abweisung eines Insolvenzantrages aus anderen Gründen (zB wegen Unzulässigkeit oder die Zurückweisung eines Insolvenzantrages wegen Fehlens eines Insolvenzgrundes) **nicht**.

3. Vollständige Beendigung der Betriebstätigkeit

26 Im Fall des § 165 Abs. 1 S. 2 **Nr. 3** SGB III (Auffangtatbestand) liegt das Insolvenzereignis an dem Tag vor, an dem die Betriebstätigkeit im Inland **vollständig beendet** war, wenn bis zu diesem Zeitpunkt ein Antrag auf Eröffnung des Insolvenzverfahrens nicht gestellt worden ist und ein solches Verfahren **offensichtlich mangels Masse** nicht in Betracht kam.[43] Zumindest bei Aufnahme bzw. Beginn der betrieblichen Tätigkeit muss die Zahlungsfähigkeit also noch bestanden haben, dh der zur Insolvenz führende Vermögensverfall darf erst später – nämlich erst während der betrieblichen Tätigkeit – eingetreten sein.[44] Als Tag der vollständigen Beendigung der Betriebstätigkeit ist der Tag anzusehen, an dem die letzte dem Betriebszweck dienende Tätigkeit für dauernd nicht wieder aufgenommen worden ist. Maßgebender Insolvenztag in diesem Sinne ist daher stets der Kalendertag, der auf den Tag folgt, an dem die letzte dem Betriebszweck dienende Tätigkeit tatsächlich stattgefunden hat, und zwar auch dann, wenn diese keine volle Arbeitsschicht umfasst. Dies kann auch ein Sonntag, Feiertag, arbeitsfreier Samstag oder ein sonstiger betriebsüblich arbeitsfreier Werktag sein. Nachfolgende Abwicklungsarbeiten bleiben unbe-

---

[40] Zu finden unter www.insolvenzbekanntmachungen.de.
[41] Aus der Fürsorgepflicht des Arbeitgebers soll sich über § 165 Abs. 5 SGB III hinaus eine Mitteilungspflicht auch bei Verfahrenseröffnung ergeben, so FK-InsO/*Mues* Anhang zu § 113 Rn. 75.
[42] So aber noch *Gagel/Peters-Lange* SGB III § 165 Rn. 135 und BeckOK/*Plössner* § 165 SGB III Rn. 51.
[43] BSG Urt. v. 17.7.1979 – 12 RAr 15/78, BSGE 48, 269 = ZIP 1980, 126.
[44] Vgl. LSG Schleswig-Holstein Urt. v. 3.6.2004 – L 3 AL 73/03 Beck RS 2004, 13315.

rücksichtigt. Die Betriebstätigkeit muss mit der Absicht der dauernden Beendigung eingestellt worden sein. Eine spätere **erneute betriebliche Betätigung** des Arbeitgebers ist grundsätzlich irrelevant.[45] Eine Löschung im Handelsregister oder in sonstigen Registern ist nicht erforderlich. Sie kann jedoch ein Anhaltspunkt für die Beendigung der Betriebstätigkeit sein. Beendigung der Betriebstätigkeit ist bei einem **Inhaberwechsel** bereits die Beendigung der Tätigkeit des alten Arbeitgebers (subjektive Betrachtungsweise). Eine Unterbrechung der betrieblichen Funktionen ist in diesem Fall nicht erforderlich. Unter der vollständigen Beendigung der Betriebstätigkeit ist die vollständige Beendigung der **gesamten** betrieblichen Betätigung des Arbeitgebers zu verstehen. Die Einstellung der Tätigkeit eines einzelnen Betriebes ist deshalb dann nicht ausreichend, wenn der Arbeitgeber **offensichtlich** andere Betriebe weiterführt.[46]

Das Erfordernis der **offensichtlichen Masseunzulänglichkeit** bedeutet nicht, 27 dass hinsichtlich der Höhe der vorhandenen Masse letzte Klarheit bestehen muss (die Massekostendeckung kann letztendlich nur vom Insolvenzgericht sachkundig beurteilt werden). Es genügt insoweit vielmehr, wenn alle äußeren Tatsachen und insofern der **Anschein** für die Masseunzulänglichkeit sprechen.[47] Ein Insolvenzverfahren kommt daher schon dann **offensichtlich** mangels Masse nicht in Betracht, wenn die Entgeltzahlung mit dem Hinweis auf die Insolvenz unterblieben ist und alle übrigen Umstände des Einzelfalles der Masseunzulänglichkeit nicht entgegenstehen. Dabei ist es ausreichend, wenn der Arbeitgeber die Nichtzahlung des Arbeitsentgelts nur gegenüber einem **Teil** der Belegschaft ausdrücklich mit Zahlungsunfähigkeit begründet hat. Auf die Höhe der Entgeltrückstände kommt es dagegen nicht an. Weitere Feststellungen hinsichtlich der offensichtlichen Masseunzulänglichkeit sind seitens der Arbeitsverwaltung allerdings dann erforderlich, wenn nach dem bereits vorliegenden Sachverhalt der Anschein **gegen** die Masseunzulänglichkeit spricht (zB wenn sich der Arbeitgeber unter Mitnahme sämtlicher Vermögenswerte ins Ausland abgesetzt hat).[48] In den Fällen, in denen über das Vermögen einer Kapitalgesellschaft kein Insolvenzeröffnungsverfahren durchgeführt wurde, ist zu prüfen und festzustellen, ob der zahlungsunfähigen Gesellschaft noch Ansprüche gegen den Geschäftsführer nach § 64 Abs. 2 GmbHG zustehen, sofern für solche Ansprüche Anhaltspunkte erkennbar sind. Wurden aktive Vermögenswerte von der Geschäftsführung oder von den Gesellschaftern kompensationslos zu Lasten des schuldnerischen Unternehmens übertragen oder sind sie in das Vermögen der Gesellschafter gelangt, stehen dem schuldnerischen Unternehmen entsprechende Ersatzansprüche gegen die handelnden Organe mit der Folge zu, dass der Tatbestand der offensichtlichen Masselosigkeit nicht bejaht werden kann. Gleiches gilt in den Fällen der **Firmenbestattung**, in denen die Geschäftsführung oder die Gesellschafter Dritte mit der „stillen" Beseitigung einer zahlungsunfähigen oder überschuldeten Gesellschaft gegen Vergütung beauftragt haben. Das Verfahren der Firmenbestattungen verstößt gegen die Vorschriften des Gesellschaftsrechts über die ordnungsgemäße Liquidierung einer Gesell-

---

[45] BSG Urt. v. 29.2.1984 – 10 RAr 14/82, ZIP 1984, 1123.
[46] BSG Urt. v. 29.2.1984 aaO.
[47] BSG Urt. v. 23.11.1981 – 10/8b RAr 6/80, BSGE 53, 1 = ZIP 1982, 469.
[48] BSG Urt. v. 22.9.1993 – 10 RAr 9/91, ZIP 1993, 1716.

schaft. Das Insolvenzereignis im Sinne des § 165 Abs. 1 S. 2 Nr. 3 SGB III kann in diesen Fällen regelmäßig nicht festgestellt werden.[49]

4. Sperrwirkung

28 Erfolgt nach einer Abweisung des Insolvenzantrages mangels Masse eine weitere Abweisung aus demselben Grunde (zB wenn der Insolvenzantrag eines weiteren Gläubigers ebenfalls abgelehnt wird) oder die Eröffnung des Insolvenzverfahrens (zB wenn ein weiterer Gläubiger die Eröffnung des Insolvenzverfahrens beantragt und einen Kostenvorschuss gemäß § 26 Abs. 1 S. 2 InsO leistet), dann bleibt **das zuerst eingetretene Ereignis** maßgebend (sog **Sperrwirkung**).[50] Die in § 165 Abs. 1 S. 2 SGB III genannten Insolvenzereignisse stehen nämlich **nicht** in einem **Rangverhältnis** zueinander; entscheidend ist vielmehr das Ereignis, durch das erstmals die Zahlungsunfähigkeit des Arbeitgebers hervorgetreten ist (sog **Prioritätsprinzip**).[51]

29 **Hinweis:** Hat das Insolvenzgericht das Insolvenzverfahren eröffnet oder den Antrag auf Eröffnung des Insolvenzverfahrens mangels Masse abgewiesen, stellt die Agentur für Arbeit in aller Regel keine weiteren Ermittlungen im Hinblick auf das (evtl. schon früher eingetretene) Insolvenzereignis der vollständigen Beendigung der Betriebstätigkeit im Sinne des § 165 Abs. 1 S. 2 Nr. 3 SGB III (vgl. → Rn. 26) an, was zu einer **Verschiebung** des Insolvenzgeld-Zeitraums (vgl. → Rn. 32) und damit zu höheren **oder** niedrigeren Ansprüchen im Einzelfall führen kann. Nach der Rechtsprechung des BSG hat die Agentur für Arbeit den Sachverhalt zwar von Amts wegen aufzuklären, nicht aber die Verpflichtung, ohne Anhaltspunkte „ins Blaue hinein" zu ermitteln. Der Untersuchungsgrundsatz greift aber dann, wenn der Antragsteller bzw. der Aussteller der Insolvenzgeldbescheinigung (→ Rn. 150) im Antrag bzw. in der Bescheinigung die vollständige Beendigung der Betriebstätigkeit als maßgebliches Insolvenzereignis benennt oder sonstige Umstände darlegt, die weitere Ermittlungen erforderlich machen. Es empfiehlt sich daher, Umstände, die auf eine rechtlich relevante Beendigung der Betriebstätigkeit im Sinne des § 165 Abs. 1 S. 2 Nr. 3 SGB III schließen lassen, der Agentur für Arbeit auf jeden Fall mitzuteilen. Nach dem allgemein im Sozialrecht geltenden **Untersuchungsgrundsatz** des § 20 SGB X ist dann die Arbeitsverwaltung gehalten, diesen Umständen nachzugehen und den Sachverhalt insoweit **von Amts wegen** aufzuklären.

---

[49] Zur Bankrottstrafbarkeit bei sog Firmenbestattungen vgl. BGH Beschl. v. 6.5.2015 – 4 StR 40/15, Beck RS 2015, 12270 mAnm *Floeth* EWiR 2015, 695; BGH Beschl. v. 15.11.2012 – 3 StR 199/12, ZInsO 2013, 555.

[50] BSG Urt. v. 17.3.2015 – B 11 AL 9/14, ZIP 2015, 1402; BSG Urt. v. 6.12.2012 – B 11 AL 10/11, BeckRS 2013, 68049; BSG Urt. v. 6.12.2012 – B 11 AL 11/11, ZInsO 2013, 830 mAnm *Plagemann* FD-SozVR 2012, 340828; LSG Nordrhein-Westfalen Urt. v. 9.6.2016 – L 9 AL 23/14, BeckRS 2016, 71617. Vgl. dazu auch *Kolbe* ZInsO 2014, 2155 (unter gemeinschaftsrechtlichem Blickwinkel).

[51] LSG Bayern, Urt. v. 29.1.2015 – L 9 AL 12/12, ZInsO 2015, 1512 (zur Sperrwirkung der Betriebseinstellung bei offensichtlicher Masselosigkeit); BSG Urt. v. 30.10.1991 – 10 RAr 3/91, SozR 3–4100 § 141b Nr. 3; BSG Urt. v. 29.2.1984 – 10 RAr 14/82, ZIP 1984, 1123.

5. Neues Insolvenzereignis nach wiederhergestellter Zahlungsfähigkeit

In Fällen, in denen der Arbeitgeber den Betrieb nach Abweisung des Insolvenzantrages mangels Masse ganz oder teilweise längere Zeit (möglicherweise jahrelang) weitergeführt hat und nach **wiederhergestellter Zahlungsfähigkeit** eine erneute Zahlungsunfähigkeit eingetreten ist, kann ein weiteres Insolvenzereignis angenommen werden.[52] Dies gilt grundsätzlich auch dann, wenn nach einer vollständigen Beendigung der Betriebstätigkeit iSd § 165 Abs. 1 S. 2 Nr. 3 SGB III die Betriebstätigkeit wieder aufgenommen wurde und danach erneut Zahlungsunfähigkeit eintritt. Ein weiteres Insolvenzereignis kann allerdings nur anerkannt werden, wenn die Zahlungsfähigkeit des Arbeitgebers wiederhergestellt wurde. Dafür genügt allerdings nicht, dass der Arbeitgeber die laufenden Verbindlichkeiten, insbesondere die Entgeltansprüche, erfüllt. Von andauernder Zahlungsunfähigkeit ist vielmehr so lange auszugehen, wie der Schuldner wegen eines nicht nur vorübergehenden Mangels an Zahlungsmitteln nicht in der Lage ist, seine fälligen Geldschulden im Allgemeinen zu erfüllen. Die Tatsache, dass die laufenden Verbindlichkeiten erfüllt werden, rechtfertigt jedenfalls für sich allein noch nicht die Annahme wiederhergestellter Zahlungsfähigkeit.[53] Allein die Freigabe einer selbständigen Tätigkeit aus der Insolvenzmasse nach § 35 Abs. 2 InsO führt nicht zur Wiederherstellung der Zahlungsfähigkeit des Arbeitgebers. Gleiches gilt, wenn es im Insolvenzverfahren zur Aufstellung eines **Insolvenzplans** nach §§ 217 ff. InsO mit nachfolgender Aufhebung des Insolvenzverfahrens kommt, solange die Überwachung der Planerfüllung durch den Insolvenzverwalter angeordnet ist.[54] Denn die Gläubiger verzichten bei dieser Art der Abwicklung eines Insolvenzereignisses auf den Großteil ihrer Forderungen nur, um den im Insolvenzplan vereinbarten (geringen) Teil der Forderung zu erhalten.[55] Wird der Insolvenzplan nicht überwacht, kann allein daraus nicht auf wiederhergestellte Zahlungsfähigkeit geschlossen werden. Vielmehr muss anhand der Einzelumstände geprüft werden, ob der Schuldner die Zahlungsfähigkeit tatsächlich wieder erlangt hat.[56] Insolvenzereignisse, die nach **Änderung** der **Rechtsform** des Unternehmens eintreten und somit zwar denselben Betrieb, **nicht** aber denselben Arbeitgeber betreffen,[57] begründen den Insolvenzgeld-Anspruch grundsätzlich neu.

6. Aufhebung eines Eröffnungsbeschlusses

Wird ein **Beschluss** über die Eröffnung des Insolvenzverfahrens oder die Abweisung eines Insolvenzantrages mangels Masse vom Gericht **rechtskräftig aufgehoben** (zB auf Grund einer sofortigen Beschwerde gemäß § 34 InsO), so hat der ursprüngliche Beschluss für die Bestimmung des Insolvenzereignisses keine Bedeutung. Allerdings kann bei Vorliegen der sonstigen Voraussetzungen eine vollständige Beendigung der Betriebstätigkeit (→ Rn. 26) als Insolvenzereignis in Betracht kommen, da eine **Sperrwirkung** des Insolvenzantrages ent-

---

[52] BSG Urt. v. 17.12.1975 – 7 RAr 17/75, BSGE 41, 121.
[53] BSG Urt. v. 17.3.2015 – B 11 AL 9/14, ZIP 2015, 1402.
[54] Vgl. BSG Urt. v. 29.5.2008 – B 11a AL 57/06, SGb 2009, 435 (mAnm *Braun*).
[55] So ausdrücklich BSG Urt. v. 17.3.2015 – B 11 AL 9/14, ZIP 2015, 1402.
[56] Vgl. BSG Urt. v. 6.12.2012 – B 11 AL 11/11, BSGE 112, 235.
[57] BSG Urt. v. 28.6.1983 – 10 RAr 26/81, BSGE 55, 195 = ZIP 1983, 1224.

fällt, wenn dieser tatsächlich nicht zu einem der in § 165 Abs. 1 S. 2 Nr. 1 oder 2 SGB III genannten Insolvenzereignisse führt. Wird das Insolvenzverfahren dagegen durch Aufhebung oder Einstellung beendet (§§ 200, 207, 213, 258 InsO), bleibt die Eröffnung des Insolvenzverfahrens für die Bestimmung des Insolvenzereignisses maßgebend.

III. Insolvenzgeld-Zeitraum

32 Der Zeitraum, für den der Arbeitnehmer längstens Insolvenzgeld beanspruchen kann (sog Insolvenzgeld-Zeitraum), umfasst grundsätzlich die (letzten) dem Insolvenzereignis (→ Rn. 21) vorausgehenden **drei Monate** des **Arbeitsverhältnisses**.[58] Nicht entscheidend ist das ggf. davon abweichende Ende des Beschäftigungsverhältnisses (vgl. dazu § 7 SGB IV). Der Tag, an dem das Insolvenzereignis eintritt, gehört selbst allerdings nicht zum Insolvenzgeld-Zeitraum.[59] Der Insolvenzgeld-Zeitraum muss auch nicht unmittelbar mit dem Insolvenzereignis enden, sondern kann auch längere Zeit davor liegen, wenn das Arbeitsverhältnis entsprechend vorher geendet hat.[60] Der Insolvenzgeld-Zeitraum bezieht sich jedoch nicht auf Zeiten, in denen kein Anspruch auf Arbeitsentgelt bestand, weil das Arbeitsverhältnis wegen eines Beschäftigungsverbotes (§ 3 Abs. 2, § 6 Abs. 1 MuSchG), Inanspruchnahme der Elternzeit (§§ 15, 16 BEEG), Ableistung des Grundwehrdienstes bzw. des Zivildienstes (§ 1 Abs. 1 ArbPlSchG, § 78 Abs. 1 Nr. 1 ZDG) ruhte. Diese Zeiten sind folglich bei der Festlegung des Insolvenzgeld-Zeitraums auszuklammern. Zeiten des Freiwilligendienstes auf der Grundlage des Bundesfreiwilligendienstgesetzes (BFDG) sowie des unbezahlten Urlaubs sind hingegen nicht auszuklammern, da diese Zeiten zwischen den Arbeitsvertragsparteien einvernehmlich verein-bart werden, obwohl grundsätzlich ein Anspruch auf Arbeitsentgelt bestehen würde. Der **Zuschuss** des Arbeitgebers zum **Mutterschaftsgeld** nach § 14 Abs. 1 MuSchG gehört dagegen als gesetzlicher Anspruch zum Arbeitsentgelt iSd Insolvenzgeldes, so dass Zeiten eines Beschäftigungsverbotes nach § 3 Abs. 2, § 6 Abs. 1 MuSchG, für die ein Anspruch auf Zuschuss zum Mutterschaftsgeld besteht, bei der Bestimmung des Insolvenzgeld-Zeitraums zu berücksichtigen sind. Hat der Arbeitnehmer **in Unkenntnis** des Insolvenzereignisses **weitergearbeitet** oder die Arbeit aufgenommen (vgl. § 165 Abs. 3 SGB III), endet der sozialrechtlich geschützte Zeitraum erst mit dem letzten Arbeitstag des Arbeitnehmers, der dem Tag der Kenntnisnahme des Insolvenzereignisses unmittelbar vorausgeht. Der Insolvenzgeld-Zeitraum beschränkt sich nicht nur auf das letzte Arbeitsverhältnis vor dem Insolvenzereignis, sondern erfasst ggf. auch ein vorhergehendes Arbeitsverhältnis bei **demselben** Arbeitgeber.[61] Der höchstens drei

---

[58] Die gegenüber § 141b Abs. 1 S. 1 AFG geringfügig abweichende Formulierung – in § 183 Abs. 1 S. 1 SGB III fehlt das Wort „letzten" – beruht offenbar auf einem Redaktionsversehen, wie § 314 Abs. 1 S. 1 SGB III aF zu entnehmen ist. Eine Rechtsänderung war damit nicht verbunden. Eine ähnliche Formulierung enthält die seit dem 1.4.2012 geltende Neufassung des § 314 Abs. 1 S. 1 Nr. 1 SGB III.
[59] BSG Urt. v. 24.1.1995 – 10 RAr 10/94, DStR 1996, 636.
[60] Anders dagegen noch in der ursprünglichen Fassung, vgl. Gesetz über Konkursausfallgeld vom 17.7.1974, BGBl. 1974 I 1481.
[61] BSG Urt. v. 23.10.1984 – 10 RAr 12/83, ZIP 1985, 109.

Monate umfassende Insolvenzgeld-Zeitraum muss auch nicht zusammenhängend verlaufen. Für die Berechnung von Teilmonaten setzt die BA den Monat mit 30 Tagen an.[62] In den Fällen einer **Betriebsübernahme** nach § 613a BGB wird in der Praxis häufig übersehen, dass der Arbeitgeberwechsel Auswirkungen auf den Insolvenzgeld-Zeitraum haben kann. Hat im Falle eines Betriebsübergangs ein Arbeitgeberwechsel **vor** dem Insolvenzereignis stattgefunden, endet nämlich der genannte Zeitraum mit der Betriebsübernahme, da Insolvenzgeld nur für gegenüber dem **insolventen** Arbeitgeber bestehende Arbeitsentgeltansprüche gewährt werden kann (im Falle eines Betriebsübergangs nach § 613a BGB scheidet der bisherige Arbeitgeber aus dem Arbeitsverhältnis aus).[63]

1. Beendigung des Arbeitsverhältnisses

Der Bestand des Arbeitsverhältnisses hat unmittelbare Auswirkung auf die Lage des sozialrechtlich geschützten **individuellen** Insolvenzgeld-Zeitraums (→ Rn. 34). Die Eröffnung des Insolvenzverfahrens hat zwar keinen Einfluss auf den Fortbestand des Arbeitsverhältnisses;[64] sie ist auch für den Arbeitgeber nicht als wichtiger Grund für eine fristlose Kündigung iSd § 626 BGB anzusehen. Der Insolvenzverwalter kann aber das Arbeitsverhältnis einzelner Arbeitnehmer nach **§ 113 Satz 2 InsO** unter Einhaltung einer Kündigungsfrist von **drei Monaten** zum Monatsende bzw. der kürzeren gesetzlichen Kündigungsfrist (vgl. § 622 BGB) kündigen. Die Kündigung bedarf ebenso wie ein Auflösungsvertrag der Schriftform (§§ 623, 126 BGB). Ist im Verhältnis der Vertragsparteien nicht die gesetzliche, sondern eine (günstigere) vertraglich vereinbarte Frist maßgeblich (§ 622 Abs. 5 S. 3 BGB lässt die einzelvertragliche Vereinbarung längerer als die gesetzlichen Kündigungsfristen ausdrücklich zu), ist beim Vergleich nach § 113 Abs. 1 S. 2 InsO auf die vereinbarte Frist abzustellen.[65] Sonstige arbeitsrechtliche oder **spezialgesetzlich geregelte Kündigungsbeschränkungen** (zB §§ 17ff. KSchG) sind zu beachten.[66] Liegt eine **Betriebsänderung** iSd § 111 BetrVG vor, werden die Möglichkeiten des Insolvenzverwalters, Kündigungen auszusprechen, erweitert, vgl. §§ 125, 126 InsO. Auf die Beendigung des **Ausbildungsverhältnisses** im Insolvenzverfahren findet § 113 InsO grundsätzlich ebenfalls Anwendung.[67] Da die §§ 14, 15 BBiG eine gesetzliche Unkündbarkeitsregel darstellen, kommt jedoch eine Kündigung bei Weiterführung des Betriebes und Fortbestehen einer Ausbildungsmöglichkeit nicht in Betracht. Im Falle der Betriebseinschränkung (Betriebsstilllegung) kann das Ausbildungsverhältnis mit ordentlicher Kündigungsfrist zum Zeitpunkt der tatsächlichen Stilllegung beendet werden. Die ordentliche Kündigungsfrist richtet sich nach dem Ausbildungszielberuf.[68]

33

---

[62] Vgl. Durchführungsanweisungen (DA) der BA zu § 165 SGB III Ziff. 4.1 Abs. 2.
[63] Vgl. *Schaub/Ahrendt/Koch* Arbeitsrechts-Handbuch § 118 Rn. 1.
[64] *Mutschler/Schmidt-De Caluwe/Coseriu/Schmidt* SGB III § 165 Rn. 62; *Schaub/Linck* Arbeitsrechts-Handbuch § 91 Rn. 15.
[65] BAG Urt. v. 3.12.1998 – 2 AZR 341/98, BB 1998, 2642.
[66] Uhlenbruck/*Berscheid* InsO § 113 Rn. 49ff.
[67] Uhlenbruck/*Berscheid* InsO § 113 Rn. 5.
[68] *Schaub* DB 1999, 217 (223) und BAG Urt. v. 27.5.1993 – 2 AZR 601/92, DB 1993, 2082 = AP Nr. 9 zu § 22 KO.

2. Bestimmung des individuellen Insolvenzgeld-Zeitraums

34 Hat das **Arbeitsverhältnis** bei Eintritt des Insolvenzereignisses **noch bestanden** und hat der Arbeitnehmer **nicht** in Unkenntnis des Insolvenzereignisses weitergearbeitet oder die Arbeit aufgenommen, beginnt der Insolvenzgeld-Zeitraum an dem Tag des drittletzten Kalendermonats vor dem Insolvenzereignis, der das Tagesdatum des Insolvenztages trägt (vgl. § 26 Abs. 1 SGB X iVm § 188 Abs. 2, 1. Alternative BGB); er endet am Tage vor dem Insolvenzereignis. Die Berechnung erfolgt rein **kalendermäßig**, dh § 193 BGB gilt hier – anders als bei der Bestimmung der Ausschlussfrist (→ Rn. 140) – **nicht**.

Beispiel: Ist der Insolvenztag zB der 11.5., so beginnt der Insolvenzgeld-Zeitraum am 11.2. und endet am 10.5. Fehlt das dem Insolvenztag entsprechende Tagesdatum in dem Monat, in dem der Drei-Monatszeitraum beginnt, so verschiebt sich der Beginn auf den ersten Tag des folgenden Monats. Der Insolvenzgeld-Zeitraum beginnt deshalb zB in Fällen, in denen der Insolvenztag auf den 29., 30. oder 31.5. fällt, gleichermaßen am 1.3.; fällt der 29.5. in ein Schaltjahr, beginnt der Insg-Zeitraum am 29.2.

35 *Grafik 2: Lage des Insolvenzgeld-Zeitraums*

Fall 1: Arbeitsverhältnis endet am oder nach Eintritt des Insolvenzereignisses

| 1.2. | Insolvenzereignis 1.5. | Ende des Arbeitsverhältnisses 31.5. |

Insolvenzgeld-Zeitraum 1.2. bis 30.4.

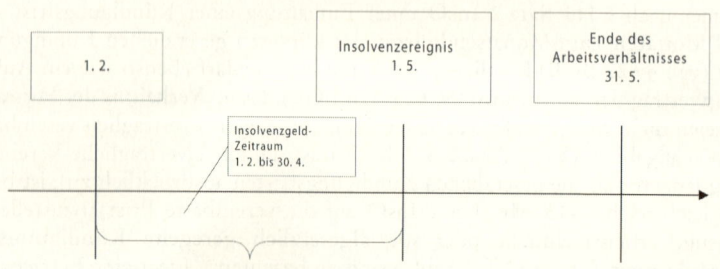

36 In Fällen, in denen das **Arbeitsverhältnis vor dem Insolvenzereignis endet**, umfasst der Insolvenzgeld-Zeitraum die letzten drei Monate des Arbeitsverhältnisses.[69] Der letzte Tag des Arbeitsverhältnisses ist zugleich der letzte Tag des Insolvenzgeld-Zeitraums:

Grafik 3

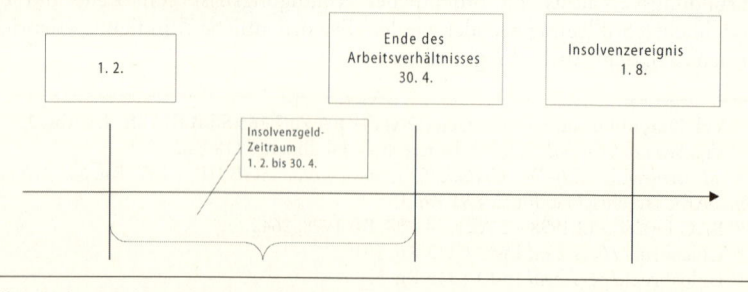

Fall 2: Arbeitsverhältnis endet vor Eintritt des Insolvenzereignisses

| 1.2. | Ende des Arbeitsverhältnisses 30.4. | Insolvenzereignis 1.8. |

Insolvenzgeld-Zeitraum 1.2. bis 30.4.

---

[69] Vgl. dazu LSG Schleswig-Holstein Urt v. 14.11.2014 – L 3 AL 28/12, BeckRS 2015, 65426; LSG Baden-Württemberg Urt. v. 10.7.2013 – L 3 AL 2836/11, info also 2014, 17.

Braun/Mühlbayer

Hat der Arbeitnehmer **in Unkenntnis** des Insolvenzereignisses **weitergearbeitet** oder die **Arbeit aufgenommen** (§ 165 Abs. 3 SGB III), endet der dreimonatige Insolvenzgeld-Zeitraum am Tag vor der (positiven) Kenntnisnahme vom Insolvenzereignis. Eine Weiterarbeit in diesem Sinne liegt auch an Urlaubs-, Krankheits- und arbeitsfreien Tagen vor. Gleiches gilt im Falle der **Freistellung** des Arbeitnehmers, sofern das Arbeitsverhältnis mit Anspruch auf Arbeitsentgelt fortbesteht. Die bloße Kenntnis von Umständen, die auf einen Eröffnungs- bzw. Abweisungsbeschluss hindeuten, genügt allerdings nicht. Sofern daher dem Arbeitnehmer lediglich bekannt war, dass das Insolvenzgericht über den Eröffnungsantrag entschieden hat, nicht aber dessen Inhalt, liegt Unkenntnis iSd § 165 Abs. 3 vor.[70] Damit Weiterarbeit bzw. Arbeitsaufnahme im Falle einer Abweisung mangels Masse möglichst vermieden werden, sieht § 165 Abs. 5 SGB III vor, dass der Arbeitgeber den Betriebsrat bzw. die Arbeitnehmer entsprechend informiert. Das kann durch eine Mitteilung in betriebsüblicher Form, zB durch Aushang, erfolgen.[71] Die Nichteinhaltung der Pflicht stellt eine Ordnungswidrigkeit nach § 404 Abs. 2 Nr. 2 SGB III dar, die mit einer Geldbuße bis zu 5000 EUR geahndet werden kann (§ 404 Abs. 3 SGB III). 37

Grafik 4
Fall 3: Weiterarbeit oder Arbeitsaufnahme in Unkenntnis des Insolvenzereignisses

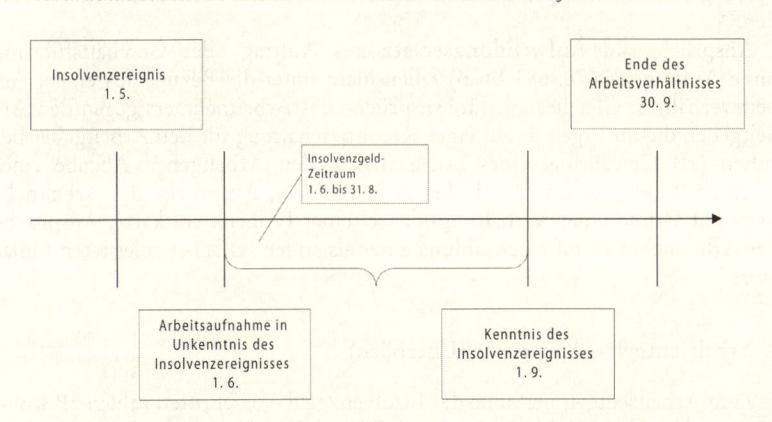

Insolvenzereignis 1. 5.		Ende des Arbeitsverhältnisses 30. 9.
	Insolvenzgeld-Zeitraum 1. 6. bis 31. 8.	
Arbeitsaufnahme in Unkenntnis des Insolvenzereignisses 1. 6.	Kenntnis des Insolvenzereignisses 1. 9.	

IV. Arbeitsentgelt-Ansprüche im Sinne des Insolvenzgeldes

Zu den Ansprüchen auf Arbeitsentgelt im Sinne des Insolvenzgeldes gehören gemäß § 165 Abs. 2 S. 1 SGB III alle Ansprüche auf **Bezüge** aus einem **Arbeitsverhältnis**.[72] Damit sind alle **Geldleistungen** und geldwerten Vorteile gemeint, 38

---

[70] BSG Urt. v. 22.9.1993 – 10 RAr 11/91, SozR 3-4100 § 141b Nr. 8; *Brand/Kühl* SGB III § 165 Rn. 76.
[71] So *Brand/Kühl* SGB III § 165 Rn. 79.
[72] Die Legaldefinition des § 14 SGB IV ist hier nicht einschlägig (lex generalis); zum Nachweis des entfallenen Entgelts vgl. SG Gießen Urt. v. 7.1.2015 – S 14 AL 17/12, ZInsO 2015, 1064.

die der Arbeitnehmer als Gegenwert für die von ihm geleistete Arbeit zu beanspruchen hat. Auch Leistungen, auf die der Arbeitnehmer in Fällen nicht erbrachter Arbeit (zB bei Urlaub, Krankheit) Anspruch hat, können Arbeitsentgelt in diesem Sinne sein. Gleiches gilt für **versicherungsfreie Entgelte**, wie zB Arbeitsentgeltansprüche aus einer geringfügigen Beschäftigung (§ 8 SGB IV) oder Ansprüche eines Schülers aus versicherungsfreier Ferienarbeit sowie beitragsfreie Arbeitsentgeltbestandteile. Anspruch auf Arbeitsentgelt besteht auch nach der tatsächlichen Beendigung der Arbeitsleistung (zB bei Freistellung), wenn das Arbeitsverhältnis nicht rechtswirksam gelöst ist und der Arbeitgeber mit der Annahme der angebotenen Arbeitsleistung gemäß § 615 S. 1 BGB in Verzug ist. Bezüge aus dem Arbeitsverhältnis liegen nur vor, wenn sich der ihnen zugrunde liegende Anspruch aus dem **Arbeitsvertrag** (auch einem faktischen Arbeitsverhältnis), einer **Betriebsvereinbarung**, einem **Tarifvertrag** oder auf Grund **gesetzlicher** Bestimmungen des Arbeitsrechts ergibt.

39 Soweit Arbeitnehmer in der Krise ihres Arbeitgebers (teilweise) auf Entgelt verzichten, um eine Sanierung des Unternehmens zu ermöglichen, wird idR (tariflich) vereinbart, dass diese **Restrukturierungsvereinbarung** bei drohender Insolvenz des Arbeitgebers mit der Wirkung gekündigt werden kann, dass die bis dahin durch den Verzicht aufgelaufenen Lohnbestandteile wieder aufleben und für das Insolvenzgeld in voller Höhe zu berücksichtigen sind – vorausgesetzt, dass diese im Insolvenzgeld-Zeitraum auch „erarbeitet" wurden.[73]

Ansprüche auf **Aufwendungsersatz** aus Auftrag oder Geschäftsführung ohne Auftrag (§§ 670, 683 BGB) fallen nicht unter die Bezüge aus einem Arbeitsverhältnis. Gleiches gilt für Ansprüche des Arbeitnehmers gegen den Arbeitgeber, die im Ergebnis auf einer Kreditbeschaffung für den Arbeitgeber beruhen (zB Gewährung eines Darlehens an den Arbeitgeber, Abgabe eines Bürgschaftsversprechens durch den Arbeitnehmer, Ansprüche des Arbeitnehmers auf Grund einer Mithaftungsklausel einer Firmenkreditkarte, Ansprüche des Arbeitnehmers auf Rückzahlung einer als stiller Teilhaber geleisteten Einlage).

1. Arbeitsentgelt – Ansprüche (Überblick)

40 Zum Arbeitsentgelt im Sinne der Insolvenzgeld-Vorschriften zählen zB Lohn (Zeit- oder Akkordlohn, Lohn für Überstunden, Sonntags-, Feiertags- und Nachtarbeit), Gehalt, Entgeltfortzahlung im Krankheitsfalle, Gefahren-, Wege- und Schmutzzulagen, Auslösungen, Kleidergelder, Kostgelder, vermögenswirksame Leistungen, Gewinnanteile (Tantiemen), Sachbezüge, Urlaubsentgelte, Urlaubsgelder,[74] Jahressonderleistungen, Jubiläumszuwendungen, Lohnausgleich im Baugewerbe, Zuschüsse zum Krankengeld, Zuschüsse zum Mutterschaftsgeld, Reisekosten (einschließlich Kilometergelder für die Benutzung des eigenen Pkw für Geschäftsfahrten), Fahrgeldentschädigungen für Fahrten von

---

[73] So schon BSG Urt. v. 4.3.2009 – B 11 AL 8/08, BSGE 102, 303; vgl. dazu auch BSG Urt. v. 11.6.2015 – B 11 AL 13/14, ZIP 2015, 1800 (davon abweichende Rechtslage beim Arbeitslosengeld).
[74] Vgl. dazu BSG Urt. v. 23.3.2006 – B 11a AL 65/05, ZIP 2006, 1882.

der Wohnung zur Arbeitsstelle, ggf. Reparaturkostenersatz,[75] Mankogelder, Werkzeuggelder, Provisionen.[76] Wegen der **Zuordnung** dieser Leistungen zum Insolvenzgeld-Zeitraum (→ Rn. 32) wird auf → Rn. 49 verwiesen.

2. Beitragszuschüsse des Arbeitgebers

Beitragszuschüsse des Arbeitgebers zum Kranken- und Pflegeversicherungsbeitrag für **freiwillige Mitglieder** der gesetzlichen Krankenversicherung und **Privatversicherte** nach § 257 SGB V bzw. § 61 SGB XI können ebenfalls einen Anspruch auf Insolvenzgeld begründen. Gleiches gilt für den Beitragszuschuss des Arbeitgebers zu einer **berufsständischen Versorgungseinrichtung** nach § 172 Abs. 2 SGB VI, den von der Rentenversicherungspflicht nach § 6 Abs. 1 S. 1 Nr. 1 SGB VI befreite Angestellte beanspruchen können, die Mitglieder einer öffentlich-rechtlichen Versicherungs- oder Versorgungseinrichtung ihrer Berufsgruppe (berufsständische Versorgungseinrichtung) sind. 41

3. Schadensersatz- und Entschädigungsansprüche

Aus dem Arbeitsverhältnis hergeleitete **Schadensersatz- und Entschädigungsforderungen** sind dann als Ansprüche auf Arbeitsentgelt im Sinne der Vorschriften über das Insolvenzgeld anzusehen, wenn sie auf **Ersatz des Arbeitsentgeltausfalls** für die Zeit bis zum **Ende** des Arbeitsverhältnisses gerichtet sind. Dazu gehören zB im Zusammenhang mit der Auflösung des Arbeitsverhältnisses zuerkannte Abfindungen, soweit sie **Arbeitsentgelt** bis zu dem genannten Zeitpunkt abgelten. Schadensersatzansprüche, die auf die Zeit **nach** Beendigung des Arbeitsverhältnisses gerichtet sind, werden gemäß § 166 Abs. 1 Nr. 1 SGB III vom Insolvenzgeldbezug ausgeschlossen (vgl. auch → Rn. 71). 42

4. Schadensersatzansprüche iZm Kurzarbeiter- oder Wintergeld

Zu den Ansprüchen auf Arbeitsentgelt im Sinne von § 165 Abs. 2 S. 1 SGB III gehören auch die gegenüber einem Arbeitgeber bestehenden **Schadensersatzansprüche**, die sich darauf stützen, dass der Arbeitgeber versäumt hat, **rechtzeitig** eine Anzeige über den Arbeitsausfall zu erstatten oder einen fristwahrenden Antrag auf **Kurzarbeitergeld oder Wintergeld** zu stellen.[77] 43

5. Nebenforderungen

Nebenforderungen der Arbeitnehmer, wie zB Verzugszinsen, Kosten der Beantragung des Insolvenzverfahrens, Kosten der gerichtlichen Geltendmachung des rückständigen Lohnes bzw. wegen der Herausgabe der Arbeitspapiere usw, sind kein Arbeitsentgelt,[78] weil sie nicht als Gegenwert für die Arbeits- 44

---

[75] Vgl. BSG Urt. v. 8.9.2010 – B 11 AL 34/09, BSGE 106, 290 mAnm *Braun* SGb 2011, 535.

[76] Zum Arbeitsentgelt im Sinne der Sozialversicherung und Arbeitslohn im Sinne des Lohnsteuerrechts vgl. ausführlich *Benner/Bals* BB 2001, Beilage 1 zu Heft 1.

[77] BSG Urt. v. 17.7.1979 – 12 RAr 15/78, BSGE 48, 277 und BSG Urt. v. 17.7.1979 – 12 RAr 12/78, SozR 4100 § 141b Nr. 10.

[78] BSG Urt. v. 28.2.1985 – 10 RAr 19/83, ZIP 1985, 626 und BSG Urt. v. 15.12.1992 – 10 RAr 2/92, ZIP 1993, 689.

leistung anzusehen sind. Gleiches gilt für Leistungen aus einer betrieblichen Altersversorgung.

6. Entgeltumwandlung

45 Nach § 165 Abs. 2 S. 3 SGB III[79] gilt für die Berechnung des Insolvenzgeldes die **Entgeltumwandlung** als nicht vereinbart (gesetzliche Fiktion), sofern der Arbeitnehmer einen Teil seines Arbeitsentgelts gemäß § 1 Abs. 2 Nr. 3 des BetrAVG umgewandelt hat und dieser Entgeltanteil in den Durchführungswegen Pensionsfonds, Pensionskasse oder Direktversicherung (sog externe Versorgungsträger) verwendet wird. Der umgewandelte Entgeltteil, der wegen der gesetzlichen Fiktion wie Arbeitsentgelt zu behandeln ist, wird für die Berechnung des Insolvenzgeldes in das Bruttoarbeitsentgelt einbezogen, von dem dann die gesetzlichen Abzüge (Steuern, Beiträge) abzuziehen sind, wie es in § 167 SGB III vorgesehen ist. Hierdurch ist der entsprechende Auszahlungsbetrag etwas niedriger als der umgewandelte Entgeltteil, der als Beitrag für die betriebliche Altersversorgung aufzubringen ist (weil die steuer- und beitragsrechtlichen Sonderregelungen nicht anwendbar sind). Allerdings werden Arbeitnehmer mit und ohne Entgeltumwandlung durch die gesetzliche Änderung insoweit gleich gestellt. Der Gesetzgeber hat nur die **externen** Versorgungsträger in die Insolvenzgeld-Regelung einbezogen. Bei einer unmittelbar über den Arbeitgeber (sog Direktzusage) oder über eine Unterstützungskasse durchgeführten betrieblichen Altersversorgung im Wege der Entgeltumwandlung übernimmt der Pensions-Sicherungs-Verein aG die gesetzlich unverfallbaren Anwartschaften und Leistungen, wie sie vom Arbeitgeber zugesagt wurden. Auf den tatsächlichen Zufluss von Beiträgen kommt es bei diesen Durchführungswegen nicht an.

45a Nach § 314 Abs. 1 S. 2 und 3 SGB III wird der Aussteller der **Insolvenzgeld-Bescheinigung** verpflichtet anzugeben, in welcher Höhe zum Zwecke der betrieblichen Altersvorsorge umgewandelte Entgeltteile vom Arbeitgeber nicht abgeführt worden sind. Zusätzlich ist die Art der betrieblichen Altersversorgung sowie der Versorgungsträger zu bescheinigen. Die Entgeltumwandlung gilt hinsichtlich des Anspruchsübergangs (vgl. → Rn. 156) ebenfalls als nicht vereinbart (§ 169 Satz 2 SGB III). Der umgewandelte Entgeltbestandteil geht deshalb auf die Bundesagentur für Arbeit über und ist im Insolvenzverfahren bzw. gegen den insolventen Arbeitgeber weiter zu verfolgen.

V. Insolvenzgeld-Anspruch bei Arbeitnehmerüberlassung

46 Nach § 9 Nr. 1 AÜG sind ua Verträge zwischen Verleihern und Leiharbeitnehmern unwirksam, wenn der Verleiher nicht die nach § 1 AÜG erforderliche Erlaubnis zur gewerbsmäßigen **Arbeitnehmerüberlassung** besitzt. In diesen Fällen gilt ein Arbeitsverhältnis zwischen dem Entleiher und dem Leiharbeitnehmer als zustande gekommen (sog fingiertes Arbeitsverhältnis im Sinne von § 10 Abs. 1 S. 1 AÜG). Der Leiharbeitnehmer hat aus dem **fingierten** Arbeits-

---

[79] Vgl. Gesetz zur Änderung des Betriebsrentengesetzes und anderer Gesetze vom 2.12.2006, BGBl. 2006 I 2742.

verhältnis mit dem **Entleiher** gegen diesen Anspruch auf das mit dem Verleiher vereinbarte Arbeitsentgelt (§ 10 Abs. 1 letzter Satz AÜG). Inhalt und Dauer des Arbeitsverhältnisses bestimmen sich nach den für den Betrieb des Entleihers geltenden Vorschriften (§ 10 Abs. 1 S. 4 AÜG). **Neben** diesem Entgeltanspruch hat der Arbeitnehmer einen Anspruch gegen den **Verleiher** auf **Ersatz des Schadens,** der ihm durch die Unwirksamkeit des Arbeitsvertrages entstanden ist, sofern er auf die Gültigkeit des Vertrages vertraut hat und er den Grund der Unwirksamkeit des Leiharbeitsverhältnisses nicht kannte (§ 10 Abs. 2 AÜG). Nach der Rechtsprechung des BSG[80] tritt der Schadensersatzanspruch im Sinne des § 10 Abs. 2 AÜG an die Stelle des Arbeitsentgeltanspruchs des Leiharbeitnehmers gegen den Verleiher; er begründet ebenfalls einen Anspruch auf Insolvenzgeld. In Fällen der unerlaubten Arbeitnehmerüberlassung kann ein Arbeitsentgeltanspruch gegen den insolventen Verleiher auch für Zeiten bestehen, in denen dieser den Arbeitnehmer nicht verliehen hat (Anspruch aus einem **faktischen** Arbeitsverhältnis). Die Gewährung von Insolvenzgeld kommt daher auch dann in Betracht, wenn der Verleiher die vom Arbeitnehmer angebotenen Dienste nicht in Anspruch genommen und das dem Arbeitnehmer versprochene Arbeitsentgelt wegen Zahlungsunfähigkeit nicht gezahlt hat und dieser deshalb Schadensersatz fordern kann (§ 10 Abs. 2 AÜG).[81] Der Arbeitsentgeltanspruch gem. § 10 Abs. 1 AÜG und der Schadensersatzanspruch stehen **gleichrangig** nebeneinander, so dass der Arbeitnehmer nicht verpflichtet werden kann, vorrangig den Entleiher in Bezug auf das fingierte Arbeitsverhältnis in Anspruch zu nehmen.

VI. Insolvenzgeld-Anspruch des Erben

Aufgrund des § 165 Abs. 4 SGB III kann der Erbe **wie** ein Arbeitnehmer einen eigenen Insolvenzgeld-Anspruch geltend machen, soweit er Inhaber der nicht erfüllten Arbeitsentgeltansprüche des verstorbenen Arbeitnehmers geworden ist (→ Rn. 20). Die Arbeitsentgeltansprüche müssen **vor Stellung des Antrages** auf Insolvenzgeld und **vor** dem **Insolvenzereignis** nach erbrechtlichen Vorschriften auf die Hinterbliebenen übergegangen sein. Ist der Arbeitnehmer nach der Antragstellung und nach dem Insolvenzereignis gestorben, wird der fällige Insolvenzgeld-Anspruch gemäß **§ 58 SGB I** nach den Vorschriften des BGB vererbt (bei Ansprüchen auf **einmalige Geldleistungen** ist die Sonderrechtsnachfolge des § 56 SGB I ausgeschlossen). Die Vorschrift des § 58 SGB I findet entsprechende Anwendung, wenn der Arbeitnehmer **nach** der Antragstellung, aber **vor** dem Insolvenzereignis stirbt. Begünstigt sind nur solche Ansprüche, die dem Arbeitnehmer schon zu **Lebzeiten** zustanden. Arbeitsrechtliche Ansprüche, die erst mit dem Tod des Arbeitnehmers entstehen und einem Zeitraum **nach** Beendigung des Arbeitsverhältnisses zuzuordnen sind (wie zB ein tariflicher Anspruch auf Gehaltsfortzahlung bei Tod des Arbeitnehmers), begründen daher keinen Anspruch des Erben (vgl. auch § 166 Abs. 1 Nr. 1 SGB III und → Rn. 71).

47

---

[80] BSG Urt. v. 20.3.1984 – 10 RAr 11/83, BSGE 56, 211 = ZIP 1984, 988.
[81] BSG Urt. v. 20.3.1984 aaO.

48 Der Nachweis der Erbberechtigung ist gegenüber der Agentur für Arbeit, auch bei vorhandenem Testament, in aller Regel durch Vorlage des **Erbscheines** zu führen. Ist kein Erbschein vorhanden und soll dieser auch nicht beantragt werden, hat der Antragsteller diejenigen Angaben glaubhaft zu machen und diejenigen Urkunden zur Feststellung seiner erbrechtlichen Position vorzulegen, die auch das Nachlassgericht bei der Erteilung des Erbscheines zugrunde legt (Geburtsurkunde, Heiratsurkunde, Stammbuch, Sterbeurkunde ggf. auch von Vorverstorbenen usw). Soll der Nachweis der Anspruchsberechtigung nicht durch Vorlage des Erbscheines geführt werden, hat der Antragsteller gegenüber der Arbeitsagentur im Rahmen einer **wahrheitsgemäßen Erklärung** alle übrigen Erbberechtigten zu benennen bzw. zu erklären, dass weitere Erben nicht vorhanden sind und die Erteilung eines Erbscheines nicht beantragt wird. Grundsätzlich kann **jeder Erbberechtigte** das Insolvenzgeld unter Beachtung der Ausschlussfrist des § 324 Abs. 3 SGB III (→ Rn. 139) beantragen.

VII. Zuordnung der Arbeitsentgeltansprüche zum Insolvenzgeld-Zeitraum

49 Ansprüche auf Arbeitsentgelt können nur dann einen Anspruch auf Insolvenzgeld begründen, wenn sie zeitlich dem Insolvenzgeld-Zeitraum (→ Rn. 32) **zuzuordnen** sind. Hierbei kommt es entsprechend der Formulierung des Gesetzes in § 165 Abs. 1 S. 1 SGB III („für die vorausgehenden drei Monate ...") maßgeblich darauf an, wann das Arbeitsentgelt **erarbeitet** worden ist.[82] Ausschlaggebend sind insoweit der arbeitsrechtliche **Entstehungsgrund** und die **Zweckbestimmung** der Leistung. Dabei kommt es in der Regel **nicht** darauf an, wann der Entgeltanspruch fällig wird.

50 Hieraus ergeben sich im Wesentlichen **zwei Fallgestaltungen:**
- Zeitraum, in dem der Anspruch **erarbeitet** wurde, dh in dem die Arbeit als Gegenleistung für den Entgeltanspruch erbracht wurde (zB Lohn, Gewinnbeteiligung, 13. Monatsgehalt, sofern es sich um laufend erarbeitetes Arbeitsentgelt handelt) und
- Zeitraum, für den die zu beanspruchende Leistung **dem Unterhalt zu dienen bestimmt** ist (zB Urlaubsentgelt und Urlaubsgeld, verstetigter Monatslohn).

1. Laufendes Arbeitsentgelt

51 **Laufendes Arbeitsentgelt** (sowie sonstige Bezüge), das die im Insolvenzgeld-Zeitraum erbrachte Arbeitsleistung abgelten soll (oder das eine Ersatzleistung für die Zeit darstellt, für die der Entgeltanspruch auch ohne tatsächliche Arbeitsleistung zu erfüllen gewesen wäre), ist (sofern die Leistungsbemessungsgrenze[83] nicht überschritten wird) in **voller** Höhe zu berücksichtigen. Zu diesen

---

[82] Vgl. zB BSG Urt. v. 23.3.2006 – B 11a AL 65/05, ZIP 2006, 1882 mwN.

[83] Vgl. §§ 167 I, 341 IV SGB III, §§ 159, 160 SGB VI iVm der einschlägigen Rechtsverordnung der Bundesregierung, die jährlich angepasst wird. Für 2016 gilt die „Verordnung über maßgebende Rechengrößen für die Sozialversicherung 2016 (Sozialversicherungs-Rechengrößenverordnung 2016)" vom 30.11.2015, BGBl. 2015 I 2137. Die Leistungsbemessungsgrenze für 2016 beläuft sich demnach auf monatlich 6200 EUR (West) bzw. 5400 EUR (Ost).

Leistungen gehören zB das in diesem Zeitraum **erarbeitete** Arbeitsentgelt, rückwirkende Lohnerhöhungen für diesen Zeitraum (auch wenn der Tarifvertrag erst nach dem Insolvenzereignis abgeschlossen wurde), Urlaubsentgelt für Urlaubstage im Insolvenzgeld-Zeitraum,[84] zusätzliches Urlaubsgeld, das sich aus Einzelbeträgen je Urlaubstag zusammensetzt oder das sich als Prozentsatz des Urlaubsentgelts für Urlaubstage errechnet, Auslagenersatz, soweit die Auslagen im Insolvenzgeld-Zeitraum angefallen sind (zB Reisekosten, die durch Reisen in diesem Zeitraum entstanden sind), Schadensersatzansprüche wegen entgangenem Kurzarbeitergeld, Wintergeld.

2. Flexible Arbeitszeitregelungen nach § 7 Abs. 1a SGB IV

Lag dem Arbeitsverhältnis eine **flexible Arbeitszeitregelung** zugrunde, die es 52 ermöglichte, geleistete Arbeitszeiten oder erzielte Arbeitsentgelte in späteren Abrechnungszeiträumen für **Freistellungen** von der Arbeit (§ 7 Abs. 1a SGB IV) zu verwenden, ist sowohl für Zeiten der tatsächlichen Arbeitsleistung (Ansparphase) als auch für Zeiten der Freistellung das rückständige Arbeitsentgelt als Insolvenzgeld auszugleichen, das nach der arbeitsvertraglichen Entgeltregelung für den Insolvenzgeld-Zeitraum zu zahlen gewesen wäre (zB bei Altersteilzeitarbeit). Für Zeiten einer Freistellung von der Arbeitsleistung ist das verstetigte Arbeitsentgelt nach § 23b Abs. 1 S. 1 SGB IV maßgebend. Dies gilt auch bei Eintritt eines Störfalles, der zur vorzeitigen Beendigung des Arbeitsverhältnisses führt.[85]

3. Sonstige flexible Arbeitszeitregelungen

Für flexible Arbeitszeitregelungen, die **nicht** unter die Vorschrift des § 7 53 **Abs. 1a SGB IV** fallen (vgl. zB die Regelungen des BRTV-Bau über Monatslohn und Führung eines Ausgleichskonto), ist ohne Rücksicht auf die Zahl der im jeweiligen Monat geleisteten Arbeitsstunden grundsätzlich allein maßgeblich, ob der Arbeitnehmer den ihm zustehenden Monatslohn **erhalten** hat oder nicht. Der Arbeitnehmer, der mit seinem Anspruch auf den Monatslohn ausgefallen ist, erhält daher Insolvenzgeld in Höhe des verstetigten Monatslohns auch dann, wenn er weniger (oder mehr) als die arbeitsrechtlich vorgeschriebene Zahl von Sollarbeitsstunden in dem jeweiligen Monat gearbeitet hat. Andererseits besteht auch keine rechtliche Möglichkeit, über den Monatslohn hinaus Insolvenzgeld für eine Forderung bezogen auf ein bereits angespartes Arbeitszeitguthaben zu gewähren. Die arbeitsrechtlichen Vorschriften über die Minderung des Monatslohnes (zB bei Ausfallzeiten wegen unentschuldigten Fernbleibens von der Arbeit oder wegen Kurzarbeit sind zu berücksichtigen). Vergütungen für (zusätzliche) Arbeitsleistungen, die nicht mit dem verstetigten Monatslohn abgegolten werden, können nach dem Prinzip des „**Erarbeitens**" daneben berücksichtigt werden, wenn die zugrunde liegende Arbeitsleistung im Insolvenzgeld-Zeitraum erbracht wurde.

---

[84] Vgl. LSG Bayern Urt. v. 2.12.2015 – L 10 AL 12/15, BeckRS 2016, 65297.
[85] Vgl. Art. 1 Nr. 54a des Job-AQTIV-Gesetzes vom 10.12.2001, BGBl. 2001 I 3443 sowie BSG Urt. v. 25.6.2002 – B 11 AL 80/01, ZInsO 2002, 1052 (Ls.) mAnm *Braun* SGb 2003, 229.

4. Sonderzuwendungen

54 Für die Zuordnung einer **Sonderzuwendung**[86] zum Insolvenzgeld-Zeitraum kommt es maßgebend darauf an, ob dieser Vergütungsbestandteil (zB Weihnachtsgeld, 13. Monatsgehalt, Jubiläumsprämie) im Insolvenzgeld-Zeitraum **entstanden** ist und ob aufgrund der arbeitsvertraglichen Vereinbarung (Tarifvertrag, Betriebsvereinbarung, Einzelarbeitsvertrag) bei vorherigem (unterjährigen) Ausscheiden des Arbeitnehmers ein **zeitanteiliger** Anspruch auf die Sonderzuwendung besteht (zB anteilige Zahlung einer Jahressondervergütung für den Fall des Ein- oder Austritts des Arbeitnehmers während des Kalenderjahres).

5. Anteilige Berücksichtigung

55 Sonderzuwendungen, die aufgrund der maßgebenden arbeitsrechtlichen Regelung für den Fall des **vorzeitigen Ausscheidens** aus dem Arbeitsverhältnis **anteilig** beansprucht werden können (vgl. → Rn. 54), sind als zusätzliche Vergütung für die erbrachte Arbeitsleistung anzusehen und dementsprechend mit einem Anteil von (maximal) $3/12$ der Sonderzuwendung beim Insolvenzgeld zu berücksichtigen, wenn der anteilige Anspruch arbeitsrechtlich entstanden ist.

Gleiches gilt für Sonderzuwendungen, deren arbeitsrechtlicher Zweck sich anhand der arbeitsrechtlichen Regelung nicht ermitteln lässt, weil keine weiteren Voraussetzungen für die Entstehung des Anspruchs gefordert werden.[87]

6. Volle Berücksichtigung

56 Lässt sich eine anlass- oder zeitpunktbezogene Sonderzuwendung nicht einzelnen Monaten zuordnen (weil die arbeitsrechtliche Regelung keinen zeitanteiligen Anspruch vorsieht, vgl. → Rn. 54) und ist die Sonderzuwendung **im** Insolvenzgeld-Zeitraum entstanden, ist sie in **voller** Höhe zu berücksichtigen; bei Entstehung **außerhalb** des Insolvenzgeld-Zeitraumes besteht demgegenüber kein Anspruch auf Insolvenzgeld. Sieht die arbeitsrechtliche Regelung einen Anspruch auf die Sonderzuwendung zB nur vor, wenn sich der Arbeitnehmer zu einem bestimmten **Stichtag** in einem ungekündigten Arbeitsverhältnis befindet (zB am 30.11.), besteht bei rechtswirksamer Kündigung vor diesem Zeitpunkt kein (auch kein anteiliger) Anspruch auf Berücksichtigung der Leistung im Rahmen der Insolvenzausfallversicherung, sofern die Kündigung unmittelbar zur Beendigung des Arbeitsverhältnisses führt.[88] Wird eine betriebsbedingte Kündigung nur ausgesprochen, um die Entstehung des Anspruchs auf die zusätzliche Leistung zu verhindern, verstößt sie gegen Treu und Glauben und ist nach § 162 BGB unbeachtlich (zB Kündigung am 28.11. zum 31.12., obwohl zum gleichen Tag auch noch am 15.12. hätte gekündigt werden können).

---

[86] Zu neuen Regeln für Sonderzahlungen im Arbeitsrecht vgl. *Reinecke* BB 2013, 437.
[87] Vgl. BAG Urt. v. 8.11.1978 – 5 AZR 358/77, AP Nr. 100 § 611 BGB – Gratifikationen. Zur Abgrenzung der Sachverhalte vgl. BAG Urt. v. 30.3.1994 – 10 AZR 134/93, NZA 1994, 651.
[88] Derartige Stichtagsregelungen in Formulararbeitsverträgen, also solchen, denen Allgemeine Geschäftsbedingungen gem. §§ 305 ff. BGB zugrunde liegen, werden von der höchstrichterlichen Rechtsprechung gebilligt, vgl. BAG Urt. v. 13.11.2013 – 10 AZR 848/12, BAGE 146, 284 sowie BAG Urt. v. 18.1.2012 – 10 AZR 667/10, BAGE 140, 239.

7. Festlegung eines Auszahlungszeitpunkts

Regelt die Zusage einer Sonderzuwendung den **Zeitpunkt der Auszahlung** dieser Leistung, so handelt es sich hierbei idR um einen reinen Fälligkeitszeitpunkt der Leistung, der zunächst in keinem unmittelbaren Zusammenhang mit der Rechtsnatur der Jahressondervergütung steht. Etwas anderes gilt jedoch dann, wenn die Regelung über die Fälligkeit des Anspruchs arbeitsrechtlich als (weitere) Anspruchsvoraussetzung ausgestaltet ist. Bei einer auf das Kalenderjahr bezogenen Stichtagsregelung (vgl. → Rn. 56) ist eine Verschiebung des Auszahlungsbetrages (durch Betriebsvereinbarung) in das nachfolgende Kalenderjahr rechtlich nicht zulässig.[89] Nach der Rechtsprechung des BSG[90] kann eine Betriebsvereinbarung, mit der der Fälligkeitszeitpunkt einer Sonderzahlung verschoben wird, wegen eines Verstoßes gegen § 138 BGB nichtig sein. Dies kann dann der Fall sein, wenn der einzige Beweggrund für den Abschluss der Betriebsvereinbarung ist, die Sonderzahlung zu Lasten der Insolvenzgeldausfallversicherung zu sichern. Ein Vertrag „zu Lasten Dritter" liegt vor, wenn bereits in der Vergangenheit kein Arbeitsentgelt gezahlt worden ist und im Zeitpunkt des Abschlusses der Betriebsvereinbarung feststeht, dass der Arbeitgeber zum Fälligkeitszeitpunkt keine Zahlungen wird leisten können.

Praxishinweis: Um insbesondere im Zusammenhang mit der Ausstellung der **Insolvenzgeldbescheinigung** (vgl. → Rn. 150) Schadensersatzansprüche zugunsten der Arbeitsverwaltung zu vermeiden, sollte anhand der **konkreten arbeitsrechtlichen Vereinbarung** (zB Tarifvertrag) geprüft werden, ob der Anspruch auf die Jahressondervergütung arbeitsrechtlich entstanden ist und in welchem Umfang er besteht; die Praxis der Abwicklung kann daneben von Bedeutung sein. Steht nach dem Wortlaut des maßgebenden Tarifvertrages nicht eindeutig fest, ob jede Kündigung, sei es durch den Arbeitgeber oder durch den Arbeitnehmer, zum Verlust der Jahressondervergütung führt, empfiehlt sich die Einholung einer **Stellungnahme der Tarifvertragsparteien**.

8. Urlaubsgeld

Wird Urlaubsgeld zusätzlich zum Urlaubsentgelt für die Dauer des Urlaubs gewährt, mit dem urlaubsbedingter Mehraufwand ausgeglichen werden soll, ist es nur zu zahlen, wenn tatsächlich Urlaub gewährt wird und ein Anspruch auf Urlaubsvergütung besteht. Es ist damit beim Insolvenzgeld nur zu berücksichtigen, soweit zu bezahlende Urlaubstage in den Insg-Zeitraum fallen. Wird das zusätzliche Urlaubsgeld dagegen urlaubsunabhängig gezahlt, ist es wie andere jährliche Sonderzuwendungen zu behandeln.[91]

9. Provisionsansprüche

Bei **Provisionsansprüchen** ist zu beachten, dass grundsätzlich die für selbstständige Handelsvertreter geltenden Vorschriften des HGB über die Entstehung von Ansprüchen aus provisionspflichtigen Geschäften (§§ 87, 87a HGB) auch

---

[89] Vgl. BSG Urt. v. 21.7.2005 – B 11a/11 AL 53/04, ZIP 2005, 1933; BSG Urt. v. 2.11.2000 – B 11 AL 87/99, SGb 2001, 584.
[90] Vgl. BSG Urt. v. 18.3.2004 – B 11 AL 57/03, ZIP 2004, 1376.
[91] Vgl. hierzu Abs. 1–6 sowie BSG Urt. v. 23.3.2006 – B 11a AL 65/05, ZIP 2006, 1882.

für unselbstständige Handelsvertreter oder über § 65 HGB für Handlungsgehilfen (= kaufmännische Angestellte, § 59 HGB) gelten. Dabei gilt für die Zuordnung dieser Ansprüche zum Insolvenzgeld-Zeitraum Folgendes: Eine wesentliche Besonderheit von Provisionsansprüchen besteht in deren **Erfolgsabhängigkeit**. Dementsprechend kommt es **nicht** auf den Gesichtspunkt des Erarbeitens, sondern vielmehr, soweit im Einzelfall nichts anderes vereinbart ist, auf den Zeitpunkt des bindenden Vertragsabschlusses an. Fällt dieser in den Insolvenzgeld-Zeitraum, ist der Provisionsanspruch unter der aufschiebenden Bedingung der späteren Ausführung des Geschäfts bzw. der betreffenden einzelvertraglichen Sondervereinbarung entstanden (§§ 87 Abs. 1, 87a Abs. 1 HGB). Ist nach der Einzelvereinbarung die Auftragsbearbeitung durch den Arbeitnehmer, unabhängig vom Vertragsabschluss oder neben diesem, notwendige Voraussetzung für die Entstehung des Provisionsanspruchs, kommt es entscheidend darauf an, dass diese Voraussetzung im Insolvenzgeld-Zeitraum erfüllt wird. Ein ggf. **bedingter** Anspruch muss daher zu einem unbedingten werden, was in der Regel davon abhängt, dass der Unternehmer das Geschäft ausgeführt hat (§ 87a Abs. 1 S. 1 HGB), im Einzelfall aber davon, welche **konkreten** Vereinbarungen darüber getroffen wurden. Der Provisionsanspruch entsteht als **unbedingter** Anspruch in der Regel spätestens mit der Bezahlung durch den Dritten (§ 87a Abs. 1 S. 3 HGB). Der Eintritt der Bedingung kann auch noch nach dem Insolvenzereignis erfolgen, um den Insolvenzgeld-Anspruch wirksam werden zu lassen. Unterbleibt **wegen** der **Insolvenz** des Arbeitgebers die Ausführung des Geschäfts oder wird die einzelvertragliche Bedingung nicht erfüllt, hat dies auf die im Insolvenzgeld-Zeitraum entstandene Anwartschaft auf Provision **keinen** Einfluss, dh die aufschiebende Bedingung gilt als eingetreten.

10. Zielvereinbarungen

60 Ansprüche aus **Zielvereinbarungen** stellen keine Sonderleistungen dar, sondern sind dem laufenden Arbeitsentgelt zuzurechnen, das der Arbeitnehmer für einen bestimmten Zeitabschnitt (zB ein Jahr) beanspruchen darf. Für die Zuordnung zum Insg-Zeitraum entscheidend ist dabei, wann die Ziele arbeitsvertraglich zu erreichen waren. Die Erfüllung individueller Ziele ist trotz eingetretener Insolvenz des Arbeitgebers nicht schlechthin ausgeschlossen.

VIII. Sachverhalte mit Auslandsberührung

61–66 Ein Insolvenzgeld-Anspruch nach deutschem Recht setzte nach der früheren Rechtslage grundsätzlich den Eintritt eines **inländischen** Insolvenzereignisses voraus. Entscheidungen ausländischer Insolvenzgerichte waren hierfür bislang nur maßgebend, soweit entsprechende völkerrechtliche Verträge existierten – wie etwa im Verhältnis Deutschlands zu Österreich.[92] Das hat sich seit dem 1.1.2002 geändert.[93] Nunmehr sieht das Recht des Insolvenzgeldes eine ausdrücklich gesetzliche Regelung vor, nach der bei einer Inlandsbeschäftigung

---

[92] Vgl. Deutsch-österreichischer Konkursvertrag vom 25.5.1979 mit Zustimmungsgesetz vom 4.3.1995, BGBl. 1995 II 410.

[93] Änderung der Rechtslage durch das Gesetz zur Reform der arbeitsmarktpolitischen Instrumente (Job-AQTIV-Gesetz) vom 10.12.2001, BGBl. 2001 I 3443.

§ 29. Insolvenzgeld

„auch" ein **ausländisches** Insolvenzereignis einen Anspruch auf Insolvenzgeld begründet (§ 165 Abs. 1 S. 3).[94] Darunter versteht man solche, die der Verfahrenseröffnung (§ 165 Abs. 1 S. 2 Nr. 1 SGB III) bzw. der Abweisung mangels Masse (§ 165 Abs. 1 S. 2 Nr. 2 SGB III) nach deutschem Recht vergleichbar sind.[95]

In **grenzüberschreitenden** Fällen ist die Garantieeinrichtung desjenigen Mitgliedstaates zuständig, in dessen Hoheitsgebiet die Arbeitnehmer ihre Arbeit gewöhnlich verrichten bzw. verrichtet haben.[96] In Frankreich wäre dies beispielsweise die „Assurance de Garantie des Salaires Délégation Unedic AGS".[97] Danach ist im Ergebnis diejenige Garantieeinrichtung des Staates zuständig, dessen Sozialversicherungsrecht für das Beschäftigungsverhältnis maßgebend war.

F. Anspruchsausschluss

Die Vorschrift des § 166 SGB III entspricht weitgehend § 141b Abs. 1 S. 3 und § 141c S. 1 AFG.[98] Nach aktuellem Recht begründen jedoch Ansprüche auf **Urlaubsabgeltung** (→ Rn. 68) und Ansprüche auf **Entgeltfortzahlung im Krankheitsfall** (→ Rn. 72), die über die Beendigung des Arbeitsverhältnisses hinausgehen, keinen Anspruch auf Insolvenzgeld mehr. Geschützt werden grundsätzlich nur solche Ansprüche auf Arbeitsentgelt, die der Zeit **bis** zur Beendigung des Arbeitsverhältnisses zuzuordnen sind.

67

I. Ansprüche wegen der Beendigung des Arbeitsverhältnisses

Ansprüche auf **Urlaubsabgeltung**, die entstehen, weil der Urlaub **wegen** der Beendigung des Arbeitsverhältnisses ganz oder teilweise nicht mehr gewährt werden kann (vgl. § 7 Abs. 4 BUrlG), begründen **keinen** Anspruch auf Insolvenzgeld.[99] Dies ergibt sich aus der Vorschrift des § 166 Abs. 1 Nr. 1 Alt. 1 SGB III. Hintergrund dieser – gegenüber dem alten Recht abweichenden – Regelung ist der Umstand, dass das Insolvenzgeld den Lebensunterhalt des Arbeitnehmers nur für einen Zeitraum bis zu **drei Monaten** sicherstellen soll. Die Urlaubsabgeltung, die in der Vergangenheit zusätzlich zum laufenden Arbeitsentgelt gewährt wurde, führte aber häufig dazu, dass der Arbeitnehmer im Ergebnis für einen oder auch mehrere Lohnabrechnungszeiträume (sofern der ältere Urlaubsanspruch noch nicht verfallen war) **doppelte** Leistungen erhielt. Der Anspruchsausschluss kann bei der Sanierung von Unternehmen zu Schwie-

68, 69

---

[94] Zur früheren Rechtslage vgl. ausführlich die Vorauflage Rn. 60–66.
[95] Für den Rechtskreis der EU vgl. dazu Anhang A und B der Verordnung (EG) Nr. 1346/2000 des Rates vom 29. Mai 2000 über Insolvenzverfahren (EuInsVO), ABl. 2000 L 260.
[96] Art. 9 Abs. 1 der Richtlinie 2008/94/EG vom 22. Oktober 2008 über den Schutz der Arbeitnehmer bei Zahlungsunfähigkeit des Arbeitgebers, ABl. 2008 L 283/36.
[97] Vgl. http://ec.europa.eu/social/main.jsp?catId=706&langId=de&intPageId=198.
[98] BR-Drs. 550/96, 188.
[99] BSG Urt. v. 27.2.2002 – B 11 AL 71/01, NZA-RR 2003, 209.

rigkeiten führen, wenn Arbeitnehmer auf die **tatsächliche Urlaubsnahme** bestehen.[100]

70 Für **Schadensersatzansprüche** des Arbeitnehmers wegen nicht gewährten Ersatzurlaubs[101] oder **wegen** vorzeitiger Beendigung des Arbeitsverhältnisses (§ 628 Abs. 2 BGB) besteht gem. § 166 Abs. 1 Nr. 1 Alt. 1 SGB III kein Anspruch auf Insolvenzgeld; sie sind im Übrigen auf die Zeit nach Beendigung des Arbeitsverhältnisses gerichtet und zählen daher auch im Hinblick auf die 2. Alternative des § 166 Abs. 1 Nr. 1 SGB III nicht zu den geschützten Ansprüchen (vgl. → Rn. 71).

II. Ansprüche für die Zeit nach Beendigung des Arbeitsverhältnisses

71 Aus dem Arbeitsverhältnis hergeleitete **Schadensersatz- und Entschädigungsforderungen** sind nach § 166 Abs. 1 Nr. 1 Alt. 2 SGB III nicht zu berücksichtigen, soweit sie der Zeit **nach** der Beendigung des Arbeitsverhältnisses zuzuordnen sind. Dies gilt zB für Abfindungen, soweit sie den Verlust des sozialen Besitzstandes abgelten (zB Abfindungen nach §§ 9, 10, 13 KSchG) und Entschädigungen aus einer Wettbewerbsabrede (vgl. § 74 Abs. 2 HGB). Bei der Prüfung der Frage, ob eine auf Grund eines arbeitsgerichtlichen Vergleichs zu zahlende Abfindung ganz oder teilweise eine Abfindungszahlung im Sinne der Vorschriften des KSchG beinhaltet oder ob die Vergleichssumme auch offene Arbeitsentgeltansprüche umfasst, ist gemäß § 133 BGB nicht nur der Wortlaut des Vergleichs, sondern insbesondere auch der aus den Gesamtumständen des Einzelfalles erkennbare Wille des Arbeitgebers und des Arbeitnehmers zu berücksichtigen.[102]

72 Zahlt die Krankenkasse bei Arbeitsunfähigkeit des Arbeitnehmers **Krankengeld**, obwohl ein Anspruch auf Entgeltfortzahlung gegen den zahlungsunfähigen Arbeitgeber besteht (vgl. § 3 Abs. 1 EFZG), geht der Arbeitsentgeltanspruch des Arbeitnehmers auf die Krankenkasse über und begründet bei Insolvenz des Arbeitgebers grundsätzlich einen Insolvenzgeld-Anspruch gemäß § 170 Abs. 1 SGB III iVm § 115 SGB X. Da für die Zeit **nach** Beendigung des Arbeitsverhältnisses bestehende Ansprüche auf Arbeitsentgelt keinen Anspruch auf Insolvenzgeld begründen können (§ 166 Abs. 1 Nr. 1 Alt. 2 SGB III), kann die Krankenkasse im Falle des § 8 Abs. 1 EFZG einen Anspruch aus übergegangenem Recht (als sog Dritter) längstens für die Zeit **bis** zur **Beendigung** des Arbeitsverhältnisses berechtigt geltend machen.[103]

III. Anfechtbare Arbeitsentgeltansprüche

73 Rechtshandlungen, die vor der Eröffnung des Insolvenzverfahrens vorgenommen worden sind und die Insolvenzgläubiger benachteiligen, können durch

---

[100] Vgl. hierzu *Werner* NZI 2003, 184.
[101] BSG Urt. v. 6.5.2009 – B 11 AL 12/08, BSGE 103, 142 = NZA-RR 2010, 269.
[102] BSG Urt. v. 11.1.1989 – 10 RAr 5/88, BeckRS 1980, 45491.
[103] Vgl. hierzu auch BSG Urt. v. 11.1.1989 – 10 RAr 16/87, ZIP 1990, 1099 und BSG Urt. v. 12.8.1987 – 10 RAr 15/85, NZA 1988, 180.

den Insolvenzverwalter nach §§ 129ff. InsO angefochten werden. Arbeitsentgeltansprüche, die auf einer – zu Recht – **angefochtenen** Rechtshandlung oder einer Rechtshandlung, die im Falle der Eröffnung des Insolvenzverfahrens **anfechtbar** wäre, **beruhen**, begründen grundsätzlich **keinen** Anspruch auf Insolvenzgeld. Dies ergibt sich aus § 166 Abs. 1 Nr. 2 SGB III. Anfechtungsrechtlich ist zwischen **Grund- und Erfüllungsgeschäft** zu unterscheiden. § 166 Abs. 1 Nr. 2 SGB III kommt nicht zur Anwendung, wenn der Entgeltanspruch anfechtungsfrei erworben und nur anfechtbar erfüllt wurde.[104] Die angefochtene bzw. anfechtbare Rechtshandlung kann deshalb idR nur in einem Vertrag zwischen dem Schuldner und dem Arbeitnehmer bestehen, durch den (zusätzliche) Ansprüche auf Arbeitsentgelt begründet werden (zB nicht gerechtfertigte „Lohnerhöhung" oder „Sonderzahlungen" ohne hinreichenden Grund). In Frage kommt daher insbesondere eine Anfechtung nach §§ 132 Abs. 1, 133 InsO.

Hat der Insolvenzverwalter im Falle der **Eröffnung** des Insolvenzverfahrens von seinem Anfechtungsrecht keinen Gebrauch gemacht, wird die Agentur für Arbeit zunächst bei ihm die Gründe hierfür erfragen. Sofern er die Anfechtung pflichtwidrig unterlässt, ist die Anrufung des Insolvenzgerichts möglich (§ 58 InsO). Ist **kein Insolvenzverfahren** eröffnet und deshalb kein Insolvenzverwalter bestellt worden, entscheidet die Arbeitsverwaltung über das Vorliegen eines Anfechtungsgrundes von Amts wegen. **73a**

Ansprüche auf Arbeitsentgelt, hinsichtlich derer der Insolvenzverwalter von seinem **Leistungsverweigerungsrecht** nach § 146 Abs. 2 InsO – zu Recht – Gebrauch gemacht hat (§ 166 Abs. 1 Nr. 3 SGB III), begründen ebenfalls **keinen** Anspruch auf Insolvenzgeld. **73b**

Wie eben erwähnt, ist § 166 Abs. 1 Nr. 2 SGB III nicht auf die **Auszahlung** des Arbeitsentgelts anwendbar. Regelmäßige Lohn- und Gehaltszahlungen sind idR als Bargeschäft iSd § 142 InsO nicht anfechtbar.[105] Entsprechendes gilt für Zahlungen, die bei taggenauer Betrachtung innerhalb von drei Monaten nach Erbringung der Arbeitsleistung erfolgen.[106] Zahlt der Arbeitgeber (Schuldner) an den Arbeitnehmer, zB nach einer längerfristigen Stundung, dennoch ausnahmsweise in **anfechtbarer** Weise Arbeitsentgelt, das eigentlich durch §§ 165ff. SGB III geschützt ist und kommt es auf Grund der Anfechtung des Insolvenzverwalters zu einer Rückzahlung durch den Arbeitnehmer, lebt der Arbeitsentgeltanspruch wieder auf. Dann ist seitens der Arbeitsverwaltung, sofern kein Missbrauch erkennbar ist und die übrigen Voraussetzungen vorliegen,[107] Insolvenzgeld zu gewähren (zum Gesamtsozialversicherungsbeitrag vgl. → Rn. 117ff., 130).[108] Nach § 169 S. 3 SGB III ist die Bundesagentur für Arbeit Adressat des Anfechtungsbegehrens, wenn der Arbeitnehmer bereits einen An- **73c**

---

[104] BAG Urt. v. 29.1.2014 – 6 AZR 345/12, BeckRS 2014, 67287 = NZA 2014, 1266.
[105] Vgl. BAG Urt. v. 29.1.2014 – 6 AZR 345/12, BeckRS 2014, 67287 = NZA 2014, 1266.
[106] BAG Urt. v. 6.10.2011 – 6 AZR 262/10, NZA 2012, 330.
[107] Vgl. zur Wahrung der Ausschlussfrist gem. § 324 Abs. 3 SGB III die Durchführungsanweisungen (DA) der BA – Verfahren Ziff. 2.3 Abs. 3. Vgl. auch LSG Nordrhein-Westfalen Urt. v. 25.2.2016 – 9 AL 70/14, NZI 2016, 497, wonach die Nachfrist gem § 324 Abs. 3 S. 2 SGB III bereits mit Zugang der Aufforderng zur Rückzahlung zu laufen beginnt.
[108] Vgl. auch *Cranshaw* ZInsO 2009, 257.

Braun/Mühlbayer

trag auf Insolvenzgeld gestellt hat und daher die rückständigen Arbeitsentgeltansprüche auf sie übergegangen sind.

73d Für Klagen der Insolvenzverwalterin oder des Insolvenzverwalters gegen Arbeitnehmer des Schuldners auf Rückgewähr einer vom Schuldner geleisteten Vergütung ist der Rechtsweg zur Arbeitsgerichtsbarkeit gegeben.[109]

IV. Erstattungspflicht

74 Wurde Insolvenzgeld auch für Arbeitsentgeltansprüche, die nach § 166 Abs. 1 Nr. 1–3 SGB III keinen Anspruch begründen, zunächst in Unkenntnis der diesen Ansprüchen zugrunde liegenden Tatsachen gezahlt, ist der **Empfänger** des Insolvenzgeldes insoweit erstattungspflichtig (§ 166 Abs. 2 SGB III), ohne dass es einer Aufhebung des Verwaltungsaktes bedarf. § 166 Abs. 2 SGB III schließt als **lex specialis** die Anwendung der §§ 44 ff. SGB X aus (vgl. § 37 SGB I). Es kann deshalb seitens der Arbeitsverwaltung weder eine Vertrauensschutzprüfung vorgenommen noch Ermessen ausgeübt werden. Die Möglichkeit, **Zahlungserleichterungen** (vgl. → Rn. 194 ff.) einzuräumen,[110] besteht jedoch.

G. Höhe des Insolvenzgeldes

75 Die Vorschrift des § 167 SGB III regelt die Höhe des Insolvenzgeldes, das die Arbeitnehmerin bzw. der Arbeitnehmer für den Drei-Monatszeitraum (→ Rn. 32) beanspruchen kann. Entgeltersatzleistungen der Arbeitsförderung werden in der Regel in Höhe eines bestimmten prozentualen Anteils des vorherigen Arbeitsentgeltes gewährt (so beträgt zB das Arbeitslosengeld 60 bzw. 67 Prozent des durchschnittlichen und pauschalierten Nettoentgeltes der letzten 52 Wochen vor Eintritt der Arbeitslosigkeit, vgl. §§ 149, 150 SGB III). Anders verhält es sich dagegen bei der Höhe des Insolvenzgeldes für den Insolvenzgeld-Zeitraum. Insolvenzgeld wird nämlich vom Grundsatz her in Höhe des **Nettoarbeitsentgelts** geleistet, das sich ergibt, wenn das berücksichtigungsfähige Brutto-Arbeitsentgelt (also auch einschließlich etwaiger Einmalzahlungen, die **für** den Insolvenzgeld-Zeitraum geschuldet werden, → Rn. 49, 54) um die gesetzlichen Abzüge (Steuern, Sozialversicherungsbeiträge) vermindert wird. Die Winterbeschäftigungs-Umlage gehört ebenfalls zu den gesetzlichen Abzügen im Sinne des § 167 Abs. 1 SGB III. Sie ist anteilig mit 0,8 Prozent durch den Arbeitnehmer (ausgenommen im Gerüstbauerhandwerk) aufzubringen.[111] Grundlage für die Ermittlung der Höhe des Insolvenzgeldes ist der vom Insolvenzverwalter bzw. Arbeitgeber in der Insolvenzgeldbescheinigung (→ Rn. 150) angegebene **Bruttolohnausfall**, von dem die gesetzlichen Abzüge abzusetzen sind.

---

[109] GmS-OGB Beschl. v. 27.9.2010 – GmS–OGB 1/09, NZA 2011, 534 = NJW 2011, 1211.

[110] Die Stundung oder der Erlass von Forderungen richtet sich nach § 76 Abs. 2 Nr. 1, 3 SGB IV.

[111] Vgl. § 3 Abs. 2 Nr. 1, 3 und 4 der Winterbeschäftigungs-VO.

Allerdings hat der Gesetzgeber[112] seit 1.1.2004 eine **Leistungsbemessungsgrenze** eingeführt. Das insolvenzgeldfähige Bruttoarbeitsentgelt wird seit diesem Zeitpunkt durch die **monatliche** Beitragsbemessungsgrenze der Arbeitslosenversicherung (§ 341 Abs. 4 SGB III iVm § 275b SGB VI) begrenzt und um die gesetzlichen Abzüge vermindert (für das Jahr 2016 beträgt die Grenze 6200 EUR West bzw. 5400 EUR Ost). Maßgebend ist die für den jeweiligen Monat des Insolvenzgeld-Zeitraums geltende Grenze. Die monatliche Begrenzung gilt auch dann, wenn in einem Monat neben dem laufenden Arbeitsentgelt einmalig zu zahlendes Arbeitsentgelt zu berücksichtigen ist. § 23a Abs. 3 und 4 SGB IV findet daher keine Anwendung. Einmalig zu zahlendes Arbeitsentgelt ist dem Entgeltabrechnungszeitraum zuzuordnen, in dem es zu zahlen gewesen wäre. Eine Gegenüberstellung der im Insolvenzgeldzeitraum insgesamt offen gebliebenen Entgeltansprüche mit dem Wert der dreifachen monatlichen Beitragsbemessungsgrenze findet nicht statt.[113] 76

Im Fall von **Kurzarbeit** erfolgt sowohl eine Beschränkung der Arbeitspflicht des Arbeitnehmers als auch der Vergütungspflicht des Arbeitgebers. Grundlage für die Berechnung des Insg ist in diesen Fällen der aufgrund der Kurzarbeit verminderte Anspruch auf Arbeitsentgelt. Die rückwirkende Aufhebung der Regelung über die Einführung von Kurzarbeit ist nicht möglich. 76a

Unter den Begriff Bruttoarbeitsentgelt im Sinne des § 167 Abs. 1 SGB III fallen sowohl steuer- und beitragspflichtige als auch steuer- und beitragsfreie Entgeltbestandteile. Eine Rangfolge ist gesetzlich nicht geregelt, so dass der Arbeitnehmer bestimmen kann, welche Leistungen vorrangig zu berücksichtigen sind (**Günstigkeitsprinzip**). Die in der gesetzlichen Höhe steuer- und beitragsfreien Beitragszuschüsse des Arbeitgebers zur freiwilligen oder privaten Kranken-, Renten- oder Pflegeversicherung des Arbeitnehmers (§ 257 SGB V, § 172a SGB VI, § 61 SGB XI) bleiben bei der Ermittlung des Bruttoarbeitsentgelts unberücksichtigt; sie werden zusätzlich zum Arbeitsentgelt gewährt und werden von der Leistungsbemessungsgrenze nicht berührt. 76b

Beispiel (West, Stkl. I/0/Kirche ja):
Insolvenzeröffnung	1.8.2016
Tatsächlicher mtl. Bruttolohnanspruch:	6700,00 EUR
davon steuer- und beitragsfrei	300,00 EUR

Ermittlung des Insolvenzgeldanspruchs für den Monat Mai 2016 unter Beachtung der Leistungsbemessungsgrenze (6200 EUR):

Steuerpflichtiger Bruttolohn	5900,00 EUR
Steuer- und beitragsfreie Reisekosten	+ 300,00 EUR
Zwischensumme	6200,00 EUR
Steuerabzug (aus 5900 EUR)	– 1638,83 EUR
Sozialversicherungsbeiträge aus 5900 EUR (Renten-/Arbeitslosenversicherung)	– 640,15 EUR
Zuschuss zur Kranken-/Pflegeversicherung	+ 359,13 EUR
Insolvenzgeldanspruch insgesamt	4280,15 EUR

---

[112] Vgl. Drittes Gesetz für moderne Dienstleistungen am Arbeitsmarkt vom 23.12.2003, BGBl. 2003 I 2848.
[113] BSG v. 11.3.2014 – B 11 AL 21/12, NZI 2014, 825 = ZIP 2014, 1188.

I. Ermittlung der steuerlichen Abzüge

77 Die steuerlichen Abzüge, um die das **laufend** gezahlte Arbeitsentgelt zu vermindern ist, sind unter Verwendung der für den jeweiligen Entgeltabrechnungszeitraum geltenden **Lohnsteuertabellen** zu ermitteln (§ 38 Abs. 3 S. 1 iVm § 38a Abs. 3 S. 1 und § 39b Abs. 2 S. 1–6 EStG). Demzufolge können die steuerlichen Besonderheiten des Lohnsteuerjahresausgleichs (§ 42b EStG) bzw. des permanenten Lohnsteuerjahresausgleichs (§ 39b Abs. 2 S. 12 EStG) nicht berücksichtigt werden. Das Gleiche gilt hinsichtlich der ebenfalls der Festsetzung der Jahressteuerschuld dienenden Einkommensteuerveranlagung.[114] Die steuerlichen Abzüge, um die die **sonstigen Bezüge** iSv R 39b.2 LStR durch den Arbeitgeber zu vermindern gewesen wären, sind nach § 39b Abs. 3 EStG iVm R 39b.6 LStR zu ermitteln. Unter einem sonstigen Bezug im steuerrechtlichen Sinne ist das Arbeitsentgelt zu verstehen, das nicht als laufendes Arbeitsentgelt gezahlt wird. Ob aus sozialversicherungs- oder arbeitsrechtlichen Erwägungen eine Verteilung des Arbeitsentgelts auf mehrere Monate in Betracht kommt, ist dabei unerheblich. Zu den sonstigen Bezügen gehören insbesondere einmalige Entgeltzahlungen, die neben dem laufenden Arbeitsentgelt erbracht werden, wie zB 13. und 14. Monatsgehälter, Gratifikationen und Tantiemen, die nicht laufend gezahlt werden sowie Urlaubs- und Weihnachtsgeld. Für die Ermittlung der Lohnsteuer bei einem sonstigen Bezug hat der Arbeitgeber grundsätzlich den **voraussichtlichen Jahresarbeitslohn** – ohne den sonstigen Bezug – des Kalenderjahres festzustellen, in dem der sonstige Bezug dem Arbeitnehmer zufließt. Von dem voraussichtlichen Jahresarbeitslohn, der um die in § 39b Abs. 3 EStG genannten Freibeträge zu kürzen ist, ist die Lohnsteuer unter Zugrundelegung der **Jahreslohnsteuertabelle** zu ermitteln. Außerdem ist die Jahreslohnsteuer unter Einbeziehung des sonstigen Bezuges nach Maßgabe des § 39b Abs. 3 EStG festzustellen. Der **Unterschiedsbetrag** zwischen den jeweiligen Jahreslohnsteuerbeträgen ist die Lohnsteuer, die von dem sonstigen Bezug einzubehalten ist.

78 Das BSG hat entschieden, dass im Rahmen der gemäß § 39b Abs. 3 EStG vorgeschriebenen Differenzberechnung zur Ermittlung der Lohnsteuer für sonstige Bezüge die auf der Lohnsteuerkarte eingetragenen bzw. die seit 1.1.2014 per ELStAM Verfahren übertragenen Merkmale, zugrunde zu legen sind.[115] Hierdurch wird bei der Berechnung des Insolvenzgeldes die Lohnsteuer so bemessen, wie sie der Arbeitgeber bei der Auszahlung des Entgelts zu berücksichtigen gehabt hätte. Neben dem **Versorgungsfreibetrag** und dem **Altersentlastungsbetrag** sind daher auch **individuelle Freibeträge** nach Maßgabe der Eintragungen auf der Lohnsteuerkarte, bzw. der per ELStAM gemeldeten Daten, bei Anwendung des § 167 Abs. 1 SGB III zu berücksichtigen. Gleiches gilt im Übrigen für die Einbehaltung der Lohnsteuer vom laufend zu zahlenden Arbeitsentgelt. Hat der Arbeitgeber mit dem Arbeitnehmer eine **Nettoarbeitsentgeltvereinbarung** getroffen (vgl. § 14 Abs. 2 SGB IV), so bildet der vereinbarte Nettolohn die Grundlage für die Berechnung der Höhe des Insolvenzgel-

---

[114] BSG Urt. v. 19.2.1986 –10 RAr 14/84, KTS 1986, 490 = NZA 1986, 543 (Ls.).
[115] BSG Urt. v. 10.8.1988 – 10 RAr 5/87, BeckRS 1988, 06287 = KTS 1989, 178.

des. In diesen Fällen hat der Arbeitgeber den Bruttoarbeitslohn anhand der Lohnsteuertabelle durch „Abtasten" (Hochrechnung) zu ermitteln (vgl. R 39 b.9 LStR iVm § 39b EStG).

II. Fiktive Steuerberechnung

Ist die Arbeitnehmerin oder der Arbeitnehmer im Inland zwar einkommensteuerpflichtig, wird die Einkommensteuer aber **nicht** durch Abzug vom Arbeitslohn erhoben, so ist das Arbeitsentgelt um die Lohnsteuer zu vermindern, die im Falle der Steuerpflicht durch Abzug vom Arbeitslohn erhoben würde. Unter diese Regelung (vgl. § 167 Abs. 2 **Nr. 1** SGB III) fallen insbesondere **Gesellschafter einer OHG**, die ausnahmsweise auch als Arbeitnehmer der OHG beschäftigt waren und deren Arbeitsentgelt nach § 15 Abs. 1 Nr. 2 EStG als Einkünfte aus Gewerbebetrieb versteuert wird. Ist der Arbeitnehmer **im Inland nicht einkommensteuerpflichtig** und unterliegt das Insolvenzgeld nach den für ihn außerhalb des Geltungsbereichs des EStG maßgebenden Vorschriften nicht der Steuer, so ist das Arbeitsentgelt um die Lohnsteuer zu vermindern, die im Falle der Steuerpflicht im Inland durch Abzug vom Arbeitslohn erhoben würde. Unter die Regelung des § 167 Abs. 2 **Nr. 2** SGB III fallen **Grenzgänger oder nur vorübergehend** im Inland tätige Personen, die von der Steuerpflicht im Inland befreit sind und ihr **Insolvenzgeld** im Ausland nicht versteuern müssen. Die Regelung führt in Fällen, in denen das Arbeitsentgelt im Herkunftsland einer geringeren als der fiktiven Besteuerung nach § 167 Abs. 2 Nr. 2 SGB III unterliegt, idR dazu, dass durch das Insolvenzgeld der Nettolohnausfall nicht in vollem Umfang kompensiert wird. In Rechtsprechung[116] und Schrifttum[117] wird hierzu teilweise argumentiert, dem Arbeitnehmer stünde der Differenzbetrag zwischen dem mit dem Insolvenzgeld abgegoltenen Nettoanteil und dem Bruttoentgelt, der sog **Bruttorestlohnanspruch**, zu. Dieser gehe nicht gem. § 169 S. 1 SGB III auf die Bundesagentur für Arbeit über. Der Arbeitnehmer könne den Bruttorestlohnanspruch beim Insolvenzverwalter auch nach Beantragung von Insolvenzgeld geltend machen. Dieser Auffassung hat sich das BAG[118] nicht angeschlossen. Das LSG Rheinland-Pfalz[119] hat nunmehr die Frage, ob der fiktive Steuerabzug nach § 167 Abs. 2 Nr. 2 SGB III europarechtskonform ist, dem EuGH[120] zur Vorabentscheidung vorgelegt.

79

Die Vorschrift des § 167 Abs. 2 Nr. 2 SGB III findet keine Anwendung, wenn das im Ausland erzielte **Arbeitseinkommen** weder im Inland noch im Ausland zu versteuern ist.[121] Dabei ist es unerheblich, ob die Steuerfreiheit kraft Gesetzes oder auf Grund einer besonderen Einzelregelung des Finanzamtes besteht.

79a

---

[116] SG Speyer Urt. v. 16.10.2013 – S 1 AL 411/12, BeckRS 2014, 65441.
[117] *Gagel/Peters-Lange* SGB III § 169 Rn. 8 ff.
[118] BAG Urt. v. 25.6.2014 – 5 AZR 283/12, BAGE 148, 290 = NZA 2015, 486.
[119] LSG Rheinland-Pfalz Beschl. v. 23.7.2015 – L 1 AL 134/13 (nicht amtlich veröffentlicht).
[120] EuGH C-496/15 – Eschenbrenner.
[121] BSG Urt. v. 27.6.1985 – 10 RAr 16/84, ZIP 1985, 1149.

III. Ermittlung der Sozialversicherungsbeiträge

80 Bei der Festsetzung der Beiträge zur gesetzlichen Kranken-, Pflege- und Rentenversicherung sowie zur Arbeitslosenversicherung sind **nur die Arbeitnehmeranteile** zu berücksichtigen, sofern diese nicht vom Arbeitgeber zu tragen waren (vgl. § 20 Abs. 3 Nr. 1 SGB IV). Beiträge des Arbeitnehmers zur **freiwilligen** oder **privaten** Kranken-, Pflege- und Rentenversicherung sowie Beitragszuschüsse des Arbeitgebers für freiwillig oder privat versicherte Arbeitnehmer gemäß § 257 SGB V, § 61 SGB XI bzw. der Zuschuss zu einer **berufsständischen Versorgungseinrichtung** nach § 172a SGB VI bleiben dagegen unberücksichtigt. Die genannten Beitragszuschüsse sind jedoch dem Brutto-Arbeitsentgelt zuzurechnen und begründen einen Anspruch auf Insolvenzgeld. Was die Höhe des ausgefallenen Netto-Arbeitsentgelts betrifft, sind die gesetzlich versicherten Arbeitnehmer den freiwillig oder privat Versicherten im Ergebnis gleichgestellt, da der zuletzt genannte Personenkreis aus dem errechneten Nettoentgelt noch den geschuldeten Gesamtbetrag für die freiwillige oder private Versicherung aufbringen muss.

IV. Abschlagszahlungen des Arbeitgebers

81 Abschlagszahlungen sind vorrangig auf vor dem Insolvenzgeld-Zeitraum entstandene Ansprüche des Arbeitnehmers anzurechnen, wenn der Arbeitnehmer gegenüber seinem Arbeitgeber Ansprüche sowohl für Beschäftigungszeiten hat, die vor dem Insolvenzgeld-Zeitraum liegen, als auch für diesen Zeitraum selbst.[122] Das BSG hat sich dieser Auffassung angeschlossen und für das deutsche Recht daraus den Schluss gezogen, dass das Bestimmungsrecht des **§ 366 Abs. 1 BGB** insolvenzgeldrechtlich für den Arbeitgeber als Schuldner **nicht** gilt.[123] Da der vor dem Insolvenzgeld-Zeitraum liegende Arbeitsentgeltanspruch dem Arbeitnehmer die geringere Sicherheit bietet, ist zunächst dieser Anspruch als erfüllt zu betrachten. Übersteigt die Abschlagszahlung den Arbeitsentgeltanspruch für diese Zeit, ist davon auszugehen, dass mit dem übersteigenden Betrag Arbeitsentgeltansprüche im Insolvenzgeld-Zeitraum erfüllt wurden.

Beispiel (West, Stkl. I/0/Kirche ja):
Insolvenzeröffnung	16.8.2016
Insolvenzgeld-Zeitraum	16.5.–15.8.2016
Rückständiges Arbeitsentgelt seit	1.5.2016

Ermittlung des **Teil**anspruchs für die Zeit vom 16.5.–31.5.2016:
Berechnung (voller Monat Mai)
Steuerpflichtiger Bruttolohn	5100,00 EUR
Steuerabzug	– 1280,74 EUR
Sozialversicherungsbeiträge (Renten-/Arbeitslosenversicherung)	– 553,35 EUR

---

[122] EuGH Urt. v. 14.7.1998 – C-125/97, NZI 1998, 37 = ZInsO 2000, 174 – A. G.R Regeling.
[123] Vgl. BSG Urt. v. 25.6.2002 – B 11 AL 90/01, SGb 2003, 229 (mAnm *Braun*).

Zuschuss zur Kranken-/Pflegeversicherung	+ 359,13 EUR
Monatsnettobetrag	3625,04 EUR
Nettobetrag für die Zeit vom 1.5.–15.5.2016 (15/30)	1812,52 EUR
Abschlagszahlung für Monat Mai	2000,00 EUR
Insolvenzgeldanspruch für die Zeit vom 16.5.–31.5.2016 (15/30)	1625,04 EUR

Die Abschlagszahlung ist nur anteilig (in Höhe von 1812,52 EUR) dem Zeitraum vor dem Insolvenzgeld-Zeitraum (1.5.–15.5.2016) zuzuordnen. Der Insolvenzgeldanspruch beträgt daher für den **Teil**zeitraum (16.5.–31.5.2016) **1625,04 EUR** (2000 EUR – 1812,52 EUR = 187,48 EUR; 1812,52 EUR – 187,48 EUR = 1625,04 EUR).

Bei Bruttolöhnen über der **Leistungsbemessungsgrenze** ist zudem Folgendes zu beachten: Dem Insolvenzgeldzeitraum zuzuordnende Abschlagszahlungen sind – bezogen auf den jeweiligen Lohnabrechnungszeitraum – von dem insgesamt nicht erfüllten Arbeitsentgeltanspruch und nicht von dem unter Beachtung der Leistungsbemessungsgrenze verminderten Bruttoarbeitsentgeltanspruch abzuziehen.[124] Selbiges gilt auch für geldwerte Vorteile, beispielsweise bei der Nutzung von Dienstwagen. **81a**

In diesen Fällen ist der **Nettowert** des unverminderten Arbeitsentgeltanspruchs – abzüglich geleisteter Abschlagszahlungen (bzw. geldwerter Vorteile) – mit dem Nettowert des fiktiven auf die Leistungsbemessungsgrenze reduzierten Arbeitsentgeltanspruchs – ohne Berücksichtigung von Abschlagszahlungen (bzw. geldwerter Vorteile) – zu **vergleichen**. Im Rahmen des Insolvenzgeldes erstattungsfähig ist der niedrigere Nettobetrag.[125]

V. Leistungen, die der Arbeitnehmer nicht mehr beanspruchen kann

Maßgebend für die Höhe des **auszuzahlenden** Insolvenzgeldes ist nur das Nettoarbeitsentgelt, das die Arbeitnehmerin bzw. der Arbeitnehmer noch beanspruchen kann. Zu beachten ist, dass der Anspruch auch noch **nach** dem Insolvenzereignis **teilweise** oder **ganz** entfallen kann, zB wenn der Arbeitgeber oder der Insolvenzverwalter den Anspruch auf Arbeitsentgelt im Zusammenhang mit einem gerichtlichen Vergleich erfüllt. Dies wäre beispielsweise dann der Fall, wenn der in einem arbeitsgerichtlichen Verfahren abgeschlossene Vergleich ua auch die Arbeitsentgeltansprüche umfasst und erledigt, die dem Insolvenzgeld-Zeitraum zuzuordnen sind.[126] **82**

1. Anderweitiges Arbeitsentgelt

Arbeitsentgelt, das der Arbeitnehmer während des Insolvenzgeld-Zeitraums aus einer **neuen** Beschäftigung erzielt hat, vermindert gemäß § 615 Satz 2 BGB den Anspruch auf Arbeitsentgelt gegen den insolventen Arbeitgeber bis zur Höhe des für den gleichen Zeitraum zugrunde liegenden Arbeitsentgeltanspruchs. Dabei ist **jeweils** von dem um die gesetzlichen Abzüge verminderten Arbeitsentgelt auszugehen. Der Umfang der Anrechnung bestimmt sich nach der für den Arbeitnehmer **bisher** maßgebenden Arbeitszeit. **Anzurechnen** ist **83**

---

[124] Vgl. EuGH Urt. v. 4.3.2004 – C-19/01, NZA 2004, 425
[125] Zu Berechnungsbeispielen: Durchführungsanweisungen (DA) der BA zu § 167 SGB III Ziff. 1.4 Abs. 4.
[126] Vgl. BSG Urt. v. 27.9.1994 – 10 RAr 7/93, ZIP 1994, 1875.

daher nur derjenige Verdienst, den der Arbeitnehmer durch die Verwendung desjenigen Teils der Arbeitskraft erzielt hat, den er sonst zur Erfüllung seiner Arbeitspflicht benötigt hätte. Hat der Arbeitnehmer zB im neuen Beschäftigungsverhältnis Mehrarbeitsstunden geleistet, ist die Vergütung hierfür nur dann anzurechnen, wenn der Arbeitnehmer auch bei seinem bisherigen Arbeitgeber im selben oder in noch größerem Umfang Mehrarbeitsstunden hätte leisten müssen. Allerdings hängt die Anrechnung eines Entgelts nach § 615 Satz 2 BGB nicht davon ab, ob in dem vorangegangenen Arbeitsverhältnis eine vergleichbare oder identische Art des Entgelts (zB zusätzliches anteiliges Urlaubsgeld) vom Arbeitnehmer beansprucht werden konnte.[127] Die Höhe des aus dem neuen Beschäftigungsverhältnis erzielten Arbeitsentgelts ist vom Arbeitnehmer **nachzuweisen**.

2. Übergegangene Arbeitsentgeltansprüche

84   Die Arbeitnehmerin/der Arbeitnehmer hat ferner keinen Anspruch auf Insolvenzgeld, soweit **vor** der Beantragung der Leistung der Entgeltanspruch auf Dritte übergegangen ist (vgl. § 170 Abs. 1 SGB III und → Rn. 99 ff.). Die Übertragung von Ansprüchen erfolgt durch **Abtretung** nach §§ 398 ff. BGB oder durch **gesetzlichen Forderungsübergang**, zB nach § 115 SGB X, wenn der Arbeitnehmer im Insolvenzgeld-Zeitraum Arbeitslosengeld bezieht. Gleiches gilt bei einer **Pfändung** oder **Verpfändung** des Arbeitsentgeltanspruchs (§ 170 Abs. 2 SGB III). Hat der Dritte Insolvenzgeld nicht beantragt und erlischt das Pfandrecht später, kann auch der auf das Pfandrecht entfallende Teil an den Arbeitnehmer ausgezahlt werden.

3. Aufrechnung

85   Der Arbeitsentgeltanspruch (und in der Folge der Anspruch auf Insolvenzgeld) **erlischt** durch zulässige **Aufrechnung** (vgl. §§ 387 ff., 389, 394 BGB). Dies kann der Fall sein, wenn von dem ausgefallenen Arbeitsentgelt vereinbarungsgemäß Schulden des Arbeitnehmers für ein durch den Arbeitgeber gewährtes Darlehen abgezogen werden. Eine vom Arbeitgeber **unterlassene** (dh nicht erklärte) Aufrechnung kann jedoch ein **Leistungsverweigerungsrecht** der Arbeitsverwaltung **nicht** begründen.[128]

4. Vorschuss

86   Vom Nettolohnausfall ist ggf. auch ein bereits geleisteter **Vorschuss** auf das Insolvenzgeld (→ Rn. 88 ff.) in voller Höhe abzusetzen (§ 168 S. 3 SGB III). Übersteigt der Vorschuss den letztendlich zustehenden Gesamtanspruch, muss der Arbeitnehmer den übersteigenden Betrag **erstatten** (§ 168 S. 4 SGB III bzw. § 42 Abs. 2 S. 2 SGB I). Die **allgemeinen Vorschriften des SGB X** über die Rücknahme von Verwaltungsakten und Erstattung von Sozialleistungen finden in diesem Fall keine Anwendung (§ 37 SGB I). Ermessenserwägungen sind daher im Rahmen der Geltendmachung der Erstattungsforderung von der Arbeitsverwaltung nicht anzustellen. Eine etwaige „Gutgläubigkeit" des Arbeit-

---

[127] BSG Urt. v. 17.3.1993 – 10 RAr 7/91, BSG AP AFG § 141b Nr. 15 = KTS 1993, 684.
[128] BSG Urt. v. 29.2.1984 – 10 RAr 20/82, BSGE 56, 201 = ZIP 1984, 1249.

nehmers ist für die Frage, ob ein Rückzahlungsanspruch besteht, ebenfalls ohne Bedeutung.

Grafik 5: Höhe des auszuzahlenden Insolvenzgeldes (Regelfall) 87

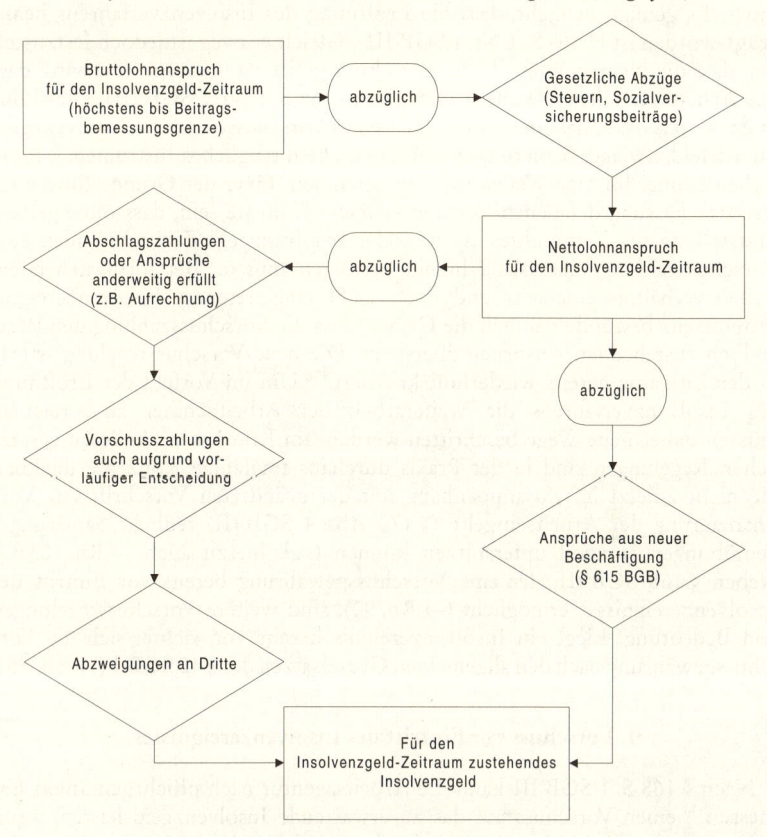

```
[Bruttolohnanspruch für den Insolvenzgeld-Zeitraum (höchstens bis Beitragsbemessungsgrenze)] → abzüglich → [Gesetzliche Abzüge (Steuern, Sozialversicherungsbeiträge)]
        ↓
[Abschlagszahlungen oder Ansprüche anderweitig erfüllt (z.B. Aufrechnung)] ← abzüglich ← [Nettolohnanspruch für den Insolvenzgeld-Zeitraum]
        ↓                                                                                          ↓
                                                                                             abzüglich
                                                                                                  ↓
[Vorschusszahlungen auch aufgrund vorläufiger Entscheidung]
        ↓                                                                          [Ansprüche aus neuer Beschäftigung (§ 615 BGB)]
        ↓
[Abzweigungen an Dritte]
        ↓
                              [Für den Insolvenzgeld-Zeitraum zustehendes Insolvenzgeld]
```

H. Vorschussregelungen

Die Rechtslage im Zusammenhang mit der Zahlung von Konkursausfallgeld 88
(§ 141 f AFG) sah eine Vorschusszahlung nur für den Fall vor, dass alle materiellen **Anspruchsvoraussetzungen** bereits eingetreten waren. Dies führte dazu, dass eine Vorschusszahlung vor Eintritt des Insolvenzereignisses nicht möglich war. Im Vorstadium der Sequestration konnte daher der vorläufige Vergleichs- oder Konkursverwalter die Arbeitnehmer, deren Arbeitsentgeltansprüche rückständig waren, nicht an das (damalige) Arbeitsamt verweisen, um so – auch ohne Entgeltzahlung – deren Weiterarbeit bis zur Eröffnung des Insolvenzverfahrens zu erreichen. Insoweit blieb nur der bekannte Umweg über eine Vorfinanzierung der Arbeitsentgeltansprüche durch eine Bank, die weder am Unternehmen beteiligt, noch Gläubigerbank sein durfte (vgl. → Rn. 104).

Braun/Mühlbayer

89 Der Gesetzgeber hat jedoch, nicht zuletzt auf Anregung des BSG,[129] auf die für die Praxis missliche Situation reagiert und durch die **Neufassung** der Vorschussregelung des § 168 SGB III für eine bestimmte Fallgestaltung eine Vorschusszahlung ermöglicht, **ohne** dass bereits ein **Insolvenzereignis** vorliegen muss. Es genügt vielmehr, dass die Eröffnung des Insolvenzverfahrens **beantragt** worden ist (§ 168 S. 1 Nr. 1 SGB III). Gleich vorweg ist jedoch festzustellen, dass die Neuregelung allerdings zu kurz greift, da vorausgesetzt wird, dass das **Arbeitsverhältnis** bereits **beendet** ist (§ 168 S. 1 Nr. 2 SGB III). Dies führt in der Praxis dazu, dass die Möglichkeit eines Vorschusses auf das Insolvenzgeld im Vorfeld etwaiger Sanierungsbemühungen kein taugliches Instrument ist, um Arbeitnehmer für eine Weiterarbeit zu gewinnen. Einer der Gründe für die restriktive Fassung der neuen Vorschussvorschrift dürfte sein, dass ohne genaue Feststellung des Zeitpunktes, zu dem der Insolvenzgeld-Zeitraum endet, eine Vorschusszahlung „ins Blaue hinein" erfolgen müsste. Bei fortbestehendem Arbeitsverhältnis einerseits und noch nicht eingetretenem Insolvenzereignis andererseits bestünde nämlich die Gefahr, dass die Vorschusszahlung den letztendlich zustehenden Anspruch übersteigt. Die neue Vorschussregelung wurde in der Literatur bereits wiederholt kritisiert.[130] Um im Vorfeld der Eröffnung des Insolvenzverfahrens die Weiterarbeit der Arbeitnehmer zu erreichen, müssen daher neue Wege beschritten werden. Im Kontext mit anderen gesetzlichen Regelungen sind in der Praxis durchaus tragfähige Konzepte denkbar, die nicht zuletzt im Zusammenhang mit der geänderten Vorschrift zur Vorfinanzierung der Arbeitsentgelte (§ 170 Abs. 4 SGB III) redliche Sanierungsbemühungen sinnvoll unterstützen können (vgl. hierzu auch → Rn. 103 ff.). Neben § 168 SGB III, der eine Vorschussgewährung bereits vor Eintritt des Insolvenzereignisses ermöglicht (→ Rn. 90), sind weitere Vorschussregelungen von Bedeutung. Liegt ein Insolvenzereignis bereits vor, richtet sich die Vorschussgewährung nach den allgemeinen Grundsätzen des **§ 42 SGB I** (→ Rn. 95).

I. Vorschuss *vor* Eintritt des Insolvenzereignisses

90 Nach § 168 S. 1 SGB III kann die Arbeitsagentur nach **pflichtgemäßem Ermessen**[131] einen Vorschuss auf das zu erwartende Insolvenzgeld leisten, wenn davon auszugehen ist, dass der Arbeitnehmer bei Eintritt des Insolvenzereignisses hinreichend **wahrscheinlich** einen Anspruch auf Insolvenzgeld hat. Um den Insolvenzgeld-Zeitraum eindeutig festlegen zu können, setzt § 168 S. 1 Nr. 2 SGB III zwingend die **Beendigung des Arbeitsverhältnisses** voraus. Es genügt deshalb **nicht,** wenn zwar ein Beendigungssachverhalt vorliegt (zB Kündigung), das rechtliche Ende des Arbeitsverhältnisses aber noch nicht eingetreten ist. Die Vorschussregelung erfasst Fälle, in denen eine abschließende Entscheidung nicht möglich ist, weil das Insolvenzgericht über den Antrag auf Eröffnung des Insolvenzverfahrens noch nicht entschieden hat. Wurde ein **Antrag auf Eröffnung** des Insolvenzverfahrens (§ 13 InsO) **nicht gestellt,** scheidet ein Vorschuss generell aus. Die Agentur für Arbeit ist auf der Grundlage des § 168

---

[129] Vgl. BSG Urt. v. 22.3.1995 – 10 RAr 1/94, BSGE 76, 67 = ZIP 1995, 935.
[130] Vgl. zB *Kind* InVo 1998, 57 (61).
[131] Zum Begriff vgl. § 39 Abs. 1 SGB I.

SGB III nicht verpflichtet, einen solchen Antrag zu stellen. Stellt der Arbeitnehmer den Antrag, können insoweit anfallende Kosten im Rahmen des Insolvenzgeldes **nicht** erstattet werden.

Hinreichende Wahrscheinlichkeit im Sinne des § 168 S. 1 Nr. 3 SGB III bedeutet, dass nach der sich an objektiven Maßstäben orientierenden Überzeugung der Agentur für Arbeit ein **deutliches Übergewicht** der bisher ermittelten Umstände für das Bestehen des Anspruchs sprechen muss. Liegen die tatbestandsmäßigen Voraussetzungen nach § 168 S. 1 SGB III vor, wird die Ermessensentscheidung in aller Regel zugunsten des Arbeitnehmers zu treffen sein. Eines ausdrücklichen Vorschussantrages des Arbeitnehmers bedarf es zwar grundsätzlich nicht.[132] Vielmehr kann ein Vorschuss im Rahmen pflichtgemäßen Ermessens **auch ohne gesonderten Vorschussantrag** bewilligt werden, wenn der Arbeitnehmer, dessen Arbeitsverhältnis bereits beendet ist, bei zu erwartendem Eintritt des Insolvenzereignisses voraussichtlich einen Anspruch auf Insg hat.[133] Dennoch sollte der Arbeitnehmer bei der Geltendmachung des Insolvenzgeldes auf sein Vorschussbegehren hinweisen, um Zweifel an der Vorschussnotwendigkeit von vornherein auszuschließen. Hierzu kann er sich des Vordrucks Insg 1 der BA bedienen (im Internet verfügbar, vgl. www.arbeitsagentur.de). Auch (formlose) Sammelanträge sind möglich.

91

1. Höhe des Vorschusses

Auch die **Höhe des Vorschusses** ist nach pflichtgemäßem Ermessen zu bestimmen. Als sachangemessen kann im Einzelfall auch ein Vorschuss in Höhe von 100 % des vermuteten Arbeitsentgeltausfalls anzusehen sein. Die Arbeitsverwaltung orientiert sich in dieser Frage an der Deutlichkeit des **Anspruchsnachweises**. Das heißt, dass die Höhe des Vorschusses umso höher ausfallen wird, je konkreter der Anspruch auf Insolvenzgeld **der Höhe nach** nachgewiesen ist. Der Zeitraum auf den sich die Vorschussleistungen beziehen, entspricht naturgemäß grundsätzlich dem Insolvenzgeld-Zeitraum (→ Rn. 32). Dabei wird man jedoch Zeiträume ausklammern müssen, für die der Arbeitnehmer zB das Arbeitsentgelt noch voll erhalten hat oder für die Entgeltersatzleistungen (zB Arbeitslosengeld) gezahlt wurden (vgl. hierzu → Rn. 198).

92

2. Glaubhaftmachung

Da für die Feststellung der Vorschussvoraussetzungen auf der Grundlage des § 168 SGB III die Erstellung einer **Insolvenzgeldbescheinigung** im Sinne des § 314 SGB III (→ Rn. 150) **nicht** gefordert werden kann, müssen alle Anspruchsvoraussetzungen durch den Arbeitnehmer (eventuell auch unterstützt durch Erklärungen des Betriebsrates oder anderer Personen, die Kenntnisse über die Entgeltrückstände haben) im Rahmen seiner Mitwirkungspflicht

93

---

[132] Vgl. dazu ausführlich *Schönefelder/Kranz/Wanka/Braun* SGB III § 186 (jetzt: § 168) Rn. 15 ff.; *Gagel/Peters-Lange* § 168 Rn. 1; *Mutschler/Schmidt-De Caluwe/Coseriu/Schmidt* SGB III § 168 Rn. 6; *Banafsche/Körtek ua/Schön* LPK SGB III § 168 Rn. 8; aA *Brand/Kühl* SGB III § 168 Rn. 7.
[133] Vgl. Durchführungsanweisungen (DA) der BA zu § 168 SGB III Anm. 1 Abs. 1. Ebenso *Banafsche/Körtek ua/Schön*, LPK-SGB III § 168 Rn. 8.

(§§ 60 ff. SGB I) **glaubhaft** gemacht werden.[134] Die Pflicht der Agentur für Arbeit zur Amtsermittlung (§ 20 SGB X) besteht daneben, wie sonst auch. Zur Glaubhaftmachung der Voraussetzungen kann der Arbeitnehmer beispielsweise die **letzte Arbeitsentgeltabrechnung** oder eine gleichwertige Bescheinigung vorlegen. Wird ein Vorschuss von mehreren oder allen Arbeitnehmern mit **Sammelantrag** beantragt, kann als gleichwertige Bescheinigung auch eine vom Arbeitgeber bzw. vorläufigen Insolvenzverwalter erstellte **Liste** über die zuletzt abgerechneten Nettolohnansprüche eingereicht werden. Daneben ist eine schriftliche **Erklärung** des Arbeitgebers, des vorläufigen Insolvenzverwalters, des Betriebsrates oder eines für die Lohnabrechnung des Arbeitgebers zuständigen Arbeitnehmers notwendig, aus der hervorgeht, für welchen Zeitraum und in welchem Umfang der Arbeitgeber die Ansprüche seiner Arbeitnehmer auf Arbeitsentgelt nicht erfüllt hat. Es kann sicherlich auch eine **Globalbescheinigung** für alle Arbeitnehmer des Betriebes genügen, in der erklärt wird, bis zu welchem Zeitpunkt Arbeitsentgelt voll und für welche Lohnzahlungszeiträume Entgelt nur teilweise gezahlt wurde und nach welchen Grundsätzen die Zahlungen bemessen wurden (zB Angabe des Prozentsatzes des Lohnes, der als Abschlag geleistet wurde).

3. Überzahlung

94 Von besonderer Bedeutung ist in diesem Zusammenhang, dass § 168 S. 4 SGB III einen eigenen **Erstattungstatbestand** für den Fall beinhaltet, dass die gezahlten Vorschussleistungen die Höhe des tatsächlich zustehenden Insolvenzgeldes übersteigen (vgl. auch → Rn. 86). Die Vorschriften der §§ 44 ff. SGB X finden insoweit wegen § 37 SGB I keine Anwendung. Die Agentur für Arbeit weist den Empfänger auf die „Vorläufigkeit" der Leistung besonders hin.

II. Vorschuss *nach* Eintritt des Insolvenzereignisses

95 Liegt ein Insolvenzereignis bereits vor und ist eine abschließende Entscheidung noch nicht möglich, weil zur Feststellung der **Höhe** des Anspruchs voraussichtlich längere Zeit erforderlich ist, kommt eine Vorschusszahlung auf der Grundlage des **§ 42 SGB I** in Betracht.[135] Es handelt sich ebenfalls im Grundsatz um eine sog Ermessensleistung (§ 39 SGB I). Im Gegensatz zu § 168 SGB III hat jedoch der Berechtigte einen **Anspruch** auf die Vorschusszahlung, wenn er diese beantragt und der Anspruch auf Insolvenzgeld **dem Grunde nach** bereits feststeht. Die Agentur für Arbeit ist dann verpflichtet, spätestens nach Ablauf eines Kalendermonats nach Eingang des Antrags den Vorschuss zu zahlen, dessen Höhe (wie im Falle des § 168 SGB III) nach pflichtgemäßem Ermessen zu bestimmen ist (→ Rn. 92). Auch in diesem Fall wird der Antragsteller im Bescheid darüber informiert, dass es sich um eine Vorschusszahlung handelt und für eventuell überzahlte Beträge nach § 42 Abs. 2 SGB I ebenfalls eine **besondere Erstattungspflicht** besteht (→ Rn. 74).

---

[134] Vgl. dazu näher *Schönefelder/Kranz/Wanka/Braun* SGB III § 186 (jetzt: § 168) Rn. 21.

[135] Vgl. dazu *Schönefelder/Kranz/Wanka/Braun* SGB III § 186 (jetzt: § 168) Rn. 32 ff.

III. Vorläufige Entscheidung

Nach § 328 Abs. 1 S. 1 Nr. 3 SGB III kann – bzw. muss, wenn ein entsprechender Antrag vorliegt (§ 328 Abs. 1 S. 3 SGB III) – vorläufig entschieden werden, wenn ua zur Feststellung der Voraussetzungen des Geldanspruchs eines Arbeitnehmers voraussichtlich längere Zeit erforderlich ist, die Voraussetzungen dafür jedoch mit hinreichender Wahrscheinlichkeit vorliegen und eine sofortige, abschließende Entscheidung nicht möglich ist.[136] Damit sollen va Härten und Nachteile, die mit längeren Bearbeitungszeiten verbunden sind, vermieden werden.[137] 96

Für das Insolvenzgeld würde dies bedeuten, dass in Einzelfällen auch ohne Vorfinanzierung der Arbeitsentgelte die Arbeitnehmer motiviert werden könnten, bis zur insolvenzgerichtlichen Entscheidung beim Unternehmen zu verbleiben und weiterzuarbeiten. Auf diese Weise könnte die im Insolvenzeröffnungsverfahren regelmäßig dringend benötigte **Liquidität** geschaffen werden, ohne dass der vorläufige Verwalter von der Zustimmung der Agentur für Arbeit (vgl. § 170 Abs. 4 S. 1 SGB III) abhängig wäre. Da die Vorschrift des § 328 Abs. 1 S. 1 Nr. 3 SGB III jedoch voraussetzt, dass der betreffende Anspruch bereits entstanden ist, heißt dies, dass eine vorläufige Entscheidung über Insolvenzgeld **vor** Eintritt des Insolvenzereignisses iSv § 165 Abs. 1 S. 2 SGB III (= Tatbestandsmerkmal des Insolvenzgeld-Anspruchs) **nicht in Betracht** kommt.[138] Also fällt sie als Ersatz bzw. Umgehung der Vorfinanzierung im Eröffnungsverfahren tatsächlich aus. 97

Diese Rechtsauffassung führt aber nicht zwangsläufig zu unangemessenen Verzögerungen zu Lasten der Arbeitnehmer von insolvenzgefährdeten Betrieben. Gerade der Sachverhalt, welcher den Entscheidungen von SG Aachen[139] und LSG NRW[140] zugrunde lag, zeigt, dass bei vernünftiger Handhabung in der Praxis (Zusammenarbeit aller Beteiligten) den Arbeitnehmern frühzeitig Mittel aus der Ausfallversicherung zur Verfügung gestellt werden können. 98

I. Insolvenzgeldanspruch Dritter

Nicht nur der Arbeitnehmer selbst, sondern **auch Dritte** können einen Anspruch auf Insolvenzgeld berechtigt geltend machen, wenn sie **Inhaber des Arbeitsentgeltanspruchs oder des Insolvenzgeldanspruchs** des Arbeitnehmers (zB durch Abtretung) geworden sind. In der Praxis kann dies zB dann von Be- 99

---

[136] Die Vorschrift entspricht in vollem Umfang der früheren Regelung des § 145 Abs. 1 S. 1 Nr. 3 AFG.
[137] *Brand/Düe* SGB III § 328 Rn. 2.
[138] *Braun/Wierzioch* ZInsO 1999, 496; *Schönefelder/Kranz/Wanka/Braun* SGB III § 186 (jetzt: § 168) Rn. 42; *Wiester* NZI 1999, 397; *Seagon/Wiester* ZInsO 1999, 627; SG Aachen Urt. v. 16.7.1999 – S 8 AL 72/99, ZIP 1999, 1397 mit abl. Anm. *Kranemann* EWiR 1999, 809; LSG Nordrhein-Westfalen Urt. v. 12.4.2000 – L 12 AL 164/99, ZIP 2000, 1119 mit zust. Anm. *Peters-Lange* EWiR 2000, 785 und *Eckardt* DZWIR 1999, 400.
[139] SG Aachen Urt. v. 16.7.1999 aaO.
[140] LSG Nordrhein-Westfalen Urt. v. 12.4.2000 aaO.

deutung sein, wenn Arbeitnehmer im Vorfeld des Eintritts des Insolvenzereignisses auf Grund rückständiger Entgeltzahlungen des Arbeitgebers zur Überbrückung wirtschaftlicher Schwierigkeiten individuell ein Darlehen bei ihrer Hausbank aufnehmen. Die Regelungen über die Ansprüche Dritter sind in den §§ 170 und 171 SGB III enthalten. Dritten kann, wie Arbeitnehmern auch, ein **Vorschuss** auf das zu erwartende Insolvenzgeld gewährt werden. Die Ausführungen unter → Rn. 88 ff. gelten daher sinngemäß. Gleich vorweg sei gesagt, dass § 170 **Abs.** 4 SGB III den Schutz, der für den einzelnen Arbeitnehmer auf Grund der Insolvenzgeld-Versicherung besteht, im Falle einer **individuellen** Vorfinanzierung grundsätzlich unberührt lässt. Arbeitnehmer können sich also, wie schon unter dem Geltungsbereich des AFG, (ggf. auch auf **Empfehlung** des vorläufigen Insolvenzverwalters oder des Betriebsrats) individuell ihre Ansprüche auf Arbeitsentgelt vor der Eröffnung des Insolvenzverfahrens von ihrer Bank vorfinanzieren lassen.

99a Die unterschiedlichen Inhalte der Regelungen der §§ 170 und 171 SGB III tragen dem Umstand Rechnung, dass der Arbeitsentgeltanspruch des Arbeitnehmers bereits mit der Antragstellung auf die BA gem. § 169 S. 1 SGB III übergeht[141] (vgl. → Rn. 156) und er ab diesem Zeitpunkt nur noch über den potentiellen Anspruch auf Insolvenzgeld verfügen kann.

I. Abtretung des Arbeitsentgeltanspruchs

100 Dritte haben (nach dem Erwerb des Arbeitsentgeltanspruchs der Arbeitnehmerin/des Arbeitnehmers) gem. § 170 Abs. 1 SGB III einen Anspruch auf Insolvenzgeld, wenn ihnen der rückständige Anspruch der Arbeitnehmerin/des Arbeitnehmers auf Arbeitsentgelt **vor** der Stellung des Insolvenzgeld-Antrags **übertragen** worden ist. Übertragen wird ein Anspruch auf Arbeitsentgelt durch **Rechtsgeschäft** (Abtretung, vgl. §§ 398 ff. BGB) oder kraft **gesetzlicher** Anordnung (zB § 115 SGB X) bzw. durch **Hoheitsakt** (zB § 93 Abs. 2 SGB XII). Wird das gesetzliche **Abtretungsverbot** nicht beachtet,[142] kann es in der Praxis insbesondere im Zusammenhang mit kollektiven Vorfinanzierungen zu Schwierigkeiten kommen. Nach § 400 BGB können Arbeitsentgeltansprüche grundsätzlich **nicht** abgetreten werden, soweit sie der Pfändung nicht unterworfen sind (zB Lohnforderungen innerhalb der Pfändungsgrenzen). Nach den von der Rechtsprechung entwickelten Grundsätzen entfällt das Abtretungsverbot, wenn der Abtretende vom Abtretungsempfänger **wirtschaftlich gleichwertige** Leistungen erhält.[143] Dies ist bei einem **Forderungskauf** grundsätzlich gewährleistet. Im Falle eines solchen Kaufvertrages (§§ 433, 453 BGB) verpflichtet sich der Arbeitnehmer gegen Zahlung eines Geldbetrages in Höhe des ausstehenden Arbeitsentgelts seine bereits fälligen oder auch künftigen Ansprüche auf Arbeitsentgelt gegen seinen Arbeitgeber an den vorfinanzierenden Dritten abzutreten. Hat dagegen der Arbeitnehmer seine Arbeitsentgeltansprüche an einen Dritten abgetreten und im Vorgriff auf das zu erwartende Insolvenzgeld ein **Darlehen** (§§ 488 ff. BGB) in entsprechender Höhe erhalten, ist die

---

[141] BAG Urt. v. 10.2.1982 – 5 AZR 936/79, BAGE 38, 1 = ZIP 1982, 1105.
[142] Vgl. BSG Urt. v. 22.3.1995 – 10 RAr 1/94, BSGE 76, 67 = ZIP 1995, 935.
[143] Vgl. BSG Urt. v. 1.7.2010 – B 11 AL 6/09, ZIP 2010, 2215.

Abtretung teilweise unwirksam (§§ 134, 400 BGB), soweit sie sich auf den nicht pfändbaren Teil des Arbeitsentgeltsanspruchs bezieht. Dies gilt jedenfalls in Fällen einer **kollektiven** Vorfinanzierung. Sofern im Rahmen einer **individuellen** Vorfinanzierung ein Darlehen gewährt wird, geht die Arbeitsverwaltung von der Wirksamkeit der Abtretung auch hinsichtlich des nicht pfändbaren Teils des Arbeitsentgeltanspruchs aus.

II. Erwerb eines Pfandrechts am Arbeitsentgeltanspruch

Dritte können auf der Grundlage des § 170 Abs. 2 SGB III die Auszahlung des dem Arbeitnehmer zustehenden Insolvenzgeldes an sich insoweit verlangen, als sie an dem Arbeitsentgeltanspruch des Arbeitnehmers **vor** der Stellung des Antrages auf Insolvenzgeld ein **Pfandrecht** erworben haben und auf Grund dieses Pfandrechts zur Einziehung des gepfändeten Teils des Insolvenzgeld-Anspruchs berechtigt sind. Ein Pfandrecht an dem Arbeitsentgeltanspruch des Arbeitnehmers entsteht durch **Verpfändung** (§§ 1273 ff., 398 ff. BGB) oder durch **Pfändung** (Pfändungsbeschluss des Vollstreckungsgerichts gemäß § 829 ZPO). Ein Pfandrecht an dem Anspruch des Arbeitnehmers auf Arbeitsentgelt erfasst auch den Anspruch auf Insolvenzgeld. Ist der Dritte Gläubiger eines vertraglichen Pfandrechts, ist er zur Einziehung des Insolvenzgeldes in Höhe des Pfandrechts berechtigt, wenn die Fälligkeit der durch das Pfandrecht gesicherten Forderung eingetreten ist (§ 1282 BGB). Vor Fälligkeit der gesicherten Forderung darf die Agentur für Arbeit nur an den Arbeitnehmer und den Dritten gemeinschaftlich leisten (§ 1281 BGB). Ist der Dritte Gläubiger eines Pfändungspfandrechts, ist er zur Einziehung des Insolvenzgeldes in Höhe des Pfändungspfandrechts berechtigt, wenn ein entsprechender Überweisungsbeschluss des Vollstreckungsgerichts gemäß § 835 Abs. 1 ZPO vorliegt.

101

III. Erwerb des Insolvenzgeldanspruchs

Nach § 171 S. 1 SGB III kann der Anspruch auf Insolvenzgeld, der wirtschaftlich an die Stelle des nicht erfüllten Anspruchs auf Arbeitsentgelt tritt, **nach** Stellung des Antrags auf Insolvenzgeld selbstständig durch **Abtretung** oder **Verpfändung** übertragen werden. Dritte können daher nach Antragstellung durch den Arbeitnehmer dessen Anspruch auf Insolvenzgeld im Rahmen der Übertragung oder Verpfändung unmittelbar erwerben. Wird der Anspruch auf Insolvenzgeld vor der Antragstellung durch den Arbeitnehmer übertragen oder verpfändet, so ist die Übertragung bzw. Verpfändung nach § 134 BGB **nichtig**, weil sie gegen ein gesetzliches Verbot verstößt.[144] Wird dagegen der Anspruch auf Insolvenzgeld vor der Antragstellung (aufschiebend bedingt) gepfändet, erfasst die Pfändung den Insolvenzgeld-Anspruch mit dessen Beantragung. Das Pfändungspfandrecht entsteht daher erst im Zeitpunkt der Antragstellung. Drittschuldner des Insolvenzgeldes (iSd §§ 829, 845 ZPO) ist dann die zuständige Agentur für Arbeit (§ 327 Abs. 3 S. 2 SGB III). Bei mehreren Pfän-

102

---

[144] BSG Urt. v. 30.4.1996 – 10 RAr 2/94, NZA 1996, 1120.

dungen vor der Antragstellung gilt das **Prioritätsprinzip** (Vorrang der Pfändung, die der Agentur für Arbeit zuerst zugestellt wurde).[145]

IV. Kollektive Vorfinanzierung (Anspruchsausschluss)

103 Kernstück der Neuregelungen im Zusammenhang mit der Ablösung des Konkursausfallgeldes durch das Insolvenzgeld ist sicherlich die **Einschränkung der Vorfinanzierung** der Arbeitsentgelte durch § 170 Abs. 4 SGB III. Nach aktueller Rechtslage hat der neue Gläubiger oder Pfandgläubiger, dem die Ansprüche auf Arbeitsentgelt vor dem Insolvenzereignis übertragen oder verpfändet wurden, **nur dann** Anspruch auf Insolvenzgeld, wenn die Agentur für Arbeit der Übertragung oder Verpfändung ausdrücklich **zugestimmt** hat.

104 Die Zustimmung ist an eine **positive Prognoseentscheidung** der Agentur für Arbeit über den Erhalt von Arbeitsplätzen im Rahmen eines Sanierungsversuchs geknüpft. Insoweit werden durch § 170 Abs. 4 S. 1 SGB III die allgemeinen Regelungen zur Vorfinanzierung der Arbeitsentgelte (§ 170 Abs. 1 und 2 SGB III) eingeschränkt, als in den dort genannten Fällen Übertragungen und Verpfändungen von Ansprüchen auf Arbeitsentgelt für den daraus Berechtigten keinen Anspruch auf Insolvenzgeld begründen. Dies soll einerseits **arbeitsplatzerhaltende Sanierungen** durch eine Vorfinanzierung der Arbeitsentgelte grundsätzlich ermöglichen, andererseits aber eine **missbräuchliche Inanspruchnahme** der Insolvenzgeld-Versicherung **verhindern**. Allerdings schließt die jetzige Regelung, anders als im Geltungsbereich des § 141k Abs. 2a AFG, Gläubiger des Arbeitgebers oder an dessen Unternehmen Beteiligte, von einer Vorfinanzierung der Arbeitsentgelte **nicht** mehr aus.

104a Die kollektive Vorfinanzierung von Arbeitsentgeltansprüchen ist grundsätzlich auch während einer **Eigenverwaltung** im Insolvenzeröffnungsverfahren (§ 270a InsO) – ggf. unter einem Schutzschirm (§ 270b InsO) – möglich, sobald das Gericht entsprechende Anordnungen getroffen hat. Entsprechende, durch das ESUG entstandene, Unsicherheiten wurden durch Handlungsempfehlung/ Geschäftsanweisung der Bundesagentur für Arbeit ausgeräumt.[146]

104b Ein Fall des § 170 Abs. 4 SGB III liegt nicht vor, wenn und soweit die Arbeitsentgeltansprüche, die übertragen werden sollten, bereits erloschen sind. Erhalten die Arbeitnehmer zB Zahlungen aus einem ihrem **Arbeitgeber** gewährten Bankkredit, kann davon ausgegangen werden, dass insoweit nur die Verpflichtung des Arbeitgebers zur Zahlung von Arbeitsentgelt erfüllt wird. Insbesondere auch bei der Insolvenzgeldvorfinanzierung im Rahmen einer Eigenverwaltung wird deshalb empfohlen, dass die Auszahlung des vorfinanzierten Insolvenzgeldes nicht über ein Konto der Schuldnerin erfolgt.[147]

Auch wenn die Arbeitsentgeltansprüche, die an einen Betriebsübernehmer abgetreten werden, durch Konfusion erloschen sind, entsteht kein Insolvenzgeldanspruch.[148]

---

[145] *Gagel/Peters-Lange* SGB III § 170 Rn. 40.
[146] Handlungsempfehlung/Geschäftsanweisung (HEGA) der BA 03/12 – 08.
[147] *Muschiol* ZInsO 2016, 248 (258).
[148] BSG Urt. v. 6.11.1985 – 10 RAr 3/84, BSGE 59, 107 = ZIP 1986, 100.

1. Zustimmung der Agentur für Arbeit

Nach § 170 Abs. 4 SGB III ist der Anspruch auf Insolvenzgeld **ausgeschlossen**, wenn Gläubiger oder Pfandgläubiger die Arbeitsentgelte **vor** dem Insolvenzereignis gegen Abtretung (vertragliche Übertragung, § 398 BGB) oder Verpfändung (§§ 1273, 1274, 1279 BGB) der Entgeltansprüche **ohne Zustimmung** der Agentur für Arbeit vorfinanzieren. Die Übertragung oder Verpfändung der Ansprüche auf Arbeitsentgelt muss vor der Eröffnung des Insolvenzverfahrens bzw. vor der Abweisung des Antrages mangels Masse und zur Vorfinanzierung der Ansprüche auf Arbeitsentgelt erfolgt sein. Wenn bei einer Übertragung Zug-um-Zug die Unterzeichnung der Abtretung noch vor Eintritt des Insolvenzereignisses erfolgt und ihre Rechtswirkung mit der Zahlung des Forderungskaufpreises erst nach dem Insolvenzereignis eintritt, ist dies der Fall.[149]

Kennzeichnend für kollektive Vorfinanzierungen ist, dass die Arbeitnehmer möglichst geschlossen (zum Zwecke der Aufrechterhaltung der Betriebsgemeinschaft) zur befristeten Weiterarbeit angehalten werden, wobei die Initiative zur Vorfinanzierung meist von Gläubigern des Unternehmens oder vom vorläufigen Insolvenzverwalter ausgeht. Den Arbeitnehmern steht deshalb oftmals auch nur **ein** Vertragspartner (Vorfinanzierender) gegenüber.

Der Verfügung des Arbeitnehmers über seine Ansprüche auf Arbeitsentgelt liegt wegen des Abtretungsverbots des § 400 BGB (vgl. → Rn. 100) in aller Regel ein **Kaufvertrag** (§§ 433, 453 BGB)[150] zugrunde. Hierbei verpflichten sich die Arbeitnehmer, ihre fälligen oder auch künftigen Forderungen auf Arbeitsentgelt gegen den Arbeitgeber an den Vorfinanzierenden gegen Entgelt (Kaufpreis) zu übertragen. Etwaige **Zinsen** werden in aller Regel nicht vom Arbeitnehmer, sondern vom Arbeitgeber, vorläufigen Insolvenzverwalter oder sonst an der Vorfinanzierung interessierten Personen getragen.

2. Prognoseentscheidung

Gem. § 170 Abs. 4 S. 2 SGB III ist die Zustimmung an eine **positive Prognoseentscheidung** der Agentur für Arbeit über den erheblichen Erhalt von Arbeitsplätzen im Rahmen eines Sanierungsversuches geknüpft. Die Zustimmung kann sowohl im Sinne einer (vorherigen) **Einwilligung** als auch als (nachträgliche) **Genehmigung** erteilt werden. Die Zustimmungserklärung kann daher auch noch nach der Übertragung der Arbeitsentgeltansprüche erfolgen und zwar grundsätzlich noch bis **spätestens** unmittelbar vor Eintritt des Insolvenzereignisses. Wird die Zustimmung zur Vorfinanzierung mit den **erforderlichen Unterlagen** noch rechtzeitig vor dem Insolvenzereignis bei der Agentur für Arbeit beantragt, ist auch eine erst nach dem Insolvenzereignis erklärte Zustimmung zur Vorfinanzierung der Agentur für Arbeit für den auf der Vorfinanzierung beruhenden Insolvenzgeldanspruch unschädlich.[151]

Um eine Prognoseentscheidung im Sinne des § 170 Abs. 4 SGB III treffen zu können, müssen der Agentur für Arbeit Tatsachen mitgeteilt werden, die die

---

[149] Vgl. BSG Urt. v. 22.3.1995 – 10 RAr 1/94, BSGE 76, 67 = ZIP 1995, 935.
[150] Vgl. dazu schon BSG Urt. v. 8.4.1992 – 10 RAr 12/91, SozR 3-4100 § 141k Nr. 1 = ZIP 1992, 941; *Gagel/Peters-Lange* SGB III § 170 Rn. 63.
[151] Vgl. Durchführungsanweisungen (DA) der BA zu § 170 SGB III Ziff. 3.2 Abs. 5.

Annahme rechtfertigen, dass durch die Vorfinanzierung der Arbeitsentgelte ein **erheblicher Teil der Arbeitsplätze erhalten** bleibt. Beurteilungsgrundlage sind die wirtschaftliche Lage des Schuldners und die Verhältnisse seines Unternehmens, wie sie sich im **Zeitpunkt der Entscheidung** über die Zustimmung zur Vorfinanzierung darstellen bzw. abzeichnen. Im Rahmen der Nachweisführung ist es ausreichend, wenn der Antragsteller **glaubhaft** macht, dass die Erhaltung eines erheblichen Teils der Arbeitsplätze überwiegend wahrscheinlich ist. Hierbei gelten die Grundsätze des § 294 ZPO (gegenüber einem Vollbeweis ist ein verminderter Grad der Wahrscheinlichkeit ausreichend).[152]

109 **Tatsachen,** die eine Sanierung mit erheblichem Arbeitsplatzerhalt erwarten lassen, können zB sein:
– Erste Maßnahmen im Rahmen der Umsetzung eines konkreten Sanierungskonzepts (zB Konzept zur Rationalisierung, Umstrukturierung und Verminderung der Produktionskosten),
– Angaben zur Fortführung des Geschäftsbetriebes mit dem Ziel der Veräußerung betrieblicher Einrichtungen,
– Erarbeitung eines Sanierungsplans (unter Angabe der tragenden Eckpunkte)
– Erarbeitung eines Unternehmensexposés,
– Akquirierung von potentiellen Übernahmeinteressenten (mit Namensnennung),
– Führung von Verhandlungen mit (konkreten) Interessenten/Absonderungsgläubigern,
– Prüfung eines (konkreten) Übernahmeangebotes, das noch von der Erfüllung bestimmter Voraussetzungen abhängig gemacht wird,
– Vorbereitung eines Kauf- bzw. Übernahmevertrages,
– Stellungnahme des vorläufigen Insolvenzverwalters, mit nachvollziehbar günstiger Prognose für die Fortführung des Unternehmens (vgl. § 22 Abs. 1 S. 2 Nr. 3 Hs. 2 InsO).

Annahmen, für die es keine konkreten Anhaltspunkte gibt, müssen unter Wahrscheinlichkeitsgesichtspunkten außer Betracht bleiben. Die Glaubhaftmachung kann ebenfalls noch bis unmittelbar vor Eintritt des Insolvenzereignisses erfolgen.

3. Erhaltung von Arbeitsplätzen

110 Vom **Erhalt eines erheblichen Teils der Arbeitsplätze** ist auszugehen, wenn unter Berücksichtigung des bisherigen arbeitstechnischen Zwecks die betriebliche Funktion **zumindest teilweise** erhalten bleibt (die betriebliche Tätigkeit insoweit fortgeführt wird) und der Arbeitsmarkt nicht nur unwesentlich begünstigt wird. Der Grundsatz der Verhältnismäßigkeit ist zu beachten. Die Arbeitsverwaltung orientiert sich einheitlich für alle Betriebe an der Grenze des § 112a Abs. 1 S. 1 Nr. 4 BetrVG. Ein erheblicher Teil der Arbeitsplätze bleibt hiernach erhalten, soweit deren Umfang die Mindestgrenze in Höhe von **10 Prozent** zu erhaltender Arbeitsplätze erreicht oder überschreitet.

111 In **besonders gelagerten Fällen** kann nach Auffassung der Arbeitsverwaltung auch eine geringere Quote ausreichend sein. Derartige besondere Gründe kön-

---

[152] BGH Urt. v. 9.2.1998 – II ZB 15/97, NJW 1998, 1870.

nen zB dann vorliegen, wenn sich der Betrieb in einem anerkannten Fördergebiet der regionalen Strukturpolitik befindet oder in dem Bezirk, in dem der Betrieb seinen Sitz hat, die Arbeitslosenquote oder die Dauer der Arbeitslosigkeit besonders hoch ist.

4. Dauerhaftigkeit

Die Arbeitsplätze müssen grundsätzlich **auf Dauer erhalten** bleiben. Dies ist zB nicht der Fall, wenn der Arbeitnehmer nicht im Produktionsbereich, sondern in einer betriebsorganisatorisch eigenständigen Einheit iSd § 111 SGB III beschäftigt wird (liegen die Voraussetzungen zum Bezug von **Transferkurzarbeitergeld** vor, bestehen auf Dauer keine Beschäftigungsmöglichkeiten mehr). Im Falle der „**Ausproduktion**" (ohne Aussicht auf Übernahme) wird das Tatbestandsmerkmal des dauerhaften Erhalts von Arbeitsplätzen in der Regel ebenfalls nicht erfüllt sein. 112

Die Zustimmung zur Vorfinanzierung der Arbeitsentgeltansprüche, die ab dem **Zeitpunkt** der **Bestellung** des vorläufigen Verwalters entstehen und fällig werden, wird in aller Regel nur im Zusammenhang mit der zu erwartenden **Fortführung des Unternehmens** im Rahmen einer **erhaltenden** oder **übertragenden Sanierung** erteilt werden können (vgl. auch §§ 19 Abs. 2 S. 1 Hs. 2 und 22 Abs. 1 S. 2 Nr. 3 Hs. 2 InsO).

5. Indizien für dauerhaften Arbeitsplatzerhalt

Zielt das Insolvenzverfahren auf die **Wiederherstellung der Ertragskraft und Erhaltung des Unternehmens** in unveränderter Rechtsform ab, kann zB der erhebliche Schuldenerlass durch die Hauptgläubiger als eine Tatsache iSd § 170 Abs. 4 S. 2 SGB III angesehen werden. Darüber hinaus kann auch die Bereitstellung von Sanierungskrediten ein wichtiger Anhaltspunkt für aussichtsreiche Sanierungsbemühungen sein, die zur Erhaltung von Arbeitsplätzen in erheblichem Umfang führen können. Bei einer angestrebten rechtsgeschäftlichen **Übertragung des Unternehmens** auf einen Dritten prüft die Arbeitsverwaltung insbesondere, ob der Erwerber voraussichtlich die Gewähr für die Erhaltung des Betriebes und eines erheblichen Teils der dort beschäftigten Arbeitnehmer bieten kann. Einheitliche Kriterien für die Frage des Erhalts eines erheblichen Teils der Arbeitsplätze können nicht aufgestellt werden. Die Zustimmung im Sinne des § 170 Abs. 4 SGB III wird häufig nur auf der Grundlage eines **Sachverständigengutachtens** (zB des vorläufigen Insolvenzverwalters) möglich sein. Dabei reicht es aus, wenn die gesetzlichen Voraussetzungen zur überwiegenden Überzeugung der Arbeitsagentur glaubhaft gemacht werden. Bei Vorlage eines **Insolvenzplanes** (§ 218 Abs. 1 S. 2 InsO) wird die Zustimmung zur Vorfinanzierung grundsätzlich erteilt werden können, wenn nach Auskunft des vorläufigen Insolvenzverwalters mit der Eröffnung des Insolvenzverfahrens und der Realisierung der Planvorstellungen im Sinne einer Unternehmenserhaltung oder Übertragung gerechnet werden kann. 113

Bleibt **trotz** positiver Prognoseentscheidung ein erheblicher Teil der Arbeitsplätze **nicht** erhalten und liegen die Voraussetzungen des § 45 Abs. 2 S. 3 SGB X (Bösgläubigkeit) vor, ist die Entscheidung über die Zustimmung zur Vorfinanzierung gem. § 170 Abs. 4 SGB III nach pflichtgemäßem Ermessen 114 zurückzunehmen. Liegen Anhaltspunkte für einen Missbrauch vor, fordert die Arbeitsagentur den Bericht des Insolvenzverwalters bzw. im Falle der Abweisung des Insolvenzantrags mangels Masse (§ 165 Abs. 1 S. 1 Nr. 2 SGB III) das Gutachten des vorläufigen Insolvenzverwalters an und entscheidet auf Grund dieser Unterlagen über die Rücknahme.

6. Beschränkte Zustimmung

115 Benötigt der vorläufige Insolvenzverwalter zunächst noch Zeit, um den dauerhaften Arbeitsplatzerhalt beurteilen zu können, erteilt die Agentur für Arbeit in aller Regel die Zustimmung zur Vorfinanzierung für diejenigen Arbeitsentgeltansprüche, die bereits **vor der Bestellung des vorläufigen Insolvenzverwalters** entstanden sind, und zwar solange, wie keine erhebliche Verminderung des Schuldnervermögens während der vorläufigen Insolvenzverwaltung droht (§ 22 Abs. 1 S. 2 Nr. 2 InsO) und davon auszugehen ist, dass ein erheblicher Teil der Arbeitsplätze (→ Rn. 110) zumindest während des Insolvenzeröffnungsverfahrens erhalten bleibt. Von einem solchen **(eingeschränkten) Arbeitsplatzerhalt** kann generell ausgegangen werden, wenn die Arbeitsverhältnisse der entsprechenden Arbeitnehmer noch **nicht gekündigt** sind. Diese Auslegung trägt der Praxis Rechnung, da dem vorläufigen Insolvenzverwalter erfahrungsgemäß unmittelbar nach seiner Bestellung noch nicht alle notwendigen Informationen für eine konkrete bzw. zukunftsorientierte Bewertung der Unternehmenssituation zur Verfügung stehen.

7. Verfahren

116 Die Agentur für Arbeit entscheidet auf **Antrag des Dritten** über die Berechtigung des geltend gemachten Anspruchs auf Insolvenzgeld. Für das **Zustimmungsverfahren** iSd § 170 Abs. 4 SGB III enthält das Gesetz insoweit keine besonderen Verfahrensregelungen. Da nur für konkret bestimmbare Zeiträume – die durch eine positive Prognose hinsichtlich der Erhaltung eines erheblichen Teils der Arbeitsplätze abgedeckt sind – eine Vorfinanzierung nach der genannten Vorschrift zulässig ist, muss im Antrag der konkrete **Vorfinanzierungszeitraum** angegeben werden. Des Weiteren ist die **Anzahl** der Arbeitnehmer, für die die Zustimmung zur Vorfinanzierung begehrt wird, zu nennen. Die Agentur für Arbeit prüft im Rahmen ihrer späteren Zahlungsentscheidung, ob sowohl der Vorfinanzierungszeitraum als auch die Anzahl der Personen, für die Insolvenzgeld beantragt wird, mit den der Zustimmungsentscheidung zu Grunde gelegten Daten deckungsgleich sind.

116a Die Zustimmung zur Vorfinanzierung kann rechtswirksam in der Regel nur gegenüber dem Dritten (neuen Gläubiger) erklärt werden; sie ist daher auch durch diesen bei der zuständigen Agentur für Arbeit zu beantragen (Antrag Insg 2b im Internet unter www.arbeitsagentur.de). Dem potenziellen Vorfinanzierer ist zu empfehlen, bereits dem Antrag ein Konzept beizufügen, dem der Erhalt der Arbeitsplätze schlüssig entnommen werden kann (zB erster Zwischenbericht des vorläufigen Verwalters[153] gegenüber dem Insolvenzgericht,

---

[153] Zur Frage, ob die Vorfinanzierung des Insolvenzgeldes einen Vergütungszuschlag für den vorläufigen Insolvenzverwalter gem. § 3 Abs. 1 lit. b, d InsVV rechtfertigt vgl.

dem bereits die grobe Abwicklungskonzeption mit dem Ziel der Erhaltung eines erheblichen Teils der Arbeitsplätze zu entnehmen ist). Die Bevollmächtigung eines Vertreters (zB des vorläufigen Insolvenzverwalters) durch den neuen Gläubiger im Verfahren nach § 170 Abs. 4 SGB III richtet sich nach den allgemeinen bürgerlich-rechtlichen Grundsätzen. Im Allgemeinen wird eine Rechtsscheinsvollmacht (Anscheins- oder Duldungsvollmacht) ausreichen.

J. Zahlung von Pflichtbeiträgen bei Insolvenzereignis

Die Einzugsstellen können auf der Grundlage des § 175 Abs. 1 SGB III[154] den **Gesamtsozialversicherungsbeitrag** nach § 28d SGB IV, der auf Arbeitsentgelte **für** den Insolvenzgeld-Zeitraum entfällt, von der Arbeitsverwaltung verlangen, wenn die allgemeinen Voraussetzungen für die Zahlung des Insolvenzgeldes vorliegen, dh ein Insolvenzereignis (→ Rn. 21) eingetreten ist und die Beitragsforderung im Zeitpunkt ihrer Beantragung noch besteht. Entsprechendes gilt für den Gesamtsozialversicherungsbeitrag zur landwirtschaftlichen Krankenversicherung im Sinne des § 28d Satz 3 SGB IV. Zum Gesamtsozialversicherungsbeitrag gehören nach § 28d Satz 2 SGB IV auch der Beitragszuschlag für Kinderlose in der sozialen Pflegeversicherung in Höhe von 0,25 Beitragssatzpunkten (§ 55 Abs. 3 SGB XI) sowie der bei Bedarf ab 1.1.2015 als Prozentsatz der beitragspflichtigen Einnahmen zu erhebende kassenindividuelle Zusatzbeitrag (§ 242 Abs. 1 SGB V), die jeweils vom Arbeitnehmer allein zu tragen sind. Für versicherungsfreie geringfügig entlohnte Beschäftigungen im Sinne des § 8 und § 8a SGB IV muss der Arbeitgeber nach Maßgabe der einschlägigen beitragsrechtlichen Vorschriften[155] Pauschalbeiträge in Höhe von 13 (bzw. 5) vH (zur Krankenversicherung) sowie in Höhe von 15 (bzw. 5) vH (zur Rentenversicherung) zahlen. Für die Pauschalbeiträge zur Kranken- und Rentenversicherung erklären § 249b SGB V bzw. § 172 Abs. 4 SGB VI ua die Vorschriften des Dritten Abschnitts des Vierten Buches Sozialgesetzbuch für entsprechend anwendbar. Dies bedeutet, dass die Pauschalbeiträge als Gesamtsozialversicherungsbeitrag anzusehen und damit im Falle der Insolvenz des Arbeitgebers nach Maßgabe des § 175 Abs. 1 SGB III durch die Agentur für Arbeit zu zahlen sind. Die Beiträge zur Krankenversicherung und sozialen Pflegeversicherung freiwillig oder privat krankenversicherter Arbeitnehmer sowie die Beiträge zu einer berufsständischen Versorgungseinrichtung für von der Rentenversicherungspflicht befreite Arbeitnehmer werden von § 175 Abs. 1 SGB III **nicht** erfasst (vgl. aber → Rn. 41). Hat der Arbeitnehmer **Kurzarbeitergeld** bezogen, werden von § 175 Abs. 1 SGB III auch Beitragsforderungen erfasst, die auf § 249 Abs. 2 SGB V, § 168 Abs. 1 Nr. 1a SGB VI, § 58 Abs. 1 S. 2 SGB XI beruhen.

117

BGH Urt. v. 22.2.2007 – IX ZB 120/06, NZI 2007, 343; BGH Urt. v. 12.1.2006 – IX ZB 127/05, ZIP 2006, 672; BGH Urt. v. 14.12.2000 – IX ZB 105/00, BGHZ 146, 165 = ZIP 2001, 296; aA, wonach der Vergütungserhöhung jedenfalls auf die Kosten eines entsprechenden Dienstleisters begrenzt ist: *Haarmeyer/Mock*, InsVV § 3 Rn. 44.

[154] Die Vorschrift entspricht § 141n AFG, vgl. BR-Drs. 550/96, 188.
[155] Vgl. § 249b SGB V, § 172 Abs. 3 und 3a SGB VI.

8. Teil. Arbeits- und Sozialrecht in der Insolvenz

I. Beitragsanspruch, Beitragsnachweis

118 Grundsätzlich setzt die Forderung von Beiträgen nach § 175 Abs. 1 SGB III durch die Einzugsstelle eine **Entscheidung über** die **Versicherungspflicht** sowie über die **Beitragshöhe** voraus. Nach § 175 Abs. 1 S. 2 SGB III hat die Einzugsstelle der Agentur für Arbeit die Beiträge im Rahmen ihrer Mitwirkungspflicht nachzuweisen und dafür zu sorgen, dass die Beschäftigungszeit und das beitragspflichtige Bruttoarbeitsentgelt einschließlich des Arbeitsentgelts, für das Beiträge nach § 175 Abs. 1 S. 1 SGB III entrichtet werden, dem zuständigen **Rentenversicherungsträger** mitgeteilt werden.

119 Die Agentur für Arbeit hat im Rahmen des § 175 Abs. 1 SGB III gegenüber der Einzugsstelle die uneingeschränkte **Regelungsbefugnis** und prüft ggf. in eigener Zuständigkeit Versicherungspflicht und Beitragshöhe. Die Arbeitsverwaltung legt ihrer Entscheidung über die Entrichtung des Gesamtsozialversicherungsbeitrags als Beitragsnachweis iSd § 175 Abs. 1 SGB III grundsätzlich den **Nachweis** nach **§ 28f Abs. 3 SGB IV** zugrunde, dessen Gestaltung die Spitzenverbände der Sozialversicherungsträger in gemeinsamen Grundsätzen bundeseinheitlich bestimmen (§ 28b Abs. 2 SGB IV). Liegt dieser nicht vor und kann auch keine Schätzung der Beitragshöhe erfolgen, ist bis zu einer **Betriebsprüfung** des zuständigen Rentenversicherungsträgers nach § 28p SGB IV eine Beitragsentrichtung gem. § 175 Abs. 1 SGB III nicht möglich. Sind die **Versicherungspflicht** und die **Beitragshöhe** nur **global** und **nicht personenbezogen** feststellbar, weil der Arbeitgeber keine Aufzeichnungen über die jeweiligen Beschäftigungsverhältnisse sowie über Lohnzahlungen geführt hat (§ 28f Abs. 2 S. 1 SGB IV), besteht **kein** Anspruch auf Zahlung des Gesamtsozialversicherungsbeitrags nach § 175 Abs. 1 SGB III.[156] Steht dagegen die Versicherungspflicht des Arbeitnehmers zweifelsfrei fest, kann die **Höhe** der Arbeitsentgelte gem. § 28f Abs. 2 S. 3 SGB IV durch die Einzugsstelle geschätzt werden.[157] Die Zahlung der Beiträge ist auch möglich, wenn eine Beitragsschätzung auf der Grundlage des § 28f Abs. 3 S. 2 SGB IV erfolgt.

119a Wird der rechtmäßige Beitragsanspruch der Einzugsstelle durch Zahlungen der Arbeitgeberin oder des Arbeitgebers erfüllt und anschließend durch die Insolvenzverwalterin oder den Insolvenzverwalter wirksam angefochten und von der Einzugsstelle zurückgewährt, so lebt der Anspruch in der Form wieder auf, in der er vor Erfüllung bestanden hat (§ 144 Abs. 1 InsO). Bei Vorliegen der sonstigen Voraussetzungen ist ein solcher Beitragsanspruch im Rahmen des § 175 Abs. 1 SGB III zu erfüllen (zum Entgeltanspruch vgl. → Rn. 73c).

II. Ende der Versicherungspflicht

120 Zur grundsätzlichen Frage, wann die Versicherungspflicht **im eröffneten Insolvenzverfahren** endet, vertritt das BSG[158] die Auffassung, dass der Fortbestand eines Beschäftigungsverhältnisses grundsätzlich nicht dadurch berührt

---

[156] BSG Urt. v. 19.3.1992 – 7 RAr 26/91, BSGE 70, 186 = SozR 3–1200 § 53 Nr. 4.
[157] BSG Urt. v. 8.4.1992 – 10 RAr 6/91, BeckRS 1992, 30414315 = KTS 1992, 681.
[158] BSG Urt. v. 26.11.1985 – 12 RK 51/83, BSGE 59, 183 = ZIP 1986, 237.

Braun/Mühlbayer

wird, dass über das Vermögen des Arbeitgebers das Insolvenzverfahren eröffnet wird. Die Spitzenverbände der Sozialversicherungsträger vertreten daher in ihrem Besprechungsergebnis vom 14./15.9.1999 (vgl. auch Verlautbarung vom 28.12.2007, Abschnitt IV „Meldeverfahren bei Eintritt eines Insolvenzereignisses") die Auffassung, dass die Versicherungspflicht in allen Zweigen der Sozialversicherung auch nach Eröffnung eines Insolvenzverfahrens bis zur **rechtlichen Beendigung** des Beschäftigungsverhältnisses, längstens bis zur Aufnahme einer Beschäftigung bei einem anderen Arbeitgeber, fortbesteht. Dabei ist es unerheblich, ob der Verwalter das Beschäftigungsverhältnis vor oder nach einer Betriebsstilllegung kündigt und den Arbeitnehmer bis zum Ablauf der Kündigungsfrist von der Arbeit freistellt;[159] ohne Bedeutung ist insoweit auch der Bezug von Entgeltersatzleistungen (zB Arbeitslosengeld). Für die Dauer des Fortbestands des Beschäftigungsverhältnisses ist nach § 22 Abs. 1 SGB IV weiterhin ein **Beitragsanspruch** gegeben. Dieser Beitragsanspruch orientiert sich an der Höhe des beitragspflichtigen Arbeitsentgelts, auf das der Arbeitnehmer während des fortbestehenden Beschäftigungsverhältnisses Anspruch hat.

Für die im eröffneten Verfahren weiterbeschäftigten bzw. freigestellten oder vom Verwalter neu eingestellten Arbeitnehmer galt bereits der Konkursverwalter schon als **Arbeitgeber**. Das Inkrafttreten der InsO (vgl. § 80 InsO, bisher § 6 KO) hat an dieser sozialversicherungs- bzw. beitragsrechtlichen Bewertung nichts geändert, so dass jedenfalls mit Insolvenzverfahrenseröffnung der Insolvenzverwalter in die Arbeitgeberstellung eintritt.

120a

III. Nebenforderungen

Nebenforderungen zum Gesamtsozialversicherungsbeitrag, wie zB Säumniszuschläge, Stundungszinsen, Kosten der Zwangsvollstreckung, Rückbuchungsgebühren oder Kosten der Beantragung des Insolvenzverfahrens wurden durch das Dritte Gesetz für moderne Dienstleistungen am Arbeitsmarkt von der Erstattung ausgeschlossen. Die neue Rechtslage gilt, soweit das Insolvenzereignis nach dem 31.12.2003 eintrat.[160] Ausgenommen sind ab 1.1.2004 ausdrücklich Säumniszuschläge, die infolge von Pflichtverletzungen des Arbeitgebers zu zahlen sind, sowie die Zinsen für dem Arbeitgeber gestundete Beiträge (§ 175 Abs. 1 S. 1 Hs. 2 SGB III).

121

IV. Beitragsanspruch bei Arbeitnehmerüberlassung

Bei Leiharbeitsverhältnissen iSd AÜG ist grundsätzlich der **Verleiher** Arbeitgeber (§ 1 Abs. 1 AÜG), der auch die **Beiträge** zur Sozialversicherung schuldet (zum Insolvenzgeld-Anspruch → Rn. 46). Ist nach § 9 Nr. 1 AÜG der Vertrag zwischen dem Verleiher und dem Leiharbeitnehmer unwirksam, ist durch die Fiktion des § 10 Abs. 1 S. 1 AÜG der **Entleiher** zur Zahlung der Bei-

122

---

[159] Vgl. auch: BSG Urt. v. 24.9.2008 – B 12 KR 22/07, BeckRS 2009, 54000 = NZA-RR 2009, 272.
[160] Vgl. § 434j Abs. 12 Nr. 5 SGB III in der bis zum 1.4.2012 geltenden Fassung und BSG Urt. v. 14.9.2005 – B 11a/11 AL 83/04, SozR 4–4300 § 208 Nr. 1.

träge verpflichtet. Zahlt der Verleiher das vereinbarte Arbeitsentgelt oder Teile hiervon trotz Unwirksamkeit des Vertrages an den Leiharbeitnehmer, so hat er auch die hierauf entfallenden Beiträge an die Einzugsstelle zu zahlen. Hinsichtlich dieser Zahlungspflicht gilt der Verleiher neben dem Entleiher als Arbeitgeber; beide haften insoweit als **Gesamtschuldner** (§ 28e Abs. 2 S. 3 und 4 SGB IV). In diesem Fall können bei Insolvenz des Verleihers die auf die gezahlten Arbeitsentgelte entfallenden Pflichtbeiträge im Rahmen des § 175 SGB III gezahlt werden, ohne dass es darauf ankommt, ob der Arbeitnehmer auf die Wirksamkeit des Vertrages vertraut hat. Hat der Verleiher dagegen kein Arbeitsentgelt gezahlt und steht deshalb dem Arbeitnehmer ein **Schadensersatzanspruch** gem. § 10 Abs. 2 AÜG zu, können Pflichtbeiträge nach § 175 Abs. 1 SGB III nur bei „Gutgläubigkeit" des Arbeitnehmers gezahlt werden.[161]

V. Beitragszahlungszeitraum

123 Die Festlegung der für die einzelnen Arbeitnehmer im Rahmen des § 175 Abs. 1 SGB III maßgeblichen Beitragszeiträume erfolgt nach den gleichen Regelungen, die für die Bestimmung des **arbeitnehmerbezogenen** Insolvenzgeld-Zeitraums gelten (→ Rn. 32). Zu beachten ist, dass auch für die Geltendmachung des Gesamtsozialversicherungsbeitrags nach § 175 Abs. 1 SGB III grundsätzlich das rechtliche **Ende des Arbeitsverhältnisses** und nicht das möglicherweise frühere Ende des Beschäftigungsverhältnisses (vgl. auch → Rn. 120) maßgebend ist. Dies gilt auch dann, wenn das Beschäftigungsverhältnis geendet hat und in der Zeit zwischen dem Ende des Beschäftigungsverhältnisses und dem Ende des Arbeitsverhältnisses keine Beitragsforderungen mehr entstanden sind. Die Grundsätze über den Schutz **mehrerer** Arbeitsverhältnisse bei demselben Arbeitgeber, soweit sie in den Insolvenzgeld-Zeitraum (Beitragszahlungszeitraum) hineinreichen, gelten in gleicher Weise auch für die Beitragsansprüche der Einzugsstelle nach § 175 Abs. 1 SGB III.[162] Der Beitragsanspruch der Einzugsstelle umfasst deshalb sämtliche Beiträge zur Sozialversicherung (Gesamtsozialversicherungsbeitrag), die die Einzugsstelle für den Insolvenzgeld-Zeitraum gegenüber dem insolventen Arbeitgeber noch zu beanspruchen hat.

VI. Beiträge, die auf Einmalzahlungen entfallen

124 Nach § 22 Abs. 1 S. 2 SGB IV hängt die Entstehung des Beitragsanspruchs des Versicherungsträgers gegenüber dem Arbeitgeber bei einmalig gezahltem Arbeitsentgelt grundsätzlich davon ab, ob dieses ausgezahlt worden ist **(Zuflussprinzip)**. Erfolgt die Zahlung des Arbeitgebers nur wegen eines Insolvenzereignisses im Sinne des § 165 SGB III nicht, entsteht aber gleichwohl ein Beitragsanspruch des Versicherungsträgers (§ 22 Abs. 1 S. 3 SGB IV).

125 In diesen Fällen ist Anknüpfungspunkt für die Beitragszahlung der Arbeitsentgeltanspruch, der im Falle seines Rückstandes einen Anspruch sowohl des

---

[161] BSG Urt. v. 8.4.1992 – 10 RAr 6/91, BeckRS 1992, 30414315 = KTS 1992, 681.
[162] BSG Urt. v. 23.10.1984 – 10 RAr 12/83, ZIP 1985, 109.

Arbeitnehmers als auch der Einzugsstelle auslösen kann. Die Beitragszahlung nach § 175 SGB III und der Anspruch des Arbeitnehmers nach §§ 165 ff. SGB III beziehen sich auf denselben Entgeltanspruch. Bei der Ermittlung der Pflichtbeiträge gem. § 175 Abs. 1 SGB III können daher Einmalzahlungen nur insoweit berücksichtigt werden, als diese Leistungen grundsätzlich auch für den Arbeitnehmer einen Anspruch auf Insolvenzgeld gem. §§ 165 ff. SGB III auslösen können.

VII. Konkurrierende Beitragspflichten

Besteht für den Insolvenzgeld-Zeitraum zunächst eine **doppelte Verpflichtung** der Arbeitsverwaltung zur Zahlung von Beiträgen, und zwar sowohl auf Grund des zeitlich früher eingetretenen Bezuges von Arbeitslosengeld (sog **Gleichwohlgewährung** gem. § 157 Abs. 3 S. 1 SGB III, vgl. → Rn. 198) als auch nach § 175 Abs. 1 SGB III, ist die Insolvenzgeld-Versicherung vorrangig. Das führt in der Praxis dazu, dass der Erstattungsanspruch der Agentur für Arbeit gem. § 335 Abs. 3 SGB III, der auf Grund der Nichtzahlung des Arbeitsentgelts bzw. der Beiträge an und für sich gegen den **Arbeitgeber** bestehen würde, durch einen Erstattungsanspruch gegen die Einzugsstelle verdrängt wird. Die Einzugsstelle erhält nämlich neben der Beitragszahlung auf Grund des Leistungsbezugs des Arbeitnehmers für dieselbe Zeit den vollen Gesamtsozialversicherungsbeitrag auf der Grundlage des § 175 Abs. 1 SGB III. Soweit im Insolvenzgeld-Zeitraum Beitragsansprüche nach § 175 Abs. 1 SGB III mit solchen aus dem Leistungsbezug konkurrieren, sind jedoch die auf Grund des Leistungsbezugs entrichteten Beiträge intern zwischen der Agentur für Arbeit und der Einzugsstelle zu **verrechnen**. Nähere Einzelheiten, insbesondere zur verfahrenstechnischen Abwicklung dieser Fälle, ergeben sich aus dem Gemeinsamen Rundschreiben der Spitzenverbände zur Kranken-, Pflege- und Rentenversicherung der Leistungsbezieher vom 14.12.2004 – Abschnitt C I 7.4.[163]

126

VIII. Meldeverfahren

1. Allgemeines

Mit § 28a Abs. 1 Nr. 3 SGB IV wurde klargestellt, dass der Arbeitgeber oder ein anderer Meldepflichtiger für jeden in der Kranken-, Pflege- und Rentenversicherung oder nach dem Recht der Arbeitsförderung kraft Gesetzes Versicherten bei Eintritt eines Insolvenzereignisses eine Meldung durch gesicherte und verschlüsselte Datenübertragung aus systemgeprüften Programmen oder mittels maschinell erstellter Ausfüllhilfen zu erstatten hat. Damit wird die bisherige Praxis der Sozialversicherungsträger, nach der im Falle eines Insolvenzereignisses bestimmte Meldungen auch durch den Insolvenzverwalter abzugeben sind, festgeschrieben. Die Regelung des § 28a Abs. 1 Nr. 3 SGB IV wird durch § 8a DEÜV ergänzt. Die Spitzenorganisationen der Sozialversicherung vertreten die Auffassung, dass in den **Entgeltmeldungen** für den gesamten maßgeblichen Beschäftigungszeitraum als beitragspflichtiges Arbeitsentgelt der Betrag anzu-

127

---

[163] Im Internet unter der Adresse: www.deutsche-rentenversicherung-bund.de.

geben ist, von dem Beiträge zu zahlen waren, und zwar sowohl für Zeiträume **vor** dem Insolvenztag als auch für Zeiträume **ab** dem Insolvenztag. Eine Meldung ist grundsätzlich zum **rechtlichen** Ende des Beschäftigungsverhältnisses (unter Berücksichtigung tariflicher oder gesetzlicher Kündigungsfristen) zu erstatten. Von der Arbeit freigestellte Beschäftigte sind zum Tag vor Eröffnung des Insolvenzverfahrens (oder der Nichteröffnung mangels Masse) von der mit der Insolvenzabwicklung betrauten Person abzumelden. Die Abmeldung ist mit der nächstfolgenden Entgeltabrechnung, spätestens aber sechs Wochen nach dem Insolvenzereignis, zu erstatten.

2. Abgabegründe

128 Für den Insolvenzverwalter ergeben sich folgende **praktische Konsequenzen:** Im Falle der **Freistellung** von Arbeitnehmern ist mit dem Tag **vor** der Eröffnung des Insolvenzverfahrens eine Abmeldung (Abgabegrund „71") vorzunehmen. In diese Abmeldung ist das (bisher noch nicht gemeldete) beitragspflichtige Arbeitsentgelt einzutragen, das bis zum Tag vor dem Insolvenztag gezahlt worden ist, zuzüglich des noch nicht ausgezahlten Arbeitsentgelts, **unabhängig von** einer **Beitragszahlung** durch die Agentur für Arbeit nach § 175 Abs. 1 SGB III. Daneben ist – ohne eine neue Anmeldung – eine weitere Entgeltmeldung (Abgabegrund „72") zum Tag des rechtlichen Endes des Beschäftigungsverhältnisses abzugeben. Fällt dieser Zeitpunkt in das nächste Kalenderjahr, ist außerdem eine Jahresmeldung mit dem Abgabegrund „70" zu erstatten. In diese Meldungen ist das beitragspflichtige Arbeitsentgelt einzutragen, auf das der Arbeitnehmer im jeweiligen Meldezeitraum Anspruch hat und zwar unabhängig von einer eventuellen späteren Realisierung des Beitragsanspruchs.

3. Weiterbeschäftigung

129 Im Falle der **Weiterbeschäftigung von Arbeitnehmern** durch den Insolvenzverwalter ist mit dem Tage vor dem Insolvenztag eine Abmeldung (Abgabegrund „30") vorzunehmen. In diese Abmeldung ist das (bisher noch nicht gemeldete) beitragspflichtige Arbeitsentgelt einzutragen, das bis zum Tag vor dem Insolvenztag gezahlt worden ist, zuzüglich des noch nicht ausgezahlten Arbeitsentgelts, unabhängig von einer Beitragszahlung durch die Agentur für Arbeit nach § 175 Abs. 1 SGB III. Mit dem Tag der Eröffnung des Insolvenzverfahrens ist der Arbeitnehmer **neu anzumelden** (Abgabegrund „10"). In die spätere Abmeldung (Abgabegrund „30") ist das tatsächlich erzielte beitragspflichtige Arbeitsentgelt einzutragen. Sofern der Arbeitnehmer vor dem rechtlichen Ende des Beschäftigungsverhältnisses freigestellt wird, gelten die Ausführungen zu „freigestellten Arbeitnehmern" (→ Rn. 128) mit der Maßgabe, dass die Abmeldung mit dem Abgabegrund „71" zum Tage der Freistellung vorzunehmen ist. Bei den jeweiligen Meldungen kann die **Betriebsnummer des Arbeitgebers** verwendet werden.

IX. Beantragung des Gesamtsozialversicherungsbeitrags

130 Die Zahlung des Gesamtsozialversicherungsbeitrags nach § 175 Abs. 1 SGB III setzt einen **Antrag** voraus (bei der Agentur für Arbeit kann hierfür der

Vordruck BA Insg 5 angefordert werden; er steht auch im Internet online ausfüllbar zur Verfügung unter www.arbeitsagentur.de). Anders als bei der Geltendmachung von Ansprüchen durch Arbeitnehmer oder Dritte (vgl. → Rn. 133), ist der Antrag der Einzugsstelle an **keine Ausschlussfrist** gebunden. Es gilt jedoch die für Sozialleistungsansprüche übliche Verjährungsfrist von vier Jahren nach § 45 SGB I. Die Einzugsstelle hat den Antrag bei der nach § 327 Abs. 3 SGB III zuständigen Agentur für Arbeit (vgl. → Rn. 145) zu stellen. Antragsberechtigt ist gem. § 175 Abs. 1 S. 1 SGB III eine nach § 28i SGB IV zuständige Einzugsstelle. Einzugsstellen sind die Träger der gesetzlichen Krankenversicherung im Bereich der Bundesrepublik Deutschland. Verjährte Beiträge können nach § 175 Abs. 1 SGB III nicht entrichtet werden. Der Beitragsanspruch **verjährt** nach § 25 Abs. 1 SGB IV in der Regel in vier Jahren – Ansprüche auf vorsätzlich vorenthaltene Beiträge verjähren in 30 Jahren – nach Ablauf des Kalenderjahres der Fälligkeit. Für die Geltung der 30-jährigen Verjährung reicht es nach der Rechtsprechung aus, wenn der Schuldner die Beiträge mit **bedingtem Vorsatz** vorenthalten hat.[164] Dies kann beispielsweise der Fall sein, wenn sich der Beitragsschuldner in der wirtschaftlichen Krise unter Berücksichtigung der ihm zur Verfügung stehenden Mittel bewusst gegen die Beitragsabführung entschieden und die Erfüllung anderer Verbindlichkeiten vorgezogen hat. Für die Hemmung, die Ablaufhemmung, den Neubeginn und die Wirkung der Verjährung gelten die BGB-Vorschriften sinngemäß (§ 25 Abs. 2 SGB IV). Da die Agentur für Arbeit insoweit als weiterer Beitragsschuldner gilt, führt die Beantragung einer Vollstreckungshandlung durch die Einzugsstelle gem. § 212 Abs. 1 Nr. 2 BGB zum Neubeginn der 4-jährigen Verjährungsfrist des § 25 Abs. 1 Satz 1 SGB IV.

Sofern der Beitragsanspruch durch die Einzugsstelle bereits mit Verwaltungsakt festgestellt, der zu zahlende Betrag der Höhe nach konkret beziffert und vom Beitragsschuldner gefordert wurde, handelt es sich um einen sog **Feststellungsbescheid** im Sinne des § 52 Abs. 1 SGB X. Entsprechendes gilt für einen Verwaltungsakt, der zur Durchsetzung des Beitragsanspruchs erlassen wurde (zB Verwaltungsakte im Vollstreckungsverfahren).[165] In diesen Fällen findet § 52 Abs. 2 SGB X Anwendung. Die durch einen unanfechtbar gewordenen Verwaltungsakt (Beitragsbescheid) festgestellten Ansprüche verjähren erst in 30 Jahren, auch wenn der Beitragsanspruch an sich einer kürzeren Verjährung unterliegt. Die Wirkung der 30-jährigen Verjährung ist auch im Anwendungsbereich des § 175 SGB III zu beachten, da Grundlage für die Erstattung der rückständige Beitragsanspruch des Arbeitgebers ist.

130a

Nach der Rechtsprechung des BSG[166] ist die Arbeitsverwaltung befugt, über den Antrag einer Einzugsstelle durch **Verwaltungsakt** zu entscheiden. Dabei ist die Agentur für Arbeit an Feststellungen der Einzugsstelle über die Versicherungspflicht, die Beitragshöhe und die Zahlungspflicht nicht gebunden; sie entscheidet vielmehr über alle Anspruchsvoraussetzungen selbst.[167] Allerdings

131

---

[164] BSG Urt. v. 17.4.2008 – B 13 R 123/07, NZS 2009, 329.
[165] BSG Urt. v. 7.10.2004 – B 11 AL 43/03, BeckRS 2005, 40205.
[166] BSG Urt. v. 1.3.1978 – 12 RAr 49/77, BSG AP AFG § 141n Nr. 1 = SozSich 1978, 183.
[167] BSG Urt. v. 12.12.1984 – 10 RAr 7/83, ZIP 1985, 696.

muss die Arbeitsverwaltung eine bestandskräftige **Zustimmungserklärung nach § 336 SGB III** respektieren. Hat also die Deutsche Rentenversicherung Bund die Versicherungspflicht eines Arbeitnehmers durch Verwaltungsakt ausdrücklich festgestellt (dies wird insbesondere bei Gesellschafter-Geschäftsführern einer GmbH praktiziert), ist die Agentur für Arbeit hinsichtlich der Zeiten, für die der die Versicherungspflicht feststellende Verwaltungsakt wirksam ist, leistungsrechtlich an diese Entscheidung gebunden. Diese Bindung betrifft nicht nur den Beitragsanspruch der Einzugsstelle nach § 175 Abs. 1 SGB III, sondern auch den Leistungsanspruch, dh auch den Anspruch des Arbeitnehmers auf Insolvenzgeld.

132 Gegen den Bescheid der Agentur für Arbeit über die Zahlung des Gesamtsozialversicherungsbeitrags gem. § 175 Abs. 1 SGB III ist die **kombinierte Anfechtungs- und Leistungsklage** (§ 54 Abs. 4 SGG) zulässig. Ein Widerspruchsverfahren findet gem. § 78 Abs. 1 S. 2 Nr. 3 SGG nicht statt. Wurden **Pflichtbeiträge** gem. § 175 Abs. 1 SGB III **zu Unrecht gezahlt,** erfolgt die Rücknahme des rechtswidrig begünstigenden Verwaltungsaktes nach Maßgabe des § 45 SGB X. Hierbei ist jedoch zu beachten, dass sich die Einzugsstelle als Adressat des begünstigenden Verwaltungsaktes im Allgemeinen nicht auf den Vertrauensschutz nach § 45 Abs. 4 S. 1 iVm Abs. 2 SGB X berufen kann. Die **Erstattung** zu Unrecht gezahlter Pflichtbeiträge richtet sich nach **§ 26 SGB IV.** Hat einer der betroffenen Versicherungsträger bis zur Geltendmachung des Erstattungsanspruchs auf Grund der Beiträge oder für den Zeitraum, für den die Beiträge zu Unrecht gezahlt worden sind, Leistungen erbracht oder zu erbringen, ist die Erstattung von Pflichtbeiträgen nach § 26 Abs. 2 SGB IV (iVm § 351 Abs. 1 S. 1 SGB III) insoweit ausgeschlossen. Ein **Übergang der Beitragsforderungen** auf die BA findet, anders als bei den Arbeitsentgeltansprüchen des Arbeitnehmers (vgl. § 169 SGB III und → Rn. 156), nicht statt. Soweit die Einzugsstelle nach der Zahlung von Beiträgen gem. § 175 Abs. 1 SGB III noch Beiträge für dieselbe Zeit und das den Insolvenzgeld-Zeitraum betreffende Entgelt einziehen kann (zB auf Grund der Anmeldung der rückständigen Beträge als Insolvenzforderung nach § 38 InsO), hat sie diese der Arbeitsverwaltung zu erstatten (§ 175 Abs. 2 S. 2 SGB III).

K. Verfahren bei der Inanspruchnahme des Insolvenzgeldes durch Arbeitnehmer oder Dritte

133 **Welche Pflichten** und **Obliegenheiten** im Leistungsverfahren des Insolvenzgeldes bestehen, ergibt sich ausführlich aus den §§ 314, 316, 320 Abs. 2, 321, 323 Abs. 1, 324 Abs. 3, 327 Abs. 3, 6 und 329 Abs. 1 SGB III. Zur Vermeidung von Rechtsnachteilen und zur Erleichterung der Abwicklung des Verfahrens informieren die zuständigen Arbeitsagenturen (→ Rn. 145) die von der Insolvenz betroffenen Arbeitnehmer und Dritte über mögliche Sozialleistungsansprüche. In der Praxis geschieht dies, insbesondere in größeren Insolvenzverfahren, vor Ort im Betrieb und in Abstimmung mit dem (vorläufigen) Insolvenzverwalter, der Unternehmensleitung und dem – sofern vorhanden – Betriebsrat.

Braun/Mühlbayer

Diese (frühzeitige) **Aufklärung und Beratung** kann auch für den vorläufigen Insolvenzverwalter **Planungssicherheit** bedeuten, da er erfährt, unter welchen Voraussetzungen und ab welchem Zeitpunkt Arbeitnehmer oder auch Dritte (Vorfinanzierende) mit entsprechenden Leistungen der Agentur für Arbeit (zB Insolvenzgeld oder Arbeitslosengeld, evtl. auch vorschussweise) rechnen können. Das gilt im Falle der vorläufigen Insolvenzverwaltung besonders für das **Zustimmungsverfahren** nach § 170 Abs. 4 SGB III im Falle der Vorfinanzierung der Arbeitsentgelte (→ Rn. 103). Häufig wird auch zur Vermeidung von Rechtsnachteilen frühzeitig zu entscheiden sein, ob sich Arbeitnehmer, die nicht mehr beschäftigt werden können, arbeitslos melden und Entgeltersatzleistungen (zB im Rahmen der Gleichwohlgewährung, vgl. → Rn. 198) beantragen sollen. Es empfiehlt sich daher für den Arbeitgeber bzw. den (vorläufigen) Insolvenzverwalter dessen Beteiligung im weiteren Verfahren (zB nach §§ 168, 170 Abs. 4, 312, 314, 316 SGB III usw) einvernehmlich mit der Arbeitsverwaltung abzustimmen. **134**

I. Antragsverfahren

Die Gewährung des Insolvenzgeldes als Leistung der Arbeitsförderung erfolgt nur auf **Antrag** (§ 323 Abs. 1 S. 1 iVm § 3 Abs. 1 und dem Vierten Kapitel SGB III). Bei der Antragstellung durch den Arbeitnehmer oder Dritte (nicht bei Anträgen der Einzugsstelle, vgl. → Rn. 130) ist jedoch die **Ausschlussfrist** des § 324 Abs. 3 SGB III zu beachten. Die Ausgabe und Annahme der Antragsvordrucke wird durch die Arbeitsagenturen den jeweiligen Verhältnissen des Einzelfalles angepasst. Sie kann daher zB durch die Agentur für Arbeit oder – soweit zweckmäßig – auch durch Dritte (zB Personalbüro, Betriebsrat) im Betrieb erfolgen. Der Antrag ist weder an eine Form gebunden noch ist ein bestimmter Inhalt vorgeschrieben. Er kann daher auch als Antrag **dem Grunde nach** mündlich oder fernmündlich zur **Wahrung der Ausschlussfrist** (→ Rn. 139) gestellt werden. Eine Antragstellung ist jedoch nur erfolgt, wenn eine auf unmittelbare Stellung eines Antrags gerichtete Willenserklärung vorliegt. Der Antragsteller muss weiterhin den insolventen Arbeitgeber ausdrücklich oder sinngemäß bezeichnet haben. Die bloße Anforderung von Antragsvordrucken genügt somit dem Antragserfordernis im Sinne des § 323 SGB III nicht. Es ist nicht erforderlich, dass der Antrag auf einen bestimmten Betrag gerichtet ist. Den Arbeitnehmern ist zu empfehlen, den **Antragsvordruck**, der wie die übrigen Vordrucke aus dem Internet heruntergeladen werden kann (www.arbeitsagentur.de), möglichst **persönlich** abzugeben, damit Unstimmigkeiten schnellstmöglich bereinigt werden können. Die Agentur für Arbeit fordert idR die Insolvenzgeldbescheinigungen für alle Arbeitnehmer des insolventen Arbeitgebers zentral beim Insolvenzverwalter bzw. Arbeitgeber an. **135**

1. Sammelanträge

Die Anträge von Arbeitnehmern können auch als sog **Sammelantrag** gestellt werden. Die Form der Sammelanträge ist jeweils zwischen der Agentur für Arbeit und den Arbeitnehmern oder deren Bevollmächtigten (zB Betriebsrat, Ge- **136** werkschaft, Arbeitgeber, Insolvenzverwalter) zu vereinbaren. Sammelanträge bieten sich vor allem zur Wahrung der Ausschlussfrist an. Sie müssen in jedem Fall den gesetzlichen Mindestanforderungen (§ 314 SGB III) entsprechen. Sofern die im Sammelantrag aufgeführten Arbeitnehmer den Antrag nicht selbst unterschrieben haben, ist eine **Bevollmächtigung** des Unterzeichners des Sammelantrages durch die im Antrag aufgeführten Arbeitnehmer erforderlich. Anträge Dritter können ebenfalls als Sammelantrag gestellt werden (zB durch ein Kreditinstitut, das sich die Arbeitsentgeltansprüche mehrerer Arbeitnehmer hat abtreten lassen).

2. Benutzung von Vordrucken

137 Weigert sich der Antragsteller nachhaltig ohne zwingenden Grund, die anspruchsbegründenden Tatsachen überhaupt oder auf den von der BA herausgegebenen Vordrucken anzugeben, kann bei Vorliegen der Voraussetzungen des § 66 SGB I die Leistung **versagt** werden. Werden die Angaben nach der Versagung nachgeholt, ist bei Vorliegen der Voraussetzungen im Rahmen pflichtgemäßen Ermessens zu entscheiden, ob Insolvenzgeld nachträglich ganz oder teilweise zu erbringen ist.

3. Zuständigkeit

138 **Anträge** auf Insolvenzgeld von Arbeitnehmern können bei jeder **Agentur für Arbeit** (→ Rn. 145 ff.) und bei den in § 16 Abs. 1 SGB I genannten Stellen (zB Krankenkassen, Rentenversicherungsträger, Gemeinden) wirksam gestellt werden. Für die Einhaltung der Ausschlussfrist (→ Rn. 139) ist nicht das Datum des Poststempels, sondern der tatsächliche Eingang des Antrags bei einer Agentur für Arbeit oder einer der in § 16 SGB I genannten Stellen maßgebend. Der Antrag muss spätestens am letzten Tag der Frist eingegangen sein. Anträge auf Insolvenzgeld, die nicht bei der Arbeitsverwaltung, sondern bei einem anderen Leistungsträger, bei einer Gemeinde oder bei einer amtlichen Vertretung der Bundesrepublik Deutschland im Ausland gestellt werden, gelten zu dem Zeitpunkt als gestellt, in dem sie bei den genannten Stellen eingegangen sind (vgl. § 16 Abs. 2 S. 2 SGB I). Bei mündlichen oder fernmündlichen Anträgen (→ Rn. 135) kommt es auf den Zeitpunkt des Gesprächs an. Insolvenzgeld-Anträge, die bei einer nicht zuständigen Arbeitsagentur oder bei einer sonstigen Dienststelle der Bundesagentur gestellt werden, werden mit dem Eingangsvermerk versehen und unverzüglich an das **Team Kug, Insg, AltTZG (KIA)** des zuständigen Operativen Service (OS) weiter geleitet (→ Rn. 145). Dem Antragsteller wird eine Abgabenachricht erteilt.

4. Anspruchsübergang

138a Anders als im Regelfall (§ 115 Abs. 1 SGB X) geht der zugrunde liegende Arbeitsentgeltanspruch gem. § 169 S. 1 SGB III bereits mit **Stellung** des Insg-Antrags und nicht erst mit Erbringung der Leistung auf die BA über (vgl. dazu näher → Rn. 156 ff.).

II. Ausschlussfrist

Leistungen der Arbeitsförderung, zu denen das Insolvenzgeld gehört,[168] werden grundsätzlich nur dann erbracht, wenn sie *vor* Eintritt eines leistungsbegründenden Ereignisses beantragt worden sind (§ 324 Abs. 1 S. 1 SGB III). Abweichend davon ist das Insolvenzgeld innerhalb einer Ausschlussfrist **von zwei Monaten** *nach* dem Insolvenzereignis zu beantragen (§ 324 Abs. 3 S. 1 SGB III). Unter bestimmten Voraussetzungen wird eine **Nachfrist** von zwei Monaten eingeräumt (§ 324 Abs. 2 S. 3 und 4 SGB III). Maßgebend für die Berechnung der Ausschlussfrist ist grundsätzlich der Eintritt des Insolvenzereignisses (§ 165 Abs. 1 S. 2 SGB III). Liegen die Voraussetzungen der vollständigen Beendigung der Betriebstätigkeit in Verbindung mit offensichtlicher Masselosigkeit im Sinne des § 165 Abs. 1 S. 2 Nr. 3 SGB III vor, bleibt dieses Insolvenzereignis maßgebend für die Berechnung der Ausschlussfrist, auch wenn später das Insolvenzverfahren eröffnet oder die Eröffnung mangels Masse abgelehnt wird („Sperrwirkung"). Im Falle der **Weiterarbeit** bzw. der **Arbeitsaufnahme** des Arbeitnehmers in Unkenntnis des Insolvenzereignisses (vgl. § 165 Abs. 3 SGB III) gilt die zweimonatige Ausschlussfrist des § 324 Abs. 3 SGB III ebenfalls. Was den Beginn der Ausschlussfrist anbelangt, ist allerdings nach der Rechtsprechung des BSG wie folgt zu differenzieren: Bei **Weiterarbeit** in Unkenntnis ist – wie sonst auch – der Eintritt des Insolvenzereignisses und nicht der Tag der Kenntnisnahme von diesem Ereignis maßgebend (anders bei der Bestimmung des Insolvenzgeld-Zeitraums, vgl. § 165 Abs. 3 SGB III). Anders verhält es sich dagegen bei einer **Arbeitsaufnahme** des Arbeitnehmers in Unkenntnis des Insolvenzereignisses. Das BSG hat in diesem Fall die besondere Schutzbedürftigkeit derjenigen Arbeitnehmer betont, die dem insolventen Unternehmen bisher völlig fern standen und erst (möglicherweise viele Monate später) nach dem gerichtlichen Abweisungsbeschluss die Arbeit aufgenommen haben. Anknüpfungspunkt für den Beginn der zweimonatigen Ausschlussfrist ist im Falle des § 165 Abs. 3 Alternative 2 SGB III daher der Zeitpunkt, in dem der Arbeitnehmer **positive Kenntnis** vom Abweisungsbeschluss erlangt hat.[169]

139

1. Fristberechnung

Bei der **Berechnung** der Frist zählt der Insolvenztag nicht mit (vgl. § 26 Abs. 1 SGB X iVm § 187 Abs. 1 BGB). Die Frist endet deshalb mit dem Ablauf des Tages, der durch seine Zahl dem Insolvenztag entspricht (vgl. § 188 Abs. 2 Alternative 1 BGB). Bei Eröffnung des Insolvenzverfahrens am 10.5. endet die Ausschlussfrist somit am 10.7. Fehlt der entsprechende Tag in dem Monat des Ablaufs der Frist, so endet die Frist am letzten Tag dieses Monats. Fällt der Tag der Eröffnung des Insolvenzereignisses auf den 31.7., endet die Frist somit am 30.9. Fällt der letzte Tag der Frist auf einen Samstag, Sonntag oder gesetzlichen Feiertag, so tritt an die Stelle eines solchen Tages der nächste Werktag (§ 26 Abs. 1 SGB X iVm § 193 BGB).

140

---

[168] § 3 Abs. 1 iVm dem Vierten Kapitel SGB III.
[169] BSG Urt. v. 27.8.1998 – B 10 AL 7/97, NZA 1999, 166; ebenso *Kreikebohm/Spellbrink/Waltermann/Mutschler* Kommentar zum Sozialrecht § 165 SGB III Rn. 55; aA *Brand/Hassel* SGB III § 324 Rn. 20; FK-InsO/*Mues* Anhang zu § 113 Rn. 202.

2. Versäumung der Anschlussfrist

141 In Fällen, in denen der Arbeitnehmer die **Ausschlussfrist** aus nicht selbst zu vertretenen Gründen **versäumt** hat,[170] geht der Anspruch auf Insolvenzgeld nicht unter, wenn der Antrag innerhalb einer **Nachfrist** von zwei Monaten nach Wegfall des Hinderungsgrundes gestellt wird (§ 324 Abs. 3 S. 2 SGB III).[171] Zu vertreten hat der Arbeitnehmer jede **Fahrlässigkeit** (§ 276 Abs. 2 BGB).[172] Er muss also die nach den Umständen erforderliche und nach seiner Persönlichkeit zumutbare Sorgfalt anwenden.[173] Nach Auffassung des EuGH[174] zur Vereinbarkeit einer solchen Ausschlussklausel mit dem europäischen Gemeinschaftsrecht kann diese die praktische Wirksamkeit des mit der europäischen Insolvenzrichtlinie[175] nur dann gewährleisten, wenn die zuständigen Stellen „**nicht übermäßig streng**" beurteilen, ob sich der Betroffene mit der erforderlichen Sorgfalt um die Durchsetzung seiner Ansprüche bemüht hat. Ob der Arbeitnehmer die Frist aus Gründen versäumt hat, die er **nicht selbst** zu vertreten hat, beurteilt sich nach dem **tatsächlichen** Geschehensablauf. Dabei ist insbesondere von Bedeutung, welche konkreten Maßnahmen der Arbeitnehmer zur Durchsetzung seiner Entgeltansprüche ergriffen hat bzw. ob und gegebenenfalls wann er vom Insolvenzereignis Kenntnis erhalten hat. Die Nachfrist wird dem Arbeitnehmer nicht eröffnet, wenn das von ihm nicht zu vertretende Antragshindernis während des Laufs der eigentlichen Frist weggefallen ist und es ihm unter den gegebenen Umständen bei Anwendung der zumutbaren Sorgfalt möglich gewesen wäre, die Frist einzuhalten.[176]

142 Nach § 324 Abs. 3 S. 3 SGB III obliegen dem Arbeitnehmer bestimmte **Sorgfaltspflichten,** die er selbst zu erfüllen hat, um die gesetzliche Ausschlussfrist nicht endgültig zu versäumen. Diese Sorgfaltspflichten betreffen allerdings nur **Vorkehrungen,** die darauf abzielen, **Entgeltansprüche durchzusetzen.**[177] Ins-

---

[170] Die Formulierung des § 324 Abs. 3 S. 2 und 3 SGB III wurde durch G v. 20.12.2011, BGBl. 2011 I 2854, geringfügig geändert. Die bis dahin geltende Fassung lautete: „... aus Gründen versäumt, die er nicht zu vertreten hat ...". Eine inhaltliche Änderung war damit nach Auffassung des Gesetzgebers wohl nicht verbunden. Denn in der Begründung zur Neufassung dieser Vorschrift heißt es lediglich: „Anpassung zur sprachlichen Gleichbehandlung von Frauen und Männern und sprachliche Überarbeitung" (BT-Drs. 17/6277, 110). Zur Einfügung des Wortes „selbst" und zu dessen möglicher Bedeutung für die Gesetzesanwendung verliert die Begründung kein Wort.

[171] Spezielle Regelung des Rechtsinstituts der Wiedereinsetzung in den vorigen Stand (vgl. § 27 SGB X).

[172] Vgl. LSG Hessen Urt. v. 24.3.2011 – L 1 AL 89/10, BeckRS 2011, 77852.

[173] So bereits BSG Urt. v. 26.8.1983 – 10 RAr 1/82, BSGE 55, 284.

[174] EuGH Urt. v. 18.9.2003 – C-125/01, NZI 2003, 617 Pflücke, unter Hinweis auf die Grundsätze der Gleichwertigkeit und Effektivität.

[175] Richtlinie 80/987/EWG des Rates zur Angleichung der Rechtsvorschriften der Mitgliedstaaten über den Schutz der Arbeitnehmer bei Zahlungsunfähigkeit des Arbeitgebers vom 20.10.1980, ABl. 1980 L 283/23. Inzwischen liegt mit der Richtlinie 2008/94/EG vom 22. Oktober 2008 über den Schutz der Arbeitnehmer bei Zahlungsunfähigkeit des Arbeitgebers eine kodifizierte Fassung vor (ABl. 2008 L 283/36).

[176] BSG Urt. v. 10.4.1985 – 10 RAr11/84, ZIP 1985, 753; LSG Hessen Urt. v. 26.10.2007 – L 7 AL 185/05, info also 2008, 17.

[177] BSG Urt. v. 22.9.1993 – 10 RAr 9/91, ZIP 1993, 1717.

besondere ausgeschiedene Arbeitnehmer müssen sich deshalb zügig um die Durchsetzung ihrer rückständigen Ansprüche im Insolvenzgeldzeitraum bemühen, zumal Zurückhaltung den Arbeitsplatz nicht mehr sichern kann.[178] Dabei wird der Arbeitnehmer in der Regel auch Kenntnis von der Insolvenz des Arbeitgebers erhalten. Die Sorgfaltspflichten verlangen aber vom Arbeitnehmer nicht, das Vorliegen des Insolvenzereignisses selbst festzustellen. Das Antragshindernis iSd § 324 Abs. 3 S. 2 SGB III ist dann **weggefallen**, wenn der Arbeitnehmer nach nicht zu vertretender Unkenntnis des Insolvenzereignisses von diesem Kenntnis erlangt. Hierbei kommt es auf die **positive Kenntnis** des Arbeitnehmers vom Insolvenzereignis an. Bei vollständiger Beendigung der Betriebstätigkeit und offensichtlicher Masselosigkeit liegt Kenntnis in diesem Sinne nicht schon vor, wenn der Arbeitnehmer zwar wusste, dass die Betriebstätigkeit vollständig beendet war, ihm aber das weitere Tatbestandsmerkmal der offensichtlichen Masselosigkeit unbekannt geblieben ist. Wird wegen nachgezahlten Arbeitsentgelts ein Anfechtungsrechtsstreit nach § 130 InsO geführt, handelt der Arbeitnehmer nicht schuldhaft, wenn er mit der Geltendmachung seiner Ansprüche zuwartet, bis dieser rechtskräftig entschieden worden ist.

Beruht die Versäumung der Ausschlussfrist ursächlich auf der **Pflichtversäumung** eines beauftragten **Vertreters**, bestimmt sich nach § 85 Abs. 2 ZPO, ob der Arbeitnehmer die Pflichtversäumung seines Vertreters gegen sich gelten lassen muss. Hierbei kommt es auf den Auftrag an, den der Vertreter hatte. War der Vertreter nur mit der Verfolgung der arbeitsrechtlichen Ansprüche beauftragt, ist dem Arbeitnehmer eine Nachfrist einzuräumen, wenn ihn nicht selbst ein Verschulden an der Versäumung der Ausschlussfrist trifft.[179] Seit der Neufassung des § 324 Abs. 3 S. 2 und 3 SGB III („... nicht **selbst** zu vertretenden Gründen ...") stellt sich allerdings die Frage, ob das Verschulden des Vertreters dem Arbeitnehmer künftig überhaupt noch zugerechnet werden darf. Die Gesetzesbegründung zur Bedeutung des neu eingeführten Demonstrativpronomens „selbst" schweigt dazu.[180] Zwar geben bei der Gesetzesauslegung weder Kontext, Entstehungsgeschichte noch Sinn und Zweck einen klaren Hinweis für eine solche Annahme. Nimmt man jedoch als Kriterium den Wortlaut der Vorschrift, spricht Einiges für eine einschränkende Auslegung.[181] Dieses Ergebnis wird nicht zuletzt gestützt durch die bereits oben erwähnte Auffassung des EuGH,[182] wonach die zuständigen Stellen nicht übermäßig streng beurteilen dürften, ob sich der Betroffene mit der erforderlichen Sorgfalt um die Durchsetzung seiner Ansprüche bemüht hat. Mit dem Tag nach dem Tag, an dem der

---

[178] LSG Schleswig-Holstein Urt. v. 14.11.2014 – L 3 AL 281/12, ZInsO 2015, 1114.
[179] BSG Urt. v. 29.10.1992 – 10 RAr 14/91, BSGE 71, 213 = ZIP 1993, 372; LSG Schleswig-Holstein Urt. v. 14.11.2014 – 3 AL 28/12, BeckRS 2015, 65426; LSG Berlin-Brandenburg Urt. v. 14.3.2012 – L 18 AL 340/09, BeckRS 2012, 68780; LSG Nordrhein-Westfalen Urt. v. 12.1.2012 – L 16 AL 264/10, NZS 2012, 635; LSG Sachsen- Anhalt Urt. v. 22.9.2011 – L 2 AL 87/08, info also 2012, 255; LSG Sachsen Urt. v. 17.4.2007 – L 1 AL 282/04, BeckRS 2009, 63668; LSG Hessen Urt. v. 24.4.2006 – L 9 AL 118/04, EWiR 2006, 571; LSG Nordrhein-Westfalen Urt. v. 22.7.2004 – L 9 AL 3/04, BeckRS 2004, 42765.
[180] BT-Drs. 17/6277, 110.
[181] Ähnlich *Winkler* Anm zu LSG Sachsen-Anhalt Urt v. 22.9.2011 – 2 AL 87/08, info also 2012, 255 und MAH Sozialrecht/*Sartorius*, § 15 Rn. 74.
[182] EuGH Urt. v. 18.9.2003 – C-125/01, NZI 2003, 617 – Pflücke.

8. Teil. Arbeits- und Sozialrecht in der Insolvenz

Hinderungsgrund weggefallen ist, beginnt eine Nachfrist von zwei Monaten, für deren Berechnung → Rn. 140 entsprechend gilt. Hat der Arbeitnehmer zwar vom Insolvenzereignis Kenntnis erhalten, einen Antrag aber allein deshalb nicht rechtzeitig gestellt, weil er zunächst von der gesetzlichen Regelung bzw. von der Ausschlussfrist des § 324 Abs. 3 SGB III nichts wusste, kann eine Nachfrist generell **nicht** eingeräumt werden.[183]

144

Grafik 6: Berechnung der Ausschlussfrist

Berechnung der Ausschlussfrist
(einschließlich der Nachfrist)

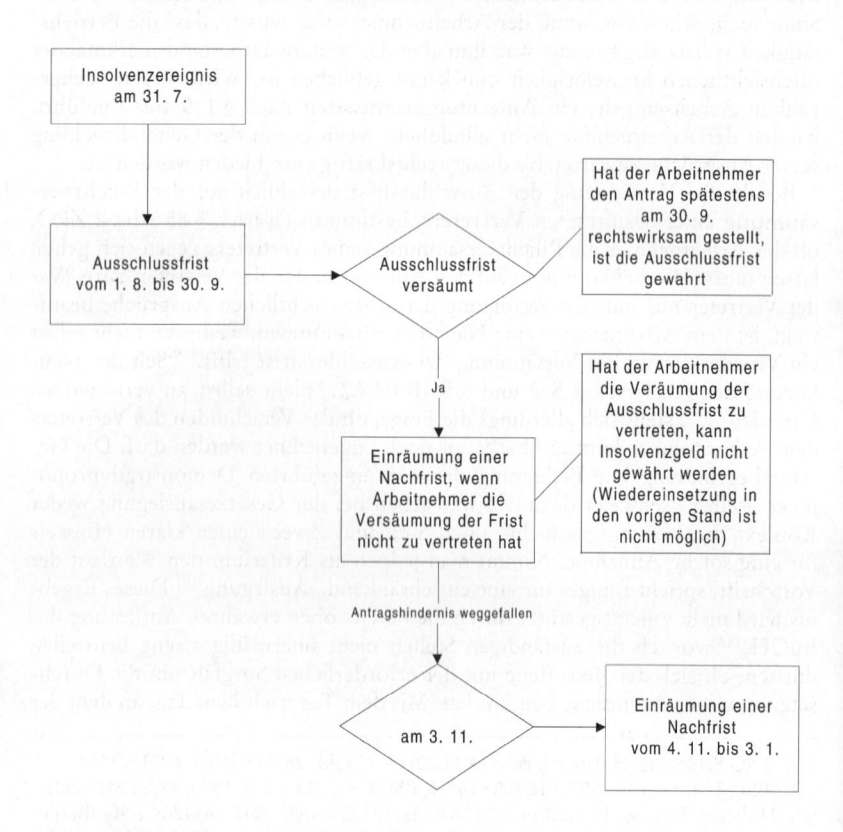

```
Insolvenzereignis
am 31. 7.
      │
      ▼
Ausschlussfrist ──▶ Ausschlussfrist ──▶ Hat der Arbeitnehmer
vom 1. 8. bis 30. 9.   versäumt            den Antrag spätestens
                                            am 30. 9.
                                            rechtswirksam gestellt,
                                            ist die Ausschlussfrist
                                            gewahrt

                         │ Ja
                         ▼
                  Einräumung einer       Hat der Arbeitnehmer
                  Nachfrist, wenn        die Versäumung der
                  Arbeitnehmer die       Ausschlussfrist zu
                  Versäumung der Frist   vertreten, kann
                  nicht zu vertreten hat Insolvenzgeld nicht
                                         gewährt werden
                                         (Wiedereinsetzung in
                                         den vorigen Stand ist
                                         nicht möglich)

         Antragshindernis weggefallen
                   am 3. 11.       ──▶   Einräumung einer
                                         Nachfrist
                                         vom 4. 11. bis 3. 1.
```

III. Örtlich zuständige Agentur für Arbeit[184]

145 Örtlich zuständig für die Gewährung des Insolvenzgeldes ist nach dem Wortlaut des Gesetzes diejenige Agentur für Arbeit, in deren Bezirk die für den Ar-

---

[183] BSG Urt. v. 10.4.1985 – 10 RAr 11/84, ZIP 1985, 753.

[184] Die *sachliche* Zuständigkeit der Bundesagentur für Arbeit (BA) ergibt sich aus § 19 Abs. 1 Nr. 4 SGB I.

Braun/Mühlbayer

beitnehmer zuständige **Lohnabrechnungsstelle** des Arbeitgebers liegt (§ 327 Abs. 3 S. 1 SGB III). Dies gilt auch bei Anträgen Dritter (zB der vorfinanzierenden Bank). Lohnabrechnungsstelle ist die Stelle, in der die Lohnunterlagen des Arbeitnehmers im Zeitpunkt des Eintritts des Insolvenzereignisses geführt werden. Bedient sich der Arbeitgeber im Rahmen der Entgeltabrechnung der Hilfe eines Dritten (zB Steuerberater), wird dadurch grundsätzlich keine Zuständigkeit iSd § 327 Abs. 3 SGB III begründet.

Etwas anderes gilt jedoch dann, wenn dem Dritten nicht nur die Auswertung der Entgeltunterlagen und die Erstellung der Entgeltabrechnungen obliegt, sondern dieser auch die vollständigen **Entgeltunterlagen** führt (zB Personalakten, Arbeitszeitkonten, Entgeltkonten, Fahrtenbücher usw) und der Arbeitgeber über **keine eigene** Lohnabrechnungsstelle verfügt. Hat der Arbeitgeber **mehrere Lohnabrechnungsstellen,** die sich in Bezirken unterschiedlicher Arbeitsagenturen befinden, sind für die Gewährung des Insolvenzgeldes grundsätzlich auch **mehrere** Agenturen für Arbeit zuständig. Allerdings kann bei Vorliegen sachlicher Gründe für die Gewährung des Insolvenzgeldes oder die Koordinierung von Grundsatzfragen auch nur eine Arbeitsagentur für die gesamte Abwicklung für zuständig erklärt werden (zB die Agentur für Arbeit, in deren Bezirk der Sitz des Unternehmens liegt). Eine solche Entscheidung kann auch von der zuständigen Regionaldirektion (RD) getroffen werden.

Seit dem 1.5.2013 ist für die Gewährung des Insolvenzgeldes diejenige Arbeitsagentur örtlich zuständig, die Standort eines für das Insolvenzgeld zuständigen sog **Operativen Service** (OS) ist, sofern die für die Arbeitnehmerin/den Arbeitnehmer zuständige Lohnabrechnungsstelle des Arbeitgebers im Bezirk dieses OS liegt. Die Bundesagentur für Arbeit hat insoweit von ihrer Befugnis nach § 327 Abs. 6 SGB III Gebrauch gemacht und die Zuständigkeit für das Insolvenzgeld abweichend von § 327 Abs. 3 S. 1 SGB III geregelt (vgl. Vorstandsbeschluss vom 19.4.2013, ANBA Mai 2013 S. 5/3).

Hat der Arbeitgeber im Inland **keine Lohnabrechnungsstelle,** ist nach dem Wortlaut des Gesetzes diejenige Agentur für Arbeit örtlich zuständig, in deren Bezirk das zuständige **Insolvenzgericht** seinen Sitz hat (§ 327 Abs. 3 S. 2 SGB III). Aber auch hier gilt kraft des Vorstandsbeschlusses vom 19.4.2013: Örtlich zuständig für die Gewährung von Insolvenzgeld ist die Standort-Arbeitsagentur des **Operativen Service,** in dessen Bezirk das zuständige Insolvenzgericht seinen Sitz hat. Dies gilt auch dann, wenn kein Antrag auf Eröffnung des Insolvenzverfahrens gestellt worden ist. Zuständiges Insolvenzgericht ist grundsätzlich das Amtsgericht, in dessen Bezirk der Arbeitgeber seinen **allgemeinen Gerichtsstand** hat. Liegt der Mittelpunkt einer selbstständigen wirtschaftlichen Tätigkeit des Schuldners an einem anderen Ort, so ist ausschließlich das Insolvenzgericht zuständig, in dessen Bezirk dieser Ort liegt (§§ 2, 3 InsO).

Ist ein Insolvenzgericht im Inland **nicht** zuständig, ist für die Gewährung von Insolvenzgeld die Standort-Arbeitsagentur des Operativen Service zuständig, in dessen Bezirk die Arbeitnehmerin/der Arbeitnehmer ihren/seinen **Wohnsitz** (§ 30 Abs. 3 SGB I) hat, bei Fehlen eines Wohnsitzes die Standort-Arbeitsagentur des Operativen Service, in dessen Bezirk die Beschäftigung ausgeübt wurde. Hat die Beschäftigung in mehreren OS-Bezirken stattgefunden (zB bei Handelsvertretern, §§ 84 ff. HGB), ist die Zuständigkeit der Standort-

Arbeitsagentur des Operativen Service gegeben, in dessen Bezirk die für die Beschäftigung zuständige **Einzugsstelle** (§ 28h SGB IV) ihren Sitz hat.

IV. Auskunfts- und Bescheinigungspflicht

1. Auskunftspflicht

147 § 316 Abs. 1 SGB III begründet zur Feststellung der Insolvenzgeldansprüche die **Auskunftspflicht** des Arbeitgebers, der Arbeitnehmerinnen und Arbeitnehmer, der Insolvenzverwalterin oder des Insolvenzverwalters und sonstiger Personen, die Einblick in die Arbeitsentgeltunterlagen hatten (zB vorläufiger Insolvenzverwalter, Steuerberater, Mitarbeiter von Softwarehäusern). Sie umfasst alle Umstände, die zur Feststellung der Ansprüche des Arbeitnehmers (auch im Hinblick auf die Zahlung eines Vorschusses) erforderlich sind. Hierzu zählen zB der Umfang der rückständigen Arbeitsentgeltansprüche oder Umstände, die zur Festsetzung des Insolvenzereignisses geklärt werden müssen. Die Auskunftspflicht der Insolvenzverwalterin oder des Insolvenzverwalters wird durch die Einstellung des Insolvenzverfahrens bzw. die Anzeige der Masseunzulänglichkeit (§§ 207, 208 InsO) nicht berührt. Entsprechende Auskunftspflichten gegenüber dem Aussteller der Insolvenzgeldbescheinigung sind in § 316 Abs. 2 iVm § 314 Abs. 2 SGB III festgelegt.

148 Die Auskunftspflicht nach § 316 Abs. 1 SGB III ist **öffentlich-rechtlicher Natur;** sie setzt ein Auskunftsersuchen (Verlangen der Agentur für Arbeit) voraus, in dem der Zweck und der Umfang der benötigten Auskunft substantiiert darzulegen sind. Sie wird nicht dadurch eingeschränkt, dass der Auskunftspflichtige im Einzelfall **Nachforschungen** im zumutbaren Rahmen anstellen muss, um die Verpflichtung erfüllen zu können. Stellt er zur Erfüllung seiner Mitwirkungspflicht Unterlagen zur Verfügung, umfasst die Mitwirkung erforderlichenfalls auch die **Mitteilung** der Ergebnisse ausgewerteter Unterlagen. Die Erteilung der Auskunft ist an keine Form gebunden. Für andere Behörden bestehen Auskunftsverpflichtungen nach Amtshilfevorschriften (vgl. für den Bereich des Sozialgesetzbuches §§ 3 ff. SGB X iVm § 69 SGB X und § 35 SGB I). Die Verpflichtung des Antragstellers zur Erteilung von Auskünften richtet sich nach den Vorschriften der §§ 60 ff. SGB I.

149 Die **Verletzung der Auskunftspflicht** nach § 316 SGB III stellt eine **Ordnungswidrigkeit** iSd § 404 Abs. 2 Nr. 23 SGB III dar, die mit einer **Geldbuße** bis zu 2000 EUR (§ 404 Abs. 3 SGB III) geahndet werden kann. Daneben besteht ggf. ein Anspruch auf **Schadensersatz** zugunsten der BA gemäß § 321 Nr. 2 SGB III, wenn die Auskunftspflicht vorsätzlich oder fahrlässig nicht, nicht richtig oder nicht vollständig erteilt und hierdurch eine Überzahlung des Insolvenzgeldes zu Lasten der Agentur für Arbeit verursacht wurde. Bei Verstößen gegen die Auskunftspflichten eröffnet § 66 Abs. 1 SGB X den Arbeitsagenturen zusätzlich die Möglichkeit, mit **Zwangsmitteln** nach dem Verwaltungs-Vollstreckungsgesetz (VwVG) vorzugehen. Solche Zwangsmittel können auch neben einer verhängten Geldbuße angedroht werden (§ 13 Abs. 6 VwVG). Die Anwendung des VwVG dürfte vor allem dort in Betracht kommen, wo sich der Arbeitgeber seinen Verpflichtungen nach § 316 SGB III vorsätzlich entzieht.

Braun/Mühlbayer

2. Insolvenzgeldbescheinigung

§ 314 Abs. 1 SGB III verpflichtet die **Insolvenzverwalterin** bzw. den **Insolvenzverwalter** auf Verlangen der Agentur für Arbeit für jede Arbeitnehmerin und jeden Arbeitnehmer, für die/den ein Anspruch auf Insolvenzgeld in Betracht kommt, die **Höhe des Arbeitsentgelts** für die letzten drei Monate des Arbeitsverhältnisses vor dem Insolvenzereignis zu **bescheinigen** (§ 314 Abs. 1 S. 1 Nr. 1 SGB III). Eine Bescheinigung des Arbeitgebers (§ 316 Abs. 2 SGB III) reicht hier (da Eröffnung des Insolvenzverfahrens) nicht. Sofern neben den „laufenden" Leistungen auch Sonderleistungen (zB Weihnachtsgeld) bescheinigt werden, prüft die Arbeitsagentur ggf. den Umfang der Zuordnung zum Insolvenzgeldzeitraum (zB 3/12). Bescheinigt werden müssen ferner die Höhe der **gesetzlichen Abzüge** sowie die zur Erfüllung der Ansprüche auf Arbeitsentgelt erbrachten Leistungen (§ 314 Abs. 1 S. 1 Nr. 2 SGB III). Das Gleiche gilt hinsichtlich der Höhe von Entgeltteilen, die gemäß § 1 Abs. 2 Nr. 3 des Betriebsrentengesetzes umgewandelt und vom Arbeitgeber nicht an den Versorgungsträger abgeführt worden sind. Dabei ist anzugeben, welcher Durchführungsweg und welcher Versorgungsträger für die betriebliche Altersversorgung gewählt worden ist. Zu bescheinigen ist ferner, inwieweit die Ansprüche auf Arbeitsentgelt **gepfändet, verpfändet** oder **abgetreten** sind. Die Arbeitsentgeltansprüche dürfen nur dann bescheinigt werden, wenn sie im Zeitpunkt der Antragstellung **noch nicht erfüllt, nicht verjährt** oder wegen Ablaufs einer tariflichen Ausschlussfrist **nicht verfallen** waren. Als Bescheinigung ist grundsätzlich der von der BA vorgesehene amtliche Vordruck (BA Insg 4 – **Insolvenzgeldbescheinigung,** im Internet unter www.arbeitsagentur.de verfügbar) zu benutzen. Der Vordruck legt nur die Form der Bescheinigung fest, ohne ihren gesetzlich vorgeschriebenen Inhalt im materiellen Sinne zu verändern. Soweit der Vordruck mehr Angaben fordert als das Gesetz, handelt es sich um ein **Auskunftsersuchen** nach § 316 SGB III (vgl. → Rn. 147).

150

Die Arbeitsverwaltung erkennt grundsätzlich auch von Insolvenzverwaltern und Insolvenzverwalterinnen selbst entwickelte **IT-Vordrucke** als Insolvenzgeldbescheinigung an, sofern diese der gesetzlichen Vorgabe nach § 314 Abs. 1 SGB III entsprechen und ggf. in Verbindung mit ergänzenden Erklärungen des Insolvenzverwalters bzw. der Insolvenzverwalterin eine ausreichende Prüfung der Bescheinigung ermöglichen. Über die Verwendung sog IT-Bescheinigungen entscheiden die Agenturen für Arbeit. Mit der Ausstellung der Insolvenzgeldbescheinigung erkennt der Aussteller die darin bestätigten Arbeitsentgeltansprüche an. Mit dem Anerkenntnis werden auch etwaige tarifliche Ausschlussfristen gewahrt.[185] Im Übrigen ist die Ausstellung der Insolvenzgeldbescheinigung arbeitsrechtlich auch als **Anerkenntnis** zu werten.[186]

151

Wird bei Anordnung der Eigenverwaltung anstelle der Insolvenzverwalterin bzw. des Insolvenzverwalters ein **Sachwalter** bestellt (§§ 270, 270c InsO), ist offen, ob diesen die Verpflichtung zur Ausstellung der Insolvenzgeldbescheinigung trifft oder das jeweilige Unternehmensorgan.

---

[185] BAG Urt. v. 8.6.1983 – 5 AZR 632/80, BAGE 43, 71 = ZIP 1983, 1374.
[186] BAG Urt. v. 1.12.1982 – 5 AZR 491/80 (nicht amtl. veröffentlicht).

Sofern ein Insolvenzverfahren **nicht** eröffnet wird oder nach § 207 InsO eingestellt worden ist, sind die genannten Pflichten vom **Arbeitgeber** zu erfüllen (§ 314 Abs. 2 SGB III). Ist der Arbeitgeber nicht greifbar (zB unbekannt verzogen), muss die **Arbeitsagentur** im Wege der Amtsermittlung die für die Gewährung von Insolvenzgeld erforderlichen Tatsachen feststellen.

Die **Verletzung der Bescheinigungspflicht** nach § 314 Abs. 1 oder 2 SGB III (Bescheinigung wurde nicht, nicht richtig, nicht vollständig oder nicht rechtzeitig ausgestellt) stellt eine Ordnungswidrigkeit dar, die gem. § 404 Abs. 2 Nr. 22, Abs. 3 SGB III mit einer **Geldbuße** bis zu 2000 EUR bedroht ist. Außerdem kommt ein **Schadensersatzanspruch** der Arbeitsverwaltung gemäß § 321 Nr. 1 SGB III in Betracht. → Rn. 147, 149 gelten entsprechend.

3. Berechnungs- und Auszahlungspflicht

Gemäß § 320 Abs. 2 S. 1 SGB III muss die Insolvenzverwalterin bzw. der Insolvenzverwalter auf Verlangen der Arbeitsagentur das Insolvenzgeld **errechnen** und **auszahlen**. Voraussetzung ist allerdings, dass ihr bzw. ihm geeignete Arbeitnehmerinnen oder Arbeitnehmer zur Verfügung stehen und außerdem die Bundesagentur die entsprechenden Mittel für die Auszahlung bereitstellt (§ 320 Abs. 2 S. 2 SGB III). Für die Abrechnung muss der von der BA vorgesehene Vordruck benutzt werden (§ 320 Abs. 2 S. 2 SGB III). Die entstehenden Kosten werden allerdings nicht ersetzt (§ 320 Abs. 2 S. 3 SGB III). Auf der anderen Seite ist eine Verletzung dieser Pflichten auch nicht bußgeldbewehrt (vgl. § 404 Abs. 2 Nr. 25 SGB III).

V. Untersuchungsgrundsatz

152   Wird in Fällen der **Abweisung** des Antrages auf Eröffnung des Insolvenzverfahrens mangels Masse (§ 26 InsO) keine Insolvenzgeldbescheinigung ausgestellt (zB weil der bisherige Arbeitgeber nicht greifbar ist) oder bestehen Zweifel an der Richtigkeit der bescheinigten Ansprüche, muss die Agentur für Arbeit unter Beachtung des **Untersuchungsgrundsatzes** (§ 20 SGB X) die dem geltend gemachten Anspruch zugrundeliegenden Tatsachen **von Amts wegen** feststellen. Sofern Differenzen zwischen den Angaben des Antragstellers und denjenigen in der Insolvenzgeldbescheinigung **nicht aufgeklärt** werden können, muss die Arbeitsagentur den Antrag in Höhe des strittigen Teils des Arbeitsentgelts ablehnen, da im Sozialrecht allgemein der Grundsatz gilt, dass die **Nichterweislichkeit geltend gemachter Ansprüche** zu Lasten des Antragstellers geht. Hat der Arbeitnehmer den Anspruch auf Arbeitsentgelt gegen den Arbeitgeber arbeitsgerichtlich geltend gemacht, so bildet das ihm rechtskräftig zugesprochene Arbeitsentgelt die Obergrenze seines Insolvenzgeldanspruchs. Allerdings wird geprüft, inwieweit diesem Anspruch Umstände entgegenstehen, die im arbeitsgerichtlichen Verfahren keine Rolle gespielt haben. Soweit das Arbeitsgericht einen **Arbeitsentgeltanspruch** rechtskräftig verneint hat, steht der Arbeitnehmerin bzw. dem Arbeitnehmer kein Insolvenzgeld zu, da ein rechtskräftig abgelehnter Arbeitsentgeltanspruch nicht mehr insolvenzbedingt ausfallen kann.

Schwierigkeiten bei der Feststellung des Nettoarbeitsentgelts kann die Agentur für Arbeit durch eine **Schätzung der Entgeltansprüche** nach § 329 SGB III begegnen und dadurch unzumutbare Wartezeiten für die Antragsteller vermeiden. Die Vorschrift setzt voraus, dass die sonstigen Anspruchsvoraussetzungen (einschließlich des Bestehens des Arbeitsentgeltanspruchs dem Grunde nach) zur Überzeugung der Arbeitsagentur vorliegen. Darüber hinaus muss feststehen, dass eine den üblichen Genauigkeitsansprüchen entsprechende Ermittlung der Höhe des zu beanspruchenden Arbeitsentgelts entweder gar nicht (zB weil der Arbeitgeber nach Vernichtung der Entgeltunterlagen flüchtig ist) oder nicht innerhalb einer für die Arbeitnehmerin bzw. den Arbeitnehmer zumutbaren Wartezeit möglich ist. § 329 SGB III sieht eine Korrektur der geschätzten Arbeitsentgeltansprüche und damit eine Neufestsetzung des Insolvenzgeldes nicht vor. Ist eine **zu hohe Schätzung** erfolgt und ist diese (auch) von der Arbeitnehmerin bzw. vom Arbeitnehmer zu vertreten, ist eine Rücknahme des begünstigenden Verwaltungsaktes nur möglich, wenn diese die Unrichtigkeit der Entscheidung kannten oder hätten kennen müssen und daher die Voraussetzungen des § 45 SGB X vorliegen. Zuviel gezahlte Leistungen können zu **Schadensersatzansprüchen** zugunsten der Agentur für Arbeit gegen den Arbeitgeber führen (§ 321 SGB III).

VI. Bescheide, Rechtsbehelfe, Auszahlungsverfahren

1. Bescheide und Rechtsbehelfe

Über jede Entscheidung (auch bei Gewährung eines Vorschusses) der Agentur für Arbeit wird dem Antragsteller ein **schriftlicher Bescheid** erteilt. In diesem Bescheid werden insbesondere der Gesamtbetrag des Insolvenzgeldes, etwaige Vorschusszahlungen oder Zahlungen auf Grund einer vorläufigen Entscheidung einschließlich der Restzahlung sowie die auf Dritte entfallenden Beträge angegeben. Eine individuelle Begründung wird insbesondere dann gegeben, wenn dem Anliegen des Antragstellers nicht in vollem Umfang entsprochen werden kann.

Kann die Agentur für Arbeit über einen Antrag nicht zeitnah entscheiden (zB weil zunächst eine fehlerhaft erstellte Insolvenzgeldbescheinigung vorliegt), wird in der Regel ein **Zwischenbescheid** erteilt. Die jeweiligen Bescheide der Agentur für Arbeit enthalten eine **Rechtsbehelfsbelehrung**; dem Antragsteller steht das Recht des **Widerspruchs** zu. Der Widerspruch ist innerhalb eines Monats, nachdem der Bescheid zugegangen ist, bei der Arbeitsagentur einzureichen, die den Bescheid erlassen hat (§ 84 SGG). Dies soll in der Regel schriftlich geschehen. Man kann aber auch die Agentur für Arbeit persönlich aufsuchen und den Widerspruch in einer Niederschrift aufnehmen lassen. Falls dem Widerspruch nicht oder nicht in vollem Umfang entsprochen werden kann, ergeht ein schriftlicher **Widerspruchsbescheid** (§ 85 SGG). Ist der Antragsteller mit dem Widerspruchsbescheid nicht einverstanden, so kann er dagegen beim **Sozialgericht** klagen (§ 87 SGG). Der Widerspruchsbescheid enthält eine Rechtsbehelfsbelehrung, in der angegeben ist, bei welchem Gericht, innerhalb welcher Frist und in welcher Form die Klage zu erheben ist.

Braun/Mühlbayer

2. Auszahlungsverfahren

155 Die beantragten Leistungen werden **bargeldlos** erbracht (Überweisung). Dabei wird aus Gründen des Datenschutzes die **Leistungsart** nicht namentlich genannt, sondern **verschlüsselt** in Form einer Kennziffer angegeben. Die für den Leistungsanspruch zutreffende Kennziffer wird im Bewilligungsbescheid mitgeteilt. Soll das Insolvenzgeld auf Grund einer entsprechenden Angabe des Antragstellers im Antrag oder einer vom Antragsteller schriftlich erteilten Einziehungsermächtigung auf das Konto einer anderen Person überwiesen werden, muss die **Berechtigung des Dritten** besonders nachgewiesen sein, um insbesondere Manipulationen zu verhindern.

L. Anspruchsübergänge

156 Ansprüche auf Arbeitsentgelt, die einen Anspruch auf Insolvenzgeld begründen, gehen gem. § 169 S. 1 SGB III – abweichend von § 115 Abs. 1 SGB X – bereits mit **Antrag** auf Insolvenzgeld und nicht erst bei Auszahlung des Insolvenzgeldes auf die BA über und werden dementsprechend von den Agenturen für Arbeit, zB durch Geltendmachung im Insolvenzverfahren, weiterverfolgt. Die genannte Vorschrift entspricht dem bisherigen § 141m AFG.[187] Besonderheiten ergeben sich jedoch auf Grund der **insolvenzrechtlichen** Einordnung der Arbeitsentgeltansprüche (vgl. → Rn. 159 ff.). Da die Ansprüche auf Arbeitsentgelt bereits bei Antragstellung übergehen tritt die Arbeitsverwaltung bereits bei Entgegennahme des Antrages (Eingang bei der Agentur für Arbeit) insoweit in die Rechte des Arbeitnehmers ein. Dies gilt selbst für nicht näher spezifizierte Anträge. Hierbei gilt der Anspruchsübergang in dem Umfang als erfolgt, in dem er später durch die Entscheidung der Arbeitsagentur konkretisiert wird.[188] Zahlt die Agentur für Arbeit im Rahmen der sog **Gleichwohlgewährung** (→ Rn. 198) **Entgeltersatzleistungen,** wie zB Arbeitslosengeld, obwohl der Arbeitnehmer für dieselbe Zeit einen Anspruch auf Arbeitsentgelt gegen seinen Arbeitgeber hat, geht der Anspruch auf Arbeitsentgelt ebenfalls auf die BA über; gesetzliche Grundlage ist in diesem Fall § 115 SGB X iVm § 157 Abs. 3 SGB III. Der gesetzliche Anspruchsübergang gem. § 169 S. 1 SGB III umfasst den auf die Höhe der monatlichen Beitragsbemessungsgrenze begrenzten Bruttoarbeitsentgeltanspruch der Arbeitnehmerin/des Arbeitnehmers, während gem. § 115 SGB X der Arbeitsentgeltanspruch lediglich in Höhe der erbrachten Sozialleistungen übergeht.[189]

156a Wird das Insolvenzverfahren eröffnet, nimmt die Agentur für Arbeit, wie jeder andere Gläubiger auch, am Insolvenzverfahren teil und meldet die übergegangenen Arbeitsentgeltansprüche grundsätzlich als **Insolvenzforderungen** nach § 38 InsO beim Insolvenzverwalter an (→ Rn. 157 f.). Soweit die Ansprüche aus übergegangenem Recht den Charakter einer **Masseverbindlichkeit** haben (→ Rn. 159 ff.), werden diese unmittelbar gegen den Insolvenzverwalter geltend gemacht, da sie außerhalb des Insolvenzverfahrens zu befriedigen sind.

---

[187] BR-Drs. 550/96, 188.
[188] BAG Urt. v. 10.2.1982 – 5 AZR 936/79, BAGE 38, 1 = ZIP 1982, 1105.
[189] BAG Urt. v. 25.6.2015 – 5 AZR 283/12, ZIP 2014, 2147.

I. Anmeldung der übergegangenen Ansprüche im Insolvenzverfahren

Ist ein Insolvenzverfahren eröffnet worden, werden die nach § 169 S. 1 SGB III übergegangenen Ansprüche auf Arbeitsentgelt durch die Arbeitsverwaltung grundsätzlich als **Insolvenzforderungen** (§ 38 InsO) schriftlich beim **Insolvenzverwalter** gemäß § 174 InsO iVm § 28 InsO angemeldet. Ansprüche für die Zeit **vor** der Eröffnung des Insolvenzverfahrens, die gemäß § 115 Abs. 1 SGB X iVm § 157 Abs. 3 S. 1 SGB III auf die BA übergegangen sind (Gleichwohlgewährung isd → Rn. 198), sind ebenfalls Insolvenzforderungen nach § 38 InsO. 157

Die Anmeldung muss den **Betrag** und den **Forderungsgrund** benennen (§ 174 Abs. 2 InsO). Die Angabe des Forderungsgrundes erfordert lediglich einen allgemeinen Hinweis auf die Vorschrift, die den Forderungsübergang gesetzlich regelt (zB § 169 SGB III). Falls der Arbeitgeber das Arbeitsverhältnis gekündigt hat und der Anspruch auf Arbeitsentgelt für Zeiten nach dem vom Arbeitgeber angenommenen Ende des Arbeitsverhältnisses geltend gemacht wird, gibt die Agentur für Arbeit auch die Gründe für die **Unwirksamkeit** der **Kündigung** an. Um die Verfahrensabwicklung zu erleichtern, wird seitens der Arbeitsverwaltung der Gesamtbetrag der anzumeldenden Forderungen in einer Aufstellung nach Arbeitnehmern und den auf sie entfallenden Beträgen erläutert. **Forderungsanmeldungen** (auch Änderungen von Anmeldungen) nach Ablauf der **Anmeldefrist** (§§ 28 Abs. 1, 177 Abs. 1 S. 1 InsO) oder nach dem Prüfungstermin (§§ 29 Abs. 1 Nr. 2 Hs. 1, 177 Abs. 1 S. 2 InsO) sind möglich. Die **Höhe** der anzumeldenden Insolvenzforderung nach § 38 InsO entspricht grundsätzlich der Höhe des an den Arbeitnehmer gezahlten Insolvenzgeldes zuzüglich der Beträge, die auf Pfandgläubiger entfallen, auch wenn insoweit noch keine Auszahlungen erfolgt sind. Hinzu kommen eventuell nach § 115 SGB X iVm § 157 Abs. 3 SGB III übergegangene Arbeitsentgeltansprüche, sofern es sich dabei um **Insolvenzforderungen** handelt. Steht die Höhe der Insolvenzforderung für eine rechtzeitige Anmeldung vor Ablauf der Anmeldefrist noch nicht fest, werden diese Forderungen regelmäßig in der **geschätzten Höhe** angemeldet. Ergibt sich später ein anderer Betrag, wird die Forderungsanmeldung insoweit durch die Arbeitsverwaltung berichtigt. Auch zwischen dem Arbeitnehmer und der Agentur für Arbeit bzw. dem Aussteller der Insolvenzgeldbescheinigung **umstrittene** Teile der Arbeitsentgeltforderung werden beim Insolvenzverwalter angemeldet, da auch sie – falls ihre Berechtigung später festgestellt wird – vom gesetzlichen Forderungsübergang erfasst sind. 158

II. Geltendmachung der Masseverbindlichkeiten

1. Nach Eröffnung entstandene Ansprüche

Sofern es sich um Ansprüche für die Zeit **nach** Eröffnung des Insolvenzverfahrens handelt, die gem. § 115 Abs. 1 SGB X iVm § 157 Abs. 3 S. 1 SGB III auf die BA übergegangen sind (**Gleichwohlgewährung** iSd → Rn. 198), sind sie als **sonstige Masseverbindlichkeiten** nach § 55 Abs. 1 Nr. 2 Alt. 2 iVm § 108 Abs. 1 InsO zu befriedigen und zwar unabhängig davon, ob die Arbeitnehmerin/der Arbeitnehmer die Arbeitsleistung erbracht hat. 159

2. Vor Eröffnung entstandene Ansprüche

160 Arbeitsentgeltansprüche von Arbeitnehmern, die von dem mit Verwaltungs- und Verfügungsbefugnis ausgestatteten vorläufigen Insolvenzverwalter (§ 22 Abs. 1 S. 1 iVm § 21 Abs. 2 Nr. 1 und 2 InsO) – sog „starker" Verwalter – im Eröffnungsverfahren weiterbeschäftigt werden, sind Masseverbindlichkeiten. Dies ergibt sich aus §§ 53, 55 Abs. 2 S. 2 iVm S. 1 InsO. Die Frage, ob die BA bei einem „starken" Verwalter mit der cessio legis (§ 169 S. 1 SGB III bzw. § 187 Satz 1 SGB III aF) diejenige Rechtsstellung erwirbt, welche die Arbeitnehmer vor dem Forderungsübergang innehatten (§ 401 Abs. 2 iVm § 412 BGB), also Massegläubigerin wird, war nach Einführung der Insolvenzordnung zunächst lebhaft umstritten.[190]

161 Nach der **früheren Rechtslage** (Konkursausfallgeld) wurden nämlich die mit Antragstellung kraft Gesetzes (§ 141m Abs. 1 AFG) auf die BA übergegangenen Masseansprüche (§ 59 Abs. 1 Nr. 3a KO) in der Hand der (damaligen) Bundesanstalt von Gesetzes wegen zu (lediglich) bevorrechtigten Konkursforderungen iSv § 61 Abs. 1 Nr. 1 KO **herabgestuft** (§ 59 Abs. 2 S. 1 KO). Eine vergleichbare Regelung fehlte dagegen im neuen Recht der InsO bzw. des SGB III.

162–165 Schließlich hat der **Gesetzgeber** durch die Ergänzung des § 55 InsO um einen Absatz 3 für „Klarstellung" gesorgt.[191] Im Ergebnis wurde mit dieser Gesetzesänderung an die frühere Rechtslage beim Konkursausfallgeld (§ 59 Abs. 2 KO) angeknüpft und der auf die BA übergegangene Entgeltanspruch der Arbeitnehmerin/des Arbeitnehmers, der unter den oben beschriebenen Voraussetzungen (vgl. → Rn. 160) Masseverbindlichkeit ist, zu einer Insolvenzforderung herabgestuft. Die Rückstufung gilt im Übrigen auch für die Pflichtbeiträge nach § 175 Abs. 1 SGB III, soweit diese gegenüber dem Schuldner bestehen bleiben (§ 55 Abs. 3 S. 2 InsO). Dies entspricht ebenfalls der früheren Gesetzeslage.

3. Realisierung

166 Ist ein Insolvenzverfahren eröffnet worden und begründen die auf die BA übergegangenen Ansprüche auf Arbeitsentgelt **Masseverbindlichkeiten** (vgl. → Rn. 159), macht die Arbeitsverwaltung die Ansprüche unmittelbar beim **Insolvenzverwalter** geltend. Die Durchsetzung erfolgt gegebenenfalls im Klage- und Vollstreckungswege. Dabei ist zu beachten, dass die Vollstreckung unzulässig ist, sobald der Insolvenzverwalter die Masseunzulänglichkeit angezeigt hat (§ 210 iVm §§ 208, 209 Abs. 1 Nr. 3 InsO). Erkennt der Insolvenzverwalter die Masseverbindlichkeiten nicht an, kann die Agentur für Arbeit Leistungsklage

---

[190] Zur früheren Rechtslage vgl. ausführlich die Vorauflage Rn. 160–165.
[191] Gesetz zur Änderung der Insolvenzordnung und anderer Gesetze vom 26.10.2001, BGBl. 2001 I 2710, in Kraft getreten: 1.12.2001. Der Entwurf der Bundesregierung ist mit Begründung veröffentlicht in BT-Drs. 14/5680 vom 28.3.2001. Die Forderung nach „Klarstellung" wurde ua erhoben von *Uhlenbruck* NJW 2000, 1386; *Oberhofer* DZWIR 1999, 317; *Berscheid* BuW 1998, 913; *Haarmeyer* ZInsO 1998, 157. Zur Bedeutung des § 55 Abs. 3 InsO vgl. *Ringstmeier*, § 12 Rn. 24 sowie *Depré/Heck*, → § 27 Rn. 13.

bzw. im Falle der Erklärung der Masseunzulänglichkeit Feststellungsklage erheben. Im Rahmen der Geltendmachung sind der Betrag und der Forderungsgrund substantiiert zu benennen. Für Masseverbindlichkeiten gilt weder das Anmeldeverfahren noch sind sie Gegenstand des Prüfungstermins; sie unterliegen daher auch nicht den Vorschriften über die Verteilung.

Nach § 53 InsO sind die Masseverbindlichkeiten nach § 55 InsO **vorweg** zu befriedigen. § 90 Abs. 1 InsO enthält für Massegläubiger, soweit es sich um die ersten sechs Monate seit der Eröffnung des Insolvenzverfahrens handelt, ein zeitlich begrenztes **Vollstreckungsverbot**. Das Vollstreckungsverbot gilt jedoch **nicht** für Ansprüche aus einem Dauerschuldverhältnis, die sich auf die Zeit **nach** der Eröffnung des Insolvenzverfahrens beziehen (§ 115 SGB X iVm § 157 Abs. 3 SGB III), und zwar für die Zeit **nach** dem Termin, zu dem der Insolvenzverwalter hätte **kündigen** können (§ 90 Abs. 2 Nr. 2 InsO). Für Ansprüche auf Arbeitsentgelt, die für die Zeit vor dem frühestmöglichen Kündigungstermin bestehen, greift dagegen das Vollstreckungsverbot des § 90 Abs. 1 InsO. 167

4. Keine Verfahrenseröffnung

Im Falle des Übergangs der Verfügungsbefugnis auf den vorläufigen Insolvenzverwalter trifft diesen, wenn es **nicht** zur **Verfahrenseröffnung** kommt, ua die Verpflichtung, das Arbeitsentgelt an Arbeitnehmer für während der vorläufigen Verwaltung in Anspruch genommene Arbeitsleistungen zu zahlen, soweit Vermögen des Schuldners vorhanden ist (§ 25 Abs. 2 S. 2 iVm S. 1 InsO). Erfolgt die Aufhebung der Sicherungsmaßnahmen im Zusammenhang mit der Ablehnung des Antrags auf Eröffnung des Insolvenzverfahrens (§ 26 InsO) und sind hinsichtlich der in Anspruch genommenen Arbeitsleistungen die **Arbeitsentgeltansprüche** auf die Arbeitsverwaltung gem. § 169 Satz 1 SGB III **übergegangen,** steht der Zahlungsanspruch der Agentur für Arbeit zu. 168

Grafik 7: Zeitliche Zuordnung der übergegangenen Arbeitsentgeltansprüche 169

Ansprüche aus der Zeit **vor Bestellung** eines vorläufigen Verwalters	Ansprüche aus der Zeit **nach Bestellung** eines vorläufigen Verwalters	Ansprüche aus der Zeit **nach Eröffnung** des Verfahrens
Insolvenzforderungen nach § 38 InsO	Insolvenzforderungen nach § 38 InsO iVm § 55 Abs. 3 InsO (vgl. → Rn. 162 ff.)	Masseforderungen nach § 55 Abs. 1 Nr. 2 2. Alt. InsO

Grafik 8: Anspruchsübergänge

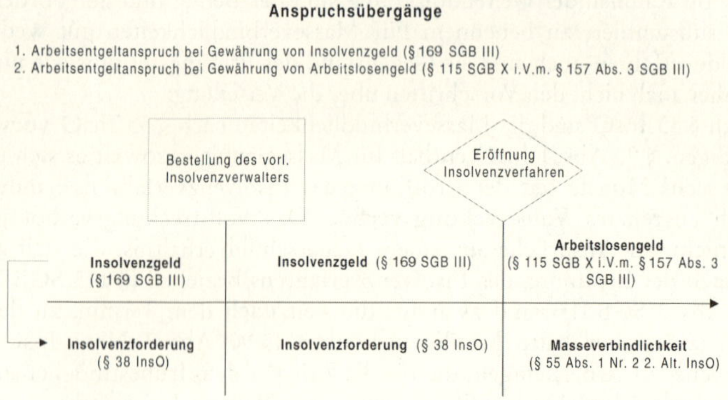

Anspruchsübergänge
1. Arbeitsentgeltanspruch bei Gewährung von Insolvenzgeld (§ 169 SGB III)
2. Arbeitsentgeltanspruch bei Gewährung von Arbeitslosengeld (§ 115 SGB X i.V.m. § 157 Abs. 3 SGB III)

```
                    Bestellung des vorl.         Eröffnung
                    Insolvenzverwalters          Insolvenzverfahren

                                                              Arbeitslosengeld
            Insolvenzgeld         Insolvenzgeld (§ 169 SGB III)    (§ 115 SGB X i.V.m. § 157 Abs. 3
            (§ 169 SGB III)                                         SGB III)

            Insolvenzforderung    Insolvenzforderung (§ 38 InsO)   Masseverbindlichkeit
            (§ 38 InsO)                                             (§ 55 Abs. 1 Nr. 2 2. Alt. InsO)
```

III. Geltendmachung übergegangener Ansprüche außerhalb des Insolvenzverfahrens

171 Ist ein Insolvenzverfahren **nicht eröffnet** worden oder sind die nach § 169 Satz 1 SGB III bzw. § 115 Abs. 1 SGB X iVm § 157 Abs. 3 SGB III auf die BA übergegangenen Arbeitsentgeltansprüche in einem Insolvenzverfahren nicht (vollständig) befriedigt worden, prüft die Agentur für Arbeit, ob diese Ansprüche gegenüber dem **persönlich haftenden Arbeitgeber** oder **Dritten** (→ Rn. 172 ff.) weiterzuverfolgen sind. Im Falle des Bestreitens der Ansprüche wären diese gegebenenfalls auch klageweise durchzusetzen. Hinsichtlich der in einem Insolvenzverfahren nicht befriedigten Forderungen kann die Arbeitsverwaltung entsprechend §§ 200, 201 InsO vorgehen. Die Regelungen über die Restschuldbefreiung bleiben unberührt. Im Falle des vorangegangenen eröffneten Insolvenzverfahrens und Titulierung der Forderung (vgl. § 201 Abs. 2 InsO) ist grundsätzlich die **Zwangsvollstreckung** gegen den Schuldner aus der Tabelle möglich.

IV. Ansprüche gegen Dritte (Haftung der Gesellschafter, Schadensersatzansprüche)

172 War der Arbeitgeber eine **Gesellschaft ohne Rechtspersönlichkeit** (vgl. § 11 Abs. 2 Nr. 1 InsO), ist zu beachten, dass uU auch die **Gesellschafter** für die Erfüllung der auf die Arbeitsverwaltung übergegangenen Arbeitsentgeltansprüche haften. So können beispielsweise die Gesellschafter einer OHG als Gesamtschuldner in voller Höhe herangezogen werden (§ 128 HGB). Dies gilt auch für die Gesellschafter einer BGB-Gesellschaft, es sei denn, dass mit dem Gläubiger eine Beschränkung der Haftung auf das Gesellschaftsvermögen vereinbart wurde. Der persönlich haftende Gesellschafter einer KG (oder KGaA) haftet für alle Schulden in voller Höhe (§§ 161 Abs. 1 HGB, 278 Abs. 1 AktG).

172a Haften Dritte für die übergegangenen Ansprüche (zB persönlich haftende Gesellschafter einer OHG, KG oder BGB-Gesellschaft), werden derartige Ansprüche grundsätzlich unverzüglich von Seiten der BA geltend gemacht. Die Regelung des § 93 InsO ist jedoch **vorrangig** zu beachten. Nach der **Verwertung** des Gesellschaftsvermögens und Einstellung bzw. Aufhebung des Insolvenzverfahrens besteht die Beschränkung nach § 93 InsO nicht mehr, so dass die nicht befriedigten Ansprüche grundsätzlich gegenüber den persönlich haftenden Gesellschaftern weiterverfolgt werden können. § 227 Abs. 2 InsO bleibt unberührt. Dabei ist zu berücksichtigen, dass ein Vollstreckungstitel gegen die Gesellschaft **nicht** gegen den einzelnen Gesellschafter wirkt (§ 129 Abs. 4 HGB).

Bei einer **Kapitalgesellschaft** haftet den Gläubigern nur das **Gesellschaftsvermögen**. In aller Regel besteht daher keine Möglichkeit, die Gesellschafter einer GmbH oder AG mit ihrem sonstigen, nicht in die Gesellschaft eingebrachten Vermögen für das gezahlte Insolvenzgeld in Anspruch zu nehmen (§ 13 Abs. 2 GmbHG; § 1 Abs. 1 S. 2 AktG). Die Kommanditisten einer KG haften nur mit ihrer Einlage (§§ 161 Abs. 1, 171 Abs. 1 HGB), die Kommanditaktionäre einer KGaA nur mit ihrem Anteil (§ 278 Abs. 1 AktG). Ist der Arbeitgeber eine GmbH & Co KG oder eine Limited & Co KG, so ist die **GmbH** bzw. **Limited** regelmäßig der (einzige) persönlich haftende Gesellschafter. Ein Rückgriff auf die Gesellschafter der GmbH bzw. Limited ist grundsätzlich nicht möglich. 173

Die Gesellschafter einer **Vor-GmbH** haften für die Verbindlichkeiten der Vorgesellschaft im Innenverhältnis zur Vorgesellschaft unbeschränkt. Ein Anspruch kann daher gegen die Vor-GmbH geltend gemacht und nach Erlangung eines Vollstreckungstitels deren Forderung gegen die Gesellschafter aus der Verlustdeckungshaftung gepfändet werden. Ist die Vor-GmbH vermögenslos (Abweisung mangels Masse gem. § 26 InsO), haftet der Gesellschafter der Vor-GmbH unmittelbar (sog Außenhaftung). Nach Auffassung des BAG[192] haften die Gesellschafter auch bei der Außenhaftung nur anteilig, entsprechend ihrer Beteiligung am Gesellschaftsvermögen. Gegen eine solche Beschränkung der Außenhaftung hat sich allerdings der neunte Senat des BAG ausgesprochen.[193] Hinsichtlich eines **nicht eingezahlten Gesellschafter-Anteils** (GmbH, KG) können die Gesellschafter auch von der Arbeitsverwaltung in Anspruch genommen werden. 174

In Fällen vorsätzlichen Handelns prüft die Arbeitsagentur, ob ein **Schadensersatzanspruch gem.** § 826 BGB gegen den Geschäftsführer einer GmbH besteht.[194] § 92 InsO findet keine Anwendung, da es sich nicht um einen Gesamt-, sondern um einen Individualschaden handelt, den die BA unabhängig von der Eröffnung eines Insolvenzverfahrens weiterverfolgen kann. Nach der Rechtsprechung des BGH[195] kann die vorsätzliche Insolvenzverschleppung in der 175

---

[192] BAG Urt. v. 22.1.1997 – 10 AZR 908/94, BAG AP GmbHG § 11 Nr. 9 = ZIP 1997, 1544 = BB 1997, 1208; BAG Urt. v. 4.4.2001 – 10 AZR 305/00, NZA 2001, 1247; BAG Urt. v. 25.1.2006 – 10 AZR 238/05, ZIP 2006, 1044.
[193] BAG Urt. v. 27.5.1997 – 9 AZR 483/96, BAG AP GmbHG § 11 Nr. 11 = ZIP 1997, 2199.
[194] Gesamtüberblick bei *Priebe* ZInsO 2015, 2547.
[195] BGH v. 26.6.1989 – II ZR 289/88, ZIP 1989, 1341; BGH v. 18.12.2007 – VI ZR 231/06, ZIP 2008, 361.

Absicht, die als unabwendbar erkannte Auflösung eines Unternehmens so lange wie möglich hinauszuzögern, den Tatbestand einer **sittenwidrigen** Schädigung iSd § 826 BGB erfüllen, wenn dabei die Schädigung der Unternehmensgläubiger billigend in Kauf genommen wird. Der **Schädigungsvorsatz** muss sich dabei nicht gegen einen bestimmten Gläubiger richten. Dem BGH zu Folge stellt allerdings der Einwand des in Anspruch genommenen Geschäftsführers, Insolvenzgeld hätte auch bei rechtzeitiger Insolvenzantragstellung in mindestens gleicher Höhe, wie tatsächlich geschehen, gezahlt werden müssen, ein qualifiziertes Bestreiten der Schadensentstehung dar.[196] Die Agentur für Arbeit kann aber, schon wegen des meist eingeschränkten Zugriffs auf die Personalunterlagen des insolventen Betriebes, nur in Ausnahmefällen beweisen, dass ohne die Insolvenzverschleppung Insolvenzgeld nur in geringerer Höhe zu zahlen gewesen wäre, also durch die Insolvenzverschleppung ein Schaden entstanden ist.

176   Die Arbeitsverwaltung ist deshalb dazu übergegangen, einen Schadensersatzanspruch gem. § 826 BGB idR nur noch in Höhe des an die **nach Insolvenzreife** eingestellten Arbeitnehmer gezahlten Insolvenzgeldes, geltend zu machen. Sie argumentiert, dass in Fällen, in denen noch nach Eintritt der Insolvenzreife, insbesondere bei bereits vorliegender Zahlungsunfähigkeit, Arbeitnehmer eingestellt wurden, der Arbeitsverwaltung durch die **Einstellung**, in Höhe des an die betreffenden Arbeitnehmer in der Folge gezahlten Insolvenzgeldes, ein **konkret individueller** Schaden entstanden sei. Anknüpfungspunkt für die Schadensersatzforderung bzw. schädigende Handlung ist in diesen Fällen nicht die Insolvenzverschleppung, sondern die Einstellung neuer Arbeitnehmer in Kenntnis der Insolvenzreife. Ein Gesellschaftsorgan, welches Personal einstelle, obwohl der von ihm vertretene Betrieb bereits zahlungsunfähig ist und dadurch in der Folge Insolvenzgeldzahlungen an die neu eingestellten Arbeitnehmer verursache, handle bewusst sittenwidrig und nehme die Schädigung der Bundesagentur für Arbeit durch sein Handeln zumindest billigend in Kauf. Die Rechtsprechung hat sich der Argumentation der Bundesagentur für Arbeit vielfach angeschlossen,[197] ist insgesamt jedoch noch uneinheitlich.[198]

176a   Ein Schadensersatzanspruch gem. § 826 BGB kann sich auch aus **Existenzvernichtungshaftung** ergeben, sofern die Gesellschafter einer GmbH dieser planmäßig zu Lasten der Gläubiger und zum eigenen Vorteil Vermögen entziehen, ohne dass ein durchsetzbarer Anspruch auf vorzugsweise Befriedigung besteht bzw. für die Vermögensverlagerung auf einen Dritten ein Rechtsgrund vorhanden ist.[199] Dies gilt insbesondere dann, wenn einer der Gesellschafter die Vermögensverschiebung als Geschäftsführer der GmbH gefördert hat. Bei dem Schadensersatzanspruch aus Existenzvernichtungshaftung handelt es sich um

---

[196] BGH Urt. v. 18.12.2007 – VI ZR 231/06, ZIP 2008, 361; BGH Urt. v. 13.10.2009 – VI ZR 288/08, ZIP 2009, 2439.

[197] LG Nürnberg-Fürth Urt. v. 21.3.2013 – 12 O 4735/12, BeckRS 2016, 09525; LG Düsseldorf Urt. v. 10.7.2013 – 16 O 10/12, BeckRS 2016, 09524; LG Köln Urt. v. 4.3.2015 – 17 O 162/14, BeckRS 2016, 09522; im Ergebnis zustimmend, jedoch mit abweichender Begründung: OLG Dresden Urt. v. 15.5.2013 – 13 U 1337/12, BeckRS 2016, 09527.

[198] Vgl. insbesondere: OLG Stuttgart Urt. v. 12.6.2012 – 12 U 2/12, BeckRS 2014, 02212.

[199] BGH Urt. v. 24.6.2002 – II ZR 300/00, NJW 2002, 3024; BGH Urt. v. 20.9.2004 – II ZR 302/02, NJW 2005, 145; BGH Urt. v. 16.7.2007 – II ZR 3/04, MDR 2007, 1266.

V. Anwendung des § 613a BGB

§ 613a BGB findet auch im Insolvenzverfahren Anwendung. Nach § 128 InsO wurde jedoch die übertragende Sanierung erleichtert.[200] Geht ein **Betrieb** oder **Betriebsteil** durch **Rechtsgeschäft** auf einen anderen Inhaber über, so tritt dieser in die Rechte und Pflichten aus den im Zeitpunkt des Übergangs bestehenden Arbeitsverhältnissen ein (§ 613a Abs. 1 BGB). Liegen die Voraussetzungen des § 613a BGB vor, macht die Bundesagentur für Arbeit die auf sie übergegangenen Ansprüche grundsätzlich auch gegen den Übernehmer des Betriebes oder Betriebsteiles geltend. 177

Nach der Rechtsprechung des BAG[201] liegt ein Übergang eines Betriebs oder Betriebsteils iSd § 613a BGB dann vor, wenn ein neuer Rechtsträger die wirtschaftliche Einheit unter Wahrung ihrer Identität fortführt. Der Begriff der **wirtschaftlichen Einheit** bezieht sich dabei auf eine organisierte Gesamtheit von Personen und Sachen zur auf Dauer angelegten Ausübung einer wirtschaftlichen Tätigkeit mit eigener Zielsetzung. Im Rahmen der Beurteilung, ob eine Einheit in diesem Sinne übergegangen ist, sind sämtliche den betreffenden Vorgang kennzeichnenden Tatsachen zu berücksichtigen und im Wege einer **Gesamtbetrachtung** zu würdigen. Im Rahmen der Gesamtwürdigung sind insbesondere folgende Teilaspekte bedeutsam: 178

- Die Art des betreffenden Betriebes
- Der Übergang materieller Betriebsmittel wie beweglicher Güter und Gebäude
- Der Wert immaterieller Aktiva im Zeitpunkt des Übergangs
- Die Übernahme der Hauptbelegschaft durch den neuen Inhaber
- Der Übergang von Kunden und Lieferantenbeziehungen
- Der Grad der Ähnlichkeit zwischen den vor und nach dem Übergang verrichteten Tätigkeiten
- Die Dauer der Unterbrechung dieser Tätigkeit

Die für das Vorliegen eines Übergangs maßgeblichen Kriterien sind, je nach ausgeübter Tätigkeit und je nach Produktions- oder Betriebsmethode unterschiedlich zu gewichten.[202]

Nach der älteren Rechtsprechung des BAG[203] sollte ein **Fortbestand der Identität** der übernommenen Einheit nur bei organisatorischer Kontinuität 178a

---

[200] *Schaub* DB 1999, 217 (224) und *Kempter* NZI 1999, 93 (99).
[201] St. Rspr. ua BAG Urt. v. 23.5.2013 – 8 AZR 207/12, DB 2013, 2336; BAG Urt. v. 10.5.2012 – 8 AZR 434/11, NZA 2012, 1161; BAG Urt. v. 27.9.2012 – 8 AZR 826/11, ZIP 2013, 1186.
[202] EuGH Urt. v. 25.1.2001 – C-172/99, BeckRS 2004, 74672 = NZA 2001, 249; EuGH Urt. v. 24.1.2002 – C-51/00, NZA 2002, 265 – Temco; BAG Urt. v. 10.5.2012 – 8 AZR 434/11, NZA 2012, 1161; BAG Urt. v. 27.9.2012– 8 AZR 826/11, ZIP 2013, 1186.
[203] BAG Urt. v. 6.4.2006 – 8 AZR 249/04, NZA 2006, 1039; BAG Urt. v. 30.10.2008 – 8 AZR 855/07, NZA 2009, 723.

vorliegen. Hieran fehlte es dem BAG zu Folge, wenn ein Betrieb vollständig in die eigene Organisationsstruktur eines anderen Unternehmens eingegliedert oder die Aufgabe in einer deutlich größeren Organisationstruktur durchgeführt wurde, so dass kein organisatorisch abgrenzbarer Betrieb oder Betriebsteil verblieb (sog **identitätszerstörende Eingliederung**). Die Anforderungen hinsichtlich der Identitätswahrung wurden aber vom EuGH[204] dahingehend modifiziert, dass ein Betriebsübergang auch dann vorliegen kann, wenn die organisatorische Selbständigkeit des übertragenen Betriebes oder Betriebsteils beim Betriebserwerber nicht erhalten bleibt. Allerdings muss die **funktionelle Verknüpfung** zwischen den übertragenen Produktionsfaktoren beibehalten werden, die es dem Erwerber erlaubt, diese Faktoren, auch wenn sie in eine andere Organisationsstruktur eingegliedert werden, zur Verfolgung derselben oder einer gleichartigen wirtschaftlichen Tätigkeit zu nutzen.

178b   Der Begriff des **Rechtsgeschäftes** iSd § 613a BGB ist als Abgrenzungskriterium zur Gesamtrechtsnachfolge (zB Erbfall) zu sehen. Insbesondere fällt darunter die Einräumung von Rechten (Befugnis zur Betriebsführung, zB auf Grund von Kauf-, Miet-, Pacht- oder Schenkungsverträgen). **Nicht notwendig** ist, dass **unmittelbare Rechtsbeziehungen zwischen dem früheren und dem neuen Betriebsinhaber** bestehen (zB bei Eintritt in einen Pachtvertrag). In den Fällen der Freigabe einer selbständigen Tätigkeit nach § 35 Abs. 2 InsO wird in aller Regel kein Betriebsübergang vorliegen.

178c   Die Voraussetzungen des § 613a BGB liegen auch **nicht** vor, wenn **der Betrieb** vor der Übernahme tatsächlich und vollständig **eingestellt** wurde. Die bloße Absicht, den übernommenen Betrieb stillzulegen, schließt dagegen die Anwendung des § 613a BGB nicht aus. Unter einer **Betriebsstilllegung** versteht man in der Regel die vollzogene Aufgabe des Betriebszweckes unter Auflösung der Betriebs- und Produktionsgemeinschaft auf Grund eines ernstlichen Willensentschlusses des Unternehmers für eine unbestimmte, wirtschaftlich nicht unerhebliche Zeitspanne.[205] Sofern es nach einer faktischen Betriebseinstellung, jedoch vor Ablauf der Kündigungsfristen, zu einem Betriebsübergang kommt, tritt der Betriebserwerber gem. § 613a Abs. 1 S. 1 BGB in die Rechte und Pflichten aus den noch bestehenden Arbeitsverhältnissen ein.[206] Im Falle einer behaupteten Stilllegung ist dem Zeitpunkt des Beginns von Verkaufsverhandlungen besondere Bedeutung beizumessen.

178d   Die Zustimmung des Arbeitnehmers zum Betriebsübergang ist nicht erforderlich. Jedoch hindert ein **Widerspruch des Arbeitnehmers** den Übergang seines Arbeitsverhältnisses (vgl. § 613a Abs. 6 BGB). Eine besondere Form für den Widerspruch ist nicht erforderlich. Für den Widerspruch braucht der Arbeitnehmer keinen beachtlichen Grund zu haben. Das Widerspruchsrecht steht dem Arbeitnehmer bei Übergang eines Betriebsteiles und auch bei Übergang des gesamten Betriebes zu.

---

[204] EuGH Urt. v. 12.2.2009 – C-466/07, BB 2009, 1133 – Klarenberg; s auch BAG Urt. v. 25.6.2009 – 8 AZR 258/08, NZA 2009, 1412.
[205] Vgl. BSG Urt. v. 6.11.1985 – 10 RAr 3/84, BSGE 59, 107 = ZIP 1986, 100; BAG Urt. v. 28.4.1988 – 2 AZR 623/87, NZA 1989, 265.
[206] BAG Urt. v. 22.10.2009 – 8 AZR 766/08, NZA-RR 2010, 660.

1. Haftungssituation

Bei der **Haftung** gilt Folgendes: Der **bisherige** Arbeitgeber haftet neben dem neuen Inhaber für Verpflichtungen nach § 613a Abs. 1 BGB als **Gesamtschuldner**, soweit sie vor dem Zeitpunkt des Übergangs entstanden sind und vor Ablauf von einem Jahr nach diesem Zeitpunkt fällig werden. Werden solche Verpflichtungen nach dem Zeitpunkt des Übergangs fällig, so haftet der bisherige Arbeitgeber für sie jedoch nur in dem Umfang, der dem im Zeitpunkt des Übergangs abgelaufenen Teil ihres Bemessungszeitraumes entspricht. Der **Übernehmer** eines Betriebes oder Betriebsteiles haftet grundsätzlich für Arbeitsentgeltansprüche, die gemäß § 169 S. 1 SGB III bzw. im Rahmen der Gleichwohlgewährung (→ Rn. 198) gem. § 115 Abs. 1 SGB X iVm § 157 Abs. 3 S. 1 SGB III auf die BA übergegangen sind. Nach der Rechtsprechung des BAG[207] ist die **Haftung** des Übernehmers jedoch bei Übernahme im Rahmen eines Insolvenzverfahrens für die bis zur Insolvenzeröffnung entstandenen Ansprüche **ausgeschlossen**, da insoweit die Verteilungsgrundsätze des Insolvenzverfahrens Vorrang haben. Soweit sich die auf die Arbeitsverwaltung übergegangenen Ansprüche auf die Zeit vor der Eröffnung des Insolvenzverfahrens beziehen, sind diese beim Insolvenzverwalter anzumelden. Die Haftung des Betriebserwerbers für Arbeitsentgeltansprüche, die sich auf den Zeitraum zwischen Eröffnung des Insolvenzverfahrens und Betriebsübernahme beziehen (Ansprüche gem. § 115 Abs. 1 SGB X iVm § 157 Abs. 3 S. 1 SGB III) bleibt jedoch bestehen. Bei einer **Betriebsveräußerung**, die durch den **vorläufigen Insolvenzverwalter** oder auf Grund seiner Mitwirkung erfolgt, gilt die Haftungseinschränkung nicht.[208] Übernahmen **außerhalb** des Insolvenzverfahrens, also auch die Übernahme eines Betriebes nach Abweisung des Antrages auf Eröffnung des Insolvenzverfahrens mangels Masse oder nach vollständiger Beendigung der Betriebstätigkeit, führen ebenfalls nicht zu einer Einschränkung der Haftung nach § 613a BGB.[209]

179

2. Beispiel für eine Haftungssituation in der Praxis

Kündigung durch den Arbeitgeber bei gleichzeitiger Freistellung des Arbeitnehmers sowie Arbeitslosmeldung:	14.2.
Eröffnung des Insolvenzverfahrens:	15.2.
Betriebsübergang (Veräußerung des Betriebes durch den Insolvenzverwalter):	20.2.
Fälligkeit des Februargehaltes:	15.3.
Ende der Kündigungsfrist (Arbeitslosengeldbezug vom 14.2. bis 31.3.):	31.3.

180

Ergebnisse: Da die Veräußerung des Betriebes durch den Insolvenzverwalter erfolgt ist, **haftet** der **Betriebserwerber** nicht für die rückständigen Arbeitsentgeltansprüche, die vor Eröffnung des Insolvenzverfahrens entstanden sind (1.2

181

---

[207] BAG Urt. v. 20.6.2002 – 8 AZR 459/01, NZA 2003, 318.
[208] BAG Urt. v. 21.2.1990 – 5 AZR 160/89, BAGE 64, 196 = BAG AP BGB § 613a Nr. 85 = ZIP 1990, 662.
[209] BAG Urt. v. 20.11.1984 – 3 AZR 584/83, BAGE 47, 206 = BAG AP BGB § 613a Nr. 38 = ZIP 1985, 561; BSG Urt. v. 6.11.1985 – 10 RAr 3/84, BSGE 59, 107 = ZIP 1986, 100; BAG Urt. v. 8.11.1988 – 3 AZR 85/87, BAGE 60, 118 = NZA 1989, 679.

bis 14.2.). Er haftet dagegen für die Ansprüche, die sich auf die Zeit zwischen der Insolvenzeröffnung und der Übernahme des Betriebes beziehen (15.2. bis 19.2.) gesamtschuldnerisch. Der **Betriebsveräußerer haftet** – zeitlich beschränkt – für die Arbeitsentgeltansprüche, die auf den Zeitraum vom 1.2. bis 19.2. entfallen, wobei eine gesamtschuldnerische Haftung vom 15.2. bis 19.2. gegeben ist. Soweit sich die gem. § 169 Satz 1 SGB III übergegangenen Ansprüche auf die Zeit vor Insolvenzeröffnung beziehen (1.2. bis 14.2.), hat die Agentur für Arbeit eine Insolvenzforderung (§ 38 InsO). Ab dem Zeitpunkt des Betriebsübergangs (20.2.) ist ausschließlich der Betriebserwerber Schuldner der Arbeitsentgeltansprüche. Sofern im oa Beispiel Arbeitslosengeld bis 31.3. im Rahmen der sog Gleichwohlgewährung (vgl. → Rn. 198) geleistet wird, dürfen ab 20.2. die übergegangenen Ansprüche allein gegen den Betriebsübernehmer geltend gemacht werden. Ansprüche gegen den Betriebsveräußerer scheiden dagegen ab diesem Zeitpunkt aus.

3. Umgehungsgeschäfte

182   Nach § 613a Abs. 4 S. 1 BGB ist die **Kündigung des Arbeitnehmers** durch den bisherigen Arbeitgeber oder durch den neuen Inhaber wegen des **Übergangs** eines Betriebes oder eines Betriebsteiles grundsätzlich **unwirksam**. Die Unwirksamkeit muss jedoch gem. § 4 S. 1 KSchG innerhalb von drei Wochen nach Zugang beim Arbeitsgericht geltend gemacht werden.
Nach Satz 2 bleibt das Recht zur Kündigung des Arbeitsverhältnisses aus anderen Gründen unberührt. Eine Kündigung wegen eines Betriebsübergangs liegt dann vor, wenn das Motiv der Kündigung wesentlich durch den Betriebsinhaberwechsel bedingt ist, dh wenn der Betriebsübergang nicht nur der äußere Anlass, sondern der tragende Grund für die Kündigung gewesen ist.[210] Werden Arbeitnehmer mit dem Hinweis auf eine geplante Betriebsveräußerung und Arbeitsplatzgarantien des Betriebserwerbers veranlasst, ihre Arbeitsverhältnisse mit dem Betriebsveräußerer selbst fristlos zu kündigen oder Aufhebungsverträgen zuzustimmen, um dann mit dem Betriebserwerber neue Arbeitsverträge abschließen zu können, so liegt darin eine **Umgehung** des § 613a Abs. 4 S. 1 BGB.[211]

183   Von einer unzulässigen Umgehung des § 613a BGB wird in der Regel dann auszugehen sein, wenn der Arbeitnehmer im Zeitpunkt der Beendigung des Arbeitsverhältnisses bereits die Gewissheit hatte, vom Betriebsübernehmer (wieder) eingestellt zu werden und die Kündigung bzw. der Aufhebungsvertrag nur dazu dienen sollte, die Kontinuität des Arbeitsverhältnisses zu beseitigen. Indiz hierfür ist, wenn sich das Arbeitsverhältnis mit dem Übernehmer unmittelbar an das beendete Arbeitsverhältnis anschließt oder zwischen der Beendigung des bisherigen Arbeitsverhältnisses und dem Abschluss eines neuen Arbeitsvertrages nur eine verhältnismäßig geringe Zeitspanne liegt. Die Anwendung des § 613a BGB kann in den genannten Fällen auch **nicht** durch ande-

---

[210] Vgl. BAG Urt. v. 20.9.2006 – 6 AZR 259/05, NZA 2007, 387.
[211] BAG Urt. v. 28.4.1987 – 3 AZR 75/86, BAGE 55, 228 = NZA 1988, 198; BAG Urt. v. 18.8.2011 – 8 AZR 312/10, BAGE 139, 52 = NZA 2012, 152; BAG Urt. v. 27.9.2012 – 8 AZR 826/11 = NZA 2013, 961.

re rechtsgeschäftliche Erklärungen (zB Verzicht auf die Rechte aus § 613a BGB gegen Zahlung einer Abfindung) **ausgeschlossen** werden.

VI. Progressionsvorbehalt, steuerliche Behandlung der Arbeitsentgeltansprüche

Nach § 32b EStG unterliegt das (nach § 3 Nr. 2b EStG **steuerfreie**) Insolvenzgeld im Rahmen der Einkommensteuerveranlagung dem **Progressionsvorbehalt**. Das bedeutet, dass bei der Berechnung der Einkommensteuer das während des Kalenderjahres erzielte Arbeitsentgelt dem Steuersatz unterworfen wird, der sich bei Einbeziehung des Insolvenzgeldes in die Besteuerung ergeben würde. Erhält ein Arbeitnehmer Insolvenzgeld, muss die Agentur für Arbeit gem. §§ 172 Abs. 2 SGB III, 32b Abs. 3 EStG bis zum 28. Februar des Folgejahres der Finanzverwaltung eine Meldung über die im Kalenderjahr gewährten Leistungen sowie die Dauer des Leistungszeitraums unter Angabe der Steuer-Identifikationsnummer (Steuer-ID) **elektronisch übermitteln**. Daneben erhält der Arbeitnehmer einen **Leistungsnachweis**, der die übertragenen Leistungsdaten sowie Hinweise auf die steuerliche Behandlung des Insolvenzgeldes und eine mögliche Steuererklärungspflicht enthält. 184

Erstreckt sich der Insolvenzgeld-Zeitraum über das **Ende des Kalenderjahres** hinaus, wird die Leistung für das Jahr gemeldet, in dem sie dem Berechtigten zufließt. Die Regelung des § 11 Abs. 1 S. 2 EStG findet insoweit keine Anwendung, da es sich bei der Insolvenzgeldzahlung um eine **einmalige Leistung** handelt. Nach der bisherigen Verwaltungsauffassung galt auch bei einer **kollektiven Vorfinanzierung** das (vorfinanzierte) Insolvenzgeld dem jeweiligen Arbeitnehmer erst mit der Zahlung der Agentur für Arbeit an die Bank als zugeflossen. Diese Rechtsauffassung ist auf Grund eines Urteils des BFH,[212] wonach das Insolvenzgeld dem jeweiligen Arbeitnehmer bereits zu dem Zeitpunkt zufließt, zu dem er das Entgelt von der vorfinanzierenden Bank erhält, überholt. Die Arbeitsverwaltung meldet deshalb bei einer **kollektiven Vorfinanzierung** die Insolvenzgeldzahlung für den vorfinanzierten Monat und stellt nicht mehr auf den Auszahlungszeitpunkt an den Dritten ab. 185

Das Insolvenzgeld wird in der Höhe gemeldet, in der es dem Arbeitnehmer auf der Grundlage des § 165 Abs. 1 S. 3 iVm § 167 SGB III rechtlich zusteht. **Kürzungen** des Auszahlungsbetrages, die sich zB auf Grund von Abtretungen, Pfändungen, gesetzlichen Forderungsübergängen ergeben, bleiben hierbei **unberücksichtigt**, weil der Steuerpflichtige insoweit von einer Verbindlichkeit befreit wird und ihm deshalb wirtschaftlich das Insolvenzgeld in voller Höhe zufließt. 186

Das Insolvenzgeld ist – wie beschrieben – nach § 3 Nr. 2b EStG **steuerfrei**. Gleiches gilt für **Zahlungen des Insolvenzverwalters** auf Grund des gesetzlichen Anspruchsübergangs gem. § 169 Satz 1 SGB III an die Agentur für Arbeit sowie für Zahlungen auf Grund von § 175 Abs. 2 SGB III (vgl. → Rn. 132) an die Einzugsstelle. Die Steuerfreistellung gilt für alle Zahlungen, die auf Grund des Anspruchsübergangs geleistet werden, so dass es nicht darauf ankommt, ob 187

---

[212] BFH Urt. v. 1.3.2012 – VI R 4/11, BStBl. II 2012, 596 = ZIP 2012, 1309.

im Einzelfall ein Insolvenzverfahren tatsächlich eröffnet oder der Insolvenzantrag mangels Masse abgewiesen worden ist. Es bleiben daher auch die Zahlungen durch den ehemaligen Arbeitgeber steuerfrei, soweit dieser von der Arbeitsagentur außerhalb oder nach Abschluss eines Insolvenzverfahrens in Anspruch genommen wird.

VII. Aufbringung der Mittel (Umlage)

188 Die Mittel für die Zahlung des Insolvenzgeldes werden von den Arbeitgebern durch eine monatliche **Umlage** (U3) aufgebracht. Nach § 358 Abs. 2 S. 1 SGB III ist die Umlage nach einem Prozentsatz des Arbeitsentgelts zu erheben. Maßgebend ist das Arbeitsentgelt, nach dem die Beiträge zur gesetzlichen Rentenversicherung für die im Betrieb Beschäftigten bemessen werden (oder, wenn keine Versicherungspflicht in der gesetzlichen Rentenversicherung besteht, im Fall einer Versicherungspflicht in der gesetzlichen Rentenversicherung zu bemessen wären). Gem. § 360 SGB III beträgt der Umlagesatz grundsätzlich 0,15 Prozent. Es obliegt dem Bundesministerium für Arbeit und Soziales (BMAS) mit Zustimmung des Bundesrates, im Einvernehmen mit dem Bundesministerium der Finanzen und dem Bundesministerium für Wirtschaft und Energie, zum Ausgleich etwaiger Überschüsse oder Fehlbeträge den Umlagesatz durch Rechtsverordnung von § 360 SGB III abweichend festzusetzen (§ 361 Satz 1 Nr. 1 SGB III). Für das Jahr 2016 hat das BMAS von dieser Ermächtigung Gebrauch gemacht und den Umlagesatz auf 0,12 Prozent festgesetzt.[213] Der weiteren Absenkung auf 0,09 Prozent für das Jahr 2017 hat der Bundesrat am 23.9.2016 zugestimmt.

189 Zu den durch die Umlage zu deckenden Aufwendungen gehören gem. § 358 Abs. 3 S. 1 SGB III neben dem Insolvenzgeld einschließlich der Beiträge nach § 175 SGB III, die Verwaltungskosten und die Kosten für den Einzug der Umlage sowie die Kosten für die Prüfung der Arbeitgeber. Die **Kosten** für den Einzug der Umlage und der Prüfung der Arbeitgeber werden pauschaliert (§ 358 Abs. 3 S. 2 SGB III). Die Höhe der **Pauschale** wird ebenfalls grundsätzlich durch Rechtsverordnung des Bundesministeriums für Arbeit und Soziales (BMAS) mit Zustimmung des Bundesrates festgesetzt (§ 361 Satz 1 Nr. 2 SGB III).[214]

190 Das Verfahren zur Einziehung dieser **Umlage**[215] ist mit Wirkung zum 1.1. 2009 neu geregelt[216] worden.[217] Nach aktueller Rechtslage sind als **Einzugsstel-**

---

[213] Vgl. Verordnung zur Festsetzung des Umlagesatzes für das Insolvenzgeld für das Kalenderjahr 2016 (InsoGeldFestV 2016) vom 13.11.2015, BGBl. 2015 I 1994. 2017 beträgt der Umlagesatz nur noch 0,09 Prozent (vgl. BGBl. 2016 I 2211).

[214] Vgl. Verordnung zur Höhe der Pauschale für die Kosten des Einzugs der Umlage für das Insolvenzgeld und der Prüfung der Arbeitgeber vom 2.1.2009, BGBl. 2009 I 4.

[215] Zur Verfassungsmäßigkeit der Umlage (beim Konkursausfallgeld) vgl. bereits BVerfG Urt. v. 18.9.1978 – 1 BvR 638/78, SozR 4100 § 186b Nr. 2; BSG Urt. v. 1.3.1978 – 12 RK 14/77, SozR 4100 § 186b Nr. 1; BSG Urt. v. 21.10.1999 – B 11/10 AL 8/98, SozR 3–4100 § 186b Nr. 1.

[216] Vgl. Gesetz zur Modernisierung der gesetzlichen Unfallversicherung (Unfallversicherungsmodernisierungsgesetz – UVMG) vom 30.10.2008, BGBl. 2008 I 2130.

[217] Zur Rechtslage bis 31.12.2008 vgl. die Vorauflage Rn. 187–190.

Braun/Mühlbayer

len die Krankenkassen (§ 28h SGB IV) – und nicht mehr die Unfallversicherungsträger – zuständig. Die Krankenkassen ziehen die Umlage zusammen mit dem Gesamtsozialversicherungsbeitrag (§ 28d SGB IV) und den Umlagen U1 (wegen Entgeltfortzahlung im Krankheitsfall) und U2 (wegen Mutterschaftsgeld) ein und leiten die Insg-Umlage (U 3) einschließlich der Zinsen und Säumniszuschläge arbeitstäglich an die BA weiter (§ 359 SGB III). Im Falle einer geringfügigen Beschäftigung (vgl. § 8 Abs. 1 Nr. 1, 2 SGB IV) ist die Deutsche Rentenversicherung Knappschaft-Bahn-See zuständige Einzugsstelle (§ 28i S. 5 SGB IV). Allerdings sind private Haushalte von der Umlage generell befreit (§ 358 Abs. 1 S. 2 SGB III).

M. Vergleich, Stundung und Forderungsverzicht

Die BA hat die auf sie übergegangenen Arbeitsentgeltansprüche geltend zu machen und durchzusetzen (§ 76 Abs. 1 SGB IV). Das bedeutet nicht, dass eine anerkannte oder titulierte Forderung stets sofort einzuziehen ist. 191

I. Vergleich

Nach § 54 SGB X (iVm § 779 BGB) kann im Einzelfall mit dem Schuldner eine unwiderrufliche vergleichsweise Regelung über die Frage der Berechtigung einer geltend gemachten Forderung getroffen werden (zB eines Anspruchs gem. § 613a BGB gegen den vermeintlichen Betriebsübernehmer). Voraussetzung hierfür ist, dass der Abschluss eines Vergleichsvertrages nach pflichtgemäßem Ermessen zur Beseitigung einer nach verständiger Würdigung des Sachverhalts bestehenden **Ungewissheit** zweckmäßig ist. Von einer Ungewissheit über den Sachverhalt iSd § 54 SGB X kann erst ausgegangen werden, wenn sich die Agentur für Arbeit die Klarheit über die tatsächlichen Erstattungsgrundlagen nicht mehr oder allenfalls mit einem unverhältnismäßigen Aufklärungsaufwand verschaffen könnte. Grundsätzlich ist daher zunächst der Sachverhalt unter Nutzung der gebotenen Beweismittel **von Amts wegen** zu ermitteln (§§ 20–23 SGB X). Nur wenn eine Sachverhaltsaufklärung nicht möglich ist oder diese zu keiner zweifelsfreien Entscheidungsbasis führt und Beweismittel anderweitig nur schwer und wenig Erfolg versprechend zugänglich sind, kann von einer bestehenden Ungewissheit des Sachverhalts ausgegangen werden. 192

Vergleichsgrundlage kann auch **§ 76 Abs. 5 SGB IV** sein. Dies kann der Fall sein, wenn zwischen dem Schuldner und der BA eine Vereinbarung geschlossen werden soll, um auf Grund einer unsicheren Verwirklichung einer **bestands- oder rechtskräftig** festgestellten Forderung eine für alle Beteiligten vertretbare Lösung zu erreichen (§ 779 BGB). Es muss jedoch auf **beiden** Seiten ein gewisses Nachgeben vorhanden sein (dies wäre zB nicht der Fall, wenn die BA vollständig auf ihre Forderung verzichten soll). Auch bei Betriebsübernahmen kommt der Verzicht auf die Rechtsfolgen des § 613a BGB gegenüber dem Übernehmer nur bei Zahlung eines Vergleichsbetrages in Betracht. Bei der Beurteilung der **Wirtschaftlichkeit** und **Zweckmäßigkeit** prüft die Arbeitsverwaltung auch die fiskalischen Auswirkungen auf ihren Haushalt im Falle einer an- 193

II. Stundung einer Forderung

194 Nach § 76 Abs. 2 Nr. 1 SGB IV kann die Arbeitsverwaltung (auf Antrag) übergegangene Arbeitsentgeltansprüche stunden, dh, die **Fälligkeit** der Forderung bzw. den Zeitpunkt, von dem an die BA die Leistung verlangen und ggf. vollstrecken kann, **hinausschieben,** wenn die sofortige Einziehung der Forderung für den Schuldner mit **erheblichen Härten** verbunden wäre und der Anspruch selbst durch die Stundung nicht gefährdet wird. Somit müssen im Grundsatz überhaupt durchsetzbare Einziehungsmöglichkeiten vorhanden sein, auf die vorübergehend verzichtet werden soll.

1. Erhebliche Härte

195 Eine **erhebliche Härte** wird im Allgemeinen nur anzunehmen sein, wenn sich der Schuldner (ehemaliger Arbeitgeber) auf Grund ungünstiger wirtschaftlicher Verhältnisse vorübergehend in ernsthaften Zahlungsschwierigkeiten befindet oder bei sofortiger Einziehung der Forderung in diese geraten würde. Die Stundung kommt daher in Betracht, wenn die wirtschaftliche Leistungsfähigkeit des Schuldners in der Weise gemindert ist, dass ihm die Begleichung der Forderung nicht zugemutet werden kann. Die Finanzierungsmöglichkeiten des Schuldners (zB Bankdarlehen) müssen demzufolge bereits ausgeschöpft sein.

2. Keine Gefährdung der Forderung

196 Da durch die Stundung die **Forderung nicht gefährdet** sein darf, muss sichergestellt sein, dass die Forderung nach Ablauf des Stundungszeitraumes erfüllt wird. Bei einem leistungsschwachen Schuldner ist von der Gefährdung der Forderung auszugehen, wenn eine Verbesserung der Zahlungsfähigkeit nicht zu erwarten ist (zB bei Abgabe der eidesstattlichen Versicherung durch den Schuldner gem. § 802c Abs. 3 ZPO oder wenn dessen Arbeitseinkommen bereits auf nicht absehbare Zeit gepfändet ist). Die Arbeitsverwaltung wird im Allgemeinen eine **Sicherheitsleistung** verlangen, wenn dies im Hinblick auf die Höhe der Forderung geboten und unter Berücksichtigung der wirtschaftlichen Verhältnisse vertretbar ist. Eine **Stundung** ist in der Regel **nicht möglich,** wenn diese Drittwirkung entfalten würde und bei den Dritten die Voraussetzungen für eine Stundung nicht vorliegen (zB bei Bürgen, persönlich haftenden Gesellschaftern einer Personengesellschaft) oder wenn dem Schuldner die Aufnahme eines Bankkredits zugemutet werden kann.

III. Erlass einer Forderung

197 Soll die Arbeitsverwaltung auf einen fälligen Anspruch ganz oder teilweise verzichten (Erlass), muss deren Einziehung nach Lage des Falles **unbillig** sein (§ 76 Abs. 2 Nr. 3 SGB IV). Der Forderungserlass stellt eine **Ausnahme** vom Grundsatz der rechtzeitigen und vollständigen Einnahmeerhebung dar (§ 76

Abs. 1 SGB IV). Es muss daher im Einzelfall eine Abwägung der schutzwürdigen Interessen des Schuldners auf der einen und der Allgemeinheit (bei der BA regelmäßig der Solidargemeinschaft der Beitrags- bzw. Umlagezahler) auf der anderen Seite erfolgen.

N. Gleichwohlgewährung von Arbeitslosengeld

Nach § 157 Abs. 3 S. 1 iVm Abs. 1 SGB III erhält ein Arbeitnehmer trotz Bestehens eines Arbeitsverhältnisses und Anspruchs auf Arbeitsentgelt dennoch Arbeitslosengeld, wenn er das Arbeitsentgelt (im Sinne des § 115 SGB X) tatsächlich nicht erhält (sog Gleichwohlgewährung). Dies ist in der Praxis vor allem dann von Bedeutung, wenn der Arbeitgeber wegen Zahlungsunfähigkeit kein Arbeitsentgelt zahlen kann, der Arbeitnehmer aber zur Sicherstellung seines laufenden Lebensunterhalts eine Entgeltersatzleistung in Anspruch nehmen möchte. Die Gleichwohlgewährung kann sowohl **vor** Eintritt des Insolvenzereignisses (weil ein Insolvenzgeldanspruch noch nicht besteht) als auch **danach** erfolgen, wenn das Arbeitsverhältnis mit Arbeitsentgeltanspruch über diesen Zeitpunkt hinaus fortbesteht. Soweit die BA Arbeitslosengeld leistet, geht der Anspruch des Arbeitnehmers auf Arbeitsentgelt gem. § 115 Abs. 1 SGB X auf sie über. Die übergegangenen Ansprüche werden von der Arbeitsverwaltung, je nachdem, ob sie der Zeit vor oder nach Eintritt des Insolvenzereignisses zuzuordnen sind, als **Insolvenzforderungen** (§ 38 InsO) **oder** als **Masseverbindlichkeiten** (§ 55 Abs. 1 Nr. 2 InsO) bei eröffnetem Insolvenzverfahren geltend gemacht (→ Rn. 157, 159). Zahlt der Arbeitgeber (Insolvenzverwalter) aus Unkenntnis über den Anspruchsübergang **mit befreiender Wirkung** an den Arbeitslosen, muss dieser insoweit das Arbeitslosengeld nach § 157 Abs. 3 S. 2 SGB III der Agentur für Arbeit erstatten.

198

§ 30. Betriebliche Altersversorgung in der Insolvenz

In der Unternehmens- und Verbraucherinsolvenz sieht sich der Insolvenzverwalter bei Vorhandensein einer betrieblichen Altersversorgung (→ Rn. 9 ff.), für die das BetrAVG ergänzt durch Richterrecht Regeln aufstellt, einer Vielzahl von Beteiligten und verschiedenen Rechtsverhältnissen gegenüber. Während einer Unternehmensinsolvenz hat er es in der Regel zu tun mit dem PSVaG als gesetzlichem Träger der Insolvenzsicherung (→ Rn. 5 ff., 119 ff., 146 ff., 164 ff.), sofern über diesen Insolvenzschutz gewährt wird (→ Rn. 28 ff., 46 ff., 62 ff., 72 ff., 97 ff.), mit den Arbeitnehmern, deren vor Insolvenzeröffnung entstandenen, regelmäßig auf den PSVaG übergegangenen Versorgungsansprüchen bzw. -anwartschaften (→ Rn. 64 ff.) und deren ggf. nach Insolvenzeröffnung erdienten Rentenanteilen (→ Rn. 67a ff.), bei Durchführung der betrieblichen Altersversorgung über Dritte (Lebensversicherer, Unterstützungskasse, Pensionskasse, Pensionsfonds) auch mit dem jeweiligen Versorgungsträger (→ Rn. 11, 30 ff.) und bei einer übertragenden Sanierung mit dem Erwerber (→ Rn. 126 ff.). Insbesondere bei einer Direktversicherung stellt sich die Frage, ob deren Vermögenswert der Masse des insolventen Unternehmens oder dem Arbeitnehmer als versicherter Person gebührt (→ Rn. 31 ff.). Bei nicht in den Schutzbereich des BetrAVG fallenden Personen (wie Gesellschafter-Geschäftsführern) muss der Insolvenzverwalter insbesondere die Insolvenzfestigkeit der zur Absicherung der Pensionsansprüche gestellten Sicherheiten (Rückdeckungsversicherung, Treuhandmodelle) prüfen (→ Rn. 133 ff.). In der Insolvenz des Versorgungsberechtigten ist die Massezugehörigkeit von Rentenansprüchen und -anwartschaften anhand der Pfändungsschutzvorschriften der ZPO und der Schutznormen des BetrAVG zu messen (→ Rn. 167 ff.).

A. Allgemeines

I. Stand der betrieblichen Alterssicherung

1   Die Alterssicherung der Arbeitnehmer beruht nach traditioneller Auffassung auf **drei Säulen:** 1. der gesetzlichen Rentenversicherung, 2. der betrieblichen Altersversorgung und 3. der privaten Alterssicherung.[1] Dieses „Drei-Säulen-Modell" wurde – zumindest unter dem Gesichtspunkt der Steuerrechtssystematik – vom **„Drei-Schichten-Modell"** abgelöst, das die „Rürup-Kommission" zur Vorbereitung der Neuordnung der steuerrechtlichen Behandlung von Altersvorsorgeaufwendungen und Altersbezügen entwickelt hatte und das im Alterseinkünftegesetz 2004[2] seinen Niederschlag fand.[3] Auf der 1. Schicht Basisversorgung (gesetzliche Rente, Rürup-Rente) setzt die 2. Schicht Zusatzversorgung (betriebliche Altersversorgung, private Riester-Rente) auf, auf der wiederum die 3. Schicht Kapitalanlageprodukte (private Anlagen wie Lebensversicherungen) angesiedelt ist.

2   Die betriebliche Altersversorgung ist im Gesetz zur Verbesserung der betrieblichen Altersversorgung (**Betriebsrentengesetz** – BetrAVG) vom 19.12. 1974[4] geregelt, in dem die bis dahin im Wesentlichen von der höchstrichterlichen Rspr.[5] entwickelten Grundsätze der Unverfallbarkeit von Ansprüchen der betrieblichen Altersversorgung in Gesetzesform gegossen und zugleich weitere Fragen – wie die Insolvenzsicherung der Betriebsrenten – geregelt wurden.[6] Das Gesetz stellt für die betriebliche Altersversorgung Mindestnormen auf.[7] Es ist seit seinem Erlass mehrfach geändert worden,[8] grundlegend durch das Rentenreformgesetz 1999,[9] das Altersvermögensgesetz 2001,[10] das Alterseinkünfte-

---

[1] Zusätzliche Altersvorsorge, hrsg. v. BMAS, Stand: Januar 2014.
[2] BGBl. 2004 I 1427.
[3] *Uckermann/Fuhrmanns* NZA 2011, 24; *Heubeck/Seybold* DB 2007, 592; *Weber-Grellet* DStR 2004, 1721.
[4] BGBl. 1974 I 3610.
[5] Grundlegend BAG Urt. v. 10.3.1972 – 3 AZR 278/71, BAGE 24, 177.
[6] *Goette* ZIP 1997, 1317.
[7] HessLAG Urt. v. 24.3.2004 – 8 Sa 509/03, NZA–RR 2005, 47.
[8] Vgl. Höfer/*Höfer* BetrAVG Bd. I Kap. 1 Rn. 1–22.1.
[9] BGBl. 1997 I 2998 (3025).
[10] BGBl. 2001 I 1310.

setz 2004 [11] und das EU-Mobilitäts-Richtlinie-Umsetzungsgesetz 2015, [12] dessen Normen jedoch überwiegend erst zum 1.1.2018 in Kraft treten. Weitere Reformvorschläge sind in der Diskussion (zB „Sozialpartnermodell Betriebsrente": Diskussionsentwurf des BMAS vom Januar 2015 über die Einführung eines neuen § 17b in das BetrAVG, der die Durchführung der betrieblichen Altersversorgung über eine gemeinsame Einrichtung der Tarifparteien vorsieht).[13]

In den **neuen Bundesländern** gilt das Betriebsrentengesetz mit seinen Regelungen über die Insolvenzsicherung nur für nach dem 31.12.1991 erteilte Versorgungszusagen.[14] 3

Die **Verbreitung der betrieblichen Altersversorgung** hat über die Jahre hinweg mit einem sich allerdings abflachenden Kurvenverlauf zugenommen. Nach Angaben von TNS Infratest Sozialforschung hatten im Dezember 2001 48,7 % aller sozialversicherungspflichtig beschäftigten Arbeitnehmer (rund 13,6 Mio. von knapp 27,9 Mio.) eine Anwartschaft auf eine betriebliche Altersversorgung. Im Dezember 2013 betrug dieser Anteil 59,5 %; rund 17,8 Mio. von 29,9 Mio. sozialversicherungspflichtig beschäftigten Arbeitnehmern besaßen eine entsprechende Anwartschaft.[15] Allerdings verfügen nur rund 30 % der Beschäftigten in Betrieben mit weniger als 10 Arbeitnehmern über eine Betriebsrentenanwartschaft.[16] 4

II. Der Pensions-Sicherungs-Verein als Träger der gesetzlichen Insolvenzsicherung (§ 14 BetrAVG)

Träger der gesetzlichen Insolvenzsicherung ist gem. § 14 Abs. 1 S. 1 BetrAVG der Pensions-Sicherungs-Verein, Versicherungsverein auf Gegenseitigkeit (PSVaG) mit Sitz in Köln. Der PSVaG ist eine von den Verbänden der Wirtschaft am 7.10.1974 gegründete **Selbsthilfeeinrichtung**.[17] Seit 2002 ist er auch für die Insolvenzsicherung im Großherzogtum Luxemburg zuständig (§ 14 Abs. 1 S. 2 BetrAVG).[18] Im Jahr 2015 gehörten ihm über 94 000 Unternehmen mit rund 10,9 Mio. Versorgungsberechtigten an, davon über 4,1 Mio. Rentner und über 6,8 Mio. Versorgungsberechtigte mit unverfallbaren Anwartschaften.[19] Hinsichtlich der Beitragserhebung und der damit unmittelbar zusammenhän- 5

---

[11] BGBl. 2004 I 1427.
[12] BGBl. 2015 I 2553.
[13] *Hanau* NZA 2016, 577; *Rolfs* NZA–Beilage 2015, 67; *vom Stein* RdA 2015, 272.
[14] BAG Urt. v. 29.1.2008 – 3 AZR 522/06, DB 2008, 1867.
[15] TNS Infratest Sozialforschung, Forschungsbericht 449/1, Trägerbefragung zur betrieblichen Altersversorgung (BAV 2013), Januar 2015, 10 f.
[16] BMAS, Forschungsbericht 444, Machbarkeitsstudie für eine empirische Analyse von Hemmnissen für die Verbreitung der BAV in kleinen und mittleren Unternehmen, Juni 2014, 55.
[17] BVerwG Urt. v. 14.11.1985 – 3 C 44/83, NJW 1987, 793.
[18] Gesetz zu dem Abkommen vom 22.9.2000 zwischen der Bundesrepublik Deutschland und dem Großherzogtum Luxemburg über Zusammenarbeit im Bereich der Insolvenzsicherung betrieblicher Altersversorgung vom 10.12.2001, BGBl. 2001 II 1258.
[19] PSVaG Bericht über das Geschäftsjahr 2015, 10.

genden Aufgaben wird der PSVaG als sog beliehener Unternehmer tätig, da er Aufgaben und Befugnisse der öffentlichen Verwaltung wahrnimmt.[20] Er unterliegt gem. § 14 Abs. 2 BetrAVG der Aufsicht durch die Bundesanstalt für Finanzdienstleistungsaufsicht (BaFin).

6   Die Insolvenzsicherung durch den PSVaG ist eine **Ausfallsicherung**,[21] gerichtet auf den Ersatz der Versorgungsansprüche, die aufgrund der Insolvenz des Arbeitgebers unerfüllt bleiben (→ Rn. 62).[22] Der PSVaG haftet also subsidiär, dh nur dann, wenn kein zahlungsfähiger Schuldner zur Verfügung steht.[23] Sollte der PSVaG als Träger der Insolvenzsicherung wegfallen, tritt an dessen Stelle die Kreditanstalt für Wiederaufbau (§ 14 Abs. 3 BetrAVG).

7   Im Internet bietet der PSVaG unter www.psvag.de Informationen für Arbeitnehmer, Arbeitgeber und Insolvenzverwalter an, darunter eine Vielzahl von Merkblättern und Formularen.

III. Notwendigkeit zur Insolvenzsicherung

8   Rentenansprüche und Versorgungsanwartschaften aus einer betrieblichen Altersversorgung sind eng mit dem wirtschaftlichen Schicksal des Arbeitgebers verbunden. Der Arbeitgeber ist nicht verpflichtet, bei unmittelbaren Versorgungszusagen (Direktzusagen) sowie bei Zusagen auf Leistungen von Unterstützungskassen entsprechende Deckungsmittel zu bilden[24] oder solche Deckungsmittel insolvenzfest anzulegen. Um Ansprüche aus einer betrieblichen Altersversorgung gegen die Insolvenz des Arbeitgebers abzusichern, sind die §§ 7–15 in das **BetrAVG** eingefügt worden. Sie schaffen die Rechtsgrundlage für die gesetzliche Insolvenzsicherung von Ansprüchen auf Leistungen der betrieblichen Altersversorgung und von gesetzlich unverfallbar gestellten Anwartschaften auf solche Leistungen.

B. Der Anspruch auf Insolvenzsicherung (§ 7 BetrAVG)

I. Begriff der betrieblichen Altersversorgung

1. Betriebliche Altersversorgung

9   Nach der **Legaldefinition in § 1 Abs. 1 S. 1 Hs. 1 BetrAVG** und der Rspr. des BAG[25] handelt es sich nur dann um Leistungen der betrieblichen Altersversorgung, wenn

---

[20] BVerwG Urt. v. 12.3.2014 – 8 C 27/12, NZI 2014, 715 Rn. 21; BGH Urt. v. 25.10.2004 – II ZR 413/02, NZA 2005, 782.
[21] Blomeyer/Rolfs/Otto/*Rolfs* BetrAVG § 7 Rn. 7.
[22] LAG Düsseldorf Urt. v. 7.9.1979 – 16 Sa 319/79, DB 1979, 2182.
[23] BAG Urt. v. 29.1.1991 – 3 AZR 593/89, ZIP 1991, 748.
[24] Hess/*Hess* InsO Anh. D BetrAVG § 7 Rn. 4.
[25] BAG Urt. v. 14.2.2012 – 3 AZR 260/10, NJOZ 2012, 1131 Rn. 18; BAG Urt. v. 10.2.2009 – 3 AZR 783/07, NJOZ 2010, 621 Rn. 16; BAG Urt. v. 8.5.1990 – 3 AZR 121/89, DB 1990, 2375; *Reinecke* BB 2011, 245.

- ein Arbeitgeber aus Anlass des Arbeitsverhältnisses eine Zusage erteilt,
- die Leistungen zum Zwecke der Versorgung an einen Arbeitnehmer bzw. dessen Hinterbliebene versprochen worden sind und
- der Versorgungsanspruch durch ein biologisches Ereignis (Alterserreichung, Invalidität oder Tod) ausgelöst wird.

Eine betriebliche Altersversorgung im Sinne des BetrAVG liegt daher nicht vor, wenn zB zwischen dem die Versorgungszusage erteilenden Unternehmen (zB einer Konzernobergesellschaft) und dem Begünstigten (der zB bei der Tochtergesellschaft angestellt ist) im Zeitpunkt der Erteilung der Zusage keine vertragliche Beziehung bestand[26] oder soweit die Zusage an das Risiko der Arbeitslosigkeit (wie bei Anpassungsleistungen wegen Umstrukturierungen im Bergbau), nicht aber an ein biometrisches Risiko anknüpft.[27] 9a

2. Anspruchsgrundlagen

Der Arbeitgeber ist – von tarifvertraglichen Regelungen abgesehen – grundsätzlich nicht zur Erteilung einer Versorgungszusage gezwungen. Eine Ausnahme von diesem „Grundsatz der Entschlussfreiheit"[28] besteht gem. § 1a Abs. 1 BetrAVG (Anspruch auf Entgeltumwandlung). Ansprüche auf betriebliche Altersversorgung können auf individualrechtlichen (Einzelzusage, Gesamtzusage, vertragliche Einheitsregelung, betriebliche Übung, Gleichbehandlungsgrundsatz) oder kollektivrechtlichen Rechtsgrundlagen (Betriebsvereinbarung, Tarifvertrag, Vereinbarung nach dem Sprecherausschussgesetz) beruhen. 10

3. Durchführungswege

Das Betriebsrentengesetz kennt **fünf Durchführungswege** der betrieblichen Altersversorgung. Der Arbeitnehmer hat Anspruch auf die Einhaltung eines Durchführungsweges, wenn sich dies aus den für den Betriebsrentenanspruch maßgeblichen Regelungen ergibt.[29] Anstelle der in § 1 Abs. 1 BetrAVG vorgesehenen unmittelbaren Leistung des Arbeitgebers an den Arbeitnehmer (Direktzusage) kann die Versorgungsleistung auch mittelbar durch eine Direktversicherung (§§ 1 Abs. 1 S. 2, 1b Abs. 2 BetrAVG), eine Pensionskasse (§§ 1 Abs. 1 S. 2, 1b Abs. 3 BetrAVG), einen Pensionsfonds (§§ 1 Abs. 1 S. 2, 1b Abs. 3 BetrAVG) oder eine Unterstützungskasse (§§ 1 Abs. 1 S. 2, 1b Abs. 4 BetrAVG) erbracht werden. Den Arbeitgeber trifft gem. § 1 Abs. 1 S. 3 BetrAVG eine Einstandspflicht, wenn die betriebliche Altersversorgung nicht unmittelbar über ihn durchgeführt wird und die vom externen Versorgungsträger erbrachten Leistungen hinter den Verpflichtungen aus dem arbeitsrechtlichen Grundverhältnis zurückbleiben.[30] Die Direktversicherung, die Pensionskasse 11

---

[26] BAG Urt. v. 20.5.2014 – 3 AZR 1094/12, NZA 2015, 225; *Rolfs* NZA 2015, 213; *Diller/Beck* NZA 2015, 274.
[27] BAG Urt. v. 16.3.2010 – 3 AZR 594/09, NZA-RR 2011, 155.
[28] KKBH/*Kemper/Kisters-Kölkes* BetrAVG § 1 Rn. 19; UFOD/*Fuhrmanns* BetrAVG § 1 Rn. 5.
[29] BAG Urt. v. 12.11.2013 – 3 AZR 92/12, NZA-RR 2014, 315 Rn. 65; BAG Urt. v. 12.6.2007 – 3 AZR 186/06, NZA-RR 2008, 537 Rn. 22.
[30] BAG Urt. v. 30.9.2014 – 3 AZR 617/12, NZA 2015, 544; BAG, Urt. v. 19.6.2012 – 3 AZR 408/10, NZA-RR 2013, 426.

sowie die Direktzusage und Unterstützungskasse sind unter Zugrundelegung der Zahl der aktiven Anwartschaften die am häufigsten gewählten Formen der betrieblichen Altersversorgung;[31] gemessen an den Deckungsmitteln dominiert die Direktzusage.[32]

4. Zusageformen

12 Das BetrAVG kennt verschiedene Zusageformen.

13 a) **Leistungszusage (§ 1 Abs. 1 BetrAVG).** Bei einer einfachen Leistungszusage wird dem Arbeitnehmer eine Versorgungsleistung nach bestimmten Formeln ohne Berücksichtigung der hierfür erforderlichen Vermögensmittel versprochen.[33] Diese Zusage ist in allen Durchführungswegen möglich.

14 b) **Beitragsorientierte Leistungszusage (§ 1 Abs. 2 Nr. 1 BetrAVG).** Bei der beitragsorientierten Leistungszusage verpflichtet sich der Arbeitgeber, bestimmte Beiträge in eine Anwartschaft auf Alters-, Invaliditäts- oder Hinterbliebenenversorgung umzuwandeln. Der Arbeitgeber gibt wie bei der reinen Leistungszusage eine Zusage auf eine bestimmte Versorgungsleistung ab, legt zusätzlich jedoch den hierfür zu leistenden Beitragsaufwand offen. Diese zunehmend praktizierte Zusageform[34] ist in allen Durchführungswegen möglich.

15 Eine reine Beitragszusage, wonach der Arbeitgeber sich nur verpflichtet hat, Beiträge an einen Versorgungsträger zu entrichten, ohne selbst eine künftige Versorgungsleistung zu versprechen, ist rechtlich möglich, unterfällt jedoch nicht dem Betriebsrentengesetz.[35]

16 c) **Beitragszusage mit Mindestleistung (§ 1 Abs. 2 Nr. 2 BetrAVG).** Bei dieser Zusageform wird nicht die künftige Versorgungsleistung, zB die Leistung einer Rente in bestimmter Höhe, zugesagt, sondern nur noch die Zahlung eines konkreten Versorgungsbeitrags selbst und zwar (nur) an einen Pensionsfonds, eine Pensionskasse oder Direktversicherung versprochen.[36] Allerdings trifft den Arbeitgeber, der die Beiträge wie versprochen bezahlt hat, trotzdem eine **Einstandspflicht,** was durch den Begriff der Mindestleistung zum Ausdruck gebracht wird. Dem Arbeitnehmer steht mindestens die Summe der eingezahlten Beträge zu. Verpflichtet sich beispielsweise der Arbeitgeber, ab dem 40. Lebensjahr des Arbeitnehmers jährlich 1000 EUR an einen Versorgungsträger zu bezahlen, sind das bis zum 65. Lebensjahr 25 000 EUR. Kann der Versorgungsträger aufgrund der wirtschaftlichen Situation nur 19 000 EUR zur Verfügung stellen, hat der Arbeitgeber für die Differenz zu 25 000 EUR, also

---

[31] TNS Infratest Sozialforschung, Forschungsbericht 449/1, Trägerbefragung zur betrieblichen Altersversorgung (BAV 2013), Januar 2015, 85 f.
[32] *Schwind* BetrAV 2015, 436.
[33] KKBH/*Huber* BetrAVG § 1 Rn. 449.
[34] *Schlewing* NZA-Beilage 2014, 127 (134); *Höfer* BB 2007, 885 (886).
[35] BAG Urt. v. 19.6.2012 – 3 AZR 408/10, NZA–RR 2013, 426 Rn. 40; BAG Urt. v. 7.9.2004 – 3 AZR 550/03, NZA 2005, 1239 (1241); *Schipp* NZA 2011, 445 (447); kritisch: *Höfer* DB 2013, 288.
[36] *Blomeyer* NZA 1998, 911 (913); *Friedrich/Kovac/Werner* BB 2007, 1557; *Schipp* NZA 2011, 445 (447).

für 6000 EUR einzustehen.[37] Die Mindestleistungspflicht soll nach dem Willen des Gesetzgebers verhindern, dass den Arbeitnehmer voll und ganz das Risiko der Vermögensanlage trifft.[38]

5. Finanzierung der betrieblichen Altersversorgung

Eine betriebliche Altersversorgung setzt nicht die Finanzierung durch den Arbeitgeber voraus. Auch arbeitnehmer- oder von beiden Seiten finanzierte Betriebsrenten fallen unter das BetrAVG. So können die vorher genannten Zusageformen Leistungszusage, beitragsorientierte Leistungszusage oder Beitragszusage mit Mindestleistung arbeitgeber- und/oder arbeitnehmerfinanziert sein. Folgende Finanzierungsarten, die teilweise als weitere Zusageformen angesehen werden,[39] trägt wirtschaftlich betrachtet der Arbeitnehmer: 17

a) **Entgeltumwandlung (§§ 1 Abs. 2 Nr. 3, 1a BetrAVG).** Nach der Regelung des § 1 Abs. 2 Nr. 3 BetrAVG liegt auch dann eine betriebliche Altersversorgung im Sinne von § 1 Abs. 1 BetrAVG vor, wenn künftige Entgeltansprüche in eine wertgleiche Anwartschaft auf Versorgungsleistungen umgewandelt werden (Entgeltumwandlung). In welchen der fünf Durchführungswege der betrieblichen Altersversorgung das umgewandelte Entgelt fließt, bleibt den Parteien überlassen. 18

Die Formulierung „**künftige Entgeltansprüche**" meint bereits begründete Ansprüche auf Entgelt, die künftig fällig werden und noch nicht erdient worden sind. Fällige, bereits erdiente Ansprüche können nach dem insoweit eindeutigen Wortlaut nicht mehr umgewandelt werden.[40] 19

Die Umwandlung hat in eine wertgleiche Anwartschaft zu erfolgen. Das Gesetz definiert diesen Begriff nicht.[41] Nach überwiegender Auffassung ist für die Ermittlung der **Wertgleichheit** auf eine versicherungsmathematische Betrachtung abzustellen.[42] Maßgebend ist der Zeitpunkt des Abschlusses der Entgeltumwandlungsvereinbarung.[43] In diesem Zeitpunkt müssen sich der Wert der künftigen Entgeltansprüche und der durch die Entgeltumwandlung zu erzielenden Rentenanwartschaft bei objektiver wirtschaftlicher Betrachtungsweise entsprechen. Sog gezillmerte Versicherungsverträge, bei denen sämtliche Abschluss- und Vertriebskosten mit den ersten Versicherungsprämien verrechnet werden, sind nach Auffassung des BAG[44] wertgleich nach § 1 Abs. 2 Nr. 3 BetrAVG; sie können aber eine unangemessene Benachteiligung iSv § 307 BGB 20

---

[37] *Reinecke* NJW 2001, 3511 (3512).
[38] *Höfer* DB 2001, 1145.
[39] Vgl. BeckOK ArbR/*Clemens* BetrAVG § 1 Rn. 47; KKBH/*Huber* BetrAVG § 1 Rn. 448.
[40] Vgl. *Blomeyer* DB 2001, 1413.
[41] BAG Urt. v. 15.9.2009 – 3 AZR 17/09, NZA 2010, 164 Rn. 30; *Reich/Rutzmoser* DB 2007, 2314.
[42] Blomeyer/Rolfs/Otto/*Rolfs* BetrAVG § 1 Rn. 145 ff.; KKBH/*Huber* BetrAVG § 1 Rn. 491 ff.; *Blomeyer* DB 2001, 1413 (1414).
[43] BAG Urt. v. 15.9.2009 – 3 AZR 17/09, NZA 2010, 164 Rn. 30.
[44] Ebd.; vgl. Bespr. d. Entsch.: *Falkner* BB 2011, 2488; *Uckermann/Fuhrmanns* NZA 2010, 550; *Reinhard/Luchtenberg*, BB 2010, 1277; aA LAG München Urt. v. 15.3.2007 – 4 Sa 1152/06, DB 2007, 1143.

darstellen, wenn ein Verteilungszeitraum für diese Kosten von 5 Jahren (analog §§ 1 Abs. 1 Nr. 8 AltZertG, 169 Abs. 3 VVG) unterschritten wird. Soweit die Entgeltumwandlung einer Rechtskontrolle nicht standhält, leben die umgewandelten Entgeltansprüche nicht wieder auf; dem Arbeitnehmer steht nur eine höhere Versorgungsanwartschaft zu.[45]

21 Nach dem Normzweck müssen sowohl überproportionale „Umwandlungen", bei denen der Arbeitgeber eigene Leistungen beisteuert,[46] als auch unterproportionale „Umwandlungen" zulasten des Arbeitnehmers[47] als betriebliche Altersversorgung iSd § 1 BetrAVG anerkannt werden.

22 Mit der Umwandlung künftiger Entgeltansprüche in eine betriebliche Altersversorgung geht der entsprechende Anspruch auf Arbeitsentgelt unter und wird durch einen Versorgungsanspruch ersetzt. Das umgewandelte Arbeitsentgelt ist kein pfändbares Arbeitseinkommen (§ 850 Abs. 2 ZPO → Rn. 173) mehr.[48] Es wäre zudem nicht insolvenzgeldgeschützt.[49] Über § 165 Abs. 2 S. 3 SGB III[50] sind jedoch solche umgewandelten Entgeltanteile wie Arbeitsentgelt bei der Bemessung des **Insolvenzgeldes** zu berücksichtigen, *soweit* der Arbeitgeber keine Beiträge an den Versorgungsträger abgeführt hat (→ § 29 Rn. 45).

23 Seit 2002 haben Arbeitnehmer gem. **§ 1a Abs. 1 S. 1 BetrAVG** einen **Anspruch auf Entgeltumwandlung**. Sie können vom Arbeitgeber den Abschluss einer Vereinbarung über die Entgeltumwandlung verlangen, dass jährlich von ihrem künftigen Entgelt ein Betrag in Höhe von bis zu 4 % der Beitragsbemessungsgrenze der gesetzlichen Rentenversicherung für betriebliche Altersversorgung (steuer- und abgabenfrei) umzuwandeln ist. Das sind derzeit (2016) nach der allein maßgeblichen Beitragsbemessungsgrenze West[51] 2976 EUR, also 248 EUR monatlich. Der Arbeitgeber ist nicht verpflichtet, den Arbeitnehmer von sich aus auf den Anspruch auf Entgeltumwandlung hinzuweisen.[52]

24 In welchen der Durchführungswege der betrieblichen Altersversorgung das umgewandelte Entgelt fließt, können die Parteien vereinbaren. Der Arbeitgeber darf allerdings die Pensionskasse und den Pensionsfonds vorgeben. Macht er das nicht, kann der Arbeitnehmer den Abschluss einer Direktversicherung verlangen. Gem. § 1a Abs. 3 BetrAVG kann der Arbeitnehmer zudem fordern, dass der Arbeitgeber die Voraussetzungen für die „Riester-Förderung" (§§ 10a, 82 ff. EStG) schafft.

25 Zu beachten ist, dass der Entgeltumwandlungsanspruch gem. § 17 Abs. 1 S. 3 BetrAVG nur den in der gesetzlichen Rentenversicherung pflichtversicherten Arbeitnehmern zusteht, also zB nicht den Mitgliedern berufsständischer Versorgungswerke. Außerdem kann der Anspruch gem. § 17 Abs. 3 S. 1 BetrAVG durch Tarifvertrag ausgeschlossen sein. Zwischen nicht tarifgebundenen Ar-

---

[45] BAG Urt. v. 15.9.2009 – 3 AZR 17/09, NZA 2010, 164 Rn. 50.
[46] *Blomeyer* NZA 1998, 911 (912); ErfK/*Steinmeyer* BetrAVG § 1 Rn. 28.
[47] *Doetsch/Förster/Rühmann* DB 1998, 258; ErfK/*Steinmeyer* BetrAVG § 1 Rn. 27.
[48] BAG Urt. v. 30.7.2008 – 10 AZR 459/07, NZA 2009, 747 Rn. 16; BAG Urt. v. 17.2.1998 – 3 AZR 611/97, BB 1998, 1009.
[49] BSG Urt. v. 5.12.2006 – B 11a AL 19/05 R, ZIP 2007, 929.
[50] Entspr. § 183 Abs. 1 S. 5 SGB III aF.
[51] Blomeyer/Rolfs/Otto/*Rolfs* BetrAVG § 1a Rn. 22.
[52] BAG Urt. v. 21.1.2014 – 3 AZR 807/11, NZA 2014, 903.

beitgebern und Arbeitnehmern gilt eine tarifvertragliche Abbedingung des Anspruchs auf Entgeltumwandlung nur, wenn der arbeitsvertraglich in Bezug genommene Tarifvertrag (§ 17 Abs. 3 S. 2 BetrAVG) bei unterstellter Tarifbindung der Parteien räumlich, zeitlich, fachlich und persönlich anwendbar wäre.[53]

b) **Eigenbeiträge mit Umfassungszusage (§ 1 Abs. 2 Nr. 4 BetrAVG).** Eine betriebliche Altersversorgung liegt auch dann vor, wenn der Arbeitnehmer aus seinem um Steuern und Sozialabgaben verminderten Netto-Arbeitsentgelt Eigenbeiträge zur Finanzierung einer betrieblichen Altersversorgung an einen Pensionsfonds, eine Pensionskasse oder eine Direktversicherung leistet und die Versorgungszusage des Arbeitgebers auch die Leistungen aus diesen Beiträgen umfasst.[54] Fehlt es an der Umfassung, unterfallen die Eigenbeiträge nicht dem Betriebsrentenrecht. § 1 Abs. 2 Nr. 4 BetrAVG gilt für Zusagen, die ab 1.7.2002 erteilt worden sind. Auf ab dem 1.1.2003 erteilte Umfassungszusagen finden außerdem die Regeln der Entgeltumwandlung Anwendung (§ 1 Abs. 2 Nr. 4 Hs. 2 BetrAVG), wenn die zugesagten Leistungen aus diesen Beiträgen im Wege der Kapitaldeckung finanziert werden (§ 30e Abs. 1 BetrAVG). 26

6. Form der Leistungen

Die Vereinbarung einer betrieblichen Altersversorgung führt dazu, dass ab oder bei Eintritt eines biologischen Ereignisses entsprechende **Gelder** (Renten, auch Rentnerweihnachtsgeld, einmalige Kapitalleistungen) oder **Sach- und Nutzungsleistungen** (zB Bier-, Stromdeputate, Energiebeihilfen)[55] zur Verfügung gestellt werden. Auch Personalrabatte an Ruheständler sind Leistungen der betrieblichen Altersversorgung.[56] 27

II. Insolvenzgesicherte Durchführungswege

1. Allgemeines

Der Gesetzgeber hat nicht jeden Durchführungsweg der betrieblichen Altersversorgung der Insolvenzsicherung unterworfen, sondern hat den Insolvenzschutz betrieblicher Versorgungszusagen und damit auch die Beitragspflicht zum PSVaG vom Vorliegen bestimmter allgemeiner Kriterien abhängig gemacht. Diese sind im Hinblick darauf gewählt worden, ob die Deckungsmittel zur Erfüllung der Versorgungsverpflichtungen durch den Arbeitgeber generell gefährdet sein können.[57] 28

2. Unmittelbare Versorgungszusage

Bei einer unmittelbaren Versorgungszusage (Direktzusage) besteht nach § 7 Abs. 1, 2 BetrAVG **uneingeschränkt gesetzlicher Insolvenzschutz.** Die Insol- 29

---

[53] BAG, Urt. v. 19.4.2011 – 3 AZR 154/09, NZA 2011, 982 Rn. 18.
[54] *Bode/Saunders* DB 2002, 1378.
[55] BAG Urt. v. 16.3.2010 – 3 AZR 594/09, NZA-RR 2011, 155.
[56] BAG Urt. v. 19.2.2008 – 3 AZR 61/06, NZA-RR 2008, 597.
[57] Vgl. Höfer/*Höfer* BetrAVG § 7 Rn. 95 ff.

venz des Arbeitgebers gefährdet generell die Versorgungsansprüche der Versorgungsberechtigten, weil der Arbeitgeber nicht verpflichtet ist, entsprechende Deckungsmittel zu bilden und von der Insolvenzmasse zu trennen oder dem Begünstigten entsprechende Sicherheiten zu bestellen. Auch wenn er freiwillig das Insolvenzrisiko durch privatrechtliche Gestaltungen (zB Bürgschaften, Verpfändung der Ansprüche aus Rückdeckungsversicherungen, Treuhand- bzw. CTA-Modelle → Rn. 133 ff.) absichert, ist angesichts des Gesetzeswortlauts und -zwecks die Insolvenzsicherung nicht ausgeschlossen, so dass die Beitragspflicht (§ 10 Abs. 1 BetrAVG, → Rn. 157) hierdurch nicht berührt wird.[58]

3. Mittelbare Versorgungszusagen

30   Bei einer mittelbaren Versorgungszusage wird die betriebliche Altersversorgung über einen externen Versorgungsträger erbracht. Den Arbeitgeber trifft eine **Einstandspflicht** (§ 1 Abs. 1 S. 3 BetrAVG). Ob diese Einstandspflicht unabhängig von den nachstehenden Durchführungswegen selbst der gesetzlichen Insolvenzsicherung unterliegt, ist ungeklärt. Das BAG hat den entsprechenden Anspruch in einem obiter dictum für insolvenzgeschützt gehalten.[59] In der Literatur ist die Anwendung des § 7 BetrAVG auf diesen Anspruch umstritten,[60] dürfte aber angesichts der Gesetzeslage, die nach dem Durchführungsweg differenziert und die Einstandspflicht als solche nicht der Beitragspflicht zum PSVaG unterstellt, zu verneinen sein.

31   a) **Direktversicherung.** Bei einer Direktversicherung schließt der Arbeitgeber mit einem Versicherer eine Lebensversicherung auf das Leben des Arbeitnehmers ab und setzt den Arbeitnehmer bzw. dessen Hinterbliebene als unwiderruflich oder nur widerrufliche Bezugsberechtigte ein. Im Zweifel ist die Bezugsberechtigung widerruflich (§ 159 VVG). Vom **Versicherungsverhältnis (Deckungsverhältnis)** zu trennen ist das **Versorgungsverhältnis zwischen Arbeitgeber und Arbeitnehmer (Valutaverhältnis).** Das Rechtsverhältnis des Arbeitgebers zur Versicherung richtet sich *allein* nach dem Versicherungsvertrag.[61] Der Versicherungsvertrag unterliegt dem Erfüllungswahlrecht des Insolvenzverwalters nach § 103 InsO (→ § 21 Rn. 12 ff.). Will dieser den Rückkaufswert in Anspruch nehmen, muss er den Versicherungsvertrag kündigen.[62]

32   Gem. § 7 Abs. 1, 2 BetrAVG besteht bei einer Direktversicherung nur dann gesetzlicher **Insolvenzschutz,** soweit ein widerrufliches Bezugsrecht besteht oder Ansprüche aus der Direktversicherung vom Arbeitgeber als Versicherungsnehmer abgetreten oder beliehen wurden und deshalb an den Arbeitnehmer nicht ausbezahlt werden *und* der Arbeitgeber seiner Verpflichtung nach

---

[58] ErfK/*Steinmeyer* BetrAVG § 7 Rn. 15; Blomeyer/Rolfs/Otto/*Rolfs* BetrAVG § 7 Rn. 56.
[59] BAG Urt. v. 23.3.1999 – 3 AZR 631/97 (A), NZA 2000, 90 (92).
[60] Dafür: Höfer/*Höfer* BetrAVG § 7 Rn. 146; UFOD/*Braun* BetrAVG § 7 Rn. 75; *Blomeyer* NZA 1995, 49 (51); dagegen: Blomeyer/Rolfs/Otto/*Rolfs* BetrAVG § 1 Rn. 286 f.
[61] BGH Urt. v. 9.10.2014 – IX ZR 41/14, NZI 2014, 1000 Rn. 11.
[62] BGH Urt. v. 9.10.2014 – IX ZR 41/14, NZI 2014, 1000 Rn. 26; *Gehrlein* NZI 2015, 97 (101).

§ 1b Abs. 2 S. 3 BetrAVG, diese Verfügungen auszugleichen, wegen der Eröffnung des Insolvenzverfahrens nicht nachkommt. Nach dem Zweck der Norm gilt das auch für die im Gesetz nicht ausdrücklich genannte Verpfändung von Ansprüchen.[63]

Hat der Arbeitgeber das **Bezugsrecht** zugunsten des Arbeitnehmers **unwiderruflich** ausgestaltet und ist der Anspruch aus dem Versicherungsvertrag nicht verpfändet, beliehen, abgetreten oder in sonstiger Weise wirtschaftlich beeinträchtigt, bedarf es keines gesetzlichen Insolvenzschutzes. Die Werte aus der Versicherung stehen bereits mit Vertragsschluss dem unwiderruflich bezugsberechtigten Arbeitnehmer zu. 33

Der Gesetzgeber hält die Wahrscheinlichkeit, dass diese beim Lebensversicherer angehäuften Deckungsmittel ihrerseits durch eine Insolvenz des Versicherungsunternehmens verloren gehen, für gering und hat von einer Insolvenzsicherung abgesehen. Die Lebensversicherungsunternehmen unterliegen der staatlichen Versicherungsaufsicht nach dem Versicherungsaufsichtsgesetz (VAG). Als Rechts- und Finanzaufsicht sorgt die Bundesanstalt für Finanzdienstleistungsaufsicht dafür, dass die Erfüllbarkeit der Versorgungszusagen gewährleistet ist. Die Lebensversicherer haben gesetzliche Anlagegrundsätze zu beachten (§§ 124ff. VAG). Außerdem müssen sie einem Sicherungsfonds angehören (§ 221 Abs. 1 VAG).[64] 34

Der unwiderruflich bezugsberechtigte Arbeitnehmer kann die **Aussonderung der Versicherung** aus der Insolvenzmasse verlangen (§ 47 InsO).[65] Im Vorfeld der Freigabe sollte der Insolvenzverwalter die Wirksamkeit und die Anfechtbarkeit der Bezugsrechtsvereinbarung oder ihrer Abänderung prüfen. Nach § 13 Abs. 4 ALB 2012 (Allgemeine Bedingungen für die kapitalbildende Lebensversicherung) ist die Einräumung und der Widerruf eines Bezugsrechts erst und nur dann wirksam, wenn sie der Versicherung vom bisherigen Berechtigten *schriftlich* angezeigt worden ist. Wenn die Unwiderruflichkeit des Bezugsrechts erst nachträglich in einer Krise, idR nicht früher als 4 Jahre vor Insolvenzantragstellung vereinbart wurde, kommt eine Insolvenzanfechtung nach den §§ 129ff. InsO in Betracht.[66] Bei bestehendem Aussonderungsanspruch hat der Insolvenzverwalter die deklaratorische Freigabe der Versicherung aus der Insolvenzmasse zu erklären und einer Übertragung des Versicherungsverhältnisses auf den Arbeitnehmer zuzustimmen.[67] 35

Gleiches gilt für das **eingeschränkt unwiderrufliche Bezugsrecht**, bei dem das Bezugsrecht durch Vorbehalte – zB der Arbeitgeber behält sich bis zum Eintritt der gesetzlichen Unverfallbarkeitsvoraussetzungen nach dem Betriebsrentengesetz (§§ 1b Abs. 1 S. 1, 30f. BetrAVG, → Rn. 87ff.) die Versicherungs- 36

---

[63] Blomeyer/Rolfs/Otto/*Rolfs* BetrAVG § 7 Rn. 60.
[64] Vgl. BAG Urt. v. 12.6.2007 – 3 AZR 14/06, NZA–RR 2007, 650 Rn. 26 (zu §§ 124ff. VAG aF).
[65] BAG Urt. v. 18.9.2012 – 3 AZR 176/10, ZIP 2012, 2269 Rn. 15; BAG Urt. v. 26.6.1990 – 3 AZR 651/88, NZA 1991, 60; sa zum Mehrheitsgesellschafter AG Göttingen Urt. v. 9.3.2012 – 21 C 117/11, ZInsO 2014, 729.
[66] BGH Urt. v. 27.9.2012 – IX ZR 15/12, NJW 2013, 232; BGH Urt. v. 26.1.2012 – IX ZR 99/11, NZI 2012, 661; LG Dresden Urt. v. 24.7.2006 – 10 O 0905/06, ZInsO 2006, 998 (1000); *Hatwig* InsbürO 2013, 350 (353).
[67] *Flitsch/Herbst* BB 2003, 317 (320); *Stahlschmidt* NZI 2006, 375.

Pluta/Heidrich

leistung vor – eingeschränkt wird und die Voraussetzungen der Vorbehalte nicht erfüllt sind.[68] Dann kann das Bezugsrecht nicht widerrufen werden.

37 Sind hingegen die Voraussetzungen der Vorbehalte erfüllt (zB Nichterfüllung der gesetzlichen Unverfallbarkeitsvoraussetzungen), ist es eine Frage der Auslegung des Versicherungsvertrages, ob im Falle der Insolvenz des Arbeitgebers der Insolvenzverwalter das Bezugsrecht widerrufen und die Versicherungsleistung zur Insolvenzmasse ziehen darf. Das BAG stellt hierbei entscheidend auf betriebsrentenrechtliche Wertungen, nicht jedoch auf insolvenzrechtliche Besonderheiten ab. Wenn die Voraussetzungen des Widerrufsvorbehalts vorliegen, bleibt das Widerrufsrecht erhalten. Das Bezugsrecht kann dann vom Insolvenzverwalter widerrufen werden.[69] In den Fällen, in denen das Arbeitsverhältnis auf Grund eines Betriebsübergangs auf einen anderen Arbeitgeber übergeht, endet es allerdings nicht, so dass es an einer Beendigung des Arbeitsverhältnisses vor Eintritt des Versicherungsfalls als Voraussetzung des Vorbehaltes fehlt.[70] Der BGH[71] vertritt noch immer eine restriktivere[72] Auffassung, dass bei einer insolvenzbedingten Beendigung des Arbeitsverhältnisses das Vorliegen der tatbestandlichen Voraussetzungen des Vorbehaltes auf Grund einer eingeschränkten Auslegung der Vorbehaltserklärung zu verneinen sein kann (zB Vorbehalt soll die Betriebstreue des Arbeitnehmers fördern und daher nur Beendigungsgründe erfassen, die allein auf die Person und das betriebliche Verhalten des Arbeitnehmers zurückzuführen sind). Bei der Auslegung seien die Interessen von Versicherungsnehmer und Versicherten, wie sie sich im Zeitpunkt der Begründung des Versicherungsschutzes darstellten, zu berücksichtigen. Bei Gesellschafter-Geschäftsführern, die nicht in den Geltungsbereich des BetrAVG fallen, sind deren Einflussmöglichkeiten auf die Geschicke des Unternehmens allerdings als maßgebliche Umstände anzusehen, die einer einschränkenden Auslegung eines entsprechenden Vorbehalts entgegenstehen können.[73] Damit ist nach dem vom BAG im Jahr 2007 eingeleiteten, dann – mangels bestehender Divergenz – eingestellten Verfahren vor dem Gemeinsamen Senat der obersten Gerichte des Bundes[74] noch immer zwischen BAG und BGH nicht eindeutig geklärt, ob der Widerruf des eingeschränkt widerruflichen Bezugsrechts bei einer insolvenzbedingten Beendigung des Arbeitsverhältnisses wirksam ist, wenn allein nach dem Wortlaut der Klausel ein solcher Widerruf möglich wäre.

---

[68] BAG Urt. v. 18.9.2012 – 3 AZR 176/10, ZIP 2012, 2269 Rn. 16; BAG Urt. v. 26.6.1990 – 3 AZR 651/88, NZA 1991, 60.
[69] BAG Urt. v. 18.9.2012 – 3 AZR 176/10, ZIP 2012, 2269 Rn. 16.
[70] BAG Urt. v. 15.6.2010 – 3 AZR 334/06, NZI 2011, 30; *Priebe* ZInsO 2010, 2307.
[71] BGH Urt. v. 22.1.2014 – IV ZR 201/13, NZA 2015, 235; kritisch hierzu: *Hinkel* DZWIR 2015, 53; BGH Beschl. v. 6.6.2012 – IV ZA 23/11, NZI 2012, 762; BGH Urt. v. 3.5.2006 – IV ZR 134/05, NZI 2006, 527; BGH Urt. v. 8.6.2005 – IV ZR 30/04, NZI 2005, 555.
[72] Schaub/*Vogelsang* AR–HdB § 276 Rn. 52; *Matthießen* NZA 2014, 1058 (1059).
[73] BGH Urt. v. 24.6.2015 – IV ZR 411/13, NZA 2016, 111; sa BGH Beschl. v. 6.6.2012 – IV ZA 23/11, NZI 2012, 762.
[74] Zum Vorlagebeschluss: BAG Beschl. v. 22.5.2007 – 3 AZR 334/06, NZI 2007, 674; vgl. *Böhm* BB 2007, 1502; *Rößler* NZI 2007, 631; für einen Mittelweg: *Löser* ZInsO 2008, 649; erste Entscheidung nach Einstellung des Vorlageverfahrens: → Fn. 69.

Hat der insolvente Arbeitgeber im letzten Monat vor Insolvenzantragstellung 38
seine Rechte als Versicherungsnehmer auf den versicherten Arbeitnehmer übertragen und stand dem eingeschränkt unwiderruflich bezugsberechtigten Arbeitnehmer noch keine unverfallbare Anwartschaft nach dem BetrAVG zu, so dass das Bezugsrecht hätte widerrufen werden können, kann der Insolvenzverwalter die Übertragung anfechten. Tarifliche Ausschlussfristen gelten hierfür nicht.[75]

Hat der Arbeitgeber das **Bezugsrecht** mit der Versicherung nur **widerruflich** 39
vereinbart oder etwa Leistungen aus der Direktversicherung beliehen oder an einen Dritten abgetreten oder verpfändet, so ist er in diesem Umfang gegenüber dem Träger der Insolvenzsicherung nach § 10 Abs. 3 Nr. 2 BetrAVG beitragspflichtig,[76] weil insoweit die Versorgungsansprüche des Arbeitnehmers gefährdet werden können. In diesem Umfang gewährleistet dann der PSVaG gesetzlichen Insolvenzschutz (§ 7 Abs. 1, 2 BetrAVG).

Der Insolvenzverwalter ist verpflichtet, die Deckungsmittel der Versicherung 39a
bei widerruflichem Bezugsrecht – auch bei unverfallbaren Anwartschaften – durch Widerruf des Bezugsrechts und Kündigung des Versicherungsvertrags[77] zur Masse zu ziehen und zu verwerten. Alternativ zur Kündigung kommen nach Widerruf des Bezugsrechts die Beitragsfreistellung und das Abwarten des Laufzeitendes oder die Veräußerung des Vertrages an gewerbliche Policenankäufer in Betracht. Allerdings hat der namentlich bezeichnete Bezugsberechtigte nach Insolvenzeröffnung ein auf einen Monat befristetes **Eintrittsrecht in das Versicherungsverhältnis gem.** § 170 VVG; jedoch muss der widerruflich Bezugsberechtigte[78] bei Eintritt in den Versicherungsvertrag dem Insolvenzverwalter den Rückkaufswert bezahlen. Es ist höchstrichterlich noch nicht entschieden, ob der Insolvenzverwalter bereits vor Ablauf dieser Monatsfrist das Bezugsrecht widerrufen und die Versicherung kündigen kann.[79] Sofern der Insolvenzverwalter des Versicherungsnehmers weder den Versicherungsvertrag kündigt noch die Bezugsberechtigung widerruft, erstarkt die Rechtsstellung des Bezugsberechtigten bei Eintritt des Versicherungsfalls (§ 159 Abs. 2 VVG). Dann verliert der Insolvenzverwalter die Möglichkeit der Verfügung über den Versicherungsvertrag und insbesondere das Recht zum Widerruf.[80] § 91 InsO steht in diesem Fall dem Rechtserwerb des Bezugsberechtigten im Insolvenzverfahren des Versicherungsnehmers nicht entgegen, da der widerruflich Bezugsberechtigte mit Eintritt des Versicherungsfalls den Anspruch auf die Versicherungssumme originär selbst erwirbt und daher kein Rechtsübergang von der Masse des Versicherungsnehmers an den Bezugsberechtigten stattfindet.[81]

---

[75] BAG Urt. v. 19.11.2003 – 10 AZR 110/03, NZI 2004, 335.
[76] FK-InsO/*Griebeling* Anhang IV Rn. 51.
[77] BGH Urt. v. 1.12.2011 – IX ZR 79/11, NZI 2012, 76 Rn. 17.
[78] MüKo/*Mönnich* VVG § 170 Rn. 14; *Hatwig* InsbürO 2014, 519 (521).
[79] Vgl. BGH Urt. v. 12.10.2011 – IV ZR 113/10, NJOZ 2012, 1266 Rn. 16 f.; dafür, aber einhergehend mit einer evtl. Schadensersatzpflicht: MüKo/*Peters* InsO § 35 Rn. 417; Jaeger/*Henckel* InsO § 35 Rn. 75; offenlassend: *Lange* ZVI 2012, 403 (410); dagegen: *Armbrüster/Pilz* KTS 2004, 481 (503); *König* NVersZ 2002, 481 (483).
[80] BGH Urt. v. 9.10.2014 – IX ZR 41/14, NZI 2014, 1000 Rn. 27.
[81] BGH Urt. v. 9.10.2014 – IX ZR 41/14, NZI 2014, 1000 Rn. 24; BGH Beschl. v. 27.4.2010 – IX ZR 245/09, NZI 2010, 646 Rn. 3.

Stehen dem Arbeitgeber bzw. Insolvenzverwalter die Rechte aus dem Versicherungsvertrag einschließlich des Widerrufsrechts zu, ist er nach § 952 BGB Eigentümer des Versicherungsscheins und kann diesen vom Arbeitnehmer nach § 985 BGB herausverlangen, sofern sich dieser in dessen Besitz befindet.[82]

40 Wenn die Direktversicherung durch den Arbeitnehmer **im Wege der Entgeltumwandlung (§ 1a Abs. 1 BetrAVG) finanziert** wird, ist der Arbeitgeber zwar gem. § 1b Abs. 5 S. 2 BetrAVG verpflichtet, das Bezugsrecht unwiderruflich auszugestalten. Ist jedoch dessen ungeachtet im zwischen dem Arbeitgeber und der Versicherung abgeschlossenen Lebensversicherungsvertrag das Bezugsrecht nur widerruflich vereinbart, kann der Insolvenzverwalter das Bezugsrecht widerrufen. Verstößt der Widerruf gegen Pflichten aus dem Arbeitsvertrag, können dem Arbeitnehmer Schadensersatzansprüche erwachsen, die auf Ausgleich des im Versicherungsfall eintretenden Versorgungsschadens gerichtet sind. Das BAG hat offen gelassen, ob solche Schadensersatzansprüche Masseverbindlichkeiten oder Insolvenzforderungen sind.[83] In einem noch zur KO ergangenen Urteil hat das Gericht den Masseschuldcharakter verneint.[84] Die darin gezogenen Schlüsse sind auf die InsO zu übertragen. Zwar wurde in einem solchen Fall vereinzelt vertreten, dass der Arbeitgeber infolge der Umwandlungsvereinbarung Treuhänder des entsprechenden Gehaltsteiles werde und der Arbeitnehmer als Treugeber die Versicherung aussondern kann.[85] Indes leistet der Arbeitgeber die Versicherungsprämien auch in diesem Fall aus seinem Vermögen. Die Voraussetzungen eines Treuhandverhältnisses liegen nicht vor.[86] Es besteht daher kein Aussonderungsrecht.

41 **Nicht insolvenzgeschützt** sind Ansprüche des Arbeitnehmers gegen den Arbeitgeber, die daraus entstanden sind, dass der Arbeitgeber als Versicherungsnehmer bis zum Eintritt der Insolvenz mit seinen **Prämienzahlungen in Rückstand** geraten ist und er den Versorgungsberechtigten insolvenzbedingt nicht selbst sicherstellen kann (§ 1b Abs. 2 S. 3 BetrAVG).[87] Dann bleiben die Leistungen des Versicherers hinter dem zurück, was der Arbeitgeber mit seiner Versorgungszusage versprochen hat. Nach dem Wortlaut des Gesetzes verschließt sich der Insolvenzschutz, wenn der Arbeitgeber Beiträge für die Direktversicherung nicht oder nicht in voller Höhe leistet. Es würde einen Systembruch bedeuten, den PSVaG eintreten zu lassen, ohne zugleich eine korrespondierende Beitragspflicht des Arbeitgebers anzuerkennen.[88] Die aus den unterbliebenen Prämienzahlungen resultierenden Schadensersatzansprüche kann der Arbeitnehmer daher nur zur Insolvenztabelle anmelden.[89]

---

[82] BAG Urt. v. 19.4.2011 – 3 AZR 267/09, NZI 2011, 777 Rn. 16, 17.
[83] BAG Urt. v. 18.9.2012 – 3 AZR 176/10, ZIP 2012, 2269.
[84] BAG Urt. v. 26.2.1991 – 3 AZR 213/90, NZA 1991, 845.
[85] OLG Düsseldorf Urt. v. 6.3.1992 – 17 U 201/91, NJW–RR 1992, 798; *Kießling* NZI 2008, 469.
[86] BAG Urt. v. 18.9.2012 – 3 AZR 176/10, ZIP 2012, 2269 Rn. 17; BGH Urt. v. 18.7.2002 – IX ZR 264/01, NZI 2002, 604.
[87] BAG Urt. v. 17.11.1992 – 3 AZR 51/92, NZA 1993, 843; kritisch: *Langohr-Plato* DB 1994, 325 (329) und Höfer/*Höfer* BetrAVG § 7 Rn. 114 ff.
[88] FK-InsO/*Griebeling* Anh. IV Rn. 47.
[89] Vgl. LAG Rheinland-Pfalz Urt. v. 12.10.2006 – 4 Sa 281/06, BeckRS 2007, 44876.

b) Unterstützungskasse. Bedient sich der Arbeitgeber zur Erfüllung seiner 42
Versorgungsleistungen einer Unterstützungskasse (§ 1b Abs. 4 BetrAVG), so
tritt der gesetzliche **Insolvenzschutz** ein, wenn die nach den Versorgungsregeln
vorgesehene Versorgung nicht mehr erbracht wird, weil über das Vermögen
oder den Nachlass des Arbeitgebers, der der Unterstützungskasse Zuwendungen
leistet (Trägerunternehmen), das Insolvenzverfahren eröffnet worden ist
(§ 7 Abs. 1 S. 2 Nr. 2, Abs. 2 S. 2 BetrAVG). Unbeachtlich ist, ob die Unterstützungskasse
selbst liquide bleibt. Gesetzlicher Insolvenzschutz ist erforderlich,
weil der Arbeitgeber nicht verpflichtet ist, eine von ihm eingeschaltete Unterstützungskasse
mit ausreichenden Mitteln auszustatten. Die Unterstützungskasse
unterliegt nicht der Versicherungsaufsicht und ist in der Anlage ihres
Vermögens frei; sie kann sogar die Mittel darlehensweise an den Arbeitgeber
zurückgeben. Sie gewährt keinen Rechtsanspruch auf ihre Leistungen (§ 1b
Abs. 4 S. 1 BetrAVG). Der Freiwilligkeitsvorbehalt berechtigt allerdings nur
dazu, die Leistungszusage aus sachlichen Gründen zu widerrufen.[90] Auf Grund
des Ausschlusses des Rechtsanspruchs müssen die Arbeitnehmer stets mit einer
Abänderung der Versorgungsordnung der Unterstützungskasse rechnen.[91] Die
Insolvenzsicherung besteht unabhängig davon, in welcher Höhe die Unterstützungskasse
dotiert ist und wie sie ihr Vermögen anlegt.[92] Selbst eine kongruent
rückgedeckte Unterstützungskasse, bei der die Unterstützungskasse für jeden
Versorgungsberechtigten eine kongruente Rückdeckungsversicherung bei einer
Lebensversicherung abgeschlossen und die Ansprüche aus dieser Versicherung
an den Arbeitnehmer verpfändet hat, lässt den Insolvenzschutz nicht entfallen,
da das BetrAVG nicht nach dem Ausfinanzierungsgrad unterscheidet.[93] Der Insolvenzverwalter
des Trägerunternehmens ist nicht berechtigt, den Rückkaufswert
der Rückdeckungsversicherung zur Masse zu ziehen, wenn die Unterstützungskasse
den Versicherungsvertrag im eigenen Namen abgeschlossen hat.[94]

c) Pensionskasse. Im Falle der Versorgung durch eine Pensionskasse besteht 43
kein Insolvenzschutz (vgl. § 7 Abs. 1 S. 2 BetrAVG), weil entsprechende Deckungsmittel
ausgesondert und wirtschaftlich nicht an das Schicksal des Unternehmens
gebunden sind.[95] Die Pensionskasse (§ 232 VAG) unterliegt der Versicherungsaufsicht
und ist in der Anlage der Mittel (Mischung und Streuung)
beschränkt. Sie kann freiwillig einem Sicherungsfonds beitreten (§ 221 Abs. 2
S. 1 VAG). Der Arbeitnehmer hat gegen die Pensionskasse einen eigenen
Rechtsanspruch auf die Versorgungsleistung (§ 1b Abs. 3 BetrAVG). Damit
besteht auch dann keine Insolvenzsicherung, wenn der Arbeitgeber Beiträge an
die Pensionskasse nicht oder nicht in voller Höhe entrichtet.[96] Da einige Pensi-

---

[90] BAG Urt. v. 29.9.2010 – 3 AZR 107/08, NZI 2010, 152 Rn. 27.
[91] BAG, Urt. v. 16.2.2010 – 3 AZR 181/08, NZA 2011, 42.
[92] Höfer/*Höfer* BetrAVG § 7 Rn. 138.
[93] KKBH/*Kisters-Kölkes* BetrAVG § 1 Rn. 122; zur Beitragspflicht zum PSVaG: BVerwG Urt. v. 25.8.2010 – 8 C 23/09, NVwZ-RR 2011, 160.
[94] BAG Urt. v. 29.9.2010 – 3 AZR 107/08, NZI 2010, 152 Rn. 21.
[95] FK-InsO/*Griebeling* Anh. IV Rn. 53.
[96] Vgl. BAG Urt. v. 17.11.1992 – 3 AZR 51/92, NZA 1993, 843; Blomeyer/Rolfs/ Otto/*Rolfs* BetrAVG § 7 Rn. 66; aA unter Verweis auf § 1 Abs. 1 S. 3 BetrAVG Höfer/ *Höfer* BetrAVG § 7 Rn. 146 f.

onskassen von ihrem Satzungsrecht Gebrauch gemacht haben, Leistungen herabzusetzen,[97] so dass die Einstandspflicht des Arbeitgebers (§ 1 Abs. 1 S. 3 BetrAVG) relevant wird, stellt sich insoweit die Frage nach einem Insolvenzschutz (→ Rn. 30).

44 **d) Pensionsfonds.** Die Pensionsfondszusage (vgl. § 236 Abs. 1 VAG) unterfällt hingegen dem **Insolvenzschutz** (§ 7 Abs. 1 S. 2 Nr. 2, Abs. 2 S. 2 BetrAVG), auch wenn der Arbeitnehmer einen eigenen Anspruch gegenüber dem Pensionsfonds hat (§ 1b Abs. 3 BetrAVG, § 236 Abs. 1 Nr. 3 VAG). Der Pensionsfonds unterliegt zwar der Versicherungsaufsicht, hat aber im Gegensatz zur Pensionskasse bei der Anlage der Mittel größere Freiheiten, so dass er risikoreicher investieren darf und in extremen Fällen die Deckungsmittel nicht mehr zur Verfügung stehen können.

45 Der PSVaG tritt ein, wenn der Arbeitgeber, der den Pensionsfonds finanziert, insolvent wird (§ 7 Abs. 1 S. 2 Nr. 2 BetrAVG). Jedoch kann ein kapitalmäßig gut ausgestatteter Pensionsfonds trotz Insolvenz des Unternehmens die Versorgungsleistungen gewähren. Deshalb sieht § 8 Abs. 1a BetrAVG die Möglichkeit vor, dass der Pensionsfonds mit Genehmigung der Bundesanstalt für Finanzdienstleistungsaufsicht die gegen den PSVaG gerichteten Ansprüche selbst erfüllen kann. Bei Verweigerung der Genehmigung muss der PSVaG die versprochenen Versorgungsleistungen erbringen, wobei das Pensionsfondsvermögen auf ihn übergeht (§ 9 Abs. 3a und 3 BetrAVG, → Rn. 154).

III. Der Sicherungsfall

1. Allgemeines

46 Ein Anspruch auf Insolvenzschutz durch den PSVaG setzt voraus, dass ein Sicherungsfall beim Arbeitgeber des Versorgungsberechtigten eingetreten ist. Hierzu gehört der derzeitige oder vormalige Arbeitsvertragspartner, der dem Versorgungsberechtigten die Zusage erteilt hat, und dessen Rechtsnachfolger im Sinne von § 4 BetrAVG oder § 613a BGB.[98] Nicht abgesichert ist die Insolvenz des externen Versorgungsträgers selbst. Die Eintrittspflicht des PSVaG besteht dabei nur in den vom Gesetz **in § 7 Abs. 1 S. 1 und S. 4 Nr. 1–3 BetrAVG abschließend festgelegten Sicherungsfällen.**[99]

47 Ein Sicherungsfall liegt nach der Legaldefinition des § 7 Abs. 1 S. 1 BetrAVG vor bei Eröffnung des Insolvenzverfahrens oder bei Vorliegen der in § 7 Abs. 1 S. 4 BetrAVG gleichrangig genannten Tatbestände. Dazu gehören die Abweisung des Antrags auf Eröffnung des Insolvenzverfahrens mangels Masse (§ 7 Abs. 1 S. 4 Nr. 1 BetrAVG), der außergerichtliche Vergleich (§ 7 Abs. 1 S. 4 Nr. 2 BetrAVG) sowie die vollständige Beendigung der Betriebstätigkeit im Geltungsbereich des BetrAVG, wenn ein Antrag auf Eröffnung des Insolvenzverfahrens nicht gestellt worden ist und ein Insolvenzverfahren offensichtlich

---

[97] BAG Urt. v. 30.9.2014 – 3 AZR 617/12, NZA 2015, 544; BAG, Urt. v. 19.6.2012 – 3 AZR 408/10, NZA-RR 2013, 426.
[98] Blomeyer/Rolfs/Otto/*Rolfs* BetrAVG § 7 Rn. 77 ff.
[99] Blomeyer/Rolfs/Otto/*Rolfs* BetrAVG § 7 Rn. 84.

mangels Masse nicht in Betracht kommt (§ 7 Abs. 1 S. 4 Nr. 3 BetrAVG). Kein Sicherungsfall ist die Liquidation eines Unternehmens.[100] Der früher in § 7 Abs. 1 S. 3 Nr. 5 BetrAVG aF geregelte **Sicherungsfall einer wirtschaftlichen Notlage** des Arbeitgebers wurde auf Betreiben des PSVaG gestrichen. Er bleibt relevant für Verfahren, die noch nach der Konkursordnung bzw. der Vergleichsordnung abgewickelt werden (vgl. § 31 BetrAVG).[101] Mit der Abschaffung dieses Sicherungsfalles ist zugleich die arbeitsrechtliche Möglichkeit entfallen, eine Versorgungszusage wegen wirtschaftlicher Notlage zu widerrufen.[102] 48

2. Die einzelnen Sicherungsfälle

a) **Eröffnung des Insolvenzverfahrens.** Der erste Sicherungsfall, der die Einstandspflicht des PSVaG für insolvenzgeschützte Versorgungsansprüche und Anwartschaften begründet, ist die Eröffnung des Insolvenzverfahrens über das Vermögen oder den Nachlass des Arbeitgebers (§ 7 Abs. 1 S. 1 BetrAVG). 49

Mit Erlass des **Eröffnungsbeschlusses** (§ 27 InsO) steht dem *Versorgungsempfänger* ein Leistungsanspruch gegen den PSVaG zu. Für den *Versorgungsanwärter* ist der Tag der Insolvenzeröffnung insoweit von Bedeutung, als zu diesem Zeitpunkt geprüft wird, ob ihm bereits eine unverfallbare Anwartschaft zusteht und in welcher Höhe er später Versorgungsleistungen beanspruchen kann.[103] Der mit der Eröffnung des Insolvenzverfahrens eingetretene Sicherungsfall bleibt auch dann bestehen, wenn später das Insolvenzverfahren eingestellt wird (§§ 207 ff. InsO).[104] 50

Der PSVaG kann gegen den Beschluss, durch den das Insolvenzverfahren eröffnet wird, sofortige Beschwerde (§ 9 Abs. 5 BetrAVG) einlegen, da die Insolvenzeröffnung erhebliche wirtschaftliche Auswirkungen auf ihn hat. 51

b) **Abweisung des Insolvenzantrags mangels Masse.** Nach § 7 Abs. 1 S. 4 Nr. 1 BetrAVG steht der Eröffnung des Insolvenzverfahrens die Abweisung des Antrags mangels Masse (§ 26 InsO) gleich. Dieser Sicherungsfall tritt mit der Verkündung des Abweisungsbeschlusses über den Eröffnungsantrag ein.[105] Wenn nicht einmal die Verfahrenskosten gem. § 54 InsO gedeckt sind, haben die Arbeitnehmer und die Versorgungsberechtigten keine reale Aussicht auf Befriedigung ihrer Ansprüche. 52

Dem PSVaG steht analog § 9 Abs. 5 BetrAVG die sofortige Beschwerde gegen die Abweisung des Insolvenzantrags mangels Masse offen.[106] 53

---

[100] Kritisch: *Fischer* NZA 2014, 1126 u. NJOZ 2014, 1601.
[101] Höfer/*Höfer* BetrAVG § 31 Rn. 2.
[102] BVerfG Beschl. v. 29.2.2012 – 1 BvR 2378/10, NZA 2012, 788; BAG Urt. v. 18.11.2008 – 3 AZR 417/07, NZA 2009, 1112; BAG Urt. v. 31.7.2007 – 3 AZR 373/06, ZIP 2007, 2326; *Boemke* RdA 2010, 10 u. NJW 2009, 2491.
[103] Höfer/*Höfer* BetrAVG § 7 Rn. 41.
[104] Blomeyer/Rolfs/Otto/*Rolfs* BetrAVG § 7 Rn. 92.
[105] Blomeyer/Rolfs/Otto/*Rolfs* BetrAVG § 7 Rn. 96.
[106] LG Duisburg Beschl. v. 27.4.2006 – 7 T 116/06, NZI 2006, 535; *Gareis* ZInsO 2007, 23 (25).

54 **c) Das außergerichtliche Vergleichsverfahren.** § 7 Abs. 1 S. 4 Nr. 2 BetrAVG nennt als dritten Sicherungsfall den außergerichtlichen Vergleich (Stundungs-, Quoten- und Liquidationsvergleich) des Arbeitgebers mit seinen Gläubigern zur Abwendung eines Insolvenzverfahrens, wenn ihm der Träger der Insolvenzsicherung zugestimmt hat. Der außergerichtliche Vergleich dient entweder der Sanierung oder der Liquidierung des Schuldners, jedoch immer zur Abwendung eines Insolvenzverfahrens.

55 Vertragspartner des außergerichtlichen Vergleiches sind der Arbeitgeber als Schuldner und die Versorgungsberechtigten als Gläubiger. Der Vergleich besteht damit aus einer **Vielzahl von Einzelverträgen** und bindet nur die Gläubiger, die ihn geschlossen oder sich ihm angeschlossen haben. Der PSVaG hat weder eine gesetzliche Vertretungsmacht noch eine Verfügungsbefugnis für den Abschluss außergerichtlicher Vergleiche über Versorgungsrechte des Arbeitnehmers.[107]

56 Der Gesetzgeber hat diesen Sicherungsfall von der **Zustimmung des PSVaG** abhängig gemacht, um zu verhindern, dass Arbeitgeber und Arbeitnehmer bzw. Rentner einen Vertrag zu Lasten eines Dritten, des PSVaG abschließen.[108] Auf die Zustimmung besteht deshalb kein Rechtsanspruch.[109]

57 Der Gläubiger sollte daher seine Zustimmung zum Vergleich von der Zustimmung des PSVaG abhängig machen. Stimmt der PSVaG nicht zu, tritt zwar der Sicherungsfall nicht ein, jedoch bestehen dann zumindest die Versorgungsansprüche gegenüber dem Arbeitgeber unverändert weiter, ohne durch den Vergleich beeinträchtigt zu sein.[110] Erfüllt der Arbeitgeber die Ansprüche nicht, können die Versorgungsberechtigten den PSVaG zu einer Leistung verpflichten, indem sie durch Insolvenzantragstellung für eine Insolvenzverfahrenseröffnung oder Abweisung des Eröffnungsantrags mangels Masse sorgen.[111]

58 **d) Vollständige Beendigung der Betriebstätigkeit bei offensichtlichem Mangel an Insolvenzmasse.** Der in § 7 Abs. 1 S. 4 Nr. 3 BetrAVG genannte Sicherungsfall stimmt wörtlich mit der Insolvenzgeldregelung in § 165 Abs. 1 Nr. 3 SGB III überein. Er setzt voraus, dass das Unternehmen des Arbeitgebers im Geltungsbereich des BetrAVG seine Betriebstätigkeit vollständig eingestellt hat und ein Antrag auf Insolvenzeröffnung wegen offensichtlichen Mangels an Insolvenzmasse nicht gestellt wurde. Das Gesetz gewährt mit diesem **Auffangtatbestand** auch ohne förmlichen Antrag auf Eröffnung des Insolvenzverfahrens Insolvenzschutz. Der Versorgungsberechtigte soll keine Nachteile dadurch erleiden, dass der Arbeitgeber keinen Insolvenzantrag stellt.[112] Das Gesetz setzt mit der Betriebseinstellung und der offensichtlichen Masselosigkeit die Zah-

---

[107] BAG Urt. v. 9.11.1999 – 3 AZR 361/98, NZI 2000, 556; Blomeyer/Rolfs/Otto/*Rolfs* BetrAVG § 7 Rn. 97.
[108] Blomeyer/Rolfs/Otto/*Rolfs* BetrAVG § 7 Rn. 103; KKBH/*Berenz* BetrAVG § 7 Rn. 37.
[109] Blomeyer/Rolfs/Otto/*Rolfs* BetrAVG § 7 Rn. 102; KKBH/*Berenz* BetrAVG § 7 Rn. 41.
[110] Blomeyer/Rolfs/Otto/*Rolfs* BetrAVG § 7 Rn. 107.
[111] KKBH/*Berenz* BetrAVG § 7 Rn. 41.
[112] Blomeyer/Rolfs/Otto/*Rolfs* BetrAVG § 7 Rn. 115.

lungsunfähigkeit des Arbeitgebers voraus, ohne dieses Merkmal im Tatbestand zu erwähnen.[113]

Unter der **vollständigen Beendigung der Betriebstätigkeit** ist die Einstellung des mit dem Betrieb verfolgten arbeitstechnischen und unternehmerischen Zwecks unter Auflösung der organisatorischen Einheit zu verstehen.[114] Bei mehreren Betrieben oder Betriebsteilen eines Unternehmens stellt nur die Beendigung der wirtschaftlichen Tätigkeit des gesamten Unternehmens eine vollständige Beendigung der Betriebstätigkeit dar.[115] Die Änderung des Unternehmenszwecks reicht nicht.[116]

Weitere Voraussetzung ist, dass offensichtlich keine Insolvenzmasse vorhanden ist, die zur Deckung der Kosten des Insolvenzverfahrens ausreicht. Entscheidend bei der **Feststellung der offensichtlichen Masselosigkeit** ist die Sicht eines entsprechend unterrichteten, unvoreingenommenen Betrachters. Auf die Kenntnisse der Betriebsrentner oder des PSVaG kommt es nicht an. Die Masselosigkeit muss objektiv vorliegen.[117]

Die Einstandspflicht des PSVaG entsteht erst dann, wenn alle Tatbestandsvoraussetzungen des § 7 Abs. 1 S. 4 Nr. 3 BetrAVG gegeben sind, die jedoch nicht in einer bestimmten Reihenfolge erfüllt sein müssen. Die Arbeitnehmer haben die Voraussetzungen ihres Anspruchs gegenüber dem PSVaG darzulegen und erforderlichenfalls zu beweisen.[118]

IV. Nicht-Erfüllung der Versorgungsansprüche

1. Nicht-Erfüllung

Der PSVaG tritt nach dem Wortlaut des § 7 Abs. 1 S. 1 BetrAVG nur dann ein, wenn die Ansprüche der Versorgungsempfänger infolge des Eintritts eines der abschließend genannten Sicherungsfälle nicht erfüllt werden. Nicht-Erfüllung liegt vor, wenn die Versorgungsberechtigten verursacht durch einen gesetzlich normierten Sicherungsfall ihre Versorgungsleistungen **nicht mehr in voller Höhe** erhalten. Ein bloßer Leistungsverzug oder eine fruchtlose Einzelzwangsvollstreckung genügen hierfür nicht.[119] Im Interesse eines lückenlosen und effektiven Insolvenzschutzes wird zu Recht vertreten, dass der **Insolvenzschutz bereits mit Eintritt des Sicherungsfalls** einsetzt, unabhängig davon, ob die Versorgungsansprüche tatsächlich nicht mehr erfüllt werden.[120]

---

[113] KKBH/*Berenz* BetrAVG § 7 Rn. 43.
[114] BAG Urt. v. 20.11.1984 – 3 AZR 444/82, NZA 1986, 156.
[115] Blomeyer/Rolfs/Otto/*Rolfs* BetrAVG § 7 Rn. 111.
[116] Höfer/*Höfer* BetrAVG § 7 Rn. 83.
[117] BAG Urt. v. 9.12.1997 – 3 AZR 429/96, NZI 1998, 46.
[118] Ebenda.
[119] Hess/*Hess* InsO Anh. D BetrAVG § 7 Rn. 98.
[120] Höfer/*Höfer* BetrAVG § 7 Rn. 93; so bei Unterstützungskassen–Versorgung: BAG Urt. v. 12.2.1991 – 3 AZR 30/90, NZA 1991, 723; LAG Köln Urt. v. 18.10.1989 – 5 Sa 427/89, ZIP 1990, 667.

63 Die Leistungspflicht des PSVaG entfällt, wenn der Berechtigte wirksam[121] auf seine Altersversorgung verzichtet hat oder aufgrund eines rechtskräftigen Urteils im Versorgungsprozess feststeht, dass ein Versorgungsanspruch nicht besteht.[122] Der Berechtigte kann dann unabhängig von den Sicherungsfällen keine betriebliche Altersversorgung mehr verlangen.

2. Exkurs: Auswirkung der Insolvenz des Arbeitgebers auf Versorgungsansprüche

64 Der Eintritt der Insolvenz beim Arbeitgeber führt nicht dazu, dass Versorgungsansprüche erlöschen. Die Insolvenzsicherung ist vom Versorgungsverhältnis zu unterscheiden.[123] Insolvenzgeschützte Versorgungsansprüche und -anwartschaften gehen auf den PSVaG über (§ 9 Abs. 2 BetrAVG, → Rn. 146 ff.), der seinerseits als Gläubiger am Insolvenzverfahren teilnimmt. Den nicht insolvenzgeschützten Teil ihrer betrieblichen Altersversorgung können die Arbeitnehmer nach den insolvenzrechtlichen Vorschriften im Insolvenzverfahren des Arbeitgebers geltend machen.

65 **Versorgungsansprüche** der Betriebsrentner sind schon vor Insolvenzeröffnung begründet. Zahlungsrückstände sind daher Insolvenzforderungen (§ 38 InsO). Zukünftige Versorgungsleistungen sind als zu kapitalisierende Insolvenzforderungen (§§ 45 oder 46 InsO) zur Insolvenztabelle anzumelden.

66 Für die **Versorgungsanwartschaften** der Arbeitnehmer gilt folgendes: Die Insolvenzeröffnung hat auf die Fortgeltung einer bereits erteilten betrieblichen Versorgungszusage grundsätzlich keinen Einfluss. Der Insolvenzverwalter tritt vollumfänglich in die Rechtsposition des Arbeitgebers ein.[124] Auf ihn geht daher auch das Recht zum **Widerruf** von Versorgungsanwartschaften über. Mit der Abschaffung des Sicherungsfalls der wirtschaftlichen Notlage in § 7 Abs. 1 S. 4 BetrAVG ist allerdings die arbeitsrechtliche Möglichkeit entfallen, eine Versorgungszusage wegen wirtschaftlicher Notlage zu widerrufen.[125] Grobe Pflichtverletzungen, die ein Arbeitnehmer begangen hat, berechtigen den Arbeitgeber nur dann zum Widerruf der Versorgungszusage, wenn die Berufung des Arbeitnehmers auf das Versorgungsversprechen rechtsmissbräuchlich (§ 242 BGB) ist.[126]

---

[121] BAG Urt. v. 17.6.2014 – 3 AZR 412/13, NJOZ 2015, 349 (Unwirksamkeit des Verzichts auf Versorgungsanwartschaften als Gegenleistung für den Verzicht auf Schadensersatzansprüche); BAG Urt. v. 14.8.1990 – 3 AZR 301/89, NZA 1991, 174 (entschädigungsloser Verzicht auf die Versorgungsanwartschaft ist wegen Verstoßes nach § 3 Abs. 1 BetrAVG unwirksam); sa BAG Urt. v. 17.1.1980 – 3 AZR 160/79, WM 1980, 561; Höfer/*Höfer* BetrAVG § 3 Rn. 24 ff.
[122] BAG Urt. v. 23.3.1999 – 3 AZR 625/97, NZA 1999, 652.
[123] BAG Urt. v. 9.11.1999 – 3 AZR 361/98, NZI 2000, 556.
[124] BAG Urt. v. 17.9.1974 – 1 AZR 16/74, WM 1975, 431; zur Änderung der Betriebsrentenzusage in der Insolvenz: *Gantenberg/Hinrichs/Janko* ZInsO 2009, 1000; zur Kündigung einer Betriebsvereinbarung → § 28 Rn. 31 ff.
[125] BVerfG Beschl. v. 29.2.2012 – 1 BvR 2378/10, NZA 2012, 788; BAG Urt. v. 18.11.2008 – 3 AZR 417/07, NZA 2009, 1112; BAG Urt. v. 31.7.2007 – 3 AZR 373/06, ZIP 2007, 2326; aA *Boemke* NJW 2009, 2491.
[126] BAG Urt. v. 12.11.2013 – 3 AZR 274/12, NZA 2014, 780; BAG, Urt. v. 13.11.2012 – 3 AZR 444/10, NZA 2013, 1279; BAG Urt. v. 18.10.1979 – 3 AZR 550/78, ZIP 1980, 198.

§ 30. Betriebliche Altersversorgung in der Insolvenz

Liegt bei Insolvenzeröffnung eine gesetzlich unverfallbare Versorgungs- 67
anwartschaft (§ 1b BetrAVG → Rn. 86 ff.) vor, können diese zuvor erdienten
Anwartschaften zur Insolvenztabelle angemeldet werden. Obgleich der Versorgungsfall noch nicht eingetreten ist, werden im Geltungsbereich des
BetrAVG die Forderungen als unbedingte Forderungen nach § 45 InsO geltend
gemacht (§ 9 Abs. 2 S. 3 BetrAVG für die Anmeldung durch den PSVaG).[127]
Außerhalb des Anwendungsbereiches des BetrAVG (zB bei Unternehmern →
Rn. 129 ff. oder bei Anwartschaften von Arbeitnehmern, die die Höchstgrenze
nach § 7 Abs. 3 BetrAVG übersteigen → Rn. 102 ff.) ist nach überwiegender
Auffassung[128] die Forderung zwar entsprechend § 45 InsO zu berechnen, sie
wird aber als aufschiebend bedingte Forderung behandelt, so dass die hierauf
entfallende Insolvenzquote gem. der §§ 191 Abs. 1, 198 InsO zu hinterlegen ist.

Der nach Eröffnung des Insolvenzverfahrens erdiente Rentenanteil ist hinge- 67a
gen Masseschuld (§ 55 Abs. 1 Nr. 2 InsO). Der Insolvenzverwalter ist dabei
nicht berechtigt, die Betriebsrente um den Teil der erdienten Dynamik zu kürzen, der auf die Zeit vor Eröffnung des Insolvenzverfahrens fällt. Entscheidend
für Grund und Höhe des Versorgungsanspruchs bleiben auch im Insolvenzverfahren die Bemessungsfaktoren der Versorgungszusage für den Zeitpunkt des in
der Versorgungszusage vorgesehenen Versorgungsfalls. Daraus folgt, dass zunächst der voll erdiente Rentenanspruch zu ermitteln und sodann davon abzusetzen ist, was gem. § 9 Abs. 2 BetrAVG auf den PSVaG übergegangen ist.[129]

Die Versorgungsanwartschaft kann auch nach Eröffnung des Insolvenzver- 68
fahrens unverfallbar werden, wenn der Insolvenzverwalter das Arbeitsverhältnis mit einem Arbeitnehmer fortführt, dem eine betriebliche Altersversorgung zugesagt wurde.[130] Der nach Eröffnung des Insolvenzverfahrens erdiente
Anteil des Versorgungsanspruchs ist auch in diesem Fall Masseverbindlichkeit,
für die Zeit davor Insolvenzforderung.[131] Da die gesetzliche Unverfallbarkeit
bei Eintritt des Sicherungsfalls nicht vorlag (§ 7 Abs. 2 S. 1 BetrAVG), tritt allerdings der PSVaG nicht ein.[132] Der Arbeitnehmer meldet seine bis zur Verfahrenseröffnung erdienten Rentenanteile zur Tabelle an (§§ 38, 45 InsO). Den
während des Verfahrens erdienten Rentenanteil muss der Insolvenzverwalter
für den Eintritt des Versorgungsfalles hinterlegen.

Allerdings kann der Insolvenzverwalter ohne Zustimmung des Arbeitneh- 69
mers den Teil der unverfallbaren Versorgungsanwartschaft abfinden, der
während eines Insolvenzverfahrens erdient worden ist, wenn die Betriebstätigkeit vollständig eingestellt und das Unternehmen liquidiert wurde (§ 3 Abs. 4
BetrAVG). Eine Einstellung der Betriebstätigkeit liegt auch dann vor, wenn der
Insolvenzverwalter das Unternehmen im Rahmen einer übertragenden Sanierung fortgeführt hat und dann zwar der Erwerber, aber nicht mehr der Schuld-

---

[127] MüKoInsO/*Bitter* § 45 Rn. 15; Uhlenbruck/*Knof* InsO § 45 Rn. 14; *Ganter* NZI 2013, 769 (771).
[128] BGH Urt. v. 10.7.1997 – IX ZR 161/96, NJW 1998, 312; MüKoInsO/*Bitter* § 45 Rn. 16; Uhlenbruck/*Knof* InsO § 45 Rn. 15; *Ganter* NZI 2013, 769 (771).
[129] BAG Urt. v. 20.10.1987 – 3 AZR 200/86, NZA 1988, 396.
[130] BAG Urt. v. 15.12.1987 – 3 AZR 420/87, NZA 1988, 397.
[131] BGH Urt. v. 6.12.2007 – IX ZR 284/03, NZI 2008, 185 Rn. 10; BAG Urt. v. 20.10.1987 – 3 AZR 200/86, NZA 1988, 396; *Ganter* NZI 2013, 769.
[132] BGH Urt. v. 6.12.2007 – IX ZR 284/03, NZI 2008, 185 Rn. 16; vgl. → Rn. 86.

ner operativ tätig ist. Die Fortführung des Betriebes im Wege eines Betriebsübergangs gem. § 613a BGB beim Erwerber steht dem Abfindungsrecht des veräußernden Insolvenzverwalters gem. § 3 Abs. 4 BetrAVG nicht entgegen.[133] Damit kann der Insolvenzverwalter einseitig Anwartschaften von Arbeitnehmern abfinden, deren Arbeitsverhältnisse nicht auf den Erwerber übergegangen sind (zB durch Widerspruch, vorheriges Ausscheiden oder bei Übertragung eines Teilbetriebs, dem der Arbeitnehmer nicht zugeordnet ist und Stilllegung des verbleibenden Betriebes). Die Bagatellgrenze des § 3 Abs. 2 BetrAVG greift nicht ein. Für die Berechnung der Abfindung verweist § 3 Abs. 5 BetrAVG auf die Vorschriften zur Berechnung des Übertragungswertes gem. § 4 Abs. 5 BetrAVG. Zu beachten ist, dass ansonsten nach der Grundregel des § 3 Abs. 1 BetrAVG die Abfindung einer unverfallbaren Versorgungsanwartschaft oder der entschädigungslose Erlass von Versorgungsanwartschaften in Vereinbarungen, die mit dem Arbeitnehmer in Zusammenhang mit der Beendigung des Arbeitsverhältnisses getroffen werden, verboten sind.[134] Ggf. kommt bei im Zeitpunkt des Ausscheidens des Arbeitnehmers bestehenden Bagatellanwartschaften eine Abfindung nach § 3 Abs. 2 BetrAVG in Betracht. In einem fortbestehenden Arbeitsverhältnis schränkt § 3 BetrAVG die einvernehmliche Änderung, Aufhebung oder Abfindung von Versorgungsanwartschaften dagegen nicht ein.[135]

70 Wird der nach Insolvenzeröffnung fortgeführte Betrieb vom Insolvenzverwalter veräußert, haftet der Erwerber nach § 613a BGB hinsichtlich der übergegangenen Arbeitnehmer für den Teil der Rente, der nach Insolvenzeröffnung bis zum Zeitpunkt des Betriebsübergangs vom Arbeitnehmer erdient worden ist (→ Rn. 126).

71 **Verfallbare Anwartschaften** erlöschen dagegen, wenn der Arbeitnehmer vor Eintritt des Versorgungsfalls vorzeitig aus dem Betrieb ausscheidet. Eine Anmeldung zur Insolvenztabelle ist daher nicht möglich.

V. Insolvenzgesicherte Versorgungsrechte

72 Es ist zwischen den **Versorgungsansprüchen** (§ 7 Abs. 1 BetrAVG) und den gesetzlich unverfallbaren **Versorgungsanwartschaften** (§ 7 Abs. 2 BetrAVG) zum Zeitpunkt des Sicherungsfalls zu unterscheiden.

1. Bei Eintritt des Sicherungsfalls bestehende Versorgungsansprüche (§ 7 Abs. 1 BetrAVG)

73 Die auf laufende oder einmalige Leistungen gerichteten Versorgungsansprüche sind vom PSVaG in der **Höhe** zu übernehmen, wie sie der Arbeitgeber ohne Eintritt des Sicherungsfalls an den Versorgungsempfänger zu leisten hätte.

---

[133] BAG Urt. v. 22.12.2009 – 3 AZR 814/07, NZA 2010, 568 Rn. 18; *UFOD/Grünhagen* BetrAVG § 3 Rn. 69; *Hinrichs/Plitt* ZInsO 2011, 2109 (2111); *Berkowsky* NZI 2008, 288 (289); *Bitter* NZI 2000, 399 (402).
[134] BAG Urt. v. 17.6.2014 – 3 AZR 412/13, NJOZ 2015, 349 Rn. 48 ff. (zu § 3 BetrAVG aF); *Diller* NZA 2011, 1021; *Hinrichs/Plitt* ZInsO 2011, 2109.
[135] BAG Urt. v. 11.12.2001 – 3 AZR 334/00, BeckRS 2002, 41090; sa LAG Hamm Urt. v. 19.2.2014 – 4 Sa 1384/13, BeckRS 2014, 70519; *Zülch* ArbRAktuell 2016, 295; zur Restrukturierung von Versorgungszusagen in der Insolvenz: *Gantenberg/Hinrichs/Janko* ZInsO 2009, 1000.

Pluta/Heidrich

§ 30. Betriebliche Altersversorgung in der Insolvenz

a) **Versorgungsanspruch.** In Abgrenzung zur Versorgungsanwartschaft liegt ein Versorgungsanspruch vor, wenn aus der bedingten Berechtigung (Anwartschaft) nach Erfüllung der vereinbarten Bedingung (wie Erreichen der Altersgrenze, Eintritt der Invalidität, Tod des Berechtigten) das Vollrecht geworden ist.[136]

Mögliche **Versorgungsempfänger** sind zunächst **Rentner** (Altersrente, Invalidenrente). Zu den Anspruchsberechtigten zählen die sog „technischen Rentner", bei denen die Voraussetzungen der Versorgungsordnung erfüllt sind, die aber noch weiterarbeiten.[137] Diese können bei Eintritt des Insolvenzfalls sofort in den Rentnerstatus überwechseln.[138] Die Weiterbeschäftigung von „technischen Rentnern" zum Zeitpunkt des Insolvenzfalls lässt die Einstandspflicht des PSVaG nach § 7 Abs. 1 BetrAVG nur dann entfallen, wenn bei Eintritt der in der Leistungszusage vereinbarten biologischen Voraussetzungen (Erreichen der Altersgrenze, Berufs- oder Erwerbsunfähigkeit) auch die Beendigung des Arbeitsverhältnisses Anspruchsvoraussetzung ist.[139] Bei unverfallbarer Versorgungsanwartschaft besteht jedoch dann ein Schutz nach § 7 Abs. 2 BetrAVG.

Hinterbliebene sind gem. § 7 Abs. 1 S. 1 BetrAVG ebenfalls insolvenzgeschützt. Die Vorschrift bezieht sich dabei nur auf Personen, die im Falle des späteren Versterbens eines im Zeitpunkt des Sicherungsfalls noch lebenden Versorgungsempfängers dessen Hinterbliebene sind.[140] Hinterbliebene, die bereits selbst Versorgungsleistungen erhalten, sind als Versorgungsempfänger ohnehin geschützt.

Ob und wann ein insolvenzgeschützter **Anspruch auf eine Versorgungsleistung** gem. § 7 Abs. 1 BetrAVG vorliegt, hängt von der jeweiligen Versorgungszusage und dem Durchführungsweg der betrieblichen Altersversorgung (→ Rn. 28 ff.) ab. Erfasst werden jedoch nur Ansprüche auf Versorgungsleistungen, bei denen es sich um eine betriebliche Altersversorgung im Sinne von § 1 Abs. 1 S. 1 BetrAVG handelt (→ Rn. 9 f.). § 7 Abs. 1 BetrAVG setzt indessen nicht voraus, dass Ansprüche für Versorgungsempfänger aus einer unverfallbaren Anwartschaft hervorgegangen sind.[141] Versorgungsansprüche sind daher auch dann insolvenzgeschützt, wenn die Versorgungszusage erst beim Eintritt des Versorgungsfalls erteilt wurde, also dem Anspruch keine Anwartschaftsphase vorausgegangen ist.[142]

b) **Anspruchszeitraum.** § 7 Abs. 1a BetrAVG enthält eine Regelung über den Anspruchszeitraum. Danach **entsteht** der Anspruch gegen den Träger der Insolvenzsicherung mit Beginn des Kalendermonats, der auf den Eintritt des Si-

---

[136] Blomeyer/Rolfs/Otto/*Rolfs* BetrAVG § 7 Rn. 22; vgl. BAG Urt. v. 17.9.2008 – 3 AZR 865/06, NZA 2009, 440 (zur festen Altersgrenze von 60 Jahren).
[137] BAG Urt. v. 17.9.2008 – 3 AZR 865/06, NZA 2009, 440 Rn. 28; BGH Urt. v. 9.6.1980 – II ZR 255/78, NJW 1980, 2257 mAnm *Ortlepp* DB 1980, 1991.
[138] *Paulsdorff* BetrAVG § 7 Rn. 46.
[139] BAG Urt. v. 17.2.1987 – 3 AZR 312/85, BeckRS 1987, 30720237; Höfer/*Höfer* BetrAVG § 7 Rn. 33.
[140] Blomeyer/Rolfs/Otto/*Rolfs* BetrAVG § 7 Rn. 28; *Höfer* BetrAVG § 7 Rn. 46.
[141] *Blomeyer/Rolfs/Otto* DB 1977, 585 (586).
[142] BAG Urt. v. 8.5.1990 – 3 AZR 121/89, DB 1990, 2375; Höfer/*Höfer* BetrAVG § 7 Rn. 38.

cherungsfalls folgt. Von der Entstehung des Anspruchs gegen den PSVaG ist die **Fälligkeit** der Leistungen zu unterscheiden. Diese richtet sich nach der Versorgungszusage.[143]

79 Der Anspruch **endet** mit Ablauf des Sterbemonats des Begünstigten, soweit in der Versorgungszusage des Arbeitgebers nicht etwas anderes bestimmt ist.

80 c) **Verjährung.** Die **Verjährung** der Leistungen aus der betrieblichen Altersversorgung regelt § 18a BetrAVG. Diese Norm gilt auch für die gesetzliche Insolvenzsicherung.[144] Das Rentenstammrecht, also der Versorgungsanspruch als solcher, verjährt in 30 Jahren, die laufenden Rentenzahlungen in 3 Jahren (§ 195 BGB).

81 d) **Rückständige Versorgungsleistungen.** § 7 Abs. 1a S. 3 BetrAVG stellt klar, dass der Anspruch gegen den Träger der Insolvenzsicherung in den Sicherungsfällen des § 7 Abs. 1 S. 1 und S. 4 Nr. 1, 3 BetrAVG (→ Rn. 46 ff.) auch rückständige Versorgungsleistungen umfasst, soweit diese in einem Zeitraum von **bis zu zwölf Monaten vor Entstehung der Leistungspflicht** entstanden sind.[145] Im Fall des außergerichtlichen Vergleichs (§ 7 Abs. 1 S. 4 Nr. 2 BetrAVG) besteht eine solche Verpflichtung nur, wenn und soweit der PSVaG diese Verpflichtung in dem Vergleich übernommen hat.[146]

2. Nach Eintritt des Sicherungsfalls entstehende Versorgungsansprüche (§ 7 Abs. 2 BetrAVG)

82 Versorgungsansprüche, die erst nach Eintritt des Sicherungsfalles aufgrund gesetzlich unverfallbarer Anwartschaften (§ 1b BetrAVG) entstehen, sind nach § 7 Abs. 2 BetrAVG durch den PSVaG gesichert, wenn die Unverfallbarkeit der Anwartschaft bereits *vor* Eintritt des Sicherungsfalls bestanden hat.[147]

83 a) **Geschützte Versorgungsanwärter.** Erfasst sind die Anwartschaften der bei Eintritt des Sicherungsfalles **beschäftigten Arbeitnehmer** und die mit einer gesetzlich unverfallbaren Anwartschaft **ausgeschiedenen Versorgungsberechtigten**.[148]

84 **Hinterbliebene** sind durch die Regelung des § 7 Abs. 2 S. 1 BetrAVG ebenfalls insolvenzgeschützt, als der primär Berechtigte erst *nach* Eintritt des Insolvenzfalls verstirbt und zu diesem Zeitpunkt entweder als Arbeitnehmer Inhaber einer unverfallbaren Anwartschaft oder als Ausgeschiedener Inhaber einer aufrechterhaltenen Anwartschaft war.[149]

85 Der Insolvenzschutz erstreckt sich dabei auch auf Arbeitnehmer im **Vorruhestand**, die nur die besonderen Unverfallbarkeitsvoraussetzungen des § 1b

---

[143] Blomeyer/Rolfs/Otto/*Rolfs* BetrAVG § 7 Rn. 191.
[144] KKBH/*Berenz* BetrAVG § 7 Rn. 65.
[145] Mit dem Gesetz zur Verbesserung der Rahmenbedingungen für die Absicherung flexibler Arbeitszeitregelungen und zur Änderung anderer Gesetze vom 21.12.2008 (BGBl. I 2008 2940) wurde die Frist mit Wirkung zum 1.1.2009 von 6 auf 12 Monate verlängert.
[146] Blomeyer/Rolfs/Otto/*Rolfs* BetrAVG § 7 Rn. 211.
[147] BAG Urt. v. 2.12.1986 – 3 AZR 312/86, BB 1987, 1467.
[148] KKBH/*Berenz* BetrAVG § 7 Rn. 72.
[149] Höfer/*Höfer* BetrAVG § 7 Rn. 46; Blomeyer/Rolfs/Otto/*Rolfs* BetrAVG § 7 Rn. 148.

Abs. 1 S. 2 BetrAVG erfüllen und nicht den allgemeinen Unverfallbarkeitskriterien aus § 1b Abs. 1 S. 1 BetrAVG genügen.[150] Das ergibt sich unmittelbar aus § 7 Abs. 2 S. 1 BetrAVG, der bei der Verweisung auf § 1b BetrAVG nicht nach allgemeinen Unverfallbarkeitsbedingungen und den besonderen für Vorruheständler unterscheidet.[151] Da das BetrAVG nicht auf besondere gesetzliche Regelungen über den Vorruhestand (zB auf das Vorruhestandsgesetz[152]) Bezug nimmt, kann die Norm auch auf vertragliche oder tarifliche Vorruhestandsregelungen angewendet werden.[153]

b) Gesetzliche Unverfallbarkeit. Der Insolvenzschutz tritt nur ein, wenn eine gesetzlich unverfallbare Anwartschaft **zum Zeitpunkt des Sicherungsfalles** besteht. Das Vorliegen der Unverfallbarkeitsvoraussetzungen im Zeitpunkt der späteren Beendigung des Arbeitsverhältnisses durch den Insolvenzverwalter genügt nicht.[154] Anwartschaften, die durch arbeitsrechtlich zulässige Vereinbarungen zwischen Arbeitgeber und Arbeitnehmer unter günstigeren Voraussetzungen unverfallbar werden, sind solange nicht gesetzlich insolvenzgeschützt, bis nicht auch die gesetzlichen Unverfallbarkeitsvoraussetzungen in § 1b Abs. 1 S. 1 BetrAVG erfüllt sind[155] (zu Vereinbarungen über die Anrechnung von Vordienstzeiten → Rn. 95). 86

Die gesetzliche Unverfallbarkeit bestimmt sich nach § 1b BetrAVG und der damit verbundenen Übergangsvorschrift des § 30f BetrAVG.[156] Zu unterscheiden ist zwischen der arbeitgeber- und arbeitnehmerfinanzierten betrieblichen Altersversorgung.[157] 87

Bei der **arbeitgeberfinanzierten betrieblichen Altersversorgung** bleibt gem. § 1b Abs. 1 BetrAVG die Anwartschaft erhalten, wenn das Arbeitsverhältnis vor Eintritt des Versorgungsfalles, jedoch nach Vollendung des 25. Lebensjahres endet und die Versorgungszusage mindestens 5 Jahre bestanden hat. Diese Vorschrift gilt für alle **ab dem 1.1.2009 bis zum 31.12.2017 erteilten Zusagen.** 88

Für ab dem 1.1.2018 abgegebene Versorgungsversprechen werden die Voraussetzungen der Unverfallbarkeit aufgrund der Umsetzung der EU-Mobilitätsrichtlinie herabgesetzt;[158] die Unverfallbarkeit tritt dann bereits mit Vollendung des 21. Lebensjahres und einer Dauer der Versorgungszusage von mindestens 3 Jahren ein. Davor erteilte Zusagen werden nach Maßgabe des § 30f Abs. 3 BetrAVG unverfallbar. 89

Für die **zwischen dem 1.1.2001 und dem 31.12.2008 erteilten Zusagen** beträgt gem. § 30f Abs. 2 BetrAVG das Mindestalter für die gesetzliche Unverfallbarkeit statt 25 noch 30 Jahre. Die Versorgungszusage muss mindestens 5 Jahre bestanden haben. Für diese Zusagen ist die Anwartschaft bei Beendi- 89a

---

[150] Höfer/*Höfer* BetrAVG § 7 Rn. 43.
[151] Vgl. BAG Urt. v. 28.3.1995 – 3 AZR 496/94, NZA 1996, 258.
[152] BGBl. 1984 I 601; gilt nicht mehr für Fälle ab dem 1.1.1989 (§ 14 VRG).
[153] ErfK/*Steinmeyer* BetrAVG § 1b Rn. 28; KKBH/*Kemper/Huber* BetrAVG § 1b Rn. 107.
[154] LAG Köln Urt. v. 13.1.2005 – 6 (11) Sa 1137/04, NZA-RR 2005, 546; vgl. → Rn. 68.
[155] BAG Urt. v. 21.1.2003 – 3 AZR 121/02, NZI 2004, 51.
[156] Zuletzt geändert mWv 1.1.2018 durch EU-Mobilitäts-Richtlinie-Umsetzungsgesetz (BGBl. I 2015 2553).
[157] KKBH/*Kemper/Huber* BetrAVG § 1b Rn. 10.
[158] BGBl. 2015 I 2553; *vom Stein* RdA 2015, 272 (273).

gung des Arbeitsverhältnisses am 31.12.2013 oder danach jedoch unverfallbar geworden, wenn das Mindestalter 25 Jahre beim Ausscheiden des Arbeitnehmers erfüllt war.[159]

90 **Vor dem 1.1.2001 erteilte Zusagen** sind bei nachfolgendem Ausscheiden der Arbeitnehmer am 31.12.2005 und danach aufgrund § 30f Abs. 1 S. 1 2. Hs. BetrAVG unverfallbar geworden, wenn das Mindestalter von 30 Jahren beim Ausscheiden erfüllt war (entspricht § 1b BetrAVG in der bis 31.12.2008 gültigen Fassung).[160] Dieses Mindestalter verstößt nicht gegen Unions- und Verfassungsrecht.[161] Bei Ausscheiden der Arbeitnehmer mit solchen Altzusagen bis zum 30.12.2005 gelten dagegen die in § 30f Abs. 1 S. 1 1. Hs. BetrAVG genannten ganz alten Unverfallbarkeitsvoraussetzungen.

91 Für die **arbeitnehmerfinanzierte** betriebliche Altersversorgung gilt folgendes: Aufgrund der §§ 1b Abs. 5 S. 1, 30f Abs. 1 S. 2 BetrAVG sind ab dem 1.1.2001 erteilte Versorgungsanwartschaften aus **Entgeltumwandlungen** (→ Rn. 18 ff.) **sofort gesetzlich unverfallbar.** Auch Alt-Zusagen, die vor dem 1.1.2001 erteilt worden sind, sind gem. § 30f Abs. 1 BetrAVG unverfallbar, wenn das Arbeitsverhältnis mit Ablauf des 31.12.2005 oder danach geendet hat.[162]

92 **Eigenbeiträge des Arbeitnehmers mit Umfassungszusage des Arbeitgebers** (§ 1 Abs. 2 Nr. 4 BetrAVG, vgl. → Rn. 26), die ab dem 1.1.2003 erteilt worden sind, sind ebenfalls sofort gesetzlich unverfallbar (§ 30e Abs. 1 BetrAVG). Bei zuvor erteilten Zusagen ist strittig, ob es sich um eine betriebliche Altersversorgung handelt und damit das BetrAVG und der Insolvenzschutz Anwendung finden.[163]

93 Versorgungsanwartschaften, die bereits **vor dem Inkrafttreten des BetrAVG** kraft Rechtsfortbildung durch Richterrecht als unverfallbar anerkannt wurden, unterliegen nach der Rspr. des BAG[164] und des BGH[165] ebenfalls dem gesetzlichen Insolvenzschutz. Auch für sie hat der PSVaG einzutreten.

94 Für den Bestand der Zusage ist entscheidend, dass das **Arbeitsverhältnis nicht unterbrochen** wurde.[166] Dienstzeiten bei früheren Arbeitgebern (Ausnahme: → Rn. 95) oder in unterbrochenen Arbeitsverhältnissen dürfen für die gesetzliche Unverfallbarkeit grundsätzlich nicht zusammengerechnet werden; das gilt auch für kürzere Unterbrechungen des Arbeitsverhältnisses. Entscheidend ist nicht die tatsächliche Beschäftigung, sondern das rechtliche Fortbestehen des Arbeitsverhältnisses, so dass bei einem ruhenden Arbeitsverhältnis

---

[159] KKBH/*Kemper/Huber* BetrAVG § 1b Rn. 13.

[160] BAG Urt. v. 14.1.2009 – 3 AZR 529/07, NZA 2010, 226; KKBH/*Kemper/Huber* BetrAVG § 1b Rn. 14; *Reinecke* NJW 2001, 3511 (3516).

[161] BAG Urt. v. 28.5.2013 – 3 AZR 635/11, NZA 2014, 547; zum Mindestalter von 35 Jahren nach § 1 Abs. 1 S. 1 BetrAVG aF: BAG Urt. v. 15.10.2013 – 3 AZR 10/12, NZA-RR 2014, 87.

[162] BAG Urt. v. 26.5.2009 – 3 AZR 816/07, NZA-RR 2010, 95; BAG Urt. v. 14.1.2009 – 3 AZR 529/07, NZA 2010, 226.

[163] Dafür: ErfK/*Steinmeyer* BetrAVG § 30e Rn. 1; dagegen: Blomeyer/Rolfs/Otto/*Rolfs* BetrAVG § 30e Rn. 1.

[164] BAG Urt. v. 16.10.1980 – 3 AZR 1/80, BB 1981, 850.

[165] BGH Urt. v. 16.6.1980 – II ZR 195/79, BB 1980, 1425.

[166] BAG Urt. v. 22.2.2000 – 3 AZR 4/99, NZI 2001, 607 (608).

keine Unterbrechung vorliegt.[167] Unerheblich ist, ob der Mitarbeiter die erforderliche Dienstzeit als Arbeitnehmer oder als unter § 17 Abs. 1 S. 2 BetrAVG fallender Nicht-Arbeitnehmer erbracht hat. Die für dasselbe Unternehmen erbrachte Tätigkeit kann nicht nach dem unterschiedlichen Status des Arbeitnehmers aufgespalten werden. Zeiten, in denen der Betroffene dagegen als Unternehmer tätig war, sind weder bei der Dauer der Zusage noch bei der Dauer der Betriebszugehörigkeit zu berücksichtigen.[168] Beschäftigungszeiten bei verschiedenen Konzernunternehmen können ebenfalls grundsätzlich nicht zusammengerechnet werden, da maßgebend ist, dass die Tätigkeit auf Grund von vertraglichen Beziehungen zwischen dem Begünstigten und dem die Versorgungszusage erteilenden Unternehmen erbracht wird.[169]

Nur **ausnahmsweise** dürfen **frühere Zusage- und Beschäftigungszeiten zusammengerechnet** werden: Die Parteien müssen die Anrechnung von Betriebszugehörigkeitszeiten zu einem früheren Arbeitgeber vereinbaren mit der Folge, dass dadurch beim nachfolgenden Arbeitgeber ein früherer Insolvenzschutz herbeigeführt wird. Voraussetzung hierfür ist, dass sich das spätere Arbeitsverhältnis nahtlos an das frühere anschließt *und* das frühere Arbeitsverhältnis ebenfalls von einer betrieblichen Versorgungszusage begleitet war und dort noch keine gesetzliche Unverfallbarkeit eingetreten ist (sog „Heranreichungsrechtsprechung" des BAG).[170]   95

Erkennt der Arbeitgeber **Nachdienstzeiten,** dh eine fiktive Dienstzeit nach dem Ausscheiden des Arbeitnehmers an, greift der gesetzliche Insolvenzschutz hinsichtlich dieser Zeiten nur ausnahmsweise[171] ein, da der gesetzlich vorgegebene Begriff der Dauer der Betriebszugehörigkeit nicht der Disposition der Parteien unterliegt.[172]   96

VI. Höhe der der gegen den PSVaG gerichteten Ansprüche

1. Grundsatz

Die Ansprüche gegen den PSVaG richten sich auf Geldleistungen. Naturalleistungen sind mit ihrem Geldwert zu erbringen.[173] Zu unterscheiden ist zwischen Versorgungsansprüchen und Versorgungsanwartschaften.   97

a) Versorgungsansprüche. Eine **laufende Rente** hat der PSVaG nach Eintritt des Sicherungsfalles gem. § 7 Abs. 1 BetrAVG in gleicher Höhe weiterzuzahlen.[174] Damit richtet sich die Höhe nach der Versorgungszusage.   98

---

[167] BAG Urt. v. 25.4.2006 – 3 AZR 78/05, NZI 2007, 254.
[168] BGH Beschl. v. 24.9.2013 – II ZR 396/12, ZIP 2014, 191.
[169] BAG Urt. v. 20.5.2014 – 3 AZR 1094/12, NZA 2015, 225 Rn. 21 ff.; hierzu: *Rolfs* NZA 2015, 213; BAG Urt. v. 20.4.2004 – 3 AZR 297/03, NZA 2005, 927; Höfer/*Höfer* BetrAVG § 7 Rn. 189 ff.
[170] BAG Urt. v. 15.6.2010 – 3 AZR 31/07, NJOZ 2010, 2451; BAG Urt. v. 21.1.2003 – 3 AZR 121/02, NZI 2004, 51 (53); BAG Urt. v. 22.2.2000 – 3 AZR 4/99, NZI 2001, 607.
[171] BAG Urt. v. 10.3.1992 – 3 AZR 140/91, NZA 1992, 932.
[172] BAG Urt. v. 28.10.2008 – 3 AZR 903/07, NZA-RR 2009, 327; BAG Urt. v. 30.5.2006 – 3 AZR 205/05, NJOZ 2007, 894 (899).
[173] Höfer/*Höfer* BetrAVG § 7 Rn. 157.

99 **b) Versorgungsanwartschaften.** Versorgungsanwärter, deren Anwartschaften bei Eintritt des Versorgungsfalles gesetzlich unverfallbar sind, haben – beginnend mit Eintritt des Versorgungsfalls – nicht in gleichem Umfang wie die Versorgungsempfänger einen Ausfallanspruch gegen den PSVaG. Ihr **Insolvenzschutz ist geringer.** Außerdem hängt der Insolvenzschutz von der Zusage- und Finanzierungsform und dem Durchführungsweg der betrieblichen Altersversorgung ab (§ 7 Abs. 2 S. 3 bis 5 BetrAVG).[175]

100 Die **Berechnung** richtet sich nach § 7 Abs. 2 S. 3 BetrAVG iVm § 2 Abs. 1 BetrAVG (ratierliche Berechnung),[176] § 2 Abs. 2 S. 2 BetrAVG (versicherungsförmige Lösung) und § 2 Abs. 5 BetrAVG (Festschreibeeffekt). So hat der PSVaG bei Versorgungsanwärtern nicht für die Dynamisierung laufender Betriebsrenten einzustehen, wenn sie sich nach variablen Bezugsgrößen bemisst.[177]

101 Mit dem am 1.1.2008 in Kraft getretenen RV-Altersgrenzenanpassungsgesetz[178] über die schrittweise **Anhebung des gesetzlichen Renteneintrittsalters auf 67 Jahre** bis zum Jahr 2029 stellt sich die Frage, ob sich bei der ratierlichen Berechnung die mögliche Betriebszugehörigkeitsdauer verlängert. Stellt eine vor dem 1.1.2008 geschaffene Versorgungsregelung auf die Vollendung des 65. Lebensjahres ab, ist diese nach Auffassung des BAG regelmäßig dahingehend auszulegen, dass sich die Altersgrenze automatisch auf die Regelaltersgrenze erhöht, die für den einzelnen Arbeitnehmer in der gesetzlichen Rentenversicherung maßgeblich ist.[179] Sieht eine erst nach dem 1.1.2008 erteilte Zusage noch immer eine feste Altersgrenze von 65 Jahren vor, ist ungeklärt, ob für diese Versorgungszusage die günstigere feste Altersgrenze gilt[180] oder auch hier die Altersgrenze mitwandert.[181]

2. Höchstgrenzen der gegen den PSVaG gerichteten Ansprüche

102 Gem. § 7 Abs. 3 BetrAVG ist der Anspruch auf **laufende Leistungen** gegen den Träger der Insolvenzsicherung monatlich auf höchstens das Dreifache der im Zeitpunkt der ersten Fälligkeit maßgeblichen Bezugsgröße gem. § 18 SGB IV begrenzt. Bezogen auf das Jahr 2016 sind danach monatliche Rentenleistungen von maximal ca. 8715 EUR (3 × 2905 EUR) in den alten Bundesländern und 7560 EUR (3 × 2520 EUR) in den neuen Bundesländern insolvenzgeschützt.[182]

---

[174] BAG Urt. v. 22.11.1994 – 3 AZR 767/93, NZA 1995, 887.
[175] Blomeyer/Rolfs/Otto/*Rolfs* BetrAVG § 7 Rn. 217 ff.
[176] BAG, Urt. v. 19.7.2011 – 3 AZR 434/09, NZI 2012, 35.
[177] BAG Urt. v. 4.4.2000 – 3 AZR 458/98, KTS 2002, 644.
[178] BGBl. 2007 I 554.
[179] BAG Urt. v. 13.1.2015 – 3 AZR 897/12, NZA 2015, 1192; BAG Urt. v. 15.5.2012 – 3 AZR 11/10, NZA-RR 2012, 433; Höfer/*Höfer* BetrAVG § 2 Rn. 61 ff.
[180] Blomeyer/Rolfs/Otto/*Rolfs* BetrAVG Anh. zu § 1 Rn. 168; ErfK/*Steinmeyer* BetrAVG § 2 Rn. 5; sa *Rolfs* NZA 2011, 540.
[181] KKBH/*Kisters-Kölkes* BetrAVG § 2 Rn. 30 (Mitwandern bis zum Bekanntwerden des Urt. des BAG v. 15.5.2012 s. Fn. 179).
[182] Bei Eintritt des Sicherungsfalles vor dem 1.1.1999 soll gem. § 31 BetrAVG die höhere Sicherungsgrenze gem. § 7 Abs. 3 S. 1 BetrAVG aF (Beitragsbemessungsgrenze in der gesetzlichen Rentenversicherung) gelten: *Cisch/Börner* BB 2016, 1466.

§ 30. Betriebliche Altersversorgung in der Insolvenz

Kapitalleistungen sind nach § 7 Abs. 3 S. 2 BetrAVG in einen Anspruch auf monatlich laufende Leistungen umzurechnen. Die festgelegte Höchstbegrenzung gilt entsprechend. Als Jahresbetrag einer laufenden Leistung sind 10 % der Kapitalleistung anzusetzen, so dass sich als Höchstleistung einer geschützten Kapitalleistung das 120fache der dreifachen maßgeblichen Bemessungsgrenze ergibt (im Jahr 2016: 1 045 800 EUR alte Bundesländer, 907 200 EUR neue Bundesländer).[183] 103

Die Höchstgrenze bestimmt sich zum Zeitpunkt der ersten Fälligkeit der Versicherungsleistungen des PSVaG. Bei einer unverfallbaren Anwartschaft ist die Grenze zum Zeitpunkt der ersten Fälligkeit der Versorgungsleistung zu berechnen. 104

3. Anpassung von Versorgungsleistungen und -anwartschaften

Der PSVaG ist **nicht** zu einer Anpassung der Versorgungsleistung gem. § 16 BetrAVG verpflichtet.[184] Diese Norm bezieht sich nur auf den Arbeitgeber, nicht jedoch auf den an dessen Stelle getretenen PSVaG. 105

Trifft jedoch der Insolvenzfall einen **Betriebsrentner** und enthält die Versorgungszusage des Arbeitgebers eine – unabhängig von § 16 BetrAVG – bestehende Pflicht, den Versorgungsanspruch nach bestimmten Kriterien anzupassen (**dynamische Rente**), besteht diese Verpflichtung auch für den PSVaG, der seine Leistungen entsprechend der Zusage erhöhen muss.[185] 106

Der Anspruch des **Inhabers einer im Insolvenzfall unverfallbaren Versorgungsanwartschaft** gegen den Träger der Insolvenzsicherung richtet sich gem. § 7 Abs. 2 und 3 BetrAVG nach § 2 Abs. 1, Abs. 2 und Abs. 5 BetrAVG. Veränderungen der Bemessungsgrundlagen für die Berechnung des Betriebsrentenanspruchs (wie eine nach variablen Größen zu bemessende Dynamisierung), die nach dem Insolvenzfall eintreten, bleiben damit für die Berechnung des Anspruchs gegen den Träger der Insolvenzsicherung unberücksichtigt.[186] Dabei wirkt die Veränderungssperre des § 2 Abs. 5 BetrAVG im Rahmen des Insolvenzschutzes nach § 7 Abs. 2 BetrAVG nicht nur bis zum Eintritt des Versorgungsfalls. Auch Veränderungen der Bemessungsgrundlagen nach Eintritt des Versorgungsfalls sind für die Berechnung des Teilanspruchs gegenüber dem Träger der Insolvenzsicherung unbeachtlich.[187] 107

4. Anzurechnende Leistungen

Aus der Regelung des § 7 Abs. 4 S. 1 BetrAVG ergibt sich, dass der Träger der Insolvenzsicherung nur **subsidiär** haftet. Der Anspruch gegen den PSVaG vermindert sich um den Betrag, den der Arbeitgeber oder sonstige Träger der Versorgung als Leistung tatsächlich erbringen. Zu letzteren gehören Zahlungen einer Direktversicherung, eines Pensionsfonds (unter den Voraussetzungen des § 8 Abs. 1a BetrAVG) oder Leistungen aus einer freigegebenen Rückdeckungs- 108

---

[183] Übersicht zu den Vorjahren bis 2014: KKBH/*Berenz* BetrAVG § 7 Rn. 136.
[184] BAG Urt. v. 5.10.1993 – 3 AZR 698/92, NZA 1994, 459.
[185] BAG Urt. v. 15.2.1994 – 3 AZR 705/93, NZA 1994, 943.
[186] Ebenda; BAG Urt. v. 22.11.1994 – 3 AZR 767/93, NZA 1995, 887; BAG Urt. v. 4.4.2000 – 3 AZR 458/98, DZWIR 2002, 146.
[187] BAG Urt. v. 22.11.1994 – 3 AZR 767/93, NZA 1995, 887.

versicherung des Arbeitgebers,[188] nicht jedoch – sofern § 9 Abs. 3 BetrAVG eingreift – von Unterstützungskassen.[189] Leistungen Dritter sind hingegen nicht anrechenbar.[190] Auch für das Insolvenzplanverfahren ergeben sich Besonderheiten (→ Rn. 119).

5. Einschränkungen im Katastrophenfall

109 § 7 Abs. 6 BetrAVG eröffnet dem PSVaG die Möglichkeit, mit Zustimmung der Bundesanstalt für Finanzdienstleistungsaufsicht in außergewöhnlichen Katastrophenfällen Regelungen zu treffen, die von den Bestimmungen des Betriebsrentengesetzes abweichen. Das Recht des PSVaG, unter den näher bestimmten Voraussetzungen seine Einstandspflicht zu verringern, kann dabei nur in Ausübung billigen Ermessens erfolgen.[191]

VII. Versicherungsmissbrauch (§ 7 Abs. 5 BetrAVG)

110 Mit § 7 Abs. 5 BetrAVG will der Gesetzgeber den PSVaG vor dem Missbrauch der gesetzlichen Insolvenzsicherung zu Lasten der beitragspflichtigen Arbeitgeber schützen. In Abweichung von § 81 VVG wird hier nicht an den Eintritt des Versicherungsfalls, sondern an die Begründung des versicherten Rechts angeknüpft.

111 Gem. dem in **§ 7 Abs. 5 S. 1 BetrAVG** enthaltenen **allgemeinen Missbrauchstatbestand** ist der PSVaG nicht einstandspflichtig, soweit nach den Umständen des Falles die Annahme gerechtfertigt ist, dass es der alleinige oder überwiegende Zweck der Versorgungszusage oder ihrer Verbesserung oder der Beleihung, Abtretung oder Verpfändung einer Direktversicherung gewesen ist, den Versicherungsschutz in Anspruch zu nehmen.

112 Zunächst muss durch die Handlung des Arbeitgebers die **Haftung des PSVaG ausgelöst bzw. erweitert** worden sein. Als solche Maßnahmen des Arbeitgebers kommen die Erteilung einer neuen Versorgungszusage, die Verbesserung einer bereits bestehenden Versorgungszusage sowie die Verbesserung einer bestehenden Anwartschaft oder einer laufenden Versorgungsleistung in Betracht. Unter dem Begriff der „Verbesserung" ist jede Änderung des Leistungsinhalts zu verstehen, die den Versorgungsberechtigten besserstellt, also entweder die Leistungen erhöht oder die Leistungsbedingungen oder die Aufnahmevoraussetzungen für den Versorgungsberechtigten günstiger gestaltet. Verbesserungen, die ohnehin nach dem Leistungsplan eintreten sollten, werden von der Beschränkung des Insolvenzschutzes nicht erfasst.[192] Auch die Übertragung einer Versorgungsanwartschaft auf einen anderen, kurz darauf insolventen Arbeitgeber gemäß § 4 Abs. 2 BetrAVG allein zu dem Zweck, die Versorgungslast auf den PSVaG zu verlagern, ist rechtsmissbräuchlich.[193]

---

[188] BGH Urt. v. 28.9.1981 – II ZR 181/80, DB 1982, 126 (128).
[189] KKBH/*Berenz* BetrAVG § 7 Rn. 151.
[190] Höfer/*Höfer* BetrAVG § 7 Rn. 236.
[191] BT-Drs. 7/2943, 9.
[192] BAG Urt. v. 24.6.1986 – 3 AZR 645/84, NZA 1987, 309.
[193] BAG, Urt. v. 24.2.2011 – 6 AZR 626/09, NZA-RR 2012, 148.

Pluta/Heidrich

Eine vertretbare Anpassung der Betriebsrente im Rahmen des § 16 BetrAVG ist nicht missbräuchlich[194] (sofern sie nicht unter den Ausschlusstatbestand des § 7 Abs. 5 S. 3 BetrAVG fällt → Rn. 117). Auch Steigerungen der Bemessungsgrundlage fallen nicht unter den Missbrauch. Sieht beispielsweise eine Versorgungszusage in ungeänderter Fassung vor, dass zur Berechnung der Rente ein bestimmtes Grundgehalt maßgeblich sein soll, stellen Steigerungen dieses Gehaltes keine Änderung der Zusage, sondern nur den Vollzug der Zusage bis zum Bemessungsstichtag dar.[195]   113

Der Erteilung einer Versorgungszusage oder ihrer Verbesserung ausdrücklich gleichgestellt sind die in § 1b Abs. 2 S. 3 BetrAVG genannten Tatbestände, namentlich die **Beleihung** und **die Abtretung** des Anspruchs aus einer **Direktversicherung**. Für die Verpfändung kann dabei nichts anderes gelten.[196] Die Beleihung einer Direktversicherung zum Zwecke der Sanierung ist nicht von vornherein missbräuchlich.[197]   114

Zudem muss der Arbeitnehmer an der missbräuchlichen Maßnahme beteiligt gewesen sein und den **missbilligten Zweck erkennen** können.[198] Das ist der Fall, wenn sich für ihn die Erkenntnis aufdrängen musste, wegen der wirtschaftlichen Lage des Arbeitgebers sei ernsthaft damit zu rechnen, dass die Zusage nicht erfüllt wird.   115

Die Beweislast für den Versicherungsmissbrauch trägt der PSVaG. Nach **§ 7 Abs. 5 S. 2 BetrAVG** wird das **Vorliegen eines Missbrauchstatbestandes vermutet,** wenn der PSVaG nachweisen kann, dass bei Erteilung oder Verbesserung der Zusage aufgrund der wirtschaftlichen Lage des Arbeitgebers zu erwarten war, dass die Zusage nicht erfüllt wird. Diese Vermutung kann der Versorgungsberechtigte **widerlegen,** indem er seinerseits den Nachweis erbringt, dass die Maßnahme nicht den Zweck hatte, den PSVaG in Anspruch zu nehmen[199] oder dass die subjektiven Voraussetzungen des § 7 Abs. 5 S. 1 BetrAVG nicht vorliegen oder dass er an der missbilligten Maßnahme nicht beteiligt war.[200] Die Vermutung des Missbrauchszwecks gilt nicht bei der Beleihung, Abtretung oder Verpfändung einer Direktversicherung.[201]   116

Durch § 7 Abs. 5 S. 3 BetrAVG wird die Einstandspflicht des Trägers der Insolvenzsicherung für Zusagen bzw. für deren Verbesserungen, die im Zeitraum von zwei Jahren vor Eintritt des Sicherungsfalls erfolgt sind, ausgeschlossen, ohne dass es des Nachweises einer Missbrauchsabsicht bedarf.[202] Diese **Missbrauchsvermutung ist unwiderlegbar,** so dass selbst ein gelungener Nachweis, dass eine Missbrauchsabsicht nicht vorlag, am Ausschluss der   117

---

[194] BAG Urt. v. 29.11.1988 – 3 AZR 184/87, NZA 1989, 426.
[195] BAG Urt. v. 20.7.1993 – 3 AZR 99/93, NZA 1994, 121; LAG Köln Urt. v. 27.6.2001 – 8 Sa 84/01, NZA-RR 2002, 102.
[196] Höfer/*Höfer* BetrAVG § 7 Rn. 263.
[197] LAG Köln Urt. v. 19.7.2002 – 11 Sa 1147/01, NZA-RR 2003, 259.
[198] BAG, Urt. v. 19.1.2010 – 3 AZR 660/09, NJOZ 2010, 1697 Rn. 44; BAG Urt. v. 19.2.2002 – 3 AZR 137/01, BB 2002, 2233.
[199] BAG Urt. v. 29.11.1988 – 3 AZR 184/87, NZA 1989, 426.
[200] BAG Urt. v. 19.2.2002 – 3 AZR 137/01, BB 2002, 2233.
[201] BAG Urt. v. 26.6.1990 – 3 AZR 641/88, BB 1991, 482.
[202] BAG Urt. v. 24.6.1986 – 3 AZR 645/84, NZA 1987, 309; FK-InsO/*Griebeling* Anh. IV Rn. 114.

Einstandspflicht nichts zu ändern vermag.[203] Dies gilt auch für Rentenanpassungen nach § 16 BetrAVG, selbst wenn diese auf rechtskräftigen Urteilen beruhen.[204]

118 Die unwiderlegliche Vermutung greift nicht bei der Beleihung, Abtretung oder Verpfändung einer Direktversicherung in den zwei Jahren vor Eintritt des Sicherungsfalls, was sich sowohl aus der Formulierung als aus dem Sinn und Zweck der Bestimmung ergibt.[205] Außerdem wird die unwiderlegliche Vermutung gem. § 7 Abs. 5 S. 3 Nr. 1 BetrAVG nicht auf ab dem 1.1.2002 gegebene Versorgungszusagen aus Entgeltumwandlung angewendet, soweit die Versorgungsansprüche auf Entgeltumwandlungsbeträgen von bis zu 4 % der Beitragsbemessungsgrenze beruhen. Eine weitere Ausnahme enthält § 7 Abs. 5 S. 3 Nr. 2 BetrAVG für im Rahmen von Übertragungen (§ 4 BetrAVG) gegebene Zusagen, soweit der Übertragungswert die Beitragsbemessungsgrenze der gesetzlichen Rentenversicherung nicht überschreitet.

VIII. PSVaG und Insolvenzplan (§§ 7 Abs. 4 S. 2–5, 9 Abs. 4 BetrAVG)

119 Die Leistungspflichten des PSVaG gegenüber den Versorgungsberechtigten und dessen Rechtsstellung im Insolvenzverfahren (§ 9 Abs. 2 BetrAVG → Rn. 146 ff.) können über einen Insolvenzplan gem. der §§ 217 ff. InsO unter Beachtung der hierfür im BetrAVG enthaltenen Spezialvorschriften modifiziert werden. Hierzu empfiehlt sich, frühzeitig auf den PSVaG zuzugehen.

119a Wird im Insolvenzverfahren ein **Insolvenzplan** bestätigt, der auf die Fortführung des Unternehmens gerichtet ist, vermindert sich der Anspruch auf Leistungen gegen den Träger der Insolvenzsicherung insoweit, als nach dem Insolvenzplan der Arbeitgeber oder sonstige Träger der Versorgung einen Teil der Leistungen selbst zu erbringen haben (§ 7 Abs. 4 S. 2 BetrAVG, sog **„vertikale" oder quotale Aufteilung** der Versorgungsleistung).[206] Diese Aufteilung kann nicht nur prozentual in Bezug auf alle Versorgungsverpflichtungen erfolgen, sondern kann nach Personenkreisen (wie aktive Arbeitnehmer, ausgeschiedene Mitarbeiter, Rentner), Durchführungswegen, Rechtsgrundlagen der Versorgungsansprüche und vorhandenen Sicherungsrechten vorgenommen werden.[207]

120 Ist im Insolvenzplan geregelt, dass der Arbeitgeber oder sonstige Träger der Versorgung die Leistungen aus der betrieblichen Altersversorgung ab einem bestimmten Zeitpunkt wieder selbst (teilweise oder in voller Höhe) zu erbringen haben, so erlischt von diesem Zeitpunkt an die Einstandspflicht des PSVaG entsprechend (sog **„horizontale" oder zeitliche Aufteilung** der Versorgungsleistung, § 7 Abs. 4 S. 3 BetrAVG). Die Festlegung des Zeitraumes, in dem die Leis-

---

[203] BAG Urt. v. 26.4.1994 – 3 AZR 981/93, NZA 1995, 73; kritisch Höfer/*Höfer* BetrAVG § 7 Rn. 279 ff.
[204] Ebenda; KKBH/*Berenz* § 7 Rn. 164 f.; überholt durch Alterseinkünftegesetz: BAG Urt. v. 18.3.2003 – 3 AZR 120/02, BB 2003, 2241.
[205] BAG Urt. v. 26.6.1990 – 3 AZR 641/88, BB 1991, 482.
[206] Höfer/*Höfer* BetrAVG § 7 Rn. 244; Blomeyer/Rolfs/Otto/*Rolfs* BetrAVG § 7 Rn. 275a.
[207] *Bremer* DB 2011, 875 (876).

tungen vom Träger der Insolvenzsicherung übernommen werden, kann im Insolvenzplan von den Beteiligten frei vereinbart werden.

Die quotale und zeitliche Aufteilung sind zudem miteinander kombinierbar. Denkbar ist auch, die Aufteilung der Verpflichtungen mit einer teilweisen Quotenzahlung zu verbinden oder mit einem Verzicht auf solche, um die erforderliche Besserstellung der Gläubiger zu erreichen (§ 245 Abs. 1 Nr. 1 InsO).[208]

Außerdem soll im Plan gem. § 7 Abs. 4 S. 5 BetrAVG eine **Besserungsklausel** zu Gunsten des PSVaG aufgenommen werden.[209] Die Kriterien für die gesetzliche Tatbestandsvoraussetzung der „nachhaltigen Besserung der wirtschaftlichen Lage", bei deren Vorliegen der Arbeitgeber die Verpflichtungen zur Erbringung der Versorgungsleistungen wieder ganz oder teilweise übernimmt, sind im Plan so konkret wie möglich zu definieren (zB Erreichen bestimmter Eigenkapitalquote), um späteren Streitigkeiten entgegenzuwirken. In begründeten Fällen („Soll-Vorschrift") darf von der Aufnahme einer Besserungsklausel abgesehen werden.

In einem **Insolvenzplan zur Fortführung des Unternehmens** kann für den **PSVaG eine eigene Gruppe** gebildet werden (§ 9 Abs. 4 S. 1 BetrAVG, → § 43 Rn. 81). Dadurch wird sichergestellt, dass der PSVaG im Falle einer Sanierung nicht zum Nachteil der von ihm vertretenen Solidargemeinschaft von anderen Gläubigern überstimmt werden kann. Denn die Verpflichtungen des PSVaG erstrecken sich oftmals über einen langen Zeitraum, welche im Falle der Unternehmenssanierung auf der Grundlage eines Insolvenzplanes nach Maßgabe des § 7 Abs. 4 BetrAVG in besonderer Weise gegenüber den Verpflichtungen des Schuldners oder des sonstigen Versorgungsträgers abgegrenzt werden müssen.[210]

Lediglich im Falle der Stilllegung und Liquidation des gesamten Unternehmens wird sich das Interesse des PSVaG auf die Erzielung einer möglichst hohen Liquidationsquote beschränken und insoweit mit dem Interesse der übrigen Gläubiger übereinstimmen. In einem solchen **Liquidationsplan** kann daher der PSVaG in einer Gruppe mit den übrigen Insolvenzgläubigern zusammengefasst werden.

Scheitert die Unternehmenssanierung nach der Bestätigung des Insolvenzplans und nach Aufhebung des Insolvenzverfahrens und muss das Unternehmen in einem zweiten Insolvenzverfahren liquidiert werden, so haftet der PSVaG in voller Höhe für die Versorgungsleistungen, die während des im Plan bestimmten Zeitraums *und* nach Eintritt des neuen Sicherungsfalls zu erbringen sind.[211] Wird der neue Insolvenzantrag innerhalb von drei Jahren nach der Aufhebung des Insolvenzverfahrens gestellt, kann der PSVaG, soweit nicht im Insolvenzplan abweichend geregelt, als Insolvenzgläubiger Erstattung der von ihm erbrachten Leistungen verlangen (§ 9 Abs. 4 S. 2 BetrAVG als Sonderregelung zu § 255 InsO).[212]

---

[208] *Bremer* DB 2011, 875 (876 f.).
[209] *Rieger* NZI 2013, 671 (673 ff.); *Bremer* DB 2011, 875 (877 f.); *Lissner* InsbürO 2011, 127 (135); *Gareis* ZInsO 2007, 23; *Flitsch/Chardon* DZWIR 2004, 485 (487).
[210] BT–Drs. 12/3803, 112; zur Gruppenbildung: s.a. *Gantenberg/Hinrichs/Janko* ZInsO 2009, 1000 (1008).
[211] BT–Drs. 12/3803, 111; Blomeyer/Rolfs/Otto/*Rolfs* BetrAVG § 7 Rn. 276.
[212] Uhlenbruck/*Lüer/Streit* InsO § 255 Rn. 13.

IX. Übergang von Versorgungsverpflichtungen nach § 613a BGB

1. Grundsatz

124 Geht ein Betrieb oder Betriebsteil durch Rechtsgeschäft auf einen anderen Inhaber über, so tritt der Erwerber nach § 613a BGB in die im Zeitpunkt des Betriebsübergangs bestehenden Rechte und Pflichten aus dem Arbeitsverhältnis ein. Zu den Rechten und Pflichten aus dem Arbeitsverhältnis gehört auch die Übernahme der Versorgungsverpflichtungen aus einer betrieblichen Altersversorgung.[213]

125 Allerdings gehen nach § 613a BGB nur die **Arbeitsverhältnisse** der zum Zeitpunkt des Betriebsübergangs **aktiven Arbeitnehmer** über. Ruhestandsverhältnisse (unverfallbare Anwartschaften ausgeschiedener Arbeitnehmer, laufende Versorgungsansprüche der Betriebsrentner und „technischen Rentner" → Rn. 75) bleiben beim Betriebsveräußerer.[214] Diese Pensionsverbindlichkeiten können gem. § 4 Abs. 4 BetrAVG[215] nach Einstellung der Betriebstätigkeit (infolge einer Gesamtbetriebsveräußerung) und anschließender Liquidation auf eine Pensionskasse oder ein Lebensversicherungsunternehmen übertragen oder, wenn es an einer Betriebseinstellung (wie bei einer Teilbetriebsveräußerung) und Liquidation fehlt, durch Ausgliederungen nach dem UmwG in **Rentnergesellschaften**[216] ausgelagert werden, die vom bisherigen Arbeitgeber finanziell ausreichend auszustatten sind. Da jedoch in der Insolvenz des Arbeitgebers die vor Insolvenzeröffnung begründeten Forderungen der Rentner und ausgeschiedenen Arbeitnehmer mit unverfallbaren Anwartschaften ohnehin nur Insolvenzforderungen darstellen, für die zudem grundsätzlich der PSVaG eintritt, sind eine Übertragung von – dann ohnehin gem. § 9 Abs. 2 S. 1 BetrAVG auf den PSVaG übergegangenen – Pensionsverbindlichkeiten oder die Bildung einer Rentnergesellschaft in der Insolvenz[217] in der Regel nicht möglich bzw. nicht erforderlich.

2. Betriebsübergang in der Insolvenz

126 § 613a BGB findet auch bei einer Betriebsveräußerung in der Insolvenz Anwendung (→ § 28 Rn. 266). Jedoch haftet der Betriebserwerber nicht, soweit es die bei Eröffnung des Insolvenzverfahrens bereits entstandenen Ansprüche betrifft,[218] gleich ob diese unverfallbar oder noch verfallbar sind.[219] Insoweit

---

[213] BAG Urt. v. 8.11.1988 – 3 AZR 85/87, NZA 1989, 679; *Paul/Daub* BB 2011, 1525 (1527); *Neufeld/Beyer* NZA 2008, 1157 (zum Problem des nachträglichen Widerspruchs nach § 613a VI BGB).
[214] BAG Urt. v. 18.3.2003 – 3 AZR 313/02, NZA 2004, 848 (850).
[215] *Müller* BB 2015, 2423.
[216] BAG Urt. v. 11.3.2008 – 3 AZR 358/06, NZA 2009, 790; sa BAG Urt. v. 15.9.2015 – 3 AZR 839/13, NZA 2016, 235; *Arnold* DB 2008, 986; *Roth* NZA 2009, 1400; *Klemm/Hamisch* BB 2005, 2409; *Louis/Nowak* DB 2005, 2354; *Höfer/Reinhard* BetrAVG Kap. 9 Rn. 14ff.
[217] *Gantenberg/Hinrichs/Janko* ZInsO 2009, 1000 (1002).
[218] BAG Urt. v. 19.5.2005 – 3 AZR 649/03, NZA-RR 2006, 373; BAG Urt. v. 17.1.1980 – 3 AZR 160/79, NJW 1980, 1124.
[219] BAG Urt. v. 29.10.1985 – 3 AZR 485/83, WM 1986, 1259.

haben die Verteilungsgrundsätze des Insolvenzverfahrens Vorrang. Der **Erwerber** tritt in die Versorgungsanwartschaften der begünstigten aktiven Arbeitnehmer ein, er schuldet aber im Versorgungsfall nur die bei ihm erdienten Versorgungsleistungen[220] sowie den Teil der Anwartschaften, die die Arbeitnehmer nach Eröffnung des Insolvenzverfahrens bis zum Betriebsübergang erworben haben (→ § 28 Rn. 283).[221] Somit **haftet** der Betriebserwerber (nur) **nicht für die bis zur Insolvenzverfahrenseröffnung erdienten Anwartschaften**.[222] Vielmehr tritt der PSVaG für die beim Veräußerer bis zum Insolvenzfall erdienten unverfallbaren Anwartschaften gem. § 7 Abs. 2 BetrAVG ein.[223] War die Anwartschaft im Zeitpunkt der Insolvenzeröffnung noch verfallbar, dh die Unverfallbarkeit trat erst danach beim Insolvenzverwalter oder Betriebserwerber ein, haftet der PSVaG nicht; die Arbeitnehmer können die beim Veräußerer erdienten Ansprüche nur zur Insolvenztabelle anmelden (→ Rn. 68).[224]

Der **veräußernde Insolvenzverwalter** (also weder der Erwerber noch der PSVaG) hat damit mit der von ihm verwalteten Masse (→ Rn. 67af.) für die erst während des Insolvenzverfahrens erworbenen Anwartschaften all derjenigen einzustehen, die nicht am Betriebsübergang teilnehmen, weil sie nach Eröffnung des Insolvenzverfahrens, aber noch vor dem Betriebsübergang mit einer unverfallbaren Anwartschaft ausgeschieden sind, die von einem Betriebsübergang von vornherein nicht erfasst werden (zB weil sie einem nicht veräußerten Betriebsteil angehören) oder die einem Betriebsübergang wirksam widersprochen haben.[225] Diese Anwartschaften kann der Insolvenzverwalter ggf. gem. § 3 Abs. 4 BetrAVG abfinden (→ Rn. 69). Außerdem haftet die Insolvenzmasse unter den Voraussetzungen des § 613a Abs. 2 BGB im Außenverhältnis neben dem Betriebserwerber für die Betriebsrentenansprüche, die nach Insolvenzeröffnung und vor dem Betriebsübergang entstanden sind und innerhalb eines Jahres seit dem Betriebsübergang fällig werden (dh der Versorgungsfall muss beim vom Erwerber übernommenen Arbeitnehmer innerhalb eines Jahres nach dem Betriebsübergang eingetreten sein).[226] Diese Nachhaftung ist zudem der Höhe nach auf den Teil begrenzt, der dem Verhältnis der Beschäftigungsdauer des Arbeitnehmers beim Veräußerer (hier während des Insolvenzverfahrens bis zum Betriebsübergang) zu seiner Gesamtbeschäftigungsdauer im übergehenden Betrieb entspricht.

---

[220] BAG Urt. v. 29.10.1985 – 3 AZR 485/83, WM 1986, 1259.
[221] BAG Urt. v. 22.12.2009 – 3 AZR 814/07, NZA 2010, 568 Rn. 16; BAG Urt. v. 19.5.2005 – 3 AZR 649/03, NZA-RR 2006, 373; *Gantenberg/Hinrichs/Janko* ZInsO 2009, 1000 (1003) auch zur Restrukturierung von Betriebsrentenzusagen in der Insolvenz; *Neufeld* BB 2008, 2346; zur Abfindung gem. § 3 Abs. 4 BetrAVG → Rn. 69.
[222] *Cisch/Bleeck* BB 2006, 2815 (2819); *Rolfs* NZA-Beil. 2008, 164 (170).
[223] BAG Urt. v. 19.5.2005 – 3 AZR 649/03, NZA-RR 2006, 373; BAG Urt. v. 17.1.1980 – 3 AZR 160/79, NJW 1980, 1124.
[224] BAG Urt. v. 29.10.1985 – 3 AZR 485/83, BeckRS 1980, 42424.
[225] BAG Urt. v. 22.12.2009 – 3 AZR 814/07, NZA 2010, 568; KKBH/*Berenz* BetrAVG § 7 Rn. 89.
[226] BAG Urt. v. 19.5.2005 – 3 AZR 649/03, NZA-RR 2006, 373.

3. Betriebsveräußerung vor Insolvenz

128 Ein Betriebsübergang vor Eröffnung des Insolvenzverfahrens löst hingegen uneingeschränkt die Rechtsfolgen des § 613a BGB aus (→ § 28 Rn. 283).[227] Der Erwerber – und nicht der PSVaG – haftet dann auch für die beim Veräußerer erdienten Anwartschaften der aktiven Arbeitnehmer. Für die beim später insolvent gewordenen Betriebsveräußerer verbliebenen laufenden Versorgungsansprüche der Rentner und unverfallbaren Anwartschaften der ausgeschiedenen Arbeitnehmer haftet der PSVaG.[228]

X. Kein gesetzlicher Insolvenzschutz für Unternehmerpensionszusagen (§ 17 BetrAVG)

129 Das BetrAVG gilt für nur Arbeitnehmer und arbeitnehmerähnliche Personen wie Heimarbeiter und freie Mitarbeiter der Medien (§ 17 Abs. 1 S. 1 und 2 BetrAVG). Unternehmer sind dagegen **vom Insolvenzschutz des BetrAVG ausgenommen**.[229] Ein Unternehmer kann sich den Insolvenzschutz nicht dadurch verschaffen, dass er sich selbst eine Versorgungszusage erteilt. Er wird nicht „für" ein Unternehmen tätig. Unter § 17 Abs. 1 S. 2 BetrAVG fallen daher nicht Personen, die sowohl vermögens- wie einflussmäßig mit dem Unternehmen, für das sie arbeiten, so stark verbunden sind, dass sie es wirtschaftlich als ihr eigenes betrachten können. Hierzu gehören die persönlich haftenden Gesellschafter einer KG oder OHG oder die Allein- oder Mehrheitsgesellschafter einer Kapitalgesellschaft.[230] Minderheitsgesellschafter-Geschäftsführer, die über eine nicht gänzlich unbedeutende Beteiligung verfügen (mindestens 10 %) und gemeinsam mit anderen Minderheitsgesellschafter-Geschäftsführern über eine Gesellschaftsmehrheit verfügen, sind aufgrund der ausreichenden Leitungsmacht ebenfalls als Unternehmer zu betrachten. Die Gerichte haben offen gelassen, ob sie an dieser Rechtsprechung zur Zusammenrechnung und der 10 %-Grenze festhalten wollen.[231]

130 Soweit dagegen **keine Tätigkeit für ein eigenes Unternehmen** erbracht wird, ist § 17 Abs. 1 S. 2 BetrAVG anwendbar. Deshalb werden auch Rechtsanwälte und Steuerberater vom BetrAVG erfasst, die für ein fremdes Unternehmen als Selbständige tätig sind.[232] Gleiches gilt für Mitglieder gesellschaftsrechtlicher Organe ohne Unternehmensbeteiligung (wie Fremdgeschäftsführer).[233]

131 Bei einem **Statuswechsel** zwischen Unternehmer- und Arbeitnehmereigenschaft richtet sich der Insolvenzschutz des Betriebsrentengesetzes danach, in-

---

[227] BAG Urt. v. 20.6.2002 – 8 AZR 459/01, NZI 2003, 222.
[228] KKBH/*Berenz* BetrAVG § 7 Rn. 87.
[229] Grundlegend: BGH Urt. v. 28.4.1980 – II ZR 254/78, NJW 1980, 2254.
[230] BGH Urt. v. 13.7.2006 – IX ZR 90/05, NZA-RR 2006, 652 Rn. 18; Ganter NZI 2013, 769 (771).
[231] BAG Urt. v. 25.1.2001 – 3 AZR 769/98, NZA 2001, 959 (962); BGH Urt. v. 2.6.1997 – II ZR 181/96, NZA 1997, 1055; sa BGH Urt. v. 24.6.2015 – IV ZR 411/13, NZA 2016, 111 Rn. 29; BGH Urt. v. 9.6.1980 – II ZR 255/78, ZIP 1980, 556; Goette ZIP 1997, 1317.
[232] BGH Urt. v. 13.7.2006 – IX ZR 90/05, NZA-RR 2006, 652 Rn. 19.
[233] BGH Urt. v. 23.1.2003 – IX ZR 39/02, NZI 2003, 199; Blomeyer/Rolfs/Otto/*Rolfs* BetrAVG § 17 Rn. 79.

wieweit die versprochene Versorgung zeitanteilig auf die Gesamttätigkeit als – oder wie ein – Arbeitnehmer entfällt (→ Rn. 94).[234] Ist ein **Arbeitnehmer** bzw. ihm gleich gestellter Beschäftigter **zugleich Gesellschafter** des Unternehmens, zu dem das Arbeits- oder Beschäftigungsverhältnis besteht, ist die Versorgungszusage nur dann „aus Anlass" des Arbeits- bzw. Beschäftigungsverhältnisses erteilt, wenn zwischen ihr und dem Arbeits-/Beschäftigungsverhältnis ein ursächlicher Zusammenhang besteht. Ist die Beteiligung an der Gesellschaft für die Zusage entscheidend, es sich also in Wahrheit um Unternehmerlohn handelt, besteht kein Insolvenzschutz.[235]

Gem. § 17 Abs. 2 BetrAVG sind Bereiche des öffentlichen Dienstes vom Insolvenzschutz ausgenommen. 132

XI. Private Insolvenzsicherung von Versorgungszusagen

1. Rückdeckungsversicherungen

Den nicht vom Schutzbereich des BetrAVG erfassten Unternehmern (§ 17 Abs. 1 BetrAVG) wird empfohlen, für ihre Versorgungszusage einen privatrechtlichen Insolvenzschutz über eine an sich selbst **verpfändete Rückdeckungsversicherung** aufzubauen. Dabei wird zwischen einem Versicherer und dem Unternehmen (zB einer GmbH) eine Lebensversicherung abgeschlossen, dem Unternehmer (zB dem GmbH-Gesellschafter-Geschäftsführer) ein widerrufliches Bezugsrecht eingeräumt und anschließend ein Pfandrecht an der Versicherung bestellt. In Rspr.[236] und Literatur[237] wird die Insolvenzfestigkeit des „Verpfändungsmodells" anerkannt. 133

Im Fall der Insolvenz des Unternehmens muss der Insolvenzverwalter prüfen, ob die gesicherte Forderung, die Pensionszusage, wirksam ist (zB Vorliegen eines Gesellschafterbeschlusses) oder ob ein **Widerruf** erklärt[238] bzw. bei Unwiderruflichkeit der **Einwand des Rechtsmissbrauchs** erhoben werden kann, weil der Versorgungsberechtigte das Unternehmen in eine existenzbedrohende Lage gebracht hat.[239] Zudem ist die Anfechtbarkeit der Versorgungszusage gem. der §§ 129ff. InsO zu prüfen.[240] Auch die **Wirksamkeit der Pfandrechtsbestellung** (zB § 1280 BGB, § 13 Abs. 4 ALB 2012 Anzeige der Verpfändung an die Versicherung; Vorliegen eines Gesellschafterbeschlusses)[241] sowie deren insol- 134

---

[234] BGH Urt. v. 16.1.2014 – XII ZB 455/13, NJW-RR 2014, 449 Rn. 12.
[235] BAG Urt. v. 11.11.2014 – 3 AZR 404/13, NZA-RR 2015, 208; BAG Urt. v. 19.1.2010 – 3 AZR 42/08, NZA 2010, 1066.
[236] BGH Urt. v. 7.4.2005 – IX ZR 138/04, NZI 2005, 384; BGH Urt. v. 10.7.1997 – IX ZR 161/96, NJW 1998, 312.
[237] *Höfer/Abt* DB 1982, 1501; *Kutzner/Huth/Eckhoff* ZInsO 2015, 2153; *Paschek* BetrAVG 1987, 10; ders. DB 1987 Beilage 20, 3 f.; *Riewe* DB 2010, 784; *Stahlschmidt* NZI 2006, 375 (378).
[238] BGH Urt. v. 10.7.1997 – IX ZR 161/96, NJW 1998, 312: kein betriebsbedingter Widerruf für die Vergangenheit.
[239] BGH Urt. v. 18.6.2007 – II ZR 89/06, NJW-RR 2007, 1563; *Aldenhoff/Hilderink* NZA-RR 2004, 281.
[240] *Ganter* NZI 2013, 769 (773).
[241] OLG Düsseldorf Urt. v. 23.4.2009 – 6 U 58/08, BeckRS 2009, 23857; *Hatwig* InsbürO 2013, 438 (441).

venzrechtliche Anfechtbarkeit[242] sind abzuklären. Auch ist an eine Anfechtung der Prämienzahlungen zu denken.[243]

135 Zur Verwertung der an den Gesellschafter-Geschäftsführer verpfändeten Rückdeckungsversicherung ist vor Fälligkeit der gesicherten Forderungen allein der Insolvenzverwalter entsprechend § 173 Abs. 2 S. 2 InsO berechtigt,[244] nach Eintritt der Pfandreife der Gesellschafter-Geschäftsführer (§ 1282 BGB). Zieht der Insolvenzverwalter die Versicherungsleistung ein, kann er vorab die Kosten der Feststellung und Verwertung der Forderung analog § 170 Abs. 1 S. 2 InsO aus der Masse entnehmen.[245] Der auf die Versorgungsanwartschaft als aufschiebend bedingte Forderung entfallende Anteil (§ 45 S. 1 InsO) ist jedoch zurückzubehalten und vorrangig zu hinterlegen (§§ 191 Abs. 1, 198 InsO). Wird die zu sichernde Forderung fällig, ist der Pfandgläubiger aus dem hinterlegten Betrag zu befriedigen. Fällt die Bedingung aus, kann der Betrag an die Insolvenzgläubiger verteilt werden.

135a Alternativ zur Vertragskündigung und zum Einzug des Rückkaufswertes kommt die Beitragsfreistellung des Versicherungsvertrages bis zum Eintritt des Leistungsfalls (insofern fungiert die Versicherungsgesellschaft wie eine Hinterlegungsstelle) in Betracht. Diese Möglichkeit soll der Insolvenzverwalter nach einer in der Literatur vertretenen Auffassung aus Haftungsgründen bedenken, da durch die Aufrechterhaltung der Versicherung dem Versorgungsberechtigten der Risikoschutz aus der Versicherung (Invaliditäts- und Hinterbliebenenabsicherung) erhalten bleibt.[246] Jedoch treffen den Insolvenzverwalter Versicherungspflichten ausschließlich im Interesse des Schuldners und seiner Gläubiger zum Zweck der Obhut und des Erhalts des Schuldnervermögens.[247] Insofern dürfte eine insolvenzspezifische Pflicht zur Aufrechterhaltung der Lebensversicherung allein zu dem Zweck, dem Gesellschaftsorgan den Invaliditäts- und Hinterbliebenenschutz hieraus weiter zur Verfügung zu stellen, zu verneinen sein. Entscheidet sich der Insolvenzverwalter zur Beitragsfreistellung der Versicherung (zB weil die Versicherungssumme bei absehbarem Vertragsablauf den Rückkaufswert übersteigt), muss er darauf achten, wenn er sich die Möglichkeit offenhalten will, gegen den Gesellschafter-Geschäftsführer in dessen Versicherungsansprüche zu vollstrecken, dass im Zuge der Aufrechterhaltung des Versicherungsvertrages kein Pfändungsschutz nach § 851c ZPO (→ Rn. 174) zugunsten des Gesellschafter-Geschäftsführers entsteht (indem der Insolvenzverwalter zB rechtzeitig ein vertragliches Kapitalwahlrecht ausübt, das von der Geltendmachung des Rückkaufswertes zu un-

---

[242] *Wübbelsmann* DStR 2014, 1861 (1863); sa BGH Urt. v. 7.11.2013 – IX ZR 248/12, NZI 2014, 68.

[243] BGH Urt. v. 12.1.2012 – IX ZR 95/11, NZI 2012, 246.

[244] BGH Urt. v. 7.4.2005 – IX ZR 138/04, NZI 2005, 384; *Ganter* NZI 2013, 769 (772); kritisch *Elfring* NJW 2005, 2192.

[245] BGH Urt. v. 11.4.2013 – IX ZR 176/11 NZI 2013, 596; aA *Primozic/Doetsch* NZI 2013, 736.

[246] Höfer/*Höfer/Reich* BetrAVG Kap. 12 Rn. 55; *Riewe* DB 2010, 784 (786); vgl. OLG Hamburg Beschl. v. 8.7.2015 – 11 U 313/13, NZI 2015, 851 (zur Kündigung einer D&O-Versicherung, aA BGH → Fn. 247).

[247] BGH Beschl. v. 14.4.2016 – IX ZR 161/15 NZI 2016, 580 (zur Aufrechterhaltung einer D&O-Versicherung, entgegen OLG Hamburg → Fn. 246).

§ 30. Betriebliche Altersversorgung in der Insolvenz

terscheiden ist).[248] Außerdem ist als weitere Möglichkeit – ggf. gegen Zahlung einer Ablösesumme – die (lohnsteuerpflichtige) Überlassung der Versicherung an den Gesellschafter-Geschäftsführer oder die Überführung der Rückdeckungsversicherung auf eine Liquidationsversicherung oder Pensionskasse in Erwägung zu ziehen.[249]

2. Treuhandvereinbarungen

In jüngster Zeit erlangt die Insolvenzsicherung von unmittelbaren Versorgungszusagen durch die Einschaltung eines Treuhänders im Rahmen von **Contractual Trust Agreements (CTA)** zunehmende Bedeutung.[250] Das Unternehmen überträgt hierzu Vermögenswerte auf einen Treuhänder, der dieses Vermögen für das Unternehmen verwaltet oder seinerseits auf einen weiteren Treuhänder (bei Gruppen-CTA's) überträgt. Der Rückübertragungsanspruch des Unternehmens gegen den Treuhänder wird an den Versorgungsberechtigten verpfändet (Verpfändungsmodell), oder zu Gunsten des Versorgungsberechtigten wird eine Sicherungstreuhand begründet (Doppeltreuhand-Modell), indem der Treuhänder verpflichtet wird, im Fall der Insolvenz aus den ihm übertragenen Mitteln die Pensionsansprüche des Versorgungsberechtigten zu erfüllen.[251] Die Insolvenzfestigkeit dieser auch aus bilanziellen Gründen gewählten Konstruktion wird in der Literatur[252] befürwortet, eine höchstrichterliche Klärung durch den BGH steht jedoch noch aus.[253] Das BAG hat allerdings die Absicherung von Altersteilzeitguthaben über die Doppeltreuhand als insolvenzfest angesehen und ein Absonderungsrecht des Treuhänders in der Insolvenz des Unternehmens bejaht.[254] Diese Rechtsprechung ist auf das Doppeltreuhand-Modell zur Absicherung von Rentenansprüchen zu übertragen.

136

C. Übertragung der Leistungspflicht und Abfindung (§ 8 BetrAVG)

I. Übertragung der Leistungspflicht (§ 8 Abs. 1 BetrAVG)

§ 8 Abs. 1 BetrAVG räumt dem PSVaG das Recht ein, dass für ihn eine **Pensionskasse oder ein Unternehmen der Lebensversicherung** die Leistungen des gesetzlichen Insolvenzschutzes unter Gewährung eines eigenen Anspruchs an

137

---

[248] BGH Beschl. v. 22.8.2012 – VII ZB 2/11, NZI 2012, 809 Rn. 21.
[249] *Rhein/Lasser* NZI 2007, 153; *Stahlschmidt* NZI 2006, 375 (380); sa *Diller/Risse* BB 2016, 890.
[250] *Höfer/Höfer* BetrAVG Kap. 12 Rn. 97 ff.; *Ganter* NZI 2013, 769 (772 ff.); *Birkel/ Obenberger* BB 2011, 2051; *Berenz* DB 2006, 2125; *Küppers/Louven* BB 2004, 337; *Passarge* DB 2005, 2746.
[251] *Passarge* NZI 2006, 20.
[252] *Ganter* NZI 2013, 769 (772 ff.); *Küppers/Louven/Schröder* BB 2005, 763; *Passarge* DB 2005, 2746; *Passarge* NZI 2006, 20; *Rolfs/Schmid* ZIP 2010, 701; *Storck* BB 2012, 2436; vgl. bereits *Bode/Bergt/Obenberger* DB 2000, 1864 (1866); *Fischer/Thoms–Meyer* DB 2000, 1861 (1863).
[253] Ausführlich: *Thüsing* DB 2012 Beilage 5, 1 (15 ff.); *Rößler* BB 2010, 1405.
[254] BAG, Urt. v. 18.7.2013 – 6 AZR 47/12, NZI 2014, 167.

den Versorgungsempfänger übernehmen. Eine derartige Übernahmevereinbarung ohne Beteiligung der Rentner wird – entgegen § 415 BGB, wonach ein Schuldnerwechsel der Zustimmung des Gläubigers bedarf – ausdrücklich für zulässig erklärt. Das Ziel der Vorschrift liegt in der **Verwaltungsentlastung** für den Träger der Insolvenzsicherung.[255] Der PSVaG hat von dieser Übertragungsmöglichkeit Gebrauch gemacht und lässt die Rentenzahlungen durch ein **Konsortium von 49 Lebensversicherungsunternehmen** unter Geschäftsführung der Allianz Lebensversicherungs-AG, Stuttgart, vornehmen.[256]

138 Wenn der insolvente Arbeitgeber die betriebliche Altersversorgung über einen Pensionsfonds durchgeführt hat, kann die Leistungspflicht des PSVaG nach § 8 Abs. 1a BetrAVG auf den Pensionsfonds übertragen werden (→ Rn. 45).

II. Abfindung von Kleinstrenten und -anwartschaften durch den PSVaG (§ 8 Abs. 2 BetrAVG)

139 Die – an die Abfindungsrechte des Arbeitgebers gem. § 3 BetrAVG anknüpfende[257] – Regelung des § 8 Abs. 2 BetrAVG eröffnet dem PSVaG die Möglichkeit, Kleinstrenten und -anwartschaften auch gegen den Willen der Berechtigten abzufinden. Ziel ist die Verwaltungsvereinfachung.

140 Dem PSVaG steht danach ein Abfindungsrecht zu, wenn die monatliche Versorgungsleistung, die bei Erreichen der vorgesehenen Altersgrenze zu zahlen wäre, ein Prozent der monatlichen Bezugsgröße des § 18 SGB IV,[258] bei Kapitalleistungen $12/_{10}$,[259] nicht übersteigt. Außerdem ist unabhängig von dieser Wertgrenze eine Abfindung der Anwartschaft erlaubt, wenn dem Arbeitnehmer Beiträge zur gesetzlichen Rentenversicherung erstattet worden sind.

141 Eine zusätzliche, der Höhe nach nicht begrenze Abfindungsmöglichkeit eröffnet § 8 Abs. 2 S. 3 u. 4 BetrAVG, wenn der Abfindungsbetrag in eine zum Zeitpunkt des Eintritts des Sicherungsfalles bereits bestehende, zugunsten des Arbeitnehmers abgeschlossenen Direktversicherung eingezahlt wird.

D. Mitteilungspflicht des PSVaG; Anspruchs- und Vermögensübergang (§ 9 BetrAVG)

I. Mitteilungspflicht des PSVaG (§ 9 Abs. 1 BetrAVG)

142 Der PSVaG ist verpflichtet, dem Berechtigten die ihm nach § 7 oder § 8 BetrAVG zustehenden Ansprüche oder Anwartschaften dem Grund *und* der Höhe nach **schriftlich mitzuteilen**.[260] Die Mitteilungspflicht dient dazu, dass

---

[255] BT–Drs. 7/2843, 9.
[256] Stand 1.1.2016, www.psvag.de, Ziel und Zweck.
[257] Zur Abfindung durch den Insolvenzverwalter → Rn. 69.
[258] Entspricht 2016 29,05 EUR in den alten und 25,20 EUR in den neuen Bundesländern.
[259] Entspricht 2016 3486,00 EUR in den alten und 3024,00 EUR in den neuen Bundesländern.
[260] BAG Urt. v. 28.6.2011 – 3 AZR 385/09, NZI 2012, 91.

Ansprüche und Anwartschaften nach Eintritt der Insolvenz des Arbeitgebers möglichst rasch festgestellt werden. Die Mitteilung hat allerdings nur deklaratorische Bedeutung.[261] Ausnahmsweise kann durch die Mitteilung ein Vertrauenstatbestand geschaffen werden, der dann zu einer Verpflichtung des PSVaG zum Ausgleich der dem Empfänger der unzutreffenden Mitteilung entstandenen Nachteile führt, wenn der Empfänger des „Leistungsbescheids" im Vertrauen auf dessen Richtigkeit Vermögensdispositionen getroffen oder zu treffen unterlassen hat, die er auch für die Zukunft nicht mehr oder nur unter unzumutbaren Nachteilen rückgängig machen bzw. nachholen kann.[262]

Den **Mitteilungsanspruch** gegen den PSVaG haben Versorgungsempfänger und Versorgungsanwärter.[263] Wenn der ursprünglich Berechtigte verstorben ist, steht der Mitteilungsanspruch den Hinterbliebenen zu.[264]

Kommt der PSVaG seiner Mitteilungspflicht nicht oder nicht rechtzeitig nach, obliegt es dem Berechtigten, innerhalb eines Jahres vom Eintritt des Sicherungsfalls an gem. § 9 Abs. 1 S. 2 BetrAVG die Ansprüche und Anwartschaften[265] beim PSVaG **anzumelden**. An Inhalt und Form der Anmeldung sind keine hohen Anforderungen zu stellen. Die Jahresfrist ist eine **Ausschlussfrist**[266] und von Amts wegen zu berücksichtigen.

Erfolgt die Anmeldung nach Ablauf der Frist, beginnen die Leistungen frühestens mit dem Ersten des Monats der Anmeldung, es sei denn, der Berechtigte war ohne sein Verschulden an der rechtzeitigen Anmeldung verhindert. Das Verschulden setzt mindestens Fahrlässigkeit im Sinne von § 276 Abs. 2 BGB voraus. Hat der PSVaG jedoch seine Mitteilungspflicht schuldhaft verletzt, so handelt er rechtsmissbräuchlich (§ 242 BGB), wenn er sich seinerseits darauf beruft, der Berechtigte habe seine Ansprüche schuldhaft verspätet angemeldet.[267]

II. Gesetzlicher Forderungsübergang (§ 9 Abs. 2 BetrAVG)

§ 9 Abs. 2 S. 1 BetrAVG ordnet an, dass die Ansprüche oder Anwartschaften des Berechtigten gegen den Arbeitgeber auf Leistungen der betrieblichen Altersversorgung, die bei Eintritt des Sicherungsfalls durch die Eintrittspflicht des PSVaG gesichert sind, vom Versorgungsberechtigten auf den PSVaG übergehen. Im Falle des Insolvenzverfahrens findet der gesetzliche Anspruchsübergang **mit Eröffnung des Insolvenzverfahrens** statt. Bei den anderen Sicherungsfällen gehen die Forderungen erst mit dem Tag auf den Träger der Insolvenzsicherung über, an dem der Berechtigte vom PSVaG über die ihm zustehenden Ansprüche oder Anwartschaften informiert wurde (§ 9 Abs. 1 S. 1 BetrAVG, → Rn. 142),

---

[261] BAG Urt. v. 16.3.2010 – 3 AZR 594/09, NZA-RR 2011, 155 Rn. 73.
[262] BAG, Urt. v. 29.9.2010 – 3 AZR 546/08, NZA 2011, 210 Rn. 22; BGH Urt. v. 3.2.1986 – II ZR 54/85, NJW-RR 1986, 764.
[263] LAG Köln Urt. v. 15.2.2001 – 6 Sa 1244/00, NJOZ 2001, 1893.
[264] Blomeyer/Rolfs/Otto/*Rolfs* BetrAVG § 9 Rn. 12.
[265] BAG Urt. v. 21.3.2000 – 3 AZR 72/99, NZA 2000, 835.
[266] Blomeyer/Rolfs/Otto/*Rolfs* BetrAVG § 9 Rn. 20; Höfer/*Höfer* BetrAVG § 9 Rn. 10.
[267] BT-Drs. 7/2843, 10.

und zwar auch dann, wenn der Berechtigte seine Rechte beim PSVaG selbst anzumelden hatte (§ 9 Abs. 1 S. 2 BetrAVG).[268]

147 Gegenstand des Forderungsübergangs sind (nur) **sämtliche insolvenzgeschützten Versorgungsansprüche und -anwartschaften,** nicht jedoch die gesamte Rechtsstellung des Versorgungsberechtigten.[269] Vom Forderungsübergang ebenfalls erfasst sind **akzessorische Sicherungsrechte** wie Bürgschaften,[270] Pfandrechte und Hypotheken,[271] auch Pfandrechte oder eigenständige Forderungsrechte aus Treuhand/CTA-Modellen (→ Rn. 136).[272] Nicht-akzessorische Sicherungsrechte wie Grundschulden[273] gehen nicht über; der PSVaG soll jedoch vom Berechtigten die Abtretung dieser Rechte verlangen oder aber den Berechtigten zunächst auf die Verwertung dieser Sicherungsrechte verweisen können.[274]

148 Der Versorgungsberechtigte kann aufgrund des Forderungsübergangs die insolvenzgesicherten Ansprüche nicht mehr gegen den Arbeitgeber, sondern nur noch gegenüber dem PSVaG verfolgen. Allerdings stellt § 9 Abs. 2 S. 2 BetrAVG klar, dass der Anspruchsübergang nicht zum Nachteil des Versorgungsberechtigten geltend gemacht werden kann. So hat der Versorgungsberechtigte bei der Verwertung von übergegangenen Sicherheiten, wenn seine Versorgungsrechte nicht vollständig vom PSVaG geschützt werden, insoweit ein vorrangiges Zugriffsrecht auf das Sicherungsrecht bzw. den Verwertungserlös.[275]

149 Der PSVaG nimmt mit den auf ihn übergegangenen Forderungen als **Gläubiger im Insolvenzverfahren** teil. Er kann allerdings den versorgungsberechtigten Arbeitnehmer ermächtigen, diesen betreffende Ansprüche zur Insolvenztabelle anzumelden und ggf. im Wege der Feststellungsklage zu verfolgen.[276] Nach § 9 Abs. 2 S. 3 BetrAVG werden die mit Eröffnung des Insolvenzverfahrens auf den PSVaG übergegangenen gesetzlich unverfallbaren Anwartschaften im Insolvenzverfahren als **unbedingte Forderungen nach § 45 InsO** behandelt. Sie sind – wie die entstandenen und künftigen Versorgungsansprüche – als Insolvenzforderungen kapitalisiert zur Tabelle anzumelden. Sie werden unter Berücksichtigung biometrischer Erfahrungswerte versicherungsmathematisch geschätzt und können in der Höhe geltend gemacht werden, die sie im Zeitpunkt der Insolvenzeröffnung haben,[277] obwohl diese an sich noch keine sofortige Zahlungsverpflichtung auslösen. Die Umwandlung der Versorgungsanwart-

---

[268] Höfer/*Höfer* BetrAVG § 9 Rn. 33.
[269] BAG Urt. v. 9.11.1999 – 3 AZR 361/98, NZI 2000, 556 (558 f.); *Paulsdorff* BetrAVG § 9 Rn. 26.
[270] BAG Urt. v. 12.12.1989 – 3 AZR 540/88, NZA 1990, 475.
[271] Blomeyer/Rolfs/Otto/*Rolfs* BetrAVG § 9 Rn. 45.
[272] *Berenz* DB 2006, 2125; KKBH/*Berenz* BetrAVG § 9 Rn. 17; *Küppers/Louven* BB 2004, 337 (342, 343); *Schnitker/Sittard* NZA 2012, 963 (966); differenzierend *Rolfs* NZA-Beilage 2012, 75; aA *Birkel/Obenberger* BB 2011, 2051; *Passarge* DB 2005, 2746.
[273] Blomeyer/Rolfs/Otto/*Rolfs* BetrAVG § 9 Rn. 46; Höfer/*Höfer* BetrAVG § 9 Rn. 25.
[274] KKBH/*Berenz* BetrAVG § 9 Rn. 19; *Berenz* DB 2004, 1098 (1099).
[275] Näher: *Berenz* DB 2004, 1098 (1099); KKBH/*Berenz* BetrAVG § 9 Rn. 20 ff.; *Rolfs* NZA-Beilage 2012, 75 (zu CTA's); *Kutzner/Huth/Eckhoff* ZInsO 2015, 2153 (2157).
[276] BAG Urt. v. 5.5.2015 – 1 AZR 763/13, NZA 2015, 1331.
[277] FK-InsO/*Griebeling* Anh. IV Rn. 133.

§ 30. Betriebliche Altersversorgung in der Insolvenz

schaften in einen Versorgungsanspruch muss nicht abgewartet werden.[278] Der Vorteil der sofortigen Fälligstellung wird durch die Abzinsung des Kapitalbetrages ausgeglichen. Der vom PSVaG zugrunde gelegte Abzinsungssatz beträgt 5,5 %.[279]

Umstritten ist in der landgerichtlichen Rechtsprechung zur Prozesskostenhilfe, ob der PSVaG als ein **wirtschaftlich beteiligter Insolvenzgläubiger (§ 116 S. 1 Nr. 1 ZPO)** anzusehen ist, der die Kosten eines vom Insolvenzverwalter geführten, aus der Insolvenzmasse nicht finanzierbaren Prozesses mit aufzubringen hat. Nach einer Auffassung[280] ist ihm eine Kostenbeteiligung auch als Großgläubiger nicht zuzumuten, da er gleich einem Sozialversicherungsträger seinem gesetzlichen Auftrag entsprechend im Interesse der sozial schwächeren Gläubiger ohne eigenes Gewinnstreben zweckgebundene Gelder verwaltet. Nach anderer Auffassung[281] werde der PSVaG privat finanziert und dieser sei zur Regulierung der Beitragshöhe auch gewinnorientiert tätig, so dass er nicht wie ein Sozialversicherungsträger zu privilegieren und daher zur Prozessfinanzierung heranzuziehen sei. Allerdings setzt sich die zuletzt genannte Ansicht nicht mit § 2 Abs. 3 der Satzung des PSVaG auseinander, dass dieser nicht die Erzielung von Gewinnen bezweckt.

149a

III. Vermögensübergang bei Unterstützungskassen und Pensionsfonds (§ 9 Abs. 3 und 3a BetrAVG)

Ist der PSVaG zu Leistungen verpflichtet, die ohne den Eintritt des Sicherungsfalls eine Unterstützungskasse erbringen würde, geht deren gesamtes **Vermögen einschließlich der Verbindlichkeiten** auf ihn über, § 9 Abs. 3 S. 1 Hs. 1 BetrAVG. Die Vorschrift ordnet also einen gesetzlichen Vermögensübergang auf den Träger der Insolvenzsicherung an, wenn das Trägerunternehmen (§ 7 Abs. 1 S. 1 BetrAVG) insolvent und dadurch die Ausfallhaftung des PSVaG ausgelöst wird. Neben dieser Norm findet auch § 9 Abs. 2 BetrAVG Anwendung.[282]

150

§ 9 Abs. 3 S. 4 BetrAVG stellt ausdrücklich klar, dass ein Vermögensübergang auf den PSVaG nur erfolgt, wenn ein Sicherungsfall vorliegt, der regelmäßig zur vollständigen Beendigung der Tätigkeit des Trägerunternehmens führt, weil dann die Unterstützungskasse ihre Existenzberechtigung verliert.[283] Auf die Leistungsfähigkeit der Kasse kommt es dabei nicht an, da Sicherungsfall die Insolvenz des Trägerunternehmens ist, § 7 Abs. 1 S. 1 BetrAVG.[284] Soll das Trägerunternehmen hingegen in einem außergerichtlichen Vergleich saniert werden, muss auch die Unterstützungskasse erhalten bleiben, über die der Arbeitgeber die Versorgungsleistungen erbringt.[285]

151

---

[278] BT–Drs. 12/3803, 112.
[279] BAG Urt. v. 11.10.1988 – 3 AZR 295/87, NZA 1989, 303.
[280] LG Augsburg Beschl. v. 3.11.2010 – 103 O 3144/10, ZIP 2011, 247.
[281] LG Düsseldorf Beschl. v. 6.1.2016 – 6 O 532/14, ZInsO 2016, 234.
[282] Blomeyer/Rolfs/Otto/*Rolfs* BetrAVG § 9 Rn. 71.
[283] BT–Drs. 13/8011, 205.
[284] BAG Urt. v. 12.2.1991 – 3 AZR 30/90, NZA 1991, 723.
[285] FK-InsO/*Griebeling* Anh. IV Rn. 135.

152 Die Unterstützungskasse wird infolge des Vermögensübergangs vermögenslos. Ihre Auflösung richtet sich nach ihrer Satzung. Die Haftung des PSVaG für die Verbindlichkeiten der Unterstützungskasse beschränkt sich auf das übergegangene Vermögen (§ 9 Abs. 3 S. 1 Hs. 2 BetrAVG).

153 Bei Unterstützungskassen mit mehreren Trägerunternehmen (**Gruppenunterstützungskasse**) wird dem PSVaG gem. § 9 Abs. 3 S. 3 BetrAVG lediglich ein bestimmter **Zahlungsanspruch** gegen die Unterstützungskasse eingeräumt. Ein gesetzlicher Vermögensübergang findet hier nicht statt, damit die nicht von der Insolvenz betroffenen Trägerunternehmen und deren Versorgungsberechtigte nicht beeinträchtigt werden.[286]

154 Vorstehende Regelungen gelten auch für einen **Pensionsfonds,** wenn die Bundesanstalt für Finanzdienstleistungsaufsicht die Übertragung der Leistungsverpflichtung vom PSVaG auf den Pensionsfonds nicht genehmigt (§ 9 Abs. 3a BetrAVG, → Rn. 45). Muss der PSVaG die versprochenen Versorgungsleistungen erbringen, geht das Fondsvermögen auf ihn über.

E. Beitragspflicht und Beitragsbemessung (§§ 10, 30i BetrAVG)

I. Beitragserhebung durch den PSVaG als beliehenem Unternehmer (§ 10 Abs. 1 BetrAVG)

155 Die Beitragspflicht knüpft an die insolvenzsicherungspflichtigen Durchführungswege der betrieblichen Altersversorgung an. Die Beiträge an den PSVaG sind aufgrund einer **öffentlich-rechtlichen Verpflichtung** zu leisten (§ 10 Abs. 1 BetrAVG). Der PSVaG ist damit im Hinblick auf die Beitragspflicht der Arbeitgeber ein beliehener Unternehmer (→ Rn. 5). Die von ihm erlassenen Beitragsbescheide sind Verwaltungsakte.[287] Bei Rechtsstreitigkeiten in diesem Bereich entscheiden die Verwaltungsgerichte.

155a Die **Beiträge** sind grundsätzlich zum Ende des Kalenderjahres **fällig;** Vorschüsse können erhoben werden (§ 10 Abs. 2 S. 4 BetrAVG). Die Beitragszahlungspflicht beginnt mit dem erstmaligen Vorliegen einer unverfallbaren Versorgungsanwartschaft oder eines Versorgungsfalls innerhalb eines insolvenzsicherungspflichtigen Durchführungsweges (→ Rn. 28 ff.) und endet, wenn die Insolvenzsicherungspflicht wegfällt. Die Beitragszahlungspflicht erlischt auch mit Eröffnung des Insolvenzverfahrens (Ausnahme: Fortführung des Unternehmens und der betrieblichen Altersversorgung im Rahmen eines Insolvenzplans).[288]

155b Der PSVaG ist nicht berechtigt, wegen rückständiger Beiträge die Leistung zu verweigern. Umgekehrt wird über eine Beitragszahlung kein gesetzlicher Insolvenzschutz begründet, wenn die Voraussetzungen nach § 7 BetrAVG nicht vorliegen.[289]

---

[286] Blomeyer/Rolfs/Otto/*Rolfs* BetrAVG § 9 Rn. 89; *Berenz* DB 2006, 1006 (1008).
[287] BVerwG Urt. v. 22.11.1994 – 1 C 22/92, NZA 1995, 374.
[288] KKBH/*Berenz* BetrAVG § 10 Rn. 13 ff.
[289] BAG Urt. v. 20.5.2014 – 3 AZR 1094/12, NZA 2015, 225 Rn. 23; *Rolfs* NZA 2015, 213 (214).

II. Beitragsaufkommen und Beitragsbemessung (§ 10 Abs. 2 und 3 BetrAVG)

§ 10 Abs. 2 BetrAVG enthält Regelungen über das Beitragsaufkommen. Die **Beitragshöhe** muss so hoch sein, dass mit der Summe aller Beiträge gedeckt werden: der Barwert der im laufenden Kalenderjahr entstehenden **Ansprüche auf Leistungen** der Insolvenzsicherung zuzüglich eines Betrages für die aufgrund eingetretener Insolvenzen **zu sichernden Anwartschaften,** der sich aus dem Unterschied der Barwerte dieser Anwartschaften am Ende des Kalenderjahres und am Ende des Vorjahres bemisst, sowie sämtliche im gleichen Zeitraum anfallenden Verwaltungskosten und sonstigen **Kosten** der Leistungsgewährung. Mit dem Beitragsaufkommen aus einem Kalenderjahr sind schließlich auch die entsprechenden Zuführungen zu einer **Verlustrücklage** (§ 193 VAG) und zu einem von der Bundesanstalt für Finanzdienstleistungsaufsicht festgesetzten **Ausgleichsfonds** zu decken.[290]

Ausführliche Bestimmungen über die Beitragsbemessungsgrundlagen sind in § 10 Abs. 3 BetrAVG enthalten. Private Sicherungsmittel, wie eine über ein Treuhand- bzw. CTA-Modell abgesicherte Direktzusage (→ Rn. 136) oder eine kongruent rückgedeckte Unterstützungskasse (→ Rn. 42), lassen trotz verringerter Risiken die Beitragspflicht des Arbeitgebers nicht entfallen.[291]

156

157–158

III. Einmalbetrag gem. § 30i BetrAVG

Das Finanzierungssystem der betrieblichen Altersversorgung beruht seit 2006[292] auf einer vollständigen Kapitaldeckung. In den Jahren 1975 bis 2005 wurden die Mittel im Rentenwertumlageverfahren erhoben. In diesem System wurden nur die in dem jeweiligen Jahr entstehenden laufenden Betriebsrentenansprüche finanziert, nicht jedoch die unverfallbaren Anwartschaften, für die der PSVaG aufgrund eingetretener Insolvenzen zukünftig einzustehen hat. Der PSVaG verzeichnete aus den Insolvenzen bis zum 31.12.2005 rund 167 000 Anwartschaften, bei denen der Versorgungsfall im Laufe der kommenden mehr als 30 Jahre eintreten wird und die nachzufinanzieren sind. Die Summe der Barwerte dieser Anwartschaften betrug rund 2,2 Mrd. EUR. Auf die den PSVaG finanzierenden Arbeitgeber kam damit ein Risiko zu, das durch die **Umstellung des Finanzierungssystems vom Rentenwertumlageverfahren zur vollständigen Kapitaldeckung** abgefedert werden sollte.[293]

159

---

[290] Ausführlich Höfer/*Höfer* BetrAVG § 10 Rn. 9ff., kritisch: *Rolfs/Erke de Groot* ZIP 2009, 785.
[291] BVerfG Beschl. v. 16.7.2012 – 1 BvR 2983/10, NZA 2013, 193; BVerwG Urt. v. 12.3.2014 – 8 C 27/12, NZI 2014, 715; BVerwG Urt. v. 25.8.2010 – 8 C 23/09, NVwZ-RR 2011, 160; zur risikoorientierten Differenzierung von Beiträgen: *Thüsing* DB 2012 Beilage 5, 1.
[292] Gesetz zur Änderung des Betriebsrentengesetzes und anderer Gesetze vom 2.12.2006 BGBl. 2006 I S. 2742.
[293] *Hoppenrath/Berenz* DB 2007, 630.

160 Der Gesetzgeber hat in § 30i BetrAVG geregelt, wie die in der Vergangenheit (bis 2005) aufgelaufenen gesetzlich unverfallbaren Anwartschaften nachfinanziert werden. Hierzu wurde von den im Jahr 2005 und zum Zeitpunkt des Inkrafttretens des § 30i BetrAVG am 12.12.2006 beitragspflichtigen Arbeitgebern ein Einmalbetrag erhoben, der in 15 Jahresraten gezahlt werden kann.[294] Eine vorfällige Zahlung ist möglich.

IV. Säumniszuschläge und Verzinsung (§ 10a Abs. 1 und 2 BetrAVG)

161 Der PSVaG kann bei Verstoß gegen die Meldepflicht (§ 11 BetrAVG → Rn. 164) Säumniszuschläge (§ 10a Abs. 1 BetrAVG) und bei Verstoß gegen die Zahlungspflicht Verzugszinsen durch Bescheid einfordern (§ 10a Abs. 2 BetrAVG).

V. Zwangsvollstreckung (§ 10 Abs. 4 BetrAVG)

162 Die Zwangsvollstreckung aus den mit einer Vollstreckungsklausel versehenen Beitragsbescheiden des PSVaG findet in **entsprechender Anwendung der Vorschriften der ZPO** statt. Die Kosten der Zwangsvollstreckung hat der Beitragsschuldner zu tragen.[295]

VI. Verjährung (§ 10a Abs. 4 BetrAVG)

163 Gem. § 10a Abs. 4 BetrAVG verjähren Ansprüche auf Zahlung der Beiträge zur Insolvenzsicherung sowie auf Beitragserstattung in **sechs Jahren**. Diese Frist orientiert sich an den Aufbewahrungsfristen des Arbeitgebers (§ 11 Abs. 2 S. 2 BetrAVG). Die Verjährungsfrist beginnt mit Ablauf des Kalenderjahres, in dem die Beitragspflicht entstanden oder der Erstattungsanspruch fällig geworden ist. Auf die Verjährung finden die Regelungen des BGB entsprechende Anwendung. Die Verjährung ist einredeweise geltend zu machen.

163a Für bereits durch einen Beitragsbescheid festgesetzte, bezifferte Beiträge (wie für in der Vergangenheit entstandene Beitragsansprüche) soll die 30-jährige Verjährungsfrist des § 53 Abs. 2 S. 1 VwVfG gelten.[296] Für in einem Beitragsgrundlagen- oder Meldebescheid festgesetzte Ansprüche auf künftig fällig werdende, regelmäßig wiederkehrende Leistungen bleibt es nach § 53 Abs. 2 Satz 2 VwVfG dagegen bei der Verjährungsfrist von 6 Jahren.

---

[294] Zur Verfassungsmäßigkeit des Einmalbeitrages: BVerwG Urt. v. 15.9.2010 – 8 C 35/09, NVwZ-RR 2011, 156; BVerwG Urt. v. 15.9.2010 – 8 C 32/09, NZA 2011, 49; *Wenderoth* DB 2007, 2713; kritisch: *Rolfs/de Groot* DB 2009, 61.
[295] Blomeyer/Rolfs/Otto/*Rolfs* BetrAVG § 10 Rn. 176 ff.; *Paulsdorff* BetrAVG § 10 Rn. 130.
[296] VG Augsburg Urt. v. 11.11.2014 – Au 3 K 13.1737, BeckRS 2014, 59763 Rn. 125; Höfer/*Höfer* BetrAVG § 10a Rn. 31.

F. Mitwirkungspflichten; Ordnungswidrigkeiten; Verschwiegenheitspflicht (§§ 11, 12 und 15 BetrAVG)

§ 11 BetrAVG enthält umfangreiche Regelungen über die Melde-, Auskunfts- und Mitteilungspflichten des Arbeitgebers. Im Insolvenzverfahren treffen den **Insolvenzverwalter** bestimmte **Mitwirkungspflichten**. Der Insolvenzverwalter hat gem. § 11 Abs. 3 BetrAVG dem PSVaG unverzüglich mit Insolvenzverfahrenseröffnung folgende Angaben zu übermitteln: den Zeitpunkt der Insolvenzeröffnung, Name und Anschrift jedes einzelnen insolvenzgeschützten Versorgungsempfängers und -anwärters sowie jeweils die Höhe ihrer Versorgung. Dabei ist der Insolvenzverwalter verpflichtet (§ 11 Abs. 7 BetrAVG), die vom PSVaG vorgegebenen **Vordrucke** und Dateien zu verwenden, die unter www.psvag.de zur Verfügung gestellt werden. Außerdem trifft den Insolvenzverwalter eine allgemeine Auskunfts- und Vorlagepflicht (§ 11 Abs. 1 S. 2 BetrAVG). Zur Erfüllung seiner Aufgaben hat der Insolvenzverwalter seinerseits Auskunftsrechte (§ 11 Abs. 4 BetrAVG).

Ein Verstoß gegen die Mitteilungspflichten führt zur Haftung des Insolvenzverwalters gem. § 60 InsO.[297] Außerdem ist die Verletzung der Mitwirkungspflichten gem. § 11 BetrAVG eine **Ordnungswidrigkeit**, die nach § 12 BetrAVG mit einer Geldbuße von bis zu 2500 EUR geahndet werden kann.

§ 15 BetrAVG legt den Personen, die beim PSVaG beschäftigt oder für diesen tätig sind, eine **Verschwiegenheitspflicht** auf.[298] Die dem PSVaG gemeldeten Daten stehen unter Geheimhaltungsschutz (§§ 11, 203 Abs. 2 S. 1 Nr. 2, 204 StGB).

G. Insolvenz des Versorgungsberechtigten

Rentenzahlungen aus der betrieblichen Altersversorgung sind **nach Eintritt des Versorgungsfalles** wie Arbeitseinkommen pfändbar (§ 850 Abs. 2 ZPO) und fallen daher in der Insolvenz des Versorgungsberechtigten nur in Höhe der pfändbaren Beträge in die Insolvenzmasse. Als Arbeitseinkommen gelten gem. § 850 Abs. 3 lit. b ZPO auch die **Renten** aus einer **Direktversicherung** oder einer vom Arbeitnehmer selbst abgeschlossenen Lebensversicherung (zB Riester-, Rürup-Rente). Da regelmäßig daneben noch weitere Einkünfte bestehen (wie aus der gesetzlichen Rentenversicherung, die gem. § 54 Abs. 4 SGB I wie Arbeitseinkommen pfändbar sind), darf der Insolvenzverwalter nicht die Beantragung der Zusammenrechnung dieser Bezüge gem. § 36 Abs. 1 S. 2 InsO iVm § 850e Nr. 2, 2a ZPO vergessen.

Einmalige Kapitalleistungen unterliegen nicht dem Pfändungsschutz für fortlaufendes Einkommen gem. der §§ 850ff. ZPO. Tritt daher der Versicherungsfall während des Insolvenzverfahrens ein, gehört der Anspruch des Ar-

---
[297] Höfer/*Höfer* BetrAVG § 11 Rn. 39.
[298] Zum Anspruch auf Herausgabe der Mitgliederliste des PSVaG an ein anderes Mitglied: BGH Urt. v. 23.4.2013 – II ZR 161/11, NZG 2013, 789.

beitnehmers auf Auszahlung der Versicherungssumme aus einer Direktversicherung in die Insolvenzmasse.[299] § 850i ZPO greift nicht ein.[300]

168 Ist der **Versorgungsfall hingegen noch nicht eingetreten** und ist der insolvente Arbeitnehmer aus einer **Direktversicherung** unwiderruflich bezugsberechtigt oder eingeschränkt unwiderruflich bezugsberechtigt, ohne dass die Vorbehalte erfüllt sind, stellt sich die Frage, ob der Rückkaufswert aus der Direktversicherung zur Insolvenzmasse gezogen werden kann. Bei einer nur widerruflichen Bezugsberechtigung besteht vor Eintritt des Versicherungsfalls ohnehin kein Anspruch des Arbeitnehmers auf die Versicherungsleistung (§ 159 Abs. 2 VVG).

169 Zunächst muss der bezugsberechtigte Arbeitnehmer zugleich der Versicherungsnehmer sein, da nur diesem das Recht zusteht, den Versicherungsvertrag zu kündigen (§ 168 VVG), nicht jedoch dem unwiderruflich Bezugsberechtigten.[301] Bei einer Direktversicherung ist jedoch der Arbeitgeber der Versicherungsnehmer (vgl. § 1b Abs. 2 S. 1 BetrAVG). Dann müsste (so der Arbeitgeber die Versicherung nicht kündigt bzw kein Anspruch des Arbeitnehmers gegen den Arbeitgeber auf Erklärung der Kündigung des Versicherungsvertrages besteht → Rn. 172) im Insolvenzverfahren des Arbeitnehmers der Eintritt des Versorgungsfalls abgewartet werden, sofern dieser absehbar ist und pfändbare Beträge aus der Versicherung zu erwarten sind.

170 Nach dem Ausscheiden des Arbeitnehmers aus dem Unternehmen kann dieser jedoch Versicherungsnehmer geworden sein und die Direktversicherung mit eigenen Beiträgen fortgeführt haben (vgl. § 2 Abs. 2 S. 2 BetrAVG, sog versicherungsförmige Lösung), so dass dann – vorbehaltlich vertraglicher Sonderregeln im Versicherungsvertrag, zB Kündigungsausschluss bei Eintreten der Unverfallbarkeit nach § 1b BetrAVG – ein Kündigungsrecht bestünde. Der BGH[302] hat einem ehemaligen GmbH-Geschäftsführer, der auch Gesellschafter der GmbH war und zu dessen Gunsten selbige eine Lebensversicherung unter Einräumung eines unwiderruflichen Bezugsrechts abgeschlossen hatte, einen Anspruch gegen die Gesellschaft auf Ausübung oder Übertragung des Kündigungsrechts zugebilligt, wenn beachtenswerte Belange der GmbH als Versicherungsnehmerin dem nicht entgegenstehen. Im Geltungsbereich des BetrAVG dürften nach Ausscheiden des Arbeitnehmers insoweit allerdings die Regeln des § 2 Abs. 2 BetrAVG einem solchen Anspruch vorgehen.

171 Weiterhin darf die **Kündigung** nicht **nach § 2 Abs. 2 S. 5 BetrAVG** eingeschränkt sein. Nach dieser Norm darf der Rückkaufswert in Höhe des durch Beitragszahlungen des Arbeitgebers gebildeten geschäftsplanmäßigen Deckungskapitals oder, soweit die Berechnung des Deckungskapitals nicht zum Geschäftsplan gehört, des nach § 169 Abs. 3 oder Abs. 4 VVG berechneten

---

[299] BGH Beschl. v. 11.12.2014 – IX ZB 69/12, NZI 2015, 178; BGH Beschl. v. 11.11.2010 – VII ZB 87/09, NJW-RR 2011, 283; BGH Beschl. v. 23.10.2008 – VII ZB 17/08, NJW-RR 2009, 211.
[300] BFH, Urt. v. 12.6.1991 – VII R 54/90, NJW 1992, 527; *Baumbach/Lauterbach/Albers/Hartmann* ZPO § 850 Rn. 14; *Stöber* NJW 2007, 1242 (1243).
[301] BGH Urt. v. 8.6.2016 – IV ZR 346/15, WM 2016, 1362 Rn. 17; BGH Urt. v. 2.12.2009 – IV ZR 65/09, NJW-RR 2010, 544 Rn. 14; *Prölls/Martin/Reiff* VVG § 168 Rn. 7.
[302] BGH Urt. v. 2.12.2009 – IV ZR 65/09, NJW-RR 2010, 544 Rn. 17.

Rückkaufswertes aufgrund einer Kündigung des Versicherungsvertrages nicht in Anspruch genommen werden; im Falle einer Kündigung wird die Versicherung in eine prämienfreie Versicherung umgewandelt; § 169 Abs. 1 VVG findet insoweit keine Anwendung. Demzufolge kann ein Rückkaufswert aus einer Direktversicherung der betrieblichen Altersversorgung im Insolvenzverfahren des versicherten Arbeitnehmers nach Kündigung der Versicherung nicht zur Masse gezogen werden, wenn der **ausgeschiedene Arbeitnehmer** nach Unverfallbarkeit seiner Anwartschaft Versicherungsnehmer geworden ist und die Versicherung allein aus Beiträgen seines Arbeitgebers gebildet wurde.[303] Entsprechendes gilt für eine vom Arbeitnehmer im Wege der Entgeltumwandlung finanzierte Direktversicherung, da § 2 Abs. 5a BetrAVG keine von § 2 Abs. 2 BetrAVG abweichenden Bestimmungen trifft.[304] Mit dieser Kündigungsbeschränkung geht zudem ein Pfändungs- und Abtretungsverbot (§ 851 Abs. 1 ZPO iVm § 2 Abs. 2 S. 4 BetrAVG) einher, so dass es zudem an der Massezugehörigkeit dieser Werte fehlt (§ 36 Abs. 1 S. 1 InsO). Nur Versicherungsansprüche, die auf eigenen Beiträgen oder Beitragsteilen des ausgeschiedenen Arbeitnehmers beruhen, können daher vom Insolvenzverwalter verwertet werden.

Da § 2 Abs. 2 S. 4 u. 5 BetrAVG nach Wortlaut und Systematik der Norm nur für ausgeschiedene Arbeitnehmer gilt, stellt sich die Frage, ob der Insolvenzverwalter eines noch **beschäftigten, unwiderruflich bezugsberechtigten Arbeitnehmers** eine Direktversicherung im Zusammenwirken mit dem Arbeitgeber als Versicherungsnehmer vor Eintritt des Versorgungsfalls zugunsten der Insolvenzmasse vereinnahmen kann (nur der Versicherungsnehmer kann dann die Versicherung kündigen → Rn. 169). Allerdings setzt sich dann der Arbeitgeber aufgrund der weiter bestehenden Versorgungszusage der Gefahr einer doppelten Inanspruchnahme aus, so dass er auf den Abschluss einer Abfindungsvereinbarung bestehen wird, die in einem laufenden Arbeitsverhältnis, wenn diese ohne Rücksicht auf dessen Beendigung getroffen wird, nicht durch § 3 BetrAVG eingeschränkt wird (→ Rn. 69). Jedoch ist die Kündigung des Versicherungsvertrages unwirksam, wenn die ihr zugrunde liegende Abfindungsvereinbarung nach § 3 Abs. 1 BetrAVG unzulässig ist.[305] Nach der LAG-Rechtsprechung[306] hat ein Arbeitnehmer im Falle einer finanziellen Notlage einen Anspruch gegen den Arbeitgeber auf Zustimmung zu einer solchen Vereinbarung bzw. auf Kündigung des zu seinen Gunsten abgeschlossenen, überwiegend im Wege der Entgeltumwandlung finanzierten Versicherungsvertrages. Jedoch sind bei einer vorzeitigen Kündigung zuvor die sich hieraus ergebenden steuer- und sozialversicherungsrechtlichen Folgen für den Arbeitnehmer zu prüfen. § 2 Abs. 2 S. 4 u. 5 BetrAVG steht einer solchen Kündigung während eines bestehenden Arbeitsverhältnisses nicht entgegen, da nur die Geltendma-

---

[303] BGH Beschl. v. 5.12.2013 – IX ZR 165/13, NZI 2014, 235; OLG Hamm Urt. v. 19.12.1997 – 20 U 150/97, NJW-RR 1998, 1062.
[304] OLG Hamm Beschl. v. 19.7.2006 – 20 U 72/06, NJOZ 2006, 3941; Blomeyer/Rolfs/*Rolfs* BetrAVG, § 2 Rn. 286.
[305] BGH Urt. v. 8.6.2016 – IV ZR 346/15, WM 2016, 1362 Rn. 32.
[306] LAG Bremen Urt. v. 22.6.2011 – 2 Sa 76/10, BB 2013, 635; *Walthierer* BB 2014, 2363; kritisch: *Ulbrich/Britz* DB 2015, 247.

chung des Rückkaufswertes bei einem beendeten Arbeitsverhältnis ausgeschlossen werden soll, nicht jedoch vor dem Ausscheiden des Arbeitnehmers vorgenommene Nutzungen des Versicherungswertes.[307] Nach anderer Auffassung sollen auch bei bestehendem Arbeitsverhältnis und einem eingeräumten unwiderruflichen Bezugsrecht nach dem Sinn dieser Norm (Aufrechterhaltung der bestehenden Anwartschaft im Interesse des Versorgungszwecks) die Kündigungsbeschränkung und das Pfändungs- und Abtretungsverbot entsprechend gelten.[308]

173 Soweit eine Direktversicherung im Wege der **Entgeltumwandlung** durch den Arbeitnehmer finanziert wird, liegt insoweit kein pfändbares Arbeitseinkommen mehr vor, so dass im Fall der Insolvenz des Arbeitnehmers dieser umgewandelte Teil des Einkommens nicht zur Insolvenzmasse gehört (→ Rn. 22). Erfolgt die Entgeltumwandlung hingegen erst nach Abtretung des pfändbaren Arbeitseinkommens an den Treuhänder, ist diese Verfügung gem. § 287 Abs. 2 S. 1 InsO iVm § 398 S. 2 BGB unwirksam, so dass hierdurch das pfändbare Einkommen nicht gemindert wird.[309]

174 Rentenleistungen sowie das angesparte Deckungskapital auf der Grundlage **privater Renten- oder Kapitallebensversicherungen** sind bei Selbständigen, Freiberuflern oder Nichterwerbstätigen hingegen nur unter den Voraussetzungen des § 851c ZPO pfändungs- und insolvenzgeschützt, da § 850 Abs. 3 lit. b ZPO nur für abhängig Beschäftigte gilt (für jene gilt aber auch § 851c ZPO). Die **Umwandlung einer Lebensversicherung nach § 167 VVG zur Erlangung des Pfändungsschutzes nach § 851c ZPO** ist nicht anfechtbar, da der Insolvenzschuldner nicht tauglicher Gegner eines Insolvenzanfechtungsanspruchs sein kann und der Versicherer durch die Umwandlung nichts erhalten hat, was zur Insolvenzmasse zurückzugewähren ist.[310] Der Pfändungs- und Insolvenzschutz greift nur mit Vorliegen aller in § 851c ZPO geregelten Voraussetzungen im Zeitpunkt des Insolvenzbeschlages. Allein das Umwandlungsverlagen führt nicht zu diesem Schutz.[311] § 851c Abs. 1 ZPO findet auch auf eine zugunsten eines Gesellschafter-Geschäftsführers abgeschlossene und an diesen verpfändete Rückdeckungsversicherung Anwendung, wenn das vertraglich eingeräumte Kapitalwahlrecht nicht mehr besteht,[312] also nur noch eine monatliche Rentenzahlung erfolgen kann.

---

[307] BGH Urt. v. 8.6.2016 – IV ZR 346/15, WM 2016, 1362 Rn. 21; LAG Hamburg Urt. v. 23.1.2008 – 5 Sa 47/07, ZInsO 2008, 1335; Höfer/*Höfer* BetrAVG, § 2 Rn. 241; Blomeyer/Rolfs/Otto/*Rolfs* BetrAVG, § 2 Rn. 277, 280, 289 (es wird bei der Kündigung nicht nach dem Ausscheiden differenziert); Matthießen DB 2016, 2060 (2061).

[308] *Büchler* ZVI 2013, 254 (der auf unverfallbare Anwartschaften § 851 Abs. 1 ZPO iVm § 4 BetrAVG anwendet); *Küpper* InsbürO 2004, 337; *Westhelle/Micksch* ZIP 2003, 2054 (2060).

[309] BAG Urt. v. 30.7.2008 – 10 AZR 459/07, NJW 2009, 167 Rn. 16 ff.

[310] BGH Beschl. v. 13.10.2011 – IX ZR 80/11, NZI 2011, 937; OLG Stuttgart Urt. v. 15.12.2011 – 7 U 184/11, NZI 2012, 250 (253); *Hatwig* InsbürO 2013, 438 (445); *Lange* ZVI 2012, 403 (406); aA OLG Naumburg Urt. v. 8.12.2010 – 5 U 96/10, BeckRS 2011, 07639; LG München Urt. v. 28.11.2012 – 26 O 8154/12, BeckRS 2012, 25083.

[311] BGH Urt. v. 22.7.2015 – IV ZR 223/15, NZI 2015, 942.

[312] BGH Beschl. v. 22.8.2012 – VII ZB 2/11, NZI 2012, 809 Rn. 18 ff.; sa BGH Urt. v. 15.7.2010 – IX ZR 132/09, NZI 2010, 777.

Den Pfändungsschutz bei Renten aus steuerlich geförderten Altersvermögen 175
(Riester-, Rürup-Rente) ordnet bei Selbständigen, Freiberuflern oder Nichterwerbstätigen § 851d ZPO an (bei Arbeitnehmern greift schon § 850 Abs. 3 lit. b ZPO).[313]

Sofern der Schuldner mit dem Versicherer nach § 168 Abs. 3 VVG den **Aus-** 176
schluss des Kündigungsrechts bei einer Kapitallebensversicherung vereinbart hat, darf der Insolvenzverwalter trotzdem die Versicherung in Anwendung des Rechtsgedankens des § 851 Abs. 2 ZPO gem. § 168 Abs. 1 VVG kündigen, wenn die Lebensversicherung pfändbar ist und in die Insolvenzmasse fällt.[314]

---

[313] Näher hierzu: *Schrehardt* DStR 2013, 472; *Priebe* ZInsO 2010, 2307; *Stöber* NJW 2007, 1242.
[314] BGH Urt. v. 1.12.2011 – IX ZR 79/11, NZI 2012, 76; *Lange* ZVI 2012, 403 (404).

9. Teil. Gesellschaftsrecht in der Insolvenz

§ 31. Gesellschaftsrechtliche Folgen der Insolvenz

Die wirksame Kapitalaufbringung → Rn. 5 ff. und die Einhaltung der Regeln über die Kapitalerhaltung → Rn. 46 ff. sind vom Insolvenzverwalter zu prüfen. Ebenso müssen Gesellschafterforderungen und -leistungen im Rahmen der Anmeldung zur Insolvenztabelle → Rn. 53 ff., Anfechtung → Rn. 60 ff. und Gebrauchsüberlassung → Rn. 65 ff. richtig bewertet werden. Auch die Position Dritter kann der eines Gesellschafters gleich gestellt sein → Rn. 83 ff. Die Befugnisse und Pflichten der Leitungsorgane von Kapitalgesellschaften werden durch die Insolvenz betroffen → Rn. 87 ff.

Bei Personengesellschaften muss unterschieden werden, ob eine alleinige Gesellschafterinsolvenz → Rn. 114, eine Insolvenz von Gesellschaft und Gesellschafter → Rn. 115 ff. oder lediglich eine Insolvenz der Gesellschaft → Rn. 117 ff. vorliegt. Die Forderungen gegen die Gesellschafter im Fall der Gesellschaftsinsolvenz können durch den Insolvenzverwalter verfolgt werden → Rn. 120 ff.

A. Einleitung

Das Verhältnis zwischen Insolvenz- und Gesellschaftsrecht wird immer wieder diskutiert. Zugleich berühren sich beide Rechtsgebiete. Eine strikte Trennung zwischen Insolvenz- und Gesellschaftsrecht ist nicht möglich. So nimmt die InsO mehrfach auf das Gesellschaftsrecht Bezug, etwa in § 15a InsO mit der Antragspflicht bei juristischen Personen oder in § 93 InsO, der den Insolvenzverwalter zur Geltendmachung der persönlichen Haftung gegenüber dem Gesellschafter berechtigt. Auch werden Normen aus gesellschaftsrechtlichen Gesetzen teilweise dem Insolvenzrecht zugeordnet. So hat der EuGH mit Entscheidung vom 10.12.2015[1] § 64 GmbHG im Insolvenzrecht verortet. 1

Gerade bei der Behandlung ausländischer Gesellschaftsformen in deutschen Insolvenzverfahren wird immer wieder das Rangverhältnis zwischen Insolvenz- und Gesellschaftsrecht diskutiert. Die zunehmende Internationalisierung des Gesellschaftsrechts beeinflusst die nationale Rechtsanwendung. Grundsätzlich gilt zwar nach Art. 4 VO (EG) 1346/2000 das nationale Insolvenzrecht des Landes, dessen Gerichte für das Insolvenzverfahren zuständig sind. EuGH wie BGH haben aber entschieden, dass die jeweiligen gesellschaftsrechtlichen Vorgaben des Staats von den jeweiligen nationalen Gerichten zu beachten sind, in dem die Gesellschaft gegründet wurde.[2] 2

---

[1] C-594/14 (*Kornhaas/Dithmar* als Insolvenzverwalter) m. Anm. von *Weller/Hübner* NJW 2016, 223.
[2] EuGH Urt. v. 30.9.2003 – Rs. C-167/01, NJW 2003, 3331 – Inspire Art; Urt. v. 5.11.2002 – Rs. C-208/00, GmbH, NJW 2002, 3614 – Überseering BV/Nordic Construc-

B. Kapitalgesellschaften

3   Die Folgen eines Insolvenzverfahrens betreffen Innen- wie Außenverhältnis einer Kapitalgesellschaft. Die Verfahrenseröffnung die Kompetenzen der Leitungsorgane, als auch das Haftungsregime.

4   Kapitalgesellschaften bieten Haftungsbegrenzung auf das Gesellschaftsvermögen. Grundsätzlich haften die handelnden Personen und die Gesellschafter nicht für Verbindlichkeiten der Gesellschaft. Im Fokus jedes Insolvenzverfahrens stehen daher Kapitalaufbringung und -erhaltung. Fehler der Beteiligten berechtigen den Insolvenzverwalter gerade aufgrund der Normen mit insolvenzrechtlichem Bezug, die Insolvenzmasse zugunsten der Gläubiger und zulasten der Leitungsorgane und Gesellschafter zu mehren.

I. Kapitalaufbringung und Kapitalerhaltung

1. Kapitalaufbringung

5   Gegenstück zur begrenzten Haftung ist bei Kapitalgesellschaften das von den Gesellschaftern aufzubringende Stammkapital bei einer GmbH (§ 5 GmbHG) bzw. das Grundkapital bei einer AG (§ 6 AktG). Durch das im Handelsregister eingetragene Kapital erhalten die Gläubiger einer Gesellschaft einen Anhaltspunkt für die Haftungsmasse einer Gesellschaft. Eine Garantie für tatsächlich vorhandene Vermögenswerte ist damit nicht verbunden. Zugleich dient die Kapitalziffer als Maßstab für die Leitungsorgane, an dem sie teils ihre Handlungen ausrichten müssen.

6   Das Haftkapital muss weder bei noch nach Gründung zwingend als Barbetrag in einer Kasse oder auf einem Konto als Guthaben verwaltet werden. Außerdem ermöglicht der Gesetzgeber den Gesellschaftern, ihren Kapitalanteil bei Gründung nicht vollständig aufzubringen oder statt Geldzahlung andere Vermögenswerte zu leisten.

7   a) **Bareinlage.** Regelmäßig ist in Gesellschaftsvertrag (§ 3 GmbHG) bzw. Satzung (§ 2 AktG, § 5 GenG) eine Erbringung der Kapitaleinlagen durch die Gesellschafter in bar vorgesehen. Die Gesellschafter müssen dann in die Kasse oder auf ein Konto der Gesellschaft einzahlen. Wesentliches Indiz für die tatsächliche Erbringung der Bareinlage sind dabei Kontoauszüge[3] oder Quittungen.[4]

8   Wirksam erbracht ist die Bareinzahlung nur, sofern sie tatsächlich der Gesellschaft und somit dem Leitungsorgan zur freien Verfügung steht. Hierbei gelten ein paar Besonderheiten. Erfolgt die Zahlung nicht auf ein Konto der Gesellschaft, sondern auf ein Konto des Leitungsorgans, wird die Pflicht zur Kapitalerbringung nur erfüllt, wenn die Gesellschaft das Zielkonto tatsächlich als Ge-

---

tion Company Baumanagement; BGH Urt. v. 12.7.2011 – II ZR 28/10, NJW 2011, 3372; Urt. v. 13.3.2003 – VII ZR 370/98, NZG 2003, 431.

[3] BGH Beschl. v. 9.7.2007 – II ZR 222/06, NJW 2007, 3067.

[4] Zur Beweiskraft einer Quittung OLG Dresden Urt. v. 8.5.2000 – 17 U 3742/99, InVo 2000, 302.

Jenal

sellschaftskonto nutzt und der eingezahlte Betrag für die Gesellschaft verwendet wird.[5] Bei der Zahlung auf ein debitorisches Konto der Gesellschaft muss diese über den eingezahlten Betrag frei verfügen können. Dies kann bspw. der Fall sein, wenn ein Kontokorrentkredit dies ermöglicht oder die Bank eine Überziehung des Kontos zumindest duldet.[6] Haftungsrisiken bestehen auch, wenn die künftigen Gesellschafter vereinbaren, die Zahlungen bereits vor Zeichnung des Gesellschaftsvertrags oder der Satzung auf einem Konto zu separieren. Ist zum Zeitpunkt der Unterzeichnung nicht mehr der volle Betrag auf dem Konto vorhanden, kann nicht von einer Kapitalaufbringung ausgegangen werden.[7]

b) Sacheinlage. Neben der Erbringung von Kapitaleinlagen in bar ermöglicht § 5 Abs. 4 GmbHG bzw. § 27 Abs. 1 AktG die Erbringung von Sacheinlagen. Dies im Grundsatz jedoch nur sofern Gesellschaftsvertrag bzw. Satzung solches vorsehen. Im Rahmen der Sachgründung müssen die Gründer einen Sachgründungsbericht erstatten, zudem prüft das Registergericht die Werthaltigkeit (§ 9c Abs. 1 GmbHG bzw. § 38 Abs. 2 AktG). Weiterhin fordert § 7 Abs. 3 GmbHG, dass die Sacheinlage vollständig vor Anmeldung der Gesellschaft bzw. der Kapitalerhöhung an die Gesellschaft geleistet wird. Nach § 36a Abs. 2 S. 2 AktG gilt für die Sacheinlage bei einer AG, wenn die Pflicht in der Übertragung eines Vermögensgegenstands auf die Gesellschaft besteht: Innerhalb von 5 Jahren nach der Eintragung der Gesellschaft in das Handelsregister ist die Sacheinlage zu leisten, sofern die Satzung keinen bestimmten Zeitpunkt festlegt.

Ansprüche des Insolvenzverwalters können sich insbesondere ergeben, wenn die Sacheinlage nicht den notwendigen Wert der Kapitaleinlage erreicht. Liegt ein Fall der Unmöglichkeit vor, ist die Einlagepflicht bar zu erfüllen.[8] Gleiches gilt bei Verzug.[9] Ist der eingebrachte Gegenstand mangelhaft, kann der Insolvenzverwalter die Einlage einfordern und muss im Gegenzug den Vermögensgegenstand herausgeben.

Erreicht der eingebrachte Gegenstand nicht den Wert der Sacheinlage, greift die verschuldensunabhängige gesetzliche Haftung nach § 9 Abs. 1 GmbHG.[10] Den Fehlbetrag hat der Gesellschafter bar zu leisten.[11] Bei einer AG gilt dasselbe: Der Differenzhaftungsanspruch ergibt sich als gesetzlicher Anspruch aus dem Grundsatz der realen Kapitalaufbringung und damit dem dahinterstehenden Gläubigerschutz.[12]

---

[5] BGH Urt. v. 29.1.2001 – II ZR 183/00, DStR 2001, 631.
[6] BGH Urt. v. 18.3.2002 – II ZR 363/00, NZI 2002, 339; Urt. v. 24.9.1990 – II ZR 203/89, NJW 1991, 226; OLG Frankfurt Beschl. v. 24.1.2005 – 20 W 415/04, NZG 2005, 556.
[7] BGH Beschl. v. 10.7.2012 – II ZR 212/10, NZG 2012, 1067; BGH Urt. v. 26.6.2006 – II ZR 43/05, NJW 2007, 515.
[8] Baumbach/Hueck/*Fastrich* GmbHG § 5 Rn. 38; BeckOK GmbHG/*Ziemons* GmbHG § 5 Rn. 145.
[9] Baumbach/Hueck/*Fastrich* GmbHG § 5 Rn. 38; BeckOK GmbHG/*Ziemons* GmbHG § 5 Rn. 145; MüKoGmbHG/*Schwandtner* GmbHG § 5 Rn. 173.
[10] Begr. RegE v. 15.12.1977, BT-Drs. 8/1347, 35.
[11] MüKoGmbHG/*Schwandtner* GmbHG § 9 Rn. 21.
[12] BGH Urt. v. 6.3.2012 – II ZR 56/10, NZI 2012, 460; Urt. v. 6.12.2011 – II ZR 149/10, DNotZ 2012, 623; MüKoAktG/*Pentz* AktG § 27 Rn. 44.

Jenal

12 **c) Verdeckte Sacheinlage.** § 19 Abs. 4 GmbHG bzw. § 27 Abs. 3 AktG enthalten jeweils eine Legaldefinition der verdeckten Sacheinlage. Es handelt sich insoweit um Fälle, bei denen nach wirtschaftlicher Betrachtung und aufgrund eines engen Zusammenhangs zwischen der Übernahme der Geldeinlage und der getroffenen Abrede von einer Sacheinlage auszugehen ist. Die Bareinlage wird für den Erwerb eines Gegenstandes oder die Befriedigung einer Forderung verwendet.

13 Nicht jede Forderung taugt als Gegenstand einer verdeckten Sacheinlage. Bspw. können Forderungen des einlageverpflichteten Gesellschafters, die erst nach Begründung der Bareinlagenverpflichtung entstehen oder sich auf Dienstleistungen beziehen, für eine verdeckte Sacheinlage ungeeignet sein.[13] Strittig ist auch, ob Forderungen aus Umsatzgeschäften des normalen Geschäftsbetriebs zu einer verdeckten Sacheinlage führen können. Der BGH hat dies bisher verneint.[14] Anderer Ansicht sind dagegen diverse Instanzgerichte und eine stark ausgeprägte Meinung in der Literatur.[15]

14 Umstritten ist weiter, ob ein sachlicher und zeitlicher Zusammenhang zwischen Ein- und Auszahlung bestehen muss.[16] Man wird jedoch in der Praxis eine Abrede zwischen Gesellschafter und Gesellschaft darüber voraussetzen müssen, dass der durch die Kapitaleinlage zur Verfügung gestellte Betrag tatsächlich in einen Sachwert investiert werden soll und somit im Ergebnis der Gesellschaft lediglich ein Sachwert zur Verfügung steht.[17] Die Beteiligten müssen keine bewusste Umgehung der gesetzlichen Vorschriften anstreben. Die Absprache muss lediglich bereits bei Übernahme der Bareinlagenverpflichtung vorgelegen haben.[18] Erfolgt die Absprache erst später, so ist zu prüfen, ob zB die Regelungen des Hin- und Herzahlens Anwendung finden.

15 Eine tatsächliche Vermutung streitet für eine verdeckte Sacheinlage, sofern ein sachlicher und zeitlicher Zusammenhang zwischen der Übernahme der Stammeinlagenverpflichtung und dem Abschluss des zum Mittelabfluss führenden Geschäfts besteht.[19] Typische Fälle einer verdeckten Sacheinlage können dabei sein: Verrechnung der Bareinlagenforderung mit eigenen Forderungen gegen die Gesellschaft – wie Gewinnansprüche, Miet- und Pachtzinsforderungen oder andere Forderungen. Gleiches gilt für eine Leistung an Erfüllungs

---

[13] BGH Urt. v. 16.2.2009 – II ZR 120/07, NJW 2009, 2375 – Qivive; MüKoGmbH/*Schwandtner* GmbHG § 19 Rn. 192.
[14] BGH Urt. v. 11.2.2008 – II ZR 171/06, NZG 2008, 311; Urt. v. 20.11.2006 – II ZR 176/05, NZG 2007, 144.
[15] OLG Hamm Urt. v. 17.8.2004 – 27 U 189/03, NZG 2005, 184 (aufgehoben durch BGH Urt. v. 20.11.2006 – II ZR 176/05, NZG 2007, 144); OLG Karlsruhe Urt. vom 29.11.1990 – 18a U 92/90, ZIP 1991, 27.
[16] Dieser Ansicht: OLG Hamburg,Urt. v. 9.10.1987 – 11 U 125/87, ZIP 1988, 372; aA zB BeckOK GmbHG/*Ziemons* GmbHG § 19 Rn. 148.
[17] BGH Urt. v. 7.7.2003 – II ZR 235/01 NZG 2003, 867; Urt. v. 16.9.2002 – II ZR 1/00, NZG 2002, 1172; Michalski/*Hermanns* GmbHG § 56 Rn. 19.
[18] BGH Urt. v. 7.7.2003 – II ZR 235/01 NZG 2003, 867.
[19] BGH Urt. v. 19.1.2016 – II ZR 61/15, BeckRS 2016, 05435; Beschl. vom 10.7.2012 – II ZR 212/10, MittBayNot 2013, 69; Urt. v. 22.3.2010 – II ZR 12/08, NZI 2010, 533 – ADCOCOM; Urt. v. 18.2.2008 – II ZR 132/06, NZG 2008, 425 – Rheinmöve.

Jenal

statt, dh wenn ein anderer Gegenstand als bei der Sacheinlagenvereinbarung ausgemacht erbracht wird.

Die Einlagepflicht wird durch die Erbringung einer (verdeckten) Sacheinlage nicht erfüllt. Das MoMiG hat die Folgen jedoch im Verhältnis zur früheren Rechtslage abgemildert. Zwar ist weiter davon auszugehen, dass eine Bareinlagenverpflichtung nicht erfüllt ist (§ 19 Abs. 1 S. 1 GmbHG, § 27 Abs. 3 S. 1 AktG), aber nach § 19 Abs. 4 S. 2 GmbHG, § 27 Abs. 3 S. 2 AktG sind die Verträge über die weitergehenden Handlungen nicht unwirksam. Die schuldrechtlichen und dinglichen Vereinbarungen (zB Kaufvertrag, Übereignung) bleiben also erhalten. Infolgedessen hat der Gesetzgeber im Rahmen des MoMiG mit § 19 Abs. 4, S. 3 – 5 GmbHG, § 27 Abs. 3 S. 3–5 AktG eine Anrechnung vorgesehen. Die Verpflichtung zur Stammeinlagenerbringung reduziert sich in Höhe des Werts, der im Rahmen der verdeckten Sacheinlage in die Gesellschaft eingebracht worden ist. Auf diesem Weg kann sich der Anspruch auf Erbringung der Stammeinlage auf Null reduzieren. Die Beweislast für den Wert des Vermögensgegenstands trägt der Gesellschafter. Dieser muss den Wert des Vermögensgegenstands am Bewertungsstichtag nachweisen, der wiederum der Tag der Anmeldung der Gesellschaft oder Kapitalerhöhung zum Handelsregister ist.[20]

16

d) Hin- und Herzahlen. Von einem „Hin- und Herzahlen" spricht man, wenn der Gesellschafter seine Kapitaleinlage zwar formal korrekt zunächst auf das Konto der Gesellschaft leistet, der eingezahlte Betrag ihm jedoch in der Folge wie abgesprochen, unmittelbar wieder als Darlehen zufließt.[21] Eine vorherige Absprache zwischen Gesellschaft und Gesellschafter ist oft schwierig zu beweisen. Daher hat die Rechtsprechung in vielen Fällen eine solche vermutet, so etwa falls Zahlung der Einlage und Auszahlung an den Gesellschafter den gleichen Betrag ausweisen und am selben Tag erfolgen.[22] Auch wenn zwischen den Zahlungen wenige Tage liegen, geht der BGH von einem Hin- und Herzahlen aus.[23] Sogar bei einer zeitlichen Differenz von 40 Tagen[24] oder zweieinhalb Monaten[25] ist die Rechtsprechung bereits von einer Abrede über eine lediglich vorübergehende Überlassung ausgegangen. Der BGH sah aber einen Zeitraum von acht Monaten als zu lang an, um ein Hin- und Herzahlen anzunehmen.[26]

17

Sah man in Vorgängen des Hin- und Herzahlens in der Vergangenheit noch keine vollständige Erbringung der Stammeinlage, da der eingezahlte Betrag der Gesellschaft nicht zur freien Verfügung gestanden habe, ist der Gesetzgeber hiervon abgerückt. Nach § 19 Abs. 5 GmbHG und § 27 Abs. 3, 4 AktG ist kein Verstoß gegen das Gebot der freien Verfügung anzunehmen. Allerdings befreit

18

---

[20] OLG Koblenz Urt. v. 16.6.2009 – 6 U 120/05, NZG 2010, 29; BeckOK GmbHG/Ziemons GmbHG § 19 Rn. 180 ff.
[21] BGH Beschl. v. 10.7.2012 – II ZR 212/10, NZG 2012, 1067.
[22] BGH Urt. v. 22.3.2004 – II ZR 7/02, NZG 2004, 618.
[23] BGH Urt. v. 22.3.2010 – II ZR 12/08, NZI 2010, 533 – ADCOCOM.
[24] OLG Oldenburg Urt. v. 31.1.2002 – 1 U 115/01, GmbHR 2003, 233.
[25] OLG Hamburg Urt. v. 31.10.2006 – 11 U 4/06, NZG 2007, 393; bestätigt durch BGH Beschl. v. 15.10.2007 – II ZR 263/06, NJW-Spezial 2008, 432.
[26] BGH Urt. v. 16.9.2002 – II ZR 1/00, NZG 2002, 1172.

Jenal

sich der Gesellschafter von seiner Pflicht zur Erbringung der Kapitaleinlage nur insoweit, als der mit der Rückzahlung begründete Anspruch vollwertig ist. Die Beweislast für einen vollwertigen Rückzahlungsanspruch trifft den Gesellschafter.[27] Darüber hinaus muss der Rückzahlungsanspruch der Gesellschaft jederzeit fällig sein oder durch fristlose Kündigung durch die Gesellschaft fällig gestellt werden können.

19 In diesem Zusammenhang ist zu beachten, dass die Vorgänge nach § 8 GmbHG bzw. § 37 AktG durch die Leitungsorgane bei der Anmeldung zum Handelsregister offenzulegen sind. Noch ungeklärt ist hierbei, ob die Offenlegung des Hin- und Herzahlens nach § 19 Abs. 3 S. 2 GmbH eine tatbestandliche Voraussetzung für die Rückzahlung ist. Die Rechtsprechung des BGH tendiert hierzu.[28] Ein Urteil des BGH nach dem MoMiG fehlt bisher jedoch. Im Schrifttum ist die Meinung uneinheitlich.[29] Ebenso ungeklärt ist, ob für die Vollwertigkeit eines Anspruchs grundsätzlich eine Besicherung und eine Verzinsung notwendig sind.[30] Über das Verhältnis des Gesellschafters zur Gesellschaft hinaus gelten die Vorgaben auch für Fälle, bei denen dritte Personen eingeschaltet werden, deren Handeln sich der Gesellschafter zurechnen lassen muss.[31]

20 Liegen die dargestellten Voraussetzungen für eine ordnungsgemäße Kapitalerbringung vor, hat die Gesellschaft lediglich noch einen Anspruch auf Rückgewähr gegen den Gesellschafter. Ist dagegen die Rückzahlungsforderung nicht vollwertig, fällig oder liquide, so haftet der Gesellschafter auf die volle Stammeinlage. Eine zB teilweise Anrechnung der Gegenforderung – wie sie bei der verdeckten Sacheinlage erfolgt – ist nicht vorgesehen.[32] Dies führt dazu, dass nicht nur der Gesellschafter selbst, sondern auch die Mitgesellschafter ggf. nach § 24 GmbHG weiter in Haftung genommen werden können. Allerdings sind Zahlungen des Gesellschafters auf die vermeintliche Darlehensschuld als Zahlungen auf die Einlageschuld anzusehen.[33]

21 e) Her- und Hinzahlen. Erhält der Gesellschafter zunächst eine Leistung von der Gesellschaft, um diese Leistung dann zur Kapitalaufbringung zu nutzen, handelt es sich um ein Her- und Hinzahlen. Ein solcher Vorgang entspricht nicht einer ordnungsgemäßen Kapitalaufbringung. Vielmehr erhält die Gesellschaft wirtschaftlich nichts und der Gesellschafter bleibt verpflichtet, den auf ihn entfallenden Kapitalanteil aufzubringen.[34]

---

[27] Für die Beweislast des Gesellschafters: Michalski/*Ebbing* GmbHG § 19 Rn. 173 mwN, Roth/Altmeppen/*Roth* GmbHG § 19 Rn. 35a mit Verweis auf BGH Urt. v. 15.6.1992 – II ZR 229/91, NJW 1992, 2229.
[28] BGH Urt. v. 16.2.2009 – II ZR 120/07, NJW 2009, 2375 – Qivive; Urt. v. 20.7.2009 – II ZR 273/07, NZG 2009, 944 – Cash-Pool II.
[29] Für die Ansicht des BGH zB *Penz* GmbHR 2009, 505; *Pluskat/Markquardt* NJW 2009, 2353; Hüffer/*Koch* AktG § 27 Rn. 50. Anderer Ansicht ua MüKoGmbHG/*Lieder* GmbHG § 56a Rn. 50.
[30] Beides ablehnend: MüKoAktG/*Penz* AktG § 27 Rn. 227 mwN. Für eine Verzinsung: Hüffer/*Koch* AktG § 27 Rn. 50.
[31] OLG Schleswig Beschl. v. 9.5.2012 – 2 W 37/12, FGPrax 2012, 214.
[32] RegE v. 23.5.2007, BT-Drucks. 16/6140, Vorabfassung v. 25.7.2007, 25, 40.
[33] RegE v. 23.5.2007, BT-Drucks. 16/6140, Vorabfassung v. 25.7.2007, 34 f.
[34] BGH Urt. v. 19.1.2016 – II ZR 61/15, DStR 2016, 923; BGH Urt. v. 12.6.2006 – II ZR 334/04, DStR 2006, 1709.

Jenal

f) Cash-Pool. Das sogenannte „Cash-Pooling" umfasst insbesondere konzerninterne Systeme, in denen die freie Liquidität der einzelnen Unternehmen zusammengeführt und ein einheitliches Liquiditätsmanagement für alle Gesellschaften gebildet wird. Meist wird hierbei im Unternehmensverbund eine Finanzierungsgesellschaft gegründet, bei der die Finanzplanung erfolgt und die liquiden Mittel eingezogen sowie verteilt werden. Das Cash-Pooling wirft viele Probleme auf, die nicht nur mit der Kapitalaufbringung, sondern auch der Kapitalerhaltung oder der Geschäftsführerhaftung zusammenhängen. 22

Je nach konkreter Situation kann es sich bei der Kapitalaufbringung im Rahmen eines Cash-Pools um einen Fall des Hin- und Herzahlens oder um eine (verdeckte) Sacheinlage handeln. Wird die Kapitaleinlage unmittelbar nach Eingang auf dem Konto der Gesellschaft auf ein zentrales Konto der Finanzierungsgesellschaft weitergeleitet und besteht ein Anspruch der Finanzierungsgesellschaft gegenüber der GmbH, liegt eine (verdeckte) Sacheinlage vor.[35] Dann wird angenommen, dass wirtschaftlich eine Forderung der Finanzierungsgesellschaft gegen die GmbH eingebracht werden soll, was ein unzulässiges Vorgehen wäre. Jedoch sind bei einer Bewertung dieser Vorgänge auch hier die Anrechnungsvorschriften nach § 19 Abs. 4 Satz 3 GmbHG bzw. § 27 Abs. 3 AktG zu berücksichtigen. Allerdings muss die Forderung der Finanzierungsgesellschaft vollwertig, fällig und liquide gewesen sein. 23

Besteht dagegen kein Anspruch der Finanzierungsgesellschaft gegenüber der GmbH, so liegt ein Fall der Einlagenrückgewähr nach § 19 Abs. 5 bzw. § 27 Abs. 4 AktG und damit ein Fall des Hin- und Herzahlens vor.[36] Im Ergebnis ist auch hier zu prüfen, ob der GmbH ein vollwertiger, fälliger und liquider Rückgewähranspruch gegenüber der Finanzierungsgesellschaft zusteht. 24

g) Debt to Equity Swap. Es handelt sich beim „Debt to Equity Swap" um einen Spezialfall der Sacheinlage. Der Gläubiger verliert seine Forderung gegen die Gesellschaft und erhält im Gegenzug eine Gesellschaftsbeteiligung. Der kapitaleinlagenverpflichtete Gesellschafter bringt dabei seine Forderung gegen die Gesellschaft in die Gesellschaft ein. Die Forderung wird in eine Stammkapitalbeteiligung umgewandelt. In diesen Fällen ist die Forderung ebenfalls zu bewerten. Auch hier unterliegt der Gesellschafter, sofern der Debt to Equity Swap jedenfalls nicht in einen Insolvenzplan eingebettet ist (§ 254 Abs. 4 InsO), dem Haftungsrisiko der Differenzhaftung. 25

h) Kapitalerhöhung. Hier gelten ebenfalls die aufgezeigten Regelungen zur Kapitalaufbringung insbesondere über § 56a GmbHG, § 183 AktG im Grundsatz. 26

Sofern die Gesellschafter bereits vor Beschlussfassung über die Kapitalerhöhung eine Voreinzahlung vornehmen, ist dies grundsätzlich nicht schuldtilgend.[37] Eine Ausnahme erlaubt die Rechtsprechung nur in Sanierungsfällen. Dann muss der Betrag im Zeitpunkt, in dem die Einlagepflicht entsteht, noch 27

---

[35] BGH Urt. v. 20.7.2009 – II ZR 273/07, NZG 2009, 944 – Cash-Pool II.
[36] BGH Urt. v. 20.7.2009 – II ZR 273/07, NZG 2009, 944 – Cash-Pool II.
[37] BGH Urt. vom 19.1.2016 – II ZR 61/15, DStR 2016, 923; Beschl. v. 11.6.2013 – II ZB 25/12, DStR 2013, 1745; Urt. v. 15.3.2004 – II ZR 210/01, NJW 2004, 2592.

im Gesellschaftsvermögen vorhanden sein.[38] Außerdem muss ein akuter Sanierungsfall vorliegen. Die Gesellschaft muss mittels der Zahlung eine Zahlungsunfähigkeit beseitigen können. Darüber hinaus muss die Gesellschaft sanierungsfähig sein und andere Maßnahmen als die Voreinzahlung – insbesondere die Zahlung in freie Kapitalrücklagen – müssen ausgeschlossen sein. Zum Zeitpunkt der Einzahlung müssen zudem bereits die Vorbereitungen für einen Kapitalerhöhungsbeschluss eingeleitet worden sein.[39] Formal muss die Voreinzahlung im Erhöhungsbeschluss, in der Anmeldeversicherung und Registereintragung offenbar werden.[40]

28 **i) Genehmigtes Kapital.** Sowohl der Gesellschaftsvertrag einer GmbH als auch die Satzung einer AG können die Leitungsorgane berechtigen, das Stamm- bzw. Grundkapital der Gesellschaft durch Ausgabe neuer Geschäftsanteile bzw. neuer Aktien zu erhöhen. Mit der Einführung des §§ 55aff. GmbHG wurden die GmbH-Regelungen an die §§ 202ff. AktG angeglichen. Die Gesellschafter müssen dann nicht erneut einen zu beurkundenden Beschluss über eine Kapitalerhöhung fassen und den Gesellschaftsvertrag ändern.

29 Für die Umsetzung der Kapitalerhöhung bedarf es eines Ermächtigungsbeschlusses der Gesellschafter. Liegt der bei Insolvenzverfahrenseröffnung vor, muss der Insolvenzverwalter Ansprüche aus dem genehmigten Kapital prüfen. Maßgeblich ist hierbei, ob und inwieweit die Gesellschafter aus dem Beschluss und dem genehmigten Kapital auch im Insolvenzverfahren verpflichtet sein wollen. Regelmäßig wird man unter Berücksichtigung der berechtigten Gesellschafterinteressen annehmen können, dass die Gesellschafter der Kapitalerhöhung nur für eine tatsächlich aktive, nicht von einer Insolvenz betroffenen Gesellschaft zugestimmt haben. Daher wird der Geschäftsführer den Ermächtigungsbeschluss erneut zur Bestätigung den Gesellschaftern vorlegen müssen.[41] Stimmen die Gesellschafter einer Erhöhung wiederholt zu oder wird gar eine Ermächtigung erst im Insolvenzverfahren beschlossen, fallen die Ansprüche aus dem genehmigten Kapital in die Insolvenzmasse.[42]

30 Die Frage des genehmigten Kapitals nimmt auch bei der Limited eine besondere Rolle ein. Ein Mindestkapital ist den Gesellschaftern bei der Gründung einer Limited gesetzlich nicht vorgegeben. Zudem ist zwischen Nominalkapital (nominal capital) und einzuzahlendem Kapital zu unterscheiden. Hinsichtlich des einzuzahlenden Kapitals besteht eine Aufbringungspflicht der Gesellschafter. Die Differenz zwischen Nominalkapital und übernommenen Anteilen ist genehmigtes Kapital. Infolgedessen kann der Insolvenzverwalter den weitergehenden Betrag nur geltend machen, wenn insoweit weitere Geschäftsanteile tatsächlich ausgegeben wurden.

---

[38] BGH Urt. v. 26.6.2006 – II ZR 43/05, NJW 2007, 515; Urt. v. 7.11.1994 – II ZR 248/93, NJW 1995, 460.
[39] BGH Urt. v. 7.11.1994 – II ZR 248/93, NJW 1995, 460.
[40] BGH Urt. v. 26.6.2006 – II ZR 43/05, NJW 2007, 515; OLG Celle Urt. v. 16.11.2005 – 9 U 69/05, GmbHR 2006, 433.
[41] MüKoGmbHG/*Lieder* GmbHG § 55a Rn. 78.
[42] Gottwald InsR-HdB/*Haas/Mock* § 93 Rn. 47; Uhlenbruck/*Hirte* InsO § 11 Rn. 193.

§ 31. Gesellschaftsrechtliche Folgen der Insolvenz

j) Nachschüsse. Gemäß § 26 GmbHG kann der Gesellschaftsvertrag vorsehen, dass die Gesellschafter weitergehende Einzahlungen durch Beschluss festlegen können. Nachschüsse haben Eigenkapitalcharakter. Die Beschlüsse können sowohl Bar- als auch Sachleistungen vorsehen. Die Höhe von Nachschüssen begrenzt meist der Gesellschaftsvertrag. Dies ist jedoch nicht notwendig, da sich die Gesellschafter nach § 27 GmbHG von der Verpflichtung durch die Verfügungstellung des Gesellschaftsanteils entziehen können. Erst mit Fassung des Gesellschafterbeschlusses entsteht der Anspruch. Weder Gläubiger, noch der Insolvenzverwalter können einen Beschluss erzwingen oder ersetzen.[43] Liegt ein Beschluss aber bereits bei Verfahrenseröffnung vor, kann der Insolvenzverwalter den Nachschuss beanspruchen.

Dagegen führt eine gesellschaftsvertragliche Regelung, nach der Verluste einer GmbH alle Gesellschafter im jeweiligen Verhältnis zu tragen haben, nach Ansicht des OLG Brandenburg[44] nicht zu einem Anspruch des Insolvenzverwalters. Eine Auslegung des Gesellschaftsvertrags ergebe keine Zahlungsverpflichtung. Vielmehr habe die vertragliche Festlegung lediglich eine Zuordnung der Verluste bewirken sollen. Eine Zahlungspflicht der Gesellschafter sei überhaupt nur denkbar, wenn die GmbH den Geschäftsbetrieb fortführte. Nur dann hätten die Gesellschafter ungeschmälertes Eigenkapital zur Verfügung stellen wollen. Der BGH hat dies mit Beschluss vom 10.12.2007[45] bestätigt.

Anders ist die Situation bei einer AG. § 54 Abs. 1 AktG beschränkt die Einlagepflicht eines Gesellschafters auf den Ausgabebetrag. Eine Nachschusspflicht im Sinn eines erhöhten Ausgabebetrags kann nachträglich nur mit Zustimmung des Aktionärs entstehen.[46]

Bei einer Genossenschaft verpflichtet § 105 GenG die Gesellschafter zum Nachschuss. Der Nachschuss bemisst sich nach den Ansprüchen der Masse- und Insolvenzgläubiger im Insolvenzverfahren und ist begrenzt auf eine vereinbarte Haftsumme. Dies gilt jedoch nur, sofern die Genossenschaftssatzung keinen Ausschluss der Haftung vorsieht bzw. diesen beschränkt (§ 6 Nr. 6 GenG). Die Verpflichtung der Genossen kann innerhalb eines Insolvenzplans berücksichtigt werden und der Insolvenzplan entsprechende Zahlungspflichten festlegen.

Bei Vereinen ist eine Satzungsregelung über Nachschüsse denkbar, jedoch regelmäßig nicht vorgesehen. Eine Durchgriffshaftung auf einzelne Vereinsmitglieder kommt aber nach den Grundsätzen von Treu und Glauben in Betracht. Dies kann beim Missbrauch der Rechtsform eines Idealvereins vorliegen.[47]

k) Wirtschaftliche Neugründung. Die Vorschriften über die Kapitalaufbringung gelten auch für die wirtschaftliche Neugründung.[48] Eine wirtschaftliche

---

[43] BGH Beschl. v. 6.6.1994 – II ZR 221/93, DStR 1994, 1129; Bork/Schäfer/*Bartels* GmbHG § 26 Rn. 5 ff.; Uhlenbruck/*Hirte* InsO § 11 Rn. 193.
[44] Urt. v. 28.3.2006 – 6 U 107/05, NZG 2006, 756.
[45] II ZR 101/06, BeckRS 2007, 31786.
[46] MüKoAktG/*Heider*, § 9 Rn. 45.
[47] BGH Urt. v. 10.12.2007 – II ZR 239/05, DNotZ 2008, 542; BeckOK BGB/*Schöpflin* BGB § 21 Rn. 17 ff.
[48] BGH Urt. v. 6.3.2012 – II ZR 56/10, NZG 2012, 539; BGH Urt. v. 12.7.2011 – II ZR 71/11, NZI 2011, 776.

Neugründung kommt insbesondere in Betracht, wenn sämtliche GmbH-Anteile übertragen werden und der Gesellschaftsvertrag bezüglich Firma, Sitz und Unternehmensgegenstand angepasst wird. Typische Fälle sind der Kauf eines „GmbH-Mantels" oder einer Vorratsgesellschaft.[49] In der Praxis ist die Bewertung meist schwierig, ob eine wirtschaftliche Neugründung vorliegt.[50] Solchenfalls gelten die dargestellten Grundsätze zur Kapitalaufbringung.

37 **l) Geltendmachung.** Sieht der Gesellschaftsvertrag eine sofortige Fälligkeit der Stammeinlagen vor, kann der Insolvenzverwalter diese selbst geltend machen. Soweit die Fälligkeit der Zahlungen zumindest teilweise von einem Gesellschafterbeschluss abhängig gemacht wird, ist grundsätzlich nach § 46 Nr. 2 GmbHG ein Gesellschafterbeschluss notwendig, nicht jedoch in einem eröffneten Insolvenzverfahren. Auch in der Insolvenz einer AG macht der Insolvenzverwalter den Anspruch geltend. Einer Mitwirkung des Aufsichtsrats nach § 111 Abs. 4 S. 2 AktG oder anderer Gesellschaftsorgane bedarf es nicht.[51] Der Insolvenzverwalter kann sowohl die offene Stammeinlage als auch ein Agio ohne Beschluss geltend machen.[52]

38 Die Stammeinlagenforderung ist nach § 20 GmbHG, § 246 BGB[53] bzw. § 63 Abs. 2 S. 1 AktG zu verzinsen.

39 Der Anspruch des Insolvenzverwalters richtet sich gegen den aus der Gesellschafterliste nach § 16 Abs. 1 GmbHG hervorgehenden Gesellschafter, so dass bei einer Gesellschaftsanteilsübertragung die Zahlungsverpflichtung auf den Erwerber übergeht und dieser vorrangig von dem Insolvenzverwalter in Anspruch genommen wird. Die Art der Übertragung, und damit auch der gutgläubige Erwerb, sind für die Begründung des Anspruchs irrelevant. Etwas anderes gilt nach § 16 Abs. 2 GmbHG für bereits fällige Einlagen. Für diese haften Erwerber und bisheriger Gesellschafter als Gesamtschuldner. Sofern der Insolvenzverwalter die Forderung nicht gegenüber dem aktuellen Gesellschafter durchsetzen kann, haftet nach § 22 GmbHG auch der frühere Gesellschafter auf die von ihm in der Vergangenheit gehaltene Stammeinlage. Bei einer AG sind die Haftung von Aktionären und deren Vorgängern in §§ 63 ff. AktG geregelt.

40 Die Darlegungs- und Beweislast für die Erbringung der Kapitaleinlage trägt der Gesellschafter.[54] Bei einer Sacheinlage trifft die Beweislast für deren Werthaltigkeit nach § 19 Abs. 4 S. 5 GmbHG, § 27 Abs. 3 S. 5 AktG ebenfalls den Gesellschafter.

41 Kann der Gesellschafter die Einzahlung der Kapitaleinlage auf das Konto darlegen und beweisen, hat zunächst der Insolvenzverwalter darzustellen, was

---

[49] BGH Beschl. v. 9.12.2002 – II ZB 12/02, NZG 2003, 170; OLG Düsseldorf Urt. v. 20.7.2012 – I-16 U 55/11, DNotZ 2013, 70.
[50] BGH Urt. v. 10.12.2013 – II ZR 53/12, NZG 2014, 264; Beschl. vom 18.1.2010 – II ZR 61/09, NZG 2010, 427.
[51] MüKoAktG/*Csoklich* AktG § 63 Rn. 27.
[52] BGH Urt. v. 15.10.2007 – II ZR 216/06, NZG 2008, 73.
[53] OLG Oldenburg Urt. v. 9.7.2013 – 13 U 136/12, ZIP 2013, 1760; OLG Brandenburg Urt. v. 17.1.2001 – 7 U 151/00, NZG 2001, 366.
[54] BGH Beschl. v. 17.9.2013 – II ZR 142/12, WM 2014, 265.

Jenal

gegen eine Kapitalerbringung spricht.[55] Eine Zahlung auf das Konto der Gesellschaft ohne Angabe eines Verwendungszwecks „Kapitalaufbringung" erfüllt die Einlageverpflichtung dennoch, wenn der Gesellschafter nicht anderweitig zu einer Zahlung gegenüber der Gesellschaft verpflichtet ist.[56] Zudem gesteht die Rechtsprechung Gesellschaftern erhebliche Beweiserleichterungen zu. Als Indiz für die Erbringung der Stammeinlage können bei älteren Gesellschaften auch Angaben in Jahresabschlüssen dienen.[57] Es obliegt der Würdigung des Richters, ob und inwieweit aus den Gesamtumständen und Indizien ein Rückschluss auf die Erbringung der Stammeinlage möglich ist.[58] Legt der Insolvenzverwalter dennoch Anhaltspunkte dar, die einen fehlenden Zufluss in das freie Vermögen der Gesellschaft in Frage stellen, obwohl die Kapitaleinlage gezahlt wurde, trifft den Gesellschafter weiter die Beweislast.[59]

Die Ansprüche auf Erbringung der Stammeinlage verjähren nach § 19 Abs. 6 GmbHG, § 54 Abs. 4 AktG innerhalb von 10 Jahren nach Entstehung; sollte Verjährung bei Insolvenzverfahrenseröffnung noch nicht eingetreten sein, jedoch frühestens sechs Monate nach Eröffnung. Daher ist es von großer Relevanz, ob die Fälligkeit laut Gesellschaftsvertrag bzw. Satzung von weiteren Beschlüssen abhängt. **42**

Kann die Kapitaleinlage gegen einen Gesellschafter nicht durchgesetzt werden, können nicht nur die Vorgänger in der Position des konkreten Gesellschafters haften (§ 22 GmbHG, § 65 AktG), sondern jedenfalls bei einer GmbH auch die übrigen Gesellschafter nach § 24 GmbHG.[60] Eine Ausfallhaftung bei der AG ist umstritten.[61] § 46 Abs. 4 AktG sieht sie jedenfalls für Gründer bei Kenntnis von der fehlenden Leistungsfähigkeit eines anderen Gesellschafters vor. Bei einer Genossenschaft trifft die leistungsfähigen Mitglieder nach § 105 Abs. 3 GenG eine Ausfallhaftung. **43**

m) **Unternehmergesellschaft.** Die mit dem MoMiG eingeführte Unternehmergesellschaft (haftungsbeschränkt) folgt dem Grundsatz, nachdem eine Haftungsbeschränkung auf das Gesellschaftsvermögen durch die Aufbringung eines Mindestkapitals herbeigeführt werden kann. Die sogenannte UG (haftungsbeschränkt) ermöglicht Gesellschaftsgründern bereits mit einem Stammkapital von 1 EUR eine Haftungsbegrenzung auf das Gesellschaftsvermögen herbeizuführen. Das Stammkapital soll in der Zeit nach Gründung durch die Bildung von Rücklagen aus den Jahresüberschüssen aufgebaut werden (§ 5a Abs. 3 GmbHG). Im Hinblick auf das Vorliegen von Insolvenzgründen enthält § 5a Abs. 4 eine Modifizierung dahin, dass der Geschäftsführer die Gesellschafterversammlung einberufen muss, wenn Zahlungsunfähigkeit droht. **44**

---

[55] BGH Beschl. v. 17.9.2013 – II ZR 142/12, WM 2014, 265.
[56] OLG München Urt. v. 27.4.2006 – 23 U 5655/05, DB 2006, 1720; OLG Köln Urt. v. 17.5.2001 – 18 U 17/01, NJW-RR 2002, 394.
[57] BGH Beschl. v. 9.7.2007 – II ZR 222/06, NJW 2007, 3067.
[58] BGH Beschl. v. 9.7.2007 – II ZR 222/06, NJW 2007, 3067; OLG Köln Urt. v. 29.1.2009, ZInsO 2009, 1114.
[59] BGH Beschl. v. 17.9.2013 – II ZR 142/12, WM 2014, 265.
[60] Ausgeschiedene Gesellschafter haften aber nur, wenn Fälligkeit während ihrer Mitgliedschaft gegeben war – BGH Urt. v. 19.5.2015 – II ZR 291/14, NJW 2015, 2731.
[61] MüKoAktG/*Pentz* AktG § 46 Rn. 55.

45 Mit Ausnahme der Kapitalaufbringungsregeln, die sich bei Erreichen eines Mindeststammkapitals von 25 000 EUR erledigen, gilt das übrige GmbH-Recht auch für die UG (haftungsbeschränkt).[62]

2. Kapitalerhaltung

46 a) **Erhaltung des Stamm- und Grundkapitals.** Das Stamm- und Grundkapital soll Gesellschaftsgläubigern nicht nur bei Gründung, sondern auch im Geschäftsverkehr einen Hinweis auf eine Haftungsmasse geben. Infolgedessen ist neben der tatsächlichen Aufbringung des Kapitals auch dessen Bestand gesetzlich geschützt. Eine Rückgewähr von Einlagen an Gesellschafter ist daher untersagt (§ 30 GmbHG, § 57 AktG). Lediglich durch eine Kapitalherabsetzung kann im Rahmen enger gesetzlicher Vorgaben eine Erstattung an Gesellschafter erfolgen. Dies bedeutet, dass Zahlungen, die entgegen den Vorgaben an die Gesellschafter erfolgen, nach § 31 GmbHG, § 62 AktG von den Gesellschaftern zurückgefordert werden können. Dies gilt unabhängig davon, ob die eigentliche Rückgewähr rechtlich wirksam war.

47 Ein über § 30 GmbHG und § 57 AktG hinausgehender Vermögensschutz ist nicht vorgesehen. Gerade die durch eine Gesellschaft abgeschlossenen Verkehrsgeschäfte sollen nicht darauf überprüft werden, ob Leistung und Gegenleistung einander adäquat sind. Eine Ausnahme gilt nach § 30 Abs. 1 S. 2, § 57 Abs. 1 S. 3 AktG jedoch für Verkehrsgeschäfte zwischen Gesellschaft und Gesellschafter. Die Frage, wann ein Verkehrsgeschäft vorliegt, wird in der Praxis restriktiv beurteilt.[63] Der Gesetzgeber hat diese restriktive Handhabung mit § 30 Abs. 1 S. 2 und 3 GmbHG, § 57 Abs. 1 S. 3 und 4 AktG bestätigt. Den Gesellschafter trifft dabei die Darlegungs- und Beweislast für die Ausgewogenheit eines Geschäfts.[64]

48 Mit § 30 Abs. 1 S. 2 GmbH hat der Gesetzgeber eine bilanzielle Betrachtung bei der Bewertung eingeführt, ob das Stamm- oder Grundkapital tangiert wird. Hintergrund war, dass der BGH mit der sogenannten „November-Entscheidung" vom 24.11.2003[65] eine bilanzielle Betrachtung ausdrücklich ablehnte. Der Gesetzgeber reagierte mit Anpassungen in § 30 Abs. 1 GmbHG und § 57 Abs. 1 AktG, um Cash-Management-/Cash-Pool-Systeme abzusichern. Es ist nunmehr eine bilanzielle Betrachtungsweise gefordert. Die Vollwertigkeit eines Rückzahlungsanspruchs hängt dabei von der finanziellen Ausstattung des Gesellschafters ab. Sie steht in Frage, wenn eine lediglich mit geringen Mitteln ausgestattete Gesellschaft, an der ein Gesellschafter maßgeblich beteiligt ist, als Vertragspartner fungiert.[66] Zudem muss die zu erbringende Gegenleistung des Austauschverhältnisses dem Gegenwert des von der Gesellschaft erbrachten Vermögensgegenstands entsprechen. Hierbei ist nicht der buchhalterische und durch Abschreibungen bereits reduzierte Wert relevant, sondern der tatsächliche Marktwert. Das Kriterium des Marktwerts gilt nicht

---

[62] RegE v. 23.5.2007, BT-Drucks. 16/6140, Vorabfassung v. 25.7.2007, 75.
[63] BGH Urt. v. 28.11.1994 – II ZR 77/93, DNotZ 1995, 482; OLG Düsseldorf Urt. v. 30.9.1999 – 6 U 130/97, NZG 2000, 430.
[64] MüKoGmbHG/*Ekkenga* GmbHG § 30 Rn. 2.
[65] II ZR 171/01, NJW 2004, 1111.
[66] RegE v. 23.5.2007, BT-Drucks. 16/6140, Vorabfassung v. 25.7.2007, 99.

Jenal

nur bei der Übernahme von Vermögensgegenständen, sondern auch bei Dienstleistungen, Nutzungen oder Finanzierungen. Im Rahmen der Bewertung ist ein Drittvergleich vorzunehmen. Dh es ist zu prüfen, wie ein unbeteiligter Dritter den Vertrag mit der Gesellschaft abgeschlossen hätte.[67]

b) Erwerb eigener Anteile. § 33 Abs. 2 S. 1 GmbHG, § 77 Abs. 2 S. 2 AktG erweitert den Schutz des Kapitals auf den Erwerb eigener Anteile. Die Gesellschaft darf dem die Anteile abgebenden Gesellschafter aus dem Stamm- bzw. Grundkapital keine Vergütung zahlen. 49

c) Ausscheiden gegen Abfindung. Gleiches gilt nach § 34 Abs. 3 GmbHG für das Ausscheiden gegen Zahlung einer Abfindung. Bei einer AG sind dagegen die Vorgaben zur Kapitalherabsetzung zu beachten. Etwas anderes gilt nach § 237 AktG nur, wenn Aktien betroffen sind, auf die der Ausgabebetrag voll geleistet ist und die Einziehung nicht zu Lasten des Bilanzgewinns oder einer anderen Gewinnrücklage erfolgt. 50

d) Darlehensvergabe. Nach § 43a GmbHG darf die Gesellschaft an ihr Führungspersonal keine Darlehen ausreichen, wenn der Darlehensbetrag für die Erhaltung des Stammkapitals erforderlich ist. In derartigen Fällen gilt folglich keine bilanzielle Betrachtung, sondern der Gesetzgeber schützt hier ausschließlich die Liquidität der GmbH. Die Vorgaben des § 43a GmbHG greifen auch, wenn der Empfänger zugleich Gesellschafter ist und die Vorgabe nach § 30 GmbHG ordnungsgemäß erfüllt wird. Aus dem Normzweck folgt eine uneingeschränkte Anwendung auch auf Gesellschafter mit Geschäftsführungsbefugnis.[68] 51

II. Gesellschafterleistungen

Das Verhältnis zwischen Gesellschaft und Gesellschaftern wird im Hinblick auf die einseitige Erbringung von Leistungen wie auf den Austausch von Leistungen mit Eröffnung des Insolvenzverfahrens erheblich modifiziert. Das in der Vergangenheit bestehende Eigenkapitalersatzrecht hat das MoMiG erheblich geändert. Die §§ 19 Abs. 2, 39 Abs. 1 Nr. 5, 44a, 135, 143 InsO stellen nun das Grundgerüst für das finanzielle Verhältnis zwischen Gesellschaft und Gesellschafter dar. Mit der Verlagerung aus den gesellschaftsrechtlichen Gesetzen in die Insolvenzgesetzgebung versucht die Legislative sämtliche Gesellschaften – insbesondere auch ausländische Gesellschaftsformen – den deutschen Vorgaben zu unterwerfen. Zudem wurde die Koppelung von Rechtsfolgen an die finanzielle Situation der Gesellschaft weitestgehend aufgegeben. Sie wurde ersetzt durch eine Bezugnahme auf den zeitlichen Abstand zwischen Leistungen und Insolvenzverfahrenseröffnung. 52

1. Nachrang

Darlehen der Gesellschafter oder Forderungen aus Rechtshandlungen, die einem solchen Darlehen wirtschaftlich entsprechen, sind nach § 39 Abs. 1 Nr. 5 53

---

[67] BeckOK GmbHG/*Heidinger* GmbHG § 30 Rn. 135; *Wicke* GmbHG § 30 Rn. 13.
[68] MüKoGmbHG/*Löwisch* GmbHG § 43a Rn. 3; BGH Urt. v. 23.4.2012 – II ZR 252/10, NZG 2012, 667; aA Roth/Altmeppen/*Altmeppen* GmbHG § 43a Rn. 8.

InsO im Rahmen des Insolvenzverfahrens nachrangig. Dies gilt unabhängig davon, ob die Darlehen „kapitalersetzend" sind oder in der Krise ausgereicht wurden.

54 Forderungen aus Rechtshandlungen, die einem solchen Darlehen wirtschaftlich entsprechen, sind insbesondere gestundete Forderungen,[69] die Nichtgeltendmachung von fälligen Forderungen[70] oder Vorleistungen durch den Gesellschafter.[71] Auch das Stehenlassen von Forderungen kann wie ein Darlehen gewertet werden.[72] Insofern kann auch auf die Rechtsprechung zu § 32a GmbH aF zurückgegriffen werden. Eine Abkehr von dieser Rechtsprechung hat der Gesetzgeber nicht beabsichtigt.[73]

55 Nach § 39 Abs. 4 InsO sind die Vorgaben des § 39 Abs. 1 Nr. 5 InsO auf alle Gesellschaftsformen anzuwenden, bei denen keine natürliche Person haftender Gesellschafter ist oder deren persönlich haftender Gesellschafter keine Gesellschaft mit einer natürlichen Person als persönlich haftendem Gesellschafter angehört. Folglich ist § 39 Abs. 1 Nr. 5 InsO insbesondere auf GmbH, AG, KGaA, Genossenschaften, SE, Limited, KG und OHG anwendbar. Bei KG und OHG jedoch nur, wenn keine natürliche Person als persönlich haftender Gesellschafter involviert ist. Auch für andere ausländische Gesellschaftsformen, über deren Vermögen das Insolvenzverfahren in Deutschland geführt wird, gilt diese Vorschrift. Dagegen findet sie keine Anwendung auf Idealverein und Stiftung, deren Gesellschafter nicht an einem Haftkapital beteiligt sind.[74]

56 Ist § 39 InsO anwendbar, treffen seine Folgen alle Gesellschafter einer Insolvenzschuldnerin. Dies gilt auch für die Komplementärin einer KG.[75] Auch der atypische stille Gesellschafter sieht sich den Folgen des § 39 InsO ausgesetzt.[76] Nicht dagegen der (typische) stille Gesellschafter.[77] Ein Gesellschafter kann sich § 39 InsO dadurch entziehen, dass zwischen dem Ausscheiden aus der Gesellschaft und deren Insolvenz ein Jahr vergeht.[78] Auch eine Abtretung des Anspruchs an einen Nichtgesellschafter schützt nicht.[79]

57 Eine Ausnahme gilt für Sanierungsversuche. Darin zeigt sich der Wille des Gesetzgebers, Sanierungsbemühungen zu unterstützen. In § 39 Abs. 4 S. 2 InsO

---

[69] BAG Urt. v. 27.3.2014 – 6 AZR 204/12, DStR 2014, 1609; Braun/*Bäuerle* InsO § 39 Rn. 21.
[70] BGH Urt. v. 28.11.1994 – II ZR 77/93, NJW 1995, 457.
[71] MüKoInsO/*Ehricke* § 39 Rn. 43.
[72] OLG Koblenz Urt. v. 15.10.2013 – 3 U 635/13, ZIP 2013, 2325; OLG Schleswig Beschl. v. 29.5.2013 – 9 U 15/13, NZI 2013, 936.
[73] BGH Urt. v. 21.2.2013 – IX ZR 32/12, NZI 2013, 308; OLG Jena Beschl. v. 18.11.2015 – 1 U 503/15, BeckRS 2016, 04953.
[74] Henssler/Strohn/*Fleischer* GesR § 39 InsO Rn. 4; *Gerlein* BB 2008, 846; *Habersack* ZIP 2007, 2145. Zweifelnd Uhlenbruck/*Hirte* InsO § 39 Rn. 58.
[75] Uhlenbruck/*Hirte* InsO § 39 Rn. 59.
[76] BGH Urt. v. 28.6.2012 – IX ZR 191/11, NZI 2012, 860; OLG Köln Urt. v. 27.10.2011 – I-18 U 34/11, ZIP 2011, 2208; MüKoInsO/*Ehricke* § 39 Rn. 50.
[77] *Mock* DStR 2008, 1645; Uhlenbruck/*Hirte* InsO § 39 Rn. 42.
[78] BGH Beschl. v. 30.4.2015 – IX ZR 196/13, NJW-RR 2015, 944; Beschl. v. 15.11.2011 – II ZR 6/11, NJW 2012, 682.
[79] BGH Urt. v. 21.2.2013 – IX ZR 32/12, NZG 2013, 469; OLG Stuttgart Urt. v. 8.2.2012 – 14 U 27/11, NZI 2012, 324.

§ 31. Gesellschaftsrechtliche Folgen der Insolvenz

wird daher derjenige Gesellschafter geschützt, der bei drohender oder eingetretener Zahlungsunfähigkeit wie bei einer Überschuldung Anteile zum Zweck der Sanierung an der Schuldnerin erwirbt. Er soll sich nicht der Gefahr aussetzen müssen, dass sich seine Forderung in ein Gesellschafterdarlehen mit den Folgen des § 39 InsO verwandelt. Der Schutz des betroffenen Gesellschafters dauert bis zur nachhaltigen Sanierung der Gesellschaft an.[80] Die Privilegierung gilt darüber hinaus nur, sofern die Gesellschaft objektiv sanierungsfähig ist. Dies müssen Sanierungsmaßnahmen untermauern.[81]

Weiter sind von den Folgen des § 39 InsO Gesellschafter ausgenommen, die lediglich mit 10% oder weniger am Haftkapital beteiligt sind (§ 39 Abs. 5 InsO). 58

Von Nachrang des § 39 Abs. 1 Nr. 5 InsO sind sowohl die Darlehensforderungen selbst, als auch die damit verbundenen Nebenforderungen, dh Zinsansprüche betroffen.[82] 59

2. Anfechtungen von Befriedigung auf Darlehen und gleichgestellte Forderungen

Erfasst § 39 InsO Darlehen, die bei Insolvenzverfahrenseröffnung noch unausgeglichen sind, hat der Gesetzgeber in §§ 135, 143 InsO dem Insolvenzverwalter auch das Recht eingeräumt, Darlehensrückzahlungen anzufechten und somit frühere Leistungen der Gesellschaft zur Insolvenzmasse zu ziehen. Somit ergänzt das Anfechtungsrecht die in § 39 InsO gewünschte Folge, nach denen Gesellschafter mit ihren Darlehen hinter die übrigen Gläubiger zurücktreten sollen. 60

Nach § 135 InsO sind zudem Rechtshandlungen anfechtbar, die für die Forderung eines Gesellschafters auf Rückgewähr eines Darlehens oder für eine gleich gestellte Forderungen Sicherungen gewährt haben, wenn die Handlungen in den letzten zehn Jahren vor Antrag auf Eröffnung des Insolvenzverfahrens oder nach diesem Antrag erfolgten. Zudem ist jede Befriedigungshandlung anfechtbar, die im letzten Jahr vor der Stellung des Insolvenzeröffnungsantrags oder nach diesem Antrag erfolgte. 61

Für die Frage der Anfechtbarkeit kommt es nicht darauf an, ob die Befriedigungshandlung im Krisenzeitraum vorgenommen oder das Darlehen im Rahmen einer Krise gewährt wurde. Es reicht alleine der zeitliche Zusammenhang. Zum Zeitpunkt der Erstattung durch die Gesellschaft an den Gesellschafter musste weder eine Krise, noch ein Insolvenzgrund vorgelegen haben. 62

Kommt es im Insolvenzverfahren zur Verwertung von Vermögen der Gesellschaft durch Gläubiger, weil die Gesellschaft Sicherheiten für eine Verbindlichkeit gestellt hatte, kommen Anfechtungsansprüche des Insolvenzverwalters gegen den Gesellschafter nach §§ 135 Abs. 2, 143 Abs. 3, 147 InsO analog in Betracht, wenn auch der Gesellschafter Sicherheiten für die Forderung des Gläubigers gestellt hatte. Voraussetzung ist dabei, dass der Gesellschafter durch 63

---

[80] RegE vom 23.5.2007, BT-Drs. 16/6140, Vorabfassung v. 25.7.2007, 138; Uhlenbruck/*Hirte* InsO § 39 Rn. 67, 69; *Dahl/Schmitz* NZG 2009, 325.

[81] Henssler/Strohn/*Fleischer* GesR § 39 InsO Rn. 29; Uhlenbruck/*Hirte* InsO § 39 Rn. 64.

[82] Uhlenbruck/*Hirte* InsO § 39 Rn. 57.

Jenal

die Verwertung seinerseits aus seiner Sicherheit befreit wurde. Insoweit ist er gegenüber der Insolvenzmasse zur Leistung verpflichtet.[83]

64 Sollte es nicht zu der Eröffnung des Insolvenzverfahrens kommen, ist Gläubigern die Anfechtung nach § 6 Abs. 1 S. 1 AnfG eröffnet. Dieser entspricht weitgehend § 135 Abs. 1 InsO.

3. Gebrauchsüberlassung

65 Eine im anfechtungsrechtlichen Sinn gleichgestellte Forderung iSv § 132 Abs. 1 InsO kann auch im Zusammenhang mit einer Gebrauchsüberlassung begründet werden. Gerade im Zusammenhang mit der Überlassung von Anlagevermögen oder einer Immobilie, zB innerhalb eines Miet- oder Pachtvertrags, ist dies zu beobachten. Im Insolvenzfahren stellen sich zwei Fragen: wie ist die wirtschaftliche Abwicklung aus dem Zeitraum vor Verfahrenseröffnung zu behandeln und inwieweit kann der Insolvenzverwalter auf die überlassenen Gegenstände im Verfahren weiter zugreifen?

66 Sofern zum Zeitpunkt der Insolvenzverfahrenseröffnung Miet- oder Pachtforderungen noch nicht ausgeglichen wurden, unterliegen die Forderungen als Gesellschafterdarlehen regelmäßig dem Nachrang des § 39 Abs. 1 Nr. 5 InsO. Leistungen, die innerhalb des letzten Jahrs vor der Stellung des Eröffnungsantrages geleistet wurden, können dagegen der Anfechtung nach § 135 Abs. 1 Nr. 2 InsO unterliegen, sofern nicht ein Bargeschäft nach § 142 InsO vorliegt.[84]

67 Weiter muss der Verwalter über die Zukunft des bestehenden Vertragsverhältnisses entscheiden. Dies gilt umso mehr, wenn der Vertrag bisher nicht beendet wurde oder lange Auslauffristen bestehen. Die von der Schuldnerin und damit dem Insolvenzverwalter im Vertragsverhältnis zu erbringenden Gegenleistungen sind Masseverbindlichkeiten. Selbst wenn die vor Insolvenzverfahrenseröffnung geleisteten Beträge im Rahmen der Anfechtung vom Insolvenzverwalter wieder zur Insolvenzmasse gezogen werden können, verhindert dies nicht, dass Masseverbindlichkeiten begründet werden können. Der Insolvenzverwalter hat folglich zu prüfen, ob und inwieweit die durch den Gesellschafter überlassenen Gegenstände tatsächlich benötigt werden. Ein Recht auf unentgeltliche Nutzung von Gegenständen besteht seit Wegfall des Eigenkapitalersatzrechts nicht mehr.[85]

68 Dem Verwalter steht nach § 103 InsO eine Erfüllungswahl im Hinblick auf einen bestehenden Nutzungsüberlassungsvertrag über bewegliche Gegenstände zu. Eine Ausnahme gilt nach § 108 Abs. 1 S. 2 InsO nur für Leasingverhältnisse. Nach § 103 InsO kann der Verwalter die Erfüllung eines Miet- oder Pachtvertrags ablehnen und sich zugleich auf § 135 InsO berufen. Damit steht der Insolvenzmasse die Möglichkeit zur weiteren Nutzung offen. So entsteht ein gesetzliches Nutzungsverhältnis nach § 135 Abs. 3 InsO und damit auch eine Entschädigungspflicht. Eine darüber hinausgehende Massever-

---

[83] BGH Urt. v. 1.12.2011 – IX ZR 11/11, BKR 2012, 110. Für Maßnahmen im vorläufigen Insolvenzverfahren: BGH Urt. v. 20.2.2014 – IX ZR 164/13, NJW 2014, 1737.
[84] MüKoInsO/*Gehrlein* § 135 Rn. 18; OLG Hamm Urt. v. 21.11.2013 – 18 U 145/12, GWR 2014, 68.
[85] BGH Urt. v. 29.1.2015 – IX ZR 279/13, NJW 2015, 1109.

Jenal

bindlichkeit verursachen auch Schadenersatzforderungen des Überlassenen nicht. Vielmehr muss der Gesellschafter seine Forderung zur Insolvenztabelle anmelden.[86] Bei unbeweglichen Gegenständen sind §§ 108 ff. InsO vorrangig.[87] Das gilt sogar, wenn ein Mietverhältnis sowohl unbewegliche als auch bewegliche Gegenstände umfasst, aber die unbeweglichen Gegenstände den Schwerpunkt des Vertrags darstellen. In diesem Fall gilt für den gesamten Vertrag §§ 108 ff. InsO.[88] Hinzu kommt jedoch § 135 Abs. 3 InsO, der die Umstände der weiteren Nutzung regeln kann, wenn der Gesellschafter einen Aussonderungsanspruch geltend macht.

Um die Belastungen der Insolvenzmasse aus der Nutzungsüberlassung abschätzen zu können, muss der Insolvenzverwalter also genau die vorgefundene Situation analysieren und muss bspw. unterscheiden, ob der Miet- bzw. Pachtvertrag zum Zeitpunkt der Insolvenzverfahrenseröffnung bereits beendet ist oder nicht.

Besteht das Vertragsverhältnis bis zur Kündigung unverändert fort und kündigt erst der Verwalter, hat er bis zur Beendigung des Vertrags den vertraglich vereinbarten Mietzins zu zahlen und nach Ablauf der Kündigungsfrist den Miet- bzw. Pachtgegenstand zurückzugeben. Alternativ kann er sich nach Beendigung des Vertrags auf § 135 InsO berufen und muss sodann die Entschädigung nach § 135 Abs. 3 InsO zahlen.

Ist die Kündigungsfrist bei Verfahrenseröffnung noch nicht abgelaufen, hat die Insolvenzmasse für die weitere Laufzeit des Vertrags die vertraglich vereinbarte Miete zu erbringen. Ein Aussonderungsrecht wird durch den vermietenden Gesellschafter nicht geltend gemacht, so dass nichts anderes als beim erst nach Insolvenzeröffnung gekündigten Mietverhältnis gilt.

Wurde der Mietvertrag bereits vor Eröffnung des Insolvenzverfahrens beendet, gilt § 108 InsO nicht. Allerdings muss der Gesellschafter der Insolvenzmasse die Nutzung des Mietgegenstands nach § 135 Abs. 3 InsO weiter ermöglichen, wenn dieser für den Geschäftsbetrieb der Schuldnerin von erheblicher Bedeutung ist. Ob und inwieweit ein Insolvenzverwalter sich im Rahmen des Insolvenzverfahrens tatsächlich ausdrücklich auf § 135 Abs. 3 InsO berufen muss, kann offen bleiben, da jedenfalls dem Verwalter selbst eine solche Geltendmachung unproblematisch möglich ist. Aus Gründen der rechtlichen Sicherheit sollte der Verwalter jedoch, will er die Räumlichkeiten nutzen, die Erklärung abgeben und der Aussonderung entgegentreten.

Für den Gesellschafter bedeutet die Regelung, dass er ein ihm zustehendes Aussonderungsrecht nicht geltend machen kann. Für ein Jahr ist er daran gehindert, seine Vermögenswerte anderweitig einzusetzen. Die Fortführung des Unternehmens muss tatsächlich oder wirtschaftlich zumindest erheblich beeinträchtigt werden, würde man den Gegenstand herausgeben.[89] Infolge dessen enthalten die anfechtungsrechtlichen Vorschriften der InsO eine Aussonderungssperre. Zugleich folgen die Regelungen aus der Treuepflicht von Gesell-

---

[86] MüKoInsO/*Gehrlein* § 135 Rn. 50.
[87] RegE v. 23.5.2007, BT-Drs. 16/6140, Vorabfassung v. 25.7.2007, 137.
[88] BGH Urt. vom 5.7.2007 – IX ZR 185/06, NJW 2007, 3715.
[89] *Burg/Blasche* GmbHR 2008, 1250.

Jenal

schaftern.⁹⁰ Ein Gesellschafter wäre auch außerhalb des Insolvenzverfahrens gehindert, seinen zur Nutzung überlassenen Vermögensgegenstand aus der Gesellschaft jederzeit abzuziehen, wenn dadurch die Gesellschaft gehindert wäre, den Geschäftsbetrieb aufrechtzuerhalten.

75 Bei einer weiteren Nutzung ist die Insolvenzmasse verpflichtet, die nach § 135 Abs. 3 InsO zu berechnende Entschädigung zu zahlen. Nach § 135 Abs. 3 S. 2 InsO hat der Verwalter für den Gebrauch des Gegenstands einen Ausgleich zu zahlen, der sich nach dem Durchschnitt der im letzten Jahr vor Insolvenzantragstellung geleisteten Vergütung berechnet. Entgegen dem Gesetzeswortlaut ist auf den Zeitpunkt der Antragstellung abzustellen.⁹¹ Würde man § 135 Abs. 3 InsO wörtlich nehmen, könnte der vorläufige Insolvenzverwalter, der in den meisten Fällen auch der spätere Insolvenzverwalter ist, durch seine Tätigkeit vor der Eröffnung des Insolvenzverfahrens Einfluss auf die Höhe der zu zahlenden Entschädigung nehmen. Je länger das vorläufige Insolvenzverfahren dauerte und je geringer die Zahlungen in dieser Zeit ausfallen, umso geringere Belastungen würden der Insolvenzmasse entstehen. Die Nachteile träfen dagegen den Gesellschafter. Dies ist aber nicht Zweck der Vorschrift.

76 Wurde die Nutzung vom Gesellschafter unentgeltlich überlassen, ist der Verwalter folglich nicht zur Zahlung eines Ausgleichs verpflichtet. Dies kann sich auch auf die ggf. unentgeltlich erfolgte Bereitstellung von Versorgungsleistungen (zB Wasser, Wärme, Energie) beziehen.⁹² Bei der Bemessung der Entschädigungsleistung werden anfechtbare Beträge nicht berücksichtigt.⁹³

77 Die richtige Entschädigungsberechnung nach § 135 Abs. 3 InsO kann viele Fragen aufwerfen. So ist unklar, wie hoch die Entschädigung sein soll, wenn der Mietzins für die vergangenen zwölf Monate vor Stellung des Insolvenzantrags im Voraus gezahlt wurde und die Zahlung wenige Tage vor Beginn des letzten Jahrs vor Insolvenzantragstellung erfolgte.

78 Es kommt somit auf folgende Aspekte an:

Mietverhältnis	Nutzung	Mietzins
Bei Verfahrenseröffnung ungekündigt	Weiternutzung gewünscht	Mietzins gezahlt
Bei Verfahrenseröffnung gekündigt	Weiternutzung nicht gewünscht	Mietzins nicht gezahlt
Bei Verfahrenseröffnung beendet	Nutzung bereits beendet	Mietzins gezahlt

---

[90] BGH Urt. v. 29.1.2015 – IX ZR 279/13, NJW 2015, 1109; Nerlich/Römermann/*Nerlich* InsO § 135 Rn. 63.
[91] BGH Urt. v. 29.1.2015 – IX ZR 279/13, NJW 2015, 1109.
[92] BGH Urt. v. 26.6.2000 – II ZR 370/98, DStR 2000, 1401.
[93] MüKoInsO/*Gehrlein* § 135 Rn. 49.

Jenal

Folgende Beispiele sollen die Facetten der Nutzungsüberlassung verdeutlichen: 79

Beispiel: Ein 100%iger Gesellschafter vermietet an eine GmbH Geschäftsräume. Es ist ein monatlicher Mietzins vereinbart. Bis zur Insolvenzantragstellung zahlt die GmbH vertragsgemäß den Mietzins. Damit ergeben sich folgende Konsequenzen im Insolvenzverfahren: Das ungekündigte Mietverhältnis wird nach § 108 Abs. 1 InsO mit Wirkung für die Insolvenzmasse fortgeführt. Der Gesellschafter muss die Räume weiter dem Insolvenzverwalter überlassen, und die Mietzinsen sind Masseverbindlichkeiten. Der Insolvenzverwalter kann die Folgen nur abmildern, indem er die Masseunzulänglichkeit anzeigt und so die Begründung von Neumasseverbindlichkeiten verhindert sowie die Räume an den Gesellschafter zurückgibt. Auf die Frage, ob das Mietverhältnis unbeendet ist, kommt es für die Frage der wirtschaftlichen Belastung der Insolvenzmasse hier nicht an. Selbst bei Anwendung des § 135 Abs. 3 InsO – also einer Beendigung des Mietverhältnisses und der Geltendmachung eines Aussonderungsrechts des Vermieters – käme man zu keinem anderen Ergebnis, da die Miete im letzten Jahr vor Insolvenzantragstellung vollständig erbracht wurde und damit nach § 135 Abs. 3 InsO keine andere Nutzungsentschädigung berechnet würde als im Mietvertrag vereinbart.

Beispiel: Wandelt man das Beispiel so ab, dass die GmbH an ihren Gesellschafter lediglich 50% des tatsächlich im letzten Jahr vor Insolvenzantragstellung vereinbarten Mietzinses zahlt, muss der Verwalter bei einem unbeendeten Mietverhältnis den vertraglichen Mietzins bis zur Vertragsbeendigung weiter leisten. Ist das Mietverhältnis dagegen beendet, ist der Verwalter nach § 135 Abs. 3 InsO verpflichtet, lediglich 50% des vereinbarten Mietzinses und damit den Durchschnitt der letzten zwölf Monate zu zahlen. § 135 Abs. 3 InsO führt folglich zu einer Modifizierung. 80

Beispiel: Hätte die GmbH an ihren Gesellschafter im Rahmen des Mietverhältnisses über die letzten zwölf Monate vor Insolvenzantragstellung lediglich eine einzige Monatsmiete gezahlt, wäre die Insolvenzmasse im Rahmen des Insolvenzverfahrens bei einem beendeten Mietverhältnis nach § 135 Abs. 3 InsO nur verpflichtet, ein Zwölftel der jährlichen Miete verteilt über zwölf Monate zu zahlen. Legt man die Entscheidung des BGH vom 29.1.2015[94] zugrunde, bestehen dagegen bei einem unbeendeten Mietverhältnis Masseverbindlichkeiten für die weitere Dauer des Mietverhältnisses in Höhe des vertraglich vereinbarten Zinses. Der Gesellschafter profitiert somit insoweit von der Eröffnung des Verfahrens. 81

Beispiel: Noch auffälliger wird die Situation in folgendem Fall: Wären in den letzten zwölf Monaten vor Insolvenzantragstellung überhaupt keine Mietzahlungen erfolgt, so hätte die Insolvenzmasse für die ersten zwölf Monate des Insolvenzverfahrens keine Zahlungen nach § 135 Abs. 3 InsO zu erbringen, wenn das Mietverhältnis beendet ist. Für die Dauer eines weiter gegebenen Mietverhältnisses ist dagegen der vertragliche Mietzins durch die Masse zu zahlen. 82

4. Einbeziehung von Dritten

§ 39 Abs. 1 Nr. 5 InsO und § 135 InsO erfassen auch Leistungen Dritter, die einem Gesellschafter zugerechnet werden können. Hierbei ist zu beachten, dass der Anwendungsbereich des § 39 Abs. 1 Nr. 5 InsO – im Gegensatz zu § 135 InsO – nicht nur auf die Person nach § 138 InsO ausgedehnt wird. Vielmehr bezieht er sich auf den nach § 32a Abs. 3 S. 1 GmbHG aF herausgebildeten Per- 83

---

[94] IX ZR 279/13, NJW 2015, 1109.

sonenkreis.[95] Somit können Leistungen eines Dritten mit ihm überlassenen Mitteln des Gesellschafters, Treuhänders, Treugebers,[96] Nießbrauchers[97] eines Geschäftsanteils, stille Gesellschafters[98] und nahe Familienangehörigen[99] darunter fallen. Auch Leistungen durch horizontal oder vertikal verbundene Unternehmen, an denen der Gesellschafter[100] oder die Schuldnerin selbst[101] „maßgeblich" beteiligt sind, werden einbezogen. Indizien für eine entsprechende Gleichstellung sind, dass der Gesellschafter die Geschäftspolitik der betroffenen Gesellschaft bestimmen kann und Geschäftsführer beeinflusst. Regelmäßig wird man dies annehmen können, wenn der Gesellschafter mit einer Beteiligung von mehr als 50 % an dieser Gesellschaft beteiligt ist.[102] § 39 InsO wird auch auf Unterbeteiligte oder Pfandgläubiger ausgedehnt, sofern diesen Befugnisse zustehen, aus denen sich eine maßgebliche Einflussnahme auf die Gesellschaft ableiten lässt.[103] Je ähnlicher die Position einer Person der eines Gesellschafters wird, umso wahrscheinlicher ist eine Erstreckung des § 39 InsO auf diese.

84 Die Rechtsprechung ist auch einer Vielzahl von Umgehungsversuchen entgegengetreten. So hat das OLG Celle[104] einen Gläubiger nach § 39 InsO beurteilt, welcher der Gesellschaft ein Darlehen gegeben hat und dem ein Gesellschafter eine Sicherheit dafür bestellte. In diesen Fällen, in denen ein Gesellschafter eine Sicherheit stellt, ist der betroffene Gläubiger zunächst nach § 44a InsO verpflichtet, den Gesellschafter im Rahmen seiner Sicherheitenstellung in Anspruch zu nehmen. Wenn eine Inanspruchnahme ausfällt, kann er als Insolvenzgläubiger die Forderung zur Insolvenztabelle anmelden. Jedoch schließt dies nicht aus, dass der Dritte die Forderung zur Insolvenztabelle anmeldet (§ 43 InsO).

85 Anders verhält es sich jedoch, sofern der Gläubiger sowohl Sicherheiten durch die Gesellschaft als auch durch einen Gesellschafter erhält. Hier kann er frei wählen, welche Sicherheit er zunächst in Anspruch nimmt.[105] Nach §§ 135

---

[95] BGH Urt. v. 21.2.2013 – IX ZR 32/12, NZI 2013, 308; OLG Jena Beschl. v. 18.11.2015 – 1 U 503/15, BeckRS 2016, 04953.
[96] MüKoInsO/*Gehrlein* § 135 Rn. 20; Graf-Schlicker/*Neußner* InsO § 39 Rn. 26.
[97] BGH Beschl. v. 5.4.2011 – II ZR 173/10, NJW-RR 2011, 1061; OLG Karlsruhe Urt. v. 12.8.2010 – 4 U 68/09, EWiR 2011, 117.
[98] BGH Urt. v. 28.6.2012 – IX ZR 191/11, NZI 2012, 860; OLG Köln Urt. v. 27.10.2011 – I-18 U 34/11, ZIP 2011, 2208.
[99] OLG Schleswig Urt. vom 3.5.2007 – 5 U 128/06, ZIP 2007, 1217; OLG Düsseldorf Urt. v. 17.8.2006 – 10 U 62/06, ZInsO 2007, 152; Nerlich/Römermann/*Nerlich* InsO § 135 Rn. 23. Im konkreten Fall ablehnend: BGH Urt. v. 17.2.2011 – IX ZR 131/10, NJW 2011, 1503.
[100] BGH Urt. v. 21.6.2007 – IX ZR 231/04, NJW-RR 2007, 1419; OLG Brandenburg Beschl. v. 30.4.2007 – 3 U 127/06, ZInsO 2008, 561 Uhlenbruck/*Hirte* InsO § 138 Rn. 39 ff.
[101] BGH Beschl. v. 18.12.2003 – IX ZR 45/03, NZI 2004, 449.
[102] BGH Urt. v. 18.7.2013 – IX ZR 219/11, DStR 2013, 1900; Urt. v. 5.5.2008 – II ZR 108/07, NZG 2008, 507. Bei einer Beteiligung von 50 %: BGH Urt. v. 28.2.2012 – II ZR 115/11, NZI 2012, 522. Zu einer Beteiligung von 25 %: MüKoInsO/*Gehrlein* § 135 Rn. 20.
[103] OLG Hamm Urt. v 16.1.2008 – 8 U 138/06, BeckRS 2008, 12365.
[104] Urt. v. 18.6.2008 – 9 U 14/08, GmbHR 2008, 1096.
[105] BGH Urt. v. 1.12.2011, IX ZR 11/11, BKR 2012, 110; OLG Stuttgart Urt. v. 26.9.2012 – 9 U 65/12, ZInsO 2012, 2051.

Jenal

Abs. 2, 143 Abs. 3, 147 InsO analog muss der Gesellschafter dann jedoch den Betrag der Insolvenzmasse ersetzen, mit dem er gegenüber dem Dritten aufgrund der Verwertung von Sicherheiten der Gesellschaft befreit wurde. Der Gesellschafter selbst kann seinen Anspruch im Insolvenzverfahren über das Vermögen der Gesellschaft nur nachrangig geltend machen. Dies gilt auch, wenn die Verwertung durch den Gläubiger erst während des Insolvenzverfahrens erfolgt. Frühere Unklarheiten, da die Anfechtungsregelungen sich nach dem Wortlaut auf Vorgänge vor Eröffnung des Insolvenzverfahrens bezogen, hat der BGH spätestens mit seinem Urteil vom 1.12.2011[106] beseitigt.

Kommt es im Jahr vor dem Eröffnungsantrag zu einer Rückzahlung eines Darlehens, das die Gesellschaft gegenüber einem Dritten aufgenommen hat und für das der Gesellschafter eine Sicherheit stellte, ist eine Anfechtung nach § 135 Abs. 2 InsO möglich und der Gesellschafter muss in Höhe seiner Befreiung der Insolvenzmasse Ausgleich leisten. Auch hier gilt jedoch das Sanierungs- oder Kleinbeteiligungsprivileg des § 39 Abs. 5 InsO. In derartigen Fällen ist auch § 44a InsO nicht anzuwenden. 86

III. Vertretungsorgane der Gesellschaft in der Insolvenz

1. Stellung im Verfahren

Das vorläufige Insolvenzverfahren wie das Insolvenzverfahren selbst ändern an der gesellschaftsrechtlichen Organstellung bei der Schuldnerin nichts. Vorstände, Geschäftsführer oder Direktoren bleiben vertretungsberechtigte Organe. Die Vertretungsberechtigung wird jedoch durch Besonderheiten des Insolvenzverfahrens überlagert. 87

Im eröffneten Insolvenzverfahren ist zwischen der gesellschaftsrechtlichen Bestellung des Organs und der dienstvertraglichen Verbundenheit zwischen Organ und Gesellschaft zu unterscheiden. Das Dienstverhältnis zwischen der Gesellschaft und dem Organ unterliegt dem Einfluss des Insolvenzverwalters. Nach § 113 InsO kann er den Dienstvertrag beenden. Mit Ablauf der Kündigungsfrist wird die Insolvenzmasse von den vertraglichen Leistungspflichten frei. 88

Die Befugnisse des Organs werden im vorläufigen Insolvenzverfahren wie im Insolvenzverfahren selbst durch die Befugnisse des (vorläufigen) Insolvenzverwalters überlagert. Insbesondere nach Verfahrenseröffnung bleibt das Organ nach §§ 97, 101 InsO zur Mitwirkung im Insolvenzverfahren verpflichtet.[107] Dies dient insbesondere der Realisierung der Gläubigerinteressen und der ordnungsgemäßen Durchführung des Verfahrens.[108] Darüber hinaus besteht aber ein sog insolvenzfreier Bereich, der das Organ weiter berechtigt, die Schuldnerin nach außen zu vertreten. 89

---

[106] IX ZR 11/11, BKR 2012, 110.
[107] Uhlenbruck/*Zipperer* InsO § 101 Rn. 2.
[108] BGH Beschl. v. 5.3.2015 – IX ZB 62/14, NZI 2015, 380; MüKoInsO/*Stephan* § 101 Rn. 18.

Jenal

90 Der Insolvenzverwalter darf kein Organ abberufen. Hierzu bleiben die Gesellschafter und der Aufsichtsrat berechtigt.[109] Häufig wird ein Interesse des Organs bestehen, nicht weiter als Organ der Schuldnerin agieren zu müssen und geführt zu werden. Die Handelnden wollen nicht mit dem Insolvenzverfahren in Verbindung gebracht werden oder haben zwischenzeitlich eine neue Aufgabe angenommen. Organe können daher grundsätzlich ihr Amt niederlegen.[110] Vor der Eintragung einer Amtsniederlegung in das Handelsregister wird das Registergericht regelmäßig den Insolvenzverwalter fragen, ob dieser Einwände gegen die Amtsaufgabe hat. Hier muss der Insolvenzverwalter überlegen, ob und welche Vorgänge er im Insolvenzverfahren anstrebt und auf welche Umstände er sich noch einstellen muss. Die Amtsniederlegung kann rechtsmissbräuchlich sein, wenn ein Organ für weitere Maßnahmen benötigt wird. Das wird insbesondere der Fall sein, wenn das einzige Organ zugleich Allein- oder Hauptgesellschafter ist.[111] Eine Amtsniederlegung kann nämlich das Insolvenzverfahren behindern, wenn Handlungen eines Organs nötig sind.

2. Pflichten der Vertretungsorgane

91 a) **Situation vor Insolvenzantrag.** Nach § 43 GmbHG, § 93 AktG, § 34 GenG ist das vertretungsberechtigte Organ vor Eröffnung des Insolvenzverfahrens zur ordnungsgemäßen Geschäftsführung verpflichtet. Neben dieser allgemeinen Pflicht, die alle Handlungen betrifft, gelten ausdrücklich Pflichten im Umgang mit einer wirtschaftlichen Krise und damit auch einem zukünftigen Insolvenzverfahren. Das Leitungsorgan ist bspw. nach § 15a InsO, § 64 GmbHG, § 92 Abs. 2 AktG, § 99 Abs. 1 GenG und § 130a Abs. 1 HGB zur Insolvenzantragstellung verpflichtet, wenn bei Vorliegen von Insolvenzgründen ein Sanierungskonzept für die Gesellschaft nicht erstellt werden kann. § 15a InsO erstreckt dabei die Insolvenzantragspflicht auf Organe ausländischer Gesellschaften, die einem deutschen Insolvenzverfahren unterliegen.[112] Der EuGH hat zudem in seiner Entscheidung vom 10.12.2015[113] die Anwendung von § 64 GmbHG auf eine englische Limited für zulässig erachtet.

92 Seiner Pflicht zur Insolvenzantragstellung entspricht ein Leitungsorgan nur, wenn es einen formell ordnungsgemäßen Antrag stellt. Der Antrag muss § 13 InsO genügen.[114] Zugleich wird das Organ nicht durch den Antrag eines Gläubigers von seiner Antragspflicht entbunden, solange das Insolvenzverfahren selbst nicht eröffnet ist.[115]

93 b) **Situation während des Eröffnungsverfahrens.** Damit sich der Insolvenzverwalter ein Bild über die Situation der Gesellschaft machen kann, ist er insbe-

---

[109] BGH Beschl. v. 11.1.2007 – IX ZB 271/04, NZI 2007, 231; Reul/Heckschen/*Wienberg* InsR in der Gestaltungspraxis N. Rn. 603.
[110] Uhlenbruck/*Zipperer* InsO § 101 Rn. 17.
[111] BGH Beschl. v. 8.10.2009 – IX ZR 235/06, BeckRS 2009, 28207; OLG Frankfurt Beschl. v. 11.11.2014 – 20 W 317/11, ZIP 2015, 478.
[112] RegE v. 23.5.2007, BT-Drs. 16/6140, Vorabfassung v. 25.7.2007, 134.
[113] C-594/14 – *Kornhaas/Dithmar* als Insolvenzverwalter, NJW 2016, 223.
[114] BGH Beschl. v. 12.12.2002 – IX ZB 426/02, NZI 2003, 147; MüKoInsO/*Schmahl/Vuia* § 13 Rn. 109.
[115] BGH Beschl. v. 28.10.2008 – 5 StR 166/08, NZI 2009, 124.

Jenal

sondere auf die Angaben der Organe angewiesen. Daher gelten entsprechende Auskunfts- und Mitwirkungspflichten nach §§ 20, 97, 101 InsO bereits für das Insolvenzeröffnungsverfahren. Sämtliche Pflichten können zudem vom Insolvenzgericht nach § 98 InsO erweitert und zwangsweise durchgesetzt werden.

Zu den Pflichten der Leitungsorgane gehört nach § 22 Abs. 3 InsO insbesondere die Herausgabe von Handelsbüchern und Geschäftsunterlagen wie die Zutrittsgewährung zu den Geschäftsräumen. § 22 Abs. 3 InsO verpflichtet das Leitungsorgan darüber hinaus zur Auskunft und Unterstützung bei den Aufgaben des vorläufigen Insolvenzverwalters. Die Pflichten treffen nicht nur die bei Antragstellung im Handelsregister eingetragenen Organe, sondern auch Organe, die bis zu 2 Jahre vor Antragstellung ein solches Amt innehatten (§ 101 InsO). 94

Das Leitungsorgan kann einen von der Schuldnerin gestellten Insolvenzantrag im Eröffnungsverfahren zurücknehmen. Dies gilt auch, wenn den Antrag nicht das zurücknehmende Organ gestellt hat.[116] Die Zurücknahme kann jedoch einen Verstoß gegen die Pflicht zur Insolvenzantragstellung darstellen und diese Pflicht wieder aufleben lassen.[117] 95

c) **Situation nach Insolvenzverfahrenseröffnung.** Mit der Verfahrenseröffnung geht die Befugnis zur Verwaltung und Verfügung über das Vermögen der Schuldnerin und damit der Gesellschaft nach § 80 InsO auf den Insolvenzverwalter über. Manches fällt jedoch in die Verfügungsmacht der Leistungsorgane. Dies gilt allgemein bei der Eigenverwaltung (aa), im Hinblick auf freigegebene Vermögenswerte (bb) und Maßnahmen der innergesellschaftlichen Organisation (cc). Zudem gelten weitere Mitwirkungspflichten im Insolvenzverfahren (dd). 96

aa) **Eigenverwaltung.** Das MoMiG hat das Eigenverwaltungsverfahren nach §§ 270 bis 285 InsO massiv aufgewertet. Das Eigenverwaltungsverfahren kann ein Insolvenzgericht anordnen. In diesem Fall verbleiben die Verwaltungs- und Verfügungsbefugnisse bei den Leitungsorganen der Schuldnerin. Diesen steht nach §§ 279, 275 Abs. 2 InsO ein Sachwalter als Aufsichtsperson zur Seite. Es können Zustimmungsvorbehalte des Sachwalters für bestimmte Rechtsgeschäfte nach § 277 InsO ebenso vorgesehen werden wie Verfügungsbeschränkungen. Außerdem können außergewöhnliche Geschäfte von der Zustimmung eines Gläubigerausschusses bzw. der Gläubigerversammlung nach § 276 InsO abhängig gemacht werden. 97

bb) **Freigabe von Vermögenswerten.** Ein Insolvenzverwalter wird im Insolvenzverfahren die von ihm vorgefundenen Vermögenswerte dahin überprüfen, ob er sie zum Nutzen des verfolgten Ziels und zum Nutzen der Gläubigergemeinschaft einsetzen, insbesondere verwerten kann. Ist dies nicht der Fall, weil zB der Vermögenswert vollständig belastet ist oder eine Verwertung höhere Kosten verursacht, als Zufluss zur Masse zu erwarten ist, kann der Insolvenzverwalter eine Freigabe des Vermögensgegenstands aus dem Insolvenzbeschlag vornehmen. Die Freigabeerklärung kann sich sowohl auf Gegenstände als auch Forderungen beziehen. 98

---

[116] BGH Beschl. v. 7.7.2011 – IX ZB 173/10, BeckRS 2011, 19288; Beschl. v. 10.7.2008 – IX ZB 122/07, NJW-RR 2008, 1439.
[117] MüKoInsO/*Stephan* § 15a Rn. 136.

99 Die Freigabeerklärung ist eine einseitige, empfangsbedürftige Willenserklärung des Insolvenzverwalters. Sie ist gegenüber dem Schuldner und bei juristischen Personen und Handelsgesellschaften gegenüber dem Leitungsorgan zu erklären. Die Erklärung kann formlos erfolgen.[118] Sie muss unwiderruflich und unbedingt sein.[119]

100 Dogmatisch folgt das Recht zur Freigabeerklärung aus § 80 Abs. 1 InsO, der dem Insolvenzverwalter die Verfügungsbefugnis über das Vermögen des Schuldners überträgt. Zugleich setzt § 32 Abs. 3 S. 1 InsO sie voraus.[120] Die Freigabe kann somit ein adäquates Mittel zur gemeinschaftlichen Befriedigung aller Gläubiger durch Verwertung des Vermögens sein und ist zugleich ein wichtiges Instrumentarium zum Schutz vor der Belastung der Insolvenzmasse durch die Inanspruchnahme Dritter.

101 cc) **Rechte im Gesellschaftsrecht.** Ein Kern von Rechten und Pflichten verbleibt bei den Gesellschaftsorganen. Diese betreffen insbesondere die innergesellschaftliche Organisation. Hierzu gehören:
- Registerrechtliche Anmeldungen (zB Satzungsänderung, Prokura,[121] Kapitalerhöhungen nach §§ 55, 57 GmbHG, §§ 182, 184 AktG ua Vorschriften sowie Mitteilung über die Beteiligungsverhältnisse der Gesellschafter und damit die Einreichung einer Gesellschafterliste nach §§ 40, 78 GmbHG)
- Einberufung Gesellschafterversammlung (§ 49 GmbHG, § 121 AktG)
- Einberufung Hauptversammlung (§ 121 AktG)
- Einberufung Generalversammlung (§ 44 GenG)
- Änderung des Gesellschaftsvertrags/der Satzung (zB Umfirmierung)

102 Dagegen richtet sich das Informationsrecht nach § 51a Abs. 1 GmbHG § 131 AktG im Insolvenzverfahren gegen den Insolvenzverwalter. Hierbei haben die Gesellschafter jedoch die Verfahrensregelungen der InsO zu berücksichtigen.[122]

103 Eine Besonderheit sind die handels- und steuerrechtlichen Rechnungslegungspflichten. Ein Insolvenzverfahren berührt diese nach § 155 Abs. 1 S. 1 InsO nicht. Lediglich hat der Insolvenzverwalter sie nach § 155 Abs. 1 S. 2 InsO zu erfüllen.[123] Dies gilt auch für Zeiträume vor der Insolvenzverfahrenseröffnung.[124] Daher darf der Insolvenzverwalter den Geschäftsjahresrhythmus ändern.[125] Bisher nicht höchstrichterlich entschieden ist, ob der Insolvenzverwalter auch Adressat des Ordnungsgelds nach §§ 325, 335 HGB sein kann. Liegt ein Verstoß gegen die Pflicht zur Offenlegung von Jahresabschlüssen vor, hat das Bundesamt für Justiz grundsätzlich nach § 335 Abs. 1 HGB ein Ordnungsgeldverfahren gegen die Organe oder die Gesellschaft durchzuführen. Eine Festsetzung von Ordnungsgeld gegen die Insolvenzmasse oder gar den

---

[118] BGH Urt. v. 7.12.2006 – IX ZR 161/04, NZI 2007, 173.
[119] Nerlich/Römermann/*Andres* InsO § 36 Rn. 55; Braun/*Bäuerle* InsO § 35 Rn. 110.
[120] BGH Urt. v. 1.2.2007 – IX ZR 178/05, NZI 2007, 407.
[121] Zum Erlöschen einer Prokura: LG Halle Beschl. v. 1.9.2004 – 11 T 8/04, NZG 2005, 442; LG Leipzig Beschl. v. 21.11.2006 – 01 HK T 407/05, ZInsO 2007, 279.
[122] BayObLG Urt. v. 8.4.2005, NZI 2005, 631; OLG Hamm Beschl. v. 25.10.2001 – 15 W 118/01, NJW-RR 2002, 1396.
[123] Nerlich/Römermann/*Delhaes* InsO § 66 Rn. 3.
[124] MüKoHGB/*Waßmer* HGB § 335 Rn. 28.
[125] BGH Beschl. v. 14.10.2014 – II ZB 20/13, NJW-RR 2015, 245.

§ 31. Gesellschaftsrechtliche Folgen der Insolvenz   1169

Insolvenzverwalter scheidet dagegen aus. Sie werden als Adressaten nicht in § 335 HGB aufgeführt.[126] Gegen die Organe der Insolvenzschuldnerin fällt eine Festsetzung bereits deshalb weg, da sie nicht mehr zur Rechnungslegung verpflichtet sind.

dd) Mitwirkungsrechte und -pflichten der Leitungsorgane. Zunächst können die Leitungsorgane gegen den Eröffnungsbeschluss vorgehen. Hierzu steht Ihnen das Rechtsmittel der sofortigen Beschwerde nach § 34 Abs. 2 InsO, § 577 ZPO zur Verfügung. Insoweit kann jeder die Beschwerde erheben, der zur Stellung des Insolvenzantrags berechtigt wäre.[127] Sofern die Gesellschaft nicht über ein vertretungsberechtigtes Organ verfügt und somit „führungslos" ist, können auch Gesellschafter im Falle der GmbH oder die Mitglieder des Aufsichtsrats bei einer AG und Genossenschaft die Beschwerde einreichen (§ 15a Abs. 1, 2 InsO). 104

Auch nach Eröffnung des Insolvenzverfahrens sind die Leitungsorgane nach §§ 97, 98 InsO zur Auskunft und Mitwirkung gegenüber dem Insolvenzverwalter verpflichtet. Sofern eine Organstellung nicht mehr besteht, ist § 101 InsO und somit die nachwirkende Auskunftsverpflichtung zu beachten. Sofern Organe nur nach Einsicht in die Geschäftsunterlagen ihren Pflichten nachkommen können, hat der Insolvenzverwalter sie zu gewähren.[128] Dagegen sind ehemalige Organe nicht berechtigt, in die Insolvenzakte des Insolvenzgerichts Einsicht zu nehmen, wenn sie sich damit nur gegen eine Schadenersatzklage des Insolvenzverwalters verteidigen wollen.[129] 105

Die Mitwirkungspflicht verpflichtet die Schuldnerin und das Leitungsorgan auch, die Vollständigkeit einer vom Verwalter erstellten Vermögensübersicht nach § 153 InsO auf einen entsprechenden Antrag hin eidesstattlich zu versichern. 106

IV. Die Gesellschafter in der Insolvenz

1. Führungslosigkeit von Gesellschaften

Eine Führungslosigkeit besteht, wenn kein organschaftlicher Vertreter mehr vorhanden ist. Dies kann bspw. durch Amtsniederlegung oder durch Tod eingetreten sein. Dagegen sind Fälle, in denen das vertretungsberechtigte Organ sich an einem unbekannten Ort aufhält, kein Unterfall der Führungslosigkeit.[130] Neben Abberufung und Amtsniederlegung sind auch der Tod des Geschäftsführers sowie der Verlust der Geschäftsfähigkeit oder das Eintreten eines Amtsunfähigkeitsgrunds nach § 6 Abs. 2 GmbHG, § 76 Abs. 3 AktG als Fälle anzusehen, die eine Führungslosigkeit auslösen können. 107

---

[126] MüKoHGB/*Waßmer* HGB § 335 Rn. 29, 30 mwN ua auf LG Bonn Beschl. v. 13.11.2008 – 30 T 275/08, NZG 2009, 392.
[127] BGH Beschl. v. 20.7.2006 – IX ZB 274/05, NZI 2006, 700; Beschl. v. 13.6.2006 – IX ZB 262/05, NZI 2006, 594; MüKoInsO/*Ganter/Lohmann* § 6 Rn. 26 ff.
[128] BGH Beschl. v. 17.2.2005 – IX ZB 62/04, NZI 2005, 263.
[129] OLG Hamburg Beschl. v. 19.5.2008 – 2 VA 3/08, ZIP 2008, 1834.
[130] AG Potsdam Beschl. v. 24.1.2013 – 35 IN 978/12, NZI 2013, 602; AG Hamburg Beschl. v. 27.11.2008 – 67c IN 478/08, NZI 2009, 63.

108 Nach § 35 Abs. 1 S. 2 GmbHG sind die Gesellschafter und bei einer AG als auch einer Genossenschaft der Aufsichtsrat nach § 78 Abs. 2 AktG, § 24 Abs. 1 GenG zustellungsbevollmächtigt für Erklärungen, die gegenüber der Gesellschaft abzugeben sind. Damit soll eine Flucht durch absichtlich herbeigeführte Führungslosigkeit der Gesellschaft zu Lasten Dritter verhindert werden.

109 Die Gesellschafter bzw. der Aufsichtsrat sind nur zum Empfang der Erklärungen berechtigt, nicht zur Vertretung der Gesellschaft. Die Möglichkeiten auf eine zugegangene Erklärung zu reagieren, sind folglich für die Empfangsvertreter beschränkt. Die Bestellung eines neuen Leitungsorgans kann hier jedoch Abhilfe schaffen.

2. Insolvenzantragspflicht

110 Nach § 15a Abs. 3 InsO sind die Gesellschafter bzw. Aufsichtsräte einer führungslosen Gesellschaft bei Vorliegen von Insolvenzgründen insolvenzantragspflichtig. Das soll die handelnden Gesellschafter und Aufsichtsräte dazu anhalten, bei Ausfall eines Vertretungsorgans die Position neu zu besetzen und einen neuen Geschäftsführer bzw. Vorstand zu bestellen.[131]

111 Die Diskussion, ob trotz der Insolvenzantragspflicht der Gesellschafter bzw. Aufsichtsräte ein Insolvenzverfahren an der fehlenden Prozessfähigkeit der Gesellschaft scheitert (§ 13 InsO, § 52 ZPO), da die Durchführung ein vertretungsberechtigtes Organ voraussetzt,[132] hat das MoMiG obsolet gemacht.[133] Es bedarf nicht der Einsetzung eines Notgeschäftsführers (§ 29 BGB analog) oder eines Verfahrenspflegers (§ 57 ZPO), um das Insolvenzverfahren durchführen zu können.[134] Soweit ein Dritter die Eröffnung des Insolvenzverfahrens über das Vermögen einer Gesellschaft beantragt, kann rechtliches Gehör dadurch gewährt werden, dass Gesellschafter bzw. Aufsichtsrat zur Stellungnahme aufgefordert werden. Diese können ggf. zwar nicht für die Gesellschaft handeln, da sie jedoch jederzeit ein neues vertretungsberechtigtes Organ bestellten können, reicht die reine Möglichkeit zur Stellungnahme aus. Wird sie nicht genutzt, kann das nicht das Insolvenzverfahren verhindern.

C. Personengesellschaften

112 Gesellschaftsrechtliche Folgen können Personengesellschaften zum einen durch die Insolvenz des Gesellschafters treffen, zum anderen durch die Insolvenz der Gesellschaft. Personengesellschaften sind nach § 11 InsO keine eigenständigen juristischen Personen, aber über ihr Vermögen kann nach § 11 Abs. 2 Nr. 1 InsO das Insolvenzverfahren eröffnet werden. Geringere Bedeutung haben und hier außer Betracht bleiben Insolvenzverfahren über Partnerschaftsge-

---

[131] RegE v. 23.5.2007, BT-Drs. 16/6140, Vorabfassung v. 25.7.2007, 101.
[132] Prozessfähigkeit und Zulässigkeit des Insolvenzverfahrens verneinend: OLG Dresden Beschl. v. 12.10.1999 – 7 W 1754/99, NZI 2000, 136; OLG Köln Beschl. v. 3.1.2000 – 2 W 214/99, NZG 2000, 999.
[133] Insolvenzantrag nunmehr zulässig: *Fest* NZG 2011, 130 Fn. 24; MüKoInsO/*Schmahl/Vuia* § 13 Rn. 81.
[134] MüKoInsO/*Schmahl/Vuia* § 13 Rn. 81.

sellschaften und die Europäische Wirtschaftliche Interessenvereinigung. Dagegen ist die stille Gesellschaft keine eigene insolvenzfähige Rechtsperson. Vielmehr ist der stille Gesellschafter im Insolvenzverfahren über das Vermögen des Inhabers des Handelsgeschäftes betroffen. Hier kann er Gläubiger (§ 236 HGB) sein. Zudem können ihn Verlustausgleichs- und Nachschusspflichten treffen.[135]

I. Konstellationen einer Insolvenz

Bei Personengesellschaften ist häufig das wirtschaftliche Schicksal des Gesellschafters mit dem der Gesellschaft verbunden. Dies rührt insbesondere aus der persönlichen Haftung nach § 128 HGB her. Die gemeinsame Insolvenz von Gesellschaft und Gesellschaftern ist jedoch nicht zwingend. 113

1. Alleinige Gesellschaftsinsolvenz

Wird das Insolvenzverfahren ausschließlich über die Gesellschaft eröffnet, haftet der Gesellschafter nach § 128 HGB (entsprechend). Die alleinige Insolvenz der Gesellschaft ist regelmäßig nur anzunehmen, wenn der Gesellschafter selbst unbekannten Aufenthalts ist oder aufgrund Mittellosigkeit der Insolvenzverwalter kein Interesse an einem Insolvenzantrag über das Vermögen des Gesellschafters hat bzw. dieser selbst keinen Eigenantrag stellt. 114

2. Doppelinsolvenz

Meist geht das Insolvenzverfahren über das Vermögen der Gesellschaft mit dem über das Vermögen des Gesellschafters einher. Da der Gesellschafter für sämtliche Verpflichtungen der Gesellschaft nach § 128 HGB (entsprechend) haftet, ist er mit den gegenüber der Gesellschaft verfolgten Forderungen konfrontiert. 115

Nach §§ 93, 43 InsO steht die Geltendmachung von Ansprüchen nach § 128 HGB (entsprechend) ausschließlich dem Insolvenzverwalter über das Vermögen der Gesellschaft zu. Die Gläubiger der Gesellschaft können ihre Ansprüche nicht unmittelbar gegenüber den mithaftenden Gesellschaftern geltend machen. Da es zu zwei getrennten Insolvenzverfahren hinsichtlich der beiden Schuldner (Gesellschaft und Gesellschafter) kommt, hat der Insolvenzverwalter im Insolvenzverfahren des Gesellschafters die Forderung der Insolvenzmasse zur Insolvenztabelle anzumelden. Nach einer Quotenauszahlung im Insolvenzverfahren über das Vermögen des Gesellschafters fließt diese in die Insolvenzmasse und kann ggf. an die dortigen Insolvenzgläubiger quotal ausgekehrt werden. 116

3. Alleinige Gesellschafterinsolvenz

Die Insolvenz eines Gesellschafters kann nach § 728 Abs. 2 S. 2 BGB bei einer GbR zur unmittelbaren Auflösung der Gesellschaft führen. Personenhandelsgesellschaften werden dagegen nach § 131 HGB nicht mehr aufgrund der Insolvenzeröffnung über das Vermögen eines Gesellschafters aufgelöst. Dar- 117

---

[135] OLG Celle Urt. v. 29.10.2008 – 9 U 68/08, NZG 2009, 1075; *Rohlfing/Wegener/Öttler* ZIP 2008, 865.

Jenal

1172   9. Teil. Gesellschaftsrecht in der Insolvenz

über hinaus können gesellschaftsrechtliche Vereinbarungen vorsehen, dass im Fall eines Insolvenzverfahrens über das Vermögen eines Gesellschafters die Gesellschaft nach §§ 730 ff. BGB, 145 ff. HGB zu liquidieren ist. Häufig sehen gesellschaftsvertragliche Vereinbarungen vor, dass ein Gesellschafter, über dessen Vermögen das Insolvenzverfahren eröffnet wird, aus der Gesellschaft ausscheidet bzw. ausgeschlossen werden kann. Eine besondere Bedeutung kommt den gesetzlichen als auch vertraglichen Regelungen im Zusammenhang mit Arbeitsgemeinschaften (ARGE) zu. Hierbei schließen sich auch Kapitalgesellschaften für einzelne Projekte in einer ARGE zusammen.

118   Die Position des Insolvenzverwalters hängt folglich von der gesellschaftsrechtlichen und vertraglichen Situation ab. Nach § 84 Abs. 1 InsO erfolgt die Auseinandersetzung der Gesellschaft außerhalb des Insolvenzverfahrens. Bei einer Fortführung der Gesellschaft kann der Insolvenzverwalter nach § 80 InsO die Rechte und Pflichten des Gesellschafters wahrnehmen. Sofern die Gesellschaft aufgelöst wird, kann er den Anteil am Liquidationserlös für die Insolvenzmasse beanspruchen. Kommt es zum Ausschluss bzw. Ausscheiden des Gesellschafters, verfolgt der Insolvenzverwalter den Abfindungsanspruch nach § 738 BGB iVm §§ 105 Abs. 3, 161 Abs. 2 HGB.[136]

119   Im Hinblick auf den zu berechnenden Abfindungsanspruch sind Regelungen unwirksam, nach denen ein Abfindungsanspruch bei Insolvenz des Gesellschafters vollständig ausgeschlossen werden kann oder lediglich für den Insolvenzfall geringer ausfällt.[137] Allerdings können gesellschaftsvertragliche Klauseln, nach denen die Abfindung für bestimmte Fälle des Ausscheidens geringer ausfällt, wirksam sein, wenn die Regelung nicht nur den Insolvenzfall erfasst.[138]

II. Forderungen der Insolvenzmasse bei Gesellschaftsinsolvenz

120   Der Insolvenzverwalter muss insbesondere folgende mögliche Ansprüche der Insolvenzmasse prüfen:

1. Einlage

121   Sehen die gesellschaftsvertraglichen Vereinbarungen oder das Gesetz vor, dass ein Gesellschafter eine Einlage nebst Zinsen nach § 111 HGB zu erbringen hat, kann der Insolvenzverwalter insoweit offene Forderungen verfolgen. Der Gesellschafter ist hier für die ordnungsgemäße Erbringung darlegungs- und beweisbelastet. Buchhalterische Unterlagen kann dieser zwar als Indizien heranziehen, sie beweisen aber nicht, dass die Zahlung tatsächlich erfolgt wäre. Buchhalterische Vorgänge beruhen regelmäßig auf Angaben der Geschäftslei-

---

[136] BGH Urt. v. 14.12.2006 – IX ZR 194/05, NJW 2007, 1067; Henssler/Strohn/*Kilian* GesR § 728 BGB Rn. 8; BeckOK BGB/*Heidinger* BGB § 728 Rn. 14.
[137] BGH Urt. v. 19.6.2000 – II ZR 73/99, NZG 2000, 1027; Urteil vom 24-05-1993 – II ZR 36/92 – NJW 1993, 2101; Zur Auslegung: BGH Urt. v. 27.9.2011 – II ZR 279/09, NZG 2011, 1420.
[138] BGH Beschl. vom 12.6.1975 – II ZB 12/73, NJW 1975, 1835; Urt. v. 7.4.1960 – II ZR 69/58, NJW 1960, 1053.

Jenal

tung. Eine tatsächliche Prüfung durch die Buchhaltung erfolgt meist nicht. Wird lediglich ein Kapitalkonto für den Gesellschafter geführt, beweist ein negativer Saldo nicht automatisch das Fehlen der Einlagezahlung. Es könnten auch Verluste die erbrachte Einlage aufgezehrt haben.

Die Erbringung einer Einlage ist insbesondere bei einer KG von großer Bedeutung. Nach § 171 HGB haftet der Kommanditist lediglich in Höhe seiner Einlage. Etwas anderes gilt nach § 176 HGB nur insoweit, als die KG ihre Tätigkeit vor Eintragung aufgenommen hat. Dann kann eine weitergehende Haftung des Kommanditisten bestehen. 122

Der Gesellschafter hat die Erbringung der Hafteinlage darzulegen und zu beweisen. Buchhalterische Unterlagen haben auch hier lediglich Indizwirkung für die Erbringung. Weist die Buchhaltung ein negatives Kapitalkonto für den Kommanditisten aus, muss dieser beweisen, dass die Entwicklung nicht durch eigene Entnahmen entstanden ist, sondern durch Verlustzuweisungen, wenn er Zahlungen erhalten hat.[139] Infolge dessen arbeiten viele Gesellschaften zumindest mit einem Zwei-Konten-Modell. Das Eigenkapitalkonto des Gesellschafters ist die feste Hafteinlage und meist festgeschrieben. Das weitere Kapitalkonto wird dagegen als bewegliches Konto geführt, das Verlustanteile und Entnahmen ebenso erfasst, wie Gewinnbeteiligungen. Sofern das zweite Konto einen negativen Saldo ausweist, muss der Gesellschafter beweisen, dass durch Gewinne gedeckte Entnahmen iSd § 172 Abs. 4 S. 2 HGB vorliegen. In der Praxis wird daher der Insolvenzverwalter den Kommanditisten bei Entnahmen auffordern, die Entwicklung des negativen Kapitalkontos darzulegen und zu beweisen. Gelingt dies nicht, wird der Insolvenzverwalter nach § 172 Abs. 4 HGB Ansprüche gegen den Kommanditisten erheben. 123

Ausstehende Einlagen hat der Insolvenzverwalter in der Höhe einzufordern, in denen sie zur Befriedigung der Gläubiger erforderlich sind.[140] Der Gesellschafter muss die fehlende Erforderlichkeit nachweisen.[141] Zudem steht es dem Verwalter frei, alle oder einzelne zahlungspflichtige Gesellschafter in Anspruch zu nehmen. In einem Fall, in dem nicht die volle Einlagenhöhe aller Gesellschafter für die Befriedigung der Gläubiger benötigt wird, ist der Insolvenzverwalter also nicht gehindert, einzelne Gesellschafter auf die volle Erbringung ihrer Einlage in Anspruch zu nehmen.[142] 124

2. Nachschusspflicht

Lediglich in seltenen Fällen findet man eine gesellschaftsvertraglich festgelegte anteilige Nachschusspflicht für Gesellschafter nach §§ 735 BGB, 105 Abs. 3, 161 Abs. 2 HGB. Durch die persönliche und unbeschränkte Haftung der Ge- 125

---

[139] BGH Urt. v. 11.12.1989 – II ZR 78/89, NJW 1990, 1109; OLG München Urt. v. 26.8.2015 – 7 U 3400/14, ZIP 2015, 2137.
[140] BGH Urt. v. 11.12.1989 – II ZR 78/89, NJW 1990, 1109; BGH Urt. v. 10.12.1984, NJW 1985, 1468. Eine sekundäre Darlegungslast des Insolvenzverwalters annehmend: LG Frankenthal Urt. v. 18.8.2014 – 4 O 144/14, BeckRS 2014, 18109.
[141] Uhlenbruck/*Hirte* InsO § 35 Rn. 380.
[142] OLG Düsseldorf Urt. v. 18.7.2013 – I-6 U 147/12, ZIP 2013, 1860; OLG Köln Urt. vom 16.12.1982 – 7 U 70/82, ZIP 1983, 310.

Jenal

sellschafter ist die Vereinbarung einer Nachschusspflicht selten, da die Gesellschafter unmittelbar in Anspruch genommen werden können. Sofern eine solche Verpflichtung besteht, muss der Insolvenzverwalter die Notwendigkeit der Nachschüsse für die Gläubigerbefriedigung darlegen und beweisen. Beruht die Nachschusspflicht auf einem Beschluss der Gesellschafterversammlung, ist dieser jedenfalls gegenüber Gesellschaftern, die dem Beschluss nicht zugestimmt haben, nach § 707 BGB unwirksam.[143]

3. Gesellschafterhaftung

126 Die persönliche Haftung der Gesellschafter ergibt sich bei der OHG aus § 128 HGB, bei der KG für den Komplementär aus §§ 128, 161 Abs. 2 HGB und für den Kommanditisten aus §§ 128, 161 Abs. 2, 176 HGB. Die Partner einer Partnerschaftsgesellschaft haften nach § 8 PartGG. Die Gesellschafter einer GbR trifft die Haftung nach § 718 BGB als Gesamtschuldner mit dem Gesellschaftsvermögen und als Gesamtschuldner nach §§ 421 ff. BGB mit dem Privatvermögen akzessorisch entsprechend § 128 HGB für vertragliche und deliktische Verbindlichkeiten.[144] Einzelvertragliche Haftungsbegrenzungen, bspw. für Gesellschafter einer GbR können mit Vertragspartnern vereinbart werden.[145]

127 Die persönliche akzessorische Haftung der Gesellschafter wird im Insolvenzverfahren über das Vermögen der Gesellschaft nach § 93 InsO durch den Insolvenzverwalter verfolgt. Eine Inanspruchnahme der Gesellschafter durch die Gesellschaftsgläubiger ist insoweit ausgeschlossen.

128 § 93 InsO selbst ist keine eigene Anspruchsgrundlage. Vielmehr enthält § 93 InsO eine Sperr- und Ermächtigungsfunktion gegenüber den Gesellschaftsgläubigern und zugunsten des Insolvenzverwalters. Folglich macht der Insolvenzverwalter als Prozessstandschafter die gesetzlichen Haftungsansprüche geltend. Er hat dabei die eingeklagten Forderungen vollumfänglich darzulegen und zu beweisen.[146] Der Insolvenzverwalter darf Vergleiche mit den Gesellschaftern schließen.[147] Ihn trifft hierbei das Haftungsrisiko nach § 60 Abs. 1 InsO, wenn er durch sein Agieren zu einer Masseschmälerung beiträgt.

129 Den Gesellschaftsgläubigern bleibt jedoch unbenommen, die Gesellschafter aus anderen Anspruchsnormen in Anspruch zu nehmen. Hier sei beispielhaft auf § 34 AO im Hinblick auf steuerliche Pflichten der Gesellschaft verwiesen. Ebenso ist bei der grob fahrlässigen oder vorsätzlichen Verletzung steuerlicher Pflichten eine persönliche Inanspruchnahme nach § 69 AO möglich. Es handelt sich insoweit um gesonderte Anspruchsnormen der Finanzverwaltung, wie

---

[143] BGH Urt. v. 9.2.2009 – II ZR 231/07, NJW-RR 2009, 753; Beschl. v. 26.3.2007 – II ZR 22/06, NZG 2007, 582.
[144] BGH Beschl. v. 21.1.2016 – V ZR 108/15, IMR 2016, 174; Urt. v. 3.5.2007 – IX ZR 218/05, NJW 2007, 2490.
[145] BGH Urt. v. 27.11.2012 – XI ZR 144/11, BKR 2013, 113; OLG Karlsruhe, Urt. v. 20.1.2009 – 17 U 173/07, NZG 2009, 503.
[146] BGH Urt. v. 9.10.2006 – II ZR 193/05, DStR 2007, 125.
[147] BGH Urt. v. 17.12.2015 – IX ZR 143/13, ZInsO 2016, 330; BAG Urt. v. 28.11.2007 – 6 AZR 377/07, NZI 2008, 387.

Jenal

§ 31. Gesellschaftsrechtliche Folgen der Insolvenz

auch § 150 Abs. 4 SGB VII eine gesonderte Anspruchsnorm der Berufsgenossenschaft ist.[148]

Da die betroffenen Gesellschafter gesamtschuldnerisch haften, darf der Insolvenzverwalter, einzelne oder mehrere Gesellschafter ganz oder teilweise in Anspruch nehmen. 130

Eine Besonderheit kommt im Rahmen der Insolvenzverwaltung den zur Insolvenzmasse gezogenen Beträgen aus der Inanspruchnahme der Gesellschafter zu. Der Insolvenzverwalter hat insoweit eine Sondermasse für betroffene Gläubiger zu bilden, die aus der Sondermasse zu befriedigen sind. Die vereinnahmten Beträge haften nur für Gesellschaftsverbindlichkeiten, deren Rechtsgrund vor Verfahrenseröffnung gelegt wurde. Dies ist insbesondere im Hinblick auf Forderungen aus Verträgen von Bedeutung, für die der Verwalter nach § 103 Abs. 2 InsO die Nichterfüllung gewählt hat. Umstritten ist dagegen, ob und inwieweit die Gesellschafterhaftung sich auf Masseverbindlichkeiten erstreckt. Die herrschende Ansicht lehnt eine entsprechende Haftung des Gesellschafters für Masseverbindlichkeiten ab. Sie begründet dies mit dem Umstand, dass der Gesellschafter mit der Insolvenzverfahrenseröffnung keinen Einfluss mehr auf die Gesellschaft nehmen könne (§ 80 InsO).[149] Sofern die Masseverbindlichkeiten auf Handlungen der Gesellschafter zurückgeführt werden können und damit der Masse aufoktroyiert wurden, soll dagegen eine Haftung nach § 201 InsO bestehen.[150] Dies gilt insbesondere für Verträge, von denen sich der Insolvenzverwalter nicht sofort lösen kann und die Verpflichtungen für die Masse hervorrufen. Nicht endgültig geklärt ist, inwieweit der Insolvenzverwalter die nach § 93 InsO eingezogene Sondermasse zur Deckung von Verfahrenskosten verwenden kann. Die herrschende Ansicht nimmt dies an.[151] 131

Wird nicht nur ein Insolvenzverfahren über das Vermögen der Gesellschaft, sondern auch über die Gesellschafter eröffnet, hat der Insolvenzverwalter über das Vermögen der Gesellschaft die von ihm nach § 93 InsO einzuziehenden Forderungen jeweils in den einzelnen Insolvenzverfahren über das Vermögen der Gesellschafter nach § 43 InsO anzumelden. 132

Haben Gläubiger der Gesellschaft von dem Gesellschafter in anfechtungsrelevanter Weise Zahlungen auf ihre Forderung erhalten, ist nicht der Insolvenzverwalter über das Vermögen der Gesellschaft, sondern der Insolvenzverwalter über das Vermögen der Gesellschafter zur Anfechtung berechtigt. Ist die Anfechtung erfolgreich, hat der betroffene Gläubiger den Betrag an den Insolvenzverwalter über das Vermögen des Gesellschafters auszukehren. Seine wiederauflebende Forderung muss der Gläubiger dann jedoch im Insolvenzverfah- 133

---

[148] BGH Urt. v. 4.7.2002 – IX ZR 265/01, NJW 2002, 2718; BFH Beschl. v. 15.11.2012 – VII B 105/12, BeckRS 2013, 94443; BSG Urt. v. 27.5.2008 – B 2 U 19/07 R, ZIP 2008, 1965.
[149] OLG Brandenburg Urt. v. 23.5.2007, NZI 2008, 41, bestätigt durch BGH, 24.9.2009 – IX ZR 234/07, NZG 2010, 31.
[150] BGH Urt. v. 28.6.2007 – IX ZR 73/06, NZI 2007, 670; OLG Stuttgart Beschl. v. 13.6.2007 – 5 W 11/07, NZI 2007, 527; LAG Hessen Urt. v. 6.5.2015 – 12 Sa 519/13, BeckRS 2016, 65754.
[151] Zustimmend AG Hamburg Urt. v. 27.11.2007 – 67g IN 370/07, ZInsO 2007, 1283; Nerlich/Römermann/*Wittkowski/Kruth* InsO § 93 Rn. 6a; MüKoInsO/*Brandes* § 93 Rn. 10 anderer Ansicht *Marotzke* ZInsO 2008, 57.

Jenal

ren über das Vermögen der Gesellschaft zur Insolvenztabelle anmelden. Insoweit greift die Sperrwirkung des § 93 InsO auch für die Forderungsanmeldung. Der Insolvenzverwalter über das Vermögen der Gesellschaft wird sodann seine Forderungsanmeldung im Insolvenzverfahren über das Vermögen des betroffenen Gesellschafters anpassen und eine höhere Quote aus dem Insolvenzverfahren zugunsten der Masse geltend machen.[152]

§ 32. Grundsätzliches zur Konzern- bzw. Gruppeninsolvenz

A. Einleitung

1   Die Insolvenzordnung (InsO) enthält nach wie vor kein spezielles Regelwerk zur Behandlung einer Konzern- bzw. Gruppeninsolvenz. Der Regierungsentwurf des Gesetzes zur Erleichterung der Bewältigung von Konzerninsolvenzen vom 30. Januar 2014 (InsO-E),[1] der insbesondere Regelungen zur Begründung eines Gruppengerichtsstandes (§§ 3aff. InsO-E), zum einheitlichen Gruppeninsolvenzverwalter (§ 56b InsO-E) und mit der Einführung eines neuen Siebten Abschnittes Maßgaben zur Koordination und Kooperation (§§ 269aff. InsO-E) enthält, ist Gegenstand und Grundlage zahlreicher insolvenzrechtlicher Fachbeiträge und Publikationen,[2] hat aber das Gesetzgebungsverfahren noch nicht durchlaufen. Die Diskussion über die Ausgestaltung der angestrebten Änderungen ist noch nicht beendet. Es ist zum jetzigen Zeitpunkt daher fraglich, ob, in welchem Umfang und wann die von der Bundesregierung vorgeschlagenen Änderungen bzw. Ergänzungen der InsO in Kraft treten und damit die „dritte Stufe" der Insolvenzrechtsreform erreicht werden wird. Es wird davon ausgegangen, dass in der hiesigen Legislaturperiode keine Änderungen mehr beschlossen werden und vor 2018 die Änderungen nicht in Kraft treten werden können.

2   Der europäische Gesetzgeber, der teilweise auf Vorschläge des deutschen Gesetzgebers und die Vorschläge der UNICITRAL aus 2010[3] zum Konzerninsolvenzrecht zurückgegriffen hat, ist hingegen weiter vorangeschritten: Am 21. Mai 2015 wurde die Reform der Europäischen Insolvenzverordnung (EUInsVO) angenommen, so dass gemäß Art. 92 EUInsVO die neu eingeführten Regelungen zur Bewältigung grenzüberschreitender Konzerninsolvenzen ab dem 26. Juni 2017 gelten werden (EUInsVO 2017).[4] Die Änderungen bzw. Ergänzungen betreffen insbesondere die Kooperation und Koordination bei grenzüberschreitenden, internationalen Gruppeninsolvenzen.

3   Damit gelten bis zum 26. Juni 2017 für grenzüberschreitende, europäische Konzern-Insolvenzen die Vorschriften der EUInsVO (EUInsVO 2000),[5] sowie

---

[152] BGH Urt. v. 9.10.2008 – IX ZR 138/06, NZI 2009, 45.
[1] BT-Drucks. 18/407 (Gesetzentwurf), abrufbar unter http:\\dip21.bundestag.de.
[2] *Flöther*, Handbuch zum Konzerninsolvenzrecht, 1. Auflage, 2015 mwN.
[3] Siehe dazu www.unicitral.org.
[4] Verordnung (EU) 2015/848 des Europäischen Parlaments und des Rates vom 20. Mai 2015 über Insolvenzverfahren (Neufassung), ABl. EU Nr. L 141 vom 5.6.2015, S. 19.
[5] VO (EG) 1346/2000, ABl. EU L 160 vom 30.6.2000.

die Vorschriften der §§ 335 ff. InsO. Dies bedeutet aber auch, dass weder praktische Erfahrungen noch Gerichtsentscheidungen im Zusammenhang mit der Abwicklung von Konzerninsolvenzen unter den Regelungen der Art. 2 Nr. 13, 14, Art. 56–60, Art. 61–77 EUInsVO 2017, die insbesondere die Maßgaben Koordination und Kooperation enthalten, gegeben sind bzw. vorliegen.

In diesem Zusammenhang ist wichtig hervorzuheben, dass sowohl der deutsche als auch der europäische Gesetzgeber mit der Einführung besonderer Regelungen zur Bewältigung von Konzern- bzw. Gruppeninsolvenzen die Grundsätze und Zielbestimmungen des geltenden Insolvenzrechtes nicht in Frage stellt. Es bleibt bei dem im deutschen und europäischen Insolvenzrecht verankerten **Rechtsträgerprinzip**. *Ein Unternehmen – eine Insolvenz.* Es ist gerade nicht die **Konsolidierung von Vermögensmassen** einer Unternehmensgruppe *(sog. Substantive Konsolidation)* vorgesehen. Es werden die Insolvenzverfahren über die Vermögen von Konzernunternehmen weder zusammengefasst noch werden die jeweiligen Insolvenzmassen der einzelnen Konzernunternehmen zusammengeführt. Im Vordergrund stehen die **Koordinierung** von Insolvenzverfahren und die **Kooperation** der Insolvenzorgane, namentlich der zuständigen Gerichte, der Verwalter und der Gläubigerausschüsse.[6]

Die nachfolgenden Ausführungen müssen daher mit der Einschränkung erfolgen, dass lediglich auf die bisherige Rechtspraxis und die praktischen Erfahrungen im Zusammenhang mit der – in Teilen sehr erfolgreichen – Abwicklung von Konzern- bzw. Gruppeninsolvenzen unter der InsO und der EUInsVO 2000 zurückgegriffen werden kann und die vorgeschlagenen Regelungen der InsO-E sowie die verabschiedeten Regelungen der EUInsVO 2017 und die jeweiligen Gesetzesbegründungen nur Leitlinien und Begründungshilfen darstellen können. Dies gilt insbesondere im Hinblick auf die Anerkennung eines einheitlichen **Gruppen-Gerichtsstandes** im Sinne der §§ 3a–e InsO-E und die Bestellung eines einheitlichen **Gruppenverwalters** im Sinne des § 56b InsO-E.[7]

B. Arten von Konzernen und Konzernstrukturen

I. Betriebswirtschaftliche Betrachtung

Eine Konzerninsolvenz setzt naturgemäß das Vorliegen eines **Konzerns** voraus. Der Konzern oder eine Unternehmensgruppe ist selbst keine juristische Person. Er ist nicht selbst Adressat von Rechten und Pflichten und auch nicht insolvenzfähig gemäß § 11 InsO.[8] Der Konzern ist eine betriebswirtschaftliche Einheit, die durch eine rechtliche Vielfalt gekennzeichnet ist.[9] Er besteht aus mindestens zwei rechtlich selbständigen Unternehmen.

---

[6] Borchardt/Frind/*Denkhaus*, 2. Aufl., Rn. 142.
[7] Siehe Sietas-Entscheidung des AG Hamburg, abgedruckt in ZIP 2011, S. 2372; hier hat nach Überzeugung des Insolvenzgerichtes das damals voraussichtlich am 1.3.2012 in Kraft tretende ESUG bereits im November 2011 Vorwirkung bei der Entscheidung über die Auswahl des vorläufigen Verwalters entfaltet.
[8] Flöther/*Frege/Nicht*, Handbuch Konzerninsolvenz, § 4 Rn. 223.
[9] Flöther/*Thole*, Handbuch Konzerninsolvenz, § 2 Rn. 1.

7   Es wird zwischen verschiedenen Konzernstrukturen unterschieden. Zum einen wird zwischen zentralen und dezentralen Konzernen, zum anderen zwischen horizontalen und vertikalen Konzernstrukturen differenziert. Allen ist gemeinsam, durch den strukturierten und koordinierten Einsatz eigenständiger juristischer Einheiten unter der einheitlichen Leitung einen verbundspezifischen Mehrwert zu schaffen – durch Ausnutzung von gruppenspezifischen **Synergieeffekten, Risiko- und Haftungsbegrenzungen, steuerlichen Effekten** etc.[10] Vereinfacht gesagt, liegt dem die organisatorische Annahme zugrunde, dass im Konzern das Ganze mehr wert ist, als die Summe seiner jeweiligen Einzelteile. Denn der Ausrichtung der beteiligten Rechtsträger auf das Konzerninteresse kommt ein eigenständiger Wert zu. Davon ist zumindest solange auszugehen, wie die *Going-Concern*-**Perspektive** im Hinblick auf das im Konzern bewirtschaftete Vermögen angenommen werden kann. Eine ungeordnete und unkoordinierte Konzerninsolvenz führt in der Regel dazu, dass der im jeweiligen Konzernunternehmen verkörperte **Verbundmehrwert** nahezu gänzlich verloren geht, weil Ressourcen nicht mehr gebündelt und koordiniert werden.

8   Eine **zentrale** Konzernstruktur ist gegeben, wenn die Konzernleitungsmacht faktisch in einer Hand liegt und durch die personelle Verflechtung zwischen Mutter- und Tochtergesellschaft(en) gesichert ist, dass die Konzernunternehmen zentral geleitet und in der Regel eng von der Konzernmutter geführt werden.

9   **Dezentrale** Strukturen liegen vor, wenn die personellen Verflechtungen nicht eng sind und infolge dessen die Führung der einzelnen Konzernunternehmen als eher „locker" charakterisiert werden kann.[11]

10 **Horizontal organisierte** Konzerne sind solche, in denen die Konzerngesellschaften Produkte gleicher Art herstellen, so dass sich die wechselseitige Verknüpfung zur Erzielung von Synergieeffekten in den Bereichen Finanzierung, Forschung und Entwicklung, Verwaltung etc. beschränkt.

11 In einem **vertikal organisierten** Konzern sind die vor- und nachgelagerten Produktionsstufen in einer durchlaufenden Wertschöpfungskette erfasst und in den Konzernverbund eingegliedert.[12]

12 Schließlich sind in der Praxis häufig sog. **Mischkonzerne** vorzufinden. In einem Mischkonzern sind die Konzernunternehmen auf unterschiedlichen, wenig interdependenten Märkten tätig. Mischkonzerne weisen in der Regel nur einen unbedeutenden konzerninternen Leistungsaustausch auf. Ihre Konzernierung ist weniger auf die Schaffung von Synergien, als auf die Risikostreuung ausgerichtet. Die jeweiligen Konzernstränge wirken nebeneinander nahezu unabhängig und weisen in der Regel allenfalls in Teilbereichen Verknüpfungen auf.

13 Für die Insolvenzabwicklung bedeuten die unterschiedlichen Konzerntypen und -strukturen unterschiedliche insolvenzrechtliche Herangehensweisen: Je enger die konzerninterne Verstrickung, desto wichtiger ist die „Insolvenzverwaltung aus einer Hand". Ein Mischkonzern erfordert beispielsweise die Einsetzung eines einheitlichen Insolvenzverwalters ebenso wenig wie die Verfolgung einer Gesamtsanierungsstrategie. Hier können viele Konzerngesell-

---

[10] Flöther/*Frege/Nicht,* Handbuch Konzerninsolvenz, § 4 Rn. 228.
[11] Flöther/*Thole,* Handbuch Konzerninsolvenz, § 2 Rn. 4.
[12] Flöther/*Thole,* Handbuch Konzerninsolvenz, § 2 Rn. 5.

Kühne

§ 32. Grundsätzliches zur Konzern- bzw. Gruppeninsolvenz

schaften bzw. Konzernstränge als autonome Wirtschaftseinheiten angesehen und getrennt voneinander der Sanierung oder Abwicklung im Insolvenzverfahren vorbehalten sein. Die Insolvenzverwaltung aus einer Hand ist nicht notwendig, kann jedoch vorteilhaft für die Abwicklung der Verfahren sein.

Die horizontal und vertikal organisierten Konzerne bedürfen aufgrund ihrer Komplexität im Interesse einer bestmöglichen Gläubigerbefriedigung im Sinne des § 1 InsO einer einheitlichen Konzernleitung im Insolvenzverfahren. Denn für die Überlebensfähigkeit der einzelnen Konzernunternehmen ist von besonderer Bedeutung die Rettung des Gesamtkonzerns oder zumindest von Teilen. Hier bietet sich grundsätzlich die Einsetzung eines einheitlichen Verwalters und Aufrechterhaltung der Konzernstrukturen in der Insolvenz an, zumal der Leistungsaustausch zwischen den Konzernunternehmen untereinander hoch ist und die Betreuung des Insolvenzverfahrens sich dadurch in der Regel kompliziert gestaltet. 14

II. Rechtliche Betrachtung

Sowohl in der InsO als auch in der InsO-E ist der Begriff *Konzern* nicht enthalten. Gleichwohl wird im Gesetzgebungsverfahren vom *Konzerninsolvenzrecht* gesprochen und in der Insolvenzpraxis wird zwischen dem **Vertragskonzern** einerseits und dem **faktischen Konzern** anderseits unterschieden. Dabei wird auf den aktienrechtlichen Konzernbegriff im Sinne des § 18 AktG, die §§ 291 ff. AktG und § 319 AktG sowie die handelsrechtliche Vorschrift des § 290 HGB zum Konzernabschluss zurückgegriffen. 15

In § 3e InsO-E, den Anwendungsbereich der gesetzlichen Neuerungen in der InsO definiert, enthält den Begriff *Unternehmensgruppe*. 16

Die Rechtsfigur des **qualifiziert faktischen Konzerns** gibt es seit der Entwicklung der Existenzvernichtungshaftung nicht mehr.[13] 17

1. Konzern im aktienrechtlichen Sinne

In § 18 Abs. 1 AktG sind drei Voraussetzungen aufgeführt, die das Vorliegen eines Konzerns begründen. Es muss sich um ein Unternehmen im Sinne des § 15 AktG handeln, die in Rede stehenden Unternehmen müssen im Falle eines Unterordnungskonzernes abhängig nach § 17 AktG sein und sie müssen unter einheitlicher Leitung zusammengefasst sein. 18

Da das aktienrechtliche Konzernrecht rechtsformneutral ausgestaltet ist, können sowohl juristische Personen als auch natürliche Personen sowie Kapital- oder Personengesellschaften verbundene Unternehmen im Sinne des § 15 AktG sein. Eine **natürliche Person** muss jedoch über die reine Beteiligung hinaus weitere unternehmerische Interessen verfolgen.[14] Das Merkmal der Abhängigkeit im Sinne des § 17 Abs. 1 AktG setzt voraus, dass ein Unternehmen auf ein anderes Unternehmen beherrschenden Einfluss nehmen kann. Diese Abhängigkeit des anderen Unternehmens wird gemäß § 17 Abs. 2 AktG widerlegbar vermutet, wenn es sich im Mehrheitsbesitz des potentiellen herrschenden 19

---

[13] BGHZ 149, 10, 16 (Bremer Vulkan).
[14] Flöther/*Thole*, Handbuch Konzerninsolvenz, § 2 Rn. 12.

Unternehmens befindet. Für § 17 AktG ist ausreichend, dass die Möglichkeit zur Herrschaft besteht.

20 Sind die zuvor beschriebenen Voraussetzungen erfüllt, liegt ein **faktischer Konzern** vor. Denn es bestehen sowohl die Weisungsmacht der Obergesellschaft und die entsprechende Abhängigkeit der Untergesellschaft

21 In § 18 Abs. 2 AktG ist der **Gleichordnungskonzern** geregelt. Dieser setzt gerade keine Abhängigkeit im Sinne des § 17 AktG voraus.[15]

22 Im Unterschied zum faktischen Konzern wird ein **Vertragskonzern** durch die Eingliederung nach § 319 AktG, insbesondere durch Abschluss eines Beherrschungsvertrages nach § 291 Abs. 1 S. 1 Alt 1 AktG begründet. Durch diesen **Beherrschungsvertrag** wird zugunsten der Obergesellschaft die Weisungsbefugnis nach § 308 Abs. 1 AktG verankert. Zugleich besteht ein Verlustausgleichsanspruch der Untergesellschaft aus § 302 AktG. Das vertraglich verankerte Weisungsrecht aus dem Beherrschungsvertrag berechtigt die Obergesellschaft, der Untergesellschaft nachteilige Weisungen zu erteilen. Die Obergesellschaft ist insoweit grundsätzlich nicht beschränkt, als ihre Solvenz und damit die Durchsetzung des **Verlustausgleichsanspruches** der Untergesellschaft und ihrer Gläubiger gesichert sind.[16]

23 Schließen Ober- und Untergesellschaft lediglich einen **Gewinnabführungsvertrag** gemäß § 291 Abs. 1 S. Alt 2 AktG ab, ist nicht zwingend, jedoch regelmäßig, ein Vertragskonzern gegeben. Denn es gilt dann in der Regel die gesetzliche Vermutung des § 18 Abs. 1 S. 3 AktG, weil der Gewinnabführungsvertrag zur Abhängigkeit nach § 17 AktG führt.[17]

24 Ein Gleichordnungskonzern im Sinne des § 18 Abs. 2 AktG ist als Vertragskonzern zu bezeichnen, soweit die gleichgestellten Unternehmen zum Zwecke ihrer Zusammenfassung unter einer einheitlichen Leitung einen entsprechenden Vertrag schließen.

2. Konzern im handelsrechtlichen Sinne

25 Ein Konzern im handelsrechtlichen Sinne nach § 290 HGB besteht dann, wenn das Mutterunternehmen bei einem anderen Unternehmen die Möglichkeit hat, einen **beherrschenden Einfluss** auszuüben. § 290 HGB unterscheidet sich von § 18 AktG insbesondere dadurch, dass auf die einheitliche Leitung verzichtet wird. Es gilt vielmehr das sog. *Control-Konzept*.[18]

26 Der beherrschende Einfluss besteht gem. § 290 Abs. 2 HGB stets, wenn dem Mutterunternehmen die Mehrheit der Stimmrechte der Gesellschafter zusteht, ihm bei einem anderen Unternehmen das Recht zusteht, die Finanz- und Geschäftspolitik bestimmenden Verwaltungs-, Leitungs- oder Aufsichtsorgane zu bestellen oder abzuberufen, und es selbst gleichzeitig Gesellschafter ist, ihm das Recht zusteht, die Finanz- und Geschäftspolitik aufgrund eines mit einem anderen Unternehmen geschlossenen Beherrschungsvertrages oder einer Bestimmung in der Satzung des anderen Unternehmens zu bestimmen oder es bei

---

[15] Flöther/*Thole*, Handbuch Konzerninsolvenz, § 2 Rn. 11.
[16] MüKoAktG/*Altmeppen*, § 302 Rn. 38; § 308 Rn. 122.
[17] Flöther/*Thole*, Handbuch Konzerninsolvenz, § 2 Rn. 22.
[18] Baumbach/Hopt/*Merkt*, HGB, 36. Aufl. 2014, § 290 Rn. 5.

Kühne

§ 32. Grundsätzliches zur Konzern- bzw. Gruppeninsolvenz

wirtschaftlicher Betrachtung die Mehrheit der Risikochancen eines Unternehmens trägt, das zur Erreichung eines eng begrenzten und genau definierten Ziels des Unternehmens dient.[19]

3. Unternehmensgruppe im Sinne des § 3e InsO-E

§ 3e InsO-E, der den Anwendungsbereich der gesetzlichen Neuerungen in der InsO definiert und sowohl für die Bestimmung des **Gruppen-Gerichtsstands** gem. § 3a InsO-E als auch für die **Kooperationspflichten** nach §§ 269a ff. InsO-E beachtlich ist, enthält den Begriff *Unternehmensgruppe*. Hierbei rekurriert der Gesetzgeber nicht auf den Konzernbegriff im Sinne des § 18 AktG, sondern begründet mit dem Begriff der *Unternehmensgruppe* eine noch weitere Definition zur Festlegung des Anwendungsbereiches der Vorschriften des Konzerninsolvenzrechts.

Nach § 3e InsO-E besteht eine Unternehmensgruppe aus rechtlich selbständigen Unternehmen, die den Mittelpunkt ihrer hauptsächlichen Interessen im Inland haben und unmittelbar oder mittelbar miteinander verbunden sind, durch die Möglichkeit der Ausübung eines beherrschenden Einflusses oder eine Zusammenfassung unter einheitliche Leitung. Entsprechend § 290 Abs. 1 HGB stellt der neue § 3e InsO-E lediglich auf die Möglichkeit ab, beherrschenden Einfluss auszuüben. Insoweit kann auf den Prüfungsmaßstab des § 290 Abs. 2 HGB zurückgegriffen werden.[20]

27

28

III. Weitere konzernimmanente Verhältnisse

Zu den allgemeinen Konzernleitungsstrukturen in einem Vertrags- oder faktischen Konzern kommen ergänzend in der Regel weitere materiellrechtliche und leistungswirtschaftliche Verstrickungen und Berührungspunkte zwischen den einzelnen Konzernunternehmen sowohl in der Vertikalen als auch in der Horizontalen. In einer auf die Schaffung eines Mehrwerts ausgerichteten Konzernarchitektur sind insbesondere folgende Rechts- bzw. Leistungsbeziehungen bzw. Strukturen – teilweise von Gesetzes wegen – vorzufinden:[21]

29

– Personenidentität bei den Gesellschaftsorganen
– Verpflichtungen der Obergesellschaften zur Kapitalerhaltung und -aufbringung
– Cash-Pool-System zur Optimierung der Liquiditätssteuerung
– Gewährung von Darlehen (sog. *upstream-* bzw. *downstream-loans*)
– Haftungsübernahmen durch Obergesellschaften (Garantie, Bürgschaft etc.)
– Besicherung von Konzern-Darlehen durch Vermögen einzelner/aller Konzerngesellschaften
– Vermietung/Bereitstellung von Betriebsstätten und Betriebsmitteln

---

[19] Flöther/*Thole*, Handbuch Konzerninsolvenz, § 2 Rn. 19.
[20] Flöther/*Thole*, Handbuch Konzerninsolvenz, § 2 Rn. 29.
[21] Flöther/*Frege/Nicht*, Handbuch Konzerninsolvenz, § 4 Rn 227.

Kühne

- Konzernweite Serviceeinheiten in den Bereichen IT, Buchhaltung, Customer Service etc.
- Konzernbetriebsrat gemäß § 54 Abs. 1 BetrVG in der Obergesellschaft, Gesamtbetriebsräte gemäß § 47 Abs. 1 BetrVG und Betriebsräte gemäß § 1 BetrVG in Konzerngesellschaften
- körperschaft-, gewerbe- und umsatzsteuerliche Organschaft im Konzern gemäß § 14 KStG, § 2 Abs. 2 S. 2 GewStG bzw. § 2 Abs. 2 Nr. 2 UStG
- steuerliche Optimierung durch „Offshore-Gesellschaften"

IV. Schlussfolgerung für die Vorbereitung und Durchführung einer Konzerninsolvenz

30 Die dargestellten unterschiedlichen Konzerntypen und -strukturen begründen und erfordern sowohl bei der Vorbereitung als auch der Durchführung einer Konzerninsolvenz unterschiedliche insolvenzrechtliche Herangehensweisen.

31 Je enger die materiellrechtliche und tatsächliche konzerninterne Verstrickung ist, desto wichtiger ist die „Insolvenzverwaltung aus einer Hand". Darunter ist nicht nur zu verstehen, dass ein **Gruppenverwalter,** wie er in § 56b InsO-E geregelt ist, oder mehrere Verwalter einer Kanzlei zum (vorläufigen) Verwalter bzw. Sachwalter bestellt werden, sondern auch nur ein **Insolvenzgericht** zuständig ist (siehe §§ 3a–e InsO-E) und möglichst ein personenidentischer (vorläufiger) **Gläubigerausschuss** eingesetzt wird.

32 Bei einem **Mischkonzern** dürfte in den meisten Fällen die Einsetzung eines einheitlichen Verwalters und Gläubigerausschusses ebenso wenig erforderlich sein wie die Verfolgung einer Gesamtsanierungsstrategie. Denn die meisten Konzerngesellschaften sind in der Regel als autonome Wirtschaftseinheiten anzusehen, so dass sie getrennt voneinander im Insolvenzverfahren saniert oder abgewickelt werden können. Anderes gilt für einen Konzernstrang eines Mischkonzerns. Hier können im Konzernstrang sowohl vertikale als auch horizontale Strukturen gegeben sein, die einer einheitlichen Führung bedürfen.

33 Ein **horizontal und/oder vertikal organisierter** Konzern erfordert aufgrund seiner Komplexität im Interesse einer bestmöglichen Gläubigerbefriedigung im Sinne des § 1 InsO bei allen Konzerngesellschaften eine einheitliche Konzernleitung im Insolvenzverfahren. Denn für die Überlebensfähigkeit der einzelnen Konzernunternehmen ist von besonderer Bedeutung die Rettung des Gesamtkonzerns oder zumindest von Teilen und damit die Aufrechterhaltung der Strukturen unter Berücksichtigung der insolvenzrechtlichen Maßgaben. Um dies zu gewährleisten, ist die Einsetzung eines einheitlichen Verwalters, zumindest aber mehrerer Verwalter aus einer Kanzlei oder einem Verbund, nahezu zwingend. Alles andere ist erfahrungsgemäß kontraproduktiv und gefährdet die Aufrechterhaltung der Konzernstrukturen in der Insolvenz.

34 Durch die Einleitung eines Insolvenzverfahrens über Unternehmen eines Konzerns bzw. einer Unternehmensgruppe werden die bis dahin gelebten Kon-

Kühne

§ 32. Grundsätzliches zur Konzern- bzw. Gruppeninsolvenz

zernstrukturen sowohl in rechtlicher als auch in wirtschaftlicher Hinsicht erheblich modifiziert. Das im Insolvenzrecht geltende Rechtsträgerprinzip *ein Unternehmen – eine Insolvenz* führt zu Veränderungen beim gemeinsamen Wirken und Wirtschaften der jeweiligen Konzerngesellschaften untereinander. Dabei ist unbeachtlich, ob alle Konzerngesellschaften insolvent werden oder nur einzelne. Schon die Einleitung eines Insolvenzverfahrens führt dazu, dass das insolvente Konzernunternehmen beispielsweise nicht mehr an einem Cash-Pool-System teilnehmen kann und Leistungen von anderen Konzerngesellschaften nicht mehr auf Basis von Konzernverrechnungspreisen in Anspruch nehmen oder seinerseits gewähren kann. Zudem scheidet ein insolventes Unternehmen bereits mit Anordnung der vorläufigen Insolvenzverwaltung aus dem steuerlichen Organkreis (Körperschaft-, Gewerbe- und Umsatzsteuer) aus.[22] Es muss ein individueller Buchhaltungskreislauf für das/die insolvente/n Konzerngesellschaften eingerichtet werden.

Eine Konsolidierung im Konzern scheidet im Rahmen des Insolvenzverfahrens aus. Für jedes insolvente Unternehmen muss eine individuelle Einnahmen-/Ausgabenrechnung erstellt werden, damit das Insolvenzgericht, die Gläubigerversammlung und der (vorläufige) Gläubigerausschuss das Rechnungswesen und die Bücher des Insolvenzverwalters bzw. der jeweiligen Insolvenzmasse prüfen können, §§ 66, 69 InsO.

Zudem ist der Leistungsaustausch zwischen den Konzernunternehmen untereinander vielfältig und umfangreich, so dass schnell Entscheidungen aus einer Hand getroffen werden müssen. Es muss während des Verfahrens die laufende Betreuung der Innerkonzernrechtsverhältnisse sichergestellt sein. Andernfalls droht die Konzernstruktur zusammenzubrechen mit der Folge, dass die Sanierungschancen sinken und ein erheblicher Werteverfall zu Lasten der Gläubiger eintritt.[23] Vor diesem Hintergrund ist der Beschluss des Amtsgerichts Duisburg im Zusammenhang mit der Insolvenz des *Babcock-Borsig-Konzerns* aus dem Jahr 2002 nur richtig gewesen. In dem Beschluss führt das Insolvenzgericht wie folgt aus: „*Eine Koordination der wirtschaftlichen Tätigkeit mehrerer insolventer, früher konzernrechtlich verbundener Unternehmen unter strikter Wahrung des jeweiligen Gläubigerinteresses ist deshalb rechtlich vertretbar nur zu erreichen, wenn die Unternehmen demselben Insolvenzverwalter oder einer ähnlich starken, aber unabhängigen und nicht in konzernrechtlichen Vorstellungen befangenen insolvenzrechtlichen Autorität wie dem mit einem Zustimmungsvorbehalt ausgestatteten Sachwalter unterstellt werden*".[24] Und Piepenburg, der Insolvenzverwalter der einzelnen *Babcock-Borsig-Konzerngesellschaften*, hat im Zusammenhang mit der Bewältigung dieser komplexen Konzerninsolvenz ausgeführt, dass nur ein einheitlicher Konzerninsolvenzverwalter die wirtschaftliche Vernetzung der beteiligten Gesellschaften und deren Potenziale, mithin das „*Gesamtinteresse*" der Unternehmensgruppe, „*überhaupt erkennen*" und sachgemäß realisieren könne. Rivalisierende oder sich wechselseitig nicht beachtende Insolvenzverwalter würden – gerade im Rahmen der einstweiligen

---
[22] *Depré/Dobler,* → § 35 Rn. 73 ff. zur Umsatzsteuer.
[23] *Piepenburg* NZI 2004, 231 ff.; Flöther/*Frege/Nicht,* Handbuch Konzerninsolvenz, § 4 Rn. 258.
[24] AG Duisburg ZIP 2002, 1636 ff.

Betriebsfortführung – zum Beispiel die „*Werterhaltung eines Auftragsbestands*" zumindest gefährden.[25]

37 Für die optimale und effiziente Abwicklung einer Konzerninsolvenz ist nicht nur die Koordination und Kooperation von herausragender Bedeutung, sondern auch die **Kommunikation**. Die Kommunikation unter den Verwaltern und weiteren Insolvenzorganen (Gläubigerausschuss und Insolvenzgericht) ist den Regelungen der InsO-E bzw. EuInsVO 2017 zur **Koordination** und **Kooperation** immanent.

38 Die **Kommunikation** zu den Stakeholdern eines Insolvenzverfahrens (Gesellschafter, Management, besicherte Gläubiger, unbesicherte Gläubiger, Anleihegläubiger, Arbeitnehmer, Gewerkschaften, öffentliche Hand, Politik etc.) unter Beachtung der insolvenzrechtlichen Maßgaben, insbesondere der Maßgabe der **Nichtöffentlichkeit** eines Insolvenzverfahrens, ist weiterer wesentlicher Faktor für den Erfolg eines Insolvenzverfahrens, insbesondere einer Konzerninsolvenz.

39 Damit sind neben der **Konzernstruktur** die Aspekte **Koordination, Kooperation** und **Kommunikation** von herausragender Bedeutung bei der strategischen Entscheidung, in welcher Form eine Konzerninsolvenz bewältigt werden soll.

C. Zu den Einzelaspekten der Konzern- bzw. Gruppeninsolvenz

40 Da bisher lediglich die Bewältigung grenzüberschreitender Konzerninsolvenzen ab dem 26.6.2017 in der der EuInsVO 2017 gesetzlich geregelt sein wird[26] und da der deutsche Regierungsentwurf des Gesetzes zur Erleichterung der Bewältigung von Konzerninsolvenzen vom 30.1.2014[27] über das Entwurfsstadium noch nicht hinausgekommen ist, soll an dieser Stelle (lediglich) auf die derzeit bestehenden konzerninsolvenzspezifischen Fragestellungen und deren Lösung in den jeweiligen Kapiteln dieses Handbuches hingewiesen werden. Im Einzelnen:

41 – Zur Beteiligung des Gesamtbetriebsrates/Konzernbetriebsrates: *Zobel*, → § 28 Rn. 65 ff.
– Zum Ausschluss des Sozialplanprivilegs bei Neugründung eines Konzerns: *Zobel*, → § 28 Rn. 217
– Zur Umsatzsteuer-Organschaft in der Insolvenz: *Depré/Dobler*, → § 35 Rn. 73 ff.
– Zu steuerlichen Aspekten der Betriebsaufspaltung: *Depré/Dobler*, → § 35 Rn. 183 ff.
– Zum Cash-Pool: *Jenal*, → § 31 Rn. 22 ff.
– Zu Leistungen von Konzerngesellschaften als gesellschaftergleiche Leistungen: *Jenal*, → § 31 Rn. 83 ff.

---

[25] *Piepenburg* NZI 2004, 231, 234; Flöther/*Frege*/Nicht, Handbuch Konzerninsolvenz, § 4 Rn. 258.
[26] Verordnung (EU) 2015/848 des Europäischen Parlaments und des Rates vom 20. Mai 2015 über Insolvenzverfahren (Neufassung), ABl. EU Nr. L 141 vom 5.6.2015, S. 19.
[27] BT-Drucks. 18/407 (Gesetzentwurf), abrufbar unter http:\\dip21.bundestag.de.

– Zur Zusammenarbeit der Verwalter beim Verkauf eines auf mehrere Gruppenmitglieder aufgeteilten Konzernunternehmens: *Kammel,* → § 39 Rn. 191 ff., insb. Rn. 196.
– Zu den tatbestandlichen Besonderheiten der Untreue in Konzernkonstellationen: *Pelz,* → § 37 Rn. 165, 170, 172.

Eine zusammengefasste Darstellung des deutschen Konzerninsolvenzrechts in diesem Handbuch ist beabsichtigt, sobald auch in Deutschland ein Gesetz zur Bewältigung von Konzerninsolvenzen in Kraft ist.

§ 33 Haftung der Organe, Gesellschafter und handelnde Personen

Die Geltendmachung von Ansprüchen gegen Geschäftsführer und Vorstände bei Kapitalgesellschaften die der Gesellschaft zustehen → Rn. 3 ff. und Ansprüche Dritter sowie deren Geltendmachung → Rn. 36 ff.

Ansprüche des Insolvenzverwalters und Dritter gegen den Aufsichtsrat → Rn. 49 ff., gegen Aufsichtsrat als auch Gesellschafter → Rn. 54 f. und Gesellschafter alleine → Rn. 56 ff. wegen Pflichtverletzungen in der Krise und Insolvenz.

A. Haftung der Leitungsorgane

Die Leitungsorgane einer Gesellschaft treffen verschiedene Haftungsrisiken. Diese sind nicht nur im Gesellschaftsrecht, sondern auch in spezialgesetzlichen Haftungsnormen verortet. Mögliche Anspruchsinhaber können die Gesellschaft (Innenhaftung), die Gesellschafter oder Dritte (Außenhaftung) sein.

Die sog Innenhaftung gegenüber der Gesellschaft macht im Insolvenzverfahren regelmäßig der Insolvenzverwalter geltend. Teilweise sind die Rechte Dritter in der sog Außenhaftung von den insolvenzrechtlichen Vorgaben, wie § 93 InsO, § 62 Abs. 2 S. 2 AktG überlagert.

Es ergibt sich folgende Aufteilung:

Innenhaftung	Außenhaftung
• Falsche Angaben bei Gründung/ Kapitalerhöhung • Fehler bei der Kapitalerhaltung • Fehlende Anzeige des Kapitalverlustes • Keine ordnungsgemäße Geschäftsführung • Herbeiführen der Zahlungsunfähigkeit	• Insolvenzverschleppung • Fehlende Zahlung von Sozialversicherungsbeiträgen • Fehlende Zahlung von Steuern • Inanspruchnahme von persönlichem Vertrauen • Fehlende Insolvenzsicherung

I. Die Innenhaftung der Leitungsorgane

1. Haftung wegen falscher Angaben bei Gründung oder Kapitalerhöhung

3   Nach § 9a GmbHG, § 48 AktG haften Leitungsorgane und Gesellschafter gegenüber der Gesellschaft als Gesamtschuldner wegen falscher Angaben bei Gründung oder Kapitalerhöhung. Die Haftung trifft zunächst Geschäftsführer oder Gesellschafter, die falsche Angaben zum Zweck der Errichtung gegenüber dem Handelsregister oder gegenüber Dritten machen, die in den Gründungsprozess eingebunden sind. Die Rechtsprechung hat die Haftung über den Kreis der Geschäftsführer und Gesellschafter auch auf Hintermänner, zB Treugeber bei Strohmanngründungen,[1] erweitert. Auch Finanzinstitute können haften, wenn diese die Einzahlung oder freie Verfügbarkeit von Einlagen gemäß § 8 Abs. 2 GmbHG, § 37 Abs. 1 AktG unrichtig bestätigen.[2]

4   Falsch sind Angaben, die unrichtig, fehlerhaft oder unvollständig[3] sind bzw. ein falsches Bild zeichnen. Sie können sich auf die Einlagen und deren Übernahme beziehen (§ 8 Abs. 1 Nr. 4 und 5 Abs. 2 GmbHG), auf den Wert von Sacheinlagen, auf die Mindestleistungen nach § 7 Abs. 2, 3 GmbHG, die freie Verfügbarkeit, Vorbelastungen, den Sachgründungsbericht, die Durchführung von Sachübernahmen, Angaben, die eine verdeckte Sacheinlage ermöglichen sollen bzw. den Rückfluss an den Gesellschafter nach § 19 Abs. 4 GmbHG, § 27 Abs. 3 AktG überdecken. Häufig ist in der Praxis die falsche Bestätigung über die Einzahlung und die freie Verfügbarkeit von Einlagen.

5   Nach § 9a Abs. 3, 4 GmbHG, § 48 S. 2 AktG wird ein Verschulden bei Vorliegen weiterer Umstände vermutet. Bereits die leicht fahrlässige Unkenntnis der haftungsbegründenden Handlung eines anderen kann ausreichen. Sorgfaltsmaßstab für die Bewertung sind die Pflichten eines ordentlichen Geschäftsmanns.

6   Als Folge können Leitungsorgane und Gesellschafter auf die fehlende Einzahlung der Einlage haften. Zudem sind sämtliche weiteren Schäden voll zu ersetzen, soweit sie kausal mit der falschen Angabe zusammenhängen. Die Beteiligten haften gesamtschuldnerisch. Nach § 9b Abs. 2 GmbHG, §§ 48 S. 2, 51 AktG verjähren die Ansprüche nach fünf Jahren.

2. Pflicht zur Erhaltung des Kapitals

7   Die Leitungsorgane sind zur Kapitalerhaltung verpflichtet. Nach § 31 GmbHG müssen Geschäftsführer Zahlungen ersetzen, die § 30 GmbHG zuwider laufen und das Stammkapital berühren. Soweit der Zahlungsempfänger und damit der Gesellschafter die Zahlung ebenso wenig erstatten kann, wie die anderen Gesellschafter, haften die Geschäftsführer im Rahmen einer Ausfallhaftung nach § 31 Abs. 6 GmbHG. Sie haften dabei nicht nur für Zahlungen, die

---

[1] Roth/Altmeppen/*Roth* GmbHG § 9a Rn. 19; MüKoGmbHG/*Herrler* GmbHG § 9a Rn. 73.
[2] BGH Urt. v. 7.1.2008 – II ZR 283/06, DStR 2008, 730.
[3] BGH Urt. v. 18.2.1991 – II ZR 104/90, NJW 1991, 1754; MüKoGmbHG/*Herrler* GmbHG § 9a Rn. 62f.

Jenal

das Kapital verletzen, sondern auch Zahlungen, die den Fehlbetrag vertiefen. Zahlungen iSd §§ 30, 31 GmbHG sind neben Geldleistungen alle offenen oder verdeckten, unmittelbaren oder mittelbaren Zuwendungen, zB durch Vergleich, Verzicht oder verdeckte Gewinnausschüttungen in Form einer überhöhten Geschäftsführervergütung.[4] Nicht erfasst sind dagegen ordnungsgemäße Drittgeschäfte.

Die Beweis- und Darlegungslast für die Anspruchsvoraussetzungen trifft die Gesellschaft bzw. den Insolvenzverwalter. Es kann den Gesellschaftergeschäftsführer jedoch eine sekundäre Beweislast treffen, wenn er die Vorgänge und deren Umstände besser aufklären kann. Die Darlegungs- und Beweislast für das Vorliegen eines Drittgeschäfts trägt der Gesellschafter.[5]

Ansprüche nach §§ 31, 30 GmbHG verjähren nach fünf Jahren gegenüber dem Geschäftsführer und den Gesellschaftern im Hinblick auf die Ausfallhaftung. Gegenüber dem Empfänger der verbotenen Auszahlung können Ansprüche dagegen in einem Zeitraum von zehn Jahren verfolgt werden.

3. Pflicht zur Anzeige des hälftigen Verlusts des Kapitals

Die Leitungsorgane müssen nach §§ 49 Abs. 3 GmbHG, 92 Abs. 1 AktG, eine Gesellschafterversammlung einberufen, wenn das Eigenkapital in einer Jahresbilanz oder einer Zwischenbilanz auf max. 50 % des Stamm- oder Grundkapitals herabsinkt. Diese Pflicht gilt auch, wenn das Leitungsorgan ohne Bilanz das Herabsinken erkennt. Sofern Anhaltspunkte vorliegen, muss das Leitungsorgan zumindest eine Zwischenbilanz zur Prüfung aufstellen. Unterlässt das Leitungsorgan dies, muss es sämtliche negativen Veränderungen, die durch eine verspätete oder unterlassene Einberufung eintreten, ausgleichen. Die Gesellschaft und damit ggf. der Insolvenzverwalter müssen die Pflichtverletzung, ein Verschulden sowie die Kausalität und den Schaden darlegen und beweisen.

4. Pflicht zur ordnungsgemäßen Geschäftsführung

Die Pflicht zur ordnungsgemäßen Geschäftsführung folgt aus § 43 GmbHG, §§ 92, 93 AktG, § 34 GenG. Die Leitungsorgane müssen insbesondere die wirtschaftlichen Verhältnisse der Gesellschaft ständig im Auge behalten und sich über die wirtschaftliche Situation der Gesellschaft vergewissern.[6] Daraus folgt ein erhebliches Haftungsrisiko, denn die Geschäftsleiter sehen sich einer Vielzahl von Regelungen gegenüber:

---

[4] BGH Urt. v. 15.6.1992 – II ZR 88/91, MittBayNot 1992, 408; OLG Düsseldorf Urt. v. 7.12.2011 – I-16 U19/10, GmbHR 2012, 332.
[5] BGH Urt. v. 17.2.2003 – II ZR 281/00, DStR 2003, 650; Urt. v. 29.9.1997 – II ZR 245/96, DStR 1997, 1857.
[6] BGH Urt. v. 27.3.2012 – II ZR 171/10, NZG 2012, 672; BGH Urt. v. 20.2.1995 – II ZR 9/94, NJW-RR 1995, 669.

Jenal

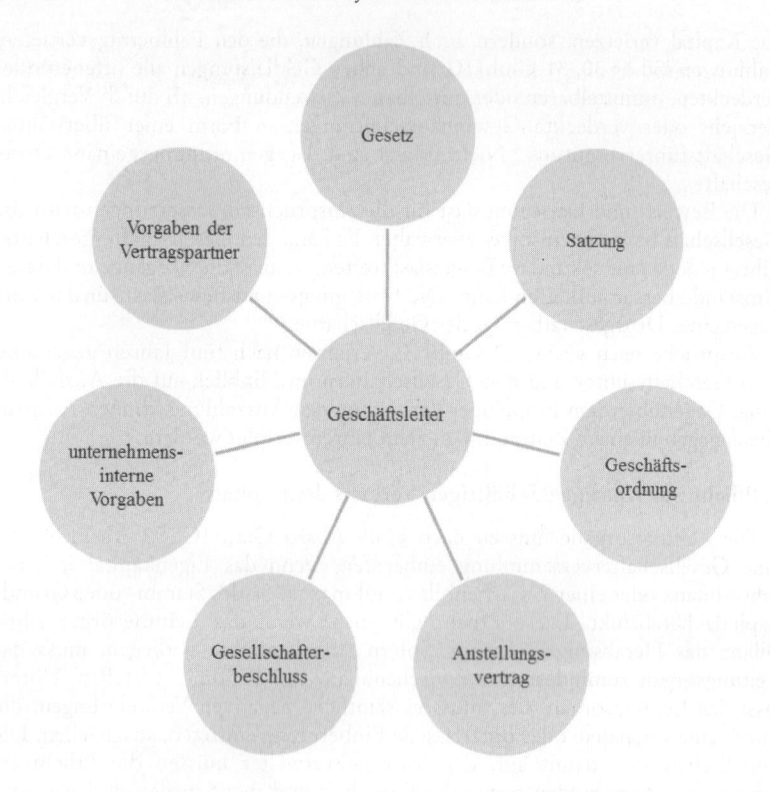

Diagram: Central node "Geschäftsleiter" connected to: Gesetz, Satzung, Geschäftsordnung, Anstellungsvertrag, Gesellschafterbeschluss, unternehmensinterne Vorgaben, Vorgaben der Vertragspartner.

12 Zugleich müssen die Leitungsorgane Risiken für die Gesellschaft und ihren wirtschaftlichen Erfolg ständig beobachten, bewerten und soweit sinnvoll, gegensteuern, etwa im Rahmen eines Compliance- und Risikomanagements. § 91 AktG normiert Entsprechendes für den Vorstand einer AG. Das LG München I[7] bejahte eine Haftung des AG-Vorstands nach § 93 Abs. 2 AktG, der im Rahmen seiner Legalitätspflicht keine ausreichende Organisation im Unternehmen geschaffen habe, um Gesetzesverstöße zu verhindern. Die erforderlichen Vorkehrungen richteten sich nach Art, Größe und Organisation des jeweiligen Unternehmens.

13 Der Geschäftsführer begibt sich bei einer UG in Haftungsgefahren, wenn er nicht die nach § 5a Abs. 3 GmbHG gebotenen gesetzlichen Rücklagen in die Bilanz einstellt.[8] Ebenso ist die unterlassene Einberufung der Gesellschafterversammlung nach § 49 Abs. 3 GmbHG ein Unterfall des Pflichtenverstoßes nach § 43 GmbHG.

14 Das Leitungsorgan einer Mitgliedsgesellschaft in Cash-Pool-Systemen muss die zugrunde liegenden Verträge, eingegangenen Risiken und Bonität der weiteren Beteiligten ständig überprüfen. Bei Anhaltspunkten sind die Darlehen zu

---

[7] LG München I Urt. v. 10.12.2013 – 5 HK O 1387/10, NZG 2014, 345.
[8] RegE vom 23.5.2007, BT-Drs. 16/6140, Vorabfassung v. 25.7.2007, 76.

§ 33. Haftung der Organe, Gesellschafter und handelnde Personen 1189

kündigen oder sind Sicherheiten zu verlangen.[9] Dadurch entstehen den Leitungsorganen regelmäßig erhebliche Probleme, da sie sich häufig dem Willen weiterer involvierter Gesellschaften und insbesondere der Muttergesellschaft widersetzen müssen.

Auch der verspätete Insolvenzantrag kann nach § 43 GmbHG, § 93 AktG zu einem Schadenersatzanspruch führen. Den Insolvenzgrund hat bei einer Inanspruchnahme der Insolvenzverwalter darzulegen und zu beweisen. Ein Indiz für eine Überschuldung liegt vor, wenn die Handelsbilanz einen nicht durch Eigenkapital gedeckten Fehlbetrag ausweist.[10] Der Insolvenzverwalter muss dann aber zusätzlich dazu vortragen, dass keine stillen Reserven bei der Insolvenzschuldnerin vorhanden sind.[11] Sofern eine ordnungsgemäße Buchführung bei der Schuldnerin fehlt, geht dies ebenfalls zu Lasten des Leitungsorgans, da eine Verletzung der Führung und Aufbewahrung von Büchern und Belegen nach § 257 HGB, § 74 Abs. 2 GmbHG vorliegt. Dann wird der Nachweis einer Überschuldung als geführt angesehen.[12] Trotz § 64 GmbHG, § 93 AktG haben § 43 GmbHG, § 92 AktG eine eigenständige Bedeutung. Im Gegensatz zu § 64 GmbHG, § 93 AktG eröffnen § 43 GmbHG, § 92 AktG die die Möglichkeit zur Geltendmachung eines Schadens. § 64 GmbHG, § 93 AktG sind dagegen auf Ausgleich verbotener Zahlungen in Krisenzeiten ausgerichtet. 15

In der wirtschaftlichen Krise besteht nicht nur die Pflicht zum rechtzeitigen Insolvenzantrag, sondern auch zur vorhergehenden Prüfung sämtlicher Sanierungsmöglichkeiten.[13] Zwar kann kein Gesellschafter- oder Aufsichtsratsbeschluss das Leitungsorgan von der Pflicht zur Stellung des Insolvenzantrags befreien,[14] jedoch ist ihm zu empfehlen, vor dem Insolvenzantrag die Gesellschafter zu informieren, sodass diese ggf. ihrerseits den Insolvenzantrag durch geeignete Maßnahmen, zB die Zurverfügungstellung liquider Mittel bei einer (drohenden) Zahlungsunfähigkeit, abwenden können. Gerade bei drohender Zahlungsunfähigkeit als Insolvenzgrund ist es dem Leitungsorgan regelmäßig möglich und ist es verpflichtet, die Gesellschafter vorab zu unterrichten.[15] 16

Verstößt das Leitungsorgan gegen seine Pflichten, steht der Gesellschaft ein Schadenersatzanspruch nach § 43 Abs. 2 GmbHG, § 93 Abs. 2 AktG, § 99 GenG zu, der in die Insolvenzmasse fällt. Die Beweis- und Darlegungslast für den Schaden obliegt der Gesellschaft bzw. dem Insolvenzverwalter. Im Hinblick auf die vorgeworfene Pflichtverletzung hat der Anspruchserhebende Tatsachen vorzutragen, aus denen die Pflichtverletzung folgt. Gelingt dies, hat das Leitungsorgan seinerseits das vermutete Verschulden zu widerlegen. Es hat darzulegen und zu beweisen, dass es mit der Sorgfalt eines ordentlichen und gewissenhaften Geschäftsleiters gehandelt hat. Alternativ kann das Leitungsorgan 17

---

[9] BGH Urt. v. 1.12.2008 – II ZR 102/07, NJW 2009, 850.
[10] BGH Urt. v. 19.11.2013 – II ZR 229/11, DStR 2014, 219; Beschl. v. 8.3.2012 – IX ZR 102/11; ZInsO 2012, 732; Urt. v. 16.3.2009 – II ZR 280/07, NJW 2009, 2454; Urt. v. 5.11.2007 – II ZR 262/06, NZI 2008, 126.
[11] BGH Urt. v. 19.11.2013 – II ZR 229/11, DStR 2014, 219.
[12] BGH Urt. v. 12.3.2007 – II ZR 315/05, NJW 2007, 3130.
[13] OLG München Urt. v. 21.3.2013 – 23 U 3344/12, NZI 2013, 542.
[14] BGH Urt. v. 12.2.2007 – II ZR 308/05, NZG 2007, 396; Henssler/Strohn/*Arnold* GesR § 64 GmbHG Rn. 31.
[15] OLG München Urt. v. 21.3.2013 – 23 U 3344/12, NZI 2013, 542.

Jenal

1190   9. Teil. Gesellschaftsrecht in der Insolvenz

sich von der Haftung befreien, wenn diesem die Darlegung und der Nachweis gelingen, der Schaden wäre auch entstanden, wenn es den ordnungsgemäßen Pflichtenstandard erfüllt hätte oder ihm die Einhaltung des Sorgfaltsmaßstabs unverschuldet nicht möglich war.[16]

18 Für die Inanspruchnahme des Leitungsorgans im Insolvenzverfahren ist ein Gesellschafterbeschluss nach § 46 Nr. 8 GmbHG bzw. Aufsichtsratsbeschluss nach § 108 AktG nicht notwendig.[17]

19 Gesellschafter- oder Aufsichtsratsbeschlüsse, mit denen Maßnahmen der Leitungsorgane vorab legitimiert werden sollen, fehlt die entlastende Wirkung, wenn die Handlungen gegen Gesetze verstoßen. Entlastungsbeschlüsse der Gesellschaft greifen im Innenverhältnis nur insoweit, als damit erkennbare Verstöße von den Gesellschaftern beschieden werden.[18]

5. Haftung für Zahlungen bei verspäteter Insolvenzantragstellung

20 Eine Pflicht zur Erstattung von Zahlungen, die im Zeitraum der Insolvenzreife erfolgen, folgt für Leitungsorgane aus § 64 GmbHG, § 130a Abs. 1 HGB sowie §§ 92 Abs. 2, 93 Abs. 2, 3 AktG sowie §§ 99, 34 Abs. 2, 3 GenG. Gemeinsames Ziel ist die Erhaltung der verteilungsfähigen Vermögensmasse im Interesse der Gläubigergesamtheit.

21 Geschäftsführer iSd § 64 GmbHG und Vorstand nach §§ 92, 93 AktG sind vorrangig die im Handelsregister eingetragenen Leitungsorgane. Darüber hinaus kann aber auch faktische Geschäftsführer oder Vorstände ein Haftungsrisiko treffen. Dies gilt meist, wenn ein „Strohmann" in der Leitungsfunktion formal vorgeschoben wird. Tatsächlich trifft eine andere Person als der Eingetragene die maßgeblichen Entscheidungen. Es haftet nicht nur das eingetragene Leitungsorgan (Strohmann), sondern auch das faktische.[19] Eine Teilnehmerhaftung nach § 830 BGB besteht aber nicht.[20]

22 Zwischenzeitlich hat der EuGH den Weg für eine Anwendung des § 64 GmbHG auch auf ausländische Gesellschaftsformen freigemacht.[21] Der EuGH rückt damit die Vorgaben des § 64 GmbHG in einen engen insolvenzrechtlichen Kontext. Voraussetzung für die Haftung ist zunächst das Vorliegen von Insolvenzgründen. Ein großes Risiko geht von § 64 GmbHG dabei für die UG (haftungsbeschränkt) aus. Da eine UG bereits mit einem Stammkapital von 1 EUR gegründet werden kann, kann schon die Begründung geringer Verbindlichkeiten zur Entstehung von Insolvenzgründen führen. Wird etwa der Gründungsaufwand über die Gesellschaft wirtschaftlich abgewickelt, kann eine Unterbilanz vorliegen.[22]

---

[16] BGH Urt. v. 18.2.2008 – II ZR 62/07, NJW-RR 2008, 905; Urt. v. 16.7.2007 – II ZR 226/06, DStR 2007, 1641; Urt. v. 4.11.2002 – II ZR 224/00, NJW 2003, 358.
[17] BGH Urt. v. 18.6.2013 – II ZR 86/11, NJW 2013, 3636; Urt. v. 14.7.2004 – VIII ZR 224/02, NZG 2004, 962.
[18] OLG München Urt. v. 22.10.2015 – 23 U 4861/14, ZIP 2016, 621.
[19] BGH Urt. v. 11.7.2005 – II ZR 235/03, NZI 2006, 63; BeckOK GmbHG/*Mätzig* GmbHG § 64 Rn. 12ff.
[20] BGH Beschl. v. 11.2.2008 – II ZR 291/06, ZIP 2008, 1026.
[21] EuGH Urt. v. 10.12.2015 – C-594/14 (Kornhaas/Dithmar als Insolvenzverwalter) m. Anm. *Weller/Hübner*, NJW 2016, 223.
[22] MüKoGmbHG/*Rieder* GmbHG § 5a Rn. 11ff.

Jenal

§ 33. Haftung der Organe, Gesellschafter und handelnde Personen

Die Haftung des Leitungsorgans beschränkt sich auf Zahlungen der Schuldnerin. Zahlungen sind dabei nicht nur die Weggabe von Barmitteln und die Überweisung von einem Konto, sondern auch die durch den Gläubiger veranlasste Abbuchung vom Konto der Gesellschaft wie die Zahlung eines Schuldners der Gesellschaft an einen Dritten auf Veranlassung der Gesellschaft. Die Frage, wann von einer haftungsauslösenden Zahlung auszugehen ist, lässt sich nicht immer leicht beantworten. Dies sollen vier Beispiele zeigen: 23

a) **Beispiel:** A ist Geschäftsführer einer GmbH. Spätestens ab dem 16.7. war die GmbH zahlungsunfähig. Dennoch schloss sie mit ihrer Muttergesellschaft A. AG am 28.8. einen Darlehensvertrag. Die A. AG stellte der GmbH einen Betrag in Höhe von 150 000 EUR über ein Anderkonto zur Verfügung. Die GmbH durfte nach eigenem Ermessen den Betrag von dem Konto ganz oder teilweise abrufen. Die Schuldnerin konnte zudem, nach der Rückzahlung der Beträge auf das Konto erneut auf den Kreditrahmen zugreifen. Am 29.9. wurden 150 000 EUR auf ein kreditorisch geführtes Konto der GmbH ausgezahlt. Nachdem am 9.10. eine Rückzahlung der abgerufenen Summe auf dasselbe Anderkonto einging, wurden am 16.10. erneut 150 000 EUR auf das Konto der Schuldnerin überwiesen. Am 6.12. erfolgte der Antrag auf Eröffnung des Insolvenzverfahrens über das Vermögen der GmbH. Nach Ansicht des BGH[23] haftet das Leitungsorgans für die Rückzahlung vom 9.10.2009 nicht. Durch die Einräumung eines Anspruchs auf Auszahlung von 150 000 EUR, der durch die Zahlung vom 9.10. begründet worden sei, sei der Masse unmittelbar etwas zugeflossen. 24

b) **Beispiel:** Die F-GmbH, deren Geschäftsführer G ist, befindet sich in der wirtschaftlichen Krise und ist seit 1.7. überschuldet. Sie führt bei S ein Konto mit einem Kontokorrentrahmen von 150 000 EUR. Dieser ist mit 125 000 EUR belastet. Am 5.8. erfolgt eine Abbuchung an X in Höhe von 25 000 EUR. Am 1.10. wird das Insolvenzverfahren über das Vermögen der F-GmbH eröffnet. Eine Inanspruchnahme scheidet aus. Zahlungen von einem debitorischen Konto an einzelne Gesellschaftsgläubiger berühren weder die verteilungsfähige Vermögensmasse, noch gehen sie zum Nachteil der Gläubigergesamtheit. Es ist vielmehr ein reiner Gläubigertausch gegeben.[24] 25

c) **Beispiel:** Wie im Beispiel b. Allerdings hat die F-GmbH zur Sicherung des Kontokorrents an die kontoführende Bank Forderungen in Höhe von 150 000 EUR abgetreten. In diesem Fall haftet G für die Zahlung. Zahlungen von einem debitorischen Konto an einzelne Gesellschaftsgläubiger berühren, wenn die Bank über eine die Auszahlung abdeckende Sicherheiten der Gesellschaft verfügt, die verteilungsfähige Vermögensmasse.[25] 26

d) **Beispiel:** Die F-GmbH befindet sich in der Krise. Das von ihr bei der kontoführenden Bank geführte Kontokorrentverhältnis ist mit 50 000 EUR belastet. Im Rahmen des Forderungseinzugs wird das Kontokorrent auf 0 EUR inner- 27

---

[23] BGH Urt. v. 18.11.2014 – II ZR 231/13, NZG 2015, 149.
[24] BGH Urt. v. 25.1.2010 – II ZR 258/08, NJW-RR 2010, 607.
[25] Umkehrschluss aus BGH Urt. v. 26.3.2007 – II ZR 310/05, NJW-RR 2007, 984; Henssler/Strohn/*Arnold* GesR § 64 GmbHG Rn. 14.

Jenal

halb der letzten Monate vor Insolvenzantragstellung während der Insolvenzreife zurückgeführt. Das Leitungsorgan haftet für die Einzahlungen auf das Konto. Es wäre seine Pflicht gewesen, die eingehenden Beträge auf einem anderen, lediglich im Guthaben geführten Konto zu sammeln. Durch die Einzahlung auf das Konto hat das Leitungsorgan „Zahlungen" an die kontokorrentführende Bank zugelassen.

28 Das Leitungsorgan muss zudem ein Verschulden treffen. Dafür reicht jedoch aus, wenn ihm die Insolvenzreife erkennbar war. Eine Haftung scheidet wiederum aus, wenn die Zahlungen mit der Sorgfalt eines ordentlichen Geschäftsmanns vereinbar sind, so wenn Zahlungen unerlässlich sind, um den sofortigen Zusammenbruch der Gesellschaft zu verhindern oder dazu dienen, die Insolvenzmasse zu schützen. Regelmäßig ist dies bei Zahlungen auf Gas-, Strom- und Wasserkosten[26] der Fall.

29 Ist das Leitungsorgan zum Ausgleich der vorgenommen Zahlung verpflichtet, so bleibt fraglich, ob und inwieweit im Zusammenhang mit einer Zahlung in das Gesellschaftsvermögen geflossene Gegenleistungen zugunsten des Leitungsorgans Berücksichtigung finden. Der BGH hat eine Haftung zunächst ausgeschlossen, wenn die Gegenleistung bei Insolvenzeröffnung noch in voller Höhe im Vermögen der Schuldnerin vorhanden ist. Mit Urteil vom 18.11.2014[27] hat er darüber hinaus festgehalten, dass eine Ersatzpflicht des Organs für Zahlungen nach Insolvenzreife entfällt, soweit die durch die Zahlung verursachte Masseschmälerung in unmittelbarem Zusammenhang mit der Zahlung ausgeglichen wird.

30 Das Leitungsorgan kann dem Anspruch nicht entgegenhalten, der Insolvenzverwalter könne die Zahlung im Rahmen einer Anfechtung nach §§ 129 ff. InsO zur Insolvenzmasse zurückfordern. Vielmehr kann es analog § 255 BGB die Abtretung des Anfechtungsanspruchs Zug um Zug gegen Ausgleich der verbotenen Zahlung verlangen.[28]

31 Die Ansprüche verjähren 5 Jahre nach der jeweiligen Zahlung (§ 64 S. 4 iVm § 43 Abs. 4 GmbHG, § 93 Abs. 6 AktG – bei einer börsennotierten AG nach 10 Jahren).

6. Haftung wegen Herbeiführung der Zahlungsunfähigkeit

32 Nach § 64 S. 3 GmbHG dürfen Geschäftsführer an Gesellschafter nichts auszahlen, wenn dies zur Zahlungsunfähigkeit der Gesellschaft führt. § 64 S. 3 GmbHG entspricht dabei § 92 Abs. 2 S. 3, Abs. 3 Nr. 6 AktG und § 130a Abs. 1 S. 3 HGB. Sanktioniert sind sämtliche Zahlungen an Gesellschafter. Als Zahlung ist dabei jeglicher Mittelabfluss aus dem Gesellschaftsvermögen. Zahlungen im Rahmen von Sanierungsbemühungen sind nicht ausgenommen. Auch mittelbare Zahlungen begründen eine Haftung.[29] Ergibt die Prüfung des Leitungsorgans, dass die beabsichtigte Zahlung zur Zahlungsunfähigkeit führt, darf und muss es die Zahlung verweigern. Dies gilt bei der GmbH sogar, wenn ein

---

[26] BGH Beschl. v. 5.11.2007 – II ZR 262/06, NZG 2008, 75; Baumbach/Hueck/*Haas* GmbHG § 64 Rn. 73; Roth/Altmeppen/*Altmeppen* GmbHG § 64 Rn. 27.
[27] II ZR 231/13, DStR 2015, 180.
[28] Roth/Altmeppen/*Altmeppen* GmbHG § 64 Rn. 19.
[29] RegE v. 23.5.2007, BT-Drucks. 16/6140, Vorabfassung v. 25.7.2007, 112.

§ 33. Haftung der Organe, Gesellschafter und handelnde Personen

Gesellschafterbeschluss die Geschäftsleitung zur Zahlung anweist.[30] Das Leitungsorgan darf dann sein Amt aufgeben, um nicht in Haftungsgefahr zu geraten. Dazu 2 Beispiele:

a) Beispiel: Die Konzerngesellschaften A und B stehen in stetiger Geschäftsverbindung. A liefert an B Waren im Wert von 20 000 EUR. Der Geschäftsführer der B zahlt am 1.4. 20 000 EUR an A. Über das Vermögen der B wird am 1.7. das Insolvenzverfahren eröffnet. Aufgrund der Gleichwertigkeit von Ware und Zahlung haftet der Geschäftsführer nicht.[31]

b) Beispiel: G hat an eine GmbH, deren Gesellschafter und Geschäftsführer er ist, ein Darlehen ausgereicht. Es ist zum 1.4. zur Rückzahlung fällig. Bereits am 28.2. hat G Waren für die GmbH geordert. Fälligkeit des Kaufpreisanspruchs des Lieferanten ist der 15.4. Aufgrund der Rückzahlungen an den Gesellschafter am 1.4. kann am 15.4. nicht mehr den Kaufpreis zahlen und beantragt daher die Eröffnung des Insolvenzverfahrens über ihr Vermögen aufgrund der Zahlungsunfähigkeit. Da der Geschäftsführer am 1.4. von der notwendigen Kaufpreiszahlung zum 15.4. wusste, war ihm der Bedarf an Liquidität zum 15.4. bereits am 1.4. bekannt und er haftet nach § 64 S. 3 GmbHG.

II. Außenhaftung der Leitungsorgane

Leitungsorgane haften gegenüber Dritten, wenn sie ihren Pflichten, insbesondere im Zusammenhang mit dem Umgang in der Krise einer Gesellschaft nicht nachkommen.

1. Haftung wegen Insolvenzverschleppung

Nach § 823 Abs. 2 BGB iVm § 15a InsO und § 823 Abs. 2 BGB iVm §§ 263, 265b StGB sowie nach § 826 BGB können Leitungsorgane wegen Insolvenzverschleppung in Anspruch genommen werden. § 15a InsO wurde in die Insolvenzordnung aufgenommen, damit auch ausländische Gesellschaftsformen diesem Haftungsregime unterliegen. Gerade Fälle, in denen kurz vor Insolvenzantragstellung eine Sitzverlegung ins Ausland erfolgt, sollen erfasst werden.[32] Es kann offenbleiben, ob und inwieweit § 64 GmbHG oder § 92 AktG Schutzgesetz iSv § 823 Abs. 2 GmbHG sind. Jedenfalls ist die Rechtsprechung zu § 64 GmbHG aF auf § 15a InsO anzuwenden.[33] Soweit das Leitungsorgan die Eröffnung des Insolvenzverfahrens zu spät beantragt, verletzt es seine Pflichten. Ausnahme: Das Leitungsorgan holt sich kompetenten Rechtsrat ein, der – ggf. fehlerhaft – keine Insolvenzantragspflicht ergab.[34]

---

[30] RegE v. 23.5.2007, BT-Drucks. 16/6140, Vorabfassung v. 25.7.2007, 113.
[31] RegE v. 23.5.2007, BT-Drucks. 16/6140, Vorabfassung v. 25.7.2007, 112.
[32] RegE v. 25.7.2007, BT-Drucks. 16/6140, 25, 40; MüKoInsO/*Klöhn* § 15a Rn. 2; Nerlich/Römermann/*Mönning* InsO § 15a Rn. 20, 22.
[33] BGH Urt. v. 15.3.2011 – II ZR 204/09, NZI 2011, 452; MüKoInsO/*Klöhn* § 15a Rn. 3.
[34] BGH Urt. v. 14.6.2012 – IX ZR 145/11, NZG 2012, 866; BGH Urt. v. 27.3.2012 – II ZR 171/10, NZG 2012, 672; MüKoInsO/*Klöhn* § 15a Rn. 174.

1194 9. Teil. *Gesellschaftsrecht in der Insolvenz*

37 Das Leitungsorgan hat Altgläubigern den Quotenschaden zu ersetzen, den diese durch einen verspäteten Insolvenzantrag erleiden. Dagegen sind Neugläubiger so zu stellen, als hätten sie ihre Forderung gegen die Schuldnerin gar nicht erst begründet (negatives Interesse). Ein Gläubiger kann sowohl Alt- und Neugläubiger sein. Während den Schaden der Altgläubiger in Form der Quotenkürzung der Insolvenzverwalter geltend macht, können Neugläubiger ihren Anspruch gegenüber den Leitungsorganen selbst verfolgen. Sofern das Leitungsorgan Schadenersatz leistet, hat ihm der Gläubiger seine Insolvenzforderung Zug um Zug abzutreten.[35] Gesetzliche Ansprüche, wie zB der Anspruch auf Entgeltfortzahlung im Krankheitsfall unterliegen nicht der Ausgleichspflicht im Rahmen der Insolvenzverschleppungshaftung.[36]

38 Eine Teilnehmerhaftung an der Insolvenzverschleppung nach §§ 823 Abs. 2, 830 Abs. 2 BGB, § 15a Abs. 1 InsO ist ebenso möglich[37] wie die Haftung eines faktischen Leitungsorgans.[38] Ansprüche können nach §§ 195, 199 Abs. 1 BGB bereits nach drei Jahren verjähren. Damit gilt gerade nicht die fünfjährige Verjährung nach §§ 64 S. 4, 43 Abs. 4 GmbHG, § 93 Abs. 6 AktG.[39]

2. Haftung für Sozialversicherungsbeiträge und Steuerschulden

39 Ein Leitungsorgan haftet nach § 823 Abs. 2 iVm § 266a StGB für nicht abgeführte Arbeitnehmeranteile der Sozialversicherungsbeiträge. Die Haftung besteht unabhängig davon, ob tatsächlich ein Lohn an den Arbeitnehmer fließt.

40 Nach den §§ 34, 69 S. 1 AO haftet ein Leitungsorgan für die Nichtabführung von Umsatz- und Lohnsteuer, hinsichtlich der Lohnsteuer jedoch nur, insoweit tatsächlich Lohn gezahlt wurde. Die Haftung ist auf Vorsatz und grobe Fahrlässigkeit begrenzt.

41 In der Praxis bestehen bis heute Unsicherheiten, ob es Leitungsorganen trotz § 64 GmbHG, §§ 92, 93 AktG und § 15a InsO erlaubt ist, Zahlungen zu leisten, um strafrechtliche Folgen bei der Vorenthaltung von Sozialversicherungsbeiträgen nach § 266a StGB sowie eine Haftung für Steuerverbindlichkeiten nach §§ 69, 34 AO zu verhindern. Der 2. Zivilsenat des BGH hat auf die Rechtsprechung des 5. Strafsenats des BGH als auch des BFH eingeschwenkt und Zahlungen für zulässig erklärt. Damit ist die Zahlung von den Leitungsorganen nach Insolvenzreife auf Steuern und Sozialabgaben zivilrechtlich wohl sanktionslos.[40]

---

[35] BGH Urt. v. 12.3.2007 – II ZR 315/05, NJW 2007, 3130; Urt. v. 5.2.2007 – II ZR 234/05, BKR 2007, 285; Uhlenbruck/*Hirte* InsO § 92 Rn. 14.
[36] BGH Beschl. v. 20.10.2008 – II ZR 211/07, NZA-RR 2009, 148; Baumbach/Hueck/*Haas* GmbHG § 64 Rn. 129.
[37] BGH Urt. v. 25.7.2005 – II ZR 390/03, DStR 2005, 1743; Baumbach/Hueck/*Haas* GmbHG § 64 Rn. 164.
[38] BGH Beschl. v. 18.12.2014 – 4 StR 323/14, 4 StR 324/14, NJW 2015, 712.
[39] BGH Urt. v. 15.3.2011 – II ZR 204/09, NZI 2011, 452; OLG Düsseldorf Urt. v. 20.12.2013 – I-17 U 51/12, ZIP 2015, 73; OLG Saarbrücken Urt. v. 6.5.2008 – 4 U 484/07, NZG 2008, 638.
[40] BGH Urt. v. 25.1.2011 – II ZR 196/09, NZG 2011, 303; Urt. v. 2.6.2008 – II ZR 27/07, NJW-RR 2008, 1253; Urt. v. 14.5.2007 – II ZR 48/06, NJW 2007, 2118; BFH Urt. v. 5.6.2007 – VII R 65/05, DStR 2007, 1722; Urt. v. 27.2.2007 – VII R 67/05, NZI 2007, 599; BGH Beschl. v. 9.8.2005 – 5 StR 67/05, NJW 2005, 3650.

Jenal

§ 33. Haftung der Organe, Gesellschafter und handelnde Personen   1195

Die Pflicht zur Zahlung der Sozialabgaben und Steuern ist zwar innerhalb des 3-Wochen-Zeitraums des § 15a InsO ausgesetzt,[41] erfolgen jedoch Zahlungen an andere Gläubiger und werden die Gläubiger somit nicht gleichmäßig befriedigt, kann dies wiederum zum Schadenersatz führen.[42]   42

Häufig wird in Haftungsprozessen gegen die Leitungsorgane angeführt, dass durch die insolvenzrechtlichen Anfechtungsvorschriften eine Rückforderung der zu leistenden Sozialversicherungsbeiträge und Lohnsteuer bei einer tatsächlichen Zahlung gedroht hätte. Während der BFH diesen Einwand als hypothetischen Kausalverlauf für § 69 AO ablehnt,[43] sieht der BGH dies jedenfalls für § 823 Abs. 2 BGB iVm § 266a StGB als beachtlichen Einwand an.[44]   43

3. Sonstige Anspruchsgrundlagen

Gegenüber Geschäftspartnern der Gesellschaft können die Leitungsorgane aufgrund verschiedener Verfehlungen sich haftbar machen. Insbesondere gehört hierzu die mögliche Haftung nach culpa in contrahendo, §§ 280, 311 Abs. 2 BGB. Sie kommt in Betracht, wenn das Leitungsorgan ein besonderes persönliches Vertrauen in Anspruch nimmt. Gerade in der Krise einer Gesellschaft werden vielfach Geschäftspartner der Gesellschaft nur aufgrund einer persönlichen Beziehung zwischen dem Leitungsorgan und dem Entscheidungsträger beim Gläubiger die Geschäftsverbindung aufrechterhalten.[45]   44

Täuscht das Leitungsorgan über die Insolvenzsicherung von Alterszeitguthaben nach § 7d Abs. 1 SGB IV, kommt eine Haftung nach § 823 Abs. 2 BGB iVm § 263 StGB in Betracht.[46] Diese Anspruchsgrundlage kann bei weiteren Täuschungen gegenüber Vertragspartnern einschlägig sein, wenn die Vertragspartner aufgrund der Täuschung wirtschaftliche Dispositionen gegenüber der Gesellschaft treffen.   45

Gegenüber der Bundesagentur für Arbeit kann eine Haftung nach § 826 BGB durch das Leitungsorgan begründet werden, wenn die Bundesagentur darlegen und beweisen kann, dass Insolvenzgeld bei rechtzeitiger Antragstellung nicht hätte gezahlt werden müssen.[47]   46

Bei verspäteter Insolvenzantragstellung kann nach § 26 Abs. 3 InsO auch derjenige eine Haftung des Leitungsorgans geltend machen, der einen Vorschuss   47

---

[41] BFH Urt. v. 27.2.2007 – VII R 67/05, NZI 2007, 599; FG Köln Urt. v. 6.11.2014 – 13 K 1065/13, ZInsO 2015, 866.
[42] BGH Urt. v. 29.9.2008 – II ZR 162/07, NZI 2009, 71.
[43] BFH Beschl. v. 3.6.2011 – VII B 203/10 (NV), BeckRS 2011, 96955; Urt. v. 5.6.2007 – VII R 65/05, DStR 2007, 1722.
[44] BGH Urt. v. 18.4.2005 – II ZR 61/03, NJW 2005, 2546; Urt. v. 14.11.2000 – VI ZR 149/99, NJW 2001, 967. So auch: OLG Düsseldorf Urt. v. 16.9.2014 – I-21 U 38/14, NZI 2015, 517.
[45] BGH Urt. v. 2.6.2008 – II ZR 210/06, NZG 2008, 661; OLG Zweibrücken Urt. v. 25.10.2001 – 4 U 71/00, NZG 2002, 423.
[46] BAG Urt. v. 12.4.2011 – 9 AZR 229/10, NZA 2011, 1350; Urt. v. 13.2.2007 – 9 AZR 207/06, NJW 2007, 2573; Urt. v. 21.11.2006 – 9 AZR 206/06, NZA, 2007, 693.
[47] BGH, Urteil v. 18.12.2007 – VI ZR 231/06, NZI 2008, 242. OLG Stuttgart Urt. v. 12.6.2012 – 12 U 2/12, BeckRS 2014, 02212, bestätigt durch BGH Beschl. v. 21.1.2014 – VI ZR 560/12, BeckRS 2014, 02201.

1196 9. Teil. Gesellschaftsrecht in der Insolvenz

zur Eröffnung des Insolvenzverfahrens geleistet hat. Dann muss das Leitungsorgan den Vorschuss erstatten, soweit es sich nicht entlasten kann.[48]

B. Haftung anderer Organe

I. Haftung des Aufsichtsrats wegen Pflichtverletzung

48 Die Aufgaben des Aufsichtsrats umreißt insbesondere § 111 AktG. Neben Bestellung und Abberufung des Vorstands ist Kernaufgabe die Überwachung des Vorstands. Bei Pflichtverletzungen des Vorstands hat der Aufsichtsrat einzuschreiten und ggf. Schadenersatzansprüche gegen den Vorstand durchzusetzen. Spätestens mit Urteil des BGH vom 21.4.1997[49] hat die Rechtsprechung klargestellt, dass Aufsichtsratsbeschlüsse, nach denen von einer Verfolgung von Haftungsansprüchen gegen den Vorstand abgesehen werden soll, Gesetzes- und Satzungsrecht widersprechen und daher nichtig seien.

49 Stellt also der Insolvenzverwalter Pflichtverstöße des Vorstands fest, muss er in einem weiteren Schritt prüfen, ob und inwieweit der Aufsichtsrat von diesen Pflichtenverstößen wusste. Blieb er trotz Kenntnis untätig, sind Schadenersatzansprüche gegen den Aufsichtsrat zu prüfen. Stellt der Insolvenzverwalter fest, der Aufsichtsrat kannte die Pflichtverletzungen nicht, muss er prüfen, aufgrund welcher Umstände der Aufsichtsrat nicht informiert war. Hat er seinen Überwachungsaufgaben nicht genügt, kommen nämlich ebenfalls Schadenersatzansprüche gegen Aufsichtsratsmitglieder in Betracht.

50 § 116 AktG verweist auf die Vorstandshaftung. Beispiele für eine Pflichtverletzung können sein:
– Untätigkeit bei leichtfertigen Maßnahmen des Vorstands[50]
– Veranlassung des Vorstandes zu gesellschaftsschädigenden Geschäften[51]
– Unterlassen einer Unterrichtung zur Schaffung eines eigenen Bilds über die Geschäftstätigkeit der Gesellschaft – auch für ausländische Gesellschaften[52]
– Zustimmung des Aufsichtsrats zum Verkauf von Betriebsgrundstücken zu erheblich unter dem Marktpreis liegenden Konditionen[53]
– Mangelhafte Unterrichtung des Aufsichtsrats vor Beschlussfassung über Kredite an Dritte, Gesellschafter und Organe[54]

---

[48] BGH. Beschl. v. 14.11.2002 – IX ZR 40/02, NZI 2003, 324; OLG Hamm Urt. v. 10.4.2002 – 11 U 180/01, NZI 2002, 437; Andres/Leithaus/*Leithaus* InsO § 26 Rn. 7; Nerlich/Römermann/*Mönning/Zimmermann* InsO § 26 Rn. 83.

[49] II ZR 175/95, NJW 1997, 1926 – ARAG/Garmenbeck.

[50] BGH Urt. v. 4.7.1977 – II ZR 150/75, NJW 1977, 2311; Spindler/Stilz/*Spindler* AktG § 116 Rn. 69; MüKoAktG/*Habersack* AktG § 116 Rn. 20; Hüffer/*Koch* AktG § 116 Rn. 17.

[51] MüKoAktG/*Habersack* AktG § 116 Rn. 20.

[52] BGH Beschl. v. 6.11.2012 – II ZR 111/12, CCZ 2013, 174; OLG Stuttgart Urt. v. 29.2.2012 – 20 U 3/11, GWR 2012, 156.

[53] LG Stuttgart Urt. v. 29.10.1999 – 4 KfH O 80/98, DB 1999, 2462; Hüffer/*Koch* AktG § 116 Rn. 17; Spindler/Stilz/*Spindler* AktG § 116 Rn. 70.

[54] BGH Urt. vom 1.12.2008 – II ZR 102/07, NJW 2009, 850; Spindler/Stilz/*Spindler* AktG § 116 Rn. 69; Hüffer/*Koch* AktG § 116 Rn. 17.

§ 33. Haftung der Organe, Gesellschafter und handelnde Personen 1197

- Unterlassen einer Risikoanalyse[55]
- Kreditgefährdende Äußerungen über die Gesellschaft gegenüber Dritten und der Öffentlichkeit[56]

Zudem können den Aufsichtsrat auch insolvenzspezifische Pflichten treffen. In der wirtschaftlichen Krise einer Gesellschaft trifft ihn eine besondere Überwachungspflicht. Stellt er die Insolvenzreife der Gesellschaft fest, muss er gegenüber dem Vorstand auf einen Insolvenzantrag hinwirken. Ebenso hat er das Leistungsorgan zu veranlassen, keine Zahlungen mehr zu leisten, die nicht mit der Sorgfalt eines ordentlichen und gewissenhaften Geschäftsleiters in Einklang stehen.[57] Eine Haftung des Aufsichtsrats kann bei Hinnahme unzulässiger Verzögerungen bei der Insolvenzantragstellung bestehen.[58] Nimmt der Aufsichtsrat zudem eine Schmälerung der Insolvenzmasse durch verbotswidrige Zahlungen des Vorstands in Kauf und tritt diesen nicht entgegen, kann dies eine Haftung begründen.[59] Stellt er ein pflichtwidriges Verhalten einzelner Vorstandsmitglieder fest, hat er ggf. die betroffenen Mitglieder abzuberufen und zu ersetzen.[60] 51

Wie Vorstände haben Aufsichtsratsmitglieder nachzuweisen, dass ihr Verhalten den Pflichten entsprach oder sie zumindest kein Verschulden trifft.[61] Die Pflicht zu ordnungsgemäßem Verhalten in der Krise trifft nicht nur den Aufsichtsrat einer AG, sondern auch den fakultativen GmbH-Aufsichtsrat. Allerdings gilt für die Folgen einer Pflichtverletzung das GmbHG.[62] 52

II. Insolvenzverschleppungshaftung des Aufsichtsrats und der Gesellschafter

Das MoMiG hat eine Insolvenzantragspflicht bei Führungslosigkeit der Gesellschaft und damit dem Fehlen eines Leitungsorgans nach § 15a Abs. 3 InsO für GmbH-Gesellschafter und Aufsichtsräte einer AG sowie Genossenschaft eingeführt.[63] Der Gesetzgeber begegnet mit § 15a InsO der Praxis, nach der Gesellschaften aufgrund Amtsniederlegung der Leitungsorgane führungslos geworden waren, gerade mit Blick auf sog „organisierte Firmenbestattung". 53

---

[55] BGH Beschl. v. 6.11.2012 – II ZR 111/12, CCZ 2013, 174; OLG Stuttgart Urt. v. 29.2.2012 – 20 U 3/11, ZIP 2012, 625 Hüffer/*Koch* AktG § 116 Rn. 17.
[56] OLG Stuttgart Urt. v. 29.2.2012 – 20 U 3/11, ZIP 2012, 625; Hüffer/*Koch* AktG § 116 Rn. 17.
[57] BGH Urt. v. 16.3.2009 – II ZR 280/07, NJW 2009, 2454; OLG Hamburg Urt. v. 6.3.2015 – 11 U 222/13, NZG 2015, 756; OLG Düsseldorf Urt. v. 31.5.2012 – I-16 U 176/10, ZInsO 2013, 85.
[58] BGH Urt. v. 20.9.2010 – II ZR 78/09, CCZ 2011, 37; BGH Urt. v. 16.3.2009 – II ZR 280/07, NZG 2009, 550; OLG Hamburg Urt. v. 6.3.2015 – 11 U 222/13, NZG 2015, 756; MüKoAktG/*Habersack* AktG § 116 Rn. 20.
[59] BGH Urt. v. 16.3.2009 – II ZR 280/07, NZG 2009, 550; Henssler/Strohn/*Henssler* GesR § 116 AktG Rn. 17.
[60] BGH Urt. v. 16.3.2009 – II ZR 280/07, NJW 2009, 2454; OLG Düsseldorf Urt. v. 31.5.2012 – I-16 U 176/10, ZIP 2012, 2299.
[61] BGH Urt. v. 16.3.2009 – II ZR 280/07, NJW 2009, 2454.
[62] BGH Urt. v. 20.9.2010 – II ZR 78/09, CCZ 2011, 37. Vorinstanz: OLG Brandenburg Urteil v. 17.2.2009, 6 U 102/07, CCZ 2009, 117.
[63] MüKoInsO/*Klöhn* § 15 Rn. 6, 12.

Jenal

54 Vor dem MoMiG war strittig, ob die Insolvenzantragspflicht eine gesellschafts- oder insolvenzrechtliche Pflicht ist.[64] Nun ist dieser Streit obsolet[65] und eine Anwendung auf ausländische Gesellschaftsformen möglich. § 15a Abs. 3 InsO ist ein Schutzgesetz zugunsten der Gesellschaftsgläubiger iSd § 823 Abs. 2 BGB. IVm § 823 Abs. 2 BGB kann folglich eine Haftung der Gesellschafter und Aufsichtsräte durch fehlerhaftes Verhalten in der Krise der Gesellschaft begründet werden. Der Anwendungsbereich von § 15a InsO erfasst auch Gesellschafter und Aufsichtsräte ausländischer Gesellschaften. Die Innenhaftung des Leitungsorgans regeln die gesellschaftsrechtlichen Spezialgesetze.

III. Existenzvernichtungshaftung der Gesellschafter

55 Als Innenhaftung gegenüber der Gesellschaft ist die Existenzvernichtungshaftung der Gesellschafter nach § 826 BGB anerkannt.[66] Der Grund liegt in deren Einflussmöglichkeit auf die Geschäftstätigkeit der Gesellschaft. Gerade wenn die Beteiligung eine direkte, mittelbare oder „faktische" Einflussnahmemöglichkeit bewirkt, kommen Ansprüche aus existenzvernichtender Haftung in Betracht.[67]

56 Der Insolvenzverwalter macht im Insolvenzverfahren den Anspruch geltend.[68] Ohne Insolvenzverfahren können Gläubiger durch Pfändung und Überweisung des Anspruchs die Gesellschafter selbst in Anspruch nehmen.[69]

57 Eine Existenzvernichtungshaftung kommt in Betracht, wenn in die Geschäftstätigkeit der Gesellschaft eingegriffen und die Existenz der Gesellschaft gefährdet wird. Praktisch wird sich der Insolvenzverwalter immer fragen müssen, ob die zum wirtschaftlichen Niedergang führenden Umstände reine Managementfehler sind oder ein existenzvernichtender Eingriff vorliegt.[70] Einen existenzvernichtenden Eingriff bejaht die Rechtsprechung in folgenden Fällen:
- Nutzung von Geschäftschancen durch Gesellschafter statt durch die Gesellschaft[71]

---

[64] Für eine gesellschaftsrechtliche Verankerung früher *Götte* ZIP 2006, 541; *Altmeppen* NJW 2004, 97. Für eine insolvenzrechtliche Einordnung früher LG Kiel Urt. v. 20.4.2006 – 10 S 44/05, NZI 2006, 482; *Ulmer* NJW 2004, 1201.

[65] RegE v. 25.7.2007, BT-Drucks. 16/6140, 55; MüKoBGB/*Kindler* BGB Art. 4 EuInsVO Rn. 63.

[66] BGH Urt. 24.7.2012 – II ZR 177/11, DStR 2012, 2025; Urt. v. 16.7.2007 – II ZR 3/04, NJW 2007, 2689- Trihotel; LAG Hamm Urt. v. 30.1.2015 – 10 Sa 828/14, ZIP 2015, 1392.

[67] BGH Urt. 24.7.2012 – II ZR 177/11, DStR 2012, 2025; Urt. v. 16.7.2007 – II ZR 3/04, NJW 2007, 2689- Trihotel; LAG Hamm Urt. v. 30.1.2015 – 10 Sa 828/14, ZIP 2015, 1392; LG Magdeburg Urt. v. 17.8.2010 – 31 O 139/08, BeckRS 2013, 01279.

[68] BGH Urt. v. 16.7.2007 – II ZR 3/04, NJW 2007, 2689 – Trihotel; LG Magdeburg Urt. v. 17.8.2010 – 31 O 139/08, BeckRS 2013, 01279.

[69] BGH Urt. v. 16.7.2007 – II ZR 3/04, NJW 2007, 2689 – Trihotel; LAG Hamm Urt. v. 30.1.2015 – 10 Sa 828/14, ZIP 2015, 1392.

[70] BGH Urt. v. 24.7.2012 – II ZR 177/11, NZG 2012, 1069; Urt. v. 13.12.2004 – II ZR 256/02, NZG 2005, 214; OLG Köln Urt. v. 7.2.2013 – 18 U 30/12, BeckRS 2015, 08749 – bestätigt durch BGH Beschl. v. 15.9.2014 – II ZR 442/13, GmbHR 2015, 644.

[71] BGH Urt. v. 13.12.2004 – II ZR 256/02, NZG 2005, 214; Urt. v. 13.12.2004 – II ZR 206/02, NZG 2005, 177.

Jenal

§ 33. Haftung der Organe, Gesellschafter und handelnde Personen

– Eingehen unverhältnismäßig hoher Risiken durch die Gesellschaft, die bei Eintreten ihre Existenz gefährden[72]

Dagegen reicht die Einziehung einer Gesellschaftsforderung auf das Konto eines Gesellschafters nicht aus.[73]

Kein existenzvernichtender Eingriff ist auch die „materielle Unterkapitalisierung" einer Gesellschaft, bei der die Gesellschafter lediglich davon absehen, weiter Kapital nachzuschießen.[74] Bei materieller Unterkapitalisierung kommt aber ein Anspruch der geschädigten Gläubiger nach § 826 BGB in Betracht.[75] Der Aspekt der materiellen Unterkapitalisierung ist insbesondere bei der UG (haftungsbeschränkt) von Bedeutung. Der handelnde Gesellschafter muss zumindest dolus eventualis zu Lasten unbefriedigter Gläubiger haben.[76] Dies wird man annehmen können, wenn sich ein Gesellschafter aus dem Vermögen der Gesellschaft bedient und die übrigen Gläubiger unbefriedigt bleiben.[77]

Laut BGH können Gesellschaftsorgane nach § 830 BGB[78] ebenfalls für die Handlungen der Gesellschafter haften. Die Vorgänge werden zudem regelmäßig mit gesellschaftsrechtlichen Pflichtverletzungen der Leitungsorgane einhergehen.

Ob die Grundsätze über die Haftung aufgrund existenzvernichtenden Eingriffs auf Aktionäre Anwendung finden, ist umstritten.[79]

IV. Weitere Ansprüche aus Innenhaftung der Gesellschafter

§ 6 Abs. 5 GmbHG sieht ein Verbot für die Bestellung verschiedener Personen zum Geschäftsführer vor, so bei wichtigen Vermögensdelikten und Straftaten. Gesellschafter, die Geschäftsführer entgegen dieser Vorgaben bestellen, können gesamtschuldnerisch für einen daraus entstehenden Schaden haften. Hierfür muss der Geschäftsführer gegenüber der Gesellschaft seine Pflichten verletzt haben. Eine Haftung kommt insoweit für eine gesetzwidrige Bestellung, Nicht-Abberufung oder faktische Überlassung der Geschäftsführung an untaugliche Personen in Betracht. Die Haftung des Geschäftsführers selbst nach § 43 Abs. 2 GmbHG bleibt davon unberührt.

---

[72] MüKoGmbHG/*Liebscher* GmbHG Anhang Die GmbH als Konzernbaustein Rn. 556.
[73] BGH Beschl. v. 7.1.2008 – II ZR 314/05, NZI 2008, 196; Urt. v. 2.6.2008 – II ZR 104/07, ZIP 2008, 1329; BGH, Urteil v. 7.1.2008, NZI 2008, 196; Roth/Altmeppen/ *Altmeppen* GmbHG § 13 Rn. 83.
[74] BGH Urt. v. 28.4.2008 – II ZR 264/06, NJW 2008, 2437 – Gamma; OLG Köln Urt. v. 18.12.2008 – 18 U 162/06, BeckRS 2009, 10826; MüKoAktG/*Heider* AktG § 1 Rn. 77.
[75] BGH Urt. v. 28.4.2008 – II ZR 264/06, NJW 2008, 2437 – Gamma.
[76] BGH Urt. v. 9.2.2009 – II ZR 292/07, NJW 2009, 2127 – Sanitary; Urt. v. 28.4.2008 – II ZR 264/06 – Gamma NJW 2008, 2437.
[77] BGH Urt. v. 23.4.2012 – II ZR 252/10, NZG 2012, 667; Urt. v. 9.2.2009 – II ZR 292/07, NJW 2009, 2127 – Sanitary; Urt. v. 13.12.2001 – VII ZR 305/99, NJW-RR 2002, 740.
[78] BGH Urt. v. 11.9.2012 – VI ZR 92/11 NZG 2012, 1303; Urt. 24.7.2012 – II ZR 177/11, DStR 2012, 2025; LAG Hamm Urt. v. 30.1.2015 – 10 Sa 828/14, DStR 2015, 2140.
[79] Gegen eine Anwendung LG Kiel Urt. v. 20.3.2009 – 14 O 195/03, BeckRS 2009, 10255. Für eine Anwendung Spindler/Stilz/*Fock* AktG § 1 Rn. 64.

63 Unternehmerische Fehlentscheidungen der Leitungsorgane führen dagegen nicht zu einer Haftung der Gesellschafter, soweit sie dabei nicht anderweitige Pflichten verletzt haben.[80]

V. Außenhaftung der Gesellschafter

64 Das Haftungsregime für Kapitalgesellschaften – demnach Gläubigern nur das Gesellschaftsvermögen als Haftungsmasse zur Verfügung steht – durchbricht im Hinblick auf Gesellschafter ausnahmsweise die sogenannte „Durchgriffshaftung". Die Rechtsprechung hat solches bspw. bei Vermögensvermischungen angenommen. Sie liegt vor, wenn der Gesellschafter die notwendige Vermögensabgrenzung zwischen Eigen- und Gesellschaftsvermögen verletzt. Die Kapitalschutzvorschriften laufen dann leer.[81] Oft geht damit eine komplett fehlende oder nur teilweise vorhandene getrennte Buchhaltung zwischen Gesellschafter- und Gesellschaftsvermögen einher.[82] Es ist dann typischerweise nicht möglich, Vermögensgegenstände dem Gesellschafts- oder Gesellschaftervermögen zuzuordnen.[83] Die Folge ist eine Haftung nach den §§ 128, 129 HGB analog für die Verbindlichkeiten der Gesellschaft. Gesellschaftern ist eine Berufung auf § 13 Abs. 2 GmbHG, § 1 Abs. 1 AktG versagt. Im Rahmen eines Insolvenzverfahrens macht den Anspruch nach § 93 InsO der Insolvenzverwalter geltend.[84]

65 Ein weiterer Fall der Durchgriffshaftung ist die bewusste Gründung einer mit unzureichendem Kapital ausgestatteten Gesellschaft alleine zu dem Zweck, die Vertragspartner der GmbH mit ihren Forderungen ausfallen zu lassen.[85]

---

[80] LG Düsseldorf Urt. v. 25.4.2014 – 39 O 36/11 U., BB 2014, 2388, OLG Zweibrücken Urt. v. 22.12.1998 – 8 U 98/98, NZG 1999, 506; BeckOK GmbH/*Haas*/*Ziemons* GmbHG § 43 Rn. 244f.

[81] BGH Beschl. v. 7.1.2008 – II ZR 314/05, NZI 2008, 196; Urt. v. 16.9.1985 – II ZR 275/84, NJW 1986, 188 – Autokran; Urt. v. 14.11.2005 – II ZR 178/03, NJW 2006, 1344; Henssler/Strohn/*Verse* GmbHG § 13 Rn. 38.

[82] MüKoAktG/*Heider* § 1 Rn. 71f.; Roth/Altmeppen/*Altmeppen* GmbHG § 13 Rn. 136; Michalski/*Michalski*/*Funke* GmbHG § 13 Rn. 365.

[83] BGH Urt. v. 12.11.1984 – II ZR 250/83, NJW 1985, 740.

[84] BGH Urt. v. 14.11.2005 – II ZR 178/03, NJW 2006, 1344.

[85] Henssler/Strohn/*Verse* GesR § 13 GmbHG Rn. 29. OLG Naumburg Urt. v. 9.4.2008 – 6 U 148/07, GmbHR 2008, 1149. Der BGH hat im Beschl. v. 27.4.2009 – II ZR 133/08, BeckRS 2009, 22504 den Anspruch bestätigt, aber die Hauptbegründung der Durchgriffshaftung dort abgelehnt.

10. Teil.
Rechnungslegung und Steuerrecht in der Insolvenz

§ 34. Buchführung, Rechnungslegung

Die handelsrechtliche Rechnungslegung steht gleichberechtigt neben den insolvenzrechtlichen Rechenwerken. In den Zeiträumen bis zur Eröffnung des Verfahrens erlaubt sie einen Einblick in die wirtschaftlichen Verhältnisse des Unternehmens, in Fortführungsfällen dokumentiert sie deren Erfolg. Gleichzeitig ist sie Basis für die Besteuerung. Vor allem die anzuwendenden Wertansätze spielen im Umfeld einer Insolvenz eine besondere Rolle.

A. Normierte Pflichten zur Rechnungslegung in der InsO

Die InsO normiert in den §§ 151–153 und 155 die Pflicht zur Erstellung diverser Rechenwerke. 1

Die insolvenzrechtlichen Rechnungslegungspflichten entbinden den Insolvenzverwalter nicht von der Buchführungspflicht nach Handels- und Steuerrecht. Die handels- und steuerrechtlichen Pflichten orientieren sich an der Stellung des Insolvenzverwalters als Vermögensverwalter im Sinne des § 34 der Abgabenordnung (AO). Er hat somit alle Pflichten zu erfüllen, die dem Insolvenzschuldner obliegen würden. § 155 InsO stellt lediglich klar, dass die insolvenzrechtlichen Rechenwerke die Buchführungs- und Rechnungslegungspflichten unberührt lassen.

Die Buchführungs- und Steuererklärungspflichten des Insolvenzverwalters gelten auch für Besteuerungsabschnitte vor Verfahrenseröffnung, falls der Insolvenzschuldner diesen Verpflichtungen noch nicht nachgekommen ist.

Man unterscheidet somit zwischen Rechenwerken, die im Hinblick auf das 2 Insolvenzverfahren zu führen sind (interne Rechenwerke) und Rechenwerken, die in Erfüllung handels- und steuerrechtlicher Verpflichtungen zu führen sind. Dementsprechend ergeben sich dann insgesamt folgende Rechenwerken, die vom Insolvenzverwalter aufzustellen sind:
- Insolvenzrechtliche Rechenwerke (interne Rechnungslegung)
  - Verzeichnis der Massegegenstände
  - Gläubigerverzeichnis
  - Vermögensübersicht
  - Ggf. Insolvenzplan
  - Schlussrechnung
- Handelsrechtliche Rechnungslegung (externe Rechnungslegung)
  - Schlussbilanz der werbenden Gesellschaft
  - Insolvenzeröffnungsbilanz
  - Jahresabschlüsse
  - Schlussbilanz

10. Teil. *Rechnungslegung und Steuerrecht in der Insolvenz*

– Steuerrechtliche Rechnungslegung (externe Rechnungslegung)
– Schlussbilanz der werbenden Gesellschaft
– Insolvenzeröffnungsbilanz
– Jahresabschlüsse (fakultativ gem. § 60 Abs. 1 S. 2 Durchführungsverordnung zum Einkommensteuergesetz EStDV)
– Schlussbilanz

Im Rahmen dieser Darstellung sollen lediglich die Verpflichtungen im Rahmen der handels- und steuerrechtlichen Rechenwerke[1] beleuchtet werden. Für die Darstellung der internen Rechenwerke sei auf die weiterführende Literatur[2] verwiesen.

B. Gültigkeit der allgemeinen Rechnungslegungsvorschriften

3   Die Verpflichtung zur Führung einer handelsrechtlichen Rechnungslegung ergibt sich aus § 238 HGB für Einzelgewerbetreibende, deren Gewerbe nach Art und Umfang einen in kaufmännischer Weise eingerichteten Geschäftsbetrieb erfordert (§ 1 HGB) sowie für Handelsgesellschaften (§ 6 HGB) wie der OHG, KG, GmbH, AG, KG aA, EWIV. Nach § 140 AO wird diese Verpflichtung auch auf die steuerrechtlichen Aufzeichnungspflichten übertragen. Neben den Anforderungen des HGB ergibt sich auch nach § 141 AO für Zwecke der Besteuerung eine Buchführungspflicht, sobald Grenzwerte bei den Größen Umsatz und Gewinn aus Gewerbebetrieb überschritten werden.

Demnach sind hier folgende Rechenwerke zu führen:
– Handelsbücher, somit Verpflichtung zur Führung einer Buchhaltung
– Erstellen eines Jahresabschlusses zum Ende jedes Wirtschaftsjahres, wobei Art und Umfang des Jahresabschlusses von Rechtsform und Größenklasse des Unternehmens abhängig sind.

Für das insolvente Unternehmen müssen die Jahresabschlüsse die identischen Funktionen erfüllen wie für das „lebende" Unternehmen – dies gilt sowohl für die Zeit vor Verfahrenseröffnung als auch nach Verfahrenseröffnung. Dies stellt auch die Stellungnahme des IDW zur externen Rechnungslegung im Insolvenzverfahren klar.

Dabei steht zunächst der handelsrechtliche Jahresabschluss im Vordergrund, da nur hier alle Forderungen des HGB – vor allem im Hinblick auf den Gläubigerschutz – voll berücksichtigt werden können. Zahlreiche steuerliche Sonderregelungen führen dazu, dass nur in sehr wenigen Fällen eine Einheitsbilanz – Steuerbilanz und Handelsbilanz sind hierbei identisch – erstellt werden kann. In der Praxis wird aus der Handelsbilanz die Steuerbilanz abgeleitet; alternativ kann aus der Handelsbilanz das steuerlich relevante Ergebnis auch in Form einer Nebenrechnung ermittelt werden.

Der Forderung nach einer korrekten Handelsbilanz wird nicht in allen Fällen nachgekommen. Zum Teil versucht das krisenbehaftete Unternehmen Mehr-

---

[1] IDW Rechnungslegungshinweises IDW RH HFA 1012 (Stand 11.9.2015) kommentiert ua von *Hillebrand/Moll* ZInsO 2016, 136.
[2] IDW Rechnungslegungshinweis: Insolvenzspezifische Rechnungslegung im Insolvenzverfahren (IDW RH HFA 1.011) sowie Bestandsaufnahme im Insolvenzverfahren (IDW RH HFA 1.010).

kosten für die Erstellung von zwei Abschlüssen zu vermeiden. Für den Insolvenzverwalter ist deshalb uU zu prüfen, ob für die Vorjahre eventuell handelsrechtlich nicht korrekte Jahresabschlüsse vorliegen, da nur Einheitsbilanzen erstellt wurden. In der Regel sind die Ergebnisse der Handelsbilanzen schlechter, da in der Steuerbilanz beispielsweise die handelsrechtlich gebotenen Rückstellungen nicht im vollen Umfang gebildet werden dürfen. Gleichzeitig ist zu prüfen, ob die Notwendigkeit für eine Bilanzänderung besteht.

Die allgemeinen Regelungen zur Gliederung der Bilanz und der Gewinn- und Verlustrechnung sind weiter zu beachten.

Bei den Buchführungs- und Bilanzierungsarbeiten gelten die allgemeinen Grundsätze ordnungsgemäßer Buchführung (GoB).[3] Dabei ergeben sich in Insolvenzfällen Notwendigkeiten zur Modifikation der allgemeinen GoB: 4

– Stichtagsprinzip
   Das Stichtagsprinzip nach § 242 Abs. 1 und 2 HGB wird durchbrochen, da mit Eröffnung des Insolvenzverfahrens ein neues Wirtschaftsjahr beginnt. Auch die Regelungen zu Abwicklungsbilanzen wie sie sich im GmbHG, AktG und §§ 154 und 161 HGB finden, stellen Sonderregelungen zum normalen Stichtagsprinzip dar.
– Vollständigkeitsprinzip
   Besonders bedeutsam ist der Grundsatz der Vollständigkeit nach § 246 Abs. 1 HGB. Er fordert, dass alle Geschäftsvorfälle erfasst werden – eine Forderung, welche angesichts der vielfach vorgefundenen Belegsituation nicht immer einfach zu erfüllen ist. Handelsrechtliche Ansatzvorschriften bleiben unberührt.
– Bilanzidentität
   An diesem Grundsatz ist auch im Insolvenzfall festzuhalten. Die Schlussbilanz des werbenden Unternehmens ist identisch mit der Abwicklungs-Eröffnungsbilanz. Eventuell notwendige Neubewertungen sollten deshalb unmittelbar nach Erstellung einer Abwicklungs-Eröffnungsbilanz erfolgen. Die Entscheidungen über die weiteren Wertansätze werden sich in der Regel erst im Berichtstermin ergeben, wenn über das weitere Prozedere entschieden wird (Spannweite: sofortige Betriebseinstellung bis hin zum Insolvenzplanverfahren). Diese Information ist als wertbegründender Aspekt zu sehen. Wertbegründende Aspekte sind Ereignisse nach dem Bilanzierungs-Stichtag, welche keine Rückschlüsse auf die Verhältnisse zum Stichtag zulassen. Somit wird eine exakte und saubere Trennung der Einflusssphären von Insolvenzschuldner (bis zur Schlussbilanz des werbenden Unternehmens) und Insolvenzverwalter (ab der Abwicklungs-Eröffnungsbilanz) erreicht. Dennoch werden Bewertungsaspekte auch in der Schlussbilanz des werbenden Unternehmens schon differenziert zu betrachten sein (vgl. Ausführungen zum Going-concern Prinzip).
– Bewertungsstetigkeit
   Das Gebot der Bewertungsstetigkeit nach § 252 Abs. 1 Nr. 6 HGB besagt, dass die Verfahren zur Bewertung zwischen zwei Bilanzstichtagen identisch sein sollen. Abweichungen sind zu erläutern.

---

[3] Ergänzend Wimmer/Dauernheim/Wagner/Gietl, Handbuch des Fachanwalts Insolvenzrecht, Kapitel 23.B.

In Insolvenzfällen ist es durch die besonderen Gegebenheiten in der Regel erforderlich die Bewertungsverfahren des letzten Jahresabschlusses zu modifizieren (es ist zT sogar notwendig diese Bewertung zu überprüfen, um auszuschließen, dass über die Bewertung in den Vorjahren eine Konkursverschleppung unterstützt wurde).

- Going-concern-Prinzip
Hier ergeben sich die größten Abweichungen zur Bilanzierung eines werbenden Unternehmens. Das Going-concern-Prinzip besagt, dass bei der Bewertung von einer Betriebsfortsetzung auszugehen ist. Dies ist in Insolvenzfällen in der Regel nicht der Fall, so dass hier völlig andere Voraussetzungen vorliegen. Die Bilanzierung der Handelsbilanz orientiert sich zwar nur an den Maßgaben des HGB. Die im Insolvenzstatus ausgewiesenen Werte können jedoch von Bedeutung sein, wenn sie einen Abwertungsbedarf bzw. die Notwendigkeit zur Bildung von Rückstellungen indizieren (insoweit Durchbrechung des Going-concern-Prinzips).

Beispiele:
- Bei der Bewertung der Bestände an unfertigen Erzeugnissen kann im Extremfall ein Wertansatz von Null gerechtfertigt sein, wenn eine Fertigstellung nicht mehr möglich/geplant ist.
- Es ist möglich, eine Umgliederung von Gegenständen des Sachanlagevermögens in das Umlaufvermögen vorzunehmen, wenn eine zügige Veräußerung wahrscheinlich ist (Anhaltspunkt ca. 2 Jahre). Dann gilt auch das strenge Niederstwertprinzip für die Bewertung im Umlaufvermögen. Jedes umgegliederte Wirtschaftsgut ist auf die Notwendigkeit der Wertanpassung auf einen im Rahmen des strengen Niederstwertprinzips niedrigeren Wertansatz zu prüfen.
- Bei Vermögensgegenständen des Sachanlagevermögens ist die Reduzierung der Restnutzungsdauer für die Abschreibungsberechnung auf die Zeit, in der die Vermögensgegenstände noch dem insolventen Unternehmen zB im Rahmen einer Betriebsfortführung dienen, möglich.
- Handelsrechtlich zulässige Bilanzierungshilfen, wie zB die aktivierten Aufwendungen für die Ingangsetzung des Geschäftsbetriebs, sind darauf zu prüfen, ob eine vollständige Ausbuchung gerechtfertigt ist. Es ist zu prüfen, ob ein feststellbarer Zeitwert, dh der Wert, den ein potenzieller Erwerber zu zahlen bereit wäre, überhaupt realistisch anzunehmen ist.
- Rechnungsabgrenzungsposten sind darauf zu prüfen, ob reale Vermögensgegenstände vorliegen, die einen Bilanzausweis rechtfertigen. In allen anderen Fällen, wie zB bei lediglich zur Periodenabgrenzung gebildeten Abgrenzungsposten, aus denen der Insolvenzverwalter keinen Zahlungsanspruch ableiten kann, ist deren Verteilung auf den erwarteten Auflösungszeitraum zu verkürzen. Im Extremfall kann sich der zu verteilende Zeitrahmen auf ein Jahr reduzieren, was einer sofortigen Ausbuchung gleichkommt.

- Einzelbewertung
Im Insolvenzfall kann es sinnvoll sein, gewisse Vermögensgegenstände, welche bei der Zerschlagung als eine Einheit anzusehen sind, auch als eine Einheit zu bewerten.
Das Maß, in welchem die GoB – namentlich das Prinzip des Going-concern – modifiziert werden sollten, hängt im Wesentlichen von der voraussichtlichen Art der Verfahrensabwicklung ab.

Depré/Dobler

§ 34. Buchführung, Rechnungslegung

Die größten Abweichungen von den regulären Maßstäben (zB Bewertung, Umgliederungen, Neudefinition von Restnutzungsdauern etc) sind notwendig, wenn das Unternehmen sofort stillgelegt wird. Bei einer erwarteten Betriebsfortführung bzw. bei einem angestrebten Insolvenzplanverfahren sind nur geringe Modifikationen vorzunehmen.

C. Rechnungslegungspflichten

Die Aufstellung des Abschlusses vor Verfahrenseröffnung wird gesetzlich nicht explizit gefordert. Da § 155 InsO jedoch den Beginn eines neuen Wirtschaftsjahres festlegt, kann daraus geschlossen werden, dass das sich ergebende Rumpf-Geschäftsjahr auf den Stichtag vor Verfahrenseröffnung durch eine Schlussbilanz zu beenden ist. Dies kann nicht davon abhängen, ob eine (zeitweilige) Fortführung des Unternehmens erreichbar ist. Diese Schlussbilanz ermöglicht auch die Abbildung der durch die Insolvenz gegebenen Zäsur zwischen dem krisenbehafteten Unternehmen und einer ggf. möglichen Unternehmensfortführung. Gerade im Hinblick auf die Zielsetzung der InsO ist es notwendig, die Krisenursachen sauber herauszuarbeiten. Die hierzu notwendigen Informationen und Abgrenzungen werden durch die Schlussbilanz des Unternehmens auf den Vortag der Verfahrenseröffnung erst ermöglicht. Auch die Zurechnung einer etwaigen Steuerbelastung zu den Kategorien Insolvenzverbindlichkeit oder Masseverbindlichkeit ist nur dann exakt möglich, wenn das Ergebnis zum Vortrag der Verfahrenseröffnung über eine Schlussbilanz mit Gewinn- und Verlustrechnung, Anhang und ggf. Lagebericht ermittelt wird. Für steuerliche Zwecke ist ggf. auch eine Abgrenzung zum Stichtag der Anordnung der vorläufigen Verwaltung notwendig, um den Anforderungen des § 55 InsO nachkommen zu können.

Mit der Eröffnung des Insolvenzverfahrens beginnt ein neues Geschäftsjahr. In der Regel handelt es sich – zwangsweise – um ein Wirtschaftsjahr, das mit dem Kalenderjahr nicht identisch ist. Für die steuerliche Anerkennung ist eine Zustimmung der Finanzverwaltung einzuholen (Ermessensentscheidung – jedoch mit stark eingeschränktem Ermessensspielraum, da die Forderung von § 155 InsO der Ablehnung gegenüber steht). In der Literatur wird die Möglichkeit zugestanden, sofort nach dem Entstehen des neuen Wirtschaftsjahres mit der Verfahrenseröffnung per Beschluss das entstandene abweichende Wirtschaftsjahr wieder auf das reguläre Kalenderjahr umzustellen. Hierbei entsteht dann ein Rumpfgeschäftsjahr. Die Wahlmöglichkeit steht dem Insolvenzverwalter zu.[4] Bei Kapitalgesellschaften muss der Insolvenzverwalter innerhalb von 12 Monaten nach Insolvenzeröffnung eine entsprechende Mitteilung an das Registergericht schicken.

Der Insolvenzverwalter stellt somit auf den Zeitpunkt der Verfahrenseröffnung eine Eröffnungsbilanz auf. Entsprechende Regelungen enthalten neben § 155 InsO auch § 154 HGB, § 270 Abs. 1 AktG und § 71 Abs. 1 GmbHG für die gesellschaftsrechtliche Liquidation.

In der Regel wird gefordert, dass das Prinzip der Bilanzidentität auch zwischen Schlussbilanz des werbenden Unternehmens zum Vortag der Verfahrens-

---
[4] BGH 14.10.2014 – Az. II ZB 20/13.

eröffnung und der Abwicklungseröffnungsbilanz auf den Tag der Verfahrenseröffnung zu wahren ist.

	Einzelkaufmann	Personenhandelsgesellschaft	Kapitalgesellschaft
Schlussbilanz des werbenden Unternehmens	nicht vorgeschrieben, aber aus Gründen der Transparenz/Abgrenzung zu empfehlen	nicht vorgeschrieben, aber identisch mit (Liquidations-) Eröffnungsbilanz	gefordert, identisch mit (Liquidations-) Eröffnungsbilanz
(Liquidations-) Eröffnungsbilanz	nicht vorgeschrieben	vorgeschrieben nach §§ 154, 161 HGB	vorgeschrieben nach § 270 AktG/§ 71 GmbHG
Laufende (Liquidations-) Jahresabschlüsse	vorgeschrieben nach §§ 238 ff. HGB	vorgeschrieben nach §§ 238 ff. HGB	vorgeschrieben nach § 270 AktG/§ 71 GmbHG
(Liquidations-) Schlussbilanz	nicht explizit, aber in Anlehnung an §§ 238 ff. HGB	vorgeschrieben nach §§ 154, 161 HGB	vorgeschrieben nach § 270 AktG/§ 71 GmbHG

Änderungen und Anpassungen in der Bewertung sind deshalb – soweit möglich – bereits in der Schlussbilanz des werbenden Unternehmens auszuweisen. In jedem Fall ist sicherzustellen, dass Veränderungen in den Wertansätzen handels- und steuerrechtlich erfasst werden. Diese Forderung ist nur zu erfüllen, wenn die Bilanzidentität gewahrt bleibt.

In der Literatur[5] wird vorgeschlagen, ggf. den Bilanzausweis von besonderen Posten so zu ändern, dass eine für die Verfahrensabwicklung optimale Transparenz erreicht wird. So beispielsweise beim gesonderten Ausweis ausstehender Einlagen auf der Aktivseite der Bilanz vor dem Anlagevermögen; von der Saldierungsmöglichkeit mit dem Kapital nach § 272 Abs. 1 S. 3 HGB ist kein Gebrauch zu machen.

8 Der Insolvenzverwalter hat auch nach Verfahrenseröffnung Handelsbücher zu führen (§ 239 HGB) und für den Schluss eines jeden Geschäftsjahrs eine Bilanz und eine Gewinn- und Verlustrechnung aufzustellen (§ 242 HGB), wenn das Insolvenzverfahren ein vollkaufmännisches Unternehmen betrifft (vgl. § 4 Abs. 1 HGB). Für Einzelunternehmen und Personengesellschaften kann die Verpflichtung zur Bilanzierung entfallen, wenn im Rahmen der Abwicklung ein vollkaufmännischer Geschäftsbetrieb nicht mehr erforderlich ist. In diesem Fall ist eine einfache Einnahmen-Ausgaben-Rechnung ggf. mit entsprechenden Neben-Rechenwerken (zB Einnahmen-Ausgaben-Rechnung unter Mitführung der Debitoren und Kreditoren) ausreichend. Bei Kapitalgesellschaften gelten diese Erleichterungen nicht. Das Registergericht kann sie nicht der Prüfungspflicht nach § 267 HGB lediglich von der Prüfung des Jahresabschlusses durch einen Abschlussprüfer befreien (vgl. § 270 Abs. 3 AktG; § 71 Abs. 3 GmbHG). Nach § 155 Abs. 3 InsO ist für die Befreiung das Registergericht auf Antrag des In-

---

[5] Vgl. Hess/Weis, Liquidation und Sanierung nach der Insolvenzordnung, Rn. 1.171 ff.

solvenzverwalters zuständig. Es ist auch zu prüfen, ob die für die Prüfungspflicht relevanten Größenmerkmale nach § 267 HGB eventuell unterschritten werden und die Prüfungspflicht somit entfällt.

Es wird empfohlen, bei den Gewinn- und Verlustrechnungen der Jahresabschlüsse nach der Verfahrenseröffnung insolvenzbedingte Einflüsse wie Realisierung von stillen Reserven, Abwicklungskosten etc gesondert darzustellen.

Ein ggf. im werbenden Unternehmen zu erstellender Anhang und Lagebericht wird bei der Abwicklungs-Eröffnungsbilanz durch einen sogenannten ergänzenden Bericht ersetzt. Für die weiteren Jahresabschlüsse im Rahmen des Abwicklungsverfahrens bzw. bei einer Weiterführung des Unternehmens durch den Insolvenzverwalter gelten wieder die Regelungen wie für das werbende Unternehmen. Der Lagebericht berichtet dann vor allem über den Stand der Arbeiten im Rahmen der Abwicklung bzw. der Fortführung. Im Anhang sind Änderungen im Bilanzausweis (beispielsweise Umgliederungen vom Anlageins Umlaufvermögen), in der Bewertung (beispielsweise Übergang zu Zerschlagungswerten bei neuen Erkenntnissen über den Verfahrensfortgang) oder in der Art der Abschreibungsverfahren darzustellen. 9

In der Literatur[6] wird zum Teil gefordert, in sinnvollen Fällen die Pflicht zur Fortführung der externen Rechnungslegung zu begrenzen. Die Verpflichtungen sollten soweit aufrechterhalten werden, wie sinnvolle zusätzliche Informationen aus dem externen Rechenwerk gewonnen werden können. Andernfalls würden die notwendigen Arbeiten lediglich zu einer zusätzlichen Belastung der Masse führen, welche weitgehend zu schonen ist. So könne beispielsweise im Falle einer Betriebsstilllegung auf die externe Rechnungslegung verzichtet werden, wenn die interne Buchführung des Insolvenzverwalters über die Verwertungsmaßnahmen ausreichend informiert und wenn die Schutz- und Informationsinteressen von Gläubigern, Gesellschaftern und Insolvenzgericht dennoch nicht eingeschränkt werden. Es ist somit zu prüfen, ob es im Falle von massearmen Verfahren sachgerecht ist, die umfangreichen Buchführungs- und Bilanzierungsaufgaben durchzuführen. Gegebenenfalls ist das Unterlassen dieser Pflichten vom Insolvenzverwalter mit der Gläubigerversammlung und dem Gericht abzustimmen.

D. Dokumentation und Prüfung

Bei der Erstellung, Komplettierung und Sicherung von Datenbeständen sind auch die Vorgaben der Finanzverwaltung an Prüfungen zu beachten. Diese in den sogenannten GoBD (Grundsätze zur ordnungsmäßigen Führung und Aufbewahrung von Büchern, Aufzeichnungen und Unterlagen in elektronischer Form sowie zum Datenzugriff) zusammengefassten Anforderungen basieren auf § 158 AO in Verbindung mit einem Fragen- und Antwortenkatalog der Finanzbehörden zum Datenzugriff (§ 147 Abs. 6 AO). Verstöße gegen diese Anforderungen können dazu führen, dass die Ordnungsmäßigkeit der Buchführung infrage gestellt wird bis hin zu Schätzungen. 10

---

[6] Hess/Mitlehner, Steuerrecht Rechnungslegung Insolvenz, Rn. 139 ff. mwN.

Depré/Dobler

11 Auch der Insolvenzverwalter muss sich mit diesem Thema auseinandersetzen, da in heutiger Zeit verstärkt Buchhaltungen im schuldnerischen Unternehmen „papierlos" geführt werden und die Archivierung und Sicherung der Datenbestände dies zu berücksichtigen haben.

E. Offenlegung

12 In § 325 HGB sind die Pflichten zur Offenlegung von Jahresabschlüssen zum elektronischen Bundesanzeiger normiert. Verantwortlich für die Einreichung sind die gesetzlicher Vertreter der Kapitalgesellschaft. Die Offenlegungspflicht besteht grundsätzlich auch im Insolvenzverfahren. Die Offenlegungspflicht entfällt erst, wenn die Löschung des Unternehmens im Handelsregister eingetragen ist. Die Offenlegungspflicht, bzw. die Sanktionen bei Nichtbeachtung, laufen jedoch ins Leere. Das Ordnungsgeldverfahren kann nicht gegen den Insolvenzverwalter geführt werden, weil er kein allgemeiner Vertreter sowie kein Organ der Gesellschaft ist. Die Insolvenzgesellschaft ist zur Offenlegung nicht in der Lage. Die gesetzlichen Vertreter blieben zur Offenlegung verpflichtet, jedoch nur bezogen auf das insolvenzfreie Vermögen.[7]

F. Nebeneffekte

13 Die Auswertung der schuldnerischen Finanzbuchhaltung ist in vielen Fällen Basis für die weitergehende Insolvenzbearbeitung wie beispielweise
- Analyse der wirtschaftlichen Entwicklung
- Identifizierung von Anfechtungsansprüchen
- Identifizierung von Haftungsansprüchen
- Analysen zum Zeitpunkt eingetretener Zahlungsunfähigkeit
- Analysen zur Überschuldung

Auch vor diesem Hintergrund sollte der Verwalter bestrebt sein möglichst vollständige Daten aus der Finanzbuchhaltung des schuldnerischen Unternehmens zu sichern und für sich auswertbar zu machen.

G. Sicherstellen der Daten

14 Die Geschäftsunterlagen stellen nach § 36 Abs. II InsO einen Bestandteil der Insolvenzmasse dar. Zu den Geschäftsbüchern im Sinne der Vorschrift gehören (vgl. dazu auch § 147 AO und § 257 HGB) Bilanzen, Inventare, Jahresabschlüsse, die empfangenen und abgesandten Handels- und Geschäftsbriefe, die Buchungsbelege und die Buchführung.

15 Sie sind somit nach Verfahrenseröffnung vom Insolvenzverwalter in Besitz zu nehmen und zu verwalten (§ 148 InsO). Nicht zu Unrecht führt der Regierungsentwurf zu § 36 InsO aus, dass diese Unterlagen ggf. einen beachtlichen

---

[7] Diverse Urteile des LG Bonn ua v. 16.9.2009 – Az. 30 T 366/09 sowie v. 25.5.2009 – Az. 36 T 68/08 und v. 13.12.2008 – Az. 30 T 275/08.

Wert darstellen können, zu denken ist hierbei beispielsweise an Kundenlisten etc. Bei einer Weigerung des Insolvenzschuldners bzgl. der Herausgabe kann der Insolvenzverwalter diese Herausgabe im Wege der Zwangsvollstreckung erzwingen (§ 148 Abs II InsO).

Die übernommenen Unterlagen sind daraufhin zu prüfen, ob sie noch zu verbuchende Geschäftsvorfälle betreffen bzw. ob sie für die Aufarbeitung noch nicht vorliegender Jahresabschlüsse relevant sind. Diese Bereiche können dann der weiteren Bearbeitung zugeführt werden.

Problematisch ist in vielen Fällen die Herausgabe der Daten, welche sich beim vom Unternehmen beauftragten Steuerberater/Buchführungsbüro befinden. In der Regel bestehen hier Honorarrückstände und der Verwalter wird mit der Einrede von Zurückbehaltungsrechten konfrontiert.[8] Grundsätzlich muss der Steuerberater dem Mandanten nach §§ 675 Abs. 1, 667 BGB alles herausgeben, was er zur Ausführung des Auftrags erhalten und was er aus der Geschäftsbesorgung erlangt hat.[9] Ein Zurückbehaltungsrecht ist jedoch an Arbeitsergebnissen möglich. Daten, die lediglich aus der Erfassung der vom Mandant bereitgestellten Unterlagen entstanden sind, werden zu Bestandteilen dieser Unterlagen und sind Mandantenbelegen gleichzustellen, somit herauszugeben. Im Rahmen einer DATEV Finanzbuchhaltung besteht somit ein Herausgabeanspruch an den Buchungsstapeln (Vorläufen), welche die buchhalterisch erfasste Belegsammlung betrifft.

§ 35. Steuern in der Insolvenz

Die Frage „Gibt es ein Insolvenzsteuerrecht?" ist so aktuell wie immer. Zahlreiche strukturelle Änderungen in der Rechtsprechung in den letzten Jahren belegen dies. Vor allem im Bereich der Unternehmensinsolvenzen führen Steuern in nicht unerheblichem Umfang zu (Aus-)Zahlungsflüssen, welche durch den Verwalter zu beachten sind. Gleichzeitig stellen die steuerlichen Auswirkungen von Sanierungsmaßnahmen nach wie vor ein Sanierungsrisiko bis hin zum Sanierungshindernis dar. Vor diesem Hintergrund ist auch die Frage gerechtfertigt „Gibt es ein Sanierungssteuerrecht?".

A. Zusammenspiel von Steuerrecht und Insolvenzrecht

I. Gibt es ein Insolvenzsteuerrecht?

Nach wie vor gibt es kein eigenständiges Insolvenzsteuerrecht.[1] Die Lebenssachverhalte sind vielmehr auf Basis der einzelnen Steuergesetze, der Rechtspre-

---

[8] Vgl. auch die diesbezüglichen Stellungnahme der Bundessteuerberaterkammer vom 15.11.2012 (zu erreichen unter http://www.bstbk.de) „Hinweise der Bundessteuerberaterkammer zum Zurückbehaltungs- und Leistungsverweigerungsrecht".
[9] Vgl. auch *Hölzle*, Die Handakte des Steuerberaters, Stbg 2016, 226.
[1] Im Januar 2016 hat sich der Hamburger Kreis für Sanierungs- und Insolvenzsteuerrecht gegründet mit dem Ziel der Förderung der Harmonisierung von Insolvenz- und Steuerrecht.

chung und der Verwaltungsanweisungen hierzu zu bewerten und in den rechtlichen Kontext der Insolvenzordnung zu stellen. Dabei regeln die Steuergesetze, welche Sachverhalte überhaupt eine Steuer auslösen. Eine Melange aus Verwaltungsanweisungen, BFH-Urteilen und Insolvenzrecht regelt sodann die Eingruppierung der Steuerverbindlichkeiten als Insolvenzforderung oder als Masseverbindlichkeit. Als Grundnorm dieser Einordnung ist § 55 InsO zu sehen. Um diese Norm hat sich im Laufe der Zeit ein kunstvolles Gespinst gewoben, das dafür sorgen soll, dass dem Fiskus möglichst geringe Steuerausfälle entstehen und er – entgegen der Grundnorm der InsO – bereits vor einer Schlussverteilung möglichst optimal befriedigt wird. Die Rechtsprechung ist hier ständig in Bewegung. Die nachfolgenden Ausführungen entsprechen dem Stand Juni 2016.

II. Insolvenzforderung oder Masseverbindlichkeit

2   Der maßgebliche Unterschied zwischen Insolvenz- und Masseverbindlichkeit beruht auf der unterschiedlichen Durchsetzbarkeit der Ansprüche. Forderungen, die lediglich zur Insolvenztabelle angemeldet werden können, teilen das Schicksal der übrigen Forderungen der restlichen Gläubiger und werden nur entsprechend der sich ergebenden Insolvenzquote befriedigt. Im Extremfall ergibt sich ein Totalausfall. Dabei existiert in der Insolvenzordnung kein Fiskalvorrecht mehr, wie dies unter der ehemaligen Konkursordnung nach § 61 Abs. 1 Nr. 2 KO noch geregelt war.

Masseverbindlichkeiten werden vorab aus der Insolvenzmasse befriedigt. Im Extremfall leben sogar Haftungsansprüche gegen den Insolvenzverwalter persönlich auf falls diese nicht bedient werden. Die Qualifizierung nach Insolvenz- und Masseverbindlichkeit richtete sich bislang nach dem zugrunde liegenden (Lebens-) Sachverhalt. Der für die Zuordnung maßgebliche zeitliche Schnittpunkt lag auf der Eröffnung des Insolvenzverfahrens. Diese Grundnormen haben sich durch die Neuregelungen der vergangenen fünf Jahren, vor allem im Zuge des § 55 InsO deutlich verändert.

III. Der § 55 InsO

3   Steuerverbindlichkeiten, die vom Insolvenzverwalter nach der Eröffnung des Verfahrens begründet werden, stellen Masseverbindlichkeiten nach § 55 Abs. 1 InsO dar.

Steuerverbindlichkeiten, die von einem vorläufigen starken Insolvenzverwalter begründet werden, führen gemäß § 55 Abs. 2 Satz 1 InsO nach der Eröffnung des Verfahrens zu Masseverbindlichkeiten.

Durch das Haushaltsbegleitgesetz 2011[2] wurde die Regelung des § 55 Abs. 4 InsO eingeführt. Nach § 55 Abs. 4 InsO gelten Verbindlichkeiten des Insolvenzschuldners aus dem Steuerschuldverhältnis, die von einem vorläufigen schwachen Insolvenzverwalter oder vom Schuldner mit Zustimmung eines vorläufigen Insolvenzverwalters begründet worden sind, nach Eröffnung des In-

---

[2] Art. 3 Nr. 2 des Haushaltsbegleitgesetzes vom 9.12.2010, BGBl. I 1885.

solvenzverfahrens als Masseverbindlichkeit.[3] Die Regelung gilt für alle Insolvenzverfahren, deren Eröffnung seit dem 1.1.2011 beantragt wurde und in denen ein sog schwacher vorläufiger Insolvenzverwalter bestellt wird, dem nach § 22 Abs. 2 InsO nicht die Verfügungsbefugnis über das Schuldnervermögen übertragen ist.[4] Dies ist in der Praxis der Insolvenzgerichte der Regelfall, da nach den meisten gerichtlichen Sicherungsanordnungen nach § 21 Abs. 2 Nr. 2 InsO Verfügungen des Schuldners mit Zustimmung des vorläufigen Insolvenzverwalters möglich bleiben.

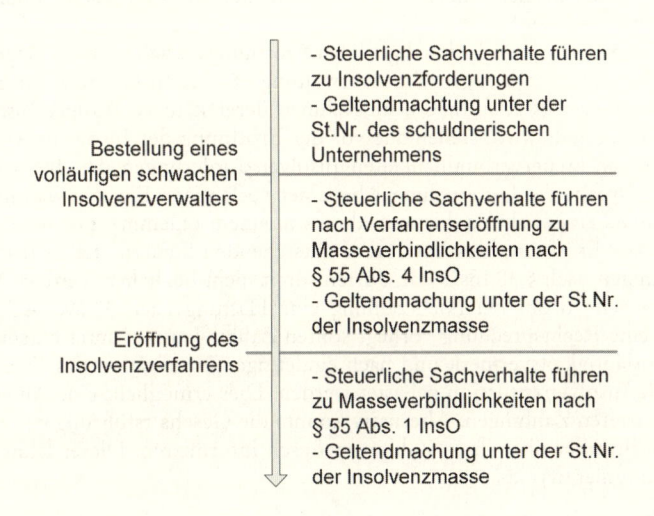

Bestellung eines vorläufigen schwachen Insolvenzverwalters	- Steuerliche Sachverhalte führen zu Insolvenzforderungen - Geltendmachung unter der St.Nr. des schuldnerischen Unternehmens
	- Steuerliche Sachverhalte führen nach Verfahrenseröffnung zu Masseverbindlichkeiten nach § 55 Abs. 4 InsO - Geltendmachung unter der St.Nr. der Insolvenzmasse
Eröffnung des Insolvenzverfahrens	- Steuerliche Sachverhalte führen zu Masseverbindlichkeiten nach § 55 Abs. 1 InsO - Geltendmachung unter der St.Nr. der Insolvenzmasse

Der schwache vorläufige Insolvenzverwalter ist auch unter den Maßgaben des § 55 Abs. 4 InsO kein Vermögensverwalter im Sinne des § 34 Abs. 3 AO. Er hat somit keine Steuererklärungspflichten für den Insolvenzschuldner zu erfüllen.

Der Zeitpunkt der Qualifizierung von Steuerverbindlichkeiten, die im Eröffnungsverfahren begründet wurden, zu Masseverbindlichkeiten wird auf den Stichtag der Eröffnung des Insolvenzverfahrens gelegt. Da in der Praxis erst nach der Eröffnung des Insolvenzverfahrens eine Steuernummer für die Insolvenzmasse vergeben wird, können auch faktisch die entsprechenden Meldungen und Erklärungen erst nach der Eröffnung des Insolvenzverfahrens eingereicht werden. Auch Zahlungen auf die als Masseverbindlichkeit umqualifizierten Steuern aus dem Antragsverfahren müssen und können erst nach Verfahrenseröffnung geleistet werden.

4

---

[3] BFH Urt. v. 24.9.2014 – V R 48/13 sowie BMF Schreiben vom 20.5.2015 zu Anwendungsfragen zu § 55 Abs. 4 InsO IV A 3 – S 0550/10/10020-05 mit Ergänzung am 18.11.2015 – IV A 3 – S 0550/10/10020-05.

[4] Für den sog starken vorläufigen Insolvenzverwalter, dem die Verfügungsbefugnis nach § 22 Abs. 1 InsO übertragen ist, galt bereits zuvor § 55 Abs. 2 InsO. Die Regelung erhebt allerdings nicht nur den Fiskus, sondern jeden betroffenen Gläubiger zum Massegläubiger.

5 Der starke vorläufige Insolvenzverwalter ist Vermögensverwalter und Verfügungsberechtigter im Sinne der AO und muss sämtliche steuerlichen Pflichten des Schuldners in Bezug auf das seiner Verwaltung unterliegende Vermögen erfüllen. Da ihm bereits mit Bestellung eine neue Steuernummer zugewiesen wird, kann er die notwendigen Anmeldungen im Eröffnungsverfahren erstellen und einreichen. Eine Verpflichtung entstehende Steuerforderungen noch vor Verfahrenseröffnung zu zahlen ergibt sich hieraus jedoch nicht.

6 Die Regelung des § 55 InsO betrifft alle Steuerarten. Alle nachfolgenden Ausführungen zu den einzelnen Steuerarten müssen vor diesem Hintergrund interpretiert werden.

7 Der § 55 InsO gilt jedoch lediglich bei Eröffnungsverfahren einer Regelinsolvenz. Bei einer vorläufigen Eigenverwaltung (§ 270a InsO) bzw. im Schutzschirmverfahren (§ 270b InsO), im Rahmen derer kein vorläufiger Insolvenzverwalter bestellt wird, stellen alle vor der Eröffnung des Insolvenzverfahrens begründeten Steuerverbindlichkeiten Insolvenzforderungen dar. Insoweit stehen die Organe des Unternehmens bei einer vorläufigen Eigenverwaltung bzw. im Rahmen eines Schutzschirmverfahrens in einem Dilemma. Die im Zeitfenster bis zur Eröffnung des Verfahrens entstehenden Steuern stellen Insolvenzforderungen nach § 38 InsO dar, dürfen somit nicht beglichen werden. Auf der anderen Seite droht bei Nichtzahlung eine Haftung nach §§ 69, 34 AO. Bis hierzu eine Rechtsprechung vorliegt sollten Zahlungen nur unter entsprechendem Vorläufigkeitsvermerk und nach eindeutiger Information des Finanzamts über die Insolvenzsituation geleistet werden. Dies ermöglicht eine Anfechtung der geleisteten Zahlungen. Alternativ könnte die Geschäftsführung den vorläufigen Sachwalter über ihren Zahlungswunsch informieren. Dieser lehnt diesen dann dokumentiert ab.

B. Geltendmachung der Abgabenansprüche

I. Vor Anordnung der vorläufigen Insolvenzverwaltung begründete Steuern

8 Nach Eröffnung des Insolvenzverfahrens und vor Abschluss der Prüfungen gemäß §§ 176, 177 InsO dürfen grundsätzlich keine Bescheide mehr erlassen werden, in denen Besteuerungsgrundlagen festgestellt oder festgesetzt werden, welche die Höhe der zur Insolvenztabelle anzumeldenden Steuerforderungen beeinflussen können.[5] Der Erlass von Einheitswert- und Grundsteuermessbescheiden kann ausnahmsweise auch nach Eröffnung des Insolvenzverfahrens über das Vermögen des Grundstückseigentümers (gegenüber dem Insolvenzverwalter) zulässig sein, weil die rechtlichen Wirkungen dieser Bescheide sich nicht auf das Verhältnis zwischen dem Steuerpflichtigen – dh hier dem Insolvenzverwalter – und dem Finanzamt beschränken, sondern in Bezug auf die wirtschaftliche Einheit iSd §§ 2, 19 Abs. 1 BewG gegenüber dem jeweiligen

---

[5] Vgl. hierzu Änderung des Anwendungserlasses zur Abgabenordnung (AEAO) vom 3.11.2014 – IV A 3 S 0062/14/10008.

§ 35. Steuern in der Insolvenz

Eigentümer fortbestehen, diesen Bescheiden also eine sogenannte dingliche Wirkung zukommt.[6]

Die Forderungen werden stattdessen in Form einer Steuerberechnung (kein Steuerbescheid) geltend gemacht und zur Tabelle angemeldet. Die Eintragung der festgestellten Forderung in die Tabelle ersetzt im Insolvenzverfahren den Steuerbescheid und wirkt letztlich wie eine Steuerfestsetzung, denn nach Beendigung des Insolvenzverfahrens kann die Finanzbehörde auf Grund der Eintragung wie aus einem rechtskräftigen Urteil vollstrecken.[7]

Durch die Abgabe von Steuererklärungen für Veranlagungszeiträume, die vor der Insolvenz geendet haben, werden bereits entstandene, aber noch nicht fällige, dh betagte Steuern, gegenüber dem Finanzamt erklärt. Die Beträge stellen, da vor Verfahrenseröffnung begründet, Insolvenzforderungen dar. Sie gelten nach § 41 InsO als fällig, obwohl zur Verfahrenseröffnung – in Ermangelung einer vorliegenden Erklärung – noch keine Fälligkeit im abgabenrechtlichen Sinn vorliegen kann. Für den Gläubiger ergibt sich somit – theoretisch – ein Vorteil durch die frühere Fälligkeitsfiktion. Dieser Vorteil wird durch eine Abzinsung der als fällig betrachteten Beträge nach § 41 Abs. 2 InsO ausgeglichen. Betagte Steuerforderungen sind gegenüber dem Finanzamt ergänzend zur Steuererklärung als solche zu kennzeichnen, um auf diese Weise zu gewährleisten, dass die Steuerforderung nur mit dem abgezinsten Betrag angesetzt wird. Da der für die Ermittlung der Abzinsung notwendige Zeitraum zwischen Verfahrenseröffnung und abgabenrechtlicher Fälligkeit nicht festliegt, wird dieser Zeitraum geschätzt. Maßgebend ist insoweit, zu welchem Zeitpunkt die Festsetzung der Steuer und damit die Fälligkeit ohne Eröffnung des Insolvenzverfahrens nach dem gewöhnlichen Lauf der Dinge und dem Fortgang der Veranlagungsarbeiten in dem zuständigen Finanzamt erwartet werden dürfte.

In der Regel wird in der Praxis die Abzinsungsregelung wegen der nur sehr geringen Auswirkungen nur selten eine nennenswerte Rolle spielen. Liegen keine wesentlichen Auswirkungen vor, so sollte die Ermittlung der nicht abgezinsten Beträge ausreichend sein. Abzuzinsen sind nur an sich unverzinsliche Forderungen. Gestundete, ausgesetzte, hinterzogene bzw. nach § 233a AO verzinsliche Forderungen sind in ihrer vollen Höhe anzusetzen.

Das Prozedere der Anmeldung bei Steueransprüchen, die vor Verfahrenseröffnung begründet waren, ist in einem einschlägigen BMF-Schreiben dargestellt.[8] Dieses Schreiben stellt auch die Fallvarianten dar, falls diese Forderungen bestritten werden. Eine Verfügung der OFD Hannover vom 7.2.2005 nimmt ebenfalls zum Einspruchsverfahren in Insolvenzfällen Stellung.

Die angemeldeten Forderungen basieren in zahlreichen Fällen auf Zeiträumen, für welche die notwendigen Unterlagen vom Insolvenzverwalter (bzw. davor vom Insolvenzschuldner) noch nicht vollständig aufgearbeitet werden konnten. Oftmals wurden diese Bereiche vom Insolvenzschuldner im wahrsten Sinne des Wortes sträflich vernachlässigt. Dies erschwert die Prüfung der vom Finanzamt angemeldeten Forderungen beträchtlich. Nachfolgend wird auf die

---
[6] FG Brandenburg Urt. v. 14.9.2006 – 3 K 2728/03.
[7] FG Berlin Urt. v. 17.3.2006 – 2 B 7048/04.
[8] BMF v. 17.12.98 – S 0550, BStBl 1998 I 1500.

Möglichkeiten und Folgen beim Bestreiten der angemeldeten Abgabenforderungen eingegangen.

14 Das Steuerrecht sieht umfangreiche Möglichkeiten vor, um dem Steuerpflichtigen Rechtsschutz zu gewähren. Auf der anderen Seite sind diese Möglichkeiten, gegen (vermeintlich) nicht korrekte Verwaltungsakte vorzugehen, nur im Rahmen der gesetzlichen Normen – dh innerhalb der hier festgelegten Grenzen – gegeben, um andererseits Rechtssicherheit zu gewährleisten. Als Rechtsmittel bzw. Möglichkeiten zur Veranlassung einer Änderung eines Bescheids stehen dem Steuerpflichtigen zur Verfügung:
- der Einspruch nach § 347 Abs. 1 AO als außergerichtlicher Rechtsbehelf gegen alle Verwaltungsakte, die aufgrund der AO in Abgabenangelegenheiten ergehen.
- die Korrekturvorschrift nach § 129 AO bei einer offensichtlichen Unrichtigkeit, wie zB Rechenfehler sowie die Korrekturmöglichkeit nach den §§ 172–177 AO.

15 In der Praxis liegen oftmals Schätzungen für die Abgabenforderungen vor, da die realen Besteuerungsgrundlagen noch nicht feststehen. Bescheide, die auf Schätzungen beruhen, stehen in der Regel unter dem sog Nachprüfungsvorbehalt. Nach § 164 AO können Steuern, solange der Steuerfall nicht abschließend geprüft ist, allgemein oder im Einzelfall unter dem Vorbehalt der Nachprüfung festgesetzt werden, ohne dass dies einer Begründung bedarf. Die Festsetzung einer Vorauszahlung ist dabei stets eine Steuerfestsetzung unter Vorbehalt der Nachprüfung. Solange der Vorbehalt wirksam ist, kann die Steuerfestsetzung aufgehoben oder geändert werden. Der Steuerpflichtige kann die Aufhebung oder Änderung der Steuerfestsetzung jederzeit beantragen. Der Vorbehalt der Nachprüfung kann jederzeit aufgehoben werden. Die Aufhebung steht dann einer Steuerfestsetzung ohne Vorbehalt der Nachprüfung gleich; § 157 Abs. 1 Satz 1 und 3 AO gilt sinngemäß. Der Vorbehalt der Nachprüfung entfällt, wenn die Festsetzungsfrist abläuft. Zu den weiteren Details zu außergerichtlichen Rechtsbehelfsverfahren und zum Vorgehen im Finanzgerichtsprozess sei auf die weiterführende Literatur verwiesen.

16 Wird dem noch nicht bestandskräftigen Steuerbescheid im Prüfungstermin vom Insolvenzverwalter widersprochen, wurde aber vom Schuldner bzw. einem sog starken vorläufigen Insolvenzverwalter noch kein Einspruch eingelegt, erklärt das Finanzamt gegenüber dem Insolvenzverwalter die Aufnahme des Steuerrechtsstreits. Das hat zur Folge, dass eine neue Rechtsbehelfsfrist in Gang gesetzt wird, innerhalb derer der Insolvenzverwalter Einspruch erheben kann. Liegt nach Ablauf der Frist kein Einspruch vor, gilt die angemeldete Forderung mit Ablauf der Rechtsbehelfsfrist als festgestellt.

17 War vor Eröffnung des Insolvenzverfahrens vom Schuldner bzw. dem sog starken vorläufigen Insolvenzverwalter Einspruch eingelegt worden, ist das Einspruchsverfahren durch den Insolvenzverwalter aufzunehmen und fortzuführen (§ 85 InsO). Das vom Insolvenzverwalter aufgenommene Einspruchsverfahren ist vom Finanzamt weiter zu betreiben. Das Gleiche gilt, wenn die Anmeldung zur Insolvenztabelle vom Insolvenzverwalter bestritten wird, dieser aber seinen Widerspruch gegen die Forderungsanmeldung trotz Aufforderung durch das Finanzamt, innerhalb einer angemessenen Frist nicht zurücknimmt und den Rechtsstreit von sich aus auch nicht aufnimmt.

Depré/Dobler

Das Einspruchsverfahren wird in der Lage bzw. in dem Verfahrensstand fortgesetzt, in dem es bei seiner Unterbrechung durch die Eröffnung des Insolvenzverfahrens bzw. durch die Anordnung eines allgemeinen Verfügungsverbotes im Eröffnungsverfahren zum Stillstand gekommen ist. Gegenstand des Einspruchsverfahrens bleibt der vom Insolvenzschuldner bzw. der vom sog starken vorläufigen Insolvenzverwalter angefochtene Steuerbescheid. Der Insolvenzverwalter ist befugt, die Änderung oder Aufhebung des Steuerbescheids zu beantragen. 18

In den Fällen eines bereits bei Eröffnung des Insolvenzverfahrens bzw. bei Anordnung eines allgemeinen Verfügungsverbotes im Eröffnungsverfahren anhängigen Einspruchsverfahrens kommt der Erlass eines (Insolvenz-)Feststellungsbescheids nach § 251 Abs. 3 AO bei bestrittenen, zur Insolvenztabelle angemeldeten Steueransprüchen nicht in Betracht. Dieser ist nur erforderlich, wenn eine vom Finanzamt zur Insolvenztabelle angemeldete, jedoch noch nicht festgesetzte und wegen der Eröffnung des Insolvenzverfahrens bzw. wegen Anordnung eines allgemeinen Verfügungsverbotes im Eröffnungsverfahren auch nicht mehr festsetzbare Steuerforderung bestritten wird oder wenn bei bereits bestandskräftig festgesetzter Steuer die Anmeldung zur Insolvenztabelle bestritten wird. 19

Kann dem Einspruch in der Sache (Höhe der festgesetzten Steuer) nicht entsprochen werden, ist er durch Einspruchsentscheidung als unbegründet zurückzuweisen. Der Tenor der Einspruchsentscheidung kann wie üblich abgefasst werden. Der Insolvenzverwalter ist (in seiner Eigenschaft als Insolvenzverwalter) als Einspruchsführer aufzuführen. Ihm ist die Einspruchsentscheidung bekannt zu geben. 20

Ist dem Einspruch teilweise stattzugeben (Herabsetzung der festgesetzten Steuer), ist – bei Erlass einer Einspruchsentscheidung – die neue Steuerschuld im Tenor der Entscheidung festzustellen. Soweit wegen der streitigen Steuer eine Anmeldung zur Tabelle (§ 175 InsO) vorgenommen wurde, ist die Anmeldung im Anschluss an den Erlass der Einspruchsentscheidung entsprechend zu berichtigen. 21

Dem Insolvenzschuldner steht zwar auch das Widerspruchsrecht zu. Dessen Widerspruch steht der Feststellung der Forderung jedoch nicht entgegen (§ 178 Abs. 1 Satz 2 InsO). Trotz Widerspruchs des Schuldners tritt die Rechtskraftwirkung des Tabelleneintrags ein (§ 178 Abs. 3 InsO). Soweit der Schuldner die zur Tabelle angemeldete Forderung bestreitet, hat dies lediglich die Wirkung, dass der Tabelleneintrag nach Insolvenzbeendigung nicht gegen den Schuldner wirkt (§ 201 InsO). Das Finanzamt kann daher noch während des Insolvenzverfahrens, spätestens aber nach dessen Aufhebung, ein unterbrochenes Einspruchsverfahren gegen den Insolvenzschuldner persönlich aufnehmen. Der Schuldner kann den durch die Insolvenzeröffnung unterbrochenen Rechtsstreit nicht selbst aufnehmen. Für die Aufnahme des Rechtsstreits fehlt ihm während des Insolvenzverfahrens das Rechtsschutzbedürfnis. Nach Aufhebung des Insolvenzverfahrens kann er aber auch selbst den Rechtsstreit aufnehmen. 22

Nach § 178 InsO gilt eine Forderung als festgestellt, soweit gegen sie im Prüfungstermin oder im schriftlichen Verfahren ein Widerspruch weder vom Insolvenzverwalter noch von einem Insolvenzgläubiger erhoben wird. Ein bereits im 23

1216   10. Teil. Rechnungslegung und Steuerrecht in der Insolvenz

Zeitpunkt der Insolvenzeröffnung bzw. der Anordnung eines allgemeinen Verfügungsverbotes im Eröffnungsverfahren anhängiges Einspruchsverfahren kann mangels Widerspruchs des Insolvenzverwalters oder eines Insolvenzgläubigers nicht aufgenommen und fortgeführt werden.

24   Widerspricht auch der Schuldner der Anmeldung zur Insolvenztabelle nicht, so fehlt es an einem Rechtsschutzinteresse an der Fortsetzung des Einspruchsverfahrens. Durch die wirksame Feststellung der Forderung zur Insolvenztabelle kann in diesem Fall das Einspruchsverfahren als erledigt behandelt werden (als hilfsweise Entscheidung).

II. Verwaltungsakte gegen die Insolvenzmasse

25   Nach dem Anwendungserlass zur Abgabenordnung (AEAO) ist der Insolvenzverwalter Bekanntgabe-Adressat aller die Insolvenzmasse betreffenden Verwaltungsakte. Dies betrifft gem. § 55 InsO somit Zeitfenster ab Anordnung der vorläufigen Insolvenzverwaltung. Die Insolvenzmasse betreffende Verwaltungsakte können daher nicht mehr durch Bekanntgabe an den Steuerpflichtigen (Inhaltsadressaten) wirksam werden. Das gilt insbesondere für die Bekanntgabe von:
- Verwaltungsakten nach § 251 Abs. 3 AO (ggf. neben einer Bekanntgabe an den widersprechenden Gläubiger, § 179 Abs. 1 InsO),
- Verwaltungsakten nach § 218 Abs. 2 AO,
- Steuerbescheiden wegen Steueransprüchen, die nach der Verfahrenseröffnung entstanden und damit sonstige Masseverbindlichkeiten sind,
- Steuerbescheiden wegen Steueransprüchen, die aufgrund einer neuen beruflichen oder gewerblichen Tätigkeit des Insolvenzschuldners entstanden sind (sog Neuerwerb, § 35 InsO),
- Einheitswertbescheiden (§ 179 iVm § 180 Abs. 1 Nr. 1 AO) und Grundsteuermessbescheiden (§ 184 AO),
- Gewerbesteuermessbescheiden (§ 184 AO) und Zerlegungsbescheiden (§ 188 AO) nach einem Widerspruch gegen die Anmeldung von Gewerbesteuerforderungen durch die erhebungsberechtigte Körperschaft (BFH Urt. v. 2.7.1997, BStBl 1998 II 428)
- Prüfungsanordnungen (vgl. zu § 197 AO).

26   Der Insolvenzverwalter ist nicht Bekanntgabe-Adressat für Feststellungsbescheide nach §§ 179 ff. AO bei Personengesellschaften, wenn über das Vermögen der Gesellschaft, aber nicht über das ihrer Gesellschafter, das Insolvenzverfahren eröffnet worden ist.[9] Ist auch über das Vermögen eines Gesellschafters das Insolvenzverfahren eröffnet worden, muss der für den betreffenden Gesellschafter bestimmte Bescheid dessen Insolvenzverwalter bekannt gegeben werden. Der Insolvenzverwalter ist ebenfalls nicht Bekanntgabeadressat für Verwaltungsakte an den Schuldner, die sein insolvenzfreies Vermögen betreffen (zB Kraftfahrzeugsteuerbescheid für ein vom Verwalter freigegebenes Kraftfahrzeug).

---

[9] BFH Urt. v. 13.7.1967, BStBl III 790; Urt. v. 12.12.1978, BStBl 1979 II 440 und Urt. v. 21.6.1979, BStBl II 780.

Bei der Bekanntgabe muss deutlich werden, in welcher Funktion der Verwaltungsakt an den Insolvenzverwalter gerichtet ist und welches Verfahren betroffen ist.

Beispiel:
als Anschrift:
An Rechtsanwalt xyz als Insolvenzverwalter über das Vermögen der abc GmbH
als Erläuterung:
Der Bescheid ergeht an Sie als Verwalter/vorläufiger Verwalter im Insolvenzverfahren/Verfahren über den Antrag auf Eröffnung des Insolvenzverfahrens über das Vermögen des Schuldners abc GmbH.

Hat das Gericht nach § 21 Abs. 2 Nr. 1 InsO zur Sicherung der Masse die vorläufige Verwaltung angeordnet und nach § 21 Abs. 2 Nr. 2 InsO ein allgemeines Verfügungsverbot erlassen, sind oa Verwaltungsakte ab diesem Zeitpunkt nur noch an den vom Gericht bestellten vorläufigen Insolvenzverwalter bekanntzugeben. Auf diesen geht nach § 22 Abs. 1 InsO die Verwaltungs- und Verfügungsbefugnis über. Als Vermögensverwalter nach § 34 Abs. 3 AO hat der vorläufige Insolvenzverwalter (ebenso wie der Insolvenzverwalter im eröffneten Verfahren) die steuerlichen Pflichten des Schuldners zu erfüllen. Ist vom Insolvenzgericht eine vorläufige Verwaltung angeordnet, aber kein allgemeines Verfügungsverbot erlassen, sind Verwaltungsakte bis zur Eröffnung des Insolvenzverfahrens weiterhin dem Schuldner bekannt zu geben (§ 22 Abs. 2 InsO). 27

Gegen diese Bescheide können vom Insolvenzverwalter die bekannten Rechtsmittel eingelegt werden. 28

Bei der Umsatzsteuer ist zu berücksichtigen, dass es im Zeitfenster zwischen Anordnung der vorläufigen Insolvenzverwaltung und der Eröffnung des Insolvenzverfahrens zu einer Überschneidung zwischen den Voranmeldungen des schuldnerischen Unternehmens und der Anzeige der unter § 55 InsO fallenden Besteuerungsgrundlagen durch den Insolvenzverwalter kommen kann.[10] 29

Nach Eröffnung des Insolvenzverfahrens sind die als Masseverbindlichkeiten iSd § 55 InsO geltenden Umsatzsteuerverbindlichkeiten für die Voranmeldungszeiträume des vorläufigen Insolvenzverfahrens gegenüber dem Insolvenzverwalter festzusetzen und bekannt zu geben. Hierbei ist es unbeachtlich, ob für denselben Voranmeldungszeitraum bereits vor der Insolvenzeröffnung ein Vorauszahlungsbescheid vorlag, der sich gem. § 168 Satz 1 AO auch aus einer Steueranmeldung ergeben kann, die einer Steuerfestsetzung unter Vorbehalt der Nachprüfung gleichsteht. Die bisher gegen den Insolvenzschuldner (vorinsolvenzrechtlicher Unternehmensteil) für die Zeiträume des vorläufigen Insolvenzverfahrens festgesetzten Umsatzsteuern sind – korrespondierend zu den Festsetzungen gegen die Insolvenzmasse – in Form einer Steuerberechnung mit anschließender (gegebenenfalls berichtigter) Tabellenanmeldung zu ändern, soweit darin unselbständige Besteuerungsgrundlagen berücksichtigt sind, die wegen § 55 InsO nach Insolvenzeröffnung als Masseverbindlichkeiten dem Unternehmensteil „Insolvenzmasse" zuzurechnen sind.

---

[10] BMF Schreiben v. 20.5.2015 – IV A 3 – S 0550/10/10020-05 Tz 37 ff.

III. Aufrechnung und Verrechnung

30 Unter Aufrechnung (§§ 387 ff. BGB) versteht man die wechselseitige Tilgung zweier sich gegenüberstehender Forderungen durch Verrechnung auf Grund einer einseitigen Erklärung eines der Beteiligten. Durch die Erklärung der Aufrechnung erlischt der sich betragsmäßig deckende Teil der Forderungen rückwirkend auf den Zeitpunkt, zu welchem sie sich zum ersten Mal gegenüberstanden.

Auch ein Erlöschen von Ansprüchen aus dem Steuerschuldverhältnis ist nach § 47 AO durch Aufrechnung nach § 226 AO möglich (daneben durch Zahlung §§ 224, 224a, 225 AO, Erlass §§ 163, 227 AO, Verjährung §§ 169 bis 171, §§ 228 bis 232 AO, durch Eintritt der Bedingung bei auflösend bedingten Ansprüchen).

Die Aufrechnung durch die Finanzverwaltung im Insolvenzverfahren setzt Folgendes voraus:
– das Gegenüberstehen von zwei gleichartigen Forderungen. Im Steuerschuldverhältnis sind die Forderungen stets auf Geldleistungen gerichtet.
– Gegenseitigkeitsverhältnis der Forderungen, dh auf beiden Seiten müssen Gläubiger und Schuldner identisch sein (Beispiel: Steuerpflichtiger ist bei einem Erstattungsanspruch Gläubiger, das Finanzamt Schuldner – für eine gleichzeitig existierende Nachzahlung ist der Steuerpflichtige Schuldner und das Finanzamt Gläubiger).
– Die Hauptforderung des Schuldners (beispielsweise Erstattungsanspruch nach § 37 Abs. 2 AO), gegen die aufgerechnet werden soll, ist erfüllbar. Gegen eine Forderung, die noch gar nicht entstanden ist, kann nicht aufgerechnet werden.
– Die Gegenforderung des Gläubigers (beispielsweise die Abgabenforderung) ist fällig und durchsetzbar. Dabei richtet sich die Fälligkeit nach den §§ 220 ff. AO bzw. nach den Regelungen in den Einzelsteuergesetzen.
– Es besteht kein gesetzliches Aufrechnungsverbot (zB §§ 393–395 BGB oder § 226 Abs. 2 AO).

31 War ein Gläubiger zum Zeitpunkt der Eröffnung des Insolvenzverfahrens zur Aufrechnung berechtigt, so kann die Aufrechnung auch noch im Verfahren erklärt werden (vgl. § 94 InsO). Insofern verschlechtert die Verfahrenseröffnung dessen Position nicht.

32 Die Finanzbehörde ist, wenn sie die Aufrechnung erklären will, nicht an eine bestimmte Form gebunden. In der Regel wird die Behörde die Schriftform wählen, schlüssiges Verhalten kann aber auch genügen.[11] Die Aufrechnungserklärung ist nie ein Verwaltungsakt. Dies hat zur Folge, dass gegen sie keine Rechtsbehelfe nach den §§ 348, 349 AO zulässig sind. Bestehen Zweifel an der Rechtmäßigkeit der Aufrechnung bzw. liegen bereits Einwendungen dagegen vor, so ist zwingend ein Abrechnungsbescheid nach § 218 Abs. 2 AO zu beantragen. Erst dieser Bescheid erlaubt über den Einspruch nach § 348 Abs. 1 Nr. 9 AO den Finanzrechtsweg.

---

[11] BFH v. 4.10.83, BStBl 1984 II 178.

Von der Aufrechnung ist die Verrechnung zu unterscheiden. Eine Verrechnung liegt bei den häufig anzutreffenden Umbuchungsanzeigen der Finanzbehörde vor.

Im Gegensatz zur Aufrechnung kommt eine Verrechnung durch die Abgabe gleichlautender, empfangsbedürftiger Willenserklärungen der Beteiligten zustande, mit denen sie eine Einigung über die gegenseitige Tilgung ihrer nach Art (Steuer, Zeitraum) und Höhe (Betrag) bestimmten Ansprüche zu einem festzulegenden Zeitpunkt erzielen. Da eine Einigung erzielt werden muss, entfallen die weiteren strengen Voraussetzungen, wie sie an eine Aufrechnungslage gestellt werden. Bei der Verrechnung unterstellt die Finanzbehörde dieses Einverständnis des Steuerpflichtigen stillschweigend und fingiert dessen Erteilung zuweilen durch Zeitablauf ohne Gegenreaktion. 33

Ebenfalls im Gegensatz zur Aufrechnung entfaltet die Verrechnung keine Rückwirkung auf den Zeitpunkt der erstmals eingetretenen Aufrechnungslage. Erst die tatsächliche Handlung (Buchung) führt zur Tilgung der Ansprüche. Die Wirkung der Verrechnung geht so weit, wie sich die Ansprüche decken. Wie bei der Aufrechnung kann der Steuerpflichtige Rechtsschutz nur über einen Abrechnungsbescheid nach § 218 Abs. 2 AO erlangen.

Bei einer Steuererstattung, die nicht in die Insolvenzmasse fällt, da sie beispielsweise insolvenzfreies Vermögen betrifft, kann das Finanzamt mit Insolvenzforderungen aufrechnen.

C. Verpflichtung zu Rechnungslegung und Steuerdeklaration

I. Rechnungslegung

Die Verpflichtung zur Führung von Rechenwerken ergibt sich aus der InsO, dem Handelsrecht und den Steuergesetzen. Für die Erfüllung der steuerlichen Verpflichtungen im Rahmen des § 34 AO (vgl. unten) ist das Führen von Rechenwerken, aus denen sich die steuerlich relevanten Größen ergeben, notwendig. Dabei sind die insolvenzrechtlichen Rechenwerke in der Regel nicht ausreichend, da hier abweichende Fragestellungen im Vordergrund stehen. 34

II. Steuerdeklaration

Mit Verfahrenseröffnung geht die Verwaltungs- und Verfügungsbefugnis im Insolvenzverfahren vom Insolvenzschuldner auf den Insolvenzverwalter über. Mit diesem Schritt gehen auch die steuerlichen Verpflichtungen auf den Insolvenzverwalter gem. § 34 AO über. Kommt er seinen Verpflichtungen nicht nach, so können Zwangsmittel gegen ihn persönlich festgesetzt werden. Die Verpflichtungen umfassen dabei: 35
– die Erstellung der notwendigen Steuererklärungen, Anmeldungen und Voranmeldungen.
– die Veranlassung der Zahlung der resultierenden Beträge, soweit dies im Rahmen der verwalteten Gelder und der insolvenzrechtlichen Gegebenheiten möglich ist.

Die Steuererklärungspflicht kann sich unmittelbar aus einem Gesetz herleiten, beispielsweise ergibt sich aus:
- § 18 Abs. 1 UStG die Verpflichtung zur Abgabe von Umsatzsteuervoranmeldungen
- § 18 Abs. 3 UStG die Verpflichtung zur Abgabe einer Umsatzsteuererklärung
- § 25 GewStDV die Verpflichtung zur Abgabe einer Gewerbesteuererklärung
- § 56 EStDV die Verpflichtung zur Abgabe einer Einkommensteuererklärung
- § 49 KStG die Verpflichtung zur Abgabe einer Körperschaftsteuererklärung
- § 41a EStG die Verpflichtung zur Abgabe von Lohnsteueranmeldungen

Alternativ kann sich die Verpflichtung auch aus einer Aufforderung des Finanzamts zur Abgabe einer Steuererklärung nach § 149 Abs. 1 AO ergeben.

36 Die Pflicht zur Abgabe von Steuererklärungen[12] umfasst auch die Verpflichtung zur Korrektur unrichtiger Erklärungen nach § 153 AO. Demnach sind Steuererklärungen vom Steuerpflichtigen zu berichtigen, wenn er erkennt, dass eine von ihm abgegebene Erklärung unrichtig oder unvollständig ist. Davon abzugrenzen sind die Fälle, in denen der Steuerpflichtige vorsätzlich oder bedingt vorsätzlich eine unrichtige Erklärung abgibt (hier ist zu prüfen, ob noch die Möglichkeit einer strafbefreienden Selbstanzeige nach § 371 AO besteht). Die Korrekturpflicht gilt auch für Erklärungen/Anmeldungen, welche vom Insolvenzschuldner abgegeben wurden.

Der Insolvenzverwalter haftet als Vertreter bei vorsätzlicher oder grob fahrlässiger Verletzung der ihm obliegenden Pflichten für Ansprüche aus dem Steuerschuldverhältnis nach § 69 AO.

37 Art und Umfang der zu erstellenden Steuererklärungen richtet sich nach der Rechtsform des Insolvenzschuldners, dem Umfang und der Art der ausgeübten Tätigkeiten und der Frage, ob Arbeitnehmer beschäftigt wurden oder nicht.

Insolvenzschuldner	Vom Insolvenzverwalter zu erstellende Steuererklärungen	Grenzen
Natürliche Person	Einkommensteuererklärung bzw. Erklärung zur gesonderten und einheitlichen Feststellung der Besteuerungsgrundlagen Gewerbesteuererklärung Umsatzsteuervoranmeldung und -erklärung Ggf. Lohnsteueranmeldung	Soweit Besteuerungsgrundlagen ihre Wurzeln in der Insolvenzmasse haben, dh keine Angaben zu Sonderausgaben, außergewöhnlichen Belastungen, Angaben zu Einkünften des Ehegatten bei Antrag auf Zusammenveranlagung
Personengesellschaft	Gewerbesteuererklärung Umsatzsteuervoranmeldung und -erklärung Ggf. Lohnsteueranmeldung	Keine Pflicht zur Abgabe der Erklärung zur gesonderten und einheitlichen Feststellung der Besteuerungsgrundlagen

[12] Vgl. hierzu Änderung des Anwendungserlasses zur Abgabenordnung (AEAO) vom 3.11.2014 – IV A 3 – S 0062/14/10008.

Insolvenzschuldner	Vom Insolvenzverwalter zu erstellende Steuererklärungen	Grenzen
Juristische Person	Körperschaftsteuererklärung sowie zugehörige Erklärungen zu den gesonderten Feststellungen von Besteuerungsgrundlagen Gewerbesteuererklärung Umsatzsteuervoranmeldung und -erklärung Ggf. Lohnsteueranmeldung	

Der Insolvenzverwalter hat dabei der Verpflichtung zur Erstellung und Abgabe der Steuererklärungen so gut wie möglich nachzukommen. Dies ist jedoch nicht in allen Fällen problemlos möglich. In diesen Fällen bietet sich eine sachgerechte Schätzung der Besteuerungsgrundlagen an. Für die Zeit nach der Verfahrenseröffnung besteht die Pflicht zur Abgabe der Steuererklärungen grundsätzlich fort. In Abstimmung mit dem Finanzamt kann diese Verpflichtung entfallen, wenn feststeht, dass keine Aktivitäten entfaltet werden, welche eine Steuerdeklaration erforderlich machen. 38

Der Insolvenzverwalter ist berechtigt, für die Erledigung steuerlicher Tätigkeiten, die besondere Kenntnisse erfordern oder dem Umfang nach über das hinausgehen, was mit der Erstellung einer Steuererklärung allgemein verbunden ist, einen Steuerberater zu beauftragen. Hat der Insolvenzverwalter von der Finanzverwaltung die Aufforderung erhalten, umfangreiche steuerliche Tätigkeiten zu erbringen, und ist der Fiskus trotz eines Hinweises des Verwalters auf die Masseunzulänglichkeit nicht bereit, die Verfügung zurückzunehmen, so steht dem Insolvenzverwalter bei Kostenstundung ein Anspruch auf Erstattung der den Umständen nach angemessenen Kosten für die Beauftragung eines Steuerberaters als Auslagen aus der Staatskasse zu (vgl. BGH 22.7.2004 – IX ZB 161/03). 39

Der BFH hat in seinem Urteil vom 23.8.1994[13] dargelegt, dass die Buchführungs- und Bilanzierungspflichten des Insolvenzverwalters bis zur Verfahrensbeendigung bestehen bleiben. Eine Schätzung nach § 162 AO kommt erst in Betracht, wenn alle anderen Möglichkeiten ausgeschöpft sind. 40

Dennoch ist eine Schätzung der Besteuerungsgrundlagen zu erwägen, wenn die Aufarbeitung der Unterlagen zur ordnungsgemäßen Ermittlung der Besteuerungsgrundlagen nicht mehr möglich ist. Dies kann beispielsweise der Fall sein, wenn kurz vor Verfahrenseröffnung alle Unterlagen und Daten des Insolvenzschuldners auf „unerklärliche" Weise abhandenkommen. 41

In diesen Fällen muss man sich mit der Frage auseinander setzen, wie eine sachgerechte Schätzung erfolgen kann. Die Schätzung sollte dabei unter Einbeziehung der Finanzverwaltung vorgenommen werden. Ziel der Schätzung ist der Ansatz derjenigen Besteuerungsgrundlagen, die die größte Wahrscheinlichkeit der Richtigkeit für sich haben.[14] 42

---

[13] BFH 23.8.1994 – VII R 143/92, DStR 1995, 18.
[14] Tipke/Kruse, AO/FGO, 16. Aufl. 1996, § 162 AO Rn. 28.

43 Eine praxisgerechte Vorgehensweise kombiniert die zwei klassischen Varianten des internen und des externen Betriebsvergleichs mit der Auswertung der noch vorliegenden Daten.

44 Der interne Betriebsvergleich ermittelt, ausgehend vom letzten vorliegenden Stand der Daten, welcher eine zuverlässige Basis bieten kann, Kostenstrukturen, welche im Unternehmen vorherrschen, wie beispielsweise der durchschnittliche Materialeinsatz. Der externe Betriebsvergleich orientiert sich an den Gegebenheiten vergleichbarer Unternehmen. Hierzu kann beispielsweise auf Richtsatzsammlungen zurückgegriffen werden, welche Kosten- und Erlösstrukturen von Unternehmen gegliedert nach Branche und Größenordnung (Umsatz) zur Verfügung stellen. In der Regel liegen auch bei einem vermeintlichen Totalverlust von Daten und Belegen bei Dritten noch Möglichkeiten vor, Informationen abzugreifen. So kann beispielsweise von Seiten des Finanzamts ein Ausdruck über die im Rahmen der Voranmeldungen angemeldeten Umsätze und die gemeldeten Vorsteuerbeträge erstellt werden. Anhand dieser Daten lässt sich hochrechnen, welcher Umsatz getätigt wurde bzw. wie hoch die vorsteuerbehafteten Kosten waren. Analog können Lohnsteueranmeldungen bzw. die Meldungen an die Sozialversicherungen zur Schätzung der Lohnsummen herangezogen werden. In der Regel lassen sich auch die wesentlichen Geschäftspartner ausfindig machen und anhand deren Aufzeichnungen Einkaufsvolumina etc. rekonstruieren.

45 So ist es in den meisten Fällen möglich, sich über einen oder mehrere wesentliche Posten der Gewinn- und Verlustrechnung ein gutes Bild mit einer hohen Schätzgenauigkeit zu machen. Die fehlenden Größen lassen sich dann anhand der Methoden des internen und externen Betriebsvergleichs errechnen.

46 Bei einer Übereinkunft mit dem Finanzamt und dessen Einverständnis über die so ermittelte Schätzung der Besteuerungsgrundlagen kann der Insolvenzverwalter auch in diesen Fällen seiner Verpflichtung zur Abgabe von Steuererklärungen nachkommen.

D. Umsatzsteuer

I. Vorbemerkung

47 Bei der Umsatzsteuer machen sich die Neuregelungen, die sich im Zuge des § 55 InsO entwickelt haben, besonders bemerkbar. Dabei wurden die Neuregelungen in Form von Urteilen des BFH und Anwendungsschreiben des BMF erst allmählich aufgebaut. Dies führte vor allem zu Beginn der „Umstellungsphase" zu einer gewissen Verwirrung, die sich nun allmählich klärt und ein in sich konsistentes Maßnahmenbündel zeichnet. Entsprechend wurden sukzessive der Umsatzsteueranwendungeserlass (UStAE) geändert.[15]

---

[15] BMF Schreiben v. 18.5.2016 zur Umsatzsteuer; Berichtigung der Bemessungsgrundlage wegen Uneinbringlichkeit im vorläufigen Insolvenzverfahren – III C 2 – S 7330/09/10001 :002.

Depré/Dobler

II. Umsatzsteuerliche Stellung des Unternehmens

Die Anordnung der vorläufigen Insolvenzverwaltung sowie die Eröffnung des Insolvenzverfahrens ändern nichts an der umsatzsteuerlichen Stellung des Unternehmens (Unternehmereigenschaft). Insbesondere die Qualifizierung als Ist- bzw. Soll-Versteuerung bleibt unverändert. Dies gilt auch in Fällen der Eigenverwaltung.

48

III. Umsatzsteuerberichtigung wegen rechtlicher Uneinbringlichkeit offener Forderungen

Die größten Neuerungen ergeben sich im Bereich des Forderungseinzugs. Hier kommt es nicht mehr ausschließlich darauf an in welchem Zeitfenster die Leistungen erbracht wurden. Vor allem im Übergangsbereich des Eröffnungsverfahrens haben sich gravierende Änderungen ergeben. Der BFH teilt das Unternehmen auf in einen „vorinsolvenzlichen" und einen „nachinsolvenzlichen" Unternehmensteil. Mit der Unternehmenseinheit gem. § 2 Abs. 1 UStG soll dies nicht im Widerspruch stehen.

49

Forderungen, die bei der Anordnung der vorläufigen Insolvenzverwaltung bestanden, sollen ungeachtet ihrer Werthaltigkeit für den „vorinsolvenzlichen Unternehmensteil" uneinbringlich im Sinne des § 17 Abs. 2 Nr. 1 Satz 1 UStG sein, da dieser Unternehmensteil nicht mehr verfügungsbefugt sei und die Forderung aus Rechtsgründen nicht mehr einziehen könne. Daher komme es mit Anordnung der vorläufigen Insolvenzverwaltung zur Berichtigung der Bemessungsgrundlage der Umsatzsteuer gemäß § 17 Abs. 2 Nr. 1 Satz 1 UStG. Diese Berichtigung erfolgt zugunsten der Steuernummer des Unternehmens. Auf diesen Stichtag hin werden auch Vorsteuerbeträge aus offenen Verbindlichkeiten des Unternehmens berichtigt. Das Unternehmen wird hierdurch umsatzsteuerlich „auf Null" gestellt.

Zieht der (vorläufige) Insolvenzverwalter diese Forderungen ein, so führt dies zu einer weiteren Berichtigung der Bemessungsgrundlage, nunmehr nach § 17 Abs. 2 Nr. 1 Satz 2 UStG. Gemäß § 17 Abs. 2 iVm Abs. 1 Satz 7 UStG ist die Berichtigung für den Besteuerungszeitraum vorzunehmen, in dem die Änderung der Bemessungsgrundlage eingetreten ist.

50

Eine Beschränkung der Masseverbindlichkeiten auf Umsatzsteueranteile, die vom schuldnerischen Unternehmen vor Insolvenzeröffnung noch nicht abgeführt wurden, erfolgt hierbei nicht. Mit der Frage, ob der Empfänger der Leistung in gleicher Weise den Vorsteuerabzug zunächst bei Insolvenzeröffnung gemäß § 17 Abs. 2 Satz 1 UStG und sodann bei Zahlung an den Insolvenzverwalter nochmals gemäß § 17 Abs. 2 Nr. 1 Satz 2 UStG zu berichtigen habe, hat sich der BFH nicht befasst. Er konstatiert aber, der Leistungsempfänger müsse ohnehin prüfen, ob über das Vermögen seiner Gläubiger ein Insolvenzverfahren eröffnet wird, um die schuldbefreiende Zahlung an den richtigen Empfänger sicherzustellen.

51

Das nachfolgende Schaubild zeigt die im Rahmen des § 55 Abs. 4 InsO nach Verfahrenseröffnung unter der Steuernummer der Masse zu deklarierenden Geschäftsvorfälle im Fall eines sog schwachen vorläufigen Insolvenzverwalters.

52

Depré/Dobler

10. Teil. Rechnungslegung und Steuerrecht in der Insolvenz

Voranmeldungszeiträume Eröffnungsverfahren (vIV)	Voranmeldungszeiträume ab Eröffnung (ab IE)
Umsatz: - Zahlungseingang auf OP-alt - Zahlungseingang auf OP-Eröffungsverfahren	**Umsatz:** - Zahlungseingang auf OP-alt - Zahlungseingang auf OP-Eröffungsverfahren - Fakturierte Lieferung und Leistung nach Eröffnung unabhängig vom Zahlungseingang
Anrechenbare Vorsteuer: - Eingangsrechnung mit Zustimmung vorl. Verw.	**Anrechenbare Vorsteuer:** - Eingangsrechnungen

vIV   IE

↑

Berichtigungen:

Umsatzsteuer aus offenen Ausgangsrechnungen wegen "rechtlicher" Uneinbringlichkeit

Vorsteuer aus offenen Eingangsrechnungen

53 Im Fall eines sog starken vorläufigen Insolvenzverwalters stellt sich das Schema wie folgt dar:[16]

---

[16] Gem. BMF Schreiben v. 18.5.2016 – III C 2 – S 7330/09/10001 :002.

Voranmeldungszeiträume Eröffnungsverfahren (vIV)	Voranmeldungszeiträume ab Eröffnung (ab IE)
Umsatz: - Zahlungseingang auf OP-alt - Zahlungseingang auf OP-Eröffungsverfahren	**Umsatz:** - Zahlungseingang auf OP-alt - Zahlungseingang auf OP-Eröffungsverfahren - Fakturierte Lieferung und Leistung nach Eröffnung unabhängig vom Zahlungseingang
Anrechenbare Vorsteuer: - Eingangsrechnung mit Zustimmung vorl. Verw.	**Anrechenbare Vorsteuer:** - Eingangsrechnungen

vIV ↑ IE

Berichtigungen:

Umsatzsteuer aus offenen Ausgangsrechnungen wegen "rechtlicher" Uneinbringlichkeit

Vorsteuer aus offenen Eingangsrechnungen

Die Berichtigungen auf den Zeitpunkt der Anordnung der vorläufigen Insolvenzverwaltung erfolgen unter der Steuernummer des Unternehmens. 54

Bei der praktischen Umsetzung stellt sich das Problem, die für die Berichtigung maßgeblichen Werte zu ermitteln, vor allem wenn der Stichtag nicht auf ein Monatsultimo fällt. Die klassische Auswertung über Debitoren- und Kreditoren Summen- und Saldenlisten führt dann nicht zum Ergebnis. Die Buchhaltungssoftware bietet oftmals die Möglichkeit offene Posten zu einem frei wählbaren Stichtag auszuwerten und somit die notwendigen Werte zu generieren. In zahlreichen Softwarelösungen lassen sich auch Details zu den offenen Posten, wie zB die bei der Einbuchung verwendeten Steuerschlüssel, auswerten. Über einen Export dieser Daten in eine Tabellenkalkulation mit anschließender Sortierung nach den Steuerschlüsseln lasen sich die für die Berichtigung erforderlichen Werte sodann ableiten und dokumentieren. Falls keine belastbare Buchhaltung vorliegt müssen die Berichtigungen über Hilfsgrößen wie beispielsweise aus den Umsatzsteuerüberwachungsbögen der Finanzverwaltung abgeleitet werden.

IV. Berichtigungen beim Vorsteuerabzug aus offenen Eingangsrechnungen

Nach § 15 UStG steht dem Unternehmen der Vorsteuerabzug bereits dann 55 zu, wenn die Leistung empfangen wurde und eine Rechnung mit gesondertem

Vorsteuerausweis vorliegt. Auf die Zahlung kommt es zunächst nicht an (Ausnahme: bei Anzahlungsrechnungen). Nach § 17 Abs. 2 UStG hat ein Unternehmer, an den ein steuerpflichtiger Umsatz ausgeführt wurde, jedoch den dafür in Anspruch genommenen Vorsteuerabzug zu berichtigen, wenn das vereinbarte Entgelt für eine steuerpflichtige Lieferung, sonstige Leistung oder einen steuerpflichtigen innergemeinschaftlichen Erwerb – aus Sicht des Leistungserbringers – uneinbringlich geworden ist.

56 Ein Hauptanwendungsbereich dieser Norm ist sicher im Bereich der Insolvenzverwaltung zu sehen, da hier in der Regel vom Insolvenzschuldner vor Verfahrenseröffnung in hohem Maß Vorsteuer aus noch offenen Eingangsrechnungen geltend gemacht wurde. Die Korrektur ist auf den Stichtag der Anordnung der vorläufigen Insolvenzverwaltung durchzuführen, zu dem die Zahlungen – aus Sicht des Leistenden – als uneinbringlich gelten. Falls Gläubiger im Rahmen einer Quote befriedigt werden, ist der Vorsteuerabzug erneut zu berichtigen. Diese Berichtigung führt dann zu einem Anspruch der Masse. Diese Berichtigungsfolgen entsprechen den Berichtigungen bei der Umsatzsteuer.

V. Weitere Anlässe für eine Berichtigungen beim Vorsteuerabzug

57 Ein Vorsteuerrückforderungsanspruch entsteht auch, wenn Lieferungen wieder rückgängig gemacht werden, zB Lieferung unter Eigentumsvorbehalt. In diesem Fall wird die ursprüngliche Rechnung storniert bzw. über Gutschrift aufgehoben. Der ursprünglich geltend gemachte Vorsteuerabzug ist im Monat der Rücknahme zu korrigieren, die Nachforderung aus dieser Korrektur stellt aber dennoch eine Insolvenzforderung dar, da der Grund für die Korrektur vor der Verfahrenseröffnung gelegt war.

58 Für Lieferungen und Leistungen, welche nach Verfahrenseröffnung an die Insolvenzmasse ausgeführt wurden, deren Zahlung jedoch vom Insolvenzverwalter verweigert wird, ergibt sich die identische Forderung zur Korrektur. Die Korrektur führt in diesem Fall jedoch zu einer Masseverbindlichkeit.

59 Hat der Insolvenzschuldner ein Wirtschaftsgut erworben, so kann neben die oben beschriebenen Korrekturen wegen Änderung der Bemessungsgrundlage noch die Korrektur durch Änderung der Verwendung des Wirtschaftsgutes treten.

60 Der Vorsteuerabzug ist an die Ausführung von nicht vorsteuerschädlichen Umsätzen gekoppelt. Bei Ausführung von sogenannten Ausschlussumsätzen ist kein Vorsteuerabzug möglich, ggf. ist eine prozentuale Aufteilung der abziehbaren Vorsteuer in der Relation der vorsteuerschädlichen zu den nicht vorsteuerschädlichen Umsätzen durchzuführen.

61 § 15 Abs. 2 UStG nennt die Umsätze, welche einen Vorsteuerabzug nicht gestatten (vorsteuerschädliche Umsätze). Wurden Wirtschaftsgüter erworben bzw. erstellt und wurde der Vorsteuerabzug hieraus (uU auch nur zum Teil) geltend gemacht, so muss dieser dann berichtigt werden, wenn das Wirtschaftsgut innerhalb bestimmter Fristen so veräußert/verwendet wird, dass vorsteuerschädliche Umsätze hieraus entstehen. Die Korrekturfrist beträgt bei Grundstücken 10 Jahre, allgemein 5 Jahre. Die Korrektur ist so durchzuführen, dass für die Anteile des Korrekturzeitraums, in denen nicht vorsteuerschädliche

Umsätze getätigt wurden, der Vorsteuerabzug zusteht, für die restlichen Zeiträume nicht.

Um negativen Folgen für die Insolvenzmasse zu vermeiden, sollte der Insolvenzverwalter prüfen, ob für einen steuerfreien Umsatz nicht eine entsprechende Option zur Umsatzsteuer nach § 9 UStG möglich ist. Diese Option qualifiziert einen an sich steuerfreien Umsatz zu einem nicht-steuerfreien Umsatz. Die Option wird ausgeübt, indem der Umsatz als steuerpflichtig behandelt wird. Beim Verkauf wird dazu die Umsatzsteuer offen ausgewiesen.[17] 62

Der Korrekturtatbestand nach § 15a UStG setzt voraus, dass sich die Verwendungsverhältnisse seit dem Zeitpunkt der Erst-Nutzung verändert haben. Diese Änderung tritt erst dann ein, wenn der Insolvenzverwalter die Wirtschaftsgüter einer nicht steuerpflichtigen Verwendung zuführt. Nach Rechtsprechung des BFH[18] führt in diesem Fall der Vorsteuerberichtigungsbetrag zu einer Masseverbindlichkeit. 63

Bei Objekten in der Zwangsverwaltung hat sich der Zwangsverwalter über eine ggf. bestehende Korrekturlage zu informieren. Nutzt er im Rahmen der Zwangsverwaltung das Objekt in einer umsatzsteuerlich abweichenden Art, wie zB steuerschädliche Vermietung, so hat er den ggf. entstehenden Korrekturbetrag aus der von ihm verwalteten Vermögensmasse zu zahlen.[19]

Ein Sonderfall im Komplex der Vorsteuerkorrektur stellt die Veräußerung des gesamten Geschäftsbetriebs im Ganzen nach § 1 Abs. 1a UStG dar. Gelingt es dem Insolvenzverwalter den Geschäftsbetrieb im Ganzen zu veräußern, so stellt dies einen nicht steuerbaren Vorgang dar. Somit greift der Korrektursachverhalt, der auf Steuerpflicht abstellt, nicht. Die Pflicht zur Vorsteuerkorrektur geht dann auf den Unternehmenskäufer über; veräußert dieser aus dem im Ganzen übernommenen Unternehmen steuerfrei einige Objekte, so hat er die Konsequenzen aus der Korrekturvorschrift des § 15a UStG zu tragen. Dem Käufer sind deshalb alle Informationen zur Verfügung zu stellen, aus denen sich diese Korrektursachverhalte erkennen lassen. Bei der Veräußerung ist jedoch darauf zu achten, dass tatsächlich ein Unternehmen „im Ganzen" veräußert wird und der Erwerber Unternehmer ist oder wird.[20] 64

Eine Berichtigung der nicht gezahlten Einfuhrumsatzsteuer kommt nur in den in § 17 Abs. 3 UStG definierten Fällen in Betracht. Nach einer Entscheidung des EuGH[21] kann das Recht auf Abzug der Einfuhrumsatzsteuer als Vorsteuer nicht davon abhängig gemacht werden, dass diese zuvor tatsächlich gezahlt worden ist.

VI. Kostenbeiträge und Umsatzsteuer

Die Verwertungskostenpauschalen nach § 171 Abs. 2 InsO sind Beträge, welche im Rahmen eines Leistungsaustausches zwischen Insolvenzmasse und Si- 65

---

[17] BFH 16.7.1997, BStBl 1997 II 670.
[18] BFH 9.4.1987; BStBl 1987, 527.
[19] FG München 16.9.1998 – 3K 831/94.
[20] BFH Urt. v. 4.2.2015 – XI R 42/13; vgl. auch *Slapio* BB 2015, 2839.
[21] Eingeflossen in Änderungen der §§ 15 und 16 UStG durch das Amtshilferichtlinie-Umsetzungsgesetz, BMF Schreiben vom 15.11.2013 – IV D 2 – S 7300/12/10003.

cherungsgläubiger erbracht werden und somit als Umsatzsteuer auslösende sonstige Leistungen zu werten sind.[22] Dabei wird nicht nach dem zur Verwertung herangezogenen Gegenstand unterschieden. Da die Verwertung im Interesse des Gläubigers erfolgt, wird durch die Masse für den Sicherungsgläubiger eine (Dienst-)Leistung erbracht, denn der Verwalter hätte ja alternativ auch die Möglichkeit, den Gegenstand an den Sicherungsgläubiger zur eigenständigen Verwertung zu überlassen. Lediglich die Feststellungspauschalen nach § 171 Abs. 1 InsO werden nach wie vor nicht als Gegenstand eines Leistungsaustausches betrachtet. Nach § 171 Abs. 2 Satz 3 InsO entsteht keine Massebelastung, da die Umsatzsteuer zusätzlich zu den Kostenbeiträgen vom auszukehrenden Betrag einzubehalten ist.

VII. Verwertung von Sicherungsgut

66 Macht der Insolvenzverwalter nicht von seinem Verwertungsrecht nach § 166 Abs. 1 InsO Gebrauch, sondern veräußert er stattdessen das Sicherungsgut im Namen des Sicherungsnehmers/Gläubigers, liegt ein Doppelumsatz vor. Im Rahmen dieses Doppelumsatzes wird das Sicherungsgut im Zeitpunkt der Verwertung vom Insolvenzverwalter als Vertreter der Masse an den Sicherungsnehmer/Gläubiger und vom Sicherungsnehmer/Gläubiger an den Erwerber geliefert (BMF Schreiben[23] – Gliederungspunkt II.1.). Das Entgelt für die Lieferung der Masse an den Gläubiger entspricht dem Betrag in Höhe der Schuldbefreiung, die sich für die Masse aufgrund der Verwertung durch den Gläubiger ergibt. Die vorweg zu begleichenden Kosten der Feststellung nach § 170 Abs. 2 InsO (Feststellungskostenpauschale) gehören dabei nicht zum Entgelt.[24]

Lieferung 1: Masse an Gläubiger – Entgelt: Schuldbefreiung
Lieferung 2: Gläubiger an Erwerber – Entgelt: Veräußerungserlös

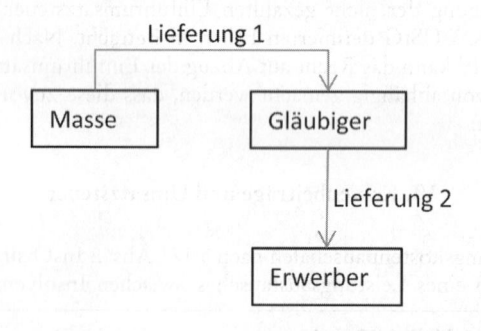

```
                 Lieferung 1
              ┌──────────────┐
              ▼              │
         ┌─────────┐    ┌──────────┐
         │  Masse  │    │ Gläubiger│
         └─────────┘    └──────────┘
                              │
                        Lieferung 2
                              ▼
                        ┌──────────┐
                        │ Erwerber │
                        └──────────┘
```

---

[22] BFH Urt. v. 28.7.2011 – V R 28/09; vgl. auch BMF Schreiben vom 30.4.2014 – IV D 2 – S 7100/07/10037.
[23] BMF Schreiben vom 30.4.2014 – IV D 2 – S 7100/07/10037.
[24] Vgl. BFH Urt. v. 28.7.2011 – V R 28/09 Rn. 28.

Lieferung 1 (Abrechnung Masse an Gläubiger)

Brutto Veräußerungserlös (Lieferung 2)	119 000,00 EUR
Abzgl. USt	−19 000,00 EUR
Abzgl. Feststellungskosten (4 % von brutto)	−4760,00 EUR
Betrag der Schuldentilgung (=Nettoentgelt)	95 240,00 EUR
zzgl. USt 19 %	18 095,60 EUR
Bruttoentgelt	113 335,60 EUR

Verwertet hingegen der Insolvenzverwalter die einem Absonderungsrecht 67 unterliegende bewegliche Sache für die Masse selbst, ist zwar von einer Geschäftsbesorgungsleistung der Masse an den Sicherungsnehmer/Gläubiger auszugehen. Bei der Verwertung beweglicher Gegenstände findet jedoch ein Dreifachumsatz statt, in welchem die Geschäftsbesorgungsleistung aufgeht. Da der Insolvenzverwalter bei der eigentlichen Lieferung des Sicherungsgutes an den Erwerber im Namen der Masse auftritt, ist diese Lieferung der Masse zuzurechnen. Der Insolvenzverwalter erbringt diesen Umsatz jedoch wie ein Kommissionär für Rechnung des Sicherungsnehmers/Gläubigers, weil durch die Eröffnung des Insolvenzverfahrens Verwertungsreife eingetreten ist. Der Lieferung an den Erwerber ist deshalb über § 3 Abs. 3 UStG eine fiktive Lieferung des Sicherungsnehmers/Gläubigers als Kommittent an die Masse vorgeschaltet, in welcher die an sich vorliegende Geschäftsbesorgungsleistung aufgeht.[25] Im Rahmen dieses Kommissionsgeschäfts sind die Kosten der Feststellung und Verwertung nach § 170 Abs. 1 in Verbindung mit § 171 InsO umsatzsteuerlich genauso zu behandeln wie die Provisionen des Kommissionärs bei einem üblichen Verkaufskommissionsgeschäft. Der Sicherungsnehmer/Gläubiger kann das Sicherungsgut jedoch nur dann an die Masse liefern, wenn er selbst hieran Verfügungsmacht erhalten hat. Dies bedingt, dass die Sicherungsübereignung im Zeitpunkt der Verwertung zu einer Lieferung der Masse an den Sicherungsnehmer/Gläubiger geführt hat. Das Entgelt für diese Lieferung besteht in dem Betrag, um den die Masse von ihren Schulden gegenüber dem Sicherungsnehmer/Gläubiger befreit wird.

Lieferung 1: Masse an Gläubiger – Entgelt: Schuldbefreiung
Lieferung 2: Gläubiger an Masse – Entgelt: Schuldbefreiung
Lieferung 3: Masse an Erwerber – Entgelt: Veräußerungserlös

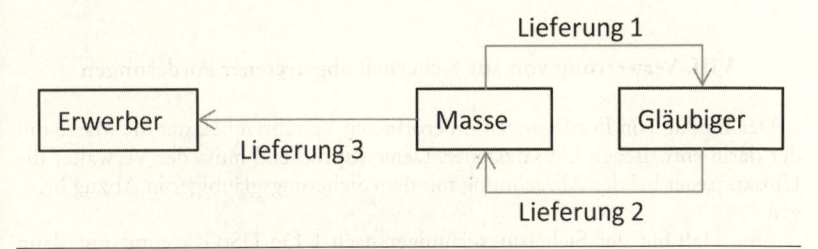

[25] BFH Urt. v. 28.7.2011, V R 28/09 Rn. 29.

10. Teil. Rechnungslegung und Steuerrecht in der Insolvenz

Berechnungsbeispiel:

Lieferung 1 (Rechnung Masse an Gläubiger)

Brutto Veräußerungserlös	23 800,00 EUR
Abzgl. USt (§ 171 Abs. 2 S. 3 InsO)	− 3800,00 EUR
Abzgl. Feststellungskosten (4 % von brutto)	− 952,00 EUR
Abzgl. Verwertungskosten (hier tatsächliche Kosten)	− 1000,00 EUR
Betrag der Schuldentilgung (=Nettoentgelt)	18 048,00 EUR
zzgl. USt 19 %	3429,12 EUR
Bruttoentgelt	21 477,12 EUR

Der Verwertungserlös steht Ihnen zu. Dafür habe ich mit gesondertem Schreiben eine Gutschrift erteilt. Zahlungen aufgrund dieser Rechnung sind nicht zu leisten.

Lieferung 2 (Gutschrift Masse an Gläubiger)

Brutto Veräußerungserlös	23 800,00 EUR
Abzgl. USt (§ 171 Abs. 2 S. 3 InsO)	− 3800,00 EUR
Abzgl. Feststellungskosten (4 % von brutto)	− 952,00 EUR
Abzgl. Verwertungskosten (hier tatsächliche Kosten)	− 1000,00 EUR
Betrag der Schuldentilgung (=Nettoentgelt)	18 048,00 EUR
zzgl. USt 19 %	3429,12 EUR
Bruttoentgelt	21 477,12 EUR

Die Gutschrift wird mit dem Forderungsbetrag aus der Rechnung zu Lieferung 1 aufgerechnet. Der Verwertungserlös in Höhe von 18 048 EUR steht Ihnen zu. Insoweit erlischt Ihre Darlehensforderung an das schuldnerische Unternehmen.

68 § 13b Abs. 2 Nr. 2 und Abs. 5 Satz 1 UStG findet keine Anwendung, da es sich um Verwertungshandlungen innerhalb des Insolvenzverfahrens handelt.
Falls der Gläubiger ein vorsteuerabzugsberechtigter Unternehmer ist, entsteht keine wirtschaftliche Belastung.

69 Die Verwertung von Sicherungsgut im Eröffnungsverfahren begründet keine Umsatzsteuerverbindlichkeiten nach § 55 InsO. Derartige Umsätze unterliegen weiterhin der Steuerschuldnerschaft des Leistungsempfängers nach § 13b Abs. 2 Nr. 2 UStG. Durch die Fiktion in § 55 Abs. 4 InsO werden diese Umsätze nicht zu Umsätzen „innerhalb" des Insolvenzverfahrens.

VIII. Verwertung von zur Sicherheit abgetretener Forderungen

70 Der Einzug von Forderungen im eröffneten Verfahren belastet die Masse mit der darin enthaltenen Umsatzsteuer. Dementsprechend muss der Verwalter die Umsatzsteuer bei der Abrechnung mit dem Sicherungsgläubiger in Abzug bringen.

71 Eine Haftung der Sicherungsgläubiger nach § 13c UStG kommt nur dann zum Tragen, wenn der Verwalter die beim Forderungseinzug entstandene Umsatzsteuer nicht abführt, beispielsweise bei angezeigter Masseunzulänglichkeit. Die nachfolgende Tabelle zeigt ein Abrechnungsbeispiel für eine zur Sicherheit abgetretene Forderung:

Beispiel: Es bestanden Sicherungsrechte an vier Forderungen an den Kunden ACME GmbH. Die zugrunde liegenden Rechnungen über insg. Brutto 24 000,– EUR wiesen 7 % USt aus. Der Kunde beglich die Rechnungen mit einem nicht zu beanstandenden Abzug von 2000,– EUR.

Kunde	Re.-Nr.	Datum		Betrag Soll	
ACME GmbH	110001	17.04.2016		5.000,00	
	110002	17.04.2016		6.000,00	
	110003	17.04.2016		6.000,00	
	110004	17.04.2016		7.000,00	
Summe OP				24.000,00	
Zahlungseingang				22.000,00	
				22.000,00	
enthaltene Ust			7,00	1.439,25	
Verwertungspauschalen			4%	880,00	3.628,25
			5%	1.100,00	
19% Ust auf 5%				209,00	
Abzüge gesamt				3.628,25	
auskehrbarer Betrag				18.371,75	

IX. Waren unter Eigentumsvorbehalt

Unter Eigentumsvorbehalt gelieferte Waren kann der Verkäufer gem. 72 § 47 InsO aussondern und wird somit kein Insolvenzgläubiger. Eine Rücknahme der Waren macht die ursprüngliche Lieferung rückgängig. Für den Vorbehaltskäufer führt dies zu einer Berichtigung der Vorsteuer gem. § 17 Abs. 2 Nr. 3 UStG. Verwendet der Insolvenzverwalter die Gegenstände und löst er die Ware durch Zahlung ab, bleibt es bei der ursprünglichen Lieferung, sodass kein erneuter Vorsteuerabzug möglich wird. Ein erneuter Vorsteuerabzug ist nur möglich nach Rückgabe und erneuter Lieferung.

X. Umsatzsteuer-Organschaft in der Insolvenz

Zur Frage, ab wann von einer Beendigung einer Organschaft auszugehen ist, 73 liegt aktuell noch ein Dissens zwischen BFH und Finanzverwaltung vor. Laut BFH[26] endet die Organschaft bereits bei Bestellung eines vorläufigen Insolvenzverwalters mit Zustimmungsvorbehalt. Der BFH hält es auch in Fällen der

---

[26] BFH Urt. v. 8.8.2013 – V R 18/13.

Eigenverwaltung[27] für ernstlich zweifelhaft, ob durch die Bestellung eines Sachwalters weiterhin von der organisatorischen Eingliederung ausgegangen werden kann. Somit würde auch hier die Organschaft enden. In diesen Urteilen hat der insolvenzrechtliche Einzelverfahrensgrundsatz (§ 11 Abs. 1 InsO) auf die Rechtsprechung eingewirkt.

74 Die Finanzverwaltung hat die Veröffentlichung des BFH-Urteils vom 8.8.2013 und damit dessen allgemeine Anwendung über den entschiedenen Einzelfall hinaus bis auf weiteres zurückgestellt.[28] Die Finanzverwaltung wendet somit diese Urteile noch nicht an und verweist auf die Regelungen wie sie in einer Stellungnahme der OFD[29] zusammengefasst werden.

75 Spätestens mit der Eröffnung des Insolvenzverfahrens über das Vermögen der Organgesellschaft endet das Organschaftsverhältnis, da zu diesem Zeitpunkt das Verwaltungs- und Verfügungsrecht nach § 80 Abs. 1 InsO auf den Insolvenzverwalter übergeht und somit die organisatorische Eingliederung entfällt. Ab diesem Zeitpunkt ist nicht mehr gewährleistet, dass der Wille des Organträgers in der Organgesellschaft auch tatsächlich ausgeführt wird (vgl. BFH Urt. v. 13.3.1997 – V R 96/96, BStBl 1997 II 580). Sofern ein vorläufiger Insolvenzverwalter bestellt und der Organgesellschaft ein allgemeines Verfügungsverbot auferlegt wird, geht die Verwaltungs- und Verfügungsbefugnis über das Vermögen der Organgesellschaft nach § 22 Abs. 1 InsO auf den vorläufigen (sog starken) Insolvenzverwalter über. Das Organschaftsverhältnis endet insoweit bereits ab diesem Zeitpunkt. Wird ein vorläufiger Insolvenzverwalter bestellt, ohne dass dem Schuldner ein allgemeines Verfügungsverbot auferlegt wird (sog schwacher vorläufiger Insolvenzverwalter), bleibt die Organschaft regelmäßig bis zur Eröffnung des Insolvenzverfahrens bestehen. Dies gilt auch wenn das Gericht anordnet, dass Verfügungen des Schuldners nur mit Zustimmung des vorläufigen Insolvenzverwalters wirksam sind (vgl. BFH Urt. v. 1.4.2004 – V R 24/03, BStBl 2004 II 905).

76 Wird ein Insolvenzverfahren über das Vermögen des Organträgers eröffnet, hat dies grundsätzlich keine Auswirkungen auf die finanzielle und wirtschaftliche Eingliederung. Für das Fortbestehen der Organschaft ist deshalb darauf abzustellen, ob der Organträger – unter Berücksichtigung des Übergangs der Verwaltungs- und Verfügungsbefugnis auf den Insolvenzverwalter – weiterhin auch seine Vorstellungen in der Organgesellschaft durchsetzen kann (vgl. BFH Urt. v. 28.1.1999 – V R 32/98, BStBl 1999 II 258). In der Regel wird der Insolvenzverwalter zur Sicherung der Masse, zu der die Anteile an der Organgesellschaft gehören, durch organisatorische Maßnahmen sicherstellen, dass sein Wille in der Organgesellschaft durchgesetzt wird.

77 Bestellt das Gericht im Falle der Insolvenz des Organträgers und der Organgesellschaft für beide denselben Insolvenzverwalter, so ist dieser in der Lage

---

[27] BFH Urt. v. 19.3.2014 – V B 14/14.
[28] BMF v. 5.5.2014 – IV D 2 – S 7105/11/10001IV D 2 – S 7105/13/10003, BStBl 2014 I 820. Dieses BMF Schreiben ist enthalten in der gemeinsamen Positivliste der BMF-Schreiben und gleich lautenden Erlasse der obersten Finanzbehörden der Länder Stand: 11. März 2016 (Oberste Finanzbehörden der Länder v. 14.3.2016 – O 2000, BStBl 2016 I 291).
[29] OFD Frankfurt/M. v. 11.6.2014 – S 7105 A – 21 – St 110.

seinen Willen sowohl in der Organgesellschaft als auch beim Organträger durchzusetzen. Die organisatorische Eingliederung und damit auch die umsatzsteuerliche Organschaft bleiben in diesem Fall deshalb bestehen.

Die umsatzsteuerliche Organschaft endet hingegen, wenn für den Organträger sowie für die Organgesellschaft unterschiedliche Insolvenzverwalter bestellt werden. Der Insolvenzverwalter des Organträgers ist dann nicht mehr in der Lage, seinen Willen in der Organgesellschaft durchzusetzen, so dass die organisatorische Eingliederung entfällt. 78

Vor allem vor dem Hintergrund der Regelungen des § 55 InsO ist der Zeitpunkt, in dem von einer Beendigung der Organschaft auszugehen ist, von Bedeutung. In der Insolvenz der Organgesellschaft wird, falls die Organschaft im vorläufigen Insolvenzverfahren fortbesteht, die Umsatzsteuer vom Organträger weiterhin als originärem Steuerschuldner geschuldet. Bleibt der Organträger diese Steuern hingegen schuldig, ist die Haftung der Organgesellschaft nach § 73 AO zu prüfen. Etwaige Haftungsansprüche gegen die Organgesellschaft begründen dann nach § 55 InsO Masseverbindlichkeiten. Zunächst liegt aber eine nicht unerhebliche Belastung auf dem Organträger. 79

Im Beratungsumfeld ist zu prüfen, ob nicht die Anwendung der genannten BFH Urteile vorteilhaft ist.

XI. Anrechnung der Umsatzsteuer-Sondervorauszahlung

Wurde eine Sondervorauszahlung gem. § 47 UStDV durch den Unternehmer entrichtet, so ist die Sondervorauszahlung in der Regel bei der Festsetzung der Umsatzsteuer-Vorauszahlung für den Monat Dezember anzurechnen (§ 48 Abs. 4 UStDV, Abschnitt 228 Abs. 6 UStR). Dies gilt grundsätzlich auch in Insolvenzfällen, da die Eröffnung des Insolvenzverfahrens auf die Unternehmereigenschaft des Insolvenzschuldners keinen Einfluss hat.[30] Nach § 46 Satz 2 UStDV ist eine bereits gewährte Dauerfristverlängerung zu widerrufen, wenn der Steueranspruch gefährdet erscheint. In Insolvenzfällen ist eine Gefährdung des Steueranspruchs bereits dann gegeben, wenn dem Finanzamt bekannt wurde, dass der Unternehmer oder ein Dritter einen Antrag auf Eröffnung des Insolvenzverfahrens gestellt hat. Der Widerruf bewirkt, dass in dem Monat, in dem der Widerruf ausgesprochen wurde, die Sondervorauszahlung auf die Steuerschuld des entsprechenden Voranmeldungszeitraums angerechnet werden kann. Wurde die Dauerfristverlängerung im Kalenderjahr der Insolvenzeröffnung nicht widerrufen, ist die festgesetzte Sondervorauszahlung bei der Festsetzung der Vorauszahlung für den letzten Voranmeldungszeitraum – also den Monat Dezember – des Besteuerungszeitraums anzurechnen (§ 48 Abs. 4 UStDV). Besteuerungszeitraum ist das Kalenderjahr (§ 16 Abs. 1 Satz 2 UStG). Ist die Sondervorauszahlung höher als die Vorauszahlung für den letzten Voranmeldungszeitraum, auf die sie gemäß § 48 Abs. 4 UStDV anzurechnen ist, kommt ein Erstattungsanspruch in Betracht. Im Ergebnis mindert dann die vom Unternehmen geleistete Sondervorauszahlung eine als Masseverbindlichkeit entstandene Umsatzsteuerzahllast im Monat Dezember. 80

---

[30] BFH Urt. v. 28.6.2000 – V R 87/99, BStBl 2000 II 639.

XII. Weitere Regelungen nach Verfahrenseröffnung

81 Auch die Insolvenzmasse ist zur Inanspruchnahme des Vorsteuerabzugs berechtigt. Entsprechende Rechnungen im Sinne des § 14 Abs. 1 UStG müssen den Insolvenzschuldner als Empfänger der Lieferung und Leistung erkennen lassen, da dieser der umsatzsteuerliche Unternehmer bleibt. Eine Rechnung lediglich an die Person des Insolvenzverwalters ist nicht ausreichend, um den begehrten Vorsteuerabzug zu erlangen. Wenn die Eingangsleistung den vorsteuerabzugsberechtigten Teil des Unternehmens betrifft, ist der Vorsteuerabzug vollständig möglich.

Eingangsrechnungen, die nicht nur den unternehmerischen Teil sondern das gesamte verwaltete Vermögen betreffen, so beispielsweise Rechnungen des Insolvenzverwalters an die Masse für seine eigenen Tätigkeiten, lassen ebenfalls den Vorsteuerabzug grundsätzlich zu. Bei Verfahren, bei denen auch der private Bereich des Schuldners betroffen ist, ist der Vorsteuerabzug anteilig möglich. Der Maßstab für die Aufteilung ist dabei das Verhältnis der zur Insolvenztabelle angemeldeten Forderungen, welche den nicht-unternehmerischen Teil betreffen, zur Gesamtsumme der angemeldeten Forderungen. In diesem Verhältnis scheidet der Vorsteuerabzug aus der Rechnung des Verwalters aus.[31] Dies gilt auch für Rechnungen eines Nachlassinsolvenzverwalters.[32]

82 Bei einem Unternehmen, das seine Tätigkeit bereits vor Insolvenzeröffnung eingestellt hatte, ist über den Vorsteuerabzug aus der Rechnung des Insolvenzverwalters nach der früheren Unternehmenstätigkeit zu entscheiden.[33]

E. Einkommensteuer

83 Bei den Ertragsteuern ist zu beachten, dass die umsatzsteuerlichen Fiktionen und Berichtigungen im Rahmen der Anwendung des § 55 InsO nicht auf die Ermittlung des zu versteuernden Einkommens anwendbar sind. Hier gelten vielmehr die Regelungen des § 4 EStG unverändert. So ist beispielsweise eine aus umsatzsteuerlicher Sicht rechtlich uneinbringliche Forderung ertragsteuerlich nicht auszubuchen. Bei einer Gewinnermittlung nach Betriebsvermögensvergleich führt auch der Forderungseinzug nicht zu erneuten Betriebseinnahmen.

84 Die Eröffnung des Insolvenzverfahrens ändert nichts daran, dass der Insolvenzschuldner weiter mit seinem Einkommen aus allen Einkunftsarten zur Einkommensteuer veranlagt wird. Insbesondere stellt die Insolvenzmasse kein eigenständiges Steuersubjekt dar. Auch die Vorschriften zur Ermittlung des zu versteuernden Einkommens bleiben unberührt (vgl. R 3 Richtlinien zur Einkommensteuer EStR zu § 2 EStG).

85 Als Veranlagungszeitraum gilt weiterhin das Kalenderjahr. In die Veranlagung fließen sowohl die Einkünfte aus der Zeit vor der Bestellung des

---

[31] BFH Urt. v. 15.4.2015 – V R 44/14.
[32] BFH Urt. v. 21.10.2015 – XI R 28/14.
[33] BFH Urt. v. 2.12.2015 – V R 15/15.

vorläufigen Insolvenzverwalters als auch die danach generierten Einkünfte aller Einkunftsarten ein. Aus § 2 Abs. 7 EStG ergibt sich, dass alle Besteuerungsgrundlagen zusammenzufassen sind, unabhängig von ihrer Quelle. Die Ermittlung des zu versteuernden Einkommens nach § 2 Abs. 3 EStG sowie die Berechnung der hieraus resultierenden Steuerlast wird für das Kalenderjahr einheitlich durchgeführt, unbeachtlich der insolvenzrechtlichen Zäsur mit der Eröffnung des Insolvenzverfahrens – vgl. dazu auch R 4 EStR.

Nach wie vor ist bei verheirateten Steuerpflichtigen das Wahlrecht zwischen Zusammen- und Einzelveranlagung nach §§ 26 bis 26b EStG möglich. Ebenso unberührt bleiben die Möglichkeiten zum horizontalen und vertikalen Verlustabzug bzw. die hierzu bestehenden allgemeinen Einschränkungen sowie die Möglichkeit des Verlustabzugs über mehrere Veranlagungszeiträume hinweg nach § 10d EStG. 86

Wie bereits dargestellt, wird die Einkommensteuerschuld des Jahres der Insolvenzeröffnung (und der Folgejahre) einheitlich ermittelt. Bei der Geltendmachung der Steuerschuld wird differenziert nach den insolvenzrechtlichen Kategorien:
– Insolvenzverbindlichkeit
– Masseverbindlichkeit
– Verbindlichkeit aus dem insolvenzfreien Vermögen

Die Aufteilung der einheitlich ermittelten Steuer erfolgt nach den Teileinkünften der insolvenzrechtlichen Teilbereiche zueinander. Entsprechend der Regelungen des § 55 InsO ist der bis zum Tag der Anordnung der vorläufigen Insolvenzverwaltung begründete Teil der Steuerschuld als Insolvenzverbindlichkeit zu betrachten. Der im Antragsverfahren und nach Verfahrenseröffnung begründete Teil der Steuerschuld gilt als Masseverbindlichkeit. 87

Die Steuer als Insolvenzverbindlichkeit kann vom Finanzamt zur Insolvenztabelle angemeldet werden – ein Steuerbescheid darf nicht erlassen werden. Lediglich bei Zusammenveranlagung kann das Finanzamt einen Bescheid für den nicht insolventen Ehegatten und dessen Anteil an der gemeinschaftlichen Steuerschuld erlassen. Der als Masseverbindlichkeit qualifizierte Anteil der Steuerschuld ist von der Finanzverwaltung mit einem gegen den Insolvenzverwalter gerichteten Bescheid festzusetzen. 88

In der Praxis fließen in die endgültige Veranlagung zwei Steuererklärungen ein. Die erste Erklärung wird vom Insolvenzschuldner abgegeben und umfasst allgemeine steuerlich relevante Angaben, beispielsweise zu Kindern, Sonderausgaben, außergewöhnlichen Belastungen sowie Angaben zu den vom Ehegatten realisierten Einkunftsarten und Angaben zu allen Einkünften des Insolvenzschuldners, die an ihn freigegeben wurden. 89

Der zweite Teil der Erklärung wird vom Insolvenzverwalter abgegeben. Er umfasst Angaben zu den Einkünften, welche in der Insolvenzmasse begründet sind, sowohl für die Zeiträume vor der Verfahrenseröffnung, als auch nach der Verfahrenseröffnung. 90

Eine Fortführung eines Betriebs durch den Verwalter, dessen Ergebnis steuerlich zu Masseverbindlichkeiten führt, ist anzunehmen, wenn der Verwalter die selbstständige Tätigkeit des Schuldners im Interesse der Masse erlaubt, die Betriebseinnahmen zur Masse zieht und die Fortführung der Tätigkeit ermöglicht, indem er zur Masse gehörenden Mittel einsetzt, um damit durch 91

Depré/Dobler

die Tätigkeit entstehende Forderungen Dritter zu begleichen.[34] In Abgrenzung dazu entstehen keine Steuern aus Masseverbindlichkeiten, falls der Schuldner eine Tätigkeit ohne Wissen und Billigung des Insolvenzverwalters ausübt und die entsprechenden Erträge nicht in die Masse gelangen. Keine Masseverbindlichkeiten entstehen auch in den Fällen, in denen der Insolvenzverwalter die Freigabe der selbstständigen Tätigkeit erklärt. Die sich daraus ergebenden Steuerschulden sind gegen das insolvenzfreie Vermögen des Schuldners festzusetzen.

92 In der Regel ist es somit für Finanzamt, Schuldner und Insolvenzverwalter ohne Informationsaustausch nicht möglich die resultierende Steuerlast zu ermitteln. Schuldner und Insolvenzverwalter brauchen allerdings nicht zusammenzuarbeiten. Es ist ausreichend, wenn beide Parteien ihre Informationen an das Finanzamt weiterleiten. Die Finanzbehörde muss diese Teilstücke dann zusammensetzen. Eine explizite gesetzliche Regelung hierzu fehlt jedoch (vgl. jedoch OFD Magdeburg v. 26.8.2004).

93 Der Insolvenzverwalter nimmt nach der Insolvenzordnung alle Verwaltungsrechte für den Insolvenzschuldner wahr. Hierzu gehört auch das Wahlrecht zur Zusammenveranlagung.[35] Dieses Wahlrecht kann somit nur zusammen vom Insolvenzschuldner, dem Insolvenzverwalter und dem Ehegatten des Insolvenzschuldners ausgeübt werden. Der Insolvenzverwalter kann die Zustimmung zur Zusammenveranlagung nicht willkürlich verweigern. Soweit der Insolvenzmasse durch die Zusammenveranlagung aber Nachteile entstehen, muss der Insolvenzverwalter nur zustimmen, wenn der andere Ehegatte im Rahmen einer Freistellungserklärung versichert, diese Nachteile auszugleichen. Falls auf den insolventen Ehegatten Verlustvorträge entfallen und der andere Ehegatte über positive Einkünfte verfügt, werden im Rahmen der Zusammenveranlagung die positiven Einkünfte mit den Verlusten des insolventen Ehegatten verrechnet. Dies bedeutet eine Steuerminderung, aber auch einen Verbrauch dieser Verluste. Der Insolvenzverwalter darf die Zustimmung nicht davon abhängig machen, dass die erlangten Steuervorteile an die Insolvenzmasse ausbezahlt werden. Es reicht vielmehr aus, wenn sich der andere Ehegatte verpflichtet, etwaige künftig eintretende Steuernachteile auszugleichen.

94 Zu beachten ist dabei, dass die Ehegatten für die entstehende Steuerschuld bei Zusammenveranlagung nach § 44 Abs. 1 AO zunächst als Gesamtschuldner haften. Um eventuelle Nachteile zu vermeiden, besteht die Möglichkeit, die Aufteilung der Steuerschuld nach § 268 AO zu beantragen.[36]

95 Den formellen Schlusspunkt einer Steuererklärung stellt die Unterschrift des Steuerpflichtigen dar. Ob im Fall der Insolvenz der Insolvenzverwalter oder der Schuldner oder ggf. beide die Steuererklärung eigenhändig zu unterschreiben haben, wenn das Steuergesetz die eigenhändige Unterschrift anordnet, richtet sich danach, wer zur Abgabe der Steuererklärung verpflichtet und damit Steuerpflichtiger gem. § 50 Abs. Satz AO iVm § 33 Abs. 1 AO ist.

---

[34] Vgl. dazu Entscheidung des III. Senats des BGH v. 16.4.2015 (DB 2015, 2242) sowie Anmerkungen dazu von *Görke* (BFH/PR 2015, 440).
[35] So auch FG Münster Urt. v. 21.4.2016 – 2 K 2410/14.
[36] Vgl. hierzu Änderung des Anwendungserlasses zur Abgabenordnung (AEAO) vom 3.11.2014 – IV A 3 – S 0062/14/10008 Rn. 12 ff.

Danach sind jedenfalls die Steuererklärungen und Anträge, die das zur Insolvenzmasse gehörende Vermögen des Schuldners betreffen, nur vom Insolvenzverwalter eigenhändig zu unterschreiben, wenn dieser – was der Regelfall sein dürfte und grundsätzlich vom Finanzamt nicht hinterfragt zu werden braucht – die Erklärung erstellt hat. 96

Tragen die vorstehend genannten Steuererklärungen bzw. Anträge hingegen nur die eigenhändige Unterschrift des Insolvenzschuldners, sind sie dem Insolvenzverwalter mit der Bitte um Prüfung auf Richtigkeit und Vollständigkeit und anschließende Rückgabe an das Finanzamt zu übersenden. Des Weiteren ist der Insolvenzverwalter aufzufordern, die Steuererklärungen neben dem Schuldner eigenhändig zu unterschreiben oder Gründe vorzutragen, aus denen aus seiner Sicht seine eigenhändige Unterschrift nicht erforderlich ist.

Ist die Einkommensteuererklärung des Insolvenzschuldners nur vom Insolvenzverwalter – und in den Fällen der Zusammenveranlagung daneben von dem nicht in Insolvenz befindlichen Ehegatten – eigenhändig unterschrieben, ist auch dies grundsätzlich nicht zu beanstanden und von einer Aufforderung zur Nachholung der eigenhändigen Unterschrift des Insolvenzschuldners abzusehen. Trägt die Einkommensteuererklärung nur die Unterschrift des Insolvenzschuldners – und ggf. daneben die seines Ehegatten – gelten die Weisungen im vorstehenden Absatz entsprechend. 97

Handlungen des Insolvenzverwalters nach der Verfahrenseröffnung können einkommensteuerlich relevante Sachverhalte realisieren. Dabei zählen die Einkünfte aus einer etwaigen kurzzeitigen Fortführung des Geschäftsbetriebs eigentlich nicht zu den Besonderheiten, denn diese Einkünfte hätte auch der Steuerpflichtige selbst realisiert.

Eine Besonderheit ergibt sich aus der Verwertung von Gegenständen der Masse und den hieraus entstehenden Gewinnen aus der Realisierung von stillen Reserven. Diese stillen Reserven werden einkommensteuerlich relevant in Höhe der Differenz aus dem Veräußerungserlös und den Buchwerten der veräußerten Wirtschaftsgüter. Unter Umständen handelt es sich hierbei um hohe Beträge, beispielsweise bei der Veräußerung von betrieblichen Immobilien, welche sich schon sehr lange im Betriebsvermögen befunden haben. Von Bedeutung ist deshalb die Zuordnung der resultierenden Steuerbelastung auf die insolvenzrechtliche Forderungskategorie Insolvenzforderung oder Masseverbindlichkeit. Obgleich die stillen Reserven bereits seit Beginn der Zugehörigkeit des Vermögensgegenstands zum Betriebsvermögen gelegt wurden, gilt nach BFH-Rechtsprechung, dass das Halten von stillen Reserven keine Besteuerung auslöst. Auslösendes Moment ist stets der Veräußerungsvorgang. Daraus folgt, dass die Einkommensteuer, die auf Veräußerungsvorgängen vor Anordnung der vorläufigen Verwaltung entsteht, stets den Insolvenzforderungen zuzurechnen ist, solche aus Veräußerungsvorgängen nach Anordnung der vorläufigen Verwaltung dagegen stets den Masseverbindlichkeiten. Dabei sind auch Veräußerungsvorgänge von Vermögensgegenständen, für welche Aussonderungsrechte gelten, einkommensteuerlich nicht relevant, da hier keine Vermögensgegenstände der Masse vorliegen. Bei Vermögensgegenständen mit Absonderungsrechten nach §§ 49ff. InsO können einkommensteuerlich relevante Veräußerungsgewinne entstehen. Die entstehenden steuerlichen Belastungen stellen Masseverbindlichkeiten dar, auch wenn der Masse aus der Verwertung keine liquiden Mittel zur 98

Begleichung der Steuerverbindlichkeiten zufließen. In diesen Fällen sollte seitens der Verwaltung mit den Gläubigern, denen die Verwertungserlöse zufließen, eine Vereinbarung getroffen werden, damit der Masse die entsprechenden Mittel verbleiben.

99 Darüber hinaus sind weitere Fälle denkbar, bei denen durch Zurechnung von positiven Einkünften ohne Zufluss von liquiden Mitteln Steuerverbindlichkeiten als Masseverbindlichkeiten entstehen. Exemplarisch:
– Zuweisung von positiven Einkünften im Rahmen einer gesonderten und einheitlichen Feststellung der Besteuerungsgrundlagen, beispielsweise massezugehörige Beteiligungen an Personengesellschaften.
– ergebniserhöhende Auflösung zuvor gebildeter Rückstellungen.

100 Bei der Ermittlung der Ertragsteuern spielt auch die Nutzbarkeit von Verlustvorträgen eine wichtige Rolle. Oftmals liegen keine gesondert festgestellten Verlustvorträge vor, da seitens des Schuldners keine Steuererklärungen abgegeben wurden. Diese Festsetzung ist auch dann noch möglich wenn für das Jahr der Verlustentstehung wegen Eintritts der Festsetzungsverjährung ein Einkommensteuerbescheid nicht mehr erlassen werden kann.[37] Die Bindungswirkung des Einkommensteuerbescheids entfällt, falls keine Einkommensteuerveranlagung durchgeführt wurde.

101 Bei einer Betriebsaufgabe ist der maßgebliche Zeitpunkt wesentlich. Ein Übergang von der Einnahmenüberschussrechnung zum Betriebsvermögensvergleich hat zwingend zu erfolgen, wenn mit einer Betriebsaufgabe nach § 16 Abs. 3 EStG begonnen wird.[38] Aufgabe- wie Veräußerungsgewinn sind nach § 16 Abs. 2 Satz 2 iVm Abs. 3 Satz 1 EStG für den Zeitpunkt der Betriebsaufgabe nach § 4 Abs. 1 EStG bzw. § 4 Abs. 1, § 5 EStG zu ermitteln. Die Betriebsaufgabe beginnt mit der ersten vom Aufgabeentschluss getragenen Handlung, die objektiv auf die Auflösung des Betriebs gerichtet ist, wie zB der Einstellung der produktiven Tätigkeit oder der Veräußerung bestimmter, für die Fortführung des Betriebs unerlässlicher Wirtschaftsgüter.[39] Folglich reicht es, wenn ein Verhalten des Steuerpflichtigen geeignet ist, objektiv den Betriebsaufgabewillen zu bekunden.

F. Körperschaftsteuer

102 Nach § 1 Körperschaftsteuergesetz (KStG) sind Körperschaften, Personenvereinigungen und Vermögensmassen, die ihre Geschäftsleitung oder ihren Sitz im Inland haben, mit ihren sämtlichen Einkünften unbeschränkt körperschaftsteuerpflichtig.

Für die Beurteilung der Steuerpflicht nach dem Körperschaftsteuergesetz ist auch der Zeitpunkt maßgeblich, zu welchem die Körperschaftsteuerpflicht beginnt. Nicht in jedem Fall liegt bei Eröffnung des Insolvenzverfahrens eine korrekt gegründete und im Handelsregister eingetragene Kapitalgesellschaft vor. Die Steuerpflicht beginnt bei Kapitalgesellschaften (§ 1 Abs. 1 Nr. 1 KStG)

---

[37] BFH Urt. v. 13.1.2015 – IX R 22/14.
[38] BFH Urt. v. 16.3.1989 – IV R 153/86.
[39] BFH Urt. v. 21.10.1993 – IV R 42/93.

nicht erst mit der Erlangung der Rechtsfähigkeit durch die Eintragung in das Handelsregister (§§ 41, 278 Aktiengesetz, § 11 GmbH-Gesetz), sondern erstreckt sich auch auf die mit Abschluss des notariellen Gesellschaftsvertrags (§ 2 GmbH-Gesetz) oder durch notarielle Feststellung der Satzung (§ 23 Abs. 1, § 280 Abs. 1 Aktiengesetz) errichtete Vorgesellschaft, dh die Kapitalgesellschaft im Gründungsstadium. Vor diesem Zeitraum liegt eine sogenannte Vorgründungsgesellschaft vor. Die Gesellschafter bilden in diesem Stadium lediglich eine GdbR ohne Körperschaftsteuerpflicht. Eventuelle Einkünfte entstehen in der GdbR und sind den Gesellschaftern direkt zuzurechnen.

Die Körperschaftsteuer ist die Einkommensteuer für die in § 1 KStG genannten Körperschaften. Die Vorschriften des Einkommensteuergesetzes für die Einkommensermittlung, die Veranlagung und Entrichtung der Steuer sind anwendbar.

Die Eröffnung des Insolvenzverfahrens löst die Kapitalgesellschaft auf (§ 262 Abs. 1 Nr. 3 AktG, § 60 Abs. 1 Nr. 4 GmbHG: „... die Gesellschaft mit beschränkter Haftung wird aufgelöst ... durch die Eröffnung des Insolvenzverfahrens"). Eine Möglichkeit zur Fortsetzung der GmbH besteht nach § 60 Abs. 1 Nr. 4 GmbHG, wenn ein Antrag des Schuldners auf Einstellung des Insolvenzverfahrens besteht oder ein Insolvenzplan bestätigt wird.

Im Zusammenhang mit der Insolvenz der Kapitalgesellschaft sind körperschaftsteuerlich die Phase der Unternehmensfortführung und die eigentliche Liquidation zu unterscheiden. 103

Während der Unternehmensfortführung sind die regulären Normen zur Ermittlung des körperschaftsteuerlichen Ergebnisses analog zum werbenden Unternehmen anzuwenden. Insbesondere bleibt es bei dem einjährigen Besteuerungszeitraum. 104

Davon zu unterscheiden ist die Phase der reinen Abwicklung, in welcher das Unternehmen nicht weiter fortgeführt wird. Die Kapitalgesellschaft bleibt bis Abschluss der Liquidation körperschaftsteuerpflichtig. Nach § 11 Abs. 1 bis 6 KStG wird der körperschaftsteuerliche Gewinn in der Abwicklungsphase abweichend ermittelt. 105

Nach § 11 Abs. 1 KStG ist für die Besteuerung nicht mehr der Jahreszeitraum, sondern die Dauer der Abwicklung (= Liquidationszeitraum) maßgeblich. Dieser Liquidationszeitraum soll drei Jahre nicht überschreiten. Die Ermittlung des Gewinns innerhalb des Liquidationszeitraums ist nach § 11 Abs. 2 KStG die Differenz aus Abwicklungs-Endvermögen (definiert in § 11 Abs. 3 KStG) zu Abwicklungs-Anfangsvermögen (definiert in § 11 Abs. 5 und 6 KStG). 106

KStG sinngemäß auch im Insolvenzfall anzuwenden. Somit beginnt der Liquidationszeitraum mit der Einstellung der werbenden Tätigkeit, in der Regel bei der Einstellung der Betriebsfortführung. Erst mit der Einstellung Betriebsfortführung wird das Kalenderjahr vom Liquidationszeitraum als Besteuerungszeitraum abgelöst. 107

Nach § 155 InsO beginnt mit der Verfahrenseröffnung ein neues Wirtschaftsjahr. Abschnitt 46 Abs. 1 Satz 5 der Körperschafsteuerrichtlinien ermöglicht auch steuerlich bei Auflösung im Laufe eines Wirtschaftsjahres ein Rumpfwirtschaftsjahr zu bilden.

Die Zuordnung der Körperschaftsteuer im Jahr der Insolvenzeröffnung richtet sich wieder nach § 55 InsO. Somit werden die Ergebnisse, die ab Anordnung 108 der vorläufigen Insolvenzverwaltung bis zur Eröffnung des Verfahrens entstehen, ebenso zur Ermittlung der Masseverbindlichkeit herangezogen wie die Ergebnisse des Zeitfensters nach der Verfahrenseröffnung.

G. Gewerbesteuer

109 Die Gewerbesteuerpflicht endet in Abhängigkeit von der Rechtsform nach § 4 Abs. 2 GewStDV bei Einzelunternehmen und Personengesellschaften mit der Einstellung der werbenden Tätigkeit. Im Insolvenzverfahren zählen Tätigkeiten des Insolvenzverwalters zu den werbenden Tätigkeiten, wenn der Betrieb fortgeführt wird bzw. wenn eine Ausproduktion vorgenommen wird. Die reine Verwertung der Insolvenzmasse im Rahmen der Veräußerung des Sachanlagevermögens stellt keine werbende Tätigkeit dar. Bei Kapitalgesellschaften endet die werbende Tätigkeit erst nach Einstellung jeglicher Tätigkeit. Im Gegensatz zu Einzelunternehmen und Personengesellschaften sind Gewinne aus der Verwertung des Liquidations-Anfangsvermögens gewerbesteuerpflichtig.

110 Wird der Betrieb einer Kapitalgesellschaft, über deren Vermögen das Insolvenzverfahren eröffnet ist, zunächst weitergeführt und wird erst später mit der Insolvenzabwicklung begonnen, ist das Wirtschaftsjahr, auf dessen Anfang oder in dessen Lauf der Beginn der Insolvenzabwicklung fällt, das erste Jahr des Abwicklungszeitraums, für den die in § 16 Abs. 2 GewStDV vorgesehene Verteilung des Gewerbeertrags in Betracht kommt.

Wie bei der Körperschaftsteuer beginnt mit der Abwicklung (nicht mit Beginn des Insolvenzverfahrens) ein Abwicklungszeitraum gem. § 16 Abs. 2 GewStDV. Der im Abwicklungszeitraum entstehende Gewerbeertrag wird auf den Abwicklungszeitraum auf Monatsbasis verteilt und so den jahresbezogenen Veranlagungszeiträumen zugerechnet.

111 Die Möglichkeiten der Berücksichtigung eines Verlustvortrags werden durch die Verfahrenseröffnung nicht eingeschränkt.

112 Obwohl die Gewerbesteuerbescheide nicht von der Finanzbehörde, sondern von der Gemeinde erlassen werden, gilt auch hier, dass nach Verfahrenseröffnung kein Steuerbescheid mehr erlassen werden darf. Die Forderung ist wiederum zur Insolvenztabelle anzumelden. Auch die Finanzbehörde darf keine Gewerbesteuermessbescheide mehr erlassen. Lediglich eine Berechnung der Messbeträge geht an den Insolvenzverwalter sowie an die hebeberechtigten Gemeinden.

H. Grunderwerbsteuer

113 Die Grunderwerbsteuer ist mit Verwirklichung der in § 1 GrEStG genannten Erwerbsvorgänge begründet. Käufer und Verkäufer sind Gesamtschuldner. Bei Verwirklichung der Erwerbsvorgänge vor Anordnung einer vorläufigen Insolvenzverwaltung entsteht eine Insolvenzforderung. Eine steuerlich ggf. noch nicht vorliegende Fälligkeit wird über § 41 Abs. 1 InsO fingiert.

114 Bei Verwertung eines Grundstücks nach Anordnung von Sicherungsmaßnahmen im Sinne des § 55 Abs. 4 InsO entsteht die Steuer als Masseverbind-

lichkeit. Eine Masseverbindlichkeit entsteht auch dann, wenn im Rahmen einer Einigung über einen angefochtenen Veräußerungsvorgang vom Erwerber noch ein zusätzliches Entgelt in die Insolvenzmasse fließt und somit ein weiterer grunderwerbsteuerpflichtiger Vorgang entsteht.

Der Grundsatz des Begründetseins ist nach einer Rechtsprechung des BFH[40] auch bei einem Rücktritt nach Eröffnung des Insolvenzverfahrens vom Kaufvertrag für die Grunderwerbsteuer maßgeblich. Im Entscheidungsfall wurde das durch den Rücktritt ausgelöste Guthaben aus der Änderung des Grunderwerbsteuerbescheids als aufrechenbar mit Steuerschulden aus der Zeit vor Eröffnung des Insolvenzverfahrens gewertet, da die Grunderwerbsteuer immer unter dem Vorbehalt, dass es zu einem endgültigen Eigentumsübergang kommt, steht. 115

J. Grundsteuer

Die Grundsteuer wird nach den Verhältnissen zu Beginn des Kalenderjahres von der Gemeinde festgesetzt. Ihr liegen die Feststellungen des Lagefinanzamtes zum Einheitswert und zur Zurechnung von Grundstücken zugrunde. 116

Sie ist zu Beginn des Jahres begründet und stellt deshalb bei unterjähriger Eröffnung des Insolvenzverfahrens in voller Höhe eine Insolvenzforderung dar. Analog stellt die Grundsteuer in der vollen Höhe eine Masseverbindlichkeit dar, wenn bereits zu Beginn des Jahres ein eröffnetes Insolvenzverfahren vorliegt, auch bei Aufhebung des Verfahrens im laufenden Jahr. Sie ist in diesem Fall mit Bescheid gegen den Insolvenzverwalter festzusetzen.

K. Kraftfahrzeugsteuer

Nach § 6 KfzStG entsteht die Kfz-Steuer mit Beginn des einjährigen Entrichtungszeitraums; sie ist ebenfalls zu Beginn des Entrichtungszeitraums fällig. Wird die Kfz-Steuer bei Fälligkeit nicht beglichen und fällt die Eröffnung des Insolvenzverfahrens in den laufenden Entrichtungszeitraum, so stellt die auf die Zeit von Beginn des Entrichtungszeitraums bis zur Verfahrenseröffnung entfallende Kfz-Steuer eine Insolvenzforderung dar (tageweise Aufteilung). Für die Zuordnung der Kfz-Steuer als Masseverbindlichkeit kommt es nach einer Änderung in der Rechtsprechung nicht mehr auf die formale Position des Halters an. Vielmehr ist auch die Zugehörigkeit des Fahrzeugs zur Masse das maßgebliche Kriterium. Als Masseverbindlichkeit kann die Kfz Steuer nur geltend gemacht werden, wenn das Kfz massezugehörig ist. Das ist unter anderem nicht der Fall bei einem Kfz, das gemäß § 811 ZPO iVm § 36 InsO unpfändbar ist.[41] Dies ist auch nicht der Fall bei einem Leasingfahrzeug, dessen Aussonderung verlangt werden kann. Gibt der Insolvenzverwalter die selbständige Tätigkeit des Schuldners gem. § 35 Abs. 2 InsO aus der Masse frei, so sollte er Fahrzeuge, 117

---

[40] BFH Urt. v. 17.4.2007 – VII R 27/06.
[41] BFH Urt. v. 8.7.2011 – II R 49/09.

die der Schuldner hierbei auf eigene Rechnung übernimmt, ausdrücklich aus der Masse freigeben.[42]

118 Andernfalls endet die Kfz-Steuerpflicht der Masse erst mit der Abmeldung des Fahrzeugs durch den Insolvenzverwalter. Dies kann dann problematisch werden, wenn der Verwalter keine Kenntnis von den Fahrzeugen hat.

L. Steuerabzug bei Bauleistungen

119 Mit dem Gesetz zur Eindämmung der illegalen Betätigung im Baugewerbe vom 30.8.2001 (BGBl. I 2267) wurde zur Sicherung von Steueransprüchen bei Bauleistungen ein Steuerabzug eingeführt. Die Regelungen hierzu enthält Abschnitt 7 des Einkommensteuergesetzes (§§ 48 bis 48d EStG). Ab 1.1.2002 haben danach unternehmerisch tätige Auftraggeber von Bauleistungen (Leistungsempfänger) im Inland einen Steuerabzug von 15 % der Gegenleistung für Rechnung des die Bauleistung erbringenden Unternehmens (Leistender) vorzunehmen, wenn nicht eine gültige, vom zuständigen Finanzamt des Leistenden ausgestellte Freistellungsbescheinigung vorliegt oder bestimmte Freigrenzen nicht überschritten werden. Dem Steuerabzug unterliegt der volle Betrag der Gegenleistung. Zur Gegenleistung gehört das Entgelt für die Bauleistung zuzüglich Umsatzsteuer. Auch bei der Aufrechnung ist ein Steuerabzug vorzunehmen. Das Finanzamt rechnet den Abzugsbetrag auf die vom Leistenden zu entrichtenden Steuern an. Voraussetzung ist, dass der Abzugsbetrag einbehalten und angemeldet wurde (§ 48c Abs. 1 EStG). Zur Prüfung dieser Voraussetzung hat der Leistende dem Finanzamt die vom Leistungsempfänger gemäß § 48a Abs. 2 EStG erteilten Abrechnungsbelege vorzulegen. Der Steuerabzug nach § 48 EStG ist erstmals auf Gegenleistungen anzuwenden, die nach dem 31.12.2001 erbracht werden (§ 52 Abs. 56 EStG).

Für den Insolvenzverwalter können diese Regelungen in unterschiedlichen Situationen relevant werden.

Beispiel 1: Das insolvente Unternehmen erbringt selbst Bauleistungen:

120 Die Finanzverwaltung ist gehalten, die Anträge auf Erteilung der Freistellungsbescheinigungen möglichst großzügig zu bearbeiten. Dennoch kann es gerade bei krisenbehafteten Unternehmen mit hohen Rückständen gegenüber der Finanzkasse zu einer Versagung dieser Freistellung oder zu einer lediglich befristeten Erteilung der Freistellung kommen. Der bei Verfahrenseröffnung vorgefundene Forderungsbestand kann dann unter Umständen nicht voll von der Masse vereinnahmt werden, da die Kunden das Abzugsverfahren beachten müssen und einen Teil direkt an den Fiskus abführen. Die Verpflichtung zum Steuerabzug entsteht zu dem Zeitpunkt, in dem die Gegenleistung erbracht wird, dh beim Leistungsempfänger abfließt (§ 11 EStG). Dies gilt auch in Fällen, in denen die Gegenleistung in Teilbeträgen (Vorschüsse, Abschlagszahlungen, Zahlung gestundeter Beträge) erbracht wird.

Erbringt der Insolvenzverwalter nach Verfahrenseröffnung im Rahmen der (zeitweiligen) Unternehmensfortführung selbst Bauleistungen, so ist es ratsam auch hier eine Freistellungsbescheinigung zu beantragen.

Wird Bauabzugssteuer an das Finanzamt abgeführt, nachdem über das Vermögen des leistenden Bauunternehmers das Insolvenzverfahren eröffnet wurde, so kann das Finanz-

---

[42] BFH Urt. v. 8.9.2011 – II R 54/10.

amt den abgeführten Betrag nicht außerhalb des Insolvenzverfahrens vereinnahmen. Vielmehr steht dem Steuergläubiger auch in diesem Fall für seinen Steueranspruch gegenüber dem Bauunternehmer nur die nach Insolvenzrecht zu ermittelnde Verteilungsquote zu (BFH, Urteil vom 13.11.2002 – I B 147/02). Einbehaltene Beträge sind ggf. dem Finanzamt gegenüber über eine Anfechtung geltend zu machen.

Beispiel 2: Der Insolvenzverwalter nimmt Bauleistungen in Anspruch, um beispielsweise Gebäude zu erhalten: 121
In diesem Fall hat er darauf zu achten, dass das leistende Bauunternehmen eine Freistellungsbescheinigung vorlegt. Der Leistungsempfänger hat die Möglichkeit, sich durch eine Prüfung der Gültigkeit der Freistellungsbescheinigung über ein eventuelles Haftungsrisiko Gewissheit zu verschaffen. Er kann hierzu im Wege einer elektronischen Abfrage beim Bundesamt für Finanzen eine Bestätigung der Gültigkeit der Bescheinigung erlangen.

Andernfalls hat er den Steuerabzug vorzunehmen und an das Finanzamt abzuführen, um zu vermeiden, dass das Finanzamt – beispielsweise bei einer Insolvenz des beauftragten Bauunternehmens – an den Insolvenzverwalter herantritt und die nicht einbehaltenen und abgeführten Beträge nachfordert. Dies ist auch noch geraume Zeit nach Abschluss des eigentlichen Verfahrens möglich, wenn das Finanzamt erst später das beauftragte Bauunternehmen prüft. Sind keine Mittel mehr aus der ursprünglichen Insolvenzmasse vorhanden, wird der Insolvenzverwalter selbst für den nicht abgeführten Betrag in Haftung genommen (§ 48a Abs. 3 Satz 1 EStG). Sind noch Mittel der Masse vorhanden, so kann zwar die Nachforderung des Finanzamts erfüllt werden, die Masse selbst wird dann aber in dieser Höhe doppelt belastet, da der beauftragte Unternehmen bei unterlassenem Abzug voll bezahlt wurde. Es entsteht ggf. eine Schadenersatzforderung der Masse gegenüber dem Insolvenzverwalter, da er diese Verringerung der Masse durch Nichtbeachtung der Abzugsverpflichtung herbeigeführt hat.

Beispiel 3: Der Insolvenzverwalter verteilt die bare Masse auf die Insolvenzforderungen: 122
Bei Zahlungen auf eine Insolvenzquote beim Abschluss des Verfahrens sollte für jede Forderung geprüft werden, ob eine Bauleistung zugrunde liegt. In diesem Fall ist zum Zeitpunkt der Auszahlung anzufragen, ob der Gläubiger eine Freistellungsbescheinigung hat, sobald die Bagatellgrenze überschritten ist.

M. Lohnsteuer

Bei der Lohnsteuer handelt es sich um eine Art der Steuervorauszahlung, die direkt als Steuerabzugsbetrag vom Arbeitgeber einbehalten und an das Finanzamt abgeführt wird. Steuerschuldner ist der Arbeitnehmer, der Arbeitgeber ist lediglich verpflichtet bei jeder Lohnzahlung die Lohnsteuer einzubehalten und an das Finanzamt als Steuergläubiger abzuführen. Den Arbeitgeber trifft somit eine Mitwirkungspflicht. Er hat die Lohnsteuer bei jeder Lohnzahlung gem. § 38 Abs. 3 EStG einzubehalten und gem. § 41 EStG anzumelden und abzuführen. Nach § 42d EStG haftet der Arbeitgeber gesamtschuldnerisch neben dem Arbeitnehmer für die einzubehaltende Lohnsteuer. Ihn trifft auch eine besondere Dienstleistungspflicht diesen Verpflichtungen nachzukommen. 123

Die Lohnsteuer entsteht gem. § 38 Abs. 2 Satz 2 EStG mit dem Zufluss des Arbeitslohns beim Arbeitnehmer. Sie ist Teil des vereinbarten Bruttolohns. 124

Der Insolvenzverwalter hat alle Pflichten zu erfüllen, welche zuvor der Insolvenzschuldner als Arbeitgeber zu erfüllen hatte. So hat er unter anderem 125 auch Lohnsteueranmeldungen für die Zeiträume vor und nach Verfahrenseröffnung abzugeben.

Eine besondere Problematik, welche den Insolvenzschuldner trifft, stellt die Haftung für nicht abgeführte Lohnsteuerbeträge dar. Dabei erstreckt sich die Haftung auch auf die Vertreter des Insolvenzschuldners – bei juristischen Personen nach §§ 34 und 69 AO deren Geschäftsführer, nach Verfahrenseröffnung aber auch den Insolvenzverwalter.

126 Die Lohnsteuerrichtlinie R 118 LStR zu § 39b EStG gibt die Verpflichtung des Arbeitgebers wieder, in jedem Fall dafür zu sorgen, dass die finanziellen Mittel ausreichen, um die – eventuell zu kürzenden – Nettoauszahlungen an die Arbeitnehmer und die Abführung der einbehaltenen Lohnsteuer sicherzustellen. Beachtet er dies nicht, so greift die oben beschriebene persönliche Haftung.

127 Der Insolvenzverwalter wird in der Regel eine Situation antreffen, in der uU gar keine Lohnabrechnungen/Meldungen erstellt wurden, bzw. diese ggf. zu korrigieren sind. Nachfolgend werden einige der häufig anzutreffenden Fallkonstellationen beschrieben und dargestellt, welche Konsequenzen sich ergeben.

128 Im Zeitraum vor Insolvenzeröffnung ist mit folgenden Fallkonstellationen zu rechnen:
- Arbeitslohn wurde vollständig ausbezahlt
- Arbeitslohn wurde vollständig nicht ausbezahlt
- Arbeitslohn wurde als Nettolohn vollständig ausbezahlt, die Lohnsteuer jedoch nicht abgeführt
- Zahlung von Insolvenzgeld

129 In vielen Fällen werden die Lohnabrechnungen sowie die Lohnsteueranmeldungen unabhängig von der Liquiditätslage des Unternehmens so erstellt, als käme es zu einer regelmäßigen vollen Auszahlung der Nettolöhne und zu einer vollen Abführung der Lohnsteuer an das Finanzamt. Die Lohnsteueranmeldungen werden dann in dieser Form abgegeben.

130 Da die Lohnsteuer nach § 38 Abs. 2 Satz 2 EStG erst mit Zufluss beim Arbeitnehmer entsteht, werden hierbei oft zu hohe Beträge gemeldet. Die folgende Übersicht gibt einen Überblick über die Fallgestaltungen, in denen die Lohnsteueranmeldungen zu korrigieren sind.
- Volle Auszahlung des Nettolohns:
Lohnsteuer entsteht gem. § 38 Abs. 2 Satz 2 EStG in voller Höhe, entsprechend der Nettoauszahlung und ist auch so anzumelden
- Keine Auszahlung des Nettolohns:
Kein Zufluss beim Arbeitnehmer, somit entsteht keine Lohnsteuer; ggf. Korrektur der Anmeldung
- Teilweise Auszahlung des Nettolohns:
Lohnsteuer entsteht nur entsprechend der Nettoauszahlung; ggf. Korrektur der Anmeldung
- Zahlung von Insolvenzgeld:
Insolvenzgeld stellt eine sogenannte Lohnersatzleistung dar. Dem Arbeitnehmer fließt zwar ein um Sozialversicherungsbeiträge und Lohnsteuer gekürzter Nettobetrag zu, eine abzuführende Lohnsteuer entsteht aus Sicht des Unternehmens jedoch nicht. Für gezahltes Insolvenzgeld ist somit keine

Lohnsteueranmeldung vorzunehmen. Das Insolvenzgeld unterliegt beim Arbeitnehmer dem Progressionsvorbehalt. Dies gilt auch bei einer Vorfinanzierung.[43]

Die Durchführung dieser Korrekturen ist in vielen Fällen erst nach Aufarbeitung der tatsächlichen Mittelflüsse an die Arbeitnehmer möglich. 131

Bei Beendigung eines Dienstverhältnisses oder am Ende des Kalenderjahres hat der Arbeitgeber (bzw. in Übernahme von dessen Aufgaben der Insolvenzverwalter) das Lohnkonto des Arbeitnehmers abzuschließen. Der Arbeitgeber hat aufgrund der Eintragungen im Lohnkonto die lohnsteuerlichen Angaben elektronisch zu melden. 132

Aus Sicht der Arbeitnehmer gilt die Lohnsteuer als einbehalten, wenn die Lohnsteuerbeträge in der Lohnsteueranmeldung erfasst sind. Auch wenn der Arbeitgeber ohne Wissen des Arbeitnehmers die einbehaltene Lohnsteuer nicht anmeldet und abführt, darf dies nicht zu Lasten des Arbeitnehmers gehen. Eine Inanspruchnahme des Arbeitnehmers kommt nur dann in Betracht, wenn er darüber informiert war, dass der Arbeitgeber die Lohnsteuer nicht angemeldet und nicht abgeführt hat.

Für den Anfall von Lohnsteuer sowie für die einschlägigen Meldungen und Bescheinigungen spielt der Begriff des Zuflusses eine zentrale Rolle. In der Regel stellt dies kein besonderes Problemfeld dar. Wie so oft im Steuerrecht, existieren jedoch bei einigen Sonderfällen Regelungen, welche einen Zufluss fingieren, auch wenn keine realen Gelder fließen. 133

Zufluss bedeutet, dass der Arbeitnehmer die tatsächliche Verfügungsmacht erlangt haben muss. Er muss in der Lage sein, über den Arbeitslohn wirtschaftlich zu verfügen. Ein Zufluss ist regelmäßig anzunehmen bei einer Barzahlung oder einer Überweisung auf ein Konto des Arbeitnehmers. Als Verfügung gilt aber auch die Gutschrift des Betrags in den Büchern des Unternehmens, wenn der Arbeitnehmer tatsächlich über den Betrag verfügen kann und der Arbeitnehmer frei entscheiden kann, ob der Betrag ausbezahlt wird oder nicht. Eine weitere Voraussetzung für die Annahme einer freien Verfügungsgewalt ist, dass über Bestand, Höhe und Fälligkeit des Lohnbetrags kein Zweifel besteht. Durch den freiwilligen Verzicht auf die Auszahlung verfügt der Arbeitnehmer dann bereits frei über seinen Anspruch. Die Forderung nach der freien Entscheidung des Arbeitnehmers impliziert, dass kein Zufluss angenommen werden kann, wenn eine Zahlung rein aus Liquiditätsschwierigkeiten des Unternehmens unterbleibt. Zur exakten Darstellung ist es zu empfehlen, dass in der Finanz-Buchhaltung die Beträge aus derartigen Auszahlungsverzichten nicht auf dem regulären Konto „Verbindlichkeiten aus Lohn und Gehalt" verbleiben, sondern auf ein separates Konto umgebucht werden. 134

Eine weitere Sonderstellung nehmen beherrschende Gesellschafter einer Kapitalgesellschaft ein, bei welchen gleichzeitig eine Arbeitnehmereigenschaft vorliegt. Die Rechtsprechung geht bei dieser Konstellation davon aus, dass die Interessen von Unternehmen und Arbeitnehmer-Gesellschafter identisch sind. Ein Zufluss kann somit dann angenommen werden, wenn sich der Arbeitnehmer-Gesellschafter die ihm zustehenden Beträge nicht auszahlen lässt. Ein starkes Indiz, welches diese Willensentscheidung unterstreicht, ist die Umbuchung 135

---

[43] BFH Urt. v. 1.3.2012 – VI R 4/11.

der Lohnforderung vom Konto „Verbindlichkeiten aus Lohn und Gehalt" auf ein bestehendes Verrechnungskonto des Arbeitnehmer-Gesellschafters.

136 Diese Aspekte sind auch bei der Erstellung der Lohnsteuer-Anmeldungen und beim Erstellen der Lohnsteuerbescheinigungen zu berücksichtigen.

N. Insolvenzspezifische Arbeitnehmersachverhalte

137 Im Rahmen der Bearbeitung der Arbeitnehmersachverhalte werden durch den Insolvenzverwalter unterschiedliche Zahlungen an die Arbeitnehmer geleistet:
- Entgeltzahlung im Rahmen einer Weiterbeschäftigung
- Zahlungen auf auslaufende Arbeitsverhältnisse bei Freistellung (Differenzlohnzahlung)
- Zahlungen auf Tabellenforderungen der Arbeitnehmer

138 Entgeltzahlungen im Rahmen einer Weiterbeschäftigung sind dabei unproblematisch. In der Regel liegen dem Verwalter alle abrechnungsrelevanten Daten vor und er kann diese im Rahmen des ELStAM (Elektronische Lohnsteuer Abzugs Merkmale) Verfahrens mit den bei der Finanzverwaltung hinterlegten Daten abgleichen. Somit kommen bei der Abrechnung und der Abführung der Lohnsteuer die regulären Steuermerkmale (Steuerklasse, Religionszugehörigkeit, Kinderfreibeträge, sonstige Freibeträge, etc.) zur Anwendung.

139 Differenzlohnzahlungen finden in der Regel erst mit einem zeitlichen Abstand zur Insolvenzeröffnung statt. Der Verwalter muss davon ausgehen, dass die betroffenen Arbeitnehmer zum Zeitpunkt der Auszahlung bereits wieder in einem neuen Beschäftigungsverhältnis stehen. Voraussichtlich werden ihm im Auszahlungszeitpunkt die dann geltenden steuerlichen Merkmale nicht vorliegen. Vor diesem Hintergrund bietet es sich an, die Abrechnung mit den ungünstigsten steuerlichen Merkmalen (Steuerklasse VI, keine Freibeträge) vorzunehmen. Da dem Arbeitnehmer die Steuerabzugsbeträge bescheinigt werden, entsteht ihm bei einem zu hoch vorgenommenen Lohnsteuerabzug kein Nachteil, da ihm dies im Rahmen seiner Einkommensteuerveranlagung angerechnet wird. Hierzu ist er ohnehin nach § 46 EStG verpflichtet, falls er Einkünfte bezieht, die über Steuerklasse VI abgerechnet wurden. Da es sich um eine aktive Handlung des Verwalters für die Masse handelt, sind die entsprechenden Lohnsteueranmeldungen auf die Steuernummer der Masse einzureichen. Bei der Auszahlung des berechneten Nettoentgelts an den Arbeitnehmer sind Zahlungen, welche der Arbeitnehmer bereits von der Bundesagentur für Arbeit erhalten hat, als Nettoabzug zu berücksichtigen. Die entsprechenden Ansprüche sind an die Bundesagentur für Arbeit übergegangen. Die Zahlungen des Arbeitgebers – hier der Masse – an die Agentur für Arbeit auf Grund des gesetzlichen Forderungsübergangs (§ 115 SGB X) sind nach R 3.2 LStR 2015 steuerfrei, wenn über das Vermögen des Arbeitgebers das Insolvenzverfahren eröffnet worden ist. Steuerpflichtiger Arbeitslohn liegt nur in der Höhe der Differenz zwischen dem Arbeitslohnanspruch und den geleisteten Rückzahlungen von Arbeitslosengeld vor.

140 Bei Auszahlungen auf die Tabellenforderungen ist zu beachten, dass diese stets als Bruttobeträge zur Tabelle anzumelden sind. Entsprechend wird der

Verwalter bei der Abrechnung und Auszahlung wieder Lohnsteuerbeträge hieraus berechnen und auf Rechnung des Arbeitnehmers an das Finanzamt abführen. Da es sich hierbei auch um Zahlungen aus einem Arbeitsverhältnis handelt, ist er hierzu auch verpflichtet. Im Hinblick auf die steuerlichen Merkmale gelten die Ausführungen zur Abrechnung von Differenzlöhnen. Da es sich um eine aktive Handlung des Verwalters für die Masse handelt sind die entsprechenden Lohnsteueranmeldungen auf die Steuernummer der Masse einzureichen.

O. Steuerliche Nebenleistungen

Steuerliche Nebenleistungen sind nach § 3 AO Verspätungszuschläge (§ 152 AO), Zinsen (§§ 233 bis 237 AO), Säumniszuschläge (§ 240 AO), Zwangsgelder (§ 329 AO) und Kosten (§ 178 AO, §§ 337 bis 345 AO). 141

Vor Verfahrenseröffnung aufgelaufene und festgesetzte Zinsen (bis Verfahrenseröffnung) sind Insolvenzforderungen. Seit Verfahrenseröffnung laufende Zinsen stellen nach § 39 Abs. 1 Nr. 1 InsO nachrangige Insolvenzforderungen dar. 142

Zwangsgelder, die festgesetzt wurden, weil Erklärungen vom Insolvenzschuldner nicht abgegeben wurden, sind nach § 335 AO aufzuheben, wenn der Insolvenzverwalter diesen versäumten Pflichten nachkommt. Säumniszuschläge entstehen kraft Gesetzes und werden zusammen mit den Steuerforderungen, denen sie zugerechnet werden, zur Insolvenztabelle angemeldet, wobei in der Regel ein Erlassantrag erfolgreich ist (zumindest Erlass von 50%), wenn sie nach eingetretener Zahlungsunfähigkeit/Überschuldung des Insolvenzschuldners entstanden sind. Säumniszuschläge auf Steuern, die Masseverbindlichkeiten darstellen, sind ebenfalls als Masseverbindlichkeiten zu qualifizieren. Auch hier ist ein Antrag auf Erlass von 50% der Zuschläge in der Regel erfolgreich. Verspätungszuschläge vor Verfahrenseröffnung sind zur Insolvenztabelle anzumelden. Verspätungszuschläge können ggf. auch gegen den Insolvenzverwalter festgesetzt werden, wenn dieser seiner Verpflichtung zur Abgabe von Steuererklärungen nicht nachkommt. Verspätungszuschläge, Zwangsgelder oder Verzögerungsgelder, die gegen den Insolvenzschuldner im Insolvenzeröffnungsverfahren festgesetzt worden sind, fallen nicht unter den Anwendungsbereich des § 55 Abs. 4 InsO, da diese nicht vom schwachen vorläufigen Insolvenzverwalter bzw. durch seine Zustimmung begründet worden sind.[44] 143

P. Steuerabzugsbeträge und Vorauszahlungen

Auf ausbezahlte Kapitalerträge hat die auszahlende Stelle nach §§ 43–45 EStG grundsätzlich Zinsabschlagsteuer einzubehalten und an das Finanzamt abzuführen. Der Zinsabschlag ist auch dann vorzunehmen, wenn das Insolvenzverfahren eröffnet wurde – beispielsweise bei Festgeldanlagen des Insolvenzverwalters. Über den einbehaltenen Betrag erstellt das auszahlende Institut eine entsprechende Steuerbescheinigung. 144

---

[44] BMF 20.5.2015 – IV A 3 – S 0550/10/10020-05 Rn. 8.

145　Die Zinsabschlagsteuer hat Vorauszahlungscharakter und wird auf die Einkommen-/Körperschaftsteuer angerechnet. Im Rahmen der Erstellung der Einkommensteuer-/Körperschaftsteuererklärung ist die erteilte Steuerbescheinigung im Original an das Finanzamt einzureichen, um die Anrechnung zu erlangen. Der Insolvenzverwalter hat somit darauf zu achten, dass diese Bescheinigungen im Original vorliegen, ggf. sind Mehrfertigungen von den auszahlenden Stellen anzufordern.

146　Die Anrechnung mindert die sich errechnende Zahlung für Einkommen-/Körperschaftsteuer. Liegt hier kein zu zahlender Betrag vor, ist der einbehaltene Zinsabschlag zu erstatten. Der von der Finanzbehörde erstattete Betrag steht immer der Insolvenzmasse zu.

Probleme entstehen in Verbindung mit Personengesellschaften. Zinseinnahmen, welche der Insolvenzverwalter erzielt, unterliegen in jedem Fall dem Zinsabschlag. Der Masse fließt der Zinsertrag somit nur reduziert zu. Bei Personengesellschaften steht die Anrechnung und ggf. Erstattung aber den Gesellschaftern der Personengesellschaft zu (fehlende Identität von Steuerschuldner und des von der Insolvenz erfassten Vermögens – die Personengesellschaft ist ertragsteuerlich nicht Steuersubjekt). Der BFH lehnt es ab, dem Insolvenzverwalter eine Nichtveranlagungsbescheinigung zu erteilen, welche den Abzug der Zinsabschlagsteuer vermeiden würde. Auch ein Freibetrag steht der Personengesellschaft mangels der Eigenschaft als Steuersubjekt nicht zu.

147　Die Anrechnung der Steuerabzugsbeträge ist den Gesellschaftern möglich. Sie sind unabhängig vom Inhalt des Gesellschaftsvertrages zur Erstattung der Zinsabschläge in die Masse verpflichtet.[45]

148　Einkommensteuervorauszahlungen für zusammen veranlagte Eheleute werden, sofern keine anderweitige Absichtsbekundung, beispielsweise durch Angabe einer Zuordnung im Verwendungszweck der Zahlung, erkennbar ist, für Rechnung beider Ehegatten gezahlt. Dies gilt auch bei Insolvenz eines Ehepartners.[46] Sind Vorauszahlungen gegen den nicht insolventen Ehegatten/Lebenspartner festgesetzt und geleistet worden, sind diese Vorauszahlungen entsprechend des Zahlungszeitpunkts auf die vor- und nachinsolvenzrechtlichen Vermögensbereiche zu verteilen. Die Verteilung innerhalb der nachinsolvenzrechtlichen Vermögensbereiche Insolvenzmasse und insolvenzfreies Vermögen erfolgt im Verhältnis der Einkünfte des insolventen Ehegatten/Lebenspartners in diesem Vermögensbereich. Dies gilt entsprechend für die Zuordnung der anzurechnenden Steuerabzugsbeträge des nicht insolventen Ehegatten/Lebenspartners.[47]

Q. Steuerliche Auswirkungen von Anfechtungen

149　Bei Anfechtungen im Rahmen der §§ 129 ff. InsO fließen der Insolvenzmasse von den Anfechtungsgegnern wieder Mittel zu, die diese vor Anordnung von

---

[45] BGH Urt. v. 5.4.2016 – II ZR 62/15 sowie zuvor OLG Dresden Beschl. v. 29.11.2004 – 2 U 1507/04.
[46] BFH Urt. v. 22.3.2011 – VII R 42/10.
[47] Vgl. hierzu Änderung des Anwendungserlasses zur Abgabenordnung (AEAO) vom 3.10.2014 – IV A 3 – S 0062/14/10008 Rn. 12b.

Sicherungsmaßnahmen vom schuldnerischen Unternehmen in anfechtbarer Art und Weise erhalten haben. Mit der Zahlung an die Insolvenzmasse lebt nach § 144 InsO die ursprünglich mit der anfechtbaren Zahlung ausgeglichene Forderung wieder auf. Aus Sicht eines bilanzierenden Insolvenzschuldners (Gewinnermittlung nach § 4 Abs. 1 EStG) liegt somit lediglich eine ertragsneutrale Bilanzverlängerung vor, da sich mit dem Mittelzufluss eine identische Verbindlichkeit durch den Rückgewährungsanspruch aufbaut. Aus Sicht einer Einnahme-Überschuss-Rechnung nach § 4 Abs. 3 EStG wäre der Rückgewährungsanspruch nicht steuerlich relevant, die Zahlung an die Masse ist somit ergebniserhöhend. Dies kann nur vermieden werden, wenn der mögliche Wechsel in der Gewinnermittlungsart – von der Einnahme-Überschuss-Rechnung hin zur Gewinnermittlung durch Bestandsvergleich – durch den Insolvenzverwalter erklärt wird. Die Notwendigkeit hierfür ist vom Insolvenzverwalter zeitnah zu prüfen, da die Erstellung einer Eröffnungsbilanz zum Wechsel der Gewinnermittlungsart und das Führen einer darauf aufbauenden kaufmännischen Buchführung zu erfolgen hat. Falls der Anfechtungsgegner auf seine Forderung gem. § 144 I InsO aktiv verzichtet, entfällt der Aufbau der Verbindlichkeit aus dem Rückgewährungsanspruch. In diesem Fall führt die Anfechtung zu einer Ergebniserhöhung ohne Korrektiv.

Im Hinblick auf die Umsatzsteuer ist die Stellungnahme der OFD Koblenz[48] instruktiv.[49] Die Berichtigung der Vorsteuer nach § 17 Abs. 2 Nr. 1 Satz 1 in Verbindung mit Absatz 1 Satz 2 UStG auf Grund der Rückzahlung der von dem Insolvenzschuldner an seine Gläubiger gezahlten Entgelte für umsatzsteuerpflichtige Lieferungen und sonstige Leistungen infolge der Insolvenzanfechtung durch den Insolvenzverwalter hat in dem selbständigen Unternehmensteil Insolvenzmasse (unter der Massesteuernummer) zu erfolgen. Soweit hierdurch – nach seiner Verrechnung nach § 16 UStG – Forderungen gegen die Insolvenzmasse entstehen, handelt es sich um Masseverbindlichkeiten nach § 55 Abs. 1 Nr. 1 InsO. Die Vorsteuerberichtigung ist nach § 17 Abs. 2 Nr. 1 Satz 1 iVm Abs. 1 Satz 8 UStG für den Unternehmensteil Insolvenzmasse für den Voranmeldungszeitraum der Vereinnahmung der Rückzahlung der Gläubiger durch die Insolvenzmasse vorzunehmen.

Bei einer vergleichsweisen Regelung zwischen Anfechtungsgegner und Insolvenzverwalter liegt mit dem entgeltlichen Verzicht auf eine Rechtsposition eine steuerbare sonstige Leistung vor. Dies ist im Rahmen der Vergleichsgestaltung zu berücksichtigen und über vollständige Abrechnungsunterlagen, die zum Vorsteuerabzug berechtigen, zu dokumentieren.

R. Steuerliche Aspekte in der Fortführungsplanung

Die Neuregelungen und Rechtsprechung rund um den § 55 InsO schlägt auch auf die Fortführungsplanung im Eröffnungsverfahren und auf die Planung

---

[48] OFD Koblenz, Vorsteuerberichtigung nach § 17 UStG auf Grund der insolvenzrechtlichen Anfechtung von Zahlungen des Insolvenzschuldners an seine Gläubiger, Kurzinformation vom 23.8.2013 – S 0550 A – St 34 1, DStR 2014, 535.
[49] Andere Meinung hierzu *Kahlert* ZIP 2012, 1433.

einer Betriebsfortführung nach einer Eröffnung des Verfahrens durch. In die Plan-Eröffnungsbilanz auf den Zeitpunkt der Bestellung des vorläufigen Verwalters, werden die als werthaltig betrachteten Forderungen aus Lieferungen und Leistungen eingestellt. Die erwarteten Zahlungen hierauf fließen in die Liquiditätsplanung der Betriebsfortführung ein. Die Planung muss dabei berücksichtigen, dass gleichzeitig durch den Forderungseingang Umsatzsteuerverbindlichkeiten mit ausgelöst werden. Die Eröffnungsbilanz der Planung muss somit die in den Forderungen enthaltenen Umsatzsteuerbeträge als sonstige Verbindlichkeiten ausweisen und diese dann als Auszahlung einer Masseverbindlichkeit nach Verfahrenseröffnung berücksichtigen.

Eröffnungsbilanz Strukturdarstellung	2016		Feb 16	Mrz 16	Apr 16	Mai 16
Sachanlagevermögen	1.300.000					
Jahres AfA auf Altwerte	90.000		7.500	7.500	7.500	7.500
kumuliert			7.500	15.000	22.500	30.000
Bestände	500.000					
Finanzanlagen	0					
Forderungen aus LuL	250.000		60%	40%		
Einzahlungen aus Altbeständen			150.000	100.000	0	0
kumuliert		0	150.000	250.000	250.000	250.000
sonstige Vermögensgegenstände						
Einzahlungen aus Altbeständen			0	0	0	0
		0	0	0	0	0
Liquide Mittel	90.000					
aRAP						
Aktive latente Steuern						
Bilanzsumme Aktivseite	**2.140.000**					
Kapital	-989.916					
Rückstellungen (Steuern)						
Auszahlungen aus Altbeständen			0	0	0	0
kumuliert		0	0	0	0	0
Rückstellungen (sonstige)						
Auszahlungen aus Altbeständen			0	0	0	0
		0	0	0	0	0
Steuersatz			19%	19%	19%	19%
			0	0	0	0
Darlehen	0					
Kurzfristige Bankverbindlichkeiten	0					
Verbindlichkeiten aus LuL						
Auszahlungen aus Altbeständen			0	0	0	0
kumuliert		0	0	0	0	0
sonstige Verbindlichkeiten	39.916					100%
Auszahlungen aus Altbeständen			0	0	0	39.916
kumuliert		0	0	0	0	39.916
Tabellenforderungen	3.090.000					
Passive latente Steuern						
Bilanzsumme Passivseite	**2.140.000**					

Das Beispiel[50] zeigt die Eröffnungsbilanz für eine Betriebsfortführung im Eröffnungsverfahren (ab 1.2.2016 bei Eröffnung des Verfahrens zum 1.5.2016). Die werthaltigen Forderungen in Höhe von 250 000 enthalten Umsatzsteueranteile von 39 916 (Ausweis unter den sonstigen Verbindlichkeiten). Diese werden nach der geplanten Eröffnung des Verfahrens zum 1.5.2016 als Masseverbindlichkeit umqualifiziert und auszahlungsrelevant, da in der Planung die Forderungen bereits im Zeitraum des Eröffnungsverfahrens zufließen.

Vor allem in Fortführungsfällen ist die Planung unter Einbeziehung dieser Umsatzsteuerzahlungen geboten, da in den Zeitfenstern nach Verfahrenseröffnung eine verstärkte Liquiditätsbelastung mit Umsatzsteuer entsteht. In den Voranmeldungszeiträumen nach der Verfahrenseröffnung fließen neben den laufend entstehenden Zahllasten aus den laufenden Geschäftsvorfällen auch die zu Masseverbindlichkeiten umqualifizierten Zahllasten aus dem Forderungseinzug der Altforderungen ab.

Falls keine Verlustvorträge und auch laufend keine Verluste anfallen, muss die Fortführungsplanung auch Ertragsteuern berücksichtigen. 153

In Fortführungsfällen, die in einen Insolvenzplan münden, sind zudem die steuerlichen Auswirkungen von Sanierungsmaßnahmen zu berücksichtigen. 154

S. Steuerliche Aspekte der Unternehmenssanierung

I. Gibt es ein Sanierungssteuerrecht?

Das Steuerrecht kennt weder ein spezielles Insolvenz-Steuerrecht noch ein Sanierungs-Steuerrecht. Vielmehr existiert die Insolvenzordnung und die diversen betriebswirtschaftlichen und gesellschaftsrechtlichen Instrumente zur Ermöglichung einer Sanierung in einem steuerrechtlichen Umfeld, das eine gegenseitige Abstimmung nicht zu kennen scheint. Auch das ESUG schafft diverse neue Sanierungsansätze, vermeidet aber eine Einbindung bzw. die Modifizierung der steuerrechtlichen Rahmenbedingungen. Nachfolgend werden grundlegende Steuereinflüsse auf die Sanierungsbemühungen dargestellt. Es wird dabei deutlich, dass steuerliche Aspekte oftmals den Sanierungsbemühungen entgegenwirken und dazu noch eine so hohe Rechtsunsicherheit ob der steuerlichen Auswirkungen herrscht, so dass man diese getrost als sanierungsfeindlich bezeichnen darf. Dies gilt sowohl für Sanierungen im Insolvenzverfahren als auch außerhalb eines Insolvenzverfahrens. 155

II. Sanierungsgewinne

Eine Unternehmenskrise entwickelt sich nur in seltenen Fällen „aus heiterem Himmel". Vielmehr liegt oft eine Krisenhistorie vor. In der Regel entwickelt sich die Krise ausgehend von einer Strategiekrise über eine Ertrags- hin zu einer manifesten Liquiditätskrise. Erfolg versprechende Sanierungsansätze greifen 156

---

[50] Erstellt mit der integrierten Planungssoftware „BilanzPlan" bzw. mit deren Erweiterung für Insolvenzpläne (www.iplaner.de).

Depré/Dobler

hierbei so früh wie möglich in diese Entwicklung ein. In der Regel geht es dabei um die Wiederherstellung der Ertragskraft und der Liquidität. Beide Maßnahmen wirken sich dabei auch auf das zu versteuernde Einkommen aus. Die aus den hier entstehenden Steuerlasten resultierenden Liquiditätsabflüsse belasten dann wiederum die Sanierung des Unternehmens.

157 Steuern auf Sanierungsgewinne können unter bestimmten Voraussetzungen gestundet und erlassen werden. Die entsprechenden Regelungen fasst der sogenannte Sanierungserlass[51] zusammen. Sanierung wird hier definiert als Maßnahme, die darauf gerichtet ist, ein Unternehmen oder einen Unternehmensträger (juristische oder natürliche Person) vor dem finanziellen Zusammenbruch zu bewahren und wieder ertragsfähig zu machen (unternehmensbezogene Sanierungen). Dabei besteht das grundsätzliche Problem, dass die Wirkungen des Sanierungserlasses nur dann greifen, wenn sich das Unternehmen bereits in einer insolvenznahen Situation befindet. Diese Insolvenznähe erschwert aber die Sanierungsanstrengungen an sich, da der Handlungsspielraum dann bereits sehr eingeschränkt ist und weitere gesetzliche Vorgaben (Insolvenzantragspflicht, Haftungsfragen, etc.) in den Vordergrund treten.

158 Der Sanierungsgewinn ist definiert als die Erhöhung des Betriebsvermögens durch (teilweisen) Erlass von Verbindlichkeiten zum Zweck der Sanierung. Als weitere Voraussetzungen zur Anwendung des Sanierungserlasses sind zu prüfen:
– Sanierungsbedürftigkeit des Unternehmens
– Sanierungsfähigkeit des Unternehmens
– Sanierungseignung des Schuldenerlasses
– Sanierungsabsicht der Gläubiger
– Vorliegen eines Sanierungsplans

Liegen diese Voraussetzungen vor, so ist der begünstigte Sanierungsgewinn zu ermitteln. Mit dem Sanierungsgewinn sind alle negativen Einkünfte sowie alle vorgetragenen Verluste zu verrechnen. Ansonsten bestehende Begrenzungen der Verlustverrechnung (Mindestbesteuerung) greifen hier nicht.

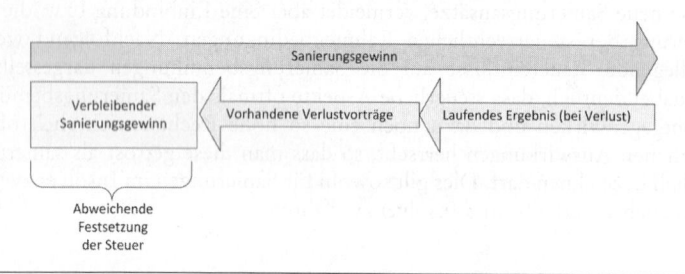

---

[51] BMF Schreiben vom 27.3.2003 – IV A 6 – S 2140 – 8/03 „Ertragsteuerliche Behandlung von Sanierungsgewinnen; Steuerstundung und Steuererlass aus sachlichen Billigkeitsgründen" (BStBl. 2003 I 240 ff.). Zu Sanierungsgewinnen bei Personengesellschaften ergänzend ein Erlass des FinMin Schleswig-Holstein v. 12.7.2010 – VI 304 S 2140 – 021 (DStR 2010, 2458 ff.). Zur Anwendung des Sanierungserlasses im Rahmen von Insolvenzplanverfahren ergänzend die Verfügung der OFD Niedersachsen vom 29.9.2010 – S 2140 – 8. Zur Anwendbarkeit des Sanierungserlasses vgl. auch OFD Frankfurt/M., Kurzinformation vom 7.8.2015 – S 2140 A – 4 – St 213 sowie OFD Niedersachsen vom 25.4.2016 – S 2140-8-St 244.

Depré/Dobler

Auf Antrag des Steuerpflichtigen wird die Steuer auf den verbliebenen Sanierungsgewinn dann festgesetzt und nach § 222 AO mit dem Ziel eines späteren Erlasses unter Widerrufsvorbehalt ab Fälligkeit gestundet. Nach abschließender Prüfung wird die Steuer dann einschließlich der bis dahin auflaufenden Stundungszinsen erlassen. 159

Problematisch hierbei ist, dass es keine Sicherheit im Hinblick auf den Erlass gibt. Die Finanzverwaltung hat zwar kein Ermessen in der Anwendung des Sanierungserlasses. Sie hat aber Interpretationsmöglichkeiten in der Prüfung, ob alle notwendigen Voraussetzungen gegeben sind. Außerdem steht der Sanierungserlass als solcher auf dem Prüfstand. Dem großen Senat des BFH[52] wurde die Frage vorgelegt, ob der Sanierungserlass gegen den Grundsatz der Gesetzmäßigkeit der Verwaltung verstößt, weil der Steuergesetzgeber mit § 3 Nr. 66 EStG aF eine inhaltlich entsprechende gesetzliche Regelung aufgehoben habe. Dennoch wendet die Verwaltung den Sanierungserlass aktuell an und erteilt auch verbindliche Auskünfte hierzu.[53]

Der Sanierungserlass betrifft lediglich die Einkommensteuer, die Körperschaftsteuer und den Solidaritätszuschlag. In Bezug auf die Gewerbesteuer ist ein gesonderter Antrag bei der Gemeinde notwendig. Allerdings eröffnet die Rechtsänderung in § 184 Abs. 2 Satz 1 AO eine neue Möglichkeit. Die Befugnis der Finanzbehörden, Realsteuermessbeträge festzusetzen, umfasst nunmehr auch die Befugnis zu abweichenden Festsetzungsmaßnahmen nach § 163 Satz 1 AO. Somit kann das Finanzamt, welches den Sanierungserlass für anwendbar betrachtet, dies auch im Rahmen der abweichenden Festsetzung des Gewerbesteuermessbetrags an die Gemeinden weitergeben.[54] Allerdings steht die Finanzverwaltung selbst diesem Gedanken kritisch gegenüber.[55] 160

Die Begünstigungen des Sanierungserlasses sind nicht an ein Insolvenzverfahren gekoppelt. Sie können auch im Rahmen von Maßnahmen der außergerichtlichen Sanierung erlangt werden. 161

Im Rahmen des gestaltenden Teils eines Insolvenzplanverfahrens sind Forderungsverzichte ein häufig anzutreffendes Gestaltungsmittel der Sanierung. Bei der Restschuldbefreiung fallen Verbindlichkeiten mit Erteilung der Restschuldbefreiung weg. 162

Zur steuerlichen Wechselwirkung von Sanierungserlass und Planverfahren hat der BMF[56] festgestellt, dass die Fälle der Planinsolvenz (§§ 217ff. InsO) originär unter den Anwendungsbereich des Sanierungserlasses fallen. 163

Die Grundsätze des Sanierungserlasses sind analog auch auf Gewinne aus einer Restschuldbefreiung (§§ 286ff. InsO) und aus einer Verbraucherinsolvenz (§§ 304ff. InsO) anzuwenden. Dies ist insoweit bemerkenswert, als es sich hierbei um eine unternehmerbezogene Sanierung handelt, auf welche der Sanie- 164

---

[52] Vorlagebeschluss an den großen Senat v. 25.3.2015 – X R 23/13.
[53] FinMin Schleswig-Holstein, Kurzinformation v. 9.10.2015 – VI 304 – S 2140 – 017/05.
[54] *Loose/Stehling* ZInsO 2015, 440 sowie *Krumm* DB 2015, 2714.
[55] OFD Frankfurt/M., Kurzinformation v. 7.8.2015 – S 2140 A – 4 – St 213.
[56] BMF Schreiben vom 22.12.2009 – IV C 6 – S 2140/07/10001-01 – Ertragsteuerliche Behandlung von Gewinnen aus einem Planinsolvenzverfahren (§§ 217ff. InsO), aus einer erteilten Restschuldbefreiung (§§ 286ff. InsO) oder einer Verbraucherinsolvenz (§§ 304ff. InsO).

rungserlass nicht anwendbar sein sollte. Der aufgrund einer erteilten Restschuldbefreiung entstandene Gewinn stellt kein rückwirkendes Ereignis iS von § 175 Absatz 1 Satz 1 Nummer 2 AO dar und ist damit erst im Zeitpunkt der Erteilung der Restschuldbefreiung realisiert. Gleiches gilt für Gewinne, die im Rahmen einer Verbraucherinsolvenz (§§ 304 ff. InsO) entstehen. Der Zeitpunkt der Gewinnrealisierung im Rahmen eines Insolvenzplans ist nicht abschließend geklärt. Hier ist auf die Regelungen im Plan abzustellen. Die Finanzverwaltung[57] geht davon aus, dass der Sanierungsgewinn mit dem Zeitpunkt der Rechtskraft der Bestätigung des Insolvenzplans (§ 254 Ab. 1 Satz 1 InsO) entsteht. Die Vereinbarung einer Wiederauflebensklausel (§ 255 InsO) führe nicht zu einem abweichenden Berücksichtigungszeitpunkt.

165 Bei Einzelunternehmen und Personengesellschaften mit persönlich haftenden Gesellschaftern beschränkt der BFH[58] (wie auch der Sanierungserlass) die Billigkeitsmaßnahmen jedoch auf Maßnahmen, die das Ziel haben das Unternehmen lebensfähig zu erhalten. Dem Steuerpflichtigen bleibt es aber unbenommen, persönliche Billigkeitsgründe geltend zu machen. Im Umfeld von Mitunternehmerschaften ist daneben die Verfügung des Finanzministeriums Schleswig Holstein[59] zu beachten. Demnach dürfte von einer mitunternehmerbezogenen Sanierung regelmäßig auszugehen sein, wenn die persönlich haftenden Gesellschafter einen außergerichtlichen Vergleich mit den Gesellschaftsgläubigern dergestalt anstreben, dass sie durch Zahlungen aus ihrem Privatvermögen von ihrer persönlichen Haftung für die Gesellschaftsverbindlichkeiten befreit werden.

III. Nutzung von Verlustvorträgen

166 Die Nutzung steuerlicher Verlustvorträge erlaubt es dem Unternehmen künftig entstehende Gewinne ohne Belastung mit Ertragsteuern zu vereinnahmen. Bereits ohne Änderungen in der Gesellschafterstruktur (vgl. dort) und außerhalb der Sonderregelungen des Sanierungserlasses ist diese Möglichkeit durch die Regelungen des § 10d EStG sowie § 10a GewStG (Mindestbesteuerung) eingeschränkt. Damit erfolgt die Belastung mit Ertragsteuern bereits recht schnell nach einer überstandenen Krise.

IV. Leistungswirtschaftliche Sanierungsmaßnahmen

167 Direkt wirkende operative Sanierungsmaßnahmen wie zB ein Zugeständnis der Belegschaft zu längerer Arbeitszeit, Verkauf von nicht betriebsnotwendigem Anlagevermögen unter Aufdeckung stiller Reserven, etc. sind nicht Gegenstand einer steuerlichen Begünstigung. Die hier erbrachten Beiträge werden in Folge regulär der Besteuerung unterworfen und büßen einen Teil ihrer positiven Wirkung ein.

---

[57] OFD Niedersachsen vom 25.4.2016 – S 2140-8-St 244.
[58] BFH Urt. v. 14.7.2010 – X R 34/08, DB 2010, 2033.
[59] FinMin Schleswig-Holstein 12.7.2010 – VI 304 – S 2140 – 021, Personengesellschaften, Ertragsteuerliche Behandlung von Sanierungsgewinnen.

V. Zuführung von Fremdkapital – Zinsschranke

Auch bei Krisenunternehmen greift die Zinsschranke nach § 4h EStG. Demnach sind Schuldzinsen nicht unbeschränkt abzugsfähig, wenn bestimmte Voraussetzungen gegeben sind. Greift die Zinsschranke, so wird das Unternehmen zwar durch den Aufwendungen belastet, kann diese aber nicht im vollen Umfang steuermindernd gelten machen. 168

Diese Abzugsbegrenzungen sind auch zu beachten, wenn dem Unternehmen zu Sanierungszwecke neue verzinsliche Fremdmittel zufließen. In der Regel sind Fremdmittel in der Krisensituation risikoadäquat hoch verzinst. Besonderes Augenmerk sollte auf die Zinsschranke gelegt werden bei Unternehmen, die als konzernzugehörig zu sehen sind bzw. falls ein hoher Anteil an Gesellschafter Fremdfinanzierung vorliegt.[60] 169

VI. Aufnahme neuer Gesellschafter

Die Ziele der Aufnahme neuer Gesellschafter können vielschichtig sein. Sie reichen von der Umsetzung von Synergieeffekten bis hin zur Optimierung der Kapitalstruktur bzw. der Verbesserung der Liquiditätslage des Unternehmens durch Wegfall von (kurzfristigen) Verbindlichkeiten im Rahmen von Loan-to-Own Transaktionen. Der neu eintretende Gesellschafter kann sich hierbei durch sein Engagement Zugang auf Ressourcen in Form von Personal (Knowhow), Maschinen (Kapazitäten), geistigem Eigentum (Patente, Schutzrechte) bzw. Marktzugänge (einzelne Kunden, regionale Märkte, Produkte) sichern. Die Aufnahme neuer Gesellschafter kann auch ein Element einer erfolgreichen Umsetzung eines Insolvenzplans darstellen. 170

Die Neuaufnahme von Gesellschaftern kann dabei in jeder Phase einer Unternehmenssanierung erfolgen und sinnvoll sein. Die nachfolgenden Ausführungen zu den steuerlichen Auswirkungen greifen auf jeder Sanierungsstufe.

Außerhalb eines Insolvenzverfahrens bleibt das Unternehmen mit allen Verbindlichkeiten und Risiken weiter verhaftet. Diese Belastungen treffen dann auch den neuen Anteilseigner. Auch außerhalb betriebswirtschaftlicher Überlegungen ist hier eine sorgfältige Tax-Due-Diligence[61] anzuraten.

Die Situation der Verlustnutzung wird bei Änderungen der Gesellschafterstruktur verschärft durch die Regelungen des § 8c KStG. Diese Regelung bedeutet in ihrer Grundstruktur, dass Verlustvorträge bei einem Beteiligungserwerb bis zu 25 % innerhalb von fünf Jahren anteilig untergehen. Bei einem Beteiligungserwerb von mehr als 50 % gehen vorhandene Verlustvorträge vollständig unter. Die negativen Auswirkungen auf Sanierungsbemühungen neuer Gesellschafter liegen auf der Hand. 171

Um dem entgegenzuwirken, wurde eine Sanierungsklausel eingeführt. Nach § 8c Abs. 1a KStG greifen die Beschränkungen der Nutzung der Verlustvorträ- 172

---

[60] Vgl. hierzu § 8a KStG.
[61] Vgl. hierzu ausführlich *Kneip/Jänisch*, Tax Due Diligence – Steuerrisiken und Steuergestaltungen beim Unternehmenskauf, sowie *Dobler/Lambert*, Aufbau eines Tax Compliance Systems, ZRFC 2011, 118.

ge nicht, wenn es sich um eine Beteiligungserwerb zum Zwecke einer Sanierung handelt und Sanierungsbedürftigkeit vorliegt.

Die Anforderungen an die Nutzung dieser Sanierungsklausel orientieren sich an den Vorgaben zum Erhalt der Unternehmensstruktur:

- § 8c Abs. 1a Satz 2 KStG: Verhinderung oder Beseitigung der Zahlungsunfähigkeit oder Überschuldung
- § 8c Abs. 1a Satz 3 Nr. 1–3 KStG: Erhalt der wesentlichen Betriebsstrukturen durch
  - Abschluss einer Betriebsvereinbarung zum Arbeitsplatzerhalt oder
  - Beibehalten der Lohnsumme auf einem Niveau von 400 % in den fünf Jahren nach dem Beteiligungserwerb oder
  - Zuführung von wesentlichem Betriebsvermögen.

Allerdings wendet die Finanzverwaltung diese Sanierungsklausel aktuell nicht an. Die Europäische Kommission hat mit Schreiben vom 24.2.2010 mitgeteilt, dass sie Zweifel an der Vereinbarkeit der Regelung zur Sanierungsklausel des § 8c Abs. 1a KStG mit dem Gemeinsamen Markt hat. Sie hat daher das förmliche Prüfverfahren nach Art. 108 Abs. 2 AEUV (früher Art. 88 Abs. 2 EG) eröffnet.

173 Daraus ergeben sich folgende Auswirkungen:[62] Die Sanierungsklausel nach § 8c Abs. 1a KStG ist bis zu einem abschließenden Beschluss der Kommission nicht mehr anzuwenden. Entsprechende ablehnende Bescheide können unmittelbar unter Hinweis auf den Beschluss der EU-Kommission vom 24.2.2010[63] begründet werden. Das gilt auch in den Fällen, in denen bereits eine verbindliche Auskunft erteilt worden ist. Die betroffenen Bescheide sind unter dem Vorbehalt der Nachprüfung (§ 164 AO) zu erlassen. Die Voraussetzungen für vorläufige Steuerfestsetzung nach § 165 Abs. 1 AO liegen nicht vor. Bereits unter Anwendung der Sanierungsklausel durchgeführte Veranlagungen bleiben einschließlich der entsprechenden Verlustfeststellungen bis auf weiteres bestehen. Potenzielle Beihilfeempfänger sind darauf hinzuweisen, dass im Falle einer Negativentscheidung durch die Kommission alle rechtswidrigen Beihilfen von den Empfängern zurückgefordert werden müssten.

Der 9. Senat des Finanzgerichts Münster[64] hat jedoch erhebliche Zweifel, ob die sog Sanierungsklausel des § 8c Abs. 1a KStG tatsächlich – wie die Europäische Kommission festgestellt hat – als unzulässige Beihilfe anzusehen ist. Das Finanzgericht hat daher im Streitfall die Vollziehung von Steuerbescheiden ausgesetzt, in denen das Finanzamt unter Hinweis auf § 8c Abs. 1 KStG Verluste nicht mehr berücksichtigt hatte, obwohl unstreitig die Voraussetzungen der Sanierungsklausel erfüllt waren. Das Gericht wies zudem darauf hin, dass eine Aussetzung der Vollziehung – ungeachtet der Frage der Gemeinschaftswidrigkeit der Sanierungsklausel – auch deshalb geboten sei, weil das Verlustabzugsverbot des § 8c Abs. 1 Satz 2 KStG möglicherweise gegen den Gleichheitsgrundsatz des Art. 3 GG verstoße und verfassungswidrig sei. Entsprechende Bedenken ergäben sich jedenfalls mit Blick auf den Beschluss des Finanzgerichts Hamburg vom 4.4.2011 (2 K 33/10), mit dem die Frage der Ver-

---

[62] BMF 30.4.2010 – IV C 2 – S 2745-a/08/10005 :002.
[63] Vgl. auch Entscheidungen des EuG v. 4.2.2016 – T620/11 und T 287/11.
[64] Beschl. v. 1.8.2011 – 9 V 357/11 K, G.

fassungswidrigkeit des § 8c Abs. 1 Satz 1 KStG dem Bundesverfassungsgericht (2 BvL 6/11) vorgelegt worden sei. Auch bestehe ein besonders gewichtiges Interesse der Antragstellerin an einer Aussetzung der Vollziehung, weil ihr andernfalls irreparable Nachteile drohten. Der 9. Senat hat wegen der grundsätzlichen Bedeutung die Beschwerde zum Bundesfinanzhof zugelassen.

Dies macht deutlich, dass man hier nicht von einer rechtssicheren Ausgangslage sprechen kann, wobei gerade dies für Sanierungsfälle eine unabdingbare Voraussetzung ist.

VII. Debt-to-Equity Transaktionen

Gerade durch das ESUG sind Debt-to-Equity Transaktionen Gegenstand der aktuellen Diskussion. Gegenstand dieser Transaktionen ist die Umwandlung von Fremdkapital (Debt) zu Eigenkapital (Equity). Dies bedeutet aus Sicht des Krisenunternehmens, dass sich 174
– die Kapitalstruktur (Eigenkapitalquote) verbessert,
– die Relation von verfügbaren kurzfristigen Aktiva zu Passivposten verbessert und somit ggf. eine (drohende) Zahlungsunfähigkeit behoben werden kann,
– das Rating durch die optimierte Kapitalstruktur und gestärkte Liquiditätskennziffern verbessert.

Der Gläubiger kann auf eine Wertsteigerung seiner neu entstandenen Anteile und eine verbesserte Einflussnahme durch seine Stellung als Anteilseigner hoffen, falls die Sanierung gelingt.

Dabei steht eine Kapitalerhöhung gegen Sacheinlage in Höhe des werthaltigen Teils der Verbindlichkeit hinter dieser Transaktion. Außerhalb eines im Rahmen der Regelungen des ESUG[65] bestätigten Insolvenzplans ist dies somit gesellschaftsrechtlich höchst riskant, da ggf. eine Überbewertung der Werthaltigkeit Differenzhaftungsansprüche auslöst.[66]

Steuerlich löst eine Debt-to-Equity Transaktion das Entstehen eines Sanierungsgewinns in Höhe des nicht werthaltigen Teils der Verbindlichkeit aus. Falls die Finanzverwaltung die Transaktion als Gegenstand einer Sanierungsbemühung ansieht, können ggf. die Regelungen des Sanierungserlasses eine der Sanierung entgegenstehende Zusatzbelastung mit Ertragsteuern vermeiden. 175

Gleichzeitig werden sich die Anteilsstrukturen verschieben. In diesem Zusammenhang ist zu prüfen, ob ggf. vorhandene Verlustvorträge durch Anwendung des § 8c KStG verloren gehen.

Das nachfolgende Schaubild zeigt diese Auswirkungen im Zusammenspiel:

---

[65] Der neu einzuführende § 254 Abs. 4 InsO soll dieses Risiko entschärfen. Ebenso soll § 225a InsO mögliche negative Effekte im Zusammenhang mit Change-of-Control Klauseln vermeiden.

[66] Hier wären alternative Gestaltungen wie eine Debt-to-Mezzanine Transaktion vorzuziehen, da hier keine Werthaltigkeitsfragen zu lösen sind (Fremdkapital wird nicht zu Eigenkapital).

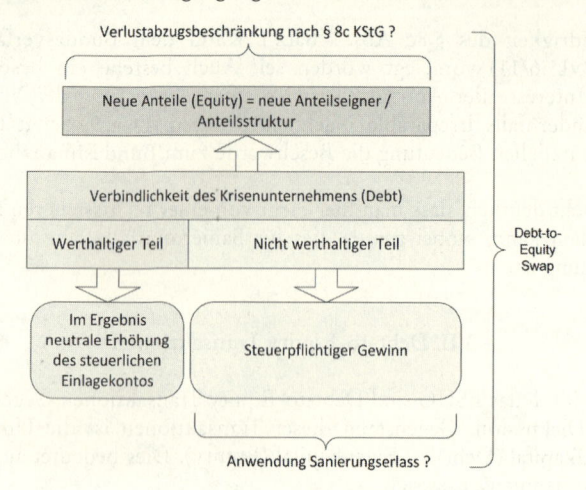

```
        Verlustabzugsbeschränkung nach § 8c KStG ?
    ┌─────────────────────────────────────────────┐
    │   Neue Anteile (Equity) = neue Anteilseigner /│
    │              Anteilsstruktur                 │
    └─────────────────────────────────────────────┘
                        ⇧
    ┌─────────────────────────────────────────────┐
    │   Verbindlichkeit des Krisenunternehmens (Debt)│     Debt-to-
    ├──────────────────────┬──────────────────────┤     Equity
    │   Werthaltiger Teil  │  Nicht werthaltiger Teil│   Swap
    └──────────┬───────────┴──────────┬───────────┘
               ⇩                      ⇩
    ┌──────────────────┐   ┌──────────────────────┐
    │  Im Ergebnis     │   │                      │
    │  neutrale Erhöhung│   │ Steuerpflichtiger Gewinn│
    │  des steuerlichen│   │                      │
    │  Einlagekontos   │   │                      │
    └──────────────────┘   └──────────────────────┘
                        Anwendung Sanierungserlass ?
```

VIII. Unternehmensnachfolge

176 Eine weitere Krisenursache findet sich in der oft problematischen Regelung der Unternehmensnachfolge. Auch hier greift das Steuerrecht nicht unterstützend ein. So sind beispielsweise Behaltensmerkmale wie die Aufrechterhaltung der ursprünglichen Lohnsumme Voraussetzung für die Gewährung der privilegierten Bewertung[67] von Betriebsvermögen im Schenkungs- oder Erbfall zur Reduzierung der Belastung durch Erbschaft-/Schenkungssteuer (auf bereits versteuerte Unternehmenssubstanz). Das Abstellen auf diese Forderungen reduziert den Handlungsspielraum des Nachfolgers einschneidend. Im Extremfall sieht er sich vor die Wahl gestellt, überalterte Strukturen zwangsweise mit Verlust unverändert am Leben zu erhalten, um nicht eine überzogene Erbschaft- oder Schenkungssteuer durch den Wegfall der Privilegierung zu riskieren. In aller Regel tritt diese Situation zu einem Zeitpunkt ein, zu dem das Unternehmen (aus anderen Gründen) sich im Vorfeld einer Schieflage befindet und eben diese Maßnahmen zum Erhalt des Unternehmens angezeigt wären. Leider verfügt der Übernehmen in dieser Situation aber auch nicht über die liquiden Mittel, um eine Zusatzbelastung an Erbschaft-/Schenkungsteuer tragen zu können.

T. Kommunikation mit den Finanzbehörden

I. Klärung Steuerkonto

177 Der Informationsaustausch zwischen Finanzverwaltung und Insolvenzverwalter ist oftmals recht einseitiger Natur. So werden bei Unternehmen ab Kenntnis der Finanzverwaltung von der Insolvenzsituation regelmäßig Zugriffe auf das elektronische Steuerkonto abgewiesen. Der Bitte nach Übersendung

---

[67] Verschonungsregelungen über § 13a BewG und § 13b BewG.

eines sog Kontoauszugs der Finanzkasse wird ebenfalls nicht entsprochen. Die Rechtsprechung hierzu ist indifferent. In einem Urteil[68] hierzu wird dies entsprechend ausgeführt. Die AO[69] enthält keine Regelung, nach der im steuerlichen Verwaltungsverfahren ein Anspruch auf Akteneinsicht oder auf Auskunft in Form eines Kontoauszugs, aus dem sich Fälligkeit und Tilgung von Abgabenforderungen ergeben, besteht. Der BFH geht allerdings in ständiger Rechtsprechung davon aus, dass dem während eines Verwaltungsverfahrens um Akteneinsicht nachsuchenden Steuerpflichtigen oder seinem Vertreter ein Anspruch auf eine pflichtgemäße Ermessensentscheidung des Finanzamts zusteht, weil das Finanzamt nicht gehindert ist, in Einzelfällen Akteneinsicht zu gewähren. Ein berechtigtes Interesse an der Akteneinsicht wird jedoch verneint, wenn die Auskunft dazu dienen kann, zivilrechtliche Ansprüche gegen den Bund oder ein Land durchzusetzen und Bund oder Land zivilrechtlich nicht verpflichtet sind, Auskunft zu erteilen (zB bei einer Insolvenzanfechtung[70]). Eine Auskunft kommt jedoch in Frage, wenn es sich um eine konkrete Anfrage handelt, die zur korrekten Erfüllung der steuerlichen Verpflichtungen notwendig ist. Allein wegen des Verdachts anfechtbarer Zahlungen auf Steuerschulden hat der Insolvenzverwalter keinen Auskunftsanspruch gegenüber dem Finanzamt.[71] Auch ein Antrag auf Informationszugang nach § 5 Abs. 4 IFG NRW kann abgelehnt werden, wenn die Information dem Antragsteller bereits zur Verfügung gestellt worden ist oder wenn er in der Lage ist, sich diese in zumutbarer Weise aus allgemein zugänglichen Quellen zu beschaffen.[72] Andererseits stehen gem. eines Urteils des OLG Rostock[73] dem Insolvenzverwalter nach § 1 Abs. 2 Satz 1 IFG M-V ein Anspruch auf Akteneinsicht gegenüber der Finanzverwaltung zu, auch um mögliche Anfechtungstatbestände ermitteln zu können. Dem stehen weder Regelungen der Abgabenordnung noch ein Geheimhaltungsinteresse des zur Auskunft nach § 97 InsO verpflichteten Schuldners entgegen. Wie eine Entscheidung des Bundesverwaltungsgerichts[74] zeigt, kommt es nicht zuletzt auf das Bundesland an, ob der Anfrage des Insolvenzverwalters nachgekommen wird.[75]

II. Verbindliche Auskunft

Vor allem in Sanierungsfällen ist anzuraten, vor Umsetzung einer Gestaltungslösung die erwarteten steuerlichen Implikationen in Form einer verbindlichen Auskunft[76] mit der Finanzverwaltung abzuklären. Dabei ist zu berücksichtigen, dass eine verbindliche Auskunft ausgeschlossen ist, wenn der

178

---

[68] OVG Sachsen-Anhalt Urt. v. 23.4.2014 – 3 L 319/13.
[69] IdF der Bekanntmachung v. 1.10.2002, BGBl. I 3866; 2003 I 61, zuletzt geändert durch Art. 13 des Gesetzes v. 18.12.2013, BGBl. I 4318.
[70] BFH Urt. v. 19.3.2013 – II R 17/11 sowie Beschl. v. 14.4.2011 – VII B 201/10 und BGH Urt. v. 13.8.2009 – IX ZR 58/06.
[71] BFH Urt. v. 19.3.2013 – II R 17/11.
[72] OVG NRW Beschl. v. 6.7.2015 – 8 E 532/14.
[73] OLG Rostock Urt. v. 28.1.2015 – 6 U 6/14.
[74] BVerwG Urt. v. 23.11.2015 – 7 B 42.15.
[75] *Cymutta* LEXinform aktuell 19/2016, LEXinform 0880151.
[76] Vgl. Anwendungserlass zur Abgabenordnung AEAO zu § 89 – Beratung, Auskunft.

Sachverhalt im Wesentlichen bereits verwirklicht ist. Inhalt und Aufbau einer verbindlichen Auskunft werden in § 1 der Steuerauskunftsverordnung (StAuskV) geregelt. Die Bearbeitung von Anträgen auf verbindliche Auskunft ist gebührenpflichtig. Zu beachten sind auch die Bearbeitungszeiten, so dass die Einholung der verbindlichen Auskunft frühzeitig vorzunehmen ist und nicht etwa kurz vor einem Termin, in dem über einen Insolvenzplan entschieden wird.

W. Steuerliche Folgen für weitere Beteiligte

I. Anteile nach § 17 EStG

179 Bei der Insolvenz von Kapitalgesellschaften fingiert § 17 Abs. 4 EStG über die Auflösung der Kapitalgesellschaft einen veräußerungsähnlichen Vorgang betreffend die Anteile der Gesellschafter an dieser Kapitalgesellschaft, wenn es sich um eine wesentliche Beteiligung handelt.[77]

180 Der Veräußerungsgewinn fließt in die Einkunftsart „Einkünfte aus Gewerbebetrieb" ein. Die so generierten Einkünfte werden im Rahmen des Teileinkünfteverfahrens nur noch mit 60% in die Ermittlung des steuerpflichtigen Einkommens einbezogen (§ 3 Nr. 40 Satz 1 Buchstabe c EStG). Dies gilt auch für hier ggf. entstehende Verluste, wie sie in Fällen der Insolvenz zu erwarten sind (§ 3c Abs. 2 EStG).

181 Der steuerpflichtige Veräußerungsgewinn errechnet sich nach § 17 Abs. 2 EStG als der Betrag, um den der Veräußerungspreis nach Abzug der Veräußerungskosten die Anschaffungskosten übersteigt. Problematisch ist dabei die Ermittlung der Anschaffungskosten, wenn der Gesellschafter der Gesellschaft noch weitere liquide Mittel in Form von Gesellschafterdarlehen zur Verfügung gestellt hat oder falls er aus übernommenen Bürgschaften in Anspruch genommen wird.

182 Relevant ist auch der Zeitpunkt zu dem der Gesellschafter diese Verluste steuerlich geltend machen kann. Die Berücksichtigung setzt neben der Ermittlung des Verlustes voraus, dass mit einer Auskehrung von Gesellschaftsvermögen nicht (mehr) zu rechnen ist. Vor allem für die zweite Voraussetzung kann eine Bestätigung des Insolvenzverwalters hilfreich sein. Als Zeitfenster kommt der Zeitraum zwischen dem Antrag auf Eröffnung eines Insolvenzverfahrens und dem rechtskräftigen Abschluss des Verfahrens infrage. Die Finanzverwaltung geht davon aus, dass die Verlustberücksichtigung erst zum Tragen kommt
– bei Ablehnung der Eröffnung des Insolvenzverfahrens im Zeitpunkt, in dem der Beschluss über die Abweisung des Eröffnungsantrags rechtskräftig wird,
– bei Eröffnung des Insolvenzverfahren im Zeitpunkt der Beendigung des Insolvenzverfahrens.
Es ist jedoch anzuraten die Verluste so früh wie möglich dem Finanzamt gegenüber geltend zu machen.

---

[77] Vgl. dazu auch *Deutschländer*, Praxisleitfaden Realisierung eines insolvenzbedingten Auflösungsverlusts nach § 17 Abs. 4 EStG, nwb 2016, 1747 ff.

II. Betriebsaufspaltungen

Bei einer Betriebsaufspaltung existieren zwei Unternehmen – die Besitzgesellschaft und die Betriebsgesellschaft. Begründet werden Betriebsaufspaltungen beispielsweise, um wertvolle Immobilien von den betrieblichen Risiken des laufenden Geschäftsbetriebs abzugrenzen. Die Immobilie verbleibt in einer Besitzgesellschaft, der operative Geschäftsbetrieb wird in der Regel in eine Kapitalgesellschaft (Betriebsgesellschaft) ausgelagert, um deren Haftungsbegrenzungen zu nutzen. Die Besitzgesellschaft verpachtet dann die Immobilie an die Betriebsgesellschaft. 183

Die Existenz einer Betriebsaufspaltung ist an die Voraussetzungen der sogenannten sachlichen Verflechtung und der personellen Verflechtung geknüpft. 184

Die sachliche Verflechtung ist gegeben, wenn das Besitzunternehmen dem Betriebsunternehmen mindestens eine wesentliche Betriebsgrundlage zur Verfügung stellt. In der Regel wird eine Immobilie an die Betriebsgesellschaft verpachtet.

Die personelle Verflechtung ist gegeben, wenn die in der Besitzgesellschaft beherrschende Person/die beherrschende Personengruppe auch die Betriebsgesellschaft beherrscht.

Der BFH[78] führt hierzu bereits zu Zeiten der KO aus, dass die Eröffnung des Konkurses über das Vermögen der Betriebsgesellschaft regelmäßig zur Beendigung der personellen Verflechtung mit dem Besitzunternehmen und damit einer bestehenden Betriebsaufspaltung führt. Dieser Vorgang ist, wenn nicht das laufende Konkursverfahren mit anschließender Fortsetzung der Betriebsgesellschaft aufgehoben oder eingestellt wird, in der Regel als Betriebsaufgabe des Besitzunternehmens zu beurteilen mit der Folge, dass die in seinem Betriebsvermögen enthaltenen stillen Reserven aufzulösen sind (Fortführung der bisherigen Rechtsprechung). 185

Die Insolvenz der GmbH führt zur zwangsweisen Beendigung der Betriebsaufspaltung. Im Licht der bereits geschilderten Rechtsentwicklungen kann man nicht ausschließen, dass die Finanzverwaltung den diesbezüglichen Stichtag auf den Zeitpunkt der Anordnung der vorläufigen Insolvenzverwaltung festlegt. Durch den Übergang der Verwaltungs- und Verfügungsrechte auf den Insolvenzverwalter nach § 80 InsO gibt es keine personelle Verflechtung mehr. Somit führt die Insolvenzeröffnung zur Betriebsaufgabe der Besitzgesellschaft und damit zur Auflösung der stillen Reserven. Die Beendigung der Betriebsaufspaltung bewirkt in der Besitzgesellschaft die zwangsweise Überführung der über die Betriebsaufspaltung als Betriebsvermögen qualifizierten betrieblichen Immobilie ins Privatvermögen unter Aufdeckung und Realisierung der stillen Reserven. Auch die im Betriebsvermögen des Besitzunternehmens liegenden Anteile an der Betriebsgesellschaft werden entnommen. Hier ist jedoch eine Wertberichtigung der Anteile aufgrund des Insolvenzverfahrens durchzuführen. In der Regel wird der Wert der Anteile mit Null angesetzt werden können. 186

Eine Gestaltungsalternative bietet die Möglichkeit, im Vorfeld der Insolvenz, dh vor der zwangsweisen Beendigung der Betriebsaufspaltung, das Besitzunter-

---

[78] BFH 6.3.1997 – XI R 2/96, BStBl 1997 II 460.

nehmen in eine gewerblich geprägte Personengesellschaft umzuwandeln. Die nachteilige Folge der zwangsweisen Überführung des Betriebsvermögens in die private Sphäre und die damit verbundene Realisierung der stillen Reserven lässt sich so vermeiden. Auf die umsatzsteuerlichen Folgen für den Organträger bei Insolvenz der Organgesellschaft sei auf die entsprechenden Ausführungen bei der Steuerart „Umsatzsteuer" verwiesen.

III. Haftungsfolgen

Die Nichterfüllung der steuerlichen Pflichten sowie die nicht statthafte Liquiditätsschöpfung aus der Nichtzahlung von Steuern ist für die Geschäftsleitung auch persönlich mit hohen Risiken verbunden.

187 Nach §§ 34 und 69 AO haftet der gesetzliche Vertreter (beispielsweise der Geschäftsführer einer GmbH), wenn er schuldhaft Körperschaft- und Umsatzsteuerschulden nicht oder zu spät tilgt und dadurch die Steueransprüche verkürzt. Ist absehbar, dass die finanziellen Mittel nicht ausreichen, um alle Verbindlichkeiten zu tilgen, so muss der Geschäftsführer fiskalische Verbindlichkeiten mindestens mit derselben Quote bedienen wie die sonstigen Verbindlichkeiten. Seine Haftung erstreckt sich auf den Teil der Steuerschulden, die er im Rahmen dieser Quotelung hätte tilgen müssen.

188 Außerhalb dieser Quote haftet er auch für Lohnsteuer, Kirchensteuer und Solidaritätszuschlag, wenn er trotz fehlender Liquidität die Nettolöhne auszahlt, die einbehaltene Lohnsteuer aber nicht anweist bzw. hinnimmt, dass die angewiesene Lohnsteuer durch die Bank mangels Deckung nicht ausgeführt wird.

189 Bei der Abwehr von Haftungsansprüchen ist genau auf die Einzelfall[79] abzustellen. So sieht der BFH[80] zwischen der schuldhaften Pflichtverletzung und dem Eintritt des durch die Nichtentrichtung der Umsatzsteuern entstandenen Vermögensschadens einen adäquaten Kausalzusammenhang, der auch nicht dadurch entfällt, dass Zahlungen, wenn sie innerhalb von drei Monaten vor Stellung des Antrags auf Eröffnung des Insolvenzverfahrens geleistet worden wären, aufgrund einer nachträglichen Betrachtung der Geschehensabläufe hätten angefochten werden können.

---

[79] BFH Urt. v. 4.12.2007 – VII R 18/06 sowie BFH Urt. v. 6.3.2001 – VII R 17/00.
[80] BFH Urt. v. 26.1.2016 – VII R 3/15.

11. Teil.
Öffentliches Recht in der Insolvenz

§ 36. Öffentlich-rechtliche Verantwortlichkeiten, Aufgaben und Befugnisse des Insolvenzverwalters

Das öffentliche Recht normiert vielfältige Rechte und Pflichten, die auch für den Insolvenzverwalter gelten. Die Problemlage wird durch die unterschiedliche Sichtweise von Insolvenzverwalter einerseits und Behörde andererseits geprägt. Sie wird verstärkt durch das regelmäßig zivilrechtliche Problemverständnis des Insolvenzverwalters und das öffentlich-rechtliche Herangehen der Behörde. Zur Lösung wird deshalb zunächst der Verantwortlichkeiten im Allgemeinen (→ Rn. 10) dargestellt, bevor auf die Besonderheiten umweltrechtlicher Verantwortlichkeiten eingegangen wird (→ Rn. 18). Sie betreffen insbesondere Betreiber bzw. Inhaber von Anlagen (→ Rn. 19), Abfallerzeuger und -besitzer (→ Rn. 28) sowie die bodenschutzrechtliche Haftung und deren Begrenzung (→ Rn. 32). Deren insolvenzrechtliche Relevanz (→ Rn. 39) hängt davon ab, ob es sich noch um eine lediglich abstrakte (→ Rn. 42) oder aber bereits um eine konkrete (→ Rn. 46) Polizeipflicht handelt. Im Rahmen Letzterer sind die unproblematischen Fallgestaltungen (→ Rn. 47) den problematischen (→ Rn. 53) gegenüberzustellen, die wiederum den Erlass behördlicher Verfügungen (→ Rn. 54), deren Durchführung im Wege der Ersatzvornahme (→ Rn. 56), die Kosten der Ersatzvornahme (→ Rn. 58), Auswirkungen der Masseunzulänglichkeit (→ Rn. 62) und die Besonderheiten der Bodenschutzlast (→ Rn. 69) umfassen. Die Stellung des vorläufigen Insolvenzverwalters (→ Rn. 72) bedarf ebenso einer gesonderten Betrachtung wie die Mehrheit von Verantwortlichen (→ Rn. 77). Einen Ausweg für den Insolvenzverwalter bietet häufig die Freigabe (→ Rn. 89), die unter dem Aspekt ihrer Zulässigkeit (→ Rn. 94) und ihrer ordnungsrechtlichen Folgen (→ Rn. 97) zu betrachten ist. Öffentlich-rechtliche Befugnisse sind in der Insolvenz unterschiedlich zu behandeln, je nachdem ob es sich um personenbezogene Konzessionen (→ Rn. 109) oder aber um Sachkonzessionen (→ Rn. 113) handelt. Bei den öffentlichen Abgaben (→ Rn. 116) stehen vor allem die Beiträge im Mittelpunkt, während die Rechtsschutzmöglichkeiten (→ Rn. 125) vom verwaltungsgerichtlichen Verfahren (→ Rn. 126) über das Verwaltungs- und Widerspruchsverfahren (→ Rn. 131) bis hin zur Verwaltungsvollstreckung (→ Rn. 135) die gesamte Bandbreite abdecken.

A. Problemaufriss

In seiner Tätigkeit sieht sich der Insolvenzverwalter vielfach mit öffentlich-rechtlichen Fragestellungen konfrontiert; sei es, dass er eine dem Schuldner von einer Behörde erteilte **Konzession** verwerten möchte, sei es, dass ihm ein **Beitragsbescheid** für ein Grundstück des Schuldners zugestellt wird. In besonderem Maße problemträchtig ist die **ordnungsbehördliche Inanspruchnahme** eines Insolvenzverwalters im Rahmen der Gefahrenabwehr.

2   So ist es in der Praxis bereits vorgekommen, dass Messgeräte, Sonden oder Neutralisatoren, die Kernbrennstoffe enthielten, zu den Gegenständen der Insolvenzmasse gehörten und den Insolvenzverwalter vor die Frage stellten, ob die **Entsorgung mit Massemitteln** zu erfolgen hatte.[1] Alltäglichere Fallgestaltungen sind häufiger anzutreffen, wenn etwa nach Eröffnung des Insolvenzverfahrens festgestellt wird, dass das Betriebsgelände des schuldnerischen Unternehmens verunreinigt ist, dort aufgestellte Maschinen oder abgestellte Kraftfahrzeuge Leckagen aufweisen, aus denen Schadstoffe austreten, oder sich infolge einer Havarie kontaminierte Abwässer im unternehmenseigenen Kanalsystem befinden, kurz: Teile des nun zur Insolvenzmasse zählenden Schuldnervermögens zu Umweltbeeinträchtigungen führen.

I. Sichtweise des Insolvenzverwalters

3   Mit der Eröffnung des Insolvenzverfahrens geht die Verwaltungs- und Verfügungsbefugnis über das zur Insolvenzmasse gehörende Vermögen des Schuldners gemäß § 80 Abs. 1 InsO auf den Insolvenzverwalter über, der es nach § 148 Abs. 1 InsO sofort in Besitz und Verwaltung zu nehmen hat. Entsprechendes gilt bereits zuvor, wenn das Insolvenzgericht einen starken vorläufigen Insolvenzverwalter bestellt und dem Schuldner gem. § 22 Abs. 1 Nr. 1 InsO ein allgemeines Veräußerungsverbot auferlegt hat. In Fällen der genannten Art stellt sich für den Insolvenzverwalter die Frage, ob er polizeirechtlich verpflichtet ist, die Masse vorrangig für die Vermeidung bzw. Behebung von Umweltschäden einzusetzen. Bei deren Beantwortung muss er zugleich bedenken, dass er sich – wenn er **Massemittel zur Gefahrenabwehr** bzw. -beseitigung verwendet und so die Insolvenzmasse zulasten der (übrigen) Gläubiger schmälert – unter Umständen **schadenersatzpflichtig** macht, zumindest aber seine Abwahl riskiert (§§ 59 ff. InsO).[2]

4   Kommt der Insolvenzverwalter einer etwaigen ordnungsbehördlichen Beseitigungs- oder Sanierungsanordnung nicht nach und führt die Behörde daraufhin eine Ersatzvornahme durch, ist die Einstufung der **Ersatzvornahmekosten** – trotz der Entscheidung des BVerwG vom 10.2.1999[3] – umstritten. Ob sich der Insolvenzverwalter dieses Problems zuvor durch eine **Freigabe** des gefahrverursachenden Grundstücks oder Gegenstands hätte entledigen können, ist ebenfalls streitig; hierauf wird noch einzugehen sein.[4]

---

[1] Vgl. OVG Bautzen Urt. v. 16.8.1994 – 1 S 173/94, ZIP 1995, 852 = DtZ 1995, 254 = DVBl 1995, 935 = SächsVBl. 1995, 99.

[2] Zur Schadenersatzpflicht vgl. die Überlegungen des OVG Lüneburg Beschl. v. 7.5.1991 – 7 M 3600/91, ZIP 1991, 1607 (1608).

[3] BVerwG Urt. v. 10.2.1999 – 11 C 9/97, BVerwGE 108, 269 = ZIP 1999, 538 = NVwZ 1999, 653 = WM 1999, 818 = UPR 1999, 311 = NuR 2000, 92 = NordÖR 2000, 104.

[4] Zur Zulässigkeit der Freigabe → Rn. 94 ff.

II. Sichtweise der Behörde

Die Vorstellung der Behörde läuft den Interessen der Gläubiger, repräsentiert in der Person des Insolvenzverwalters, dh dem Ziel des Insolvenzverfahrens, grundsätzlich eine Sanierung oder gemeinschaftliche Befriedigung der Gläubiger eines Schuldners durch Verwertung von dessen Vermögen und Erlösverteilung zu erreichen, zuwider. Die Behörde will, dass entweder der Insolvenzverwalter die **Beseitigung der Gefahr mit Massemitteln** vornimmt oder aber zumindest die Kosten einer **behördlichen Ersatzvornahme als Masseverbindlichkeit** (§ 55 Abs. 1 Nr. 1 InsO) eingestuft werden. Nur in diesen Fällen erleidet die Behörde keine Ausfälle oder wenigstens nur geringere als eine Insolvenzgläubigerin (§ 38 InsO), die auf ihre Forderung nur eine Quote erhält.

Aus demselben Grund wird die Behörde auch die Zulässigkeit einer Freigabe verneinen, durch die die **Verfügungsbefugnis über den gefahrverursachenden Gegenstand** wieder an den Schuldner zurückfällt. Der Insolvenzverwalter kann dann nicht mehr herangezogen werden; die Kosten einer dem Schuldner gegenüber vorgenommenen Ersatzvornahme kann die Behörde lediglich noch als Insolvenzforderung (§ 38 InsO) geltend machen.

III. Annäherung

Die Diskussion wird in der Literatur fast ausschließlich von Insolvenz- und Gesellschaftsrechtlern geführt; Verwaltungsrechtler haben sich hierzu bislang kaum geäußert. Die gerichtlichen Auseinandersetzungen hingegen werden nahezu ausnahmslos von den Verwaltungsgerichten entschieden. Dies führt mitunter zu Verständnis-, ja beinahe Verständigungsproblemen zwischen den in zivilrechtlichen **Anspruchskategorien** denkenden Insolvenz- und Gesellschaftsrechtlern einerseits und den durch das öffentliche **Gefahrenabwehrrecht** geprägten Verwaltungsrichtern andererseits.

So trägt etwa der Umstand, dass manche Begriffe, an deren Bedeutung Zivilrechtler nicht den leisesten Zweifel hegen, die öffentlich-rechtlich aber keineswegs deckungsgleich verwandt werden, nicht zu einer Erleichterung des gegenseitigen Verstehens bei und erschwert so die Akzeptanz gerichtlicher Entscheidungen. Während etwa der zivilrechtliche Begriff des Besitzes mit Besitzwillen verbunden ist, mithin einen nach außen erkennbaren **Sachherrschaftswillen** voraussetzt, der beispielsweise erst einen mittelbaren Besitz ermöglicht, verzichtet der öffentlich-rechtliche Begriff des Abfallbesitzes gänzlich auf dieses Merkmal (§ 3 Abs. 9 KrWG).[5] Ausreichend ist danach ein Mindestmaß an Sachherrschaft; so vermittelt etwa die tatsächliche Gewalt über ein Grundstück zugleich diejenige über dort lagernden, von Dritten unerlaubt fortgeworfenen „wilden Müll". Der Unterschied ist funktionsbedingt: Der Besitzbegriff dient im Zivilrecht vorrangig dem Schutz des Besitzers gegen Besitzstörungen (§§ 858 ff. BGB) und ist im Zusammenhang mit Herausgabeansprüchen

---

[5] Grundlegend noch zu § 3 Abs. 1 AbfG 1977 BVerwG Beschl. v. 20.7.1998 – 7 B 9/88, NVwZ 1988, 1021; ebenso für § 3 Abs. 6 KrW-/Abf 1986 BVerwG Urt. v. 11.12.1997 – 7 C 58/96, BVerwGE 106, 43 = NJW 1998, 1004.

des Eigentümers von Bedeutung (§§ 985 ff. BGB); im Abfallrecht erfüllt er eine Zuordnungsfunktion, um die – von einem etwaigen Besitzbegründungswillen losgelöste – Verantwortlichkeit für den Abfall zu bestimmen.[6] Es ist deshalb öffentlich-rechtlich von untergeordneter Bedeutung, ob der Insolvenzverwalter – zivilrechtlich betrachtet – etwa lediglich „Organbesitz" ausübt.

9   Die kontroverse Diskussion, ob der Insolvenzverwalter beispielsweise für Umweltgefahren verantwortlich ist und zu deren Beseitigung herangezogen werden kann, die von Sachen ausgehen, die dem Schuldner zuzuordnen sind, bewegt sich im Spannungsfeld zwischen öffentlichem Recht und Zivilrecht. Lösungen müssen aus dem Koordinatensystem der Insolvenzordnung einerseits und den Vorgaben des Bodenschutz-, des Immissionsschutz-, des Kreislaufwirtschafts- und Abfall-, des Wasserrechts und anderer öffentlich-rechtlicher Bestimmungen entwickelt werden.

B. Öffentlich-rechtliche Verantwortlichkeiten

I. Verantwortlichkeiten im Allgemeinen

10   Herkömmlich wird nach Verhaltensverantwortlichem und Zustandsverantwortlichem unterschieden. Gebräuchlich sind auch die Begriffe **Handlungsstörer** bzw. Verhaltensstörer einerseits und **Zustandsstörer** andererseits. Diese Grundkategorien der Verantwortlichkeit im Gefahrenabwehrrecht erfahren je nach Rechtsmaterie, vor allem im Umweltrecht, gewisse Modifikationen, wenn für bestimmte Personen bestimmte Verhaltenspflichten normiert wurden.

1. Verhaltensverantwortlichkeit

11   Als Handlungsstörer oder Verhaltensverantwortlicher wird zunächst derjenige bezeichnet, durch dessen Tun oder Unterlassen eine Gefahr unmittelbar verursacht wird. Juristische Personen haben für das Verhalten ihrer verfassungsmäßigen Vertreter einzustehen.[7] Ein bewusstes Handeln mit besonderem Handlungswillen wird jedoch nicht vorausgesetzt. Für seine Inanspruchnahme genügt es, dass er die Gefahr mitverursacht hat, ohne dass sein Verursachungs-

---

[6] Vgl. VGH München Beschl. v. 14.5.2013 – 20 CS 13. 768, 20 CS 13.768; ebenso zur früheren Rechtslage BVerwG Urt. v. 11.12.1997 – 7 C 58/96, NJW 1998, 1004 (1005); BVerwG Urt. v. 11.2.1983 – 7 C 45/80, BVerwGE 67, 8 (12) = NVwZ 1984, 40; VGH Mannheim Urt. v. 7.12.1993 – 10 S 1700/92, NuR 1995, 353 (354)= NVwZ 1994, 1130; OVG Weimar Beschl. v. 29.3.1994 – 2 EO 18/93, NVwZ-RR 1995, 253.

[7] So etwa für die Haftung einer Kommanditgesellschaft für das Verhalten ihres Komplementärs in Bezug auf Verursachung von Altlasten VGH Mannheim Beschl. v. 6.10. 1995 – 10 S 1389/95, UPR 1996, 196 = BeckRS 1995, 22803; vgl. zu einer daneben bestehenden Verantwortlichkeit von Leitungspersonen juristischer Personen und diesen aufgrund ihrer Struktur gleichgestellter Personengesellschaften OVG Münster Urt. v. 20.5. 2015 – 16 A 1686/09, BeckRS 2015, 47680; Beschl. v. 21.11.2012 – 16 A 85/09, BeckRS 2013, 45791; Beschl. v. 26.3.2007 – 20 B 61/07, BeckRS 2007, 23389; zurückhaltender, weil demgegenüber den engen Wirkungs- und Ursachenzusammenhang betonend BVerwG Beschl. v. 22.2.2016 – 7 B 36/15, BeckRS 2016, 43730.

Depré/Kothe

beitrag in allen Einzelheiten festgestellt worden sein müsste.[8] Auf die für ihn maßgeblichen zivilrechtlichen Haftungsnormen kommt es hierbei nicht an.[9]

Die behördliche Heranziehung des Handlungsstörers setzt eine unmittelbare Gefahrenverursachung voraus: Polizeirechtlich erheblich ist nur dasjenige Verhalten, das selbst unmittelbar die konkrete Gefahr oder Störung setzt und damit die Gefahrenschwelle überschreitet. Damit scheiden zeitlich entferntere Bedingungen aus. So werden Abfallproduzenten und Abfallanlieferer bei Altablagerungen auf Deponien nach Polizeirecht grundsätzlich nicht als Handlungsstörer herangezogen werden können, da als unmittelbare Verursachungsbeiträge die Handlungen des Deponiebetreibers „dazwischengeschaltet" sind. Das Erfordernis der unmittelbaren Verursachung soll die Inanspruchnahme früherer Verursacher allerdings nicht ausschließen. 12

Die Verhaltensverantwortlichkeit setzt kein aktives Handeln voraus, vielmehr kann die **Haftung durch ein Unterlassen** ausgelöst werden. Ein derartiges verantwortlichkeitsbegründendes Unterlassen knüpft an eine – im Einzelfall festzustellende – Garantenstellung des Pflichtigen an.[10] Sie wurde im Fall eines Grundstückseigentümers bejaht, der sein Grundstück für den Betrieb einer Wurftaubenschießanlage an einen Verein verpachtet hatte und die zunehmende Belastung des Pachtgrundstückes durch Bleischrot kannte, ohne das grundwasserschädigende Verhalten seines Pächters zu verhindern.[11] Ebenfalls wurde eine solche Garantenstellung in Bezug auf einen Vermieter angenommen, der es zugelassen hatte, dass gefährlicher Sondermüll auf sein gewerblich genutztes Grundstück verbracht und dort unsachgemäß gelagert wurde, wodurch erhebliche Gefahren entstanden.[12] 13

2. Zustandsverantwortlichkeit

Die Zustandsverantwortlichkeit hingegen ist nicht Folge eines bestimmten Verhaltens, sondern Ausfluss der rechtlichen und tatsächlichen Sachherrschaft. Gehen von einer Sache, etwa einem kontaminierten Grundstück oder in einer Werkhalle gelagerten Abfällen, Gefahren für die Umwelt aus, können behördliche Maßnahmen gegen den Eigentümer oder gegen den Inhaber der tatsächlichen Gewalt gerichtet werden. 14

Soweit die Zustandsverantwortlichkeit an das Eigentum anknüpft, geht sie grundsätzlich mit dessen Übertragung in der Person des bisherigen Eigentümers bzw. Berechtigten unter und entsteht kraft Gesetzes in der Person des Erwerbers neu. Der Zustandsstörer scheidet danach durch die **Übertragung des Eigentums** aus der Zustandsverantwortlichkeit aus, diese wird beim Erwerber neu begründet. Für Grundstückseigentümer und deren Verantwortlichkeit für Altlasten und schädliche Bodenveränderungen gilt dies nach § 4 Abs. 6 BBodSchG nur noch mit Einschränkungen, denn deren Verantwortlichkeit be- 15

---

[8] Vgl. VGH Mannheim Beschl. v. 14.12.1989 – 1 S 2719/89, NVwZ 1990, 781.
[9] Vgl. VGH Kassel Beschl. v. 24.8.1994 – 14 TH 1406/94, UPR 1995, 198 = BeckRS 2005, 23603.
[10] OVG Münster Beschl. v. 5.2.1988 – 11 B 186/88, NVwZ-RR 1988, 20.
[11] VGH München Beschl. v. 26.7.1991 – 22 CS 90.400, NVwZ 1992, 905.
[12] BVerwG Urt. v. 18.10.1991 – 7 C 2/91, NVwZ 1992, 480 (481); VGH Mannheim Urt. v. 25.7.1990 – 8 S 643/90, NuR 1992, 427 (428).

steht fort, wenn sie bei der Eigentumsübertragung die schädliche Bodenveränderung oder Altlast kannten oder kennen mussten; es sei denn, sie hatten schutzwürdig darauf vertraut, dass schädliche Bodenveränderungen oder Altlasten nicht vorhanden seien.[13] Auf einen solchen Vertrauensschutz soll sich der Derelinquent hingegen nicht berufen können;[14] seine Verantwortlichkeit besteht über die Eigentumsaufgabe hinaus fort (§ 4 Abs. 3 S. 4 aE BBodSchG). Der Insolvenzverwalter kann nach § 4 Abs. 3 S. 1 BBodSchG als Inhaber der tatsächlichen Gewalt in Anspruch genommen werden, sich aber durch Freigabe des kontaminierten Grundstücks hiervon befreien.[15]

16 Bestreitet derjenige, der als Eigentümer einer störenden Sache auf deren Beseitigung in Anspruch genommen wird, den Eigentumserwerb, so haben Verwaltungsbehörden und Verwaltungsgerichte bei ihrer Verfahrensgestaltung zu berücksichtigen, dass sie die zivilrechtliche Vorfrage nicht rechtskräftig entscheiden können und dass einer etwaigen Klärung durch die Zivilgerichte möglichst nicht vorgegriffen werden soll. Zur Erhebung einer Klage vor dem Zivilgericht können sie dem Betroffenen eine Frist setzen.[16]

17 Die tatsächliche Sachherrschaft kann auf dinglicher oder schuldrechtlicher Besitzberechtigung beruhen. Inhaber der tatsächlichen Gewalt können aber auch der unberechtigte Besitzer oder der Besitzdiener sein. Ein etwaiges Recht zum Besitz im zivilrechtlichen Sinne ist für die ordnungsrechtlich motivierte Pflichtenstellung im Rahmen des allgemeinen Gefahrenabwehrrechts unerheblich. Entscheidend ist allein, dass der Betreffende auf die gefahrenträchtige Sache, etwa ein Grundstück, einwirken kann, ohne sich hierfür der Hilfe Dritter bedienen zu müssen, und tatsächliche Hindernisse der Einwirkung nicht entgegenstehen. Erforderlich ist danach der **unmittelbare Zugriff** auf das Grundstück. So kann etwa ein Mieter nicht als Zustandsstörer in Anspruch genommen werden, wenn er nach dem Mietvertrag nicht berechtigt ist, ohne vorherige Zustimmung des Vermieters Veränderungen an den gemieteten Räumen und Flächen vorzunehmen.[17]

II. Umweltrechtliche Verantwortlichkeiten im Besonderen

18 Die Verhaltens- und die Zustandsverantwortlichkeit sind im Umweltbereich in unterschiedlichem Maße modifiziert. Auf einige ausgewählte Fallgestaltungen, denen sich der Insolvenzverwalter ausgesetzt sehen kann, soll nachfolgend eingegangen werden:

1. Betreiber bzw. Inhaber von Anlagen

19 Eine besondere Form der Verhaltensverantwortlichkeit begründet das Betreiben einer Anlage. Eine Definition des Anlagenbegriffes findet sich in § 3 Abs. 5 BImSchG. Es handelt sich danach um Betriebsstätten und sonstige ortsfeste

---

[13] Vgl. *Kothe*, Altlasten in der Insolvenz, Rn. 232 ff.
[14] Vgl. VG Freiburg Urteil vom 14.11.2002 – 6 K 1763/01, BeckRS 2002, 31149604.
[15] BVerwG Urt. v. 23.9.2004 – 7 C 22/03, BVerwGE 122, 75 = NVwZ 2004, 1505.
[16] VGH München Beschl. v. 9.4.2003 – 20 CS 03.525, NVwZ-RR 2003, 542.
[17] So etwa VGH Mannheim Urt. v. 8.9.1989 – 5 S 2742/88, ZfW 1990, 457. Hiervon unberührt bleibt freilich eine etwa bestehende Verhaltensverantwortlichkeit.

Einrichtungen, Maschinen, Geräte und sonstige ortsveränderliche technische Einrichtungen sowie bestimmte Fahrzeuge und schließlich Grundstücke, auf denen Stoffe gelagert oder abgelagert oder Arbeiten durchgeführt werden, die Emissionen verursachen können. Während hierbei üblicherweise an Fertigungsanlagen, Betriebstankstellen, aber auch betriebseigene Kläranlagen gedacht wird, zeigt das letztgenannte Beispiel, dass bauliche oder technische Einrichtungen nicht erforderlich sind. Ausreichend ist vielmehr die bestimmungsgemäße Nutzung eines Grundstücks zu einem festgelegten Zweck, etwa der Zwischenlagerung von Abfällen.

Wer im Einzelfall **Betreiber oder Inhaber** einer solchen Anlage – beide Begriffe sind im Rechtssinne identisch – ist, kann nicht allein nach formalen rechtlichen Gesichtspunkten, sondern nur unter Berücksichtigung sämtlicher konkreten rechtlichen, wirtschaftlichen und sonstigen tatsächlichen Gegebenheiten entschieden werden. Betreiber oder Inhaber einer Anlage ist nach allgemeiner Meinung sowohl im Wasserrecht als auch im Immissionsschutzrecht als auch im Abfallrecht derjenige, der für sie verantwortlich ist, die erforderliche **tatsächliche und rechtliche Verfügungsgewalt** hat, einen wie auch immer gearteten Nutzen aus ihr zieht und Anordnungsbefugnisse gegenüber den Beschäftigten besitzt.[18] Dabei kommt es nicht maßgebend auf die Eigentumsverhältnisse an. 20

Wird eine Anlage in einem Betrieb bzw. Unternehmen eingesetzt, ist regelmäßig der Betriebs- bzw. Unternehmensinhaber auch Anlagenbetreiber, weil und wenn er den bestimmenden Einfluss auf Lage, Beschaffenheit und Betrieb der Anlage besitzt. Als Betriebs- bzw. Unternehmensinhaber ist derjenige anzusehen, der den Betrieb bzw. das Unternehmen selbstständig führt. Für die Beurteilung der Selbstständigkeit kommt es auf die Tätigkeit im eigenen Namen, auf eigene Rechnung – also auf eigenes unternehmerisches Risiko – sowie in eigener Verantwortung iSv Weisungsfreiheit an.[19] Sind zwei der drei Kriterien erfüllt, wird die Selbstständigkeit in der Regel bejaht. Dies trifft jedenfalls auf den **Insolvenzverwalter** zu, der den Betrieb des Schuldners zumindest vorübergehend fortführt. Über § 80 InsO übt er nämlich nunmehr den **bestimmenden Einfluss auf den Betrieb** aus, er entscheidet – gegebenenfalls über § 157 InsO mit der Gläubigerversammlung – darüber, ob und wie die Anlage weiter betrieben wird. Das Gleiche gilt für den vorläufigen Insolvenzverwalter, sofern dem Schuldner ein allgemeines Verfügungsverbot auferlegt wird. In diesem Fall hat der vorläufige Insolvenzverwalter, will er der möglichen Inanspruchnahme aus § 5 Abs. 3 BImSchG entgehen, nach § 22 Abs. 1 S. 2 Ziffer 2 InsO sofort das Insolvenzgericht um Zustimmung zur **Stilllegung** nachzusuchen. Dem sollte das Insolvenzgericht nachkommen, wenn ansonsten eine erhebliche Verminderung des Vermögens zu befürchten ist, etwa weil eine Anordnung auf Grund von § 5 Abs. 3 BImSchG droht. 21

---

[18] Vgl. BVerwG Beschl. v. 22.7.2010 – 7 B 12/10, NVwZ-RR 2010, 759; VGH Kassel Beschl. v. 5.10.1989 – 3 TH 1774/89, NVwZ 1990, 381; VGH München Beschl. v. 28.11.1988 – 8 CS 87.02857, ZfW 1989, 153 = BeckRS 1988, 07921; VGH Mannheim Urt. v. 15.12.1987 – 10 S 240/86, ZfW 1988, 424 = NVwZ 1988, 562.
[19] Vgl. etwa *Jarass* BImSchG § 3 Rn. 82 mwN; VGH München Urt. v. 4.5.2005 – 22 B 99.2208, 22 B 99.2209, NVwZ-RR 2006, 537.

22 So hatte sich etwa ein Konkursverwalter gegen eine immissionsschutzrechtliche Anordnung gewandt, mit der ihm die Beseitigung dioxinhaltiger Filterstäube aufgegeben und eine entsprechende Ersatzvornahme angeordnet worden war. Die Gemeinschuldnerin war Betreiberin eines Aluminiumschmelzwerkes; sie hatte 1900 t Filterstäube, die bereits vor Konkurseröffnung angefallen waren, in einer dem Betrieb benachbarten Fertigungshalle eingelagert. Der Konkursverwalter hatte **nach Konkurseröffnung den Betrieb** des Werkes zunächst **fortgesetzt** und die hierbei anfallenden Filterstäube ordnungsgemäß entsorgt. Zwei Monate später verpachtete er den Gewerbebetrieb samt Fabrikanlagen an eine neu gegründete Gesellschaft. Zugleich entließ er die in der Halle lagernden Filterstäube aus dem Konkursbeschlag und kündigte den Mietvertrag über die Halle. Danach wurde er von der zuständigen Behörde unter Androhung der Ersatzvornahme auf Beseitigung dieser Stäube in Anspruch genommen.

23 Das BVerwG[20] rechtfertigte die behördliche Verfügung mit der Überlegung, dass immissionsschutzrechtlich genehmigungsbedürftige Anlagen nach § 5 Abs. 1 Nr. 3 BImSchG so zu betreiben sind, dass Reststoffe vermieden werden, es sei denn, sie werden ordnungsgemäß und schadlos verwertet oder, soweit Vermeidung und Verwertung technisch nicht möglich oder unzumutbar sind, als Abfälle ohne Beeinträchtigung des Wohls der Allgemeinheit beseitigt. Gemäß § 5 Abs. 3 BImSchG kann die **immissionsschutzrechtliche Verantwortlichkeit** sogar die endgültige Betriebseinstellung überdauern. Zur Erfüllung dieser Pflicht können nach § 17 Abs. 1 und 4a BImSchG nachträgliche Anordnungen erlassen werden.

24 Das Aluminiumschmelzwerk fiel als immissionsschutzrechtlich genehmigungsbedürftige Anlage gemäß § 4 Abs. 1 S. 1 und 3 BImSchG iVm § 1 Abs. 1 S. 1 der 4. BImSchV und Nr. 3.4 der Spalte 1 des Anhangs zu dieser Verordnung unter diese Vorschriften. Betreiberin war zwar zunächst die Gemeinschuldnerin, denn sie führte die Anlage in eigenem Namen, auf eigene Rechnung und in eigener Verantwortung, der Konkursverwalter hat die Anlage kraft eigenen Rechts im eigenen Namen fortgeführt, weshalb er bis zu deren Verpachtung als deren Betreiber tätig war. Ausschlaggebend war aus der Sicht des Gerichts, dass die immissionsschutzrechtlichen Betreiberpflichten an der **immissionsschutzrechtlichen Genehmigung als Sachkonzession** anknüpfen, weshalb sie den jeweiligen Betreiber der Anlage im Sinne effektiver Gefahrenabwehr umfassend und unabhängig von dem Rechtsgrund seiner Betriebsübernahme treffen. Aus diesem Grunde konnte dahingestellt bleiben, ob und inwieweit ein Konkursverwalter nach allgemeinem Ordnungsrecht zur Beseitigung von vor Konkurseröffnung entstandenen Gefahrenlagen herangezogen werden konnte.[21]

25 Das BVerwG hat in dieser Entscheidung ausdrücklich offen gelassen, ob der Konkursverwalter auch dann in die Betreiberstellung eingerückt wäre, wenn er

---

[20] BVerwG Urt. v. 22.10.1998 – 7 C 38/97, BVerwGE 107, 299 = NJW 1999, 1416 (1417) (Vorinstanz: OVG Lüneburg Urt. v. 20.3.1996 – 7 L 2062/95, NJW 1998, 398); VGH Mannheim Beschl. v. 17.4.2012 – 10 S 3127/11, NVwZ-RR 2012, 460; siehe auch AG Hildesheim Urt. 21.3.2000 – 17 Ds 14 Js 8105/96, NZI 2001, 51.
[21] BVerwG Urt. v. 22.10.1998 – 7 C 38/97, BVerwGE 107, 299 = NJW 1999, 1416 (1417); ebenso OVG Münster Urt. v. 1.6.2006 – 8 A 4495/04, UPR 2006, 456. Vgl. hierzu → Rn. 30 f.

die Anlage unmittelbar nach Inbesitznahme (§ 148 Abs. 1 InsO) stillgelegt hätte. Dies dürfte zu verneinen sein. Zwar hat das Gericht zutreffend betont, dass der Rechtsgrund der Betriebsübernahme für das Schicksal der Sachkonzession unerheblich ist; auch stellt die Innehabung einer immissionsschutzrechtlichen Erlaubnis einen Vermögenswert dar. Der Betrieb einer Anlage knüpft aber an Tätigkeiten an, die in der Anlage bzw. mit den dort vorhandenen Stoffen durchgeführt werden. Der bloße **Besitz einer Anlage als Teil der Insolvenzmasse** ohne eine solche Tätigkeit reicht für die Begründung der Betreiberstellung nicht aus.[22] Allerdings reicht für die Begründung einer Betreiberstellung schon aus, dass der Insolvenzverwalter nur für kurze Zeit kraft eigenen Rechts und im eigenen Namen die Anlagenbetreiberpflichten fortgeführt hat. Dies gilt nach dem VGH München[23] auch dann, wenn er während dieser Zeit die Eckdaten des Unternehmens des Gemeinschuldners erhoben und bewertet hat, um eine Grundlage für eine evtl. Stilllegungsentscheidung zu gewinnen. Erfolgen die Bestellung zum Insolvenzverwalter und damit die Inbesitznahme einer Deponie während deren Stilllegungsphase, so soll ein Betreiben keinerlei Aktivitäten erfordern, vielmehr soll die bloße Innehabung des Verwaltungs- und Verfügungsrechts zur Begründung der Eigenschaft, Betreiber bzw. Inhaber der Deponie zu sein, genügen.[24]

In einem anderen Fall[25] hatte sich ein Insolvenzverwalter gegen die sofortige **26** Vollziehbarkeit einer wasserrechtlichen Anordnung zur Wehr setzen wollen, mit der ihm aufgegeben worden war, auf einem Grundstück des Schuldners abgelagerte **Klärschlammmieten** abzudecken. Bei dem in Rede stehenden Klärschlamm handelte es sich um einen wassergefährdenden Stoff, der bei der Behandlung von Abwasser angefallen war. Er enthielt unter anderem Schwermetallanreicherungen, die durch Niederschlagswasser hätten ausgewaschen und in das Grundwasser gelangen können. Diese Form der Lagerung verstieß gegen den damals geltenden § 19g Abs. 1 S. 1 WHG (nunmehr § 62 Abs. 1 S. 1 WHG); danach müssen **Anlagen zum Lagern, Abfüllen, Herstellen und Behandeln von wassergefährdenden Stoffen** sowie Anlagen zum Verwenden solcher Stoffe im Bereich der gewerblichen Wirtschaft und im Bereich öffentlicher Einrichtungen so beschaffen sein und so eingebaut, aufgestellt, unterhalten und betrieben werden, dass eine Verunreinigung der Gewässer oder eine sonstige nachteilige Veränderung ihrer Eigenschaften nicht zu besorgen ist. Damit ist keine bevorstehende Gefahr iSd allgemeinen Polizei- und Ordnungsrechts gemeint, vielmehr genügt es bereits, wenn die Möglichkeit eines Schadenseintritts für die Wassergüte nach den gegebenen Umständen und im Rahmen einer sachlich vertretbaren, auf konkreten Feststellungen beruhenden Prognose nicht von der Hand zu weisen ist.[26] Durch die negative Formulierung wird ausgedrückt,

---

[22] So auch BVerwG Urt. v. 13.12.2007 – 7 C 40/07, NVwZ 2008, 583 = ZInsO 2008, 560, für eine Haftung des Insolvenzverwalters nach § 58 Abs. 1 BBergG; vgl. ferner VG Darmstadt Beschl. v. 29.9.2000 – 3 G 1777/00 (3), ZIP 2000, 2077 (2078); aA offenbar OVG Magdeburg Beschl. v. 19.6.2000 – 2 M 175/00, ZInsO 2000, 506 = 2 M 175/00.
[23] VGH München Urt. v. 4.5.2005 – 22 B 99.2208, 22 B 99.2209, NVwZ-RR 2006, 537.
[24] VGH München Beschluss vom 30.3.2007 – 23 ZB 07.80, mwN.
[25] VG Greifswald Beschl. v. 17.4.2000 – 5 B 537/00, NordÖR 2000, 387.
[26] Vgl. BVerwG Urt. v. 12.9.1980 – IV C 89.77, ZfW 1981, 87 (89) = NJW 1981, 837; OLG Stuttgart Beschl. v. 16.12.1996 – 2 Ss 694/96, ZfW 1997, 266 = NVwZ-RR 1997, 220.

dass die Beeinträchtigung nach menschlicher Erfahrung unwahrscheinlich sein muss.²⁷

27 Das Verwaltungsgericht Greifswald stellte in seiner Entscheidung darauf ab, dass der Insolvenzverwalter gegen den Bescheid vom 3.1.2000 erst am 10.2.2000 Widerspruch einlegte, den er damit begründete, am 9.2.2000 die **Freigabe der Klärschlammmieten** erklärt zu haben. Es ließ offen, ob der Insolvenzverwalter mit Eröffnung des Insolvenzverfahrens durch Beschluss des Amtsgerichts vom 17.12.1999 Zustandsstörer geworden sei; es ging auch nicht darauf ein, ob er ab diesem Zeitpunkt als Anlagenbetreiber anzusehen war. Das Gericht legte vielmehr dar, dass der Insolvenzverwalter durch die Freigabe die Gefahr einer Gewässerverunreinigung erhöht habe. Mit der Freigabe habe er nämlich die Klärschlämme dem **tatsächlichen Besitz des Schuldners** und damit einem privaten Dritten überlassen und hierdurch gegen die damals geltenden §§ 10 Abs. 1, 11 Abs. 1, 13 Abs. 1 S. 2 KrW-/AbfG (nunmehr: §§ 15 Abs. 1 und 2, 17 Abs. 1 S. 2 KrWG) verstoßen, denen zufolge derartige Abfälle zur Beseitigung den öffentlich-rechtlichen Entsorgungsträgern zu überlassen und dauerhaft von der Kreislaufwirtschaft auszuschließen seien.

2. Abfallerzeuger bzw. -besitzer

28 Abfallerzeuger ist nach § 3 Abs. 8 KrWG derjenige, durch dessen Tätigkeit Abfälle anfallen, oder derjenige, der Vorbehandlungen, Mischungen oder sonstige Behandlungen vornimmt, die eine Veränderung der Natur oder der Zusammensetzung dieser Abfälle bewirken. Soweit der Insolvenzverwalter etwa den Betrieb des Schuldners fortführt und hierbei Abfälle anfallen, ist nunmehr er Abfallerzeuger.

29 Auf den Begriff des Abfallbesitzes (§ 3 Abs. 9 KrWG) wurde bereits eingegangen;²⁸ er hat die Funktion, die Verantwortlichkeit für den Abfall zu bestimmen. Anders als im Zivilrecht setzt der Abfallbesitz deshalb keinen Besitzwillen voraus; vielmehr genügt die – auf welche Weise auch immer begründete – tatsächliche Gewalt über die Abfälle.²⁹ Aus diesen Grundsätzen folgt, dass von einem Abfallbesitz dann nicht mehr gesprochen werden kann, wenn die betreffende Person nicht einmal ein „**Mindestmaß an tatsächlicher Sachherrschaft**" innehat. Dementsprechend ist der Abfallbesitz eines Grundstückseigentümers (oder -besitzers) zu verneinen, wenn die Abfälle auf einem Grundstück lagern, das der Allgemeinheit – etwa auf Grund naturschutz- oder waldrechtlicher Betretungsrechte – rechtlich und tatsächlich frei zugänglich ist.³⁰ In einem solchen Fall vermitteln das Eigentum oder der Besitz an dem Grundstück nach der Ver-

---

²⁷ Grundlegend BVerwG Urt. v. 16.7.1965 – IV C 54/65, ZfW 65, 113; Urt. v. 26.6.1970 – IV C 90/69, NJW 1971, 396; vgl. ferner Sieder/Zeitler/*Gößl* WHG § 62 Rn. 111.
²⁸ → Rn. 8.
²⁹ Vgl. BVerwG Urt. v. 22.7.2004 – 7 C 17/03, NVwZ 2004, 1360; BVerwG Urt. v. 23.9.2004 – 7 C 22/03, NVwZ 2004, 1505 (1506); BVerwG Urt. v. 11.12.1987 – 7 C 58/96, BVerwGE 106, 43 = NJW 1998, 1004 (1005); VGH München Urt. v. 4.5.2005 – 22 B 99.2208, 22 B 99.2209, NVwZ-RR 2006, 537 (538).
³⁰ OVG Münster Urt. v. 13.6.2006 – 13 A 632/04, NWVBl. 2007, 26 = BeckRS 2006, 24019; VGH München Urt. v. 4.5.2005 – 22 B 99.2208, 22 B 99.2209, NVwZ-RR 2006, 537 (538).

kehrsauffassung keinen Herrschaftsbereich, der zugleich auch die tatsächliche Gewalt über die darauf befindlichen Gegenstände begründet. Die Eigentümer bzw. Besitzer können nämlich diese Flächen nicht wie die übrigen Grundstückseigentümer in einer Weise dem Zugriff oder Zutritt Dritter entziehen, die es rechtfertigen würde, sie als Abfallbesitzer anzusehen. Ihnen fehlt also das den Begriff des Abfallbesitzers kennzeichnende Mindestmaß an tatsächlicher Sachherrschaft.

Umgekehrt bedeutet dies aber, dass der Eigentümer oder Inhaber der tatsächlichen Gewalt über ein **nicht frei zugängliches Grundstück** Besitzer der darauf befindlichen Abfälle ist. Dies betrifft auch solche Abfälle, die ohne oder gegen seinen Willen dorthin gelangt sind, also etwa von Dritten über die Einfriedung eines Betriebsgeländes geworfene Abfälle, ein unbefugt auf das Betriebsgelände verbrachtes Altauto oder bei Hochwasser dort angeschwemmte Gegenstände.[31] In einer Entscheidung des BVerwG[32] wurde ein unfreiwilliger Abfallbesitz des Grundstückseigentümers auch in einem Fall bejaht, in dem der Eigentümer eine dem vorrangigen Zweck (hier der Schifffahrtseinrichtungen) untergeordnete freiwillige Gewährung des Zutritts für Fußgänger und Radfahrer gewährt hatte, aber ansonsten kein allgemeines, gesetzliches Betretungsrecht an den betroffenen Grundstücken bestand. Auch der **Insolvenzverwalter** kann auf diese Weise unerwünscht **Abfallbesitzer** werden und infolgedessen Entsorgungs- bzw. Überlassungspflichten unterliegen. Reicht für die Ordnungspflicht bereits die bloße tatsächliche Gewalt über das Grundstück aus (wie in § 15 Abs. 1 iVm § 3 Abs. 9 KrWG), wird der Insolvenzverwalter bereits mit der Besitzergreifung nach § 148 Abs. 1 InsO ordnungspflichtig.[33]

Keine Pflicht zur Abfallbeseitigung besteht nach Aufgabe der tatsächlichen Sachherrschaft, zB durch Verkauf des Anlagevermögens und Übernahme des Betriebs durch den Erwerber.[34] In einem durch das BVerwG[35] entschiedenen Fall waren auf dem Betriebsgelände noch vor Insolvenzeröffnung von der Gemeinschuldnerin Abfälle erzeugt worden. Der Insolvenzverwalter verkaufte nach der zeitweiligen Fortführung des Betriebs das gesamte Anlagevermögen im Wege des asset deal an einen Dritten weiter. Nach Auffassung des BVerwG konnte eine abfallrechtliche Beseitigungsanordnung gegenüber dem Insolvenzverwalter, der nicht mehr Abfallbesitzer war, auch nicht auf eine Rechtsnachfolge in die Verhaltensverantwortlichkeit der Gemeinschuldnerin als Erzeugerin der Abfälle gestützt werden. Denn selbst wenn man eine solche Rechtsnachfolge rechtlich für möglich halte, handele es sich um eine vor Insolvenzeröffnung entstandene Verbindlichkeit der Gemeinschuldnerin und damit um eine Insolvenzforderung im Sinne des § 38 InsO, auf die eine Beseitigungsanordnung gegenüber dem Insolvenzverwalter nicht gestützt werden könne.

---

[31] BVerwG Urt. v. 11.12.1987 – 7 C 58/96, BVerwGE 106, 43 = NJW 1998, 1004 (1005).
[32] BVerwG Urt. v. 8.5.2003 – 7 C 15/02, NVwZ 2003, 1252.
[33] BVerwG Urt. v. 23.9.2004 – 7 C 22/03, NVwZ 2004, 1505 (1506).
[34] Zur Freigabe vgl. → Rn. 89 ff.
[35] BVerwG Urt. v. 22.7.2004 – 7 C 17/03, NVwZ 2004, 1360, mAnm *Uhlenbruck* EWiR 2004, 1025.

3. Verantwortlichkeit nach Bundes-Bodenschutzgesetz und deren Begrenzung

32 **a) Haftungskonstellationen.** Ähnliches wie für die immissionsschutzrechtliche Verantwortlichkeit gilt auch für die bodenschutzrechtliche Handlungshaftung. Wenn der Insolvenzverwalter selbst eine schädliche Bodenveränderung oder – was wegen der zeitlichen Dimension jedoch eher unwahrscheinlich sein dürfte – eine Altlast entgegen der „Jedermann-Pflicht" des § 4 Abs. 1 BBodSchG verursacht, kann er deshalb zu deren Beseitigung herangezogen werden. Insoweit ergibt sich aus den Rechtsänderungen weder aus insolvenzrechtlicher noch aus bodenschutzrechtlicher Sicht eine von der früheren Rechtslage abweichende Beurteilung.[36]

33 Darüber hinaus sind nach § 4 Abs. 3 BBodSchG **der Grundstückseigentümer und der Inhaber der tatsächlichen Gewalt** über ein Grundstück wie etwa der Mieter, der Pächter, der selbstnutzende Nießbraucher, der Erbbauberechtigte,[37] aber auch der Insolvenzverwalter und der Zwangsverwalter[38] – neben dem Verursacher einer schädlichen Bodenveränderung oder Altlast und dessen Gesamtrechtsnachfolger – verpflichtet, den Boden und Altlasten sowie durch schädliche Bodenveränderungen oder Altlasten verursachte Gewässerverunreinigungen so zu sanieren, dass dauerhaft keine Gefahren, erheblichen Nachteile oder erhebliche Belästigungen für den Einzelnen oder die Allgemeinheit entstehen. Damit korrespondiert die in § 4 Abs. 2 BBodSchG normierte Pflicht des Grundstückseigentümers und des Inhabers der tatsächlichen Gewalt über ein Grundstück, Maßnahmen zur Abwehr der von ihrem Grundstück drohenden schädlichen Bodenveränderungen zu ergreifen. Eigentümer ist hierbei jeweils nur der formelle, also in das Grundbuch als solcher eingetragene, nicht der nur wirtschaftliche Eigentümer.

34 Wird über das Vermögen des Grundstückseigentümers das Insolvenzverfahren eröffnet, geht die Rechtsprechung der Verwaltungsgerichte davon aus, dass fortan der **Insolvenzverwalter zustandsverantwortlich** ist, weil er das zur Insolvenzmasse gehörende Vermögen sofort in Besitz und Verwaltung genommen hat und deshalb Inhaber der tatsächlichen Gewalt ist.[39] Dies gilt aus bodenschutzrechtlicher Sicht hingegen nicht, wenn der jetzige Schuldner selbst lediglich die tatsächliche Gewalt innehatte, ohne Eigentümer des kontaminierten Grundstücks zu sein; Letzteres zählt dann nämlich nicht zu seinem Vermögen und gehört infolgedessen nicht zur Insolvenzmasse.

35 Das Bundes-Bodenschutzgesetz hat die Zustandsverantwortlichkeit für seinen Geltungsbereich erheblich ausgedehnt: Neben dem Grundstückseigentümer bleibt gemäß § 4 Abs. 3 S. 4 Alt. 2 BBodSchG auch derjenige zur Sanierung verpflichtet, der das **Eigentum an dem belasteten Grundstück aufgibt.** Neu ist die Regelung in § 4 Abs. 6 BBodSchG; danach ist der frühere Eigentümer eines belasteten Grundstücks auch dann zur Sanierung verpflichtet, wenn er

---

[36] *Kothe,* Altlasten in der Insolvenz, Rn. 352.
[37] Vgl. VGH Mannheim Urt. v. 15.5.1997 – 8 S 272/97, NJW 1998, 624 (625).
[38] BVerwG Urt. v. 23.9.2004 – 7 C 22/03, NVwZ 2004, 1505 (1506); BeckOK UmweltR/*Giesberts/Hilf* BBodSchG § 4 Rn. 32.
[39] BVerwG Urt. v. 23.9.2004 – 7 C 22/03, NVwZ 2004, 1505 (1506); OVG Magdeburg Urt. v. 22.4.2015 – 2 L 52/13, BeckRS 2015, 46729.

sein **Eigentum** nach Inkrafttreten des Bundes-Bodenschutzgesetzes **auf einen Dritten übertragen** hat und die schädlichen Bodenveränderungen oder Altlasten hierbei kannte oder kennen musste.[40] Nach § 4 Abs. 3 S. 4 Alt. 1 BBodSchG haftet außerdem, „wer aus handelsrechtlichem oder gesellschaftsrechtlichem Rechtsgrund für eine juristische Person einzustehen hat, der ein Grundstück, das mit einer schädlichen Bodenveränderung oder Altlast belastet ist, gehört." Der Gesetzgeber verfolgte mit dieser Regelung das Ziel, einen Missbrauch von Gestaltungsspielräumen des Gesellschaftsrechts bzw. innerhalb eines Konzerns zu verhindern. Diese **Einstandspflicht** erfasst insbesondere Fälle, in denen **Konzerne auf vertraglicher Grundlage oder „qualifiziert-faktisch"** gebildet wurden, und in denen das herrschende Unternehmen die beherrschte Gesellschaft (AG oder GmbH) dauernd und umfassend geführt hat, so dass isolierte Schädigungen nicht mehr feststellbar sind und den Gläubiger schützende Mechanismen eines generellen Verlustausgleichs eingreifen müssen. Des Weiteren werden Fälle der **Unterkapitalisierung einer Gesellschaft** erfasst, sofern die sittenwidrige Absicht der Gläubigerschädigung festzustellen ist.[41]

Für den Insolvenzverwalter sind diese Erweiterungen der Zustandsverantwortlichkeit nach § 4 Abs. 3 und 6 BBodSchG jedoch insofern von untergeordneter Bedeutung, als er in diesen Fällen das **mit schädlichen Bodenveränderungen oder Altlasten behaftete Grundstück nicht in Besitz und Verwaltung** nimmt. Der Haftung des Schuldners wegen Dereliktion des verunreinigten Grundstücks, wegen Eigentumsübertragung in Kenntnis oder fahrlässiger Unkenntnis der Kontamination oder wegen einer Einstandsverpflichtung für eine juristische Person, die ihrerseits Grundstückseigentümerin ist, beruht im Grunde auf einer gesetzlichen Fiktion, denn die Zustandsverantwortlichkeit resultiert aus der rechtlichen und tatsächlichen Möglichkeit, auf die Sache und damit auf die Gefahrenquelle einzuwirken.[42] Beides ist in diesen Fällen der erweiterten Zustandsverantwortlichkeit nicht gegeben. Damit scheidet insoweit eine Zustandsverantwortlichkeit des Insolvenzverwalters aus. Eine unter den genannten Voraussetzungen gegebene Zustandsverantwortlichkeit des Schuldners wirkt sich im Insolvenzverfahren in gleicher Weise aus, wie eine von ihm vor Insolvenzeröffnung begründete Verhaltensverantwortlichkeit.[43] 36

Das Problem der Zustandsverantwortlichkeit des Insolvenzverwalters reduziert sich damit auf Fälle der **Insolvenz des Grundstückseigentümers.** Die Pflicht des Eigentümers eines Grundstückes, von diesem ausgehende Gefahren für die Allgemeinheit zu beseitigen, ist eine Folge der Sozialbindung des Eigentums. Die diese Verpflichtung regelnden Vorschriften über die Zustandsverantwortlichkeit stellen sich als grundsätzlich zulässige **Inhalts- und Schrankenbe-** 37

---

[40] Auf eine etwaige Sittenwidrigkeit des Übertragungsaktes kommt es deshalb nicht an; hiervon war vor dieser gesetzlichen Regelung noch VGH Mannheim Urt. v. 20.1.1998 – 10 S 233/97, VBlBW 1998, 312, ausgegangen.
[41] Vgl. *Kothe* UPR 1999, 96f.
[42] Vgl. BVerfG Beschl. v. 16.2.2000 – 1 BvR 242/91, 1 BvR 315/99, NJW 2000, 2573 (2574).
[43] Zu den sich insoweit aus BVerfG Beschl. v. 16.2.2000 – 1 BvR 242/91, 1 BvR 315/99, NJW 2000, 2573, ergebenden Haftungsbeschränkungen vgl. BVerwG Urt. v. 23.9.2004 – 7 C 22/03, NVwZ 2004, 1505 (1507); Franzius/Altenbockum/Gerhold/*Kothe*, HdA, Kz. 10.512 Rn. 38ff. mwN.

stimmung iSd Art. 14 Abs. 1 S. 2 GG dar.[44] Wenngleich danach die Zustandsverantwortlichkeit des Eigentümers als solche mit der Verfassung in Einklang steht, ist sie – wie das BVerfG zu Recht hervorgehoben hat – im Ausmaß dessen, was dem Eigentümer zur Gefahrenabwehr abverlangt werden darf, durch den Grundsatz der **Verhältnismäßigkeit** begrenzt, der nur erforderliche und im Hinblick auf den Zweck angemessene und zumutbare Grundrechtsbeeinträchtigungen zulässt. Eine Einschränkung der Zustandsverantwortlichkeit ist dementsprechend nicht auf der „Tatbestandsseite", also bei der Bestimmung der Verantwortlichen, sondern auf der „Rechtsfolgenseite" hinsichtlich des Haftungsumfangs vorzunehmen.

38   Die Zumutbarkeit behördlicher Sanierungsanordnungen ist bezogen auf den Grundstückseigentümer in zwei Stufen zu prüfen, die durch **eine relative und eine absolute Grenze** gekennzeichnet sind. Die relative Grenze wird gebildet durch den **Verkehrswert des (hypothetisch) sanierten Grundstücks,** zu dem der voraussichtliche Sanierungsaufwand in Relation zu setzen ist; diese Grenze kann unbedenklich unterschritten werden, darf im Regelfall erreicht, aber nur unter bestimmten Voraussetzungen überschritten werden. Darüber besteht eine absolute Grenze insoweit, als eine Einbeziehung der gesamten wirtschaftlichen Leistungsfähigkeit des Eigentümers nicht in Betracht kommt. Bei einer **Überschreitung des Verkehrswertes** ist dem Eigentümer nur der Einsatz derjenigen Vermögenswerte zuzumuten, die auf Grund eines rechtlichen oder wirtschaftlichen Zusammenhanges mit sanierungsbedürftigen Grundstück eine funktionale Einheit bilden.[45]

III. Insolvenzrechtliche Bedeutung der Verantwortlichkeiten

39   Ziel des Insolvenzverfahrens ist die gemeinschaftliche Befriedigung aller Gläubiger des Schuldners, das erreicht werden soll, indem dessen Vermögen zu diesem Zweck verwertet und der Erlös verteilt wird. Abweichende Regelungen können in einem Insolvenzplan getroffen werden. Auf diese Weise sollen die **Möglichkeiten des Erhalts eines Unternehmens** verbessert werden. Aus diesem Grund kann der Insolvenzverwalter etwa auch den **Betrieb des Schuldners fortführen,** wobei er jedoch ein erhebliches **Haftungsrisiko** trägt (§§ 60f. InsO).

40   Ausgehend von **zivilrechtlichen Anspruchskategorien** könnte deshalb durchaus die Auffassung vertreten werden, § 87 InsO gelte (auch) für sämtliche **öffentlich-rechtlichen Verpflichtungen.** Die Behörde könne ihre Insolvenzforderung während des Insolvenzverfahrens nicht durch Einzelvollstreckungsmaßnahmen – wegen ihres Rechts zur Selbsttitulierung also insbesondere nicht

---

[44] Vgl. BVerfG Beschl. v. 16.2.2000 – 1 BvR 242/91, 1 BvR 315/99, NJW 2000, 2573 (2574); BVerwG Urt. v. 23.9.2004 – 7 C 22/03, NVwZ 2004, 1505 (1506); VGH München Urt. v. 4.5.2005 – 22 B 99.2208, 22 B 99.2209, NVwZ-RR 2006, 537 (538); ferner Franzius/Altenbockum/Gerhold/*Kothe,* HdA, Kz. 10.512 Rn. 5 mwN.
[45] Zu den Einzelheiten der relativen und absoluten Verkehrswertgrenze vgl. 1. Aufl. Rn. 37–49. Hierzu auch *Numberger* NVwZ 2005, 529; Franzius/Altenbockum/Gerhold/*Kothe,* HdA, Kz. 10.512 Rn. 16ff.

durch Verwaltungsakt – geltend machen (§ 89 InsO),[46] sondern müsse ihre Forderung nach den Vorschriften über das Insolvenzverfahren verfolgen (§ 87 InsO).

Dies gilt jedoch nur für Zwangsvollstreckungsmaßnahmen von Insolvenzgläubigern, also für persönliche Gläubiger, die einen zurzeit der Eröffnung des Insolvenzverfahrens begründeten Vermögensanspruch gegen den Schuldner haben (§ 38 InsO). Demgegenüber ist die **Gefahrenabwehr hoheitliche Aufgabe** der zuständigen Behörde. Sie nimmt nicht eigene Interessen wahr, sondern erfüllt ihren Auftrag, die Allgemeinheit vor Gefahren zu schützen. Dies geschieht regelmäßig entweder durch Inanspruchnahme eines Verantwortlichen und damit auf dessen Kosten, oder aber zulasten der Allgemeinheit und wird dann aus allgemeinen Haushaltsmitteln, dh aus dem Steueraufkommen, finanziert. Fraglich ist deshalb, ob bzw. wie sich daraus resultierende Forderungen der Behörde in das System des Insolvenzrechts einfügen (lassen). 41

1. Insolvenzrechtliche Irrelevanz der abstrakten Polizeipflicht

Die Verantwortlichkeit nach allgemeinem Polizei- und Ordnungsrecht setzt das Vorliegen einer Gefahr voraus. Dies ist der Fall, wenn bei ungehindertem Geschehensablauf mit hinreichender Wahrscheinlichkeit mit dem Eintritt eines Schadens für die öffentliche Sicherheit und Ordnung im Allgemeinen und für die Umwelt im Besonderen zu rechnen ist.[47] Je höherwertiger das Rechtsgut ist und je weitreichender der Schaden sein kann, umso geringere Anforderungen werden an das Maß der Eintrittswahrscheinlichkeit gestellt. Dies gilt insbesondere in Bezug auf die Umweltschutzgüter. Derjenige, der eine solche Gefahr zu verantworten hat, ist möglicher Adressat einer behördlichen Verfügung. 42

Die abstrakte bzw. **materielle Polizeipflicht ist kein Anspruch,** dh kein Recht iSd § 194 BGB, von dem Verantwortlichen ein Tun, Dulden oder Unterlassen zu verlangen, sondern macht den Pflichtigen lediglich zu einem möglichen Adressaten behördlicher Maßnahmen und Anordnungen, dessen konkrete Inanspruchnahme von der vorherigen **Ausübung des behördlichen Opportunitäts- und Auswahlermessens** sowohl in Bezug auf die Person des Pflichtigen als auch hinsichtlich der Mittel erfordert.[48] Der lediglich abstrakt Verantwortliche ist kraft Gesetzes zur Gefahrenbeseitigung verpflichtet, dennoch ist es unrichtig, wenn mitunter von einem behördlichen „Gefahrenbeseitigungsanspruch" gesprochen wird. 43

Insbesondere erwächst der Behörde aus der materiellen Polizeipflicht eines Einzelnen **kein Vermögensanspruch iSd § 38 InsO**.[49] Die von der Behörde erst 44

---

[46] So noch zu § 14 KO OVG Schleswig Urt. v. 20.10.1992 – 4 L 73/92, NJW 1993, 2004f.; OVG Koblenz Beschl. v. 25.3.1986 – 1 B 14/86, NVwZ 1987, 240 (241).
[47] Vgl. *Drews/Wacke/Vogel/Martens*, Gefahrenabwehr, S. 220; *Schenke*, Polizei- und Ordnungsrecht, 9. Aufl. 2016, Rn. 69 mwN; ferner *Kothe*, Altlasten in der Insolvenz, Rn. 46.
[48] Vgl. VGH Mannheim Beschl. v. 4.3.1996 – 10 S 2687/95, NVwZ-RR 1996, 387 (390); OLG Karlsruhe Urt. v. 19.12.2914 – 8 U 83/12, BeckRS 2015, 02690 („unfertige Verpflichtung"); ferner *Kothe*, Altlasten in der Insolvenz, Rn. 317.
[49] Wie hier *Franz* NuR 2000, 496 (497); aA VGH Kassel Beschl. v. 22.10.1999 – 8 TE 4371/96, NZI 2000, 47 = ZfIR 2000, 141 mAnm *Kothe* ZfIR 2000,143.

noch anzuordnende hoheitliche Maßnahme hängt von zahlreichen Voraussetzungen – unter anderem von Wertungen infolge der für die Störerbestimmung zu fordernden Unmittelbarkeit der Verursachung einer Gefahr und der fehlerfreien Ausübung des Opportunitäts- und Auswahlermessens in Bezug auf den Pflichtigen und das Mittel – ab. Solange eine dahingehende Konkretisierung durch Verwaltungsakt noch aussteht, fehlt es nicht nur an der **Bestimmtheit**, sondern bereits an der zu fordernden eindeutigen **Bestimmbarkeit**,[50] um das Vorliegen einer Leistung zu bejahen.[51] Darüber hinaus kann diese vermeintliche Leistung als nicht „vermögenswert" eingestuft werden, obwohl hierfür grundsätzlich genügt, dass eine vertretbare Handlung gefordert wird, die durch Ersatzvornahme und Beitreibung der dadurch entstehenden Kosten durchgesetzt wird.[52] Zwar beinhaltet die Ordnungspflicht des Schuldners gewiss eine „vermögensrechtliche Komponente", weil er etwa bei Vorhandensein einer Altlast wohl kaum selbst den „Spaten in die Hand nehmen" wird, um das verunreinigte Erdreich abzutragen und anschließend zu entsorgen. Vielmehr wird er mit einem geeigneten Unternehmer einen Werkvertrag abschließen, um diese Aufgabe zu erledigen, weshalb er selbst lediglich die Kosten tragen wird. Die **Ordnungspflicht** selbst hingegen, die Pflicht also, das Entstehen von Gefahren für die öffentliche Sicherheit und Ordnung im Allgemeinen bzw. für ein Umweltmedium im Besonderen zu vermeiden und dennoch eingetretene Gefahren zu beseitigen, ist **nichtvermögensrechtlicher Natur**. Zunächst muss an den Pflichtigen eine behördliche Verfügung gerichtet werden; erst wenn er dieser nicht Folge leistet und die Behörde sie im Wege der Ersatzvornahme durchsetzt, liegt mit der anschließend geltend zu machenden Kostenerstattungsforderung der Behörde ein Anspruch vermögensrechtlicher Art vor. Mit dieser Begründung lehnt die Verwaltungsrechtsprechung seit jeher eine Verjährung der abstrakten Polizeipflicht ab,[53] denn die verwaltungsrechtliche Verjährung ist auf vermögensrechtliche Ansprüche beschränkt.[54]

45 Solange die zuständige Behörde die erforderliche Gefahrenbeseitigung noch keinem konkreten Rechtssubjekt zugeordnet und die zu ergreifenden Maßnahmen konkretisiert hat, ist eine **vermögensrechtliche Berücksichtigung** im Rahmen des Insolvenzverfahrens **ausgeschlossen**. Die abstrakte Verantwortlichkeit bildet wegen der Ungewissheit ihrer Konkretisierung durch Verwaltungsakt keine dem Grunde nach feststehende Forderung; eine Umrechnung in einen geschätzten Geldwert nach § 45 InsO scheidet daher aus.[55]

2. Insolvenzrechtliche Relevanz der konkreten Polizeipflicht

46 Während die materielle Polizeipflicht damit insolvenzrechtlich noch irrelevant ist, bedürfen die Folgen ihrer Konkretisierung durch Verwaltungsakt und

---

[50] Vgl. hierzu Palandt/*Heinrichs* § 241 Rn. 3.
[51] Wie hier *Bickel* BBodSchG § 4 Rn. 71.
[52] So etwa *Weitemeyer* NVwZ 1997, 533 (535f.); siehe aber auch *v. Wilmowsky* ZHR 160 (1996), 593 (600).
[53] Vgl. etwa VGH Mannheim Beschl. v. 4.3.1996 – 10 S 2687/95, NVwZ-RR 1996, 387 (390); kritisch hierzu *Kothe*, Altlasten in der Insolvenz, Rn. 310ff.
[54] So bereits BVerwG Urt. v. 15.12.1967 – 6 C 98/65, BVerwGE 28, 336 (338) mwN.
[55] Wie hier *Franz* NuR 2000, 496 (497).

dessen etwaige Vollstreckung einer differenzierten Betrachtung in Bezug auf den Zeitpunkt vor und nach Eröffnung des Insolvenzverfahrens. Denn es gehört zum Wesen des Ordnungsrechts, dass es – sofern der Pflichtige einer darauf gestützten Verfügung nicht Folge leistet – im Wege der Verwaltungsvollstreckung durchgesetzt werden muss, insoweit aber gerade den tatsächlichen Gegebenheiten Rechnung tragen muss. Soweit vermögensrechtliche Ansprüche zu vollstrecken sind, ist deren Durchsetzbarkeit infolgedessen durch die finanzielle Leistungsfähigkeit des Schuldners begrenzt.[56] Den Fall seiner Insolvenz regelt das Insolvenzrecht.

a) Unproblematische Fallgestaltungen. Wohl eindeutig zu lösen sind diejenigen Fälle, in denen der Insolvenzverwalter selbst verantwortlich wird. So kann eine Verhaltensverantwortlichkeit etwa im Rahmen der Betriebsfortführung entstehen, sei es, dass der Insolvenzverwalter die Produktion des Schuldners ändert und dadurch Umweltgefahren oder -schäden herbeiführt, sei es, dass er einen bereits vom Schuldner pflichtwidrig geführten Betrieb unverändert fortführt und dadurch selbst öffentlich-rechtliche Pflichten verletzt.[57] Der Insolvenzverwalter kann aber auch originär zustandsverantwortlich werden, indem er etwa erst nach Eröffnung des Insolvenzverfahrens den Besitz an Abfällen erlangt, die auf ein dem Insolvenzbeschlag unterliegendes Grundstück gelangen, oder er die tatsächliche Gewalt über Gegenstände der Insolvenzmasse ausübt, von denen erst zu einem späteren Zeitpunkt eine Gefahr ausgeht.[58] 47

Hat der Insolvenzverwalter nach Eröffnung des Insolvenzverfahrens durch eigenes Rechtsgeschäft oder eine eigene Handlung den Gefahrentatbestand geschaffen, so haftet gem. § 55 Abs. 1 Nr. 1 InsO nunmehr die Masse für die dadurch entstehenden Verbindlichkeiten. Erfasst werden von der Haftungsnorm Verbindlichkeiten, die durch Handlungen oder in anderer Weise durch die Verwaltung, Verwertung und Verteilung der Insolvenzmasse begründet werden, mithin auch die Ausübung des Verwaltungs- und Verfügungsrechts des Insolvenzverwalters über das zur Insolvenzmasse gehörende Vermögen des Schuldners, mithin – öffentlich-rechtlich gesprochen – die Innehabung der tatsächlichen Gewalt etwa über ein mit Altlasten bzw. schädlichen Bodenveränderungen behaftetes Grundstück.[59] Kommt der Insolvenzverwalter nunmehr einer behördlichen Anordnung nicht nach und nimmt die Behörde daraufhin eine Ersatzvornahme vor, so sind die dadurch entstehenden Kosten **Masseverbindlichkeiten**.[60] 48

Grundsätzlich kann die zuständige Behörde gem. § 90 InsO auch wegen dieser Masseverbindlichkeiten **Zwangsvollstreckungsmaßnahmen** in die Insolvenzmasse vornehmen, ohne dabei an die 6-Monats-Frist gebunden zu sein, 49

---

[56] *Kothe*, Altlasten in der Insolvenz, Rn. 383.
[57] VGH Mannheim Urt. v. 11.12.1990 – 10 S 7/90, NJW 1992, 64; *Stürner* EWiR 1991, 487; MüKoInsO/*Hefermehl* § 55 Rn. 80.
[58] Vgl. die Beispiele → Rn. 2, 29.
[59] Vgl. *Kothe*, Altlasten in der Insolvenz, Rn. 388.
[60] Seit BVerwG Urt. v. 10.2.1999 – 11 C 9/97, NZI 1999, 246 = NVwZ 1999, 653 unabhängig vom Entstehungszeitraum, bestätigt von BVerwG Urt. v. 23.9.2004 – 7 C 22/03, NVwZ 2005, 1505 = NZI 2005, 51; kritisch dazu BGH Urt. v. 18.4.2002 – IX ZR 161/01, NJW-RR 2002, 1198 sowie BGH Urt. v. 5.7.2001 – IX ZR 327/99, NJW 2001, 2966.

da es sich um eine Masseverbindlichkeit handelt, die durch eine Rechtshandlung des Insolvenzverwalters begründet worden ist. Etwas anderes gilt nur dann, wenn die Kosten des Insolvenzverfahrens nicht gedeckt sind und der Insolvenzverwalter deswegen dem Insolvenzgericht die **Masseunzulänglichkeit gem. § 208 InsO** angezeigt hat. In diesem Fall darf auch die zuständige Behörde Zwangsvollstreckungsmaßnahmen gemäß § 210 InsO nicht vornehmen.

50   Aus §§ 22, 157 InsO ergibt sich für den Insolvenzverwalter allerdings das Problem, dass er grundsätzlich verpflichtet ist, den Betrieb des Schuldners fortzuführen, bis die **Gläubigerversammlung** im Berichtstermin beschlossen hat, ob das Unternehmen des Schuldners stillgelegt oder vorläufig fortgeführt werden soll. Ist es für den Insolvenzverwalter aber erkennbar, dass er die bei der Fortführung des Betriebs erwachsenden Masseverbindlichkeiten auch unter Berücksichtigung des **Neumassegläubigerprivilegs des § 209 Abs. 1 Nr. 2 InsO** voraussichtlich nicht wird befriedigen können, das Unternehmen also nicht in der Lage ist, seinen Aufwand zu erwirtschaften, so muss der Insolvenzverwalter dafür Sorge tragen, dass das Unternehmen stillgelegt wird, ansonsten haftet er über § 61 InsO persönlich für die durch ihn begründete Gefahr, sofern die weiteren Voraussetzungen dieser Bestimmung gegeben sind.

51   Hat die Gläubigerversammlung im Berichtstermin die **Fortführung des Betriebs** beschlossen, so kann die Behörde die Insolvenzmasse wie seit Beginn des Verfahrens gemäß § 55 Abs. 1 InsO in Anspruch nehmen. Als problematisch erweist sich die Situation, wenn der Beschluss der Gläubigerversammlung trotz Masseunzulänglichkeit gefasst wurde. Zwar liegt es in der Verantwortung des Insolvenzverwalters auf eine mögliche Masseunzulänglichkeit im Berichtstermin hinzuweisen, diese mag jedoch nicht immer frühzeitig erkennbar sein. In diesem Fall haftet zwar primär die Masse, und allenfalls sekundär der Insolvenzverwalter, sofern er schuldhaft durch einen fehlerhaften Bericht die Gefahr für den Beschluss der Gläubigerversammlung zur Fortführung des Betriebes gelegt hat. Dieses Haftungsrisiko wird viele vorläufige Insolvenzverwalter bei sich abzeichnender Umwelthaftung veranlassen, auf eine Stilllegung des Betriebes hinzuwirken.[61]

52   Ebenso unproblematisch sind Fälle, in denen bereits der Schuldner auf **Gefahrenbeseitigung in Anspruch genommen** wurde und die Verfügung nicht befolgte. Hat die Behörde bereits vor Insolvenzeröffnung im Wege der Ersatzvornahme vollstreckt, verfügt sie nun nach Eröffnung des Insolvenzverfahrens (nur) über eine **Insolvenzforderung**.[62] Ein Leistungsbescheid gegenüber dem Insolvenzverwalter kann nicht mehr erlassen werden. Auch die Vollstreckungskosten sind zur Insolvenztabelle anzumelden und werden nur in Höhe der Insolvenzquote befriedigt. Einer Vollstreckung in die Insolvenzmasse steht § 89 InsO entgegen.

53   **b) Problematische Fallgestaltungen.** Äußerst kontrovers wird auch unter der Geltung der Insolvenzordnung der Fall diskutiert, dass bereits vor Eröffnung des Insolvenzverfahrens von einer Sache eine Gefahr ausging und diese

---

[61] Vgl. *Lwowski/Tetzlaff*, Umweltrisiken und Altlasten in der Insolvenz, C 88 ff.
[62] Vgl. BVerwG Urt. v. 3.11.2005 – 7 C 27/04, DVBl 2006, 186 (187) = NVwZ 2006, 354 (355).

Gefahr auch danach noch andauert. Umstritten ist in diesem Zusammenhang zunächst, ob die Behörde gegenüber dem Insolvenzverwalter überhaupt Beseitigungs- und Sanierungsverfügungen erlassen und – bejahendenfalls – im Wege der Ersatzvornahme vollstrecken darf. Andere Zwangsmittel, Zwangsgeld oder Ersatzzwangshaft etwa, scheiden aus, weil sie sich gegen den Insolvenzverwalter persönlich richten würden; eine persönliche Haftung seinerseits ist aber nach keiner der unterschiedlichen Auffassungen begründet. Schließlich ist streitig, ob es sich bei den Kosten der Ersatzvornahme um eine gewöhnliche Insolvenzforderung oder um eine Masseverbindlichkeit handelt.

aa) Erlass einer Beseitigungs- bzw. Sanierungsverfügung. Wenn mit der 54
hier vertretenen Auffassung davon ausgegangen wird, dass die abstrakte Polizeipflicht noch keinen Vermögensanspruch begründet, dann ist der Erlass einer behördlichen Verfügung gegen den Insolvenzverwalter zulässig, denn der Erlass des Grundverwaltungsaktes ist keine Vollstreckungsmaßnahme. Durch ihn findet vielmehr erst die Konkretisierung statt, dh die Festlegung auf die Heranziehung eines von mehreren Verantwortlichen[63] sowie darauf, welche Maßnahmen zu treffen sind, welchen Umfang etwa die Sanierung einer Altlast erfordert. Selbst hierdurch entsteht jedoch noch kein Vermögensanspruch iSd § 38 InsO; denn die behördliche Verfügung konkretisiert lediglich die bis dahin bestehende abstrakte Verantwortlichkeit, ändert aber nicht deren Charakter.[64]

Das Verbot der Einzelvollstreckung nach § 89 InsO steht dem nicht entge- 55
gen, denn es richtet sich nicht gegen Akte, die eine Forderung erst entstehen lassen. Darüber hinaus ist auf den Zweck des Vollstreckungsverbots abzustellen. Es soll sicherstellen, dass die Insolvenzgläubiger gemeinschaftlich aus dem Vermögen des Schuldners befriedigt werden und nicht ein einzelner Gläubiger durch Vollstreckungsmaßnahmen die Gesamtheit der Gläubiger schädigt. Folglich ist zwischen Verwaltungsvollstreckungsmaßnahmen, **die das Verhältnis der Gefahrenbeseitigungspflicht zu den anderen Verbindlichkeiten** des Schuldners berühren, und solchen, die dies nicht tun, zu unterscheiden. Wird davon ausgegangen, dass der Insolvenzverwalter nicht gezwungen ist, einer behördlichen Verfügung Folge zu leisten, so stehen die §§ 87, 89 InsO dem Erlass von Beseitigungs- und Sanierungsverfügungen nicht entgegen.[65] Der Erlass derartiger Verfügungen durch die Behörde bietet für den Insolvenzverwalter darüber hinaus den Vorteil der Konkretisierung; er weiß danach, in welchem Umfang die Behörde Maßnahmen zur Gefahrenabwehr für geboten erachtet, und kann entscheiden, ob er etwa durch den Einsatz vergleichsweise geringer Massemittel für die Sanierung eines kontaminierten Grundstücks zu dessen Wertsteigerung beiträgt, oder ob er der Verfügung nicht nachkommt und die Durchführung der Ersatzvornahme abwartet, oder ob er die Verfügung schließlich verwaltungsgerichtlich überprüfen lässt.[66]

bb) Durchführung der Ersatzvornahme. Das Vollstreckungsverbot nach 56
§ 89 Abs. 1 InsO steht der Verwaltungsvollstreckung mittels Ersatzvornahme ebenfalls nicht entgegen. Das Vollstreckungsverbot dient der Erhaltung der In-

---

[63] Zur Mehrheit von Verantwortlichen siehe sogleich unter → Rn. 77 ff.
[64] So etwa auch *Bickel* BBodSchG § 4 Rn. 71; aA *Franz* NuR 2000, 496 (497).
[65] Vgl. *Sonnen/Tetzlaff* wistra 1999, 1 (3 f.) mwN; MüKoInsO/*Hefermehl* § 55 Rn. 84.
[66] Zum Rechtsschutz → Rn. 125 ff.

solvenzmasse zugunsten einer gleichmäßigen Befriedigung der Gläubiger. Wenngleich sich die Kosten einer Ersatzvornahme schätzen lassen, weshalb sie als Vermögensanspruch iSd § 38 InsO einzustufen ist, zielt ihre Anordnung nicht auf die Geltendmachung einer Geldforderung, sondern ausschließlich auf die Beseitigung einer Gefahr für die öffentliche Sicherheit und Ordnung. Im Umweltbereich ist zu bedenken, dass sich die Gefahr mit zunehmenden Zeitablauf häufig vergrößert. Sind Individualrechtsgüter iSd Art. 2 Abs. 2 GG verletzt, ist der Staat im Rahmen der ihm obliegenden Schutzpflichten zu einem Einschreiten verpflichtet. Der Schutz der Gesundheit und des Lebens Betroffener, aber auch der Umwelt hat nicht hinter das Interesse der Gläubiger an einer gleichmäßigen Befriedigung zurückzutreten. Selbst die isoliert betrachtete Durchführung der Ersatzvornahme betrifft die Insolvenzmasse (noch) nicht unmittelbar; dies gilt erst für die hierdurch entstehenden Kosten und deren anschließende Geltendmachung durch Leistungsbescheid.[67]

57 Fest steht damit, dass die Behörde dem Insolvenzverwalter gegenüber Beseitigungs- und Sanierungsanordnungen erlassen und diese auch im Wege der Ersatzvornahme vollstrecken darf.[68] In der Literatur wird gegen dieses Ergebnis eingewandt, es verkenne die tatsächlichen Gegebenheiten. Könne nämlich für jede Verpflichtung des Schuldners deren volle Erfüllung auch im Insolvenzfall erwartet werden, so werde vom Schuldner etwas Unmögliches verlangt. Dies werde am Beispiel eines Schuldners deutlich der ausschließlich öffentlich-rechtliche Verbindlichkeiten habe, etwa zur Sanierung mehrerer Altlasten. In diesem Fall ergebe es keinen Sinn, die „volle" Erfüllung dieser Pflichten (auch) im Insolvenzfall zu verlangen. Dies scheitere an den wirtschaftlichen Gegebenheiten; andernfalls liege keine Insolvenz vor.[69] Diese Kritik übersieht aber, dass die **wirtschaftliche Unzumutbarkeit einer Maßnahme** – öffentlich-rechtlich betrachtet – grundsätzlich kein Problem der tatsächlichen Unmöglichkeit ist, sondern vielmehr eine Frage der **Eingriffsbegrenzung** im Rahmen der Zustandshaftung, deren Beantwortung aber wohl mehr **im Bereich des Verhältnismäßigkeitsgrundsatzes** zu erfolgen hat.[70] Dementsprechend führt auch nur die tatsächliche objektive Unmöglichkeit, nicht aber die subjektive Unmöglichkeit etwa infolge wirtschaftlichen Unvermögens zur Nichtigkeit eines Verwaltungsaktes gemäß § 44 Abs. 2 Nr. 4 VwVfG.[71] Wirtschaftliches Unvermögen wird folgerichtig im Rahmen der Störerauswahl bedacht; so wird die finanzielle Leistungsfähigkeit der Verantwortlichen zutreffend als zulässiges Auswahlkriterium anerkannt.[72] Das wirtschaftliche Unvermögen hat zwar grundsätzlich keinen Einfluss auf die Polizeipflichtigkeit des Störers, gewinnt aber sehr wohl

---

[67] Ebenso *Franz* NuR 2000, 496 (500); zur Vollstreckung des Leistungsbescheides → Rn. 135 ff.
[68] Wie hier *Sonnen/Tetzlaff* wistra 1999, 1 (4).
[69] So dezidiert *von Wilmowsky* ZIP 1997, 1445 (1446), gegen OVG Greifswald Urt. v. 16.1.1997 – 3 L 94/96, ZIP 1997, 1460 (1462) = NJW 1998, 175.
[70] Vgl. OVG Koblenz Urt. v. 7.5.1991 – 1 A 10297/89, NVwZ 1992, 499 (500); VGH München Beschl. v. 13.5.1986 – 20 CS 86.00338, NVwZ 1986, 942. Ähnlich OVG Magdeburg Urt. v. 22.4.2015 – 4 L 48/13, NVwZ-RR 2015, 929 = BeckRS 2015, 51058.
[71] Vgl. Stelkens/Bonk/Sachs/*Sachs* § 44 Rn. 144 mwN.
[72] Hierzu sogleich unter → Rn. 79 f.

im Rahmen der Vollstreckung an Bedeutung.⁷³ Es gehört zum Wesen des Ordnungsrechts, dass es – sofern der Pflichtige einer darauf gestützten Verfügung nicht Folge leistet – im Wege der Verwaltungsvollstreckung durchgesetzt werden muss, insoweit aber gerade den tatsächlichen Gegebenheiten Rechnung tragen muss. Soweit vermögensrechtliche Ansprüche zu vollstrecken sind, ist deren Durchsetzbarkeit infolgedessen durch die finanzielle Leistungsfähigkeit des Schuldners begrenzt. Den Fall seiner Insolvenz regelt das Insolvenzrecht.

cc) Kosten der Ersatzvornahme. Fraglich ist danach nur noch, wie die Kosten einer Ersatzvornahme zu behandeln sind. Diese Frage ist höchst streitig. Nach einer Ansicht sind „Gefahrenbeseitigungsansprüche" wie Aussonderungsrechte zu behandeln, die außerhalb des Insolvenzverfahrens zu erfüllen sind. Kommt es zur Anordnung einer Ersatzvornahme, weil der Insolvenzverwalter einer behördlichen Verfügung nicht nachkommt, sind die Kosten als Masseverbindlichkeiten iSd § 55 Abs. 1 Nr. 1 InsO zu erfüllen. Eine andere Auffassung behandelt die Ersatzvornahmekosten wie Masseverbindlichkeiten.⁷⁴ Eine dritte Ansicht will danach differenzieren, ob die „Altlastenverbindlichkeit" zumindest dem Grunde nach schon vor der Eröffnung des Insolvenzverfahrens oder erst danach entstanden ist; im ersten Fall soll es sich nur um Insolvenzforderungen handeln.⁷⁵

58

Bereits unter der Geltung des Konkursrechts wurde der Rechtsprechung des BVerwG, der zufolge die Ordnungspflicht „wie eine Masseverbindlichkeit" zu behandeln ist, der Beschluss des BVerfG vom 19.10.1983⁷⁶ zur **Einordnung der Sozialplanabfindungen** entgegengehalten. Dort hatte das Gericht ausdrücklich und ohne jede Einschränkung festgestellt, dass eine gesetzliche Regelungslücke, die es dem Richter erlaube, für bestimmte Forderungen eine Privilegierung außerhalb des geschlossenen Systems der Konkursordnung vor der Rangstelle des § 61 Abs. 1 Nr. 1 KO zu begründen, nicht bestehe. Das Konkursrecht werde vom Grundsatz der gleichmäßigen Befriedigung der Konkursgläubiger beherrscht; die Regelungen der Konkursordnung seien nach Wortlaut, Systematik und Sinn abschließend. Soweit ein Vorrecht nicht – wie im Falle des § 61 KO – gesetzlich begründet sei, bleibe es bei der Regel, dass Forderungen gegen den Gemeinschuldner einfache Konkursforderungen seien. Unter der Geltung der **Insolvenzordnung** tritt ein weiteres Argument hinzu: Danach sei die Neuregelung der Masseverbindlichkeiten in **§ 55 InsO geprägt von einem Abbau bislang bestehender Privilegien;** Arbeitnehmerprivilegien seien ebenso abgebaut worden, wie das Fiskusprivileg gestrichen worden sei. Daraus werde deutlich, dass der Gesetzgeber mit der Gesetzesreform die Masseverbindlichkeiten auf das ursprüngliche Anliegen der §§ 57ff. KO habe zurückführen wollen. Es sollten lediglich diejenigen Kosten und Verbindlichkeiten privilegiert werden, die

59

---

⁷³ Vgl. OVG Koblenz Urt. v. 25.3.1986 – 1 B 14/86, NVwZ 1987, 240; bekräftigt durch OVG Koblenz Urt. v. 7.5.1991 – 1 A 10297/89, NVwZ 1992, 499.
⁷⁴ BVerwG Urt. v. 10.2.1999 – 11 C 9/97, BVerwGE 108, 269 = ZIP 1999, 538 = NZI 1999, 246; durch diese Revisionsentscheidung wurde das Urteil der Vorinstanz OVG Greifswald Urt. v. 16.1.1997 – 3 L 94/96, ZIP 1997, 1460 = NJW 1998, 175, nur im Ergebnis, nicht aber in der Begründung bestätigt.
⁷⁵ Zusammenfassend zum Meinungsstreit vgl. MüKoInsO/*Hefermehl* § 55 Rn. 86 ff.; *Kothe*, Altlasten in der Insolvenz, Rn. 355 ff.
⁷⁶ BVerfG, Beschl. v. 19.10.1983 – 2 BvR 485/80, 2 BvR 486/80, NJW 1984, 475.

notwendigerweise entstünden, bevor der Zweck der Insolvenzeröffnung, das Vermögen des Schuldners unter seinen Gläubigern zu verteilen, erreicht werden könne. Hätte der Gesetzgeber Ersatzvornahmekosten privilegieren wollen, so hätte er dies ausdrücklich gesetzlich regeln müssen; da dies nicht geschehen sei, müsse davon ausgegangen werden, dass er keine neuen bevorrechtigten Ansprüche habe zulassen wollen.[77]

60 Diese Argumentation verkennt wiederum, dass die abstrakte Verantwortlichkeit des Pflichtigen lediglich die behördliche Ermächtigungsgrundlage bildet, die sie zum Einschreiten mittels konkretisierenden Verwaltungsakts befugt; es handelt sich nicht um einen Anspruch iSd § 194 BGB, von dem Pflichtigen ein Tun, Dulden oder Unterlassen zu fordern. Es lastet deshalb auch kein solcher Anspruch auf der Masse, weder vor noch nach Insolvenzeröffnung. Entscheidend ist vielmehr im Fall der Zustandsverantwortlichkeit der **Zeitpunkt des behördlichen Einschreitens**; in diesem Zeitpunkt ist nach dem Vorliegen einer Gefahr und nach den dafür Verantwortlichen zu fragen. Die Frage, ob die Gefahr zu einem früheren Zeitpunkt erkannt wurde oder erkennbar war, stellt sich im Fall der Zustandsverantwortlichkeit nicht. Nach Insolvenzeröffnung ist der Insolvenzverwalter allein wegen der von ihm ausgeübten Verwaltungs- und Verfügungsbefugnis und der damit einhergehenden Innehabung der tatsächlichen Gewalt zustandsverantwortlich und damit potenzieller Adressat einer Beseitigungs- bzw. Sanierungsverfügung.

61 In seiner Entscheidung vom 10.2.1999 hatte das BVerwG die Verantwortlichkeit des Konkursverwalters konsequent auf die Zustandshaftung zurückgeführt, die sich aus der Innehabung der tatsächlichen Gewalt über ein Grundstück ergibt, ungeachtet der Frage nach einer etwaigen Berechtigung für diese Verfügungsgewalt. Ausdrücklich für diese Ordnungspflicht hat das BVerwG die Entscheidung des OVG Greifswald bestätigt, der zufolge sie wie eine Masseverbindlichkeit zu behandeln sei, weshalb die Haftung des Verwalters auf die Masse beschränkt sei.[78] Auf diese Weise, dh mit der Vorgabe, dass **die Ordnungspflicht nicht „als" sondern „wie" eine Masseverbindlichkeit zu behandeln** ist, löst das Gericht zugleich das Problem, dass die Ordnungspflicht als solche nichtvermögensrechtlicher Natur ist. Dementsprechend setzt auch die Anordnung der Ersatzvornahme, die gegenüber dem Adressaten des Grundverwaltungsaktes erfolgt, bei § 55 Abs. 1 Nr. 1 InsO an; erst bei ihr handelt es sich um einen Vermögensanspruch iSd § 38 InsO. In seiner grundlegenden Entscheidung vom 23.9.2004 hat sich das BVerwG[79] die Grundsätze des Urteils vom 10.2.1999 im Übrigen ausdrücklich zu eigen gemacht und nochmals klargestellt, dass der Insolvenzverwalter als Inhaber der tatsächlichen Gewalt für die Sanierung von massezugehörigen Grundstücken herangezogen werden könne, die bereits vor Eröffnung des Insolvenzverfahrens kontaminiert waren.

---

[77] Vgl. AG Essen Beschl. v. 4.4.2001 – 160 IN 49/00, ZIP 2001, 756 (757) mAnm Johlke/Schröder EWiR 2001, 633.
[78] BVerwG Urt. v. 10.2.1999 – 11 C 9/97, BVerwGE 108, 269 = ZIP 538 (540) = NZI 1999, 246.
[79] BVerwG Urt. v. 23.9.2004 – 7 C 22/03, BVerwGE 122, 75 = NVwZ 2004, 1505 = NZI 2005, 51; vgl. ferner OVG Münster Beschl. v. 21.8.2013 – 8 B 612/13, NZI 2013, 945; VGH Mannheim Beschl. v. 17.4.2012 – 10 S 3127/11, NVwZ-RR 2012, 460.

Eine solche Verpflichtung sei eine Masseverbindlichkeit nach § 55 Abs. 1 Nr. 1 InsO.[80] Entscheidend ist aber, dass sich die Ordnungspflicht aus der Verantwortlichkeit des Insolvenzverwalters für den aktuellen Zustand von Massegegenständen ergibt. Knüpft sie hingegen an ein in der Vergangenheit liegendes Verhalten des Schuldners an, das keinen Bezug zur Sachherrschaft des Insolvenzverwalters hat, so ist er nicht ordnungsrechtlich verantwortlich mit der Folge, dass eine als Masseverbindlichkeit zu erfüllende Pflicht nicht in Betracht kommt.[81]

dd) Auswirkungen der Masseunzulänglichkeit. Masseunzulänglichkeit bewirkt insoweit allerdings, dass der Insolvenzverwalter für die Kosten einer solchen Ersatzvornahme nur im Rahmen der vorhandenen Masse nach Maßgabe der in § 209 InsO vorgegebenen Rangordnung haftet. Eine Einordnung nach § 209 Abs. 1 Nr. 1 InsO scheidet aus; die Kosten des Insolvenzverfahrens sind in § 54 InsO abschließend bestimmt. Sie umfassen lediglich die Gerichtskosten für das Insolvenzverfahren sowie die Vergütung und die Auslagen des vorläufigen Insolvenzverwalters, des Insolvenzverwalters und der Mitglieder des Gläubigerausschusses. Auch handelt es sich nicht um Neumasseverbindlichkeiten iSd § 209 Abs. 1 Nr. 2 InsO. Neumasseverbindlichkeiten sind jene, die erst nach Anzeige der Masseunzulänglichkeit begründet worden sind und die nicht zu den Kosten des Verfahrens gehören. Welche Verbindlichkeiten dies im Einzelnen sind, ergibt sich aus § 55 InsO, der die „sonstigen Masseverbindlichkeiten" abschließend regelt.[82] Gemäß § 55 Abs. 1 Nr. 1 InsO sind Neumasseverbindlichkeiten iSd § 209 Abs. 1 Nr. 2 InsO solche Verbindlichkeiten, die durch Handlungen des Insolvenzverwalters oder in anderer Weise durch die Verwaltung, Verwertung und Verteilung der Insolvenzmasse begründet werden, ohne zu den Kosten des Insolvenzverfahrens zu gehören. Weiter ist maßgeblich, dass diese Verbindlichkeiten nach Anzeige der Masseunzulänglichkeit entstanden sind.

Nicht entscheidend ist dagegen, ab welchem Zeitpunkt die Gefahrenlage bestand, denn ab diesem Zeitpunkt war lediglich eine abstrakte Verantwortlichkeit gegeben, vor Insolvenzeröffnung eine solche des Schuldners, danach eine solche des Insolvenzverwalters. Nach der hier vertretenen Auffassung kommt es auf den **Zeitpunkt des behördlichen Einschreitens an.**[83] Die zuletzt behandelten Regelungen haben zur Folge, dass eine geordnete Abwicklung des Insolvenzverfahrens problematisch ist, wenn die Masse die Kosten der Gefahrenbeseitigung nicht deckt und die diesbezügliche Verantwortlichkeit der Grund für die Anzeige der Masseunzulänglichkeit war. Die Zustandsverantwortlichkeit besteht, solange die Gefahr vorliegt, also etwa das betreffende Grundstück mit einer schädlichen Bodenveränderung oder Altlast behaftet ist. Die daraus resul-

---

[80] So auch MüKoInsO/*Hefermehl* § 55 Rn. 97.
[81] So BVerwG Beschl. v. 5.6.2007 – 7 B 25.07, BeckRS 2007, 24733, für einen Fall der reinen Verhaltensverantwortlichkeit des Schuldners, aus der sich keine Zustandsverantwortlichkeit des Insolvenzverwalters bezogen auf Massegegenstände ergab.
[82] Vgl. AG Essen Beschl. v. 4.4.2001 – 160 IN 49/00, ZIP 2001, 756 (757) mAnm *Johlke/Schröder* EWiR 2001, 633.
[83] MüKoInsO/*Hefermehl* § 55 Rn. 97; aA AG Essen Beschl. v. 4.4.2001 – 160 IN 49/00, ZIP 2001, 756 (758) mAnm *Johlke/Schröder* EWiR 2001, 633.

tierende abstrakte Polizeipflicht kann von der zuständigen Ordnungsbehörde bei Vorliegen der gesetzlichen Voraussetzungen jederzeit durch eine Beseitigungsanordnung, deren Ersatzvornahme und Geltendmachung der Ersatzvornahmekosten mittels Leistungsbescheid konkretisiert werden, also auch nach der Anzeige der Masseunzulänglichkeit mit der Folge, dass es sich insoweit um eine Neumasseverbindlichkeit handelt.[84] Die Anzeige der Masseunzulänglichkeit schränkt nicht die behördliche Befugnis ein, den Insolvenzverwalter als Störer in Anspruch zu nehmen, weil die Behörde anderenfalls nicht die erforderliche Grundlage für Gefahrenbeseitigung im Wege der Verwaltungsvollstreckung mittels Ersatzvornahme schaffen könnte.[85]

64 Zeigt der Insolvenzverwalter die Masseunzulänglichkeit an, nachdem an ihn eine Sanierungsanordnung erging, so rangiert die Behörde mit ihrem Anspruch im Rang einer Altmasseverbindlichkeit (§ 209 Abs. 1 Nr. 3 InsO). Diese **nachrangigen Masseverbindlichkeiten fallen aber unter das Vollstreckungsverbot des § 210 InsO**. Die Behörde könnte deshalb versucht sein, sich den Rang einer Neumasseverbindlichkeit sichern zu wollen, indem sie den Insolvenzverwalter nach der Anzeige der Masseunzulänglichkeit erneut in Anspruch nimmt. Solange der erste Verwaltungsakt in Form einer Sanierungsanordnung jedoch noch existent ist, handelte es sich hierbei lediglich um eine sog wiederholende Verfügung. Diese besitzt keine Verwaltungsaktsqualität, weil sie keine (neue) Regelung iSd § 35 VwVfG enthält; vielmehr nimmt sie lediglich – gegebenenfalls konkludent – Bezug auf eine bereits zuvor getroffene Regelung und bekräftigt diese, sie setzt aber keine neue Rechtsfolge.[86] Dies gilt auch, wenn mit dem BVerwG davon ausgegangen wird, dass die Ordnungspflicht, die selbst nichtvermögensrechtlicher Natur ist, dennoch wie eine Masseverbindlichkeit zu behandeln ist und gleiches für die Kosten von Vollstreckungsmaßnahmen gilt, die zu deren Durchsetzung dienen; bei letzteren handelt es sich freilich, wenn sie durch Leistungsbescheid geltend gemacht werden, um einen vermögensrechtlichen Anspruch. Nur dann, wenn die Behörde den vor **Anzeige der Masseunzulänglichkeit** ergangenen Verwaltungsakt aufheben würde, um nach der Anzeige eine inhaltsgleiche Verfügung zu erlassen, hätte diese Regelungscharakter und wäre ihrerseits als Verwaltungsakt iSd § 35 VwVfG zu qualifizieren. Ein solches Vorgehen der Behörde wäre jedoch fragwürdig:

65 – Zum einen entzöge sie der Ersatzvornahme, die als Vollstreckungsmaßnahme auf einen zumindest wirksamen Grundverwaltungsakt angewiesen ist, die Grundlage.

66 – Zum zweiten müsste sie auch den neuen Verwaltungsakt für sofort vollziehbar erklären, um eine erneut anzuordnende Ersatzvornahme darauf stützen zu können. Insoweit könnte sie aber nur schwer das nach § 80 Abs. 2 Nr. 4 VwGO erforderliche besondere öffentliche Interesse gerade an der sofortigen Vollziehbarkeit begründen, das über das bloße Interesse am Vollzug des Grundverwaltungsaktes hinausgehen müsste. Schließlich hat sie durch die

---

[84] AA AG Essen Beschl. v. 4.4.2001 – 160 IN 49/00, ZIP 2001, 756 (758 mAnm *Johlke/Schröder* EWiR 2001, 633).
[85] OVG Münster Beschl. v. 21.8.2013 – 8 B 612/13, NZI 2013, 945; VGH Mannheim Beschl. v. 17.4.2012 – 10 S 3127/11, NVwZ-RR 2012, 460.
[86] Zur wiederholenden Verfügung vgl. Stelkens/Bonk/Sachs/*Sachs* § 51 Rn. 57 ff. mwN.

Aufhebung der inhaltsgleichen vorausgegangenen Anordnung zu erkennen gegeben, dass sie zumindest an deren Vollziehung kein Interesse (mehr) hat.
- Zum dritten handelte es sich nur die erneute Titulierung einer bereits zu einem früheren Zeitpunkt erfolgten Konkretisierung, die nicht mit Argumenten der Gefahrenabwehr, sondern ausschließlich mit Kostentragungserwägungen begründet würde. Das behördliche Recht zur Selbsttitulierung würde auf diese Weise missbraucht. Daraus resultierende Kosten wie etwa diejenigen einer erneuten Ersatzvornahme wären als „aufgezwungene" Verbindlichkeit zu qualifizieren, denn diese wäre nicht mit dem Willen des Verwalters begründet worden. Derartige Verbindlichkeiten fielen aber regelmäßig nicht unter § 55 Abs. 1 Nr. 1 InsO, weshalb die Kosten auch dann als nachrangige Masseverbindlichkeit iSd § 209 Abs. 1 Nr. 3 InsO einzustufen wären.[87]

67

Von der Masseunzulänglichkeit unberührt bleibt die Rechtmäßigkeit einer behördlichen Verfügung, die eine Sanierung ausdrücklich zu Lasten der Insolvenzmasse anordnet.[88]

68

ee) Besonderheiten infolge Bodenschutzlast. § 25 BBodSchG hat im Insolvenzfall besondere Relevanz. Nach dieser Vorschrift entsteht nämlich zugunsten der öffentlichen Hand ein Wertausgleichsanspruch, soweit durch den Einsatz öffentlicher Mittel bei Sanierungsmaßnahmen der Verkehrswert eines Grundstücks nicht nur unwesentlich erhöht wird und der Eigentümer die Kosten hierfür nicht oder nicht vollständig trägt. Auf diese Weise wird die Kostentragungsregelung des § 24 BBodSchG für die Fälle ergänzt, in denen Verantwortliche iSd § 4 BBodSchG zur Kostenerstattung nicht oder nur teilweise herangezogen werden können und deshalb öffentliche Mittel zur Sanierung eines Grundstücks eingesetzt werden müssen. Der Wertzuwachsausgleich ermöglicht so bis zur Höhe des sanierungsbedingten Wertzuwachses eine Refinanzierung aus dem Grundstück selbst. Ziel der Regelung ist es, eine ansonsten eintretende ungerechtfertigte Bereicherung des Eigentümers wieder abzuschöpfen.[89]

69

Aus diesem Grund ist in erster Linie zu prüfen, ob der Eigentümer nicht auf andere Art und Weise, insbesondere durch Heranziehung zu den Kosten einer Ersatzvornahme, an den Sanierungskosten beteiligt werden kann. Die Wertausgleichsregelung hat deshalb den Charakter einer **„Auffangnorm";** sie wird am wahrscheinlichsten zur Anwendung gelangen, wenn die Heranziehung des Eigentümers zur Kostenerstattung nach vorangegangener Ersatzvornahme aus Gründen der Verhältnismäßigkeit an dessen mangelnder finanzieller Leistungsfähigkeit scheitert, eine Befriedigung aus dem Grundstück aber möglich wäre.

70

Nach § 25 Abs. 6 BBodSchG ruht der **Ausgleichsbetrag als öffentliche Last** auf dem Grundstück. Sie wird als solche ohne Eintragung in das Grundbuch wirksam. Die gemäß § 93b GBV erfolgende Eintragung des so genannten Bo-

71

---

[87] Vgl. MüKoInsO/*Hefermehl* § 55 Rn. 97f.
[88] So ist auch BVerwG Urt. v. 10.2.1999 – 11 C 9/97, BVerwGE 108, 269 = ZIP 1999, 538 (540) = NZI 1999, 246, infolge des dortigen Hinweises auf BVerwG Urt. v. 22.10.1998 – 7 C 38/97, BVerwGE 107, 299 = ZIP 1998, 2167 (2169) = NZI 1999, 37, zu verstehen; vgl. bereits *Kothe*, Altlasten in der Insolvenz, Rn. 389.
[89] Zu Funktion, Voraussetzungen, Ermittlung der Höhe und Folgen des bodenschutzrechtlichen Wertzuwachsausgleichs vgl. *Kothe*, Altlasten in der Insolvenz, Rn. 502 ff. mwN.

denschutzlastvermerks, mit dem auf den Ausgleichsbetrag nach § 25 BBodSchG hingewiesen wird, hat nur deklaratorische Bedeutung. Im Insolvenzverfahren berechtigt die öffentliche Last zur **abgesonderten Befriedigung** (§ 49 InsO, § 10 Abs. 1 Nr. 3 ZVG); aus der Insolvenzmasse erfolgt eine Befriedigung als Insolvenzgläubiger nur, soweit ein Ausfall bei der abgesonderten Befriedigung entstanden ist.

3. Inanspruchnahme des vorläufigen Insolvenzverwalters

72 Hat das Insolvenzgericht nicht sofort das Insolvenzverfahren eröffnet, sondern vielmehr einen vorläufigen Insolvenzverwalter bestellt, so geht nach § 22 InsO, sofern dem Schuldner ein allgemeines Verfügungsverbot auferlegt wird, ebenfalls die Verwaltungs- und Verfügungsbefugnis über das Vermögen des Schuldners auf den vorläufigen Insolvenzverwalter über. Auch in diesem Fall gilt es zu klären, ob grundsätzlich eine Haftung der Insolvenzmasse gegeben ist, sowie zusätzlich, ob der Rang der Verbindlichkeit davon abhängt, ob es sich um eine Zustandshaftung oder um eine Verhaltenshaftung handelt.

73 Es mag in der Praxis selten vorkommen, dass der vorläufige Insolvenzverwalter einen Kausalbeitrag zu einer Gefahrverursachung leistet. Hat er jedoch eine Gefahr geschaffen und ist diese nach Erlass einer gegen ihn gerichteten Beseitigungsverfügung von der Behörde im Wege der **Ersatzvornahme mit Kostenfestsetzung gegen den starken vorläufigen Verwalter,** also noch vor Eröffnung des Insolvenzverfahrens, beseitigt worden, handelt es sich um sonstige Masseverbindlichkeiten gem. § 55 Abs. 2 InsO.

74 Aus zivilrechtlicher Sicht wird eine solche Haftung mit der Begründung verneint, dass unter Berücksichtigung von Sinn und Zweck der Norm ein derart **zu schützendes Vertrauen** bei einem Kostenanspruch aus der Verwirklichung eines ordnungsrechtlichen Gefahrentatbestandes nicht vorliegen könne, und zudem gesetzliche Verbindlichkeiten nur dann unter § 55 Abs. 2 InsO fielen, wenn sie in unmittelbarem Zusammenhang mit derjenigen rechtsgeschäftlichen begründeten Forderung stünden, die gemäß § 55 Abs. 2 InsO nach Verfahrenseröffnung als Masseverbindlichkeiten behandelt würden.[90] Außerdem ist in diesem Stadium noch eine Erledigung oder Rücknahme des Insolvenzantrages möglich.

75 Die öffentlich-rechtliche Sichtweise gelangt hingegen zu einer anderen Beurteilung: Führt der starke vorläufige Insolvenzverwalter etwa den Betrieb einer immissionsschutzrechtlich genehmigungsbedürftigen Anlage des Schuldners fort, so rückt er auf diese Weise in die Betreiberstellung ein.[91] Dementsprechend treffen ihn die Betreiberpflichten des § 5 BImSchG. Der Schutz der Personen, die Geschäfte mit einem vorläufigen Insolvenzverwalter abschließen oder ihm gegenüber ein Dauerschuldverhältnis erfüllen, das sie mit dem Schuldner vereinbart hatten, rechtfertigt es nicht, in einer solchen Situation die **Vorteile der Ausübung öffentlich-rechtlicher Befugnisse** gleichsam privatisieren, deren **Nachteile in Form damit verbundener öffentlich-rechtlicher Verpflichtun-**

---

[90] Breutigam/Blersch/Goetsch/*Breutigam,* Insolvenzrecht, § 55 Rn. 71. Zur Entstehung von steuerlichen Pflichten als Masseverbindlichkeiten vgl. MüKoInsO/*Hefermehl* § 55 Rn. 215.

[91] → Rn. 19 ff.

gen aber sozialisieren zu wollen. Diese Situation ist der Inanspruchnahme der Gegenleistung aus einem Dauerschuldverhältnis durchaus vergleichbar.

Entsprechendes gilt, wenn der starke vorläufige Insolvenzverwalter entgegen der „Jedermann-Pflicht" des § 4 Abs. 1 BBodSchG eine schädliche Bodenveränderung herbeiführt oder als Inhaber der tatsächlichen Gewalt entgegen § 4 Abs. 2 BBodSchG nicht verhindert, dass ausgehend von einem Grundstück des Schuldners anderweitig Boden und Grundwasser verunreinigt werden. § 55 Abs. 2 InsO gilt nicht nur für vertragliche, sondern auch **für gesetzliche Verbindlichkeiten**, die der vorläufige Verwalter im Zusammenhang mit seiner Tätigkeit begründet. Hiervon ist – ebenso wie beim Insolvenzverwalter – auszugehen, wenn der vorläufige Insolvenzverwalter infolge der Ausübung der ihm übertragenen Verwaltungs- und Verfügungsbefugnis verhaltens- oder zustandsverantwortlich wird. Zwar ist es die vorrangige Aufgabe des vorläufigen Insolvenzverwalters, das Vermögen des Schuldners zu sichern und zu erhalten. Die Besitzergreifung durch ihn dient deshalb der Prüfung, ob die vorgefundenen Gegenstände zur Masse gehören und zur Gläubigerbefriedigung taugen. Seine vorbereitenden Handlungen begründen deshalb noch keine insolvenzrechtliche Verantwortlichkeit für den Zustand derartiger Sachen.[92] Die Zielsetzung der primären Sicherstellung ist jedoch lediglich Bestandteil des – zivilrechtlich relevanten – Besitzwillens. Öffentlich-rechtlich kommt es allein darauf an, ob die Inbesitznahme der Gegenstände den vorläufigen Insolvenzverwalter in die Lage versetzt, unmittelbar und ohne Hilfe Dritter auf die betreffenden Sachen einzuwirken, und tatsächliche Hindernisse einer solchen Einwirkung nicht entgegenstehen. Ist das der Fall, so verfügt auch der vorläufige Insolvenzverwalter über jenes Maß an Sachherrschaft, das ihn – öffentlich-rechtlich betrachtet – als Inhaber der tatsächlichen Gewalt qualifiziert und dementsprechend seine Zustandsverantwortlichkeit begründet.

4. Mehrheit von Verantwortlichen

a) Störerauswahl. Wie jeder andere Verantwortliche wird auch der Insolvenzverwalter die von der Behörde vorgenommene Störerauswahl überprüfen. Eine ermessensfehlerfreie Auswahl unter mehreren Störern erfordert zunächst die Feststellung der Störereigenschaft eines jeden Einzelnen.[93] Eine telefonische Auskunft bei einem Sachverständigen genügt nicht als alleinige Grundlage für die Betätigung des Auswahlermessens.[94]

Im klassischen Polizeirecht galt über viele Jahre hinweg der Grundsatz, dass der Verhaltensverantwortliche vor dem Zustandsstörer in Anspruch zu nehmen sei.[95] Es handelte sich jedoch hierbei mehr um eine „Daumen-" als um eine

---

[92] So noch für die Besitzergreifung nach § 8 Abs. 2 GesO BGH Urt. v. 18.4.2002 – IX ZR 161/01, BGHZ 150, 305 = NZI 2002, 425 (426).
[93] OVG Schleswig Beschl. v. 14.7.1995 – 2 M 7/95, UPR 1996, 194 = BeckRS 1995, 22981; VG Karlsruhe Beschl. v. 14.9.1992 – 11 K 10487/92, NVwZ 1993, 1018; VG Gelsenkirchen Urt. v. 10.3.1988 – 16 K 2360/86, NVwZ 1988, 1061; vgl. hierzu und zum folgenden ferner *Kothe* VerwArch. 88 (1997), 456 (490 ff.).
[94] VGH Mannheim Urt. v. 10.5.1990 – 5 S 1842/89, NVwZ-RR 1991, 25 (27).
[95] Vgl. VGH München Beschl. v. 28.11.1988 – 8 CS 87.02857, ZfW 1989, 147 (148) = BeckRS 1988, 07921.

Rechtsregel. Zumindest für den Bereich der Altlastensanierung ist der prinzipielle Vorrang der Inanspruchnahme des Verhaltensstörers aufgegeben worden.[96] Handlungsmaxime bei der Feststellung und Sanierung von Altlasten ist vielmehr der Gesichtspunkt **schneller und effektiver Gefahrenbeseitigung**.[97]

79 Die Rechtsprechung hat für die Ermessensauswahl bei Vorhandensein mehrerer Störer folgende Kriterien entwickelt
– Nähe zur Gefahr,
– Beherrschbarkeit der Gefahr,
– zeitlich letzte Ursache,
– Maß der Verursachung,
– Verschulden,
– **finanzielle Leistungsfähigkeit**,[98]
– Zumutbarkeit von Gefahrenbeseitigungsmaßnahmen,
– mangelnde Sicherung des Grundstücks,
– lange zurückliegender Zeitpunkt oder ungeklärte Umstände der Ablagerungen.

80 Die Behörde hat sich bei der Auswahl unter mehreren Verantwortlichen von dem Gesichtspunkt effektiver Gefahrenabwehr leiten zu lassen. Besondere Bedeutung kommt hier dem Kriterium der finanziellen Leistungsfähigkeit zu. So kann die Behörde die Leistungsunfähigkeit eines der in Betracht zu ziehenden Störer nicht einfach unterstellen, ohne dies zuvor näher geprüft zu haben.[99] Im Einzelfall kann sie bei fehlender Insolvenzmasse im Rahmen ihrer Ermessensentscheidung von einem **Einschreiten gegen den Insolvenzverwalter** absehen, wenn ein anderer, leistungsfähigerer Verantwortlicher aus Gründen effektiver Gefahrenabwehr vorrangig heranzuziehen ist.[100] In diesem Zusammenhang lehnt es die Rechtsprechung zumindest bislang grundsätzlich ab, auch zivilrechtliche Haftungsnormen für die Bewertung der polizeirechtlichen Verantwortlichkeit heranzuziehen.[101] Diese sollten lediglich ausnahmsweise im Rahmen der Ermessensausübung Berücksichtigung finden, wenn die Behörde etwa

---

[96] Vgl. VGH Mannheim Urt. v. 30.1.1990 – 5 S 1806/89, DVBl 1990, 1046f. = NVwZ-RR 1991, 27; VGH Mannheim Beschluss vom 4.5.1988 – 5 S 334/88; VGH München Beschl. v. 13.5.1986 – 20 CS 86.00338, NVwZ 1986, 942 (944 ff.); VGH Mannheim Urt. v. 11.10.1985 – 5 S 1738/85, NVwZ 1986, 325 (326).
[97] Vgl. VGH Mannheim Beschl. v. 11.8.2015 – 10 S 980/15, BeckRS 2015, 51327; Beschl. v. 20.10.1992 – 10 S 2707/91, NVwZ 1993, 1014; Urt. v. 11.10.1985 – 5 S 1738/85, NVwZ 1986, 325; OVG Münster Urt. v. 20.5.2015 – 16 A 1686/09, BeckRS 2015, 47680; VGH München Beschl. v. 22.5.2009 – 22 ZB 08.1820, BeckRS 2009, 36293; Beschl. v. 21.11.1988 – 20 CS 88.2324, NVwZ 1989, 681.
[98] Vgl. VGH Mannheim Urt. v. 13.3.2014 – 10 S 2210/12, BeckRS 2014, 49685; Urt. v. 18.12.2012 – 10 S 774/12, VBlBW 2013, 189 = BeckRS 2013, 46848; VGH München Beschl. v. 26.7.1991 – 22 CS 90.400, NVwZ 1992, 905; Beschl. v. 13.5.1986 – 20 CS 86.00338, NVwZ 1986, 942; VGH Kassel Beschl. v. 20.3.1986 – 7 TH 455/86, DÖV 1987, 260.
[99] VGH Mannheim Urt. v. 28.6.1989 – 5 S 721/88, NVwZ 1990, 179.
[100] VGH Kassel Beschl. v. 22.10.1999 – 8 TE 4371/96, NZI 2000, 47 (48).
[101] Vgl. VGH Kassel Beschl. v. 24.8.1994 – 14 TH 1406/94, UPR 1995, 198 f. = BeckRS 2005, 23603; VGH Mannheim Urt. v. 9.5.1995 – 10 S 771/94, VBlBW 1995, 488 = NVwZ-RR 1996, 13; VGH Mannheim Urt. v. 8.2.1993 – 8 S 515/92, VBlBW 1993, 298 = BeckRS 1993, 06319.

im Einzelfall eine ihr bekannte und unstreitige Regelung des störerinternen Lastenausgleichs unberücksichtigt lässt.[102]

Zu berücksichtigen ist allerdings die Situation in Fällen der Ersatzvornahme; hier sind die Behörden gehalten, die Finanzierung der zu ergreifenden Maßnahmen im Vorfeld zu sichern. Dies ist in begrenztem Umfang mittels einer **Vorschussanforderung** von einem der Pflichtigen möglich,[103] setzt aber eine vorherige ermessensfehlerfreie Störerauswahl voraus. Geht es der Behörde allerdings um die **nachträgliche Erstattung bereits aufgewandter Ersatzvornahmekosten**, ist davon auszugehen, dass die Gefahr bereits beseitigt ist, weshalb dem Gesichtspunkt schneller und wirksamer Gefahrenbeseitigung dann keine ausschlaggebende Bedeutung mehr zukommt. Sobald nicht mehr die unmittelbare Gefahrenabwehr im Vordergrund steht, sondern die Kostenerstattung, bleibt der Behörde genügend Zeit für sorgfältige Ermittlungen im Rahmen des Untersuchungsgrundsatzes (§ 24 VwVfG).[104]

81

b) **Störerinterner Lastenausgleich.** Soweit eine ausdrückliche gesetzliche Regelung fehlt, ist ein störerinterner Lastenausgleich nach der ständigen Rechtsprechung des BGH ausgeschlossen.[105] Ursprünglich hatte das Gericht sowohl das Vorliegen eines Gesamtschuldverhältnisses zwischen mehreren Störern als auch das der Voraussetzungen einer Geschäftsführung ohne Auftrag abgelehnt. Einen Aufwendungsersatzanspruch des Geschäftsführers gegen den (vermeintlichen) Geschäftsherrn des „Auch-fremden-Geschäfts" hat das Gericht im Ergebnis mit der Begründung abgelehnt, der in Anspruch genommene Störer habe kein fremdes, sondern ein ausschließlich eigenes Geschäft geführt.[106] Begründet wurde diese Auffassung mit dem der Behörde eingeräumten Ermessen bei der Störerauswahl. Die Behörde hätte die Möglichkeit gehabt, anstelle des Zustandsstörers, dh des Grundstückseigentümers, den Handlungsstörer in Anspruch zu nehmen und den Zustandsverantwortlichen durch einen Verwaltungsakt lediglich zur Duldung zu verpflichten. Da die Behörde diesen Weg jedoch nicht gegangen sei, müsse sich der tatsächlich in Anspruch genommene Zustandsstörer dies entgegenhalten lassen. Wenn die Behörde im Rahmen der Störerauswahl die Heranziehung des Zustandsverantwortlichen als das taugliche Mittel angesehen habe, falle die Durchführung des Verwaltungsakts gerade nicht in den Rechtskreis des Verhaltensverantwortlichen.[107] Aus diesem Grunde bestehe zwischen den Verantwortlichen auch kein Gesamtschuldverhältnis.[108]

82

---

[102] Vgl. BVerwG Beschl. v. 24.8.1989 – 4 B 59/89, NVwZ 1990, 474; ebenso VGH München Beschl. v. 21.11.1988 – 20 CS 88.2324, NVwZ 1989, 681.
[103] Vgl. etwa § 38 S. 2 ThVwVZG.
[104] So auch VG Berlin Urt. v. 15.3.2001 – 1 A 185/99, NJW 2001, 2489 (2490).
[105] So die ständige höchstrichterliche Rechtsprechung, vgl. BGH Urt. v. 10.7.2014 – III ZR 441/13, NJW 2014, 2730 (2731); BGH Urt. v. 8.3.1990 – III ZR 81/88, BGHZ 110, 313 = UPR 1990, 432 = NJW 1990, 2058; BGH Urt. v. 18.9.1986 – III ZR 227/84, NJW 1987, 187; ausführlich hierzu *Kothe* VerwArch. 88 (1997), 456 (492 ff.) mwN.
[106] Vgl. BGH Urt. v. 10.7.2014 – III ZR 441/13, NJW 2014, 2730 (2731); BGH Urt. v. 11.6.1981 – III ZR 39/80, NJW 1981, 2457 (2458); OLG Stuttgart Urt. v. 10.8.1994 – 4 U 75/94, NJW-RR 1996, 850; OLG Düsseldorf Urt. v. 13.7.1989 – 18 U 42/89, NVwZ 1989, 993 (997).
[107] Vgl. BGH Urt. v. 11.6.1981 – III ZR 39/80, NJW 1981, 2457 (2458).
[108] So wohl auch OLG Stuttgart Urt. v. 10.8.1994 – 4 U 75/94, NJW-RR 1996, 850 (851).

83 Später hat der BGH seine Rechtsprechung modifiziert.[109] Unter Hinweis auf seine frühere Rechtsprechung[110] stellt er zunächst fest, dass das Innenverhältnis zwischen mehreren Störern außerhalb des Regelungsbereichs des Polizeirechts liegt. Dieses habe die Ausgestaltung des Innenverhältnisses zwischen den Störern dem bürgerlichen Recht überlassen. Insoweit kämen zwar **Ansprüche aus Geschäftsführung ohne Auftrag** in Betracht. Eine Verteilung der Kosten komme jedoch nur nach dem Maß der Verantwortlichkeit und dem Gewicht der Interessen der Beteiligten in Betracht. Insoweit sei auf die zivilrechtliche Verteilung der Verantwortlichkeit abzustellen. So bestehe ein Anspruch des Geschäftsführers auf wenigstens anteilige Erstattung der im gemeinsamen Interesse aufgewandten Kosten dann nicht, wenn besondere Bestimmungen des bürgerlichen Rechts das Verhältnis zwischen Geschäftsführer und Geschäftsherrn abweichend regeln. Lägen Fälle der Geschäftsbesorgung vor, in denen das Gesetz den Handelnden zum unentgeltlichen Tätigwerden verpflichte, und seien diese Voraussetzungen erfüllt, so entfalle ein Anspruch auf Ersatz der Aufwendungen gem. §§ 683, 670 BGB, weil der Geschäftsführer sie eben kraft seiner besonderen Verpflichtung selbst tragen solle.[111] Dies gelte auch für die Anwendung der Verjährungsregelungen wie etwa der des § 548 BGB. Diese kurze Verjährungsfrist betreffe alle Ansprüche des früheren Vermieters gegen den früheren Mieter, also sowohl mietvertragliche, deliktische und dingliche Ansprüche einerseits als auch solche aus § 22 WHG oder § 1004 BGB andererseits.[112] § 548 BGB regele das Verhältnis der Mietvertragsparteien in der Weise, dass der Zustandsstörer nach Verjährungseintritt vom Verhaltensverantwortlichen nicht (mehr) die Beseitigung einer Bodenverunreinigung bzw. die Erstattung der Beseitigungskosten verlangen könne.[113] Diese gesetzgeberische Entscheidung stehe auch einem etwaigen Anspruch des Zustandsstörers gegen den Verhaltensverantwortlichen unter dem Gesichtspunkt der Geschäftsführung ohne Auftrag entgegen.[114]

84 Auf diese zurecht als unbefriedigend empfundene Rechtsprechung des BGH hat der Bundesgesetzgeber für den Bereich des Bodenschutzes[115] durch die Regelung in § 24 Abs. 2 BBodSchG reagiert. Danach haben mehrere Verpflichtete untereinander einen **gesetzlichen Ausgleichsanspruch** in Bezug auf Sanierungen, die nach dem Inkrafttreten des Bundes-Bodenschutzgesetzes am 1.3.1999 begonnen wurden, nicht aber für bereits zuvor abgeschlossene Sanierungen.[116]

85 Der **Umfang der Ausgleichspflicht** bestimmt sich nach der **Höhe des jeweiligen** Verursachungsbeitrages des einzelnen Verantwortlichen (§ 24 Abs. 2 S. 2 BBodSchG). Die Bestimmung stellt ausdrücklich darauf ab, „inwieweit die Gefahr oder der Schaden von dem einen oder dem anderen Teil verursacht worden

---

[109] BGH Urt. v. 18.9.1986 – III ZR 227/84, NJW 1987, 187 (188).
[110] BGH Urt. v. 15.12.1954 – II ZR 277/53, BGHZ 16, 12 (15 ff.) = NJW 1955, 257.
[111] Vgl. BGH Urt. v. 18.9.1986 – III ZR 227/84, NJW 1987, 187 (189) mwN.
[112] AA zum Entschädigungsanspruch gem. § 11 BKleingG BGH Urt. v. 6.6.2002 – III ZR 181/01, BGHZ 151, 71 = NJW-RR 2002, 1203.
[113] Insoweit der zuvor zitierten BGH-Entscheidung folgend OLG Stuttgart Urt. v. 10.8.1994 – 4 U 75/94, NJW-RR 1996, 850 (851).
[114] Vgl. BGH Urt. v. 18.9.1986 – III ZR 227/84, NJW 1987, 187 (189).
[115] Für alle anderen Rechtsbereiche verbleibt es bei der zuvor dargestellten Rechtslage.
[116] So bereits *Kothe*, Altlasten in der Insolvenz, Rn. 265 ff.

ist"; danach kann also der Grundstückseigentümer den Verhaltensstörer in Anspruch nehmen, nicht aber umgekehrt.[117] Die Ausgleichspflicht entsprechend den Verursachungsanteilen gilt nur, **soweit nichts anderes vereinbart ist.** Aus diesem Grunde wird auf die Ausgestaltung von „Altlastenklauseln" in Verträgen noch größere Sorgfalt zu verwenden sein als bisher.

Der Ausgleichsanspruch besteht unabhängig von einer vorherigen behördlichen Inanspruchnahme eines oder mehrerer Verpflichteter.[118] Er verjährt innerhalb von drei Jahren (§ 24 Abs. 2 S. 3 BBodSchG); dies entspricht der deliktischen Verjährung nach § 852 BGB. Die **Verjährung** beginnt – sofern die Behörde die Maßnahme selbst durchgeführt hat – nach der Betreibung der Kosten der Maßnahme durch die Behörde. Hat ein Verantwortlicher die Maßnahme selbst durchgeführt, beginnt die Verjährung nach deren Beendigung und nach Erlangung der Kenntnis von der Person des Ausgleichspflichtigen (§ 24 Abs. 2 S. 4 BBodSchG); ohne diese Kenntnis spätestens 30 Jahre nach Beendigung der Maßnahme. 86

Zu berücksichtigen ist allerdings, dass für Gebrauchsüberlassungsverhältnisse – etwa Mietverhältnisse – die **kurze mietrechtliche Verjährungsfrist** von sechs Monaten beginnend mit dem Ende der Gebrauchsüberlassung (§ 558 BGB) von zentraler Bedeutung ist. Sie erfasst sämtliche Ausgleichsansprüche zwischen den Beteiligten, die auf demselben Sachverhalt beruhen, also etwa auch solche aus § 823 BGB und aus § 89 WHG.[119] Sie ist jedoch **nicht** auf den **Ausgleichsanspruch nach § 24 BBodSchG** anzuwenden, weil der vom Gesetzgeber gewollte Ausgleichsanspruch anderenfalls leerliefe. Der Anspruch würde gerade in den Fällen scheitern, in denen ihm in erster Linie Bedeutung zukommen soll. § 24 Abs. 2 BBodSchG regelt nicht den Schadenersatz bei einer Schädigung des Vermieters durch den Mieter, weder muss ein Schaden eingetreten sein, noch reicht ein solcher aus. Vielmehr dient die Vorschrift dem Ausgleich zwischen „Verpflichteten"; wer als „Verpflichteter" in Betracht kommt, also Störer iSd § 4 Abs. 3 BBodSchG ist, kann Gläubiger oder Schuldner des Ausgleichsanspruchs sein. Weil er als Störer in Anspruch genommen wird oder werden kann, soll von anderen Störern einen Ausgleich verlangen können, die einen größeren Anteil an der Verursachung der Bodenkontamination hatten. Die Zielrichtung des Ausgleichsanspruchs ist somit eine andere als diejenige eines Schadenersatzanspruchs im Mietverhältnis; § 548 BGB geht deshalb nicht als speziellere Vorschrift vor, sondern betrifft einen anderen Sachverhalt.[120] 87

Der Ausgleichsanspruch ist vor den Zivilgerichten gemäß § 24 Abs. 2 S. 6 BBodSchG geltend zu machen. In diesen Verfahren trägt der Anspruchsteller die **Darlegungs- und Beweislast** für den von ihm behaupteten Ausgleichsanspruch nach Grund und Höhe. Dies bedeutet zunächst, dass er die Verantwortlichkeit anderer nachweisen muss. In Bezug auf die Kenntnis bzw. fahrlässige 88

---

[117] *Kothe*, Altlasten in der Insolvenz, Rn. 266.
[118] *Kothe*, Altlasten in der Insolvenz, Rn. 268.
[119] Vgl. BGH Urt. v. 18.9.1986 – III ZR 227/84, NJW 1987, 187 (189); OLG Stuttgart Urt. v. 10.8.1994 – 4 U 75/94, NJW-RR 1996, 850 (851); OLG Düsseldorf Urt. v. 19.3.1987 – 10 U 119/86, NJW 1988, 2389; OLG Karlsruhe Urt. v. 23.10.1987 – 10 U 164/86, BB 1988, 2130 = BeckRS 1987, 30913165.
[120] Vgl. BGH Urt. v. 1.10.2008 – XII ZR 52/07, BGHZ 178, 137 = NJW 2009, 139.

Unkenntnis des Voreigentümers eines Grundstücks stellt sich die Situation ebenso dar wie bei der Geltendmachung kaufvertraglicher Gewährleistungsansprüche.[121]

C. Freigabe

89 Bei einer drohenden oder bereits erlassenen Beseitigungs- oder Sanierungsanordnung entspricht es der gängigen Praxis, dass der Insolvenzverwalter einen gefahrverursachenden Gegenstand, etwa ein mit Altlasten behaftetes Grundstück, aus der Insolvenzmasse durch Erklärung gegenüber dem Schuldner freigibt. Die **Zulässigkeit der Freigabe,** also die Loslösung des Massegegenstandes aus der Insolvenzmasse, ist in der Insolvenzordnung nicht ausdrücklich geregelt. Nur in § 32 Abs. 3 S. 1 InsO ist von der Freigabe die Rede. Diese Freigabe bezieht sich allerdings lediglich auf die Fälle, in denen die Eröffnung des Insolvenzverfahrens im Grundbuch eingetragen wurde und dieser Vermerk nunmehr auf Grund eines entsprechenden Antrages des Insolvenzgerichts oder des Verwalters wieder gelöscht werden soll. Gemäß § 33 InsO gilt § 32 InsO entsprechend für die Eintragung der Eröffnung des Insolvenzverfahrens in das Schiffsregister, das Schiffbauregister und das Register für Pfandrechte an Luftfahrzeugen.

90 Der Insolvenzverwalter könnte sogar verpflichtet sein, eine entsprechende Freigabeerklärung abzugeben. Dies könnte insbesondere dann der Fall sein, wenn der freizugebende Massegegenstand **keine Mehrung der Aktivmasse** erwarten ließe, sondern im Gegenteil, im Falle der nicht erfolgten Freigabeerklärung die Verwaltungskosten höher wären als der zur Masse fließende Ertrag. In diesem Fall könnte er sich sogar gem. § 60 InsO der Masse gegenüber schadenersatzpflichtig machen.[122]

91 Die in § 32 InsO vorausgesetzte Freigabe löst den freigegebenen Gegenstand aus dem Insolvenzbeschlag und lässt die Verwaltungs- und Verfügungsbefugnis des Schuldners wieder aufleben.[123] Die Freigabe ist als solche nicht illegal; sie ist nicht etwa eine verwaltungsrechtliche Pflichtverletzung, die ihrerseits Anknüpfungspunkt für eine ordnungsrechtliche Verantwortlichkeit sein könnte.[124] Die Freigabe kann allerdings ordnungsrechtlich ins Leere laufen, wenn weiterhin die Tatbestandsmerkmale erfüllt werden, an die das Ordnungsrecht anknüpft. In einem Fall, in dem ein Konkursverwalter Abfallcontainer isoliert aus der

---

[121] Vgl. zu diesen etwa BGH Urt. v. 20.10.2000 – V ZR 285/99, ZfIR 2001, 190 = NJW 2001, 64; ausführlich hierzu *Kothe* ZfIR 2001, 169 ff.

[122] Vgl. OLG Düsseldorf Beschl. v. 28.4.2006 – I-3 Wx 299/05, NZI 2007, 50; aA LG Stuttgart Urt. v. 23.4.2008 – 10 S 5/07, NZI 2008, 442; diesem wiederum folgend LG Köln Urt. v. 16.11.2012 – 32 O 217/12, BeckRS 2014, 06426.

[123] So noch zu § 114 KO etwa *Schulz* NVwZ 1997, 530 (531 f.); *Weitemeyer* NVwZ 1997, 533 (537 f.); *Kuhn/Uhlenbruck* § 6 Rn. 34; mit Einschränkungen im Allgemeinen ebenso *Kilger/Karsten Schmidt* § 6 KO Anm. 4d, für Verantwortlichkeiten im Ordnungsrecht im Besonderen aber § 6 KO Anm. 5g.

[124] OVG Greifswald Beschl. v. 17.11.2005 – 3 M 71/04, NVwZ-RR 2006, 668, unter ausdrücklichem Hinweis auf BVerwGE 122, 75 und gleichzeitiger Aufgabe der eigenen, früher gegenteiligen Rechtsprechung.

Masse freigegeben hatte, das Grundstück, auf dem die Container lagerten, jedoch noch im Besitz der Masse war, nahm der VGH München[125] eine fortbestehende Ordnungspflicht des Konkursverwalters an, da er weiterhin die tatsächliche Sachherrschaft an den Containern habe. Der fortbestehende Besitz am Betriebsgrundstück vermittle gleichzeitig die tatsächliche Gewalt über die darauf befindlichen Gegenstände. Bei den Entsorgungspflichten aufgrund der Zustandsverantwortlichkeit des Konkursverwalters handele es sich um Masseverbindlichkeiten (§ 55 Abs. 1 Nr. 1 InsO).

Bei der Freigabe handelt es sich um die **einseitige empfangsbedürftige Willenserklärung** des Insolvenzverwalters gegenüber dem Schuldner bzw. den zuständigen Organen der juristischen Person, die den Willen, die Massezugehörigkeit eines Gegenstandes auf Dauer aufzugeben, bestimmt erkennen lässt.[126] So einfach sich dies in der Theorie darstellt, so problematisch kann es in der Praxis sein. Die Freigabeerklärung muss nämlich dem Schuldner zugehen. Dies setzt voraus, dass diese so in den Bereich des Empfängers gelangt ist, dass er unter normalen Verhältnissen die Möglichkeit hat, vom Inhalt der Erklärung Kenntnis zu nehmen. Ist aber, wie so oft, der Aufenthaltsort des Schuldners oder dessen gesetzlichen Vertretungsorgans nicht bekannt, so ist gemäß § 132 Abs. 2 BGB die öffentliche Zustellung möglich. 92

Die Freigabeerklärung ist **unwiderruflich,** wenn sie dem Schuldner zugegangen ist. Wie aus § 130 Abs. 1 S. 2 BGB folgt, wird die Erklärung allerdings nicht wirksam, wenn dem Empfänger vorher oder gleichzeitig mit der Erklärung ein Widerruf zugeht. Ist die Freigabeerklärung abgegeben worden und bei dem Schuldner auch zugegangen, so ist zudem eine **Anfechtung** wegen Irrtums (§ 119 BGB) ausgeschlossen, nicht aber eine wegen arglistiger Täuschung. 93

I. Zulässigkeit der Freigabe

Die in der Literatur und der Rechtsprechung zur früheren Konkursordnung diskutierte Frage eines uneingeschränkten Freigaberechts des Insolvenzverwalters, um sich zB als Inhaber der **tatsächlichen Verfügungsgewalt** der Sanierungsverpflichtung eines kontaminierten Grundstücks zu entledigen,[127] hat das BVerwG im zweiten Teil seiner grundlegenden Entscheidung vom 23.9.2004[128] auch zur Insolvenzordnung entschieden. So bestehe der Zweck der Freigabe darin, Gegenstände aus der Masse zu entlassen, deren Verwertung keinen Gewinn ergeben oder die Masse sogar zusätzlich belasten würde. Da die Schonung der Masse mit dem Ziel, eine möglichst hohe Quote für die Insolvenzgläubiger zu erzielen, Pflicht des Insolvenzverwalters ist, könne die Freigabe von die Masse belastenden Vermögenswerten sogar durchaus eine Amtspflicht des Insolvenzverwalters nach § 60 InsO sein. 94

---

[125] VGH München Urt. v. 4.5.2005 – 22 B 99.2208, 22 B 99.2209, NVwZ-RR 2006, 537 (539); bestätigt durch BVerwG Beschl. v. 5.10.2005 – 7 B 65/05, ZInsO 2006, 495 = BeckRS 2005, 30312.
[126] BGH Urt. v. 7.12.2006 – IX ZR 161/04, NZI 2007, 173 (174).
[127] Vgl. 1. Aufl. Rn. 105–115; *Lwowski/Tetzlaff* NZI 2004, 225.
[128] BVerwG Urt. v. 23.9.2004 – 7 C 22/03, NVwZ 2004, 1505 = NZI 2005, 51.

95 Das BVerwG setzt sich in dieser Entscheidung umfassend mit der gegenteiligen Meinung von Karsten Schmidt,[129] insbesondere zur Zulässigkeit der Freigabe in der Insolvenz juristischer Personen, auseinander und stellt fest, dass die mit der Freigabe verbundene „Möglichkeit einer insolvenzfreien Masse zwingend vorgegeben" sei.[130] Auch das Argument, die Freigabe diene dazu, sich den Gefahrbeseitigungskosten zu entziehen und diese der Allgemeinheit aufzubürden, trage „den Vorwurf der Sittenwidrigkeit nicht".[131] Darüber hinaus sieht das BVerwG im Bundes-Bodenschutzgesetz keine Lücke, die etwa über eine entsprechende Anwendung des § 4 Abs. 3 S. 4 Hs. 2 BBodSchG oder § 4 Abs. 6 BBodSchG geschlossen werden müsse. Vielmehr sei die Verantwortlichkeit eines früheren Inhabers der tatsächlichen Gewalt im Gesetz nicht vorgesehen und es habe auch im Gesetzgebungsverfahren Bestrebungen für eine solche Regelung nicht gegeben.

96 Die Entscheidung des BVerwG entspricht im Ergebnis der bereits in den Vorauflagen vertretenen Auffassung, wonach von einem uneingeschränkten **Freigaberecht des Insolvenzverwalters** ausgegangen wurde.[132] Der Entscheidung ist auch in der neueren Literatur insoweit zugestimmt worden, als in ihr dogmatisch korrekt allein auf die tatsächliche Verfügungsgewalt als Anknüpfungspunkt für die Störerhaftung abgestellt wurde. Gleichzeitig wurde aber einem Hinweis des BVerwG entsprechend aus dem Blickwinkel des Allgemeininteresses betont, dass das Heft des Handelns nunmehr beim Gesetzgeber liege, um die Freigabemöglichkeiten von Insolvenzverwaltern künftig zu begrenzen.[133]

II. Ordnungsrechtliche Folgen der Freigabe

97 Bei nüchterner Betrachtung hat die Freigabe ordnungsrechtlich nur begrenzte Auswirkungen. So bleibt der Insolvenzverwalter verhaltensverantwortlich, sofern er eine Gefahr bereits vor der Freigabe einer störenden Sache durch sein Verhalten verursacht hat.

98 Bei der Verletzung spezieller Pflichten ist zu unterscheiden, ob es sich um eine Zustands- oder um eine Verhaltensverantwortlichkeit handelt. Entscheidend ist im Einzelfall, ob der Insolvenzverwalter die Pflicht, etwa zur Abfallbeseitigung, durch die Fortführung des Betriebes des Schuldners selbst verursacht hat, oder ob sie bereits bestand, weil etwa schon vor Eröffnung des Insolvenzverfahrens vorhandene Abfälle noch immer der Beseitigung harren. Im ersten Fall besteht eine **Handlungshaftung,** von der sich die Insolvenzmasse für den handelnden Insolvenzverwalter nicht befreien kann und die als **Masseschuld** im normalen Verwaltungsverfahren durchgesetzt wird. Im zweiten Fall liegt nur eine **Zustandshaftung** des Insolvenzverwalters vor; weshalb ein **Freiwerden ordnungsrechtlich möglich ist.**[134]

---

[129] Zur KO: BB 1991, 1273, zur InsO: ZIP 2000, 856. Vgl. auch 1. Aufl. Rn. 109.
[130] Vgl. auch BGH Urt. v. 21.4.2005 – IX ZR 281/03, BGHZ 163, 32 = NJW 2005, 2015 (2016).
[131] So nun auch OVG Greifswald Beschl. v. 17.11.2005 – 3 M 71/04, NVwZ-RR 2006, 668 (669); vgl. 1. Aufl. Rn. 114.
[132] 1. Aufl. Rn. 111; 2. Aufl. Rn. 96. AA *Beaucamp/Seifert* NVwZ 2006, 258 (263).
[133] *Kurz/Schwarz* NVwZ 2007, 1380 ff.
[134] Vgl. etwa BVerwG Urt. v. 23.9.2004 – 7 C 22/03, BVerwGE 122, 75 = NVwZ 2004, 1505 (1506); *Weitemeyer* NVwZ 1997, 533 (537).

Teilweise wird vertreten, in diesen Fällen sei eine **Insolvenzforderung** jedoch 99
bereits begründet, die von der Freigabe der Sachen unberührt bleibe, denn Insolvenzforderungen müssten **nicht zwangsläufig im Zusammenhang mit der Insolvenzmasse** stehen. Vielmehr könnten auch Ansprüche aus einer Störung durch nicht in die Insolvenzmasse fallende Sachen Insolvenzforderungen sein. Sinn und Zweck des Insolvenzverfahrens erforderten, dass der Verwalter in die vermögensrechtlichen Rechte und Pflichten des Schuldners eintrete und an die bei Verfahrenseröffnung bestehende Rechtslage gebunden sei. Dies betreffe zum einen Fälle, in denen der Schuldner vor Eröffnung des Insolvenzverfahrens durch sein Verhalten eine Gefahr begründet habe, ohne dass gleichzeitig eine Zustandshaftung bestehe, etwa wenn er ein fremdes Grundstück kontaminiert habe; auch für diese Störung sei der Insolvenzverwalter nach § 80 Abs. 1 InsO verantwortlich. Zum anderen müsse sich der Insolvenzverwalter, soweit der Schuldner selbst oder andere Personen für ihn als Verrichtungsgehilfen tätig würden, deren Verhalten nach allgemeinem Polizei- und Ordnungsrecht zurechnen lassen.[135]

Letzteres ist sicherlich richtig, ersteres dagegen zweifelhaft, denn die vor Erlass 100
eines Verwaltungsakts bestehende abstrakte Polizeipflicht des Verantwortlichen ist – wie bereits ausgeführt[136] – kein Vermögensanspruch iSd § 38 InsO. Wird der Verwalter ohne eigenes Zutun nach Eröffnung des Insolvenzverfahrens zustandsverantwortlich, kann er die störenden Gegenstände – etwa ein mit schädlichen Bodenveränderungen oder Altlasten behaftetes Grundstück – zwar freigeben, eine bereits durch eine Ordnungsverfügung konkretisierte Beseitigungspflicht ist aber nach wie vor „wie eine Masseschuld"[137] iSd § 55 Abs. 1 Nr. 1 InsO zu behandeln. Ohne eine vorherige Konkretisierung durch einen Verwaltungsakt besteht hingegen nur eine **abstrakte Zustandsverantwortlichkeit,** die den Insolvenzverwalter lediglich zum potentiellen Adressaten einer behördlichen Anordnung macht.

Erfolgt die Konkretisierung etwa in Form einer Sanierungsanordnung erst 101
nach der Freigabe, so kann diese nur gegenüber dem Schuldner ergehen, dessen Eigentum einschließlich der daraus resultierenden Zustandsverantwortlichkeit fortwährend bestand. Besteht **nach der Freigabe** nur eine **abstrakte Zustandshaftung des Schuldners,** so kann auch nur er mittels Sanierungsanordnung und Ersatzvornahme in Anspruch genommen werden; der Leistungsbescheid betreffend die Erstattung der Ersatzvornahmekosten ist ebenfalls an ihn zu richten. Die Verbindlichkeit wird in diesem Fall erst nach Eröffnung des Insolvenzverfahrens in Ansehung einer nicht (mehr) dem Insolvenzbeschlag unterliegenden Sache begründet, weshalb das dem Insolvenzbeschlag unterliegende Vermögen hierfür nicht haftet.[138] Vielmehr war und ist der Schuldner zu Handlungen befugt, die weder unmittelbar noch mittelbar die Insolvenzmasse betreffen, weshalb es ihm nicht verwehrt ist, aus dem nicht dem Insolvenzbeschlag unterliegenden Vermögen Leistungen zu bewirken.[139]

---

[135] So etwa *Weitemeyer* NVwZ 1997, 533 (537).
[136] → Rn. 44 f.; aA *Weitemeyer* NVwZ 1997, 533 (535).
[137] BVerwG Urt. v. 10.2.1999 – 11 C 9/97, BVerwGE 108, 269 = ZIP 1999, 538 (540) = NVwZ 1999, 653, kritisch dazu BGH Urt. v. 18.4.2002, IX ZR 161/01, NJW-RR 2002, 1198; BGH Urt. v. 5.7.2001, IX ZR 327/99, NJW 2001, 2966. (s. oben Fn. 60).
[138] AA *von Wilmowsky* ZIP 1997, 389 (398); *Weitemeyer* NVwZ 1997, 533 (538).
[139] *Kothe,* Altlasten in der Insolvenz, Rn. 421.

102 Teilweise wird insoweit vertreten, dem Schuldner, der zur Beseitigung einer Gefahrenlage etwa infolge einer Bodenkontamination durch eine Ordnungsverfügung wegen seiner „Restzustandsverantwortlichkeit" als Eigentümer eines kontaminierten Grundstücks herangezogen werde, stehe ein **Aufwendungsersatzanspruch aus Geschäftsführung ohne Auftrag** gegen den Insolvenzverwalter gemäß §§ 677, 679, 683, 1004 BGB zu, bei dem es sich um eine Masseschuld handele.[140] Diese Ansicht verkennt jedoch, dass die Rechtsprechung das Vorliegen der Voraussetzungen einer Geschäftsführung ohne Auftrag im Verhältnis mehrerer Störer untereinander in der Vergangenheit abgelehnt hatte und der Insolvenzverwalter nach erfolgter Freigabe nicht mehr zustandsverantwortlich ist. Im Falle einer etwaigen Verhaltensverantwortlichkeit seinerseits könnte es sich aus der Sicht des sanierenden Schuldners nur um ein „Auch-fremdes-Geschäft" handeln. Insoweit hat die Rechtsprechung jedoch einen Aufwendungsersatzanspruch des Geschäftsführers gegen den (vermeintlichen) Geschäftsherrn des „Auch-fremden-Geschäfts" im Ergebnis mit der Begründung abgelehnt, der in Anspruch genommene Störer habe kein fremdes, sondern ein ausschließlich eigenes Geschäft geführt.[141]

103 Begründet wurde diese Auffassung mit dem der Behörde eingeräumten Ermessen bei der Störerauswahl. Die Behörde hätte die Möglichkeit gehabt, anstelle des Zustandsstörers, dh des Grundstückseigentümers, den Handlungsstörer in Anspruch zu nehmen und den Zustandsverantwortlichen durch einen Verwaltungsakt lediglich zur Duldung zu verpflichten. Da die Behörde diesen Weg jedoch nicht gegangen sei, müsse sich der tatsächlich in Anspruch genommene Zustandsstörer die **Tatbestandswirkung der ordnungsbehördlichen Verfügung** entgegenhalten lassen. Wenn die Behörde im Rahmen der Störerauswahl die Heranziehung des Zustandsverantwortlichen als das taugliche Mittel angesehen habe, falle die Durchführung des Verwaltungsakts gerade nicht in den Rechtskreis des Verhaltensverantwortlichen.[142] Demnach ist nicht ersichtlich, wie ein Aufwendungsersatzanspruch des Schuldners gegen den Insolvenzverwalter zu begründen sein sollte.

104 Auf bereits begründete Masseansprüche hat die Freigabe keinen Einfluss. Zwar sind die Voraussetzungen für den Erlass des Verwaltungsakts mit dem Verlust der Verwaltungs- und Verfügungsbefugnis des Insolvenzverwalters nach Freigabe der Sache nachträglich entfallen, aber erst mit Wirkung für die Zukunft. Durch eine **spätere Änderung der Sach- und/oder Rechtslage** wird ein Verwaltungsakt aber nicht etwa rechtswidrig mit der Folge, dass er zurückgenommen oder widerrufen werden müsste. Maßgebend für die Beurteilung der Rechtmäßigkeit eines Verwaltungsakts ist vielmehr auf der Grundlage des jeweils einschlägigen materiellen Rechts grundsätzlich die objektive Rechtslage

---

[140] So etwa *Purps/Schumann* NJW 1999, 2476 (2477), mit verfehltem Hinweis auf die hier nicht einschlägige Entscheidung BGH Urt. v. 8.3.1990 – III ZR 81/88, BGHZ 110, 313 = NJW 1990, 2058.
[141] Vgl. BGH Urt. v. 11.6.1981 – III ZR 39/80, NJW 1981, 2457 (2458); diesem folgend OLG Stuttgart Urt. v. 10.8.1994 – 4 U 75/94, NJW-RR 1996, 850; OLG Düsseldorf Urt. v. 13.7.1989 – 18 U 42/89, NVwZ 1989, 993 (997); ferner *Kothe*, Altlasten in der Insolvenz, Rn. 423.
[142] Vgl. BGH Urt. v. 11.6.1981– III ZR 39/80, NJW 1981, 2457 (2458); ferner *Kothe* VerwArch. 88 (1997), 456 (492f.).

im Zeitpunkt seines Erlasses,[143] und zwar unabhängig davon, ob die Behörde die Situation zutreffend erkannt hat oder erkennen konnte.[144] Wohl aber kann die Behörde wegen später eintretender Änderungen der Umstände zur Aufhebung des Verwaltungsakts verpflichtet sein. Sowohl bei der **Rücknahme** rechtswidriger Verwaltungsakte nach § 48 VwVfG als auch bei dem **Widerruf** rechtmäßiger Verwaltungsakte nach § 49 VwVfG handelt es sich um **Ermessensentscheidungen**. Von einer behördlichen Verpflichtung, die gegenüber dem Insolvenzverwalter ergangene Verfügung nach erfolgter Freigabe gemäß einer dieser beiden Vorschriften aufzuheben, könnte nur dann gesprochen werden, wenn das Ermessen der Behörde auf Null reduziert wäre. Dies wird wohl nur im Fall der Rechtswidrigkeit des Verwaltungsakts zu bejahen sein, weil dies dann der Grundsatz der Gesetzmäßigkeit der Verwaltung zum Schutz individueller Rechte gebietet.[145] War der Verwaltungsakt hingegen im Zeitpunkt seines Erlasses rechtmäßig, mögen zwar – vor allem aus Sicht des Insolvenzverwalters – gute Gründe für den Widerruf sprechen, eine **Ermessensschrumpfung** dergestalt, dass die Behörde nunmehr zur Aufhebung verpflichtet wäre, dürfte aber nur ausnahmsweise eintreten.

Entsprechendes gilt für die verwaltungsprozessuale Perspektive, aus der das Verwaltungsverfahren vor Ausgangs- und Widerspruchsbehörde – wie in § 79 Abs. 1 VwGO angelegt – als Einheit betrachtet wird. Bei der Anfechtungsklage – und um eine solche Situation handelt es sich, wenn sich der Insolvenzverwalter gegen seine Heranziehung zu Maßnahmen der Gefahrenbeseitigung wehrt – kommt es in der Regel auf den **Zeitpunkt der letzten Behördenentscheidung,** dh den Erlass des Widerspruchsbescheides, an. Die Existenz einer solchen Regel wird zwar zunehmend bezweifelt, diese Zweifel sind aber nur insofern berechtigt, als es zahlreiche materiell-rechtlich begründete Ausnahmen von diesem Grundsatz gibt.[146]

Wenn der Insolvenzverwalter in diesem Zeitpunkt tatsächlich (noch) zustandsverantwortlich war, dann war und ist der Verwaltungsakt rechtmäßig. Die spätere Freigabe ändert daran nichts. Der Insolvenzverwalter kann daher trotz Freigabe verpflichtet werden, den gefährlichen Zustand auf Kosten der Masse zu beseitigen. Mit der Freigabe ändert sich insoweit nämlich lediglich das **Aktivvermögen,** dh das Vermögen, das der Insolvenzverwalter zu verwerten hat, nicht aber das **Passivvermögen,** also die Verbindlichkeiten, für die dem Insolvenzbeschlag unterliegende Vermögen haftet. Gegebenenfalls muss ein Duldungsbescheid gegenüber dem Schuldner ergehen.[147]

---

[143] Vgl. Stelkens/Bonk/Sachs/*Sachs* VwVfG § 44 Rn. 16 mwN.
[144] Vgl. für die Rechtswidrigkeit einer trotz verborgener Altlasten erteilten Baugenehmigung BGHZ 123, 191 (195).
[145] Vgl. Stelkens/Bonk/Sachs/*Sachs* VwVfG § 48 Rn. 85 mwN.
[146] Einen solchen Grundsatz noch uneingeschränkt bejahend BVerwG Urt. v. 29.11.1979 – 3 C 103/79, BVerwGE 59, 148 =; nunmehr differenzierend BVerwG Urt. v. 29.9.1982 – 8 C 138/81, BVerwGE 66, 178 = NVwZ 1983, 222; BVerwG Urt. v. 25.11.1981 – 8 C 14/81, BVerwGE 64, 218 = NVwZ 1982, 375; BVerwG Urt. v. 27.4.1990 – 8 C 87/88, NVwZ 1991, 360; BVerwG Beschl. v. 6.3.2003 – 9 B 17/03, BeckRS 2003, 23068; ferner *Redeker/von Oertzen* VwGO § 108 Rn. 17.
[147] So auch *Weitemeyer* NVwZ 1997, 533 (538).

107 Jedenfalls kann die **Entstehung neuer Masseschulden** durch die Freigabe verhindert werden. Nach der Freigabe ist der Insolvenzverwalter nicht mehr Inhaber der tatsächlichen Gewalt, weshalb die Begründung einer neuen Zustandshaftung für zuvor nicht existente Gefahren ausscheidet. Hierbei handelt es sich allerdings – streng genommen – nicht um eine Wirkung der Freigabe, sondern des mit deren Erklärung verbundenen Verzichts auf die Ausübung der tatsächlichen Gewalt.[148]

108 Erfolgt die Freigabe erst nach einer Inanspruchnahme des Insolvenzverwalters durch die Ordnungsbehörde, bleibt die Haftung der Masse für diese Masseverbindlichkeit erhalten, weshalb die **Anzeige der Masseunzulänglichkeit** ernsthaft zu prüfen ist. Würde die Behörde in dieser Situation die Sanierungsanordnung aufheben und eine inhaltsgleiche neu erlassen in der irrigen Annahme, auf diese Weise mit ihrem Anspruch im Rang von einer Altmasseverbindlichkeit zu einer Neumasseverbindlichkeit „aufzurücken", wäre der Insolvenzverwalter nicht mehr in Anspruch zu nehmen. Für ihn dürfte es jedenfalls ratsam sein, zeitnah zur Anzeige der Masseunzulänglichkeit auch die **Freigabe kontaminierter Grundstücke** zu erklären, um die Masse zumindest von einer ergänzenden Inanspruchnahme infolge zusätzlicher Sanierungsanforderungen zu entlasten, die sich erst bei der Durchführung des Sanierungsvorhabens als erforderlich erweisen kann.[149]

D. Öffentlich-rechtliche Befugnisse

I. Personenbezogene Konzessionen

109 Öffentlich-rechtliche Befugnisse können vom Insolvenzverwalter nur insoweit ausgeübt werden, als sie dem Vermögen des Schuldners haftungsrechtlich zugewiesen sind (§§ 35, 36 InsO).

110 Sofern Konzessionen, Verleihungen, Bewilligungen, Approbationen und Bestallungen **an die Person des Schuldners** gebunden und deshalb nicht übertragbar sind, kann sie der Insolvenzverwalter wegen ihres höchstpersönlichen Charakters weder durch Veräußerung verwerten noch selbst ausüben. So fällt zB die Genehmigung nach § 3 GüKG als höchstpersönliches Recht nicht in die Insolvenzmasse.[150] Gleichwohl erlöschen solche persönlichen öffentlich-rechtlichen

---

[148] Ähnlich *von Wilmowsky* ZIP 1997, 389 (398).
[149] *Kothe*, Altlasten in der Insolvenz, Rn. 456.
[150] Vgl. BVerwG Urt. v. 4.7.1969 – 7 C 52.68, BVerwGE 32, 316 (318) = MDR 1970, 80 (81) = BeckRS 1969 30440413; VG Gießen Beschl. v. 20.7.1994 – 6 G 575/94, NVwZ-RR 1995, 572. Ebenso für Gewerbeuntersagungsverfügungen BVerwG Beschl. v. 18.1.2006 – 6 C 21/05, NVwZ 2006, 599; VGH Kassel Urt. v. 21.11.2002 – 8 UE 3195/01, NVwZ 2003, 626; für die Erlaubnis zum Führen einer geschützten Berufsbezeichnung OVG Lüneburg Beschl. v. 17.1.2007 – 8 PA 178/06, NJW 2007, 1224; für Genehmigungen nach dem nordrhein-westfälischen Rettungsgesetz OVG Münster Beschl. v. 2.10.2003 – 13 A 3696/02, GewArch. 2004, 73 = BeckRS 2003, 24950; für den Widerruf der Bestellung zum Steuerberater FG Hmb Urt. v. 27.8.2003 – V 234/02, DStRE 2004, 667 = BeckRS 2003, 26015725; für die Fahrtenbuchauflage OVG Berlin Beschl. v. 28.8.2003 – 8 N 21.02, NVwZ-RR 2004, 388; für die Fortführung eines Apothekenbetriebes OVG Berlin Beschl. v. 18.6.2002 – 5 S 14.02, ZVI 2004, 620 = BeckRS 2002, 15364.

Erlaubnisse nicht mit Insolvenzeröffnung. Die Behörde kann nunmehr jedoch die **Erlaubnis zurücknehmen** (§ 3 Abs. 5 GüKG). Eine andere Frage ist, ob der Insolvenzverwalter seine faktische Mitwirkung und seinen Einfluss im Interesse der Masseerhöhung einsetzt.

Soweit öffentlich-rechtliche Befugnisse durch einen Vertreter ausgeübt werden können (vgl. etwa § 45 GewO, § 9 GaststättenG), kann der Insolvenzverwalter hiervon durch **Fortführung des Betriebs** im Interesse der Masse Gebrauch machen. So kann er zB das Unternehmen verpachten. Strittig ist, ob der Insolvenzverwalter für die Fortführung einer Gastwirtschaft des Schuldners eine **Stellvertretererlaubis** nach § 9 GaststättenG benötigt.[151] Richtiger Auffassung nach folgt bereits aus § 80 InsO, dass der Insolvenzverwalter keiner neuen Erlaubnis oder Konzession bedarf, sondern er die dem Schuldner zustehenden öffentlich-rechtlichen Befugnisse an dessen Stelle ausüben kann, solange sie nicht widerrufen worden sind.[152] Ein solcher **Widerruf** könnte seitens der Behörde etwa damit begründet werden, dass sich der die Konzession innehabende Schuldner als unzuverlässig erwiesen habe (§ 35 GewO), soweit dies nicht nach § 12 GewO unzulässig ist.[153] Die Regelung des § 12 GewO soll eine Fortführung und Sanierung des schuldnerischen Gewerbes ermöglichen und schließt daher die Vorschriften über eine Untersagung des Gewerbes bzw. Rücknahme oder Widerruf der Zulassung während des vorläufigen Insolvenzverfahrens, des Insolvenzverfahrens selbst und der Überwachung eines Insolvenzplans nach § 260 InsO aus. § 12 GewO wird für Nebengesetze (zB Handwerksordnung, Gaststättengesetz), in denen ebenfalls Zulassungen vorgesehen sind, entsprechend angewendet (vgl. § 31 GaststättenG).[154] Eine analoge Anwendung auf das Berufsrecht von Freiberuflern wie etwa Architekten scheidet hingegen aus, wenn das einschlägige Landesrecht insoweit keine Regelungslücke aufweist; kraft Bundesrechts ist eine solche Anwendung auch nicht geboten.[155] Auf den Erlass von Anordnungen nach §§ 11, 19 HeimG wegen Unzuverlässigkeit des insolventen Heimbetreibers ist § 12 GewO ebenfalls nicht analog anzuwenden.[156]

111

Ob der Insolvenzverwalter demgegenüber die öffentlich-rechtlichen Befugnisse durch Veräußerung für die Masse verwerten kann, hängt von ihrer **Übertragbarkeit** ab. So gehört zB die Gaststättenerlaubnis als personenbezogene Befugnis nicht zur Insolvenzmasse, sie kann also nicht veräußert werden (§§ 3 ff. GaststättenG).[157] Ebenso **höchst persönlich** sind die Genehmigungen nach § 3 Abs. 2 GüKG und § 3 Abs. 1 PBefG. Durch Verpachtung oder Unterverpachtung während des Insolvenzverfahrens kann der Insolvenzverwalter die Befugnis zur Ausübung der Eigenjagd anstelle des Schuldners für die Masse

112

---

[151] So *Jaeger/Henckel* KO § 1 Rn. 11, aA *Kuhn/Uhlenbruck* KO § 1 Rn. 82.
[152] AA *Metzner*, GastG, 6. Aufl. 2002, § 9 Rn. 11, wenn der Insolvenzverwalter den Betrieb selbst auf eigene Rechnung oder durch Dritte ausübt.
[153] BVerwG Beschl. v. 18.1.2006 – 6 C 21/05, NVwZ 2006, 599 (600).
[154] MüKoInsO/*Ott/Vuia* § 80 Rn. 17.
[155] Vgl. BVerwG Beschl. v. 17.3.2008 – 6 B 7.08, ZInsO 2009, 1811 = BeckRS 2008, 34007.
[156] Vgl. VG Lüneburg Beschluss vom 18.7.2008 – 4 B 15/08, ZInsO 2009, 973 = BeckRS 2008, 37637.
[157] Vgl. VG Stuttgart Urt. v. 24.3.1987 – 14 K 3231/85, GewArch. 1987, 269.

verwerten (§ 11 BJagdG). Auch eine Apotheke kann er nicht selbst fortführen. Möglich ist allerdings, diese zu schließen, zu verpachten oder zu veräußern. Eine Taxikonzession kann der Insolvenzverwalter dann verwerten, wenn er nicht nur allein die Konzession, sondern auch das Unternehmen im Übrigen überträgt (§ 2 Abs. 3 PBefG).[158]

II. Sachkonzessionen

113   Sachbezogene öffentlich-rechtliche Befugnisse fallen auf Grund von § 35 InsO in die Insolvenzmasse, wenn ihnen ein Vermögenswert zukommt. Streitigkeiten über Sachgenehmigungen wird regelmäßig ein Bezug zur Insolvenzmasse beigemessen.[159] Ebenso wie die zuvor behandelten personengebundenen öffentlich-rechtlichen Befugnisse können auch diese durch Veräußerung verwertet werden, sofern die **Übertragbarkeit** im Einzelnen gegeben ist.

114   So kann zB der Insolvenzverwalter als sachbezogene, vermögenswerte öffentlich-rechtliche Befugnis die Rechte aus einer dem Schuldner erteilten **Baugenehmigung** ausüben und verwerten. Gehört zum Vermögen des Schuldners etwa ein Grundstück, für das bereits eine Baugenehmigung erteilt worden ist, so kann der Insolvenzverwalter nicht nur das Grundstück, sondern auch die Baugenehmigung veräußern. Dies kann im Ergebnis zu einem wesentlich höheren Verkaufspreis führen. In den Bemühungen des Insolvenzverwalters zur Verwertung des Grundstücks ist kein (konkludenter) Verzicht auf die Baugenehmigung zu sehen; sie erledigt hierdurch deshalb nicht etwa auf andere Weise iSd § 43 Abs. 2 VwVfG.[160]

115   Gleiches gilt gemäß § 8 Abs. 4 WHG regelmäßig für eine **wasserrechtliche Erlaubnis, gehobene Erlaubnis oder Bewilligung.** Auch diese geht, wenn sie für ein Grundstück erteilt worden ist, auf den Rechtsnachfolger über, sofern bei der Erteilung der Bewilligung nichts anderes bestimmt ist. Ebenso verhält es sich mit der **immissionsschutzrechtlichen Genehmigung** einer Anlage als Sachkonzession (§ 4 BImSchG); diese kann grundsätzlich mit der Anlage auf einen Dritten übertragen werden.

E. Öffentliche Abgaben

116   Mit Einführung der Insolvenzordnung wurde das bisherige **Fiskusprivileg** in § 61 Abs. 1 Nr. 2 KO gestrichen; die Insolvenzordnung sieht eine den §§ 61, 62 KO entsprechende Rangfolge nicht vor. Dieses Privileg bestand ohnehin nur für **Steuern und steuerartige Abgaben** einschließlich Zöllen;[161] nicht hierunter fielen hingegen **Gebühren und Beiträge,** die als Gegenleistung für einen Vorteil

---

[158] Vgl. BGH Urt. v. 27.9.1989 – VIII ZR 57/89, MDR 1990, 235 = NJW 1990, 1354.
[159] OVG Lüneburg Beschl. v. 17.9.2007 – 12 LA 420/05, NVwZ-RR 2008, 358; VG Gießen Urt. v. 4.10.2005 – 8 E 2110/04, ZIP 2005, 2074.
[160] VGH Mannheim Urt. v. 8.7.2014 – 8 S 1071/13, NVwZ 2014, 1597.
[161] Zur Einbeziehung der Zölle vgl. BGH Urt. v. 16.6.1994 – IX ZR 94/93, NJW 1994, 2893 = ZIP 1994, 1194.

oder eine Leistung erhoben werden.¹⁶² Nach der neuen Rechtslage werden diese Abgabentypen nunmehr einheitlich behandelt.

Steuern sind nach § 3 AO einmalige oder laufende Geldleistungen, die keine Gegenleistung für eine besondere Leistung darstellen und von einem öffentlichen Gemeinwesen zur Erzielung von Einnahmen allen auferlegt werden, die einen bestimmten Tatbestand erfüllen; die Erzielung von Einnahmen kann Nebenzweck sein. **Zölle** und Abschöpfungen sind Steuern iSd Abgabenordnung. Sie unterscheiden sich von den **Gebühren** dadurch, dass Letztere als Gegenleistung für eine besondere Leistung – eine Amtshandlung oder sonstige Tätigkeit – der Verwaltung (**Verwaltungsgebühren**) oder für die Inspruchnahme öffentlicher Einrichtungen oder Anlagen (**Benutzungsgebühren**) erhoben werden. **Beiträge** wiederum dienen der Refinanzierung des Aufwandes für die Herstellung, Anschaffung und Erweiterung öffentlicher Einrichtungen und Anlagen; sie werden – entsprechend dem Kommunalabgabenrecht des jeweiligen Landes – von Grundstücks-, Wohnungs- oder Teileigentümern oder Erbbauberechtigten als Gegenleistung dafür erhoben, dass ihnen durch die Möglichkeit der Inanspruchnahme der öffentlichen Einrichtung oder Anlage Vorteile geboten werden.

117

Bei allen Abgaben kommt es auf den Zeitpunkt von deren Entstehung und auf die **Person des Abgabenpflichtigen** an. Grundsätzlich hängt die **Entstehung einer Abgabe** von der Erfüllung des Abgabentatbestands und dem Vorliegen einer wirksamen Rechtsgrundlage für die Abgabenerhebung ab. Ist die Abgabe vor Insolvenzeröffnung entstanden, ohne bereits durch einen Bescheid festgesetzt worden zu sein, handelt es sich um eine zur Tabelle anzumeldende **Insolvenzforderung**. Erfolgte die Abgabenfestsetzung bereits vor Eröffnung des Insolvenzverfahrens durch Bescheid gegenüber dem späteren Schuldner, liegt eine titulierte Forderung vor. Vorstellbar ist auch die Verwirklichung des Abgabentatbestandes durch den Insolvenzverwalter, der auf diese Weise eine **Masseverbindlichkeit iSd § 55 Abs. 1 Nr. 1 InsO** begründet. So entsteht etwa ein Grundsteueranspruch als Masseverbindlichkeit zu Beginn eines Jahres, weshalb eine im laufenden Jahr erklärte Freigabe des betreffenden Grundstücks erst zu Beginn des Folgejahres Rechtsfolgen entfaltet; eine zeitanteilige Haftung der Masse für die Grundsteuerverbindlichkeit scheidet aus.¹⁶³ Führt der Insolvenzverwalter etwa den Betrieb des Schuldners fort und entnimmt zu diesem Zweck Wasser aus der Wasserversorgungseinrichtung der Standortgemeinde und leitet Abwasser in deren Entwässerungseinrichtung ein, so benutzt er deren leitungsgebundenen Einrichtungen, weshalb er insoweit Benutzungsgebühren schuldet. Entsprechendes gilt für den Bereich der Abfallentsorgung. Betreibt er weiterhin eine Anlage des Schuldners, für die er gemäß § 27 BImSchG eine Emissionserklärung abgibt, so entsteht – je nach landesrechtlicher Ausgestaltung – für deren Entgegennahme und Prüfung durch die Behörde eine Verwaltungsgebühr,¹⁶⁴ die die Masse belastet.

118

---

¹⁶² Vgl. in Kilger/K. Schmidt/K. Schmidt, Insolvenzgesetze, § 61 KO Anm. 5a mwN.
¹⁶³ Vgl. OVG Bautzen Beschl. v. 25.8.2010 – 5 A 754/08, BeckRS 2010, 54098.
¹⁶⁴ Zur Zulässigkeit der landesrechtlichen Erhebung einer Verwaltungsgebühr für die Entgegennahme und Prüfung der bundesrechtlich geforderten Emissionserklärung BVerwG Urt. v. 25.8.1999 – 8 C 12/98, BVerwGE 109, 272 = NVwZ 2000, 73. Allgemein

119 Besonderheiten gelten nach den Kommunalabgabengesetzen der Länder und – soweit noch anwendbar – nach §§ 127 ff. BauGB für das **Beitragsrecht:** So hängt das Entstehen einer sachlichen Beitragspflicht zum einen von der endgültigen Herstellung der über die Beitragserhebung zu finanzierenden öffentlichen Einrichtung oder Anlage und zum anderen vom Vorhandensein einer gültigen Satzung ab, in der insbesondere alle für die Höhe der Beiträge maßgeblichen Kriterien festgelegt sein müssen. Liegen diese Voraussetzungen vor, entsteht kraft Gesetzes für die der **sachlichen Beitragspflicht** unterliegenden Grundstücke zunächst nur ein **abstraktes Schuldverhältnis.** Es bedarf der Konkretisierung durch einen Beitragsbescheid, der vor allem die Festsetzung eines Geldwerts der Beitragsforderung und die Bestimmung der Person, die nach der einschlägigen Beitragssatzung unter Beachtung der landesrechtlichen Vorgaben persönlich beitragspflichtig ist, enthalten muss und ihr gegenüber die **persönliche Beitragsschuld** begründet.[165]

120 Besteht im Zeitpunkt der Insolvenzeröffnung lediglich die **sachliche Beitragsschuld,** handelt es sich bei dem Beitrag um eine **Insolvenzforderung,** die zur Insolvenztabelle anzumelden ist. War der Schuldner hingegen schon vor der Eröffnung des Insolvenzverfahrens durch Beitragsbescheid herangezogen worden und wurde infolgedessen bereits eine persönliche Beitragsschuld begründet, so liegt eine titulierte Insolvenzforderung vor. Bei Fälligkeit nach Insolvenzeröffnung ist die Forderung gemäß § 41 Abs. 2 InsO abzuzinsen.[166]

121 War das gemeindliche Satzungsrecht im Zeitpunkt des Bescheiderlasses jedoch unwirksam, so ist der Bescheid rechtswidrig, aber nicht nichtig. Nach Erlass einer wirksamen Beitragssatzung wird aus der Beitragsforderung ein begründeter Vermögensanspruch iSd § 38 InsO.[167] Wird eine wirksame Satzung ohne Rückwirkungsanordnung erst nach Insolvenzeröffnung erlassen, so entsteht die Beitragsschuld auch erst in diesem Moment mit der Folge, dass es sich um eine Masseverbindlichkeit handelt, die gegenüber dem Insolvenzverwalter geltend zu machen ist.[168]

122 Darüber hinaus ruht ein Beitrag als **öffentliche Last auf dem Grundstück** (bzw. dem Erbbaurecht oder – in den neuen Bundesländern und Niedersachsen – auf dem dinglichen Nutzungsrecht, gegebenenfalls auf dem Wohnungs- oder Teileigentum), und zwar **ohne Eintragung in das Grundbuch.** Hierbei handelt es sich um ein auf öffentlichem Recht beruhendes Grundpfandrecht am belasteten Grundstück; Haftungsobjekt ist das Grundstück, das Gegenstand der Beitragspflicht ist, dh grundsätzlich das gesamte Grundstück im bürgerlich-

---

zur Befugnis zur Erhebung von Verwaltungsgebühren nach Landesrecht bei Ausführung von Bundesgesetzen BVerwG Urt. v. 26.62014 – 3 CN 1/13, BVerwGE 150, 129 = NVwZ 2014, 1516.
[165] Vgl. zur Adressierung eines Beitragsbescheides an den Nachlassinsolvenzverwalter OVG Bautzen Urt. v. 23.5.2012 – 5 A 499/09, BeckRS 2012, 54867.
[166] Vgl. Driehaus/*Driehaus* KAG § 8 Rn. 501a.
[167] VGH München Beschl. v. 25.10.2007 – 23 ZB 07.1941, BayVBl. 2008, 244 = BeckRS 2008, 36027; OVG Weimar Beschl. v. 27.9.2006 – 4 EO 1283/04, DÖV 2007, 307 = BeckRS 2007, 20559 = EWiR 2007, 385 mAnm *Drescher;* OVG Magdeburg Beschl. v. 11.3.2003 – 1 L 268/02, NVwZ-RR 2004, 135.
[168] Vgl. VG Dresden Urteil vom 29.8.2008 – 2 K 2574/06, juris.

Depré/Kothe

rechtlichen Sinn.[169] Die öffentliche Last gewährt dem Abgabengläubiger ein **Befriedigungsrecht an dem haftenden Grundstück** und verpflichtet dessen Eigentümer, die Zwangsvollstreckung wegen der gesicherten Abgabenforderung in das Grundstück zu dulden (§ 77 Abs. 2 S. 1 AO). Die öffentliche Last knüpft allein an die sachliche Beitragspflicht an und ist insoweit akzessorisch, als die sich aus ihr ergebende Duldungspflicht des Grundstückseigentümers ausschließlich vom Bestehen der sachlichen Beitragspflicht abhängt;[170] sie entsteht mit dem Entstehen der sachlichen Beitragspflicht.[171] Sie hat keine persönliche Beitragsschuld zur Folge, sondern nur zum Inhalt, dass der Grundstückseigentümer mit dem Grundstück auch dann für die Beitragsschuld haftet, wenn er nicht persönlich beitragspflichtig ist.[172] Ungeachtet dessen ist die Heranziehung auf Grund der öffentlichen Last nur zulässig, dh darf die Pflicht zur Duldung der Verwertung des Grundstücks nur mittels Duldungsbescheids aktualisiert werden, wenn über die sachliche Beitragspflicht hinaus durch Bekanntgabe eines wirksamen Beitragsbescheides an den Grundstückseigentümer die persönliche Beitragspflicht entstanden und noch nicht wieder erloschen ist.[173] Für die Inanspruchnahme aus der öffentlichen Last gilt zugunsten der Gemeinde derjenige als Eigentümer, der als solcher im Grundbuch eingetragen ist. Das Recht des nicht eingetragenen Eigentümers, die ihm gegen die öffentliche Last zustehenden Einwendungen geltend zu machen, bleibt unberührt (§ 77 Abs. 2 S. 2 und 3 AO). Eine öffentliche Last kann auch während des Insolvenzverfahrens entstehen; **Adressat** des für ihre Geltendmachung vorausgesetzten **Heranziehungsbescheides** ist in diesem Fall der **Insolvenzverwalter**.[174]

Im Insolvenzverfahren berechtigt die öffentliche Last zur **abgesonderten Befriedigung (§ 49 InsO)**.[175] Aus der Insolvenzmasse erfolgt eine Befriedigung nur, soweit ein Ausfall bei der abgesonderten Befriedigung entstanden ist. Entsprechendes gilt, sofern die Gemeinde eine Kostenspaltung vorgenommen hat, für die auf die abgeschlossene Teilmaßnahme entfallende **Teilbeitragspflicht**.[176] Ist der spätere Schuldner vor Insolvenzeröffnung zu einer Vorausleistung auf den künftigen Beitrag herangezogen worden, ist die **Vorausleistung als Insolvenzforderung** anzumelden. Übersteigt der endgültige Beitrag die erbrachte Vorausleistung, kann der Differenzbetrag als sonstige Masseverbindlichkeit iSd § 55 Abs. 1 InsO geltend gemacht werden. Ist die vor Eröffnung des Insolvenz-

123

---

[169] VGH München Urt. v. 17.5.1996 – 6 B 93.2355, NVwZ-RR 1997, 731.
[170] Vgl. OVG Münster Urt. v. 10.8.1998 – 22 A 2059/95, ZMR 1999, 209 = BeckRS 1998, 22896.
[171] OVG Weimar Beschl. v. 9.12.2013 – 4 EO 827/12, BeckRS 2014, 51760; OVG Lüneburg Urt. v. 15.9.1995 – 9 L 6166/93, KStZ 1996, 238 = BeckRS 2005, 21821.
[172] OVG Münster Urt. v. 10.8.1998 – 22 A 2059/95, ZMR 1999, 209 = BeckRS 1998, 22896.
[173] BVerwG Urt. v. 22.2.1985 – 8 C 107/83, NJW 1985, 2658.
[174] Vgl. OVG Münster Urt. v. 10.8.1998 – 22 A 2059/95, ZMR 1999, 209= BeckRS 1998, 22896.
[175] So OVG Magdeburg Beschl. v. 14.3.2006 – 4 L 328/05, WM 2007, 1622 = BeckRS 2007, 25656, für öffentliche Grundstückslasten; vgl. ferner MüKoInsO/*Ganter* § 49 Rn. 53.
[176] Vgl. Driehaus/*Driehaus* KAG § 8 Rn. 501a.

verfahrens vom späteren Schuldner gezahlte Vorausleistung höher als die endgültige Beitragsforderung, fällt der Rückzahlungsbetrag in die Insolvenzmasse. Wurde vor Insolvenzeröffnung ein Vertrag zur Ablösung der künftigen Beitragsschuld geschlossen, aber seitens des Schuldners noch nicht erfüllt, liegt eine Insolvenzforderung vor.[177]

124 Ist im Zeitpunkt der Insolvenzeröffnung eine Anfechtungsklage gegen einen zuvor erlassenen, aber noch nicht bestandskräftigen Abgabenbescheid anhängig, richtet sich die **Aufnahme des Verfahrens** nach § 180 Abs. 2 InsO. Gemäß § 185 InsO finden, wenn für die Feststellung einer streitig gebliebenen Forderung ein Verwaltungsgericht (oder eine Verwaltungsbehörde) zuständig ist, grundsätzlich die Vorschriften der §§ 180 Abs. 2, 181, 183 und 184 InsO Anwendung.[178] Ist Gegenstand des Verfahrens eine **titulierte Forderung**, richtet sich die Aufnahme indessen nach § 179 Abs. 2 InsO. Nach dieser Vorschrift ist, wenn für die Forderung ein vollstreckbarer Schuldtitel vorliegt, der Widerspruch (und damit die Aufnahme des Rechtsstreits) von dem Widersprechenden, dh vom bestreitenden Insolvenzverwalter oder von einem bestreitenden anderen Gläubiger, zu verfolgen. Zu den titulierten Forderungen im Sinne dieser Vorschrift ist auch ein Beitragsbescheid zu rechnen, weil die Wirksamkeit und Durchsetzbarkeit dieses Bescheids durch die Einlegung eines Rechtsmittels grundsätzlich nicht gehemmt wird (§ 80 Abs. 2 Nr. 1 VwGO) und es für die Vollstreckung einer Vollstreckungsklausel nicht bedarf (§ 3 VwVG).[179]

F. Rechtsschutzproblematik

125 Probleme ergeben sich für den Insolvenzverwalter auch hinsichtlich des Rechtsschutzes gegen Verwaltungsakte. Als unzureichend könnten sich seine Rechtsschutzmöglichkeiten wegen des zeitlichen **Auseinanderfallens von insolvenzrechtlichem Prüfungstermin und Rechtsbehelfsfristen** gegen Verwaltungsakte erweisen. Er muss erst im Prüfungstermin entscheiden, ob er eine angemeldete Forderung bestreitet (§§ 176, 178 Abs. 1 InsO). Liefe die einmonatige Rechtsbehelfsfrist nach §§ 70, 74 VwGO bereits zuvor ab, so bestünde die Gefahr, dass die insolvenzrechtliche Prüfung der angemeldeten Forderung einer Behörde durch den **Eintritt der Bestandskraft des Verwaltungsakts präjudiziert** würde. Endete die Rechtsbehelfsfrist dagegen erst nach dem Prüfungstermin, wäre zu beachten, dass die Forderung bei nicht spätestens im Prüfungstermin erhobenem Widerspruch als festgestellt gelten und die dann vom Insolvenzgericht vorzunehmende **Eintragung in die Tabelle** dem Insolvenzverwalter gegenüber **wie ein rechtskräftiges Urteil** wirken würde (§ 178 InsO); dem Insolvenzverwalter wären Widerspruch und Klage dann abgeschnitten. Bei der Lösung dieses Problems muss nach Verwaltungs- und Gerichtsverfahren differenziert werden.

---

[177] Vgl. Driehaus/*Driehaus* KAG § 8 Rn. 501a mwN.
[178] HK-InsO/*Depré* § 185 Rn. 2.
[179] So bereits zu § 146 KO BVerwG Urt. v. 29.4.1988 – 8 C 73/85, NJW 1989, 314 unter Hinweis auf RFHE 18, 141 (144).

I. Verwaltungsgerichtliches Verfahren

Im Falle der **Eröffnung des Insolvenzverfahrens** über das Vermögen einer 126
Partei wird ein verwaltungsgerichtliches Verfahren gemäß § 173 VwGO iVm
§ 240 S. 1 ZPO **unterbrochen**.[180] Die Bestimmung ist unmittelbar anwendbar,[181] sofern der Verwaltungsprozess die Insolvenzmasse betrifft[182] und nicht etwa höchstpersönliche Rechte oder Pflichten des Schuldners wie Gaststätten- und Gewerbeerlaubnis.[183] Dieselbe Rechtsfolge tritt nach § 240 S. 2 ZPO auch ein, **wenn einem vorläufigen Insolvenzverwalter** nach §§ 21 Abs. 2 Nr. 2, 22 Abs. 1 InsO die Verwaltungs- und Verfügungsbefugnis über das Vermögen des Schuldners übertragen wird.[184] Ist eine Anfechtungsklage des Schuldners gegen einen Heranziehungsbescheid oder einen sonst vermögensbelastenden Verwaltungsakt anhängig, so tritt bei gemäß § 178 Abs. 1 InsO festgestellter Forderung **Erledigung der Hauptsache** ein. Bestreitet hingegen der Insolvenzverwalter, so kann die Behörde das **Verfahren gemäß §§ 179–185 InsO aufnehmen** und gegen den Insolvenzverwalter weiterführen.[185] Gibt der Insolvenzverwalter frei, so erfolgen Aufnahme und Weiterführung des Verfahrens gegen den Schuldner.[186] Letzteres gilt auch bei einer Anfechtungsklage in Bezug auf höchstpersönliche Rechte.[187] Im Falle einer Verpflichtungsklage erfolgt die Aufnahme durch den Insolvenzverwalter gemäß § 85 Abs. 1 InsO.

Die **Unterbrechung** endet nicht automatisch, sondern dauert solange, bis das 127
Verfahren nach den für das Insolvenzverfahren geltenden Vorschriften iVm
§ 173 VwGO und § 250 ZPO ausdrücklich aufgenommen oder das Insolvenzverfahren aufgehoben wird. Von diesem Zeitpunkt ab laufen die Fristen neu
(§ 249 ZPO).

Bezogen auf die zuvor erwähnten **Rechtsmittelfristen** hat die Unterbrechung vor allem Bedeutung für den Antrag auf Zulassung der **Berufung** und 128

---

[180] Ergeht dennoch eine Sachentscheidung, so liegt ein Verfahrensfehler vor, der die Zulassung des statthaften Rechtsmittels begründet; wie hier OVG Berlin-Brandenburg Beschl. v. 1.3.2006 – 6 N 169/05, NVwZ-RR 2006, 584 zu § 124 Abs. 2 Nr. 5 VwGO.
[181] BVerwG Beschl. v. 13.6.1980 – 7 C 32/77, MDR 1980, 963 = VerwRspr 1981, 475; VGH Kassel Beschl. v. 17.6.1997 – 14 TG 2673/95, NVwZ 1998, 1315; OVG Lüneburg Beschl. v. 13.12.1994 – 3 M 6147/94, NVwZ-RR 1995, 236; *Beaucamp/Seifert* NVwZ 2006, 258.
[182] Dies gilt somit nicht für die Rückübertragung von Vermögenswerten nach § 3 Abs. 1 S. 1 VermG, vgl. BVerwG Beschl. v. 25.2.2003 – 8 B 151/02, ZInsO 2003, 471 = VIZ 2003, 429 = BeckRS 2003, 21525.
[183] Zu diesem Erfordernis BVerwG Beschl. v. 18.1.2006 – 6 C 21/05, NVwZ 2006, 599 (600); VGH München Beschl. v. 12.1.2007 – 22 ZB 06.3129, GewArch 2007, 163 = BeckRS 2007, 20891; zu den personenbezogenen Konzessionen in der Insolvenz → Rn. 109 ff.
[184] *Beaucamp/Seifert* NVwZ 2006, 258 (259). Anders noch BGH Beschl. v. 13.7.1987 – II ZB 48/87, NJW-RR 1987, 1276, unter der Geltung der Konkursordnung für die Sequestration iVm einem Veräußerungs- und Verfügungsverbot.
[185] BVerwG Urt. v. 29.4.1988 – 8 C 73/85, NJW 1989, 314.
[186] BVerwG Urt. v. 20.1.1984 – 4 C 37/80, NJW 1984, 2427; *Beaucamp/Seifert* NVwZ 2006, 258 (259).
[187] Vgl. *Redeker/von Oertzen* VwGO § 94 Rn. 8.

die Beschwerde gegen die Nichtzulassung der **Revision** sowie die Begründung dieser Rechtsmittel nach erfolgter Zulassung. Für die **Klageerhebung** selbst kann dies hingegen nicht gelten. Für die Gerichtsverfassung und das verwaltungsgerichtliche Verfahren enthält die Verwaltungsgerichtsordnung eine geschlossene Regelung, teils in ihren eigenen Vorschriften, teils durch ausdrückliche Übernahme von Bestimmungen des Gerichtsverfassungsgesetzes und der Zivilprozessordnung. § 173 VwGO sieht darüber hinaus eine entsprechende Anwendung dieser beiden Gesetze vor, soweit die Verwaltungsgerichtsordnung keine Bestimmungen über das Verfahren enthält und die grundsätzlichen Unterschiede der beiden Verfahrensarten eine entsprechende Anwendung nicht ausschließen.[188]

129 Bei **Anfechtungs- und Verpflichtungsklagen** gelten für die prozessuale Frist des § 74 VwGO dagegen gemäß § 173 VwGO die Regelungen der §§ 240, 249 Abs. 1 ZPO entsprechend. Danach wird das Verfahren durch Insolvenzeröffnung unterbrochen mit der Folge, dass der Lauf einer jeden Frist aufhört bzw. nicht beginnt. Entsprechendes gilt, wenn die Verwaltungs- und Verfügungsbefugnis auf den vorläufigen Insolvenzverwalter übergeht. Wenngleich die zivilprozessualen Vorschriften voraussetzen, dass bereits ein Rechtsstreit anhängig ist, muss bei der entsprechenden Anwendung auf den Verwaltungsprozess bei fristgebundenen Klagen eine Unterbrechung auch des noch nicht anhängigen Verfahrens angenommen werden, weil nur so dem Sinn der gesetzlichen Regelung Rechnung getragen werden kann.[189] Ist die Klagefrist jedoch bereits verstrichen, bleibt dem Insolvenzverwalter die Möglichkeit, **Wiedereinsetzung in den vorigen Stand (§ 60 VwGO)** zu beantragen. In der Regel wird er zugleich die Wiedereinsetzung in die Wiedereinsetzung beantragen müssen.[190] Insoweit kann der Umstand der Insolvenzeröffnung den Mangel des Verschuldens im Hinblick auf die Fristwahrung begründen.[191]

130 Ist im Zeitpunkt der Insolvenzeröffnung bereits ein **Verfahren des einstweiligen Rechtsschutzes**, insbesondere eines nach § 80 Abs. 5 VwGO anhängig, wird auch dieses analog § 240 ZPO unterbrochen.[192]

II. Verwaltungs- und Widerspruchsverfahren

131 Die einschlägigen Verwaltungsverfahrensgesetze des Bundes und der Länder enthalten keine den §§ 239 ff. ZPO entsprechende Regelung, weshalb im

---

[188] Vgl. *Redeker/von Oertzen* VwGO § 173 Rn. 2 f.

[189] So auch – sofern kein Prozessbevollmächtigter bestellt ist – für den Fall einer Unterbrechung nach § 239 Abs. 1 ZPO bei Tod des Widerspruchsführers BVerwG Beschl. v. 14.11.2000 – 8 B 187/00, DVBl 2001, 916 = NVwZ 2001, 319 m. Bespr. *Franz* NVwZ 2002, 827; vgl. ferner *Redeker/von Oertzen* VwGO § 74 Rn. 2a.

[190] Zu deren Zulässigkeit vgl. BVerwG Urt. v. 21.10.1975 – 4 C 170/73, BVerwGE 49, 252 = BeckRS 1975 30422863; Beschl. v. 5.9.1985 – 5 C 33/85, BeckRS 1985, 02735; ferner *Redeker/von Oertzen* VwGO § 60 Rn. 14 mwN.

[191] So auch *Franz* NuR 2000, 496 (498).

[192] Vgl. VGH Kassel Beschl. vom 21.11.2005 – 6 TG 1992/05, ZIP 2006, 923 = BeckRS 2006, 20995.

Verwaltungsverfahren, das erst zum Erlass eines Verwaltungsakts führt, **keine automatische Unterbrechung** stattfindet. Es verbietet sich auch eine entsprechende Anwendung gemäß § 173 VwGO; die in dieser Bestimmung vorgesehene entsprechende Anwendung von Zivilprozessordnung und Gerichtsverfassungsgesetz, „soweit dieses Gesetz keine Bestimmungen über das Verfahren enthält", bezieht sich auf das gerichtliche Verfahren. Als **Sachentscheidungsvoraussetzung** für die Erhebung einer Anfechtungs- und Verpflichtungsklage ist das Widerspruchsverfahren zwar in §§ 68 ff. VwGO geregelt, es ist aber nicht Teil des gerichtlichen Verfahrens, sondern dem materiellen Verwaltungsverfahrensrecht zuzurechnen.[193] Der Insolvenzverwalter wird in jedem Fall zu beachten haben, dass die Länder von der ihnen durch § 68 Abs. 1 S. 2 VwGO eröffneten Befugnis, das Widerspruchsverfahren abzuschaffen, in unterschiedlichem Umfang Gebrauch gemacht haben.[194] Lücken im Verwaltungsverfahrensrecht können nicht durch eine unbesehene Heranziehung von Vorschriften für das gerichtliche Verfahren nach der Verwaltungsgerichtsordnung oder der Zivilprozessordnung geschlossen werden. Die Verfahren haben unterschiedliche Funktionen und Zielsetzungen. Es ist deshalb für jede einzelne Vorschrift des Prozessrechts besonders zu prüfen, ob eine sinngemäße Anwendung mit den Erfordernissen der Wirksamkeit, Zweckmäßigkeit und Einfachheit des Verwaltungshandelns oder mit sonstigen öffentlichen Interessen vereinbar ist. Eine undifferenzierte Übernahme der §§ 239 ff. ZPO in das Verwaltungsverfahren kommt hiernach nicht in Betracht.

Für das Verfahren der Festsetzung von Steuern und anderen Abgaben gilt § 251 Abs. 3 AO, der nach den Kommunalabgabengesetzen der Länder entsprechende Anwendung findet. Ist vor Eröffnung des Insolvenzverfahrens noch kein Abgabenbescheid über die Insolvenzforderung erlassen worden, hat die abgabeerhebungsberechtigte Körperschaft das Bestehen der Abgabenforderung und deren Fälligkeit durch Verwaltungsakt gemäß § 251 Abs. 3 AO festzustellen. Dieser Feststellungsbescheid regelt inhaltlich, dass dem Abgabengläubiger eine bestimmte Abgabenforderung als Insolvenzforderung zusteht; nach Form und Begründung muss er mit einem Feststellungsurteil nach § 180 InsO übereinstimmen.[195] Für das außergerichtliche Rechtsbehelfsverfahren in Abgabensachen enthalten die §§ 347 ff. AO keine Regelungen über eine etwaige Unterbrechung Insolvenzeröffnung. Die insoweit bestehende Gesetzeslücke wird von der finanzgerichtlichen Rechtsprechung durch entsprechende Anwendung des § 240 ZPO geschlossen.[196]

Außerhalb von Verwaltungsverfahren, die auf die Erhebung von Geldleistungen gerichtet sind, dürfte die automatische Unterbrechung im Falle der Insolvenz mit den **Erfordernissen des Verwaltungshandelns** nicht in Ein-

132

133

---

[193] OVG Magdeburg Urt. v. 25.11.1993 – 3 L 18/93, NVwZ 1994, 1227 f.; Redeker/v. Oertzen VwGO § 68 Rn. 1.
[194] Ausführlich hierzu *Kothe* AnwBl 2009 (Heft 2).
[195] Vgl. BFH Urt. v. 26.11.1987 – V R 133/81, BStBl. II 1988 S. 199 = ZIP 1988, 183 = BeckRS 1987, 22008329; ferner Braun/*Specovius* § 181 Rn. 36.
[196] Vgl. BFH Urt. v. 24.8.2004 – VIII R 14/02, NJW 2005, 782; BFH Urt. v. 1.4.2003 – I R 51/02, DStR 2003, 1434 = BeckRS 2003, 24000218; BFH Urt. v. 2.7.1997 – I R 11/97, NJW 1998, 630 mwN. Hierzu *Gundlach/Frenzel/Schirrmeister* DZWIR 2005, 189.

klang zu bringen sein. Sie würde die Handlungsfähigkeit der Behörde lähmen und sie an der Erfüllung ihrer öffentlichen Aufgaben hindern; bei der Beseitigung von Gefahrenlagen etwa im Umweltbereich liefe sie dem Grundsatz schneller und effektiver Gefahrenabwehr zuwider. Die Behörde wird überdies von der Insolvenzeröffnung vielfach keine Kenntnis erhalten. Umgekehrt wird der (vorläufige) Insolvenzverwalter zumindest vorerst keine Kenntnis von dem Verwaltungsverfahren haben. Erforderlich, aber auch ausreichend ist aus diesen Gründen das Institut der **Aussetzung des Verfahrens**, das für das Verwaltungsverfahren anerkannt ist und eine flexible Handhabung erlaubt.[197] Die Aussetzung kann vom Insolvenzverwalter beantragt werden und gibt der Behörde die Möglichkeit zu prüfen, ob diese Maßnahme sachgerecht ist. Die Behörde wird bei der Ausübung des ihr insoweit eingeräumten Ermessens die Wertung des § 240 ZPO zu berücksichtigen haben, allerdings darf sie den Untersuchungsgrundsatz (§ 24 VwVfG) nicht verletzen.

134 Wegen der Zugehörigkeit des **Widerspruchsverfahrens nach §§ 68 ff. VwGO** zum materiellen Verwaltungsverfahren ist § 173 VwGO insoweit nicht anzuwenden. Wurde gegenüber dem späteren Schuldner vor Insolvenzeröffnung ein Verwaltungsakt erlassen, so wird die **Widerspruchsfrist** deshalb zwar nicht unterbrochen, dem Insolvenzverwalter ist aber nach §§ 60, 68 Abs. 2 VwGO **Wiedereinsetzung** in den vorigen Stand zu gewähren.

III. Verwaltungsvollstreckung

135 Der **Vollstreckung von Abgabenforderungen** der öffentlichen Hand steht während der Dauer des Insolvenzverfahrens das Verbot der Einzelvollstreckung (§ 89 Abs. 1 InsO) entgegen. Entsprechendes gilt auch für die Beitreibung der Kosten einer behördlichen Ersatzvornahme, wobei aber zu beachten ist, dass hiervon nicht bereits der Erlass des Leistungsbescheides, durch den die Kosten festgesetzt werden, betroffen ist.[198] Er dient insoweit der **Titulierung** und zählt deshalb nicht zu der bereits abgeschlossen Vollstreckung der Beseitigungs- bzw. Sanierungsverfügung zur Gefahrenabwehr. Auch ist dieser Leistungsbescheid zwar Grundlage, nicht aber Teil der möglicherweise nachfolgenden Vollstreckung allein wegen der Kosten. Dieser Leistungsbescheid ist – wie jeder Verwaltungsakt – mit Widerspruch und Klage angreifbar; beide Rechtsbehelfe haben grundsätzlich aufschiebende Wirkung.[199]

136 Das Vollstreckungsverbot nach § 89 Abs. 1 InsO hat die zuständige Behörde von Amts wegen zu beachten, **verbotswidrig vorgenommene Vollstreckungen** sind **materiell-rechtlich unwirksam**. Entsprechendes gilt für § 210 InsO bei Masseunzulänglichkeit. Die Rechtsbehelfe des Insolvenzverwalters gegen unzulässig vollzogene Vollstreckungen richten sich danach, auf welche Weise die Behörde vollstreckt.

---

[197] Vgl. Stelkens/Bonk/Sachs/*P. Stelkens/Schmitz* VwVfG § 9 Rn. 205.
[198] Wie hier *Franz* NuR 2000, 496 (500); aA VGH Mannheim Urt. v. 11.12.1990 – 10 S 7/90, NJW 1992, 64 (66) = ZIP 1991, 393; *Sonnen/Tetzlaff* wistra 1999, 1 (4).
[199] OVG Berlin Beschl. v. 13.04.1995 – OVG 2 S 3/95, NVwZ-RR 1995, 575; VGH Mannheim Beschl. v. 16.1.1991 – 8 S 34/91, NVwZ-RR 1991, 512; aA VGH München Beschl. v. 27.6.1994 – 20 CS 94.1270, NVwZ-RR 1994, 618.

Verwaltungsakte, die zu einer Geldleistung verpflichten, werden durch **Beitreibung** vollstreckt. Wie die Beitreibung zu erfolgen hat, richtet sich nach dem einschlägigen **Verwaltungsvollstreckungsrecht des Bundes und der Länder**. Vollziehungs- bzw. Vollstreckungsbehörde ist diejenige Behörde, die den zu vollstreckenden Leistungsbescheid erlassen hat. 137

Die Vollstreckung in bewegliche Sachen kann – je nach Landesrecht – etwa durch **Vollziehungs- bzw. Vollstreckungsbeamte der Behörde** oder durch **Beauftragung eines Gerichtsvollziehers** erfolgen.[200] Letzterenfalls finden die Vorschriften des Achten Buchs der Zivilprozessordnung Anwendung; so kann der Insolvenzverwalter insbesondere Erinnerung nach § 766 ZPO einlegen. Bedient sich die Behörde zur Vollstreckung aber eines eigenen Vollstreckungsbeamten oder im Wege der Amtshilfe desjenigen einer anderen Behörde, so sind durch Verweisung in den Verwaltungsvollstreckungsgesetzen des Bundes und der Länder die einschlägigen Vorschriften der Abgabenordnung entsprechend anzuwenden. Nach § 281 AO handelt es sich etwa bei der **Pfändung beweglicher Sachen** durch einen städtischen Vollstreckungsbeamten um einen selbstständig angreifbaren **Verwaltungsakt;**[201] Einwendungen sind deshalb mit **Widerspruch und Anfechtungsklage** geltend zu machen. Bei **Streit über die Massezugehörigkeit** des Vollstreckungsobjekts kann der Insolvenzverwalter Drittwiderspruchsklage entweder unmittelbar nach §§ 771, 772 ZPO bei dem zuständigen Amts- oder Landgericht oder aber mittelbar über §§ 167 Abs. 1, 173 VwGO bei dem dann zuständigen Verwaltungsgericht erheben. 138

Die Pfändung von Geldforderungen erfolgt durch **Pfändungsverfügung** (§ 309 AO); gegen diesen Verwaltungsakt sind wiederum Widerspruch und Klage gegeben. Diese Rechtsbehelfe stehen nur dem Schuldner, nicht aber dem Drittschuldner zur Verfügung, der seinerseits durch die Pfändung nicht in eigenen Rechten betroffen wird. Ihm gegenüber kann die Einziehung der Forderung mittels **Einziehungsverfügung** (§ 314 AO) geschehen. Beide Verwaltungsakte können miteinander verbunden werden. 139

Für die **Vollstreckung in das unbewegliche Vermögen** verweist § 322 AO auf die Vorschriften für die gerichtliche Zwangsvollstreckung, namentlich §§ 864–871 ZPO, und das Gesetz über die Zwangsversteigerung und die Zwangsverwaltung. 140

§ 37. Insolvenzstrafrecht

Die Vorschriften des Insolvenzstrafrechts knüpfen an insolvenzrechtliche Begriffe an (→ Rn. 4), berücksichtigen aber auch strafprozessuale Besonderheiten an. Verurteilungen wegen Insolvenzstraftaten können vielfache außerstrafrechtliche Folgen (→ Rn. 17) nach sich ziehen. Besondere Bedeutung kommt dabei der Insolvenzverschleppung zu, die die unterbliebene oder verspätete, aber auch die fehlerhafte Insolvenzantragstellung mit Strafe bedroht

---

[200] §§ 15, 15a LVwVG BW etwa lassen der Behörde hier die Wahl.
[201] BVerwG Urt. v. 23.3.1987 – 9 C 10/86, BVerwGE 77, 139 (140) = NJW 1987, 3272.

(→ Rn. 20). Für den Schuldner nachteilige Rechtsgeschäfte während der Krisen können als Bankrott (→ Rn. 53) oder Untreue (→ Rn. 162) strafbar sein. Insbesondere Buchführungs- und Bilanzierungsverstößen (→ Rn. 83), aber auch Verstößen gegen sozialversicherungsrechtliche Pflichten (→ Rn. 196) kommt große praktische Bedeutung zu. Strafbarkeitsrisiken bestehen aber auch für den Insolvenzverwalter (→ Rn. 223) oder für Berater (→ Rn. 235). In Insolvenzstrafverfahren hat die Staatsanwaltschaft besonders effektive Ermittlungsmöglichkeiten (→ Rn. 248), insbesondere aufgrund der Mitwirkungspflichten des Schuldners. Verwertungsverbote (→ Rn. 259) bieten nur geringen Schutz.

A. Allgemeines

I. Vorbemerkung

1 Viele Insolvenzverfahren werden von strafrechtlich relevantem Verhalten begleitet. Die Wirtschaftskriminalität hat im Zusammenhang mit der beginnenden Krise des Unternehmens einen erheblichen Umfang eingenommen, wobei die Kriminalitätsanfälligkeit mit der Nähe zur Insolvenz zunimmt. Zwar können Insolvenzstraftaten auch im Zusammenhang mit Privatinsolvenzen begangen werden, in der Verfolgungspraxis spielen jedoch spielen Unternehmensinsolvenzen die bedeutendste Rolle. Über die genaue Zahl der Insolvenzen, bei denen strafrechtlich relevantes Verhalten vorliegt, gibt es keine verlässlichen Zahlen. Im Jahr 2014 war die Anzahl der polizeilich registrierten Insolvenzdelikte im engeren Sinne[1] knapp halb so hoch wie die Anzahl der Unternehmensinsolvenzen. Schätzungen gehen davon aus, dass bei bis zu 90% aller Firmenzusammenbrüche Wirtschaftsstraftaten verübt werden,[2] wobei die Dunkelziffer extrem hoch ist. Alleine im Hellfeld liegt der Schaden aus Insolvenzdelikten bei ca. 2 Mrd. EUR.[3]

2 Besonders kriminalitätsanfällig sind die GmbH, die UG oder die Limited. Dies hängt zum einen damit zusammen, dass bei diesen Gesellschaftsformen nur ein geringes Eigenkapital erforderlich und eine hohe Insolvenzhäufigkeit zu verzeichnen ist. Zum anderen bestehen einzelne Pflichten für andere Unternehmensformen wie zB Einzelunternehmen nicht oder nur in eingeschränktem Umfang (Buchführungspflichten, Pflicht zur Insolvenzantragstellung). Dies hat wiederum zur Folge, dass bestimmte Straftatbestände vor allem bei juristischen Personen relevant sind. Gerade der Geschäftsführer einer GmbH sieht sich zudem bei Beginn der Unternehmenskrise einer kaum lösbaren Konfliktsituation ausgesetzt. Einerseits gehört es zu seinen originären Pflichten als Geschäftsführer, um den Erhalt seines Unternehmens zu kämpfen und Sanierungschancen auszuloten. Andererseits ist er verpflichtet, die Dreiwochenfrist des § 15a Abs. 1 InsO einzuhalten.

---

[1] BKA Bundeslagebild Wirtschaftskriminalität 2014, S. 8.
[2] *Weyand/Diversy*, Insolvenzdelikte, 10. Aufl., S. 5.
[3] BKA Bundeslagebild Wirtschaftskriminalität 2014, S. 8.

Pelz

Straftaten werden in aller Regel vor der Insolvenzantragstellung (durch den 3
Antragspflichtigen oder einen Dritten), oftmals während des Versuchs einer
Sanierung, begangen, jedoch kann dies auch noch im laufenden Insolvenzverfahren geschehen.

II. Die gesetzlichen Grundlagen des Insolvenzstrafrechts

1. Terminologie

Üblicherweise unterscheidet man Insolvenzstraftaten im engeren und im wei- 4
teren Sinn. Unter solchen **im engeren Sinne** versteht man die vom Gesetzgeber
im 24. Abschnitt des Besonderen Teils des Strafgesetzbuchs so benannten
§§ 283–283d StGB. Hierzu gehört auch die Verletzung der Pflicht zur Stellung
eines Insolvenzantrags (Insolvenzverschleppung) nach § 15a InsO. **Insolvenzstraftaten im weiteren Sinn** sind dagegen zusätzlich auch jene Straftatbestände,
die häufig im Zusammenhang mit der bevorstehenden oder eingetretenen Insolvenz zum Nachteil des Schuldners, von Gläubigern oder des Staates begangen
werden.[4]

2. Die wirtschaftliche Krise

Den Insolvenzdelikten ieS ist gemeinsam, dass ein strafbares Verhalten das 5
Handeln während oder nach einer **Krise des Unternehmens** voraussetzt. Krise
im strafrechtlichen Sinne bedeutet Zahlungsunfähigkeit, Überschuldung oder
drohende Zahlungsunfähigkeit. Bei einigen Delikten ist auch Zahlungseinstellung Voraussetzung für die Strafbarkeit. Welches Kriterium bei den einzelnen
Insolvenzstraftaten ieS maßgeblich ist, kann der nachfolgenden Übersicht entnommen werden:

Begriff	Relevant für
Drohende Zahlungsunfähigkeit	§ 283 Abs. 1 StGB, § 283d Abs. 1 Nr. 1 StGB
Zahlungsunfähigkeit	§ 283 Abs. 1 und 2 StGB, § 283c StGB, § 15a Abs. 3 und 4 InsO
Überschuldung	§ 283 Abs. 1 und 2 StGB, § 15a Abs. 3 und 4 InsO
Zahlungseinstellung	§ 283 Abs. 6 StGB, § 283b Abs. 3 StGB, § 283c Abs. 3 StGB, § 283d Abs. 1 Nr. 2, Abs. 4 StGB

Was unter **Zahlungseinstellung, drohender Zahlungsunfähigkeit, Zah-** 6
lungsunfähigkeit und **Überschuldung** im insolvenzrechtlichen Sinne zu verstehen ist und wie diese ermittelt werden, wurde bereits an anderer Stelle darge-

---

[4] LK/*Tiedemann*, 12. Aufl., vor § 283 Rn. 2 mwN.

stellt.⁵ Für das Strafrecht gilt hier grundsätzlich nichts anderes. Es gibt zwar Stimmen, welche die insolvenzrechtlichen Definitionen für das Strafrecht nicht unmittelbar übernehmen wollen.⁶ Sowohl der 1. Strafsenat[7] als auch der 5. Strafsenat[8] des BGH haben in den Fällen, in denen sie Straftaten unter Geltung der InsO zu beurteilen hatten, auf die insolvenzrechtlichen Legaldefinitionen abgestellt. Zwar sind die Krisenbegriffe im Strafrecht identisch mit denjenigen des Insolvenzrechts, allerdings ist zu beachten, dass im Strafverfahren die Feststellung des Eintritts der Krise anhand der **Beweisregeln der StPO** erfolgen muss. Beweisvermutungen zuungunsten des Schuldners oder ihm obliegende Beweislastregeln, wie sie von der Rechtsprechung zB zur Beurteilung der Zahlungsunfähigkeit aufgestellt wurden,⁹ finden wegen des in dubio-Grundsatzes im Strafrecht keine Anwendung.¹⁰ Da im Strafrecht eine ex ante-Betrachtung aus Sicht des Täters zum Zeitpunkt der Tathandlung vorzunehmen ist, sind insolvenzrechtliche Verfahren zur Krisenermittlung, die auf einer rückblickenden Betrachtung beruhen, im Strafverfahren nicht anzuwenden.¹¹ Für die Beurteilung der Überschuldung oder Zahlungsunfähigkeit bleiben Vermögenswerte unberücksichtigt, die durch eine Bankrottstraftat beiseite gebracht oder verheimlicht wurden.¹² Bei Prognose- oder Beurteilungsspielräumen, wie der positiven Fortführungsprognose oder der Bewertung im Rahmen eines Überschuldungsstatus, kann ein strafrechtlicher Vorwurf erst dann erhoben werden, wenn alle einschlägigen betriebswirtschaftlichen Bewertungsmethoden eine Überschuldung ergeben¹³ bzw. eine Prognose evident unrichtig war.¹⁴

7   Im strafrechtlichen Bereich wird die Zahlungsunfähigkeit oftmals statt nach der betriebswirtschaftlichen nach der **kriminalistischen Methode** ermittelt, insbesondere in Fällen fehlender oder mangelhafter Buchführung. Hierbei wird anhand von typischen Beweisanzeichen auf den Eintritt der Zahlungsunfähigkeit geschlossen. Zu diesen Anzeichen gehören Steuer- und Sozialversicherungsrückstände, Nichtzahlung oder verspätete Zahlung von Mitarbeitergehältern, die Häufung von gerichtlichen Mahnbescheiden und bei Gericht anhängigen Leistungsklagen sowie von fruchtlosen Pfändungsmaßnahmen des Gerichtsvollziehers oder des Vollstreckungsgerichts, die Abgabe der eidesstattlichen Versicherung durch den Schuldner oder seine Organe, frühere Insolvenzanträge, Wechsel- und Scheckproteste, Nichtbezahlung wiederkehrender Verbindlichkeiten für betriebsnotwendige Leistungen sowie die Androhung oder

---

⁵ → § 2 Rn. 20 ff.
⁶ Nachweise bei Schönke/Schröder/*Heine/Schuster* § 283 Rn. 50a; Dannecker/Knierim/Hagemeier/*Dannecker/Hagemeier,* Insolvenzstrafrecht, Rn. 87.
⁷ BGH Beschl. v. 21.8.2013 – 1 StR 662/12, NStZ 2014, 107 (108); Beschl. v. 23.5.2007 – 1 StR 88/07, NStZ 2007, 643.
⁸ BGH Urt. v. 19.4.2007 – 5 StR 505/06, NStZ 2008, 415.
⁹ → § 2 Rn. 51 ff.
¹⁰ Müller-Gugenberger/*Richter,* § 78 Rn. 29.
¹¹ BGH Beschl. v. 21.8.2013 – 1 StR 662/12, NStZ 2014, 107 (108).
¹² BGH Beschl. v. 22.1.2013 – 1 StR 234/12, NJW 2013, 949.
¹³ KPB/*Preuß* InsO § 15a Rn. 74.
¹⁴ LK/*Tiedemann* vor § 283 Rn. 155; *Wegner* HRRS 2009, 32 (34); aA *Wittmann* wistra 2009, 138 (140); *Skauradszun* wistra 2014, 41 (43).

die Vornahme der Kündigung von Bankkrediten.[15] Nicht jede Indiztatsache an sich, sondern nur deren zunehmende deutliche Häufung lässt die Prognose auf den Eintritt der Zahlungsunfähigkeit zu.[16] Dass im Tatzeitraum offene Verbindlichkeiten bestanden haben, die bis zur Insolvenzeröffnung nicht beglichen waren, stellt hingegen kein strafrechtlich relevantes Indiz für eine Zahlungsunfähigkeit dar, außer der Täter hat dies bei Vornahme der Tathandlung vorhergesehen.[17]

Überschuldung, eingetretene oder drohende Zahlungsunfähigkeit und Zahlungseinstellung sind auch für Insolvenzstraftaten iwS von Bedeutung, beispielsweise für den Betrug. Zu beachten ist, dass drohende Zahlungsunfähigkeit nicht relevant ist für die Insolvenzverschleppung, da insoweit nach § 18 Abs. 1 InsO zwar ein Insolvenzantragsrecht für den Schuldner, jedoch keine Antragspflicht besteht. 8

III. Täterkreis

1. Gesetzlich Verantwortliche

Die Insolvenzdelikte ieS sind überwiegend Sonderdelikte. Täter der **Insolvenzverschleppung** können nur Vertretungsorgane eines Unternehmens sein, im Fall der Führungslosigkeit auch die Gesellschafter einer GmbH und die Aufsichtsratsmitglieder einer AG. Bei den Straftatbeständen des **Bankrotts**, der **Verletzung der Buchführungspflicht** und der **Gläubigerbegünstigung** kommt als Täter grundsätzlich nur der Schuldner in Betracht, der sich in der Krise befindet, diese herbeiführt, der seine Zahlungen eingestellt hat, über dessen Vermögen das Insolvenzverfahren eröffnet oder die Eröffnung mangels Masse abgewiesen wurde. Täter der **Schuldnerbegünstigung** kann hingegen jeder sein. Bei den **Insolvenzdelikten iwS** handelt es sich zT ebenfalls um Sonderdelikte, so zB beim Vorenthalten von Arbeitsentgelt (§ 266a StGB), das nur vom Arbeitgeber begangen werden kann, oder bei der **Untreue**, bei der Täter nur derjenige sein kann, den eine Pflicht zur Sorge für fremdes Vermögen trifft. Bei Sonderdelikten kann nur derjenige Täter (auch Mittäter oder mittelbarer Täter sein), auf den die besonderen Merkmale zutreffen. Alle anderen Personen können lediglich wegen Anstiftung oder Beihilfe strafbar sein. 9

Soweit es um die Beurteilung der **Verantwortlichkeit bei Unternehmen** geht, ist nach § 14 Abs. 1 StGB auf die jeweiligen vertretungsberechtigten Personen abzustellen, dh auf die Organmitglieder bei juristischen Personen bzw. die Geschäftsführer bei Personengesellschaften. Ausnahmsweise können andere Personen dann Täterqualität haben, wenn sie die Voraussetzungen des § 14 Abs. 2 StGB erfüllen, ihnen also unternehmensbezogene **Pflichten zur eigenständigen Wahrnehmung übertragen** wurden. Hierfür ist allerdings – vom Fall der (Teil-)Betriebsleitung abgesehen – eine ausdrückliche Beauftragung erforderlich.[18] 10

---

[15] BGH Beschl. v. 23.7.2015 – 3 StR 518/14, NStZ-RR 2015, 341 (342); Pelz, Strafrecht in Krise und Insolvenz, Rn. 120.
[16] Müller-Gugenberger/*Richter*, § 78 Rn. 43.
[17] BGH Beschl. v. 21.8.2013 – 1 StR 662/12, NStZ 2014, 107 (108).
[18] BGH Beschl. v. 12.9.2012 – 5 StR 363/12, NStZ 2013, 408.

2. Faktische Organe

11 Häufig sind Insolvenzdelikte durch Personen veranlasst, die nicht zur Vertretung des Unternehmens berechtigt sind und nach dem Wortlaut der Norm nicht zum Kreis der tauglichen Täter gehören. Hier hat die strafrechtliche Rechtsprechung ebenso wie die Zivilrechtsprechung schon seit langem die Figur des **faktischen Organs** geschaffen,[19] die speziell bei **Strohmannverhältnissen** von Bedeutung ist. Die Rechtsfigur des faktischen Organs wird in der Literatur zwar über die Fälle fehlerhafter Bestellung iSv § 14 Abs. 3 StGB hinaus weitgehend abgelehnt,[20] von der Rechtsprechung jedoch anerkannt, da nur so der Drahtzieher und eigentlich Verantwortliche, dessen ausdrückliche **Bestellung gänzlich fehlt,** der aber dennoch die Geschicke der Gesellschaft leitet, angemessen, dh als Täter und nicht nur als Teilnehmer, strafrechtlich zur Rechenschaft gezogen werden kann. Er muss (wegen § 14 Abs. 3 StGB) im Einverständnis mit allen Gesellschaftern oder dem Aufsichtsrat handeln, wobei die bloße Duldung[21] des maßgeblichen Gesellschaftsorgans oder der Mehrheit seiner Mitglieder, sofern diese für die förmliche Bestellung des Geschäftsführers ausgereicht hätte,[22] genügt. Hierin ist ein konkludenter Bestellungsakt zu sehen.

12 Zudem muss er die **Stellung** eines Geschäftsführers, Vorstandsmitglieds oder Liquidators **tatsächlich eingenommen** haben. Dies ist dann gegeben, wenn sowohl betriebsintern als auch nach außen alle Dispositionen weitgehend von ihm ausgehen und er auch im Übrigen auf sämtliche Geschäftsvorgänge bestimmenden Einfluss nimmt.[23] Auf die entsprechende Stellung kann aus der Zusammenschau der einzelnen Tätigkeiten, die insofern bloße Beweisanzeichen darstellen, geschlossen werden.[24] Als Hinweise kommen vor allem in Betracht:
– Bestimmung der Unternehmenspolitik,
– Unternehmensorganisation,
– Einstellung und Entlassung von Mitarbeitern,
– Gestaltung der Geschäftsbeziehungen zu Vertragspartnern,
– Verhandlung mit Kreditgebern,
– Gehaltshöhe, die der eines Geschäftsführers entspricht,
– Entscheidung in Steuerangelegenheiten,
– Steuerung der Buchhaltung.

Fehlt es an einzelnen Merkmalen, steht dies einer tatsächlichen Geschäftsführertätigkeit nicht zwingend entgegen.

13 Maßgeblich ist immer die **tatsächliche Verfügungsmacht.** Ob der faktisch Verantwortliche diese Verfügungsmacht auch formal nach außen hin hat, ist unerheblich.

---

[19] Ausführlich zur Rspr. *Strohn* ZIP 2011, 158 ff.
[20] MüKoStGB/*Radtke* § 14 Rn. 123; Kindhäuser/Neumann/Paeffgen/*Böse* § 14 Rn. 28.
[21] BGH Urt. v. 28.6.1966 – 1 StR 414/65, BGHSt 21, 101 (104).
[22] OLG Karlsruhe Beschl. v. 7.3.2006 – 3 Ss 190/05, NJW 2006, 1364.
[23] BGH Urt. v. 10.5.2000 – 3 StR 101/00, BGHSt 46, 62 (64 f.).
[24] BGH Urt. v. 22.9.1982 – 3 StR 297/82, BGHSt 31, 118 (121); Wabnitz/Janovsky/*Pelz*, 9. Kapitel Rn. 321 ff.

Es ist nicht erforderlich, dass der faktische Geschäftsführer die Geschicke der 14
Gesellschaft alleine leitet. Er kann neben einem weiteren Geschäftsführer, der tatsächlich Geschäftsführeraufgaben wahrnimmt, tätig sein[25] (**faktische Mitgeschäftsführung**). Hier fordert der BGH eine **überragende Stellung** des Täters in der Geschäftsführung[26] oder zumindest ein „**Übergewicht**", wenn der bestellte Geschäftsführer selbst Geschäftsführungsaufgaben von Gewicht wahrnimmt.[27] Eine überragende Stellung ist nach dem BayObLG[28] dann gegeben, wenn der faktische Geschäftsführer **mindestens sechs** der oben genannten acht klassischen Merkmale im Kernbereich der Geschäftsführung erfüllt („Sechs-von-acht-Theorie", die teilweise nicht nur zur Bestimmung der überragenden Stellung eines faktischen Mitgeschäftsführers herangezogen wird, sondern auch zur Qualifizierung des faktischen Geschäftsführers an sich dient).[29] Hingegen führt die Wahrnehmung von Gesellschafterrechten alleine noch nicht zur Annahme einer faktischen Geschäftsführung.[30]

Neben dem faktischen Geschäftsführer bleibt der als bestellte Geschäftsfüh- 15
rer eingesetzte **Strohmann** aber weiterhin in vollem Umfang für die Erfüllung der ihn als gesetzlichen Vertreter ergebenden Pflichten auch strafrechtlich verantwortlich. Insbesondere ist er zur Überwachung des faktischen Geschäftsführers verpflichtet. Allerdings kann es im Einzelfall an dem erforderlichen Vorsatz fehlen, wenn er keinerlei Kenntnis von den Machenschaften des faktischen Geschäftsführers hatte. Zudem kann ihm im Fall des Unterlassens auch die tatsächliche Möglichkeit der Vornahme der gebotenen Handlung fehlen, insbesondere wenn er keinerlei Einfluss auf die Tätigkeit des faktischen Geschäftsführers hatte.[31]

3. Strafbarkeit von Beratern, Insolvenzverwaltern ua[32]

Berater und andere Personen kommen als Täter meist schon deswegen nicht 16
als Täter in Frage, weil es sich bei den Insolvenzdelikten überwiegend um onderdelikte handelt und im Übrigen der Schuldner oder sonstige Verantwortliche meist alleinige Tatherrschaft hat. **Teilnahme** (Anstiftung und Beihilfe) kommt hingegen durchaus in Betracht.[33] Die Gefahr, dass der Berater auf Grund seiner Tätigkeit bereits „mit einem Bein im Gefängnis" steht, ist jedoch nicht gegeben.[34] Zum Teilnehmer wird der Berater nämlich erst, wenn er entweder bei dem Täter den Tatentschluss hervorruft oder wenn er durch akti-

---

[25] BGH Urt. v. 22.9.1982 – 3 StR 297/82, BGHSt 31, 118 (121 f.).
[26] BGH Urt. v. 22.9.1982 – 3 StR 297/82, BGHSt 31, 118; BGH Urt. v. 8.11.1989 – 3 StR 249/89, wistra 1990, 97; BGH Urt. v. 11.12.1997 – 4 StR 323/97, NJW 1998, 767.
[27] BGH Urt. v. 22.9.1982 – 3 StR 297/82, BGHSt 31, 118 (121 f.); BGH Urt. v. 10.5.2000 – 3 StR 101/00, BGHSt 46, 62 (64 f.).
[28] BayObLG Urt. v. 20.2.1997 – 5 St RR 159/96, BayObLGSt 1997, 38 (39).
[29] *Dierlamm* NStZ 1996, 153 (156); *Wegner* wistra 1998, 283 (284).
[30] BGH Beschl. v. 13.12.2012 – 5 StR 407/12, NJW 2013, 624 (625).
[31] KG Beschl. v. 13.3.2002 – (5) 1 Ss 243/01 (6) 02, wistra 2002, 313; Wabnitz/Janovsky/*Pelz*, Kapitel 9, Rn. 336; aA *Maurer* wistra 2003, 174 (175).
[32] Hierzu im Einzelnen → Rn. 234 ff.
[33] Uhlenbruck/*Hirte* InsO § 15a Rn. 64.
[34] So zutreffend *Braun/Uhlenbruck* 10. Teil I (S. 742 f.).

ves Handeln die Tat fördert. Ein bloßer Tipp oder das wertfreie Aufzeigen von Alternativen ist grundsätzlich straflos.[35]

IV. Folgen von Insolvenzstraftaten

1. Amtsunfähigkeit

17 Eine Verurteilung wegen einer der in § 6 Abs. 2 Nr. 3 GmbHG bzw. § 76 Abs. 3 Nr. 3 AktG genannten Straftaten führt zur Amtsunfähigkeit als Geschäftsführer oder Vorstand (sog Registersperre). Dies tritt (bei Insolvenzdelikten) ein bei jeder Verurteilung wegen einer **vorsätzlichen Insolvenzverschleppung**, auch in Form der nicht rechtzeitigen Insolvenzantragstellung,[36] oder wegen eines **vorsätzlichen Bankrottdelikts** nach §§ 283–283d StGB, unabhängig von der Höhe der verhängten Strafe. Hingegen hat die Verurteilung wegen fahrlässiger Insolvenzverschleppung oder eines fahrlässigen Bankrottdelikts nach §§ 283 Abs. 5, 283b Abs. 2 StGB keine Registersperre zur Folge. Amtsunfähigkeit tritt ua auch ein bei einer Verurteilung wegen der vorsätzlichen Delikte der §§ 263–264a oder §§ 265b–266a StGB, sofern eine Freiheitsstrafe von mindestens einem Jahr verhängt wurde. Ausländische Verurteilungen wegen vergleichbarer ausländischer Straftaten führen ebenfalls zur Registersperre. Während der Dauer von fünf Jahren ab Rechtskraft der Verurteilung kann der Täter kein Amt als Geschäftsführer oder Vorstand antreten. Sofern er ein solches Amt zum Zeitpunkt der Rechtskraft einer Verurteilung innehat, erlischt es automatisch, ohne dass es einer Abberufung bedarf.[37] Bleibt das amtsunfähig gewordene Organ weiterhin in seiner Stellung, wird es zum faktischen Organ.

2. Restschuldbefreiung

18 Ist über das Vermögen einer Privatperson ein Insolvenzverfahren eröffnet worden, kann die Verurteilung wegen einer Bankrotttat nach den §§ 283–283c StGB zu einer Geldstrafe von mehr als 90 Tagessätzen oder einer Freiheitsstrafe von mehr als 3 Monaten zur Versagung der Restschuldbefreiung nach § 290 Abs. 1 Nr. 1 InsO führen (→ § 41 Rn. 27). Das gleiche gilt für sonstige Verstöße gegen Mitwirkungs- und Auskunftspflichten nach der InsO. Dabei muss die Verurteilung nicht in einem konkreten Zusammenhang mit dem aktuellen Insolvenzverfahren stehen, in dem der Antrag auf Restschuldbefreiung gestellt worden ist.[38] Es sind Verurteilungen jedenfalls innerhalb der fünfjährigen Tilgungsfrist des § 46 Abs. 1 Nr. 1 BZRG zu berücksichtigen.[39] Dies gilt aber nur

---

[35] So *Braun/Uhlenbruck* 10. Teil I (S. 742 f.); *Baumgärtel* wistra 1992, 41 (44); näher → Rn. 233.
[36] OLG Celle Beschl. v. 29.8.2013 – 9 W 109/13, ZInsO 2013, 2069.
[37] MüKoGmbHG/*Goette* § 6 Rn. 45.
[38] BGH Beschl. v. 18.12.2002 – IX ZB 121/02, NJW 2003, 974; sa OLG Celle Beschl. v. 5.4.2001 – 2 W 8/01, NJW-RR 2002, 196; BayObLG Beschl. v. 8.10.2001 – 4Z BR 28/01, NZI 2002, 110.
[39] BGH Beschl. v. 18.12.2002 – IX ZB 121/02, NJW 2003, 974.

§ 37. Insolvenzstrafrecht

für solche Verurteilungen, die bis zur Entscheidung über die Restschuldbefreiung in Rechtskraft erwachsen sind.[40]

3. Gewerberechtliche Unzuverlässigkeit

Eine Verurteilung wegen Insolvenzdelikten, aber auch schon ungeordnete Vermögensverhältnisse, kann darüber hinaus zu einer gewerberechtlichen Unzuverlässigkeit und zu einer Untersagung der Ausübung eines Gewerbes nach § 35 GewO führen.[41]   19

B. Insolvenzverschleppung

I. Allgemeines

Mit dem Begriff **Insolvenzverschleppung** werden Verstöße gegen die bei Gesellschaften (einschließlich der Genossenschaften) gesetzlich geregelte Pflicht zur Stellung eines Insolvenzantrags bezeichnet. Bis zum 31.10.2008 war diese Verpflichtung rechtsformabhängig in verschiedenen Gesetzen normiert, seit dem Inkrafttreten des MoMiG am 1.11.2008 ist die Antragspflicht in § 15a Abs. 1–3 InsO enthalten.   20

Die Verantwortlichen der Gesellschaften sind danach verpflichtet, bei Zahlungsunfähigkeit oder Überschuldung ohne schuldhaftes Zögern, spätestens innerhalb von drei Wochen nach Eintritt von Zahlungsunfähigkeit oder Überschuldung, die Eröffnung des Insolvenzverfahrens zu beantragen. Verstöße hiergegen sind in § 15a Abs. 4 InsO strafbewehrt. Sofern weiterhin Insolvenzantragspflichten in Einzelgesetzen bestimmt sind (so zB § 42 Abs. 2 S. 1 BGB für den Verein), ist deren Verletzung nicht strafbewehrt, außer es ist ausdrücklich etwas anderes bestimmt.   21

Soweit in strafrechtlichem Zusammenhang von Insolvenzverschleppung gesprochen wird, ist damit in der Regel die **Strafnorm** gemeint, die sich aus der Sanktionsvorschrift (§ 15a Abs. 4, 5 InsO) und dem Handlungsgebot in § 15a Abs. 1–3 InsO zusammensetzt (sog Blankettvorschrift). Bedenken gegen den Straftatbestand im Hinblick auf das Bestimmtheitsgebot[42] bestehen nicht.   22

Der Straftatbestand erfasst wie bisher Vertretungsorgane juristischer Personen und kapitalistisch organisierter Handelsgesellschaften nach deutschem Recht, ua die AG, GmbH (jetzt auch in Form der Unternehmergesellschaft nach 5a GmbH), GmbH & Co. KG, KGaA und die Genossenschaften sowie aufgrund entsprechender Verweisungen die SE, EWIV und SCE, nicht hingegen zB Vereine und Stiftungen. Wegen der Regelung in § 15a Abs. 1 S. 2 und Abs. 2 InsO ist die Insolvenzverschleppung bei Handelsgesellschaften jedoch nur dann strafbewehrt, wenn in der **Gesellschaft keine natürliche Person persönlich**   23

---

[40] BGH Beschl. v. 11.4.2013 – IX ZB 94/12, NZI 2013, 601.
[41] BeckOK GewO/*Brüning* § 35 Rn. 23 ff.; OVG Koblenz Urt. v. 3.11.2010 – 6 A 10676/10; NVwZ-RR 2011, 229.
[42] So aber Achenbach/Ransiek/Rönnau/*Wegner*, Handbuch Wirtschaftsstrafrecht, Teil 7, 2. Kapitel Rn. 46.

Pelz

haftet. Keine strafbewehrte Insolvenzantragspflicht besteht also dann, wenn zumindest einer der Gesellschafter der OHG bzw. Komplementäre der KG eine natürliche Person ist.

24 Bei **doppelstöckigen Handelsgesellschaften**, zB der GmbH & Co. KG, wird bei Insolvenz der KG fast immer auch eine Insolvenz der persönlich haftenden Gesellschafter eintreten (sog Simultaninsolvenz), jedenfalls wenn die Insolvenz auf Zahlungsunfähigkeit zurückzuführen ist. Ist die KG zahlungsunfähig, trifft den Komplementär die Haftung für die Erbringung der Zahlungspflicht, welche dieser regelmäßig ebenfalls nicht leisten kann. In diesem Fall muss der Geschäftsführer Insolvenzantrag sowohl für die KG als auch die Komplementär-GmbH stellen.

25 Mangels einer deutschen Strafnorm war bis zum Inkrafttreten des MoMiG die Insolvenzverschleppung bei **Auslandsgesellschaften** mit tatsächlichem oder faktischem Sitz in Deutschland nicht strafbar.[43] Hier hat der Gesetzgeber nun eine Strafbarkeitslücke geschlossen. Da § 15a InsO eine rechtsformneutrale Regelung der Insolvenzantragspflicht vorsieht, erfasst diese Vorschrift einschließlich der enthaltenen Strafbewehrung nunmehr auch Auslandsgesellschaften.[44] Für EU-Auslandsgesellschaften ist nach Art. 3 Abs. 1 EUInsVO für das Insolvenzverfahren das Recht des Staates maßgebend, in dem der Mittelpunkt der hauptsächlichen Interessen der Gesellschaft liegt. Bei EU-Auslandsgesellschaften mit effektivem Verwaltungssitz in Deutschland findet § 15a Abs. 4 InsO daher unmittelbar Anwendung. Zwar besteht eine Insolvenzantragspflicht nach § 15a InsO nur für juristische Personen und kapitalistische Personengesellschaften, dennoch ist die Insolvenzantragspflicht keine Regelung des Gesellschaftsrechts,[45] sondern ist als Vorschrift des Insolvenzrechts zu qualifizieren.[46] Eine Insolvenzantragspflicht besteht auch für Nicht-EU-Auslandsgesellschaften dann, wenn sie ihren effektiven Verwaltungssitz in Deutschland haben; nach dem insoweit maßgeblichen Sitzstatut[47] wird beurteilt, ob die Nicht-EU-Auslandsgesellschaft aufgrund Typenvergleichs als juristische Person oder als Handelsgesellschaft ohne persönlich haftbare natürliche Person nach deutschem Recht anzusehen ist.[48] Liegt der effektive Verwaltungssitz hingegen im Ausland, findet § 15a Abs. 4 InsO keine Anwendung und die Insolvenzantragspflicht sowohl für Auslandsgesellschaften als auch für deutsche Gesellschaften bestimmt sich nach dem maßgeblichen ausländischen Recht.

---

[43] *Bittmann/Bittmann*, Insolvenzstrafrecht, § 12 Rn. 346; *Franke* wistra 2004, 436; *Schlösser* wistra 2006, 81 (84).
[44] So auch die Begründung des Gesetzesentwurfs zum MoMiG, BT-Drs. 16/6140, 55.
[45] So aber Roth/*Altmeppen*, GmbHG, vor § 64 Rn. 13; MüKoInsO/*Klöhn* § 15a Rn. 54 ff.; *Mock* IPRax 2016, 237 (241).
[46] EuGH Urt. v. 10.12.2015 – Rs. C-594/14 Rz. 19, ZWH 2016, 107 (109); OLG Jena Urt. v. 17.7.2013 – 2 U 815/12, NZI 2013, 807; *Radtke* EuZW 2009, 404 (407 f.) mwN.
[47] Palandt/*Thorn*, Anh. EGBGB 12 Rn. 10 f.
[48] *Pelz*, Strafrecht in Krise und Insolvenz, Rn. 466; Müller-Gugenberger/*Richter*, § 80 Rn. 21 f.

Pelz

II. Strafbarkeit (vorwiegend am Beispiel der GmbH)

Die Verletzung der Antragspflicht nach § 15a Abs. 1 InsO ist in § 15a Abs. 4 und 5 InsO strafbewehrt. Es ist sowohl die vorsätzliche als auch die fahrlässige Insolvenzverschleppung strafbar. 26

1. Täterkreis

a) Vertretungsorgan und Geschäftsführer. Insolvenzantragspflichtig und damit mögliche Täter sind nach § 15a Abs. 1 S. 1 InsO die Mitglieder des Vertretungsorgans juristischer Personen oder deren Abwickler sowie bei Gesellschaften ohne Rechtspersönlichkeit die zur Vertretung der Gesellschaft ermächtigten Geschäftsführer. Bei der GmbH ist dies jeder **Geschäftsführer** (§ 35 Abs. 1 GmbHG), bei der AG der Vorstand (§ 78 Abs. 1 AktG) bzw. **Liquidatoren**, bei der Limited jeder director,[49] bei der GmbH & Co. KG jeder Geschäftsführer der Komplementär-GmbH. Tauglicher Täter ist auch der **stellvertretende Geschäftsführer** oder stellvertretende Vorstand, jedoch nur dann, wenn der Vertretungsfall eingetreten und er tatsächlich als Geschäftsführer bzw. Vorstand tätig geworden ist.[50] Als Geschäftsführer strafrechtlich verantwortlich ist nach der Rspr. auch der **faktische Geschäftsführer** oder Liquidator sowie der als **Strohmann** fungierende Geschäftsführer.[51] Zwar verneint die hM ein Insolenzantrags*recht* des faktischen Geschäftsführers ieS. Gleichwohl soll er für die unterlassene Insolvenzantragstellung verantwortlich sein.[52] Insoweit wird ihm in der Sache allenfalls vorgeworfen werden können, dass er es unterlassen hat, den eingetragenen Geschäftsführer (Strohmann) zu veranlassen, den Insolvenzantrag zu stellen.[53] 27

b) Liquidatoren. Der Geschäftsführer als **geborener Liquidator** (Abwickler) einer aufgelösten GmbH kann sich der Strafbarkeit nicht dadurch entziehen, dass er seiner Anmeldepflicht nach § 67 Abs. 1 GmbHG nicht nachkommt. Die Eintragung eines Liquidators im Handelsregister hat lediglich deklaratorische Bedeutung.[54] Solange nicht bestimmte andere Liquidatoren bestellt sind, bleiben die Geschäftsführer im Amt und sind dann in ihrer Funktion als Liquidatoren verpflichtet, bei Zahlungsunfähigkeit oder Überschuldung der Gesellschaft Insolvenzantrag zu stellen. Da Liquidator – anders als ein Geschäftsführer – auch eine juristische Person oder eine Gesamthandsgemeinschaft sein kann, ist der Täter ggf. nach § 14 StGB zu bestimmen. Bei einer juristischen Person als Liquidator ist Täter dann regelmäßig der Organvertreter dieser juristischen Person. 28

---

[49] LG Freiburg Urt. v. 8.11.2010 – 8 Ns 420 Js 9168-09, BeckRS 2012, 03840.
[50] MüKoGmbHG/*Wißmann* § 84 Rn. 53; BGH Urt. v. 5.10.1954 – 2 StR 447/53, BGHSt 6, 314 (315).
[51] → Rn. 11 und Uhlenbruck/*Hirte* InsO § 15a Rn. 64.
[52] BGH Beschl. v. 18.12.2014 – 4 StR 323/14, 4 StR 324/14, NStZ 2015, 470; abl. *Bergmann* NZWiSt 2014, 81 (84).
[53] Uhlenbruck/*Hirte* InsO § 15a Rn. 64; MüKoInsO/*Klöhn* § 15a Rn. 75.
[54] BGH Beschl. v. 7.5.2007 – II ZB 21/06, NZG 2007, 595; Baumbach/Hueck/*Haas* § 67 GmbHG Rn. 16.

Pelz

29 **c) mehrköpfige Vertretungsorgane.** Bei mehreren **Geschäftsführern oder Liquidatoren** ist jeder für die Antragstellung verantwortlich und damit bei verspätetem oder unterlassenem Insolvenzantrag Täter der Insolvenzverschleppung.[55] Fassen die Geschäftsführer gemeinsam den Entschluss, (noch) keinen Insolvenzantrag zu stellen, sind sie **Mittäter** (§ 25 Abs. 2 StGB). Die Verpflichtung zur Stellung eines Insolvenzantrags besteht für jeden Geschäftsführer auch dann, wenn er **nicht alleinvertretungsbefugt** ist, sondern nur zusammen mit einem oder mehreren anderen Geschäftsführern. Dies ergibt sich daraus, dass – unabhängig von der gesellschaftsvertraglichen Regelung – jeder einzelne Geschäftsführer oder Liquidator antragsberechtigt und damit auch antragsverpflichtet ist.[56] Eine **interne Aufgabenverteilung** unter den Geschäftsführern ist unbeachtlich, da sich die Handlungspflichten an die Geschäftsführung als Gesamtorgan wenden. Die ressortmäßig nicht zuständigen Geschäftsführer haben Überwachungspflichten gegenüber dem nach der internen Aufgabenverteilung zuständigen Geschäftsführer und sind ihrerseits zum Einschreiten (hier: zur Antragstellung) gehalten, wenn Sie Kenntnis davon erlangen, dass der ressortmäßige Geschäftsführer seinen Pflichten nicht nachkommt.[57] Die häufiger anzutreffende Konstellation, dass von zwei Geschäftsführern einer für den technischen und der andere für den kaufmännischen Bereich zuständig ist, entbindet den Techniker nicht von der Antragspflicht.[58] Möglicherweise fehlt ihm aber der Vorsatz (oder der Vorsatz ist zumindest nicht nachweisbar). Dies kann der Fall sein, wenn der für die Finanzen zuständige Geschäftsführer den anderen Geschäftsführer über die Vermögenssituation der GmbH im Unklaren lässt und der Techniker-Geschäftsführer auch sonst keine Kenntnis von der Zahlungsunfähigkeit oder Überschuldung erlangt.[59] Fahrlässigkeit gemäß § 15a Abs. 5 InsO[60] wird ihm in der Regel aber vorzuwerfen sein.

30 **d) Amtsniederlegung und Abberufung.** Das **Ausscheiden** eines Geschäftsführers aus der Geschäftsleitung oder die **Amtsniederlegung** wirken sich auf die Antragspflicht nicht aus, wenn zu diesem Zeitpunkt bereits seit mindestens drei Wochen Zahlungsunfähigkeit oder Überschuldung vorlag. **Das Ausscheiden nach Ablauf der Dreiwochenfrist des § 15a Abs. 1 InsO** lässt die bereits eingetretene Strafbarkeit nicht entfallen.[61] Bei einem Ausscheiden während des Laufs der Frist ist der Geschäftsführer nur dann verpflichtet, den Insolvenzantrag noch rechtzeitig vor seinem Ausscheiden zu stellen, wenn schon zu diesem Zeitpunkt eine Sanierung innerhalb der Dreiwochenfrist nicht mehr möglich erscheint. Darüber hinaus besteht

---

[55] Scholz/*Tiedemann*/*Rönnau*, GmbHG, § 84 Rn. 15; Rowedder/Schmidt-Leithoff/ Schmidt-Leithoff/*Baumert*, GmbHG, vor § 64 Rn. 67.
[56] MüKoInsO/*Klöhn* § 15a Rn. 70; MüKoGmbHG/*Wißmann* § 82 Rn. 61.; *Lütke* wistra 2008, 409 (411 f.).
[57] OLG Celle Beschl. v. 3.7.2013 – 1 Ws 123/13, wistra 2014, 109.
[58] Wabnitz/Janovsky/*Pelz*, Kapitel 9, Rn. 50.
[59] Rowedder/Schmidt-Leithoff/*Schaal*, GmbHG, § 84 Rn. 9.
[60] Dazu → Rn. 48.
[61] BGH Urt. v. 14.12.1951 – 2 StR 368/51, BGHSt 2, 53 (54); MüKoInsO/*Klöhn* § 15a Rn. 72.

keine Pflicht, auf den Nachfolger zur Insolvenzantragstellung einzuwirken.[62]

Scheidet der Geschäftsführer nicht durch Abberufung, sondern durch Amtsniederlegung aus seiner Organstellung aus, wird er nur dann von seiner strafrechtlichen Pflicht frei, wenn die **Amtsniederlegung** wirksam ist. Bei Gesellschafter-Geschäftsführern ist diese dann als **rechtsmissbräuchlich** und damit unwirksam anzusehen, wenn nicht zuvor ein neuer Geschäftsführer bestellt wird.[63] Demgegenüber ist aber die Amtsniederlegung eines Fremdgeschäftsführers regelmäßig als wirksam anzusehen.[64]

e) Verantwortlichkeit sonstiger Personen. Wer nicht Geschäftsführer oder Liquidator ist, scheidet als **Täter** grundsätzlich aus. Insbesondere Gesellschafter, die nicht gleichzeitig geschäftsführend tätig sind, kommen damit als Täter nicht in Betracht.[65] Hat die GmbH keinen Geschäftsführer oder die AG keinen Vorstand mehr **(Führungslosigkeit)**, ist seit dem 1.11.2008 jeder Gesellschafter (bei der AG jedes Aufsichtsratsmitglied) verpflichtet ist, einen Insolvenzantrag zu stellen (§ 15a Abs. 3 InsO), sofern er von Zahlungsunfähigkeit, Überschuldung und Führungslosigkeit Kenntnis hat. Nur in diesem Fall oder bei einer faktischen Geschäftsführung können ausnahmsweise auch Gesellschafter den Straftatbestand der Insolvenzverschleppung erfüllen (§ 15a Abs. 4 InsO). Ansonsten können sich Gesellschafter nur der **Teilnahme** (Anstiftung und Beihilfe) strafbar machen. Die Teilnahmehandlung kann darin liegen, dass die Gesellschafter den Geschäftsführer oder Liquidator zur Unterlassung der Antragstellung drängen oder anweisen oder ihn in seinem Entschluss zur Unterlassung bestärken.[66]

Auch andere Personen können Teilnahmehandlungen begehen. So kommt insbesondere Beihilfe durch leitende **Angestellte**, zB aus der Finanzbuchhaltung in Betracht. Anstiftung und Beihilfe ist zudem durch **Außenstehende** möglich, beispielsweise durch Bankangestellte oder durch Rechtsanwälte, Steuerberater, Wirtschaftsprüfer oder Unternehmensberater.[67]

2. Objektiver Tatbestand

Nach § 15a Abs. 4 InsO macht sich strafbar, wer den nach § 15a Abs. 1, 2 oder 3 InsO erforderlichen Eröffnungsantrag nicht, nicht richtig oder nicht rechtzeitig stellt. In allen Tatalternativen handelt es sich um ein Unterlassungsdelikt.

---

[62] Wabnitz/Janovsky/*Pelz*, 4. Aufl., Kapitel 9, Rn. 50; aF MüKoInsO/*Klöhn* § 15a Rn. 73.
[63] OLG Frankfurt Beschl. v. 11.11.2014 – 20 W 317/11, ZIP 2015, 478; OLG München Beschl. v. 29.5.2012 – 31 Wx 188/12, NZG 2012, 739 m. abl. Anm. *Kring* wistra 2013, 257.
[64] OLG Düsseldorf Beschl. v. 10.6.2015 – I-25 Wx 18/15, NZG 2015, 1158.
[65] BGH Urt. v. 10.6.1958 – 5 StR 190/58, BB 1958, 930; Erbs/Kohlhaas/*Schaal*, GmbHG, § 84 Rn. 4 21; Rowedder/Schmidt-Leithoff/*Schaal*, GmbHG, § 84 Rn. 8.
[66] Erbs/Kohlhaas/*Schaal*, GmbHG, § 84 Rn. 22.
[67] Erbs/Kohlhaas/*Schaal*, GmbHG, § 84 Rn. 22; Scholz/*Tiedemann/Rönnau*, GmbHG, § 84 Rn. 14; ausführlich *Baumgärtel* wistra 1992, 41; → Rn. 231.

35 a) unterbliebener Insolvenzantrag. Nicht gestellt ist der Eröffnungsantrag, wenn überhaupt kein Eröffnungsantrag beim Insolvenzgericht eingereicht wurde, er also vollständig unterblieben ist.

36 b) nicht richtiger Insolvenzantrag. Bei wörtlicher Auslegung ist ein Eröffnungsantrag dann **nicht richtig** gestellt, wenn die in § 13 InsO vorgeschriebenen Anforderungen (→ § 3 Rn. 77 ff.) nicht erfüllt sind, insbesondere nicht alle erforderlichen Angaben gemacht, alle vorzulegenden Unterlagen eingereicht bzw. die Vollständigkeitserklärung nach § 13 Abs. 1 Satz 7 InsO abgegeben wurde oder aber, wenn sich die gemachten Angaben bzw. vorgelegten Unterlagen als unzutreffend oder unvollständig herausgestellt haben. Doch das hieße meist, dem Antragspflichtigen Unmögliches abverlangen. Gerade in einer Krisensituation wird es ihm kaum möglich sein, absolut vollständig und fehlerfrei die gesetzlich geforderten Informationen bereitzustellen. Eine derart strenge Auslegung entspricht zum einen nicht der Absicht des Gesetzgebers, denn dieser ist davon ausgegangen, dass der Schuldner ggf. Schätzungen vornehmen kann und kleinere Fehler unschädlich sind.[68] Vielmehr ist der Tatbestand entsprechend dem Schutzzweck der Norm auszulegen und teleologisch zu reduzieren. Die Formerfordernisse und die vom Antragsteller zu machenden Angaben bzw. vorzulegenden Unterlagen sollen dem Insolvenzgericht eine umfassende Prüfung des Vorliegens der Insolvenzeröffnungsvoraussetzungen ermöglichen. Daraus folgt, dass ein Insolvenzantrag jedenfalls dann nicht richtig gestellt ist, wenn Angaben so mangelhaft sind, dass der Insolvenzantrag unzulässig ist.[69] Unrichtigkeiten oder Unvollständigkeiten, die die Prüfung des Eröffnungsantrags durch das Insolvenzgericht nicht erschweren, sind hingegen nicht tatbestandsmäßig.[70] Umstritten ist im Übrigen, ob eine Unrichtigkeit schon dann vorliegt, wenn der Eröffnungsantrag auf drohende Zahlungsunfähigkeit gestützt wurde, tatsächlich aber Zahlungsunfähigkeit eingetreten ist oder die nach § 13 InsO vorzulegenden Unterlagen nicht eingereicht wurden.[71] Werden Angaben nach § 13 Abs. 1 Satz 4 InsO nicht besonders kenntlich gemacht, führt dies nicht zur Strafbarkeit, da diese Angaben nicht zwingend („soll") sind. Auch die fehlende Vollständigkeitserklärung nach § 13 Abs. 1 Satz 7 InsO ist nicht tatbestandsmäßig.[72] Die unterlassene oder mangelhafte Mitwirkung gegenüber Insolvenzverwalter oder Insolvenzgericht nach Antragstellung stellt schon deshalb keine Straftat nach § 15a Abs. 4 InsO dar, als diese Pflichten erst nach der Antragstellung entstehen.

37 c) nicht rechtzeitiger Insolvenzantrag. **Nicht rechtzeitig** ist der Insolvenzantrag gestellt, wenn er nicht unverzüglich, spätestens aber drei Wochen nach Eintritt von Zahlungsunfähigkeit oder Überschuldung gestellt ist. Die Drei-Wochen-Frist dient dazu, den Organen der Gesellschaft noch die Möglichkeit

---

[68] BT-Drs. 17/5712, 23.
[69] *Göb* NZG 2012, 371 (372); *Zymutta* BB 2012, 3151 (3155).
[70] *Pelz*, Strafrecht in Krise und Insolvenz, Rn. 189; *Rönnau/Wegner* ZInsO 2014, 1025 (1027); Müller-Gugenberger/*Richter*, § 80 Rn. 54; aA *Weyand* ZInsO 2010, 359 (364).
[71] Zum Streitstand Müller-Gugenberger/*Richter*, § 80 Rn. 53 ff.; MüKoInsO/*Klöhn* § 15a Rn. 113; MüKoGmbHG/*Wißmann* § 84 Rn. 215.
[72] *Schmidt* ZInsO 2014, 2352 (2353).

zu geben, Sanierungsversuche durchzuführen. Deshalb ist der Insolvenzantrag dann schon früher zu stellen, wenn sich bereits vor Ablauf der Drei-Wochen-Frist ersehen lässt, dass mit einer fristgerechten Sanierung nicht ernstlich zu rechnen ist.[73] Umgekehrt stellt die Drei-Wochen-Frist eine Maximalfrist dar, die sich auch nicht deshalb verlängert, weil Sanierungsbemühungen noch andauern. Gelingt die Sanierung innerhalb der Drei-Wochen-Frist nicht, muss auch Insolvenzantrag gestellt werden, wenn eine Sanierung überwiegend wahrscheinlich ist.

Umstritten ist, ob für den **Fristbeginn** der objektive Eintritt der Insolvenzlage maßgeblich ist[74] oder ob es auf die positive Kenntnis[75] des organschaftlichen Vertreters bzw. dessen grob fahrlässige Unkenntnis[76] ankommt. Im ersteren Fall wird oftmals bereits mit Erlangung der Kenntnis vom Insolvenzgrund die Drei-Wochen-Frist abgelaufen sein. Die Meinungsunterschiede spielen im Strafverfahren regelmäßig nicht die entscheidende Rolle, da meist auf den spätestmöglichen Zeitpunkt der Kenntniserlangung abgestellt wird. 38

d) Wegfall der Antragspflicht. Die Pflicht zur Stellung eines Eröffnungsantrags entfällt jedenfalls dann, wenn der Antrag (sei es auch verspätet) nachgeholt wird oder wenn die Krise überwunden und der Insolvenzeröffnungsgrund weggefallen, also Zahlungsfähigkeit wiederhergestellt oder die Überschuldung beseitigt ist. Ist dies erst nach Ablauf der Drei-Wochen-Frist erfolgt, bleibt davon allerdings die bereits verwirklichte Strafbarkeit unberührt. 39

Die Antragspflicht eines **Mitgeschäftsführers** entfällt nach ganz hM, wenn ein anderer Geschäftsführer den Insolvenzantrag fristgerecht und ordnungsgemäß gestellt hat. Das bedeutet, dass die Pflicht jedes einzelnen durch Antrag eines anderen Geschäftsführers erfüllt werden kann. Bei verspäteter Antragstellung durch einen der Geschäftsführer ist allerdings zu beachten, dass damit die bereits eingetretene Strafbarkeit der Mitgeschäftsführer nicht entfällt. In diesem Fall haben alle Geschäftsführer die *rechtzeitige* Antragstellung unterlassen und damit den Tatbestand der Insolvenzverschleppung bereits vollendet.[77] 40

Durch den **Insolvenzantrag eines Gläubigers** (vgl. § 13 Abs. 1 S. 2, § 14 InsO) **entfällt** die Antragspflicht **nicht**.[78] Erst Insolvenz*eröffnung* auf Grund dieses Antrags beseitigt die Antragspflicht des Geschäftsführers für die Zukunft.[79] In aller Regel ist der Tatbestand der Insolvenzverschleppung zum Zeitpunkt der Insolvenzeröffnung aber bereits vollendet, da die Eröffnung eines Insolvenzverfahrens nach einem Gläubigerantrag praktisch nie innerhalb von drei Wochen erfolgt. Das bedeutet letztendlich, dass der Insolvenzantrag eines 41

---

[73] BGH Beschl. v. 30.7.2003 – 5 StR 221/03, NJW 2003, 3787 (3788).
[74] MüKoStGB/*Hohmann* § 15a InsO Rn. 77.
[75] Michalski/*Dannecker*, GmbHG, § 84 Rn. 84; Dannecker/Knierim/Hagemeier/Knierim/*Smok*, Insolvenzstrafrecht, Rn. 524; Achenbach/Ransiek/Rönnau/*Wegner*, Teil 7, 2. Kapitel Rn. 50.
[76] *Poertzgen* ZInsO 2008, 944 (950).
[77] Scholz/*Tiedemann/Rönnau*, GmbHG, § 84 Rn. 15.
[78] BGH Beschl. v. 28.10.2008 – 5 StR 166/08, NJW 2009, 157; Rowedder/Schmidt-Leithoff/*Schaal*, GmbHG, § 84 Rn. 47.
[79] BGH Urt. v. 6.5.1960 – 2 StR 65/60, BGHSt 14, 280 (281); Rowedder/Schmidt-Leithoff/*Schaal*, GmbHG, § 84 Rn. 47 mwN.

Gläubigers auf die Strafbarkeit des Geschäftsführers oder Liquidators keine Auswirkung hat.

42 Umstritten ist, ob ein Schuldner, der nach erstmaliger Verurteilung wegen unterlassener Insolvenzantragstellung ein **Unternehmen weiterführt**, obgleich die Krise noch nicht überwunden ist, abermals wegen Insolvenzverschleppung bestraft werden kann.[80]

3. Subjektiver Tatbestand und Irrtum

43 Der für § 15a Abs. 4 InsO erforderliche **Vorsatz** muss sich auf sämtliche objektiven Tatbestandsmerkmale beziehen. Der Täter muss also wissen, dass er Geschäftsführer oder Liquidator ist. Außerdem muss er die Umstände kennen, aus denen sich die Pflicht zur Stellung eines Insolvenzantrags ergibt. Dies schließt die Kenntnis über die Antragsfrist, insbesondere den Ablauf der Höchstfrist von drei Wochen ein, ebenso die Kenntnis die die Zahlungsunfähigkeit oder Überschuldung begründenden Umstände.

44 a) **Bedingter Vorsatz** reicht grundsätzlich aus. Es genügt also, dass der Täter das Vorliegen der objektiven Tatbestandsmerkmale zumindest für möglich hält und die Tatbestandsverwirklichung billigend in Kauf nimmt. Ob hinsichtlich der Insolvenzlage positive Kenntnis des Antragspflichtigen vorliegen muss, ist umstritten.[81] Jedenfalls für die Antragspflicht nach § 15a Abs. 3 InsO in Fällen der Führungslosigkeit ergibt sich schon aus dem Gesetzeswortlaut, dass positive Kenntnis sowohl von Führungslosigkeit als auch Zahlungsunfähigkeit und Überschuldung erforderlich ist.

45 Dem Einwand eines Schuldners, er habe die schlechte wirtschaftliche Situation nicht bemerkt, wird von den Ermittlungsbehörden und Strafgerichten regelmäßig aber kein Glauben geschenkt. In den typischen, in der täglichen Praxis der Ermittlungsbehörden und Gerichte vorkommenden Fälle der Insolvenzverschleppung stellt der Geschäftsführer entweder gar keinen Antrag oder er stellt ihn erheblich verspätet. Jedenfalls die Zahlungsunfähigkeit wird dem Antragspflichtigen kaum jemals verborgen bleiben. Den Zeitpunkt der Überschuldung im Nachhinein konkret festzulegen, ist sowieso schwierig. Hier wird in aller Regel auf solche Kriterien abgestellt, die der Geschäftsführer erkennen muss. Der festgestellte Zeitpunkt der Überschuldung und die Kenntnis des Geschäftsführers hiervon werden also annähernd zusammenfallen.

46 b) Falls *dennoch* Unkenntnis oder Fehleinschätzung der Krisenmerkmale vorliegt, bedingt dies einen **Tatbestandsirrtum** (§ 16 Abs. 1 StGB), der den Vorsatz entfallen lässt.[82] Damit besteht jedoch zumindest Strafbarkeit nach § 15a Abs. 5 InsO (§ 84 Abs. 2 GmbHG aF) wegen fahrlässiger Insolvenzverschleppung. Dies insbesondere, wenn der Antragspflichtige keine Kenntnis von den die Zahlungsunfähigkeit oder Überschuldung begründenden Umstände hat. Dies kann insbesondere in Strohmannkonstellationen der Fall sein, wenn der

---

[80] Bejahend OLG Hamm Beschl. v. 4.12.2012 – III-5 RVs 88/12, wistra 2014, 156; verneinend, sofern nicht weitere besondere Umstände hinzutreten OLG München Beschl. v. 14.6.2012 – 3 Ws 493/12, NZWiSt 2013, 355.
[81] Vgl. → Rn. 37.
[82] Vgl. auch Uhlenbruck/*Hirte*, InsO, § 15a Rn. 66.

faktische Geschäftsführer den Strohmann vollständig vom Informationszugang fernhält. Auch bei den im Falle der Führungslosigkeit nach § 15a Abs. 3 InsO antragspflichtigen Personen kann es an der erforderlichen Kenntnis von Krisenmerkmalen oder Führungslosigkeit fehlen.

Ein Irrtum über die rechtliche Verpflichtung, den Antrag zu stellen, ist ein **Gebotsirrtum**, der Verbotsirrtum bei einem Unterlassungsdelikt. Hierfür gilt § 17 StGB, wonach der Täter schuldlos handelt – und damit straffrei bleibt –, wenn er den Irrtum nicht vermeiden konnte. Die Anforderungen der Rechtsprechung an die Vermeidbarkeit sind hoch. Da man vom Geschäftsführer einer GmbH erwarten kann, dass er seine Pflicht zur Antragstellung kennt, wird der Irrtum in aller Regel als vermeidbar angesehen.[83] Eine Vermeidbarkeit wird insbesondere im Fall der Simultaninsolvenz anzunehmen sein, wenn der Geschäftsführer zwar hinsichtlich der KG einen Eröffnungsantrag stellt, bezüglich der Komplementär-GmbH jedoch untätig bleibt. Ein unvermeidbarer Verbotsirrtum kann aber im Falle eines Beratungsfehlers vorliegen. 47

c) **Fahrlässigkeit** und damit eine Bestrafung nach § 15a Abs. 5 InsO kommt nicht nur dann in Betracht, wenn der Täter die Zahlungsfähigkeit oder das Vermögen der GmbH falsch einschätzt. Fahrlässiges Unterlassen kann auch vorliegen, wenn der Geschäftsführer oder Liquidator irrtümlich die Beseitigung der für einen früheren Zeitpunkt festgestellten Überschuldung annimmt. Bei zwischenzeitlichen Gewinnen darf der Geschäftsführer nicht ohne weiteres vom Ende der Überschuldung ausgehen und sich mit bloßen Annahmen und Vermutungen zufrieden geben. Ein Geschäftsführer, der sich wie ein ordentlicher Kaufmann verhält, ist vielmehr zu einer gewissenhaften Prüfung verpflichtet. Das bedeutet, er hat in diesen Fällen in aller Regel eine schriftliche Vermögensbilanz aufzustellen, welche den gegenwärtigen Status der GmbH wiedergibt.[84] Besitzt der Geschäftsführer keine hinreichenden eigenen Kenntnisse, um die Prüfung der Insolvenzreife durchzuführen, muss er sich unverzüglich von einer fachlich qualifizierten Person beraten lassen, dieser alle für die Beurteilung der Verhältnisse der Gesellschaft erforderlichen Unterlagen offenlegen und auf unverzügliche Vorlage des Prüfungsergebnisses hinwirken.[85] Fahrlässige Insolvenzverschleppung kommt darüber hinaus dann in Betracht, wenn der Täter die Antragstellung vergisst.[86] 48

4. Rechtswidrigkeit und Unzumutbarkeit der Antragstellung

Das tatbestandliche Verhalten ist grundsätzlich **rechtswidrig**, da die Nichterfüllung der Rechtspflicht die Rechtswidrigkeit indiziert. Diese kann nur durch das Vorliegen besonderer Rechtfertigungsgründe wieder aufgehoben werden. Hier gelten die allgemeinen Grundsätze des Strafrechts. Für Notwehr oder rechtfertigenden Notstand (Pflichtenkollision) wird in aller Regel kein Raum 49

---

[83] BGH Urt. v. 19.4.1984 – 1 StR 736/83, wistra 1984, 178; Scholz/*Tiedemann/Rönnau*, GmbHG, § 84 Rn. 50.
[84] BGH Urt. v. 24.1.1961 – 1 StR 132/60, BGHSt 15, 306 (311); Rowedder/Schmidt-Leithoff/*Schaal*, GmbHG, § 84 Rn. 54.
[85] BGH Urt. v. 27.3.2012 – II ZR 171/10, NZG 2012, 672.
[86] Erbs/Kohlhaas/*Schaal*, § 84 GmbHG Rn. 16; Einzelheiten zur Fahrlässigkeit: Scholz/*Tiedemann/Rönnau*, GmbHG, § 84 Rn. 52 ff.

sein. Insbesondere kann das Interesse an der Fortführung des Unternehmens und an der Erhaltung der vorhandenen Arbeitsplätze der ausdrücklich und ohne Ausnahmen geregelten Antragspflicht nicht vorgehen. Der Gesetzgeber hat hier die Lösung des Interessenkonflikts dahingehend vorgeschrieben, dass die Sicherung der Gläubigerinteressen sowie das Interesse der Gesellschafter oder anderer Personen an einer wirtschaftlich gesunden Gesellschaft grundsätzlich vorgehen.[87] Eine Weisung der Gesellschafter, keinen Insolvenzantrag zu stellen, stellt keinen Schuldausschließungsgrund für den Geschäftsführer dar. Eine solche Weisung wäre rechtswidrig und könnte den Geschäftsführer nicht binden.[88]

5. Konkurrenzen

50 Wenn die Unterlassung des Täters zu mehreren Gesetzesverletzungen führt, liegt **Tateinheit** (§ 52 StGB) vor. Dies ist zB dann der Fall, wenn durch das Absehen von der Stellung eines Insolvenzantrags eine Sanierung bewusst verhindert wird. Dann ist Tateinheit mit Untreue gegeben.[89] Wenn ein Insolvenzantrag (auch) deshalb nicht unverzüglich gestellt wird, um einem Gläubiger noch eine Pfändungsmöglichkeit zu gewähren, kommt Tateinheit mit Gläubigerbegünstigung (§ 283c StGB) in Betracht.[90] Meistens werden im Zusammenhang mit Insolvenzverschleppung begangene Taten aber zu § 15a Abs. 4 InsO in **Tatmehrheit** (§ 53 StGB) stehen. So kommt Tatmehrheit insbesondere mit den Bankrotttraftaten gemäß §§ 283 ff. StGB, mit Untreue sowie mit Betrug oder Unterschlagung zum Nachteil der GmbH in Betracht. Auch Steuerhinterziehung steht, selbst wenn sie durch Unterlassen begangen wird, in Tatmehrheit zur Insolvenzverschleppung, weil die Handlungspflichten nicht miteinander übereinstimmen.[91]

6. Rechtsfolgen und Verjährung

51 Die **vorsätzliche Insolvenzverschleppung** wird gemäß § 15a Abs. 4 mit Freiheitsstrafe bis zu drei Jahren oder mit Geldstrafe bestraft. Bei **Fahrlässigkeit** reduziert sich die angedrohte Freiheitsstrafe gemäß § 15a Abs. 5 InsO auf ein Jahr. Das Mindestmaß der Freiheitsstrafe ist ein Monat (§ 39 StGB). Die geringste Geldstrafe beträgt fünf Tagessätze zu je 1,– EUR; höchstmögliche Geldstrafe sind 360 Tagessätze zu 30.000,– EUR (§ 40 Abs. 1 und 2 StGB). Hat sich der Täter durch die Tat bereichert oder zu bereichern versucht, kann neben einer Freiheitsstrafe eine Geldstrafe verhängt werden, § 41 StGB. In der Praxis werden Verstöße gegen die Insolvenzantragspflicht meist durch Geldstrafen geahndet, falls nicht andere Straftaten hinzu kommen, häufig mittels Strafbefehls.

---

[87] Scholz/*Tiedemann/Rönnau*, GmbHG, § 84 Rn. 48.
[88] Rowedder/Schmidt-Leithoff/*Schaal*, GmbHG, § 84 Rn. 50; Erbs/Kohlhaas/*Schaal*, § 84 GmbHG Rn. 13.
[89] Erbs/Kohlhaas/*Schaal* § 84 GmbHG Rn. 23; Rowedder/Schmidt-Leithoff/*Schaal*, GmbHG, § 84 Rn. 65.
[90] Erbs/Kohlhaas/*Schaal* § 84 GmbHG Rn. 23 mwN.
[91] Erbs/Kohlhaas/*Schaal* § 84 GmbHG Rn. 23; Rowedder/Schmidt-Leithoff/*Schaal*, GmbHG, § 84 Rn. 65.

Die **Verjährungsfrist** beträgt bei vorsätzlicher Insolvenzverschleppung fünf 52
Jahre (§ 78 Abs. 1 Nr. 4 StGB), bei fahrlässiger Insolvenzverschleppung drei
Jahre (§ 78 Abs. 1 Nr. 5 StGB). Die Verjährungsfrist beginnt nicht bereits mit
der Vollendung der Tat, dh spätestens nach Ablauf der Dreiwochenfrist des
§ 15a Abs. 1 InsO, sondern erst mit deren tatsächlicher Beendigung. Diese tritt
erst dann ein, wenn die Pflicht zum Handeln entfallen ist, also in der Regel
dann, wenn der Geschäftsführer oder ggf. einer der Geschäftsführer Insolvenzantrag gestellt hat,[92] das Insolvenzverfahren eröffnet oder die Eröffnung mangels Masse abgelehnt wurde. Beendigung ist zudem dann gegeben, wenn die
Überschuldung oder Zahlungsunfähigkeit überwunden ist.[93] Für das Ruhen
oder die Unterbrechung der Verfolgungsverjährung gelten die allgemeinen Regeln der §§ 78b und 78c StGB. Praktisch bedeutsam sind insbesondere Unterbrechungshandlungen auf Grund von Durchsuchungsbeschlüssen oder Gutachtensaufträgen.

C. Bankrott

I. Allgemeines

1. Überblick und Systematik

§ 283 StGB ist die zentrale Bestimmung des im StGB geregelten Insolvenz- 53
strafrechts ieS. Er enthält in den Absätzen 1 und 2 gleichsam die Grundtatbestände des Insolvenzstrafrechts ieS. Geschütztes Rechtsgut ist die Sicherung der
Insolvenzmasse im Interesse der gesamten Gläubigergemeinschaft.[94] Dass gegebenenfalls nur ein Gläubiger vorhanden ist, steht der Anwendung des § 283
StGB nicht entgegen.[95] § 283 StGB regelt den „normalen" Bankrott. § 283a
StGB erweitert den Regelstrafrahmen für besonders schwere Fälle.

Die Strafvorschrift des Bankrotts erfasst in den Absätzen 1 und 2 unter- 54
schiedliche Formen des objektiven Tatbestandes. **Abs. 1** ist erfüllt, wenn der
Täter die in Abs. 1 Nr. 1–8 beschriebenen typischen Bankrotthandlungen **in der
Krise** (Überschuldung, drohende oder eingetretene Zahlungsunfähigkeit) vornimmt.[96] Werden die Handlungen vor Eintritt der Krise vorgenommen und
durch die Bankrotthandlungen der **Eintritt der Krise** (Überschuldung oder
Zahlungsunfähigkeit) **verursacht**, greift **Abs. 2** ein. Drohende Zahlungsunfähigkeit genügt bei Abs. 2 nicht. § 283 Abs. 2 StGB kommt selten zur Anwendung, da der Nachweis der Kausalität des Handelns für die Herbeiführung der
Krise schwer zu führen ist. Eine Bestrafung nach § 283 Abs. 1 oder 2 StGB erfordert **Vorsatz** (vgl. § 15 StGB). Hat der Täter nicht hinsichtlich sämtlicher

---

[92] BGH Urt. v. 6.5.1960 – 2 StR 65/60, BGHSt 14, 280 (281); BGH Urt. v. 6.10.1987 –
1 StR 475/87, wistra 1988, 69; Erbs/Kohlhaas/*Schaal* § 84 GmbHG Rn. 24.
[93] BGH Urt. v. 24.1.1961 – 1 StR 132/60, BGHSt 15, 306 (310); Erbs/Kohlhaas/*Schaal*
§ 84 GmbHG Rn. 24; Rowedder/Schmidt-Leithoff/*Schaal*, GmbHG, § 84 Rn. 61.
[94] BGH Urt. v. 4.4.1979 – 3 StR 488/78, BGHSt 28, 371 (373).
[95] BGH Urt. v. 22.2.2001 – 4 StR 421/00, NJW 2001, 1874.
[96] Zur Problematik, dass die nach der Insolvenzordnung bereits bei drohender Zahlungsunfähigkeit mögliche Stellung eines Insolvenzantrags das Risiko einer potenziellen
Insolvenzstrafbarkeit birgt: *Röhm* NZI 2002, 134 mwN.

Tatbestandsmerkmale von Abs. 1 oder 2 vorsätzlich gehandelt, kommt eine Bestrafung wegen **fahrlässigen Bankrotts** nach Abs. 4 oder 5 in Betracht. Gemäß Abs. 3 ist der **Versuch** strafbar.

55 Weitere Voraussetzung für eine Strafbarkeit ist nach Abs. 6 der Eintritt von Zahlungseinstellung oder die Eröffnung des Insolvenzverfahrens oder dessen Ablehnung mangels Masse.

2. Täterkreis

56 a) § 283 StGB ist ein Sonderdelikt. **Täter** kann nur der Schuldner sein. Im Falle der Privatinsolvenz ist dies die jeweilige **natürliche Person**.

57 Bei **Gesellschaften** ist nach den einzelnen Gesellschaftsformen zu unterscheiden: Bei einer Gesellschaft des bürgerlichen Rechts, einer OHG und der Vorgesellschaft einer GmbH sind nach § 14 Abs. 1 Nr. 2 StGB taugliche Täter die einzelnen Gesellschafter, ggf. sind sie Mittäter. Bei der KG kommen als Täter die Komplementäre in Betracht. Die Kommanditisten scheiden grundsätzlich als Täter aus.

58 Für **juristische Personen** richtet sich die Tätereigenschaft nach § 14 Abs. 1 Nr. 1 StGB. Täter bei der GmbH ist somit der Geschäftsführer. Bei mehreren Geschäftsführern ist jeder tauglicher Täter.

59 Bei den Unterlassungsdelikten des § 283 Abs. 1 Nr. 5 erste Alt. und Nr. 7 Buchst. b StGB sind regelmäßig alle Mitglieder des jeweiligen Vertretungsorgans verantwortlich. Eine **geschäftsinterne Ressortverteilung** entlastet keinen der Geschäftsführer.[97] Im Falle der Auflösung sind die Liquidatoren verantwortlich.

60 Bei der **GmbH & Co. KG** wird der GmbH-Geschäftsführer als Täter angesehen, wenn er – wie üblich – auch die Geschäfte der KG führt.[98] Die Krisen- und sonstigen Merkmale müssen bei der KG vorliegen, nicht bei der Komplementär-GmbH. Zu beachten ist, dass häufig durch den Geschäftsführer der Komplementär-GmbH Bankrotthandlungen nicht nur in Bezug auf die GmbH & Co. KG begangen werden, sondern zusätzlich auch bzgl. der GmbH. Soweit es dabei um die Nichterfüllung der Bilanzierungspflichten für beide Gesellschaften geht, liegt Tateinheit vor.[99] Für die sonstige **atypische KG** sowie die **atypische OHG**, bei der die Gesellschafter keine natürlichen Personen sind, gelten die gleichen Grundsätze wie für die GmbH & Co. KG. Als Täter kommen die Geschäftsführer oder sonstigen Organvertreter in Betracht.

61 Wer **beauftragt** ist, einen Betrieb ganz oder zum Teil zu leiten, kann gemäß **§ 14 Abs. 2 S. 1 Nr. 1 StGB** Täter sein. Betrieb ist hier im weiten Sinn zu verstehen. Erfasst werden auch Geschäfte, Reparaturwerkstätten, Geldinstitute, Forschungseinrichtungen, Büros, Agenturen, die Kanzlei eines Anwalts und die Praxis eines Arztes. Auf die rechtliche Form kommt es nicht an.[100] Die Beauftragung muss nicht „förmlich" oder „ausdrücklich" erfolgen, eine konkludente

---

[97] BGH Beschl. v. 19.12.1997 – 2 StR 420/97, NStZ 1998, 247 (248).
[98] BGH Urt. v. 17.12.1963 – 1 StR 391/63, BGHSt 19, 174; LK/*Tiedemann* vor § 283 Rn. 65 mwN.
[99] BGH 13.1.1981 – 5 StR 414/80, GA 1981, 518 = bei *Holtz* MDR 1981, 454 für § 283b StGB.
[100] *Fischer* § 14 Rn. 8; LK/*Schünemann* § 14 Rn. 54.

Beauftragung reicht aus.¹⁰¹ Als Beauftragter kommt beispielsweise der technische oder kaufmännische Leiter eines Gesamtbetriebs, aber auch der Leiter eines Zweigbetriebs oder eines räumlich getrennten Betriebsteils oder einer Abteilung innerhalb des Betriebs in Betracht.¹⁰²

Wer zwar nicht den Betrieb leitet, aber ausdrücklich **beauftragt** ist, in eigener Verantwortung Aufgaben wahrzunehmen, die dem Inhaber des Betriebs obliegen, kann über **§ 14 Abs. 2 S. 1 Nr. 2 StGB** strafrechtlich zur Verantwortung gezogen werden. Dies kann zB ein Buchhalter sein, der gegen § 283 Abs. 1 Nr. 5, 6 oder 7 StGB verstößt oder der Steuerberater, der mit der Buchhaltung oder Bilanzierung beauftragt wurde. Strafbar machen sich eventuell auch Leiter und Angestellte von Kreditinstituten bei Übernahme des gesamten Zahlungsverkehrs des Schuldners sowie Unternehmensberater, Wirtschaftsprüfer und sonstige (tatsächliche oder angebliche) Sanierer.¹⁰³ Zu beachten ist, dass die Nr. 2 von § 14 Abs. 2 S. 1 StGB – anders als die Nr. 1 – die **ausdrückliche** Beauftragung verlangt. Ein konkludenter Auftrag genügt nicht, wenngleich der Ausdruck „Auftrag" nicht unbedingt verwendet werden muss. Darüber hinaus ist es nach § 14 Abs. 2 S. 1 Nr. 2 StGB erforderlich, dass der Beauftragte die Aufgaben **in eigener Verantwortung** wahrzunehmen hat. Er muss also befugt sein, Entscheidungen frei und eigenverantwortlich zu treffen, die eigentlich dem Inhaber des Betriebs obliegen.¹⁰⁴ Eine Kontrolle oder Überwachung durch den Inhaber des Betriebs steht der eigenen Verantwortung des Beauftragten nicht entgehen. Hierzu ist der Inhaber oder Organvertreter sogar in gewissem Umfang verpflichtet, so dass der Inhaber sich trotz Beauftragung eines Dritten ggf. nach § 283 Abs. 1 Nr. 5 StGB strafbar machen kann, **Geschäftsherrenhaftung**.¹⁰⁵

b) Personen, die nicht als Täter in Betracht kommen, können **Teilnehmer** (Anstifter oder Gehilfen) sein. Da bei Fahrlässigkeitsdelikten eine Teilnahme ausscheidet, kann nur zu den Tatbeständen der Abs. 1, 2 und 4 Nr. 2 angestiftet oder Hilfe geleistet werden. § 283 Abs. 4 Nr. 2 StGB ist nach § 11 Abs. 2 StGB eine Vorsatztat. Zu beachten ist, dass diejenigen Personen, die beispielsweise als Geschäftspartner des Schuldners an Verlust-, Spekulations- oder Differenzgeschäften nach § 283 Abs. 1 Nr. 2 StGB mitwirken oder Waren erwerben, die der Schuldner unter Verwirklichung des § 283 Abs. 1 Nr. 3 StGB veräußert, sich als **notwendige Teilnehmer** nicht der Beihilfe strafbar machen.¹⁰⁶ Dies gilt jedoch dann nicht, wenn die Beihilfehandlung über das zur Tatbestandserfüllung unbedingt Notwendige hinausgeht. Beschränkt sich die Mitwirkung desjenigen, der vom Täter in Kenntnis von dessen Krisensituation Waren unter Wert erwirbt auf die Annahme des Kaufangebots, liegt ein Fall notwendiger Teilnahme vor. Anders hingegen, wenn er beispielsweise infolge von Verhandlungen eine

---

¹⁰¹ BGH Urt. v. 4.7.1989 – VII ZR 23/89, NJW-RR 1989, 1185; *Fischer* § 14 Rn. 9; LK/*Schünemann* § 14 Rn. 58.
¹⁰² *Fischer* § 14 Rn. 10.
¹⁰³ LK/*Tiedemann* vor § 283 Rn. 30, 66, 78.
¹⁰⁴ *Fischer* § 14 Rn. 13; LK/*Schünemann* § 14 Rn. 60.
¹⁰⁵ LK/*Schünemann* § 14 Rn. 65.
¹⁰⁶ Schönke/Schröder/*Heine/Schuster* § 283 Rn. 65; LK/*Tiedemann* § 283 Rn. 71, 80, 229; BGH bei Herlan GA 1956, 348.

Kaufpreisreduzierung unter Wert erreicht. Darüber hinaus bleibt die Möglichkeit der Strafbarkeit wegen **Anstiftung** in jedem Fall bestehen.[107]

3. Krisensituation und Strafbarkeitsbedingung nach Abs. 6

64 Nach § 283 Abs. 6 StGB ist die Tat nur unter bestimmten Voraussetzungen strafbar. Es sind alternativ erforderlich:
– Zahlungseinstellung,
– Insolvenzeröffnung oder
– Abweisung der Eröffnung mangels Masse.

65 Hierbei handelt es sich nach ganz hM[108] um **objektive Bedingungen der Strafbarkeit.** Damit kommt es nur auf ihr tatsächliches Vorhandensein an, nicht aber, ob der Täter diesbezüglich vorsätzlich oder fahrlässig gehandelt hat. Ein Kausalzusammenhang zwischen der Tathandlung und der objektiven Strafbarkeitsbedingung braucht nicht zu bestehen, jedoch muss ein Gefahrzusammenhang in zeitlicher und tatsächlicher Hinsicht zwischen Tathandlung und Eintritt der objektiven Strafbarkeitsbedingung bestehen.[109] Ein derartiger Zusammenhang wird unter anderem angenommen, wenn von Tathandlung und Insolvenzeröffnung zumindest teilweise die gleichen Gläubiger betroffen waren,[110] eine enge zeitliche Verknüpfung zwischen Tathandlung und Eintritt der objektiven Strafbarkeitsbedingung besteht oder im Falle des Unterlassens die gebotene Handlung nicht nachgeholt wurde.[111] Bei Buchführungs- oder Bilanzierungsverstößen ist ein solcher Zusammenhang immer anzunehmen, da die durch die Buchführungs- und Bilanzierungspflichten angestrebte Selbstinformationsmöglichkeit sowie die Dokumentation und Information für die Gläubiger verletzt ist.[112] Darüber hinaus ist es bei juristischen Personen oder sonstigen Gesellschaften nicht erforderlich, dass der Täter bei Eintritt der Strafbarkeitsbedingung die Organstellung noch innehat. Täter kann also zB auch der ehemalige Geschäftsführer der insolventen GmbH sein, wenn während seiner Geschäftsführereigenschaft für die GmbH keine Bilanzen erstellt wurden, die Insolvenzeröffnung aber erst nach Ende seiner Geschäftsführerstellung eintrat.

66 Was unter **Zahlungseinstellung** zu verstehen ist, wurde bereits dargestellt (→ § 2 Rn. 75 ff.). **Insolvenzeröffnung** ist der rechtskräftige Eröffnungsbeschluss, vgl. § 27 InsO. Der Strafrichter ist an den Eröffnungsbeschluss gebunden. Er hat dessen Berechtigung nach ganz hM nicht nachzuprüfen. Dem Täter ist es verwehrt, sich auf Einwendungen gegen die Berechtigung des Beschlusses zu berufen. Das Gleiche gilt für den Beschluss, mit dem die **Insolvenzeröffnung abgelehnt** wird, § 26 Abs. 1 S. 1 InsO.

---

[107] LK/*Tiedemann* § 283 Rn. 229.
[108] BGH Urt. v. 20.12.1978 – 3 StR 408/78, BGHSt 28, 231 (234); LK/*Tiedemann* vor § 283 Rn. 89 ff.; *Fischer* vor § 283 Rn. 12 ff.
[109] BGH Urt. v. 30.8.2007 – 3 StR 170/07, NStZ 2008, 401 (402); Schönke/Schröder/ Heine/Schuster § 283 Rn. 59.
[110] BGH Urt. v. 30.8.2007 – 3 StR 170/07, NStZ 2008, 401 (402); Schönke/Schröder/ Heine/Schuster § 283 Rn. 59.
[111] *Pelz,* Strafrecht in Krise und Insolvenz, Rn. 240 ff.
[112] BGH Beschl. v. 13.2.2014 – 1 StR 336/13, ZInsO 2014, 1058 (1059).

Hat der Täter zwar während der Krise gehandelt, die **Krise** aber **überwunden**, entfällt das Strafbedürfnis nach ganz hM.[113] Dies bedeutet, dass die Tat nicht bestraft wird, wenn zwischen der Krise und den objektiven Bedingungen der Strafbarkeit keine tatsächliche Beziehung besteht. Das ist beispielsweise dann der Fall, wenn der Täter nach der Bankrotthandlung seine Zahlungsfähigkeit wieder hergestellt oder die Überschuldung überwunden hat und er später aus anderen Gründen seine Zahlungen einstellt oder aus Gründen, die mit der damaligen Krise nicht im Zusammenhang stehen, über das Vermögen des Täters das Insolvenzverfahren eröffnet oder die Eröffnung mangels Masse abgewiesen wird. Der fehlende Zusammenhang muss feststehen. Zweifel gehen zu Lasten des Täters; der Grundsatz „in dubio pro reo" gilt insoweit nicht.[114] 67

4. Rechtsfolgen

Verstöße gegen § 283 StGB haben primär die im StGB angedrohte Kriminalstrafe zur Folge. Das Gesetz sieht für Zuwiderhandlungen nach **Abs. 1 und 2 des § 283 StGB** Freiheitsstrafe bis zu fünf Jahre oder Geldstrafe vor. Bei Fahrlässigkeit – wenn auch nur hinsichtlich einzelner Merkmale wie bei Abs. 4 Nr. 2 – kommt nach **§ 283 Abs. 4 und 5 StGB** eine Ahndung mit Freiheitsstrafe bis zu zwei Jahren oder Geldstrafe in Betracht. Für besonders schwere Fälle droht das Gesetz in **§ 283a StGB**[115] Freiheitsstrafe von sechs Monaten bis zu zehn Jahren an. Dem Unrechtsgehalt der Tat, der je nach Verwirklichung der einzelnen Bankrottatbestände sehr unterschiedlich sein kann, ist im Rahmen der Strafzumessung Rechnung zu tragen. Der **Versuch** des Bankrotts nach § 283 Abs. 1 oder 2 StGB, der nach § 283 Abs. 3 StGB strafbar ist, kann nach § 23 Abs. 1 StGB milder bestraft werden. Für den Fall, dass das Gericht eine Milderung bejaht, reduziert sich das Höchstmaß nach § 49 Abs. 1 Nr. 2 StGB auf Freiheitsstrafe bis zu drei Jahre und neun Monate oder Geldstrafe bis zu 270 Tagessätze. 68

II. Vermögensschädigende Handlungen

Im Folgenden werden nur die in der strafgerichtlichen Praxis wichtigsten Tathandlungen und Unterlassungen knapp dargestellt. 69

1. Beiseiteschaffen und Verheimlichen von Vermögensbestandteilen (Abs. 1 Nr. 1)

a) Die Tathandlung besteht im Beiseiteschaffen, Verheimlichen, Zerstören, Beschädigen oder Unbrauchbarmachen von Bestandteilen des schuldnerischen Vermögens, die im Fall der Eröffnung des Insolvenzverfahrens zur Insolvenzmasse gehören. Welche Vermögensbestandteile davon erfasst sind, ergibt sich aus § 35 InsO.[116] Nicht zur Insolvenzmasse gehören jedoch Vermögensbestand- 70

---

[113] Schönke/Schröder/*Heine/Schuster* § 283 Rn. 59; Müller-Gugenberger/*Richter*, § 81 Rn. 78.
[114] OLG Hamburg Urt. v. 31.10.1986 – 2 Ss 98/86, NJW 1987, 1342 (1343f.); LK/*Tiedemann* vor § 283 Rn. 92; *Fischer* vor § 283 Rn. 17.
[115] Dazu → Rn. 109.
[116] Vgl. → § 9 Rn. 2ff.

teile, die der Insolvenzverwalter freigibt. Die Begriffe des Zerstörens, Beschädigens oder Unbrauchbarmachens entsprechend denjenigen der Sachbeschädigung, § 303 StGB, kommen in der Praxis aber nur sehr selten vor.

71 **b) Ein Beiseiteschaffen** von Vermögensgegenständen liegt dann vor, wenn diese dem Zugriff der Gläubiger oder des Insolvenzverwalters in tatsächlicher oder rechtlicher Hinsicht entzogen werden oder wenn der Zugriff hierauf wesentlich erschwert wird. Eine Gläubigerbenachteiligungsabsicht muss nicht zwingend vorliegen. Ein Beiseiteschaffen kann zB in folgenden Konstellationen vorliegen:
- Verbringen von Betriebsvermögen oder Vorräten an einen anderen Ort
- Umleitung von Geldern von Geschäfts- auf Privatkonten
- Entnahme von Geld aus der Kasse zu betriebsfremden Zwecken
- Übertragung von Vermögenswerten auf neu gegründete Gesellschaften
- Überweisung auf schwer zugängliche ausländische Konten des Unternehmens[117]
- Scheinveräußerung
- Veräußerungen von Vermögenswerten ohne entsprechenden greifbaren Gegenwert.

72 Damit ist auch die Übertragung von Vermögensbestandteilen auf eigens zu diesem Zweck gegründete Unternehmen des Täters erfasst, soweit nicht insolvenzunabhängige Gründe vorliegen oder eine entsprechende Gegenleistung erbracht wird. Das gleichzeitige Beiseiteschaffen mehrerer Vermögensgegenstände stellt eine einzige Bankrotthandlung iSd § 283 Abs. 1 Nr. 1 StGB dar.

73 Kein Beiseiteschaffen, sondern Gläubigerbegünstigung nach § 283c StGB stellt nach Inkrafttreten des MoMiG hingegen die Gewährung von **Leistungen oder Sicherheiten auf Gesellschafterdarlehen** dar.[118]

74 Voraussetzung einer Strafbarkeit ist jedoch, dass die Vermögensverschiebung den **Rahmen einer ordnungsgemäßen Wirtschaftsführung** überschreitet. Dies ist dann nicht der Fall, wenn eine wirtschaftlich vernünftige Zielsetzung verfolgt wird und die Befriedigungsinteressen der Gläubiger gewahrt sind. Dazu gehören alle Verhaltensweisen, bei denen eine Schmälerung der Insolvenzmasse nicht eintritt, insbesondere wenn für die Hingabe eines Vermögensgegenstandes ein wirtschaftlich gleichwertiger Gegenwert erworben wird, bei der Erfüllung fälliger und einredefreier Verbindlichkeiten, der Überlassung sicherungsübereigneter Gegenstände an den Gläubiger. Entnahmen des Schuldners zur Aufrechterhaltung eines angemessenen Lebensunterhalts oder zur Befriedigung fälliger, gegebenenfalls reduzierter Gehaltsansprüche sind zulässig.[119]

75 **c) Ein Verheimlichen von Vermögensbestandteilen** liegt vor, wenn zur Insolvenzmasse gehörige Gegenstände vor den Gläubigern verborgen und dem Zugriff des Insolvenzverwalters entzogen werden sollen. Dies kann beispielsweise vorliegen
- beim Ableugnen (des Besitzes) von Vermögensstücken,
- beim Vorspiegeln eines den Gläubigerzugriff hindernden Rechtsverhältnisses,

---

[117] BGH Urt. v. 29.4.2010 – 3 StR 314/09, NJW 2010, 2894 (2898).
[118] OLG Celle Beschl. v. 23.1.2014 – 2 Ws 347/13, wistra 2014, 363.
[119] *Fischer* § 283 Rn. 4b.

– bei unrichtigen Angaben gegenüber dem Insolvenzverwalter über Umstände, die ein Anfechtungsrecht betreffen,
– beim Einziehen und Einbehalten eines vor Insolvenzeröffnung fällig gewordenen und nach der Insolvenzeröffnung vom Käufer bezahlten Kaufpreises.

2. Verlustgeschäfte und unwirtschaftliche Ausgaben (Abs. 1 Nr. 2)

§ 283 Abs. 1 Nr. 2 verbietet ua das Eingehen von Verlust- oder Spekulationsgeschäften oder das Verbrauchen bzw. Schuldigwerden übermäßiger Beträge durch unwirtschaftliche Ausgaben. In beiden Fällen ist weitere Voraussetzung, dass die Geschäfte mit den Anforderungen einer ordnungsgemäßen Wirtschaft nicht in Einklang stehen. 76

Verlustgeschäfte sind solche, bei denen schon nach der im Voraus getroffenen Kalkulation die Einnahmen hinter den Ausgaben zurückbleiben und die deshalb zu einer Vermögenseinbuße führen. Erfasst davon sind Schleudergeschäfte oder Verkäufe unter Gestehungskosten, nicht hingegen solche Geschäfte, bei denen sich erst im Nachhinein herausstellt, dass sie verlustbringend waren. Zulässig kann aber der Unterpreisverkauf verderblicher Waren oder die Eingehung einzelner verlustbringender Geschäfte zur Überwindung einer Krise sein. Kein Verlustgeschäft liegt hingegen vor, wenn Waren unter Marktpreis, aber über Gestehungskosten verkauft werden, jedoch kann dann Abs. 1 Nr. 8 verwirklicht sein. 77

Unwirtschaftliche Ausgaben liegen dann vor, wenn ihnen keine gleichwertige Gegenleistung mehr gegenübersteht, sie zu einer Verringerung des Vermögens oder der Liquidität des Schuldners führen oder als wirtschaftlich sinnlos anzusehen sind. Dies kann bei der Weiterführung eines unrentablen Betriebsteils, der Vornahme aussichtsloser Investitionen oder Sanierungsbemühungen aber auch bei Zahlung überhöhter Geschäftsführungsgehälter oder überzogenem Repräsentationsaufwand der Fall sein.[120] 78

3. Warenbeschaffung auf Kredit (Abs. 1 Nr. 3)

Diese Tathandlung untersagt die Veräußerung von Waren oder aus ihnen hergestellten Sachen, sofern dies erheblich unter Wert erfolgt und den Anforderungen einer ordnungsgemäßen Wirtschaft widerspricht. Erfasst werden dabei jedoch nur Gegenstände, die auf Warenkredit beschafft wurden, zB bei Kauf auf Ziel oder unter Eigentumsvorbehalt. Durch Barkredit finanzierte Waren fallen nicht hierunter. Verschleudert werden Waren dann, wenn sie ohne nachvollziehbaren wirtschaftlichen Grund erheblich unter Marktpreis abgegeben werden. Räumungsverkäufe, übliche Sonderangebote oder günstige Angebote zur Markterschließung sind jedoch ebenso zulässig wie der Verkauf einzelner Waren unter Marktpreis bei einer Mischkalkulation.[121] 79

4. Vortäuschen von Rechten (Abs. 1 Nr. 4)

Beim Vortäuschen von Rechten anderer oder der Anerkennung erdichteter Rechte wird eine höhere Passivmasse vorgetäuscht. Dies kann geschehen durch 80

---

[120] Wabnitz/Janovsky/*Pelz*, Kapitel 9, Rn. 129.
[121] *Fischer* § 283 Rn. 15.

Vorspiegeln von tatsächlich nicht stattgefundenen (Sicherungs-)Übereignungen, Verpfändungen, (Sicherungs-)Abtretungen oder ähnlichem, durch Rückdatierung von entsprechenden Vereinbarungen oder durch Täuschung über die Person des wirklichen Anspruchsberechtigten.

5. Sonstiges Verringern (Abs. 1 Nr. 8)

81 Die Tathandlungen des Abs. 1 Nr. 8 stellen einen Auffangtatbestand für solche vermögensschädigenden Handlungen oder Täuschungen dar, die nicht schon von Abs. 1 Nr. 1–7 erfasst sind, diesen aber an Sozialschädlichkeit gleichstehen. Ein Verringern des Vermögensstands kann beispielsweise erfolgen durch
- Wirtschaften ohne ein Mindestmaß an erforderlicher Planung
- Gründung oder Erwerb eines Unternehmens mit unzureichendem Eigenkapital
- Umleiten von Umsätzen
- Veräußerung von nicht auf Kredit gekauften Waren unter Marktpreis.

82 Untersagt ist auch das Verschleiern oder Verheimlichen der geschäftlichen Verhältnisse, das heißt solcher Umstände, die für die Beurteilung der Kreditwürdigkeit des Schuldners von Bedeutung sind.[122] Dies kann geschehen durch zB
- Anfertigung von Scheinbilanzen
- zum Schein erfolgte Sitzverlegung
- Vor- oder Rückdatierung von Verträgen oder Urkunden
- Bestellung eines tatsächlich unerreichbaren Geschäftsführers.

II. Buchführungsverstöße (§ 283 Abs. 1 Nr. 5 und 6)

1. Unterlassene oder unordentliche Buchführung, § 283 Abs. 1 Nr. 5

83 **a) Überblick.** Diese Regelungen haben in der Praxis große Bedeutung, da die Bücher häufig nicht ordnungsgemäß geführt werden, ein ordnungsgemäßes Rechnungswesen aber gerade zur Erkennung und Vermeidung der Insolvenz oder für eine geordnete Insolvenzabwicklung von Wichtigkeit ist. Werden Buchführungsverstöße nach Eintritt der wirtschaftlichen Krise begangen, werden diese nach § 283 Abs. 1 Nr. 5 und 6 StGB erfasst, war die Krise noch nicht eingetreten, ist dies dennoch nach § 283b Abs. 1 Nr. 1 und 2 StGB, wenngleich mit deutlich niedrigerem Strafrahmen, strafbar.

84 **b) Täter** kann nur derjenige sein, der handelsrechtlich, nicht steuerrechtlich, zum **Führen von Handelsbüchern** verpflichtet ist. Buchführungspflichtig sind nach § 238 HGB alle Kaufleute mit Ausnahme nicht eingetragener Kleingewerbetreibender. Allerdings enthält § 241a HGB Befreiungen für Einzelkaufleute. Bei Handelsgesellschaften sind alle vertretungsberechtigten Gesellschafter buchführungspflichtig. Für juristische Personen ist die Pflicht zum Führen von Büchern in § 41 GmbHG, § 91 Abs. 1 AktG, § 33 Abs. 1 S. 1 GenG geregelt. Die Verpflichtung trifft hier die zuständigen Organmitglieder, also den Vorstand, die Geschäftsführer oder Liquidatoren. Verfügen diese über keine zurei-

---

[122] BGH Beschl. v. 24.3.2009 – 5 StR 353/08, NStZ 2009, 635 (636).

chenden Kenntnisse, müssen sie für die Erledigung durch Angestellte oder außenstehende Hilfspersonen Sorge tragen und gegebenenfalls einen Buchhalter oder Steuerberater beauftragen. Derjenige, der nicht gesetzlich buchführungspflichtig ist, aber freiwillig Bücher führt, wird nicht erfasst.

c) Die **Tathandlung** bei § 283 Abs. 1 **Nr. 5**, § 283b Abs. 1 Nr. 1 StGB ist entweder das vollständige Unterlassen des Führens von Handelsbüchern oder die mangelhafte Buchführung. Dass überhaupt keine Buchführung erfolgt, nicht einmal solcher rudimentärer Art, ist eher selten. Die Buchführung ist dann mangelhaft, wenn sie den Grundsätzen ordnungsgemäßer Buchführung widerspricht. Dies kann zB geschehen durch

– Luft- und Scheinbuchungen
– Nichtaufzeichnung einzelner Geschäftsvorfälle
– Verheimlichen von Geschäftskonten
– Verschleierung von Datum oder wirklichem Inhalt von Geschäften
– fehlende hinreichende Verknüpfung zwischen Buchführung und Belegen
– bloße Vorkontierung, ohne endgültige Buchung
– Nichtführung einzelner Handelsbücher.

Eine mangelhafte Buchführung liegt auch dann vor, wenn erhebliche Buchungsrückstände bestehen. Als noch zeitgerecht ist eine Buchführung anzusehen, wenn bei kleineren Unternehmen die Rückstände nicht größer als die der letzten 4–6 Wochen sind.[123]

Beruht die unterbliebene oder mangelhafte Buchführung auf einem Unterlassen, setzt die Strafbarkeit voraus, dass dem Buchführungspflichtigen die Vornahme der gebotenen Buchhaltungstätigkeiten tatsächlich möglich war. Hat er selbst keine hinreichenden Fertigkeiten, muss er für die gehörige Erfüllung durch internes Personal oder durch Beauftragung Externer Sorge tragen.[124]

Durch die Buchführungsmängel muss zudem die **Übersicht über den Vermögensstand** erschwert sein. Dies ist dann gegeben, wenn ein sachverständiger Dritter den von § 238 Abs. 1 HGB geforderten klaren Überblick über die Geschäftsvorfälle und die Lage des Unternehmens nicht innerhalb angemessener Zeit und nur mit besonderer Mühe gewinnen kann (vgl. auch § 239 Abs. 1 S. 2 HGB). Kleinere Buchführungsmängel werden daher meist unschädlich sein.

d) **Mehrere Verstöße** gegen die Buchführungspflicht innerhalb eines bestimmten Zeitraums bilden **eine einzige Tat** iSd § 52 StGB. Sie machen die Buchführung insoweit insgesamt unordentlich, da sie in ihrer Gesamtheit zu bewerten ist (Bewertungseinheit).[125] Dies ist beispielsweise dann der Fall, wenn der Täter die Buchführung von Anfang an unterlässt. Auch wenn dabei zunächst die Krisenmerkmale fehlen, so dass bei Beginn grundsätzlich (nur) § 283b Abs. 1 Nr. 1 StGB verwirklicht ist, greift insgesamt § 283 Abs. 1 Nr. 5 StGB ein.[126]

---

[123] Müller-Gugenberger/*Richter*, § 85 Rn. 36.
[124] Zu fehlenden finanziellen Mitteln, vgl. → Rn. 109.
[125] BGH Beschl. v. 18.1.1995 – 2 StR 693/94, NStZ 1995, 347.
[126] BGH Beschl. v. 5.11.1997 – 2 StR 462/97, NStZ 1998, 192 (193).

2. Beiseiteschaffen und Verheimlichen von Handelsbüchern

90 Von § 283 Abs. 1 Nr. 6, § 283b Abs. 1 Nr. 2 (Beiseiteschaffen, Verheimlichen, Zerstören oder Beschädigen von Handelsbüchern) sind alle tatsächlich geführten Handelsbücher erfasst, nicht nur diejenigen, zu deren Führung der Kaufmann gesetzlich verpflichtet ist, sowie solche Unterlagen, deren Aufbewahrung einem Kaufmann nach Handelsrecht vorgeschrieben ist. Dazu gehören zB Inventare und Bilanzen sowie sämtliche Handelskorrespondenz (§ 238 Abs. 2, § 257 Abs. 1 Nr. 2, 3 HGB). Weitere aufbewahrungspflichtige Unterlagen ergeben sich aus § 257 Abs. 1 HGB. Die Tathandlungen müssen vor Ablauf der entsprechenden Aufbewahrungsfristen vorgenommen werden. Die Aufbewahrungsfristen betragen gemäß § 257 Abs. 4 HGB teils sechs, teils zehn Jahre, jeweils ab Schluss des Kalenderjahrs, vgl. § 257 Abs. 5 HGB. Durch die Handlung muss die Übersicht über den Vermögensstand erschwert werden. Hierfür gelten die gleichen Kriterien wie bei § 283 Abs. 1 Nr. 5 StGB.

III. Bilanzverstöße (Abs. 1 Nr. 7)

91 Die Regelung in § 283 Abs. 1 Nr. 7, § 283b Abs. 1 Nr. 3 StGB über Bilanzverstöße hat in der Praxis ebenfalls große Bedeutung. Bei einer Vielzahl von insolventen Unternehmen werden die Bilanzen nicht, nicht ordnungsgemäß oder verspätet aufgestellt. Bilanzierungsverstöße, die bei bereits eingetretener Krise begangen wurden, werden von § 283 Abs. 1 Nr. 7 StGB erfasst, solche, die sich außerhalb der Krisensituation ereignet haben, von § 283b Abs. 1 Nr. 3.

1. Bilanzierungspflicht

92 Nach § 242 Abs. 1 HGB hat der Kaufmann zu Beginn seines Handelsgewerbes sowie für den Schluss eines jeden Geschäftsjahres eine **Bilanz über sein Vermögen und seine Schulden** aufzustellen. Bei Liquidation einer Gesellschaft sind nach § 71 Abs. 1 GmbHG eine Liquidationseröffnungs- sowie eine Liquidations-Jahresbilanz zum Ende jeden Geschäftsjahrs aufzustellen. § 283 Abs. 1 Nr. 7, § 283b Abs. 1 Nr. 3 StGB beziehen sich jeweils auf die **Handelsbilanz**, nicht die Steuerbilanz. Vom Anwendungsbereich des Abs. 1 Nr. 7 sind hingegen ausgenommen die Gewinn- und Verlustrechnung (§ 242 Abs. 2 HGB), die zusammen mit der Bilanz den Jahresabschluss (§ 242 Abs. 3 HGB) bildet, sowie der Lagebericht (§ 264 Abs. 2 Satz 1 HGB).

2. Tathandlung

93 a) **mangelhafte Bilanzierung.** Eine **mangelhafte Bilanzaufstellung** (§ 283 Abs. 1 Nr. 7a, § 283b Abs. 1 Nr. 3a StGB) liegt vor, wenn bei Aufstellung der Bilanz gegen die Grundsätze der §§ 242–256, 264–288 HGB, insbesondere die Grundsätze der Bilanzwahrheit, Bilanzklarheit oder Bilanzkontinuität verstoßen wurde. Dies ist auch dann der Fall, wenn steuerliche Wahlrechte entgegen § 5 Abs. 1 Satz 1 HS 2 EStG in der Handelsbilanz nicht korrigiert wurden.[127]

---

[127] Wabnitz/Janovsky/*Pelz*, Kapitel 9 Rn. 157; *Reck* ZInsO 2011, 1969 (1971).

Bilanzierungsmängel werden oftmals auch zu einer unrichtigen Darstellung iSv § 331 Abs. 1 Nr. 1 HGB führen.

Die fehlerhafte Aufstellung der Bilanz ist nur dann strafbar, wenn hierdurch die **Übersicht über den Vermögensstand des Kaufmanns erschwert** wird. Hierfür gelten die gleichen Maßstäbe wie bei der mangelhaften Buchführung. 94

b) nicht rechtzeitige Bilanzierung. Die durch § 283 Abs. 1 Nr. 7 Buchst. b, § 283b Abs. 1 Nr. 3 Buchst. b StGB strafbewehrte **nicht rechtzeitige Aufstellung von Bilanz oder Inventar** erfasst zeitliche Verstöße. Der Täter, der die Bilanz verspätet aufstellt, steht somit demjenigen gleich, der gar keine Bilanz erstellt. Der unterschiedliche Grad des Unrechts wird bei der Strafzumessung berücksichtigt. Bei bloßen zeitlichen Verzögerungen aber ansonsten ordnungsgemäßem Verhalten werden Ermittlungsverfahren oftmals nach dem Opportunitätsprinzip (§§ 153, 153a StPO) eingestellt. 95

Inventar ist die geordnete Zusammenstellung des Vermögens und der Verbindlichkeiten des Kaufmanns nach § 240 HGB. §§ 241, 241a HGB enthalten Erleichterungen bzw. Befreiungen von der Pflicht zur Inventarerrichtung. 96

Strafrechtlich relevant ist häufig ein Verstoß gegen die Pflicht zur rechtzeitigen Aufstellung der **Bilanz,** nicht des Jahresabschlusses. Dabei kommt es auf die **handelsrechtlichen Bilanzierungsfristen** an, so dass Fristverlängerungen der Finanzbehörden für die Einreichung der Steuerbilanz unerheblich sind. Handelsrechtlich maßgeblich sind daher folgende Fristen: 97
– **3 Monate** für AG, KGaA und GmbH (§ 264 Abs. 1 S. 2 HGB) sowie für bestimmte OHG- und KG-Konstruktionen wie zB die GmbH & Co. KG (§ 264a HGB);
– **5 Monate** für Wirtschaftsgenossenschaften (§ 336 Abs. 1 S. 2 HGB);
– **6 Monate** für kleine Kapitalgesellschaften iSd § 267 Abs. 1 HGB, wenn dies einem ordnungsgemäßen Geschäftsgang entspricht (§ 264 Abs. 1 S. 3 HGB), und als regelmäßige Höchstfrist für Personengesellschaften und Einzelkaufleute.

Bei den einzelkaufmännischen Unternehmen und den im HGB geregelten Gesellschaften (OHG, KG), soweit sie nicht unter § 264a HGB fallen, ist eine bestimmte Frist nicht ausdrücklich geregelt. § 243 Abs. 3 HGB stellt vielmehr auf den **ordnungsgemäßen Geschäftsgang** ab. Hierbei dient die kleine GmbH als Leitbild, so dass der Jahresabschluss zumindest innerhalb von sechs Monaten aufzustellen ist. Vor allem in der Unternehmenskrise ist nach hM[128] jedoch eine kürzere Frist anzusetzen. In der Praxis der Strafverfolgungsbehörden wird – schon aus Vereinfachungsgründen – bei Personengesellschaften und Einzelkaufleuten aber häufig auf die Sechsmonatsfrist abgestellt. Diese darf allenfalls bei Vorliegen besonderer Umstände geringfügig überschritten werden.[129] 98

Die Bilanz ist erst **aufgestellt** iSd § 242 Abs. 1 HGB, wenn sie unter Angabe des Datums unterzeichnet (§ 245 HGB) oder in sonstiger Weise als verbindlich anerkannt ist, zB durch Vorlage bei Banken. Eine als vorläufig oder als Entwurf gekennzeichnete Bilanz ist daher noch nicht aufgestellt. 99

---

[128] Nachweise bei LK/*Tiedemann* § 283 Rn. 147.
[129] LK/*Tiedemann* § 283 Rn. 147 mwN.

100 Das **Inventar** ist im ordnungsgemäßen Geschäftsgang zu erstellen. Da das Inventar Grundlage der Bilanzstellung ist, muss es jedenfalls spätestens kurz vor dem Bilanzierungsfristende erstellt sein.[130]

101 **c) Möglichkeit der richtigen und rechtzeitigen Bilanzierung.** Am pflichtwidrigen Unterlassen fehlt es dann, wenn es dem Kaufmann oder dem nach § 14 StGB Verantwortlichen aus tatsächlichen oder rechtlichen Gründen **unmöglich** ist, die Bilanz anzufertigen. Dies kann dann der Fall sein, wenn ein neuer Geschäftsführer oder der mit dem bisherigen Geschäftsführer nicht identische Liquidator wegen des völligen Durcheinanders in der Buchhaltung die Bilanz nicht oder nicht innerhalb der vorgeschriebenen Frist erstellen kann.[131] Legt der mit der Bilanzerstellung beauftragte Steuerberater diese erst verspätet vor, liegt jedenfalls dann kein Verstoß vor, wenn die zur Erstellung der Bilanz erforderlichen Unterlagen rechtzeitig übergeben wurden und der Geschäftsführer den Steuerberater zur rechtzeitigen Fertigstellung angehalten hat.[132] Eine tatsächliche Unmöglichkeit kann auch dann vorliegen, wenn bei mehrstöckigen Gesellschaften maßgebliche Bilanzen anderer Gesellschaften nicht rechtzeitig vorliegen. Fehlen dem Bilanzierungspflichtigen die hierfür notwendigen Kenntnisse oder Fertigkeiten, hat er entweder intern eine hierzu kompetente Person oder einen externen Dritten zu beauftragen.

102 Nach hM, insbesondere inzwischen gefestigter Rechtsprechung,[133] entfällt eine Straftat wegen Verletzung der Bilanzierungspflicht dann, wenn sich der Täter zur Erstellung der Bilanz oder zu ihrer Vorbereitung der Hilfe eines Steuerberaters bedienen muss, die hierzu erforderlichen **Mittel** jedoch **nicht aufbringen** kann. Die Voraussetzungen dieser auf den ersten Blick erheblichen Einschränkung der Strafbarkeit nach § 283 Abs. 1 Nr. 7 Buchst. b StGB (und nach § 283b Abs. 1 Nr. 3 Buchst. b StGB) liegen bei genauerem Hinsehen selten vor. Zum einen kann der Wegfall der Strafbarkeit bereits daran scheitern, dass der Täter die Bilanz **selbst** hätte **erstellen** können. Wer persönlich und fachlich dazu in der Lage ist, kann sich nicht auf Geldmangel für die Bezahlung von Hilfspersonen berufen. Dabei ist es unerheblich, ob der Täter die Buchführung und Bilanzerstellung bislang beispielsweise einem Steuerberater übertragen hatte. Wenn er diesen nicht mehr bezahlen kann, muss er es (wieder) selbst machen oder die in seinem Betrieb vorhandenen Buchführungskräfte einsetzen. Allein, dass frühere Bilanzen von einem Steuerberater gefertigt wurden, entschuldigt den Täter daher nicht automatisch.[134] Zum anderen bedeuten Zahlungsunfähigkeit oder Zahlungseinstellung nicht per se, dass damit auch die für die Bilanzerstellung erforderlichen Mittel fehlen. Gerade bei Zahlungsunfähigkeit iSd Insolvenzdelikte sind praktisch immer noch **liquide Geldmittel vorhanden**. Diese müssen vorrangig für die Erfüllung öffentlich-rechtlicher Pflichten wie

---

[130] MüKoHGB/*Ballwieser* § 240 Rn. 17.
[131] OLG Frankfurt aM Beschl. v. 6.10.1976 – 2 Ss 461/76, BB 1977, 312 (313).
[132] KG Beschl. v. 18.7.2007 – (4) 1 Ss 261/06 (147/07), NStZ 2008, 406; Schönke/Schröder/*Heine/Schuster* § 283 Rn. 47a.
[133] BGH Beschl. v. 5.11.1997 – 2 StR 462/97, NStZ 1998, 192 (193); KG Beschl. v. 18.7.2007 – (4) 1 Ss 261/06 (147/07), NStZ 2008, 406; Schönke/Schröder/*Heine/Schuster* § 283 Rn. 47a.
[134] Vgl. aber BGH Beschl. v. 22.8.2001 – 1 StR 328/01, wistra 2001, 465.

Pelz

der Bilanzierungspflicht verwendet werden.[135] Damit handelt es sich bei der Unmöglichkeit um einen absoluten Ausnahmefall. Dies gilt im Übrigen nicht nur bei Verstößen gegen die Pflicht zur Bilanzerstellung, sondern ebenso bei Verletzung der Buchführungspflicht, wenn man die zu § 283 Abs. 1 Nr. 7 Buchst. b und § 283b Abs. 1 Nr. 3 Buchst. b StGB ergangene Rechtsprechung hierauf überträgt.[136] Falls die Buchführung tatsächlich aus Geldmangel unmöglich ist, das Unternehmen aber dennoch fortgeführt wird, kommt zudem Strafbarkeit wegen Insolvenzverschleppung und wegen Bankrotts nach § 283 Abs. 1 Nr. 8 StGB in Betracht. Im Falle von aufkommenden Liquiditätsproblemen tendiert der BGH dazu, den Geschäftsführer für verpflichtet zu halten, für das Vorhandensein hinreichender Liquidität zur Bilanzerstellung Sorge zu tragen.[137]

3. Konkurrenzen

Bei mehreren Verstößen gegen die Bilanzierungspflicht sind in der Regel **selbstständige Taten** anzunehmen. Sie werden weder durch die Zahlungseinstellung zu einer Bewertungseinheit noch durch die Dauertat der Verletzung der Buchführungspflicht gemäß § 283 Abs. 1 Nr. 5 StGB zu einer Tat verbunden.[138] Ist für die Erstellung eines Jahresabschlusses die Bilanz einer anderen Gesellschaft erforderlich und ist für beide Unternehmen der Täter verantwortlich, liegt **Tateinheit** vor. So macht sich der Geschäftsführer einer GmbH & Co. KG, der auch Geschäftsführer der Komplementär-GmbH ist und für beide Gesellschaften keine Bilanzen aufstellt, nur *einer* Straftat nach § 283 Abs. 1 Nr. 7 Buchst. b StGB schuldig.[139]

IV. Verhältnis zu Untreue

Gegen das Vermögen des Schuldners gerichtete Bankrotthandlungen können gleichzeitig die Tatbestandsvoraussetzungen des Bankrotts und der Untreue (§ 266 StGB) erfüllen. Früher hatte der BGH danach abgegrenzt, ob der Täter zumindest auch im Interesse des Schuldners gehandelt hat, dann Bankrott, oder nicht, dann Untreue (sog Interessenformel).[140] Diese Rechtsprechung hat der BGH aufgegeben, da sie mit erheblichen Wertungswidersprüchen verbunden war und zu Ahndungslücken führte, da zB Buchführungs- und Bilanzierungsverstöße nie im Interesse des Unternehmens liegen. Nunmehr wird anerkannt, dass beide Delikte tateinheitlich begangen werden können, da sie unterschiedliche Rechtsgüter schützen, Bankrott die Vermögensinteressen der Gläubigergesamtheit, Untreue die des Schuldners. Bankrott liegt nunmehr immer dann vor, wenn der Täter im Geschäftskreis des Schuldners tätig wurde, dh wenn der Täter in Ausübung von Geschäftsführungsaufgaben oder in Vollmacht bzw. in sonstiger Weise rechtsgeschäftlich für den Schuldner gehandelt hat. Bei rein

---

[135] LK/*Tiedemann* § 283 Rn. 154 iVm § 119; *Pohl* wistra 1996, 14 (16); *Richter* GmbHR 1984, 137 (147); Wabnitz/Janovsky/*Pelz*, Kapitel 9, Rn. 168.
[136] So LK/*Tiedemann* § 283 Rn. 119.
[137] BGH Beschl. v. 30.8.2011 – 2 StR 652/10, NJW 2011, 3733 (3734).
[138] BGH Beschl. v. 5.11.1997 – 2 StR 462/97, NStZ 1998, 192 (193).
[139] BGH Beschl. v. 3.12.1991 – 1 StR 496/91, NStZ 1992, 182.
[140] BGH Urt. v. 4.4.1979 – 3 StR 488/78, BGHSt 28, 371.

faktischem Handeln ist Bankrott dann anzunehmen, wenn dies mit vorheriger oder nachträglicher Zustimmung des Schuldners erfolgt[141] oder wenn das Handeln im Geschäfts- oder Pflichtenkreis des Vertretenen erfolgt ist.[142] Handelt der Täter daneben zum Nachteil des Schuldners (meist aber nicht immer aus eigennützigen Motiven), kommt tateinheitlich eine Bestrafung wegen Untreue in Betracht.

V. Subjektiver Tatbestand und Versuch

1. Vorsatz

105   Für die Taten nach § 283 Abs. 1 und 2 StGB ist Vorsatz erforderlich. Der Täter muss bei Abs. 1 wissen, dass eine Krise besteht. Bei Abs. 2 muss ihm bekannt sein, dass er durch sein Handeln die Krise hervorruft. Zudem muss er zB bei Abs. 1 Nr. 1 wissen, dass die Vermögensbestandteile zur Insolvenzmasse gehören. Darüber hinaus ist es erforderlich, dass die **Tathandlungen** selbst **vorsätzlich** begangen werden. Der Täter muss also die Tatbestandsverwirklichung kennen und zumindest billigend in Kauf nehmen. Bei Abs. 1 Nr. 5 und 6 muss der Täter die Pflicht zum Führen und Aufbewahren von Handelsbüchern kennen und bei der zweiten Alternative der Nr. 5 sowie bei Nr. 6 und 7 Buchst. a zumindest erkennen, dass durch sein Handeln die Übersicht über sein Vermögen erschwert wird. Der Irrtum des Täters über seine handelsrechtliche Pflicht, innerhalb der einem ordnungsgemäßen Geschäftsgang entsprechenden Zeit die Bilanz seines Vermögens aufzustellen ist ein Gebotsirrtum (§ 17 StGB), der den Vorsatz unberührt lässt und nur bei Unvermeidbarkeit des Irrtums zur Straflosigkeit führt.

2. Fahrlässigkeit

106   Bei fahrlässiger Nichtkenntnis der Krisenmerkmale Überschuldung, der Zahlungsunfähigkeit oder der drohenden Zahlungsunfähigkeit wird der Täter nach **§ 283 Abs. 4 Nr. 1 StGB** bestraft, wenn er ansonsten die Tathandlung gemäß § 283 Abs. 1 StGB vorsätzlich begangen hat. **§ 283 Abs. 4 Nr. 2 StGB** greift dann ein, wenn der Täter vorsätzlich handelt und dadurch seine Überschuldung oder Zahlungsunfähigkeit herbeiführt, ihm insoweit aber nur Leichtfertigkeit vorgeworfen werden kann. **Leichtfertigkeit,** die in etwa der groben Fahrlässigkeit des Zivilrechts entspricht, ist dann gegeben, wenn der Täter in grober Achtlosigkeit nicht erkennt, dass er durch das Handeln seine Zahlungsunfähigkeit oder Überschuldung herbeiführt, obwohl dies jedem einleuchten muss.[143] Da das Herbeiführen der Krise ist eine besondere Folge gemäß § 11 Abs. 2 StGB darstellt, handelt es sich bei § 283 Abs. 4 Nr. 2 StGB um eine Vorsatztat.

107   Wer eine der Tathandlungen nach Abs. 1 Nr. 2, 5 oder 7 fahrlässig begeht, macht sich dann nach **§ 283 Abs. 5 Nr. 1 StGB** strafbar, wenn er seine Überschuldung, Zahlungsunfähigkeit oder drohende Zahlungsunfähigkeit kennt

---

[141] BGH Beschl. v. 10.2.2009 – 3 StR 372/08, NJW 2009, 2225 (2228); Beschl. v. 15.5.2012 – 3 StR 118/11, wistra 2012, 346 (348).
[142] MüKoStGB/*Radtke* § 14 Rn. 70; Schönke/Schröder/*Perron* § 14 Rn. 26.
[143] *Fischer* § 15 Rn. 20.

oder fahrlässig nicht kennt. Wenn es bei den anderen Tatbeständen des Abs. 1 am Vorsatz des Täters fehlt – soweit dies nicht bereits begrifflich auf Grund der Tatbestandsmerkmale ausgeschlossen ist – bleibt der Täter straffrei. Fahrlässigkeit kommt insbesondere bei Mängeln der Buchführung oder Bilanzierung in Betracht. So kann Fahrlässigkeit bei Abs. 1 Nr. 5 und 7 beispielsweise dann gegeben sein, wenn der Täter vorwerfbar nicht erkennt, dass er die vorgeschriebene Zeit zur Bilanzierung überschreitet oder wenn er Buchhalter oder Steuerberater nicht gehörig auswählt oder beaufsichtigt.[144] Es liegt insgesamt eine Fahrlässigkeitstat vor, wenn die Fahrlässigkeit sich nur auf eines der Tatbestandsmerkmale erstreckt und im übrigen Vorsatz gegeben ist. Dies kann etwa dann der Fall sein, wenn der Täter bewusst seine Handelsbücher verändert und fahrlässig verkennt, dass hierdurch die Übersicht über seinen Vermögensstand erschwert wird.[145]

3. Versuch

Der Versuch des Bankrotts nach § 283 Abs. 1 oder 2 StGB ist gemäß § 283 Abs. 3 StGB unter Strafe gestellt. Zwar ist ein Versuch auch bei der Vorsatztat nach § 283 Abs. 4 Nr. 2 StGB grundsätzlich möglich, jedoch nicht strafbar, da der dritte Absatz sich nur auf die beiden ersten Absätze des § 283 StGB bezieht. Versuch liegt dann vor, wenn die Tat noch nicht vollendet ist. Für die **Vollendung** kommt es im Fall des Abs. 1 ausschließlich auf die Bankrotthandlung an, im Fall des Abs. 2 auf den Eintritt der Zahlungsunfähigkeit oder Überschuldung. Ein strafbarer Versuch liegt zB dann vor, wenn im Fall von Abs. 1 Nr. 1 oder 2 ein schuldrechtlicher Vertrag über das Beiseiteschaffen oder über das Beschaffen von Gegenständen geschlossen wird, der nicht zur Ausführung gelangt. Dies gilt jedenfalls dann, wenn der Täter für das dingliche Rechtsgeschäft bereits alles Erforderliche getan hat, etwa wenn bereits eine Auflassung erfolgt und der Antrag auf Eintragung beim Grundbuchamt gestellt ist.[146] Bei Abs. 1 Nr. 6 kann ein Versuch darin liegen, dass der Täter Handelsbücher in der Absicht beschädigt, dadurch die Übersicht über seinen Vermögensstand zu erschweren, diese Wirkung aber nicht eintritt.[147] Auch der Versuch kann nur dann bestraft werden, wenn die objektive Strafbarkeitsbedingung des Abs. 6 vorliegt.

108

VI. Besonders schwerer Fall

Bei versuchtem oder vollendetem vorsätzlichem Bankrott nach § 283 Abs. 1 oder 2 StGB sieht § 283a StGB einen erhöhten Strafrahmen für besonders schwere Fälle vor. § 283a StGB ist eine reine **Strafzumessungsvorschrift** und stellt keinen eigenen Straftatbestand dar. Als besonders schwere Fälle benennt das Gesetz zwei **Regelbeispiele**. Durch die Regelbeispielstechnik kann im Einzelfall ein besonders schwerer Fall auch dann bejaht werden, wenn keines der

109

---

[144] *Fischer* § 283 Rn. 35; sa Schönke/Schröder/*Heine/Schuster* § 283 Rn. 58; LK/*Tiedemann* § 283 Rn. 217f.
[145] Schönke/Schröder/*Heine/Schuster* § 283 Rn. 58; *Fischer* § 283 Rn. 35.
[146] Schönke/Schröder/*Heine/Schuster* § 283 Rn. 64.
[147] Schönke/Schröder/*Heine/Schuster* § 283 Rn. 42.

Regelbeispiele erfüllt ist. Auf der anderen Seite bleibt durch diese Gesetzgebungstechnik Raum für eine Bestrafung nur nach § 283 StGB, obwohl objektiv die Merkmale des Beispiels erfüllt wurden. Die Anwendung des Strafrahmens des § 283 StGB trotz Verwirklichung eines Regelbeispiels wird allerdings nur in besonderen Ausnahmefällen in Betracht kommen. Es muss auf Grund besonders gewichtiger Umstände der Unrechts- oder Schuldgehalt im konkreten Einzelfall derart vom Normalfall des Regelbeispiels abweichen, dass die Anwendung des erhöhten Strafrahmens unangemessen wäre.[148]

D. Verletzung der Buchführungspflicht (§ 283b StGB)

110 § 283b StGB ist ein abstraktes Gefährdungsdelikt, das im Wesentlichen die in § 283 Abs. 1 Nr. 5–7 StGB enthaltenen **Tathandlungen** für den Fall mit Strafe bedroht, dass gewisse für die Strafbarkeit wegen Bankrotts erforderliche Voraussetzungen fehlen. § 283b StGB greift ein, wenn der Täter
 – Buchführungspflichten vor der in § 283 Abs. 1 StGB vorausgesetzten Krise verletzt (sonst § 283 Abs. 1 StGB),
 – gegen Buchführungsvorschriften verstößt und dabei die eingetretene Krise ohne Fahrlässigkeit nicht kennt (sonst § 283 Abs. 4 Nr. 1 oder Abs. 5 Nr. 1 StGB) oder
 – durch die Tathandlung weder Überschuldung noch Zahlungsunfähigkeit vorsätzlich oder leichtfertig verursacht (sonst § 283 Abs. 2, 4 Nr. 2 oder Abs. 5 Nr. 2 StGB).

111 Auch in diesen Fällen wird das Verhalten jedoch nur dann zum strafbaren Unrecht, wenn die **objektive Bedingung der Strafbarkeit** des § 283 Abs. 6 StGB eingetreten ist, § 283b Abs. 3 StGB. Zusätzlich muss zwischen der Tathandlung und dem Eintritt der objektiven Strafbarkeitsbedingung ein Zusammenhang bestehen.[149] Dieser Zusammenhang wird grundsätzlich vermutet.

112 **Abs. 1 Nr. 1** stimmt wörtlich mit § 283 Abs. 1 Nr. 5 StGB überein. **Abs. 1 Nr. 2** entspricht im Wesentlichen § 283 Abs. 1 Nr. 6 StGB. Die Regelung in § 283b bezieht sich aber abweichend vom Bankrotttatbestand nicht auf die tatsächlich – auch freiwillig – geführten Handelsbücher, sondern nur auf solche Bücher, zu deren Führung und Aufbewahrung der Täter nach dem HGB verpflichtet ist.[150] **Abs. 1 Nr. 3** ist mit § 283 Abs. 1 Nr. 7 StGB identisch.

113 **Fahrlässige Begehung** ist gemäß § 283b Abs. 2 StGB in den Fällen des Abs. 1 Nr. 1 und 3 strafbar. Die **Strafdrohung** beträgt bei Vorsatz Freiheitsstrafe bis zu zwei Jahre oder Geldstrafe. Bei Fahrlässigkeit reduziert sich das Höchstmaß der Freiheitsstrafe auf ein Jahr. Der Versuch ist nicht strafbar. Da § 283 gegenüber § 283b StGB das **speziellere Delikt** ist, geht § 283 StGB vor. Dies gilt auch dann, wenn der Täter gegen Buchführungspflichten über einen längeren Zeit-

---

[148] LK/*Tiedemann* § 283a Rn. 2; Schönke/Schröder/*Heine/Schuster* § 283a Rn. 2.
[149] BGH Urt. v. 20.12.1978 – 3 StR 408/78, BGHSt 28, 231 (233f.); BayObLG Urt. v. 8.8.2002 – 5 St RR 202/2002a,b, BayObLGSt 2002, 117; Schönke/Schröder/*Heine/Schuster* § 283b Rn. 7 mit Beispielen uwN.
[150] LK/*Tiedemann* § 283b Rn. 7; *Fischer* § 283b Rn. 2; Schönke/Schröder/*Heine/Schuster* § 283b Rn. 3.

raum – teils vor und teils nach Eintritt der Krise iSd § 283 Abs. 1 StGB – verstößt. Statt § 283 Abs. 1 Nr. 5 und § 283b Abs. 1 Nr. 1 StGB greift dann insgesamt nur § 283 Abs. 1 Nr. 5 StGB ein. Im Fall des fortdauernden Unterlassens findet § 283b Abs. 1 Nr. 3 StGB dann Anwendung, wenn zum Zeitpunkt des Buchführungs- oder Bilanzierungsstichtages die Krise noch nicht eingetreten war.[151]

E. Gläubiger- und Schuldnerbegünstigung

I. Gläubigerbegünstigung

Die Gläubigerbegünstigung nach § 283c StGB ist ein spezielles, den Täter gegenüber § 283 Abs. 1 Nr. 1 StGB privilegierendes Strafgesetz.[152] Der Strafrahmen ist dementsprechend niedriger als beim vorsätzlichen Bankrott. Als maximale Strafe kann eine Freiheitsstrafe von zwei Jahren verhängt werden. § 283c StGB ist ein Erfolgsdelikt, bei dem der Versuch unter Strafe gestellt ist (Abs. 2). 114

1. Objektiver Tatbestand

Der objektive Tatbestand ist dann verwirklicht, wenn der Täter bei bereits eingetretener Zahlungsunfähigkeit einem Gläubiger eine nicht gerechtfertigte Sicherheit oder Befriedigung gewährt, sog „inkongruenter" Vorteil, und ihn dadurch vor den übrigen Gläubigern begünstigt. In Abweichung von § 283 StGB genügen die Krisenmerkmale Überschuldung und drohende Zahlungsunfähigkeit bei § 283c StGB nicht. Gläubigerbegünstigung erfordert **eingetretene Zahlungsunfähigkeit**. 115

Ein inkongruenter Vorteil ist eine Sicherheit oder Befriedigung, die der Gläubiger **nicht, nicht in der Art oder nicht zu dieser Zeit** beanspruchen kann. Dies bestimmt sich nach den Regeln des bürgerlichen Rechts. Diese Regelung in § 283c Abs. 1 StGB entspricht derjenigen des § 131 Abs. 1 InsO, allerdings finden die zeitlichen Grenzen der Nr. 1–3 des § 131 Abs. 1 InsO für den Straftatbestand keine Anwendung. 116

Die begünstigte Person muss zunächst **Gläubiger** sein. Dies ist dann nicht der Fall, wenn zwischen dem Schuldner und dem Leistungsempfänger keine vertraglichen Beziehungen bestehen oder der Leistungsempfänger keinerlei Anspruch hat. In Betracht kommt dies beispielsweise dann, wenn der zugrundeliegende schuldrechtliche Vertrag nichtig ist.[153] In diesem Fall ist wegen Bankrotts nach § 283 Abs. 1 StGB oder wegen Untreue zu bestrafen. Bei bloßer Anfechtbarkeit greift hingegen § 283c StGB ein. 117

Eine Sicherheit oder Befriedigung hat der Gläubiger dann **nicht** zu beanspruchen, wenn er überhaupt keinen Anspruch auf die gerade gewährte Leistung hatte, zB bei Bestehen von Leistungs- oder Erfüllungsverweigerungsrechten des 118

---

[151] BGH Beschl. v. 30.1.2003 – 3 StR 432/02, wistra 2003, 232 (233), OLG Stuttgart Urt. v. 30.5.2011 – 1 Ss 851/10, NStZ-RR 2011, 277; aA *Reither* wistra 2014, 48.
[152] BGH Urt. v. 6.11.1986 – 1 StR 327/86, BGHSt 34, 221 (225).
[153] LK/*Tiedemann* § 283c Rn. 21; Schönke/Schröder/*Heine/Schuster* § 283c Rn. 9; aA *Vornbaum* GA 1981, 104 (109ff.).

Pelz

119 Schuldners[154] oder wenn der Schuldner einen seiner Schuldner angewiesen hat, anstelle an ihn Leistungen an den Gläubiger zu erbringen[155] Wurde etwas anderes geleistet als vertraglich vereinbart war, hatte der Gläubiger dies **nicht in der Art** zu fordern. Dies insbesondere bei Leistungen erfüllungshalber oder an Erfüllungsstatt. So ergibt sich insbesondere aus Nr. 13 Abs. 1, Abs. 2 AGB Banken kein Anspruch auf Einräumung einer bestimmten Sicherheit.[156] Hingegen liegt eine kongruente Deckung dann vor, wenn ein Anspruch auf Barsicherheit besteht wie zB bei der Bauhandwerkersicherung nach § 648a BGB oder bei Vorschüssen von Rechtsanwälten oder Steuerberatern nach § 9 RVG oder § 8 StBVV. Kein Fall des § 283c liegt auch dann vor, wenn bereits bei Vertragsschluss die Stellung von Sicherheiten vereinbart wird.

120 Werden Leistungen schon vor Fälligkeit oder Bedingungseintritt erbracht, geschieht dies **nicht zu der Zeit**. Eine **kongruente** und damit zulässige Deckung ist hingegen gegeben, wenn der Gläubiger zum Zeitpunkt der Leistung einen einredefreien Anspruch in voller Höhe der gewährten Sicherheit oder Befriedigung hat. Nach der Neuregelung durch das MoMiG stellt die inkongruente Rückzahlung auf ein Gesellschafterdarlehen keine Bankrotthandlung mehr dar[157] sondern eine Gläubigerbegünstigung.[158] Dies gilt jedoch dann nicht, wenn der Gesellschafter einen qualifizierten Rangrücktritt erklärt hat.[159]

121 Eine Bevorzugung **(Begünstigung)** liegt nur vor, wenn eine Besserstellung des einen Gläubigers zum Nachteil der anderen Gläubiger erfolgt. Darin liegt zugleich der Unterschied zum Bankrott (nach § 283 Abs. 1 Nr. 1 StGB). Statt der Vereitelung der Verwertung der Insolvenzmasse hintertreibt der Täter bei der Gläubigerbegünstigung (nur) die gleichmäßige Befriedigung aller Gläubiger.[160] Bei beiden Straftatbeständen wird aber die potentielle Insolvenzmasse geschädigt; bei § 283 StGB zu Lasten aller Gläubiger und bei § 283c StGB zu Lasten einzelner, in der Regel der Mehrheit der Gläubiger. Eine **Gefährdung** der Befriedigungsinteressen der übrigen Gläubiger reicht bei § 283c StGB aus. Es genügt, dass der Gläubiger eine Rechtsstellung erhält, die ihm die Möglichkeit eröffnet, eher, besser oder mit höherer Wahrscheinlichkeit befriedigt zu werden, als er es zu beanspruchen hat. Eine endgültige Schädigung liegt häufig schon deswegen nicht vor, weil die inkongruente Leistung nach § 131 InsO angefochten werden kann.

2. Subjektiver Tatbestand; Irrtum

122 § 283c StGB erfordert **vorsätzliches Handeln.** Sowohl in Bezug auf die Zahlungsunfähigkeit als auch hinsichtlich der Begünstigung des Gläubigers vor den übrigen Gläubigern ist positive Kenntnis Voraussetzung. Für die Gewährung der inkongruenten Deckung reicht es hingegen aus, wenn sie der

---

[154] *Fischer* § 283c Rn. 6.
[155] BGH Beschl. v. 13.2.2014 – 1 StR 336/13, ZInsO 2014, 1058 (1059).
[156] BGH Urt. v. 3.12.1998 – IX ZR 313/97, NJW 1999, 645 (646).
[157] So aber *Bittmann* wistra 2009, 102 (103) NK-StGB/*Kindhäuser* § 283c Rn. 3.
[158] OLG Celle Urt. v. 23.1.2014 – 2 Ws 347/13, WM 2015, 188 (192); Schönke/Schröder/*Heine/Schuster* § 283c Rn. 12.
[159] *Brand/Brand* GmbHR 2015, 1125 (1131).
[160] BGH Urt. v. 12.7.1955 – 5 StR 128/55, BGHSt 8, 55 (56).

Täter für möglich hält und dies billigend in Kauf nimmt (= bedingter Vorsatz).[161] Irrt der Schuldner über seine Zahlungsfähigkeit oder nimmt er irrig Kongruenz der Deckung an, entfällt nach § 16 StGB wegen **Tatbestandsirrtums** der Vorsatz. Ein **Verbotsirrtum** liegt vor, wenn der Täter glaubt, er dürfe die Schuld des Gläubigers bereits vor Fälligkeit erfüllen oder ohne entsprechende vorherige Vereinbarung Gegenstände statt des geschuldeten Geldes überlassen.[162]

3. Objektive Strafbarkeitsbedingung

Wie beim Straftatbestand des Bankrotts ist objektive Bedingung der Strafbarkeit, dass es zur Zahlungseinstellung, Insolvenzeröffnung oder zur Abweisung des Eröffnungsantrags mangels Masse kommt, § 283c Abs. 3 StGB. Dies kann vor oder nach der Tathandlung sein. Zwischen der Krise (Zahlungsunfähigkeit) und dem Eintritt der objektiven Strafbarkeitsbedingung muss auch bei § 283c StGB ein tatsächlicher Zusammenhang bestehen.[163] 123

4. Täterkreis

Da § 283c StGB ein Handeln „in Kenntnis *seiner* Zahlungsunfähigkeit" erfordert, kann sich als **Täter** grundsätzlich nur der Schuldner strafbar machen. Bei Unternehmen können Täter die nach § 14 Abs. 1 StGB zur Geschäftsführung berufenen oder die von diesen nach § 14 Abs. 2 StGB besonders beauftragten Personen sein. Wenn der gemäß § 14 StGB verantwortliche Geschäftsführer des Schuldners zugleich Gläubiger ist und sich selbst eine inkongruente Befriedigung gewährt, ist er nicht nach § 283c StGB, sondern wegen Bankrotts zu bestrafen.[164] 124

Wer nicht als Schuldner oder als verantwortliches Organ des Schuldners handelt, kann sich nur der **Teilnahme** (Anstiftung oder Beihilfe) strafbar machen. Teilnehmer kann auch der Gläubiger sein. Dies ist jedoch nur dann möglich, wenn er über die bloße Annahme oder Entgegennahme der Leistung hinaus tätig wird. Fehlt es hieran, liegt **notwendige Teilnahme** des Gläubigers vor; sein Handeln ist straflos.[165] Strafbare **Anstiftung** ist nach ganz hM dann gegeben, wenn die Initiative zur bevorzugten Sicherung oder Befriedigung vom Gläubiger ausgeht. Dies ist vor allem bedeutsam für das Handeln von Kreditinstituten, die sich in Kenntnis der Zahlungsunfähigkeit Sicherheiten gewähren lassen, auf die sie keinen Anspruch haben. Zu denken ist hier zB an die nachträgliche Besicherung einer geduldeten Überschreitung des Kreditrahmens auf Druck der Bank.[166] 125

5. Versuch

Der Versuch der Gläubigerbegünstigung ist nach § 283c Abs. 2 StGB strafbar. Beginn der unmittelbaren Tatbestandsverwirklichung (§ 22 StGB) ist dann ge- 126

---

[161] Vgl. LK/*Tiedemann* § 283c Rn. 30; *Fischer* § 283c Rn. 8; Schönke/Schröder/*Heine/Schuster* § 283c Rn. 16.
[162] Schönke/Schröder/*Heine/Schuster* § 283c Rn. 16; LK/*Tiedemann* § 283c Rn. 30.
[163] LK/*Tiedemann*, 12. Aufl., § 283c Rn. 32.
[164] BGH Urt. v. 6.11.1986 – 1 StR 327/86, BGHSt 34, 221.
[165] BGH Urt. v. 19.1.1993 – 1 StR 518/92, NJW 1993, 1278 (1279); LK/*Tiedemann* § 283c Rn. 38; *Lackner/Kühl/Heger*, § 283c Rn. 8.
[166] Dazu näher *Tiedemann* ZIP 1983, 513 (516).

geben, wenn der Täter die für die inkongruente Deckung erforderliche Handlung vornimmt.

127 Der Versuch beginnt damit beispielsweise,
- wenn der Täter einen Überweisungsauftrag an seine Bank erteilt,
- Kundenschecks oder -wechsel hingibt,
- einem Gläubiger zusagt, trotz eingetretener Zahlungsunfähigkeit noch keinen Insolvenzantrag zu stellen, um dem Gläubiger Pfändungen zu ermöglichen.

128 Auch Strafbarkeit wegen **untauglichen Versuchs** kommt in Betracht, so bei der irrigen Annahme, die in Wirklichkeit kongruente Deckung sei inkongruent. Ebenso macht sich der Täter wegen Versuchs strafbar, wenn er auf eine vermeintlich wirksame Forderung leistet oder irrig annimmt, zahlungsunfähig zu sein.[167]

6. Konkurrenzen; Sperrwirkung

129 Da § 283c StGB im Verhältnis zu § 283 Abs. 1 Nr. 1 StGB die speziellere Bestimmung darstellt, geht der Straftatbestand der Gläubigerbegünstigung grundsätzlich vor. Bei Gewährung einer kongruenten Deckung scheidet nach dem so genannten **Sperrwirkungsurteil** des BGH[168] auch die Anwendung von § 283 Abs. 1 Nr. 1 StGB aus. Daher liegt nur Gläubigerbegünstigung vor, wenn der Schuldner Zahlung auf ein (früher als eigenkapitalersetzend bezeichnetes) Gesellschafterdarlehen leistet oder dem Gesellschafter eine inkongruente Sicherheit gewährt.[169] Dies gilt ebenso, wenn der Schuldner in Unkenntnis seiner Zahlungsunfähigkeit dem Gläubiger eine inkongruente Leistung gewährt oder irrig Kongruenz der Deckung annimmt.[170]

130 **Tateinheit** zwischen § 283c und § 283 Abs. 1 Nr. 1 StGB ist dann gegeben, wenn der Täter die Insolvenzmasse über die Bevorzugung des einzelnen Gläubigers hinaus schädigt, indem er dem einen Gläubiger mehr zuwendet als er schuldet.[171] Lässt sich aus tatsächlichen Gründen nicht feststellen, ob der Begünstigte Gläubiger ist, etwa weil weder die Unwirksamkeit noch die Wirksamkeit des zugrunde liegenden Vertrags festgestellt werden kann, soll nach einer älteren Entscheidung des BGH eine wahlweise Verurteilung nach § 283 oder § 283c StGB erfolgen (Wahlfeststellung). Dabei soll der Strafrahmen der Gläubigerbegünstigung zur Anwendung kommen.[172] Richtigerweise ist nach dem Grundsatz in dubio pro reo ausschließlich wegen Gläubigerbegünstigung zu verurteilen.[173] Tateinheit ist auch möglich mit § 288 StGB (Vereiteln der Zwangsvollstreckung) oder mit Insolvenzverschleppung, wenn der Insolvenzantrag deshalb nicht unverzüglich gestellt wird, weil einem Gläubiger noch eine

---

[167] Fischer § 283c Rn. 9; Schönke/Schröder/*Heine/Schuster* § 283c Rn. 20; aA (strafloses Wahndelikt): LK/*Tiedemann* § 283c Rn. 35.
[168] BGH Urt. v. 12.7.1955 – 5 StR 128/55, BGHSt 8, 55.
[169] OLG Celle Beschl. v. 23.1.2014 – 2 Ws 347/13, wistra 2014, 363.
[170] BGH Urt. v. 12.7.1955 – 5 StR 128/55, BGHSt 8, 55 (57); LK/*Tiedemann* § 283c Rn. 38.
[171] BGH Urt. v. 21.5.1969 – 4 StR 27/69, NJW 1969, 1494 (1495); Schönke/Schröder/*Heine/Schuster* § 283c Rn. 22; Fischer § 283c Rn. 11.
[172] BGH bei *Herlan* GA 1955, 365.
[173] So auch LK/*Tiedemann* § 283c Rn. 40; *Schönke/Schröder/Heine/Schuster* § 283c Rn. 22.

Pelz

Pfändungsmöglichkeit gewährt werden soll. Meistens ist im Verhältnis zur Insolvenzverschleppung jedoch **Tatmehrheit** gegeben. Mehrere Begünstigungshandlungen stehen ebenfalls regelmäßig in Tatmehrheit zueinander.

II. Schuldnerbegünstigung

§ 283d Abs. 1 StGB erweitert den Täterkreis hinsichtlich der Tathandlungen des § 283 Abs. 1 Nr. 1 StGB auf **Dritte**. Gleichzeitig enthält § 283d StGB erhebliche Einschränkungen gegenüber dem Tatbestand des Bankrotts: **131**
– Überschuldung genügt nicht; vielmehr muss der Schuldner seine Zahlungen eingestellt haben (Abs. 1 Nr. 2) oder es muss Zahlungsunfähigkeit zumindest drohen (Abs. 1 Nr. 1).
– Der Täter muss vorsätzlich handeln, wobei hinsichtlich des Tatbestandsmerkmals der drohenden oder eingetretenen Zahlungsunfähigkeit positive Kenntnis erforderlich ist.

Dies hat seinen Grund darin, dass der außenstehende Dritte nicht die gleiche Verantwortung für die geschützten Rechtsgüter wie der Schuldner hat.[174] Sind die besonderen Voraussetzungen aber erfüllt, muss der Täter mit der gleichen Bestrafung rechnen wie ein Schuldner, der sich des Bankrotts strafbar macht. Die Strafdrohung des § 283d Abs. 1 StGB entspricht der des § 283 Abs. 1 StGB (Freiheitsstrafe bis fünf Jahre oder Geldstrafe); die des § 283d Abs. 3 ist identisch mit der des § 283a StGB (Freiheitsstrafe bis zu zehn Jahre). Der Versuch ist gemäß § 283d Abs. 2 StGB strafbar. **132**

1. Tatbestand; Täterkreis

a) Die **Tathandlungen** – Beiseiteschaffen, Verheimlichen, Zerstören, Beschädigen und Unbrauchbarmachen von Insolvenzmasse – entsprechen denen des § 283 Abs. 1 Nr. 1 StGB.[175] Gleiches gilt für das Tatobjekt (Vermögensbestandteile, die zur – potentiellen – Insolvenzmasse gehören) und für das Kriterium „in einer den Anforderungen einer ordnungsgemäßen Wirtschaft widersprechenden Weise".[176] Durch die Handlung des Täters muss wie beim Bankrott die Gesamtheit der Gläubiger betroffen sein; die Bevorzugung eines Gläubigers vor den anderen wie bei der Gläubigerbegünstigung wird von dem Straftatbestand der Schuldnerbegünstigung nicht erfasst.[177] **133**

In **zeitlicher Hinsicht** muss der Täter handeln: **134**
– während dem Schuldner Zahlungsunfähigkeit zumindest droht (Abs. 1 Nr. 1),
– nach Zahlungseinstellung des Schuldners (Abs. 1 Nr. 2),
– während eines laufenden Insolvenzverfahrens (Abs. 1 Nr. 2) oder
– während eines Insolvenzeröffnungsverfahrens (Abs. 1 Nr. 2).

Obwohl § 283d Abs. 1 Nr. 1 StGB nur auf die drohende Zahlungsunfähigkeit abstellt ist die Vorschrift nach ganz hM auch („erst recht") bei eingetretener **135**

---

[174] LK/*Tiedemann* § 283d Rn. 1 mwN.
[175] Dazu → Rn. 72 ff.
[176] Dazu → Rn. 75.
[177] BGH Urt. v. 29.9.1988 – 1 StR 332/88, NJW 1989, 1167; *Schönke/Schröder/Heine/ Schuster* § 283d Rn. 2 mwN.

Zahlungsunfähigkeit anzuwenden.[178] Die Formulierung des Gesetzes „in" bei Abs. 1 Nr. 2 ist im Sinne von „während" zu verstehen, also rein zeitlich und meint nicht etwa den Verfahrensakt.[179]

136 **b)** Da § 283d StGB kein Sonderdelikt ist, kann **Täter** grundsätzlich jedermann sein. Für den Schuldner ist Täterschaft allerdings von vornherein ausgeschlossen. Dies gilt auch für die gemäß § 14 StGB verantwortlich handelnden Personen des Schuldners. Diese sind bei Vornahme entsprechender Handlungen wegen Bankrotts zu bestrafen. Täter kann also nur ein **Außenstehender** sein. Dieser muss Tatherrschaft haben. Gemeinsame Tatherrschaft des Außenstehenden und des Schuldners, der dann Täter nach § 283 Abs. 1 Nr. 1 StGB ist, genügt. Fehlt es an der Tatherrschaft des Außenstehenden, greift § 283d StGB nicht ein. In Betracht kommt jedoch Anstiftung oder Beihilfe zum Bankrott. Täter kann auch ein Gläubiger sein. Handelt der Gläubiger mit Einwilligung des Schuldners, um eine inkongruente Deckung zu erhalten, soll er also „nur" gegenüber anderen Gläubigern bevorzugt werden, scheidet § 283d StGB jedoch aus. Der Gläubiger kann dann Teilnehmer am Vergehen der Gläubigerbegünstigung sein.[180] **Teilnehmer** der Schuldnerbegünstigung kann nach allgemeinen Grundsätzen jedermann sein. Wegen Anstiftung oder Beihilfe kann sich nach ganz hM auch der Schuldner strafbar machen.

137 **c)** Der Täter muss **zu Gunsten des Schuldners** oder mit dessen Einwilligung handeln. Dies ist dann gegeben, wenn das Handeln dem Interesse des Schuldners dient. In erster Linie werden hiervon die Fälle erfasst, in denen der Täter durch das Verheimlichen oder Beiseiteschaffen von Bestandteilen der (späteren) Insolvenzmasse dem Schuldner den Vermögensbestandteil erhalten oder zukommen lassen will.[181] Ausreichend ist auch, wenn der Täter einem Dritten etwas zuwendet und der Schuldner dadurch einen Vorteil erhält, wobei dieser auch immaterieller Art sein kann. Beispiel: Der Täter sorgt dafür, dass ein Freund oder Verwandter des Schuldners (oder des Geschäftsführers der Schuldner-GmbH) einen Vermögensgegenstand erhält.

138 Mit **Einwilligung** des Schuldners handelt derjenige, der im Einverständnis oder Einvernehmen mit dem in der Krise Befindlichen handelt. Die Einwilligung muss im Zeitpunkt der Tat vorhanden sein, wobei konkludentes Einverständnis genügt.[182] Die Einwilligung des Schuldners darf allerdings nicht so weit gehen, dass dieser die alleinige Tatherrschaft hat. Bei Einwilligung des Schuldners muss die Handlung nach ganz hM nicht zu dessen Gunsten erfolgen. Damit wird beispielsweise das mit Einverständnis des Schuldners erfolgte Zerstören von Vermögensbestandteilen erfasst. Beim Zerstören, Beschädigen oder Unbrauchbarmachen fehlt es nämlich häufig am Vorteil des Schuldners.

139 **d)** Der **subjektive Tatbestand** erfordert Vorsatz. Dieser muss sich auf die Tathandlung, das Tatobjekt und – soweit ein Handeln mit Einwilligung des

---

[178] LK/*Tiedemann* § 283d Rn. 7 mwN.
[179] LK/*Tiedemann* § 283d Rn. 8.
[180] BGH Urt. v. 29.9.1988 – 1 StR 332/88, NJW 1989, 1167; LK/*Tiedemann* § 283d Rn. 5 mwN.
[181] LK/*Tiedemann* § 283d Rn. 11; Schönke/Schröder/*Heine*/*Schuster* § 283d Rn. 9.
[182] LK/*Tiedemann* § 283d Rn. 14, 15; Schönke/Schröder/*Heine*/*Schuster* § 283d Rn. 3.

Schuldners erfolgt – auf das Vorliegen der Einwilligung erstrecken. Bedingter Vorsatz reicht aus. Der Täter muss also zumindest billigend in Kauf nehmen, dass zB der beiseite geschaffte oder zerstörte Vermögensgegenstand im Fall der Insolvenzeröffnung zur Insolvenzmasse gehören würde. Ein Irrtum hierüber lässt als Tatbestandsirrtum den Vorsatz ebenso entfallen wie die irrige Annahme, der Vermögensbestandteil werde dem Gläubiger (als kongruente oder inkongruente Deckung) zugewandt.[183] Darüber hinaus muss der Täter Vorsatz hinsichtlich der Krisensituation haben. Abs. 1 Nr. 1 fordert Kenntnis des Täters von der drohenden oder eingetretenen Zahlungsunfähigkeit. Bei Abs. 1 Nr. 2 genügt es, wenn der Täter die Tatbestandsverwirklichung für möglich hält und mit ihr einverstanden ist. Hier muss sich der (bedingte) Vorsatz zusätzlich auf die zeitliche Komponente beziehen.

Ein **Irrtum** darüber, ob dem Schuldner die Zahlungsunfähigkeit nur droht oder ob sie bereits eingetreten ist, wirkt sich auf den Vorsatz des Täters und dessen Strafbarkeit nicht aus.[184] Gleiches gilt, wenn der Täter darüber irrt, ob das Insolvenzverfahren bereits eröffnet ist oder ob das Gericht zunächst noch prüft, ob das Verfahren eröffnet werden soll. Entscheidend ist, dass objektiv und in der Vorstellung des Täters einer der Fälle des Abs. 1 Nr. 2 vorliegt.[185] 140

2. Sonstiges

a) Die Regelung über den **Versuch** in § 283d Abs. 2 StGB entspricht § 283 Abs. 3 StGB. Maßgeblich ist ausschließlich das unmittelbare Ansetzen zur Verwirklichung des Tatbestandes. Zudem muss in diesem Zeitpunkt die Begünstigungsabsicht oder die – dem Täter bekannte – Einwilligung des Schuldners vorliegen. Die bloße Anfrage an den Schuldner, ob er mit der vom Täter geplanten Handlung einverstanden ist, stellt grundsätzlich nur eine straflose Vorbereitung dar.[186] Ein strafbarer **untauglicher Versuch** liegt dann vor, wenn der Täter irrig Tatbestandsmerkmale annimmt, die nicht vorliegen. Dies ist beispielsweise dann gegeben, wenn der Täter irrtümlich meint, 141
– der Schuldner befinde sich in einer Krise iSd Abs. 1 Nr. 1 oder 2,
– es sei bereits ein Insolvenzantrag gestellt,
– der beiseite geschaffte oder zerstörte Vermögensgegenstand würde zur Insolvenzmasse gehören oder
– der Schuldner habe eingewilligt.

b) § 283d StGB enthält in seinem Abs. 4 eine dem § 283 Abs. 6 StGB entsprechende **objektive Bedingung der Strafbarkeit**. Soweit Zahlungseinstellung und Insolvenzeröffnung bereits Tatbestandsmerkmale sind, muss sich der Vorsatz hierauf erstrecken; insoweit kommt Abs. 4 keine eigenständige Bedeutung zu. Das Strafbedürfnis entfällt bei der Schuldnerbegünstigung ebenso wie beim Bankrott, wenn der Täter zwar während der Krise gehandelt, der Schuldner die Krise aber überwunden hat und er später aus anderen Gründen seine Zahlungen 142

---

[183] Vgl. LK/*Tiedemann* § 283d Rn. 16; Schönke/Schröder/*Heine/Schuster* § 283d Rn. 7.
[184] Schönke/Schröder/*Heine/Schuster* § 283d Rn. 8; sa LK/*Tiedemann* § 283d Rn. 17.
[185] LK/*Tiedemann* § 283d Rn. 17.
[186] LK/*Tiedemann* § 283d Rn. 20.

Pelz

einstellt oder aus einem anderen Grund das Insolvenzverfahren eröffnet oder mangels Masse abgewiesen wird.[187]

143 c) Mehrere Begünstigungshandlungen stehen in der Regel in **Tatmehrheit** zueinander. Eine Handlung, die sowohl zugunsten des Schuldners als auch mit dessen Einwilligung vorgenommen wird, stellt nur **eine Tat** dar.[188] Bankrott nach § 283 Abs. 1 Nr. 1 StGB und Schuldnerbegünstigung schließen sich aus. Eine Beteiligung des Außenstehenden an der Bankrotthandlung des Schuldners tritt hinter § 283d StGB zurück, soweit die Tatbestandsvoraussetzungen der Schuldnerbegünstigung erfüllt sind. Fehlt es an den strengen Voraussetzungen des § 283d StGB, ist Beihilfe oder Anstiftung zu § 283 Abs. 1 Nr. 1 StGB jedoch möglich. Sperrwirkung besteht nicht.[189] Eine Anwendung des § 283d StGB neben § 283c StGB kommt schon auf Grund der unterschiedlichen Tatbestandsmerkmale nicht in Betracht.[190]

F. Betrug

I. Allgemeines

144 Im Zusammenhang mit der Insolvenz eines Unternehmens werden fast immer Betrugshandlungen gegenüber Lieferanten begangen (**Lieferanten-** oder **Warenkreditbetrug**). Jede Bestellung auf Rechnung kann den Tatbestand des Betrugs verwirklichen, sofern ein Zahlungsziel eingeräumt ist. Dabei ist es unerheblich, ob Bestellungen in der vagen Hoffnung erfolgen, sich durch den Verkauf der Ware noch über Wasser halten und den Zusammenbruch vermeiden oder zumindest verzögern zu können, oder ob der Kaufmann Vermögenswerte beiseiteschaffen will.

145 Der Betrugstatbestand ist dann erfüllt, wenn der Täter fünf Kriterien erfüllt. Es müssen vorliegen:
– eine **Täuschung** über äußere oder innere Tatsachen,
– die Erregung oder Unterhaltung eines **Irrtums** als Folge der Täuschungshandlung,
– eine deswegen vorgenommene **Vermögensverfügung** des Getäuschten,
– ein unmittelbar darauf beruhender **Vermögensschaden** des Getäuschten oder eines Dritten,
– **Bereicherungsabsicht**, dh die Absicht des Täters, sich oder einem Dritten einen objektiv rechtswidrigen Vermögensvorteil zu verschaffen.

146 Betrug kann in Form eines Eingehungsbetrugs oder als Erfüllungsbetrug begangen werden. Ein Eingehungsbetrug liegt dann vor, wenn der Vertragspartner bereits mit Abschluss eines Vertrages einen Vermögensschaden erleidet, während beim Erfüllungsbetrug ein Vermögensschaden erst dann eintritt, wenn der Getäuschte seinerseits die ihn treffende Vertragspflicht erfüllt.

---

[187] LK/*Tiedemann* § 283d Rn. 19.
[188] *Fischer* § 283d Rn. 12; *Schönke/Schröder/Heine/Schuster* § 283d Rn. 14; LK/*Tiedemann* § 283d Rn. 27.
[189] *Schönke/Schröder/Heine/Schuster* § 283d Rn. 15.
[190] LK/*Tiedemann* § 283d Rn. 26.

Pelz

Bei Inanspruchnahme von Zahlungszielen bei Warenlieferung kann sowohl die Strafvorschrift des § 263 StGB als auch die des § 265b StGB erfüllt sein. 147

II. Tatbestandsverwirklichung

1. Täuschungshandlung

Eine **Täuschungshandlung** kann darin liegen, dass der Täter bei Vertragsschluss unzutreffende Angaben über seine wirtschaftlichen, insbesondere finanziellen Verhältnisse macht. Dies kann durch explizite unrichtige Angaben geschehen. Meist aber wird eine konkludente Erklärung vorliegen. Mit Bestellung oder dem Abschluss eines Vertrages erklärt jede Vertragspartei stillschweigend, bei Fälligkeit leistungsfähig und leistungswillig zu sein, insbesondere zur Zahlung des Kaufpreises willens und in der Lage zu sein.[191] Maßgeblicher Zeitpunkt für die Frage der Zahlungsfähigkeit ist immer der Tag der Fälligkeit der Forderung. Entscheidend ist die Einschätzung des Erklärenden über seine **künftige wirtschaftliche Situation**. Wenn der Kaufmann Zweifel hat, ob er die eingegangene Verpflichtung erfüllen können wird, spiegelt er vorsätzlich eine falsche (innere) Tatsache vor. 148

Falls der Besteller bereits bei Eingehung des Geschäfts **zahlungsunfähig** war, liegt regelmäßig eine Täuschungshandlung vor. Nur wenn der Kaufmann ernsthaft damit rechnen konnte, im Zeitpunkt der Fälligkeit wieder liquide zu sein, fehlt es am Täuschungsvorsatz. Die bloße Hoffnung auf zwischenzeitliche Geldeingänge genügt nicht, denn dadurch wird der bedingte Vorsatz nicht ausgeräumt. Von den Gerichten wird eine entsprechende Einlassung deshalb auch regelmäßig als reine Schutzbehauptung gewertet. Dies gilt insbesondere dann, wenn der Kaufmann nicht einmal angeben kann, aus welchen konkreten Geschäftsvorgängen Zahlungen sicher zu erwarten gewesen wären. Falls im Zeitpunkt der Bestellung die **Zahlungsunfähigkeit noch nicht eingetreten** war, liegt Betrug dann vor, wenn der Betroffene damit rechnen musste, bei Fälligkeit die Forderung nicht erfüllen zu können. Ein entsprechender Nachweis ist nicht einfach zu führen und setzt entweder eine Liquiditätsprognose oder eine Beurteilung anhand von anerkannten Krisenindikatoren (kriminalistischen Beweisanzeichen) voraus, wobei jeweils auf den Zeitpunkt des Vertragsschlusses abzustellen ist. 149

War der Besteller jedoch zum Zeitpunkt der Vornahme der Bestellung zahlungsfähig und hat sich seine Liquiditätslage nachträglich verschlechtert, muss er den Vertragspartner grundsätzlich nicht von sich aus hierüber aufklären. Etwas anderes kann aber gelten, wenn ein besonderes vertragliches Vertrauensverhältnis vorliegt.[192] Eine Aufklärungspflicht kann aber nicht schon aufgrund der Höhe eines drohenden Schadens oder aufgrund wiederholter Geschäftsabschlüsse angenommen werden.[193] Fragen nach seiner wirtschaftlichen Leistungsfähigkeit dürfen allerdings nicht falsch beantwortet werden. 150

---

[191] BGH Beschl. v. 19.12.1997 – 2 StR 420/97, wistra 1998, 177; LK/*Tiedemann* § 263 Rn. 38.
[192] BGH Urt. v. 16.11.1993 – 4 StR 648/93, BGHSt 39, 392 (401); Beschl. v. 8.11.2002 – 5 StR 433/00, 46, 196 (202).
[193] BGH Beschl. v. 27.5.1992 – 1 StR 176/92, wistra 1992, 298; Urt. v. 16.11.1993 – 4 StR 648/93, BGHSt 39, 392 (401).

151 Betrug kann auch dadurch begangen werden, dass durch Vorlage falscher oder geschönter Bilanzen Kredite erlangt werden, Gläubigern im Rahmen einer geplanten Sanierung unrichtige Angaben über die Sanierungsaussichten, von Dritten bereitgestellte Geldmittel oder den Umfang der die Sanierung unterstützenden Gläubiger gemacht werden.[194]

2. Irrtum

152 Der Irrtum des Lieferanten liegt normalerweise darin, dass dieser bei Bestellung oder Vertragsschluss davon ausgeht, sein Geschäftspartner wolle und werde bei Fälligkeit auch zahlen bzw. seine Leistungspflicht erfüllen. Ein Irrtum liegt auch dann vor, wenn der Lieferant den Grad des Ausfallrisikos infolge der konkludenten Erklärung geringer einschätzt, als er tatsächlich ist.[195] Bei **fortlaufenden Bestellungen** im Rahmen einer laufenden Geschäftsbeziehung kann es an einem auf Täuschung beruhenden Irrtum des Lieferanten dann fehlen, wenn trotz offener Rechnungen weitere Bestellungen entgegengenommen und weitere Warenlieferungen ausgeführt werden. In diesem Fall bedarf es näherer Feststellungen dazu, ob der Lieferant Kenntnis von Zahlungsschwierigkeiten oder Säumnis hatte und weshalb er sich gleichwohl zu weiteren Lieferungen bereitfand.[196] Hier kommt Betrug vor allem dann in Betracht, wenn der Täter Zweifel des Lieferanten zerstreut. Nicht selten stellt der Täter gegenüber dem Lieferanten den Eingang von Zahlungen oder weitere Bankkredite in Aussicht, um noch Lieferungen zu erhalten.[197]

3. Vermögensverfügung

153 Der Getäuschte muss aufgrund des bei ihm eingetretenen Irrtums eine **Vermögensverfügung** vornehmen. Eine solche liegt in der Einräumung oder Übertragung eines Rechts, insbesondere dass der Lieferant die Ware zunächst ohne Gegenleistung liefert oder Geld- bzw. Warenkredit gewährt. Eine Vermögensverfügung kann auch in der Einräumung einer Stundung oder dem (vorübergehenden) Verzicht auf die Geltendmachung von Ansprüchen liegen, zB durch Absehen von der gerichtlichen Durchsetzung einer Forderung.

4. Vermögensschaden

154 Betrug ist ein Vermögensdelikt. Er setzt den Eintritt eines **Vermögensschadens** voraus. Dass der Getäuschte einen Vertrag nicht oder nicht in der Form abgeschlossen hätte, wenn er nicht getäuscht worden wäre, genügt alleine nicht. Ob ein Vermögensschaden eingetreten ist, wird durch einen **Vermögensvergleich** ermittelt. Es wird der Vermögensstand des Verletzten vor Vertragsschluss mit dem Vermögensstand nach dem Vertragsschluss (beim Eingehungsbetrug) bzw. nach Leistung (beim Erfüllungsbetrug) verglichen.[198] Vor der Lieferung

---

[194] *Rönnau* FS Kühn, 713 (722).
[195] Müller-Gugenberger/*Hebenstreit* § 47 Rn. 32, § 48 Rn. 21.
[196] BGH Beschl. v. 28.3.2012 – 5 StR 78/12, StV 2012, 405 (406); Beschl. v. 17.2.1998 – 1 StR 5/98, wistra 1998, 179; *Fischer* § 263 Rn. 34 mwN.
[197] Müller-Gugenberger/*Hebenstreit* § 48 Rn. 23.
[198] BGH Beschl. v. 18.7.1961 – 1 StR 606/60, BGHSt 16, 220 (221); *Fischer* § 263 Rn. 111.

gehört zum Vermögen des Lieferanten noch der Wert der Ware. Danach ist das Vermögen um den Wert der Ware gemindert. Gleichzeitig tritt aber eine Vermögensmehrung in Form des Kaufpreisanspruchs ein. Damit liegt ein Vermögensschaden dann vor, wenn der Kaufpreisanspruch hinter dem Wert der Ware zurückbleibt, insbesondere wenn der Anspruch nicht, nur teilweise oder nur schwer durchsetzbar ist. Letzteres reicht dann aus, einen Vermögensschaden iSd § 263 StGB zu bejahen, wenn die Gefährdung des Vermögens einen solchen Grad erreicht, dass sie jederzeit in einen Schaden umschlagen kann. Nur dann, dh wenn die Gefährdung so konkret ist, dass sie einer Schädigung gleichkommt, stellt sie einen strafrechtlich relevanten Schaden dar. Dies ist gegeben, wenn die Vermögensgefährdung bei wirtschaftlicher Betrachtungsweise bereits zu einer messbaren Wertminderung geführt hat.[199] Man spricht deshalb von einer **schadensgleichen Vermögensgefährdung**. Der Kauf unter **Eigentumsvorbehalt** oder verlängertem Eigentumsvorbehalt steht einem Vermögensschaden meist nicht entgegen.[200]

Bei im Zeitpunkt der Bestellung oder Lieferung bereits bestehender oder 155 kurz danach eintretender Zahlungsunfähigkeit ist der Vermögensschaden in aller Regel ohne weiteres gegeben. Die Ermittlungsbehörden und Strafgerichte stellen dabei zur Vereinfachung üblicherweise auf die offene Forderung als Schaden ab. Schwieriger ist es, wenn der Täter **vor Eintritt der (drohenden) Zahlungsunfähigkeit** handelt. Da bei der Lieferung von Waren gegen Kredit immer ein gewisses Risiko besteht, ist der Tatbestand des Betrugs dann noch nicht verwirklicht, wenn sich die Gefahr des Ausfalls noch im Rahmen des allgemeinen Geschäftsrisikos bewegt. Maßgeblich ist, ob die Erfüllungswahrscheinlichkeit der aus der Bestellung und Lieferung resultierenden Forderung deutlich unter dem ausdrücklich zugesicherten oder aber konkludent behaupteten durchschnittlich Branchenüblichen liegt.[201] Auf die jeweilige Branche ist deswegen abzustellen, weil hier teilweise erhebliche Unterschiede bestehen können. Zudem sind die Art des Geschäfts und beispielsweise die Dauer der Geschäftsbeziehung zu berücksichtigen. Allerdings kann Betrug dann vorliegen, wenn bei drohender Zahlungsunfähigkeit getätigte Warenlieferungen nur dadurch bezahlt werden können, dass ähnlich einem Schneeballsystem andere Bestellungen unbezahlt bleiben. Wegen der Nachweisschwierigkeiten bei noch nicht eingetretener Zahlungsunfähigkeit sowie aus prozessökonomischen Erwägungen wird der Lieferantenbetrug durch die ermittelnden Staatsanwaltschaften häufig auf die Zeit ab Beginn der Krise beschränkt.

An einem Vermögensschaden fehlt es regelmäßig bei **Zug-um-Zug-Leistungen**. 156 Da der Lieferant erst bei Zahlung leistet, liegt bei ausbleibender Zahlung noch kein Vermögensschaden vor.[202] Das gleiche gilt bei Vorleistungspflicht des Täuschenden.[203] Ebensowenig liegt ein Schaden dann vor, wenn der Gläubiger eine **Sicherheit** besitzt, zu deren Geltendmachung die Mitwirkung des Schuld-

---

[199] Schönke/Schröder/*Perron* § 263 Rn. 143 f.
[200] *Norouzi* JuS 2005, 786.
[201] *Richter* GmbHR 1984, 137 (149).
[202] BGH Beschl. v. 17.7.1987 – 1 StR 327/97, StV 1988, 386; Beschl. v. 9.12.1994 – 3 StR 433/94, StV 1995, 255.
[203] BGH Urt. v. 2.3.1994 – 2 StR 620/93, NJW 1994, 1745 (1746).

Pelz

ners nicht mehr erforderlich ist.[204] Beim Verzicht auf die (sofortige) Geltendmachung eines Anspruchs liegt ein Schaden nur dann vor, wenn anderenfalls eine höhere Befriedigung durch Einzelzwangsvollstreckung hätte erreicht werden können als im Rahmen einer sofortigen Insolvenzanmeldung. Dies wird in der Krise des Schuldners jedoch kaum der Fall sein bzw. kaum nachgewiesen werden können.

157 Kein Betrug liegt vor, wenn bei Vornahme der Bestellung der Kaufmann zu Recht von seiner Leistungsfähigkeit bei Fälligkeit ausging, kurz vor Fälligkeit aus nicht vorhersehbaren Gründen aber Zahlungsschwierigkeiten eintreten. Ein Betrug kann jedoch dadurch verwirklicht werden, dass der Schuldner den Gläubiger um eine **Stundung** bittet und hierbei falsche Tatsachen angibt. Ein Vermögensschaden tritt durch diese Handlung jedoch nur dann ein, wenn durch die gewährte Stundung die Erfüllung einer – zumindest teilweise – realisierbaren Forderung vereitelt oder in höherem Maße als zuvor gefährdet wird.[205] Das bedeutet im Endeffekt folgendes: War die finanzielle Situation des Kaufmanns im Zeitpunkt der Stundungsvereinbarung bereits so schlecht, dass der Gläubiger bei Geltendmachung der fälligen Forderung diese nicht hätte realisieren können, liegt kein Betrug gemäß § 263 StGB vor (aber ggf. Kreditbetrug nach § 263b StGB).[206] Wäre eine zumindest teilweise Befriedigung möglich gewesen, hat der Schuldner sich des Betrugs strafbar gemacht. Legt der Schuldner hingegen die überraschend eingetretenen Zahlungsschwierigkeiten offen, ohne über seine Einschätzung der künftigen Lage zu täuschen, liegt hingegen kein Betrug vor.

4. Subjektiver Tatbestand; Vollendung

158 Der **Vorsatz** muss sich auf alle Merkmale des objektiven Tatbestandes erstrecken, wobei bedingter Vorsatz genügt. **Bereicherungsabsicht,** dh die Absicht, sich oder einem Dritten einen rechtswidrigen Vermögensvorteil zu verschaffen, ist gegeben, wenn es dem Täter auf die Erlangung des Vorteils ankommt. Nicht erforderlich ist, dass der Vermögensvorteil die eigentliche Triebfeder oder das in erster Linie angestrebte Ziel ist.[207]

159 Da zur Ermittlung des Gefährdungsschadens auf den **Zeitpunkt des Vertragsschlusses** abzustellen ist, wirkt sich die spätere Bezahlung auf die Tatbestandsverwirklichung nicht aus. Der Betrug ist bereits **vollendet.** Die Bezahlung stellt aber eine Schadenswiedergutmachung dar, die bei der Strafzumessung zu berücksichtigen ist.

III. Täterschaft

160 Täter kann jedermann sein. Wenn die **Verantwortlichen** eines Unternehmens, insbesondere die Geschäftsführer einer GmbH, die Bestellungen nicht selbst tätigen, sind sie in der Regel dennoch strafrechtlich verantwortlich. Bei

---

[204] BGH Urt. v. 2.2.2016 – 1 StR 437/15, NStZ 2016, 286 (287).
[205] BGH Beschl. v. 24.1.1986 – 2 StR 658/85, wistra 1986, 170.
[206] Dazu → Rn. 190.
[207] BGH Beschl. v. 23.2.1961 – 4 StR 7/61, BGHSt 16, 1.

Einzelanweisungen an die tatsächlich mit der Vornahme der Bestellung betrauten Mitarbeiter ist dies unproblematisch. Aber auch bei selbstständig von den Angestellten im Rahmen des laufenden Geschäftsbetriebs – des „Alltagsgeschäfts" – getätigten Bestellungen sind diese den verantwortlichen Geschäftsführern regelmäßig zuzurechnen. Es genügt, wenn sie die Mitarbeiter generell zur Erteilung weiterer Aufträge angehalten haben, was auch konkludent erfolgt sein kann.[208] Die Geschäftsführer sind dann als Mittäter bzw. wenn die Mitarbeiter die wahre wirtschaftliche Situation nicht kennen, als mittelbare Täter, und nicht als Anstifter zu bestrafen und zwar wegen Betrugs durch aktives Tun, nicht wegen Tatbestandsverwirklichung durch Unterlassen.[209] Die einzelnen Betrugshandlungen verbinden sich für den im Unternehmen Verantwortlichen aber zu *einer* Handlung, weil dessen Tatbeitrag sich in dem einmaligen Entschluss erschöpft, den Geschäftsbetrieb (im bisherigen Umfang) fortzuführen.[210]

IV. Besonders schwere Fälle

§ 263 Abs. 3 StGB sieht für besonders schwere Fälle einen erhöhten Strafrahmen vor. In Betracht kommen beim Warenkreditbetrug vor allem die Regelbeispiele nach den Nummern 1 (gewerbsmäßiges Handeln), 2 und 3. Bei der Alternative „Gefahr des Verlustes von Vermögenswerten einer großen Zahl von Menschen" im Regelbeispiel Nr. 2 ist zu beachten, dass die Absicht der Schädigung von vielen juristischen Personen das Regelbeispiel grundsätzlich nicht erfüllen kann.[211]

161

G. Untreue

I. Allgemeines

Untreuehandlungen werden zwar nicht nur, aber typischerweise auch dann begangen, wenn ein Unternehmen in finanzielle Schwierigkeiten gerät oder geraten ist. Teilweise wird die Krise durch das Vergehen der Untreue auch erst herbeigeführt. Untreue kann nach Aufgabe der Interessentheorie auch neben dem Straftatbestand des Bankrotts zur Anwendung kommen.

162

Untreue ist die durch vorsätzliche Verletzung der Pflicht zur Betreuung fremder Vermögensinteressen herbeigeführte Schädigung fremden Vermögens. Untreue ist damit ein **Vermögensdelikt**.[212] § 266 StGB umfasst zwei Tatbestandsgruppen, den Missbrauchs- und den Treubruchstatbestand. Der **Missbrauchstatbestand** ist erfüllt, wenn der Täter die ihm durch Gesetz, behördli-

163

---

[208] BGH Beschl. v. 19.12.1997 – 2 StR 420/97, wistra 1998, 177.
[209] Vgl. BGH Urt. v. 11.12.1997 – 4 StR 323/97, NJW 1998, 767 (769).
[210] BGH Urt. v. 11.12.1997 – 4 StR 323/97, NJW 1998, 767 (769); Beschl. v. 19.12.1997 – 2 StR 420/97, wistra 1998, 177; sa BGH Urt. v. 14.2.2001 – 3 StR 461/00, wistra 2001, 217 (218).
[211] BGH Beschl. v. 9.11.2000 – 3 StR 371/00, wistra 2001, 59.
[212] BGH Beschl. v. 7.12.1959 – GSSt 1/59, BGHSt 14, 38 (47); *Fischer* § 266 Rn. 2.

chen Auftrag oder Rechtsgeschäft eingeräumte Befugnis, über fremdes Vermögen zu verfügen oder einen anderen zu verpflichten, missbraucht. Dies setzt voraus, dass das rechtliche Dürfen im Innenverhältnis durch Beschränkung der Befugnis hinter dem rechtlichen Können im Außenverhältnis zurückbleibt. Der Missbrauchstatbestand ist also zB dann erfüllt, wenn der Geschäftsführer zur Durchführung bestimmter Geschäfte der vorherigen Zustimmung der Gesellschafterversammlung oder des Aufsichtsrats bedurft hätte. Den **Treubruchstatbestand** verwirklicht, wer die ihm kraft Gesetzes, behördlichen Auftrags, Rechtsgeschäfts oder auf Grund eines faktischen Treueverhältnisses obliegende Pflicht zur Wahrnehmung fremder Vermögensinteressen verletzt. In beiden Fällen ist weitere Voraussetzung, dass der Täter durch sein Handeln demjenigen, dessen Vermögensinteressen er zu betreuen hat, Nachteil zufügt.

II. Untreue in der Unternehmenskrise

1. Täter

164   Täter eine Untreue kann nur derjenige sein, den eine Pflicht zur Sorge für fremdes Vermögen trifft. Wegen der extrem weiten Fassung der Norm ist dieser durch die Rechtsprechung dahin eingeengt worden, dass die Pflicht zur Wahrnehmung fremder Vermögensinteressen den typischen und wesentlichen Inhalt des Treueverhältnisses bilden muss und nicht nur reine Nebenpflicht sein darf.[213] Der Täter muss innerhalb eines nicht unbedeutenden Pflichtenkreises – bei Einräumung von Ermessensspielraum, Selbständigkeit und Bewegungsfreiheit – zur **fremdnützigen Vermögensfürsorge** verpflichtet sein.[214] Keine Vermögensbetreuungspflicht resultiert hingegen idR aus normalen schuldrechtlichen Austauschverträgen. Daher stellt zB auch die Nichtfreigabe von Sicherheiten im Falle der Übersicherung keine Untreue dar, da der Sicherungsnehmer nur eigene und nicht fremde Vermögensinteressen wahrnimmt.[215] Ob Angestellte eine Vermögensbetreuungspflicht trifft, hängt von deren konkreten Aufgabengebiet ab. Vermögensbetreuungspflichtig ist hingegen der Geschäftsführer im Verhältnis zur GmbH oder der Vorstand bzw. der Aufsichtsrat[216] im Verhältnis bzw. zur AG. Keine Vermögensbetreuungspflicht trifft den Geschäftsführer oder Vorstand idR dann, wenn er im Verhältnis zum Unternehmen eigene Interessen verfolgt, zB wenn er selbst in Drittbeziehungen mit dem Unternehmen steht.[217]

165   Grundsätzlich trifft auch den Gesellschafter keine Treupflicht gegenüber der Gesellschaft. Etwas anderes soll aber dann gelten, wenn durch die Handlung des Gesellschafters die **Gesellschaft in Existenzgefahr** gerät. In diesen Fällen hat die Rechtsprechung auch in Konzernkonstellationen eine Untreue des Vorstands der Obergesellschaft gegenüber der Untergesellschaft angenommen.[218]

---

[213] BGH Urt. v. 5.7.1968 – 5 StR 262/68, BGHSt 22, 190 (191); *Fischer* § 266 Rn. 33.
[214] *Fischer* § 266 Rn. 35 mwN.
[215] OGL Celle Beschl. v. 18.7.2013 – 1 Ws 238/13, ZInsO 2013, 1954 (1955).
[216] *Fischer* § 266 Rn. 105 ff.
[217] BGH Urt. v. 17.9.2009 – 5 StR 521/08 Rn. 84, BeckRS 2009, 27538; OLG Braunschweig Beschl. v. 14. 6. 2012 – Ws 44/12, Ws 45/12, NJW 2012, 3798 (3799).
[218] BGH Urt. v. 13.5.2004 – 5 StR 73/03, NStZ 2004, 559 (561); Beschl. v. 31.7.2009 – 2 StR 95/09, NStZ 210, 89 (91).

2. Typische Tathandlungen

Als Tathandlung kommt jede Art der Verletzung spezifischer Vermögensbetreuungspflichten in Betracht. Der Verstoß gegen bloße „allgemeine Schuldnerpflichten" genügt nicht. Tatbestandlich sind ferner werden nur gravierende Pflichtverletzungen bzw. solche, bei denen die Verletzung außerstrafrechtlicher Pflichten evident ist.[219]

166

Untreue als Insolvenzdelikt iwS liegt typischerweise dann vor, wenn der Geschäftsführer einer GmbH der Gesellschaft ohne triftigen Grund notwendige Liquidität entzieht oder wenn er durch bestimmte Handlungen das Stammkapital der Gesellschaft beeinträchtigt.

167

Neben der Entnahme von Vermögenswerten kann auch die Vornahme von Investitionen oder der Erwerb von Rechten, beispielsweise Patenten, bei bevorstehender Insolvenz den Tatbestand der Untreue erfüllen. Dies ist dann der Fall, wenn die Investitionen sich wegen der Krisensituation als völlig sinnlos darstellen, weil eine Amortisation im Hinblick auf die zu erwartende Insolvenz ausgeschlossen ist. § 266 StGB ist insbesondere dann verwirklicht, wenn der Geschäftsführer allein in der Hoffnung handelt, die Investitionsgeschäfte, gegebenenfalls nach Abweisung eines Insolvenzantrags mangels Masse, auf eigene Rechnung oder mit den ehemaligen Gesellschaftern im Rahmen eines Nachfolgeunternehmens verwerten zu können.[220] Das Absehen von der Stellung eines Insolvenzantrags kann dann eine Untreuehandlung darstellen, wenn dies geschieht, um eine Sanierung bewusst zu verhindern.

168

In welcher Weise der Täter den Vermögensnachteil für die Gesellschaft herbeiführt, ist unerheblich. In Betracht kommt zB:[221]
– Beiseiteschaffen von Ware oder sonstigen Gegenständen (eventuell um sie in eine neue Gesellschaft einzubringen),
– Unberechtigte Entnahme von Barmitteln,
– Überweisung auf das eigene Konto,
– Ausstellen und Einreichen von Schecks zu Lasten der Gesellschaft,
– Einbehalten von Kundenschecks und Einlösung zu Gunsten des eigenen Kontos,
– Einkauf zu ungünstigem Preis trotz günstigerer Gelegenheit, um die Differenz einem Angehörigen oder sich selbst zu verschaffen,
– Auszahlen von überhöhten Provisionen oder sonstige Aushöhlung des Gesellschaftsvermögens durch überhöhte Kosten und ungerechtfertigte Zahlungen (zB von Entgelten an Berater),
– Unangemessen hohe Bezüge oder nachträgliche übermäßige Erhöhung des Geschäftsführergehaltes, ggf. auch Unterlassen einer wirtschaftlich gebotenen Herabsetzung der Bezüge.

169

---

[219] BGH Urt. v. 21.12.2005 – 3 StR 470/04, BGHSt 50, 331 (343); Urt. v. 11.12.2014 – 3 StR 265/14, NJW 2015, 1618 (1619.
[220] *Richter* GmbHR 1984, 137 (145).
[221] Zu weiteren Beispielen (auch zu sonstigen Formen der Untreue im Zusammenhang mit Geschäftsbetrieben) vgl. Scholz/*Tiedemann/Rönnau* vor § 82 Rn. 16 ff.; Rowedder/Schmidt-Leithoff/*Schaal* vor § 82 Rn. 22.

170 In Konzernkonstellation kann daher pflichtwidrig sein die Veranlassung zur Teilnahme an einem bzw. das weitere Verbleiben in einem Cash-Pool, wenn die darlehensnehmende Konzerngesellschaft in die Krise gerät, die Gewährung von Darlehen bzw. Leistung von Sicherheiten für eine in der Krise befindliche Konzerngesellschaft oder die Rückzahlung von Gesellschafterdarlehen bzw. Vorabausschüttungen, wenn dies die Krise der zahlenden Gesellschaft verursacht.[222]

3. Einwilligung und Weisungen

171 Nach ganz hM[223] ist die Gesellschaft, speziell die GmbH, als eigene Rechtspersönlichkeit schützenswert. Dies gilt auch bei der Einmann-GmbH. Der geschäftsführende Gesellschafter einer Einmann-GmbH hat die Pflicht, das Vermögen der juristischen Person, das für ihn fremdes Vermögen darstellt, zu betreuen. Wem das Vermögen wirtschaftlich zuzurechnen ist, hat außer Betracht zu bleiben. Maßgeblich ist allein die zivilrechtliche Trennung der Vermögensmassen. Der BGH[224] betont, dass der alleinige Gesellschafter sich nicht auf die Vorteile der Vermögenstrennung durch die GmbH berufen kann, wenn es um seine Haftung geht, andererseits aber Vermögenseinheit geltend machen kann, wenn er der GmbH willkürlich wirtschaftliche Werte zum eigenen Vorteil entzieht.

172 Grundsätzlich aber lässt das **Einverständnis des Vermögensträgers** mit Handlungen des Geschäftsführers das Tatbestandsmerkmal der Pflichtwidrigkeit entfallen. Vermögensträger sind bei der GmbH alle Gesellschafter. Eines förmlichen Gesellschafterbeschlusses bedarf die Zustimmung jedenfalls dann nicht, wenn alle Gesellschafter einverstanden sind.[225] Allerdings ist es erforderlich, dass auch die Minderheitsgesellschafter mit dem Sachverhalt befasst waren und ihre Rechte geltend machen konnten.[226] Wer bei der AG zustimmungsbefugt ist, ob die Aktionäre bzw. die Hauptversammlung[227] oder der Aufsichtsrat[228] oder ob überhaupt keine Zustimmung möglich ist,[229] ist noch nicht abschließend geklärt. Jedenfalls der Vorstand kann nicht in pflichtwidrige Handlungen einwilligen.[230] Eine derartige (ausdrückliche oder konkludente) Zustimmung muss aber vor der Ausführung der Tathandlung erklärt sein. Sie kann auch dann vorliegen, wenn Beteiligungsgesellschaften im Rahmen einer Gesamtplanung im Konzerninteresse handeln.[231] Dies gilt allerdings dann nicht, wenn die Zustimmung der Gesellschafter ihrerseits ungetreu und rechtswidrig

---

[222] Flöther/*Pelz*, Handbuch zum Konzerninsolvenzrecht, § 7 Rn. 15 ff.; Müller-Gugenberger/*Hadamitzky* § 32 Rn. 152 ff.
[223] Vgl. nur BGH Urt. v. 29.5.1987 – 3 StR 242/86, BGHSt 34, 379; Schönke/Schröder/*Perron* § 266 Rn. 6; LK/*Schünemann* § 266 Rn. 125 mwN.
[224] BGH Urt. v. 29.5.1987 – 3 StR 242/86, BGHSt 34, 379 (385).
[225] MüKoStGB/*Dierlamm* § 266 Rn. 143; Schönke/Schröder/*Perron* § 266 Rn. 21; offen gelassen BGH Urt. v. 27.8.2010 – 2 StR 111/09, NStZ 2010, 700 (703).
[226] BGH Urt. v. 27.8.2010 – 2 StR 111/09, NStZ 2010, 700 (703).
[227] MüKoStGB/*Dierlamm* § 266 Rn. 159; abl. *Fischer* § 266 Rn. 102.
[228] Schönke/Schröder/*Perron* § 266 Rn. 21.
[229] In diese Richtung wohl *Fischer* § 266 Rn. 102.
[230] BGH Beschl. v. 17.9.2009 – 2 StR 521/08, NStZ 2010, 89 (91).
[231] BGH Urt. v. 28.5.2013 – 5 StR 551/11, ZInsO 2013, 1302 (1304).

ist. Da das Vermögen juristischer Personen für ihre Anteilseigner Fremdvermögen ist, darf der Geschäftsführer in diesem Fall Weisungen durch die Gesellschafter nicht folgen.

Damit steht das Einverständnis (die Einwilligung) aller Gesellschafter oder des einzigen Gesellschafters jedenfalls dann dem § 266 StGB nicht entgegen, wenn das **Stammkapital angegriffen** wird.[232] Darüber hinaus ist das Einverständnis wirkungslos, wenn die **Existenz**, die **Liquidität** oder **besondere entgegenstehende Interessen** der GmbH gefährdet werden.[233] Damit scheidet eine Einwilligung des Gesellschafters in all den Fällen aus, in denen eine Insolvenzgefahr herbeigeführt wird.[234] Gleiches soll jedoch auch dann gelten, wenn bereits eine Insolvenzsituation besteht, diese durch die Vornahme der pflichtwidrigen Handlung jedoch noch weiter vertieft wird.[235] Keine Pflichtwidrigkeit liegt jedoch dann vor, wenn die Zahlung nach § 64 S. 2 GmbHG der Sorgfalt eines Geschäftsleiters entspricht. Im **Ergebnis** sind somit Verfügungen im Einvernehmen mit den Gesellschaftern dann als Untreue strafbar, wenn sich die GmbH in der Krise befindet oder diese durch die Tathandlung herbeigeführt oder verstärkt wird.[236]

173

Die Rückzahlung von früher als eigenkapitalersetzend bezeichneten Gesellschafterdarlehen oder die Zahlung auf sonstige Forderungen von Gesellschaftern ist wegen der Änderung des § 30 GmbHG durch das MoMiG nicht mehr per se strafbar, auch dann nicht, wenn dies in der Krise vorgenommen wird.[237] Etwas anderes gilt nur dann, wenn durch diese Zahlung die Gesellschaft gerade in Insolvenzgefahr gerät.[238]

174

Zu beachten ist, dass bereits eine Handlung vor der Krise, wodurch diese weder herbeigeführt noch das Stammkapital angegriffen wird, dann den Tatbestand der Untreue erfüllen kann, wenn das Handeln von einer **„Aushöhlungsabsicht"** getragen ist. Es ist dann als Teil eines Gesamtverhaltens rechtsmissbräuchlich. Dieses Gesamtverhalten ist maßgeblich und nicht die isolierte Auswirkung der einen Handlung auf die GmbH. Das Gesamtverhalten muss von der Tendenz geprägt sein, die GmbH zB durch häufige Kapitalausschüttungen auszuhöhlen.[239]

175

4. Schaden

Darüber hinaus muss der Gesellschaft ein Schaden zugefügt werden. Ob dies der Fall ist, bestimmt sich durch Vergleich der Vermögenslage vor Vornahme

176

---

[232] BGH Urt. v. 24.8.1988 – 3 StR 232/88, BGHSt 35, 333 (338f.); LK/*Schünemann* § 266 Rn. 125 mwN.
[233] BGH Urt. v. 24.8.1988 – 3 StR 232/88, BGHSt 35, 333 (337ff.); sa BGH Urt. v. 20.7.1999 – 1 StR 668/98, NJW 2000, 154 (155).
[234] BGH Urt. v. 24.8.1988 – 3 StR 232/88, BGHSt 35, 333 (337); NStZ-RR 2013, 345 (346).
[235] BGH NZG 2011, 1238; OLG Jena BeckRS 2011, 15232; *Rönnau/Becker* NZWiSt 2014, 441 (445).
[236] Vgl. auch BGH Beschl. v. 19.2.2013 – 5 StR 427/12, wistra 1990, 99.
[237] *Bittmann* NStZ 2009, 113 (117).
[238] OLG Stuttgart Beschl. v. 14.4.2009 – 1 Ws 32/09, wistra 2010, 34; *Maurer/Wulf* wistra 2011, 327.
[239] BGH Urt. v. 10.7.1996 – 3 StR 50/96, NJW 1997, 66 (69); sa *Gehrlein* NJW 2000, 1089 (1090).

der pflichtwidrigen Handlung mit der danach. Auch eine Vermögensgefährdung kann einen Schaden darstellen, wenn es hierdurch bereits gegenwärtig zu einer konkreten, wirtschaftlich messbaren Vermögenseinbuße gekommen ist.[240] Kein Schaden liegt zB dann vor, wenn ein pflichtwidrig vorgenommenes Rechtsgeschäft nichtig war, weil dieses keine Rechtswirkungen zeigt. Dies würde lediglich einen Versuch der Untreue darstellen, der jedoch nicht strafbar ist.

177 Das Eingehen **riskanter Geschäfte** stellt per se noch keine Untreue dar. Es kann an der Verwirklichung des objektiven Tatbestandes (Pflichtwidrigkeit) fehlen oder zumindest Vorsatz oder Rechtswidrigkeit entfallen. Die Eingehung von Risiken ist notwendiger Bestandteil unternehmerischen Handelns.[241] Dies gilt insbesondere dann, wenn es sich um **branchenübliche** oder **verkehrsübliche Risiken** handelt. Wann das eingegangene Risiko als pflichtwidrig anzusehen ist, bestimmt sich zudem nach der wirtschaftlichen Lage des Unternehmens. Daher sind besonders hohe Anforderungen an die Feststellung eines (bedingten) (Gefährdungs-)Vorsatzes zu stellen.[242] Darüber hinaus kann der Vermögensnachteil fehlen, wenn das Geschäft zugleich einen Vorteil (Gewinn oder erhebliche Gewinnaussicht) bringt.[243] § 266 StGB liegt vor, wenn der Täter nach der Art eines Spielers entgegen den Regeln kaufmännischer Sorgfalt eine Verlustgefahr auf sich nimmt und nach einer Gesamtbetrachtung die Gefahr eines Verlustgeschäfts wahrscheinlicher ist als die Aussicht auf Gewinnzuwachs.[244]

178 An einem **Vermögensnachteil** iSd § 266 StGB **fehlt** es, wenn der Verfügende eigene flüssige Mittel ständig zum Einsatz bereithält.[245] Dass der Täter in der Lage ist, die Vermögenseinbuße jederzeit durch eigene Mittel auszugleichen, genügt hierfür nicht. Er muss diese Mittel auch tatsächlich bereithalten. Das bedeutet, der Täter muss die Mittel nicht nur zur Verfügung haben, sondern auch sein Augenmerk darauf richten, diese Mittel ständig zum Ausgleich benutzen zu können. Die Ersatzbereitschaft eines Dritten oder die nachträgliche Schadenswiedergutmachung verhindern den Eintritt eines Nachteils und die Tatbestandsverwirklichung nicht.

179 Bei privaten Entnahmen durch einen als Geschäftsführer tätigen Gesellschafter fehlt es dann an einem Vermögensschaden, wenn die Entnahmen dazu dienen, dem Geschäftsführer eine geschuldete – angemessene – Vergütung zu erfüllen.[246] An einem Vermögensschaden fehlt es auch bei einverständlichen Entnahmen von Gewinnen oder der Zahlung von Gewinnvorschüssen, selbst wenn diese zu Tarnungszwecken falsch verbucht wurden.[247]

180 Umstritten ist, ob die Leistung von **Zahlungen auf bestehende Verbindlichkeiten** entgegen dem Zahlungsverbot des § 64 S 1 GmbHG eine Untreuehand-

---

[240] BVerfG Beschl. v. 23.6.2010 – 2 BvR 2559/08, NJW 2010, 3209; *Fischer* § 266 Rn. 159 ff.
[241] BGH Urt. v. 28.5.2013 – 5 StR 551/11, ZInsO 2013, 1302 (1304).
[242] BGH Urt. v. 28.5.2013 – 5 StR 551/11, ZInsO 2013, 1302 (1304).
[243] Vgl. Scholz/*Tiedemann/Rönnau* vor § 82 Rn. 15.
[244] BGH bei *Holtz* MDR 1982, 624; *Fischer* § 266 Rn. 158.
[245] BGH Urt. v. 16.12.1960 – 4 StR 401/60, BGHSt 15, 342; *Fischer* § 266 Rn. 74 mwN.
[246] BGH Beschl. v. 20.12.1994 – 1 StR 593/94, NStZ 1995, 185.
[247] BGH Beschl. v. 19.2.2013 – 5 StR 427/12, NStZ-RR 2013, 345.

Pelz

lung darstellt. ZT wird dies mit der Begründung verneint, dass die kongruente Befriedigung wegen der Sperrwirkung des § 283c StGB per se straflos sei, zumal diese zum Wegfall einer Verbindlichkeit führe.[248] Nach aA ist mit der Zahlung auf eine fällige Verbindlichkeit jedenfalls dann keine Kompensationswirkung verbunden, wenn dem Unternehmen wegen der Verbotswirkung des § 64 S. 1 GmbHG ein Leistungsverweigerungsrecht zustehe, da der Wegfall einer Verbindlichkeit, auf die nicht geleistet werden muss, mit keinem wirtschaftlichen Vorteil verbunden ist.[249]

Bei **Personenhandelsgesellschaften** sind die einzelnen Gesellschafter Vermögensinhaber. Damit ist die Schädigung des Gesamthandsvermögens für den Nachteil iSd § 266 StGB nur insoweit bedeutsam, als damit gleichzeitig das Vermögen der Gesellschafter berührt wird.[250] Zudem kommt Untreue durch den geschäftsführenden Gesellschafter nur dann in Betracht, wenn er sich persönlich zu Lasten der Mitgesellschafter bereichert. Anders als bei juristischen Personen ist es daher möglich, dass einzelne Gesellschafter auch ohne Beteiligung der anderen in eine Tathandlung einwilligen, was insoweit dann Untreue ausschließt. Untreue gegenüber den anderen Gesellschaftern kann dann aber weiterhin vorliegen, wobei die Höhe des Schadens sich anhand der jeweiligen Kapitalbeteiligung der betroffenen Gesellschafter bestimmt.[251] Bei gemeinsamen Handeln oder billigendem Beschluss durch sämtliche Gesellschafter ist Untreue ausgeschlossen. Es können allenfalls Bankrotthandlungen gemäß § 283 StGB, insbesondere nach Abs. 1 Nr. 1 und 2, vorliegen.

181

Dies gilt grundsätzlich auch für die **GmbH & Co. KG**. Hier ist allerdings zu beachten, dass durch Handlungen des Geschäftsführers der GmbH, der „mittelbar" Geschäftsführer der GmbH & Co. KG ist, Untreue zum Nachteil der Komplementär-GmbH begangen werden kann. Da die GmbH als Komplementärin für die Schulden der KG haftet, können Entnahmen oder sonstige Verfügungen in der Krise das Kapital der GmbH beeinträchtigen. Damit kann der Komplementärgesellschaft ein Untreueschaden entstehen.[252]

182

5. Subjektiver Tatbestand

Strafbar ist nur vorsätzliches Verhalten, wobei bedingter Vorsatz genügt. Der Vorsatz muss sich sowohl auf die Pflichtverletzung als auch auf die Schadenszufügung beziehen. Da mit jedem unternehmerischen Handeln ein gewisses Risiko verbunden ist, sind hohe Anforderungen an die Feststellung eines (bedingten) Schädigungsvorsatzes zu stellen und es darf nicht vom Abschluss eines Risikogeschäftes der Schluss auf eine billigende Inkaufnahme des Schadenseintritts gezogen werden.[253]

183

---

[248] *Bittmann* wistra 2007, 321 (325).
[249] *Rönnau/Becker* NZWiSt 2014, 441 (447).
[250] BGH Urt. v. 10.7.2013 – 1 StR 532/12, NJW 2013, 3590 (3593); Urt. v. 1.11.1983 – 5 StR 363/83, wistra 1984, 71.
[251] BGH Urt. v. 10.7.2013 – 1 StR 532/12, NJW 2013, 3590 (3593).
[252] Vgl. BGH Urt. v. 3.5.1991 – 2 StR 613/90, NJW 1992, 250 (251); Müller-Gugenberger/*Hadamitzky* § 32 Rn. 21a; *Hartung* NJW 1996, 229 (235).
[253] BGH Urt. v. 28.5.2013 – 5 StR 551/11, NStZ 2013, 715 (716).

H. Sonstige Insolvenzstraftaten

I. Falsche Versicherung an Eides Statt

184 Im Rahmen des Insolvenzverfahrens hat der Schuldner ein Vermögensverzeichnis einzureichen. Das Insolvenzgericht kann eine eidesstattliche Versicherung der Richtigkeit und Vollständigkeit der Auskunft verlangen (§ 20 S. 2 iVm § 98 Abs. 1 S. 1 InsO). Darüber hinaus gibt es im Rahmen des Insolvenzverfahrens weitere Verpflichtungen, die Richtigkeit von Angaben an Eides Statt zu versichern (vgl. § 98 Abs. 1 InsO). So kann der Schuldner nach § 153 Abs. 2 Satz 1 InsO verpflichtet sein, die Richtigkeit der Aktiva und Passiva des Insolvenzschuldners zu bestätigen, wovon auch solche Gegenstände erfasst sind, die der Schuldner bei Seite geschafft hat.[254] Hingegen ist die Erklärung der Richtigkeit und Vollständigkeit beim Eröffnungsantrag nach § 13 Abs. 1 Satz 7 InsO keine Versicherung an Eides Statt. Häufig hat der Schuldner auch schon vor Einleitung des Insolvenzverfahrens auf Antrag eines Gläubigers die eidesstattliche Versicherung nach § 802c ZPO abgegeben. Angaben über das Vermögen müssen dabei auch dann gemacht werden, wenn der Auskunftspflichtige sich dadurch einer Straftat bezichtigen muss, ohne dass für derartige Angaben ein Verwertungsverbot bestünde. Daher wird § 802c ZPO zu Recht für teilweise verfassungswidrig gehalten,[255] zumal diese Daten nach § 802k Abs. 2 Satz 3 ZPO den Strafverfolgungsbehörden zur Verfügung stehen.

185 Verstöße gegen die Richtigkeit und Vollständigkeit dieser Angaben werden vom Straftatbestand der Falschen Versicherung an Eides Statt nach **§ 156 StGB** erfasst. Das Vollstreckungs- oder Insolvenzgericht gilt gemäß § 11 Abs. 1 Nr. 7 StGB als Behörde. § 156 StGB erfasst nur diejenigen Angaben, zu denen der Schuldner nach § 802c Abs. 1 ZPO oder nach den genannten Vorschriften aus der InsO verpflichtet ist. Da es nicht Sache des Schuldners ist, die Erfolgsaussichten einer Vollstreckung oder eines Insolvenzverfahrens zu beurteilen, hat er in dem vorzulegenden Verzeichnis seines gegenwärtigen Vermögens grundsätzlich auch unpfändbare Gegenstände, zurzeit uneinbringliche Forderungen, anfechtbare Rechte und mit Drittrechten überlastete oder aus sonstigen Gründen als wertlos erscheinende Gegenstände anzugeben, solange sie nicht nach objektivem Maßstab offensichtlich wertlos sind.[256] Im Vermögensverzeichnis vor dem Insolvenzgericht umfasst die Offenbarungspflicht aber nur das zur Masse gehörende Vermögen.[257] Anzugeben sind auch Anwartschaften aus bedingter Übereignung wie etwa an Sachen, die auf Abzahlung gekauft und unter Eigentumsvorbehalt erworben sind. Dies gilt jedoch nur, solange das Anwartschaftsrecht besteht, dann allerdings auch dann, wenn der Restkaufpreis höher als der Zeitwert des betreffenden Gegenstandes ist.[258]

186 Falsch ist die abzugebende Versicherung, wenn das Vermögensverzeichnis unvollständig oder sonst unrichtig ist. Unrichtig wird das Verzeichnis nicht nur

---

[254] MüKoStGB/*Müller* § 156 Rn. 40.
[255] *Weiß* NJW 2014, 503 (507).
[256] BGH Beschl. v. 20.11.1959 – 1 StR 294/59, BGHSt 13, 345 (348 f., 351).
[257] *Fischer* § 156 Rn. 13.
[258] BGH Beschl. v. 20.11.1959 – 1 StR 294/59, BGHSt 13, 345; *Fischer* § 156 Rn. 13c.

durch das Verheimlichen von Vermögenswerten, sondern auch durch die Aufnahme nicht existierender Gegenstände oder erdichteter Forderungen.

II. Unterschlagung

In oder unmittelbar vor der Krise können Schuldner versuchen, sich den wirtschaftlichen Wert fremder Sachen einzuverleiben. Hier kann der Tatbestand der Unterschlagung nach § 246 StGB eingreifen. Unterschlagung begeht, wer sich eine fremde bewegliche Sache zueignet, die er bereits in Gewahrsam hat (sonst liegt Diebstahl nach § 242 StGB vor). Unterschlagung liegt beispielsweise vor, wenn zur kurzfristigen Verbesserung der Liquidität oder zur Vermeidung der Zahlungsunfähigkeit **sicherungsübereignete Gegenstände** zum Nachteil des Sicherungsnehmers veräußert werden. Die bloße Nichtrückgabe gemieteter oder geleaster Gegenstände nach Vertragskündigung stellt noch keine Unterschlagung dar,[259] außer der Mieter oder Leasingnehmer gibt nach außen zu erkennen, dass er das Eigentum des Vermieters oder Leasinggebers nicht länger anerkennen will, beispielsweise durch Verleugnen des Besitzes oder der Herbeiführung eines erheblichen Wertverlustes.[260]

187

Auch das **Beiseiteschaffen von Waren** oder Vermögensgegenständen einer juristischen Person um diese Gegenstände einer Nachfolge-GmbH zuzuführen, kann hier relevant sein.[261] Soweit es sich dabei um **Eigentumsvorbehaltsware** handelt, liegt eine Unterschlagung deshalb vor, weil die Veräußerung üblicherweise nur im ordnungsgemäßen Geschäftsgang zulässig ist. Die unter Eigentumsvorbehalt gelieferten Gegenstände sind dem Vorbehaltskäufer anvertraut iSd § 246 Abs. 1 S. 2 StGB. Damit liegt ein Fall der veruntreuenden Unterschlagung vor. § 283 Abs. 1 Nr. 1 StGB scheidet bezüglich Eigentumsvorbehaltsware aus. Möglich ist aber die Verwirklichung des § 283 Abs. 1 Nr. 3 StGB.

188

Bei einer sonstigen Veräußerung von Waren, die unter **verlängertem Eigentumsvorbehalt** erworben wurden, ist keine Unterschlagung gegeben. Hier liegt eine Einwilligung des Vorbehaltsverkäufers vor, welche den Verkauf (dh die darin liegende Zueignung) rechtmäßig macht.[262] Auch bei bereits eingetretener Krise stellt ein Weiterverkauf eine Handlung im Rahmen eines ordnungsgemäßen Geschäftsgangs dar. Das Nichtabführen des Erlöses aus dem Verkauf oder die fehlende Abtretung der Forderung gegen den Käufer, wozu die Allgemeinen Geschäftsbedingungen des Vorbehaltsverkäufers den Vorbehaltskäufer üblicherweise verpflichten, ist strafrechtlich nicht relevant.[263]

189

III. Kreditbetrug

Bei beginnender oder sich abzeichnender Krise des Unternehmens wird häufig der Tatbestand des Kreditbetrugs nach § 265b StGB verwirklicht. Da bei

190

---

[259] OLG Hamburg Beschl. v. 27.4.2001 – 1 Ss 21/01, StV 2001, 577 (587).
[260] OLG Zweibrücken Beschl. v. 21.8.2009 – 1 Ss 57/09, StraFo 2009, 423 (424).
[261] Vgl. nur BGH Urt. v. 24.6.1952 – 1 StR 153/52, BGHSt 3, 32 (39).
[262] OLG Düsseldorf Beschl. v. 23.11.1983 – 5 Ss 437/83 – 360/83 I, NJW 1984, 810 (811).
[263] OLG Düsseldorf Beschl. v. 23.11.1983 – 5 Ss 437/83 – 360/83 I, NJW 1984, 810 (811).

Pelz

bestehenden wirtschaftlichen Problemen neue Kredite, die Verlängerung bestehender Kredite oder eine Erhöhungen des Kreditrahmens meist nur dann zu erlangen sind, wenn der Bank (weitere) Sicherheiten zur Verfügung gestellt werden – die in aller Regel nicht vorhanden sind – oder bestimmte Finanzkennzahlen (covenants) eingehalten werden, ist die Versuchung groß, das Ziel durch falsche Angaben, durch Verschweigen oder Beschönigen der Krisensituation gegenüber dem Kreditinstitut zu erreichen. Daneben wird häufig versucht, mit Schuldnern – ebenfalls unter Vorspiegelung falscher Tatsachen – eine (weitere) Stundung von Forderungen zu vereinbaren.

191 Durch beide genannten Verhaltensweisen kann sich der Schuldner des Kreditbetrugs nach § 265b strafbar machen. § 265b StGB ist ein **abstraktes Gefährdungsdelikt**, das im Unterschied zu § 263 StGB bereits mit Vorlage von falschen Unterlagen oder schriftlichen Angaben vollendet ist, ohne dass es auf Irrtumserregung, Kreditgewährung oder Schadenseintritt ankommt.[264] Wenn im Einzelfall die weiteren Voraussetzungen des § 263 StGB erfüllt sind, ist § 265b StGB nach der Rechtsprechung des BGH nicht anwendbar; er tritt hinter dem allgemeinen Betrugstatbestand des § 263 StGB zurück.[265]

192 Vollendeter Betrug nach § 263 StGB scheidet oftmals deswegen aus, weil die Stundung einer bestehenden Forderung (ggf. iVm der Rücknahme eines Zwangsvollstreckungsauftrags) oder die Prolongation eines Darlehens nur dann einen Vermögensschaden begründet, wenn dadurch eine Verschlechterung der konkret gegebenen Vollstreckungsaussicht oder der Rückzahlungsfähigkeit einhergeht. Das ist dann nicht der Fall, wenn der Schuldner schon im Zeitpunkt der Stundung oder Prolongation kein pfändbares Vermögen mehr hat.[266]

193 Zu beachten ist, dass § 265b StGB bei falschen mündlichen Angaben nicht eingreift. Die der Wahrheit nicht entsprechenden wirtschaftlichen Verhältnisse müssen sich aus **schriftlichen Unterlagen** oder aus **schriftlichen Angaben** in einem Kreditantrag ergeben (§ 265b Abs. 1 Nr. 1 StGB). Wenn die vorgelegten, zum Zeitpunkt der Erstellung richtigen Unterlagen wegen zwischenzeitlich eingetretener Verschlechterung der wirtschaftlichen Verhältnisse nicht mehr den Tatsachen entsprechen, muss der Kreditnehmer bei Vorlage darauf hinweisen (§ 265b Abs. 1 Nr. 2 StGB). Dies kann zwar auch mündlich geschehen, sollte aber schon aus Beweisgründen immer schriftlich erfolgen. Keine Hinweispflicht besteht hingegen, wenn die Unterlagen bei Vorlage richtig waren, sich die Situation aber nachträglich verschlechtert hat.

194 Beim Kreditbetrug nach § 265b StGB ist zu beachten, dass nur **Betriebe und Unternehmen** als Kreditgeber und -nehmer in Betracht kommen und zwar nur solche, die gemäß Abs. 3 Nr. 1 nach Art und Umfang einen in kaufmännischer Weise eingerichteten Geschäftsbetrieb erfordern. Unerheblich ist, ob es sich um einen inländischen oder ausländischen Kreditgeber handelt.[267] Kredite (Betriebskredite) iSd § 265b StGB sind gemäß Abs. 3 Nr. 2 Gelddarlehen aller Art,

---

[264] BGH Urt. v. 8.12.1981 – 1 StR 706/81, BGHSt 30, 285 (291); *Fischer* 63. Aufl., § 265b Rn. 2.
[265] BGH Beschl. v. 21.2.1989 – 4 StR 643/88, BGHSt 36, 130; *Fischer* § 265b Rn. 3; aA LK/*Tiedemann* § 265b Rn. 14; Schönke/Schröder/*Perron* § 265b Rn. 51.
[266] BGH Beschl. v. 30.1.2003 – 3 StR 437/02, NStZ 2003, 546 (548).
[267] BGH Urt. v. 8.10.2014 – 1 StR 114/14, NJW 2015, 423 (425).

Pelz

Akzeptkredite, der entgeltliche Erwerb und die Stundung von Geldforderungen, die Diskontierung von Wechseln und Schecks und die Übernahme von Bürgschaften, Garantien und sonstigen Gewährleistungen. Hierunter fallen auch Mezzanin-Kredite und Genussrechtskapital.[268]

§ 265b StGB hat – in der Variante **Stundung von Geldforderungen** – Bedeutung vor allem für den Bereich des **Waren- und Lieferantenkredits**. Der Tatbestand des § 265b Abs. 1 Nr. 1 Buchst. b StGB ist zB bereits dann erfüllt, wenn der Käufer einer Ware den Verkäufer in einem Brief mit der unrichtigen Behauptung, er habe demnächst Außenstände zu erwarten, um Stundung des Kaufpreises für einige Wochen bittet. Oftmals scheitert die Verwirklichung des (objektiven) Tatbestandes in diesen Fällen aber daran, dass mündlich – vor allem telefonisch – geäußerte Bitten um Stundung von § 265b StGB nicht erfasst werden. Auch beim Kredit in der Form, dass bereits bei Bestellung ein Zahlungsziel eingeräumt wird, fehlt es – anders als beim Antrag auf Gewährung eines Bankkredits – in aller Regel an entsprechenden schriftlichen Angaben oder der Vorlage von Unterlagen über die wirtschaftlichen Verhältnisse des Bestellers. 195

IV. Vorenthalten und Veruntreuen von Arbeitsentgelt[269]

Das Nichtabführen von Arbeitnehmeranteilen zur Sozialversicherung ist in § 266a Abs. 1 StGB, das Vorenthalten von Arbeitgeberanteilen in § 266a Abs. 2 StGB unter Strafe steht. Die Verwirklichung des Tatbestandes ist in Krisensituationen eines Unternehmens, das Arbeitnehmer beschäftigt, typisch. Um Liquidität zu schonen, werden Sozialversicherungsbeiträge verspätet oder gar nicht bezahlt, zumal Sozialversicherungsträger in der Beitreibung oftmals sehr nachlässig sind. Ob Arbeitnehmerbeiträge rechtzeitig bezahlt wurden, wird im Insolvenzstrafverfahren regelmäßig durch Rundschreiben an die wichtigsten Sozialversicherungsträger abgefragt. 196

1. Geschütztes Beitragsaufkommen

Gegenstand der in der Praxis relevanten Taten nach § 266a **Abs. 1 und 2 StGB (Beitragsvorenthaltung)** sind die in § 28d SGB IV genannten Sozialversicherungsbeiträge (Beiträge zur Kranken-, Renten- und Arbeitslosenversicherung). **Abs. 1** betrifft nur den **Anteil des Arbeitnehmers**, den **Arbeitgeberanteil** oder -beitrag erfasst **Abs. 2**. Geschützt sind lediglich Beiträge des Arbeitgebers zur deutschen Sozialversicherung, nicht aber Beiträge in Fällen der Versicherungspflicht bei einem ausländischen Sozialversicherungsträger. 197

Durch § 266a Abs. 1 StGB werden solche Sozialversicherungsbeiträge, die der Arbeitgeber alleine zu tragen hat, also vor allem die Beiträge zur Unfallversicherung (vgl. §§ 150 ff. SBG VII) oder zur Künstlersozialabgabe (§ 24 KSVG) **nicht** geschützt. Auch Fälle eines geringfügigen Beschäftigungsverhältnisses (so genannte Minijobs auf 450-EUR-Basis) nicht, da bei diesem der Arbeitgeber die Pauschbeträge zur Kranken- und Rentenversicherung alleine zu tragen 198

---

[268] BGH Urt. v. 8.10.2014 – 1 StR 114/14, NJW 2015, 423 (426).
[269] Hierzu ausführlich Wabnitz/Janovsky/*Pelz*, Kapitel 9, Rn. 259 ff.

hat.[270] Ebenso betrifft § 266a Abs. 1 keine Ausbildungsverhältnisse, bei denen die Ausbildungsvergütung unter 325 EUR liegt, und beispielsweise Entlohnungen im Rahmen eines freiwilligen sozialen Jahrs, weil auch hier ausschließlich der Arbeitgeber die Beitragslast trägt.[271] Das Vorenthalten von Sozialversicherungsbeiträgen bei den genannten Beschäftigungen wird aber durch § 266a Abs. 2 StGB unter Strafe gestellt. Eine Ausnahme gilt nur für die – im Rahmen des Insolvenzstrafrechts kaum relevante – geringfügige Beschäftigung in Privathaushalten (vgl. § 8a SGB IV), wo ein entsprechendes Verhalten nur als Ordnungswidrigkeit geahndet werden kann. Diese Ausnahme ergibt sich zwar nicht aus § 266a StGB selbst, jedoch aus §§ 111 Abs. 1 S. 2 SGB IV und § 209 Abs. 1 S. 2 SGB VII.[272]

2. Tathandlung

199 a) **Vorenthalten von Arbeitnehmerbeiträgen, § 266a Abs. 1.** Arbeitnehmerbeiträge zur Sozialversicherung werden vorenthalten, wenn diese für einzelne Arbeitnehmer nicht, nicht in voller Höhe oder nicht rechtzeitig an die Sozialversicherungsträger abgeführt werden.

200 **Nicht abgeführt** werden Sozialversicherungsbeiträge, wenn für einzelne Arbeitnehmer für einzelne Monate, in denen diese beschäftigt waren, keine Arbeitnehmerbeiträge zur Sozialversicherung bezahlt werden.

201 **Nicht in voller Höhe** entrichtet sind Arbeitnehmeranteile zur Sozialversicherung, wenn weniger als die geschuldeten Beitragsteile abgeführt werden. Für die Berechnung ist nach § 28d SGB IV das Arbeitsentgelt maßgeblich. Abzustellen ist dabei auf das vertraglich geschuldete Arbeitsentgelt. Wie § 266a Abs. 1 StGB klarstellt, ist es unerheblich, ob das geschuldete Arbeitsentgelt ganz oder teilweise ausbezahlt wird. Sozialversicherungsrechtlich kommt es alleine auf das „verdiente" Entgelt an, so dass zwingende Mindest- oder Tariflohnvorschriften nach §§ 1, 3 MiLoG, §§ 3ff. AEntG, § 10ff. AÜG auch dann zur Anwendung kommen, wenn der ausgezahlte Lohn geringer ist. Anders für die Bemessung der Lohnsteuer, dort ist der tatsächlich bezahlte, nicht der gesetzlich geschuldete Lohn maßgebend.

202 Bei **Teilzahlungen** richtet sich die Tilgungsreihenfolge grundsätzlich nach § 4 der Beitragsverfahrensverordnung (BVV).[273] Danach werden zunächst Auslagen der Einzugsstelle, dann Gesamtsozialversicherungsbeiträge, Säumniszuschläge, Zinsen und zuletzt Geldbußen oder Zwangsgelder getilgt. Der Arbeitgeber kann bei der Zahlung jedoch eine andere Reihenfolge bestimmen. Eine stillschweigende möglichst „täterfreundliche" Verrechnung, wie sie teilweise vertreten wird,[274] wird von der Rspr. jedoch abgelehnt. Nach der Rechtsprechung kann in einer Teilzahlung nicht allein deswegen eine stillschweigende Tilgungsbestimmung hinsichtlich der Arbeitnehmeranteile gesehen werden, weil deren Nichtzahlung straf- und haftungsrechtliche Folgen haben könnte. Vielmehr

---

[270] Müller-Gugenberger/*Heitmann* § 36 Rn. 36; Ignor/Rixen/*Pananis* Rn. 734.
[271] Müller-Gugenberger/*Thul* § 38 Rn. 100; Ignor/Rixen/*Pananis* Rn. 733.
[272] Vgl. auch Erbs/Kohlhaas/*Ambs* SGB III StGB Anh., § 266a Rn. 20.
[273] Verordnung über die Zahlung, Weiterleitung, Abrechnung und Abstimmung des Gesamtsozialversicherungsbeitrags.
[274] BayObLG Beschl. v. 16.11.1998 – 4 St RR 201/98, BayObLGSt 1998, 187; Schönke/Schröder/*Perron* § 266a Rn. 10a mwN.

muss eine stillschweigende Zahlungsbestimmung greifbar in Erscheinung getreten sein.[275]

Nicht rechtzeitig entrichtet werden Arbeitnehmeranteile, wenn diese nicht bei Fälligkeit in voller Höhe entrichtet werden. Nach § 23 Abs. 1 SGB IV sind Beiträge in voraussichtlich anfallender Höhe am drittletzten Bankarbeitstag des Monats, in dem die Beschäftigung ausgeübt wird, zur Zahlung fällig. Ein eventuell verbleibender Restbetrag wird am drittletzten Bankarbeitstag des Folgemonats fällig. Hat die Einzugsstelle vor Fälligkeit eine Stundung erklärt, ist der vereinbarte Zahlungszeitpunkt maßgeblich. Ein Absehen von der Vollstreckung bei verspäteter Zahlung stellt jedoch keine Stundung dar.

Eine Strafbarkeit tritt schon nach allgemeinen Grundsätzen nicht ein, wenn dem Verpflichteten eine **Zahlung nicht möglich** ist, unabhängig davon, ob die Unmöglichkeit auf tatsächlichen oder rechtlichen Gründen beruht. Wird im Insolvenzeröffnungsverfahren ein vorläufiger Insolvenzverwalter mit Zustimmungsvorbehalt bestellt und verweigert er die Zustimmung zur Zahlung, scheidet eine Strafbarkeit nach § 266a StGB aus. Hingegen besteht eine Verpflichtung zur Abführung der Arbeitnehmerbeiträge zur Sozialversicherung für den Schuldner bei der Eigenverwaltung, ebenso ist der vorläufig starke Insolvenzverwalter im Eröffnungsverfahren bzw. der Insolvenzverwalter im eröffneten Insolvenzverfahren zur Abführung verpflichtet, da er insoweit in die Arbeitgeberstellung einrückt. Dass Zahlungen von Sozialversicherungsbeiträgen vor Eröffnung des Insolvenzverfahrens später durch den Insolvenzverwalter nach §§ 130, 143 InsO angefochten werden können, suspendiert hingegen die Abführungspflicht nicht.[276]

Eine Unmöglichkeit zur Zahlung besteht nicht schon dann, wenn der Arbeitgeber zahlungsunfähig ist. Oftmals werden nämlich noch Geldmittel vorhanden sein, die zur Zahlung der Arbeitnehmeranteile ausreichen würden. Aus § 266a StGB ergibt sich nach hM mittelbar, dass Arbeitnehmeranteile **vorrangig zu befriedigen** sind und der Arbeitgeber noch vorhandene Mittel zuallererst dazu verwenden muss, die Arbeitnehmeranteile zur Sozialversicherung abzuführen und erst anschließend den verbleibenden Nettolohn an den Arbeitnehmer auszahlen oder sonstige Verbindlichkeiten tilgen darf.[277] Daher ist § 266a Abs. 1 StGB immer dann verwirklicht, wenn trotz Fälligkeit der Sozialversicherungsbeiträge (vgl. § 23 Abs. 1 SGB IV) anderweitige Zahlungen erfolgen.[278] Darüber hinaus wird es dem Verantwortlichen angelastet, wenn er die Zahlungsunfähigkeit zum Fälligkeitszeitpunkt mit zumindest bedingtem Vorsatz **pflichtwidrig herbeigeführt** hat (omissio libera in causa).[279] Dies ist nicht nur dann der Fall, wenn der Beitragsschuldner kurz vor Fälligkeit andere Verbindlichkeiten (auch in „kongruenter Deckung") tilgt, sondern auch dann, wenn er den Nettolohn

---

[275] BGH Urt. v. 9.1.2001 – VI ZR 119/00, NJW-RR 2001, 1280 (1281); sa Urt. v. 14.11.2000 – VI ZR 149/99, NJW 2001, 967 (968).
[276] BGH Beschl. v. 9.8.2005 – 5 StR 67/05, NJW 2005, 2650 (3652); *Buchalik/Kraus* ZInsO 2014, 2354 (2356).
[277] BGH Beschl. v. 30.7.2003 – 5 StR 221/03, NJW 2003, 3787 (3788).
[278] BGH Urt. v. 21.1.1997 – VI ZR 338/95, BGHZ 134, 304.
[279] BGH Urt. v. 21.1.1997 – VI ZR 338/95, BGHZ 134, 304; BGH Beschl. v. 28.5.2002 – 5 StR 16/02, BGHSt 47, 318 (320 f.); LK/*Gribbohm* § 266a Rn. 56; Schönke/Schröder/ *Perron* § 266a Rn. 10; *Wegner* wistra 1998, 283 (289) mwN.

ganz oder teilweise auszahlt, obwohl ihm die Mittel fehlen, die Sozialversicherungsbeiträge abzuführen.[280] Das pflichtwidrige Verhalten früherer Geschäftsführer kann ihm insoweit jedoch nicht zugerechnet werden.[281]

206 Der Widerspruch zwischen der durch § 266a StGB strafbewehrten **Zahlungspflicht** aus dem SGB IV mit dem **Zahlungsverbot** nach § 64 Abs. 2 GmbHG und § 92 Abs. 3 AktG, dessen Verletzung eine zivilrechtliche Schadensersatzpflicht auslösen kann, ist dahingehend aufzulösen, dass das gesellschaftsrechtliche Zahlungsverbot während des Laufs der Drei-Wochen-Frist zur Insolvenzantragstellung (nicht aber danach, wenn der Verantwortliche das Unternehmen weiter betreibt) die Nichtabführung der Arbeitnehmerbeiträge rechtfertigt. Dieser Rechtsprechung des 5. Strafsenats des BGH[282] hat sich nach einigem Widerstand inzwischen auch der II. Zivilsenat angeschlossen.[283]

207 b) **Vorenthalten von Arbeitgeberbeiträgen.** § 266a Abs. 2 StGB stellt anders als Abs. 1 nicht Zahlungsverstöße, sondern in Anlehnung an § 370 Abs. 1 AO das Machen unrichtiger oder unvollständiger Angaben über sozialversicherungsrechtlich erhebliche Umstände gegenüber der Einzugsstelle oder das pflichtwidrige in Unkenntnis lassen unter Strafe. Voraussetzung ist auch hier, dass es infolge der unrichtigen oder unterbliebenen Angaben zu einer Verkürzung von Arbeitgeberbeiträgen zur Sozialversicherung kommt. Welche Angaben der Arbeitgeber zu machen hat und welche sozialversicherungsrechtlich erheblich sind, bestimmt sich nach § 28a Abs. 3 SGB IV sowie § 5 DEÜV. Erfasst werden insbesondere unterbliebene oder verspätete Anmeldungen von Arbeitnehmern oder unrichtige Angaben über das erzielte Arbeitsentgelt. § 266a Abs. 2 ist gegenüber dem Betrug vorrangig und kann neben Abs. 1 begangen werden.

3. Täterkreis

208 § 266a Abs. 1 und 2 StGB sind **Sonderdelikte.** Nur der Arbeitgeber, ein nach § 14 StGB Verantwortlicher oder ein gemäß § 266a Abs. 5 StGB dem Arbeitgeber Gleichstehender kann **Täter** sein. Bei mehreren Geschäftsführern einer Gesellschaft, insbesondere einer GmbH, ist wegen der vom Gesetz vorgesehenen Allzuständigkeit des Geschäftsführers jeder Geschäftsführer verantwortlich.[284]

V. Steuerhinterziehung

209 Ebenso typisch wie die Beitragsvorenthaltung sind in Krisensituationen Steuerstraftaten gemäß §§ 370 ff. AO, vor allem Steuerhinterziehung (§ 370 AO). Häufig werden Lohnsteuer, Umsatzsteuer oder andere Steuern nicht mehr rechtzeitig und vollständig abgeführt. Dies ist vom Fall des § 26c UStG abgesehen strafrechtlich unerheblich und kann allenfalls bei Abzugssteuern oder in

---

[280] BGH Urt. v. 21.1.1997 – VI ZR 338/95, BGHZ 134, 304; LK/*Gribbohm* § 266a Rn. 56: sa Schönke/Schröder/*Perron* § 266a Rn. 10.
[281] BGH Urt. v. 11.12.2001 – VI ZR 123/00, NJW 2002, 1122.
[282] BGH Beschl. v. 30.7.2003 – 5 StR 221/03, NJW 2003, 3787 (3788).
[283] BGH Urt. v. 14.5.2007 – II ZR 48/06, NJW 2007, 2118.
[284] BGH Urt. v. 15.10.1996 – VI ZR 319/95, BGHZ 133, 370 (376 f.).

Rechnungen ausgewiesene Umsatzsteuer zu einer Ordnungswidrigkeit nach § 380 AO bzw. § 26b UStG führen. Strafbar wegen Steuerhinterziehung macht sich aber derjenige, der in Steuererklärungen, (Lohn-)Steueranmeldungen oder Umsatzsteuervoranmeldungen und -jahreserklärungen unrichtige oder unvollständige Angaben macht oder diese Steuererklärungen bzw. -anmeldungen nicht oder verspätet abgibt. Letzteres erfüllt bereits den Tatbestand der vollendeten Steuerhinterziehung. Auf die Frage der Entrichtung der geschuldeten (Umsatz)Steuer und damit auf die Frage, ob eine Zahlung überhaupt noch möglich ist, kommt es nicht an. Wenn der Tatbestand verwirklicht wurde, kann Straffreiheit – vom Fall des Rücktritts vom Versuch abgesehen – nur noch durch eine Selbstanzeige herbeigeführt werden. Da Straffreiheit gemäß § 371 Abs. 3 AO nur dann eintritt, wenn sämtliche innerhalb des strafrechtlich noch nicht verjährten Zeitraums, mindestens aber innerhalb der letzten zehn Jahre hinterzogenen Steuern vollständig nacherklärt und die sich hieraus ergebenden Steuern einschließlich Hinterziehungs- und Nachzahlungszinsen nach §§ 233a, 235 AO innerhalb einer von der Finanzverwaltung gesetzten Frist nachgezahlt werden und bei Hinterziehung von mehr als 25 000 EUR zudem ein Zuschlag von 10–20 % nach § 398a AO zu zahlen ist, führt die Selbstanzeige bei dem insolventen Täter, dem die entsprechende Mittel fehlen, meist nicht zum gewünschten Erfolg. Für die Strafzumessung oder die Einstellung des Verfahrens wegen Geringfügigkeit nach § 398 AO oder §§ 153, 153a StPO kann dies jedoch durchaus von Bedeutung sein.

Bei Steuerstraftaten ist § 36 AO zu beachten, wonach das **Erlöschen der Vertretungsmacht** oder der Verfügungsbefugnis die entstandenen Pflichten unberührt lässt, soweit diese den Zeitraum betreffen, in dem die Vertretungs- oder Verfügungsmacht noch bestanden hat und der Verpflichtete sie erfüllen kann. Das bedeutet, dass beispielsweise der ausgeschiedene Geschäftsführer für die Veranlagungszeiträume, in denen er noch Geschäftsführer war, grundsätzlich steuererklärungspflichtig bleibt. Auch durch die Insolvenzantragstellung erlischt diese Pflicht nicht. 210

I. Auffang- und Sanierungsgesellschaften

I. Vorbemerkung

Um ein insolventes oder insolvenzgefährdetes Unternehmen vorübergehend fortzuführen oder es unter Vermeidung von Zerschlagungseinbußen und unter Nutzbarmachung immaterieller Werte optimal zu verwerten, werden sehr oft **Auffang-, Sanierungs- oder Betriebsübernahmegesellschaften** gegründet.[285] Hierdurch kann sehr schnell die Grenze zwischen zulässigem und strafbarem Handeln überschritten werden. Dies nicht nur in den Fällen, in denen es der Handelnde von vornherein darauf anlegt, sich persönlich zu bereichern, sondern auch dann, wenn er den Erhalt des Unternehmens (in anderer Form) anstrebt.[286] 211

---

[285] *Tiedemann* ZIP 1983, 513 (517); *Mohr* 3. Kap. (S. 95 ff.).
[286] Zu kriminellen Firmensanierern („Firmenbestattern") vgl. Wabnitz/Janovsky/*Pelz*, Kapitel 9, Rn. 351 ff.; *Hey/Regel* GmbHR 2000, 115; *Ogiermann* wistra 2000, 250.

212 Von einer **Sanierungsgesellschaft** spricht man dann, wenn die Sanierung unter Erhaltung des ursprünglichen Unternehmens, also der alten Gesellschaft, erfolgen soll, zB durch Kapitalerhöhungen seitens der Gesellschafter oder durch zusätzliche Kapitalbeteiligungen.[287] Als **Betriebsübernahmegesellschaft** oder auch unechte Auffanggesellschaft bezeichnet man eine Gesellschaft, die von der alten Schuldnerin deren Unternehmen, einen Betrieb oder erhaltenswerte Betriebsteile übernimmt, um diese fortzuführen.[288] Sie wird entweder zu diesem Zweck gegründet oder besteht bereits. Die (echte) **Auffanggesellschaft** ist eine regelmäßig zur Durchführung der Sanierung neu gegründete Gesellschaft. Sie kann entweder eine Sanierungs-Auffanggesellschaft oder eine Übernahme-Auffanggesellschaft sein. Als Sanierungs-Auffanggesellschaft hat sie zunächst Finanzierungsfunktion; das Unternehmen wird von der ursprünglichen Gesellschaft fortgeführt, während die Auffanggesellschaft finanztechnische Maßnahmen durchführt und die zur Fortführung notwendigen Mittel beschafft. Darüber hinaus kommt neben der bloßen Finanzierungsfunktion auch eine Weiterführung des Unternehmens in eigener Regie – auf Grundlage eines Pacht- oder Treuhandvertrags – in Betracht.[289] Wenn die Auffanggesellschaft ein eingeräumtes Erwerbsrecht ausübt, handelt es sich um eine Übernahme-Auffanggesellschaft.[290]

II. Freie Sanierung

213 Bei der Sanierung außerhalb eines Insolvenzverfahrens stehen den Vorteilen wie dem Fehlen staatlicher Aufsicht, dem freien Aushandeln der Verfahrensweise und der hohen Flexibilität gewichtige Nachteile und Gefahren gegenüber. So kommen Bevorzugung bestimmter Beteiligter, Schädigung wirtschaftlich Schwacher, Abschneiden von Rechtspositionen und ungerechtfertigte Vermögensverlagerungen vor.[291]

214 Bereits in der **Gründung von Auffanggesellschaften** kann ein Beiseiteschaffen von Vermögensbestandteilen (§ 283 Abs. 1 Nr. 1 StGB) oder eine unwirtschaftliche Ausgabe (§ 283 Abs. 1 Nr. 2 StGB) liegen.[292] Ansonsten wird bei **Betriebsübernahmegesellschaften** das Merkmal des Beiseiteschaffens nach § 283 Abs. 1 Nr. 1 StGB dann verwirklicht, wenn die jeweiligen Unternehmensgegenstände (Betriebsmittel, Grundstücke, Fahrzeug- und Maschinenpark) im Wege der Einzelrechtsnachfolge übertragen, durch rechtlich wirksame Verfügungen also aus einer späteren Insolvenzmasse ausgegliedert werden,[293] ohne dass hierfür eine angemessene Vergütung an die übergebende Gesellschaft

---

[287] *Mohr* 3. Kap. I 3 (S. 101).
[288] *Mohr* 3. Kap. I 3 (S. 101 f.); sa *Uhlenbruck*, Die GmbH & Co. KG in Krise, Konkurs und Vergleich, Kap. 4 VII 2 (S. 149).
[289] *Mohr* 3. Kap. I 3 (S. 102); zu einzelnen Ausgestaltungen der Auffanggesellschaft siehe *Uhlenbruck*, Die GmbH & Co. KG in Krise, Konkurs und Vergleich, Kap. 4 VII 1 (S. 147).
[290] *Mohr* 3. Kap. I 3 (S. 102).
[291] *Mohr* 3. Kap. I 1 (S. 97 f.).
[292] *Tiedemann* ZIP 1983, 513 (517).
[293] *Mohr* 3. Kap. II 2a (S. 108).

bezahlt wird. Dabei spielt es keine Rolle, ob sämtliche Vermögensgegenstände oder einzelne Teile des Unternehmens von der Betriebsübernahmegesellschaft übernommen werden. Erfolgt die Übernahme jedoch zu einem angemessenen Kaufpreis, liegt kein Handeln in einer den Anforderungen einer ordnungsgemäßen Wirtschaft widersprechenden Weise vor, da dadurch die Insolvenzmasse nicht verringert wird. Strafbarkeitsrisiken bestehen insbesondere, wenn bei der Veräußerung pauschal Liquidationswerte in Ansatz gebracht werden oder die Veräußerung zum Buchwert ohne Berücksichtigung stiller Reserven erfolgt.[294] Soweit einzelne übertragene Unternehmensteile mit Fortführungswert nicht zum Vermögen iSd § 283 Abs. 1 Nr. 1 StGB gehören – es liegt keine Masseschmälerung vor – kann der Auffangtatbestand des § 283 Abs. 1 Nr. 8 StGB eingreifen. Im Übrigen kommen vor allem Insolvenzverschleppung, insbesondere wenn der übertragenden Gesellschaft wesentliche Betriebsgrundlagen entzogen werden, Gläubigerbegünstigung sowie Bankrott gemäß § 283 Abs. 2 StGB oder Untreue in Betracht.

Bei der **echten Auffanggesellschaft** kann – soweit nicht nur finanztechnische Maßnahmen vorgenommen werden – ebenfalls der Tatbestand des Bankrotts nach § 283 Abs. 1 Nr. 1 StGB eingreifen. Bereits in der treuhänderischen Übertragung von Betriebsmitteln kann ein Beiseiteschaffen liegen.[295] Daneben ist der Straftatbestand der Gläubigerbegünstigung relevant. Wenn der Gläubiger Anteile an der Auffanggesellschaft gegen Einbringung und Verrechnung ihrer Forderungen gegen die Krisengesellschaft erwirbt, kann eine inkongruente Deckung zugunsten des jeweiligen Gläubigers sowie eine entsprechende Benachteiligung der anderen Gläubiger iSd § 283c StGB gegeben sein.[296]

215

Bei der **Sanierungsgesellschaft,** bei der normalerweise keine übertragende Sanierung erfolgt, da die alte Gesellschaft Trägerin des Unternehmens bleibt, besteht hingegen keine besondere Relevanz im Hinblick auf Insolvenzdelikte nach §§ 283 ff. StGB.[297] Wenn die Sanierungsbemühungen zu spät einsetzen oder aber nicht greifen, kann jedoch der Straftatbestand der Insolvenzverschleppung verwirklicht sein.

216

III. Sanierung im Rahmen eines Insolvenzverfahrens

Bei Unternehmen, die Finanzierungslasten, oftmals aufgrund von Private Equity-Übernahmen, dauerhaft nicht tragen können, hat sich in den letzten Jahren vermehrt die Nutzung von Company Voluntary Arrangements[298] oder von Schemes of Arrangement[299] nach englischem Recht gezeigt. Insbesondere Schemes of Arrangement genießen Beliebtheit, weil es sich dabei nicht um ein Insolvenzverfahren handelt und dieses Verfahren einen Zwangsvergleich auch gegen den Willen von Minderheitsgläubigern ermöglicht, wobei freilich Mehrheitquoren in jeder einzelnen Gläubigergruppe und eine qualifizierte Mehrheit

217

---

[294] *Rönnau* FS Kühl, 713 (726 f.).
[295] *Mohr* 3. Kap. II 3a (S. 113 f.).
[296] *Mohr* 3. Kap. II 3a (S. 114).
[297] *Mohr* 3. Kap. II 1 (S. 103).
[298] *Windsohr/Müller-Seils/Burg* NZI 2007, 7.
[299] *Bornmann* NZI 2011, 892; *Westphal/Knaupp* ZIP 2011, 2093.

für den Gesamtvergleich erforderlich sind. Voraussetzung für die Nutzung dieser Instrumente ist lediglich ein hinlänglicher Bezug zu Großbritannien, der weder eine Sitzverlegung nach England noch das Bestehen einer Niederlassung erfordert; vielmehr kann es ausreichen, dass Finanzierungsverträge englischem Recht unterliegen. Sofern der Schuldner seinen Verwaltungssitz und den Mittelpunkt seiner wirtschaftlichen Interessen im Sinne von Art. 3 EUInsVO in Deutschland hat, bestehen Strafbarkeitsrisiken nach § 15a Abs. 4 InsO, wenn das Scheme of Arrangement nicht innerhalb von spätestens drei Wochen ab Eintritt von Zahlungsunfähigkeit oder Überschuldung rechtswirksam zustande gekommen ist.[300] Nach überwiegender Auffassung sind Schemes of Arrangement auch in Deutschland anzuerkennen,[301] jedenfalls sofern keine ausschließliche Gerichtszuständigkeit nach der EuGVVO besteht.[302]

218　Bei der (übertragenden) Sanierung **durch den Insolvenzverwalter** kommt strafbares Handeln nur im Einzelfall in Betracht, da die übertragende Sanierung eine von der InsO zugelassene Maßnahme darstellt. Aber auch hier ist strafbarer Missbrauch möglich. Zwar scheidet § 283 Abs. 2 StGB aus. In Betracht kommen jedoch andere Delikte. Wenn der Verwalter den Betrieb oder Betriebsteile unter Preis verkauft, begeht er – auch wenn er unmittelbar daraus keine eigenen geldwerten Vorteile erzielt – **Untreue** oder **Bankrott** durch Beiseiteschaffen. Motiv für eine solche Handlung kann zB sein, dass der Insolvenzverwalter unbedingt einen Verfahrenserfolg (wegen der Öffentlichkeitswirkung oÄ) erzielen will. Ein Verkauf unter Preis ist aber dann als legitim anzusehen, wenn er mit Zustimmung der Gläubigerversammlung gemäß § 163 InsO oder im Rahmen eines genehmigten Insolvenzplans erfolgt.

J. Firmenbestattung

219　Als Firmenbestattung werden Verhaltensweisen bezeichnet, bei denen der Schuldner versucht, durch Veräußerung der Gesellschaftsanteile, mehrfache Sitzverlegungen und Umfirmierungen lästige Gläubiger abzuschütteln bevor schließlich Insolvenz angemeldet wird.[303] Firmenbestatter erwerben meist gegen eine nicht unbeträchtliche Dienstleistungsvergütung Gesellschaftsanteile zu einem symbolischen Kaufpreis, setzen neue Geschäftsführer, meist mittellose und in kaufmännischen Belangen unkundige Personen, oftmals Ausländer, ein, sorgen für mehrfache Sitzverlegung, wobei in diesem Zuge oftmals Geschäftsunterlagen „verloren gehen" und melden nach einiger Zeit schließlich Insolvenz an.

220　Der Veräußerer wird regelmäßig **Insolvenzverschleppung** (§ 15a Abs. 4 InsO) begehen, entweder weil die 3-Wochen-Frist bereits abgelaufen ist oder weil auch schon vor deren Ablauf Insolvenzantrag gestellt werden muss, da eine

---

[300] *Hofmann/Giancristofano* ZIP 2016, 1151 (1154).
[301] *Carli/Weisinger* DB 2014, 1474 (1477f); *Westphal/Knaupp* ZIP 2011, 2033 (2045); aA *Bornmann* NZI 2011, 892 (896).
[302] BGH Urt. v. 15.2.2012 – IV ZR 194/09, NJW 2012, 2113 (2115); *Cranshaw* DZWiR 2012, 223.
[303] *Werner* NZWiSt 2013, 418 ff.

Pelz

Weiterführung des operativen Geschäftsbetriebs gerade nicht mehr zu erwarten ist. Nach einer Auffassung ist der Anteilskaufvertrag und die Abberufung des bisherigen Geschäftsführers in Fällen beabsichtigter Firmenbestattung nach § 138 BGB bzw. analog § 241 Nr. 3 AktG sittenwidrig und damit unwirksam[304] mit der Folge, dass den bisherigen Geschäftsführer weiterhin alle insolvenz- und gesellschaftsrechtlichen Pflichten treffen. Jedoch kann auch in diesen Fällen jedenfalls in der einvernehmlichen Abberufung des Geschäftsführers eine konkludente Amtsniederlegung zu sehen sein.[305] Nach überzeugender Ansicht führt die Absicht der Firmenbestattung nicht zur Nichtigkeit der gesellschaftsrechtlichen Beschlüsse, sofern diese nicht selbst unmittelbar rechtswidrig sind.[306] Gleichfalls begeht auch der Erwerber Insolvenzverschleppung, da er meist als faktischer Geschäftsführer im Verhältnis zu dem eingesetzten Strohmann anzusehen sein wird oder es liegt jedenfalls Anstiftung zur Insolvenzverschleppung durch den Strohmann vor.

War dem Veräußerer bekannt, dass der Erwerber Handelsbücher vernichten wird, liegt eine **Bankrotthandlung** nach § 283 Abs. 1 Nr. 6 StGB oder jedenfalls eine Teilnahme hieran vor, denn insoweit erfolgte die Anteilsveräußerung und die Übergabe der Geschäftsunterlagen gerade zu dem Zweck deren späterer Vernichtung. In gleicher Weise kann Bankrott nach § 283 Abs. 1 Nr. 5 oder 7 StGB vorliegen.

Die Rechtsprechung nimmt zudem eine **Bankrotthandlung nach § 283 Abs. 1 Nr. 8** zweite Alternative StGB durch Verschleiern oder Verheimlichen der wirklichen geschäftlichen Verhältnisse an. Als solche gelten alle Umstände, die für die Beurteilung der Kreditwürdigkeit des Schuldners von Bedeutung sind. Eine Täuschungshandlung soll dabei schon im Abschluss des Anteilskaufvertrags liegen, da plangemäß über die fehlende Fortführungsabsicht des Erwerbers und über die tatsächlich beabsichtigte faktische Liquidation getäuscht wird.[307] Ferner kann eine Täuschung über die Person des wirklichen (faktischen) Geschäftsführers in Strohmannkonstellation oder über den wahren Firmensitz vorliegen.

L. Der Insolvenzverwalter als Täter

Der Insolvenzverwalter tritt mit Eröffnung des Insolvenzverfahrens an die Stelle des Schuldners. Er ist oder – wenn man mit der hM die „Amtstheorie" zugrunde legt – gilt als gesetzlicher Vertreter iSd § 14 Abs. 1 Nr. 3 StGB.[308] Damit kann er sich grundsätzlich ebenso strafbar machen wie vor Insolvenzeröffnung der Schuldner oder, wenn der Schuldner eine juristische Person ist,

---

[304] OLG Schleswig Beschl. v. 4.2.2004 – 2 W 14/04, NZI 2004, 264 f.; OLG Zweibrücken Beschl. v. 3.6.2013 – 3 W 87/12, Rpfleger 2013, 687 (688); *Kümmel* wistra 2012, 165 (167 f.); *Werner* NZWiSt 2013, 418 (421).
[305] BGH Beschl. v. 24.3.2009 – 5 StR 353/08, NStZ 2009, 635 (636).
[306] OLG Karlsruhe Beschl. v. 19.4.2013 – 2 (7) Ss 89/12, ZInsO 2013, 1313 (1315); MüKoGmbHG/*Wertenbruch* § 47 Anh. Rn. 64.
[307] BGH Beschl. v. 15.11.2002 – 3 StR 199/12, NJW 2013, 1892 (1893 f.).
[308] *Fischer* § 14 Rn. 3; vor § 283 Rn. 21; LK/*Tiedemann* vor § 283 Rn. 86; zu den Theorien: *Uhlenbruck* InsO § 80 Rn. 52 f.

deren gesetzlicher Vertreter.[309] In Betracht kommen vor allem Straftaten nach §§ 283 ff. StGB und Untreue. Aber auch Beitragsvorenthaltung (§ 266a StGB),[310] Steuerhinterziehung sowie andere nicht insolvenztypische Straftaten sind möglich.[311] Der Anwendung der §§ 283 ff. StGB steht nicht entgegen, dass die objektive Strafbarkeitsbedingung nach § 283 Abs. 6 StGB bereits vor der Tathandlung eingetreten ist. Es ist auch ohne Einfluss auf eine mögliche Täterschaft des Insolvenzverwalters, dass der Schuldner trotz Insolvenzeröffnung weiterhin ebenfalls als Täter einer Insolvenzstraftat in Betracht kommt. Schuldner und Insolvenzverwalter können Mit- oder Nebentäter sein.

224 Wenn der Insolvenzverwalter im Eröffnungsverfahren als **verfügungsbefugter vorläufiger Verwalter** eingesetzt ist, gehen die Pflichten des Unternehmers bereits zu diesem Zeitpunkt (vorläufig) auf ihn über. Da die Rechtsstellung des vorläufigen Verwalters der des endgültigen Insolvenzverwalters im Wesentlichen angeglichen ist, gelten die nachstehenden Ausführungen zur Strafbarkeit des Insolvenzverwalters für den verfügungsbefugten (= „starken") vorläufigen Verwalter in gleicher Weise. Anderes gilt jedoch für den „schwachen" vorläufigen Insolvenzverwalter, also bei bloßem Zustimmungsvorbehalt nach § 21 Abs. 2 Nr. 2 InsO.[312] Mangels Verfügungsbefugnis über die Insolvenzmasse ist dieser regelmäßig nicht Täter, jedoch kommt eine Strafbarkeit wegen Anstiftung oder Beihilfe zu Straftaten des Schuldners in Betracht.

I. Verletzung von Pflichten

1. Insolvenzrechtliche Pflichten

225 Täter einer **Schuldnerbegünstigung** kann der Insolvenzverwalter **nicht** sein.[313] Zwar ist § 283d StGB kein Sonderdelikt. Täterqualität kann jedoch nur ein Außenstehender und nicht der Schuldner oder ein nach § 14 StGB Verantwortlicher haben.[314] Es bleiben deshalb nur **Bankrott** und **Gläubigerbegünstigung**. Die Nichtbeachtung der bisher dem Schuldner obliegenden und nach § 155 Abs. 1 InsO auf den Insolvenzverwalter übergegangenen Buchführungs- und Bilanzierungspflichten, wozu insbesondere die Aufstellung einer (Liquidations-)Eröffnungsbilanz gehört, führt zur Strafbarkeit gemäß § 283 Abs. 1 Nr. 5–7 StGB.

2. Sonstige Pflichten

226 Da der Insolvenzverwalter grundsätzlich die Pflichten des Unternehmers wahrzunehmen hat und nach § 14 Abs. 1 Nr. 3 StGB strafrechtlich verantwortlich ist, besteht für ihn die Gefahr, sich durch Verstoß gegen Pflichten, die unmittelbar nichts mit der Insolvenzsituation zu tun haben, strafbar zu machen.

---

[309] *Wessing* NZI 2003, 1 (5).
[310] Ausführlich zur Beitragsvorenthaltung durch den Insolvenzverwalter: *Richter* NZI 2002, 121 (124 ff.).
[311] *Wessing* NZI 2003, 1.
[312] *Richter* NZI 2002, 121 (122 f.).
[313] AA LK/*Tiedemann* § 283d Rn. 5 und 28.
[314] → Rn. 10.

So kann der Insolvenzverwalter bei Unfällen im Betrieb, vor allem wenn Sicherheitsvorschriften nicht beachtet wurden, strafrechtlich zur Verantwortung gezogen werden (fahrlässige Körperverletzung oder fahrlässige Tötung). Ebenso kann eine umweltstrafrechtliche Verantwortung in Betracht kommen. Zudem besteht im Einzelfall die Möglichkeit einer Zuwiderhandlung gegen (straf)bewehrte arbeits- und sozialrechtliche Vorschriften. Die Gefahr sich hier strafbar zu machen, sollte nicht unterschätzt werden. Insbesondere bei veralteten oder aus Kostengründen wenig oder schlecht gewarteten Anlagen sollte der Insolvenzverwalter im Zweifel die Produktion stoppen und klären lassen, welche Gefahren von den Anlagen ausgehen.

II. Eigennützige Verwertung der Masse

Aufgrund der umfassenden Befugnisse des Insolvenzverwalters, insbesondere zur Verwertung der Masse (vgl. § 159 InsO), kann er in Versuchung kommen, sich selbst einen Vorteil zu verschaffen. Dies kann zB dadurch geschehen, dass er Gelder auf eigene Konten überweist oder einzahlt, wenn er noch vorhandene Gelder des Schuldners auf eigene Konten transferiert oder sich Außenstände, die er einzieht, auf ein eigenes Konto überweisen lässt (Bankrott und Untreue). Eine weitere Bereicherungsmöglichkeit für den Insolvenzverwalter besteht darin, vorhandene Waren oder sonstige Gegenstände der Insolvenzmasse zu entziehen. Dies kann beispielsweise dadurch geschehen, dass er die Gegenstände für eigene Zwecke an sich nimmt (Unterschlagung und Bankrott) oder sie unter Preis an einen Dritten veräußert (Untreue und Bankrott).[315] Der Dritte kann zB eine dem Insolvenzverwalter nahe stehende Person – Ehefrau, Kind oÄ – sein oder eine Gesellschaft, an der er selbst beteiligt ist oder der er, aus welchen Gründen auch immer, einen Vorteil verschaffen will. 227

Eine Untreuehandlung kann auch darin liegen, dass der Verwalter Insolvenzmasse (Waren- oder Auftragsbestände) **unter Preis verkauft.** Da er hierbei kaufmännische Maßstäbe zu beachten hat, ist Untreue gegeben, wenn er diesen zuwiderhandelt.[316] Eine persönliche Bereicherung erfordert der Untreuetatbestand nicht. Soweit ein Verkauf unter Preis den Grundsätzen einer ordnungsgemäßen Wirtschaft entspricht, wobei die durch die Insolvenzeröffnung eingetretene besondere Situation maßgeblich und zudem im Rahmen der Feststellung des am Markt zu erzielenden Preises die Tatsache der Insolvenzeröffnung zu berücksichtigen ist, scheidet Untreue aus. Eine Verletzung kaufmännischer Grundsätze und damit Untreue kann auch im **Verkauf eines Auftragsbestands** an sich liegen. Nach kaufmännischen Grundsätzen kann der Insolvenzverwalter nämlich gehalten sein, Aufträge auszuführen statt den Auftragsbestand zu veräußern. Wenn das wirtschaftliche Risiko der Ausführung des Auftrags durch eigene Produktion mit Maschinen und Mitarbeitern des Schuldners gering ist, wird der Insolvenzmasse durch den Verkauf der Aufträge ein sicher zu erwartender Gewinn entzogen.[317] Grundsätzlich ist der Insolvenzverwalter gehalten, 228

---

[315] LG Frankfurt Urt. v. 15.11.2012 – 5/26 KLs 7640 Js 208746/10, ZInsO 2014, 1811 (1812).
[316] BGH Urt. v. 14.11.1998 – 1 StR 504/97, NStZ 1998, 246 (247) mwN.
[317] BGH Urt. v. 14.11.1998 – 1 StR 504/97, NStZ 1998, 246 (247).

für die bestmögliche Befriedigung der Gläubiger zu sorgen. Keine Untreuehandlung stellt es daher dar, wenn der Insolvenzverwalter bei der Verwertung eines einzelnen Vermögensgegenstandes nicht das bestmögliche wirtschaftliche Ergebnis erzielt, sofern die gewählte Art der Verwertung Teil eines Verwertungskonzepts ist, das zu einer bestmöglichen Befriedigung der Gläubigergesamtheit führt.

III. Straftaten bei Ausproduktion und übertragender Sanierung

229 Bei **Ausproduktion** durch den Insolvenzverwalter, also einem planvollen Marktaustritt, kann der Verwalter sich grundsätzlich in gleicher Weise strafbar machen wie der Geschäftsführer des Schuldners im Rahmen seiner Tätigkeit vor Insolvenzantragstellung. Nur der Tatbestand der Insolvenzverschleppung scheidet aus. Vor allem kommt hier **Untreue** in Betracht, aber auch **Bankrott** (insbesondere nach § 283 Abs. 1 Nr. 1 StGB), **Gläubigerbegünstigung** und ggf. **Betrug**. Der Tatbestand des § 263 StGB kann insbesondere dadurch verwirklicht werden, dass der Insolvenzverwalter neue Aufträge entgegennimmt und hierfür Materialbestellungen bei Lieferanten vornimmt, die er anschließend nicht bezahlen kann. Ob hier eine Täuschungshandlung mit zumindest bedingtem Vorsatz gegeben ist, bedarf jedoch der kritischen Überprüfung. Wenn der Insolvenzverwalter sich hinsichtlich seiner Prognose zu den Zahlungsmöglichkeiten bei Fälligkeit geirrt hat, bei Auftragsvergabe jedoch nicht damit rechnen musste, die eingegangenen Verbindlichkeiten nicht erfüllen zu können, fehlt es am Täuschungsvorsatz.

230 Bei der **übertragenden Sanierung** durch den Insolvenzverwalter kommt strafbares Handeln nur im Einzelfall in Betracht. Ein Verstoß gegen die §§ 160–163 InsO, beispielsweise durch Betriebsveräußerung an einen besonders Interessierten iSd § 162 InsO ohne Zustimmung der Gläubigerversammlung, ist nicht strafbewehrt. Wenn ein Insolvenzverwalter diese Vorschriften missachtet, kann dies aber als Indiz dafür gewertet werden, dass der Verwalter etwas verbergen will und sein Handeln möglicherweise den Tatbestand der Untreue oder einer anderen Strafnorm verwirklicht.

231 Falls der Insolvenzverwalter Wirtschaftsgüter veräußert, die Aussonderungsansprüchen der Lieferanten oder sonstiger Gläubiger unterliegen, kann hierin **Betrug** zu Lasten der Käufer liegen. Bei Verkauf von Eigentumsvorbehaltsware oder sicherungsübereigneten Gegenständen kann **Unterschlagung** gegeben sein, wenn der Verkauf auf Grund der zugrundeliegenden Sicherungsverträge nicht gestattet ist.

IV. Honorarmanipulationen

232 Verstöße gegen die Insolvenzrechtliche Vergütungsverordnung (InsVV) oder sonstige Honorarmanipulationen gehören nicht zu den eigentlichen Insolvenzstraftaten und kommen auch recht selten vor. Dennoch ist auf einige strafbare Verhaltensweisen hinzuweisen.[318]

---

[318] Zur Strafbarkeit vgl. auch *Wessing* NZI 2003, 1 (7 f.).

Externe Vergütungen für Tätigkeiten innerhalb des Pflichtenkreises eines Insolvenzverwalters sind nicht zulässig. Vergütungsvereinbarungen, die ein Insolvenzverwalter für ihn selbst obliegende Pflichten mit fremden dritten Personen schließt, sind zivilrechtlich nichtig. Strafrechtlich liegt **Untreue** vor, wenn der Insolvenzverwalter solche Vereinbarungen trifft und entsprechende Gelder vereinnahmt. So verletzt der Verwalter seine Treuepflicht, wenn er sich von Sicherungsgläubigern, insbesondere Kreditinstituten, **Provisionen** für die Verwertung von Sicherungsgut bezahlen lässt und diese Beträge der Masse vorenthält. Hierbei ist es gleichgültig, ob es sich um aus der Masse freigegebenes oder in ihr verbliebenes Sicherungsgut handelt.[319]

233

Untreue liegt auch dann vor, wenn der Insolvenzverwalter aus der Insolvenzmasse Vergütungen für Tätigkeiten bezahlt, die er selbst erbringen muss, insbesondere **Gehälter von** angeblich oder tatsächlich in der Insolvenzverwaltung laufend tätigen **Angestellten**, etwa über eine von ihm beherrschte Treuhand- und Steuerberatungsgesellschaft.[320] Zu den allgemeinen Geschäftskosten, die mit der Vergütung abgegolten sind, gehört nämlich der Büroaufwand des Insolvenzverwalters einschließlich der Gehälter seiner Angestellten, auch soweit diese anlässlich des Insolvenzverfahrens eingestellt worden sind, § 4 Abs. 1 S. 1 InsVV. Davon zu unterscheiden ist der Einsatz von Kräften zur Kontrolle und Leitung betrieblicher Aktivitäten im Rahmen der Aus- und Fortproduktion. Hier kann ein Verwalter für die Masse Dienst- oder Werkverträge abschließen (vgl. § 4 Abs. 1 S. 2 InsVV). Er darf dazu selbstverständlich auf ihm bekannte und eingearbeitete Kräfte, die durchaus auch regelmäßig für ihn tätig sein können, zurückgreifen. In der Praxis lassen sich Insolvenzverfahren größeren Ausmaßes häufig nur so überhaupt bewältigen. Darüber hinaus verletzt der Insolvenzverwalter seine Treuepflicht, wenn er **Vorschüsse** auf seine Vergütung entgegen § 9 InsVV ohne Zustimmung des Insolvenzgerichts entnimmt, jedoch wird es in diesem Fall häufig an einem Schaden fehlen. Betrug zum Nachteil der Staatskasse kann vorliegen, wenn der Insolvenzverwalter bei Beantragung seiner Vergütung gegenüber dem Insolvenzgericht Erhöhungstatbestände geltend macht, dabei aber verschweigt, dass er in diesem Zusammenhang externe Dienstleister oder freie Mitarbeiter beauftragt und aus dem Schuldnervermögen entlohnt hat.[321]

234

L. Strafbarkeit von Beratern

Wie bereits bei der allgemeinen Beschreibung des Täterkreises und im Rahmen der Darstellung einzelner Straftatbestände ausgeführt, ist auch eine Bestrafung der Berater des Schuldners durchaus möglich, wenngleich Strafverfahren gegen Wirtschaftsprüfer, Steuerberater und Rechtsanwälte im Zusammenhang mit Insolvenzen relativ selten vorkommen. Der Berater sollte aber bedenken, dass neben insolvenztypischen Delikten durch bestimmte Verhaltensweisen auch dem allgemeinen Strafrecht zuzuordnende Delikte wie etwa Begünstigung

235

---

[319] Müller-Gugenberger/*Hadamitzky* § 32 Rn. 126.
[320] Wabnitz/Janovsky/*Pelz*, Kapitel 9, Rn. 289.
[321] LG Aurich Beschl. v. 27.7.2015 – 15 KLs 1000 Js 17239/10 (3/14), ZInsO 2015, 1809.

(§ 257 StGB), Strafvereitelung (§ 258 StGB) und Urkundenfälschung (§ 267 StGB) verwirklicht werden können.

236 Soweit der Rechtsanwalt oder sonstige Berater nur abstrakte Auskünfte zur allgemeinen Rechtslage erteilt, beispielsweise zu Beginn und Ende von Insolvenzantragspflichten im Allgemeinen, liegt schon keine Beihilfehandlung vor. Im Übrigen stellt sich bei **Anstiftungshandlungen** von **Beratern** regelmäßig die Problematik des Vorsatzes. Sofern er zB nur Alternativen zur Insolvenzantragstellung aufzeigt, beispielsweise die Gründung einer Auffanggesellschaft oder das Schließen eines außergerichtlichen Vergleichs durch prozentualen Teilverzicht der Gläubiger, ist Strafbarkeit mangels **Anstiftervorsatzes** nicht gegeben.[322] Zum strafbaren Anstifter wird der Rechtsanwalt oder sonstige Berater erst, wenn er in Kenntnis der Insolvenzreife rät, (zunächst) keinen Antrag zu stellen, etwa weil anderenfalls Sanierungsversuche gefährdet wären. Wenn der Berater konkrete Sanierungsvorschläge unterbreitet oder Alternativen zur Sanierung erwägt, prüft und aufzeigt, ist zwar davon auszugehen, dass er wirtschaftliche Schwierigkeiten des Unternehmens kennt, zumindest aber damit rechnet und billigend in Kauf nimmt. Damit ist aber noch nicht gesagt, dass er auch den Eintritt von (drohender) Zahlungsunfähigkeit oder Überschuldung kennt oder jedenfalls billigend in Kauf nimmt.

237 Hat der Berater hingegen bestimmenden Einfluss auf die Geschäftsführungstätigkeit, wie dies bei Sanierungsberatern der Fall sein kann (aber nicht muss), kann er auch zum faktischen Geschäftsführer werden. Dies ist insbesondere dann anzunehmen, wenn er seine Zustimmung zu allen wichtigen unternehmerischen Entscheidungen geben muss.[323]

238 Die gleiche Problematik stellt sich bzgl. eines **Gehilfenvorsatzes,** hier besonders bei berufstypisch „neutralen" Handlungen (zB Rechtsrat eines Rechtsanwalts). Hier gelten folgende Grundsätze:[324] Zielt das Handeln des Haupttäters ausschließlich darauf ab, eine strafbare Handlung zu begehen, und weiß dies der Hilfeleistende, so ist sein Tatbeitrag als Beihilfehandlung zu werten. Weiß der Hilfeleistende dagegen nicht, wie der von ihm geleistete Beitrag vom Haupttäter verwendet wird, hält er es lediglich für möglich, dass sein Tun zur Begehung einer Straftat genutzt wird, so ist sein Handeln regelmäßig noch nicht als strafbare Beihilfehandlung zu beurteilen, es sei denn, das von ihm erkannte Risiko strafbaren Verhaltens des von ihm Unterstützten war derart hoch, dass er sich mit seiner Hilfeleistung – wie der BGH es ausdrückt – „die Förderung eines erkennbar tatgeneigten Täters angelegen sein" ließ.[325] Dabei spricht eine Vermutung des ersten Anscheins dafür, dass der Rechts- oder Steuerberater nur eine allgemeine Rechtsberatung erbringen, nicht aber Straftaten unterstützen will, sofern nicht sonstige Umstände dies nahelegen.[326] So kann der Notar, der pflichtwidrig Verträge beurkundet, die eine Firmenbestattung zum Gegenstand haben,[327] eine Beihilfehandlung zu den verwirklichten Straftaten begehen.

---

[322] Vgl. ausführlich *Baumgärtel* wistra 1992, 41 (43 f.).
[323] *Pelz,* Strafrecht in Krise und Insolvenz, Rn. 653; *Rönnau* FS Kühl, 713 (718).
[324] BGH Beschl. v. 20.9.1999 – 5 StR 729/98, NStZ 2000, 34.
[325] Hierzu kritisch *Wessing* NJW 2003, 2265 (2266 ff.).
[326] BGH Urt. v. 20.9.1999 – 5 StR 729/98, NStZ 2000, 34.
[327] BGH Beschl. v. 23.11.2015 – NotSt (BRFG) 4/15 (KG), NZG 2016, 181.

§ 37. Insolvenzstrafrecht

Keine Beihilfe zur Insolvenzverschleppung liegt hingegen vor, wenn der Steuerberater auch nach Ablauf der Insolvenzantragsfrist weiterhin Buchführungs- und Bilanzierungstätigkeiten erbringt oder Steuererklärungen vorbereitet, da der Schuldner kraft Gesetzes auch in diesem Fall zur Buchführung und Bilanzierung verpflichtet ist.[328] Anderes kann aber gelten, wenn er darüber hinausgehende Tätigkeiten wahrnimmt. **239**

I. Buchführungsdelikte

Angesichts der Tatsache, dass mit der Buchführung und der darauf basierenden Bilanzierung oftmals Steuerberater beauftragt werden, besteht für diese eine besondere Gefahr, sich bei einer Unternehmenskrise des Mandanten gemäß § 283 Abs. 1 Nr. 5, 7, § 283b Nr. 1, 3 StGB strafbar zu machen. Der Steuerberater ist hierbei nicht nur Gehilfe (Teilnehmer) sondern **Täter**, wenn er iSd § 14 Abs. 2 Nr. 2 StGB ausdrücklich beauftragt worden ist, die nach den handelsrechtlichen Bestimmungen dem Unternehmer obliegenden Buchführungs- oder Bilanzierungspflichten zu übernehmen.[329] Er ist dann auch für die Einhaltung der maßgeblichen Fristen verantwortlich, wobei ausschließlich handels- und nicht steuerrechtliche Fristen relevant sind. Eine **starke Belastung** speziell im ersten Halbjahr **entschuldigt** den Steuerberater **nicht**. Dem Berater ist es normalerweise möglich und zumutbar, die Bilanzen der Mandanten, die sich in einer wirtschaftlichen Krise befinden oder bei denen eine solche in Betracht kommen kann, mit zeitlichem Vorrang zu erstellen.[330] Dies betrifft insbesondere die Pflicht zur Buchführung. Etwas anderes gilt nur dann, wenn der Steuerberater nur mit der Aufstellung eines Bilanzentwurfs beauftragt ist. Kenntnis über die wirtschaftlichen Verhältnisse hat der Berater in aller Regel bereits auf Grund dessen, dass er mit der Buchführung betraut ist. Im Übrigen kommt bei Nichtkenntnis der wirtschaftlichen Situation eine Bestrafung wegen fahrlässiger Tatbegehung (§ 283 Abs. 5, § 283b Abs. 2 StGB) in Betracht. **240**

Stellt der Mandant die erforderlichen **Unterlagen nicht rechtzeitig zur Verfügung,** muss der Berater sich bemühen, das Buchhaltungsmaterial zu erhalten. Gelingt ihm dies trotz Mahnung und Androhung einer Mandatsniederlegung nicht, muss er, um einer Strafbarkeit zu entgehen, nicht vor Ablauf der Bilanzierungsfrist den Auftrag kündigen,[331] da ihm auch in diesem Fall nach den allgemeinen Grundsätzen der Unterlassungsdelikte die Vornahme der gebotenen Handlung gerade nicht möglich ist. **Honorarrückstände** entbinden den Steuerberater jedenfalls dann von seiner Pflicht zur rechtzeitigen Erstellung der Bilanz, wenn er sein zivilrechtliches Leistungsverweigerungsrecht rechtzeitig vor Fristablauf geltend gemacht hat, so dass der Schuldner davon wusste, dass der Berater den ihm erteilten Auftrag nicht ausführen wird.[332] **241**

---

[328] *Hölscheidt* NWB 2013, 944 (951).
[329] Sa *Braun/Uhlenbruck* S. 746; *Rönnau* FS Kühl, 713 (719).
[330] *Müller-Gugenberger/Häcker* § 95 Rn. 13 ff.
[331] So aber *Müller-Gugenberger/Häcker* § 96 Rn. 8.
[332] So *Braun/Uhlenbruck* S. 750.

II. Gläubigerbegünstigung

242 In Bezug auf den Tatbestand der Gläubigerbegünstigung kommen in der Praxis im Wesentlichen zwei Konstellationen vor, bei denen Berater des Schuldners beteiligt sind. Zum einen sind die Berater wegen ihrer **Honoraransprüche** selbst Gläubiger. In einer wirtschaftlich angespannten Lage des Mandanten machen Berater ihre Forderungen oftmals nicht geltend. Sie stunden diese ausdrücklich oder stillschweigend. Sobald sich herauskristallisiert, dass das Unternehmen wahrscheinlich nicht mehr zu retten ist, versuchen sie ihre Ansprüche durch Sicherungsübereignungen oder Forderungsabtretungen zu sichern. Wenn eine solche Absicherung nach Eintritt der Zahlungsunfähigkeit erfolgt, liegt in der Regel Anstiftung zur Gläubigerbegünstigung (§§ 283c, 26 StGB) vor. Inkongruente Deckung ist deswegen gegeben, weil der Berater keinen Anspruch auf nachträgliche Besicherung der gestundeten Beträge hat. Nur wenn er sich ausschließlich für künftig zu erbringende Leistungen Sicherheiten in angemessener Art und Höhe gewähren lässt, liegt kongruente Deckung vor.

243 Die zweite Konstellation, bei der sich der Berater der Anstiftung oder zumindest der Beihilfe zur Gläubigerbegünstigung strafbar macht, ist folgende: Um Sanierungsbemühungen nicht zu gefährden und um die am stärksten auf Zahlung drängenden **Gläubiger** dazu zu veranlassen, von Vollstreckungsmaßnahmen oder gar einem Insolvenzantrag abzusehen, rät der Berater häufig, diese Gläubiger durch **Gewährung von Sicherheiten** zum Stillhalten zu bewegen. Wenn die Hingabe von Sicherheiten zu einer Zeit erfolgt, zu der bereits Zahlungsunfähigkeit iSd Insolvenzdelikte eingetreten ist, stellt dies die Gewährung einer inkongruenten Deckung dar. Beihilfe statt Anstiftung ist dann gegeben, wenn die Initiative nicht vom Berater ausgeht, er den Mandanten aber bei der Abwicklung – sei es durch Kontaktaufnahme zu den Gläubigern oder durch Formulierung der entsprechenden Verträge etc – unterstützt. Die Gewährung inkongruenter Deckung ist auch dann gegeben, wenn Geschäftspartner des Schuldners zu weiteren Lieferungen oder sonstigen Leistungen nur bei Besicherung auch der Altschulden bereit sind und deswegen Sicherheiten nicht ausschließlich zur Absicherung neuer Forderungen, sondern auch alter – bislang ungesicherter – Ansprüche bestellt werden.

III. Betrug

244 Speziell bei der Sanierungsberatung ist die Gefahr groß, sich durch falsche Angaben gegenüber den Gläubigern des Betrugs oder zumindest der Beihilfe hierzu strafbar zu machen. Wenn der Berater ein **Moratorium** der Gläubiger erwirkt, indem er die Situation des Unternehmens falsch darstellt, begeht er Betrug zu Lasten der Gläubiger. Wenn die Gläubiger auf ein entsprechendes Ansinnen nicht eingehen, liegt zumindest versuchter Betrug, der nach § 263 Abs. 2 StGB strafbar ist, vor. Ein bloßer Versuch ist auch dann gegeben, wenn ein auf Grund der falschen Angaben des Beraters erwirkter Teilverzicht oder eine Stundung die Vermögenssituation des Gläubiger deswegen nicht verschlechtert, weil ohne diese Maßnahmen zum Zeitpunkt der Betrugshandlung

eine Realisierung der Forderung bereits nicht mehr – auch nicht teilweise – möglich gewesen wäre. Er ist allerdings grundsätzlich nicht verpflichtet, von sich aus die Gläubiger über die finanzielle Situation des Schuldners aufzuklären.[333]

IV. Insolvenzverschleppung

Wenn der Schuldner bereits überschuldet oder zahlungsunfähig ist und der Berater trotzdem weiterhin versucht, das Unternehmen zu sanieren, macht er sich wegen Beihilfe – wenn die Initiative von ihm ausgeht: der Anstiftung – zur Insolvenzverschleppung strafbar, falls der Schuldner nicht spätestens drei Wochen nach Eintritt von Zahlungsunfähigkeit oder Überschuldung Insolvenzantrag stellt oder die Sanierung innerhalb dieser Frist gelingt. Beginnt der Berater also erst nach Eintritt der Krise mit dem Versuch, beispielsweise einen Teilverzicht oder eine Stundung bei den Gläubigern zu erreichen, ist die Strafbarkeit quasi vorprogrammiert. Es ist praktisch so gut wie nie möglich, binnen drei Wochen ein Ergebnis zu erzielen. Deshalb müssen außergerichtliche Vergleichsbemühungen rechtzeitig vor Eintritt der Krise in Angriff genommen werden. Ansonsten hilft zur Vermeidung strafbaren Verhaltens nur der Gang zum Insolvenzgericht. 245

V. Sonstiges strafbares Verhalten

Dass auch echte **kriminelle Machenschaften** bei Wirtschaftsprüfern, Rechtsanwälten, Steuerberatern und anderen beratend tätigen Personen vorkommen, bedarf keiner näheren Ausführungen. Wenn der Berater beispielsweise dem Schuldner hilft, Vermögensgegenstände dem Gläubigerzugriff zu entziehen, macht er sich der Teilnahme am Bankrott gemäß § 283 Abs. 1 Nr. 1 oder Abs. 2 StGB schuldig. Strafbarkeit nach § 283 Abs. 2 StGB ist zB auch dann gegeben, wenn der Berater zusammen mit dem Schuldner von vornherein darauf hinwirkt, ein Unternehmen in die Insolvenz zu führen, um dabei unlautere Gewinne zu erzielen. Meist ist dann zusätzlich der Tatbestand des Betrugs oder des Kreditbetrugs verwirklicht, oftmals auch ein Gründungsschwindel gemäß § 82 Abs. 1 GmbHG oder § 399 Abs. 1 Nr. 1–4, Abs. 2 AktG, von Steuerhinterziehung ganz zu schweigen. 246

Handelt der Berater zum eigenen Vorteil, kann auch eine Untreuestrafbarkeit in Betracht kommen. Rechts- und Steuerberater haben gegenüber ihren Mandanten eine sog qualifizierte Vermögensbetreuungspflicht. Ob sonstige (Sanierungs-)Berater[334] eine Vermögensbetreuungspflicht haben, hängt entscheidend von den jeweils übertragenen Aufgaben und dem Inhalt der vertraglichen Vereinbarung ab.[335] 247

---

[333] *Rönnau* FS Kühl, 713 (723).
[334] Zur Strafbarkeitsrisiken bei Sanierungsberatern *Cyrus/Köllner* NZI 2016, 288.
[335] Bejahend OLG Stuttgart Urt. v. 13.12.1983 – 4 Ss (22) 494/83, wistra 1984, 114; *Rönnau* FS Kühl, 713 (725); verneinend OLG München Beschl. v. 6.8.2004 – 2 Ws 660/04, ZIP 2004, 2438.

Pelz

M. Insolvenzstrafverfahren

I. Die Vorgehensweise der Ermittlungsbehörde[336]

1. Einleitung von Ermittlungen; erste Schritte

248 Ermittlungen kommen meist aufgrund einer Anzeige – in der Regel eines Geschädigten – in Gang oder weil die Staatsanwaltschaft gemäß der „Anordnung über Mitteilungen in Zivilsachen" (**MiZi**) Kenntnis von Zwangsvollstreckungs- oder Insolvenzverfahren erlangt. Hieraus ergibt sich oft ein (Anfangs-)Verdacht, der weitere Ermittlungen nach sich zieht. Durch sog **Regelanfragen** bei den wichtigsten Einzugsstellen ermittelt die Staatsanwaltschaft, ob es Rückstände oder Verspätungen bei der Zahlung der Arbeitnehmerbeiträge zur Sozialversicherung gegeben hat. UU erfolgen auch Anfragen bei dem örtlich zuständigen Gerichtsvollzieher nach vorliegenden Pfändungsaufträgen der zurückliegenden Zeit. Darüber hinaus kann anhand des Handelsregisters oder der Insolvenzakte festgestellt werden, ob Bilanzen rechtzeitig erstellt wurden.

249 Speziell ein vom Insolvenzgericht hinzugezogener **Sachverständiger** – meist der in Aussicht genommene Insolvenzverwalter – kann ebenfalls Ermittlungen in Gang bringen, auch wenn dies eher selten geschieht.[337]

2. Durchsuchung und Beschlagnahme

250 Soweit sich auf Grund der ersten Ermittlungsschritte Anhaltspunkte für eine unsaubere Insolvenz ergeben, muss die Staatsanwaltschaft die Geschäftsunterlagen des Schuldners sicherstellten und auswerten. Dies erfordert in aller Regel **Durchsuchungsmaßnahmen,** vor allem beim Schuldner aber auch bei Dritten. Der Schuldner ist Tatverdächtiger iSd StPO. Die Voraussetzungen des § 102 **StPO,** dass die Durchsuchung *vermutlich* zur Auffindung von Beweismitteln führen wird, liegen regelmäßig vor.

251 Da sich Geschäftsunterlagen oftmals nicht beim verdächtigen Schuldner, sondern bei dessen steuerlichen Beratern befinden, wird zunehmend beim Steuerberater durchsucht. Trotz des Beschlagnahmeverbots gemäß § 97 StPO sind **Durchsuchungen beim Steuerberater** gemäß § 103 StPO zulässig. Die Bilanz- und Buchführungsunterlagen gehören nämlich nicht zu den beschlagnahmefreien Gegenständen.[338] Vielmehr stellen sie Unterlagen dar, die der Mandant zur Erfüllung seiner handelsrechtlichen Pflichten benötigt. Der steuerliche Berater wertet die Unterlagen lediglich aus und unterstützt den Kaufmann bei der Wahrnehmung von dessen Obliegenheiten.[339] Zudem ist die Erstellung der Bücher keine steuerberatende Tätigkeit. **Beschlagnahmefrei** sind lediglich die vom

---

[336] Einzelheiten hierzu: Wabnitz/Janovsky/*Pelz*, Kapitel 9 Rn. 402 ff. und zu ausgewählten Besonderheiten des Ermittlungsverfahrens Wabnitz/Janovsky/*Nickolai*, Kapitel 25.
[337] Wabnitz/Janovsky/*Pelz*, Kapitel 9, Rn. 483 f.; *Schäfer* wistra 1985, 209.
[338] Überwiegende Rechtsprechung, Nachweise bei *Meyer-Goßner*, 58. Aufl. 2015, § 97 Rn. 40; ausführlich zu dieser Frage: Wabnitz/Janovski/*Gürtler* Kapitel 23, Rn. 36 ff.
[339] *Weyand/Diversy* Rn. 145 iVm Rn. 149; *Wabnitz/Janovsky/Pelz*, Kapitel 9, Rn. 455.

Steuerberater selbst gefertigten Aufzeichnungen, insbesondere Aktenvermerke zB über Mandantenbesprechungen, einschließlich der Aufzeichnungen und Notizen zur Vorbereitung des Jahresabschlusses sowie die Korrespondenz des Steuerberaters mit dem Beschuldigten.[340] Diese üblicherweise in der Handakte abgelegten Unterlagen werden von § 97 Abs. 1 StPO erfasst. Das **Beschlagnahmeverbot** greift jedoch dann **nicht** ein, wenn der Steuerberater der Teilnahme, Begünstigung oder Strafvereitelung verdächtig ist (§ 97 Abs. 2 S. 2 StPO). Der Begriff der **Tatbeteiligung** ist hierbei im weitesten Sinn zu verstehen; maßgebend ist der Tatbegriff des § 264 StPO.[341] Im Einzelfall können Buchführungsunterlagen auch **Tatmittel** und nicht nur Beweismittel sein. Damit unterliegen sie der Einziehung (§ 74 StGB) und können gemäß § 97 Abs. 2 S. 3 StPO ohne Einschränkung beschlagnahmt werden.[342] Für **Wirtschaftsprüfer**, vereidigte Buchprüfer und Steuerbevollmächtigte sowie Rechtsanwälte gelten dieselben Kriterien.[343] Bei **Unternehmensberatern**, Consulting-Gesellschaften oder ähnlichen Unternehmen sind darüber hinaus auch die Handakten einer Beschlagnahme zugänglich, da der genannte Personenkreis nicht zu den Berufsgeheimnisträgern nach § 53 StPO zählt und deswegen das Beschlagnahmeverbot des § 97 StPO nicht eingreift.

3. Bankermittlungen[344]

Zur Ermittlung von Insolvenzstraftaten (iwS) sind immer die Kontobewegungen des Schuldners von Bedeutung. Darüber hinaus sind weitere Informationen wichtig, über die Kreditinstitute – insbesondere die „Hausbank" des Schuldners – häufig verfügen. Deshalb ist es für den Staatsanwalt in aller Regel erforderlich, diese Unterlagen von den Banken zu erhalten. Er beschreitet hierzu entweder den Weg über ein Auskunftsersuchen **(Bankanfrage)** oder über einen **Durchsuchungsbeschluss** nach § 103 StPO. Grundsätzlich sind die Kreditinstitute verpflichtet, einem **Auskunftsersuchen** der Staatsanwaltschaft nachzukommen und die notwendigen Unterlagen herauszugeben (§§ 161a, 95 StPO).[345] Durch die schriftliche Erteilung von Auskünften kann eine ansonsten erforderliche Vernehmung der Bankmitarbeiter als Zeugen vermieden werden. Ein strafprozessual zu beachtendes Bankgeheimnis existiert nicht.[346] In einen **Durchsuchungsbeschluss** wird üblicherweise aufgenommen, dass die Durchsuchung und Beschlagnahme durch entsprechende Auskunft und Herausgabe der Unterlagen abgewendet werden kann.

4. Arrestanordnung

Umstritten ist das Verhältnis von Arrestanordnungen zum Zwecke strafprozessualer Rückgewinnungshilfe nach §§ 111b ff. StPO bei Eröffnung eines In-

---

[340] Wabnitz/Janovsky/Pelz, Kapitel 9, Rn. 455.
[341] Meyer-Goßner § 97 Rn. 19.
[342] BGH Urt. v. 28.11.1990 – 3 StR 170/90, BGHSt 37, 245 (248).
[343] Speziell zum Beschlagnahmeverbot bei Wirtschaftsprüfern: LG Bonn Beschl. v. 29.10.2001 – 37 Qs 59/01, NJW 2002, 2261.
[344] Hierzu ausführlich Wabnitz/Janovsky/*Knierim*, Kapitel 10, Rn. 51 ff.
[345] Vgl. LG Gera Beschl. v. 30.9.1999 – 2 Qs 412/99, NStZ 2001, 276; LG Halle Beschl. v. 6.10.1999 – 22 Qs 28/99, NStZ 2001, 276 und *Bittmann* NStZ 2001, 231.
[346] Vgl. nur Meyer-Goßner § 161 Rn. 4; Weyand/Diversy Rn. 151.

solvenzverfahrens.³⁴⁷ Vom OLG Nürnberg wird die Rechtsauffassung vertreten, Arrestanordnungen seien mit Eröffnung des Insolvenzverfahrens aufzuheben, da ab diesem Zeitpunkt eine Einzelzwangsvollstreckung der Gläubiger nicht mehr möglich und ein Auffangrechtswerwerb des Staates nach § 111i StPO nicht schützenswert sei.³⁴⁸ Demgegenüber vertreten das KG³⁴⁹ sowie die OLGe Hamm³⁵⁰ und Frankfurt³⁵¹ die Auffassung, dass eine Arrestanordnung nicht notwendig mit Eröffnung des Insolvenzverfahrens wieder aufzuheben sei, weil sowohl die Einzelzwangsvollstreckung von Insolvenzgläubigern als auch der Auffangrechtserwerb des Staates nach Abschluss des Insolvenzverfahrens nach § 200 InsO wieder möglich sei und ein Vorrang des Insolvenzverfahrens vor strafprozessualen Regelungen nicht bestehe. Die Eröffnung eines Insolvenzverfahrens über das Vermögen des Angeklagten soll einer Feststellung nach § 111i Abs. 2 StPO nicht entgegenstehen.³⁵²

5. Weitere Ermittlungen

254 Bei Ermittlungen wegen Insolvenzstraftaten (iwS) sind regelmäßig Angaben der geschädigten Lieferanten und sonstiger Kreditoren von Bedeutung. Diese werden deshalb oftmals über Zustandekommen, Art und Umfang der Geschäftsbeziehung sowie über Beginn und Umfang der Zahlungsschwierigkeiten des Beschuldigten als Zeugen befragt, wobei zunehmend die schriftliche Anhörung mittels Fragebogen Verwendung findet. Darüber hinaus erfolgt oftmals die Vernehmung geschädigter Geschäftspartner oder sonstiger Zeugen wie zB ehemaliger und gegenwärtiger Mitarbeiter sowie etwaiger früherer Gesellschafter.

255 Im Anschluss oder auch bereits während laufender Durchsuchungsmaßnahmen und Zeugenvernehmungen werden die sichergestellten Unterlagen und die sonstigen gewonnenen Erkenntnisse ausgewertet. Hierzu wird häufig der bei den Wirtschaftsabteilungen der Staatsanwaltschaften tätige **Wirtschaftsreferent** oder eine sonstige dort oder bei den Fachkommissariaten der Kriminalpolizei tätige Wirtschaftsfachkraft eingesetzt. Teilweise beauftragt der Staatsanwalt auch einen externer **Gutachter** mit der Erstellung eines Sachverständigengutachtens, insbesondere zum Vorliegen von Zahlungsunfähigkeit und Überschuldung. Die Beauftragung eines Sachverständigen unterbricht gemäß § 78c Abs. 1 Nr. 3 StGB die **Verjährung.** Dies gilt auch dann, wenn der Wirtschaftsreferent das Gutachten erstellt. Voraussetzung ist allerdings, dass eine ordnungsgemäße Beauftragung mit der Erstattung eines Gutachtens vorliegt und der Wirtschaftsreferent trotz organisatorischer Eingliederung in die Staatsanwaltschaft das Gutachten eigenverantwortlich und frei von jeder Beeinflussung erstatten kann.³⁵³

---

[347] Umfassend *Bittmann* ZWH 2014, 135; *Markgraf* NZG 2013, 1014.
[348] OLG Nürnberg Beschl. v. 15.3.2013 – 2 Ws 561/12, 2 Ws 590/12, NZWiSt 2013, 297; Beschl. v. 8.1.2013 – 2 Ws 508/13, ZWG 2014, 150.
[349] KG Beschl. v. 10.6.2013 – 2 Ws 190/13 – 141 AR 168/13, wistra 2013, 445.
[350] OLG Hamm Beschl. v. 20.6.2013 – 2 Ws 80/13, NStZ 2014, 344; Beschl. v. 28.7.2015 – 1 Ws 102/15, ZIP 2015, 2094.
[351] OLG Frankfurt Beschl. v. 9.7.2015 – 3 Ws 355/15, ZInsO 2016, 453.
[352] BGH Beschl. v. 12.3.2015 – 2 StR 322/14, NStZ-RR 2015, 171 (172).
[353] BGH Urt. v. 10.4.1979 – 4 StR 127/79, BGHSt 28, 381 (384); OLG Zweibrücken Beschl. v. 9.10.1979 – Ws 397/78, NJW 1979, 1995.

6. Adhäsionsverfahren

Für den Insolvenzverwalter kann sich die Frage stellen, ob er Ersatzansprüche des Schuldners gegen den Täter einer Insolvenzstraftat im Rahmen eines Adhäsionsverfahrens nach §§ 403 ff. StPO geltend machen kann. Seine Antragsberechtigung ist jedoch umstritten. Das OLG Frankfurt lehnt eine solche mit der Begründung ab, Aufgabe des Insolvenzverwalters sei die Befriedigung der Insolvenzgläubiger, während das Adhäsionsverfahren den persönlich Geschädigten privilegieren soll.[354] Demgegenüber sieht das OLG Celle die Geschädigteneigenschaft des Insolvenzverwalters als gegeben an,[355] ebenso das Thüringische OLG für den Fall der Tatbegehung nach Insolvenzeröffnung.[356]

256

7. Anfechtung der Zahlung von Geldstrafen und Geldauflagen

Vom Schuldner nach Eintritt der Krise aber vor Insolvenzeröffnung bezahlte Geldstrafen unterliegen als gläubigerbenachteiligende Handlung der Insolvenzanfechtung nach § 133 Abs. 1 InsO, vorausgesetzt, die Staatsanwaltschaft als zuständige Vollstreckungsbehörde hatte von dem Eintritt der Krisensituation Kenntnis.[357] Dies gilt jedoch nicht, wenn der Schuldner die Geldstrafe nach Eröffnung des Insolvenzverfahrens aus dem pfändungsfreien Teil seines Einkommens bezahlt. Im Falle der Anfechtung gilt die Geldstrafe oder Geldauflage nach § 153a StPO als nicht bezahlt, so dass im Falle der Geldstrafe die Vollstreckung der Ersatzfreiheitsstrafe droht, bei der Einstellung die Wiederaufnahme des Verfahrens.

257

II. Verhalten von Schuldner und Insolvenzverwalter

1. Mitwirkung des Schuldners

Der Schuldner braucht als Verdächtiger einer Insolvenzstraftat mit den Ermittlungsbehörden nicht zu kooperieren. Er hat wie jeder Beschuldigte das Recht, die **Aussage zu verweigern**. Er kann nicht gezwungen werden, sich selbst zu belasten. Unabhängig von der Frage des Verwertungsverbots nach § 97 Abs. 1 Satz 3 InsO und des Grundsatzes der Aussagefreiheit kann es für den Schuldner aus **taktischen Gründen** klug sein, mit den Ermittlungsbehörden zu **kooperieren**. Gerade derjenige, der weder sich noch einen Dritten bereichern wollte, kann es auf diese Weise erreichen, einigermaßen glimpflich davonzukommen. Bei einem umfassenden Geständnis ist die Staatsanwaltschaft meist bereit, das Verfahren mittels eines Strafbefehls abzuschließen. Bei geringem Schaden oder wenn im Wesentlichen nur das Delikt der Insolvenzverschleppung verwirklicht wurde, kann unter Umständen sogar eine Einstellung des Verfahrens gegen Geldauflage (fälschlicherweise oftmals „Geldbuße" genannt) nach § 153a StPO erreicht werden.

258

---

[354] OLG Frankfurt Beschl. v. 9.6.2006 – 5 Ws 508/06, NStZ-RR 2006, 342; Beschl. v. 15.5.2006 – 3 Ws 446/03, ZInsO 2007, 609.
[355] OLG Celle Beschl. v. 8.10.2347 – 2 Ws 296/07, wistra 2008, 38.
[356] Thüringisches OLG Beschl. v. 27.6.2011 – 1 Ws 237/11, 1 Ws 242/11, NStZ 2012, 350.
[357] OLG Celle Urt. v. 17.4.2013 – 2 U 86/12, ZInsO 2013, 2061.

2. Verwendungsverbot von Angaben des Schuldners

259　Im Insolvenzverfahren besteht für den Schuldner hingegen die Verpflichtung zur uneingeschränkten Aussage des Schuldners. Die Aussage kann erzwungen werden, vgl. §§ 5, 20, 97 Abs. 1 S. 1 und § 98 Abs. 2 InsO. Dies bedeutet, dass der Schuldner auch strafbare Handlungen und solche Tatsachen, die auf Straftaten hindeuten können, offenbaren muss, vgl. § 97 Abs. 1 S. 2 InsO. Damit auf diesem Weg nicht die strafprozessuale Aussagefreiheit unterlaufen wird, regelt § 97 Abs. 1 S. 3 InsO, dass eine Auskunft des Schuldners, die dieser gemäß der in § 97 Abs. 1 S. 1 InsO geregelten Verpflichtung erteilt, in einem Straf- oder Ordnungswidrigkeitenverfahren gegen den Schuldner oder einen Angehörigen iSd § 52 Abs. 1 StPO **nur mit Zustimmung des Schuldners** verwendet werden darf („**Verwendungsverbot**"). Angaben des Schuldners, die er gegenüber dem Insolvenzgericht oder dem Insolvenzverwalter gemacht hat, dürfen daher im Ermittlungsverfahren ohne seine Zustimmung weder als Beweismittel noch als Ansatz für weitere Ermittlungen dienen; auch eine mittelbare Verwertung ist ausgeschlossen.[358] Ein Beweis*erhebungs*verbot folgt daraus nach hM nicht, so dass die Überlassung von Angaben des Schuldners an die Ermittlungsbehörde zulässig ist.[359] Zulässig hingegen ist die Verwendung, wenn der Schuldner zugestimmt hat, wobei eine einmal erteilte Zustimmung nicht widerrufen werden kann.[360] Eine sog qualifizierte Belehrung ist hingegen gesetzlich nicht vorgesehen. Ungeklärt ist, ob ein Verwendungsverbot auch für solche Angaben des Schuldners besteht, die im Rahmen der Eigenverwaltung nach §§ 270, 270a InsO bzw. im sogenannten Schutzschirmverfahren nach § 270b InsO gemacht wurden.[361] § 97 Abs. 1 S. 3 InsO sieht ein Verwendungsverbot nur für solche Angaben vor, die der Schuldner aufgrund gesetzlicher Verpflichtung gegenüber dem Insolvenzgericht, dem Insolvenzverwalter, dem Gläubigerausschuss oder auf Anordnung des Gerichts der Gläubigerversammlung gegenüber gemacht hat. Hingegen ist bei Eigenverwaltung und im Schutzschirmverfahren erforderlich, dass der Schuldner bereits bei Antragstellung eine Bescheinigung über die Sanierungsfähigkeit vorlegen muss, ebenso eine Erklärung der wichtigsten Gläubiger, dass sie die Sanierung mittragen. Dies setzt voraus, dass der Schuldner schon gegenüber Gläubigern wesentliche Angaben offenbart, ohne dass eine gesetzliche Verpflichtung hierzu bestehen würde. Nach hM soll für Angaben des Schuldners gegenüber dem Insolvenzgutachter im Rahmen des Insolvenzeröffnungsverfahrens kein Verwendungsverbot bestehen.[362] Dies überzeugt jedoch nicht. Beauftragt das Insolvenzgericht einen Sachverständigen mit der

---

[358] Vgl. *Schmidt-Räntsch* § 97 Rn. 1 (S. 262); *Richter* wistra 2000, 1 (3); LG Stuttgart Beschl. v. 21.7.2000 – 11 Ws 46/00, wistra 2000, 439; LG Potsdam Beschl. v. 24.4.2007 – 27 Ns 23/06, StV 2014, 407 (409).

[359] *Hefendehl* wistra 2003, 1 (5f.); Wabnitz/Janovsky/*Nickolai*, Kapitel 25, Rn. 97; MüKoInsO/*Stephan* § 97 Rn. 17; aA LG Stuttgart Beschl. v. 21.7.2000 – 11 Ws 46/00, wistra 2000, 439; LG Potsdam Beschl. v. 24.4.2007 – 27 Ns 23/06, StV 2014, 407 (409).

[360] MüKoInsO/*Stephan* § 97 Rn. 17; *Diversy* ZInsO 2005, 180 (183).

[361] Bejahend Haarmeyer ZInsO 2016, 545 (555); verneinend Müller-Gugenberger/*Richter* § 76 Rn. 38 und § 77 Rn. 8.

[362] OLG Celle Beschl. v. 19.12.2012 – 32 Ss 164/12, ZInsO 2013, 731; OLG Jena Beschl. v. 12.8.2010 – 1 Ss 45/10, ZInsO 2011, 732.

Ermittlung der Insolvenzeröffnungsvoraussetzungen, handelt es sich bei den Angaben des Schuldners um solche, die faktisch gegenüber dem Insolvenzgericht erbracht werden.[363]

§ 97 Abs. 1 S. 3 InsO schafft ein selbständiges Beweisverwertungsverbot, das im laufenden Strafverfahren zu berücksichtigen ist.[364] Hierbei sind jedoch die durch den Schuldner dem Insolvenzgericht oder dem (vorläufigen) Insolvenzverwalter überlassenen Geschäftsunterlagen, zu deren Führung eine gesetzliche Verpflichtung besteht (Handelsbücher, Bilanzen usw), der Auswertung zugänglich.[365] Darin enthaltene Informationen sind verwendbar, selbst wenn eine gleich lautende Auskunft dem Verbot gemäß § 97 Abs. 1 S. 3 InsO unterliegt.[366] Ebenso sind sonstige Informationen verwertbar, die die Ermittlungsbehörden von Dritten erhalten haben, bspw. geschädigten Gläubigern. Ein Verteidiger sollte bei Einsicht in die Ermittlungsakte grundsätzlich prüfen, woher die Erkenntnisse der Staatsanwaltschaft stammen. Der (vorläufige) Verwalter sollte in Gutachten und Berichten angeben, welche Tatsachen ausschließlich auf einer Auskunft des Schuldners beruhen.[367]

3. Zusammenarbeit zwischen Ermittlungsbehörde und Gutachter oder Insolvenzverwalter

Der vom Insolvenzgericht eingesetzte Gutachter sowie der Insolvenzverwalter können die Ermittlungsbehörden bei deren Tätigkeit unterstützen, soweit sich dies mit seinen Aufgaben vereinbaren lässt.[368] Dies kann auch Vorteile für den Gutachter oder Verwalter haben.

Insbesondere wird der Insolvenzverwalter oftmals gebeten, den Steuerberater oder Rechtsanwalt des Schuldners von dessen **Verschwiegenheitspflicht zu entbinden** und darüber hinaus die Kreditinstitute des Schuldners zu ermächtigen, den Ermittlungsbehörden umfassend Auskunft zu erteilen. Da die Verwaltungs- und Verfügungsbefugnisse des Schuldner in Bezug auf die Insolvenzmasse auf den Insolvenzverwalter übergehen, ist zur Entbindung von der Verschwiegenheitspflicht gegenüber Rechtsanwälten, Steuerberatern und Wirtschaftsprüfern bei juristischen Personen nach der Rechtsprechung alleine der Insolvenzverwalter befugt.[369] Dies gilt jedenfalls dann, wenn Gegenstand des Mandats alleine die Beratung der juristischen Person war. Allerdings ist dies nicht unumstritten.[370] Nach aA soll stets auch eine Entbindung durch den (früheren) Geschäftsführer erforderlich sein, da dieser dem Berufsgeheimnisträger

---

[363] Kemperdick, ZInsO 2013, 1116 (1118).
[364] *Hefendehl* wistra 2003, 1 (6); Wabnitz/Janovsky/*Nickolai*, Kapitel 25, Rn. 97.
[365] *Richter* wistra 2000, 1 (4); LG Stuttgart Beschl. v. 21.7.2000 – 11 Ws 46/00, wistra 2000, 439 mAnm *Richter*, *Hefendehl* wistra 2003, 1 (9); Wabnitz/Janovsky/*Nickolai*, Kapitel 25, Rn. 97.
[366] *Bittmann/Rudolph* wistra 2001, 81 (82 f.).
[367] So *Bittmann/Rudolph* wistra 2001, 81 (85).
[368] Bereits → Rn. 1.
[369] OLG Köln Beschl. v. 1.9.2015 – 2 Ws 544/15, ZIP 2016, 157; OLG Nürnberg Urt. v. 18.6.2009 – 1 Ws 289/09, ZIP 2010, 386.
[370] Zum Streitstand *Tully/Kirch-Heim* NStZ 2012, 657; *Bittmann* wistra 2012, 173; *Madauß* NZWiSt 2013, 252.

263 Die **Durchsuchung** und Beschlagnahme von Unterlagen **beim Insolvenzverwalter** ist grundsätzlich nicht notwendig und in aller Regel auch nicht zulässig. Zwar liegen die Voraussetzungen des § 103 StPO vor, wenn sich die Geschäftsunterlagen des Schuldners beim Insolvenzverwalter befinden. Von einer vorherigen Anhörung darf gemäß § 33 Abs. 4 S. 1 StPO jedoch nur abgesehen werden, wenn dies den Zweck der Untersuchung gefährden würde. Dies ist dann der Fall, wenn im Einzelfall oder nach der Lebenserfahrung die Gefahr besteht, dh wenn es naheliegt, dass der Beteiligte bei vorheriger Anhörung den Zugriff vereiteln werde, zB durch Verstecken der Gegenstände, die beschlagnahmt werden sollen.[372] Bei einem Insolvenzverwalter wird dies in aller Regel nicht anzunehmen sein. Auch wenn er möglicherweise wenig Bereitchaft zur Zusammenarbeit mit der Staatsanwaltschaft zeigt, muss der Ermittlungsrichter ihn deshalb vor Erlass eines Durchsuchungsbeschlusses anhören. Die Anordnung der Durchsuchung von Räumlichkeiten des unverdächtigen Insolvenzverwalters oder eines unverdächtigen Berufsträgers zum Zwecke der Auffindung von Beweismitteln ist zwar nicht per se unzulässig und bedarf auch nicht notwendigerweise einer vorherigen Anhörung nach § 33 Abs. 3 StPO. Allerdings verstößt die Durchsuchung regelmäßig gegen den Verhältnismäßigkeitsgrundsatz, wenn nicht zuvor versucht wurde, die Herausgabe der Beweismittel mit milderen Mitteln, beispielsweise durch ein Herausgabeverlangen nach § 95 StPO zu erlangen.[373] Davon kann im Einzelfall gegebenenfalls abgesehen werden, wenn der Beschleunigungsgrundsatz in Haftsachen ein Herausgabeverlangen als untunlich erscheinen lässt, Verdunkelungsgefahr, insbesondere durch Manipulation an Unterlagen besteht oder Beweismittelverlust droht.[374]

264 Gelegentlich stellt sich für den Insolvenzverwalter das Problem, dass er für seine Arbeit **Unterlagen** oder **sonstige Gegenstände benötigt,** die durch die Staatsanwaltschaft **sichergestellt oder beschlagnahmt** wurden. Teilweise befinden sich auch EDV-Anlagen, die er als Betriebsmittel zur (vorläufigen) Fortführung des Betriebes benötigt, bei der Kriminalpolizei oder Staatsanwaltschaft. Wenn die Ermittlungsbehörden nicht gewillt sind, diese Dinge ohne weiteres zur Verfügung zu stellen, sollte der Insolvenzverwalter geltend machen, dass es der Verhältnismäßigkeitsgrundsatz gebietet, die Beschlagnahmeanordnung aufzuheben, Kopien zu fertigen und die Originalunterlagen herauszugeben oder ihm die Anfertigung von Kopien zu ermöglichen.[375] Gegen die Versagung der Aufhebung der Beschlagnahme oder die Weigerung, Unterlagen oder sonstige Gegenstände herauszugeben, kann der Insolvenzverwalter gemäß § 304 StPO **Beschwerde** einlegen. Er ist als andere Person im Sinne des § 304 Abs. 2 StPO beschwerdeberechtigt.

---

[371] *Krause* NStZ 2012, 663 (664).
[372] *Meyer-Goßner* § 33 Rn. 16.
[373] LG Saarbrücken Beschl. v. 12.3.2013 – 2 Qs 15/13, DStRE 2013, 1022; LG Dresden Beschl. v. 27.11.2013 – 5 Qs 113/13, 5 Qs 123/13, ZIP 2013, 2473.
[374] *Weyand* ZInsO 2014, 1033.
[375] Vgl. dazu *Meyer-Goßner* § 94 Rn. 18.

Dem Insolvenzverwalter kann ein **Anspruch auf Akteneinsicht** als Geschädigter nach § 406e StPO bzw. als Dritter nach § 475 StPO dann zustehen, wenn er entsprechend seinem Auftrag nach § 80 InsO Ansprüche der Masse gegen den Schuldner, solche aus ungerechtfertigter Bereicherung oder aus anfechtbaren Rechtshandlungen prüfen will.[376] Dies setzt allerdings voraus, dass ein Anspruch der Insolvenzmasse möglich ist. Beschränkt sich das Ermittlungsverfahren auf den Vorwurf der Insolvenzverschleppung steht dem Insolvenzverwalter idR kein Akteneinsichtsrecht zu, da Schadensersatzansprüche der Masse nicht bestehen; gleiches gilt, wenn Gegenstand der Ermittlungen Tathandlungen zum Nachteil Dritter sind.[377]

265

III. Rechtsschutz gegenüber Ermittlungsmaßnahmen

Der Beschuldigte kann weder die Einleitung eines Ermittlungsverfahrens verhindern noch die Einstellung von Ermittlungen erzwingen. Gegen einzelne Maßnahmen kann er sich aber zur Wehr setzen. Gerade in Wirtschaftsstrafsachen, hierzu gehört auch das Insolvenzstrafrecht (vgl. § 74c Abs. 1 Nr. 1, 5 und 6 GVG), ist das Ermittlungsverfahren wohl der wichtigste Verfahrensabschnitt, in dem ein Beschuldigter oder sein Verteidiger bereits Einfluss nehmen können.

266

1. Durchsuchung und Beschlagnahme

Von einer Durchsuchung bei ihm erfährt der Beschuldigte in der Regel erst bei Beginn der Maßnahme, wenn die Beamten der Staatsanwaltschaft oder Kriminalpolizei bereits vor der Tür stehen. Deshalb sind Rechtsbehelfe gegen einen Durchsuchungsbeschluss rein faktisch meist erst nach Durchführung der Maßnahme möglich. Sich gegen die Durchsuchung vor Ort zu wehren, macht regelmäßig wenig Sinn. Dennoch kann es auch für spätere Rechtsbehelfe wichtig sein, wie sich der Betroffene bei der Durchsuchung verhält.[378]

267

Welcher Rechtsbehelf statthaft ist, richtet sich grundsätzlich danach, ob die Maßnahme richterlich angeordnet war oder nicht. Liegt ein richterlicher Durchsuchungs- und Beschlagnahmebeschluss vor, den der Beschuldigte für rechtswidrig erachtet, ist das Rechtsmittel der **Beschwerde** (§§ 304, 306 StPO) gegeben. Wird die Durchsuchung bei Gefahr im Verzug durch die Staatsanwaltschaft oder ihre Ermittlungspersonen angeordnet, so kann hiergegen **Antrag auf gerichtliche Entscheidung nach § 98 Abs. 2 S. 2 StPO** gestellt werden.[379] Dies gilt für die Beschlagnahme auch dann, wenn die Beschlagnahme in einem richterlichen Durchsuchungsbeschluss nicht oder nicht in dem tatsächlich erfolgten Umfang angeordnet war. Ebenso ist § 98 Abs. 2 S. 2 StPO entsprechend

268

---

[376] OLG Köln Beschl. v. 16.10.2014 – 2 Ws 396/14, ZInsO 2015, 2501.
[377] OLG Köln Beschl. v. 16.10.2014 – 2 Ws 396/14, ZInsO 2015, 2501 (2502f.).
[378] Dazu ausführlich *Michalke* NJW 2008, 1490.
[379] BVerfG Beschl. v. 30.4.1997 – 2 BvR 817/90, 2 BvR 728/92, 2 BvR 802/95, 2 BvR 1065/95, BVerfGE 96, 44; BGH Beschl. v. 5.8.1998 – 5 ARs (VS) 2/98, wistra 1998, 353; Wabnitz/Janovsky/*Dierlamm*, Kapitel 29, Rn. 73.

anzuwenden, wenn der Betroffene Art und Weise des Vollzugs einer abgeschlossenen Durchsuchung rügt. Dies gilt sowohl für den Fall der nichtrichterlich angeordneten[380] als auch der richterlich angeordneten[381] Durchsuchung; für letztere jedenfalls dann, wenn die beanstandete Art und Weise des Vollzugs nicht ausdrücklicher und evidenter Bestandteil der richterlichen Anordnung war. Daneben gibt es die Möglichkeit der **Verfassungsbeschwerde**, die allerdings subsidiär gegenüber den anderen Rechtsbehelfen ist. Der Rechtsweg nach Art. 23 ff. EGBGB scheidet aus.[382]

269 Ob gegen die Anordnung einer Durchsuchung **Rechtsmittel** eingelegt werden soll, muss sehr gewissenhaft abgewogen werden. Die Erfolgschancen von Rechtsmitteln gegen Durchsuchungsbeschlüsse in Wirtschaftsstrafsachen sind relativ gering. Es ist auch immer das Risiko einer Festschreibung und Präjudizierung des Tatverdachts durch die Beschwerdekammer im Auge zu behalten. Dies gilt auch dann, wenn das Rechtsmittel nur mit Verfahrensfehlern begründet wird. Durch Ausführungen des Gerichts zum Tatverdacht kann sich die Position der Verteidigung erheblich verschlechtern.[383] Ein erfolgreich eingelegtes Rechtsmittel kann manchmal die Bereitschaft der Ermittlungsbehörden, das Verfahren relativ einfach zu erledigen, deutlich erhöhen. Anderenfalls besteht immer die Gefahr, dass der zuständige Staatsanwalt hierzu oftmals weniger geneigt ist, wenn bereits mit Rechtsbehelfen gegen seine Ermittlungsmaßnahmen vorgegangen wurde.

2. Untersuchungshaft

270 Im Fall der **vorläufigen Festnahme**, dh wenn noch kein richterlicher Haftefehl vorliegt, ist der Festgenommene spätestens am Tag nach der Festnahme dem Ermittlungsrichter vorzuführen (§ 128 Abs. 1 S. 1 StPO). Falls dieser die Haft für gerechtfertigt erachtet, erlässt er einen Haftbefehl. Wird der Beschuldigte auf Grund eines schon bestehenden Haftbefehls **verhaftet**, ist er unverzüglich dem zuständigen Richter vorzuführen, der ihn spätestens am nächsten Tag über den Gegenstand der Beschuldigung zu vernehmen hat (§ 115 Abs. 1 und 2 StPO). Wird die Haft aufrechterhalten – oder im Fall der vorläufigen Festnahme angeordnet – stehen dem Beschuldigten folgende **Rechtsbehelfe** zu:
– (mündliche) Haftprüfung, § 117 StPO, durch den Ermittlungsrichter *oder*
– Haftbeschwerde, § 304 Abs. 1 StPO; es entscheidet das Landgericht.

271 Hat der Beschuldigte keinen Verteidiger, findet zudem von Amts wegen nach drei Monaten eine **Haftprüfung durch das Oberlandesgericht** statt; außerdem ist dem Beschuldigten dann auf Antrag ein Verteidiger für die Dauer der Untersuchungshaft zu bestellen (§ 117 Abs. 4 und 5 StPO). Ansonsten hat spätestens sechs Monate nach Beginn der Untersuchungshaft eine Haftprüfung durch das OLG zu erfolgen, §§ 121, 122 StPO.

---

[380] BGH Beschl. v. 7.12.1998 – 5 AR (VS) 2/98, BGHSt 44, 265.
[381] BGH Beschl. v. 25.8.1999 – 5 AR (VS) 1/99, BGHSt 45, 183.
[382] *Laser* NStZ 2001, 120.
[383] Wabnitz/Janovsky/*Dierlamm*, Kapitel 29, Rn. 74.

N. Vermeidung strafbaren Verhaltens

I. Vorbemerkung

Die folgenden Ausführungen sollen dem Geschäftsführer eines Unternehmens Hinweise geben, wie die wesentlichsten Risiken für Insolvenzstraftaten und damit ein Insolvenzstrafverfahren vermieden werden können. Die Aufstellung erhebt keinen Anspruch auf Vollständigkeit. 272

II. Alphabetische Übersicht

Arbeitgeberbeiträge zur Sozialversicherung. Die vom Arbeitgeber zu tragenden Anteile an der Sozialversicherung müssen richtig, vollständig und rechtzeitig angemeldet werden. Hingegen führt die Nichtzahlung der Arbeitgeberanteile bei zutreffender Anmeldung nicht zu einer Strafbarkeit. Bei nicht ausreichenden Geldmitteln, Tilgungsbestimmung zugunsten der Arbeitnehmeranteile treffen. 273

Arbeitnehmerbeiträge zur Sozialversicherung. Arbeitnehmerbeiträge zur Sozialversicherung sind vollständig anzumelden und fristgerecht abzuführen. Unter strafrechtlichen Gesichtspunkten sind die Einzugsstellen bevorzugt zu befriedigen. Die Zahlung anderer Verbindlichkeiten hat zurückzustehen und der Arbeitgeber hat rechtzeitig Vorsorge dafür zu treffen, dass er bei Fälligkeit in der Lage ist, die Arbeitnehmerbeiträge abzuführen. Gqf. ist eine ausdrückliche Tilgungsbestimmung dergestalt zu treffen, dass Zahlung nur auf die Arbeitnehmerbeiträge erfolgt. 274

Bilanz erstellen. Die handelsrechtlichen Bilanzierungsfristen müssen eingehalten werden. Anders als bei der Steuerbilanz ist eine Fristverlängerung nicht möglich. Dem Steuerberater sind Unterlagen so rechtzeitig zu übergeben, dass er den Bilanzentwurf fristgerecht fertigstellen kann. Er ist zur Einhaltung der Frist anzumahnen. Noch vorhandene Geldmittel sind vorrangig zur Zahlung der entsprechenden Kosten zu verwenden. Fertiggestellte Bilanzen sind unverzüglich zu unterschreiben, da erst dadurch die Bilanz erstellt ist. 275

Buchführung erledigen. Auch wenn der Schuldner bei sich abzeichnender Krise meint, wichtigere Aufgaben erledigen zu müssen, sollte er unbedingt die Buchführung auf dem Laufenden halten. Wenn möglich sollte er noch vorhandene Mittel dazu verwenden, einen externen mit der Buchführung Beauftragten zu bezahlen, so dass dieser die Buchführung fortführt. Notfalls ist die Buchführung durch den Schuldner selbst oder eigenes Personal zu erledigen. 276

Insolvenzantrag trotz Gläubigerantrag stellen. Der verspätet gestellte Antrag wird vom Gesetz dem nicht gestellten Antrag grundsätzlich gleichgestellt. Bei der Höhe der Strafe macht es aber einen gewichtigen Unterschied, ob nur eine Verspätung vorliegt oder ob der Insolvenzantrag gänzlich unterlassen wurde. Bei bloßer zeitlicher Verzögerung kann auch leichter eine Einstellung des Verfahrens in Betracht kommen. Jeder Schuldner, der es unterlassen hat, innerhalb der gesetzlich vorgeschriebenen Frist den Insolvenzantrag zu stellen, sollte dies baldmöglichst nachholen, spätestens dann, wenn ein Gläubiger die Eröffnung des Insolvenzverfahrens beantragt hat. 277

278 **Insolvenzprüfung durchführen.** Bei Anzeichen von Insolvenzgefahr sollte der Schuldner, wenn er hierzu selbst nicht in der Lage ist, einen in Insolvenzsachen erfahrenen Berater mit der Erstellung eines Insolvenzgutachtens beauftragen. Der Schuldner muss dem Gutachter alle benötigten Unterlagen vorlegen und Informationen erteilen und ihn zur raschen Gutachtenvorlage anhalten.

279 **Steuervoranmeldungen und Steuererklärungen abgeben.** Auch wenn aus Sicht des Schuldners in der Krise vermeintlich wichtigere Aufgaben bestehen, sollte – selbst wenn eine Begleichung der Steuerschuld nicht mehr möglich ist – peinlich darauf geachtet werden, die Lohnsteueranmeldungen und USt-Voranmeldungen pünktlich abzugeben. Die nicht rechtzeitige Abgabe oder gar Nichtabgabe erfüllt unabhängig von der Frage der Entrichtung bereits den Tatbestand der Steuerhinterziehung.

280 **Stundungsvereinbarungen mit Gläubigern.** Zeichnen sich Zahlungsschwierigkeiten ab und versucht der Schuldner deshalb eine Stundung bei Lieferanten oder sonstigen Gläubigern zu erreichen, sollte er aus strafrechtlicher Sicht diesen gegenüber deutlich machen, dass er für eine spätere Bezahlung nicht garantieren kann. Dann fehlt es an der für Betrug und Kreditbetrug erforderlichen Täuschung.

281 **Stundungsvereinbarungen mit den Einzugsstellen für Sozialversicherungsbeiträge treffen.** Wenn der Schuldner Schwierigkeiten hat, die Sozialversicherungsbeiträge abzuführen, sollte er sich frühzeitig mit den zuständigen Einzugsstellen in Verbindung setzen. Kann er bei diesen eine Stundung erreichen, scheidet Strafbarkeit wegen Beitragsvorenthaltung mangels Fälligkeit der Beiträge aus. **Achtung:** Die Stundung darf nicht durch falsche Angaben (Behaupten nur vorübergehender Zahlungsschwierigkeiten und Inaussichtstellen sicherer Zahlung zu einem späteren Zeitpunkt) erreicht werden, sonst kann Betrug oder Kreditbetrug vorliegen.

282 **Tilgungsbestimmung gegenüber den Sozialversicherungsträgern treffen.** Kann der Schuldner fällige Sozialversicherungsbeiträge nur teilweise abführen, sollte er bei der Zahlung bestimmen, dass er die Beträge in erster Linie auf fällige Arbeitnehmeranteile leistet. Auf keinen Fall sollte er eine anderweitige Tilgungsbestimmung treffen. Da das Nichtabführen von Arbeitgeberanteilen und eventuell aufgelaufener Zinsen nicht strafbar ist, kann so eine Straftat vermieden oder zumindest die Höhe des strafrechtlich relevanten Schadens verringert werden.

283 **Vermögensverzeichnis richtig und vollständig erstellen.** Das dem Insolvenzgericht gegenüber abzugebende Vermögensverzeichnis sollte mit größter Sorgfalt erstellt werden. Zwar ist die fahrlässige falsche Versicherung an Eides Statt nicht strafbar. Die Ermittlungsbehörden gehen jedoch im Zweifel von Vorsatz aus, wenn Irrtumsgründe nicht ersichtlich sind und wichtige Teile fehlen oder falsch sind. Außerdem ist ein unvollständiges oder unrichtiges Vermögensverzeichnis für die Ermittlungsbehörden oftmals der Anlass, eine Insolvenz genauer auf strafrechtlich Relevantes zu überprüfen.

284 **Wertgutachten erstellen.** Bei Veräußerung von Vermögensgegenständen während der wirtschaftlichen Krise sollte die Angemessenheit des Kaufpreises hinreichend dokumentiert werden, bei schwierigen Bewertungsfragen ggf. durch Wertgutachten.

Pelz

12. Teil.
Internationales Insolvenzrecht

Überblick. Das internationale Insolvenzrecht regelt die Rechtsfragen, die aus grenzüberschreitenden Sachverhalten in Insolvenzverfahren entstehen. Die maßgebliche Rechtsquelle kann sich aus dem europäischen Insolvenzrecht (→ § 38 Rn. 4 ff.), Staatsverträgen (→ § 38 Rn. 18 ff.) oder dem autonomen deutschen internationalen Insolvenzrecht (→ § 38 Rn. 20 ff.) ergeben. Unterschiedliche Rechtsfragen können sich stellen, je nachdem, ob es sich bei dem Verfahren um ein deutsches Haupt- (→ § 39 Rn. 1 ff.) oder Partikularverfahren (→ § 39 Rn. 98 ff.) oder ein ausländisches Haupt- (→ § 39 Rn. 148 ff.) oder Partikularverfahren (→ § 39 Rn. 182) handelt. Zentrale Fragen im Zusammenhang mit einem deutschen Hauptinsolvenzverfahren sind solche nach der internationalen Zuständigkeit deutscher Gerichte (→ § 39 Rn. 3 ff.), der Anerkennung des Verfahrens im Ausland (→ § 39 Rn. 24 ff.), des anwendbaren Rechts (→ § 39 Rn. 48 ff.) sowie der eigentlichen Auswirkung des Verfahrens im Ausland und auf im Ausland ansässige Beteiligte (→ § 39 Rn. 52 ff.). Das inländische Partikularverfahren schränkt die Wirkungen eines ausländischen Hauptverfahrens im Inland ein (→ § 39 Rn. 125). Die Europäische Insolvenzverordnung nF sieht ein virtuelles Sekundärverfahren (→ § 39 Rn. 103 ff.) sowie die Zusammenarbeit und Kommunikation der Verwalter und der Gerichte des Haupt- und der Sekundärverfahren (→ § 39 Rn. 126 ff.) vor. Ausländische Hauptinsolvenzverfahren wirken sich auch im Inland aus (→ § 39 Rn. 165 ff.), während ausländische Partikularverfahren vor allem die Wirkungen eines deutschen Hauptverfahrens im Ausland beschränken können (→ § 39 Rn. 182). Die Konzerninsolvenzregeln der Europäischen Insolvenzverordnung nF regeln die Zusammenarbeit und Kommunikation von Verwaltern und Gerichten in den Insolvenzverfahren über die Vermögen von mehreren Mitgliedern einer Unternehmensgruppe (→ § 39 Rn. 191 ff.) und führen ein Gruppen-Koordinationsverfahren (→ § 39 Rn. 210 ff.) ein.

§ 38. Regelungsgegenstand und Rechtsquellen

A. Regelungsgegenstand und Grundprinzipien

I. Regelungsgegenstand

Das internationale Insolvenzrecht behandelt die Rechtsfragen, die sich aus grenzüberschreitenden Sachverhalten in Insolvenzverfahren ergeben.[1] Solche grenzüberschreitenden Bezüge liegen vor, wenn Vermögensgegenstände des Schuldners im Ausland belegen, Gläubiger in anderen Staaten als dem der Ver-

1

---

[1] MüKoInsO/*Reinhart* Vor §§ 335 ff. Rn. 1.

fahrenseröffnung ansässig oder Rechtsverhältnisse zwischen dem Schuldner und seinen Gläubigern nach einer anderen Rechtsordnung als der des Eröffnungsstaats zu beurteilen sind. Im Vordergrund stehen Fragen nach den für die Bewältigung der Insolvenz zuständigen Gerichten, dem anwendbaren Insolvenzrecht, der Anerkennung von Gerichtsentscheidungen und den Befugnissen des Insolvenzverwalters in anderen Staaten als dem der Verfahrenseröffnung, dem Zugang ausländischer Gläubiger zum Insolvenzverfahren und den materiell-rechtlichen Auswirkungen des Verfahrens auf ausländische Vermögensgegenstände und Vertragsbeziehungen des Schuldners zu ausländischen Partnern.

II. Grundprinzipien

2   Die Antworten auf diese Fragen hängen ua davon ab, ob die Rechtswirkungen des Insolvenzverfahrens sich auf den Eröffnungsstaat beschränken (**Territorialitätsprinzip**) oder ob das Verfahren Rechtswirkungen auch im Ausland entfaltet und das weltweite Vermögen des Schuldners nach einheitlichen Regeln erfasst (**Universalitätsprinzip**).[2] Die heute in Deutschland geltenden Regelwerke des internationalen Insolvenzrechts[3] gehen jedenfalls im Grundsatz vom Universalitätsprinzip aus.[4] Nach diesen Regeln entfaltet ein deutsches (Haupt-)Insolvenzverfahren[5] Rechtswirkungen im Ausland. Ein ausländisches (Haupt-)Insolvenzverfahren wird grundsätzlich in Deutschland anerkannt, entfaltet also Rechtswirkungen im Inland. Der extraterritoriale Geltungsanspruch inländischen Rechts, der besagt, dass ein (Haupt-)Insolvenzverfahren nach deutschem Recht auch Rechtswirkungen im Ausland entfalten soll, ist in anderen Staaten nur durchsetzbar, wenn er dort anerkannt wird.

III. Internationales Verfahrens- und Privatrecht

3   Das internationale Insolvenzrecht umfasst sowohl Bestimmungen des internationalen Verfahrensrechts als auch solche des internationalen Privatrechts. Bei einem Sachverhalt mit Auslandsbezügen behandelt das internationale Verfahrensrecht die sich daraus ergebenden **verfahrensrechtlichen Fragen** (zB nach der internationalen Zuständigkeit der Gerichte oder der Anerkennung im Ausland ergangener Entscheidungen)[6] und das internationale Privatrecht die sich daraus ergebenden **materiell-rechtlichen Fragen**.[7] Für die Beurteilung einer sich aus einem Sachverhalt mit Auslandsbezügen ergebenden Rechtsfrage ist

---

[2] Definition nach Gottwald InsR-HdB/*Gottwald* § 130 Rn. 5; ähnlich Andres/Leithaus/*Dahl* Vorbem. §§ 335–338 Rn. 2; zu teilweise unterschiedlichen Betrachtungsweisen MüKoInsO/*Reinhart* Vor §§ 335 ff. Rn. 21.
[3] → Rn. 4 ff.
[4] Uhlenbruck/*Lüer* Vorbem. zu §§ 335–338 Rn. 28; Andres/Leithaus/*Dahl* Vorbem. §§ 335–338 Rn. 4 (zu §§ 335 ff. InsO).
[5] → § 39 Rn. 24 ff.
[6] Andres/Leithaus/*Dahl* Vorbem. §§ 335–338 Rn. 5; MüKoInsO/*Reinhart* Vor §§ 335 ff. Rn. 24; *Geimer* IZPR Rn. 1, 9 ff.
[7] MüKoInsO/*Reinhart* Vor §§ 335 ff. Rn. 30; Andres/Leithaus/*Dahl* Vorbem. §§ 335–338 Rn. 5.

§ 38. Regelungsgegenstand und Rechtsquellen

zunächst maßgeblich, ob sie verfahrens- oder sachrechtlicher Natur ist. Dafür ist entscheidend, ob die nach der lex fori in Betracht kommende Norm eher den Ablauf des Verfahrens regelt, also verfahrensrechtlicher Natur ist, oder Einfluss auf die zu fällende Entscheidung hat und deshalb materiell-rechtlicher Natur ist.[8] Ist die Rechtsfrage verfahrensrechtlicher Natur, erfolgt die Bestimmung des einschlägigen Verfahrensrechts anhand des lex fori – Prinzips.[9] Danach gilt, dass ein von einem deutschen Gericht durchgeführtes Insolvenzverfahren sich in verfahrensrechtlicher Hinsicht ausschließlich nach den im Inland geltenden Vorschriften, vor allem der InsO und (gem. § 4 InsO) der ZPO, aber auch der Europäischen Insolvenzverordnung, richtet.[10] Ist die Rechtsfrage eine materiell-rechtliche, bestimmt sich das anwendbare Recht nach den einschlägigen Kollisionsregeln. Die Grundnorm des Insolvenzkollisionsrechts besagt, dass für die Wirkungen des Insolvenzverfahrens das Recht des Staats der Verfahrenseröffnung gilt. Es gibt aber zahlreiche Sonderanknüpfungen.[11]

B. Rechtsquellen

I. Europäisches Insolvenzrecht

1. Europäische Insolvenzverordnung

a) **Reform.** Wichtigste Quelle des in Deutschland geltenden Rechts der internationalen Insolvenzen ist die am zwanzigsten Tag nach ihrer Veröffentlichung im Amtsblatt der Europäischen Union vom 5.6.2015 in Kraft getretene **Verordnung (EU) 2015/848** des Europäischen Parlaments und des Rats vom 20.5.2015 über Insolvenzverfahren („Europäische Insolvenzverordnung" oder „EuInsVO"). In ihrem Anwendungsbereich geht sie sämtlichen anderen Quellen des in Deutschland geltenden internationalen Insolvenzrechts vor.[12] Sie ersetzt die **Verordnung (EG) Nr. 1345/2000** des Rates vom 29. Mai 2000 über Insolvenzverfahren („EuInsVO aF"), die gem. Art. 91 der Verordnung (EU) 2015/848 aufgehoben wird.[13] Ausgelöst wurde die Reform durch einen Bericht der Europäischen Kommission an das Parlament, den Rat und den Wirtschafts- und Sozialausschuss,[14] der der Kommission in Art. 46 Satz 1 EuInsVO aF auferlegt worden war und der zehn Jahre nach ihrem Inkrafttreten eine Bewertung der Praxistauglich-

4

---

[8] MüKoInsO/*Reinhart* Vor §§ 335 ff. Rn. 31 f.; kritisch dazu *Geimer* IZPR Rn. 53 ff.
[9] *Geimer* IZPR Rn. 3364; Andres/Leithaus/*Dahl* Vorbem. §§ 335–338 Rn. 6; MüKoInsO/*Reinhart* Vor §§ 335 ff. Rn. 33.
[10] Andres/Leithaus/*Dahl* Vorbem. §§ 335–338 Rn. 6; MüKoInsO/*Reinhart* Vor §§ 335 ff. Rn. 33.
[11] → § 39 Rn. 51.
[12] AG Celle Beschl. v. 18.4.2005 – 29 IN 11/05, NZI 2005, 410 (411).
[13] Zum zeitlichen Anwendungsbereich → Rn. 14. Der folgenden Darstellung liegt die Europäische Insolvenzverordnung neuer Fassung (VO (EU) 2015/848) zugrunde. Zur Rechtslage nach der EuInsVO aF vgl. die Vorauflage.
[14] Bericht der Kommission vom 12.12.2012 an das Europäische Parlament, den Rat und den Europäischen Wirtschafts- und Sozialausschuss über die Anwendung der Verordnung (EG) Nr. 1346/2000 des Rates vom 29.5.2000 über Insolvenzverfahren, COM(2012) 743 final, abrufbar über die Webseite der EU.

keit der Verordnung vornehmen sollte. Dem Bericht zufolge funktioniert die Anwendung der Verordnung im Allgemeinen gut, doch sollte in einigen Bereichen nachgebessert werden, um grenzüberschreitende Insolvenzen noch effizienter abzuwickeln. Dementsprechend vermeidet die EuInsVO den völligen Umbruch, sondern baut auf dem Grundgerüst der EuInsVO aF auf. Zudem greift die Reform die Rechtsprechung des Europäischen Gerichtshofes zu diversen Streitfragen auf und kodifiziert sie. Folglich kann weitestgehend auf die bisherige Rechtsprechung und Literatur zur Auslegung auch der EuInsVO zurückgegriffen werden. Wesentliche Neuerungen finden sich vor allem bei den Regeln über

5
– den Anwendungsbereich, der erweitert wird und nunmehr auch vorinsolvenzliche Sanierungsverfahren erfassen soll,
– die gerichtliche Zuständigkeit für Hauptinsolvenzverfahren,
– die gerichtliche Zuständigkeit für Annexverfahren,
– die Eindämmung von „störenden" Sekundärverfahren und
– Konzerninsolvenzen.

6   **b) Sachlicher Anwendungsbereich. aa) Gesamtverfahren.** Die Erweiterung des sachlichen Anwendungsbereichs ist eine der wesentlichen Neuerungen der EuInsVO. Die EuInsVO aF war nur auf Gesamtverfahren anwendbar, die die Insolvenz des Schuldners voraussetzten und den Vermögensbeschlag gegen den Schuldner sowie die Bestellung eines Verwalters zur Folge hatten (Art. 1 Abs. 1 EuInsVO aF). Die EuInsVO gilt hingegen für öffentliche Gesamtverfahren, die auf gesetzlichen Regeln zur Insolvenz beruhen und die auf die Rettung, Schuldenanpassung, Reorganisation oder Liquidation des Schuldners abzielen (Art. 1 Abs. 1 EuInsVO). In diesen Verfahren müssen entweder dem Schuldner die Verfügungsgewalt über sein Vermögen entzogen und ein Verwalter bestellt oder das Vermögen und die Geschäfte des Schuldners unter die Aufsicht eines Gerichts gestellt werden. Führt das Verfahren weder zum Entzug der Verfügungsgewalt noch zur gerichtlichen Aufsicht, reicht es aus, wenn die Einzelvollstreckung wenigstens vorübergehend ausgesetzt wird, um Verhandlungen des Schuldners mit seinen Gläubigern zu ermöglichen. Solche Verfahren müssen Maßnahmen zum Schutz der Gläubiger vorsehen und im Falle des Scheiterns einer gütlichen Einigung einem der zuvor genannten Verfahren vorgeschaltet sein.

7   **bb) Vorinsolvenzliche Sanierungsverfahren und Verfahren in Eigenverwaltung.** In den Anwendungsbereich der EuInsVO einbezogen werden jetzt auch vorinsolvenzliche Sanierungsverfahren, Eigenverwaltungsverfahren und Schuldenregulierungsverfahren natürlicher Personen,[15] die nicht die Voraussetzungen der EuInsVO aF erfüllen. Ausdrücklich erfasst werden auch vorläufige Verfahren, die wie das deutsche Insolvenzeröffnungsverfahren einstweilig durchgeführt werden, bevor ein Gericht über die Fortführung des Verfahrens entscheidet.[16]

8   **cc) Verfahrensliste im Anhang A.** Allein maßgeblich für die Bestimmung der von der EuInsVO erfassten Verfahren ist deren Anhang A (Art. 1 Abs. 1 aE EuInsVO).[17] Er enthält eine abschließende Liste der unter die EuInsVO fallen-

---

[15] 10. und 11. Erwägungsgrund.
[16] 15. Erwägungsgrund.
[17] 9. Erwägungsgrund; EuGH Urt. v. 22.11.2012 – C – 116/11, NZI 2013, 106, 107 – Bank Handlowy (zur EuInsVO aF); *Prager/Keller* WM 2015, 805; *Vallender* ZIP 2015, 1513, 1514; *Wimmer* jurisPR-InsR 7/2015 Anm. 1 Ziff. I 1.

§ 38. Regelungsgegenstand und Rechtsquellen

den Verfahren. Die Verordnung ist auf die dort aufgeführten Verfahren anwendbar, auch wenn diese Verfahren die in Art. 1 Abs. 1 EuInsVO normierten Voraussetzungen nicht erfüllen sollten. Die Gerichte anderer Mitgliedstaaten überprüfen nicht die Anwendungsvoraussetzungen.[18] Die Bedeutung der allgemeinen Bestimmung des sachlichen Anwendungsbereichs in Art. 1 Abs. 1 EuInsVO beschränkt sich darauf festzulegen, welche Verfahren in den Anhang A aufgenommen werden.

dd) **Deutsche Insolvenzverfahren und Schemes of Arrangement.** Im Anhang A aufgeführt und deshalb vom Geltungsbereich der Verordnung erfasst, ist das deutsche Insolvenzverfahren. Nicht ausdrücklich aufgeführt, aber als Teil bzw. besondere Form des Insolvenzverfahrens erfasst, sind das Insolvenzeröffnungsverfahren, das Schutzschirmverfahren nach § 270b InsO sowie das Verfahren in Eigenverwaltung nach §§ 270 ff. InsO. Das ergibt sich schon daraus, dass in Anhang B als Verwalter iSd EuInsVO neben dem Insolvenzverwalter auch der Sachwalter, der vorläufige Sachwalter und der vorläufige Insolvenzverwalter genannt sind. Das Scheme of Arrangement nach Sections 895 ff. des englischen Companies Act 2006, dem in der Praxis namentlich bei der Sanierung multinationaler Konzerne eine ganz erhebliche Bedeutung zukommt,[19] ist nicht im Anhang A aufgeführt und wird folglich nicht von der EuInsVO erfasst.[20]

c) **Persönlicher Anwendungsbereich.** Gemäß Art. 1 Abs. 2 EuInsVO gilt die Verordnung nicht für Insolvenzverfahren über das Vermögen von Versicherungsunternehmen, Kreditinstituten, Wertpapierfirmen und Organismen für gemeinsame Anlagen sowie Wertpapierfirmen und andere Firmen, Unternehmen oder Einrichtungen, die unter die Richtlinie über die Sanierung und Liquidation von Kreditinstituten fallen.[21] Organismen für gemeinsame Anlagen sind Organismen für gemeinsame Anlagen in Wertpapieren (OGAW) im Sinne der Richtlinie 2009/65/EG des Europäischen Parlaments und des Rates und alternative Investmentfonds (AIF) im Sinne der Richtlinie 2011/61/EU des Europäischen Parlaments und des Rates (Art. 2 Nr. 2 EuInsVO). Für diese Unternehmen gelten besondere Vorschriften, die den nationalen Aufsichtsbehörden weitreichende Befugnisse einräumen.[22]

d) **Räumlicher Anwendungsbereich.** Nach Art. 1 der Protokolle Nr. 21 und Nr. 22 zum Vertrag über die Europäische Union und zum Vertrag über die Arbeitsweise der Europäischen Union beteiligen sich das Vereinigte Königreich, Irland und Dänemark nicht an der Annahme von Maßnahmen durch den Rat, die wie die EuInsVO nach dem Dritten Teil Titel V AEUV vorgeschlagen werden. Die EuInsVO gilt dennoch für das Vereinigte Königreich und Irland, nachdem diese mitgeteilt haben, dass sie an der Annahme und Anwendung der Verordnung teilnehmen möchten.[23] Dänemark beteiligt sich nicht an der Verordnung, die diesen Mitgliedstaat nicht bindet und auf ihn keine An-

---

[18] 9. Erwägungsgrund.
[19] → § 39 Rn. 187.
[20] *Prager/Keller* WM 2016, 805; *Vallender* ZIP 2015, 1513, 1514.
[21] Richtlinie 2001/24/EG des Europäischen Parlaments und des Rats vom 4. April 2001 über die Sanierung und Liquidation von Kreditinstituten, ABl. L 125, S. 15.
[22] 19. Erwägungsgrund.
[23] 87. Erwägungsgrund.

wendung findet.²⁴ Im Ergebnis gilt die EuInsVO in allen Mitgliedstaaten außer Dänemark.

12 **e) Sachlich-räumlicher Anwendungsbereich. aa) Belegenheit des Interessenmittelpunkts.** Voraussetzung für die Anwendbarkeit der EuInsVO ist in sachlich-räumlicher Hinsicht, dass der Schuldner den Mittelpunkt seiner hauptsächlichen Interessen in einem der Mitgliedstaaten (außer Dänemark)²⁵ hat.²⁶ Liegt der Mittelpunkt der hauptsächlichen Interessen in einem Drittstaat und erlaubt das nationale Recht eines Mitgliedstaats dennoch die Eröffnung eines Insolvenzverfahrens, fällt dieses Verfahren nicht in den Anwendungsbereich der Verordnung.

13 **bb) Grenzüberschreitender Bezug.** Auf reine Binnensachverhalte ist die EuInsVO ebenfalls nicht anwendbar.²⁷ Sie bezweckt die Verbesserung der Effizienz grenzüberschreitender Insolvenzverfahren.²⁸ Erforderlich ist deshalb ein grenzüberschreitender Bezug des Insolvenzverfahrens, der beispielsweise vorliegt, wenn Vermögen des Schuldners im Ausland belegen oder ein Gläubiger dort ansässig ist. Nicht erforderlich ist, dass der Bezug spezifisch zu einem anderen Mitgliedstaat der Union besteht (sog qualifizierter Auslandsbezug). Der 25. Erwägungsgrund der EuInsVO besagt, dass sie für (alle) Verfahren gilt, bei denen der Interessenmittelpunkt des Schuldners in der Union liegt. Dort wird kein Bezug zu einem anderen Mitgliedstaat vorausgesetzt. Ausreichend ist demnach der einfache Auslandsbezug zu einem Drittstaat.²⁹ Damit ist nicht gesagt, dass alle Vorschriften der EuInsVO auch im Verhältnis zu Drittstaaten Anwendung finden.³⁰

14 **f) Zeitlicher Anwendungsbereich. aa) Grundsatz.** Die EuInsVO gilt ab dem 26. Juni 2017 (Art. 92 EuInsVO) und ist gem. Art. 84 Abs. 1 S. 1 EuInsVO auf Insolvenzverfahren anwendbar, die nach dem 26. Juni 2017 eröffnet worden sind. Gemeint ist damit, dass nur solche Insolvenzverfahren aus dem zeitlichen Geltungsbereich der EuInsVO herausfallen, die vor dem 26. Juni 2017 eröffnet worden sind.³¹ Für diese Verfahren gilt die EuInsVO aF (VO (EG) Nr. 1346/2000) weiter (Art. 84 Abs. 2 EuInsVO). Eine Entscheidung zur Eröffnung eines Insolvenzverfahrens iSd neuen Verordnung ist auch die Entscheidung eines Gerichts zur Bestellung eines vorläufigen Verwalters, also bei Verfahren nach der InsO bereits die Bestellung eines vorläufigen Insolvenzverwalters oder Sachverwalters (Art. 2 Nr. 7 (ii) iVm Nr. 5 und Anhang B EuInsVO). Folglich sind auch Verfah-

---

²⁴ 88. Erwägungsgrund.
²⁵ → Rn. 11.
²⁶ 25. Erwägungsgrund.
²⁷ AllgM. zur EuInsVO aF: Mohrbutter/Ringstmeier/*Wenner* Kapitel 20 Rn. 7; Haß/Huber/Gruber/Heiderhoff/*Huber* Art. 1 Rn. 15; *Haubold* IPrax 2003, 34 (35); MüKoInsO/*Reinhart* Art. 1 EuInsVO 2000 Rn. 13.
²⁸ 1. und 3. Erwägungsgrund.
²⁹ EuGH Urt. v. 16.1.2014 – C – 328/12, ZIP 2014, 181f; High Court of Justice Chancery Division ZIP 2003, 813 – BRAC Rent-A-Car mit zust. Anm. *Sabel/Schlegel* EWiR 2003, 367; High Court of Justice Leeds ZIP 2004, 1769 – Ci4net.com; Haß/Huber/Gruber/Heiderhoff/*Huber* Art. 1 Rn. 17ff.; Mohrbutter/Ringstmeier/*Wenner* Kapitel 20 Rn. 50.
³⁰ → Rn. 22.
³¹ EuGH Urt. v. 17.1.2006 – C – 1/04, NZI 2006, 253 – Susanne Staubitz-Schreiber; BGH Beschl. v. 27.11.2003 – IX ZB 418/02, NZI 2004, 139, 140 (zum zeitlichen Geltungsbereich der EuInsVO aF).

§ 38. Regelungsgegenstand und Rechtsquellen 1401

ren, in denen ein vorläufiger Verwalter vor dem 26. Juni 2017 bestellt worden ist, als vor dem Stichtag eröffnet anzusehen und die neue Verordnung ist auf sie nicht anwendbar.

bb) Ausnahmen. Bereits ab dem 26. Juni 2016 gilt Art. 86 EuInsVO, der die Mitgliedstaaten zur Veröffentlichung von Informationen über ihre nationale Insolvenzgesetzgebung im Europäischen Justiziellen Netz für Zivil- und Handelssachen verpflichtet (Art. 92 lit. a) EuInsVO). Gem. Art. 92 lit b) und c) EuInsVO gelten Art. 24 Abs. 1 und Art. 25 EuInsVO, die die Einrichtung nationaler Insolvenzregister sowie deren Vernetzung auf europäischer Ebene vorsehen, erst ab dem 26. Juni 2018 bzw. dem 26. Juni 2019. 15

2. Europäische Richtlinien

a) Kreditinstitute und Versicherungen. Mit den Richtlinien 2001/24/EG vom 4.4.2001 über die Sanierung und Liquidation von Kreditinstituten[32] und 2001/17/EG vom 19.3.2001 über die Sanierung und Liquidation von Versicherungsunternehmen[33] hat die Europäische Union eigene Regelungen außerhalb der EuInsVO für die Insolvenz von Kreditinstituten und Versicherungen geschaffen.[34] Vorinsolvenzliche Sanierungen und die Abwicklung von Kreditinstituten und Wertpapierfirmen außerhalb eines Insolvenzverfahrens regelt die Richtlinie 2014/59/EU vom 15.5.2014 zur Festlegung eines Rahmens für die Sanierung und Abwicklung von Kreditinstituten und Wertpapierfirmen,[35] die in Deutschland durch das BRRD-Umsetzungsgesetz[36] vom 10.12.2014 umgesetzt wurde. Kernstück des BRRD-Umsetzungsgesetzes ist das Gesetz zur Sanierung und Abwicklung von Instituten und Finanzgruppen, das in §§ 153 ff. die grenzüberschreitende Gruppenabwicklung und Beziehungen zu Drittstaaten regelt. 16

b) Herkunftsmitgliedstaat. Die Richtlinien 2011/24/EG und 2001/17/EG schreiben vor, dass lediglich die Behörden oder Gerichte des Herkunftsmitgliedstaats, also des Staats, in dem dem Unternehmen die Zulassung erteilt wurde, befugt sind, über Sanierungsmaßnahmen und die Eröffnung eines Liquidationsverfahrens gegen das Unternehmen einschließlich seiner Zweigstellen in anderen Mitgliedstaaten zu entscheiden (Art. 3 Abs. 1 und Art. 9 Abs. 1 Kreditinstituts-RL, Art. 4 Abs. 1 und Art. 8 Abs. 1 Versicherungs-RL). Ein Partikularverfahren in einem anderen Mitgliedstaat ist unzulässig. Die zuständigen Stellen des Herkunftsmitgliedstaats sind verpflichtet, die zuständigen Stellen des jeweiligen Aufnahmemitgliedstaats über beabsichtigte Sanierungsmaßnahmen zu informieren. Sanierungsmaßnahmen und Liquidationsverfahren der zuständigen Stellen des Herkunftsmitgliedstaats werden in den anderen Mitgliedstaaten anerkannt. Außerdem regeln die Richtlinien die Information der Gläubiger und die Behandlung ihrer Ansprüche. In der Bundesrepublik wurden 17

---

[32] ABl. 2001 L 125, S. 15.
[33] ABl. 2001 L 110, S. 28.
[34] Einzelne insolvenzrechtliche Vorschriften finden sich auch in anderen Richtlinien. Vgl. die Darstellung bei Gottwald InsR-HdB/*Kolmann/Keller* § 131 Rn. 138 ff.
[35] ABl. 2014 L 173, S. 190.
[36] Gesetz zur Umsetzung der Richtlinie 2014/59/EU des Europäischen Parlaments und des Rates vom 15.5.2014 zur Festlegung eines Rahmens für die Sanierung und Abwicklung von Kreditinstituten und Wertpapierfirmen, BGBl. I 2091.

die Richtlinien durch das Gesetz zur Neuregelung des internationalen Insolvenzrechts vom 14.3.2003[37] sowie das Gesetz zur Umsetzung aufsichtsrechtlicher Bestimmungen zur Sanierung und Liquidation von Versicherungsunternehmen und Kreditinstituten vom 10.12.2003[38] umgesetzt.

II. Staatsverträge

1. Österreich und Niederlande

18 Der am 25.5.1979 in Wien unterzeichnete deutsch-österreichische Vertrag auf dem Gebiet des Konkurs- und Vergleichs- (Ausgleichs-)rechts sowie der am 30.8.1962 in Den Haag unterzeichnete deutsch-niederländische Vertrag über die gegenseitige Anerkennung und Vollstreckung gerichtlicher Entscheidungen und anderer Schuldtitel in Zivil- und Handelssachen werden von der EuInsVO in deren Anwendungsbereich ersetzt (Art. 85 Abs. 1 lit. d, h EuInsVO).

2. Schweiz

19 Einige aus dem 19. Jahrhundert stammende deutsch-schweizerische Staatsverträge auf dem Gebiet des Insolvenzrechts gelten in ihrem räumlichen Anwendungsbereich auch heute noch fort.[39] Hierbei handelt es sich um die Übereinkunft zwischen einigen schweizerischen Kantonen mit Ausnahme der Kantone Schwyz und Appenzell-Innerroden und dem Königreich Bayern über gleichmäßige Behandlung der gegenseitigen Staatsangehörigen in Konkursfällen vom 11.5. und 27.6.1834[40] und die Übereinkunft zwischen der schweizerischen Eidgenossenschaft mit Ausnahme der Kantone Schwyz und Neuenburg und der Krone Württembergs betreffend die Konkursverhältnisse und gleiche Behandlung der beiderseitigen Staatsangehörigen in Konkursfällen vom 12.12. 1825 und 3.5.1826.[41] Ob der Vertrag einiger Schweizerischer Kantone mit Sachsen vom 18.2./26.4.1837 gültig ist, ist streitig. Er regelt lediglich die Gleichbehandlung in- und ausländischer Gläubiger, was die nationalen Rechte ohnehin vorsehen, so dass er ohne praktische Relevanz ist.[42]

III. Autonomes deutsches internationales Insolvenzrecht

1. Übersicht

20 a) Art. 102 EGInsO und Art. 102c EGInsO-E.[43] Die Regelungen des autonomen deutschen internationalen Insolvenzrechts finden sich in Art. 102 EGInsO,

---

[37] BGBl. 2003 I 345.
[38] BGBl. 2003 I 2478; vgl. dazu *Heiss/Gölz* NZI 2006, 1.
[39] Mohrbutter/Ringstmeier/*Wenner* Kapitel 20 Rn. 19; Gottwald InsR-HdB/*Kolmann/ Keller* § 135 Rn. 24; Braun/*Tashiro* InsO Vorbem. v. §§ 335–338 Rn. 22; aA MüKoInsO/ *Reinhart* Vor §§ 335 ff. Rn. 73; zweifelnd auch Liersch/*Walther* ZInsO 2007, 582 (abschließende Regelung in §§ 166 ff. des schweizerischen IPRG).
[40] Abgedruckt bei *Blaschczok* ZIP 1983, 141 (144).
[41] Abgedruckt bei *Blaschczok* ZIP 1983, 141 (143).
[42] Vgl. *Liersch/Walther* ZInsO 2007, 582 (dort auch zu weiteren deutsch-schweizerischen Verträgen).
[43] IdF des Referentenentwurfs eines Gesetzes zur Durchführung der Verordnung (EU) 2015/848 über Insolvenzverfahren v. 27.7.2016.

§ 38. Regelungsgegenstand und Rechtsquellen

Art. 102c EGInsO-E und §§ 335 ff. InsO. Art. 102 EGInsO enthält Vorschriften zur Durchführung der EuInsVO aF, während der neue Art. 102c EGInsO-E die Durchführung der EuInsVO (neuer Fassung) regelt. Art. 102 EGInsO bleibt zunächst neben Art. 102c EGInsO-E erhalten, weil die EuInsVO aF auch nach dem 26. Juni 2017 für bis dahin eröffnete Verfahren fortgelten wird.[44] Die Vorschriften sollen eine der Verordnung entsprechende Abwicklung grenzüberschreitender Insolvenzverfahren in Deutschland sicherstellen.[45] Dort sind ua die örtliche Zuständigkeit inländischer Gerichte, der Kompetenzkonflikt bei Zuständigkeitsfragen und die Bekanntmachung ausländischer Insolvenzverfahren geregelt.

b) §§ 335 ff. InsO. Die §§ 335 ff. InsO enthalten ebenso wie die EuInsVO 21 ausführliche verfahrens- und kollisionsrechtliche Vorschriften für grenzüberschreitende Insolvenzverfahren. Sie sollen das deutsche internationale Insolvenzrecht vor allem im Verhältnis zu Drittstaaten kodifizieren, die nicht Mitglied der EU sind. Inhaltlich weichen die Regeln der §§ 335 ff. InsO schon deswegen von der EuInsVO ab, weil die EuInsVO auf das Vertrauen in die Rechtsstaatlichkeit und Funktionsfähigkeit der Justiz in den Mitgliedstaaten der EU aufbaut und der deutsche Gesetzgeber davon ausgegangen ist, dass ein vergleichbares Vertrauen nicht ohne weiteres auch im Verhältnis zu Drittstaaten gerechtfertigt sei.[46]

2. Verhältnis zur EuInsVO

a) **Vorrang der EuInsVO.** In Ihrem Anwendungsbereich gehen die Regelungen der EuInsVO den Vorschriften der §§ 335 ff. InsO[47] und des Art. 102c EG InsO-E[48] vor. Für eine Anwendung der §§ 335 ff. InsO ist nur Raum, soweit die EuInsVO eine bewusste Regelungslücke enthält. Unbewusste Regelungslücken sind im Wege der Auslegung der Verordnung zu schließen.[49] Bewusste Regelungslücken lassen sich vor allem bei Rechtsfragen im Verhältnis zu Drittstaaten finden. Der Verordnungsgeber hat die Wirkung einiger Vorschriften der EuInsVO auf Mitgliedstaaten beschränkt.[50] Das gilt etwa für Art. 8 Abs. 1 EuInsVO, der bestimmt, dass dingliche Rechte an Gegenständen des Schuldners, die sich in einem anderen Mitgliedstaat befinden, von der Verfahrenseröffnung nicht berührt werden, und für die Anerkennung gerichtlicher Entscheidungen in anderen Mitgliedstaaten (Art. 19 Abs. 1 EuInsVO). Ob einzelne Vorschriften der EuInsVO und die darin vorgesehenen Rechtsfolgen sich

---

[44] → § 38 Rn. 14.
[45] Begr. des Entwurfs der Bundesregierung eines Gesetzes zur Neuregelung des Internationalen Insolvenzrechts BT-Drs. 15/16, 12.
[46] Begr. des Entwurfs der Bundesregierung eines Gesetzes zur Neuregelung des Internationalen Insolvenzrechts, BT. Drs. 15/16, 13.
[47] BGH Beschl. v. 3.2.2011 – V ZB 54/10, WM 2011, 940, 941 = NZI 2011, 420; BGH Beschl. v. 12.3.2015 – V ZB 41/14, ZIP 2015, 1134; K. Schmidt/*Brinkmann* InsO § 335 Rn. 3; MüKoInsO/*Reinhart* Vor §§ 335 ff. Rn. 84.
[48] Mohrbutter/Ringstmeier/*Wenner* Kapitel 20 Rn. 14 (zu Art. 102 EGInsO).
[49] MüKoInsO/*Reinhart* Vor §§ 335 ff. Rn. 85; Mohrbutter/Ringstmeier/*Wenner* Kapitel 20 Rn. 13.
[50] EuGH Urt. v. 16.1.2014 – C – 328/12, ZIP 2014, 181, 182.

auch auf Drittstaaten beziehen, ist anhand der Auslegung der in Frage stehenden Vorschrift festzustellen.[51]

23 **b) Von §§ 335 ff. InsO erfasste Verfahren.** Liegt der Interessenmittelpunkt des Schuldners iSv Art. 3 Abs. 1 EuInsVO in einem EU-Mitgliedstaat, gilt der Vorrang der EuInsVO vor §§ 335 ff. InsO nicht, wenn es sich bei dem Schuldner um ein Unternehmen iSv Art. 1 Abs. 2 EuInsVO handelt[52] oder das fragliche Verfahren nicht im Anhang A aufgeführt ist.[53] Denn in beiden Fällen erfasst die EuInsVO das Verfahren nicht, so dass §§ 335 ff. InsO zur Anwendung kommen.[54] Anwendbar sind die §§ 335 ff. InsO vor allem auf ausländische (Haupt-)[55] Insolvenzverfahren und inländische Partikularverfahren, wenn der Interessenmittelpunkt des Schuldners (Art. 3 Abs. 1 EuInsVO) in einem Drittstaat liegt.[56] Die Anwendung der §§ 335 ff. InsO auf ausländische Verfahren setzt voraus, dass das Verfahren als Insolvenzverfahren qualifiziert werden kann.[57] Dazu muss das Verfahren die Folgen einer Insolvenz des Schuldners regeln und die gemeinschaftliche Befriedigung sämtlicher Gläubiger vorsehen.[58] Folglich ist ein Scheme of Arrangement nach Section 895 ff. des englischen Companies Act 2006 kein Insolvenzverfahren iSv §§ 335 ff. InsO.[59] Denn es setzt nicht die Insolvenz des Schuldners voraus und bezieht idR nur eine oder einzelne Gläubigergruppen ein. Ein Verfahren nach Chapter 11 des US Bankruptcy Code ist ein Insolvenzverfahren iSv §§ 335 ff. InsO.[60]

C. UNCITRAL – Modellgesetz

I. Zweck

24 Auf Vorschlag der UNCITRAL[61] hat die Generalversammlung der Vereinten Nationen am 15.12.1997 ein Modellgesetz für grenzüberschreitende Insolvenzverfahren gebilligt und den UN-Mitgliedstaaten die Übernahme in deren nationales Recht empfohlen.[62] Die Bestimmungen des Modellgesetzes

---

[51] Haß/Huber/Gruber/Heiderhoff/*Huber* Art. 1 Rn. 21; MüKoInsO/*Reinhart* Art. 1 EuInsVO Rn. 15 ff.; Mohrbutter/Ringstmeier/*Wenner* Kapitel 20 Rn. 8.
[52] MüKoInsO/*Reinhart* Vor §§ 335 ff. Rn. 86; K. Schmidt/*Brinkmann* Vor § 335 InsO Rn. 8.
[53] BAG Urt. v. 13.12.2012 – 6 AZR 752/11, BeckRS 2013, 68180; BAG Urt. v. 13.12.2012 – 6 AZR 348/11, NZA 2013, 669.
[54] → Rn. 10 und Rn. 8.
[55] Zur Unterscheidung zwischen Haupt- und Partikularverfahren → § 39 Rn. 1.
[56] K. Schmidt/*Brinkmann* § 335 InsO Rn. 3; MüKoInsO/*Reinhart* § 335 Rn. 7.
[57] K. Schmidt/*Brinkmann* § 335 InsO Rn. 5; MüKoInsO/*Reinhart* Vor §§ 335 ff. Rn. 95.
[58] → § 39 Rn. 149 ff. zu Einzelheiten.
[59] BGH Urt. v. 15.2.2012 – IV ZR 194/09, NZI 2012, 425 (426).
[60] BGH Urt. v. 13.10.2009 – X ZR 79/06 (BPatG), NZI 2009, 859 (860).
[61] United Nations Commission on International Trade Law.
[62] Resolution 52/158 der Vollversammlung vom 15.12.1997, mit dem Model Law on Cross-Border Insolvency of the United Nations Commission on International Trade Law veröffentlicht auf der UNCITRAL-Internetseite: www.uncitral.org. Das Modellgesetz ist auch abgedruckt in ZIP 1997, 2224.

sind für die Mitgliedstaaten nicht verbindlich, sondern sind als Vorlage für eine Anpassung der nationalen Regeln der Mitgliedstaaten über internationale Insolvenzen gedacht. Mit dem Modellgesetz wird eine Harmonisierung der weltweit gültigen Regeln für grenzüberschreitende Insolvenzen im Interesse des internationalen Handels bezweckt. Derzeit haben mehr als vierzig Staaten Gesetze verabschiedet, die auf dem Modellgesetz beruhen. Dazu zählen: Australien (2008), Kanada (2005), Griechenland (2010), Großbritannien (2006), Japan (2000), Mexiko (2000), Montenegro (2002), Neuseeland (2006), Polen (2003), Korea (2006), Rumänien (2003), Serbien (2004), Slowenien (2007), Südafrika (2000) und Vereinigte Staaten von Amerika (2005).[63] Das autonome deutsche internationale Insolvenzrecht beruht nicht auf dem Modellgesetz.[64] Bedeutung erlangt das Modellgesetz dennoch, weil die Befugnisse eines deutschen Insolvenzverwalters, die Anerkennung eines deutschen Insolvenzverfahrens und der Zugang von deutschen Gläubigern zum ausländischen Verfahren in Drittstaaten, die das Modellgesetz umgesetzt haben, im Zweifel von Regeln abhängen, die dem Modellgesetz entsprechen. Im Einzelfall maßgeblich sind allerdings die konkreten Regeln des Drittstaats.

II. Inhalt

Die Modellbestimmungen[65] regeln den unmittelbaren Zugang des ausländischen Verwalters zu den Gerichten des Staates, der die Modellbestimmungen umgesetzt hat (Art. 9) und ermöglichen ihm, die Anerkennung des ausländischen Verfahrens (Art. 15), Sicherungsmaßnahmen bis zu dieser Anerkennung (Art. 19) und die Eröffnung eines Insolvenzverfahrens im Staat zu beantragen (Art. 11), der die Modellbestimmungen umgesetzt hat. Das Modellgesetz sieht vor, dass ausländische Gläubiger in einem Insolvenzverfahren des Umsetzungsstaats hinsichtlich Eröffnung und Teilnahme dieselben Rechte wie inländische Gläubiger haben (Art. 13 Abs. 1). Ein ausländisches Insolvenzverfahren bedarf einer formellen Gerichtsentscheidung, die auf Antrag des ausländischen Verwalters ergeht, bevor es im Umsetzungsstaat anerkannt wird (Art. 15 ff.). Die Anerkennung hat zur Folge, dass Individualklagen und Zwangsvollstreckungsmaßnahmen, die das Schuldnervermögen betreffen, ausgesetzt werden und der Schuldner das Recht verliert, über sein Vermögen zu verfügen (Art. 20). Der Umfang dieser Wirkungen richtet sich nach dem Recht des Umsetzungsstaats. Der Verwalter eines anerkannten ausländischen Insolvenzverfahrens ist zur Anfechtung von Rechtshandlungen nach den Vorschriften des Umsetzungsstaats berechtigt (Art. 23). Die Modellbestimmungen enthalten zudem Regeln über die Kooperation mit ausländischen Gerichten und Verwaltern (Art. 25 ff.) und die Bewältigung paralleler Insolvenzverfahren (Art. 28 ff.).

25

---

[63] UNCITRAL-Internetseite: www.uncitral.org, Stand: Juli 2016.
[64] → Rn. 20 ff.
[65] Vgl. zu Einzelheiten UNCITRAL Model Law on Cross-Border Insolvency (1997) with Guide to Enactment and Interpretation (2013) veröffentlicht auf www.unictral.org.

§ 39. Insolvenzverfahren mit Auslandsbezug

A. Deutsche Insolvenzverfahren

I. Hauptinsolvenzverfahren

1. Haupt- und Partikularverfahren

1   Der räumliche Geltungsbereich unterscheidet das Hauptinsolvenzverfahren (Universalverfahren) vom Partikularverfahren. Ein deutsches Hauptinsolvenzverfahren erfasst das gesamte **weltweite Vermögen** des Schuldners, einschließlich des Auslandsvermögens, während das Partikularverfahren sich lediglich auf das Inlandsvermögen des Schuldners erstreckt (§ 354 Abs. 1 InsO; Art. 3 Abs. 2 S. 2 EuInsVO). Wird ein Insolvenzverfahren im Inland eröffnet, handelt es sich um ein Universalverfahren, es sei denn deutsche Gerichte sind lediglich für die Eröffnung eines Partikular-, nicht aber eines Hauptverfahrens zuständig. § 354 Abs. 1 InsO und Art. 3 Abs. 2 EuInsVO ermächtigen die Gerichte nicht dazu, wahlweise ein Universal- oder ein Partikularverfahren zu eröffnen.[1]

2. Deutsche Gerichtsbarkeit

2   Voraussetzung für die Eröffnung eines deutschen Insolvenzverfahrens ist, dass der Schuldner der deutschen Gerichtsbarkeit unterliegt. Die Eröffnung ist unzulässig, wenn dadurch in die **Immunität eines ausländischen Staates** eingegriffen wird. Von praktischer Relevanz ist allenfalls die Eröffnung eines Verfahrens über das Vermögen eines ausländischen Staatsunternehmens. Dient das Unternehmen der Erfüllung hoheitlicher Zwecke, ist die Verfahrenseröffnung unzulässig, ganz unabhängig davon, ob dem Unternehmen eine eigene Rechtspersönlichkeit zukommt.[2]

3. Internationale Zuständigkeit deutscher Insolvenzgerichte

3   a) Insolvenzverfahren. aa) Internationale Zuständigkeit. Die EuInsVO regelt die internationale Zuständigkeit für die Eröffnung von Hauptinsolvenzverfahren in Art. 3 Abs. 1. Dort ist bestimmt, dass die Gerichte des Mitgliedstaats zuständig sind, in dessen Gebiet der Schuldner den **Mittelpunkt seiner hauptsächlichen Interessen** hat.[3] Deutsche Gerichte sind für die Eröffnung eines Hauptinsolvenzverfahrens nach Art. 3 Abs. 1 EuInsVO zuständig, wenn der Interessenmittelpunkt des Schuldners im Inland liegt und wenn grenzüberschreitende Bezüge zu anderen Mitgliedstaaten oder zu Drittstaaten

---

[1] → Rn. 110.
[2] Mohrbutter/Ringstmeier/*Wenner* Kapitel 20 Rn. 44; Gottwald InsR-HdB/*Kolmann/Keller* § 132 Rn. 4.
[3] In der englischen Fassung: centre of main interests (COMI).

bestehen.⁴ Art. 3 Abs. 1 EuInsVO ist auch dann anwendbar, wenn grenzüberschreitende Bezüge des deutschen Hauptinsolvenzverfahrens nur zu Drittstaaten gegeben sind.⁵ Bereits der Wortlaut der Vorschrift setzt keinen Bezug zu einem anderen Mitgliedstaat voraus, er erfasst also auch Drittstaatensachverhalte. Bestehen Anhaltspunkte dafür, dass auch die Gerichte eines anderen Mitgliedstaats international zuständig sein könnten, soll ein Eröffnungsantrag des Schuldners ergänzende Angaben zu den internationalen Bezügen enthalten (Art. 102c § 5 EGInsO-E).

Ist der **Geltungsbereich der EuInsVO nicht eröffnet**, etwa in Fällen des Art. 1 Abs. 2 EuInsVO, bestimmen die autonomen deutschen Regeln die internationale Zuständigkeit.⁶ Sie führen zu einer entsprechenden Anwendung der Regeln über die örtliche Zuständigkeit in § 3 InsO, soweit nicht eine besondere Zuständigkeitsbestimmung (zB § 46e Abs. 1 KWG oder § 312 Abs. 2 VAG) vorliegt. Nach § 3 InsO sind deutsche Gerichte international für die Eröffnung eines Hauptinsolvenzverfahrens zuständig, wenn der Mittelpunkt einer selbständigen wirtschaftlichen Tätigkeit oder, in Ermangelung einer solchen, der allgemeine Gerichtsstand des Schuldners sich im Inland befindet.⁷

Die **sachliche und örtliche Zuständigkeit** der Gerichte eines Mitgliedstaats richtet sich hingegen nach nationalem Recht.⁸ Fehlt es nach § 3 InsO an einem **inländischen Gerichtsstand,** obwohl der Interessenmittelpunkt im Inland liegt, bestimmt der Interessenmittelpunkt auch die örtliche Zuständigkeit. Denn dann ist nach Art. 102c § 1 Abs. 1 EGInsO-E das Insolvenzgericht ausschließlich örtlich zuständig, in dessen Bezirk der Interessenmittelpunkt liegt.

bb) Interessenmittelpunkt. Der Interessenmittelpunkt ist der Ort, an dem der Schuldner gewöhnlich der Verwaltung seiner Interessen nachgeht und der für Dritte feststellbar ist (Art. 3 Abs. 1 S. 2 EuInsVO). Der Begriff „Interessen" umfasst sämtliche **wirtschaftliche Tätigkeiten,** insbesondere Handel sowie gewerbliche und berufliche Betätigungen.⁹ Der Ort, an dem der Schuldner seine Interessen verwaltet, ist anhand objektiver, für Dritte feststellbarer Kriterien zu ermitteln. Das ist der Ort, an dem der Schuldner die wesentlichen und wichtigen geschäftlichen Entscheidungen trifft und umsetzt. Die Dritten, insbesondere die Gläubiger, sollen aus Gründen der Rechtssicherheit das für die Eröffnung eines Hauptinsolvenzverfahrens zuständige Gericht vorhersehen

---

⁴ EuGH Urt. v. 16.1.2014 – C-328/12, ZIP 2014, 181 f.; Mohrbutter/Ringstmeier/ *Wenner* Kapitel 20 Rn. 59 (Fn. 165); MüKoInsO/*Reinhart* Art. 1 EuInsVO 2000 Rn. 16; iE auch High Court of Justice Chancery Divison, ZIP 2003, 813 – BRAC Rent-A-Car; High Court of Justice Leeds, ZIP 2004, 1769 – Ci4net.com.
⁵ → § 38 Rn. 13.
⁶ OLG Frankfurt/M Urt. v. 17.12.2012 – 1 U 17/11, ZIP 2013, 277 (278).
⁷ MüKoInsO/*Ganter/Lohmann* § 3 Rn. 24; K.Schmidt/*Stephan* InsO § 3 Rn. 14 f.
⁸ 26. Erwägungsgrund.
⁹ *Virgos/Schmit,* Erläuternder Bericht zu dem EU-Übereinkommen über Insolvenzverfahren, Nr. 75, abgedruckt bei Stoll, Vorschläge und Gutachten zur Umsetzung des EU-Übereinkommens über Insolvenzverfahren im deutschen Recht (1997); Haß/Huber/Gruber/Heiderhoff/*Haß/Herweg* Art. 3 EuInsVO Rn. 9; Duursma-Kepplinger/Duursma/ *Chalupsky* Art. 3 EuInsVO Rn. 13.

können.¹⁰ Nur solche Umstände können den Interessenmittelpunkt an einem Ort begründen, die bekannt gemacht wurden, oder die so transparent sind, dass Dritte davon Kenntnis haben konnten.¹¹

7 cc) **Vermutung bei Gesellschaften.** Bei Gesellschaften und juristischen Personen wird bis zum Beweis des Gegenteils vermutet, dass ihr Interessenmittelpunkt der **Ort ihres Sitzes** ist (Art. 3 Abs. 1 Unterabs. 2 EuInsVO). Befinden sich die Verwaltungs- und Kontrollorgane am Ort des Sitzes der Gesellschaft oder juristischen Person und werden die Verwaltungsentscheidungen in durch Dritte feststellbarer Weise an diesem Ort getroffen, lässt sich die Vermutung nicht widerlegen.¹² Etwas anderes gilt, wenn eine Gesamtbetrachtung aller für Dritte erkennbaren Faktoren ergibt, dass sich der tatsächliche Mittelpunkt der Verwaltung der geschäftlichen Tätigkeit und der Kontrolle über die Gesellschaft in einem anderen Mitgliedstaat befindet.¹³ Bei der Gesamtabwägung zu berücksichtigen sind ua die Orte, an denen die Gesellschaft einer wirtschaftlichen Tätigkeit nachgeht, an denen Gesellschaftsvermögen belegen ist und an denen sie (Finanz- und Miet-)Verträge abgeschlossen hat.¹⁴ Bedeutung haben die Gerichte auch anderen Faktoren wie dem Tätigkeitsort der Geschäftsführung oder der Belegschaft beigemessen.¹⁵ Gesellschaftsvermögen, Belegschaft und Verträge können nur insoweit als die Vermutung widerlegende Faktoren herangezogen werden, als dass sie den Schluss zulassen, dass die Gesellschaft an einem anderen Ort als dem ihres Sitzes verwaltet wird. Für die Widerlegung der Vermutung reicht es nicht allein aus, dass die wirtschaftlichen Entscheidungen der Gesellschaft von einer in einem anderen Mitgliedstaat ansässigen Konzernmutter kontrolliert werden.¹⁶ Denn für jeden Schuldner sieht die EuInsVO eine eigene gerichtliche Zuständigkeit vor.¹⁷ Andererseits kann die Vermutung bei einer Briefkastengesellschaft widerlegt sein, die im Mitgliedstaat ihres satzungsmäßigen Sitzes keinerlei Tätigkeit verfolgt.¹⁸ Deutsche Insolvenzgerichte sind für alle Gesellschaften einschließlich Gesellschaften ausländischer Rechtsform zuständig, deren Interessenmittelpunkt im Inland liegt.¹⁹ Hat die Gesellschaft ihren Geschäftsbetrieb bereits eingestellt und wird sie nicht abgewickelt,

---

¹⁰ EuGH Urt. v. 2.5.2006 – C-341/04, NZI 2006, 360, 361 – Eurofood; EuGH Urt. v. 20.10.2011 – C-396/09, ZIP 2011, 2153 – Interedil; vgl. auch den 28. Erwägungsgrund.
¹¹ EuGH Urt. v. 20.10.2011 – C-396/09, ZIP 2011, 2153 – Interedil.
¹² EuGH Urt. v. 20.10.2011 – C-396/09, ZIP 2011, 2153 – Interedil.
¹³ 30. Erwägungsgrund.
¹⁴ EuGH Urt. v. 20.10.2011 – C-396/09, ZIP 2011, 2153 – Interdil.
¹⁵ Arrondissementsgericht Amsterdam ZIP 2007, 492 (494) – BenQ II; AG Nürnberg Beschl. v. 1.10.2006 – 8034 IN 1326/06, NZI 2007, 186 – Brochier; AG Köln Beschl. v. 19.2.2008 – 73 IE 1/08, NZI, 2008, 257 (260) – PIN II.
¹⁶ EuGH Urt. v. 2.5.2006 – C-341/04, NZI 2006, 360 (361) – Eurofood; zu Konzernsachverhalten vgl. → Rn. 13.
¹⁷ EuGH Urt. v. 2.5.2006 – C-341/04, NZI 2006, 360 (361) – Eurofood; EuGH Urt. v. 15.12.2011 – C-191/10, ZIP 2012, 183 (185) – Rastelli.
¹⁸ EuGH Urt. v. 2.5.2006 – C-341/04, NZI 2006, 360 (361) – Eurofood; AG Hamburg Beschl. v. 9.5.2006 – 67c IN 122/06, NZI 2006, 486.
¹⁹ AG Nürnberg Beschl. v. 1.10.2006 – 8034 IN 1326/06, NZI 2007, 186 – Brochier; AG Hamburg Beschl. v. 26.11.2008 – 67g IN 352/08, NZI 2009, 131.

Kammel

kommt es für die internationale Zuständigkeit darauf an, wo sich der Interessenmittelpunkt befand, als der Geschäftsbetrieb eingestellt wurde.[20]

dd) Vermutung bei natürlichen Personen. Bei natürlichen Personen, die eine selbständige gewerbliche oder freiberufliche Tätigkeit ausüben, wird widerlegbar vermutet, dass sich der Interessenmittelpunkt am Ort ihrer **Hauptniederlassung** befindet (Art. 3 Abs. 1 Unterabs. 3 EuInsVO). Art. 2 Nr. 10 EuInsVO bestimmt, dass „Niederlassung" jeder Tätigkeitsort ist, an dem der Schuldner einer wirtschaftlichen Tätigkeit von nicht vorübergehender Art nachgeht oder in den drei Monaten vor dem Insolvenzantrag nachgegangen ist, die den Einsatz von Personal und Vermögenswerten voraussetzt. „Hauptniederlassung" ist das Zentrum einer solchen wirtschaftlichen Tätigkeit. Bei allen anderen natürlichen Personen knüpft die widerlegbare Vermutung des Interessenmittelpunkts an den Ort des **gewöhnlichen Aufenthalts** an (Art. 3 Abs. 1 Unterabs. 4 EuInsVO). Dabei muss der Aufenthalt auf längere Dauer angelegt sein und die Person muss den Schwerpunkt ihrer Lebensverhältnisse dort haben.[21] 8

ee) Perpetuatio fori. Maßgeblich für die gerichtliche Zuständigkeit ist der Interessenmittelpunkt des Schuldners im **Zeitpunkt der Antragstellung**.[22] Das ursprünglich angerufene Gericht bleibt zuständig (perpetuatio fori),[23] wenn der Schuldner später seinen Interessenmittelpunkt noch vor Verfahrenseröffnung in einen anderen Staat verlegt. Das zunächst befasste, zuständige Gericht ist auch für weitere, zwischenzeitlich eingegangene Anträge zuständig, selbst wenn der Interessenmittelpunkt nach dem Erstantrag, aber vor den weiteren Anträgen verlegt wurde.[24] 9

ff) Forum Shopping. Verlegt der Schuldner den Interessenmittelpunkt in der Krise, aber kurz vor der Antragstellung in einen anderen Mitgliedstaat ist grundsätzlich ebenfalls der (neue) Interessenmittelpunkt im Zeitpunkt der Antragstellung maßgeblich.[25] Allerdings beabsichtigt der Verordnungsgeber, betrügerisches oder missbräuchliches Forum Shopping zu verhindern.[26] Missbräuchliches Forum Shopping ist nach der EuInsVO dann anzunehmen, wenn ein Umzug des Schuldners vor allem erfolgt, um einen Insolvenzantrag in einem neuen Gerichtsstand zu stellen, und die Interessen der bestehenden Gläubiger 10

---

[20] EuGH Urt. v. 20.10.2011 – C-396/09, ZIP 2011, 2153 – Interedil; BGH Beschl. v. 1.12.2011 – IX ZB 232/10, ZIP 2012, 139 (141); BGH Beschl. v. 21.6.2012 – IX ZB 287/11, ZIP 2012, 1920 (1921).
[21] *Mankowski* NZI 2005, 368 (370).
[22] EuGH Urt. v. 17.1.2006 – C-1/04, NZI 2006, 153 – Susanne Staubitz-Schreiber; EuGH Urt. v. 20.10.2011 – C 396/09, ZIP 2011, 2153 – Interedil.
[23] EuGH Urt. v. 17.1.2006 – C-1/04, NZI 2006, 153 – Susanne Staubitz-Schreiber; BGH Beschl. v. 9.2.2006 – IX ZB 418/02, NZI 2006, 297 (im selben Verfahren); BGH Beschl. v. 27.11.2003 – IX ZB 418/02, NZI 2004, 139 (Vorlagebeschluss); BGH Beschl. v. 22.3.2007 – IX ZB 164/06, WM 2007, 899; AG Köln Beschl. v. 19.2.2008 – 73 IE 1/08, NZI 2008, 257 (259) – PIN II.
[24] BGH Beschl. v. 2.3.2006 – IX ZB 192/04, ZIP 2006, 767; *Pannen* Art. 3 Rn. 77.
[25] HM: AG Köln Beschl. v. 19.2.2008 – 73 IE 1/08, NZI 2008, 257 (260) – PIN II; AG Celle Beschl. v. 18.4.2005 – 29 IN 11/05, NZI 2005, 410; Mohrbutter/Ringstmeier/*Wenner* Kapitel 20 Rn. 75.
[26] 29. Erwägungsgrund.

durch den Insolvenzantrag im neuen Gerichtsstand wesentlich beeinträchtigt würden.[27] Der Verordnungsgeber hatte die Fälle im Auge, in denen die Verlagerung des Interessenmittelpunkts **dem Gericht im neuen Mitgliedstaat vorgetäuscht wird** durch Verlegung des Sitzes, der Hauptniederlassung oder des gewöhnlichen Aufenthalts des Schuldners in einen anderen Mitgliedstaat, ohne dass der Interessenmittelpunkt tatsächlich verlagert wird. Denn als Maßnahmen zur Eindämmung des missbräuchlichen Forum Shopping nennen die Erwägungsgründe [28] die Ausgestaltung der gesetzlichen Vermutungen als widerlegbare und die Einschränkung der Vermutungen im Falle einer zeitlichen Nähe der Verlegung von Sitz, Hauptniederlassung oder dauerndem Aufenthalt zum Eröffnungsantrag. Die Vermutung gilt nämlich nicht, wenn der Schuldner seinen Sitz, seine Hauptniederlassung oder seinen gewöhnlichen Aufenthaltsort in den letzten drei bzw. sechs Monaten vor dem Eröffnungsantrag in einen anderen Mitgliedstaat verlegt hat (Art. 3 Abs. 1 Unterabs. 2 bis 4 EuInsVO). Das entspricht der bisherigen Rechtsprechung, die solche Fälle als rechtsmissbräuchlich ansieht, in denen der Schuldner das Insolvenzgericht eines Mitgliedstaats über die Verlegung seines Interessenmittelpunkts in diesen Mitgliedstaat täuscht.[29]

11   Beruht die Eröffnungsentscheidung des Gerichts auf einer Täuschung über die Belegenheit des Interessenmittelpunkts, ist die Entscheidung **vor den Gerichten des Eröffnungsstaats anzufechten**.[30] Nur ausnahmsweise kann die Anerkennung der durch Täuschung herbeigeführten Eröffnungsentscheidung in einem anderen Mitgliedstaat aufgrund des **Ordre Public** versagt werden.[31]

12   **gg) Tatsächliche Verlegung des Interessenmittelpunkts.** Die Erwägungsgründe sehen keine Schutzvorkehrungen in Fällen vor, in denen der Interessenmittelpunkt des Schuldners tatsächlich vor dem Eröffnungsantrag in einen anderen Mitgliedstaat verlegt wird. Innerhalb der Fristen des Art. 3 Abs. 1 Unterabs. 2 bis 4 EuInsVO kann sich der Schuldner zwar nicht auf die Vermutung berufen, dass der Ort seines Sitzes, seiner Hauptniederlassung oder seines gewöhnlichen Aufenthalts seinen Interessenmittelpunkt indiziert, aber er kann seinen neuen Interessenmittelpunkt dem Gericht anders darlegen.[32] Außerhalb dieser Fristen kann er sich auch auf die Vermutung berufen. Die für die Gläubiger erkennbare tatsächliche Verlagerung des Interessenmittelpunkts in einen anderen Mitgliedstaat ist **nicht rechtsmissbräuchlich**,[33] auch wenn sie in der wirtschaftlichen Krise erfolgt, um die Anwendung eines sanierungsfreundlicheren oder sonst günstigeren Rechts zu erreichen. Praktisch relevant wurde die

---

[27] 30. Erwägungsgrund aE.
[28] 30. und 31. Erwägungsgrund.
[29] BGH Urt. v. 10.9.2015 – IX ZR 304/13, ZIP 2015, 2331 (2333 f.); FG Greifswald Beschl. v. 28.8.2015 – 3 V 65/15, ZIP 2015, 2239 (2241).
[30] 29. Erwägungsgrund und 34. Erwägungsgrund („darüber hinaus"); BGH Urt. v. 10.9.2015 – IX ZR 304/13, ZIP 2015, 2331 (2333); FG Greifswald Beschl. 28.8.2015 – 3 V 65/15, ZIP 2015, 2239 (2241).
[31] → Rn. 31.
[32] *Wimmer* jurisPR-InsR 7/2015 Anm. 1 Ziff. I 3 aE.
[33] AG Köln Beschl. v. 19.2.2008 – 73 IE 1/08, NZI 2008, 257 (260) – PIN II; *Haubold* IPrax 2003, 34 (38); *Weller* ZGR 2008, 835 (850).

Verlegung des Interessenmittelpunkts bislang in Fällen, in denen deutsche Verbraucher ihren Interessenmittelpunkt nach Frankreich oder England verlegten, um unter den vereinfachten Voraussetzungen des dortigen Rechts die Restschuldbefreiung zu erlangen.[34]

hh) Konzernsachverhalte. Zudem wurde nicht selten der Interessenmittelpunkt einer zu einer Unternehmensgruppe gehörenden Gesellschaft in einen anderen Mitgliedstaat verlegt, um die Insolvenzverfahren aller oder doch der wesentlichen Gruppenmitglieder vor demselben Gericht, das dieselben Verwalter bestellte, in **koordinierter Weise** abzuwickeln.[35] Der Sitz und Interessenmittelpunkt deutscher Gesellschaften ist häufig nach England verlagert worden, um Vorteile des dortigen Rechts zu nutzen. Die Verlagerung ins Ausland jedenfalls einer GmbH oder AG lässt sich durch eine Verlegung des Verwaltungssitzes erreichen, wenn der Verwaltungssitz den Interessenmittelpunkt bestimmt. In Betracht kommt zudem die Umwandlung einer AG oder GmbH in eine Kapitalgesellschaft & Co. KG, der eine Public Limited Company oder eine Private Limited Company mit Interessenmittelpunkt in England als persönlich haftende Gesellschafterin beitritt. Treten alle anderen Gesellschafter aus der KG aus, wächst deren Vermögen bei der persönlich haftenden Gesellschafterin an. Denkbar ist auch, eine GmbH oder AG im Wege der grenzüberschreitenden Verschmelzung (§§ 122a ff. UmwG) auf eine Kapitalgesellschaft in einem anderen Mitgliedstaat zu verschmelzen. 13

Die **Antragspflicht aus § 15a InsO** ist Teil des Insolvenzstatuts und gilt für die in der Vorschrift genannten Gesellschaften, die ihren Interessenmittelpunkt im Inland haben, auch wenn sie nach ausländischem Recht gegründet wurden.[36] Aus den Gesetzgebungsmaterialien zum MoMiG[37] folgt zudem, dass nach deutschem Recht gegründete Gesellschaften mit ausländischem Interessenmittelpunkt nicht der Insolvenzantragspflicht aus § 15a InsO unterliegen.[38] Wird der Interessenmittelpunkt einer deutschen Gesellschaft tatsächlich ins Ausland verlegt, ist § 15a InsO auf diese Gesellschaft nicht anwendbar. 14

ii) Kompetenzkonflikte. Für das Hauptinsolvenzverfahren sieht die Verordnung lediglich eine Zuständigkeit am Interessenmittelpunkt des Schuldners vor. Daraus folgt, dass in der Europäischen Union nur ein Hauptinsolvenzverfahren über das Vermögen des Schuldners eröffnet werden kann. Dennoch kann es zu Zuständigkeitskonflikten zwischen den Gerichten mehrerer Mitgliedstaaten kommen, wenn jedes Gericht der Ansicht ist, der Interessenmittelpunkt liege in dem jeweiligen Mitgliedstaat. In diesen Fällen gilt, dass das Gericht, das zuerst 15

---

[34] Zu Einzelheiten, insbesondere den praktischen Schwierigkeiten, vgl. *Delzant/Schütze* ZInsO 2008, 540, vgl. auch LG Hannover Beschl. v. 10.4.2008 – 20 T 5/08, NZI 2008, 631 mAnm *Vallender* (Verlegung nach England).
[35] AG Köln Beschl. v. 19.2.2008 – 73 IE 1/08, NZI 2008, 257 (260) – PIN II; zu Konzernsachverhalten → Rn. 186.
[36] BegrRegE BT-Drs. 16/6140, 55; *Bittmann* NZG 2009, 113 f.; *Hirte* NZG 2008, 761 (765).
[37] Gesetz zur Modernisierung des GmbH-Rechts und zur Bekämpfung von Mißbräuchen v. 23.10.2008, BGBl. I 2026.
[38] BT-Drs. 16/6140, 71 und 78; *Hirte* NZG 2008, 761 (765); *Knof/Mock* GmbHR 2007, 852 (857); *Leitzen* NZG 2009, 728 (732).

das Verfahren eröffnet hat, international zuständig ist (**Prioritätsgrundsatz**).[39] Das folgt aus Art. 19 Abs. 1 Unterabs. 1 EuInsVO, der regelt, dass die Eröffnung des Verfahrens in allen Mitgliedstaaten anerkannt wird. Die Verfahrenseröffnung beinhaltet die Entscheidung, dass das eröffnende Gericht international zuständig ist. Sie ist für die Gerichte der anderen Mitgliedstaaten bindend, die während der Dauer des ersten Verfahrens kein weiteres Hauptinsolvenzverfahren eröffnen können.[40] Nach Eröffnung eines Hauptverfahrens in einem anderen Mitgliedstaat, ist ein Antrag auf Eröffnung eines Hauptinsolvenzverfahrens im Inland unzulässig (Art. 102c § 2 Abs. 1 EGInsO-E). Priorität genießt eine gerichtliche Entscheidung in einem Mitgliedsstaat nach der Rechtsprechung bereits dann, wenn sie als erste einen Vermögensbeschlag gegen den Schuldner anordnet und einen der in Anhang B genannten Verwalter bestellt.[41] In einem deutschen Verfahren reicht nicht nur die Eröffnungsentscheidung (§ 27 InsO), sondern bereits die Bestellung eines vorläufigen schwachen Insolvenzverwalters mit Zustimmungsvorbehalt.[42] Anders als nach altem Recht sind Vermögensbeschlag und Verwalterbestellung nach der neuen EuInsVO keine Voraussetzung für ein Insolvenzverfahren.[43] Vielmehr reicht bereits die Aufsicht des Gerichts über das Vermögen und die Geschäfte des Schuldners sowie die vorübergehende Aussetzung von Einzelvollstreckungsverfahren (Art. 1 Abs. 1 EuInsVO). Folglich spricht viel dafür, dass entsprechende Gerichtsentscheidungen Priorität genießen, selbst wenn sie keinen Vermögensbeschlag vorsehen und keinen Verwalter bestellen.

16 jj) **Gerichtliche Prüfungs- und Begründungspflicht.** Art. 4 Abs. 1 EuInsVO sieht vor, dass das mit einem Eröffnungsantrag befasste Gericht seine **internationale Zuständigkeit** prüfen und in der Eröffnungsentscheidung begründen muss. Anzugeben ist dabei, ob die Zuständigkeit auf Art. 3 Abs. 1 oder Abs. 2 EuInsVO gestützt wird. Zweck der Vorschrift ist, die Akzeptanz des Eröffnungsbeschlusses in anderen Mitgliedstaaten zu erhöhen.

17 Deutsche Insolvenzverfahren, die unter Verstoß gegen den Prioritätsgrundsatz eröffnet wurden, sind einzustellen oder als Sekundärverfahren fortzuführen, wenn der Antrag hilfsweise auch auf die Eröffnung eines Sekundärverfahrens gerichtet war und die Voraussetzungen dafür vorliegen (Art. 102c § 2 Abs. 1 S. 2 EGInsO-E). Nach Art. 102c § 3 Abs. 2 EGInsO bleiben die Wirkungen des **eingestellten Verfahrens** bestehen, wenn sie nicht auf die Dauer des Verfahrens beschränkt sind. Das gilt nach der Rechtsprechung nicht, wenn das inländische Hauptverfahren in Kenntnis des zuvor in einem anderen Mitgliedstaat eröffneten Hauptinsolvenzverfahrens eröffnet wird.[44] Das später an-

---

[39] EuGH Urt. v. 22.11.2012 – C-116/11, NZI 2013, 106 (108) – Bank Handlowy; EuGH Urt. v. 2.5.2006 – C-341/04, NZI 2006, 360 – Eurofood; *Kemper* ZIP 2001, 1609 (1613); Duursma-Kepplinger/Duursma/*Chalupsky* Art. 3 EuInsVO Rn. 4.
[40] Vgl. auch 65. Erwägungsgrund.
[41] EuGH Urt. v. 2.5.2006 – C-341/04, NZI 2006, 360 – Eurofood; AG Köln Beschl. v. 6.11.2008 – 71 IN 487/08, NZI 2009, 133 (135); OLG Innsbruck Beschl. v. 8.7.2008 – 1 R 176/08d, NZI 2008, 700 (702).
[42] AG Hamburg, Beschl. v. 11.2.2019 – 67c IE 1/09, NZI 2009, 343; Mohrbutter/Ringstmeier/*Wenner* Kapitel 20 Rn. 52 (Fn. 157).
[43] → § 38 Rn. 6 ff.
[44] BGH Beschl. v. 29.5.2008 – IX ZB 102/07, NZI 2008, 572 (574).

gerufene Gericht ist lediglich bei einem Verstoß gegen den Ordre Public (zB bei Versagung des rechtlichen Gehörs) nicht an die Entscheidung des ersten Gerichts gebunden.[45]

Die fälschlicherweise angenommene internationale Zuständigkeit für die Eröffnung eines Hauptinsolvenzverfahrens stellt per se keine Verletzung des Ordre Public dar.[46] In solchen Fällen bleibt den Gläubigern und dem Schuldner die Möglichkeit, **die Verfahrenseröffnung vor Gericht anzufechten** (Art. 5 Abs. 1 EuInsVO). Die Vorschrift räumt dem Schuldner und jedem Gläubiger einen Rechtsbehelf vor den Gerichten des Eröffnungsstaats gegen die Verfahrenseröffnung ein, wie sich aus dem 34. Erwägungsgrund ergibt.[47] Das gilt auch dann, wenn das nationale Recht des Eröffnungsstaats einen solchen Rechtsbehelf nicht vorsieht oder das europäische Recht die Rechtsbehelfsmöglichkeiten des nationalen Rechts erweitert (arg e Art. 5 Abs. 2 EuInsVO). Art. 102c § 4 EGInsO-E räumt dem Verwalter eines ausländischen Hauptverfahrens, dem Schuldner und jedem Gläubiger die auf das Fehlen der internationalen Zuständigkeit gestützte sofortige Beschwerde gegen die Entscheidung eines deutschen Gerichts ein, das Insolvenzverfahren zu eröffnen oder eine vorläufige Sicherungsmaßnahme nach § 21 InsO zu erlassen, die auch die Auslandsmasse erfasst.

18

b) Internationale Zuständigkeit für Annexverfahren. aa) Enger Zusammenhang mit Insolvenzverfahren. Die Gerichte des Eröffnungsstaats sind zudem zuständig für Klagen, die unmittelbar aus dem Insolvenzverfahren hervorgehen und in engem Zusammenhang damit stehen (Art. 6 Abs. 1 EuInsVO). Die Vorschrift knüpft an die Rechtsprechung des EuGH an, der Art. 3 Abs. 1 EuInsVO aF dahin auslegte, dass die Vorschrift die Zuständigkeit der Gerichte des Eröffnungsstaats für Annexverfahren begründete.[48] Denn solche Verfahren werden einerseits nicht von der VO (EU) Nr. 1215/2012 des Europäischen Parlaments und des Rates vom 12. Dezember 2012 über die gerichtliche Zuständigkeit und die Anerkennung und Vollstreckung von Entscheidungen in Zivil- und Handelssachen (**EuGVVO**) erfasst (Art. 1 Abs. 2 lit b. EuGVVO). Andererseits sollen nach der Konzeption des Verordnungsgebers EuGVVO und EuInsVO nahtlos aneinander anschließen.[49]

19

bb) Klageanspruch als Unterscheidungskriterium. Ob ein anlässlich eines Insolvenzverfahrens erhobenes Klageverfahren unter die EuInsVO oder unter die EuGVVO fällt, beurteilt der EuGH danach, ob es seinen **Ursprung im Insolvenzrecht** oder in anderen Regeln hat. Ausschlaggebendes Kriterium ist, ob der Anspruch oder die Verpflichtung, die der Klage als Grundlage dient, den

20

---

[45] HM: EuGH Urt. v. 2.5.2006 – C-341/04, NZI 2006, 360 – Eurofood; AG Nürnberg Beschl. v. 15.8.2006 – 8004 IN 1326–1331/06, ZIP 2007, 81 (82) – Hans Brochier Holding I; *Weller* IPRax 2004, 412 (417).
[46] Österreichischer OGH NZI 2005, 465.
[47] IErg ebenso *Vallender* ZIP 2015, 1513 (1516); *Wimmer* jurisPR-InsR 7/2015 Anm. 1.
[48] EuGH Urt. v. 12.2.2009 – C-339/07, ZIP 2009, 427 – Seagon; EuGH Urt. v. 19.4.2012 – C-213/10, ZIP 2012, 1049 – F-Tex; EuGH Urt. v. 16.1.2014 – C-328/12, ZIP 2014, 181 – Schmid; EuGH Urt. v. 4.9.2014 – C-157/13, ZIP 2015, 96; EuGH Urt. v. 4.12.2014 – C-295/13, ZIP 2015, 196.
[49] EuGH Urt. v. 19.4.2012 – C-213/10 (Rn. 21, 29 und 48), ZIP 2012, 1049 F–Tex; EuGH Urt. v. 4.9.2014 – C-157/13 (Rn. 21), ZIP 2015, 96 – Nickel & Goeldner.

allgemeinen Regeln des Zivil- und Handelsrechts oder den abweichenden Regeln für Insolvenzverfahren entspringt.[50] Diese Rechtsprechung kann für die Auslegung von Art. 6 Abs. 1 EuInsVO herangezogen werden, weil der Verordnungsgeber ersichtlich daran angeknüpft hat. Als Beispiel für Annexverfahren nennt die EuInsVO Anfechtungsklagen gegen Beklagte in anderen Mitgliedstaaten und Klagen in Bezug auf Verpflichtungen, die sich im Verlauf des Insolvenzverfahrens ergeben, wie Vorschüsse auf Verfahrenskosten.[51] Den für Annexverfahren geforderten engen Bezug zum Insolvenzverfahren hat der EuGH bei der Anfechtungsklage eines Insolvenzverwalters angenommen, unabhängig davon, ob der Anfechtungsgegner in einem anderen Mitgliedstaat[52] oder in einem Drittstaat[53] ansässig ist. Gleiches gilt für die Klage eines Insolvenzverwalters gegen den Geschäftsführer der Schuldnerin auf Ersatz von Zahlungen nach Insolvenzreife[54] und die Klage eines französischen Insolvenzverwalters gegen die Führungskräfte der Schuldnerin „en comblement du passif social" (zur Deckung der Gesellschaftsschulden).[55] Kein Annexverfahren begründet die Klage des Zessionars eines Insolvenzanfechtungsanspruchs gegen den Anfechtungsgegner,[56] die Geltendmachung von Ansprüchen aus Organ- und Durchgriffshaftung gegen ein Verwaltungsratsmitglied und den Mehrheitsgesellschafter des Schuldners,[57] eine Klage gegen den Insolvenzverwalter auf Rückgabe der im Eigentum der Klägerin stehenden Maschinen,[58] Kündigungsschutzklagen gegen einen Verwalter[59] sowie eine Klage des Insolvenzverwalters auf Zahlung der aus Vertrag geschuldeten Vergütung.[60] Generell sind Klagen auf Erfüllung von Verpflichtungen aus einem Vertrag, den der Schuldner vor Verfahrenseröffnung abgeschlossen hat, keine Annexverfahren iSv Art. 6 Abs. 1 EuInsVO.[61]

21 cc) **Ausschließlicher Gerichtsstand.** Ob Art. 6 Abs. 1 EuInsVO einen ausschließlichen Gerichtsstand begründet, kann der Vorschrift nicht zweifelsfrei entnommen werden. Dafür spricht Art. 6 Abs. 2, der dem Verwalter nur unter den dort genannten Voraussetzungen die Wahl eröffnet, die Klage im Annexverfahren auch am Wohnsitz des Beklagten zu erheben.[62]

22 dd) **Zusammenhängende Klagen.** Während Klagen in Annexverfahren nach Art. 6 Abs. 1 EuInsVO grundsätzlich vor den Gerichten des Eröffnungsstaats

---

[50] EuGH Urt. v. 4.9.2014 – C-157/13 (Rn. 27 ff.), ZIP 2015, 96, 97 – Nickel & Goeldner; EuGH Urt. v. 4.12.2014 – C-295/13 (Rn. 21 ff.), ZIP 2015, 196, 197.
[51] Art. 6 Abs. 1 aE und 35. Erwägungsgrund.
[52] EuGH Urt. v. 12.2.2009 – C-339/07, ZIP 2009, 427 – Seagon.
[53] EuGH Urt. v. 16.1.2014 – C-328/12, ZIP 2014, 181 – Schmid.
[54] EuGH Urt. v. 4.12.2014 – C-295/13, ZIP 2015, 196.
[55] EuGH Urt. v. 22.9.1979 – C-133/78, RIW 1979, 273 – Gourdain/Nadler.
[56] EuGH Urt. v. 19.4.2012 – C-213/10, ZIP 2012, 1049 – F-Tex.
[57] EuGH Urt. v. 18.7.2013 – C-147/12, NZG 2013, 1073 – ÖFAB.
[58] EuGH Urt. v. 10.9.2009 – C-292/08 (Rn. 34), NZI 2009, 741 – German Graphics.
[59] BAG Urt. v. 20.9.2012 – 6 AZR 253/11, BB 2013, 507 (508).
[60] EuGH Urt. v. 4.9.2014 – C-157/13 (Rn. 30), ZIP 2015, 96 – Nickel & Goeldner; BGH Urt. v. 16.9.2015 – VIII ZR 17/15, ZIP 2015, 2192 (2194).
[61] 35. Erwägungsgrund.
[62] Str., wie hier *Vallender* ZIP 2015, 1513 (1517); *Prager/Keller* WM 2015, 805 (806); *Wimmer* jurisPR-InsR 7/2015 Anm. 1 Ziff. I 5; aA wohl *Albrecht* ZInsO 2015, 1077 (1081).

zu erheben sind, kann der Insolvenzverwalter (oder der eigenverwaltende Schuldner) gem. Art. 6 Abs. 2 EuInsVO in Fällen, in denen die **Klage im Zusammenhang mit einer anderen zivil- oder handelsrechtlichen Klage** steht, beide Klagen vor den Gerichten des Staats erheben, in dem der Beklagte seinen Wohnsitz (oder Sitz) hat. Voraussetzung ist, dass diese Gerichte nach der EuGVVO zuständig sind (Art. 6 Abs. 2 aE). Gemeint ist offensichtlich, dass die Gerichte des Staats, in dem sich der Wohnsitz oder Sitz des Schuldners befindet, für die andere zivil- oder handelsrechtliche Klage zuständig sind. Denn auf das mit dieser Klage im Zusammenhang stehende Annexverfahren findet die EuGVVO gerade keine Anwendung. Bei einer Klage gegen mehrere Beklagte kann der Verwalter alle Beklagte vor den Gerichten des Mitgliedstaats verklagen, in denen ein Beklagter seinen Wohnsitz oder Sitz hat, vorausgesetzt die Gerichte sind nach der EuGVVO für die andere zivil- oder handelsrechtliche Klage gegen diesen Beklagten zuständig. Der erforderliche Zusammenhang zwischen der Klage im Annexverfahren und der anderen Klage ist gegeben, wenn beide nur gemeinsam verhandelt und entschieden werden können, will man die Gefahr miteinander unvereinbarer Entscheidungen vermeiden (Art. 6 Abs. 3 EuInsVO). Das kann etwa der Fall sein, wenn der Verwalter eine insolvenzrechtliche Haftungsklage gegen einen Geschäftsführer mit einer gesellschaftsrechtlichen oder deliktsrechtlichen Klage verbinden will.[63]

ee) Örtliche und sachliche Zuständigkeit. Die Regeln des Eröffnungsstaats bestimmen das örtlich und sachlich zuständige Gericht. Sind die deutschen Gerichte gem. Art. 6 Abs. 1 EuInsVO international zuständig, ohne dass die deutschen Gerichtsstandsregeln eine örtliche Zuständigkeit im Inland begründen, so wird der Gerichtsstand durch den Sitz des Insolvenzgerichts bestimmt (Art. 102c § 6 Abs. 1 EGInsO-E). In den Fällen des Art 6 Abs. 2 EuInsVO ist das Gericht, das für die im Zusammenhang mit der Klage nach Art. 6 Abs. 1 EuInsVO stehende zivil- oder handelsrechtliche Klage örtlich zuständig ist, auch für die Klage nach Art. 6 Abs. 1 EuInsVO örtlich zuständig (Art. 102c § 6 Abs. 2 EGInsO-E).

4. Anerkennung der Wirkungen des Insolvenzverfahrens im Ausland

a) Überblick. Für ein Insolvenzverfahren, das von einem deutschen Gericht eröffnet wurde, gilt grundsätzlich deutsches Recht.[64] Durch Auslegung der Vorschriften des deutschen Rechts ist zu ermitteln, ob das Verfahren **Wirkungen im Ausland** entfalten soll und welche das sind. Ein deutsches Hauptinsolvenzverfahren entfaltet im Ausland die Wirkungen, die ihm nach deutschem Recht dort zukommen, wenn es in dem jeweiligen Staat anerkannt wird. Nur dann können die Wirkungen des deutschen Insolvenzverfahrens mit Hilfe der ausländischen Behörden und Gerichte tatsächlich umgesetzt werden. Die große praktische Bedeutung der EuInsVO liegt darin, dass sie die Anerkennung der in ihrem Anhang A aufgelisteten Insolvenzverfahren in den anderen Mitgliedstaaten verbindlich vorschreibt. Außerhalb ihres Anwendungsbereichs und dem der wenigen Staatsverträge, die die Bundesrepublik auf dem Gebiet des Insolvenzrechts abgeschlossen hat, ist die Anerkennung vom **Recht des ausländischen**

---

[63] 35. Erwägungsgrund.
[64] → Rn. 48.

Staates abhängig. Das deutsche Recht wiederum regelt die inländischen Konsequenzen einer fehlenden Anerkennung seines Geltungsanspruchs im Ausland.[65]

25 **b) Im Anwendungsbereich der Europäischen Insolvenzverordnung. aa) Anerkennung der Eröffnungsentscheidung.** Die Entscheidung eines nach Art. 3 Abs. 1 EuInsVO zuständigen deutschen Gerichts, ein deutsches Hauptinsolvenzverfahren zu eröffnen, wird in den anderen Mitgliedstaaten anerkannt, sobald diese Entscheidung wirksam ist (Art. 19 Abs. 1 EuInsVO). Nicht erforderlich ist, dass sie rechtskräftig geworden ist.[66] Die Zuständigkeit des deutschen Gerichts wird von Gerichten oder Behörden in anderen Mitgliedstaaten nicht überprüft. Die Anerkennung der Entscheidung in den anderen Mitgliedstaaten folgt aus dem **Grundsatz gegenseitigen Vertrauens**.[67] Er besagt, dass die Behörden und Gerichte der Mitgliedstaaten darauf vertrauen können, dass das Gericht des Eröffnungsstaats seine Zuständigkeit nur in begründeten Fällen annehmen wird. Dessen Entscheidung über die Zuständigkeit ist für sie verbindlich.[68]

26 Die Anerkennung bewirkt, dass die deutsche Eröffnungsentscheidung in jedem anderen Mitgliedstaat grundsätzlich **dieselben Wirkungen** entfaltet wie im Inland (Art. 20 Abs. 1 EuInsVO). Sie erfolgt, ohne dass ein Exequaturverfahren in dem anderen Mitgliedstaat vorgeschaltet wäre. Die Gerichte und Behörden anderer Mitgliedstaaten, die mit den Auswirkungen des deutschen Hauptinsolvenzverfahrens befasst sind, berücksichtigen die Eröffnungsentscheidung inzidenter und prüfen, ob eine der in der Verordnung vorgesehenen Einschränkungen der Anerkennung anzunehmen ist.

27 Der **deutsche Insolvenzverwalter** kann in den anderen Mitgliedstaaten alle Befugnisse ausüben, die ihm nach deutschem Recht zustehen, soweit die Verordnung nicht etwas anderes vorsieht. Er kann insbesondere in anderen Mitgliedstaaten belegene Massegegenstände aus dem Gebiet des Mitgliedstaates entfernen, soweit Art. 8 und 10 EuInsVO nicht entgegenstehen (Art. 21 Abs. 1 EuInsVO). Bei der Ausübung seiner Befugnisse hat der Verwalter das Recht des Mitgliedstaates, in dessen Gebiet er handeln will, zu beachten (Art. 21 Abs. 3 EuInsVO). Nicht anerkannt werden Befugnisse zur Anwendung von Zwangsmitteln ohne Anordnung durch ein Gericht dieses Mitgliedstaats oder zur Entscheidung von Rechtsstreitigkeiten oder anderer Auseinandersetzungen (Art. 21 Abs. 3 EuInsVO aE). Seine Befugnisse werden auch dadurch eingeschränkt, dass in einem Mitgliedstaat ein Partikularverfahren nach Art. 3 Abs. 2 EuInsVO eröffnet oder eine Sicherungsmaßnahme nach einem Insolvenzantrag erlassen wird (Art. 21 Abs. 1 EuInsVO).[69]

28 Art. 22 EuInsVO trägt dem Umstand Rechnung, dass der Insolvenzverwalter gegenüber Gerichten und Behörden, aber auch Privatpersonen in anderen Mitgliedstaaten seine Bestellung regelmäßig nachweisen muss. Das geschieht durch eine beglaubigte Abschrift des Eröffnungsbeschlusses oder eine andere **Bescheinigung des Insolvenzgerichts**, zB durch die Bestallungsurkunde. Über

---

[65] Uhlenbruck/*Lüer* InsO § 335 Rn. 11.
[66] *Virgos/Schmit* Erläuternder Bericht (s. Fn. 9), Nr. 147.
[67] 65. Erwägungsgrund.
[68] → Rn. 15.
[69] → Rn. 98 ff. zum Partikularverfahren.

Kammel

die Tatsache seiner Bestellung hinaus wird der Verwalter die ihm nach deutschem Recht zustehenden Befugnisse häufig nachweisen müssen. Es empfiehlt sich daher, wenigstens seine wichtigsten Befugnisse in die Bescheinigung aufzunehmen.[70]

bb) **Anerkennung sonstiger Entscheidungen.** Wird die Eröffnungsentscheidung eines Gerichts nach den vorgenannten Regeln in anderen Mitgliedstaaten anerkannt, dann gilt das auch für Entscheidungen dieses Gerichts über **Sicherungsmaßnahmen** im Zusammenhang mit dem Eröffnungsantrag, für Entscheidungen, die zur **Durchführung und Beendigung des Insolvenzverfahrens** ergangen sind, sowie für einen von diesem Gericht bestätigten Vergleich (Art. 32 Abs. 1 EuInsVO). Gleichermaßen werden gerichtliche Entscheidungen in **Annexverfahren** anerkannt.[71] Die Anerkennung ist von keinen weiteren Förmlichkeiten abhängig. Anerkannt werden daher beispielsweise die Einstellungs- und Aufhebungsentscheidungen (§§ 200, 211ff., 258 InsO) des deutschen Insolvenzgerichts ebenso wie die Anordnung und Aufhebung der Eigenverwaltung, die Erteilung und Versagung der Restschuldbefreiung sowie der gerichtlich bestätigte Insolvenzplan. 29

cc) **Vollstreckung.** Die Eröffnungsentscheidung selbst wird in den anderen Mitgliedstaaten automatisch anerkannt und bedarf nicht der Vollstreckung. Die zur Durchführung und Beendigung eines Insolvenzverfahrens ergangenen Entscheidungen können in anderen Mitgliedstaaten nach den Regeln der **Art. 39 bis 44 und 47 bis 57 EuGVVO** durchgesetzt werden (Art. 32 Abs. 1 EuInsVO). Gleiches gilt für Rechtsfolgen der Eröffnungsentscheidung, die über die bloße Verfahrenseröffnung hinausgehen (zB § 148 Abs. 2 InsO)[72] und solche Entscheidungen, die unmittelbar auf Grund des Insolvenzverfahrens ergehen und damit in engem Zusammenhang stehen (Annexverfahren), auch wenn sie von einem anderen Gericht getroffen werden (Art. 32 Abs. 1 Unterabs. 2 EuInsVO). Dieselben Regeln gelten für die Vollstreckung von gerichtlichen Sicherungsmaßnahmen im Insolvenzeröffnungsverfahren (Art. 32 Abs. 1 Unterabs. 3 EuInsVO). 30

dd) **Ordre Public.** Jeder Mitgliedstaat kann sich gem. Art. 33 EuInsVO weigern, ein in einem anderen Mitgliedstaat eröffnetes Insolvenzverfahren anzuerkennen oder eine in einem solchen Verfahren ergangene Entscheidung zu vollstrecken, soweit diese Anerkennung oder Vollstreckung zu einem Ergebnis führen würde, das offensichtlich mit seiner **öffentlichen Ordnung** unvereinbar wäre. Die fälschlicherweise angenommene Zuständigkeit für die Eröffnung eines Hauptinsolvenzverfahrens stellt per se keine Verletzung des Ordre Public dar. Etwas anderes kann gelten, wenn einem Beteiligten das rechtliche Gehör versagt wurde.[73] 31

c) **Anerkennungsverhalten von Drittstaaten.** Außerhalb des Anwendungsbereichs der EuInsVO (und der von der Bundesrepublik abgeschlossenen Staatsverträge), im Verhältnis zu Drittstaaten bedarf es zur Verwirklichung des Geltungsanspruchs deutschen Rechts der **Anerkennung durch das Recht des** 32

---

[70] *Virgos/Schmit* Erläuternder Bericht (s. Fn. 9) Nr. 170.
[71] → Rn. 19ff.
[72] *Virgos/Schmit* Erläuternder Bericht (s. Fn. 9) Nr. 189.
[73] → Rn. 158f.

ausländischen Staates. Das gilt insbesondere für die Befugnisse des deutschen Insolvenzverwalters. Das denkbare Anerkennungsverhalten der einzelnen Staaten reicht von der unmittelbaren Anerkennung deutscher Hauptinsolvenzverfahren, über das Vorschalten eines eigenen Anerkennungsverfahrens bis zum Festhalten am strengen Territorialitätsprinzip und, damit einhergehend, der Ablehnung jeglicher Anerkennung. Üblich ist der Ordre Public-Vorbehalt, nach dem nur solche Auswirkungen eines deutschen Hauptinsolvenzverfahrens anerkannt werden, die nicht gegen die Grundprinzipien des Rechts des ausländischen Staates verstoßen. Das nationale Recht des ausländischen Staates kann ein Partikularverfahren, beschränkt auf das dortige Vermögen des Schuldners vorsehen, das dem deutschen Universalverfahren vorgeht und dessen Wirkungen einschränkt.

33   Mit ihrem Modellgesetz vom 15.12.1997 bezweckt **UNCITRAL** eine Harmonisierung ua des Anerkennungsverhaltens der einzelnen Staaten.[74] Für die Anerkennung eines deutschen Insolvenzverfahrens in dem jeweiligen Staat bedarf es nach dem Modellgesetz eines vorgeschalteten Exequaturverfahrens, das auf Antrag des deutschen Verwalters durchgeführt wird.

34   **d) Handlungsmöglichkeiten des Verwalters bei fehlender Anerkennung im Ausland. aa) Pflichten des Verwalters.** Erkennt ein (Dritt-) Staat die Wirkungen eines deutschen Insolvenzverfahrens nicht an, droht das dortige Auslandsvermögen des Schuldners der Masse und damit einer geordneten Verwertung zugunsten aller Gläubiger zu entgehen. Ein unkooperativer Schuldner kann auf Grund der ihm im Belegenheitsstaat zugebilligten Verfügungsmacht **Vermögensverschiebungen zu Lasten der Masse** vornehmen.[75] Zudem befindet sich der Insolvenzverwalter in einem Wettlauf mit den Gläubigern, die bestrebt sind, auf das Auslandsvermögen im Wege der Einzelzwangsvollstreckung zuzugreifen. Seine Aufgabe wird dadurch erschwert, dass er regelmäßig zur Prozessführung im Belegenheitsstaat nicht befugt ist und ihm keine Verfügungsbefugnis zugestanden wird. Trotz dieser Hindernisse obliegt es dem Verwalter, andere Möglichkeiten zu suchen, das Auslandsvermögen zur Masse zu ziehen.[76]

35   **bb) Inanspruchnahme des Schuldners.** Die **Auskunfts- und Mitwirkungspflichten des Schuldners** gem. § 97 InsO beziehen sich auch auf das Auslandsvermögen, soweit dieses in die Insolvenzmasse fällt.[77] Er hat über das Auslandsvermögen zu informieren und daran mitzuwirken, dass der Verwalter es zur Masse ziehen, verwalten und verwerten kann.[78] Er muss die hierfür erforderlichen Urkunden herausgeben bzw. errichten und die notwendigen Erklärungen abgeben.[79] Er ist insbesondere verpflichtet, dem Verwalter Vollmachten

---

[74] → § 38 Rn. 24 f.
[75] Vgl. zB OLG Köln Urt. v. 28.11.1997 – 20 U 60/97, ZIP 1998, 113 – Kohle-Reiterei IV; *Lüer* KTS 1990, 377 (387) und *Kirchhof* WM 1993, 1401 (1402).
[76] BGH Beschl. v. 25.2.2016 – IX ZB 74/15, ZIP 2016, 686 (687); BGH, Beschl. v. 18.9.2003 – IX ZB 75/03, NZI 2004, 21; Mohrbutter/Ringstmeier/*Wenner* Kapitel 20 Rn. 98.
[77] → Rn. 52.
[78] Mohrbutter/Ringstmeier/*Wenner* Kapitel 20 Rn. 100.
[79] Mohrbutter/Ringstmeier/*Wenner* Kapitel 20 Rn. 100.

zu erteilen, um ihm die Inbesitznahme und Verwertung der Masse zu ermöglichen.[80] Neben der Pflicht zum aktiven Handeln, trifft den Schuldner auch die Verpflichtung, alle Handlungen zu unterlassen, die der Erfüllung seiner Auskunfts- und Mitwirkungspflichten zuwiderlaufen würden, wie etwa die Vernichtung von Unterlagen oder Vermögensverschiebungen (§ 97 Abs. 3 S. 2 InsO).[81]

Kommt es zu einer Masseschädigung, weil der Schuldner seinen Mitwirkungspflichten nicht genügt, insbesondere die erforderlichen Vollmachten nicht erteilt, kommt ein **Schadensersatzanspruch des Insolvenzverwalters** gegen den Schuldner nach § 826 BGB in Betracht. Vollstreckungsmaßnahmen zur Durchsetzung dieses Schadensersatzanspruchs sind auch in eigentlich unpfändbare Einkommensteile oder insolvenzfreies Vermögen des Schuldners in entsprechender Anwendung des § 850f Abs. 2 ZPO möglich.[82] 36

Als Mittel zur **Durchsetzung der Auskunfts- und Mitwirkungspflichten** des Schuldners sieht § 98 InsO die gerichtliche Anordnung der eidesstattlichen Versicherung, der zwangsweisen Vorführung und der Inhaftierung vor. Bedeutung hat dabei im Rahmen von grenzüberschreitenden Insolvenzen insbesondere die Erzwingung der Vollmachtserteilung erlangt. Das Insolvenzgericht kann die Erteilung der Vollmacht bereits im Eröffnungsbeschluss anordnen.[83] Zur Erzwingung der Vollmachtserteilung kann die Vorführung und Haft des Schuldners angeordnet werden (§ 98 Abs. 2 Nr. 1 InsO).[84] Voraussetzung hierfür ist allerdings nach allgemeinen Grundsätzen, dass das Verhältnismäßigkeitsprinzip gewahrt ist.[85] Unverhältnismäßig, weil ungeeignet, sind Zwangsmaßnahmen dann, wenn feststeht, dass derart erzwungene Vollmachten im Belegenheitsstaat wegen Verstoßes gegen den dortigen Ordre Public keine Wirkung entfalten. 37

Kommen Zwangsmaßnahmen nach § 98 InsO nicht in Betracht oder ist der Schuldner trotz des Zwangs zur Vollmachtserteilung nicht bereit, bleibt dem Verwalter die Möglichkeit, eine **Verurteilung des Schuldners zur Vollmachtserteilung** mit der Wirkung des § 894 ZPO zu erreichen.[86] Die gerichtliche Geltendmachung des Vollmachtserteilungsanspruchs setzt nicht voraus, dass vorab die Haftanordnung fruchtlos geblieben ist.[87] Verbreitet wer- 38

---

[80] Ganz hM: OLG Köln Beschl. v. 28.4.1986 – 2 W 34/86, OLGZ 1987, 69 = ZIP 1986, 658; OLG Koblenz Beschl. v. 30.3.1993 – 4 W 91/93, ZIP 1993, 844; Mohrbutter/Ringstmeier/*Wenner* Kapitel 20 Rn. 101; *Hanisch* IPRax 1994, 351; *Geimer* IZPR Rn. 3479.
[81] Begr. § 111 RegE, BT-Drs. 12/2443, 142.
[82] OLG Köln Urt. v. 28.11.1997 – 20 U 60/97, ZIP 1998, 113f. mit zustimmender Anmerkung *Johlke/Schröder* EWiR 1998, 745.
[83] OLG Köln Beschl. v. 3.3.1986 – 2 W 34/86, OLGZ 1987, 65 (66); Mohrbutter/Ringstmeier/*Wenner* Kapitel 20 Rn. 101.
[84] BGH Beschl. v. 25.2.2016 – IX ZB 74/15, ZIP 2016, 686 (687); BGH Beschl. v. 18.9.2003 – IX ZB 75/03, NZI 2004, 21 (22); LG Köln Beschl. v. 17.9.1996 – 19 T 192–193/98, EWiR 1998, 77 *(Pape)*.
[85] LG Memmingen Beschl. v. 20.1.1983 – 4 T 1971/82, ZIP 1983, 204; LG Hamburg Beschl. v. 16.12.1970 – 76 T 93/70, MDR 1971, 309.
[86] LG Köln Urt. v. 31.10.1997 – 16 O 197/97, ZIP 1997, 2161 (2162); Mohrbutter/Ringstmeier/*Wenner* Kapitel 20 Rn. 104.
[87] AA wohl LG Köln Urt. v. 31.10.1997 – 16 O 197/97, ZIP 1997, 2161 (2162).

den jedoch Bedenken hinsichtlich des Nutzens solch ersetzter Vollmachtserklärungen geäußert.[88] Es muss damit gerechnet werden, dass auch eine ersetzte Vollmacht im Belegenheitsstaat wegen eines Verstoßes gegen den dortigen Ordre Public unbeachtet bleibt.[89] Soweit nicht feststeht, dass ein Verstoß gegen den Ordre Public des Belegenheitsstaates vorliegt, ist der Verwalter zur Durchsetzung des Vollmachtserteilungsanspruchs jedenfalls dann verpflichtet, wenn das Auslandsvermögen in anderer Weise nicht zur Masse gezogen werden kann.[90]

39 cc) **Erwirkung und Durchsetzung eines deutschen Vollstreckungstitels.** Der Verwalter kann Ansprüche des Schuldners, die sich auf dessen Auslandsvermögen beziehen, im Inland gerichtlich geltend machen, wenn die deutschen Gerichte für den Rechtsstreit international zuständig sind.[91] Für die Anerkennung und Vollstreckung des deutschen Titels in ausländisches Vermögen gilt das Recht des Belegenheitsstaats. Es ist damit zu rechnen, dass dieser Staat die Vollstreckung des Titels verweigern wird, wenn er das deutsche Insolvenzverfahren nicht anerkennt.[92] Trotzdem ist der Verwalter grundsätzlich zur Erhebung der Ansprüche vor deutschen Gerichten gem. § 148 InsO verpflichtet. Er ist insoweit zur Prozessführung befugt.[93] Ausnahmsweise kann der Verwalter von der gerichtlichen Geltendmachung absehen, wenn von vornherein ausgeschlossen ist, dass der Titel durchgesetzt werden kann, um die Masse nicht mit unnötigen Kosten zu belasten.

40 dd) **Kooperation mit Gläubigern.** Der Insolvenzverwalter ist nicht auf die Inanspruchnahme des Schuldners beschränkt. Er kann einen **Gläubiger beauftragen,** gegen den Schuldner im Ausland einen Titel zu erwirken und zu vollstrecken.[94] Unterliegt der Auftrag deutschem Recht, ist der Gläubiger verpflichtet, das Erlangte gem. § 667 BGB an den Verwalter herauszugeben. Er kann gem. § 670 BGB Ersatz seiner Aufwendungen verlangen.[95] Zwar erstreckt sich das Verbot der Einzelzwangsvollstreckung grundsätzlich auch auf das Auslandsvermögen des Schuldners.[96] Trotzdem hindert es den Zugriff des beauftragten Gläubigers nicht. § 89 Abs. 1 InsO soll verhindern, dass einzelne Insolvenzgläubiger auf Massegegenstände zugreifen, um sich auf Kosten der anderen zu befriedigen.[97] Angesichts ihres Sinns und Zwecks ist die Vorschrift auf die Auslandsvollstreckung einzelner Gläubiger im Auftrag des Verwalters unanwendbar, weil der Erlös zur Masse fließt und damit der Gesamtheit der Gläubiger zur Verfügung steht. Über die Beauftragung eines Gläubigers hinaus kommt die treuhänderische Abtretung von Masseansprü-

---

[88] *Geimer* IZPR Rn. 3480.
[89] *Balz* EWiR 1986, 1125 (1126) für die USA.
[90] Ebenso iE *Hanisch* IPRax 1994, 351 (353).
[91] BGHZ 68, 16 (17); BGHZ 88, 147 (153); Mohrbutter/Ringstmeier/*Wenner* Kapitel 20 Rn. 99.
[92] Mohrbutter/Ringstmeier/*Wenner* Kapitel 20 Rn. 99.
[93] BGHZ 68, 16 (17).
[94] *Kirchhof* WM 1993, 1401 (1402); Mohrbutter/Ringstmeier/*Wenner* Kapitel 20 Rn. 106.
[95] *Geimer* IZPR Rn. 3485; Mohrbutter/Ringstmeier/*Wenner* Kapitel 20 Rn. 106.
[96] → Rn. 91 ff.
[97] Braun/*Kroth* InsO § 89 Rn. 1.

chen (zB Auslandsbankguthaben des Schuldners) an einen Gläubiger in Betracht.[98]

Der Verwalter ist grundsätzlich befugt, dem beauftragten Gläubiger eine **Erfolgsprämie** zu gewähren, um einen Anreiz für dessen Tätigkeit zu schaffen.[99] Etwas anderes kann im Einzelfall gelten, wenn der Verwalter durch Inanspruchnahme des Schuldners auf das Auslandsvermögen hätte zugreifen können und der dadurch entstandene Aufwand weit geringer als die Erfolgsprämie des Gläubigers wäre. Andererseits kommt eine Haftung des Verwalters in Betracht, wenn er die Möglichkeit einer Kooperation mit einem Gläubiger außer Betracht lässt und ein anderweitiger Zugriff auf das Auslandsvermögen unterbleibt. 41

5. Veröffentlichung der Eröffnungsentscheidung, Insolvenzregister

a) Veröffentlichung der Eröffnungsentscheidung. Der Verwalter oder der Schuldner (im Fall der Eigenverwaltung) eines deutschen Insolvenzverfahrens im Anwendungsbereich der EuInsVO ist verpflichtet, in jedem anderen Mitgliedstaat, in dem sich eine Niederlassung des Schuldners befindet, die Veröffentlichung der Eröffnungsentscheidung und der Bestellung des Insolvenzverwalters oder des Sachverwalters **nach dem dort vorgesehenen Verfahren** zu beantragen (Art. 28 Abs. 1 EuInsVO). In der Bekanntmachung ist die Person des Insolvenzverwalters oder Sachwalters zu benennen und anzugeben, ob sich die Zuständigkeit des eröffnenden Gerichts aus Art. 3 Abs. 1 oder Abs. 2 EuInsVO ergibt. Der Verwalter oder der Schuldner können eine Veröffentlichung der Eröffnungsentscheidung und des Verwalters/Sachwalters in anderen Mitgliedstaaten beantragen, auch wenn sich dort keine Niederlassung des Schuldners befindet (Art. 28 Abs. 2 EuInsVO). 42

In Mitgliedstaaten, in denen sich eine in einem öffentlichen Register eingetragene Niederlassung oder unbewegliches Vermögen des Schuldners befindet, sorgen der Verwalter oder Schuldner in Eigenverwaltung nach Art. 29 EuInsVO dafür, dass die Information über die Eröffnung des Verfahrens **im Grundbuch, Handelsregister oder sonstigem öffentlichen Register** eingetragen wird, wenn die Eintragung in dem Mitgliedstaat gesetzlich vorgeschrieben ist. In anderen Mitgliedstaaten können sie eine solche Eintragung verlangen, wenn die Eintragung nach nationalem Recht vorgesehen ist. 43

Veröffentlichung und Registereintragung dienen dem **Schutz des Geschäftsverkehrs**. Gläubiger und künftige Vertragspartner sollen über das Insolvenzverfahren informiert werden. Sowohl die Verordnung (vgl. etwa Art. 31 Abs. 2 EuInsVO) als auch das nationale Recht der Mitgliedstaaten knüpfen rechtliche Folgen an die Publizität des Insolvenzverfahrens. 44

b) Insolvenzregister. Art. 24 EuInsVO verpflichtet die Mitgliedstaaten, Insolvenzregister in ihrem Hoheitsgebiet zu errichten und zu unterhalten, um bestimmte **Informationen zu grenzüberschreitenden Insolvenzfällen** bekannt zu machen. Dadurch sollen die betroffenen Gläubiger und Gerichte besser informiert und parallele Verfahren verhindert werden.[100] In den Registern sind die 45

---

[98] Schweizerisches Bundesgericht ZIP 1982, 596; *Hanisch* ZIP 1983, 1295 mwN.
[99] *Kirchof* WM 1993, 1401 (1402); Mohrbutter/Ringstmeier/*Wenner* Kapitel 20 Rn. 106.
[100] 76. Erwägungsgrund.

in Art. 24 Abs. 2 EuInsVO aufgeführten Pflichtinformationen zu veröffentlichen, die ua das Eröffnungsdatum, das Gericht und das Aktenzeichen, Details zum Schuldner und zum Verwalter sowie die Frist für die Anmeldung der Forderungen umfassen. Diese Informationen müssen nicht veröffentlicht werden, wenn der Schuldner eine natürliche Person ist, die keine gewerbliche oder selbständige freiberufliche Tätigkeit ausübt, sofern bekannte ausländische Gläubiger über die Modalitäten der Anfechtung der Eröffnungsentscheidung informiert werden (Art. 24 Abs. 4 EuInsVO). Es steht den Mitgliedstaaten frei, weitere Informationen zu veröffentlichen (Art. 24. Abs. 3 EuInsVO).

46 Art. 25 EuInsVO regelt, dass die Kommission ein dezentrales System zur **Vernetzung der nationalen Insolvenzregister** über das Europäische Justizportal errichtet, um den Gläubigern und Gerichten in anderen Mitgliedstaaten den Zugriff auf die Information in den nationalen Registern zu erleichtern.

47 Art. 24 gilt erst ab dem 26. Juni 2018 und Art. 25 EuInsVO ab dem 26. Juni 2019 (Art. 92 lit. b und lit. c EuInsVO).

6. Anwendbares Recht

48 a) **Grundnorm.** Für das Insolvenzverfahren und seine Wirkungen gilt grundsätzlich das **Recht des Staats, in dem das Verfahren eröffnet worden ist.** Dabei handelt es sich um eine allseitige Kollisionsnorm, die sowohl im Anwendungsbereich der EuInsVO (Art. 7 Abs. 1) als auch im Verhältnis zu Drittstaaten (§ 335 InsO) gilt. Dieser lex fori concursus unterliegt sowohl das Insolvenzverfahrensrecht als auch das materielle Insolvenzrecht.

49 Die **verfahrensrechtlichen Regeln,** die bestimmen, unter welchen Voraussetzungen das Insolvenzverfahren eröffnet wird, wie es durchzuführen und wie es zu beenden ist, unterliegen dem Recht des Eröffnungsstaats (Art. 7 Abs. 2 Satz 1 EuInsVO, § 335 InsO). Bei einem deutschen Insolvenzverfahren ergeben sie sich vor allem aus der Insolvenzordnung. Dazu zählen unter anderem die Regeln über die Insolvenzfähigkeit des Schuldners (vgl. Art. 7 Abs. 2 lit. a EuInsVO), die Eröffnungsgründe, die Antragsrechte und -pflichten,[101] den (vorläufigen) Insolvenzverwalter und Sachwalter, die weiteren Sicherungsmaßnahmen im Eröffnungsverfahren, den Gläubigerausschuss und die Gläubigerversammlung sowie die Anmeldung, Prüfung und Feststellung der Forderungen (vgl. Art. 7 Abs. 2 lit. h EuInsVO).

50 Auch das anwendbare **materielle Insolvenzrecht** bestimmt sich grundsätzlich nach dem Recht des Eröffnungsstaats. Dazu gehören etwa die Regeln über die Insolvenzmasse, ihre Abgrenzung gegenüber Dritten sowie die Auswirkungen des Verfahrens auf laufende Verträge des Schuldners. Das Recht des Eröffnungsstaats bestimmt, ob die Verwaltungs- und Verfügungsbefugnis auf einen Verwalter übergeht oder ob der Schuldner zur Eigenverwaltung berechtigt ist.[102]

51 b) **Sonderanknüpfungen.** Sowohl die EuInsVO als auch das autonome deutsche Recht sehen zahlreiche **Ausnahmen von der Grundregel** vor. Sonderanknüpfungen gelten unter anderem für dingliche Rechte Dritter (Art. 8 EuIns-

---

[101] EuGH Urt. v. 10.12.2015 – C594/14, ZIP 2015, 2468, 2469 – Kornhaas (zu § 64 Abs. 1 GmbHG aF).
[102] BGH Beschl. v. 3.2.2011 – V ZB 54/10, WM 2011, 940 (941).

VO, § 351 InsO), Verträge über unbewegliche Gegenstände (Art. 11 EuInsVO, § 336 InsO), Arbeitsverträge (Art. 13 EuInsVO, § 337 InsO) sowie Zahlungssysteme und Finanzmärkte (Art. 12 EuInsVO, § 340 InsO). Die Verweisungen der Verordnung beziehen sich nicht auf die Kollisionsregeln der Mitgliedstaaten, sondern sind reine Sachnormverweisungen. Rück- und Weiterverweisungen sind daher ausgeschlossen.[103] Bei der Grundnorm des § 335 und den Sonderanknüpfungen der §§ 336 ff. InsO handelt es sich ebenfalls um Sachnormverweisungen.[104]

7. Auslandsvermögen des Schuldners

a) **Massezugehörigkeit.** Das Recht des Staats der Verfahrenseröffnung regelt, welche Vermögenswerte zur Masse gehören und wie die nach der Verfahrenseröffnung vom Schuldner erworbenen Vermögensgegenstände zu behandeln sind (Art. 7 Abs. 2 lit. b EuInsVO; § 335 InsO). Aus §§ 35 f. InsO folgt, dass ein deutsches Hauptinsolvenzverfahren das gesamte pfändbare Vermögen des Schuldners zurzeit der Verfahrenseröffnung und den während des Verfahrens erlangten Neuerwerb erfasst. Dazu gehört auch das im Ausland belegene Vermögen des Schuldners,[105] wenn dieses der Zwangsvollstreckung unterliegt (§ 36 Abs. 1 InsO). Ob ausländisches Vermögen der Vollstreckung unterliegt, bestimmt sich ebenfalls nach dem Recht des Eröffnungsstaats.[106]

52

b) **Inbesitznahme durch Verwalter. aa) Pflichten und Rechte des Verwalters.** Der Insolvenzverwalter ist verpflichtet, das gesamte zur Insolvenzmasse gehörende Vermögen sofort in Besitz und Verwaltung zu nehmen (§ 148 Abs. 1 InsO). Die Pflicht erfasst auch das **ausländische Vermögen** des Schuldners, weil es ebenfalls Massebestandteil ist.[107] Im Verhältnis zum Schuldner ist er berechtigt, auch über im Ausland belegenes Vermögen des Schuldners zu verfügen, weil die Verwaltungs- und Verfügungsbefugnis auf den Insolvenzverwalter übergegangen ist.[108] Für Verfahren im Anwendungsbereich der EuInsVO regelt Art. 21 Abs. 1 S. 2 ausdrücklich die Befugnis des Verwalters, Gegenstände der Auslandsmasse aus dem Belegenheitsstaat zu entfernen, soweit dadurch Sicherungsrechte nach Art. 8 EuInsVO und Eigentumsvorbehalte nach Art. 10 EuInsVO nicht beeinträchtigt werden.[109]

53

---

[103] *Virgos/Schmit* Erläuternder Bericht (s. Fn. 9) Nr. 87; *Huber* ZZP 2001, 133 (151); K. Schmidt/*Brinkmann* EuInsVO Art. 4 Rn. 2.
[104] Str., wie hier K. Schmidt/*Brinkmann* InsO § 335 Rn. 11 und § 336 Rn. 1; Gottwald InsR-HdB/*Kolmann/Keller* § 133 Rn. 2; aA Mohrbutter/Ringstmeier/*Wenner* Kapitel 20 Rn. 260; MüKoInsO/*Reinhart* § 336 Rn. 14; *Geimer* IZPR Rn. 3375.
[105] BGHZ 118, 151 (159); BGHZ 95, 256 (264); BGHZ 88, 147 (150); BGHZ 68, 16 (17); Mohrbutter/Ringstmeier/*Wenner* Kapitel 20 Rn. 79.
[106] Str., wie hier wohl BGH Beschl. v. 5.6.2012 – IX ZB 31/10, NZI 2012, 672; LG Traunstein Beschl. v. 3.2.2009 – 4 T 263/09, NZI 2009, 818; MüKoInsO/*Reinhart* § 335 Rn. 45; Mohrbutter/Ringstmeier/*Wenner* Kapitel 20 Rn. 291; aA BGH Urt. v. 20.12.2012 – IX ZR 130/10, WM 2013, 333, 335.
[107] BGHZ 88, 147 (150f.); BGHZ 68, 16 (17); Mohrbutter/Ringstmeier/*Wenner* Kapitel 20 Rn. 81.
[108] LG Köln Beschl. v. 15.5.1997 – 16 O 263/97, ZIP 1997, 1165 = EWiR § 7 KO 1/98, 377 (*Sinz*).
[109] → Rn. 70 ff.

54 bb) Vollstreckung. Aufgrund einer vollstreckbaren Ausfertigung des Eröffnungsbeschlusses kann der Verwalter die Herausgabe derjenigen Sachen, die sich im Gewahrsam des Schuldners befinden, im Wege der Zwangsvollstreckung durchsetzen (§ 148 Abs. 2 InsO). Im Geltungsbereich der EuInsVO erfolgt die Vollstreckung **in einem anderen Mitgliedstaat** gem. Art. 32 Abs. 1 S. 2 EuInsVO nach den Regeln der Art. 39–44 und 47–57 EuGVVO.[110] Ob der Eröffnungsbeschluss dem Verwalter Vollstreckungsmaßnahmen in Drittstaaten ermöglicht, richtet sich nach dem Recht des Staates, in dem das Auslandsvermögen belegen ist. Das Luganer Übereinkommen[111] findet allerdings gemäß seinem Art. 1 Nr. 2 auf Entscheidungen im Insolvenzverfahren keine Anwendung.

55 cc) Rechtsstreitigkeiten. Ist ein anderer Mitgliedstaat Belegenheitsstaat oder erkennt der Belegenheitsstaat sonst das deutsche Insolvenzverfahren, insbesondere die Befugnisse des Verwalters an, kann der Verwalter auch im Belegenheitsstaat die notwendigen **gerichtlichen Verfahren** betreiben, um das Auslandsvermögen des Schuldners zur Masse zu ziehen. Vor Erhebung einer Klage ist der Verwalter allerdings gehalten, die Realisierbarkeit des Titels im Ausland zu prüfen.[112] Ist es dem Insolvenzverwalter verwehrt, im Drittstaat Masseansprüche geltend zu machen, weil der Drittstaat das deutsche Insolvenzverfahren nicht anerkennt, kommen Ansprüche gegen den Schuldner im Inland in Betracht.[113]

56 dd) Verwertung des Auslandsvermögens. Der Verwalter ist gehalten, auch die Massebestandteile, die in einem anderen Mitgliedstaat der Europäischen Union oder einem Drittstaat belegen sind, zu verwerten und den Erlös nach den Regeln der Insolvenzordnung an die Gläubiger zu verteilen, wenn das Verfahren auf eine Liquidation des Schuldnervermögens angelegt ist (Art. 7 Abs. 2 S. 1 und S. 2 lit. c und i EuInsVO; § 335 InsO). Bei der Verwertung eines Massegegenstands bestimmt das Recht des Eröffnungsstaats, ob der Verwalter verwerten darf, während die Abwicklung des Verwertungsverfahrens dem Recht des Belegenheitsstaats (Art. 21 Abs. 3 EuInsVO) folgt.[114]

57 c) Verfügung über Auslandsvermögen. aa) Verfügungsbefugnis. Das Recht des Eröffnungsstaats bestimmt, ob der Verwalter oder der Schuldner nach Verfahrenseröffnung über Gegenstände der Insolvenzmasse wirksam verfügen kann.[115] Im deutschen Hauptinsolvenzverfahren geht die Verfügungsbefugnis durch die Verfahrenseröffnung auf den Insolvenzverwalter über (§ 80 Abs. 1 InsO). Er kann auch über das Auslandsvermögen des Schuldners verfügen.[116] Verfügungen des Schuldners nach Verfahrenseröffnung sind grundsätzlich unwirksam (§ 81 Abs. 1 InsO). Etwas anderes gilt auch für Verfügungen

---

[110] *Pannen/Riedemann* EuInsVO Art. 25 Rn. 39; näher unter → Rn. 30 f.
[111] Luganer Übereinkommen über die gerichtliche Zuständigkeit und die Vollstreckung gerichtlicher Entscheidungen in Zivil- und Handelssachen vom 16.9.1988, BGBl. 1994 II 2658.
[112] *Hanisch* ZIP 1983, 1289 (1294).
[113] → Rn. 35 ff.
[114] *Virgos/Schmit* Erläuternder Bericht (s. Fn. 9) Nr. 164.
[115] → Rn. 50.
[116] → Rn. 27 zur Anerkennung dieser Befugnis im Ausland.

über Auslandsvermögen, wenn das Insolvenzgericht die Eigenverwaltung angeordnet hat (§ 270 InsO).

bb) Gutgläubiger Erwerb Dritter. Im Anwendungsbereich der EuInsVO sieht Art. 17 eine Sonderanknüpfung für **entgeltliche Verfügungen des Schuldners** nach Verfahrenseröffnung über unbewegliche Gegenstände, in öffentlichen Registern eingetragene Schiffe und Luftfahrzeuge sowie über Wertpapiere vor, die erst durch Eintragung in ein gesetzlich vorgeschriebenes Register entstehen. Die Wirksamkeit solcher Verfügungen bestimmt sich nach dem Recht des Staates, in dem sich der unbewegliche Gegenstand befindet oder unter dessen Aufsicht das Register geführt wird. Nach Art. 17 kommt es nicht darauf an, dass der Schuldner eines deutschen Hauptverfahrens (außer in Fällen der Eigenverwaltung) nach deutschem Recht nicht mehr verfügungsbefugt ist. Denn der dritte Erwerber wird so gestellt, als ob ein Insolvenzverfahren im Belegenheits- bzw. Registerstaat eröffnet worden wäre.[117]

Fehlt dem Schuldner auch nach diesem ausländischen Insolvenzrecht die Verfügungsbefugnis, kommt ein wirksamer Erwerb nur über etwaige Gutglaubensvorschriften des ausländischen Rechts in Betracht. Die Vorschrift schützt den **guten Glauben eines Dritten**, der nach Verfahrenseröffnung ein Recht an einem solchen Gegenstand, der in einem anderen Staat als dem der Verfahrenseröffnung belegen oder registriert ist, vom Schuldner erwirbt.

Hängt die Wirksamkeit einer Verfügung des Schuldners im Belegenheits- oder Registerstaat davon ab, dass die Eröffnung des Insolvenzverfahrens nicht im Register eingetragen ist, kann der Verwalter eine **Eintragung in dem jeweiligen Register** oder Grundbuch gem. Art. 29 EuInsVO erwirken und ist ggf. dazu verpflichtet.[118] Dabei ist Art. 14 EuInsVO zu beachten. Soll durch die Eintragung einer Verfügungsbeschränkung aus dem deutschen Insolvenzverfahren eine Verfügung des Schuldners über einen unbeweglichen Gegenstand, ein Schiff oder ein Luftfahrzeug verhindert werden, das in einem ausländischen Register eingetragen ist, können nur solche Wirkungen eingetragen werden, die nach dem ausländischen (Register-)Recht eintragungsbedürftig und eintragungsfähig sind.[119] Eine unentgeltliche Verfügung des Schuldners nach Verfahrenseröffnung wird nicht von Art. 17 EuInsVO erfasst.[120] Für derartige Verfügungen bleibt es bei dem Grundsatz, dass die lex fori concursus anwendbar ist. Gleiches gilt für Verfügungen über bewegliche Sachen.

d) Sonstiger Rechtserwerb an Massegegenständen. § 91 Abs. 1 InsO bestimmt, dass der sonstige Erwerb von Rechten an Gegenständen der Insolvenzmasse nach Verfahrenseröffnung, der nicht auf einer Verfügung des Schuldners oder einer Zwangsvollstreckungsmaßnahme beruht, unwirksam ist. Aus dem Zweck der Norm, die Masse für die Gläubigergemeinschaft zu sichern, folgt, dass auch der Erwerb von Rechten an ausländischen Massege-

---

[117] Uhlenbruck/*Lüer* InsO Art. 14 EuInsVO Rn. 7; *Virgos/Schmit* Erläuternder Bericht (s. Fn. 9) Nr. 140 f.; MüKoInsO/*Reinhart* Art. 14 EuInsVO 2000 Rn. 14.
[118] → Rn. 43 f.
[119] MüKoInsO/*Reinhart* Art. 11 EuInsVO 2000 Rn. 15; K.Schmidt/*Brinkmann* InsO Art. 11 EuInsVO Rn. 6.
[120] *Virgos/Schmit* Erläuternder Bericht (s. Fn. 9) Nr. 140; Mohrbutter/Ringstmeier/ *Wenner* Kapitel 20 Rn. 286.

genständen unwirksam ist, wenn die Voraussetzungen von § 91 InsO gegeben sind.

62 **e) Leistungen an den Schuldner.** Wer nach Eröffnung eines deutschen Hauptverfahrens in einem anderen Mitgliedstaat an den Schuldner und entgegen § 80 InsO nicht an den Insolvenzverwalter leistet, wird nur befreit, wenn er die Verfahrenseröffnung nicht kannte (Art. 31 Abs. 1 EuInsVO). Erfolgte die Leistung vor der öffentlichen Bekanntmachung der Verfahrenseröffnung nach Art. 28 EuInsVO in den anderen Mitgliedstaaten, wird vermutet, dass der Leistende die Eröffnung nicht kannte. Erfolgte die Leistung danach, wird Kenntnis des Leistenden vermutet (Art. 31 Abs. 2 EuInsVO). Nach autonomen deutschen Recht gilt das Gleiche bei einer Leistung an den Schuldner in einem Drittstaat (§§ 82, 335 InsO).[121] Keine Leistung an den Schuldner iSv Art. 31 Abs. 1 EuInsVO soll vorliegen, wenn eine Bank im Auftrag des Schuldners an dessen Gläubiger zahlt.[122]

63 **f) Sicherungsmaßnahmen.** Maßnahmen nach § 21 InsO, insbesondere die Anordnung von **Verfügungsverboten,** erfassen auch das Auslandsvermögen des Schuldners.[123] Zweck solcher Sicherungsmaßnahmen ist es, eine nachteilige Veränderung in der Vermögenslage des Schuldners zu verhindern, um damit die Masse für das Insolvenzverfahren zu sichern. Dieser Zweck wird nur verwirklicht, wenn Sicherungsmaßnahmen das gesamte zur späteren Masse gehörende Schuldnervermögen, also auch das ausländische Vermögen erfassen. Der vorläufige Insolvenzverwalter kann neben den im Recht des Eröffnungsstaats vorgesehenen Sicherungsmaßnahmen auch solche beantragen, die das Recht eines anderen Mitgliedstaats vorsieht, in dem sich Schuldnervermögen befindet (Art. 52 EuInsVO).

8. Abwicklung schwebender Verträge

64 **a) Geltung des Rechts des Eröffnungsstaats.** Hat der Schuldner vor Verfahrenseröffnung Verträge mit Vertragsparteien im Ausland abgeschlossen, richten sich die Auswirkungen eines Hauptinsolvenzverfahrens auf die Verträge grundsätzlich nach dem **Recht des Eröffnungsstaates** (Art. 7 Abs. 2 lit. e EuInsVO; § 335 InsO). §§ 103 ff. InsO sind auch auf Vertragsverhältnisse des Schuldners im Ausland anwendbar, selbst wenn ausländisches Recht Vertragsstatut ist.[124] Dabei bleibt es allerdings bei den Bestimmungen des Vertragsstatuts, soweit nicht die Auswirkungen des Insolvenzverfahrens in Frage stehen.

65 **b) Vertrag über einen unbeweglichen Gegenstand.** Die Wirkungen eines Insolvenzverfahrens auf Verträge über den Erwerb oder die Nutzung eines unbeweglichen Gegenstands in einem anderen Mitgliedstaat bestimmt das **Recht**

---

[121] MüKoInsO/*Reinhart* § 335 Rn. 82 f.
[122] EuGH Urt. v. 19.9.2013 – C-251/12, ZIP 2013, 1971 (1973).
[123] BGHZ 118, 151 (159) = NJW 1992, 2026; ebenso Mohrbutter/Ringstmeier/*Wenner* Kapitel 20 Rn. 119 ff.; *Prütting* ZIP 1996, 1277 (1279); ausführlich *Reinhart* NZI 2009, 201.
[124] Allgemeine Meinung: Gottwald InsR-HdB/*Kolmann/Keller* § 133 Rn. 57; Mohrbutter/Ringstmeier/*Wenner* Kapitel 20 Rn. 312; → § 20 Rn. 1 ff. zu Vertragsbeziehungen in der Insolvenz.

Kammel

des Belegenheitsstaats (Art. 11 EuInsVO). Welche Gegenstände unbewegliche sind, ist anhand einer autonomen Auslegung der EuInsVO zu bestimmen.[125] Nicht erfasst werden Schiffe und Luftfahrzeuge, auch wenn sie im Schiffsregister oder der Luftfahrtrolle eingetragen sind, wie ein Umkehrschluss aus Art. 14 EuInsVO ergibt.[126] Dem Recht des Belegenheitsstaats unterliegen sowohl schuld- als auch sachenrechtliche Verträge, also zB Kauf-, Miet- und Leasingverträge über Grundstücke[127] sowie Auflassungen. Rechtsfolge des Art. 11 EuInsVO ist, dass für die Wirkungen des Insolvenzverfahrens das Recht des Belegenheitsstaats Anwendung findet. Damit ist gemeint, dass das deutsche Hauptinsolvenzverfahren dieselben Wirkungen entfaltet wie ein Insolvenzverfahren, das im Belegenheitsstaat eröffnet wird.[128] Bestimmt das Recht des Belegenheitsstaats, dass solche Verträge nur mit Zustimmung des eröffnenden Gerichts beendet oder geändert werden können und ist im Belegenheitsstaat kein Insolvenzverfahren über das Vermögen des Schuldners eröffnet, ist das Gericht, das das Hauptverfahren eröffnet hat, für die Zustimmung zuständig (Art. 11 Abs. 2 EuInsVO).

§ 336 InsO bestimmt, dass die Wirkungen eines Insolvenzverfahrens auf Verträge über dingliche Rechte oder Nutzungsrechte an unbeweglichen Gegenständen in **Drittstaaten** dem Recht des Belegenheitsstaats unterliegen. 66

c) **Arbeitsverträge.** Für die Wirkungen eines Insolvenzverfahrens auf ein Arbeitsverhältnis gilt das Insolvenzrecht des Staats, dessen Recht auf das Arbeitsverhältnis anzuwenden ist (Art. 13 EuInsVO; § 337 InsO). Das **Arbeitsvertragsstatut** bestimmt sich nach dem Kollisionsrecht der lex fori. Vor deutschen Gerichten bestimmt die Rom I – Verordnung[129] das Arbeitsvertragsstatut und damit das anwendbare Insolvenzrecht. 67

Das so ermittelte Insolvenzrecht verdrängt das Insolvenzrecht des Eröffnungsstaats, soweit es um Wirkungen der Verfahrenseröffnung auf das Arbeitsverhältnis geht.[130] In einem englischen Administrationsverfahren bestimmt sich die Wirksamkeit der Kündigung eines deutschem Recht unterliegenden Arbeitsverhältnisses nach deutschem Insolvenzarbeitsrecht, insbesondere kann der englische *administrator* einen Interessensausgleich mit Namensliste abschließen, der die Wirkungen des § 125 InsO mit sich bringt.[131] Ist die **Zustimmung eines Gerichts** oder einer Behörde für die Beendigung oder Änderung nach dem für das Arbeitsverhältnis maßgeblichen Recht erforderlich, sind die Gerichte oder Behörden des Mitgliedstaats zuständig, in dem ein Sekundärverfahren eröffnet 68

---

[125] Haß/Huber/Gruber/Heiderhoff/*Huber* Art. 8 Rn. 3 mwN; aA (Bestimmung nach der lex rei sitae) Pannen/*Riedemann* EuInsVO Art. 8 Rn. 17.
[126] Pannen/*Riedemann* EuInsVO Art. 8 Rn. 18.
[127] Virgos/Schmit Erläuternder Bericht (s. Fn. 9) Nr. 119.
[128] Virgos/Schmit Erläuternder Bericht (s. Fn. 9) Nr. 118; Mohrbutter/Ringstmeier/Wenner Kapitel 20 Rn. 324; ebenso für die Wirkungen eines ausländischen Verfahrens im Inland *Kemper* ZIP 2001, 1609 (1616).
[129] Verordnung EG Nr. 593/2008 des Europäischen Parlaments und des Rates vom 17.6.2008, ABl. L 177, S. 6.
[130] 72. Erwägungsgrund; *Virgos/Schmit* Erläuternder Bericht (s. Fn. 9) Nr. 125; Mohrbutter/Ringstmeier/Wenner Kapitel 20 Rn. 317.
[131] BAG Urt. v. 20.9.2012 – 6 AZR 253/11, BB 2013, 507 (508).

werden kann. Gemeint sind damit die Gerichte oder Behörden des Staats, in dem sich die Niederlassung befindet, in der der Arbeitnehmer beschäftigt ist.[132] Sonstige insolvenzrechtliche Fragen, wie etwa, ob die Forderungen der Arbeitnehmer durch ein Vorrecht geschützt sind und welchen Rang dieses Vorrecht ggf. erhalten soll, sind nach dem Recht des Eröffnungsstaates zu bestimmen.[133]

69 Die **Sicherung von Arbeitnehmerforderungen** im Falle der Insolvenz des Arbeitgebers durch eine einzelstaatliche Einrichtung erfolgt nach dem Recht des Staates, in dem der Arbeitnehmer gewöhnlich arbeitet.[134]

9. Aussonderung und Absonderung (dingliche Rechte Dritter)

70 **a) Keine Auswirkung der Insolvenz.** Dingliche Rechte Dritter an Massegegenständen, die sich bei Verfahrenseröffnung in einem anderen Mitgliedstaat befinden, werden von der Eröffnung eines der EuInsVO unterliegenden deutschen Hauptinsolvenzverfahrens **nicht berührt** (Art. 8 EuInsVO). Gemeint ist, dass die dinglichen Rechte weder den Beschränkungen des Insolvenzrechts des Eröffnungsstaats noch denen des Insolvenzrechts des Belegenheitsstaats unterliegen.[135] Die Sicherungsrechte von Gläubigern an Gegenständen des Auslandsvermögens sind den Beschränkungen des deutschen Rechts, zB der Übertragung der Verwertungsbefugnis auf den Insolvenzverwalter (§ 166 InsO), der Kostenbeiträge des § 171 InsO und der Nutzungsbefugnis nach § 172 InsO, nicht ausgesetzt.

71 Nicht gefolgt werden kann der in der Literatur[136] teilweise vertretenen Auffassung, dass das deutsche Insolvenzverfahren die Wirkungen auf dingliche Rechte entfaltet, die ein **Insolvenzverfahren im Belegenheitsstaat** hätte. Diese Auffassung ist mit dem Wortlaut des Art. 8 nicht vereinbar. Das gilt vor allem, weil die EuInsVO an anderer Stelle (zB in Art. 11 bis Art. 14) ausdrücklich auf die Geltung anderer Rechtsordnungen als der lex fori concursus verweist, wenn sie an deren Insolvenzrecht anknüpft. Dem Verwalter des Hauptinsolvenzverfahrens bleibt die Möglichkeit, ein Sekundärinsolvenzverfahren über das Vermögen des Schuldners im Belegenheitsstaat einzuleiten (Art. 37 lit. a EuInsVO), wenn der Schuldner im Belegenheitsstaat eine Niederlassung hat. Der Inhaber des dinglichen Rechts muss dann etwaige Beschränkungen hinnehmen, die sich aus dem Insolvenzrecht des Belegenheitsstaats ergeben.

72 **b) Dingliche Rechte.** Der Begriff der dinglichen Rechte in Art. 8 EuInsVO ist **autonom zu bestimmen,** wie schon die Aufzählung in Art. 8 Abs. 2 zeigt.[137] Ein dingliches Recht im Sinne von Art. 8 Abs. 1 wird zum einen dadurch gekennzeichnet, dass es dem Gegenstand unmittelbar anhaftet. Zum anderen

---

[132] 72. Erwägungsgrund.
[133] 72. Erwägungsgrund.
[134] Mohrbutter/Ringstmeier/*Wenner* Kapitel 20 Rn. 322; → § 29 Rn. 60 ff. zum Insolvenzgeldanspruch.
[135] HM: MüKoInsO/*Reinhart* Art. 5 EuInsVO 2000 Rn. 17a mwN.
[136] *Kemper* ZIP 2001, 1609, 1616; K. Schmidt/*Brinkmann* InsO Art. 5 EuInsVO Rn. 17; sowie allg. *Flessner* IPRax 1997, 1 (7 f.).
[137] Mohrbutter/Ringstmeier/*Wenner* Kapitel 20 Rn. 259; MüKoInsO/*Reinhart* Art. 5 EuInsVO 2000 Rn. 4; wohl auch BGH Beschl. v. 12.3.2015 – V ZB 41/14, ZIP 2015, 1134; aA HK-InsO/*Stephan* Art. 5 EuInsVO Rn. 4; *Wimmer* NJW 2002, 2427, 2429.

kommt dem dinglichen Recht absoluter Charakter, dh Wirkung gegenüber jedermann zu. Das dingliche Recht bleibt daher bei einer Veräußerung (vorbehaltlich eines gutgläubigen Erwerbs) des Gegenstands an Dritte sowie bei einer Einzelrechtsverfolgung durch Dritte oder bei Gesamtverfahren bestehen.[138] Es kann sowohl an körperlichen als auch unkörperlichen, an beweglichen oder unbeweglichen Gegenständen bestehen (Art. 8 Abs. 1 EuInsVO).

Es reicht aus, wenn das Recht an einer **Mehrheit von nicht bestimmten Gegenständen** mit wechselnder Zusammensetzung begründet ist. Demnach können Sicherungsrechte wie die im englischen und irischen Recht bekannten „Floating Charges" als dingliche Rechte im Sinne der Verordnung angesehen werden.[139] Erfasst werden allerdings nur solche dinglichen Rechte, die im Zeitpunkt der Verfahrenseröffnung bereits begründet waren. Für dingliche Rechte, die diesen Zeitvorgaben nicht entsprechen, bleibt es bei der lex fori concursus des Hauptinsolvenzverfahrens (Art. 7 Abs. 1 EuInsVO).[140] Gleiches gilt, wenn der belastete Gegenstand erst nach Verfahrenseröffnung ins Ausland verbracht wird.[141]

73

c) **Massebestandteil.** Art. 8 EuInsVO bestimmt lediglich, dass dingliche Rechte Dritter, insbesondere Sicherungsnehmer, nicht berührt werden dürfen. Das Sicherungsgut bleibt trotzdem **Teil der Insolvenzmasse des Hauptverfahrens.** Der Insolvenzverwalter kann auf das Sicherungsgut zugreifen, soweit das dingliche Recht des Gläubigers dadurch nicht beeinträchtigt wird. Er kann den Verwertungserlös vom Gläubiger herausverlangen, soweit der Erlös die gesicherte Forderung übersteigt. Ferner bleibt es dem Insolvenzverwalter unbenommen, das Sicherungsgut durch Zahlung der gesicherten Forderungen auszulösen, um einen Verkauf unter Vollstreckungsbedingungen und den damit regelmäßig verbundenen geringeren Kaufpreis zu vermeiden.[142]

74

d) **Sachstatut.** Ob ein dingliches Recht iSv Art. 8 EuInsVO an einem ausländischen Massegegenstand besteht, richtet sich nach der Rechtsordnung, die nach **allgemeinen Kollisionsregeln** anwendbar ist.[143] Deutsches Kollisionsrecht verweist regelmäßig auf das Recht des Belegenheitsstaats als lex rei sitae und bei Forderungen auf das Forderungsstatut.

75

e) **Anfechtung.** Art. 8 Abs. 4 EuInsVO regelt, dass die lex fori concursus bestimmt, ob die Bestellung des dinglichen Rechts wegen einer Benachteiligung der Gesamtheit der Gläubiger **nichtig, relativ unwirksam oder anfechtbar** ist. Im deutschen Hauptverfahren bleibt dem Insolvenzverwalter danach grundsätzlich die Möglichkeit der Anfechtung von dinglichen Rechten an Auslandsvermögen in Mitgliedstaaten erhalten. Die Anfechtung ist allerdings ausgeschlossen, wenn der Begünstigte nachweist, dass die Bestellung der Sicherheit nach dem auf sie anwendbaren Recht nicht angreifbar ist (Art. 16 EuInsVO).[144]

76

---

[138] *Virgos/Schmit* Erläuternder Bericht (s. Fn. 9) Nr. 103.
[139] *Virgos/Schmit* Erläuternder Bericht (s. Fn. 9) Nr. 104.
[140] *Huber* ZZP 2001, 133, 156.
[141] *Kemper* ZIP 2001, 1609, 1616.
[142] *Huber* ZZP 2001, 133, 158 f.; *Taupitz* ZZP 1998, 315, 339.
[143] *Taupitz* ZZP 1998, 315 (335).
[144] → Rn. 81.

77 **f) Eigentumsvorbehalt.** Der Eigentumsvorbehalt ist in Art. 10 EuInsVO gesondert geregelt. Die Vorschrift erfasst nur Fälle, in denen der Kaufgegenstand sich bei Verfahrenseröffnung in einem anderen Mitgliedstaat befindet. Sie unterscheidet zwischen der Insolvenz des Käufers und der des Verkäufers. Die **Rechte des Verkäufers** bleiben bei Eröffnung des Verfahrens über das Vermögen des Käufers unberührt (Art. 10 Abs. 1 EuInsVO). Nach Lieferung der Kaufsache rechtfertigt die Verfahrenseröffnung über das Verkäufervermögen nicht die Auflösung oder Beendigung des Kaufvertrags und hindert nicht den **Eigentumserwerb des Käufers** (Art. 10 Abs. 2 EuInsVO). Das Recht des Eröffnungsstaats entscheidet, ob der Eigentumsvorbehalt wegen einer Benachteiligung der Gläubigergesamtheit nichtig, relativ unwirksam oder anfechtbar ist (Art. 10 Abs. 3 EuInsVO). Art. 16 EuInsVO gilt auch hier.

78 **g) Massegegenstand in Drittstaat.** Befindet sich der Massegegenstand in einem Drittstaat, unterliegen die dinglichen Rechte Dritter den Beschränkungen, die die Verfahrenseröffnung in Deutschland mit sich bringt.[145] Soweit Aus- und Absonderungsrechte an solchen Gegenständen im deutschen Hauptinsolvenzverfahren infrage stehen, bleibt es bei den **Kollisionsregeln deutschen Rechts**. Danach richtet sich der materiell-rechtliche Bestand eines Rechts an einem Massegegenstand nach dem Sachstatut. Die Geltendmachung von Aussonderungsrechten sowie Absonderungsrechten an unbeweglichen Sachen bestimmen sich nach den Vorschriften, die außerhalb des Insolvenzverfahrens gelten (§§ 47 S. 2 und 49 InsO). Bei Auslandsvermögen sind die Vorschriften nach den Regeln des internationalen Sachenrechts zu bestimmen.[146] Maßgeblich ist bei in Drittstaaten belegenen Sachen also regelmäßig das Recht des Belegenheitsstaats als lex rei sitae und bei Forderungen das Forderungsstatut.[147] Die Behandlung sonstiger Absonderungsrechte im Insolvenzverfahren richtet sich hingegen nach dem Insolvenzstatut, also nach §§ 50 ff. InsO und 166 ff. InsO.[148] Nach der Rechtsprechung des Bundesgerichtshofs ist ein ausländisches Sicherungsrecht im Inland anzuerkennen, soweit es mit der deutschen Sachenrechtsordnung nicht unvereinbar ist.[149] Soweit das ausländische Sicherungsrecht dem deutschen Recht unbekannt ist oder von deutschen Sicherheiten abweicht, wird es im Inland wie die funktional am nächsten stehende deutsche Sicherheit behandelt (sog Transpositionslehre). Entscheidend sind dabei wirtschaftliche Zielsetzung und Inhalt des dinglichen Rechts. Ein ausländisches Sicherungsrecht an beweglichem Vermögen gewährt daher ein Absonderungsrecht, wenn die ihm funktional am nächsten stehende deutsche Sicherheit ein solches Recht gewährt. Die Grenze der Anerkennung bestimmt der Ordre Public (Art. 6 EGBGB).

---

[145] *Braun/Liersch* InsO § 351 Rn. 20; Mohrbutter/Ringstmeier/*Wenner* Kapitel 20 Rn. 304.
[146] Uhlenbruck/*Lüer* InsO § 335 Rn. 21; Gottwald InsR-HdB/*Kolmann/Keller* § 133 Rn. 25.
[147] MohrbutterRingstmeier/*Wenner* Kapitel 20 Rn. 297.
[148] Uhlenbruck/*Lüer* InsO § 335 Rn. 21.
[149] BGH Urt. v. 11.3.1991 – II ZR 88/90, NJW 1991, 1415; BGHZ 45, 95 (97); BGHZ 39, 173 (175 f.).

10. Aufrechnung

a) Insolvenzrechtliche Zulässigkeit. Die Voraussetzungen für die insolvenzrechtliche Zulässigkeit der Aufrechnung regelt das Recht des Eröffnungsstaats (Art. 7 Abs. 2 lit. d EuInsVO; § 335 InsO). In einem deutschen Insolvenzverfahren ist die Zulässigkeit der Aufrechnung nach deutschem Recht zu bestimmen.[149a] Die materiellrechtliche Wirksamkeit der Aufrechnung richtet sich nach dem Aufrechnungsstatut das anhand der allgemeinen Kollisionsregeln zu bestimmen ist.[150] Art. 17 der Rom I-VO verweist auf das Forderungsstatut der (Haupt-)Forderung, gegen die aufgerechnet wird. Art. 7 Abs. 2 lit. d EuInsVO bestimmt nicht, dass auch die materiellrechtlichen Voraussetzungen der Aufrechnung nach dem Recht des Eröffnungsstaats zu bestimmen sind.[151] Denn Art. 7 Abs. 1 EuInsVO beruft sich lediglich auf das Insolvenzrecht des Eröffnungsstaats. Schränkt das Recht des Eröffnungsstaats die Aufrechnungsbefugnis des Gläubigers ein, bleibt er dennoch zur Aufrechnung befugt, wenn das für die Hauptforderung des Schuldners maßgebliche Recht (einschließlich des Insolvenzrechts) die Aufrechnung zulässt (Art. 9 Abs. 1 EuInsVO; § 338 InsO). Das aufrechnungsfreundlichste Recht setzt sich dementsprechend durch. Der Sicherungscharakter der Aufrechnung wird dadurch in den Vordergrund gestellt. Wenn eine Aufrechnungsmöglichkeit nach dem Statut der Forderung, gegen die aufgerechnet werden soll, besteht, kann sich der Gläubiger darauf verlassen, auch wenn ein ausländisches Insolvenzverfahren eröffnet wird.[152]

b) Aufrechnungsberechtigung bei Verfahrenseröffnung. Art. 9 EuInsVO und § 338 InsO greifen allerdings nur ein, wenn die Aufrechnungsberechtigung bei Verfahrenseröffnung bereits gegeben war. Sonst bleibt es bei der allgemeinen Regel des Art. 7 EuInsVO und § 335 InsO.[153] Ist die Aufrechnung wegen einer Benachteiligung der Gläubigergesamtheit nach der lex fori concursus nichtig, anfechtbar oder relativ unwirksam, setzt sich dieser Mangel durch, auch wenn die Aufrechnung nach dem Statut der Schuldnerforderung wirksam wäre (Art. 9 Abs. 2 EuInsVO; § 339 InsO). Dem Gläubiger bleibt auch hier der Nachweis, dass die Aufrechnung nach dem Statut der Hauptforderung nicht angreifbar ist (Art. 16 EuInsVO; § 339 InsO).

11. Insolvenzanfechtung

Die Anfechtung einer Rechtshandlung durch den Verwalter eines deutschen Hauptinsolvenzverfahrens richtet sich grundsätzlich nach der **lex fori concursus**, also deutschem Recht (Art. 7 Abs. 2 lit. m; § 339 InsO). Ist für die Rechtshandlung nach allgemeinen Kollisionsnormen deutsches Recht maßgeblich,

---

[149a] → § 17 Rn. 1 ff.
[150] Haß/Huber/Gruber/Heiderhoff/*Gruber* Art. 6 Rn. 6 ff.; MüKoInsO/*Reinhart* Art. 4 EuInsVO Rn. 22; Gottwald InsR-HdB/*Gottwald* § 133 Rn. 88; *Bork* ZIP 2002, 690 (692).
[151] So aber Duursma-Kepplinger/Duursma/*Chalupsky* Art. 6 Rn. 6 ff.
[152] 70. Erwägungsgrund; *Huber* ZZP 2001, 133 (161); *Taupitz* ZZP 1998, 315 (343).
[153] Str., wie hier *Virgos/Schmit* Erläuternder Bericht (s. Fn. 9) Nr. 110; *Huber* ZZP 2001, 133 (161); K. Schmidt/*Brinkmann* InsO § 338 Rn. 4; aA MüKoInsO/*Reinhart* § 338 Rn. 10.

bleibt es bei diesem Grundsatz. Die Anfechtbarkeit richtet sich dann allein nach §§ 129 ff. InsO.[153a] Unterliegt die Rechtshandlung hingegen ausländischem Recht, ist sie nur dann anfechtbar, wenn sie auch nach diesem Recht **in irgendeiner Weise angreifbar ist** (Art. 16 EuInsVO; § 339 aE InsO). Dabei sind nicht nur die Regeln über die Gläubigerbenachteiligung zu berücksichtigen, sondern auch die allgemeinen zivilrechtlichen Vorschriften dieser Rechtsordnung wie Verjährungs-, Anfechtungs- und Ausschlussfristen.[154] Der Anfechtungsgegner hat darzulegen und zu beweisen, dass die angefochtene Rechtshandlung nach ausländischem Recht auch bei Berücksichtigung der allgemeinen zivilrechtlichen Vorschriften unangreifbar ist.[155] Die Berücksichtigung des Statuts der Rechtshandlung dient dem Schutz des Rechtsverkehrs. Das Vertrauen des Anfechtungsgegners auf den Bestand des Erwerbs wird geschützt.[156]

12. Insolvenzplan

82   **a) Kollisionsregeln.** Das Zustandekommen eines Insolvenzplans, vor allem der Planvorschlag, die Abstimmung der Gläubiger und (ggf.) der Anteilseigner des Schuldners sowie die gerichtliche Planbestätigung, richten sich bei einem deutschen Hauptinsolvenzverfahren nach deutschem Recht (Art. 7 Abs. 2 S. 1 iVm S. 2 lit. j EuInsVO; § 335 InsO).[156a] Gleiches gilt grundsätzlich für die Wirkungen des Plans auf die Forderungen oder die Sicherheiten ausländischer Gläubiger, ohne Rücksicht auf das Statut, dem die Forderung oder die Sicherheit unterliegt. Eine Einschränkung erfährt dieser Grundsatz allerdings durch Art. 8 EuInsVO.[157] Der Insolvenzplan kann seinen Zweck, die Rechtsverhältnisse des Schuldners neu zu ordnen, nur erreichen, wenn er einheitlich abgewickelt wird. Als Grundlage dafür kommt bei grenzüberschreitenden Insolvenzen allein das Recht des Staates in Betracht, in dem das Verfahren betrieben wird.[158]

83   **b) Wirkungen des Plans.** Die Gestaltungswirkung eines bestätigten Plans (§ 254 InsO) in einem deutschen Hauptinsolvenzverfahren, insbesondere eine Stundung, ein teilweiser Forderungserlass oder ein Verzicht auf Absonderungsrechte umfasst nach deutschem Recht auch die Forderungen und Sicherheiten eines **ausländischen Gläubigers**. Gemäß § 254b InsO gilt das auch für solche in- und ausländischen Gläubiger, die sich nicht am Verfahren beteiligen oder dem Plan widersprochen haben. Das setzt allerdings voraus, dass die Gläubiger tatsächlich die Möglichkeit der Teilnahme am Verfahren hatten. Die Geltung deutschen Rechts als lex fori concursus wird durch die Regelungen der EuInsVO in deren Anwendungsbereich beschränkt. Wenn Art. 8 EuInsVO vorsieht, dass dingliche Rechte Dritter an Gegenständen der Masse, die sich bei Verfahrenseröffnung im Gebiet eines anderen Mitgliedstaats befinden, vom Insolvenzverfah-

---

[153a] → § 16 Rn. 1 ff.
[154] EuGH Urt. v. 16.4.2015 – C-557/13, NZI 2015, 478 (480) – Lutz.
[155] EuGH Urt. v. 15.10.2015 – C-310/14, ZIP 2015, 2379 – Nike European Operations Netherlands.
[156] *Virgos/Schmit* Erläuternder Bericht (s. Fn. 9) Nr. 138 (zu Art. 13 EuInsVO).
[156a] → § 43 Rn. 1 ff.
[157] → Rn. 70.
[158] BGH Urt. v. 14.11.1996 – IX ZR 339/95, ZIP 1997, 39 (42) (zum Vergleich).

ren nicht berührt werden, dann gilt das auch für die Regelungen eines Insolvenzplans. Im Insolvenzplan können daher in Abweichung von § 217 InsO keine Regelungen getroffen werden, die Absonderungsrechte an Massegegenständen in anderen Mitgliedstaaten einschränken, es sei denn die betroffenen Gläubiger stimmen zu.

13. Restschuldbefreiung

Die Restschuldbefreiung im Anschluss an ein deutsches Insolvenzverfahren über das Vermögen einer natürlichen Person unterliegt deutschem Recht als lex fori concursus (Art. 7 Abs. 2 lit. k EuInsVO;[159] § 335 InsO). Die gerichtliche Entscheidung über die Restschuldbefreiung wirkt gemäß § 301 InsO gegen sämtliche Insolvenzgläubiger, dh auch gegen ausländische Gläubiger.[160] Das gilt auch für solche ausländischen Insolvenzgläubiger, die ihre Forderungen nicht angemeldet haben. Erforderlich ist allerdings, dass sie die Möglichkeit hatten, am Verfahren teilzunehmen. Der Zweck der Restschuldbefreiung bedingt, dass sie gegenüber allen Gläubigern wirkt.

84

14. Rechtsstellung ausländischer Gläubiger

a) Forderungsanmeldung. aa) Allgemeine Regeln. Im deutschen Hauptinsolvenzverfahren richtet sich die Forderungsanmeldung, -prüfung und -feststellung sowie die Verteilung des Erlöses aus der Verwertung der Insolvenzmasse und der Rang der Forderungen einschließlich der Unterscheidung zwischen Insolvenz- und Masseschuldforderungen nach deutschem Recht (Art. 7 Abs. 2 S. 1 iVm S. 2 lit. g, h, i EuInsVO; § 335 InsO). Die Insolvenzordnung unterscheidet nicht zwischen in- und ausländischen Gläubigern. Letztere sind Ersteren gleichgestellt, ohne dass diese Gleichstellung ausdrücklich geregelt wäre.[161] Steuerbehörden und Sozialversicherungsträger eines Drittstaats können ihre Forderungen im deutschen Insolvenzverfahren durchsetzen, wenn sich die Bundesrepublik in einem Vollstreckungsübereinkommen zur Rechtshilfe verpflichtet hat. Ob auch ohne Übereinkommen solche Forderungen zuzulassen sind, ist streitig.[162]

85

bb) Mindestrechte im Anwendungsbereich der EuInsVO. Ausländischen Gläubigern räumen Art. 53 ff. EuInsVO Mindestrechte bei **Forderungsanmeldung und Gläubigerbenachrichtigung** ein. Anders als die entsprechenden Vorschriften in Art. 39 ff. EuInsVO aF beschränken Art. 53 ff. den Kreis der begünstigten ausländischen Gläubiger nicht ausdrücklich auf solche mit gewöhnlichen Aufenthalt, Wohnsitz oder Sitz in einem anderen Mitgliedstaat. Diese Beschränkung ergibt sich allerdings aus dem 63. und dem 64. Erwägungsgrund, wo festgelegt wird, dass nur Gläubigern aus anderen Mitgliedstaaten die Mindestrechte zustehen sollen. Art. 53 EuInsVO berechtigt Gläubiger aus anderen Mitgliedstaaten, ihre Forderungen im deutschen Insolvenzverfahren an-

86

---

[159] *Virgos/Schmit* Erläuternder Bericht (s. Fn. 9) Nr. 91.
[160] Gottwald InsR-HdB/*Kolmann/Keller* § 132 Rn. 114; BGH Urt. v. 14.1.2014 – II ZR 192/13, ZIP 2014, 394 (395) zur Wirkung einer englischen Restschuldbefreiung im Inland.
[161] Mohrbutter/Ringstmeier/*Wenner* Kapitel 20 Rn. 150.
[162] Vgl. Mohrbutter/Ringstmeier/*Wenner* Kapitel 20 Rn. 151 mwN.

zumelden, auch ohne von einem Rechtsbeistand vertreten zu sein. Das entspricht ohnehin deutschem Recht.

87 Das Insolvenzgericht, das das Verfahren eröffnet hat, oder der von ihm bestellte Verwalter unterrichtet unverzüglich alle bekannten ausländischen Gläubiger aus anderen Mitgliedstaaten über die Eröffnung anhand eines Standardmitteilungsformulars (Art. 54 EuInsVO). Das **Formular** ist mit „**Mitteilung über ein Insolvenzverfahren**" in sämtlichen Amtssprachen der Organe der Union überschrieben und enthält ua Angaben zu einzuhaltenden Fristen, Versäumnisfolgen und der für die Entgegennahme der Forderungsanmeldung zuständigen Stelle in der Amtssprache des Eröffnungsstaats oder in einer anderen Sprache, die der Eröffnungsstaat zugelassen hat (zB Englisch). Der Mitteilung ist das Standardformular „Forderungsanmeldung" beizufügen.

88 Nach deutschem Insolvenzrecht hat die Forderungsanmeldung des Gläubigers in deutscher Sprache zu erfolgen.[163] Ausländische Gläubiger aus anderen Mitgliedstaaten sind allerdings berechtigt, ihre Forderungen unter Verwendung des **Standardformulars** „**Forderungsanmeldung**" oder in anderer Weise in einer der Amtssprachen der Organe der Union anzumelden (Art. 55 Abs. 1, 4 und 5 EuInsVO). Das Insolvenzgericht, der Insolvenzverwalter oder der Schuldner in Eigenverwaltung können von dem Gläubiger eine Übersetzung in die deutsche Sprache oder in eine andere von der Bundesrepublik für die Forderungsanmeldung zugelassene Sprache verlangen.

89 **b) Forderungen in ausländischer Währung.** Forderungen eines Gläubigers in ausländischer Währung sind nach dem Kurswert, der am Zahlungsort am Tag der Insolvenzeröffnung maßgeblich ist, in inländische Währung umzurechnen (§ 45 S. 2 InsO). Der Gläubiger rechnet die Fremdwährungsschuld bei der Forderungsanmeldung um und meldet die Forderung in inländischer Währung an.[164] Die Umwandlung der Fremdwährungsschuld in eine auf inländische Währung lautende Verbindlichkeit wird erst mit der Feststellung zur Tabelle wirksam.[165] Denn die der Feststellung durch §§ 178 Abs. 3 und 201 Abs. 2 InsO beigelegten Urteilswirkungen haben zur Folge, dass die Forderung auch außerhalb des Verfahrens nur noch mit dem Inhalt geltend gemacht werden kann, den sie durch § 45 InsO erhalten hat.[166] Im Insolvenzplanverfahren wird die Änderung der Fremdwährungsschuld wohl mit der Rechtskraft der gerichtlichen Planbestätigung erfolgen.[167]

90 **c) Berücksichtigung ausländischer Titel im Feststellungsrechtsstreit.** Ist eine Forderung im Prüfungstermin bestritten worden, obliegt es dem Bestreitenden und nicht dem Gläubiger gem. § 179 Abs. 2 InsO den erhobenen Widerspruch gerichtlich zu verfolgen, wenn über den Anspruch ein Endurteil oder ein sonstiger vollstreckbarer Schuldtitel vorliegt. Ausländische Gerichtsent-

---

[163] Mohrbutter/Ringstmeier/*Wenner* Kapitel 20 Rn. 155.
[164] LG Mönchengladbach KTS 1976, 67.
[165] HM: BGHZ 113, 207 (213) = BGH Urt. v. 10.1.1991 – IX ZR 247/90, NJW 1991, 1111; BGHZ 108, 123 (129) = NJW 1989, 3155 (3157); vgl. zur Darstellung der Gegenmeinungen MüKoInsO/*Bitter* § 45 Rn. 41 f.
[166] BGHZ 108, 123 = NJW 1989, 3155 (3157), (str.).
[167] Uhlenbruck/*Knof* InsO § 45 Rn. 29 mwN.

scheidungen bewirken ebenfalls eine Umkehr der Rechtsverfolgungslast, soweit sie auf Grund internationaler Vereinbarungen oder zwischenstaatlicher Rechtsakte (zB Art. 36ff. EuGVVO) ohne besonderes Verfahren im Inland anerkannt sind.[168] § 179 Abs. 2 InsO fordert für Endurteile keine Vollstreckbarkeit.[169] Andere ausländische Vollstreckungstitel bedürfen der Vollstreckbarerklärung.

d) Einschränkung der Einzelrechtsverfolgung im In- und Ausland. aa) Verbot der Einzelzwangsvollstreckung und Rückschlagsperre. Die Wirkungen des deutschen Hauptinsolvenzverfahrens auf Vollstreckungsmaßnahmen einzelner Gläubiger im Ausland bestimmen sich nach deutschem Recht als lex fori concursus (Art. 7 Abs. 2 lit. f EuInsVO; § 335 InsO). Das **Verbot der Einzelvollstreckung** (§ 89 Abs. 1 InsO) untersagt auch solche Vollstreckungsmaßnahmen von in- und ausländischen Insolvenzgläubigern, die das Auslandsvermögen des Schuldners betreffen.[170] § 89 Abs. 1 InsO verhindert, dass einzelne Insolvenzgläubiger auf Massegegenstände zugreifen, um sich auf Kosten der anderen zu befriedigen. Da Auslandsvermögen ebenfalls zur Masse gehört, wird es von Sinn und Zweck der Vorschrift erfasst. Nicht erfasst von dem Einzelvollstreckungsverbot werden Maßnahmen, die eine Zwangsvollstreckung lediglich vorbereiten, wie etwa die Vollstreckbarkeitserklärung bei ausländischen Titeln oder die Beantragung einer Vollstreckungsklausel.[171] 91

Gleichermaßen untersagen die **Vollstreckungsverbote in § 89 Abs. 2 und § 90 InsO** die Einzelvollstreckung in Gegenstände des Auslandsvermögens. Der Zweck des jeweiligen Verbots, nämlich die Reservierung der Dienstbezüge für das Restschuldbefreiungsverfahren und der zeitweilige Schutz vor einem „Auseinanderreißen" der Masse, erfasst auch das Auslandsvermögen. Unwirksam gem. § 88 InsO (Rückschlagsperre) sind Sicherungen, die im kritischen Zeitraum durch Zwangsvollstreckungsmaßnahmen im Ausland an dort belegenem Schuldnervermögen erlangt wurden, soweit dieses zur Masse gehört.[172] 92

bb) Herausgabe und Anrechnung von Auslandserlösen. Gläubiger sind trotz entgegenstehender Vollstreckungsverbote in der Lage, die Einzelvollstreckung im Belegenheitsstaat zu betreiben, wenn das ausländische Recht deutsche Insolvenzverfahren und deren Wirkungen nicht anerkennt. Zwar schreiben Art. 19 Abs. 1 und 20 Abs. 1 EuInsVO die Anerkennung des deutschen Verbots der Einzelvollstreckung und der Rückschlagsperre in den anderen **Mitgliedstaaten der Europäischen Union** vor. Doch sind Fälle denkbar, in denen es trotzdem zur Einzelvollstreckung eines Gläubigers kommt. Deshalb bestimmt Art. 23 Abs. 1 EuInsVO, dass ein Gläubiger, der sich nach Verfahrenseröffnung im Wege der Einzelvollstreckung aus einem Massegegenstand in einem anderen 93

---

[168] OLG Saarbrücken Beschl. v. 1.10.1993 – 5 W 96/93-56, NJW-RR 1994, 636 (637).
[169] MüKoInsO/*Schumacher* § 179 Rn. 24.
[170] BGHZ 88, 147 (151) = NJW 1983, 2147; Mohrbutter/Ringstmeier/*Wenner* Kapitel 20 Rn. 292; vgl. auch EuGH Urt. v. 21.1.2010 – Rs C-444/07, ZIP 2010, 187 – Probud, zur Unwirksamkeit deutscher Vollstreckungsmaßnahmen im polnischen Hauptverfahren.
[171] OLG Saarbrücken Beschl. v. 1.10.1993 – 5 W 96/93, ZIP 1994, 1609; *Prütting* ZIP 1996, 1277 (1280).
[172] Mohrbutter/Ringstmeier/*Wenner* Kapitel 20 Rn. 292.

Mitgliedstaat befriedigt hat, das Erlangte dem Verwalter herausgeben muss (soweit für dinglich gesicherte Gläubiger aus Art. 8 und 10 EuInsVO nichts anderes folgt).

94 Verstößt der Gläubiger in einem **Drittstaat** gegen das Vollstreckungsverbot oder erlangt er durch eine Leistung des Schuldners oder in sonstiger Weise etwas auf Kosten der Masse aus dem Auslandsvermögen, ist er zur Herausgabe an den Verwalter verpflichtet (§ 342 Abs. 1 InsO). Er muss dem Verwalter Auskunft über das Erlangte geben (§ 342 Abs. 3 InsO).

95 Nicht von der Herausgabeverpflichtung erfasst werden Erlöse, die der Gläubiger im Rahmen eines **ausländischen Partikularverfahrens** zugeteilt bekommen hat. Das folgt aus Art. 23 Abs. 2 EuInsVO und § 342 Abs. 2 InsO. Erlöse aus der Verwertung dinglicher Rechte an Gegenständen in anderen EU-Mitgliedstaaten sind ebenfalls nicht herauszugeben (Art. 23 Abs. 1 iVm Art. 8 und 10 EuInsVO). Anerkannte **Sicherheiten**[173] an Gegenständen in Drittstaaten unterliegen den Verwertungsregeln der Insolvenzordnung, so dass der Verwalter uU einen Massebeitrag verlangen kann.

96 cc) **Schadensersatz- und Unterlassungsansprüche.** Neben dem Herausgabeanspruch kommt ein Anspruch des Verwalters auf Ersatz des durch die Auslandsvollstreckung entstandenen Schadens nach **§ 826 BGB gegen den Gläubiger**[174] wegen sittenwidriger Masseverkürzung in Betracht.[175] Nicht ausreichend für eine vorsätzliche sittenwidrige Schädigung ist eine Benachteiligungsabsicht des Schuldners und die Kenntnis des Gläubigers. Vielmehr müssen darüber hinaus weitere Umstände gegeben sein, die das Verhalten des Gläubigers als verwerflich erscheinen lassen.[176] Deutsches Deliktsrecht ist anwendbar, weil der Erfolgsort und damit der Tatort in Deutschland liegt. In der Literatur wird teilweise ein Schadensersatzanspruch aus § 823 Abs. 2 BGB in Verbindung mit §§ 88, 89 InsO angenommen.[177] Die Anwendbarkeit deutschen Deliktsrechts wird damit begründet, dass die geschützte Masse im Inland belegen ist.[178]

97 Daneben kommt ein **vorbeugender Unterlassungsanspruch** des Verwalters nach allgemeinen Regeln in Betracht.[179] Danach sollen Rechte und Rechtsgüter nicht nur nach vollendeter Verletzung durch Schadensersatzansprüche, sondern schon vorbeugend durch Unterlassungsansprüche geschützt werden. Der Unterlassungsanspruch ist vor allem dann von Bedeutung, wenn der Verwalter, etwa in den Fällen des § 90 InsO, verhindern will, dass für die Fortführung einer ausländischen Niederlassung des Schuldners wesentliche Betriebsmittel der Masse entzogen werden.

---

[173] → Rn. 78.
[174] → Rn. 35 zu Ansprüchen gegen den Schuldner.
[175] BGHZ 118, 151, 169; Mohrbutter/Ringstmeier/*Wenner* Kapitel 20 Rn. 112.
[176] BGHZ 118, 151, 169.
[177] Mohrbutter/Ringstmeier/*Wenner* Kapitel 20 Rn. 112; *Canaris* ZIP 1983, 647 (650).
[178] Mohrbutter/Ringstmeier/*Wenner* Kapitel 20 Rn. 112; anders im Ergebnis wohl *Staudinger/von Hoffmann* EGBGB Art. 38 Rn. 598; offen gelassen von BGHZ 88, 147.
[179] Mohrbutter/Ringstmeier/*Wenner* Kapitel 20 Rn. 115 mit Nachweisen zur Gegenmeinung.

II. Partikularverfahren

1. Übersicht

a) Begriff und Zweck. Das Partikularverfahren unterscheidet sich vom Hauptinsolvenzverfahren dadurch, dass es nur das **im Inland befindliche Vermögen** des Schuldners erfasst (Art. 3 Abs. 2 S. 2 EuInsVO; § 354 Abs. 1 InsO). Es dient dem **Schutz der inländischen Gläubiger**, die ihre Forderung nicht in einem ausländischen Insolvenzverfahren nach den Regeln einer ihnen unbekannten ausländischen Rechtsordnung durchsetzen müssen.[180] Weiterer Zweck des Partikularverfahrens kann es sein, eine **effiziente Masseverwaltung** in Fällen unübersichtlicher Vermögensverhältnisse oder großer Unterschiede im Recht der beteiligten Staaten zu gewährleisten.[181]

98

b) Sekundärverfahren und isolierte Partikularverfahren. Ist im Ausland ein Hauptinsolvenzverfahren über das Vermögen des Schuldners eröffnet worden, können inländische Gerichte nach Maßgabe von Art. 34 EuInsVO bzw. § 354 InsO parallel zu dem ausländischen Hauptinsolvenzverfahren ein Partikularverfahren über das inländische Schuldnervermögen durchführen. Dabei handelt es sich um ein **Sekundärinsolvenzverfahren** (Art. 3 Abs. 3 EuInsVO; § 356 Abs. 1 InsO). Das Sekundärverfahren kann selbst dann auf eine Liquidation des inländischen Vermögens gerichtet sein, wenn das Hauptverfahren eine Sanierung des Schuldners anstrebt, auch wenn dadurch der Zweck des Hauptverfahrens gefährdet wird.[182] Der Durchsetzung der Ziele des Hauptverfahrens dienen ua die Verfahrensrechte, die die EuInsVO dem Hauptverwalter im Sekundärverfahren einräumt.[183]

99

Ein Partikularverfahren, das zuerst eröffnet wurde, wird mit Eröffnung des Hauptverfahrens zum Sekundärverfahren (Art. 3 Abs. 4 EuInsVO letzter Satz). Zulässig sind auch inländische Partikularverfahren ohne – anerkennungsfähiges – ausländisches Hauptverfahren[184] und neben einem ausländischen Partikularverfahren, sog **isolierte Partikularverfahren** (Art. 3 Abs. 4 EuInsVO).

100

c) Anwendbares Recht. Das Partikularverfahren unterliegt grundsätzlich dem **Recht des Eröffnungsstaats** (Art. 7, 35 EuInsVO; § 335 InsO).[185] Die Sonderanknüpfungen der Art. 8ff. EuInsVO und der §§ 336ff. InsO gelten auch bei Partikularverfahren, soweit sich aus der Natur dieser Verfahren, insbesondere der Beschränkung auf das Inlandsvermögen nichts anderes ergibt.[186] Beim inländischen Partikularverfahren richten sich die Eröffnungsvoraussetzungen nach der Insolvenzordnung, soweit die Insolvenzordnung nicht von der EuInsVO überlagert wird oder Sonderanknüpfungen bestehen.

101

In den **Anwendungsbereich der EuInsVO** fällt ein Partikularverfahren nur dann, wenn die Gerichte eines anderen Mitgliedstaats der Europäischen Union

102

---

[180] 40. Erwägungsgrund; BegrRegE BT-Drs. 15/16, 25 zu § 354.
[181] 40. Erwägungsgrund.
[182] EuGH Urt. v. 22.11.2012 – C-116/11, NZI 2013, 106 (109) – Bank Handlowy.
[183] → Rn. 129ff.
[184] *Mankowski* ZIP 1995, 1650 (1658).
[185] BGH Urt. v. 18.9.2014 – VII ZR 58/13, ZIP 2014, 2092 (2093).
[186] K.Schmidt/*Brinkmann* InsO Art. 28 EuInsVO Rn. 3.

(außer Dänemark) für die Eröffnung eines Hauptinsolvenzverfahrens zuständig wären (Art. 3 Abs. 2 EuInsVO). Folglich ist danach zu unterscheiden, ob der Mittelpunkt der hauptsächlichen Interessen des Schuldners im Gebiet eines anderen Mitgliedstaats oder in einem Drittstaat liegt.[187] Im letztgenannten Fall ist das autonome deutsche Recht auf Partikularverfahren anwendbar. Soweit inländische Partikularverfahren über Institute iSv Art. 1 Abs. 2 EuInsVO möglich sind, gilt nicht die EuInsVO, sondern das autonome deutsche internationale Insolvenzrecht (§§ 335 ff. InsO). Gem. § 46e Abs. 2 KWG und § 312 Abs. 3 VAG ist die Durchführung solcher Partikularverfahren für CRR-Kreditinstitute und Versicherungsunternehmen mit Sitz in einem anderen EU-Mitgliedstaat oder einem Staat des Abkommens über den Europäischen Wirtschaftsraum grundsätzlich ausgeschlossen.

2. Zusicherung zur Vermeidung eines Sekundärinsolvenzverfahrens

103   a) **Zweck.** Im Anwendungsbereich der EuInsVO[188] ist vom Sekundärinsolvenzverfahren das sog **virtuelle Sekundärinsolvenzverfahren** zu unterscheiden. Der Begriff wird für die Zusicherung des Verwalters des Hauptinsolvenzverfahrens verwandt,[189] bei der Verteilung der Masse, die in dem Staat belegen ist, in dem ein Sekundärverfahren eröffnet werden könnte, die Verteilungsregeln dieses Staates anzuwenden (Art. 36 EuInsVO). Durchführungsregeln für die Zusicherung enthalten Art. 102c §§ 13 ff. EGInsO-E. Zweck der von der EuInsVO (neuer Fassung) eingeführten Regelung ist, dem Verwalter des Hauptinsolvenzverfahrens die Möglichkeit einzuräumen, ein **Sekundärinsolvenzverfahren zu vermeiden** (Art. 36 Abs. 1 EuInsVO). Hat der Verwalter des Hauptverfahrens eine Zusicherung abgegeben, kann das für sich betrachtet bereits ein Anreiz für die Gläubiger sein, keinen Antrag auf Eröffnung eines Sekundärverfahrens zu stellen. Wird trotzdem ein Antrag gestellt, kann der Verwalter bei dem damit befassten Gericht die Abweisung des Eröffnungsantrags beantragen. Das Gericht weist den Eröffnungsantrag ab, wenn die Zusicherung die allgemeinen Interessen der lokalen Gläubiger angemessen schützt (Art. 38 Abs. 2 EuInsVO). Hintergrund dieser Regelung ist, dass Sekundärverfahren die effiziente Verwaltung der Insolvenzmasse behindern können[190] und in der Vergangenheit auch vor allem zum Schutz lokaler Interessen und bei Kompetenzkonflikten eingesetzt wurden, was häufig die effiziente Verwaltung der Masse behinderte.[191]

104   b) **Inhalt und Billigung.** Um ein deutsches Sekundärverfahren zu vermeiden, muss die (schriftliche) Zusicherung des Verwalters des ausländischen Hauptverfahrens darauf gerichtet sein, bei der Verteilung der Inlandsmasse oder des Erlö-

---

[187] MüKoInsO/*Reinhart* § 354 Rn. 5.
[188] → § 38 Rn. 6 ff.
[189] Vgl. den Vorschlag der Europäischen Kommission zur Veränderung der Verordnung (EG) Nr. 1346/2000 des Rates über Insolvenzverfahren vom 12.12.2012 COM(2012) 744, S. 8.
[190] 41. Erwägungsgrund.
[191] Bericht der Europäischen Kommission an das Europäische Parlament, den Rat und den Europäischen Wirtschafts- und Sozialausschuss über die Anwendung der Verordnung (EG) Nr. 1346/2000 des Rates vom 29. Mai 2000 über Insolvenzverfahren, COM (2012) 743 final, S. 16.

ses der Verwertung der Inlandsmasse die **Verteilungs- und Vorzugsrechte des deutschen Rechts** zu wahren, die die Gläubiger in einem deutschen Sekundärverfahren hätten (Art. 36 Abs. 1 EuInsVO). Rechtsverbindlich wird die Zusicherung allerdings erst, wenn sie von den bekannten lokalen Gläubigern gebilligt worden ist (Art. 36 Abs. 6 Satz 1 EuInsVO). Lokale Gläubiger sind solche, deren Forderungen aus oder im Zusammenhang mit dem Betrieb der inländischen Niederlassung des Schuldners entstanden sind (Art. 2 Ziff. 11 EuInsVO). Für die Billigung gelten die Regeln über die qualifizierte Mehrheit und Abstimmung für die Annahme von Sanierungsplänen des Mitgliedstaats, in dem das Sekundärverfahren eröffnet werden könnte (Art. 36 Abs. 5 EuInsVO). Soll ein deutsches Sekundärverfahren verhindert werden, sind also die Vorschriften der InsO über die erforderlichen Mehrheiten und die Abstimmung über einen Insolvenzplan für die Billigung maßgeblich.[191a] Eine Abstimmung anderer als der lokalen Gläubiger über die Billigung ist nicht vorgesehen, obwohl die anderen Gläubiger auch Beteiligte eines Sekundärverfahrens wären.[192] Der Verwalter des Hauptverfahrens unterrichtet die bekannten lokalen Gläubiger über die Zusicherung und über die Regeln, das Verfahren sowie das Ergebnis der Abstimmung über die Billigung (Art. 36 Abs. 5 aE EuInsVO).

Im Falle einer **verbindlichen Zusicherung** gilt für die Verteilung des Verwertungserlöses, für den Rang der Forderungen und für die Rechte von Gläubigern an Gegenständen der Inlandsmasse deutsches Recht. Maßgeblicher Zeitpunkt für die Feststellung des Umfangs der Inlandsmasse, ist der der Abgabe der Zusicherung (Art. 36 Abs. 1 aE EuInsVO). Welche Gegenstände zur Inlandsmasse gehören, ist anhand von Art. 2 Ziff. 9 EuInsVO zu bestimmen.

Weitere Wirkung der Billigung der Zusicherung durch die Gläubiger ist, dass der Antrag auf Eröffnung eines Sekundärverfahrens innerhalb einer **Frist von dreißig Tagen** nach Empfang der Mitteilung des Verwalters, dass die Zusicherung gebilligt worden ist, gestellt werden muss (Art. 37 Abs. 2 EuInsVO). Ein nach Fristablauf gestellter Antrag ist unzulässig.

c) **Einhaltung der Zusicherung und Rechtsschutz.** Der Verwalter ist verpflichtet, die lokalen Gläubiger über die beabsichtigte Verteilung zu benachrichtigen, bevor er die Gegenstände der Inlandsmasse oder den Verwertungserlös verteilt. Entspricht die beabsichtigte Verteilung nicht dem Inhalt der Zusicherung oder dem geltenden deutschen Recht, kann jeder lokale Gläubiger die **Verteilungsentscheidung bei dem Gericht anfechten,** das das Hauptinsolvenzverfahren eröffnet hat, mit dem Ziel, eine Verteilung nach der Zusicherung und dem geltenden Recht zu erreichen (Art. 36 Abs. 7 EuInsVO). Bis zur Entscheidung des Gerichts findet keine Verteilung statt.

Lokale Gläubiger können bei dem Gericht des Hauptinsolvenzverfahrens alle nach dem Recht des Eröffnungsstaats geeigneten Maßnahmen beantragen, um die **Einhaltung der Zusicherung sicherzustellen** (Art. 36 Abs. 8 EuInsVO). Sie haben des Weiteren die Möglichkeit bei den Gerichten des Staats, in dem ein Sekundärverfahren hätte eröffnet werden können, **einstweiligen Rechtsschutz** zu beantragen, um die Einhaltung der Zusicherung durch den Verwalter sicherzustellen (Art. 36 Abs. 9 EuInsVO).

[191a] → § 43 Rn. 74 ff.
[192] *Wimmer* jurisPR-InsR 7/2015 Anm. 1 Ziff. II 7b); → Rn. 141.

Kammel

109 Der Verwalter des Hauptverfahrens haftet den lokalen Gläubigern für jeden **Schaden**, der ihnen aus der Nichterfüllung der Pflichten und Auflagen des Verwalters aus Art. 36 EuInsVO entsteht (Art. 36 Abs. 10 EuInsVO).

3. Voraussetzungen für die Eröffnung eines Partikularverfahrens

110 a) **Internationale und örtliche Zuständigkeit deutscher Gerichte**. Die Eröffnung eines inländischen Insolvenzverfahrens als Partikularverfahren kommt nur in Betracht, wenn die internationale Zuständigkeit deutscher Gerichte zur Eröffnung eines Hauptinsolvenzverfahrens fehlt.[193]

111 Im **Anwendungsbereich der EuInsVO** ist Voraussetzung der internationalen Zuständigkeit deutscher Gerichte für ein Partikularverfahren, dass der Schuldner eine Niederlassung im Gebiet der Bundesrepublik hat (Art. 3 Abs. 2 EuInsVO). Der Begriff der Niederlassung ist in Art. 2 Ziff. 10 EuInsVO definiert als jeder Tätigkeitsort, an dem der Schuldner einer wirtschaftlichen Aktivität von nicht nur vorübergehender Art nachgeht oder in den drei Monaten vor dem Antrag auf Eröffnung des Hauptinsolvenzverfahrens nachgegangen ist, die den Einsatz von Personal und Vermögenswerten voraussetzt. Gemeint ist damit eine wirtschaftliche Aktivität am Markt, die von gewisser Dauerhaftigkeit und mit einem Mindestmaß an Organisation verbunden ist.[194] Erfasst werden sollen alle Arten geschäftlicher Tätigkeit, auch wenn sie nicht der Gewinnerzielung dienen.[195] Nicht ausreichend ist die Belegenheit eines Grundstücks des Schuldners im Inland, wenn nicht auch Personen vom Schuldner im Inland eingesetzt werden.[196] Trotz der weiten Fassung des Niederlassungsbegriffs fällt eine inländische rechtlich selbständige Tochtergesellschaft eines ausländischen Unternehmens nicht darunter.[197] Eröffnet ein ausländisches Gericht am Sitz der Muttergesellschaft in einem anderen Mitgliedstaat ein Hauptinsolvenzverfahren auch über das Vermögen einer Tochtergesellschaft mit Sitz im Inland, die einer eigenen wirtschaftlichen Tätigkeit unter Einsatz von Personal und Vermögenswerten im Inland nachgeht, ist die Eröffnung eines inländischen Sekundärverfahrens zulässig.[198]

112 Nach **autonomen deutschem Recht** sind deutsche Gerichte für ein Partikularverfahren international zuständig, wenn sich im Inland eine Niederlassung im Sinne von § 21 ZPO[199] oder sonstiges Vermögen des Schuldners befindet (§ 354 InsO).

---

[193] 23. Erwägungsgrund; *Kemper* ZIP 2001, 1609 (1611); zum autonomen deutschen Recht: *Lüer*, Kölner Schrift, S. 311 Rn. 33.

[194] LG Hannover Beschl. v. 10.4.2008 – 20 T 5/08, NZI 2008, 631 mAnm *Vallender*; *Virgos/Schmit* Erläuternder Bericht (s. Fn. 9) Nr. 71.

[195] *Huber* ZZP 2001, 133 (142).

[196] BGH Beschl. v. 21.6.2012 – IX ZB 287/11, ZIP 2012, 1920 (1921).

[197] *Huber* ZZP 2001, 133 (142); Mohrbutter/Ringstmeier/*Wenner* Kapitel 20 Rn. 67 mwN.

[198] 24. Erwägungsgrund; EuGH Urt. v. 4.9.2014 – C-327/13, ZIP 2014, 2513 (2515) – Burgo Group; AG Köln Beschl. v. 23.1.2004 – 71 IN 1/04, NZI 2004, 151 (152); Court d'Appel Versailles ZIP 2004, 377; Landesgericht Innsbruck ZIP 2004, 1721 (1722); AG Düsseldorf Beschl. v. 12.3.2004 – 502 IN 126/03, NZI 2004, 269.

[199] LG Frankfurt/M. Beschl. v. 30.10.2012 – 2-09 T 418/12, ZIP 2012, 2454 (2455); MüKoInsO/*Reinhart* § 354 Rn. 8; Mohrbutter/Ringstmeier/*Wenner* Kapitel 20 Rn. 71;

Ausschließlich örtlich zuständig ist das Insolvenzgericht, in dessen Bezirk 113
die Niederlassung des Schuldners belegen ist (Art. 102c § 1 Abs. 2 EGInsO-E;
§ 354 Abs. 3 InsO). Fehlt es an einer Niederlassung im Inland und ist nach autonomen deutschem Recht ein Partikularverfahren trotzdem zulässig, ist das
Gericht zuständig, in dessen Bezirk Schuldnervermögen belegen ist.

b) Antragsbefugnis und -frist. Das Recht des Staates, dessen Gerichte für 114
die Eröffnung des Partikularverfahrens zuständig sind, bestimmt die Antragsbefugnis (Art. 7 Abs. 1, 37 Abs. 1 lit. b EuInsVO, § 335 InsO). Das nationale
Recht darf allerdings die Antragsbefugnis nicht auf Gläubiger mit Wohnsitz
oder Hauptsitz in dem Mitgliedstaat der Niederlassung oder auf Gläubiger mit
Forderungen aus der Tätigkeit der Niederlassung beschränken.[200] Im Falle eines
deutschen **Partikularverfahrens, für das auch die EuInsVO gilt,** folgt das Antragsrecht aus §§ 13 ff. InsO. Antragsberechtigt sind die in- und ausländischen
Gläubiger und der Schuldner.[201] Art. 37 Abs. 1 lit. a EuInsVO regelt zudem die
Befugnis des Verwalters des Hauptinsolvenzverfahrens, die Eröffnung eines
Sekundärverfahrens zu beantragen. Streitig ist, ob der Schuldner zur Antragstellung berechtigt bleibt, wenn die Verwaltungs- und Verfügungsbefugnis über
die Masse auf den Verwalter des bereits eröffneten Hauptverfahrens übergegangen ist.[202] Fehlt es an einem Hauptinsolvenzverfahren, ist die Eröffnung eines
Partikularverfahrens nur auf Antrag von Gläubigern zulässig, deren Forderung
im Zusammenhang mit dem Betrieb der inländischen Niederlassung steht, oder
wenn das Recht des Mitgliedstaates, in dem der Schuldner den Mittelpunkt seiner hauptsächlichen Interessen hat, die Eröffnung eines Hauptinsolvenzverfahrens nicht zulässt (Art. 3 Abs. 4 EuInsVO). Im Anwendungsbereich der EuInsVO ist bei einer von den lokalen Gläubigern gebilligten Zusicherung des
Insolvenzverwalters des Hauptinsolvenzverfahrens iSv Art. 36 EuInsVO die
dreißigtägige Antragsfrist des Art. 37 Abs. 2 EuInsVO zu beachten. Wird sie
versäumt ist der Eröffnungsantrag unzulässig.[203]

Gilt die EuInsVO nicht für das Partikularverfahren, weil sich der Interes- 115
senmittelpunkt des Schuldners in einem Drittstaat befindet, richtet sich die Antragsbefugnis nach § 354 InsO. Zur Antragstellung befugt ist nach § 354 Abs. 1
InsO jeder Gläubiger, aber nicht der Schuldner.[204] Ein Rückgriff auf § 13 ist
nicht möglich, weil § 354 Abs. 1 die speziellere Vorschrift ist. Hat der Schuldner
keine Niederlassung im Inland, ist der Antrag nur zulässig, wenn der Gläubiger
ein besonderes Interesse an der Eröffnung des Partikularverfahrens hat (§ 354
Abs. 2 InsO). Ein solches Interesse liegt etwa vor, wenn der Gläubiger in einem

---

aA (für Definition der EuInsVO) Andres/Leithaus/*Dahl* InsO § 354 Rn. 6; MüKoBGB/
Kindler § 354 InsO Rn. 3.
[200] EuGH Urt. v. 4.9.2014 – C-327/13, ZIP 2014, 2513 (2516).
[201] Pannen/*Herchen* EuInsVO Art. 29 Rn. 21, 24; Andres/Leithaus/*Dahl* InsO § 354
Rn. 10; Braun/*Delzant* InsO § 354 Rn. 24; aA *Eidenmüller* NJW 2004, 3455 (3458).
[202] Dafür AG Köln Beschl. v. 23.1.2004 – 71 IN 1/04, ZIP 2004, 471 (473); dagegen
Pannen/*Herchen* EuInsVO Art. 29 Rn. 22 mwN; *Flessner* IPRax 1997, 1 (4).
[203] → Rn. 106.
[204] HM Mohrbutter/Ringstmeier/*Wenner* Kapitel 20 Rn. 129; Braun/*Delzant* InsO
§ 354 Rn. 11; K.Schmidt/*Brinkmann* InsO § 354 Rn. 11; Andres/Leithaus/*Dahl* InsO
§ 354 Rn. 10; aA MüKoInsO/*Reinhart* § 354 Rn. 40.

ausländischen Verfahren erheblich schlechter stünde als in dem inländischen, und ist glaubhaft zu machen. Zum Antrag auf Eröffnung eines Sekundärinsolvenzverfahrens ist auch der ausländische Verwalter des Hauptverfahrens berechtigt (§ 356 Abs. 2 InsO).

116 Der Antrag richtet sich auf die **Eröffnung eines Partikularverfahrens**.[205] Er kann hilfsweise neben dem Antrag auf Eröffnung eines (Haupt-)Insolvenzverfahrens gestellt werden.[206] Der Antragsteller ist gehalten, im Antrag die Umstände anzugeben, die die Zuständigkeit des angerufenen Gerichts begründen.[207]

117 **c) Keine verfahrenshindernden Anträge des Verwalters des Hauptverfahrens. aa) Zusicherung des Verwalters des Hauptverfahrens.** Im Anwendungsbereich der EuInsVO lehnt das Gericht, bei dem das Sekundärverfahren beantragt wurde, den Eröffnungsantrag auf Antrag des Verwalters des Hauptinsolvenzverfahrens ab, wenn der Verwalter eine von den Gläubigern gebilligte[208] Zusicherung nach Art. 36 EuInsVO[209] abgegeben hat und das Gericht der Überzeugung ist, dass die Zusicherung die allgemeinen Interessen der **lokalen Gläubiger angemessen schützt** (Art. 38 Abs. 2 EuInsVO). Bei der Entscheidung, ob die Gläubigerinteressen angemessen geschützt sind, wird das Gericht berücksichtigen, dass die Mehrheit der lokalen Gläubiger in Kenntnis des Zwecks der Zusicherung, ein Sekundärverfahren zu vermeiden, diese Zusicherung gebilligt hat, also von der Wahrung ihrer Interessen ausgegangen ist.[210] Daneben hat ein deutsches Gericht die Möglichkeit, einen Sachverständigen gem. § 5 Abs. 1 InsO einzuschalten.[211]

118 **bb) Aussetzung der Eröffnung des Sekundärverfahrens.** Das Gericht kann die Eröffnung des Sekundärverfahrens für einen Zeitraum von bis zu drei Monaten auf Antrag des eigenverwaltenden Schuldners oder des Verwalters des Hauptverfahrens aussetzen, wenn im Hauptinsolvenzverfahren die Einzelvollstreckung vorübergehend ausgesetzt wurde, um (Sanierungs-)Verhandlungen zwischen dem Schuldner und seinen Gläubigern zu ermöglichen (Art. 38 Abs. 3 EuInsVO). Die Vorschrift soll verhindern, dass die **Vollstreckungsaussetzung im Hauptverfahren** durch ein Sekundärverfahren unterlaufen wird.[212] Voraussetzung der Aussetzung der Eröffnung des Sekundärverfahrens ist, dass geeignete Maßnahmen zum Schutz der Interessen der lokalen Gläubiger bestehen. Das Gericht kann Maßnahmen zum Schutz der lokalen Gläubiger während der Aussetzung der Eröffnungsentscheidung ergreifen, die nach der lex fori zulässig sind (Art. 38 Abs. 3 Unterabs. 2 EuInsVO). Es kann vor allem dem Schuldner in Eigenverwaltung oder Verwalter des Hauptverfahrens untersagen, Gegen-

---

[205] OLG Köln Beschl. v. 23.4.2001 – 2 W 82/01, NZI 2001, 380 (382); AG Mönchengladbach Beschl. v. 27.4.2004 – 19 IN 54/04, ZIP 2004, 1064 (1065); Braun/*Delzant* § 354 Rn. 11; aA MüKoInsO/*Reinhart* § 354 Rn. 22.
[206] OLG Köln Beschl. v. 23.4.2001 – 2 W 82/01, NZI 2001, 380 (382).
[207] AG Köln Beschl. v. 1.12.2005 – 71 IN 561/05, NZI 2006, 57.
[208] 42. Erwägungsgrund.
[209] → Rn. 104.
[210] 42. Erwägungsgrund.
[211] *Vallender* ZIP 2015, 1513 (1518).
[212] 45. Erwägungsgrund.

stände der Inlandsmasse außerhalb des gewöhnlichen Geschäftsbetriebs zu entfernen oder zu veräußern.

cc) Rechtsschutz. Eröffnet das Gericht entgegen eines Antrags des Verwalters des Hauptverfahrens nach Art. 38 Abs. 2 oder 3 EuInsVO das Sekundärverfahren, kann der Verwalter die Eröffnungsentscheidung anfechten (Art. 39 EuInsVO). 119

d) Eröffnungsgründe. Wird ein Sekundärinsolvenzverfahren beantragt, überprüft das Gericht nicht erneut, ob ein Eröffnungsgrund vorliegt, wenn die Insolvenz des Schuldners für das Hauptverfahren erforderlich war (Art. 34 S. 2 EuInsVO).[213] Gleiches gilt iErg nach § 356 Abs. 3 InsO für das Hauptinsolvenzverfahren eines Drittstaats. Denn nur solche Hauptverfahren werden nach autonomen deutschem Recht als Insolvenzverfahren qualifiziert, die die **Insolvenz des Schuldners bewältigen** sollen.[214] Anstelle der Darlegung eines Eröffnungsgrunds genügt für die Eröffnung des Sekundärverfahrens der Nachweis eines im Ausland eröffneten anerkennungsfähigen Hauptverfahrens. Auf Feststellung eines Eröffnungsgrunds nach §§ 17 ff. InsO kommt es hingegen beim isolierten Partikularverfahren an. Dabei ist ein weltweiter Maßstab anzulegen.[215] Bei der Frage der Zahlungsfähigkeit des Schuldners kommt es auf die weltweit vorhandenen fälligen Verbindlichkeiten und liquiden Zahlungsmittel an. Die drohende Zahlungsunfähigkeit und die Überschuldung[216] sind in entsprechender Weise festzustellen. 120

4. Beschränkung der Verfahrenswirkungen auf das Inlandsvermögen

a) Inländisches Vermögen. Zur Masse eines inländischen Partikularverfahrens gehört lediglich das im Zeitpunkt der Verfahrenseröffnung im Inland belegene Vermögen des Schuldners (Art. 3 Abs. 2 S. 2 EuInsVO; § 354 Abs. 1 InsO).[217] Für den Anwendungsbereich der EuInsVO ist anhand der in Art. 2 Ziff. 9 aufgestellten Regeln zu bestimmen, **welche Vermögenswerte** des Schuldners sich im Inland befinden.[218] Bei körperlichen Gegenständen ist die Belegenheit, bei Forderungen der Interessenmittelpunkt des Drittschuldners im Inland maßgeblich, wenn keine der spezielleren Regeln in Art. 2 Ziff. 9 einschlägig sind. Europäische Patente mit einheitlicher Wirkung, Gemeinschaftsmarken und andere durch Unionsrecht begründete, ähnliche Rechte gehören nicht zu der Masse eines Partikularverfahrens, sondern sind in das Hauptinsolvenzverfahren einbezogen (Art. 15 EuInsVO). Für die Feststellung, welche Gegenstände zur Masse des Partikularverfahrens gehören, sind die Gerichte des Mitgliedstaats der Eröffnung des 121

---

[213] EuGH Urt. v. 22.11.2012 – C-116/11, NZI 2013, 106 (110) – Bank Handlowy.
[214] BGH Urt. v. 13.10.2009 – X ZR 79/06 (BPatG), NZI 2009, 859 (861); im einzelnen → Rn. 149.
[215] MüKoInsO/*Reinhart* § 354 Rn. 25 ff.; *Mankowski* ZIP 1995, 1650 (1659); grundsätzlich auch BGH Urt. v. 11.7.1991 – IX ZR 230/90, NJW 1992, 624; aA *Wimmer* ZIP 1998, 982 (986).
[216] MüKoInsO/*Reinhart* § 354 Rn. 27; *Mankowski* ZIP 1995, 1650 (1660); *Wimmer* ZIP 1998, 982 (987).
[217] EuGH Urt. v. 11.6.2015 – C- 649/13, ZIP 2015, 1299 (1303) – Nortel.
[218] EuGH Urt. v. 11.6.2015 – C- 649/13, ZIP 2015, 1299 (1303) – Nortel.

Sekundärverfahrens alternativ zu den Gerichten des Mitgliedstaats der Eröffnung des Hauptinsolvenzverfahrens zuständig.[219]

122 Vermögensgegenstände des Schuldners, die sich bei Eröffnung des Sekundärverfahrens im Ausland befanden, fallen bei ihrer späteren Verbringung ins Inland oder bei einem dort aus Mitteln der Auslandsmasse erfolgenden Erwerbs nicht in die Masse eines deutschen Partikularverfahrens. Das inländische Vermögen muss ausreichen, um die **Kosten des Partikularverfahrens** zu decken (§ 26 Abs. 1 S. 1 InsO), es sei denn, die Kosten werden gestundet oder der Antragsteller leistet einen Kostenvorschuss oder eine Sicherheit (§ 26 Abs. 1 S. 2 InsO, Art. 40 EuInsVO).

123 b) **Auswirkungen nur auf Inlandsvermögen.** Die Beschlagnahmewirkung, das Verbot der Einzelzwangsvollstreckung (§ 89 InsO) und die Rückschlagsperre (§ 88 InsO) erfassen nur Inlandsvermögen.[220] Der **Insolvenzverwalter** ist zur Inbesitznahme lediglich des Inlandsvermögens berechtigt und verpflichtet.[221] Zum Inlandsvermögen gehören auch solche Gegenstände, die nach Eröffnung des Partikularverfahrens ins Ausland verbracht wurden. Im Anwendungsbereich der EuInsVO bestimmt Art. 21 Abs. 2 ausdrücklich, dass der Verwalter des Partikularverfahrens berechtigt ist, Vermögenswerte, die nach Eröffnung des Partikularverfahrens in einen anderen Mitgliedstaat verbracht wurden, für das Partikularverfahren zu beanspruchen. Die Prozessführungsbefugnis des Verwalters besteht für Streitigkeiten über die Zugehörigkeit eines Vermögensgegenstands zum inländischen Vermögen und damit der Insolvenzmasse des Inlandsverfahrens.[222] Für das Bestreiten von Forderungen ist die Prozessführungsbefugnis des Verwalters nicht eingeschränkt, was daraus folgt, dass auch ausländische Gläubiger am Verfahren teilnehmen können.

124 Die **Insolvenzanfechtung** betrifft nur solche Rechtshandlungen, die das Inlandsvermögen geschmälert haben, etwa weil der Masse Vermögensgegenstände entzogen oder weil inländische Vermögensgegenstände ins Ausland verbracht wurden.[223] Auch eine Vermehrung der Passivmasse kann zur Anfechtung führen, weil die betroffenen Gläubiger am inländischen Verfahren teilnehmen.

5. Die Koordination von Haupt- und Sekundärinsolvenzverfahren

125 a) **Selbständigkeit des inländischen Sekundärverfahrens.** Das Sekundärverfahren ist ein selbständiges Insolvenzverfahren, das neben das ausländische Hauptverfahren tritt und grundsätzlich nach deutschen Regeln abgewickelt wird. Es schränkt die **Wirkungen des ausländischen Verfahrens** auf das inländische Vermögen einschließlich der Befugnisse des Verwalters des Hauptinsolvenzverfahrens ein (Art. 21 Abs. 1 EuInsVO). Soweit die Wirkungen des inländischen Sekundärverfahrens reichen, werden die Wirkungen des Hauptinsolvenzverfahrens für die Dauer des Sekundärverfahrens suspendiert.[224] Die Befugnis,

---

[219] EuGH Urt. v. 11.6.2015 – C-649/13, ZIP 2015, 1299 (1302) – Nortel.
[220] Gottwald InsR-HdB/*Gottwald* § 132 Rn. 160.
[221] Gottwald InsR-HdB/*Gottwald* § 132 Rn. 146.
[222] *Trunk* ZIP 1994, 1586 (1588).
[223] Mohrbutter/Ringstmeier/*Wenner* Kapitel 20 Rn. 142.
[224] BGH Urt. v. 18.9.2014 – VII ZR 58/13, ZIP 2014, 2092 (2093).

inländisches Vermögen zu verwalten und darüber zu verfügen, steht dem inländischen Insolvenzverwalter während der Dauer des Partikularverfahrens zu. Eine in einem ausländischen Hauptverfahren erteilte Restschuldbefreiung hindert einen Gläubiger nicht daran, seine Forderung in einem inländischen Sekundärverfahren anzumelden und zu verfolgen, das im Inland vor dem Eintritt der Restschuldbefreiung eröffnet wurde.[225] Gleichzeitig sieht die EuInsVO – und ihr in geringerem Maß folgend auch das autonome deutsche Recht – Einflussmöglichkeiten des Verwalters des ausländischen Hauptverfahrens auf das Sekundärverfahren vor, die einen Vorrang des Hauptverfahrens begründen.[226]

b) Zusammenarbeit und Kommunikation der Verwalter. aa) Übersicht. Im Anwendungsbereich der **EuInsVO** schreibt Art. 41 die Zusammenarbeit der Verwalter des Haupt- und des Sekundärinsolvenzverfahrens und Art. 43 die Zusammenarbeit der Verwalter mit den Gerichten vor. Zweck der Vorschriften ist, die wirkungsvolle Verwaltung und **effiziente Verwertung der Insolvenzmasse** zu fördern.[227] Reibungsverluste sollen vermieden werden, die bei parallel verlaufenden Verfahren auftreten können. Art. 41 und 43 EuInsVO finden ihr Pendant in Art. 56 und 58 EuInsVO, die bei Konzerninsolvenzen die Zusammenarbeit von Verwaltern der Gruppengesellschaften und von diesen Verwaltern mit den Gerichten regeln.[228] Die Vorschriften ähneln sich insoweit, als dass sie darauf abzielen, Effizienzverluste bei parallel verlaufenden Verfahren zu vermeiden. Sie unterscheiden sich darin, dass sich Art. 41 und 43 auf parallele Verfahren über das Vermögen eines Schuldners, also auf eine Masse, und Art. 56 und 58 auf Verfahren über das jeweilige Vermögen mehrerer rechtlich selbständiger Gruppenmitglieder beziehen. Denn eine materielle Konsolidierung erfolgt bei der **Konzerninsolvenz** nicht.[229] Der unterschiedliche Sachverhalt führt zwangsläufig auch zu Unterschieden bei den Regeln über die Zusammenarbeit und Kommunikation der Verwalter und der Gerichte.[230] Die Kooperationspflichten des Art. 41 EuInsVO gelten entsprechend für Schuldner in Fällen der Eigenverwaltung (Art. 41 Abs. 3 EuInsVO).

§ 357 InsO verpflichtet den in einem deutschen Sekundärverfahren bestellten Insolvenzverwalter zur Zusammenarbeit mit dem Verwalter eines ausländischen Hauptinsolvenzverfahrens, der in einem **Drittstaat** bestellt wurde.

bb) Pflicht zur Zusammenarbeit. Bei einem **Hauptinsolvenzverfahren in einem anderen Mitgliedstaat** sind die Verwalter des Haupt- und der Sekundärverfahren verpflichtet, soweit zusammenzuarbeiten, wie die für die jeweiligen Verfahren geltenden Vorschriften der beteiligten Mitgliedstaaten das erlauben (Art. 41 Abs. 1 EuInsVO). Die Zusammenarbeit kann in beliebiger Form erfolgen und den Abschluss von Vereinbarungen und Verständigungen einschließen.[231] Dazu gehört der Austausch von Informationen wie Informationen über den Stand der Anmeldung und Prüfung von Forderungen, über Sanierungs-

---

[225] BGH Urt. v. 18.9.2014 – VII ZR 58/13, ZIP 2014, 2092 (2095).
[226] 48. Erwägungsgrund.
[227] 48. Erwägungsgrund.
[228] → Rn. 191 ff.
[229] → Rn. 183.
[230] → Rn. 191 ff.
[231] → Rn. 197 ff. zu Vereinbarungen und Verständigungen zwischen Verwaltern.

maßnahmen und über Maßnahmen zur Beendigung des Verfahrens, die für das jeweilige andere Verfahren von Bedeutung sein können. Die Pflicht zum Austausch von Informationen setzt voraus, dass geeignete Vorkehrungen für den Schutz vertraulicher Informationen bestehen (Art. 41 Abs. 2 lit a EuInsVO). Wird das **Hauptinsolvenzverfahren in einem Drittstaat** geführt, ist der Verwalter des inländischen Partikularverfahrens verpflichtet, den Verwalter des Hauptverfahrens unverzüglich über alle Umstände zu informieren, die für die Durchführung des ausländischen Verfahrens Bedeutung haben können (§ 357 Abs. 1 InsO).

129 **cc) Sanierung des Schuldners.** Neben dem Schuldner und dem Verwalter des deutschen Sekundärverfahrens kann auch der Verwalter des **Hauptverfahrens in einem anderen Mitgliedstaat** im Sekundärverfahren einen Insolvenzplan vorschlagen (Art. 47 Abs. 1 EuInsVO). Der Hauptverwalter wird von seinem Vorschlagsrecht vor allem dann Gebrauch machen, wenn der Plan die Verwaltung im Hauptinsolvenzverfahren und die dort angestrebte Verwertung oder Sanierung unterstützen würde. Art. 47 Abs. 1 EuInsVO eröffnet ihm die Möglichkeit, einen auf eine Sanierung des Schuldners im Hauptverfahren abgestimmten Plan im Sekundärverfahren vorzulegen. Praktische Relevanz kommt dem Vorschlagsrecht des Hauptverwalters in Fällen zu, in denen die anderen Vorschlagsberechtigten keinen Insolvenzplan oder einen Insolvenzplan mit anderem Inhalt als der Plan des Hauptverwalters vorschlagen.

130 In den **materiellen Bestand der Gläubigerforderungen** kann ein Insolvenzplan im Sekundärverfahren nur eingreifen, etwa durch Erlass oder Stundung, wenn alle betroffenen Gläubiger zustimmen (Art. 47 Abs. 2 EuInsVO). Denn jeder Eingriff in den materiellen Bestand der Forderungen verkürzt auch die Möglichkeit der Gläubiger, sich aus dem nicht vom Sekundärverfahren erfassten, in anderen Staaten belegenen Schuldnervermögen zu befriedigen und wirkt sich insoweit außerhalb des territorialen Geltungsbereichs des Sekundärverfahrens aus. Die Vorschrift erlaubt Regelungen im Insolvenzplan auch ohne Zustimmung aller betroffenen Gläubiger, die lediglich die Haftung der Masse des Sekundärverfahrens für die Forderungen einschränken, ohne den materiellen Forderungsbestand zu beeinträchtigen.[232] Dagegen sieht Art. 102c § 11 EGInsO-E für deutsche Sekundärverfahren vor, dass auch solche Regeln der Zustimmung aller Gläubiger bedürfen. Für das isolierte Partikularverfahren trifft Art. 20 Abs. 2 EuInsVO eine Regel die Art. 47 Abs. 2 EuInsVO ähnlich ist.

131 Auch nach autonomen deutschem Recht ist der Verwalter des **Hauptverfahrens in einem Drittstaat** berechtigt, selbst einen Insolvenzplan im Sekundärverfahren vorzulegen (§ 357 Abs. 3 InsO). Zudem ist der Insolvenzplan eines anderen Vorlageberechtigten dem Verwalter des Hauptverfahrens zur Stellungnahme zuzuleiten. Sieht der Insolvenzplan im Sekundärverfahren eine Einschränkung der Rechte der Gläubiger vor, bedarf er der Zustimmung aller Gläubiger (§ 355 Abs. 2 InsO).

132 **dd) Verwertung.** Ausfluss der dominierenden Rolle des Hauptinsolvenzverfahrens[233] ist die Pflicht des Verwalters des Sekundärverfahrens dem Verwalter des Hauptinsolvenzverfahrens Gelegenheit zu geben, **Vorschläge für die Ver-**

---

[232] Pannen/*Herchen* EuInsVO Art. 43 Rn. 55.
[233] 48. Erwägungsgrund.

wertung oder **Verwendung der Masse** des Sekundärverfahrens zu unterbreiten (Art. 41 Abs. 2 lit. c EuInsVO; § 357 Abs. 1 S. 2 InsO). Der Verwalter des Sekundärverfahrens ist nicht verpflichtet, den Vorschlägen zu folgen, unterliegt also nicht den Weisungen des Verwalters des Hauptverfahrens. Er soll die Vorschläge aber zur Kenntnis nehmen und in seinen Überlegungen berücksichtigen.[234] Folgt er den Vorschlägen nicht, obwohl sie auf eine Verwertung hinweisen, die eine Besserstellung der Gläubiger des Sekundärverfahrens verspricht, kommt eine Haftung des Verwalters nach nationalem Recht in Betracht (§ 60 InsO).

Im **Anwendungsbereich der EuInsVO** sind die Verwalter im Rahmen ihrer Zusammenarbeit verpflichtet, die Verwaltung der Geschäfte des Schuldners und die Verwertung der Masse zu koordinieren (Art. 41 Abs. 2 lit. c EuInsVO). Der Verwalter des Hauptverfahrens ist berechtigt, beim Gericht des Sekundärverfahrens die **Aussetzung der Verwertung im Sekundärverfahren** zu beantragen (Art. 46 Abs. 1 EuInsVO). Das Gericht kann den Antrag des Verwalters des Hauptverfahrens nur ablehnen, wenn die Aussetzung offensichtlich für die Gläubiger des Hauptverfahrens nicht von Interesse ist. Die Aussetzung der Verwertung erfolgt für einen Zeitraum von höchstens drei Monaten, kann jedoch beliebig oft wiederholt werden.[235] Eine Verwertung im Sekundärverfahren kann die Interessen der Gläubiger des Hauptverfahrens vor allem dann beeinträchtigen, wenn dadurch eine Sanierung des Schuldners oder eine übertragende Sanierung des gesamten Geschäftsbetriebs im Hauptverfahren mit besseren Befriedigungsmöglichkeiten für die Gläubiger zunichte gemacht wird. Das gilt jedenfalls dann, wenn die Niederlassung, die Gegenstand des Sekundärverfahrens ist, für die Betriebsfortführung oder für den Käufer im Rahmen der übertragenden Sanierung von entscheidender Bedeutung ist.[236] Angesichts des Wortlauts von Art. 46 Abs. 1 ist der Verwalter des Hauptverfahrens nicht gehalten, solche Interessen substantiiert darzulegen.[237]

133

Das Gericht **hebt die Aussetzung auf** Antrag des Verwalters des Hauptverfahrens auf. Die Aufhebung erfolgt auch von Amts wegen, auf Antrag eines Gläubigers oder auf Antrag des Verwalters des Sekundärverfahrens, wenn die Aussetzung nicht mehr mit den Interessen der Gläubiger des Hauptverfahrens oder des Sekundärverfahrens zu rechtfertigen ist (Art. 46 Abs. 2).

134

Aus dem Wortlaut von Abs. 1 folgt, dass dem Aussetzungsantrag des Verwalters des Hauptverfahrens ungeachtet des **Interesses der Gläubiger des Sekundärverfahrens** an einer zügigen Verwertung grundsätzlich stattzugeben ist. Bliebe es bei dem Wortlaut, wären Verwertungsinteressen der Gläubiger des Sekundärverfahrens bei der Aussetzungsentscheidung nicht zu berücksichtigen. Bei der Aufhebungsentscheidung nach Abs. 2 kommt es auf diese Interessen hingegen an. Werden dem Gericht im Verfahren über die Aussetzung Interessen

135

---

[234] MüKoInsO/*Reinhart* Art. 31 EuInsVO 2000 Rn. 28; K. Schmidt/*Brinkmann* InsO Art. 31 EuInsVO Rn. 15; aA *Ehricke* ZIP 2005, 1104 (1107); *Herchen* ZInsO 2002, 345 (351).
[235] MüKoInsO/*Reinhart* Art. 33 EuInsVO 2000 Rn. 16; aA Uhlenbruck/*Lüer* InsO Art. 33 EuInsVO Rn. 4.
[236] OLG Graz Beschl. v. 20.10.2005 – 3 R 149/05, NZI 2006, 660 (661).
[237] Im Einzelnen str., wie hier MüKoInsO/*Reinhart* Art. 33 EuInsVO 2000 Rn. 7; wohl auch OLG Graz Beschl. v. 20.10.2005 – 3 R 149/05, NZI 2006, 660 („reduzierte Darlegungslast"); aA MüKoBGB/*Kindler* Art. 33 EuInsVO Rn. 4.

der Sekundärgläubiger bekannt, die gleich nach der Aussetzungsentscheidung zu der Aufhebung dieser Entscheidung führen müssten, kann das Gericht diese Interessen bereits bei der Entscheidung über die Verwertungsaussetzung berücksichtigen.[238]

136 Das (allgemeine) Interesse der Gläubiger des Sekundärverfahrens an einer zügigen Verwertung berechtigt nicht zur Ablehnung des Antrags des Verwalters des Hauptinsolvenzverfahrens. Erforderlich ist, dass sich das **Verwertungsinteresse zuspitzt**, zB weil für das Anlagevermögen des Schuldners ein verbindliches, zur vollen Befriedigung der Gläubiger ausreichendes Kaufangebot vorliegt, dieses Angebot aus nachvollziehbaren Gründen zeitlich befristet ist und ein Zuwarten mit der Verwertung die Gefahr mit sich bringt, dass kein Interessent mehr vorhanden ist.[239] Die Aussetzung wäre dann regelmäßig gem. Abs. 2 aufzuheben, weil sie nicht mehr mit dem Interesse der Gläubiger des Hauptverfahrens oder gar des Sekundärverfahrens zu rechtfertigen wäre. Die Interessen der Gläubiger des Sekundärverfahrens sind dann schon bei der Erstentscheidung zu berücksichtigen. Umstände wie die Dauer der Aussetzung oder fehlende Fortschritte bei der Verwertung im Hauptverfahren können am ehesten bei Folgeentscheidungen nach der ersten Verwertungsaussetzung eine Rolle spielen.

137 Die bloße Aussetzung der Verwertung im Sekundärverfahren schafft in den Fällen keine Abhilfe, in denen der Hauptinsolvenzverwalter eine **übertragende Sanierung** verfolgt. Denn eine Verfügung über die Vermögenswerte der inländischen Niederlassung bedarf der Mitwirkung des Verwalters des Sekundärverfahrens. Eine gleichlaufende Verwertung in beiden Verfahren lässt sich dadurch erreichen, dass **im inländischen Sekundärverfahren die Eigenverwaltung** angeordnet wird, was zur Folge hat, dass der Hauptinsolvenzverwalter zur Verwaltung und Verfügung über die Gegenstände der inländischen Masse befugt bleibt, wenn nach dem Recht des Hauptinsolvenzverfahrens die Verwaltungs- und Verfügungsbefugnis auf ihn übergeht. Durch die Bestellung eines Sachwalters (§ 270 InsO) im Sekundärverfahren lässt sich den Interessen der inländischen Gläubiger Rechnung tragen.[240] Eine Aussetzung des Sekundärverfahrens als Ganzes erlaubt Art. 46 Abs. 1 nicht.[241] Die Aussetzung der Verwertung kann auch vorsorglich erfolgen, um beispielsweise sensible Verkaufsgespräche des Verwalters des Hauptverfahrens abzusichern.[242]

138 Das Gericht kann vom Verwalter des Hauptverfahrens angemessene **Maßnahmen zum Schutz der Gläubiger des Sekundärverfahrens** sowie einzelner Gruppen von Gläubigern (zB die Bestellung von Sicherheiten)[243] verlangen, insbesondere hat der Verwalter des Hauptverfahrens dem Gläubiger laufend die geschuldeten Zinsen zu zahlen, wenn die Verwertung eines Gegenstands ausgesetzt wird, an dem ein Absonderungsrecht besteht (Art. 102c § 12 EGInsO-E).

---

[238] Str., wie hier OLG Graz Beschl. v. 20.10.2005 – 3 R 149/05, NZI 2006, 660; *Burgstaller/Neumayr/Kodek* IZVR Art. 33 EuInsVO Rn. 3; differenzierend (nicht bei der Erstentscheidung): MüKoInsO/*Reinhart* Art. 33 EuInsVO 2000 Rn. 9.
[239] Vgl. hierzu Landesgericht Leoben NZI 2006, 663.
[240] Vgl. AG Köln Beschl. v. 23.1.2004 – 71 IN 1/04, ZIP 2004, 471 (475).
[241] OLG Graz Beschl. v. 20.10.2005 – 3 R 149/05, NZI 2006, 660 (661).
[242] OLG Graz Beschl. v. 20.10.2005 – 3 R 149/05, NZI 2006, 660 (661).
[243] *Beck* NZI 2006, 609 (611) mwN.

Anders als im Geltungsbereich der EuInsVO ist der Verwalter des **Haupt-** 139
verfahrens in einem Drittstaat nicht berechtigt, die Aussetzung der Verwertung in einem deutschen Sekundärverfahren zu verlangen. Können alle Forderungen im Sekundärverfahren in voller Höhe befriedigt werden, so hat der deutsche Verwalter im Sekundärverfahren einen verbleibenden Überschuss an den Verwalter des ausländischen Hauptverfahrens herauszugeben (Art. 49 EuInsVO, § 358 InsO).

c) Zusammenarbeit und Kommunikation der Gerichte. Ebenfalls mit dem 140
Ziel, die Koordination von parallelen Haupt- und Sekundärverfahren sowie Partikularverfahren über das Vermögen desselben Schuldners im Anwendungsbereich der EuInsVO zu erleichtern, sind die mit diesen Verfahren befassten Gerichte zur Zusammenarbeit verpflichtet, soweit die Zusammenarbeit mit der jeweiligen lex fori vereinbar ist (Art. 42 EuInsVO). Die Zusammenarbeit kann gem. Art. 42 Abs. 2 EuInsVO vor allem beim Austausch von Informationen und bei der Koordination der Bestellung von Verwaltern, der Verwaltung und Überwachung des Vermögens und der Geschäfte des Schuldners, der Verhandlungen und der etwa erforderlichen Zustimmungen zu Verständigungen der Verwalter erfolgen. Die Vorschrift ist das Gegenstück zu Art. 57 EuInsVO, der die Zusammenarbeit von Gerichten bei Konzerninsolvenzen regelt.

d) Ausübung von Gläubigerrechten in Parallelverfahren. aa) Forderungs- 141
anmeldung. Jeder Gläubiger kann seine Forderung mit ihrem vollen Betrag im Hauptverfahren und im Sekundärverfahren anmelden (Art. 45 Abs. 1 EuInsVO, § 341 Abs. 1 InsO). Ein Gläubiger kann am Sekundärverfahren teilnehmen, auch wenn seine Forderung nicht im Rahmen der Geschäftstätigkeit der inländischen Niederlassung entstanden ist.[244] Gem. Art. 45 Abs. 2 EuInsVO melden die Verwalter von Haupt- und Sekundärverfahren die in ihren Verfahren angemeldeten Forderungen auch in den anderen Verfahren im Namen der Gläubiger an, wenn die Anmeldung für die Gläubiger zweckmäßig ist. Die Gläubiger können die Anmeldung ablehnen (zB weil Kosten entstehen) oder nach Maßgabe des jeweiligen nationalen Rechts die Anmeldung ihrer Forderung zurücknehmen. Die Vorschriften der EuInsVO über die Unterrichtung der Gläubiger und Anmeldung der Forderungen gelten auch für Partikularverfahren.[245]

bb) Verteilung. In jedem Verfahren findet eine Verteilung an die Gläubiger 142
statt. Ein Gläubiger, der in einem Verfahren eine Quote auf seine Forderung erhalten hat, muss sich diese **Quote im anderen Verfahren anrechnen lassen** (Art. 23 Abs. 2 EuInsVO, § 342 Abs. 2 InsO). Dabei gilt, dass kein Gläubiger mehr als den vollen Betrag seiner Forderung und bei der Verteilung im zweiten Verfahren erst etwas erhält, wenn die Gläubiger gleichen Ranges oder gleicher Gruppenzugehörigkeit die gleiche Quote erhalten haben.[246] Liegt die Quote im nachfolgenden Verfahren niedriger, muss der Gläubiger den Mehrbetrag aus

---

[244] AllgM: vgl. Mohrbutter/Ringstmeier/*Wenner* Kapitel 20 Rn. 130; *Geimer* IZPR Rn. 3418; MüKoInsO/*Reinhart* § 354 Rn. 32 und Art. 32 EuInsVO 2000 Rn. 5.
[245] → Rn. 86.
[246] Vgl. zu Einzelheiten der Anrechnung *Beck* NZI 2007, 1 (6); *Virgos/Schmit* Erläuternder Bericht (s. Fn. 9) Nr. 174 ff.

Kammel

dem ersten Verfahren nicht herausgeben (§ 342 Abs. 2 InsO, arg. e Erwägungsgrund Nr. 63 EuInsVO).[247]

143 **cc) Masseschulden.** Nach Eröffnung des Sekundärverfahrens begründete Masseverbindlichkeiten belasten nur die **Masse des jeweiligen Verfahrens,** deren Verwalter die Verbindlichkeiten begründet hat. Vor Eröffnung des Sekundärverfahrens im Hauptverfahren begründete Masseverbindlichkeiten belasten auch die Masse des Sekundärverfahrens. Dabei spricht viel dafür, dass den Gläubigern solcher Masseverbindlichkeiten sowohl die Massen des Haupt- und des Sekundärverfahrens solidarisch haften und der Verwalter der in Anspruch genommenen Masse auf einen Ausgleich im Innenverhältnis zum Verwalter des anderen Verfahrens verwiesen wird.[248] Möglicher Maßstab für den Innenausgleich ist der Wert der jeweiligen Masse oder der Nutzwert der Leistung des Gläubigers für die jeweilige Masse.[249]

144 **dd) Teilnahmerechte.** Im Anwendungsbereich der EuInsVO sind die Verwalter des Haupt- und der Sekundärverfahren berechtigt, wie ein Gläubiger an den anderen Verfahren, insbesondere im Rahmen von **Gläubigerversammlungen,** teilzunehmen (Art. 45 Abs. 3 EuInsVO). Der Verwalter des Hauptverfahrens in einem Drittstaat ist auch berechtigt, an Gläubigerversammlungen in einem inländischen Partikularverfahren teilzunehmen (§ 357 Abs. 2 InsO).

145 **c) Sicherungsmaßnahmen.** Art. 52 EuInsVO gestattet bei Verfahren **im Anwendungsbereich der EuInsVO** einem im ausländischen Hauptinsolvenzverfahren bestellten vorläufigen Verwalter, zur Sicherung und Erhaltung des Schuldnervermögens im Inland jede Maßnahme zu beantragen, die nach deutschem Recht für das Eröffnungsverfahren vorgesehen ist. Das Antragsrecht des vorläufigen Verwalters tritt neben die Möglichkeiten des Gerichts im Hauptinsolvenzverfahren vorläufige Sicherungsmaßnahmen nach dem Recht des Staates des Hauptverfahrens gem. Art. 32 Abs. 1 Unterabs. 3 EuInsVO zu erlassen. Art. 52 zielt auf eine effiziente Sicherung des Schuldnervermögens im Vorfeld der Verfahrenseröffnung ab. Ein Antrag auf Eröffnung des Sekundärinsolvenzverfahrens ist daher für Sicherungsmaßnahmen nach Art. 52 EuInsVO nicht erforderlich. Auf den Antrag eines vorläufigen Verwalters in einem **Hauptinsolvenzverfahren in einem Drittstaat** kann das zuständige inländischen Insolvenzgericht Sicherungsmaßnahmen nach § 21 InsO anordnen, um die Inlandsmasse zu sichern (§ 344 InsO).

146 **d) Verfahrensbeendigung.** Das Recht des jeweiligen Staats der Verfahrenseröffnung regelt auch die Beendigung sowohl des Hauptverfahrens als auch etwaiger Sekundär- oder Partikularverfahren (Art. 7 Abs. 2 lit j, 35 EuInsVO; § 335 InsO). Art. 48 Abs. 1 bestimmt für Verfahren im Anwendungsbereich der EuInsVO, dass die Beendigung eines von mehreren parallelen Verfahren über das Vermögen desselben Schuldners der **Fortführung der anderen Verfahren** nicht entgegensteht. Für die Zwecke der noch nicht beendeten Insolvenzverfahren gilt ein Schuldner, der eine juristische Person oder sonstige Gesellschaft ist,

---

[247] Mohrbutter/Ringstmeier/*Wenner* Kapitel 20 Rn. 133 mwN.
[248] *Beck* NZI 2007, 1 (3); für Solidarhaftung, aber gegen Innenausgleich *Ringstmeier/Homann* NZI 2004, 354 (357).
[249] *Beck* NZI 2007, 1 (3); im Ergebnis sind hier noch viele Fragen ungeklärt.

als fortbestehend, selbst wenn die Insolvenz in dem Sitzstaat des Schuldners dessen Auflösung (gemeint ist offensichtlich Beendigung) zur Folge hätte (Art. 48 Abs. 2 EuInsVO).

e) Umwandlung von Sekundärverfahren. Auf Antrag des Verwalters des Hauptinsolvenzverfahrens kann im Anwendungsbereich der EuInsVO das mit dem Sekundärverfahren befasste Gericht abweichend von der ursprünglich beantragten Art des Insolvenzverfahrens ein anderes in Anhang A aufgeführtes Insolvenzverfahren eröffnen oder das bereits eröffnete Sekundärverfahren in ein solches anderes Verfahren umwandeln (Art. 38, 51 EuInsVO). Dazu müssen die Voraussetzungen für die Eröffnung des neuen Verfahrens nach der lex fori erfüllt und das Verfahren muss zur Wahrung der Interessen der lokalen Gläubiger und für die Koordination zwischen Haupt- und Sekundärverfahren besser geeignet sein. Für deutsche Sekundärverfahren dürften die Vorschriften nicht unmittelbar gelten, da Anhang A als einziges (aktuelles) Verfahren für Deutschland das Insolvenzverfahren vorsieht, die Eröffnung eines anderen in Anhang A genannten Verfahrens also nicht in Betracht kommt. Für den Verwalter eines deutschen Hauptinsolvenzverfahrens dürfte die Möglichkeit, eine andere Art des Sekundärverfahrens in einem Niederlassungsstaat zu beantragen, vor allem dann von Interesse sein, wenn der Niederlassungsstaat unterschiedliche Verfahren kennt, die entweder auf eine Liquidation des Schuldnervermögens oder eine Sanierung gerichtet sind.

147

B. Ausländische Verfahren mit Inlandsbezug

I. Hauptverfahren

1. Überblick

Wird ein Hauptinsolvenzverfahren im Ausland über das Vermögen eines Schuldners eröffnet, der auch im Inland Vermögen besitzt, stellt sich die Frage nach der Anerkennung und der Erstreckung der Verfahrenswirkungen auf das Inlandsvermögen und die Rechtsbeziehungen zu im Inland ansässigen Gläubigern. Ausländische Hauptverfahren, die in den Anwendungsbereich der EuInsVO[250] fallen, werden nach Maßgabe der Verordnung in Deutschland grundsätzlich anerkannt (Art. 19 Abs. 1 EuInsVO) und deren Wirkungen erstrecken sich auf das Inland (Art. 20 EuInsVO). Dabei handelt es sich um solche Hauptverfahren, die in einem Mitgliedstaat der Europäischen Union (außer Dänemark) von einem Gericht eröffnet wurden, das seine Zuständigkeit auf den **Mittelpunkt der hauptsächlichen Interessen** des Schuldners stützt, und die in den sachlichen und persönlichen Anwendungsbereich der Verordnung fallen.[251] Die Anerkennung von in Drittstaaten eröffneten Hauptverfahren im Inland regelt § 343 Abs. 1 InsO. Danach gilt, dass ein ausländisches Insolvenzverfahren grundsätzlich anerkannt wird. Das ist ausnahmsweise nicht der Fall, wenn es an den in § 343 Abs. 1 S. 2 normierten Anerkennungsvoraussetzungen fehlt. Die

148

---
[250] → § 38 Rn. 6 ff.
[251] → § 38 Rn. 10.

Darlegungs- und Beweislast für tatsächliche Umstände, die eine Anerkennung verhindern sollen, trägt, wer die Anerkennung verhindern will.[252] Das Verfahren unterliegt grundsätzlich dem Recht des Eröffnungsstaats (Art. 7 EuInsVO; § 335 InsO).[253] Es gelten die Sonderanknüpfungen der Art. 8ff. EuInsVO und der §§ 336ff. InsO.[254]

2. Voraussetzungen und Grenzen der Anerkennung

149 a) Vorliegen eines Insolvenzverfahrens. Die Anerkennungsvoraussetzungen regelt Art. 19 Abs. 1 EuInsVO für Verfahren eines anderen EU-Mitgliedstaats (außer Dänemark) und § 343 InsO für Verfahren, die in einem Drittstaat eröffnet wurden. Nach Art. 19 Abs. 1 EuInsVO und § 343 InsO werden **nur Insolvenzverfahren** anerkannt.

150 Bei einem Verfahren in einem anderen Mitgliedstaat handelt es sich um ein Insolvenzverfahren, wenn das Verfahren im **Anhang A zur EuInsVO** aufgeführt ist (Art. 2 Ziff. 4 EuInsVO).[255]

151 Im Rahmen des § 343 InsO wird der Begriff des Insolvenzverfahrens unterschiedlich definiert.[256] In Anbetracht der Gesetzesmaterialien[257] stellt eine Meinung darauf ab, dass das Verfahren im Wesentlichen den gleichen Zielen dienen muss, wie ein deutsches Insolvenzverfahren.[258] Das ausländische Verfahren muss aber dem inländischen Insolvenzverfahren nicht spiegelbildlich entsprechen. In Anbetracht der wirtschaftspolitischen Ausrichtung einiger ausländischer Verfahren sollte der Begriff zudem weit gefasst werden. Vorzugswürdig ist daher eine Begriffsbestimmung, die staatlich geordnete Verfahren zur Abwicklung der Vermögens- und Haftungsverhältnisse eines Schuldners zugunsten aller Gläubiger bei mutmaßlich nicht ausreichendem Schuldnervermögen als Insolvenzverfahren qualifiziert.[259] Es kommt also darauf an, dass mit dem Verfahren die **Vermögensinsuffizienz des Schuldners** geregelt werden soll.

152 Das Verfahren nach **Chapter 11 des US Bankruptcy Code** ist folglich ein Insolvenzverfahren iSv § 343 InsO.[260] Kein Insolvenzverfahren ist hingegen ein **Scheme of Arrangement** nach Sections 895ff. des englischen Companies Act

---

[252] BGHZ 134, 79 (91) = BGH Urt. v. 14.11.1996 – IX ZR 339/95, NJW 1997, 524 (527).
[253] BGH Urt. v. 24.6.2014 – VI ZR 315/13, ZIP 2014, 1997 (2003).
[254] Auf die Darstellung der Kollisionsregeln beim deutschen Hauptinsolvenzverfahren kann verwiesen werden → Rn. 48ff.
[255] → § 38 Rn. 6ff. zu Insolvenzverfahren iSd EuInsVO.
[256] Vgl. zum Meinungsspektrum die Übersicht bei MüKoInsO/*Reinhart* Vor §§ 335ff. Rn. 95ff.
[257] BT-Drs. 15/16, 18.
[258] BGH Urt. v. 13.10.2009 – X ZR 79/06, NZI 2009, 859 (860); BAG Urt. v. 27.2.2007 – 3 AZR 618/06, NZI 2008, 122 (123); Andres/Leithaus/*Dahl* InsO § 335 Rn. 3; Braun/*Tashiro* InsO § 335 Rn. 3.
[259] BGHZ 134, 79 (89); ähnlich Mohrbutter/Ringstmeier/*Wenner* Kapitel 20 Rn. 174; MüKoInsO/*Reinhart* Vor §§ 335ff. Rn. 100; K. Schmidt/*Brinkmann* InsO § 335 Rn. 5.
[260] BAG Urt. v. 24.9.2015 – 6 AZR 492/14, ZIP 2015, 2387 (2389); BGH Urt. v. 13.10.2009 – X ZR 79/06, NZI 2009, 859 (860); BAG Urt. v. 27.2.2007 – 3 AZR 618/06, NZI 2008, 122 (123).

2006, das nicht im Anhang A zur EuInsVO aufgeführt wird.[261] Die Entscheidungen der englischen Gerichte im Rahmen solcher Schemes, namentlich die Bestätigungsentscheidungen *(confirmation orders)* sind im Inland nach den Regeln der EuGVVO anzuerkennen.[262]

b) Internationale Zuständigkeit. Weitere Anerkennungsvoraussetzung ist die internationale Zuständigkeit der ausländischen Stelle, die das Verfahren eröffnet hat. Befindet sich der Mittelpunkt der hauptsächlichen Interessen des Schuldners in einem **anderen EU-Mitgliedstaat,** sind die Gerichte dieses Staats für die Eröffnung eines Hauptinsolvenzverfahrens zuständig (Art. 3 Abs. 1 EuInsVO). In diesen Fällen ist die Entscheidung der eröffnenden Stelle anzuerkennen, sobald sie wirksam ist, selbst wenn die Stelle ihre Zuständigkeit zu Unrecht angenommen hat (Art. 19 Abs. 1 EuInsVO). 153

Der sachlich-räumliche Anwendungsbereich der EuInsVO[263] ist nicht eröffnet, wenn sich der Interessenmittelpunkt des Schuldners in einem **Drittstaat** (oder in Dänemark) befindet. Folglich ist Art. 3 EuInsVO in diesen Fällen nicht anwendbar. Vielmehr bestimmt sich die internationale (Anerkennungs-)Zuständigkeit des ausländischen Gerichts dann gem. § 343 Abs. 1 S. 2 InsO nach den Regeln des deutschen Rechts. Befindet sich der Interessenmittelpunkt des Schuldners nicht in einem EU-Mitgliedstaat, sind in entsprechender Anwendung der Vorschriften über die örtliche Zuständigkeit in § 3 InsO bzw. § 315 InsO beim Nachlassinsolvenzverfahren die Gerichte des Staats international zuständig, in dem sich der Mittelpunkt der selbständigen wirtschaftlichen Tätigkeit und, in Ermangelung eines solchen, der allgemeine Gerichtsstand des Schuldners befindet.[264] 154

c) Gegenseitigkeit. Im Verhältnis der Mitgliedstaaten untereinander gewährleistet die EuInsVO die Gegenseitigkeit. Im Übrigen ist es nach autonomen deutschem Recht **keine Voraussetzung für die Anerkennung** eines ausländischen Insolvenzverfahrens im Inland, dass der betreffende Staat die Wirkungen deutscher Insolvenzverfahren anerkennt.[265] 155

d) Anspruch auf Geltung im Inland. Ungeschriebene Voraussetzung für die Anerkennung eines ausländischen Insolvenzverfahrens ist, dass die Inlandswirkung nach dem Recht des Eröffnungsstaats auch tatsächlich beansprucht wird.[266] Beschränkt das ausländische Recht die Wirkung seines Verfahrens auf das dort belegene Vermögen scheidet eine Inlandswirkung generell aus.[267] 156

---

[261] → § 38 Rn. 9.
[262] Str. wie hier K.Schmidt/*Brinkmann* InsO § 335 Rn. 10 mwN.; offen gelassen von BGH Urt. v. 15.2.2012 – IV ZR 194/09, NZI 2012, 425 (427).
[263] → § 38 Rn. 12f.
[264] OLG Düsseldorf Beschl. v. 30.3.2015 – I-3 Wx 56/15, ZIP 2015, 1739 (1740); MüKoInsO/*Thole* § 343 Rn. 28f.; K.Schmidt/*Brinkmann* InsO § 343, 11; wohl auch Mohrbutter/Ringstmeier/*Wenner* Kapitel 20 Rn. 59f.; AG Niebüll Beschl. v. 15.7.2015 – 5 IN 7/15, ZIP 2015, 1746 (zur Nachlassinsolvenz).
[265] BGHZ 134, 79 (91).
[266] BGH Urt. v. 24.6.2014 – VI ZR 315/13, ZIP 2014, 1997 (2003); BGHZ 134, 79 = NJW 1997, 524; BGHZ 122, 373 (376) = NJW 1993, 2312 (2313); *Pielorz* ZIP 1980, 239; *Geimer* IZPR Rn. 3512a; Mohrbutter/Ringstmeier/*Wenner* Kapitel 20 Rn. 202f.
[267] *Geimer* IZPR Rn. 3512a.

157 Ausreichend für die Anerkennung im Inland ist nicht, dass ein universeller Wirkungsanspruch des Auslandsverfahrens besteht. Vielmehr ist darüber hinaus erforderlich, dass die in Frage stehende Rechtswirkung des ausländischen Verfahrens sich nach dem Recht des Eröffnungsstaates auch auf das inländische Vermögen des Schuldners erstrecken soll.[268]

158 **e) Ordre Public. aa) Inhalt.** Art. 33 EuInsVO räumt jedem Mitgliedstaat das Recht ein, die Anerkennung des Insolvenzverfahrens eines anderen Mitgliedstaates und die Vollstreckung einer in einem solchen Verfahren ergangenen Entscheidung zu verweigern, soweit die Anerkennung oder Vollstreckung zu einem Ergebnis führt, das offensichtlich mit seiner **öffentlichen Ordnung**, insbesondere mit den Grundprinzipien oder den verfassungsmäßig garantierten Rechten und Freiheiten des Einzelnen, unvereinbar ist. § 343 Abs. 1 Nr. 2 InsO trifft eine entsprechende Regelung für Verfahren aus Drittstaaten. Die Vorschrift bestimmt, dass die Anerkennung eines ausländischen Verfahrens zu versagen ist, soweit die Auswirkungen des Verfahrens mit **wesentlichen Grundsätzen des deutschen Rechts, insbesondere den Grundrechten,** unvereinbar sind. Ein Verstoß gegen den Ordre Public liegt vor, wenn die Anerkennung des ausländischen Verfahrens zu den Grundgedanken der deutschen Regelung und der in ihnen liegenden Gerechtigkeitsvorstellungen in so starkem Widerspruch steht, dass es für untragbar gehalten wird.[269] Die Störung der inländischen öffentlichen Ordnung setzt grundsätzlich voraus, dass der Sachverhalt einen hinreichenden Inlandsbezug aufweist.[270] Dieser wird ua durch Staatsangehörigkeit oder ständigen Aufenthalt der Verfahrensbeteiligten oder durch Vermögensbelegenheit im Inland begründet.[271]

159 **bb) Einzelfälle.** Der Ordre Public-Vorbehalt greift nur in Ausnahmefällen ein. Die bloße Abweichung des ausländischen vom deutschen Recht ist noch kein Grund für die Annahme eines Verstoßes gegen den Ordre Public.[272] Die fehlende Vergleichbarkeit des in Frage stehenden ausländischen Rechtsinstituts mit deutschen Grundsätzen reicht für sich genommen noch nicht aus, einen Verstoß anzunehmen.[273] Ein Verstoß gegen den Ordre Public liegt hingegen vor, bei einer Verletzung des rechtlichen Gehörs und bei Benachteiligung deutscher Gläubiger unter Verstoß gegen Art. 3 GG. Der „automatic stay" im Rahmen eines Konkursverfahrens nach Chapter 11 US Bankruptcy Code verstößt nach der Rechtsprechung des BAG gegen den Ordre Public, soweit er den inländischen Mitarbeiter einer US-amerikanischen Arbeitgeberin an der Wiederaufnahme eines Kündigungsschutzprozesses hindert.[274] Erschleicht sich der Schuldner eine ausländische Eröffnungsentscheidung, indem er das Gericht über die Belegenheit seines Interessenmittelpunkts täuscht, kommt ein Verstoß gegen den Ordre Public und die Versagung der Anerkennung der ausländischen

---

[268] BGHZ 122, 373 (376) = NJW 1993, 2312 (2313).
[269] BGHZ 50, 370 (375f.).
[270] Mohrbutter/Ringstmeier/*Wenner* Kapitel 20 Rn. 196.
[271] Staudinger/*Blumenwitz* EGBGB Art. 6 Rn. 120f.
[272] Mohrbutter/Ringstmeier/*Wenner* Kapitel 20 Rn. 193.
[273] Mohrbutter/Ringstmeier/*Wenner* Kapitel 20 Rn. 193.
[274] BAG Urt. v. 27.2.2007 – 3 AZR 618/06, NZI 2008, 122 (125); kritisch hierzu *Temming* IPrax 2009, 327.

§ 39. Insolvenzverfahren mit Auslandsbezug

Entscheidung im Inland in Betracht, wenn der betroffene Gläubiger keine verfahrensrechtliche Möglichkeit hatte, sich in dem ausländischen Verfahren Gehör zu verschaffen.[275] Dem deutschen Recht unbekannte Eingriffe in die Vermögensrechte der Gläubiger begründen nicht ohne weiteres einen Verstoß gegen den Ordre Public.[276] Die Anordnung des Erlöschens unangemeldeter Forderungen ist unbedenklich, wenn inländische Gläubiger am Verfahren des Eröffnungsstaats angemessen teilnehmen können.[277]

cc) **Rechtsfolgen eines Verstoßes.** Ob sämtlichen Wirkungen eines ausländischen Verfahrens die Anerkennung im Inland bei einem Verstoß gegen den Ordre Public zu versagen ist, hängt von der Tragweite des Verstoßes ab. Art. 33 EuInsVO und § 343 Abs. 1 Nr. 2 InsO sehen vor, dass lediglich einzelnen Rechtswirkungen die Anerkennung zu versagen ist („soweit"), wenn bereits dadurch dem Ordre Public genügt werden kann.[278] 160

3. Gegenstand der Anerkennung

Gegenstand der Anerkennung im Inland sind neben der Eröffnungsentscheidung und deren Rechtswirkungen in Hauptverfahren, die der EuInsVO unterliegen, auch die zur Durchführung und Beendigung der Verfahren ergangenen Entscheidungen, Entscheidungen in Annexverfahren und Entscheidungen über Sicherungsmaßnahmen nach dem Eröffnungsantrag (Art. 19f., 32 EuInsVO). Für weitere Einzelheiten kann auf die Ausführungen zu deutschen Hauptverfahren verwiesen werden, die entsprechend gelten.[279] 161

Anerkannt wird gem. § 343 Abs. 1 InsO auch die Eröffnungsentscheidung in einem **Hauptverfahren eines Drittstaats** sowie gem. § 343 Abs. 2 InsO die Entscheidungen über Sicherungsmaßnahmen und Entscheidungen, die zur Durchführung und Beendigung des Verfahrens ergangen sind.[280] Voraussetzung für die Anerkennung einer ausländischen Entscheidung ist nicht, wie bei § 328 ZPO, dass diese formell rechtskräftig ist. Ausreichend ist vielmehr, dass die Entscheidung nach dem Insolvenzstatut wirksam ist.[281] 162

4. Kein Anerkennungsverfahren, Vollstreckung

Aus Art. 20 Abs. 1 EuInsVO und § 343 Abs. 1 InsO folgt, dass die Anerkennung des ausländischen Verfahrens kein förmliches Anerkennungsverfahren im Inland voraussetzt. Eine gerichtliche oder behördliche Überprüfung der Anerkennungsvoraussetzungen erfolgt lediglich in Form einer **Inzidentprüfung**,[282] wenn das Bestehen einer bestimmten Wirkung des Auslandsverfahrens für die Entscheidung eines Gerichts oder einer Behörde im Inland rechtserheblich ist. 163

---

[275] BGH Urt. v. 10.9.2015 – IX ZR 304/13, ZIP 2015, 2331 (2333).
[276] MüKoInsO/*Thole* Art. 26 EuInsVO 2000 Rn. 17.
[277] OLG Saarbrücken IPRspr. 1989 Nr. 251.
[278] Mohrbutter/Ringstmeier/*Wenner* Kapitel 20 Rn. 192.
[279] → Rn. 25ff.
[280] BGH Urt. v. 24.6.2014 – VI ZR 315/13, ZIP 2014, 1997 (2002f.).
[281] BGHZ 95, 256 (270) = NJW 1985, 2897.
[282] BGHZ 95, 256 = NJW 1985, 2897; OLG Düsseldorf Beschl. v. 30.3.2015 – I-3 Wx 56/15, ZIP 2015, 1739 (1740); OLG Zweibrücken Beschl. v. 17.4.1989 – 3 W 1/89, NJW 1990, 648 (649).

Kammel

164 Die Anerkennung der Wirkungen einer ausländischen Verfahrensentscheidung ist von deren Vollstreckbarkeit im Inland streng zu unterscheiden. Entscheidungen in Verfahren, die der EuInsVO unterliegen, werden in der Bundesrepublik nach Art. 39 bis 44 und 47 bis 57 EuGVVO vollstreckt (Art. 32 Abs. 1 EuInsVO).[283] Die zwangsweise Durchsetzung der Folgen eines Hauptverfahrens eines Drittstaats im Inland, zB des Herausgabeanspruchs des Verwalters, erfolgt ausschließlich auf der Grundlage eines **inländischen Vollstreckungsurteils,** das im Verfahren nach §§ 722, 723 ZPO ergeht. Das Luganer Übereinkommen ist gem. dessen Art. 1 Abs. 2 Nr. 2 auf Entscheidungen im Insolvenzverfahren nicht anzuwenden.

5. Wirkungen im Inland

165 **a) Rechtsstellung eines ausländischen Verwalters. aa) Verwaltung und Verwertung der Masse.** Die Befugnisse des ausländischen Verwalters eines in einem **anderen Mitgliedstaat** eröffneten Insolvenzverfahrens im Inland richten sich grundsätzlich nach dem Recht des Eröffnungsstaats und werden anerkannt (Art. 7 Abs. 2 lit. c, 21 Abs. 1 S. 1 EuInsVO). Bei der Ausübung dieser Befugnisse im Inland ist deutsches Recht zu beachten (Art. 21 Abs. 3 EuInsVO). Inländische Massegegenstände können ins Ausland verbracht werden, soweit Sicherungs- und Eigentumsvorbehaltsrechte dadurch nicht beeinträchtigt werden (Art. 21 Abs. 1 S. 2 EuInsVO). Die Eröffnung eines inländischen Sekundärverfahrens sowie Sicherungsmaßnahmen im Eröffnungsverfahren schränken die Befugnisse des ausländischen Verwalters ein (Art. 21 Abs. 1 EuInsVO). Er ist nicht befugt, im Inland Zwangsmittel anzuwenden oder Rechtsstreitigkeiten zu entscheiden, selbst wenn er dazu nach der lex fori concursus befugt ist (Art. 21 Abs. 3 S. 2 EuInsVO).

166 Die Bestellung eines Insolvenzverwalters in einem **Drittstaat** wird im Inland anerkannt, es sei denn die ausländische Verfahrenseröffnung erfüllt die Anforderungen an die Anerkennung nicht. Seine Aufgaben und Befugnisse richten sich auch im Inland grundsätzlich nach dem Recht des Staats der Verfahrenseröffnung (§ 335 InsO).[284] Etwas anderes gilt, soweit die Anerkennung seiner Befugnisse gegen den Ordre Public verstoßen würde. Zudem ist ein ausländischer Verwalter im Inland selbst dann nicht zur Ausübung staatlicher Zwangsgewalt oder von Hoheitsrechten befugt, wenn das Recht des Eröffnungsstaats ihm eine entsprechende Rechtsmacht verleiht.[285] In diesen Grenzen können die Befugnisse des ausländischen Verwalters im Inland auch die eines deutschen Insolvenzverwalters überschreiten.[286]

167 **Leistungen an den Schuldner** im Inland nach Eröffnung des ausländischen Hauptverfahrens, die an den Verwalter hätten erbracht werden müssen, befreien den Leistenden nur, wenn er zur Zeit der Leistung die Eröffnung des Verfahrens nicht kannte. Erfolgte die Leistung vor der öffentlichen Bekanntgabe der

---

[283] → Rn. 30 f. zu Einzelheiten.
[284] BGHZ 125, 196 (200) = NJW 1994, 2549 (2550); BGH Beschl. v. 13.5.1997 – IX ZR 309/96, NJW 1997, 2525 (2526); *Gottwald* InsR-HdB/*Kolmann/Keller* § 134 Rn. 75.
[285] LG Krefeld Beschl. v. 9.4.1992 – 6 T 12/92, NJW-RR 1992, 1535 (1536).
[286] Mohrbutter/Ringsmeier/*Wenner* Kapitel 20 Rn. 274; aA LG Krefeld Beschl. v. 9.4.1992 – 6 T 12/92, NJW-RR 1992, 1535 (1536).

Verfahrenseröffnung, wird vermutet, dass dem Leistenden die Eröffnung nicht bekannt war (Art. 31 EuInsVO; § 350 InsO). Ein ausländischer Verwalter ist bei entsprechender Befugnis nach dem Recht des Staats der Verfahrenseröffnung insbesondere berechtigt,
– inländisches Schuldnervermögen in Besitz zu nehmen, zu verwalten und zu verwerten,[287] 168
– Forderungen des Schuldners einzuziehen[288] und zur Sicherung massezugehöriger Ansprüche einstweiligen Rechtsschutz zu beanspruchen,[289]
– Rechte des Schuldners aus Gesellschaftsbeteiligungen wahrzunehmen und
– Herausgabe unberechtigt erlangter Vollstreckungserlöse von Gläubigern zu fordern (§ 342 Abs. 1 InsO).

bb) Prozessführung und Zwangsvollstreckung. Ein im Inland anhängiger 169
Prozess über einen Gegenstand oder ein Recht der Masse wird durch die Eröffnung eines ausländischen Insolvenzverfahrens **unterbrochen** (Art. 18 EuInsVO iVm § 240 ZPO; § 352 Abs. 1 InsO).[290] Gleiches gilt, wenn die Verwaltungs- und Verfügungsbefugnis im ausländischen Verfahren auf einen vorläufigen Verwalter übergeht (Art. 18 EuInsVO iVm § 240 S. 2 ZPO; § 352 Abs. 2 InsO). Ob der Rechtsstreit die Masse betrifft, richtet sich nach der ausländischen lex fori concursus. Ebenfalls nach der lex fori concursus zu beurteilen ist, ob die Prozessvollmacht aufgrund der Verfahrenseröffnung erlischt[291] und wer zur Aufnahme des Prozesses befugt ist.[292] Das Recht des Eröffnungsstaats bestimmt auch, ob der ausländische Verwalter die Fähigkeit hat, Prozesse zu führen. Die Art und Weise der Aufnahme richtet sich nach der lex fori bei einem Prozess im Inland also nach deutschem Recht.[293]

Ist der Verwalter aufgrund der Eröffnungsentscheidung in einem anderen 170
Mitgliedstaat zur **Vollstreckung** des Anspruchs auf Herausgabe von Sachen befugt, die sich im Gewahrsam des Schuldners befinden, erfolgt die Vollstreckung gem. Art. 32 Abs. 1 EuInsVO, Art. 102c § 10 EGInsO-E nach den Vorschriften der EuGVVO.[294] Das gilt auch für vollstreckbare Entscheidungen im Rahmen von Annexverfahren. Für die Vollstreckung sonstiger ausländischer Entscheidungen auf Klagen eines Verwalters, die nicht im engen Zusammenhang mit dem Insolvenzverfahren in einem Mitgliedstaat stehen, gelten die allgemeinen Regeln des internationalen Zivilverfahrensrechts.

cc) Öffentliche Bekanntmachung. Weder die Anerkennung des ausländi- 171
schen Insolvenzverfahrens, noch die Tätigkeit des Verwalters hängen von der öffentlichen Bekanntmachung des ausländischen Verfahrens im Inland ab. Die

---

[287] BGHZ 95, 256 (261) = BGH Urt. v. 11.7.1985 – IX ZR 178/84, NJW 1985, 2897.
[288] BGHZ 95, 256 (260) = BGH Urt. v. 11.7.1985 – IX ZR 178/84, NJW 1985, 2897.
[289] LG Hamburg Urt. v. 2.7.1992 – 302 O 279/91, RIW 1993, 147; *Lüer*, Kölner Schrift, S. 1225 Rn. 22.
[290] BFH Beschl. v. 9.2.2015 – VII B 104/13, ZIP 2015, 996; BAG Urt. v. 27.2.2007 – 3 AZR 618/06, NZI 2008, 122 (123) (Unterbrechung einer Kündigungsschutzklage bei Chapter 11-Verfahren gegen Arbeitgeber in USA).
[291] Str., wie hier MüKoInsO/*Reinhart* Art. 15 EuInsVO 2000 Rn. 15; aA Haß/Huber/Gruber/Heiderhoff/*Gruber* Art. 15 Rn. 8.
[292] BAG Urt. v. 27.2.2007 – 3 AZR 618/06, NZI 2008, 122 (125).
[293] BAG Urt. v. 27.2.2007 – 3 AZR 618/06, NZI 2008, 122 (125).
[294] → Rn. 30f.

Bekanntmachung spielt vor allem im Zusammenhang mit Leistungen an den Schuldner[295] und Verfügungen des Schuldners[296] nach Verfahrenseröffnung eine Rolle. Hat der Schuldner im Inland eine Niederlassung, ist der Verwalter des Hauptverfahrens eines anderen Mitgliedstaats verpflichtet, die **Veröffentlichung der Verfahrenseröffnung und seiner Bestellung** zu beantragen (Art. 28 Abs. 1 EuInsVO). In der Bekanntmachung ist anzugeben, ob sich die Zuständigkeit des Gerichts aus Art. 3 Abs. 1 oder 2 EuInsVO ergibt. Für die Entscheidung über die Bekanntmachung ist das Insolvenzgericht zuständig, in dessen Bezirk die Niederlassung liegt (Art. 102c § 7 Abs. 1 EGInsO-E; § 348 Abs. 1 InsO). Die Veröffentlichung einer Verfahrenseröffnung und einer Verwalterbestellung in einem Drittstaat erfolgt von Amts wegen, wenn der Schuldner eine inländische Niederlassung hat (§ 345 Abs. 2 InsO). Fehlt es an einer inländischen Niederlassung des Schuldners, kann der ausländische Verwalter trotzdem die Veröffentlichung der Verfahrenseröffnung und seiner Bestellung im Inland verlangen (Art. 28 Abs. 2 EuInsVO; § 345 Abs. 1 InsO). Für den Veröffentlichungsantrag des Verwalters aus einem anderen Mitgliedstaat ist das Insolvenzgericht zuständig, in dessen Bezirk sich der wesentliche Teil des Schuldnervermögens befindet (Art. 102c § 7 Abs. 2 EGInsO-E). Fehlt es an Inlandsvermögen, ist jedes Insolvenzgericht zuständig. Die Veröffentlichung erfolgt jeweils nach inländischem Recht (§§ 9 Abs. 1 und 2, 30 Abs. 1 InsO). Art. 28 EuInsVO gilt auch für den Schuldner bei einem ausländischen Verfahren in Eigenverwaltung. Gegen Entscheidungen des Insolvenzgerichts nach Art. 102c § 7 EGInsO-E steht dem ausländischen Verwalter bzw. dem eigenverwaltenden Schuldner die sofortige Beschwerde zu (Art. 102c § 9 EGInsO-E). Auch wenn keine Eigenverwaltung angeordnet ist, ist der Schuldner grundsätzlich beschwerdebefugt, der sich in Einzelfällen mit dem Ordre Public-Vorbehalt gegen die Anerkennung des ausländischen Verfahrens im Inland wehren und dann auch gegen dessen Veröffentlichung vorgehen kann.[297] Der Veröffentlichungsantrag eines Verwalters in einem Verfahren, das nicht unter die EuInsVO fällt, ist nur zulässig, wenn er die Voraussetzungen für die Anerkennung der Verfahrenseröffnung glaubhaft macht (§ 345 Abs. 3 InsO). Ausschließlich zuständig ist das Insolvenzgericht, in dessen Bezirk Vermögen des Schuldners belegen ist (§ 348 InsO).

172 dd) **Registereinträge.** Auf Antrag des ausländischen Verwalters oder Schuldners in Eigenverwaltung ist die Eröffnung des **Hauptverfahrens eines anderen Mitgliedstaats** im Inland in das Grundbuch, das Handelsregister und in sonstige öffentliche Register (zB Schiffs- und Schiffsbauregister, Register für Pfandrechte an Luftfahrzeugen) einzutragen (Art. 29 Abs. 2 EuInsVO), soweit deutsches Recht die Eintragung zulässt (vgl. §§ 32 f. InsO, 32 HGB). Hat der Schuldner eine im Handelsregister eingetragene Niederlassung oder unbewegliches Vermögen im Inland, ist der ausländische Verwalter oder Schuldner in Eigenverwaltung verpflichtet, für die Eintragung der Verfahrenseröffnung im Handelsregister oder Grundbuch Sorge zu tragen, weil §§ 32 f. InsO, 32 HGB

---

[295] → Rn. 167.
[296] → Rn. 58 (zum deutschen Hauptverfahren).
[297] Str., wie hier MüKoInsO/*Thole* Art. 102 EGInsO Rn. 4; K. Schmidt/*Brinkmann* Art. 102 EGInsO Rn. 4; aA Uhlenbruck/*Lüer* Art. 102 EGInsO Rn. 3.

§ 39. Insolvenzverfahren mit Auslandsbezug

die Eintragung vorschreiben. Für den Veröffentlichungsantrag des Verwalters nach Art 29 Abs. 1 EuInsVO ist das Insolvenzgericht der Niederlassung, für den Antrag nach Art. 29 Abs. 2 EuInsVO das Insolvenzgericht, in dessen Bezirk sich der wesentliche Teil des Schuldnervermögens befindet, und wenn es an Inlandsvermögen fehlt, jedes Insolvenzgericht, zuständig (Art. 102c § 8 EGInsO-E). Auch gegen diese Entscheidungen des Insolvenzgerichts stehen dem ausländischen Verwalter und dem Schuldner die sofortige Beschwerde zu.[298]

Die Eröffnung eines **Hauptverfahrens in einem Drittstaat** oder die Verhängung von Sicherungsmaßnahmen, die die Verfügungsbefugnis des Schuldners einschränken, sind im inländischen Grundbuch, Schiffsbauregister, Schiffsregister und Register für Pfandrechte an Luftfahrzeugen einzutragen. Voraussetzung ist, dass im Grundbuch oder Register ein Recht für den Schuldner eingetragen ist, der Verwalter die Eintragung beantragt und das ausländische Insolvenzverfahren die Anerkennungsvoraussetzungen erfüllt, was vom Verwalter glaubhaft zu machen ist (§ 346 InsO). Der Antrag ist beim Insolvenzgericht zu stellen, in dessen Bezirk sich die inländische Niederlassung bzw. Vermögen des Schuldners befindet (§ 348 InsO). Das Insolvenzgericht ersucht die jeweilige Registerstelle bzw. das Grundbuchamt um Eintragung. 173

Die ständigen Vertreter (§ 13e Abs. 2 Nr. 3 HGB) oder die gesetzlichen Vertreter der Gesellschaft haben die Eröffnung oder die Ablehnung der Eröffnung eines (ausländischen) Insolvenzverfahrens gem. § 13e Abs. 4 HGB in das Handelsregister einer **inländischen Zweigniederlassung** von Aktiengesellschaften und Gesellschaften mit beschränkter Haftung mit Sitz im Ausland einzutragen. Ist der Verwalter nach dem Recht des Eröffnungsstaates gesetzlicher Vertreter der Gesellschaft, ist er auch nach HGB zur Anmeldung verpflichtet (vgl. zudem Art. 29 Abs. 1 EuInsVO). 174

ee) Nachweis der Verwalterstellung. Die Bestellung zum Verwalter wird durch eine beglaubigte Abschrift der Entscheidung, durch die er bestellt worden ist, oder durch eine andere Bescheinigung der zuständigen Stelle erbracht (Art. 22 EuInsVO; § 347 InsO). Eine Übersetzung kann verlangt werden. 175

b) Insolvenzanfechtung, Aufrechnung, Verbot der Einzelzwangsvollstreckung. Nach Art. 16 EuInsVO, § 339 InsO kann eine Rechtshandlung, für deren Wirkungen inländisches Recht maßgeblich ist, im ausländischen Verfahren nur **angefochten** werden, wenn sie auch nach inländischem Recht entweder angefochten werden kann oder aus anderen Gründen (zB §§ 134, 138 BGB) keinen Bestand hat. Ist das Recht des Eröffnungsstaats für die Wirkung der Rechtshandlung maßgeblich, richtet sich die Anerkennung im Inland allein danach, ob das ausländische Verfahren anerkannt und die Voraussetzungen für die Insolvenzanfechtung nach dem Recht des Eröffnungsstaates gegeben sind. 176

Für Verfahren im Anwendungsbereich der Europäischen Insolvenzverordnung regeln Art. 7 Abs. 2 lit. d, 9 EuInsVO, für Verfahren aus Drittstaaten §§ 335, 338 InsO das für die insolvenzrechtliche **Zulässigkeit einer Aufrechnung** maßgebliche Recht. Für Einzelheiten kann auf die entsprechend geltenden Ausführungen zum deutschen Hauptverfahren verwiesen werden.[299] 177

---

[298] → Rn. 171.
[299] → Rn. 79 f.

178 Untersagt das Recht des Staats der Verfahrenseröffnung die **Einzelzwangsvollstreckung** während der Dauer des Verfahrens, gilt das auch im Inland (Art. 20 Abs. 1 EuInsVO, § 343 InsO).[300] Den inländischen Gläubigern bleibt die Möglichkeit, ein Partikularverfahren zu beantragen, wenn die Voraussetzungen dafür gegeben sind.[301]

179 **c) Dingliche Rechte.** Aus Gründen des Verkehrsschutzes sieht Art. 8 EuInsVO vor, dass dingliche Rechte an Gegenständen, die sich zum Zeitpunkt der Verfahrenseröffnung in einem anderen EU-Mitgliedstaat nicht im Eröffnungsstaat, sondern im Inland befinden, von der Eröffnung nicht berührt werden.[302] Gleiches gilt nach § 351 Abs. 1 InsO für Verfahren in einem Drittstaat.

180 **d) Laufende Verträge.** Die Auswirkungen der ausländischen Verfahrenseröffnung auf Verträge des Schuldners, die noch nicht vollständig abgewickelt sind, bestimmen sich nach dem Recht des Staates der Verfahrenseröffnung (Art. 7 Abs. 2 lit. e EuInsVO, § 335 InsO). Ausnahmen gelten bei Arbeitsverhältnissen sowie Verträgen über unbewegliche Sachen. Das folgt aus Art. 11, 13 EuInsVO bzw. §§ 336 f. InsO. Der **Arbeitsvertrag** eines im Inland beschäftigten Mitarbeiters einer amerikanischen Gesellschaft besteht nach der Rechtsprechung des BAG auch im Verfahren nach Chapter 11 US Bankruptcy Code über das Vermögen der Arbeitgeberin gem. §§ 108, 337 InsO fort.[303] Er kann gem. §§ 113, 337 InsO von der eigenverwaltenden Schuldnerin *(debtor in possession)* in einem Chapter 11 – Verfahren gekündigt werden. Das Tatbestandsmerkmal des „Insolvenzverwalters" in § 113 InsO ist im Wege der Substitution zu ersetzen.[304] Für öffentlich-rechtliche Normen des Arbeitsschutzes und für das Betriebsverfassungsgesetz gelten eigene Anknüpfungsregeln.[305] Diese sind auch von einem ausländischen Insolvenzverwalter zu beachten.

181 **e) Die Rechtsstellung inländischer Gläubiger.** Die Rechtsstellung inländischer Gläubiger im ausländischen Hauptverfahren bestimmt sich nach dem Recht des Eröffnungsstaats. Art. 53 ff. EuInsVO regeln bestimmte Mindestrechte inländischer Gläubiger im Insolvenzverfahren eines anderen Mitgliedstaats (außer Dänemark). Für weitere Einzelheiten kann auf die entsprechend geltenden Ausführungen zu den in der Verordnung vorgesehenen Mindestrechten ausländischer Gläubiger im inländischen Hauptverfahren verwiesen werden.[306]

II. Partikularverfahren

182 Aus der Beschränkung eines ausländischen Partikularverfahrens auf das Vermögen im Eröffnungsstaat folgt, dass dieses sich grundsätzlich nicht im Inland auswirkt. Wichtigste Ausnahme ist, dass das Vermögen im Eröffnungsstaat der Masse eines inländischen Hauptverfahrens und damit dem Zugriff des Verwal-

---

[300] Mohrbutter/Ringstmeier/*Wenner* Kapitel 20 Rn. 292.
[301] → Rn. 110 ff.
[302] Zu Einzelheiten → Rn. 70 ff.
[303] BAG Urt. v. 27.2.2007 –3 AZR 618/06, NZI 2008, 122 (125).
[304] BAG Urt. v. 24.9.2015 – 6 AZR 492/14, ZIP 2015, 2387 (2390).
[305] Mohrbutter/Ringstmeier/*Wenner* Kapitel 20 Rn. 320 f.
[306] → Rn. 86.

ters entzogen wird (Art. 20 Abs. 1 EuInsVO).³⁰⁷ Daraus folgt auch, dass Gegenstände der Auslandsmasse, die nach der dortigen Verfahrenseröffnung in das Inland verbracht wurden, vom Verwalter des Partikularverfahrens herausverlangt werden können, wenn ihm das Recht des Eröffnungsstaats entsprechende Befugnisse verleiht. Während der Dauer des Sekundärverfahrens ist der Verwalter in diesem Verfahren berechtigt, Rechtshandlungen anzufechten, die die Masse im Sekundärverfahren schmälerten. Nach Beendigung des Sekundärverfahrens ist der Verwalter des Hauptverfahrens berechtigt, einen solchen Anfechtungsanspruch geltend zu machen.³⁰⁸

C. Konzerninsolvenzen

I. Einführung

1. Übersicht und Normzweck

Die neue EuInsVO führt auf europäischer Ebene Vorschriften über Konzerninsolvenzen ein. Geregelt wird einerseits die **Zusammenarbeit und Kommunikation** zwischen den Gerichten und den Verwaltern der insolventen Mitglieder einer Unternehmensgruppe. Andererseits normiert die EuInsVO ein neues **Gruppen-Koordinationsverfahren**, das als weiteres Verfahren neben die Insolvenzverfahren über die Vermögen der Mitglieder der Unternehmensgruppe tritt. Die neuen Regeln sollen gewährleisten, dass die Insolvenzverfahren über die Vermögen der Gruppengesellschaften effizient geführt werden.³⁰⁹ Gemeint ist damit, dass der Mehrwert, der in der wirtschaftlichen Verflechtung der Gruppenmitglieder angelegt ist, im Rahmen des Insolvenzverfahrens realisiert werden soll. Dadurch soll das jeweilige Verfahrensziel gefördert werden, also die Sanierung der Gruppe erleichtert oder, im Falle einer Verwertung, der Wert des Gruppenvermögens maximiert werden.³¹⁰ Allerdings bleibt es bei der Regel, dass die gerichtliche Zuständigkeit für jede Gruppengesellschaft festzustellen ist.³¹¹ Einen einheitlichen Konzerngerichtsstand sieht auch die neue EuInsVO nicht vor. Eine Konsolidierung von Verfahren oder Insolvenzmassen wird es nach der neuen EuInsVO ebenfalls nicht geben.

183

2. Wirtschaftlicher Hintergrund der Neuregelung

Der Verordnungsgeber trägt dem Umstand Rechnung, dass in der wirtschaftlichen Realität die einzelnen Konzerngesellschaften in den verschiedenen Ländern häufig derart miteinander verflochten sind, dass sie, betriebswirtschaftlich

184

---

³⁰⁷ BGH Urt. v. 20.11.2014 – IX ZR 13/14, ZIP 2015, 42.
³⁰⁸ BGH Urt. v. 20.11.2014 – IX ZR 13/14, ZIP 2015, 42 (43).
³⁰⁹ 51. Erwägungsgrund.
³¹⁰ Bericht der Kommission an das Europäische Parlament, den Rat und den Europäischen Wirtschafts- und Sozialausschuss über die Anwendung der Verordnung (EG) Nr. 1346/2000 des Rates vom 29. Mai 2000 über Insolvenzverfahren, COM (2012)743 final, S. 21; 54. Erwägungsgrund.
³¹¹ → Rn. 7.

betrachtet, ein einziges **grenzüberschreitendes Unternehmen** betreiben. Die jeweiligen Gesellschaften nehmen einzelne betriebswirtschaftliche Funktionen im Gesamtunternehmen wahr. Das der Gewinnerzielung dienende Vermögen ist auf verschiedene Gesellschaften verteilt. Die enge wirtschaftliche Verflechtung führt meist dazu, dass die Insolvenz einer Konzerngesellschaft zu Folgeinsolvenzen bei anderen Konzerngesellschaften führt („Domino-Effekt").[312]

185 Außerhalb der Insolvenz koordiniert die Geschäftsleitung der Konzernspitze die Aktivitäten der einzelnen Konzerngesellschaften (innerhalb gewisser rechtlicher Grenzen) im Interesse des Gesamtunternehmens anhand der ihr in der Regel gesellschaftsrechtlich vermittelten Leitungsmacht. In der Insolvenz wird dieser Verbund insoweit aufgelöst, als dass Insolvenzverwalter und eigenverwaltende Geschäftsleitungen nicht an die **Weisungen der Konzernspitze** gebunden sind, sondern ihr Handeln am Interesse der Einzelgesellschaft ausrichten. Das erschwert die Betriebsfortführung des Gesamtunternehmens in der Insolvenz sowie die Durchführung von Sanierungs- und Verwertungsmaßnahmen, die sich auf das Gesamtunternehmen beziehen.[313] Die neuen Konzerninsolvenzregeln sollen den Wegfall dieser Leitungsmacht kompensieren.[314]

3. Bisherige Lösungsansätze

186 Die Praxis hat bereits in der Vergangenheit in einer Vielzahl von multinationalen Konzerninsolvenzen eine **Zentralisierung der Verfahren** über alle Konzerngesellschaften bei einem Gericht angestrebt. In aller Regel bestellte das Gericht denselben Verwalter oder dasselbe Verwalterteam in allen Verfahren, was eine koordinierte Abwicklung der Insolvenz ermöglichte. Erreicht wurde diese Verfahrenszentralisierung in unterschiedlicher Weise. Kurz nach Inkrafttreten der EuInsVO aF wurde der Begriff des Interessenmittelpunkts in Art. 3 Abs. 1 EuInsVO so ausgelegt, dass sich der Interessenmittelpunkt der Konzerntöchter am Sitz der Konzernmutter befand. Dadurch war das Gericht am Sitz der Konzernmutter auch für Insolvenzverfahren über die Vermögen der Konzerntöchter zuständig.[315] Mit der Eurofood Entscheidung vom 2. Mai 2006[316] beendete der EuGH diese Praxis.

187 Eine vergleichbare Verfahrenszentralisierung lässt sich heute durch die **Verlagerung der Interessenmittelpunkte** aller Konzerngesellschaften an den Sitz einer Gesellschaft in einem EU-Mitgliedstaat noch vor dem Insolvenzantrag erreichen.[317] Diese Lösung bleibt auch nach der neuen EuInsVO erhalten,[318] lässt sich aber nicht in allen Fällen realisieren. Die Verlegung des Interessenmittelpunkts einer Gesellschaft in einen anderen Staat ist teilweise aus betriebswirtschaftlichen Gründen nicht möglich oder sie erfordert eine nicht unerhebliche Vorbereitungszeit, die dem Konzern möglicherweise nicht mehr zur Verfügung steht. Die Praxis behilft sich mittlerweile vor allem bei vorinsolvenzlichen fi-

---

[312] MüKoInsO/*Brünkmans* Konzerninsolvenzrecht Rn. 3.
[313] MüKoInsO/*Brünkmans* Konzerninsolvenzrecht Rn. 4.
[314] *Wimmer* jurisPR-InsR 7/2015 Anm. 1 Ziff. III.
[315] Vgl. Voraufl. § 39 Rn. 84.
[316] EuGH Urt. v. 2.5.2006 – C-341/04, NZI 2006, 360, 361 – Eurofood; → Rn. 7.
[317] Zur Verlagerung des Interessenmittelpunkts → Rn. 12.
[318] 53. Erwägungsgrund.

nanzwirtschaftlichen Sanierungen mit **Schemes of Arrangement** nach Sections 895 ff. des englischen Companies Act 2006. Schemes können auch auf ausländische Gesellschaften angewandt werden, wenn eine hinreichende Verbindung *(sufficient connection)* zu England besteht.[319]

Diese von der Praxis entwickelten Lösungen sind nicht in allen Fällen anwendbar. Regelungen, die eine effiziente Abwicklung von Konzerninsolvenzen erlauben, sind daher dringend erforderlich. **UNCITRAL** hat schon frühzeitig die Notwendigkeit solcher Regeln erkannt und bereits im Jahr 2010 ihre Anleitungen zum Insolvenzrecht für nationale Gesetzgeber um einen dritten Teil ergänzt, der sich mit Konzerninsolvenzen befasst.[320] Dessen drittes Kapitel betrifft grenzüberschreitende Konzerninsolvenzen. Die Art. 56 ff. EuInsVO entsprechen einer Reihe der Empfehlungen in den UNCITRAL-Anleitungen. 188

II. Unternehmensgruppe

1. Begriff

Voraussetzung für die Anwendung der Konzerninsolvenzregeln ist, dass mindestens zwei Gesellschaften einer Unternehmensgruppe insolvent sind. Art. 2 Nr. 13 EuInsVO definiert eine Unternehmensgruppe als ein **Mutterunternehmen und alle seine Tochterunternehmen.** Dabei ist ein Mutterunternehmen ein Unternehmen, das ein oder mehrere Tochterunternehmen entweder unmittelbar oder mittelbar kontrolliert. Als Mutterunternehmen wird auch ein Unternehmen angesehen, das gem. der Bilanzrichtlinie (2013/34/EU) vom 26.6. 2013[321] einen konsolidierten Abschluss erstellt (Art. 2 Nr. 14 EuInsVO). 189

2. Grenzüberschreitender Bezug

Anwendbar sind die Konzerninsolvenzregeln nur insoweit, wie der 62. Erwägungsgrund zeigt, als Verfahren über die Vermögen verschiedener Mitglieder derselben Unternehmensgruppe in mehr als einem Mitgliedstaat eröffnet oder (im Falle der Vorschriften über die Zusammenarbeit der Gerichte)[322] zumindest beantragt sind. Auf **reine Binnensachverhalte** finden sie keine Anwendung. Auf Insolvenzverfahren über das Vermögen von Schuldnern, deren Interessenmittelpunkt sich in einem Drittstaat befindet, findet die EuInsVO insgesamt keine Anwendung.[323] Folglich treffen die Konzerninsolvenzvorschriften der EuInsVO keine Regeln für die Insolvenzverfahren von Konzerngesellschaften, deren Interessenmittelpunkt in einem Drittstaat belegen ist und gelten nicht für 190

---

[319] Etwa in den Fällen High Court of Justice (Chancery Division) London Beschl. v. 20.1.2012 – [2012] EWHC 164 (CH), ZIP 2012, 440 – Primacom; High Court of Justice (Chancery Division) London Beschl. v. 6.5.2011 – [2011] EWHC 1104 (CH), ZIP 2011, 1017 – Rodenstock.
[320] Legislative Guide on Insolvency Law, Part Three: Treatment of enterprise groups in insolvency (2010), veröffentlicht auf der UNCITRAL-Internetseite: www.uncitral.org, zuletzt im Juli 2016 eingesehen.
[321] ABl. L 182 vom 29.6.2013, S. 19.
[322] → Rn. 203 ff.
[323] 25. Erwägungsgrund; → § 38 Rn. 12 zum sachlich-räumlichen Anwendungsbereich.

die Gerichte und Verwalter dieser Verfahren.[324] Ob die Art. 56 ff. EuInsVO Befugnisse oder Pflichten der Gerichte und Verwalter der Verfahren, die von der EuInsVO erfasst werden, im Verhältnis zu den Gerichten und Verwaltern aus Drittstaaten begründen, bedarf noch der Klärung.

III. Zusammenarbeit und Kommunikation

1. Verwalter

191 a) **Voraussetzungen.** Bei Insolvenzverfahren über die Vermögen von zwei oder mehr Mitgliedern einer Unternehmensgruppe sind die in den Verfahren bestellten Verwalter verpflichtet, miteinander und mit Gerichten, die mit einem Eröffnungsantrag in einem Verfahren über ein anderes Gruppenmitglied befasst sind oder ein solches Verfahren eröffnet haben, zusammenzuarbeiten (Art. 56 Abs. 1 und 58 EuInsVO). Voraussetzung ist jeweils, dass die Zusammenarbeit
192 – die wirksame Abwicklung bzw. Führung der Verfahren erleichtern kann,
– mit den Vorschriften, die für die einzelnen Insolvenzverfahren gelten, vereinbar ist und
– keine Interessenkonflikte mit sich bringt.
193 Die Vorschriften gelten auch für **vorläufige Verwalter** wie den vorläufigen Insolvenzverwalter nach der InsO, die vom Begriff des Verwalters in Art. 2 Ziff. 5 iVm Anhang B EuInsVO erfasst sind.[325] Dagegen spricht nicht, dass der 62. Erwägungsgrund die Eröffnung des Verfahrens voraussetzt. Denn aus Art. 2 Ziff. 7 (ii) folgt, dass mit der Bestellung des (vorläufigen) Verwalters das Verfahren eröffnet ist.

194 b) **Zusammenarbeit der Verwalter untereinander. aa) Inhalt.** Inhaltlich muss die Zusammenarbeit darauf gerichtet sein, die wirksame Abwicklung der Verfahren zu erleichtern. Es geht darum, dass die Verwalter ihre Verwaltungsaufgaben wahrnehmen und ihre Verfahrensrechte ausüben in einer Art und Weise, die (auch) den anderen Verfahren nützt. Art 56 Abs. 2 EuInsVO verpflichtet die Verwalter insbesondere zur
195 – **Information** anderer Verwalter von Gruppenunternehmen über Tatsachen, die für deren Verfahren von Bedeutung sind (vgl. Art. 56 Abs. 2 lit a EuInsVO),
– Prüfung und ggf. Umsetzung der Koordination der **Verwaltung und der Überwachung der Geschäfte** von Gruppenmitgliedern (vgl. Art. 56 Abs. 2 lit b EuInsVO) und
– Prüfung der **Sanierungsmöglichkeiten** von Gruppenmitgliedern und ggf. zur Abstimmung über einen koordinierten Sanierungsplan (vgl. Art. 52 Abs. 2 lit c EuInsVO).
196 Weiterer denkbarer Gegenstand einer Zusammenarbeit ist die **gemeinsame Vermarktung und der Verkauf** eines auf mehrere Gruppenmitglieder aufgeteilten Konzernunternehmens.

---

[324] AA *Prager/Keller* WM 2015, 805 (810) – Recht des Verwalters aus Drittstaat, Koordinationsverfahren zu beantragen.
[325] *Wimmer* jurisPR-InsR 7/2015 Anm. 1 Ziff 9d).

bb) Form. Die Zusammenarbeit der Verwalter kann in beliebiger Form erfolgen, insbesondere durch den Abschluss von **Vereinbarungen oder Verständigungen** (Art. 56 Abs. 1 S. 2 EuInsVO). Dadurch wird eine Grundlage geschaffen für die in der Praxis vor allem bei Beteiligung nordamerikanischer Schuldner weit verbreiteten *protocols*, die, ausgehend vom *protocol* in der Maxwell-Insolvenz Anfang der neunziger Jahre, Aspekte der Zusammenarbeit der Verwalter bzw. eigenverwaltenden Schuldner und der Gerichte in grenzüberschreitenden Insolvenzverfahren regeln. Auch deutsche Insolvenzverwalter haben sich in der Vergangenheit an *protocols* beteiligt, wie insbesondere der Lehman-Fall zeigt.[326] Nach seinem Wortlaut erfasst Art. 56 Abs. 1 S. 2 EuInsVO neben Vereinbarungen auch (bloße) Verständigungen der Parteien. Das spricht dafür, dass nicht nur Verträge, sondern auch rechtlich nicht verbindliche Absichtserklärungen und Richtlinien erfasst werden, auf die sich die Beteiligten verständigt haben. Ob ein rechtsverbindlicher Vertrag vorliegt oder eine Absichtserklärung ist im Einzelfall durch Auslegung zu ermitteln.[327] Der Inhalt der Vereinbarung oder Verständigung kann ausweislich des 49. Erwägungsgrunds sowohl allgemeiner Natur sein, als auch konkrete Maßnahmen vorsehen.

Voraussetzung ist, dass die Vereinbarung oder Verständigung nach der jeweiligen lex fori concursus der beteiligten Verwalter zulässig ist. Im deutschen Recht sind **Insolvenzverwaltungsverträge** (und folglich auch nicht verbindliche Verständigungen) nach hM grundsätzlich zulässig.[328] Inhaltlich müssen sie sich an den von der InsO vorgegebenen Rahmen halten, insbesondere muss ein deutscher Insolvenzverwalter bei besonders bedeutsamen Rechtshandlungen die §§ 160 ff. InsO beachten. Zudem darf er nur Vereinbarungen und Verständigungen eingehen, die nicht dazu führen, dass die Interessen der Gläubiger in seinem Verfahren beeinträchtigt werden. Jedenfalls das wirksame Zustandekommen des Vertrages beurteilt sich nach den allgemeinen Kollisionsregeln für Schuldverträge,[329] dh bei Verträgen eines deutschen Insolvenzverwalters nach der Rom I-VO. Danach ist grundsätzlich die Rechtswahl der Parteien maßgeblich (Art. 3 Abs. 1 Rom I-VO). Der jeweilige Inhalt des Vertrages kann Sonderanknüpfungen erforderlich machen.[330]

Bei der Verwaltung und Überwachung der Geschäfte des Schuldners und der Prüfung und Abstimmung über eine Sanierung können die Verwalter vereinbaren, einem Verwalter aus ihrer Mitte zusätzliche Befugnisse zu übertragen oder bestimmte Aufgaben unter sich aufzuteilen, wenn das nach dem auf die einzelnen Verfahren anwendbaren Vorschriften zulässig ist (Art. 56 aE EuInsVO).

---

[326] Lehman *protocol*, abrufbar unter http://www.ekvandoorne.com/bankruptcy-lehman-brothers.securities/38-general-information, zuletzt eingesehen im Juli 2016.
[327] Für typisierende Betrachtungsweise hingegen *Wittinghofer*, Der nationale und international Insolvenzverwaltungsvertrag, S. 80 mwN.
[328] K. Schmidt/*Brinkmann*, EuInsVO Art. 31 Rn. 11; *Wittinghofer*, Der nationale und internationale Insolvenzverwaltungsvertrag, S. 54 ff.; *Ehricke* ZIP 2005, 1104, 1111; ablehnend MüKo BGB/*Kindler* EuInsVO Art. 31 Rn. 20.
[329] *Wittinghofer*, Der nationale und internationale Insolvenzverwaltungsvertrag, S. 371; *Eidenmüller* ZZP 114 (2001), 3 (30).
[330] Vgl. die Darstellungen bei *Wittinghofer*, Der nationale und internationale Insolvenzverwaltungsvertrag, S. 371 ff. und *Eidenmüller* ZZP 114 (2001), 3 (29 ff.).

200 **c) Zusammenarbeit der Verwalter mit Gerichten.** Nach Art. 58 EuInsVO sind die Verwalter von Gruppenmitgliedern neben der Zusammenarbeit auch zur Auskunftserteilung gegenüber den Gerichten verpflichtet, die mit Insolvenzverfahren anderer Gruppenmitglieder befasst sind. Jeder Verwalter kann ein solches Gericht um Information zum Insolvenzverfahren des anderen Gruppenmitglieds und um Unterstützung in dem Verfahren, für das er bestellt ist, ersuchen. Es gelten dieselben Voraussetzungen wie für die Zusammenarbeit der Verwalter untereinander.

201 **d) Rechte der Verwalter in anderen Verfahren.** Schließlich räumt Art. 60 EuInsVO dem Verwalter eines Gruppenmitglieds Rechte in den Insolvenzverfahren anderer Gruppenmitglieder und das Recht ein, ein Gruppen-Koordinationsverfahren zu beantragen,[331] soweit durch die Wahrnehmung der Rechte die effektive Verfahrensführung erleichtert werden kann. In den Verfahren anderer Gruppenmitglieder steht dem Verwalter neben einem **Anhörungsrecht** (Abs. 1 lit a) auch das Recht zu, die Aussetzung von Verwertungsmaßnahmen zu verlangen (Abs. 1 lit b, Abs. 2).

202 Die Aussetzung ist bei dem Gericht zu beantragen, das das Verfahren eröffnet hat, in dem die **Verwertungsmaßnahmen ausgesetzt** werden sollen. Das Gericht setzt die Verwertungsmaßnahmen ganz oder teilweise aus, soweit die Aussetzung erforderlich ist, um die Durchführung eines für mehrere Gruppenmitglieder vorgeschlagenen, hinreichend erfolgversprechenden Sanierungsplans nicht zu gefährden. Weitere Voraussetzungen der Aussetzung sind, dass der Sanierungsplan den Gläubigern des Verfahrens, für das die Aussetzung beantragt wird, zugutekäme und weder dieses Verfahren noch das Verfahren, in dem der antragstellende Verwalter bestellt ist, einem Gruppen-Koordinationsverfahren unterliegt. Das Gericht hat den Verwalter des Verfahrens, in dem die Aussetzung beantragt wird, vor seiner Entscheidung zu hören. Es kann die Verwertung zunächst bis zu drei Monaten aussetzen, hat aber die Möglichkeit, die Aussetzung auf insgesamt sechs Monate zu verlängern. Das Gericht kann verlangen, dass der antragstellende Verwalter Maßnahmen zum Schutz der von der Aussetzung betroffenen Gläubiger ergreift.

2. Gerichte

203 **a) Voraussetzungen der Zusammenarbeit.** Die Gerichte, die Insolvenzverfahren über verschiedene Gruppenmitglieder eröffnet haben, trifft ebenfalls eine Pflicht, miteinander und mit Gerichten zu kooperieren, die mit einem Antrag befasst sind, ein Insolvenzverfahren über das Vermögen eines weiteren Gruppenmitglieds zu eröffnen (Art. 57 Abs. 1 EuInsVO). Voraussetzung ist wiederum, dass die Zusammenarbeit

204 – eine wirksame Verfahrensführung erleichtern kann,
– mit den Vorschriften, die für die einzelnen Insolvenzverfahren gelten, vereinbar ist und
– keine Interessenkonflikte mit sich bringt.

205 Dabei kann ein Gericht eine unabhängige Stelle oder Person für die Zusammenarbeit einschalten, wenn das mit der lex fori vereinbar ist (Art. 57 Abs. 1

---

[331] → Rn. 210 ff.

§ 39. Insolvenzverfahren mit Auslandsbezug

letzter Satz). Art. 57 Abs. 2 EuInsVO ermächtigt die Gerichte, direkt miteinander zu kommunizieren und einander um **Information und Unterstützung** zu ersuchen, vorausgesetzt die Rechte der Verfahrensbeteiligten und die Vertraulichkeit der Information werden gewahrt.

b) Verwalterbestellung. Die praktisch wichtigste Maßnahme, die eine Koordination der an der Gruppeninsolvenz beteiligten Gerichte erfordert und die Art. 57 Abs. 3 lit a EuInsVO jetzt ausdrücklich ermöglicht, ist die Bestellung der Verwalter. Dieselbe Person kann von den beteiligten Gerichten zum Verwalter für verschiedene insolvente Mitglieder einer Unternehmensgruppe bestellt werden, vorausgesetzt sie erfüllt die notwendigen Voraussetzungen nach den für die jeweiligen Verfahren geltenden Rechtsordnungen (insbesondere die Anforderungen an Qualifikation und Zulassung von Verwaltern).[332] Die Bestellung einer einzigen Person als Verwalter in allen Verfahren über Gruppenmitglieder ermöglicht zwar die eingangs geforderte koordinierte Abwicklung der Konzerninsolvenz. Daneben werden die Gerichte darauf achten (und in der Regel schon aufgrund der Anforderungen der lex fori concursus auch achten müssen), dass der fragliche Verwalter in der Lage ist, das jeweilige nationale Verfahren nach dem dafür geltenden Recht ordnungsgemäß abzuwickeln. Das setzt ausreichende Kenntnisse des jeweiligen nationalen Insolvenzrechts, der jeweiligen Landessprache und der örtlichen Gepflogenheiten voraus, die der Verwalter selbst oder durch Mitglieder seines Teams wird darstellen müssen.

c) Sonstige Zusammenarbeit. Zudem sieht Art. 57 Abs. 3 EuInsVO eine Zusammenarbeit der Gerichte bei dem Austausch von Information (lit b), der Verwaltung und Überwachung der Insolvenzmassen und der Geschäfte der Gruppenmitglieder (lit c), bei den Verhandlungen (lit d) sowie bei der Zustimmung zu einer Verständigung der Verwalter (lit e) vor.

3. Kosten

Art. 59 bestimmt, dass die Kosten der Zusammenarbeit und Kommunikation nach Art. 56 bis 60 EuInsVO, die einem Verwalter oder einem Gericht entstehen, als Kosten und Auslagen des Verfahrens gelten, in dem sie angefallen sind.

4. Rechtsfolgen einer Pflichtverletzung

Aufgrund ihres programmatischen Charakters sind die Zusammenarbeits- und Kommunikationspflichten der Verwalter nach Art. 56 ff. EuInsVO grundsätzlich **nicht einklagbar**. Ausnahmsweise kann das aber der Fall sein, wenn sie sich im Einzelfall auf ein bestimmtes Tun oder Unterlassen (zB aufgrund einer Vereinbarung zwischen Verwaltern) verdichtet haben.[333] Der die Zusammenarbeits- oder Kommunikationspflicht einfordernde Verwalter kann zudem das Gericht, das das Verfahren führt, in dem der verpflichtete Verwalter bestellt ist, um Unterstützung ersuchen (Art. 58 lit b EuInsVO). Die Unterstützung kann

---
[332] 50. Erwägungsgrund.
[333] Ebenso (zu Art. 31 EuInsVO aF) K. Schmidt/*Brinkmann* InsO Art. 31 EuInsVO Rn. 12; MüKoInsO/*Reinhart* Art. 31 EuInsVO 2000 Rn. 19, 35.

dergestalt erfolgen, dass das Gericht etwaige ihm nach nationalem Recht zustehende **Aufsichtsbefugnisse** ausübt, um den verpflichteten Verwalter zur Erfüllung seiner Pflichten anzuhalten. Die Folgen der **Verletzung der Zusammenarbeits- und Kommunikationspflichten** der Verwalter und Gerichte sind in der EuInsVO nicht geregelt. Etwaige Folgen ergeben sich aus dem Recht des Mitgliedstaats, dessen Gericht das Verfahren eröffnet hat bzw. in dem der Verwalter bestellt wurde. Deutsche Insolvenzverwalter haften bei schuldhafter Verletzung ihrer Zusammenarbeits- und Kommunikationspflichten nach § 60 InsO.[334] Deutsche Insolvenzgerichte haben bei grenzüberschreitenden Insolvenzen die Zusammenarbeits- und Kommunikationspflichten der EuInsVO zu beachten. Eine Verletzung dieser Pflichten kann zu Haftungsansprüchen aufgrund Amtspflichtverletzung aus § 839 BGB/Art. 34 GG führen.[334a] Möglicher **Inhaber eines Haftungsanspruchs** aus § 60 InsO oder aus § 839 BGB/Art. 34 GG ist dabei derjenige, gegenüber dem die verletzte insolvenzspezifische oder Amtspflicht bestand bzw. der in den Schutzzweck der Amtspflicht einbezogen war.[335] Ob das lediglich die am inländischen Verfahren beteiligten Gläubiger,[336] der ausländische Verwalter[337] oder auch die Gläubiger des ausländischen Verfahrens sind, ist durch Auslegung der die Pflicht begründenden Vorschrift unter Berücksichtigung etwaiger konkretisierender Vereinbarungen und sonstiger Umstände im Einzelfall zu ermitteln.

IV. Gruppen-Koordinationsverfahren

1. Überblick und Zweck

210   Der Verordnungsgeber schafft in Art. 61 ff. EuInsVO ein neues Gruppen-Koordinationsverfahren, das ein von den Insolvenzverfahren der einzelnen Gruppenmitglieder getrenntes Verfahren ist. Im Vergleich zu der allgemeinen Zusammenarbeit und Kommunikation der Verwalter und Gerichte nach Art. 56 ff. EuInsVO soll eine noch **engere Koordination der Insolvenzverfahren** der Gruppenmitglieder erreicht und vor allem die koordinierte Sanierung der Gruppe ermöglicht werden.[338] Der Verordnungsgeber bezweckt damit, die effiziente Verwaltung der Insolvenzverfahren der Gruppenmitglieder und die damit verbundene Realisierung des in der wirtschaftlichen Verflechtung der Gruppe angelegten Mehrwerts zu erleichtern sowie eine positive Auswirkung

---

[334] *Wimmer* jurisPR-InsR 7/2015 Anm. 1 Ziff. II 9d); ebenso (zu Art. 31 EuInsVO aF) K. Schmidt/*Thole* InsO § 60 Rn. 15; MüKoInsO/*Reinhart* Art 31 EuInsVO 2000 Rn. 38; iErg. auch MüKoBGB/*Kindler* Art. 31 EuInsVO Rn. 32 f.; zweifelnd Haß/Huber/Gruber/Heiderhoff/*Heiderhoff* EuInsVO Art. 31 Rn. 9; → § 47 Rn. 1 ff. (allg. zur Haftung des Verwalters).
[334a] → § 50 Rn. 1 ff. zur Haftung des Insolvenzgerichts.
[335] BGH ZIP 2006, 859 (860); MüKoInsO/*Brandes/Schoppmeyer* § 60 Rn. 68; K. Schmidt/*Thole* InsO § 60 Rn. 6 (jeweils zu § 60 InsO); BGH Urt. v. 16.2.1995 – III ZR 106/93, NJW 1995, 1830 mwN; MüKoBGB/*Papier* § 839 Rn. 227 ff. (jeweils zu § 839 BGB).
[336] *Wimmer* jurisPR-InsR 7/2015 Anm. 1 Ziff. II 9d).
[337] MüKoBGB/*Kindler* Art. 31 EuInsVO Rn. 33.
[338] 54. Erwägungsgrund.

Kammel

auf die Gläubiger dieser Verfahren.[339] Mittel zum Zweck sind Empfehlungen eines im Koordinationsverfahren bestellten Koordinators für die koordinierte Durchführung der Insolvenzverfahren und ein von ihm vorgeschlagener Gruppen-Koordinationsplan, der einen umfassenden Katalog von Maßnahmen für eine integrierte Bewältigung der Insolvenzen der Gruppenmitglieder enthält (Art. 72 Abs. 1 EuInsVO).

2. Einleitung des Verfahrens

a) Zuständiges Gericht. Jeder Verwalter, der in einem Insolvenzverfahren über das Vermögen eines Gruppenmitglieds bestellt worden ist, kann bei jedem Gericht, das für das Insolvenzverfahren eines Gruppenmitglieds zuständig ist, ein Gruppen-Koordinationsverfahren beantragen (Art. 61 Abs. 1 EuInsVO). Antragsberechtigter Verwalter ist auch der vorläufige Insolvenzverwalter, der in einem deutschen Insolvenzverfahren bestellt wurde.[340] Werden mehrere Anträge bei Gerichten verschiedener Mitgliedstaaten gestellt, so erklären sich die später angerufenen Gerichte zugunsten des zuerst angerufenen Gerichts für unzuständig (Prioritätsregel, Art. 62 EuInsVO). Bis zur Eröffnung des Gruppen-Koordinationsverfahrens können zwei Drittel aller in den Insolvenzverfahren der Gruppenmitglieder bestellten Verwalter durch schriftliche Vereinbarung ein zuständiges Gericht eines anderen Mitgliedstaats bestimmten, dass dann für das Koordinationsverfahren ausschließlich zuständig wird (Art. 66 EuInsVO).

211

b) Lex fori. Für das Koordinationsverfahren gilt ergänzend zur EuInsVO das Recht des Mitgliedstaats, in dem sich das angerufene Gericht befindet. Zwar sieht die EuInsVO keine dahingehende ausdrückliche Regelung vor. Doch regelt sie, dass für Rechtsbehelfsverfahren nach Art. 69 Abs. 4 und Art. 77 Abs. 5 EuInsVO gegen Entscheidungen im Koordinationsverfahren das Verfahren statthaft ist, das das Recht des Mitgliedstaats vorsieht, in dem das Koordinationsverfahren eröffnet wurde. Diese Vorschriften sprechen dafür, dass für das Koordinationsverfahren dasselbe Recht gilt, soweit die EuInsVO nicht selbst Regelungen enthält. Dass die Art. 61 ff. EuInsVO keine abschließende Regelung des Koordinationsverfahrens darstellen, die nationales Recht verdrängen, ergibt sich aus dem 61. Erwägungsgrund, der ergänzende nationale Vorschriften ausdrücklich zulässt. Für die lex fori sprechen zudem die allgemeinen Grundsätze des internationalen Zivilverfahrensrechts, die vorsehen, dass Gerichtsverfahren nach eigenem Recht abgewickelt werden *(forum regit processum)* und die in Deutschland und anderen europäischen Ländern gelten.[341] Ein Verwalter muss allerdings bei der Antragstellung etwaige Vorgaben des Rechts beachten, das für das Verfahren gilt, in dem er bestellt wurde (Art. 61 Abs. 2 EuInsVO), also insbesondere erforderliche Genehmigungen einholen.[342] Deutsche Insolvenzver-

212

---

[339] 57. Erwägungsgrund.
[340] *Prager/Keller* WM 2015, 805 (810).
[341] HM in Deutschland, vgl. Musielak/*Voit*, ZPO, 13. Aufl. 2016, Einführung Rn. 14; krit. *Geimer*, IZPR, 7. Aufl. 2015, Rn. 319 ff. mit Nachweisen zur Rechtslage in anderen europäischen Staaten.
[342] 55. Erwägungsgrund.

walter sind gem. Art. 102c § 24 Abs. 1 EGInsO-E verpflichtet, die Zustimmung des Gläubigerausschusses nach §§ 160, 161 InsO einzuholen, wenn sie einen Antrag auf ein Gruppen-Koordinationsverfahren stellen wollen und wenn die Entscheidung über die Durchführung des Koordinationsverfahren von besonderer Bedeutung für das Insolvenzverfahren ist.

213   c) **Antrag.** Mit dem Antrag ist eine Darlegung der vorgeschlagenen Gruppen-Koordination (Art. 61 Abs. 3 lit. b EuInsVO) vorzulegen und es sind Angaben zu den wesentlichen Elementen der Koordination zu machen, die den Verwaltern in den einzelnen Insolvenzverfahren eine fundierte Entscheidung über die Teilnahme am Koordinationsverfahren ermöglichen sollen.[343] Die Darstellung der Koordination im Antrag ist zudem **Grundlage der gerichtlichen Eröffnungsentscheidung** gem. Art. 68 Abs. 1 EuInsVO. Außerdem ist ein Gruppenkoordinator vorzuschlagen, dessen Zustimmung zu der Koordinatorentätigkeit beizufügen sowie die Kosten der Koordination und des von jedem Gruppenmitglied zu tragenden Kostenanteils zu schätzen. Beizufügen ist dem Antrag eine Liste der für die Gruppenmitglieder bestellten Verwalter und der Gerichte (Art. 61 Abs. 3 EuInsVO).

214   d) **Mitteilung des Gerichts an Verwalter der anderen Gruppenmitglieder.** Nach Eingang des Antrags auf Eröffnung des Koordinationsverfahrens prüft das Gericht, ob ein solches Verfahren die effektive Führung der Insolvenzverfahren der Gruppenmitglieder erleichtern kann, den Gläubigern der Gruppenmitglieder, die sich voraussichtlich beteiligen werden, keine finanziellen Nachteile entstehen und der vorgeschlagene Koordinator geeignet und ohne Interessenkonflikte ist (Art. 63 Abs. 1 EuInsVO). Ergibt die Prüfung, dass diese Voraussetzungen gegeben sind, teilt das Gericht den Verwaltern der Gruppenmitglieder mit, dass ein Koordinationsverfahren beantragt und wer als Koordinator vorgeschlagen wurde und gibt den Verwaltern die Gelegenheit, sich zu äußern (Art. 63 EuInsVO).

215   e) **Einwände anderer Verwalter.** Ein im Insolvenzverfahren eines Gruppenmitglieds bestellter Verwalter kann innerhalb von dreißig Tagen nach Eingang der Mitteilung des Gerichts Einwände gegen die Einbeziehung „seines" Insolvenzverfahrens in das Koordinationsverfahren und gegen die als Koordinator vorgeschlagene Person erheben. Die Einwände sind bei dem Gericht geltend zu machen, das mit dem Antrag auf Eröffnung des Koordinationsverfahrens befasst ist (Art. 64 EuInsVO).

216   Der **Einwand gegen die Einbeziehung des Verfahrens** führt dazu, dass das Insolvenzverfahren über das Vermögen des Gruppenmitglieds nicht vom Koordinationsverfahren betroffen ist und das Gruppenmitglied keine Kosten des Koordinationsverfahrens zu tragen hat (Art. 65, 72 Abs. 4 EuInsVO). Während der einzelne Verwalter nach der EuInsVO frei[344] in der Entscheidung ist, ob er gegen die Einbeziehung des Verfahrens Einwände erhebt, kann das für das Insolvenzverfahren geltende nationale Recht ihn dazu verpflichten, im bestmöglichen Interesse der Gläubiger zu handeln. Namentlich das deutsche

---

[343] 55. und 56. Erwägungsgrund.
[344] 56. Erwägungsgrund („Freiwilligkeit des Gruppen-Koordinationsverfahrens").

Kammel

Recht sieht vor, dass der Verwalter die Masse im Interesse der Gläubiger bestmöglich und zügig abwickeln muss.[345] Daraus kann sich die Pflicht ergeben, der Einbeziehung des Insolvenzverfahrens in das Koordinationsverfahren, das dem Gläubigerinteresse dient,[346] nicht zu widersprechen. Deutsche Insolvenzverwalter müssen unter den Voraussetzungen des Art. 102c § 24 Abs. 2 Nr. 1 EGInsO-E die Zustimmung des Gläubigerausschusses einholen. Erhebt der Verwalter nicht fristgemäß Einwand, wird „sein" Verfahren einbezogen.

Bei **Einwänden gegen die als Koordinator vorgeschlagene Person,** kann das Gericht davon absehen, diese Person zu bestellen und dem widersprechenden Verwalter aufgeben, einen neuen Antrag auf Eröffnung des Koordinationsverfahrens einzureichen (Art. 67 EuInsVO). 217

3. Das eröffnete Koordinationsverfahren

a) **Eröffnungsentscheidung.** Nach Ablauf der Frist für die Einwände der für Gruppenmitglieder bestellten Verwalter eröffnet das Gericht ein Koordinationsverfahren, wenn es auch nach Berücksichtigung etwaiger Einwände davon überzeugt ist, dass die **Eröffnungsvoraussetzungen nach Art. 63 Abs. 1 EuInsVO** gegeben sind. Im Falle der Eröffnung des Koordinationsverfahrens bestellt das Gericht einen Koordinator, der nach dem Recht eines Mitgliedstaats geeignet ist, als Verwalter tätig zu werden, keiner der Verwalter sein darf, die für ein Gruppenmitglied bestellt sind, und sich in keinem Interessenkonflikt befinden darf (Art. 68, 71 EuInsVO). Das Gericht entscheidet außerdem über den Entwurf der Koordination und über die Kostenschätzung und -verteilung (Art. 68 Abs. 1 EuInsVO). 218

b) **Nachträgliches Opt-in.** Verwalter, die Einwände gegen die Einbeziehung „ihrer" Verfahren vorgebracht haben, oder deren Verfahren erst nach der Eröffnung des Koordinationsverfahrens eröffnet wurden, können die **Einbeziehung ihrer Verfahren nach Eröffnung** des Koordinationsverfahrens beantragen (Art. 69 Abs. 1 EuInsVO). Deutsche Insolvenzverwalter bedürfen der Zustimmung des Gläubigerausschusses, wenn das Koordinationsverfahren von besonderer Bedeutung für das Insolvenzverfahren ist (Art. 102c § 24 Abs. 2 Nr. 2 EGInsO-E). Der Koordinator kann dem Antrag entsprechen, wenn die in Art. 63 Abs. 1 lit. a und b enthaltenen Voraussetzungen gegeben sind oder alle beteiligten Verwalter zustimmen (Art. 69 Abs. 2 EuInsVO). Mit dem Verweis auf Art. 63 ist gemeint, dass die nachträgliche Einbeziehung des Insolvenzverfahrens des antragstellenden Verwalters die effektive Führung der Insolvenzverfahren der Gruppenmitglieder erleichtern kann und die Einbeziehung die Gläubiger nicht finanziell benachteiligt. Jedem der beteiligten Verwalter und dem Antragsteller stehen die Rechtsbehelfe nach dem Recht des das Koordinationsverfahren eröffnenden Gerichts gegen die Entscheidung des Koordinators zu (Art. 69 Abs. 4 EuInsVO). 219

---

[345] BGHZ 70, 87 (91) = BGH Urt. v. 7.12.1977 – VIII ZR 164/76, NJW 1978, 538 (539); K. Schmidt/*Thole* InsO § 60 Rn. 11.
[346] 57. Erwägungsgrund.

220 **c) Koordinator. aa) Aufgabenstellung.** Aufgabe des Koordinators ist es, **Empfehlungen für die koordinierte Durchführung** der Insolvenzverfahren der einbezogenen Gruppenmitglieder aufzuzeigen und einen **Gruppen-Koordinationsplan vorzuschlagen,** der Maßnahmen für einen integrierten Ansatz zur Bewältigung der Insolvenz der Gruppenmitglieder darstellt und empfiehlt. Der Plan kann insbesondere Vorschläge zur Sanierung der Gruppe oder einzelner Mitglieder, zur Beilegung gruppeninterner Streitigkeiten über Transaktionen zwischen Gruppenmitgliedern und Anfechtungsklagen und zu Vereinbarungen zwischen den Verwaltern der insolventen Gruppenmitglieder enthalten (Art. 72 Abs. 1 EuInsVO). Der Plan darf keine Empfehlungen zur Konsolidierung von Verfahren und Insolvenzmassen umfassen (Art. 72 Abs. 3 EuInsVO).

221 **bb) Umsetzung der Koordinationsmaßnahmen.** Bei der Durchführung ihrer Insolvenzverfahren berücksichtigen die Verwalter der Gruppenmitglieder die Empfehlungen des Koordinators und den Inhalt des Koordinationsplans (Art. 70 Abs. 1 EuInsVO). Die Umsetzung von Koordinationsmaßnahmen im Verfahren über das einzelne Gruppenmitglied erfolgt nach dem dafür geltenden **nationalen Recht,** dh der Verwalter übt in diesem Verfahren die ihm zustehenden Rechte aus, um den Koordinationsmaßnahmen Geltung zu verschaffen. Er muss etwaige nach der lex fori concursus erforderliche Zustimmungen der Gläubiger oder des Gerichts einholen.

222 Die Verwalter sind allerdings nur verpflichtet, sich mit den Empfehlungen und dem Koordinationsplan **auseinanderzusetzen.** Jedenfalls nach europäischem Recht sind sie nicht verpflichtet, ihnen Folge zu leisten (Art. 70 Abs. 2 EuInsVO). Folgt ein Insolvenzverwalter den Empfehlungen bzw. Vorschlägen im Plan nicht, so hat er die Gründe dafür den Stellen, denen er nach dem für sein Insolvenzverfahren geltenden Recht Bericht erstatten muss, und dem Koordinator mitzuteilen (Art. 70 aE EuInsVO). Die Verwalter sind gehalten zu prüfen, ob die Empfehlungen bzw. Vorschläge zu einer Besserstellung der Gläubiger ihres Verfahrens führen,[347] was uU nach dem nationalen Verfahrensrecht die Pflicht begründen kann, den Empfehlungen oder dem Plan Folge zu leisten.

223 **cc) Befugnisse des Koordinators.** Damit der Koordinator seine Aufgaben erfüllen kann, ist er gem. Art. 72 Abs. 2 EuInsVO berechtigt, in jedem Insolvenzverfahren eines Gruppenmitglieds gehört zu werden und daran mitzuwirken (lit. a), bei Streitigkeiten zwischen Verwaltern der Gruppenmitglieder zu vermitteln (lit. b), den Koordinationsplan den Stellen seines Landes vorzulegen und zu erläutern, denen er Bericht erstatten muss (lit. c) und die Aussetzung eines Verfahrens jedes Gruppenmitglieds für bis zu sechs Monaten zu verlangen, soweit diese Aussetzung notwendig ist, um die ordnungsgemäße Durchführung des Koordinationsplans sicherzustellen, und den Gläubigern des Verfahrens, dessen Aussetzung beantragt wird, zugutekäme (lit. e). Der Koordinator arbeitet innerhalb des rechtlich zulässigen Rahmens mit den Verwaltern der Gruppenmitglieder zusammen und erhält von ihnen die Informationen, die für die Wahrnehmung seiner Aufgaben von Belang sind (Art. 74, 72 Abs. 2 lit. d EuInsVO).

---

[347] *Vallender* ZIP 2015, 1513 (1521).

dd) Sonstiges. Regeln über die zu verwendenden Sprachen enthält Art. 73 **224**
EuInsVO. Art. 75 EuInsVO regelt die Abberufung des Koordinators im Falle
einer Pflichtverletzung und Art. 77 EuInsVO regelt das Verfahren zur Bestätigung der Kosten des Koordinationsverfahrens. Verletzt ein deutsches Gericht
oder ein in einem deutschen Insolvenzverfahren bestellter Verwalter die ihm im
Rahmen des Koordinationsverfahrens obliegenden Pflichten, kommt eine Haftung nach § 839 BGB/Art. 34 GG bzw. § 60 InsO[348] in Betracht. Auf die Ausführungen zu einer möglichen Haftung wegen Verletzung der Zusammenarbeits- und Kommunikationspflichten kann verwiesen werden.[349]

---

[348] *Vallender* ZIP 2015, 1513 (1520).
[349] → Rn. 209.

13. Teil.
Insolvenz natürlicher Personen

§ 40. Verbraucherinsolvenz

Das Verbraucherinsolvenzverfahren steht natürlichen Personen offen, die keine selbstständige Tätigkeit ausüben oder ausgeübt haben. In letzterem Fall ist jedoch eine Abgrenzung zum Regelverfahren vorzunehmen (→ Rn. 2). Das Verfahren setzt die Durchführung einer außergerichtliche Schuldenbereinigung voraus (→ Rn. 10) sowie die Verwendung vorgegebener Formulare für die Antragstellung (→ Rn. 20). Im Eröffnungsverfahren kann eine gerichtliche Schuldenbereinigung durchgeführt werden (→ Rn. 37), sofern der Antrag beanstandungsfrei eingereicht wurde. Beanstandungen sind innerhalb von einem Monat zu beheben, da ansonsten der Antrag aufgrund gesetzlicher Fiktion als zurückgenommen gilt (→ Rn. 36a). Im gerichtlichen Schuldenbereinigungsverfahren herrscht das Einstimmigkeitsprinzip, jedoch kann die Zustimmung widersprechender Gläubiger unter bestimmten Umständen vom Gericht ersetzt werden (→ Rn. 47). Das Gericht hat von Amts wegen die Masse zu ermitteln und zu prüfen, ob die Verfahrenskosten gedeckt sind (→ Rn. 57). Bei fehlender Kostendeckung kommt Verfahrenskostenstundung auf Antrag in Betracht (→ Rn. 61), damit das Verfahren unter Bestellung eines Insolvenzverwalters eröffnet werden kann (→ Rn. 72).

A. Einleitung

Zugang zum Verbraucherinsolvenzverfahren hat eine natürliche Person, die zum Zeitpunkt der Antragstellung keine selbstständige wirtschaftliche Tätigkeit ausübt und eine solche Tätigkeit auch nicht ausgeübt hat.
Wurde eine solche Tätigkeit vor Antragstellung ausgeübt, aber beendet, besteht ein Zugang zum Verbraucherinsolvenzverfahren nur, wenn die Zahl der Gläubiger weniger als 20 beträgt und keine Ansprüche aus Arbeitsverhältnissen bestehen.

B. Der persönliche Anwendungsbereich

I. Absicht des Gesetzgebers

Der Gesetzgeber wollte verhindern, dass solche Personen, die (ehemals) in größerem Umfang wirtschaftlich tätig waren, in den Anwendungsbereich des Verbraucherinsolvenzverfahrens fallen. Eine Zuweisung (ehemals) selbstständig tätiger Personen in die Verbraucherinsolvenz ist demgemäß nur ausnahmsweise

Heilmaier

zulässig, wenn eine vergleichbare Verschuldungsstruktur wie beim Verbraucher vorliegt.[1]

II. Maßgeblicher Zeitpunkt

2   Für die Beurteilung, ob die Vorschriften des Verbraucherinsolvenzverfahrens Anwendung finden können, ist der Zeitpunkt des Insolvenzantrages maßgeblich.[2] Dementsprechend kommt das Verbraucherinsolvenzverfahren nur für natürliche Personen zur Anwendung, die bei Stellung des Insolvenzantrages **keine wirtschaftliche Tätigkeit (mehr) ausüben.**

III. Abgrenzung selbstständige – nichtselbstständige Tätigkeit

3   Als Ausübung einer selbstständigen Tätigkeit gilt jedoch nicht eine nur **gelegentlich** neben einer abhängigen Beschäftigung ausgeübte, nicht organisatorisch verfestigte selbstständige Tätigkeit.[3]

Persönlich haftende Gesellschafter von Personenhandelsgesellschaften werden mit der Aufnahme des Geschäftsbetriebs Kaufleute und sind damit selbständig beruflich tätig, weil sie die eigentlichen Unternehmensträger sind. Daher können §§ 304 ff. InsO nicht zur Anwendung kommen.[4] Bei **in der Haftung beschränkten Geschäftsführern und Gesellschaftern** muss differenziert werden, wie stark die persönliche Verbindung zu dem Unternehmen, die Einflussnahmemöglichkeiten und die Teilhabe zu einer Verschuldensstruktur führen kann, die der eines Verbrauchers nicht entspricht.

Bei Mehrheitsgesellschaftern[5] und bei geschäftsführenden Gesellschaftern[6] kann eine verbraucherähnliche Vermögensstruktur regelmäßig nicht angenommen werden.

IV. Zusatzvoraussetzungen für ehemals selbstständig Tätige

4   Soweit in der Vergangenheit eine selbstständige wirtschaftliche Tätigkeit bestand, ist für die Gleichstellung mit Verbrauchern maßgeblich, ob die **Vermögensverhältnisse überschaubar** sind und **keine Forderungen aus Arbeitsverhältnissen** bestehen.

1. Überschaubare Verhältnisse

5   Gem. § 304 Abs. 2 InsO werden überschaubare Verhältnisse gesetzlich widerlegbar[7] vermutet, wenn der Schuldner weniger als 20 Gläubiger hat.

---

[1] BGH Beschl. v. 22.9.2005 – IX ZB 55/04, NZG 2005, 1005.
[2] HK-InsO/*Landfermann* § 304 Rn. 4.
[3] BGH Beschl. v. 24.3.2011 – XI ZB 80/11.
[4] BGH Beschl. v. 22.9.2005 – IX ZB 55/04, NZG 2005, 1005.
[5] MüKoInsO/*Ott/Vuia* § 304 Rn. 66; Braun/*Buck* InsO § 304 Rn. 11.
[6] BGH Beschl. v. 22.9.2005 – IX ZB 55/04, NZG 2005, 1005; MüKoInsO/*Ott/Vuia* § 304 Rn. 66; Braun/*Buck* InsO § 304 Rn. 11.
[7] Vgl. MüKoInsO/*Ott/Vuia* § 304 Rn. 71.

2. Keine Forderungen aus Arbeitsverhältnissen

Keinen Zugang zum Verbraucherinsolvenzverfahren finden solche Personen, 6
gegen die wenigstens eine Forderung aus einem Arbeitsverhältnis besteht, § 304
Abs. 1 S. 2 InsO. Zu solchen Forderungen gehören neben den eigentlichen
Lohnforderungen (Forderungen aus der Rechtsbeziehung zwischen Arbeitgeber und Arbeitnehmer) auch[8] die Sozialversicherungsbeiträge, Lohnsteuern
und Beiträge zu Berufsgenossenschaften, die für einen Arbeitnehmer geschuldet
werden.[9]

C. Antragsberechtigung

I. Der Eigenantrag

In der Regel werden Verbraucherinsolvenzverfahren vom Schuldner selbst 7
beantragt. Für den Eigenantrag enthält § 305 InsO besondere Regeln, die den
allgemeinen des § 13 InsO insoweit vorgehen, § 304 Abs. 1 S. 1 InsO. Gem.
§ 305 Abs. 5 S. 2 InsO hat der Schuldner dabei insbesondere die vorgesehenen
Formulare zu verwenden.[10]

II. Der Fremdantrag

Verbraucherinsolvenzverfahren werden relativ selten von Gläubigern bean- 8
tragt, gleichwohl ist dieses möglich. Die die allgemeinen Vorschriften (§ 14
InsO) ergänzenden Sonderregelungen finden sich dabei in § 306 InsO. Im Falle
eines Gläubigerantrags hat das Gericht dem Schuldner vor Eröffnung die Möglichkeit zu geben, selbst einen Antrag zu stellen, § 306 Abs. 2 S. 1 InsO. Sofern
der Schuldner einen eigenen Antrag stellt, ruht auch der Antrag des Gläubigers,
§ 306 Abs. 3 S. 2, Abs. 1 InsO. In Abweichung von der Monatsfrist zur Vervollständigung des „normalen" Eigenantrages beträgt in diesem Fall die Frist für
den Schuldner 3 Monate, § 305 Abs. 3 S. 3 InsO.

III. Insolvenzantragspflicht

Den Schuldner als natürliche Person trifft grundsätzlich keine Antragspflicht. 9
Eine solche Pflicht besteht nur in den im Gesetz ausdrücklich normierten Fällen → § 4 Rn. 65 ff. Allerdings besteht eine Antragsobliegenheit, wenn dadurch
gewährleistet werden kann, dass der Unterhaltsanspruch von Kindern gem.

---

[8] Vgl. MüKoInsO/*Ott*/*Vuia* § 304 Rn. 72; Uhlenbruck/*Sternal* InsO § 304 Rn. 25–27.
[9] Berufsgenossenschaftsbeiträge für den Schuldner selbst fallen nicht hierunter, vgl. BGH Beschl. v. 24.9.2009 – IX ZA 49/08.
[10] Verordnung zur Einführung von Vordrucken für das Verbraucherinsolvenzverfahren und die Restschuldbefreiung (Verbraucherinsolvenzvordruckverordnung – VbrInsVV) vom 17.2.2002, BGBl. I 703 ff. Die amtlichen Vordrucke sind in Anlage zu der Rechtsverordnung abgedruckt.

§ 1603 Abs. 3 S. 2 BGB wegen seiner Vorrangigkeit gegenüber anderen Forderungen im Insolvenzverfahren gesichert werden kann,[11] nicht jedoch bei Ehegattenunterhalt.[12]

D. Der Ablauf der Verbraucherinsolvenz

I. Die außergerichtliche Schuldenbereinigung

10 Die außergerichtliche Schuldenbereinigung ist in der InsO nicht geregelt, wird jedoch in §§ 305, 305a InsO vorausgesetzt.[13] Nach § 305 Abs. 1 Nr. 1 InsO ist der Antrag auf Eröffnung des Verbraucherinsolvenzverfahrens nur zulässig, wenn mit den Gläubigern erfolglos (und ernsthaft) der Versuch unternommen wurde, eine Schuldenbereinigung auf der Grundlage eines **Schuldenbereinigungsplans** herbeizuführen.

1. Gesetzliche Vorgaben

11 Der genaue Ablauf des außergerichtliche Schuldenbereinigungsverfahrens wird im Gesetz nicht näher geregelt. Der Gesetzgeber hat jedoch festgeschrieben, dass die außergerichtliche Einigung auf Basis eines schriftlichen[14] Plans, persönlicher Beratung und eingehender Prüfung der Einkommens- und Vermögensverhältnisse des Schuldners durch eine geeignete Person oder Stelle erfolgen muss. Ist ein außergerichtlicher Einigungsversuch, der diesen Anforderungen auch tatsächlich gerecht wird, nicht erfolgt, hat das Insolvenzgericht den Antrag als unzulässig zurückzuweisen.[15]

2. Form des Plans

12 Aus arbeitsökonomischen Erwägungen heraus scheint es sinnvoll, den außergerichtlichen Schuldenbereinigungsplan bereits an den formalen Kriterien des gerichtlichen Plans auszurichten. Unter dem außergerichtlichen Plan ist dennoch nicht dasselbe zu verstehen wie unter dem Schuldenbereinigungsplan im Sinne des § 305 Abs. 1 Nr. 4 InsO. Dem Gesetzgeber ging es im Wesentlichen um den Nachweis der Ernsthaftigkeit des Einigungsversuchs.[16] Demgemäß bedarf es einer geordneten und umfassenden Unterrichtung der Gläubiger über die Einkommensverhältnisse und der Vorlage eines Gläubigerverzeichnisses (geordnete Übersicht der Gläubiger und deren Forderungen sowie Angaben zu

---

[11] BGH Urt. v. 23.2.2005 – XII ZR 114/03, NJW 2005, 1279.
[12] BGH Urt. v. 12.12.2007 – XII ZR 23/06, NZI 2008, 193 (194).
[13] Uhlenbruck/*Sternal* InsO § 305 Rn. 6.
[14] Uhlenbruck/*Sternal* InsO § 305 Rn. 13.
[15] AG Potsdam Beschl. v. 19.2.2015 – 35 IK 1239/14; AG Köln Beschl. v. 20.8.2015 – 73 IK 373/15, NZI 2015, 863; LG Düsseldorf Beschl. v. 26.6.2015 – 25 T 410/15, BeckRS 2015, 15640; vgl. auch Frind, „Schlecht beraten, wenn nicht persönlich beraten?", ZInsO 2016, 307 ff.
[16] Nerlich/Römermann/*Römermann* InsO § 305 Rn. 19.

eventuellen Sicherheiten).[17] Der Plan muss ergebnisorientiert sein, ein Nullplan ist aufgrund der Privatautonomie dennoch zulässig.

3. Mitwirkung geeigneter Personen/Stellen – Beratungsleistung

Zulässigkeitsvoraussetzung für den Antrag auf Eröffnung des gerichtlichen Schuldenbereinigungsverfahrens ist die von einer „geeigneten Person oder Stelle auf der Grundlage persönlicher Beratung ausgestellte" Bescheinigung über das Scheitern einer außergerichtlichen Schuldenbereinigung (§ 305 Abs. 1 Nr. 1 InsO). Die Länder haben durch weitgehend gleichlautende Gesetze zur Ausführung der Insolvenzordnung (AGInsO[18]) diese Personen und Stellen bestimmt. Demgemäß sind **geeignete Personen** ua Rechtsanwälte, Notare, Steuerberater. 13

Anerkannt sein iSv § 305 Abs. 1 Nr. 1 InsO können auch Stellen, die in der Trägerschaft einer Kirche, Gemeinde oder sonstiger juristischer Person des öffentlichen Lebens, der Verbände der freien Wohlfahrt oder einer Verbraucherzentrale stehen oder von einer zuverlässigen und sachkundigen Person mit weitreichender praktischer Erfahrung in der Schuldenberatung geleitet werden. 14

Zu beachten ist die zwingende Voraussetzung der **persönlichen Beratung**, welche vom Gesetz ausdrücklich normiert wird, um die Qualität und Gründlichkeit der Prüfung der finanziellen Situation des Schuldners sicherzustellen.[19] Die Beratung darf nicht zu einer bloßen Förmelei degradiert werden. Dabei wurden in einer Reihe von Entscheidungen[20] die Anforderungen an diese Beratung deutlich definiert: Die Beratung des Schuldners hat in einem persönlichen Gespräch zu erfolgen, im Falle der Beratung durch einen Rechtsanwalt nur durch diesen in Person und nicht delegiert auf einen Mitarbeiter oder eine nicht zugelassene Stelle. Die Beratung erfordert zudem ein „tatsächliches Beieinandersein", so dass rein telefonischer Kontakt oder Kontakt via Internetdienste diesem Erfordernis nicht genügt.[21] Erfüllt die Beratung nicht die genannten Kriterien, ist der Antrag als unzulässig zurückzuweisen. 15

4. Scheitern des außergerichtlichen Schuldenbereinigungsverfahrens

Die außergerichtliche Schuldenbereinigung hat nur dann Erfolg, wenn ihr **alle** Gläubiger zustimmen. Schweigen gilt nicht als Zustimmung. Der Zeitpunkt des Scheiterns muss innerhalb der letzten 6 Monate vor Antragstellung liegen. Maßgeblich für das Scheitern ist der Zeitpunkt der letzten Ablehnung[22] durch 16

---

[17] Uhlenbruck/*Sternal* InsO § 305 Rn. 18.
[18] In Bayern: Gesetz zur Ausführung der Sozialgesetze (AGSG) vom 8.12.2006 (GVBl. S. 942), Teil 14.
[19] BT-Drs. 17/11268, 34.
[20] AG Potsdam Beschl. v. 19.2.2015 – 35 IK 1239/14; AG Köln Beschl. v. 20.8.2015 – 73 IK 373/15, NZI 2015, 863; LG Düsseldorf Beschl. v. 26.6.2015 – 25 T 410/15, BeckRS 2015, 15640.
[21] Ausdrücklich LG Düsseldorf Beschl. v. 26.6.2015 – 25 T 410/15, BeckRS 2015, 15640; AG Kaiserslautern Beschl. v. 13.1.2016 – 2 IK 359/15, ZInsO 2016, 244; *Frind*, „Schlecht beraten, wenn nicht persönlich beraten?", ZInsO 2016, 307 (311).
[22] MüKoInsO/*Ott/Vuia* § 305 Rn. 43.

einen Gläubiger, im Falle von Schweigen kann dies auch der Ablauf einer gesetzten Antwortfrist sein.

Demgemäß gilt die Zwangsvollstreckung **eines** Gläubigers als Ablehnung gegenüber dem Einigungsvorschlag des Schuldners (§ 305a InsO). Damit kann eine Zustimmung **aller** Gläubiger nicht mehr erzielt werden: Die außergerichtliche Schuldenbereinigung ist gescheitert.[23]

Das Wort „Betreiben" der Zwangsvollstreckung umfasst begrifflich sowohl die erstmalige Stellung eines Vollstreckungsantrages, als auch die Fortsetzung einer laufenden Zwangsvollstreckung. Ein entsprechender Hinweis auf § 305a InsO und dessen Folgen im Schuldenbereinigungsplan oder im Anschreiben ist daher ratsam.

5. Keine Schutzwirkung des außergerichtlichen Schuldenbereinigungsverfahrens

17 Das außergerichtliche Schuldenbereinigungsvefahren entfaltet **keinerlei Wirkung** gegenüber den Gläubigern. Die Möglichkeit der Zwangsvollstreckung und das selbstständige Insolvenzantragsrecht der einzelnen Gläubiger bleiben erhalten.[24] Ebenso wenig tritt eine Hemmung des Zinslaufs ein.

Aus dem Vorgenannten ergibt sich ein praktisches Problem: Es gibt zu keinem Zeitpunkt einen aktuellen Plan, da sich die Verhältnisse der Gläubiger durch auflaufende Zinsen einerseits und durch Tilgungen andererseits ständig verändern können.

6. Praktische Durchführung

18 Der Schuldner muss seinen Schuldenbereinigungsplan mit Anlagen an die Gläubiger übersenden und sie auffordern, ihre Zustimmung bekannt zu geben. Hierfür kann er ihnen eine Frist setzen.

Das **Schweigen eines Gläubigers** gilt als Ablehnung (anders gem. § 307 Abs. 2 InsO beim gerichtlichen Schuldenbereinigungsverfahren). Auch eine Zustimmungsersetzung ist im außergerichtlichen Verfahren nicht möglich.

19 Stimmen alle Gläubiger dem Schuldenbereinigungsplan zu, so kommt diesem die **Wirkung eines außergerichtlichen Vergleichs** zu.[25] Der Plan stellt jedoch keinen Vollstreckungstitel dar. Nur wenn er lediglich die Zahlung einer bestimmten Geldsumme oder betragsmäßig bestimmter Raten vorsieht, kann durch notarielle Beurkundung ein Vollstreckungstitel erstellt werden.

Ist absehbar, dass der vorgelegte Plan nicht die Zustimmung aller Gläubiger erhalten wird, kann der Schuldner – ggf. mehrfach – seinen außergerichtlichen Schuldenbereinigungsplan nachbessern.

II. Die Antragstellung bei Gericht

1. Formularzwang

20 Mit dem schriftlichen Antrag auf Eröffnung des Insolvenzverfahrens oder unverzüglich im Anschluss daran hat der Schuldner gem. § 305 Abs. 1 InsO

---

[23] MüKoInsO/*Ott*/*Vuia* § 305a Rn. 2.
[24] Vgl. Uhlenbruck/*Sternal* InsO § 305 Rn. 16.
[25] HambK-InsO/*Streck* § 305 Rn. 7.

dem Gericht umfangreiche Unterlagen vorzulegen. Dabei müssen für die in § 305 Abs. 5 S. 1 InsO genannten Verzeichnisse und Bescheinigungen zwingend die aktuellen[26] bundeseinheitlichen Formulare der VbrInsVV verwendet werden (§ 305 Abs. 5 S. 2 InsO),[27] da anderenfalls die Rücknahmefiktion des § 305 Abs. 3 InsO eingreift.[28] Auch für die weiteren Anträge und Unterlagen empfiehlt sich die Verwendung der zur Verfügung gestellten Formulare.

Folgende Formulare sind eingeführt:[29] 21
(Für die mit * gekennzeichneten Formulare besteht Formularzwang)

Antrag auf Eröffnung des Insolvenzverfahrens (Antragsbogen)*
Anlage 1 – Personalbogen: Angaben zur Person
Anlage 2* – Bescheinigung über das Scheitern des außergerichtlichen Einigungsversuchs
Anlage 2 A* – Gründe für das Scheitern des außergerichtlichen Schuldenbereinigungsplans
Anlage 3* – Abtretungserklärung nach § 287 Abs. 2 InsO
Anlage 4* – Vermögensübersicht
Anlage 5* – Vermögensverzeichnis
Ergänzungsblatt 5 A* zum Vermögensverzeichnis (Guthaben auf Konten, Wertpapiere, Schuldbuchforderungen, Darlehensforderungen)
Ergänzungsblatt 5 B* zum Vermögensverzeichnis (Hausrat, Mobiliar, Wertgegenstände und Fahrzeuge)
Ergänzungsblatt 5 C* zum Vermögensverzeichnis (Forderungen (zB aus Versicherungsverträgen), Rechte aus Erbfällen)
Ergänzungsblatt 5 D* zum Vermögensverzeichnis (Grundstücke, Eigentumswohnungen und Erbbaurechte, Rechte an Grundstücken)
Ergänzungsblatt 5 E* zum Vermögensverzeichnis (Beteiligungen, Aktien, Genussrechte, sonstige Beteiligungen)
Ergänzungsblatt 5 F* zum Vermögensverzeichnis (Immaterielle Vermögensgegenstände und sonstiges Vermögen)
Ergänzungsblatt 5 G* zum Vermögensverzeichnis (Laufendes Einkommen)
Ergänzungsblatt 5 H* zum Vermögensverzeichnis (Sicherungsrechte Dritter und Zwangsvollstreckungsmaßnahmen)
Ergänzungsblatt 5 J* zum Vermögensverzeichnis (Regelmäßig wiederkehrende Verpflichtungen)
Ergänzungsblatt 5 K* zum Vermögensverzeichnis (Schenkungen und entgeltliche Veräußerungen (§§ 132, 133, 134 InsO))
Anlage 6* – Gläubiger- und Forderungsverzeichnis
Anlage 7 – Schuldenbereinigungsplan für das gerichtliche Verfahren Allgemeiner Teil
Anlage 7 A – Schuldenbereinigungsplan für das gerichtliche Verfahren Besonderer Teil

---

[26] Uhlenbruck/*Sternal* InsO § 305 Rn. 141.
[27] HK-InsO/*Landfermann* § 305 Rn. 23.
[28] AG Köln Beschl. v. 15.10.2002 – 71 IK 103/02, NZI 2002, 679.
[29] § 1 VbrInsVV, die Formulare sind auf der Seite des BMJ unter dem Stichwort „Vordrucke Restschuldbefreiung" als pdf-Datei erhältlich.

Anlage 7 B – Schuldenbereinigungsplan für das gerichtliche Verfahren Besonderer Teil (Ergänzende Regelungen)

2. Die Anforderungen des § 305 Abs. 1 InsO und die entsprechenden Formulare

a) **§ 305 Abs. 1 Nr. 1 InsO = Anlage 2 und 2A.** Die Bescheinigung über das Scheitern der außergerichtlichen Schuldenbereinigung gem. § 305 Abs. 1 Nr. 1 InsO (→ § 40 Rn. 16) muss die Erfolglosigkeit einer außergerichtlichen Einigung mit den Gläubigern innerhalb der letzten 6 Monate bestätigen. Anknüpfungspunkt für die Bestimmung der Sechsmonatsfrist ist der Zeitpunkt zu dem der letzte Gläubiger den vorgelegten Plan des Schuldners abgelehnt hat. Neben der Bescheinigung muss der Schuldner gem. § 305 Abs. 1 Nr. 1 Hs. 2 InsO den Plan vorlegen und schriftlich die wesentlichen Gründe für das Scheitern darlegen.

22

23 b) **§ 305 Abs. 1 Nr. 2 InsO = Antragsbogen und Anlage 3.** Der Schuldner hat mit dem Eröffnungsantrag einen Antrag auf Erteilung der Restschuldbefreiung zu stellen oder aber die Erklärung abzugeben, dass Restschuldbefreiung nicht beantragt werden soll.

Wird der Antrag auf Erteilung der Restschuldbefreiung gestellt, hat er sämtliche Bedingungen einzuhalten, die das Gesetz an die Stellung dieses Antrages knüpft (§ 287 InsO). Insbesondere ist die Abtretung des Einkommens (Anlage 3) auf die Dauer von sechs Jahren nach Eröffnung des Insolvenzverfahrens vorzunehmen.

24 c) **§ 305 Abs. 1 Nr. 3 InsO = Anlage 4, 5 mit Ergänzungsblättern A-K und Anlage 6.** Ferner ist dem Antrag ein Vermögensverzeichnis, eine Vermögensübersicht und ein Gläubigerverzeichnis beizufügen.

25 aa) **Vermögensverzeichnis (Anlage 5).** Das Vermögensverzeichnis enthält im Rahmen der vorgeschriebenen Formulare Angaben zum Einkommen und zu vorhandenem Vermögen. Es enthält daher bspw. eine genaue Aufstellung des Arbeitsentgelts und die Anschrift des Arbeitgebers und der auszahlenden Stelle, ferner Angaben zu den Familienverhältnissen, um in Abhängigkeit von etwaigen Unterhaltsverpflichtungen eine genaue Bestimmung des pfändungsfreien Betrags zu ermöglichen. Insbesondere im Hinblick auf den Versagungsgrund des § 290 Abs. 1 Nr. 6 InsO ist bei den Angaben im Rahmen des Vermögensverzeichnisses größte Sorgfalt aufzuwenden um die sehr genauen Fragen sorgfältig zu beantworten. Auch vermeintlich „insolvenzfeste" Vermögenswerte sind anzugeben, der Pfändungsschutz kann jedoch erläutert werden. Es empfiehlt sich in diesem Fall, dem Antrag entsprechende Unterlagen beizulegen.

26 bb) **Vermögensübersicht (Anlage 4).** Das Formular zur Vermögensübersicht fasst die wesentlichen Inhalte des Vermögensverzeichnisses zusammen. Es ist darauf zu achten, dass alle im Vermögensverzeichnis angegebenen Werte auch in der Vermögensübersicht angegeben werden und die Summen identisch sind.

27 cc) **Gläubigerverzeichnis (Anlage 6).** Die vollständigen Angaben zu den Gläubigern einschließlich des Forderungsgrundes und der genauen Höhe müssen vom Schuldner aufgeführt werden

Heilmaier

Fehlen dem Schuldner die zur Erstellung eines **ordnungsgemäßen Gläubi-** 28
gerverzeichnisses erforderlichen Unterlagen, so kann er seine Gläubiger auffordern, ihm auf ihre Kosten eine schriftliche Forderungsaufstellung zu erstellen und zu übersenden (§ 305 Abs. 2 S. 2 InsO). Diese Aufstellung hat eine Gliederung nach Hauptforderung, Zinsen und Kosten zu enthalten. Die Aufforderung muss auf den gestellten oder noch zu stellenden Eröffnungsantrag hinweisen (§ 305 Abs. 2 S. 3 InsO). Der Schuldner muss sich bemühen, alle nötigen Angaben beizubringen. Eine Gläubigerliste, in welcher sich viele „Platzhalter" mit der Summe „1,–" finden, genügt diesem Erfordernis nicht. Er hat dem Gericht dann darzulegen, warum ihm die Nennung einer konkreten Summe nicht möglich ist und welche Anstrengungen zur Klärung von ihm unternommen wurden.

dd) Den vorstehenden Verzeichnissen ist eine **Erklärung** über die **Vollstän-** 29
digkeit und **Richtigkeit** der **Angaben** beizufügen.

d) § 305 Abs. 1 Nr. 4 InsO = Anlage 7–7C. aa) Inhalt des Schuldenbereini- 30
gungsplanes. Ob auch für den Schuldenbereinigungsplan Formularzwang besteht, ist nach der Neuregelung strittig,[30] der Inhalt unterliegt jedoch eindeutig der Gestaltungsfreiheit des Schuldners. § 305 Abs. 1 Nr. 4 InsO verlangt lediglich, dass unter angemessener Berücksichtigung der Gläubiger- und Schuldnerinteressen sowie Darstellung der Gläubigersicherheiten eine angemessene Schuldenbereinigung herbeigeführt werden soll. Da das Schweigen als Zustimmung zum Schuldenbereinigungsplan verstanden wird (§ 307 Abs. 2 InsO), ist eine vollständige Darstellung der Vermögenssituation und eine möglichst präzise Darstellung der Schuldenbereinigung erforderlich.[31]

§ 305 Abs. 5 S. 1 InsO verweist hinsichtlich des **Formularzwangs** nur auf die 31
Ziffern 1–3 des Absatzes 1. Auch wenn dies wohl auf ein Redaktionsversehen zurückzuführen ist – ursprünglich sollte die gerichtliche Schuldenbereinigung komplett entfallen – ist die zwingende Verwendung der amtlichen Formulare 7–7C wohl nicht mehr Zulässigkeitsvoraussetzung.[32] Gleichwohl ist es mehr als zweckmäßig, die zur Verfügung gestellten Formulare zu verwenden, da somit sichergestellt ist, dass der Plan auch den Mindestanforderungen des § 305 Abs. 1 Nr. 4 InsO entspricht.

Aufgrund der Titelfunktion nach § 308 Abs. 1 S. 2 InsO muss der Plan die zustellungsfähige Postanschrift von Schuldner und Gläubigern nennen.

Innerhalb dieses Rahmens besteht jedoch für beide Parteien **Vertragsfreiheit.** 32
Planinhalt können somit Stundungen und Teilerlasse sowie Schuldenregulierungen durch Einmal- oder Ratenzahlungen sein. Es können Gegenstände von der Verwertung ausgenommen werden oder Leistungen oder Sicherheitsleistungen Dritter vereinbart werden. Schließlich können auch Regelungen für den Fall des Zahlungsverzugs oder die Änderung der persönlichen oder wirtschaftlichen Verhältnisse getroffen werden (sog „variabler Plan").

bb) Der Nullplan. Ein Nullplan liegt vor, wenn ein Schuldner seinen Gläubi- 33
gern auf Grund seiner Vermögens- und Einkommensverhältnisse keinerlei Leis-

---

[30] Bejaht zB Uhlenbruck/*Sternal* InsO § 305 Rn. 142.
[31] HK-InsO/*Landfermann* § 305 Rn. 37 f.
[32] MüKoInsO/*Ott/Vuia* § 305 Rn. 50; Braun/*Buck* InsO § 305 Rn. 30.

tungen anbieten kann. Eine Unterart des Nullplanes ist der sogenannte „flexible Nullplan", in dem sich der Schuldner verpflichtet, über einen bestimmten Zeitraum an die Gläubiger Leistungen zu erbringen, sofern sich seine wirtschaftliche Situation verbessert.[33]

34 In Literatur und Rechtsprechung[34] hat sich zwischenzeitlich die Ansicht durchgesetzt, dass auch bei der gerichtlichen Schuldenbereinigung ein Nullplan zulässig ist.

35 Da das gerichtliche Planverfahren eine weitere Möglichkeit zur gütlichen Einigung zwischen Gläubigern und Schuldner sein und zugleich die Gerichte entlasten soll, findet keine materielle Überprüfung des Plans durch das Insolvenzgericht statt.[35]

III. Das „Zwischenverfahren"

1. Vollständigkeit und Rücknahmefiktion

36 Das Insolvenzgericht **prüft** den Insolvenzantrag sowie die dazugehörigen Unterlagen. Sind die dem Formularzwang unterliegenden amtlichen Formulare unvollständig, fordert das Gericht den Schuldner auf, die Unterlagen „unverzüglich" zu ergänzen (§ 305 Abs. 3 S. 1 InsO).

36a Kommt der Schuldner dieser Aufforderung des Gerichts nicht binnen Monatsfrist nach, so gilt sein Antrag auf Eröffnung des Insolvenzverfahrens als zurückgenommen (§ 305 Abs. 3 S. 2 InsO), das Gericht trifft nur noch eine Entscheidung über den Gegenstandswert. Die Monatsfrist beginnt mit der Zustellung der gerichtlichen Aufforderung zur Nachbesserung und ist nicht verlängerbar. Im Falle eines Gläubigerantrages und des nachgeholten Schuldnerantrages gem. § 306 Abs. 3 S. 3 InsO hat der Schuldner drei Monate Zeit, seine Unterlagen zu ergänzen (§ 305 Abs. 3 S. 3 InsO). Die Rücknahmefiktion hindert einen erneuten Insolvenzantrag nicht,[36] wobei allerdings die 6-Monatsfrist des § 305 Abs. 1 Nr. 1 InsO beachtet werden muss, sofern die bereits vorhandenen Bescheinigungen erneut verwendet werden sollen.[37] Ein Rechtsmittel gegen die Rücknahmefiktion ist nicht vorgesehen.

2. Fortsetzung des Verfahrens

36b Geht das Gericht davon aus, dass der vorgelegte Plan keine Aussicht auf Akzeptanz der Gläubiger hat, kann das Verfahren ohne gerichtliches Planverfahren fortgesetzt werden (§ 306 Abs. 1 S. 3 InsO). Dies dient der Verfahrensbeschleunigung und Kostenersparnis. Der Schuldner ist hierzu zu hören, es kann aber auch – zur Beschleunigung des Verfahrens – durch den Schuldner direkt bei Antragstellung auf die Anhörung verzichtet werden.

Anhaltspunkt für die Überprüfung der Aussichtslosigkeit sind die gem. § 305 Abs. 1 Nr. 1 Hs. 2 InsO dargelegten Gründe für das Scheitern des außergerichtlichen Verfahrens.

---

[33] Vgl. Uhlenbruck/*Sternal* InsO § 309 Rn. 74.
[34] vgl. MüKoInsO/*Ott*/*Vuia* § 305 Rn. 69–72.
[35] FK-InsO/*Grote* § 305 Rn. 27 f.
[36] MüKoInsO/*Ott*/*Vuia* § 305 Rn. 95.
[37] Uhlenbruck/*Sternal* InsO § 305 Rn. 123 ff.

IV. Die gerichtliche Schuldenbereinigung

Soweit die Voraussetzungen des § 306 Abs. 1 S. 3 InsO nicht gegeben sind, ruht das Antragsverfahren bis zu einer Entscheidung im gerichtlichen Planverfahren (§ 306 Abs. 1 S. 1 InsO). Der Zeitraum bis zur Entscheidung soll 3 Monate nicht überschreiten (§ 306 Abs. 1 S. 2 InsO). Zustellungen im Ausland können das Verfahren jedoch tlw. sehr verzögern. 37

Während des Insolvenzantragsverfahrens kann das Gericht **Sicherungsmaßnahmen** (§ 21 InsO) wie zB ein allgemeines Veräußerungsverbot oder die Einstellung der Zwangsvollstreckung anordnen (§ 306 Abs. 2 S. 1 InsO).

1. Für die Aussendung der Unterlagen an die Gläubiger hat der Schuldner auf Anforderung des Gerichts die für die Zustellung erforderlichen Abschriften des Schuldenbereinigungsplanes und der Vermögensübersicht zu übersenden. Hierfür kann das Gericht eine Frist von zwei Wochen setzen (§ 306 Abs. 2 S. 2 InsO). Lässt der Schuldner diese Frist ungenutzt verstreichen, wird auch hier die Antragsrücknahme gem. §§ 306 Abs. 2 iVm 305 Abs. 3 S. 2 InsO fingiert. Die gesetzliche Fiktion des § 305 Abs. 3 S. 2 InsO ist ermessensunabhängig und daher ernst zu nehmen.[38] 38

2. Anschließend wird den Gläubigern der Schuldenbereinigungsplan und die Vermögensübersicht zugestellt (§ 307 S. 1 InsO). Die Zustellung ist mit folgenden Aufforderungen zu versehen: 39

a) Die Gläubiger sind aufzufordern, binnen einer **Notfrist von 1 Monat** zu dem Schuldenbereinigungsplan und zu den Unterlagen gem. § 305 Abs. 1 Nr. 3 InsO (Vermögensübersicht, Vermögensverzeichnis, Gläubigerverzeichnis) Stellung zu nehmen. 40

b) Die Gläubiger sind ferner darauf hinzuweisen, dass die Verzeichnisse gem. § 305 Abs. 1 Nr. 3 InsO (Vermögensübersicht, Vermögensverzeichnis und Gläubigerverzeichnis) beim Insolvenzgericht zur **Einsicht** niedergelegt wurden. Den Gläubigern wird nur der Schuldenbereinigungsplan und die Vermögensübersicht zugesandt. Eine Überprüfung des Forderungsverzeichnisses und der Vermögensübersicht ist daher nur durch Einsichtnahme beim Insolvenzgericht möglich. 41

c) Die Gläubiger sind außerdem gem. § 307 Abs. 1 S. 2 InsO anzuhalten, die **Richtigkeit der Angaben** über die eigene Forderung im beim Insolvenzgericht niedergelegten Forderungsverzeichnis zu überprüfen und ggf. zu ergänzen und auf die Folge des **§ 308 Abs. 3 S. 2 InsO** hinzuweisen. Diese führt zu einem **Erlöschen der Forderung** insoweit, als sie nicht berichtigt wurde. Ein Gläubiger sollte daher dringend Forderungen, die nicht oder nicht richtig im Plan wiedergegeben sind, bei Gericht ergänzen. Kommt er der Aufforderung nach, kann er auch im Falle der Bestätigung des gerichtlichen Schuldenbereinigungsplanes hinsichtlich der nicht umfassten Teile seiner Forderung weiterhin Erfüllung verlangen, § 308 Abs. 3 S. 1 InsO. 42

---

[38] MüKoInsO/*Ott*/*Vuia* § 306 Rn. 19.

3. Abstimmung über den Schuldenbereinigungsplan

43 Die Abstimmung über den Schuldenbereinigungsplan erfolgt im **schriftlichen Verfahren**. Eine Annahme des Plans setzt eine 100 %-ige Zustimmung voraus („Einstimmigkeitsprinzip"[39]). Werden keine Einwendungen erhoben liegt eine einstimmige Zustimmung vor und der Schuldenbereinigungsplan gilt als angenommen, § 308 Abs. 1 S. 1 InsO.

Liegen jedoch Einwendungen vor, wird das Verfahren fortgesetzt mit dem Ziel eine Einstimmigkeit – notfalls mittels Zustimmungsersetzung – zu erreichen.

44 Die Zustimmung kann in zwei Formen erfolgen:

a) Der Gläubiger gibt eine zustimmende Stellungnahme ab. Eine Zustimmung vorbehaltlich bestimmter Änderungen gilt jedoch als Ablehnung.

b) Geht eine Stellungnahme des Gläubigers binnen der Monatsfrist des § 307 Abs. 1 InsO nicht ein, so gilt dies als Einverständnis mit dem Schuldenbereinigungsplan (§ 307 Abs. 2 S. 1 InsO). Der Gläubiger ist auf diese Rechtsfolge hinzuweisen.[40] Die Stellungnahme eines Inkassounternehmens ohne Vorlage einer Vollmacht gilt als nicht abgegeben. Solchen Stellungnahmen sollte daher zur Fristwahrung immer gleich eine Vollmacht beigelegt werden.

4. Abänderung des Schuldenbereinigungsplanes

45 Droht eine gütliche Einigung zu scheitern, weil die Gläubiger Ergänzungen und Änderungen am Plan vornehmen wollen, kann das Insolvenzgericht den Schuldner unter Setzung einer entsprechenden Frist verpflichten, diese einzuarbeiten (§ 307 Abs. 3 InsO). Dies kann zB der Fall sein, wenn die Gläubiger Änderungen bezüglich der Höhe der Forderung begehren[41] oder wenn inhaltliche Änderungen erforderlich sind, um die Voraussetzungen einer Kopf- und Summenmehrheit für einer Zustimmungsersetzung zu schaffen. Die Gläubiger erhalten dann wieder binnen Monatsfrist die Gelegenheit, zum überarbeiteten Plan Stellung zu nehmen. Anderenfalls greift auch hier die Zustimmungsfiktion des § 307 Abs. 2 S. 1 InsO.[42]

46 Das Gesetz sieht insgesamt nur eine einmalige Ergänzung oder Abänderung des Planes vor.[43] Wird in der erneuten Abstimmung einstimmige Zustimmung bei den Gläubigern erzielt, gilt der Schuldenbereinigungsplan als angenommen (§ 308 Abs. 1 S. 1 InsO. Andernfalls wird das Verfahren fortgesetzt mit dem Ziel, die fehlende Zustimmung durch Beschluss zu ersetzen.

5. Ersetzung der Zustimmung

47 Die Ersetzung der Zustimmung hat zunächst zur Voraussetzung, dass durch ausdrückliche oder gem. § 307 Abs. 2 InsO fingierte Zustimmung die **Kopf- und Summenmehrheit** bezüglich der beteiligten Gläubiger bereits erreicht

---

[39] Braun/*Buck* InsO § 308 Rn. 3.
[40] MüKoInsO/*Ott*/*Vuia* § 308 Rn. 6.
[41] Str, für eine zwingende Änderungsaufforderung zB MüKoInsO/*Ott*/*Vuia* § 307 Rn. 14; abwägend Uhlenbruck/*Sternal* InsO § 307 Rn. 69.
[42] Uhlenbruck/*Sternal* InsO § 307 Rn. 39.
[43] MüKoInsO/*Ott*/*Vuia* § 307 Rn. 15.

wurde. Dies kann uU erst nach der Übersendung eines nach § 307 Abs. 3 S. 1 InsO abgeänderten Schuldenbereinigungsplanes der Fall sein. In diesem Fall kann das Insolvenzgericht auf Antrag eines Gläubigers oder des Schuldners durch Beschluss die Einwendungen der übrigen Gläubiger gegen den Schuldenbereinigungsplan ersetzen (§ 309 Abs. 1 S. 1 InsO), sofern folgende weitere Voraussetzungen eingehalten werden (§ 309 Abs. 1 S. 2 InsO):

(1) Die widersprechenden Gläubiger müssen im Verhältnis zu den anderen Gläubigern angemessen beteiligt werden.

(2) Die widersprechenden Gläubiger dürfen durch den Schuldenbereinigungsplan wirtschaftlich nicht schlechter gestellt werden, als dies bei der Durchführung eines Insolvenzverfahrens und der Erteilung von Restschuldbefreiung der Fall wäre.

Die Ersetzung der Zustimmung soll verhindern, dass ein wirtschaftlich 48 vernünftiger Plan am unsachlichen Widerspruch einzelner Gläubiger scheitert.[44]

Die Möglichkeit der Ersetzung der Zustimmung besteht jedoch nicht, wenn das Bestehen einer Forderung noch ungeklärt ist und erst die Klärung darüber entscheidet, ob eine angemessene Beteiligung vorliegt (§ 309 Abs. 3 InsO).

Jeder widersprechende Gläubiger ist vor einer Entscheidung anzuhören, um 49 ihm die Möglichkeit zu geben seine Gründe darzulegen (§ 309 Abs. 2 S. 1 InsO).

Die Ersetzung der Zustimmung erfolgt durch Beschluss. Gegen den Beschluss 50 besteht das Rechtsmittel der sofortigen Beschwerde (§ 309 Abs. 2 S. 3 InsO).

6. Wirkungen des angenommenen Schuldenbereinigungsplanes

Sobald mittels rechtskräftigen Ersetzungsbeschlusses Einstimmigkeit erreicht 51 ist, stellt das Gericht durch Beschluss die Annahme des Schuldenbereinigungsplans fest (§ 308 Abs. 1 S. 1 HS 2 InsO). Aufgrund der lediglich deklaratorischen Bedeutung ist gegen den Beschluss kein Rechtsmittel gegeben.[45]

Den Gläubigern und dem Schuldner ist eine **Ausfertigung des Schuldenbereinigungsplanes** und eine Ausfertigung des Feststellungsbeschlusses zuzustellen (§ 308 Abs. 1 S. 3 InsO). Anträge auf Eröffnung des Insolvenzverfahrens und auf Restschuldbefreiung gelten als zurückgenommen (§ 308 Abs. 2 InsO).

Der **Plan hat die Wirkung eines gerichtlichen Vergleichs** im Sinne des § 794 Abs. 1 Nr. 1 ZPO (§ 308 Abs. 1 S. 2 InsO), weshalb Forderungen nur noch nach Maßgabe des Plans bestehen.[46] Auch die Bestandskraft richtet sich nach den Regeln des Prozessvergleichs. Der Plan ist demgemäß unwirksam, wenn der nach dem Inhalt des Vergleichs als feststehend zugrunde gelegte Sachverhalt der Wirklichkeit nicht entspricht und der Streit oder die Ungewissheit bei Kenntnis der Sachlage nicht entstanden sein würde (§ 779 Abs. 1 BGB). Ebenso kommt eine Anfechtung wegen arglistiger Täuschung in Frage.

Gläubiger, deren Forderungen nicht im Forderungsverzeichnis aufgeführt 52 sind, werden vom Schuldenbereinigungsplan nicht erfasst und können ihre Forderung weiterhin gegen den Schuldner geltend machen.[47]

---

[44] MüKoInsO/*Ott/Vuia* § 309 Rn. 1 ff.
[45] HK-InsO/*Landfermann* § 308 Rn. 5.
[46] Uhlenbruck/*Sternal* InsO § 308 Rn. 16 ff.
[47] Braun/*Buck* InsO § 308 Rn. 15.

Heilmaier

7. Planerfüllung

53 Bei Nichteinhaltung der aus dem Plan resultierenden Pflichten ergeben sich für den beteiligten Gläubiger und die Schuldner folgende Möglichkeiten:[48]

a) Sowohl der Gläubiger als auch der Schuldner können erneut einen Insolvenzantrag stellen. Eine **Sperrfrist** existiert aufgrund des Schuldenbereinigungsplans nicht.

b) Da der angenommene Schuldenbereinigungsplan einen **Vollstreckungstitel** darstellt, kann der Gläubiger gegen den Schuldner vollstrecken. Dies ist jedoch nur möglich, wenn der Plan einen vollstreckungsfähigen Inhalt aufweist.[49]

III. Das weitere Insolvenzeröffnungsverfahren

1. Allgemeines

54 Scheitert die gerichtliche Schuldenbereinigung, wird das Verfahren nach § 311 InsO von Amts wegen wieder aufgenommen. Es befindet sich nun im gleichen Stadium wie ein Verfahren, bei dem gem. § 306 Abs. 1 S. 3 InsO eine gerichtliche Schuldenbereinigung nicht durchgeführt wurde.

2. Recht auf Rücknahme des Insolvenzantrages

55 Bis zur **Eröffnung** des Insolvenzverfahrens kann der Schuldner jederzeit seinen Insolvenzantrag zurücknehmen (§ 13 Abs. 2 InsO), um sich die Möglichkeit eines Schuldenbereinigungsverfahrens, welches mehrfach versucht werden kann, offen zu halten.

3. Amtsermittlung und Wegfall des Rechtsschutzbedürfnisses

56 Zwar regelt § 305 Abs. 3 S. 1 InsO lediglich eine Vollständigkeitskontrolle durch das Gericht, gleichwohl gilt diese nur für die förmliche Vollständigkeit der Formulare und den Eintritt der Rücknahmefiktion. Das Gericht ist aufgrund der ihm auch im Verbraucherinsolvenzverfahren obliegenden Amtsermittlungspflicht gehalten, alle für die **Prüfung von Zulässigkeit und Begründetheit des Antrags** notwendigen Umstände zu ermitteln. Dazu gehören zB die Umstände der persönlichen Beratung bei der außergerichtlichen Schuldenbereinigung[50] sowie die **inhaltliche** Vollständigkeit und Richtigkeit der Angaben in den vorzulegenden Verzeichnissen. Diese sind nicht zuletzt wichtig im Hinblick auf die Prüfung des Vorliegens eines Insolvenzgrundes und die Prognostizierung der freien Masse. Das Gericht kann daher unter Fristsetzung vom Schuldner Auskünfte verlangen und auch die Vorlage entsprechender Unterlagen fordern (§§ 20, 97 ff. InsO). Kommt der Schuldner diesen Auskunftspflichten nicht nach, kann das Rechtsschutzinteresse des Antrags entfallen, so dass der Antrag als unzulässig zurückgewiesen werden muss.[51]

---

[48] Uhlenbruck/*Sternal* InsO § 308 Rn. 27.
[49] Braun/*Buck* InsO § 308 Rn. 6.
[50] Da das Formular in der Regel vollständig ausgefüllt ist, aber inhaltlich unrichtig, handelt es hierbei um eine klassische Zulässigkeitsfrage.
[51] Vgl. MüKoInsO/*Schmahl/Vuia* § 13 Rn. 89; AG Göttingen Beschl. v. 4.6.2002 – 74 IN 81/02, ZInsO 2002, 1152.

IV. Die Verfahrenskostendeckung und die Stundung der Verfahrenskosten

Bei fehlender Deckung der Verfahrenskosten- festgestellt entweder durch eigene Abschätzung anhand der Verzeichnisse und Ermittlungsergebnisse oder in einzelnen Verbraucherinsolvenzverfahren auch auf Grund Gutachtens – ist der Insolvenzantrag vom Insolvenzrichter abzuweisen (§ 26 Abs. 1 S. 1), es sei denn, es wird ein Kostenvorschuss einbezahlt oder dem Schuldner werden die Verfahrenskosten gestundet. 57

Die **Kosten des Insolvenzverfahrens** (→ 4 Rn. 206) ergeben sich aus § 54 InsO: 58
– die Gerichtskosten für das Insolvenzverfahren einschließlich einer evtl. Sachverständigenvergütung sowie Zustellungskosten und
– die Vergütungen und die Auslagen des Insolvenzverwalter (§ 13 InsVV, abhängig auch von der Zahl der Gläubiger).

Die Berechnung erfolgt auf der Grundlage eines **Vergleichs** zwischen verwertbaren, dh dem in angemessener Zeit in Geld umwandelbaren, der Zwangsvollstreckung unterliegendem Vermögens des Schuldners **(der prognostizierten Insolvenzmasse) mit den voraussichtlichen Kosten für das gesamte Insolvenzverfahren.**[52] 59

Die Insolvenzmasse ist das gesamte pfändbare Vermögen, das dem Schuldner zur Zeit der Eröffnung gehört und das er während des Verfahrens erlangt (Legaldefinition in § 35 InsO). Es fällt somit auch das während der Dauer des Insolvenzverfahrens (in der Regel 6–12 Monate) erworbene pfändbare Einkommen in die Insolvenzmasse und ist dementsprechend vom Richter anhand der Unterlagen zu schätzen.[53]

1. Kostenvorschuss (§ 26 Abs. 1 Satz 2 InsO)

Eine Abweisung mangels Masse unterbleibt, wenn ein Kostenvorschuss → § 4 Rn. 213 in Form eines ausreichenden Geldbetrages erfolgt (§ 26 Abs. 1 S. 2 InsO). Falls der Vorschuss vom Schuldner einbezahlt wird, kann dies nur aus Vermögen erfolgen, welches nicht der Insolvenzmasse nach § 35 InsO zugehörig ist. 60

Der Kostenvorschuss dient nur zur Deckung der Verfahrenskosten (§§ 26 Abs. 1 S. 1, 54 InsO).

2. Verfahrenskostenstundung, § 4a InsO

a) **Antrag.** Die Stundung steht allen Verbrauchern als natürliche Personen offen. Anspruchsvoraussetzung ist, dass ein **Antrag auf Restschuldbefreiung** 61

---

[52] AllgM BGH Beschl. v. 17.6.2003 – IX ZB 476/02, NZI 2004, 30 ff. mwN.
[53] Werden Unterhaltsberechtigte angegeben, sind deren eigene Einkünfte zwingend zu berücksichtigen. Bei im Haushalt lebenden Ehegatten dürfte eine Berücksichtigung als unterhaltsberechtigt ab einem Nettoeinkommen von EUR 520,– bis EUR 590,– vorliegen (vgl. BGH Beschl. v. 5.4.2005 – VII ZB 28/05, ZInsO 2005, 887). Zudem ist auch der von anderen gewährte Naturalunterhalt als Einkünfte zu berücksichtigen, BGH Beschl. v. 16.4.2015 – IX ZB 41/14, ZVI 2015, 353.

gestellt wurde und das Vermögen des Schuldners voraussichtlich nicht ausreicht, um die Verfahrenskosten zu decken (§ 4a Abs. 1 S. 1 InsO), der Antrag also mangels Masse abzuweisen wäre. Mit dem Antrag ist eine **Erklärung gem. § 4a Abs. 1 S. 3 InsO** abzugeben.

62   b) **Kein Anspruch auf Kostenvorschuss gem. § 1360a Abs. 4 BGB.** Auch bei Verbraucherinsolvenzverfahren kommt oft ein Anspruch des verheirateten Schuldners auf Kostenvorschuss nach § 1360a Abs. 4 BGB gegen seinen Ehegatten in Betracht. Der Anspruch setzt die Leistungsfähigkeit des Ehegatten voraus, entsprechende Unterlagen sind beizubringen.[54] Besteht ein solcher Anspruch, ist eine Stundung der Verfahrenskosten nicht möglich.[55] Der Schuldner hat den Anspruch notfalls gerichtlich gegenüber seinem Ehegatten durchzusetzen, die Entscheidung über einen Stundungsantrag muss bis zur Entscheidung über den Vorschussanspruch hinausgeschoben werden.[56] Ein Antrag auf Stundung kann als unbegründet abgewiesen werden, wenn das Gericht keine Bedenken hinsichtlich der Durchsetzbarkeit des Anspruchs hat und der Schuldner keine Schritte zur Durchsetzung desselben unternimmt.[57]

63   c) **Kein Vorliegen von Versagungsgründen.** Daneben darf nicht der Versagungsgrund des § 290 Abs. 1 Nr. 1 InsO vorliegen. Hierzu ist vom Schuldner die genannte Erklärung nach § 4a Abs. 1 S. 3 InsO abzugeben. Eine Stundung ist jedoch auch dann ausgeschlossen, wenn ein anderer Versagungsgrund des § 290 Abs. 1 InsO gegeben ist. Die Vorwirkungsrechtsprechung des BGH gilt auch nach dem 1.7.2014 fort → § 4 Rn. 217. Allerdings muss dieser Versagungsgrund dann bereits in diesem Verfahrensstadium zur Überzeugung des Gerichts feststehen.[58] In Betracht kommt zu diesem Zeitpunkt vor allem § 290 Abs. 1 Nr. 6 InsO bei unrichtigen oder unvollständigen Angaben in den bei Antragstellung vorzulegenden Verzeichnissen, die im Rahmen der Masseermittlung zutage treten. Bei länger inhaftierten Schuldnern kann § 290 Abs. 1 Nr. 7 InsO in Betracht kommen.[59]

64   d) **Nicht mehr als 50 % von der Restschuldbefreiung ausgenommene Forderungen.** Eine Stundung scheidet ferner aus, wenn die Forderungen mehrheitlich nach § 302 InsO nicht von der Restschuldbefreiung erfasst werden → § 41 Rn. 78, da der angestrebte wirtschaftliche Neuanfang dann ohnehin nicht in Betracht kommt.[60]

---

[54] Uhlenbruck/*Pape* InsO § 4a Rn. 19.
[55] BGH Beschl. v. 25.1.2007 – IX ZB 6/06.
[56] BGH Beschl. v. 25.1.2007 – IX ZB 6/06.
[57] Uhlenbruck/*Pape* InsO § 4a Rn. 19.
[58] BGH Beschl. v. 16.12.2004 – IX ZB 72/03, NZI 2005, 232 (232f.); BGH Beschl. v. 25.6.2015 – IX ZB 60/14, ZInsO 2015, 1790.
[59] AG Fürth Beschl. v. 22.5.2015 – IK 791/14, ZInsO 2015, 1518; AG Göttingen Beschl. v. 14.10.2015 – 74 IN 181/15; aA *Heyer*, Dauerthema: Restschuldbefreiung für Strafgefangene, ZVI 2015, 357ff.
[60] AG Düsseldorf Beschl. v. 20.1.2006 – 513 IK 178/05, NZI 2006, 415; LG Gera Beschl. v. 16.5.2012 – 5 T 137/12; LG Hannover Beschl. v. 24.4.2015 – 20 T 14/15, ZInsO 2015, 1171.

3. Umfang und Wirkung der Stundung

Die Stundung kann für jeden Verfahrensabschnitt von der gerichtlichen Schuldenbereinigung bis zum Abschluss des Verfahrens der Restschuldbefreiung gewährt werden.[61] Für die außergerichtliche Schuldenbereinigung scheidet eine Stundung aus, da die Bestimmung des § 4a Abs. 1 InsO voraussetzt, dass der Antrag auf Restschuldbefreiung bereits gestellt ist. Dieser kann aber erst zusammen mit dem Eröffnungsantrag nach Durchführung der außergerichtlichen Schuldenbereinigung gestellt werden.

65

Die **Stundung bewirkt** zum einen, dass der Eröffnungsantrag nicht mehr mangels Masse oder Masseunzulänglichkeit abgewiesen werden kann. Zum anderen kann die Gerichtskasse die Gerichtskosten und die auf sie übergegangenen Ansprüche eines eventuell beigeordneten Rechtsanwaltes (seltener Fall) nur nach den Bestimmungen geltend machen, die das Gericht trifft (§ 4a Abs. 3 InsO).

66

Auf Antrag kann dem Schuldner bei Vorliegen entsprechender Erfordernisse ein **Rechtsanwalt** seiner Wahl beigeordnet werden. Der beigeordnete Rechtsanwalt kann Ansprüche auf Vergütung gegen den Schuldner nicht geltend machen (§ 4a Abs. 3 S. 1 Nr. 2 InsO). Im Vorfeld der Insolvenzeröffnung ist hingegen nur Beratungshilfe nach dem BerHG zulässig.[62]

67

Die Stundung gilt vorbehaltlich der Verlängerungsmöglichkeit nach § 4b InsO bis „zur Erteilung der Restschuldbefreiung" (§ 4a Abs. 1 S. 1 InsO).

68

Ist der **Schuldner nach Erteilung der Restschuldbefreiung nicht in der Lage, den gestundeten Betrag zu bezahlen**, so kann das Gericht die Stundung verlängern und Monatsraten festsetzen. Umgekehrt kann das Gericht die Entscheidung über die Stundung und die Monatsraten jederzeit ändern, sofern sich die persönlichen Verhältnisse des Schuldners ändern. Aus diesem Grund ist der Schuldner verpflichtet, solche Änderungen dem Gericht anzuzeigen (§ 4b Abs. 2 S. 2 InsO).

4. Aufhebung der Stundung

Darüber hinaus kann das Gericht unter den Voraussetzungen des § 4c InsO die Stundung aufheben. Dies gilt insbesondere, wenn der Schuldner unrichtige Angaben gemacht hat, Erklärungen über seine Verhältnisse nicht abgibt, der Schuldner länger als 3 Monate mit einer Zahlung im Rückstand ist, der Schuldner keine angemessene Erwerbstätigkeit ausübt oder sich nicht um eine angemessene Tätigkeit bemüht. Letztlich ist die Stundung aufzuheben, wenn die Restschuldbefreiung versagt oder widerrufen wird.

69

Die in § 4c InsO aufgeführten Gründe für die Aufhebung der Stundung sind abschließend. Insbesondere ist es für § 4c InsO nicht allein maßgeblich, ob ein Versagungsgrund nach § 290 InsO vorliegt.[63] Entscheidend im Rahmen des § 4c Nr. 5 InsO ist die tatsächliche Versagung oder der Widerruf der Restschuldbefreiung. Diese(r) hängt jedoch von einem Gläubigerantrag ab. Das Gericht kann

---

[61] Vgl. Uhlenbruck/*Pape* InsO § 4a Rn. 12 ff.
[62] BGH Urt. v. 26.3.2007 – II ZR 310/05, NZI 2007, 418.
[63] AA LG Göttingen Beschl. v. 29.8.2005 – 10 T 113/05, ZInsO 2005, 1340 f.

daher um den Grundsatz der Gläubigerautonomie zu wahren, der Entscheidung über die Restschuldbefreiung nicht vorgreifen.[64]

5. Rechtsmittel

70 Gegen die Ablehnung der Stundung steht dem betroffenen Schuldner und gegen die Bewilligung der Stundung der Staatskasse die sofortige Beschwerde zu (§ 4 d. InsO).

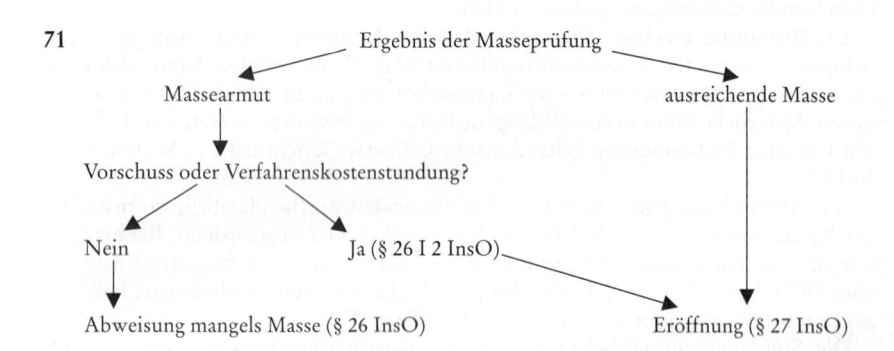

71

Ergebnis der Masseprüfung

Massearmut   ausreichende Masse

Vorschuss oder Verfahrenskostenstundung?

Nein   Ja (§ 26 I 2 InsO)

Abweisung mangels Masse (§ 26 InsO)   Eröffnung (§ 27 InsO)

D. Der Eröffnungsbeschluss und das weitere Verfahren

72 Das Gericht bestellt nun, wie im Regelverfahren, einen **Insolvenzverwalter** statt, wie früher im vereinfachten Verfahren, nach §§ 311 ff. InsO aF einen Treuhänder, der dann in der Wohlverhaltensphase der Restschuldbefreiung als Treuhänder nach § 292 InsO eingesetzt werden kann.[65]
Der Eröffnungsbeschluss kann gem. § 34 Abs. 2 InsO mit **Rechtsmitteln** angegriffen werden. Ziel kann jedoch nur eine generelle Aufhebung, nicht aber eine Eröffnung unter anderen Umständen, wie zB die Bestellung eines anderen Insolvenzverwalters sein.[66]
Das vereinfachte Verfahren der §§ 311 ff. InsO aF ist durch die Neuregelung mit dem 1.7.2014 ersatzlos weggefallen.[67] Somit bestimmt sich nunmehr auch das eröffnete Verbraucherinsolvenzverfahren nach den allgemeinen Regeln der InsO (vgl. §§ 7, 8). Es wurde damit auch die Möglichkeit des Insolvenzplans für Verbraucher und das Anfechtungsrecht für den Insolvenzverwalter eröffnet.
Lediglich die Vorschriften über die Eigenverwaltung sind bei einem Verbraucherinsolvenzverfahren nicht anwendbar, § 270 Abs. 1 S. 3 InsO.

---

[64] LG Mönchengladbach Beschl. v. 31.5.2006 – 5 T 177/06, NZI 2006, 539.
[65] Ablehnend Uhlenbruck/*Vallender* InsO § 313 Rn. 3 in 13. Aufl. – in 14. Aufl. nicht mehr kommentiert, da § 313 ab 1.7.2014 aufgehoben.
[66] LG Münster Beschl. v. 2.5.2002 – 5 T 426/02, NZI 2002, 445.
[67] Eine praxisnahe Übersicht zu den Änderungen findet sich bei *Scholz-Schulze/ Graeber* ZInsO 2014, 587 ff.

Heilmaier

§ 41. Restschuldbefreiung

Die Möglichkeit der Restschuldbefreiung steht allen natürlichen Personen offen, sofern diese einen Antrag stellen (→ Rn. 9) und die Erklärung über frühere Restschuldbefreiungsverfahren (→ Rn. 13) sowie die Abtretungserklärung (→ Rn. 14) abgeben. Spätestens mit der Eröffnungsentscheidung trifft der Richter die Eingangsentscheidung nach § 287a InsO (→ Rn. 19). Während des Insolvenzverfahrens können Gläubiger bis zum Schlusstermin Versagungsanträge stellen, sofern einer der in § 290 Abs. 1 InsO abschließend aufgezählten Gründe vorliegt (→ Rn. 27). Nach Aufhebung des Insolvenzverfahrens zieht der vom Gericht bestimmte Treuhänder die abgetretenen Einkünfte ein und verteilt diese (→ Rn. 33). Der Schuldner hat in der Wohlverhaltensphase die Obliegenheiten des § 295 InsO zu beachten (→ Rn. 41) und muss bei Verstößen Versagungsanträge nach § 296 Abs. 1 InsO (→ Rn. 49) fürchten. Weitere Versagungsgründe ergeben sich aus § 296 Abs. 2 InsO (→ Rn. 56), § 297 InsO (→ Rn. 58), § 297a InsO (→ Rn. 59) und § 298 InsO (→ Rn. 60). Sofern dem Schuldner weder während der Wohlverhaltensphase noch nach deren Ablauf die Restschuldbefreiung auf Antrag versagt wird, ist ihm diese zu erteilen (→ Rn. 64). Bis zu einem Jahr nach Erteilung besteht allerdings in engen Grenzen noch die Möglichkeit des Widerrufs der erteilten Restschuldbefreiung (→ Rn. 80).

A. Allgemeines

I. Ziele der Insolvenzordnung

Wesentliches Ziel des Insolvenzverfahrens ist neben einer gemeinschaftlichen Befriedigung der Gläubiger die **Befreiung des Schuldners von seinen restlichen Verbindlichkeiten** (§ 1 InsO).[1]   1

II. Möglichkeiten zur gerichtlichen Schuldenbefreiung: Überblick

1. Der Insolvenzplan (§§ 217 ff. InsO)

Der Insolvenzplan trifft Regelungen über die Art der Befriedigung der Gläubiger, die Verwertung der Insolvenzmasse sowie über die Haftung des Schuldners nach der Beendigung des Insolvenzverfahrens (§ 217 InsO). Soweit im Insolvenzplan nichts anderes vereinbart wird, erlöschen mit der im Plan vorgesehenen Erfüllung die übrigen Verbindlichkeiten (§ 227 Abs. 1 InsO). Dies führt im praktischen Ergebnis zur Restschuldbefreiung über den Insolvenzplan, sofern der Insolvenzplan keinen Vorbehalt im Sinne des § 227 Abs. 1 InsO zum Inhalt hat.   2

---

[1] Uhlenbruck/*Sternal* InsO Vor § 286 Rn. 23.

2. Schuldenbereinigung im Rahmen der Verbraucherinsolvenz

3   Eine weitere Möglichkeit zur Schuldbefreiung stellt das vorstehend in § 40 behandelte Verfahren der gerichtlichen **Schuldenbereinigung** im Rahmen der Verbraucherinsolvenz dar.

3. Die eigentliche Restschuldbefreiung

Nach den §§ 286 ff. InsO.

III. Welches Verfahren für welchen Personenkreis?

4   1. Das **Insolvenzplanverfahren** (§§ 217 ff. InsO) steht juristischen und natürlichen Personen offen, seit dem 1.7.2014 mit Aufhebung des § 312 InsO aF auch Verbrauchern.

5   2. Das **Schuldenbereinigungsverfahren** steht für natürliche Personen zur Verfügung, die entweder keine selbstständige wirtschaftliche Tätigkeit ausüben oder aber im Falle einer früheren selbstständigen wirtschaftlichen Tätigkeit überschaubare Vermögensverhältnisse aufweisen (weniger als 20 Gläubiger) und gegen die keine Forderungen aus Arbeitsverhältnissen bestehen (§ 304 Abs. 1 und 2 InsO) → § 40 Rn. 2 ff., sofern das Gericht die Durchführung nicht für aussichtslos erachtet (§ 306 Abs. 1 S. 3 InsO).

6   3. Das **Verfahren der Restschuldbefreiung** steht allen **natürlichen Personen**, unabhängig ob Verbraucher oder Unternehmer, zur Verfügung (§ 286 InsO).[2] Juristische Personen werden mit der Insolvenz aufgelöst und gelöscht, weshalb eine Restschuldbefreiung mangels Nachhaftung zwecklos wäre.

IV. Die Zuständigkeit innerhalb des Gerichts

7   Folgende Entscheidungen im Rahmen des Restschuldbefreiungsverfahrens sind dem **Insolvenzrichter** vorbehalten (§ 18 Abs. 1 Nr. 3 RPflG):
- Die Entscheidung über die Einleitung des Restschuldbefreiungsverfahrens, „Eingangsentscheidung" (§ 287a InsO)
- Die Entscheidung über die Versagung der Restschuldbefreiung nach § 290 InsO und nachträglich nach § 297a InsO.
- Die Entscheidung über die Versagung der Restschuldbefreiung wegen Verletzung von Obliegenheiten nach § 296 Abs. 1 und 2 InsO bzw. aufgrund Verurteilung wegen Insolvenzstraftaten nach § 297 Abs. 1 InsO.
- Die Entscheidung über die endgültige Erteilung der Restschuldbefreiung, wenn ein Gläubiger die Versagung beantragt hat (§ 300 Abs. 1 S. 1 InsO).
- Die Entscheidung über den Widerruf der Restschuldbefreiung (§ 303 Abs. 1 InsO).
  Im Übrigen besteht die Zuständigkeit des Rechtspflegers.

---

[2] Vgl. Nerlich/Römermann/*Römermann* InsO § 286 Rn. 6; Uhlenbruck/*Sternal* InsO § 286 Rn. 4 ff.

Heilmaier

B. Der Antrag auf Restschuldbefreiung

I. Personenkreis

Die Restschuldbefreiung steht nur natürlichen Personen offen, § 286 InsO. 8

II. Antragserfordernis

Die Restschuldbefreiung setzt in jedem Fall einen schriftlichen **Antrag des** 9 **Schuldners** voraus (§ 287 Abs. 1 S. 1 InsO), welcher zugleich mit dem Insolvenzantrag gestellt werden soll (§ 287 Abs. 1 S. 1 Hs. 2 InsO). Fehlt ein solcher Antrag, hat das Gericht eine entsprechende Hinweispflicht (§ 20 Abs. 2 InsO). Der Schuldner hat nach Zugang des Hinweises zwei Wochen Zeit, einen entsprechenden Antrag nachzuholen (§ 287 Abs. 1 S. 2 InsO). Bei Verbraucherinsolvenzen besteht für den Antrag Formularzwang, § 305 Abs. 1 Nr. 2, Abs. 5 InsO.

Nach Eingang eines Gläubigerantrags auf Eröffnung eines Insolvenzverfah- 10 rens hat das Insolvenzgericht den Schuldner darauf hinzuweisen, dass er zur Erreichung der Restschuldbefreiung nicht nur einen entsprechenden Antrag, sondern darüber hinaus auch einen Eigenantrag auf Insolvenzeröffnung stellen muss.[3]

Hat das Insolvenzgericht die erforderlichen Hinweise fehlerhaft, unvollstän- 11 dig oder verspätet erteilt und wurde das Insolvenzverfahren auf den Gläubigerantrag hin eröffnet, bevor der Schuldner den Eigenantrag gestellt hat, genügt ein Antrag auf Restschuldbefreiung, um dem Schuldner die Aussicht auf Erteilung der Restschuldbefreiung zu erhalten.[4]

Wurde der Schuldner ausreichend belehrt, kann er nach Eröffnung des Verfahrens auf einen Gläubigerantrag hin keinen eigenen Antrag mit Antrag auf Restschuldbefreiung mehr stellen.

Die Restschuldbefreiung setzt **zwingend die Durchführung eines Insol-** 12 **venzverfahrens** (ob Verbraucher- oder Regelinsolvenz ist unerheblich) auf eigenen Antrag voraus.[5]

Die Gewährung der Restschuldbefreiung scheidet folglich aus, wenn ein Verfahren mangels Masse gar nicht erst eröffnet wird (§ 26 InsO). Dies setzt jedoch voraus, dass eine Stundung der Verfahrenskosten nach § 4a InsO ausscheidet. Bei einer Einstellung des Verfahrens nach § 211 InsO gilt § 289 InsO für die Restschuldbefreiung.

III. Erklärung nach § 287 Abs. 1 S. 3 InsO

Nach § 287 Abs. 1 S. 3 InsO hat der Schuldner dem Antrag eine Erklärung 13 beizufügen, ob ein Fall des § 287a Abs. 2 S. 1 Nr. 1 oder 2 InsO vorliegt. Es

---

[3] BGH Beschl. v. 17.2.2005 – IX ZB 176/03, ZInsO 2005, 310 (310).
[4] BGH Beschl. v. 17.2.2005 – IX ZB 176/03, ZInsO 2005, 310 (311); BGH Beschl. v. 16.4.2015 – IX ZB 93/12, NZI 2015, 563.
[5] Vgl. Uhlenbruck/*Sternal* InsO § 289 Rn. 1.

handelt sich hierbei um Erklärungen zu früheren Erteilungen oder Versagungen der Restschuldbefreiung in anderen Verfahren. Die Richtigkeit und Vollständigkeit der Erklärung hat der Schuldner zu versichern, § 287 Abs. 1 S. 4 InsO. Diese Erklärung ist vom Schuldner höchstpersönlich abzugeben und nicht der Vertretung zB durch einen Rechtsanwalt zugänglich. Bei prozessunfähigen Schuldnern ist die Erklärung von seinem gesetzlichen Vertreter abzugeben.[6]

IV. Abtretung des pfändbaren Einkommens § 287 Abs. 2 InsO

1. Abtretungserklärung

14   Der Schuldner hat mit dem Antrag auf Restschuldbefreiung oder nach entsprechender Aufforderung durch das Gericht die Abtretung **seines pfändbaren Arbeitseinkommens** oder vergleichbarer Bezüge an einen vom Gericht zu bestimmenden Treuhänder für die Dauer von 6 Jahren ab Eröffnung des Insolvenzverfahrens zu erklären (§ 287 Abs. 2 InsO). Die Erklärung bedarf keiner bestimmten Form, aus dem Inhalt muss sich nur die Abtretung deutlich ergeben.[7] Die Abtretung des Einkommens, welches gewöhnlich den einzig werthaltigen schuldnerischen Vermögensgegenstand darstellt, schützt dieses vor dem Zugriff von Neugläubigern.[8]

2. Gegenstand der Abtretung

15   Die Abtretung bezieht sich zunächst auf **Bezüge „aus einem Dienstverhältnis"**, worunter jede Art von Arbeitseinkommen im Sinne des § 850 ZPO, wie Arbeits- und Dienstlöhne, Dienst- und Versorgungsbezüge der Beamten, Ruhegelder oder Leistungen der Träger der Sozialversicherungen fällt.[9] Mangels hinreichender Bestimmbarkeit ist eine Vorausabtretung der **Einkünfte eines Selbstständigen** nicht möglich. Es ist daher die Aufgabe des Treuhänders, mit dem Schuldner Zahlungen in der Höhe zu vereinbaren, die einer angemessenen abhängigen Tätigkeit entsprechen.

3. Inhalt und Wirksamkeit der Abtretung

16   Für die hinreichende Bestimmbarkeit der Vorausabtretung genügt es, wenn die Abtretungsvereinbarung den jeweils pfändbaren Teil des Lohnes/Gehaltes gegen den jeweiligen Arbeitgeber umfasst.

Die mit dem Antrag auf Restschuldbefreiung vorzulegende Abtretungserklärung wird erst nach der Übernahme des Amtes durch den Treuhänder wirksam,[10] also erst nach dem Bestimmungsbeschluss gem. § 288 InsO.

---

[6] Uhlenbruck/*Sternal* InsO § 305 Rn. 102.
[7] Uhlenbruck/*Sternal* InsO § 287 Rn. 33.
[8] MüKoInsO/*Stephan* § 287 Rn. 2.
[9] Uhlenbruck/*Sternal* InsO § 287 Rn. 39 ff.
[10] Uhlenbruck/*Sternal* InsO § 287 Rn. 49; Nerlich/Römermann/*Römermann* InsO § 287 aF Rn. 29.

4. Rechtsgeschäftliche Abtretungen oder Verpfändungen

Abtretungen oder Verpfändungen, die für die Restschuldbefreiung erforderliche Abtretung vereiteln oder beeinträchtigen könnten, haben keinen Bestand, § 287 Abs. 3 InsO. Im Gegensatz zur Rechtslage vor dem 1.7.2014 (§ 114 Abs. 3 InsO aF) fließen die Einkünfte somit sofort dem Treuhänder zu.

Während der gesamten Dauer des Restschuldbefreiungsverfahrens kann der Schuldner über seine pfändbaren Einkünfte nicht verfügen. Von diesem Verfügungsverbot ausgenommen ist jedoch die Abtretung an den Treuhänder (§ 81 Abs. 2 InsO).

C. Die Eingangsentscheidung, § 287a InsO

I. Zulässigkeitsprüfung

Seit 1.7.2014 trifft das Insolvenzgericht eine Eingangsentscheidung über die Zulässigkeit des Antrags des Schuldners auf Restschuldbefreiung, § 287a Abs. 1 InsO. Es wird durch **Beschluss festgestellt, dass der Schuldner die Restschuldbefreiung erlangt,** wenn er seinen Obliegenheiten nachkommt und keine Versagungsgründe vorliegen. Spätestens mit Eröffnung des Verfahrens ist hierüber zu entscheiden, dieser Zeitpunkt dürfte auch der Regelfall sein.[11] Der Beschluss ist zu veröffentlichen, § 287a Abs. 1 S. 2 InsO. Der ehemalige Ankündigungsbeschluss gem. § 291 InsO aF nach dem Schlusstermin entfällt somit.

Durch den Richter sind im Rahmen der Zulässigkeitsprüfung folgende Punkte zu prüfen:
– Eigenantrag, ggf. Einhaltung der 2-Wochen-Frist
– Vorliegen der **Abtretungserklärung** nach § 287 Abs. 2 InsO
– Vorliegen der **Erklärung nach § 287 Abs. 1 S. 3 InsO** samt Versicherung
– Die gesetzlich normierten **Sperrfristen des § 287a II InsO:**
  a) Dem Schuldner darf die Restschuldbefreiung innerhalb der letzten 10 Jahre vor dem nun vorliegenden Antrag oder nach dessen Stellung nicht bereits rechtskräftig erteilt worden sein.
  b) Dem Schuldner darf die Restschuldbefreiung innerhalb der letzten 5 Jahre vor dem vorliegenden Antrag oder nach dessen Stellung nicht rechtskräftig nach § 297, also wegen der Begehung einer Insolvenzstraftat, versagt worden sein.
  c) Innerhalb der letzten 3 Jahre darf dem Schuldner die Restschuldbefreiung nicht versagt worden sein wegen:

---

[11] Der Zeitpunkt „Eröffnungsentscheidung" als spätester Zeitpunkt ergibt sich aus der Vorschrift des § 287a: Der Eröffnungsantrag – also der Hauptantrag, nicht der Restschuldbefreiungsantrag – kann zurück genommen werden, falls sich der Restschuldbefreiungsantrag als unzulässig herausstellt, vgl. *Frind* ZInsO 2013, 1448, 1450.

aa) des Vorliegens von Versagungsgründen nach § 290 I Nr. 5–7, also wegen eines Verstoßes gegen Auskunftspflichten, wegen der Abgabe falscher Verzeichnisse oder eines Verstoßes gegen die Erwerbsobliegenheit.
bb) § 296 (Verstoß gegen Obliegenheiten in der Wohlverhaltensphase).
cc) § 297a (Nachträgliches Bekannt werden eines Grundes nach § 290 I Nr. 5–7).

21 Die Sperrfristen beginnen mit Rechtskraft der sie auslösenden Entscheidung zu laufen.[12] Nach dem Willen des Gesetzgebers ist diese Aufzählung abschließend und weitere von der Rechtsprechung entwickelte Sperrfristen sollen keine Anwendung mehr finden.[13] Dennoch ist der Ansicht zuzustimmen, dass in einzelnen Fällen weiterhin zur Vermeidung von rechtsmissbräuchlichem Verhalten auch nicht in § 287a Abs. 2 InsO normierte Sperrfristen zur Anwendung kommen können.[14] Dies ist beispielsweise der Fall bei unredlicher Umgehung einer Sperrfrist durch Rücknahme eines Restschuldbefreiungsantrags in der Wohlverhaltensphase, um diesen anschließend erneut zu stellen.[15]

Sollte eine notwendige Erklärung trotz richterlichen Hinweises fehlen oder eine der Sperrfristen noch andauern, ist der **Antrag durch Beschluss als unzulässig zurückzuweisen**.

22 In den Fällen des § 287a Abs. 2 InsO hat das Gericht den Schuldner vorher auf die Sperrfrist hinzuweisen, so dass der Schuldner die Möglichkeit hat, seinen Eröffnungsantrag vollständig zurück zunehmen, § 287a Abs. 2 S. 2 InsO.

II. Vorliegen von Versagungsgründen zum Zeitpunkt der Eingangsentscheidung

23 In der Eingangsentscheidung wird durch Beschluss festgestellt, dass der Schuldner die Restschuldbefreiung erlangt, wenn er seinen Obliegenheiten nachkommt und keine Versagungsgründe vorliegen. Dieser Beschluss ist – im Gegensatz zum Ankündigungsbeschluss des § 291 InsO aF – sowohl aufgrund der zeitlichen Stellung im Verfahren als auch des Wortlauts keine rein deklaratorische Ankündigung mehr, da noch kein Schlusstermin erfolgt ist, welcher das Fehlen von Fällen des § 290 InsO gewährleistet.

Liegen zur Überzeugung des Gerichts zum Zeitpunkt der Eingangsentscheidung bereits in § 287a Abs. 1 InsO genannte Versagungsgründe vor, begründet dies daher die Pflicht zur Prüfung derselben.[16] Vom Gesetzeswortlaut her ist im Beschluss eine gerichtliche Prognose angelegt: „Der Schuldner kann die RSB erlangen, wenn …". Eine solche gerichtliche Prognose kann aber nicht erfolgen, wenn dem Gericht bereits zum Zeitpunkt der Entscheidung gegentei-

---

[12] Uhlenbruck/*Sternal* InsO § 287a Rn. 24.
[13] BT-Drs. 17/11268, 25.
[14] Nerlich/Römermann/*Römermann* InsO § 287a Rn. 3; *Schmerbach* NZI 2014, 990 ff.; aA: MüKoInsO/*Stephan* § 287a Rn. 18.
[15] AG Fürth Beschl. v. 13.1.2016 – IN 581/15, ZInsO 2016, 290.
[16] Braun/*Pehl* InsO § 287a Rn. 2; Nerlich/Römermann/*Römermann* InsO § 287a Rn. 18; aA: *Ahrens* VIA 2015, 49, 51; *Blankenburg* ZInsO 2015, 2258 ff.

lige Erkenntnisse vorliegen. Diese Erkenntnisse sind von Amts wegen zu berücksichtigen. um einen inhaltlich unwahren Beschluss zu verhindern. Der Richter muss in diesen Fällen auch eine „**Begründetheitsprüfung**" vornehmen.[17] Liegen zu seiner Überzeugung die Voraussetzungen einer Versagung vor, hat das Gericht die **Feststellung, dass der Schuldner Restschuldbefreiung erlangen kann, durch Beschluss abzulehnen.**

D. Versagungsanträge bis zum Schlusstermin

Der Schlusstermin am Ende des Insolvenzverfahrens stellt nach der Eingangsentscheidung eine weitere Zäsur im Rahmen der Restschuldbefreiung dar. Gläubiger können grundsätzlich (beachte aber § 297a InsO) nur bis zu diesem Zeitpunkt Versagungsanträge nach § 290 InsO geltend machen. In der sich dann anschließenden Wohlverhaltensphase können Versagungsanträge nur noch auf die für diese Phase vorgesehenen Versagungstatbestände gestützt werden, nicht mehr auf § 290 InsO. 24

Übersicht zu den verschiedenen Verfahrensstadien: 25

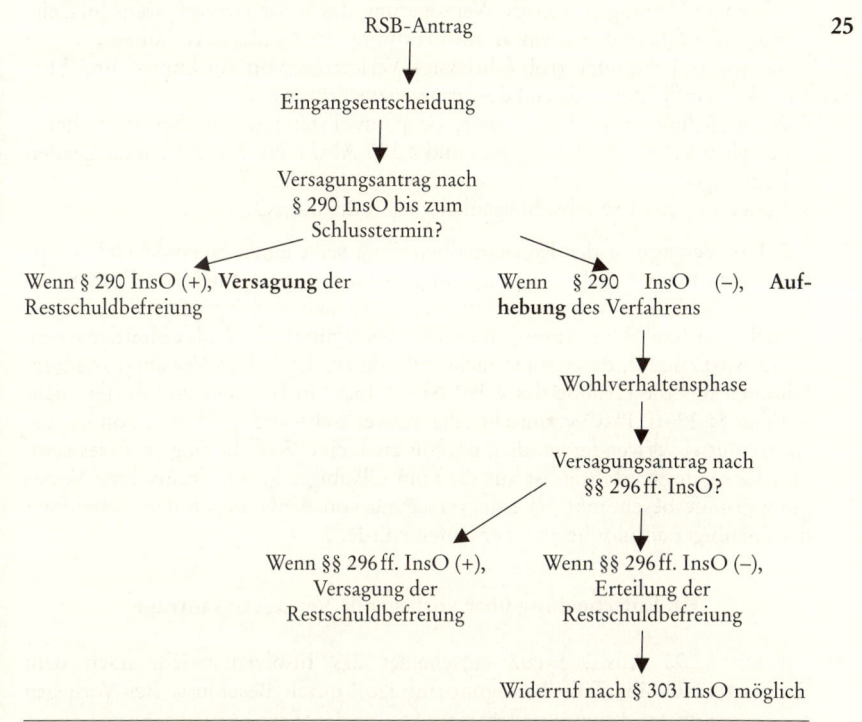

RSB-Antrag
↓
Eingangsentscheidung
↓
Versagungsantrag nach § 290 InsO bis zum Schlusstermin?

Wenn § 290 InsO (+), **Versagung** der Restschuldbefreiung

Wenn § 290 InsO (–), **Aufhebung** des Verfahrens
↓
Wohlverhaltensphase
↓
Versagungsantrag nach §§ 296 ff. InsO?

Wenn §§ 296 ff. InsO (+), Versagung der Restschuldbefreiung

Wenn §§ 296 ff. InsO (–), Erteilung der Restschuldbefreiung
↓
Widerruf nach § 303 InsO möglich

---

[17] AG Hamburg Beschl. v. 19.2.2015, ZInsO 2015, 821 ff.; *Frind* ZInsO 2015, 542, 546; LG Dessau-Roßlau Beschl. v. 6.5.2015 – 8 T 108/15, ZInsO 2015, 2233; AG Fürth Beschl. v. 21.3.2016 – IK 785/15, ZInsO 2016, 766; aA: AG Göttingen Beschl. v. 14.10.2015 – 74 IN 181/15, BeckRS 2015, 18097; AG Hamburg Beschl. v. 18.12.2015 – 67g IN 357/14, BeckRS 2016, 03361.

I. Anhörung der Gläubiger

26 Liegt ein zulässiger Antrag des Schuldners auf Gewährung der Restschuldbefreiung vor, so sind die Gläubiger bis zum Schlusstermin zu dem Antrag zu hören (§ 287 Abs. 4 InsO).

II. Versagungsanträge nach § 290 Abs. 1 InsO

27 1. Da die Restschuldbefreiung nur dem redlichen Schuldner zugutekommen soll, sieht die Insolvenzordnung im Rahmen des § 290 InsO einen **abschließenden Kanon** von Versagungsgründen vor, der zusammengefasst folgende Versagungsgründe umfasst:
– rechtskräftige Verurteilung wegen einer Insolvenzstraftat;
– unrichtige Angaben bei der Beantragung von Krediten oder öffentlichen Leistungen in den letzten 3 Jahren vor dem Antrag auf Eröffnung des Insolvenzverfahrens;
– die Begründung von unangemessenen Verbindlichkeiten oder die Verschwendung von Vermögen oder die Verzögerung des Insolvenzverfahrens im Zeitraum von 3 Jahren vor Antrag auf Eröffnung des Insolvenzverfahrens;
– die vorsätzliche oder grob fahrlässige Verletzung von Auskunfts- und Mitwirkungspflichten während des Insolvenzverfahrens;
– vorsätzliche oder grob fahrlässige oder unvollständige Angaben im Rahmen der nach § 287 Abs. 1 S. 3 InsO und § 305 Abs. 1 Nr. 3 InsO vorzulegenden Unterlagen.
– Verletzung der Erwerbsobliegenheit nach § 287b InsO.

28 2. Die **Versagung** der Restschuldbefreiung setzt einen entsprechenden **Antrag eines formellen Insolvenzgläubigers** (also mit angemeldeter Forderung) bis zum Schlusstermin voraus[18] und kann zu jedem Zeitpunkt im Verfahren gestellt werden.[19] Der Antrag muss den Versagungsgrund **glaubhaft** machen, § 290 Abs. 2 InsO, da er sonst nicht zulässig ist. In diesem Verfahrensstadium kommen nur die Gründe des § 290 Abs. 1 InsO in Betracht und dürfen nicht mit den §§ 296 ff. InsO vermischt oder verwechselt werden. Hierzu können alle Beweismittel verwendet werden, notfalls auch eine Versicherung an Eides statt. Das Versagungsverfahren ist auf die vom Gläubiger geltend gemachten Versagungsgründe beschränkt, da eine Versagung von Amts wegen dem Grundsatz der Gläubigerautonomie zuwider laufen würde.[20]

III. Entscheidung über vorliegende Versagungsanträge

29 Nach § 290 Abs. 2 Satz 2 entscheidet das Insolvenzgericht **nach dem Schlusstermin** über alle Versagungsanträge[21] durch Beschluss. Bei Vorliegen

---
[18] AG Hamburg Beschl. v. 7.9.2005 – 68g IK 46-04, ZInsO 2005, 1060.
[19] MüKoInsO/*Stephan* § 290 Rn. 17.
[20] BGH Beschl. v. 8.2.2007 – IX ZB 88/06, NZI 2007, 297 (297); MüKoInsO/*Stephan* § 290 Rn. 13.
[21] MüKoInsO/*Stephan* § 290 Rn. 76.

Heilmaier

§ 41. Restschuldbefreiung 1501

eines zulässigen Antrags – Glaubhaftmachung eines der Versagungsgründe – prüft das Gericht von Amts wegen das Vorliegen des geltend gemachten Versagungsgrundes, mithin die Begründetheit des Antrags. Der Gegenstand der Amtsermittlung wird jedoch durch den Antrag und den vom Gläubiger vorgetragenen und glaubhaft gemachten Sachverhalt begrenzt. Das Gericht kann die Restschuldbefreiung nicht aus einem anderen, vom Gläubiger nicht vorgetragenen Grund versagen.[22]

Ein unzulässiger oder unbegründeter Antrag wird durch Beschluss zurückgewiesen, andernfalls ergeht ein Beschluss mit dem Tenor „Dem Schuldner wird die Restschuldbefreiung versagt". Der Beschluss ist zu veröffentlichen, § 290 Abs. 3 S. 2 InsO.

Der Beschluss kann durch den antragstellenden Gläubiger bzw. den Schuldner mit der sofortigen Beschwerde angegriffen werden (§ 290 Abs. 3 S. 1 InsO). 30

E. Wohlverhaltensperiode

I. Beginn und Bedeutung der Wohlverhaltensphase

Der Wortlaut des § 287 Abs. 2 S. 1 InsO legt die Vermutung nahe, dass Insolvenz- und Restschuldbefreiungsverfahren zeitgleich mit der Verfahrenseröffnung beginnen. Sinn des § 287 Abs. 2 InsO ist es jedoch, die Gesamtdauer des „Entschuldungsverfahrens" auf die Dauer von sechs Jahren – gerechnet ab dem Zeitpunkt der Verfahrenseröffnung – zu limitieren. Das Restschuldbefreiungsverfahren im engeren Sinn beginnt jedoch erst mit dem Ende des Hauptverfahrens.[23] Mit der Aufhebung des Verfahrens wird gleichzeitig der Treuhänder bestimmt, § 288 S. 2 InsO. Die mit Antragstellung abgegebene Abtretungserklärung entfaltet ihre Wirksamkeit nach der Übernahme des Amtes durch den Treuhänder.[24] Für diese Zeit der sogenannten „Wohlverhaltensperiode" obliegen dem Schuldner bestimmte Obliegenheiten. Eine Versagung der Restschuldbefreiung ist nur mehr aufgrund der in §§ 296 ff. InsO normierten, relativ eng gefassten Versagungsgründe möglich. 31

II. Der Treuhänder

Zugleich mit dem Aufhebungsbeschluss bestellt das Insolvenzgericht eine natürliche Person als Treuhänder (§ 288 InsO). Die Aufgaben des Treuhänders sind in den Bestimmungen des § 292 InsO geregelt. Es werden sogenannte **Pflichtaufgaben** und **fakultativen Aufgaben** unterschieden.[25] 32

---

[22] MüKoInsO/*Stephan* § 290 Rn. 79.
[23] AG Mönchengladbach Beschl. v. 7.1.2005 – 32 IK 104/02, NZI 2005, 174 (174 f.); aA AG Göttingen Beschl. v. 17.1.2003 – 74 IK 191/01, NZI 2003, 217 (218).
[24] Uhlenbruck/*Sternal* InsO § 287 Rn. 49; Nerlich/Römermann/*Römermann* InsO § 287 aF Rn. 29.
[25] *Hess* § 292 Rn. 23 ff.

1. Pflichtaufgaben (§ 292 Abs. 1 InsO)

33 Der Treuhänder hat alle Maßnahmen zu ergreifen, die zur **Einziehung und Verteilung des abgetretenen Einkommens** des Schuldners erforderlich sind. Er hat insbesondere den Zahlungspflichtigen, in der Regel den Arbeitgeber, über die Abtretung zu unterrichten, sich über Veränderungen in der Entlohnung des Schuldners zu informieren und den Zahlungseingang zu überwachen und ggf. anzumahnen.

34 Die eingenommenen Gelder müssen zinsbringend auf einem Treuhandkonto angelegt werden.[26] Nach Entnahme der eigenen Vergütung und Berichtigung der Verfahrenskosten in den Fällen des § 4a InsO verteilt der Treuhänder die eingezogenen und ggf. vermehrten Beträge einmal jährlich auf der Grundlage des Schlussverzeichnisses an die Gläubiger (§ 292 Abs. 1 S. 2 InsO), kann diese jährliche Verteilung bei Geringfügigkeit der Beträge bis zum Ende der Abtretungsfrist aussetzen (§ 292 Abs. 1 S. 4 InsO).

35 Für Streitfragen im Zusammenhang mit der Bestimmung des pfändbaren Einkommens sowie **Anträge auf Heraufsetzung des unpfändbaren Betrages** gem. § 850f. ZPO ist das Insolvenzgericht zuständig (§ 292 Abs. 1 S. 3 InsO).

36 Besondere Aufgaben hat der Treuhänder im Rahmen der **Restschuldbefreiung bei Selbstständigen**. In Ermangelung eines eindeutig bestimmbaren Einkommens ist der Schuldner zu Zahlungen an den Treuhänder verpflichtet, die die Gläubiger so stellen, als würde er einer angemessenen Erwerbstätigkeit nachgehen (§ 295 Abs. 2 InsO). In der Praxis wird dieser Betrag einvernehmlich zwischen dem Treuhänder und dem Selbstständigen festgelegt. Die Höhe des abzuführenden Betrags richtet sich nach dem Durchschnitt der Bezüge aus einer angemessenen Erwerbstätigkeit. Dabei sind auch die wirtschaftlichen Leistungsschwankungen eines Gewerbebetriebs zu berücksichtigen.[27]

Bei Beendigung seines Amtes hat der Treuhänder gegenüber dem Insolvenzgericht Rechnung zu legen (§ 292 Abs. 3 S. 1 InsO).

2. Fakultative Aufgaben (§ 292 Abs. 2 InsO)

36 Zusätzlich zu den Pflichtaufgaben kann die Gläubigerversammlung dem Treuhänder die **Überwachung der Obliegenheiten** des Schuldners im Sinne des § 295 InsO übertragen (§ 292 Abs. 2 InsO).[28] Über die Übernahme fakultativer Aufgaben muss bereits vor Aufhebung des Verfahrens entschieden werden, da das Restschuldbefreiungsverfahren keine Gläubigerversammlung vorsieht. Der Treuhänder muss fakultative Aufgaben nur übernehmen, wenn die dafür anfallende zusätzliche Vergütung gedeckt ist (§ 292 Abs. 2 S. 3 InsO).

3. Haftung des Treuhänders

37 Die Haftung des Treuhänders ist gesetzlich nicht geregelt. Eine analoge Anwendung des § 60 InsO findet nicht statt, da insoweit die Verweisungen in den §§ 292, 293 InsO gerade eine Verweisung auf § 60 InsO nicht enthalten. Folglich

---

[26] Uhlenbruck/*Sternal* InsO § 292 Rn. 34 ff.
[27] MüKoInsO/*Ehricke* § 295 Rn. 106 ff.
[28] Uhlenbruck/*Sternal* InsO § 292 Rn. 58 ff.

§ 41. Restschuldbefreiung

kommen die Haftungsgrundsätze des bürgerlichen Rechts zur Anwendung. Der Treuhänder haftet daher nach den Grundsätzen über die uneigennützige doppelseitige Treuhand oder nach dem Haftungsmaßstab des § 276 BGB, sofern er abgetretene Forderungen pflichtwidrig nicht einzieht oder nicht weiterleitet.[29]

4. Vergütung des Treuhänders

Die Vergütung des Treuhänders ist in der insolvenzrechtlichen Vergütungsordnung (InsVV) geregelt. Der Treuhänder erhält für seine Pflichtaufgaben eine degressive, prozentuale Vergütung aus den von ihm eingenommenen Beträgen. Die Mindestvergütung beträgt 100 EUR jährlich (§ 14 Abs. 3 InsVV). Für die Überwachung der Obliegenheiten des Schuldners erhält der Treuhänder zusätzlich eine Vergütung von 35,00 EUR pro Stunde (§ 15 Abs. 1 InsVV). 38

5. Beginn/Ende des Amts

Das Amt des Treuhänders beginnt mit der Rechtskraft des Beschlusses über die Bestellung, nicht jedoch vor Annahme des Amtes durch den Treuhänder. Das Amt des Treuhänders endet bei Erteilung der Restschuldbefreiung nach § 300 InsO oder aber bei vorzeitiger Beendigung gemäß § 299 InsO mit der Rechtskraft der jeweiligen Entscheidung.[30] Daneben kann das Gericht den Treuhänder aus wichtigem Grund entlassen (§§ 292 Abs. 3 S. 2, 59 Abs. 1 InsO). Wichtige Gründe liegen bspw. vor, wenn der Treuhänder unfähig ist, sein Amt auszuführen, durch Krankheit an der Amtsausführung gehindert ist oder er schuldhaft seine Treuhänderpflichten verletzt.[31] 39

6. Aufsicht des Insolvenzgerichts

Der Treuhänder steht unter der Aufsicht des Insolvenzgerichts. Dies ergibt sich aus der Verweisung in § 292 Abs. 3 S. 2 InsO auf die §§ 58 und 59 InsO. Das Insolvenzgericht kann vom Treuhänder jederzeit einzelne Auskünfte oder einen Bericht über den Sachstand verlangen. Erfüllt der Treuhänder seine Pflichten nicht, so kann das Gericht nach vorheriger Androhung ein Bußgeld bis zu EUR 25 000,00 gegen den Treuhänder festsetzen oder ihn wie oben ausgeführt aus wichtigem Grund entlassen. 40

III. Verhalten und Obliegenheiten des Schuldners

Insbesondere den Obliegenheiten des § 295 InsO ist besondere Bedeutung zuzumessn, da auf deren Verletzung Versagungsanträge der Gläubiger in der Wohlverhaltensphase gestützt werden können, § 296 Abs. 1 InsO. Die Erlangung der Restschuldbefreiung stellt an den Schuldner hohe Anforderungen und erfordert seine Mitarbeit. 41

---

[29] *Hess* § 292 Rn. 31 ff; Braun/*Pehl* InsO § 292 Rn. 13.
[30] Uhlenbruck/*Sternal* InsO § 292 Rn. 10 ff.
[31] *Hess* § 292 Rn. 18 ff.; Braun/*Pehl* InsO § 292 Rn. 19.

Heilmaier

13. Teil. Insolvenz natürlicher Personen

Der Schuldner hat in dem Zeitraum zwischen Beendigung des Insolvenzverfahrens (Verfahrensaufhebung[32]) → § 8 Rn. 146 und dem Ende der Abtretungsfrist (= 6 Jahre nach Eröffnung des Verfahrens, § 287 Abs. 2 InsO) die in § 295 InsO niedergelegten **Obliegenheiten** zu erfüllen.

42 Die einzelnen Obliegenheiten des § 295 InsO:

a) An erster Stelle steht die **Erwerbsobliegenheit** des Schuldners, nämlich die Verpflichtung, eine angemessene Erwerbstätigkeit auszuüben, bzw. im Falle der Arbeitslosigkeit, sich um eine angemessene Tätigkeit zu bemühen. Das Gesetz bestimmt jedoch nicht, wann eine **Erwerbstätigkeit angemessen** ist, welche Bemühungen ein Arbeitsloser zu entfalten hat und wann er eine Tätigkeit als unzumutbar ablehnen kann. Aus den Motiven zu § 295 InsO ergibt sich, dass das Gesetz an den Begriff der Zumutbarkeit strenge Anforderungen stellt. Nach den Vorstellungen des Gesetzgebers hat der Schuldner auch berufsfremde und auswärtige Arbeit, notfalls auch eine Aushilfs- oder Gelegenheitstätigkeit anzunehmen. Der Erwerbslose kann sich nicht darauf beschränken, sich über das Arbeitsamt vermitteln zu lassen. Er hat sich vielmehr selbstständig um eine Arbeitsstelle zu kümmern. Eine Tätigkeit ist nur dann angemessen, wenn sie angemessen vergütet wird.[33]

Der selbstständige Schuldner hat die Gläubiger so zu stellen, als ob er ein **angemessenes Dienstverhältnis** eingegangen wäre. Es wird daher zunächst bestimmt, welche die auf Grund der Ausbildung und bisherigen Tätigkeit des Schuldners angemessene abhängige Tätigkeit wäre[34] und welche Vergütung für diese Tätigkeit üblicherweise bezahlt wird. Die so gewonnene fiktive Bruttovergütung wird in eine Nettovergütung unter Berücksichtigung des Familienstandes umgewandelt. Der selbstständig tätige Schuldner kann dann zwar variable, an die derzeitige Einkommenssituation angepasste Beträge an den Treuhänder abliefern. Diese müssen aber im Durchschnitt bezogen auf die Wohlverhaltensperiode dem Maßstab des § 295 Abs. 2 InsO genügen.[35]

43 b) Der Schuldner ist ferner verpflichtet, während der Wohlverhaltensperiode die Hälfte einer „**Erbschaft**" an den Treuhänder herauszugeben (§ 295 Abs. 1 Nr. 2 InsO). Entscheidend ist nicht, dass die Annahme der Erbschaft, sondern der Zeitpunkt des Erbfalls in der Wohlverhaltensperiode liegt.[36] Hierunter fallen nicht nur Erbschaften auf Grund testamentarischer oder gesetzlicher Erbfolge, sondern auch Vermächtnisse, der vorzeitige Ausgleich mit nichtehelichen Kindern und eine vorweggenommene Übertragung von Vermögensanteilen zur Ausnutzung von Steuerfreibeträgen.[37]
Der Schuldner muss selbst dafür Sorge tragen, dass er die Hälfte des Werts an den Treuhänder herausgeben kann. Dies kann bspw. durch die Übertra-

---

[32] Braun/*Pehl* InsO § 200 Rn. 1.
[33] LG Freiburg Beschl. v. 9.4.2013 – 3 T 30/13, ZVI 2013, 202; LG Hamburg Beschl. v. 6.1.2015 – 326 T 112/13, ZInsO 2015, 1804.
[34] BGH Beschl. v. 26.2.2013 – IX ZB 165/11, ZInsO 2013, 625.
[35] HK-InsO/*Landfermann* § 295 Rn. 7ff.
[36] *Regenfus* ZInsO 2015, 726ff.
[37] Uhlenbruck/*Sternal* InsO § 295 Rn. 20ff.

gung des Erbteils an den Treuhänder oder die Bestellung von Sicherheiten geschehen. Dass der Schuldner nur die Hälfte der Erbschaft abgeben muss, soll für ihn einen Anreiz setzen, das Erbe anzunehmen.[38]

c) Letztlich treffen den Schuldner während der Wohlverhaltensphase die sogenannten **Mitwirkungsobliegenheiten** des § 295 Abs. 1 Nr. 3 und 4 InsO: Jeder Wechsel von Wohnsitz bzw. Beschäftigungsstelle muss gegenüber dem Insolvenzgericht und dem Treuhänder angezeigt werden. Zudem hat der Schuldner dem Gericht und dem Treuhänder auf Verlangen Auskunft über seine Erwerbstätigkeit bzw. die Suche nach einer solchen sowie über seine Bezüge und sein Vermögen zu erteilen. 44

Daneben muss der Schuldner abtretbares Einkommen oder eine „Erbschaft" offen legen (§ 295 Abs. 1 Nr. 2 InsO). Letztlich wird dem Schuldner aufgegeben, Zahlungen zur Befriedigung der Insolvenzgläubiger ausschließlich an den Treuhänder zu leisten und keinem Insolvenzgläubiger einen Sondervorteil zu verschaffen. Solche Abkommen über Sondervorteile für einzelne Insolvenzgläubiger sind nichtig (§ 294 Abs. 2 InsO). 45

Die vorstehend dargestellten Mitwirkungsobliegenheiten dienen zum einen der einfachen Überprüfung und Überwachung des Schuldners durch den Treuhänder und das Insolvenzgericht und zum anderen einer gleichmäßigen Gläubigerbefriedigung. 46

IV. Versagung der Restschuldbefreiung in der Wohlverhaltensphase

Während der Wohlverhaltensphase ist eine Versagung unter den Voraussetzungen des § 296 Abs. 1 InsO (Verstoß gegen Obliegenheiten), § 296 Abs. 2 InsO (Verstoß gegen Auskunftsobliegenheit gegenüber dem Gericht), des § 297 Abs. 1 InsO (Verurteilung wegen Insolvenzstraftaten) oder des § 298 Abs. 1 InsO (nicht gedeckte Mindestvergütung ohne Stundung der Verfahrenskosten) möglich. 47

Zudem gibt es seit 1.7.2014 die Möglichkeit, auch nach dem Schlusstermin in der Wohlverhaltensphase nachträglich Versagungsgründe des § 290 Abs. 1 InsO geltend zu machen, § 297a InsO. 48

Wird die Restschuldbefreiung nach den §§ 296, 297, 297a oder 298 InsO versagt, so enden mit der Rechtskraft der Entscheidung sämtliche Wirkungen der Restschuldbefreiung. Demgemäß endet die Beschränkung der Rechte der Gläubiger, das Amt des Treuhänders und die Laufzeit der Abtretungserklärung (§ 299 InsO).

1. Versagung wegen Verstoßes gegen Obliegenheiten, § 296 Abs. 1 InsO

Objektive Voraussetzung für eine Versagung der Restschuldbefreiung nach § 296 InsO ist, dass der Schuldner während der Wohlverhaltensphase gegen die Obliegenheiten des § 295 InsO verstößt und dieser schuldhafte Verstoß kausal für eine messbare Schlechterstellung der Gläubiger ist.[39] Der Verstoß muss schuldhaft, also vorsätzlich oder fahrlässig, sein. 49

---

[38] MüKoInsO/*Ehricke* § 295 Rn. 49 ff.
[39] BGH Beschl. v. 5.4.2006 – IX ZB 50/05, NZI 2006, 413 (413).

50 a) Die Versagung darf nur auf **Antrag** eines Insolvenzgläubigers (§ 38 InsO) erfolgen, der den Antrag **innerhalb eines Jahres** ab Bekanntwerden der Obliegenheitsverletzung stellt, § 296 Abs. 1 S. 2 InsO.

51 b) Die Obliegenheitsverletzung, die Beeinträchtigung der Gläubiger hierdurch und die Einhaltung der Jahresfrist **muss** vom Antragsteller **glaubhaft gemacht** werden, § 296 Abs. 1 S. 3 InsO. Andernfalls ist **der Antrag als unzulässig abzuweisen**. Das Verfahren der Glaubhaftmachung richtet sich nach § 294 ZPO. Dies stellt hohe Anforderungen an den Antragsteller.

52 Zur Glaubhaftmachung der Obliegenheitsverletzung genügt es jedoch, inhaltlich konkret[40] Bezug auf einen Bericht des Treuhänders zu nehmen.[41] Sollte ein Verstoß gegen § 295 Abs. 1 Nr. 3 InsO dahingehend vorgetragen werden, dass der Schuldner keine Angaben macht, genügt der Antragsteller seiner Glaubhaftmachungsverpflichtung, wenn er vorträgt, der Schuldner habe seine Einkommensverhältnisse nicht offen gelegt oder sei seinen Verpflichtung auf Ausübung/Bemühung um eine angemessene Tätigkeit nicht nachgekommen, da sonst an den Gläubiger nicht zu erfüllende Anforderungen gestellt werden und ein Schuldner sich seinen Mitwirkungspflichten sanktionslos entziehen könnte.[42] Bei Geltendmachung eines Verstoßes gegen § 296 Abs. 2 InsO genügt der Gläubiger seiner Glaubhaftmachungspflicht bezüglich der Beeinträchtigung der Befriedigung dann, wenn er darlegt, dass der Schuldner an den Treuhänder nicht den Betrag abgeführt hat, den er bei Ausübung einer vergleichbaren Tätigkeit hätte abführen müssen.[43]

53 c) Der zulässige Antrag ist dem Schuldner, dem Treuhänder und den übrigen Gläubiger zur Stellungnahme zuzuleiten, § 296 Abs. 2 S. 1 InsO. Sobald ein zulässiger Antrag vorliegt, muss das **Gericht von Amts wegen die Begründetheit** prüfen. Der glaubhaft gemachte Verstoß muss tatsächlich vorliegen. Auf einen anderen als den geltend gemachten Versagungsgrund darf das Gericht eine Versagung nicht stützen.[44]

54 Den Schuldner muss an der Obliegenheitsverletzung ein Verschulden treffen, § 296 Abs. 1 S. 1 HS 2 InsO. Ein Verschulden muss nicht glaubhaft gemacht werden, ist vom Gericht aber zu prüfen.

55 d) Die gerichtliche Entscheidung ergeht in **Beschluss**form, der zu veröffentlichen ist und mit der sofortigen Beschwerde angegriffen werden kann, § 296 Abs. 3 InsO.

2. Versagung nach § 296 Abs. 2 S. 3 InsO

56 Im Rahmen der Amtsermittlung zu einem zulässigen Versagungsantrag nach § 296 Abs. 1 InsO kann das Gericht dem Schuldner unter Fristsetzung aufgeben, Auskünfte über die Erfüllung seiner Obliegenheiten zu erteilen und anschließend die Richtigkeit seiner Auskünfte an Eides statt zu versichern, § 296

---

[40] Uhlenbruck/*Sternal* InsO § 296 Rn. 19.
[41] Uhlenbruck/*Sternal* InsO § 296 Rn. 22; BGH Beschl. v. 5.6.2008 – IX ZB 119/06.
[42] AG Göttingen Beschl. v. 15.9.2008 – 74 IK 730/06, NZI 2008, 696; Uhlenbruck/*Sternal* InsO § 296 Rn. 19.
[43] BGH Beschl. v. 4.2.2016 – IX ZB 13/15, ZInsO 2016, 593.
[44] Braun/*Pehl* InsO § 296 Rn. 6.

Abs. 2 S. 2 InsO. Dies setzt eine ausdrückliche Aufforderung an den Schuldner voraus und ist vom rechtlichen Gehör nach § 296 Abs. 2 S. 1 InsO zu unterscheiden.[45] Diese **Auskunftserteilung** kann entweder in schriftlicher Form mit Fristsetzung oder mündlich im Rahmen des Anhörungstermins erfolgen. Hält der Schuldner die gesetzte Frist ohne hinreichende Entschuldigung nicht ein oder erscheint er trotz ordnungsgemäßer Ladung ohne hinreichende Entschuldigung nicht zu dem festgesetzten Termin, so ist schon aus diesem Grunde die Restschuldbefreiung zu versagen.

§ 296 Abs. 2 S. 3 InsO enthält insoweit einen **eigenen Versagungsgrund** für die Restschuldbefreiung[46] und gleichzeitig die einzige Versagungsmöglichkeit von Amts wegen, wenn auch ein Antrag nach § 296 Abs. 1 InsO Voraussetzung der Versagung ist. 57

3. Versagung wegen Verurteilung des Schuldners aufgrund einer Insolvenzstraftat, § 297 InsO

Die Restschuldbefreiung kann auf **Antrag** auch dann versagt werden, wenn zwischen Schlusstermin und Aufhebungsbeschluss oder zwischen Beendigung und dem Ende der Abtretungsfrist eine Verurteilung wegen einer Insolvenzstraftat (§§ 283–283c StGB) zu mehr als 90 Tagessätzen oder zu einer Freiheitsstrafe erfolgt ist, § 297 InsO. § 297 Abs. 1 InsO stellt die zeitliche Erstreckung zu § 290 Abs. 1 Nr. 1 InsO dar, so dass sich die zum Schlusstermin erfolgte Prüfung wiederholt. Wird der Schuldner im entsprechenden Zeitraum wegen einer **Insolvenzstraftat** rechtskräftig verurteilt, hat das Insolvenzgericht durch bekanntzumachenden und mit der sofortigen Beschwerde angreifbaren (§§ 297 Abs. 2, 296 Abs. 3 InsO) Beschluss die Restschuldbefreiung zu versagen (§ 297 Abs. 1 InsO). Maßgeblich für die Anwendung des § 297 InsO ist die **Rechtskraft der Verurteilung**.[47] Dies wird in der Praxis den erstinstanzlich verurteilten Schuldner dazu bewegen, Berufung einzulegen, sofern er die Chance sieht, durch eine solche Berufung die Wohlverhaltensperiode abzuschließen, bevor eine rechtskräftige Verurteilung erfolgt. 58

4. Versagung wegen nachträglich bekannt gewordener Versagungsgründe des § 290 Abs. 1 InsO, § 297a InsO

Seit dem 1.7.2014 besteht für die Gläubiger die Möglichkeit, einen Versagungsantrag wegen Gründen des § 290 Abs. 1 InsO auch noch in der Wohlverhaltensphase zu stellen, wenn sich der Versagungsgrund erst nach dem Schlusstermin herausstellt, aber zu diesem Zeitpunkt vorgelegen hat. Die Versagung setzt einen **Antrag** voraus, der **innerhalb von 6 Monaten** nach dem Zeitpunkt zu stellen ist, zu welchem der Versagungsgrund dem Gläubiger **bekannt wurde**. Eine Ausschlussfrist für den Gläubigerantrag ist ausdrücklich nicht vorgesehen, da der unredliche Schuldner in diesem Fall nicht als schutzwürdig anzusehen ist.[48] Für die Zulässigkeit des Antrags ist es notwendig, **glaubhaft zu machen**, dass ein 59

---

[45] BGH Beschl. v. 4.2.2016 – IX ZB 13/15, ZInsO 2016, 593.
[46] Vgl. MüKoInsO/*Stephan* § 296 Rn. 30.
[47] Uhlenbruck/*Sternal* InsO § 297 Rn. 4 ff.
[48] MüKoInsO/*Stephan* § 297a Rn. 5.

Versagungsgrund des § 290 Abs. 1 InsO vorgelegen hat, dass der Gläubiger zum maßgeblichen Zeitpunkt keine Kenntnis von ihm hatte und seit Kenntniserlangung weniger als 6 Monate vergangen sind, § 297a Abs. 1 S. 3. Die Einhaltung der 6-Monats-Frist ab Kenntnis ist Tatbestandsmerkmal dieses Versagungsgrundes.[49]

Die Entscheidung ergeht durch bekanntzumachenden und mit der sofortigen Beschwerde angreifbaren (§§ 297a Abs. 2, 296 Abs. 3 InsO) Beschluss, der den Versagungsantrag als unbegründet oder unzulässig zurückweist oder die Restschuldbefreiung versagt.

5. Versagung wegen fehlender Mindestvergütung, § 298 InsO

60 Ein weiterer Versagungsgrund für die Restschuldbefreiung ist gegeben, sofern die vom Schuldner aufgebrachten Mittel nicht einmal die **Mindestvergütung** des Treuhänders für das vorangegangene Jahr seiner Tätigkeit decken und eine Stundung der Kosten des Insolvenzverfahrens nicht gewährt wurde.[50] Diese beträgt EUR 100,00 pro Jahr (§ 14 Abs. 3 InsVV). Verfügt der Schuldner über längere Zeit nicht über pfändbares Vermögen, ist er verpflichtet den Betrag von EUR 100,00 aus seinem unpfändbaren Vermögen zu stellen. In Ermangelung einer gesetzlichen Regelung für den Begriff des **„vorangegangenen Jahres"** beginnt die Jahresfrist im Sinne des § 298 InsO mit dem Beginn des Amtes des Treuhänders (vgl. → § 41 Rn. 39). Die Frist wird nach der Bestimmung des § 188 Abs. 2 BGB berechnet.[51]

61 Die Versagung der Restschuldbefreiung setzt voraus, dass der Treuhänder den Schuldner schriftlich zur Zahlung binnen einer Frist von mindestens 2 Wochen aufgefordert und ihn dabei auf die Möglichkeit der Versagung der Restschuldbefreiung hingewiesen hat. Daneben bedarf es eines entsprechenden **Antrags des Treuhänders**. Dieser wird von einem entsprechenden Antrag Abstand nehmen, wenn er von der mangelnden Zahlungsfähigkeit des Schuldners überzeugt ist.

62 Vor der Entscheidung des Gerichts über die Versagung der Restschuldbefreiung ist der Schuldner anzuhören (§ 298 Abs. 2 S. 1 InsO). Gleichzeitig ist der Schuldner vom Gericht aufzufordern, den fehlenden Betrag binnen 2 Wochen nach Zugang der Aufforderung an den Treuhänder zu bezahlen (§ 298 Abs. 2 S. 2 Hs. 1 InsO). Leistet der Schuldner trotz dieser Aufforderung nicht, so versagt das Gericht durch bekanntzumachenden und mit der sofortigen Beschwerde angreifbaren (§§ 298 Abs. 3, 296 Abs. 3 InsO) Beschluss die Restschuldbefreiung.

F. Erteilung der Restschuldbefreiung

63 Ziel des Verfahrens der Restschuldbefreiung ist es, nach Ablauf der Abtretungsfrist dem Schuldner Restschuldbefreiung zu gewähren. Ist demgemäß

---

[49] Uhlenbruck/*Sternal* InsO § 297a Rn. 12.
[50] Uhlenbruck/*Sternal* InsO § 298 Rn. 3 ff.
[51] HK-InsO/*Landfermann* § 298 Rn. 3.

die Abtretungsfrist ohne vorzeitige Beendigung nach den §§ 296–299 InsO verstrichen, so hat das Insolvenzgericht über die endgültige Gewährung der Restschuldbefreiung zu entscheiden.

1. Verfahren nach Ablauf der Regelfrist

a) Zur Vorbereitung dieser Entscheidung hat das Insolvenzgericht die **Gläubiger, den Insolvenzverwalter, den Treuhänder und den Schuldner anzuhören** (§ 300 Abs. 1 S. 1 InsO). Die beteiligten Gläubiger und der Treuhänder können auch in dieser Phase noch einen Antrag auf Versagung der Restschuldbefreiung stellen. Stellt keiner der Antragsberechtigten einen Antrag auf Versagung der Restschuldbefreiung, so ist die Restschuldbefreiung durch Beschluss zu erteilen, unabhängig davon, in welcher Höhe die Gläubiger befriedigt wurden. Ein Rechtsmittel gegen diesen Beschluss findet mangels Beschwer nicht statt, § 300 Abs. 4 S. 2 InsO.[52]

64

b) Die Voraussetzungen für einen Versagungsantrag der Verfahrensbeteiligten sind weitgehend **identisch mit einem Versagungsantrag während der Wohlverhaltensperiode**.[53] Den Gläubigern steht die Antragsbefugnis wegen Verletzung von Obliegenheiten (§ 296 Abs. 1 InsO), bei der Verurteilung wegen Straftaten (§ 297 InsO) und wegen nachträglich bekannt gewordener Versagungsgründe (§ 297a InsO) zu. Der Treuhänder hat das Antragsrecht wegen fehlender Deckung der Mindestvergütung (§ 298 Abs. 1 InsO). Auch in dieser Phase des Verfahrens sind die Gläubigeranträge nach § 296 Abs. 1 InsO nur binnen Jahresfrist ab Kenntnis des Versagungsgrundes zulässig. Ebenso ist die Obliegenheitsverletzung und die dadurch eintretende Verletzung der Befriedigung der Insolvenzgläubiger, ferner der Zeitpunkt der Kenntnis von der Verletzung glaubhaft zu machen. Dies ergibt sich aus der eindeutigen Verweisung des § 300 Abs. 2 InsO auf „die Voraussetzungen des § 296 Abs. 1 InsO".[54] Gleiches gilt für die Frist des § 297a InsO.

65

Sollte die Abtretungsfrist abgelaufen, aber noch **kein Schlusstermin erfolgt** sein („asymetrische Verfahren" → Rn. 72), steht den Gläubigern noch der Versagungsgrund des § 290 Abs. 1 InsO offen, § 300 Abs. 3 InsO.[55]

66

Das Insolvenzgericht kann aufgrund der Verweisung des § 300 Abs. 3 InsO auf § 296 Abs. 2 S. 3 InsO die **Restschuldbefreiung von Amts wegen versagen**, wenn der Schuldner nach einem zulässigen Gläubigerantrag gemäß § 296 Abs. 1 InsO unentschuldigt die geforderten Auskünfte oder die eidesstattliche Versicherung nicht innerhalb der gesetzten Frist erteilt oder trotz ordnungsgemäßer Ladung nicht zum anberaumten Termin erscheint.

67

c) Nach Anhörung der Verfahrensbeteiligten **entscheidet das Gericht durch Beschluss** über die Erteilung oder Versagung der Restschuldbefreiung (§ 300 Abs. 1 InsO). Sofern kein Versagungsgrund vorliegt, ist Restschuldbefreiung zu

68

---

[52] Hess § 300 Rn. 11.
[53] Vgl. Uhlenbruck/*Sternal* InsO § 300 Rn. 30 ff.
[54] Uhlenbruck/*Sternal* InsO § 300 Rn. 30 ff.
[55] Uhlenbruck/*Sternal* InsO § 300 Rn. 6.

erteilen. Gegen den Beschluss steht dem Schuldner und jedem Gläubiger, der die Versagung der Restschuldbefreiung beantragt hat, die sofortige Beschwerde zu (§ 300 Abs. 4 S. 2 InsO).

2. Verfahren bei Verkürzung der Wohlverhaltensperiode und vorzeitiger Restschuldbefreiung

69 Die Neuregelung des § 300 InsO bietet nunmehr dem Schuldner verschiedene Möglichkeiten, auf **Antrag** die Wohlverhaltensperiode zu verkürzen, wenn er die **Kosten des Verfahrens berichtigt**[56] hat. Die Berichtigung der Kosten und die jeweiligen Voraussetzungen der einzelnen Verkürzungstatbestände sind vom Schuldner mit der Antragstellung **glaubhaft zu machen**, § 300 Abs. 2 S. 3 InsO.

70 Eine Abkürzung ist dann in folgenden Konstellationen möglich:

a) Es hat im Verfahren **kein Insolvenzgläubiger** eine Forderung angemeldet oder der Schuldner hat **alle Insolvenzgläubiger befriedigt**[57] und die Masseverbindlichkeiten berichtigt (§ 300 Abs. 1 S. 2 Nr. 1 InsO).

b) Nach 3 Jahren Abtretungsfrist sind die **Forderungen der Insolvenzgläubiger in Höhe von mindestens 35 %** befriedigt. Diese Quote muss tatsächlich innerhalb von 3 Jahren erreicht sein und nicht zu einem späteren Zeitpunkt.[58] Die Zahlungen können auch von dritter Seite stammen, nach Abs. 2 S. 1 hat der Schuldner jedoch Angaben über die Herkunft der Mittel zu machen, die über die Beiträge hinausgehen, die von der Abtretungserklärung erfasst sind. Die Richtigkeit und Vollständigkeit der Angaben ist gem. Abs. 2 S. 2 zu versichern. **Diese Angaben zur Mittelherkunft** sind Zulässigkeitsvoraussetzung des Antrags (§ 300 Abs. 1 S. 2 Nr. 2 InsO).

c) Nach 5 Jahren Abtretungsfrist (§ 300 Abs. 1 S. 2 Nr. 3 InsO).

71 Nach **Anhörung** der Verfahrensbeteiligten gem. Abs. 1 S. 1 **entscheidet das Gericht durch Beschluss** über die Erteilung oder Versagung der Restschuldbefreiung (§ 300 Abs. 1 InsO). Sofern der Antrag auf Verkürzung zulässig ist und kein zulässiger und begründeter Versagungsantrag vorliegt, ist Restschuldbefreiung zu erteilen. Gegen den Beschluss steht dem Schuldner und jedem Gläubiger, der die Versagung der Restschuldbefreiung beantragt hat, die sofortige Beschwerde zu (§ 300 Abs. 4 S. 2 InsO).

3. Sonderfall Asymetrische Verfahren: Fristablauf vor Aufhebung des Verfahrens

72 In seltenen Fällen kann es dazu kommen, dass die mit Eröffnung des Insolvenzverfahrens beginnende 6-jährige Abtretungsfrist endet, bevor das Insolvenzverfahren aufgehoben wurde (§ 300 Abs 1 S. 1; sog „asymetrisches Ver-

---

[56] AA: AG Göttingen Beschl. v. 29.4.2015 – 71 IK 99/14, NZI 2015, 772.
[57] So schon vor der Neuregelung: BGH Beschl. v. 17.3.2005 – IX ZB 214/04, ZInsO 2005, 597 (599).
[58] Braun/*Pehl* InsO § 300 Rn. 6.

fahren").⁵⁹ Zu beachten ist, dass die Gläubiger spätestens jetzt gem. § 287 Abs. 4 InsO zu hören sind und den Beteiligten wie bei einem Schlusstermin Gelegenheit zu Versagungsanträgen nach § 290 InsO und zur Stellungnahme gegeben wird. In diesen Fällen entfaltet die Abtretungserklärung mangels Treuhänderbestellung nie ihre Wirkung, was jedoch unerheblich ist, da die abgetretenen Bezüge ohnehin als Neuerwerb in die Masse fallen. Die Versagungsgründe der §§ 296 ff. InsO kommen ebenfalls nicht zur Anwendung.

4. Wirkung des Beschlusses zur Erteilung oder Versagung der Restschuldbefreiung

a) Die **Versagung der Restschuldbefreiung** entspricht in ihren Wirkungen der vorzeitigen Beendigung (vgl. → § 41 Rn. 69). 73

b) Wird die Restschuldbefreiung erteilt, so wird der Schuldner von den im Rahmen des Insolvenzverfahrens und bis zum Ende der Wohlverhaltensperiode nicht erfüllten Forderungen befreit (§ 286 InsO). Die Restschuldbefreiung wirkt auch gegenüber den Gläubigern, die ihre Forderungen nicht angemeldet haben (§ 301 Abs. 1 S. 2 InsO).

Soweit die Forderungen der Insolvenzgläubiger im Insolvenzverfahren nicht erfüllt worden sind, wandeln sie sich mit der Erteilung der Restschuldbefreiung **in Naturalobligationen** um (arg. aus § 301 Abs. 3 InsO), können also erfüllt, nicht aber erzwungen werden. Daher werden **Bürgschaften** und **akzessorische Kreditsicherheiten** von der Restschuldbefreiung **nicht berührt, § 301 Abs. 2 S. 1 InsO**.⁶⁰ Diese Wirkung tritt gegenüber allen Gläubigern, unabhängig von der Teilnahme am Insolvenzverfahren, ein.⁶¹ 77

Wenige **Forderungen sind von den Wirkungen der Restschuldbefreiung ausgenommen** und können daher auch nach der Restschuldbefreiung durchgesetzt werden (§ 302 InsO): 78
– Verbindlichkeiten des Schuldners aus einer vorsätzlich begangenen unerlaubten Handlung, aus rückständigem gesetzlichen Unterhalt und aus Steuerdelikten, sofern diese Forderungen unter Angabe des Rechtsgrundes angemeldet waren,
– Geldstrafen und diesen gleichgestellte Verbindlichkeiten,
– Verbindlichkeiten aus zinslosen Darlehen, die dem Schuldner zur Begleichung der Kosten des Insolvenzverfahrens gewährt wurden.

Die Privilegierung der Verbindlichkeiten aus unerlaubter Handlung entspricht der Ausgleichsfunktion des Deliktsrechts, während die Privilegierung von Geldstrafen den Sanktionscharakter erhalten soll. Die Privilegierung der zinslosen Darlehen ergibt sich daraus, dass es in einzelnen Bundesländern Stiftungen und sonstige öffentliche Einrichtungen gibt, die den Schuldner bei der **Aufbringung** der Verfahrenskosten unterstützen. Sinn dieser Leistungen ist es regelmäßig nicht, die Verfahrenskosten endgültig zu übernehmen. Für den

---

⁵⁹ Uhlenbruck/*Sternal* InsO § 300 Rn. 9; BGH Beschl. v. 3.12.2009 – IX ZB 247/08; NZI 2010, 111.
⁶⁰ HK-InsO/*Landfermann* § 301 Rn. 8 ff.
⁶¹ Vgl. Uhlenbruck/*Sternal* InsO § 301 Rn. 16 ff.

Gläubiger bedeutet dies, dass er unverzüglich nach dem die Restschuldbefreiung gewährenden Beschluss wegen privilegierter Forderungen wiederum in das Einkommen des Schuldners vollstrecken kann.

79 **c)** Die Wirkung der Restschuldbefreiung erstreckt sich nicht auf die so genannten **Neugläubiger**. Dies ergibt sich aus dem Umstand, dass sie bereits am Insolvenzverfahren, nicht teilnehmen. Gegenstand der **Restschuldbefreiung** sind nur die Forderungen der Gläubiger aus dem vorangegangenen Insolvenzverfahren. Demgemäß bleiben die Forderungen der sogenannten Neugläubiger von der Restschuldbefreiung unberührt.

G. Widerruf der Restschuldbefreiung

I. Jahresfrist, § 303 Abs. 2 S. 1

80 Auch nach Rechtskraft des Beschlusses über die Erteilung der Restschuldbefreiung besteht für den Schuldner für die Dauer eines weiteren Jahres die Gefahr, dass die Wirkungen der Restschuldbefreiung durch **gerichtlichen Widerruf** entfallen.

In asymetrischen Verfahren kann der Widerruf bis 6 Monate nach Aufhebung des Verfahrens beantragt werden.

II. Gläubigerantrag

81 Voraussetzung für den Widerruf ist der **Antrag eines Insolvenzgläubigers**. Der Gläubiger hat den Widerrufsgrund und im Falle des § 303 Abs. 1 Nr. 1 InsO den Umstand, dass er bis zur Rechtskraft der Entscheidung von diesem Verstoß keine Kenntnis hatte, **glaubhaft** zu machen.

III. Widerrufsgründe

1. § 303 Abs. 1 Nr. 1 InsO

82 Die Voraussetzungen für den Widerruf der Restschuldbefreiung sind gegenüber der Versagung verschärft. Zum einen ist für den Widerruf eine **vorsätzliche Obliegenheitsverletzung** (nur Obliegenheiten des § 295 InsO[62] erforderlich.

Zum anderen reicht im Gegensatz zur Versagung im Rahmen des § 300 InsO nur eine Obliegenheitsverletzung aus, die die Befriedigung der Insolvenzgläubiger **erheblich** beeinträchtigt, also wenn die tatsächlich ausbezahlte Quote hinter der erreichbaren Quote um mehr als 5 % oder 10 % zurückbleibt.[63] Zuletzt darf der Gläubiger nicht präkludiert sein, indem er von dem Obliegenheitsverstoß bis zur Rechtskraft der Entscheidung über die Erteilung der Restschuldbefreiung Kenntnis gehabt hat.

---

[62] MüKoInsO/*Stephan* § 303 Rn. 12.
[63] MüKoInsO/*Stephan* § 303 Rn. 15.

2. § 303 Abs. 1 Nr. 2 InsO

Der Schuldner wird erst nach Erteilung der Restschuldbefreiung wegen einer bis zum Ende der Laufzeit der Abtretungserklärung begangenen Straftat nach den §§ 283 bis 283c StGB rechtskräftig zu einer Geldstrafe von mehr als 90 Tagessätzen oder einer Freiheitsstrafe von mehr als drei Monaten verurteilt. 83

3. § 303 Abs. 1 Nr. 3 InsO

Dieser Grund betrifft den Fall, dass dem Schuldner Restschuldbefreiung erteilt wurde, obwohl das Insolvenzverfahren noch andauert, also asymetrische Verfahren Eine Verletzung der Auskunfts- und Mitwirkungspflichten im noch laufenden Verfahren wäre sonst sanktionslos. 84

IV. Entscheidung des Gerichts

Liegt ein zulässiger Gläubigerantrag vor, so hat das Gericht den Schuldner, den Insolvenzverwalter oder den Treuhänder – nicht aber die übrigen Gläubiger – zu dem Antrag zu hören. Das Gericht entscheidet durch Beschluss. Gegen diesen Beschluss haben der Antragsteller und der Schuldner das Recht der sofortigen Beschwerde. Die Entscheidung, durch welche die Restschuldbefreiung widerrufen wird, ist zu veröffentlichen. Diese Veröffentlichung gilt als Zustellung an die übrigen Gläubiger (§ 9 Abs. 3 InsO). 85

VI. Rechtsfolge

Mit der Rechtskraft des Widerrufs entfallen die Wirkungen der Restschuldbefreiung. Den Gläubigern steht demgemäß das Recht der freien Nachforderung zu (§ 201 Abs. 1 InsO).[64] 86

§ 42. Die Insolvenz des Freiberuflers

Die Insolvenz des Freiberuflers weist Besonderheiten aus, die sich insbesondere aus der häufig persönlich geprägten Tätigkeit und berufsrechtlichen Vorgaben ergeben. Neben der Einleitung zur Begrifflichkeit, Ursachen von Insolvenzen und Besonderheiten bei Freiberuflern (→ Rn. 1 ff.) werden insbesondere Möglichkeiten der Fortführung und der Verwertung erörtert (→ Rn. 18 ff.) sowie berufsrechtliche Auswirkungen der Insolvenz anhand mehrerer Berufe dargestellt (→ Rn. 38 ff.).

---

[64] Uhlenbruck/Sternal InsO § 303 Rn. 38 f.

A. Einleitung

I. Begriff des Freiberuflers

1 Eine einheitliche gesetzliche Definition des Freiberuflers gibt es bislang nicht. Zurückgegriffen wird vielfach auf die steuerrechtliche Definition in § 18 Abs. 1 EStG. Dort heißt es:

„Zu der freiberuflichen Tätigkeit gehört die selbständig ausgeübte wissenschaftliche, künstlerische, schriftstellerische, unterrichtende oder erzieherische Tätigkeit, die selbständige Berufstätigkeit der Ärzte, Zahnärzte, Tierärzte, Rechtsanwälte, Notare Patentanwälte, Vermessungsingenieure, Ingenieure, Architekten, Handelschemiker, Wirtschaftsprüfer, Steuerberater, beratenden Volks- und Betriebswirten, vereidigten Buchprüfern, Steuerbevollmächtigten, Heilpraktiker, Dentisten, Krankengymnasten, Journalisten, Bildberichterstattern, Dolmetscher, Übersetzer, Lotsen und ähnlicher Beruf."

2 Dies zeigt bereits die Breite der freiberuflichen Tätigkeit. Eine etwas präzisere Definition gibt das Partnerschaftsgesellschaftsgesetz (PartGG) in § 1 Abs. 2 wieder. Dort heißt es:

„Die freien Berufe haben im Allgemeinen auf der Grundlage besonderer beruflicher Qualifikation oder schöpferischer Begabung die persönliche, eigenverantwortliche und fachlich unabhängige Erbringung von Dienstleistungen höherer Art im Interesse der Auftraggeber und der Allgemeinheit zum Inhalt."

3 Es folgt sodann eine Aufzählung in § 1 Abs. 2 Satz 2 PartGG von Katalogberufen, die hierunter fallen und sich überwiegend mit der steuerrechtlichen Definition decken. Allerdings besteht Einigkeit darüber, dass die gewählte Formulierung nicht zu einer trennscharfen Abgrenzung geeignet ist.[1]

4 Aus den vorgenannten Definitionen lässt sich allerdings ableiten, dass insbesondere die persönliche, eigenverantwortliche und unabhängige Tätigkeit eine große Relevanz hat. Daneben spielt auch das Kriterium „Dienstleistung höherer Art" eine wichtige Rolle.

5 Im Rahmen dieses Handbuches macht es keinen Sinn, bis ins Einzelne die schwierigen Abgrenzungsfragen zu klären und eine eindeutige Definition zu geben, die es vermutlich aufgrund der schwierigen Abgrenzungsfrage auch nicht geben kann. Im Rahmen des Insolvenzverfahrens spielt die Definition auch keine ausschlaggebende Rolle, da es kein Sonderrecht für freie Berufe im Rahmen des Insolvenzverfahrens gibt. Allerdings gibt es mehrere Aspekte, die bei freien Berufen von besonderer Bedeutung sind und nachfolgend ausgeführt werden sollen.

II. Häufige Insolvenzursachen

6 Nach einer Umfrage von Euler Hermes unter 125 führenden Insolvenzverwaltern, stehen an erster Stelle der Ursachen von Insolvenzen das fehlende

---

[1] MüKoBGB/*Schäfer* PartGG § 1 Rn. 36.

Controlling, gefolgt von Finanzierungslücken, einem unzureichenden Debitorenmanagement und einer autoritären, rigiden Führung. Dazu kommen ungenügend transparente Kommunikation, Investitionsfehler und eine falsche Produktplanung.[2]

Bei Freiberuflern wesentlich stärker in den Vordergrund treten allerdings private Ursachen. Dies sind zB ein aufwendiger Lebensstil, eine Scheidung sowie auch gerade in der Beratungspraxis häufig die unkritische, zumeist aus Steuergründen erfolgte Geldanlage in Anlagen des grauen Kapitalmarktes oder in riskante Fonds etc.[3]

B. Besondere Situation bei Freiberuflern

Die Situation eines Freiberuflers in der Insolvenz unterscheidet sich von sonstigen Unternehmen in der Abwicklung erheblich. Der persönliche Arbeitseinsatz und die persönlich zugeschnittene Organisation insbesondere einer Arztpraxis, eines Architekturbüros oder einer Anwaltskanzlei unterscheiden sich erheblich von dem Regelfall der Unternehmensinsolvenz. So ist zum einen zunächst einmal die Frage zu klären, was mit der entsprechenden freiberuflichen Praxis geschehen soll. Es gibt insoweit keine Möglichkeit, auch nicht durch die Gläubigerversammlung, einen Freiberufler dazu zu zwingen, im Insolvenzverfahren unter Aufsicht des Insolvenzverwalters eine Praxis fortzuführen.[4] Dies wäre auch mit dem Grundgedanken der Unabhängigkeit des Freiberuflers nicht zu vereinbaren.

Umgekehrt ist es auch nahezu nicht möglich und zT auch rechtlich nicht zulässig, als Insolvenzverwalter eine Praxis ohne den persönlichen Einsatz und Kenntnisse des Freiberuflers fortzuführen. Eine starke Bedeutung gewonnen hat insoweit die Möglichkeit der Freigabe nach § 35 InsO an den Insolvenzschuldner.

Problematisch sind insoweit berufsrechtliche Implikationen. So finden sich für zahlreiche freiberufliche Tätigkeiten Regelungen in entsprechenden Berufsordnungen, die im Fall der (finanziellen) Unzuverlässigkeit oder Unwürdigkeit den entsprechenden Standesorganisationen erlauben, eine Zulassung und damit die Existenzgrundlage, die auch für das Insolvenzverfahren von Bedeutung ist, zu entziehen.

Auch die weitere Möglichkeit der Veräußerung der Praxis steht vor nicht unerheblichen Schwierigkeiten. So ist die starke Personenausrichtung in einer Vielzahl von freiberuflichen Praxen bei der Veräußerung problematisch, da bei Wegfall des entsprechenden persönlichen Faktors mit einem Weggang der entsprechenden Kunden, Mandanten, Patienten etc. zu rechnen ist und der Kaufpreis dementsprechend weit niedriger anzusetzen ist. Hinzukommt, dass die Veräußerung auch Restriktionen in berufsrechtlicher Hinsicht unterliegen kann,

---

[2] Vgl. Frankfurter Allgemeine Zeitung, Artikel vom 27.9.2006, unter www.faz.net.
[3] Vgl. *Schmittmann* VIA 2011, 71 (72); *Ehlers* NJW 2008, 1480.
[4] Uhlenbruck/*Zipperer* InsO § 157 Rn. 16; MüKoInsO/*Görg/Janssen* § 157 Rn. 13; ähnlich: Karsten Schmidt/*Jungmann* InsO § 157 Rn. 8.

so etwa das Zulassungsverfahren für Kassenärzte mit entsprechender Bedarfsplanung (vgl. § 103 SGB V).

12 Eine zusätzliche Möglichkeit, gleichsam als Konkurrenz zur Freigabe,[5] bietet die Eigenverwaltung. Zunehmende Bedeutung erlangt überdies die Möglichkeit eines Insolvenzplans. Das Instrument des Insolvenzplans hat sich gerade bei der Bewältigung der Insolvenz von Freiberuflern bewährt.[6]

C. Abgrenzung des Regel- vom Verbraucherinsolvenzverfahren

13 Gemäß § 304 InsO gelten dann, wenn der Schuldner eine natürliche Person ist, die keine wirtschaftliche Tätigkeit ausübt oder ausgeübt hat für das Insolvenzverfahren zum Teil abweichende Vorschriften des Verbraucherinsolvenzverfahrens. Hat der Schuldner eine selbständige wirtschaftliche Tätigkeit ausgeübt, so gelten die Besonderheiten des Verbraucherinsolvenzverfahrens dann, wenn seine Vermögensverhältnisse überschaubar sind und gegen ihn keine Forderungen aus Arbeitsverhältnissen bestehen. Als überschaubar werden die Vermögensverhältnisse insoweit angesehen, wenn der Schuldner zu dem Zeitpunkt, zu dem der Antrag auf Eröffnung des Insolvenzverfahrens gestellt wird, weniger als 20 Gläubiger hat (§ 304 Abs. 2 InsO).[7]

14 Dies führt im Ergebnis dazu, dass Freiberufler, jedenfalls solange sie ihre Tätigkeit ausüben, dem Regelinsolvenzverfahren unterfallen. Eine selbständige wirtschaftliche Tätigkeit im Sinne des § 304 InsO liegt auch dann vor, wenn die Tätigkeit in der Ausübung eines freien Berufes besteht, auch wenn diese kraft Gesetzes oder Überlieferung nicht dem gewerblichen Bereich zugeordnet ist.[8]

15 Ein Verbraucherinsolvenzverfahren kommt daher letztlich bei Freiberuflern nur in Betracht, wenn die freiberufliche Tätigkeit nicht mehr ausgeübt wird und die Voraussetzungen des § 304 Abs. 1 Satz 2 (keine Forderung aus Arbeitsverhältnissen, überschaubare Vermögensverhältnisse) iVm § 304 Abs. 2 InsO vorliegen. Angemerkt sei in diesem Kontext, dass zahlreiche Sondervorschriften des Verbraucherinsolvenzverfahrens ohnehin aufgehoben worden sind. So gilt § 312 InsO alte Fassung nicht mehr. Dieser wurde mit Wirkung zum 1.7.2014 aufgehoben (BGBl. I 2013, 2379, 2385), die Überleitungsvorschrift findet sich in Art 103h EG InsO. Für Insolvenzverfahren, die vor dem 1.7.2014 beantragt worden sind, sind demnach grundsätzlich die bisher geltenden Vorschriften anzuwenden. Die Regelung über den Insolvenzplan gelten demgegenüber nunmehr auch für diese Altverfahren. Die Änderungen der die §§ 63 Absatz 3, 65 InsO und § 65 der Insolvenzordnung, in der ab dem 19. Juli 2013 geltenden Fassung, sind auf Insolvenzverfahren, die ab dem 19.7.2013 beantragt worden sind, anzuwenden. Von erheblicher praktischer Bedeutung ist insbesondere,

---

[5] Uhlenbruck/*Zipperer* InsO § 270 Rn. 6; Koenig/*Fritsch* AO § 251 Rn. 119.
[6] *Uhlenbruck/Vallender*, 10 Jahre InsO – Eine kritische Zwischenbilanz, NZI 2009, 1, 5; BGH Beschl. v. 22.3.2004, NotZ 23/03 = NJW 2004, 218.
[7] Hierzu auch näher Uhlenbruck/*Sternal* InsO § 304 Rn. 19 f.
[8] BGH Beschl. v. 22.9.2005 – IX ZB 55/04, NZI 2005, 676; Uhlenbruck/*Sternal* InsO § 304 Rn. 10.

dass im Rahmen des Verbraucherinsolvenzverfahrens kein Insolvenzplan möglich war. Dies ist nunmehr anders, die Vorschrift des § 312 Abs. 2 InsO wurde gestrichen. Auch die Insolvenzanfechtung ist dem Insolvenzverwalter im Verbraucherinsolvenzverfahren nunmehr gestattet, § 313 InsO wurde insoweit aufgehoben (zur Übergangsvorschrift siehe vorstehend). Dies geht einher mit der Aufhebung von Verfahrensvereinfachungen bzw. mit deren Implementierung in allgemeine Vorschriften, die auch außerhalb des Verbraucherinsolvenzverfahrens in überschaubaren Konstellationen Anwendung finden können (vgl. § 5 Abs. 2 InsO).

D. Reichweite des Insolvenzbeschlages bei freiberuflicher Tätigkeit

Im Rahmen der Insolvenz von Freiberuflern ist zunächst die Reichweite des Insolvenzbeschlages von Belang. Grundlage ist insoweit § 35 InsO. Die Praxis des Freiberuflers gehört insoweit grundsätzlich zur Insolvenzmasse. Eine Ausnahme ergibt sich allerdings für zur Verschwiegenheit verpflichtete Personen wie Rechtsanwälte, Ärzte, Steuerberater etc. Diese dürfen die Patienten- und Mandantenkarteien Dritten nicht zugänglich machen. Eine Veräußerung dieses insoweit immateriellen Vermögensgegenstandes bedarf der Zustimmung der Patienten oder Mandanten.[9] Allerdings ist dies letztlich keine Besonderheit des Insolvenzverfahrens, sondern auch im Fall einer sonstigen Veräußerung nach der ständigen BGH-Rechtsprechung der Fall.[10] Im Insolvenzverfahren gewinnt dies allerdings dadurch Bedeutung, dass damit der Insolvenzbeschlag durch den Insolvenzverwalter eingeschränkt ist und auch die Nutzbarkeit der entsprechenden Daten im laufenden Verfahren nicht oder nur eingeschränkt gegeben ist. Auch ist die Arbeitskraft des Schuldners bekanntermaßen nicht Gegenstand der Insolvenzmasse.[11] Teilweise wird allerdings weitergehend die Ansicht vertreten, dass die Praxis des Freiberuflers nicht vom Insolvenzbeschlag erfasst sei, sondern nur die erzielten Honorare.[12] 16

Dies ist nach Sachlage allerdings unzutreffend. Auch der Goodwill der Praxis kann veräußert werden, da die Gläubigerinteressen insoweit Vorrang genießen.[13] Für eine Sonderbehandlung von Freiberuflern besteht insoweit kein Anlass. 17

E. Fortführungsmöglichkeiten

Die Fortführung der Praxis des Freiberuflers ist zunächst einmal im Interesse des Insolvenzverwalters, da hierdurch in der Regel Honorare generiert werden 18

---

[9] *Pape/Uhlenbruck/Voigt-Salus,* Insolvenzrecht, Kapitel 22 Rn. 3; MüKoInsO/*Peters* § 35 Rn. 158.
[10] BGH Urt. v. 11.12.1991 – VIII ZR 4/91, NJW 1992, 737.
[11] Nerlich/Römermann/*Nerlich* InsO § 129 Rn. 92; MüKoInsO/*Kayser* § 129 Rn. 91.
[12] FG Düsseldorf ZIP 1992, 635; vgl. auch die Gegenüberstellung im MüKoInsO/*Peters* § 35 Rn. 508.
[13] MüKoInsO/*Peters* § 35 Rn. 276.

können. Dies setzt selbstverständlich eine entsprechende Liquiditätsplanung voraus und wird vom Verwalter nur dann vorgenommen werden, wenn er sich entsprechende Erträge hinreichend konkret verspricht.

19 Voraussetzung der Fortführung ist hierbei regelmäßig, dass der Schuldner hieran mitwirkt. Ein Zwang kann, wie bereits dargelegt, hierzu nicht ausgeübt werden. Die alleinige Fortführung durch den Insolvenzverwalter ist nach Sachlage nicht denkbar. Weitere Besonderheiten ergeben sich insoweit bezüglich, Apotheken. Zwar unterfällt auch eine Apotheke dem Insolvenzbeschlag. Ist die Verwaltungs- und Verfügungsbefugnis mit der Insolvenzeröffnung auf einen bestellten Insolvenzverwalter übergegangen, kann der Erlaubnisinhaber die Apotheke aber nicht mehr entsprechend den gesetzlichen Anforderungen führen.[14] Eine Fortführung ist insoweit nur durch Verpachtung oder allenfalls im Wege der Eigenverwaltung gem. §§ 270ff. InsO möglich.[15] Auch müssen die sonstigen Voraussetzungen für eine Eigenverwaltung erfüllt sein. Geboten ist hierbei eine striktere Kontrolle durch den Sachwalter.[16]

Generell ergeben sich bei der Insolvenz von Freiberuflern insbesondere folgende Fortführungsmöglichkeiten:

I. Fortführung durch Eigenverwaltung des Schuldners

20 Eine Fortführung im Rahmen der Eigenverwaltung ist bei Erfüllung der gesetzlichen Voraussetzungen grundsätzlich denkbar. Voraussetzungen hierfür sind, dass die Eigenverwaltung vom Schuldner beantragt worden ist und dass keine Umstände bekannt sind, die erwarten lassen, dass die Anordnung zu Nachteilen für die Gläubiger führen wird (§ 270 Abs. 1 InsO).

21 Wegen der Möglichkeit der Freigabe nach § 35 InsO hat diese Möglichkeit allerdings in der Praxis nur eine eingeschränkte Bedeutung. Denkbar ist diese allerdings kombiniert mit einer intensiveren Kontrolle durch den Sachwalter weiterhin als Alternative.[17] Auch hier bedarf es allerdings der Kooperationsbereitschaft des Schuldners.[18] Hierbei soll das Instrument der Eigenverwaltung tendenziell im stärkeren Maße von der Redlichkeit des Schuldners abhängen.[19] Dies leuchtet aufgrund der schon faktisch eingeschränkten Kontroll- und Überprüfungsmöglichkeit unmittelbar ein.

22 Bei der Freigabe der selbständigen Tätigkeit trägt die Insolvenzmasse nicht mehr das Risiko für neu entstandene Verbindlichkeiten, im Rahmen der Eigenverwaltung gleichwohl.

---

[14] FG Berlin Urt. v. 18.6.2002, ZVI 2004, 620; Lenger/Bauchowitz, Bei Risiken und Nebenwirkungen... Widerruf der Apothekenzulassung?!, NZI 2015, 494 (498f.).
[15] Uhlenbruck/Hirte InsO § 35 Rn. 297; Lenger/Bauchowitz NZI 2015, 494, 499.
[16] Uhlenbruck/Zipperer InsO § 270 Rn. 6.
[17] Uhlenbruck/Zipperer InsO § 270 Rn. 6.
[18] BGH Beschl. v. 17.2.2005 – IX ZB 62/04, NZI 2005, 263; Uhlenbruck/Knof InsO § 72 Rn. 6.
[19] Uhlenbruck/Knof InsO § 72 Rn. 6.

II. Fortführung durch Freigabe

Mittlerweile ist in § 35 InsO spezialgesetzlich die Freigabe einer selbständigen Tätigkeit geregelt. Der Wortlaut des § 35 Abs. 2 InsO lautet insoweit wie folgt: 23

„*Übt der Schuldner eine selbständige Tätigkeit aus oder beabsichtigt er, demnächst eine solche Tätigkeit auszuüben, hat der Insolvenzverwalter ihm gegenüber zu erklären, ob Vermögen aus der selbständigen Tätigkeit zur Insolvenzmasse gehört und ob Ansprüche aus dieser Tätigkeit im Insolvenzverfahren geltend gemacht werden können.*"

Erfolgt die Freigabe können auch keine Masseverbindlichkeiten gegenüber der Insolvenzmasse mehr geltend gemacht werden, soweit diese nach Freigabe entstehen. Diese sind vielmehr direkt gegenüber dem Schuldner geltend zu machen. Insbesondere haftet die Insolvenzmasse auch nicht mehr für Ansprüche aus Dauerschuldverhältnissen, die nach Freigabe entstanden sind. Auch Ansprüche aus Miet- und Pachtverhältnissen für Zeiträume nach Freigabe können nicht mehr gegenüber der Insolvenzmasse geltend gemacht werden. Eine Analogie zu § 109 Abs. 1 Satz 2 findet insoweit nicht statt. Vielmehr ist der Vertragspartner an den Schuldner zu verweisen.[20] Von der Freigabe umfasst sind ebenfalls die bestehenden Arbeitsverhältnisse, auch hier bedarf es keiner Kündigungserklärung.[21] Ob im Rahmen von Arbeitsverhältnissen auch ein Betriebsübergang nach § 613a BGB vorliegt oder § 35 Abs. 2 InsO einer (analogen) Anwendbarkeit des § 613a BGB entgegensteht ist noch nicht endgültig geklärt.[22] Die erforderliche wirtschaftliche Einheit des Betriebes wird man jedenfalls regelmäßig zu bejahen haben.[23] Auch die Person des Arbeitgebers hat gewechselt. Die Partei kraft Amtes ist nicht mit dem Schuldner identisch. Ob allerdings das Widerspruchsrecht und das Fortbestehen des Arbeitsverhältnisses mit dem Insolvenzverwalter in einem solchen Fall sachgerecht und mit der durch § 35 Abs. 2 InsO gewünschte Entlastung der Insolvenzmasse vereinbar ist erscheint fraglich. 24

In Anlehnung an die Regelung des § 109 Abs. 1 Satz 2 InsO soll dem Insolvenzschuldner die Möglichkeit einer selbständigen Tätigkeit außerhalb des Insolvenzverfahrens eröffnet werden, einschließlich der dazugehörigen Vertragsverhältnisse.[24] Damit soll primär die Massebelastung vermieden werden. Mittlerweile hat auch der BGH entsprechend dargelegt, dass die Freigabe dazu führt, dass die auf die selbständige Tätigkeit bezogenen vertraglichen Ansprüche von Gläubigern, die nach dem Zugang der Erklärung beim Schuldner entstehen, gegen den Schuldner und nicht gegen die Masse verfolgt werden kön- 25

---

[20] Nerlich/Römermann/*Andres* InsO § 35 Rn. 13 f.; Braun/*Bäuerle* InsO § 35 Rn. 84; differenzierend: Uhlenbruck/*Hirte* InsO § 35 Rn. 101; MüKoInsO/*Peters* § 35 Rn. 47h ff.
[21] BAG Urt. v. 21.11.2013 – 6 AZR 979/11, NZI 2014, 324 m. Anm. Feußner; BAG, Urteil vom 10.4.2008 – 6 AZR 368/07, FD-InsR 2008, 264820 m. Anm. Ries.
[22] Offengelassen von BAG Urt. v. 21.11.2013 – 6 AZR 979/11, NZI 2014, 324 mAnm *Feußner*; vgl. auch BAG Urt. v. 10.4.2008 – 6 AZR 368/07, FD-InsR 2008, 264820 mAnm *Ries*.
[23] BAG Urt. v. 10.4.2008 – 6 AZR 368/07, NZA 2008, 1127 (1129).
[24] BT-Drs. 16/3227, 17 Nr. 12.

nen. Der BGH führt insoweit aus, dass das gesetzliche Regelungsmodell dahingeht, dass einerseits die aus einer fortgesetzten Tätigkeit erzielten Einkünfte des Schuldners den Neugläubigern, die nach Verfahrenseröffnung mit dem Schuldner kontrahiert haben, zur Verfügung stehen und andererseits die Masse des bereits eröffneten Verfahrens von Verbindlichkeiten freigestellt wird. Den Streit in der Literatur und Rechtsprechung hat der Bundesgerichtshof dahingehend entschieden, dass aufgrund der Freigabeerklärung des Insolvenzverwalters Ansprüche aus Schuldverhältnissen, ohne die Notwendigkeit weiterer, insbesondere auf eine Vertragskündigung gerichtete Erklärungen, nur noch gegen den Schuldner und nicht mehr gegen die Masse durchgesetzt werden können.[25]

26 Zu beachten ist insoweit auch die Regelung des § 35 Abs. 2 Satz 3 InsO. Diese dient dem Schutz der Insolvenzgläubiger. Demnach kann auf Antrag des Gläubigerausschusses oder, wenn ein solcher nicht bestellt ist, der Gläubigerversammlung das Insolvenzgericht die Unwirksamkeit der Erklärung anordnen. Dies soll eine Wahrung der Rechte der Gläubiger ermöglichen.[26] Die Auswirkungen einer solchen Unwirksamkeitserklärung durch das Insolvenzgericht sind nicht abschließend geklärt. Insbesondere ist noch nicht obergerichtlich geklärt, ob eine ex-tunc- oder eine ex nunc-Wirkung eintritt.[27]

27 Letzten Endes soll die Regelung jedenfalls den Gläubigern ermöglichen, eine entsprechende Freigabeerklärung für unwirksam erklären zu lassen. Ein Initiativrecht besteht insoweit für den Gläubigerausschuss. Ist ein solcher nicht bestellt, so ist die Gläubigerversammlung zuständig. Aus § 75 Abs. 1 Nr. 3 und 4 InsO ergibt sich unter welchen Voraussetzungen eine Pflicht zur Einberufung einer Gläubigerversammlung besteht. Hierzu müssen entweder fünf Absonderungsberechtigte bzw. nicht nachrangige, dh einfache Insolvenzgläubiger einen Antrag stellen (§ 75 Abs. 1 Nr. 3 InsO), deren Absonderungsrechte und Forderungen nach der Schätzung des Insolvenzgerichts zusammen ein Fünftel der Summe erreichen, die sich aus dem Wert aller Absonderungsrechte und den Forderungsbeträgen aller nicht nachrangigen Insolvenzgläubiger ergibt.

28 Alternativ müssen ein oder mehrere Absonderungsberechtigte oder Insolvenzgläubiger, deren Forderung nach Schätzung des Gerichts ²/₅ der in § 75 Abs. 1 Nr. 3 InsO bezeichneten Summe erreicht, den Antrag stellen. Sinn und Zweck des Quorums bzw. des entsprechenden Summenerfordernisses ist es, dass nur diejenigen Gläubiger Antragsberechtigung haben, die aufgrund der von ihnen geltend gemachten Vermögensrechts ein besonderes wirtschaftliches Interesse am Ausgang des Verfahrens haben.[28] Die entsprechende Unwirksamkeitserklärung ist nur bei natürlichen Personen statthaft. Dies ergibt sich aus der Verweisung in § 35 Abs. 2 Satz 2 InsO auf § 295 Abs. 2 InsO.

---

[25] BGH Urt. v. 9.2.2012 – IX ZR 5/11, NZI 2012, 409 (410 f.).; vgl. auch BT-Drs. 16/3227, 17.
[26] Vgl. Braun/*Bäuerle* InsO § 35 Rn. 112.
[27] Vgl. Nerlich/Römermann/*Andres* InsO § 35 Rn. 119; für eine ex-nunc-Wirkung: *Berger* ZInsO 2008, 1105; ebenso AG Göttingen Beschl. v. 22.4.2010 – 60 IN 26/09, NZI 2010, 905.
[28] MüKoInsO/*Peters* § 75 Rn. 1; ähnlich und kritisch: Karsten Schmidt/*Jungmann* InsO § 75 Rn. 6; Braun/*Herzig* InsO § 75 Rn. 1.

Die Erklärung der Freigabe wird mit Zugang beim Schuldner wirksam.[29] Auf die Veröffentlichung kommt es nicht an.[30] Die Veröffentlichung nach § 35 Satz 3 InsO sorgt nur für die notwendige Publizität.

Ein Widerruf oder ein Rücktritt ist nicht zulässig, gleichfalls nicht eine auflösende Bedingung oder eine Anfechtung.[31] Eine Aufhebung kann nur nach § 85 Abs. 2 Satz 2 durch das Insolvenzgericht erfolgen.

Sollte ein Antrag auf Unwirksamkeit positiv von der Gläubigerversammlung beschieden werden, unterläge dieser der gerichtlichen Überprüfung nach § 78 InsO.[32] Ob eine Freigabe erklärt wird oder nicht, unterliegt dem pflichtgemäßen Ermessen des Insolvenzverwalters.[33] Maßstab der Ermessensausübung ist die Gläubigerbefriedigung und der Nutzen für die Insolvenzmasse. In der Regel wird der Verwalter sein Ermessen dahin ausüben, den Neuerwerb nicht zur Masse zu ziehen, damit er Neuverbindlichkeiten nicht als Masseschuld erfüllen muss. Insoweit bedarf es einer Prognose des Insolvenzverwalters.[34]

Praktisch besonders relevant ist stets die „Gegenleistung" für die Freigabe. Nach § 35 Absatz 2 Satz 2 InsO gilt § 295 Absatz 3 InsO entsprechend. Die Verweisung ist jedoch ein Versehen, gemeint ist § 295 Abs. 2 InsO. Es obliegt demnach dem Freiberufler, die Insolvenzgläubiger durch Zahlungen an den Treuhänder so zu stellen, wie wenn er ein angemessenes Dienstverhältnis eingegangen wäre. Letztlich ist der Vergleichsmaßstab somit ein angemessenes abhängiges Beschäftigungsverhältnis, das der Ausbildung und dem beruflichen Werdegang angemessen ist.[35] Der Bundesgerichtshof konkretisiert die Verpflichtung dahingehend, dass nicht nur eine Obliegenheit besteht, sondern eine eigenständige Abführungspflicht deren Erfüllung der Insolvenzverwalter auf dem Klagewege vor dem Prozessgericht geltend machen kann.[36] Geboten ist insoweit regelmäßig eine jährliche Zahlung.[37]

Eine Verpflichtung zur Abführung soll nach der Ansicht des Bundesgerichtshofs dann bestehen, wenn er tatsächlich einen Gewinn aus der selbständigen Tätigkeit erzielt hat, der den unpfändbaren Betrag bei unselbständiger Tätigkeit übersteigt. Die Abführungspflicht sei zudem nach dem Maßstab des § 295 InsO der Höhe nach beschränkt auf den pfändbaren Betrag, den er bei unselbstständiger Tätigkeit erzielen würde.[38] Eine Pflicht zur Aufgabe der selb-

---

[29] *Berger* ZInsO 2008, 1101, 1104; Braun/*Bäuerle* InsO § 35 Rn. 88.
[30] Uhlenbruck/*Hirte* InsO § 35 Rn. 93; *Berger* ZinsO 2008, 1101 (1104); Nerlich/Römermann/*Andres* InsO § 35 Rn. 119, 121.
[31] Vgl. *Berger* ZinsO 2008, 1101 (1105 mwN); Nerlich/Römermann/*Andres* InsO § 36 Rn. 55; zustimmend bzgl. Ausschluss des Widerrufs: MüKoInsO/*Ott/Vuia* § 80 Rn. 70.
[32] *Berger* ZInsO 2008, 1101 (1105); AG Duisburg Beschl. v. 22.4.2010 – 60 IN 26/09, NZI 2010, 905.
[33] *Berger* ZInsO 2008, 1101 (1104); Nerlich/Römermann/*Andres* InsO § 36 Rn. 52; BGH Urt. v. 1.2.2007 – IX ZR 178/05, NJW-RR 2007, 1205.
[34] *Berger* ZInsO 2008, 1101 (1104); Uhlenbruck/*Hirte* InsO § 35 Rn. 97.
[35] Uhlenbruck/*Sternal* InsO § 295 Rn. 64.
[36] BGH Urt. v. 13.3.2014 – IX ZR 43/12, NJW-RR 2014, 617; BGH Beschl. v. 13.6.2013 – IX ZB 38/10, NJW 2013, 2973.
[37] BGH Urt. v. 13.3.2014 – IX ZR 43/12, NJW-RR 2014, 617; BGH Beschl. v. 13.6.2013 – IX ZB 38/10, NJW 2013, 2973.
[38] BGH Urt. v. 13.3.2014 – IX ZR 43/12, NJW-RR 2014, 617.

ständigen Tätigkeit und Aufnahme einer abhängigen Tätigkeit besteht aber nicht.[39] Letztlich muss der Insolvenzverwalter die Zahlungspflicht konkretisieren,[40] und wird in aller Regel hierzu eine Vereinbarung mit dem Schuldner treffen oder diesem Vorgaben machen.

III. Einstweilige Fortführung der Praxis eines Freiberuflers

34 Die einstweilige Praxisfortführung durch den Insolvenzverwalter ist, wenn (berufs)rechtlich zulässig, denkbar. Sie zielt vielfach darauf ab, die Zeit, die bis zur Einleitung eines Insolvenzplans notwendig ist, zu überbrücken und den Goodwill der Praxis zu erhalten. Auch hier ist, ähnlich wie bei einer Eigenverwaltung, die Kooperationsbereitschaft des Schuldners entscheidend.

F. Veräußerbarkeit der Freiberuflerpraxis

35 Eine Veräußerbarkeit der Freiberuflerpraxis ist grundsätzlich gegeben, da diese – wie bereits dargelegt – vom Insolvenzbeschlag umfasst ist. Gleichwohl ist der Wert einer entsprechenden Praxis maßgeblich davon abhängig, inwieweit der Schuldner kooperationsbereit ist. Auch die bereits angesprochene Problematik der Verwertung von Patienten- oder Mandantendaten ist von erheblicher Relevanz. Eine explizite Zustimmung des insolventen Freiberuflers zum Verkauf bedarf es jedoch nicht.

G. Freiberufler und Insolvenzplan

36 Geradezu zugeschnitten auf freiberufliche Tätigkeiten ist der Insolvenzplan, der vielfach eine abgestimmtere und für Gläubiger und Schuldner bessere Lösung darstellt als sie die Zerschlagung ermöglicht. Auf der einen Seite ist klassisch eine Fortführung der Praxis denkbar, wobei Zahlungen aus den laufenden Erträgen an die Gläubiger vorgesehen sind und/oder Zahlung/en Dritter. Es kann aber auch die Übertragung der Praxis vorgesehen werden, bei gleichzeitiger (teilweiser) Haftungsübernahme des Erwerbers und zusätzlicher Gläubigerbefriedigung aus dem Erlös.[41] Es kann auch eine bestimmte Quote mit den Gläubigern vereinbart werden, die von dem Freiberufler finanziert wird.[42] Weil der Schuldner mit der Erfüllung des Plans von Verbindlichkeiten der Gläubiger befreit wird (§ 227 InsO) erweist er sich grundsätzlich auch als kreditwürdig.[43] Weiter hat der Insolvenzplan den Vorteil, des schnelleren Erreichens einer Schuldbefreiung.[44]

37 Regelungsbedürftig erscheinen insoweit auch Fälle, in denen der Schuldner seine Ansprüche gegen die Kassenärztliche Vereinigung an Gläubiger abgetre-

---

[39] BGH Beschl. v. 13.6.2013 – IX ZB 38/10, NJW 2013, 2973.
[40] Uhlenbruck/*Hirte* InsO § 35 Rn. 105.
[41] Uhlenbruck/*Zipperer* InsO § 157 Rn. 17.
[42] Uhlenbruck/*Zipperer* InsO § 157 Rn. 17.
[43] Uhlenbruck/*Zipperer* InsO § 157 Rn. 17.
[44] Uhlenbruck/*Zipperer* InsO § 157 Rn. 17.

ten hat. Diese Abtretung bleibt auch nach Insolvenzeröffnung wirksam,[45] allerdings nur im Hinblick auf Ansprüche, die vor Insolvenzeröffnung begründet worden sind; § 114 InsO war insoweit schon nach bisherigem Recht nicht einschlägig, nunmehr ist die Norm ohnehin aufgehoben.

H. Berufsrechtliche Folgen einer Insolvenz

Insbesondere die verkammerten Berufe sehen berufsrechtliche Regelungen vor, die im Falle der Unzuverlässigkeit oder Unwürdigkeit eine Entziehung der Zulassung und damit die faktische Arbeitslosigkeit begründen können. Hervorgehoben werden soll insoweit beispielhaft die berufsrechtlichen Regelungen für Architekten, Anwälte, Ärzte und Apotheker. 38

Bei freiberuflich tätigen Architekten ist regelmäßig vorgesehen, dass eine Löschung aus der Architektenliste erfolgen kann, wenn ein Vermögensverfall eingetreten ist.[46] Hintergrund ist, dass ein Architekt verantwortungsvoll mit fremden Finanzmitteln umzugehen hat, die ihm im Zusammenhang mit dem Bauvorhaben anvertraut werden. Zu den Berufsaufgaben gehört insbesondere Seriosität und Vertrauenswürdigkeit im Umgang mit Fremdgeldern.[47] 39

Bei Anwälten, die regelmäßig Fremdgeld zu verwalten und zu betreuen haben, ist die Rechtsprechung am rigidesten. Hier ist selbst eine angestellte Tätigkeit schwierig. Die Zulassung eines Anwalts, der in Vermögenverfall geraten ist, ist nur in seltenen Ausnahmefällen nicht zu widerrufen, insbesondere wenn der Anwalt seine selbständige anwaltliche Tätigkeit vollständig aufgegeben hat, nur noch für eine Sozietät tätig ist und mit dieser durch rechtlich abgesicherte Maßnahmen sichergestellt hat, dass eine Gefährdung von Mandanteninteressen effektiv verhindert wird.[48] 40

Die Freigabe der Anwaltskanzlei durch den Insolvenzverwalter alleine führt nach der Rechtsprechung noch nicht zur Entkräftung des Vermögensverfalls. Insbesondere führt dieser nicht mit der einer Aufstellung eines Insolvenzplanes vergleichbaren Weise zur Ordnung der Vermögensverhältnisse. Insbesondere wird damit auch das Insolvenzverfahren nicht automatisch aufgehoben und damit die gesetzliche Vermutung des Vermögensverfalls nicht beseitigt.[49] 41

Die Vermutung für einen Vermögensverfall besteht auch dann, wenn das Insolvenzverfahren des Rechtsanwaltes in Eigenverwaltung eröffnet worden ist.[50] 42

Letztlich bleibt für Anwälte daher nur die Möglichkeit, die Ordnung der Vermögensverhältnisse durch ein vom Insolvenzgericht bestätigten Insolvenzplan oder (bei aufgegebener selbständiger Tätigkeit) angenommenen Schulden- 43

---

[45] BGH Urt. v. 11.5.2006 – IX ZR 247/03, NZI 2006, 457; vgl. MüKoInsO/*Ganter* § 51 Rn. 209b.
[46] Vgl. § 7 Abs. 2 Architektengesetz BW iVm § 6 Abs. 2 Nr. 1 Architektengesetz; Nerlich/Römermann/*Kruth/Wittkowski* InsO § 80 Rn. 21b ff.
[47] VGH Mannheim Urt. v. 30.7.2009 – 9 S 1008/08, BeckRS 2009, 37828; Braun/*Bäuerle* InsO § 35 Rn. 67.
[48] BGH Beschl. v. 25.4.2013, Az. AnwZ (Brfg) 9/13, NJW-RR 2013, 1012; ähnlich: BGH Beschl. v. 22.5.2013 – AnwZ (Brfg) 73/12, NJOZ 2015, 614.
[49] Vgl. BGH Beschl. v. 9.11.2009 – AnwZ (B) 89/06, DStR 2010, 1307.
[50] BGH Beschl. v. 18.7.2011 – Az. AnwZ (B) 28/10, BeckRS 2011, 20247.

bereinigungsplan (§ 248 InsO, § 308 InsO) zu erreichen. Weiterhin ist auch nach dem Beschluss der Ankündigung der Restschuldbefreiung eine solche Widerherstellung der Vermögensverhältnisse denkbar.[51] Hierbei darf bei laufender Kanzlei auch der Faktor Zeit nicht außer Acht gelassen werden. Neben der Schwierigkeit Mandanten in einer solchen Situation zu halten, ist zu berücksichtigen, dass es nach aktueller Rechtslage für die Beurteilung, ob ein Vermögensverfall vorliegt auf den Sach- und Streitstand zum Zeitpunkt der letzten behördlichen Entscheidung bzw. Verwaltungsentscheidung ankommt, nicht auf die letzte mündliche Verhandlung in der Tatsacheninstanz.[52] Änderungen nach Erlass der letzten Verwaltungsentscheidung können dann nur im Rahmen des Wiederzulassungsverfahrens berücksichtigt werden.[53]

44 In der Praxis kommt es dem gegenüber bei Ärzten selten zu einem Widerruf der Approbation. Die Eröffnung des Insolvenzverfahrens für sich genommen reicht hier in der Regel nicht aus, sondern es müssen weitere Faktoren hinzutreten, aus denen sich die Unzulässigkeit ergibt.[54] Die Eröffnung des Insolvenzverfahrens führt in der Regel nicht einmal zu einem berufsrechtlichen Verfahren.[55]

45 Bei Apothekern stehen die Sicherheit der Gesundheitsversorgung und damit die Volksgesundheit im Vordergrund. Die Approbation für Apotheker ist nach § 4 Abs. 2 Satz 1 Apothekengesetz zu widerrufen, wenn nachträglich eine Unzuverlässigkeit vorliegt. Das BVerwG geht insoweit allerdings davon aus, dass der sogenannte Vermögensverfall alleine nicht zum Status der Unwürdigkeit oder Unzuverlässigkeit führt.[56] Einer Fortführung im Rahmen des eröffneten Insolvenzverfahrens erteilt die Verwaltungsgerichtsbehörde regelmäßig eine Absage. So geht das OVG Berlin davon aus, dass schon aufgrund der notwendigen persönlichen Leistung in eigener Verantwortung (§ 7 Apothekengesetz) und das Verbot der Beteiligung Dritter (vgl. auch §§ 8 und 9–13 Apothekengesetz) ein Betrieb der Apotheke in dieser Konstellation ausschließen.[57]

46 Strittig ist, ob im Eigenverwaltungsverfahren gem. §§ 270ff. InsO oder im Schutzschirmverfahren Ausnahmen zu machen sind, da hier der Schuldner jedenfalls weitgehend selbständig und eigenständig weiterhin tätig sein kann.[58]

47 Eine abschließende höchstrichterliche Klärung steht allerdings noch aus. Es spricht manches dafür, dass schon wegen der Identität des Rechtsträgers und der weitgehenden Eigenverantwortlichkeit des Schuldners sowie seiner im Grundsatz vorhandenen Verfügungsbefugnis kein Widerruf der Zulassung zu erfolgen hat. Hierfür spricht auch der Grundgedanke der Möglichkeit einer entsprechenden Sanierung. Dem Interesse der Volksgesundheit ist hinreichend durch die Überwachungsfunktion des Sachwalters Rechnung getragen.

---

[51] BGH Beschl. v. 18.7.2011 – AnwZ (B) 28/10, BeckRS 2011, 20247.
[52] BGH Beschl. v. 29.6.2011 – AnwZ, (Brfg) 11/10, NJW 2011, 3234.
[53] BGH Beschl. v. 29.6.2011 – AnwZ, (Brfg) 11/10, NJW 2011, 3234.
[54] Vgl. VG Giesen Urt. v. 2.2.2015 – Az. 4 K 1542/13 Gl, BeckRS 2015, 47829; Nerlich/Römermann/*Kruth*/*Wittkowski* InsO § 80 Rn. 21c.
[55] Uhlenbruck/*Mock* InsO § 80 Rn. 45; vgl. im Rahmen der vertragsärztlichen Tätigkeit auch BSG Urt. v. 10.5.2000 – Az. B 6 K 67/98 R, NZS 2001, 116.
[56] Vgl. BVerwG Urt. v. 26.9.2002 – 3 C 37/01, NJW 2003, 913.
[57] OVG Berlin Beschl. v. 18.6.2002 – 5 Bs 14/02, BeckRS 2002, 15764.
[58] Vgl. hierzu *Lenger*/*Bauchowitz* NZI 2015, 494 (498).

14. Teil.
Sonderinsolvenzen

§ 43. Insolvenzplan

Im Insolvenzplan können die Regelungen, welche die Insolvenzordnung vorgibt, weitgehend nach dem Willen der Gläubiger abgeändert werden (→ Rn. 36 ff.). Der Planinhalt teilt sich auf in einen darstellenden (beschreibenden) Teil (→ Rn. 14 ff.) und einen gestaltenden Teil (→ Rn. 20 ff.), der die Rechtsänderungen enthält. Die vorzusehenden Rechtsänderungen werden durch das Planziel (→ Rn. 36 ff.) bestimmt. Wesentlich für den Erfolg des Insolvenzplans ist die Bildung der Gruppen (→ Rn. 21 ff.), innerhalb derer in einem vom Insolvenzgericht bestimmten Termin (→ Rn. 79 ff.) über den Insolvenzplan abgestimmt wird. Vor der Abstimmung wird der Insolvenzplan in einem Erörterungstermin (→ Rn. 75 ff.) den anwesenden Gläubigern erläutert. Die Rechtswirkungen des Insolvenzplans (→ Rn. 88 ff.) treten unmittelbar mit der Rechtskraft der Planbestätigung in Kraft.

A. Einleitung

Der Insolvenzplan (§§ 217 ff. InsO) sollte nach den Vorstellungen des Gesetzgebers das Kernstück der Insolvenzordnung bilden.[1] Etwa 10 % aller Insolvenzverfahren sollten nach der Vorstellung des Gesetzgebers mittels Insolvenzplanverfahren abgewickelt werden.[2] Das an das US-amerikanische Reorganisationsverfahren nach Chapter 11 des Bankrupty Code[3] angelehnte Insolvenzplanverfahren berücksichtigt den Perspektivwechsel bei der Abwicklung von Insolvenzverfahren hin zur marktkonformen Umsetzung der einzelnen Verhandlungs- und Entscheidungsprozesse. Ziel ist es die Restrukturierung und Sanierung eines insolventen Rechtsträgers auch aus einem Insolvenzverfahren heraus zu ermöglichen.[4]

Anstelle des Regelinsolvenzverfahrens bietet der Insolvenzplan die Möglichkeit der Verfahrensabwicklung unter Einbindung aller Gläubiger, insbesondere zum Erhalt des schuldnerischen Unternehmens. Die folgenden Ausführungen sollen dazu beitragen, die beteiligten Gerichte und wesentlichen Stakeholder, insbesondere Banken, Arbeitnehmer, Sozialversicherungsträger, Finanzämter etc., mit den rechtlichen und betriebswirtschaftlichen Rahmenbedingungen ver-

1

2

---

[1] *Haarmayer/Wutzke/Förster* Handbuch zur InsO Rn. 1/32; FK-InsO/*Jaffé* § 217 Rn. 4.

[2] Bork/Hölzle/*Wienberg/Dellit* Handbuch Insolvenzrecht S. 641.

[3] Ausführlich zu den Verwertungsformen und Kosten der Insolvenz im Vergleich mit dem amerikanischen Chapter 11-Verfahren: *Smid/Rattunde*, Der Insolvenzplan, 2. Aufl., Rn. 2.35 ff.; siehe auch MüKoInsO/*Eidenmüller* Vor §§ 217–269 Rn. 17 ff.

[4] Uhlenbruck/*Lüer/Streit* § 217 Rn. 4.

traut zu machen, damit der Insolvenzplan als eine unter mehreren Optionen der Vermögensverwertung in Betracht gezogen werden kann.

3   Grundnorm ist § 217 InsO:

> „Die Befriedigung der absonderungsberechtigten Gläubiger und der Insolvenzgläubiger, die Verwertung der Insolvenzmasse und deren Verteilung an die Beteiligten sowie die Verfahrensabwicklung und die Haftung des Schuldners nach der Beendigung des Insolvenzverfahrens können in einem Insolvenzplan abweichend von den Vorschriften dieses Gesetzes geregelt werden. Ist der Schuldner keine natürliche Person, so können auch die Anteils- oder Mitgliedschaftsrechte der am Schuldner beteiligten Personen in den Plan einbezogen werden."

4   Der Insolvenzplan ist letztlich nichts anderes als die schriftliche Festlegung, auf welche Weise die Haftungsverwirklichung zu Gunsten der Gläubiger erfolgen soll,[5] wobei die Auflistung der zulässigen Planregelungen in § 217 InsO abschließend ist.[6] Typischer Fall eines Insolvenzplans ist der Sanierungsplan, der auf Wiederherstellung der Ertragskraft des Unternehmens gerichtet ist.[7] Dabei wird jedoch die Sanierung des schuldnerischen Unternehmens dem Ziel der bestmöglichen Gläubigerbefriedigung untergeordnet. Saniert werden soll nur, wenn dies für die Gläubiger vorteilhaft ist.[8] Es gilt eine Lösung zu finden, die wirtschaftlich sinnvoller ist als eine Liquidation nach Art des Regelinsolvenzverfahrens.[9] Eine solche Lösung ist dann gegeben, wenn die Quotenerwartung der Gläubiger im Fall der Entschuldung und Fortsetzung des Unternehmens höher ist, als wenn der Betrieb zerschlagen und die Verwertungserlöse verteilt werden. In diesem Sinne konkurriert auch eine übertragende Sanierung als Verwertungsoption mit dem Insolvenzplan um die bestmögliche Gläubigerbefriedigung.

5   In der Gestaltung des Insolvenzplans sind die Gläubiger frei. Für Insolvenzpläne kommen sämtliche Formen und Mischformen der Insolvenzbewältigung in Betracht, zB übertragende Sanierung (sog Übertragungsplan), Erhalt des Rechtsträgers oder Ausproduktion/Liquidation im Rahmen eines Liquidationsplanes. Einen Typenzwang der möglichen Plangestaltungen gibt es nicht.[10] §§ 217–269 InsO geben den rechtlichen Rahmen bei der Planerstellung vor.

6   Nach der Rechtsprechung des Bundesgerichtshofes[11] erreicht die Gestaltungsfreiheit der Planersteller ihre Grenze dann, wenn nicht plandispositive Regelungen, wie zB die Vorschriften über die Forderungsfeststellung (§§ 174–186 InsO), im Plan abgeändert werden sollen.

7   Weiterhin sind Vorschriften, die Schutzgarantien für die Gläubiger enthalten (zB der **Minderheitenschutz**[12]) oder für das Insolvenzverfahren als solches von konstitutiver Bedeutung sind, nicht disponibel.[13]

---

[5] *Pape/Uhlenbruck/Voigt-Salus* Insolvenzrecht S. 470.
[6] MüKoInsO/*Eidenmüller* § 217 Rn. 96; BGH Beschl. v. 5.2.2009 – IX ZB 230/07, NZI 2009, 230 (232).
[7] *Smid* Grundzüge des Insolvenzrechts § 24 Rn. 14.
[8] *Wutzke* ZInsO 1999, 1 ff.
[9] FK-InsO/*Jaffé* § 217 Rn. 5.
[10] *Bork* Einführung in das Insolvenzrecht Rn. 49.
[11] BGH Beschl. v. 5.2.2009 – IX ZB 230/07, ZIP 2009, 480 (482).
[12] FK-InsO/*Dauernheim* § 145 Rn. 33.

Die Rechtsnatur des Insolvenzplanes ist in der Insolvenzordnung nicht definiert. Nach der Rechtsprechung des Bundesgerichtshofes stellt der Insolvenzplan ein spezifisch insolvenzrechtliches Gestaltungselement sui generis dar.[14]

B. Praxisrelevanz des Insolvenzplans

I. Statistik

Anhand der Fallzahlen gemessen, konnte sich der Insolvenzplan als Alternative zum Regelinsolvenzverfahren bislang nicht etablieren, wie die nachfolgende Statistik belegt. 8
Zwischen 2007 und 2014 wurden bei insgesamt 171.941 eröffneten Unternehmensinsolvenzen nur 2078 Insolvenzpläne eingereicht. Das entspricht einer durchschnittlichen Quote von rund 1,2 %. Anders ausgedrückt: Nur bei etwa jedem 83sten eröffneten Insolvenzverfahren wurde die Sanierungsoption des Insolvenzplans genutzt. In allen anderen Fällen wurde die Gesellschaft entweder liquidiert oder im Wege eines Verkaufs auf einen neuen Rechtsträger übertragen.

	2007	2008	2009	2010	2011	2012	2013	2014	Summe
Eröffnete Unternehmensinsolvenzen *	20.491	21.359	24.315	23.531	23.586	21.308	19.474	17.877	171.941
Anzahl Unternehmensinsolvenzanträge mit eingereichten Insolvenzplänen **	278	283	362	265	247	231	248	164	2.078
Anteil Insolvenzpläne in Prozent	1,36 %	1,32 %	1,49 %	1,13 %	1,05 %	1,08 %	1,27 %	0,92 %	1,20 %

* Quelle: Statistisches Bundesamt: Insolvenzstatistik; Institut für Mittelstandsforschung Bonn.
** Quelle: Kanzlei Schulze und Braun: Insolvenzplanindex.

II. Ursachen der geringen Akzeptanz

Wenngleich Insolvenzpläne eine flexiblere Gestaltung zulassen, bevorzugen Insolvenzverwalter und Berater offenkundig die übertragende Sanierung. 9
Gründe hierfür sind:
– Ein Asset-Deal ist oftmals schneller umsetzbar. Im Insolvenzplanverfahren ist eine zeitintensive Einigung unter den wesentlichen Stakeholdern erforderlich.

---

[13] HK-InsO/*Flessner* § 217 Rn. 3.
[14] BGH Urt. v. 6.10.2005 – IX ZR 36/02, NZI 2006, 100 ff.

- Es können im Planverfahren vergleichsweise hohe Kosten wegen des Beratungsbedarfs aller Beteiligten entstehen.
- Mit dem Insolvenzplan sind keine Eingriffe in Drittsicherheiten möglich (zB bei Holdingstruktur).

III. Bedeutung des ESUG für den Insolvenzplan

10 Der Gesetzgeber hat sich mit dem ESUG[15] das Ziel gesetzt, die Sanierung eines angeschlagenen Unternehmens durch einen Insolvenzplan zu erleichtern und Blockadepotential im Insolvenzplanverfahren abzubauen.[16] Eine wesentliche Reform des Insolvenzplanrechts liegt in der Einbeziehung der Gesellschafterrechte. Nach altem Recht konnte in die Anteils- und Mitgliedschaftsrechte nur bei einer Mitwirkung der betroffenen Altgesellschafter eingegriffen werden. Eine Fortführung der Gesellschaft war beispielsweise nur mit einem positiven Fortführungsbeschluss der Gesellschafter möglich.[17] Zugunsten der Altgesellschafter bestand damit ein hohes Maß an Blockade- und Druckpotenzial.

10a Den außenstehenden Gläubigern war hingegen ein Forderungsverzicht nur schwer zu vermitteln, wenn die Gesellschafter keinen Sanierungsbeitrag leisteten, aber auf Kosten der verzichtenden Gläubiger von der Sanierung profitierten. Seit Inkrafttreten des ESUG ist es möglich in die Rechte der Altgesellschafter gegen deren Willen einzugreifen. So wurden etwa im Verfahren der Suhrkamp Verlags GmbH & Co. KG die Möglichkeiten der Eingriffe in die Gesellschafterrechte nach der reformierten Insolvenzordnung weitestgehend genutzt, um einen Altgesellschafter mittels Umwandlung der Gesellschaft in eine AG und einer Kapitalerhöhung aus dem Unternehmen zu drängen.[18]

10b Das Insolvenzplanverfahren hat mit dem ESUG – jedenfalls bei größeren Insolvenzverfahren – an Bedeutung gewonnen. Die wichtigsten Neuregelungen des ESUG mit Auswirkung auf das Insolvenzplanverfahren sind:[19]
- Aufhebung der strikten Trennung von Gesellschafts- und Insolvenzrecht durch die Möglichkeit der Einbeziehung der Anteilsrechte in den Insolvenzplan. Auch Kapitalmaßnahmen, wie zB der **dept-equity-swap**, also die Umwandlung von Forderungen in Gesellschaftsanteile, können vorgesehen werden (§§ 217 S. 2, 225a InsO).
- Reform des Rechtsmittelverfahrens durch die Einschränkung der Widerspruchsmöglichkeit gegen die Planbestätigung (§ 253 InsO).
- Planumsetzung und Plankorrektur durch den Insolvenzverwalter (§ 221 S. 2, 248a InsO).
- Rechtsfolgewirkung auch für unbekannte und widersprechende Gläubiger (§ 254b InsO).

---

[15] Gesetz zur weiteren Erleichterung der Sanierung von Unternehmen BGBl. 2011 I 2582.
[16] BT-Drs. 17/5712, 2.
[17] HambK-InsO/*Thies* § 225a Rn. 3.
[18] Kritisch: *Brinkmann* ZIP 2014, 197, 200; *Stöber* ZInsO 2014, 2457 ff.
[19] MüKoInsO/*Eidenmüller* Vor §§ 217–269 Rn. 72.

§ 43. Insolvenzplan

- Vollstreckungsschutz bzgl. der Forderungen, die nicht bis zum Abstimmungstermin angemeldet wurden (§ 259a InsO).
- Besondere Verjährungsfrist für nicht bis zum Abstimmungstermin angemeldete Forderungen (§ 259b InsO).
- Richtervorbehalt für Insolvenzplanverfahren (§ 18 Abs. 1 Nr. 2 RPflG).

In der Folge hat sich gezeigt, dass der Insolvenzplan in einer Reihe großer Unternehmensinsolvenzen, die zum Teil als Schutzschirmverfahren eingeleitet wurden, als Sanierungsinstrument – auch in Kombination mit dem Einstieg eines Investors im Wege des Share-Deals – genutzt wurde. Zu den prominenten Fällen zählen etwa Neumayer-Tekfor, Suhrkamp, Loewe und IVG.

Bei der Abwicklung der Insolvenzen von **Freiberuflern** und **Selbständigen** hat sich der Insolvenzplan auch schon vor dem ESUG bewährt.[20]

Für **Verbraucherinsolvenzverfahren,** die seit dem 1.7.2014 beantragt wurden, steht nun auch das Insolvenzplanverfahren offen. Die Nichtanwendungsvorschrift des § 312 Abs. 2 InsO wurde aufgehoben.[21] Soweit ein Verbraucherinsolvenzverfahren vor dem 1.7.2014 beantragt wurde, ist das Insolvenzplanverfahren gleichermaßen zulässig. Art. 103h S. 2 EGInsO, der am 1.7.2014 in Kraft getreten ist, regelt die Anwendbarkeit der §§ 217 ff. InsO.[22]

Berücksichtigt man, dass der Insolvenzplan die einzige Option darstellt, innerhalb eines förmlichen Insolvenzverfahrens die **Sanierung** des Unternehmensträgers herbeizuführen,[23] ist es für „professionelle" Insolvenzverwalter geradezu zwingend erforderlich die Gläubiger über die sich bietenden Möglichkeiten einer „Planreorganisation" als Verfahrensalternative zu informieren, sofern eine höhere Insolvenzquote für die Gläubigergemeinschaft dargestellt werden kann.

C. Planinhalt (§§ 219–230 InsO)

Die Insolvenzordnung regelt die Mindestanforderungen an Gliederung und formalen Inhalt des Planes.[24] Der Insolvenzplan ist in zwei Abschnitte zu unterteilen, den **darstellenden Teil** und den **gestaltenden Teil.** Hinzukommen die gemäß § 219 S. 2 InsO iVm §§ 229 und 230 InsO erforderlichen Anlagen.

Im darstellenden Teil des Insolvenzplans ist die **historische Entwicklung** des schuldnerischen Unternehmens zu beschreiben und dem Insolvenzgericht und den übrigen Beteiligten zu erläutern, wie die Zielsetzung des Planes erreicht werden kann.[25] Im gestaltenden Teil sind die konkreten Rechtseingriffe kenntlich zu machen sowie die Einteilung der Gläubiger in Gruppen vorzunehmen, in denen die Abstimmung über den Plan vollzogen wird.

---

[20] *Uhlenbruck/Vallender,* 10 Jahre Insolvenzordnung – eine kritische Zwischenbilanz, NZI 2009, 1, 5.
[21] BGBl. 2013 I 2383.
[22] BGBl. 2013 I 2384.
[23] Braun/*Frank* Vor §§ 217 bis 269, Rn. 1.
[24] Ausformulierter Insolvenzplan bei *Haarmeyer/Wutzke/Förster* Rn. 9/56; Gliederung eines Insolvenzplans bei Braun/*Frank* § 221 Rn. 8 ff.
[25] *Gogger,* Insolvenzgläubiger-Handbuch, S. 118.

I. Darstellender Teil (§ 220 InsO)

1. Allgemeines

14 Die Anforderungen an den darstellenden Teil des Insolvenzplanes sind in § 220 InsO normiert. Er dient der Information der Gläubiger und des Insolvenzgerichtes über den Schuldner und die bereits **ergriffenen Maßnahmen**[26] und enthält deshalb zunächst eine Beschreibung der **wirtschaftlichen Verhältnisse** des Schuldners und der weiteren **geplanten Schritte** zur Beseitigung der Insolvenz.[27] Bei der Darstellung der wirtschaftlichen Verhältnisse sind ua ein Vermögensstatus, ein Gläubiger- und Schuldnerverzeichnis, ein Verzeichnis des wesentlichen Anlage- und Umlaufvermögens und eine Darstellung der rechtlichen, tatsächlichen und wirtschaftlichen Verhältnisse der Gesellschaft einzubeziehen.[28] Die Formulierung in § 220 Abs. 2 InsO, wonach der darstellende Teil alle Angaben zu den Grundlagen und Auswirkungen des Plans enthalten „soll" ist nicht fakultativ zu verstehen, sondern als zwingende Regelung zu lesen.

15 Insbesondere sind – wegen deren Vorrangs – die Regelungen hinsichtlich eines Sozialplanes, § 123 Abs. 2 InsO, sowie gemäß § 55 Abs. 1 Nr. 1 InsO vom Verwalter begründete Verbindlichkeiten, zB Darlehen, aufzuführen.[29]

16 Kernstück des darstellenden Teils ist die Prüfung der **Sanierungsfähigkeit** des notleidenden Unternehmens.[30] Welche Anforderungen an ein schlüssiges Sanierungskonzept zu stellen sind, lässt sich den Richtlinien des Fachausschusses Recht des Institutes der Wirtschaftsprüfer (IDW S 6) entnehmen.

17 Der darstellende Teil enthält weiter die Beschreibung der Art der **Verwertung**, also die Entscheidung, ob das Vermögen durch Liquidation bzw. übertragende oder fortführende Sanierung verwertet werden soll.[31] Bei beabsichtigter Unternehmenssanierung ist zudem anzugeben, auf welche Weise die gesellschaftsrechtliche Struktur und die Beteiligungsverhältnisse, zB durch neue Kapitalgeber, geändert werden sollen.[32] Schließlich sind – vor allem bei beabsichtigter Unternehmenssanierung – die finanz- und leistungswirtschaftlichen Maßnahmen und deren Auswirkungen auf die Gläubigeransprüche klar darzustellen, so zB Angaben hinsichtlich der genauen Bedingungen der Veräußerung und der Person des Erwerbers.[33]

2. Gliederung

18 Der darstellende Teil kann etwa wie folgt aufgebaut werden:

---

[26] FK-InsO/*Jaffé* § 220 Rn. 2.
[27] Vgl. *Hess/Weis/Wienberg* InsO § 220 Rn. 2.
[28] *Smid/Rattunde/Martini* Der Insolvenzplan Rn. 6.18.
[29] *Haarmeyer/Wutzke/Förster* Rn. 9/40.
[30] *Smid/Rattunde/Martini* Der Insolvenzplan Rn. 6.24 ff. (mit Checkliste Rn. 6.31 f.); *Maus* Kölner Schrift zur Insolvenzordnung S. 931 Rn. 43; *Pape/Uhlenbruck/Voigt-Salus* Insolvenzrecht S. 471.
[31] *Haarmeyer/Wutzke/Förster* Rn. 9/41.
[32] *Hess/Obermüller* Insolvenzplan Rn. 76.
[33] *Schmidt-Räntsch* Insolvenzordnung § 220 Rn. 3.

I. Rechtliche und wirtschaftliche Verhältnisse des Unternehmens
1. Allgemeine Verfahrensdaten zum Insolvenzverfahren des Unternehmens
2. Gesellschaftsrechtliche Verhältnisse des Unternehmens
3. Überblick über die Produkte
4. Unternehmensentwicklung
5. Personalsituation
6. Branchenentwicklung

II. Sanierung
1. Darstellung der Krisenursachen
1.1. Überblick über die Krisenursachen
1.2. Strategische Krise
1.3. Erfolgskrise
1.4. Liquiditätskrise
2. Maßnahmen der operativen Sanierung
2.1. Aktuelles Geschäftsmodell
2.2. Strategische Neuausrichtung
2.3. Maßnahmen der operativen Sanierung
3. Maßnahmen der finanziellen Sanierung
3.1. Quotale Befriedigung der Gläubiger
3.2. Herkunft der Mittel für die Gläubigerquoten
3.3. Stundung der Steuern auf den Sanierungsgewinn mit dem Ziel des späteren Erlasses durch Finanzamt und Gemeinde

III. Quotenermittlung bei Durchführung des Regelinsolvenzverfahrens
1. Freie Insolvenzmasse
2. Insolvenzforderungen (§ 38 InsO)
3. Quote bei Regelinsolvenzverfahren

IV. Quotenermittlung bei Durchführung des Insolvenzplans
1. Art und Weise der Gläubigerbefriedigung
2. Insolvenzforderungen (§ 38 InsO)
3. Quote bei Durchführung des Insolvenzplans

V. Zusammenfassende Gegenüberstellung der Ergebnisse bei Durchführung des Regelinsolvenzverfahrens vs. Insolvenzplanverfahren

3. Vergleichsrechnung

Die Regelungen zum Insolvenzplan werden von dem Grundgedanken getragen, dass kein Beteiligter durch den Plan schlechter gestellt sein darf, als er ohne den Plan stünde, wie dies etwa in den Vorschriften der §§ 245 Abs. 1 S. 1, 247 Abs. 2 S. 1 und 251 Abs. 1 S. 2 InsO zum Ausdruck kommt. Der Plan sollte sich dazu äußern, wie sich die geplanten Änderungen voraussichtlich auswirken werden und welche Befriedigung die Gläubiger ohne den Insolvenzplan zu erwarten hätten.[34]

19

---

[34] *Haarmeyer/Wutzke/Förster* Rn. 9/42.

Die Beteiligten müssen anhand des darstellenden Teils vor allem überprüfen können, ob sie im Fall der Liquidation mehr erhalten würden als bei Durchführung des Insolvenzplanes.[35] Daran und an der Zwecksetzung des Planes hat sich die Darstellung zu orientieren. Sie sollte so transparent und verständlich wie möglich sein.

Ganz wesentlich für die – später durch das Gericht vorzunehmende – Prüfung ist die Vorlage einer Vergleichsrechnung. Es ist offensichtlich, dass die Erstellung der Vergleichsrechnung eine der schwierigsten Aufgaben für den Planersteller ist. Denn hierin müssen die verschiedenen Verwertungsszenarien gegenübergestellt werden.

Das nachfolgende Schaubild stellt die 3 möglichen Szenarien der Abwicklung einer Unternehmung in einem Insolvenzverfahren gegenüber: Liquidation/Zerschlagung, Übertragende Sanierung und Insolvenzplan. Im Beispielsfall wird also davon ausgegangen, dass es neben der Insolvenzplanlösung im Zuge einer Marktansprache („**Dual Track**") eine Kaufoption gibt. Je nachdem welche Verfahrensoption man betrachtet, ergeben sich unterschiedliche Einnahmen zugunsten der zu verteilenden Insolvenzmasse. In allen 3 Szenarien werden die absonderungsberechtigten Gläubiger aus den jeweiligen Erlösen bzw. Beiträgen gleichermaßen (voll) bedient. Auch die Verfahrenskosten sowie die Masseverbindlichkeiten variieren nicht.

Es wird in der folgenden Berechnung unterstellt, dass die Lieferanten Eigentumsvorbehaltsrechte (EV) an den zum Stichtag der Insolvenzantragstellung vorhandenen Warenvorräten (Alt-Vorräte) geltend machen können und die kreditgebende Bank über eine Raumsicherungsübereignung (Raum-SÜ) an den Verkaufserlösen für die Alt-Vorräte als Absonderungsgläubiger (§ 51 Nr. 1 InsO) partizipiert. Zudem besteht für den Vermieter ein Vermieterpfandrecht wegen rückständiger Mieten, das bei der Verwertung des beweglichen Anlagevermögens berücksichtigt wird. Der Kassenbestand beläuft sich zum Stichtag der Vergleichsrechnung auf 100 000 EUR.

Im Szenario 1 (Liquidation) ergeben sich Realisierungserlöse in Höhe von 250 000 EUR. Bei einer Übertragenden Sanierung, Szenario 2, wird ein Gesamterlös in Höhe von 275 000 EUR unterstellt. Im 3. Szenario, dem Insolvenzplanfall, gelingt es dem Gesellschafter aus Eigen- oder Fremdmitteln einen Beitrag in Höhe von 100 000 EUR zur Finanzierung des Insolvenzplans einzubringen und einen Kredit zur Finanzierung des Insolvenzplans in Höhe von 200 000 EUR abzuschließen.

Eine Gegenüberstellung der unterschiedlichen Cash-Bestände (Einnahmen abzgl. Ausgaben) zeigt bei einer Forderungshöhe der ungesicherten Gläubiger in Höhe von 700 000 EUR die unterschiedlichen Quotenerwartungen:

---

[35] *Pape/Uhlenbruck/Voigt-Salus* Insolvenzrecht S. 472.

Exner/Wittmann

Vergleichsrechnung						
				Gläubigerbefriedigung		
				Insolvenzgläubiger		
				gesicherte Gläubiger		
		Masseverbindlichkeiten	Bank (Raum-SÜ)	Lieferanten (EV)	Vermieter (Pfandrecht)	ungesicherte Gläubiger
	Betrag					
Anfangsbestand per 01.01.2016						
Bank/Kasse	100.000 €					
Einnahmen						
Szenario 1: Liquidation						
Realisierungserlöse immaterielles AV	0 €					
Ralisierungserlöse bewegliches AV	15.000 €					
Realisierungserlöse Alt-Vorräte	120.000 €					
Realisierungserlöse Neu-Vorräte	80.000 €					
Verwertung sonstiges Vermögen	10.000 €					
Forderungseinzug	25.000 €					
Zwischensumme inkl. Bank/Kasse	350.000 €					
Szenario 2: Übertragende Sanierung						
Kaufpreis immaterielles AV	10.000 €					
Kaufpreis bewegliches AV	20.000 €					
Kaufpreis Alt-Vorräte	120.000 €					
Kaufpreis Neu-Vorräte	100.000 €					
Forderungseinzug	25.000 €					
Zwischensumme inkl. Bank/Kasse	375.000 €					
Szenario 3: Insolvenzplan						
Neukredit	200.000 €					
Gesellschafterbeitrag	100.000 €					
Zwischensumme inkl. Bank/Kasse	400.000 €					
Ausgaben						
Neu-Kreditoren	40.000 €	40.000 €				
Verbrauch Alt-Vorräte (Raum-SÜ Bank)	90.000 €		90.000 €			
Verbrauch Alt-Vorräte (EV Lieferanten)	20.000 €			20.000 €		
Absonderung bewegliches AV	15.000 €				15.000 €	
Verfahrenskosten	35.000 €	35.000 €				
Masseverbindlichkeiten	50.000 €	50.000 €				
Zwischensumme Ausgaben	250.000 €					
Insolvenzforderungen						700.000 €
Cash-Bestand in den Szenarien						
Insolvenzquote Liquidation	100.000 €					14,29%
Insolvenzquote Übertragende Sanierung	125.000 €					17,86%
Insolvenzquote Insolvenzplan	150.000 €					21,42%

II. Gestaltender Teil
(§§ 221 ff. InsO)

Gemäß § 221 InsO wird im gestaltenden Teil des Insolvenzplanes festgelegt, 20
wie die Rechtsstellung der Beteiligten durch den Plan geändert werden soll. Der
gestaltende Teil ist der **Vollzugsteil**.[36] Die Regelungen im Rahmen des gestaltenden Teils stellen also die Umsetzung der im darstellenden Teil getroffenen
Zielsetzung dar.[37] Damit jede einzelne am Insolvenzverfahren beteiligte – und
abstimmungsberechtigte – Gruppe nicht nur einen Überblick über das Gesamtziel des Verfahrens, sondern auch über das potentielle Schicksal der eigenen
Rechtsposition erhält, müssen im Insolvenzplan diesbezüglich Regelungen dargestellt sein.

---

[36] Braun/*Frank* § 221 Rn. 5.
[37] *Gogger* Insolvenzgläubiger-Handbuch S. 119.

1. Rechtsstellung der Beteiligten/Gruppenbildung

21 Im gestaltenden Teil des Insolvenzplanes wird deshalb festgelegt, wie die Rechtsstellung der einzelnen Beteiligten durch den Plan geändert werden soll, § 221 InsO. In Betracht kommen für die Neugestaltung der Rechtsbeziehung zwischen Schuldner und Gläubiger zB Forderungsverzicht bzw. -erlass und Stundung.[38] Aber auch ein Eingriff in die Sicherungsrechte der absonderungsberechtigten Gläubiger ist im Plan möglich.[39]

22 Aus dem Charakter des Insolvenzplans – nämlich der verbindlichen Festlegung von Gläubigerrechten – folgt, dass der gestaltende Teil vollstreckungsfähig, das heißt hinreichend bestimmt, formuliert sein muss.[40]

Da der Schuldner nicht Beteiligter iSd § 221 InsO iVm § 217 InsO ist, kann seine Haftung nur für die Zeit nach Beendigung des Insolvenzverfahrens abweichend geregelt werden.[41] Aber auch der Schuldner darf ansonsten durch den Insolvenzplan nicht schlechter gestellt werden, als er ohne Plan stünde (§ 247 Abs. 2 InsO).[42] Für die Zeit nach Beendigung des Insolvenzverfahrens regelt § 227 InsO, dass der Schuldner, soweit im Insolvenzplan nichts Gegenteiliges vorgesehen ist, von seinen restlichen Verbindlichkeiten gegenüber diesen Gläubigern befreit wird.

Vor allem im Falle der **Reorganisation** ist an eine Veränderung der Gesellschafterrechte zum Zwecke der Zuführung neuen Kapitals zu denken. In Betracht kommen zB[43]
– Änderung der Rechtsform und der gesellschaftsrechtlichen Struktur
– der Verkauf von Gesellschaftsanteilen
– die Kapitalherabsetzung iVm einer Kapitalerhöhung
– die Umwandlung von Gläubigerforderungen in haftendes Kapital (dept-equity-swap).

23 Die Gläubiger sind so einzuteilen, dass es möglich wird, die gleichlaufende Interessenlage bestimmter Gläubiger zu berücksichtigen. Zu diesem **Planzweck** ist im Plan die Gruppenbildung nach § 222 InsO, die eines der wesentlichen Elemente der Planbearbeitung darstellt,[44] vorzunehmen. Die der Bildung der Gruppen zugrunde liegenden Erwägungen müssen hinreichend transparent sein.[45] Die Rechtsänderungen innerhalb dieser Gruppe sind exakt darzustellen.

24 **a) Pflichtgruppen. aa) Absonderungsberechtigte Gläubiger (§ 222 Abs. 1 Nr. 1 InsO iVm § 223 InsO).** Grundsätzlich werden die Rechte der Absonderungsberechtigten durch den Insolvenzplan nicht berührt, es sei denn, der Plan selbst sieht ausdrücklich abweichende Regelungen vor, § 223 Abs. 1 InsO. Ins-

---

[38] *Hess/Obermüller* Insolvenzplan Rn. 87.
[39] KPB/*Spahlinger* § 221 Rn. 3.
[40] MüKoInsO/*Eidenmüller* § 221 Rn. 17.
[41] Vgl. *Maus* Kölner Schrift zur Insolvenzordnung S. 931 Rn. 54.
[42] *Pape/Uhlenbruck/Voigt-Salus* Insolvenzrecht S. 473; FK-InsO/*Jaffé* § 247 Rn. 6.
[43] Weitere Beispiele geben: *Hess/Obermüller* Insolvenzplan Rn. 796 ff.; KPB/*Spahlinger* § 221 Rn. 22.
[44] Braun/*Frank* § 222 Rn. 13.
[45] *Paul* ZInsO 2016, 665 (666) mit Verweis auf LG Mainz Beschl. v. 2.11.2015 – 8 T 132/15.

besondere in den Fällen, in denen der Wert der Sicherheiten bei einer Fortführung des insolventen Unternehmens höher ist als bei Zerschlagung, haben Absonderungsgläubiger ein Interesse an der Fortführung.[46] Diese Vorteile sind vom Planersteller herauszuarbeiten, um ggf. bei anderen „Stellschrauben" des Planes Zugeständnisse zu erhalten.

Absonderungsberechtigte Gläubiger werden mit ihren **Ausfallforderungen** als (nicht nachrangige) Insolvenzgläubiger behandelt. Sie sind gem. § 237 Abs. 1 S. 2 InsO nur insoweit zur Abstimmung als (nicht nachrangige) Insolvenzgläubiger berechtigt, als ihnen der Schuldner auch persönlich haftet und sie auf die abgesonderte Befriedigung verzichten oder bei ihr ausfallen; solange der Ausfall nicht feststeht, sind sie mit dem mutmaßlichen Ausfall zu berücksichtigen.

Bei **teilweise gesicherten Forderungen** gilt, dass die absonderungsberechtigten Gläubiger mit der vollen Forderungshöhe sowohl in die Gruppe der absonderungsberechtigten Gläubiger als auch der nicht nachrangigen Insolvenzgläubiger aufzunehmen sind.[47] Der Wert des Stimmrechts bemisst sich in der Gruppe der absonderungsberechtigten Gläubiger aber nur nach dem Wert des Absonderungsrechtes. In der Gruppe der nicht nachrangigen Insolvenzgläubiger bemisst sich das Stimmrecht nach der Höhe des tatsächlichen oder vermuteten Ausfalls.[48] Der Wert des Absonderungsrechts berechnet sich je nachdem, ob der Plan die Fortsetzung oder Stilllegung des Unternehmens vorsieht, entsprechend dem Fortführungs- oder Zerschlagungswert der Sicherheit.[49]

bb) **Nicht nachrangige Insolvenzgläubiger (§ 222 Abs. 1 Nr. 2 InsO iVm** 25
§ 224 InsO). Die Insolvenzgläubiger haben nach dem Gesetz Anspruch auf die Quote, §§ 38, 187 ff. InsO. Abweichende Gestaltungen der Rechte der nicht nachrangigen Insolvenzgläubiger werden im Regelfall Hauptgegenstand des Planes sein.[50] In Betracht kommen zB Regelungen bezüglich der Stundung von Ansprüchen, ein Teilerlass, die Art der zukünftigen Sicherung und die **Umwandlung** von Forderungen in haftendes Kapital (dept-equity-swap).

§ 210a InsO legt fest, dass auch bei **masseunzulänglichen** Insolvenzverfahren ein Insolvenzplan umgesetzt werden kann.[51] Bei angezeigter Masseunzulänglichkeit ist auch die Gruppe der Altmassegläubiger gemäß § 209 Abs. 1 Nr. 3 InsO zu berücksichtigen. Diese tritt gemäß § 210a Nr. 1 InsO an die Stelle der nicht nachrangigen Insolvenzgläubiger.[52]

cc) **Nachrangige Insolvenzgläubiger (§ 222 Abs. 1 Nr. 3 InsO iVm § 225** 26
InsO). Die Forderungen nachrangiger Insolvenzgläubiger gelten nach der gesetzlichen Grundregelung als **erlassen,** wenn im Insolvenzplan nichts anderes bestimmt ist, § 225 Abs. 1 InsO, weil deren Forderungen im Rang nach denen der Insolvenzgläubiger berichtigt werden, § 39 InsO, und sie aufgrund dieser Tatsache sowieso mit ihren Forderungen ausfallen. Eine andere Behandlung aufgrund des Insolvenzplanes ist möglich, wenn der Plan aufzeigt, dass alle

---

[46] KPB/*Spahlinger* § 223 Rn. 14.
[47] MüKoInsO/*Eidenmüller* § 222 Rn. 57.
[48] MüKoInsO/*Eidenmüller* § 222 Rn. 57 ff.
[49] Uhlenbruck/*Lüer/Streit* InsO § 222 Rn. 15.
[50] KPB/*Spahlinger* § 221 Rn. 17.
[51] HambK-InsO/*Weitzmann* § 210a Rn. 1 f.
[52] HambK-InsO/*Weitzmann* § 210a Rn. 7.

nicht nachrangigen Insolvenzgläubiger voll befriedigt werden können und dass danach noch ein Überschuss für die nachrangigen Gläubiger verbleibt. Diese Vorschrift beruht auf der Überlegung, dass im Regelfall kein Anlass besteht, den nachrangigen Gläubigern im Plan einen wirtschaftlichen Wert zuzuweisen, wenn im Regelinsolvenzverfahren typischerweise schon die nicht nachrangigen Insolvenzgläubiger keine volle Befriedigung mehr erhalten.[53]

27   dd) **Anteilsinhaber (§ 222 Abs. 1 Nr. 4 InsO iVm § 225a InsO).** Für die Anteilsinhaber ist eine eigene Gruppe zu bilden, wenn deren Anteils- oder Mitgliedschaftsrechte in den Plan einbezogen werden. Eine Einbeziehung ist anzunehmen, wenn die Anteils- und Mitgliedschaftsrechte dergestalt geregelt werden, dass von einem Regelinsolvenzverfahren abgewichen wird, zB bei Sanierungsplänen.[54] Systematisch verortet werden die am Schuldner beteiligten Personen hinter den nachrangigen Insolvenzgläubigern und somit als **letztrangig**.

28   b) **Fakultative Gruppen.** Neben den Pflichtgruppen können weitere Gruppen gebildet werden. Das Gesetz legt in § 222 Abs. 3 InsO folgende **fakultative Gruppen** fest:
aa) **Arbeitnehmer (§ 222 Abs. 3 S. 1 InsO).** Für die Arbeitnehmer soll gemäß § 222 Abs. 3 S. 1 InsO eine besondere Gläubigergruppe gebildet werden, wenn sie als Insolvenzgläubiger mit nicht unerheblichen Forderungen beteiligt sind. Die **Erheblichkeit** ist nicht gesetzlich definiert. Ein Teil der Literatur nimmt an, dass die Verbindlichkeiten der Arbeitnehmer im Verhältnis zu den Gesamtverbindlichkeiten des Schuldners erheblich sein müssen, was bei 10 %[55] bzw. 20 %[56] angenommen werden könne. Demgegenüber stellt die Rechtsprechung auf die subjektive Arbeitnehmersicht ab und nimmt Erheblichkeit ab einem Lohnrückstand in Höhe von einem Monatsgehalt an.[57] Letztere Ansicht berücksichtigt die Arbeitnehmerinteressen in größeren Verfahren besser, denn auch wenn ihre Forderungen im Verhältnis zu den Gesamtverbindlichkeiten gering ausfallen, können die Arbeitnehmer von der Insolvenz stark betroffen sein. Würde man auf die Gesamtverbindlichkeiten abstellen, käme man in großen Insolvenzplanverfahren nur sehr selten zu einer eigenen Gruppe.

29   bb) **Kleingläubiger (§ 222 Abs. 3 S. 2 InsO).** Auch für Kleingläubiger und geringfügig beteiligte Anteilsinhaber (<1 %), die sog „peanuts",[58] können besondere Gruppen gebildet werden, § 222 Abs. 3 S. 2 InsO. Für die Frage, wer als Kleingläubiger anzusehen ist, sind keine starren Kriterien anzuwenden, sondern ist die im Einzelfall vorhandene Anzahl der Gläubiger und die absolute Höhe der Gläubigerforderungen maßgebend.[59]
Die Aufzählung der Gruppen in § 222 Abs. 1 InsO ist nicht abschließend, so dass – falls zweckmäßig – innerhalb der Gläubiger mit gleicher Rechtsstellung wiederum Gläubiger mit gleichartigen wirtschaftlichen Interessen in Gruppen zusammengefasst werden können, § 222 Abs. 2 S. 1 InsO. Als weitere Gruppe

---

[53] KPB/*Spahlinger* § 225 Rn. 1.
[54] MüKoInsO/*Eidenmüller* § 222 Rn. 71.
[55] *Haarmeyer/Wutzke/Förster* 9/76.
[56] BK-InsO/*Flöther/Wehner* § 222 Rn. 29.
[57] LG Mühlhausen Beschl. v. 17.9.2007 – 2 T 190/06, NZI 2007, 724 (725).
[58] Näher *Smid/Rattunde/Martini* Der Insolvenzplan Rn. 9.18.
[59] Uhlenbruck/*Lüer/Streit* § 222 Rn. 30.

kommt zB eine Gruppe der **Lieferantengläubiger**, die aufgrund eines gesteigerten Fortführungsinteresses zu besonderem Entgegenkommen bereit ist, in Betracht. Ist eine „unflexible Haltung" (etwa der Finanzverwaltung) zu befürchten, kann eine besondere Abstimmungsgruppe (hier: „**Steuergläubiger**") installiert werden.[60] Denn im Falle der Zustimmungsverweigerung durch eine Abstimmungsgruppe greift gegebenenfalls das Obstruktionsverbot nach § 245 InsO.[61] Ähnliche Überlegungen gelten für die Bundesagentur für Arbeit als Gläubigerin der Insolvenzgeldforderungen. Innerhalb der Gruppen ist jedenfalls der in § 226 InsO niedergelegte Gleichbehandlungsgrundsatz zu beachten.

c) **Sondergruppen.** Gemäß § 9 Abs. 4 S. 1 BetrAVG kann für den **Pensionssicherungsverein** bei einem Insolvenzplan eine eigene Gruppe gebildet werden, wenn darin die Fortführung des Unternehmens vorgesehen ist.

Gläubiger einer **Schuldverschreibung** sind regelmäßig nicht nachrangige Insolvenzgläubiger, wenn kein Nachrang vereinbart oder Sicherheiten bestellt wurden. Die Schuldverschreibungsgläubiger können in einer eigenen Gruppe zusammengefasst werden, weil Ihnen gemäß 19 Abs. 4 SchVG gleiche Rechte anzubieten sind.

d) **Anmerkung.** Die Gruppenbildung ist eines der wesentlichsten Elemente bei der Bearbeitung eines Planes. Gruppenbildung bedeutet mehrheitsorientiert denken und planen. Der Planarchitekt muss wissen, ob er davon ausgehen kann, dass er die Zustimmung aller Gruppen erlangen kann oder ob er eine Durchsetzung des Planes nur mit Hilfe von § 245 InsO ins Auge fasst.[62] Wegen der erforderlichen Mehrheiten bietet es sich an eine ungerade Anzahl von Gruppen zu bilden und solche Gläubiger, die wahrscheinlich gegen den Plan stimmen, in eine Gruppe einzubeziehen, in der trotzdem die erforderliche Mehrheit erreicht werden kann.

e) **Insolvenzplan mit einer Gruppe.** Ein Insolvenzplan, der nur eine Gruppe vorsieht, ist grundsätzlich möglich und zulässig.[63] Für die Unterscheidung zwischen zwei oder mehr gebildeten Gruppen muss ein sachlich rechtfertigender Grund bestehen.[64] Neben der seltenen Fallvariante, in der es nur einen Beteiligten gibt, dessen Rechtsverhältnisse zum Schuldner im Insolvenzplan zu regeln sind, gibt es Konstellationen, bei denen nur Gläubiger mit der gleichen Rechtsstellung vorhanden sind, zB einfache Insolvenzgläubiger und Arbeitnehmer, mit der Folge, dass keine Sondergruppen gebildet werden müssen. Selbst wenn, wie in aller Regel, Gläubiger mit unterschiedlichen Rechtsstellungen identifiziert werden, kann auf die Bildung mehrerer Gruppen verzichtet werden, wenn der Plan in die Rechte der Betroffenen, etwa der gesicherten Gläubiger oder Anteilsinhaber, nicht eingreift (vgl. § 222 Abs. 1 Nr. 1 und 4 InsO). Der Insolvenzplan, bei dem nur eine Gruppe gebildet wird, ist angenommen, wenn eine Kopf- und Summenmehrheit im Abstimmungstermin für dessen Annahme votiert (§ 244 Abs. 1 Nr. 1 InsO).

---

[60] *Pape/Uhlenbruck/Voigt-Salus* Insolvenzrecht S. 474.
[61] *Maus* Kölner Schrift zur Insolvenzordnung S. 931, Rn. 66.
[62] Braun/*Frank* § 222 Rn. 13.
[63] MüKoInsO/*Eidenmüller* § 222 Rn. 37 ff.
[64] *Paul* ZInsO 2016, 665 (666).

2. Weitere Regelungen

33 Der Plan kann Regelungen über die **Haftung des Schuldners** vorsehen, wie die Gewährung der Restschuldbefreiung, unabhängig von den Bestimmungen der §§ 235 ff. InsO.[65]
Des Weiteren kann der Plan die **Überwachung der Planerfüllung** bestimmen, § 260 Abs. 1 InsO. Im Fall der Überwachung kann im Plan die Nachrangigkeit von Insolvenzgläubigern gegenüber Darlehensgläubigern, die zur Unternehmenssanierung Kredite ausgegeben haben, vereinbart werden (§§ 264 ff. InsO).

Nicht nur **schuldrechtliche Verpflichtungen**, wie Stundung oder Verzicht, sondern auch die **Änderung sachenrechtlicher Verhältnisse**, wie zB die Übereignung (un-)beweglicher Sachen, können in den Plan aufgenommen werden.[66] Sollen Rechte an Gegenständen begründet, geändert oder übertragen werden, ist es möglich, die erforderlichen Willenserklärungen im gestaltenden Teil des Planes aufzunehmen, § 228 S. 1 InsO. Die hierauf gerichteten Willenserklärungen gelten mit „Rechtskraft des Planes" als – formgerecht – abgegeben (§ 254 InsO), wobei die erforderlichen Realakte, wie Besitzübertragung, gesondert erfolgen müssen.

Des Weiteren können **Gesellschaftsverträge**, wie Aufspaltungen, Verschmelzungen und Umwandlungen in den gestaltenden Teil aufgenommen werden. Auch diese gelten dann als in der vorgeschriebenen Form abgegeben (§ 254 Abs. 1 S. 2 InsO).

3. Aufbau des gestaltenden Teils

34 Der gestaltende Teil des Insolvenzplans kann bei einer Unternehmensinsolvenz etwa wie folgt gegliedert werden:

35 **I. Gruppenbildung**
1. Gläubigerverzeichnis
2. Allgemeine Grundsätze der Gruppenbildung
3. Gestaltung der Gruppen im vorliegenden Insolvenzplan
3.1. Absonderungsberechtigte Finanzkreditgläubiger (Gruppe 1)
3.2. Finanzkreditgläubiger mit ihren Ausfallforderungen (Gruppe 2)
3.3. Mitarbeiter (Gruppe 3)
3.4. Sonstige gesicherte, nicht nachrangige Insolvenzgläubiger (Gruppe 4)
3.5. Ungesicherte, nicht nachrangige Insolvenzgläubiger (Gruppe 5)

II. Plangestaltung für die beteiligten Gruppen
1. Insolvenzplanregelung für die Gruppe 1
2. Insolvenzplanregelung für die Gruppe 2
3. Insolvenzplanregelung für die Gruppe 3
4. Insolvenzplanregelung für die Gruppe 4
5. Insolvenzplanregelung für die Gruppe 5

---

[65] Uhlenbruck/*Lüer/Streit* § 221 Rn. 7.
[66] KPB/*Spahlinger* § 228 Rn. 3; *Hess/Obermüller* Insolvenzplan Rn. 89 ff.

III. Minderheitenschutz/Obstruktionsverbot
IV. Allgemeine Regelungen
1. Inkrafttreten des Insolvenzplans, § 248 InsO
2. Zeitpunkt der Verteilung an die Beteiligten, § 248 InsO
3. Zu bedienende Insolvenzforderungen, § 177 InsO
4. Bestrittene Forderungen, § 189 InsO
5. Ausfallforderungen, § 190 InsO
6. Keine Aufrechenbarkeit bei Erlass der Gegenforderung im Insolvenzplan
7. Fortführung der entgeltfinanzierten Unterstützungskassenzusagen
8. Annahme von Verzichts- und sonstigen Willenserklärungen
9. Kein Wiederaufleben von Forderungen, § 255 InsO
10. Nachrangige Forderungen erlöschen, § 225 InsO
11. Umsetzung des Insolvenzplans, Planberichtigungen
12. Keine weiteren Voraussetzungen für Aufhebung des Insolvenzverfahrens, § 258 InsO
13. Planüberwachung, § 260 InsO
14. Unwirksamkeit einzelner Klauseln

D. Einzelne Planziele

Der Insolvenzplan dient dem Ziel der bestmöglichen Befriedigung der Gläubiger.[67] Die Art und Weise der Haftungsverwirklichung strukturiert der Insolvenzplan. Es ist insbesondere der Entscheidung der einzelnen Gläubiger überlassen, worin sie die für sie beste Art der Haftungsrealisierung sehen. So ist es vorstellbar, dass der Gruppe der Lieferantengläubiger der langfristige Erhalt eines Auftraggebers wichtiger ist als die sofortige Ausschüttung einer Quote.[68] 36

Die Gruppe der Arbeitnehmer hat im Allgemeinen das vorrangige Interesse am Erhalt der Arbeitsplätze. Die Dotierung eines Sozialplanes tritt demgegenüber uU zurück. Inhaber von Sicherheiten könnten in der Zerschlagung eines Betriebes eine Entwertung dieser Sicherheiten sehen und deshalb bereit sein, von einer Sicherheitenverwertung Abstand zu nehmen, solange ihre eigenen Forderungen dadurch nicht über das jetzt bereits bestehende Maß gefährdet sind. 37

Aus einer Gewichtung der Interessenlage der Gläubigergruppen einerseits und der Situation des Unternehmens, seiner Stellung am Markt, seinen verbleibenden Potentialen und der künftigen Restrukturierungs- und Ertragsfähigkeit andererseits (Interessenparallelogramm) wird dann die Zielrichtung des Insolvenzplanes abzuleiten sein. Der Plan steht grundsätzlich für alle Verwertungsarten des Schuldnervermögens, nicht nur für Sanierungen, zur Verfügung. Auch sämtliche Mischformen der herkömmlichen Typen – von Liquidationen und vergleichsrechtlichen Regelungen – sind deshalb denkbar und werden den Beteiligten gleichrangig zur Verfügung gestellt.[69] 38

---

[67] MüKoInsO/*Eidenmüller* Vor. §§ 217–269 Rn. 6.
[68] Pape/*Uhlenbruck*/Voigt-Salus Insolvenzrecht S. 474.
[69] KPB/*Spahlinger* § 217 Rn. 40.

39 Mit dem ausdrücklichem Schwerpunkt auf dem Sanierungsplan dürften sich drei Grundtypen für Insolvenzpläne herausarbeiten lassen:
- Der Sanierungsinsolvenzplan
- Der Sanierungsinsolvenzplan mit anschließendem Share-Deal
- Der Liquidationsinsolvenzplan

39a Daneben kann es Mischformen aus den vorgenannten Planzielen zB für einzelne Betriebsteile – etwa den Liquidationsplan mit anschließender übertragender Sanierung – geben. Wenn ein wesentliches Asset nicht in den Vermögensbestandteilen eines Unternehmens liegt, sondern beispielsweise in den Vertragsbeziehungen/Lizenzen, kann es angezeigt sein die übrigen Assets zu verkaufen und die Verträge in eine neu zu gründende Gesellschaft des Investors abzuspalten und die ansonsten „vermögenslose" Gesellschaft über einen Insolvenzplan von Nachhaftungen (§ 133 UmwG) schadlos zu halten.[70]

I. Der Sanierungsplan

1. Ziel des Sanierungsplanes

40 Der Sanierungsplan ist auf die Wiederherstellung der Ertragskraft des schuldnerischen Unternehmens und auf Befriedigung der Gläubigeransprüche aus den künftigen Überschüssen des Unternehmens gerichtet.[71] Schuldner und Gläubiger gehen also eine Wette auf die Besserung der Ertragssituation des schuldnerischen Unternehmens in Zukunft ein.

41 Um den Gläubigern die Beurteilung der Wettchancen zu ermöglichen, sind dem Sanierungsplan gemäß § 229 InsO eine Vermögensübersicht (Planbilanzen), ein Ergebnisplan (Plangewinn- und Verlustrechnung) und ein Finanzplan zur künftigen Unternehmensentwicklung beizufügen. Die Sanierungsaussicht wird durch die Vorschrift des § 264 Abs. 1 InsO verbessert: Diese Bestimmung eröffnet die Möglichkeit, im Plan die Forderungen, die den Insolvenzgläubigern zustehen, im Rang gegenüber den Forderungen aus (Neu-)Krediten zurücktreten zu lassen.

2. Arbeitsverträge

42 Gestaltende Eingriffe in die Arbeitsverträge durch den Insolvenzplan, die gesetzliche oder tarifliche Verpflichtungen bzw. Rechte schmälern, sind nicht möglich.[72] Insofern gibt das Instrumentarium des Insolvenzplans bezüglich der arbeitsrechtlichen Gestaltungsmöglichkeiten keine Vorteile.[73]

3. Sanierungsgewinn

43 Eines der zentralen Probleme bei der Erstellung von Insolvenzplänen, besonders für den Sanierungsplan, ist die Versteuerung des Sanierungsgewinns.[74]

---

[70] So geschehen im Insolvenzverfahren des Fernsehherstellers Loewe.
[71] KPB/*Spahlinger* § 217 Rn. 22; kritisch: *Smid* NZI 2000, 454 ff.
[72] Hierzu *Smid* InsO § 221 Rn. 31.
[73] Vgl. *Smid/Uhlenbruck/Martini* Der Insolvenzplan Rn. 8.52 f.
[74] *Kahlert* ZIP 2009, 643.

§ 43. Insolvenzplan

Im Rahmen eines Insolvenzplanes wird der Unternehmensträger in der Regel finanziell dadurch saniert, dass Gläubiger – zumindest zum Teil – auf ihre Forderungen verzichten. Dies hat zur Folge, dass diese Verbindlichkeiten aus Lieferungen und Leistungen beim Schuldner (handels- und steuerrechtlich) ertragswirksam auszubuchen sind und zumindest auf dem Papier zu einem Ertrag führen, welcher als Gewinneinnahme der Besteuerung unterliegen müsste.

Auf Grund der bis zum 31.12.1997 geltenden Norm des § 3 Nr. 66 EStG waren „Erhöhungen des Betriebsvermögens, die dadurch entstanden, dass Schulden zum Zweck der Sanierung ganz oder teilweise erlassen werden", in voller Höhe steuerfrei. Nach der Aufhebung des § 3 Nr. 66 EStG war der Sanierungsgewinn steuerpflichtig. **44**

Die Streichung des Sanierungsprivilegs wurde heftig – vor allem von den Praktikern – kritisiert, mit der Folge, dass die Finanzverwaltung mit BMF-Schreiben vom 27.3.2003[75] regelte, unter welchen Bedingungen Ertragssteuern, die aus einem Sanierungsgewinn entstehen, erlassen werden können.

Insbesondere hat das Bundesministerium für Finanzen in dem BMF-Schreiben vom 27.3.2003 (sog **Sanierungserlass**) darauf hingewiesen, dass die Besteuerung von Sanierungsgewinnen mit den Zielen der Insolvenzordnung nicht deckungsgleich sei, da die Steuererhebung auf einen nach Ausschöpfung der Verlustverrechnungsmöglichkeiten verbleibenden Sanierungsgewinn eine erhebliche Härte darstelle. Zudem würden die Ziele des leistungswirtschaftlichen Sanierungsplanes konterkariert. **45**

Liegen die Voraussetzungen eines Sanierungsgewinnes im Sinne des BMF-Schreibens vom 27.3.2003 vor, dh sind die Sanierungsbedürftigkeit und -fähigkeit des Schuldners, die Sanierungseignung des Schuldenerlasses und die Sanierungsabsicht gegeben, ist steuerlich wie folgt zu verfahren: **46**
- In einem ersten Schritt ist der Sanierungsgewinn mit Verlusten aller Art zu verrechnen und zwar unabhängig von bestehenden Ausgleichs- und Verrechnungsbeschränkungen.
- In einem zweiten Schritt soll auf Antrag die entsprechende Steuer festgesetzt und gem. § 222 AO mit dem Ziel des Erlasses zunächst unter Widerrufsvorbehalt ab Fälligkeit gestundet werden. Sobald die endgültigen Steuern auf den verbleibenden zu versteuernden Sanierungsgewinn festgestellt sind, ist die Steuer gem. § 227 AO zu erlassen.

Nach der Ansicht von Maus[76] reduziert sich das Ermessen der Finanzverwaltung in der oben dargestellten Fallkonstellation auf Null, so dass Steuern auf die begünstigenden Sanierungsgewinne **zwingend** zu erlassen sind. **47**

Der Sanierungserlass gem. BMF-Schreiben vom 27.3.2003 gilt jedoch nur für die Einkommens- und Körperschaftssteuer sowie den Solidaritätszuschlag. Für den Erlass der **Gewerbesteuer**, der nach den gleichen Maßstäben zu vollziehen sein wird, sind die **Kommunen** zuständig.[77] **48**

Für den Insolvenzverwalter besteht die Problematik, dass der Sanierungsgewinn, der durch die Bestätigung des Insolvenzplanes entsteht (§ 248 InsO) als Masseverbindlichkeit gem. § 55 Abs. 1 Nr. 1 InsO zu qualifizieren ist. Sofern **49**

---

[75] BStBl 2003 I 240.
[76] *Maus* Steuern im Insolvenzverfahren S. 148.
[77] *Hölzle* FR 2004, 1204 Fn. 174.

die Steuern auf den Sanierungsgewinn **nicht erlassen** werden, besteht bei Nichterfüllung grundsätzlich die Haftung des Verwalters gem. § 69 AO (bei Vorsatz und grober Fahrlässigkeit) und gem. § 60 InsO (bei schuldhafter Pflichtversetzung). Da die Höhe der zu erlassenden Steuern bei Aufhebung des Verfahrens nicht bekannt ist und diese als streitig im Sinne des § 258 InsO anzusehen ist,[78] empfiehlt es sich, bei der Plangestaltung eine **Rücklage** zu bilden oder eine **Sicherheit** zu leisten.

50   Das Finanzgericht München[79] vertritt die Meinung der Sanierungserlass verstoße gegen den Vorbehalt des Gesetzes, so dass Sanierungsgewinne **nicht** erlassen werden können. Das Finanzgericht Köln vertritt die gegenteilige Auffassung.[80] Der Zehnte Senat des BFH legte die Frage, ob das BMF-Schreiben vom 27.3.2003 gegen den Grundsatz der Gesetzmäßigkeit der Verwaltung verstößt, unlängst dem Großen Senat zur Entscheidung vor, wobei der vorlegende Senat nicht von einem Rechtsverstoß ausgeht.[81] Eine Entscheidung steht aus.

4. Eingriff in die Gesellschafterstellung

51   Geldgeber werden im Rahmen einer Unternehmenssanierung – verständlicherweise – meist Wert auf eine gesellschaftliche Beteiligung legen. Vor Inkrafttreten des ESUG war eine Änderung der Gesellschafterstruktur bei einer juristischen Person zugunsten von neuen Kapitalgebern nur in Kooperation mit den Alt-Gesellschaftern möglich.

§ 217 S. 2 iVm § 225a InsO sieht nun vor, dass auch die Anteils- oder Mitgliedschaftsrechte der am Schuldner beteiligten Personen in den Plan einbezogen werden können. Damit ist es ist jetzt möglich auch die Gesellschafterrechte in einem Insolvenzplan – selbst gegen den Willen und zu Lasten der Altgesellschafter – zu ändern. Damit werden Insolvenzgläubiger und Anteilsinhaber gleichgestellt.[82]

5. Umwandlung von Forderungen in Anteils- oder Mitgliedschaftsrechte (dept-equity-swap)

51a   Die Möglichkeit einer Umwandlung von Fremd- in Eigenkapital ist in den maßgeblichen Insolvenzordnungen, die mit der deutschen Insolvenzordnung konkurrieren, zB im Chapter 11 Verfahren nach dem US Bankruptcy Code, dem Procédure de sauvgarde nach französischem Recht oder dem Company Voluntary Arrangement nach englischem Recht, bereits verankert.[83] Der deutsche Gesetzgeber hat an dieser Stelle aufgrund des Wettbewerbs der Insolvenzrechtssysteme mit dem ESUG nachgezogen.[84]

§ 225a Abs. 2 InsO erlaubt eine Planregelung, die eine Umwandlung von (wertlosen) Forderungen in eine (werthaltige) Beteiligung am Eigenkapital des Schuldners vorsieht. Der Begriff der Forderungen umfasst dabei alle – auch

---

[78] *Maus* Steuern im Insolvenzverfahren S. 161.
[79] FG München Urt. v. 12.12.2007 – 1 K 4487/06, ZIP 2008, 1784.
[80] FG Köln Urt. v. 24.4.2008 – 6 K 2488/06, BB 2008, 2666.
[81] BFH Beschl. v. 25.3.2015 – X R 23/13, ZInsO 2015, 1331.
[82] BT-Drs. 17/5712, 18.
[83] S. dazu *Eidenmüller* ZIP 2007, 1729 (1735 f.); *Dammann* NZI 2008, 420 (421).
[84] BT-Drs. 17/5712, 17.

nachrangigen – Forderungen sowie Masseforderungen und vorrangig berechtigte Forderungen von Absonderungsgläubigern.[85] Voraussetzung der Umwandlung ist stets, dass der betroffene Gläubiger hiermit einverstanden ist (§ 225a Abs. 2 S. 2 InsO). Eine zwangsweise Beteiligung ist damit ausgeschlossen.[86] Die zustimmende Erklärung des Gläubigers ist dem Insolvenzplan beizulegen, § 230 Abs. 2 InsO. Die Umwandlung wird durch das Einbringen der Forderung erreicht. Das Einbringen der Forderung erfolgt entweder im Wege einer Forderungsabtretung an den Schuldner, wodurch die Forderung durch Konfusion (Zusammentreffen von Forderung und Schuld) erlischt oder durch einen Forderungserlass von Seiten des Gläubigers gegenüber dem Schuldner.

§ 225a Abs. 2 S. 3 InsO zählt diejenigen Maßnahmen auf, die „insbesondere" für die Umsetzung eines dept-equity-swap erforderlich sind: Kapitalherabsetzung oder -erhöhung, Leistung von Sacheinlagen, der Ausschluss von Bezugsrechten und die Zahlung von Abfindungen an ausscheidende Anteilsinhaber.

a) Kapitalherabsetzung oder -erhöhung. Im Regelfall wird bei der Sanierung einer Kapitalgesellschaft mittels dept-equity-swap ein Kapitalschnitt, also eine nominelle Herabsetzung des Stamm- oder Grundkapitals (auf 0 EUR) vorgenommen. Daran schließt sich eine Kapitalerhöhung durch das Einbringen der alten Forderungen als Sacheinlage an.[87] Das gesetzlich vorgeschriebene **Mindestkapital** muss auch bei einem Kapitalschnitt gewährleistet sein.[88] Um dieser Anforderung gerecht zu werden, gibt es zwei Lösungsansätze: Entweder es wird bei einer Kapitalherabsetzung unter das gesetzliche Mindestkapital neben der Sacheinlage eine zusätzliche Bareinlage vorgesehen oder die Kapitalherabsetzung wird nur bis zur Grenze des Mindestkapitals vorgenommen, sofern ausschließlich eine Sachkapitalerhöhung vollzogen wird.

51b

b) Bezugsrechtsausschluss. Den Gesellschaftern eines Unternehmens steht bei einer Kapitalerhöhung ein Bezugsrecht zu (§§ 186 AktG, 55 GmbHG). Das Bezugsrecht kann mithilfe des Insolvenzplans jedoch ausgeschlossen werden (§ 225a Abs. 2 S. 3 InsO). Einer Rechtfertigung des Bezugsrechtsausschlusses bedarf es nicht.[89] Um ihren Ausschluss zu vermeiden, bleibt den Gesellschaftern nur die Möglichkeit einer Kapitalerhöhung zur Beseitigung der Insolvenzgründe, was zu einer Aufhebung des Insolvenzverfahrens führt.[90]

51c

c) Leistung von Sacheinlagen. Im Insolvenzplan bedarf es einer Bewertung der als Sacheinlage einzubringenden Gläubigerforderung. Eine gesetzliche Regelung für die Forderungsbewertung enthält § 225a InsO nicht. Nach der Gesetzesbegründung soll von dem **wirtschaftlichen Wert** und nicht dem Nomi-

51d

---

[85] MüKoInsO/*Eidenmüller* § 225a Rn. 30.
[86] Eine Ausnahme gilt bei mehrheitlichen Entscheidungen nach § 5 Abs. 3 SchVG, wonach auch die nicht zustimmenden Anleihegläubiger an die Umwandlung gebunden werden.
[87] *Eidenmüller/Engert* ZIP 2009, 541 (542); MüKoInsO/*Eidenmüller* § 225a Rn. 40ff.
[88] HambK-InsO/*Thies* § 225a Rn. 17.
[89] *Decher/Volland* ZIP 2013, 103 (106f.).
[90] MüKoInsO/*Eidenmüller* § 225a Rn. 50.

nalwert der Forderung ausgegangen werden.[91] Ob bei der Bewertung des wirtschaftlichen Wertes der Fortführungs- oder der Liquidationswert zugrunde zu legen ist, lässt sich der Gesetzesbegründung nicht zweifelsfrei entnehmen. Da sich auch aus den §§ 217 ff. InsO keine Anhaltspunkte ergeben und bisher keine höchstrichterliche Rechtsprechung dazu ergangen ist, werden in der Literatur derzeit unterschiedliche Meinungen vertreten.[92] Praktikabel erscheint es auf den **Liquidationswert**, dh auf die Quotenerwartung abzustellen, da offene Forderungen in der Insolvenz keinen höheren Wert als den der Insolvenzquote besitzen.[93] Besonders problematisch ist die Bewertung einer besicherten Forderung, weil in diesem Fall auch der Wert der Sicherheit in die Bewertung einzubeziehen ist.

Der Gesetzgeber empfiehlt aufgrund der Unklarheiten für die Forderungsbewertung Wertgutachten einzuholen.[94] Dies erscheint aus Zeit-und Kostengründen jedoch wenig praxistauglich.

51e **d) Abfindung für Altgesellschafter.** Wenn den Gesellschaftsanteilen der Altgesellschafter noch ein Wert beizumessen ist und sie durch die Kapitalherabsetzung aus dem Unternehmen gedrängt werden, ist eine Abfindungszahlung mit Blick auf Art. 14 Abs. 3 GG angezigt. Alternativ können Mittel im Plan für die Altgesellschafter gem. § 251 Abs. 3 InsO bereitgestellt werden.

6. Sonstige gesellschaftsrechtliche Maßnahmen

51f Neben der Umwandlung von Fremd- in Eigenkapital sind auch alle sonstigen Sanierungsmaßnahmen regelbar, die die Gesellschaft betreffen und gesellschaftsrechtlich zulässig sind.

Regelungsgegenstände können etwa sein:
– Der Beschluss über die Fortsetzung der Gesellschaft (§ 225a Abs. 3 InsO)
– Kapitalherabsetzung und anschließende Kapitalerhöhung
– Ausschluss eines Bezugsrechts (§ 186 Abs. 3 AktG, 55 Abs. 2 GmbHG)
– Ausschluss von Gesellschaftern
– Abschaffung/Einführung von Sonderrechten für Gesellschafter
– Nachschusspflichten
– Einrichtung/Abschaffung von fakultativen Gesellschaftsorganen (zB Beirat)
– Umwandlung der Gesellschaft (Spaltung, Verschmelzung und Formwechsel)
– Übertragung von Anteils- und Mitgliedschaftsrechten
– Mezzanine Finanzierungen

7. Kündigungsausschluss, § 225a Abs. 4 InsO

51g In vielen Lieferverträgen finden sich Sonderkündigungsrechte bei einem Wechsel der Inhaber und/oder der Entscheidungsträger eines Unternehmens. Die gesellschaftsrechtlichen Maßnahmen nach § 225a Abs. 2 und 3 InsO führen

---

[91] BT-Drs. 17/5712, 32: „Die Werthaltigkeit der Forderung wird aufgrund der Insolvenz des Schuldners regelmäßig reduziert sein und der Wert wird nicht dem buchmäßigen Nennwert entsprechen, sondern deutlich darunter liegen".
[92] Zum Meinungsstand MüKoInsO/*Eidenmüller* § 225a Rn. 52.
[93] BT-Drs. 17/5712, 32.
[94] BT-Drs. 17/5712, 32.

auch bei einem Change-of-Control nicht zu einer Sonderkündigungsmöglichkeit der bestehenden Verträge. Wäre es dem Vertragspartner des Schuldners nach einem debt-equity-swap möglich, eine Vereinbarung aufzukündigen, mit der Folge, dass die jeweilige Berechtigung des Schuldners entfällt, wäre die Sanierung mittels Insolvenzplan massiv gefährdet. Durch den Ausschluss der Kündigungsmöglichkeit soll verhindert werden, dass einzelne Gläubiger ihre gegebenenfalls starke Position, die aus der Abhängigkeit des Schuldners resultiert, für höhere Quotenzahlungen ausnutzen können. Damit hat der Insolvenzplan im Vergleich zur übertragenden Sanierung, bei der die Verträge nicht übergehen, eine deutliche Aufwertung erfahren.[95] Der Schuldner sieht sich nicht mit dem Risiko konfrontiert, dass die Sanierung nachträglich durch die Ausübung von Sonderkündigungsklauseln scheitert.

8. Abfindung bei freiwilligem Austritt der Altgesellschafter (§ 225a Abs. 5 InsO)

Anders als außenstehenden Vertragspartnern steht den Gesellschaftern einer juristischen Person bei Maßnahmen nach § 225a Abs. 2 und 3 InsO ein Austrittsrecht **aus wichtigem Grund** zu. Werden die Altgesellschafter nicht schon durch eine Kapitalherabsetzung aus der Gesellschaft gedrängt und kündigen sie ihre Beteiligung aus wichtigem Grund auf, steht ihnen ggfs. nach dem Gesellschaftsvertrag eine **Ausgleichszahlung** zu.

Für die Höhe der Abfindung ist gem. § 225a Abs. 5 S. 1 InsO die Vermögenslage der Gesellschaft bei einer gedachten Abwicklung maßgeblich. Weil die Gesellschaft aber bei einer Abwicklung keinen Wert mehr besitzt, läuft die Regelung ins Leere.[96]

9. Aufbau des Sanierungsplanes

Wegen der rechtlichen und betriebswirtschaftlichen Ausgestaltung von Insolvenzplänen können auch unter Geltung der Insolvenzordnung die „Verlautbarungen des Fachausschusses Recht" des Institutes der Wirtschaftsprüfer[97] herangezogen werden, die sich in einem gesonderten Kapitel mit den „Anforderungen an Sanierungskonzepte" beschäftigen.

Danach sind **Sanierungskonzepte** wie folgt zu gliedern:[98]
1. Beschreibung des Unternehmens
2. Wirtschaftliche Ausgangslage
3. Beschreibung von Krisenstadium und -ursachen
4. Darstellung des Leitbildes des sanierten Unternehmens
5. Aufzählung der Maßnahmen zur Sanierung des Unternehmens
6. Unternehmensplanung
7. Anlagen

---

[95] Kritisch dazu HambK-InsO/*Thies* § 225a Rn. 56.
[96] HambK-InsO/*Thies* § 225a Rn. 60.
[97] Institut der Wirtschaftsprüfer, IDW-Fachgutachten, Empfehlungen zur Überschuldungsprüfung bei Unternehmen, FN-IDW Nr. 12/2012.
[98] Vgl. Uhlenbruck/*Lüer*/*Streit* § 220 Rn. 3.

II. Der Liquidationsplan mit übertragender Sanierung

54 Die übertragende Sanierung steht auch weiterhin als gleichrangiges Instrument neben Liquidation und Sanierung des Unternehmensträgers zur Verfügung.[99] Sie ist auf zweierlei Wegen möglich: Einmal als Veräußerung der wesentlichen Betriebsmittel und Übertragung der Arbeitnehmer (§ 613a BGB) im Regelinsolvenzverfahren durch Asset-Deal, zum anderen nach Entschuldung des Unternehmens durch Insolvenzplan verbunden mit dem Einstieg eines Investors. Die Gläubiger werden im Rahmen der übertragenden Sanierung zu entscheiden haben, ob sie sich bei sofortiger Kaufpreiszahlung mit einer eventuell geringeren Quote zufrieden geben (bei Übertragung im Regelinsolvenzverfahren), oder ob sie im Vertrauen auf die künftige Rentabilität des Betriebes einem Zahlungsmoratorium zustimmen (bei Übertragung nach Durchführung eines Insolvenzplans).

III. Der Liquidationsplan mit Ausproduktion

55 Ein weiteres Szenario des Insolvenzplanes kann die gemeinsame Fort- und Ausproduktion sein.[100] Dieses Vorgehen ist im Regelinsolvenzverfahren schon deshalb leichter, weil dem Insolvenzverwalter zunächst das Selbstverwertungsrecht an beweglichen Sachen und Forderungen gemäß § 166 InsO zusteht. Der Einsatz eines Insolvenzplanes kommt deshalb nur bei Abweichungen von der gesetzlichen Regelung im Hinblick auf Auflösungsgeschwindigkeit und Auflösungsintensität in Betracht.

IV. Sonstige Plangestaltungen

56 Die Insolvenzordnung und die Rechtstechnik stellen keine Grenzen für ökonomisch vernünftiges Handeln dar. Im Gegenteil: Sie bieten einen Rahmen, um anderen, betriebswirtschaftlich sinnvolleren Gläubigerbefriedigungsstrategien Raum zu geben. Zu denken ist hier an langfristige Strategien, wie zB die Entwicklung großer Grundstückskomplexe unter Zurverfügungstellung (Stehenlassen) von Gläubigerrechten, ja sogar unter aktiver Förderung der Gläubiger (gemeinsame Durchführung und Finanzierung von Entwicklungsmaßnahmen).

E. Ablauf des Insolvenzplanverfahrens

57 Das Insolvenzplanverfahren gliedert sich entsprechend der gesetzlichen Systematik in drei Abschnitte:[101]
– Abschnitt 1:
   Die Planaufstellung und die gerichtliche Vorprüfung des Insolvenzplans (§§ 217–234 InsO)

---

[99] *Bork*, Einführung in das neue Insolvenzrecht, II. 3. b), S. XVI; zu den unterschiedlichen Begrifflichkeiten (Fortführungsgesellschaft; Sanierungsgesellschaft, Betriebsübernahmegesellschaft, Auffanggesellschaft): *Hess/Weis/Wienberg* § 221 Rn. 14 ff.
[100] *Hess/Obermüller* Insolvenzplan Rn. 9.
[101] Braun/*Frank* Vor § 217 Rn. 8.

- **Abschnitt 2:**
  Die Annahme und die Bestätigung des Planes (§§ 235–253 InsO)
- **Abschnitt 3:**
  Eintritt der Planwirkungen nach dessen Bestätigung sowie die Überwachung
  der Planerfüllung (§§ 254–269 InsO)
  Grafisch dargestellt ergibt sich folgendes Ablaufschema: **58**

Abschnitt 1:
Vorlage des Insolvenzplans und die gerichtliche Vorprüfung
Planvorlage § 218 InsO
➢ Vorlageberechtigung

• Schuldner: § 218 Abs. 1
• Insolvenzverwalter: § 218 Abs. 1 u. Abs. 3
  - Eigeninitiative zur Planvorlage: § 218 Abs. 1
  oder
  - Beauftragung durch Gläubigerversammlung: §§ 218 Abs. 2, 157 S. 2

➢ Insolvenzplan und beizufügende Unterlagen

• Insolvenzplan mit darstellendem und gestaltendem Teil: §§ 219 - 221
• Plananlagen: §§ 229, 230
• Zustimmungserklärungen
  - der Gläubiger bei unterschiedlicher Behandlung in den Gruppen oder bei Anteilsübernahme
  §§ 226 Abs. 2, 230 Abs. 2
  - des Schuldners bei Betriebsfortführung § 230 Abs. 1

Gerichtliche Vorprüfung § 231 InsO
Zurückweisung des Planes nach Vorprüfung des Insolvenzgerichts in folgenden Fällen:
➢ § 231 Abs. 1 Nr. 1:
• bei Vorlage durch einen Gläubiger • bei Verstoß gg. § 218 Abs. 3 • bei fehlenden Plananlagen §§ 229, 230 • bei fehlender Gliederung §§ 220, 221 • bei Fehlern hinsichtlich der Gruppenbildung
➢ § 231 Abs. 1 Nr. 2:
• vom Schuldner vorgelegter Plan hat **offensichtlich** keine Aussicht auf Annahme durch die Gläubiger oder auf Bestätigung durch das Gericht
➢ § 231 Abs. 1 Nr. 3:
• Ansprüche der Beteiligten gemäß dem gestaltenden Teil können **offensichtlich** nicht erfüllt werden
➢ § 231 Abs. 2:
• Beantragung der Zurückweisung des Insolvenzplans durch Insolvenzverwalter bzw. Gläubigerausschuss bei erneuter Planvorlage durch Schuldner
Übermittlung des Insolvenzplans zur Stellungnahme § 232 InsO
Wird Insolvenzplan **nicht** zurückgewiesen, schließt sich die gerichtliche Zuleitung zur Stellungnahme gem. § 232 Abs. 1 an:
• Gläubigerausschuss, Betriebsrat und Sprecherausschuss der leitenden Angestellten des Schuldners   (§§ 232 Abs. 1 Nr. 1) • Schuldner, bei Planvorlage durch Verwalter (§ 232 Abs. 1 Nr. 2) • Verwalter, bei Planvorlage durch den Schuldner (§ 232 Abs. 1 Nr. 3) • Fakultative Zuleitung an bestimmte Stellen gem. § 232 Abs. 2

Abschnitt 2:
Die Planannahme und -bestätigung

- ➢ Anberaumung des Erörterungs- und Abstimmungstermins durch das Insolvenzgericht sowie die Bekanntmachungen und Ladungen (§§ 235, 236)
- ➢ Durchführung des Termins und der Abstimmung
  - Stimmrechtsfeststellung (§ 237)
  - Abstimmung nach Gruppen (§§ 243, 244)
    - Jede Gruppe stimmt gesondert ab (§ 243)
    - In jeder Gruppe ist die Kopfmehrheit (§ 244 Abs. 1 Nr. 1) und die Summenmehrheit (§ 244, Abs. 1 Nr. 2) zur Planannahme erforderlich

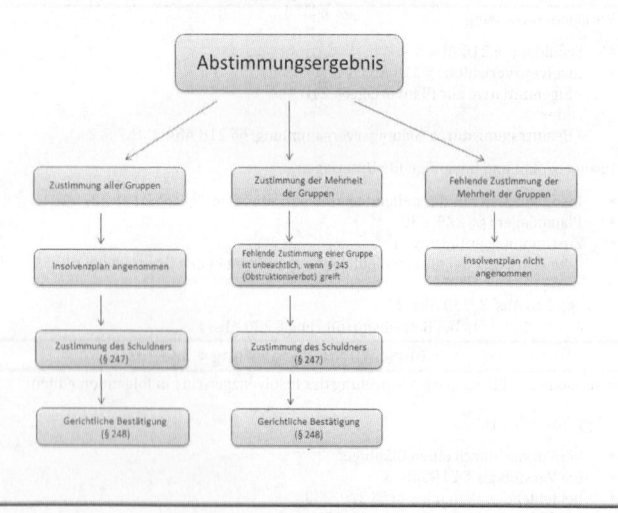

Abstimmungsergebnis

- Zustimmung aller Gruppen → Insolvenzplan angenommen → Zustimmung des Schuldners (§ 247) → Gerichtliche Bestätigung (§ 248)
- Zustimmung der Mehrheit der Gruppen → Fehlende Zustimmung einer Gruppe ist unbeachtlich, wenn § 245 (Obstruktionsverbot) greift → Zustimmung des Schuldners (§ 247) → Gerichtliche Bestätigung (§ 248)
- Fehlende Zustimmung der Mehrheit der Gruppen → Insolvenzplan nicht angenommen

Abschnitt 3:
Planwirkungen und Überwachung der Planerfüllung

Planwirkungen § 254 InsO

- ➢ Im Plan festgelegte Wirkungen treten für und gegen alle Beteiligten ein (§ 254 Abs. 1 S. 1)
- ➢ Aufhebung des Plans nach Rechtskraft (§ 258)
- ➢ Wiederaufleben der Gläubigerforderung bei Nichterfüllung des Planes (§ 255)

Planüberwachung § 260 InsO

- ➢ Sieht der gestaltende Teil des Insolvenzplanes die Überwachung der Planerfüllung vor (§ 260 Abs. 1) wird nach Aufhebung des Verfahrens überwacht, ob eine ordnungsgemäße Tilgung der Ansprüche erfolgt, die den Gläubigern nach dem gestalteten Teil des Insolvenzplanes gegen den Schuldner zustehen (§ 260 Abs. 2)
- ➢ Die Erstreckung der Überwachung auf die Erfüllung der Ansprüche ist auch auf Übernahmegesellschaften im Sinne von § 260 Abs. 3 möglich

I. Initiativrechte (§ 218 Abs. 1 InsO)

Zur Vorlage des Insolvenzplanes an das Insolvenzgericht sind nur der Schuldner sowie der Insolvenzverwalter berechtigt, § 218 Abs. 1 S. 1 InsO. **59**

1. Vorlage durch den Schuldner

a) Allgemeines. In der Praxis hat vor allem das Initiativrecht des Schuldners besondere Bedeutung. Der Schuldner kann den Eigenantrag auf Verfahrenseröffnung mit einem Insolvenzplan verbinden (§ 218 Abs. 1 S. 2 InsO) – sog **prepackaged plan** (vorbereiteter Plan).[102] Nur in dieser Konstellation wird ein vom Schuldner vorgelegter Insolvenzplan eine realistische Aussicht auf Umsetzung und Annahme besitzen.[103] Zudem kann der Eigenantrag mit dem Antrag auf Eigenverwaltung gemäß § 270a InsO gekoppelt werden. Der Gläubigergemeinschaft wird mit dieser Konstruktion bereits von Anfang an der „Mehrwert" eines Planverfahrens gegenüber dem Regelverfahren verdeutlicht. **60**

Teilweise wird in der Literatur die Ansicht vertreten, dass das Gericht bereits im Eröffnungsverfahren den vom Schuldner eingereichten Plan beachten und dementsprechend seine gemäß §§ 21 ff. InsO zu treffenden Sicherungsmaßnahmen nach dem Planziel abstimmen muss; als Beispiel wird das Splitten der Verwaltungs- und Verfügungsbefugnis angeführt: Auf den Verwalter (für den nicht fortzuführenden Unternehmensteil) und den Schuldner (für den laut Plan fortzuführenden Unternehmensteil).[104] **61**

b) Natürliche Personen. Zur Planvorlage ist die betroffene insolvente natürliche Person berechtigt, gegebenenfalls vertreten durch einen rechtsgeschäftlichen oder gesetzlichen Vertreter. **61a**

c) Initiativrecht bei juristischen Personen. Bei juristischen Personen und Personenhandelsgesellschaften steht nach herrschender Meinung den **Geschäftsführungsorganen** (Geschäftsführer, Vorstand) die **Vorlageberechtigung** zu.[105] Bei der Kommanditgesellschaft ist nur der **Komplementär** zur Vorlage befugt.[106] Sind mehrere einzelvertretungsberechtigte Geschäftsführer implementiert, können diese nur gemeinsam einen Insolvenzplan einreichen, eine Mehrheitsentscheidung genügt nicht.[107] **61b**

Den **Gesellschaftern** steht kein eigenes Initiativrecht zu.[108] Sie haben nur über ihre Einflussnahme auf die Geschäftsführer die indirekte Möglichkeit der Planvorlage.

---

[102] Braun/*Frank* Vor § 217 Rn. 20, § 218 Rn. 17.
[103] FK-InsO/*Jaffé* § 218 Rn. 18.
[104] *Hess/Weis/Wienberg* § 218 Rn. 35.
[105] MüKoInsO/*Eidenmüller* § 218 Rn. 71; Uhlenbruck/*Lüer/Streit* § 218 Rn. 9.
[106] Uhlenbruck/*Lüer/Streit* § 218 Rn. 11.
[107] MüKoInsO/*Eidenmüller* § 218 Rn. 76.
[108] HambK-InsO/*Thies* § 218 Rn. 4.

2. Vorlage durch den (vorläufigen) Insolvenzverwalter

62 **a) Eigeninitiative.** Ein vom Verwalter vorgelegter Plan wird in der Regel mehr Akzeptanz bei den übrigen Beteiligten haben, als der des Schuldners.[109] Der Schuldner hat hingegen den Vorteil, dass er einen erheblichen Zeit- sowie einen strategischen Handlungsvorteil hat, wenn er den Insolvenzplan mit dem Antrag auf Verfahrenseröffnung vorlegt.[110] Insgesamt hat es sich in der Praxis erwiesen, dass der Insolvenzplan eher ein Instrument des Schuldners bzw. seiner Berater ist als des Verwalters.[111]

Ob auch dem vorläufigen Insolvenzverwalter in analoger Anwendung von § 218 Abs. 1 S. 1 InsO das Recht zusteht, einen Plan vorzulegen, ist umstritten. Der theoretische Streit darüber löst sich in der Praxis dadurch auf, dass die Einreichung des Plans ein eröffnetes Insolvenzverfahren voraussetzt, da nur in diesem Verfahrensstadium der Prüfungs- und Abstimmungstermin festgesetzt werden kann.[112] Um eine schnelle Sanierung zu erreichen, kann der Plan aber schon im Antragsverfahren ausgearbeitet und mit den Gläubigern abgestimmt werden.[113]

63 **b) Gläubigerversammlung.** Auch die Gläubigerversammlung hat die Möglichkeit, im Berichtstermin den Verwalter zu beauftragen, einen Insolvenzplan auszuarbeiten, § 157 S. 2 InsO iVm § 218 Abs. 2 InsO. In diesem Falle ist die in § 159 InsO angeordnete Verwertungspflicht des Insolvenzverwalters implizit aufgehoben. Ansonsten gilt § 233 InsO.

64 Umstritten ist, inwieweit die Gläubigerversammlung dem Insolvenzverwalter den Inhalt eines Planes vorschreiben, oder ob sie ihn sogar zur Vorlage eines bestimmten Planes zwingen kann.[114] Überzeugend erscheint wegen des Wortlautes der §§ 157 S. 2 und 218 Abs. 2 InsO die Auffassung, dass die Gläubigerversammlung zwar den Insolvenzverwalter beauftragen kann, einen Plan auszuarbeiten, ihm aber nur das Planziel vorgeben darf.[115]

65 Es wird jedoch für einen Verwalter wenig Sinn machen, den mutmaßlichen Plangestaltungswillen der Gläubiger zu ignorieren, denn es wäre vergeblich, einen Plan auszuarbeiten, der keine Aussicht auf Annahme im Abstimmungstermin hätte. Zur Steigerung der Akzeptanz wird der Insolvenzverwalter bereits während der Aufstellung des Planes mit den jeweiligen Gläubiger- bzw. anderen Interessengruppen Kontakt aufnehmen und gegebenenfalls deren Anregungen in den Plan mit einfließen lassen. Auf diese Weise können Gläubigergruppen zumindest indirekt an der Sanierungsplanerstellung beteiligt werden. Durch ein derartiges Vorgehen sind die unterschiedlichen Interessen der Gläubigergruppen am besten in Einklang zu bringen und die Chance steigt, einen mehrheitsfähigen Plan zu finden.[116]

---

[109] MüKoInsO/*Eidenmüller* § 218 Rn. 12.
[110] MüKoInsO/*Eidenmüller* § 218 Rn. 65.
[111] *Pape/Uhlenbruck/Voigt-Salus* Insolvenzrecht S. 476.
[112] Uhlenbruck/*Lüer/Streit* § 218 Rn. 7.
[113] MüKoInsO/*Eidenmüller* § 218 Rn. 35.
[114] Vgl. hierzu MüKoInsO/*Eidenmüller* § 218 Rn. 15 ff., insbes. Fn. 13.
[115] MüKoInsO/*Eidenmüller* § 218 Rn. 15 ff.; aA *Haarmeyer/Wutzke/Förster* Rn. 9/22.
[116] *Hess/Obermüller* Insolvenzplan Rn. 44 und 47.

§ 43. Insolvenzplan

Die strategische Option, die Gläubiger durch die Beteiligung an der Verfassung des Planes haben, ist entgegen dem ersten Blick auf den Wortlaut des § 218 InsO nicht zu unterschätzen, falls die Gläubiger aktiv an der Planaufstellung und Entscheidungsfindung teilnehmen.[117] Die Teilnahme an der Gläubigerversammlung kann für gesicherte Gläubiger von großer Bedeutung sein, um etwaige nachteilige Entscheidungen zu verhindern. 66

3. Vorlage durch den (vorläufigen) Sachwalter

Im Fall der Eigenverwaltung kann die Gläubigerversammlung gemäß § 284 InsO entweder den Sachwalter oder den Schuldner mit der Planausarbeitung beauftragen. Ob dem endgültigen Sachwalter daneben ein eigenes Initiativrecht zusteht, ist umstritten.[118] Für den vorläufigen Sachwalter wird dies jedenfalls abgelehnt.[119] Ob der vorläufige Gläubigerausschuss den vorläufigen Sachwalter in einem Schutzschirmverfahren nach § 270b InsO mit der Erstellung eines Insolvenzplans beauftragen kann, ist offen. *Hölzle* befürwortet ein derivatives Planinitiativrecht durch analoge Anwendung von § 284 InsO mit dem Argument der Stärkung der Gläubigerautonomie.[120] 66a

4. Mitwirkung (§ 218 Abs. 3 InsO)

a) Schuldnerplan. Bei einer Planvorlage durch den Schuldner ist eine Mitwirkung anderer Verfahrensbeteiligter nicht vorgesehen. 67

b) Verwalterplan. Dagegen wirken bei der Aufstellung des Planes durch den Verwalter der Gläubigerausschuss, der Betriebsrat, der Sprecherausschuss der leitenden Angestellten und der Schuldner beratend mit, § 218 Abs. 3 InsO. In diesem Fall kommt jedem dieser Beteiligten ein echtes Mitspracherecht zu; jedoch kann die Aufstellung und Vorlage des Planes durch den Verwalter von keinem verhindert werden. 68

II. Vorprüfung durch das Insolvenzgericht

1. Amtsprüfung (§ 231 InsO)

Der Insolvenzplan wird zunächst vom Insolvenzgericht dahingehend geprüft, ob die Vorschriften über das Recht zur Vorlage, § 218 InsO, und der notwendige Inhalt des Planes, §§ 219–230 InsO, beachtet wurden (§ 231 Abs. 1 Nr. 1 InsO). 69

Bei der Planvorlage durch den Schuldner in Verbindung mit einem Eigenverwaltungsverfahren kommt der gerichtlichen Kontrolle nach § 231 InsO zentrale Bedeutung zu. 69a

Die Prüfungspflicht erstreckt sich auch auf die Richtigkeit der **Gruppenbildung**. Fraglich ist, wann eine Gruppenbildung als nicht mehr zulässig angesehen werden darf. 69b

---

[117] Braun/*Frank* InsO § 218 Rn. 19.
[118] Dafür: Uhlenbruck/*Lüer/Streit* InsO § 218 Rn. 14; dagegen: HambK-InsO/*Fiebig* § 284 Rn. 1; MüKoInsO/*Tetzlaff/Kern* § 284 Rn. 16.
[119] FK-InsO/*Jaffé* § 218 Rn. 32.
[120] *Hölzle* ZIP 2012, 855 (859).

70a Eine unangemessene Gruppenbildung ist etwa anzunehmen, wenn mehrere Gläubigergruppen in einer Gruppe zusammengefasst werden, obwohl sie nur scheinbar gleichartige wirtschaftliche Interessen verfolgen und die Gruppenbildung nur dem Zweck der Mehrheitsbeschaffung dient.[121] Umgekehrt dürfen Gläubiger gleicher Rechtstellung und mit vergleichbaren wirtschaftlichen Interessen nicht verschiedenen Untergruppen zugeteilt werden, weil dann keine sachgerechte Abgrenzung mehr möglich ist.[122] Mit der Gruppenbildung sind die Mehrheitsverhältnisse bei der Planabstimmung durch den Planersteller beeinflussbar, sodass eine sorgfältige Prüfung angezeigt ist.

70b Im Rahmen der gerichtlichen Kontrolle ist weiterhin festzustellen, ob der Plan wegen mangelnder **Annahme- und Erfolgsaussichten** offensichtlich nicht realisiert werden kann und deshalb zurückzuweisen ist, § 231 Abs. 1 Nr. 2, 3 InsO. Da es sich bei der Beurteilung der Aussichten der Erfüllbarkeit des Planes nach § 231 Abs. 1 Nr. 3 InsO um eine wirtschaftliche Prognose handelt, muss das Gericht mit einer ablehnenden Entscheidung zurückhaltend sein. Das Gericht soll den Gläubigern nur die Befassung mit Vorschlägen ersparen, denen die Unerfüllbarkeit praktisch auf die Stirn geschrieben steht.[123]

71 Wird der Plan zurückgewiesen, so nimmt das Verfahren seinen Verlauf nach den gesetzlichen Regelungen der InsO. Die Vorprüfung hat somit auf den weiteren Gang des Verfahrens entscheidende Bedeutung, da eine Zurückweisung eine erhebliche Verzögerung des Verfahrens und einen erheblichen Vertrauensverlust in die Kompetenz des Vorlegenden darstellt.[124] In der Praxis verpflichtet sich der Verwalter stets, den Planentwurf mit dem Insolvenzgericht vorweg zu diskutieren und zudem abzustimmen.

2. Stellungnahme (§ 232 InsO)

72 Bei einer positiven Beurteilung des Insolvenzplanes durch das Gericht sind im Folgenden die in § 232 InsO vorgesehenen Stellungnahmen einzuholen, und zwar
  – des Gläubigerausschusses, wenn ein solcher bestellt ist, des Betriebsrats und des Sprecherausschusses der leitenden Angestellten;
  – des Schuldners, wenn der Insolvenzverwalter den Plan vorgelegt hat;
  – des Verwalters, wenn der Schuldner den Plan vorgelegt hat.
  Bei der Frage, ob das Gericht von der Möglichkeit des § 232 Abs. 2 InsO Gebrauch machen soll (Stellungnahme der Berufsvertretung der Industrie, des Handels, des Handwerks oder der Landwirtschaft oder anderer sachkundigen Stellen) ist der Aspekt der Verfahrensbeschleunigung in die Ermessenserwägungen einzubeziehen, insbesondere wenn es mit den betreffenden Stellen schon Erfahrungen hinsichtlich der Dauer der Überprüfung gibt.[125]

---

[121] FK-InsO/*Jaffé* § 231 Rn. 10.
[122] LG Neuruppin Beschl. v. 19.4.2013 – 2 T 33/13, NZI 2013, 646.
[123] Uhlenbruck/*Lüer/Streit* InsO § 231 Rn. 31.
[124] *Haarmeyer/Wutzke/Förster* Rn. 9/16.
[125] Vgl. FK-InsO/*Jaffé* § 232 Rn. 16 ff.

3. Niederlegung (§ 234 InsO)

Sodann ist der Plan zur Einsichtnahme der Beteiligten in der Geschäftsstelle nach § 234 InsO auszulegen, damit diese sich auf den Erörterungs- und Abstimmungstermin vorbereiten können. 73

III. Erörterungs- und Abstimmungstermin (§ 235 InsO)

Der Insolvenzplan bedarf der Legitimation durch die Gläubiger. Diese erfolgt im Erörterungs- und Abstimmungstermin nach § 235 Abs. 1 InsO, der eine besondere Gläubigerversammlung darstellt, bei der die Gläubigergemeinschaft in Gruppen aufgesplittet wird. Die Insolvenzordnung geht in den §§ 235 ff. InsO bei Erörterung und Abstimmung von einem einheitlichen Verfahren aus, lässt jedoch in § 241 InsO auch eine Trennung dergestalt zu, dass ein separater Termin für die Abstimmung bestimmt werden kann.[126] In diesem Fall soll der Zeitraum zwischen dem Erörterungstermin und dem Abstimmungstermin nicht mehr als einen Monat betragen. 74

1. Erörterungstermin

Zu diesem Termin sind alle Gläubiger angemeldeter Forderungen, die absonderungsberechtigten Gläubiger, der Insolvenzverwalter, der Schuldner, der Betriebsrat und der Sprecherausschuss besonders zu laden (§ 235 Abs. 3 InsO). Im Termin haben auch die beiden letztgenannten Gremien ein Rederecht.[127] 75

Im Mittelpunkt des Erörterungstermins steht die Darstellung der inhaltlichen Regelungen des Plans und der Konsequenzen aus dessen Realisierung für die einzelnen Gruppen. In der folgenden Erörterung können sodann Vorschläge zur Änderung **einzelner** Regelungen des Plans eingebracht werden. Aufgrund dieser Vorschläge und aufgrund der Stellungnahmen nach §§ 232, 234 InsO ist der Initiator berechtigt, den Plan abzuändern (§ 240 InsO). 76

Der Kern des Plans muss aber erhalten bleiben.[128] Die Norm sollte großzügig gehandhabt werden, so dass Änderungen zulässig sind, solange sie dem Plan nicht einen gänzlich anderen Charakter geben.[129]

In der Literatur wird darauf hingewiesen, dass durch die Änderungsbefugnis die insolvenzgerichtliche Kontrolle im Rahmen der Vorprüfung des Planentwurfs unterlaufen werden könnte und Missbrauchsmöglichkeiten seitens des Schuldners, etwa durch Verschiebung der Abstimmungsgruppen, Tür und Tor geöffnet würde.[130] Insbesondere bestünde die Gefahr der Überrumpelung der Gläubiger, falls der Erörterungs- und Abstimmungstermin – wie gesetzlich durchaus vorgesehen – verbunden würden. Um dies zu vermeiden wird vorgeschlagen, dass wesentliche oder unübersichtliche Änderungen vom Planverfasser in einem neuen Plan schriftlich niederzulegen sind, der nach seiner Über- 77

---

[126] *Haarmeyer/Wutzke/Förster* Rn. 9/68.
[127] *Warrikoff* BB 1994, 2246.
[128] MüKoInsO/*Hintzen* § 240 Rn. 8.
[129] Uhlenbruck/*Lüer/Streit* InsO § 240 Rn. 5.
[130] *Smid/Rattunde/Martini* Der Insolvenzplan Rn. 13.34; *Hess/Obermüller* Insolvenzplan Rn. 124.

78 sendung an die Beteiligten in einem neu anberaumten Termin zur Abstimmung zu stellen ist.[131]

78 Schließlich wird im Erörterungstermin auch das Stimmrecht der einzelnen Gläubiger erörtert (§ 235 Abs. 1 S. 1 InsO). Das Stimmrecht ist vor der Abstimmung festzulegen und in einer gesonderten Stimmliste zu erfassen, § 239 InsO.

2. Abstimmungstermin

79 **a) Abstimmung in Gruppen (§ 243 InsO iVm § 222 InsO).** Es findet keine Gesamtabstimmung aller Gläubiger statt, vielmehr erfolgt diese in jeder Gruppe der stimmberechtigten Gläubiger gesondert, § 243 InsO iVm § 222 InsO. Das Stimmrecht wird vor der Abstimmung festgelegt und in einer gesonderten Stimmliste erfasst, § 239 InsO. Ein Stimmrecht zur Abstimmung über den Plan erhalten nach den §§ 237 Abs. 2, 238 InsO jedoch nur die Gläubiger, deren Rechte durch den Plan beeinträchtigt bzw. geregelt werden.

80 **b) Doppelte Mehrheit (§ 244 InsO).** Zur Annahme des Insolvenzplans ist erforderlich, dass in jeder Gruppe eine doppelte Mehrheit der abstimmenden Gläubiger erreicht wird. Diese setzt sich zusammen aus der Kopfmehrheit (einfache Mehrheit der anwesenden und abstimmenden Gläubiger) und der Summenmehrheit (die zustimmenden Gläubiger vereinigen mehr als die Hälfte der Forderungen auf sich). Für die Mehrheits-berechnung nach **Kopf- und Summenzahl** werden nur die abstimmenden Gläubiger berücksichtigt. Enthaltungen finden keinen Eingang in die Berechnung.[132] Die Prüfung, ob die erforderlichen Mehrheiten nach § 244 InsO erreicht sind bzw. ob die Zustimmung einer Abstimmungsgruppe als erteilt gilt (§ 245 Abs. 1 InsO), erfolgt von Amts wegen.

81 Berechnungsprobleme können sich bei der Stimmabgabe von Sicherheitenpools, die innerhalb einer Gruppe neben einzelnen Lieferanten vertreten sind, ergeben. Der Poolverwalter hat ein Stimmrecht in der Höhe der addierten Gesamtforderungen, ihm kommt insgesamt aber nur eine Stimme zu.[133] Bezüglich des PSVaG wird zum Teil vertreten, dass diesem im Abstimmungstermin die auf ihn kraft Gesetz übergegangenen Einzelforderungen als jeweils eine Stimme zustehen und nicht nur insgesamt eine Stimme.[134] Um diese Streitfrage zu umgehen, kann man für den PSVaG eine eigene Gruppe bilden.[135]

82 **c) Obstruktionsverbot (§ 245 InsO).** Für den Fall, dass nicht alle Gläubigergruppen zugestimmt haben, kann die Zustimmung einer Abstimmungsgruppe fingiert werden. Diese Regelung kann zum Tragen kommen, wenn Akkordstörer aus rein strategischen Gründen ihre Zustimmung zum Insolvenzplan verweigern, obwohl kein wirtschaftlicher Nachteil mit der Durchführung des Insolvenzplans für sie verbunden ist (**Obstruktions- oder Behinderungsverbot**).

---

[131] Vgl. *Haarmeyer/Wutzke/Förster* Rn. 9/72; MüKoInsO/*Hintzen* § 240 Rn. 10.
[132] BT-Drs. 12/2443, 208.
[133] FK-InsO/*Jaffé* § 244 Rn. 21.
[134] Zum Meinungsstand FK-InsO/*Jaffé* § 244 Rn. 22 ff.
[135] HambK-InsO/*Thies* § 222 Rn. 20; FK-InsO/*Jaffé* § 222 Rn. 47.

Für diesen Fall sieht das Gesetz in den §§ 245, 246 InsO näher beschriebene Tatbestände zur Fiktion der (zunächst verweigerten) Zustimmung vor. Aus dem Wortlaut des § 245 Abs. 1 InsO ergibt sich, dass die in den drei Ziffern genannten Erfordernisse nebeneinander (kumulativ) erfüllt sein müssen, damit die Zustimmung einer Abstimmungsgruppe als erteilt gilt. Die Voraussetzungen sind im Einzelnen:
- Die Angehörigen der widersprechenden Gruppe dürfen durch den Insolvenzplan voraussichtlich nicht schlechter gestellt werden, als sie ohne einen Plan stünden,
- die Angehörigen dieser Gruppe werden angemessen an dem wirtschaftlichen Wert beteiligt, der auf der Grundlage des Plans den Beteiligten zufließen soll und
- die Mehrheit der abstimmenden Gruppen hat dem Plan mit den erforderlichen Mehrheiten zugestimmt.

Die Regelung dient dazu, missbräuchliche Verweigerungen zu verhindern, die ansonsten einen wirtschaftlich sinnvollen Plan, der von der Mehrheit der Gruppen unterstützt wird, zu Fall bringen.[136] Wenn die drei vorgenannten Kriterien erfüllt sind, gibt es keinen nachvollziehbaren Grund, gegen den Plan zu stimmen.[137]

Die Prüfung der Nichtschlechterstellung und der angemessenen Beteiligung kann für das Insolvenzgericht schwierige Bewertungsfragen mit sich bringen. Das Gericht kann sich dabei an der Vergleichsrechnung, die dem Plan beizufügen ist, orientieren. Manche Literaturstimmen schlagen die Zuhilfenahme von **Gutachtern** daher nur in besonders schwierig gelagerten Fällen vor.[138] Grundsätzlich soll das Gericht nur eine Einschätzung vornehmen, wie sich aus dem Einfügen des Wortes „voraussichtlich" in § 245 Abs. 1 Nr. 1 InsO ergibt.[139] Eine voraussichtliche Schlechterstellung soll vorliegen, wenn die Schlechterstellung wahrscheinlicher ist als die Nichtschlechterstellung.[140] Nach einem Beschluss des LG Traunstein[141] bedarf es deshalb insbesondere zur Ermittlung der Prognoseentscheidung im Rahmen des § 245 Abs. 1 Nr. 1 InsO prinzipiell nicht der Hinzuziehung eines Sachverständigen. Im Hinblick auf die Verfahrensökonomie und die Problematik, dass Unternehmen nach Insolvenzeröffnung zu erodieren drohen, sollten Sachverständigenschlachten nach Möglichkeit vermieden werden.

---

[136] *Haarmeyer/Wutzke/Förster* Rn. 9/82.
[137] Uhlenbruck/*Lüer/Streit* § 245 Rn. 1.
[138] So ua *Hess/Obermüller* Insolvenzplan Rn. 302.
[139] BGH Beschl. v. 29.3.2007 – IX ZB 204/05, NZI 2007, 409 f.
[140] Braun/*Frank* InsO § 245 Rn. 5.
[141] LG Traunstein Beschl. v. 27.8.1999 – 4 T 2966/99, ZInsO 1999, 577 ff. mAnm *Pöllmann* ZInsO 1999, 582 ff.

d) Ablaufschema Abstimmungstermin

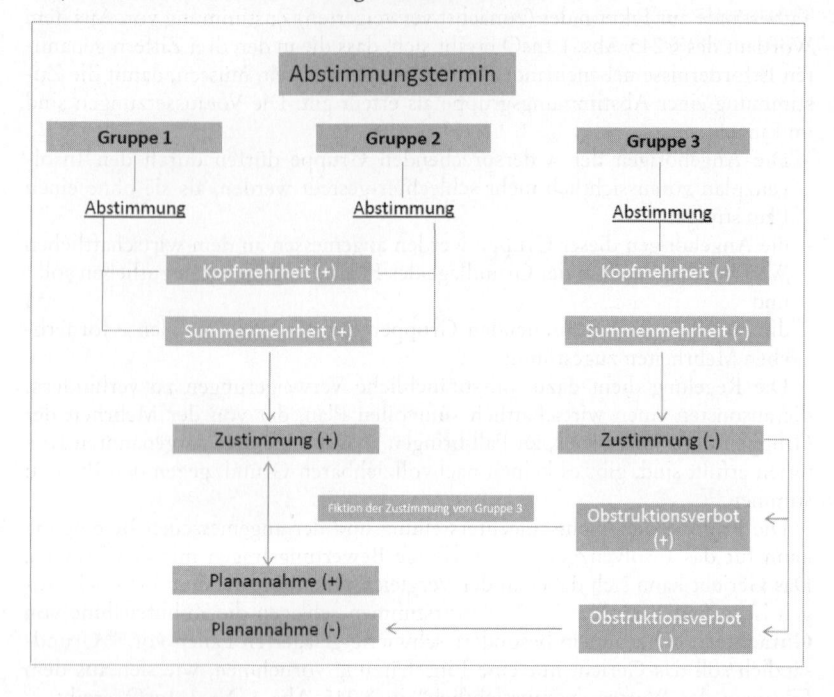

```
                        Abstimmungstermin

   Gruppe 1                  Gruppe 2                    Gruppe 3

   Abstimmung                Abstimmung                  Abstimmung

   ──── Kopfmehrheit (+) ────                     Kopfmehrheit (-)
   ──── Summenmehrheit (+) ──                     Summenmehrheit (-)

        Zustimmung (+)                                 Zustimmung (-)

              Fiktion der Zustimmung von Gruppe 3      Obstruktionsverbot (+)

        Planannahme (+)
        Planannahme (-)   ←────────                    Obstruktionsverbot (-)
```

IV. Zustimmung des Schuldners (§ 247 InsO)

84 Gemäß § 247 Abs. 1 InsO gilt die Zustimmung des Schuldners zum Plan als erteilt, wenn dieser (spätestens) im Abstimmungstermin nicht schriftlich widerspricht. Damit jedoch auch der Schuldner den Plan nicht willkürlich zu Fall bringen kann, ist in § 247 Abs. 2 InsO auch ein **Obstruktionsverbot** für den Schuldner vorgesehen.

V. Planbestätigung (§§ 248 ff. InsO)

1. Planbestätigung durch das Insolvenzgericht

85 Für den Eintritt der im gestaltenden Teil des Planes festgelegten Wirkungen bedarf dieser, von den og Zustimmungserfordernissen abgesehen, noch der rechtskräftigen Bestätigung durch das Insolvenzgericht, § 254 Abs. 1 InsO iVm § 248 InsO. Der Beschluss ist nach § 252 InsO zu verkünden. Gegen diesen Beschluss ist gemäß § 253 InsO die sofortige Beschwerde zulässig.

2. Minderheitenschutz

86 Nach den Vorstellungen des Gesetzgebers ist nicht immer gewährleistet, dass der Plan auch den Interessen der überstimmten Minderheit entspricht. So mag

die Mehrheit der Lieferantengläubiger die Kombination von Forderungsverzicht und Fortführung des Unternehmens durch den Schuldner favorisieren, weil sie sich Vorteile aus den künftigen Geschäftsbeziehungen mit dem Schuldner verspricht. Andere dagegen können (zB wegen Aufgabe des eigenen Geschäfts) an einer solchen Lösung nicht interessiert sein.

Um den Minderheitenschutz zu gewährleisten, ist im Rahmen des § 251 InsO jedem einzelnen Gläubiger, ob er stimmberechtigt war oder nicht, das Recht zu geben, mit einem Antrag die Versagung der Bestätigung des Planes zu erreichen.[142] Auch die am Schuldner beteiligten Personen sind seit Inkrafttreten des ESUG antragsberechtigt, da seither in ihre Rechte mit dem Insolvenzplan eingegriffen werden kann (vgl. §§ 217 S. 2, 225a InsO).

Um zu vermeiden, dass ein Sanierungsplan an § 245 Abs. 1 Nr. 1 oder § 251 InsO scheitert, kann gem. § 251 Abs. 3 InsO im gestaltenden Teil des Plans Vorsorge dadurch getroffen werden, dass Mittel für den Fall bereitgestellt werden, dass ein Beteiligter eine Schlechterstellung nachweist. Das **Gleichbehandlungsprinzip** hat in diesem Fall hinter dem Willen der Mehrheit, die eine Plandurchführung befürwortet, zurückzutreten.[143] 87

F. Wirkungen des Insolvenzplans

Die Rechtswirkungen des vom Gericht betätigten Planes sind folgende: 88

I. Rechtsänderungen (§§ 254–254b InsO)

1. Rechtsstellungen der Beteiligten

a) **Allgemeine Wirkung des Plans.** Mit Rechtskraft der Bestätigung des Insolvenzplans, die in der Regel nach Ablauf der Beschwerdefrist oder aber nach unanfechtbarer Abweisung der sofortigen Beschwerde eintritt, entfalten die Rechtsfolgen der Insolvenzplanregelungen **unmittelbar** ihre Wirkung.[144] Durch das ESUG wurde zur Stärkung des Insolvenzplanverfahrens in § 253 Abs. 4 InsO für den Insolvenzverwalter die Möglichkeit geschaffen, die unverzügliche Zurückweisung einer Beschwerde gegen den Insolvenzplan zu beantragen, wenn das Interesse am sofortigen Planvollzug die damit verbundenen Nachteile für den Beschwerdeführer überwiegt. Bei Anordnung der Eigenverwaltung steht das Antragsrecht dem Schuldner selbst anstelle des Insolvenzverwalters zu.[145] Daneben kann auch der Sachwalter den Antrag stellen, wenn er von der Gläubigerversammlung mit der Ausarbeitung eines Insolvenzplans beauftragt wurde.[146] Das Beschwerdegericht hat dann in jedem Einzelfall zu prüfen, ob das Vollzugsinteresse das Aufschubinteresse überwiegt.[147] 89

---

[142] Uhlenbruck/*Lüer/Streit* § 251 Rn. 11.
[143] FK-InsO/*Jaffé* § 251 Rn. 26.
[144] *Haarmeyer/Wutzke/Förster* Rn. 9/106.
[145] LG Berlin ZInsO 2014, 963 (964).
[146] HambK-InsO/*Thies* § 253 Rn. 26.
[147] BT-Drs. 17/7511, 49.

89a **b) Problem der Ausschlussklauseln.** Die Wirkungen des Insolvenzplans treten gegenüber allen Gläubigern und Beteiligten ein und zwar unabhängig davon, ob Insolvenzgläubiger ihre Forderungen zur Insolvenztabelle angemeldet haben oder nicht und ob sie dem Plan widersprochen oder zugestimmt haben, § 254b InsO.

89b **aa) Nachzügler-Forderungen.** Bei der Durchsetzung des Insolvenzplans kann es aus Liquiditätsgründen problematisch werden, wenn sich nach dem Eintritt der Rechtskraft des Plans Gläubiger melden, die vorher nicht in Erscheinung getreten sind. Zwar gelten für sie die negativen Folgen eines Insolvenzplans (zB Forderungsverzicht) sie können aber auch die Planquote beanspruchen.

Um dieses Problem in den Griff zu bekommen wurde in der Vergangenheit mit **Präklusionsklauseln** oder der Bildung einer eigenen **Gruppe der „Nachzügler"** gearbeitet.

Die Präklusionslösung ist schon wegen der fehlenden Möglichkeit der Wiedereinsetzung in den vorigen Stand aufgrund des Grundrechts nach Art. 14 GG problematisch, weil mit dem Ausschluss faktisch eine **Enteignung** stattfindet. Beide Lösungswege kollidieren außerdem mit dem **Grundsatz der Gläubigergleichbehandlung,** da die pauschale Ungleichbehandlung gleichartiger Gläubiger alleine auf den Zeitpunkt der Forderungsanmeldung abhebt.[148] § 222 Abs. 1 InsO schreibt vor, dass Gläubiger derselben Rechtstellung einer Gruppe zugeordnet werden müssen. Nach § 226 InsO sind alle Beteiligten einer Gruppe gleich zu behandeln. Nicht rechtzeitig anmeldende Insolvenzgläubiger unterscheiden sich in ihrer Rechtstellung aber nicht von Gläubigern, die ihre Forderungen rechtzeitig angemeldet haben. Sie verlieren nur Verfahrensrechte, wie etwas das Abstimmungsrecht.

Im Ergebnis ist daher eine Ungleichbehandlung der Nachzügler-Forderungen durch Gruppenbildung oder Präklusion unzulässig.[149] Insolvenzpläne, die derartige Regelungen beinhalten, sind daher fehlerhaft.

Um dieser Problematik zu begegnen, kann eine **Rückstellung** gebildet werden, um dann gegebenenfalls Nachzüglerforderungen hieraus zu bedienen.

89c **bb) Künftige Insolvenzforderungen.** Eine weitere problematische Gruppe von Forderungsinhabern betrifft Gläubiger, die bei Eintritt der Rechtskraft des Insolvenzplans selbst noch keine Kenntnis von ihrer Gläubigerstellung haben. Eine solche Fallkonstellation ist denkbar, wenn der Rechtsgrund für das Entstehen der Forderung vor Insolvenzantragstellung bereits vorliegt, sich das Risiko aber noch nicht verwirklicht hat, der Anspruch also noch nicht fällig ist. Ein Beispiel für derartige Sachverhalte ist das Inverkehrbringen eines Produkts, bei dem sich erst Jahre später Fehler, die zu Produkthaftungsansprüchen führen, zeigen. Eine weitere Fallkonstruktion sind Umwelthaftungsansprüche, die erst lange nach dem sie entstanden sind, bekannt werden.[150] Bei **Massenschäden** aufgrund fehlerhafter Produkte/Medikamente oder bei Umweltschäden kann es eine Gläubigergruppe geben, die dem Planersteller unbekannt und deren Scha-

---

[148] MüKoInsO/*Madaus* § 254b Rn. 8.
[149] BGH Beschl. v. 26.2.2015 – IX ZB 9/13, ZIP 2015, 697; BGH Beschl. v. 3.12.2015 – IX ZA 32/14, ZIP 2016, 85.
[150] Vgl. *Lwowski/Tetzlaff* NZI 2005, 225, 230f.; *Rose/Tetzlaff/Wollstadt* ZInsO 2005, 673.

denshöhe nicht abschätzbar ist, die aber gleichwohl keine Möglichkeit hat ihre künftige Forderung rechtzeitig anzumelden.

In diesem Fall erscheint die Bildung einer eigenen **Gruppe der unwissenden Schadensersatzgläubiger**[151] ohne einen Verfahrensrepräsentanten wie auch die verschuldensunabhängige Verkürzung der Verjährungsfrist auf 1 Jahr gem. § 259b InsO (entgegen § 199 Abs. 2 BGB) wegen Art. 14 GG bedenklich.[152] Dementsprechend dürfte auch diesbezüglich die Präklusion oder eine entsprechende Gruppenbildung zur Unzulässigkeit des Plans führen, der gem. § 250 Abs. 1 InsO nicht bestätigt werden kann.

In der Literatur wird zur Lösung diese Problems bis zu einer gesetzlichen Regelung – analog des Chapter 11 Verfahrens in den USA – die Benennung eines **Repräsentanten** dieser Gruppe vorgeschlagen, der einen Abfindungsfonds für die späteren Gläubiger verhandelt und diese im Planverfahren vertritt.[153]

cc) **Bestrittene Insolvenzforderungen.** Von den beiden vorherigen Kategorien unterscheiden sich diejenigen Gläubiger, deren Forderungen zum Zeitpunkt der Insolvenzplanbestätigung bereits bekannt, aber bestritten sind. Der Insolvenzplan kann vorsehen, dass die Gläubiger wirksam bestrittener Forderungen binnen einer bestimmten **Ausschlussfrist** Tabellenfeststellungsklage erheben müssen, andernfalls die Forderung bei der Verteilung nicht berücksichtigt wird.[154] Denn § 189 Abs. 3 InsO (iVm § 201 InsO) bewirkt anders als in den Fällen der Präklusionsklauseln der oben genannten Fälle nicht, dass der Gläubiger von der Verteilung endgültig ausgeschlossen wird. Eine Feststellungsklage nach Ablauf der im Plan normierten Frist hindert den Gläubiger daher nicht an der Geltendmachung der Planquote, wenn die Feststellungsklage erfolgreich ist.[155] Sie schließt vielmehr nur die verfahrensrechtlichen Planvorteile, wie etwa Vollstreckbarkeit der Planquote gem. § 257 InsO, aus.

89d

2. Willenserklärungen

Die erforderlichen Willenserklärungen zur Begründung, Änderung, Aufhebung oder Übertragung von Rechten an Gegenständen, die in den gestaltenden Teil des Plans (§ 228 InsO) aufzunehmen sind, gelten gemäß § 254a Abs. 1 InsO als in der gesetzlich jeweils vorgeschriebenen Form abgegeben. Die entsprechenden Willenserklärungen müssen im Vorfeld der Insolvenzplaneinreichung eingeholt werden und sind idealerweise dem Plan bei dessen Einreichung beigefügt. Mit Eintritt der Rechtskraft sind also zB Forderungen der Gläubiger gekürzt oder gestundet, der Verzicht der Arbeitnehmer auf rückständige Bezüge wirksam, Forderungen in Darlehen umgewandelt, Zinsen erlassen etc.

90

Sofern Vollzugsakte (Publizitätsakte) oder grundbuchrechtliche Folgen mit dem Insolvenzplan verbunden sind, beispielsweise die Eintragung ins Grundbuch, müssen diese Handlungen tatsächlich vollzogen werden und können nicht durch den Insolvenzplan ersetzt werden.[156]

91

---

[151] So der Vorschlag von *Rose/Tetzlaff/Wollstadt* ZInsO 2005, 673.
[152] MüKoInsO/*Madaus* § 259 Rn. 6 und § 254b Rn. 11.
[153] *Madaus* ZIP 2014, 160 (162).
[154] BGH Beschl. v. 15.7.2010 – IX ZB 65/10, NJW-RR 2011, 51.
[155] MüKoInsO/*Madaus* § 254b Rn. 10; *Breutigam/Kahlert* ZInsO 2002, 469 (471).
[156] HambK-InsO/*Thies* § 254a Rn. 4.

3. Gesellschaftsrechtliche Maßnahmen

92 Die Fiktion des § 254a InsO erfasst neben den Willenserklärungen (Abs. 1) Verpflichtungserklärungen (Abs. 3) und gesellschaftsrechtliche Beschlüsse (Abs. 2 S. 1). Sofern für den Eintritt der im Plan festgelegten Rechtsfolgen Gesellschafterbeschlüsse oder andere Willenserklärungen notwendig sind, wird deren formwirksame Abgabe ebenfalls fingiert. Voraussetzung ist, dass die gesellschaftsrechtliche Planregelung iSv § 225a Abs. 3 InsO zulässig ist und dass nur die Einbeziehung der Anteils- und Mitgliedschaftsrechte der Gesellschafter des Schuldners geregelt werden, § 217 S. 2 InsO. Die Abberufung und Neubestellung eines Gesellschafters wäre daher beispielsweise nicht zulässig.[157]

4. Verpflichtungserklärungen

93 Wie die gerade bezeichneten Verfügungsgeschäften werden auch die entsprechenden in den Plan aufgenommenen Verpflichtungsgeschäfte wirksam, § 254a Abs. 3 InsO. Im Gegensatz zu § 254a Abs. 1 und 2 erfasst Abs. 3 auch die Verpflichtungserklärungen Dritter.

II. Weitere Wirkungen

94 Daneben können im gestaltenden Teil auch Regelungen bezüglich einer späteren Planüberwachung, § 260 InsO, von Zustimmungsvorbehalten, § 263 InsO, sowie hinsichtlich eines Kreditrahmens, §§ 264 ff. InsO, getroffen werden. Unberührt bleibt dabei der Bestand der Rechte der Gläubiger gegen Mitschuldner und Bürgen, § 254 Abs. 2 InsO.

III. Vollstreckungstitel

95 Der bestätigte Plan ist in Verbindung mit der Eintragung der Forderung in die Tabelle Vollstreckungstitel gegen den Schuldner gemäß § 257 InsO. Eine mit der Vollstreckungsklausel versehene Ausfertigung des Tabellenauszugs berechtigt den Gläubiger zur Zwangsvollstreckung.[158]

96 Daneben sieht § 257 Abs. 2 InsO vor, dass aus dem Plan die Zwangsvollstreckung gegen einen Dritten betrieben werden kann, etwa im Fall einer dem Plan als Anlage beigefügten Garantieerklärung oder Bürgschaftserklärung eines Dritten.[159]

G. Der weitere Verfahrensablauf

97 Der weitere Gang des Verfahrens ist davon abhängig, ob im Plan die Überwachung der Planerfüllung vorgesehen ist.

---

[157] MüKoInsO/*Madaus* § 254a Rn. 11 ff.
[158] Zu den weiteren Voraussetzungen: *Hess/Obermüller* Insolvenzplan Rn. 452.
[159] *Pape/Uhlenbruck/Voigt-Salus* Insolvenzrecht S. 489.

I. Aufhebung des Insolvenzverfahrens (§ 258 InsO)

Ist keine Überwachung vorgesehen, so beschließt das Gericht, sobald die Bestätigung des Insolvenzplanes rechtskräftig ist, gemäß § 258 Abs. 1 InsO die Aufhebung des Insolvenzverfahrens. Wegen § 258 Abs. 2 InsO hat das Gericht zweckmäßigerweise den Aufhebungszeitpunkt mit dem Verwalter abzustimmen und nicht unmittelbar nach Rechtskraft das Verfahren aufzuheben.[160] Damit enden die Ämter des Insolvenzverwalters und der Mitglieder des Gläubigerausschusses (§ 259 Abs. 1 S. 1 InsO). Gemäß § 259 Abs. 1 S. 2 InsO erhält der Schuldner sein volles Verfügungsrecht über die Insolvenzmasse wieder zurück. 98

Im Falle nicht ordnungsgemäßer Erfüllung sehen die §§ 255, 256 InsO vor, dass Stundung und Erlass in Wegfall geraten können, mit der Folge, dass die Forderung wieder auflebt.[161] Dies betrifft dann jedoch nur das konkrete Rechtsverhältnis zwischen dem betroffenen Gläubiger und dem Schuldner. 99

Das im Plan geregelte Rechtsverhältnis zu allen Gläubigern wird jedoch in dem Moment hinfällig, in dem über das Vermögen des Schuldners ein neues Insolvenzverfahren eröffnet wird, bevor der Plan vollständig erfüllt worden ist (§ 255 Abs. 2 InsO). Die §§ 255, 256 InsO finden jedoch keine Anwendung auf die Fälle, in denen die Gläubiger nicht vom Schuldner sondern von einem Dritten, zB von einer Übernahmegesellschaft, befriedigt werden sollen. 100

II. Überwachung (§§ 260 ff. InsO)

1. Anordnung der Überwachung

Anstelle der Aufhebung des Insolvenzverfahrens kann im Insolvenzplan die Überwachung gemäß §§ 260 ff. InsO vorgesehen werden. Im Falle der Unternehmensfortführung durch den Schuldner wird diese regelmäßig beschlossen werden. Auf diese Weise können auch nach Beendigung des Insolvenzverfahrens die Rechte der Gläubiger überwacht und gesichert werden.[162] 101

Zur effektiveren Gestaltung der Überwachung kann der Plan vorsehen, dass bestimmte Rechtsgeschäfte des Schuldners während der Überwachungszeit nur mit Zustimmung des Insolvenzverwalters wirksam sind, § 263 InsO. Ohne die Zustimmung vorgenommene Rechtsgeschäfte sind absolut unwirksam und gegenüber jedermann wirkungslos.[163] 102

2. Aufgaben des Insolvenzverwalters/Sachwalters

Die **Überwachung** ist Aufgabe des Insolvenzverwalters, § 261 Abs. 1 S. 1 InsO. Seine Überwachungstätigkeit soll in erster Linie zur Planerfüllung durch den ehemaligen Schuldner beitragen. Jedoch ist unter den Voraussetzungen des 103

---

[160] MüKoInsO/*Huber* § 258 Rn. 6.
[161] *Haarmeyer/Wutzke/Förster* Rn. 9/110.
[162] Uhlenbruck/*Lüer/Streit* § 260 Rn. 3.
[163] *Haarmeyer/Wutzke/Förster* Rn. 9/121.

§ 260 Abs. 3 InsO eine Erstreckung der Überwachung auf eine Übernahmegesellschaft möglich.

104 Im Falle der Planerfüllung erschöpfen sich die Befugnisse des Verwalters in einer rein beobachtenden Kontrolle. Für den Fall der Nichterfüllung dient die Überwachung dazu, diese Umstände so schnell als möglich den Gläubigern und dem Gericht bekannt zu machen.[164] In diesem Fall hat der Verwalter gemäß § 262 InsO unverzüglich den Gläubigerausschuss und das Gericht zu unterrichten.

Die Gläubiger haben sodann die Möglichkeit, zu prüfen, ob die Voraussetzungen für ein **Wiederaufleben** der Forderungen nach §§ 255, 256 InsO bzw. für eine unmittelbare Zwangsvollstreckung aus dem Plan, § 257 InsO, gegeben sind.

105 Neben der Aufgabe der Planüberwachung kann der Verwalter anhängige Anfechtungsprozesse zu Ende führen, wenn dies im gestaltenden Teil des Plans vorgesehen ist, § 259 Abs. 3 S. 1 InsO.

3. Aufhebung der Überwachung (§ 268 InsO)

106 Das Insolvenzgericht beschließt die Aufhebung der Überwachung in zwei Fällen:

107 Zum einen ist die Überwachung aufzuheben, wenn die Ansprüche, die im gestaltenden Teil des Insolvenzplans vorgesehen sind, erfüllt sind oder zumindest die Erfüllung der Ansprüche gewährleistet ist (§ 268 Abs. 1 Nr. 1 InsO).

108 Des Weiteren ist die Aufhebung auszusprechen, wenn seit der Aufhebung des Insolvenzverfahrens drei Jahre verstrichen sind und kein Antrag auf Eröffnung eines neuen Insolvenzverfahrens vorliegt (§ 268 Abs. 1 Nr. 2 InsO).

Der Aufhebungsbeschluss ist öffentlich bekanntzumachen (§ 268 Abs. 2 S. 1 InsO).

H. Der Insolvenzplan im Rahmen des Sanierungskonzepts

109 Die oben geschilderten Elemente des Insolvenzplans stellen wegen der geringen Anzahl der Fälle für die meisten Insolvenzgerichte und Insolvenzverwalter ein Highlight aber auch eine Herausforderung dar.

110 Die geforderten Analysen und Neukonzeptionen nebst den zugehörenden Planverprobungsrechnungen sind aber bei genauerer Betrachtung bekannte Standards aus der Erstellung von Sanierungskonzepten und/oder aus Due-Diligence-Prüfungen.

Die Anforderungen, welche an den Insolvenzplan gestellt werden, sind dabei hoch, stellt er doch das Instrument dar, mit dessen Hilfe die Gläubigerversammlung bewogen werden soll, ihre momentane Rechtsstellung – ob diese nun günstig ist oder nicht, sei dahingestellt – aufzugeben. Stattdessen soll die künftige Befriedigung der Forderungen der Gläubiger vom Erfolg des Sanierungskonzepts abhängig werden. Diese Entwicklungen hängen dabei in aller Regel nicht nur von der Qualität der Sanierungsmaßnahmen sondern auch von nicht

---

[164] *Pape/Uhlenbruck/Voigt-Salus* Insolvenzrecht S. 491.

Depré/Dobler

direkt beeinflussbaren Faktoren wie Marktentwicklungen, Konjunktur, Preisentwicklungen etc ab.

Für die Erstellung des Insolvenzplans sind somit folgende Untersuchungen zum Nachweis der Sanierungsfähigkeit schlüssig darzulegen: 111
- Analyse der Krisenursachen
- Ableitung von Sanierungsmaßnahmen
- Planrechnerische Verprobung

Dieser Anforderungskatalog entspricht den Anforderungen an Sanierungskonzepte des IDW[165] bzw. aus der Rechtsprechung des BGH.[166]

Zur Dokumentation und zur eigenen Absicherung des Planerstellers ist er 112 gehalten, sich in jedem Fall streng an das Prinzip der Nachvollziehbarkeit (Disclosure) zu halten. Die wesentlichen, der Planung zugrundegelegten Tatsachenverhältnisse und Planannahmen sind somit zwingend zumindest als Anhang dem Insolvenzplan beizufügen.

I. Darstellen der Sanierungsfähigkeit: Abwandlung des Instrumentariums der Due-Diligence und der Jahresabschlussanalyse

Ein wesentlicher Punkt der Analysearbeiten ist die Darstellung der Krisenursachen. Diese Analyse kann nur anhand einer sorgfältigen und detaillierten Jahresabschluss- und Unternehmensanalyse erfolgen. 113

Nur durch die detaillierte Erarbeitung der Krisenursachen und der korrekten, analytischen Darstellung des gegenwärtigen Zustands des Unternehmens können gezielte Maßnahmen zur sofortigen Sicherung des Unternehmens und zur Festlegung mittel- und langfristiger Sanierungsmaßnahmen ergriffen werden.

Für die sorgfältige Abarbeitung und Aufbereitung der Krisenursachen kann 114 man sich an den Schritten einer Unternehmens-Due-Diligence orientieren. Im klassischen Einsatzbereich der Due-Diligence, dem Unternehmenskauf, wird eine sehr verwandte Zielsetzung verfolgt: die Interessenten (dort die Käufer, hier die Gläubiger bzw. der Schuldner) sind an einer vollständigen Herausarbeitung der betrieblichen Gegebenheiten, der schonungslosen Offenlegung von Problemfeldern und der hierauf basierenden Erstellung von sinnvollen Maßnahmenpaketen interessiert.

II. Historie der Unternehmenskrise als Basis

Für die Analyse des krisenbehafteten Unternehmens ist es wichtig, sich die 115 einzelnen Phasen einer Unternehmenskrise im zeitlichen Ablauf plastisch vor Augen zu führen. Die Unternehmenskrise ist – von seltenen Fällen abgesehen – kein plötzlich auftretendes Ereignis, sondern vielmehr ein Prozess, der sich über einen längeren Zeitraum hin entwickelt hat. Man unterscheidet hierbei die folgenden Phasen:

---

[165] Vgl. dazu IDW S 6 zu Anforderungen an die Erstellung von Sanierungskonzepten sowie IDW S 2 zu Anforderungen an Insolvenzpläne.
[166] BGH Urt. v. 12.11.1992 – IX ZR 236/91, BGH Urt. v. 4.12.1997 – IX ZR 47/97, BGH Urt. v. 21.11.2005 – II ZR 277/03, OLG Köln Urt. v. 24.9.2009 – 18 U 134/05, BGH Urt. v. 15.11.2011 – 1 StR 185/01.

Depré/Dobler

- strategische Krise
- Rentabilitätskrise
- Liquiditätskrise
- Insolvenz

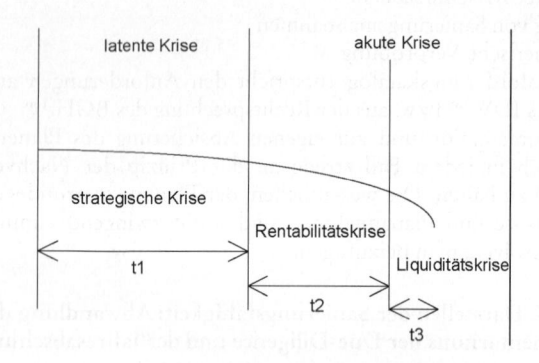

```
        latente Krise              akute Krise

        strategische Krise
                              Rentabilitätskrise
              t1                              Liquiditätskrise
                                    t2
                                          t3
```

116 Die zu ergreifenden Sanierungsmaßnahmen müssen nun diesen Weg in umgekehrter Richtung beschreiten: Die Maßnahmen müssen geeignet sein, zunächst die Liquiditätskrise akut zu beheben, dann aber auf dieser Basis schnell dafür Sorge zu tragen, dass die Ertragsseite des Unternehmens nachhaltig wieder auf solide Füße gestellt werden kann.

Die Sanierungsmaßnahmen beziehen sich somit zwingend auf die finanzwirtschaftlichen und leistungswirtschaftlichen Bereiche des Unternehmens.

III. Analysen als Basis der Sanierungsmaßnahmen

1. Ausgangsbasis

117 Basis der erfolgreichen Aufstellung des Sanierungskonzepts und dessen erfolgreicher Durchführung sind umfangreiche Analysen der Krisenursachen.[167] In der Literatur finden sich Aufstellungen über Misserfolgsbereiche, welche nachfolgend typisierend, nicht abschließend, aufgelistet werden:
- Management
- Festhalten an früher erfolgreichen Konzepten
- Alte Führungsstile
- Schicksalsergebenheit („in der heutigen Zeit kann man keine Umsatzrendite von 10 % mehr erwarten, was soll's")
- Mangelhafte Nachfolgeregelung (kein führungsgerechter Nachwuchs)
- Mangelhafte Personalplanung
- Rechtsformprobleme
- Zu großspurige Umstrukturierung
- Großmannssucht

---

[167] Die Ausführungen zu diesem Komplex orientieren sich an *Dobler*, Kennzahlen für die erfolgreiche Unternehmenssteuerung.

Depré/Dobler

- Fehlen organisatorischer Anpassung
- Mangelhaftes Informationswesen – intern sowie extern
- Fehlende Kontrolle
- Defizite im Rechnungswesen
- Mangelhafte Erfolgsaufschlüsselung
- Fehlende Planung
- Kein Frühwarnsystem vorhanden
- Keine laufenden Analysen
- Absatzbereich
- Unzeitgemäße Produkt-/Dienstleistungseigenschaften
- Ungeplante Umsatzausweitung
- Keine Produktprogrammanalyse
- Mängel im Vertriebsweg
- Mangelhafte Kundenorientierung
- Starre Bindungen an Kunden und Lieferanten
- Abhängigkeiten von Kunden und Lieferanten
- (Eigen-)Kapitalproblem
- Zu hohe Ausschüttungen/Entnahmen
- Mangelhafte Investitionsplanung (zu früh, zu spät, falsch)
- Zu geringe Liquiditätsausstattung

Um all diese Misserfolgsmöglichkeiten zu prüfen und auf dieser Basis der Analysen Maßnahmenkataloge zu deren Behebung zu erstellen, sind umfangreiche Prüfungen notwendig. Derartige umfangreiche Prüfungen sind vor allem aus dem Bereich der M&A beim Unternehmenskauf bekannt. Es empfiehlt sich daher, sich an den Schritten dieser sog Due Diligence Prüfungen zu orientieren. 118

Vom Grundprinzip her verfolgt die Due Diligence einen ganzheitlichen Analyseansatz und geht dabei aus verschiedenen Blickwinkeln und von verschiedenen Fachrichtungen aus. Klassische Due Diligence Teams von M&A Profis bestehen aus diversen Fachqualifikationen. Dieser Anforderung wird das Team bei der Erstellung des Insolvenzplans nicht immer gerecht werden können. Dennoch sollten die folgenden Bereiche analysiert werden: 119
- Markt/Wettbewerb
- Technik/Produktion
- Personal/Organisation
- Rechnungswesen/Controlling
- Recht/Steuern

Zunächst sind alle Faktoren gleich zu gewichten und Schwerpunkte herauszuarbeiten, die im Folgenden detaillierter zu beleuchten sind. Aus Zeitgründen und aus Gründen der Wirtschaftlichkeit und auch der Realitätsnähe kann keine vollständige Betrachtung erfolgen, auch wenn dies durch diverse Checklisten oÄ suggeriert wird. Meist reicht es aus, einige wenige Faktoren herauszuarbeiten, die für den Erfolg des Unternehmens besonders bedeutsam sind und diese dann genauer zu beleuchten. Somit ist die Due-Diligence Prüfung stets sehr gezielt auf das zu analysierende Unternehmen zugeschnitten. 120

Alle erhobenen Informationen sind zu dokumentieren und zu hinterfragen – ggf. mit Belegen zu untermauern. Dabei ist immer auf die Einhaltung des 4-Augen-Prinzips vor allem bei mündlicher Informationsbeschaffung und Einbeziehung dieser Informationen in die Unterlagen zu achten.

Depré/Dobler

121 Der erste Schritt besteht in einer Sammlung von Basisinformationen wie
- Bereits vorliegende Unternehmensanalysen
- Marktuntersuchungen
- Vertriebsstruktur
- Auswertungen aus dem Berichtswesen
- Auswertungen des Controlling
- Unterjährige BWAs
- Kalkulationsunterlagen/Nachkalkulationen
- Aufstellung über vorhandene Software
- Jahresabschlüsse/Prüfungsberichte
- Imagebroschüren/Prospektmaterial
- Fachartikel
- Aktuelle Verträge (Lieferverträge/Abnahmeverträge/Kooperationsverträge etc)
- HR-Auszüge einschließlich evtl. Gesellschaftsverträge und Protokolle von Gesellschafterversammlungen
- Darlehensverträge/Kreditlinien/Sicherheiten
- Darstellung der laufenden/latenten Prozesse
- Steuerbescheide/Rechtsbehelfe
- Organigramme
- Planrechnung mit Erläuterungen zu den Annahmen

122 Gleichzeitig sollte man sich eine Liste aller Mitarbeiter mit deren Funktionen geben lassen. Dieser Aspekt der Analyse sollte nicht unterschätzt werden. Gerade die Befragung von Mitarbeitern aus allen Bereichen des Unternehmens führt oftmals zu interessanten und weiterführenden Erkenntnissen. Deshalb sollten die Mitarbeiter darüber informiert werden, dass sie dem Analysierenden offen und vollständig alle Fragen beantworten sollen. Die Befragung selbst sollte immer in einem Einzelgespräch erfolgen.

123 Die Prüfung der Sanierungsfähigkeit des Unternehmens sollte in jedem Fall mit einer strukturellen Analyse des Unternehmens beginnen. Für diese strukturellen Betrachtungen stellt die klassische Jahresabschlussanalyse bzw. das betriebswirtschaftliche Rechnungswesen eine reichhaltige Sammlung von Instrumenten zur Verfügung. Einige dieser Instrumente werden nachfolgend kurz vorgestellt.

2. Operative Betrachtung

124 Oftmals liegen Zahlen und Rechenwerke vor, welche durch besondere Einflüsse positiv oder negativ beeinträchtigt wurden. Für die Analyse ist es jedoch wichtig herauszuarbeiten, ob das Unternehmen in seinem Kernbereich in der Lage war/ist erfolgreich zu arbeiten. Oftmals lassen sich im Zuge der nachfolgend beschriebenen operativen Betrachtung bereits weitgehende Einblicke in notwendige Sanierungsmaßnahmen gewinnen.

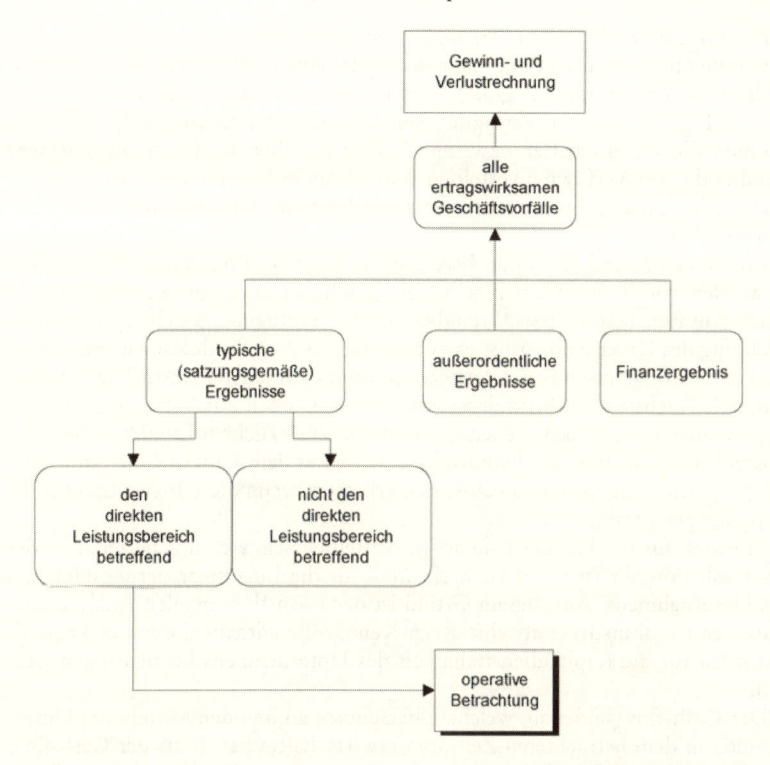

```
                    ┌──────────────────┐
                    │   Gewinn- und    │
                    │  Verlustrechnung │
                    └──────────────────┘
                             ▲
                    ┌──────────────────┐
                    │      alle        │
                    │  ertragswirksamen│
                    │  Geschäftsvorfälle│
                    └──────────────────┘
           ┌─────────────┬─────────────┐
  ┌────────────────┐ ┌──────────────┐ ┌──────────────┐
  │    typische    │ │außerordentliche│ │Finanzergebnis│
  │ (satzungsgemäße)│ │  Ergebnisse  │ │              │
  │   Ergebnisse   │ │              │ │              │
  └────────────────┘ └──────────────┘ └──────────────┘
      ┌──────┴──────┐
  ┌─────────┐  ┌─────────┐
  │   den   │  │nicht den│
  │ direkten│  │ direkten│
  │Leistungs│  │Leistungs│
  │ bereich │  │ bereich │
  │betreffend│ │betreffend│
  └─────────┘  └─────────┘
       │
       ▼
  ┌──────────┐
  │ operative│
  │Betrachtung│
  └──────────┘
```

Im Gegensatz zur handelsrechtlichen und auch steuerrechtlichen Gewinn- und Verlustrechnung des Jahresabschlusses analysiert die operative Betrachtung die Entwicklung der Ergebnisse der betrieblichen Tätigkeit. Hierzu werden aus dem Zahlenwerk der Gewinn- und Verlustrechnung alle Positionen ausgeschlossen, die aus handels- und/oder steuerrechtlichen Vorgaben ergebniswirksam geworden sind, aber den Prozess der betrieblichen Leistungserstellung nicht beeinflussen. Ausgeklammert werden weiter Sondereinflüsse, welche sich über Maßnahmen im Rahmen der Sanierung ausklammern lassen, zB extrem überzogene Mietzahlungen an ein Besitzunternehmen. 125

Weiterhin wird der gesamte Finanzierungskomplex ausgeblendet. Fremdkapitalzinsen fließen somit nicht in das operative Ergebnis mit ein. Die Entwicklung des betrieblichen Leistungsprozesses wird somit unabhängig von der Wahl der Finanzierung dargestellt. 126

3. Der Cash-flow als betriebswirtschaftliche Kenngröße

Für die Kapitalgeber (Außenfinanzierung) stellt sich die zentrale Frage: Ist das Unternehmen ausreichend in der Lage, das ihm zur Verfügung gestellte Kapital zu bedienen. Kapitalgeber in diesem Zusammenhang sind die klassischen Fremdkapitalgeber in Form der Kreditinstitute – die Frage lautet hier: – ist das Unternehmen ausreichend in der Lage die Zinsen auf das ihm über Kreditlinien zur Verfügung gestellte Kapital zu zahlen und darüber hinaus, 127 kann das Unternehmen die Tilgungsraten erbringen? Man spricht in diesem Zusammenhang auch von der Kapitaldienstfähigkeit des Unternehmens (Kapitaldienst = Zinsen zzgl. Tilgung). Kapitalgeber sind aber auch die Personen, welche Eigenkapital zur Verfügung stellen, somit der klassische Einzelunternehmer, die Gesellschafter bzw. die Aktionäre. Hier wird eine angemessene Rendite des zur Verfügung gestellten Kapitals gefordert. Diese Rendite kann in einem gesteigerten Unternehmenswert und/oder in Ausschüttungen/Dividenden bestehen.

128 Zusammenfassend gilt somit: Das Unternehmen benötigt liquide Mittel. Diese werden vom Unternehmen selbst erwirtschaftet oder von Kapitalgebern in Form von Eigenkapital bzw. Fremdkapital zur Verfügung gestellt. Für die Entwicklung des Unternehmens ist es notwendig aus dem Produktionsprozess ausreichend Mittelüberschüsse zu generieren um notwendige Investitionen zu tätigen, ggf. Wachstum zu finanzieren und das von außen zur Verfügung gestellte Kapital ausreichend zu bedienen. Im Fall von zusätzlichem Liquiditätsbedarf – beispielsweise in einer Wachstumsphase – wird es dem Unternehmen nur dann möglich sein, neue Mittel von außen zu erlangen, wenn diese Investition für die Kapitalgeber attraktiv ist.

129 Ein Maß für die Fähigkeit derartige Mittelüberschüsse zu generieren ist der sog Cash-flow. Er ist somit auch ein Maß für die Innenfinanzierungsfähigkeit des Unternehmens. Aus diesem Grund ist der Cash-flow in allen Analyseschemata der Kreditinstitute als eine Kern-Kenngröße enthalten, denn er kann als Indikator für die Kapitaldienstfähigkeit des Unternehmens herangezogen werden.

Der Cash-flow bildet ab, welche Überschüsse an liquiden Mitteln das Unternehmen in dem betrachteten Zeitraum erwirtschaftet hat. Basis der Cash-flow Ermittlung ist der Jahresüberschuss der Gewinn- und Verlustrechnung. Problematisch hierbei ist jedoch, dass nicht alle ertragswirksamen Größen, wie sie in der Gewinn- und Verlustrechnung dargestellt werden, auch zahlungswirksam werden. Zur Ermittlung des Cash-flow ist daher zu differenzieren, ob es sich um Größen handelt, welche auch zu Einzahlungen bzw. Auszahlungen führen.

130 Eine erste vereinfachende Berechnung korrigiert deshalb den Jahresüberschuss um die Abschreibungen, da dieser Größe keine Auszahlung gegenübersteht. Die Abschreibungen verteilen lediglich den Werteverzehr des Anlagevermögens auf einen längeren Zeitraum. In einem nächsten Schritt werden die langfristigen Rückstellungen korrigiert. So ist beispielsweise eine Rückstellung zu bilden, wenn das Unternehmen einigen Mitarbeitern eine Pensionszusage erteilt hat. Die jährliche Zuführung zu dieser Rückstellung ist Aufwand in der Gewinn- und Verlustrechnung, ein zeitgleicher Mittelabfluss liegt jedoch nicht vor. Somit hat die Zuführung zur Pensionsrückstellung den Jahresüberschuss gemindert ohne liquide Mittel zu verbrauchen.

Die einfachste Definition des Cash-Flow stellt sich somit wie folgt dar:

Jahresergebnis lt. Gewinn- und Verlustrechnung
+ Zuführungen zu den langfristigen Rückstellungen
./. Verminderung der langfristigen Rückstellungen
+ Abschreibungen
= Cash-flow I

Depré/Dobler

§ 43. Insolvenzplan

Damit liegt jedoch noch nicht der Wert vor, welcher für Investitionen oder Tilgungsleistungen bzw. Ausschüttungen zur Verfügung steht. Das sogenannte Soll-Prinzip der Verbuchung (Ist-Prinzip bei Gewinnermittlung nach § 4 Abs. 3 EStG, Einnahmen-Überschussrechnung) fordert, dass beispielsweise Eingangsrechnungen auch dann ertragswirksam zu verbuchen sind, wenn noch keine Bezahlung erfolgt ist; analog sind Ausgangsrechnungen ertragswirksam auch dann zu verbuchen, wenn noch keine Zahlung erfolgt ist. Im Gegensatz hierzu führen beispielsweise Zugänge auf das Lager nicht zu ertragswirksamen Auswirkungen, sie führen jedoch bei Bezahlung durchaus zu Mittelabflüssen. Diese Beispiele zeigen, dass noch weitere Größen der Gewinn- und Verlustrechnung in Bezug auf Mittelzu- und -abflüsse differenziert zu betrachten sind. Um hier eine praktikable Lösung zu finden, betrachtet man die Größe des sogenannten Netto-Umlaufvermögens. Das Netto-Umlaufvermögen errechnet sich aus der Summe des bilanziellen Umlaufvermögens (ohne liquide Mittel) abzüglich der kurzfristigen Verbindlichkeiten (ohne kurzfristige Verbindlichkeiten ggü. Kreditinstituten) wie folgt: **131**

```
    Vorräte
  + Forderungen aus Lieferungen und Leistungen
  + sonstige Vermögensgegenstände
 ./. kurzfristige Rückstellungen
 ./. Verbindlichkeiten aus Lieferungen und Leistungen
 ./. sonstige Verbindlichkeiten
  = Netto-Umlaufvermögen zur Berechnung des Cash-flow II
```

Nimmt dieses Netto-Umlaufvermögen im Vergleich zum Vorjahr zu, so wurden hier liquide Mittel zusätzlich gebunden, die nicht in der Gewinn- und Verlustrechnung auftauchen, so beispielsweise durch die Erhöhung des Bestands an Forderungen an Kunden (ertragswirksam in der Gewinn- und Verlustrechnung jedoch ohne Zahlungseingang). Der Cash-flow I, wie er oben berechnet wurde, verringert sich somit um diesen Wert zum Cash-flow II. Analog wird eine Verringerung im Netto-Umlaufvermögen interpretiert als der nichtertragswirksame Zufluss von liquiden Mitteln, der den Wert des Cash-flow I erhöht, beispielsweise aus dem Abbau von Forderungen an Kunden durch Zahlung. Allgemein dargestellt: **132**

```
      Cash-flow I
 +/./. Veränderung im Nettoumlaufvermögen
    =  Cash-flow II
```

Die nachfolgende Abbildung zeigt die Ermittlung des Cash-flow II anhand einer Beispielanalyse.

	Abschluss 2014	Abschluss 2015
Ergebnis nach Steuern	-383.579,63	-584.791,04
+ Abschreibungen (ohne GWG Sofortabschreibungen)	123.366,53	116.309,71
Bilanzwert langfristige Rückstellungen Beginn	80.925,64	113.483,45
Bilanzwert langfristige Rückstellungen Ende	113.483,45	113.483,45
+ Erhöhung der langfristigen Rückstellungen	32.557,81	0,00
Cash-flow I	**-227.655,29**	**-468.481,33**
Netto-Umlaufvermögen zum Beginn der Periode (*)	78.013,38	90.483,90
Bestände	193.882,00	194.543,78
Forderungen aus Lieferungen u. Leistungen	215.110,74	386.733,25
Verbundforderungen	0,00	0,00
Sonstige Vermögensgegenstände	4.204,39	2.715,40
aktive Rechnungsabgrenzungen	29.781,88	40.380,83
Verbindlichkeiten aus Lieferungen und Leistungen	-164.101,01	-154.049,87
Verbindlichkeiten aus Anzahlungen	-37.500,24	-39.200,00
Verbundverbindlichkeiten	0,00	0,00
sonstige Verbindlichkeiten Laufzeit < 1 Jahr	-150.893,86	-141.936,16
passive Rechnungsabgrenzungen	0,00	0,00
Netto-Umlaufvermögen zum Ende der Periode	**90.483,90**	**289.187,23**
Änderung im Netto-Umlaufvermögen (N-UV)	-12.470,52	-198.703,33
Cash-flow II = Cash-flow I + Änderung im N-UV	**-240.125,81**	**-667.184,66**

133   Bei der Betrachtung der finanziellen Situation des Unternehmens ist besonders die Nettoverschuldung bezogen auf den Cash-flow (Dynamische Verschuldung) von Interesse. Sie gibt an, wie lange das Unternehmen mit den selbst erwirtschafteten Mitteln benötigt, um seinen gesamten Verbindlichkeiten nachzukommen. Der isolierte Wert eines Jahres hat hierbei nahezu keine Bedeutung, da eine vollständige Entschuldung bei einer Fortführung des Betriebs kein realistisches Ziel darstellt. Aussagekraft erhält dieser Wert allerdings im Zeitvergleich.

Eine Alarmsituation wäre beispielsweise eine Explosion der dynamischen Verschuldung, die aus einer drastischen Verminderung der Innenfinanzierungskraft (ertragsbedingt) bei gleichzeitig enorm ansteigender Nettoverschuldung resultieren kann.

4. Break-Even Betrachtung

134   Ein weiteres Werkzeug der strukturellen Analyse stellt die Break-Even-Betrachtung dar. Die Break-Even Analyse ermittelt aus den Zahlen der Gewinn- und Verlustrechnung die sogenannte Gewinnschwelle als den Punkt, an dem die Gesamtleistung gleich den gesamten Periodenkosten ist. Dieser Wert entspricht der kritischen Leistung, die das Unternehmen mindestens erreichen muss, um bei den vorliegenden (Kosten-)Strukturen in die Gewinnzone zu gelangen.

Depré/Dobler

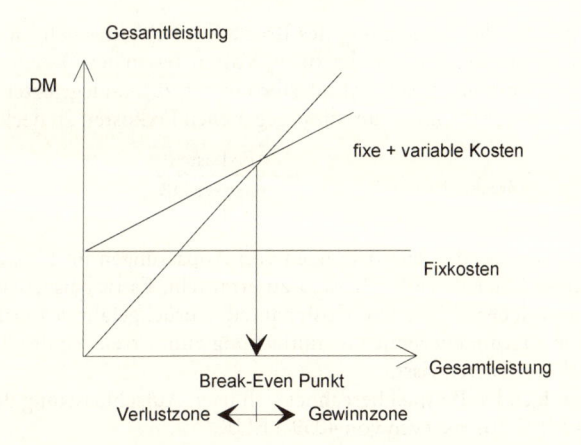

```
                    Gesamtleistung
        DM      ↑
                │              ╱
                │            ╱
                │          ╱      fixe + variable Kosten
                │        ╱     ╱
                │      ╳     ╱
                │    ╱     ╱
                │  ╱     ╱
                │╱     ╱─────────── Fixkosten
                │    ╱
                │  ╱
                │╱
                └──────┬─────────→ Gesamtleistung
                       ↓
                 Break-Even Punkt
            Verlustzone ←─┼─→ Gewinnzone
```

Für die Prüfung der Sanierungsfähigkeit ist es von Interesse, wie sich diese **135** Gewinnschwelle in der Vergangenheit entwickelt hat und welche Faktoren für diese Entwicklung maßgeblich waren. Auf die Zahlenwerke der Planverprobungsrechnung angewendet zeigt dieses Tool auf, welche Gesamtleistung notwendig ist, um ein ausgeglichenes Ergebnis oder einen für die Gläubigerbefriedigung notwendigen freien Cash-flow zu erreichen.

Im ersten Schritt werden die gesamten Kosten in variable, dh in Abhängigkei- **136** ten zur Gesamtleistung schwankende und fixe, dh auch bei schwankender Produktion kurzfristig nahezu konstante, Anteile aufgeteilt. Die Daten für die Break-Even-Analyse werden als gestufte Deckungsbeitragsrechnung aufbereitet. Man differenziert in drei unterschiedliche Stufen des Deckungsbeitrags (DB). Der DB I entspricht der Differenz aus der betrieblichen Gesamtleistung und den direkt dieser Leistungserstellung zuzuordnenden variablen Kosten.

      Betriebliche Gesamtleistung
./. DB I variable Kosten
  =   DB I

Der hier verbleibende DB I muss ausreichen, um die fixen Kostenanteile zu **137** decken.

      DB I
./. Fixkosten, liquiditätswirksam
  =   DB II

      DB II
./. Abschreibungen
  =   DB III

Der DB I bringt dabei zum Ausdruck, wie gut das Unternehmen seine variablen Ressourcen der Gesamtleistung anpassen konnte.

Der Wert des DB I pro Leistungseinheit ist Berechnungsgrundlage der Ge- **138** winnschwelle. Der DB I pro Leistungseinheit zeigt auf, welchen Anteil jede Leistungseinheit zur Abdeckung der fixen Kosten und der Abschreibungen

Depré/Dobler

erwirtschaftet. In der Berechnung des Break-Even-Punktes geht man nunmehr davon aus, dass zunächst nur die fixen Kosten feststehen. Rechnerisch kann man hiermit ermitteln, welche Mindestgröße der zugrundegelegten Leistungseinheit erreicht werden muss, um diese gegebenen Fixkosten zu decken.

$$\text{Break} - \text{Even} - \text{Punkt} = \frac{\text{Fixkosten}}{\text{relativer DB}_1}$$

139 So ist es möglich, die Auswirkungen von Anpassungen im Fixkostenbereich oder im Bereich der variablen Kosten zu ermitteln. Es ist beispielsweise zu errechnen, in welchem Maße fixe Kostenanteile zurückgefahren werden müssen, falls sich die zugrundeliegende Gesamtleistung zum Erreichen des Break-Even-Punkts nicht realisieren lässt.

Im nachfolgenden Beispiel berechnet sich nach Aufschlüsselung der variablen Kostenanteile ein Break-even von 4059 TEUR.

	Abschluss 2014	Variator	variable Anteile absolut	variable Anteile in % der Gesamtleistung	fixe Anteile absolut	Break-even
Umsatzerlöse	3.524.084,45					
Gewährte Skonti	48.708,19					
Bestandsveränderungen	9.315,00					
Gesamtleistung	3.484.691,26					4.059.875,31
Materialeinsatz	1.500.360,47	100,00%	1.500.360,47	43,06%	0,00	1.748.010,36
Fremdleistungen	282.377,34	100,00%	282.377,34	8,10%	0,00	328.986,62
Rohertrag	1.701.953,45					1.982.878,33
Sonstige betriebliche Erträge	35.914,16		0,00	0,00%	35.914,16	35.914,16
Betrieblicher Rohertrag	1.737.867,61					2.018.792,49
Personalkosten	1.173.892,12	25,00%	293.473,03	8,42%	880.419,09	1.222.332,85
Raumkosten	141.085,75	25,00%	35.271,44	1,01%	105.814,31	146.907,66
Fahrzeugkosten	99.151,39		0,00	0,00%	99.151,39	99.151,39
Werbekosten	15.691,42		0,00	0,00%	15.691,42	15.691,42
Reisekosten	29.778,69		0,00	0,00%	29.778,69	29.778,69
Kosten der Warenabgabe	21.451,29	100,00%	21.451,29	0,62%	0,00	24.992,05
Abschreibungen	123.366,53		0,00	0,00%	123.366,53	123.366,53
Abschreibungen GWG sofort	0,00		0,00	0,00%	0,00	0,00
Reparatur / Instandhaltung	20.464,73	50,00%	10.232,37	0,29%	10.232,37	22.153,69
Leasing	9.925,44		0,00	0,00%	9.925,44	9.925,44
Rechts- und Beratungskosten	11.264,06		0,00	0,00%	11.264,06	11.264,06
Buchführung / Jahresabschluss	22.646,00		0,00	0,00%	22.646,00	22.646,00
Fortbildung	10.478,90		0,00	0,00%	10.478,90	10.478,90
Betriebsbedarf	0,00		0,00	0,00%	0,00	0,00
Kommunikation	10.214,47		0,00	0,00%	10.214,47	10.214,47
Versicherungen/Abgaben	43.592,58		0,00	0,00%	43.592,58	43.592,58
Werkzeuge/Kleingeräte	3.517,48	75,00%	2.638,11	0,08%	879,37	3.952,93
Entsorgung	22.895,53	75,00%	17.171,65	0,49%	5.723,88	25.729,89
sonstige	91.643,83	50,00%	45.821,92	1,31%	45.821,92	99.207,21
Gesamtkosten	1.851.060,21					1.921.385,75
Betriebsergebnis	-113.192,60					97.406,74
Zinsaufwand	83.016,87		0,00	0,00%	83.016,87	83.016,87
Zinsertrag	2.604,50		0,00	0,00%	2.604,50	2.604,50
Finanzergebnis	-80.412,37					-80.412,37
a.o. Aufwand	24.277,67		0,00	0,00%	24.277,67	24.277,67
a.o. Ertrag	7.283,30		0,00	0,00%	7.283,30	7.283,30
a.o. Ergebnis	-16.994,37					-16.994,37
Ergebnis vor Steuern	-210.599,34					0,00
Ertragsteuern	172.980,29					0,00
Ergebnis nach Steuern	-383.579,63					0,00

Summe der variablen Kostenanteile	63,39%	
Summe der fixen Kostenblöcke absolut		1.486.493,00

Break-even Punkt	4.059.875,31
Gesamtleistung	3.484.691,26
Sicherheitsgrad	85,83%

5. Gesamtkostenstruktur-Analyse

140 Im Rahmen dieser Analyse wird untersucht, ob die Kostenstruktur des Unternehmens „passend" zu dessen Ausrichtung bzgl. Marktsegment, Auftreten

nach außen, etc ausgerichtet ist. Es kommt dabei im Wesentlichen auf die Überprüfung der Plausibilität dieser Übereinstimmung an. Dies soll am Beispiel der Kostenstruktur von drei unterschiedlichen Unternehmen derselben Branche verdeutlicht werden. Für die Betrachtung wurde von einem Produkt, für das am Markt 100 EUR erzielbar sind, ausgegangen.

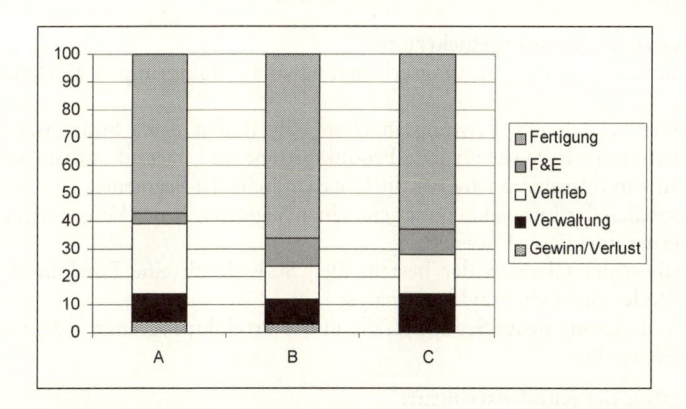

Unternehmen A bietet seine Produkte als standardisierte Volumenprodukte aggressiv und vertriebsintensiv einer breiten Abnehmerschicht an. Entsprechend liegen die Kosten der Fertigung auf einem vergleichsweise niedrigen Niveau. Aufwendungen für Forschung und Entwicklung (F&E) fallen wegen der Standardisierung nur in begrenztem Umfang an. Dagegen nehmen die Kostenanteile für den Vertrieb einen besonderen Stellenwert an. Das Unternehmen hat eine Kostenstruktur, welche zu seiner Ausrichtung passt. 141

Unternehmen B hat sich als flexibler Variantenspezialist und „Problemlöser" einen guten Ruf erworben und lebt hiervon. Aufgrund der geringen Zahl von Standardprodukten ist die Fertigung kostenintensiv. Auch die Anteile für Kosten aus dem F&E Bereich sind entsprechend der strategischen Ausrichtung wesentlich größer als bei Unternehmen A. Demgegenüber ist eine besonders aktive Vertriebstätigkeit nicht notwendig. Auch hier kann man feststellen, dass das Unternehmen eine Kostenstruktur hat, welche zu seiner Ausrichtung passt. 142

Unternehmen C verfügt nicht über eine eindeutige Ausrichtung. Entsprechend undifferenziert ist die Kostenstruktur, welche in diesem Fall zu einem Verlust führt. 143

An diese strukturellen Untersuchungen schließen sich die Analysen der einzelnen Hauptaspekte der betrieblichen Leistungserstellung an. Exemplarisch für derartige Untersuchungen werden nachfolgend die Bereiche Umsatz und Personalkosten betrachtet. 144

6. Umsatzbereich

Eine der wichtigsten Aufgaben besteht in der Analyse der vom Unternehmen erbrachten Leistungen, aus denen sich die Umsatzerlöse generieren und in der Untersuchung, welche Entwicklungen in der Zukunft hier zu erwarten sind, bzw. über welche Maßnahmen hier Verbesserungen erreicht werden können. 145

Die Analyse betrachtet hierzu die gegenwärtige Auftrags- und Kundenstruktur und arbeitet für die weitere Planrechnung erkannte Trends zusammen mit erwarteten Entwicklungen der Absatzseite heraus.

146 Die Analyse des Markts ist dabei eine der schwierigsten und aufwändigsten Aufgaben der Planung. Folgender Ablaufplan soll deshalb als Orientierungshilfe dienen.

Analyse des Leistungsspektrums:
– Strukturierung der Leistungserbringung in Produktgruppen/Marktaktivitäten
– Segmentierung des Leistungsangebots, dh Bilden einer Strategischen-Geschäfts-Einheit (SGE) für jede Produktgruppe und, hierauf aufbauend, Sammeln von Informationen über die Umsatzanteile der Segmente
– Darstellen der Entwicklung der einzelnen Segmente in der Vergangenheit und Begründung dieser Entwicklung
– Analyse der Chancen der bestehenden SGE durch eine Portfolio-Analyse und/oder eine Lebenszyklus-Analyse
– Identifizierung neuer Segmente, die in das Produktprogramm aufgenommen werden sollen

Analyse der Kundenstruktur:
– Datensammlung aus der Finanzbuchhaltung (in der einfachsten Form stellen die Jahresverkehrszahlen Soll der Debitorenliste eine Annäherung für die getätigten Umsatzvolumina dar)
– Strukturieren der Informationen der ABC/XYZ-Analysen
– Herausarbeiten von Potentialen der Zukunft über Kundenbefragungen (oftmals verfügen größere Kundenfirmen über eine hauseigene Absatzplanung, aus der sich deren Einkaufsvolumen ableiten lässt), Informationsgewinnung über Handelsvertreter, Vertriebsmitarbeiter etc

Marktbeobachtung und Prognose:
– Marktbeobachtungen für einzelne Segmente unter Heranziehung von Fachinformationen und Datenbanken
– Ableiten von Prognosen für die weitere Entwicklung

147 Ziel dieser Analysen sind fundierte und belegbare Nachweise über die Zukunftsfähigkeit des Leistungsprozesses des Unternehmens. Es ist herauszuarbeiten, über welche Vorteile und Strategien sich das Unternehmen positiv am Markt positionieren kann.

Denkbare Ansatzpunkte hierfür wären
– Preisführerschaft
– Leistungsführerschaft

148 Die Positionierung des Unternehmens kann in Form einer Portfoliodarstellung visualisiert werden. Man geht dabei davon aus, dass ein erfolgreiches Abschneiden der SGE entweder durch eine absolute Preisführerschaft in diesem Segment, durch eine einmalige Leistungsfähigkeit der Produkte oder durch eine geschickte Kombination hieraus möglich ist.

Erfolgreiche Positionierungen sind in den grau unterlegten Feldern 1, 2, 6 und 9 möglich. Im Feld 1 werden die hohen Nutzen der Produkte/Leistungen honoriert. Bei einer Positionierung in Feld 2 nutzt das Unternehmen den überlegenen Nutzen seines Produkts für den Abnehmer auf der Preisseite nicht voll aus. Geht man davon aus, dass das Unternehmen stets bestrebt war, optimale Preise zu erreichen, ist zu analysieren, weshalb keine höheren Preise (dem Nutzen des Produkts angemessen) durchgesetzt werden können. Ein möglicher Ansatz liegt uU in einer Überfrachtung des Produkts.

	bezahlte Leistung	Differenzierung auf Leistungsbasis	
bessere Leistung	1	2	Weltmeisterfeld 3
Stand wie Wettbewerber	Preisnachteil 4	Patt Situation 5	Preisvorteil 6
geringere Leistung	Verliererfeld 7	Differenzierung auf Preis-/ Leistungsbasis 8	Massengeschäft 9
	hochpreisig im Vergleich zum Wettbewerber	vergleichbarer Preis	niedrigpreisig im Vergleich zum Wettbewerber

7. Personalbereich

Der Anteil der Personalkosten an den Gesamtkosten und/oder an der Gesamtleistung des Unternehmens ist in der Regel recht hoch. Oftmals steht deshalb die Reduzierung des Personalaufwands durch Reduzierung der Belegschaftsstärke als schnell wirksame (Sanierungs-)Maßnahme hoch im Kurs. Diese Personalreduzierungen sind ein klassisches Beispiel für eine undifferenzierte Sofortmaßnahme bei Unternehmen, welche sich unvorbereitet in krisengefährdete Situationen geführt sehen. Derartige Sofortmaßnahmen können jedoch in hohem Maße geeignet sein, die Leistungsfähigkeit des Unternehmens noch weiter zu verringern.

Ebenso unpopulär und oftmals rechtlich gar nicht ohne weiteres möglich durchzusetzen, sind Reduzierungen im Gehaltsniveau. Wesentlich sinnvoller ist es demgegenüber bereits im Krisenvorfeld präventiv die Personalkosten zu analysieren und durch geeignete Maßnahmen gegenzusteuern. Oftmals ist eine Reduzierung der Belegschaft vermeidbar.

Schlagwortartig kann man bereits an dieser Stelle festhalten, dass zu hohe Personalkosten(-anteile) nicht als Ursache, sondern in vielen Fällen eher als Symptom anderer Fehlentwicklungen zu sehen sind.

Als Einstieg ist es sinnvoll, sich anhand von einigen Punkten eines Fragebogens – wie dem nachfolgend dargestellten – einen Überblick über die personelle Ausstattung des Unternehmens zu verschaffen:
- Anzahl der Mitarbeiter in den einzelnen Unternehmensbereichen, Funktionsbereichen und Werken (vgl. Ausführungen zum Organigramm) mit globalen Angaben über Geschlecht, Ausbildung, Nationalität
- Durchschnittlicher Personalstand des Unternehmens in den letzten 5 Jahren (möglichst aufteilen nach leitenden Angestellten, Angestellten, Facharbeitern,

angelernten und ungelernten Arbeitern, Auszubildenden, Teilzeitkräften sowie nach Bereichen)
- Darstellung der Gründe bei wesentlichen Veränderungen in der Personalstruktur
- Beschreibung des Entlohnungssystems und der Möglichkeiten der Flexibilisierung der Arbeitszeit zur Vermeidung von Überstundenzuschlägen (vgl. weitere Ausführungen hierzu)
- Nähere Angaben über Lohn- und Gehaltsniveau (tatsächliche Lohn- und Gehaltshöhen Tarifgruppe, Anzahl der Mitarbeiter je Tarifgruppe mit zusätzlichen Angaben über Gratifikationen, Bonuszahlungen, Vermögensbildung, Arbeitszeit, Urlaub uä und Vergleich mit Tariflohn), Art der Entlohnung (Zeit-, Akkord-, Prämienlohn)
- Wann und wie hoch war die letzte (tarifliche) Lohn- und Gehaltserhöhung? Wie lange läuft der Tarifvertrag? Wurden übertarifliche Lohn- und Gehaltszahlungen angerechnet? Welche Forderungen werden bei den nächsten Tarifvertragsverhandlungen erwartet?
- Gibt es Anzeichen dafür, dass einzelne Unternehmensbereiche personell über- oder unterbesetzt sind?
- Liegt eine Personalplanung vor?
- Liegt eine Stellenbeschreibung bzw. ein angegliedertes Organigramm mit Angabe der Leitungsbefugnisse vor?
- In welchen Bereichen könnten in absehbarer Zukunft Entlassungen notwendig sein? Welche finanziellen Belastungen ergeben sich daraus für das Unternehmen? Welche rechtlichen oder tatsächlichen Schwierigkeiten stehen der Entlassung von Personal entgegen?
- Bestehen Möglichkeiten der Beschaffung weiterer Arbeitskräfte, insbesondere von Fachkräften?
- Identifizieren sich die Mitarbeiter mit ihrem Unternehmen? Kann ein Urteil über die Qualifikation und Motivation der Mitarbeiter abgegeben werden?
- Wie entwickelt sich der Krankenstand?

150   Das Grundelement der strukturellen Analyse der Personalkosten ist das Organigramm. Das Organigramm ist eine graphische Darstellung der betrieblichen Organisationsstrukturen und bildet somit die Aufbauorganisation des Unternehmens ab. Das Organigramm ist meist pyramidenartig aufgebaut und spiegelt somit zT auch die Weisungsbefugnisse und/oder die Hierarchieebenen wider. Diese Art der Darstellung kann zu Analysezwecken weiter mit Informationen angereichert werden. Die nachfolgende Darstellung stellt einen exemplarischen Ausschnitt aus einem Organigramm eines Fertigungsbetriebs dar. Mit eingetragen sind die personellen Besetzungen aus den Kategorien Lohnempfänger (LE) und Gehaltsempfänger (GE). Hierdurch kann für den Gesamtbetrieb und/oder einzelne Organisationseinheiten beispielsweise das Verhältnis aus produktiven und nicht-produktiven Kräften ermittelt werden. Derartige Betrachtungen sind vor allem bei wachsenden Unternehmen im Zeitverlauf anzustellen, da oftmals der nicht-produktive Teil im Wachstum zunächst vernachlässigt, dann aber überproportional aufgebaut wird. In Zeiten der Stagnation oder der (Gesund-)Schrumpfung führen diese üppig besetzten Overheads (Wasserkopf) zu nicht mehr passenden Relationen zwischen den produktiven und den nicht-produktiven Kräften.

Depré/Dobler

Den organisatorischen Elementen des Organigramms können die einzelnen Arbeitnehmer zugeordnet werden. Diese Zuordnung erfolgt in einer übersichtlichen tabellarischen Form. Diese Tabelle wird um weitere Informationen wie Angaben zur
- Stellenbeschreibung
- Vergütung dieser Stelle
- Besetzung
- personenbezogene Daten wie Betriebszugehörigkeit, Qualifikation, Zusatzkenntnisse (zB Wertanalyse-Lehrgänge)
- etc

ergänzt. Dabei sind wegen der ggf. enthaltenen personenbezogenen Daten die besonderen Anforderungen an den Datenschutz zu beachten.

Eine weitere Analyse des Personalaufwands besteht in der Aufschlüsselung des Personalaufwands der Gewinn- und Verlustrechnung in seine einzelnen Bestandteile. Dabei werden sowohl die kostenmäßigen Auswirkungen als auch die zugrundeliegenden geleisteten Zeitanteile (Arbeitsstunden) betrachtet. Je nach Unternehmen und Branche sind hier vielfältige Differenzierungen möglich. 151

Die Analyse einer derartigen Aufstellung kann Aufschluss darüber geben, ob es nicht im Rahmen eines geeigneten Modells zur Flexibilisierung der Arbeitszeit möglich ist, kostenintensive Positionen, welche mit Zuschlägen vergütet werden müssen, abzubauen.

8. Analyse der Vermögensstruktur

Neben der Analyse der Ertragsseite ist die Analyse der Vermögensstruktur zwingend notwendig. Die Darstellung dieser Analyseergebnisse ist auch ein notwendiger Bestandteil des vorzulegenden Insolvenzplans, da hier die vitalen Gläubigerinteressen direkt berührt werden. 152

Im Rahmen der Analyse der Vermögenssituation entsteht eine Vermögensübersicht gem. § 153 InsO, welche gleichzeitig als Grundlage der prognostischen Vermögensübersicht nach § 229 InsO dient. Die bestehende Vermögenssituation stellt somit die Startkonditionen des zu sanierenden Unternehmens dar.

Die Vermögensübersicht nach § 153 InsO wird im Zeitpunkt der Eröffnung des Insolvenzverfahrens aufgestellt. Die Darstellung aller Aktiva und Passiva orientiert sich dabei an dem Bilanzgliederungsschema nach § 266 HGB. Als rein betriebwirtschaftliche Analyse der Vermögenslage soll jedoch die wahre Vermögenslage des Schuldners dargestellt werden. Sie folgt demgemäß nicht den handelsrechtlichen Ansatz- und Bewertungsvorschriften. Über die Darstellung der real vorhandenen Vermögenswerte, dh einschließlich stiller Reserven, immaterieller Vermögenswerte, ggf. sogar Goodwill, soll den Gläubigern ein reales Bild vermittelt werden, damit diese entscheiden können, ob die Startkonditionen geeignet sind, das Sanierungsvorhaben zu unterstützen. 153

In die Vermögensanalyse aufzunehmen sind Aufstellungen über 154
- Vorhandene Aktivpositionen, deren realen Werte und Verwertbarkeit sowie eventuell bestehende Aussonderungs- und Absonderungsrechte
- Zuordnung der vorhandenen Vermögensgegenstände zu Sicherungszwecken

- Bestehende Kontokorrentlinien sowie deren Konditionen
- Bestehende Darlehensverträge sowie deren Konditionen
- Verbindlichkeiten ggü. Lieferanten sowie Angaben über deren Besicherung, bestehende Zahlungskonditionen
- Weitere Verbindlichkeitsposten ggü. Personal, Fiskus, Sozialkassen
- Diese Aufstellungen geben die Rahmenbedingungen für die finanzwirtschaftlichen Sanierungsmaßnahmen vor. Sie stellen ebenfalls die Rahmenbedingungen für den eigentlichen gestaltenden Teil des Insolvenzplans.

Neben dieser ertragswirtschaftlichen und finanzwirtschaftlichen Due Diligence ist auch eine rechtliche Due Diligence zwingend durchzuführen.

9. Beispiel für die Analyse

155   Im nachfolgenden Beispiel wurden die Werte der Jahresabschlüsse des Unternehmens über ein Analysetool[168] erfasst. Im Rahmen des Analysetool werden Grundlagen für die oben beschriebenen Analysen bereitgestellt. Die nachfolgende Auswertung zeigt das Ergebnisblatt „Key figures" mit den wesentlichen Kennzahlen zur wirtschaftlichen Entwicklung:

	Abschluss 2012	Abschluss 2013	Abschluss 2014	Abschluss 2015
Gesamtleistung	4.976.508,60	4.712.216,82	3.484.691,26	2.978.169,94
Rohertrag	2.521.868,45	2.499.083,69	1.701.953,75	1.659.807,27
Betriebsergebnis / EBIT	566.788,92	560.224,67	-113.192,60	-347.894,83
EBITDA (EBIT vor Abschreibungen)	691.129,16	682.429,97	10.173,93	-231.585,12
Finanzergebnis	-87.034,16	-83.953,76	-80.412,37	-79.422,21
Fremdkapitalzinsen	88.134,56	86.012,85	83.016,87	82.047,40
a.o. Ergebnis	0,00	0,00	-16.994,37	0,00
Ergebnis vor Steuern	479.754,76	476.270,91	-210.599,34	-427.317,04
Ergebnis nach Steuern	328.001,21	325.546,28	-383.579,63	-584.791,04
Gesamtleistungsrendite (Ergebnis /Gesamtleistung)	6,59%	6,91%	-11,01%	-19,64%
Bilanzsumme	3.385.718,70	3.458.777,21	3.704.445,16	3.760.975,94
Bilanzielles Eigenkapital in % der Bilanzsumme	1.629.926,81 48,14%	1.805.473,09 52,20%	1.571.893,46 42,43%	987.102,42 26,25%
Wirtschaftliches Eigenkapital in % der Bilanzsumme	1.629.926,81 48,14%	1.805.473,09 52,20%	1.571.893,46 42,43%	987.102,42 26,25%
Eigenkapitalrendite (Ergebnis/Eigenkapital)	20,12%	18,03%	-24,40%	-59,24%
Gesamtkapitalrendite (Ergebnis + Zinsaufwand / Gesamtkapital)	12,29%	11,90%	-8,11%	-13,37%
Cash-flow I	452.341,45	451.402,54	-227.655,29	-468.481,33
Dynamische Verschuldung in Jahren (Fremdkapital / Cash-flow I)	3,88	3,66	-9,37	-5,92
Investitionen (CAPEX)	63.914,24	9.920,30	443.212,53	65.892,71
Anzahl Arbeitnehmer	31	31	30	30

---

[168] *Dobler*, Bilanz Analyse – Kennzahlen berechnen mit EXCEL, 2013.

Ausgewählte Werte werden grafisch aufbereitet:

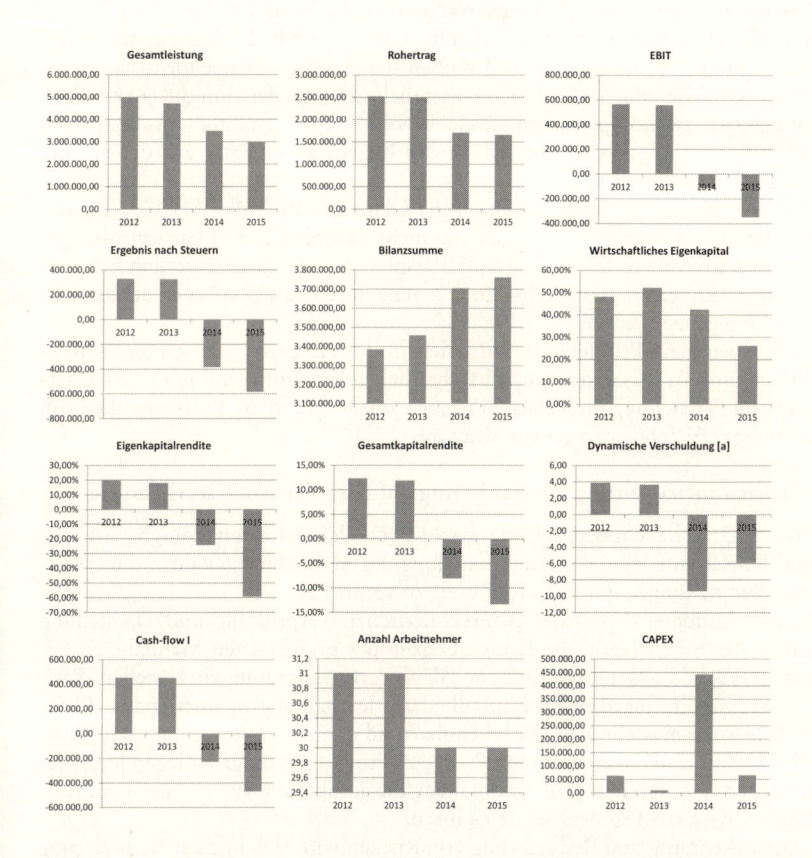

[Diagramme: Gesamtleistung, Rohertrag, EBIT, Ergebnis nach Steuern, Bilanzsumme, Wirtschaftliches Eigenkapital, Eigenkapitalrendite, Gesamtkapitalrendite, Dynamische Verschuldung [a], Cash-flow I, Anzahl Arbeitnehmer, CAPEX – jeweils für die Jahre 2012 bis 2015]

Im vorliegenden Fall war in 2014 und 2015 ein Umsatzeinbruch bedingt durch den Technologiewechsel in einem der Hauptprodukte des Unternehmens zu verzeichnen. Das Unternehmen versuchte durch Investitionen in neue Technologie (CAPEX) und durch geplanten Abbau von Arbeitsplätzen zu reagieren. Der erwartete Erfolg stellte sich jedoch nicht schnell genug ein. Die Möglichkeit Investitionen und laufende Verluste zu finanzieren stieß zu Beginn des Jahres 2016 an seine Grenzen, weshalb der Insolvenzgrund der drohenden Zahlungsunfähigkeit gegeben war.

IV. Ableiten der Sanierungsmaßnahmen

1. Gläubigerbefriedigung lediglich als ein Element des Maßnahmenkatalogs

Obgleich die Beiträge zu den Sanierungsmaßnahmen durch die Gläubiger selbst in Form von Verzichten, Stundungen etc naturgemäß im Vordergrund des Interesses stehen, bilden diese Maßnahmen doch nur einen einzigen Aspekt im

Gesamtzusammenhang der Sanierungsmaßnahmen. Es muss klar werden, dass ohne weitere Sanierungsschritte der Sanierungsplan keine Erfolgsaussichten hat, da die Gläubigermaßnahmen lediglich für kurze Zeit eine Entlastung der Liquiditätssituation bedeuten. Wie in der oben dargestellten „Krisenhistorie" deutlich wird, müssen die Maßnahmen wesentlich tiefer greifen, um die entstandene Ertragskrise zu kompensieren. Welche Sanierungsmaßnahme im konkreten Einzelfall angezeigt ist, ergibt sich in der Regel zwangsläufig aus der Aufdeckung der Krisenursachen.

160 Die Abbildung der Beiträge durch die Gläubiger stellt gleichzeitig auch das Element dar, welches für die sich nunmehr anschließende Planverprobungsrechnung am einfachsten in die Liquiditätsplanung einbezogen werden kann, da die Auswirkungen dieser Maßnahmen bereits durch den Plan selbst deterministisch vorgegeben wurden.

Die eigentliche Problematik wird sich in der Ableitung der weiteren Maßnahmen zur ertrags- und finanzwirtschaftlichen Sanierung und in der Abschätzung und Darstellung ihrer Auswirkungen zeigen. Auf diese Problematiken soll nunmehr vertiefend eingegangen werden.

2. Maßnahmenableitung zur Sanierung auf Basis der Analyseergebnisse

161 Diese Ursache-Wirkungs-Kette macht deutlich, dass es unabdingbar ist, vor einer Umsetzung bzw. vor der Vorstellung der Maßnahmenkataloge die erwarteten Auswirkungen quasi am Reißbrett zu verproben.

162 Der besondere Vorteil der planrechnerischen Verprobung und Darstellung liegt in der Möglichkeit, die Konsequenzen der projektierten Maßnahmen bereits im Vorfeld auszuloten und der Gläubigerversammlung vorzustellen. Risiken, wie zB ein ungedeckter Kapitalbedarf, der sich erst in einer späten Phase der Sanierung einstellt, werden erkennbar und damit erst vermeidbar. Die Abstraktion des konkret zu lösenden Problems ermöglicht es, grundlegende Fragestellungen aufzugreifen und somit nicht die konkreten Symptome des Problems, sondern das Problem selbst zu lösen.

163 Die Erkennung und Reduzierung von Risiken wird sich in einer Reduzierung der Kosten und der Erhöhung der Chance zur Akzeptanz und Annahme des Insolvenzplans niederschlagen. Darüber hinaus ist es leicht, verschiedene Alternativen durchzuspielen und diese anhand diverser Bewertungsmodelle qualitativ und quantitativ bewertbar zu machen.

In der vorliegenden Krisen-Situation wird dem Unternehmen auch keine Möglichkeit mehr eingeräumt, die tatsächlichen Auswirkungen der Sanierungsmaßnahmen in der Realität abzuwarten. Das Ergebnis der Planverprobungsrechnungen kann allen beteiligten Parteien den Weg aus der Krise aufzeigen und potentielle Geldgeber dazu bewegen, das Sanierungskonzept mitzutragen. Die Planrechnung ist somit der Kernpunkt im komplexen Prozess der Festlegung und Bewertung von in die Zukunft weisenden Unternehmensstrategien und -maßnahmen.

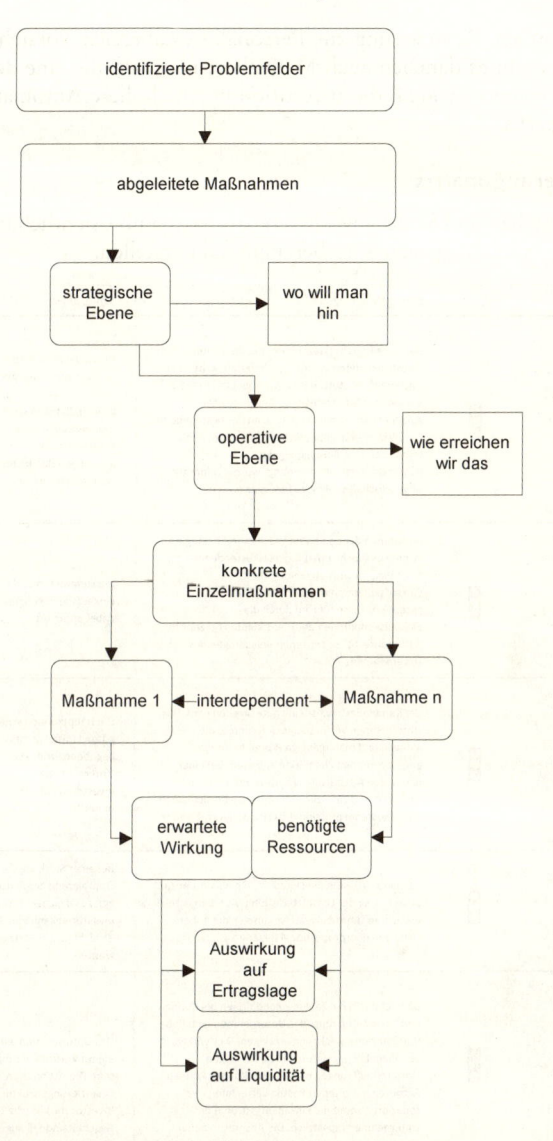

```
┌─────────────────────────────┐
│   identifizierte Problemfelder  │
└──────────────┬──────────────┘
               ▼
┌─────────────────────────────┐
│    abgeleitete Maßnahmen    │
└──────────────┬──────────────┘
               ▼
        ┌──────────────┐         ┌──────────────┐
        │ strategische │────────▶│  wo will man │
        │    Ebene     │         │     hin      │
        └──────┬───────┘         └──────────────┘
               ▼
        ┌──────────────┐         ┌──────────────┐
        │   operative  │────────▶│ wie erreichen│
        │    Ebene     │         │    wir das   │
        └──────┬───────┘         └──────────────┘
               ▼
        ┌──────────────┐
        │   konkrete   │
        │Einzelmaßnahmen│
        └──────┬───────┘
      ┌────────┴────────┐
      ▼                 ▼
┌───────────┐ ◀─interdependent─▶ ┌───────────┐
│ Maßnahme 1│                     │ Maßnahme n│
└───────────┘                     └───────────┘
      │                                 │
      ▼                                 ▼
┌───────────┐                     ┌───────────┐
│ erwartete │                     │ benötigte │
│  Wirkung  │                     │ Ressourcen│
└─────┬─────┘                     └─────┬─────┘
      │       ┌───────────┐             │
      └──────▶│ Auswirkung│◀────────────┘
              │    auf    │
              │ Ertragslage│
              └─────┬─────┘
                    ▼
              ┌───────────┐
              │ Auswirkung│
              │    auf    │
              │ Liquidität│
              └───────────┘
```

3. Bilden von konsistenten Annahmebündeln

Ein besonderes Problem bei der Generierung von Maßnahmenkatalogen zur Sanierung ist die Einhaltung der sog Konsistenzforderung. Sie verlangt, dass die zu einem Bündel zusammengefassten Annahmen und Maßnahmen einander entsprechen müssen. Diese Forderung wird automatisch dann in optimaler Weise erfüllt, wenn man – dem Prinzip des Disclosure folgend – alle Annahmen plausibel belegt und zusammen mit den Ergebnissen der Planung offen legt. So ist ein Maßnahmenbündel, welches eine Ausweitung des Produktionsvolumens bei gleichzeitiger Reduzierung im Personalkostenbereich vorsieht, nur dann konsistent, wenn es daneben auch Maßnahmen enthält, die eine derartige Entwicklung erlauben – wie zB die Investition in eine höhere Automatisierung des Maschinenparks.

4. Die Sanierungsmatrix

166 Krisenursachen und Sanierungsansätze lassen sich übersichtlich in Form einer Krisen- oder Sanierungsmatrix aufbereiten und darstellen.

Krisensymptom	Ausprägung	Bemerkung	Sanierungsansatz
Stakeholderkrise	🚦	Der Gesellschafterkreis umfasst keine strategischen Investoren, deren eigene Geschäftstätigkeiten das Unternehmen stützen bzw. Synergieeffekte bieten. Versuche, neue strategische Gesellschafter aufzunehmen, scheiterten u. a. an der bestehenden Gesellschafterstruktur, da von den potentiellen Investoren eine Bereinigung der Gesellschafterstruktur verlangt wurde, zu der die Altgesellschafter nicht zu bewegen waren.	Durch die Insolvenzsituation bieten sich neue Ansätze zur Bereinigung der Gesellschafterstruktur im Verhandlungswege bzw. im Rahmen eines Insolvenzplanverfahrens. Potentielle strategische Investoren, deren Engagement Synergieeffekte bieten kann, zeigen weiterhin Interesse.
Strategiekrise	🚦	Im Rahmen der geplanten Wachstumsstrategie (schnelles Wachstum um die Fixkostendegression zu erreichen) wurden unvorteilhafte Einkaufskonditionen (kein Retourenrecht) akzeptiert. Diese führten durch die Einkaufskonditionen der Hauptkunden (gewährtes Retourenrecht) zu extremen Belastungen des Unternehmens.	Die Lieferantenstruktur sowie die Einkaufsbedingungen werden bereinigt und dabei optimiert.
Produkt-/Absatzkrise	🚦	Die Kundenbasis weist eine gute Streuung auf. Das Unternehmen verfügt über Lieferanten, die aktuelle und marktgängige Produkte für die angesprochenen Zielmärkte anbieten. Bei einer passenden Ausstattung des Unternehmens mit Liquidität und zusätzlichem Umsatz wird sich durch die Fiskostendegression die Ertragslage verbessern.	Die Hauptkunden schätzen weiterhin die guten Einkaufskontakte und das dadurch gegebene Produktsprktrum des Unternehmens. Einflüsse strategischer Investoren können hier zusätzliche Impulse bieten.
Erfolgskrise	🚦	Retouren belasten die Liquidität, die wiederum zur Erweiterung der Umsatzbasis fehlt. Auf dem aktuell erreichten Umsatzniveau wirken sich die hohen Fixkosten überproportional negativ aus.	Bei einer Stärkung der Liquidität, Optimierung der Einkaufskonditionen und ggf. zusätzlichem Umsatz durch strategische Investoren kann eine Fixkostendegression erreicht und die Ertragslage verbessert werden.
Liquiditätskrise	🚦	Bedingt durch die Zahlungskonditionen bei Kunden und Lieferanten muss das Unternehmen eine hohe Vorfinanzierungsleistung erbringen. Dies wirkt sich vor allem bei geplanten und notwendigen Umsatzsteigerungen negativ aus. Kunden können Retouren mit offenen Posten verrechnen und reduzieren somit die Einzahlungsströme des Unternehmens zusätzlich. Die Ansprache neuer Investoren scheiterte an der Gesellschafterstruktur und Altlasten (Zusagen im Rahmen der betrieblichen Altersversorgung).	Das Unternehmen wird auch künftig mit einem Vorfinanzierungsbedarf konfrontiert sein. Dies ist nur durch eine auskömmliche Finanzierungsstruktur zu erreichen. Ein neuer Investor muss deshalb für eine dem Geschäftsmodell angepasste Ausstattung mit Eigen- und Fremdkapital sorgen.
Insolvenzreife	🚦	Bedingt durch die angespannte Liquiditätslage konnten die Kunden nicht mehr optimal mit Waren beliefert werden. Dies führte gleichzeitig zu einer hohen Retourenquote, die ihrerseits die Liquidität belastete. Bankseitig wurden keine neuen Mittel zur Verfügung gestellt, so dass die Insolvenzreife durch Zahlungsunfähigkeit eingetreten ist.	

I. Instrumente der Planerstellung

I. Grundkonzept der betrieblichen Planrechnung

Grundidee der betrieblichen Planrechnung ist die modellhafte Abbildung des Unternehmens als rechnergestütztes System.[169] Die modellhafte Darstellung ist notwendig, um sich auf die relevanten Aspekte zu konzentrieren. Diese Art der Darstellung wird auch in regulären Einsatzfeldern gewählt: die monatliche BWA, Summen – und Saldenlisten bis hin zum Jahresabschluss stellen vergangenheitsbezogene Abbildungen des Unternehmens dar, da hierin alle Geschäftsvorfälle einer Rechnungslegungsperiode zusammengefasst abgebildet werden. Selbst eine sinnvolle Abstraktion wird hier vorgenommen, da alle Geschäftsvorfälle in Kategorien zusammengefasst werden und in aggregierter Form vorliegen. Die Planrechnung übernimmt diese aggregierten Kategorien und geht nur so weit ins Detail, wie dies für die Bearbeitung der konkreten Fragestellung notwendig ist. 167

Dieses Modell der relevanten Aspekte des Unternehmens wird in Form eines Rechenmodells (meist Tabellenkalkulationsprogramme) mit Hilfe des Computers abgebildet. In dieses Modell führt man im Rahmen der eigentlichen Planrechnung die verschiedene Eingangsgrößen ein und „spielt" diverse Entwicklungsmöglichkeiten durch. 168

Hierbei muss man immer im Auge behalten, dass die zukunftsbezogene Planung zwangsläufig eine gewisse Anzahl von Unsicherheiten enthalten wird, da sie die vergangenheitsbezogene Ebene mit ihren vorliegenden sicheren Daten verlässt und sich mit Entwicklungen befasst, die nur über mehr oder weniger unsichere Prognosen erfasst werden können. 169

Um den sich zwangsläufig ergebenden Unsicherheitsaspekten gerecht zu werden, ist eine Planung in alternativen Szenarien notwendig. Ein Szenario stellt eine von mehreren Möglichkeiten dar, wie sich die Zukunft gestalten kann. Ein Szenario greift also aus der – im Prinzip unbegrenzten – Zahl der möglichen Entwicklungen eine heraus. 170

In Anlehnung an das 8-stufige Vorgehen zur Szenario-Analyse, wie es vom Battelle-Institut konzipiert wird, ergeben sich folgende Schritte: 171

	Battelle-Konzept	Praxisumsetzung
Schritt 1:	Strukturierung und Definition des Untersuchungsfelds	Aufstellen des Modells entspr. der Fragestellung zB Grundstruktur Plan GuV
Schritt 2:	Identifizierung und Strukturierung der wichtigsten Einflussbereiche auf das Untersuchungsfeld	Festlegen der als veränderlich betrachteten Größen zB Produktionsprogramm, Lohnkostenentwicklung

---

[169] Vgl. dazu auch *Dobler/Köbler*, Planrechnungen im Unternehmen sowie *Dobler*, Ertrags- und Liquiditätsplanung.

14. Teil. Sonderinsolvenzen

Battelle-Konzept		Praxisumsetzung
Schritt 3:	Ermittlung von Entwicklungstendenzen und kritischer Deskriptoren der Umfelder	Aufstellen von möglichen Entwicklungen der veränderlichen Größen zB Produktionsprogrammplanung, Auftragserwartung
Schritt 4:	Bildung und Auswahl alternativer, konsistenter Annahmebündel	Zusammenfassen zu zusammengehörenden Bündeln
Schritt 5:	Interpretation der ausgewählten Umfeldszenarien	Diskussion der gebildeten Bündel, Klassifizierung, erste Überlegungen über weitere Auswirkungen für jedes Bündel
Schritt 6:	Einführung und Auswirkungsanalyse signifikanter Störereignisse	Einfügen von möglichen negativen Störungen zB Verzögerungen, Forderungsausfall
Schritt 7:	Ausarbeiten der Szenarien bzw. Ableiten von Konsequenzen für das Untersuchungsfeld	Zusammenstellen der Bündel nebst Störeinflüssen zu Szenarien; evtl. Bewertung mit Wahrscheinlichkeit Berechnen der Auswirkungen durch Einlasten der Szenarien in das Modell
Schritt 8:	Konzipieren von Maßnahmen und Planungen	Festlegen der Maßnahmen, die aufgrund der Ergebnisse der Analyse notwendig werden

II. Elemente einer vollständigen betrieblichen Planrechnung

172 Eine vollständige Planungsrechnung besteht aus den Elementen
- Ergebnisplanung
- Finanzplanung
- Planbilanz

Ergänzt werden diese Bereiche um aufgabenspezifische Planungen wie
- Alternativenbewertung
- Projektplanungen
- Steuerplanung
- etc

Selbstverständlich werden diese Bereiche nicht isoliert voneinander betrachtet sondern fließen in ein integriertes Rechenmodell ein.

1. Ergebnisplanung

173 Das Ziel der Ergebnisplanung ist die rechnerische Ermittlung des Betriebsergebnisses einer oder mehrerer zukünftiger Periode(n) unter Zugrundelegung gewisser Annahmen. Die Ergebnisplanung erstellt also eine Plan-Gewinn- und Verlustrechnung (Plan-GuV) nach dem Schema der GuV des Jahresabschlusses.

Da die Liquiditätsplanung auf den Größen der Ergebnisplanung aufbaut, ist in beiden Fällen eine unterjährige Planung notwendig.

Eine einfache direkte Extrapolation bzw. eine mathematisch-statistische Hochrechnung der Vergangenheitsentwicklung ist für die Erstellung von Sanierungsplänen denkbar ungeeignet, da lediglich Werte der Zielgröße Jahresergebnis aus der Vergangenheit in die Zukunft fortgeschrieben werden. Diese Verfahren disqualifizieren sich wegen der völligen Außerachtlassung der notwendigen Sanierungsmaßnahmen und der Eliminierung der krisenverursachenden Faktoren selbst.

Eine aussagekräftige Ergebnisplanung, welche auch eine realistische Finanzplanung ermöglicht, wird erst über eine differenzierte Prognose aller ergebniswirksamen Anteile, also durch eine differenzierte GuV-Prognose, möglich. 174

Prognosen für Einzelgrößen / Schlüsselwerte
Durchspielen von alternativen Szenarien

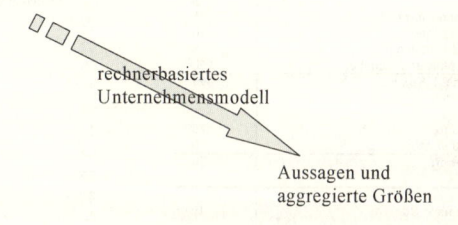

rechnerbasiertes
Unternehmensmodell

Aussagen und
aggregierte Größen

Die sinnvolle und realistische Ergebnisplanung erstellt deshalb eine Plan-Gewinn- und Verlustrechnung (Plan-GuV) nach dem Schema der GuV des Jahresabschlusses. Jede einzelne Größe der GuV-Rechnung fließt in diese Prognoserechnung mit ein. Nach dem stets zu beachtenden Prinzip des Disclosure sind alle Annahmen plausibel zu belegen. 175

Die eigentliche Zielgröße des Unternehmenserfolgs wird in der Plan-GuV somit erst indirekt aus der rechnerischen Zusammenführung der Prognosewerte aller ergebniswirksamen Größen im Unternehmensmodell ermittelt.

Die Ergebnisse der Plan-GuV bieten somit Informationen zur Beurteilung von Fragen wie: 176
– mit welchem Ergebnis ist in der Planperiode zu rechnen
– wie wirken sich die geplanten Maßnahmen auf das Ergebnis aus
– welche Steuerbelastung resultiert aus diesem Ergebnis
– wie groß ist der Cash-Flow dieser Planperiode
– reicht dieser Cash-Flow für Tilgungsdienste, Investitionen, etc aus.

Die nachfolgende Tabelle stellt ein Berechnungsschema der Ergebnisplanung sowie denkbare Quellen zur Ermittlung von Plangrößen vor. Unternehmensspezifische Gegebenheiten werden jedoch stets im Vordergrund stehen. Im optimalen Fall stehen für jede ergebniswirksame Größe Einzelanalysen zur Verfügung, wobei jedoch der Trade-Off zwischen der durch detaillierte Einzelanalysen erreichbaren Genauigkeit und dem notwendigen Aufwand sehr schnell deutlich wird. 177

Zwischen einzelnen Größen liegen oftmals Koppelungen vor. Koppelung besagt, dass sich eine Größe variabel an eine Veränderung einer weiteren Größe (Bezugsgröße) anpasst. Das klassische Beispiel hierfür ist der Materialeinsatzquotient innerhalb einer homogenen Produktgruppe. 178

Depré/Dobler

Gesamtleistung	3.714	✓			
Material	2.150	⇐			
Fremdleistung	250	⇐			
Materialeinsatz gesamt	**2.400**	⇐			
Personaleinsatz fix	600	⇐			
Personaleinsatz zusätzl. fix	60	⇐			
Personaleinsatz variabel	10	⇐			
Personaleinsatz gesamt	**670**	⇐			
AfA	**60**	⇐			
Raumkosten	120	⇐			
Versicherungen/Beiträge	20	⇐	Prognosen	⇐	✓
R&I	20	⇐			Detaillierte,
Fahrzeugkosten	20	☒	Szenarien	☒	nachvollziehbare
Fahrzeug-/Reisekosten	15				Darlegung
Kosten der Warenabgabe	50	⇐	Strategien	⇐	der
Telefon/Porto	15	⇐	Kostenstrukturen	⇐	Annahmen
Bürobedarf	5	⇐		☑	
BuHa und Jahresabschluß	25				
Werkzeug/Kleingerät	10				
sonst. betriebl. Kosten fix	15	⇐			
sonst. betriebl. Kosten variabel	150	⇐			
Sonst. betriebl. Kosten	**465**	⇐			
Zinsertrag	5	⇐			
Zinsaufwand fix	75	⇐			
Zinsaufwand variabel	0	⇐			
Finanzergebnis	**-70**	⇐			
		⇐			
vorl. Ergebnis v. Steuern	**49**	⇐			
Cash-flow (kurz)	**109**	☑			

Sinnvollerweise definiert man eine (oder mehrere) Bezugsgröße(n), die der strategischen Zielsetzung des Unternehmens entspricht und einen Großteil des betrieblichen Erfolgs ausmacht. Für die Belegung der Bezugsgrößen mit Planzahlen sind hier die detailliertesten Analysen notwendig. In den meisten Fällen wird die Gesamtleistung des Unternehmens Bezugsgröße sein. In einem nächsten Schritt werden die mit dieser Bezugsgröße gekoppelten Kostenarten gesucht. Die Koppelung an die Bezugsgröße kann dabei über einen Prozentsatz – zB Materialeinsatz 42 % – erfolgen.

179 Andere Kosten können als fix angesehen werden, beispielsweise die Mietzahlungen. Eine weitere Art der Koppelung stellen die sprungfixen Kosten dar. Sprungfixe Kosten verharren bis zu einem gewissen Grenzwert der Bezugsgröße auf einem konstanten Niveau. Wird die Bezugsgröße über- bzw. unterschritten, springt die sprungfixe Größe auf ein neues (höheres bzw. niedrigeres) Niveau und verharrt dort wieder bis zum Erreichen der nächsten Sprungmarke.

180 Somit erhält man einen Katalog mit mehreren Kategorien:
– direkte Bezugsgröße (Einzelanalyse) – zB Gesamtleistung
– weitere Größen mit Einzelanalysen – zB Personal- oder Finanzbereich
– Kostenarten, die sich direkt an den Bezugsgrößen orientieren (direkte oder sprungfixe Koppelung) – zB Materialkosten
– Kostenarten, die sich über die Jahre hinweg nur unwesentlich und nicht direkt mit der Bezugsgröße verändern (schwache bzw. keine Koppelung) zB Raumkosten
– Berechnungsschema der Ergebnisplanung

Depré/Dobler

1	Umsatzerlöse	Umsatzerwartungen nach Produktgruppen aufgeschlüsselt
2	Bestandsveränderungen Erzeugnisse	projektierter Bestandsauf/abbau nach Produktgruppen - bewertet

3=1+2 Gesamtleistung

4	Materialeinsatz	- in % der Gesamtleistung der Produktgruppen - nach Einzelkalkulationen - Einbeziehung von Preisänderungen bei Rohstoffen

5=3-4 Rohertrag

6	Sonst betriebl. Erträge	- besondere Entwicklungen - Fortrechnung aus Vergangenheit

7 Betriebl. Rohertrag

8	Personalkosten	Personalplanung mit Veränderungen fixe Anteile, variable Anteile in Abhängigkeit der Gesamtleistung stets unter Einbeziehung aller Lohnnebenkosten

9	Raumkosten	
9	Versicherungen/Beiträge	
9	Reparatur und Instandhaltungen	- Fortrechnung der Vergangenheit
9	Fahrzeugkosten	- besondere Entwicklungen
9	Fahrzeug-/Reisekosten	- vertragliche Regelungen
9	Kosten der Warenabgabe	- in % der Gesamtleistung oder auf Basis einer anderen Bezugsgröße
9	Telefon/Porto	
9	Bürobedarf	
9	BuHa und Jahresabschluß	
9	Werkzeug/Kleingerät	
9	Sonst betriebl. Kosten	

9	Abschreibungen	aufgesetzt auf Entwicklung des Anlagevermögens der letzten Jahre ergänzt um Neuinvestitionen und Desinvestitionen

10=8+9 Gesamtkosten

11=7-10 Betriebsergebnis

12	Zinserträge	- Finanzierungskonditionen alt
13	Zinsaufwand	- Finanzierungskonditionen neu - Entwicklung Kontokorrentbedarf

14=12-13 Finanzergebnis

15 Außerordentl. Ergebnis

16=14-15 Vorläufiges Ergebnis vor Steuern

17	Ertragsteuern	Berechnung aus Verlustvorträgen und Ergebnis vor Steuern mit Steuersatz

18=16-17 Vorläufiges Ergebnis nach Steuern

Als Annahmen könnten zB gelten:
– Bezugsgröße: Gesamtleistung.
– Material-(Fremdleistungs-)einsatz von 35 %
– Personalkosten innerhalb gewisser Intervalle von der Gesamtleistung unabhängig:
– Anfall von Aushilfslöhnen von der Gesamtleistung abhängig
– ab einem Schwellenwert der Gesamtleistung zusätzlicher Personalbedarf
Für alle weiteren Kosten können analoge Annahmen – Koppelung an Bezugsgröße, Konstanz, lineare Veränderung, etc – getroffen werden.
Als Ergebnis dieser Überlegungen erhält man ein Planungsmodell entsprechend der nachfolgenden Darstellung:

		Kostenstruktur	
Gesamtleistung	**3.714**		Bezugsgröße
Material	743	20% der Gesamtleistung	
Fremdleistung	557	15% der Gesamtleistung	direkte Koppelung an Bezugsgröße
Materialeinsatz gesamt	**1.300**		
Personaleinsatz fix	600	fix	
Personaleinsatz zusätzl. fix	60	60 wenn Gesamtleist. > 3.500	
Personaleinsatz variabel	371	10% der Gesamtleistung	
Personaleinsatz gesamt	**1.031**		
AfA	**60**	fix	nicht-stetige Koppelung
Raumkosten	120	fix	
Versicherungen/Beiträge	20	fix	
R&I	20	fix	
Fahrzeugkosten fix	20	fix	
Fahrzeug-/Reisekosten var.	371	10% der Gesamtleistung	
Kosten der Warenabgabe	74	2% der Gesamtleistung	ohne Koppelung
Telefon/Porto	15	fix	
Bürobedarf	5	fix	
BuHa und Jahresabschluß	25	fix	
Werkzeug/Kleingerät	10	fix	
sonst. betriebl. Kosten fix	15	fix	
sonst. betriebl. Kosten variabel	186	5% der Gesamtleistung	
Sonst. betriebl. Kosten	**881**		
Zinsertrag	5	fix	
Zinsaufwand fix	75	fix	
Zinsaufwand variabel	0	10% der Gesamtleistung über 3800	
Finanzergebnis	**-70**		
vorl. Ergebnis v. Steuern	**371**		

184 Eine direkte Koppelung der Größen Materialeinsatz und Fremdleistung an die betriebliche Gesamtleistung sollte nur dann erfolgen, wenn das Unternehmen ausschließlich eine homogene Produktgruppe produziert oder vertreibt. Bei einer differenzierten Produktpalette sind diese Überlegungen für jede Produktgruppe separat anzustellen, wie die nachfolgende Tabelle exemplarisch zeigt:

Planung der Umsatzerlöse in der Leistungskategorie		Planung des Wareneinkaufs für die Leistungskategorie	
Blech	->	Blech	30%
Blech hochwertiges Ausgangsmaterial	->	Blech hochw. Mat.	55%
Profil	->	Profil	31%
CNC	->	CNC	20%
Muster	->	Muster	10%

185 Gerade im Bereich des Anlagen- oder Spezialmaschinenbaus ist auch diese Vorgehensweise nicht differenziert genug. Dort bleibt als einzig sachgerechte Alternative eine Planung auf der Basis der vorliegenden oder zu akquirierenden Einzelaufträge. Deren konkrete Kalkulation findet dann Eingang in die betriebliche Planrechnung, so dass sich beispielsweise der gesamte Materialaufwand des Unternehmens aus der Summe der einzelnen Materialaufwandspositionen der Einzelnen, in die Planung einfließenden Aufträge ergibt.

Depré/Dobler

2. Finanzplanung unter besonderer Berücksichtigung der Anforderungen an einen Insolvenzplan

Ziel der Finanzplanung ist es, die Zahlungsmittelströme über den Planungszeitraum so zu gestalten, dass keine Finanzierungslücken entstehen. Dabei greift die Planung sehr detailliert auf einzelne Aus- und Einzahlungen zurück, um folgende Fragen zu beantworten: 186
- wie muss eine neue Finanzierungslinie ausgelegt werden, um der Durchführung der Sanierungsmaßnahmen oder einem geplanten Umsatzwachstum gerecht zu werden
- wie wirken sich denkbare Maßnahmen von Seiten der Gläubiger aus
- in welchem Umfang und zu welchem Zeitpunkt sind Auszahlungen an die Gläubigergruppen möglich

Die Finanzplanung betrachtet Mittelzu- und -abflüsse des Unternehmens über den Planungszeitraum hinweg. Dabei stellt die unterjährige Planung auf Monats- bzw. Wochenbasis sicher, dass Kapitalbedarfsspitzen innerhalb des Jahres erkannt werden können. Die Planung darf sich nicht nur an den Gegebenheiten zu den Bilanzstichtagen orientieren.

Zahlreiche Daten der Ergebnisplanung fließen in die Finanzplanung ein. So 187
entspricht der erste Teil der Finanzplanung in seinem Aufbau auch im Wesentlichen der Plan-GuV. Es sind jedoch zahlreiche Korrekturen notwendig. Die zu planenden Mittelzuflüsse aus der betrieblichen Tätigkeit entsprechen im Wesentlichen den durch die Debitorenlaufzeit zeitversetzten Einzahlungen aus den Erträgen der Ergebnisplanung. Anzusetzen sind hier Bruttowerte, da Zahlungen – mit Ausnahme von Auslandsgeschäften – stets brutto zu leisten sind. Generell sind umsatzsteuerliche Aspekte mit zu berücksichtigen. Demgegenüber fallen solche Anteile der Ergebnisplanung wie beispielsweise die Erträge aus der Auflösung von Rückstellungen in der Finanzplanung völlig weg, da ihnen kein Zahlungsstrom entspricht.

Auch die Auszahlungen können – uU zeitversetzt – wiederum aus der Ergebnisplanung übernommen werden. Grundsätzlich ist für jede Auszahlungsgröße der Zeitpunkt des Mittelabflusses separat zu ermitteln. So ist beispielsweise der Personalkostenblock in die Bereiche Nettolöhne – als im Monat des Aufwands zahlungswirksam –, die abzuführende Lohnsteuer sowie die Beiträge zu den Sozialversicherungen als erst im Folgemonat zahlungswirksam aufzuspalten. 188

Der umsatzsteuerlichen Problematik wird Rechnung getragen durch die Berücksichtigung der an das Finanzamt zu leistenden Zahlungen. Diese Zahllast ist separat zu ermitteln und – im Falle einer unterjährigen Planung – entsprechend den steuergesetzlichen Vorgaben dem nächsten oder dem übernächsten Kalendermonat als Zahlungsstrom zuzuordnen. 189

Je nach Bedeutung der zu untersuchenden Kosten für die gesamte Liquiditätslage des Unternehmens muss der Plansteller abwägen, ob eine pauschale Berücksichtigung eventueller Zeitverschiebungen bei anderen Kostenarten ausreicht oder aber detaillierte Erhebungen über die Fälligkeitszeitpunkte notwendig sind. Gewisse Auszahlungen liegen bereits im Vorfeld bzgl. ihrer Zahlungstermine sicher fest und sind entsprechend zu berücksichtigen, so zB fällige Steuervorauszahlungen, Wechselverbindlichkeiten, Versicherungsbeiträge. 190

191 Grundsätzlich sollte die Liquiditätsplanung dem Prinzip „Sicherheit geht vor Genauigkeit" folgen. Dies bedeutet, dass die Zeitverzögerungen zwischen Aufwand und Auszahlung eher kurz oder oft gar nicht, diejenigen zwischen Ertrag und Einzahlung aber eher lang anzusetzen sind.

lfd. Nr bzw. Berechnung	Position	Datenquelle
	Einzahlungen	
1	Einzahlungen aus Umsatzerlösen	GuV
2	Einzahlungen aus erhaltenen Anzahlungen	GuV bzw. Vereinbarungen/Annahmen
3	Einzahlungen aus sonst. Erträgen sofern zahlungswirksam	GuV
4=1+2+3	**Zwischensumme**	
	Auszahlungen mit anrechenbarer Vorsteuer	
5	Material	GuV
6	Strom, Heizung, Wasser	GuV
7	Hilfs- und betriebsstoffe	GuV
8	Verpackungen	GuV
9	Provisionen	GuV
10	Frachten	GuV
11	Betriebsstättenaufwand	GuV
12	Instandhaltung	GuV
13	Mieten	GuV
14	Rechts- und Beratungskosten	GuV
15	KFZ-Kosten	GuV
16	Reisen	GuV
17	Bewirtung	GuV
18	Kommunikation	GuV
19	Werbung	GuV
20	Bürobedarf	GuV
21	Müllentsorgung	GuV
22	EDV	GuV
23	Leasing	GuV
24	Sonstige Kosten	GuV
25=5+...+24	**Zwischensumme**	
	Auszahlungen ohne anrechenbare Vorsteuer	
26	Personalkosten	GuV
27	Beiträge	GuV
28	Versicherungen	GuV
29	Zinszahlungen	GuV/FP
30=26+...+29	**Zwischensumme**	
31=4-25-30	**Liquiditätssaldo 1**	
32	Tilgungen aller Art	Tilgungspläne
33	Investitionen (+) / Desinvestitionen (-)	Vereinbarungen/Annahmen
34	Privatentnahmen (+) /einlagen (-)	Vereinbarungen/Annahmen
35	Ausschüttungen (+) / Kapitalerhöhungen (-)	Vereinbarungen/Annahmen
36	etc	Vereinbarungen/Annahmen
37=32+...+36	**Zwischensumme**	
38	Darlehensneuaufnahme	Vereinbarungen/Annahmen
39	Umsatzsteuerzahllast	berechnet
40	sonst. steuerlichen Zahlungen	Vereinbarungen/Annahmen
41=31-37+38-39-40	**Liquiditätssaldo 2**	

192 Aus der Saldierung der Summe der Einzahlungen und der Summe der Auszahlungen errechnet sich ein erster Liquiditätssaldo. Dieser Wert ist zu ergänzen um
- Darlehenstilgungen, -rückzahlungen
- Privatentnahmen bei Einzelunternehmen

Depré/Dobler

- Gesellschafterdarlehen
- Ausschüttungen
- Auszahlungen für den Lagerbestandsaufbau
- Investitionen
- Rückführung der Altverbindlichkeiten (ggf. anteilig)

Nach Ergänzung um diese Positionen errechnet sich der endgültige Liquiditätssaldo der Planungsperiode, der entweder einen Zahlungsmittelüberschuss oder eine -lücke ausweist. Da per Definition dieser Saldo immer gleich Null sein muss, sind geeignete Maßnahmen zum Ausgleich in die Planung aufzunehmen. Im Fall einer Unterdeckung entsteht ein echter Kapitalbedarf. Es werden Überlegungen notwendig, ob die Kontokorrentlinie diese Unterdeckung aufzufangen vermag oder ob eine alternative Gläubigerquote zu einer tragbaren Liquiditätsbelastung führt.

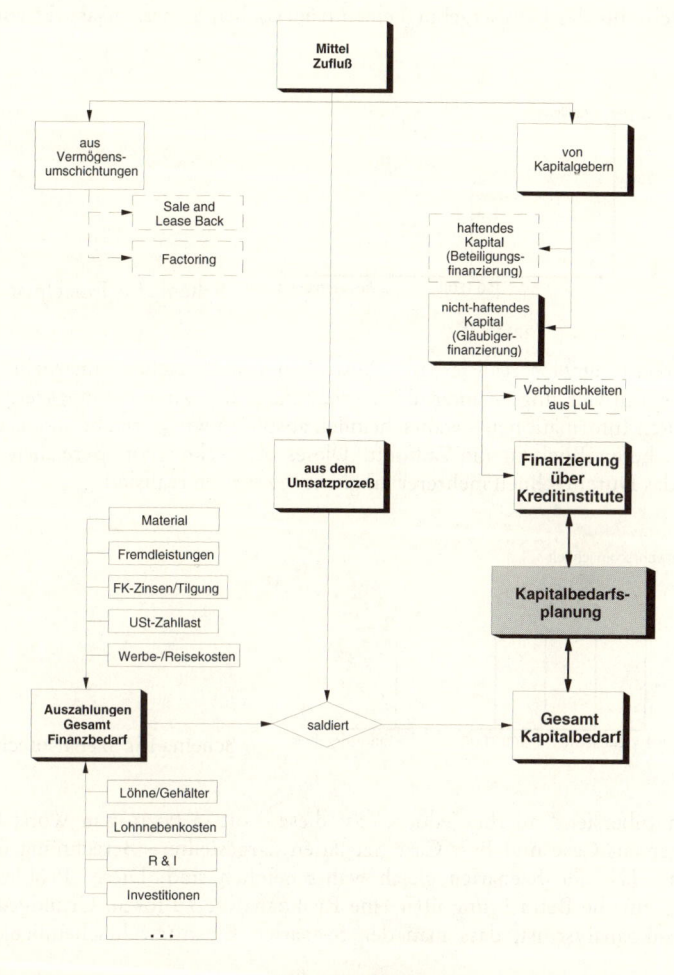

193

Depré/Dobler

194 Das vorhergehende Schema zeigt exemplarisch die in eine Finanzplanung einfließenden Größen, deren gegenseitige Verrechnung und die Herkunft der einzelnen Größen. Als Datenquelle wird hauptsächlich auf die GuV-Planung zurückgegriffen. Weitere Informationen entstammen den Tilgungsplänen oder Annahmen, die auf den bereits beschriebenen Analysen und Informationssammlungen beruhen.

Unter dem Punkt Tilgungen sind auch die Auszahlungen an die diversen Gläubigergruppen gemäß den Annahmen des gestaltenden Teils aufzunehmen.

III. Risikoanalyse

195 Die Zukunft lässt sich nicht über einzelne punktartige Ergebnisse abbilden. Ein derartiges Verfahren entspricht jedoch den klassischen Verfahren der Planerstellung, welche über die Angabe eines einzigen Werts für die Zielgröße (beispielsweise für das Jahresergebnis) einen trügerischen Sicherheitsaspekt vortäuschen.

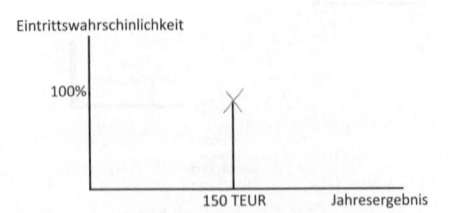

Schema für Einzelplan

196 Ein relativ einfach realisierbares Abstecken von Bereichen, innerhalb derer sich die Entwicklung – unter Berücksichtigung der zum Planungszeitpunkt bekannten Informationen – wahrscheinlich abspielen wird, erlaubt bereits einen realistischeren Blick in die Zukunft. Dieses Abstecken von Bereichen wird durch das Durchrechnen mehrerer möglicher Szenarien realisiert.

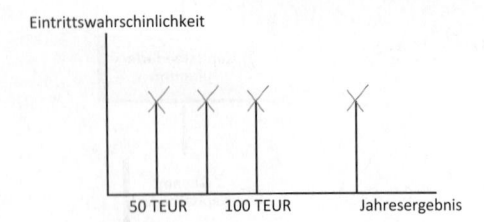

Schema für Szenariotechnik

197 Man „übersieht" hierbei jedoch, dass diese – oft in Form von Worst-Case, Management-Case und Best-Case Szenarien dargestellte – Berechnung davon ausgeht, dass alle Szenarien gleich wahrscheinlich sind. Dieses Problemfeld vermag nur die Betrachtung über eine Risikoanalyse zu lösen. Grundgedanke der Risikoanalyse ist, dass man den Szenarien Eintrittswahrscheinlichkeiten

Depré/Dobler

zuordnet. Den Ergebnissen der Berechnung auf Basis dieser Szenarien wird dieselbe Eintrittswahrscheinlichkeit zugeordnet wie den zugrundeliegenden Szenarien selbst.

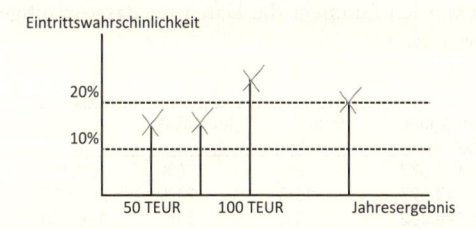

Schema für Risikoanalyse

Das nachfolgende Beispiel dokumentiert den Einsatz dieses Instruments in einem realen Fall: 198

Basis der Risikoanalyse sind neun Szenarien bestehend aus den drei Szenarien für die Gesamtleistung, bei denen jeweils drei Werte für den Materialeinsatz durchgerechnet wurden. Die Szenarien wurden mit Eintrittswahrscheinlichkeiten belegt.
- Gesamtleistung 20 Mio. 30% Eintrittswahrscheinlichkeit
- Gesamtleistung 18,1 Mio. 50% Eintrittswahrscheinlichkeit
- Gesamtleistung 16 Mio. 20% Eintrittswahrscheinlichkeit

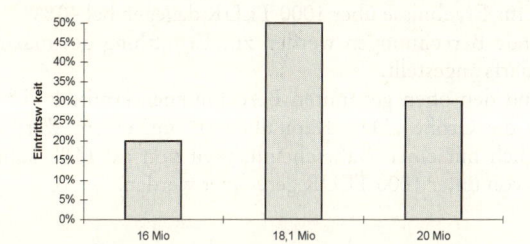

Entsprechend wurden Eintrittswahrscheinlichkeiten für den Materialeinsatz ermittelt
- Materialeinsatz 40% 20% Eintrittswahrscheinlichkeit
- Materialeinsatz 42% 50% Eintrittswahrscheinlichkeit
- Materialeinsatz 45% 30% Eintrittswahrscheinlichkeit

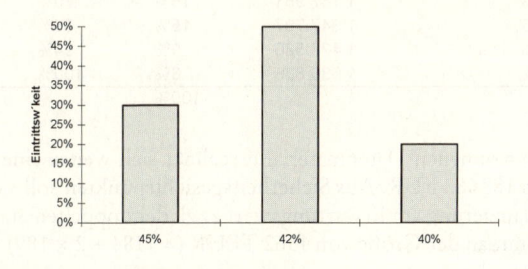

Depré/Dobler

14. Teil. Sonderinsolvenzen

Aus diesen Werten lassen sich die Eintrittswahrscheinlichkeiten der neun Szenarien über einfache Multiplikation der Einzelwahrscheinlichkeiten errechnen. Analoge Berechnungen werden für die weiteren Kombinationsmöglichkeiten der Szenarien eingesetzt.
Gemäß diesen Berechnungen werden nunmehr die Daten für das vorläufige Jahresergebnis der Szenarien bewertet.

	1	2	3	4=1*2
Szenario	Ausprägung Ergebnis	Eintrittsw´keit	kumuliert	
20 Mio 40%	2.173.577	6%	6%	130.415
20 Mio 42%	1.773.577	15%	21%	266.037
18,1 Mio 40%	1.298.402	10%	31%	129.840
20 Mio 45%	1.173.577	9%	40%	105.622
18,1 Mio 42%	936.402	25%	65%	234.101
18,1 Mio 45%	393.402	15%	80%	59.010
16 Mio 40%	144.332	4%	84%	5.773
16 Mio 42%	-175.668	10%	94%	-17.567
16 Mio 45%	-655.668	6%	100%	-39.340
		100%		873.891

Unter Einbeziehung dieser Ergebnisse wird mit einem Erwartungswert für das vorläufige Ergebnis von ca. 873 TEUR gerechnet. Die Extremwerte spannen dabei einen Bereich zwischen 655 TEUR und 2173 TEUR auf. Die Wahrscheinlichkeit für ein negatives Ergebnis liegt dabei unter 16%. Die Wahrscheinlichkeit für Ergebnisse über 1000 TEUR dagegen bei 40%.

199 Entsprechende Berechnungen werden zur Ermittlung des maximal benötigten Kapitalbedarfs angestellt.

Entsprechend den oben genannten Berechnungen ermittelt sich der Erwartungswert für die Größe „Max. Kapitalbedarf" mit einem Wert von ca. 1184 TEUR. Lediglich mit einer Wahrscheinlichkeit von ca. 14% kann mit einem Kapitalbedarf von unter 1000 TEUR gerechnet werden.

	1	2	3	4=1*2
Szenario	Ausprägung max. Kap.bedarf	Eintrittsw´keit	kumuliert	
16 Mio 40%	866.760	4%	4%	34.670
18,1 Mio 40%	946.192	10%	14%	94.619
20 Mio 40%	1.030.861	6%	20%	61.852
16 Mio 42%	1.034.951	10%	30%	103.495
18,1 Mio 42%	1.127.897	25%	55%	281.974
20 Mio 42%	1.187.951	15%	70%	178.193
18,1 Mio 45%	1.347.797	15%	85%	202.170
20 Mio 45%	1.423.586	9%	94%	128.123
16 Mio 45%	1.636.885	6%	100%	98.213
		100%		1.183.309

200 Aus dem gewonnenen Datenmaterial errechnet sich weiter eine Standardabweichung von 188 667 EUR. Aus Sicherheitsgesichtspunkten soll sich die einzuräumende Finanzierung am Erwartungswert zzgl. der doppelten Standardabweichung und somit an der Größe von 1562 TEUR (= 1184 + 2 × 189) orientieren.

Depré/Dobler

Diese Überlegungen lassen sich selbstredend nicht nur zur Berechnung des 201
maximalen Kapitalbedarfs des gesamten Planungshorizonts, sondern auch für
den einzelnen Planungsteil (zB Planungsmonat) anstellen. Dieses Vorgehen stellt
sicher, dass die zu verhandelnden Verzichte bzw. Zeitpläne nicht nur auf den
Zufälligkeiten einer einzigen Fallbetrachtung basieren. Allerdings kann auch
diese Art der Berechnung keine absolute Planungssicherheit gewährleisten.

IV. Planbilanz

Gefordert wird die Zusammenführung der Ergebnisse der Ertrags- und der 202
Finanzplanung in einer Planbilanz. Die Erstellung des Plan-Jahresabschlusses
verfolgt mehrere Aufgaben:
Der Plan-Jahresabschluss aggregiert die uU großen Zahlenmengen der einzelnen Planrechnungen und stellt deren Ergebnisse übersichtlich zusammen.
Der Plan-Jahresabschluss zeigt die Entwicklungen der Planrechnungen in der
vom Jahresabschluss gewohnten Form. Durch die formale Identität ist die direkte Vergleichbarkeit mit den Vorjahren gegeben.

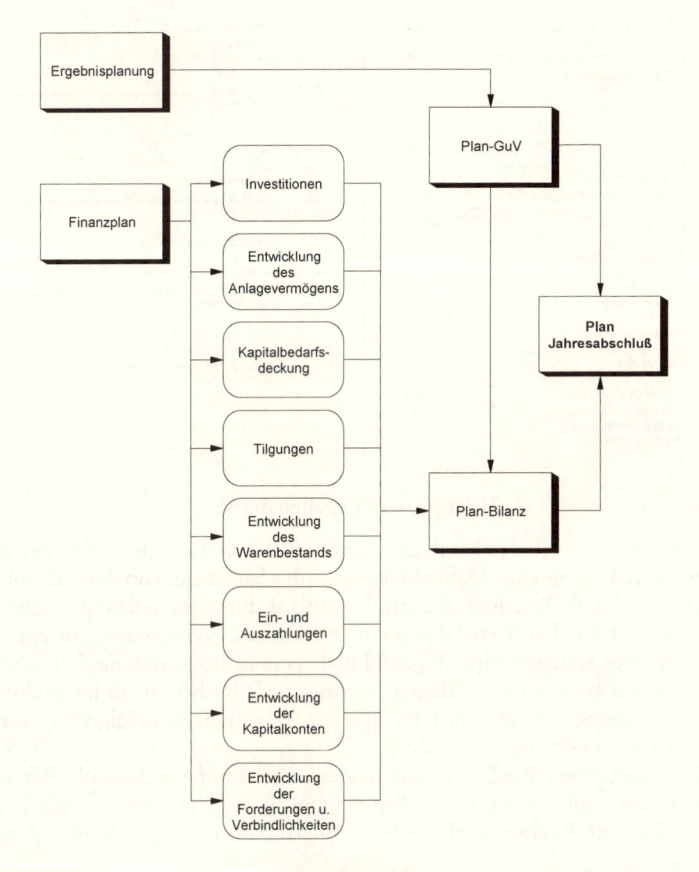

Depré/Dobler

Der Plan-Jahresabschluss stellt ein Kontrollinstrument für die Plausibilität und Konsistenz der Planungen dar. Da die Planbilanz alle unterjährig in der Plan-GuV bzw. Liquiditätsplanung herausgearbeiteten Bewegungen und Veränderungen aggregiert aufnimmt, muss sich, nach Einarbeiten der Ergebnisse der Planungen der Ertragsseite und der Finanzplanung, der Ausgleich zwischen Aktiv- und Passivseite einstellen. Die Planung ist dann als formal und rechnerisch korrekt belegt.

203 Die eigentliche Erstellung der Planbilanzen ist eine vorrangig mathematische Aufgabe, welche von rechnergestützten Planungsmodellen angeboten wird.

In der gewohnten Bilanzdarstellung ergibt sich die Erstellung der Planbilanz wie folgt aus den einzelnen Planungsergebnissen. Jede Bilanzposition wird aus dem Zahlenmaterial der Plan-GuV bzw. der Finanzplanung abgeleitet. Grob kann man sich dabei an folgendem Schema orientieren. Dabei bedeuten die Kürzel VJB, dass der Wert der Vorjahresbilanz entnommen wird. LP deutet auf die Liquiditätsplanung, PGUV auf die Plan-GuV als Datenquelle hin.

Aktivseite				Passivseite			
Anlagevermögen				Eigenkapital			
	Stand Vorjahresbilanz (VJ)		VJB		Gezeichnetes Kapital fix		VJB
+	geplante Investitionen		LP	+ / ./.	Vortrag aus VJ		VJB
./.	geplante Desinvestitionen (Buchwerte)		LP	./.	Ausschüttungen		LP
./.	geplante Abschreibungen		PGUV	+	Zuführungen		LP
	Stand Planbilanz			+ / ./.	Jahresergebnis		PGUV
					Stand Planbilanz		
Umlaufvermögen							
	Stand Forderungen aus LuL VJ		VJB	Fremdkapital			
./.	Zahlungseingänge auf Altforderungen		LP		Darlehensstände VJ		VJB
./.	Forderungsverluste		PGUV	+ / ./.	Veränderungen laut Finanzplan		LP
+	am Jahresende der Planbilanz offene Forderungen aus LuL zahlbar im Folgejahr		LP		Stand Planbilanz		
	Stand Planbilanz				Verbindlichkeiten aus LuL VJ		VJB
	Sonst. Vermögensgegenstände VJ		VJB	./.	Zahlungsausgang auf Altbestände		LP
./.	Zahlungseingänge auf Altbestände		LP	+	am Jahresende der Planbilanz offene Verbindlichkeiten aus LuL zahlbar im Folgejahr		LP
+	Neubegründete Forderungen		LP		Stand Planbilanz		
	Stand Planbilanz						
	Liquide Mittel Stand VJ		VJB		Sonst. Verbindlichkeiten VJ		VJB
+ / ./.	Veränderungen laut Finanzplan		LP	./.	Zahlungsausgänge auf Altbestände		LP
	Stand Planbilanz			+	Neubegründete Verbindlichkeiten		LP
					Stand Planbilanz		
	Rechnungsabgrenzung		VJB				
./.	Auflösung im Planjahr		PGUV				
+	neu hinzugekommen z.B. Disagio		LP				
	Stand Planbilanz						

V. Iterative Vorgehensweise

204 Im gestaltenden Teil des Insolvenzplans wird wie bereits ausgeführt beschrieben, welcher Beitrag zum Maßnahmenpaket der Sanierung von den Gläubigern erwartet wird. Die Annahme des Insolvenzplans durch die Gläubiger kann nur dann erwartet werden, wenn ihnen eine wesentliche Verbesserung in Aussicht gestellt werden kann. Das im obigen Flussdiagramm ausgewiesene Ziel ist somit das Erreichen eines konsensfähigen Niveaus, welches bei einem möglichst geringen Forderungsverzicht der Gläubiger ein Maximum an Erfolg versprechenden Sanierungsmaßnahmen erlaubt.

205 Die vorstehenden Ausführungen deuten bereits auf die Komplexität einer Planerstellung hin. Es wird also kaum möglich sein, in einem einzigen Planungszyklus bereits ein tragfähiges Sanierungsmodell mit einem konsensfähigen

Insolvenzplan zu generieren. In der Praxis wird sich bereits im Vorfeld ein iterativer Zyklus aus Erstellung eines Maßnahmenszenarios, dessen Verprobung und interner Diskussion des Ergebnisses im Hinblick auf Machbarkeit und Konsensfähigkeit einstellen. Über die Ergebnisse dieser Diskussion werden weitere Maßnahmenplanungen erkennbar, welche wiederum in diesem Kreislauf verprobt werden.

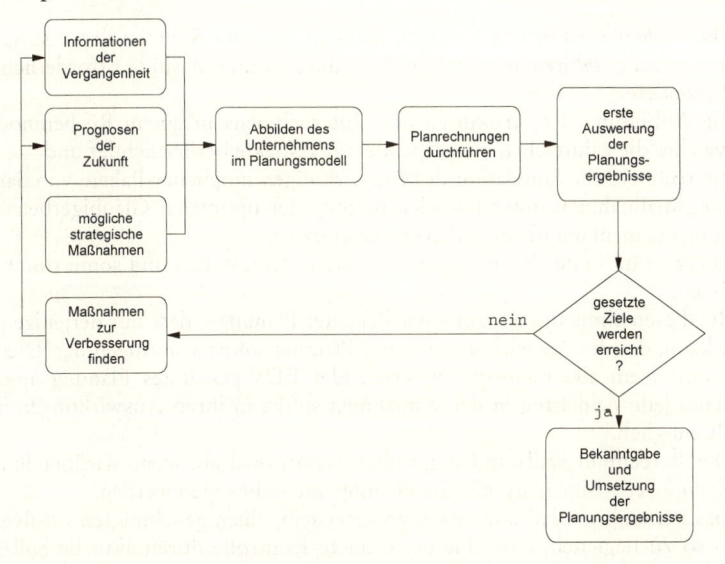

VI. Laufende Projektarbeit

Nach Genehmigung des Planverfahrens besteht eine anspruchsvolle Aufgabe in der Umsetzung der Sanierungsmaßnahmen und in der Kontrolle, ob sich die tatsächliche Entwicklung mit der Planung deckt. 206

Der ständige Abgleich der Ist-Situation mit der Planung ist das Kernelement. Ein Berichtswesen mit aktuellen Unternehmenszahlen aus den betriebswirtschaftlichen Auswertungen (BWA) flankiert und unterstützt die Umsetzung der Sanierungsmaßnahmen. Dies erhöht die Transparenz bzgl. der Entwicklung des Unternehmens und sorgt für ein Mehr an Planungssicherheit.

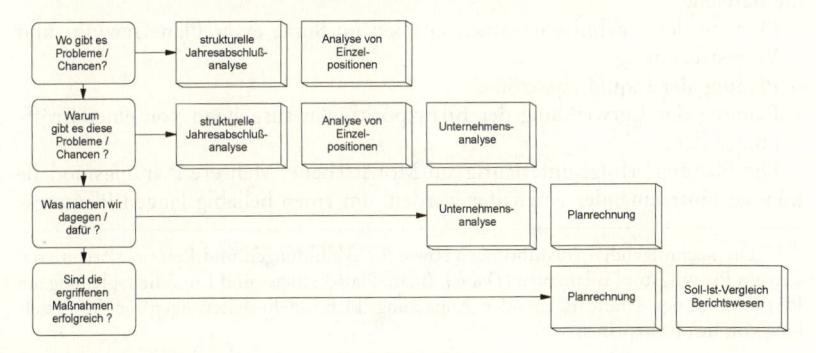

Depré/Dobler

J. Einsatz von Planungstools bei der Erstellung von Insolvenzplänen

I. Notwendigkeit integrierter Planungsmodelle

207 Die obigen Ausführungen zeigen deutlich, dass im Rahmen der Insolvenzplanerstellung zahlreiche Berechnungen durchzuführen sind. Erforderlich ist insbesondere
– die Abbildung der Strukturen des Unternehmens in einem Rechenmodell, welches die zahlreichen interdependenten Aspekte berücksichtigt und
– die rechnerische Simulation der Auswirkungen möglicher Pakete von Sanierungsmaßnahmen unter Berücksichtigung der optimalen Gläubigerbefriedigung in einem iterativen Verbesserungsprozess.
Hierzu sind in der Regel diverse Szenarien darzustellen und somit durchzurechnen.

208 Bei diesen Simulationen gilt – wie bei jeder Planung – dass nur derjenige planen kann, der die Auswirkungen seiner Planung sofort vor Augen hat. Dies ist nur durch ein alle Elemente integrierendes EDV-gestütztes Planungsmodell, welches jede Änderung in den Annahmen sofort in ihren Auswirkungen darstellt, möglich.[170]

209 Der Berechnungsaufwand steigt überproportional an, wenn darüber hinaus Elemente der Risikoanalyse in die Planung mit einbezogen werden.

210 Das Planungsmodell muss dazu geeignet sein, einen genehmigten Insolvenzplan so zu begleiten, dass eine permanente Kontrolle durch aktuelle Soll-Ist-Vergleiche gegeben ist. Nicht zuletzt ist es notwendig, die Planungsergebnisse in einer präsentationsreifen und nachvollziehbaren Form aufzubereiten.
Die nachfolgenden Ausführungen geben einen Einblick in die Arbeit mit einem derartigen planungsunterstützenden System.

II. Basiselemente

211 Die nachfolgenden Ausführungen zeigen exemplarisch die Möglichkeiten einer EDV-unterstützten Planung. Die Planungsberechnungen erstrecken sich auf die Bereiche
– Planung der ergebniswirksamen Größen im Sinne einer Plan-Gewinn- und Verlustrechnung
– Planung der Liquiditätsströme
– Planung der Entwicklung der Bilanzpositionen ausgehend von einer Eröffnungsbilanz

212 Die Planung erfolgt unterjährig auf Monatsebene. Mehrere Planungsmodelle können hintereinander geschaltet werden, um einen beliebig langen Planungs-

---

[170] Die nachfolgenden Ausführungen sowie die Abbildungen und Beispiele orientieren sich am Planungstool Bilanzplan (*Dobler*, BilanzPlan-Ertrags- und Liquiditätsplanung am PC) bzw. an der darauf basierenden Anpassung iPlan mit Erweiterungen für die Erstellung von Insolvenzplänen.

Depré/Dobler

horizont abzubilden. Die Planung der Ergebnis- und der Liquiditätsseite erfolgt simultan. Der Interdependenz zwischen Ertrags- und Liquiditätslage wird somit Rechnung getragen.

Die Planungsergebnisse bestehen in einer monatlichen Plan-Gewinn- und Verlustrechnung, einem monatlichen Liquiditätsstatus, einer Übersicht über das Engagement der involvierten Kreditinstitute und einer monatlichen Planbilanz. Weitere Sonderauswertungen wie die Darstellung der Entwicklung der Salden der einzelnen Gläubigergruppen können generiert werden. Die entsprechenden Kenngrößen werden graphisch dargestellt.

Das Planungstool arbeitet auf Basis von MS-Excel und ist somit offen für den Import aus vorgelagerten Datenquellen, wie beispielsweise Aufstellungen über Gläubigergruppen und deren Forderungen.

Die Daten aller relevanten Teilbereiche werden in jeweils eigenen Arbeitsblättern des Tabellenkalkulationsprogramms gesammelt und über Verbindungen zu einem weiteren Arbeitsblatt, welches eine kumulierte Schau generiert, zusammengefasst.

213

Navigationszentrale — ACME GmbH Sanierung Jahr 1 v3

Bedienung von BilanzInsolvenzPlan v6 SV BSC AN KZ S1 | Ausführliche Hilfe | Registerblätter ein-/ausblenden

Ergebnisse
- Plan-Gewinn- u. Verlustrechnung und Planbilanz
- Kurzfristige Liquidität
- Engagement der Kreditinstitute
- Grafische Darstellungen
- Kapitalflussbetrachtung

Plan-Gewinn- u. Verlustrechnung
- mit Vortragswerten
- Break-Even-Betrachtungen
- Kennzahlen
- Unternehmenswert
- Szenario-Manager

Soll-Ist-Vergleich Gewinn- und Verlustrechnung
- Ist-Werte
- Soll-Ist-Vergleich (Monat)
- Soll-Ist-Vergleich (Periode)
- Hochrechnung

Soll-Ist-Vergleich Liquiditätsplanung
- Ist-Werte Bilanz
- Soll-Ist-Vergleich

Liquiditätsplanung
- Darlehen 1-10
- Investitionsplan
- Des-Investitionen
- Anzahlungen
- Tabellenforderungen
- Rückführung
- Entwicklung Tabellenforderungen
- Kapitalmaßnahmen
- Eröffnungsbilanz

Prüfbereich Planungsdaten
- Konsistenz-Check — 0
- Planungsdaten
- Vergleich der Gewinn- und Verlustrechnung Plan mit Vorjahr zur Plausibilitätsprüfung
- Ausgabesteuerung

ScoreCard Modul

Ergebnisplanung
Gesamtleistung, Materialeinsatz
- SGE1 Werkstatt — SGE4
- SGE2 Projekte — SGE5
- SGE3 — SGE6

Sonstige betriebliche Erträge
Personalkosten Gruppe 1
Personalkosten Gruppe 2
Raumkosten
Versicherungen / Beiträge
Reparatur & Instandhaltung
Leasing
Fahrzeugkosten
Kosten der Warenabgabe
Werbe- und Reisekosten
sonstige betriebliche Kosten
Steuern
Ermittlung latenter Steuern
Außerordentlicher Aufwand

Anpassung Rückstellungen
Anpassungen aRAP
kurzfristige Zinsen

Internet-Support
Beiträge zum Komplex "Unternehmensplanung"
Erweiterungen, Patches, Zusatzmodule
Besuchen Sie regelmäßig diese Support-Seiten für den optimalen Einsatz von BilanzPlan

Neuberechnungen müssen stets durch die "F9" Taste ausgelöst werden

Dokumentationsverwaltung

aktivierbare Eigenleistungen
Bestandsveränderungen
Rechts- und Beratungskosten
Buchhaltung / Jahresabschluss
Betriebsbedarf — individuell 1
Geldverkehr — individuell 2
Bürobedarf — individuell 3
Kommunikation — individuell 4

eigene Nebenrechnungen

Außerordentlicher Ertrag
Forderungsverlust/-verzicht bzw. Verzicht von Kreditoren

Auflösung Rückstellungen
Kapitalerträge

Depré/Dobler

214 Dieses Vorgehen sorgt für die gebotene Übersichtlichkeit und Nachvollziehbarkeit. Ein weiterer Vorteil liegt darin, dass nur wenige Bereiche des Planungsmodells als Eingabebereiche für Ausgangsdaten fungieren, alle nachgelagerten Aussagen werden durch im Modell hinterlegte, logische Verknüpfungen hieraus abgefragt und berechnet. Durch diese Vorgehensweise wird ein Durchspielen von Alternativen erleichtert, da nur wenige Eingabebereiche zu ändern sind, das eigentliche Modell die Änderungen aber automatisch nachvollzieht.

215 Die Planung erfolgt somit bottom-up. Die relevanten Größen des Unternehmens werden auf einer Ebene mit hohem Detaillierungsgrad geplant und dann an die übergelagerten Bereiche weitergegeben.

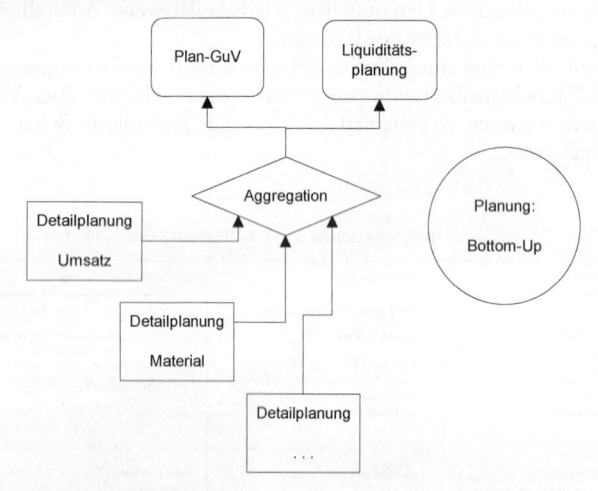

216 Die Planungsergebnisse werden nur in der obersten Ebene abgebildet. Die Nachvollziehbarkeit der aggregierten Größe ist top-down durch ein Verzweigen in die Detailplanungen gegeben.

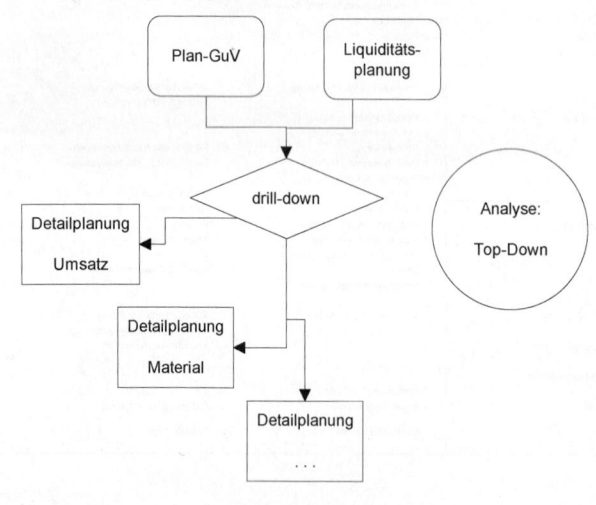

Depré/Dobler

Die Plan-GuV orientiert sich an den monatlichen Betriebswirtschaftlichen Auswertungen (BWA) und eignet sich somit zum Soll-Ist-Vergleich. Sie sammelt alle ergebnisrelevanten Bereiche der untergelagerten Detailplanungen. Welche Daten der einzelnen Detailplanungen an die Plan-GuV übergeben werden, kann anhand der Zusammenfassung der Datenströme am unteren Ende der einzelnen Detailplanungsblätter nachvollzogen werden.

217

Die Liquiditätsplanung startet mit dem Saldo aus verfügbaren liquiden Mitteln und kurzfristigen Bankverbindlichkeiten. Alle Zahlungsströme werden auf Monatsbasis in die Liquiditätsplanung eingespielt. Der resultierende Monatssaldo wird um den Vormonatswert ergänzt.

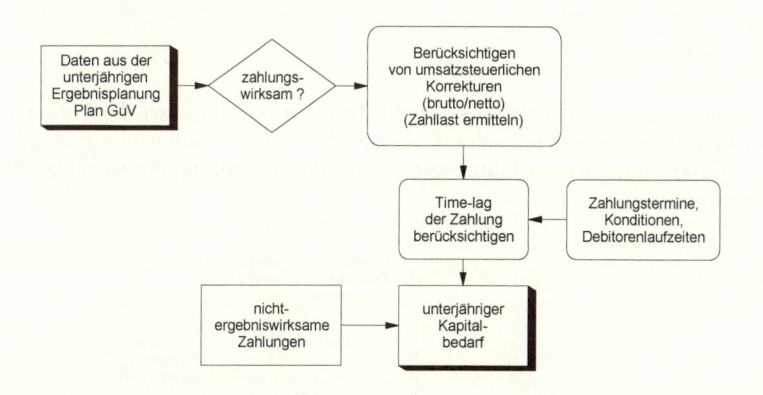

218

Die monatliche Saldogröße der Liquiditätsplanung entspricht somit dem Stand eines fiktiven Kontokorrents.

III. Die Planungsbereiche

Alle in der obigen Übersicht dargestellten Planungsbereiche bieten zahlreiche Möglichkeiten zur Erfassung von Planungsdaten und Planungsannahmen. Bestehende Verknüpfungen zwischen den einzelnen Bereichen lassen sich problemlos abbilden. Nachfolgend werden einige Planungsbereiche zur Illustration der Möglichkeiten kurz beleuchtet.

219

Die Umsatzplanung kann differenziert nach einer nahezu beliebigen Anzahl von Geschäftseinheiten vorgenommen werden. Die einzelnen Geschäftsfelder des zu sanierenden Unternehmens, welche sich zum Teil in ihrer Kostenstruktur erheblich unterscheiden können, werden somit detailliert abgebildet.

220

Es ist möglich, die monatlichen Umsatzzahlen direkt zu erfassen. Hierzu stehen vier Kategorien zur Verfügung.

221

	A	B	C	D	E	F	G
1			2017	Jan 17	Feb 17	Mrz 17	Apr 17
2							
3	**Umsatzplanung**						
4							
5	SGE		Werkstatt				
6							
7	Direkte Umsatzeingabe 1						
8	Direkte Umsatzeingabe 2						
9	Direkte Umsatzeingabe 3						
10	Direkte Umsatzeingabe 4						
11							
12	Verteilung über Schlüssel 1						
13	Jahreswert		1.000.000	61.605	75.537	67.485	55.343
14							
15	Schlüsselung Monatswerte			482	591	528	433
16	Gesamtbasis			7824			
17	%-uale Anteile		100%	6%	8%	7%	6%
18							

222 Eine zusätzliche Möglichkeit besteht darin, einen Jahreswert der Umsatzerwartung über einen Schlüssel auf die einzelnen Planungsmonate zu verteilen. Zu erfassen sind hier der Jahreswert sowie eine Gewichtung der einzelnen Planungsmonate.

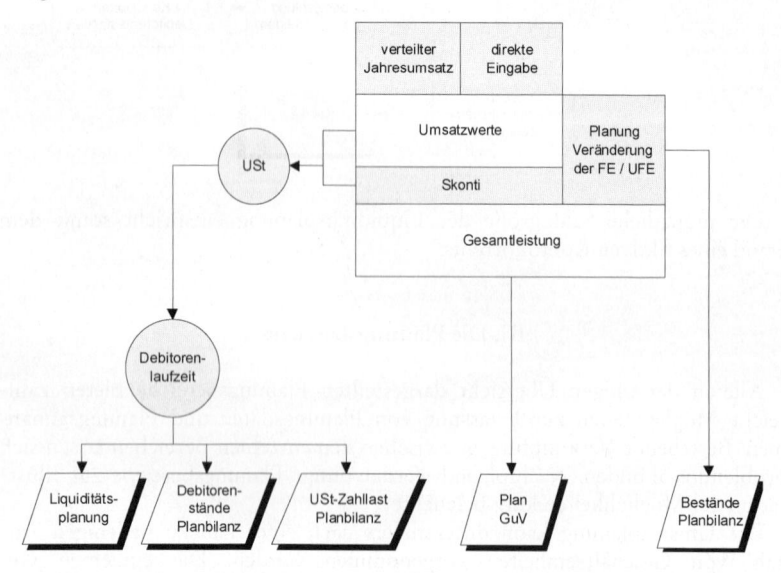

223 Die Planung des Materialeinsatzes sowie der diversen Kostenarten ist jeweils auf den diesbezüglichen Planungsblättern vorzunehmen. Die Auswahl der zur Verfügung stehenden Planungsbereiche orientiert sich an dem klassischen Aufbau der Gliederung einer BWA. Im Modell können Werte fix eingetragen werden, es besteht aber auch die Möglichkeit, alle denkbaren Berechnungen zur Ermittlung der Werte vorzugeben. Häufig kommt eine variable Koppelung einer Aufwandsart, beispielsweise des Provisionsaufwands, an die Gesamtleistung über die Vorgabe eines Prozentsatzes zum Einsatz, weshalb das Tool diese Berechnung standardisiert anbietet.

Depré/Dobler

§ 43. Insolvenzplan   1603

Die bei der Insolvenzplanerstellung im Zentrum stehende Liquiditätsentwicklung kann für jeden Planungsbereich im Detail über eine Steuerung der Zahlungsmodalitäten abgebildet werden: 224
So muss beispielsweise im Bereich der Umsatzplanung festgelegt werden, welcher prozentuale Anteil der Umsatzerlöse eines Planmonats nach welcher Zeit einzahlungswirksam wird. Anhand dieser Schlüsselung errechnet sich die durchschnittliche Debitorenlaufzeit. Das Tool verteilt die Zahlungen nach diesem Schlüssel in der Liquiditätsplanung und weist die noch nicht zugeflossenen Beträge der Debitoren zu. Diese Verteilungsannahmen sind auch für alle auszahlungsrelevanten Posten zu schlüsseln.

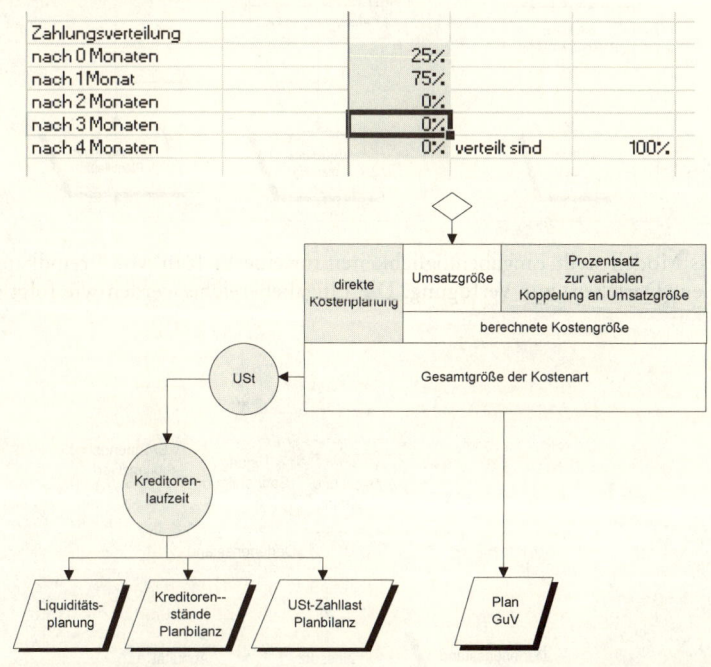

Zahlungsverteilung	
nach 0 Monaten	25%
nach 1 Monat	75%
nach 2 Monaten	0%
nach 3 Monaten	0%
nach 4 Monaten	0% verteilt sind 100%

Für die besonders wichtige Personalkostenplanung sieht das Tool einen großen Eingabebereich vor. Die Planung kann auf der Ebene der einzelnen Mitarbeiter oder auf aggregierter Gruppenebene erfolgen. Für die Liquiditätssteuerung wird zwischen Auszahlung an Arbeitnehmer, Finanz- und Sozialkasse differenziert. Die Planung von Sonderzahlungen wie Urlaubs- und Weihnachtsgeld ist ebenfalls vorgesehen, wobei für diese Größen eine separate Auszahlungsschlüsselung möglich ist. 225

	A	B	C	D	E	F
1	Personalkostenplanung Gruppe 1					
2	Bruttowerte hier erfassen	2017	Jan 17	Feb 17	Mrz 17	Apr 17
3						
4	Personalgruppe_1		8.541	8.541	8.541	8.541
5	Personalgruppe_2		9.885	9.885	9.885	9.885
6						
7						

Depré/Dobler

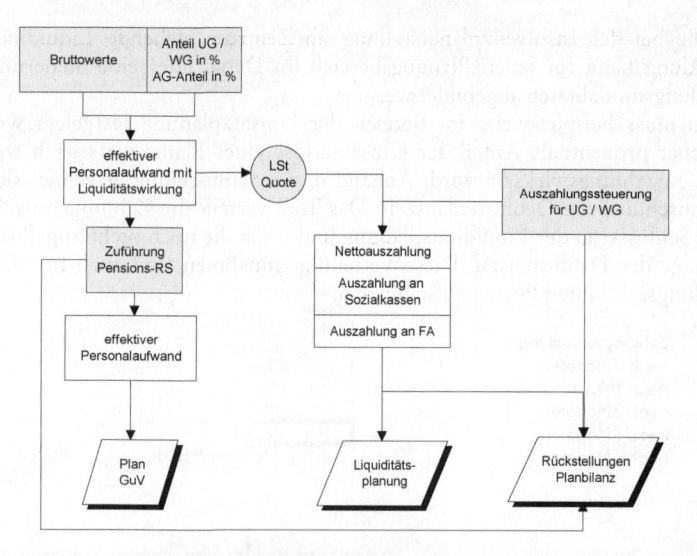

Das Modell stellt Eingabemöglichkeiten für eine Vielzahl von Fremdkapitalquellen (Darlehen) zur Verfügung. Die Eingabebereiche werden wie folgt verarbeitet:

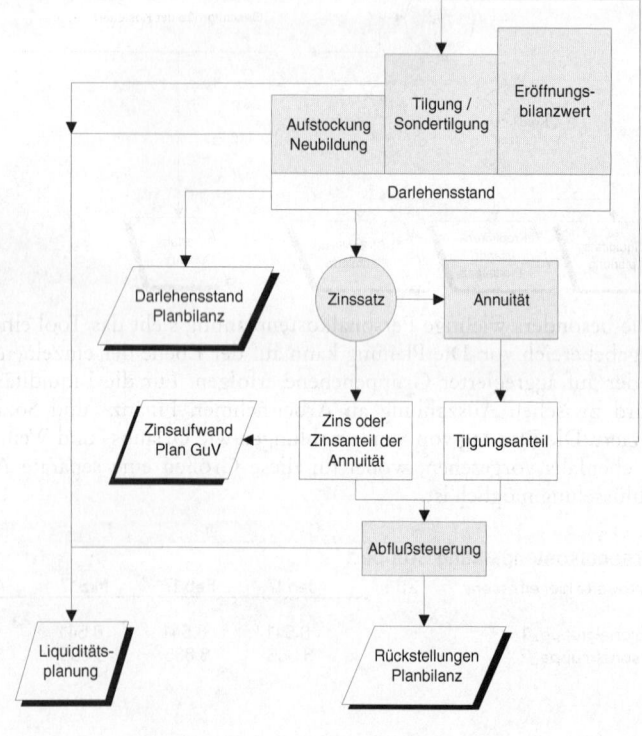

Depré/Dobler

Daneben besteht die Möglichkeit, diverse Eigenkapitalmaßnahmen (beispielsweise Kapitalerhöhungen) abzubilden.

Im Rahmen einer Sanierung sind oftmals Maßnahmen zur Optimierung des 226
betriebsnotwendigen Sachanlagevermögens zu ergreifen. Das Planungsmodell sieht zu diesem Zweck sowohl Berechnungsmöglichkeiten für Investitionen als auch für Desinvestitionen vor.

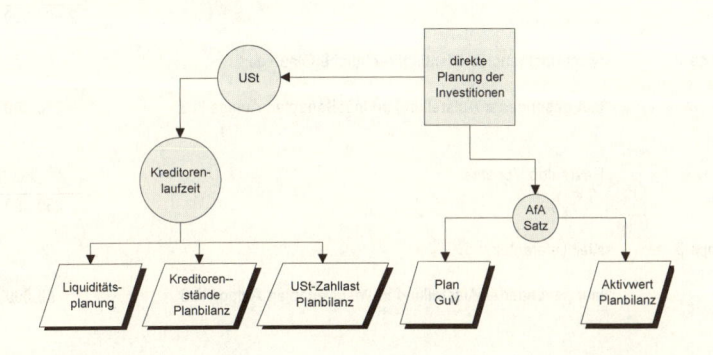

```
                    USt ◄──────── direkte
                     │            Planung der
        ┌────────────┤            Investitionen
        │            │                 │
   Kreditoren-       │                 │
    laufzeit         │                 │
   ┌───┬───┐         │               AfA
   │   │   │         │               Satz
                                   ┌───┴───┐
 Liquiditäts-  Kreditoren-   USt-Zahllast   Plan      Aktivwert
  planung       stände        Planbilanz    GuV       Planbilanz
               Planbilanz
```

Besonders für die Entwicklung der unterjährigen Liquidität sowie zum 227
Ausweis der monatlichen Planbilanzen ist es notwendig, auf den Stand der Eröffnungsbilanz als Basis der Planrechnung zuzugreifen. Als fiktive Eröffnungsbilanz kann auch der aktuelle Stand der Sachkonten zu Beginn des Planungshorizonts herangezogen werden. Diese Eröffnungsbilanz wird in komprimierter Form im Planungsblatt „Eröffnungsbilanz" erfasst.

Für die Erstellung des Insolvenzplans sind dabei von besonderer Bedeutung:
– die genaue Erfassung der Debitoren sowie die zeitliche Zuordnung der erwarteten Zuflüsse,
– die genaue Erfassung der Kreditoren sowie die zeitliche Zuordnung der erwarteten Abflüsse,
– die genaue Erfassung der weiteren Verbindlichkeiten sowie die zeitliche Zuordnung der erwarteten Abflüsse.

Diese Details werden auf separaten Arbeitsblättern zusammengestellt und in das Planungsmodell automatisch eingespielt. Die Auswirkungen verschiedener Zahlungs-Konditionen auf das weitere Modell lassen sich somit leicht simulieren und optimieren.

Die Besonderheiten eines Insolvenzplans finden sich ebenfalls bereits in der 228
Eröffnungsbilanz zur Planungsperiode, da die Gläubigerseite differenzierter abzubilden ist als in einem regulären Unternehmensverlauf.

Bezeichnung		Forderung
Gruppe 1	Absonderungsberechtigte Gläubiger	
	laut gesonderter Aufstellung im Insolvenzplan Anlage III.1	2.600.000,00
	Restsaldo Vorjahre	
		2.600.000,00
Gruppe 2	Nicht nachrangige öffentlich rechtliche Gläubiger	
	laut gesonderter Aufstellung im Insolvenzplan Anlage III.2	250.000,00
	Restsaldo Vorjahre	
		250.000,00
Gruppe 3	Kleinlieferanten	
	laut gesonderter Aufstellung im Insolvenzplan Anlage III.3	50.000,00
	Restsaldo Vorjahre	
		50.000,00

Die im gestaltenden Teil des Insolvenzplan getroffenen Regelungen, vornehmlich die Rückzahlungen auf die Tabellenforderungen, werden für jede Gläubigergruppe individuell im Modell abgebildet:

Tabellengläubiger	2017	Jan 17	Feb 17	Mrz 17	Apr 17	Mai 17	Jun 17	Jul 17	Aug 17	Sep 17	Okt 17	Nov 17	Dez 17
11													
Bezeichnung	Gruppe 1												
Startwert	2.600.000												
Zugänge													
Tilgung direkt					50.000			50.000			50.000		50.000
Stand neu zum Monatsende		2.600.000	2.600.000	2.550.000	2.550.000	2.500.000	2.500.000	2.500.000	2.500.000	2.450.000	2.450.000	2.450.000	2.400.000
Zinssatz													
Zinsaufwand		0	0	0	0	0	0	0	0	0	0	0	0
Annuität	0												
Tilgungsanteil		0	0	0	0	0	0	0	0	0	0	0	0
Abflusssteuerung		1	1	1	1	1	1	1	1	1	1	1	1
Mittelabfluss bei Annuität		0	0	0	0	0	0	0	0	0	0	0	0
davon Zinsen		0	0	0	0	0	0	0	0	0	0	0	0
Mittelabfluss ohne Annuität		0	0	0	0	0	0	0	0	0	0	0	0
Wert für GuV		0	0	0	0	0	0	0	0	0	0	0	0
Rückstellung Zins		0	0	0	0	0	0	0	0	0	0	0	0
kumuliert		0	0	0	0	0	0	0	0	0	0	0	0
12													
Bezeichnung	Gruppe 2												
Startwert	250.000												
Zugänge													
Tilgung direkt													50.000
Stand neu zum Monatsende		250.000	250.000	250.000	250.000	250.000	250.000	250.000	250.000	250.000	250.000	250.000	200.000
Zinssatz													
Zinsaufwand		0	0	0	0	0	0	0	0	0	0	0	0
Annuität	0												
Tilgungsanteil		0	0	0	0	0	0	0	0	0	0	0	0
Abflusssteuerung		0	0	1	0	0	1	0	0	1	0	0	1
Mittelabfluss bei Annuität		0	0	0	0	0	0	0	0	0	0	0	0
davon Zinsen		0	0	0	0	0	0	0	0	0	0	0	0
Mittelabfluss ohne Annuität		0	0	0	0	0	0	0	0	0	0	0	0
Wert für GuV		0	0	0	0	0	0	0	0	0	0	0	0
Rückstellung Zins		0	0	0	0	0	0	0	0	0	0	0	0
kumuliert		0	0	0	0	0	0	0	0	0	0	0	0

Als erweiterte Auswertung zeigt das Planungstool die Entwicklung der Forderungen der Tabellengläubiger im Planungszeitraum in einer zusammenfassenden Darstellung:

ACME GmbH Sanierung Jahr 1 v3 Planjahr 2013				
Entwicklung der Tabellenforderungen der Gläubigergruppen				
		Stand Eröffnungsbilanz	Stand Ende Planperiode	Bewegung
Gruppe 1	Absonderungsberechtigte Gläubiger	2.600.000,00	2.400.000,00	-200.000,00
Gruppe 2	Nicht nachrangige öffentlich rechtliche Gläubiger	250.000,00	200.000,00	-50.000,00
Gruppe 3	Kleinlieferanten	50.000,00	0,00	-50.000,00
Gruppe 4	Arbeitnehmer	150.000,00	30.000,00	-120.000,00
Gruppe 5	Sonstige nicht nachrangige Gläubiger	40.000,00	0,00	-40.000,00
Gruppe 6	unbesetzt	0,00	0,00	0,00
Gruppe 7	unbesetzt	0,00	0,00	0,00
Gruppe 8	unbesetzt	0,00	0,00	0,00
Gruppe 9	unbesetzt	0,00	0,00	0,00
Gruppe 10	unbesetzt	0,00	0,00	0,00
		3.090.000,00	2.630.000,00	-460.000,00

In den Standardauswertungen werden die spezifischen Elemente von Insolvenzplänen mit eingearbeitet und offen ausgewiesen, so beispielsweise in der Auswertung „Entwicklung der kurzfristigen Liquidität" (Zeile 56 und 57):

Entwicklung der kurzfristigen Liquidität
ACME GmbH Sanierung Jahr 1 v3
2017

ACME GmbH Sanierung Jahr 1 v3 Einzahlungen aus	Jan 17	Feb 17	Mrz 17
Umsatzerlösen	137.457	168.542	562.946
Desinvestitionen	0	0	0
sonst. betriebl. Erträgen	9.520	9.520	9.520
erhaltenen Anzahlungen	0	0	0
Vorjahreswerten	150.000	100.000	0
Darlehen	0	0	750.000
Kapitalerträgen und Darlehen	0	0	0
ao Ertrag	0	0	0
Einzahlungsstrom	**296.977**	**278.062**	**1.322.466**
Auszahlungen auf			
Materialeinsatz	46.186	241.372	277.113
Fremdleistungen			
Beständsveränderung RHB	0	0	0
Zulauf Aktivierte EL	0	0	0
Personalbereich	150.079	258.741	258.741
Raumkosten	14.280	14.280	14.280
Versicherungen / Beiträge	4.750	4.750	4.750
R&I	6.873	8.427	7.529
Fahrzeugkosten	19.040	19.040	19.040
Werbe-/Reisekosten	1.190	1.190	1.190
Kosten der Warenabgabe	0	0	0
Leasing	6.976	6.976	6.976
Kommunikation	2.380	2.380	2.380
Bürobedarf	1.190	1.190	1.190
Rechts- und Beratungskosten	1.190	1.190	1.190
Betriebsbedarf	6.873	8.427	7.529
FiBu und Jahresabschluss	2.975	2.975	2.975
Geldverkehr	1.190	1.190	1.190
sonstige betriebliche Kosten	2.975	2.975	2.975
ao Aufwand	11.900	0	0
Einstellen in aRAP	0	0	0
geleistete Anzahlungen	0	0	0
Investplanung	0	0	0
Umsatzsteuerzahllast	0	0	39.818
Saldo aus Kapitalmaßnahmen	0	0	0
Vorjahreswerte	0	0	0
Zinsen (Darlehen)	0	0	0
Tilgungen (Darlehen)	0	0	40.000
Zinsen (Tabellenforderungen)	0	0	0
Tilgungen (Tabellenforderungen)	90.000	0	80.000
Zinsen (KK)	0	0	0
Steuer VZ	0	0	0
Auszahlungsstrom	**370.046**	**575.103**	**768.866**
Saldo 1	-73.069	-297.041	553.600
kumuliert 290.000	216.931	-80.110	473.490

Depré/Dobler

VI. Einige Gedanken zur Qualitätssicherung

Gerade im Bereich der Erstellung von betrieblichen Planrechnungen ist es unumgänglich, sich und den weiteren an der Planung beteiligten Personen Leitlinien vorzugeben, an denen man die Arbeit ausrichtet. Ziel dieser Leitlinien ist es, für eine vollständige Erfassung der planungsrelevanten Daten zu sorgen, diese Daten zu strukturieren und aus Gründen der Nachvollziehbarkeit der Planungsergebnisse auch zu dokumentieren. **229**

Der Forderung nach einem hohen Maß der Qualität bei der Planungserstellung kann man durch Aufbau eines unternehmenseigenen Planungshandbuchs nachkommen. Dieses Planungshandbuch stellt das Grundgerüst der Planungserstellung dar und nimmt – bis hin zu den abschließenden Planungsergebnissen – alle Informationen und Daten auf, welche die Basis der Planung darstellen. Das Planungshandbuch entspricht somit einer geschlossenen Darstellung des gesamten Planungsprozesses und macht es jederzeit möglich, die Planungsannahmen, zB bei identifizierten Soll-Ist-Abweichungen, genau zu spezifizieren. Die Erfahrung zeigt, dass es ohne diese Art der Dokumentation nach einem relativ kurzen Zeitraum von bspw. drei Monaten nur noch schwer möglich ist, das Zustandekommen einzelner Werte zu erklären. **230**

Das Planungshandbuch sollte zu Beginn alle Personen dokumentieren, welche in den Prozess der Planungserstellung eingebunden sind, sowie die von ihnen repräsentierten Informationsbereiche darlegen. **231**

Das Planungshandbuch erfasst im nächsten Abschnitt Informationen über den bisherigen Werdegang des Unternehmens. Dies kann in verbaler Form erfolgen, sollte aber stets mit Daten aus Jahresabschlüssen, betriebswirtschaftlichen Auswertungen, der Kostenrechnung, etc ergänzt werden. Diese Darstellung der Historie schließt mit einem möglichst exakten Schnittpunkt der Ist-Situation zu den Planungszeiträumen.

Im nächsten Abschnitt werden die eigentlichen Planannahmen genau spezifiziert und dokumentiert. Die eingesetzte Software muss dieses Vorgehen unterstützen, indem sie eine ausreichende Detailauflösung der betrieblichen Bereiche bietet. Die Planung der einzelnen Bereiche sollte auf separaten Arbeitsblättern erfolgen. Es empfiehlt sich, das Planungshandbuch in Form eines Ordners zu organisieren, der dann entsprechend in Register aufgeteilt wird. Planungsrelevante Dokumente und Unterlagen sollten hier ebenso festgehalten werden wie zusätzliche Berechnungen, welche außerhalb des eigentlichen Planungsmodells vorgenommen wurden.

Neben den gesammelten Daten sind auch alle weiteren Maßnahmenpakete, welche in der Planung ihren Niederschlag finden, darzulegen und zu dokumentieren. Gerade bei in die Zukunft gerichteten Maßnahmenpaketen müssen alle Aspekte, welche zu einem derartigen Maßnahmenbündel geführt haben, dokumentiert werden. **232**

K. Anhang A: Checkliste Due Diligence

I. Rechtliche Verhältnisse

233 Gesellschafter
– Liegt ein aktueller Gesellschaftsvertrag und Handelsregisterauszug vor?
– Bestehen Nachträge zum Gesellschaftsvertrag?
– Welche Regelungen bestehen hinsichtlich Gewinnausschüttungen/Entnahmen?
– Ist die Gesellschaftsnachfolge geregelt?
– Liegt ein aktuelles Verzeichnis der Gesellschafter vor?
– Welche entscheidenden Beschlüsse wurden in der letzten Gesellschafterversammlung gefasst?
– Wurde oder wird die Rechtsform geändert?
– Befand oder befindet sich einer der Gesellschafter in einem Insolvenzverfahren?

Geschäftsführung
– Entspricht der Handelsregistereintrag dem derzeitigen Stand der Geschäftsführung?
– Wie verteilen sich die Zuständigkeiten der Geschäftsführer?

Aufsichtsorgan/Beirat
– Welche Funktion hat das Aufsichtsorgan/der Beirat?
– Liegt eine Satzung/Geschäftsordnung vor?

Beteiligungen/Niederlassungen
– Bestehen Unternehmensverbindungen (Konzernzugehörigkeit, Abhängigkeitsverhältnisse, Beherrschungs- und Organverträge, Ergebnisabführungsverträge)?
– Liegt ein Verzeichnis über die Beteiligungen vor?
– Unterhält das Unternehmen Niederlassungen, sonstige Betriebsstätten?

Verträge/Verbandszugehörigkeit
– Wie lange laufen die Lizenz-, Leasing-, Miet-, Pachtverträge, Konzessionen?
– Bestehen langfristige Verträge mit Lieferanten und Kunden?
– Welchen Verbänden gehört des Unternehmen an?

Sonstige Rechtsfragen
– Laufen Prozesse oder liegen Gerichtsurteile vor (zB zu Patentfragen, zu Konzessionen, Gewährleistungen, Kartellfragen)?
– Wurde ein Gläubigermoratorium in Anspruch genommen?
– Wie ist die arbeitsrechtliche Situation des Betriebs (Inhalt der Arbeitsverträge, Tarifbindung, etc)?

II. Technischer Betrieb

Räumliche Verhältnisse
– Sind die Betriebsräume gemietet (Mietverträge?) oder Eigentum?
– Liegt ein Grundbuchauszug, ein Bau- und Lageplan mit Flächenberechnung vor?

- Welchen Anteil haben die betriebsnotwendigen Grundstücke und Gebäude?
- Sind bauliche Veränderungen vorgesehen?
- Wie ist der bauliche Zustand?
- Welche Standortvorteile/-nachteile werden gesehen?
- Welche Rendite bringt das nicht betriebsnotwendige Vermögen?
- Bei Neuinvestitionen: Liegt ein Kostenvoranschlag des Architekten mit Angabe der m³ umbauten Raumes vor?
- Wie hoch ist der gewerbliche Anteil?
- Besteht ausreichender Versicherungsschutz für die Baulichkeiten?

Betriebsausstattung
- Wird eine Anlagenkartei geführt?
- Wird der Buchbestand der Anlagenkartei regelmäßig durch die körperliche Aufnahme überprüft (§ 39 Abs. 3 HGB)?
- Ist die Betriebsausstattung oder Teile davon geleast?
- Gibt es ein Verzeichnis über die gemieteten Anlagen?
- Wie ist der Zustand der Maschinen und Betriebsausstattung?

Produktion
- Wie setzt sich das jetzige und das geplante Produktionsprogramm/Warensortiment/Dienstleistungsangebot zusammen?
- Welche Produktionstechnik wird angewandt?
- Wie hoch ist der Automationsgrad?
- Wie stellt sich der Fertigungsablauf dar?
- Bestehen Produktionsengpässe?
- Sind Mindestauftragsgrößen bestimmt?
- Werden die Stückzeiten aufgeschrieben?
- Werden Auftragslisten geführt?
- Werden technische Beratungen beansprucht?
- Besteht eine Betriebsunterbrechungsversicherung?
- Besteht eine Arbeitsvorbereitung?
- Empfiehlt sich eine Produktionsanalyse durch einen sachverständigen Dritten?

Beschäftigungslage
- Wie hoch ist der Auftragsbestand?
- Wie weit reicht der derzeitige Auftragsbestand?
- Wie hoch ist die Auslastung?

Beschäftigte
- Wie hat sich die Zahl der Arbeitsplätze und der Beschäftigten (getrennt nach Arbeitern, Angestellten, Auszubildenden) entwickelt?
- Wie hoch ist die Fluktuation?
- Wird im Zeit und/oder Leistungslohn gearbeitet?
- Wie werden die geleisteten Arbeitsstunden erfasst?
- Wird im Schichtbetrieb gearbeitet?
- Ist die Versorgung mit Fachkräften gesichert?
- Welcher Pro-Kopf-Umsatz wurde erzielt und wie stellt sich dieser im Branchenvergleich dar?
- Arbeitet der Ehegatte mit?
- Welche Qualifikation haben die Führungskräfte?

Depré/Dobler

Rohstoffbereich/Halb- und Fertigwaren
- Nach welchem Inventursystem wurden die Bestände zum Bilanzstichtag aufgenommen?
- Besteht ein Aufnahmeplan, der den Umfang der Inventur sachlich und zeitlich klar abgrenzt?
- Wie werden Bestände in Außenlagern aufgenommen?
- Wie wird Kommissions- und Konsignationsware behandelt?
- Wie ist der Altersaufbau der Bestände?
- Nach welchem System werden die Waren bewertet?
- Wer führt die Bewertung für den Jahresabschluss durch?
- Wird Material nur gegen Materialentnahmeschein ausgegeben?
- Sind die Warenbestände versichert?
- Wie hoch ist die Umschlagshäufigkeit des Rohstoff-, Fertigwarenlagers?
- Lagerdauer der Roh- und Fertigwaren?
- Lagerhaltung im Verhältnis zum Umsatz?

III. Kaufmännischer Betrieb

Liegen folgende Unterlagen vor
- unterschriebene Bilanz (Handelsbilanz/Steuerbilanz) mit Gewinn- und Verlustrechnung
- konsolidierte Bilanz/Konzernbilanz
- Prüfungsbericht des Wirtschaftsprüfers
- Geschäftsbericht
- steuerlicher Betriebsprüfungsbericht
- zeitnaher Zwischenabschluss/Status
- Vermögensstatus
- Liquiditätsstatus
- kurzfristige Erfolgsrechnung
- Wer hat den vorgelegten Abschluss erstellt und geprüft?
- Wurde das Testat uneingeschränkt erteilt?
- Ist der Jahresabschluss ausreichend erläutert?
- Wurden die vorgelegten Abschlüsse nach den gleichen Grundsätzen erstellt?
- Von wem wurden sie erstellt?
- Sind die Bestandsaufnahmen und die Bewertung der Bilanz ordnungsgemäß?
- Hat der Prüfer bei der Inventur mitgewirkt?
- War die Bewertung Gegenstand der Abschlussprüfung?
- Sind die Beteiligungen realistisch bewertet?
- Bestehen ausreichende Wertberichtigungen und Rückstellungen?
- Sind die Verrechnungspreise zwischen verbundenen Unternehmen realistisch?
- Wurden Gewinne/Verluste verschoben?
- Welche Ergebnisse brachte die letzte steuerliche Betriebsprüfung?
- Liegt eine Auskunft des Finanzamts vor?

Buchhaltung/Kostenrechnung
- Besteht eine ordnungsgemäße Buchhaltung (lückenlose und zeitgerechte Erfassung aller Geschäftsvorfälle)?

Depré/Dobler

- Liegt eine Auskunft der Hausbank über die Kontoführung (zB Einhaltung der Kreditlinien und Tilgungsvereinbarungen, Wechseleinlösungen) vor?
- Verfügt das Unternehmen über eine zuverlässige Kosten- und Erlösrechnung (Betriebsabrechnung, Vor- und Nachkalkulation, kurzfristige Ergebnisrechnung)?
- Welches Kostenrechnungssystem wird angewandt?
- Wird die Kostenrechnung als Kontrollinstrument genutzt?
- Hat das Unternehmen seine Gewinnschwelle ermittelt?

Finanzierung
- Sind die bestehenden Kreditlinien eingehalten?
- Wie haben sich die Kontenstände entwickelt?
- Treten Wechselprolongationen auf?
- Haben sich die Steuervorauszahlungen verändert?
- Werden die Darlehensannuitäten regelmäßig bezahlt?
- Bestehen Zwangsvollstreckungsmaßnahmen?
- Bestehen außergerichtliche Vergleiche (zB Moratorium, Erlass)?
- Werden die Sozialabgaben und Steuern pünktlich abgeführt?
- Sind Scheck- und Wechselproteste vorgekommen?
- Werden in zunehmendem Maße Konzernwechsel und -schecks festgestellt?
- Wird zunehmend das Scheck-/Wechselverfahren beansprucht?
- Werden Lieferantenrechnungen skontiert?
- Haben sich die Zahlungsziele der Debitoren und Kreditoren wesentlich verlängert?

Analysen
- Bilanz- und Erfolgsanalyse
- Vermögens- und Kapitalstruktur
- Finanzstruktur
- Liquiditätslage
- Ertrags- und Kostenanalyse
- Cash-flow-Analyse
- Kapitaldienst
- Gewinnverwendung
- Gewinnschwelle
- Bewegungsbilanz
- bilanzielle Wertansätze
- Bilanz- und Bewertungskontinuität
- Kennzahlenermittlung
- Vergleich der Kennzahlen mit anderen Unternehmen/mit der Branche ggf. unterstützt durch Sachverständigengutachten (Schwachstellenanalyse)

Einkauf
- Bestehen Abnahmeverpflichtungen/Kontrakte und zu welchen Bedingungen?
- Wie hoch ist die Importabhängigkeit (Beschaffungs- und Kursrisiko)?
- Ist das Preisrisiko bei Weltmarktrohstoffen (zB NE-Metalle, Baumwolle) abgedeckt?
- Wie ist die Lieferantenstruktur?
- Besteht Lieferantenabhängigkeit?
- Wie wird die Rohstoffpreissituation und -entwicklung beurteilt?

- Liegen gesamtwirtschaftliche Daten und Untersuchungen hinsichtlich der Rohstoffsituation und -entwicklung vor?
- Wie hoch ist die Rohstoffabhängigkeit?
- Wie hat sich das Kreditorenziel entwickelt?

Verkauf
- Liegt eine spartenmäßige Umsatzaufgliederung vor?
- Wie verhält sich der Umsatz des laufenden Jahres zu dem des Vorjahresvergleichszeitraumes?
- Wie stellt sich die Marktsituation dar?
- Besteht Abhängigkeit von Großabnehmern?
- Wie sind die Konkurrenz- und Preisverhältnisse?
- Wie ist der Verkauf organisiert (Verkaufsniederlassungen, freie Handelsvertreter, Reisende)?
- Wie sind die Zahlungsbedingungen?
- Hat sich die Bonität der Kunden verschlechtert (Zahlungsgepflogenheiten)?
- Wie ist die Altersstruktur der Forderungen?
- Sind Forderungsausfälle zu erwarten?
- Sind die Debitoren versichert?
- Besteht Factoring?
- Wie ist die Abnehmerstruktur?
- Wie ist die Umsatzstruktur?
- Wie hoch ist die Exportquote?
- Ist der Absatz Saisoneinflüssen unterworfen?
- Werden Sonderverkäufe getätigt?
- Besteht eine Marketingkonzeption?
- Beteiligt sich das Unternehmen an Messen und Ausstellungen?
- Wie ist die Rechnungsstellung und das Mahnwesen organisiert?
- Liegen Branchen-/Marktberichte, gesamtwirtschaftliche Daten und Untersuchungen, Betriebsvergleiche vor?
- Wie hat sich das Debitorenziel entwickelt?

IV. Unternehmensplanung

Liegen folgende unternehmens- und projektbezogene Unterlagen vor:
- Umsatz- und Kostenplanung
- Rentabilitätsplanung
- Finanzierungsplanung
- Liquiditätsplanung

Planung des Kapitaldienstes
- Nachweis der in die Finanzierung des Projekts eingehenden Eigen- und Fremdmittel
- Beschreibung und Begründung des Projekts
- Kosten des Projekts (Kostenvoranschläge, Angebote, Architektenbescheinigung).
- Ist der Finanzierungsvorschlag für das Projekt realistisch?
- Kann der Kapitaldienst erbracht werden?
- Werden Finanzpläne erstellt?
- Liegt ein detaillierter Investitions- und Erfolgsplan vor?

- Werden Planbilanzen erstellt?
- Werden Soll-/Ist-Abweichungen festgestellt und analysiert?
- Ist die Umsatzplanung realistisch?
- Auf welche Fakten stützt sich die Planung?
- Werden die Planungen den veränderten Entwicklungen angepasst?
- Ist aus dem Auftragsbestand ein angemessener Gewinn zu erwarten?
- Besteht eine Plankostenrechnung?
- Liegen Branchen-/Marktberichte und gesamtwirtschaftliche Branchenberichte vor?
- Werden Beratungen beansprucht?
- Werden die Einzelpläne gegenseitig abgestimmt?
- Empfiehlt sich die Einholung eines Sachverständigengutachtens?

Organisation
- Gibt es Organisationspläne?
- Wie sind die einzelnen Unternehmensbereiche organisiert?
- Gibt es ein innerbetriebliches Berichtswesen?
- Welche technischen Betriebsmittel werden eingesetzt?
- Werden Beratungen beansprucht?
- Empfiehlt sich die Einholung eines Sachverständigengutachtens?

Sonstiges
- Ist die Firmengeschichte bekannt?
- Privatvermögen und -schulden
- Geschäftsführerbezüge
- Gehalt des Ehegatten
- Entnahmen/Einlagen/Darlehen/Sicherheiten der Gesellschafter.

L. Anhang B: Sanierungskonzept

Gliederung eines Sanierungskonzepts nach den Vorschlägen des Instituts der Wirtschaftsprüfer in Deutschland e. V.

A Beschreibung des Unternehmens 234

A1 Bisherige Unternehmensentwicklung

1.1 Unternehmensgeschichte
    1.1.1   Entwicklung der Kapitalverhältnisse
    1.1.2   Entwicklung der Gesellschafterstruktur
    1.1.3   Entwicklung der Unternehmensleistung
    1.1.4   Entwicklung der Produkt- und Leistungspalette

1.2 Finanzwirtschaftliche Entwicklung
    1.2.1   Wesentliche Posten des Anlagevermögens
    1.2.2   Wesentliche immaterielle Vermögenswerte
    1.2.3   Wesentliche Posten des Umlaufvermögens
    1.2.4   Wesentliche Posten der Verbindlichkeiten und Rückstellungen
    1.2.5   Umsätze
    1.2.6   Materialeinsatz
    1.2.7   Personalkosten
    1.2.8   Neutraler/außerordentlicher Aufwand/Ertrag

Depré/Dobler

1.2.9 Abschreibungen
1.2.10 Investitionen
1.3 Mitarbeiterentwicklung und arbeitsrechtlicher Rahmen
    1.3.1 Mitarbeiter
        1.3.1.1 Zahlenmäßige Entwicklung der Arbeiter und Angestellten
        1.3.1.2 Entwicklung der Bruttolohn- und -gehaltsumme
        1.3.1.3 Entwicklung der Mitarbeiterzahl in der Verwaltung im Vergleich zur Produktion
        1.3.1.4 Entwicklung des Umsatzes je Mitarbeiter
        1.3.1.5 Dauer der Betriebszugehörigkeit (Fluktuationsrate), Kündigungsfristen
        1.3.1.6 Entwicklung der Arbeitszeit (einschl. Überstunden, Kurzarbeit, Absentismus)
    1.3.2 Management
        1.3.2.1 Zahl und Altersstruktur der leitenden Mitarbeiter
        1.3.2.2 Zuständigkeiten
        1.3.2.3 Ausbildungs- und Fortbildungsstand
        1.3.2.4 Bindung an das Unternehmen
        1.3.2.5 Ersatzpotential
    1.3.3 Betriebliche Altersversorgung
        1.3.3.1 Umfang nach Kopfzahl
        1.3.3.2 Umfang nach Verpflichtung
        1.3.3.3 Beitragspflicht und Situation gegenüber dem PSVaG
    1.3.4 Tarifgebundenheit und Betriebsvereinbarung
        1.3.4.1 Geltende Tarifverträge, Laufzeit, ggf. Allgemeinverbindlichkeit
        1.3.4.2 Vertragliche Modifikation der ggf. vorhandenen Tarifbindungen
        1.3.4.3 Betriebsverfassungsrechtliche Situation
            1.3.4.4.1 Betriebsrat, Wirtschaftsausschuss, anhängige Verhandlungen über Interessenausgleich und Sozialplan
        1.3.4.3 Umfang und Änderbarkeit von Betriebsvereinbarungen, soweit sanierungserheblich

A2 Rechtliche Verhältnisse
2.1 Gesellschaftsrechtliche Ebene
    2.1.1 Satzung, Gesellschaftsvertrag (jeweils letzte Fassung)
    2.1.2 Organe, Prokuristen (einschl. Anstellungsverträge)
    2.1.3 Organschaftsverhältnisse
        2.1.3.1 Beherrschungsverträge
        2.1.3.2 Faktische Leitungsmacht
    2.1.4 Betriebsaufspaltung
        2.1.4.1 Rechtliche Struktur
        2.1.4.2 Durchführung
2.2 Kapitalerhaltung und Kapitalersatz
    2.2.1 Kapitalersatz oder Unterbilanz
    2.2.2 Rechtsformabhängige Ansprüche auf Rückzahlung von Beträgen, die an Gesellschafter oder Dritte ausgezahlt wurden

Depré/Dobler

2.3 Verbundene Unternehmen und Beteiligungen
2.4 Steuerrechtliche Verhältnisse
    2.4.1 Steuerliche Organschaften
    2.4.2 Außensteuerrechtliche Sachverhalte
    2.4.3 Stand des Besteuerungsverfahrens, ggf. anhängige Rechtsbehelfe
2.5 Dauerschuldverhältnisse
    2.5.1 Bezugsverpflichtungen
    2.5.2 Energielieferungsverträge
    2.5.3 Miet- und Pachtverträge
        2.5.3.1 als Mieter
        2.5.3.2 als Vermieter
    2.5.4 Leasingverträge
2.6 Relevante Rechtsstreite

A3 Finanzwirtschaftliche Verhältnisse
3.1 Finanzierung
    3.1.1 Darlehen, Kreditlinien und Kreditinanspruchnahme
    3.1.2 Innenfinanzierungsspielraum
    3.1.3 Ergänzende Kapitalaufbringungsmöglichkeiten
    3.1.4 Finanzplan
    3.1.5 Kapitalbedarf
        3.1.5.1 Laufendes operatives Geschäft
        3.1.5.2 Investitionsplanung
        3.1.5.3 Tilgungen und Rückzahlungen
    3.1.6 Debitoren- und Kreditorenumschlagsdauer (Zahlungsmodalitäten)
    3.1.7 Zahlungen an Gesellschafter
        3.1.7.1 Privatentnahmen
        3.1.7.2 Darlehen
        3.1.7.3 Offene und verdeckte Ausschüttungen
3.2 Kreditsicherheiten und Haftungsverhältnisse
    3.2.1 Begebene Kreditsicherheiten
    3.2.2 Nicht ausgeschöpfte Kreditsicherheiten, daraus erwachsendes Kreditpotential
3.3 Vermögens- und Schuldenlage
    3.3.1 Stille Reserven
    3.3.2 Nicht-betriebsnotwendiges Vermögen in der Buchführung nicht erfasste Verbindlichkeiten
3.4 Erfolgslage
    3.4.1 Verlustpotential im Auftragsbestand
    3.4.2 Forderungsausfälle

A4 Leistungswirtschaftliche Verhältnisse
4.1 Produkt- und Leistungsprogramm
    4.1.1 Hauptproduktgruppen (-Leistungen)
    4.1.2 Produkt-/Leistungsqualität
    4.1.3 Geplante Verbesserungen/Innovationen
    4.1.4 Service/Wartung

4.2 Standort
    4.2.1 Zahl, Größe und Art der Standorte
    4.2.2 Standortmerkmale
        4.2.2.1 Beschaffungsmarkt
        4.2.2.2 Absatzmarkt
        4.2.2.3 Infrastruktur
        4.2.2.4 Arbeitsmarkt
        4.2.2.5 Regionale Förderung
        4.2.2.6 Kapitalmarkt
4.3 Beschaffung
    4.3.1 Bestellwesen
    4.3.2 Materialwirtschaft
        4.3.2.1 Beschaffungswege und Bezugsquellen
        4.3.2.2 Verbrauchsanalysen
        4.3.2.3 Bestandsführung
4.4 Produktion
    4.4.1 Produktionskonzept
    4.4.2 Technische Ausstattung
    4.4.3 Produktionsprogramm und Fertigungstiefe
    4.4.4 Produktionskapazität und Kapazitätsauslastung
    4.4.5 Produktionstechnologie und Elastizität der Produktionsanlagen
    4.4.6 Produktivitätsentwicklung und Ausschussquote
4.5 Absatz
    4.5.1 Bedingungen auf dem Absatzmarkt
        4.5.1.1 Marktvolumen und Marktpotential, Branchenentwicklung
        4.5.1.2 Marktanteile (ggf. auch Regionen)
        4.5.1.3 Lebenszyklus der Produkte
        4.5.1.4 Substituierbarkeit des Produktes bzw. der Leistung
        4.5.1.5 Wettbewerbsverhältnisse (Anzahl, Größe, Finanzkraft und Verhalten von Wettbewerbern)
        4.5.1.6 Rechtliche Rahmenbedingungen (zB Bestandsschutz/Absatzbeschränkungen)
    4.5.2 Auftragsbestand, Bestelleingang, langfristige Lieferverträge
    4.5.3 Vertrieb und Marketing
        4.5.3.1 Vertriebs- und Marketingkonzept
        4.5.3.2 Absatzwege
        4.5.3.3 Struktur der Abnehmer und Kundenpotenzial
4.6 Forschung und Entwicklung
    4.6.1 Grundlagenforschung, Entwicklung neuer Produkte, Produktverbesserungen, Prozessverbesserungen
    4.6.2 Technische und personelle Ausstattung
    4.6.3 Patente und Lizenzen
A5 Organisatorische Grundlagen
5.1 Aufbauorganisation (Organisationspläne)
    5.1.1 Abgrenzung von Aufgaben, Kompetenzen und Verantwortung
    5.1.2 Stellenbeschreibungen
    5.1.3 Stellenvertretungsregelungen

5.2 Informationssystem
    5.2.1 Berichtswesen
    5.2.2 Ausgestaltung des Rechnungswesens
    5.2.3 Arbeitsrückstände bei der Bearbeitung von Daten für das Rechnungswesen
5.3 Controlling

B Leitbild des sanierten Unternehmens

B1 Ansatzpunkte einer Corporate Identity
Zentrale Unternehmensidee
1.2 Zugehörigkeitsgefühl der Mitarbeiter
1.3 Darstellung nach innen und außen

B2 Entwicklung der Tätigkeitsgebiete und Marktstrategien
2.1 Produkt- und Leistungskonzept
    2.1.1 Die Produkte/Leistungen
    2.1.2 Die Märkte
    2.1.3 Umsatzstruktur
    2.1.4 Marktanteile
    2.1.5 Geographische Ausbreitung
2.2 Strategische Geschäftseinheiten
    2.2.1 Bezeichnung der Unternehmensteile (Unternehmensbereiche/Produktlinien)
    2.2.2 Beschreibung der Produktionssparten
    2.2.3 Abgrenzung der Märkte
    2.2.4 Zuordnung der Ressourcen (Produktionsstätten, Führungskräfte, Kapital)
2.3 Bestimmung der Wettbewerbstrategien
    2.3.1 Kostenführerschaft
    2.3.2 Profilierung
    2.3.3 Konzentration auf Schwerpunkte

B3 Ausrichtung der Funktionen (Erfolgspotentiale)
3.1 Produktbezogene Erfolgspotentiale
    3.1.1 Fähigkeit zum Erkennen von Kundenbedürfnissen
    3.1.2 Fähigkeit zur Herstellung bedürfnisgerechter Marktleistungen
    3.1.3 Fähigkeit zur Beherrschung einer bestimmten Technologie
    3.1.4 Fähigkeit zur Bearbeitung bestimmter Werkstoffe
3.2 Marktbezogene Erfolgspotentiale
    3.2.1 Marktstellung
    3.2.2 Image
3.3 Funktionale Erfolgspotentiale
    3.3.1 Forschung und Entwicklung
    3.3.2 Beschaffung
    3.3.3 Produktion
    3.3.4 Vertrieb
    3.3.5 Personal

3.3.6   Management
3.3.7   Informationssysteme
3.3.8   Organisation

B4 Künftige gesellschaftsrechtliche Struktur des Unternehmens

B5 Beziehungen zu Kapitalgebern
  5.1 Beteiligungsstrukturen und Eigenkapitalzuführung
  5.2 Unternehmensverbindungen (intern/extern)
  5.3 Kreditversorgung (Verschuldungsgrad)

C Sanierungsmaßnahmen

C1 Finanzwirtschaftliche Maßnahmen
  1.1 Maßnahmen der Gesellschafter
    1.1.1 Eigenkapitalzufuhr
    1.1.2 Zahlungen auf künftige Einlageschuld
    1.1.3 Gesellschafterdarlehen
  1.2 Maßnahmen der Lieferantengläubiger
    1.2.1 Zahlungsaufschub
    1.2.2 Stundung mit einem Fälligkeitstermin
    1.2.3 Moratorium mit mehreren Fälligkeitsterminen
    1.2.4 Schuldenerlass
    1.2.5 Zinserlass
    1.2.6 Kapitalerlass
    1.2.7 Umwandlung kurzfristiger Kredite in langfristige Darlehen
    1.2.8 Umwandlung von Krediten in Beteiligungen
  1.3 Maßnahmen der Gläubigerbanken
    1.3.1 Verzicht auf Kreditkündigung
    1.3.2 Zinserlass
    1.3.3 Kapitalerlass
    1.3.4 Bürgschaften
    1.3.5 Patronatserklärungen
    1.3.6 Bewilligung neuer Kredite
    1.3.7 Beteiligungen
  1.4 Maßnahmen der Steuergläubiger
    1.4.1 Anpassung von Vorauszahlungen
    1.4.2 Stundung
    1.4.3 Erlass
    1.4.4 Vollstreckungsaufschub
  1.5 Maßnahmen der Sozialversicherungsträger
    1.5.1 Beitragsstundung
    1.5.2 Vollstreckungsaufschub
  1.6 Maßnahmen der öffentlichen Hand
    1.6.1 Subventionen
    1.6.2 Bürgschaften
    1.6.3 Strukturkrisenkartelle

Depré/Dobler

C2 Leistungswirtschaftliche Maßnahmen
2.1 Personalbereich
    2.1.1 Einstellungsstopp
    2.1.2 Überstundenverbot
    2.1.3 Kurzarbeit
    2.1.4 Aufhebungsverträge
    2.1.5 Vorzeitige Pensionierung
    2.1.6 gezielte Urlaubsplanung
    2.1.7 Umwandlung von Voll- in Teilzeitarbeitsverträge
    2.1.8 Kündigung von Dienstverträgen freier Mitarbeiter
    2.1.9 Kündigung von Verträgen mit Subunternehmer
2.2 Produktionsbereich
    2.2.1 Konzentration der Fertigung durch Aufgabe von Fertigungsstätten
    2.2.2 Produktivitätssteigerung durch Verbesserung der Produktionsanlagen
    2.2.3 Verbesserung der Arbeitsabläufe
    2.2.4 Verminderung der von Fertigungslöhnern ausgeführten Gemeinkostenarbeiten
    2.2.5 Verbesserung der Lohnsysteme, Kürzung der Vorgabezeiten
    2.2.6 Reduzierung der Materialkosten und Fremdleistungen
    2.2.7 Durch Reduzierung des Mengengerüstes in der Konstruktionsphase und die
    2.2.8 Durchführung von Produktwertanalysen
2.3 Entwicklungsbereich
2.4 Materialbereich (Lagerabbau)
2.5 Vertriebsbereich
    2.5.1 Ersetzung von Handelsvertretern durch Mitarbeiter des Unternehmens
    2.5.2 Verzicht auf Belieferung bestimmter Märkte oder Handelsstufen
    2.5.3 Konzentration der Werbeaktivitäten
    2.5.4 Überprüfung der Preisgestaltung
2.6 Managementbereich
    2.6.1 Auswechslung des Unternehmensmanagements durch Krisenmanagement
    2.6.2 Reorganisation der Entscheidungsprozesse
    2.6.3 Änderung des Führungsstils

D Planverprobungsrechnung

D1 Ertrags und Liquiditätsplanung

1.1 unterjährig

1.2 mehrjährig

D2 Maßnahmen zur Kontrolle der Umsetzung und des Erfolgs der Sanierungsmaßnahmen

2.1 Etablierung eines geeignetes Controllinginstrumentariums (Soll-Ist-Vergleiche)

§ 44. Die Eigenverwaltung

Die Durchführung eines Insolvenzverfahrens in Eigenverwaltung setzt voraus, dass sie vom Schuldner beantragt wird (→ Rn. 17 ff.) und keine Umstände bekannt sind, die erwarten lassen, dass die Anordnung zu Nachteilen für die Gläubiger führt (→ Rn. 24 ff.). Der eigenverwaltende Schuldner wird durch einen Sachwalter überwacht (→ Rn. 33 ff.).

Der „Einstieg" in das Eigenverwaltungsverfahren kann auf zwei Wegen erfolgen: Durch das Eröffnungsverfahren nach § 270a InsO (→ Rn. 62 ff.) unter Bestellung eines vorläufigen Sachwalters (→ Rn. 74 ff.) oder durch das sogenannte „Schutzschirmverfahren" des § 270b InsO (→ Rn. 86 ff.), das die Vorbereitung einer Sanierung des schuldnerischen Unternehmens durch einen Insolvenzplan (→ Rn. 132 ff.) zum Ziel hat.

Der nachfolgende Beitrag befasst sich mit den Voraussetzungen für die Anordnung der Eigenverwaltung (→ Rn. 13 ff.) sowie mit den Aufgaben und Befugnissen des Schuldners (→ Rn. 172 ff.), der Überwachungsorgane des Schuldners (→ Rn. 235 ff.) und des (vorläufigen) Sachwalters sowohl im Antragsverfahren (→ Rn. 228 ff.) als auch im eröffneten Eigenverwaltungsverfahren (→ Rn. 204 ff.). Dargestellt werden auch die Sonderprobleme bei der Begründung von Masseverbindlichkeiten im vorläufigen Eigenverwaltungsverfahren (→ Rn. 78 ff.) und im Schutzschirmverfahren (→ Rn. 127 ff.).

Da das Insolvenzgericht bereits bei Antragstellung die Zulässigkeit der Eigenverwaltung im eröffneten Verfahren im Blick haben muss, werden im nachfolgenden Kapitel zunächst die Anordnungsvoraussetzungen der Eigenverwaltung und erst danach das Eröffnungsverfahren nach § 270a InsO und das Schutzschirmverfahren nach § 270b InsO erörtert.

A. Einführung

1 Gemäß den §§ 270 ff. InsO kann das Insolvenzgericht auf Antrag des Schuldners anordnen, dass der Insolvenzschuldner im eröffneten Insolvenzverfahren berechtigt ist, unter Aufsicht eines Sachwalters die Insolvenzmasse selbst zu verwalten und über sie zu verfügen.

I. Das Wesen der Eigenverwaltung

2 Die Eigenverwaltung wurde vom Gesetzgeber als besondere Form eines Insolvenzverfahrens in den §§ 270 ff. InsO geregelt.[1] Ihre Anordnung setzt somit stets die Stellung eines zulässigen Eröffnungsantrags (§ 13 InsO) sowie das Vorliegen eines Eröffnungsgrundes (§§ 16 ff. InsO) voraus. Hieran haben auch die jüngsten Änderungen durch das Gesetz zur weiteren Erleichterung der Sanie-

---

[1] Braun/*Riggert* InsO vor §§ 270–285 Rn. 1; MüKoInsO/*Tetzlaff* vor §§ 270–285 Rn. 26; FK-InsO/*Foltis* § 270 Rn. 5; KPB/*Pape* § 270 Rn. 18, 60.

§ 44. Die Eigenverwaltung

rung von Unternehmen (ESUG)[2] nichts geändert, so dass es sich bei der Eigenverwaltung gerade nicht um ein (Sanierungs-)Instrument im vorinsolvenzlichen Bereich handelt,[3] sondern spätestens mit Anordnung der Verfahrensart zugleich das Insolvenzverfahren über das Vermögen des Schuldners zu eröffnen ist.

II. Vorteile und gesetzgeberische Zielsetzung

Im Regierungsentwurf zur Insolvenzordnung aus dem Jahr 1992 wurden folgende Vorteile der Eigenverwaltung aufgeführt:[4]
– Weiternutzung der Kenntnisse und Erfahrungen der bisherigen Geschäftsleitung;
– Vermeidung der Einarbeitungszeit eines Fremdverwalters;
– Geringerer Aufwand und Kosten;
– Anreiz für den Schuldner, rechtzeitig den Antrag auf Eröffnung des Insolvenzverfahrens zu stellen, um sich dadurch eine aktive Handlungsmöglichkeit zu erhalten.

In der Praxis verblieb diese besondere Verfahrensart zunächst – von einigen spektakulären Großverfahren abgesehen[5] – eine Randerscheinung. Im Jahresdurchschnitt wurden weniger als 1 % der eröffneten Unternehmensinsolvenzen in Eigenverwaltung durchgeführt.[6] Die Bedenken gegen einen möglichen Missbrauch der Verfahrensart und der Widerstand aus der Praxis[7] waren übermächtig.

III. Modifizierung durch das ESUG

Durch das Gesetz zur weiteren Erleichterung der Sanierung von Unternehmen (ESUG), das am 1.3.2012 in Kraft getreten ist, wurden die §§ 270ff. InsO grundlegend geändert und das Insolvenzantragsverfahren durch die Varianten „Vorläufige Eigenverwaltung" und „Schutzschirmverfahren" ergänzt.

Ein Hauptziel des Gesetzgebers war, den Zugang zur Eigenverwaltung zu vereinfachen und diese aus der bisherigen Bedeutungslosigkeit heraus als echte Sanierungsoption zu etablieren.[8] Im Interesse einer Verbesserung von Sanierungschancen sollte erreicht werden, dass Schuldner und Gläubiger in die Aus-

---

[2] BGBl. 2011 I, 2582.
[3] FK-InsO/*Foltis* § 270 Rn. 5: besondere Verfahrensart des Insolvenzverfahrens; wohl auch Gottwald InsR-HdB/*Haas* § 86 Rn. 2.
[4] BT-Drs. 12/2443, 222, 223.
[5] Zu nennen sind hier etwa die Insolvenzverfahren der Babcock Borsig AG, der Kirch Media GmbH & Co. KG oder der Philipp Holzmann AG.
[6] IfM Bonn, Statistik zu Eigenverwaltungen bei Unternehmensinsolvenzen, abrufbar unter www.ifm-bonn.org.
[7] „Man kann nicht den Bock zum Gärtner machen"; vgl. Uhlenbruck/*Zipperer* InsO § 270 Rn. 3; MüKoInsO/*Tetzlaff* vor §§ 270–285 Rn. 5; ebenso bereits *Grub* WM 1994, 880.
[8] BT-Drs. 17/5712, 19; HambK-InsO/*Fiebig* Vorbem. §§ 270ff. Rn. 7ff.; FK-InsO/*Foltis* vor §§ 270ff. Rn. 2.

wahl der maßgeblichen Akteure einbezogen werden und alle Beteiligten eine größere Planungssicherheit hinsichtlich des Ablaufs des Verfahrens erhalten. Die Möglichkeiten der Sanierung durch einen Insolvenzplan sollten erweitert, Blockadepotential abgebaut werden.[9]

7   Tatsächlich ist die Zahl der beantragten Eigenverwaltungsverfahren ab Inkrafttreten des ESUG im Vergleich zu den Vorjahren deutlich angestiegen. Absolut betrachtet ist sie zwar mit einem Anteil von ca. 2,7 % der beantragten und ca. 1,6 % der eröffneten Verfahren bei Unternehmensinsolvenzen (Personen- und Kapitalgesellschaften) nach wie vor weit von einem Massenphänomen entfernt,[10] jedoch haben seit dem Inkrafttreten des ESUG eine Reihe größerer Eigenverwaltungsverfahren (IVG, Loewe, Neumayer Tekfor-Gruppe, Pfleiderer) bewiesen, dass mit den neuen Verfahrensformen, insbesondere den neuen Vorverfahren, auch komplexe Verfahren zu einem sehr erfolgreichen Abschluss mit positiven und überdurchschnittlichen Ergebnissen für die Gläubiger geführt werden können.

8   Wurden im Jahr 2014 noch 22 der 50 größten Unternehmensinsolvenzen (bezogen auf die Mitarbeiterzahl) in Eigenverwaltung eingeleitet (14 Eigenverwaltungsvorverfahren gemäß § 270a InsO und 8 Schutzschirmverfahren gemäß § 270b InsO),[11] waren es im Jahr 2015 lediglich 18 (14 Eigenverwaltungsvorverfahren gemäß § 270a InsO und 4 Schutzschirmverfahren gemäß § 270b InsO).[12] Trotz dieser – wohl der derzeit allgemein rückläufigen Anzahl der Insolvenzverfahren geschuldeten – Schwankung verfestigt sich der Gesamteindruck, dass die Eigenverwaltung insbesondere bei den großen Insolvenzverfahren als spezielles Sanierungsinstrument für hierfür geeignete Unternehmen in der Praxis angekommen ist.

IV. Aktuelle Entwicklungstendenzen

9   Durch die Änderungen der Regelungen zur Eigenverwaltung, insbesondere die Einführung der vorläufigen Eigenverwaltung gemäß § 270a InsO sowie des Schutzschirmverfahrens gemäß § 270b InsO als Eigenverwaltungs-Eröffnungsverfahren, wurde die Sanierungslandschaft um weitere Instrumente zur Restrukturierung und „Rettung" von Unternehmen ergänzt. Im Rahmen der für 2017 geplanten Evaluierung der Erfahrungen mit der Anwendung des ESUG besteht die Möglichkeit, eine weitere Feinjustierung der Regelungen vorzunehmen, um die zwischenzeitlich erlangte Akzeptanz des Eigenverwaltungsverfahrens weiter zu stärken und auf das gesetzgeberische Ziel einer regelmäßigen Anwendung in geeigneten Verfahrenskonstellationen hinzuarbeiten.

10 Bereits jetzt ist es gängige Praxis, die fehlende insolvenzrechtliche Sachkunde des Schuldners durch einen insolvenz- und restrukturierungserfahrenen Sanierungsgeschäftsführer zu gewährleisten. Das Eröffnungsverfahren gemäß § 270a InsO wird überwiegend von Freiberuflern und kleineren Unternehmen ge-

---

[9] BT-Drs. 17/5712, 1, 2.
[10] BCG-Studie „Vier Jahre ESUG" Mai 2016, Abbildung 1, Tabelle 1.
[11] JUVE 1/2015, 34 f.
[12] JUVE 1/2016, 26 f.

§ 44. Die Eigenverwaltung

nutzt, während sich das Schutzschirmverfahren gemäß § 270b InsO in erster Linie für größere Unternehmen und Konzerne eignet.[13]

Exemplarisch für die gegenwärtig diskutierten, weiteren Verbesserungspotentiale ist das „Thesenpapier des Gravenbrucher Kreises"[14] zu nennen, in dem umfassende Lösungsvorschläge für die in der Praxis identifizierten Schwachstellen und Regelungslücken gemacht werden, insbesondere zu den Themenbereichen: 11

- Anforderungen an den eigenverwaltenden Schuldner
- Gläubigerbeteiligung in Eigenverwaltungsverfahren
- Stärkung der Position des Sachwalters/Anforderungen an den Sachwalter
- Begründung von Masseverbindlichkeiten in der vorläufigen Eigenverwaltung
- Organhaftung in der Eigenverwaltung
- Umsatzsteuer – Gleichlauf zwischen vorläufigem Eigenverwaltungs- und vorläufigem Regelverfahren
- Haftung des Ausstellers der Bescheinigung gemäß § 270b Abs. 1 S. 3 InsO

B. Die Eigenverwaltung im eröffneten Verfahren

Wird in einem Insolvenzverfahren abweichend vom Regelverfahren im Eröffnungsbeschluss die Eigenverwaltung angeordnet, so ist der Schuldner berechtigt, unter der Aufsicht eines Sachwalters die Insolvenzmasse zu verwalten und über sie zu verfügen, § 270 Abs. 1 S. 1 InsO. Für das Verfahren gelten die allgemeinen Vorschriften der InsO, soweit in den §§ 270–285 InsO nichts anderes bestimmt ist. Verbraucherinsolvenzverfahren nach § 304 InsO sind hiervon ausgenommen; für diese kann die Eigenverwaltung nicht angeordnet werden, § 270 Abs. 1 S. 3 InsO. 12

I. Die Voraussetzungen der Anordnung

Die Anordnung der Eigenverwaltung setzt voraus, dass der Schuldner einen entsprechenden Antrag stellt sowie keine Umstände bekannt sind, die erwarten lassen, dass die Anordnung zu Nachteilen für die Gläubiger führen wird, § 270 Abs. 2 InsO. 13

1. Antragstellung

Im Rahmen der Antragstellung ist zwischen dem – für die Einleitung eines jeden Insolvenzverfahrens verpflichtenden – Eröffnungsantrag nach § 13 InsO 14

---

[13] Während das „typische" Unternehmen im Verfahren nach § 270a InsO einen Umsatz von ~ 4 Mio. EUR erwirtschaftet und 32 Mitarbeiter beschäftigt, beträgt der Umsatz bei einem „typischen" Unternehmen im Schutzschirmverfahren nach § 270b InsO ~ 16 Mio. EUR und es sind 126 Mitarbeiter beschäftigt (errechnete Durchschnittswerte); vgl. Studie der Boston Consulting Group „Vier Jahre ESUG" Mai 2016, Abbildung 6, Tabelle 2, abrufbar unter www.bcg.de.

[14] „ESUG – Erfahrungen, Probleme, Änderungsnotwendigkeiten" – Thesenpapier des Gravenbrucher Kreises, Stand Oktober 2015, im Internet abrufbar unter http://www.gravenbrucher-kreis.de/2015/10/13/stellungnahme-des-gravenbrucher-kreises-zur-reform-des-esug/.

und dem zwingend vom Schuldner zu stellenden Antrag auf Anordnung der Eigenverwaltung zu unterscheiden.

15 **a) Eröffnungsantrag.** Für den Antrag auf Eröffnung des Insolvenzverfahrens gelten die Vorschriften der §§ 13 ff. InsO. Antragsberechtigt sind gemäß § 13 Abs. 1 S. 2 InsO die Gläubiger und der Schuldner. Zu den an den Eröffnungsantrag gestellten Anforderungen wird an dieser Stelle auf die ausführliche Darstellung in → § 2 Rn. 46 ff. dieses Handbuchs verwiesen.

16 Bei juristischen Personen oder Gesellschaften ohne Rechtspersönlichkeit ist auf Seiten des Schuldners grundsätzlich jedes Mitglied des Vertretungsorgans, jeder persönlich haftende Gesellschafter sowie jeder Abwickler zur Antragstellung berechtigt, § 15 Abs. 1 S. 1 InsO. Liegt dem Antrag der Eröffnungsgrund der drohenden Zahlungsunfähigkeit (→ § 2 Rn. 93 ff.) zugrunde und wird er nicht von allen Mitgliedern des Vertretungsorgans, allen persönlich haftenden Gesellschaftern oder allen Abwicklern gestellt, so müssen der oder die Antragsteller gemäß § 18 Abs. 3 InsO zudem zur Vertretung der juristischen Person oder Gesellschaft ohne Rechtspersönlichkeit berechtigt sein.

17 **b) Antrag auf Anordnung der Eigenverwaltung.** Die Anordnung der Eigenverwaltung setzt neben dem Antrag auf Eröffnung des Insolvenzverfahrens einen Antrag des Schuldners auf Anordnung der Eigenverwaltung voraus, § 270 Abs. 2 Nr. 1 InsO.

18 Obwohl beide Anträge nicht gleichzeitig gestellt werden müssen, ist für die Praxis dennoch zu empfehlen, den Antrag auf Anordnung der Eigenverwaltung als „vertrauensbildende Maßnahme" mit dem Antrag auf Eröffnung des Insolvenzverfahrens zu verbinden.[15] Eine Nachholung des Antrags nach der Verfahrenseröffnung ist nicht möglich.[16] Eine Verknüpfung des Eröffnungsantrags mit der Anordnung der Eigenverwaltung kommt aufgrund der Bedingungsfeindlichkeit des Eröffnungsantrags nicht in Betracht[17]

19 Bei juristischen Personen sind die Modalitäten der Antragstellung umstritten. So wird vertreten, dass in Anlehnung an § 15 Abs. 1 InsO der Antrag von jedem Mitglied des Vertretungsorgans gestellt werden kann[18] bzw. analog § 18 Abs. 3 InsO nur von jedem im Außenverhältnis vertretungsberechtigten Organmitglied.[19] Nach anderer Ansicht ist hierfür eine Antragstellung aller Mitglieder des Vertretungsorgans erforderlich.[20]

20 Besteht jedoch Streit zwischen den Organen einer Gesellschaft, ob ein Insolvenzverfahren in Eigenverwaltung eröffnet werden soll, oder erfolgte die Beantragung der Eigenverwaltung durch die Geschäftsleitung ohne Abstimmung mit den Gesellschaftern – das Gericht prüft lediglich die formelle Handlungsbefugnis des Antragstellers nach außen, nicht jedoch, ob im

---

[15] Uhlenbruck/*Zipperer* InsO § 270 Rn. 41.
[16] KPB/*Pape* InsO § 270 Rn. 78; Uhlenbruck/*Zipperer* InsO § 270 Rn. 41.
[17] MüKoInsO/*Tetzlaff* § 270 Rn. 34.
[18] HK-InsO/*Landfermann* § 270 Rn. 11.
[19] MüKoInsO/*Tetzlaff* § 270 Rn. 31; HambK-InsO/*Fiebig* § 270 Rn. 14.
[20] Ahrens/Gehrlein/Ringstmeier/*Ringstmeier* InsO § 270 Rn. 8; KPB/*Pape* InsO § 270 Rn. 84; FK-InsO/*Foltis* § 270 Rn. 42.

Innenverhältnis dafür ein Gesellschafterbeschluss erforderlich ist[21] –, kann ein solcher Umstand im Rahmen der Nachteilsprognose gemäß § 270 Abs. 2 Nr. 2 InsO ein starkes Indiz gegen die Anordnung der Eigenverwaltung darstellen.[22]

21 Eine Begründung des Antrags ist von Gesetzes wegen ausdrücklich nicht erforderlich.[23] Im Hinblick auf die Prognoseentscheidung des Gerichts ist allerdings dringend anzuraten, das Gericht bereits im Antrag mit hinreichenden Informationen zu versorgen, die das Nichtvorliegen von Nachteilen für die Gläubiger durch die Anordnung der Eigenverwaltung belegen.[24]

22 Die Eigenverwaltung kann grundsätzlich auch im Falle eines Fremdantrags durch einen Gläubiger angeordnet werden. Der Antrag auf Eigenverwaltung muss dann aber zum Zeitpunkt der Eröffnungsentscheidung vorliegen, ein späteres Nachschieben des Antrags, ggf. im Rahmen eines Beschwerdeverfahrens gegen den Eröffnungsantrag, ist nicht möglich.[25] Das vormalige Zustimmungserfordernis des antragstellenden Gläubigers in einer solchen Konstellation ist durch das ESUG entfallen.[26]

23 Jedoch hat ein Gläubiger durch Hinterlegung einer sog „Schutzschrift" die Möglichkeit, auf eine Entscheidung des Gerichts über die Anordnung der Eigenverwaltung Einfluss zu nehmen.[27]

2. Keine zu erwartenden Nachteile für die Gläubiger

24 Die Eigenverwaltung darf nur dann angeordnet werden, wenn keine Umstände bekannt sind, die eine Gläubigerbenachteiligung erwarten lassen, § 270 Abs. 2 Nr. 2 InsO.

25 Bei der Prüfung des Gerichts, ob den Gläubigern durch die Anordnung der Eigenverwaltung Nachteile drohen, handelt es sich um eine Prognoseentscheidung, die im Hinblick auf die Gläubigerbenachteiligung anhand der vorliegenden Indizien unter Berücksichtigung der jeweiligen Besonderheiten des Einzelfalls zu erstellen ist.[28] Das Gericht darf seine Entscheidung dabei nur auf die Umstände stützen, die bekannt sind, wobei insoweit keine Verpflichtung zur Amtsermittlung besteht.[29] Im Rahmen dieser Entscheidungsfindung sind alle dem Gericht bekannten Vor- und Nachteile abzuwä-

---

[21] HambK-InsO/*Fiebig* § 270 Rn. 14 unter Verweis auf AG Mannheim Urt. v. 21.2.2014 – 4 IN 115/14, ZIP 2014, 484 ff.
[22] HambK-InsO/*Fiebig* § 270 Rn. 14; → Rn. 24 ff.
[23] Uhlenbruck/*Zipperer* InsO § 270 Rn. 43.
[24] → Rn. 24 ff.
[25] Uhlenbruck/*Zipperer* InsO § 270 InsO Rn. 41.
[26] Vgl. zum damaligen Rechtsstand die Vorauflage § 44 Rn. 9 ff.
[27] Vgl. → Rn. 25.
[28] ZB AG Essen Urt. v. 3.2.2015 – 163 IN 14/15, ZInsO 2015, 700 ff.; so auch HambK-InsO/*Fiebig* § 270 Rn. 19 (mit Verweis auf einen Indizienkatalog in Rn. 21).
[29] KPB/*Pape* InsO § 270 Rn. 116; Uhlenbruck/*Zipperer* InsO § 270 Rn. 52; FK-InsO/*Foltis* § 270 Rn. 59; HK-InsO/*Landfermann* § 270 Rn. 13; aA MüKoInsO/*Tetzlaff* § 270 Rn. 94; differenzierend Kübler HRI/*Ampferl* § 9 Rn. 75: Grds. nur Angaben des Schuldners, weitere Nachforschungen nur in besonderen Zweifelfällen unter Berücksichtigung des Verfahrenszwecks.

gen, ein Ermessen besteht bei einem Überwiegen von Vor- oder Nachteilen nicht.[30]

26 Wird durch einen Gläubiger eine Schutzschrift gegen die Anordnung der Eigenverwaltung hinterlegt, kann diese nicht per se einen entsprechenden Beschluss des Gerichts verhindern.[31] Werden im Rahmen dieser Schutzschrift jedoch konkrete Gründe vorgebracht, die gegen die Anordnung der Eigenverwaltung sprechen, sind diese durch das Gericht bei der Entscheidungsfindung zu berücksichtigen.[32] Um die Aktualität des Vorbringens zu gewährleisten, soll die Schutzschrift zum Zeitpunkt der Antragstellung nicht älter als einen Monat sein.[33]

27 Über diese Kriterien hinaus sind für die Anordnung der Eigenverwaltung nach § 270 InsO keine weiteren Voraussetzungen zu erfüllen. Um dem Vorwurf des Missbrauchs dieser Verfahrensform entgegenzutreten und schlecht vorbereitete Eigenverwaltungsverfahren bereits frühzeitig „herauszufiltern", wird von *Haarmeyer*[34] über die gesetzlichen Voraussetzungen hinaus die Prüfung zusätzlicher Negativmerkmale über einen sog „Katalog der Versagensgründe" vorgeschlagen. Dieser – nicht abschließende – Katalog umfasst die folgenden Punkte:
– Keine sofortige Anordnung ohne rechtzeitige Vorabsprache mit dem Gericht
– Keine sofortige Anordnung bei „Druckanträgen"
– Keine Anordnung bei vertiefter Zahlungsunfähigkeit
– Keine sofortige Anordnung bei fehlendem insolvenzrechtlichen Sachverstand
– Keine sofortige Anordnung ohne Sanierungskonzept
– Keine Anordnung bei fehlender Unabhängigkeit eines vorläufigen Sachwalters
– Keine Anordnung bei fehlender Dokumentation vorheriger Gläubigerbeteiligung
– Keine Anordnung bei Family-and-Friends-Ausschüssen
– Keine sofortige Anordnung bei fehler- oder lückenhaften Anträgen

28 Weiterhin hat der „Gravenbrucher Kreis" ein Thesenpapier erstellt,[35] worin neben den Anforderungen an den eigenverwaltenden Schulder objektiv belegbare, leicht prüfbare Kriterien, die gegen eine Eigenverwaltung sprechen, wie folgt vorgeschlagen werden:
– Fortlaufende und nachhaltige Verletzung der Buchführungs- und Bilanzierungspflichten
– Fortlaufende und nachhaltige Verletzung der Steuererklärungspflichten

---

[30] Wohl hM zB HK-InsO/*Landfermann* § 270 Rn. 14 mwN; aA AG Hamburg Urt. v. 28.2.2014 – 67c IN 1/14, ZInsO 2014, 566 ff.: Freies Ermessen des Gerichts bei der Prognoseentscheidung.
[31] KPB/*Pape* InsO § 270 Rn. 93.
[32] MüKoInsO/*Tetzlaff* § 270 Rn. 41; HambK-InsO/*Fiebig* § 270 Rn. 27; aA Uhlenbruck/*Wegener* InsO § 14 Rn. 201 aE.
[33] Uhlenbruck/*Zipperer* InsO § 270 Rn. 39 aE.
[34] *Haarmeyer* ZInsO 2013, 2345 ff.
[35] „ESUG – Erfahrungen, Probleme, Änderungsnotwendigkeiten" – Thesenpapier des Gravenbrucher Kreises, Stand Oktober 2015, 3, im Internet abrufbar unter http://www.gravenbrucher-kreis.de/2015/10/13/stellungnahme-des-gravenbrucher-kreises-zur-reform-des-esug/.

- Erhebliche Lohn- und Gehaltsrückstände (inklusive rückständiger Sozialversicherungsbeiträge)
- Mangelnde Erfahrung des Schuldners bzw. seiner organschaftlichen Vertreter mit dem Instrument der Eigenverwaltung
- Offensichtliche Verletzung von Insolvenzantragspflichten nach Maßgabe des § 15a InsO

Auch wenn diese vorgenannten Punkte jeweils nur Vorschläge bzw. Anregungen für den Gesetzgeber sind, werden wichtige Kriterien aufgegriffen, anhand derer sowohl der Schuldner die Antragstellung im Hinblick auf mögliche Hindernisse oder Einwände von Gläubigern bereits im Vorfeld umfassend überprüfen und ggf. entsprechende Ausführungen dazu machen kann als auch das Gericht ungeeignete Anträge frühzeitig zurückweisen bzw. konkrete Nachfragen stellen kann. 29

II. Mitwirkung des vorläufigen Gläubigerausschusses (§ 270 Abs. 3 InsO)

Gemäß § 270 Abs. 3 S. 1 InsO hat das Gericht vor der Anordnung der Eigenverwaltung dem vorläufigen Gläubigerausschuss Gelegenheit zur Äußerung zu geben, sofern dies, insbesondere unter zeitlichen Aspekten,[36] nicht zu einer nachteiligen Veränderung in der Vermögenslage des Schuldners führt. 30

Die Einsetzung eines solchen Ausschusses ist verpflichtend, wenn die Schwellenwerte des § 22a Abs. 1 InsO überschritten werden, wenn also im vorangegangenen Geschäftsjahr mindestens zwei der drei nachstehenden Merkmale erfüllt wurden: 31
- Mehr als 6 Mio. EUR Bilanzsumme nach Abzug eines auf der Aktivseite ausgewiesenen Fehlbetrags iSd § 268 Abs. 3 HGB
- Mindestens 12 Mio. EUR Umsatzerlöse in den zwölf Monaten vor dem Abschlussstichtag
- Mindestens 50 Arbeitnehmer im Jahresdurchschnitt.

Liegt ein einstimmiger Beschluss des vorläufigen Gläubigerausschusses vor, der die Anordnung der Eigenverwaltung unterstützt, wird die Anordnung per se nicht als nachteilig für die Gläubiger betrachtet, § 270 Abs. 3 S. 2 InsO; die Voraussetzung des § 270 Abs. 2 Nr. 2 InsO gilt dann als erfüllt.[37] 32

III. Auswahl und Bestellung des Sachwalters

Im Falle der Anordnung der Eigenverwaltung wird zugleich an Stelle des Insolvenzverwalters ein Sachwalter bestellt, § 270c InsO. 33

Zur Bestellung des Sachwalters sind mit Ausnahme der Sonderregelungen des § 270b Abs. 2 S. 2 InsO keine speziellen Regelungen getroffen, so dass die allgemeinen Regelungen der §§ 56, 56a InsO zur Anwendung kommen. Das heißt, Schuldner und Gläubiger haben jeweils ein Vorschlagsrecht gemäß § 56 Abs. 1 S. 3 Nr. 1 InsO, an das das Gericht in seiner Entscheidung nicht gebunden ist. Zu den Aufgaben und Befugnissen des Sachwalters vgl. → Rn. 204 ff. 34

---

[36] Uhlenbruck/*Zipperer* InsO § 270 Rn. 57.
[37] KPB/*Pape* InsO § 270 Rn. 149; Uhlenbruck/*Zipperer* InsO § 270 Rn. 58.

35 Gemäß § 274 Abs. 1 InsO iVm § 56 InsO ist durch das Gericht eine für den jeweiligen Einzelfall geeignete, insbesondere geschäftskundige und von den Gläubigern und dem Schuldner unabhängige natürliche Person zum Sachwalter zu bestellen, die aus dem Kreis aller zur Übernahme von Insolvenzverwaltungen bereiten Personen auszuwählen ist.

36 In seiner Entscheidung ist das Gericht dabei grundsätzlich – wie im Regelverfahren – im Rahmen der zu beachtenden Grenzen des § 56 InsO frei.[38] Ob vor dem Hintergrund des § 284 Abs. 2 InsO der Ersteller eines Insolvenzplans regelmäßig als Sachwalter ausgeschlossen ist, ist umstritten und im Einzelfall kritisch zu prüfen.[39]

37 Die Verweisung in § 274 Abs. 1 InsO umfasst auch § 56a InsO, wonach dem ggf. bestehenden vorläufigen Gläubigerausschuss gemäß § 56a Abs. 1 InsO Gelegenheit zur Stellungnahme zur Person des Sachwalters zu geben ist. Das Gericht ist jedoch an einen einstimmigen Vorschlag des Gläubigerausschusses zur Sachwalterbestellung gebunden, sofern die vorgeschlagene Person für das Amt nicht ungeeignet ist (vgl. § 56a Abs. 2 S. 1 InsO); eine darauf beruhende Ablehnung ist durch das Gericht zu begründen.[40]

38 Zu den Einzelheiten der §§ 56 ff. InsO wird auf die entsprechende Darstellung im Regelverfahren (→ § 8 Rn. 53 ff.) verwiesen.

IV. Der Anordnungsbeschluss

39 Liegen die Voraussetzungen des § 270 Abs. 2 InsO kumulativ vor, so wird durch das Gericht im Beschluss über die Eröffnung des Insolvenzverfahrens die Eigenverwaltung angeordnet, § 270 Abs. 1 S. 1 InsO. An Stelle des Insolvenzverwalters wird ein Sachwalter bestellt.[41]

40 Eine Begründung des Beschlusses ist nach dem Wortlaut des Gesetzes nur für den Fall der Ablehnung der Eigenverwaltung gefordert, § 270 Abs. 4 InsO. Ein Verstoß gegen die Begründungspflicht führt jedoch, da die Begründung grds. nachholbar ist, nicht zur Nichtigkeit des Anordnungsbeschlusses.[42]

41 Stellenweise wird jedoch auch die Begründung eines bejahenden Beschlusses empfohlen, um den Gläubigern im Hinblick auf die Möglichkeit der nachträglichen Aufhebung des Eigenverwaltungsverfahrens gemäß § 272 Abs. 1 Nr. 1 InsO durch die Gläubigerversammlung die Entscheidungsgründe nahezubringen.[43]

1. Öffentliche Bekanntmachung

42 Die Entscheidung über die Anordnung der Eigenverwaltung und die Eröffnungsentscheidung werden aufgrund ihrer Einheitlichkeit gemäß den §§ 30, 9 InsO gemeinsam und sofort öffentlich bekannt gemacht.[44]

---

[38] FK-InsO/*Foltis* § 274 Rn. 8 f.; MüKoInsO/*Tetzlaff/Kern* § 274 Rn. 14 ff.
[39] Str., Überblick zum Meinungsstand: Uhlenbruck/*Zipperer* InsO § 274 Rn. 3.
[40] MüKoInsO/*Tetzlaff/Kern* § 274 Rn. 26 ff., 29.
[41] Vgl. dazu im Detail → Rn. 204 ff.
[42] KPB/*Pape* InsO § 270 Rn. 169; Uhlenbruck/*Zipperer* InsO § 270 Rn. 61.
[43] HK-InsO/*Landfermann* § 270 Rn. 24.
[44] Uhlenbruck/*Zipperer* InsO § 270 Rn. 54; für das Eröffnungsverfahren vgl. jedoch → Rn. 82.

Da der Schuldner abweichend zum Regelverfahren seine Verwaltungs- und Verfügungsbefugnis behält, enthält der Eröffnungsbeschluss weder eine Aufforderung nach § 28 Abs. 3 InsO zur Leistung an den Sachwalter, noch erfolgt die Eintragung in das Grundbuch.[45]

2. Rechtsmittel

Ein Rechtsmittel für den Schuldner gegen die Ablehnung des Antrags auf Eigenverwaltung ist nicht gegeben, weder isoliert, noch im Rahmen einer gegen die Verfahrenseröffnung an sich nach § 34 InsO geführten Beschwerde, da sich diese nicht auf unanfechtbare Teile des Eröffnungsbeschlusses „erweitert".[46] Auch bei einer Abweisung mangels Masse kann mit der sofortigen Beschwerde nach § 34 Abs. 1 InsO lediglich gegen die Entscheidung gemäß § 26 Abs. 1 InsO vorgegangen werden, über die Eigenverwaltung wurde jedoch in diesem Rahmen noch gar nicht entschieden.[47]

Ebenso ist den Gläubigern kein Rechtsmittel, insbesondere keine sofortige Beschwerde, gegen die Anordnung der Eigenverwaltung eröffnet.[48]

Jedoch besteht in beiden Konstellationen für die Gläubigerversammlung die Möglichkeit, durch einen entsprechenden Beschluss die Anordnung der Eigenverwaltung „nachträglich" gemäß § 271 InsO zu veranlassen oder die Anordnung der Eigenverwaltung durch einen Antrag gemäß § 272 Abs. 1 Nr. 1 InsO nachträglich durch das Gericht aufheben zu lassen. Zu den einzelnen Voraussetzungen vgl. nachfolgend → Rn. 47 ff. und 54 f.

V. Die nachträgliche Anordnung der Eigenverwaltung (§ 271 InsO)

1. Antrag der Gläubigerversammlung

Die Gläubigerversammlung hat im eröffneten Insolvenzverfahren gemäß § 271 InsO die Möglichkeit, die Entscheidung des Gerichts gemäß § 270 InsO zu „korrigieren" und durch eine Mehrheitsentscheidung gemäß § 76 Abs. 2 InsO nachträglich die Eigenverwaltung durch das Gericht anordnen zu lassen. Diese Option ist Ausdruck der Gläubigerautonomie, weshalb für das Gericht kein Entscheidungsermessen hinsichtlich der Anordnung der Eigenverwaltung besteht.[49] Die Entscheidung kann durch jede Gläubigerversammlung getroffen werden, unabhängig von einem vorausgegangenen Antrag des Schuldners.[50] Nach dem Vorbild des § 57 S. 2 InsO ist für die Beschlussfassung der Gläubi-

---

[45] MüKoInsO/*Tetzlaff* § 270 Rn. 114 ff.
[46] HK-InsO/*Landfermann* § 270 Rn. 26 mit Verweis auf die Begründung zum RegE ESUG, BT-Drs. 17/5712, 39.
[47] HK-InsO/*Landfermann* § 270 Rn. 27.
[48] Uhlenbruck/*Zipperer* InsO § 270 Rn. 56.
[49] MüKoInsO/*Tetzlaff* § 271 Rn. 26.
[50] HK-InsO/*Landfermann* § 271 Rn. 2: vor dem ESUG war nur die erste Gläubigerversammlung aktivlegitimiert.

gerversammlung neben der Summen- auch die Kopfmehrheit der abstimmenden Gläubiger erforderlich.[51]

2. Zustimmung des Schuldners

48 Die (vorherige) Zustimmung des Schuldners zur Anordnung der Eigenverwaltung stellt – da ein vorangegangener Antrag des Schuldners nicht erforderlich ist, eine Anordnung gegen seinen Willen jedoch nicht erfolgen kann – eine materielle Anordnungsvoraussetzung zum Zeitpunkt der Entscheidung des Gerichts dar.[52]

3. Entscheidung des Gerichts und Rechtsmittel

49 Mit dem Beschluss des Gerichts sind sämtliche begleitenden Verfügungen zu treffen, die gemäß § 270 InsO mit der Anordnung der Eigenverwaltung erfolgen, bzw. sind die zuvor im Eröffnungsbeschluss getroffenen Anordnungen hinsichtlich Verfügungsbeschränkungen des Schuldners, zB die Eintragung in das Grundbuch, aufzuheben.[53]

50 Der Beschluss über die nachträgliche Anordnung der Eigenverwaltung einschließlich der Abberufung des Insolvenzverwalters und Bestellung des Sachwalters wird durch den Rechtspfleger getroffen und ist gemäß § 273 InsO öffentlich bekannt zu machen.[54]

51 Auch gegen die nachträgliche Anordnung der Eigenverwaltung sind keine Rechtsmittel gegeben.[55] Die Möglichkeit der nachträglichen Aufhebung gemäß § 272 InsO bleibt unbenommen.[56]

VI. Die Überleitung in die Regelinsolvenz (§ 272 InsO)

52 Wie bereits dargestellt, kann die Eigenverwaltung „nachträglich" sowohl angeordnet als auch korrespondierend zu § 271 InsO gemäß § 272 InsO wieder aufgehoben werden. Diese Möglichkeit ist ebenso wie die nachträgliche Anordnung gemäß § 271 InsO Ausdruck der Gläubigerautonomie.[57]

53 Das Erfordernis eines konkreten Antrags ergibt sich aus dem Wortlaut der §§ 272 Abs. 1 Nr. 1–3 InsO. Antragsberechtigt sind die Gläubigerversammlung, jeder einfache und jeder absonderungsberechtigte Insolvenzgläubiger sowie der Schuldner. Ein Tätigwerden des Insolvenzgerichts von Amts wegen ist im Hinblick sowohl auf die Schuldner- als auch die Gläubigerautonomie ausgeschlossen.[58]

---

[51] MüKoInsO/*Tetzlaff* § 271 Rn. 20; Uhlenbruck/*Zipperer* InsO § 271 Rn. 2; HK-InsO/*Landfermann* § 271 Rn. 2.
[52] Uhlenbruck/*Zipperer* InsO § 271 Rn. 5; HambK-InsO/*Fiebig* § 271 Rn. 8.
[53] HK-InsO/*Landfermann* § 273 Rn. 2 aE; Uhlenbruck/*Zipperer* InsO § 271 Rn. 6.
[54] MüKoInsO/*Tetzlaff* § 271 Rn. 29, 37 f.
[55] FK-InsO/*Foltis* § 271 Rn. 11.
[56] Uhlenbruck/*Zipperer* InsO § 271 Rn. 8 aE.
[57] KPB/*Pape* InsO § 272 Rn. 1; Uhlenbruck/*Zipperer* InsO § 272 Rn. 1, 3.
[58] Uhlenbruck/*Zipperer* InsO § 272 Rn. 1; aA FK-InsO/*Foltis* § 272 Rn. 6, HambK-InsO/*Fiebig* § 272 Rn. 14, die in „besonderen Ausnahmefällen" eine Aufhebung vAw sehen, was jedoch mit dem Willen des Gesetzgebers nicht im Einklang steht, vgl. dazu im Detail MüKoInsO/*Tetzlaff* § 272 Rn. 44 ff.

1. Aufhebung auf Antrag der Gläubigerversammlung, § 272 Abs. 1 Nr. 1 InsO

Die Aufhebung der Eigenverwaltung kann jederzeit von der Gläubigerversammlung beschlossen werden. Für die Beschlussfassung ist auch hier die Summen- und zum Minderheitenschutz auch die Kopfmehrheit erforderlich.[59] Ein darüber hinausgehendes Antragsrecht nach § 78 Abs. 1 InsO ist ausgeschlossen.[60]

Eine Anhörung des Schuldners zum Antrag der Gläubigerversammlung ist nicht vorgesehen, wobei dem Schuldner im Rahmen seines Teilnahmerechts an der Gläubigerversammlung gemäß § 74 Abs. 1 S. 2 InsO die Möglichkeit zu einer Stellungnahme eröffnet ist.[61]

2. Aufhebung auf Antrag eines Gläubigers, § 272 Abs. 1 Nr. 2 InsO

Antragsbefugt sind absonderungsberechtigte Gläubiger und Insolvenzgläubiger, was nach hM auch nachrangige Gläubiger einschließt, sofern ein hinreichendes Rechtsschutzbedürfnis in Form einer auf Aufforderung des Gerichts erfolgten Forderungsanmeldung gemäß § 174 Abs. 3 InsO vorliegt.[62] Aus dem Wortlaut kann jedoch keine – stellenweise kontrovers diskutierte – Einschränkung abgeleitet werden, dass ein solcher Antrag nur in Eilfällen und nicht auch im Rahmen einer Gläubigerversammlung gestellt werden kann.[63]

Voraussetzung des Gläubigerantrages ist, dass die Voraussetzung des § 270 Abs. 2 Nr. 2 InsO weggefallen ist und dem Antragsteller durch die Eigenverwaltung erhebliche Nachteile drohen. Dies bezieht sich auf Umstände, die nachträglich weggefallen sind oder zum Zeitpunkt der Antragstellung unerkannt nicht vorlagen.[64]

Hinsichtlich der „erheblichen Nachteile" müssen konkrete Tatsachen vorliegen, die ebenso wie der Wegfall der Voraussetzungen des § 270 Abs. 2 Nr. 2 InsO durch den Gläubiger glaubhaft gemacht werden müssen.[65] Darüber hinaus muss der Schuldner zum Antrag des Gläubigers gehört werden, § 272 Abs. 2 S. 2 InsO.

3. Aufhebung auf Antrag des Schuldners, § 272 Abs. 1 Nr. 3 InsO

Der Schuldner kann jederzeit ohne Angabe von Gründen in freier Entscheidung den Antrag auf Aufhebung der Eigenverwaltung stellen.[66]

---

[59] Uhlenbruck/*Zipperer* InsO § 272 Rn. 3.
[60] Vgl. BGH Urt. v. 21.7.2011 – IX ZB 64/10, ZInsO 2011, 1548 ff., wohl hM.
[61] MüKoInsO/*Tetzlaff* § 272 Rn. 17; Uhlenbruck/*Zipperer* InsO § 272 Rn. 3 aE.
[62] Ua HK-InsO/*Landfermann* § 272 Rn. 6; aA: KPB/*Pape* InsO § 272 Rn. 21: Genereller Ausschluss nachrangiger Gläubiger.
[63] MüKoInsO/*Tetzlaff* § 272 Rn. 21; HK-InsO/*Landfermann* § 272 Rn. 9.
[64] HambK-InsO/*Fiebig* § 272 Rn. 5.
[65] Uhlenbruck/*Zipperer* InsO § 272 Rn. 4.
[66] Ahrens/Gehrlein/Ringstmeier/*Ringstmeier* InsO § 272 Rn. 14; Uhlenbruck/*Zipperer* InsO § 272 InsO Rn. 5.

4. Entscheidung des Gerichts und Rechtsmittel

60 Die Entscheidung des Gerichts erfolgt durch Beschluss. Wurde ein zulässiger Antrag gestellt, hat das Gericht bei Vorliegen der Voraussetzungen gemäß dem Wortlaut des § 272 InsO keinen Ermessensspielraum.[67] Nur im Falle eines Gläubigerantrages nach § 272 Abs. 1 Nr. 2 InsO ist die Entscheidung des Gerichtes zu begründen, da dem antragstellenden Gläubiger bzw. dem Schuldner gegen die jeweilige Entscheidung des Gerichts ausnahmsweise die sofortige Beschwerde zusteht (vgl. § 272 Abs. 2 S. 3 InsO).[68] Gegen alle anderen Entscheidungen des Gerichts gemäß § 272 Abs. 1 Nr. 1 und 3 InsO ist kein Rechtsmittel vorgesehen; sie können daher auch ohne Begründung ergehen.[69] Unabhängig davon ist in allen Konstellationen des § 272 InsO der Rechtsbehelf der Erinnerung gegen die Entscheidung des Rechtspflegers nach den allgemeinen Grundsätzen zulässig.[70]

61 Die Entscheidung des Gerichts über die Aufhebung der Eigenverwaltung ist gemäß § 273 InsO öffentlich bekannt zu machen. Dies umfasst insbesondere auch den Übergang der Verwaltungs- und Verfügungsbefugnis des Schuldners auf den Insolvenzverwalter, die Anordnung eines Leistungsverbotes an den Schuldner sowie den Namen und die Anschrift des Insolvenzverwalters.[71] Ebenso sind die Eintragungen in die Register gemäß §§ 31 ff. InsO nachzuholen.[72]

C. Das Eröffnungsverfahren (§ 270a InsO)

62 Durch das ESUG wurde der Eigenverwaltung im eröffneten Insolvenzverfahren ein korrespondierendes Antragsverfahren zur Seite gestellt. Im Hinblick auf die gesetzgeberischen Ziele „kein Kontrollverlust" und „frühzeitig(er)e Antragstellung" ist es nunmehr[73] möglich, dass der Schuldner bereits im Zeitraum zwischen der Antragstellung und der Entscheidung über die Anordnung der Eigenverwaltung unter der Aufsicht eines vorläufigen Sachwalters die Verfahrensabwicklung in eigener Verantwortung übernimmt. Dies setzt jedoch voraus, dass das Verfahren professionell vorbereitet und in enger Abstimmung mit den Gläubigern entsprechend umgesetzt wird.

I. Zugangsvoraussetzung

63 Gemäß § 270a Abs. 1 S. 1 InsO darf der Antrag des Schuldners auf Anordnung der Eigenverwaltung nicht offensichtlich aussichtslos sein, dh durch das

---

[67] Uhlenbruck/*Zipperer* InsO § 272 Rn. 6; MüKoInsO/*Tetzlaff* § 272 Rn. 43 mwN.
[68] MüKoInsO/*Tetzlaff* § 272 Rn. 50.
[69] MüKoInsO/*Tetzlaff* § 272 Rn. 50, 55 f.; Uhlenbruck/*Zipperer* InsO § 272 Rn. 7.
[70] HK-InsO/*Landfermann* § 272 Rn. 13.
[71] Uhlenbruck/*Zipperer* InsO § 273 Rn. 2.
[72] MüKoInsO/*Tetzlaff* § 273 Rn. 9.
[73] Bis zum Inkrafttreten der Neuregelung waren die Bestimmungen über die vorläufige Insolvenzverwaltung maßgebend – mit entsprechenden negativen Publizitätseffekten.

§ 44. Die Eigenverwaltung

Gericht sind die Aussichten der Anordnung anhand der Kriterien des § 270 Abs. 2 Nr. 2 InsO summarisch zu prüfen.[74] Das Gericht hat sich zur Beurteilung der offensichtlichen Aussichtslosigkeit grundsätzlich zunächst auf die Angaben des Schuldners in seinem Eröffnungsantrag und/oder dem Antrag auf Anordnung der Eigenverwaltung mit allen Anlagen sowie gerichtsbekannte Umstände im Rahmen einer Evidenzkontrolle zu beschränken.[75] In besonders gelagerten Fällen ist eine Amtsermittlung des Gerichts zu gläubigergefährdenden Umständen während der vorläufigen Eigenverwaltung zB durch Einschaltung eines Gutachters zur Prüfung der Angaben des Schuldners – im Regelfall durch den vorläufigen Sachwalter – als zulässig anzusehen,[76] solange dies nicht in Detailuntersuchungen im Rahmen aufwändiger Ermittlungen – evtl. sogar durch Beauftragung von Sachverständigen – mündet.[77]

Besitzt der Schuldner bereits im Eröffnungsverfahren erkennbar nicht die Fähigkeit zur rechtsgeschäftlichen Erfüllung der Eigenverwaltungsanforderungen, soll dies nach teilweise vertretener Auffassung zur offensichtlichen Aussichtslosigkeit des Antrags auf Anordnung der Eigenverwaltung führen.[78] Auch die Unzulässigkeit des Antrags, das offensichtliche Vorliegen von Insolvenzdelikten, die fehlende Mitwirkung des Schuldners bei Rückfragen des Gerichts oder berechtigte Vorbehalte von Gläubigern (ggf. in Form einer hinterlegten Schutzschrift) können eine offensichtliche Aussichtslosigkeit indizieren.[79] 64

Im Gegenzug bindet jedoch (nur) der einstimmige befürwortende Beschluss eines vorläufigen Gläubigerausschusses gemäß § 270 Abs. 3 InsO die Entscheidung des Gerichts über das Nichtvorliegen von Nachteilen für die Gläubiger.[80] 65

Im Hinblick auf die zT kontrovers diskutierten Meinungen und die abweichende praktische Handhabung durch die Insolvenzgerichte sollte der Antrag auf Anordnung der Eigenverwaltung stets umfassend begründet werden. Nur so hat das Gericht eine ausreichende Informationsbasis für eine sachgerechte Entscheidung über die vorläufige Eigenverwaltung. Eine frühzeitige Abstimmung mit dem Insolvenzgericht über Art und Umfang der hierfür erforderlichen Informationen ist vor diesem Hintergrund ebenfalls anzuraten. Vgl. dazu auch → Rn. 27 zum „Katalog der Versagensgründe", der gerade auch für die 66

---

[74] HK-InsO/*Landfermann* § 270a Rn. 4.
[75] Kübler HRI/*Neußner* § 6 Rn. 144; Braun/*Riggert* InsO § 270a Rn. 2.
[76] Kübler HRI/*Neußner* § 6 Rn. 144 ff., 146; HambK-InsO/*Fiebig* § 270a Rn. 3; FK-InsO/*Foltis* § 270a Rn. 15; aA: Uhlenbruck/*Zipperer* InsO § 270a Rn. 4, der Amtsermittlungen im weiteren Sinne für unzulässig hält; nochmals aA: *Frind*, Praxishandbuch Privatinsolvenz, 2.1 aE Rn. 1234, der eine umfassende Prüfungsbefugnis des Insolvenzgerichts bei Verfahrensbeginn befürwortet.
[77] *Hofmann*, ZIP Praxisbuch Eigenverwaltung, 2. Aufl. 2016, Rn. 325.
[78] FK-InsO/*Foltis* § 270a Rn. 14 aE unter Verweis auf die ablehnende Entscheidung des AG Hamburg Urt. v. 19.12.2013 – 67c IN 501/13, ZInsO 2014, 363 f.
[79] Im Überblick: Kübler HRI/*Neußner* § 6 Rn. 147 ff. mwN; vgl. dazu auch den „Katalog der Versagensgründe" von *Haarmeyer* → Rn. 27 sowie das Thesenpapier des Gravenbrucher Kreises → Rn. 28.
[80] So AG Köln Urt. v. 1.7.2013 – 72 IN 211/13 Rz. 4, ZIP 2013, 1390 f., vgl. Kübler HRI/*Neußner* § 6 Rn. 152.

vorläufige Eigenverwaltung gemäß § 270a InsO eine hilfreiche Kontrolle für die Vollständigkeit und Schlüssigkeit des Antrags darstellen kann.[81]

67 Sieht das Gericht die Voraussetzungen der Eigenverwaltung als nicht gegeben an, so hat es dem Schuldner gemäß § 270a Abs. 2 InsO seine Bedenken mitzuteilen und ihm bei bloß drohender Zahlungsunfähigkeit die Gelegenheit zu geben, den Eröffnungsantrag vor der Entscheidung über die Eröffnung zurückzunehmen. In den Fällen einer Antragspflicht gemäß § 15a InsO steht jedoch eine bereits eingetretene Zahlungsunfähigkeit oder Überschuldung einer Antragsrücknahme entgegen. Die Bekanntgabe der Bedenken durch das Insolvenzgericht bietet daher insbesondere Einzelkaufleuten und freiberuflich tätigen Unternehmern zusätzliche Planungssicherheit.[82]

II. Problematik gerichtlicher Anordnungen

1. Keine Anordnung von Verfügungsverboten und Zustimmungsvorbehalt

68 Liegen die materiellen Voraussetzungen für eine vorläufige Eigenverwaltung vor, soll das Gericht im Eröffnungsverfahren davon absehen, Sicherungsmaßnahmen in Form eines allgemeinen Verfügungsverbots oder eines Zustimmungsvorbehalts eines vorläufigen Insolvenzverwalters anzuordnen, § 270a Abs. 1 S. 1 Nr. 1, 2 InsO. § 270a Abs. 1 S. 1 InsO ist zwar gemäß dem Wortlaut eine „Soll"-Vorschrift,[83] jedoch steht dem Gericht weder ein Entschließungsermessen noch ein Auswahlermessen bei der Anordnung eines allgemeinen Verfügungsverbots oder der Bestellung eines vorläufigen Insolvenzverwalters zu, wenn die Voraussetzungen für eine Eigenverwaltung gegeben sind.[84]

68a Erfordern atypische Umstände ausnahmsweise die Anordnung der genannten Sicherungsmaßnahmen, dann sind diese Anordnungen nicht etwa nichtig;[85] sie führen aber dazu, dass das Eröffnungsverfahren nicht mehr den Charakter eines vorläufigen Eigenverwaltungsverfahrens hat, sondern dass es sich ab Anordnung solcher Sicherungsmaßnahmen um ein „reguläres" Insolvenzantragsverfahren handelt.[86]

2. Anordnung weiterer Sicherungsmaßnahmen

69 Trotz des ausdrücklichen Ausschlusses der vorgenannten Sicherungsmaßnahmen können jedoch andere begleitende Sicherungsmaßnahmen im Beschluss des Insolvenzgerichts angeordnet werden, wenn diese nicht dem Verfahrens-

---

[81] Bezugnehmend auf *Haarmeyer* ZInsO 2013, 2345 ff.
[82] Vgl. Begründung RegE ESUG, BT-Drs. 17/5712, 40.
[83] HK-InsO/*Landfermann* § 270a Rn. 6.
[84] Uhlenbruck/*Zipperer* InsO § 270a Rn. 6; MüKoInsO/*Kern* § 270a Rn. 29; FK-InsO/*Foltis* § 270a Rn. 16, wonach die Anordnung der Sicherungsmaßnahmen der Gesetzessystematik der vorläufigen Eigenverwaltung entgegensteht.
[85] MüKoInsO/*Kern* § 270a Rn. 29; aA FK-InsO/*Foltis* § 270a Rn. 16.
[86] In diesem Sinne wohl auch Ahrens/Gehrlein/Ringstmeier/*Ringstmeier* InsO § 270a Rn. 5; aA Braun/*Riggert* InsO § 270a Rn. 2, wonach die Bestellung eines vorläufigen Insolvenzverwalters die vorläufige Eigenverwaltung nicht zwingend ausschließt, jedoch deren Regelungen aushöhlt.

zweck zuwiderlaufen und gemäß § 21 Abs. 1 S. 1 InsO erforderlich sind.[87] Möglich sind zB die Einsetzung eines vorläufigen Gläubigerausschusses (§ 21 Abs. 2 S. 1 Nr. 1a InsO), die einstweilige Einstellung von Zwangsvollstreckungsmaßnahmen (§ 21 Abs. 2 S. 1 Nr. 3 InsO) oder ein Verwertungs- und Einziehungsverbot hinsichtlich Aus- und Absonderungsgut (§ 21 Abs. 2 S. 1 Nr. 5 InsO), während die Anordnung einer Postsperre hingegen systematisch ausgeschlossen ist.[88]

3. Einsetzung eines vorläufigen Gläubigerausschusses, § 22a Abs. 1, 2 InsO

70 Gemäß § 21 Abs. 2 S. 1 Nr. 1a InsO kann durch das Gericht ein vorläufiger Gläubigerausschuss eingesetzt werden. Die Einsetzung ist verpflichtend, wenn die Schwellenwerte des § 22a Abs. 1 InsO (vgl. → Rn. 31) erreicht sind.

71 Für die Zusammensetzung des vorläufigen Gläubigerausschusses gilt über § 21 Abs. 2 S. 1 Nr. 1a InsO die Regelung des § 67 Abs. 2 InsO entsprechend, dh es müssen mindestens ein Vertreter der absonderungsberechtigten Gläubiger, der Gläubiger mit den höchsten Forderungen, der Kleingläubiger sowie der Arbeitnehmer vertreten sein.[89] Der vorläufige Gläubigerausschuss ist an der Auswahl des vorläufigen Sachwalters zu beteiligen, allerdings nur, wenn er sich zum Zeitpunkt der Entscheidung über die Anordnung der vorläufigen Eigenverwaltung bereits konstituiert hat und dadurch zeitlich keine nachteiligen Folgen für das schuldnerische Vermögen drohen, §§ 270a Abs. 1 S. 2, 274 Abs. 1, 56a Abs. 1 InsO, vgl. → Rn. 31.[90]

72 In der Praxis empfiehlt sich daher für den Fall, dass die Voraussetzungen des § 22a Abs. 1 InsO erfüllt sind oder die Umstände des Verfahrens die Einsetzung eines vorläufigen Gläubigerausschusses gemäß § 22a Abs. 2 InsO gebieten, bereits frühzeitig die Konstituierung eines sog „präsumtiven" Gläubigerausschusses in die Wege zu leiten, um die Gläubigerbeteiligung zB bei der Auswahl des vorläufigen Sachwalters gemäß den §§ 270a Abs. 1 S. 2, 274 Abs. 1, 56a Abs. 2 InsO vor dem Hintergrund des § 56a Abs. 1 aE InsO auch tatsächlich umsetzen zu können. Die Initiative hierzu kann von jedem interessierten Beteiligten ausgehen.

III. Der vorläufige Sachwalter

73 Statt eines vorläufigen Insolvenzverwalters wird im Insolvenzantragsverfahren gemäß § 270a Abs. 1 S. 2 InsO ein vorläufiger Sachwalter bestellt, auf den die §§ 274 und 275 InsO anzuwenden sind.

74 Für die Auswahl der Person des vorläufigen Sachwalters gelten über die Verweisung des § 270a InsO auf § 274 Abs. 1 InsO die allgemeinen Regelungen der §§ 56 ff. InsO, dh es sind die Kriterien der Geschäftskunde und der Unabhängigkeit nach Maßgabe des § 56 InsO sowie die Beteiligung eines vorläufigen Gläubigerausschusses gemäß § 56a InsO zu beachten.[91]

---

[87] MüKoInsO/*Kern* § 270a Rn. 48; Uhlenbruck/*Zipperer* InsO § 270a Rn. 5.
[88] Vgl. *Hofmann* Eigenverwaltung Rn. 393 ff.; MüKoInsO/*Kern* § 270a Rn. 48.
[89] FK-InsO/*Foltis* § 270a Rn. 17 mwN.
[90] MüKoInsO/*Kern* § 270a Rn. 30; FK-InsO/*Foltis* § 270a Rn. 17.
[91] Uhlenbruck/*Zipperer* InsO § 270a Rn. 28, HK-InsO/*Landfermann* § 270a Rn. 7; MüKoInsO/*Kern* § 270a Rn. 30.

75 Von einem einstimmigen Vorschlag des vorläufigen Gläubigerausschusses zur Person des vorläufigen Sachwalters kann das Gericht nur dann abweichen, wenn die vorgeschlagene Person für die Übernahme des Amtes nicht geeignet ist, wobei das Gericht bei der Auswahl des vorläufigen Sachwalters die vom vorläufigen Gläubigerausschuss beschlossenen Anforderungen an die Person des Verwalters zugrunde zu legen hat, §§ 270a Abs. 1 S. 2, 274 Abs. 1, 56a Abs. 2 S. 1, 2 InsO.[92] Gibt es keinen vorläufigen Gläubigerausschuss, ist das Gericht an einen Vorschlag des Schuldners oder eines Gläubigers nicht gebunden und letztendlich in seinem Auswahlermessen nach den Kriterien des § 56 Abs. 1 S. 1 InsO frei in der Entscheidung.[93]

76 Das Amt des vorläufigen Sachwalters endet automatisch mit der Eröffnung des Insolvenzverfahrens oder mit der Bestellung eines vorläufigen Insolvenzverwalters.[94]

IV. Die Begründung von Masseverbindlichkeiten

77 Für das Eröffnungsverfahren gemäß § 270a InsO hat der Gesetzgeber durch das ESUG keine klare Regelungen für die in der Praxis äußerst bedeutsame Ermächtigung zur Begründung von Masseverbindlichkeiten, zB zur Aufnahme eines Massekredits, getroffen. Ein Pendant zu der Regelung des § 270b Abs. 3 S. 1 InsO für das Schutzschirmverfahren fehlt.

78 Als Konsequenz hat sich ein „Flickenteppich" teils kontroverser gerichtlicher Einzelentscheidungen gebildet, der verschiedenste Lösungen für die Ermächtigung zur Begründung von Masseverbindlichkeiten im Eröffnungsverfahren vorsieht. Exemplarisch seien folgende divergierende Entscheidungen der Insolvenzgerichte erwähnt:

(1) Die Ermächtigung zur Begründung von Masseverbindlichkeiten ist generell ausgeschlossen.[95]

(2) Der Schuldner kann im Verfahren nach § 270a InsO auch ohne gerichtliche Ermächtigung Masseverbindlichkeiten begründen.[96]

(3) Zur Begründung von Masseverbindlichkeiten kann nur der vorläufige Sachwalter ermächtigt werden.[97]

(4) Zur Begründung von Masseverbindlichkeiten kann nur der Schuldner ermächtigt werden.[98]

(5) Der Schuldner kann nur zur Begründung einzelner, im Voraus festgelegter Masseverbindlichkeiten zulasten der späteren Insolvenzmasse ermächtigt werden.[99]

---

[92] HK-InsO/*Landfermann* § 270a Rn. 8.
[93] MüKoInsO/*Kern* § 270a Rn. 30 aE.
[94] HambK-InsO/*Fiebig* § 270a Rn. 42.
[95] AG Fulda Beschl. v. 28.3.2012 – 91 IN 9/12, ZIP 2012, 1471 ff.
[96] AG Montabaur Beschl. v. 27.12.2012 – 14 IN 282/12, ZInsO 2013, 397 f.
[97] AG Hamburg Beschl. v. 4.4.2012 – 67g IN 74/12, ZIP 2012, 787.
[98] AG Köln Beschl. v. 26.3.2012 – 73 IN 125/12, ZInsO 2012, 790; der Antrag auf Eigenverwaltung wurde jedoch mit Beschluss des AG Köln vom 1.6.2012 – 73 IN 125/12, ZInsO 2013, 353 f. abgelehnt.
[99] LG Duisburg Beschl. v. 29.11.2012 – 7 T 185/12, ZInsO 2012, 2346 ff.

Bis dato liegen weder eine abschließende obergerichtliche Entscheidung noch ein explizites obiter dictum des BGH vor.[100] In einer aktuellen Entscheidung des BGH zur Begründung von Masseverbindlichkeiten im Rahmen des § 270b InsO wird zwar der Streitstand in Rechtsprechung und Schrifttum zusammengefasst, jedoch weder über diese Rechtsfrage entschieden noch abschließend tatsächlich Stellung genommen.[101] Aus der Entscheidung können allenfalls Rückschlüsse dahingehend gezogen werden, dass die oben dargestellten Varianten (1), (2) und (mangels Erwähnung) (3) durch den BGH als Mindermeinungen angesehen werden.[102]

79

Zusammenfassend ergibt sich aus diesem inhomogenen Meinungsbild zum einen ein Auftrag an den Gesetzgeber, ggf. eine klarstellende Regelung hierzu in den § 270a InsO aufzunehmen. Zum anderen bedeutet dies in der Praxis, dass eine angestrebte Ermächtigung zur Begründung von Masseverbindlichkeiten im Insolvenzantragsverfahren in Eigenverwaltung eine möglichst frühzeitige und umfassende Abstimmung mit dem Insolvenzgericht erfordert, um die verschiedenen Varianten und die hierfür erforderlichen Anträge und Informationen (zB Liquiditätsplanung zur Rückführung der Masseverbindlichkeiten im eröffneten Verfahren) einvernehmlich festzulegen und vorbereiten zu können.[103]

80

V. Die Entscheidung des Gerichts und Rechtsmittel

1. Öffentliche Bekanntmachung

Eine explizite gesetzliche Regelung zur Veröffentlichung der Bestellung eines vorläufigen Sachwalters existiert nicht. Die Entscheidung darüber obliegt daher – anders als bei der Eröffnung des Eigenverwaltungsverfahrens selbst – dem Ermessen des Insolvenzgerichts, da durch die Bestellung des vorläufigen Sachwalters keine Verfügungsbeschränkungen mit Außenwirkung eintreten.[104] Der Schuldner ist jedoch aufgrund der Beschränkungen im Innenverhältnis über die Bestellung zu unterrichten.[105]

81

2. Rechtsmittel

Die InsO eröffnet Rechtsmittel nur bei ausdrücklicher gesetzlicher Anordnung, von der in diesem Fall bewusst abgesehen wurde.[106] § 270a InsO sieht für die Gläubiger keine sofortige Beschwerde gegen die Anordnung der vorläufigen

82

---

[100] In der Entscheidung zu einer Beschwerde wegen Nichtanordnung von Einzelermächtigungen (BGH Urt. v. 7.2.2013 – IX ZB 43/12, ZInsO 2013, 460) hat der BGH das Thema am Rande tangiert, ohne weder direkt noch indirekt dazu Stellung im Rahmen eines obiter dictum zu nehmen; in einem aktuellen Urteil des BGH (Urt. v. 21.7.2016 – IX ZB 70/14, ZInsO 2016, 1637ff.) wird die Rechtsfrage als „ungeklärt" bezeichnet.
[101] BGH Urt. v. 24.3.2016 – IX ZR 157/14, ZInsO 2016, 903ff. mAnm *Buchalik/Kraus*.
[102] Vgl. auch Anm. *Schädlich* NZI 2016, 443f.
[103] So iErg auch *Buchalik/Kraus* ZInsO 2016, 904ff., Anm. zu BGH Urt. v. 24.3.2016 – IX ZR 157/14, ZInsO 2016, 903ff.; Uhlenbruck/*Zipperer* InsO § 270a Rn. 20.
[104] MüKoInsO/*Kern* § 270a Rn. 32; Uhlenbruck/*Zipperer* InsO § 270a Rn. 12 aE.
[105] HK-InsO/*Landfermann* § 270a Rn. 12.
[106] Vgl. BT-Drs. 17/5712, 38f.

Eigenverwaltung vor.[107] Dem Schuldner steht die sofortige Beschwerde im Rahmen des § 21 Abs. 1 S. 2 InsO lediglich dann zu, wenn das Gericht entgegen dem Antrag auf vorläufige Eigenverwaltung ein allgemeines Verfügungsverbot oder einen Zustimmungsvorbehalt mit Bestellung eines vorläufigen Insolvenzverwalters anordnet.[108]

VI. Die Aufhebung der vorläufigen Eigenverwaltung von Amts wegen

83   Die Aufhebung der vorläufigen Eigenverwaltung gemäß § 270a InsO ist gesetzlich nicht geregelt, obwohl ein praktisches Bedürfnis der Aufhebung von Amts wegen besteht, wenn die Anordnung der Eigenverwaltung im Laufe des Eröffnungsverfahrens offensichtlich aussichtslos geworden ist.[109] Dies kann zB der Fall sein, wenn nachträglich Umstände im Sinne des § 270 Abs. 2 Nr. 2 InsO bekannt werden oder der Schuldner gläubigerschädigende Handlungen vornimmt.[110] Eine solche Verpflichtung zur laufenden Überprüfung der Voraussetzungen wird stellenweise aus § 21 Abs. 1 S. 1 InsO abgeleitet, was in die Verpflichtung zur Anordnung weiterer Sicherungsmaßnahmen mündet, wenn diese für erforderlich erachtet werden.[111]

84   Ob ein Hinweis auf die Aufhebung in entsprechender Anwendung des § 270a Abs. 2 InsO auch bei einem nachträglichen Auftreten von Bedenken des Gerichts stattfinden soll, ist umstritten,[112] erscheint jedoch konsequent, um dem Schuldner insbesondere bei unklaren Sachverhalten eine Möglichkeit zur Stellungnahme einzuräumen.

D. Das Schutzschirmverfahren (§ 270b InsO)

85   Ziel des Schutzschirmverfahrens gemäß § 270b InsO ist die Sanierung des schuldnerischen Unternehmens durch einen Insolvenzplan, der durch die Geschäftsführer und Gesellschafter im Zeitraum der vorläufigen Eigenverwaltung vorbereitet wird. Ein Kontrollverlust der Organe wird vermieden und der Schuldner erhält eine erhöhte Planungssicherheit – insbesondere im Hinblick auf die Person des zu bestellenden Sachwalters. Diese Vorteile des Schutzschirmverfahrens sollen den Schuldner zu einer frühzeitigen Insolvenzantragstellung motivieren, wodurch wiederum die Restrukturierungs- und Sanierungschancen und damit auch die Befriedigungschancen der Gläubiger in der Regel signifikant erhöht werden.

86   Eine Reihe von erfolgreich durchgeführten Schutzschirmverfahren (zB IVG, Pfleiderer, Loewe, Neumayer Tekfor-Gruppe) beweisen, dass auch und gerade

---

[107] MüKoInsO/*Kern* § 270a Rn. 53.
[108] MüKoInsO/*Kern* § 270a Rn. 52.
[109] Uhlenbruck/*Zipperer* InsO § 270a Rn. 13.
[110] Uhlenbruck/*Zipperer* InsO § 270a Rn. 13.
[111] *Hofmann* Eigenverwaltung Rn. 327.
[112] Vgl. *Hofmann* Eigenverwaltung Rn. 328; aA: Uhlenbruck/*Zipperer* InsO § 270a Rn. 13 aE.

komplexe und sehr anspruchsvolle Restrukturierungsfälle – wenn sie dafür eine geeignete Ausgangsbasis haben – einen positiven Verlauf nehmen und überdurchschnittliche Ergebnisse für die Gläubiger erzielen können.

I. Anordnungsvoraussetzungen

Für die Einleitung eines sog „Schutzschirmverfahrens" gemäß § 270b Abs. 1 InsO als weitere Variante eines besonders ausgestalteten Insolvenzeröffnungsverfahrens sind drei Anträge zwingend erforderlich: 87
- Der Antrag auf **Eröffnung des Insolvenzverfahrens** wegen drohender Zahlungsunfähigkeit (§ 18 InsO) oder Überschuldung (§ 19 InsO) gemäß § 13 Abs. 1 S. 1 InsO,
- der Antrag auf Anordnung **der vorläufigen Eigenverwaltung** gemäß den §§ 270 Abs. 1, 270a Abs. 1, 270b Abs. 1 S. 1 InsO und
- der Antrag auf **Bestimmung der Frist zur Vorlage eines Insolvenzplans** gemäß § 270b Abs. 1 S. 1 InsO.

Je nach Verfahrenssituation werden diese Anträge durch Anträge 88
- zur **Anordnung von Sicherungsmaßnahmen** zum Schutz der Insolvenzmasse gemäß der §§ 21, 22, § 270b Abs. 2 S. 3 InsO,
- zur **Einsetzung eines vorläufigen Gläubigerausschusses**, § 22a Abs. 1, 2 InsO, sowie
- zur (nahezu obligatorischen) (Einzel-)Ermächtigung, **Masseverbindlichkeiten** begründen zu dürfen, § 270b Abs. 3 InsO,

ergänzt.

1. Rechtzeitiger Eröffnungsantrag

Die Anordnung der vorläufigen Eigenverwaltung im Schutzschirmverfahren 89 setzt zwingend einen **Eröffnungsantrag des Schuldners** voraus.

Für die Antragstellung sind auch im Schutzschirmverfahren die allgemeinen Regeln der §§ 13, 15 InsO anwendbar,[113] insbesondere bezüglich Inhalt und Umfang der Anträge sowie der erforderlichen Angaben und beizufügenden Dokumente. Die drei vorgenannten „obligatorischen" Anträge müssen in jedem Fall von einem im Außenverhältnis vertretungsberechtigten Organ der Gesellschaft gestellt werden, um zulässig zu sein.[114] Bei drohender Zahlungsunfähigkeit muss der Antrag auf Eröffnung des Insolvenzverfahrens gemäß § 18 Abs. 3 InsO mindestens von einem alleinvertretungsberechtigten Mitglied des Vertretungsorgans gestellt werden.[115] Das Gericht prüft dabei nur die formelle Vertretungsbefugnis nach außen, nicht jedoch, ob ein im Innenverhältnis gegebenenfalls erforderlicher Gesellschafterbeschluss eingeholt wurde, da die Zulässigkeit der formell korrekten Antragstellung auch bei Fehlen eines entsprechenden Gesellschafterbeschlusses oder einer eventuellen Unrechtmäßig- 90

---

[113] Uhlenbruck/*Zipperer* InsO § 270b Rn. 7.
[114] HambK-InsO/*Fiebig* § 270b Rn. 3.
[115] Vgl. MüKoInsO/*Tetzlaff* § 270 Rn. 31; aA FK-InsO/*Foltis* § 270b Rn. 41: Der Antrag ist durch alle vertretungsberechtigten Personen zu stellen (str.).

keit oder sogar Rechtsmissbräuchlichkeit im Innenverhältnis nicht tangiert wird.[116]

91 Auch Streitigkeiten der Organe über die Durchführung eines Insolvenzverfahrens in Eigenverwaltung[117] sind diesbezüglich grundsätzlich irrelevant, es sei denn, diese werden offenkundig bzw. gerichtsbekannt. Dann kann ein solcher Streit, ebenso wie eine zwischen Geschäftsführern und Gesellschaftern nicht abgestimmte Antragstellung, im Rahmen der Nachteilsprognose des Gerichts gemäß § 270 Abs. 2 Nr. 2 InsO der Anordnung der (vorläufigen) Eigenverwaltung entgegenstehen.[118]

92 Stellt ein Geschäftsführer wegen lediglich drohender Zahlungsunfähigkeit ohne Beschluss der Gesellschafter einen Antrag auf Durchführung eines Schutzschirmverfahrens, bestehen Haftungsrisiken gegenüber der Gesellschaft gemäß § 43 Abs. 2 GmbHG. Der Insolvenzantrag stellt in diesem Fall wegen der fehlenden Antragspflicht gemäß § 15a InsO eine ausschließlich den Gesellschaftern vorbehaltene gesellschaftsrechtliche Grundlagenentscheidung dar, da mit der Insolvenzantragstellung unmittelbar und unter Umständen irreversibel in den Unternehmenszweck eingegriffen wird.[119]

93 Eine Anwendung der „Business Judgement Rule" ist für eine solche Grundlagenentscheidung nicht eröffnet, weshalb eine Antragstellung gegen oder ohne den Willen der Gesellschafter eine Pflichtverletzung des Geschäftsführers darstellt.[120] Dies entspricht auch der Intention des Gesetzgebers, das Schutzschirmverfahren als ein Verfahren der Gesellschafter zur Sanierung ihres Unternehmens auszugestalten.

94 Allerdings wird neben der drohenden Zahlungsunfähigkeit eines Unternehmens regelmäßig auch die Überschuldung vorliegen, da aufgrund der drohenden Zahlungsunfähigkeit eine positive Fortführungsprognose oftmals entfallen wird,[121] worauf sich der Geschäftsführer bei Einleitung eines Schutzschirmverfahrens im Zweifel berufen kann.

95 Für die Praxis ist beim Eigenantrag auf eine gleichzeitige Stellung der Anträge auf Eröffnung des Insolvenzverfahrens, auf Anordnung der Eigenverwaltung und zur Bestimmung der Frist zur Vorlage eines Insolvenzplanes zu achten, um klarzustellen, dass die einzelnen „Komponenten" des Schutzschirmverfahrens, insbesondere auch die Sicherungsmaßnahmen, in einem gesamtheitlichen, umfassend geplanten und vorbereiteten Sanierungskonzept aufeinander abge-

---

[116] HambK-InsO/*Fiebig* § 270 Rn. 14, § 270b Rn. 3 mwN: Bei drohender Zahlungsunfähigkeit muss der Antrag mindestens von einem alleinvertretungsberechtigten Mitglied des Vertretungsorganes gestellt werden; vgl. zu diesem Themenbereich auch → Rn. 16 ff., 93 ff.

[117] Vgl. BGH Beschl. v. 17.7.2014 – IX ZB 13/14 (Suhrkamp), NZI 2014, 751 ff. mAnm *Fölsing* ZInsO 2014, 1591 ff.

[118] HambK-InsO/*Fiebig* § 270 Rn. 14.

[119] Vgl. OLG München Beschl. v. 21.3.2013 – 23 U 3344/12, NZI 2013, 542–546; Baumbach/Hopt/*Hopt* HGB, 36. Aufl. 2014, § 131 Rn. 29 ff.

[120] Vgl. *Jakobs/Hoffmann* EWiR 2013, 483–484; aA *Meyer-Löwy/Pickerill* GmbHR 2013, 1065–1075: Die Einschränkung des Zustimmungserfordernisses der Gesellschafter ist bei gutgläubiger Verfolgung einer Sanierung in der Insolvenz mit ESUG und Gesellschaftsrecht vereinbar.

[121] FK-InsO/*Schmerbach* § 19 Rn. 6; HambK-InsO/*Schröder* § 19 Rn. 15.

§ 44. *Die Eigenverwaltung*

stimmt sind. Dies kann sich auch auf die Beurteilung der nicht offensichtlichen Aussichtslosigkeit gemäß § 270b Abs. 1 S. 1 InsO durch das Gericht auswirken. Werden die Anträge nicht gleichzeitig gestellt, so muss der Antrag auf Eigenverwaltung spätestens zum Zeitpunkt der Eröffnungsentscheidung vorliegen.[122]

Bei Zweifeln des Gerichts, ob die Voraussetzungen des § 270 Abs. 2 InsO vorliegen, gilt hinsichtlich der Mitteilung der Bedenken und Einräumung der Möglichkeit zur Rücknahme des Antrags gemäß § 270a Abs. 2 InsO das dort Gesagte, vgl. → Rn. 67, ebenso wie die Ausführungen zum Gläubigerantrag, vgl. → Rn. 22 f.[123] **96**

Als Besonderheit des Verfahrens gemäß § 270b InsO ist der Antrag auf Durchführung eines Schutzschirmverfahrens nur zulässig bei Vorliegen der drohenden Zahlungsunfähigkeit gemäß § 18 InsO oder der Überschuldung gemäß § 19 InsO. Zur Beurteilung des Vorliegens von drohender Zahlungsunfähigkeit oder Überschuldung wird auf die allgemeinen Grundsätze zurückgegriffen.[124] **97**

Wenn zum relevanten Zeitpunkt der Antragstellung bereits die Zahlungsunfähigkeit gemäß § 17 InsO eingetreten ist, muss der Antrag auf Einleitung eines Verfahrens gemäß § 270b InsO zurückgewiesen werden.[125] Das kurzfristige Beseitigen einer bereits eingetretenen Zahlungsunfähigkeit bzw. das Hinausschieben des Eintritts der Zahlungsunfähigkeit durch Stundungsvereinbarungen soll der Anordnung eines Schutzschirms nicht im Wege stehen.[126] Die Grenze hierfür ist jedoch bei einem Missbrauch zu ziehen, dh wenn ein Moratorium zur Abwendung der Zahlungsunfähigkeit ausschließlich zur Herbeiführung der Voraussetzungen für ein Schutzschirmverfahren vereinbart wird.[127] **98**

Tritt die Zahlungsunfähigkeit erst nach Anordnung des Schutzschirmverfahrens ein, ist diese Tatsache dem Insolvenzgericht gemäß § 270b Abs. 4 S. 2 InsO unverzüglich durch den Schuldner oder den vorläufigen Sachwalter anzuzeigen, führt jedoch nicht automatisch zur Aufhebung des Schutzschirmverfahrens.[128] **99**

2. Keine Nachteile für die Gläubiger

Nach zutreffender Ansicht muss der Antrag auf (vorläufige) Eigenverwaltung stets den Anforderungen der Eigenverwaltung gemäß § 270a InsO entsprechen, dh es darf keine offensichtliche Aussichtslosigkeit des Antrags gemäß § 270a Abs. 1 S. 1 InsO vorliegen, dh gemäß § 270 Abs. 2 Nr. 2 InsO dürfen keine Nachteile für die Gläubiger durch die Anordnung der Eigenverwaltung entstehen.[129] Dieser Punkt wird insbesondere relevant, wenn ein Gläubiger zB im **100**

---

[122] Uhlenbruck/*Zipperer* InsO § 270 Rn. 41.
[123] Vgl. Ahrens/Gehrlein/Ringstmeier/*Ringstmeier* InsO § 270b Rn. 16.
[124] Vgl. auch → § 2 Rn. 93 ff.; zudem Uhlenbruck/*Zipperer* InsO § 270b Rn. 11.
[125] Wohl hM: Ahrens/Gehrlein/Ringstmeier/*Ringstmeier* InsO § 270b Rn. 10; aA MüKoInsO/*Kern* § 270b Rn. 24, der auf den Zeitpunkt der Entscheidung des Gerichts abstellt.
[126] HK-InsO/*Landfermann* § 270b Rn. 14; HambK-InsO/*Fiebig* § 270b Rn. 5.
[127] Vgl. Uhlenbruck/*Zipperer* InsO § 270b Rn. 12.
[128] Ahrens/Gehrlein/Ringstmeier/*Ringstmeier* InsO § 270b Rn. 8 f.
[129] Uhlenbruck/*Zipperer* InsO § 270b Rn. 7; Ahrens/Gehrlein/Ringstmeier/*Ringstmeier* InsO § 270b Rn. 16 f.; iErg Bremen NZI 2014, 137, 138; K. Schmidt/*Undritz*, InsO 18. Aufl. 2013, § 270b Rn. 7.

101 Rahmen einer Schutzschrift die Erwartung von Nachteilen für die Gläubiger glaubhaft gemacht und gleichzeitig erklärt hat, bei einer Anordnung gemäß § 270b Abs. 4 Nr. 3 InsO die Aufhebung des Schutzschirmverfahrens zu beantragen.[130]

101 Nach aA stellt der Verweis in § 270b Abs. 2 S. 1 InsO auf § 270a Abs. 1 InsO keine Rechtsgrundverweisung dar, weshalb eine vollständige Inzidentprüfung der Erfolgsaussichten einer Eigenverwaltung abzulehnen sei, wobei aber zu erwartende Nachteile für die Gläubiger auch nach dieser Ansicht im Rahmen der „nicht offensichtlichen Aussichtslosigkeit der Sanierung" zu berücksichtigen sind.[131]

102 Wie bereits im Rahmen der Ausführungen zu § 270a InsO dargestellt, sollte auch im „Schutzschirm" ergänzend zum Antrag auf vorläufige Eigenverwaltung über die Bescheinigung gemäß § 270b Abs. 1 S. 3 InsO hinaus zusätzlich vorgetragen werden, dass durch die angestrebte Sanierung und die geplanten Maßnahmen keine Gläubigerbenachteiligung eintreten wird vgl. → Rn. 66.

3. Bescheinigung gemäß § 270b Abs. 1 S. 3 InsO

103 Der Schuldner muss eine mit Gründen versehene Bescheinigung gemäß § 270b Abs. 1 S. 3 InsO vorlegen. Die Bescheinigung hat umfassend darzulegen, dass lediglich drohende Zahlungsunfähigkeit oder Überschuldung, jedoch keine bereits eingetretene Zahlungsunfähigkeit vorliegt und die Sanierung nicht offensichtlich aussichtslos ist. Bei der Prüfung der Insolvenzgründe ergeben sich keine Besonderheiten, so dass hier die allgemeinen Regelungen sowie die Rechtsprechung des BGH zur Anwendung kommen.[132]

104 Die vorgenannten Feststellungen, insbesondere die Insolvenzgründe, werden jeweils stichtagsbezogen geprüft, weshalb die Bescheinigung bei Vorlage möglichst aktuell sein muss. Die Anforderungen hinsichtlich der Aktualität reichen dabei vom Tag der Vorlage bei Gericht[133] bis zu einer Woche davor.[134]

105 **a) Person des Ausstellers.** Der Aussteller muss eine natürliche Person sein.[135] Als geeigneten Aussteller der Bescheinigung gemäß § 270b Abs. 1 S. 3 InsO verlangt das Gesetz einen „… in Insolvenzsachen erfahrenen Steuerberater, Wirtschaftsprüfer oder Rechtsanwalt oder eine Person mit vergleichbarer Qualifikation".[136] Als „Person mit vergleichbarer Qualifikation" werden in der Gesetzesbegründung Steuerbevollmächtigte oder vereidigte Buchprüfer, aber auch Angehörige eines anderen Mitgliedstaates der Europäischen Union oder eines Vertragsstaates des Abkommens über den Europäischen Wirtschaftsraum aufgeführt, ebenso wie Personen, die in einem dieser Staaten ihre berufliche Niederlassung haben und über eine vergleichbare Qualifikation verfügen.

---

[130] HambK-InsO/*Fiebig* § 270b Rn. 10.
[131] MüKoInsO/*Kern* § 270b Rn. 39.
[132] Vgl. zur Abgrenzung zwischen Zahlungsstockung und Zahlungsunfähigkeit: BGH Urt. v. 24.5.2005 – IX ZR 123/04, BGHZ 163, 134 ff.
[133] HambK-InsO/*Fiebig* § 270b Rn. 14.
[134] HK-InsO/*Landfermann* § 270b Rn. 23; Uhlenbruck/*Zipperer* InsO § 270b Rn. 28.
[135] FK-InsO/*Foltis* § 270b Rn. 23.
[136] BT-Drs. 17/5712, 40.

Alle vorgenannten Personen müssen darüber hinaus ausdrücklich über Erfahrungen in Insolvenzsachen verfügen, wobei wiederum Umfang, Tiefe und Aktualität nicht definiert sind. Diskutiert wird hier beginnend bei einer mindestens einmaligen Vorbefassung mit Insolvenzsachen[137] bis hin zu mindestens vier Jahren einschlägiger Insolvenzpraxis.[138] Letztendlich kommt es jedoch auf die Überzeugung des Insolvenzgerichts an, dass der Aussteller fachlich kompetent und erfahren ist, eine sachgerechte Einschätzung abgeben zu können. Diese Überzeugung kann auch aus der Qualität der Bescheinigung selbst gewonnen werden.

106

Gemäß § 270b Abs. 2 S. 1 InsO darf ein späterer (vorläufiger) Sachwalter nicht personenidentisch mit dem Aussteller sein. Auch Bescheinigungen nahestehender Personen gemäß § 138 InsO sind im Hinblick auf die Unvoreingenommenheit des Ausstellers wertlos.[139] Ein anwaltlicher Vertreter des Schuldners soll von diesem Personenkreis ausgeschlossen sein,[140] wobei umstritten ist, ob generell eine Vorbefassung im Rahmen eines Mandatsverhältnisses schädlich ist.[141]

107

Ist das Gericht von der Qualifikation des Bescheinigers nicht überzeugt, wird es den Inhalt und das Ergebnis der Bescheinigung als solche in Frage stellen, gegebenenfalls weitere Nachforschungen anstellen oder als zeitaufwändigste Maßnahme ein weiteres Gutachten zur Überprüfung des Inhalts der Bescheinigung in Auftrag geben.[142] Um dies zu vermeiden, empfiehlt sich, die Person des Ausstellers der Bescheinigung mit dem zuständigen Gericht bereits rechtzeitig im Vorfeld abzustimmen.[143]

108

b) Inhalt der Bescheinigung. Der Gesetzgeber hat zwar im Wortlaut des § 270b Abs. 1 S. 3 InsO das Ergebnis der Bescheinigung definiert, jedoch keine Vorgaben zum konkreten Inhalt und der Ausgestaltung getroffen. Die Praxis hat sich bisher mit dem Rückgriff auf bereits etablierte Standards und deren Weiterentwicklung bzw. Anpassung an die neue Verfahrensform beholfen. Lange vor dem Schutzschirmverfahren gab es bereits einen durch das Institut der Wirtschaftsprüfer in Deutschland e.V. (IDW) etablierten Standard S 6 für die Erstellung von Gutachten zur Sanierungsfähigkeit und -würdigkeit von Unternehmen. Dieser fordert insbesondere zu nachfolgenden Punkten eine ausführliche Stellungnahme:[144]

109

– Basisinformationen über die wirtschaftliche und rechtliche Ausgangslage des Unternehmens in seinem Umfeld, einschließlich der Vermögens-, Finanz- und Ertragslage
– Analyse von Krisenstadium und -ursachen, einschließlich der Analyse, ob eine Insolvenzgefährdung vorliegt

---

[137] MüKoInsO/*Kern* § 270b Rn. 47.
[138] Uhlenbruck/*Zipperer* InsO § 270b Rn. 18.
[139] Uhlenbruck/*Zipperer* InsO § 270b Rn. 19 f. mwN.
[140] So FK-InsO/*Foltis* § 270b Rn. 23; aA zB Uhlenbruck/*Zipperer* InsO § 270b Rn. 20, wenn das Mandatsverhältnis weisungsunabhängig ausgeübt wird.
[141] Vgl. zB Ahrens/Gehrlein/Ringstmeier/*Ringstmeier* InsO § 270b Rn. 11a.
[142] Vgl. dazu → Rn. 117.
[143] Vgl. auch IDW S 9 (Stand 18.8.2014) Tz. 5 aE, abgedruckt zB in ZIP 2014, 2275 ff.
[144] Vgl. Wimmer/Dauernheim/Wagner/Gietl/*Thiele* Handbuch des Fachanwalts Insolvenzrecht Kap. 15 D. Rn. 27.

- Darstellung des Leitbilds mit dem Geschäftsmodell des sanierten Unternehmens
- Maßnahmen zur Bewältigung der Unternehmenskrise und Abwendung einer Insolvenzgefahr
- Integrierter Unternehmensplan
- Zusammenfassende Einschätzung der Sanierungsfähigkeit

110 Die Erstellung und Finanzierung eines solch umfassenden Gutachtens ist jedoch für viele Unternehmen in der Krise weder zeitlich noch unter Kostenaspekten möglich und würde bereits eine Sanierung durch ein Schutzschirmverfahren für kleinere und mittelständische Unternehmen faktisch ausschließen.[145]

111 Um den Anforderungen des Schutzschirmverfahrens gerecht zu werden, wurde speziell für die Erstellung der Bescheinigung gemäß § 270b Abs. 1 S. 3 InsO ein zusätzlicher Standard IDW S 9 geschaffen, der in seinem Anhang einen konkreten inhaltlichen Leitfaden einschließlich einer Gliederungsempfehlung für die Bescheinigung gemäß § 270b InsO zur Verfügung stellt.[146]

112 Die im Anhang des IDW S 9 beigefügte Gliederungsempfehlung unterteilt die Bescheinigung in folgende Abschnitte:[147]
- Auftrag und Auftragsdurchführung
- Angaben zur Person des Gutachters
- Vorliegen von Insolvenzeröffnungsgründen
- Nicht offensichtliche Aussichtslosigkeit der Sanierung (Grobkonzept)
- Durchgeführte Tätigkeiten
- Zusammenfassende Schlussbemerkung

113 Die Bescheinigung ist als gutachterliche Stellungnahme ausgestaltet, die eine kritische Würdigung des Sanierungsgrobkonzeptes vornimmt.

114 Dieses Grobkonzept muss mindestens nachfolgende Punkte umfassen:[148]
- Analyse der Krisenursachen
- Darstellung der aktuellen wirtschaftlichen Situation
- Skizze des Zukunftsbildes des Unternehmens
- Grobe Beschreibung der für die Sanierung angestrebten Maßnahmen mit ihren finanziellen Auswirkungen

115 Die gutachterlichen Erkenntnisse müssen so dokumentiert werden, dass sie für einen sachkundigen Dritten nachvollziehbar sind, wobei die dem Konzept zugrundeliegenden Annahmen und Maßnahmen nicht nur pauschalen und unverbindlichen Charakter haben dürfen.[149] Die der Bescheinigung zugrunde gelegten sowie alle Unterlagen, auf die sich die Bescheinigung bezieht, sind beizufügen.[150] Die Haftung des Ausstellers für fehlerhafte Bescheinigungen ist hierbei noch weitestgehend ungeklärt, es gibt dazu keine expliziten gesetzlichen Regelungen.[151] Eine Haftung aus Vertrag sowie aus allgemeinem Deliktsrecht

---

[145] Vgl. Begründung RegE ESUG, BT-Drs. 17/5712, 40.
[146] IDW S 9 (Stand 18.8.2014) ZIP 2014, 2275 ff.
[147] Vgl. die detaillierte Gliederungsempfehlung im Anhang des IDW S 9, ZIP 2014, 2275, 2278.
[148] IDW S 9 (Stand 18.8.2014) aaO Tz. 24.
[149] IDW S 9 (Stand 18.8.2014) aaO Tz. 26.
[150] MüKoInsO/*Kern* § 270b Rn. 64.
[151] *Hofmann* Eigenverwaltung Rn. 418.

gegenüber dem Auftraggeber wird überwiegend bejaht und darüber hinaus eine Haftung gegenüber Dritten aus dem Grundsatz des Vertrags mit Schutzwirkung zugunsten Dritter diskutiert.[152] Die Beweislast trägt der Anspruchsteller.[153]

Bei dem IDW S 9 handelt es sich um eine Verlautbarung bzw. Empfehlung für die Erstellung der Bescheinigung gemäß § 270b Abs. 1 S. 3 InsO, weshalb auch eine gemäß diesen Anforderungen erstellte Bescheinigung nicht zwingend durch das Gericht akzeptiert werden muss.[154] Daher empfiehlt sich auch in diesem Zusammenhang zur Vermeidung zeitlicher Verzögerungen im Vorfeld die rechtzeitige Abstimmung mit dem Insolvenzgericht über Umfang und Ausgestaltung der Bescheinigung, um eine Abweisung des Antrags[155] oder die Einschaltung eines weiteren Gutachters zu vermeiden.[156]   116

4. Sanierung nicht offensichtlich aussichtslos (§ 270b Abs. 1 S. 1 InsO)

Die angestrebte Sanierung darf gemäß § 270b Abs. 1 S. 1 InsO nicht offensichtlich aussichtslos sein, wobei das Gesetz auch an dieser Stelle weder für die Sanierung noch für die offensichtliche Aussichtslosigkeit einen Maßstab bzw. Kriterien festlegt.[157] Nach überwiegender Meinung beinhaltet der Prüfungsumfang des Gerichts für diesen Punkt lediglich eine kursorische Evidenzkontrolle,[158] dh dass von einer offensichtlichen Aussichtslosigkeit auszugehen ist, wenn sich angesichts der bekannten oder auf der Hand liegenden Umstände ergibt, dass die Sanierung mit an Sicherheit grenzender Wahrscheinlichkeit scheitern wird.[159] Das Gericht muss nicht vom Erfolg der Sanierung positiv überzeugt werden; die Abwesenheit von Anhaltspunkten, die für die Erfolglosigkeit sprechen würden, ist ausreichend, weshalb die Sanierungsfähigkeit des Schuldners zwar ohne eine detaillierte Analyse, jedoch plausibel dargelegt werden muss.[160] Über die Bescheinigung nach § 270b Abs. 1 S. 3 InsO hinaus kann die Beifügung einer realistischen und belastbaren Liquiditäts- und Finanzplanung inklusive Definition der wesentlichen Ziele der Sanierung sowie der umzusetzenden Maßnahmen als Abrundung des Gesamtbildes der geplanten Sanierung dem Gericht wichtige Informationen liefern.   117

---

[152] Vgl. im Überblick: Uhlenbruck/*Zipperer* InsO § 270b Rn. 30 ff. ggü. Schuldner, Rn. 36 ff. ggü. Dritten; HK-InsO/*Landfermann* § 270b Rn. 31.
[153] MüKoInsO/*Kern* § 270b Rn. 66 ff.; Uhlenbruck/*Zipperer* InsO § 270b Rn. 40.
[154] Vgl. dazu auch BGH Urt. v. 12.5.2016 – IX ZR 65/14 zu IDW S 6, ZInsO 2016, 1251 ff., wonach ein Sanierungskonzept keinen bestimmten formalen Anforderungen entsprechen muss.
[155] Vgl. Uhlenbruck/*Zipperer* InsO § 270b Rn. 48 mwN als Konsequenz einer erfolglosen Nachbesserungsaufforderung gemäß § 270a Abs. 2 InsO.
[156] Vgl. *Frind* ZInsO 2012, 1546 ff., wonach es dem Gericht bei Zweifeln an der Bescheinigung freistehen soll, auch die Bescheinigung selbst durch einen gerichtlich bestellten Sachverständigen nach § 5 Abs. 1 InsO überprüfen zu lassen.
[157] MüKoInsO/*Kern* § 270b Rn. 34.
[158] HambK-InsO/*Fiebig* § 270b Rn. 7; Ahrens/Gehrlein/Ringstmeier/*Ringstmeier* InsO § 270b Rn. 18; Uhlenbruck/*Zipperer* InsO § 270b Rn. 14.
[159] MüKoInsO/*Kern* § 270b Rn. 38.
[160] Uhlenbruck/*Zipperer* InsO § 270b Rn. 14; vgl. auch *Jacoby* EWiR 2016, 403, 404.

118 Offensichtlich aussichtslos wäre die Sanierung beispielsweise, wenn mit Umsetzungsmaßnahmen ohne tragfähige Sanierungsvorstellung begonnen wird. Diese muss jedoch nicht bereits bis zur Umsetzungsreife konkretisiert sein.[161] Weiterhin, wenn sie rechtlich ausgeschlossen ist (zB Wegfall von Genehmigungen, Konzessionen) oder nicht von den wesentlichen Gläubigern unterstützt wird.[162] Ebenso wenn eine Fortführung des Geschäftsbetriebes für den Zeitraum, in dem unter Geltung der sanierungsförderlichen Sonderregeln der Insolvenzplan erstellt werden soll, nicht gewährleistet ist, oder der Sanierungsplan von vollkommen unrealistischen Annahmen ausgeht, in sich unschlüssig ist und sich dem Gericht also trotz des Vorliegens der Bescheinigung nach § 270b Abs. 1 S. 3 InsO ein Misserfolg der Sanierungsbemühungen „geradezu aufdrängt".[163]

119 Offensichtlich aussichtslos ist eine Sanierung dagegen nicht bereits deshalb, weil zB aufgrund oktroyierter Masseverbindlichkeiten durch bestehende Vertragsverhältnisse im eröffneten Insolvenzverfahren die – unter Umständen nur kurzzeitige – Masseunzulänglichkeit gemäß § 208 InsO eintreten wird, da durch die erleichterten Kündigungsvoraussetzungen für Arbeits- und Mietverhältnisse ein erheblicher Sanierungshebel zur Verfügung steht.[164] Der Eintritt der Masseunzulänglichkeit ist in diesem Zusammenhang nur als Indiz zu betrachten, das nur dann zur Aufhebung wegen der Aussichtslosigkeit der Sanierung führen soll, wenn damit gleichzeitig feststeht, dass eine Restrukturierung des schuldnerischen Unternehmens nicht mehr möglich ist.[165]

II. Die Anordnungen im Einzelnen

1. Bestellung eines vorläufigen Sachwalters

120 Zur Prüfung der wirtschaftlichen Lage des Schuldners sowie zur Überwachung der Geschäftsführung im Rahmen des Schutzschirmverfahrens gemäß § 270b InsO bestellt das Gericht einen vorläufigen Sachwalter.

121 a) Persönliche Voraussetzungen. Wie bereits ausgeführt, darf der vorläufige Sachwalter gemäß § 270b Abs. 2 S. 1 InsO nicht als Aussteller der Bescheinigung nach § 270b Abs. 1 S. 3 InsO vorbefasst gewesen sein, um die unvoreingenommene Wahrnehmung der Aufsichtsfunktion gewährleisten zu können.[166] War ein Berater in sonstiger Weise bereits mit dem Unternehmen vertieft vorbefasst, stellt dies per se noch kein Ausschlusskriterium dar, kann jedoch die fehlende Unabhängigkeit nahelegen,[167] vor allem, wenn die Vorbefassung im Rahmen einer Krisenberatung erfolgte.[168] Auf die Neutralität des vorläufigen

---

[161] Uhlenbruck/*Zipperer* InsO § 270b Rn. 16 mwN und weiteren Fallgruppen.
[162] Uhlenbruck/*Zipperer* InsO § 270b Rn. 16.
[163] MüKoInsO/*Kern* § 270b Rn. 38 mwN.
[164] HambK-InsO/*Fiebig* § 270b Rn. 8 aE.
[165] Uhlenbruck/*Zipperer* InsO § 270b Rn. 73; MüKoInsO/*Tetzlaff/Kern* § 285 Rn. 6; aA: KPB/*Pape* InsO § 285 Rn. 1.
[166] Uhlenbruck/*Zipperer* InsO § 270b Rn. 20.
[167] HK-InsO/*Landfermann* § 270b Rn. 37.
[168] Uhlenbruck/*Zipperer* InsO § 270b Rn. 20.

Sachwalters ist generell größter Wert zu legen, da ein fehlendes Vertrauen in diese zentrale Überwachungsinstanz zu unnötigen Diskussionen führen und den weiteren Verfahrensverlauf hierdurch erheblich gefährden kann.

b) Vorschlagsrecht des Schuldners. Im Unterschied zum Verfahren gemäß § 270a InsO kann der Schuldner bei der Einleitung des Schutzschirmverfahrens auf die Bestellung des vorläufigen Sachwalters nach § 270b Abs. 2 S. 2 InsO iVm § 270a Abs. 1 S. 2 InsO Einfluss nehmen, wovon in der Praxis regelmäßig Gebrauch gemacht wird. 122

Das Gericht kann von dem Vorschlag des Schuldners nur dann abweichen, wenn die vorgeschlagene Person für die Übernahme des Amtes offensichtlich nicht geeignet ist, was im Einzelfall durch das Gericht zu begründen ist, § 270b Abs. 2 S. 2 InsO. 123

Das Vorschlagsrecht des Schuldners bei der Auswahl des vorläufigen Sachwalters überlagert auch die Beteiligung des vorläufigen Gläubigerausschusses gemäß §§ 270b Abs. 2 S. 1, 270a Abs. 1 S. 2, 274 Abs. 1, 56a Abs. 2 InsO.[169] 124

Würde dem Schuldner anderenfalls die personelle Planbarkeit durch Einflussnahme des Insolvenzgerichts oder des vorläufigen Gläubigerausschusses genommen werden, wäre der Anreiz für eine frühzeitige „freiwillige" Insolvenzantragstellung verloren. Dies würde der Intention des Gesetzgebers zuwiderlaufen, das Schutzschirmverfahren als berechenbares Verfahren des Schuldners zur Sanierung seines Unternehmens auszugestalten.[170] Auch wenn der Schuldner einen vorläufigen Sachwalter vorschlagen darf, muss er dennoch dessen Geeignetheit und Unabhängigkeit im Sinne des § 56 InsO beachten, da vor dem Hintergrund des § 270b Abs. 2 S. 2 InsO vom Gericht keine Person bestellt werden kann, die als generell ungeeignet aus der Vorauswahlliste gestrichen worden ist[171] oder der die erforderliche Unabhängigkeit fehlt. Darüber hinaus ist – wie oben bereits dargestellt – für das Amt des Sachwalters eine breite Akzeptanz durch die Gläubigergemeinschaft erforderlich, um diesbezüglich unnötige Störungen im Verfahrensablauf zu vermeiden. 125

2. Begründung von Masseverbindlichkeiten

Im Gegensatz zu § 270a InsO hat der Gesetzgeber in § 270b Abs. 3 S. 1 InsO für das Schutzschirmverfahren eine klare Regelung für die Ermächtigung zur Begründung von Masseverbindlichkeiten getroffen. 126

Die Anordnung der Ermächtigung zur Begründung von Masseverbindlichkeiten erfolgt gemäß dem Wortlaut unmittelbar auf Antrag des Schuldners. Nach wohl hM hat das Gericht hierbei weder einen Ermessensspielraum noch findet eine Prüfung der Erforderlichkeit statt.[172] 127

Wird die Ermächtigung gemäß § 270b Abs. 3 S. 1 InsO angeordnet, kommt im Schutzschirmverfahren der § 55 Abs. 2 InsO analog zur Anwendung, wobei 128

---

[169] MüKoInsO/*Kern* § 270b Rn. 90; HambK-InsO/*Fiebig* § 274 Rn. 7.
[170] BT-Drs. 17/5712, 1 aE, 2 oben.
[171] HK-InsO/*Landfermann* § 270b Rn. 37 aE.
[172] MüKoInsO/*Kern* § 270b Rn. 107; Ahrens/Gehrlein/Ringstmeier/*Ringstmeier* InsO § 270b Rn. 30; Uhlenbruck/*Zipperer* InsO § 270b Rn. 68; aA FK-InsO/*Foltis* § 270b Rn. 39.

an die Stelle des vorläufigen Insolvenzverwalters der zur Begründung von Masseverbindlichkeiten ermächtigte Schuldner tritt.[173] Der Schuldner hat dann kein Wahlrecht, ob eine eingegangene Verbindlichkeit eine Masseverbindlichkeit oder eine Insolvenzforderung darstellt.[174]

129 Daher ist es für die Verfahrensgestaltung dringend zu empfehlen, die eigenverwaltende Geschäftsleitung nicht global gemäß § 270b Abs. 3 S. 1 InsO, sondern ggf. lediglich punktuell gerichtlich zur Begründung von Masseverbindlichkeiten ermächtigen zu lassen. Aus der Gesamtsystematik der Regelungen heraus ist dies möglich, wobei es sich dann nicht mehr um einen Fall des § 270b Abs. 3 S. 1 InsO handelt, sondern um einen Antrag auf Einzel- bzw. Gruppenermächtigung, dh eine Ermessensentscheidung des Gerichts nach den allgemeinen Regeln.[175]

130 Die Regelung des § 55 Abs. 4 InsO ist nach hM weder direkt noch analog im Schutzschirmverfahren anwendbar.[176] Im Schutzschirmverfahren wird die Verpflichtung zur Abführung von Steuern und Sozialversicherungsbeiträgen jedoch nicht tangiert, vgl. zu dieser Problematik → Rn. 196 ff.

3. Frist zur Vorlage eines Insolvenzplanes

131 Das Insolvenzgericht bestimmt auf Antrag des Schuldners gemäß § 270b Abs. 1 S. 1, 2 InsO eine Frist zur Vorlage eines Insolvenzplans, die höchstens drei Monate betragen darf und damit den äußersten zeitlichen Rahmen für das Schutzschirmverfahren vorgibt.

132 Um den Insolvenzplan bis zum Ablauf der Höchstdauer fristgerecht fertigstellen zu können, ist eine Vorbereitung des Insolvenzplans bereits vor der Antragstellung – als „pre-packaged plan" oder zumindest als Eckpunktepapier – im Regelfall unabdingbar, da eine Verlängerung der Frist in keinem Fall möglich ist.[177] Wurde die Frist vom Gericht kürzer als drei Monate festgelegt, ist dagegen eine Verlängerung der gesetzlichen Höchstfrist bis zum Maximum von drei Monaten auf Antrag des Schuldners möglich.[178] Die Vorlage eines solchen Eckpunktepapiers sorgt für Transparenz und kann für das Insolvenzgericht auch im Rahmen der Beurteilung der nicht offensichtlichen Aussichtslosigkeit der Sanierung ein wichtiges Indiz liefern.

133 Liegen die Voraussetzungen der nicht offensichtlichen Aussichtslosigkeit der angestrebten Sanierung nicht mehr vor und ist eine Fortsetzung des Schutzschirmverfahrens daher nicht mehr möglich, steht es im Anordnungsermessen des Insolvenzgerichts, ob es das Verfahren zum Zeitpunkt des Bekanntwerdens der Gründe, dh ggf. auch vor Ablauf der Dreimonatsfrist, als reguläres Eröff-

---

[173] HK-InsO/*Landfermann* § 270b Rn. 45; HambK-InsO/*Fiebig* § 270b Rn. 33; Uhlenbruck/*Zipperer* InsO § 270b Rn. 70.
[174] Vgl. OLG Karlsruhe Urt. v. 14.6.2016 – 8 U 44/15, ZInsO 2016, 1469 ff.; BGH Urt. v. 16.6.2016 – IX ZR 114/15, ZInsO 2016, 1421 ff.
[175] MüKoInsO/*Kern* § 270b Rn. 111; HambK-InsO/*Fiebig* § 270b Rn. 34; vgl. *Köster/Feil* NZI 2016, 763 ff., Anm. zu BGH Urt. v. 16.6.2016 – IX ZR 114/15.
[176] HambK-InsO/*Jarchow/Denkhaus* § 55 Rn. 82.
[177] HK-InsO/*Landfermann*, § 270b Rn. 36; Ahrens/Gehrlein/Ringstmeier/*Ringstmeier* InsO § 270b Rn. 19; MüKoInsO/*Kern* § 270b Rn. 80.
[178] KPB/*Pape* InsO § 270b Rn. 60; MüKoInsO/*Kern* § 270b Rn. 81.

nungsverfahren mit Bestellung eines vorläufigen Insolvenzverwalters oder – sofern keine Nachteile für die Gläubiger zu erwarten sind – als vorläufige Eigenverwaltung fortsetzt.[179] Liegen die Voraussetzungen für eine Verfahrenseröffnung bereits vor, kann es in dem Beschluss über die Aufhebung der Anordnung nach § 270b Abs. 1 InsO das Verfahren zudem als Regelinsolvenzverfahren oder – sofern auch die Voraussetzungen des § 270 Abs. 2 InsO erfüllt sind – unter gleichzeitiger Anordnung der Eigenverwaltung eröffnen.[180]

4. Exkurs „Dual Track"

In einigen Schutzschirmverfahren konnte eine erfolgreiche Sanierung eines Unternehmens über einen sog „Dual Track", dh einen parallel zur Erstellung eines Insolvenzplans initiierten Verkaufsprozess, erreicht werden. 134

Ein solcher paralleler Verkaufsprozess bietet neben der Rückfallposition einer übertragenden Sanierung bei einem Scheitern der Insolvenzplanlösung grundsätzlich eine Referenz und einen Maßstab für die Beurteilung, ob eine Schlechterstellung der Gläubiger im Rahmen der durch Insolvenzplan angestrebten Sanierungslösung erfolgt. Dies gewährleistet im Ergebnis zwar stets die bestmögliche Gläubigerbefriedigung, konterkariert unter Umständen jedoch den Anreiz für die Gesellschafter, durch eine frühzeitige Insolvenzantragstellung ihr Unternehmen unter Aufsicht des Sachwalters ihrer Wahl durch einen Insolvenzplan zu sanieren, da sie das Unternehmen bei einer übertragenden Sanierung auf jeden Fall „verlieren". 135

Da das Aufsetzen eines solchen Verkaufsprozesses überdies mit zusätzlichen Kosten verbunden ist, sollte diese Vorgehensweise nur dann in Erwägung gezogen werden, wenn es die konkrete Verfahrenssituation gebietet, zB die Zustimmung zum angestrebten Insolvenzplan durch die Gläubigergemeinschaft äußerst fraglich ist, der angestrebte Insolvenzplan eine deutlich geringere Gläubigerbefriedigung als eine übertragende Sanierung vorsieht bzw. die Finanzierung, insbesondere ein Sanierungsbeitrag der Gesellschafter, nicht sichergestellt ist oder ein von den Gläubigern angestrebter Debt-Equity-Swap voraussichtlich nicht umgesetzt werden kann. 136

Im Schutzschirmverfahren gemäß § 270b InsO sollte ein „Dual Track" immer nur mit Bedacht, unter Umständen auch in Kombination mit einer Insolvenzplanlösung, gewählt werden, wohingegen er in einem vorläufigen Eigenverwaltungsverfahren gemäß § 270a InsO eine – wenn finanziell darstellbar – mögliche Ergänzung zur Absicherung einer beabsichtigten Insolvenzplanlösung und Erhöhung der Sanierungsaussichten bieten kann. 137

5. Sonstige Anordnungen

a) Anordnung von Maßnahmen gemäß § 270b Abs. 2 S. 3 InsO. Das Insolvenzgericht kann auf Antrag des Schuldners gemäß § 270b Abs. 2 S. 3 InsO vorläufige Maßnahmen anordnen, woraus sich die Bezeichnung als „Schutzschirm" im eigentlichen Sinne ableitet.[181] 138

---

[179] Uhlenbruck/*Zipperer* InsO § 270b Rn. 77.
[180] MüKoInsO/*Kern* § 270b Rn. 134.
[181] MüKoInsO/*Kern* § 270b Rn. 7.

139 Diese vorläufigen Maßnahmen umfassen die § 21 Abs. 1 und 2 S. 1 Nr. 1a, 3 bis 5 InsO und sind abschließend, weshalb die Bestellung eines vorläufigen Insolvenzverwalters gemäß § 21 Abs. 2 S. 1 Nr. 1 InsO, die Anordnung eines Zustimmungsvorbehalts[182] sowie eines allgemeinen Verfügungsverbots gemäß § 21 Abs. 2 S. 1 Nr. 2 InsO ausdrücklich ausgeschlossen sind.[183] Der Wortlaut „soll" beinhaltet jedoch kein freies Ermessen des Gerichts.[184] Die vorgenannten vorläufigen Maßnahmen werden durch das Gericht nach den allgemeinen Vorschriften für Eröffnungsverfahren angeordnet.[185]

140 Gemäß dem ebenfalls in § 270b Abs. 2 S. 3 InsO genannten § 21 Abs. 2 S. 1 Nr. 1a InsO kann das Gericht einen vorläufigen Gläubigerausschuss einsetzen, wobei die Einleitung eines Schutzschirmverfahrens häufig bereits in Abstimmung mit dem sog „präsumtiven" Gläubigerausschuss, dh dem Zusammenschluss der späteren Mitglieder eines vorläufigen Gläubigerausschusses vor der Insolvenzantragstellung, erfolgt. Dies entspricht dem gesetzgeberischen Ziel der frühzeitigen Gläubigerbeteiligung.[186]

141 Für die in § 270b Abs. 2 S. 3 Hs. 2 InsO gesondert erwähnte Untersagung von Zwangsvollstreckungsmaßnahmen in bewegliche Gegenstände gemäß § 21 Abs. 2 S. 1 Nr. 3 InsO wird dem Gericht weder eine Prüfungskompetenz noch ein sonstiges Ermessen eingeräumt.[187] Wird diese Maßnahme durch den Schuldner beantragt, ist sie zwingend anzuordnen, um dem Schuldner Planungssicherheit für die angestrebte Sanierung zu geben.[188]

142 b) Einsetzung eines vorläufigen Gläubigerausschusses. Zu den Voraussetzungen für die Einsetzung eines vorläufigen Gläubigerausschusses vgl. die Darstellung bei § 270a InsO → Rn. 71 ff.

III. Die Entscheidung des Gerichts und Rechtsmittel

143 Der Beschluss des Insolvenzgerichts zur Anordnung des Schutzschirmverfahrens enthält neben der Anordnung der vorläufigen Eigenverwaltung auch die Bestellung des vorläufigen Sachwalters und ggf. der Mitglieder des vorläufigen Gläubigerausschusses. Weiterhin werden darin die Frist zur Vorlage des Insolvenzplans bestimmt, die beantragten Schutzmaßnahmen angeordnet und die Schuldnerin antragsgemäß ggf. entweder punktuell oder global zur Begründung von Masseverbindlichkeiten ermächtigt.

1. Öffentliche Bekanntmachung

144 Die öffentliche Bekanntmachung der Anordnung eines Schutzschirmverfahrens ist nicht gesondert geregelt und umstritten. Teilweise wird vertreten, dass mangels gesetzlicher Grundlage grundsätzlich keine Pflicht zur Veröffent-

---

[182] AA: AG Düsseldorf Beschl. v. 10.7.2014 – 504 IN 124/14, ZInsO 2014, 2389.
[183] Uhlenbruck/*Zipperer* InsO § 270b Rn. 64; MüKoInsO/*Kern* § 270b Rn. 98.
[184] Uhlenbruck/*Zipperer* InsO § 270b Rn. 64.
[185] HK-InsO/*Landfermann* § 270b Rn. 42.
[186] BT-Drs. 17/5712, 24.
[187] MüKoInsO/*Kern* § 270b Rn. 101.
[188] MüKoInsO/*Kern* § 270b Rn. 101.

lichung besteht, da in den §§ 270 ff. InsO kein Verweis auf § 21 Abs. 2 Nr. 2 InsO oder § 23 Abs. 1 S. 1 InsO enthalten ist.[189] Nach anderer Ansicht ist eine Veröffentlichung immer dann erforderlich, sobald ein vorläufiger Sachwalter bestellt wird.[190] Nach einer vermittelnden Ansicht steht die Entscheidung über die Veröffentlichung im pflichtgemäßen Ermessen des Insolvenzgerichts, wobei das Publizitätsinteresse der Gläubiger gegen das Geheimhaltungsinteresse des Schuldners abzuwägen ist.[191] Insbesondere wenn bei juristischen Personen nur die drohende Zahlungsunfähigkeit gemäß § 18 InsO vorliegt, dh darüber hinaus keine Antragspflicht besteht, kann von einer Veröffentlichung abgesehen werden.[192] Darüber hinaus ist zu berücksichtigen, ob dem Unternehmen durch die Veröffentlichung Nachteile drohen.[193]

Wenn eine Veröffentlichung vermieden werden soll, müssen dem Gericht rechtzeitig die Gründe detailliert dargelegt werden, um eine ausreichende Informationsbasis für eine entsprechende Ermessensentscheidung zur Verfügung zu stellen. Hat das Gericht von einer Veröffentlichung abgesehen, ist konsequenterweise auch eine Veröffentlichung der Aufhebung nicht erforderlich.[194] 145

Anderenfalls ist neben der Anordnung des Schutzschirmverfahrens auch die Aufhebung zu veröffentlichen.[195] 146

In diesem Zusammenhang sollte jedoch bedacht werden, dass die öffentliche Bekanntmachung der Eröffnung des Insolvenzverfahrens nach Ablauf der Frist des § 270b Abs. 1 S. 1, 2 InsO gemäß § 30 Abs. 1 S. 1 InsO unter keinen Umständen vermieden werden kann. Deshalb ist im Hinblick darauf, dass ein Schutzschirmverfahren wohl selten tatsächlich unbemerkt ablaufen wird, eine professionelle verfahrensbegleitende Öffentlichkeitsarbeit zu empfehlen, um die tendenziell positive Resonanz der Öffentlichkeit auf den „Schutzschirm" unter Meidung des Terminus „Insolvenz" ggf. zum Nutzen des Verfahrens einsetzen zu können. 147

2. Rechtsmittel

Gegen die Anordnung einer Sicherungsmaßnahme steht dem Schuldner die sofortige Beschwerde gemäß § 21 Abs. 1 Satz 2 InsO zu. Auch aus- und absonderungsberechtigte Gläubiger haben nach derselben Regelung ein Recht zur sofortigen Beschwerde, wenn das Insolvenzgericht Sicherungsmaßnahmen nach § 21 Abs. 2 Satz 1 Nr. 5 InsO anordnet. Das Gesetz sieht für die Gläubiger kein Rechtsmittel gegen die Bestimmung einer Frist zur Vorlage eines Insolvenzplans vor.[196] Weicht die durch das Gericht angeordnete Frist für die Erstellung 148

---

[189] Haarmeyer/Wutzke/Förster/*Buchalik* PräsenzKommentar § 270 Rn. 16 mwN; HambK-InsO/*Fiebig* § 270b Rn. 45; *Horstkotte* ZInsO 2012, 1161.
[190] FK-InsO/*Foltis* § 270b Rn. 28.
[191] Uhlenbruck/*Zipperer* InsO § 270b Rn. 55; HambK-InsO/*Rüther* § 9 Rn. 2a; *Frind* ZInsO 2012, 1099, 1106 sowie ZIP 2012, 1591: Nur dann keine Pflicht zur Veröffentlichung, wenn im Verfahrensverlauf keine Neugläubiger zu erwarten sind.
[192] FK-InsO/*Schmerbach* § 23 Rn. 6 f.
[193] HambK-InsO/*Fiebig* § 270b Rn. 45.
[194] AG Göttingen Urt. v. 28.11.2012 – 74 IN 160/12, ZIP 2013, 36 ff.
[195] FK-InsO/*Foltis* § 270b Rn. 57.
[196] Ahrens/Gehrlein/Ringstmeier/*Ringstmeier* InsO § 270b Rn. 32.

des Insolvenzplans vom Antrag des Schuldners ab, so ist dagegen ebenfalls kein Rechtsmittel statthaft.[197]

IV. Die Aufhebung des Schutzschirmverfahrens

1. Vorzeitige Aufhebung

149 Eine Aufhebung des Schutzschirmverfahrens vor Ablauf der gemäß § 270b Abs. 1 S. 1, 2 InsO gesetzten Frist ist aus den Gründen gemäß § 270b Abs. 4 S. 1 Nr. 1 bis 3 InsO möglich. Wird die Sanierung des Unternehmens als Ziel des Schutzschirmverfahrens bereits im Schutzschirmverfahren durch eine außergerichtliche Einigung mit allen Gläubigern erreicht, kann das Schutzschirmverfahren zudem vorzeitig wegen des Wegfalls des Insolvenzgrundes durch Rücknahme des Eröffnungsantrags oder eine diesbezügliche Erledigungserklärung aufgehoben werden. Hierfür gelten auch im Schutzschirmverfahren keine Besonderheiten.[198]

150 a) Aussichtslosigkeit der angestrebten Sanierung, § 270b Abs. 4 S. 1 Nr. 1 InsO. Die vorzeitige Beendigung des Verfahrens erfolgt, wenn gemäß § 270b Abs. 4 S. 1 Nr. 1 InsO die angestrebte Sanierung aussichtslos geworden ist.

151 Das Gericht muss hierfür gemäß § 5 Abs. 1 InsO von Amts wegen die für die Entscheidung erheblichen Umstände ermitteln, was die laufende Pflicht zur Überwachung des Fortgangs der Sanierung nach sich zieht und eine regelmäßige Informationseinholung vom vorläufigen Sachwalter erfordert.[199] Dieser ist ohnehin gemäß § 270a Abs. 1 S. 2 InsO iVm § 274 Abs. 3 S. 1 InsO zur Anzeige von Umständen verpflichtet, die erwarten lassen, dass die Fortsetzung der Eigenverwaltung zu Nachteilen für die Gläubiger führen wird.

152 Der Eintritt der Zahlungsunfähigkeit nach Anordnung des Schutzschirmverfahrens in der Insolvenzantragsphase führt nicht automatisch zu einer Aufhebung des Schutzschirmverfahrens.[200] Im laufenden Schutzschirmverfahren ist es zunächst ausreichend, wenn der Eintritt der Zahlungsunfähigkeit dem Insolvenzgericht durch den Schuldner oder den vorläufigen Sachwalter unverzüglich angezeigt wird, § 270b Abs. 4 S. 2 InsO. Alleine dadurch wird der Fortgang des Verfahrens noch nicht gefährdet, es sei denn, der Eintritt der Zahlungsunfähigkeit zieht gleichzeitig auch die Aussichtslosigkeit der angestrebten Sanierung im Sinne des § 270b Abs. 1 S. 1 Nr. 1 InsO nach sich. Das Gericht kann die Ent-

---

[197] MüKoInsO/*Kern* § 270b Rn. 83; zur Möglichkeit der Stellung eines entsprechenden Antrags → Rn. 133.
[198] MüKoInsO/*Kern* § 270b Rn. 132.
[199] Uhlenbruck/*Zipperer* InsO § 270b Rn. 74; MüKoInsO/*Kern* § 270b Rn. 117: In Ausnahmefällen soll das Gericht neben dem vom Schuldner vorgeschlagenen Sachwalter einen Sachverständigen bestellen können, der die Sanierung sowie die Verfahrenskostendeckung überwacht; dies kann zur Vermeidung von zusätzlichen Kosten und Reibungsverlusten jedoch nur einen Ausnahmefall darstellen, wenn nicht die Grundkonzeption und Aufgabenverteilung des Schutzschirmverfahrens infrage gestellt werden soll.
[200] HK-InsO/*Landfermann* § 270b Rn. 54; Ahrens/Gehrlein/Ringstmeier/*Ringstmeier* InsO § 270b Rn. 8 f.

§ 44. Die Eigenverwaltung

scheidung jedoch nicht alleine auf die Tatsache der Zahlungsunfähigkeit stützen, sondern prüft, ob damit ggf. in Zusammenhang stehende weitere Umstände die angestrebte Sanierung aussichtslos machen.[201]

b) Aufhebung auf Antrag des vorläufigen Gläubigerausschusses, § 270b Abs. 4 S. 1 Nr. 2 InsO. Stellt der vorläufige Gläubigerausschuss einen entsprechenden Antrag, wird das Schutzschirmverfahren vorzeitig gemäß § 270b Abs. 4 S. 1 Nr. 2 InsO aufgehoben. Für die Beschlussfassung des vorläufigen Gläubigerausschusses ist ein Mehrheitsentscheid entsprechend § 72 InsO erforderlich.[202] Der Antrag muss weder begründet werden,[203] noch findet eine materielle Prüfung durch das Gericht statt.[204]

c) Aufhebung auf Antrag eines Gläubigers wegen zu erwartender Nachteile, § 270b Abs. 4 S. 1 Nr. 3 InsO. Sofern kein vorläufiger Gläubigerausschuss bestellt ist, ist gemäß § 270b Abs. 4 S. 1 Nr. 3 InsO auch ein Antrag eines absonderungsberechtigten Gläubigers oder eines Insolvenzgläubigers zulässig, wenn gleichzeitig Umstände bekannt werden, die erwarten lassen, dass die Anordnung zu Nachteilen für die Gläubiger führen wird und diese Umstände vom Antragsteller glaubhaft gemacht werden. In diesem Fall findet eine umfassende Prüfung der Begründetheit durch das Gericht statt, in der das Gericht zur vollen Überzeugung kommen muss, dass solche Nachteile tatsächlich zu erwarten sind, wobei dem Schuldner vor dieser Entscheidung rechtliches Gehör zu gewähren ist.[205]

d) Die Entscheidung des Gerichts und Rechtsmittel. Liegen die jeweiligen Voraussetzungen des § 270b Abs. 4 Nr. 1, 2 oder 3 InsO vor, so hebt das Gericht, dem diesbezüglich kein Ermessen zusteht, das Schutzschirmverfahren auf.[206] Die Aufhebung des Verfahrens gemäß § 270b InsO zieht nicht automatisch auch die Aufhebung gemäß § 270a InsO nach sich, so dass – wenn keine Nachteile für die Gläubiger zu erwarten sind – auch eine Fortsetzung des Verfahrens gemäß § 270a InsO möglich und uU sinnvoll ist.[207] Weder gegen diesen Beschluss noch gegen die Ablehnung eines Aufhebungsantrags ist ein Rechtsmittel statthaft.[208] Nach der wohl hM ist ein Beschluss zur Aufhebung des Schutzschirmverfahrens zu veröffentlichen, sofern die Anordnung ebenfalls veröffentlicht worden war.[209]

2. Reguläre Aufhebung

a) Eröffnung des Insolvenzverfahrens. Nach dem Ablauf der maximal dreimonatigen Frist des § 270b Abs. 1 S. 2 InsO wird das Schutzschirmverfah-

---

[201] HK-InsO/*Landfermann* § 270b Rn. 54; MüKoInsO/*Kern* § 270b Rn. 129.
[202] Ahrens/Gehrlein/Ringstmeier/*Ringstmeier* InsO § 270b Rn. 36.
[203] Uhlenbruck/*Zipperer* InsO § 270b Rn. 75.
[204] MüKoInsO/*Kern* § 270b Rn. 122.
[205] MüKoInsO/*Kern* § 270b Rn. 127.
[206] Ahrens/Gehrlein/Ringstmeier/*Ringstmeier* InsO § 270b Rn. 33; MüKoInsO/*Kern* § 270b Rn. 130.
[207] Uhlenbruck/*Zipperer* InsO § 270b Rn. 77.
[208] MüKoInsO/*Kern* § 270b Rn. 130.
[209] Uhlenbruck/*Zipperer* InsO § 270b Rn. 77 aE.

ren aufgehoben und das Insolvenzverfahren eröffnet. Eine strenge Pflicht zu einer sofortigen Entscheidung nach Ablauf der Frist wird überwiegend abgelehnt.[210] Das Gericht kann nun auf Basis der gestellten Anträge das Insolvenzverfahren in Eigenverwaltung eröffnen oder – so einzeln vertreten – als Verfahren nach § 270a InsO fortführen und ggf. weitere Sicherungsmaßnahmen anordnen, die nach Ablauf der Sperrwirkung des § 270b InsO nicht mehr präkludiert sind.[211]

157 Da in den meisten Fällen mit Ablauf der Frist gleichzeitig der Insolvenzgeldzeitraum endet, wird in der Praxis eine Entscheidung über die Eröffnung des Verfahrens unabhängig von den vorgenannten Möglichkeiten zeitnah getroffen werden.

158 Falls sich seit der Anordnung des Schutzschirmverfahrens keine relevante Änderung der Umstände ergeben hat, wird das Insolvenzverfahren antragsgemäß mit Anordnung der Eigenverwaltung eröffnet, dh die vorläufige Eigenverwaltung wird als Eigenverwaltung gemäß § 270 InsO fortgesetzt. Auch der vorläufige Sachwalter wird im Regelfall als „endgültiger" Sachwalter gemäß § 270c InsO bestellt. Unter den gleichen Prämissen wie im Regelverfahren werden auch die Mitglieder des vorläufigen Gläubigerausschusses bis zum Berichtstermin personengleich bestellt.

159 Alleine die fristgemäße Vorlage des Insolvenzplanes zwingt das Gericht nicht zur Eröffnung des Insolvenzverfahrens mit Anordnung der Eigenverwaltung, da das Gericht jede Entscheidung treffen kann, mit der nach den allgemeinen Verfahrensregeln die Beendigung des Antragsverfahrens möglich ist, also zB auch eine Abweisung des Antrags mangels Masse.[212]

160 **b) Abstimmung über den Insolvenzplan.** Wie im „Regelinsolvenzplanverfahren" wird nach Eröffnung des Insolvenzverfahrens nach Planvorlage und Vorprüfung durch das Insolvenzgericht ein Termin zur Abstimmung der Gläubiger über den Insolvenzplan anberaumt, der sich meist an den Berichts- und Prüfungstermin anschließt. Auch im Hinblick auf die Abstimmungsmodalitäten ergeben sich im Vergleich zu einem „normalen" Insolvenzplanverfahren keine wesentlichen Abweichungen vgl. → § 43 Rn. 74 ff.

161 Als Besonderheit der Eigenverwaltung kann die Gläubigerversammlung gemäß § 284 Abs. 1 InsO dem Schuldner oder dem Sachwalter alternativ zum Planentwurf des Schuldners einen eigenen Auftrag zur Ausarbeitung eines Insolvenzplans mit abweichenden, von der Gläubigerversammlung festgelegten Zielen erteilen. Wird dem Schuldner ein solcher Auftrag erteilt, hat der Sachwalter beratend mitzuwirken, § 284 Abs. 1 S. 2 InsO. Nimmt die Gläubigerversammlung diese neben und unabhängig vom Planinitiativrecht des Schuldners bestehende Auftragsbefugnis wahr, bedeutet dies eine Zurückweisung des schuldnerischen Plans, sofern der Sachwalter nicht den Auftrag erhält, diesen zu modifizieren oder die Erstellung fortzusetzen.[213]

---

[210] HK-InsO/*Landfermann* § 270b Rn. 55, MüKoInsO § 270b Rn. 133; Uhlenbruck/*Zipperer* InsO § 270b Rn. 79; HambK-InsO/*Fiebig* § 270b Rn. 9 f.
[211] Vgl. im Überblick: Uhlenbruck/*Zipperer* InsO § 270b Rn. 79; MüKoInsO/*Kern* § 270b Rn. 132 ff.
[212] FK-InsO/*Foltis* § 270b Rn. 26.
[213] Uhlenbruck/*Zipperer* InsO § 284 Rn. 2 f.

§ 44. *Die Eigenverwaltung*

Die Überwachung der Planerfüllung, die ausdrücklich im Plan anzuordnen ist, ist gemäß § 284 Abs. 2 InsO unabhängig davon, wer den Plan erstellt hat, die Aufgabe des Sachwalters.[214] 162

Stimmt die Gläubigerversammlung dem vom Schuldner vorgelegten Insolvenzplan zu, wird im Anschluss daran das Insolvenzverfahren durch richterlichen Beschluss aufgehoben, § 258 Abs. 1 InsO. Findet der Insolvenzplan keine Zustimmung und liegen damit die Voraussetzungen für die Aufhebung des Insolvenzverfahrens gemäß § 258 InsO nicht vor, wird das Verfahren als Eigenverwaltungs- bzw. als Regelverfahren fortgesetzt. 163

E. Rechte und Pflichten der Organe in der Eigenverwaltung

I. Allgemeines zur Kompetenzabgrenzung

Die Aufgaben, die in einem Regelinsolvenzverfahren von dem Insolvenzverwalter wahrgenommen werden, sind bei Anordnung der Eigenverwaltung zwischen dem Schuldner und dem Sachwalter aufzuteilen. Für die Abgrenzung der Kompetenzen gilt der Grundsatz, dass der Schuldner die laufenden Geschäfte führt („unternehmenstypische Aufgaben") und der Sachwalter einerseits die Geschäftsführung überwacht sowie andererseits die Aufgaben übernimmt, die in einem Regelverfahren dem Insolvenzverwalter in erster Linie im Interesse der Gläubiger übertragen sind („insolvenztypische Aufgaben").[215] 164

II. Der Schuldner

1. Funktion und Rechtsstellung

Bei Anordnung der Eigenverwaltung im eröffneten Insolvenzverfahren erhält der Schuldner nach der zutreffenden hM die grundsätzliche Verwaltungs- und Verfügungsbefugnis über sein Vermögen als Amtswalter in eigenen Angelegenheiten, § 270 Abs. 1 S. 1 InsO.[216] 165

Die Stellung des eigenverwaltenden Geschäftsführers ändert sich dahingehend, dass mit der Eröffnung des Insolvenzverfahrens seine Handlungen nicht mehr das „freie" Vermögen der Gesellschaft, sondern die Insolvenzmasse betreffen und deren Verwaltung im Interesse der Gesamtheit der Gläubiger zu erfolgen hat.[217] 166

Das Management unterliegt dabei dem Paradigmenwechsel, nicht mehr ausschließlich den Gesellschaftern und der Gesellschaft, sondern vorrangig den 167

---

[214] Uhlenbruck/*Zipperer* InsO § 284 Rn. 3 mwN.
[215] So schon die Begründung zu § 331 InsO RegE, BT-Drs. 12/2443, 223; ebenso FK-InsO/*Foltis* § 270 Rn. 21.
[216] Vgl. Uhlenbruck/*Zipperer* InsO § 270 Rn. 12; KPB/*Pape* InsO § 270 Rn. 1; MüKo-InsO/*Tetzlaff* § 270 Rn. 149; aA vgl. *Bork*, Insolvenzrecht, Rn. 404, 405; HK-InsO/*Landfermann* § 270 Rn. 30, wonach die Verwaltungs- und Verfügungsbefugnis beim Schuldner „verbleibt".
[217] HK-InsO/*Landfermann* § 270 Rn. 30.

Gläubigern verpflichtet zu sein. Es muss die eigene Managementleistung selbstkritisch reflektieren und gegebenenfalls früher getroffene Entscheidungen revidieren.

168 Verfügt die Geschäftsleitung – was regelmäßig der Fall sein dürfte – über keine Erfahrung bei der Betriebsfortführung in einem Insolvenzverfahren, müsste von der Anordnung der Eigenverwaltung regelmäßig abgesehen werden.[218]

169 Daher ist bereits bei der Verfahrensvorbereitung festzulegen, ob die Eigenverwaltung durch enge Abstimmung der Geschäftsleitung mit insolvenzerfahrenen Beratern geführt oder ob ein externer Sanierungsspezialist als sog „Chief Restructuring Officer" bzw. „Chief Insolvency Officer" (CRO bzw. CIO) im Geschäftsleitungsorgan oder als Generalbevollmächtigter eingesetzt wird. Das Sanierungskonzept einschließlich der handelnden Personen sollte umfassend vorab mit den wesentlichen Verfahrensbeteiligten abgestimmt werden, um klarzustellen, dass die eigenverwaltende Geschäftsleitung den anspruchsvollen Aufgaben der Eigenverwaltung gewachsen ist. Verfügt die ausgewählte Person sowohl über insolvenzrechtliche Fachkenntnisse als auch idealerweise Branchenkenntnisse, kann dies eine positive Signalwirkung für das Gericht und die übrigen Verfahrensbeteiligten haben. Das Vertrauen der Gläubiger bzw. des vorläufigen Gläubigerausschusses in die Integrität der „Sanierer" stellt die Basis für eine erfolgreiche Sanierung dar. Die Gläubigergemeinschaft muss ihre Interessen bei der Verfahrensplanung und -umsetzung ausreichend gewahrt sehen; es darf nicht der Eindruck entstehen, dass durch die Auswahl der Personen lediglich Partikularinteressen der Gesellschafter verfolgt werden.

170 Die Praxis hat gezeigt, dass nur dann eine Basis für einen reibungslosen Ablauf der Eigenverwaltung geschaffen wird, wenn eine konstruktive Abstimmung und Kommunikation zwischen der eigenverwaltenden Geschäftsleitung und dem Sachwalter auch über die nachstehenden „Pflichtenkataloge" hinaus stattfindet.

2. Aufgaben und Befugnisse

171 **a) Einzelbefugnisse des Schuldners.**
aa) Entnahme von Mitteln, § 278 InsO. Der Schuldner ist berechtigt, für sich und seine in § 100 Abs. 2 S. 2 InsO genannten Familienangehörigen, dh minderjährige unverheiratete Kinder, (frühere) Ehegatten/Lebenspartner sowie der andere Elternteil eines nichtehelichen Kindes, aus der Insolvenzmasse Mittel für eine bescheidene Lebensführung zu entnehmen, § 278 Abs. 1 InsO. Der Schuldner ist zur direkten Entnahme aus der Insolvenzmasse berechtigt.[219] Die Höhe der Mittel für eine „bescheidene Lebensführung" orientiert sich nach dem Wortlaut an den bisherigen Lebensverhältnissen des Schuldners. Sie ist für den jeweiligen Einzelfall individuell festzulegen und übersteigt auf jeden Fall den Anspruch aus § 100 Abs. 2 InsO.[220] Um nachträgliche Diskussionen über die angemessene Höhe des Unterhalts oder einen Aufhebungsantrag nach § 272 Abs. 1 Nr. 1 InsO zu vermeiden, empfiehlt sich eine Entnahme mit Augenmaß sowie eine frühzeitige Abstimmung entsprechender Beträge mit der Gläubiger-

---

[218] FK-InsO/*Foltis* § 270b Rn. 18 mwN.
[219] HambK-InsO/*Fiebig* § 278 Rn. 9.
[220] FK-InsO/*Foltis* § 278 Rn. 5.

versammlung bzw. dem Gläubigerausschuss.[221] Für die persönlich haftenden Organmitglieder des Schuldners ist § 278 InsO ebenfalls einschlägig, wohingegen für nicht persönlich haftende Organmitglieder gemäß § 278 Abs. 2 InsO kein Entnahmeanspruch besteht, da für diese die bestehenden Anstellungsverträge mit ihren Vergütungsregelungen weitergelten.[222]

bb) Gegenseitige Verträge, § 279 InsO. Im Gegensatz zum Regelverfahren 172 obliegt dem Schuldner gemäß § 279 InsO auch die Wahrnehmung der Gestaltungsrechte der §§ 103 ff. InsO bei gegenseitigen Verträgen. Ihm stehen damit Kündigungsrechte bei Miet- und Dienstverhältnissen, das Wahlrecht nach § 103 InsO sowie die Arbeitgeberstellung im Individual- und Kollektivarbeitsrecht zu. Diese Rechte sollen zwar im Einvernehmen mit dem Sachwalter, dh vor der Ausübung des jeweiligen Rechtes, wahrgenommen werden, jedoch ändert ein fehlendes Einvernehmen nichts an der Wirksamkeit der Handlungen des Schuldners nach außen.[223] Der Schuldner hat jedoch die Ausübung dieser Rechte stets am Interesse der Gläubiger an einer möglichst optimalen Befriedigung auszurichten.[224]

Lediglich bei der Kündigung von Betriebsvereinbarungen, bei der Antragstel- 173 lung auf gerichtliche Zustimmung zur Durchführung einer Betriebsänderung sowie für das in § 126 InsO geregelte Beschlussverfahren zum Kündigungsschutz ist die Zustimmung des Sachwalters Wirksamkeitsvoraussetzung gemäß § 279 S. 3 InsO.

Ist eine Rechtsausübung des Schuldners zugleich eine Rechtshandlung von 174 besonderer Bedeutung, hat der Schuldner unabhängig von § 279 InsO die Zustimmung des Gläubigerausschusses gemäß § 276 InsO einzuholen.[225]

cc) Unterrichtung der Gläubiger, § 281 InsO. Der Schuldner hat alle In- 175 formationspflichten gegenüber den Gläubigern zu erfüllen, die im Regelinsolvenzverfahren dem Insolvenzverwalter obliegen. Er hat folglich die Verzeichnisse gemäß den §§ 151–153 InsO (Verzeichnis der Massegegenstände, das Gläubigerverzeichnis und die Vermögensübersicht) zu erstellen und im Berichtstermin den Bericht zu erstatten. Der Schuldner ist ferner zur Rechnungslegung verpflichtet, worunter sowohl die insolvenzrechtliche Zwischen- und Schlussrechnung als auch die ihm ohnehin obliegende handels- und steuerrechtliche Rechnungslegung fallen, § 281 Abs. 3 iVm §§ 66, 155 InsO.[226]

dd) Verwertung von Sicherungsgut, § 282 InsO. Die Rechte aus § 166 176 InsO, dh das Verwertungsrecht an mit Absonderungsrechten versehenen beweglichen Sachen sowie der Forderungseinzug bei abgetretenen Ansprüchen, stehen gemäß § 282 Abs. 1 S. 1 InsO dem Schuldner zu.

Durch § 282 Abs. 1 S. 2 und 3 InsO wird allerdings der Verteilungsschlüs- 177 sel der §§ 170, 171 InsO stark modifiziert. Ein pauschaler Einbehalt von Abzügen für die Feststellung (4 % des Verwertungserlöses bei Mobiliarsicherheiten, § 171 Abs. 1 S. 2 InsO, sowie des Zubehörwertes bei Zwangsversteige-

---

[221] HK-InsO/*Landfermann* § 278 Rn. 2.
[222] HK-InsO/*Landfermann* § 276a Rn. 15.
[223] Uhlenbruck/*Zipperer* InsO § 279 Rn. 3; KPB/*Pape* InsO § 279 Rn. 7.
[224] MüKoInsO/*Tetzlaff/Kern* § 279 Rn. 7.
[225] Uhlenbruck/*Zipperer* InsO § 279 InsO Rn. 3 aE.
[226] HK-InsO/*Landfermann* § 281 Rn. 6.

rung, § 10 Abs. 1 Nr. 1a ZVG) und die Verwertung (5 % gemäß § 171 Abs. 2 S. 1 InsO) durch den Schuldner ist ausgeschlossen. Es können nur die tatsächlich für die Verwertung entstandenen Kosten sowie die Umsatzsteuer geltend gemacht werden, da der Gesetzgeber aufgrund des Hintergrundwissens des eigenverwaltenden Schuldners regelmäßig von geringeren Verwertungskosten als bei fremdverwalteten Verfahren ausgeht.[227]

178   Der Schuldner soll dabei sein Verwertungsrecht im Einvernehmen mit dem Sachwalter ausüben, § 282 Abs. 2 InsO. Auch diese Regelung stellt, ähnlich wie § 279 S. 2 InsO lediglich eine „Soll"-Vorschrift im Innenverhältnis dar, die die Wirksamkeit von Verfügungen des Schuldners nach außen hin nicht einschränkt.[228] Ein Verstoß kann aber eine Anzeigepflicht des Sachwalters gemäß § 274 Abs. 3 InsO auslösen und zur Aufhebung der Eigenverwaltung führen.[229]

179   ee) **Befriedigung der Insolvenzgläubiger, § 283 InsO.** Dem Schuldner obliegt gemäß § 283 Abs. 1 InsO die Prüfung der Insolvenzforderungen, wobei die Führung der Insolvenztabelle gemäß § 270c S. 2 InsO bei dem Sachwalter verbleibt.[230]

180   § 283 Abs. 1 InsO modifiziert insoweit die Bestimmung des § 178 Abs. 1 S. 2 InsO, wonach im Regelverfahren ein Widerspruch des Schuldners der Feststellung einer Forderung nicht entgegensteht. In der Eigenverwaltung hindert ein Widerspruch des Schuldners – ebenso wie der Widerspruch des Sachwalters oder eines Insolvenzgläubigers – die Feststellung der Forderung zur Tabelle, § 283 Abs. 1 S. 2 InsO.

181   Gegen ein Bestreiten kann der Gläubiger wie im Regelverfahren eine Feststellungsklage erheben, indem er den Schuldner in seiner Eigenschaft als Eigenverwalter gemäß § 179 Abs. 1 InsO auf Feststellung zur Tabelle verklagt. Die Zuständigkeit für die Klage richtet sich dabei nach § 180 InsO.[231]

182   Darüber hinaus sind gemäß § 283 Abs. 2 InsO die Verteilungen im Insolvenzverfahren vom Schuldner vorzunehmen. Diese Verteilungen, auch die Abschlagsverteilungen gemäß § 187 Abs. 2 InsO oder die Nachtragsverteilungen gemäß § 203 InsO, sind grundsätzlich auf der Basis eines durch den Schuldner zu erstellenden Verteilungsverzeichnisses gemäß § 188 InsO durchzuführen.[232] Diese Verzeichnisse sind ebenfalls vom Sachwalter zu prüfen, § 283 Abs. 2 S. 2 InsO und zusammen mit dem schriftlichen Prüfungsergebnis bei Gericht niederzulegen.[233]

183   ff) **Ausarbeitung eines Insolvenzplans, § 284 InsO.** Die Gläubigerversammlung kann den Sachwalter oder den Schuldner beauftragen, einen Insolvenzplan auszuarbeiten, § 284 Abs. 1 S 1 InsO.[234] Wird der entsprechende Auftrag an den

---

[227] Uhlenbruck/*Zipperer* InsO § 282 Rn. 5.
[228] HK-InsO/*Landfermann* § 282 Rn. 8; Uhlenbruck/*Zipperer* InsO § 282 Rn. 6.
[229] HambK-InsO/*Fiebig* § 282 Rn. 5.
[230] MüKoInsO/*Tetzlaff/Kern* § 283 Rn. 5.
[231] Str., MüKoInsO/*Tetzlaff/Kern* § 283 Rn. 15; HK-InsO/*Landfermann* § 283 Rn. 6; aA: Uhlenbuck/*Zipperer* InsO § 283 Rn. 3; FK-InsO/*Foltis* § 283 Rn. 2.
[232] MüKoInsO/*Tetzlaff/Kern* § 283 Rn. 20; HK-InsO/*Landfermann* § 283 Rn. 7 f.
[233] HK-InsO/*Landfermann* § 283 Rn. 7.
[234] Im Eröffnungsverfahren kann hierzu auch der vorl. Sachwalter durch den vorl. Gläubigerausschuss mit Zustimmung des Schuldners beauftragt werden, vgl. BGH Urt. v. 22.9.2016 – IX ZB 71/14, ZIP 2016, 1981 ff.

§ 44. Die Eigenverwaltung

Schuldner gerichtet, so wirkt der Sachwalter beratend mit, § 284 Abs. 1 S. 2 InsO. Die Überwachung der Planerfüllung ist unabhängig davon in jedem Fall Aufgabe des Sachwalters, § 284 Abs. 2 InsO. Zu den Besonderheiten der Insolvenzplanerstellung im Rahmen eines Schutzschirmverfahrens gemäß § 270b InsO siehe bereits → Rn. 132 ff. und 162 ff.

b) Einschränkung der Kompetenzen des Schuldners (§§ 275 bis 277 InsO). 184
Die vorgenannten Rechte und Pflichten des Schuldners im Rahmen der Eigenverwaltung werden für verschiedene Rechtshandlungen eingeschränkt, zu denen der Schuldner die Zustimmung von dritter Seite benötigt oder die anderen Verfahrensbeteiligten übertragen sind.

aa) Mitwirkungs- und Zustimmungserfordernisse des Sachwalters. Bei 185
den Einschränkungen handelt es sich im Wesentlichen um die abgestuften Mitwirkungs- und Zustimmungserfordernisse des Sachwalters gemäß den §§ 275 und 277 InsO. Zu den einzelnen Anwendungsbereichen und Rechtsfolgen wird auf die Darstellung im Rahmen des Aufgabenbereichs des Sachwalters unter → Rn. 204 ff. verwiesen.

bb) Mitwirkungs- und Zustimmungserfordernisse des Gläubigerausschus- 186
ses. § 276 S. 1 InsO bestimmt, dass der Schuldner – ebenso wie der Insolvenzverwalter im Regelverfahren – die Zustimmung des Gläubigerausschusses einzuholen hat, wenn er Rechtshandlungen vornehmen will, die für das Insolvenzverfahren von besonderer Bedeutung sind. Durch den Verweis des § 276 InsO auf die §§ 160 Abs. 1 S. 2, Abs. 2, 161 S. 2 und 164 InsO gelten in der Eigenverwaltung die Maßstäbe für die an den Insolvenzverwalter gestellten Anforderungen auch für den eigenverwaltenden Schuldner. Dementsprechend verlagert sich auch die Einholung der Zustimmung auf die Gläubigerversammlung, sofern ein Gläubigerausschuss nicht bestellt ist. Insoweit und insbesondere für die einzelnen Konstellationen des § 160 Abs. 1 InsO wird auf die Ausführungen zu den §§ 160 ff. InsO verwiesen.[235]

Auch in der Eigenverwaltung berührt durch den Verweis auf § 164 InsO die 187
fehlende Zustimmung des Gläubigerausschusses bzw. der Gläubigerversammlung die Wirksamkeit der vorgenommenen Handlung im Außenverhältnis nicht. Jedoch wird das Übergehen des Gläubigervertretungsorgans im Regelfall Anlass sein, die Aufhebung der Eigenverwaltung zu beantragen. Als Konsequenz stehen entsprechend § 75 Abs. 1 Nr. 1 InsO[236] dem Schuldner bzw. auch dem Sachwalter[237] daher in der Eigenverwaltung das Antragsrecht auf Einberufung einer Gläubigerversammlung zu.

cc) Einflussnahme von Gesellschaftern oder Aufsichtsorganen der Gesell- 188
schaft. Seit der Einfügung des § 276a S. 1 InsO durch das ESUG ist klargestellt, dass bei juristischen Personen oder Gesellschaften ohne Rechtspersönlichkeit der Einfluss von Aufsichtsrat, Gesellschafterversammlung oder entsprechender Organe – einschließlich der Gesellschafter – auf die Geschäftsführung mit der Eröffnung des Insolvenzverfahrens endet,[238] vgl. dazu im Detail → Rn. 235 ff.

---

[235] Vgl. hierzu → § 10 Rn. 78 ff.
[236] HambK-InsO/*Fiebig* § 276 Rn. 5; HK-InsO/*Landfermann* § 276 Rn. 8.
[237] FK-InsO/*Foltis* § 276 Rn. 10; MüKoInsO/*Tetzlaff/Kern* § 276 Rn. 11.
[238] HK-InsO/*Landfermann* § 276a Rn. 2.

3. Stellung des Schuldners im vorläufigen Verfahren

189 Die Rechtsstellung des Schuldners im Rahmen der vorläufigen Eigenverwaltung ist der des eröffneten Verfahrens angenähert, vor allem dann, wenn durch Sicherungsmaßnahmen partiell Wirkungen der Verfahrenseröffnung in das Eröffnungsverfahren vorgezogen werden.[239]

190 Bei einem nicht offensichtlich aussichtslosen Antrag auf Anordnung der Eigenverwaltung soll das Insolvenzgericht im Regelfall keine Anordnungen treffen, welche die Verwaltungs- und Verfügungsbefugnis des Schuldners beeinträchtigen, § 270a Abs. 1 S. 1 InsO.[240] Der Schuldner behält seine privatautonome Rechtsstellung und führt den Geschäftsbetrieb unter Aufsicht des vorläufigen Sachwalters (§ 270a Abs. 1 S. 2 InsO) sowie ggf. des vorläufigen Gläubigerausschusses fort.[241]

191 Als besondere Regelung im Schutzschirmverfahren kommt die ausdrückliche Pflicht zur Anzeige einer eingetretenen Zahlungsunfähigkeit durch den Schuldner oder den vorläufigen Sachwalter während des Schutzschirmverfahrens hinzu, § 270b Abs. 4 S. 2 InsO, vgl. → Rn. 153.

192 **a) Sicherung und Erhalt des schuldnerischen Vermögens.** Grundsätzlich obliegen dem Schuldner in der vorläufigen Eigenverwaltung die Pflichten eines vorläufigen Insolvenzverwalters.[242] Dies beinhaltet insbesondere die Pflicht zur Sicherung und Erhaltung des Vermögens, die der Schuldner bei der Vornahme von Rechtshandlungen stets zu beachten hat.[243] Bei einer Nichtbeachtung der insolvenzrechtlichen Regelungen würden entsprechend zuwiderlaufende Handlungen des Schuldners in der Regel zu Nachteilen für die Gläubiger führen, was einen Anlass für die Aufhebung der vorläufigen Eigenverwaltung darstellen würde.[244]

193 **b) Anfechtbarkeit von Rechtshandlungen des Schuldners.** Erfolgen Rechtshandlungen gegen die insolvenzrechtlichen Regelungen, zB Zahlungen auf Insolvenzforderungen, so kann dies die Anfechtung dieser Rechtshandlungen im eröffneten Verfahren gemäß § 280 InsO iVm §§ 129ff. InsO durch den Sachwalter nach sich ziehen.[245] Die Grundlage für die Anfechtbarkeit sowie Ausnahmen hiervon sind umstritten.[246] Nach einer Ansicht sollen Zahlungen auf Forderungen, die als spätere Masseverbindlichkeiten einzustufen sind, nicht anfechtbar sein.[247] Vereinzelt wird für die Beurteilung der Anfechtbarkeit auf die Rechtsstellung des Schuldners bei Vornahme einer Handlung abgestellt.[248] Als Kriterium werden auch der Kenntnisstand und ein schutzwürdiges Vertrauen

---

[239] Uhlenbruck/*Zipperer* InsO § 270a Rn. 15.
[240] Kübler HRI/*Hofmann* § 7 Rn. 4.
[241] HK-InsO/*Landfermann* § 270b Rn. 50.
[242] Uhlenbruck/*Zipperer* InsO § 270a Rn. 15.
[243] *Hofmann* Eigenverwaltung Rn. 344.
[244] HambK-InsO/*Fiebig* § 270a Rn. 14.
[245] HK-InsO/*Landfermann* § 270a Rn. 23.
[246] Vgl. dazu im Überblick Kübler HRI/*Hofmann* § 7 Rn. 154 ff.; zur Nichtanwendbarkeit des § 55 Abs. 4 InsO vgl. OLG Jena Urt. v. 22.6.2016 – 7 U 753/15, NZI 2016, 784 ff. m. Anm. Stürzinger.
[247] HK-InsO/*Landfermann* § 270a Rn. 23 aE.
[248] FK-InsO/*Foltis* § 270a Rn. 10, 22.

des Leistungsempfängers herangezogen, wobei differenziert wird, ob es sich um Verbindlichkeiten handelt, die zum gewöhnlichen Geschäftsbetrieb gehören und ob diese ggf. mit Zustimmung des vorläufigen Sachwalters begründet wurden.[249] Eine Schutzwürdigkeit soll dann fehlen, wenn der Schuldner Verbindlichkeiten eingeht, die nicht zum gewöhnlichen Geschäftsbetrieb gehören und sich der Geschäftspartner darauf ohne Rückfrage beim vorläufigen Sachwalter einlässt.[250]

Unstreitig sind jedenfalls Handlungen, die auf Basis einer gerichtlichen Einzelermächtigung erfolgt sind,[251] sowie „klassische" Bargeschäfte im Sinne des § 142 InsO von der Anfechtung ausgeschlossen.[252]   194

c) **Sonderfall: Zahlung von Steuern und Sozialversicherungsbeiträgen.**   195
Ein besonderes Problem stellen die strafrechtlich bewehrten bzw. mit einer persönlichen Haftung verbundenen Verpflichtungen zur Abführung der Steuern und der Arbeitnehmerbeiträge zur Sozialversicherung gemäß § 266a StGB[253] sowie §§ 34, 69 AO bzw. § 823 Abs. 2 BGB iVm § 266a StGB dar. Aus diesen Abführungspflichten resultiert in der Insolvenzantragsphase eine Pflichtenkollision mit den insolvenzrechtlichen Zahlungsverboten, die ebenfalls haftungsrechtliche Folgen für zuwiderhandelnde Organe einer juristischen Person nach sich ziehen. Die Strafbarkeit der Nichtabführung der Arbeitnehmerbeiträge zur Sozialversicherung gemäß § 266a StGB entfällt zwar regelmäßig für den Fall der Insolvenzgeldzahlung, da hier keine Sozialversicherungsbeiträge vom Arbeitgeber abzuführen sind,[254] die Grundproblematik bleibt dennoch bestehen.[255]

In der Praxis gibt es für die Organe mehrere Lösungsansätze, die jedoch nicht   196
unumstritten sind: Eine Option ist die „Bösgläubigmachung" des Finanzamtes und der Sozialversicherer durch Mitteilung der Insolvenzantragstellung und anschließender Bezahlung der Steuern und der Sozialversicherungsbeiträge unter Vorbehalt, diese im eröffneten Verfahren gemäß § 130 Abs. 1 S. 1 Nr. 2 InsO durch eine Anfechtung zur Masse zurückzuführen.[256] Dabei muss jedoch der hierfür erforderliche, unter Umständen erhebliche Abfluss von Liquidität im Rahmen der Gesamtplanung berücksichtigt werden.

In einzelnen Fällen wurde durch das Insolvenzgericht im Rahmen des § 21   197
Abs. 1 S. 1 InsO angeordnet, dass der Schuldner Steuern und Sozialversicherungsbeiträge nur mit Zustimmung des vorläufigen Sachwalters zahlen darf.[257] In anderen Fällen wurde durch eine Übernahme der Kassenführung durch den vorläufigen Sachwalter gemäß § 275 Abs. 2 InsO iVm § 270a Abs. 1 S. 2 InsO die faktische Unmöglichkeit der Zahlungen durch den Schuldner herbeige-

---

[249] Im Überblick Uhlenbruck/*Zipperer* InsO § 270a Rn. 23 mwN.
[250] Uhlenbruck/*Zipperer* InsO § 270a Rn. 23 aE.
[251] *Hofmann* Eigenverwaltung Rn. 350, Uhlenbruck/*Zipperer* InsO § 270a Rn. 23.
[252] Kübler-HRI/*Hofmann* § 7 Rn. 160.
[253] In seinem Grundsatzurteil v. 14.5.2007 – II ZR 48/06 hat der II. Senat des BGH der Rechtsprechung des 5. Strafsenats des BGH angeschlossen und eine Erstattungspflicht nach § 64 S. 1 GmbHG aufgrund der Verpflichtung zur Abführung von Arbeitnehmerbeiträgen zur Sozialversicherung gemäß § 266a Abs. 1 StGB verneint.
[254] *Schmittmann/Lemken* InsbürO 2015, 424, 427.
[255] Vgl. dazu → § 37 Rn. 196 ff.
[256] HambK-InsO/*Jarchow/Denkhaus* § 55 Rn. 94.
[257] So zB AG Düsseldorf Urt. v. 10.7.2014 – 504 IN 124/14, ZInsO 2014, 2389.

führt.²⁵⁸ Da die Verfügungsbefugnis im Schutzschirmverfahren grundsätzlich beim eigenverwaltenden Schuldner verbleibt, scheidet eine Strafbarkeit des vorläufigen Sachwalters auch bei Übernahme der Kassenführung aus, da es sich dabei grundsätzlich um eine interne Maßnahme handelt, die keine Haftung des Sachwalters gegenüber Dritten begründet.²⁵⁹ Schließlich gibt es den Vorschlag der Anordnung eines direkten Zahlungsverbotes durch das Insolvenzgericht auf Basis des § 21 Abs. 1 S. 1 InsO.²⁶⁰

198 Solange diese Unsicherheit weder durch den Gesetzgeber noch durch eine obergerichtliche Entscheidung beseitigt ist, empfiehlt es sich, durch entsprechende Verhandlungen mit der jeweiligen Behörde bereits einen – im freien Ermessen der Behörde stehenden – Verzicht der Geltendmachung von später wieder zurück zu gewährenden Zahlungen anzustreben.²⁶¹

III. Der Sachwalter

1. Funktion und Rechtsstellung

199 Der Sachwalter ist als sachkundiger und unparteiischer Gehilfe des Gerichts²⁶² eine zentrale Figur des Verfahrens.²⁶³ Er hat gemäß § 274 Abs. 2 Satz 1 InsO die Aufgabe, die wirtschaftliche Lage des Schuldners zu prüfen und die Geschäftsführung sowie die Ausgaben für die Lebensführung zu überwachen. Die letztgenannte Aufgabe ist lediglich bei natürlichen Personen als Schuldner einschlägig, bei juristischen Personen entfällt ein Unterhaltsanspruch bereits per Definition,²⁶⁴ da sich die Ausgaben aus den fortgeltenden Anstellungsverträgen ergeben.²⁶⁵

200 Durch die Prüfung der wirtschaftlichen Lage wird es dem Sachwalter zugleich ermöglicht, seine „eigenen" Aufgaben, wie zB die Geltendmachung von Schadensersatzansprüchen oder Insolvenzanfechtungsansprüchen, verantwortlich wahrzunehmen, wozu er das Schuldnervermögen und die Rechtshandlungen des Schuldners genau kennen muss.

201 Zur Durchführung dieser Überwachungsaufgaben stehen dem Sachwalter gemäß § 274 Abs. 2 S. 2 InsO die Rechte eines vorläufigen Insolvenzverwalters entsprechend § 22 Abs. 3 InsO zu.²⁶⁶ Er ist berechtigt, die Geschäftsräume des Schuldners zu betreten und dort eigene Nachforschungen anzustellen. Er hat das Recht, jederzeit Einsicht in die Bücher und sonstigen Geschäftspapiere zu nehmen. Der Schuldner hat dem Sachwalter gegenüber Auskunftspflichten, wobei für Umfang und Durchsetzung die §§ 97, 98 und 101 InsO entsprechend

---

²⁵⁸ Vgl. AG Hamburg Beschl. v. 14.7.2014 – 67b IN 196/14, ZInsO 2014, 2390; *Frind* ZInsO 2015, 22 ff.
²⁵⁹ Uhlenbruck/*Zipperer* § 275 Rn. 8 f.; mit Bedenken: HK-InsO/*Landfermann* § 270a Rn. 25.
²⁶⁰ HK-InsO/*Landfermann* § 270a Rn. 25 mwN.
²⁶¹ HK-InsO/*Landfermann* § 270a Rn. 25 aE mwN.
²⁶² *Hess* InsO § 274 Rn. 5; Braun/*Riggert* InsO § 274 Rn. 4.
²⁶³ FK-InsO/*Jaffé* Vorb. vor §§ 270 ff. Rn. 13.
²⁶⁴ HambK-InsO/*Fiebig* § 278 Rn. 7.
²⁶⁵ HK-InsO/*Landfermann* § 278 Rn. 4; HambK-InsO/*Fiebig* § 274 Rn. 11.
²⁶⁶ Uhlenbruck/*Zipperer* InsO § 274 Rn. 12.

anwendbar sind. Statt einer zwangsweisen Durchsetzung dürfte eine entsprechende Verweigerung des Schuldners aber regelmäßig erwarten lassen, dass die Fortsetzung der Eigenverwaltung zu Nachteilen für die Gläubiger führen wird, sodass der Sachwalter dies unverzüglich dem Gläubigerausschuss und dem Insolvenzgericht anzuzeigen hat, § 274 Abs. 3 S. 1 InsO.[267]

Im Ergebnis sollte der Sachwalter vollständig in die Unternehmensfortführung eingebunden werden, da nur so eine effektive Kontrolle und Überwachung des eigenverwaltenden Schuldners erfolgen kann. Die Überwachungsaufgabe kann nicht nachlaufend wahrgenommen werden, sondern hat zukunftsorientiert zu erfolgen.[268] Nur wenn der Sachwalter einen operativen Einblick „auf Augenhöhe" hat, kann er zB im Fall der Aufhebung der Eigenverwaltung das Verfahren als Insolvenzverwalter nahtlos fortführen, § 272 Abs. 3 InsO. Eine asymmetrische Informationspolitik oder das Vorenthalten von „Herrschaftswissen" erschweren eine effektive Verfahrensdurchführung und können ggf. zu einer Aufhebung der Eigenverwaltung führen. 202

2. Aufgaben und Befugnisse

Auch wenn der Sachwalter im Vergleich zum Insolvenzverwalter einen formal eingeschränkten Aufgabenbereich hat, stellt sich sein Aufgabenspektrum in der Praxis jedoch sehr vielschichtig und komplex dar. Im Einzelnen handelt es sich im Wesentlichen um folgende Tätigkeiten: 203

a) Aufgaben betreffend das Verhalten und den Geschäftsbetrieb des Schuldners. 204

aa) Prüfung der wirtschaftlichen Lage. Davon umfasst ist ua die Prüfung und Überwachung der vom Schuldner aufgestellten Unternehmens-, Liquiditäts- und Finanzplanung.[269]

bb) Überwachung der Geschäftsführung. Diese erstreckt sich auf die Prüfung der Geschäftsbücher und der Kassenführung des Schuldners, ohne dass dem Sachwalter diesbezüglich ein Weisungsrecht zusteht.[270] 205

(1) Eingehen von Verbindlichkeiten, § 275 Abs. 1 InsO. Gemäß § 275 Abs. 1 S. 1 InsO sollen Verbindlichkeiten, die zum gewöhnlichen Geschäftsverkehr gehören, vom Schuldner nur dann eingegangen werden, wenn der Sachwalter nicht widerspricht, während Verbindlichkeiten, die nicht zum gewöhnlichen Geschäftsverkehr gehören, nur mit Zustimmung des Sachwalters begründet werden sollen, § 275 Abs. 1 S. 2 InsO. 206

Entscheidend – aber schwierig abzugrenzen – ist in diesem Zusammenhang die Definition des „gewöhnlichen Geschäftsbetriebs". Stellenweise wird als Kriterium für „gewöhnliche" Geschäfte herangezogen, dass durch das Eingehen keine Nachteile für die Gläubiger zu befürchten sein dürfen.[271] Teilweise wird auch auf die in § 343 HGB enthaltene Definition von Handelsgeschäften zurückgegriffen. Danach sind vom „gewöhnlichen Geschäftsbetrieb" alle dem Interesse des Handelsgewerbes, der Erhaltung seiner Substanz und Erzielung 207

---

[267] HK-InsO/*Landfermann* § 274 Rn. 13; MüKoInsO/*Tetzlaff/Kern* § 274 Rn. 57.
[268] Vgl. BGH Urt. v. 21.7.2016 – IX ZB 70/14 – Rn. 74, ZInsO 2016, 1637 ff.
[269] HambK-InsO/*Fiebig* § 274 Rn. 9.
[270] MüKoInsO/*Tetzlaff/Kern* § 274 Rn. 51.
[271] Uhlenbruck/*Zipperer* InsO § 275 Rn. 3.

von Gewinn dienenden Haupt-, Hilfs- und Nebengeschäfte umfasst.[272] Sofern keine eindeutige Abgrenzung möglich ist, müssen nicht klar zuzuordnende Rechtshandlungen im Zweifel mit dem Sachwalter abgestimmt werden.

208 Ein Verstoß des Schuldners gegen die Sollvorschrift des § 275 Abs. 1 InsO hat keine Unwirksamkeit der abgeschlossenen Geschäfte im Außenverhältnis zur Folge, da die Zustimmung eine rein interne Maßnahme ist.[273] Allerdings wird eine Verletzung der Vorschrift des § 275 Abs. 1 InsO im Regelfall dazu führen, dass der Sachwalter – sofern er das Geschäft nicht nachträglich genehmigt – das Gericht und die Gläubiger gemäß § 274 Abs. 3 InsO unterrichtet.[274]

209 **(2) Überwachung des Zahlungsverkehrs, § 275 Abs. 2 InsO.** Der Sachwalter kann vom Schuldner verlangen, dass alle eingehenden Gelder und Zahlungen nur über ihn abgewickelt werden, dh er kann die Kassenführung an sich ziehen, § 275 Abs. 2 InsO. Der Sachwalter handelt in einem solchen Fall als gesetzlicher Vertreter des Schuldners. Die Entscheidung über die Übernahme der Kassenführung steht im pflichtgemäßen Ermessen des Sachwalters.[275]

210 Die Regelung soll grundsätzlich unwirtschaftliche Bargeschäfte des Schuldners und einen rechtswidrigen Geldabfluss sowie die Aufnahme kurzfristiger Kredite ohne Zustimmung des Sachwalters verhindern.[276] Die Übernahme der Kassenführung durch den Sachwalter hat jedoch keine Auswirkung auf Rechtsgeschäfte mit dem Schuldner im Außenverhältnis, da dieser weiter verwaltungs- und verfügungsbefugt bleibt.[277] Dies ändert sich erst mit einer Anordnung der Zustimmungsbedürftigkeit von Rechtsgeschäften durch den Sachwalter gemäß § 277 InsO, → Rn. 221 ff. Die Übernahme der Kassenführung ermöglicht dem Sachwalter daher eine umfassende Kontrolle des Geldflusses im schuldnerischen Unternehmen, obgleich seine Eingriffsmöglichkeiten eingeschränkt sind.

211 Bei Vorliegen konkreter Anhaltspunkte, dass das schuldnerische Vermögen nicht ordnungsgemäß verwaltet wird und Nachteile für die Gläubiger zu befürchten sind, kann die Übernahme der Kassenführung durch den Sachwalter auch ein milderes Mittel im Vergleich zu einer Anzeige gemäß § 274 Abs. 3 InsO darstellen.

212 Die Übernahme der Kassenführung durch den Sachwalter erleichtert gleichzeitig die Überwachung des Geschäftsbetriebes und stellt eine vertrauensbildende Maßnahme gegenüber den Gläubigern dar.[278] Gerade der letztgenannte Grund kann jedoch nur in Verfahren mit überschaubaren Verhältnissen gelten, da bei größeren Insolvenzverfahren die Verlagerung von ggf. tausenden Zahlungsvorfällen auf Anderkonten sicher keine vertrauensbildende bzw. stabilisierende Maßnahme darstellt.[279] Unabhängig von der rechtlichen Möglichkeit der

---

[272] FK-InsO/*Foltis* § 275 Rn. 10 mwN.
[273] HK-InsO/*Landfermann* § 275 Rn. 5 f.
[274] FK-InsO/*Foltis* § 275 Rn. 13; Uhlenbruck/*Zipperer* InsO § 275 Rn. 6; aA: MüKo-InsO/*Tetzlaff/Kern* § 275 Rn. 12, wonach eine nachträgliche Genehmigung grundsätzlich ausscheiden soll.
[275] Uhlenbruck/*Zipperer* InsO § 275 Rn. 7.
[276] FK-InsO/*Foltis* § 275 Rn. 19 mwN.
[277] HK-InsO/*Landfermann* § 275 Rn. 7; Ahrens/Gehrlein/Ringstmeier/*Ringstmeier* InsO § 275 Rn. 8; zur Übernahme der Kassenführung durch den (vorläufigen) Sachwalter als interne Kontrollmaßnahme ausführlich auch *Undritz/Schur* ZIP 2016, 549 ff.
[278] Ahrens/Gehrlein/Ringstmeier/*Ringstmeier* InsO § 275 Rn. 7.
[279] So zutreffend Braun/*Riggert* InsO § 275 Rn. 14 f.

Kassenführung sollte jedoch eine laufende Abstimmung zwischen Geschäftsleitung und (vorläufigem) Sachwalter bezüglich der zu veranlassenden Zahlungen stattfinden, vgl. → Rn. 203.

cc) Unterrichtung des Gerichtes und der Gläubiger, § 274 Abs. 3 InsO. Als 213 zentrale Aufgabe seiner Tätigkeit ist der Sachwalter verpflichtet, Gläubigerausschuss und Insolvenzgericht unverzüglich zu informieren, wenn er Umstände feststellt, die erwarten lassen, dass die Fortsetzung der Eigenverwaltung zu Nachteilen für die Gläubiger führen wird, § 274 Abs. 3 S. 1 InsO. Ist kein Gläubigerausschuss bestellt, hat die Mitteilung stattdessen an die Gläubiger, die Forderungen zur Insolvenztabelle angemeldet haben, sowie die absonderungsberechtigten Gläubiger zu erfolgen, § 274 Abs. 3 S. 2 InsO.

Die Mitteilungspflicht dient zum einen der Information des Gerichts und 214 wahrt zum anderen das Antragsrecht der Gläubigerversammlung auf Anordnung der Zustimmungsbedürftigkeit gemäß § 277 InsO bzw. als ultima ratio auf Aufhebung der Eigenverwaltung nach § 272 InsO.[280]

Entscheidend ist dabei der Zeitpunkt, ab dem die entsprechende Mitteilungs- 215 pflicht entsteht, da die Unterlassung bzw. nicht unverzügliche Mitteilung eine Haftung des Sachwalters gemäß § 60 InsO nach sich zieht.[281] Dem Sachwalter steht hinsichtlich des „ob" dieser Mitteilung kein Ermessen zu, obgleich es ihm unbenommen ist, mit der Anzeige ein Vorgehen vorzuschlagen, das abgestuft zu der Aufhebung gemäß § 272 InsO eine angemessene Reaktion darstellt.[282]

b) Aufgaben betreffend die Durchführung des Insolvenzverfahrens. 216
aa) Forderungsanmeldung. Die Insolvenzgläubiger haben ihre Forderungen beim Sachwalter anzumelden, § 270c S. 2 InsO. Demgemäß obliegt dem Sachwalter auch die Führung der Insolvenztabelle.[283] Im Prüfungstermin hat der Sachwalter ein eigenes Widerspruchsrecht, § 283 Abs. 1 S. 1 InsO.

bb) Prüfung der Verzeichnisse gemäß §§ 151–153 InsO. Der Sachwalter hat 217 die Verzeichnisse gemäß §§ 151–153 InsO sowie die Rechnungslegung des Schuldners zu prüfen und schriftlich zu erklären, ob Einwendungen gegen die Verzeichnisse oder die Rechnungslegung bestehen, § 281 Abs. 1 S. 2 InsO. Die schriftlichen Erklärungen des Sachwalters zu den Verzeichnissen des Schuldners sind mit diesen in der Geschäftsstelle des Gerichts niederzulegen.[284] Weiterhin hat der Sachwalter gemäß § 281 Abs. 2 S. 2 InsO kritisch zu dem Bericht des Schuldners Stellung zu nehmen.[285] Die Erklärung des Sachwalters zur Schlussrechnung muss im Schlusstermin vorliegen, um Gegenstand der Erörterung der Schlussrechnung werden zu können.[286] Eine explizite Überprüfung der Zwischenrechnungslegung – über die allgemeine Überwachungspflicht des Sachwalters nach § 274 Abs. 2 InsO hinaus – ist nicht erforderlich.[287]

---

[280] MüKoInsO/*Tetzlaff/Kern* § 274 Rn. 61.
[281] Uhlenbruck/*Zipperer* InsO § 274 Rn. 16; HK-InsO/*Landfermann* § 274 Rn. 16; siehe auch unten → Rn. 251 ff.
[282] KPB/*Pape* InsO § 274 Rn. 82; MüKoInsO/*Tetzlaff/Kern* § 274 Rn. 60.
[283] Ahrens/Gehrlein/Ringstmeier/*Ringstmeier* InsO § 270c Rn. 5.
[284] MüKoInsO/*Tetzlaff/Kern* § 281 Rn. 20.
[285] Ahrens/Gehrlein/Ringstmeier/*Ringstmeier* InsO § 281 Rn. 17.
[286] KPB/*Pape* InsO § 281 Rn. 14; MüKoInsO/*Tetzlaff/Kern* § 281 Rn. 32.
[287] MüKoInsO/*Tetzlaff/Kern* § 281 Rn. 33.

218 **cc) Prüfung der Verteilungsverzeichnisse.** Im Rahmen der vom Schuldner vorzunehmenden Verteilung hat der Sachwalter darüber hinaus die Verteilungsverzeichnisse zu prüfen und auch diesbezüglich schriftlich zu erklären, ob nach dem Ergebnis seiner Prüfung Einwendungen zu erheben sind, § 283 Abs. 2 S. 2 InsO.

219 **dd) Anzeige der Masseunzulänglichkeit, § 285 InsO.** Die Anzeige der Masseunzulänglichkeit ist mit einem erheblichen Eingriff in die Rechte der „Altmassegläubiger" verbunden, weshalb diese nicht alleine vom Willen des Schuldners abhängig sein soll. Die Anzeige kann – und muss – daher gemäß § 285 InsO ausschließlich vom Sachwalter vorgenommen werden.[288]

220 **c) Weitere zugewiesene Aufgaben.**
aa) Anordnung der Zustimmungsbedürftigkeit, § 277 InsO. Das Gesetz sieht die Möglichkeit vor, die Wirksamkeit von nach Art und/oder Umfang bestimmten Rechtsgeschäften des Schuldners (etwa Verpflichtungen oder Verfügungen über bestimmte bewegliche Gegenstände des Anlagevermögens oder über das Warenlager als Sachgesamtheit, Geschäfte bezogen auf die Belastung eines oder mehrerer Grundstücke, Geschäfte mit einem im Voraus festgelegten Volumen[289]) an die **Zustimmung des Sachwalters** zu koppeln, § 277 Abs. 1 S. 1 InsO. Der Antrag muss sich auf bestimmte, konkret bezeichnete oder nach Gruppen bzw. einem bestimmten Volumen bestimmbare Rechtsgeschäfte richten. Eine zu weite Ausdehnung oder gar eine Zustimmungsbedürftigkeit hinsichtlich aller Rechtshandlungen des Schuldners käme einer Aufhebung der Eigenverwaltung gleich.[290]

221 Voraussetzung für die Anordnung der Zustimmungsbedürftigkeit ist ein **Antrag der Gläubigerversammlung**, § 277 Abs. 1 S. 1 InsO, in Fällen der Eilbedürftigkeit auch ein **Antrag eines Insolvenzgläubigers** oder **eines absonderungsberechtigten Gläubigers,** § 277 Abs. 2 S. 1 InsO. Dem Antrag der Gläubigerversammlung (einfache Mehrheit) hat das Gericht ohne Prüfung der Gebotenheit der Maßnahme zum Schutz der Gläubiger zu entsprechen.[291] Der Antrag einzelner Gläubiger muss gemäß § 277 Abs. 2 S. 2 InsO hinsichtlich der Eilbedürftigkeit im Hinblick auf drohende Nachteile für die Gläubiger glaubhaft gemacht werden. Eine Befugnis für die Anordnung eines Zustimmungsvorbehalts durch das Insolvenzgericht von Amts wegen ist jedenfalls für die Zeitspanne zwischen der Anordnung der Eigenverwaltung und der ersten Gläubigerversammlung gegeben. Hierfür spricht, dass der mit dem ESUG bezweckte, erleichterte Zugang zur Eigenverwaltung gleichzeitig eine Verfahrenssicherung auch im Zeitraum bis zu einem möglichen Antrag der Gläubigerversammlung auf Aufhebung der Anordnung gemäß § 272 Abs. 1 Nr. 1 InsO erfordert.[292]

---

[288] HK-InsO/*Landfermann* § 285 Rn. 1.
[289] FK-InsO/*Foltis* § 277 Rn. 5.
[290] Uhlenbruck/*Zipperer* InsO § 277 Rn. 2.
[291] HK-InsO/*Landfermann* § 277 Rn. 6.
[292] Ebenso Uhlenbruck/*Zipperer* InsO § 277 Rn. 3, wonach sich die amtswegige Anordnung des Zustimmungsvorbehalts befristet bis zur ersten Gläubigerversammlung unmittelbar aus § 270 Abs. 1 S. 2 InsO ergibt; aA eine Anordnung vAw ablehnend MüKoInsO/*Tetzlaff/Kern* § 277 Rn. 7; HK-InsO/*Landfermann* § 77 Rn. 4; aA für eine zeitlich

Eine Anordnung nach § 277 InsO ist öffentlich bekannt zu machen, § 277 Abs. 3 S. 1 InsO, dh im Handelsregister und gegebenenfalls im Grundbuch einzutragen. Stimmt der Sachwalter im Rahmen des § 277 InsO der Begründung einer Masseverbindlichkeit zu, so haftet er im Rahmen der § 61 InsO, § 277 Abs. 1 Satz 3 InsO. **222**

bb) Abstimmung mit dem Schuldner über die Ausübung der Wahlrechte nach § 279 InsO. Die Rechte des Schuldners aus den §§ 103 bis 128 InsO sollen im **Einvernehmen mit dem Sachwalter,** dh vor der Ausübung des jeweiligen Rechtes, wahrgenommen werden. Lediglich bei der Kündigung von Betriebsvereinbarungen, bei der Antragstellung auf gerichtliche Zustimmung zur Durchführung einer Betriebsänderung[293] sowie für das in § 126 InsO geregelte Beschlussverfahren zum Kündigungsschutz ist die **Zustimmung des Sachwalters** Wirksamkeitsvoraussetzung gemäß § 279 S. 3 InsO. Im Übrigen sind die Rechtshandlungen des Schuldners auch ohne Einvernehmen mit dem Sachwalter nach außen hin wirksam. **223**

cc) Geltendmachung von Anfechtungs- und Haftungsansprüchen, § 280 InsO. Der Sachwalter hat die ausschließliche Befugnis, Gesamtschadensansprüche nach § 92 InsO sowie persönliche Haftungsansprüche der Gesellschafter gegen diese gemäß § 93 InsO durchzusetzen. Darüber hinaus kann nur er Insolvenzanfechtungsansprüche gemäß den §§ 129 ff. InsO geltend machen. Er ist Partei kraft Amtes und führt den Prozess im eigenen Namen über fremdes Vermögen.[294] **224**

dd) Abstimmung mit dem Schuldner über die Verwertung von Sicherungsgut, § 282 Abs. 2 InsO. Auch hier „soll" der Schuldner sein Verwertungsrecht im Einvernehmen mit dem Sachwalter ausüben, § 282 Abs. 2 InsO, was lediglich das Innenverhältnis betrifft, nicht jedoch die Wirksamkeit von Verfügungen des Schuldners nach außen hin.[295] Ein Verstoß kann aber ebenfalls eine Anzeigepflicht des Sachwalters gemäß § 274 Abs. 3 InsO auslösen und zur Aufhebung der Eigenverwaltung führen.[296] **225**

ee) Insolvenzplan, § 284 InsO. Die Gläubigerversammlung kann neben dem Schuldner auch den Sachwalter beauftragen, einen **Insolvenzplan** auszuarbeiten, § 284 Abs. 1 S 1 InsO. Wird der entsprechende Auftrag an den Schuldner gerichtet, so wirkt der Sachwalter beratend mit, § 284 Abs. 1 S. 2 InsO, die Planüberwachung ist jedoch stets Aufgabe des Sachwalters, § 284 Abs. 2 InsO. Zu den Besonderheiten der Insolvenzplanerstellung im Rahmen eines Schutzschirmverfahrens gemäß § 270b InsO siehe oben → Rn. 162 ff. **226**

3. Stellung des vorläufigen Sachwalters im Eröffnungsverfahren

Die Aufgaben und Befugnisse des vorläufigen Sachwalters im Eröffnungsverfahren richten sich nach den §§ 274, 275 InsO, die gemäß (§ 270b Abs. 2 S. 1 InsO iVm) § 270a Abs. 1 S. 2 InsO entsprechend anzuwenden sind. Die „ent- **227**

---

unbeschränkte Anordnung vAw FK-InsO/*Foltis* § 277 Rn. 2 unter Bezugnahme auf AG Duisburg Urt. v. 1.9.2002 – 62 IN 167/02, ZInsO 2002, 1046 ff.
[293] HK-InsO/*Landfermann* § 279 Rn. 3.
[294] FK-InsO/*Foltis* § 280 Rn. 6; Uhlenbruck/*Zipperer* InsO § 280 Rn. 4.
[295] Uhlenbruck/*Zipperer* InsO § 282 InsO Rn. 6; HK-InsO/*Landfermann* § 282 Rn. 8.
[296] HambK-InsO/*Fiebig* § 282 Rn. 5.

sprechende" Anwendung ist dabei so zu verstehen, dass die Rechte und Pflichten des vorläufigen Sachwalters in der Insolvenzantragsphase seinem Aufgabenkreis entsprechend anzupassen sind.[297] Grundlegende Aufgaben sind wie im eröffneten Verfahren die fortlaufende Prüfung der wirtschaftlichen Lage des Schuldners und Überwachung der Geschäftsführung.[298]

228 Auch im Eröffnungsverfahren muss der vorläufige Sachwalter dem vorläufigen Gläubigerausschuss und dem Insolvenzgericht unverzüglich anzeigen, wenn er Umstände feststellt, die erwarten lassen, dass die Fortsetzung der vorläufigen Eigenverwaltung bzw. die spätere Anordnung der Eigenverwaltung zu Nachteilen für die Gläubiger führt.[299] Zur Definition der „Nachteile für die Gläubiger" vgl. → Rn. 24 ff.

229 Die Vorschrift des § 276a InsO bezieht sich hingegen ausschließlich auf das eröffnete Insolvenzverfahren, weshalb eine Abberufung und Neubestellung von Mitgliedern der Geschäftsleitung im Eröffnungsverfahren auch ohne Beteiligung des vorläufigen Sachwalters wirksam ist.[300]

230 Auch im Eröffnungsverfahren können einzelne Rechtsgeschäfte im Rahmen einer Anordnung gemäß § 21 Abs. 1 S. 1 InsO unter den Zustimmungsvorbehalt des § 277 InsO gestellt werden, solange dies nicht faktisch zu einem allgemeinen Verfügungsverbot bzw. einem generellen Zustimmungsvorbehalt entgegen § 270a Abs. 1 Nr. 1, 2 InsO führt.[301]

231 Im Rahmen des Schutzschirmverfahrens obliegt dem vorläufigen Sachwalter gemäß § 270b Abs. 4 S. 2 InsO – ebenso wie dem eigenverwaltenden Schuldner – die (von dem voraussichtlichen Eintritt von Nachteilen für die Gläubiger unabhängige) Pflicht zur Anzeige des Eintrittes der Zahlungsunfähigkeit.[302]

IV. Die Organe der Gesellschaft

1. Die geschäftsführenden Organe

232 Die geschäftsführenden Organe des schuldnerischen Unternehmens nehmen im Eigenverwaltungsverfahren ebenso wie im Eröffnungsverfahren (§ 270a InsO) und dem Schutzschirmverfahren (§ 270b InsO) die operative Umsetzung der dem Schuldner obliegenden Aufgaben und Pflichten wahr. Diesbezüglich wird auf die detaillierte Darstellung unter → Rn. 166 ff., verwiesen.

233 Hinsichtlich der wesentlichen Rechte und Pflichten aus der Organstellung sowie aus dem Anstellungsverhältnis ändert sich grundsätzlich nichts,[303] die

---

[297] MüKoInsO/*Kern* § 270a Rn. 34; HambK-InsO/*Fiebig* § 270a Rn. 7 ff.; der vorl. Sachwalter kann durch den vorl. Gläubigerausschuss m. Zustimmung d. Schuldners auch zur Ausarbeitung eines Insolvenzplans beauftragt werden, vgl BGH Urt. v. 22.9.2016 – IX ZB 71/14, ZIP 2016, 1981 ff.
[298] HK-InsO/*Landfermann* § 270a Rn. 13.
[299] Ahrens/Gehrlein/Ringstmeier/*Ringstmeier* InsO § 270a Rn. 9; MüKoInsO/*Kern* § 270a Rn. 37.
[300] FK-InsO/*Foltis* § 270a Rn. 20.
[301] MüKoInsO/*Kern* § 270a Rn. 41; FK-InsO/*Foltis* § 270a Rn. 21; für eine analoge Anwendung des § 277 InsO: Kübler HRI/*Hofmann* § 7 Rn. 103 ff.
[302] HambK-InsO/*Fiebig* § 270a Rn. 22; HK-InsO/*Landfermann* § 270b Rn. 41 aE.
[303] Vgl. ua Uhlenbruck/*Zipperer* InsO § 278 Rn. 1; HambK-InsO/*Fiebig* § 278 Rn. 7.

Führung der Geschäfte ist jedoch an den Interessen der Gläubiger auszurichten.³⁰⁴ Zur Haftung der Organe vgl. unten → Rn. 245 ff.

2. Die Überwachungsorgane (§ 276a InsO)

Nach der Gesetzesbegründung zum ESUG dient die neu eingefügte Vorschrift des § 276a InsO dazu, das Verhältnis der Eigenverwaltung zu den gesellschaftsrechtlichen Bindungen der Geschäftsleitung zu klären. Überwachungsorgane im Sinne der Vorschrift sind je nach Rechtsform insbesondere der Aufsichtsrat und die Hauptversammlung sowie die Gesellschafterversammlung. Diese Organe sollen bei Anordnung der Eigenverwaltung im Wesentlichen keine weitergehenden Einflussmöglichkeiten auf die Geschäftsführung haben als in dem Fall, dass ein Insolvenzverwalter bestellt ist. Sachwalter, Gläubigerausschuss und Gläubigerversammlung überwachen die wirtschaftlichen Entscheidungen der Geschäftsleitung. Eine zusätzliche Überwachung durch die Organe des Schuldners erscheint nicht erforderlich, da Einwirkungsmöglichkeiten von Aufsichtsrat oder Gesellschafterversammlung auf die Geschäftsführung in dieser Situation wenig nützen, wohl aber hemmend und blockierend wirken können.³⁰⁵ 234

a) Eröffnetes Eigenverwaltungsverfahren. Mit der Einfügung des § 276a S. 1 InsO durch das ESUG wurde klargestellt, dass bei juristischen Personen oder Gesellschaften ohne Rechtspersönlichkeit der Einfluss von Aufsichtsrat, Gesellschafterversammlung oder entsprechender Organe – einschließlich der Gesellschafter – auf die Geschäftsführung mit der Eröffnung des Insolvenzverfahrens endet.³⁰⁶ 235

Die rein gesellschaftsrechtlichen Zuständigkeitsbereiche der Aufsichtsorgane, die nicht die Insolvenzmasse betreffen und auch bei einer „Fremdverwaltung" nicht tangiert werden, bleiben bei einem Eigenverwaltungsverfahren ebenso unberührt.³⁰⁷ 236

Selbst die verbliebene Entscheidungskompetenz zur Abberufung und Neubestellung von Mitgliedern der Geschäftsleitung gemäß § 276a S. 2 InsO setzt die Zustimmung des Sachwalters voraus. Diese Zustimmung wird regelmäßig nur dann erteilt, wenn ein Wechsel in der Geschäftsleitung nicht zu Nachteilen für die Gläubiger führt, § 276a S. 3 InsO. 237

b) Eröffnungsverfahren, § 270a InsO. Die Regelungen des § 276a InsO gelten nur für das eröffnete Verfahren. Im Eröffnungsverfahren bleibt die Kompetenz für Personalentscheidungen auf Unternehmensebene bei den dort gesellschaftsrechtlich zuständigen Organen.³⁰⁸ Nach aA soll § 276a InsO auch bereits im Rahmen des Eröffnungsverfahrens analog gelten.³⁰⁹ In jedem Fall sollten Personalentscheidungen auf Geschäftsleitungsebene nicht ohne vorherige Abstimmung mit den Verfahrensbeteiligten erfolgen, da sonst ggf. eine Aufhebung der vorläufigen Eigenverwaltung wegen drohender Nachteile für die Gläubiger droht. 238

---

[304] BT-Drs. 17/5712, 42.
[305] BT-Drs. 17/5712, 42.
[306] HK-InsO/*Landfermann* § 276a Rn. 2.
[307] Uhlenbruck/*Zipperer* InsO § 276a Rn. 6.
[308] Vgl. Uhlenbruck/*Zipperer* InsO § 276a Rn. 4 mwN; MüKoInsO/*Klöhn* § 276a Rn. 18.
[309] HK-InsO/*Landfermann* § 276a Rn. 16.

239 **c) Schutzschirmverfahren, § 270b InsO.** Auch hier gelten die Regelungen des § 276a InsO nur für das eröffnete Verfahren, dh wie im Eröffnungsverfahren gemäß § 270a InsO bleibt auch während des Schutzschirmverfahrens ua die Kompetenz für Personalentscheidungen auf Unternehmensebene bei den dort gesellschaftsrechtlich zuständigen Organen.[310] Nach aA soll § 276a InsO gerade im Schutzschirmverfahren analog angewendet werden, um eine Einflussnahme der Gesellschafter bei der Ausarbeitung des Insolvenzplans, der unter Umständen gemäß § 225a InsO in die Gesellschafterrechte eingreift, zu verhindern.[311] Auch hier gilt, dass Entscheidungen von Aufsichtsorganen auf keinen Fall ohne vorherige Abstimmung mit den Verfahrensbeteiligten und unter Berücksichtigung des Sanierungskonzepts erfolgen sollten. Anderenfalls könnten Maßnahmen, die die angestrebte Sanierung aussichtslos werden oder Nachteile für Gläubiger befürchten lassen, die Aufhebung des Schutzschirmverfahrens gemäß § 270b Abs. 4 InsO nach sich ziehen.

F. Die Haftung der Beteiligten

240 Bezüglich der Haftung der Beteiligten, insbesondere des Schuldners und seiner Organe nach Anordnung der Eigenverwaltung, geben weder das Gesetz noch die Rechtsprechung klare Regelungen vor. Nachfolgend kann daher nur ein Überblick über das aktuell diskutierte Haftungsregime gegeben werden.

I. Der Schuldner

241 Die Haftung des eigenverwaltenden Schuldners ist weder für das Antrags- noch für das Eröffnungsverfahren systematisch geregelt und greift auf punktuelle allgemeine Haftungsvorschriften zurück, deren Anwendung strittig ist.[312]

1. Haftung des Schuldners nach Anordnung der Eigenverwaltung

242 Nach einer Ansicht sollen auch im eröffneten Eigenverwaltungsverfahren die Haftungsvorschriften der §§ 60, 61 InsO auf den Schuldner anwendbar sein.[313] Nach einer anderen Ansicht scheidet die Haftung des Schuldners gemäß den §§ 60, 61 InsO im eröffneten Verfahren sowohl direkt als auch analog aus, da sich der Verweis des § 270 Abs. 1 S. 2 InsO mangels Vergleichbarkeit bewusst nicht auf die expliziten materiellen Haftungsnormen für Insolvenzverwalter bezieht.[314] Dieser Streit ist jedoch wenig praxisrelevant, da auch bei Bejahung von Ansprüchen bei dem Schuldner selbst keine ausreichende und nicht ohnedies bereits vom Insolvenzbeschlag (§ 35 InsO) erfasste Haftungsmasse zur Verfügung steht.[315]

---

[310] KPB/*Pape* InsO § 276a Rn. 6; Uhlenbruck/*Zipperer* InsO § 276a Rn. 4 mwN; MüKoInsO/*Klöhn* § 276a Rn. 18.
[311] HK-InsO/*Landfermann* § 276a Rn. 16 f.
[312] Uhlenbruck/*Zipperer* InsO § 270 Rn. 17.
[313] HambK-InsO/*Fiebig* § 270 Rn. 43; MüKoInsO/*Tetzlaff* § 270 Rn. 167.
[314] Uhlenbruck/*Zipperer* InsO § 270 Rn. 18 mwN; vgl. auch *Bachmann* ZIP 2015, 101, 103, wonach einer Haftung des Schuldners nach § 60 InsO in der Eigenverwaltung weder Kompensations- noch Präventionswirkung zukomme und eine Anwendung der Haftungsnorm über § 270 Abs. 1 S. 2 InsO demnach abzulehnen sei.
[315] HK-InsO/*Landfermann* § 270 Rn. 31; MüKoInsO/*Tetzlaff* § 270 Rn. 167; HambK-InsO/*Fiebig* § 270 Rn. 42.

2. Haftung des Schuldners im Eröffnungsverfahren

Die Haftung des vorläufigen eigenverwaltenden Schuldners ist weitestgehend ungeklärt.[316] In der Insolvenzantragsphase können Ansprüche nach wohl hM nur nach den allgemeinen und gesellschaftsrechtlichen Haftungsregelungen geltend gemacht werden.[317] Der eigenverwaltende Schuldner unterliegt im Eröffnungsverfahren jedenfalls nicht der Haftung der §§ 60, 61 InsO, da seine Stellung nicht der eines Amtswalters angenähert ist.[318]

243

II. Die Organe des Schuldners

1. Haftung der Organe des Schuldners nach Anordnung der Eigenverwaltung

a) Die geschäftsführenden Organe. Obwohl die Pflichten aus den §§ 60, 61 InsO grundsätzlich den Schuldner selbst und nicht dessen Organe betreffen, deren Stellung gerade nicht mit der eines Insolvenzverwalters vergleichbar ist, wird darüber hinaus insbesondere bei Gesellschaftsinsolvenzen eine Ausweitung der Haftung auf die geschäftsführenden Organe des Schuldners diskutiert,[319] um eine weitere Haftungsmasse neben dem schuldnerischen Vermögen zu generieren.[320] Überwiegend wird für eine Haftung der eigenverwaltenden Geschäftsleitung auf eine Anwendung des bestehenden zivil- und gesellschaftsrechtlichen Haftungssystems zurückgegriffen.[321]

244

Vertreten wird eine Haftung der Geschäftsleitung gemäß § 43 GmbHG bzw. § 93 AktG im Innenverhältnis gegenüber der Gesellschaft, da Vertretungsorgane grundsätzlich nicht persönlich für die Verbindlichkeiten der Gesellschaft haften.[322] Ob daneben noch Raum für eine zusätzliche Haftung nach § 64 S. 1 GmbHG bleibt, ist umstritten.[323] In Ausnahmefällen soll eine unmittelbare Inanspruchnahme der Geschäftsleitung aus cic (§§ 280, 311 Abs. 2 BGB) sowie aus Deliktsrecht möglich sein.[324] Auch eine Durchgriffshaftung hinsichtlich der vorgenannten Binnenhaftungsansprüche wird in diesem Zusammenhang diskutiert.[325]

245

b) Die Aufsichtsorgane. Eine Haftung der Aufsichtsorgane hat, wie zuvor geschildert, wegen des stark reduzierten Einflussbereiches im eröffneten Eigen-

246

---

[316] Uhlenbruck/*Zipperer* InsO § 270a Rn. 21.
[317] Uhlenbruck/*Zipperer* InsO § 270 Rn. 19.
[318] HambK-InsO/*Fiebig* § 270a Rn. 38 aE.
[319] HK-InsO/*Landfermann* § 270 Rn. 32; Uhlenbruck/*Zipperer* InsO § 270 Rn. 19 mwN.
[320] ZB Kübler HRI/*Flöther* § 18 Rn. 9f. sowie Rn. 26ff.; MüKoInsO/*Tetzlaff* § 270 Rn. 173 aE.
[321] Uhlenbruck/*Zipperer* InsO § 270 Rn. 19ff. mwN. Zur Abgrenzung von insolvenzrechtlichem und gesellschaftsrechtlichem Haftungsmodell ausführlich *Bachmann* ZIP 2015, 101, 104ff., der sich im Ergebnis gegen eine analoge Anwendung der §§ 60ff. InsO auf den eigenverwaltenden Schuldner ausspricht.
[322] MüKoInsO/*Tetzlaff* § 270 Rn. 174, 179.
[323] Zu den vertretenen Ansichten vgl. *Bachmann* ZIP 2015, 101, 104f.
[324] MüKoInsO/*Tetzlaff* § 270 Rn. 176.
[325] Vgl. Uhlenbruck/*Zipperer* InsO § 270 Rn. 27.

verwaltungsverfahren kaum Praxisrelevanz.[326] Gemäß § 276a InsO haben die Überwachungsorgane weder Einfluss auf die Geschäftsführung des Schuldners noch können sie ohne die Zustimmung des Sachwalters die Mitglieder der Geschäftsleitung abberufen oder neu bestellen.

247 Im Ergebnis gibt es für die Haftung der Organe einer Gesellschaft in der Eigenverwaltung bisher weder eine gesicherte Rechtsprechung noch eine klar erkennbare Tendenz. Für die Praxis ist daher unbedingt mit einer ggf. bestehenden Vermögensschadenhaftpflicht bzw. D&O-Versicherung die Deckung im Rahmen einer Eigenverwaltung abzuklären.[327]

2. Haftung der geschäftsführenden Organe des Schuldners im Eröffnungsverfahren

248 Aus den Rechtshandlungen des Schuldners im Eröffnungsverfahren kann dem handelnden Organ einer Kapitalgesellschaft als Insolvenzschuldnerin die Haftung gemäß § 64 S. 1 GmbHG bzw. § 93 Abs. 3 AktG drohen, wobei die Anwendung dieser Regelungen im Rahmen des § 270a InsO umstritten ist.[328]

249 Das Haftungsrisiko nach § 64 S. 1 GmbHG soll nach einer Ansicht bereits mit der Insolvenzantragstellung enden, nach anderer Ansicht bis zur Eröffnung des Verfahrens fortgelten, wobei über die „Business Judgement Rule" Ausnahmen zum Zahlungsverbot für wirtschaftlich sinnvolle Rechtsgeschäfte zur Ermöglichung einer Betriebsfortführung zugelassen werden.[329] Zum Sonderfall einer nicht mit den Gesellschaftern abgestimmten Insolvenzantragstellung bei lediglich drohender Zahlungsunfähigkeit vgl. oben → Rn. 93 ff.

III. Der (vorläufige) Sachwalter[330]

1. Haftung des Sachwalters nach Anordnung der Eigenverwaltung

250 Für die Haftung des Sachwalters gilt gemäß § 274 Abs. 1 InsO der § 60 InsO entsprechend. Darüber hinaus haftet er gemäß § 61 InsO nur, soweit das Insolvenzgericht einen Zustimmungsvorbehalt gemäß § 277 Abs. 1 S. 3 InsO, zB zur Begründung von Masseverbindlichkeiten, angeordnet hat. Grundsätzlicher Sorgfaltsmaßstab ist die Aufgabenerfüllung eines ordentlichen und gewissenhaften Sachwalters, wobei dieser Maßstab im Hinblick auf den gegenüber einem Insolvenzverwalter reduzierten Pflichtenkreis für die einzelnen konkreten Aufgaben gemäß den §§ 275 ff. InsO zu modifizieren ist.[331]

251 Ein Sonderproblem resultiert aus der Haftung für Masseverbindlichkeiten, zB bei der Aufnahme eines Massekredits, da nach teilweise vertretener Ansicht

---

[326] Kübler HRI/*Flöther* § 18 Rn. 20; Uhlenbruck/*Zipperer* InsO § 270 Rn. 19.
[327] Vgl. MüKoInsO/*Tetzlaff* § 270 Rn. 178; Uhlenbruck/*Zipperer* InsO § 270 Rn. 27.
[328] Im Überblick ua Uhlenbruck/*Zipperer* InsO § 270a Rn. 21 f.; HK-InsO/*Landfermann* § 270a Rn. 22 aE mwN.
[329] Im Überblick Uhlenbruck/*Zipperer* InsO § 270 Rn. 21 f. mwN: Auch die einzelnen Details wie zB die Anwendbarkeit der „Business Judgement Rule" sind umstritten.
[330] Vgl. dazu ausführlich → § 48.
[331] HambK-InsO/*Fiebig* § 274 Rn. 21; Uhlenbruck/*Zipperer* InsO § 274 Rn. 8 f.; FK-InsO/*Foltis* § 274 Rn. 26.

§ 44. Die Eigenverwaltung   1675

weder eine Haftung des Schuldners[332] noch – wegen des fehlenden Verweises in § 274 Abs. 1 InsO (iVm §§ 270a Abs. 1 S. 2, 270b Abs. 2 S. 1 InsO) auf § 61 InsO – eine Haftung des vorläufigen Sachwalters[333] besteht. Ein Lösungsvorschlag hierfür ist die ausdrückliche Anordnung eines Zustimmungsvorbehalts gemäß § 277 Abs. 2 InsO, zB für die Aufnahme eines Massekredits, da der vorläufige Sachwalter dann in diesem Rahmen für die besondere Prüfungspflicht hinsichtlich der Vertret- und Finanzierbarkeit des Rechtsgeschäfts nach § 61 InsO haftet.[334] Eine grundsätzliche Haftungsregelung bzw. einschlägige Rechtsprechung hierzu gibt es bisher nicht.

2. Haftung des vorläufigen Sachwalters im Eröffnungsverfahren

Infolge der Verweisungskette der §§ 270b Abs. 2 S. 1 InsO iVm 270a Abs. 1 S. 2 InsO auf § 274 Abs. 1 InsO haftet der vorläufige Sachwalter bei schuldhaften Pflichtverletzungen im vorläufigen Eigenverwaltungsverfahren oder im Schutzschirmverfahren in dem in § 274 Abs. 1 InsO genannten Umfang gemäß § 60 InsO entsprechend. Zudem kommt eine Haftung des vorläufigen Sachwalters analog § 61 InsO in Betracht, wenn das Insolvenzgericht die Zustimmungsbedürftigkeit bestimmter Rechtsgeschäfte als zusätzliche Sicherungsmaßnahme angeordnet und der vorläufige Sachwalter seine Zustimmung zu dem fraglichen Geschäft ereilt hat.[335]   252

G. Vergütung des (vorläufigen) Sachwalters[336]

Für den endgültigen Sachwalter ist in § 12 Abs. 1 InsVV eine Regelvergütung in Höhe von 60 % der Vergütung eines Insolvenzverwalters festgesetzt.   253

Die Vergütung des vorläufigen Sachwalters ist dagegen gesetzlich nicht geregelt, weshalb die Berechnungsgrundlage und die Höhe einer angemessenen Vergütung umstritten waren.[337] Für die Vergütung des vorläufigen Sachwalters reichte die Bandbreite der Meinungen von 60 %[338] über 25 %[339] bis zu 15 %[340] der Regelvergütung eines Insolvenzverwalters. Als gegebenenfalls erforder-   254

---

[332] Da gem. § 270a InsO keine Neuzuweisung der Verfügungsbefugnis an den Schuldner erfolgt und dessen Stellung demnach nicht derjenigen eines Amtswalters angenähert ist, scheidet eine Haftung nach § 61 InsO im Eröffnungsverfahren aus; vgl. HambK-InsO/*Fiebig* § 270a Rn. 38; aA eine Haftung bejahend K. Schmidt/*Undritz* InsO § 270a Rn. 7.
[333] Uhlenbruck/*Zipperer* InsO § 270a Rn. 21.
[334] Uhlenbruck/*Zipperer* InsO § 270a Rn. 22.
[335] Vgl. HambK-InsO/*Fiebig* § 270a Rn. 32.
[336] Vgl. auch die Darstellung in → § 55.
[337] Vgl. im Überblick: HK-InsO/Keller InsVV § 12 Rn. 10 ff.
[338] Anwendung des § 12 Abs. 1 InsVV analog, vgl. HambKomm/*Fiebig* InsO § 270a Rn. 29 mwN.
[339] Anwendung des § 63 Abs. 3 S. 2 InsO analog, vgl. dazu im Überblick: Uhlenbruck/*Zipperer* InsO § 270a Rn. 32 mwN; differenzierendere Betrachtung: MüKoInsO/*Kern* § 270a Rn. 47; *Zimmer*, ZInsO 2012, 1658, 1662.
[340] Anwendung von § 12 Abs. 1 InsVV iVm § 63 Abs. 3 S. 2 InsO analog, dh 60 % der Vergütung eines „starken" vorläufigen Insolvenzverwalters, vgl. FK-InsO/*Foltis* § 270a Rn. 28; Ahrens/Gehrlein/Ringstmeier/*Ringstmeier* § 270a Rn. 9.

liches Korrektiv wurde die Anpassung über Zuschläge gemäß § 3 Abs. 1 InsVV bzw. Abschläge gemäß § 3 Abs. 2 InsVV vorgeschlagen.[341]

255 In seinem Urteil vom 21.7.2016 hat sich der BGH erstmals mit dieser Problematik auseinandergesetzt und Leitlinien für die Vergütung des (vorläufigen) Sachwalters festgelegt.[342]

256 Zentraler Grundsatz der Senatsentscheidung ist die Einheitlichkeit der überwachenden Tätigkeiten des (vorläufigen) Sachwalters während der gesamten Dauer der Eigenverwaltung – einschließlich der Insolvenzantragsphase. Daher wird die Vergütung des vorläufigen Sachwalters als Bestandteil der Vergütung des endgültigen Sachwalters angesehen, was im Wesentlichen aus einer fehlenden separaten Vergütungsregelung abgeleitet wird; eine analoge Anwendung der Vorschriften der Vergütung des vorläufigen Insolvenzverwalters wird ausdrücklich ausgeschlossen, da sich die Tätigkeit eines vorläufigen Sachwalters von der des vorläufigen Insolvenzverwalters unterscheidet und klar abzugrenzen ist.[343]

257 War der endgültige Sachwalter als vorläufiger Sachwalter tätig, steht ihm auf die Vergütung ein Zuschlag von 25%, mithin eine Regelvergütung in Höhe von insgesamt 85% der Vergütung des Insolvenzverwalters nach § 2 Abs. 1 InsVV, zu. In einem Schutzschirmverfahren kann der mögliche Mehraufwand ggf. durch einen entsprechenden Zuschlag berücksichtigt werden.[344]

258 Wird der Sachwalter bei Verfahrenseröffnung ausgetauscht oder der vorläufige Sachwalter ausnahmsweise nicht auch zum Sachwalter bestellt, ist seine Vergütung bei Abschluss des Verfahrens anteilig festzustellen.[345] Die konkrete Höhe soll einen seiner Qualifikation und Tätigkeit angemessenen Umfang haben.[346] Begründet wird dies ua mit der strukturellen Vergleichbarkeit bzw. Übereinstimmung der Aufgaben und Befugnisse des vorläufigen Sachwalters mit denjenigen des (endgültigen) Sachwalters.[347]

259 Ob und wie dieser Vergütung zB bei einem Übergang von der vorläufigen Eigenverwaltung in ein Regelverfahren bestimmt und abgerechnet werden soll, wurde durch den BGH nicht dargelegt, ganz im Gegenteil wurde dem vorläufigen Sachwalter ein originärer Vergütungsanspruch grundsätzlich abgesprochen.[348]

260 Abschließend konstatiert der BGH, dass der Regelsatz des (vorläufigen) Sachwalters einer Gesamtwürdigung mit genauer Überprüfung und Beurteilung aller in Frage kommenden Zu- und Abschlagstatbeständen zu unterziehen und hinsichtlich der konkreten Tätigkeit des vorläufigen als auch des endgültigen Sachwalters im Einzelfall anzupassen ist.[349]

---

[341] Kübler HRI/*Hofmann* § 7 Rn. 91 ff.
[342] BGH Urt. v. 21.7.2016 – IX ZB 70/14, ZInsO 2016, 1637 ff.; fortgeführt durch BGH Urt. v. 22.9.2016 – IX ZB 71/14, ZIP 2016, 1981 ff.
[343] BGH Urt. v. 21.7.2016 – IX ZB 70/14, Rz. 31, 40, ZInsO 2016, 1637 ff.
[344] BGH Urt. v. 21.7.2016 – IX ZB 70/14, Rz. 49 aE, ZInsO 2016, 1637 ff.
[345] BGH Urt. v. 21.7.2016 – IX ZB 70/14, Rz. 28, ZInsO 2016, 1637 ff.
[346] In entsprechender Anwendung von § 63 Abs. 1 InsO und § 12 InsVV über §§ 270a Abs. 1 S. 2, 270b Abs. 2 S 1, 274 Abs. 1 InsO, vgl. BGH Urt. v. 21.7.2016 – IX ZB 70/14, Rz. 52, ZInsO 2016, 1637 ff.
[347] BGH Urt. v. 21.7.2016 – IX ZB 70/14, Rz. 38, 42, ZInsO 2016, 1637 ff.
[348] Vgl. auch *Keller* NZI 2016, 753 ff.
[349] BGH Urt. v. 21.7.2016 – IX ZB 70/14, Rz. 53, 55 ff., ZInsO 2016, 1637 ff. mit zahlreichen, nicht abschließenden Fallgruppen; hierzu krit. *Haarmeyer/Mock* ZInsO 2016, 1829 ff.

Gemäß § 12 Abs. 3 InsVV wird der in § 8 Abs. 3 InsVV als Obergrenze statuierte Betrag für die Auslagen in Höhe von EUR 250,00 je angefangener Monat der Dauer der Tätigkeit des Verwalters für den Sachwalter auf EUR 125,00 festgelegt. 261

§ 45. Besondere Vermögensmassen

Außer über einen Nachlass → § 46 kann auch über das **Gesamtgut einer von den Ehegatten gemeinschaftlich verwalteten Gütergemeinschaft** → Rn. 1 ein Insolvenzverfahren durchgeführt werden, ebenso nach dem Tod eines Ehegatten über das **Gesamtgut einer fortgesetzten Gütergemeinschaft** → Rn. 14. Demgegenüber ist ein Insolvenzverfahrens über andere als die in § 11 Abs. 2 InsO genannten Sondermassen oder Vereinigungen → Rn. 27 nicht zulässig.

A. Insolvenzverfahren über das gemeinschaftlich verwaltete Gesamtgut

Über das von den Ehegatten gemeinschaftlich verwaltete Gesamtgut einer 1
Gütergemeinschaft kann gem. § 11 Abs. 2 Nr. 2 Alt. 3 InsO ein Insolvenzverfahren eröffnet werden.

I. Güterstand der Gütergemeinschaft

Die Ehegatten können durch Ehevertrag den Güterstand der Gütergemein- 2
schaft gem. §§ 1415 ff. BGB begründen. Dann wird das Vermögen beider Ehegatten **Gesamtgut,** ebenso das während der Gütergemeinschaft erworbene Vermögen, und zwar ohne weiteres Rechtsgeschäft. Nicht zum Gesamtgut zählt das **Sondergut** gem. § 1417 BGB; dies sind Gegenstände, die nicht durch Rechtsgeschäft übertragen werden können, bspw. Forderungen, die einem Abtretungsverbot unterliegen, die Beteiligung als Vollhafter an einer OHG oder KG, das Urheberrecht sowie unpfändbares Vermögen. Ebenfalls nicht zum Gesamtgut zählt das **Vorbehaltsgut** gem. § 1418 BGB; dies sind Gegenstände, die eheverträglich vom Gesamtgut ausgenommen sind, sowie solche, die ein Ehegatte durch Schenkung oder von Todes wegen mit der Bestimmung als Vorbehaltsgut erwirbt.

Durch die Eröffnung des Insolvenzverfahrens über das Gesamtgut tritt keine **Beendigung** der Gütergemeinschaft ein, nur durch den Tod eines Ehegatten, ohne dass die Fortsetzung vereinbart war, ferner durch eheverträgliche Aufhebung, Ehescheidung oder richterliche Aufhebungsentscheidung gem. §§ 1469, 1470 BGB. Diese Beendigungsgründe können auch noch ungeachtet des Insolvenzverfahrens über das Gesamtgut herbeigeführt werden; die Wirkung der Aufhebung ist dann aber auf den Neuerwerb beschränkt.[1]

Wer das Gesamtgut verwaltet, ergibt sich aus dem Ehevertrag. Besteht **Ein-** 3
zelverwaltung des Gesamtguts, so zählt das Gesamtgut im Insolvenzverfahren

---

[1] MüKoInsO/*Schumann* § 333 Rn. 5.

über das Vermögen des verwaltenden Ehegatten gem. § 37 Abs. 1 InsO zur Insolvenzmasse und wird auch nicht zugunsten des anderen Ehegatten auseinandergesetzt. In einem Insolvenzverfahren über das Vermögen des nicht verwaltenden Ehegatten hingegen gehört das Gesamtgut nicht, auch nicht mit einem Anteil, zur Insolvenzmasse und kann von dem verwaltenden Ehegatten ausgesondert werden.[2]

Ist dies im Ehevertrag vereinbart oder enthält der Ehevertrag hierzu keine Vereinbarung, so ordnet § 1421 S. 2 BGB die **gemeinschaftliche Verwaltung** des Gesamtguts durch beide Ehegatten an, hierfür gelten die §§ 1450 bis 1470 BGB. Gem. § 1459 BGB können die Gläubiger eines jeden Ehegatten für die Gesamtgutsverbindlichkeiten Befriedigung aus dem Gesamtgut verlangen; beide Ehegatten haften daneben auch persönlich als Gesamtschuldner.

II. Besonderheiten im Insolvenzverfahren über das gemeinschaftlich verwaltete Gesamtgut

4   Für das Verfahren gelten die allgemeinen Regelungen, soweit sich nicht aus den §§ 333, 334 InsO etwas anderes ergibt.

5   1. **Schuldner** des Insolvenzverfahrens sind beide Ehegatten als Gesamtschuldner gem. § 1459 Abs. 2 BGB. Gem. § 425 BGB kann jeder Ehegatte einzeln mit Ausnahme der Einwendungen aus §§ 422 bis 424 BGB nur mit Wirkung für und gegen sich selbst Einwendungen erheben und Forderungen der Gläubiger bestreiten.

6   2. Das Insolvenzverfahren über das gemeinschaftlich verwaltete Gesamtgut einer Gütergemeinschaft dient der Befriedigung von Forderungen der **Gesamtgutsgläubiger**. Auch ein Ehegatte selbst kann Gesamtgutsgläubiger sein, bspw. in den Fällen des § 1467 Abs. 2 BGB.

7   3. Als **Insolvenzgründe** kommen nur die Zahlungsunfähigkeit (§ 17 InsO) sowie die drohende Zahlungsunfähigkeit (§ 18 InsO) in Betracht. Da ein Verweis auf § 19 InsO wie auch auf § 320 InsO fehlt, ist die Überschuldung des Gesamtguts kein zulässiger Insolvenzgrund. Ob es für eine (drohende) Zahlungsunfähigkeit auf die wirtschaftlichen Verhältnisse nur des Gesamtgutes[3] oder auch auf die Verhältnisse der Ehegatten[4] ankommt, ist streitig und von der Rechtsprechung bislang nicht entschieden.

8   4. **Antragsberechtigt** ist gem. § 333 Abs. 1 InsO jeder Gläubiger, der Erfüllung einer Verbindlichkeit aus dem Gesamtgut verlangen kann. Gesamtgutsgläubiger sind gem. § 1459 Abs. 1 BGB die Gläubiger des Mannes wie auch die Gläubiger der Frau, soweit sich aus den §§ 1460 bis 1462 BGB nicht anderes ergibt. Antragsberechtigt ist gem. § 333 Abs. 2 InsO darüber hinaus jeder Ehegatte. Wird der Insolvenzantrag nicht von beiden Ehegatten gestellt, so kann er nur auf den Insolvenzgrund der Zahlungsunfähigkeit gestützt werden, der vom antragstellenden Ehegatten glaubhaft zu machen ist; das Gericht muss den anderen Ehegatten hierzu anhören (§ 10 InsO). Auf den Insolvenzgrund der dro-

---

[2] BGH Beschl. v. 4.5.2006 – IX ZB 285/04, NZI 2006, 402.
[3] FK-InsO/*Schallenberg/Rafiqpoor* § 333 Rn. 25 ff.
[4] KPB/*Kemper* InsO § 333 Rn. 6.

henden Zahlungsunfähigkeit kann nur ein Insolvenzantrag beider Ehegatten gestützt werden.

5. Die **Insolvenzmasse** umfasst gem. § 35 InsO das bei Verfahrenseröffnung als Gesamtgut vorhandene und das während des Verfahrens von den Ehegatten als Gesamtgut neu erworbene Vermögen.[5] Jeder Ehegatte kann im Hinblick auf sein Sonder- und Vorbehaltsgut ein Aussonderungsrecht geltend machen, wenn er die Vermutung der Gesamtgutszugehörigkeit gem. § 1416 Abs. 1 BGB widerlegt.[6]

6. Die Vorschriften über die **Eigenverwaltung** sind entsprechend anwendbar, weil anders als für das Verbraucherinsolvenzverfahren (§ 270 Abs. 1 Satz 3 InsO) die Anwendung nicht ausdrücklich ausgeschlossen ist, so dass im Umkehrschluss der Gesetzgeber eine Eigenverwaltung auch im Insolvenzverfahren über das gemeinschaftlich verwaltete Gesamtgut zulassen wollte.[7]

7. Ein **Insolvenzplan** kann auf Schuldnerseite nur von beiden Ehegatten gemeinsam vorgelegt werden,[8] im Übrigen auch vom Insolvenzverwalter (§ 218 Abs. 1 InsO) bzw. Sachwalter.[9]

III. Persönliche Haftung der Ehegatten

Die Ehegatten haften gem. § 1459 Abs. 2 BGB auch persönlich und gesamtschuldnerisch für die Verbindlichkeiten des Gesamtguts. Gem. § 334 Abs. 1 InsO kann die persönliche Haftung der Ehegatten für die Gesamtgutsverbindlichkeiten während der Dauer des Insolvenzverfahrens nur vom Insolvenzverwalter oder Sachwalter geltend gemacht werden. Die Regelung entspricht damit § 93 InsO bei der Gesellschafterhaftung.

Kommt ein Insolvenzplan zustande, gilt gem. § 334 Abs. 2 InsO für die persönliche Haftung der Ehegatten § 227 Abs. 1 InsO entsprechend. Soweit der Insolvenzplan also nichts anderes bestimmt, werden sowohl das Gesamtgut als auch die Ehegatten persönlich mit der im gestaltenden Teil vorgesehenen Befriedigung der Insolvenzgläubiger von ihren restlichen Verbindlichkeiten gegenüber den Gesamtgutsgläubigern befreit. Der Insolvenzplan kann aber auch vorsehen, dass sich die Befreiung auf die Haftung aus dem Gesamtgut beschränken und nicht auch auf die persönliche Haftung der Ehegatten mit ihren Eigenvermögen erstrecken soll.[10]

B. Insolvenzverfahren über das Gesamtgut einer fortgesetzten Gütergemeinschaft

Auch das Gesamtgut einer fortgesetzten Gütergemeinschaft von Ehegatten kann gem. § 11 Abs. 2 Nr. 2 Alt. 2 InsO Gegenstand eines Insolvenzverfahrens sein.

---

[5] Andres/Leithaus/*Andres* InsO § 333 Rn. 6.
[6] MüKoInsO/*Schumann* § 333 Rn. 17.
[7] Nerlich/Römermann/*Riggert* InsO § 270 Rn. 14.
[8] MüKoInsO/*Eidenmüller* § 218 Rn. 88; ebenso MüKoInsO/*Schumann* § 334 Rn. 20.
[9] Uhlenbruck/*Lüer*/*Streit* InsO § 218 Rn. 14, aA MüKoInsO/*Tetzlaff/Kern* § 284 Rn. 16, sofern kein Auftrag der Gläubigerversammlung vorliegt.
[10] MüKoInsO/*Schumann* § 334 Rn. 20.

I. Fortgesetzte Gütergemeinschaft

15 Wird im Fall der Gütergemeinschaft die Ehe durch den Tod eines Ehegatten aufgelöst, so gehört neben dem Sonder- und Vorbehaltsgut auch der Anteil des verstorbenen Ehegatten am Gesamtgut gem. § 1482 BGB zum Nachlass. Die Ehegatten können gem. § 1483 BGB durch Ehevertrag aber vereinbaren, dass die Gütergemeinschaft nach dem Tod eines Ehegatten zwischen dem überlebenden Ehegatten und den gemeinschaftlichen Abkömmlingen fortgesetzt wird. In diesem Fall gehören nur das Sonder- und Vorbehaltsgut des verstorbenen Ehegatten zum Nachlass, nicht dagegen sein Anteil am Gesamtgut. Vielmehr bleibt das Gesamtgut als ungeteilte Vermögensmasse Gegenstand der fortgesetzten Gütergemeinschaft. Gem. § 1487 Abs. 1 BGB hat der überlebende Ehegatte die rechtliche Stellung des alleinverwaltenden Ehegatten, während die anteilsberechtigten Abkömmlinge die rechtliche Stellung des anderen Ehegatten haben. Der überlebende Ehegatte kann die Fortsetzung der Gütergemeinschaft auch gem. § 1484 BGB ablehnen mit der Folge, dass der Anteil des verstorbenen Ehegatten in den Nachlass fällt und ein Insolvenzverfahren über das Gesamtgut nicht in Frage kommt.

16 Im Fall der fortgesetzten Gütergemeinschaft sind Gesamtgutsverbindlichkeiten gem. § 1488 BGB die Verbindlichkeiten des verstorbenen Ehegatten, die bis zu dessen Tod Gesamtgutsverbindlichkeiten der ehelichen Gütergemeinschaft waren, und ferner die Verbindlichkeiten des überlebenden Ehegatten.

II. Besonderheiten des Insolvenzverfahrens über das Gesamtgut der fortgesetzten Gütergemeinschaft

17 Für das Insolvenzverfahren über das Gesamtgut einer fortgesetzten Gütergemeinschaft gelten gem. § 332 Abs. 1 InsO die Vorschriften der §§ 315 bis 331 InsO zum → § 46 Nachlassinsolvenzverfahren entsprechend, weshalb ergänzend auf die dortigen Erläuterungen verwiesen wird.

18 **1. Schuldner** des Verfahrens ist allein der überlebende Ehegatte, da die anteilsberechtigten Abkömmlinge nicht für die Gesamtgutsverbindlichkeiten haften.[11]

19 **2. Gläubiger** von Insolvenzforderungen sind gem. § 332 Abs. 2 InsO nur solche Gläubiger, deren Forderungen schon zur Zeit des Eintritts der fortgesetzten Gütergemeinschaft bestanden. Damit scheiden Gläubiger aus, denen bei Eintritt der fortgesetzten Gütergemeinschaft das Gesamtgut noch nicht haftete, selbst wenn ihre Ansprüche schon vorher bestanden.[12]

20 **3.** Als **Insolvenzgründe** kommen für die Verfahrenseröffnung aufgrund des Verweises auf § 320 InsO die Zahlungsunfähigkeit (§ 17 InsO), die drohende Zahlungsunfähigkeit (§ 18 InsO) sowie die Überschuldung (§ 19 InsO) in Be-

---

[11] Nerlich/Römermann/*Riering* InsO § 332 Rn. 7.
[12] HK-InsO/*Marotzke* § 332 Rn. 4.

Depré/Lambert

tracht. Der Insolvenzgrund, auf den der Eröffnungsantrag gestützt wird, muss zum Zeitpunkt der Verfahrenseröffnung vorliegen, nicht dagegen schon bei Eintritt der fortgesetzten Gütergemeinschaft.[13]

4. **Antragsberechtigt** sind gem. § 332 Abs. 1 InsO auf Schuldnerseite entsprechend § 317 InsO der überlebende Ehegatte oder ein Gesamtgutsverwalter (§§ 1489 Abs. 2, 1975, 1981 BGB), gem. § 332 Abs. 3 InsO nicht dagegen die anteilsberechtigten Abkömmlinge, die jedoch vom Gericht anzuhören sind (§ 10 InsO). Auf Gläubigerseite sind alle Gesamtgutsgläubiger iSd § 332 Abs. 2 InsO antragsberechtigt; hierzu können im Einzelfall auch die anteilsberechtigten Abkömmlinge zählen. 21

5. Zur **Insolvenzmasse** zählen alle Gegenstände des Gesamtguts zum Zeitpunkt des Eintritts der fortgesetzten Gütergemeinschaft nebst dem Zuwachs, den das Vermögen ohne Zutun des überlebenden Ehegatten erhalten hat, auch Ersatzansprüche aus der Verwaltung des Gesamtguts (§§ 1489 Abs. 2, 1978 Abs. 2 BGB) sowie alles, was durch anfechtbare Rechtshandlungen des Gesamtgutsverwalters vor oder nach Eintritt der fortgesetzten Gütergemeinschaft durch anfechtbare Rechtshandlungen dem Gesamtgut entzogen wurde und gemäß §§ 129 ff. InsO zurückzugewähren ist.[14] Streitig ist hingegen, ob der seit Eintritt der fortgesetzten Gütergemeinschaft dem Gesamtgut zugeflossene Neuerwerb in die Insolvenzmasse fällt.[15] 22

6. Auch im Insolvenzverfahren über das Gesamtgut einer fortgesetzten Gütergemeinschaft sind die Vorschriften über die **Eigenverwaltung** entsprechend anwendbar. 23

7. Zur Vorlage eines **Insolvenzplans** berechtigt ist auf Schuldnerseite nur der überlebende Ehegatte, während den anteilsberechtigten Abkömmlingen kein Planvorlagerecht zusteht.[16] Für das Vorlagerecht des Insolvenzverwalters oder Sachwalters gilt das gleiche wie bei der Insolvenz des gemeinschaftlich verwalteten Gesamtguts → Rn. 11. 24

III. Persönliche Haftung des überlebenden Ehegatten und der Abkömmlinge

Der überlebende **Ehegatte** haftet gem. § 1489 Abs. 1 BGB persönlich für die Gesamtgutsverbindlichkeiten der fortgesetzten Gütergemeinschaft. Gem. § 1489 Abs. 2 BGB kann er seine persönliche Haftung entsprechend der Erbenhaftung für Nachlassverbindlichkeiten (§§ 1975 ff. BGB → § 46 Rn. 1) beschränken, soweit die persönliche Haftung ihn nur infolge des Eintritts der fortgesetzten Gütergemeinschaft trifft. An die Stelle des Nachlasses tritt in die 25

---

[13] HK-InsO/*Marotzke* § 332 Rn. 3.
[14] Uhlenbruck/*Lüer* InsO § 332 Rn. 5.
[15] Dafür unter Berufung auf § 35 InsO Nerlich/Römermann/*Riering* InsO § 332 Rn. 10, Braun/*Bauch* InsO § 332 Rn. 9, KPB/*Kemper* InsO § 332 Rn. 5, dagegen FK-InsO/*Schallenberg/Rafiqpoor* § 332 Rn. 41, Uhlenbruck/*Lüer* InsO § 332 Rn. 5.
[16] MüKoInsO/*Eidenmüller* § 218 Rn. 87.

Depré/Lambert

sem Fall das Gesamtgut in dem Bestand, den es zur Zeit des Eintritts der fortgesetzten Gütergemeinschaft hat.

26 Die **Abkömmlinge**, mit denen der überlebende Ehegatte die Gütergemeinschaft fortsetzt, haften gem. § 1489 Abs. 3 BGB weder für die Verbindlichkeiten des verstorbenen Ehegatten noch für die Verbindlichkeiten des überlebenden Ehegatten persönlich.

C. Insolvenzunfähige Vermögensmassen

27 Da § 11 InsO die insolvenzfähigen Vermögensmassen abschließend aufzählt, scheiden andere Sondermassen oder Vereinigungen als Gegenstand eines Insolvenzverfahrens aus.

28 **Bruchteilsgemeinschaften** sind mangels Rechtsfähigkeit nicht insolvenzfähig.[17] Es kann nur der jeweilige Bruchteil am Vermögensgegenstand Teil der Insolvenzmasse des einzelnen Bruchteilsberechtigten sein.

29 Für die **Wohnungseigentümergemeinschaft**, die gem. § 10 Abs. 6 WEG im Rahmen der Verwaltung des Gemeinschaftseigentums teilrechtsfähig ist, ordnet § 11 Abs. 3 WEG ausdrücklich an, dass über das Verwaltungsvermögen kein Insolvenzverfahren stattfindet.[18]

30 Nicht insolvenzfähig ist auch die **stille Gesellschaft** (§ 230 HGB) als Innengesellschaft;[19] hier fehlt es an einem gesamthänderisch gebundenen Vermögen. Aus dem gleichen Grund ist auch die atypisch stille Gesellschaft nicht insolvenzfähig, bei der zwar eine steuerliche Mitunternehmerschaft gem. § 15 Abs. 1 Nr. 2 EStG begründet wird, aber keine gesamthänderische Beteiligung am Vermögen des Unternehmensinhabers. Es kann jeweils nur über das Vermögen des Unternehmensinhabers oder über das Vermögen des Stillen ein Insolvenzverfahren eröffnet werden.[20]

31 Auch die **Erbengemeinschaft** ist nicht insolvenzfähig, da sie nicht rechtsfähig ist.[21] Es kann aber der Nachlass Gegenstand eines Insolvenzverfahrens sein, und zwar gem. § 316 Abs. 2 InsO selbst dann noch, wenn die Erbengemeinschaft bereits auseinandergesetzt ist.

§ 46. Nachlassinsolvenz

Von den → § 45 Sonderinsolvenzverfahren spielt die Nachlassinsolvenz in der Praxis die größte Rolle, obgleich der Anteil an den Gesamtverfahren gering

---

[17] Uhlenbruck/*Hirte* InsO § 11 Rn. 420; aA *AG Göttingen*, Beschl. v. 18.10.2000 – 74 IN 131/00, NZI 2001, 102 für die Bruchteilsgemeinschaft von GbR-Gesellschaftern an einem Grundstück.
[18] Vgl. Uhlenbruck/*Hirte* InsO § 11 Rn. 421–424 zur Insolvenz und Haftung innerhalb der Wohnungseigentümergemeinschaft.
[19] Baumbach/Hopt/*Roth* HGB § 230 Rn. 2; MüKoInsO/*Ott*/*Vuia* § 11 Rn. 48.
[20] Frege/Keller/Riedel, Insolvenzrecht, 8. Auflage 2015, Rn. 294.
[21] MüKoInsO/*Ott*/*Vuia* § 11 Rn. 63c.

Depré/Lambert

ist.[1] Die Nachlassinsolvenz betrifft nur den Nachlass als Sondervermögen und nicht das Eigenvermögen des Erben. Dies führt dazu, dass nur → Rn. 84 ff. Nachlassverbindlichkeiten im Verfahren geltend gemacht werden können, wobei Besonderheiten insbesondere für die Einordnung als → Rn. 85 ff. Masseverbindlichkeiten und als → Rn. 93 nachrangige Forderungen gelten. Zur Insolvenzmasse zählen → Rn. 60 ff. nachlassspezifische Forderungen einschließlich der → Rn. 77 ff. Anfechtungsansprüche.

A. Allgemeines

I. Sinn und Zweck des Nachlassinsolvenzverfahrens

1. Grundsätzlich haftet der Erbe nach § 1967 BGB für die Nachlassverbindlichkeiten unbeschränkt nicht nur mit dem Nachlass, sondern auch mit seinem gesamten eigenen Vermögen. Die Eröffnung eines Nachlassinsolvenzverfahrens führt ebenso wie die Anordnung der Nachlassverwaltung gemäß § 1975 BGB zur **Vermögenstrennung** zwischen Nachlass und Eigenvermögen und zur **Beschränkung der Erbenhaftung** auf den Nachlass. Dementsprechend ist gemäß § 11 Abs. 2 Nr. 2 InsO die Eröffnung eines Insolvenzverfahrens über einen Nachlass möglich. 1

2. Auch dann, wenn die Nichteröffnung eines Nachlassinsolvenzverfahrens mangels Masse zu erwarten ist oder wenn ein zuvor eröffnetes Nachlassinsolvenzverfahren mangels Masse wieder eingestellt wird, kann der Erbe nach § 1990 die Befriedigung der Nachlassgläubiger ablehnen, soweit der Nachlass hierfür nicht ausreicht. Die Erhebung dieser sog **Dürftigkeitseinrede** bewirkt in vergleichbarer Weise, dass der Erbe den Nachlass zum Zweck der Gläubigerbefriedigung herausgeben muss. 2

3. Das Recht zur Haftungsbeschränkung kann der Erbe jedoch im Einzelfall verlieren, insbesondere wegen einer Verletzung der Inventarpflichten (§§ 1994 Abs. 1 Satz 2, 2005 Abs. 1, 2006 Abs. 3 BGB). In diesem Fall haftet er allen oder einzelnen Nachlassgläubigern gegenüber **unbeschränkt** (§ 2013 BGB). Dies schließt allerdings die Möglichkeit eines Nachlassinsolvenzverfahrens nicht aus. 3

II. Verhältnis zur Erbeninsolvenz

Von der Nachlassinsolvenz ist die Erbeninsolvenz zu unterscheiden, die sich auf das gesamte Vermögen des Erben bezieht und die Berechtigung am Nachlass einschließt. Kommt es zu einer solchen Gesamtvermögensinsolvenz, stehen die Nachlassgläubiger gleichberechtigt neben den Eigengläubigern des Erben. Wenn in einem solchen Fall der Nachlass werthaltig ist und die Nachlassgläubiger vermeiden wollen, dass hieraus auch die Eigengläubiger des Erben bedient 4

---

[1] Vgl. die Angaben bei Gottwald InsR-HdB/*Döbereiner* § 111 Rn. 7 f.

werden, können sie ungeachtet der Erbeninsolvenz die Nachlassverwaltung oder ein Nachlassinsolvenzverfahren beantragen und damit eine Trennung der beiden Vermögensmassen bewirken.

5   Im Insolvenzverfahren über das Eigenvermögen des Erben nehmen die Nachlassgläubiger, soweit der Erbe ihnen unbeschränkt haftet, dann gemäß §§ 331 Abs. 1, 52 InsO ähnlich absonderungsberechtigten Gläubigern nur mit ihrem Ausfall im Nachlassinsolvenzverfahren teil. Die Gläubiger von → Rn. 21 Nachlasserbenschulden, für die neben dem Nachlass auch der Erbe selbst haftet, können ohne Einschränkung an der Erbeninsolvenz teilhaben.[2]

III. Der Tod des Schuldners während des Verfahrens

6   Neben den Nachlassinsolvenzverfahren, die erst nach dem Tod des Erblassers beantragt werden, spielen in der Praxis die sog Überleitungsfälle eine Rolle.

7   1. Stirbt der Schuldner während des **eröffneten Insolvenzverfahrens**, wird das Verfahren von Amts wegen in ein Nachlassinsolvenzverfahren übergeleitet, und zwar auch dann, wenn das Verfahren zuvor als Verbraucherinsolvenzverfahren geführt wurde.[3]

8   2. Wenn der Schuldner während des **Eröffnungsverfahrens** verstirbt, nimmt das Eröffnungsverfahren beim Eigenantrag ohne Unterbrechung seinen Fortgang mit dem Erben als Schuldner;[4] die Eröffnung erfolgt sogleich als Nachlassinsolvenzverfahren. Lag ein Fremdantrag vor, soll der Gläubiger einen Antrag auf Überleitung in das Nachlassinsolvenzverfahren stellen und die Zahlungsunfähigkeit oder Überschuldung des Nachlasses, die Qualifizierung seiner Forderung als Nachlassverbindlichkeit glaubhaft machen und die zustellungsfähigen Adressen der Erben benennen müssen.[5]

9   3. Stirbt der Schuldner nach Verfahrensaufhebung während des **Restschuldbefreiungsverfahrens**, so wird dieses grundsätzlich nicht fortgesetzt. Denn der Nachlass ist nur eine Vermögensmasse und keine natürliche Person (vgl. § 286 InsO).[6] Der Erbe soll keine Befreiung von seinen eigenen Verbindlichkeiten erlangen; er profitiert bereits von der Haftungsbeschränkung des § 1975 BGB.[7] Etwas anderes soll aber gelten, wenn der Schuldner erst nach Ablauf der Wohlverhaltensphase, aber noch vor Erteilung der Restschuldbefreiung verstirbt und ein Versagungsantrag nicht gestellt wurde.[8]

10   4. Eine zuvor gewährte **Kostenstundung** entfällt mit dem Tod des Schuldners. Soweit Verfahrenskosten nicht gedeckt sind, kann der Erbe dafür aber

---

[2] HK-InsO/*Marotzke* § 331 Rn. 6.
[3] BGH Beschl. v. 21.2.2008 – IX ZB 62/05, NZI 2008, 382.
[4] BGH Urt. v. 22.1.2004 – IX ZR 39/03, NZI 2004, 206.
[5] LG Hamburg Beschl. v. 15.4.2016 – 326 T 18/16, NZI 2016, 743 mit Anm. *Fridgen*.
[6] Frege/Keller/Riedel InsR Rn. 2377.
[7] Gottwald InsR-HdB/*Döbereiner* § 113 Rn. 31.
[8] *AG* Duisburg Beschl. v. 25.5.2009 – 62 IK 59/00, BeckRS 2009, 19547 = ZInsO 2009, 2353; *AG* Leipzig Beschl. v. 26.4.2013 – 406 IK 189/07, NZI 2014, 1814.

nicht in Anspruch genommen werden.⁹ Das Verfahren wird dann bei fehlender Kostendeckung nach § 207 InsO eingestellt.

IV. Beteiligte des Nachlassinsolvenzverfahrens

1. Schuldner des Nachlassinsolvenzverfahrens ist der **Erbe** als Rechtsnachfolger des Erblassers.¹⁰ Im Fall des Erbschaftsverkaufs tritt der Erbschaftskäufer nach § 330 InsO in die verfahrensrechtliche Position des Erben ein. 11

Ob am Nachlass ein Alleinerbe oder eine Erbengemeinschaft als gesamthänderisch verbundene Personenmehrheit berechtigt ist, ist gleichgültig. Die **Erbengemeinschaft** ist keine insolvenzfähige Gesellschaft gemäß § 11 Abs. 2 Nr. 1 InsO.¹¹ Nach § 316 Abs. 2 InsO ist die Eröffnung eines Nachlassinsolvenzverfahrens auch dann noch zulässig, wenn eine Erbengemeinschaft bereits gemäß §§ 2042 ff. BGB auseinandergesetzt und der ursprünglich gemäß §§ 2032 ff. BGB gesamthänderisch gebundene Nachlass bereits verteilt wurde. 12

Gemäß § 316 Abs. 3 InsO findet über den bloßen **Erbteil** eines Miterben ein Insolvenzverfahren nicht statt. Der Erbteil ist nach § 859 Abs. 2 ZPO pfändbar als Vermögensgegenstand des Miterben. Wird ein Insolvenzverfahren über das Vermögen eines Miterben eröffnet, ist der Erbteil Teil der Insolvenzmasse und kann durch Erbteilveräußerung (§ 2033 Abs. 1 BGB), im Wege der Auseinandersetzung der Erbengemeinschaft (§§ 2042 ff. BGB) oder auch durch Abschichtungsvereinbarung¹² verwertet werden, soweit nicht die Verfügungsbefugnis des Miterben und die Pfändbarkeit des Erbteils durch Testamentsvollstreckung (§ 2211 BGB) eingeschränkt sind.¹³ 13

Jeder Erbe ist gemäß § 97 InsO zur **Auskunft und Mitwirkung** verpflichtet, soweit es das Insolvenzverfahren und den Nachlass betrifft, nicht hingegen in Bezug auf sein Eigenvermögen. Ihm stehen umgekehrt die **Verfahrensrechte** zu, die auch sonst dem Schuldner zustehen, also insbesondere das Antragsrecht, das Beschwerderecht oder das Recht zur Vorlage eines Insolvenzplans. 14

Bei Anordnung einer **Vor- und Nacherbschaft** (§§ 2100 ff. BGB) hat vor Eintritt des Nacherbfalls nur der Vorerbe die verfahrensrechtliche Stellung des Schuldners. Zugunsten des Nacherben ist die Verfügungsbeschränkung des § 2115 BGB zu beachten. 15

Ist ein **Nachlasspfleger** (§ 1960 BGB) bestellt oder erfolgt eine solche Bestellung nach Verfahrenseröffnung, so ist er der gesetzliche Vertreter der unbekannten Erben und nimmt deren Rechte und Pflichten wahr. Soweit sich die Aufgaben von Nachlasspfleger und Insolvenzverwalter decken, wird der Nach- 16

---

[9] OLG Jena Beschl. v. 17.10.2011 – 9 W 452/11, NZI 2012, 197.
[10] BGH Urt. v. 26.9.2013 – IX ZR 3/13, NZI 2014, 389; OLG Köln Beschl. v. 14.4.2005 – 2 Wx 43/04, NZI 2005, 472.
[11] *AG* Duisburg Beschl. v. 4.8.2003 – 63 IN 170/03, NZI 2004, 97 (98).
[12] Vgl. dazu Scherer MAH ErbR/*Erker/Oppelt*, 3. Aufl. 2010, § 26 Rn. 93 ff.
[13] Dazu OLG Köln, Urt. v. 2.2.2005 – 2 U 72/04, NZI 2005, 268; Bengel/Reimann/ *Bengel/Dietz*, Handbuch der Testamentsvollstreckung, 5. Aufl. 2013, Rn. 216 ff.

lasspfleger vom Insolvenzverwalter verdrängt, auf den nach § 80 InsO das Recht zur Sicherung und Verwaltung des Nachlasses übergeht.[14]

17 Ähnlich verhält es sich mit einem **Testamentsvollstrecker.** Auch dessen Amt endet nicht mit Verfahrenseröffnung, aber seine Verwaltungs- und Verfügungsbefugnis (§§ 2205, 2211 BGB) geht nach § 80 InsO auf den Insolvenzverwalter über und er nimmt im Verfahren die Rechte und Pflichten des Erben als Schuldner wahr.[15]

18 2. **Gläubiger** im Nachlassinsolvenzverfahren können nur Gläubiger von **Nachlassverbindlichkeiten** sein (§ 325 InsO). Hierunter fallen die von § 1967 Abs. 2 BGB erfassten Verbindlichkeiten, nämlich

19 – die vom Erblasser selbst herrührenden, also noch zu dessen Lebzeiten begründeten Verbindlichkeiten (sog **Erblasserschulden**),

20 – die den Erben als solchen aufgrund des Erbfalls treffenden Verbindlichkeiten, insbesondere aus Pflichtteilsrechten, Vermächtnissen und Auflagen (sog **Erbfallschulden**[16]),

21 – die Verbindlichkeiten, die der Erbe selbst nach dem Erbfall für die Verwaltung des Nachlasses begründet hat (sog **Nachlasserbenschulden**); andere Eigenschulden des Erben, die keine Nachlassverbindlichkeiten darstellen, fallen nicht unter § 325 InsO und können daher auch außerhalb eines Nachlassinsolvenzverfahrens gegenüber dem Erben verfolgt werden.

22 Auch der Erbe selbst kann Gläubiger von Nachlassverbindlichkeiten sein, bspw. wenn ihm gegenüber dem Erblasser Ansprüche zustehen (§ 326 Abs. 1 InsO) oder wenn er wegen Aufwendungen aus seinem Eigenvermögen Ersatz gemäß §§ 1978, 1979 BGB verlangt (§ 324 Abs. 1 Nr. 1 InsO).

B. Zulässigkeitsfragen

I. Zuständigkeit

1. International

23 § 315 InsO und damit der allgemeine Gerichtsstand des Erblassers bestimmt die internationale Zuständigkeit der Gerichte für das Nachlassinsolvenzverfahren.[17] Die für die internationale Zuständigkeit der Nachlassgerichte maßgebliche Anknüpfung an das materielle Erbrecht kann nicht auf die internationale Zuständigkeit für Nachlassinsolvenzverfahren übertragen werden.[18] In den Mitgliedsstaaten gilt Art. 3 Abs. 1 EuInsVO, der auf den Mittelpunkt der hauptsächlichen Interessen (CoMI) abstellt, wobei es auch hier auf den Erblas-

---

[14] Gottwald InsR-HdB/*Döbereiner* § 112 Rn. 12.
[15] Frege/Keller/Riedel InsR Rn. 2343.
[16] Hierunter fällt auch die Erbschaftsteuerverbindlichkeit, vgl. BFH Urt. v. 20.1.2016 – II R 34/14, BFH/NV 2016, 851.
[17] BGH Beschl. v. 14.1.2010 – IX ZB 76/09, ZEV 2010, 528; AG Niebüll, Beschl. v. 15.7.2015 – 5 IN 7/15, ZVI 2015, 482; Gottwald InsR-HdB/*Döbereiner* § 113 Rn. 28.
[18] Zum Verhältnis von EuInsVO und EuErbVO vgl. Riedemann/Schmidt, Europäische Nachlassinsolvenz – Das Verhältnis von EuInsVO und EuErbVO, ZVI 2015, 447 ff.

ser[19] ankommt. War der Erblasser selbständig wirtschaftlich tätig, ist sowohl nach § 315 InsO als auch nach Art. 3 Abs. 1 Satz 2 EuInsVO auf den Ort dieser Tätigkeit abzustellen.[20]

2. Örtlich

§ 315 InsO bestimmt auch die örtliche Zuständigkeit, die sich wiederum nach dem allgemeinen Gerichtsstand (§§ 12 ff. ZPO) des Erblassers richtet und bei einem selbständig tätig gewesenen Erblasser an den Tätigkeitsort anknüpft. Dementsprechend kann für das Nachlassverfahren ein örtlich anderes Gericht zuständig sein als für das Insolvenzverfahren.[21] Hatte der Erblasser seine selbständige wirtschaftliche Tätigkeit vor seinem Tod bereits endgültig eingestellt und alle Geschäftsbeziehungen bereits abgewickelt, dann kann an einen Tätigkeitsort allerdings nicht mehr angeknüpft werden.[22] Kommen mehrere Zuständigkeiten in Betracht, dann ist nach § 3 Abs. 2 InsO das Gericht zuständig, bei dem zuerst die Eröffnung des Insolvenzverfahrens beantragt worden ist.

24

3. Sachlich

Aus § 315 InsO ergibt sich zugleich, dass für die Eröffnung des Nachlassinsolvenzverfahrens nicht das Nachlassgericht, sondern das Insolvenzgericht zuständig ist.

25

II. Antragsberechtigung

Als antragsberechtigte Personen kommen gemäß § 317 Abs. 1 InsO in Betracht jeder Erbe, der Nachlassverwalter, der Nachlasspfleger, der Testamentsvollstrecker sowie jeder Nachlassgläubiger.

26

1. Der **Erbe** ist als Rechtsnachfolger des Erblassers und in der Rolle des Schuldners antragsberechtigt. Da das Gericht die Rechtsstellung des Antragstellers als Erbe nicht von Amts wegen ermitteln muss, ist die Antragsberechtigung des Erben gemäß § 13 Abs. 1 InsO grundsätzlich durch Vorlage des Erbscheins nachzuweisen.[23]

27

Dass ein Erbschein hingegen nicht zwingend erforderlich ist, folgt aus § 316 Abs. 1 InsO, denn auch schon **vor Annahme** der Erbschaft ist der vorläufige

28

---

[19] HK-InsO/*Marotzke* § 315 Rn. 10.
[20] AG Köln Beschl. v. 12.11.2010 – 71 IN 343/10, NZI 2011, 159.
[21] Uhlenbruck/*Lüer* InsO § 315 Rn. 17.
[22] MüKoInsO/*Siegmann* § 315 Rn. 3 mwN auch für den umstrittenen Fall, dass sich noch Vermögenswerte am früheren Tätigkeitsort befinden.
[23] LG Köln, Beschl. v. 24.6.2003 – 19 T 84/03, NZI 2003, 501 (502); ebenso Uhlenbruck/*Lüer* InsO § 317 Rn. 2; krit. MüKoInsO/*Siegmann* § 317 Rn. 2, der wegen der damit in der Praxis verbundenen Schwierigkeiten die Glaubhaftmachung durch ein öffentliches Testament mit Eröffnungsvermerk oder durch eine notariell beurkundete eidesstattliche Versicherung genügen lässt; zur Nachweisführung vgl. auch BGH, Urt. v. 7.6.2005 – XI ZR 311/04, NJW 2005, 2779; BGH, Urt. v. 8.10.2013 – XI ZR 401/12, NJW 2013, 3716; OLG München, Beschl. v. 12.1.2012 – 34 Wx 501/11, NJOZ 2013, 253; OLG Hamm, Beschl. v. 5.4.2011 – 15 W 34/11, FGPrax 2011, 223.

Erbe antragsberechtigt. Hierin allein liegt auch keine Annahme, da es sich vorrangig um eine Sicherungsmaßnahme handelt.[24] Die darauf folgende Verfahrenseröffnung bleibt selbst dann wirksam, wenn der vorläufige Erbe nach Antragstellung das Erbe noch ausschlägt, was sich aus § 1959 Abs. 2 BGB ergibt.[25] Nur ein Insolvenzantrag, der erst nach bereits erfolgter **Ausschlagung** oder nach erfolgter Anfechtung der Versäumung der Ausschlagungsfrist[26] gestellt wird, ist unzulässig.

29 Das Antragsrecht des Erben besteht nach § 316 Abs. 1 InsO unabhängig davon, ob er sein Recht auf Haftungsbeschränkung noch besitzt oder bereits ganz oder teilweise → Rn. 3 **unbeschränkt** haftet. Nur tritt die Wirkung des § 1975 BGB im Fall der Verfahrenseröffnung ggf. nicht oder nur betreffend einzelne Nachlassgläubiger ein.

30 Bei einer Erbengemeinschaft ist jeder der **Miterben** auch allein antragsberechtigt, wenn er bei fehlender Antragstellung auch durch die übrigen Miterben den Insolvenzgrund glaubhaft macht. Das Gericht hat in diesem Fall die anderen Miterben vor seiner Entscheidung anzuhören (§ 317 Abs. 2 InsO).

31 Im Fall der **Vorerbschaft** endet wegen § 2139 BGB die Antragsberechtigung des Vorerben mit Eintritt des Nacherbfalls, obgleich er ggf. weiterhin nach § 2145 BGB haftet. Erbe und damit Schuldner ist dann allein der Nacherbe.

32 2. Der auf Antrag des Erben oder eines Nachlassgläubigers gemäß § 1981 BGB bestellte **Nachlassverwalter**, dem nach § 1985 BGB die Verwaltung des Nachlasses und die Berichtigung der Nachlassverbindlichkeiten obliegt, ist ebenso wie der Erbe antragsberechtigt. Im Fall der Nachlassverwaltung besteht das Antragsrecht des Erben neben demjenigen des Nachlassverwalters fort.[27]

33 3. Gemäß § 317 Abs. 1 InsO ist ferner der **Nachlasspfleger** antragsberechtigt, der nach §§ 1960, 1961 BGB zur Sicherung des Nachlasses und ggf. zur Ermittlung der unbekannten Erben bestellt wird.

34 4. Ein **Testamentsvollstrecker** ist gemäß § 317 Abs. 3 InsO antragsberechtigt, wenn ihm gemäß § 2209 BGB die Verwaltung des Nachlasses zusteht. Das ist bei einer Testamentsvollstreckung zur bloßen Abwicklung des Nachlasses und zur Befriedigung der Nachlassverbindlichkeiten nicht der Fall; bei einer solchen Abwicklungsvollstreckung bleibt allein der Erbe antragsberechtigt. Sind im Fall der Dauer- bzw. Verwaltungsvollstreckung mehrere Testamentsvollstrecker bestellt, ist der Eröffnungsantrag nach § 2224 Abs. 1 BGB grundsätzlich von allen gemeinsam zu stellen.[28] Zu einem Insolvenzantrag des Testamentsvollstreckers ist der Erbe und bei einem Antrag des Erben der Testamentsvollstrecker anzuhören.

35 5. Jeder **Nachlassgläubiger** ist antragsberechtigt, unabhängig davon, welche Rangposition seiner Nachlassverbindlichkeit im eröffneten Insolvenzverfahren

---

[24] MüKoInsO/*Siegmann* § 317 Rn. 2.
[25] HK-InsO/*Marotzke* § 317 Rn. 3.
[26] BGH Beschl. v. 19.5.2011 – IX ZB 74/10, ZEV 2011, 544 mit Anm. *Marotzke*.
[27] HK-InsO/*Marotzke* § 317 Rn. 9.
[28] Vgl. zu Ausnahmen MüKoInsO/*Siegmann* § 317 Rn. 4.

zukäme. Wie auch sonst muss der antragstellende Gläubiger ein → § 1 Rn. 31 rechtliches Interesse an der Verfahrenseröffnung haben und hierfür nach den allgemeinen Regeln seine Forderung wie auch einen Eröffnungsgrund glaubhaft machen, wobei nicht auch die drohende Zahlungsunfähigkeit ausreicht (§ 320 InsO). Zu beachten ist, dass der Nachlassgläubiger die **Antragsfrist** des § 319 InsO einhalten und den Insolvenzantrag spätestens zwei Jahre nach Annahme der Erbschaft stellen muss, anderenfalls der Antrag unzulässig ist.

III. Eigenverwaltung

Auf Antrag des Erben kann gemäß § 270 Abs. 2 InsO die Eigenverwaltung 36 durch den Erben angeordnet werden, wenn keine Umstände bekannt sind, die erwarten lassen, dass die Anordnung zu Nachteilen für die Nachlassgläubiger führen wird. Wenn Ersatzansprüche gegen den Erben nach § 1980 BGB geltend zu machen sind, dürften solche Nachteile allerdings naheliegen.[29]

C. Insolvenzgründe

I. Allgemeines

Nach § 320 InsO kommen alle drei Eröffnungsgründe der §§ 17–19 InsO 37 auch für ein Nachlassinsolvenzverfahren in Betracht. Auf eine drohende Zahlungsunfähigkeit können aber nur der Erbe, der Nachlassverwalter, ein anderer Nachlasspfleger oder ein Testamentsvollstrecker den Eröffnungsantrag stützen (§ 320 Satz 2 InsO). Maßgeblich für die Beurteilung der Eröffnungsgründe ist wie in allen anderen Fällen auch der Nachlass zum Zeitpunkt, in dem über den Eröffnungsantrag entschieden wird.[30]

II. Zahlungsunfähigkeit und drohende Zahlungsunfähigkeit

Für die Beurteilung der Zahlungsunfähigkeit nach § 17 InsO oder der dro- 38 henden Zahlungsunfähigkeit nach § 18 InsO sind nur die zum Nachlass gehörenden liquiden oder kurzfristig liquidierbaren Vermögenswerte von Bedeutung. Auch wenn erst die Eröffnung des Nachlassinsolvenzverfahrens zur Vermögenstrennung führt, kommt es für die Entscheidung über die Eröffnung nicht auf die Liquidität des Erben selbst und sein Eigenvermögen an.[31]

III. Überschuldung

Nach überwiegender Meinung sind für die Bewertung der Nachlassgegen- 39 stände grundsätzlich **Liquidationswerte** anzusetzen.[32] Gehört ein Unterneh-

---

[29] Gottwald InsR-HdB/*Döbereiner* § 113 Rn. 23.
[30] *Uhlenbruck* InsO § 320 Rn. 3.
[31] *Uhlenbruck* InsO § 320 Rn. 2.
[32] MüKoInsO/*Siegmann* § 320 Rn. 4; *Uhlenbruck* InsO § 320 Rn. 3.

men zum Nachlass und ist die Fortführung des Unternehmens überwiegend wahrscheinlich, ist bei der Bewertung insoweit von **Fortführungswerten** auszugehen.[33] Allerdings ist zu berücksichtigen, dass der Nachlass nicht nur aus dem Unternehmen, sondern auch aus dem Privatvermögen des Erblassers besteht, so dass die Bewertungsmaßstäbe unterschiedlich sein können.

40 Auf der Aktivseite hinzuzurechnen sind **Surrogate** für Gegenstände, die beim Erbfall nachlasszugehörig waren, soweit diese Surrogate zum Nachlass zählen, also insbesondere im Fall der Erbengemeinschaft (§ 2041 BGB) oder der Vor- und Nacherbschaft (§ 2111 BGB). Nicht hinzuzurechnen sind hingegen Ansprüche gegen den Erben aus §§ 1978 ff. BGB[34] und wie üblich Anfechtungsansprüche, da sie erst mit Verfahrenseröffnung entstehen. Ebenfalls nicht einzurechnen ist im Fall der unbeschränkten Erbenhaftung das Eigenvermögen des Erben,[35] da es nicht mit dem Nachlass gleichzusetzen ist.

41 Zu den Verbindlichkeiten, die in die Überschuldungsprüfung einzubeziehen sind, zählen sämtliche Nachlassverbindlichkeiten. Hiervon umfasst sind daher insbesondere auch die gemäß § 327 InsO nachrangigen Verbindlichkeiten gegenüber **Pflichtteilsberechtigten** und aus **Vermächtnissen** und **Auflagen**.[36] Ebenso zu berücksichtigen sind die Verbindlichkeiten, die im Fall der Verfahrenseröffnung Masseverbindlichkeiten gemäß § 324 InsO wären und bereits vor Insolvenzeröffnung begründet wurden.[37]

D. Folgen der Verfahrenseröffnung

I. Erbrechtliche Folgen

41 1. Die Eröffnung des Insolvenzverfahrens bewirkt die **Vermögenstrennung** zwischen dem Sondervermögen Nachlass und dem Eigenvermögen des Erben. Die Nachlassseparation wird ex nunc bewirkt, wobei einzelne Trennungswirkungen bereits ex tunc fingiert werden.[38] Mit der Vermögenstrennung einher geht die **Beschränkung der Erbenhaftung** für die Nachlassverbindlichkeiten (§ 1967 BGB) auf den Nachlass (§ 1975 BGB), sofern nicht der Erbe das Recht auf die Haftungsbeschränkung bereits ganz oder teilweise verloren hat und allen oder einzelnen Nachlassgläubigern → Rn. 3 unbeschränkt haftet.

42 2. Die Vermögenstrennung hat nach § 1976 BGB die fingierte Konsequenz, dass die infolge des Erbfalls durch Vereinigung von Recht und Verbindlichkeit (**Konfusion**) oder von Recht und Belastung (**Konsolidation**) erloschenen Rechtsverhältnisse als nicht erloschen gelten. Auch der unbeschränkt haftende

---

[33] MüKoInsO/*Siegmann* § 320 Rn. 5.
[34] MAH ErbR/*Wiester*, § 25 Rn. 18.
[35] MAH ErbR/*Wiester*, § 25 Rn. 18; aA *Roth*, Die Eröffnungsgründe im Nachlassinsolvenzverfahren, ZInsO 2009, 2265 (2266).
[36] HK-InsO/*Marotzke* § 320 Rn. 4; *Uhlenbruck* InsO § 320 Rn. 3; MüKoInsO/ *Siegmann* § 320 Rn. 4; aA MAH ErbR/*Wiester*, § 25 Rn. 19.
[37] MüKoInsO/*Siegmann* § 320 Rn. 6.
[38] MüKoBGB/*Küpper* § 1978 Rn. 1.

Depré/Lambert

Erbe kann seine Ansprüche gegenüber dem Erblasser im Verfahren nach § 326 Abs. 1 InsO geltend machen.[39] Die **Wiederherstellung** der durch den Erbfall tatsächlich erloschenen Rechtsverhältnisse wird nicht nur zwischen den Verfahrensbeteiligten fingiert, sondern auch gegenüber Eigengläubigern des Erben, die nun dessen Forderungen gegenüber dem Erblasser sowie Pfandrechte an Nachlassgegenständen pfänden können.

Allerdings kann eine bereits eingetretene **Rechtsänderung zugunsten eines Dritten** durch die Wiederherstellungsfiktion des § 1976 BGB nicht mehr beseitigt werden. Das gilt auch, soweit **Verfügungen des Erben** vor dem Erbfall über Nachlassgegenstände durch den Erbfall nach § 185 Abs. 2 Satz 1 Alt. 2 BGB wirksam werden; der Gegenstand wird also durch § 1976 BGB nicht wieder zum Nachlassgegenstand. Umgekehrt bleiben **Verfügungen des Erblassers** über Gegenstände des Erben ohne dessen Genehmigung nach § 185 Abs. 2 Satz 1 Alt. 3 BGB auch weiterhin unwirksam, es sei denn der Erbe haftet unbeschränkt für die Nachlassverbindlichkeiten. 43

3. Weitere Folge der Verfahrenseröffnung ist, dass bestimmte, bereits vor Verfahrenseröffnung erfolgte **Aufrechnungen** als nicht erfolgt anzusehen sind. Wegen § 2013 Abs. 1 BGB greift § 1977 BGB allerdings nicht, wenn der Erbe unbeschränkt für die Nachlassverbindlichkeiten haftet.[40] 44

Die fingierte Unwirksamkeit betrifft zunächst die Aufrechnung der Forderung eines Nachlassgläubigers gegen eine **Eigenforderung des Erben,** wenn diese ohne Zustimmung des Erben erfolgte (§ 1977 Abs. 1 BGB). Die Fiktion verhindert, dass der Erbe gegen seinen Willen durch Erlöschen seiner Eigenforderung um die Haftungsbeschränkung gegenüber den Nachlassgläubigern gebracht wird. Hatte der Erbe der Aufrechnung allerdings zugestimmt, ist sie auch im Verfahren als erfolgt anzusehen; der Erbe kann dann entweder Ersatz aus §§ 1978 Abs. 1 Satz 2, 1979 BGB verlangen oder gemäß § 326 Abs. 2 InsO anstelle des Nachlassgläubigers am Verfahren teilnehmen. 45

Ebenso als nicht erfolgt gilt die Aufrechnung in den Fällen, in denen ein Eigengläubiger des Erben seine Forderung gegen eine Nachlassforderung aufgerechnet hat (§ 1977 Abs. 2 BGB). Zugunsten der Insolvenzmasse kann also die im Wege der Aufrechnung zum Erlöschen gebrachte **Forderung des Nachlasses** ungeachtet von § 389 BGB weiterhin geltend gemacht werden. Streitig ist, ob das auch gilt, wenn der Erbe der Aufrechnung zugestimmt hat.[41] 46

4. Der Erbe ist nach § 1978 Abs. 1 BGB den Nachlassgläubigern für die **bisherige Verwaltung des Nachlasses** so verantwortlich, wie wenn er von der Annahme der Erbschaft an die Nachlassverwaltung für sie als Beauftragter zu führen gehabt hätte. Für die vor Annahme der Erbschaft vom Erben besorgten Geschäfte gelten die Vorschriften über die Geschäftsführung ohne Auftrag entsprechend. Aufwendungen sind dem Erben aus dem Nachlass zu ersetzen, soweit er nach Auftragsrecht bzw. dem Recht der Geschäftsführung ohne Auftrag Ersatz verlangen könnte (§ 1978 Abs. 3 BGB). 47

---

[39] MüKoBGB/*Küpper* § 1978 Rn. 3.
[40] Zur Diskussion, ob das auch für § 1977 Abs. 2 BGB gilt, vgl. MüKoBGB/*Küpper* § 1977 Rn. 7 mwN.
[41] Vgl. zum Streitstand MüKoBGB/*Küpper* § 1977 Rn. 6 mwN.

48 5. Die vor Verfahrenseröffnung erfolgte **Berichtigung von Nachlassverbindlichkeiten durch den Erben** müssen die Nachlassgläubiger nach § 1979 BGB als für Rechnung des Nachlasses erfolgt gelten lassen, wenn der Erbe den Umständen nach annehmen durfte, dass der Nachlass zur Berichtigung aller Nachlassverbindlichkeiten ausreichen werde. Hatte der Erbe für die Berichtigung von Nachlassverbindlichkeiten Mittel aus seinem Eigenvermögen verwendet, steht ihm unter den Voraussetzungen des § 1979 BGB ein Ersatzanspruch nach § 1978 Abs. 3 BGB zu. Lagen die Voraussetzungen des § 1979 BGB dagegen nicht vor, tritt der Erbe nach § 326 Abs. 2 InsO an die Stelle des befriedigten Gläubigers, wenn er nicht unbeschränkt haftet.

II. Insolvenzrechtliche Folgen

49 1. **Grundsatz:** Für das eröffnete Insolvenzverfahren gelten zunächst die allgemeinen Bestimmungen der InsO (§§ 80 ff. InsO), soweit sich aus den §§ 315 ff. InsO nichts Abweichendes ergibt.[42] Mit Verfahrenseröffnung tritt der Erbe verfahrensrechtlich an die Stelle des Schuldners.[43] Die Verwaltungs- und Verfügungsbefugnis betreffend die nachlasszugehörigen Vermögensgegenstände geht auf den Nachlassinsolvenzverwalter über.

50 Der Erbe bleibt allerdings zur **Verfügung über die Erbschaft** insgesamt, also die aus Aktiven und Passiven bestehende Vermögensmasse, oder über seinen Erbteil hieran verfügungsbefugt. Denn insoweit handelt es sich um einen Bestandteil seines persönlichen Vermögens. Im Fall der Erbschafts- oder Erbteilsübertragung tritt der Erbschaftskäufer in die Verfahrensposition des Erben oder Miterben (§ 330 Abs. 1 InsO).

51 2. Zur **Insolvenzmasse** des Nachlassinsolvenzverfahrens gehört das Vermögen des Erblassers im Zeitpunkt der Verfahrenseröffnung, nicht zur Zeit des Erbfalls.[44] Da allerdings das Nachlassinsolvenzverfahren das Ziel verfolgt, den Nachlassgläubigern das beim Erbfall vorhanden gewesene Nachlassvermögen als Befriedigungsmasse zur Verfügung zu stellen, gehören zur Insolvenzmasse neben → Rn. 77 ff. anfechtungsrechtlichen Erstattungsansprüchen auch weitere Ansprüche gegen die Beteiligten.

52 Praxisrelevant sind insbesondere die Ansprüche gegen Erben, Testamentsvollstrecker oder Nachlassverwalter aufgrund der → Rn. 60 ff. **bisherigen Nachlassverwaltung** und ggf. wegen → Rn. 68 ff. **Verletzung der Insolvenzantragspflicht** (§§ 1978 ff. BGB). Solche Ansprüche haben auch dann besondere Bedeutung, wenn das Nachlassinsolvenzverfahren nach bereits erfolgter Auseinandersetzung einer Erbengemeinschaft (§ 316 Abs. 2 InsO) eröffnet wird oder der ursprünglich vorhanden gewesene Nachlass, auch beim Alleinerben, bereits verteilt oder weggegeben ist.

53 Nicht zur Insolvenzmasse zählt hingegen das **Eigenvermögen des Erben,** und zwar auch dann nicht, wenn dieser das Recht auf die Haftungsbeschränkung des § 1975 BGB bereits verloren hatte. Wegen § 2013 BGB scheidet in

---

[42] *Uhlenbruck* InsO § 315 Rn. 1.
[43] OLG Köln Beschl. v. 14.4.2005 – 2 Wx 43/04, NZI 2005, 472.
[44] Braun/*Bauch* InsO § 315 Rn. 5.

diesen Fällen eine Inanspruchnahme des Erben aus §§ 1978 ff. InsO durch den Nachlassinsolvenzverwalter aus. Allerdings können die Nachlassgläubiger neben dem Nachlass den Erben in Anspruch nehmen und an dem → Rn. 4 f. **Erbeninsolvenzverfahren** nach Maßgabe des § 331 InsO teilnehmen.

Besonderheiten können sich für einzelne Vermögenspositionen des Nachlasses ergeben: Ein **Einzelunternehmen** des Erblassers gehört ebenso wie die hieraus erwirtschafteten Erträge zur Insolvenzmasse. Wenn der Erbe den Geschäftsbetrieb aber über längere Zeit hinaus fortführt und hierbei seine persönliche Leistung maßgeblich ist, wird man nicht mehr vom gleichen Unternehmen und einer Massezugehörigkeit ausgehen können. 54

War der Erblasser an einer **Kapitalgesellschaft** beteiligt, zählt der Geschäftsanteil an der GmbH oder die Aktie zur Insolvenzmasse. 55

Bei der Beteiligung an **Personengesellschaften** ist zu unterscheiden: Wenn der Erblasser Gesellschafter einer OHG (§ 131 Abs. 3 Nr. 1 HGB), Komplementär einer KG (§§ 161 Abs. 2, 131 Abs. 3 Nr. 1 HGB) oder Partner einer PartG (§ 9 Abs. 1 PartGG) war, kommt es durch seinen Tod mangels abweichender und mit der Erbfolge kompatibler Nachfolgeregelung im Gesellschaftsvertrag zum Ausscheiden aus der Gesellschaft; zum Nachlass zählt dann das Auseinandersetzungsguthaben. Gleiches gilt bei der Beteiligung an einer GbR, die durch den Tod eines Gesellschafters grundsätzlich aufgelöst wird (§ 727 Abs. 1 BGB). Ist hingegen eine wirksame Nachfolgeregelung getroffen, fallen die mit dem Gesellschaftanteil verbundenen Mitgliedschaftsrechte dem Erben zu, während die vermögensrechtlichen Ansprüche bspw. auf Gewinnbeteiligung oder ein Auseinandersetzungsguthaben im Fall der anderweitigen Auflösung zur Insolvenzmasse zählen. 56

3. Zwangsvollstreckung. Wurde durch einen Nachlassgläubiger oder durch einen Eigengläubiger des Erben[45] nach Eintritt des Erbfalles in den Nachlass vollstreckt, so kann der Vollstreckungsgläubiger hieraus nach § 321 InsO kein Recht zur abgesonderten Befriedigung herleiten. Die Arrestvollziehung und die im Wege der einstweiligen Verfügung erlangte Vormerkung sind zwar nicht ausdrücklich genannt; gleichwohl bezieht sich § 321 InsO auch hierauf.[46] Die durch die Zwangsvollstreckung gewonnene Rechtsstellung geht dem Nachlassgläubiger aber nur verloren, wenn der Insolvenzverwalter den belasteten Gegenstand verwertet; sonst lebt die Rechtsstellung mit Verfahrensbeendigung wieder auf.[47] 57

Unberührt bleibt die sog → § 15 Rn. 46 **Rückschlagsperre** des § 88 InsO, die für Zwangsvollstreckungsmaßnahmen vor wie auch nach Eintritt des Erbfalls gilt, sofern diese sich in den zeitlichen Grenzen der Vorschrift bewegen. 58

4. Insolvenzplan. Es gelten die allgemeinen Vorschriften zum → § 43 Rn. 12 ff. Insolvenzplan.[48] Vorlageberechtigt ist neben dem Insolvenzverwalter der Erbe in seiner Verfahrensposition als Schuldner. Bei einer Erbengemeinschaft stellt sich die Frage der Vorlageberechtigung. Da die Vorlage eines Insolvenzplans 59

---

[45] HK-InsO/*Marotzke* § 321 Rn. 7.
[46] HK-InsO/*Marotzke* § 321 Rn. 3 f.
[47] Vgl. MüKoInsO/*Siegmann* § 321 Rn. 3.
[48] Ausführlich *du Carrois*, Der Insolvenzplan im Nachlassinsolvenzverfahren, 2009.

keine zwingend vorgesehene Verfahrenshandlung ist, soll das Vorlagerecht nur allen Miterben gemeinsam, ggf. aufgrund eines Mehrheitsbeschlusses zustehen.[49] Von Bedeutung ist das Planverfahren vor allem, wenn zum Nachlass ein unternehmerischer Geschäftsbetrieb gehört.[50] Es empfiehlt sich eine Regelung zur evtl. Erbenhaftung nach Verfahrensaufhebung, insbesondere wenn ganz oder teilweise → Rn. 3 unbeschränkte persönliche Haftung eingetreten war.

E. Nachlassspezifische Ansprüche der Insolvenzmasse

I. Ansprüche aufgrund der bisherigen Nachlassverwaltung

60   Aus der bisherigen Nachlassverwaltung können sich Ansprüche des Nachlasses und damit der Insolvenzmasse (vgl. § 328 Abs. 2 InsO) gegenüber dem Erben ergeben (§ 1978 Abs. 1 und Abs. 2 BGB). Wenn der Erbe das Recht auf die Haftungsbeschränkung des § 1975 BGB bereits verloren hatte, kommt gemäß § 2013 Abs. 1 BGB eine Inanspruchnahme aus § 1978 InsO zugunsten der Insolvenzmasse jedoch nicht in Betracht.

61   1. Für die Nachlassverwaltung **seit Annahme der Erbschaft** ist der Erbe den Nachlassgläubigern mit Verfahrenseröffnung entsprechend einem Beauftragten verantwortlich und hat insbesondere Auskunft über den Nachlassbestand zu erteilen, ein Nachlassverzeichnis vorzulegen, Rechenschaft über seine Nachlassverwaltung abzulegen und ggf. die eidesstattliche Versicherung abzugeben (§§ 666, 259, 260 BGB). Er hat die Erbschaft und alles aus der Nachlassverwaltung Erlangte an den Insolvenzverwalter herauszugeben (§ 667 BGB). Die Herausgabepflicht umfasst auch Surrogate für Nachlassgegenstände wie Versicherungsleistungen oder Schadenersatzansprüche gegenüber Dritten. Eine dingliche Surrogation findet allerdings insbesondere beim rechtsgeschäftlichen Eigenerwerb durch den Erben aus Nachlassmitteln nicht statt; insoweit schuldet der Erbe aber Wertersatz.[51] Für die von ihm gezogenen Nutzungen hat der Erbe Ersatz zu leisten.[52]

62   2. Wegen der Nachlassverwaltung **vor Annahme der Erbschaft** finden für die Verpflichtung des Erben die Vorschriften über die Geschäftsführung ohne Auftrag entsprechende Anwendung (§ 1978 Abs. 1 Satz 2 BGB). Der Erbe haftet also dafür, dass er bei der Führung der erbschaftlichen Geschäfte im objektiven Interesse der Nachlassgläubiger handelt. Die Haftung umfasst auch einfaches Verschulden, sofern nicht ein Fall des § 680 BGB vorliegt. Schlägt der vorläufige Erbe die Erbschaft aus, haftet er gegenüber dem Erben und damit gegenüber dem Nachlass und der Insolvenzmasse aus § 1959 BGB.

---

[49] MüKoInsO/*Eidenmüller* § 218 Rn. 84–86.
[50] HK-InsO/*Marotzke* vor §§ 315ff. Rn. 4.
[51] So für den vergleichbaren Fall der Erbenhaftung aus §§ 1991 Abs. 1, 1978 BGB im Fall der Dürftigkeitseinrede: *BGH* Urt. v. 13.7.1989 – IX ZR 227/87, NJW-RR 1989, 1226 (1227).
[52] Vgl. zum Nutzungsersatz betreffend Wohnung und Kraftfahrzeug des Erblassers MüKoBGB/*Küpper* § 1978 Rn. 8.

3. Der **Nachlassverwalter** ist nach § 1985 Abs. 2 BGB auch den Nachlassgläubigern für die Nachlassverwaltung verantwortlich. Die Ansprüche der Nachlassgläubiger gelten entsprechend § 1978 Abs. 2 BGB als nachlasszugehörig und sind daher ebenfalls Bestandteil der Insolvenzmasse. 63

4. Gegen den **Nachlasspfleger** können Ersatzansprüche des Erben aus §§ 1960, 1915 Abs. 1, 1833 BGB wegen schuldhafter Pflichtverletzungen bestehen, die ebenfalls massezugehörig sind. 64

5. Der **Testamentsvollstrecker** schließlich haftet dem Erben und damit der Insolvenzmasse für die ihm obliegende ordnungsgemäße Nachlassverwaltung (§§ 2216, 2219 BGB). 65

6. Was der Erbe nach § 1978 BGB der Insolvenzmasse zu ersetzen hat, darf nach § 328 Abs. 2 InsO von den nach §§ 1973 f. BGB ausgeschlossenen Gläubigern nur insoweit beansprucht werden, als der Erbe auch nach den Vorschriften über die Herausgabe einer ungerechtfertigten Bereicherung ersatzpflichtig wäre, dh nur soweit beim Erben noch eine Bereicherung vorhanden ist. Soweit die Inanspruchnahme nach § 1978 BGB für die Befriedigung aller anderen Gläubiger nicht erforderlich ist, steht dem Verpflichteten daher ein Leistungsverweigerungsrecht zu.[53] 66

7. Für Tätigkeiten, die der spätere Erbe oder ein Dritter noch zu **Lebzeiten des Erblassers** aufgrund einer von diesem erteilten Vollmacht vorgenommen hatte, wie auch für eigenmächtige Verfügungen der Beteiligten über Vermögensgegenstände des Erblassers ist eine Haftung gegenüber dem Nachlass nicht aus § 1978 BGB begründet. Auskunfts-, Herausgabe-, Befreiungs- oder Schadenersatzansprüche können sich insoweit insbesondere aus dem Auftragsrecht, aus der Geschäftsführung ohne Auftrag oder aus deliktischer Haftung ergeben. 67

II. Ansprüche wegen Verletzung der Insolvenzantragspflicht

Ebenso gehören häufig Ansprüche aufgrund einer Verletzung der Insolvenzantragspflicht aus § 1980 BGB zur Insolvenzmasse (vgl. § 328 Abs. 2 InsO). Auch die Haftung aus § 1980 BGB scheidet jedoch aus, wenn der Erbe bereits unbeschränkt für die Nachlassverbindlichkeiten haftet (§ 2013 Abs. 1 BGB). Eine Antragspflicht des Erben im Hinblick auf sein Eigenvermögen besteht in diesem Fall nicht, da § 15a InsO hierfür nicht gilt. 68

1. Die Antragspflicht, die nur bei Zuständigkeit eines deutschen Insolvenzgerichts besteht,[54] setzt **Kenntnis oder Kennenmüssen** der Zahlungsunfähigkeit oder Überschuldung voraus. Drohende Zahlungsunfähigkeit begründet selbst bei positiver Kenntnis keine Antragspflicht. § 1980 Abs. 2 BGB stellt die auf Fahrlässigkeit beruhende Unkenntnis von der Zahlungsunfähigkeit oder Überschuldung der positiven Kenntnis gleich. Bei Erkennbarkeit der Zahlungsunfähigkeit oder Überschuldung begründet § 1980 Abs. 1 BGB die Pflicht zur **unverzüglichen** Antragstellung; der Antrag muss also ohne schuldhaftes Zögern gestellt werden. 69

---

[53] MüKoInsO/*Siegmann* § 328 Rn. 4.
[54] MüKoBGB/*Küpper* § 1980 Rn. 3 mwN.

70 Anders als bei der → Rn. 27 ff. Antragsberechtigung sind bei der Prüfung der Antragspflicht Verbindlichkeiten aus **Vermächtnissen** und **Auflagen** nicht mitzuberücksichtigen. Pflichtteilsansprüche und Vermächtnisse iSd § 327 Abs. 2 InsO sind hingegen einzubeziehen, da ihnen mit § 327 Abs. 1 Nr. 1 InsO ein besserer Rang zukommt.[55] Ebenfalls nicht zu berücksichtigen sind im Aufgebotsverfahren ausgeschlossene Nachlassgläubiger (§ 1973 BGB) oder solche, die ihnen nach § 1974 BGB gleichstehen, denn diese Verbindlichkeiten haben wegen § 327 Abs. 3 InsO keinen besseren Rang.[56]

71 2. Die Antragspflicht des **Erben** ergibt sich unmittelbar aus § 1980 BGB. Sie endet nicht, wenn die von den Nachlassgläubigern einzuhaltende Antragsfrist des § 319 InsO verstrichen ist. Keine Antragspflicht besteht jedoch, wenn der Nachlass dürftig ist und die Durchführung eines Nachlassinsolvenzverfahrens wegen fehlender Kostendeckung untunlich ist (§ 1990 BGB). Hat der vorläufige Erbe die Erbschaft noch nicht angenommen, sie ausgeschlagen oder hat der Erbe die bereits erfolgte Annahme wieder angefochten, besteht keine Antragspflicht.

72 3. Auch der **Nachlassverwalter** ist antragspflichtig (§ 1985 Abs. 2 S. 2 BGB) und macht sich bei einem Verstoß hiergegen schadenersatzpflichtig.

73 4. Der **Nachlasspfleger** (§§ 1960, 1961 BGB) ist dagegen zwar antragsberechtigt (§ 317 Abs. 1 InsO); ihn trifft aber keine Antragspflicht. Seine Aufgabe ist die Sicherung des Nachlasses für den Erben und nicht für die Nachlassgläubiger. Er hat nicht die dem Erben gegenüber den Nachlassgläubigern obliegende Aufgabe der Insolvenzantragstellung wahrzunehmen und ist auch nicht aus einer vom Erben abgeleiteten oder eigenen Pflichtenstellung den Nachlassgläubigern gegenüber antragspflichtig.[57] Er kann daher nicht aus § 1980 BGB zugunsten der Nachlassgläubiger in Anspruch genommen werden. Ist ein Nachlasspfleger bestellt und stellt sich der Nachlass als zahlungsunfähig oder überschuldet heraus, dann macht sich daher allein ein bereits bekannter Erbe schadenersatzpflichtig, wenn er trotz Erkennbarkeit der Zahlungsunfähigkeit oder Überschuldung keinen Insolvenzantrag stellt.[58] Dem Erben ist dabei eine verzögerte Antragstellung durch den Nachlasspfleger nicht zuzurechnen.

74 5. Auch der **Testamentsvollstrecker** ist, sofern ihm die Nachlassverwaltung obliegt, zwar antragsberechtigt (§ 317 Abs. 1 InsO); er macht sich gegenüber der Insolvenzmasse aber bei unterlassenem Antrag nicht aus § 1980 BGB schadenersatzpflichtig.[59] Auch er übt sein Amt nicht zugunsten der Nachlassgläubiger aus, sondern zur Verwirklichung des Erblasserwillens, und hat daher auch nicht zugunsten der Nachlassgläubiger eine Antragspflicht. Unberührt bleibt

---

[55] Gottwald InsR-HdB/*Döbereiner* § 113 Rn. 12.
[56] Gottwald InsR-HdB/*Döbereiner* § 113 Rn. 12.
[57] BGH Urt. v. 8.12.2004 – IV ZR 199/03, NJW 2005, 756 (758).
[58] BGH Urt. v. 8.12.2004 – IV ZR 199/03, NJW 2005, 756: das gilt selbst dann, wenn noch ein Streit über das Erbrecht des antragspflichtigen Erben anhängig ist, krit. dazu *Marotzke*, ZEV 2005, 111.
[59] Gottwald InsR-HdB/*Döbereiner* § 113 Rn. 13; anders K. Schmidt InsO § 320 Rn. 14.

Depré/Lambert

ggf. ein Anspruch des Erben, der auf die nicht ordnungsgemäße Nachlassverwaltung gestützt wird, zu der wiederum auch die Antragstellung zählen kann; ein solcher Anspruch ist aber nicht nach § 1980 BGB zur Masse zu ziehen, sondern nach §§ 2216, 2219 BGB.

6. Die **Ersatzpflicht** aus § 1980 BGB umfasst den Unterschied zwischen der bei rechtzeitiger Antragstellung für die Nachlassgläubiger verteilbar gewesenen Masse und der tatsächlich verteilbaren Masse. Die Verzögerung des Insolvenzantrags führt daher nur dann zu einer Schadensersatzpflicht, wenn der Nachlass nach Eintritt der Antragspflicht geschmälert wird, bspw. durch den Zugriff einzelner Nachlassgläubiger im Wege der Zwangsvollstreckung. Miterben haften den Gläubigern als Gesamtschuldner.[60]

7. Auch was der Erbe nach § 1980 BGB der Insolvenzmasse zu ersetzen hat, darf nach § 328 Abs. 2 InsO von den nach §§ 1973 f. BGB ausgeschlossenen Gläubigern nur beansprucht werden, soweit der Erbe noch bereichert war. Soweit die Inanspruchnahme für die Befriedigung aller anderen Gläubiger nicht erforderlich ist, kann sich der Erbe daher auf ein Leistungsverweigerungsrecht berufen[61]

III. Ansprüche aufgrund Insolvenzanfechtung

1. Regelmäßig von Bedeutung ist die Anfechtung der Bezugsrechtseinräumung für versicherungsvertragliche Leistungen für den Todesfall nach § 134 Abs. 1 InsO. Mit dem Tod des Erblassers tritt insbesondere bei **Lebensversicherungen**[62] der Versicherungsfall ein. Aber auch bei anderen Versicherungsverträgen kann der Tod des Erblassers die Fälligkeit von Zahlungen zur Folge haben und hierfür ein Bezugsrecht eingeräumt sein.

War das Bezugsrecht für den Todesfall zu Lebzeiten vom Erblasser nur **widerruflich** eingeräumt, was nach § 159 Abs. 1 VVG im Zweifel der Fall ist, dann erstarkt das Bezugsrecht erst mit Eintritt des Versicherungsfalls, bei Lebensversicherungen also mit dem Tod des Versicherungsnehmers, zu einer gesicherten Rechtsposition und der Begünstigte erlangt erst damit eine Berechtigung an der Versicherungsleistung.[63] Die Vierjahresfrist des § 134 Abs. 1 InsO beginnt dann also erst mit dem Versicherungsfall.

War das Bezugsrecht für den Todesfall zu Lebzeiten, aber noch innerhalb des Vierjahreszeitraums vor Antragstellung **unwiderruflich** eingeräumt worden, ist die Anfechtung nach § 134 Abs. 1 InsO ebenfalls unproblematisch. Wenn das Bezugsrecht bereits mehr als vier Jahre vor Insolvenzantragstellung unwiderruflich eingeräumt und damit die Berechtigung des Begünstigten unanfechtbar entstanden war, unterliegt auch die Zahlung der im Vierjahreszeitraum geleisteten Prämienzahlungen nicht der Anfechtung nach § 134

---

[60] *Uhlenbruck* InsO § 317 Rn. 3.
[61] MüKoInsO/*Siegmann* § 328 Rn. 4.
[62] Ausführlich zu den verschiedenen Fallkonstellationen MüKoInSO/*Ede/Hirte* § 134 Rn. 85 ff.
[63] BGH Urt. v. 27.4.2010 – IX ZR 245/09, NZI 2010, 646; BGH Urt. v. 23.10.2003 – IX ZR 252/01, NZI 2004, 78.

Abs. 1 InsO.⁶⁴ Die Änderung eines bereits zuvor unwiderruflich für einen Dritten eingeräumten Bezugsrechts zugunsten anderer Begünstigter ist ebenfalls nicht anfechtbar, da hiermit keine Gläubigerbenachteiligung verbunden ist.⁶⁵

80 2. Zu beachten ist die **Beschränkung der Rückgewährpflicht** des Anfechtungsgegners durch § 328 Abs. 1 BGB.⁶⁶ Was aufgrund einer Insolvenzanfechtung der vom Erblasser selbst oder diesem gegenüber noch zu Lebzeiten vorgenommenen Rechtshandlung zur Insolvenzmasse zurückzugewähren ist, darf zur Erfüllung der in § 327 Abs. 1 InsO genannten nachrangigen Insolvenzforderungen⁶⁷ nicht verwendet werden. Die Anfechtung einer noch vor dem Erbfall vorgenommenen Rechtshandlung soll also nicht auch den Pflichtteilsberechtigten, Vermächtnisnehmern und Auflagenbegünstigten zugute kommen. Der Anfechtungsgegner kann diesen Einwand schon im Prozess geltend machen und muss die Voraussetzungen der Beschränkung beweisen. Stellt sich nachträglich heraus, dass die Rückgewähr infolge der Anfechtung zur Befriedigung aller anderen Nachlassverbindlichkeiten nicht erforderlich war, ist ein Mehrbetrag dem Anfechtungsgegner zu erstatten.⁶⁸

81 3. § 322 InsO erweitert die Anfechtungsmöglichkeiten dahingehend, dass die Erfüllung von **Pflichtteilsansprüchen**,⁶⁹ **Vermächtnissen und Auflagen**, die nach § 1991 Abs. 4 BGB wie auch nach § 327 InsO nachrangig sind, aus dem Nachlass durch den Erben wie eine unentgeltliche Leistung des Erben, also unter den weiteren Voraussetzungen des § 134 Abs. 1 InsO anfechtbar ist.

82 Aus dem Nachlass erfüllt ist die Verbindlichkeit auch, wenn der Erbe sie aus Eigenmitteln bedient hat, sofern er annehmen durfte, dass der Nachlass zur Befriedigung aller Nachlassverbindlichkeiten ausreicht und daher einen Aufwendungsersatzanspruch gegen den Nachlass hat.⁷⁰ Einer Erfüllung durch den Erben stehen Handlungen des Nachlasspflegers, des Nachlassverwalters oder des Testamentsvollstreckers gleich.

83 Im Fall der erfolgreichen Anfechtung kann der Anfechtungsgegner seinen Anspruch auf Erfüllung des Pflichtteils, des Vermächtnisses oder der Auflage nach § 144 Abs. 1 InsO zur Tabelle anmelden, allerdings nur im entsprechenden Rang des § 327 InsO.

---

⁶⁴ BGH Urt. v. 23.10.2003 – IX ZR 252/01, NZI 2004, 78 unter Aufgabe der früheren Rechtsprechung des RG; anders *Roth/Pfeuffer*, Praxishandbuch für Nachlassinsolvenzverfahren, 2009, S. 192.
⁶⁵ BGH Urt. v. 22.10.2015 – IX ZR 248/14, NZI 2016, 35 mit Anm. *Leithaus*.
⁶⁶ Zum Vergleich von Einzel- und Gesamtvollstreckung vgl. MüKoInsO/*Siegmann* § 328 Rn. 1.
⁶⁷ Gemeint sind nicht auch die Forderungen im Rang des § 39 InsO, vgl. HK-InsO/*Marotzke* § 328 Rn. 3.
⁶⁸ Gottwald InsR-HdB/*Döbereiner* § 115 Rn. 33; Nerlich/Römermann/*Riering* InsO § 328 Rn. 3.
⁶⁹ Entsprechend anwendbar auf Erbersatzansprüche aus § 1934b BGB aF, vgl. HK-InsO/*Marotzke* § 322 Rn. 2.
⁷⁰ Uhlenbruck/*Lüer* InsO§ 322 Rn. 3.

F. Befriedigung der Nachlassverbindlichkeiten

Für die Befriedigung der Nachlassverbindlichkeiten, die allein gemäß § 325 InsO im Nachlassinsolvenzverfahren geltend gemacht werden können, ergeben sich im Vergleich zum Regelverfahren einige Besonderheiten. 84

I. Masseverbindlichkeiten des § 324 Abs. 1 InsO

Masseverbindlichkeiten sind wie üblich die Verfahrenskosten und die sonstigen Masseverbindlichkeiten gemäß § 54, 55 InsO. Darüber hinaus zählen gemäß § 324 InsO aber auch zahlreiche weitere Verbindlichkeiten hierzu, die im Regelfall noch vor Insolvenzeröffnung, aber in jedem Fall erst nach Eintritt des Erbfalls begründet wurden. Im Fall der Masseunzulänglichkeit kommt diesen Verbindlichkeiten nach § 324 Abs. 2 InsO der Rang des § 209 Abs. 1 Nr. 3 InsO zu. 85

1. Nr. 1 umfasst die **Aufwendungen des Erben**, die ihm gemäß §§ 1978, 1979 BGB aus dem Nachlass zu ersetzen sind. Der Anspruch setzt voraus, dass der Erbe anlässlich der Aufwendungen davon ausgehen durfte, dass der Nachlass auskömmlich sei. Ist der Landesfiskus als Erbe festgestellt, begründet der durch die Nachlassabwicklung entstandene Personal- und Verwaltungsaufwand keine Masseverbindlichkeit gemäß § 324 Abs. 1 Nr. 1 InsO iVm § 1978 Abs. 3 BGB, die Auslagenerstattung zB für Grundbuchauszüge oder Porto hingegen schon.[71] 86

2. Nr. 2 erfasst die Beerdigungskosten (§ 1968 BGB). Hierzu zählen die Kosten der Bestattung, eines angemessenen Grabdenkmals und des sog Leichenmahls,[72] nicht dagegen diejenigen für Instandhaltung und Pflege der Grabstätte oder des Grabdenkmals. Gläubiger der Nr. 2 ist, wer die Kosten fordern kann. Macht der Erbe Erstattung der von ihm verauslagten Kosten geltend, fällt sein Anspruch unter Nr. 1.[73] 87

3. Nr. 3 betrifft die Kosten der Todeserklärung des Erblassers, wenn diese gemäß § 34 VerschG dem Nachlass auferlegt werden. 88

4. Nr. 4 erfasst die sog Nachlassverwaltungsschulden. Hierzu zählen die Kosten der Eröffnung einer Verfügung von Todes wegen (§ 348 FamFG), einer gerichtlichen Nachlasssicherung (§ 1960 BGB), einer Nachlasspflegschaft (§ 1961 BGB) einschließlich einer Nachlassverwaltung (§ 1981 BGB)[74] – unter Einschluss der Gerichtskosten, einer angemessenen Vergütung und des Auslagenersatzes,[75] des Aufgebots der Nachlassgläubiger (§ 1970 BGB, §§ 454 ff. FamFG) und der Inventarerrichtung (§§ 1993 ff. BGB). 89

---

[71] *Moderegger*, § 324 Abs. 1 Nr. 1 InsO: Anspruch des Fiskalerben auf Ersatz seiner Kosten im Antragsverfahren?, InsBüro 2016, 289 f.
[72] AG Grimma Urt. v. 9.4.1997 – 1 C 18/97, NJW-RR 1997, 1027.
[73] Uhlenbruck/*Lüer* InsO § 324 Rn. 3, anders MüKoInsO/*Siegmann* § 324 Rn. 6: der Anspruch des Erben fällt wie der von anderen Angehörigen unter Nr. 2.
[74] Braun/*Bauch* InsO § 324 Rn. 6.
[75] MüKoInsO/*Siegmann* § 324 Rn. 8.

90 **5. Nr. 5** umfasst Verbindlichkeiten aus den von einem Nachlasspfleger oder Testamentsvollstrecker vorgenommenen Rechtsgeschäften. Im Unterschied zur Nr. 4 sind damit nicht die eigenen Ansprüche des Nachlasspflegers oder Testamentsvollstreckers gemeint, sondern die Ansprüche Dritter aus Rechtsgeschäften mit diesem, soweit sie ordnungsgemäßer Nachlassverwaltung entsprachen.[76]

91 **6. Nr. 6** betrifft schließlich die Geschäftsführungskosten des Nachlasspflegers einschließlich eines Nachlassverwalters,[77] des Testamentsvollstreckers oder des vorläufigen Erben, der die Erbschaft ausgeschlagen hat. Die Rangordnung der Nr. 6 setzt voraus, dass die Geschäftsführung gegenüber den Nachlassgläubigern gerechtfertigt war. Der Vergütungsanspruch des Testamentsvollstreckers, der nicht von Nr. 4 erfasst ist, fällt unter Nr. 6 in Höhe einer angemessenen Vergütung; hat der Erblasser eine höhere Vergütung angeordnet, hat der Mehrbetrag nur den Rang eines Vermächtnisses.[78] Für den vorläufigen Erben ist die Rangordnung insbesondere von Bedeutung, wenn er ein nachlasszugehöriges Unternehmen fortgeführt hat und gemäß §§ 1959, 670, 683 BGB Aufwendungsersatz bzw. Befreiung von Verbindlichkeiten geltend machen kann.

II. Insolvenzforderungen im Rang des § 38 InsO

92 Die übrigen Nachlassverbindlichkeiten stellen mit Ausnahme derjenigen im Nachrang **Insolvenzforderungen** im Rang des § 38 InsO dar. Hierzu zählen auch **Forderungen des Erben** wegen der Erfüllung einer Nachlassverbindlichkeit, wenn die Nachlassgläubiger die Erfüllung nicht gemäß § 1979 BGB als für Rechnung des Nachlasses erfolgt gelten lassen müssen. In diesem Fall tritt der Erbe gemäß § 326 Abs. 2 BGB an die Stelle des (vormaligen) Nachlassgläubigers, wenn er nicht unbeschränkt für die Nachlassverbindlichkeiten haftet. Haftet der Erbe nur einzelnen Gläubigern gegenüber unbeschränkt, so kann er nach § 326 Abs. 3 deren Forderungen geltend machen für den Fall, dass diese die Forderung nicht geltend machen.

III. Nachrangige Insolvenzforderungen

93 Sodann sind die nachrangigen **Insolvenzforderungen gemäß § 39 InsO** in der dort angeordneten Rangfolge zu berichten. Erst im Rang nach diesen Forderungen dürfen die Nachrangforderungen gemäß § 327 InsO erfüllt werden. Verbindlichkeiten gegenüber **Pflichtteilsberechtigten**[79] gehen hierbei solchen aus **Vermächtnissen** oder **Auflagen** vor, es sei denn ein Vermächtnis nach § 2307 BGB übersteigt den Pflichtteil des Bedachten nicht. Im Fall einer ausdrücklichen Anordnung des Erblassers über eine bestimmte Rangfolge von

---

[76] Uhlenbruck/*Lüer* InsO § 324 Rn. 6; gegen die Beschränkung auf ordnungsgemäße Verwaltung: Braun/*Bauch* InsO § 324 Rn. 7.
[77] MüKoInsO/*Siegmann* § 324 Rn. 12.
[78] Gottwald InsR-HdB/*Döbereiner* § 115 Rn. 2.
[79] Zur Fortgeltung von § 226 Abs. 2 Nr. 6 KO gemäß Art. 227 Abs. 1 EGBGB für Erbersatzansprüche aus § 1934b BGB aF vgl. Uhlenbruck/*Lüer* InsO § 327 Rn. 1.

Vermächtnissen oder Auflagen findet diese gemäß § 327 Abs. 2 Satz 2 InsO Beachtung, allerdings nur innerhalb der Rangordnung des § 327 Abs. 1 Nr. 2 InsO.

IV. Besondere Verteilungsverbote

1. Was aufgrund der **Insolvenzanfechtung** nach §§ 129 ff. InsO[80] einer vom Erblasser oder diesem gegenüber noch zu Lebzeiten vorgenommenen Rechtshandlung zur Insolvenzmasse zurückgewährt wird, darf nach § 328 Abs. 1 InsO nicht zur Erfüllung der in § 327 Abs. 1 InsO genannten nachrangigen Insolvenzforderungen verwendet werden. Soweit das insoweit Zurückgewährte zur Befriedigung aller sonstigen Nachlassverbindlichkeiten nicht erforderlich ist, ist ein Mehrbetrag nicht an den Erben, sondern an den Anfechtungsgegner herauszugeben.[81] 94

2. Ferner darf dasjenige, was der Erbe nach §§ **1978–1980 BGB** der Insolvenzmasse zu ersetzen hat, von den nach §§ 1973 f. BGB ausgeschlossenen Gläubigern nicht beansprucht werden, soweit der Erbe nicht mehr bereichert war. Eine bereits erbrachte Ersatzleistung ist dem Erben daher zurückzugeben, soweit sie nicht zur Befriedigung anderer Nachlassverbindlichkeiten benötigt wird.[82] 95

G. Steuerliche Besonderheiten

I. Allgemeines

Wegen der allgemeinen Grundsätze des Insolvenzsteuerrechts sei auf die Ausführungen von *Dobler* in → § 35 verwiesen. Der Nachlass als Vermögensmasse ist grundsätzlich kein ertragsteuerlich taugliches Steuersubjekt, denn Einkünfte erzielen kann nur der Erbe.[83] Auch im Nachlassinsolvenzverfahren sind aber steuerliche Besonderheiten zu beachten.[84] 96

II. Verfahrensfragen

1. Erklärungs- und Zahlungspflichten des Insolvenzverwalters

Auch hier muss der Insolvenzverwalter die noch ausstehenden Erklärungen über die steuerlichen Verhältnisse des Erblassers bis zu dessen Tod abgeben. Werden aus der Nachlassverwaltung oder -verwertung Einkünfte (zB Zins- 97

---

[80] Eine Anfechtung nach § 322 InsO scheidet aus, da ihr erst Rechtshandlungen des Erben etc. nach Eintritt des Erbfalls zugrunde liegen.
[81] Nerlich/Römermann/*Riering* InsO § 328 Rn. 3.
[82] MüKoInsO/*Siegmann* § 328 Rn. 4.
[83] BFH Urt. v. 10.11.2015 – VII R 35/13, BStBl. II 2016, 372.
[84] Zur aktuellen Entwicklung der BFH-Rechtsprechung bei Nachlassinsolvenzen vgl. *Kahlert* DStR 2016, 1325 ff.

erträge auf Anderkonten, Veräußerungsgewinne) erzielt, sind diese dem Erben oder anteilig den Miterben zuzurechnen, die selbst für die Erklärung dieser Einkünfte zuständig sind.[85]

98 Ertragsteuerliche Verbindlichkeiten, die aus der vorläufigen Insolvenzverwaltung (§ 55 Abs. 4 InsO) und aus der Verwaltung oder Verwertung der Insolvenzmasse resultieren, sollen Masseverbindlichkeiten sein.[86] Das ist zweifelhaft, da in der Nachlassinsolvenz die Insolvenzmasse kein ertragsteuerlich taugliches Steuersubjekt ist[87] und daher auch keiner eigenen Verbindlichkeit ausgesetzt sein kann.

Gehört zum Nachlass ein (ggf. bereits eingestelltes) Unternehmen, hat der Nachlassinsolvenzverwalter die entsprechenden Umsatzsteuervoranmeldungen und Umsatzsteuererklärungen bis zur vollständigen Abwicklung aller Rechtsbeziehungen abzugeben.

2. Anrechnung von Abzugsbeträgen

99 Werden im Zuge der Verwaltung oder Verwertung des Nachlasses im Insolvenzverfahren Steuerbeträge im Abzugsverfahren einbehalten, bspw. als Kapitalertragsteuer von Zinserträgen oder von Dividenden, dann kann deren Erstattung zugunsten der Insolvenzmasse von der Finanzverwaltung nur verlangt werden, wenn sich bezogen auf den gleichen Besteuerungszeitraum und die Steuerschuld des Erben nach Verrechnung der Steuerabzugsbeträge ein Erstattungsguthaben ergibt.[88]

Wenn in der vergleichbaren Insolvenz einer Personengesellschaft eine Erstattungspflicht der Gesellschafter gegenüber der Insolvenzmasse für die einbehaltene KapSt besteht,[89] dann sind die Erben betreffend die zu ihren Gunsten angerechneten und zu Lasten der Insolvenzmasse einbehaltenen Abzugsbeträge zur Erstattung an die Insolvenzmasse verpflichtet.

III. Einzelne Steuerarten

1. Einkommensteuer

100 ESt-Verbindlichkeiten, die aufgrund eines Gewinns aus der Veräußerung von Nachlassgegenständen oder aus Erträgen des Nachlassvermögens resultieren, richten sich gegen den oder die Erben und nicht gegen den Nachlass. Nach dem Tod des Erblassers verwirklichen allein dessen Erben den Tatbestand der Einkünfteerzielung, so dass die daraus resultierende ESt-Verbindlichkeit auch eine eigene Steuerschuld des Erben darstellt.[90] Der BFH erkennt inzwischen aber an, dass Erben die Haftungsbeschränkung auf den Nachlass gemäß § 45 Abs. 2 AO

---

[85] Ebenso *Roth*, Keine einkommensteuerlichen Erklärungs- und Mitwirkungspflichten des Nachlassinsolvenzverwalters, ZVI 2014, 45 ff.
[86] BFH Beschl. v. 12.10.2015 – VIII B 143/14, BFH/NV 2016, 40.
[87] BFH Urt. v. 10.11.2015 – VII R 35/13, BStBl. II 2016, 372.
[88] BFH Beschl. v. 12.10.2015 – VIII B 143/14, BFH/NV 2016, 40.
[89] BGH Urt. v. 5.4.2016 – II ZR 62/15, DStR 2016, 1273.
[90] BFH Urt. v. 10.11.2015 – VII R 35/13, BStBl. II 2016, 372, für den vergleichbaren Fall einer Nachlassverwaltung.

geltend machen können, wenn die Einkünfte durch das Handeln eines Nachlassverwalters (§ 1975 BGB) erzielt wurden, wobei die ESt-Verbindlichkeiten als Erbfallschulden in Form von Nachlassverwaltungsschulden und damit als Nachlassverbindlichkeiten behandelt werden.[91]

Besonderheiten können sich ergeben, wenn gemäß § 1964 BGB der **Landesfiskus als Erbe** festgestellt wurde. Legt der Nachlassinsolvenzverwalter den Beschluss des Nachlassgerichts über die Feststellung des Fiskuserbrechts vor, wird damit zugleich bescheinigt, dass Erbe und damit Gläubiger von Kapitalerträgen iSd § 44a Abs. 4 EStG eine juristische Person des öffentlichen Rechts ist, so dass ein Steuerabzug der Kapitalertragsteuer zu Lasten der Insolvenzmasse nicht zu erfolgen hat.[92] In diesem Fall vereinigt sich zudem die ESt-Forderung des Fiskus und die ESt-Schuld des Nachlasses (**Konfusion**).[93] Betreffend den Fiskus als Steuergläubiger wie auch als Rechtsnachfolger des Erblassers[94] als Steuerschuldner erlischt damit die ESt-Forderung und ist deshalb auch nicht zur Tabelle festzustellen. 101

2. Umsatzsteuer

War der Erblasser unternehmerisch tätig, so endet zwar mit seinem Tod auch seine Unternehmereigenschaft (§ 2 Abs. 1 UStG). Der Erbe als Rechtsnachfolger tritt allerdings in die Rechtsverhältnisse ein, so dass bei einem nachlasszugehörigen Unternehmen oder Unternehmensrest die Unternehmereigenschaft des Nachlasses erst dann erlischt, wenn alle Rechtsbeziehungen des Unternehmens vollständig abgewickelt sind.[95] Im Nachlassinsolvenzverfahren unterliegt die Abwicklung dem Insolvenzverwalter, der daher umsatzsteuerliche Pflichten zu beachten hat. 102

3. Grunderwerbsteuer

Wurde ein nachlasszugehöriges Grundstück vor Verfahrenseröffnung verkauft und wird der Vertrag wieder aufgehoben, dann unterliegt der Anspruch auf Erstattung der aus Nachlassmitteln für die Steuerschuld auch des Verkäufers (§ 13 Abs. 1 Nr. 1 GrEStG) bereits gezahlter GrESt aus § 16 Abs. 1 GrEStG der Verwaltungs- und Verfügungsbefugnis des Nachlassinsolvenzverwalters.[96] Das gilt selbst dann, wenn die GrESt von einem der Miterben aus dessen Eigenvermögen gezahlt worden war.[97] 103

---

[91] BFH Urt. v. 10.11.2015 – VII R 35/13, BStBl. II 2016, 372; anders noch BFH Urt. v. 28.4.1992 – VII R 33/91, BStBl. II 1992, 781.

[92] Da der Landesfiskus als inländische Körperschaft des öffentlichen Rechts nach §§ 1 ff. KStG auch nicht der Körperschaftsteuer unterliegt, empfiehlt sich die Beantragung einer Nichtveranlagungsbescheinigung bei der Finanzverwaltung, die der Bank als Schuldner der Kapitalerträge vorsorglich ebenfalls vorgelegt werden kann.

[93] BFH Urt. v. 7.3.2006 – VII R 12/05, BStBl II 2006, 584.

[94] Nicht aber im Hinblick auf den ggf. gesamtschuldnerisch haftenden Ehegatten bei der Zusammenveranlagung, vgl. BFH Urt. v. 7.3.2006 – VII R 12/05, BStBl II 2006, 584.

[95] Vgl. zum Ende der Unternehmereigenschaft UStAE zu § 2 2.6.

[96] BFH Beschl. v. 18.11.2015 – II B 33/15, BFH/NV 2016, 234.

[97] BFH Beschl. v. 7.5.2014 – II B 117/13, BFH/NV 2014, 1232.

4. Erbschaftsteuer

104 Die ErbSt, die der Erbe für den Erbanfall nach § 3 Abs. 1 Nr. 1 ErbStG schuldet, wird als Erbfallschuld und damit als Nachlassverbindlichkeit behandelt und kann vom Finanzamt im Nachlassinsolvenzverfahren zur Tabelle angemeldet werden.[98] Der Nachlass haftet, solange er nicht auseinandergesetzt ist, gemäß § 20 Abs. 3 ErbStG für die Erbschaftsteuer aller am Erbfall Beteiligten.

105 Die Verschonungsregeln für den Erwerb von Betriebsvermögen in der Fassung des ErbStRG 2009, die mit Art. 3 Abs. 1 GG unvereinbar[99] und vorübergehend noch anwendbar sind, sehen in § 13a Abs. 5 ErbStG einen rückwirkenden Wegfall der Begünstigung und die **Nachbesteuerung** vor, wenn der Erbe binnen der **Behaltensfrist** von fünf Jahren ab dem Erbfall den Gewerbebetrieb veräußert oder aufgibt. Die Ursache einer solchen Aufgabe oder Veräußerung ist unerheblich, so dass hiervon auch die insolvenzbedingte Betriebseinstellung erfasst wird.[100]

---

[98] BFH Urt. v. 20.1.2016 – II R 34/14, BFH/NV 2016, 851.
[99] BVerfG Urt. v. 17.12.2014 – 1 BvL 21/12 = BGBl I 2015, 4 = BStBl. II 2015, 50.
[100] BFH Urt. v. 4.2.2010 – II R 25/08 = BStBl. II 2010, 663, der auch einen Erlass gemäß § 227 AO ablehnt; ebenso BFH Urt. v. 16.2.2005 – II R 39/03 = BStBl. II 2005, 571.

15. Teil.
Haftung der Beteiligten

§ 47. Haftung des (vorläufigen) Insolvenzverwalters

Hinsichtlich der Haftung des (vorläufigen) Insolvenzverwalters sind zunächst die Anspruchsgrundlagen § 60 InsO (→ Rn. 2 ff.) und § 61 InsO (→ Rn. 29) sowie deren Gemeinsamkeiten (→ Rn. 30 ff.) zu erläutern, wobei insbesondere die Geltendmachung eines Gesamtschadens (→ Rn. 38 ff.) problembehaftet ist. Nach einer Definition sog insolvenzspezifischer Pflichten im Allgemeinen (→ Rn. 49 ff.) wird insbesondere der haftungsrelevante Umgang mit Masseverbindlichkeiten (→ Rn. 121 ff.), Aussonderungsgut (→ Rn. 76 ff.) und Absonderungsgut (→ Rn. 95 ff.) dargestellt. Soweit keine insolvenzspezifische Haftung des (vorläufigen) Insolvenzverwalters besteht, steht ergänzend eine Haftung nach allgemeinen Regelungen im Raum (→ Rn. 169 ff.).

A. Einführung und §§ 60, 61 InsO als Anspruchsgrundlagen

1 Mit dem Übergang der Verwaltungs- und Verfügungsbefugnis vom Schuldner auf den Insolvenzverwalter (§ 80 Abs. 1 InsO) gehen die Folgen der §§ 81 ff. InsO einher. Insbesondere ist es Insolvenzgläubigern für die Dauer des Verfahrens verwehrt, sich durch Einzelzwangsvollstreckung Befriedigung zu verschaffen (§ 89 InsO). Ebenso ist es Absonderungsgläubigern verwehrt, das Absonderungsgut ohne Beteiligung des besitzenden Insolvenzverwalters zu verwerten (§ 166 Abs. 1 InsO), was auch für zedierte Forderungen gilt (§ 166 Abs. 2 InsO). Auch Massegläubiger sind unter bestimmten Voraussetzungen in der Durchsetzung ihrer Rechte beschränkt. So besteht für Masseverbindlichkeiten, die nicht durch Rechtshandlungen des Verwalters begründet wurden, in den ersten sechs Monaten ab Verfahrenseröffnung ein Vollstreckungsverbot (§ 90 InsO). Ferner können sonstige Masseverbindlichkeiten durch Anzeige der Masseunzulänglichkeit (§ 208 InsO) zu sog Altmasseverbindlichkeiten werden (§ 209 Abs. 1 Nr. 3 InsO), belegt mit einem Vollstreckungs- und Aufrechnungsverbot (§ 210 InsO). Schließlich können Massegläubiger ihrer Forderung ganz oder teilweise verlustig gehen (§§ 207, 211 InsO). Daher wird der Wechsel in der Verwaltungs- und Verfügungsmacht vom Schuldner auf den Verwalter als Risiko bezeichnet, das allein durch die Überwachungspflicht eines Gläubigerausschusses (§ 69 InsO) oder die gerichtliche Aufsicht (§ 58 InsO) nicht ausreichend schutzbewehrt ist.[1] Zum Ausgleich für den Einfluss, der dem Verwalter

---

[1] BGH Urt. v. 22.2.1973 – VI ZR 165/71, NJW 1973, 1198 (1199).

im Interesse des Insolvenzzwecks zugewiesen ist, ist ihm daher die persönliche Haftung (§§ 60, 61 InsO) auferlegt.[2]

B. § 60 InsO im Überblick

I. Schutzbereich

2 Das zentrale Tatbestandsmerkmal bei der Verwalterhaftung nach § 60 InsO ist die Verletzung **insolvenzspezifischer Pflichten**, sodass diese zu definieren sind (→ Rn. 49 ff.). Freilich kann auch die Verletzung nicht insolvenzspezifischer Pflichten zu einem Schaden eines Betroffenen führen, dann ist jedoch eine Haftungsnorm außerhalb der Insolvenzordnung heranzuziehen. Neben der Frage, wer aus § 60 InsO haften kann (→ Rn. 3 ff.), stellt sich maßgeblich die Frage, wer sich als Geschädigter auf § 60 InsO berufen kann (→ Rn. 7 ff.) und wie eine Geltendmachung des Schadens erfolgen kann (→ Rn. 38 ff.).

II. Persönlicher Anwendungsbereich (Haftender)

3 Aufgrund seiner systematischen Stellung gilt § 60 InsO unmittelbar für den **Insolvenzverwalter**. Dessen Tätigkeit endet grds. mit Aufhebung oder Einstellung des Verfahrens. Wird jedoch eine Nachtragsverteilung (§§ 203 ff. InsO), eine Planüberwachung (§ 260 InsO) oder eine Obliegenheitsüberwachung (§ 292 Abs. 2 S. 1 InsO) angeordnet, wirkt das Verwalteramt mit eingeschränktem Pflichtenkreis und daraus reduziertem Haftungsumfang fort. Seit der Reform der Verbraucherinsolvenz (weitgehend zum 1.7.2014 in Kraft getreten), ist der Treuhänder nach § 313 Abs. 1 InsO aF nun Insolvenzverwalter, sodass Besonderheiten entfallen. Aufgrund des Verweises in § 21 Abs. 2 S. 1 Nr. 1 InsO gilt § 60 InsO analog für den **vorläufigen Insolvenzverwalter** unabhängig davon, ob er „schwacher" oder „starker" vorläufiger Verwalter ist; Unterschiede ergeben sich bei den insolvenzspezifischen Pflichten.

4 Regelmäßig wird im Eröffnungsverfahren zunächst ein **Sachverständiger** bestellt, um einen Insolvenzgrund und eine die Verfahrenskosten deckende Masse zu ermitteln (§ 5 Abs. 1 S. 2 InsO iVm §§ 402 ff. ZPO). Dessen Haftung aus § 839a BGB ist grds. abschließend. Eine insolvenzspezifische Pflicht des Sachverständigen, auf die Notwendigkeit von Sicherungsmaßnahmen iSd § 21 InsO hinweisen zu müssen,[3] kann nur befürwortet werden, wenn dies im Beschluss über seine Bestellung erwähnt wird, damit der Sachverständige nicht für ein Unterlassen des Insolvenzgerichts haften muss. Entsprechendes gilt für andere Sachverständige im Insolvenzverfahren.

5 Analoge Anwendung findet § 60 InsO aufgrund Verweisung in § 274 Abs. 1 InsO auf den **Sachwalter** in Eigenverwaltung (→ § 48 Rn. 1 ff.). Hier besteht

---

[2] Zur KO entwickelt durch BGH Urt. v. 17.1.1985 – IX ZR 59/84, NJW 1985, 1161; BGH Urt. v. 4.12.1986 – IX ZR 47/86, NJW 1987, 844; BGH Urt. v. 14.4.1987 – IX ZR 260/86, NJW 1987, 3133; BGH Urt. v. 12.11.1992 – IX ZR 68/92, NJW 1993, 1206.
[3] So *Pape* ZInsO 2001, 830 (834).

der größte Bedarf einer Definition insolvenzspezifischer Pflichten. Selbiges gilt für den **vorläufigen Sachwalter** aufgrund Verweises in § 270a Abs. 1 S. 2 InsO. Keine Anwendung findet § 60 InsO auf den **eigenverwaltenden Schuldner** oder dessen Leitungsorgan.[4]

Die Regelungen für den **Treuhänder in der Wohlverhaltensphase** enthalten in § 292 Abs. 3 S. 2 InsO einen Verweis auf §§ 58, 59 InsO, nicht jedoch auf § 60 InsO. Dies dürfte, obgleich diskutiert,[5] nicht auf einer ungewollten Regelungslücke beruhen, da für die Auswahl des Treuhänders die Qualitätsanforderung des § 56 InsO nicht gilt. Entsteht einem Beteiligten ein Schaden, könnte der Treuhänder nur nach allgemeinem Zivilrecht in Anspruch genommen werden. Dies wiederum scheint unangemessen, sodass ein Regelungsbedarf erkennbar ist.

III. Beteiligte (Geschädigte)

1. Geschützter Personenkreis

Nach § 60 Abs. 1 S. 1 InsO ist der Insolvenzverwalter „allen Beteiligten" persönlich zum Ersatz von Vermögensschäden verpflichtet, die durch eine schuldhafte Verletzung seiner insolvenzspezifischen Pflichten entstehen. Zu den Beteiligten gehört der **Schuldner,** da es dessen Vermögen zu verwalten und verwerten gilt. Ein Masseverkürzungsschaden der Insolvenzgläubiger stellt grds. immer auch einen Schaden des Schuldners dar,[6] weil er nach Verfahrensbeendigung für die nicht befriedigten Verbindlichkeiten weiterhin haftet (§ 201 InsO) und diese durch das Insolvenzverfahren sogar tituliert wurden (§ 178 Abs. 1 S. 2 InsO); ferner könnte sich ohne die Masseverkürzung ein Anspruch auf Herausgabe eines Überschusses (§ 199 InsO) ergeben. Ein Schaden des Schuldners fällt wegen § 35 Abs. 1 InsO jedoch in die Insolvenzmasse,[7] sodass das Thema erst nach Verfahrensaufhebung virulent wird.

Beteiligte iSd § 60 InsO sind die **Insolvenzgläubiger,** da das Insolvenzverfahren als Gesamtvollstreckungsverfahren deren Befriedigung dient. Erfasst sind auch nachrangige Insolvenzgläubiger (§ 39 InsO), obgleich es hier oft an einem Schaden (Aussicht auf Befriedigung) fehlt, sowie **Absonderungsgläubiger.** Ob **Aussonderungsgläubiger** Beteiligte sind, wird unterschiedlich bewertet. Soweit es nicht um die persönliche Forderung geht (Insolvenzforderung), sondern um den dinglichen Herausgabeanspruch, sind sie grds. keine Beteiligten; gleichwohl kann sich eine Haftung auch hierauf beziehen, sodass nur eine Frage der Begrifflichkeiten vorliegt. Für **Massegläubiger** greift zunächst eine Haftung aus § 61 InsO. Obgleich grds. ebenfalls keine Beteiligten,[8] kann sich in Ausnahmefällen dennoch eine Haftung aus § 60 InsO ergeben. Mitglieder des vorläufigen (§ 21 Abs. 2 S. 1 Nr. 1a InsO), einstweiligen (§ 67 Abs. 1 InsO) oder endgültigen (§ 68 Abs. 1 S. 1 InsO) **Gläubigerausschusses** sind Beteiligte.

---

[4] Zum Streitstand *Lüke* Persönliche Haftung des Verwalters in der Insolvenz Rn. 537 ff.
[5] Nachweise bei Uhlenbruck/*Sinz* InsO § 60 Rn. 7.
[6] BGH Urt. v. 22.1.1985 – VI ZR 131/83, ZIP 1985, 423 = BeckRS 2009, 03720; BGH Urt. v. 16.7.2015 – IX ZR 127/14, NZI 2015, 849.
[7] BGH Urt. v. 16.7.2015 – IX ZR 127/14, NZI 2015, 849.
[8] Vgl. BGH Urt. v. 14.4.1987 – IX ZR 260/86, NJW 1987, 3133.

9 Bei der Haftung des Insolvenzverwalters wird der Kreis der Beteiligten folglich weit ausgelegt, weniger an der formalen Stellung orientiert als eher materiell-rechtlich definiert. Anders ausgedrückt ist „Beteiligter" nicht als Tatbestandsmerkmal, sondern als Ergebnis derjenige, dessen Interessen durch eine Verletzung insolvenzspezifischer Pflichten berührt werden können.[9] Weitere Beteiligte: die als **Hinterlegungsstelle** (§ 149 InsO) bestimmte Bank,[10] der **Justizfiskus** wegen Gerichtskosten nach § 54 Nr. 1 InsO,[11] die **Genossen** bei Genossenschaftsinsolvenz (soweit ihre Haftung betroffen wird),[12] **Komplementäre**[13] und **Kommanditisten**[14] (im Hinblick auf die Vorlage von Jahresabschlüssen), nach hier vertretener Ansicht aber **Gesellschafter einer Personengesellschaft** generell wegen deren persönlicher Haftung nach §§ 128 HGB, 93 InsO. **Gesellschafter einer Kapitalgesellschaft** sind grds. keine Beteiligten.[15] Dies gilt auch für deren Geschäftsführer, soweit nicht die Organstellung betroffen ist.[16] Ein **Nacherbe** ist Beteiligter, soweit der Verwalter im Insolvenzverfahren über das Vermögen des Vorerben Nachlassgegenstände veräußert hat (§ 83 Abs. 2 InsO).[17]

2. Einzel- und Gesamtschaden

10 Bei der Art des Schadens ist zwischen Einzel- und Gesamtschaden zu unterscheiden. Um einen **Gesamtschaden** handelt es sich, wenn die Innenhaftung des Verwalters gegenüber der Masse betroffen ist. Vordringlich geht es um eine schuldhafte Minderung der Aktiva (die allen Insolvenzgläubigern als Haftungsmasse zugewiesen sind) bzw. um eine schuldhafte Mehrung – oder unterlassene Minderung – der Passiva (wegen der Befriedigungsquote). Oberbegriff ist die Masseverkürzung.

11 Ein **Einzelschaden** liegt vor, wenn ein einzelner Beteiligter iRd Außenhaftung des Verwalters geschädigt wurde, ohne dass die Gläubigergesamtheit auf der Aktiv- oder Passivseite schuldnerischen Vermögens betroffen wäre. Die hierfür erforderliche Pflichtverletzung kann sowohl insolvenzspezifischer Natur sein (dann § 60 InsO) als auch andere Anspruchsgrundlagen zur Folge haben.

12 Der Unterschied zwischen Einzelschaden und Gesamtschaden kann sich auch aus einer **zeitlichen Komponente** ergeben. Denn macht zB ein Insolvenzgläubiger geltend, aufgrund von Pflichtverletzungen sei seine (potentielle) Quote zu niedrig, handelt es sich erst ab Beendigung des Insolvenzverfahrens um einen Einzelschaden, bis zur Beendigung hingegen um einen Gesamtschaden,

---

[9] Vgl. BGH Urt. v. 9.3.2006 – IX ZR 55/04, Tz. 19, NZI 2006, 350.
[10] BGH Urt. v. 30.1.1962 – VI ZR 18/61, NJW 1962, 869.
[11] OLG Schleswig Urt. v. 6.3.1984 – 3 U 150/82, ZIP 1984, 619.
[12] Uhlenbruck/*Sinz* InsO § 60 Rn. 10.
[13] BGH Urt. v. 22.1.1985 – VI ZR 131/83, ZIP 1985, 423 = BeckRS 2009, 03720; BGH Urt. v. 16.9.2010 – IX ZR 121/09, NZI 2010, 956.
[14] BGH Urt. v. 16.9.2010 – IX ZR 121/09, NZI 2010, 956.
[15] OLG Karlsruhe Urt. v. 24.1.2013 – 9 U 129/11, ZIP 2013, 1237 = BeckRS 2013, 06611.
[16] BGH Beschl. v. 14.4.2016 – IX ZR 161/15, NZI 2016, 580.
[17] Uhlenbruck/*Sinz* InsO § 60 Rn. 10.

Zimmer

da hier die Masseverkürzung im Vordergrund steht.[18] Bezieht sich die Pflichtverletzung auf einen Vermögensgegenstand, bzgl. dessen eine Nachtragsverteilung angeordnet wurde, verschiebt sich die zeitliche Zäsur auf die Aufhebung der Nachtragsverteilung.[19]

Der zentrale Unterschied besteht in der Art und Weise der **Geltendmachung**. Ein Gesamtschaden kann wegen § 92 S. 2 InsO nur von einem neuen Insolvenzverwalter im Interesse der Masse geltend gemacht werden, was außerhalb eines generellen Verwalterwechsels (§§ 56a, 57, 59 InsO) die Bestellung eines Sonderinsolvenzverwalters erforderlich macht (→ Rn. 38 ff.). Bei einem Einzelschaden hingegen kann der Geschädigte direkt gegen den Insolvenzverwalter vorgehen (→ Rn. 43 f.).

13

IV. Pflichtverletzung vs. Zweckmäßigkeit

Eine Pflichtverletzung liegt nach **allgemeinen Kriterien** vor, wenn eine bestehende Handlungspflicht gar nicht, unvollständig, fehlerhaft oder nicht zeitgerecht erfüllt wird, bzw. eine Handlung gegen eine Unterlassungspflicht verstößt.

14

Der Insolvenzverwalter ist verpflichtet, seine Maßnahmen am **Insolvenzzweck** auszurichten. Zweckmäßigkeitsprüfungsprüfungen stehen allerdings nur den Mitgliedern des Gläubigerausschusses zu. Nicht jede Maßnahme oder Unterlassung, die ihren Zweck verfehlt, ist haftungsrelevant. Maßgeblich allein ist, ob der beabsichtigte Zweck zum Nutzen der Insolvenzmasse war. Bei **Zweckverfehlung** kommt es iSd § 60 InsO darauf an, ob der beabsichtigte Zweck von Anfang an unerreichbar war und der Verwalter dies hätte erkennen können. Neben Zweckverfehlungen gibt es auch Sachverhalte, in denen gar **Zweckwidrigkeit** vorliegt. Trifft der Verwalter Vereinbarungen, die einen Dritten – es kann auch ein Verfahrensbeteiligter sein – besser stellen als er nach insolvenzrechtlichen Regelungen hätte stehen dürfen, kann die Abrede wegen Missbrauchs der Vertretungsmacht durch den Verwalter nichtig sein,[20] wenn auch der Dritte den Missbrauch der Vertretungsmacht hätte erkennen müssen.[21] Hierzu gehört zB das Einräumen eines Absonderungsrechts, das nicht bestand.

15

V. Verschulden

1. Verschuldensmaßstab

Den für den Insolvenzverwalter grds. geltenden Verschuldensmaßstab des § 276 BGB spezifiziert § 60 Abs. 1 S. 2 InsO tätigkeitsbezogen. Danach muss der Verwalter nur für die **Sorgfalt eines ordentlichen und gewissenhaften Insolvenzverwalters** einstehen (vgl. § 347 Abs. 1 HGB – Sorgfalt eines ordentlichen Kaufmanns; § 93 Abs. 1 S. 1 AktG und § 34 Abs. 1 S. 1 GenG – Sorgfalt eines gewissenhaften Geschäftsleiters; § 43 Abs. 1 GmbHG – Sorgfalt eines

16

---

[18] Vgl. BGH Urt. v. 3.3.2016 – IX ZR 119/15, ZIP 2016, 727 = BeckRS 2016, 05553.
[19] Vgl. BGH Urt. v. 3.3.2016 – IX ZR 119/15, ZIP 2016, 727 = BeckRS 2016, 05553.
[20] BGH Urt. v. 10.1.2013 – IX ZR 172/11, ZIP 2013, 531.
[21] Vgl. BGH Urt. v. 31.1.1991 – VII ZR 291/88, NJW 1991, 1812.

ordentlichen Geschäftsmannes). Diese Haftungserleichterung trägt dem Umstand Rechnung, dass der Verwalter sein Amt unter erheblich ungünstigeren Umständen ausübt als der Geschäftsleiter eines wirtschaftlich gesunden Unternehmens. Nach § 93 Abs. 1 S. 2 AktG liegt keine Pflichtverletzung vor, wenn das Vorstandsmitglied bei einer unternehmerischen Entscheidung vernünftigerweise annehmen durfte, auf der Grundlage angemessener Information zum Wohle der Gesellschaft zu handeln. Ob diese Business Judgement Rule auch für den Verwalter gilt, war noch nicht Gegenstand der Rechtsprechung. Eine Anwendung könnte daran scheitern, dass es sich trotz Gläubigerautonomie um ein Gerichtsverfahren handelt und der Verwalter zahlreichen Beteiligten verpflichtet ist.[22] Eben wegen des weiten Beteiligtenbegriffs kann es jedoch zu Pflichtenkollisionen kommen, sodass ein Maßstab für den Verwalter existieren muss, der ihm in solchen Fällen ein rechtmäßiges Handeln erlaubt. Da es sich bei dem Insolvenzverfahren um ein Gesamtvollstreckungsverfahren zur Befriedigung der Insolvenzgläubiger handelt, kann die Business Judgement Rule dahingehend präzisiert werden, dass keine Pflichtverletzung vorliegt, wenn der (vorläufige) Verwalter bei insolvenzspezifischen Entscheidungen vernünftigerweise annehmen durfte, auf der Grundlage angemessener Information, für die eine aktive Ermittlungspflicht besteht, zum Wohle der Gläubigergesamtheit zu handeln.[23] Dies trüge dann auch dem Umstand Rechnung, dass der (vorläufige) Verwalter zahlreiche Prognoseentscheidungen zu treffen hat. Eine Ablehnung der Business Judgement Rule würde hingegen die Haftung zu sehr an der Haftung von ua Rechtsanwälten und Steuerberatern orientieren, die einen Sachverhalt weitgehend vorgegeben bekommen und nicht selbst gestalten müssen.

17 Dem Verwalter ist eine **Einarbeitungszeit** zuzugestehen, die freilich schon mit der Bestellung als vorläufiger Verwalter beginnt. Sie ist abhängig vom Umfang der zu verwaltenden Aktiv- und Passivmasse sowie vom Zustand der schuldnerischen Geschäftsbücher. Der (vorläufige) Verwalter ist jedoch nicht von seiner Pflicht entbunden, erkannte Missstände unverzüglich zu identifizieren und Maßnahmen zur Beseitigung zu ergreifen. Die Einarbeitungszeit ist daher insges. keine feste Größe, sondern orientiert sich daran, welche Pflichten zuerst erfüllt werden müssen.

18 An die Qualifikation des Verwalters werden hohe Anforderungen gestellt (§ 56 InsO). Erwartet werden ua einschlägige und stetig zu aktualisierende Kenntnisse des Insolvenz-, Kreditsicherungs-, Arbeits-, Gesellschafts-, Haftungs- und Steuerrechts sowie der wesentlichen Grundlagen betriebswirtschaftlicher Zusammenhänge. Im Rahmen des Verschuldens präzisiert dies lediglich die Sorgfalt eines ordentlichen und gewissenhaften Insolvenzverwalters. Ergänzend stellt sich die Frage, ob einem Verwalter auch vermeidbare **Rechtsirrtümer** zuzugestehen sind oder er allwissend sein muss. Ein Verwalter handelt fahrlässig, wenn er die Sachlage unzureichend aufklärt oder eine klare Rechtslage falsch beurteilt.[24] Hier gelten also die allgemeinen Regeln, dh der Verwalter

---

[22] In diesem Sinne auch *Jungmann* NZI 2009, 80; *Lüke* Persönliche Haftung des Verwalters in der Insolvenz Rn. 280 f.
[23] In diese Richtung auch *Erker* ZInsO 2012, 199.
[24] BGH Urt. v. 9.5.1996 – IX ZR 244/95, NJW 1996, 2233.

muss eine gefestigte Rechtsprechung kennen und berücksichtigen. Natürlich darf er hiervon abweichen (sonst gäbe es keine Änderung und Fortentwicklung der Rechtsprechung), jedoch muss er dies begründen. Zu weit gehend ist die Ansicht, der Verwalter habe höchstrichterlicher Rechtsprechung stets zu folgen.[25] Bedenklich ist auch die Äußerung, eine noch nicht höchstrichterlich bestätigte Rechtsauffassung müsse mindestens auch in der Literatur vertreten werden, sonst reichten bereits zwei gegenteilige Fundstellen in der Literatur für eine Pflichtverletzung.[26] Richtig ist, dass es an einem Verschulden fehlt, wenn sich der Verwalter bei rechtlichen Zweifelsfragen nach sorgfältiger Prüfung eine Rechtsansicht gebildet hat, die sich mit guten Gründen vertreten lässt.[27] Freilich bedarf es der Kommunikation mit der Gegenseite, damit ihr Gelegenheit zur Gegenargumentation gegeben werden kann. In Zweifelsfragen ist der Verwalter berechtigt, auf Kosten der Masse ein Rechtsgutachten einzuholen.

2. Haftung für das Verschulden Dritter

a) Haftung für eigenes Hilfspersonal. Zwischen dem Insolvenzverwalter 19 und den Verfahrensbeteiligten besteht ein gesetzliches Schuldverhältnis, wobei zunehmend auf den Geschäftsbesorgungsvertrag abgestellt wird. Daher werden dem Insolvenzverwalter Pflichtverletzungen seiner Mitarbeiter nach § 278 BGB zugerechnet, dh es erfolgt keine Beschränkung auf ein Auswahl- oder Überwachungsverschulden. Zunehmend erforderlich dürfte insoweit die Einführung eines Compliance-Managements sein, zuvor jedoch die Einrichtung einer internen Revision.[28]

b) Haftung für Mitarbeiter des Schuldners. Eine Einschränkung der Haf- 20 tung folgt aus § 60 Abs. 2 InsO, wenn der Verwalter Angestellte des Schuldners im Rahmen ihrer bisherigen Tätigkeit einsetzen muss, und diese auch nicht offensichtlich ungeeignet sind. Der Begriff „Angestellte" ist nicht im arbeitsrechtlichen Sinn zu verstehen; erfasst wird jeder Mitarbeiter des Schuldners. Der Verwalter ist nur für deren **Überwachung** und für **Entscheidungen von besonderer Bedeutung** verantwortlich, wenn er darlegen kann, warum er auf die Mitarbeit eines Angestellten nicht verzichten konnte. Er kann sich insbes. darauf berufen, dass er zur Betriebsfortführung auf die besondere Sachkenntnis des Angestellten angewiesen war.[29] Werden iRd Betriebsfortführung neue Mitarbeiter eingestellt, greift ergänzend ein **Auswahlverschulden.**

Auch im Bereich der Abwicklung sind schuldnerische Mitarbeiter oft un- 21 verzichtbar. Von Bedeutung sind Mitarbeiter in der Personalabteilung und Buchhaltung, wobei diese besonders zuverlässig und in der Lage sein müssen, insolvenzspezifische Besonderheiten zu berücksichtigen. Sofern diese Beson-

---

[25] So aber wohl Uhlenbruck/*Sinz* InsO § 60 Rn. 32; HambK-InsO/*Weitzmann* § 60 Rn. 20.
[26] So aber BGH Urt. v. 9.6.1994 – IX ZR 191/93, ZIP 1994, 1118 (1120).
[27] BGH Beschl. v. 3.2.2011 – IX ZR 231/09, BeckRS 2011, 04093.
[28] Grundlegend *Zimmer* Insolvenzbuchhaltung Rn. 358 ff.
[29] Begründung Rechtsausschuss zu § 71 Abs. 2 RegE (BT-Drs. 12/7302, S. 155 ff.), abgedruckt in *Kübler/Prütting*, „Das neue Insolvenzrecht", 2. Aufl. 2000, S. 232.

derheiten lediglich die bisherige Tätigkeit ergänzen, ist § 60 Abs. 2 InsO einschlägig. Nur wenn schuldnerische Mitarbeiter mit völlig anderen **Aufgaben iRd Insolvenzabwicklung** betreut werden, scheidet die Anwendung des § 60 Abs. 2 InsO aus, es gilt dann die Haftung wie für eigenes Hilfspersonal nach § 278 BGB.

22 Die Weiterbeschäftigung fähiger Mitarbeiter kann sich aus finanziellen Gründen als **insolvenzspezifische Pflicht** darstellen, wenn ihr Austausch durch externe Dienstleister zu einer höheren Massebelastung ohne zusätzlichen Nutzen führt. Aufgrund der ständig steigenden Komplexität der Insolvenzabwicklung dürfte ein zusätzlicher Nutzen durch die Einschaltung von hochspezialisierten Dienstleistern jedoch idR gegeben sein, zumal ein Arbeitnehmer, dem bereits gekündigt wurde oder der mit seiner alsbaldigen Kündigung rechnen muss, kaum Neigungen zu einer intensiven und nur einmal verwertbaren Weiterbildung verspüren dürfte. Auch für den Verwalter dürfte es unzumutbar sein, für solche Mitarbeiter wegen einer gravierenden Abweichung vom bisherigen Aufgabengebiet evtl. nach § 278 BGB persönlich haften zu müssen.

23 **c) Haftung für selbstständige Dritte.** Bedient sich der Verwalter selbstständiger Dritter, um seinen insolvenzspezifischen Pflichten nachzukommen, kommt grds. keine uneingeschränkte Verschuldenszurechnung nach § 278 BGB in Betracht; hier greift nur ein **Auswahl- und Überwachungsverschulden.** Die Rechtsprechung differenziert jedoch danach, ob die Tätigkeit zu den **Kernaufgaben der Insolvenzabwicklung** gehört (nicht zu verwechseln mit der Frage, ob es sich iSd §§ 5, 4 Abs. 1 S. 3 InsVV um Regel- oder Sonderaufgaben handelt). Ist dies der Fall, trifft den Verwalter auch die **Erfüllungshaftung,** dh es greift die Verschuldenszurechnung nach § 278 BGB. Hintergrund ist die These, der Verwalter solle sich nicht der Haftung für Pflichtverletzungen dadurch entziehen können, dass er Gehilfen einsetzt. Dies gilt konkret für die Beauftragung eines Rechtsanwalts[30] mit dem Forderungseinzug, der zu den Kernaufgaben des Verwalters zählt, und zwar einschl. einfacher Maßnahmen der Zwangsvollstreckung.[31] In anderem Zusammenhang hat der BGH die Verwertung allgemein zu den Kernaufgaben gezählt, falls nicht ein professioneller Verwerter aufgrund seiner Sachkenntnis voraussichtlich höhere Ergebnisse erzielen kann;[32] neuerdings wird nur noch die Entscheidung über die Art der Sammlung und Verwertung der Masse als Kernaufgabe bezeichnet.[33] Kernaufgabe wird auch die Ermittlung und Durchsetzung von anfechtungsrechtlichen Rückgewähransprüchen sein.[34] Nicht zu den Kernaufgaben dürften die handelsrechtlichen und steuerlichen Pflichten des Schuldners zählen,[35] die der Verwalter zu erfüllen hat (§§ 155 InsO, 34 AO), wohl aber die insolvenzspezifische Rechnungslegung (sog Verwalterbuchführung nach § 66 InsO).[36]

---

[30] So bereits BGH Urt. v. 28.10.1993 – IX ZR 21/93, ZIP 1993, 1886.
[31] BGH Urt. v. 3.3.2016 – IX ZR 119/15, ZIP 2016, 727 = BeckRS 2016, 05553.
[32] BGH Beschl. v. 11.10.2007 – IX ZB 234/06, NZI 2008, 38.
[33] BGH Urt. v. 3.3.2016 – IX ZR 119/15, ZIP 2016, 727 = BeckRS 2016, 05553.
[34] BGH Urt. v. 3.3.2016 – IX ZR 119/15, ZIP 2016, 727 = BeckRS 2016, 05553.
[35] So wohl auch BGH Urt. v. 3.3.2016 – IX ZR 119/15, ZIP 2016, 727 = BeckRS 2016, 05553; BGH Urt. v. 29.5.1979 – VI ZR 104/78, ZIP 1980, 25 (26).
[36] BGH Urt. v. 3.3.2016 – IX ZR 119/15, ZIP 2016, 727 = BeckRS 2016, 05553.

3. „Mitverschulden" von Gläubigerorganen

Die an zahlreichen Stellen der InsO vorgesehenen Mitwirkungs- und Entscheidungsbefugnisse der Gläubigerorgane lässt ein Verschulden des Verwalters nicht automatisch entfallen.[37] Die Einzelheiten sind jedoch umstritten. Unbestritten entfällt ein Verschulden des Verwalters nicht, wenn er die Gläubigerorgane vor ihrer Entscheidungsfindung (oder hinsichtlich der weiteren Entwicklungen) mindestens fahrlässig falsch informiert. Aus der Berichtspflicht nach § 156 Abs. 1 InsO lässt sich ableiten, dass der Verwalter bei beabsichtigten Gläubigerentscheidungen zumindest auf Nachteile und voraussichtliche Verstöße gegen den Verfahrenszweck hinweisen muss, da er iSe Informationsasymmetrie über überlegenes Wissen verfügt. Obgleich Anwaltshaftung und Verwalterhaftung unterschiedlich sind, lässt sich ein Leitsatz des BGH zur Anwaltshaftung[38] sinngemäß anwenden:

24

„Der Anwalt muss dem Mandanten nicht notwendig eine vollständige rechtliche Analyse, sondern allein die Hinweise liefern, die ihm im Hinblick auf die aktuelle Situation und sein konkretes Anliegen die notwendige Entscheidungsgrundlage vermitteln. Erscheint unter mehreren rechtlich möglichen Alternativen die eine deutlich vorteilhafter als die andere, hat der Anwalt darauf hinzuweisen und eine entsprechende Empfehlung zu erteilen. Nach Art und Umfang des Mandats kann eine eingeschränkte Belehrung ausreichend sein, etwa bei besonderer Eilbedürftigkeit oder bei einem Aufwand, der außer Verhältnis zum Streitgegenstand steht. Inhalt und Umfang der Aufklärung haben sich nach den erkennbaren Interessen des Mandanten zu richten. Zur Prüfung der Handlungsalternativen, die sich dem Auftraggeber bei pflichtgemäßer Beratung stellen, müssen deren jeweiligen Rechtsfolgen miteinander und mit den Handlungszielen des Mandanten verglichen werden."

25

In Ergänzung dessen entbindet den Verwalter ein Gläubigervotum nicht von der Prüfung, ob der Beschluss dem Verfahrenszweck entspricht. Argument hierfür und Folge daraus ist, dass der Verwalter gegen einen insolvenzzweckwidrigen Beschluss der Gläubigerversammlung Beschwerde einlegen kann (§ 78 InsO) und muss.[39] Dringt er mit einem Antrag nach § 78 Abs. 2 InsO nicht durch, ist sein Verschulden für Schäden, die aus der Umsetzung des Beschlusses erwachsen, ausgeschlossen. Für Beschlüsse des Gläubigerausschusses gilt § 78 InsO unverständlicherweise nicht, dessen Beschlüsse haben grds. bindende Wirkung für den Insolvenzverwalter. Auch in diesem Fall wird der Verwalter von einem Verschulden für Schäden, die sich aus der Umsetzung des Beschlusses ergeben, befreit.

26

Dies lässt sich wie folgt zusammenfassen: Für eine insolvenzzweckwidrige Maßnahme des Verwalters entfällt dessen Verschulden dann nicht, wenn er sich die Maßnahme durch Falschinformation oder kollusives Zusammenwirken durch Gläubigerorgane absegnen lässt. Ein Verschulen entfällt erst recht nicht, wenn er ordnungsgemäß zustande gekommene und zweckdienliche Gläubiger-

27

---

[37] BGH Urt. v. 22.1.1985 – VI ZR 131/83, ZIP 1985, 423 = BeckRS 2009, 03720; *Bork* ZIP 2005, 1120 (1122).
[38] BGH Urt. v. 1.3.2007 – IX ZR 261/03, NJW 2007, 2485.
[39] BGH Urt. v. 4.12.1986 – IX ZR 47/86, NJW 1987, 844.

voten nicht umsetzt. Ein Verschulden entfällt jedoch, wenn er durch Gläubigervoten zu unvorteilhaften oder insolvenzzweckwidrigen Maßnahmen veranlasst wird, obgleich er seine Bedenken hinreichend geäußert und alle Möglichkeiten zur Beseitigung der Voten ausgeschöpft hat.

4. Mitverschulden des Geschädigten

28 Für ein Mitverschulden des Geschädigten gilt allgemein § 254 BGB.[40] Die Beweislast hierfür liegt nach allgemeinen Grundsätzen bei demjenigen, der sich auf ein Mitverschulden beruft, also beim Insolvenzverwalter.

C. § 61 InsO im Überblick

29 § 61 InsO ist lex spexialis zu § 60 InsO. Die zentralen Tatbestandsmerkmale der Haftung nach § 61 S. 1 InsO sind lediglich die pflichtwidrige und schuldhafte Nicht-Erfüllung einer vom Verwalter begründeten Masseverbindlichkeit (→ Rn. 121 ff.) und die Entstehung eines adäquat kausalen Schadens. Der persönliche Anwendungsbereich des § 61 InsO (Haftender) beschränkt sich auf diejenigen Amtsträger, die Masseverbindlichkeiten begründen können. Geschädigte können nur sein die Gläubiger einer solchen sonstigen Masseverbindlichkeit. Ansonsten gelten die zu § 60 InsO entwickelten Grundsätze. Eine Abweichung besteht nur insoweit, als hier eine sekundäre Beweislast des Verwalters besteht. Denn es obliegt ihm nach § 61 S. 2 InsO zu beweisen, dass er bei Begründung der Verbindlichkeit nicht erkennen konnte, dass die Masse voraussichtlich nicht zur Erfüllung ausreichen würde. Eine auf § 61 InsO gestützte Klage ist folglich bereits schlüssig, wenn eine fällige und einredefreie Masseverbindlichkeit nicht erfüllt ist und der Kläger seinen Schaden darlegt.[41]

D. Gemeinsamkeiten von § 60 InsO und § 61 InsO

I. Keine Subsidiarität der Haftung

30 Der Schadenersatzanspruch gegen den Verwalter gem. § 60 InsO ist gegenüber einem Anspruch gegen die Masse nicht subsidiär. Eine Primärhaftung der Masse ist im Gesetz nicht vorgesehen. Sie folgt auch nicht aus einer analogen Anwendung des § 31 BGB, der es ermöglichen soll, die Masse für die Verletzung vertraglicher oder deliktischer Pflichten durch den Verwalter haften zu lassen. Haften sowohl der Verwalter als auch die Masse, folgt hieraus kein Vorrang des einen oder des anderen Anspruchs.[42]

31 Ob die Haftung nach § 61 InsO subsidiär ist, ist eine Frage der Definition. Grundsätzlich haftet zunächst die Masse, da die Masseverbindlichkeit für und

---

[40] BGH Urt. v. 24.9.1992 – IX ZR 217/91, NJW 1993, 522.
[41] BGH Urt. v. 6.5.2004 – IX ZR 48/03, NZI 2004, 435.
[42] BGH Urt. v. 1.12.2005 – IX ZR 115/01, NZI 2006, 169 (170); *Schultz* ZInsO 2015, 529.

gegen sie begründet wurde. Erst wenn ein Massegläubiger nicht befriedigt werden kann, kommt die Haftung aus § 61 InsO ins Spiel, die ihrerseits nicht subsidiär ist. Da die Masse ohnehin nicht zur Leistung in der Lage ist (sonst käme es nicht zum Ausbleiben der Befriedigung), ist diese Aussage nur praxisrelevant, wenn es an der Befriedigungsmöglichkeit nur vorübergehend fehlt. Es ist wegen der Abläufe im Insolvenzverfahren selbstverständlich, dass Verbindlichkeiten begründet werden, um Einnahmen zu generieren (Hintergrund der Einführung des § 61 InsO als lex specialis war im Wesentlichen die Betriebsfortführung). Kommt es zu Verzögerungen auf der Einnahmenseite, kann folglich eine nur vorübergehende Haftung des Verwalters eintreten, weil sich der Massegläubiger nicht mit einer späteren Befriedigungsmöglichkeit vertrösten lassen muss; im Grunde nur für diesen Fall ist die Nicht-Subsidiarität von Bedeutung.

II. Haftung Zug-um-Zug

Nimmt der Geschädigte den Verwalter aus § 60 InsO oder § 61 InsO statt der Masse in Anspruch, muss sich der Verwalter den gegen die Masse gerichteten Anspruch nach § 255 BGB Zug-um-Zug abtreten lassen. Dies ist jedoch eine abstrakte Feststellung, die im Einzelfall zu prüfen ist. Macht ein Geschädigter iRd § 60 InsO einen Einzelschaden geltend, muss geprüft werden, ob hier überhaupt auch die Masse haftet oder ausschließlich der Verwalter; nur rechtsgeschäftliches Verhalten des Verwalters wirkt wegen § 80 InsO für und gegen die Masse. Bei einer Inanspruchnahme aus § 61 InsO hingegen bezieht sich die Haftung auf eine ohnehin gegen die Masse gerichtete Forderung, sodass ein Vorgehen nach § 255 BGB indiziert ist.[43] Kommt es zu einer Klage gegen den Verwalter, für die Prozesskostenhilfe beantragt werden muss, folgt aus § 255 BGB allerdings nicht, dass der Verwalter ein Beteiligter wäre, dem die Zahlung eines Kostenzuschusses zuzumuten wäre.[44] 32

Hat sich der Verwalter gegen die Masse bestehende Ansprüche abtreten lassen, ergeben sich weitere Probleme bei der insolvenzrechtlichen Umsetzung dieses zivilrechtlichen Ergebnisses. Denn der Verwalter ist nun Gläubiger im Insolvenzverfahren. Damit müsste er eigentlich dem Insolvenzgericht anzeigen, nicht mehr unabhängig iSd § 56 InsO zu sein. Spätestens aber vor einer Zahlung aus der Masse an den Verwalter oder dessen Haftpflichtversicherer ist vom Insolvenzgericht ein Sonderinsolvenzverwalter zu bestellen, da das Insolvenzgericht selbst nicht über die Begleichung von sonstigen Masseverbindlichkeiten entscheiden darf. Relevant sind die Fragen, ob die ursprüngliche Forderung Insolvenzforderung oder Masseverbindlichkeit gewesen wäre, ob sie als Masseverbindlichkeit korrekt in das Rangverhältnis des § 209 InsO eingeordnet wurde und ob die Pflichtverletzung gegenüber dem Geschädigten zugleich eine Pflichtverletzung gegenüber der Masse bzw. Gläubigergesamtheit darstellt; denn dann läge in der Zahlung aus der Masse an den Verwalter ein Gesamtschaden, sodass der Sonderinsolvenzverwalter eine solche Zahlung verhindern muss. 33

---

[43] BGH Urt. v. 6.5.2004 – IX ZR 48/03, NZI 2004, 435.
[44] BGH Beschl. v. 21.1.2016 – IX ZB 24/15, ZInsO 2016, 542.

III. Kausalität

34 Für die Kausalität zwischen Pflichtverletzung und Schaden gelten die allgemeinen Grundsätze des Schadensrechts. Im Rahmen der **haftungsbegründenden Kausalität** kommt folglich eine Ersatzpflicht des Verwalters nur in Betracht, wenn durch seine Pflichtverletzung der Schaden adäquat kausal verursacht wurde. Nach der Äquivalenztheorie ist jede Bedingung kausal, die nicht hinweggedacht werden kann, ohne dass der Erfolg entfiele; zur Feststellung des Ursachenzusammenhangs darf nur die pflichtwidrige Handlung hinweggedacht werden, nicht aber dürfen weitere Umstände hinzugedacht werden.[45] Der Verwalter haftet folglich nicht, wenn bei pflichtgemäßem Verhalten der Schaden ebenfalls eingetreten wäre. Im Rahmen der **haftungsausfüllenden Kausalität** ist von Bedeutung, welchen Verlauf die Dinge bei pflichtgemäßem Verhalten des Verwalters genommen und welche Auswirkungen dieses pflichtgemäße Verhalten auf die Vermögenslage des Geschädigten entfaltet hätte.[46]

IV. Haftung auf das negative Interesse

35 Die Haftung des Verwalters ist auf das negative Interesse gerichtet, dh der Geschädigte kann nicht Leistung bzw. vollständige Vertragserfüllung verlangen, sondern er ist gem. § 249 Abs. 1 BGB so zu stellen, wie wenn der Verwalter die Pflichtverletzung nicht begangen hätte. Dies gilt für § 60 InsO[47] ebenso wie für § 61 InsO.[48]

V. Verjährung

36 Nach § 62 InsO gilt die dreijährige Verjährungsfrist des § 199 Abs. 1 BGB. Die Frist beginnt am Ende des Kalenderjahres, in dem der Verletzte Kenntnis der Person des Ersatzpflichtigen erlangt oder ohne grobe Fahrlässigkeit erlangen müsste (§ 199 Abs. 1 BGB). Grob fahrlässige Unkenntnis, für die der Regressschuldner die Darlegungs- und Beweislast trägt, liegt vor, wenn ihm die Kenntnis deshalb fehlt, weil er ganz naheliegende Überlegungen nicht angestellt und dasjenige nicht beachtet hat, was im gegebenen Fall jedem hätte einleuchten müssen (Verschulden gegen sich selbst).[49] Im Zweifel verjährt der Anspruch spätestens in drei Jahren von der Aufhebung des Insolvenzverfahrens oder der Rechtskraft seiner Einstellung an (§ 62 S. 2 InsO), wobei sich das Tatbestandsmerkmal der Rechtskraft entgegen dem Wortlaut auch auf Aufhebungen be-

---

[45] BGH Urt. v. 5.5.2011 – IX ZR 144/10, Tz. 35, NZI 2011, 602.
[46] BGH Urt. v. 5.5.2011 – IX ZR 144/10, NZI 2011, 602; BGH Urt. v. 1.3.2007 – IX ZR 261/03, NJW 2007, 2485.
[47] BGH Urt. v. 25.1.2007 – IX ZR 216/05, NJW 2007, 1596.
[48] BGH Urt. v. 6.5.2004 – IX ZR 48/03, NZI 2004, 435; BGH Urt. v. 13.2.2014 – IX ZR 313/12, NZI 2014, 400; BAG Urt. v. 6.10.2011 – 6 AZR 172/10, NZI 2012, 40.
[49] BGH Urt. v. 17.3.2016 – III ZR 47/15, BeckRS 2016, 06152.

zieht.⁵⁰ Für Pflichtverletzungen, die iRd Nachtragsverteilung oder einer Plan-Überwachung begangen worden sind, gilt dies mit der Maßgabe, dass an die Stelle der Aufhebung des Verfahrens der Vollzug der Nachtragsverteilung oder die Beendigung der Überwachung tritt (§ 62 S. 3 InsO).

Beim Beginn der Verjährungsfrist ist problematisch, dass ein Gesamtschaden bereits während des Verfahrens bekannt sein und auch der Höhe nach feststehen kann, die Geschädigten aber wegen § 92 S. 2 InsO an einer Geltendmachung gehindert sind. Hier beginnt die Verjährungsfrist (erst) mit der Kenntnis des Sonderinsolvenzverwalters (bzw. dessen grob fahrlässiger Unkenntnis); dabei ist unerheblich, ob der Sonderinsolvenzverwalter zunächst nur mit der Prüfung bzw. Ermittlung etwaiger Schadenersatzansprüche betreut wurde, aber noch nicht mit der Geltendmachung.⁵¹ Eine Kenntnis des Schuldners ist irrelevant.⁵² 37

VI. Geltendmachung des Schadens

1. Gesamtschaden

Ein Gesamtschaden kann gem. § 92 S. 2 InsO nur von einem neu bestellten Insolvenzverwalter geltend gemacht werden. Da es verschiedene Gruppen von Beteiligten iSd § 60 InsO gibt, soll § 92 S. 2 InsO auch für „Teilgesamtschäden" gelten.⁵³ Soweit der zum Schadensersatz verpflichtete Verwalter noch nicht durch einen neuen Verwalter abgelöst worden ist, kann der Anspruch nur von einem vom Insolvenzgericht zu bestellenden Sonderinsolvenzverwalter geltend gemacht werden. Für ihn gelten die allgemeinen Beweislastgrundsätze, dh hier gilt keine Beweislastumkehr. Er ist in vollem Umfang beweispflichtig für die Tatsachen, aus denen er die von ihm begehrte Rechtsfolge herleitet.⁵⁴ Im Rahmen seiner Befugnisse gelten für ihn seinerseits die §§ 60, 61 InsO. Hieraus ergeben sich folgende Anforderungen und Probleme: 38

Vermeintlich Geschädigte können zunächst beim Insolvenzgericht anregen, einen Sonderinsolvenzverwalter mit dem Aufgabengebiet der *Prüfung* eines Gesamtschadens zu bestellen **(Initiativrecht der Geschädigten)**. Gegen eine ablehnende Entscheidung hat der Betroffene jedoch kein Rechtsmittel.⁵⁵ Da die Bestellung eines Sonderinsolvenzverwalters jedoch Beratungs- und Beschlussgegenstand einer Gläubigerversammlung sein kann,⁵⁶ kann der Geschädigte eine fakultative Gläubigerversammlung initiieren; wegen der Quoren des § 75 InsO dürfte dies jedoch oftmals scheitern. Für eine solche Gläubigerversammlung 39

---

⁵⁰ BGH Urt. v. 16.7.2015 – IX ZR 127/14, NZI 2015, 849.
⁵¹ BGH Urt. v. 17.7.2014 – IX ZR 301/12, NZI 2014, 973.
⁵² BGH Urt. v. 16.7.2015 – IX ZR 127/14, NZI 2015, 849.
⁵³ *Frege* Sonderinsolvenzverwalter Rn. 147 f.
⁵⁴ OLG Braunschweig Urt. v. 7.7.2011 – 8 U 156/09 (rkr.), BeckRS 2013, 04524.
⁵⁵ BGH Beschl. v. 5.2.2009 – IX ZB 187/08, NZI 2009, 238; BGH Beschl. v. 30.9.2010 – IX ZB 280/09, NZI 2010, 940; BGH Beschl. v. 16.10.2010 – IX ZB 238/09, ZInsO 2011, 131; BGH Beschl. v. 9.6.2016 – IX ZB 21/15, ZInsO 2016, 1430; BGH Beschl. v. 21.7.2016 – IX ZB 58/15, ZInsO 2016, 1746.
⁵⁶ BGH Beschl. v. 30.9.2010 – IX ZB 280/09, NZI 2010, 940.

gelten die allgemeinen Regeln, dh die Bestellung eines Sonderinsolvenzverwalters zur Prüfung eines Gesamtschadens muss als Tagesordnungspunkt öffentlich bekannt gemacht werden (§ 74 Abs. 2 S. 1 InsO).[57] Kommt es zu einer Gläubigerversammlung, die die Bestellung eines Sonderinsolvenzverwalters beschließt, spricht der BGH von einer Entscheidung, aus der – wenn das Gericht dann immer noch keinen Sonderinsolvenzverwalter bestellt – ein „abgeleitetes Beschwerderecht des einzelnen Gläubigers entsprechend §§ 57 S. 4, 59 Abs. 2 S. 2 InsO in Betracht kommt".[58] Völlig rechtlos ist der Schuldner,[59] wenn objektiv ein Masseverkürzungsschaden vorliegt, die Gläubiger sich jedoch nicht dafür interessieren; eine verfassungsrechtlich zweifelhafte Situation. Wird jedoch ein Sonderinsolvenzverwalter bestellt, haben einzelne Gläubiger auch hiergegen kein Beschwerderecht.[60] Inhaltlich hat das Insolvenzgericht lediglich zu prüfen, ob hinreichende rechtliche und tatsächliche Anhaltspunkte für die Möglichkeit eines Gesamtschadenersatzanspruchs bestehen, dh bei einer summarischen Prüfung ähnlich dem Prozesskostenhilfeverfahren muss ein solcher Anspruch hinreichend wahrscheinlich sein.[61] Ergänzend hat das Insolvenzgericht unter dem Gesichtspunkt der Kosten einer Sonderinsolvenzverwaltung, einer möglichen Verfahrensverzögerung und der Höhe vermeintlicher Schadenersatzansprüche abzuwägen, ob die Bestellung eines Sonderinsolvenzverwalters zweckmäßig erscheint;[62] eine unmittelbare Anwendung des § 78 InsO scheidet jedoch aus.[63] Ob diese Prüfung der Zweckmäßigkeit durch das Insolvenzgericht auch noch zulässig ist, wenn die Gläubigerversammlung im zweiten Schritt die *Geltendmachung* eines nun festgestellten Ersatzanspruchs durch den Sonderinsolvenzverwalter beschließt (→ Rn. 41), scheint wegen des Anspruchs auf den gesetzlichen Richter (Art. 101 Abs. 1 S. 2 GG) allerdings höchst zweifelhaft.

40   Das Insolvenzgericht kann einen Sonderinsolvenzverwalter iRd Aufsichtsplicht nach § 58 InsO auch **von Amts wegen** zunächst mit dem beschränkten Aufgabengebiet der Ermittlung und Prüfung eines Gesamtschadens beauftragen. In diesem Fall ist der Sonderinsolvenzverwalter noch nicht befugt, eine Regressforderung geltend zu machen. Er ist jedoch verpflichtet, das Insolvenzgericht und die Insolvenzgläubiger zeitnah von den Ergebnissen seiner Untersuchungen zu unterrichten und zu gegebener Zeit eine Klage gegen den Verwalter anzuregen.[64] Unterlässt der nur mit der Prüfung beauftragte Sonderinsolvenzverwalter einen Hinweis an das Insolvenzgericht über die Notwendigkeit einer Ausweitung seiner Befugnisse zwecks Klageerhebung, so haftet er selbst (Sekundärhaftung),[65] wenn der Anspruch gegen den Verwalter inzwischen verjährt (→ Rn. 37). Die Insolvenzgläubiger können sodann entscheiden, ob sie den Anspruch gegen den Verwalter verfolgen wollen; zu diesem Zweck

---

[57] BGH Beschl. v. 9.6.2016 – IX ZB 21/15, ZIP 2016, 1351.
[58] BGH Beschl. v. 30.9.2010 – IX ZB 280/09, NZI 2010, 940.
[59] So im Ergebnis BGH Urt. v. 16.7.2015 – IX ZR 127/14, NZI 2015, 849.
[60] BGH Beschl. v. 21.7.2016 – IX ZB 58/15, ZInsO 2016, 1746; *Graeber/Pape* ZIP 2007, 991 (998).
[61] BGH Beschl. v. 21.7.2016 – IX ZB 58/15, ZInsO 2016, 1746.
[62] BGH Beschl. v. 21.7.2016 – IX ZB 58/15, ZInsO 2016, 1746.
[63] BGH Beschl. v. 21.7.2016 – IX ZB 58/15, ZInsO 2016, 1746.
[64] BGH Urt. v. 17.7.2014 – IX ZR 301/12, NZI 2014, 973.
[65] BGH Urt. v. 17.7.2014 – IX ZR 301/12, NZI 2014, 973.

können sie eine Erweiterung der Befugnisse des Sonderinsolvenzverwalters auf die Prozessführung beantragen.[66] Das Insolvenzgericht ist insoweit nur Mittler zwischen den Geschädigten und dem Sonderinsolvenzverwalter. Keinesfalls kann das Insolvenzgericht von Amts wegen den Sonderinsolvenzverwalter mit der (klageweisen) Durchsetzung beauftragen, sonst würde gegen den Anspruch aller Beteiligten auf den gesetzlichen Richter (Art. 101 Abs. 1 GG) verstoßen, denn zum einen bleibt es hier bei der Außenhaftung des Verwalters, zum anderen gehört die Regressforderung vor die ordentliche Gerichtsbarkeit. Insoweit muss der Eingangssatz dahingehend korrigiert werden, dass das Insolvenzgericht zunächst auch nicht mehr darf, als den Sonderinsolvenzverwalter mit der Ermittlung und Prüfung zu beauftragen. Hinsichtlich notwendiger Befugnisse des Sonderinsolvenzverwalters in Bezug auf Informationen, Zutritt und Besitzergreifung sind ergänzende Einzelanordnungen erforderlich.[67]

Regt der Sonderinsolvenzverwalter die **(gerichtliche) Geltendmachung** des Anspruchs aus Gesamtschaden an, hat das Insolvenzgericht unverzüglich eine (weitere) Gläubigerversammlung nach § 74 InsO einzuberufen. Sind ausnahmsweise auch Massegläubiger vom Gesamtschaden betroffen, sind sie – abweichend von § 74 Abs. 1 S. 2 InsO – ebenfalls teilnahme- und stimmberechtigt. Teilnahme-, aber nicht stimmberechtigt ist der Schuldner, obgleich ebenfalls Geschädigter, und ebenso der Sonderinsolvenzverwalter,[68] für den dort eine Berichtspflicht analog § 156 InsO gilt.[69] Der Beschluss der „Geschädigtenversammlung" ist für alle Beteiligten bindend (§ 76 Abs. 2 InsO). Die Zustimmungsfiktion des § 160 Abs. 1 S. 3 InsO bei beschlussunfähiger Versammlung kann hier nicht gelten, da es nicht im freien Ermessen des Sonderinsolvenzverwalters steht, die Regressforderung durchzusetzen. Auch § 78 InsO kann nicht gelten,[70] jedenfalls aber hätte der Verwalter als Regressschuldner keine Antragsbefugnis zur Aufhebung des Beschlusses.[71] Wird die Geltendmachung des Gesamtschadens durch die Gläubigerversammlung abgelehnt, also nicht beschlossen, muss es möglich sein, dass die Geschädigten ihren Anspruch ab sofort als Einzelschaden weiter verfolgen.[72] Da es hinsichtlich der Verjährung auf die Kenntnis des Sonderinsolvenzverwalters ankommt, könnte ansonsten während des laufenden Insolvenzverfahrens Verjährung eintreten.[73] Kommt es hingegen zu einem Beschluss mit dem Inhalt der Geltendmachung, hat das Insolvenzgericht den Sonderinsolvenzverwalter unverzüglich mit neuem Aufgabengebiet neu zu bestellen, wobei auch konkrete Befugnisse zu nennen sind, zB die Begründung von Masseverbindlichkeiten.[74] Verweigert es dies, hat analog §§ 57 S. 4, 59 Abs. 2 S. 2 InsO jeder Geschädigte das Recht zur Be-

41

---

[66] BGH Urt. v. 17.7.2014 – IX ZR 301/12, NZI 2014, 973.
[67] Zu den Einzelheiten *Frege* Sonderinsolvenzverwalter Rn. 351 ff.
[68] *Frege* Sonderinsolvenzverwalter Rn. 281.
[69] Vgl. *Frege* Sonderinsolvenzverwalter Rn. 371.
[70] Vgl. BGH Beschl. v. 21.7.2016 – IX ZB 58/15, ZInsO 2016, 1746.
[71] BGH Beschl. v. 20.2.2014 – IX ZB 16/13, NZI 2014, 307; BGH Urt. v. 16.7.2015 – IX ZR 127/14, NZI 2015, 849.
[72] Noch weitergehend *Lüke* Persönliche Haftung des Verwalters in der Insolvenz Rn. 340.
[73] BGH Urt. v. 17.7.2014 – IX ZR 301/12, NZI 2014, 973.
[74] *Frege* Sonderinsolvenzverwalter Rn. 320.

schwerde.[75] Dies gilt nicht für den geschädigten Schuldner, was allerdings zu überdenken ist, wenn es ausnahmsweise um die Erlangung eines Überschusses nach § 199 InsO geht.

42 Insgesamt dürfte die Geltendmachung eines Gesamtschadens durch einen Sonderinsolvenzverwalter mangelhaft geregelt sein,[76] zumal der Gesetzgeber bewusst auf eine Regelungstiefe verzichtet hat.[77]

2. Einzelschaden

43 Entstehen einzelnen Beteiligten Schäden iSd §§ 60, 61 InsO, können sie diese auch schon während des Verfahrens als Individualschaden selbst geltend machen.[78] Sie können sich im Anwendungsbereich des § 60 InsO nicht darauf verlassen, dass ein evtl. bestellter Sonderinsolvenzverwalter sich auch um Einzelschäden kümmert, da er hierfür nicht zuständig ist.[79] Ist jedoch wegen der Prüfung eines Gesamtschadens bereits ein Sonderinsolvenzverwalter bestellt worden, hat dieser das Insolvenzgericht darüber zu informieren, wessen Schaden nicht vom Gesamtschaden betroffen ist. Ob er selbst oder das Insolvenzgericht verpflichtet ist, die Betroffenen zu informieren, ist nicht geklärt. Im Anwendungsbereich des § 61 InsO gilt die Informationspflicht eines evtl. bereits bestellten Insolvenzverwalters grds. nicht, falls nicht ein Einzelschaden aus § 61 InsO mit einem Gesamtschaden nach § 60 InsO zusammenhängt.

44 Die Beweislast für die Verletzung einer insolvenzspezifischen Pflicht, das Verschulden des Verwalters, die Ursächlichkeit seines Verhaltens sowie die Höhe des Schadens liegt nach allgemeinen Grundsätzen aufseiten des Geschädigten.[80] Dies gilt selbst bei grober Pflichtverletzung durch den Verwalter.[81] Allerdings mildern § 287 ZPO und die Regeln über den Beweis des ersten Anscheins die Beweislast. Insolvenzspezifisch ist zu beachten, dass ein Geschädigter nach §§ 4 InsO, 299 ZPO das Recht zur Einsicht in die Gerichtsakte hat.[82] Dort finden sich Berichte des Verwalters, die wahrheitsgemäß, vollständig und nachvollziehbar erstellt sein müssen.[83] Da das Insolvenzgericht die Rechtsaufsicht über den Verwalter ausübt (§ 58 InsO), kann ein Geschädigter zunächst das Insolvenzgericht kontaktieren, das sich im Zweifelsfall veranlasst sehen muss, über das Berichtswesen hinausgehende weitere Auskünfte vom Insolvenzverwalter einzufordern. Damit sind die Insolvenzspezifika und die Beanspruchung des Insolvenzgerichts als Ermittlungsgehilfe jedoch erschöpft.

---

[75] Vgl. insoweit die Argumentation bei BGH Beschl. v. 30.9.2010 – IX ZB 280/09, NZI 2010, 940 und BGH Urt. v. 16.7.2015 – IX ZR 127/14, NZI 2015, 849.
[76] Zu einem Gesetzesvorschlag *Frege* Sonderinsolvenzverwalter Rn. 477.
[77] Zur Gesetzeshistorie *Frege* Sonderinsolvenzverwalter Rn. 7 ff.
[78] BAG Urt. v. 6.10.2011 – 6 AZR 172/10, NZI 2012, 40; BGH Urt. v. 6.5.2004 – IX ZR 48/03, NZI 2004, 435.
[79] BGH Urt. v. 6.5.2004 – IX ZR 48/03, NZI 2004, 435.
[80] BGH Beschl. v. 15.10.2015 – IX ZR 296/14, NZI 2016, 52.
[81] BGH 7.12.1999 – XI ZR 67/99, NJW 2000, 1108.
[82] BAG Urt. v. 6.10.2011 – 6 AZR 172/10, NZI 2012, 40; BGH Beschl. v. 5.4.2006 – IV AR(VZ) 1/06, NZI 2006, 472; OLG Frankfurt/M. Beschl. v. 18.1.2010 – 20 VA 9/09, ZIP 2010, 1811 (Massekreditgläubiger); Bork/Hölzle/*Zimmer* HdB InsR Rn. 5.581.
[83] BGH Beschl. v. 25.9.2014 – IX ZB 11/14, ZIP 2014, 2399 (2400).

3. Prozessuales

Grundsätzlich ist die Haftung aus §§ 60, 61 InsO vor der **ordentlichen Gerichtsbarkeit**, dh vor den Zivilgerichten geltend zu machen. Für einen auf § 60 InsO[84] oder § 61 InsO[85] gestützten Einzelschaden eines Arbeitnehmers ist jedoch der Rechtsweg zu den Arbeitsgerichten eröffnet, sofern die behauptete Schadenersatzforderung unmittelbar aus dem Arbeitsverhältnis resultiert.

Grundsätzlich gilt für die **örtliche Zuständigkeit** der allgemeine Gerichtsstand des Insolvenzverwalters. Bei der Verwalterhaftung handelt es sich jedoch um einen deliktsähnlichen Anspruch, dh um ein gesetzliches Schuldverhältnis mit deliktischem Einschlag (hM).[86] Daher kommt der gesonderte (Wahl-)Gerichtsstand des § 32 ZPO zur Anwendung.[87] Nicht anwendbar ist § 19a ZPO (örtliche Zuständigkeit am Sitz des Insolvenzgerichts), da dieser nur für Klagen gegen die Masse einschlägig ist.

Die Zuständigkeitsregelungen sind von Bedeutung bei Ansprüchen, die gegen den Insolvenzverwalter als Partei kraft Amtes und gegen den Insolvenzverwalter persönlich als **Gesamtschuldner** geltend gemacht werden (einfache Streitgenossenschaft[88]). Ungeachtet der erforderlichen Präzisierung in Rubrum und Klageantrag ist hier ggf. eine Gerichtsstandsbestimmung iSd § 36 Abs. 1 Nr. 3 ZPO erforderlich.[89] Inhaltlich ist bei Gesamtschuld auch eine Haftung Zug-um-Zug zu beachten (→ Rn. 32 f.).

Wenn ein Massegläubiger seinen Anspruch (klageweise) sowohl auf § 61 InsO als auch auf § 60 InsO stützt, hat er die Ansprüche in ein Rangverhältnis (**Haupt- und Hilfsantrag**) zu bringen, da es sich um alternative Klagebegehren mit unterschiedlichem Streitgegenstand handelt, die nicht auf dasselbe Rechtsschutzziel gerichtet sind; ansonsten ist eine Klage mangels Bestimmtheit des Klageantrags unzulässig.[90]

E. Insolvenzspezifische Pflichten (Haftungsrisiken)

I. Pflichtenkreis im Allgemeinen – Vorbemerkung

Das zentrale Tatbestandsmerkmal der Haftung ist die Verletzung insolvenzspezifischer Pflichten durch den handelnden Amtsträger gegenüber dem geschützten Kreis der Beteiligten. Was zu diesen Pflichten gehört, ist Gegenstand zahlreicher Kapitel dieses Handbuchs. Im Folgenden wird eine kursorische Zusammenfassung ergänzt um besonders haftungsträchtige Sachverhalte.

---

[84] LAG Hessen Beschl. v. 13.8.2014 – 2 Ta 155/14, BeckRS 2015, 68423; LAG Mecklenburg-Vorpommern Urt. v. 4.1.2011 – 5 Sa 138/10, NZI 2011, 360.
[85] BAG Beschl. v. 9.7.2003 – 5 AZB 44/03, ZIP 2003, 1617; BGH Beschl. v. 16.11.2006 – IX ZB 57/06, ZIP 2007, 94.
[86] BGH Urt. v. 17.1.1985 – IX ZR 59/84, ZIP 1985, 359; Uhlenbruck/*Sinz* InsO § 60 Rn. 137; HambK-InsO/*Weitzmann* § 60 Rn. 52.
[87] Uhlenbruck/*Sinz* InsO § 60 Rn. 137; HambK-InsO/*Weitzmann* § 60 Rn. 52.
[88] OLG Nürnberg Urt. v. 11.12.2013 – 12 U 1530/12, ZInsO 2014, 206.
[89] Uhlenbruck/*Sinz* InsO § 60 Rn. 137.
[90] BGH Urt. v. 6.5.2004 – IX ZR 48/03, NZI 2004, 435; BAG Urt. v. 6.10.2011 – 6 AZR 172/10, NZI 2012, 40.

II. Besonderheiten in der vorläufigen Verwaltung

50 Das Insolvenzgericht hat nach einem zulässigen Insolvenzantrag alle Maßnahmen zu treffen, die erforderlich scheinen, um bis zur Entscheidung über den Antrag eine den Gläubigern nachteilige Veränderung in der Vermögenslage des Schuldners zu verhüten (§ 21 Abs. 1 S. 1 InsO). Hierzu gehört ua die Bestellung eines vorläufigen Insolvenzverwalters (§ 21 Abs. 2 S. 1 Nr. 1 InsO). Regelmäßig wird ein sog „schwacher" vorläufiger Verwalter bestellt, damit Verfügungen des Schuldners nur noch dessen Zustimmung wirksam sind (§ 21 Abs. 2 S. 1 Nr. 2 Alt. 2 InsO). Von zunehmender Bedeutung ist die Bestellung eines „starken" vorläufigen Verwalters unter Anordnung eines Verfügungsverbots (§ 21 Abs. 2 S. 1 Nr. 2 Alt. 1 InsO); der vorläufige Verwalter erlangt dann bereits die Verwaltungs- und Verfügungsbefugnis über das schuldnerische Vermögen (§ 22 Abs. 1 S. 1 InsO), jedoch beschränkt auf den Zweck des Antragsverfahrens. Von einem „halbstarken" vorläufigen Verwalter ist die Rede, wenn der „schwache" vorläufige Verwalter mit zusätzlichen Befugnissen ausgestattet wird (§ 22 Abs. 2 InsO), zB mit einer Einzel- oder Gruppenermächtigung zur Begründung von Masseverbindlichkeiten. Für alle vorläufigen Verwalter gelten wegen § 21 Abs. 2 S. 1 Nr. 1 InsO sowohl § 60 InsO als auch § 61 InsO; letztere Norm nur, soweit durch den vorläufigen Verwalter Masseverbindlichkeiten begründet werden können. Die Sachverhalte, aus denen **insolvenzspezifische Pflichten** eines vorläufigen Verwalters resultieren können, werden in die späteren Darstellungen integriert. Nachfolgend sei nur auf systematische Besonderheiten eingegangen.

51 Kernaufgabe eines jeden vorläufigen Verwalters ist die Überwachung des Schuldners und die **Sicherung und Erhaltung des Schuldnervermögens**.[91] Zwar könnte aus § 22 Abs. 1 S. 2 Nr. 1 InsO abgeleitet werden, dass dies nur für den „starken" vorläufigen Verwalter gilt, jedoch ist die Anordnung der vorläufigen Verwaltung gem. § 21 Abs. 1 S. 1 InsO schon per se eine Sicherungsmaßnahme. Zwingend erforderlich ist, dass sich der vorläufige Verwalter einen Überblick über das Vermögen des Schuldners verschafft, wobei ihm eine Einarbeitungszeit von sechs Wochen zuzugestehen ist;[92] die Einarbeitungszeit ist freilich dynamischer Natur und abhängig vom jeweiligen Einzelfall. Der vorläufige Verwalter hat unverzüglich nach seiner Bestellung, dh ohne schuldhaftes Zögern, die erforderlichen Erstmaßnahmen zu ergreifen. Bis zu einer Verwertung gilt die Sicherungspflicht auch nach Verfahrenseröffnung fort.

52 Nach § 22 Abs. 1 S. 2 Nr. 2 InsO hat der „starke" vorläufige Verwalter ein schuldnerisches Unternehmen bis zur Entscheidung über die Verfahrenseröffnung fortzuführen, soweit nicht das Insolvenzgericht einer Stilllegung zustimmt, um eine erhebliche Verminderung des Vermögens zu vermeiden. Diese Regelung für die **Betriebsfortführung** erklärt sich damit, dass einerseits der Gesetzgeber bei einer Betriebsfortführung grds. die „starke" vorläufige Verwaltung angeordnet wissen wollte und andererseits der „starke" vorläufige Verwal-

---

[91] BGH Urt. v. 5.5.2011 – IX ZR 144/10, Tz. 49, NZI 2011, 602; BGH Urt. v. 26.6.2014 – IX ZR 162/13, NZI 2014, 757.
[92] BGH Urt. v. 26.6.2014 – IX ZR 162/13, NZI 2014, 757.

ter schon die Verwaltungs- und Verfügungsbefugnis besitzt. Für den „schwachen" vorläufigen Verwalter fehlt es daher bewusst an einer entsprechenden Regelung, sodass sich die Pflicht zur Betriebsfortführung aus einer ergänzenden Einzelanordnung (§ 22 Abs. 2 InsO) ergibt. Kernprobleme sind Prognoseentscheidungen und die Berechtigung zur Begründung von (→ Rn. 122 ff.) und der Umgang mit Masseverbindlichkeiten (→ Rn. 129 f.). Eine **Betriebseinstellung** während des Antragsverfahrens bedarf der Zustimmung durch das Insolvenzgericht (§ 22 Abs. 1 S. 2 Nr. 2 InsO). Ein Antrag des vorläufigen Verwalters bedarf der substantiierten Darlegung, dass ansonsten eine erhebliche Vermögensminderung droht. Haftungspotential aus § 60 InsO aufgrund dieser Prognoseentscheidung besteht folglich, wenn ein unterlassener Stilllegungsantrag zur erheblichen Masseverkürzung führt. Muss der Betrieb fortgeführt werden, weil das Insolvenzgericht den Stilllegungsbeschluss verweigert, scheidet eine Haftung wegen pflichtgemäßen Verhaltens aus. Umgekehrt droht Haftung wegen Masseverkürzung, wenn die Betriebseinstellung auf schuldhaft fehlerhafte Entscheidungsgrundlagen gestützt wurde.

Die insolvenzspezifische Pflicht des vorläufigen Verwalters besteht also neben der Sicherung des schuldnerischen Vermögens maßgeblich darin, anhand einer **Liquiditätsplanung** (→ Rn. 134) eine Fortführungsprognose zu erstellen, die über den Stichtag der voraussichtlichen Verfahrenseröffnung hinausgeht. Augenmerk gilt den nach Verfahrenseröffnung zu berücksichtigenden oktroyierten Masseverbindlichkeiten (§ 55 Abs. 1 Nr. 3 Alt. 2 InsO), den voraussichtlichen Masseverbindlichkeiten aufgrund notwendiger Erfüllungswahl (§ 55 Abs. 1 Nr. 3 Alt. 1 InsO) und den während der vorläufigen Verwaltung begründeten Verbindlichkeiten. Haftungsträchtig kann es sein, die nach § 55 Abs. 4 InsO als Masseverbindlichkeiten zu behandelnden Steuerverbindlichkeiten oder die Auswirkungen der zweifachen Umsatzsteuerberichtigung nach § 17 UStG[93] zu übersehen. 53

Eine Besonderheit stellt die **Beendigung des Antragsverfahrens ohne Insolvenzeröffnung** dar, zB aufgrund Rücknahme bzw. Erledigungserklärung des Insolvenzantrags. Nach § 25 Abs. 2 InsO hat der „starke" vorläufige Verwalter vor Aufhebung seiner Bestellung die entstandenen Kosten zu berichtigen und die von ihm begründeten Verbindlichkeiten zu erfüllen. Für den „schwachen" vorläufigen Verwalter existiert keine Regelung. Sind jedoch mit einer Einzelanordnung des Insolvenzgerichts Verbindlichkeiten begründet worden, die bei Verfahrenseröffnung als Masseverbindlichkeiten analog § 55 Abs. 2 InsO zu behandeln gewesen wären, muss die Regelung auch für den „schwachen" vorläufigen Verwalter gelten. Um ein Haftungsrisiko auszuschließen, bedarf die Aufhebung der vorläufigen Verwaltung der Abstimmung zwischen vorläufigem Verwalter und Insolvenzgericht.[94] Eine Haftung nach § 60 InsO wegen etwaiger Masseverkürzung dürfte allenfalls gegenüber dem Schuldner bestehen, da die Gläubigergemeinschaft erst mit Verfahrenseröffnung entsteht; ergänzend kämen Einzelschäden Betroffener in Betracht. 54

---

[93] *Zimmer*, Insolvenzbuchhaltung Rn. 910 ff.
[94] Begründung zu § 29 RegE (BT-Drs. 12/2443, S. 108 ff.), abgedruckt bei *Kübler/ Prütting*, Das neue Insolvenzrecht, 2. Aufl. 2000, S. 186: Das Gericht hat sicherzustellen, dass der vorläufige Verwalter eine Möglichkeit zur Begleichung hat.

Zimmer

III. Feststellung und Inbesitznahme der Masse

55 Nach § 148 Abs. 1 InsO hat der Insolvenzverwalter nach Verfahrenseröffnung das gesamte zur Insolvenzmasse gehörende Vermögen sofort, dh ohne schuldhaftes Zögern, in Besitz und Verwaltung zu nehmen. Dieses Vermögen wird präzisiert durch den **Massebegriff** des § 35 InsO, bei dem zwischen Ist-Masse und Soll-Masse unterschieden wird. Die Ist-Masse beschreibt diejenige Vermögensmasse, die der Verwalter beim Schuldner tatsächlich vorfindet.[95] Grundsätzlich greift die Eigentumsvermutung des § 1006 BGB, sodass der Verwalter davon ausgehen kann, dass dasjenige, was er beim Schuldner in Eigenbesitz vorfindet, auch im Eigentum des Schuldners steht.[96]

56 Gem. §§ 151 ff. InsO hat der Verwalter ein Verzeichnis der Massegegenstände,[97] ein Gläubigerverzeichnis[98] und eine Vermögensübersicht[99] zu erstellen. Für hiesige Ausführungen relevant ist idR nur das Masseverzeichnis. Denn dieses setzt eine ordnungsgemäße Inventur[100] und eine angemessene Bewertung der Gegenstände[101] voraus. Insgesamt existieren folglich drei Haftungskomplexe, nämlich eine fehlerhafte Inventur, eine fehlerhafte Bewertung und eine fehlerhafte Inbesitznahme. Ein Gesamtschaden iSe Masseverkürzung kann auftreten, wenn bei der **Inventur** schuldnerisches Vermögen nicht erkannt wird und sich hieraus Folgeschäden ergeben (unterlassene Inbesitznahme, Sicherungen und Verwertungen etc.). Der fehlerhaften Inventur zuzuordnen sind verletzte Ermittlungspflichten (unterlassene Postsperre nach § 99 InsO, unterlassene Anhörungen nach §§ 97 f. InsO etc.). Chronologisch zu beachten gilt, dass wegen des Sicherungsinteresses bereits der vorläufige Verwalter eine Inventur durchzuführen hat, weil das zu sichernde Vermögen sonst nicht identifizierbar ist. Eine fehlerhafte **Bewertung** ist als solche noch kein Schaden, allenfalls Indiz für einen späteren Schaden, der sich aus nicht genutzten Verwertungspotentialen (Veräußerung unter Wert oder Freigabe), Prognosefehlentscheidungen oder einem überhöhten Vergütungsansatz (vgl. § 63 Abs. 3 S. 4 InsO) ergeben kann. Wegen des Einschaltens externer Dienstleister sei auf die Haftung für Dritte verwiesen (→ Rn. 23).

57 Fehler bei der **Inbesitznahme** sind eher selten. Die Inbesitznahme ist jedoch tatsächlicher Art, sodass sich der Besitzerwerb durch den Verwalter grds. und für Sachen iSd § 90 BGB nach §§ 854 ff. (ohne § 857) BGB richtet;[102] eine veraltete Ansicht, es fände ein Besitzübergang analog § 857 BGB ipso iure statt, wird nicht mehr vertreten. Dennoch ist dies eine recht theoretische Betrachtung. Denn durchschreitet der Verwalter die schuldnerischen Räumlichkeiten, ist damit die tatsächliche Besitzerlangung schon abgeschlossen, ohne dass für jeden einzelnen Gegenstand eine individuelle Handlung erforderlich wäre. Eine For-

---

[95] Uhlenbruck/*Hirte* InsO § 35 Rn. 46.
[96] BGH Urt. v. 9.5.1996 – IX ZR 244/95, NJW 1996, 2233.
[97] *Zimmer* Insolvenzbuchhaltung Rn. 60 ff.
[98] *Zimmer* Insolvenzbuchhaltung Rn. 130 ff.
[99] *Zimmer* Insolvenzbuchhaltung Rn. 186 ff.
[100] *Zimmer* Insolvenzbuchhaltung Rn. 61 ff.
[101] *Zimmer* Insolvenzbuchhaltung Rn. 87 ff.
[102] BGH Urt. v. 26.5.1988 – IX ZR 276/87, NJW 1988, 3264.

mulierung, dieses oder jenes Gerät werde nicht in Besitz genommen, wird sich in der Praxis selten finden, sodass – abgesehen von Ausnahmefällen – eine Besitzergreifung stets vorliegen wird. Fehlerhafte Inbesitznahmen finden sich meist nur in Bezug auf Auslandsvermögen oder unterlassene Registereintragungen (§§ 32, 33 InsO); ansonsten werden die Fälle über eine Pflichtverletzung bei der Sicherung der Masse (→ Rn. 59 ff.) gelöst.

Bei einem **Verwalterwechsel**[103] oder bei **Aufhebung der Eigenverwaltung** (→ § 48 Rn. 14) unter Bestellung eines Insolvenzverwalters gelten die Ausführungen in modifizierter Form. 58

IV. Sicherung und Verwaltung der Masse

1. Allgemeines

Die Sicherung und ordnungsgemäße Verwaltung der Insolvenzmasse ist insolvenzspezifische Pflicht des (vorläufigen) Verwalters gegenüber Schuldner und Insolvenzgläubigern.[104] Sicherung bedeutet die **Verhinderung von masseschmälernden Maßnahmen** durch den Schuldner einschl. dessen Mitarbeitern, durch Insolvenz- sowie Aus- und Absonderungsgläubigern, Dritten und freilich durch den (vorläufigen) Verwalter selbst. Ein „schwacher" vorläufiger Verwalter hat in Ermangelung eigener Rechte die Pflicht, weitere Sicherungsmaßnahmen des Insolvenzgerichts anzuregen.[105] 59

Eine Verhinderung masseschmälernder Maßnahmen kann mit der vorübergehenden Pflicht zur **Betriebsfortführung** kollidieren. Hinsichtlich einer Haftung aus § 61 InsO stehen die Fragen der Begründung von Masseverbindlichkeiten (→ Rn. 122 ff.) und zur Masseunzulänglichkeit (→ Rn. 134 ff.) im Vordergrund. Hinsichtlich einer Haftung aus § 60 InsO ist die Frage zu beantworten, wie lange eine defizitäre Betriebsfortführung dauern darf. Denn einerseits kann sie zu Einzelschäden der Massegläubiger nach § 60 InsO führen, andererseits zu einem Gesamtschaden der Insolvenzgläubiger; die Rechtsprechung tendiert zu einer Einzelfallbetrachtung.[106] Im operativen Bereich ist hingegen zu differenzieren. Zwar sollte der Verwalter jegliches Potential zu Kosteneinsparungen und Effizienzsteigerungen nutzen, jedoch ist eine leistungswirtschaftliche Sanierung keine insolvenzspezifische Pflicht. Nur wenn ohne jegliche Planung (Kostenrechnung, Ermittlung von Deckungsbeiträgen etc.) agiert wird, käme die Verletzung insolvenzspezifischer Pflichten in Betracht. 60

Die allgemeine **Obhutspflicht** kann im Einzelfall ergänzt sein um eine Pflicht zur Aufrechterhaltung oder Schaffung angemessenen **Versicherungsschutzes.** Da im Schadenfall (Diebstahl, Untergang, Beschädigung, unbefugte Nutzung etc.) auch ein fehlender Versicherungsschutz zur wirtschaftlichen Minderung führt, muss eine insolvenzspezifische Pflicht angenommen werden, für einen entsprechenden Versicherungsschutz zu sorgen, allerdings nur für die Zukunft.[107] Dürfen rückständige Prämien als Insolvenzforderungen (oder Altmas- 61

---

[103] *Zimmer* Verwalterwechsel S. 247 ff.
[104] BGH Urt. v. 26.6.2014 – IX ZR 162/13, NZI 2014, 757.
[105] BGH Urt. v. 5.5.2011 – IX ZR 144/10, NZI 2011, 602.
[106] BGH Urt. v. 6.10.2011 – IX ZR 105/09, ZInsO 2012, 137 = BeckRS 2011, 26164.
[107] BGH Urt. v. 29.9.1988 – IX ZR 39/88, NJW 1989, 1034.

severbindlichkeiten iSd § 209 Abs. 1 Nr. 3 InsO)[108] nicht beglichen werden, hängt davon aber der Versicherungsschutz ab (§ 38 VVG), muss der (vorläufige) Verwalter eine neue Versicherung abschließen.[109] Denn eine Begleichung der Prämien außerhalb der Befriedigungsreihenfolge der InsO ist eine Pflichtverletzung iSd § 60 InsO. Im Verhältnis zum Versicherungsunternehmen kann sich eine Pflichtenkollision mit § 61 InsO ergeben. Dient der Versicherungsschutz ausschließlich Aus- oder Absonderungsgläubigern, sind diese unverzüglich zu informieren, wenn eine Prämienzahlung aus der Masse nicht (mehr) möglich ist. Umgekehrt stellt es eine insolvenzspezifische Pflicht dar, Versicherungen rechtzeitig zu kündigen, um „unnütze" Versicherungsprämien zu vermeiden. Eine Pflichtverletzung kommt ferner in Betracht, wenn der Verwalter unabgestimmt und ankündigungslos die für den Geschäftsführer bestellte **D&O-Versicherung** kündigt, wobei zunächst anhand der Versicherungsbedingungen geprüft werden muss, welcher Versicherungsschutz noch benötigt wird. Diese Pflicht gilt jedoch nicht zugunsten des Versicherten, um dessen Privatvermögen zu schützen, sondern gegenüber der Masse, um die wirtschaftliche Durchsetzbarkeit des Anspruchs zu sichern.[110] Daraus lässt sich ableiten, dass ein Interimsmanager einen entsprechenden Versicherungsschutz nachweisen muss.

62 Ein pflichtgemäßer Umgang mit **Aufrechnungslagen** (§§ 94 ff. InsO) gehört ebenso zu den insolvenzspezifischen Pflichten wie ein pflichtgemäßer Umgang mit den Möglichkeiten des **Lastschriftwiderrufs**. Trotz Abstimmung zwischen „Insolvenzrechtssenat" und „Bankensenat" des BGH[111] ist hier noch das Vorliegen einer konkludenten Genehmigung im Einzelfall umstritten. Probleme ergeben sich ferner aus der sog SEPA-Lastschrift.[112] Das Unterlassen eines hiernach zulässigen Widerrufs stellt eine Pflichtverletzung des (vorläufigen) Verwalters dar, wenn und weil eine Minderung der (künftigen) Insolvenzmasse nicht verhindert wurde. Ein unberechtigter Widerruf kann hingegen eine Schadenersatzpflicht des (vorläufigen) Verwalters gegenüber dem Gläubiger nach § 826 BGB auslösen.[113]

2. Kontoführung, Verzinsungspflicht und ungerechtfertigte Bereicherung

63 Zunehmend relevant wird die Unterscheidung zwischen **Vollrechtstreuhandkonten** und **Anderkonten**. Das Guthaben auf einem Anderkonto soll nicht dem Schuldner (Masse), sondern dem (vorläufigen)[114] Insolvenzverwalter[115] als Kontoinhaber gehören. Daher muss wohl zunehmend in Zweifel gezogen werden, ob die Führung von Anderkonten in Insolvenzverfahren noch zulässig bzw. sinnvoll ist. Möglich ist zumindest in der „schwachen" vorläufi-

---

[108] *Gundlach/Frenzel/Schmidt* NZI 2001, 350 (353).
[109] BGH Urt. v. 29.9.1988 – IX ZR 39/88, NJW 1989, 1034.
[110] BGH Beschl. v. 14.4.2016 – IX ZR 161/15, NZI 2016, 580.
[111] BGH Urt. v. 20.7.2010 – XI ZR 236/07, ZIP 2010, 1556; BGH Urt. v. 20.7.2010 – IX ZR 37/09, ZIP 2010, 1552.
[112] Hierzu *Osterloh* ZInsO 2016, 733.
[113] BGH Urt. v. 10.6.2008 – XI ZR 283/07, NJW 2008, 3348; OLG Frankfurt/M. Urt. v. 23.1.2013 – 4 U 62/12, ZIP 2013, 1634 = BeckRS 2013, 08679.
[114] BGH Urt. v. 20.9.2007 – IX ZR 91/06, ZIP 2007, 2279.
[115] BGH Urt. v. 18.12.2008 – IX ZR 192/07, ZIP 2009, 531.

gen Verwaltung auch ein **Ermächtigungstreuhandkonto** als Fremdkonto auf den Namen des Schuldners.[116] **Poolkonten** für mehrere Verfahren sind ebenso unzulässig wie Konten auf den Namen des (vorläufigen) Verwalters ohne jeglichen Zusatz.[117] Insgesamt scheint einzig das Vollrechtstreuhandkonto rechtssicher zu sein.

Der Insolvenzverwalter ist grds. verpflichtet, die voraussichtlich über einen längeren Zeitraum nicht benötigten liquiden Mittel **zinsgünstig** anzulegen.[118] Dies gilt nicht, wenn der im voraussehbaren Anlagezeitraum zu erzielende Ertrag bei wirtschaftlicher Betrachtung den mit der Anlage verbundenen Aufwand nicht zu rechtfertigen vermag.[119] Maßstab sind sog Tagesgeldkonten bei einem inländischen Kreditinstitut, die von einem Einlagensicherungssystem gedeckt sind und über die mindestens telefonisch verfügt werden kann; grds. kann dem Verwalter nicht angesonnen werden, besonders günstige Angebote zu ermitteln und wahrzunehmen.[120] 64

Erfolgt eine **ungerechtfertigte Bereicherung** auf einem Anderkonto des (vorläufigen)[121] Insolvenzverwalters[122] oder auf einem Vollrechtstreuhandkonto des „schwachen" vorläufigen Verwalters,[123] ist der Kontoinhaber persönlich bereichert, nicht hingegen die Masse; die Rückzahlung muss außerhalb der Verteilungsschlüssel der InsO erfolgen. Um eine ungerechtfertigte Bereicherung der Masse iSd Rückzahlungsverpflichtung als sonstige Masseverbindlichkeit (§ 55 Abs. 1 Nr. 3 InsO) handelt es sich folglich nur bei einem Zahlungseingang auf einem Vollrechtstreuhandkonto des („starken" vorläufigen) Insolvenzverwalters[124] oder auf einem schuldnerischen Konto nach Verfahrenseröffnung.[125] Sind hierdurch die Berechnungsgrundlagen nach §§ 1 InsVV, 58 GKG und damit die Verfahrenskosten gestiegen, muss der Erhöhungsbetrag von der Befriedigung des Bereicherungsgläubigers in Abzug gebracht werden, da die Masse hiermit nicht belastet werden darf;[126] anderenfalls liegt ein Gesamtschaden der Insolvenzgläubiger iSd §§ 60, 92 S. 2 InsO vor. 65

V. Verwertung

1. Allgemeine Anforderungen

Die InsO beschreibt die Betriebsfortführung lediglich als vorübergehenden Sonderfall und den Insolvenzplan als eine nur selten bestehende Möglichkeit zur Sanierung des Rechtsträgers. Kernaufgabe der Insolvenzabwicklung ist hingegen die Verwertung des schuldnerischen Vermögens, um eine Verteilung der 66

---

[116] Hierzu *Stahlschmidt* NZI 2011, 272, 276.
[117] BGH Urt. v. 9.10.2014 – IX ZR 140/11, NZI 2015, 166.
[118] BGH Urt. v. 26.6.2014 – IX ZR 162/13, NZI 2014, 757.
[119] BGH Urt. v. 26.6.2014 – IX ZR 162/13, NZI 2014, 757.
[120] BGH Urt. v. 26.6.2014 – IX ZR 162/13, NZI 2014, 757.
[121] BGH Urt. v. 20.9.2007 – IX ZR 91/06, ZIP 2007, 2279.
[122] BGH Urt. v. 18.12.2008 – IX ZR 192/07, ZIP 2009, 531.
[123] BGH Urt. v. 26.3.2015 – IX ZR 302/13, ZIP 2015, 1179.
[124] BGH Beschl. v. 9.6.2016 – IX ZB 27/15, ZIP 2016, 1450.
[125] BGH Urt. v. 5.3.2015 – IX ZR 164/14, ZIP 2015, 738.
[126] BGH Urt. v. 5.3.2015 – IX ZR 164/14, ZIP 2015, 738.

Erlöse an die Insolvenzgläubiger vorzunehmen (§ 1 InsO). § 159 InsO verpflichtet den Insolvenzverwalter, nach dem Berichtstermin unverzüglich mit der Verwertung zu beginnen, soweit die Beschlüsse der Gläubigerversammlung nicht entgegenstehen. Hieraus ergeben sich folgende haftungsrechtliche Anforderungen.

67 Die Verwertung muss **bestmöglich** erfolgen. Dies bedeutet, dass zunächst der potentielle Markt ermittelt werden muss. So bestehen für technische Anlagen, Kunstgegenstände, Patente etc. völlig unterschiedliche Märkte, sodass bereits auf dieser Ebene Fehler auftreten können, wenn ein objektiv untauglicher Markt gewählt wird. Innerhalb des Markts müssen potentielle Käufer ermittelt werden, um alternative Angebote bewerten zu können. Entscheidungsrelevant sind auch Nebenfaktoren wie zB Ratenzahlungswünsche, Befreiung von Masseverbindlichkeiten, vorherige Instandsetzungs- und Wartungsarbeiten, Verwertungskosten, Transportkosten etc. Wurde nun ein Käufer gefunden, darf der Kaufvertrag keine insolvenzzweckwidrigen (Neben-)Regelungen enthalten. Nicht auf einen Markt kommt es meist an, wenn es um Ansprüche aus Anfechtung, Gesellschafter- und Geschäftsführerhaftung, Forderungseinzug etc. geht. Hier sind Ansprüche zum Nominalwert geltend zu machen. Bestmöglich bedeutet hier, dass bei notwendigen Vergleichen oder Wertberichtigungen nach dem allgemeinen Prozessrisikoprinzip vorgegangen wird.

68 Manche Vermögensgegenstände müssen durch geeignete Maßnahmen erst verwertbar gemacht werden, zB durch Kündigung (Darlehen, Lebensversicherung etc.) oder Zahlungsaufforderung plus Fälligstellung (zB Stammeinlage), Erstellung von baurechtlichen Schlussrechnungen etc. Ebenfalls zu berücksichtigen sind ggf. öffentlich-rechtliche Genehmigungen. Auch diese **Vorbereitungshandlungen** gehören zu den insolvenzspezifischen Pflichten.

69 Ferner gilt, dass eine Verwertung zum **bestmöglichen Zeitpunkt** erfolgen muss, im Wesentlichen nicht übereilt stattfinden darf. Ein zu langes Zuwarten kann allerdings ebenfalls eine Pflichtverletzung bedeuten, da das Gesamtvollstreckungsverfahren sich im Grundsatz nicht für Spekulationen eignet. Eine Besonderheit besteht insoweit für **übertragende Sanierungen** (asset deals). Eine Haftung aus § 60 Abs. 1 InsO kann in Betracht kommen, wenn der Verwalter kurz nach Verfahrenseröffnung das Schuldnerunternehmen als Ganzes an einen Dritten veräußert, ohne anderen, evtl. günstigeren Angeboten nachgegangen zu sein.[127] Die Zustimmung des Gläubigerausschusses bzw. der Gläubigerversammlung zu dem Verkauf steht einer Haftung in diesem Fall nicht entgegen.[128] Allerdings erging die so lautende Rechtsprechung zum Anwendungsbereich der Konkursordnung; spätestens seit Einführung des vorläufigen Gläubigerausschusses für das Insolvenzantragsverfahren (§ 21 Abs. 2 Nr. 1a InsO) dürfte eine großzügigere Betrachtung erforderlich sein, denn die Gesetzesänderung beruhte schließlich auch auf der Erkenntnis, dass in manchen Fällen eine übertragende Sanierung sofort nach Verfahrenseröffnung die einzig sinnvolle Handlungsmöglichkeit darstellt. Unverändert gilt freilich, dass auch in einer solchen Konstellation – dann durch den vorläufigen Verwalter – überprüft werden muss, ob mehrere Angebote eingeholt und gegeneinander abgewogen

---

[127] BGH Urt. v. 22.1.1985 – VI ZR 131/83, ZIP 1985, 423 = BeckRS 2009, 03720.
[128] OLG Bamberg Urt. v. 24.9.1952 – 2 W 266/52, NJW 1953, 109.

Zimmer

werden können. Ebenso selbstverständlich hat der Verwalter die Rechte der Gläubigerorgane und des Schuldners nach §§ 158, 160 ff. InsO zu beachten. Bei einer übertragenden Sanierung wird oftmals mehr geregelt als die Verwertung von Vermögenswerten. Haftungsrechtlich problematisch sind Regelungen über die Übernahme von bekannten oder unbekannten Insolvenzforderungen, zB in Gestalt von Gewährleistungsansprüchen. Dies darf sich zumindest nicht erkennbar auf den Kaufpreis auswirken, da sonst die Insolvenzmasse zugunsten einzelner Insolvenzgläubiger geschädigt wird.

Umgekehrt kann ein Hinausschieben der übertragenden Sanierung durch eine länger dauernde Betriebsfortführung problematisch sein. Soweit hier Fortführungsüberschüsse generiert werden können (wobei auch die Belastung mit Ertragsteuern zu berücksichtigen ist) und die Fortführung für eine leistungswirtschaftliche Sanierung genutzt wird, um einen höheren Kaufpreis bei späterer übertragender Sanierung zu ermöglichen, wird grds. kein Schaden entstehen; denn eine kurze Verfahrensdauer als solche unterfällt – so lange noch Handlungen notwendig bzw. zweckmäßig sind – nicht dem Pflichtenkatalog des Verwalters.[129] Hier sollte die Gläubigerversammlung jedoch in regelmäßigen Abständen einer weiteren Fortführung zustimmen. 70

§ 159 InsO sieht vor, dass der Verwalter erst **nach dem Berichtstermin** mit der Verwertung der Masse zu beginnen hat. Hintergrund ist die Entscheidungsbefugnis der Gläubigerversammlung über Fortführung oder Einstellung des Geschäftsbetriebs (§ 157 InsO). Wo kein Geschäftsbetrieb mehr vorhanden ist, geht § 157 InsO nach empirischem Befund ins Leere, da die Gläubiger hier im Berichtstermin nur noch wissen wollen, wann mit einer Quote zu rechnen ist. Unbeachtlich ist § 158 Abs. 1 InsO für Ansprüche aus Anfechtung, Gesellschafter- und Geschäftsführerhaftung, Altforderungseinzug etc, denn die Zustimmungsbedürftigkeit des Gläubigerausschusses nach § 158 Abs. 1 InsO bezieht sich nur auf das zur Fortführung betriebsnotwendige Vermögen.[130] Ungeachtet dessen bestehen das Recht und gar die Pflicht des Verwalters zu einer vorzeitigen Verwertung, wenn anderenfalls eine erhebliche Wertminderung zu befürchten ist. Insoweit muss sogar der „schwache" vorläufige Verwalter einer Verwertung zustimmen, wenn ein Aufschub bis nach Insolvenzeröffnung die künftige Insolvenzmasse schädigen würde, wozu es auch gehört, dass eine auch nur annähernd lukrative Veräußerungsmöglichkeit nach Verfahrenseröffnung aller Voraussicht nach nicht zu erwarten ist (zB bei Saisonware[131]). 71

In allen vorgenannten Fällen (Einzelverwertung oder asset deal) obliegt es dem Verwalter, sich für einen **solventen Käufer** zu entscheiden. Kommt es zu einem Ausfall der Kaufpreisforderung, stellt sich die Frage, ob es zu den insolvenzspezifischen Pflichten gehört, vorab Bonitätsauskünfte einzuholen oder auf die Stellung von Sicherheiten zu drängen.[132] Trägt der Verwalter vor, es habe kein anderer Kaufinteressent gefunden werden können, stellt es zumindest keine Pflichtverletzung dar, trotz Mängeln in dessen Bonität den Kaufvertrag ge- 72

---

[129] OLG Koblenz Beschl. v. 5.1.2015 – 3 W 616/14, NZI 2015, 232.
[130] BGH Urt. v. 5.5.2011 – IX ZR 144/10, NZI 2011, 602.
[131] BGH Urt. v. 5.5.2011 – IX ZR 144/10, NZI 2011, 602.
[132] Offen gelassen von BGH Urt. v. 6.10.2011 – IX ZR 105/09, BeckRS 2011, 26164.

schlossen zu haben.[133] Bei mehreren Interessenten hingegen – und erst recht bei Ratenzahlung – muss eine Prüfungspflicht iRd im Wirtschaftsleben Üblichen angenommen werden.

2. Rechtsentwicklungen vs. Erledigungsfristen

73 Jedes Thema hat seine Zeit. Immer wieder ist zu beobachten, dass sich Reformen, Rechtsprechung oder Aufsatzliteratur auf bestimmte Themen fokussieren. Aktuell zu erwähnen sind das Insolvenzanfechtungsrecht, Widerrufsbelehrungen bei Verbraucherdarlehen und die Berechnung der Rückkaufswerte von Lebensversicherungen. Insoweit kann es haftungsträchtig sein, neuere Entwicklungen nicht auf gedanklich bereits weggelegte Vorgänge zu übertragen. Verjährungsfristen sollten nicht bereits gestrichen werden, wenn ein Vorgang mangels Erfolgsaussichten nicht weiter verfolgt wird. Vielmehr sollten diese Vorgänge vor Ablauf der Verjährungsfrist noch einmal auf die aktuelle Rechtsentwicklung hin durchgesehen werden. Umgekehrt werden nicht selten sichere Ansprüche „liegengelassen", um später höhere Verzugszinsen geltend machen zu können. Dies kann haftungsrechtlich problematisch werden, wenn der zunächst sichere Anspruch durch neuere Rechtsprechung entwertet wird.

3. Verwertungsverzicht und Freigabe

74 Die Möglichkeit der **Freigabe** aus dem Massebeschlag ist weitestgehend anerkannt. Sie liegt im pflichtgemäßen Ermessen des Verwalters. Pflichtwidrigkeiten kommen aus zwei Blickwinkeln in Betracht. (1.) Ein Gegenstand, dessen Fortbestand in der Masse stetig Kosten verursacht, wird nicht freigegeben, obgleich keinerlei Verwertungsaussichten bestehen. Ein nicht ganz seltener Fall ist der, dass noch nicht einmal Verwertungsbemühungen stattfinden und die Freigabe erst im zeitlichen Zusammenhang mit dem Schlussbericht erklärt wird. Weitgehend erledigt hat sich der Streit um die Umwelthaft, insbes. bei kontaminierten Grundstücken. Die an einen Insolvenzverwalter gerichtete Anordnung zur Beseitigung einer Störung, die von Massegegenständen ausgeht, ist unabhängig vom Entstehungszeitpunkt dieser Störung wie eine Masseverbindlichkeit zu behandeln,[134] jedoch nur, wenn die Anordnung vor einer Freigabe aus dem Massebeschlag ergeht[135] bzw. rechtskräftig wird;[136] selbiges gilt für Kosten der Ersatzvornahme. Folglich gehört eine Freigabe zum Pflichtenkreis des Verwalters, sofern nicht derartige Kosten in Kaufverhandlungen zeitnah eingepreist werden können. (2.) Ein Gegenstand wird freigegeben, obgleich er sich bei sorgfältigen Verwertungsbemühungen als werthaltig erweist.

75 Auch der **Verzicht** des Insolvenzverwalters, einen Vermögensgegenstand zu verwerten oder ein Recht des Schuldners geltend zu machen, ist am Maßstab der Zweckmäßigkeit zu prüfen. Wird zB im Vergleichswege auf Mieteinnahmen verzichtet, um die Räumung durch den Mieter und die Verwertung des Objekts durch den Verwalter zu ermöglichen, liegt keine Zweckwidrigkeit vor, wenn

---

[133] OLG Nürnberg Urt. v. 11.12.2013 – 12 U 1530/12, ZInsO 2014, 206 (212f.).
[134] BVerwG Urt. v. 10.2.1999 – 11 C 9/97, NZI 1999, 246.
[135] BVerwG Urt. v. 23.9.2004 – 7 C 22/03, NZI 2005, 51.
[136] Vgl. BGH Urt. v. 2.2.2006 – IX ZR 46/05, NZI 2006, 293.

VI. Umgang mit Aussonderungsgut und -rechten

1. Einführung

Aussonderungsgläubiger können aufgrund eines persönlichen oder dinglichen Rechts (meist Eigentum) geltend machen, dass ein bestimmter Gegenstand nicht zur Insolvenzmasse iSd § 35 Abs. 1 InsO gehört (§ 47 S. 1 InsO). Ein zivilrechtlicher Herausgabeanspruch wandelt sich aufgrund der Insolvenzeröffnung folglich in einen Aussonderungsanspruch um, dh es entsteht kein neuer oder gar zusätzlicher Anspruch. Gleichwohl können Aussonderungsgläubiger auch schon im Eröffnungsverfahren von der Haftung des vorläufigen Verwalters nach § 60 InsO erfasst sein.[138] Selbstverständlich kann ein Aussonderungsgläubiger gleichzeitig Insolvenzgläubiger sein, zB wenn dem Schuldner aufgrund eines Nutzungsverhältnisses gegen Entgelt Gegenstände überlassen worden waren (Miete, Pacht, Leasing etc.). Insoweit stehen ein dinglicher und ein persönlicher Anspruch nebeneinander, die voneinander zu trennen sind. Muss ein Erlös aus der Verwertung des Aussonderungsguts auf eine persönliche Forderung des Gläubigers angerechnet werden (zB bei gekündigten Leasingverträgen), sind Aussonderungsgläubiger gleichzeitig Ausfallgläubiger analog § 190 InsO.[139]

76

Die nachfolgenden Ausführungen beschränken sich auf die insolvenzspezifische Pflichtenbestimmung des Insolvenzverwalters. Rein formal sind Aussonderungsgläubiger keine Beteiligten des Insolvenzverfahrens iSd § 60 InsO, da sie ihre Rechte nach denjenigen Gesetzen geltend machen müssen, die auch außerhalb des Insolvenzverfahrens gelten (§ 47 S. 2 InsO), hier regelmäßig § 985 BGB. Gleichwohl sind insolvenzspezifische Pflichten existent, bei deren Verletzung die Haftung des Verwalters aus § 60 InsO heraus begründet wird. Als Obersatz lässt sich formulieren, dass der (vorläufige) Verwalter als insolvenzspezifische Pflicht (lediglich) die **Rechtsposition des Aussonderungsgläubigers zu beachten** hat.[140] Ergänzend wird im Folgenden auch auf Wechselwirkungen und Pflichtenkollisionen eingegangen, wenn sich Leistungen an Aussonderungsgläubiger gleichzeitig als Gesamtschaden der Insolvenzgläubiger darstellen oder sich eine Pflichtenkollision mit § 61 InsO ergeben könnte.

77

2. Inbesitznahme

Es gelten zunächst die allgemeinen Grundsätze (→ Rn. 55 ff.), insbes. die Eigentumsvermutung des § 1006 BGB. Da die aus § 80 Abs. 1 InsO resultierende Verwaltungs- und Verfügungsbefugnis des Verwalters bereits die Ist-Masse erfasst, ergibt sich aus § 148 Abs. 1 InsO die insolvenzspezifische[141] Pflicht zur

78

---

[137] OLG Karlsruhe Beschl. v. 12.8.2013 – 9 U 55/13, ZIP 2014, 530.
[138] BGH Urt. v. 5.5.2011 – IX ZR 144/10, Tz. 29, NZI 2011, 602.
[139] Bork/Hölzle/*Zimmer* HdB InsR Rn. 5.503.
[140] BGH Urt. v. 1.12.2005 – IX ZR 115/01, NZI 2006, 169.
[141] Gegen die hM *Lüke* Persönliche Haftung des Verwalters in der Insolvenz Rn. 109 ff.

Inbesitznahme von Aussonderungsgut, was dessen anschließende ordnungsmäßige Verwaltung inkludiert.[142] Der Verwalter hat die Vermögensgegenstände also in Besitz zu nehmen, selbst wenn die Eigentumslage zweifelhaft ist oder Fremdeigentum positiv feststeht. Denn die Berichtigung der Ist-Masse zur Soll-Masse ist zentrale Aufgabe des Verwalters, hierzu gehört auch die **Klärung von Eigentumsverhältnissen** nebst Aussonderung an Berechtigte. Im Kern geht es darum, dass einerseits Aussonderungsgut nicht (umgangssprachlich) herrenlos wird und andererseits (vermeintliche) Aussonderungsgläubiger nicht ohne Beteiligung des Verwalters oder ohne Rücksicht auf den Zweck eines Insolvenzverfahrens Fakten schaffen. In zeitlicher Hinsicht gilt, dass auch der vorläufige Verwalter im Rahmen seiner Zuständigkeiten Vereinbarungen treffen und Herausgaben vornehmen bzw. ihnen zustimmen kann, die dann eine Inbesitznahme nach Insolvenzeröffnung entbehrlich machen. Sollte der Verwalter ausdrücklich auf eine Inbesitznahme verzichten, stellt es dessen insolvenzspezifische Pflicht dar, dies zu dokumentieren und den Aussonderungsgläubiger hierüber zu informieren.[143]

3. Feststellung des Aussonderungsrechts und Streitigkeiten

79 Wer sich eines Aussonderungsrechts rühmt, hat die Eigentumsvermutung des § 1006 BGB nach allgemeinen Beweislastregeln zu entkräften,[144] dh auch schon die zeitnah erforderliche erste Information an den Verwalter muss den Sachverhalt und eine rechtliche Würdigung enthalten, ebenso müssen beweisrelevante Unterlagen beigefügt oder Beweismittel benannt sein. Bei Warenvorräten verlangt dies die Beifügung von hinreichend aussagekräftigen Lieferscheinen, um die Ware identifizieren zu können. Da der (vorläufige) Verwalter zu einer Inventur verpflichtet ist, lässt sich feststellen, ob die streitgegenständliche Ware zum Stichtag noch vorhanden war (dann erst kann eine insolvenzspezifische Pflicht beginnen) oder eben nicht. Damit der Gläubiger im letztgenannten Fall nicht auf Absonderungsrechte „umsattelt", also Ansprüche an den Forderungen aus Lieferung und Leistung wegen Verarbeitung der Ware geltend macht, muss die Art des Eigentumsvorbehalts frühzeitig geklärt werden. Die insolvenzspezifische Pflicht des Verwalters liegt folglich in der **Mitwirkung an der Feststellung eines Aussonderungsrechts,** das substantiiert behauptet wird.[145]

80 Um den Aussonderungsgläubigern ein solches Vorgehen zu ermöglichen, verlangt § 28 Abs. 2 InsO, dass die Gläubiger im Eröffnungsbeschluss aufzufordern sind, dem Insolvenzverwalter unverzüglich Mitteilung zu machen, welche Sicherungsrechte sie an beweglichen Sachen oder an Rechten des Schuldners in Anspruch nehmen. Wer die Mitteilung schuldhaft unterlässt, haftet für den daraus entstandenen Schaden (§ 28 Abs. 2 S. 3 InsO), was im hiesigen Kontext auf der Ebene des **Mitverschuldens** nach § 254 BGB relevant wird. Eine unrichtige oder unvollständige Antwort steht einer unterlassenen Mitteilung gleich, denn der Verwalter ist nicht verpflichtet, ohne konkrete Anhaltspunkte

---

[142] Uhlenbruck/*Sinz* InsO § 60 Rn. 30.
[143] Uhlenbruck/*Sinz* InsO § 60 Rn. 30; *Gundlach/Frenzel/Schmidt* NZI 2001, 350 (352).
[144] BGH Urt. v. 9.5.1996 – IX ZR 244/95, NJW 1996, 2233.
[145] Vgl. BGH Urt. v. 1.12.2005 – IX ZR 115/01, NZI 2006, 169.

von Fremdeigentum ausgehen zu müssen;[146] dies gilt auch für Vermögensgegenstände, die erst in den letzten Monaten vor Insolvenzantragstellung erworben wurden,[147] zB Vorratsvermögen.[148] Allein die Annahme, im Geschäftsleben seien Warenlieferungen nur unter Eigentumsvorbehalt üblich, bedeutet keinen konkreten Anhaltspunkt für fremdes Eigentum.[149] Die Frage ist natürlich, was ein solcher Anhaltspunkt ist. Ergeben sich aus den Geschäftsunterlagen des Schuldners einschl. seiner Buchhaltung Hinweise auf Miet- oder Leasingverhältnisse oder ist gar eine Besitzgesellschaft erkennbar, ist ein „Anfangsverdacht" für ein Aussonderungsrecht evident. Verfügt der Schuldner über ein aktuelles Warenwirtschaftssystem, das für die Erstellung eines Inventarverzeichnisses vergleichend herangezogen werden kann, und enthält dieses System Hinweise auf Vorbehaltsrechte, muss diese Information berücksichtigt werden. Im Übrigen richten sich die Anforderungen an den Verwalter nach dem **Kriterium der Zumutbarkeit** (§ 242 BGB), dh zu beachten ist eine sinnvolle Relation zwischen Arbeits- und Zeitaufwand aufseiten des Auskunftspflichtigen und dem schutzwürdigen Sicherungsinteresse aufseiten des Auskunftsberechtigten; diese Relation „gilt im besonderen Maße bei der Auskunftspflicht eines Konkursverwalters, der im Interesse aller am Konkurs Beteiligten auf eine zügige Verfahrensabwicklung bedacht sein muss".[150] Besteht aufgrund der bekannten Informationen ein solcher Anfangsverdacht, ist er vom Insolvenzverwalter zu berücksichtigen, auch wenn er ein vermeintliches Aussonderungsrecht bestreiten möchte.[151] Für Rechtsirrtümer des Insolvenzverwalters gelten die allgemeinen Regeln (→ Rn. 18).

Lässt sich die Frage des Aussonderungsrechts nicht außergerichtlich klären, kommt der **Klageweg** in Betracht; zuständig ist die ordentliche Gerichtsbarkeit. Insbesondere kann ein Verwalter auch negative Feststellungsklage erheben.[152] Wird die Masse mit Kosten für die (gerichtliche) Prüfung eines behaupteten Aussonderungsanspruchs belastet, resultiert hieraus kein Regress, da es eben Pflicht des Verwalters ist, derartige Ansprüche zu prüfen, geltend zu machen oder abzuwehren. Nur wenn derartige Kosten völlig überflüssig waren, kann eine Haftung des Verwalters aus § 60 InsO zum Tragen kommen (→ Rn. 149 ff.).

81

4. Herausgabe (Aussonderung)

Aussonderung bedeutet die Pflicht des Verwalters, die Sachen dort, wo sie sich befinden, in den Bereich der unmittelbaren Wahrnehmung und der möglichen Apprehension des Eigentümers zu bringen, dh sie **zur Abholung durch den Eigentümer bereitzustellen**.[153] Es genügt die Aufforderung zur Abholung mit (angemessener) Fristsetzung. Die im Zusammenhang mit der Bereitstellung

82

---

[146] BGH Urt. v. 9.5.1996 – IX ZR 244/95, NJW 1996, 2233.
[147] BGH Urt. v. 9.5.1996 – IX ZR 244/95, NJW 1996, 2233; OLG Düsseldorf Urt. v. 2.6.1987 – 23 U 150/86, ZIP 1988, 450.
[148] OLG Köln Urt. v. 14.7.1982 – 2 U 20/82, ZIP 1982, 1107.
[149] OLG Düsseldorf Urt. v. 2.6.1987 – 23 U 150/86, ZIP 1988, 450 (452).
[150] BGH Urt. v. 7.12.1977 – VIII ZR 164/76, NJW 1978, 538 (539).
[151] BGH Urt. v. 9.5.1996 – IX ZR 244/95, NJW 1996, 2233.
[152] BAG Urt. v. 26.10.2010 – 3 AZR 496/08, NZI 2011, 155.
[153] BGH Urt. v. 26.5.1988 – IX ZR 276/87, NJW 1988, 3264; KPB/*Prütting* InsO § 47 Rn. 81 (Stand 04/2015).

anfallenden Kosten hat der Besitzer zu tragen.[154] Für den Pflichtenkanon des Insolvenzverwalters ist also nur von Bedeutung, dass er **an der Herausgabe mitzuwirken** hat,[155] und zwar rechtzeitig.[156] Im Fall konkurrierender Drittrechte steht es dem Verwalter jedoch zu, die Herausgabe bis zu einer abschließenden Klärung zu verweigern.[157]

83 Verzögert der Verwalter die Herausgabe schuldhaft, ist ein entsprechender Schadenersatzanspruch des Aussonderungsgläubigers iSd § 280 Abs. 2 BGB **(Verzögerungsschaden)** Masseverbindlichkeit.[158] Wenn die Masse (vorübergehend) nicht leistungsfähig ist, erstreckt sich die Haftung aus § 60 InsO auf diesen Verzögerungsschaden,[159] wobei sich der Verwalter Zug-um-Zug die Ansprüche des Gläubigers gegen die Masse abtreten lassen sollte, da es nur eine vorübergehende Haftung ist (→ Rn. 32f.). Wenn der Schadenersatzanspruch hingegen aus der Masse befriedigt wird (auch nach Abtretung an den Insolvenzverwalter), ist ein Gesamtschaden der Insolvenzgläubiger evident, da von einer einheitlichen Pflichtverletzung auszugehen ist. Nicht schuldhaft ist die Verzögerung der Herausgabe, wenn noch Streit über insolvenzspezifische Nutzungsbefugnisse besteht, zB iRd § 135 Abs. 3 InsO. Schon nicht verzögert ist die Herausgabe, wenn zuvor noch eine Entscheidung des Verwalters nach §§ 103, 107 Abs. 2 InsO erforderlich ist.

84 Erfolgt pflichtwidrig **keine Herausgabe**, entsteht als Sekundäranspruch ein Schadenersatzanspruch nach §§ 60 InsO, 281 BGB[160] (mit eigenständigem Verjährungsbeginn), dh der Aussonderungsanspruch wandelt sich in einen Zahlungsanspruch um. Zusätzliche Belastungen mit Prozesskosten werden im Verhältnis zum Aussonderungsgläubiger von § 60 InsO erfasst.[161] Werden diese Kosten aus der Masse entrichtet, ist wegen der einheitlichen Pflichtverletzung von einem Gesamtschaden auszugehen.

85 Die **Vereitelung des Herausgabeanspruchs** durch eine nicht abgestimmte Veräußerung oder Umgestaltung des Aussonderungsguts stellt eine Pflichtverletzung dar.[162] Insbes. bei verlängertem Eigentumsvorbehalt mit Vorausabtretung gilt, dass nach AGB meist nur eine Weiterveräußerung iRd gewöhnlichen Geschäftsverkehrs möglich ist, sodass ein Absonderungsrecht des Vorbehaltsverkäufers an den so generierten Forderungen aus Lieferung und Leistung entsteht. Die Ware muss (und darf) folglich weiterverarbeitet oder iRd Betriebsfortführung veräußert werden (siehe auch → Rn. 106ff.). Erfolgt eine Verwertung iRd Liquidation, entsteht kein Absonderungsrecht, sondern es bleibt beim Aussonderungsrecht, das der Verwalter vereitelt hat.[163]

---

[154] BGH Urt. v. 26.5.1988 – IX ZR 276/87, NJW 1988, 3264.
[155] BGH Urt. v. 1.12.2005 – IX ZR 115/01, NZI 2006, 169.
[156] Uhlenbruck/*Sinz* InsO § 60 Rn. 32.
[157] OLG Stuttgart Urt. v. 29.12.1989 – 9 U 224/89, ZIP 1990, 1091.
[158] Uhlenbruck/*Sinz* InsO § 60 Rn. 32.
[159] BGH Urt. v. 1.12.2005 – IX ZR 115/01, NZI 2006, 169.
[160] BGH Urt. v. 1.12.2005 – IX ZR 115/01, NZI 2006, 169. Hier wurde noch auf § 283 BGB in der bis zum 31.12.2001 geltenden Fassung abgestellt. Seit der Schuldrechtsmodernisierung zum 1.1.2002 wird die Fallkonstellation von § 281 BGB erfasst.
[161] BGH Urt. v. 1.12.2005 – IX ZR 115/01, NZI 2006, 169.
[162] Uhlenbruck/*Sinz* InsO § 60 Rn. 31.
[163] OLG Celle Urt. v. 1.10.2013 – 9 U 100/03, EWiR 2004, 117 *(Pape)*.

Zur Abwendung der Herausgabe können iRd Zweckmäßigkeit **Abfindun-** 86
gen an den Aussonderungsgläubiger geleistet werden, was im Zusammenhang mit Vorratsvermögen nicht selten geschieht. Eine Abfindungsvereinbarung stellt eine nachträgliche Zustimmung zur erfolgten Verwertung gem. § 184 BGB dar,[164] was eine eventuelle vorherige Pflichtverletzung beseitigt. Ein Gesamtschaden läge nur vor, wenn die Abfindung höher ist als das der Masse für den entsprechenden Gegenstand Zugeflossene.

Herausgabevereitelung und Abfindungen stehen im Kontext mit der **Ersatz-** 87 **aussonderung** (§ 48 InsO). Ist ein Gegenstand, dessen Aussonderung hätte verlangt werden können, entweder vor Verfahrenseröffnung vom Schuldner oder nach Insolvenzeröffnung vom Verwalter unberechtigt veräußert worden, kann der Aussonderungsberechtigte entweder die Abtretung des Rechts auf die noch ausstehende Gegenleistung verlangen oder die bereits realisierte Gegenleistung aus der Masse beanspruchen, soweit sie dort noch unterscheidbar vorhanden ist. Für die Haftung ist von Bedeutung, dass sich der Aussonderungsanspruch durch dingliche Surrogation auf die Gegenleistung erstreckt, dh die Gegenleistung (Geldzahlung) ist herauszugeben, jedoch abzüglich einer bereits als Masseverbindlichkeit deklarierten Umsatzsteuer.[165] Bei Überweisungen auf Kontokorrentkonten (gleichgültig, ob Geschäftskonten, Anderkonten oder Treuhandkonten)[166] ist dies stets der Fall, da die Soll- und Haben-Positionen keine realen Gegenstände sind, die miteinander vermischt oder voneinander getrennt werden könnten.[167] Daher kommt es bei der Ersatzaussonderung nur darauf an, dass ein verfügbares Guthaben besteht. Folglich gilt das Ersatzaussonderungsrecht als erfüllbar, so lange das Konto eine Deckung aufweist.[168] Dann aber stellt sich die Frage der Haftung des Verwalters nicht, auch ist keine Abfindung erforderlich; zu einer Haftung kann es allerdings kommen, wenn die Gegenleistung (bei einer Verwertung durch den Insolvenzverwalter) nicht angemessen, dh zu niedrig war. Fehlt es hingegen an der Deckung, soll sich der Ersatzaussonderungsanspruch in eine Masseverbindlichkeit iSd § 55 Abs. 1 Nr. 3 InsO umwandeln.[169] Bei einer Vereinnahmung durch den Verwalter entsteht jedoch kein zusätzlicher Nutzen für den Aussonderungsgläubiger, wenn er statt eines auf Geld gerichteten Herausgabeanspruchs einen Zahlungsanspruch in selbiger Höhe erhält; hier kommt ein Einzelschaden des Aussonderungsgläubigers aus § 60 InsO ins Spiel. Bei einer Vereinnahmung durch den Schuldner vor Insolvenzeröffnung besteht die insolvenzspezifische Pflicht des Verwalters nur darin, max. das per Insolvenzeröffnung vorhandene Guthaben auf dem schuldnerischen Konto herauszugeben, bei mehreren Aussonderungsgläubigern evtl. quotal,[170] und freilich nach einer Prüfung der möglichen Kollision mit einem AGB-Pfandrecht der kontoführenden Bank oder anderen Aspekten.

---

[164] BGH Urt. v. 8.1.1998 – IX ZR 131/97, NJW 1998, 992.
[165] BGH Urt. v. 8.5.2008 – IX ZR 229/06, NZI 2008, 426.
[166] KPB/*Prütting* InsO § 48 Rn. 21 (Stand 07/2015).
[167] BGH Urt. v. 8.5.2008 – IX ZR 229/06, NZI 2008, 426.
[168] BGH Urt. v. 8.5.2008 – IX ZR 229/06, NZI 2008, 426.
[169] BGH Urt. v. 21.9.1989 – IZ ZR 107/88, NJW-RR 1990, 411; KPB/*Prütting* InsO § 48 Rn. 22 (Stand 07/2015).
[170] OLG Köln Urt. v. 18.4.2002 – 12 U 95/01, ZIP 2002, 947.

88 Ein **Untergang des Aussonderungsguts** oder -rechts kann nur dadurch exkulpiert werden, dass der Untergang auch bei pflichtgemäßem Verhalten des Insolvenzverwalters eingetreten wäre, zB bei Verwertung von Vorbehaltsware zwischen Insolvenzeröffnung und Mitteilung des Aussonderungsgläubigers.[171]

5. Verwaltungs- und Obhutspflichten bis zur Herausgabe

89 Sofern der Verwalter Besitz am Aussonderungsgut ergriffen hat, stellen auch Sicherungs-, Verwaltungs- und Obhutspflichten einschl. entsprechenden Versicherungsschutzes (→ Rn. 61) bis zur Ermöglichung der Abholung insolvenzspezifische Pflichten dar.[172] Für die Erfüllung der Herausgabepflicht genügt die Aufforderung zur Abholung mit (angemessener) Fristsetzung. Bis zu diesem Fristablauf besteht die insolvenzspezifische Pflicht alles zu unterlassen, was den Wert des Aussonderungsguts oder -rechts mindert.[173]

6. Nutzungsrechte bis zur Herausgabe

90 **a) Abrede.** Nutzungsrechte zwischen (Anordnung der vorläufigen Verwaltung oder) Insolvenzeröffnung und Herausgabe können auf einer Abrede zwischen dem (vorläufigen) Verwalter und dem Aussonderungsgläubiger beruhen. Dann gelten **vertragliche Rechte und Pflichten.** Eine Haftung nach § 60 InsO ist nur zu prüfen, wenn die Pflichtverletzung gleichzeitig das Aussonderungsrecht (wertmindernd) beeinträchtigt.[174] Dies kann zB der Fall sein bei einer Untervermietung ohne Zustimmung des Aussonderungsgläubigers an einen unzuverlässigen Untermieter;[175] in diesem Fall kann zugleich ein Gesamtschaden vorliegen, wenn die (nicht vollständig) erzielten Einnahmen in Ermangelung einer wirksamen Abtretung der Masse zustanden[176] oder die Masse durch Verbindlichkeiten unnötig belastet wurde. Vergleichbares gilt für die Nutzung von Vermögensgegenständen, die dem Aussonderungsrecht der Gesellschafter des Schuldners unterfallen (§ 135 Abs. 3 S. 1 InsO).

91 **b) Gerichtlicher Verwertungsstopp.** Ein Nutzungsrecht kann sich auch aus § 21 Abs. 2 Nr. 5 InsO („Verwertungsstopp") ergeben. Hiernach kann das Insolvenzgericht während der vorläufigen Verwaltung anordnen, dass Gegenstände, an denen nach Insolvenzeröffnung Aussonderungsrechte bestehen werden, nicht herausgegeben werden müssen, wenn sie für eine Betriebsfortführung von erheblicher Bedeutung sind. Zur analogen Anwendung sollen § 169 S. 2 und 3 InsO kommen. Aufgrund der Komplexität dieser Regelung sollte eine solche Anordnung nur beantragt werden, wenn eine Abrede mit dem Aussonderungsgläubiger nicht zustande kommt, denn die Regelung dient nur der „Disziplinierung" der Aussonderungsgläubiger.

---

[171] OLG Karlsruhe Urt. v. 18.9.1998 – 10 U 49/98, NZI 1999, 231; Uhlenbruck/*Sinz* InsO § 60 Rn. 34.
[172] BGH Urt. v. 17.9.1987 – IX ZR 156/86, ZIP 1987, 1398 (1399).
[173] BGH Urt. v. 9.3.2006 – IX ZR 55/04, NZI 2006, 350 für Absonderungsgut.
[174] BGH Urt. v. 17.9.1987 – IX ZR 156/86, ZIP 1987, 1398.
[175] BGH Urt. v. 25.1.2007 – IX ZR 216/05, NJW 2007, 1596.
[176] Vgl. OLG München Beschl. v. 30.10.2012 – 14 U 2739/12 (rkr.).

Zimmer

Die aus der Regelung resultierende **Nutzungsausfallentschädigung** soll erst drei Monate nach Erlass der Anordnung im Rang einer Masseverbindlichkeit entstehen; während des Drei-Monats-Zeitraums soll es sich um Insolvenzforderungen handeln, selbst wenn ein Teil dieses Drei-Monats-Zeitraums nach Insolvenzeröffnung liegt,[177] denn mangels Verweises gilt § 172 Abs. 1 InsO hier nicht analog. Wird für den Zeitraum zwischen Insolvenzeröffnung und Ablauf des Drei-Monats-Zeitraums die Nutzungsentschädigung aus der Masse entrichtet, liegt ein Gesamtschaden der Insolvenzgläubiger vor, da eine Insolvenzforderung beglichen wurde. 92

Dass der Wert des Aussonderungsguts durch vertragliche Nutzung stetig abnimmt, ist Dauerschuldverhältnissen immanent und von der Nutzungsentschädigung erfasst; und zwar auch dann, wenn sie nur Insolvenzforderung ist. Nur wenn eine darüber hinausgehende Wertminderung eintritt, soll der Anspruch des Aussonderungsgläubigers auf **Wert- bzw. Schadenersatz** – selbst wenn er in der vorläufigen Verwaltung entsteht – Masseverbindlichkeit sein.[178] Liegt der Wertminderung ein vorwerfbares Verhalten des (vorläufigen) Verwalters zugrunde, kann das Entstehen dieser Masseverbindlichkeit einen Gesamtschaden bedeuten. 93

Trotz des Verweises in § 21 Abs. 2 Nr. 5 InsO findet § 169 S. 3 InsO (**Ausschluss vorgenannter Ansprüche**) auf Aussonderungsberechtigte keine Anwendung, da die Norm auf die Frage abstellt, mit welcher Befriedigungsquote ein Absonderungsgläubiger zu rechnen hat, was bei Aussonderungsgut (außer bei Leasingverträgen) keine Rolle spielt;[179] folglich tritt hier keine Minderung des Schadenersatzanspruchs ein. 94

VII. Umgang mit Absonderungsgut und -rechten

1. Einführung

Absonderungsgläubiger können aufgrund eines persönlichen (zB Sicherungsabreden etc) oder dinglichen (zB Grundschulden, Hypotheken, Dienstbarkeiten etc) Rechts geltend machen, dass ihnen der wirtschaftliche Wert des Absonderungsguts gebührt (§§ 49, 50 InsO), weswegen sie am Insolvenzverfahren nur mit ihrem Ausfall teilnehmen (§§ 52, 190 InsO). Die nachfolgenden Ausführungen beschränken sich wegen der Frage der Haftung des Insolvenzverwalters auf dessen Pflichtenbestimmung im Umgang mit Absonderungsgut und -rechten. Vorweg sei angemerkt, dass auch schon der vorläufige Verwalter für den pflichtwidrigen Umgang mit Absonderungsgut haften kann.[180] 95

2. Inbesitznahme von Absonderungsgut

Absonderungsgut steht im Eigentum des Schuldners, gehört mithin uneingeschränkt zur Insolvenzmasse; die Rechte des Absonderungsgläubigers erstrecken sich lediglich auf die Auskehrung von Verwertungserlösen und einen sorg- 96

---

[177] BGH Urt. v. 3.12.2009 – IX ZR 7/09, NZI 2010, 95; BGH Urt. v. 8.3.2012 – IX ZR 78/11, NZI 2012, 369.
[178] BGH Urt. v. 8.3.2012 – IX ZR 78/11, NZI 2012, 369.
[179] So auch *Ganter* NZI 2007, 549 (553).
[180] BGH Urt. v. 5.5.2011 – IX ZR 144/10, NZI 2011, 602.

samen Umgang mit dem Absonderungsgut. Bei der Sicherungsübereignung ist zu beachten, dass zwar das rechtliche Eigentum beim Absonderungsgläubiger liegt, das maßgebliche wirtschaftliche Eigentum jedoch beim Schuldner. Insoweit bestehen an der insolvenzspezifischen Pflicht zur Inbesitznahme von Absonderungsgut nach § 148 Abs. 1 InsO keine Zweifel, zumal dem Verwalter nach §§ 166 ff. InsO das Verwertungsrecht und die Verwertungspflicht erst obliegen, wenn er im **Besitz** des Absonderungsguts ist. Sofern es sich bei dem Absonderungsgut um ein Grundstück handelt, ist das Verwertungsrecht gesetzlich auf die Zwangsversteigerung begrenzt (§ 165 InsO), eine freihändige Verwertung in Abstimmung mit dem Absonderungsgläubiger ist jedoch zulässig, sodass sich die Pflicht zur Inbesitznahme auch auf Grundstücke erstreckt; selbiges gilt für Schiffe und Luftfahrzeuge, sofern von der Registerpflicht iSd § 33 InsO betroffen.

97   Problematisch kann die Pflicht zur Inbesitznahme werden, wenn nach § 173 Abs. 1 InsO das **Verwertungsrecht beim Absonderungsgläubiger** liegt. Einschlägig sind besitzgebundene vertragliche oder gesetzliche Pfandrechte.[181] Hat sich der Absonderungsgläubiger schon vor Verfahrenseröffnung in den Besitz des Absonderungsguts gebracht, stellt es eine insolvenzspezifische Pflicht des Verwalters dar zu prüfen, ob der Gläubiger hierzu berechtigt war (Prüfung der Pfandreife). Ist dies der Fall, gehört das Absonderungsgut zwar zur Masse; eine Pflicht zur Inbesitznahme muss jedoch ausscheiden, da es sich aufgrund des Besitzrechts des Absonderungsgläubigers sonst um verbotene Eigenmacht des Verwalters (§ 858 BGB) handeln würde. Besteht das Absonderungsrecht in Gestalt eines kaufmännischen Zurückbehaltungsrechts (§ 369 HGB), ist zu prüfen, ob der (vorläufige) Verwalter der Verwertung nach § 1246 Abs. 1 BGB zustimmen muss.[182] Lag noch keine Pfandreife vor, gilt grds. die Pflicht zur Inbesitznahme, faktisch jedoch überlagert durch das Anfechtungsrecht. Hierbei ist zu beachten, dass der Masse nur die späteren Kostenbeiträge nach §§ 170, 171 InsO zustehen, sodass Inbesitznahme bzw. Anfechtung auch vergleichsweise erledigt werden können, um unnütze Kosten zu vermeiden.

3. Feststellung des Absonderungsrechts und Streitigkeiten

98   Hinsichtlich der Feststellung des Absonderungsrechts und etwaiger Streitigkeiten kann auf die entsprechenden Ausführungen zu den Aussonderungsrechten (→ Rn. 79 ff.) verwiesen werden, nur dass es nun eben nicht um die Klärung der Eigentumsverhältnisse geht, sondern um die Klärung wirksamer Absonderungsrechte.

4. Verwertung des Absonderungsguts

99   Es gelten die allgemeinen Grundsätze zur **ordnungsgemäßen Verwertung** der Insolvenzmasse (→ Rn. 66 ff.), da das Absonderungsgut zur Insolvenzmasse iSd § 35 InsO gehört. Das Absonderungsrecht kommt grds. erst auf der Ebene der Auskehrung des Verwertungserlöses zum Tragen. Besonderheiten ergeben sich jedoch wie folgt:

---

[181] Zu den Einzelfällen siehe zB Uhlenbruck/*Brinkmann* InsO § 173 Rn. 3 ff.
[182] BGH Urt. v. 5.5.2011 – IX ZR 144/10, NZI 2011, 602.

Bevor der Verwalter Absonderungsgut veräußert, hat der dem Absonderungsgläubiger – formfrei – mitzuteilen, auf welche Weise der Gegenstand veräußert werden soll (§ 168 Abs. 1 S. 1 InsO). Er hat dem Gläubiger Gelegenheit zu geben, binnen einer Woche auf eine andere, für den Gläubiger günstigere Möglichkeit der Verwertung hinzuweisen (§ 168 Abs. 1 S. 2 InsO). Dies dient auch der Ermöglichung für den Absonderungsgläubiger, den Gegenstand selbst zu übernehmen (§ 168 Abs. 3 S. 1 InsO), was allerdings kein gesetzliches Selbsteintrittsrecht des Gläubigers bedeutet.[183] Insgesamt besteht die insolvenzspezifische Pflicht des Verwalters darin, die beabsichtigte Verwertung vorab **durch den Absonderungsgläubiger prüfen zu lassen**. Bei Vorratsvermögen und asset deals (hier gibt es meist mehrere Absonderungsberechtigte) ist es ausreichend, den Absonderungsgläubiger(n) den voraussichtlich auf sie entfallenden Erlösanteil mitzuteilen.[184] Ein Regress kommt in Betracht, wenn der Verwalter dem Absonderungsberechtigten seine Veräußerungsabsicht nicht anzeigt oder dessen Hinweis nicht nachgeht, und deshalb bei der Verwertung ein Mindererlös erzielt wird. Erhält der Verwalter vom Absonderungsgläubiger einen Hinweis auf eine günstigere – also bezifferte – Verwertungsmöglichkeit, findet er selbst danach aber eine noch günstigere, muss der Absonderungsgläubiger nicht erneut um Stellungnahme ersucht werden, da es nicht Sinn und Zweck der Norm ist, einen Bieterwettstreit auszulösen.[185] Bei einer öffentlichen Versteigerung muss dem Auktionator ein vom Absonderungsgläubiger beziffertes Angebot zzgl. der Versteigerungskosten als Mindestgebot aufgegeben werden.[186] Der Einzelschaden des Absonderungsgläubigers besteht in Höhe eines Mindererlöses (abzgl. Kostenbeiträgen). Ein Gesamtschaden der Insolvenzgläubiger besteht in Höhe nicht realisierter Kostenbeiträge.

Kommt es zu einer **Übernahme durch den Absonderungsgläubiger** (§ 168 Abs. 3 InsO), muss der Wert hierfür angemessen sein, da sonst ein Gesamtschaden entstehen kann. Selbiges gilt für nicht realisierte Kostenbeiträge (§§ 170, 171 InsO), die auch in dieser Konstellation anfallen.[187] Vergleichbares gilt für die **Überlassung der Verwertung** nach § 170 Abs. 2 InsO. Hier kommt noch hinzu, dass sich der Verwalter von der Zuverlässigkeit des Absonderungsgläubigers überzeugen muss, denn ein von diesem erzielter Kaufpreis fällt steuerlich nicht unter § 13b Abs. 1 Nr. 2 UStG, sodass die Masse für die Umsatzsteuer haftet; eine Pflichtverletzung iSd § 60 InsO dürfte allerdings nicht bestehen, wenn der Verwalter selbst keinen Käufer gefunden hat und das Vorgehen nach § 170 Abs. 2 InsO die einzig sinnvoll Alternative ist. Gerade beim **originären Verwertungsrecht des Absonderungsgläubigers** (§ 173 InsO) ist diese steuerliche Komponente zu beachten; da § 13b UStG auch hier nicht gilt,[188] hat die Masse einen Anspruch auf Herausgabe des Umsatzsteuerbetrages.[189]

---

[183] *Lüke* Persönliche Haftung des Verwalters in der Insolvenz Rn. 165.
[184] LG Düsseldorf Urt. v. 9.5.2003 – 14d O 34/02, DZWiR 2003, 389.
[185] BGH Beschl. v. 22.4.2010 – IX ZR 208/08, ZIP 2010, 1089.
[186] OLG Celle Urt. v. 20.1.2004 – 16 U 109/03, NZI 2004, 265.
[187] BGH Urt. v. 3.11.2005 – IX ZR 181/04, ZIP 2005, 2214.
[188] BFH Urt. v. 19.7.2007 – V B 222/06, ZIP 2007, 1998; BFH Urt. v. 1.3.2010 – XI B 34/09, NZI 2010, 451.
[189] BGH Urt. v. 29.3.2007 – IX ZR 27/06, ZIP 2007, 1126.

102 Die Verwertung belasteter **unbeweglicher Gegenstände** ist in § 165 InsO geregelt. Absonderungsgut kann hier sein im Wesentlichen ein Grundstück, aber auch in Registern eingetragene Schiffe und Flugzeuge. Das Gesetz sieht lediglich die Initiierung der Zwangsversteigerung vor. Es ist jedoch unbestritten, dass der Verwalter auch die freihändige Verwertung vornehmen kann, jedoch nur in Abstimmung mit dem Absonderungsgläubiger. Ob es darüber hinaus wegen § 160 Abs. 2 Nr. 1 InsO auch der Zustimmung des Gläubigerausschuss bzw. der Gläubigerversammlung bedarf, muss angenommen werden,[190] da die §§ 160 ff. InsO grds. keine Ausnahmen für Absonderungsgut enthalten. Haftungsrelevant können folgende Umstände sein: Nicht selten liegt die frei ausgehandelte Kostenpauschale unterhalb der tatsächlichen Verwertungskosten (Maklercourtage, Notargebühren, Grundbucheintragungen etc). Dauert die Verwertung etwas länger, können laufende Unterhaltungskosten (Grundsteuer etc) ebenfalls höher sein als die Massebeteiligung. Ist die Massebelastung höher als die ausgehandelte Massebeteiligung, kann ein Gesamtschaden der ungesicherten Insolvenzgläubiger gegeben sein. Das zweite Problemfeld resultiert daraus, dass bestimmte Verbindlichkeiten auch ohne Eintragung im Grundbuch auf dem Grundstück lasten (zB § 12 GrStG). Den Käufer hierüber zu informieren ist keine insolvenzspezifische Pflicht. Gleichwohl sollte das Thema geklärt werden, da sich das Absonderungsrecht solcher Gläubiger nicht an einem freihändig erzielten Veräußerungserlös fortsetzt, sie also auch gegen den neuen Eigentümer in das Grundstück vollstrecken dürfen.[191] Dritter Aspekt aus haftungsrechtlicher Perspektive ist eine Lästigkeitsprämie zur Abfindung nachrangiger Grundpfandgläubiger, die nicht mit einer Befriedigung rechnen können.[192] Eine solche Prämie zulasten der Masse wäre insolvenzzweckwidrig.[193] Zulässig ist eine Zahlung aus dem Vermögen des erstrangigen Absonderungsgläubigers.[194] Eine Pflicht des nachrangigen Grundpfandgläubigers, auf sein Recht zu verzichten, besteht jedoch nicht,[195] was auch für Berechtigte von Dienstbarkeiten gilt.

103 Ein eventueller „**Verwertungsstopp**" nach § 21 Abs. 2 S. 1 Nr. 5 InsO (→ Rn. 91 ff.) führt noch nicht zum Verwertungsrecht des Insolvenzverwalters in der vorläufigen Verwaltung.

5. Besonderheit: Forderungen aus Lieferungen und Leistungen

104 Bei sicherungshalber zedierten Forderungen aus Lieferung und Leistung ist die Anwendung des § 168 InsO nicht eindeutig, da es sich bei Forderungen nicht um Gegenstände handelt. Grundsätzlich scheint der Gesetzgeber davon ausgegangen zu sein, dass es für zedierte Forderungen keiner Regelung bedarf, da sie ohnehin zum Nominalwert eingezogen werden, und da scheint eine bessere Verwertungsmöglichkeit nicht denkbar. Insoweit ist eine Regelungslücke nicht auszuschließen. Beim **Forderungsverkauf** dürften die aus § 168 Abse. 1

---

[190] OLG Koblenz Beschl. v. 5.1.2015 – 3 W 616/14, NZI 2015, 232.
[191] BGH Urt. v. 18.2.2010 – IX ZR 101/09, ZIP 2010, 994.
[192] Ausführlich *Lieder* NZI 2016, 105.
[193] BGH Beschl. v. 20.3.2008 – IX ZR 68/06, NZI 2008, 365.
[194] BGH Urt. v. 20.3.2014 – IX ZR 80/13, NZI 2014, 450.
[195] BGH Beschl. v. 30.4.2015 – IX ZR 301/13, NZI 2015, 550.

§ 47. Haftung des (vorläufigen) Insolvenzverwalters

und 2 InsO resultierenden Grundsätze (→ Rn. 100f.) gelten, da auch hier eine bessere Verwertungsmöglichkeit nicht grds. ausgeschlossen ist. Beim **Forderungseinzug zum Nominalwert** (zzgl. Verzugszinsen) geht § 168 InsO ins Leere; ausreichend ist die Unterrichtung des Gläubigers nach § 167 Abs. 2 InsO. Praxisrelevant für Haftungsfragen sind insoweit also nur Forderungen, über die wegen rechtlicher oder wirtschaftlicher Schwierigkeiten ein **Vergleich** erforderlich ist. Dass eine enge Abstimmung mit dem Absonderungsgläubiger erforderlich ist, ergibt sich schon daraus, dass bereits zuvor geklärt werden muss, wer die Kosten einer etwaigen Rechtsverfolgung übernehmen soll und/oder ob (deswegen) höhere Verwertungskostenpauschalen vereinbart werden können; selbstredend ist auch die Einschaltung eines Prozessfinanzierers gegen Erfolgsbeteiligung mit dem Absonderungsgläubiger abzustimmen. Insgesamt dürfte es also die insolvenzspezifische Pflicht des Verwalters geben, auch den Einzug zweifelhafter Forderungen mit dem Absonderungsgläubiger abzustimmen, was dem Rechtsgedanken des § 168 InsO gerecht wird, auch wenn eine direkte oder analoge Anwendung dieser Norm ausscheidet.

Gegenüber den ungesicherten Insolvenzgläubigern besteht die Pflicht zur Einbehaltung der **Kostenbeiträge** (§§ 170, 171 InsO). Haftungsträchtig könnte sein, hierbei § 171 Abs. 2 S. 3 InsO zu übersehen, wenn die Masse wegen der zu § 17 UStG und § 55 Abs. 4 InsO entwickelten Grundsätze mit Umsatzsteuer aus dem Forderungseinzug belastet wird. Da die steuerliche Frage evtl. erst nach der Auskehrung auftritt, ist eine entsprechende Nachberechtigung und Zahlungsaufforderung erforderlich.[196]

6. Besonderheit: Verarbeitung, Vermischung und Vermengung (§ 172 Abs. 2 InsO)

Bis zur Verwertung des Absonderungsguts hat der Insolvenzverwalter darauf zu achten, dass das Absonderungsgut – ebenso wie das Absonderungsrecht – nicht einen Wertverlust durch einen vermeidbaren Sach- oder Rechtsmangel erleidet.[197]

Verbindet, vermischt oder verarbeitet der Verwalter eine vom Absonderungsrecht erfasste Sache (meist Vorratsvermögen),[198] handelt es sich nicht um eine Verwertung iSd § 166 InsO. Hier ist zu prüfen, ob die AGB des Lieferanten eine **Weiterveräußerung iRd gewöhnlichen Geschäftsverkehrs** zulassen. Dann setzt sich das Recht des Lieferanten an der neuen Sache oder Forderung fort, dh es entsteht hieran ein Ersatzabsonderungsrecht bis zur Höhe des ursprünglichen Absonderungsrechts (vgl. § 172 Abs. 2 S. 2 InsO). Bis hierhin liegt keine Pflichtverletzung vor, da das Gesetz ein solches Vorgehen zulässt, wenn die Sicherungsrechte gewahrt bleiben (§ 172 Abs. 2 S. 1 InsO). Daher ist der Absonderungsgläubiger auch nicht um vorherige Zustimmung zu ersuchen.[199] Etwas anderes gilt nur dann, wenn Verarbeitungsklauseln durch Insolvenzeröffnung enden. Abgesehen davon, dass zunächst zu prüfen ist, ob eine solche Lösungsklausel insolvenzfest ist, bedarf es dann einer Erfüllungswahl nach

---

[196] Vgl. OLG Nürnberg Urt. v. 11.12.2013 – 12 U 1530/12, ZInsO 2014, 206 (210).
[197] BGH Urt. v. 9.3.2006 – IX ZR 55/04, NZI 2006, 350.
[198] Hierzu auch *Schultze* ZIP 2016, 1198.
[199] Uhlenbruck/*Sinz* InsO § 60 Rn. 41.

§ 103 InsO oder – erst recht, wenn keine Verarbeitungsklauseln vorliegen – einer Abstimmung mit dem Lieferanten.[200] Wird eine solche Abrede schon in der vorläufigen Verwaltung getroffen, muss sie auch regeln, ob sie nach Verfahrenseröffnung weiter gelten soll.[201]

108 Die systematische Stellung des § 172 InsO lässt nicht vermuten, dass bei der Befriedigung des Ersatzabsonderungsanspruchs **Kostenbeiträge** iSd §§ 170, 171 InsO einbehalten werden dürfen. Es ist jedoch nicht ersichtlich, weshalb sich ein Absonderungsgläubiger bei Betriebsfortführung besser stehen soll als bei einer Liquidation. Steht nicht ein Vorbehaltsrecht von Lieferanten im Raum, sondern das Vermieterpfandrecht an eingebrachten Sachen, erlischt das Vermieterpfandrecht ohnehin, da die Betriebsfortführung den gewöhnlichen Lebensverhältnissen entspricht.[202]

109 Wegen der meist vorliegenden vertraglichen Beschränkung auf die Weiterveräußerung iRd gewöhnlichen Geschäftsverkehrs gilt das Vorgesagte nur für die Betriebsfortführung (und Ausproduktion). Sollten iRd **Liquidation** vergleichbare Handlungen durch den Insolvenzverwalter erfolgen, ohne dass automatisch ein Ersatzabsonderungsanspruch entsteht, das Absonderungsrecht wegen Wegfalls des Absonderungsguts also vereitelt wird, kommt die Haftung gegenüber dem Absonderungsgläubiger aus § 60 InsO zum Tragen.[203] Hier ist zu beachten, dass ein asset deal (**übertragende Sanierung**) keine Weiterveräußerung iRd gewöhnlichen Geschäftsverkehrs darstellt; da insoweit kein Ersatzabsonderungsrecht entsteht, kann der Gläubiger jedoch eine angemessene Abfindung erhalten (in § 1 Abs. 2 Nr. 2 InsVV als zulässig unterstellt).

7. Erlösverteilung (§§ 170, 171 InsO)

110 Hat der Verwalter einen Erlös aus der Verwertung von Absonderungsgut erzielt, ist der Erlös nach Abzug der in §§ 170, 171 vorgesehenen Kostenbeiträge unverzüglich an den Absonderungsgläubiger auszukehren. Unter **Erlös** ist desjenige zu verstehen, was tatsächlich zur Masse gelangt ist, und zwar brutto einschl. Umsatzsteuer.[204] Kosten eines Verwertungsunternehmens oder Auktionators, die vor der Auskehrung an die Masse einbehalten worden waren, spielen keine Rolle.[205] Nicht zu den Erlösen gehören hingegen Beträge, die zwar vom Erwerber geschuldet werden, aber aus rechtlichen oder wirtschaftlichen Gründen nicht realisiert werden können.[206]

111 Dieser Erlös muss – im gedanklich ersten Schritt – nach zivilrechtlichen Grundsätzen vollständig **an den Absonderungsgläubiger ausgekehrt** werden. Im zweiten Schritt sind die der Masse zustehenden Kostenbeiträge zu berechnen; hierfür existieren insolvenzrechtliche Anspruchsgrundlagen (§§ 170, 171 InsO). Soweit das Gesetz formuliert, diese Beträge seien aus dem Verwertungserlös vorweg für die Masse zu entnehmen, bedeutet dies lediglich, dass der

---

[200] Uhlenbruck/*Sinz* InsO § 60 Rn. 41.
[201] *Lüke* Persönliche Haftung des Verwalters in der Insolvenz Rn. 156.
[202] LG Mannheim Urt. v. 30.10.2003 – 10 S 38/03, ZIP 2003, 2374.
[203] Vgl. Uhlenbruck/*Sinz* InsO § 60 Rn. 41.
[204] OLG Nürnberg Urt. v. 11.12.2013 – 12 U 1530/12, ZInsO 2014, 206 (208 f.).
[205] OLG Nürnberg Urt. v. 11.12.2013 – 12 U 1530/12, ZInsO 2014, 206 (209).
[206] OLG Nürnberg Urt. v. 11.12.2013 – 12 U 1530/12, ZInsO 2014, 206 (209).

Verwalter – im dritten Schritt – nicht nur berechtigt (das ergäbe sich schon aus §§ 387 ff. BGB), sondern auch iSd § 60 InsO verpflichtet ist, den Auskehrungsanspruch des Absonderungsgläubigers mit dem Anspruch der Masse auf Kostenbeiträge aufzurechnen. Die Auskehrung besteht also tatsächlich aus drei selbstständigen Rechtsvorgängen, die nachvollziehbar darzustellen sind.

Die Pflicht zur Auskehrung wird nicht durch Masseaarmut oder Masseunzulänglichkeit beseitigt, da der Auskehrungsanspruch **allen Verteilungsschlüsseln vorausgeht.** Ist die Auskehrung nicht möglich, weil die Erlöse zur Befriedigung von Masseverbindlichkeiten verwendet wurden, liegt eine Pflichtverletzung gegenüber dem Absonderungsgläubiger vor. Die Pflicht zur Auskehrung entfällt nicht, wenn eine **Auskehrung an den „falschen" Absonderungsberechtigten** vorgenommen wurde. Diese Konstellation kann sich ergeben, wenn kollidierende Absonderungsrechte gar nicht oder mit unzutreffendem Ergebnis geprüft worden waren. Der wahre Berechtigte hat nun keinen Anspruch auf Ersatzabsonderung, weil das Vereinnahmte nicht mehr unterscheidbar vorhanden ist, insoweit entsteht eine Masseverbindlichkeit nach § 55 Abs. 1 Nr. 1, 3 InsO. Kann die Masseverbindlichkeit nicht bedient werden, entsteht ein Einzelschaden des wahren Berechtigten iSd § 60 InsO.[207] Ist eine Zahlung möglich, verbleibt ein Gesamtschaden, wenn keine Erstattung vom „falschen" Berechtigten erreicht werden kann. 112

Die Pflicht zur Erlösverteilung erstreckt sich auch auf Einnahmen, die **in der vorläufigen Verwaltung erzielt** worden waren. Zwar findet sich in § 21 Abs. 2 Nr. 5 InsO ein Verweis auf §§ 170, 171 InsO nur für den Fall des gerichtlich angeordneten „Verwertungsstopps",[208] jedoch hat diese Regelung im hiesigen Kontext nur zwei Zielrichtungen: der Absonderungsgläubiger soll an der Verwertung gehindert werden und der Masse sollen Kostenbeiträge zustehen. Insoweit stellt sich hier nur die zu verneinende Frage, ob die Masse ohne diese gerichtliche Maßnahme gleichwohl Anspruch auf *gesetzliche* Kostenbeiträge hat. 113

Erfolgt die **Auskehrung schuldhaft verzögert,** entsteht ein Einzelschaden des Absonderungsgläubigers. Wird dieser Schaden aus der Masse beglichen, entsteht wegen der Einheitlichkeit der Pflichtverletzung ein Gesamtschaden. Keine Verzögerung stellt es dar, wenn sich die Klärung des Absonderungsrechts über die Verwertungshandlung hinaus ausdehnt. Hierzu gehört auch der Fall **kollidierender Drittrechte.** Steht fest, dass ein Drittrecht besteht, aber nicht, zu wessen Gunsten, obliegt es nicht dem Verwalter, eine Klärung herbeizuführen. Er kann den für ihn einfachsten Weg gehen, zB an einen Lieferantenpool auskehren[209] oder eine Hinterlegung vornehmen. 114

Werden **Kostenbeiträge** (§§ 170, 171 InsO) zu hoch ermittelt, entsteht dem Absonderungsgläubiger ein Einzelschaden. Ein Gesamtschaden entsteht nicht, da die Masse mehr erhalten hat als ihr zusteht. Zu niedrig bemessene Kostenbeiträge stellen im Verhältnis zu den Insolvenzgläubigern hingegen einen Gesamtschaden dar. Gelegentlich übersehen wird hier der Unterschied von Ver- 115

---

[207] BGH Urt. v. 15.10.2014 – XII ZR 163/12, NJW 2014, 3775.
[208] Für diesen Fall ist die Erlösauskehr nach § 170 Abs. 1 S. 2 InsO unproblematisch, vgl. BGH Urt. v. 21.1.2010 – IX ZR 65/09, NJW 2010, 2585.
[209] BGH Beschl. v. 16.9.2010 – IX ZR 56/07, ZInsO 2010, 2234 = BeckRS 2010, 23784.

wertungskostenpauschale und tatsächlichen Verwertungskosten (§ 171 Abs. 2 InsO). Tatsächliche Verwertungskosten entstehen oft durch die Einschaltung von Verwertungsunternehmen, die eine Provision beanspruchen.[210] Diese Provision liegt idR oberhalb der fünfprozentigen Verwertungskostenpauschale, sodass der Masse stets ein Gesamtschaden durch die nicht ausreichende Weiterbelastung entsteht. Ob auch Transportkosten oder andere Nebenkosten (zB Demontage, Verladung etc) zu den Verwertungskosten gehören und entsprechend zu berücksichtigen sind, gehört zur Vertragsauslegung,[211] sodass es zu den insolvenzspezifischen Pflichten gegenüber den ungesicherten Gläubigern gehört, all dies im Zweifel vorab mit dem Absonderungsgläubiger abzustimmen (§ 168 InsO).

8. Absonderungsgläubiger in der Insolvenztabelle

116 Haftungspotential bietet § 190 Abs. 3 InsO. Die Mitarbeiter der Tabellenabteilung gehen gelegentlich davon aus, dass ein Absonderungsgläubiger nicht in das Schlussverzeichnis aufzunehmen ist, wenn er seinen Ausfall nicht nachweist. Ist jedoch – wie bei §§ 166 ff. InsO stets – nur der Insolvenzverwalter zur Verwertung berechtigt, gilt dieser aus § 190 Abs. 1 InsO resultierende Grundsatz nicht; es ist der Verwalter, der im Wege der Schätzung den Ausfall zu beziffern und in das Schlussverzeichnis aufzunehmen hat. Ist andererseits der Gläubiger zur Verwertung berechtigt, hat dieser zwar seinen Ausfall zu beziffern, jedoch muss er vom Verwalter auch rechtzeitig in Kenntnis darüber gesetzt werden, dass ein Verfahrensabschluss vorbereitet wird.[212]

9. Verwaltungs- und Obhutspflichten bis zur Verwertung

117 Bis zur Verwertung des Absonderungsguts hat der Verwalter darauf zu achten, dass das Absonderungsgut – ebenso wie das Absonderungsrecht – nicht einen Wertverlust durch einen vermeidbaren Sach- oder Rechtsmangel erleidet.[213] Der Fall der Verarbeitung, Vermischung und Vermengung wurde bereits dargestellt (→ Rn. 106 ff.). Im Regelfall geht es nur darum, das Absonderungsgut bis zu seiner Verwertung (→ Rn. 99 ff.) oder Freigabe (→ Rn. 120) – ggf. im Anschluss an eine berechtigte Nutzung (→ Rn. 118) – gegen Beeinträchtigungen zu schützen. Einen Sonderfall bildet das Grundstückszubehör im Zusammenhang mit dem Haftungsverbund der Hypothek (§ 1120 BGB). Werden hier Gegenstände veräußert und vom Grundstück entfernt, kann das Absonderungsrecht des Grundpfandgläubigers verletzt sein. Ist der Erlös noch vorhanden, kann dieser abzgl. der Kostenbeiträge an den Absonderungsgläubiger ausgekehrt werden. Wurde der Erlös jedoch an einen Dritten ausgekehrt, weil zu dessen Gunsten ein anderes Absonderungsrecht (zB Sicherungsübereignung) angenommen wurde, ohne den Zusammenhang mit § 1120 BGB erkannt zu haben, oder wurde der Erlös für Masseverbindlichkeiten verwendet, ist eine Haftung des Verwalters zu prüfen. Nach hier vertretener Ansicht ist § 60 InsO

---

[210] BGH Beschl. v. 22.9.2005 – IX ZR 65/04, NZI 2005, 679.
[211] OLG Nürnberg Urt. v. 11.12.2013 – 12 U 1530/12, ZInsO 2014, 206 (211 f.).
[212] LG Frankfurt/O. Urt. v. 28.10.2011 – 6a S 108/11, BeckRS 2011, 26234.
[213] BGH Urt. v. 9.3.2006 – IX ZR 55/04, NZI 2006, 350.

Zimmer

die zutreffende Anspruchsgrundlage, nach anderer Ansicht sollen §§ 823 Abs. 2, 1134, 1135 BGB herangezogen werden.[214]

10. Nutzungsrechte bis zur Verwertung (§§ 169, 172 InsO)

Nach § 172 Abs. 1 S. 1 InsO darf der Verwalter eine bewegliche Sache, zu deren Verwertung er berechtigt ist, für die Insolvenzmasse nutzen, wenn er den dadurch entstehenden Wertverlust ab Insolvenzeröffnung durch laufende Zahlungen ausgleicht. Allerdings scheidet der Wertersatz aus, wenn das Sicherungsrecht nicht beeinträchtigt wird (§ 172 Abs. 1 S. 2) oder – zB bei nachrangigen Sicherungsrechten – ein voraussichtlicher Verwertungserlös nicht zur anteiligen Befriedigung des Absonderungsgläubigers führen kann (§ 169 InsO). Im Ergebnis sollen der Wertersatz und ein späterer Veräußerungserlös denjenigen Wert erreichen, den das Absonderungsgut zum Stichtag Insolvenzeröffnung hatte. Der Wertersatz ist auch bei vorheriger Anordnung eines „Verwertungsstopps" (§ 21 Abs. 2 Nr. 5 InsO) – anders als bei Aussonderungsgut (→ Rn. 92) – bereits ab Insolvenzeröffnung Masseverbindlichkeit. Eine Haftung gegenüber dem Absonderungsgläubiger kommt gleichwohl nicht aus § 61 InsO, sondern nur aus § 60 InsO in Betracht. Ein Gesamtschaden liegt vor, wenn der Wertersatz tatsächlich nicht geschuldet war, aber beglichen wurde.

11. Besonderheiten der „kalten" Zwangsverwaltung

Aufgrund fehlender Abtretung von Mieten bzw. deren Wirkungsverlust nach § 110 InsO verfügen Absonderungsgläubiger aus Grundschulden, Hypotheken etc nicht über Absonderungsrechte an den Mieterlösen aus dem Grundstück. Der vom Gesetz vorgesehene Weg der Zwangsverwaltung (§ 165 InsO) führt jedoch zu zahlreichen Problemen. Daher hat sich die „kalte" Zwangsverwaltung durch den Insolvenzverwalter etabliert. Da die Mieterlöse grds. freie Masse darstellen, ist dies nur dann und ab dann zulässig, wenn der Gläubiger mit einer „echten" Zwangsverwaltung droht. Haftungspotential gegenüber dem betroffenen Gläubiger ergibt sich nicht aus §§ 60, 61 InsO, sondern aus § 280 BGB, da insoweit ein **Geschäftsbesorgungsvertrag** vorliegt.[215] Von größerer Bedeutung ist ein **Gesamtschaden,** wenn die frei ausgehandelten Kostenbeiträge für die „kalte" Zwangsverwaltung[216] und die spätere Verwertung die Massebelastungen nicht kompensieren. Dies ist regelmäßig der Fall, wenn der Überschuss aus der Vermietung zu einer Belastung der Masse mit Ertragsteuer oberhalb der Summe der Kostenbeiträge führt.[217]

12. Freigabe von Absonderungsgut

Die Möglichkeit zur Freigabe (→ Rn. 74) gilt auch für Absonderungsgut. Nicht selten stellen die Kostenpauschalen (§§ 170, 171 InsO) keinen angemessenen Gegenwert dar. Dies gilt zB beim Einzug zedierter Forderungen, wenn diese streitig und/oder nach ausländischem Recht zu bewerten sind. Lässt sich

---

[214] Uhlenbruck/*Sinz* InsO § 60 Rn. 42.
[215] BFH Urt. v. 18.8.2005 – V R 31/04, ZIP 2005, 2119 = BStBl. II 2007, 183.
[216] Hierzu BGH Beschl. v. 14.7.2016 – IX ZB 31/14, ZIP 2016, 1543.
[217] *Zimmer* InsbürO 2015, 510.

keine Einigung mit dem Absonderungsgläubiger erzielen, das Verwertungs- und Kostenrisiko zu übernehmen, kann gegenüber den ungesicherten Insolvenzgläubigern sogar die Pflicht zur Freigabe bestehen. Insoweit dominiert die Pflicht, das für die ungesicherten Insolvenzgläubiger beste Ergebnis zu erzielen. Gegenüber dem Absonderungsgläubiger enden mit der Freigabe die insolvenzspezifischen Pflichten,[218] was es allerdings erforderlich macht, mit der Freigabeerklärung an den Schuldner auch den Absonderungsgläubiger zu informieren.

VIII. Begründung und Begleichung von Masseverbindlichkeiten/Haftung

1. Anwendungsbereich § 61 InsO

121 § 61 InsO behandelt einen Spezialfall der Verwalterhaftung zugunsten der Gläubiger sonstiger Masseverbindlichkeiten, wenn und weil diese vom (vorläufigen) Verwalter begründet wurden (→ Rn. 122 ff.), obgleich erkennbar war, dass voraussichtlich keine Befriedigungsmöglichkeit bestehen wird (→ Rn. 125).

2. Begründung einer Masseverbindlichkeit

122 § 61 InsO verlangt die Möglichkeit, Masseverbindlichkeiten begründen zu können. Dies ist beim („starken") vorläufigen Insolvenzverwalter der Fall, beim „schwachen" vorläufigen Verwalter nur bei entsprechender Einzelanordnung des Insolvenzgerichts.[219] Beim sog Treuhandkontenmodell als Alternative zur Einzelanordnung kann § 61 InsO per definitionem nicht zur Anwendung kommen, stattdessen ist eine Haftung aus dem Treuhandvertrag nach § 280 BGB zu prüfen.

123 Wegen des Tatbestandsmerkmals der Begründung muss diese im Kontext § 61 InsO auf **Rechtsgeschäft** beruhen.[220] Rechtsgeschäftlich begründet ist nur die Primärpflicht, sodass Gewährleistungsansprüche aus dem Rechtsgeschäft[221] oder Räumungskosten[222] nicht von § 61 InsO erfasst werden.[223] Auch auf Steuerverbindlichkeiten kann § 61 InsO keine Anwendung finden, da sie eben nicht begründet werden, sondern kraft Gesetzes entstehen. Hat der Verwalter aus der Masse eine GmbH als Auffanggesellschaft gegründet, könnte die Verpflichtung zur Zahlung der Stammeinlage unter § 61 InsO fallen, nicht aber Ansprüche aus §§ 30, 31 GmbHG.[224] Insgesamt gilt § 61 InsO nicht für Masseverbindlichkeiten, auf deren Entstehen der Verwalter keinen Einfluss hat (oktroyierte Masseverbindlichkeiten). Massegläubiger, die für oder im Zusammenhang mit ihrem Anspruch gegen die Masse keine Gegenleistung erbringen, können sich nicht

---

[218] OLG Koblenz Urt. v. 13.6.1991 – 5 U 1206/90, ZIP 1992, 420.
[219] BGH Urt. v. 18.7.2002 – IX ZR 195/01, ZIP 2002, 1625.
[220] BGH Urt. v. 6.5.2004 – IX ZR 48/03, NZI 2004, 435; BGH Urt. v. 2.12.2004 – IX ZR 142/03, NJW 2005, 155.
[221] *Lüke* Persönliche Haftung des Verwalters in der Insolvenz Rn. 204.
[222] OLG Celle Urt. v. 28.2.2013 – 16 U 143/12, NZI 2013, 442.
[223] Krit. *Hess* ZIP 2011, 502.
[224] BGH Beschl. v. 15.9.2014 – II ZR 442/13, ZInsO 2015, 1216 = BeckRS 2015, 08530.

auf § 61 InsO berufen,²²⁵ da die Norm gesetzliche Schuldverhältnisse oder Einstandspflichten der Masse, die allenfalls mittelbar auf einer Rechtshandlung des Verwalters beruhen, nicht erfasst.²²⁶

Begründet ist eine Masseverbindlichkeit aus Rechtsgeschäft in **zeitlicher Hinsicht** idR mit Vertragsschluss. Der Begründung steht es jedoch gleich, wenn gem. §§ 103 ff. InsO die Erfüllung eines gegenseitigen Vertrages gewählt wird.²²⁷ Bei vor Insolvenzeröffnung begründeten Dauerschuldverhältnissen, die nach §§ 108, 55 Abs. 1 Nr. 2 Fall 2 InsO mit Massemitteln zu erfüllen sind, besteht eine Haftung allerdings nicht vor dem Zeitpunkt ihrer frühestmöglichen Kündigung.²²⁸ Aber auch bei einem Vertragsschluss zwischen Verwalter und Drittem kann der haftungsrelevante Zeitpunkt erst nach Vertragsschluss liegen, zB bei Lieferungen auf Abruf (Konsignationslager²²⁹); § 61 InsO knüpft an den Zeitpunkt an, in dem der Verwalter die konkrete Leistung des Massegläubigers noch verhindern konnte, ohne vertragsbrüchig zu werden.²³⁰ 124

3. Exkulpation des Insolvenzverwalters und Abdingbarkeit der Haftung (§ 61 InsO)

Im Vordergrund steht bei § 61 InsO die **sekundäre Beweislast** des Verwalters, der nachweisen muss, dass er bei Begründung der Verbindlichkeit nicht erkennen konnte, dass die Masse voraussichtlich zu deren Erfüllung nicht ausreichen würde (§ 61 S. 2 InsO). Er hat anhand seiner früheren (und zu relevanten Stichtagen zu sichernden!) Liquiditätsplanung (→ Rn. 134) zu beweisen, dass objektiv von einer zur Erfüllung voraussichtlich ausreichenden Masse auszugehen war, oder dass für ihn ex ante nicht erkennbar war, dass dies objektiv nicht zutraf.²³¹ „Voraussichtlich" bedeutet, dass der Nicht-Eintritt der Masseunzulänglichkeit wahrscheinlicher sein muss als deren Eintritt. Diese Prognoseentscheidung ist nicht identisch mit der objektiven Masseunzulänglichkeit, die auf einen *Stichtag* abstellt. Im Rahmen des § 61 S. 2 InsO kommt es auf den *Zeitraum* an, in dem die zu begründende Masseverbindlichkeit fällig wird, sodass auch der weitere Verlauf einer Betriebsfortführung berücksichtigt werden darf; nur Forderungen, bei denen ernsthafte, durch konkrete Umstände belegte Zweifel bestehen, dass sie in angemessener Zeit realisiert werden können, dürfen nicht berücksichtigt werden.²³² 125

Neben der sekundären Beweislast des Verwalters gelten die allgemeinen Regeln zum **Mitverschulden** (§ 254 BGB). Eine Haftung ist zB ausgeschlossen, 126

---

²²⁵ BGH Urt. v. 2.12.2004 – IX ZR 142/03, NJW 2005, 155.
²²⁶ BGH Urt. v. 10.12.2009 – IX ZR 220/08, NJW 2010, 680.
²²⁷ BGH Urt. v. 2.12.2004 – IX ZR 142/03, NJW 2005, 155.
²²⁸ BAG Urt. v. 15.11.2012 – 6 AZR 321/11, ZIP 2013, 638; BGH Urt. v. 3.4.2003 – IX ZR 101/02, ZIP 2003, 914; BGH Urt. v. 2.12.2004 – IX ZR 142/03, NJW 2005, 155; BGH Urt. v. 9.2.2012 – IX ZR 75/11, NJW 2012, 1361.
²²⁹ Vgl. BGH Urt. v. 13.2.2014 – IX ZR 313/12, NZI 2014, 400.
²³⁰ BGH Urt. v. 6.5.2004 – IX ZR 48/03, NZI 2004, 435.
²³¹ BGH Urt. v. 6.5.2004 – IX ZR 48/03, NZI 2004, 435; BGH Urt. v. 17.12.2004 – IX ZR 185/03, NZI 2005, 222.
²³² Grundlegend BGH Urt. v. 17.12.2004 – IX ZR 185/03, NZI 2005, 222.

wenn die Entscheidung eines Arbeitnehmers, in einem Kündigungsschutzprozess einen Vergleich mit Abfindungsregelung zu schließen, auf einer eigenverantwortlichen, in Kenntnis aller Tatsachen und Risiken getroffenen Beurteilung der Sach- und Rechtslage und damit auf einem bewussten Handeln auf eigenes Risiko beruht.[233]

127 Die Haftung aus § 61 InsO ist **abdingbar**.[234] Rechtssicher ist hier nur eine Individualvereinbarung, da sich ein Haftungsausschluss in Dokumenten, die als AGB gewertet werden könnten, an den Grenzen des § 309 Nr. 7 BGB messen lassen müsste. Die Abdingbarkeit ist sicherlich auf Einzelfälle beschränkt, bei denen ein Massegläubiger über das konkrete Rechtsgeschäft hinaus Erwartungshaltungen hat und zur Eingehung eines entsprechenden Risikos bereit ist. In Betracht kommt etwa die Situation, dass ein potentieller Betriebserwerber für den Entscheidungsprozess noch Zeit benötigt und zur Vermeidung der Betriebsstillegung einen Massekredit gewährt.

128 Die **Geltendmachung** des Einzelschadens aus § 61 InsO richtet sich nach allgemeinen Grundsätzen (→ Rn. 43 f.). Der Anspruch ist auf das **negative Interesse** beschränkt (→ Rn. 35). Eine spätere Quotenerwartung (§ 209 InsO) muss sich der Massegläubiger hierbei nicht anrechnen lassen. Beruht die Masseverbindlichkeit auf einem Vergleich, muss der Massegläubiger darlegen, dass er bei Fortsetzung der streitigen Auseinandersetzung obsiegt hätte.[235]

4. Haftung aus § 60 InsO

129 Scheidet eine Haftung nach § 61 InsO aus, da keine Pflichtverletzung bei *Begründung* der Masseverbindlichkeit begangen wurde, kann sich im weiteren Verfahrensverlauf wegen *fehlender Erfüllung* eine Haftung aus § 60 InsO ergeben. Eine insolvenzspezifische Pflicht gegenüber den **Massegläubigern** stellt die Einhaltung der Befriedigungsreihenfolgen dar.[236] Stellt sich nach einer Auskehrung an Absonderungsgläubiger heraus, dass das Absonderungsrecht nicht bestand und nun nicht genug Liquidität für die Befriedigung der sonstigen Massegläubiger vorhanden ist, kann der Massegläubiger iSd § 60 InsO geschädigt sein. Der BGH hat in einem solchen Fall offen gelassen, ob dann – abweichend von allgemeinen Grundsätzen (→ Rn. 43 f.) – analog § 92 S. 2 InsO ein Sonderinsolvenzverwalter zu bestellen ist;[237] dies ist wegen des eindeutigen Wortlauts des § 92 S. 2 InsO, der auf Insolvenzforderungen Bezug nimmt, abzulehnen. Nach den Absonderungsgläubigern sind die Verfahrenskostengläubiger zu bedienen (§§ 53, 54 InsO). Alsdann sind die Gläubiger sonstiger Masseverbindlichkeiten (§ 55 InsO) zu bedienen. Hier existiert keine eindeutige Regelung zur Reihenfolge der Befriedigung; insoweit wird jedoch auf die Ausführungen zum haftungsrelevanten Zeitpunkt der Masseunzulänglichkeitsanzeige verwiesen (→ Rn. 135 ff.). Nach Anzeige der Masseunzulänglichkeit richtet sich die Befriedigungsreihenfolge jedenfalls nach § 209 Abs. 1 InsO.

---

[233] BAG Urt. v. 6.10.2011 – 6 AZR 172/10, NZI 2012, 40.
[234] *Lüke* Persönliche Haftung des Verwalters in der Insolvenz Rn. 204.
[235] BAG Urt. v. 6.10.2011 – 6 AZR 172/10, NZI 2012, 40.
[236] BGH Urt. v. 6.5.2004 – IX ZR 48/03, NZI 2004, 435.
[237] BGH Urt. v. 6.5.2004 – IX ZR 48/03, NZI 2004, 435. Weiter offen gelassen in anderem Zusammenhang von BGH Urt. v. 9.10.2014 – IX ZR 140/11, Tz. 44, NZI 2015, 166.

Um einen Gesamtschaden der **Insolvenzgläubiger** iSd § 60 InsO kann es sich 130
handeln, wenn Masseverbindlichkeiten im Übermaß begründet wurden (Masseverkürzung). Dies wird der Fall sein, wenn die Begründung einzelner Verbindlichkeiten insolvenzzweckwidrig war. Nicht zu einer Pflichtverletzung gehört die Begründung von Verbindlichkeiten für vermeintliche Regelaufgaben iSd § 4 Abs. 1 S. 3 InsVV; hier geht es nur um die Frage, ob derartige Zahlungen von der Vergütung des Verwalters in Abzug zu bringen sind. Der Unterschied ist insoweit von Bedeutung, als für diese vergütungsrechtliche Frage das Insolvenzgericht zuständig ist, während die Frage einer Pflichtverletzung iSd § 60 InsO vor die ordentliche Gerichtsbarkeit gehört.

5. Begleichung in der vorläufigen Verwaltung

Eine besondere Problemstellung gilt es in der vorläufigen Verwaltung zu be- 131
achten, an dieser Stelle nicht wegen der Begründung von Verbindlichkeiten
(→ Rn. 122 ff.), sondern wegen etwaiger Zahlungen. Denn den Begriff der Masseverbindlichkeit gibt es in der vorläufigen Verwaltung nicht, da sowohl § 55 Abs. 2 InsO als auch § 55 Abs. 4 InsO Rangvorschriften sind, die eine Zahlung auf die während der vorläufigen Verwaltung begründeten Verbindlichkeiten nach Verfahrenseröffnung ermöglichen. Die Berechtigung der Zahlungen noch während der vorläufigen Verwaltung wird anders begründet. Im Rahmen seiner Sicherungs- und Erhaltungspflicht darf der vorläufige Verwalter eine Erfüllung von Verbindlichkeiten des Schuldners vornehmen bzw. einer solchen Erfüllung zustimmen, soweit dies – insbes. zur Fortführung des schuldnerischen Unternehmens – im Interesse der Gläubigergemeinschaft erforderlich oder wenigstens zweckmäßig erscheint; diese Rechtsprechung aus dem Jahr 2004[238] kann allerdings im Konflikt mit dem erst zum 1. Juli 2007 eingeführten „Verwertungsstopp" (§ 21 Abs. 2 S. 1 Nr. 5 InsO) stehen, wonach der Wertersatz des Aus- und Absonderungsgläubigers, der identisch ist mit der Nutzungsentschädigung, für den hier diskutierten Zeitraum Insolvenzforderung sein soll (→ Rn. 92). Selbiges gilt für eine Entscheidung aus dem Jahr 2008 zum alten Recht. Hiernach treffe den vorläufigen Verwalter ohne Verfügungsbefugnis keine Pflicht, im Eröffnungsverfahren Miet- oder Pachtzahlungen zu leisten oder solchen Zahlungen des Schuldners zuzustimmen, da es sich grds. um Insolvenzforderungen handelt. Er sei jedoch zur Zahlung berechtigt, wenn von der Aufrechterhaltung des Miet- oder Pachtverhältnisses für die künftige Insolvenzmasse mehr Vor- als Nachteile zu erwarten sind. Soll die Nutzungsmöglichkeit für die Insolvenzmasse erhalten bleiben, müssten zur Vermeidung einer Kündigung des Miet- oder Pachtverhältnisses durch den Vermieter die nach dem Eröffnungsantrag fällig werdenden Raten wieder vertragsgerecht gezahlt werden.[239] Dies setzt einen Zahlungsrückstand voraus, der den Vermieter zur Kündigung berechtigen würde. In Bezug auf Arbeitsverhältnisse kann (einschlägig bei revolvierender Insolvenzgeldvorfinanzierung) auf einen solchen Zahlungsrückstand verzichtet werden, da dem Arbeitnehmer nicht nur ein Kündigungsrecht, sondern – gravierender – ein Zurückbehaltungsrecht nach § 273 BGB zusteht. All dies lässt sich auf Sukzessivlieferverträge (zB Energielieferungen) übertragen.

---

[238] BGH Urt. v. 4.11.2004 – IX ZR 22/03, Tz. 19, ZIP 2004, 2442.
[239] BGH Urt. v. 24.1.2008 – IX ZR 201/06, Tz. 13, ZInsO 2008, 321.

132 Insgesamt dürfte eine Haftung aus § 60 InsO wegen Masseverkürzung nur in Betracht kommen, wenn die Zahlungen nicht im Interesse der Gläubigergesamtheit lagen (im Grunde gilt der Rechtsgedanke des § 64 GmbHG) oder der angeordnete „Verwertungsstopp" entsprechende Verbindlichkeiten ausdrücklich zu Insolvenzforderungen macht.

IX. Befriedigungsreihenfolge und Masseunzulänglichkeit

1. Einführung

133 Sind die Kosten des Insolvenzverfahrens gedeckt, reicht die Insolvenzmasse jedoch nicht aus, um die fälligen sonstigen Masseverbindlichkeiten zu erfüllen, hat der Verwalter dem Gericht anzuzeigen, dass Masseunzulänglichkeit vorliegt (§ 208 Abs. 1 S. 1 InsO). Gleiches gilt, wenn die Masse voraussichtlich nicht ausreichen wird, um die bestehenden sonstigen Masseverbindlichkeiten im Zeitpunkt der Fälligkeit zu erfüllen (§ 61 Abs. 1 S. 2 InsO). Folge ist ein eigenständiger Verteilungsschlüssel nach § 209 Abs. 1 InsO, der bei den sonstigen Masseverbindlichkeiten zwischen Alt- und Neumassegläubigern unterscheidet. Wesentliches Merkmal für die Unterscheidung ist der Zeitpunkt der Begründung der Verbindlichkeit, ergänzt um Spezialregelungen in § 209 Abs. 2 InsO.

2. Definition Masseunzulänglichkeit/Liquiditätsplanung

134 Eine gesetzliche **Definition** der Masseunzulänglichkeit fehlt.[240] So könnte wie bei § 207 InsO vertreten werden, das gesamte – auch nicht verwertete – Vermögen sei relevant. Die Praxis geht jedoch davon aus, nur das liquide Vermögen (Geldbestand) sei relevant, obgleich der BGH die Frage ausdrücklich offen gelassen hat.[241] Daraus folgt die insolvenzspezifische Pflicht, eine plausible **Liquiditätsplanung** vorzunehmen, die stetig zu prüfen und zu aktualisieren ist.[242] Ferner stellt es eine insolvenzspezifische Pflicht dar, die organisatorischen Vorkehrungen dafür zu treffen, dass bezahlte Verbindlichkeiten vollständig und rechtzeitig gebucht werden.[243] Nur dann entfällt eine Darlegungs- und Beweislast des Verwalters für die Ursachen einer von der Liquiditätsprognose abweichenden Entwicklung,[244] denn bei der ex-ante-Betrachtung sind nachträgliche Sachverhaltsänderungen oder Änderungen in der rechtlichen Bewertung unbeachtlich.[245] Während der Betriebsfortführung sollte die Aktualisierung wöchentlich erfolgen, eine tägliche Aktualisierung dürfte über-

---

[240] *Klaas/Zimmer* ZInsO 2011, 666.
[241] BGH Urt. v. 6.5.2004 – IX ZR 48/03, NZI 2004, 435 (obiter dictum: bei einer Betriebsfortführung können noch ausstehende Forderungen aus Lieferungen und Leistungen berücksichtigt werden, soweit sie weitere fortführungsbedingte Ausgaben überschreiten).
[242] BGH Urt. v. 6.5.2004 – IX ZR 48/03, NZI 2004, 435; BGH Urt. v. 17.12.2004 – IX ZR 185/03, NZI 2005, 222.
[243] BGH Urt. v. 6.5.2004 – IX ZR 48/03, NZI 2004, 435.
[244] BGH Urt. v. 6.5.2004 – IX ZR 48/03, NZI 2004, 435; BGH Urt. v. 17.12.2004 – IX ZR 185/03, NZI 2005, 222.
[245] LAG Hamm Urt. v. 27.5.2009 – 2 Sa 311/09, ZInsO 2009, 1457.

trieben sein.[246] Bei Beauftragung externer Dienstleister ist hervorzuheben, dass die Liquiditätsplanung Kernaufgabe des (vorläufigen) Verwalters ist, sodass ihn nicht nur das Auswahl- und Überwachungsverschulden trifft, sondern er gem. § 278 BGB für die Richtigkeit der Planung haftet.[247] Im Deckungsprozess gegen den Haftpflichtversicherer stellt sich die Frage, ob das Unterlassen einer Liquiditätsplanung noch unter Fahrlässigkeit oder schon unter bedingten Vorsatz fällt.[248]

3. Haftungsrechtlich relevanter Zeitpunkt/Befriedigungsreihenfolge

Da die Rechtsprechung annimmt, die Befriedigungsreihenfolge des § 209 Abs. 1 InsO gälte auch dann, wenn die Masseunzulänglichkeit nicht angezeigt wurde, hat § 209 Abs. 1 InsO mit der Anzeige nach § 208 InsO nichts (mehr) zu tun.[249] Folglich ist auch die Frage der Haftung nach § 60 InsO ausschließlich vom **objektiven Eintritt der (drohenden) Masseunzulänglichkeit** abhängig; § 208 InsO beschränkt sich auf eine Warnfunktion potentieller Massegläubiger. Vor jeder Befriedigung einer Verbindlichkeit muss geprüft werden, ob auch andere fällige Verbindlichkeiten befriedigt werden können,[250] was wiederum zur Notwendigkeit einer Liquiditätsplanung (→ Rn. 134) führt. Bei einer **verfrühten Anzeige** erhalten diejenigen Massegläubiger einen unberechtigten Vorteil, deren Forderung zwischen angezeigter und objektiver Masseunzulänglichkeit begründet wurde. Können später die Altmassegläubiger nur quotal bedient werden, erleiden sie einen Einzelschaden nach § 60 InsO, wenn und weil ihre Befriedigungsquote dadurch sinkt. Bei einer **verspäteten Anzeige** erleiden diejenigen Massegläubiger einen Nachteil, deren Forderung zwischen objektiver und angezeigter Masseunzulänglichkeit begründet wurde; ihr Schaden aus § 60 InsO beruht auf einer Rangverschiebung innerhalb des § 209 Abs. 1 InsO.

135

Bei der Einordnung von **Alt- und Neumassegläubigern** kommt es auf den Zeitpunkt der Begründung der Verbindlichkeit an, insoweit ähnelt die Abgrenzung derjenigen zwischen § 38 InsO und § 55 InsO, jedoch unter den Besonderheiten des § 209 Abs. 2 InsO. Bei Lieferantenforderungen kommt es auf das Datum der Lieferung an, obgleich hier freilich die Besonderheit besteht, dass Sicherungsrechte in Gestalt von Eigentumsvorbehalten jeglicher Art auch trotz §§ 208, 209 InsO gelten, sodass eine Abfindung des Sicherungsrechts möglich ist, auch wenn die schuldrechtliche Forderung nur Altmasseverbindlichkeit ist. Problematisch sind Vergleiche mit Arbeitnehmern über Abfindungen, wenn sie

136

---

[246] LG Stuttgart Urt. v. 11.12.2002 – 27 O 295/02, DZWIR 2003, 171; offen gelassen von BGH Urt. v. 17.12.2004 – IX ZR 185/03, NZI 2005, 222.

[247] Vgl. BGH Urt. v. 3.3.2016 – IX ZR 119/15, ZIP 2016, 727 = BeckRS 2016, 05553; OLG Celle Urt. v. 25.2.2003 – 16 U 204/02, ZIP 2003, 587; LG Köln Urt. v. 21.10.2003 – 5 O 190/03, NZI 2003, 652.

[248] BGH Urt. v. 17.12.2014 – IV ZR 90/13, NZI 2015, 271.

[249] BGH Urt. v. 21.10.2010 – IX ZR 220/09, Tz. 12, ZIP 2010, 2356; BGH Beschl. v. 14.10.2010 – IX ZB 224/08, ZInsO 2010, 2188; OLG Düsseldorf Urt. v. 27.1.2012 – I-22 U 49/11, NZI 2012, 675.

[250] BGH Urt. v. 6.5.2004 – IX ZR 48/03, NZI 2004, 435; BAG Urt. v. 6.10.2011 – 6 AZR 172/10, NZI 2012, 40.

Altmasseverbindlichkeiten zu Neumasseverbindlichkeiten erheben. Teils falsch eingeordnet werden Ansprüche aus gegnerischen Kostenfestsetzungsbeschlüssen, da es hier nicht auf das Datum des Kostenfestsetzungsbeschlusses ankommt, sondern auf das Datum der Kostengrundentscheidung.[251]

137 Nach dem Maßstab objektiver Masseunzulänglichkeit richtet sich auch die **Befriedigungsreihenfolge.** Innerhalb der Ränge des § 209 Abs. 1 InsO muss bei Unterdeckung eine gleichmäßige quotale Befriedigung erfolgen, selbst wenn keine Masseunzulänglichkeit angezeigt wurde. Verteilungsfehler führen zu Einzelschäden der Massegläubiger. Dies ist nicht ungefährlich, da noch immer bestimmte Massegläubiger bevorzugt behandelt werden und die Verwalter davon ausgehen, bei dem Zeitpunkt der Anzeige einen Ermessensspielraum zu haben, und darauf vertrauen, dass die Massegläubiger weiterhin einen Zusammenhang zwischen § 208 InsO und § 209 InsO annehmen. Verschärft wird dies bei Steuerverbindlichkeiten aufgrund §§ 34, 69 InsO: wird von einem Geschäftsführer verlangt, dass er in der Krise Mittel für die Entrichtung fällig werdender Steuern bereithält,[252] wird dies auch von einem Verwalter zu verlangen sein, da er die steuerlichen Pflichten des Schuldners zu erfüllen hat.

138 Haftungspotential kann sich ergeben, wenn der Verwalter eine analog § 210 InsO unzulässige[253] **Aufrechnung** eines Massegläubigers zulässt bzw. nicht bemerkt, oder er aufgrund fehlerhafter Annahme eines **Zurückbehaltungsrechts**[254] auf Druck des Altmassegläubigers zahlt. Ein leidiges Thema ist die Frage, ob sich der Verwalter auf **Verjährung** von Masseverbindlichkeiten berufen muss, da die Verteilung an Altmassegläubiger meist erst nach Eintritt der Verjährung erfolgt, denn die Anzeige der Masseunzulänglichkeit hemmt die Verjährung nicht nach § 204 Abs. 1 Nr. 10 BGB. Diese Diskussion befindet sich noch in ihren Anfängen,[255] Rechtsprechung ist nicht ersichtlich. Lediglich für Sozialplanansprüche nach § 123 Abs. 2 S. 1 InsO gibt es Rechtsprechung des Inhalts, dass diese Ansprüche erst entstehen, wenn der Zahlbetrag feststeht,[256] also nicht verjähren können. Im Grundsatz wird zu verlangen sein, sich auf Verjährung zu berufen. Ob der Verwalter auf die Einrede der Verjährung verzichtet, muss sich dann im Einzelfall nach Zweckmäßigkeitserwägungen richten.

139 Erst nach einer Masseunzulänglichkeitsanzeige erforderlich, aber auch vorher schon zu empfehlen, ist die Führung einer **Massetabelle**,[257] die als Bestandteil der Schlussrechnung zu Gericht zu reichen ist,[258] zumal sie für eine etwaige Nachtragsverteilung benötigt wird.[259] Um die korrekte Verteilung überprüfbar zu machen, besteht die insolvenzspezifische Pflicht einer separaten **Rechnungs-**

---

[251] BAG Beschl. v. 11.3.2015 – 10 AZB 101/14, ZIP 2015, 1181.
[252] BFH Beschl. v. 11.11.2015 – VII B 74/15, ZInsO 2016, 270.
[253] BFH Urt. v. 4.3.2008 – VII R 10/06, ZIP 2008, 886.
[254] BAG Urt. v. 8.5.2014 – 6 AZR 246/12, ZIP 2014, 1498; dazu EWiR 2014, 655 (Zimmer).
[255] Vgl. *Hahn* ZInsO 2016, 616; *Runkel* FS Kübler, 2015, 595 (599 ff.); *Wenner/Jauch* ZIP 2009, 1894.
[256] LAG Düsseldorf Urt. v. 10.10.2013 – 5 Sa 823/13, ZInsO 2013, 2560.
[257] *Zimmer* Insolvenzbuchhaltung Rn. 1079 ff.
[258] *Zimmer* Insolvenzbuchhaltung, Rn. 1097 f.
[259] *Zimmer* KTS 2009, 199.

legung für den Zeitraum nach Anzeige der Masseunzulänglichkeit (§ 211 Abs. 2 InsO).

4. Haftungsfalle Massearmut

Eine Einstellung des Verfahrens nach § 207 InsO erfolgt idR erst, wenn keine liquidierbaren Vermögenswerte mehr gefunden werden. Bis dahin wurden aber idR schon Verbindlichkeiten beglichen. Durch den Grundsatz, die Verteilungsreihenfolge des § 209 Abs. 1 InsO gelte auch bei nicht angezeigter Masseunzulänglichkeit (→ Rn. 135), wird faktisch die Befriedigungsreihenfolge des § 207 Abs. 3 InsO ausgehebelt, denn der Verwalter haftet nun nach § 60 InsO für die Gerichtskosten,[260] wenn zuvor sonstige Masseverbindlichkeiten befriedigt worden waren. Auch müssten ausfallende Massegläubiger hinterfragen, warum andere Massegläubiger Zahlung erhalten haben. 140

5. Konsequenzen

Um all die vorgenannten Probleme zu lösen oder zumindest darstellbar zu machen, sollte man sich endlich vom Begriff der pagatorischen Einnahmen-Ausgaben-Rechnung lösen und eine „bilanzierende" Buchführung mit Personenkonten vorschreiben. Die Schlussrechnung iSd § 66 InsO knüpft an das Buchhaltungsverständnis der §§ 666, 259 Abs. 1 BGB an, das auf einfache Rechnungslegungen des Vormunds (§§ 1840, 1841 BGB), des rechtlichen Betreuers (§§ 1908i, 1840, 1841 BGB), des Pflegers (§§ 1915, 1840, 1841 BGB), des Testamentsvollstreckers (§§ 2218, 666, 259 BGB) oder des einfachen Treuhänders zugeschnitten ist. Dort gibt es nirgends derart hohe Anforderungen wie im Insolvenzrecht. Forderungen und Verbindlichkeiten sind nicht erst bei Zahlung zu erfassen, sondern bereits bei Begründung. 141

X. Dauerschuldverhältnisse und Wahlrechte (§§ 103 ff. InsO)

1. Vorbemerkung und vorläufige Verwaltung

In Bezug auf Dauerschuldverhältnisse kann zunächst verwiesen werden auf einen eventuellen Zusammenhang mit Aussonderungsrechten (→ Rn. 76 ff.) oder Absonderungsrechten (→ Rn. 95) einschl. „Verwertungsstopp" nach § 21 Abs. 2 S. 1 Nr. 5 InsO (→ Rn. 91 f.), der bereits Zahlungen während der vorläufigen Verwaltung tangiert. Ferner wurde bereits eine Haftung aus § 61 InsO für oktroyierte Masseverbindlichkeiten verneint (→ Rn. 123) und auf Sukzessivlieferverträge eingegangen (→ Rn. 131). Insoweit bedarf es nur noch der Erwähnung restlicher Besonderheiten. 142

Für Zahlungen nach Verfahrenseröffnung auf die in der vorläufigen Verwaltung entstandenen Ansprüche gilt bei der vorherigen „starken" vorläufigen Verwaltung § 55 Abs. 2 S. 2 InsO, sodass Zahlungen als sonstige Masseverbindlichkeiten zulässig sind, sofern der „starke" vorläufige Verwalter die Leistung für das schuldnerische Vermögen in Anspruch genommen hatte; dem steht 143

---

[260] OLG Schleswig Urt. v. 6.3.1984 – 3 U 150/82, ZIP 1984, 619.

§ 108 Abs. 3 InsO nicht entgegen, da § 55 Abs. 2 S. 2 InsO lex specialis ist;[261] für den „schwachen" vorläufigen Verwalter gilt § 55 Abs. 2 S. 2 InsO ausdrücklich nicht.[262] Im Übrigen gelten in der vorläufigen Verwaltung weder die verkürzte Kündigungsfrist des § 113 S. 2 InsO[263] noch die Wahlrechte oder sonstige Rechte und Pflichten aus §§ 103 ff. InsO. Der vorläufige Verwalter muss jedoch im Rahmen seiner Liquiditätsplanung antizipieren, wie er sich nach Insolvenzeröffnung insoweit voraussichtlich entscheiden wird.

2. Weitere Problemfelder bei Dauerschuldverhältnissen

144 Mit Eröffnung des Insolvenzverfahrens rückt der Insolvenzverwalter in die **Arbeitgeberstellung** des Schuldners ein. Damit treffen ihn alle den Arbeitnehmern gegenüber bestehenden Pflichten aus Arbeits- und Tarifverträgen sowie aus dem Betriebsverfassungsrecht. Verletzt er entsprechende Pflichten, können die Arbeitnehmer idR jedoch nicht von ihm persönlich, sondern allenfalls aus der Insolvenzmasse Schadenersatz verlangen, da diese Pflichten nicht insolvenzspezifisch sind. Insbesondere besteht kein insolvenzspezifischer Anspruch auf eine Freistellung oder Kündigung zu einem bestimmten oder frühestmöglichen Zeitpunkt;[264] resultiert hieraus jedoch eine Masseverkürzung, kann sich ein Gesamtschaden ergeben. Daher sind unverzüglich alle Maßnahmen zu ergreifen, um die Masse von vermeidbaren Belastungen zu befreien. Hierzu gehören zB die Kündigung von Betriebsvereinbarungen (§ 120 InsO), der Widerruf eines nicht mehr als drei Monate vor Verfahrenseröffnung aufgestellten Sozialplans sowie rechtzeitige Individualkündigungen nach § 113 InsO. Um regressbewährte Massebelastungen zu vermeiden, ist auf die Einhaltung gesetzlicher Kündigungsschutzvorschriften (§§ 1 ff., 15 KSchG, § 9 MuSchG, § 15 SchwbG) zu achten. Im Zweifel sind nach Verfahrenseröffnung Wiederholungs- oder Nachkündigungen erforderlich. In der Praxis sind immer wieder arbeitsgerichtliche Vergleiche wegen unwirksamer Erstkündigungen festzustellen, was stets auch unter dem Gesichtspunkt der §§ 60, 92 S. 2 InsO zu bewerten wäre.

145 Im Fall einer „**Freigabe**" des schuldnerischen Geschäftsbetriebs nach § 35 Abs. 2 InsO erfasst die entsprechende Erklärung auch Dauerschuldverhältnisse, die nicht separat vom Verwalter zu kündigen sind. Zu einer Haftung nach § 61 InsO kann es nur kommen, wenn die „Freigabe" nach dem Ablauf der Frist der frühestmöglichen Kündigung erfolgt.[265]

3. Die Ausübung von Wahlrechten

146 Bei der Ausübung des Wahlrechts nach §§ 103 ff. InsO hat der Verwalter Nutzen und Belastungen für die Masse als insolvenzspezifische Pflicht iSd § 60 InsO abzuwägen und dabei die Interessen der Gesamtheit der Gläubiger zu berücksichtigen. Entscheidend ist das wirtschaftliche Ergebnis für die Masse. Um die Entscheidung treffen zu können, muss der Verwalter insbes. die Wirk-

---

[261] BGH Urt. v. 18.7.2002 – IX ZR 195/01, NJW 2002, 3326.
[262] BGH Urt. v. 18.7.2002 – IX ZR 195/01, NJW 2002, 3326.
[263] BAG Urt. v. 20.1.2005 – 2 AZR 134/04, ZIP 2005, 1289.
[264] BAG Urt. v. 15.11.2012 – 6 AZR 321/11, NZI 2013, 284.
[265] BGH Urt. v. 9.2.2012 – IX ZR 75/11, NJW 2012, 1361.

samkeit von Vertragsbestimmungen über pauschalierten Schadensersatz, Vertragsstrafen sowie von Lösungsklauseln überprüfen. Bei einer teilbaren Leistung isD § 105 InsO ist insbes. darauf zu achten, dass nicht Insolvenzforderungen als Masseverbindlichkeiten bedient werden.[266] Ein Einzelschaden kann im Fall des § 106 InsO entstehen, wenn der aus Vormerkung resultierende Anspruch nicht rechtzeitig erfüllt wird.[267] Handelt es sich bei der Erfüllungswahl um eine besonders bedeutsame Rechtshandlung isD § 160 InsO, sind die dortigen Mitwirkungsrechte der Gläubigerorgane zu beachten; falls der Vertragspartner den Verwalter unter Fristsetzung zur Erklärung nach § 103 InsO auffordert, muss ihm entsprechend mitgeteilt werden, dass insoweit ein Beschluss des zuständigen Gläubigerorgans herbeigeführt werden muss, denn der Verwalter darf nicht zugunsten einer insolvenzspezifischen Pflicht eine andere verletzen.

Benutzt der Verwalter unter Eigentumsvorbehalt gelieferte Ware bis zu seiner Entscheidung über die Ausübung des Wahlrechts (§ 107 Abs. 2 InsO) weiter, begründet er damit keine neuen Verbindlichkeiten, für die er nach **§ 61 InsO** zu haften hätte. In diesen Fällen dürfte § 172 InsO entsprechend anzuwenden sein, dh der Verwalter muss eventuelle Wertverluste durch laufende Zahlungen aus der Masse ausgleichen. Eine Besonderheit ergibt sich bei Energielieferverträgen. Der stillschweigende Bezug von Versorgungsleistungen nach Insolvenzeröffnung wird in Abhängigkeit vom Einzelfall als konkludente Erfüllungswahl (dann § 55 Abs. 1 Nr. 2 Alt. 1 InsO) oder neues Vertragsbegehren des Verwalters (dann § 55 Abs. 1 Nr. 1 InsO) verstanden, denn es handelt sich nicht um eine Neuverbindlichkeit im insolvenzfreien Vermögen;[268] im ersteren Fall scheidet eine Haftung für eine oktroyierte Masseverbindlichkeit aus. 147

XI. Aktive und passive Prozessführung

1. Pflichtenkreis

Zu den insolvenzspezifischen Pflichten gehört die Aufnahme (§§ 85, 86 InsO) und eigeninitiierte Führung von Aktiv- und Passivprozessen, soweit hierdurch ein Vorteil für die Masse erreicht werden kann. Selbiges gilt für den „starken" vorläufigen Verwalter, soweit es für die Sicherung und Erhaltung des schuldnerischen Vermögens bis zur Eröffnungsentscheidung erforderlich ist. Der „schwache" vorläufiger Verwalter, für den dies nicht gilt, muss prüfen, ob bei Unterlassen der Prozessführung Verjährung oder Uneinbringlichkeit droht; in diesem Fall stellt es seine Pflicht dar, sich im Wege der Einzelanordnung zu notwendigen Maßnahmen berechtigten zu lassen.[269] 148

2. Perspektive Masse (Gesamtschaden)

Was die Belastung der Masse mit **eigenen Prozesskosten** betrifft, hat der Verwalter derartige Prozesse zu führen, wenn die Erfolgsaussichten günstig sind 149

---

[266] LG Hamburg Urt. v. 13.9.2012 – 363 O 601/09, ZIP 2013, 738.
[267] OLG Hamm Urt. v. 22.6.2006 – 27 U 183/05, ZIP 2006, 1911 = BeckRS 2006, 11050.
[268] BGH Urt. v. 25.2.2016 – IX ZR 146/15, ZIP 2016, 682.
[269] Ausführlich *Fischer* NZI 2014, 241.

und die Prozessführung wirtschaftlich vertretbar erscheint.[270] Zwar gilt allgemein, dass ein Kläger nicht verpflichtet ist, vor Klagerhebung sorgfältig in tatsächlicher oder rechtlicher Hinsicht die sachliche Berechtigung seines Begehrens zu prüfen oder gar seine Interessen gegen die des Beklagten abzuwägen;[271] jedoch hat der Verwalter die Sorgfalt eines Verwalters fremden Vermögens anzuwenden.[272] Auf der Sachverhaltsebene hat der Verwalter daher alle Informationsquellen auszuwerten, die für oder gegen einen Anspruch sprechen könnten. Geht ein Prozess zuungunsten der Masse aus, weil sich dort Sachverhaltsdarstellungen als vorwerfbar falsch ergeben, kann in Gestalt der Kostenbelastung der Masse ein Gesamtschaden vorliegen. Problematisch ist nicht selten, dass sich der Verwalter auf Zeugen stützt, die dann im Prozess eine abweichende Aussage machen; hier ist im Vorfeld eine sorgfältige Dokumentation erforderlich. Auf der Ebene der rechtlichen Würdigung soll ein Obsiegen aus Sicht des Verwalters zumindest überwiegend wahrscheinlich sein, um den Prozess zu rechtfertigen. Es versteht sich von selbst, dass der Verwalter oder ein hinzugezogener Rechtsanwalt über Kenntnisse der einschlägigen Rechtsprechung und Fachliteratur verfügen muss. Spricht diese in ähnlichen Fallkonstellationen gegen die Erfolgsaussichten, muss dezidiert herausgearbeitet werden, wo die rechtlichen Unterschiede liegen, die im konkreten Fall einen günstigen Prozessausgang möglich machen können. Liegt sogar zur selben Rechtsfrage ungünstige Rechtsprechung vor, ist herauszuarbeiten, warum diese Rechtsprechung falsch oder zeitlich überholt sein könnte (zu Rechtsirrtümern → Rn. 18). Sofern ein Vergleich geschlossen wird, der idR nicht zur Kostenkompensation führt, gilt derselbe Sorgfaltsmaßstab, dh es muss dargelegt werden, welche Elemente der Sachverhaltsebene oder der rechtlichen Würdigung ein Abrücken von der ursprünglichen Position notwendig machen. Auch die Höhe der Prozesskosten kann haftungsrelevant werden. Grundsätzlich besteht eine Obliegenheit des Verwalters, einen Anwalt am Sitz des Prozessgerichts zu mandatieren,[273] sodass selbst bei vollständigem Obsiegen Probleme bei der Erstattung verauslagter (Reise-) Kosten entstehen können. Ob es sinnvoll ist, statt eines auswärtigen Anwalts am Sitz des Prozessgegners einen eingearbeiteten Anwalt am Sitz des Verwalters einzusetzen, ist jedoch Zweckmäßigkeitsentscheidung des Verwalters; denn die vorgenannte Obliegenheit bezieht sich auf § 91 ZPO, nicht auf § 60 InsO. Von einer Haftung nach § 60 InsO für nicht von der unterlegenen Gegenseite zu erstattende Rechtsverfolgungskosten sollte daher zurückhaltend Gebrauch gemacht werden, da idR keine Insolvenzzweckwidrigkeit darin gesehen werden kann, den am besten eingearbeiteten Anwalt statt des dem Prozessgericht am nächsten residierenden Anwalts zu beauftragen.

150 Wurden vorgenannte Sorgfaltspflichten nach dem einschlägigen Verschuldensmaßstab verletzt, erstreckt sich der Gesamtschaden auch auf die Aufwendungen für **gegnerische Kostenfestsetzungsbeschlüsse**.

---

[270] BGH Urt. v. 28.10.1993 – IX ZR 21/93, ZIP 1993, 1886 (1887).
[271] BGH Urt. v. 26.6.2001 – IX ZR 209/98, NJW 2001, 3187.
[272] BGH Urt. v. 28.10.1993 – IX ZR 21/93, ZIP 1993, 1886 (1888).
[273] OLG München Beschl. v. 10.12.2015 – 11 W 2293/15, NZI 2016, 190.

3. Perspektive Prozessgegner (Einzelschaden)

Augenfälliger bei ungünstigem Prozessausgang ist die Frage der persönlichen **151** Haftung des Verwalters im Rahmen eines Einzelschadens des Prozessgegners, wenn die Masse nicht ausreicht, um den zu dessen Gunsten ergangenen Kostenfestsetzungsbeschluss bedienen zu können. Eine insolvenzspezifische Pflicht gegenüber dem Prozessgegner zur vorherigen Prüfung hinreichender Erfolgsaussichten von Klage, Verteidigung oder Rechtsmittel besteht jedoch nicht.[274] Die Pflicht zur Prüfung der Prozessaussichten (→ Rn. 149) besteht nur gegenüber der Masse; sie dient nicht dem Schutz des Prozessgegners und der Minderung seiner Kostenerstattungsrisiken.[275] Die Klageerhebung – oder allgemein Prozessführung – stellt im Übrigen kein rechtsgeschäftliches Tun iSd § 61 InsO dar.[276] Dies gilt auch für Vollstreckungskosten, zB für eine initiierte Zwangsverwaltung, bei der der Zwangsverwalter mit seiner Vergütung ausfällt.[277] Eine Haftung gegenüber dem Prozessgegner kann sich jedoch unter den strengen Voraussetzungen des § 826 BGB (sittenwidrige Schädigung) ergeben. Dies ist der Fall, wenn der Verwalter den Prozess ohne jede Prüfung des Anspruchs führt und weiß, dass ein Kostenerstattungsanspruch der Gegenseite ungedeckt sein wird.[278]

XII. Rechnungslegungen und steuerliche Pflichten

1. Insolvenzspezifische Rechnungslegung

Der Insolvenzverwalter hat wegen § 66 Abs. 1 InsO gegenüber der Gläubi- **152** gerversammlung, wegen § 58 Abs. 1 InsO gegenüber dem Insolvenzgericht und wegen §§ 666, 259 BGB gegenüber dem Schuldner Schlussrechnung zu legen (die wegen eines nicht von den Entscheidungsgründen getragenen Leitsatzes vielfach falsch zitierte[279] Entscheidung des OLG Koblenz[280] bezieht sich nur auf einen Anspruch des Schuldners auf zügige Verfahrensabwicklung zur Erlangung der Restschuldbefreiung, nicht hingegen auf den Anspruch auf Rechnungs- bzw. Rechenschaftslegung). Obgleich nicht geregelt, verlangen die Insolvenzspezifika eine doppelte Buchführung mit aussagekräftigen Sachkonten.[281] Dass auch eine laufende Buchführung während des Verfahrens geschuldet wird, ist heute allgemeine Ansicht und resultiert schon aus der Anforderung einer Liquiditätsplanung (→ Rn. 134). Diese Rechnungslegung ist Kernaufgabe des Verwalters, sodass er für die Richtigkeit haftet.

Zu einer Haftung nach § 60 InsO kann es nur kommen, wenn die Rech- **153** nungslegung gar nicht oder in unbrauchbarer Weise erstellt wurde und ein neu-

---

[274] BGH Beschl. v. 29.10.2015 – IX ZR 33/15, ZInsO 2015, 2533.
[275] BGH Urt. v. 1.12.2005 – IX ZR 115/01, NZI 2006, 169.
[276] BGH Urt. v. 2.12.2004 – IX ZR 142/03, NJW 2005, 155.
[277] BGH Urt. v. 10.12.2009 – IX ZR 220/08, NJW 2010, 680.
[278] BGH Urt. v. 26.6.2001 – IX ZR 209/98, NJW 2001, 3187; BGH Urt. v. 25.3.2003 – VI ZR 175/02, NZI 2003, 461.
[279] Auch bei *Lüke* Persönliche Haftung des Verwalters in der Insolvenz Rn. 253.
[280] OLG Koblenz Beschl. v. 5.1.2015 – 3 W 616/14, NZI 2015, 232.
[281] *Zimmer* Insolvenzbuchhaltung Rn. 287 ff., 550 ff.

er Verwalter bestellt wird, der die Aufarbeitung nachholt oder – an dieser Stelle zulässig – durch Dritte aufarbeiten lässt. Die so entstandenen Kosten stellen einen Gesamtschaden gegenüber dem (ausgeschiedenen) Verwalter dar.

2. Handels- und steuerrechtliche Rechnungslegung

154 Gemäß § 155 Abs. 1 InsO hat der Insolvenzverwalter in Bezug auf die Insolvenzmasse die handels- und steuerrechtlichen Pflichten des Schuldners zu erfüllen. Hieraus ergeben sich kursorisch folgende Problemfelder:

155 Ob eine **handels- und steuerrechtliche Buchführungspflicht** besteht, richtet sich nach §§ 238 ff. HGB, 140 f. AO. Bei Einzelkaufleuten wird gelegentlich die Befreiung nach § 241a HGB übersehen, sodass überflüssige Kosten entstehen (Masseverkürzung). Selbiges Problem kann bei Personengesellschaften auftreten, da zumindest die Pflicht des Verwalters zur Erstellung von Jahresabschlüssen nur besteht, wenn die Gesellschafter die Kosten tragen,[282] da die Abschlüsse nur für die Ertragsbesteuerung auf Gesellschafterebene benötigt werden, also der Masse keinen Nutzen stiften. Soweit eine Buchführungspflicht hiernach überhaupt besteht, muss sie freilich korrekt sein und iRd Zumutbaren[283] auch für vorinsolvenzliche Zeiträume erstellt werden. Inhaltliche Fehler wirken sich erst im steuerlichen Kontext aus. Kommt es hierdurch zu Massebelastungen (zusätzliche Beraterhonorare oder überhöhte Steuerverbindlichkeiten), nicht realisierten Massemehrungen oder einer unterlassenen Minderung der Passiva (Masseverbindlichkeiten oder Insolvenzforderungen, nicht genutzte Verlustvorträge), kommt ein Gesamtschaden in Betracht, wenn der Verwalter einen Regress gegen den Steuerberater nicht geltend macht (Sekundärhaftung). Denn der Verwalter haftet nur für ein Auswahl- und Überwachungsverschulden, da die handels- und steuerrechtliche Buchführung keine Kernaufgabe des Verwalters ist.[284] Etwas anderes kann gelten, wenn die handelsrechtliche Buchführung zur Entscheidungsgrundlage für Gläubigervoten gemacht wird, zB für die Fortführungsentscheidung nach § 157 InsO oder im Rahmen eines Insolvenzplans, wenn und weil die in § 229 InsO genannten Anlagen auf die bisherige Buchhaltung aufsetzen.

3. Haftungsprobleme bei steuerlicher Veranlagung

156 Die Pflicht zur Abgabe von **Steuererklärungen** und zur **Abführung von Steuern** ergibt sich bereits aus § 34 AO (→ Rn. 176 ff.). Insoweit ergibt sich aus § 155 InsO nur die Beschränkung auf die Masse und die Festlegung eines neuen Geschäftsjahres, was sich auf den Veranlagungszeitraum bzw. Aufteilungen nach §§ 268 ff. AO auswirkt. Freilich gehört es zu den Pflichten, **Steuererstattungen** zu realisieren. Zahlt zB das Finanzamt einen solchen Anspruch an den Schuldner aus, weil der Verwalter das Finanzamt nicht über einen Umzug informiert und selbst keine Steuererklärungen abgegeben hat, kann sich aufgrund schuldbefreiender Zahlung des Finanzamts[285] ein Gesamtschaden ergeben.

---

[282] BGH Urt. v. 16.9.2010 – IX ZR 121/09, ZInsO 2010, 2094.
[283] BGH Urt. v. 29.5.1979 – VI ZR 104/78, ZIP 1980, 25.
[284] Vgl. BGH Urt. v. 3.3.2016 – IX ZR 119/15, ZIP 2016, 727 = BeckRS 2016, 05553.
[285] BFH Urt. v. 18.8.2015 – VII R 24/13, NZI 2016, 44; krit. *Harder* ZInsO 2016, 31.

Zimmer

Da Steuererstattungen bereits von der Pflicht zur Masseverwertung erfasst 157
sind, stehen an hiesiger Stelle **Gesamtschäden wegen überflüssiger Kostenbelastungen** im Vordergrund. Im Bereich *Körperschaftsteuer* wird oft § 11 Abs. 7 KStG übersehen, der eine Steuererklärung für mehrere Jahre zulässt. Insoweit können jährliche Steuererklärungen eine unnötige Kostenbelastung darstellen. Im Bereich *Gewerbesteuer* werden gelegentlich überflüssige Steuererklärungen für den Zeitraum nach Insolvenzeröffnung erstellt. Bei Personenhandelsgesellschaften und Einzelkaufleuten endet die Gewerbesteuerpflicht wegen § 4 Abs. 2 GewStDV nicht mit Insolvenzeröffnung, sondern mit völliger Beendigung der werbenden Tätigkeit (GewStR 2.6 Abs. 1); relevant ist der Zeitpunkt des Beginns der Veräußerung der wesentlichen Betriebsgrundlagen nach einer ggf. vorübergehenden Betriebsfortführung.[286] Lediglich bei Kapitalgesellschaften endet die Gewerbesteuerpflicht erst mit Verteilung der Veräußerungserlöse, dh mit Schlussverteilung (§ 2 Abs. 2 GewStG). Im Bereich *Einkommensteuer* sollen im Verhältnis zur Größe des Verfahrens wenige, einfach zu erstellende Steuererklärungen mit der Regelvergütung des Verwalters abgegolten sein.[287] Diese zum Vergütungsrecht vertretene Auffassung kann zu einem Gesamtschaden führen, wenn die Steuerberaterkosten höher waren als es die evtl. auf null gekürzte Vergütung des Verwalters ist. Ohnehin nicht zu den Aufgaben des Verwalters gehört die *Erklärung zur einheitlichen und gesonderten Gewinnfeststellung* einer Personengesellschaft nach §§ 179ff. AO, da dies nur für die Ertragsbesteuerung auf Gesellschafterebene von Bedeutung ist, nicht aber für die Masse.[288]

XIII. Erstellung und Überwachung des Insolvenzplanes

1. Pflicht zur Prüfung der Insolvenzplanfähigkeit/Initiativrecht

Nach § 156 Abs. 1 InsO hat der Verwalter im Berichtstermin darzulegen, ob 158
Aussichten bestehen, das Unternehmen im ganzen oder in Teilen zu erhalten, und welche Möglichkeiten für einen Insolvenzplan bestehen. Daraus kann abgeleitet werden, dass zumindest bei laufendem Geschäftsbetrieb zwingend, aber lediglich kursorisch geprüft werden muss, ob ein Insolvenzplan in Betracht kommt. Eine Vertiefung dieser Prüfungspflicht scheidet aus, wenn der Schuldner insoweit negative Signale sendet (vgl. § 230 Abs. 1 InsO) oder ein zwischenzeitlicher Fortführungsverlust nur durch Einnahmen aus einer übertragenden Sanierung gedeckt werden kann. Ergibt sich hingegen, dass eine Planlösung im Grundsatz möglich und zur besseren Gläubigerbefriedigung führen kann, besteht die Pflicht zur Vertiefung eines solchen Lösungsansatzes, da sonst das Entscheidungsrecht der Gläubigerversammlung durch Falschinformation unterlaufen würde. Dass ein Verwalter in Regress genommen wurde, weil er keinen Plan vorgelegt hat, ist jedoch nicht bekannt. Grundsätzlich ist der Verwalter wegen seines Initiativrechts (§ 218 Abs. 1 S. 1 InsO) nicht verpflichtet, mit der Ausarbeitung eines Insolvenzplans zu warten, bis die Gläu-

---

[286] BFH Urt. v. 24.4.1980 – IV R 68/77, ZIP 1980, 795 = BStBl. II 1980, 658.
[287] BGH Beschl. v. 14.11.2013 – IX ZB 161/11, ZIP 2013, 2413.
[288] BFH Urt. v. 21.6.1979 – IV R 131/74, ZIP 1980, 53; BFH Beschl. v. 12.11.1992 – IV B 83/91, ZIP 1993, 374; BFH Urt. v. 23.8.1994 – VII R 143/92, ZIP 1994, 1969; BGH Urt. v. 2.4.1998 – IX ZR 187/97, ZIP 1998, 1076.

bigerversammlung ihm gem. § 157 S. 2 InsO einen entsprechenden Auftrag erteilt.

2. Finanzwirtschaftliche Beurteilung/gestaltender und darstellender Teil

159　Jeder Insolvenzplan verlangt nach einer sorgfältigen und eingehenden Analyse des Schuldnerunternehmens. Fehler bei der **finanzwirtschaftlichen Beurteilung** – Bewertung der Aktiva, Passiva und Ertragsplanung (§ 229 InsO) – können zu einer Haftung führen, wenn die Insolvenzgläubiger einen Schaden dadurch erleiden, dass ihre Insolvenzquote wegen einer fehlgeschlagenen Umsetzung des Plans geringer ausfällt. Da es sich zumindest bei der Ertragsplanung nicht um Kernaufgaben des Verwalters handelt, wäre bei eingeschalteten Dienstleistern die Haftung auf das Auswahl- und Überwachungsverschulden begrenzt (→ Rn. 23).[289]

160　Fehler im **darstellenden Teil** des Plans können zur einer Haftung führen, wenn die dortigen Angaben mindestens fahrlässig unzutreffend oder als vorgesehene Maßnahmen ersichtlich nicht umsetzbar sind, da diese Angaben maßgebliche Entscheidungsgrundlage der Gläubiger sind (vgl. § 220 Abs. 2 InsO). Selbiges gilt grds. für den **gestaltenden Teil** des Plans, wenn sich die Darstellung der Rechtsstellung der Beteiligten (§ 221 InsO) als mindestens fahrlässig fehlerhaft erweist. Wird hier vereinbart, dass die Insolvenzgläubiger zugunsten neuer Kreditgeber im Rang zurücktreten, muss freilich auch die Bescheinigung des Verwalters (§ 264 Abs. 2 InsO) korrekt sein.

3. Aussetzung der Verwertung wegen Pflichtenkollision

161　Die Pflicht zur Verwertung und Verteilung der Masse kann die Vorbereitung und Durchführung eines Plans gefährden. Umgekehrt können bis zum Erörterungs- und Abstimmungstermin Verwertungsmöglichkeiten ungenutzt bleiben. In dieser Pflichtenkollision kann beim Insolvenzgericht Antrag auf Aussetzung der Verwertung und Verteilung gestellt werden (§ 233 S. 1 InsO). Dem bedarf es nicht, wenn die Gläubigerversammlung den Verwalter mit der Ausarbeitung eines Plans beauftragt hat, da dann bereits ein der Verwertung entgegenstehender Beschluss (§ 159 InsO) vorliegt.

4. Vergleichsrechnung und Umgang mit Erwerbsinteressenten

162　Wegen der notwendigen Vergleichsrechnung, die unter Beachtung prognostischer Elemente selbstverständlich richtig zu sein hat, steht ergänzend die Frage im Raum, ob hier nur Zerschlagung und Insolvenzplan gegenübergestellt werden müssen oder als dritter Fall auch die voraussichtlichen Ergebnisse einer übertragenden Sanierung. Letzteres würde einen Dual Track erfordern, sodass zumindest bei Vorhandensein von Erwerbsinteressenten neben dem Aufwand der Planvorbereitung auch ein M&A-Prozess erforderlich wäre. Hierdurch entstünden dem Erwerbsinteressenten – oder auch der Masse zB wegen Einrichtung eines Datarooms oder Gegengutachten – erhebliche Kosten. An dieser Stelle ist jedoch nur relevant, ob der potentielle Erwerbsinteressent darüber zu informieren ist, dass auch ein Insolvenzplan in Betracht kommt. Denn der Ver-

---

[289] Vgl. BGH Urt. v. 3.3.2016 – IX ZR 119/15, ZIP 2016, 727 = BeckRS 2016, 05553.

walter gibt dem Interessenten Anlass zu Vermögensdispositionen. In Betracht kommt nicht § 60 InsO, wohl aber eine Haftung wegen Verschuldens bei Vertragsschluss (§§ 311 Abs. 2 und 3, 241 Abs. 2, 280 BGB). Dem könnte entgegengehalten werden, der Interessent müsse wissen, dass der Insolvenzverwalter primär den Gläubigerinteressen (bestmögliche Verwertung) verpflichtet ist und somit das Vertrauen des Erwerbsinteressenten gar nicht enttäuschen könne. Da der Insolvenzplan immer noch die seltene Ausnahme in Regelinsolvenzverfahren ist, kann von Interessenten jedoch nicht erwartet werden immer anzunehmen, dass ihr Aufwand nur für eine Vergleichsrechnung erforderlich ist.

5. Umgang mit einem Schuldnerplan

Ist der Plan vom Schuldner ausgearbeitet worden, muss der Verwalter gem. § 232 Abs. 1 Nr. 3, Abs. 3 InsO innerhalb der vom Gericht gesetzten Frist Stellung nehmen. Er hat über den Umfang der Masse sowie die Aussicht auf vollständige Befriedigung von Masseverbindlichkeiten und berechtigten Insolvenzforderungen Auskunft zu geben, ferner sämtliche Planbestandteile auf Richtigkeit und Durchführbarkeit zu prüfen. Ferner muss er die Durchführbarkeit des Plans kritisch prüfen und die Gläubiger ausdrücklich auf Mängel hinweisen. Eine haftungsbewehrte Pflichtverletzung gegenüber den Insolvenzgläubigern ist gegeben, wenn diese nachweisen können, dass ihre Entscheidung, den Plan anzunehmen, auf einer falschen Durchführbarkeitsprognose des Verwalters beruhte. Ferner kann eine Pflichtverletzung gegenüber dem Schuldner vorliegen, falls dessen aussichtsreiche Sanierung nur deshalb scheitert oder weniger günstig verläuft, weil der Verwalter zu dem Plan pflichtwidrig ablehnend Stellung genommen und dieser daraufhin keine Mehrheit der stimmberechtigten Gläubiger oder keine Planbestätigung durch das Gericht gefunden hat. Wegen der als Sollbestimmung vorgesehenen Frist von nur zwei Wochen (§ 232 Abs. 3 S. 2 InsO) muss hier allerdings ein stark eingeschränkter Verschuldensmaßstab gelten. 163

6. Planüberwachung

Im gestaltenden Teil des Plans kann bestimmt werden, dass der Verwalter die Erfüllung des Plans zu überwachen hat. Die insoweit reduzierten und vom Plan abhängigen Pflichten sind von § 60 InsO bis zur Beendigung der Planüberwachung erfasst. Stellt der Verwalter fest, dass Ansprüche nicht erfüllt werden oder nicht erfüllt werden können, hat er dies unverzüglich dem Gläubigerausschuss bzw. den in § 262 S. 2 InsO genannten Gläubigern sowie dem Insolvenzgericht anzuzeigen. 164

XIV. Feststellung und Berichtigung der Insolvenzforderungen

1. Aufforderung zur Anmeldung von Insolvenzforderungen

Im Eröffnungsbeschluss sind die Gläubiger aufzufordern, ihre Forderungen innerhalb einer bestimmten Frist unter Beachtung des § 174 InsO beim Verwalter anzumelden (§ 28 Abs. 1 S. 1 InsO). Der Eröffnungsbeschluss ist seitens des Insolvenzgerichts unter www.insolvenzbekanntmachungen.de zu veröffentlichen und zusätzlich den Gläubigern zuzustellen (§§ 30, 9 Abs. 1 InsO). Erst aus 165 der Pflicht, nach Verfahrenseröffnung ein Gläubigerverzeichnis zu erstellen (§ 152 InsO),[290] können sich Konsequenzen ergeben, wenn dies pflichtwidrig unvollständig ist und für die Entscheidung von Gläubigerorganen herangezogen wird. Vergleichbares gilt, wenn bekannte Insolvenzgläubiger nicht informiert werden, um deren Stimm- oder Widerspruchsrecht in Gläubigerversammlungen bzw. Prüfungsterminen zu verhindern.

2. Umgang mit Forderungsanmeldungen

166 Bei der **Vorprüfung der Forderungsanmeldungen** gehört es zur Pflicht des Verwalters, den Gläubiger auf einen Schlüssigkeitsmangel, der bereits zur Nichtaufnahme in die Tabelle führt, hinzuweisen.[291] Reagiert der Gläubiger nicht, ist der Pflichtenkreis des Insolvenzverwalters abgeschlossen; auf einen angeblichen Verteilungsfehler kann sich der Gläubiger später nicht berufen. Im Zweifel sollte der Verwalter das Insolvenzgericht ersuchen, dem Gläubiger mit Beschluss mitzuteilen, dass seine Angaben für eine Aufnahme in die Tabelle nicht ausreichen.[292] Ist die Forderung in die Tabelle aufgenommen worden, ist sie nach allgemeinen prozessualen Kriterien zu prüfen, dh der Verwalter muss für eine Feststellung zur Tabelle davon überzeugt sein, dass die Forderung so, wie sie angemeldet wurde, berechtigt ist; es gilt das allgemeine Prozessrisikoprinzip. Eine Pflichtverletzung liegt vor, wenn das **Prüfungsergebnis** in vorwerfbarer Weise objektiv unzutreffend ist. Ein Gesamtschaden kann vorliegen, wenn durch unberechtigt festgestellte Forderungen die Befriedigungsquote sinkt oder die Masse mit gegnerischen Kostenfestsetzungsbeschlüssen aus objektiv überflüssigen Feststellungsklagen belastet wird. Ein Einzelschaden des Gläubigers kann vorliegen, wenn er durch willkürliches Bestreiten seiner Forderung Feststellungsklage erheben musste, aber sein Kostenfestsetzungsbeschluss nicht bedient werden kann.

3. Verteilungen

167 Im Wesentlichen kann eine Pflichtverletzung des Verwalters nur bei Verteilungsfehlern iRd §§ 187 ff. InsO bestehen. Insoweit haftet der Verwalter zunächst für die Richtigkeit des **Schlussverzeichnisses** und des **Verteilungsverzeichnisses**. Fehlerquellen sind bestrittene Forderungen, für die ein vorinsolvenzlich erwirkter Titel vorlag (§§ 179 Abs. 2, 189 Abs. 1 InsO), Ausfallforderungen, die vom Verwalter selbst zu beziffern sind (§ 190 Abs. 3 InsO) oder auflösend bedingt festgestellte Forderungen, bei denen der Eintritt der Bedingung nicht geprüft wird. Alsdann haftet er für die Richtigkeit der **Verteilung**, denn die korrekte Durchführung der Schlussverteilung (§§ 187 ff. InsO) ist als das eigentliche Ziel eines Gesamtvollstreckungsverfahrens schon im Grundsatz eine insolvenzspezifische Pflicht des Insolvenzverwalters. Hierzu gehört, dass keine Auszahlungen vor dem Prüfungstermin zulässig sind (§ 187 Abs. 1 InsO). Ferner bedürfen Zahlungen an Insolvenzgläubiger stets der Zustimmung des Gläubigerausschusses, wenn ein solcher bestellt ist (§ 187 Abs. 3 InsO). Anders als bei einer Abschlagsverteilung, auf die kein Anspruch der Insolvenzgläubiger

---

[290] *Zimmer* Insolvenzbuchhaltung Rn. 130 ff.
[291] OLG Stuttgart Urt. v. 29.4.2008 – 10 W 21/08, ZIP 2008, 1781.
[292] *Frege/Keller/Riedel* HdB Insolvenzrecht Rn. 1565.

besteht, ist für die Schlussverteilung stets die Zustimmung des Insolvenzgerichts erforderlich (§ 196 Abs. 2 InsO). Bei den Verteilungen hat der Verwalter die gleichmäßige Befriedigung der Insolvenzgläubiger (§ 38 InsO) und die Rangfolgen innerhalb des § 39 InsO zu beachten, sodass es in jeder Rangklasse nur eine einheitliche Quote geben kann. Möglich ist eine Aufrechnung von Ansprüchen der Masse gegen den Insolvenzgläubiger, zB wenn im Zusammenhang mit der Verteilung Kosten entstehen (Registerauskünfte, Bankgebühren wegen Rückbuchungen etc), für die der verbleibende Massebestand nicht ausreicht. Bei Zahlungen an Unberechtigte oder mit überhöhten Beträgen sind zunächst Ansprüche der Masse aus ungerechtfertigter Bereicherung geltend zu machen. Scheitert die Durchsetzung, liegt theoretisch ein Gesamtschaden vor. Kann jedoch eine unverändert korrekte Quote nur aus Liquiditätsgründen an einzelne Gläubiger nicht ausgezahlt werden, handelt es sich um einen Einzelschaden.

4. Haftungsfalle Sondermassen

Obgleich völlig unzureichend kodifiziert, sind aus zahlreichen Gründen Sondermassen zu bilden,[293] zB bei der persönlichen Haftung von Personengesellschaftern (§§ 128 HGB, 93 InsO), bei der Vermögensvermischungshaftung (§ 93 InsO analog), bei der Insolvenzverschleppungshaftung (§§ 823 Abs. 2 BGB, 15a Abs. 1, 92 S. 1 InsO), bei Verfahrenskostenvorschüssen von dritter Seite oder aus unpfändbarem Einkommen des Schuldners, bei Mietkautionen (§ 551 Abs. 3 S. 3 BGB), bei der Betriebsfortführung insolventer WEG-Verwalter, bei schuldnerischem Einkommen einschl. Zahlungen nach §§ 35 Abs. 2, 295 Abs. 2 InsO[294] nach Erteilung der Restschuldbefreiung (§ 300a Abs. 1 S. 1 InsO), bei der Geltendmachung des Gesamtschadens gegen einen Amtsvorgänger (§ 92 S. 2 InsO) oder bei der Geltendmachung von Schadenersatzansprüchen gegen Mitglieder von Gläubigerausschüssen.[295] In all diesen Fällen ist darauf zu achten, die reguläre Masse und die Sondermasse strikt voneinander zu trennen. Das größte Haftungspotential besteht darin, die für die Sondermasse bestimmten Gelder im Wege der Schlussverteilung an alle Insolvenzgläubiger auszukehren, obgleich nur einzelne Gläubiger von der Sondermasse profitieren durften.

168

F. Haftung aus der Verletzung nichtinsolvenzspezifischer Pflichten

I. Schuldrechtliche Haftung

Eine schuldrechtliche Haftung kann in Betracht kommen aus culpa in contrahendo, § 280 Abs. 1 BGB, Garantie oder Geschäftsbesorgung. Der allgemeine Grundsatz, der (vorläufige) Verwalter handele für den Schuldner bzw. verpflichte die Masse, muss hierfür vom Anspruchsteller entsprechend widerlegt werden.

169

Eine Haftung des (vorläufigen) Verwalters aus **Verschulden bei Vertragsverhandlungen** (§§ 311 Abs. 2 und 3, 241 Abs. 2, 280 BGB) kommt nur in

170

---

[293] *Zimmer* Insolvenzbuchhaltung Rn. 359 ff.
[294] AG Hamburg Urt. v. 25.2.2016 – 17a C 456/15, ZInsO 2016, 584.
[295] BGH Urt. v. 9.10.2014 – IX ZR 140/11, NZI 2015, 166.

Betracht, wenn er gegenüber dem Verhandlungspartner in besonderem Maße Vertrauen für seine Person in Anspruch genommen oder ein besonderes wirtschaftliches Eigeninteresse am Abschluss des Vertrages hat. Mehr als das im Geschäftsverkehr übliche Verhandlungsvertrauen nimmt jedoch ein (vorläufiger) Insolvenzverwalter, der als solcher auftritt, grds. nicht in Anspruch. Von einem **besonderen Vertrauenstatbestand** lässt sich erst sprechen, wenn er beim Verhandlungspartner ein zusätzliches, von ihm persönlich ausgehendes Vertrauen auf die Vollständigkeit und Richtigkeit seiner Erklärungen und die Durchführbarkeit des vereinbarten Geschäftes hervorgerufen hat.[296] Ein **Eigeninteresse** des (vorläufigen) Verwalters ist nicht bereits dadurch gegeben, dass er für die Masse ein möglichst positives Ergebnis erzielen möchte; Vergütungsoptimierung oder Reputationsgewinn sind hier unbeachtliche Nebeneffekte. Noch darüber hinaus gehen die Anforderungen an eine **Garantieerklärung** als eigenständigem Vertrag. Aus diesem Gesamtkontext resultieren folgende **praktische Fälle:** Für eine Haftung des (vorläufigen) Verwalters wegen Garantie oder Inanspruchnahme besonderen persönlichen Vertrauens ist es nicht ausreichend, dass er gegenüber Lieferanten und Gläubigern äußert, die Zahlung aller Lieferanten und Leistungen sei gesichert[297] oder zugesagt.[298] Bejaht wurde die Garantiehaftung jedoch bei der Formulierung gegenüber Lieferanten, die Zahlung sei durch das Insolvenzsonderkonto sichergestellt.[299] Die pflichtwidrige Begründung einer Masseverbindlichkeit ist im Übrigen mit §§ 60, 61 InsO ausreichend sanktioniert. Die Aussage des (vorläufigen) Verwalters (gegenüber Arbeitnehmern), er sei gut versichert, genügt jedenfalls nicht für eine Garantiehaftung.[300] Auch der Vergleichsschluss in einer streitigen Auseinandersetzung ist noch keine Garantie dafür, dass der Vergleichsbetrag auch gezahlt werden kann.[301] Hat ein Massegläubiger einen Titel gegen die Masse erwirkt, so ist das „Vertrösten" durch den Verwalter auf eine spätere Zahlung zwecks Verhinderung der Zwangsvollstreckung keine Verletzung insolvenzspezifischer Pflichten; eine Haftung kommt auch hier erst bei einem besonderen Vertrauenstatbestand in Betracht.[302] Das Tatbestandsmerkmal des besonderen Vertrauens kann problematisch werden, wenn der (vorläufige) Verwalter bei Verhandlungen über einen Massekredit seine bisherigen Sanierungserfolge allzu sehr hervorhebt.[303] Noch problematischer ist das Tatbestandsmerkmal des Eigeninteresses, weil dann auch noch eine Entlassung aus dem Amt wegen Interessenkollisionen bzw. Wegfalls der Unabhängigkeit indiziert sein kann; nicht nachvollziehbar ist insoweit, dass im Rahmen einer „kalten" Zwangsverwaltung immer noch Provisionen für den Verwalter statt einer Massebeteiligung ausgehandelt werden, was inzwischen als unzulässig feststehen dürfte.[304]

---

[296] BGH Urt. v. 24.5.2005 – IX ZR 114/01, NZI 2005, 500; BAG Urt. v. 6.10.2011 – 6 AZR 172/10, NZI 2012, 40.
[297] BGH Urt. v. 6.5.2004 – IX ZR 48/03, NZI 2004, 435.
[298] LG Trier Urt. v. 23.3.2009 – 6 O 204/08, ZInsO 2009, 1208.
[299] OLG Celle Urt. v. 21.10.2003 – 16 U 95/03, NZI 2004, 89.
[300] BAG Urt. v. 25.6.2009 – 6 AZR 210/08, ZIP 2009, 1772.
[301] BAG Urt. v. 6.10.2011 – 6 AZR 172/10, NZI 2012, 40.
[302] BAG Urt. v. 6.10.2011 – 6 AZR 172/10, NZI 2012, 40.
[303] Vgl. BGH Urt. v. 3.4.1990 – XI ZR 206/88, NJW 1990, 1907.
[304] BGH Beschl. v. 14.7.2016 – IX ZB 31/14, ZInsO 2016, 1693.

Zimmer

Der zweite Komplex betrifft die Haftung aus § 280 Abs. 1 BGB und Geschäftsbesorgung. Die **Haftung aus § 280 Abs. 1 BGB** setzt eine schuldrechtliche Verpflichtung voraus, die vermeintlich verletzt wurde. Soweit die Verpflichtung insolvenzspezifischer Art ist, scheidet § 280 Abs. 1 BGB zugunsten § 60 InsO aus, sodass zB Pflichtverletzungen bei der Verwertung von Absonderungsgut nach §§ 166 ff. InsO nicht unter § 280 Abs. 1 BGB fallen. Dies leitet aber bereits über zum **Geschäftsbesorgungsvertrag**, der in einer solchen Konstellation anzunehmen ist, wenn Grundstücke als Absonderungsgut freihändig durch den Verwalter verwertet werden. Es muss immer dann, wenn der (vorläufige) Verwalter Kostenbeiträge frei aushandelt, weil es keine gesetzlichen gibt oder diese für zu niedrig erachtet werden, von einem Geschäftsbesorgungsvertrag mit dem Absonderungsgläubiger ausgegangen werden,[305] bei dem der Anwendungsbereich des § 60 InsO zugunsten einer Haftung nach § 280 Abs. 1 BGB verlassen wird.[306] Um Geschäftsbesorgungsverträge handelt es sich auch im Anwendungsbereich der §§ 4 Abs. 1 S. 3, 5 InsVV, wenn der Insolvenzverwalter sich selbst oder eine Gesellschaft, an der er beteiligt ist, beauftragt.

171

II. Haftung aus unerlaubter Handlung

Eine Haftung des (vorläufigen) Verwalters nach **§ 823 Abs. 1 BGB** kommt in Betracht, wenn er vorsätzlich oder fahrlässig das Leben, den Körper, die Gesundheit, die Freiheit, das Eigentum oder ein sonstiges Recht eines anderen widerrechtlich verletzt. Ferner – und praxisrelevanter – kommt eine Haftung des (vorläufigen) Verwalters in Betracht, wenn er ein **Schutzgesetz iSd § 823 Abs. 2 BGB** verletzt, wobei er für Verrichtungsgehilfen nach Maßgabe des § 831 BGB haftet. Zunächst ist § 60 InsO kein Schutzgesetz iSd § 823 Abs. 2 BGB,[307] da die Spezialregelung sonst überflüssig wäre. Im Übrigen muss wegen des Umfangs von Schutzgesetzen auf die Kommentarliteratur zu § 823 Abs. 2 BGB verwiesen werden. Im Vordergrund stehen Verkehrssicherungspflichten, die keine insolvenzspezifischen Pflichten darstellen.[308] Regelmäßig haftet hier auch die Masse (vgl. § 31 BGB), sodass bei Schadensregulierung aus der Masse zugleich die Frage eines Gesamtschadens nach §§ 60, 92 S. 2 InsO auftritt, insbes. wenn ein ausreichender Versicherungsschutz versäumt wurde. Möglich ist auch eine Haftung nach **§ 826 BGB wegen sittenwidriger Schädigung**. Diskutiert wird dies zB bei unberechtigtem Lastschriftwiderruf,[309] gegnerischen Kostenfestsetzungsbeschlüssen[310] oder im Fall vorsätzlicher Täuschung über die Risiken eines abzuschließenden Vergleichs, wenn die künftige Zulänglichkeit der Masse als sicher vorgespiegelt und dadurch der Kläger zum Abschluss des

172

---

[305] BFH Urt. v. 18.8.2005 – V R 31/04, ZIP 2005, 2119 = BStBl. II 2007, 183; BFH Urt. v. 28.7.2011 – V R 28/09, ZInsO 2011, 1904 = BStBl. II 2014, 406.
[306] Vgl. noch zum Institut der pVV BGH Urt. v. 12.11.1987 – IX ZR 259/86, NJW 1988, 209.
[307] So *Lüke* Persönliche Haftung des Verwalters in der Insolvenz Rn. 83.
[308] BGH Urt. v. 17.9.1987 – IX ZR 156/86, ZIP 1987, 1398.
[309] BGH Urt. v. 10.6.2008 – XI ZR 283/07, NJW 2008, 3348; OLG Frankfurt/M. Urt. v. 23.1.2013 – 4 U 62/12, ZIP 2013, 1634 = BeckRS 2013, 08679.
[310] BGH Urt. v. 26.6.2001 – IX ZR 209/98, NJW 2001, 3187; BGH Urt. v. 25.3.2003 – VI ZR 175/02, NZI 2003, 461.

Vergleiches bewogen wird, und wenn der Verwalter einen dem Vertragspartner daraus möglicherweise erwachsenden Schaden erkannt und in Kauf genommen hat.[311]

III. Arbeits- und Sozialrecht

173 Da der Insolvenzverwalter an die Stelle des Arbeitgebers tritt, hat er dessen Pflichten zu beachten. Hierzu gehören ua die Bescheinigung von Tatsachen, die für die Entscheidung über den Anspruch auf Arbeitslosengeld oder Übergangsgeld erheblich sein können, sog **Arbeitsbescheinigung** (§§ 312–313 SGB III), die **Insolvenzgeldbescheinigung** (§ 314 SGB III), die **Erteilung von Auskünften** an die Agentur für Arbeit (§§ 316, 318 SGB III) sowie die Beachtung von **Mitwirkungs- und Duldungspflichten** gegenüber der Bundesagentur (§ 319 SGB III) und die **Berechnungs-, Auszahlungs-, Aufzeichnungs- und Anzeigepflichten** des § 320 SGB III. Darüber hinaus hat der Verwalter auf Verlangen der Agentur für Arbeit, jedoch ohne Anspruch auf Kostenerstattung, auf einem Vordruck der Bundesagentur das **Insolvenzgeld zu errechnen und auszuzahlen**, wenn ihm dafür geeignete Arbeitnehmer des Betriebs zur Verfügung stehen und die Agentur für Arbeit die Mittel für die Auszahlung des Insolvenzgeldes bereitstellt (§ 320 Abs. 2 SGB III); eine Weigerung wäre daher möglich, wenn es im Betrieb an geeigneten Mitarbeitern fehlt, jedoch greift die Praxis regelmäßig auf entsprechende Dienstleister zurück.

174 Gemäß § 321 SGB III kommt eine **Haftung gegenüber der Bundesagentur** in Betracht, wenn vorgenannte Pflichten nicht vollständig erfüllt werden, insbes. bei kausalen Überzahlungen an Arbeitnehmer. Die Haftung betrifft den Verwalter persönlich, wenn und weil die Haftung nicht den Arbeitgeber trifft, sondern den Aussteller einer Bescheinigung oder den Auskunftsverpflichteten.[312] Hervorzuheben ist § 321 Nr. 4 SGB III betreffend die Verpflichtung zur Errechnung und Auszahlung des Insolvenzgeldes. Diese Pflicht entfiele schon bei Nichtvorhandensein geeigneter Mitarbeiter des Betriebs (Personalabteilung oder Buchhaltung); werden aber vom Insolvenzverwalter Dienstleister beauftragt, greift die Haftung für Erfüllungsgehilfen (§ 278 BGB). Der Regress ist geltend zu machen als Leistungsklage vor der Sozialgerichtsbarkeit.[313]

175 Insolvenzgeld ist von den jeweiligen Arbeitnehmern zu beantragen, und zwar gem. § 324 Abs. 3 SGB III innerhalb von zwei Monaten nach Insolvenzeröffnung. Sofern sich der (vorläufige) Verwalter im „Paket" mit den Bemühungen um die Vorfinanzierung des Insolvenzgeldes bevollmächtigen lässt, nach Insolvenzeröffnung die entsprechenden Anträge zu stellen, gilt vorgenannte Frist auch für ihn. Versäumt er sie, kommt eine persönliche **Haftung gegenüber den Arbeitnehmern** in Betracht, jedoch weder aus InsO noch aus SGB III, sondern aus §§ 280 BGB, folglich als Zahlungsklage vor der Zivilgerichtsbarkeit geltend zu machen.

---

[311] BAG Urt. v. 6.10.2011 – 6 AZR 172/10, NZI 2012, 40.
[312] BSG Urt. v. 12.2.1980 – 7 RAr 106/78, ZIP 1980, 348 = BeckRS 1980, 03275; BSG Urt. v. 25.3.1982 – 10 RAr 7/81, ZIP 1982, 1336.
[313] BSG Urt. v. 12.2.1980 – 7 RAr 26/79, DB 1981, 535; vgl. auch BGH Beschl. v. 14.4.2015 – VI ZB 50/14, NJW 2015, 3718.

IV. Steuer- und Abgabenrecht

Als Vermögensverwalter iSd § 34 Abs. 3 AO hat der Insolvenzverwalter gem. § 69 AO die steuerrechtlichen Pflichten des Schuldners zu erfüllen. Hierzu gehört im Wesentlichen, dass er **Bücher und Aufzeichnungen** führt (§§ 140–148 AO), **Steuerklärungen** abgibt und berichtigt (§§ 149–153 AO), **Auskünfte** erteilt (§ 93 AO), **Mitteilungen** nach den §§ 137–139 AO erstattet, für eine **Steuerabführung** aus der Masse sorgt (§ 34 Abs. 1 S. 2 AO) und die **Vollstreckung** in die Masse duldet (§ 77 AO) – soweit dem nicht §§ 87, 210, 90 Abs. 1 InsO entgegenstehen – und die von den Arbeitnehmern geschuldete **Lohnsteuer abführt** (§ 38 Abs. 3, § 41a EStG). 176

Entscheidend für die Anwendung des § 69 AO ist, dass die verletzte Pflicht auf Steuergesetzen beruht; § 69 AO ist gegenüber § 60 InsO lex specialis. § 61 InsO wegen Begründung von Masseverbindlichkeiten kann nach hier vertretener Auffassung keine Anwendung finden (→ Rn. 123), da Steuern nicht begründet werden, sondern kraft Gesetzes entstehen. Der Sorgfaltsmaßstab des § 69 AO ist auf Vorsatz und grobe Fahrlässigkeit beschränkt. Eine Inanspruchnahme des Verwalters für nicht entrichtete Steuern kann über einen Haftungsbescheid erfolgen (§ 191 AO). 177

Ärgernis ist das Erfordernis von Steuererklärungen, wenn die Masse nicht für die Beauftragung eines Steuerberaters ausreicht. Die finanzgerichtliche Rechtsprechung verlangt auch dann die Einreichung von Steuererklärungen.[314] Es wird zu differenzieren sein. Die Steuererklärung selbst ist ein Formular, das auszufüllen dem Verwalter in Ausnahmefällen zugemutet werden kann; insoweit ist unverständlich, dass sogar bei Null-Werten Zwangsgelder zur Durchsetzung der Pflichten riskiert werden.[315] Kernfrage ist die Richtigkeit der Werte. Für den Zeitraum nach Insolvenzeröffnung und die vorläufige Verwaltung lassen sich die Werte aus der ohnehin erforderlichen Verwalterbuchführung generieren. Für den Zeitraum vor Insolvenzeröffnung muss darauf verwiesen werden, dass es sich bei den Buchführungs- und Aufzeichnungspflichten nur um Mitwirkungspflichten handelt, im Übrigen aber der Amtsermittlungsgrundsatz gilt, sodass Schätzbescheide nach § 162 Abs. 1 AO möglich sind. Werden dem Finanzamt zu jedem problematischen Feld der Steuererklärung die Aufklärungsprobleme mitgeteilt, hat der Verwalter seine Pflicht bereits ausreichend erfüllt. In einem Verfahren mit Kostenstundung hat der Verwalter einen Anspruch auf Erstattung der Steuerberatungskosten gegen die Staatskasse, sofern die Beauftragung erforderlich ist und zur Erfüllung hoheitlich auferlegter Pflichten erfolgt, die der Verwalter nicht mit ihm zumutbaren Mitteln abwehren kann;[316] neuerdings sollen allerdings im Bereich Einkommensteuer im Verhältnis zur Größe des Verfahrens wenige, einfach zu erstellende Steuererklärungen mit der Regelvergütung des Verwalters abgegolten sein.[317] 178

---

[314] BFH Urt. v. 23.8.1994 – VII R 143/92, ZIP 1994, 1969; BFH Beschl. v. 19.11.2007 – VII B 104/07, BFH/NV 2008, 334.
[315] BFH Urt. v. 6.11.2012 – VII R 72/11, ZIP 2013, 148.
[316] BGH Urt. v. 22.7.2004 – IX ZB 161/03, NJW 2004, 2976 (2977).
[317] BGH Beschl. v. 14.11.2013 – IX ZB 161/11, ZIP 2013, 2413.

§ 48. Haftung des
(vorläufigen) Sachwalters in Eigenverwaltung

Bei der Haftung des (vorläufigen) Sachwalters stehen dessen insolvenzspezifische Pflichten aus der Überwachung des Schuldners (→ Rn. 1 ff.), aus eigenen Aufgaben (→ Rn. 9 ff.) und bei Zuständigkeitswechseln (→ Rn. 13 f.) im Vordergrund. Hinsichtlich der allgemeinen Anforderungen gerade an § 60 InsO kann auf die Ausführungen zum Insolvenzverwalter (→ § 47 Rn. 2 ff.) verwiesen werden.

A. Haftungsgefahren im Kontext Überwachung/Zustimmung

1 Nach § 270a Abs. 1 S. 2 InsO wird im Antragsverfahren idR kein vorläufiger Insolvenzverwalter bestellt, sondern ein vorläufiger Sachwalter, für den die §§ 274, 275 InsO entsprechend gelten. Der Verweis auf § 274 InsO inkludiert den dortigen Verweis auf § 60 InsO, nicht aber eine analoge Anwendung von § 61 InsO. Auch im Schutzschirmverfahren (Sonderfall der vorläufigen Eigenverwaltung) wird lediglich ein vorläufiger Sachwalter bestellt (§ 270b Abs. 2 S. 1 InsO). Ergänzend besteht hier die insolvenzspezifische Pflicht des vorläufigen Sachwalters, dem Insolvenzgericht unverzüglich den **Eintritt der Zahlungsunfähigkeit** anzuzeigen (§ 270b Abs. 4 S. 2 InsO).

2 Für den (vorläufigen) Sachwalter gilt folglich § 60 InsO entsprechend, nicht aber – im Regelfall – § 61 InsO (§ 274 Abs. 1 InsO). Die insolvenzspezifische Pflicht des (vorläufigen) Sachwalters besteht nach § 274 Abs. 2 InsO in der **Überprüfung der wirtschaftlichen Lage des Schuldners,** in der **Überwachung der Geschäftsführung des eigenverwaltenden Schuldners** sowie in der Kontrolle der Ausgaben für die Lebensführung **(Kontrolle von Privatentnahmen).** Aus § 274 Abs. 3 S. 1 InsO resultiert ferner die zentrale insolvenzspezifische Pflicht des (vorläufigen) Sachwalters, dem Insolvenzgericht und dem Gläubigerausschuss unverzüglich Mitteilung zu machen, wenn er Umstände feststellt, die erwarten lassen, dass die Fortsetzung der Eigenverwaltung zu **Nachteilen für die Gläubiger** führen wird. Ist ein Gläubigerausschuss nicht bestellt, so hat der (vorläufige) Sachwalter neben dem Insolvenzgericht diejenigen Insolvenzgläubiger zu informieren, die eine Forderung zur Insolvenztabelle angemeldet haben oder sich auch ohne Forderungsanmeldung auf ein Absonderungsrecht berufen können (§ 274 Abs. 3 S. 2 InsO).

3 Ferner hat der Sachwalter die Pflicht, im Berichtstermin Stellung zum Bericht des Schuldners zu nehmen (§ 281 Abs. 2 InsO). Im Hinblick auf die daran anknüpfende weitere schriftliche Berichterstattung gegenüber dem Insolvenzgericht, die sich für Regelinsolvenzverfahren durchgesetzt hat, sowie im Hinblick auf weitere Gläubigerversammlungen und die Möglichkeit des schriftlichen Verfahrens (§ 5 Abs. 2 InsO) sollte § 281 Abs. 2 InsO so verstan-

den werden, dass den Sachwalter die insolvenzspezifische Pflicht trifft, zu jeglicher **Berichterstattung** des Schuldners Stellung zu nehmen und die organisatorischen Regelungen dafür zu schaffen, dass ihm dies auch fristgerecht möglich ist.

Weitere insolvenzspezifische Pflichten des (vorläufigen) Sachwalters ergeben sich aus § 275 Abs. 1 InsO. Hiernach obliegt dem (vorläufigen) Sachwalter die Prüfung, **ob der Schuldner Verbindlichkeiten eingehen darf,** die nicht zum gewöhnlichen Geschäftsbetrieb gehören. Hier geht es folglich ausnahmsweise nicht um eine nachträgliche Überwachung, sondern um eine vorherige Zustimmungsbedürftigkeit. Soweit die zu begründenden Verbindlichkeiten den gewöhnlichen Geschäftsbetrieb betreffen, soll der Schuldner von einer Begründung absehen, wenn der (vorläufige) Sachwalter widerspricht. Die praktische Umsetzung dessen ist zweifelhaft. Denn ein Widerspruch nach Begründung wäre im Außenverhältnis unbeachtlich. Den (vorläufigen) Sachwalter aber vor jeder Begründung einer Verbindlichkeit zu fragen, sieht das Gesetz nicht vor. Insoweit ist ein Widerspruch nicht weiterreichend als die allgemeine Überwachung der Geschäftsführung. Dass § 275 InsO insges. als Soll-Regelung ausgestaltet ist, macht den Anwendungsbereich nicht präziser. Insolvenzspezifische Pflicht des (vorläufigen) Sachwalters über die allgemeine Überwachungspflicht hinaus kann also nur sein, seine Zustimmung zur Begründung von Verbindlichkeiten außerhalb des gewöhnlichen Geschäftszwecks am Zweck des Insolvenzverfahrens auszurichten. Vergleichbares gilt für Verbindlichkeiten iRd gewöhnlichen Geschäftszwecks, wenn er ausnahmsweise vor dem Verpflichtungsgeschäft Kenntnis über eine entsprechende Absicht des Schuldners erlangt. Alles andere wäre eine Pflichtenüberspannung. Es steht jedoch zu vermuten, dass einige Insolvenzgerichte im Antragsverfahren Einzelermächtigungen an den Schuldner[1] nur erteilen, nachdem sie eine Stellungnahme des vorläufigen Sachwalters eingeholt haben.

Der (vorläufige) Sachwalter kann gem. § 275 Abs. 2 InsO durch einseitige empfangsbedürftige Erklärung vom Schuldner verlangen, dass alle eingehenden Gelder nur von ihm entgegengenommen und Zahlungen nur von ihm geleistet werden (meist als **Kassenführung** bezeichnet).[2] Die insolvenzspezifische Pflicht des (vorläufigen) Sachwalters dürfte sich über den sorgfältigen Umgang mit fremden Geldern hinaus auf der Einnahmenseite darin erschöpfen, den Schuldner über insolvenzrechtliche Probleme zu informieren, wie zB Aufrechnungen. Nicht zu den Aufgaben gehört der aktive Einzug von Forderungen, das Aussprechen von Mahnungen etc. Auf der Ausgabenseite hat der (vorläufige) Sachwalter die vom Schuldner begründeten Verbindlichkeiten grds. zu begleichen, was freilich zu vielen ungeklärten Fragen führt. Klar scheint lediglich, dass die Übernahme der Kassenführung noch nicht zur Anwendung des § 61 InsO führen kann. Im Kontext Haftung nach § 60 InsO darf der (vorläufige) Sachwalter nur solche Zahlungen leisten, die er auch als (vorläufiger) Verwalter hätte leisten dürfen. Besteht insoweit Streit, bleibt dem (vorläufigen) Sachwalter nur die Anzeige von voraussichtlichen Nachteilen der Fortsetzung der Eigenverwaltung nach § 274 Abs. 3 S. 1 InsO. Da dem Sachwalter die Anzeige der **Mas-**

---

[1] BGH Beschl. v. 24.3.2016 – IX ZR 157/14, ZIP 2016, 831.
[2] Ausführlich *Undritz/Schur* ZIP 2016, 549.

seunzulänglichkeit obliegt (§ 285 InsO), kann auf die dortigen Ausführungen verwiesen werden (→ § 47 Rn. 134 ff.). Allerdings dürfte dem kassenführenden (vorläufigen) Sachwalter nicht die Liquiditätsplanung obliegen, sondern lediglich deren Überwachung. Gleichwohl ergibt sich hier Haftungspotential im Hinblick auf den Zeitpunkt der Anzeige. Insges. bringt die Kassenführung für den (vorläufigen) Sachwalter mehr Nachteile als Vorteile, denn sie erweitert seinen Pflichtenkreis iSd § 60 InsO. Ist sie wegen des Verhaltens des Schuldners erforderlich, böte sich eher die Aufhebung der Eigenverwaltung an. Ein gravierender Pflichtverstoß liegt jedenfalls darin, diese Vermögensmasse mit jener zu vermischen, die der Sachwalter nach (§ 280 InsO) für seine eigenen Aufgaben zu bilden hat.

6   Eine Anwendung des § 61 InsO kommt ins Spiel, wenn das Insolvenzgericht auf Antrag der Gläubigerversammlung beschließt, dass **bestimmte Rechtsgeschäfte des Schuldners nur wirksam sind, wenn der Sachwalter ihnen zustimmt** (§ 277 Abs. 1 S. 1 InsO). Stimmt der Sachwalter in dieser Konstellation der Begründung von Masseverbindlichkeiten zu, gilt auch § 61 InsO, dh die persönliche Haftung des Sachwalters; aufgrund der Systematik kann dies nicht für den vorläufigen Sachwalter gelten. Der Sachwalter hat mithin die Liquiditätsplanung des Schuldners sorgsam zu prüfen, da sonst eine Exkulpation nach § 61 S. 2 InsO nicht möglich ist. Ungeachtet dessen muss der Zusammenhang zwischen diesen bestimmten Rechtsgeschäften und dem Sanierungskonzept bzw. Insolvenzplan beachtet werden. Führt eine unberechtigte Verweigerung der Zustimmung zum Scheitern oder zu Beschwernissen von Plan bzw. Konzept, ist eine Haftung nach § 60 InsO zu prüfen.

7   Zur insolvenzspezifischen Pflicht des Sachwalters gehört die Prüfung, ob er seine **Zustimmung zur Abberufung und Neubestellung von Mitgliedern der Geschäftsleitung** erteilen darf (§ 276a S. 1 InsO). Pflichtenmaßstab sind einzig etwaige Nachteile für die Gläubiger (§ 276a S. 2 InsO). Vergleichbares gilt für die **Ausübung von Wahlrechten** nach §§ 103 ff. InsO (§ 279 InsO) oder den **Umgang mit Absonderungsgut** (§ 282 Abs. 2 InsO) sowie für die Überwachung der Erfüllung eines **Insolvenzplans** (§ 284 Abs. 2 InsO). Zu den insolvenzspezifischen Pflichten des Sachwalters gehören gem. § 281 InsO ferner eine sorgsame Prüfung der vom Schuldner zu erstellenden **Verzeichnisse** iSd §§ 151 InsO[3] sowie dessen **Schlussrechnung** iSd § 66 InsO.[4]

8   Haftungsmaßstab ist entsprechend § 60 Abs. 1 S. 2 InsO insges. die **Sorgfalt eines ordentlichen und gewissenhaften Sachwalters.** Die obigen Ausführen haben gezeigt, dass es hier noch intensiven Konkretisierungsbedarf gibt. Dies geschieht derzeit über das Vergütungsrecht iSe Negativabgrenzung.[5] Auf diesem Weg wird explizit definiert, was für den (vorläufigen) Sachwalter weder Regel- noch Sonderaufgabe ist, er also überhaupt nicht tun darf. Dies ist nicht ungefährlich, weil für diesen Bereich dann evtl. nicht § 60 InsO gilt, sondern § 280 BGB; zudem kann die Erfüllung von Nicht-Aufgaben auch einen Vorsatz

---

[3] *Zimmer* Insolvenzbuchhaltung Rn. 116 ff. (Masseverzeichnis), Rn. 179 ff. (Gläubigerverzeichnis), Rn. 194 f. (Vermögensübersicht) und Rn. 201 ff. (Frist zur Einreichung).
[4] *Zimmer* Insolvenzbuchhaltung Rn. 37 ff., 538 ff.
[5] Ausführlich BGH Beschl. v. 21.7.2016 – IX ZB 70/14, ZIP 2016, 1592.

in der Pflichtverletzung begründen und zum Ausschluss des Versicherungsschutzes führen.

B. Haftungsgefahren bei eigenen Aufgaben

Dem Sachwalter obliegt die gesamte **Tabellenführung**[6] und Forderungsprüfung (§ 270c S. 2 InsO). Insoweit gelten dieselben Pflichten wie bei einem Insolvenzverwalter. Die Schlussverteilung wird jedoch vom Schuldner vorgenommen (§ 283 Abs. 2 S. 1 InsO). Insoweit hat der Sachwalter zwar ein Schlussverzeichnis aufzustellen, das Verteilungsverzeichnis ist hingegen vom Schuldner als Zahlungsvorschlag zu erstellen, dem Sachwalter obliegt die pflichtgemäße Prüfung (§ 283 Abs. 2 S. 2 InsO).

Einen eigenen „operativen" Aufgabenbereich hat der Sachwalter nach § 280 InsO, dessen Wortlaut in vielfacher Hinsicht erkennen lässt, dass dem Gesetzgeber vielleicht der Gesamtüberblick verloren gegangen ist. So obliegt dem Sachwalter die **Anfechtung** nach §§ 129 ff. InsO. Dies ist sprachlich unpräzise, da es für die Insolvenzanfechtung keiner Anfechtungserklärung bedarf. Folglich kann es nur um die Ermittlung und Durchsetzung von anfechtungsrechtlichen Rückgewähransprüchen gehen. Hierfür benötigt der Sachwalter vollen Zugriff auf die schuldnerischen Geschäftsunterlagen und die Möglichkeit, für die Durchsetzung der Ansprüche auch Masseverbindlichkeiten begründen zu können, für die dann auch § 61 InsO gelten muss.

Ferner soll dem Sachwalter die Geltendmachung der **Haftung nach §§ 92, 93 InsO** obliegen. Auch dies ist rechtlich misslungen, da es sich hier um eine sog Außenhaftung handelt, die schon in der Regelinsolvenz die Bildung von Sondermassen erfordert. Hier bleibt es bei der Forderungsinhaberschaft der Gläubiger, der Sachwalter hat nur die Einziehungsbefugnis. Beigetriebene Gelder dürfen nur an die betroffenen Gläubiger bzw. Geschädigten ausgekehrt werden, nicht hingegen im Wege der Schlussverteilung an alle Gläubiger. Auch hier benötigt der Sachwalter vollen Zugriff auf die schuldnerischen Geschäftsunterlagen und die Möglichkeit, für die Durchsetzung der Ansprüche Verbindlichkeiten begründen zu können. Nichts von alledem ist geregelt. Insoweit wird sich ein Pflichtenmaßstab des Sachwalters erst noch entwickeln müssen. Nicht geregelt ist ferner, ob der Sachwalter auch Ansprüche aus §§ 64 S. 1, 43 Abs. 2 GmbHG und vergleichbaren Normen geltend machen muss; diese sind Massebestandteil iSd § 35 Abs. 1 InsO. Eine Geltendmachung durch den Schuldner selbst dürfte arg zweifelhaft sein, sodass eine analoge Anwendung des § 280 InsO zu fordern ist.[7]

Unzweifelhaft muss dieser „Topf" des § 280 InsO vom schuldnerischen Vermögen strikt getrennt gehalten werden, sodass ein eigenes Treuhandkonto erforderlich ist und für diesen Bereich auch §§ 151, 66 InsO gelten.

---

[6] *Rattunde/Stark* Sachwalter Rn. 232 ff.
[7] *Rattunde/Stark* Sachwalter Rn. 298.

Zimmer

C. Besonderheiten bei Zuständigkeitswechsel

13 Kommt es zu einer **nachträglichen Anordnung** der Eigenverwaltung, kommt es im laufenden Verfahren zu einem Wechsel der Zuständigkeiten. Der Sachwalter muss sich auf seine originären Aufgaben beschränken, da die Verwaltungs- und Verfügungsbefugnis auf den Schuldner übergeht. Eine insolvenzspezifische Pflicht des Sachwalters dürfte darin bestehen, den Schuldner unverzüglich über den bisherigen Stand der Insolvenzabwicklung in allen Einzelheiten zu informieren. Damit verbunden sind umfassende Herausgabe- und Auskunftspflichten analog §§ 666, 667, 259 BGB.

14 Kommt es umgekehrt zu einer **Aufhebung der Eigenverwaltung** (§ 272 InsO), hat der Insolvenzverwalter – ebenso wie in einer Regelinsolvenz – sämtliches vorheriges Verhalten des Schuldners zu prüfen. Es gelten zudem die Grundsätze, die auch bei einer Auswechselung des Insolvenzverwalters nach §§ 56a, 57, 59 InsO gelten würden, dh der Insolvenzverwalter muss eine Inventur durchführen, neue Verzeichnisse nach §§ 151 ff. erstellen, eine eigene Liquiditätsplanung vornehmen, sich unverzüglich über laufende Fristen informieren, eine Schlussrechnung des zuvor eigenverwaltenden Schuldners einfordern, die Pflichten aus § 155 InsO und § 34 AO übernehmen sowie den aktuellen Stand ermitteln etc.

§ 49. Haftung der Mitglieder des Gläubigerausschusses

Bei der Haftung der Mitglieder des Gläubigerausschusses stehen im Vordergrund der persönliche Anwendungsbereich (→ Rn. 4), Fragen im zeitlichen Kontext (→ Rn. 2 f.), der Verschuldensmaßstab (→ Rn. 1), die insolvenzspezifischen Pflichten bei einer Aufteilung in Kollektivaufgaben (→ Rn. 5 f.) und Individualaufgaben (→ Rn. 8 ff.) sowie bei einer Aufteilung in Unterstützungs- und Überwachungsaufgaben im Allgemeinen (→ Rn. 11 f.) sowie der Kassenprüfung im Besonderen (→ Rn. 13 ff.). Ergänzend ist einzugehen auf mögliche Maßnahmen der Ausschussmitglieder (→ Rn. 20 f.), ihre Verschwiegenheit und Neutralität (→ Rn. 22) sowie ihren Versicherungsschutz (→ Rn. 23).

A. Einführung

1 Gemäß § 71 InsO haften die Mitglieder des Gläubigerausschusses den absonderungsberechtigten Gläubigern und den Insolvenzgläubigern für eine schuldhafte Verletzung der ihnen nach der InsO obliegenden Pflichten. Sorgfaltsmaßstab ist in Anlehnung an die Haftung des Insolvenzverwalters die Tätigkeit eines ordentlichen und gewissenhaften Ausschussmitglieds. Während das Insolvenzgericht nur die Rechtmäßigkeit des Verwalterhandelns prüfen darf, darf und muss der Gläubigerausschuss auch dessen Zweckmäßigkeit prüfen.

Zimmer

B. Fragen im zeitlichen Kontext

Aufgrund der systematischen Stellung gilt § 71 InsO im zeitlichen Anwendungsbereich sowohl für den vom Insolvenzgericht nach § 67 Abs. 1 InsO eingesetzten einstweiligen Gläubigerausschuss als auch für den von der Gläubigerversammlung nach § 68 InsO beschlossenen (endgültigen) Gläubigerausschuss. Aufgrund des Verweises in § 21 Abs. 2 S. 1 Nr. 1a InsO ist auch der im Insolvenzeröffnungsverfahren bestellte vorläufige Gläubigerausschuss von § 71 InsO erfasst. Hier tritt allerdings die Frage auf, ob auch die vor dem Inkrafttreten des § 21 Abs. 2 S. 1 Nr. 1a InsO zum 1. März 2012 bestellten vorläufigen Gläubigerausschüsse von der Haftung erfasst werden. Dies müsste wegen der Überleitungsvorschrift des Art. 103g S. 1 EGInsO verneint werden. Allerdings war die Einsetzung eines vorläufigen Gläubigerausschusses durch das Gericht nicht nichtig, sodass die Mitglieder auch einen Vergütungsanspruch hatten;[1] folglich muss auch die Haftung ausschließlich an die tatsächliche Bestellung anknüpfen. Für einen nur inoffiziellen Gläubigerausschuss hingegen griffe nicht § 71 InsO, sondern andere zivilrechtlichen Anspruchsgrundlagen.

Da die Ausschussmitglieder nicht einzelne Gläubiger vertreten, auch wenn sie Gläubigergruppen repräsentieren, besteht für ein ausscheidendes Mitglied keine Pflicht, ein evtl. nachrückendes Mitglied in den Informationsstand einzuarbeiten; dies ist allenfalls Aufgabe der verbleibenden Ausschussmitglieder und nicht etwa des Insolvenzverwalters. Soweit es iRd § 69 InsO um die Prüfung des Vergangenen geht, beginnt der Prüfungszeitraum allerdings nicht erst mit der Einsetzung ins Amt. So hat auch ein erstmalig im Berichtstermin eingesetzter Gläubigerausschuss selbstverständlich die Pflicht, die seit Insolvenzeröffnung getroffenen Maßnahmen bzw. stattgefundenen Geschäftsvorfälle zu prüfen. Fraglich in diesem Zusammenhang ist lediglich, wer die Rechnungslegung des vorläufigen Verwalters prüft. Das Amt eines Mitglieds des vorläufigen Gläubigerausschusses nach § 21 Abs. 2 S. 1 Nr. 1a InsO endet mit Insolvenzeröffnung. Eine nachwirkende Prüfungspflicht existiert hier nicht. Daher muss von einem einstweiligen oder spätestens endgültigen Gläubigerausschuss verlangt werden, unverzüglich die Schlussrechnung des vorläufigen Verwalters zu prüfen.[2]

C. Personeller Anwendungsbereich und Kollektivaufgaben

Hinsichtlich des personellen Anwendungsbereichs ist zu konkretisieren, dass die Haftung aus § 71 InsO jedes Mitglied eines jeden Gläubigerausschusses trifft. Dies gilt auch für Ausschussmitglieder, die im Rahmen eines ihnen anvertrauten öffentlichen Amtes handeln.[3] Es gibt hier eine Gesamtschuldnerschaft, aber keine Kollektivhaftung, da der Ausschuss kein Rechtsträger ist. Davon zu unterscheiden sind folgende Begrifflichkeiten:

---

[1] BGH Beschl. v. 10.11.2011 – IX ZB 166/10, BeckRS 2011, 29534.
[2] *Zimmer* Insolvenzbuchhaltung Rn. 1143.
[3] BGH Urt. v. 9.10.2014 – IX ZR 140/11, NZI 2015, 166.

5   Zu differenzieren ist auf der Ebene der Pflichtenbeschreibung zwischen Individual- und Kollektivaufgaben. Von Kollektivaufgaben ist auszugehen, wenn der Ausschuss für einen Antrag, eine Entscheidung oder eine Zustimmung Beschlüsse fassen muss (zB §§ 56a, 100 Abs. 2, 158 Abs. 1, 160 Abs. 1 S. 1, 195 Abs. 1 S. 1, 270b Abs. 1, 276 InsO etc). Hierdurch können einzelnen Betroffenen oder der Masse durchaus Schäden entstehen, sodass auch hier zwischen Einzel- und Gesamtschaden (→ § 47 Rn. 10ff.) zu unterscheiden ist. Einschränkend ist zu beachten, dass sich nur Insolvenzgläubiger und Absonderungsberechtigte auf § 71 InsO stützen können, nicht aber der Schuldner, Massegläubiger, Aussonderungsgläubiger oder sonstige Dritte. Handelt es sich um einen Gesamtschaden, obliegt die Geltendmachung dem Insolvenzverwalter (§ 92 S. 1 InsO). Eine Exkulpation ist dem einzelnen Ausschussmitglied nur möglich, wenn es nachweisen kann, im Beschlussverfahren gegen die Beschlussvorlage gestimmt zu haben, weshalb es ratsam ist, die Abstimmungen namentlich durchzuführen und das Ergebnis entsprechend zu protokollieren.

6   Eine insolvenzspezifische Pflicht, die keiner Exkulpation zugänglich ist, ist allerdings jene, sich das für die Entscheidungen notwendige Fachwissen und den notwendigen Informationsstand anzueignen. Anders ergäbe die Grundidee, den Sachverstand der Gläubiger in das Verfahren einzubringen, keinen Sinn. Dies kommt besonders in der vorläufigen Verwaltung und in der Eigenverwaltung zum Tragen, da hier die Haftung für wirtschaftliche Fehlentscheidungen stärker in den Vordergrund tritt.[4] Ein besonderes Haftungsrisiko kann sich nun sogar aus der Auswahl des Verwalters durch den Gläubigerausschuss (§ 56a Abs. 3 InsO) ergeben.

7   Damit Beschlussvorlagen für Kollektiventscheidungen erstellt werden können, ist auf die Individualaufgaben der Ausschussmitglieder abzustellen (→ Rn. 8ff.).

D. Individualaufgaben: Überwachung und „Kassenprüfung"

I. Einführung

8   Von zentraler Bedeutung sind die Individualaufgaben der Ausschussmitglieder. Hierzu gehört einzig, aber von allergrößter Bedeutung, die Pflichtenbeschreibung in § 69 InsO. Die Mitglieder des Gläubigerausschusses sind hiernach verpflichtet, den (vorläufigen) Insolvenzverwalter bei der Geschäftsführung zu unterstützen und zu überwachen (→ Rn. 11 f.). Sie haben sich über den Gang der Geschäfte zu unterrichten sowie die Bücher und Geschäftspapiere einsehen und den Geldverkehr und -bestand prüfen zu lassen (→ Rn. 13 ff.). Ungeachtet dessen besteht freilich zunächst die Pflicht, sich als Bestandteil des Kollektivorgans zu verstehen, dh an einer Satzung mitzuwirken, an den Ausschusssitzungen teilzunehmen etc. All dies gilt in jedem Verfahrensstadium und auch bei (vorläufigen) Eigenverwaltungen.

---

[4] Ausführlich *Pape/Schultz* ZIP 2016, 506.

Die Haftung greift wegen des Wortlauts des § 71 InsO auch hier nur gegenüber den Insolvenzgläubigern und Absonderungsberechtigten, sodass idR ein Gesamtschaden vorliegt, der von einem Insolvenzverwalter nach § 92 S. 1 InsO geltend zu machen ist. Lediglich bei den Absonderungsberechtigten ist zu differenzieren. Was der Masse an Kostenbeiträgen oder Verwertungsüberschüssen entfallen ist, zählt zum Gesamtschaden, im Übrigen liegt ein Einzelschaden des Absonderungsberechtigten vor.[5]

Hinsichtlich eines Verschuldens ist Prüfungsmaßstab derjenige eines ordentlichen und gewissenhaften Ausschussmitglieds, dh dasjenige, was abstrakt von jedem Ausschussmitglied verlangt werden kann. Dies ist im Einzelfall ex ante zu beurteilen und hängt – wie beim Insolvenzverwalter – vom objektiv zugänglichen Informationsstand und vom Stand des Insolvenzverfahrens ab. Dies läuft auf die Anwendung der Business Judgement Rule analog §§ 116, 93 Abs. 1 S. 2 AktG hinaus.[6] Dann wäre ein Verschulden zu verneinen, wenn das Ausschussmitglied davon ausgehen konnte, auf Grundlage angemessener Information zum Wohle der Insolvenzgläubiger und Absonderungsgläubiger zu handeln.

II. Unterstützung und Überwachung der Geschäftsführung

Soweit es um die Überwachung von Geldverkehr und -bestand geht, existiert eine Spezialregelung (→ Rn. 13 ff.). Im Übrigen steht die allgemeine Unterstützung und Überwachung des Insolvenzverwalters bei dessen Geschäftsführung im Vordergrund. Zu prüfen sind – teils vorher, teils nachher – Rechtmäßigkeit und Zweckmäßigkeit von Handlungen des (vorläufigen) Insolvenzverwalters. Insoweit kann zunächst auf die Darstellung der Haftung des (vorläufigen) Insolvenzverwalters verwiesen werden (→ § 47 Rn. 49 ff.), da die Einhaltung der dortigen Anforderungen eben Prüfungsgegenstand der Ausschussmitglieder ist. Selbiges gilt für die Überwachung des Sachwalters. Wesentlich hervorzuheben im Kontext wirtschaftlicher Entscheidungen sind allgemein solche mit Prognose- und Risikocharakter, speziell ein Drängen auf die Beendigung einer verlustreichen Betriebsfortführung ohne Aussichten auf ein tragfähiges Sanierungs- oder Übertragungskonzept, die Überprüfung von Liquiditätsplanungen, die Überprüfung und ggf. Mitgestaltung von Fortführungs-, Sanierungs- und Übertragungskonzepten sowie Insolvenzplänen etc. Von besonderer Bedeutung ist die Stellungnahme zur Eigenverwaltung (§ 270 Abs. 3 S. 2 InsO und § 270b Abs. 4 S. 1 Nr. 2 InsO).[7] Eine weitere Besonderheit der Eigenverwaltung liegt darin, dass primär der Schuldner zu überwachen ist; die Überwachung des (vorläufigen) Sachwalters reduziert sich auf die ihm originär zugewiesenen Aufgaben (→ § 48 Rn. 9 ff.).[8]

Teils wird vertreten, die Ausschussmitglieder dürften sich auch außerhalb der Kassenprüfung externen Rats bedienen, wenn Unklarheiten bestehen, die der

---

[5] BGH Urt. v. 9.10.2014 – IX ZR 140/11, Tz. 44, NZI 2015, 166.
[6] In diesem Sinne auch *Pape/Schultz* ZIP 2016, 506 (510).
[7] Ausführlich *Pape/Schultz* ZIP 2016, 506 (512).
[8] So auch *Pape/Schultz* ZIP 2016, 506 (514).

Insolvenzverwalter nicht ausräumen kann.[9] Dies muss jedoch angezweifelt werden, da es um eine persönliche Verpflichtung der Ausschussmitglieder geht. Es soll nach der Grundidee des Gläubigerausschusses der Sachverstand der Ausschussmitglieder in die Verfahrensabwicklung einbezogen werden. Die Möglichkeit, Sachverstand einzukaufen, würde dies Konterkarieren. Allenfalls eine Zustimmung als Kollektivorgan kann davon abhängig gemacht werden, dass der Insolvenzverwalter ein Gutachten in Auftrag gibt, um seinen Vorschlag zu fundieren und Bedenken ausräumen.

III. Prüfung von Geldverkehr und -bestand

13   Die „Kassenprüfung" (Sprachgebrauch der KO) bzw. die Überprüfung von Geldverkehr und -bestand ist **zentrale Aufgabe der Mitglieder eines jeden Gläubigerausschusses.** Maßgeblich sind zwei überzeugende Leitentscheidungen des BGH vom 9. Oktober 2014[10] und 25. Juni 2015,[11] auf die nachfolgend abgestellt wird. Die Pflichten aus § 69 InsO sind Individualaufgaben, sodass jedes Mitglied die Pflichten zu erfüllen hat und individuell haftet. Die Mitglieder müssen die Prüfung von Geldverkehr und -bestand nicht selbst vornehmen. Sie können im Beschlusswege ein einzelnes Mitglied oder einen Sachverständigen mit der Prüfung betrauen. Nur einem selbst prüfenden Mitglied obliegt iRd Verschuldens die Haftung für die Richtigkeit des Prüfungsergebnisses, ansonsten greift nur die Haftung für das Auswahl- und Überwachungsverschulden. Hierzu gehört allerdings auch das Organisationsverschulden, dh dem prüfenden Ausschussmitglied oder dem Sachverständigen sind entsprechende Vorgaben zu machen, die zu überwachen sind. Weiter zur Überwachung gehört auch, sich über Prüfungsergebnisse aktiv in Kenntnis zu setzen und sich zu vergewissern, dass die Prüfungen den an derartige Kontrollen zu stellenden Anforderungen entsprechen. Der mit der Prüfung Beauftragte hat den (übrigen) Ausschussmitgliedern das notwendige Wissen zu vermitteln, insbesondere Pflichtverstöße unverzüglich zu melden. Sämtliche Ausschussmitglieder haben wiederum darauf unverzüglich zu reagieren. Auf eine Abhängigkeit des Verschuldens von der Qualifikation des prüfenden Ausschussmitglieds kann es nicht ankommen, da ein nicht ausreichend qualifiziertes Mitglied dann eben nicht als Prüfer zu bestellen ist.

Die **erste Prüfung** hat unverzüglich zu erfolgen. Folglich ist der Prüfer unverzüglich zu bestellen, dh die Frage gehört bereits als Beschlussgegenstand in die erste, konstituierende Sitzung des Gläubigerausschusses. Alsdann hat der Prüfer ebenso unverzüglich seine erste Prüfungshandlung vorzunehmen. Der zeitliche Abstand zwischen den Prüfungen (Prüfungsintervall) ist eine Frage des Einzelfalls. Es muss jedoch eine Überwachung des gesamten Zeitraums des Insolvenzverfahrens gesichert sein. Maßgeblich für die Bestimmung des Prüfungsintervalls sind ua der Verfahrensstand, insbes. eine laufende Betriebsfortführung, die Anzahl der Kontenbewegungen, der Zustand und die Qualität des

---

[9] So *Pape/Schultz* ZIP 2016, 506 (511).
[10] BGH Urt. v. 9.10.2014 – IX ZR 140/11, NZI 2015, 166.
[11] BGH Urt. v. 25.6.2015 – IX ZR 142/13, NZI 2015, 799.

Belegwesens, Ungereimtheiten in früheren Prüfungsabschnitten etc. Der Kontrollrahmen sollte dem Insolvenzverwalter nicht bekannt gegeben und Prüfungen diesem nur mit einer Frist angekündigt werden.[12]

Die **Prüfungsintensität** verlangt nur bei Zweifeln eine Vollprüfung. Daraus resultiert wohl zunächst einmal die Zulässigkeit von Stichproben und Plausibilitätsprüfungen, bei Ungereimtheiten jedoch ein sofortiger Übergang zur Vollprüfung. Wegen der Möglichkeit der Beauftragung eines Sachverständigen ist dies auch in Großverfahren mit hohem Belegaufkommen zumutbar. Im Zweifelsfall kann direkt bei den kontoführenden Kreditinstituten nach dem Vorhandensein angeblich dort angelegter Gelder geforscht werden; ob das Urteil[13] allerdings eine Anspruchsgrundlage für ein Auskunftsersuchen darstellt, scheint zumindest dann zweifelhaft, wenn das Institut nicht zugleich als Hinterlegungsstelle iSd § 149 InsO fungiert. 14

Auf der Ebene der **Kausalität** greift zunächst der Anscheinsbeweis, dass es ein Vermögensverwalter bei sorgfältiger Überwachung nicht wagt, sich durch strafbare Handlungen an den ihm vertrauten Werten zu vergreifen. Eben das macht die sorgfältige Überwachung durch die Mitglieder des Gläubigerausschusses erforderlich. Kommt es hier zu Pflichtverletzungen bei der Überwachung, ist die Kausalität für den Schaden bereits widerlegbar anzunehmen. 15

Der **Schaden** wiederum besteht in der Quotendifferenz, den die Betroffenen erleiden. Die Quote ohne Pflichtverletzung stellt die Soll-Quote dar, die Quote aufgrund Pflichtverletzung die Ist-Quote. Insoweit besteht eine Parallele zur Insolvenzverschleppungshaftung. 16

Für die Haftung der Ausschussmitglieder ist eine **Sondermasse** zu bilden, da eben nur die Insolvenzgläubiger und Absonderungsberechtigte davon profitieren. Die aufgrund der Bildung der Sondermasse verursachten Kosten einschl. der Kosten der Einziehung der zu verteilenden Beträge sind der Masse vorab zu entnehmen. Das ist bei massearmen und masseunzulänglichen Verfahren eine Haftungsfalle für den Insolvenzverwalter, der diese Gelder eben nicht für Verfahrenskosten oder sonstige Masseverbindlichkeiten einsetzen darf. Dann kann es im Ergebnis zu Zahlungen an Insolvenzgläubiger kommen, obgleich noch Verfahrenskosten oder sonstige Masseverbindlichkeiten offen sind. Daher muss wohl gefordert werden, dass der Insolvenzverwalter, der eine solche Haftung von Ausschussmitgliedern geltend macht, einen eigenständigen Vergütungsanspruch gegen die Sondermasse hat. 17

Die in Anspruch genommenen Ausschussmitglieder sollten darauf achten, dass ihnen vorbehalten wird, ihre **Rechte gegen den Insolvenzverwalter** nach Erfüllung der Schadenersatzansprüche zu verfolgen. 18

Insoweit müsste es inzwischen unzulässig sein, dass der Gläubigerausschuss lediglich beschließt, der Insolvenzverwalter möge einen Vertrag mit einem externen Rechnungsprüfer schließen. Der Weg wird auch nur beschritten, weil die Mitglieder des Gläubigerausschusses den Rechnungsprüfer zunächst selbst entlohnen müssen in der Hoffnung, dass einem entsprechenden **Auslagenersatzantrag** iSd § 18 Abs. 1 InsVV vom Rechtspfleger ua Monate oder Jahre später 19

---

[12] *Dönges* NZI 2015, 799 (803).
[13] BGH Urt. v. 9.10.2014 – IX ZR 140/11, NZI 2015, 166.

stattgegeben wird. Dies ist der einzig zulässige Weg und daher schlichtweg ein Unding. Daher müssen solche Rechnungen von Dienstleistern, obgleich Verfahrenskosten nach § 54 Nr. 2 InsO, auch ohne Zustimmung des Insolvenzgerichts aus der Masse entnommen werden dürfen; selbiges gilt für die Prämien der Haftpflichtversicherung der Ausschussmitglieder (→ Rn. 23). Denn weder der Gesetzeswortlaut noch die beiden Leitentscheidungen sehen vor, dass die Mitglieder des Gläubigerausschusses das Insolvenzverfahren vorzufinanzieren haben. Um eine rechtliche Grauzone handelt es sich dennoch.

IV. Maßnahmen

20   Ein durch ein einzelnes Mitglied des Gläubigerausschusses festgestellter Verstoß des Insolvenzverwalters *(Rechtmäßigkeitsprüfung),* der das in ihn gesetzte Vertrauen unzweifelhaft nicht insges. in Frage stellt, muss zunächst gerügt werden, evtl. mit Aufforderung zur Abhilfe. Gleichzeitig sind die anderen Ausschussmitglieder in Kenntnis zu setzen. All dies ist zu protokollieren. Wenn Abhilfe durch den Insolvenzverwalter nicht geschaffen wird oder der Pflichtverstoß nicht nur geringfügig ist, muss das Ausschussmitglied unverzüglich auch das Insolvenzgericht informieren.[14] Gleichzeitig ist eine Ausschusssitzung einzuberufen, in der über notwendige Beschlüsse zu beraten ist (Übergang von den Individualaufgaben zu Kollektivaufgaben).

21   Vergleichbares gilt für die *Zweckmäßigkeitsprüfung,* nur dass es insoweit keiner Mitteilung an das Insolvenzgericht bedarf, sofern nicht der Gläubigerausschuss die Anberaumung einer Gläubigerversammlung für angezeigt hält.

V. Verschwiegenheit und Neutralität

22   Eine vom Verwalterhandeln losgelöste Pflicht der Ausschussmitglieder besteht in ihrer Verschwiegenheit und Neutralität. Sie dürfen die als Mitglied eines Gläubigerausschusses erlangten Informationen weder zum eigenen Vorteil nutzen noch an Dritte außerhalb des Gläubigerausschusses weiterleiten. Die Nutzung von Insiderwissen lässt sich schwer nachweisen, jedenfalls aber der Verstoß gegen die Verschwiegenheit ist haftungsträchtig. Dabei ist zu unterscheiden, ob das Ausschussmitglied selbst Insolvenzgläubiger bzw. dessen Sachbearbeiter ist, oder ob Sachbearbeitung und Ausschusstätigkeit personell auseinanderfallen.[15] Handelt es sich um Betriebs- oder Geschäftsgeheimnisse, ist darüber hinaus auch eine strafrechtliche Verantwortlichkeit nach §§ 203, 204 StGB nicht ausgeschlossen.

VI. Haftpflichtversicherung

23   Der Abschluss einer Haftpflichtversicherung ist unabdingbar. Rechtlich muss jedes Ausschussmitglied selbst für Versicherungsschutz sorgen und die Prämien

---

[14] BGH Urt. v. 9.10.2014 – IX ZR 140/11, NZI 2015, 166.
[15] BGH Urt. v. 9.2.1989 – IX ZR 17/88, ZIP 1989, 403 (404).

aus eigenem Vermögen zahlen. Eine Erstattung erfolgt über § 18 Abs. 2 InsVV. In der Praxis hingegen wird oftmals ein Versicherungsvertrag vom Insolvenzverwalter geschlossen. Dies hat den entscheidenden Nachteil, dass es sich dann um Masseverbindlichkeiten nach § 55 InsO handelt, was schon in der vorläufigen Verwaltung ohne Einzelermächtigung, erst recht aber bei Masseunzulänglichkeit problematisch ist. Sinnvoller wäre es, es bei der Einstufung als Verfahrenskosten nach §§ 54 InsO, 18 Abs. 2 InsVV zu belassen, jedoch ein Entnahmerecht ohne förmliches Festsetzungsverfahren durch das Insolvenzgericht zu fordern.[16]

§ 50. Haftung des Insolvenzgerichts

Hinsichtlich einer Amtshaftung gilt es zunächst die Anspruchsgrundlage (→ Rn. 1) und die allgemeinen Tatbestandsmerkmale (→ Rn. 2 f.) zu definieren, um alsdann die Amtspflichtverletzung (→ Rn. 6 ff.) zu präzisieren; nicht selten entfällt eine Amtshaftung jedoch trotz Pflichtverletzung (→ Rn. 4 f.).

A. § 839 BGB iVm Art. 34 GG als Anspruchsgrundlage

Verletzt ein Beamter vorsätzlich oder fahrlässig die ihm einem Dritten gegenüber obliegende Amtspflicht, hat er dem Dritten den daraus entstandenen Schaden zu ersetzen (§ 839 Abs. 1 S. 1 BGB). Diese Vorschrift steht im Zusammenhang mit Art. 34 S. 1 GG; verletzt jemand in Ausübung eines ihm anvertrauten öffentlichen Amtes die ihm einem Dritten gegenüber obliegende Amtspflicht, so trifft die Verantwortlichkeit grundsätzlich den Staat oder die Körperschaft, in deren Dienst er steht. Die Vorschriften sind nicht deckungsgleich, ergeben aber als gemeinsame Anspruchsgrundlage die sog **Amtshaftung**, weswegen der Beamtenbegriff in § 839 Abs. 1 S. 1 BGB nicht wörtlich zu verstehen ist. 1

B. Tatbestandsmerkmale und Geltendmachung

Der Pflichtverstoß (→ Rn. 6 ff.) muss **in Ausübung eines öffentlichen Amtes** 2 erfolgen, was bei Richtern und Rechtspflegern unbestritten der Fall ist, da die erforderliche Kausalität zwischen Amtsausübung und Pflichtverletzung idR gegeben ist. Die jeweilige Amtspflicht muss **drittbezogen** sein, was iRd Beteiligtenbegriffs des § 60 InsO (→ § 47 Rn. 7 ff.) grds. der Fall ist und auch den Insolvenzverwalter erfasst; Nicht-Beteiligte sind nicht von § 58 InsO erfasst.[1] Das sog **Richterspruchprivileg** iSd § 839 Abs. 2 BGB (geschützt wird nicht der Richter oder seine Unabhängigkeit, sondern sein Spruch bzw. dessen Rechts-

---

[16] Offenbar erwogen von BGH Urt. v. 29.3.2012 – IX ZB 310/11, ZIP 2012, 876.
[1] OLG Karlsruhe Urt. v. 24.1.2013 – 9 U 129/11, ZIP 2013, 1237 = BeckRS 2013, 06611.

kraft) gilt in Insolvenzsachen nicht,² da das Insolvenzverfahren zur freiwilligen Gerichtsbarkeit gehört. Die Pflichtverletzung muss **rechtswidrig** sein, was bei einem nachgewiesenen Pflichtverstoß unproblematisch ist. **Verschulden** setzt Vorsatz oder Fahrlässigkeit hinsichtlich der Pflichtverletzung, nicht jedoch hinsichtlich des Schadens voraus. Maßstab ist der pflichtgetreue Durchschnittsbeamte in dem betreffenden Amt.³ An einem Verschulden fehlt es, wenn die nach sorgfältiger Prüfung gewonnene Rechtsansicht des Amtsträgers als rechtlich vertretbar angesehen werden kann.⁴

3   Die Amtspflichtverletzung muss für den Schaden **adäquat kausal** sein. Die Ermittlung des **Schadens** richtet sich nach §§ 249 ff., 842 ff. BGB, sodass die Haftung auf das negative Interesse beschränkt ist. Der Ersatzanspruch ist idR auf Ersatz in Geld beschränkt, sodass es bereits an einem Schaden fehlt, wenn nur Mitwirkungsrechte im Raum stehen, wie zB die Nicht-Einberufung einer Gläubigerversammlung, ohne dass hieraus ein materieller Schaden erwachsen ist; ein Schmerzensgeld dürfte hier nicht diskussionswürdig sein. Die **Verjährung** richtet sich nach §§ 195, 199 Abs. 1 BGB. Die **Beweislast** für alle Anspruchsvoraussetzungen trägt der Geschädigte. **Haftungsadressat** ist das jeweilige Bundesland, zu verklagen vor der ordentlichen Gerichtsbarkeit (Art. 34 S. 3 GG, § 40 Abs. 2 S. 1 VwGO), in erster Instanz unabhängig vom Streitwert vor dem **Landgericht** (§ 71 Abs. 2 Nr. 2 GVG).

C. Mitverschulden und Entfallen des Anspruchs

4   Hinsichtlich eines **Mitverschuldens** gilt § 254 BGB, der jedoch durch eine Spezialregelung verschärft wird. Der **Anspruch entfällt** vollständig, wenn der Betroffene bei nur fahrlässiger Amtspflichtverletzung alsbald und in zumutbarer Weise von einem Dritten Ersatz verlangen kann (§ 839 Abs. 1 S. 2 BGB) oder er es – unabhängig von der Verschuldensintensität des Amtsträgers – fahrlässig oder vorsätzlich unterlassen hat, den Schaden durch Einlegung von Rechtsmitteln oder Rechtsbehelfen abzuwehren (§ 839 Abs. 3 BGB). Der erste Fall lässt eine Amtshaftung entfallen, wenn es um eine vermeintlich mangelhafte Aufsicht über den Insolvenzverwalter geht, dieser aber erfolgreich auf Schadenersatz in Anspruch genommen werden kann. Damit ist bereits eine Fülle von Pflichtverletzungen faktisch „enthaftet".

5   Der zweite Fall bedeutet keine Beschränkung im prozessualen Sinn.⁵ Es müssen nicht alle Rechtsmittel bis zur Verfassungsbeschwerde ausgeschöpft werden, andererseits reichen bereits Dienst- oder Fachaufsichtsbeschwerden, Anfragen oder Mitteilungen an das Insolvenzgericht aus.⁶ Kennt ein Gläubiger zB Vorstrafen des Insolvenzverwalters, informiert er aber das Insolvenzgericht nicht, kann er sich nicht auf eine Pflichtverletzung des Insolvenzgerichts berufen, den

---

² BGH Urt. v. 3.7.2003 – III ZR 326/02, NJW 2003, 3052.
³ BGH Urt. v. 16.1.1997 – III ZR 117/95, ZIP 1997, 453.
⁴ BGH Urt. v. 9.12.2004 – III ZR 263/04, NJW 2005, 748.
⁵ BGH Urt. v. 4.7.2013 – III ZR 201/12, NJW 2013, 3237.
⁶ BGH Urt. v. 4.7.2013 – III ZR 201/12, NJW 2013, 3237.

ungetreuen Verwalter bestellt oder nicht entlassen zu haben.[7] Insoweit ist § 839 Abs. 3 BGB nicht ganz ungefährlich, wenn Gläubiger über mehrere Insolvenzverfahren hinweg Unzuverlässigkeiten eines Insolvenzverwalters bewusst hinnehmen und erst die Amtshaftung bemühen, wenn sie einmal selbst von einem Schaden betroffen sind. Freilich besteht iRd (Mit-) Verschuldens keine Pflicht, regelmäßig Akteneinsicht zu beantragen oder an Gläubigerversammlungen teilzunehmen; insoweit muss sich der Gläubiger auf die Aufsicht des Insolvenzgerichts (§ 58 InsO) verlassen können.

D. Amtspflichtverletzung

I. Übersicht

Da eine Amtspflicht zu rechtmäßigem Verhalten besteht, stellt jede Verletzung von Rechtsvorschriften eine Pflichtverletzung dar.[8] Damit dem Rechtssuchenden (hier: Insolvenzgläubiger) auch substantieller Rechtsschutz durch das Insolvenzverfahren gewährleistet werden kann, ist dem Insolvenzgericht mit § 58 InsO im Rahmen pflichtgemäßen Ermessens die Aufsicht über den Insolvenzverwalter auferlegt, der im staatlichen Auftrag fremdes Vermögen verwaltet.[9] Die Kontrolldichte richtet sich nach den Schwierigkeiten des jeweiligen Verfahrens, aber auch nach Erfahrungen des Gerichts mit dem Insolvenzverwalter.[10] All dies ist bereits bei der Bestellung des (vorläufigen) Verwalters zu berücksichtigen, da es für den Insolvenzverwalter weder spezielle, gesetzlich geregelte Qualifikationsnachweise noch Bestimmungen zur berufsrechtlichen Organisation oder eine unterstützende Aufsicht durch eine eigene Berufskammer gibt.[11] Eine engmaschige Überwachung nach Bestellung soll jedoch an den Kapazitäten der Insolvenzgerichte scheitern, sodass grds. nur stichprobenhaft tiefergehende Kontrollen erforderlich sind.[12]

6

II. Auswahl, Bestellung und Entlassung des Insolvenzverwalters

1. Ermessensentscheidung und Einschränkung des Ermessens

Gemäß § 56 Abs. 1 S. 1 InsO hat das Insolvenzgericht einen für den jeweiligen Einzelfall geeigneten, insbes. geschäftskundigen und von den Gläubigern und dem Schuldner unabhängigen Insolvenzverwalter aus dem Kreis der zur Übernahme von Insolvenzverwaltungen bereiten Personen auszuwählen und zu bestellen. Danach ist der Auswahlprozess zweistufig ausgestaltet. Zunächst geht es um die Bildung eines Pools von potentiellen Kandidaten. Hierzu hat sich das

7

---

[7] BGH Urt. v. 12.7.1965 – III ZR 41/64, VersR 1965, 1196.
[8] Jarass/Pieroth/*Jarass* GG Art. 34 Rn. 11.
[9] BVerfG Beschl. v. 12.1.2016 – 1 BvR 3102/13 Tz. 44 f., NZI 2016, 163.
[10] BVerfG Beschl. v. 12.1.2016 – 1 BvR 3102/13 Tz. 47, NZI 2016, 163.
[11] BVerfG Beschl. v. 12.1.2016 – 1 BvR 3102/13 Tz. 51, NZI 2016, 163.
[12] BVerfG Beschl. v. 12.1.2016 – 1 BvR 3102/13 Tz. 58, NZI 2016, 163.

Institut der **Vorauswahlliste** etabliert.[13] Die Aufnahme in eine solche Vorauswahlliste verlangt einen Antrag des Aspiranten und eine Entscheidung des Insolvenzgerichts, gegen die Rechtsschutz nach §§ 23 ff. EGGVG möglich ist.[14] Eine von einem Richter persönlich geführte Vorauswahlliste wird gegenstandslos, wenn der Richter aus dem Insolvenzgericht ausscheidet und sein Nachfolger sich die Liste und die ihr zugrunde liegenden Auswahlkriterien nicht zu Eigen macht.[15] Ob dem Aspiranten aus der Nicht-Aufnahme in die Vorauswahlliste Schäden erwachsen können, wird hier nicht weiter vertieft.

8   Aus der Vorauswahlliste ist ein für den konkreten Fall geeigneter Insolvenzverwalter auszuwählen, wobei es in der Natur der Sache liegt, die relevanten Kriterien bereits bei der Bestellung des vorläufigen Verwalters anzuwenden. Die **Auswahlentscheidung** steht im **pflichtgemäßen Ermessen** des Richters.[16] Seit Kodifizierung des vorläufigen Gläubigerausschusses ist jedoch zu differenzieren. Liegt ein Beschluss des vorläufigen Gläubigerausschusses vor, nach welchem der Insolvenzverwalter einem bestimmten Anforderungsprofil genügen soll, hat das Insolvenzgericht bei der Auswahl des Insolvenzverwalters dieses Profil zugrunde zu legen (§ 56a Abs. 2 S. 2 InsO), dh das Ermessen für die Auswahl des Insolvenzverwalters ist **eingeschränkt**, sodass im Zweifel für das eröffnete Verfahren ein vom vorläufigen Verwalter abweichender Verwalter zu bestellen ist. Hat der vorläufige Gläubigerausschuss gar eine bestimmte Person als Verwalter vorgeschlagen, darf das Insolvenzgericht von einer Bestellung nur absehen, wenn die vorgeschlagene Person für die Übernahme des Amts nicht geeignet ist (§ 56a Abs. 2 S. 1 InsO). Bei entsprechender Eignung ist das Ermessen des Insolvenzgerichts folglich **auf null reduziert.** Ist eine Anhörung des vorläufigen Gläubigerausschusses unterblieben, kann der Gläubigerausschuss in seiner ersten Sitzung nach Verfahrenseröffnung einen neuen Insolvenzverwalter wählen (§ 56a Abs. 3 InsO). Damit erfolgt eine zeitliche Vorverlagerung der Gläubigerautonomie, denn ein Wahlrecht mit Ermessenseinschränkung gilt auch, wenn die erste Gläubigerversammlung nach Verfahrenseröffnung einen neuen Verwalter wählt (§ 57 S. 3 InsO). Aus diesem Konstrukt resultieren zwei Teilaspekte, nämlich die Bestellung eines ungeeigneten Verwalters (→ Rn. 9) und die Verletzung von Mitwirkungsrechten der Gläubigerorgane; Letzteres ist jedoch isoliert betrachtet unbeachtlich, da hieraus noch kein materieller Schaden erwächst (→ Rn. 3).

2. Bestellung eines ungeeigneten Verwalters/unterlassene Entlassung

9   Eine **Pflichtverletzung gegenüber Gläubigern** besteht darin, einen ungeeigneten (vorläufigen) Verwalter zu bestellen oder nachträglich nicht zu entlassen; je nach Verfahrensstadium kann die Pflichtverletzung vom Richter oder Rechtspfleger begangen werden. Zwar ist die Eignung nach § 56 InsO ein weites Feld, in der Diskussion um eine Haftung des Gerichts steht jedoch der ungetreue Verwalter im Vordergrund. Eine Vorstrafe wegen Insolvenzdelikten

---

[13] BVerfG Beschl. v. 23.5.2006 – 1 BvR 2530/04, NZI 2006, 453.
[14] BVerfG Beschl. v. 12.1.2016 – 1 BvR 3102/13 Tz. 30 mwN, NZI 2016, 163.
[15] BGH Beschl. v. 17.3.2016 – IX AR(VZ) 5/15, ZIP 2016, 935.
[16] BVerfG Urt. v. 23.5.2006 – 1 BvR 2530/04, NZI 2006, 2613.

steht einer Bestellung als Insolvenzverwalter jedenfalls entgegen.[17] Problematisch ist allerdings die Kenntniserlangung durch das Insolvenzgericht, denn einerseits besteht keine Amtsermittlungspflicht, andererseits können andere Justizbehörden aufgrund des Datenschutzes gehindert sein, die Insolvenzgerichte zu informieren.[18] Ergeben sich nach der Bestellung Hinweise auf Untreuehandlungen, ist eine unverzügliche Prüfung der Entlassung nach § 59 InsO indiziert. Selbiges gilt bei problematischen Interessenkollisionen,[19] oder wenn der vorläufige Verwalter ein Gutachten über Chancen einer Verfahrenseröffnung ohne Prüfung des Sachverhalts lediglich „ins Blaue hinein" erstellt hat;[20] in solchen Fällen kann den Gläubigern nicht zugemutet werden, mit dem Verwalter zusammenzuarbeiten, ohne dass das Gericht die Haftung für daraus entstehende Schäden übernimmt. Die Tatsachen, die den Entlassungsgrund bilden, müssen zur vollen Überzeugung des Insolvenzgerichts nachgewiesen sein; ausnahmsweise kann bereits das Vorliegen konkreter Anhaltspunkte für Pflichtverletzungen ausreichen, wenn trotz Ungewissheiten nur durch die Entlassung die Gefahr größerer Schäden für die Masse abgewendet werden kann (zB strafrechtliche Ermittlungsverfahren wegen Untreue auch in anderen Insolvenzverfahren)[21] – was auch als Gefahr im Verzug bezeichnet werden kann. Um sich selbst ein Bild über das Insolvenzverfahren machen zu können, greift die Aufsichtspflicht nach § 58 InsO (→ Rn. 11).

Eine Haftung aus § 839 Abs. 1 BGB iVm Art. 34 GG kann auch **gegenüber einem Verwalter** in Betracht kommen, der ohne besondere vorherige Eignungsprüfung bzw. Qualitätskontrolle bestellt und dann entlassen wurde, wenn der Verwalter bis zur rechtskräftigen Klärung der Situation andere andate – zB wegen einer drohenden Interessenkollision – hat ablehnen müssen.[22]   10

III. Aufsicht über den Insolvenzverwalter

Die Aufsicht über den Insolvenzverwalter nach § 58 InsO gehört zu den zentralen Aufgaben des Insolvenzgerichts, da der Staat zur Überwachung derjenigen Personen gehalten ist, die er als Verwalter fremden Vermögens einsetzt.[23] Obgleich nicht Verwalter, gilt § 58 InsO aufgrund entsprechender Verweise auch für alle anderen Funktionsträger wie den (vorläufigen) Sachwalter und den Treuhänder in der Wohlverhaltensphase. Die Aufsicht muss iSd gedeihlichen Zusammenarbeit wohldosiert sein. Folglich kann und muss das Insolvenzgericht regelmäßig Berichte des Verwalters einfordern und prüfen; bei offenen Fragen sind einzelne Auskünfte anzufordern. Je weniger dies zum Nachweis rechtmäßigen Verhaltens des Verwalters beiträgt, desto intensiver   11

---

[17] BGH Beschl. v. 31.1.2008 – III ZR 161/07, NZI 2008, 241 gegen die Vorinstanz OLG Stuttgart Urt. v. 9.5.2007 – 4 U 204/06, NZI 2008, 102.
[18] Hierzu BGH Beschl. v. 31.1.2008 – III ZR 161/07, NZI 2008, 241.
[19] Vgl. AG Halle-Saalkreis Urt. v. 15.11.1993 – 50 N 18/91, ZIP 1993, 1912.
[20] Vgl. AG Halle-Saalkreis Urt. v. 30.8.1993 – 27 N 63/93, ZIP 1993, 1667.
[21] BGH Beschl. v. 17.3.2011 – IX ZB 192/10, ZInsO 2011, 167.
[22] BGH Urt. v. 30.11.1989 – III ZR 189/88, ZIP 1990, 1141.
[23] BVerfG Beschl. v. 28.7.1992 – 1 BvR 859/92, ZIP 1993, 686.

Zimmer

muss die Überwachung werden (→ Rn. 6). Obgleich eine Arbeitsüberlastung kein Grund für eine Verneinung der Staatshaftung ist, wird sie zur Vermeidung der Haftung ins Felde geführt. Faktisch geht die Staatshaftung für eine unterlassene Aufsicht weitgehend ins Leere. Dies wird nicht dadurch verbessert, dass die Beteiligung des Insolvenzgerichts bei der Prüfung eines Gesamtschadens der Gläubiger unzulänglich geregelt ist (→ § 47 Rn. 39 ff.).

IV. Sonstige Aufgaben des Insolvenzgerichts

12   Neben dem Anspruch der Verfahrensbeteiligten auf ermessensfehlerfreie Entscheidungen der Funktionsträger bei Gericht besteht in Einzelfällen auch die Pflicht zu materiell-rechtlich richtigen Entscheidungen und generell die Einhaltung von Recht und Gesetz. Hieraus resultiert ein sehr weiter Pflichtenkreis, der nur stichwortartig benannt werden kann: Prüfung des Insolvenzantrags auf Zulässigkeit, Anordnung notwendiger Sicherungsmaßnahmen (§§ 21, 22 InsO), ermessensfehlerfreie Eröffnungsentscheidung, ordnungsgemäße Einberufung notwendiger bzw. beantragter Gläubigerversammlungen, ordnungsgemäße Schlussrechnungsprüfung (§ 66 Abs. 2 S. 1 InsO), Prüfung des Verteilungsverzeichnisses (§ 187 Abs. 3 S. 2 InsO), ermessensfehlerfreie Entscheidung über die Aufhebung und Beendigung des Insolvenzverfahrens, Überprüfung eines Insolvenzplans (§ 231 InsO), Prüfung offensichtlicher Aussichtslosigkeit einer durch Eigenverwaltung beabsichtigten Sanierung (§ 270b Abs. 1 S. 1 InsO) etc. Regelmäßiger Streitpunkt aus der Perspektive der Gläubiger ist auch die Verfahrensdauer. Hier hat jedoch auch die Einführung von § 198 GVG nicht dazu geführt, dass ein Amtshaftungsanspruch greifen könnte.

Zimmer

16. Teil.
Vergütung der Beteiligten

Die Tätigkeiten der unterschiedlichen Amtsträger in einem Insolvenzverfahren sind mit einer angemessenen Vergütung zu versehen. Die auf der Basis des § 65 InsO erlassene Vergütungsverordnung sieht unterschiedliche Vergütungsgrundsätze je nach Person des Amtsträgers vor. Während sich die Grundsätze beim Insolvenzverwalter (§ 51), beim vorläufigen Insolvenzverwalter (§ 52) und beim (vorläufigen) Sachwalter (§ 55) ähneln, sind die Vergütungen des Sonderinsolvenzverwalters (§ 53), des Sachverständigen (§ 56), des Treuhänders im Entschuldungsverfahren (§ 57) und der Mitglieder eines Gläubigerausschusses (§ 54) auf der Basis anderer Prämissen festzusetzen.

§ 51. Die Vergütung des Insolvenzverwalters

A. Rechtsgrundlagen

Rechtsgrundlage für die Vergütung des Insolvenzverwalters sind die §§ 63–65 InsO. Nach § 63 Abs. 1 S. 1 InsO hat der Insolvenzverwalter einen Anspruch auf Vergütung für seine Geschäftsführung und auf Erstattung angemessener Auslagen. § 65 InsO regelt, dass das Bundesministerium für Justiz ermächtigt ist, eine Rechtsverordnung zu erlassen, die die Vergütung sowie die Erstattung der Auslagen näher regelt. Das Ministerium hat von dieser Ermächtigung Gebrauch gemacht und am 19.8.1998 die *Insolvenzrechtliche Vergütungsverordnung* (InsVV) erlassen, welche nunmehr in der Fassung vom 15.7.2013 vorliegt. 1

Durch die InsVV soll ermöglicht werden, dem Anspruch des Insolvenzverwalters und der anderen hiernach zu vergütenden Personen auf eine angemessene Vergütung Rechnung tragen zu können. Hierzu sieht die InsVV verschiedene Möglichkeiten vor, um auf Besonderheiten des Verfahrens angemessen reagieren zu können. Die Vergütung wird dabei für die **Tätigkeit als Insolvenzverwalter** usw gewährt, nicht für den mit dem Verfahren erzielten Erfolg; sie ist eine **Tätigkeitsvergütung**[1] und kein **Erfolgshonorar**. 2

B. Berechnungsgrundlage = Wert der Insolvenzmasse

Die Vergütung des Insolvenzverwalters berechnet sich gem. §§ 63 Abs. 1 S. 2 InsO, § 1 Abs. 1 S. 1 InsVV nach dem **Wert der Insolvenzmasse entsprechend der Schlussrechnung**. Je größer die Insolvenzmasse und damit auch die an die Insolvenzgläubiger zu verteilende Masse ist umso größer wird die Berech- 3

---

[1] BGH Beschl. v. 14.12.2000 – IX ZB 105/00, NZI 2001, 191; BGH Beschl. v. 24.6.2003 – IX ZB 453/02, NZI 2003, 547.

nungsgrundlage der Verwaltervergütung. Zwar ist die Höhe der Berechnungsgrundlage nicht der einzige Faktor, der die konkrete Höhe der Vergütung bestimmen kann, doch ist sie als wesentliche Basis für hohe oder niedrige Vergütungen anzusehen.

4 Mit dieser Koppelung der Vergütung an den Wert der Insolvenzmasse werden die Interessen der Insolvenzgläubiger an einer möglichst hohen Verteilungsmasse und die des Insolvenzverwalters an einer möglichst angemessenen Vergütung seiner Tätigkeit miteinander kombiniert.

I. Vergütungsberechnung auf Basis der Schlussrechnung

5 Der Wert der Insolvenzmasse des konkreten Insolvenzverfahrens hat sich aus der **Schlussrechnung des Verwalters** zu ergeben. In dieser hat er, gegebenenfalls unter Bezugnahme auf vorherige Zwischenberichte, auf die bei Eröffnung des Insolvenzverfahrens vorgefundenen Massegegenstände, deren Schicksal im Rahmen der Verwertung, seine Tätigkeit, die entstandenen Masseverbindlichkeiten usw. einzugehen. Neben der Prüfung der Tätigkeit des Verwalters benennt die Schlussrechnung damit auch den Wert der Insolvenzmasse genau, welche anlässlich der Eröffnung des Insolvenzverfahrens nur geschätzt werden konnte.

6 In der Schlussrechnung kann der endgültige Wert der Insolvenzmasse in der Praxis nicht abschließend angegeben werden, da in dem meist langen Zeitraum **zwischen der Erstellung der Schlussrechnung und der Beendigung des Insolvenzverfahrens** der Insolvenzverwalter weiter seiner Tätigkeit nachzugehen hat und die Insolvenzmasse durch weitere Zuflüsse erhöht werden kann. Zum Teil wirkt sich die dem Verwalter gem. § 7 InsVV zu ersetzende Umsatzsteuer zu Gunsten der Insolvenzmasse aus oder aus der Hinterlegung der Insolvenzmasse können noch **Zinseinnahmen** zu erwarten sein. Auch wenn diese zum Zeitpunkt der Erstellung der Schlussrechnung noch nicht konkret vorhanden sind, sind sie dann bereits in der Schlussrechnung zu berücksichtigen, wenn der Massezufluss ausreichend sicher ist.[2]

II. Schätzwert bei vorzeitiger Beendigung

7 Eine Vergütungsberechnung auf Basis der Schlussrechnung des Verwalters bereitet dann praktische Probleme, wenn das **Verfahren vorzeitig beendet** wurde und dementsprechend eine Verwertung des schuldnerischen Vermögen nicht oder nur teilweise stattgefunden hat. Ohne diese Verwertung können die maßgeblichen Wertansätze für das Vermögen des Schuldners und damit die Berechnungsgrundlage der Verwaltervergütung nicht bindend festgestellt werden. Dementsprechend sieht § 1 Abs. 1 S. 2 InsVV für die Fälle der vorzeitigen Be-

---

[2] BGH Beschl. v. 26.2.2015 – IX ZB 9/13, NZI 2015, 388; BGH Beschl. v. 25.10.2007 – IX ZB 147/06, NZI 2008, 97; BGH Beschl. v. 17.7.2008 – IX ZB 150/07; BGH Beschl. v. 1.7.2010 – IX ZB 66/09, ZInsO 2010, 1503; BGH Beschl. v. 10.3.2011 – IX ZB 210/09, NZI 2011, 326. Zu den Einzelheiten s. *Graeber/Graeber*, InsVV, 2. Aufl. 2016, § 1 Rn. 21 ff. insbesondere zur Umsatzsteuer der Verwaltervergütung.

endigung des Verfahrens vor, dass die Vermögenswerte und damit die Berechnungsgrundlage der Verwaltervergütung **zu schätzen** ist.

Als Gründe für eine vorzeitige Beendigung des Verfahrens bzw. der Tätigkeit eines Insolvenzverwalters iSd § 1 Abs. 1 S. 2 InsVV kommen verschiedene Gründe in Betracht: **8**
- **Aufhebung** des Eröffnungsbeschlusses,
- Aufhebung nach **Bestätigung eines Insolvenzplans**, (§ 258 InsO),
- **Einstellung** mangels Masse, (§ 207 InsO),
- Einstellung nach **Masseunzulänglichkeit**, (§ 211 InsO),
- Einstellung wegen **Wegfalls des Eröffnungsgrunds**, (§ 212 InsO),
- Einstellung mit **Zustimmung** der Gläubiger, (§ 213 InsO),
- **Tod oder dauerhafte Verhinderung** des Insolvenzverwalters,
- **Wahl** eines anderen Insolvenzverwalters nach § 57 InsO,
- **Entlassung** des Insolvenzverwalters nach § 59 InsO.

Maßgeblicher Zeitpunkt für die Wertschätzung ist der **Zeitpunkt der Beendigung des Verfahrens.** Zuvor eingetretene oder später entstandene Wertänderungen sind nicht zu berücksichtigen. In die **Schätzung** einzubeziehen ist das gesamte, der evtl. auch nur kurzzeitigen Verwaltung unterlegene Vermögen. Eine Begrenzung der Berechnungsgrundlage auf die vom Insolvenzverwalter während seiner Tätigkeit erzielten Einnahmen bzw. Erlöse ist nicht vorzunehmen.[3] Basis für eine solche Schätzung kann die **Vermögensübersicht des Insolvenzschuldners** in seinem Eröffnungsantrag bzw. die des Insolvenzverwalters gem. § 153 InsO sein. **9**

III. Besonderheiten bei der Ermittlung des Wertes der Berechnungsgrundlage

Grundsätzlich werden bei der Ermittlung der Berechnungsgrundlage die vom Insolvenzverwalter getätigten Ausgaben, welche neben den **Kosten des Insolvenzverfahrens** dazu führen, dass nur die nach Abzug der Kosten und Ausgaben verbleibenden Masse zur Verteilung an die Insolvenzgläubiger zur Verfügung steht, nicht berücksichtigt. § 1 Abs. 2 InsVV sieht hierzu jedoch einige Sonderregelungen vor. **10**

1. Behandlung von Absonderungsrechten

Das Vermögen des Insolvenzschuldners, welches mit Absonderungsrechten iSd §§ 50, 51 InsO belastet ist, ist bei der Ermittlung der Berechnungsgrundlage der Verwaltervergütung nur nach den Voraussetzungen und im Umfang des § 1 Abs. 2 Nr. 1 InsVV zu berücksichtigen. Damit der **Wert eines mit einem Absonderungsrecht belasteten Gegenstands** überhaupt berücksichtigt werden kann, muss die Verwertung dieses Gegenstands durch den Insolvenzverwalter erfolgt sein. Überlässt der Verwalter die **Verwertung** dem Absonderungsberechtigten oder ist er nicht zu einer Verwertung berechtigt, hat der Wert des Gegenstandes vollständig außer Betracht zu bleiben. **11**

---
[3] OLG Brandenburg Beschl. v. 11.10.2001 – 8 W 231/01, NZI 2002, 41; LG Bamberg Beschl. v. 9.2.2005 – 3 T 128/04, ZInsO 2005, 477.

12 Das **Verwertungsrecht** an einem mit Absonderungsrechten belasteten beweglichen Gegenstands liegt gem. § 166 Abs. 1 InsO beim Verwalter. Der Verwertungserlös steht trotz dieser Tätigkeit des Insolvenzverwalters nicht der Insolvenzmasse, sondern dem Absonderungsberechtigten im Umfang seines Absonderungsrechts zu. Umfasst der Wert des Absonderungsrechts nicht den gesamten Wert des belasteten Gegenstands, steht der Insolvenzmasse der entsprechende Überschuss vollständig zu. Gem. § 1 Abs. 2 Nr. 1 S. 3 InsO ist dieser **Überschuss** bei der Ermittlung der Berechnungsgrundlage wie unbelastetes Vermögen uneingeschränkt zu berücksichtigen.

13 Von den dem Absonderungsberechtigten zustehenden Erlös werden gem. §§ 170, 171 InsO der **Feststellungskostenbeitrag** von 4 %, der **Verwertungskostenbeitrag** von 5 % und gegebenenfalls der **Umsatzsteuerbeitrag** an die Insolvenzmasse abgeführt. Der Verwalter wird an dem Feststellungsbeitrag beteiligt, indem er entsprechend § 1 Abs. 1 Nr. 1 S. 2 InsVV bis zu 50 Prozent des Beitrags erhalten kann. Um zu ermitteln, ob die Berücksichtigung der Wert der vom Insolvenzverwalter verwerteten Absonderungsgegenstände zu einer Überschreitung der Kappungsgrenze von 50 % der Feststellungsbeiträge geführt hat, ist eine **Vergleichsrechnung** vorzunehmen.[4]

14 **Berechnungsbeispiel:** Verwertung von beweglichen Absonderungsgegenständen bei vollständiger Belastung

Kleine Berechnungsgrundlage:
Wert des unbelasteten Vermögens (ohne Beiträge nach § 171 InsO): 10 000 EUR
Wert des vom Insolvenzverwalter verwerteten, vollständig mit Absonderungsrechten belasteten Vermögens: 40 000 EUR

Beiträge zur Masse nach § 171 InsO:
4 % Feststellungsbeitrag = 1600 EUR sowie
5 % Verwertungskostenbeitrag = 2000 EUR, insgesamt 3600 EUR

Wert des unbelasteten Vermögens inkl. der Beiträge nach § 171 InsO: 13 600 EUR
Vergütung nach der kleinen Berechnungsgrundlage, § 2 Abs. 1 InsVV: 5440 EUR

Große Berechnungsgrundlage:
Wert des unbelasteten Vermögens inkl. der Beiträge nach § 171 InsO: 13 600 EUR
Wert des belasteten und verwerteten Vermögens nach Abzug der Feststellungs- und Verwertungsbeiträge (40 000 EUR–3600 EUR) = 36 400 EUR
insgesamt also: 50 000 EUR
Vergütung nach der großen Berechnungsgrundlage, § 2 Abs. 1 InsVV: 16 250 EUR

Differenz zwischen großer und kleiner Berechnungsgrundlage: 10 810 EUR
der Feststellungskostenbeitrag betrug (4 % von 40 000 EUR): 1600 EUR
hiervon 50 %: 800 EUR

Erhöhte Gesamtvergütung nach § 1 Abs. 2 Nr. 1 InsVV:
Vergütung nach der kleinen Berechnungsgrundlage
+ Differenz zur Vergütung nach der großen Berechnungsgrundlage,
begrenzt auf 50 % des Feststellungskostenbeitrags
hier liegt die Differenz höher als 50 % des Feststellungskostenbeitrags

Ergebnis daher:
Vergütung nach der kleinen Berechnungsgrundlage + 50 % des Feststellungskostenbeitrags: 5440 EUR + 800 EUR = 6240 EUR

---

[4] Näheres zur Berechnung s. *Graeber* InsbürO 2005, 122; *Graeber/Graeber*, InsVV, 2. Aufl. 2016, § 1 Rn. 92 ff.

Die Verwertung der mit Absonderungsrechten belasteten Gegenständen durch den Insolvenzverwalter erhöht damit die Berechnungsgrundlage nur in rechnerischer Weise, als der dem Insolvenzverwalter nach § 1 Abs. 2 Nr. 1 InsVV zustehenden besondere Vergütungsbetrag über eine Vergleichsrechnung unter Berücksichtigung der **Kappungsgrenze** zu errechnen ist. Dieser Vergütungsbetrag gem. § 1 Abs. 2 Nr. 1 InsVV ist zu der sog Regelvergütung nach § 2 Abs. 1 InsVV hinzuzurechnen und kann damit auch als Ausgangsbasis etwaiger Zu- und Abschläge nach § 3 InsVV herangezogen werden. 15

2. Abfindung von Aus- und Absonderungsrechten

Die auf Teilen der Insolvenzmasse lastenden Aus- und Absonderungsrechte können statt durch Verwertung und **Erlösverteilung** bzw. **Herausgabe** von Aussonderungsgegenständen auch durch eine **Abfindungszahlung** beseitigt werden. Einigen sich die Berechtigten und der Insolvenzverwalter auf eine Abfindung, sieht § 1 Abs. 2 Nr. 2 InsVV vor, dass die aus der Masse hierfür gewährte Leistung vom Sachwert der jeweiligen Gegenstände abzuziehen ist. 16

Die vom Insolvenzverwalter aus der Insolvenzmasse zu erbringende Leistung stellt eine sonstige Masseverbindlichkeit im Sinne des § 55 Abs. 1 InsO dar, welche nach dem Grundsatz des § 1 Abs. 2 Nr. 4 S. 1 InsVV bei der Ermittlung der Berechnungsgrundlage nicht negativ zu berücksichtigen ist. Da der **unbelastete Sachwert** der ehemals belasteten Gegenstände jedoch nur auf Grund der Abfindungsleistungen berücksichtigt werden kann, ist es gerechtfertigt, den Wert der nunmehr unbelasteten Gegenstände um den Wert der aus der Insolvenzmasse erbrachten Leistungen zu reduzieren. 17

3. Aufrechnungen

Bei Aufrechnungslagen wird in ähnlicher Weise wir bei Abfindungen von Aus- und Absonderungsrechten vorgegangen. Auch hier wird gem. § 1 Abs. 2 Nr. 3 InsVV lediglich **der der Masse verbleibende Überschuss** für die Ermittlung der Berechnungsgrundlage berücksichtigt. Damit sollen sich jedoch nicht alle Aufrechnungen im Insolvenzverfahren negativ für den Insolvenzverwalter auswirken. Eine **Aufrechnung eines Massegläubigers** mit einer der Insolvenzmasse gegen ihn zustehenden Forderung ist nicht in diesem Sinne zu behandeln, da sich diese Aufrechnung nicht negativ auf den Wert der Insolvenzmasse auswirkt, sondern nur eine vereinfachte Form der Abrechnung und Befriedigung darstellt. Um im Sinne des § 1 Abs. 2 Nr. 3 InsVV wirksam zu sein, muss es sich um eine Aufrechnung im Sinne der §§ 94–96 InsO handeln.[5] 18

4. Kosten und sonstige Masseverbindlichkeiten

Die **Kosten des Insolvenzverfahrens** gem. § 54 InsO sowie die **sonstigen Masseverbindlichkeiten** des § 55 InsO wirken sich auf die Vergütung des Insolvenzverwalters nicht aus, da sie nach § 1 Abs. 2 Nr. 4 S. 1 InsVV grundsätzlich nicht negativ zu berücksichtigen sind. Vor einer Verteilung des Vermögens sind gem. § 53 InsO die Kosten des Verfahrens und die sonstigen Masseverー 19

---

[5] Näheres zur Berechnung s. *Graeber* InsbürO 2006, 415.

bindlichkeiten zu berichtigen, so dass für die Gläubiger nur der danach verbleibende Rest verbleibt.

5. Betriebsfortführungskosten

20   Eine Ausnahme zum Grundsatz des § 1 Abs. 2 Nr. 4 S. 1 InsVV sieht § 1 Abs. 2 Nr. 4b) InsVV für die **Kosten einer Betriebsfortführung** während des Insolvenzverfahrens vor. Entsprechend den Grundgedanken des § 1 Abs. 2 Nr. 2 und Nr. 3 InsVV soll durch die Berücksichtigung der **Betriebsausgaben** verhindert werden, dass ein wirtschaftlicher Wert mehrfach berücksichtigt wird.

21   Voraussetzung für eine Berücksichtigung der Kosten einer Unternehmensfortführung ist, dass eine **Fortführung des Unternehmens im eröffneten Insolvenzverfahren** erfolgt ist. Hiervon abzugrenzen sind die notwendigen **Kosten einer Einstellung** der Unternehmenstätigkeit, welche teilweise mit den Kosten einer Fortführung identisch seinen können. Ob eine Fortführung vorliegt oder eine Einstellung ist nach dem Einzelfall zu beurteilen, wobei auch eine zeitliche Unterscheidung in Betracht kommt. Eine zeitweise Fortführung würde dabei unter die Regelung des § 1 Abs. 2 Nr. 4b) InsVV fallen, während die Kosten, die nach einer Entscheidung über eine Unternehmensstilllegung entstehen, nicht in dieser Weise zu berücksichtigen wären. Dabei ist auch eine so genannte Ausproduktion als Betriebsfortführung in diesem Sinne zu betrachten.[6]

22   Handelt es sich um eine (auch nur zeitweise) Fortführung des schuldnerischen Unternehmens, ist nur der nach Abzug der Kosten verbleibenden **Überschuss** bei der Berechnungsgrundlage der Verwaltervergütung zu berücksichtigen.

23   Hierfür ist es notwendig, dass der Insolvenzverwalter die Kosten und die Einnahme aus der Unternehmensfortführung konkret darstellen kann. Aus dieser Darstellung hat sich der Saldo zu ergeben. Der **Überschuss der Fortführungseinnahmen** über die **Fortführungskosten** erhöht die Berechnungsgrundlage der Verwaltervergütung, während eine verlustreiche Unternehmensfortführung unberücksichtigt zu bleiben hat.

6. Berücksichtigung von Sondervergütungen des Verwalters

24   Einen besonderen Abzug von Kosten des Verfahrens sieht § 1 Abs. 2 Nr. 4a) InsVV vor. Beträge, die der Insolvenzverwalter nach § 5 InsVV für den **Einsatz besonderer Sachkunde** aus der Masse entnommen hat, sind bei der Berechnungsgrundlage seiner Vergütung negativ zu berücksichtigen. Zu den Einzelheiten dieser Sondervergütung unten → Rn. 80. Nur die an den Insolvenzverwalter direkt geleisteten Zahlungen der Insolvenzmasse können unter § 5 InsVV und damit in den Bereich der negativen Berücksichtigung des § 1 Abs. 2 Nr. 4a) InsVV fallen.[7]

---

[6] BGH Beschl. v. 7.10.2010 – IX ZB 115/08, ZInsO 2010, 2409; BGH Beschl. v. 27.9.2012 – IX ZB 243/11, ZInsO 2013, 840.
[7] BGH Beschl. v. 5.7.2007 – IX ZB 305/04, NZI 2007, 583; *Graeber/Graeber*, InsVV, 2. Aufl. 2016, § 1 Rn. 118 ff.

7. Vorschüsse und Zuschüsse Dritter

Bei der Ermittlung der Berechnungsgrundlage der Vergütung des Insolvenzverwalters sind gem. § 1 Abs. 2 Nr. 5 InsVV die **Beträge** außer Acht zu lassen, die von anderen Personen als dem Insolvenzschuldner zur **Durchführung des Verfahrens** oder zur **Erfüllung eines Insolvenzplans** geleistet wurden. Diese Beträge sind weder dem Vermögen des Insolvenzschuldners zuzurechnen noch an die Insolvenzgläubiger zu verteilen. 25

C. Regelsatz, § 2 InsVV

Auf der Basis der nach § 1 InsVV zu ermittelnden Berechnungsgrundlage ist die Vergütung des Verwalters nach den Bruchteilen des § 2 Abs. 1 InsVV zu berechnen. Da insbesondere über § 3 InsVV Zu- und Abschläge möglich sind, legt § 2 Abs. 1 InsVV den je nach dem Wert der Insolvenzmasse variierenden Regelsatz fest, der im Einzelfall auf seine Angemessenheit zu überprüfen ist. Erhält ein Insolvenzverwalter einen **Mehrbetrag nach § 1 Abs. 2 Nr. 1 InsVV**, ist dieser dem Regelsatz nach § 2 Abs. 1 InsVV hinzuzurechnen.[8] 26

Die Staffelung des § 2 Abs. 1 InsVV ist **degressiv** gestaltet, womit sich der Regelvergütungsanteil mit der Höhe der Insolvenzmasse verringert. Gem. § 2 Abs. 1 InsVV entwickelt sich die Vergütung wie folgt: 27
- Berechnungsgrundlage 25 000 EUR: Vergütung 10 000 EUR (40 %)
- Berechnungsgrundlage 50 000 EUR: Vergütung 16 250 EUR (32,5 %)
- Berechnungsgrundlage 250 000 EUR: Vergütung 30 250 EUR (12,1 %)
- Berechnungsgrundlage 500 000 EUR: Vergütung 37 750 EUR (7,55 %)
- Berechnungsgrundlage 25 000 000 EUR: Vergütung 527,750 EUR (2,111 %)
- Berechnungsgrundlage 50 000 000 EUR: Vergütung 777 750 EUR (1,5555 %)

D. Zuschläge und Abschläge, § 3 InsVV

Die sog Regelvergütung des § 2 Abs. 1 InsVV soll der Tätigkeit des Insolvenzverwalters in einem gedanklichen Normalfall, einem **durchschnittlichen Verfahren** gerecht werden. **Besonderheiten, erheblichen Abweichungen** des konkreten Verfahrens von einem solchen fiktiven, durchschnittlichen Verfahren müssen, um eine im Sinne des § 63 Abs. 1 InsVV angemessene Vergütung zu ermöglichen, durch Abweichungen vom Regelvergütungssatz berücksichtigt werden. § 3 InsVV legt diese Möglichkeit ausdrücklich fest und benennt einige Tatbestände, die Zu- oder Abschläge rechtfertigen können. Die Aufzählung von Zu- und Abschlagstatbeständen in § 3 InsVV ist nicht abschließend. **Vortrags- und darstellungspflichtig** ist für die entsprechenden Umstände, welche eine Vergütungserhöhung rechtfertigen sollen, der Verwalter. So Abschläge in Betracht kommen, hat er ebenfalls die entsprechenden Umstände darzustellen, auch wenn dies zu einer unerwünschten Kürzung seiner Vergütung führen könnte. 28

---

[8] BGH Beschl. v. 17.4.2013 – IX ZB 141/11, ZInsO 2013, 1104; BGH Beschl. v. 11.5.2006 – IX ZB 249/04, NZI 2006, 464.

29 Die Festlegung von Zu- und Abschlägen erfolgt in der Regel durch Bestimmung eines bestimmten **Prozentsatzes** der Regelvergütung; dies hindert in geeigneten Fällen eine Bemessung in EUR-Beträgen nicht.[9]

I. Zuschlagsgründe

30 Nach § 3 Abs. 1a) InsVV kann eine **Bearbeitung von Aus- und Absonderungsrechten** durch den Verwalter einen Zuschlag rechtfertigen, wenn diese Bearbeitung einen erheblichen Teil seiner Tätigkeit ausgemacht hat, ohne dass der Mehrbetrag des § 1 Abs. 2 Nr. 1 InsVV diese Tätigkeit entsprechend ausgeglichen hätte. Zur Ermittlung des konkreten Zuschlags sollte dieser ohne Berücksichtigung des Mehrbetrags des § 1 Abs. 2 Nr. 1 InsVV festgesetzt und anschließend um die durch den Mehrbetrag erfolgte Erhöhung gekürzt werden.

31 Auch die **Fortführung eines Unternehmens oder eine Hausverwaltung** kann nach § 3 Abs. 1b) InsVV einen Zuschlag rechtfertigen, wenn die Masse hierdurch nicht entsprechend größer geworden ist. Bei einer solchen Fortführung ist die Regelung des § 1 Abs. 2 Nr. 4b) InsVV hinsichtlich der Anrechnung der Fortführungskosten zu beachten.

32 Weiter Zuschlagsgründe sind beispielsweise:
– zahlreiche **Anfechtungsansprüche**
– **arbeitsrechtliche Fragen**, § 3 Abs. 1d) InsVV
– **große Massen und eine Massemehrung**, § 3 Abs. 1c) InsVV
– ungeordnete **Geschäftsunterlagen**
– eine große **Gläubigeranzahl**
– besondere **Haftungsrisiken**
– eine **Insolvenzgeldvorfinanzierung**
– eine **Insolvenzplanausarbeitung**, § 3 Abs. 1e) InsVV
– eine **Obstruktion** des Schuldners.

In der Praxis werden mehr als 100 verschiedene Zuschlagsargumente diskutiert.[10]

II. Abschlagsgründe

33 Abweichungen des konkreten Verfahrens, die zur einer **erheblich geringeren Belastung** führen, sind die entsprechenden Abschläge gem. § 3 Abs. 2 InsVV auszugleichen. Als Abschlagsgründe kommen folgende Umstände in Betracht:
– die Tätigkeit eines **vorläufigen Insolvenzverwalters** im Eröffnungsverfahren, § 3 Abs. 2a) InsVV
– eines **vorherige Verwertung** des wesentlichen Teils der Masse vor der Übernahme des Verwalteramts, § 3 Abs. 2b) InsVV
– eine **vorzeitige Beendigung** des Insolvenzverfahrens oder des Amtes des Insolvenzverwalters, § 3 Abs. 2c) InsVV

---

[9] BGH Beschl. v. 8.3.2012 – IX ZB 162/11, NZI 2012, 372.
[10] Siehe hierzu insbesondere den Überblick bei *Graeber/Graeber*, InsVV, 2. Aufl. 2016, § 3 Rn. 102 ff.

§ 51. Die Vergütung des Insolvenzverwalters

- eine **große Masse** iVm geringen Anforderungen an die Geschäftsführung des Insolvenzverwalters, § 3 Abs. 2d) InsVV
- überschaubare Vermögensverhältnisse des Schuldners bei geringer Gläubigerzahl oder geringen Verbindlichkeiten, § 3 Abs. 2e) InsVV
- **keine Abwicklung von Arbeitsverhältnissen**
- eine **kurze Dauer**
- eine **geringe Gläubigeranzahl**
- eine Tätigkeit in einem **Parallelinsolvenzverfahren**.

III. Angemessenheit der Vergütung

Angesichts der **unzähligen Umstände eines Insolvenzverfahrens**, der Unterschiede zwischen Insolvenzverfahren mit aktiven Geschäftsbetrieb oder ohne einen solchen, den unterschiedlichen Belastungen zwischen einem Unternehmensinsolvenzverfahren und einem Nachlassinsolvenzverfahren usw kann eine sog Regelvergütung nach § 2 Abs. 1 InsVV nur in äußerst wenigen Fällen die für dieses Verfahren angemessene Vergütung darstellen. In den meisten Fällen muss von der Regelvergütung abgewichen werden, um die Tätigkeit des Insolvenzverwalters angemessen zu honorieren und ihm weder zu viel noch zu wenig an Vergütung zu gewähren. 34

Die Bestimmung der konkreten Zu- und Abschläge hat sich dabei davon leiten zu lassen, ob eine erhebliche Abweichung des konkreten Verfahrens von dem gedachten durchschnittlichen Verfahren vorliegt. **Unerhebliche Abweichungen** sind nicht zu beachten, wobei die Grenze so zu ziehen ist, dass Abweichungen nur dann zu berücksichtigen sind, wenn sie einen Zu- oder Abschlag von 5 % der Regelvergütung rechtfertigen.[11] 35

Die Bestimmung der Höhe des jeweiligen Zu- oder Abschlags hat sich allein daran zu orientieren, ob hierdurch in dem konkreten Verfahren eine angemessene Vergütung erzielt wird oder nicht. **Vergleichbare Umstände** in vergleichbaren Fällen können als Orientierungsmaßstab herangezogen werden. Allein ein Rückgriff auf sog **Faustregeltabellen** ersetzt die notwendige Abwägung nicht.[12] 36

Die jeweiligen **Zu- und Abschlagssätze** beziehen sich auf den Regelsatz, welche um die jeweiligen Prozentsätze zu erhöhen ist. Die Erhöhungen oder Herabsetzungen sind daher nur zu addieren und nicht zu kumulieren. Eine Erhöhung um zweimal 10 % ergibt daher nur eine Erhöhung auf 120 % und nicht eine Erhöhung der 100 % um 10 % (= 110 %), welche erneut um 10 % (von 110) auf 121 % zu erhöhen wäre. 37

E. Mindestvergütung

Die Orientierung der Verwaltervergütung am Wert der Insolvenzmasse führt in masselosen Verfahren zu unangemessen geringen Vergütungen bzw. in Ext- 38

---

[11] BGH Beschl. v. 22.4.2010 – IX ZB 199/07; BGH Beschl. v. 10.7.2008 – IX ZB 152/07, NZI 2008, 544; BGH Beschl. v. 11.10.2007 – IX ZB 15/07, NZI 2008, 33; BGH Beschl. v. 11.5.2006 – IX ZB 249/04, NZI 2006, 464.
[12] BGH Beschl. v. 22.3.2007 – IX ZB 201/05, ZInsO 2007, 370; BGH Beschl. v. 4.7.2002 – IX ZB 31/02, NZI 2002, 509; BGH Beschl. v. 26.9.2013 – IX ZB 246/11.

remfällen zu einem vollständigen Vergütungsausfall. Mit Einführung der Entschuldungsverfahren zu Gunsten natürlicher Personen und dem Instrument der Kostenstundung nach § 4a InsO wurden die **masselosen Verfahren,** welche zu Zeiten der Konkursordnung seltene Ausnahmen darstellten, zu dem mittlerweise größten Block der eröffneten Insolvenzverfahren. Dies zwang dazu, Untergrenzen für die Vergütung des Insolvenzverwalters einzuführen, die auch in masselosen Verfahren nicht unterschritten werden sollten.

39   Die Mindestvergütung beträgt gem. § 2 Abs. 2 InsVV 1000 EUR. Dieser Betrag erhöht sich entsprechend der **Anzahl der anmeldenden Gläubiger** gem. § 2 Abs. 2 S. 2 und 3 InsVV um 150 EUR bzw. 100 EUR je fünf anmeldende Gläubiger.

F. Auslagen und Kosten; Umsatzsteuer

40   Neben der Vergütung erhält der Insolvenzverwalter gem. § 63 Abs. 1 S. 1 InsVV **angemessene Auslagen** erstattet. Die Einzelheiten hierzu sind in §§ 4, 8 InsVV geregelt.

I. Allgemeine Geschäftskosten des Verwalters

41   Auslagen kann der Insolvenzverwalter nur für die Kosten erhalten, welche nicht bereits durch seine Vergütung ersetzt wurden. Gem. § 4 Abs. 1 InsVV sind mit der Vergütung bereits die **allgemeinen Geschäftskosten** des Verwalters abgegolten. Diese allgemeinen Kosten kann er nicht zusätzlich zu seiner Vergütung ersetzt verlangen, auch wenn der Betrag seiner Vergütung sehr gering ausfallen sollte oder der Betrag der für das Verfahren entfallenden Geschäftskosten die Vergütung übersteigt.

42   Zu den allgemeinen Geschäftskosten des Verwalters gehören der **Büroaufwand** des Insolvenzverwalters einschließlich der **Gehälter** seiner Angestellten, auch wenn diese anlässlich des konkreten Insolvenzverfahrens eingestellt wurden. Auch die Kosten für Miete, Pacht oder Finanzierung seiner Räume, Heizungskosten, Licht, Personal, Leasingkosten, Literatur, Büromaterial, Telefon, Telefax, E-Mail usw. kann ein Verwalter einem Verfahren nicht in Rechnung stellen. Er hat darauf zu achten, dass seine diesbezüglichen Ausgaben streng von denen des Insolvenzverfahrens bzw. eines schuldnerischen Unternehmens getrennt und nicht etwa Mitarbeiter der Schuldnerin auf Kosten der Insolvenzmasse mit Aufgaben betraut werden, die den allgemeinen Aufwand des Verwalters betreffen.

II. Ersatz besonderer Kosten

43   **Besondere Geschäftskosten** werden dem Verwalter als Auslagen ersetzt, § 4 Abs. 2 InsVV. Voraussetzung für diese Qualifizierung ist, dass sie durch das **konkrete Insolvenzverfahren** entstanden sein müssen. Sämtliche Kosten, die der Verwalter auch dann zu tragen hätte, wäre er in diesem Verfahren nicht bestellt worden, gehören zu den allgemeinen Kosten iSv § 4 Abs. 1 S. 1 InsVV, welche von der Vergütung abgedeckt sind.

Die besonderen Kosten des § 4 Abs. 2 InsVV kann der Verwalter erst dann der Masse entnehmen, wenn seine Vergütung nebst seinen Auslagen durch das Insolvenzgericht festgesetzt worden ist. Ohne eine dieser Entscheidungen des Insolvenzgerichts hat er seine Kosten ohne Rückgriff auf die Insolvenzmasse **vorzufinanzieren**. Eine vorherige Entnahme von Beträgen zur Begleichung offener Rechnungen die als allgemeine oder besondere Kosten des Verwalters zu qualifizieren sind, dürfte als **Untreuehandlung** anzusehen sein. 44

III. Haftpflichtversicherung des Verwalters

Auch die **Kosten einer Haftpflichtversicherung** des Verwalters sind als Geschäftskosten anzusehen und werden über die Vergütung abgedeckt, § 4 Abs. 3 InsVV. Die allgemeine Haftpflichtversicherung des Verwalters ist von einer Absicherung eines **besonderen Haftungsrisikos** iSv § 4 Abs. 3 S. 2 InsVV zu unterscheiden. Die allgemeine Haftpflichtversicherung wird nicht für ein bestimmtes Verfahren oder zur ausschließlichen Absicherung gegen Gefahren aus einem bestimmten Verfahren abgeschlossen, sondern soll allgemein bestimmte Haftungslagen umfassen, ohne auf ein Verfahren beschränkt zu sein. Besondere Haftungsrisiken iSv § 4 Abs. 3 S. 2 InsVV beziehen sich ganz konkret auf eine bestimmte Gefahrenlage eines bestimmten Verfahrens. 45

Handelt es sich hierbei um ein besonderes Haftungsrisiko, gewährt § 4 Abs. 3 S. 2 InsVV dem Verwalter die Möglichkeit, ausnahmsweise die Kosten nicht aus seiner Vergütung zu tragen, sondern sie als Auslagen erstattet zu erhalten. Neben der Begrenzung der Versicherung auf die **Absicherung eines Haftungsrisikos aus einem bestimmten Verfahren** ist für eine Qualifizierung als Auslagen iSv § 4 Abs. 2 InsVV erforderlich, dass es sich bei dem Haftungsrisiko um ein besonderes Haftungsrisiko handelt. 46

Die vom Verwalter zu zahlenden Prämien können von diesem bei Vorliegen der Voraussetzungen des § 4 Abs. 3 S. 2 InsVV als **Auslagen entsprechend § 8 Abs. 3 InsVV** geltend gemacht werden. Dies bedeutet jedoch, dass der Verwalter vor einer Festsetzung seiner Auslagen nicht berechtigt ist, die Prämien aus der Masse zu entnehmen oder die Prämienzahlungen direkt von der Masse vornehmen zu lassen. 47

IV. Auslagenabrechnung

Von der Vergütung getrennt abzurechnen sind die Auslagen des Verwalters. Dieser hat dabei zu entscheiden, ob er seine Auslagen **konkret** belegt und damit in genau der entstandenen Höhe ersetzt erhält oder ob er die Möglichkeit einer **pauschalierten Auslagenberechnung** vorzieht, § 8 Abs. 3 InsVV. Eine Kombination beider Möglichkeiten ist grundsätzlich nicht zulässig. Eine Ausnahme stellen dabei die Kosten des Insolvenzverwalters aus der ihm übertragenen Aufgabe nach § 8 Abs. 3 InsO dar, die im Verfahren notwendigen Zustellung für das Insolvenzgericht zu übernehmen. Diese Aufgabe wird grundsätzlich nicht und auch nicht teilweise von der Regelvergütung mit honoriert. Dementsprechend wäre es nicht gerechtfertigt, einem Insolvenzverwalter auch nur teilweise aufzuerlegen, die hierbei entstandenen Kosten selbst zu tragen. 48

Graeber

1. Abrechnung der tatsächlich entstandenen Auslagen

49 Bei der dem Insolvenzverwalter gerade bei umfangreichen Auslagen zur Verfügung stehenden Möglichkeit der **Einzelabrechnung** nach § 8 Abs. 1 S. 1 Alt. 1 InsVV hat er in seinem Antrag nach § 8 Abs. 1 InsVV die geltend gemachten Auslagen einzeln darzustellen und zu belegen. Dabei ist insbesondere zur Abgrenzung der Auslage von einer möglichen Zuordnung als Masseschuld vorzutragen und darauf zu achten, dass durch die Erläuterungen zu den einzelnen Positionen unter Beifügung der entsprechenden Belege die Abrechnung und die vorgenommenen Handlungen des Insolvenzverwalters transparent werden.

50 Neben den Ausführungen im Tätigkeitsbericht kann der Verwalter zum Nachweis der Höhe der einzelnen Auslagen auf **Telefonabrechnungen, Porto-Bücher, Kopierlisten, Reiseabrechnungen und Einzelbelege** zurückgreifen. Der Bezug des Belegs zum konkreten Verfahren muss erkennbar sein.

51 Die Ausführungen zu den einzelnen Auslagen werden durch das Gericht auf Nachvollziehbarkeit, die korrekte Berechnung und auch auf die Notwendigkeit der Auslage in diesem Verfahren hin geprüft. Eine Beurteilung, ob die einzelne Auslagenposition **angemessen** oder das entsprechende Vorgehen des Verwalters **zweckmäßig** war, steht dem Insolvenzgericht nicht zu. Prüfungsmaßstab des Insolvenzgerichts ist allein die Frage, ob die bei der Auslagenerstattung geltend gemachten Aufwendungen in einem angemessenen Verhältnis zu dem mit ihnen verfolgten Zweck stehen.

52 Darüber hinaus setzt die InsVV dem Insolvenzverwalter keine **Grenze**, über die hinaus eine Auslagenabrechnung durch Einzelbelege unzulässig wäre. Die bei der Abrechnung nach Pauschsätzen in § 8 Abs. 3 S. 2 InsVV vorgesehene Obergrenze gilt bei einer Abrechnung der tatsächlich entstandenen Kosten nicht.

2. Auslagenpauschalierung

53 Zur Vereinfachung der Auslagenabrechnung sieht § 8 Abs. 3 InsVV vor, anstelle der tatsächlich entstandenen Auslagen einen **Pauschsatz** zu fordern. Hierdurch kann der Insolvenzverwalter sich und dem Insolvenzgericht die Darstellung und Abrechnung der einzelnen Kosten ersparen.

54 Die **Entscheidung für eine Auslagenpauschalierung** obliegt einzig und allein dem Verwalter. Das Gericht ist nicht berechtigt, die Auslagen pauschaliert festzusetzen, wenn der Insolvenzverwalter dies nicht beantragt hat und kann den Betrag der Einzelabrechnung der Auslagen nicht auf die Höhe einer Auslagenpauschale gem. § 8 Abs. 3 InsVV begrenzen.[13]

55 Die pauschalierten Auslagen werden durch § 8 Abs. 3 InsVV auf 15% der Regelvergütung nach § 2 Abs. 1 InsVV für das erste Jahr und für die nachfolgenden Jahre auf 10%, insgesamt max. 30 Prozent der Regelvergütung festgelegt. Die 10% betreffen dabei jedes einzelne angefangene Folgejahr, wobei dieser Prozentsatz auch bei nur angefangenen Jahren nicht anteilig zu kürzen ist.[14]

---

[13] LG Hannover Beschl. v. 18.4.2005 – 20 T 19/05, ZInsO 2005, 481.
[14] BGH Beschl. v. 24.6.2003 – IX ZB 600/02; NZI 2003, 608 und wiederholt BGH Beschl. v. 23.7.2004 – IX ZB 255/03, NZI 2005, 590.

Die Berechnung des Auslagenzeitraums ist dabei nach den Regelungen der §§ 187 ff. BGB, insbesondere § 188 Abs. 2 und Abs. 3 BGB vorzunehmen.[15] Die Pauschale kann nur für die Dauer des Insolvenzverfahrens gewährt werden, welches beschleunigt durchzuführen ist.[16] Eine **Verzögerung der Beendigung des Insolvenzverfahrens** durch den Insolvenzverwalter führt nicht dazu, dass sich der für die Auslagenpauschalierung maßgebliche Zeitraum verlängert, denn Auslagen können nur bis zu dem Zeitpunkt verlangt werden, zu dem bei ordnungsgemäßer Durchführung des Verfahrens die erforderlichen Tätigkeiten abgeschlossen worden wäre; eine verspätete Vorlage des Abschlussberichts und Beschwerden des Insolvenzverwalters gegen die Festsetzung der Vergütung begründen keine weitergehenden Ansprüche auf Auslagen.[17] 56

Eine Begrenzung der Auslagenpauschale erfolgt neben der Anlehnung an die Regelvergütung des § 2 Abs. 1 InsVV und der Orientierung an der Dauer das Insolvenzverfahrens dadurch, dass der Gesamtbetrag der Auslagenpauschale **250 EUR pro angefangenen Monat** und insgesamt **30 % des Regelsatzes** nach § 2 Abs. 1 InsVV nicht überschreiten darf. 57

V. Umsatzsteuer

Gem. § 7 InsVV erhält der Insolvenzverwalter zusätzlich zur Vergütung und zur Erstattung der Auslagen die von ihm zu zahlenden Umsatzsteuer ersetzt. Diese ist gesondert neben der Vergütung und den Auslagen festzusetzen und auszuweisen. Sollte ein Verwalter ausnahmsweise nicht der **Umsatzsteuerabführungspflicht** unterfallen, ist insoweit kein Betrag festzusetzen. 58

G. Vorschuss auf Vergütung und Auslagen

Bei den zumeist mehrere Jahre dauernden Insolvenzverfahren ist es einem Insolvenzverwalter nicht zuzumuten, die durch das Verfahren entstehenden Kosten und Auslagen über den gesamten Zeitraum **vorzufinanzieren**. 59

Daher sieht § 9 InsVV vor, dass ein Insolvenzverwalter mit Zustimmung des Gerichts einen **Vorschuss auf Vergütung und Auslagen** aus der Masse entnehmen kann. Der Antrag auf Zustimmung des Insolvenzgerichts ist zwingend vor einer Entnahme zu stellen. 60

Das Insolvenzgericht hat einer Vorschussentnahme zuzustimmen, wenn das Insolvenzverfahren länger als **sechs Monate** gedauert hat oder wenn **besonders hohe Auslagen** erforderlich geworden sind, § 9 S. 2 InsVV. Im Einzelfall kann eine Zustimmung auch vor Ablauf der ersten sechs Monate erteilt werden. 61

Bei der Entscheidung über einen Vorschuss auf die Vergütung und Auslagen, welcher allein aufgrund der Dauer des Verfahrens begehrt wird, hat das Gericht zu prüfen, ob der **begehrte Vorschuss angemessen** im Verhältnis zu der zu erwartenden Gesamtvergütung des Insolvenzverwalters ist. Das In- 62

---

[15] OLG Zweibrücken Beschl. v. 7.3.2001 – 3 W 269/00, NZI 2001, 312.
[16] BGH Beschl. v. 23.7.2004 – IX ZB 255/03, NZI 2004, 590.
[17] BGH Beschl. v. 23.7.2004 – IX ZB 255/03, NZI 2004, 590.

solvenzgericht hat abzuschätzen, welche Berechnungsgrundlage und welche Zu- und Abschläge nach § 3 InsVV voraussichtlich in der Berechnung der endgültigen Vergütung des Insolvenzverwalters zu berücksichtigen wären.[18] Wenn abzusehen ist, dass in dem konkreten Verfahren die Regelvergütung nach § 2 InsVV über- oder unterschritten werden wird, ist der jeweilige abzuschätzende Vergütungsbetrag inklusive aller Zu- und Abschläge nach § 3 InsVV maßgebend.

63 Vor einer Entscheidung des Insolvenzgerichts über den Vorschussantrag ist eine **Anhörung des Schuldners** nicht notwendig, da es sich bei der Zustimmung zur Vorschussentnahme nach § 9 InsVV nicht um eine bindende, sondern nur vorläufige Entscheidung handelt.[19]

64 Lehnt das Gericht die Erteilung einer Zustimmung nach § 9 InsVV ganz oder teilweise ab, hat dies durch zu begründenden Beschluss zu erfolgen. Sowohl im Falle der Zustimmung als auch bei einer **Versagung der Zustimmung** unterliegt die Entscheidung des Insolvenzgerichts nicht der sofortigen Beschwerde.[20] Hat der Rechtspfleger entschieden, kann gegen seine Entscheidung die befristete Erinnerung nach § 11 Abs. 2 RPflG eingelegt werden.[21]

65 Gemäß § 9 S. 3 InsVV besteht ein Vorschussanspruch auch in **Stundungsverfahren** nach § 4a InsO. Dieser richtet sich gegen die Staatskasse, welche den entsprechenden Vorschussbetrag an den Verwalter zu zahlen hat.

H. Vergütungsantrag und Abrechnung

66 Der **Vergütungsantrag** des Insolvenzverwalters ist schriftlich zu stellen und nach § 8 Abs. 1 S. 3 InsVV mit der **Schlussrechnung** einzureichen. In der Begründung des Antrags ist gem. § 8 Abs. 2 InsVV sowohl die maßgebliche Berechnungsgrundlage, also die einzelnen Gegenstände im Vermögen des Schuldners mit ihren Wert zu bezeichnen und die Umstände darzustellen, zur Begründung von Zu- und Abschlägen nach § 3 InsVV herangezogen werden, wobei auf die Schlussrechnung verwiesen werden kann.

67 Gem. § 8 Abs. 2 InsVV hat der Insolvenzverwalter in seinem Antrag die aus der Masse nach § 4 Abs. 1 S. 3 InsVV für **Dienst- und Werkverträge** entnommenen Beträge sowie der dem Insolvenzverwalter für besondere Sachkunde nach § 5 InsVV zustehenden Sondervergütungen **einzeln aufzuführen** und zu begründen.[22]

68 Der Vergütungsanspruch des Insolvenzverwalters entsteht erst nach **Beendigung des Verfahrens.** Scheidet ein Verwalter vorzeitig aus dem Verfahren aus, wird sein Anspruch bereits mit Beendigung des Amtes fällig.

---

[18] BGH Beschl. v. 1.10.2002 – IX ZB 53/02, NZI 2003, 31.
[19] LG Münster Beschl. v. 26.7.2001 – 5 T 614/01, NZI 2001, 604.
[20] BGH Beschl. v. 1.10.2002 – IX ZB 53/02, NZI 2003, 31; LG Münster Beschl. v. 26.7.2001 – 5 T 614/01, NZI 2001, 604.
[21] BGH Beschl. v. 1.10.2002 – IX ZB 53/02, NZI 2003, 31.
[22] BGH Beschl. v. 11.11.2004 – IX ZB 48/04, NZI 2005, 103.

I. Festsetzung durch das Insolvenzgericht; Rechtsmittel

Der Insolvenzverwalter ist erst dann berechtigt, seine Vergütung, die ihm zu ersetzenden Auslagen sowie die von ihm abzuführende Umsatzsteuer **aus der Masse zu entnehmen,** wenn das Insolvenzgericht diese Beträge festgesetzt hat. Auch dann, wenn die Entscheidung des Insolvenzgerichts über den Vergütungsantrag des Insolvenzverwalters einen übermäßig langen Zeitraum in Anspruch nimmt, darf der Insolvenzverwalter seine diesbezüglichen Ansprüche nicht vor einer Entscheidung ganz oder teilweise befriedigen. So notwendig, hat er einen Antrag auf Zustimmung des Insolvenzgerichts auf Entnahme eines angemessenen **Vorschusses** zu stellen, der in Fällen eines längeren Entscheidungszeitraums des Insolvenzgerichts auch nach Einreichung des Vergütungsantrags und einer Schlussrechnung zulässig ist.

69

I. Zuständigkeit

Für die Festsetzung der Vergütung des Insolvenzverwalters ist gemäß §§ 3 Nr. 2e), 18 Abs. 1 RPflG der **Rechtspfleger** zuständig, da sowohl die Tätigkeit des Insolvenzverwalters als auch die Festsetzung seiner Vergütung erst nach Eröffnung des Insolvenzverfahrens erfolgt. Der Insolvenzrichter kann sich die Festsetzung entsprechend § 18 Abs. 2 RPflG diese Entscheidung vorbehalten.

70

II. Anhörungen

IdR ist vor einer gerichtlichen Entscheidung allen von der Entscheidung betroffenen Personen **rechtliches Gehör** zu gewähren. Dies gebietet bereits der Grundsatz eines fairen Verfahrens und Art. 103 GG. Für das Insolvenzverfahren sieht die InsO hierzu keine Ausnahme vor. Gleichwohl wird in der Literatur eine vorherige Anhörung des Schuldners und der Insolvenzgläubiger zum Vergütungsantrag des Insolvenzverwalters Gläubiger überwiegend abgelehnt.[23] Begründet wird dabei das Zurücktreten des grundrechtlich geschützten Rechts der Beteiligten mit zwingenden Notwendigkeiten des Verfahrens sowie den Kosten einer Anhörung. Angesichts der Bedeutung des Rechts auf Gehör dürfte es zweifelhaft sein, ob die praktischen Erwägungen der Gegner

71

---

[23] LG Potsdam Beschl. v. 8.3.2005 – 5 T 5/05, ZIP 2005, 914; LG Gießen Beschl. v. 23.6.2009 – 7 T 34/09, NZI 2009, 728; AG Göttingen Beschl. v. 18.12.2009 – 71 IN 51/04, NZI 2010, 68; *Blersch,* InsVV, § 8 Rn. 23; KPB/*Eickmann,* InsVV, § 8 Rn. 7; *Haarmeyer/ Wutzke/Förster,* InsVV, 4. Aufl. 2007, § 8 Rn. 18; *Keller,* Vergütung und Kosten in Insolvenzverfahren, Rn. 152.; *Hess,* Insolvenzrecht, 2. Aufl. 2013, § 8 InsVV Rn. 22; aA LG Karlsruhe v. 14.9.2009 – 11 T 458/08, ZInsO 2009, 2358, 2359 f.; *Graeber* DZWIR 2007, 459, 462; *Vuia* ZInsO 2014, 1038 und nun überraschend *Haarmeyer* ZInsO 2013, 2399, der die in seiner InsVV-Kommentierung noch unterstützte gegenteilige Rechtsansicht für „ganz eindeutig verfassungswidrig" erklärt.

einer Anhörung genügen, um eine Beteiligung der Insolvenzgläubiger und des Insolvenzschuldners am Festsetzungsverfahren zu verhindern. Diese Verletzung des rechtlichen Gehörs der Beteiligten sollte daher nicht hingenommen werden.[24] Für den Fall der Festsetzung der Vergütung eines vorläufigen Insolvenzverwalters ohne Eröffnung eines Insolvenzverfahrens hat der BGH eine Anhörung des Insolvenzschuldners für notwendig erklärt.[25]

III. Festsetzung

72 Der Beschluss des Insolvenzgerichts über die Festsetzung der Vergütung des Insolvenzverwalters ist zu begründen. Aus der **Begründung** muss erkennbar sein, dass das Insolvenzgericht sich mit den Umständen des Einzelfalls und der Antragsbegründung auseinandergesetzt und sämtliche entscheidungserheblichen Punkte berücksichtigt hat.

73 Im Tenor der Vergütungsfestsetzung ist zu beachten, dass **Vergütung und Auslagen getrennt festzusetzen** sind, § 8 Abs. 1 S. 2 InsVV. Dies kann in einem einheitlichen Beschluss erfolgen, doch sind die entsprechenden Beträge gesondert auszuweisen. Daneben ist entsprechend § 7 InsVV die vom Verwalter zu zahlende Umsatzsteuer gesondert festzusetzen und auszuweisen.

74 Hat das Gericht den Vergütungsanspruch durch Beschluss festgesetzt, wird dieser gemäß § 64 Abs. 2 S. 1 InsO öffentlich bekannt gemacht, ohne die festgesetzten Beträge zu benennen. Die **Bekanntmachung** hat darauf hinzuweisen, dass der vollständige Beschluss in der Geschäftsstelle des Insolvenzgerichts eingesehen werden kann. Dem Insolvenzverwalter, dem Insolvenzschuldner und den Mitgliedern eines Gläubigerausschusses ist der vollständige Beschluss gesondert zuzustellen.

IV. Rechtsmittel

75 Gegen den Vergütungsfestsetzungsbeschluss ist die **sofortige Beschwerde** möglich, § 64 Abs. 3 InsO. Beschwerdeberechtigt sind der Insolvenzverwalter, der Schuldner und jeder Insolvenzgläubiger, nicht aber Massegläubiger.

76 Die Frist zur Einlegung der sofortigen Beschwerde beginnt mit der öffentlichen Bekanntmachung gem. § 9 InsO. Der Rechtspfleger ist zur **Abhilfe** berechtigt (§ 4 InsO iVm § 572 Abs. 1 S. 1 ZPO), andernfalls hat das Beschwerdegericht über das Rechtsmittel zu entscheiden. Gegen die Entscheidung des Landgerichts ist die **Rechtsbeschwerde** zum BGH eröffnet, wenn diese durch das Beschwerdegericht ausdrücklich zugelassen worden ist, § 574 Abs. 1 Nr. 2 ZPO.

---

[24] Uhlenbruck/*Mock*, InsO, 14. Aufl. 2015, § 64 Rn. 8. Weiterhin ablehnend *Smid*, ZInsO 2014, 877, 885 mit dem Argument, eine Anhörung aller Verfahrensbeteiligten wäre faktisch nicht möglich, obwohl dies gerade in Insolvenzplanverfahren nach § 235 InsO vorgesehen ist und ohne wesentliche praktische Probleme praktiziert wird.

[25] BGH Beschl. v. 12.7.2012 – IX ZB 42/10, ZInsO 2012, 1640.

J. Nachtragsverteilung

In Verfahren, in denen eine Nachtragsverteilung gem. § 203 InsO angeordnet wird, steht dem mit der **Nachtragsverteilung** beauftragten Insolvenzverwalter gem. § 6 InsVV eine **gesonderte Vergütung** zu. Die Vergütung im eröffneten Insolvenzverfahren ist nicht auf die Vergütung für die Nachtragsverteilung oder umgekehrt anzurechnen.[26] § 6 Abs. 1 S. 2 InsVV sieht jedoch die Möglichkeit vor, dass die gesonderte Vergütung für eine Nachtragsverteilung bereits bei der Vergütung für das eröffnete Verfahren festgesetzt wird, wenn die Notwendigkeit der Nachtragsverteilung vorhersehbar war.

77

Die gesonderte Vergütung für die Nachtragsverteilung ist auf der Basis des **Wertes der nachträglich verteilten Insolvenzmasse** nach billigem Ermessen festzusetzen, § 6 Abs. 1 S. 1 InsVV. Da eine Nachtragsverteilung zu Gunsten der bereits im eröffneten Verfahren festgestellten Insolvenzgläubiger idR nur eine geringe Belastung des Insolvenzverwalters mit sich führt, ist es zumeist gerechtfertigt, die gesonderte Vergütung mit einem Bruchteil von 25% des Regelsatzes oder weniger festzusetzen.[27]

78

Neben der Sondervergütung nach § 6 Abs. 1 InsVV steht dem Insolvenzverwalter für die Nachtragsverteilung ein **Auslagenersatz** nach § 8 InsVV zu. Auch hier kann der Verwalter zwischen einer Einzelabrechnung nach § 8 Abs. 1 InsVV und einer Pauschalierung nach § 8 Abs. 3 InsVV wählen. In letzterem Fall ist die Kappungsgrenze von 250 EUR pro Monat zu berücksichtigen.

79

K. Sondervergütung für besondere Sachkunde

Die InsO geht Konzeption nicht davon aus, dass ein Insolvenzverwalter sämtliche in einem Insolvenzverfahren anstehenden Aufgaben selbst oder durch seine eigenen Mitarbeiter erfüllt bzw. erfüllen kann. Durch § 4 Abs. 1 S. 3 InsVV wird die Möglichkeit des Verwalters hervorgehoben, zur Erledigung bestimmter Aufgaben **Dritte auf Kosten der Insolvenzmasse** zu beauftragen. Diese Aufgaben, die berechtigterweise durch Dritte erfüllt werden können, kann ein Insolvenzverwalter bei entsprechender Eignung auch **in eigner Person** übernehmen. Um dies vergütungsrechtlich auszugleichen, sieht § 5 InsVV vor, dass der Insolvenzverwalter eigene Leistungen zugunsten des Insolvenzverfahrens erbringen und die ihm dafür zustehende Sondervergütung direkt aus der Insolvenzmasse entnehmen kann.

80

§ 5 Abs. 1 InsVV regelt die Tätigkeit eines Verwalters als Rechtsanwalt für die Insolvenzmasse. § 5 Abs. 2 InsVV erweitert den Anwendungsbereich dann auf andere, entsprechend qualifizierte Tätigkeiten. Voraussetzung für die Anwendung des § 5 Abs. 1 InsVV ist es einerseits, dass der Verwalter als Rechts-

81

---

[26] LG Offenburg Beschl. v. 5.1.2005 – 4 T 100/04, NZI 2005, 172.
[27] LG Offenburg Beschl. v. 5.1.2005 – 4 T 100/04, NZI 2005, 172

anwalt zugelassen ist und als solcher Tätigkeiten erbracht hat, die nach dem RVG abzurechnen sind. Zusätzlich muss es sich um eine Tätigkeit gehandelt haben, die ein nicht als Rechtsanwalt zugelassener Insolvenzverwalter angemessenerweise einem Rechtsanwalt übertragen hätte.[28]

82   IdR wird die außergerichtliche Forderungsbeitreibung,[29] die Mahntätigkeiten, eine In-Verzugsetzung, die Einleitung eines Mahnverfahrens, die Beauftragung von Vollstreckungsmaßnahmen und auch die Führung einfacher Prozesse ohne Anwaltszwang nicht zu den Tätigkeiten gehören, die ein nicht als **Rechtsanwalt** zugelassener Verwalter angemessenerweise einem Rechtsanwalt übertragen würde. Stellt das Gericht fest, dass ein nicht als Rechtsanwalt zugelassener Insolvenzverwalter diese Tätigkeiten selbst ausgeübt hätte, hat das Insolvenzgericht zu beurteilen, ob es sich um eine **Regelaufgabe** des Verwalters handelte, welche bereits von der Vergütung nach § 2 Abs. 1 InsVV abgedeckt war. Wenn dies der Fall ist, stellt die Erfüllung der entsprechenden Aufgaben auf Kosten der Insolvenzmasse eine zu berücksichtigende **Entlastung des Insolvenzverwalters** dar. Hätte der Insolvenzverwalter die Vergütung nicht der Masse entnehmen dürfen, ist seine Vergütung um einen Abschlag nach § 3 Abs. 2 InsVV in Höhe des entnommenen Nettobetrags zu kürzen.[30] Ist jedoch festzustellen, dass auch ein nicht anwaltlicher Verwalter diese Tätigkeiten an einen Rechtsanwalt delegiert hätte, darf ein Abzug nicht vorgenommen werden.[31]

83   Die Regelung des § 5 Abs. 1 InsVV gilt nach § 5 Abs. 2 InsVV auch für andere besondere Qualifikationen. Neben den dort benannten **Wirtschaftsprüfern** und **Steuerberatern** kommen auch technische oder wissenschaftliche Qualifikationen als **Ingenieur oder Sachverständiger** in Betracht, wenn diese in einem Insolvenzverfahren benötigt werden.

84   Eine Entnahme nach § 5 InsVV hat gem. § 1 Abs. 2 Nr. 4a) InsVV zur Folge, dass die Berechnungsgrundlage der **Verwaltervergütung um den entnommenen Betrag zu kürzen** ist. In den Bereich des § 5 InsVV und damit den des § 1 Abs. 2 Nr. 4a) InsVV fallen nur Beträge, die an den Verwalter direkt geleistet wurden. Zahlungen an die **Sozietät des Verwalters** oder an andere Personen, mit den der Verwalter verbunden ist, fallen nicht in den Anwendungsbereich der §§ 5, 1 Abs. 2 Nr. 4a) InsVV. Die evtl. indirekte Beteiligung des Verwalters an den Einnahmen rechtfertigt eine Anrechnung in diesem Sinne nicht.[32]

---

[28] BGH Beschl. v. 11.11.2004 – IX ZB 48/04, NZI 2005, 103; BGH Beschl. v. 21.10.2010 – IX ZB 120/09.
[29] BGH Beschl. v. 4.12.2014 – IX ZB 60/13, NZI 2015, 141; LG Memmingen Beschl. v. 4.2.2004 – 4 T 2262/03, ZInsO 2004, 497.
[30] BGH Beschl. v. 11.11.2004 – IX ZB 48/04, NZI 2005, 103; BGH Beschl. v. 21.10.2010 – IX ZB 120/09.
[31] BGH Beschl. v. 11.11.2004 – IX ZB 48/04, NZI 2005, 103; BGH Beschl. v. 21.10.2010 – IX ZB 120/09.
[32] BGH Beschl. v. 11.11.2004 – IX ZB 48/04, NZI 2005, 103; BGH Beschl. v. 5.7.2007 – IX ZB 305/04, NZI 2007, 583.

§ 52. Die Vergütung des vorläufigen Insolvenzverwalters

A. Entsprechende Anwendung der Vergütungsregelungen des Insolvenzverwalters für den vorläufigen Insolvenzverwalter

Rechtsgrundlage der Vergütung des vorläufigen Insolvenzverwalters sind über die Verweisung des § 21 Abs. 2 Nr. 2 InsO die §§ 63–65 InsO. Gem. § 10 InsVV gelten für den vorläufigen Insolvenzverwalter die die Regelungen der §§ 1–9 InsVV entsprechend. Insoweit kann auf die Ausführungen zur Vergütung des Verwalters in § 51 dieses Buches verwiesen werden. Die für den vorläufigen Insolvenzverwalter geltenden **Besonderheiten** werden nachfolgend behandelt. 1

B. Sondervergütung neben dem Insolvenzverwalter

Grundlegend zu beachten ist, dass die Vergütung des vorläufigen Insolvenzverwalters von der des Insolvenzverwalters des eröffneten Verfahrens losgelöst ist, § 63 Abs. 3 S. 1 InsO. Abgesehen davon, dass sich die Tätigkeiten dieser Verwalter auf das Vermögen desselben Insolvenzschuldners beziehen und in der Praxis der Insolvenzverwalter mit dem vorläufigen Insolvenzverwalter personenidentisch ist, sind die **Vergütungen voneinander unabhängig**. Nur über die Regelung des § 3 Abs. 2a) InsVV kann sich die Tätigkeit eines vorläufigen Insolvenzverwalters auf die Vergütung eines Insolvenzverwalters auswirken. Dies stellt jedoch keine Verrechnung der beiden Vergütungen miteinander dar, sondern soll nur berücksichtigen, dass die Tätigkeit des Insolvenzverwalters des eröffneten Insolvenzverfahrens durch die eines vorherigen vorläufigen Verwalters erleichtert sein kann. Die Vergütung des vorläufigen Insolvenzverwalters ist daher unabhängig von der Vergütung und der Tätigkeit als Insolvenzverwalter zu berechnen und festzusetzen. 2

C. Berechnungsgrundlage des vorläufigen Insolvenzverwalters

Zwischen der Tätigkeit des vorläufigen Insolvenzverwalters und der des Insolvenzverwalters des eröffneten Insolvenzverfahrens bestehen erhebliche Unterschiede, die durch Abweichungen im Vergütungssystem zu berücksichtigen sind. Die Abweichungen betreffen einerseits die Berechnungsgrundlage der Vergütung als auch die Höhe der Vergütung. Hierdurch soll den anderen Aufgaben eines vorläufigen Insolvenzverwalters in einem anderen Tätigkeitsumfeld angemessen Rechnung getragen werden. In § 63 Abs. 3 InsO, § 11 InsVV sind hierzu die wesentlichen Unterscheidungen festgelegt worden. 3

Graeber

I. Basis des verwalteten und gesicherten Vermögens

4   Die Vergütung des vorläufigen Verwalters bemisst sich nach dem Wert des Vermögens, auf das sich seine Tätigkeit erstreckt hat, § 63 Abs. 3 S. 2 InsO. Maßgebender **Zeitpunkt** ist die **Beendigung der vorläufigen Verwaltung**, § 63 Abs. 3 S. 3 InsO. Auf die Insolvenzmasse des eröffneten Verfahrens ist insoweit nicht abzustellen, da sich die vom vorläufigen Insolvenzverwalter zu verwaltende Masse von der des eröffneten Insolvenzverfahrens unterscheidet und zudem zum Zeitpunkt der Berechnung der Vergütung des vorläufigen Insolvenzverwalters die Insolvenzmasse idR noch nicht feststeht. Über die Regelung des § 63 Abs. 3 S. 5 InsO können jedoch die Erkenntnisse des eröffneten Verfahrens über die richtigen Wertansätze berücksichtigt werden. Hierzu → Rn. 23 ff. Zur Behandlung der mit Aus- und Absonderungsrechten belasteten Vermögensgegenstände → Rn. 8 ff.

5   Aus dem Beschluss des Insolvenzgerichts über die Anordnung der vorläufigen Verwaltung kann sich in Einzelfällen ergeben, dass **nicht das gesamte Vermögen des Insolvenzschuldners** unter eine vorläufige Verwaltung gestellt wurde. In diesem Fall wären die von der Anordnung ausdrücklich ausgenommenen Gegenstände nicht zu berücksichtigen.[1]

II. Wertermittlung

6   Die einzelnen Gegenstände und deren Werte sind im **Eröffnungsgutachten** des vorläufigen Insolvenzverwalters bzw. dessen **Schlussbericht** aufzuführen. Spätestens in seinem Antrag auf Vergütungsfestsetzung hat der vorläufige Insolvenzverwalter seine Tätigkeiten darzustellen und den Wert der seiner Verwaltung und Sicherung unterlegenen Gegenstände anzugeben. Weichen diese von den Angaben im Eröffnungsgutachten ab, hat er die Abweichungen und die neuen Wertansätze besonders zu begründen. Ergeben sich Schwierigkeiten bei der Bewertung des Vermögens beispielsweise dadurch, dass die vorläufige Verwaltung vorzeitig beendet wurde, ist der Wert des Vermögens entsprechend § 1 Abs. 1 S. 2 InsVV zu schätzen.

7   Die Bewertung des schuldnerischen Vermögens ist immer auf der Basis realistischer, erzielbarer Werte und nicht auf der Basis von **Hoffnungswerten oder fiktiver Festsetzungen** vorzunehmen. Eine In-Ansatzbringung von Buchwerten ist daher nicht möglich. Maßgeblich ist der wahre oder tatsächliche Wert, der als Erlös erzielbar ist. Sämtliche Vermögensgegenstände sind dabei mit den voraussichtlichen Werten anzugeben.

III. Behandlung von Aus- und Absonderungsrechten

8   In der Regel wird ein Großteil des schuldnerischen Vermögens mit **Aus- oder Absonderungsrechten** im Sinne der §§ 47 ff. InsO belastet sein. Deren Werte sind gem. § 11 Abs. 1 S. 2 InsVV nur dann dem Vermögen des Insolvenzschuld-

---

[1] AG Potsdam Beschl. v. 6.2.2001 – 35 IN 297/00, DZWIR 2001, 259.

ners und damit der Berechnungsgrundlage der Vergütung des vorläufigen Insolvenzverwalters hinzuzurechnen, wenn sich der vorläufige Insolvenzverwalter **in erheblicher Weise mit Ihnen befasst** hat. Eine noch nicht erhebliche Befassung des vorläufigen Insolvenzverwalters mit belastetem Vermögen des Insolvenzschuldners führt daher dazu, dass diese Tätigkeit nicht honoriert wird. Ein Zuschlag nach § 3 Abs. 1 InsVV für eine nennenswerte, jedoch noch nicht erhebliche Befassung des vorläufigen Insolvenzverwalters mit dem belasteten Vermögen des Insolvenzschuldners ist nicht möglich.

Welche Tätigkeit des vorläufigen Insolvenzverwalters insoweit als erheblich anzusehen ist, muss nach den **Umständen des Einzelfalls** beurteilt werden, für welche der vorläufige Insolvenzverwalter vortragspflichtig ist. 9

IV. Behandlung von Besitzgegenständen

Gegenstände, die der Insolvenzschuldner lediglich auf Grund eines **Besitz-** 10 **überlassungsvertrages** im Besitz hat, sind gem. § 11 Abs. 1 S. 3 InsVV nicht zu berücksichtigen, unabhängig davon, ob diese mit Absonderungsrechten belastet sind oder nicht. Diese Regelung hat zur Folge, dass gemietete und gepachtete Gegenstände zumeist nicht mehr zu berücksichtigen sind.

D. Bruchteilsvergütung

Zum Ausgleich der gegenüber einem Verwalter in einem eröffneten Insol- 11 venzverfahren verringerten Aufgaben eines vorläufigen Verwalters sieht § 63 Abs. 3 S. 2 InsO vor, dass der vorläufige Insolvenzverwalter **in der Regel nur einen Bruchteil** der nach § 2 Abs. 1 InsVV zu berechnenden Vergütung erhält.

I. Regelbruchteil des vorläufigen Insolvenzverwalters

Der sog **Regelbruchteil** des vorläufigen Insolvenzverwalters beträgt nach 12 § 63 Abs. 3 S. 2 InsVV **25% der Regelvergütung** eines Insolvenzverwalters nach § 2 Abs. 1 InsVV. Dieser Regelbruchteil wird auch als Basisbruchteil bezeichnet, da er die Basis für evtl. Zu- und Abschläge bei der Vergütung des vorläufigen Insolvenzverwalters darstellt.

Die Besonderheiten des konkreten Verfahrens können zu **Zu- oder Abschlä-** 13 **gen** gem. § 3 InsVV führen, verändern den Regel- bzw. Basisbruchteil jedoch nicht. Dieser orientiert sich auch nicht danach, ob ein sog starker oder schwacher vorläufiger Verwalter bestellt worden ist.[2] Die Unterschiede können einen Zuschlag nach § 3 Abs. 1 InsVV rechtfertigen.

II. Zu- und Abschläge beim vorläufigen Insolvenzverwalter

Nach § 11 Abs. 3 InsVV sind Art, Dauer und Umfang der Tätigkeit des vor- 14 läufigen Insolvenzverwalters bei dessen Vergütung zu berücksichtigen. Dies

---

[2] BGH Beschl. v. 17.7.2003 – IX ZB 10/03, NZI 2003, 549.

erfolgt durch eine entsprechende Anwendung des § 3 InsVV und die Festsetzung angemessener Zu- und Abschläge. Diese haben die **Besonderheiten des jeweiligen Verfahrens** und die Tätigkeiten des vorläufigen Insolvenzverwalters zu berücksichtigen. Diese **Tätigkeitsbezogenheit** der Zuschläge schließt es auch aus, einen Zuschlag allein mit der Anordnung einer starken vorläufigen Verwaltung iSv § 22 Abs. 1 InsO unter Bestimmung eines Verfügungsverbots gegen den Schuldner zu begründen.[3]

15 Bei der Beurteilung, ob und welche Zuschläge zu Gunsten des vorläufigen Insolvenzverwalters zu berücksichtigen sind, ist zu beachten, dass sich die Aufgaben und Tätigkeiten des vorläufigen Insolvenzverwalters erheblich von denen eines Insolvenzverwalters im eröffneten Insolvenzverfahren unterscheiden. Die Möglichkeiten und insbesondere die Höhe der Zu- und Abschlagssätze eines Insolvenzverwalters können nicht unverändert auf einen vorläufigen Insolvenzverwalter übertragen werden. Entspricht eine Tätigkeit des vorläufigen Insolvenzverwalters jedoch in vollem Umfang der entsprechenden Tätigkeit eines endgültigen Verwalters, insbesondere in Aufgaben, Befugnissen, Umfang und Dauer der Tätigkeit sowie im Haftungsrisiko, ist der Zuschlag wie beim endgültigen Insolvenzverwalter zu bemessen.[4] Hierbei ist aber zu beachten, ob die entsprechende Tätigkeit oder Belastung der gerichtlichen Kompetenzzuweisung entsprechend dem Beschluss über die Anordnung der vorläufigen Verwaltung entspricht. Überschreitet der vorläufige Insolvenzverwalter zB die Grenzen der gerichtlich angeordneten schwachen Verwaltung, ist er nicht dazu berechtigt, nunmehr nach den Kriterien einer starken Verwaltung die Vergütung zu beantragen.

III. Mindestvergütung des vorläufigen Insolvenzverwalters

16 Die Regelung der Mindestvergütung des § 2 Abs. 2 InsVV gilt uneingeschränkt auch für den vorläufigen Verwalter.[5] Diese **Mindestvergütung** ist **nicht auf einen Bruchteil von 25 %** zu kürzen, sondern ebenso wie bei einem Verwalter zu berechnen. Die Mindestvergütung eines vorläufigen Insolvenzverwalters beträgt daher in jedem Fall mindestens 1000 EUR.

17 Da eine Forderungsanmeldung im Eröffnungsverfahren nicht stattfindet, kann an Stelle der Anzahl der anmeldenden Gläubiger entsprechend § 2 Abs. 2 InsVV die **Anzahl der Gläubiger** herangezogen werden, **denen nach den Unterlagen des Schuldners offene Forderungen gegen den Schuldner zustehen, soweit mit einer Forderungsanmeldung im Insolvenzverfahren zu rechnen**

---

[3] BGH Beschl. v. 18.9.2003 – IX ZB 56/03, ZIP 2003, 2081; BGH Beschl. v. 24.6.2003 – IX ZB 453/02, NZI 2003, 547; BGH Beschl. v. 17.7.2003 – IX ZB 10/03, NZI 2003, 549.

[4] BGH Beschl. v. 8.7.2004 – IX ZB 589/02, NZI 2004, 626; BGH Beschl. v. 4.11.2004 – IX ZB 52/04, NZI 2005, 106; LG Traunstein Beschl. v. 13.4.2004 – 4 T 3690/03, ZIP 2004, 1657.

[5] Zu § 11 InsVV aF: LG Gera Beschl. v. 22.9.2004 – 5 T 440/04, ZIP 2004, 2199; LG Krefeld Beschl. v. 20.8.2002 – 6 T 232/02, NZI 2002, 611. Diese Wertung dürfte auch nach Wegfall der Bezugnahme des § 11 Abs. 1 S. 2 InsVV aF auf § 2 Abs. 1 InsVV fortbestehen. Siehe hierzu ausführlicher *Graeber/Graeber*, InsVV, 2. Aufl. 2016, § 11 Rn. 188 ff. bzw. *Graeber/Graeber*, InsVV-Online, § 11 Rn. 188 ff.

ist. Es kommt nicht darauf an, ob sich der vorläufige Verwalter mit den Forderungen konkret befasst hat.[6]
Hierzu hat der vorläufige Insolvenzverwalter konkret vorzutragen.

E. Auslagen und Umsatzsteuer

Die Regelungen des Auslagenersatzes nach § 4 Abs. 2 InsVV und § 8 InsVV und des Umsatzsteuerersatzes des § 7 InsVV gelten uneingeschränkt auch für den vorläufigen Verwalter. Die **Auslagenpauschale** des vorläufigen Verwalters berechnet sich dabei auf der Basis des Regelbruchteils von 25 % der Regelvergütung nach § 2 Abs. 1 InsVV. 18

Das Gericht hat auch bei einer pauschalierten Abrechnung der Auslagen des vorläufigen Insolvenzverwalters nach § 8 Abs. 3 InsVV kein Ermessen und kann den **Auslagenpauschsatz** von 15 % nicht mit der Begründung abändern, dieser wäre im Vergleich zur Tätigkeitsdauer unangemessen hoch.[7] Die bei einer pauschalierten Abrechnung maßgeblichen 15 % fallen dabei jährlich an[8] und sind auch nicht entsprechend der Dauer der Tätigkeit zu quoteln.[9] Wie beim Verwalter bestimmt sich die Obergrenze der pauschalierten Auslagen nach der Anzahl der angefangenen Monate gem. § 8 Abs. 3 S. 2 InsVV. 19

F. Auswirkungen auf die Vergütung des Insolvenzverwalters

Durch die Tätigkeit eines vorläufigen Verwalters im Eröffnungsverfahren kann die Tätigkeit des Verwalters im eröffneten Insolvenzverfahren erleichtert sein. § 3 Abs. 2a) InsVV sieht daher vor, dass die Tätigkeit des vorläufigen Insolvenzverwalters einen Grund für einen Abschlag bei der Vergütung des Insolvenzverwalters darstellen kann. Zwingend ist dieser Abschlag nicht. 20

Sinn und Zweck dieser Regelung ist es, im Falle einer Arbeitsersparnis des Verwalters durch die Tätigkeit des vorläufigen Insolvenzverwalters die Regelvergütung, die davon ausgeht, dass eine solche **Arbeitsersparnis** nicht vorliegt, angemessen zu kürzen. Einer Kürzung bedarf es aber erst dann, wenn auch eine **erhebliche Arbeitsersparnis** vorliegt, was im Einzelfall durch das Gericht festzustellen ist. Als erhebliche Arbeitsersparnisse kommen in Betracht: 21
– vorherige Erstellung einer vollständigen **Vermögensübersicht**,
– vorherige Erstellung eines **Gläubiger- und Schuldnerverzeichnisses**,
– vorherige **Verwertung**,
– Vorarbeiten für eine **übertragende Sanierung**,
– Ausarbeitung eines **Insolvenzplans**.

---

[6] BGH Beschl. v. 4.2.2010 – IX ZB 129/08, NZI 2010, 256.
[7] LG Chemnitz Beschl. v. 16.3.2000 – 11 T 5381/99, ZInsO 2000, 296; LG Stuttgart Beschl. v. 14.1.2002 – 10 T 508/01, ZIP 2002, 491.
[8] BGH Beschl. v. 23.7.2004 – IX ZB 257/03, NZI 2004, 589; BGH Beschl. v. 24.6.2003 – IX ZB 600/02, NZI 2003, 608; BGH Beschl. v. 24.5.2005 – IX ZB 6/03, NZI 2005, 567.
[9] BGH Beschl. v. 6.10.2005 – IX ZB 162/04, ZInsO 2005, 1159.

22   Die Höhe des Abschlags bestimmt sich dabei nach der Differenz zwischen der konkreten, aufgrund der vorherigen Tätigkeit des vorläufigen Insolvenzverwalters verringerten Tätigkeit des Verwalters und der im Rahmen eines Normalverfahrens zu erwartenden Tätigkeit. Hierzu bedarf es einer detaillierten Darstellung der Umstände des Einzelfalls durch den Verwalter.

G. Nachträgliche Abänderungen

23   In der Regel ist die Vergütung des vorläufigen Insolvenzverwalters zu beantragen und festzusetzen, in dem die von der vorläufigen Verwaltung umfassten Gegenstände noch nicht vollständig verwertet worden sind. Damit können die Werte dieser Gegenstände zum Teil nur geschätzt, nicht jedoch mit Sicherheit bestimmt werden. Erst nach **Abschluss aller Verwertungsmaßnahmen** stehen die erzielten Werte fest, welche in der Regel mit den Werten dieser Gegenstände zum Zeitpunkt der Beendigung der vorläufigen Verwaltung übereinstimmen. Der Vergleich der erzielten Werte mit den vom vorläufigen Insolvenzverwalter anlässlich seines Vergütungsantrags geschätzten kann erhebliche Abweichungen zu Gunsten aber auch zu Ungunsten des vorläufigen Insolvenzverwalters ergeben.

24–25   Für diese Situation sieht § 63 Abs. 3 S. 4 InsO vor, dass bei einer erheblichen Abweichung der geschätzten von den tatsächlichen Werten das Insolvenzgericht berechtigt sein soll, die zuvor getroffene Vergütungsentscheidung zu ändern und an die Erkenntnisse über die wahre Berechnungsgrundlage anzupassen. Hierzu hat der Insolvenzverwalter das Insolvenzgericht spätestens mit Vorlage der Schlussrechnung auf die **Wertdifferenzen** hinzuweisen, § 11 Abs. 2 InsVV. Ist eine Abweichung des Gesamtwertes der Berechnungsgrundlage um 20 % festzustellen, kann sich das Gericht für eine Abänderung entscheiden. Ein Zwang zur Abänderung besteht jedoch nach § 63 Abs. 3 S. 4 InsVV nicht.

H. Sachverständigenvergütung des vorläufigen Verwalters

26   Für die Tätigkeit als Sachverständiger steht dem vorläufigen Insolvenzverwalter eine **gesonderte Vergütung nach dem JVEG** zu, die auf seine Vergütung nach der InsVV nicht anzurechnen ist, § 11 Abs. 4 InsVV. Einzelheiten zur Vergütung als Sachverständiger siehe unten § 56.

I. Kostenschuldner der Vergütung des vorläufigen Verwalters

27   Der Vergütungsanspruch des vorläufigen Insolvenzverwalters richtet sich gegen den Insolvenzschuldner. Im Falle der Eröffnung des Verfahrens gehören seine Vergütung und Auslagen gem. § 54 Nr. 2 InsO zu den **Kosten des Verfahrens,** welche gem. § 53 InsO vor einer Verteilung zu berichtigen sind. Wird das Insolvenzverfahren nicht eröffnet, richtet sich der Vergütungsan-

spruch des vorläufigen Insolvenzverwalters **gegen den Insolvenzschuldner**, § 26a InsO.[10] In Fällen, in denen das Verfahren durch den Antrag eines Insolvenzgläubigers eingeleitet wird, kann sich der vorläufige Insolvenzverwalter mit seinem Vergütungsanspruch nicht gegen den Antragsteller wenden, wenn das Vermögen des Insolvenzschuldners unzureichend sein sollte, um den Vergütungsanspruch zu erfüllen. Der Antragsteller hat die durch eine vorläufige Insolvenzverwaltung entstehenden Kosten in keinem Fall direkt zu tragen.

Um ua den Vergütungsanspruch des vorläufigen Insolvenzverwalters in den Fällen abzusichern, in denen einer Eröffnung des Insolvenzverfahrens nicht erfolgt, sieht § 25 Abs. 2 InsO vor, dass das Insolvenzgericht dem vorläufigen Insolvenzverwalter trotz Aufhebung der vorläufigen Verwaltung berechtigen kann, **Teile des Vermögens des Insolvenzschuldners zurückzuhalten,** um nach Festsetzung der Vergütung und Auslagen diese direkt aus dem Vermögen des Insolvenzschuldners zu berichten. Die nur für den vorläufigen Insolvenzverwalter mit Verwaltungs- und Verfügungsbefugnis vorgesehene Berechtigung kann in vergleichbaren Fällen auch auf vorläufige Insolvenzverwalter mit Zustimmungsbefugnis übertragen werden.[11] 28

Kann ein vorläufiger Verwalter den ihm zustehenden und durch das Gericht festgesetzten Vergütungsanspruch nicht aus der unzureichenden Masse entnehmen, besteht kein **Anspruch gegen die Staatskasse.**[12] Nur in Verfahren nach § 4a InsO richtet sich der Vergütungsanspruch nach § 63 Abs. 2 InsO gegen die Staatskasse direkt. Auch die Vergütung als Sachverständiger nach dem JVEG erhält dieser aus der Staatskasse. 29

§ 53. Die Vergütung des Sonderinsolvenzverwalters

Entsprechend der Nichterwähnung des Sonderinsolvenzverwalters in der InsO sieht auch die InsVV keine Regelungen für dessen Vergütung vor. Angesichts der Vergleichbarkeit der Tätigkeit eines Sonderinsolvenzverwalters mit der eines Insolvenzverwalters gelten für den Sonderinsolvenzverwalter die gleichen **Regeln wie für den Insolvenzverwalter.**[1] Die im Einzelfall bestehenden und zumeist erheblichen Unterschiede im Umfang der Tätigkeiten können angemessen durch entsprechende **Zu- und Abschläge** nach § 3 InsVV berücksichtigt werden. An Stelle des Wertes der Insolvenzmasse tritt beim Sonderinsolvenzverwalter der Wert des von ihm verwalteten Vermögens.[2] 1

In vielen Fällen besteht die Aufgabe des Sonderinsolvenzverwalters in der Führung von **Prozessen oder der Anmeldung von Forderungen,** wobei er wie ein Rechtsanwalt tätig wird. Die entsprechende Tätigkeit kann der Sonderinsol- 2

---

[10] BGH Urt. v. 13.12.2007 – IX ZR 196/06, NZI 2008, 170.
[11] LG Duisburg Beschl. v. 28.3.2001 – 7/24 T 99/00, NZI 2001, 382; andeutend BGH Urt. v. 13.12.2007 – IX ZR 196/06, NZI 2008, 170.
[12] BGH Beschl. v. 22.1.2004 – IX ZB 123/03, NZI 2004, 245.
[1] BGH Beschl. v. 29.5.2008 – IX ZB 303/05, NZI 2008, 485; *Graeber/Pape* ZIP 2007, 991.
[2] *Graf/Wunsch* DZWIR 2002, 177 (182).

venzverwalter gem. § 5 InsVV nach dem **RVG** abrechnen.[3] Ob und in welchem Umfang darüber hinaus dem Sonderverwalter eine weitere Vergütung nach der InsVV zuzubilligen ist, muss im Einzelfall entschieden werden. Beschränkt sich die Tätigkeit des Sonderinsolvenzverwalters auf eine anwaltliche Tätigkeit, kann seine Vergütung nicht höher festgesetzt werden, als das Honorar nach dem RVG.[4]

§ 54. Die Vergütung der Gläubigerausschussmitglieder

A. Rechtsgrundlage

1 Den Mitgliedern des Gläubigerausschusses steht für ihre Tätigkeit ein Anspruch auf **Vergütung und Erstattung angemessener Auslagen** zu, § 73 Abs. 1 InsO. Bei der Bemessung ist dem Zeitaufwand und dem Umfang der Tätigkeit Rechnung zu tragen.

2 Die Einzelheiten der Berechnung von Vergütung und Auslagen sind in §§ 17, 18 InsVV festgelegt. Über die Verweisung des § 73 Abs. 2 InsO auf die für den Insolvenzverwalter geltenden Regelungen der §§ 63, Abs. 2, 64 und 65 InsO sind die Grundlagen der Festsetzung in der InsO geregelt, während die InsVV die Einzelheiten der Vergütung und Auslagen regeln.

B. Stundensatzvergütung

3 Die Vergütung der Gläubigerausschussmitglieder ist entsprechend § 17 S. 1 InsVV regelmäßig als Stundensatz festzusetzen, wobei der **Stundensatz zwischen 35 und 95 EUR** liegen soll.

4 In der Praxis wird von diesem Regelstundensatz teilweise abgewichen und die Vergütung nach anderen Maßstäben bemessen. Zum Teil werden die Stundensätze entsprechend den von den Gläubigerausschussmitgliedern in ihrer hauptberuflichen Tätigkeit erwirtschafteten Beträge festgesetzt, aber auch **Bruchteile der Verwaltervergütung**[1] oder davon unabhängige **Pauschalen** in Ansatz gebracht. Bringt ein Gläubigerausschussmitglied eine **besondere Sachkunde** in das Verfahren ein, wird dies zum Teil zum Anlass genommen, eine höhere Vergütung festzusetzen.[2]

5 Zum Teil wird vertreten, dass **Behördenangehörige** und Vertreter sog institutioneller Gläubiger, etwa des Pensions-Sicherungsvereins oder der Arbeit-

---

[3] LG Krefeld Beschl. v. 30.11.2005 – 6 T 253/05, NZI 2006, 109; *Graf/Wunsch* DZWIR 2002, 177 (183).

[4] BGH Beschl. v. 29.5.2008 – IX ZB 303/05, NZI 2008, 485; Anm. *Graeber* ZInsO 2008, 847.

[1] AG Chemnitz Beschl. v. 13.10.1998 – N 1555/96, NZI 1999, 331; ablehn. AG Duisburg Beschl. v. 20.6.2003 – 62 IN 167/02, NZI 2003, 502.

[2] AG Chemnitz Beschl. v. 13.10.1998 – N 1555/96, NZI 1999, 331.

nehmervertreter, als Gläubigerausschussmitglied kein Vergütungsanspruch zusteht. Dies ist jedoch so nicht haltbar, da im Rahmen der Vergütungsfestsetzung nach § 17 InsVV nicht zu prüfen ist, ob ein Gläubigerausschussmitglied seine Tätigkeit im Ausschuss als Bestandteil seiner Berufstätigkeit von einem Arbeitgeber honoriert erhält oder nicht bzw. ob diese Tätigkeit innerhalb oder außerhalb der Berufstätigkeit erfolgt.[3]

C. Festsetzung

Die genaue Höhe der Vergütung kann weder vor einer Amtsannahme noch zu Beginn der Tätigkeit bestimmt werden. Aussagen des Insolvenzverwalters über die Höhe oder die Art und Weise der Vergütungsberechnung sind rechtlich nicht bindend. Erst durch die **Festsetzung durch das Insolvenzgericht** kann das Gläubigerausschussmitglied erfahren, in welcher Höhe seine Tätigkeit im Insolvenzverfahren vergütet wird oder nicht. 6

Zur Vermeidung von Enttäuschungen der Gläubigerausschuss über die Höhe ihrer Vergütung am Ende eines Verfahrens sollte in der Regel vom **Mindestsatz von 35 EUR pro Stunde** ausgegangen werden. 7

Neben der Vergütung ist eine evtl. abzuführende **Umsatzsteuer** gem. § 18 Abs. 2 InsVV in Verbindung mit § 7 InsVV zu erstatten. Bei Mitgliedern, die nicht abführungspflichtig sind, ist kein Umsatzsteuerbetrag festzusetzen. Die Auslagen sind gem. § 18 Abs. 1 InsVV einzeln anzuführen und zu belegen. Eine pauschalierte Auslagenfestsetzung ist nicht möglich. 8

Die Festsetzung der Vergütung und der Auslagen erfolgt auf **Antrag des Gläubigerausschussmitglieds.** Der Insolvenzverwalter kann diesen Antrag nicht für die Gläubigerausschussmitglieder stellen. Damit im Vergütungsantrag die Tätigkeitsstunden angegeben werden können, sind entsprechende Aufzeichnungen erforderlich, die dem Antrag beizufügen sind. Daher kommt eine Schätzung der Stundenanzahl zugunsten des Mitglieds durch das Insolvenzgericht nicht in Betracht. Maßgeblich ist hierbei allein die Zeit der Tätigkeit als Ausschussmitglied, nicht die Zeit einer Tätigkeit außerhalb der Ausschusssitzungen zur Information der repräsentierten Gläubiger.[4] 9

Der Insolvenzverwalter ist sowohl hinsichtlich des Zeitaufwands als auch zum Umfang der Tätigkeit **anzuhören.** Die Festsetzung der Höhe der Vergütung der Gläubigerausschussmitglieder erfolgt durch das Insolvenzgericht, nicht durch den Insolvenzverwalter. In geeigneten Fällen können auf Antrag der Gläubigerausschussmitglieder auch **Vorschüsse** auf die Vergütung und die Auslagen durch das Insolvenzgericht genehmigt werden. Nach Festsetzung bzw. Vorschussgenehmigung ist der Insolvenzverwalter berechtigt, die jeweiligen Beträge aus der Insolvenzmasse an die Gläubigerausschussmitglieder zu zahlen. 10

---

[3] *Gundlach/Schirrmeister* ZInsO 2008, 896; *Pape* ZInsO 1999, 675 (680).
[4] LG Duisburg Beschl. v. 13.9.2004 – 7 T 221/04, NZI 2005, 116.

§ 55. Die Vergütung des (vorläufigen) Sachwalters

A. Regelvergütung des Sachwalters im eröffneten Insolvenzverfahren

1   Die Vergütung des Sachwalters im Eigenverwaltungsverfahren nach §§ 270 InsO wird in § 12 Abs. 1 InsVV geregelt, welcher einen **Bruchteil in Höhe von 60 %** der Verwaltervergütung als Regelsatz festsetzt. Den unterschiedlichen Aufgaben und Pflichten gegenüber einem Insolvenzverwalter soll mit dieser Reduzierung angemessen Rechnung getragen werden.

2   Die Berechnungsgrundlage ist gem. § 10 InsVV in Verbindung mit § 1 InsVV grundsätzlich in gleicher Weise zu berechnen, wie die eines Insolvenzverwalters. Die hierfür notwendige erforderliche **Schlussrechnung** ist dabei vom eigenverwaltenden Insolvenzschuldner zu erstellen und gem. § 281 Abs. 1 S. 2 InsO vom Sachwalter zu überprüfen. Zu berücksichtigen ist jedoch, dass die Befassung mit Gegenständen, auf welchen Aus- oder Absonderungsrechte lasten, nicht zu den Aufgaben des Sachwalters gehört. Dementsprechend können die Werte des belasteten Schuldnervermögens nicht in der Berechnungsgrundlage der Vergütung eines Sachwalters berücksichtigt werden.[1]

B. Zu- und Abschläge

3   Da die Regelvergütung des Sachwalters von 60 % einer Verwaltervergütung nach § 12 Abs. 1 InsVV nur in Verfahren angemessen sein kann, welche als durchschnittlich zu beurteilen sind, ist auf die Besonderheiten des einzelnen Verfahrens durch Berücksichtigung angemessener **Zu- und Abschläge** nach § 3 InsVV zu reagieren, welcher über § 10 InsVV auch auf den Sachwalter gilt. Bei der Bemessung der Höhe der Zu- und Abschläge sind die Unterschiede zwischen einem Insolvenzverwalter und einem Sachwalter zu berücksichtigen.[2]

4   § 12 Abs. 2 InsVV sieht neben den sich aus § 3 Abs. 1 InsVV ergebenden Möglichkeiten eines Zuschlags ausdrücklich einen Zuschlag in den Fällen vor, in denen das Insolvenzgericht angeordnet hat, dass gem. § 277 InsO bestimmte Rechtsgeschäfte des Insolvenzschuldners **nur mit Zustimmung des Sachwalters wirksam** sind.

C. Verfahren

5   Für die Festsetzung der Vergütung des Sachwalters gelten die Regelungen des § 8 InsVV und des § 64 InsO für den Verwalter entsprechend. Zu beachten ist

---

[1] *Graeber/Graeber*, InsVV, 2. Aufl. 2016, § 12 Rn. 2; KPB/*Prasser*, InsO, Stand 7/15, § 12 InsVV Rn. 4

[2] Ausführlicher zu den Zuschlagsmöglichkeiten beim Sachwalter siehe *Graeber/Graeber*, InsVV, 2. Aufl. 2016, § 12 Rn. 4 ff. und insbesondere die dortige Auflistung bei Rn. 7.

allerdings, dass der Sachwalter nicht befugt ist, einen **Vorschuss** aus der Masse zu entnehmen, da die Insolvenzmasse dem Verfügungsrecht des Schuldners unterliegt. Durch § 12 Abs. 3 InsVV wird die **Auslagenpauschale** des Sachwalters gegenüber der eines Verwalters auf 125 EUR pro Monat halbiert.

D. Vergütung des vorläufigen Sachwalters

Trotz der Einführung der Figur eines vorläufigen Sachwalters in § 270a Abs. 1 S. 2 InsO wurde die InsVV bislang nicht um eine Vergütungsregelung für den vorläufigen Sachwalter des insolvenzrechtlichen Eröffnungsverfahrens ergänzt. Hierdurch wird insbesondere das Problem auf, dass es an einer gesetzlichen Vorgabe zur Vergütungsbemessung beim vorläufigen Sachwalter fehlt, wie sie beispielsweise § 63 Abs. 3 InsO für die vorläufigen Insolvenzverwalter enthält. Diese Lücke wurde durch den Bundesgerichtshof dahingehend geschlossen, dass dem vorläufigen Sachwalter ein Vergütungsanspruch i.H.v. 25 % der Regelvergütung nach § 2 Abs. 1 InsVV zugesprochen wurde.[3] Dessen Vergütung ist jedoch nicht gesondert festzusetzen sondern als Zuschlag auf die Vergütung des Sachwalters des eröffneten Eigenverwaltungsverfahrens zu berücksichtigen. Daneben kommen Zu- und Abschläge entsprechend § 3 InsVV in Betracht, welche jedoch die besondere Situation des vorläufigen Sachwalters zu berücksichtigen haben. Für den Zeitraum zwischen der Beendigung der vorläufigen Sachwalterin und dem Ende des eröffneten Insolvenzverfahrens steht dem vorläufigen Sachwalter ein Anspruch auf einen angemessenen Vorschuss zu.

6

§ 56. Die Vergütung des Sachverständigen

A. Vergütung des isoliert beauftragten Sachverständigen

Im Insolvenzeröffnungsverfahren kann das Insolvenzgericht gem. § 5 InsO einen Sachverständigen mit Ermittlungen und Begutachtungen beauftragen, so es dies zur Klärung der Frage, ob ein Insolvenzgrund vorliegt und ob das Vermögen des Insolvenzschuldners voraussichtlich ausreichen wird, die Kosten des Verfahrens zu decken, notwendig erachtet. Ist der Sachverständige nicht gleichzeitig mit der Tätigkeit als vorläufiger Insolvenzverwalter beauftragt worden, wird er in der Regel als sog **isolierter Sachverständiger** bezeichnet. Die Tätigkeit des Sachverständigen ist nach dem **Justizvergütungs- und -entschädigungsgesetz (JVEG)** zu vergüten.

1

Die Tätigkeit des isolierten Sachverständigen im Eröffnungsverfahren ist der Honorargruppen des § 9 Abs. 1 JVEG zuzuordnen. In einem Durchschnittsfall

2

---

[3] BGH, Beschl. v. 21.7.2016 – IX ZB 70/14. Ausführlicher Graeber/*Graeber*, InsVV-Online, www.insvv-online.de, § 12 Rn. 10 ff., NZI 2016, 796.

dürfte die **Honorargruppe 7 des § 9 Abs. 1 JVEG** mit einem Stundensatz von 115 EUR[1] angemessen sein, was eine höhere Eingruppierung bei Erschwernissen der Sachverständigentätigkeit nicht ausschließt.[2]

3   Neben dem reinen Stundensatz kann der Sachverständige nach § 12 JVEG Ersatz für **besondere Aufwendungen** sowie nach § 5 JVEG Fahrtkostenersatz verlangen. Allgemeine Aufwendungen sind gemäß § 12 Abs. 1 S. 1 JVEG bereits in der Vergütung nach § 9 JVEG enthalten. Der Anspruch auf Ersatz abzuführender **Umsatzsteuer** ergibt sich aus § 12 Abs. 1 S. 2 Nr. 4 JVEG.

B. Sachverständigenvergütung des vorläufigen Insolvenzverwalters

4   Nach § 22 Abs. 1 Nr. 3 InsO kann das Gericht den **vorläufigen Verwalter** beauftragen, ein Sachverständigengutachten darüber zu erstatten, ob ein Eröffnungsgrund vorliegt und welche Aussichten für eine Fortführung des Unternehmens bestehen. Die Beauftragung als Sachverständiger kann der Bestellung als vorläufiger Insolvenzverwalter auch zeitlich vorgehen, wobei mit der Bestellung als vorläufiger Insolvenzverwalter nicht automatisch eine Beendigung der Aufgaben als Sachverständiger verbunden ist.

5   Für die Tätigkeit als Sachverständiger steht dem vorläufigen Insolvenzverwalter eine **gesonderte Vergütung nach dem JVEG** zu, die auf seine Vergütung nach der InsVV nicht anzurechnen ist, § 11 Abs. 4 InsVV.[3] Die Vergütung des vorläufigen Insolvenzverwalter-Sachverständigen richtet sich nach § 9 JVEG, welcher dabei jedoch den isolierten Sachverständigen in Insolvenzverfahren nicht benennt. Für den vorläufigen Insolvenzverwalter-Sachverständigen in der Form des sog starken vorläufigen Insolvenzverwalters nach § 22 Abs. 1 InsO legt § 9 Abs. 2 JVEG einen **Stundensatz von 80 EUR** fest.

6   Bei der Beauftragung eines sog schwachen vorläufigen Verwalters nach § 22 Abs. 2 InsO wird das Gericht idR einen Sachverständigenauftrag iSv § 22 Abs. 1 S. 2 Nr. 3 InsO, also der Prüfung, ob ein Eröffnungsgrund vorliegt und welche Aussichten für eine Fortführung eines Unternehmens bestehen, erteilen. Daher hat auch der sog **schwache vorläufige Verwalter** einen Vergütungsanspruch mit einem Stundensatz von 80 EUR.[4]

7   Besondere Bedeutung kommt der Sachverständigenbestellung nach § 22 Abs. 1 S. 2 Nr. 3 Hs. 2 InsO auf vergütungsrechtlicher Ebene zu, da nur die Sachverständigentätigkeit auf Grund eines gerichtlichen Gutachtenauftrages nach dem JVEG **aus der Staatskasse vergütet** wird.

---

[1] OLG Karlsruhe Beschl. v. 16.9.2015 – 15 W 57/15, ZInsO 2016, 355; LG Wuppertal Beschl. v. 4.3.2014 – 16 T 37/14, VIA 2014, 54 (m. Anm. *Schmerbach*); Straßburg ZInsO 2016, 318.

[2] AG Göttingen Beschl. v. 17.9.2004 – 74 IN 260/04, NZI 2004, 676.

[3] *Graeber/Graeber*, InsVV, 2. Aufl. 2016, § 11 Rn. 199a.

[4] OLG Bamberg Beschl. v. 24.2.2005 – 1 W 8/05, NZI 2005, 503; AG Hamburg Beschl. v. 28.9.2004 – 67g IN 274/04, NZI 2004, 677.

C. Vergütungsfestsetzung

Die Vergütung des Sachverständigen gehört zu den **gerichtlichen Auslagen** 8
nach Nr. 9005 GKG und damit zu den Kosten eines Insolvenzverfahrens nach
§ 54 InsO. Der Vergütungsanspruch des Sachverständigen richtet sich daher
nicht gegen den Insolvenzschuldner sondern gegen die Staatskasse, die auch
dann leistungsverpflichtet ist, wenn das Vermögen des Insolvenzschuldners
nicht ausreichend ist, diese Auslagen des Insolvenzgerichts zu ersetzen.

§ 57. Die Vergütung im Verbraucherinsolvenzverfahren

A. Besonderheiten der Vergütung im eröffneten Verbraucherinsolvenzverfahren

Mit der Streichung der §§ 312–314 InsO durch das Gesetz zur Verkürzung 1
des Restschuldbefreiungsverfahrens[1] zum 1. Juli 2014 wurden die besonderen
Verfahrensregelungen des Verbraucherinsolvenzverfahrens aufgehoben und an
die bisherige Stelle des Treuhänders des Verbraucherinsolvenzverfahrens der
Insolvenzverwalter des eröffneten Insolvenzverfahrens gesetzt. Für diesen gelten die Vergütungsregelungen des Regelinsolvenzverfahrens mit der Besonderheit, dass über § 13 InsVV die **Basis-Mindestvergütung** des § 2 Abs. 2 S. 1
InsVV dann von 1000 EUR **auf 800 EUR** reduziert wird, wenn die Unterlagen
nach § 305 Abs. 1 Nr. 3 InsO von einer geeigneten Person oder Stelle erstellt
worden sind. Bei diesen Unterlagen handelt es sich um das Verzeichnis des vorhandenen Vermögens und des Einkommens (Vermögensverzeichnis), eine Zusammenfassung des wesentlichen Inhalts dieses Verzeichnisses (Vermögensübersicht), dem Verzeichnis der Gläubiger und dem Verzeichnis der gegen den
Antragsteller gerichteten Forderungen.

Ob die Voraussetzungen für eine Reduzierung der Basis-Mindestvergütung
vorliegen, ist im Einzelfall zu prüfen. Dass die Bescheinigung über das Durchführen und Scheitern eines außergerichtlichen Einigungsversuchs gem. § 305
Abs. 1 Nr. 1 InsO nF von einer geeigneten Person oder Stelle ausgestellt worden ist, spielt insoweit keine Rolle.[2] Es mag zwar faktisch so sein, dass in den
meisten Fällen auch die Verzeichnisse nach § 305 Abs. 1 Nr. 3 InsO nicht von
dem Insolvenzschuldner, sondern von seinem Berater erstellt werden, doch
muss in jedem einzelnen Verfahren, in dem zu prüfen ist, von welcher Mindestvergütungsbasis auszugehen ist, festgestellt werden, ob die Voraussetzungen des
§ 13 InsVV vorliegen oder nicht. Hierzu hat das Insolvenzgericht konkrete
Feststellungen zu treffen und gegebenenfalls Ermittlungen von Amts wegen
vorzunehmen.[3]

---

[1] Gesetz v. 15.7.2013, BGBl. I S. 2379 ff.
[2] *Graeber* InsbürO 2015, 12.
[3] *Graeber/Graeber*, InsVV, 2. Aufl. 2016, § 13 Rn. 24a.

B. Die Vergütung des Treuhänders nach § 293 InsO

I. Rechtsgrundlagen

6   Für den Treuhänder in der Phase der Wirkung der **Abtretungserklärung des Insolvenzschuldners** nach § 287 InsO nach Abschluss des eröffneten Insolvenzverfahrens sieht § 293 Abs. 1 InsO vor, dass diesem ein Anspruch auf Vergütung für seine Tätigkeit und angemessene Auslagen zusteht. Gem. § 293 Abs. 1 S. 2 InsO ist dabei dem Zeitaufwand des Treuhänders und dem Umfang seiner Tätigkeit Rechnung zu tragen.

7   Durch § 293 Abs. 2 InsVV wird auf die Regelungen der §§ 64 und 65 InsO verwiesen. Die Einzelheiten der Vergütungsberechnung sind in den §§ 14–16 InsVV geregelt. Ein Rückgriff auf die Regelungen der Verwaltervergütung in §§ 1–9 InsVV ist dabei nicht möglich, da für den Treuhänder der sog Wohlverhaltensperiode eine Verweisungsnorm wie die des § 10 InsVV fehlt.

II. Berechnungsgrundlage in der Wohlverhaltensperiode

8   Die Berechnungsgrundlage des Treuhänders der Wohlverhaltensperiode bestimmt sich gem. § 14 Abs. 1 InsVV nach der **Summe der Beträge** berechnet, die auf Grund der **Abtretungserklärung** gem. § 287 Abs. 2 InsO oder auf andere Weise zur Befriedigung der Insolvenzgläubiger beim Treuhänder eingehen. Eine Bezugnahme auf das Vermögen des Insolvenzschuldners des zuvor eröffneten Insolvenzverfahrens oder andere Werte findet nicht statt.

III. Regelvergütung

9   In ähnlicher Weise wie bei der Regelvergütung des Insolvenzverwalters in § 2 Abs. 1 InsVV sieht § 13 Abs. 2 InsVV eine **degressive Staffelung** der Treuhändervergütung in der Wohlverhaltensperiode vor. Sein Vergütungsanteil beträgt bei einer Summe bis zu 25 000 EUR 5 %, darüber hinaus bis zu 50 000 EUR 3 % und oberhalb dieser 50 000 EUR 1 %. Maßgeblich sind die gesamten, während der Laufzeit der Abtretungserklärung eingehenden Beträge.

IV. Mindestvergütung

10   Zur Absicherung einer Basisvergütung legt § 14 Abs. 3 InsVV eine **Mindestvergütung von 100 EUR pro Jahr** fest. Diese Mindestvergütung fällt zB an, wenn keine Geldeingänge vorliegen, weil der Schuldner ohne Beschäftigung ist oder das Arbeitseinkommen keine pfändbare Höhe erreicht.[4] Diese Mindestvergütung erhöht sich dann, wenn durch die eingehenden Beträge eine Verteilung an mehr als 5 Gläubiger vorgenommen werden konnte, § 14 Abs. 3 S. 2 InsVV.

---

[4] Zu Problemen einer erhöhten Mindestvergütung *Graeber* InsbürO 2006, 585.

V. Zu- und Abschläge in der Wohlverhaltensperiode

Abweichungen von der Regelvergütung des § 13 Abs. 2 InsVV durch die Berücksichtigung angemessener **Zu- oder Abschläge** sind für den Treuhänder der Wohlverhaltensperiode mit Ausnahme der Sonderaufgabe des § 16 InsVV nicht vorgesehen. Gleichwohl dürfte in Verfahren, in denen erheblichen Abweichungen zu besonderen Belastungen des Treuhänders geführt haben, ein angemessener Zuschlag zulässig sein.[5]

11

VI. Zusatzvergütung für eine Obliegenheitsüberwachung

In Verfahren, in denen die Insolvenzgläubiger dem Treuhänder gem. § 292 Abs. 2 InsO mit der **Überwachung der Erfüllung der Obliegenheiten** des Insolvenzschuldners beauftragt haben, steht dem Treuhänder für diese Tätigkeit gem. § 15 Abs. 1 InsVV ein Stundensatz von in der Regel 35 EUR zu. Diese Sondervergütung ist gem. § 15 Abs. 2 InsVV auf die Höhe der Regelvergütung nach § 14 Abs. 2 InsVV begrenzt, so nicht die Gläubigerversammlung hierzu eine abweichende Regelung getroffen hat. Die Höhe des Stundensatzes des Treuhänders für die Überwachungstätigkeit wird vom Insolvenzgericht bei der Ankündigung der Restschuldbefreiung festgesetzt, § 16 Abs. 1 S. 1 InsVV.

12

VII. Festsetzung, Auslagen und Vorschüsse

Die Festsetzung der Vergütung und Auslagen des Treuhänders erfolgt am **Ende seines Amtes**, § 16 Abs. 1 S. 2 InsVV. Dabei erhält der Treuhänder seine Auslagen nicht pauschaliert, sondern nach Einzelabrechnung ersetzt.

13

An Stelle der Möglichkeit eines Antrages auf Zustimmung des Insolvenzgerichts zur Entnahme eines **Vorschusses** nach § 9 InsVV kann der Treuhänder der Wohlverhaltensperiode gem. § 16 Abs. 2 InsVV Vorschüsse auf seine Vergütung ohne Genehmigung des Insolvenzgerichts aus den eingehenden Beträgen entnehmen. Ist dies mangels Eingängen nicht möglich und wurden dem Insolvenzschuldner die Kosten des Verfahrens gem. § 4a InsO gestundet kann der Treuhänder einen Vorschuss vom Insolvenzgericht verlangen.

14

---

[5] *Graeber/Graeber*, InsVV, 2. Aufl. 2016, § 14 Rdnr. 29; *Keller*, Vergütung und Kosten in Insolvenzverfahren, 2. Aufl., 2007, Rn. 224.

17. Teil.
Rechtsmittel im Insolvenzverfahren

Fast alle Entscheidungen des Insolvenzgerichts beeinträchtigen die Rechtsstellung eines oder mehrerer Beteiligter erheblich. Ein nach rechtsstaatlichen Grundsätzen durchgeführtes Insolvenzverfahren muss deshalb verfahrensrechtliche Wege zur Verfügung stellen, die sicherstellen, dass sich die Betroffenen gegen ergangene Entscheidungen zur Wehr setzen können. Die folgenden Ausführungen stellen diese Wege vor und beginnen mit den Vorgaben des Verfassungsrechts (→ Rn. 1 ff.), bevor sie sich der sofortigen Beschwerde als dem hauptsächlichen Rechtsmittel gegen Entscheidungen des Insolvenzrichters zuwenden (→ Rn. 3 ff.). Damit Betroffene rasch Klarheit erlangen, sind in den Text Kataloge mit anfechtbaren und nicht anfechtbaren Entscheidungen eingestreut (→ Rn. 8 ff.). Ein Muster (→ Rn. 17) erleichtert nicht anwaltlich vertretenen Beteiligten die Einlegung von Rechtsmitteln. Eingegangen wird auch auf Rechtsmittel gegen Entscheidungen des Rechtspflegers (→ Rn. 23 ff.), bevor ein kurzer Überblick über die in den meisten Fällen nicht in Betracht kommende Rechtsbeschwerde zum BGH gegeben wird (→ Rn. 29 ff.).

§ 58. Die Rechtsmittelzüge im Einzelnen

A. Allgemeines zum Rechtsschutz

Nach Art. 19 Abs. 4 GG steht jeder Person, die durch die öffentliche Gewalt in ihren Rechten verletzt ist, der **ordentliche Rechtsweg** offen, falls eine andere Möglichkeit zur Erlangung des Rechtsschutzes nicht gegeben ist. Dieser Grundsatz gilt auch im Insolvenzverfahren, in dem im Interesse der Befriedigung der Gesamtheit der Gläubiger nicht selten schwerwiegende Eingriffe in die Rechtsstellung des Schuldners erforderlich sind – man denke etwa an die Eröffnung des Insolvenzverfahrens, durch die dem Schuldner die Verfügungsbefugnis über sein Vermögen entzogen und auf den Insolvenzverwalter übertragen wird. Das Insolvenzverfahren greift aber auch in die rechtliche Stellung der betroffenen Gläubiger ein, indem es ihre Interessen an der vollständigen Befriedigung ihrer gegen den Schuldner bestehenden Forderungen auf die Möglichkeit der Teilnahme an der gemeinschaftlichen Befriedigung aller Gläubiger reduziert. Wie die Möglichkeit der **Restschuldbefreiung** zeigt, können damit empfindliche finanzielle Verluste bis zum Totalausfall der Forderung verbunden sein. Es besteht deshalb ein grundsätzliches Interesse aller Beteiligten daran, Entscheidungen des Insolvenzgerichts durch eine weitere Instanz überprüfen zu lassen. Hierfür sieht das Gesetz das Rechtsmittel der sofortigen Beschwerde vor. 1

Die **Bedeutung der Rechtsmittel** im Insolvenzverfahren erschöpft sich nicht nur in der Gewährleistung raschen und effektiven Rechtsschutzes für die Betei- 2 ligten. Die Möglichkeit der Überprüfung der Entscheidungen des Insolvenzgerichts dient vor allem durch die Eröffnung der Rechtsbeschwerde auch der Sicherung einer einheitlichen Rechtsprechung, die eine vorhersehbare Gesetzesauslegung und -anwendung durch die Insolvenzgerichte ermöglicht. Dies dient nicht nur der Fortentwicklung des Rechts, sondern verbessert auch die erforderliche Rechtssicherheit der Beteiligten.

B. Sofortige Beschwerde nach der Insolvenzordnung

I. Abgrenzung von anderen Rechtsbehelfen und Rechtsmitteln

3 Die im Insolvenzverfahren statthaften Rechtsmittel sind zunächst von **formlosen Rechtsbehelfen** wie der **Dienstaufsichtsbeschwerde** und der Gegenvorstellung zu unterscheiden. Mit der Dienstaufsichtsbeschwerde kann lediglich ein dienstliches Fehlverhalten des Richters oder Rechtspflegers überprüft werden. Auf den Inhalt der Entscheidung kann der Dienstvorgesetzte – bei Richtern der Präsident des Amts- oder Landgerichts, bei Rechtspflegern der Direktor oder Abteilungsleiter des Amtsgerichts – wegen der gesetzlich garantierten **sachlichen Unabhängigkeit** (§ 25 DRiG, § 9 RpflG) keinen Einfluss nehmen. Die sogenannte Gegenvorstellung führt zwar zu einer sachlichen Überprüfung der angefochtenen Entscheidung, eröffnet jedoch keine weitere Instanz. Die Überprüfung erfolgt vielmehr durch den zuständigen Richter oder Rechtspfleger. Sofern das Insolvenzgericht wie bei der „Vorauswahl" des Insolvenzverwalters als Justizverwaltungsbehörde tätig wird, ist gegen seine Entscheidungen der Rechtsweg nach §§ 23 ff. EGGVG eröffnet.[1]

4 Anwaltlich nicht vertretene Beteiligte sollten, wenn sie sich gegen Entscheidungen des Insolvenzgerichts zur Wehr setzen wollen und eine sachliche Überprüfung durch die übergeordnete Instanz wünschen, stets deutlich machen, dass die Einlegung eines **förmlichen Rechtsmittels** gewünscht ist. Die Gerichte werden das Begehren jedes Beteiligten nicht nach der von ihm vorgenommenen und möglicherweise nicht zutreffenden Bezeichnung des Rechtsmittels – etwa als „Einspruch" oder „Widerspruch" – würdigen, sondern stets eine inhaltliche Auslegung vornehmen. Nur dann, wenn aus einem Schreiben deutlich entnommen werden kann, dass eine inhaltliche Überprüfung durch die nächst höhere Instanz gewünscht ist, werden die Gerichte von der Einlegung einer sofortigen Beschwerde ausgehen.

II. Beschwerdefähige Entscheidungen

5 Erlässt der **Insolvenzrichter** Entscheidungen, so können diese grundsätzlich mit der **sofortigen Beschwerde** angefochten werden (§ 6 Abs. 1 InsO). In bestimmten Sonderfällen – zB nach § 64 Abs. 3 InsO hinsichtlich der Vergütung des (vorläufigen) Insolvenzverwalters – verweist das Gesetz allerdings auf die **sofortige Beschwerde des Zivilprozessrechts** (§ 567 ZPO).[2] Wesentliche sachli-

---

[1] Vgl. dazu → § 3 Rn. 29.
[2] Hierzu KPB/*Lüke* § 64 Rn. 21.

che Unterschiede sind damit aber nicht verbunden. Insbesondere durch die in § 572 Abs. 1 S. 1 ZPO vorgesehene Abhilfemöglichkeit ist der Verfahrensgang bei beiden Rechtsmitteln weitgehend identisch, so dass die folgenden Ausführungen zur sofortigen Beschwerde nach § 6 InsO grundsätzlich auch für die sofortige Beschwerde nach der ZPO gelten. Bei künftigen Überarbeitungen der Insolvenzordnung wäre eine Harmonisierung des Rechtsmittelrechts mit dem der ZPO wünschenswert, die im Bereich der Rechtsbeschwerde bereits erfolgt ist.

Der Begriff der „Entscheidung" ist gesetzlich nicht definiert. Nach dem Zweck des Gesetzes muss es sich um eine – zumindest vorläufige – Regelung einer Sach- oder Verfahrensfrage in einem bestimmten Einzelfall handeln, für den der Richter im Rahmen seiner Amtsgewalt auch zuständig ist.[3] Damit scheiden bloße **Meinungsäußerungen,** gerichtsinterne Verfügungen und das Unterlassen von Maßnahmen von vornherein aus. Nicht anfechtbar sind in der Regel auch solche Maßnahmen, die wegen der Sicherung oder Ermittlung der Vermögensverhältnisse des Schuldners vorgenommen werden. Die Gerichte haben bereits die in der folgenden Übersicht enthaltenen Entscheidungen als nicht beschwerdefähig angesehen.

6

Zu **nicht beschwerdefähigen Entscheidungen** vgl. Übersicht 1.

7

Das Gesetz sieht hinsichtlich der Anfechtbarkeit von Entscheidungen eine weitere Einschränkung vor. § 6 Abs. 1 InsO erlaubt nur die Anfechtung solcher Entscheidungen, für die im Gesetz die **sofortige Beschwerde ausdrücklich vorgesehen** ist. Das hat seinen guten Sinn: Durch den oft dynamischen Fortgang des Verfahrens würde die Befriedigung der Gesamtheit der Gläubiger in Frage gestellt, wenn der Schuldner oder einzelne Gläubiger durch die Anfechtung jeder Entscheidung des Insolvenzgerichts das Verfahren in die Länge ziehen könnte.

8

Übersicht 1

Nicht beschwerdefähige Entscheidungen[4]

– Bestellung eines Gutachters gem. § 5 InsO
– Anordnung von Sicherungsmaßnahmen gem. § 21 Abs. 2 Nr. 1, 2 und 5 InsO,[5] wenn nicht der Schuldner sofortige Beschwerde einlegt
– Anforderung eines Vorschusses gem. § 26 Abs. 1 Satz 2 InsO
– Ablehnung eines Einschreitens nach § 58 InsO
– Vertagung einer Gläubigerversammlung
– Ablehnung eines Antrags auf Unwirksamkeitserklärung von Beschlüssen der Gläubigerversammlung

---

[3] Vgl. *Holzer* Rn. 145.
[4] Hierzu FK-InsO/*Schmerbach* § 6 Rn. 28.
[5] Durch die Anordnung der Verwendung von Gegenständen Dritter für die Fortführung des Unternehmens kann die Rechtsposition der Eigentümer insbesondere dann tangiert sein, wenn das Insolvenzgericht durch „Formularbeschluss" ohne Abwägung der widerstreitenden Interessen der Beteiligten entscheidet. Hier könnte die Einführung einer Beschwerdemöglichkeit sinnvoll sein.

- Wahl eines anderen Insolvenzverwalters durch die Gläubigerversammlung
- Bestätigung der Wahl eines anderen Insolvenzverwalters durch das Gericht
- Anordnung einer Aufenthaltsbeschränkung oder -Pflicht gegenüber dem Schuldner
- Androhung der Vorführung oder Verhaftung
- Nach dem Schlusstermin beantragte und abgelehnte Versagung der Restschuldbefreiung
- Absehen von einem Schuldenbereinigungsplanverfahren gem. § 306 Abs. 1 Satz 3 InsO
- Ablehnung der Möglichkeit zur Änderung des Schuldenbereinigungsplans nach § 307 Abs. 3 InsO gegenüber dem Schuldner
- Auswahl und Ernennung des Treuhänders nach § 291 Abs. 1 InsO
- Entscheidungen nach § 36 InsO
- Ankündigung der Erteilung der Restschuldbefreiung nach § 291 Abs. 1 InsO
- Änderung der Pfändungsfreigrenzen gem. §§ 850 ff. ZPO durch das Insolvenzgericht
- Eröffnung des Verfahrens ohne die beantragte Eigenverwaltung
- Entscheidung über eine Vollstreckungserinnerung, die insolvenzrechtliche Fragen im Zusammenhang mit einer Herausgabevollstreckung aus dem Eröffnungsbeschluss zum Gegenstand hat (§§ 148 Abs. 2 Satz 2 InsO iVm § 766 ZPO)[6]
- Alle Handlungen des Insolvenzverwalters[7]
- Die in Übersicht 5 (Rn. 23 ff.) genannten Fälle der sofortigen Erinnerung nach § 11 Abs. 2 RpflG

9 **Angefochten** werden können deshalb nur die folgenden, besonders bedeutsamen **Entscheidungen:**

Übersicht 2

Anfechtbare Entscheidungen[8]

a) Beschwerden nach der Insolvenzordnung
  - Ablehnung der Stundung oder deren Aufhebung und Ablehnung der Beiordnung eines Rechtsanwalts (§ 4d Abs. 1 InsO)
  - Anordnung der Haft zur Auskunftserteilung gegenüber dem Insolvenzgericht (§ 20 Abs. 1 Satz 2 iVm § 98 Abs. 3 Satz 3 InsO)
  - Anordnung einer vorläufigen Postsperre (§ 21 Abs. 2 Nr. 4 iVm § 99 Abs. 3 Satz 1 InsO)
  - Anordnung von Sicherungsmaßnahmen wie Auswahl und Bestellung eines vorläufigen Insolvenzverwalters, Anordnung eines allgemeinen Verfügungsverbotes und Untersagung von Maßnahmen der Zwangsvollstreckung (§ 21 Abs. 2 Nr. 1–3, Abs. 1 Satz 2 InsO)

---

[6] KPB/*Holzer* § 148 Rn. 19a.
[7] LG Gera, Beschl. v. 5.3.2002 – 5 T 111/02, ZIP 2002, 1737 (1738).
[8] Vgl. KPB/*Prütting* § 6 Rn. 14; FK-InsO/*Schmerbach* § 6 Rn. 27; der Entwurf eines Gesetzes zur Entschuldung mittelloser Personen, zur Stärkung der Gläubigerrechte sowie zur Regelung der Insolvenzfestigkeit von Lizenzen (BT-Drs. 16/7416 = ZVI 2007, Beilage 2 zu Heft 8) hatte in dem vorgeschlagenen Entschuldungsverfahren weitere Rechtsmittel vorgesehen, vgl. *Holzer* ZVI 2007, 393 (395).

- Anordnung der Haft im Eröffnungsverfahren (§ 21 Abs. 3 Satz 3 iVm § 98 Abs. 3 Satz 3 InsO)
- Anordnung der Haft zur Auskunftserteilung gegenüber dem vorläufigen Insolvenzverwalter (§ 22 Abs. 3 Satz 3 iVm § 98 Abs. 3 Satz 3 InsO)
- Ablehnung der Eröffnung des Verfahrens mangels Masse und aus anderen Gründen (§ 34 Abs. 1 InsO)
- Eröffnung des Verfahrens (§ 34 Abs. 2 InsO)
- Versagung der Bestellung eines durch die Gläubigerversammlung gewählten Insolvenzverwalters (§ 57 Satz 3 InsO)
- Festsetzung eines Zwangsgeldes gegen den Insolvenzverwalter (§ 58 Abs. 2 Satz 3, Abs. 3 InsO)
- Entlassung oder Ablehnung der Entlassung des Insolvenzverwalters (§ 59 Abs. 2 Satz 1, 2 InsO)
- Entlassung eines Mitglieds des Gläubigerausschusses (§ 70 Satz 3 InsO)
- Ablehnung der Einberufung der Gläubigerversammlung (§ 75 Abs. 3 InsO)
- Aufhebung oder Ablehnung der Aufhebung eines Beschlusses der Gläubigerversammlung (§ 78 Abs. 2 Satz 2 und 3 InsO)
- Erlass eines Haftbefehls oder Abweisung eines Antrags auf dessen Aufhebung (§ 98 Abs. 3 Satz 3 InsO)
- Anordnung einer Postsperre (§ 99 Abs. 3 InsO)
- Anordnung der Haft gegen einen organschaftlichen Vertreter (§ 101 Abs. 1 Satz 1 iVm § 98 Abs. 3 Satz 3 InsO)
- Anordnung der Haft bei eidesstattlicher Versicherung der Vollständigkeit des Vermögensverzeichnisses (§ 153 Abs. 2 Satz 2 iVm § 98 Abs. 3 Satz 3 InsO)
- Zurückweisung von Einwendungen gegen das Verteilungsverzeichnis (§ 194 Abs. 2 Satz 2 InsO)
- Berichtigung des Verteilungsverzeichnisses (§ 194 Abs. 3 Satz 2 InsO)
- Einwendungen eines Gläubigers im Schlusstermin (§ 197 Abs. 3 iVm § 194 Abs. 3 Satz 3 InsO)
- Ablehnung der Nachtragsverteilung (§ 204 Abs. 1, 2 InsO)
- Besondere Nachtragsverteilung (§ 211 Abs. 3 Satz 2 iVm § 204 InsO)
- Einstellung des Insolvenzverfahrens (§ 216 Abs. 1, 2 InsO)
- Zurückweisung des Insolvenzplans (§ 231 Abs. 3 InsO)
- Bestätigung oder Versagung der Bestätigung des Insolvenzplans (§ 253 InsO)
- Aufhebung der Anordnung der Eigenverwaltung (§ 272 Abs. 2 Satz 3 InsO)
- Bestellung, Aufsicht und Entlassung des Sachwalters (§ 274 Abs. 1 iVm § 57 Satz 4, § 58 Abs. 2 Satz 3, § 59 Abs. 2 InsO)
- Entlassung oder Ablehnung der Entlassung des Treuhänders (§ 292 Abs. 3 InsO)
- Anordnung der Haft zur Auskunftserteilung gegenüber dem Sachwalter (§ 274 Abs. 3 iVm § 22 Abs. 3 Satz 3, § 98 Abs. 3 Satz 3 InsO)
- Versagung der Restschuldbefreiung wegen Unwürdigkeit (§ 289 Abs. 2 Satz 1 InsO), wegen Verstoß gegen Obliegenheiten (§ 296 Abs. 3 Satz 1 InsO), wegen Insolvenzstraftaten (§ 297 Abs. 2 iVm § 296 Abs. 3 Satz 1 InsO) oder wegen fehlender Deckung der Mindestvergütung des Treuhänders (§ 298 Abs. 3 iVm § 296 Abs. 3 Satz 1 InsO)
- Versagung der Restschuldbefreiung (§ 300 Abs. 3 Satz 3 InsO)
- Widerruf und Ablehnung des Widerrufs der Restschuldbefreiung (§ 303 Abs. 3 Satz 2 InsO)
- Ersetzung der Zustimmung zum Schuldenbereinigungsplan (§ 309 Abs. 2 Satz 3 InsO)

- Versagung der Bestätigung eines durch die Gläubigerversammlung gewählten Treuhänders (§ 313 Abs. 1 iVm § 57 Satz 4 InsO)
- Anordnung von Sicherungsmaßnahmen bei inländischem Sekundärinsolvenzverfahren (§ 344 Abs. 2 InsO)
- Ablehnung der Bekanntmachung der Verfahrenseröffnung und der Verwalterbestellung in einem Insolvenzverfahren eines Staates, der nicht der Europäischen Union angehört (§ 345 Abs. 3 Satz 3 InsO)
- Ablehnung der Stellung eines Ersuchens an das Grundbuchamt oder Registergericht auf Eintragung der Eröffnung oder der Anordnung von Sicherungsmaßnahmen in einem Insolvenzverfahren eines Staates, der nicht der Europäischen Union angehört (§ 346 Abs. 2 Satz 2 InsO)[9]
- Einstellung eines inländischen Partikularverfahrens bei Eröffnung eines Hauptinsolvenzverfahrens in einem Mitgliedsstaat der Europäischen Union (Art. 102 § 4 Abs. 1 Satz 3 EGInsO)
- Ablehnung der öffentlichen Bekanntmachung eines in einem anderen Mitgliedsstaat der Europäischen Union eröffneten Hauptinsolvenzverfahrens und Ablehnung der Stellung eines Ersuchens bei dem Grundbuchamt oder Registergericht auf Eintragung des Eröffnungsvermerks (Art. 102 § 7 iVm §§ 5, 6 EGInsO)
- Eröffnung eines inländischen Partikularverfahrens trotz Eröffnung eines Hauptinsolvenzverfahrens in einem anderen Mitgliedsstaat der Europäischen Union (Art. 102 § 3 Abs. 1 Satz 3 EGInsO)

b) Beschwerden nach der Zivilprozessordnung
- Festsetzung der Vergütung des (vorläufigen) Insolvenzverwalters (§ 64 Abs. 3 InsO)
- Festsetzung der Vergütung der Mitglieder des Gläubigerausschusses (§ 73 Abs. 2 iVm § 64 Abs. 3 InsO)
- Festsetzung der Vergütung des Sachwalters (§ 274 Abs. 1 iVm § 64 Abs. 3 InsO)
- Festsetzung der Vergütung des Treuhänders (§ 293 Abs. 2 iVm § 64 Abs. 3 InsO)
- Entscheidung über die Kosten des Insolvenzverfahrens bei übereinstimmender Erledigung der Hauptsache (§ 4 InsO iVm § 91a ZPO)
- Entscheidung über die Kosten des Insolvenzverfahrens bei Zurücknahme des Insolvenzantrags (§ 4 InsO iVm § 269 Abs. 3 Satz 2 ZPO)
- Entscheidung über eine Vollstreckungserinnerung, die die Herausgabevollstreckung aus dem Eröffnungsbeschluss zum Gegenstand hat[10]

10–11 In allen anderen Fällen ist die sofortige **Beschwerde** ohne Sachprüfung als **unzulässig** zu verwerfen, wobei die Kosten der Beschwerdeführer zu tragen hat (§§ 4 InsO, 97 Abs. 1 ZPO). Der Gläubiger sollte deshalb zur Vermeidung unnötiger Kosten stets vor Einlegung des Rechtsmittels überprüfen, ob die Beschwerde überhaupt zulässig ist. Der zwingende **Ausschluss der Beschwerde** wird allerdings in einigen besonders bedeutsamen Fällen **bezweifelt**; zudem ist davon auszugehen, dass eine sofortige Beschwerde gegen eine in der InsO nicht gesetzlich verankerte Entscheidung nach dem Grundsatz der Meistbegünsti-

---

[9] Zum Ersuchensverfahren bei der Eintragung der Vermerke in das Grundbuch vgl. KPB/*Holzer* § 32 Rn. 23.
[10] BGH, Beschl. v. 21.9.2006 – IX ZB 127/05, ZIP 2006, 2008; BGH, Beschl. v. 21.1.2006 – IX ZB 239/04, ZIP 2006, 340; BGH, Beschl. v. 5.2.2004 – IX ZB 97/03, ZIP 2004, 732.

gung zulässig ist.[11] Bei der Einlegung eines Rechtsmittels besteht hier eine geringe Chance, dass dieses trotz der zwingenden Vorschriften der Insolvenzordnung als zulässig angesehen wird. Wegen der streitigen Rechtslage ist jedoch das Risiko der Verwerfung als überwiegend einzuschätzen; dies sollte bei einer Beschwerdeeinlegung berücksichtigt werden.

Bei so genannter **„greifbarer Gesetzwidrigkeit"** bestand nach früherem Recht die Möglichkeit, auch gegen Entscheidungen Beschwerde einzulegen, in denen diese gesetzlich ausgeschlossen war. Die außerordentliche Beschwerde ist aber nur in solchen Fällen statthaft, in denen mit diesem außerordentlichen Rechtsbehelf **krasses Unrecht** und **willkürliche Ergebnisse** beseitigt werden konnten. Nach Einführung der über § 4 InsO anwendbaren Möglichkeit der Selbstkorrektur gem. § 321a ZPO ist diese vorrangig und eine außerordentliche Beschwerde auch in Fällen „greifbarer Gesetzwidrigkeit" nicht mehr statthaft.[12]

§ 6 Abs. 2 InsO trifft keine Aussagen zur Frist der sofortigen Beschwerde. Nach § 4 InsO gilt deshalb die in § 569 Abs. 1 S. 1 ZPO vorgesehene **Notfrist von zwei Wochen**. Die Bezeichnung als Notfrist hat vor allem die Bedeutung, dass dem Beschwerdeführer dann, wenn er die Frist ohne Verschulden nicht einhalten konnte, nach § 4 InsO, § 233 ZPO Wiedereinsetzung in den vorigen Stand zu gewähren ist. Die Frist beginnt mit der Verkündung der Entscheidung (zB im Termin) oder mit deren Zustellung durch das Gericht oder den Insolvenzverwalter (vgl. § 8 InsO) zu laufen (§ 6 Abs. 2 InsO). Zu beachten ist dabei, dass auch die **öffentliche Bekanntmachung** Zustellungswirkungen hat (§ 9 Abs. 3 InsO); ein Gläubiger wird sich dabei in aller Regel nicht darauf berufen können, die zentrale Internetplattform der Länder, auf der gem. § 9 Abs. 1 InsO die Veröffentlichungen des Insolvenzgerichts vorgenommen werden, nicht eingesehen zu haben.

Die sofortige Beschwerde kann **schriftlich** oder zu **Protokoll der Geschäftsstelle** des Insolvenzgerichts (Amtsgericht) oder des Beschwerdegerichts (Landgericht) eingelegt werden. Sie ist bereits vor der Zustellung der angefochtenen Entscheidung zulässig, wenn dem Beschwerdeführer der Inhalt der Entscheidung bereits bekannt geworden ist. Für die **Einlegung** der sofortigen Beschwerde gilt auch am Landgericht kein Anwaltszwang. Erforderlich ist nur, dass die angefochtene Entscheidung hinreichend bezeichnet wird und erkennbar ist, dass eine förmliche Sachentscheidung begehrt wird. Eine **Begründung** ist zur Untermauerung des Begehrens des Beschwerdeführers in jedem Fall sinnvoll, jedoch nicht zwingend erforderlich. Die Entscheidung des Insolvenzgerichts kann sowohl aus rechtlichen Erwägungen als auch durch den Vortrag neuer Tatsachen angegriffen werden (§ 571 Abs. 2 S. 1 ZPO).

Die sofortige Beschwerde ist nur statthaft, wenn eine **Beschwer** vorliegt. Daran fehlt es, wenn der Beschwerdeführer durch die angefochtene Entscheidung rechtlich nicht beeinträchtigt ist. So kann der einen Eigenantrag stellende Schuldner die Verfahrenseröffnung nicht mit der Begründung angreifen, es habe eine Abweisung mangels Masse erfolgen müssen.

Eine zulässige sofortige Beschwerde setzt ferner das Vorliegen eines **Rechtsschutzbedürfnisses** voraus, das fehlt, wenn die angefochtene Entscheidung

---

[11] FK-InsO/*Schmerbach* § 6 Rn. 27 mwN.
[12] FK-InsO/*Schmerbach* § 6 Rn. 95.

durch den – im Insolvenzverfahren oft raschen Verfahrensgang – prozessual überholt ist. Ein Rechtsmittel des Schuldners gegen die Anordnung der vorläufigen Insolvenzverwaltung wird beispielsweise mit der Eröffnung des Verfahrens verfahrensrechtlich überholt und beeinträchtigt ihn nach diesem Zeitpunkt nicht mehr. Für das Beschwerdegericht besteht deshalb kein Anlass mehr, die Maßnahme noch zu überprüfen,[13] es sei denn, es liegt ein **schwerwiegender Grundrechtseingriff** vor, der im Nachhinein festgestellt werden soll.[14] Weil die Rechtsmittel im Eröffnungsverfahren **keine aufschiebende Wirkung** haben, der Beschwerdeführer auf den Entscheidungszeitpunkt des Beschwerdegerichts keinen Einfluss hat und die angefochtenen Maßnahmen rasch prozessual überholt werden, ist eine bewusste „Verfahrensverschleppung" nur sehr eingeschränkt möglich.

17   Eine sofortige Beschwerde kann nach folgendem **Muster** eingereicht und begründet werden:

Muster 4

H. & M. OHG
– Großhandel mit Maschinenteilen –

22.11.2016

Amtsgericht ...
– Insolvenzgericht –
IN 3479/09

Insolvenzverfahren über das Vermögen der H. & M. OHG

Mit Beschluss vom 19.11.2016 wurde auf Antrag des Gläubigers Max R. das Insolvenzverfahren über das Vermögen der oben genannten Gesellschaft eröffnet. Hiergegen lege ich

sofortige Beschwerde

ein.

Begründung

Das Insolvenzverfahren wurde zu Unrecht eröffnet, weil die Gesellschaft nicht zahlungsunfähig ist.

Nach dem in der Anlage 1 beigefügten Fax vom 19.11.2016 erwartet die Gesellschaft innerhalb der nächsten Woche die Überweisung der ersten Abschläge einer Gesamtforderung von 350 000.– EUR von der polnischen Firma ImpEx für die im Laufe des letzten Jahres erfolgte Lieferung von Maschinenteilen. Die Fa. ImpEx hat die Verpflichtung auch im Grunde anerkannt, wie sich aus dem in Anlage 2 beigefügten Schuldanerkenntnis ergibt. Die Zahlung hat sich nur deshalb verzögert, weil unsere Lieferung durch die polnischen Behörden angehalten worden war. Die Fa. ImpEx hat bereits vor einigen Tagen einen ersten Abschlag von etwa 25 000.– EUR überwiesen, mit dem eine Reihe von kleineren Verbindlichkeiten getilgt werden könnte.

---

[13] FK-InsO/*Schmerbach* § 6 Rn. 19.
[14] BGH, Beschl. v. 4.3.2004 – IX ZB 133/03, ZInsO 2004, 550 (551).

> Die Gesellschaft hat ferner noch vor der Eröffnung eine Kreditzusage der Bau- und Boden-Bank e.G. ... über einen Kredit in Höhe von 100 000.– EUR erhalten. Zusammen mit den Zahlungen aus Polen wäre es damit möglich, noch im Laufe der nächsten Tage sämtliche Verbindlichkeiten, die sich nach Aussage des gerichtlich bestellten Gutachters, Herrn RA ..., auf etwa 250 000.– EUR belaufen, zu tilgen.
> Der Gutachter hat die Forderung gegen die Fa. ImpEx bislang als nicht einbringlich erachtet und mit 0.– EUR bewertet. Angesichts der zu erwartenden Zahlungseingänge ist diese Einschätzung nicht mehr gerechtfertigt.
> Ich bitte wegen der veränderten Sach- und Rechtslage um Aufhebung des Eröffnungsbeschlusses.
>
> Horst H.
> Geschäftsführer

Der Richter hat nach § 572 Abs. 1 S. 1 ZPO die Möglichkeit, der Beschwerde **abzuhelfen**. Er ist deshalb dazu verpflichtet, die Beschwerdeschrift inhaltlich zu prüfen, das Ergebnis seiner Prüfung festzuhalten und dem Beschwerdeführer bekanntzugeben. Wird der sofortigen Beschwerde abgeholfen, so ergeht ein Beschluss, in dem der Richter die angefochtene Entscheidung aufhebt oder in der gewünschten Weise abändert. Kann der sofortigen Beschwerde nicht abgeholfen werden, erlässt der Richter einen Beschluss oder eine Verfügung („Der Beschwerde helfe ich nicht ab"), in der die Gründe für die Nichtabhilfe kurz erläutert werden[15] und legt danach die Akte dem Beschwerdegericht vor.[16] 18

Örtlich zuständig ist gem. § 72 GVG das Landgericht, in dessen Bezirk sich das Insolvenzgericht befindet.[17] Funktionell zuständig ist gem. § 568 ZPO grundsätzlich der in der Geschäftsverteilung vorgesehene Berichterstatter als Einzelrichter, sofern die Sache nicht besondere Schwierigkeiten aufweist oder grundsätzliche Bedeutung hat. 19

Damit keine Zeit verloren geht, sollte die sofortige Beschwerde in jedem Fall bei dem **Insolvenzgericht** und nicht bei dem Landgericht **eingereicht** werden. Die Beschwerdekammer wird sich nämlich in der Regel so lange an einer Entscheidung gehindert sehen, bis das Amtsgericht über eine eventuelle Abhilfe entschieden hat und deshalb bei ihm eingegangene Beschwerdeschriften an dieses zurücksenden. Durch die Einlegung des Rechtsmittels bei dem Amtsgericht kann deshalb wertvolle Zeit gespart werden. 20

Sobald die Akten dem Beschwerdegericht vorgelegt wurden, sind Schreiben an dieses zu richten. Die Beteiligten versuchen gelegentlich, **Schriftverkehr** direkt an den zuständigen Berichterstatter mit dem Zusatz „persönlich" in der Hoffnung zu adressieren, das Verfahren zu beschleunigen. Diese Erwartung wird sich nicht erfüllen: Weil ein derartiges Schreiben nur der Adressat persönlich öffnen darf, besteht bei einem Vertretungsfall – etwa bei Krankheit des zuständigen Richters – keine Möglichkeit, dass der Inhalt des Schreibens von dem 21

---

[15] Zur Notwendigkeit der Begründung der Nichtabhilfeentscheidung vgl. LG München I, Beschl. v. 12.4.2001 – 14 T 5477/01, ZInsO 2001, 425.
[16] Vgl. dazu *Holzer* EWiR 2000, 297.
[17] Zur Zuständigkeit vgl. → Rn. 14.

zuständigen Vertreter zur Kenntnis genommen und in seinen Entscheidungsvorschlag einbezogen wird.

22 Das Beschwerdegericht **ermittelt** wie das Insolvenzgericht **von Amts wegen** (§ 5 InsO). Wird die Beschwerde nicht als unzulässig verworfen, trifft das Beschwerdegericht eine Sachentscheidung, wobei es selbst entscheiden oder die Sache zur erneuten Entscheidung an das Insolvenzgericht zurückverweisen kann.

III. Rechtsmittel gegen Rechtspflegerentscheidungen

23 Die Insolvenzordnung geht bei der Konzeption der Rechtsmittel davon aus, dass alle anfechtbaren Entscheidungen durch den Richter getroffen werden. Das entspricht jedoch nicht mehr der Rechtswirklichkeit: § 18 Abs. 1 S. 1 RpflG sieht vor, dass mit der Verfahrenseröffnung die **funktionelle Zuständigkeit** auf den **Rechtspfleger** übergeht. Diese Änderung in der Person des Entscheidungsträgers kann nicht ohne Einfluss auf das Rechtsmittelsystem sein.

24 Gegen die Entscheidung des Rechtspflegers ist nach § 11 Abs. 1 RpflG die **sofortige Beschwerde** statthaft. Auch für sie ist § 6 InsO einschlägig, weil das RpflG auf die sachlichen Voraussetzungen der Rechtsmittel verweist, die statthaft wären, wenn der Richter die angefochtene Entscheidung des Rechtspflegers erlassen hätte. Die sofortige Beschwerde kann deshalb **binnen zwei Wochen** nach der Bekanntgabe der Entscheidung bei dem Amts- oder Landgericht eingelegt werden. Die Einlegung bei dem Beschwerdegericht empfiehlt sich auch hier nicht, weil der Rechtspfleger der Beschwerde nach § 572 Abs. 1 S. 1 ZPO abhelfen kann.

25 § 11 Abs. 1 RpflG koppelt die sofortige Beschwerde vollständig von einer Vorlage an den Insolvenzrichter ab. Der **Rechtspfleger** hat die **sofortige Beschwerde** daher, wenn er ihr nicht abhilft, selbst dem **Beschwerdegericht vorzulegen**. Ob das Verfahren dadurch gestrafft wird, mag bezweifelt werden, da die früher vorgesehene Filterwirkung auf Grund der zusätzlichen Überprüfung des Insolvenzrichters nunmehr sofort durch das in manchen Fällen langsamere Verfahren vor der Beschwerdekammer ersetzt wird.

26 Trifft der Rechtspfleger Entscheidungen, gegen die – hätte sie der Richter erlassen – kein Rechtsmittel zulässig wäre,[18] so ist hiergegen gem. § 11 Abs. 2 RpflG die **sofortige Erinnerung** statthaft. In der Praxis handelt es sich vor allem um Tätigkeiten im Zusammenhang mit der Gläubigerversammlung, denen – obwohl es sich im Grunde um prozessleitende Maßnahmen handelt – wegen ihres Einflusses auf den weiteren Fortgang des Verfahrens gleichwohl Entscheidungscharakter zukommt.[19] Die mit der sofortigen Erinnerung anfechtbaren Entscheidungen sind in Übersicht 5 dargestellt.

---

[18] → Rn. 8 mit Übersicht 1.
[19] FK-InsO/*Schmerbach* § 6 Rn. 115 ff.

Übersicht 5

– Anberaumung des Berichts- und Prüfungstermins, falls dies abweichend von § 29 Abs. 1 InsO nicht durch den Richter im Eröffnungsbeschluss, sondern durch den Rechtspfleger in einem gesonderten Beschluss erfolgt
– Einberufung der Gläubigerversammlung (§ 74 Abs. 1 Satz 1 InsO)
– Vertagung der Gläubigerversammlung
– Ablehnung der Abstimmung über einen Antrag auf nachträgliche Anordnung der Eigenverwaltung
– Entscheidung über eine Vorschussgewährung nach § 9 InsVV

Die **sofortige Erinnerung** nach § 11 Abs. 2 RpflG ist innerhalb von **zwei Wochen** nach Zugang der Entscheidung bei dem Amtsgericht einzulegen. Hinsichtlich der Formalien wird auf die Ausführungen zur sofortigen Beschwerde[20] verwiesen. Über die sofortige Erinnerung entscheidet, wenn ihr der Rechtspfleger nicht abhilft, der Richter. Gegen seine Entscheidung ist kein weiteres Rechtsmittel statthaft. 27

Zu beachten ist, dass die **Erinnerung** über die **Gewährung eines Stimmrechts** nach §§ 77, 237, 238 InsO gem. § 11 Abs. 3 RpflG ausgeschlossen ist. Der Richter kann jedoch das Stimmrecht neu festsetzen und die Wiederholung der Abstimmung anordnen (§ 18 Abs. 3 S. 2 RpflG). Zuvor kann der Rechtspfleger seine Entscheidung gem. § 77 Abs. 2 S. 3 InsO ändern. Zur Vorlage an den Richter wird die Gläubigerversammlung unterbrochen oder vertagt.[21] 28

IV. Rechtsbeschwerde zum BGH

Gegen die Entscheidung des Beschwerdegerichts ist die Rechtsbeschwerde statthaft. Nach dem ersatzlosen Wegfall des früheren § 7 InsO im Jahre 2011 ist diese nur dann zulässig, wenn das Gesetz dies ausdrücklich bestimmt (§ 574 Abs. 1 Nr. 1 ZPO) oder wenn sie durch das Beschwerdegericht zugelassen wurde (§ 574 Abs. 1 Nr. 2 ZPO). Die Zulassung erfolgt in den zuerst genannten Fällen, wenn die **Rechtssache grundsätzliche Bedeutung** hat oder eine Entscheidung des BGH zur **Fortbildung des Rechts** oder zur **Sicherung einer einheitlichen Rechtsprechung** erforderlich ist (§ 574 Abs. 2 ZPO).[22] Durch die Einführung der Zulassungsrechtsbeschwerde auch in Insolvenzsachen ist eine Vereinheitlichung der Zulässigkeitsvoraussetzungen der Rechtsbeschwerden nach an die ZPO angelehnten Verfahrensordnungen (ebenso bereits § 70 Abs. 2 FamFG)[23] eingetreten.[24] 29

Zuständig für die Rechtsbeschwerde ist der BGH (§ 133 GVG). Bei der Einlegung sind folgende Punkte zu beachten: 30

---

[20] → Rn. 14 ff.
[21] FK-InsO/*Schmerbach* § 6 Rn. 125.
[22] KPB/*Prütting* § 7 Rn. 7.
[23] Dazu *Netzer* ZNotP 2009, 303 (308).
[24] Zu solchen Forderungen bereits *Kreft* ZRP 2003, 77 (78).

Übersicht 6

Rechtsbeschwerde
1. Einlegung
– Einlegung bei dem BGH als Gericht der Rechtsbeschwerde (§ 575 Abs. 1 S. 1 ZPO)
– Durch am BGH zugelassenen Rechtsanwalt (§ 78 Abs. 1 S. 3 ZPO)
– Bezeichnung der angefochtenen Entscheidung (§ 575 Abs. 1 S. 2 Nr. 1 ZPO)
– Vorlage einer Ausfertigung oder beglaubigten Abschrift der angefochtenen Entscheidung (fakultativ, § 575 Abs. 1 S. 3 ZPO)
– Erklärung, dass gegen die Entscheidung Rechtsbeschwerde eingelegt wird (§ 575 Abs. 1 S. 2 Nr. 2 ZPO)
– Einlegung binnen einer Notfrist von einem Monat seit Zustellung der Beschwerdeentscheidung (§ 575 Abs. 1 S. 1 ZPO)
2. Begründung
– Begründung binnen eines Monats seit Zustellung der Beschwerdeentscheidung (§ 575 Abs. 1 S. 1 ZPO)
– Erklärung, inwieweit die Entscheidung des Beschwerdegerichts angefochten und deren Aufhebung beantragt wird (Rechtsbeschwerdeanträge, § 575 Abs. 3 Nr. 1 ZPO)
– Darlegung zu den Zulässigkeitsvoraussetzungen des § 575 Abs. 2 ZPO (§ 575 Abs. 3 ZPO)
– Angabe der Umstände, aus denen sich die Rechtsverletzung ergibt bzw. der Tatsachen, aus denen sich eine Verletzung von Verfahrensvorschriften ergibt (Rechtsbeschwerdegründe, § 575 Abs. 3 Nr. 3 ZPO)

31   Falls die **Rechtsbeschwerde unzulässig** sein sollte, wird sie verworfen. Wenn keine Gesetzesverletzung vorliegt, wird die Rechtsbeschwerde zurückgewiesen. Andernfalls hebt der BGH die Entscheidung des Beschwerdegerichts auf und gibt die Sache an dieses oder an das Insolvenzgericht zur weiteren Entscheidung zurück.

Sachregister

(Fettgedruckte Zahlen sind Paragraphen
und mager gedruckte Zahlen Randnummern)

Abfall
Abfallbesitz/er **36** 8, 12, 28 ff., 91; siehe auch Verantwortlichkeit
Abfallerzeuger **36** 12, 28 ff.; siehe auch Verantwortlichkeit
Abfindung
Arbeitnehmer **27** 52
Aufhebungsvertrag mit Insolvenzverwalter **27** 55
Geschäftsführer **27** 52
keine Masseverbindlichkeit **27** 54
Nachteilsausgleich nach § 113 BetrVG **27** 54
Sozialplan **27** 57
Abführungspflicht
Freigabe **42** 32 f.
Abgabenansprüche, Geltendmachung 35 8
Abmahnung
Entbehrlichkeit **27** 113
vor verhaltensbedingter Kündigung **27** 116
Abschlussprüfer 34 8
Absonderung 1 89 ff.; **15** 1 ff.
Abgrenzung zur Aussonderung **15** 1 ff.
Absehen von Verwertung **15** 104 f.
Absonderungsgut **15** 3
– Begriff **15** 3
– Freigabe **15** 103
– Inbesitznahme **15** 11
– Wertersatz **15** 171 ff.
Absonderungsrechte **15** 13 f., 16
Abwehr vermeintlicher Ansprüche **15** 87
Anzeigefrist **15** 75
Ersatzabsonderung **15** 57 ff.; siehe auch Ersatzabsonderung
Forderung für den Ausfall **11** 136 ff.
Geltendmachung **15** 63 ff.; siehe auch Absonderungsrechte
Gläubiger
– Abrechnung **15** 147 ff.
– Auskunftsrecht gegenüber Insolvenzverwalter **15** 84
– Beteiligung an Verwertung **15** 118
– eigenmächtige Realisierung Absonderungsrecht **15** 91
– Einsichtsrecht **15** 85
– mehrere **15** 129
– Schutz vor Verzögerung **15** 166 ff.
– Verwertungskompetenz **15** 105 ff.
– Zinsanspruch, Wertersatzanspruch **15** 104
Insolvenzforderung **11** 5 ff., 54 f.
vorrangige Befriedigungsmöglichkeit **15** 6, 165

Absonderungsberechtigte Gläubiger
Haftungsgläubiger **47** 8
als Insolvenzgläubiger **11** 12 f.
– Anmeldung zur Tabelle **11** 87
Absonderungsgut
Forderungen **47** 104 f.
Freigabe **47** 120
Haftung, persönliche **47** 95 ff.
Inbesitznahme **47** 96 f.
Nutzung **47** 118
Obhutspflicht **47** 117
Verarbeitung **47** 106 ff.
Verwertung **47** 99 ff.
Verwertungsstopp **47** 103
Absonderungsrecht 11 12 ff.; **15** 13 ff.
Begriff **9** 44
bewegliche Gegenstände **9** 46
Eigentumsvorbehalt
– Abwehrklauseln **15** 29
– erweiterter – **15** 25 ff.
– verlängerter – **15** 25, 28
Erlösverteilung **47** 110 ff.
Feststellung **47** 98
Geltendmachung **15** 63 ff., 72 ff.
– nach Antragstellung **15** 65
– vor Antragstellung **15** 64
– Anzeigefrist **15** 75
– Herausgabeklage gegen Schuldner **15** 64
– nach Insolvenzeröffnung **15** 68
– gegenüber Insolvenzverwalter **15** 72
– Klage auf Duldung der Zwangsvollstreckung **15** 69
– Muster **15** 74
– schriftlich **15** 76
– Umstellung des Prozesses **15** 70
– unbewegliches Vermögen **15** 67
Haftung, persönliche **47** 95 ff.
Hypothek, Grundschulden **15** 13 ff., 99
– Umfang **15** 13, 96
– Zubehör **15** 13, 96
– Zwangsversteigerung **15** 14
– Zwangsverwaltung **15** 99
Katalog **9** 45 f.
Kollision **15** 50 ff.
– Miteigentumsrechte **15** 51
– Prioritätsprinzip **15** 52, 56
Miet- und Pachtzins **22** 94
Pfandrechte **15** 33 ff.
– gesetzlich begründete – **15** 36
– vertragliche – **15** 34

- durch Zwangsvollstreckung begründete –
  15 35
- siehe auch Pfandrechte
  Prüfung durch Insolvenzverwalter 15 32,
  83 ff.
- Auskunftspflicht 15 84
- Erfassung aller Gegenstände 15 84
  Rückdeckungsversicherung 30 135
  Sicherungsabtretung 15 23
  Sicherungseigentum 15 16 ff.
- Umfang 15 17 f.
  Sicherungsübereignung 15 20 ff.
- Sachgesamtheit 15 22
  Sicherungsübertragungen 15 15 ff., 20
  Sicherungszession 15 24
  Treuhandvereinbarungen 30 136
  Veräußerung 9 47
  verbotene Eigenmacht 15 77, 113
  Verteilungsverfahren 9 44
  Verwertung 9 47; 15 88 ff.; siehe auch
  Verwertung
  Wohnungseigentümergesellschaft 15 49
  Zurückbehaltungsrechte
- allgemeine – 15 47 ff.
- kaufmännische – 15 44 ff.
Abwicklungseröffnungsbilanz 34 6
AGB-Pfandrecht
Inkongruenz 17 47
Agentur für Arbeit 27 9 f., 13, 23, 39, 137,
  170, 190, 192 f., 195
Transferkurzarbeitergeld **28** 309
Transfermaßnahme **28** 323
Akteneinsicht 4 7; **37** 265
Aktivmasse 13 22 f., 59
Altersteilzeit
Altersteilzeit **27** 31 ff.
Blockmodell **27** 32
Wertguthaben **27** 35, 37
Altersversorgung der Arbeitnehmer
betriebliche Alterssicherung **30** 1 ff.
Drei-Säulen-Modell **30** 1
Drei-Schichten-Modell **30** 1
gesetzliche Rentenversicherung **30** 1
private Eigenvorsorge **30** 1
siehe auch Betriebliche Altersversorgung,
  Alterssicherung
Altlast
siehe Bodenverunreinigung
Amtsermittlungsgrundsatz 4 16
Amtsunfähigkeit 37 17
Anderkonto
Begriff 9 20
Änderungsnormen der AO 35 14
Anerkennung 39 24 ff.
Anerkennungsverhalten von Drittstaaten
  39 32
Annexverfahren **39** 29
der Eröffnungsentscheidung **39** 25
ohne Exequaturverfahren **39** 26
fehlende – **39** 34 ff.

Grundsatz gegenseitigen Vertrauens **39** 25
Sicherungsmaßnahmen **39** 29
sonstiger Entscheidungen **39** 29
und Vollstreckung deutscher Titels **39** 39
Wirkungen im Ausland **39** 24; siehe auch
  ausländisches Hauptinsolvenzverfahren
Anfechtung
siehe Insolvenzanfechtung
Anhang 34 9
Anlagenbetreiber
siehe Verantwortlichkeit
Anlageninhaber
siehe Verantwortlichkeit
Anmeldung von Steueransprüchen 35 12
Annexverfahren
Anerkennung **39** 29
ausschließlicher Gerichtsstand **39** 21
internationale Zuständigkeit **39** 19 ff.
örtliche und sachliche Zuständigkeit **39** 23
zusammenhängende Klagen **39** 22
Anordnung der Eigenverwaltung 44 39
nachträgliche Anordnung **44** 47 ff.
Antragspflicht 4 65 ff.
Antragsrecht
Aussonderungsberechtigte **4** 92, 98
Banken, Finanzdienstleister **4** 73
Dritter **4** 49, 88 f.
Erbe **46** 27 ff.
Erbengemeinschaft **46** 30
Nachlassgläubiger **46** 35
Nachlasspfleger **46** 33
Nachlassverwalter **46** 32
Schuldner **4** 49, 63
Testamentsvollstrecker **46** 34
Vor- und Nacherbschaft **46** 31
**Anwartschaften aus betrieblicher
Altersversorgung**
Abfindung in der betrieblichen
  Altersversorgung **30** 69, 127, 139 ff.
Auswirkung der Insolvenz des Arbeitgebers
  auf **30** 64 ff.
aus Entgeltumwandlung zur betrieblichen
  Altersversorgung **30** 18 ff., 91
Insolvenzschutz durch Pensions-Sicherungs-
  Verein **30** 82 ff., 99, 107
Übergang von Versorgungsanwartschaften
  aus betrieblicher Altersversorgung
  30 124 ff., 146 ff.
Unverfallbarkeit **30** 67 f., 86 ff.
wertgleiche Anwartschaft **30** 20
Widerruf von Versorgungsanwartschaften
  durch Insolvenzverwalter **30** 66
Anwendbares Recht
Grundnorm **39** 48
Konzerninsolvenz **32** 2 f.
Sonderanknüpfungen **39** 51
Arbeitgeberstellung
Eigenverwaltung **28** 2
Arbeitgeberverband
Ende der Mitgliedschaft **28** 288

Sachregister

Arbeitnehmer
Fremdgeschäftsführer als Arbeitnehmer 28 76
Insolvenzantrag 3 135 f.
leitende Angestellte 28 76
bei Massenentlassungen 27 170
Sozialplanberechtigung 28 203
Arbeitnehmeransprüche
Abfindung 27 52 ff.
Einordnung 13 171 ff.
fehlender Interessenausgleich 13 174
bei Freistellung 27 39
Freistellung von der Arbeitsleistung 13 177
frühestmögliche Kündigung 13 172 f.
GmbH-Geschäftsführervergütung 27 61
Gratifikationen 27 49
Inanspruchnahme der Arbeitsleistung 13 176
Karenzentschädigung für Wettbewerbsverbot 27 60
Rangordnung 27 20 f.
Tarifbindung 27 28
Urlaubsanspruch 27 41
Urlaubsanspruch bei Freistellung 27 40
Urlaubsgeld 27 42
Verfallklauseln 27 27
Arbeitsentgelt
Vorenthalten 37 196
Arbeitsverhältnis 13 126; 27 50, 68, 80, 101, 103 f., 162, 177, 182
Anwartschaften des Arbeitnehmers 27 7
Arbeitnehmeransprüche, Rangordnung 27 20 f.
Arbeitsverhältnis in der Insolvenz 27 3 f.
Ausbildungsverhältnis 27 75, 167 f.
befristetes – 27 127, 133, 161 f.
Befristung mit Sachgrund 27 162
Befristung ohne Sachgrund 27 162
Ende des befristeten – 27 133, 165
Erlöschen Vollmacht 23 19
Fortbestehen nach Insolvenzeröffnung 27 5 f.
Haftung des Insolvenzverwalters 27 15, 77
Insolvenzgeld 27 24, 51
Insolvenzverwalter als Arbeitgeber 27 5, 16
internationales Insolvenzrecht 39 67
Kündigung des Insolvenzverwalters 27 53, 58
Kündigung von Arbeitsverhältnissen mit Insolvenzeröffnung 27 64, 117, 129, 152, 154
Kündigungsschutz in der Insolvenz 27 96 f.
Lohn- und Gehaltsansprüche als Masseverbindlichkeiten 27 1, 12, 23 f.
bei Masseunzulänglichkeit 27 10, 24, 38, 43, 57
Treuepflicht des Arbeitnehmers 27 6, 8, 142
Arbeitszeitkonten
Insolvenzsicherung 27 31 f.
Wertguthaben 27 35 f.
Arrest 37 253
Asymmetrische Verfahren 41 72
Auffanggesellschaft 27 111

Aufgabe vorläufiger Verwalter
Forderungseinzug 5 102 ff.
Inbesitznahme 5 75 f.
Inventarisierung und Bewertung 5 78 ff.
Sicherungspflicht 5 72 ff.
Siegelung 5 77
Unternehmensfortführung 5 86 ff.
Unternehmensveräußerung 5 95 ff.
Vermögensgegenstände 5 92 ff.
Versicherung 5 83 ff.
Vertragsverhältnisse 5 89 ff.
Aufgabenübertragung 37 10
Aufhebung 8 145
Aufhebung der Eigenverwaltung 44 157 ff.
Aufhebungsvertrag 27 52, 54, 65 f., 125, 133, 186
bei Betriebsübergang 27 65
Schriftform 27 67
Aufnahme neuer Gesellschafter 35 161
Verlustnutzung 35 162
Aufrechnung 1 94 ff.; 13 130; 17 1 ff., 18 ff., 24 ff., 39 ff., 50 ff., 54 ff.
Aufrechnungslage bei Insolvenzeröffnung 11 49, 53
Aufrechnungslage nach Insolvenzeröffnung 11 51
Haftung, persönliche 47 62
durch Insolvenzgläubiger 11 49 ff.
internationales Insolvenzrecht 39 79, 176
Masseunzulänglichkeit 47 138
bei Nachlassinsolvenz 46 44 ff.
Steuerforderung 35 30
Unzulässigkeit 11 53
Aufrechnungsbefugnis
Insolvenzverwalter 17 56 f.
Aufrechnungserklärung 17 8, 14 f.
Aufrechnungslage 17 1, 5 ff., 18 ff., 31 ff., 50 ff.
Aufrechnungsverbote und -beschränkungen 17 9 ff., 18 ff., 24 ff., 37, 39 f., 54
Aufsichtspflicht 8 6, 86 ff.
Aufsichtsrat 37 32, 172
Haftung 33 48
Pflichtenverstoß 33 50 f.
Aufträge
siehe Geschäftsbesorgungsverträge
Ausbildungsverhältnis
außerordentliche Kündigung aus wichtigem Grund 27 167 f.
Kündigung in der Probezeit 27 167
Kündigungsform 27 168
Schadensersatzanspruch bei Kündigung 27 169
Sonderkündigungsrecht des (vorläufigen) Insolvenzverwalters 27 167
Ausgaben
unwirtschaftliche – 37 79
Ausgewogene Personalstruktur 28 126

Auskunfts- und Mitwirkungspflichten
Auslandsvermögen **39** 35
Auswertung geschäftlicher Unterlagen **6** 19
Durchsuchung und Beschlagnahme **6** 19
zwangsweise Vorführung **6** 18
Auskunftsanspruch gegenüber dem Finanzamt 35 168
Auskunftspflicht 4 132, 140; **5** 176 ff.
ausgeschiedene Organe **4** 141, 154
Ausländische Gläubiger
ausländische Währung **39** 89
ausländischer Titel **39** 90
Feststellungsrechtsstreit **39** 90
Forderungsanmeldung **39** 85 ff.
Gläubigerbenachrichtigung **39** 86
Rückschlagsperre **39** 91
Schadensersatz- und Unterlassungsansprüche **39** 96
Standardformular „Forderungsanmeldung" **39** 88
Standardmitteilungsformular **39** 87
Vollstreckungsverbot **39** 91
Ausländisches Hauptinsolvenzverfahren
Arbeitsvertrag **39** 180
Chapter 11 US Bankruptcy Code **39** 152
Gegenseitigkeit **39** 155
Gegenstand der Anerkennung **39** 161
inländische Zweigniederlassung **39** 174
Insolvenzverfahren
– Begriff **39** 149
internationale Zuständigkeit **39** 153
Inzidentprüfung **39** 163
Nachweis der Verwalterstellung **39** 175
öffentliche Bekanntmachung **39** 171
Registereinträge **39** 172
Scheme of Arrangement **39** 152
Verbot der Einzelzwangsvollstreckung **39** 176
Auslandsgesellschaften 37 25
Insolvenzfähigkeit **2** 18 f.
Auslandsvermögen
gutgläubiger Erwerb Dritter **39** 58
Herausgabevollstreckung **39** 54
Inbesitznahme durch Verwalter **39** 53
Massezugehörigkeit **39** 52
Rechtsstreitigkeiten **39** 55
und Sicherungsmaßnahmen **39** 63
Verfügung **39** 57
Verwertung **39** 56
Außergerichtliche Schuldenbereinigung
Konsequenzen für die Sicherheiten **26** 116 ff.
Außergerichtlicher Vergleich
Zustimmung des Pensions-Sicherungs-Vereins **30** 56 ff.
Außerordentliche Kündigung 27 117 f.
Aussonderung 1 88; **14** 1 ff.
Ansprüche vor Insolvenzeröffnung **14** 30 ff.
im Antragsverfahren **14** 47 f.
aussonderungsberechtigter Gläubiger **11** 11
Aussonderungsgut **14** 52

Auswirkungen auf Insolvenzforderung **14** 54 f.
Begriff **15** 2
Ersatzaussonderung **14** 33 ff.
Geltendmachung **14** 5, 39 ff.
Gläubiger
– Pool **14** 49
Aussonderungsgläubiger
Haftungsgläubiger **47** 8
Aussonderungsgut
Ersatzaussonderung **47** 87
Haftung, persönliche **47** 76 ff.
Herausgabe **47** 82 ff.
Inbesitznahme **47** 78
Nutzung **47** 90 ff.
Obhutspflicht **47** 89
Untergang **47** 88
Verwertungsstopp **47** 91 ff.
Aussonderungsrecht 14 12 ff.
Abfindung **47** 86
Begriff **9** 39
aus Direktversicherungen **30** 35
Eigentum **11** 8; **14** 13
Eigentumsvorbehalt **11** 9; **14** 14
– Insolvenz Vorbehaltskäufer **14** 15
– Insolvenz Vorbehaltsverkäufer **14** 20
Eröffnungsverfahren **9** 43
Feststellung **47** 79
Haftung, persönliche **47** 76 ff.
Mitverschulden **47** 80
Nutzung Gegenstand **9** 43
aus Treuhandvereinbarungen **30** 40
Untergang **47** 88
Vergütung **9** 43
Auszahlungen auf Tabellenforderungen 35 132
Autonomes deutsches internationales Insolvenzrecht 38 20 f.

Banken
Aufrechnung **17** 45 ff., 52
Bankgeheimnis **26** 9 ff.
Bestandsaufnahme nach Insolvenzantrag **26** 2 ff.
Bestandsaufnahme vor Insolvenzantrag **25** 9 f.
Geltendmachung **14** 5, 39 ff.
– Auskunftsanspruch gegen Verwalter **14** 46
– Belege **14** 40 f.
– Eigentumsvermutung **14** 10
– Herausgabeanspruch **14** 3, 7
– Schriftform **14** 40
– Zeitpunkt **14** 44
Geschäftsbeziehung im eröffneten Verfahren **26** 45 ff.
Geschäftsbeziehung im Eröffnungsverfahren **26** 12 ff.
Insolvenzverschleppung **25** 14
internationales Insolvenzrecht **38** 10, 16
Knebelung des Schuldners **25** 19
Maßnahmen nach Antragstellung **26** 5 ff.

Sachregister   1835

Sanierungsprivileg **25** 24 f.
Stillhalten **25** 12 f.
Treuhand **14** 22
– eigennützige **14** 26
– uneigennützige **14** 24
Übersicht **14** 12
Zahlungsverkehr im eröffneten Verfahren **26** 48 ff.
Zahlungsverkehr im Eröffnungsverfahren **26** 16 ff.
Bankgeheimnis
Auskunft an den vorläufigen Insolvenzverwalter **26** 9 ff.
Bankrott 37 54
Befangenheit 4 29
Befristetes Arbeitsverhältnis
Befristung mit Sachgrund **27** 163
Befristung ohne Sachgrund **27** 162
Ende des befristeten Arbeitsverhältnisses **27** 165
Fortsetzung nach Endtermin **27** 166
Klage gegen Befristung **27** 165
Beitragsorientierte Versorgungszusage 30 14 ff.
Bekanntmachung 4 195, 203, 236, 252 f.
Bereicherung, ungerechtfertigte
Haftung, persönliche **47** 65
Bereinigung Insolvenzmasse
Absonderungsrechte **15** 1 ff.
Aussonderungsrechte **14** 1 ff.
Berichtstermin 8 131; **11** 67 ff.
Zeitpunkt **11** 68
Bescheinigung des Insolvenzgerichts **39** 28
Bescheinigung gem. § 270b Abs. 1 S. 3 InsO **44** 104 ff.
Beschlagnahme 4 192; **37** 250, 263, 267
Beschleunigungsgrundsatz 4 17
Beschlussverfahren gem. § 122 InsO 28 151
Alternativbetrachtung der Optionen **28** 167
Amtsermittlungsprinzip **28** 158
Analogien zu § 16 BetrAVG **28** 162
Antrag **28** 154
Antragsinhalt **28** 154
Antragsvoraussetzungen **28** 153
Anwendbarkeit **28** 153
Aufforderung zu Verhandlungen **28** 151
Auslegungsmaßstab **28** 164
besonderes Beschlussverfahren **28** 157
Beteiligte **28** 159
Darlegung **28** 154
Drei-Wochen-Frist **28** 100
Einstweilige Gestaltungsverfügung **28** 173
Einstweilige Verfügung **28** 173
Glaubhaftmachung **28** 154
Prognoserechnung des Insolvenzverwalters **28** 164
Prüfungsmaßstab **28** 160
Rechtsmittel **28** 171
Rechtsschutzbedürfnis **28** 176
Soziale Belange Arbeitnehmer **28** 160, 168

Unterrichtung des Betriebsrates **28** 153
Verfahrensdauer **28** 159
Verhältnis besonderes Beschlussverfahren § 122 zu § 125 Und § 126 InsO **28** 175
Wirtschaftliche Lage des Unternehmens **28** 160 f.
Zulässigkeit d. parallelen Betreibens des besonderen Beschlussverfahrens und des Einigungsstellenverfahrens **28** 167
Beschlussverfahren zum Kündigungsschutz gem. § 126 InsO
Amtsermittlung **28** 251
Anhörung des Betriebsrates **28** 258
Antrag, Zulässigkeitsvoraussetzung, Inhalt **28** 247
Antragsbefugnis **28** 246
Antragsinhalt **28** 248
Aussetzung des Verfahrens **28** 257
Bestimmtheitsgrundsatz **28** 248
betriebsratsloser Betrieb **28** 247
Bindungswirkung **28** 254 f.
Darlegungs- und Beweislast **28** 250 f.
dringende betriebliche Erfordernisse **28** 248
Fristablauf **28** 247
rechtskräftige Entscheidung **28** 255
Rechtsmittel, Bindungswirkung **28** 253
sonstige Unwirksamkeitsgründe **28** 252
Unterrichtung des Betriebsrates **28** 247
Verfahrensbeteiligte **28** 249, 263
Verhältnis besonderes Beschlussverfahren § 122 zu § 125 Und § 126 InsO **28** 175
wesentliche Änderungen der Sachlage **28** 256
Beschwerde
greifbare Gesetzwidrigkeit **58** 12
krasses Unrecht, Willkür **58** 12 f.
Besonderer Kündigungsschutz in der Insolvenz
Betriebsrat, Betriebsverfassungsorgane **27** 144
Elternzeit **27** 124
Heimarbeit **27** 125 f., 134, 144
Mutterschutz **27** 124
Schwangerschaft **27** 125
Schwerbehinderung **27** 132 f.
Bestallungsurkunde 39 28
Bestreiten von Forderungen 11 152 ff.
Anlass zur Klage **11** 156
auflösend bedingte Forderungen **11** 160
bei Bürgen **11** 173
Feststellungsklage **11** 151, 156, 203 ff.
bei Gesamtschuldnerschaft **11** 163
nachträgliches Anerkennen **11** 157
vorläufiges –, Gründe **11** 153 f.
Widerspruchsrecht Gläubiger und Schuldner **11** 174 ff.
Beteiligte
Begriff **3** 2
Insolvenzgericht **3** 4
Insolvenzverwalter **3** 22
Übersicht **3** 65
vorläufiger Insolvenzverwalter **3** 22

Betriebliche Altersversorgung, Alterssicherung 30 1 ff.
Anpassungsklauseln 30 106
Anspruch auf – 30 10
Anspruchsübergang auf Pensions-Sicherungs-Verein im Insolvenzfall 30 146 ff.
Begriff, Legaldefinition 30 9
beitragsorientierte Leistungszusage 30 14 f.
Beitragszusage mit Mindestleistung 30 16
Besserungsklausel im Insolvenzplan 30 120b
bei Betriebsübergang 30 124 ff.
Direktversicherung 30 11, 31 ff.
Direktzusage 30 11, 29
Durchführungswege 30 11, 28 ff.
Eigenbeiträge mit Umfassungszusage 30 26, 92
Entgeltumwandlung 30 18 ff., 91, 118, 173
Fälligkeit von Versorgungsansprüchen 30 78
Finanzierung 30 17
Form der Leistungen 30 27
Höchstgrenzen der Insolvenzsicherung 30 102 ff.
Insolvenz des Arbeitgebers 30 9 ff.
Insolvenz des Arbeitnehmers 30 167 ff.
insolvenzgesicherte Durchführungswege 30 28 ff.
insolvenzgesicherte Versorgungsrechte 30 72 ff.
Insolvenzplan 30 119 ff.
Insolvenzsicherung 30 28 ff.
Katastrophenfall 30 109
Leistungsausschlüsse 30 63
Leistungszusage 30 13
neue Bundesländer 30 3
Pensionsfonds 30 11, 16, 24, 26, 44 f., 108, 138, 154
Pensionskasse 30 11, 16, 24, 26, 43, 137
Pensions-Sicherungs-Verein 30 5 ff., 155
Pfändungsschutz 30 167 f., 171, 174 f.
Pflichten des Arbeitgebers gegenüber Pensions-Sicherungs-Verein 30 155 ff., 164 ff.
Rentnergesellschaften 30 125
Sicherungsfall 30 46 ff.
Treuhandfonds 30 136
Unternehmerpensionszusagen 30 133 ff.
Unterstützungskassen 30 11, 42, 108, 150 ff.
Unverfallbarkeit 30 67 f., 84 ff.
Verjährung 30 80
Vermögensübergang auf Pensions-Sicherungs-Verein im Insolvenzfall 30 147 ff.
Versicherungsmissbrauch 30 110 ff.
Versorgungsansprüche aus – 30 65, 74 ff.
Versorgungsanwartschaften aus – 30 66 ff., 82 ff., 99
Versorgungsfall 30 9, 74, 82
Verzugszinsen 30 161
Widerruf von Ansprüchen auf Leistungen aus – 30 66
Zusageformen 30 12 ff.

Betriebliche Übung 28 43
Anspruch aus – auf betriebliche Altersversorgung 30 10
Betriebsänderung
Anzahl der beschäftigten Arbeitnehmer 28 78
Arbeitsgerichtliche Zustimmung gemäß § 122 InsO 28 100
Aufhebungsvertrag 28 80
Ausgliederung als Betriebsänderung 28 88
Beratungsrecht des Betriebsrates 28 196
Beteiligung des Wirtschaftsausschusses gemäß § 106 BetrVG 28 99
Definition 28 82
Drei-Wochen-Frist 28 100
Eigenkündigung 28 80
Eigenverwaltung 28 103
Einschränkung des Betriebs 28 84
erforderliche Unterlagen 28 99
Form der Unterrichtung des Betriebsrats 28 96, 101
Fristrechnung 28 100
Geheimhaltungspflicht 28 99
Hinzuziehung Sachverständiger 28 18
Inhalt der Unterrichtung des Betriebsrates 28 97, 102
Insolvenzantrag 28 45
Insolvenzeröffnung als Betriebsänderung 28 45
Instrumentarium des Insolvenzverwalters 28 103
ohne Interessenausgleich trotz Verpflichtung 28 178
Massenentlassung 28 96
Nachteilsausgleich 28 189 ff.
Personalabbau 28 84
Regelmäßige Beschäftigtenzahl 28 78
Sanktion bei Unterlassung des Interessenausgleichsversuchs 28 178
Stilllegung 28 84
Sukzessiver Personalabbau 28 78 f.
Umfang gemäß § 17 KSchG 28 85
Unterlassen des Interessenausgleichsversuchs 28 178
Unterlassungsanspruch 28 195
Unterlassungsanspruch des Betriebsrates 28 195
Unternehmerische Entscheidung 28 94
Veräußerung 28 88
Verfahren gemäß § 122 InsO 28 100
Wahlberechtigte Arbeitnehmer 28 75
Zeitpunkt der Unterrichtung des Betriebsrates 28 93
Zustimmung des Insolvenzgerichts zur Betriebsänderung 28 91
Zustimmung Gläubigerausschuss 28 91
Betriebsaufgabe 35 97
Betriebsaufspaltung 35 174
Betriebsfortführung 13 130 f.; 18 1 ff.; 19 1 ff.
Auftragsannahme 19 46 ff.

Sachregister

Ausnahme von der Fortführungspflicht **18** 12 ff.
Bestellprozess **19** 58 ff.
betriebliche Bestandsaufnahme **19** 3
betriebliches Informationssystem **19** 5
betriebswirtschaftliche Infrastruktur **19** 4 ff.
Dauerschuldverhältnisse **47** 60, 70
Deckungsbeitrag **19** 52
eingestellter Betrieb **18** 9
Ergebnisplanung **19** 22 ff.
Finanzierung **19** 31
Finanzplanung **19** 27 ff.
Fortführungspflicht eröffnetes Verfahren **18** 10 ff.
Fortführungspflicht Insolvenzantragsverfahren **18** 5 ff.
Fortführungswert **18** 2
Gesamtkostenverfahren **19** 23
Gläubigerautonomie **18** 3
Gläubigerversammlung **18** 17 ff.
Haftung, persönliche **47** 52
halbstarker vorläufiger Insolvenzverwalter **18** 7
Handlungsebenen Sanierung **19** 1
Insolvenzgeld **19** 18
Insolvenzgeldeffekt **19** 33
Insolvenzgeldvorfinanzierung **19** 18
Insolvenzplan **18** 21
insolvenzspezifische Planung **19** 21
insolvenzspezifische Prozesse **19** 3
Insolvenzverfahren **9** 56
Inventur **19** 10 ff.
Kalkulation **19** 49
Kundenanzahlungen **19** 37
Kundenkommunikation **19** 47
Leistungszeitpunkt **19** 7
Lieferantenbestellung **19** 54 ff.
lieferantenbezogene Inventur **19** 14
Lieferantenkommunikation **19** 55 ff.
Liquiditätsplanung **47** 134
Managementfunktionen **19** 62
Massekredit **19** 42 ff.
Planungshorizont **19** 22
Prozess Betriebsfortführung **19** 2
qualifizierte Mahnung **19** 9
revolvierender Einsatz **19** 34 f.
schwacher vorläufiger Insolvenzverwalter **18** 8
starker vorläufiger Insolvenzverwalter **18** 6
Steuerungsinformationen **19** 66 ff.
Stilllegung **18** 18 ff.
übertragende Sanierung **18** 21
Unternehmensorganigramm **19** 4
Verkäufe im ordnungsgemäßen Geschäftsgang **18** 11
verlorener Zuschuss **19** 40
Verlustfinanzierung **19** 38 ff.
Verwaltercockpit **19** 68 ff.
vorläufige Fortführung **18** 21

Vorratsbeschluss durch Gläubigerversammlung **18** 22
Betriebsrat 27 81 f.
Abgrenzung Gesamtbetriebsrat **28** 65 f.
Abmeldepflicht **28** 9
Abschlussmandat **28** 66
allgemeine Aufgaben **28** 3 f.
Anhörung nach Durchführung des Verfahrens gem. § 126 InsO **28** 258
Arbeitsbefreiung von Betriebsratsmitgliedern **28** 8
Beauftragung des Gesamtbetriebsrates **28** 66
Beschlussverfahren **28** 6
Beschlussverfahren Sachverständigenhinzuziehung **28** 15
Besonderes Beschlussverfahren gem. § 126 InsO **28** 246 ff.
Besonderheiten im Insolvenzverfahren **28** 7
Beteiligung Interessenausgleich **28** 65
Betriebsänderung **28** 82 ff.
Betriebsvereinbarungen in der Insolvenz **28** 30 ff.
Darlegungs- und Beweislast für Anhörung **27** 86
Einigungsstellenverfahren **28** 26 ff.
fehlerhafte Beteiligung **28** 67
Form der Anhörung **27** 86
Form der Unterrichtung bei Betriebsänderung **28** 93
Freistellung durch den Insolvenzverwalter **28** 11 f.
Frist der Anhörung **27** 83 f.
Fristrechnung **28** 100
Funktion im Insolvenzverfahren **28** 5
Gremien **28** 3
Gremium Wirtschaftsausschuss **28** 99
Hinzuziehung eines Sachverständigen **28** 4, 15 ff.
Inhalt der Unterrichtung über Betriebsänderung **28** 97
Inhalt der vorzulegenden Unterlagen **28** 99
insolvenzrechtliche Einordnung der Kosten **28** 24
Insolvenzsozialplan Beteiligungsrechte **28** 197 ff.
Interessenausgleich **28** 47 ff.
bei Interessenausgleich gemäß § 125 InsO **27** 147
konstituierende Sitzung **28** 64
Kosten eines Sachverständigen **28** 19
Kosten Sachmittel **28** 14
Kostenerstattungspflicht des Insolvenzverwalters **28** 14
Mitbestimmung bei Betriebsänderung **28** 5
Mitbestimmungsrechte **28** 5
Mitglied im Gläubigerausschuss **28** 7
Möglichkeit zur Stellungnahme **28** 98
originäre Zuständigkeit **28** 67
Rechtssubjekt **28** 3
Regelungsabreden **28** 39

Sachregister

Restmandat **27** 11 f., 92, 159
Restmandat bei Stilllegung **28** 12
Restmandat für Sozialplan **28** 202
Schulungskosten **28** 14
Stellung des Betriebsrates **28** 3
Stellung im Insolvenzverfahren **28** 3
Unterlassungsanspruch **28** 195
Vergütung **28** 10
Verhandlungsmandat **28** 66
Verstöße des Insolvenzverwalters gegen Beteiligungsrechte **28** 6
Weiterbeschäftigungsanspruch bei Widerspruch **27** 84
Widerspruch des Betriebsrats gegen Kündigung **27** 84
Wirtschaftsausschuss Information **28** 5
Zeitpunkt der Unterrichtung über Betriebsänderung **28** 93
Zuständigkeit **28** 66
Betriebsratsanhörung
Interessenausgleich gem. § 125 InsO **28** 147
Wissenszurechnung des Betriebsrates **28** 147
Betriebsstilllegung 28 13
Abgrenzung zum Betriebsübergang **27** 111
arbeitsrechtliche Aspekte **5** 118 f.
Ausbildungsverhältnis **27** 167
betriebsbedingte Kündigung **27** 97 f.
erhebliche Vermögensminderung **5** 11 f.
Restmandat **28** 12
Stilllegungsabsicht **27** 153
Teilstilllegung **5** 111 ff.
Betriebsübergang in der Insolvenz
Anwendbarkeit des § 613a BGB **27** 101 f., 109, 112
Art des Betriebes **28** 271
betriebliche Altersversorgung **30** 126 ff.
Betriebsbegriff **28** 269
Betriebsrentner **28** 268
Betriebsteil **28** 277
Fortgeltung von Betriebsvereinbarungen **28** 292
Fortsetzung der Betriebstätigkeit **28** 276
Freigabe **42** 24
Funktionsnachfolge **28** 278
Gekündigte Arbeitsverhältnisse **28** 268
Geltungsbereich des § 613a BGB **28** 267
Haftung für Betriebsrenten **28** 283
Haftungsrechtliche Besonderheiten **28** 282
Identität der wirtschaftlichen Einheit **28** 275
Jahresfrist **28** 282
Kündigungsverbot **28** 295
Normzweck **28** 265
Organmitglieder **28** 268
Rechtsfolgen **28** 285 ff.
Rechtsfolgen Fortgeltung kollektivrechtlicher Vereinbarungen **28** 285
Rechtsfolgen Fortgeltung von Tarifverträgen **28** 288
Rechtsfolgen für das Arbeitsverhältnis **28** 293
Rechtsgeschäft **28** 281

Rücktrittsrecht **28** 279
Ruhende Arbeitsverhältnisse **28** 267
Schutzgesetz § 613a BGB **28** 265
Stilllegung (vorläufige) Beispiele **28** 276
Stilllegungsabsicht **28** 276
Tarifvertrag statische Regelung **28** 290
Übergang der Leistungsmacht **28** 279
Übernahme der Belegschaft **28** 274
Übertragung Aktiva **28** 272
Übertragung immaterielle Wirtschaftsgüter **28** 273
Übertragung Kundenbeziehung **28** 272
Veränderungssperre **28** 291
Zuordnung der Arbeitnehmer **28** 277
Betriebsveräußerung in der Insolvenz
Beteiligte **28** 263
Betriebsänderung nach Betriebsveräußerung **28** 259
Darlegungs- und Beweislast **28** 260
Eigenverwaltung **28** 264
Erwerberkonzept **28** 262
Vermutungswirkung **28** 260
vorläufiger Insolvenzverwalter **28** 264
Wiedereinstellungsanspruch **28** 261
Betriebsvereinbarung
belastende Betriebsvereinbarung **28** 33
Beratungspflicht **28** 33
Beschäftigungssicherung **28** 31
betriebliche Übung **28** 43
Betriebsvereinbarungen in der Insolvenz **28** 30
erzwingbare Betriebsvereinbarung **28** 36
Form **28** 30
freiwillige Betriebsvereinbarung **28** 36 f.
Insolvenzverfahren, Anwendung auf – **28** 30
Kündigung/Frist **28** 30, 41
Kündigungsmöglichkeit, außerordentliche **28** 32
Kündigungsmöglichkeit, belastende **28** 31
Nachwirkung **28** 35 f.
normative Wirkung **28** 30
Rechtswirkung **28** 30
Standortgarantie **28** 31
Teilkündigung **28** 33
vereinbarte Nachwirkung **28** 38
Betriebswirtschaftliche Methode 2 90 f.
Betrug **37** 144, 244
Beurteilungsspielraum **37** 6
Beweisregel **37** 6
Beweisvermutung **37** 6
Bewertungsstetigkeit **34** 4
Bilanz **37** 61, 92, 151
mangelhafte – **37** 94
Bilanzidentität **34** 4
Binnensachverhalt **38** 13
Bodenveränderung, schädliche
siehe Altlast, Bodenverunreinigung
Bodenverunreinigung **36** 9, 32 ff., 69 ff., 84 ff., 95; siehe auch Verantwortlichkeit
Bruchteilsgemeinschaft 45 28

Sachregister

Buchführung 37 84, 112, 239
Handelsbücher 37 61
unordentliche – 37 84
Bugwelleneffekt 2 70
Bürgen
Insolvenzforderung 11 23, 165 ff.
Rechte des Bürgen bei Befriedigung des Gläubigers vor dem Prüfungstermin 11 167 ff.
Rechte des Bürgen bei Befriedigung des Gläubigers nach dem Prüfungstermin 11 170 ff.
siehe Gesamtschuldner

Cash Pool 37 170
Chapter 11 US Bankruptcy Code 39 152
COMI
siehe Interessenmittelpunkt
Contractual Trust Agreements 30 136
Culpa in contrahendo
persönliches Vertrauen 33 44

Dänemark 38 11
Darlehensverträge 21 17 f., 22
DATEV Daten 34 16
Dauerschuldverhältnisse 22 1 ff.
Arbeitsverhältnisse 13 126
Darlehensverträge 22 17
Dienstverhältnisse 13 126; 22 16
Fortbestehen 22 1
Haftung, persönliche 47 142 ff.
Miete/Leasing von Immobilien 13 123 f.
Miete/Pacht von beweglichen Wirtschaftsgütern 13 125
Regelungsinhalt 22 1 ff.
Sozialplanansprüche 13 127
Debt-to-Equity Transaktionen
steuerliche Aspekte 35 165
Debt-to-Equity-Swap
Abfindungen 43 51e
Bezugsrechtsausschluss 43 51c
Kapitalaufbringung 31 25
Kapitalerhöhung 43 51b
Kapitalherabsetzung 43 51b
Planverfahren 9 59
Sacheinlagen 43 51d
Delegation 37 10
Delistung 8 108
Dienstverhältnisse des Schuldners 22 16
Auswirkungen Insolvenzeröffnung 22 137
Schuldner als Arbeitgeber 22 139
Schuldner als Arbeitnehmer 22 140
Dienstvertrag 21 18, 22
Erlöschen der Vollmacht 23 19
Differenzlohn 35 128
Dingliche Rechte
Anfechtung 39 76
keine Auswirkung der Auslandsinsolvenz 39 70, 179
Begriff 39 72 f.

Eigentumsvorbehalt 39 77
an Gegenstand in Drittstaat 39 78
Massebestandteil 39 74
Direktionsrecht 27 6, 101, 114, 121, 154
Direktversicherung für betriebliche Altersversorgung
Aussonderungsrecht des unwiderruflich Bezugsberechtigten 30 35
eingeschränkt unwiderrufliches Bezugsrecht 30 36 ff., 168 ff.
Eintrittsrecht des Bezugsberechtigten 30 39a
Finanzierung durch Entgeltumwandlung 30 40
Insolvenz des Arbeitgebers 30 31 ff.
Insolvenz des Arbeitnehmers 30 167 ff.
Kündigung 30 39a, 169
Rückstand des Arbeitgebers mit Prämienzahlungen 30 41
unwiderrufliches Bezugsrecht 30 33 ff., 168 ff.
widerrufliches Bezugsrecht 30 39 ff.
Doppelumsatz 35 66
Dreifachumsatz 35 67
Drittvermögen 14 3
Drohende Zahlungsunfähigkeit
Definition 2 99 ff.
Finanzplan 2 107 ff.
Nachlassinsolvenz 46 38
Prognoseentscheidung 2 105
Prognosezeitraum 2 112
Zahlungspflichten des Schuldners 2 102 ff.
Druckantrag 4 120
Druckzuschlag 17 11
Dual Track 44 135 ff.
Durchgriffshaftung
Gesellschafter 33 64 f.
Durchsuchung 4 192; 37 250, 263, 267

Eidesstattliche Versicherung 37 164
Eigenantrag 4 59 ff.
Antragspflicht 3 92
drohende Zahlungsunfähigkeit 3 86 f.
Glaubhaftmachung Insolvenzgrund 3 88
Inhalt 3 81
Insolvenzgründe 3 84 f.
Muster 4 61
Rechtsmissbrauch 3 91
Unternehmensberater 3 87
Verbraucher 3 83
Zulassung 3 90
Eigenkapitalersatz 37 174
Eigentumsvorbehalt 37 154, 185, 188
Aussonderungsrecht 11 9
Insolvenz des Vorbehaltskäufers 14 15
Insolvenz des Vorbehaltsverkäufers 14 20
Eigenverwaltung 13 163 ff.; 42 19 f., 41, 46; 44 1 ff.
Anordnungsvoraussetzungen 44 13 ff.
Anzeige der Masseunzulänglichkeit 44 220
Arbeitgeberstellung 28 2
Aufgaben des Schuldners 44 172 ff.

Sachregister

Aufgaben und Befugnisse des Sachwalters 44 204 ff.
Aufgaben und Befugnisse des Schuldners 44 172 ff.
Aufhebung 48 14
Europäische Insolvenzordnung 38 7
fehlende Gläubigerbenachteiligung 44 24 ff.
Funktion und Rechtsstellung des Sachwalters 44 200 ff.
Funktion und Rechtsstellung des Schuldners 44 166 ff.
Gläubigerausschuss 44 30 ff.
Haftung des Sachwalters 44 251 ff.
Haftung, persönliche 48 1 ff.
Kassenführung 48 5
Masseunzulänglichkeit 48 5
Masseverbindlichkeiten 48 4
Mitteilungspflicht 44 214 ff.
Nachlassinsolvenz 46 36
nachträgliche Anordnung 44 47 ff.
öffentliche Bekanntmachung 44 42 f.
Organe des Schuldners 44 233 ff.
Rechtsmittel 44 44 ff.
Sachwalter 44 33 ff., 200 ff.
Überwachungsorgane 44 235 ff.
Vergütung des Sachwalters 44 254 ff.
vorzeitige Aufhebung 44 52 ff.
Zustimmungsvorbehalt für bestimmte Rechtsgeschäfte 44 185 ff.
Eigenvollstreckung 17 16
Eingangsentscheidung 4 249
Einigungsstelle
allgemeine Aufgaben 28 26
Anrufung der – 28 27
Besetzung 28 27
Bildung 28 27
keine bindende Entscheidung 28 29
Einigungsstellenspruch 28 29
Entscheidung 28 29
Ermessenskontrolle 28 29
erzwingbare Mitbestimmungsrechte 28 27
Funktion 28 26
Hinzuziehung eines Sachverständigen 28 18
Interessenausgleich 28 29
Sachverständiger 28 17
Scheitern der Verhandlungen 28 29
Spruch 28 29
Verfahren 28 27 f.
Zeitmomente 28 51
Einkommensteuer 35 80
Einspruch 35 18
Einspruchsentscheidung 35 20
Einspruchsverfahren 35 18
Einstellung der Zwangsvollstreckung 4 187
Einstellungsbeschluss 13 95
Einwilligung 37 139, 171
Einzelbewertung 34 4
Einzelveranlagung 35 82
Einzelzwangsvollstreckung 11 46 ff.
ELStAM 35 129

Elternzeit 27 124 f.
Kündigungsverbot 27 125
Entscheidungsträger
Richter 3 6
Erbengemeinschaft 45 31
Erfolgsprämie 39 41
Erfüllungssurrogat 17 2
Erkenntnisquellen
Bankauskünfte 6 21 ff.
Finanzamt 6 27
öffentliche Stellen 6 25 f.
Sozialversicherungsträger 6 30
Steuerberater 6 28
Erledigung der Hauptsache 4 234
Eröffnung
Anfechtung 7 16
Anmeldung Handelsregister 7 13
Aufnahme Rechtsstreit 7 15
freiwillige Gerichtsbarkeit 7 20
Gesellschaft 7 10
höchstpersönliche Rechte 7 18
Insolvenzforderungen 7 17
insolvenzfreies Vermögens 7 11
Insolvenzverwalter 7 10
Passivprozess 7 17
Prozessführungsbefugnis 7 14
Satzungsänderung 7 13
Schiedsverfahren 7 20
selbständiges Beweisverfahren 7 19
Unterbrechung Dauer 7 16
Vermögensbezug 7 18
Verwaltungs- und Verfügungsbefugnis 7 11
verzögerte Aufnahme Rechtsstreit 7 15
Eröffnungsantrag 1 26 ff.
Abweisung mangels Masse 11 36
Antragsrecht 11 38 ff.
Gläubigerrechte 11 3
Eröffnungsbeschluss 4 250 f.; 8 47 ff.
Aufforderung an Gläubiger 3 173
Auflösung Gesellschaft 7 7
Bekanntmachung 3 173
Beweislast 7 6
Drittschuldner 7 6
Formalien 3 173
gesellschaftsrechtliche Folgen 7 7
Gläubigerversammlung 3 173
Handelsgesellschaft 7 8
Herausgabevollstreckung 9 12 f.
Liquidation Gesellschaft 7 7
Prüfungstermin 3 173
Sicherungsrechte 3 173
Stunde der Eröffnung 3 173
Warnfunktion 7 6
Eröffnungsbilanz 34 6
Eröffnungsgrund 1 34 ff.
6-Monats-Fiktion 4 117
Glaubhaftmachung 4 77, 105 ff., 115 ff.
Pfandabstand 4 116
Eröffnungsverfahren (§ 270a InsO) 1 51 ff.; 44 62 ff.

Sachregister

Abschluss **1** 39 ff.
Anfechtbarkeit von Masseverbindlichkeiten **44** 194 f.
Anfechtbarkeit von Sozialversicherungsbeiträgen **44** 196 ff.
Anfechtbarkeit von Steuerzahlungen **44** 197 ff.
Anordnungsvoraussetzungen **44** 63 ff.
Anzeige der Masseunzulänglichkeit **44** 220
Aufgaben und Befugnisse des Schuldners **44** 193 ff.
Aufgaben und Befugnisse des vorläufigen Sachwalters **44** 228
Aufhebung **44** 84
Funktion und Rechtsstellung des Schuldners **44** 190 ff.
Funktion und Rechtsstellung des vorläufigen Sachwalters **44** 228 ff.
Haftung des vorläufigen Sachwalters **44** 253
Haftung für die Abführung von Sozialversicherungsbeiträgen **44** 196
Haftung für die Begründung von Masseverbindlichkeiten **44** 194 f.
Haftung für Steuerzahlungen **44** 196
Mitteilungspflicht des vorläufigen Sachwalters **44** 214 ff.
Organe des Schuldners **44** 239
Rechtsmittel **44** 83
Sicherungsmaßnahmen **1** 36 ff.; **44** 70
Überwachungsorgane **44** 235 ff.
Vergütung des vorläufigen Sachwalters **44** 254 ff.
vorläufiger Gläubigerausschuss **44** 71 ff.
vorläufiger Sachwalter **44** 74 ff.
vorzeitige Aufhebung **44** 84
Zustimmungsvorbehalt **44** 68
Zustimmungsvorbehalt für bestimmte Rechtsgeschäfte **44** 231
Ersatzabsonderung **15** 57 ff.
analoge Anwendbarkeit § 48 InsO **15** 60 f.
Anspruch auf Abtretung **15** 60 f.
Beispiele **15** 58 f.
Fallkonstellationen **15** 71
Offenlegung der Zession **15** 63 ff., 72
Ersatzaussonderung **14** 33 ff.
Anspruch auf Abtretung **14** 33, 36
Erlöschen der Gegenleistung **14** 37
Schadensersatzanspruch **14** 37
unberechtigte Veräußerung **14** 34 f.
Unmöglichkeit Ersatzaussonderung **14** 38
Veräußerung von Aussonderungsgegenständen **14** 34
Vermögensvermischung mit Schuldnervermögen **14** 37
Ersatzvornahme
Durchführung **36** 55 f.
Ersatzvornahmekosten **36** 4, 58 ff., 81, 101
Verwaltungsvollstreckung **36** 46, 55 ff., 63, 135 ff.
Vollstreckungsverbot **36** 55 f., 64, 136

Erwerberkonzept **27** 103
Europäische Insolvenzverordnung
persönlicher Anwendungsbereich **38** 10
räumlicher Anwendungsbereich **38** 11
Reform **38** 4
sachlicher Anwendungsbereich **38** 6
sachlich-räumlicher Anwendungsbereich **38** 12
zeitlicher Anwendungsbereich **38** 14
siehe auch Konzerninsolvenzen; Sekundärverfahren; Vorinsolvenzliche Sanierungsverfahren
Existenzvernichtungshaftung
Gesellschafter **33** 55 ff.
Externe Rechnungslegung **34** 2

Fachaufsicht **8** 43
Factoring **14** 19 ff.
echtes – und Aussonderung **14** 19, 27
Insolvenz des Factors **14** 29
unechtes – und Aussonderung **14** 19, 28
Faktisches Organ **4** 67
Feststellungsklage **11** 203 ff.
Änderung Verteilungsverzeichnis **11** 217
Berichtigungsantrag Tabelle **11** 215
bei Bestreiten der Forderung **11** 151, 203
Betreibenslast des Bestreitenden **11** 206
Betreibenslast des Gläubigers **11** 205
Klagefrist **11** 204
Klärung strittiger Masseverbindlichkeiten **12** 89
Kosten **11** 11, 211 ff.
– Berechnung Gegenstandswert **11** 212
– Kostenerstattungsanspruch **11** 213
notwendige Streitgenossenschaft **11** 216
Prozessbeteiligte **11** 207
Vollstreckung **11** 214 f.
Wirkung der Entscheidung **11** 214
Zuständigkeit **11** 208 ff.
– örtliche – **11** 209
– sachliche – **11** 209
Finanzplan **2** 107 ff.
Finanzsicherheiten
Aufrechnung **17** 37 f.
Firmenbestattung **4** 85; **37** 219
Form
Antrag **4** 46
Formlose Rechtsbehelfe
Dienstaufsichtsbeschwerde **58** 3
Formularzwang **40** 20
Fortbestehensprognose
Definition **2** 145 ff.
Ertrags- und Finanzplanung **2** 149
Fortführungswille **2** 148
Prognosehorizont **2** 154
Zahlungsunfähigkeitsprognose **2** 153
Fortführung
Freiberufler **42** 18 ff.
Fortführungsaussichten
vorläufiger Verwalter **5** 124

Fortführungsplanung
steuerliche Aspekte 35 143
Fortführungsprognose 37 6
Forum Shopping 39 10
Freiberufler 42 1 ff., 8 ff., 14, 16 f., 20 ff., 23 ff., 35 f.
Freie Masse
Absonderungsrechte 6 60
Aussonderungsgegenstände 6 62
Haftungsansprüche 6 62
Insolvenzanfechtung 6 63
Neuerwerb 6 62
Freigabe 36 4, 6, 15, 27, 89 ff., 94 ff., 97 ff., 118; 42 21, 23 f., 29
Freigabe von Vermögen nach § 35 InsO 13 166 ff.
Haftung, persönliche 47 74
Freigabeerklärung 42 25, 29
Freistellung 27 9, 29, 32, 34, 36, 38 ff., 84, 110, 182
Annahmeverzug des Insolvenzverwalters 27 9
Lohnspitze 27 9, 39
im masseunzulänglichen Verfahren 27 10
Urlaubsanspruch 27 40
Verzugslohn 27 38
Führungslosigkeit 37 32
Antrag 4 83
Funktionelle Zuständigkeit 3 11 f.; 4 26
Rechtspfleger 3 14; 58 23 ff.
Verwischung 3 16

GbR
Insolvenzfähigkeit 2 13
Gegenglaubhaftmachung 4 110
Gegenseitige, nicht vollständig erfüllte Verträge 21 1 ff.; siehe auch Verträge in der Insolvenz
Gegenseitigkeit
Aufrechnung 17 6 f., 30, 34, 42, 44
Geld
Hinterlegung 9 18
Gerichtliche Schuldenbereinigung
Optionen der Banken 26 119 ff.
Gesamtbetriebsrat
Namensliste gem. § 125 InsO 28 66
Zuständigkeit 28 65 f.
Zuständigkeit in betriebsratslosen Unternehmen 28 71
Gesamtschaden gem. §§ 92, 93 InsO 13 129
Gesamtschuldner
Forderungsprüfung bei Gesamtschuldnerschaft 11 163 ff.
Forderungsübergang gemäß Gesamtschuldnerausgleich 11 164
Rechte des Bürgen bei Befriedigung des Gläubigers nach dem Prüfungstermin 11 170 ff.
Rechte des Bürgen bei Befriedigung des Gläubigers vor dem Prüfungstermin 11 167 ff.

Gesamtvollstreckung 11 41; 14 1
Geschäftsbesorgungsverträge
Abgrenzung zum Auftrag 23 2
Beispiele 23 4
Einschränkungen des Erlöschens 23 8
Erlöschen 23 7
Fortsetzung Tätigkeit 23 10
Geschäftsführung aufgelöster Gesellschaft 23 25 ff.
Handeln in Unkenntnis Insolvenzeröffnung 23 15
– Ersatzansprüche 23 16
– Gleichstellung Insolvenzgläubiger 23 16
– Haftung 23 24
– Vergütungsansprüche 23 16
Notgeschäftsführung 23 9
– Beispiel 23 10
– Risiken 23 14
– Voraussetzungen 23 12
Schicksal 23 1
zwingendes Recht 23 24
Geschäftsbetrieb im Ganzen 35 64
Geschäftsführung
Abberufung 37 30
Amtsniederlegung 37 30
Aufgabenverteilung 37 29, 60
Aufsichtsratsbeschlüsse 33 18 ff.
Beweislast Fortführungsprognose 2 155
Beweislast Zahlungsunfähigkeit 2 89
Cash-Pool 33 14
faktische – 37 11, 27
Gesellschafterbeschlüsse 33 18 ff.
Gesellschafterversammlung 33 16
Insolvenzantragspflicht 33 15
ordnungsgemäße Geschäftsführung 33 11 ff.
Risikomanagement 33 12
Schaden 33 17
Überschuldungsprüfung 2 144
UG 33 13
Vertretungsberechtigung 37 29
Zahlungsunfähigkeitsprüfung 2 20
Gesellschaft
mehrstöckige – 37 24
Gesellschaft ohne Rechtspersönlichkeit 23 25 ff.
Auflösung 23 27 ff.
Gesellschafter 37 32, 165
Außenhaftung 33 64 f.
führungslose Gesellschaft 31 107 ff.
Haftungsgläubiger 47 9
Innenhaftung 33 62 f.
Insolvenzantragspflicht 31 110 f.
Gesellschafterdarlehen 37 74
Überschuldung 2 184 f.
Zahlungsunfähigkeit 2 41 f.
Gesellschafterleistungen
Anfechtung 31 60 ff.
Dritte 31 83 ff.
Gebrauchsüberlassung 31 65 ff.
Nachrang 31 53 ff.

Sachregister

Gesellschaftsrecht
Aufrechnung 17 42 f.
Gewährung Stimmrecht
Entscheidung Richter 58 28
Gewässerschutz
siehe Verantwortlichkeit
Gewerbesteuer 35 101
Gläubiger
Forderungsanmeldung 1 97 ff.
Mitwirkungsrecht 3 175
Organe 3 176
Selbstverwaltung 3 175
Vorauswahl 3 35
Gläubigerantrag 4 87
Arbeitnehmer 3 135
bestrittene Forderung 3 130
Beweis Forderung 3 133
Beweismittel 3 134
Endurteil 3 132
Glaubhaftmachung Forderung 3 132
Glaubhaftmachung Insolvenzgrund 3 132, 144
Höhe Forderung 3 131
Information für Gericht 3 144
Insolvenzgründe 3 137 ff.
Muster 4 89
öffentlich-rechtliche Gläubiger 3 137
Protokoll Geschäftsstelle 3 147
Rechtsschutzbedürfnis 3 129
Rücknahme und Erledigung 3 137
Titel 3 129
Versäumnisurteil und Vollstreckungsbescheid 3 132
Vertretung 3 146
Zahlungsstockung 3 140
Zahlungsunfähigkeit 3 140
Gläubigerausschuss 8 113; **28** 2
Abschlagsverteilung 3 195
Abwahl 10 53
Amtsannahme 10 51 f.
Amtsniederlegung 10 58
Anlegung und Hinterlegung 9 21
Anweisung Insolvenzverwalter 9 22 f.
Aufgaben 3 191, 194 ff.; 10 65 ff.
Aufnahme Rechtsstreit 7 15
Aufsichtsmaßnahmen 49 20 f.
Aufstellung Insolvenzplan 3 195
Auskunftsrechte 10 74
Ausschussbildung 10 1 ff.
Bedeutung 3 177
Begriff 11 77
Behandlung Wertgegenstände 9 21
Berichtstermin 3 195
Beschlussfassung 3 203; 10 98 ff.
Besetzung 10 35 ff.
Bestätigung Insolvenzplan 3 195
Bestimmungsrechte 10 76
Betriebsrat 3 200
Eigenverwaltung 3 195
Eignung 3 201

Einfluss 3 192; 11 79 f.
Einstellung des Verfahrens 3 195
Entlassung Mitglied 3 193, 202; 10 54 ff.
Ersatzmitglieder 10 40 f.
Externe 10 70
Festsetzung Vergütung 3 206
Freigabeerklärung 42 26 ff.
Genehmigungsrechte 10 75
Geschäftsordnung 3 203
Gläubigerautonomie 3 191
Gläubigerversammlung 9 24
Haftpflichtversicherung 3 204; 49 23
Haftung 10 102 ff.; 11 81
Haftung, persönliche 49 1 ff.
Haftungsgläubiger 47 8
Individualaufgaben 49 8 ff.
Informationsrecht 3 195
Insolvenzgläubiger 3 192
Insolvenzverwalter 3 195
Interessenkollision 10 47
Kollektivaufgaben 49 5 ff.
Konzerninsolvenz 32 31 f.
Mitwirkung 11 82
Öffentlichkeit 3 192
Organisation 3 203
Pflichtverletzung 3 204
Prüfung Geldbestand 10 73
Prüfung Geldverkehr 10 73
Qualifikationen 10 46
Rechnungsprüfung 49 13 ff.
Rechtsstellung 10 59 ff.
Regelvergütung 3 205
Schlussrechnung 3 195
Sitzungen 3 203
Tagesordnung 3 203
Überwachung des Insolvenzverwalters 10 69 f.
Unabhängigkeit 3 193
Unterhalt Schuldner 3 195
Unterrichtung 10 71 f.
Unterstützung des Insolvenzverwalters 10 68
Verfahrensabwicklung 3 192
Vergütung der Mitglieder 11 81; 54 1 ff.
– Stundensatzvergütung 54 3 ff.
Vergütung in schwierigen Fällen 3 205
Verschwiegenheit 49 22
vorläufiger – siehe Vorläufiger Gläubigerausschuss
Zusammensetzung 3 199; 10 36 ff.
– Sollzusammensetzung 10 36
Zustimmungsrechte 10 77 ff.
Gläubigerautonomie
Abwahl Insolvenzverwalter 3 47
Begriff 3 175
Gläubigerausschuss 3 191
Gläubigerbegünstigung 37 116, 242
Gläubigerbeirat
gesetzliche Regelung 3 207
Konzerninsolvenz 3 207
Planverfahren 3 207

Regelinsolvenzverfahren 3 207
Zusammensetzung 3 207
Gläubigerbeteiligung 13 37, 92 f.
Gläubigerversammlung 28 2
Abstimmung 3 188
Abwahl Insolvenzverwalter 3 47
Antrag auf Einberufung 3 185
Aufgaben 3 178 f., 184 f.
Aufhebung Beschluss 3 190
bedeutsame Rechtshandlungen 3 181
Bedeutung 3 177
Berichtstermin 3 179
Betriebsveräußerung 3 182
Eigenverwaltung 3 183
Einberufung 3 185
Einsetzung Gläubigerausschuss 3 181
Entscheidung Stimmrecht 3 188
Entscheidungen 3 177
Erörterungs- und Schlusstermin 3 179
Freigabeerklärung 42 26 ff.
Groß- und Sicherungsgläubiger 3 186
Großverfahren 3 189
Höhe Forderung 3 188
Kopfmehrheit 3 188
Leitung 3 187
Planverfahren 3 182
Prüfungstermin 3 179
Richter 3 188
Schlusstermin 3 179
schriftliche Abstimmung 3 189
Stimmenmehrheit 3 48
Unterhalt Schuldner 3 182
Vertagung 3 189
Wahl Insolvenzverwalter 3 180
Gläubigerverzeichnis 4 74
Begriff 9 34
Berechtigte 9 39
Forderung 9 35
Insolvenzverwalter 9 34
qualifiziertes Gläubigerverzeichnis 4 76
Gleichartigkeit
Aufrechnung 17 21 f.
Gleichbehandlungsgrundsatz 28 208
Gleichwohlgewährung von Arbeitslosengeld 27 38 f.
Globalzession
Kongruenz 17 48
GmbH & Co. KG 37 24, 61
GoBD 34 10
GOI des VID
Zertifizierung 3 33
Going-concern-Prinzip 32 7; 34 4
Gratifikationen
Stichtag 27 49 f.
Tarifvertrag 27 49 f.
Grenzüberschreitender Bezug 38 13
Grenzüberschreitender Sachverhalt 38 1
Grobe Fehlerhaftigkeit der Sozialauswahl 27 104 ff.; 28 121
Beispiel 28 123 f.

Darlegungs- und Beweislast 28 120
Überprüfbarkeit 28 120
Grundbuch
Insolvenzvermerk 7 3
Gründergesellschaft
Haftung 3 67
Grunderwerbsteuer 35 113; 46 103
Grundsteuer 35 108
Gruppenbildung der Gläubiger im Insolvenzplan
für den Pensions-Sicherungs-Verein 30 121
Gruppeninsolvenz
siehe Konzerninsolvenzen
Gruppen-Koordinationsverfahren
siehe Konzerninsolvenzen
Gutachten
Gliederung 6 33 ff.
Vermögensübersicht 6 39 f.
Gutachtensauftrag
Insolvenzgründe 6 34
Unternehmensfortführung 6 34
Verfahrenskostendeckung 6 34
Zulässigkeit des Insolvenzantrages 6 35
Gutachter
Aufgaben 3 36
Befugnisse 6 11 ff.
Bewertung 6 32
Gutachtenerstellung 6 10
Gütergemeinschaft 45 2 ff.
Gesamtgut bei fortgesetzter Gütergemeinschaft 45 15 ff.
Gesamtgut gemeinschaftlich verwaltet 45 4 ff.
persönliche Haftung 45 12, 25

Haft 4 147 f., 237
Haftung
Eigenverwaltung
– Masseverbindlichkeiten 44 194 f.
– Organe des Schuldners 44 245 ff.
– Sachwalter 44 251 ff.
– Schuldner 44 242 ff.
– Sozialversicherungsbeiträge 44 196 ff.
– Steuerverbindlichkeiten 44 196 ff.
– vorläufiger Sachwalter 44 253
Insolvenzschuldner 13 159
Insolvenzverwalter 8 98 ff.
– gem. § 60 InsO 13 143 ff.
– gem. § 61 InsO 13 151 ff.
– gem. § 826 BGB 13 157
Leitungsorgane 33 1 ff.
persönliche – siehe Haftung, persönliche
für Steuern 35 178
Haftung, persönliche
Abdingbarkeit 47 127
Anspruchsgrundlagen 47 1, 169 ff.
Arbeitsrecht 47 173 ff.
Aussonderungsrechte 47 76 ff.
Bereicherung, ungerechtfertigte 47 65
Betriebseinstellung 47 52
Betriebsfortführung 47 52, 60

Sachregister

Dauerschuldverhältnisse **47** 142 ff.
Einarbeitungszeit **47** 17
Einzelschaden **47** 11, 43
Erledigungsfristen **47** 73
Exkulpation **47** 125
Freigabe **47** 74
Garantie **47** 170
Geltendmachung **47** 38 ff., 128
Gesamtschaden **47** 10, 38 ff.
Gesamtschuld **47** 47
Geschäftsbesorgung **47** 171
Gläubigerausschuss **49** 1 ff.
Gläubigerorgane **47** 24 ff.
Haftungsgläubiger **47** 7 ff.
Inbesitznahme **47** 55 ff.
Insolvenzgericht **50** 1 ff.
Insolvenzplan **47** 158 ff.
Insolvenztabelle **47** 165 ff.
Insolvenzverwalter **47** 1 ff.
Insolvenzverwalter, vorläufiger **47** 1 ff., 50 ff.
Inventur **47** 56
Kausalität **47** 34
Lastschriftwiderruf **47** 62
Liquiditätsplanung **47** 53
Massearmut **47** 140
Masseermittlung **47** 55 ff.
Massesicherung **47** 51, 59 ff.
Masseunzulänglichkeit **47** 135 ff.
Masseverbindlichkeit **47** 29, 121 ff., 129 f.
Masseverwaltung **47** 59 ff.
Mitverschulden **47** 28
Pflichten, allgemein **47** 169 ff.
Pflichten, insolvenzspezifisch **47** 49 ff.
Prozessführung **47** 148 ff.
Prozessuales **47** 45 ff.
Rechnungslegung **47** 152 ff.
Rechtsirrtum **47** 18
Sachverständiger **47** 4
Sachwalter **47** 5; **48** 1 ff.
Sanierung, übertragende **47** 69
Schadenshöhe **47** 35
Sonderinsolvenzverwalter **47** 39 ff.
Sondermassen **47** 168
Sozialrecht **47** 173 ff.
Steuerrecht **47** 156 f., 176 ff.
Subsidiarität **47** 30 f.
Treuhänder **47** 6
unerlaubte Handlung **47** 172
Verjährung **47** 36 f.
Vermögensbewertung **47** 56
Verschulden Dritter **47** 19 ff.
Verschuldensmaßstab **47** 16 ff.
Versicherungsschutz **47** 61
Vertragsschluss **47** 170
Vertrauenstatbestand **47** 170
Verwertungshandlungen **47** 66 ff.
Verzinsungspflicht **47** 64
Wahlrechte **47** 142 ff.
Zug-um-Zug **47** 32 f.

Zweckverfehlung **47** 15
Zweckwidrigkeit **47** 15
Halbstarker vorläufiger Verwalter
Grundlagen **5** 159 ff.
Masseverbindlichkeiten **5** 163 ff.
partielle Verwaltungs- und Verfügungsbefugnis **5** 166 ff.
Handelsbilanz 34 3
Hauptinsolvenzverfahren 39 1, 98
Herausgabevollstreckung
Eröffnungsbeschluss **9** 12
Gerichtsvollzieher **9** 12
Rechtsmittel **9** 14
sofortige Beschwerde **9** 14
Vollstreckungsauftrag **9** 13
Vollstreckungserinnerung **9** 13
Hinterlegungsstelle
Haftungsgläubiger **47** 9

Immissionsschutz
siehe Verantwortlichkeit
Immunität ausländischer Staat 39 2
in dubio 37 6
Inbesitznahme 8 75 ff.
Absonderungsgut **47** 96 f.
Aussonderungsgut **47** 78
Haftung, persönliche **47** 55 ff.
Informationsrecht 8 91
Inkassounternehmen 4 57
Inkongruente Deckung
siehe Insolvenzanfechtung
Insolvenz
Haftungs- und Verlustgemeinschaft **3** 1
Ursachen **3** 69
Insolvenzagentur
Haftung **33** 46
Insolvenzanfechtung 1 92 f.; **37** 34
Anfechtungsbefugnis
– Insolvenzverwalter **16** 14 ff.
Anfechtungsgegner
– Empfänger **16** 17 ff.
– Gesamtrechtsnachfolger **16** 19 f.
– Sonderrechtsnachfolger **16** 23 ff.
Aushöhlung für Fiskus **9** 48
Bargeschäft
– Gleichwertigkeit **16** 83 ff.
– Unmittelbarkeit **16** 89 ff.
Berechtigung **9** 50
Bezugsrecht bei Versicherungen **46** 77 ff.
Finanzverwaltung **4** 113
Folge **9** 50
Gegenglaubhaftmachung **4** 110
Gesellschafterdarlehen **9** 55
– Doppelsicherung **16** 286
– gesellschafterbesicherte Drittdarlehen **16** 281 ff.
– gleichgestellte Forderung **16** 279
– gleichgestellter Dritter **16** 280
– keine Sperrwirkung **16** 280
Glaubhaftmachung **4** 106 ff.

Gläubigerbenachteiligung
- mittelbare – 16 68 f.
- unmittelbare – 16 66 f.

Gläubigerbenachteiligungsvorsatz
- Bargeschäft 16 234
- bargeschäftsähnliche Lage 16 234
- Beweisanzeichen 16 229 ff.
- Beweiserleichterung 16 227 ff.
- Beweislastumkehr 16 235 ff.
- fruchtlose Pfändungsmaßnahmen 16 233
- inkongruente Deckung 16 232
- Kenntnis der Zahlungsunfähigkeit 16 229
- Nichterfüllung strafbewehrter Zahlungspflichten 16 233
- Ratenzahlungsvereinbarung 16 231
- Sanierungsversuch 16 234

Gründe 9 51

inkongruente Deckung 9 53
- AGB Banken/Sparkassen 16 174
- (angedrohter) Insolvenzantrag 16 184
- Anweisung 16 188
- Erfüllungs statt 16 187
- erfüllungshalber 16 187
- gesetzliche Pfandrechte 16 169
- Nachbesicherung 16 172
- Rückführung Kreditlinie 16 193
- Zwangsvollstreckungsmaßnahmen 16 175

internationales Insolvenzrecht 39 81, 176

Kausalität
- hypothetische Verfahrensabläufe 16 71
- Zurechnungszusammenhang 16 70

Kenntnis
- Beweiserleichterung 16 135
- Beweislastumkehr 16 144
- grob fahrlässige Unkenntnis 16 132
- Lohnrückstände 16 143a
- Umstände 16 135 ff.

kongruente Deckung 9 52
- Aufrechnungslage 16 115, 120
- Globalzession 16 120
- Mantelzession 16 120
- Poolvertrag 16 120
- Rückführung Kreditlinie 16 120

Konsequenzen für Banken 26 49 ff.

Lebensversicherung 30 35, 38, 134, 173

Massearmut 13 16

Masseunzulänglichkeit 13 17 f.

Nachlassinsolvenz 46 77 ff., 81 ff.

nahestehende Person
- dienstverpflichtet 16 103
- Ehegatte 16 103
- Eltern 16 103
- Geschwister 16 103
- Gesellschafter 16 103
- gleichgeschlechtliche Lebenspartner 16 103
- häusliche Lebensgemeinschaft 16 103
- „Insider" 16 103
- juristische Person 16 103
- Kinder 16 103
- Vertretungs-/Aufsichtsorgane 16 103

Rechtsfolgen
- Berechtigter 16 303
- gesellschafterbesicherte Drittdarlehen 16 326
- Haftungsbegrenzung bei unentgeltlicher Leistung 16 319 ff.
- Insolvenz des Anfechtungsgegners 16 315 ff.
- Nutzungen 16 307
- Primäranspruch 16 304
- Sekundäranspruch 16 305
- Verpflichteter 16 303
- Wertersatz 16 311 ff.
- Zinsen 16 307

Rechtshandlung
- Auf-/Verrechnungen 16 40
- Prozesshandlungen 16 40
- Realakte 16 40
- rechtsgeschäftsähnliche Handlungen 16 40
- Unterlassungen 16 40
- Unternehmensveräußerung 16 40
- Verfügungen 16 40
- Werthaltigmachen 16 40
- Willenserklärungen 16 40
- Zwangsvollstreckungsmaßnahmen 16 40

Rechtsnatur des Anfechtungsrechts
- dingliche Theorie 16 7
- haftungsrechtliche Theorie 16 8
- schuldrechtliche Theorie 16 9

Schenkungsanfechtung 9 54

Sozialversicherung 4 112

steuerliche Auswirkungen 35 140

unentgeltliche Leistung
- Bezugsrecht Versicherung 16 249
- Drei-Personen-Verhältnis 16 243
- Erfüllung eigener Verbindlichkeiten 16 249
- gemischte Schenkung 16 249
- gesellschafterbesicherte Drittdarlehen 16 281
- gleichgestellte Forderung 16 274, 277
- gleichgestellter Dritter 16 280
- nachträgliche Besicherung eigener Verbindlichkeiten 16 249
- nachträgliche Besicherung fremder Verbindlichkeiten 16 249
- Notveräußerungen 16 247
- Nutzungsüberlassung 16 289
- Schenkung 16 249
- „Schneeballsystem" 16 249
- keine Sperrwirkung 16 280
- Tilgung fremder Verbindlichkeiten 16 249
- Zwei-Personen-Verhältnis 16 243

Urheber der Rechtshandlung
- Dritter 16 42
- Gläubiger 16 42
- Schuldner 16 43
- vorläufiger Verwalter 16 44 ff.

Verrechnung von Zahlungseingängen des Schuldners 26 52 ff.

Voraussetzungen 9 51

Vornahmezeitpunkt
– bedingte/befristete Rechtshandlungen 16 37
– einaktige Rechtsgeschäfte 16 30
– mehraktige Rechtsgeschäfte 16 30
– Registereintragungen 16 30, 36
Vorsatzanfechtung 9 53
zivilrechtliche Anfechtung 9 49
Zweck 9 48
Insolvenzantrag 37 34
Aktiva und Passiva 3 78
Antragspflicht 3 68
drohende Zahlungsunfähigkeit 2 113 ff.; 3 70
Eigenantrag 3 77
faktische Geschäftsführung 3 74
Firmenbestatter 3 69
Fristbeginn 37 38
Gläubigerantrag 37 41
Haftung 3 71
Information für Gericht 3 78, 80
Inhalt 3 78
Insolvenzantrag durch die Banken 25 28 ff.
interne Geschäftsverteilung 3 73
Kenntnis 37 38
Konzern 3 79
mehrere Geschäftsführer 3 73
nicht rechtzeitig 37 37
nicht richtig 37 36
Niederlegung Geschäftsführung 3 72
Organe und Gesellschafter 3 76
Rücknahme 3 91, 158
Schuldner 3 66
Verfahrenskostengarantie 25 33 f.
verspätete Antragstellung 3 71; 18 20 ff.
Insolvenzantragspflicht
ausländische Gesellschaft 33 22
Leitungsorgan 33 21
Wegfall 37 39
Insolvenzbeschlag
Freiberufler 42 16 f.
Insolvenzereignis
Gläubigerantrag 11 41 f.
Prozessunterbrechung 11 45 ff.
Insolvenzeröffnung
Gläubigerantrag 11 38 f.
Konsequenzen für Insolvenzgläubiger 11 34 ff.
privilegierte Gläubiger 11 46
Prozessunterbrechung 11 42 ff.
Rückwirkung 11 47
vorläufiges Veräußerungsverbot 11 48
Wirkung auf betriebliche Altersversorgung 30 64 ff., 149 ff.
Zwangsvollstreckung 11 36, 46 ff.
Insolvenzfähigkeit 1 22 ff.; **2** 1 ff.
ausländische Gesellschaften 2 18 f.
Ausschluss 2 7
Beginn 2 8 ff.
Bruchteilsgemeinschaft 3 64; 45 28
Bund und Länder 3 61

Einzelfirma 3 60
Ende 2 11
Erbengemeinschaft 45 31
Gesellschaft bürgerlichen Rechts 3 63
Handelsgesellschaft 3 63
juristische Person 3 61
Konzern 32 6
Krankenkassen 3 61
Kreise und Gemeinden 3 61
Limited 3 63
Nachlass und Gesamtgut 3 64
nicht rechtsfähiger Verein 3 62
stille Gesellschaft 3 63; 45 30
Wohnungseigentümergemeinschaft 45 29
Insolvenzforderung 11 1 ff.
Abgrenzung zu Ab- und Aussonderung 11 5
Abgrenzung zur Masseschuld 11 18 ff.
Anerkennen
– für den Ausfall 11 136 ff.
– der Forderung 11 131
– in Gänze 11 131 ff.
– Muster 11 194
– nachträgliches – 11 157, 193
– teilweises – 11 135 ff.
Anerkennen für den Ausfall, Fristberechnung und Probleme 11 142
Anerkennen für den Ausfall, Probleme und Nachteile 11 138 f., 142
Anmeldung zur Tabelle 11 83 ff.
– per email 11 99
– Adressat 11 90
– Anlagen 11 103 f.
– Ausschluss von Forderungen 11 93
– bedingte/betagte Ansprüche 11 88
– Berechnung betagter Forderungen (Hoffmansche Formel) 11 88
– Forderung aus unerlaubter Handlung 11 101, 125, 184
– Frist 11 91
– Inhaberschaft der Forderung 11 96 f.
– Inhalt und Form 11 95 ff.
– nachrangige Insolvenzforderungen 11 83
– Schriftform 11 99
– Schuldgrund 11 101
– unbezifferte Forderungsanmeldung 11 100
– unzulässige – 11 88, 161
– verspätet 11 94
– Zurückweisung 11 119
– siehe auch Tabelle und Forderungsanmeldung
Ansprüche auf Lohn und Gehalt 11 29
Ansprüche auf Schadensersatz 11 32
Ansprüche, bedingte und betagte 11 20 ff., 24, 158 ff., 161 ff.
– auflösend bedingt 11 21 f., 159
– aufschiebend bedingt 11 22, 160
Ansprüche gegen Schuldner 11 33
Ansprüche, höchstpersönliche und familienrechtliche 11 32
Ansprüche nach Verfahrenseröffnung 11 16

Aufrechnung siehe Aufrechnung
Aus- und Absonderungsrecht 3 98
Auswirkungen der Aussonderung 14 57 f.
Begriffsbestimmung „Ausfallforderung" 11 137
Begriffsbestimmung „persönlicher Gläubiger" 11 6 ff.
– Beispiel 11 7
Begriffsbestimmungen 11 5 ff.
Bestreiten 11 152 ff.; siehe auch Bestreiten von Forderungen
Bürgen und Mitverpflichtete 11 165 ff.
aus Dauerschuldverhältnissen 11 19 ff., 26
Eintragung von – 11 112 ff.
Familienrecht 3 100
Faustformel 11 13, 17
Finanzverwaltung 4 113
Forderungen, durch starken Insolvenzverwalter begründet 11 26 ff.
Gegenglaubhaftmachung 4 110
gegenüber Gesamtschuldnern 11 163
Gesellschaftsrecht 3 101
Gestaltungsrecht 3 100
Glaubhaftmachung 4 106 ff.
Hemmung der Verjährung 11 108
höchstpersönlicher Anspruch 3 100
Kosten der Rechtsverfolgung 11 43
Masseverbindlichkeit 3 98
maßgeblicher Zeitpunkt/Entstehen der Forderung 11 14
Miet- und Pachtverträge 22 18 f.
– Schadensersatzansprüche 22 64
Nachlassinsolvenz 46 92
Nachweis über Höhe des Ausfalls/Adressat 11 146
Neuerwerb 3 110
nicht auf Geld gerichtet 3 99
Nichterfüllungsschaden 11 15
öffentliche Bekanntmachung
– Beispiel Fristberechnung 11 144
– des Forderungsverzeichnisses 11 143
öffentliches Recht 3 108
Privatrecht und öffentliches Recht 3 97
Prüfung von – 11 123 ff.; siehe auch Prüfung von Insolvenzforderungen
Rechte der Insolvenzgläubiger 11 37 ff.
Reduzierung 14 57
Restschuldbefreiung 3 102
Sachenrecht 3 107
Schuldrecht 3 105
Sozialplan 3 109
Sozialversicherung 4 112
Steuerforderungen 11 21, 25, 29
stiller Gesellschafter 3 101
Sukzessivlieferungsvertrag 3 104
Totalausfall 11 139
Übersicht 3 109
unerlaubte Handlung 3 106
Unterhaltsanspruch 3 103
Unterlassungsanspruch 3 100

unvertretbare Handlung 3 100
unvollkommener Anspruch 3 102
Verfahrenseröffnung 11 40
Vermögensanspruch, Begriff 11 31 f.
Vermögenswert 3 100
Verrechnung bei Absonderung 15 163 ff.
Versorgungsansprüche und -anwartschaften 30 64 ff., 149 ff.
Verzinsung 11 88, 161
Vollstreckungstitel 11 104
aus vorsätzlicher unerlaubter Handlung 11 177, 183 ff.
– Anmeldung Angabe Grund 11 184
– Hinweispflicht Schuldner 11 186, 190
– Nachschieben von Gründen 11 188
– Widerspruchsrecht 11 189
Widerspruchsrecht Gläubiger und Schuldner 11 174 ff.
Zeitpunkt Begründung der Forderung 11 14 f.
Zeitpunkt Entstehung 3 103
Zwangsvollstreckung nach Verfahrenseröffnung 11 46 ff.
Zwangsvollstreckung vor Verfahrenseröffnung 11 35 f.
Insolvenzgeld 11 29; 12 24; 27 24; 35 130
Anspruchsausschluss 29 67 ff.
Anspruchsübergang 29 156 ff.
Anspruchsvoraussetzungen 29 10 ff.
Antrag 29 135 ff.
Arbeitnehmerüberlassung 29 46, 122
Ausschlussfrist 29 139 ff.
Entgeltumwandlung 30 22
Gesamtsozialversicherungsbeitrag 29 117 ff.
Gleichwohlgewährung 29 198
Haftung Dritter 29 172 ff.
Höhe des Insolvenzgeldes 29 75 ff.
Insolvenzereignis 29 21 ff.
Insolvenzgeld-Zeitraum 29 32 ff.
Pfändung 29 101 f.
Progressionsvorbehalt 29 184 ff.
Umlage 29 188 ff.
Vorfinanzierung 19 18, 33; 29 100, 103 ff.
Vorschuss 29 88 ff.
Zuständigkeit 29 3, 61, 145 f.
Insolvenzgericht
allgemeiner Gerichtsstand 3 150
Aufgaben 3 4; 13 35, 84
Berlin 3 149
Betrieb des Schuldners 3 151
Haftung 50 1 ff.
Konzerninsolvenz 32 31 ff.
örtliche Zuständigkeit 3 149
Pflichtverletzung 50 6 ff.
sachliche Zuständigkeit 3 149
Unterbringung 3 152
Verfahrensgestaltung 3 21
Verteilung Zuständigkeit 3 21
Verweisungsantrag 3 153
Insolvenzgläubiger
Abweisung mangels Masse 3 127

Sachregister

Änderung Beschlussfassung 11 75
Antrag auf Auszug aus der Insolvenztabelle
  11 134
Antragsrecht 3 111, 125
Art der Forderung 3 97
Aus- und Absonderungsberechtigte 3 126
Auskunftsanspruch gegenüber Insolvenz-
  verwalter 11 56 ff.
Befriedigung 3 96
Begriff 3 94; 11 5 ff.
Berichtstermin 11 67
Beteiligter 3 93
Einsicht Gerichtsakte 11 58
Einsicht in Verzeichnisse 11 70
Einsicht Insolvenztabelle 11 115
Faustformel „Insolvenzforderung" 11 13, 17
Forderungsanmeldung 11 83 ff.
– Forderung aus unerlaubter Handlung
  11 101
– Inhalt und Form 11 95 ff.
– Kosten der verspäteten Anmeldung 11 93
– verspätete Anmeldung 11 94
– siehe auch Insolvenzforderung
Gelegenheit zur Stellungnahme 11 71
Glaubhaftmachung der Forderung 11 38
Haftungs- und Verlustgemeinschaft 3 95
Haftungsgläubiger 47 8
haftungsrechtliche Zuweisung 3 94
Insolvenzantrag 3 125
Insolvenzantragsrecht 11 38 f.
Insolvenzplanaufstellung 11 74
Mitglied Gläubigerausschuss 11 77 ff.; siehe
  auch Gläubigerausschuss
Mitteilung bei Forderung für den Ausfall
  11 139 f.
Mitteilung bei Forderungsanerkenntnis
  11 133, 180 f.
Nachrang 3 110
Neugläubiger 3 110
Organe 3 93
persönliche Forderung 3 97
Prozesskostenrisiko 11 43
Prozesswiederaufnahme 11 44
Rechte der – 11 2, 34 ff.
– Einschränkungen 11 36
– siehe auch Insolvenzforderung
Rechtsstellung 3 111
Teilnahmerechte 11 64 f., 67
– Prüfungstermin 11 65 f., 126
Verfahrenseröffnung 11 40
Verfahrensrechte 11 64 ff.
Vermögensanspruch 3 96
Wahl des Insolvenzverwalters 11 72
Widerspruchsrecht 11 66, 128, 174 ff.
Insolvenzgründe 2 20 ff.
Bedeutung 2 21, 119 ff.
Bestreiten 3 89
drohende Zahlungsunfähigkeit 2 93 ff.; 3 86 f.;
  6 41
Überschuldung 2 119 ff.; 6 41

Übersicht 3 87
vorläufiger Verwalter 5 121
Zahlungsunfähigkeit 2 20 ff.; 6 41
Insolvenzkalkül
Anmeldung Forderung 3 123
Kosten 3 123
Krise 3 124
Nachlassinsolvenz 3 124
Insolvenzmasse
Aus- und Absonderungsberechtigte
  9 10
Ausland 9 9
Aussonderungsrecht 9 38
Begriff 9 2
Beiseiteschaffen 37 72, 135, 188
Belastung durch Wertsteigerung der
  Anwartschaft aus betrieblicher
  Altersversorgung 30 67a ff.
Bereinigung 9 10, 37
bewegliche Gegenstände 9 4
Computerprogramme 9 4
Eigentumsgarantie 9 3
Erbteil 46 13
Eröffnung 7 1
Geschäftsbücher 9 4
Gläubiger 9 8
Grundstück 9 4
Grundstücksrechte 9 4
haftungsrechtliche Zuweisung 3 54, 174; 7 1;
  9 1, 38
Inbesitznahme 9 7
insolvenzfreies Vermögen 9 3
Insolvenzverwalter 9 7
Ist-Masse 9 9
Krise 3 148
bei Nachlassinsolvenz 46 51 ff.
Nachtragsverteilung 9 11
negative Abgrenzung 9 2, 6
Neuerwerb 9 3
Neugläubiger 9 3
Praxisunterlagen 9 4
private Altersvorsorge 9 6
Rechte 9 5
Soll-Masse 9 9
Unpfändbarkeit 9 6
Verheimlichen 37 76, 135
Vermögensverzeichnis 9 10
Verteilung 1 112 ff.
Insolvenzplan 8 117 ff.
Antrag zur Erstellung eines – 11 77
Besserungsklausel bei betrieblicher
  Altersversorgung 30 120b
bei der betrieblichen Altersversorgung
  30 119 ff.
Freiberufler 42 12, 36, 43
gestaltender Teil
– besondere Gläubigergruppe für Träger der
  Insolvenzsicherung 30 121
Haftung, persönliche 47 158 ff.
internationales Insolvenzrecht 39 82 f.

bei Nachlassinsolvenz **46** 59
Wiederauflebensklausel **30** 123
Insolvenzplanverfahren 13 160 ff.
Auswirkungen auf Banken **26** 93 ff.
Auswirkungen auf Sicherheiten **26** 94 ff.
Begleitung durch Banken **26** 104 ff.
debt-to-equity-swap
– Abfindungen **43** 51e
– Bezugsrechtsausschluss **43** 51c
– Kapitalherabsetzung und -erhöhung **43** 51b
– Sacheinlagen **43** 51d
Einleitung
– ESUG **43** 10 ff.
– Statistik **43** 8
Erörterungs- und Abstimmungstermin
– doppelte Mehrheit **43** 80
– Obstruktionsverbot **43** 82
fakultative Gruppen
– Arbeitnehmer **43** 28
– Kleingläubiger **43** 29
gestaltender Teil
– fakultative Gruppen **43** 28
– Gruppenbildung **43** 21
– Pflichtgruppen **43** 24
– Sondergruppen **43** 30
Initiativrechte
– Schuldner **43** 61a, b
– (vorläufiger) Insolvenzverwalter **43** 62
– (vorläufiger) Sachwalter **43** 66a
Neukreditierung im Insolvenzplanverfahren **26** 110 ff.
Pflichtgruppen
– absonderungsberechtigte Gläubiger **43** 24
– Anteilsinhaber **43** 27
– nachrangige Insolvenzgläubiger **43** 26
– nicht nachrangige Insolvenzgläubiger **43** 25
Planbestätigung
– Bestätigungsbeschluss **43** 85
– Minderheitenschutz **43** 86
Planinhalt
– darstellender Teil **43** 14 ff.
– gestaltender Teil **43** 20
– Vergleichsrechnung **43** 19
Planwirkungen
– Ausschlussklauseln **43** 89a
– gesellschaftsrechtliche Maßnahmen **43** 92
– Rechtsänderungen **43** 89
– Verpflichtungserklärungen **43** 93
– Willenserklärungen **43** 90
Planziele
– Ausproduktion **43** 55
– Sanierungsplan **43** 40 f.
Sanierungsplan
– Arbeitsverträge **43** 42
– Sanierungsgewinn **43** 43 ff.
Sondergruppen
– Pensionssicherungsverein **43** 30
– Schuldverschreibungsgläubiger **43** 30

Insolvenzrecht
Fortführung Unternehmen **9** 57
Frühwarnsystem **9** 58
Vollstreckungsrecht **9** 56
Wirtschaftsrecht **9** 56
Insolvenzrechtliche Einordnung der Kosten 28 24
Insolvenzregister
Bekanntmachung **39** 45
Vernetzung der nationalen Insolvenzregister **39** 46
Insolvenzschuldner
Erbe **46** 11
Erbengemeinschaft **46** 12
Erbschaftskäufer **46** 11, 50
Nachlasspfleger **46** 16
Testamentsvollstrecker **46** 17
Veräußerungsverbot **11** 45
Verfügungsverbot **11** 28
Vor- und Nacherbe **46** 15
Insolvenzsicherung
Alterszeitguthaben **33** 45
Insolvenzsicherung der betrieblichen Altersversorgung 30 9 ff.
Anhebung Renteneintrittsalter **30** 101
Anpassungsklauseln **30** 105 ff.
Anspruchshöhe **30** 97 ff.
Anspruchsminderung gegenüber Pensions-Sicherungs-Verein **30** 108
Arbeitnehmer im Vorruhestand **30** 85
Beitragspflicht der Arbeitgeber gegenüber Pension-Sicherungs-Verein **30** 155 ff.
Direktversicherung, teilweiser gesetzlicher Insolvenzschutz **30** 32 ff.
Hinterbliebene **30** 76, 84
Katastrophenfall **30** 109
Leistungsausschlüsse **30** 63, 110 ff.
mittelbare Versorgungszusagen **30** 30 ff.
Pensionsfonds, Insolvenzschutz **30** 44 f.
Pensionskassen, kein Insolvenzschutz **30** 43; siehe auch Anwartschaften aus betrieblicher Altersversorgung; Direktversicherung für betriebliche Altersversorgung; Entgeltumwandlung für betriebliche Altersversorgung; Pensionsfonds; Pensionskassen; Pensions-Sicherungs-Verein; Unternehmerpensionszusagen; Unterstützungskassen; Versorgungsrechte aus betrieblicher Altersversorgung
Pflichten des Arbeitgebers **30** 155 ff., 164 f.
Sicherungsfall **30** 46 ff.
technischer Rentner **30** 75
Übertragung der Leistungspflicht **30** 137 f.
unmittelbare (Direktzusage) Versorgungszusagen, gesetzlicher Insolvenzschutz **30** 29
Unternehmerpensionszusagen **30** 129 ff.
Unterstützungskassen, gesetzlicher Insolvenzschutz **30** 42
Unverfallbarkeit **30** 67 f., 86 ff.
Verjährung **30** 80

Sachregister

Versicherungen zur Absicherung von Versorgungszusagen **30** 133 ff.
Versicherungsmissbrauch **30** 110 ff.
Versorgungsansprüche **30** 74 ff.
Versorgungsanwartschaften **30** 82 ff.
Versorgungszusagen **30** 29 ff.
Insolvenzsozialplan
Abschlagszahlungen **28** 227
Absolute Beschränkung **28** 225
Allgemeines Gleichbehandlungsgesetz (AGG) **28** 212
Anmeldeerfordernis **28** 222
Anspruch auf Abschluss **28** 199
Anspruchsberechtigung Betroffener **28** 219
Ausgestaltung der Leistung **28** 205 f.
Bemessungsgrundlage/Monatsverdienst **28** 220
Betriebsvereinbarungen **28** 197
Differenzierungskriterien **28** 207
Differenzierungskriterien/Beispiele **28** 209
Entlassene Arbeitnehmer **28** 214
Entstehung des Mitbestimmungsrechtes **28** 198
Ermittlung des Gesamtvolumens **28** 219
Ermittlung des Sozialplanvolumens **28** 206, 212, 219 f.
Erzwingbarkeit **28** 213 ff.
Form **28** 201
Formerfordernis **28** 198
Geltungserhaltende Reduktion **28** 226
Gemischte Betriebsänderung **28** 218
Geplante Betriebsänderung **28** 210
Gleichbehandlungsgrundsatz **28** 208
Höhe und Verteilung **28** 205
Inhalt **28** 201 f.
Insolvenzplan und Sozialplan **28** 224
Kreis der Berechtigten **28** 219
legislatorische Festlegung **28** 218
Masseverbindlichkeiten **28** 222
Mitbestimmungsrecht des Betriebsrates **28** 202
Nichtigkeit **28** 201
Parteien **28** 201
Personeller Geltungsbereich **28** 203
Pfändung von Sozialplanansprüchen **28** 230
Rahmensozialplan **28** 200
Rechtnatur **28** 197
Rechtsfolge der Überschreitung des Volumens **28** 226
Relative Beschränkung gemäß § 123 Abs. 2 InsO **28** 223
Restmandat des Betriebsrates **28** 202
Sozialplan neugegründeter Unternehmen **28** 216
Sozialplanberechtigung **28** 207
Sozialplanvolumen absolute Beschränkung **28** 218 f., 221, 225
Sozialversicherungsrechtliche Behandlung **28** 230

Steuerliche Behandlung von Ansprüchen **28** 230
Stichtag **28** 211
Tabellarische Übersicht der Abschlusspflicht **28** 215
Tarifliche Abschlusspflichten **28** 222
Tarifvorrang **28** 197
Teilzeitbeschäftigte Arbeitnehmer **28** 211
Transfersozialplan **28** 201
Verhältnis Abfindung, Nachteilsausgleich **28** 199
Verjährung **28** 222
Verteilungskriterien **28** 207 ff.
Verwirkung **28** 202
Zwangsvollstreckung **28** 229
Insolvenzsteuerrecht 35 1
Insolvenztabelle
Antrag auf Auszug aus der Insolvenztabelle **11** 134
Einsicht Insolvenztabelle **11** 115
Haftung, persönliche **47** 165 ff.
siehe auch Tabelle und Forderungsanmeldung
Insolvenzverfahren
Abweisung mangels Masse **3** 171
Aktenzeichen **3** 154
Amtsermittlung **3** 88, 155
Antragsprinzip **3** 58
Auswirkung auf Arbeitnehmerrechte **28** 1
Barmittel **3** 167
Betriebswirtschaft **9** 60
drohende Zahlungsunfähigkeit **9** 58
Ermittlungen **3** 160
Eröffnung **3** 165 f.
Eröffnungsbeschluss **3** 172
Freiberufler **3** 59
frühzeitiger Antrag **9** 58
funktionelle Zuständigkeit **3** 11
Gesellschaftsrecht **9** 59
Haftungs- und Verlustgemeinschaft **3** 57
Haftungsrealisierung **1** 6 ff.
Handwerker **3** 59
Kleinunternehmer **3** 59
Kosten **3** 168
kostendeckende Masse **3** 160
Kostenvorschuss **3** 164, 169
Masseverbindlichkeit **3** 168
Mitteilung von Tatsachen **3** 163 f.
Mitwirkung Gläubiger **3** 162
Mitwirkung Schuldner **3** 161
natürliche Person **13** 137 ff.
Ordnungsfunktion **3** 169
Planverfahren **9** 59
Prozesskostenhilfe **3** 167
quasi-streitiges Parteiverfahren **3** 7, 54, 88, 157
Sinn und Zweck **3** 3
Struktur **1** 1
Übersicht **3** 159
Verbindung **3** 154
Verbraucher **3** 59

Sachregister

Verfahrensablauf **1** 21
Vermögensübersicht **3** 156
vorläufige Insolvenzverwaltung **3** 160
Ziele **1** 2 ff.
Zulassung **3** 157
Zwangsmittel **3** 161
Zwangsvollstreckung **3** 56
Zweck **3** 174
Insolvenzverschleppung 37 20, 220, 245
Aufsichtsrat **33** 53 f.
Leitungsorgan **33** 36 ff.
Quotenschaden **33** 37
Teilnahme **33** 38
Insolvenzverwalter
Abfindung von Versorgungsanwartschaften **30** 69
Abwahl **3** 47
Abwehr von vermeintlichen Absonderungsrechten **15** 87
Anderkonto **9** 19
Anerkennen von Forderungen **11** 131 ff., 135 ff.
– Anerkennen für den Ausfall **11** 149 f.
– Prüfung Forderungen für den Ausfall **11** 148
als Arbeitgeber **27** 5, 16
– im Rahmen betrieblicher Altersversorgung **30** 64 ff., 127
Arbeitgeberfunktion **28** 2
Arbeitgeberstellung **28** 2, 186
Aufgaben **13** 32 ff., 77 ff.
Aufstellung Vermögensübersicht **15** 86
Auskunftspflicht bei Aussonderung **14** 46
Auskunftspflicht gegenüber Insolvenzgläubigern **11** 56
Auskunftspflicht gegenüber Massegläubigern **11** 61
Auswahl konkretes Verfahren **3** 24
Befugnis
– Erteilung Vollmacht **23** 20
Bericht **11** 69 f.
Beruf **3** 25
Berufsrecht **3** 25
Beschwerde gegen Auswahl **3** 46
Bestellung **3** 36; **4** 247; **8** 54 ff.
Bestreiten Forderung **11** 62
Beteiligter **3** 22
Beteiligungsrechte im Sinne des BetrVG **28** 3
Betriebswirt **3** 38
Branchenspezialist **3** 38
Datenverarbeitung **9** 25
Dienstleistungsrichtlinie **3** 37
Entlassung **8** 103
Erfassen von Insolvenzforderungen **11** 110 f.
Erstellung Verteilungsverzeichnis **11** 218
Fachanwalt für Insolvenzrecht **3** 39
Forderungsprüfung **11** 129 ff.
Freistellung von Betriebsratsmitgliedern **28** 11

Führen von Prozessen
– Aktiv – **11** 42
– Passiv – **11** 42
als Gegner Zwangsvollstreckung **12** 61
Geld, Wertpapiere, Kostbarkeit **9** 16
Geltendmachung Absonderungsrecht gegenüber Insolvenzverwalter **15** 72 ff.
Geschäftsbücher **9** 25
Geschäftskunde **3** 37
Gesellschaft **7** 13
Großbetrieb **3** 37
Gruppenverwalter **32** 31 ff.
Haftung **9** 7; **12** 92; **22** 85
Haftung, persönliche **47** 1 ff.
Haftungsrisiken
– Anerkennen für den Ausfall **11** 149 f.
Herausgabepflicht Aussonderungsgut **14** 55
Herausgabevollstreckung **9** 12
Hinzuziehung eines Sachverständigen durch den Betriebsrat **28** 15 ff.
Insolvenzmasse **9** 7
Kanzleistruktur **3** 40
Kenntnisse und Fähigkeiten **3** 24
Konsequenzen Beendigung Miet-/Pachtverhältnisse **22** 66 ff.
Konzerninsolvenz **32** 13 f.
Kostentragungspflicht Betriebsrat **28** 14
Krisenmanagement **3** 4, 38
Kriterien Auswahl **3** 37
Mitteilung an Insolvenzgläubiger **11** 180
Mitteilungspflicht Absonderung **15** 118 ff.
mittelständiger Betrieb **3** 37
Nachforschungspflicht bei Aussonderung **14** 54 f.
Organe der Gesellschaft **7** 13
Organtheorie **7** 12
Partei kraft Amtes **3** 23; **7** 12
Persönlichkeit **3** 41
Pflichten gegenüber Pensions-Sicherungs-Verein **30** 164 f.
Prüfung von – **15** 83 ff.
rechtliche Kenntnisse **3** 39
Rechtsanwalt **3** 38
Rechtsstellung **3** 23; **7** 12
Schadensersatzpflicht
– Absonderung **15** 118
schwebende Prozesse **7** 14
Sicherung Masse **9** 15
Sicherungspflicht Aussonderungsgut **14** 56
Siegelung Räume und Behältnisse **9** 25
Sofortmaßnahmen **1** 66 ff.
kein Sonderkündigungsrecht **22** 92
Sonderkündigungsrecht bei Miet- und Pachtverhältnissen **22** 47 ff.
– Form der Kündigung **22** 52
– Frist **22** 49, 51
– gesetzliche Kündigungsfrist **22** 47, 81 f.
– Haftung bei unterlassenem Rücktritt im Fall der Masseunzulänglichkeit **22** 85
– Konsequenz **22** 66 ff.

Sachregister

- Kündigung durch Insolvenzverwalter 22 118
- Kündigungserklärung 22 52
- Rücktrittsrecht Insolvenzverwalter 22 80 ff.
- Schadensersatzanspruch des Vermieters/Verpächters 22 62 ff., 86
- Unabdingbarkeit des – 22 61
- Veräußerung des Miet/Pachtobjekts durch Verwalter 22 119 ff.
- Vereinbarungen mit dem Vermieter/Verpächter 22 48
- verkürzte Kündigungsfrist 22 83 f.
- über Wohnräume des Schuldners 22 53 ff.
starker vorläufiger Insolvenzverwalter 28 188
Stellung des Betriebsrates 28 3 f.
Teilnahme am Berichtstermin 11 67 ff.
Träger der kollektivrechtlichen Verpflichtung 28 2
Träger von Rechten und Pflichten 28 1
Übernahme von Verfahren 3 26
Uhlenbruck-Kommission 3 42
Vermögensübersicht 9 29
Verstoß gegen Beteiligungsrechte 28 6
Vertreter 3 23
Vertretertheorie 7 12
Verwahrung Masse 9 15
Verwaltungs- und Verfügungsbefugnis 9 1
Verwertungsrecht 15 100 ff.
Verzeichnis Massegegenstände 9 29 f.
Vorauswahl 3 24, 26
vorläufiger Insolvenzverwalter 28 2, 189
Vorschläge Gläubiger 3 45
Wahl durch Gläubigerversammlung 11 112
Wahlrecht bei Aussonderung 14 14 ff.
- Ablehnung der Erfüllung 14 19
- Ausübung 14 16
Wahlrecht des Insolvenzverwalters bei Verträgen 20 11 f.; 21 11
- Rechtswirkungen 21 26 ff.
- siehe auch Verträge in der Insolvenz
Widerruf von Versorgungsanwartschaften 30 66, 134
wirtschaftliche Entscheidungen 3 24
wirtschaftliche Selbständigkeit 3 23
Zentralfigur des Verfahrens 3 23
Zertifizierung 3 33, 42
Zurückbehaltungsrecht 15 141
Zuständigkeit Vergütungsfestsetzung 3 13
Integrationsamt 27 133
Interessenausgleich
Abgrenzung zum Sozialplan 28 58, 200
Abschluss 27 105; 28 48
Abschluss über die Einigungsstelle 28 50 f.
Abweichung vom 28 183
Arbeitnehmerfunktion Geschäftsführer und leitende Angestellte 28 76
Ausgliederung und Betriebsänderung 28 88
Auslegung 28 47
Beteiligungsrechte des Betriebsrates 28 65
Bindungswirkung 28 183

Definition der Betriebsänderung 28 82
Dokumentationsnotwendigkeit 28 57
Durchführungsanspruch 28 48
Einigungsgebühr 28 23
Einigungsstelle 28 26
Einschränkung des Betriebs 28 84
Einstweilige Verfügung 28 47
Entstehung des Beteiligungsanspruchs 28 82 f., 93
fehlerhafte Beteiligung 28 67
Form 28 56
Formerfordernis 27 106; 28 54 f.
Gegenstand 28 47
Gegenstandswert 28 22
Grundlegendes 28 44
In der Regel beschäftigte Arbeitnehmer 28 78
Inhalt und Rechtsnatur 28 47 f., 57, 60
Insolvenzplan 28 61
Interessenausgleich als Betriebsvereinbarung 28 60
Keine bindende Entscheidung 28 59
Mindestanzahl beschäftigter Arbeitnehmer 28 72
Nachteilsausgleich 28 64
Schwellenwert und Regelbeschäftigung 28 72 f., 78
Sozialplanberechtigung 28 55
Spruch der Einigungsstelle 28 51
Stilllegung als Betriebsänderung 28 84
Umsetzungsanspruch des Betriebsrats 28 47a
Unterrichtung des Betriebsrates 28 93 ff.
Verbindung mit Sozialplan 28 55
Verfahren gemäß § 111 i. V. m. § 122 BetrVG 28 104
Verfahrensablauf 28 48
Verhandlung über 28 58
Versuch des Interessenausgleichs/Unterrichtung des Betriebsrats 28 93 ff.
Voraussetzung für den Abschluss 28 63
vorläufiger Insolvenzverwalter 28 186 f.
Wahlberechtigter Arbeitnehmer 28 75
Zeitmomente 28 51, 62
Zustandekommen 28 48, 63 f.
zuständiger Verhandlungspartner 28 65 f.
Interessenausgleich gem. § 125 InsO 27 105 f.; 28 105
Abweichung vom – 28 144, 183
Anforderung an die Namensliste 28 114
Benennung der Kündigungsart 28 115
Betriebsratsanhörung 28 147
Darlegungs- und Beweislastverteilung 28 113 f.
Einigungsstelle 28 107 f.
Einschränkung der Überprüfung der Sozialauswahl auf grobe Fehlerhaftigkeit 28 120 f.
Fiktion der dringenden betrieblichen Belange 28 111
Inhalt und Rechtsnatur 28 105
Massenentlassungsanzeige 28 145

Namensliste **28** 114
Namensliste und Betriebsratsanhörung
  28 147 f.
Namensliste und Massenentlassungsanzeige
  28 146
Neuverhandlung bei Änderung **28** 144
Ohne Namensliste **28** 117
Parallele Verhandlung über Interessenausgleich gemäß § 112 BetrVG **28** 108
Schaffung bzw. Erhalt einer Personalstruktur
  28 126 ff.
Scheitern und Rechtsfolgen **28** 107
Sozialauswahl **28** 105, 121 f.
Verbindung der Betriebsratsanhörung **28** 147
Vermutung dringender betrieblicher Belange
  28 115
Vermutungswirkung **28** 111 f.
Wegfall der Geschäftsgrundlage **28** 142
Wesentliche Änderungen der Sachlage **28** 141
Wiedereinstellungsanspruch **28** 145
Interessenausgleichsverfahren 28 103
parallele Einleitung **28** 108
Interessenmittelpunkt
Anwendungsbereich EUInsVO **38** 12
internationale Zuständigkeit **39** 6
Verlegung **39** 12
siehe auch Forum Shopping; Mittelpunkt hauptsächlicher Interessen
Internationale Zuständigkeit
Annexverfahren **39** 19 ff.
Insolvenzverfahren **39** 3 ff.
Kompetenzkonflikte **39** 15
Konzernsachverhalte **39** 13
Perpetuatio fori **39** 9
Prioritätsgrundsatz **39** 15
siehe auch Forum Shopping; Interessenmittelpunkt; Ordre Public
Internationales Privatrecht 38 3
Internationales Verfahrensrecht 38 3
Interne Rechnungslegung 34 2
Inventar 37 61, 97, 101
Inventur
Haftung, persönliche **47** 56
Irrtum 37 45, 124, 140
Ist-Masse
Absonderung **5** 38
Aussonderung **5** 37

Juristische Person
beschränkte Haftung **3** 67
Insolvenzfähigkeit **2** 5
Überschuldung **2** 125 ff.
Justizfiskus
Haftungsgläubiger **47** 9
Justizverwaltungsakt
Vorauswahl **58** 3

Kapitalaufbringung
Bareinlage **31** 7 f.
Cash-Pool **31** 22 ff.

Debt-to-Equity-Swap **31** 25
falsche Angaben **33** 3 ff.
Geltendmachung **31** 37 ff.
genehmigtes Kapital **31** 28 ff.
Hin- und Herzahlen **31** 17 ff., 21
Kapitalerhöhung **31** 26 f.
Nachschüsse **31** 31 ff.
Sacheinlage **31** 9 ff.
Unternehmergesellschaft **31** 44 f.
verdeckte Sacheinlage **31** 12 ff.
Verjährung **33** 6
Verschulden **33** 5
wirtschaftliche Neugründung **31** 36
Kapitalerhaltung
Ausscheiden gegen Abfindung **31** 50
Beweislast **33** 8
Darlehensvergabe **31** 51
Erwerb eigener Anteile **31** 49
Haftung **33** 7 ff.
Verjährung **33** 9
Kapitalgesellschaft
Kapitalaufbringung **31** 5 ff.
Kapitalerhaltung **31** 46 ff.
Kapitalverlust
Anzeige **33** 10
Karenzentschädigung 27 60
Katastrophenfall bei Insolvenzsicherung der betrieblichen Altersversorgung
  30 109
Kommanditgesellschaft
Komplementärhaftung bei Überschuldungsprüfung **2** 187
Kongruente Deckung
siehe Insolvenzanfechtung
Konkursordnung
Änderung Haftungsrechtsprechung **18** 1 ff.
Betriebsfortführung **18** 1 ff.
Haftungsrechtsprechung **18** 1 ff.
Konsolidierung von Vermögensmassen
  32 4, 35
Kontamination 36 9, **32** ff., 69 ff., 84 ff., 95;
  siehe auch Bodenverunreinigung
Kontoführung
Haftung, persönliche **47** 63
Kontokorrent
Aufrechnung **17** 46
Konzern 37 170
Konzernbetriebsrat **28** 69
Konzerninsolvenzen 32 1 ff.
Arten von Konzernen und Konzernstrukturen **32** 6 ff.
– beherrschender Einfluss **32** 25 ff.
– betriebswirtschaftliche Betrachtung
  32 6 ff.
– Control-Konzept **32** 25
– dezentrale Konzernstruktur **32** 9
– faktischer Konzern **32** 15, 20
– Gleichordnungskonzern **32** 21, 24
– Going-Concern-Perspektive **32** 7
– horizontal organisierte Konzerne **32** 10

Sachregister

- Konzern im aktienrechtlichen Sinne 32 18 ff.
- Konzern im handelsrechtlichen Sinne 32 25 ff.
- Mischkonzern 32 12
- qualifiziert faktischer Konzern 32 17
- Synergieeffekte 32 7
- Unternehmensgruppe im Sinne des § 3d InsO-E 32 27 f.
- Verbundmehrwert 32 7
- Verlustausgleichsanspruch 32 22
- vertikal organisierte Konzerne 32 11
- Vertragskonzern 32 15, 22
- zentrale Konzernstruktur 32 8

Aufsichtsbefugnisse 39 209
Beherrschungsvertrag 32 22
Binnensachverhalte 39 190
Downstream-loans 32 29
einheitlicher Insolvenzverwalter 32 31 f.
EUInsVO 2000 32 3
EUInsVO 2017 32 2 f., 40
Gewinnabführungsvertrag 32 23
Gruppen- Koordinationsplan 39 220
Gruppen- Koordinationsverfahren 39 210 ff.
Gruppen-Gerichtsstand 32 1, 5, 27
Gruppenverwalter 32 5, 31
Haftungsanspruch 39 209
Insolvenzverwaltungsverträge 39 198
Kommunikation 32 37 ff.
Konsolidierung von Vermögensmassen 32 4, 35
Konzern-Darlehen 32 29
Kooperation 32 1, 27, 37, 39
Koordination 32 1 ff., 36 f., 39
Koordinator 39 220 ff.
Lex Fori 39 212
Opt- in 39 219
protocol 39 197
Rechtsträgerprinzip 32 4
Schemes of Arrangement 39 187
Übersicht 39 183
UNCITRAL 32 2; 39 188
Unternehmensgruppe 32 4, 16, 27 f.; 39 210 ff.
Upstream-loans 32 29
Verlagerung der Interessenmittelpunkte 39 187
Verlustausgleichsprinzip 32 22
Vorbereitung und Durchführung einer Konzerninsolvenz 32 30 ff.
Zusammenarbeit der Gerichte 39 203 ff.
Zusammenarbeit der Verwalter 39 191 ff.
Konzernverrechnungsklausel 17 53
Konzession
personenbezogene Konzessionen 36 109 ff.
Sachkonzession 36 24 f., 113 ff.
Kooperation mit Gläubigern 39 40
Körperschaftsteuer 35 98
Kostbarkeit
Begriff 9 17
Kostenbeiträge, freiwillige 13 19 f.

Kostentragungspflicht des Arbeitgebers 28 10
Kostenvorschuss 4 213 f.; 13 13 ff.; 40 60
Kraftfahrzeugsteuer 35 109
Kredit 37 80, 83, 151, 155, 190
Neukreditierung im eröffneten Verfahren 26 57 ff.
Neukreditierung im Eröffnungsverfahren 26 36 ff.
Neukreditierung im Insolvenzplanverfahren 26 110 ff.
Neukreditierung vor Antrag 25 17 f.
Sanierungskredit 25 17 f.
Überbrückungskredit 26 41 f
Veräußerung notleidender Kredite 25 36 ff.
Kreditbetrug 37 190
Kreditinstitut 38 10, 16
Kreditsicherheiten
Insolvenzplanverfahren 26 94 ff.
Sicherungszession 26 86 ff.
Verrechnung von Sicherheitenerlösen auf Zinsen und Kosten 26 63
Verwertung im Vorverfahren 26 25 ff.
Verwertung in der Regelabwicklung 26 61 ff.
Kündigung
punktuelle Streitgegenstandstheorie 28 145
Kündigung von Arbeitsverhältnissen in der Insolvenz
Änderungskündigung 27 77, 101, 120 f.
außerordentliche Kündigung 27 85, 117, 151 f.
bei Betriebsstilllegung 27 153 ff.
Beweislast für Zugang der Kündigung 27 69 f.
Haftungsrisiken des Insolvenzverwalters 27 13 f., 51, 166
Interessenausgleich 27 82, 105
Kündigungserklärung 27 5, 18, 68 ff.
Kündigungsfrist 27 93 ff.
Massenentlassungen 27 170 ff.
personenbedingte Kündigung 27 113 ff.
Kündigung von Betriebsvereinbarungen nach § 120 InsO 28 31; 41 32 ff.
Kündigung von Organvertretern des Schuldners 27 93 ff.
Ausbildungsverhältnis 27 167
gesetzliche Kündigungsfristen 27 167
Nachkündigung des Insolvenzverwalters 27 77, 143, 189
Probezeit 27 80, 127, 167
Sonderkündigungsfrist in der Insolvenz 27 74, 93, 152
tarifvertragliche Kündigungsfristen 27 119
Kündigungsfrist 27 74 f.
Kündigungsschutz in der Insolvenz
allgemeiner Kündigungsschutz in der Insolvenz 27 96
außerordentliche Kündigung 27 117 f.
betriebsbedingte Kündigung 27 97 f.
dringende betriebliche Erfordernisse 27 99
Kleinbetrieb 27 96
Massenentlassungen 27 189

personenbedingte Kündigung 27 188
Sozialauswahl 27 103
verhaltensbedingte Kündigung 27 188
Kündigungsschutzklage 27 78
bei Betriebsstilllegung 27 78
bei Betriebsübergang 27 111
Passivlegitimation 27 111
ultima-ratio-Prinzip 27 101
**Kündigungssperre für Vermieter/
  Verpächter 22** 32 ff.
Abweichen von gesetzlicher – 22 40 ff.
analoge Anwendung der – 22 40 f.
Masseunzulänglichkeit 22 38
Problemlage 22 42
Rechtsfolge 22 36
Schuldner als Mieter oder Pächter 22 34
vertragliche Regelungen 22 40
Verzicht auf Kündigungsschutz durch
  Insolvenzverwalter 22 43
Voraussetzungen 22 34 ff.
bei Wohnraummietverhältnissen
  22 46 ff.
zeitliche Reichweite 22 44
zulässige Kündigungsgründe 22 37

Lagebericht 34 9
Lastschriften 26 43 ff.
Lastschriftwiderruf
Haftung, persönliche 47 62
Leasing 37 187
Leasingverträge 22 11
Sicherungsübereignung 22 14 f.
Leistung
inkongruente – 37 117
– an den Schuldner 39 62
Leistungsklage
leitende Angestellte 28 76
Unzulässigkeit 13 109 f.
Leitungsorgane
Außenhaftung 33 35 ff.
Innenhaftung 33 3 ff.
Limited 37 27
Liquidation 35 99
Liquidator 37 28
Insolvenzantragspflicht 2 11
Liquidationszeitraum 35 99
Liquiditätsplan 2 66
Liquiditätsplanung
Haftung, persönliche 47 53, 134
Liquiditätsstatus 2 64
Lohnsteuer 35 115
Lohnsteueranmeldungen 35 121
Lösungsklauseln 24 1 ff.
Sonderkündigungsrecht nach VOB 24 5
unabdingbares Recht 24 1
unbedenkliche Klausel 24 8
unwirksame Klauseln 24 2 ff.
– Beispiel 24 3
Vereinbarungen des Insolvenzverwalters
  24 1 f.

Mandantenkartei 42 16
Masse
Verzinsungspflicht 47 64
Masseanspruch
Geschäftsbesorgungsverträge 23 12
Massearmut
Haftung, persönliche 47 140
Massebereicherung 12 18
Masseforderung 11 27
Massegläubiger
Aufrechnungsverbot 17 40 f.
Massekosten 12 11 ff.
Begriff 12 8, 11 ff.
Beispiele 12 13
Massekostendeckung
vorläufiger Verwalter 5 122 f.
Massenentlassungen
Adressat der Anzeige 27 170
Änderungskündigung 27 184
Anwendungsbereich der Massenentlassungs-
  vorschriften 27 171 f.
Anzeigepflicht des (vorläufigen) Insolvenz-
  verwalters 27 170 ff.
betrieblicher Geltungsbereich 27 171
Betriebsänderung 27 176; 28 96
Betriebsgröße 27 175
Eigenkündigung des Arbeitnehmers 27 183
entfristete Entlassung 27 182
gleichgestellte Beendigungstatbestände
  27 181 f.
Größenordnung 27 174
Inhalt der Anzeige 27 191
Massenentlassungsanzeige 27 189
Mitteilung an den Betriebsrat 27 193
persönlicher Geltungsbereich 27 177
Rechtsfolgen der Anzeige 27 195
Sozialplanpflicht 27 175
Sperrfrist nach Anzeige von – 27 192
stufenweise Entlassungen 27 180
Wirksamkeit der Anzeige 27 192
Zeitpunkt der Anzeige 27 190
Zeitraum der Entlassungen 27 179
Masseschulden
siehe Masseverbindlichkeiten
Massetabelle 12 74 ff.
Errichtung 12 75 ff.
Masseunzulänglichkeit 4 170, 205 ff.
Abweisung mangels Masse 4 220 f.
Anzeige 12 90; 47 135
Aufrechnung 47 138
keine Auswirkung auf bereits eingetretenen
  Sicherungsfall der Insolvenzeröffnung für
  betriebliche Altersversorgung 30 50
Auswirkungen Miet- und Pachtverträge
  22 25 ff., 38, 60
Befriedigungsreihenfolge 47 133 ff., 137
Definition 47 134
Eigenverwaltung 48 5
Erscheinungsformen
– drohende Masseunzulänglichkeit 13 64 ff.

Sachregister

- eingetretene Masseunzulänglichkeit 13 62 f.
- eventuelle Masseunzulänglichkeit 13 73
- prophylaktische Masseunzulänglichkeit 13 71 f.
- temporäre Masseunzulänglichkeit 13 69 f.
- wiederholte Masseunzulänglichkeit 13 74 f.

Haftung, persönliche 47 135 ff.
als Sicherungsfall für betriebliche Altersversicherung 30 52 ff.
Überwindung 13 103 ff.
verspätete Anzeige 12 6
Vollstreckung 47 138
Zeitpunkt 47 135
Zurückbehaltungsrecht 47 138
Zweitverfahren 4 227

Masseverbindlichkeiten 11 16, 26, 29; 12 1 ff., 15; 13 10 f.; 21 33
Abgrenzung höchstpersönlicher Verpflichtungen 12 9
Abgrenzung Insolvenzforderungen 12 9
Altmasseschulden 12 47
Arbeitnehmeransprüche 5 43
Arbeitszeitkonten 27 31
Aufhebung des Verfahrens 12 69
Aufrechnung 12 54; 17 26, 28
Befriedigung 12 4, 46 ff.
- bei Masseunzulänglichkeit 12 47
- vollständige – 12 46
Befriedigungsreihenfolge 47 134 ff.
Begriff 12 7 ff.
Begründung 12 17; 47 122 ff.
- bei Dauerschuldverhältnissen 12 21
- im Eröffnungsverfahren (§ 270a InsO) 44 78 ff.
- vom Schuldner 12 29
- im Schutzschirmverfahren (§ 270b InsO) 44 245 f.
- vom Verwalter 12 27 ff.
- durch vorläufigen Insolvenzverwalter 12 22 f.
- durch Willensentschluss 12 27
Bundesagentur für Arbeit, Rückstufung 12 24
Dauerschuldverhältnisse 5 45 f.
Durchsetzung von Masseansprüchen 12 53 ff.
- Altmasseverbindlichkeiten 12 57
- Neumasseverbindlichkeiten 12 58
- Verrechnung 12 54
Eigenverwaltung 12 29; 44 76 ff., 127 ff., 194 f., 245 ff.
- Anfechtbarkeit 44 172 f.
- Haftung 44 194 f.
Einstellung des Verfahrens 12 69 ff.
Einstellung mangels Masse 12 71
Eintragung in Insolvenztabelle 12 81
Einzelermächtigung vorläufiger Insolvenzverwalter 12 25
Entstehung nach Insolvenzeröffnung 12 16 ff.
Entstehung vor Insolvenzeröffnung 12 19 ff.
- Erfüllungswahl 12 20

- Fortbestehen Dauerschuldverhältnisse 12 21
- durch vorläufigen Insolvenzverwalter 12 22 ff.
Erkenntnisverfahren 12 55 f.
falsche Behandlung 12 81 ff.
- durch Insolvenzverwalter 12 86 ff.
- durch Massegläubiger 12 81 ff.
falsche Verteilung von Geld 12 86 ff.
Funktion 12 2
Geltendmachung 11 84; 12 55 ff.; 27 21 f.
Haftung 44 245, 252, 253; 47 29, 121 ff., 129 f.
heimlich entstehende – 12 78
- Beispiele 12 79
Insolvenzforderung 12 84
Insolvenzplan 12 73
Lieferanten 5 44
Liquiditätsplanung 47 134
Massedarlehen 5 48 ff.
Masseforderung als Insolvenzforderung 12 81 f.
Massetabelle 12 74 ff.
Miet- und Pachtverträge 22 18 f., 59
Nachlassinsolvenzverfahren 12 26, 30, 39 ff.; 46 85 ff.; siehe auch Nachlassinsolvenzverfahren
nachträglich bekannt werdende – 12 70
Nichterfüllung von – 12 91 f.
Notgeschäftsführung 12 31
öffentliche Lasten 12 32 ff., 35
oktroyierte – 12 3
Prozesskosten bei Feststellungsklage 12 45
Rechtsfolge 12 15
sonstige – 13 10
Sozialansprüche 12 28, 48
soziale Lasten 12 34
Sozialplan 12 49 f.
Steuerverbindlichkeiten 12 33
ungerechtfertigte Bereicherung 12 18
Unterhalt 12 44
Urlaubsgeld 27 41
Verfahrensunterbrechung 12 56
Verhältnis Aus- und Absonderungsrechte 12 10
Verjährung 11 85
Versorgungsanwartschaften nach Eröffnung des Insolvenzverfahrens als – 30 67 a ff.
verspätete Anzeige Masseunzulänglichkeit 12 90
Vollstreckungsaufschub 12 64
Vollstreckungsverbot 12 67 f.
Vorgehen Streit über Masseverbindlichkeit 12 89
vorhandene – 12 43
vorhandene Gegenleistung 12 31
vorläufige Verwaltung 47 131
Wegfall des Insolvenzgrundes 12 72
Zwangsvollstreckung 12 60 ff.
Miet- und Pachtverträge 37 187
Ansprüche aus Zeit vor Insolvenz 22 18 ff.

Fortbestehen 22 3
– bei – über bewegliche Gegenstände 22 12 ff.
– bei – über unbewegliche Gegenstände 22 9 ff.
Masseverbindlichkeiten aus – 12 21
Sicherungsübereignung 22 14
„sonstige Gegenstände" 22 13
Untermietverhältnisse 22 10
kein Wahlrecht des Insolvenzverwalters 22 2
Miet- und Pachtverträge, Schuldner als Mieter/Pächter 22 5, 22 ff.
befristetes Mietverhältnis 22 63
über bewegliche Gegenstände 22 12 ff.
Fortbestehen über bewegliche Gegenstände 22 12 ff.
Fortbestehen über unbewegliche Gegenstände 22 23
Gebrauchsüberlassung durch Gesellschafter 22 31
Haftung Insolvenzverwalter bei unterlassenem Rücktritt trotz Masseunzulänglichkeit 22 85
imaginäre Kündigung 22 56 f.
Kaution 22 55
Konsequenzen für Insolvenzverwalter bei Beendigung von – 22 66 ff.
Kündigungssperre 22 32 ff.; siehe auch Kündigungssperre
Masseunzulänglichkeit 22 25 ff., 38
Miet- und Pachtzins als Masseverbindlichkeit 22 24, 26
nicht am Schuldner überlassene Miet-/Pachtobjekte nach Verfahrenseröffnung 22 73 ff.
– maßgebender Zeitpunkt 22 75
– Rücktrittsmöglichkeiten 22 78
objektbezogene Verträge 22 28
Renovierungspflicht 22 68 ff.
Rückbauverpflichtungen 22 71
Rückgabe Mietobjekt 22 67
Rücktrittsrecht des Insolvenzverwalters 22 80 ff.
Rücktrittsrecht des Vermieters/Verpächters 22 87 f.
Schadensersatzanspruch des Vermieters bei Rücktritt 22 86
Schadensersatzanspruch des Vermieters/Verpächters wegen vorzeitiger Kündigung 22 62 ff.
Sonderkündigungsrecht siehe Sonderkündigungsrecht des Insolvenzverwalters
bei übertragender Sanierung 22 31
über unbewegliche Gegenstände 22 9 ff., 22 ff.
Verkehrssicherungspflicht 22 29
Versorgungsverträge 22 28 f., 72
Wohnraum des Schuldners 22 53 ff., 77
Miet- und Pachtverträge, Schuldner als Vermieter/Verpächter 22 6
Absonderungsrecht an Miet- und Pachtzins 22 94
Abtretung der Zinsforderung
– bei Insolvenzeröffnung ab 16. des Kalendermonats 22 97 f.
– bei Insolvenzeröffnung bis 15. des Kalendermonats 22 95 f.
Anfechtung von Verfügungen des Schuldners 22 100
Aufrechnungsrecht des Mieters/Pächters 22 105 ff.
Aufwendungen im Zusammenhang mit Miet-/Pachtobjekt 22 112
Auswirkungen Insolvenzeröffnung 22 89
Feststellungs- und Verwertungspauschalen 22 102
Fortbestand 22 90 ff.
Freigabe des Miet-/Pachtobjekts 22 117
Gewährung zum vertragsgerechten Verbrauch 22 110
Grundsteuer 22 110
kalte Zwangsverwaltung 22 104, 114 ff.
Kautionen 22 110
Konto für Miet-/Pachtzinsen 22 103 f.
Kündigung des – durch Insolvenzverwalter 22 118
Miet- und Pachtzins zur Masse 22 93
Mietvorauszahlungen 22 109
Nebenkostenabrechnung 22 110
Nebenkostenpauschale 22 93
Pfändung der Miet-/Pachtzinsforderung 22 99
Rückschlagssperre 22 101
kein Sonderkündigungsrecht Verwalter 22 92
Veräußerung des Miet-/Pachtobjekts durch Verwalter 22 119 ff.
– Anwendbarkeit ZVG 22 120 ff.
– Beispiel 22 133
– freihändige Veräußerung 22 125 ff.
– Schadensersatzanspruch des Mieters/Pächters 22 134
– Sonderkündigungsrecht des Erwerbers 22 131 f.
– Versteigerung 22 120
Versorgungsverträge 22 110
Zurückbehaltungsrecht des Mieters/Pächters 22 108
Zwangsverwaltung 22 111 ff.
Mitteilungen MiZI 4 198 f.; 8 74
Mittelpunkt hauptsächlicher Interessen 39 3
Mitverschulden
Aussonderungsrechte 47 80
Haftung, persönliche 47 28, 126
Mitwirkungs- und Zustimmungserfordernisse in der Eigenverwaltung
Sachwalter 44 186, 204 ff., 221 ff.
Schuldner 44 172 ff.
vorläufiger Sachwalter 44 228 ff.
Mitwirkungspflicht 4 132, 140; 5 178
ausgeschiedene Organe 4 141, 154
Mutterschutz 27 124 f.

Sachregister

Nacherbe
Antragsrecht **46** 31
Haftungsgläubiger **47** 9
Nachlass
Insolvenzfähigkeit **2** 3, 17
Nachlassinsolvenzverfahren
Beerdigungskosten als Massekosten **12** 41;
   46 87
Begründung von Masseverbindlichkeiten
   12 39 ff.
Beschränkung der Erbenhaftung **46** 1 ff., 41
Eigenverwaltung **46** 36
Erbeninsolvenz **46** 4 f.
Erbfallschulden **46** 20
Erblasserschulden **46** 19
Erstattungsanspruch aus Verwaltung als
   Masseverbindlichkeit **12** 40; **46** 86
Haftung für bisherige Nachlassverwaltung
   46 60 ff.
Insolvenzanfechtung **46** 77 ff., 81 ff.
Insolvenzforderungen **46** 92
Insolvenzgründe **46** 37 ff.
Insolvenzmasse **46** 51 ff.
Insolvenzplan **46** 59
Insolvenzschuldner **46** 11 ff.
Kosten Nachlasspflegschaft, Testamentsvollstreckung **12** 42; **46** 90
Masseverbindlichkeiten **46** 85 ff.
Nachlasserbenschulden **46** 21
Nachlassgläubiger **46** 18 ff., 35
Nachlasspfleger **46** 16, 33, 64, 73
Nachlassverwalter **46** 63, 72
nachrangige Forderungen **46** 93
steuerliche Besonderheiten **46** 96 ff.
Testamentsvollstrecker **46** 17, 34, 65, 74
unbeschränkte Erbenhaftung **46** 3
Verletzung der Insolvenzantragspflicht
   46 68 ff.
Vermögenstrennung **46** 1, 41 ff.
Zuständigkeit, internationale **46** 23
Zuständigkeit, örtliche **46** 24
Zwangsvollstreckungsmaßnahmen
   46 57
Nachrangige Insolvenzforderung
Besserungsklausel **3** 114
Chance Befriedigung **3** 120
Geldstrafen und Geldbußen **3** 115
Gesellschafterdarlehen **3** 117
Insolvenzantrag **3** 121
Nachlassinsolvenz **3** 119; **46** 93
Nutzungsüberlassung **3** 117
Ordnungs- und Zwangsgelder **3** 115
Planverfahren **3** 122
Rangklassen **3** 113
Rangrücktritt **3** 114
Reihenfolge Nachrang **3** 112
Übersicht **3** 119
unbenannte Zuwendung **3** 116
unentgeltliche Leistung **3** 116
Veränderung Rang **3** 112

Vereinbarung Rang **3** 118
Zinsen und Kosten **3** 115
Nachteilsausgleich
fehlerhafte Beteiligung des Betriebsrats/
   Gesamtbetriebsrats **28** 67 f.
Nachteilsausgleich nach § 113 BetrVG
27 16, 53 ff.
Abweichung aus zwingendem Grund
   28 184
Anrechnung Sozialplananspruch **28** 193
Ansprüche Insolvenzforderung **28** 189
Ansprüche Masseverbindlichkeit **28** 189
Anspruchshöhe **28** 181
Durchsetzung **28** 192
Inhalt und Umfang **28** 181
Sanktionswirkung **28** 183
wesentliche Abweichung vom Interessenausgleich **28** 183
zwingender Grund **28** 183
Nachträgliche Anordnung der Eigenverwaltung 44 47
Nachtragsverteilung 13 54 ff., 97 f.
Nahestehende Person
Insolvenzanfechtung siehe Insolvenzanfechtung
Neuerwerb
Freigabe **17** 34, 36
Insolvenzmasse **9** 3
Neugläubiger
Insolvenzmasse **9** 3
Notgeschäftsführung
Geschäftsbesorgungsverträge **23** 9 ff.
Nutzungsüberlassung
Bedeutung des Gegenstands **9** 41
Bedingungen **9** 41
Betriebsfortführung **9** 40
Dauer **9** 41
Eigenkapitalersatz **9** 40
Höhe Ausgleich **9** 42
Rechte **9** 41
Treuepflicht Gesellschafter **9** 40
unbewegliche Gegenstände **9** 41
Unentgeltlichkeit **9** 42

Offenlegung 34 12
Öffentliche Last 36 71, 122 f.
Öffentliches Recht
Insolvenzforderung **5** 65 ff.
Masseanspruch **5** 65 ff.
Verhaltensstörer **5** 64; **36** 10 ff., 19 ff., 31, 36,
   47, 78, 82 f., 97 f., 102 f.; siehe auch
   Verantwortlichkeit
Zustandsstörer **5** 64; **36** 10, 14 f., 18, 34 ff., 47,
   60, 63, 76, 82, 91, 100 ff.; siehe auch
   Verantwortlichkeit
Öffentlichkeit von Sitzungen 8 130
Ordre Public
Einzelfälle **39** 159
Inhalt **39** 158
Versagung der Anerkennung **39** 11, 18, 31

Verstoß **39** 160
Vollmachtserteilung **39** 38
Organ
faktisches – **37** 11, 27
Organschaft 35 71

Partikularverfahren
Antragsbefugnis und -frist **39** 114 f.
anwendbares Recht **39** 101
ausländisches Partikularverfahren **39** 182
Aussetzung der Eröffnung **39** 118
Aussetzung der Verwertung **39** 133
Auswirkung auf Inlandsvermögen **39** 123
Begriff **39** 98
Eröffnung **39** 110
Eröffnungsgründe **39** 120
Gläubigerrechte in Parallelverfahren **39** 141 ff.
inländische Sicherungsmaßnahmen **39** 145
Insolvenzanfechtung **39** 124
isoliertes Partikularverfahren **39** 99 f.
Sekundärinsolvenzverfahren **39** 99
übertragende Sanierung **39** 137
Umwandlung von Sekundärverfahren **39** 147
Verfahrensbeendigung **39** 146
virtuelles Sekundärinsolvenzverfahren **39** 103
Vollstreckungsaussetzung im Hauptverfahren **39** 118
Zusammenarbeit der Gerichte **39** 140
Zusammenarbeit der Verwalter **39** 126 ff.
Zusicherung des Verwalters **39** 103, 117
Patientenkartei 42 16
Patronatserklärung
Überschuldung **2** 169
Zahlungsunfähigkeit **2** 44
Pensionsfonds 30 11, 16, 24, 26, 44 f., 108, 138, 154
Pensionskassen 30 11, 16, 24, 26, 43, 137
Pensions-Sicherungs-Verein 30 5 ff.
Abfindung von Anwartschaften **30** 139 ff.
Anpassungspflicht im Hinblick auf Versorgungszusage des Arbeitgebers **30** 105 ff.
Anspruchsminderungen gegenüber – **30** 108
Ausfallsicherung **30** 6
Beitragspflicht der Arbeitgeber und Bemessung **30** 155 ff.
als beliehener Unternehmer **30** 5, 155
Beschwerderecht bei Insolvenzeröffnung oder Abweisung mangels Masse **30** 51, 53
Erlöschen der Einstandspflicht **30** 63
Forderungsübergang auf – **30** 146 ff.
Haftung bei Betriebsübergang **30** 126
Haftung, subsidiär **30** 108
Insolvenzplan **30** 119 ff.
Katastrophenfall **30** 109
Leistungsausschluss **30** 63, 110 ff.
Mitteilungspflichten im Insolvenzfall **30** 142 ff.
Übertragung der Leistungspflicht **30** 137 f.
Verjährung **30** 80, 163 f.
Vermögensübergang auf – **30** 147, 150 ff.

Verschwiegenheitspflicht **30** 166
Versicherungsmissbrauch, Einstandspflicht des – **30** 110 ff.
zeitliche Geltendmachung der Ansprüche gegenüber – **30** 144
Personalabbau aus betriebsbedingten Gründen 28 85
Personengesellschaft 31 112 ff.
Doppelinsolvenz **31** 115 f.
Einlage **31** 121 ff.
Forderungen **31** 120 ff.
Gesellschafterhaftung **31** 126 ff.
Gesellschafterinsolvenz **31** 117 ff.
Gesellschaftsinsolvenz **31** 114
Nachschusspflicht **31** 125
Personenmesszahl 28 78
Pfandrechte 15 36
gesetzlich begründete **15** 35
Rückdeckungsversicherung **30** 133 ff.
Spediteur- und Frachtführerpfandrecht **15** 43
Treuhandvereinbarungen **30** 136
Vermieter- und Verpächterpfandrecht **15** 43
– Beispiel **15** 42
– Entstehung **15** 39
– nach Eröffnung Insolvenzverfahren **15** 41
– Schadensersatzanspruch des Vermieters **15** 41
– Zeitraum **15** 40
vertraglich begründete – **15** 43
durch Zwangsvollstreckung begründete – **15** 38
Pflichten
insolvenzspezifische –
– Haftung, persönliche **47** 49 ff.
Pflichtenkollision 37 50
Planverfahren
Debt-to-Equity-Swap **9** 59
dynamische Planrechnung **9** 59
Postsperre 4 189
Praxisfortführung 42 34
Prognose 37 6
Prognoseentscheidung
drohende Zahlungsunfähigkeit **2** 105
Überschuldung **2** 145 ff.
Prozessführung
Haftung, persönliche **47** 148 ff.
Prüfungstermin 8 138

Qualifizierter Auslandsbezug 38 13

Rangordnung des § 209 InsO 13 100 ff.
Rangrücktritt
Überschuldung **2** 183
Realisierung von stillen Reserven 35 94
Rechnungslegung 8 95; **13** 134; **34** 1
Haftung, persönliche **47** 152 ff.
Rechtliches Gehör 4 19 f., 134 ff., 167, 173
Rechtsaufsicht 8 24
Rechtsbeschwerde
Checkliste **58** 30

Sachregister

Statthaftigkeit 58 29 f.
Zulassung 58 29
Rechtsmissbrauch
Antrag 4 120
Rechtsmittel 13 41, 98
Bedeutung 58 2
Beschwerderecht des Pensions-Sicherungs-
  Vereins bei Insolvenzeröffnung oder
  Abweisung mangels Masse 30 51, 53
Entscheidung 58 6
fehlende Anfechtbarkeit 58 7
Förmlichkeit 58 4
Gewährung Stimmrecht 58 28
Nicht-Entscheidung 58 6
ordentlicher Rechtsweg 58 1
Rechtspfleger 58 23 ff.
Richter 58 5
sofortige Beschwerde 58 5
Rechtspfleger
Aufgabe 3 7
Ausweitung Zuständigkeit 3 15
Beteiligter 3 6
Eingriff in Richterzuständigkeit 3 20
funktionelle Zuständigkeit 3 14; 58 23 ff.
Gläubigerversammlung 3 187
Unabhängigkeit 58 3
verfahrensrechtliche Stellung 3 10
Vergütungsfestsetzung 3 13
Weisungsfreiheit 3 8
Rechtsprechung
Begriff 3 9, 16
Rechtsschutzbedürfnis 40 56
Rechtsschutzinteresse
Eigenantrag 4 79 f.
Gläubigerantrag 4 96 ff.
Rechtsstreitigkeiten
Aktivprozesse 5 56
laufende Rechtsstreitigkeiten 13 51 ff., 112 ff.
Passivprozesse 5 57
Unterbrechungswirkung 5 53 f.
Regelungsabrede
analoge Anwendung des § 120 InsO 28 41
Anwendungsbereich 28 39
Kündigung 28 41
Nachwirkung 28 42
normative Wirkung 28 39 f.
Rechtsnatur 28 39
**Register für Pfandrechte an
  Luftfahrzeugen**
Insolvenzvermerk 7 3
Registerzeichen 4 6
Rentner
Rentnergesellschaften 30 125
technischer – 30 75
Restschuldbefreiung 26 131 ff.; 37 18
Abtretungserklärung 41 14
Antrag 41 9 ff.
anwendbares Recht 39 84
ausländische Gläubiger 39 84
Eingangsentscheidung 41 19 ff.

Erteilung 41 63
Forderungen aus vorsätzlicher unerlaubter
  Handlung 11 183 ff.
Forum Shopping 39 12
Versagung nach § 290 InsO 41 24 ff.
Versagung nach § 296 InsO 41 47 ff.
Versagung nach § 297 InsO 41 58
Versagung nach § 297a InsO 41 59
Versagung nach § 298 InsO 41 60
Vollstreckungsgegenklage 11 191
Widerruf 41 80 ff.
Richter
Aufgaben nach Verfahrenseröffnung 3 17
Beteiligter 3 6
Evokationsrecht 3 19
funktionelle Zuständigkeit 3 11 f.
Unabhängigkeit 58 3
Vergütungsfestsetzung 3 13
Vorbehalt des Verfahrens 3 18
Weisungsfreiheit 3 8
Risikogeschäft 37 177
Rückdeckungsversicherung 30 42, 133 ff.
Rücknahme 4 232
Rumpfgeschäftsjahr 34 6

Sachverständige
Auswahl 8 24
Beauftragung 4 156 ff.
Beschluss 4 161
Vergütung 56 1 ff.
Sachwalter
Arbeitgeberstellung 28 2
Aufgaben 48 9 ff.
Haftung, persönliche 48 1 ff.
Regelvergütung 55 1 ff.
Vergütung 55 1 ff.
Vergütungszuschläge 55 3 f.
Sanierung 11 28; 37 211
außergerichtliche Sanierung 25 11 ff.
Einräumung neuer Kredite 25 17 ff.
Stillhalten 25 12
übertragende – siehe Übertragende Sanierung
Sanierungserlass 35 148
Sanierungsgewinn 35 147; 43 43 ff.
Sanierungskredit 25 17
Sanierungsplan
Arbeitsverträge 43 42
Sanierungsgewinn 43 43 ff.
Sanierungssteuerrecht 35 146
Schadensersatzanspruch
Absonderung 15 118
Ersatzaussonderung 14 38
Insolvenzforderung 11 32
Miet- und Pachtverträge 22 62 ff., 86, 134
– Vermieter- und Verpfänderpfandrecht
  15 41
Schadensersatzanspruch bei Kündigung
  27 169
Schadensersatzanspruch wegen Nicht-
  erfüllung 21 31 f.

Schadensersatzpflicht des Verwalters
15 118
Schätzung der Besteuerungsgrundlagen
35 41
Scheme of Arrangement 37 217; 38 9;
39 152, 187
Schiffsregister
Insolvenzvermerk 7 3
Schlussbericht 8 141 ff.
Schlussbilanz des werbenden
Unternehmens 34 7
Schlussrechnung 8 141
Schlusstermin 8 143; 13 93
Schlussverzeichnis 8 141 ff.
Schuldenbereinigungsplan
außergerichtlich 40 10 ff.
geeignete Stelle 40 14
gerichtlich 40 30, 37 ff.
Nullplan 40 33
Zustimmungsersetzung 40 47
Schuldenregulierungsverfahren 38 7
Schuldner
Eigenantrag 3 66
Haftungsgläubiger 47 7
Krise 3 56
Zwangsversteigerung 3 55
Zwangsvollstreckung 3 55
Schuldnerbegünstigung 37 133
Schutzschirmverfahren (§ 270b InsO)
1 54 f.; 37 259; 44 86 ff.
Anfechtbarkeit von Sozialversicherungs-
beiträgen 44 196 ff.
Anfechtbarkeit von Steuerzahlungen 44 197
Anordnungsvoraussetzungen 44 88 f.
Anzeige der Masseunzulänglichkeit 44 220
Aufgaben und Befugnisse des Schuldners
44 193 ff.
Aufgaben und Befugnisse des vorläufigen
Sachwalters 44 228
Aufhebung 44 157 ff.
Aussteller der Bescheinigung gem. § 270b
Abs. 1 S. 3 InsO 44 106 ff.
drohende Zahlungsunfähigkeit 2 95
Dual Track 44 135 ff.
Europäische Insolvenzverordnung 38 9
fehlende Gläubigerbenachteiligung 44 101 ff.
Frist zur Vorlage des Insolvenzplans 44 132 ff.
Funktion und Rechtsstellung des Schuldners
44 190 ff.
Funktion und Rechtsstellung des vorläufigen
Sachwalters 44 228 f.
Haftung des Ausstellers der Bescheinigung
gem. § 270b Abs. 1 S. 3 InsO 44 116
Haftung des vorläufigen Sachwalters 44 253
Haftung für die Begründung von Masseaver-
bindlichkeiten 44 244
Haftung für Steuerzahlungen 44 196
Inhalt der Bescheinigung gem. § 270b Abs. 1
S. 3 InsO 44 110 ff.
Insolvenzplan 44 161 ff.

Mitteilungspflicht des vorläufigen
Sachwalters 44 232
nicht offensichtliche Aussichtslosigkeit der
Sanierung 44 118 ff.
Organe des Schuldners 44 233
Rechtsmittel 44 149
Sicherungsmaßnahmen 44 139 ff.
Überwachungsorgane 44 235 ff.
Vergütung des vorläufigen Sachwalters
44 254 ff.
vorläufiger Gläubigerausschuss 44 143
vorläufiger Sachwalter 44 121 ff.
Vorschlagsrecht des Schuldners 44 123 ff.
vorzeitige Aufhebung 44 150 ff.
Zustimmungsvorbehalt für bestimmte
Rechtsgeschäfte 44 231
Schutzschrift 4 8
Schwacher vorläufiger Verwalter
Arbeitgeberstellung 5 142
Fortführungsverpflichtung 5 149 ff.
Prozessführungsbefugnis 5 143 f.
Sanierungs- und Übernahmeverhandlungen
5 153 f.
Sicherungs- und Erhaltungspflicht 5 147 f.
Verbindlichkeiten 5 145 ff.
Zustimmungsvorbehalt 5 140
Schwerbehindertenschutz 27 132 f.
Änderungskündigung 27 133
Aufhebungsvertrag 27 133
Ausnahmen vom – 27 135
Kündigungsverbot 27 133
Rechtsschutz 27 142
Zustimmung des Integrationsamtes zur
Kündigung 27 133
Sekundärinsolvenzverfahren
siehe Partikularverfahren
Sicherheit 37 156
Sicherungsfälle der betrieblichen
Altersversorgung
Abweisung des Antrags auf Eröffnung des
Insolvenzverfahrens 30 52
außergerichtliches Vergleichsverfahren
30 54 ff.
Eröffnung des Insolvenzverfahrens 30 49 f.
Legaldefinition 30 46 ff.
vollständige Beendigung der Betriebstätigkeit
bei offensichtlichem Mangel an Insol-
venzmasse 30 58 ff.
wirtschaftliche Notlage 30 48
siehe auch Versorgungsrechte aus
Sicherungsfall der betrieblichen Alters-
versorgung
Sicherungsmaßnahmen 44 69, 121
Gläubigerschutz 5 2 ff.
Schuldnerschutz 5 5 ff.
Vermögensschutz 5 8
Sicherungsrechte
Begründung 15 7 ff.
Geltendmachung 15 4
konkurrierende – 15 81

Sicherheitenverwertungsgemeinschaft (Pool) **15** 79 f.
Sicherungsgut in der Insolvenz **15** 78 ff.
Siegelung
Nachteile **9** 28
Verfahren **9** 26 f.
Sofortige Beschwerde
Abhilfe Richter **58** 18
anfechtbare Entscheidungen **58** 9
Ausschluss **58** 10
Begriff **58** 8
Begründung **58** 14
Beschwer **58** 15
Einlegung **58** 14, 20
Ermittlungen **58** 22 f.
Fristlauf **58** 13
Grundrechtseingriff **58** 16
Muster **58** 17
Nichtabhilfe **58** 25
Notfrist **58** 13
örtliche Zuständigkeit **58** 19
Rechtspfleger **58** 24
Rechtsschutzbedürfnis **58** 16
Richter **58** 5 ff.
Schriftverkehr Gericht **58** 21
Unzulässigkeit **58** 10
Sofortige Erinnerung
anfechtbare Entscheidungen **58** 26
Frist **58** 27
Rechtspfleger **58** 26 f.
Sonderdelikt 37 9
Sonderinsolvenzverwalter 4 29; **8** 62
Aufgaben **3** 49
Bestellung **3** 50
Grauverwaltung **3** 51
Interessenkollisionen **3** 51
Vergütungsfestsetzung **3** 53
Verhinderung Insolvenzverwalter **3** 51, 53
Sonderkündigungsschutz 27 124 f.
Sondermassen
Haftung, persönliche **47** 168
Sonstiger Rechtserwerb nach § 91 InsO
13 128
Sozialauswahl
ausgewogene Personalstruktur **28** 126, 132, 135
Bildung von Altersgruppen **28** 134
Branchenvergleich **28** 135
Handlungsvorschlag **28** 136
Interessenausgleich gem. § 125 InsO **28** 105
Maßstäbe **28** 132
Ranking **28** 135
Sonderkündigungsschutz **27** 90, 103 f.; **28** 140
Spezialkenntnisse **28** 127
systematische Einordnung **28** 126
unternehmerische Entscheidung **28** 128
Vergleichbarkeit **28** 133, 135
Willkürlichkeit **28** 129
Sozialleistungsträger
Aufrechnung **17** 30

Sozialplan
Anspruch auf Abschluss **28** 74
Gegenstandswert **28** 20
Sozialplan vor Insolvenzeröffnung
absolute Obergrenze **27** 57; **28** 241
Abwägungsgesichtspunkte **28** 235 f.
Anrechnung von Leistungen **28** 244
Aufnahmepflicht von Arbeitnehmern **28** 236
Berücksichtigung von Arbeitnehmern aus widerrufenen Sozialplan **28** 239
außerhalb des Drei-Monats-Zeitraums **28** 245
Form des Widerrufs **28** 234
Insolvenzforderung **28** 245
Parteien des Widerrufs **28** 234
Rechtsfolgen **28** 234
Rückzahlungspflicht aus widerrufenen Sozialplan **28** 242
Sozialplan außerhalb des Drei-Monats-Zeitraums **28** 231, 243, 245
Verpflichtung des Insolvenzverwalters **28** 234
Widerruf **28** 231
Widerruf Betriebsrat **28** 238
Widerrufszeitraum **28** 231, 234
Sozialplananspruche 27 56 f.
Sozialplanprivileg neu gegründeter Unternehmen 28 216
Sozialversicherungsbeiträge
Haftung **33** 39 ff.
Staatsverträge 38 18 f.
Stammkapital 37 167, 173
Starker vorläufiger Insolvenzverwalter 27 12
Steuerabzug bei Bauleistungen 35 111
Steuerberechnung 35 9
Steuerbescheid 35 9
Steuererklärungspflicht 35 35
Steuerhinterziehung 37 209
Steuerkonto 35 168
Steuerliche Nebenleistungen 35 132
Steuerliche Pflichten 13 57, 136 f.
Steuerrecht
Erbschaftsteuer **46** 104 f.
halbstarker vorläufiger Verwalter **5** 190 ff.
bei Nachlassinsolvenz **46** 96 ff.
schwacher vorläufiger Verwalter **5** 190 ff.
vorläufiger Verwalter **5** 181 ff.
Steuerschulden
Haftung **33** 39 ff.
Steuerverbindlichkeit
Geltendmachung als Masseverbindlichkeit **35** 29
als Insolvenzforderung **35** 2
als Masseverbindlichkeit **35** 2
Stichtagsprinzip 34 4
Stille Gesellschaft 45 30
Störer
Störerauswahl **36** 57, 77 ff., 82, 103
störerinterner Lastenausgleich **36** 82 ff.
Strafbarkeitsbedingung
objektive – **37** 66, 107, 125, 142

Strohmann 37 11, 27
Stundung 2 32; **37** 157, 192, 195

Tabelle und Forderungsanmeldung
Adressat 11 90
Anerkennen 11 131 f.
Anlagen 11 103 f.
Anlagen zur Anmeldung 11 103 f.
Anmeldung 11 83 ff.
– im Antragsverfahren 11 91
– Aufforderung zur – 11 93, 107
– bedingte/betagte Ansprüche 11 88
– durch GbR 11 96
– beim Insolvenzgericht 11 90
– nachrangige Insolvenzforderungen 11 83, 107
– nicht anmeldbare Forderungen 11 84
– durch Rechtsanwalt 11 97
– durch Stellvertreter 11 103
– unzulässige – 11 119 f.
Aufstellung Tabelle 11 112 f.
Ausschluss von Forderungen 11 93
Belege 11 103 f.
Berechnung betagter Forderungen 11 88
Besonderheit Insolvenzplan 11 202
Einsicht in – 11 115
Eintragung in – 11 112, 178
Eintragungspflicht/Zwang des Verwalters 11 121
Forderung aus unerlaubter Handlung 11 101, 125, 177, 183 ff.
Form 11 95 ff.
– per Fax, Telegramm, Mail 11 99
– schriftlich 11 99
Frist 11 91
– Ausschlussfrist 11 94
– für Niederlegung der Tabelle 11 116
– verspätete – 11 94
Hemmung der Verjährung 11 108
Hinweispflicht bei falscher Eintragung 11 85
Inhalt 11 95 ff.
– Angabe Schuldgrund 11 101
– Inhaberschaft der Forderung 11 96 f.
– unbezifferte Anmeldung 11 100
Kosten der verspäteten Anmeldung 11 93
nachrangige Insolvenzforderungen 11 83
nachträgliche – 11 94
nachträgliche Änderung Tabelle 11 192 ff.
nachträgliche Erhöhung der angemeldeten Forderung 11 195
nachträgliche Forderungsreduzierung/Muster 11 200
nachträgliche Reduzierung 11 196 ff.
nachträgliche Rücknahme der angemeldeten Forderung 11 201
– Muster 11 202
Niederlegung Tabelle bei Gericht 11 115
öffentliche Bekanntmachung des Forderungsverzeichnisses 11 143

Prüfungstermin 11 123 ff.
– öffentliche Bekanntmachung 11 124
– Zeitpunkt 11 124
– siehe auch Prüfungstermin
Rechtskraft der Forderungseintragung 11 179
Vollstreckungstitel 11 104
siehe auch Insolvenztabelle
Tarifbindung 27 11, 27, 76, 104
Täuschung 37 81, 83, 147
Teilnahme
notwendige – **37** 64, 127
Terminbestimmung 8 73
Terminsladung 4 138
Territorialitätsprinzip 38 2
Tod des Schuldners 4 238 ff.; **46** 6 ff.
im Eröffnungsverfahren **46** 8
im Insolvenzverfahren **46** 7
Kostenstundung **46** 10
im Restschuldbefreiungsverfahren **46** 9
Transfergesellschaft 28 322
Abrechnung 28 311
Anspruch auf Arbeitslosengeld 28 317
Auswahl 28 308
Berufswegeplan 28 316
Drei-Parteien-Vertrag 28 302, 313
Fluktuationsgewinn 28 311
Funktion 28 301
Höhe des Arbeitslosengelds 28 317
Inhalt des Arbeitsvertrages 28 303
Ist-Kosten-Abrechnung 28 311
Kosten 28 306
Kostenarten 28 310
Musterberechnung 28 311
Perspektiven 28 316
Qualifizierungskosten 28 311
Transferkurzarbeitergeld 28 309
Treuhänder 28 312
übertragende Sanierung 28 320
Umgehung des § 613a BGB 28 322
Vergütung des Arbeitnehmers 28 304
Vermeidung von Arbeitslosigkeit 28 314
Verwaltungskosten 28 311
Voraussetzungen der Finanzierung durch die Agentur für Arbeit 28 309
Wirtschaftliche Bewertung 28 311
Ziel 28 307
Transfergesellschaft und § 613a BGB
Modell 28 322
rechtssichere Gestaltung/Aushebelung des Betriebsübergangs 28 322a
Risikogeschäft des Arbeitnehmers 28 322b
Transfermaßnahme 28 323
beschäftigungswirksamer Sozialplan 28 323
Betriebsänderung 28 325
Drohende Arbeitslosigkeit 28 325a
Maßnahmeträger 28 325b
Sozialplan 28 325c
Transfersozialplan 28 325c
Zuschüsse der Agentur für Arbeit 28 326

Sachregister

Treuhand 14 22 ff.
eigennützige – **14** 23
uneigennützige – **14** 24
Treuhänder 28 312
Vergütung **57** 6 ff.
Treuhandsfonds 30 136
Treuhandverhältnisse 14 22

Überschuldung 2 119 ff.
Anwendungsbereich **2** 125 ff.
Bedeutung **2** 119 ff.
Begriff **3** 143
Fortbestehensprognose **2** 145 ff.
Handels- und Steuerbilanz **2** 156
modifizierter zweistufiger Überschuldungsbegriff **2** 133 ff.
Nachlassinsolvenz **46** 39 ff.
Prüfungsreihenfolge **2** 140 ff.
Überschuldungsstatus **2** 156 ff.
zweistufiger Überschuldungsbegriff **2** 130 ff.
Überschuldungsstatus 2 140, 156
Aktiva **2** 158 ff.
Passiva **2** 175 ff.
Übertragende Sanierung 18 21; **28** 89
Haftung, persönliche **47** 69
Miet- und Pachtverträge **22** 31
Partikularverfahren **39** 137
Solvenzprüfung **47** 72
Transfergesellschaft **28** 320
Zeitpunkt **47** 69 ff.
Uhlenbruck-Kommission
Auswahl vorläufiger Insolvenzverwalter **3** 43
Insolvenzverwalter **3** 42
Vorauswahl **3** 29, 34 f.
Zertifizierung **3** 33
Umsatzsteuer 35 47
Umsatzsteuerberichtigung
rechtliche Uneinbringlichkeit **35** 49
Voranmeldungszeiträume **35** 52
Umsatzsteuer-Sondervorauszahlung 35 77
UNCITRAL
Konzerninsolvenz **39** 188
Modellgesetz **38** 24; **39** 33
Universalitätsprinzip 38 2
Universalverfahren 39 1
Unterkapitalisierung
Haftung **33** 59
Unternehmensnachfolge
steuerliche Aspekte **35** 167
Unternehmerpensionszusagen 30 129 ff.
kein gesetzlicher Insolvenzschutz **30** 129
privatrechtlicher Insolvenzschutz **30** 133 ff.
Unterschlagung 37 187
Unterstützungskassen 30 11, 42, 108, 150 ff.
Insolvenzschutz **30** 42
Vermögensübergang auf Pensions-Sicherungs-Verein **30** 150 ff.
Untreue 37 106, 162, 247
Unzuverlässigkeit
gewerberechtliche – **37** 19

Urlaubsanspruch
als Insolvenzforderung **27** 48 f.
als Masseverbindlichkeit **27** 46
Urlaubsabgeltung **27** 47
Urlaubsgeld **27** 14 ff.

Veranlagungszeitraum
Ertragsteuern **35** 81
Verantwortlichkeit
Abfall **36** 8 f., 12, 20, 28 ff., 91, 98, 118
Anlagenbetreiber, Anlageninhaber **36** 19, 21, 25, 27
Begrenzung **36** 32, 37 f., 57
Bodenschutz **36** 9, 32 ff., 69 ff., 84 ff., 95
Freigabe **36** 4, 6, 15, 27, 89 ff., 94 ff., 97 ff., 118
Gewässerschutz **36** 9, 13, 20, 26 f., 30, 76, 115, 118
Immissionsschutz **36** 9, 20, 22 ff., 75, 115
Verhaltensverantwortlichkeit (Handlungsstörereigenschaft) **5** 64; **36** 10 ff., 19 ff., 31, 36, 47, 78, 82 f., 97 f., 102 f.
Verwaltungsvollstreckung siehe Ersatzvornahme
Zustandsverantwortlichkeit (Zustandsstörereigenschaft) **5** 64; **36** 10, 14 f., 18, 34 ff., 47, 60, 63, 76, 82, 91, 100 ff.
siehe auch Störer
Veräußerungsgewinn 35 171
Verbindliche Auskunft 35 169
Verbindlichkeiten, streitige
Zahlungsunfähigkeit **2** 39
Verbindung
Verbindungsbeschluss **4** 9 f., 248
Verbraucherinsolvenzverfahren
Bedeutung für Banken **26** 113 ff.
Rücknahmefiktion **40** 35
Vergütung **57** 1 ff.
Verfahrensabschluss
Aufhebung **1** 123
Einstellung **1** 124
Insolvenzplan **1** 125 f.
Verfahrensabwicklung bis zur Einstellung 13 43
Verfahrenseröffnung
allgemeine Wirkungen **1** 56 ff.
Verfahrenskosten 13 24 f., 60
Garantieerklärung der Banken **25** 33
Gerichtskosten **6** 47 ff.
Handlungsoptionen **6** 66 ff.
Kostenvorschuss der Banken **25** 32
Masseverbindlichkeiten **6** 56
unvermeidbare Steuerberatungskosten **6** 57
Verfahrenskostenprognose **6** 55
Vergütung Insolvenzverwalter **6** 53
Vergütung Mitglieder Gläubigerausschuss **6** 54
Vergütung vorläufiger Insolvenzverwalter **6** 51 f.
Verfahrenskostendeckung 13 7 ff.

Sachregister

Verfahrenskostenstundung 4 216 ff.; 13 12; 40 61 ff.
Aufhebung 40 69
Verfügungsbeschränkungen
allgemeines Verfügungsverbot 5 12
Beschlagnahme 5 10
Durchsuchung 5 10
Forderungen 5 14
Kredit- und Sicherungsverträge 5 14
Postsperre 5 16
Verrechnungsverbot 5 10
Verwertungs- und Einziehungsverbot 5 17 f.
vorläufiger Gläubigerausschuss 5 10
Zustimmungsvorbehalt 5 13
Zwangsvollstreckungsmaßnahmen 5 15
Verfügungsverbot, allgemeines 4 186, 201
Vergütung 37 232
Abänderung, nachträgliche 52 23 ff.
Abfindungen 51 16 f.
Abschläge vorläufiger Insolvenzverwalter 52 14 ff.
Abschlagsgründe 51 33
Absonderungsrecht 51 11 ff., 30
Angemessenheit 51 34 ff.
Anrechnung Vergütung vorläufiger Insolvenzverwalter 52 20 ff.
Antragstellung 51 66 ff.
Aufrechnungen 51 18
Auslagen 51 40 ff.
– vorläufiger Insolvenzverwalter 52 18 f.
Auslagenabrechnung 51 48 ff.
Auslagenpauschalierung 51 53 ff.
Aussonderungsrecht 51 30
Berechnungsgrundlage 51 3 ff.
– vorläufiger Insolvenzverwalter 52 3 ff.
Besitzgegenstände 52 10
Betriebsfortführung 51 20 ff.
Bruchteilsvergütung vorläufiger Insolvenzverwalter 52 11
Festsetzung 51 69, 72 ff.
Feststellungskostenbeitrag 51 13
Geschäftskosten 51 43 f.
Gläubigerausschussmitglieder 54 1 ff.
Haftpflichtversicherung 51 45 ff.
Hausverwaltung 51 31
Insolvenzverwalter 51 1 ff.
Kostenersatz 51 40 ff.
Kostenschuldner vorläufiger Insolvenzverwalter 52 27 ff.
Masseverbindlichkeiten 51 19 ff.
Mindestvergütung 51 38 f.
– vorläufiger Insolvenzverwalter 52 16
Nachtragsverteilung 51 77 ff.
rechtliches Gehör 51 71
Rechtsgrundlage Insolvenzverwalter 51 1
Rechtsmittel 51 75 f.
Regelvergütung 51 26 ff.
Sachkundevergütung 51 80 ff.
Sachverständigenvergütung 52 26 ff.; 56 1 ff.
Sachwalter 44 254; 55 1 ff.
Schätzung der Berechnungsgrundlage 51 7 ff.
Sonderinsolvenzverwalter 53 1 f.
Sondervergütung 51 24, 80 ff.
Staffelvergütung 51 27
Treuhänder 57 6 ff.
Umsatzsteuer 51 40 ff., 58
Unternehmensfortführung 51 31
Verbraucherinsolvenzverfahren 57 1 ff.
vorläufiger Insolvenzverwalter 44 255 ff.; 52 1 ff.; 55 6 ff.
Vorschüsse 51 25, 59 ff.
Zuschläge 51 28 ff.
– vorläufiger Insolvenzverwalter 52 14 ff.
Zuständigkeit 51 70
Verhaltensbedingte Kündigung
Abmahnung 27 115 f.
Interessenabwägung 27 116
Weiterbeschäftigungsmöglichkeit 27 116
Verhältnis besonderes Beschlussverfahren § 122 zu § 125 und § 126 InsO 28 174
Verjährung 37 53
Verjährungsfrist
Aufrechnungsverbot 17 32
Verlustgeschäft 37 78
Verlustvorträge 35 96, 157
Vermögensübersicht 4 78, 82, 137
Begriff 9 36
Vermögensverwalter
im Sinne des § 34 AO 35 4
Veröffentlichung 13 39 f., 90 f.
Eröffnungsentscheidung 39 42
Grundbuch 39 43
Handelsregister 39 43
öffentliches Register 39 43; siehe auch Insolvenzregister
Verschwiegenheitspflicht
Entbindung 37 262
Versicherungsmissbrauch
bei Insolvenzsicherung der betrieblichen Altersversorgung 30 110 ff.
Versicherungsschutz
Aufrechterhaltung 47 61
Versicherungsunternehmen 38 10, 16
Versicherungsverträge
Direktversicherung bei betrieblicher Altersversorgung 30 31, 39a, 169
Rückdeckungsversicherungen 30 133 ff.
Versorgungsanwartschaften
siehe Anwartschaften aus betrieblicher Altersversorgung
Versorgungsrechte (insolvenzgesichert) aus betrieblicher Altersversorgung 30 73 ff.
Anrechnung der Betriebszugehörigkeit bei früherem Arbeitgeber 30 95
Anspruchszeitraum 30 78
Arbeitnehmer im Vorruhestand 30 85
Hinterbliebene 30 84
rückständige Versorgungsleistungen 30 81
technischer Rentner 30 75
Unverfallbarkeitsfristen 30 87 ff.

Versorgungsansprüche bei Eintritt des Sicherungsfalls **30** 73 ff.
Versorgungsansprüche nach Eintritt des Sicherungsfalls aufgrund unverfallbarer Anwartschaften **30** 82 ff.
siehe auch Anwartschaften aus betrieblicher Altersversorgung; Insolvenzsicherung der betrieblichen Altersversorgung; Sicherungsfälle der betrieblichen Altersversorgung
Versorgungszusagen für betriebliche Altersversorgung 30 11 ff., 28 ff.
beitragsorientierte Leistungszusage **30** 14 f.
Beitragszusage mit Mindestleistung **30** 16
Direktversicherung **30** 11, 31 ff.
Eigenbeiträge mit Umfassungszusage **30** 26, 92
Entgeltumwandlung **30** 18 ff., 91, 118
Leistungszusage **30** 13
mittelbare Versorgungszusagen **30** 30 ff.
unmittelbare (Direktzusage) Versorgungszusagen **30** 11, 29
siehe auch Direktversicherung; Entgeltumwandlung; Insolvenzsicherung der betrieblichen Altersvorsorge; Pensionsfonds; Pensionskassen, Unterstützungskassen
Verspäteter Insolvenzantrag
Verjährung **33** 31
Verteilung 8 140
bei Nachlassinsolvenz **46** 94 f.
Verteilungsverzeichnis 11 218 ff.
Ablauf **11** 123 ff.
Änderung **11** 217
Bestreiten der Forderung **11** 175 f.
Einwendungen **11** 219
Prüfung **11** 218
Teilnahmeberechtigung **11** 124
Veröffentlichung **11** 124, 218
Widerspruchsrecht Gläubiger und Schuldner **11** 174 ff.
Zeitpunkt des – **11** 124
Verträge in der Insolvenz 20–24
Allgemeine Geschäftsbedingungen **21** 122 f.
Anwartschaftsrecht **21** 111, 117
Aufforderung zur Wahl gegenüber vorläufigen Insolvenzverwalter **21** 55
Aufrechnung durch Vertragspartner **21** 45 ff.
Aufrechnung gegen Masse **21** 45 f.
Bau- und andere Werkleistungen **21** 79
beiderseitige Nichterfüllung **21** 21, 23 ff.
Beispiele und Lösungen für – **21** 1 ff., 46 ff.
Darlehensverträge **21** 18, 22
Dauerschuldverhältnisse **20** 12; siehe auch Dauerschuldverhältnisse
Einrede des nicht erfüllten Vertrages **21** 7 ff., 100
einseitig verpflichtende Verträge **20** 12
Erfüllungsverlangen des Käufers **21** 112
Finanztermingeschäfte **21** 65 ff.

Fixgeschäfte **21** 65 ff.
Form der Wahl **21** 58 f.
Fortbestehen der – **20** 6, 10
Frist der Erfüllungswahl **21** 37, 55, 57, 120, 123, 125
gegenseitig einseitig erfüllt **21** 10
gegenseitig nicht vollständig erfüllte – **21** 38
gegenseitig vollständig erfüllte – **21** 38
Gegenseitigkeit **21** 7, 13
Haftungsrisiko des Verwalters **21** 127
internationales Insolvenzrecht **39** 64 ff.
Kaufverträge **21** 15, 70, 105 ff.
Kaufverträge und Eigentumsvorbehalt **21** 104 ff., 113
– Schuldner als Käufer **21** 119 ff.
– Schuldner als Verkäufer **21** 110 ff.
– Voraussetzungen **21** 105 ff.
konkludente Ausübung Wahlrecht **21** 59
Leihe, Schenkung und unverzinsliches Darlehen **20** 13
Leistungspflichten **21** 24 f.
Masseverbindlichkeit/Anspruch des Gläubigers bei Erfüllung **21** 33
maßgeblicher Zeitpunkt der Erfüllungsfeststellung **21** 25
Miet- und Pachtverträge über Immobilien **22** 9, 125 ff.
Miet- und Pachtverträge über Mobilien **21** 8, 17
nicht eindeutige Erklärung des Insolvenzverwalters **21** 60
Ohnehin/Sowiesokosten **21** 53
Rechte des Vertragspartners **21** 87 f.
Rechtsfolgen der Erfüllungswahl bei Teilleistungen **21** 85 ff.
Schadensersatzanspruch wegen Nichterfüllung **21** 31 f.
Schaubild zu Schicksal der Vertragsverhältnisse **20** 7 ff.
Schicksal bei Insolvenzeröffnung **20** 2
Schuldner als Käufer **21** 119 ff.
Schuldner als Verkäufer **21** 110 ff.
Sicherungsrechte **21** 40 ff., 90
Spaltung des Vertrages bei Erfüllungswahl **21** 35
Tauschverträge **21** 16
teilbare Leistungen **21** 71 ff.
unbeweglicher Gegenstand **39** 65
Unverzüglichkeit der Erfüllungswahl **21** 56 f., 120, 125
Unvollständigkeit der Leistungen **21** 23 ff.
Vergleichsvertrag **21** 20
Versicherungsverträge **21** 81
Versorgungsverträge **21** 77
Vertragsspaltung bei teilbaren Leistungen **21** 73
Vormerkung **21** 89 ff., 92, 101
– Auswirkungen Insolvenz **21** 96
– Begriff **21** 92
– Beispiel und Lösung **21** 91, 95, 98

Sachregister

- Hinweise Abwicklungspraxis 21 102 f.
- Lastenfreiheit 21 100
- Prüfungsreihenfolge 21 101
- Sperrwirkung 21 94
- Wahl der Erfüllung 21 33, 41, 83 ff., 113
- Wahl der Nichterfüllung 21 30, 32, 82, 114
- Wahlrecht Insolvenzverwalter 20 11 f.; 21 11, 52 ff., 69, 120
- Ablehnen der Erfüllung 21 98
- Einschränkungen 21 69, 97, 99
- Rechtswirkungen 21 26 ff., 69, 83
- Warenlieferungen 21 67
- Werk- und Werklieferungsverträge 21 19, 80
- Wirkung der Insolvenzeröffnung auf – 20 4 ff.; 21 31
- Zeitpunkt Erfüllungswahl 21 55

Vertretung
Antrag 4 53 ff.

Vertretungsorgane 37 27
Eigenverwaltung 31 97
Eröffnungsverfahren 31 93 ff.
Freigabe 31 98 ff.
Gesellschaftsrecht 31 101 ff.
Insolvenzverfahren 31 96 ff.
Mitwirkung 31 104 ff.
Pflichten vor Insolvenzantrag 31 91 f.
Rechte und Pflichten 31 87 ff.
Stellung 31 87 ff.

Verwaltungs- und Verfügungsbefugnis
Beschlagnahme 7 2
Eigenverwaltung 7 1
Eröffnung 7 1
Gesellschaftsrecht 7 9
Grundbuch 7 3
Insolvenzmasse 7 5
Insolvenzverwalter 7 1
Organe der Gesellschaft 7 9
Organisation Gesellschaft 7 9
Verfügungen Schuldner 7 3
Verpflichtungsgeschäfte 7 4

Verwaltungsakte gegen die Insolvenzmasse 35 25

Verwaltungskosten 13 26 ff.
Verwaltungsvollstreckung
siehe Ersatzvornahme
Verwendungsverbot 37 259
Verwertung
von beweglichen Gegenständen und Rechten 15 100 ff.
- Abrechnung 15 147 ff.
- Abrechnungsbeispiel 15 158
- Absehen von Verwertung 15 104
- Abweichung vom Pauschalsatz 15 151
- Aufrechnung durch Gläubiger 15 139
- Ausschlussfrist 15 123, 135
- Besitz an Absonderungsgut 15 110 f.
- Beteiligung Absonderungsgläubiger 15 118 ff.
- Beweislast bei Verzögerung 15 167

- Buchungsmöglichkeiten des Verwertungserlöses 15 160 f.
- Eigenverwertung durch Gläubiger 15 156
- Einwendungen des Gläubigers 15 134
- Einziehungsbefugnis 15 116
- erneute Mitteilungspflicht 15 122, 127, 136
- Feststellungspauschale 15 142, 145, 148, 160
- Forderungen 15 145
- Forderungseinzug 15 146
- Freigabe Absonderungsgut 15 103, 144
- Frist 15 105
- Gewährleistungsregelungen 15 120
- gewerbliche Schutzrechte 15 117
- „günstigere" Verwertung 15 128
- Hinweis auf günstigere Verwertungsmöglichkeit 15 118 f., 121, 123 f., 126, 130
- Kompetenz Absonderungsgläubiger 15 105
- Kompetenz Gläubiger 15 105
- Kompetenz Verwalter 15 100
- Kostenbeiträge 15 107
- Mängelbeseitigungskosten 15 120
- Masseunzulänglichkeit 15 138
- Masseverbindlichkeiten 15 170
- Mitteilungen an Gläubiger 15 118
- Mitteilungen über Verwertungserlös 15 119
- Muster Abrechnungsformular 15 159
- Offenlegung der Abtretung 15 116
- Patente 15 117
- Schadensersatzpflicht Verwalter 15 118
- Schätzung Erlös 11 147
- Selbsteintritt des Gläubigers 15 131 ff., 143
- Tilgungsreihenfolge 15 165
- Übergang Verwertungsrecht 15 105 f.
- Umsatzsteuer 15 152 f., 155 f., 160
- verbotene Eigenmacht 15 113
- Verbraucher als Erwerber 15 120
- Verwertungsbefugnis 15 116
- Verwertungsentscheidung 15 137 ff.
- Verwertungserlös 15 138
- Verwertungspauschale 15 142, 145, 149 f., 160
- Verwertungspflicht 15 101
- keine Verwertungspflicht des Verwalters 15 101
- Verwertungsrecht des Verwalters 15 106
- Verzinsung bei Verwertungsverzögerung 15 167
- Voraussetzungen der Verwertung durch Verwalter 15 110 ff.
- Vorkaufsrecht 15 131
- Vorsteuerabzugsbeträge 15 154
- vorübergehende Besitzaufgabe 15 115
- Wertverzehr beim Absonderungsgut 15 171
- Wertzuwachs beim Absonderungsgut 15 173
- Zinsberechnung 15 168 f.
- Zinszahlungspflicht 15 166 ff.
- Zubehör 15 114

Sachregister

- Zurückbehaltungsrecht des Verwalters 15 141
- Haftung, persönliche 47 66 ff.
- von Sicherungsgut 35 66
- Solvenzprüfung 47 72
- von unbeweglichen Gegenständen 15 88 ff.
  - Ausgleich Zinsnachteile, Wertverlust 15 92, 98
  - einstweilige Einstellung Zwangsvollstreckung 15 92
  - Ermächtigung des Insolvenzverwalters 15 97
  - freihändige Verwertung 15 93 f.
  - Gegenleistung bei freihändiger Verwertung 15 93 f.
  - durch den Gläubiger selbst 15 91
  - kalte Zwangsverwaltung 15 99
  - Musterklausel bei freihändiger Verwertung 15 95
  - Rangklassen 15 90, 94
  - Umfang 15 96
  - Zustimmung Gläubigerausschuss/Versammlung 15 97
  - Zwangsversteigerung 15 89 ff.
  - Zwangsverwaltung 15 98 f.
- Verwertungsrecht des Insolvenzverwalters 11 140
- Verzicht 47 75
- **Verwertungskostenpauschalen 35 65**
- **Verwertungsstopp**
- Absonderungsgut 47 103
- Aussonderungsgut 47 91 ff.
- **Verzeichnis Massegegenstände 8 80 ff.**
- Begriff 9 31
- Fortführungswert 9 33
- immaterielle Vermögenswerte 9 33
- Inventur 9 32
- Zerschlagungswert 9 32
- **Vollmacht 23 1 ff.**
- Beispiele 23 6
- Erlöschen 23 1, 7, 19
- Erteilung 23 20; 39 38
- Loslösungsklauseln 24 1 ff.
- Prokura 23 6, 19
- Schicksal der – in der Insolvenz 23 3
- Vertretung der Gesellschaft bei Insolvenz und/oder Auflösung 23 26 ff.
- **Vollständigkeitsprinzip 34 4**
- **Vollstreckung 39 30**
- **Vollstreckungsgericht, besonderes 4 27; 8 12 ff.**
- **Vollstreckungsverbot**
- siehe Zwangsvollstreckung
- **Vorauswahl Insolvenzverwalter**
- Ablehnung 3 31
- Auswahl konkretes Verfahren 3 27
- Bewertung Kriterien 3 31
- Delisting 3 29
- Dienstleistungsrichtlinie 3 29
- gesetzliche Regelung 3 29

- Gleichheitsgrundsatz 3 26
- Justizverwaltungsverfahren 3 29, 31
- Kriterien 3 31, 34
- Liste 3 27
- Liste in der Liste 3 30
- Ranking 3 30
- Rechtsstaatsprinzip 3 26
- Uhlenbruck-Kommission 3 29
- Verfahrensgestaltung 3 28
- **Vorauswahlliste 8 29 ff.**
- **Vorauszahlungen 35 135**
- **Vorführung 4 145, 191, 237**
- **Vorgesellschaft 2 10**
- **Vorgründungsgesellschaft**
- Insolvenzfähigkeit 2 9
- **Vorinsolvenzliche Sanierungsverfahren 38 7**
- **Vorläufiger Gläubigerausschuss 11 78 f.**
- Abwahl 3 198
- Aufgaben 10 13 ff.
- Auswahl Insolvenzverwalter 3 196
- Bestellung 4 185
- derivativer Pflichtausschuss 4 183
- Eigenverwaltung 44 30 ff., 71 ff., 143
- Eröffnungsverfahren 10 2 ff.
- fakultativer Gläubigerausschuss 4 181; 10 4
- Gläubigerbeirat 10 31
- Gläubigerversammlung 10 30
- Konstitutierung 10 20
- originärer Pflichtausschuss 4 183
- Pflichten 10 13 ff.
- Rechte Einsetzung bei Eröffnung 10 30
- Verfahrenseröffnung 3 198
- Verzicht 10 5
- Zusammensetzung 10 6 ff.
- Zuständigkeit 10 24
- **Vorläufiger Insolvenzverwalter**
- Abschluss Geschäftsbesorgungsvertrag 23 8
- Anfechtbarkeit von Rechtshandlungen 5 196
- Arbeitgeberfunktion 5 58 ff.
- Aufgaben 3 36; 5 25 ff.
- Auswahl 5 22 f.
- Befugnisse 5 25 ff.
- Bestellung 3 43
- Beteiligter 3 22
- Beteiligung Gläubiger 3 44
- Einzelermächtigung 11 30
- Entlassung 4 180
- Haftung 5 208; 47 1 ff.
- halbstarker vorläufiger Verwalter 5 29; 6 7
- isolierter vorläufiger Insolvenzverwalter 6 7
- Masseverbindlichkeiten 11 26
- Nutzung Aussonderungsgut 14 32
- Rechnungslegungspflicht 5 197 ff.
- schwacher vorläufiger Insolvenzverwalter 4 176; 5 31; 6 7
- starker Insolvenzverwalter 4 176; 5 32 ff.; 6 6
- Vergütung 5 209
  - Sachverständigenvergütung 56 4 ff.
- Zutritts- und Nachforschungsrecht 5 172 ff.

Vorläufiger Sachwalter
Eröffnungsverfahren 44 74
Haftung 44 253
Initiativrechte 43 66a
Mitwirkungs- und Zustimmungserfordernisse 44 228
Schutzschirmverfahren 44 121
Vergütung 44 254; 55 6 ff.
Vorschuss zur Eröffnung
Haftung 33 47
Vorsteuerabzug 35 78
Vorsteuerberichtigung
Änderung der Verwendung 35 58
bei Quotenzahlung 35 56
Rückgängigmachung von Lieferung 35 57
auf Tabellenforderungen 35 55
vorsteuerschädliche Umsätze 35 61

Wahlrecht Insolvenzverwalter 13 114 ff.
bei Aussonderungsbegehren 14 14
bei Insolvenz des Vorbehaltskäufers 14 15
– Ablehnung 14 19
– Zeitpunkt 14 16
bei Insolvenz des Vorbehaltsverkäufers 14 20
Wahlrechte
Haftung, persönliche 47 142 ff.
Waren unter Eigentumsvorbehalt 35 70
Weiterbeschäftigungsanspruch 27 111
Wertpapier
Begriff 9 17
Wertpapierfirma 38 10
Widerspruchsrecht des Arbeitnehmers 28 296
Adressat 28 299
Formvorschriften 28 297
Frist 28 299
Informationsverpflichtete 28 298
Inhalt der Information 28 296
Rechtsfolgen Ausübung 28 299
Umfang der Information 28 296
Wirtschaften
ordnungsgemäßes – 37 75
Wirtschaftsjahr 34 5
Wirtschaftskriminalistische Methode 2 92
Wohlverhaltensphase 8 147; 41 31
Erbschaft 41 43
Obliegenheiten 41 41 ff.
Verkürzung 41 69
Wohnungseigentümergemeinschaft 45 29

Zahlungen
Definition 33 23 ff.
Zahlungseinstellung 2 74
Beseitigung 2 84
Indizien 2 79 f.
Zahlungspflichten
besicherte – 2 40
drohende Zahlungsunfähigkeit 2 102 ff.
Durchsetzbarkeit 2 38 ff.
„ernsthaftes" Einfordern 2 33 ff.

Fälligkeit 2 28 ff.
Gesellschafterforderungen 2 41 f.
streitige – 2 39
Stundung 2 32
Zahlungsstockung 2 47 ff.
Zahlungssystem 17 37 f.
Zahlungsunfähigkeit 2 20; 37 148, 155, 204
Begriff 2 23
betriebswirtschaftliche Methode 2 90 f.
Drittschuldnererklärung 3 142
drohende – 2 93 ff.
geringfügige Liquiditätslücke 2 50 ff.
Herbeiführung 33 32 ff.
kriminalistische Methode 37 7
liquide Mittel 2 44 ff.
Liquiditätsplan 2 66
Liquiditätsstatus 2 64
Nachlassinsolvenz 46 38
Nachweis 3 142
Pfandabstandsprotokoll 3 142
Prüfung ex ante 2 63 ff.
Prüfung ex post 2 85 ff.
wirtschaftskriminalistische Methode 2 92
Zahlungseinstellung 2 74 ff.
Zahlungspflichten 2 27 ff.
Zahlungsstockung 2 47 ff.
Zeitpunkt-Illiquidität 3 141
Zeitraum-Illiquidität 3 141
Zahlungsverbot 37 180, 206
Zahlungsverkehr
Zahlungsverkehr im eröffneten Verfahren 26 48
Zahlungsverkehr im Eröffnungsverfahren 26 16 ff.
Zertifizierung
Altersgrenze 3 32
Arbeitsprozesse 3 33
Art der Verfahrensführung 3 33
Erfolgsmessung 3 32
GOI des VID 3 33
InsO 9001 3 33
Kenntnisse und Fähigkeiten 3 32
Modelle 3 32
Persönlichkeit Insolvenzverwalter 3 33
Risikomanagement 3 33
Uhlenbruck-Kommission 3 33
Zeugenvernehmung 4 151
Zinsabschlagsteuer 35 135
Zinsen nach § 233 AO 35 132
Zinsschranke 35 159
Zug-um-Zug 37 156
Zulässigkeitsvoraussetzungen
Schema 4 24
Zulassung 4 123
Zurückbehaltungsrechte 34 16
von Rechtsanwalt und Steuerberater 23 21 f.
Zusammenveranlagung 35 82
Zuständigkeit
COMI 4 36

Sachregister

funktionelle Zuständigkeit **3** 11 f., 14; **4** 26; **58** 23 ff.
GbR **4** 36
GmbH **4** 36
internationale Zuständigkeit **4** 34, 39; **46** 23
Nachlassinsolvenz **4** 40; **46** 23 f.
örtliche Zuständigkeit **3** 149; **4** 33; **39** 5, 23; **46** 24; **58** 19
sachliche Zuständigkeit **3** 149; **4** 31; **39** 5, 23
Verweisung **4** 42
Zustimmung des Insolvenzgerichts zur Betriebsänderung 28 91
Zwangsgelder 35 134
Zwangsverwaltung, kalte
Haftung, persönliche **47** 119

Zwangsvollstreckung
Beschränkung **12** 63 ff.
– Einstellung der Vollstreckung im Eröffnungsverfahren **12** 66
– Sozialplananforderungen **12** 65
– Vollstreckungsaufschub **12** 64
– Vollstreckungsverbot bei Neumasseunzulänglichkeit **12** 68
– Vollstreckungsverbot wegen Masseunzulänglichkeit **12** 67
gegen die Insolvenzmasse **12** 61
Unzulässigkeit **13** 107 f.
Vollstreckungsverbote **12** 67 f.; **13** 49 f.
Zweitverfahren 4 99 ff., 227 f.
Zwischenrechnung 8 96